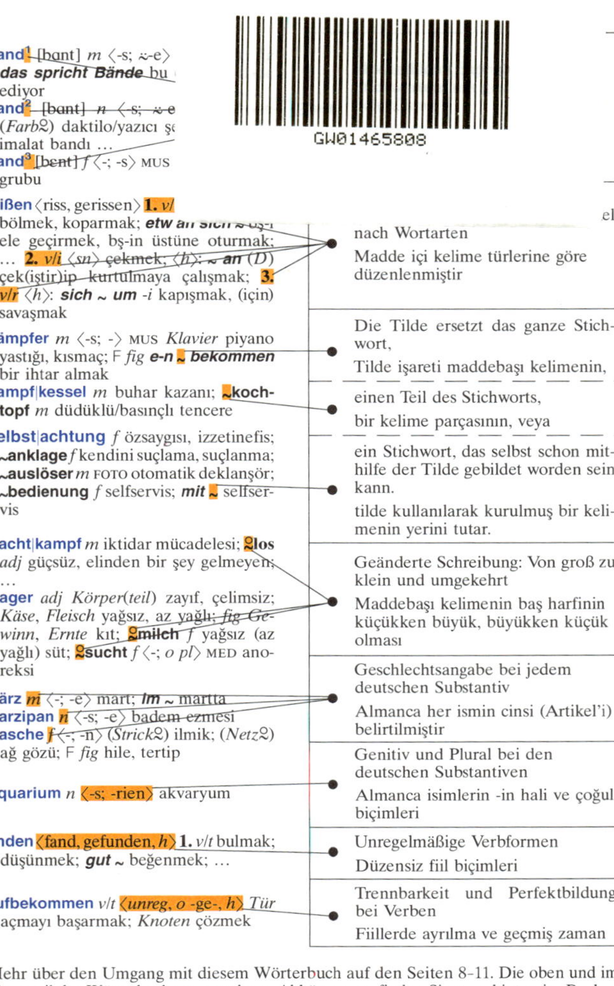

GW01465808

and[1] [bant] *m* ⟨-s; ⸗e⟩ … **das spricht Bände** bu … ediyor

and[2] [bant] *n* ⟨-s; ⸗e … (*Farb*≈) daktilo/yazıcı ş… imalat bandı …

and[3] [bent] *f* ⟨-; -s⟩ MUS … grubu

ißen ⟨riss, gerissen⟩ **1.** *v/…* bölmek, koparmak; ***etw an sich ~*** bş-i ele geçirmek, bş-in üstüne oturmak; … **2.** *v/i* ⟨*sn*⟩ çekmek; ⟨*h*⟩: **~ an** (*D*) çek(iştir)ip kurtulmaya çalışmak; **3.** *v/r* ⟨*h*⟩: ***sich ~ um*** -*i* kapışmak, (için) savaşmak

ämpfer *m* ⟨-s; -⟩ MUS *Klavier* piyano yastığı, kısmaç; F *fig* ***e-n ~ bekommen*** bir ihtar almak

ampf|kessel *m* buhar kazanı; **~kochtopf** *m* düdüklü/basınçlı tencere

elbst|achtung *f* özsaygısı, izzetinefis; **~anklage** *f* kendini suçlama, suçlanma; **~auslöser** *m* FOTO otomatik deklanşör; **~bedienung** *f* selfservis; ***mit ~*** selfservis

acht|kampf *m* iktidar mücadelesi; **≈los** *adj* güçsüz, elinden bir şey gelmeyen; …

ager *adj Körper(teil)* zayıf, çelimsiz; *Käse, Fleisch* yağsız, az yağlı; *fig Gewinn, Ernte* kıt; **≈milch** *f* yağsız (az yağlı) süt; **≈sucht** *f* ⟨-; *o pl*⟩ MED anoreksi

ärz *m* ⟨-; -e⟩ mart; ***im ~*** martta

arzipan *n* ⟨-s; -e⟩ badem ezmesi

asche *f* ⟨-; -n⟩ (*Strick*≈) ilmik; (*Netz*≈) ağ gözü; F *fig* hile, tertip

quarium *n* ⟨-s; -rien⟩ akvaryum

nden ⟨fand, gefunden, *h*⟩ **1.** *v/t* bulmak; düşünmek; ***gut ~*** beğenmek; …

ıfbekommen *v/t* ⟨*unreg, o -ge-, h*⟩ *Tür* açmayı başarmak; *Knoten* çözmek

nach Wortarten

Madde içi kelime türlerine göre düzenlenmiştir

Die Tilde ersetzt das ganze Stichwort,

Tilde işareti maddebaşı kelimenin,

einen Teil des Stichworts,

bir kelime parçasının, veya

ein Stichwort, das selbst schon mithilfe der Tilde gebildet worden sein kann.

tilde kullanılarak kurulmuş bir kelimenin yerini tutar.

Geänderte Schreibung: Von groß zu klein und umgekehrt

Maddebaşı kelimenin baş harfinin küçükken büyük, büyükken küçük olması

Geschlechtsangabe bei jedem deutschen Substantiv

Almanca her ismin cinsi (Artikel'i) belirtilmiştir

Genitiv und Plural bei den deutschen Substantiven

Almanca isimlerin -in hali ve çoğul biçimleri

Unregelmäßige Verbformen

Düzensiz fiil biçimleri

Trennbarkeit und Perfektbildung bei Verben

Fiillerde ayrılma ve geçmiş zaman

Mehr über den Umgang mit diesem Wörterbuch auf den Seiten 8-11. Die oben und im Hauptteil des Wörterbuchs verwendeten Abkürzungen finden Sie ganz hinten im Buch.

A B C Ç D E F G H I J K L M N O Ö P R S Ş T U Ü V Y Z

Langenscheidt Taschenwörterbuch Türkisch

Langenscheidt Cep Sözlüğü Türkçe

Langenscheidt

Cep Sözlüğü Türkçe

Türkçe – Almanca
Almanca – Türkçe

Langenscheidt Yayın Kurulu
tarafından yayınlanmıştır

Langenscheidt

Berlin · Münih · Viyana · Zürih · Varşova · New York

Langenscheidt

Taschenwörterbuch Türkisch

Türkisch – Deutsch
Deutsch – Türkisch

Herausgegeben von der
Langenscheidt-Redaktion

Teil I
von Dr. Heinz F. Wendt
überarbeitet von Tevfik Turan

Teil II
begründet von Prof. Dr. Hans-Jürgen Kornrumpf
überarbeitet von Tevfik Turan

Langenscheidt

Berlin · München · Wien · Zürich · Warschau · New York

Teil I
von Dr. Heinz F. Wendt
überarbeitet von Tevfik Turan

Teil II
begründet von Prof. Dr. Hans-Jürgen Kornrumpf
überarbeitet von Tevfik Turan

Redaktion
Dr. Esther Debus-Gregor, Ingrid Lenz-Aktaş

In der neuen deutschen Rechtschreibung
Yeni Alman imlasıyla

Als Marken geschützte Wörter werden in diesem Wörterbuch in der Regel durch das Zeichen ® kenntlich gemacht. Das Fehlen eines solchen Hinweises begründet jedoch nicht die Annahme, eine nicht gekennzeichnete Ware oder eine Dienstleistung sei frei.

Bu sözlükte geçen, korunmuş marka niteliğindeki kelimeler genellikle tescilli marka işareti olan ® ile gösterilmiştir. Bununla birlikte, bu işaretin konulmamış olması söz konusu malın veya hizmetin serbest olduğunu kabul etmek için gerekçe oluşturmaz.

5. 6. 7. 07 06 05

Ergänzende Hinweise, für die wir jederzeit dankbar sind, bitten wir zu richten an:
Langenscheidt Verlag, Postfach 40 11 20, 80711 München

Druck: Graph. Betriebe Langenscheidt, Berchtesgaden/Obb.
Printed in Germany · ISBN 3-468-11373-0

Inhaltsverzeichnis
İçindekiler

Vorwort

Mit dem vorliegenden ***Taschenwörterbuch Türkisch*** präsentiert Langenscheidt ein praktisches Übersetzungswerkzeug, das für deutsch- und türkischsprachige Benutzer gleichermaßen konzipiert ist. Das Wörterbuch bietet rund 95.000 aktuelle Stichwörter und Wendungen in beiden Teilen, wobei der Teil Deutsch-Türkisch völlig neu kompiliert wurde. Die blau hervorgehobenen Hauptstichwörter sorgen für noch mehr Übersichtlichkeit und einen effektiven Zugriff auf die gewünschte Information.

Die Autoren haben sich bei der Auswahl des Wortschatzes an Alltags-, Reise- und berufsrelevanten Themen sowie an der gesprochenen Sprache orientiert. Darüber hinaus enthält das Wörterbuch nützliche Fachbegriffe besonders aus den Bereichen Wirtschaft, Politik, Umwelt, Kommunikation und Sport.

Die Darstellung der Stichwörter in ihrem sprachlichen Kontext erleichtert dem Benutzer die Wahl der treffenden Übersetzung: Neben zahlreichen typischen Wortverbindungen und illustrierenden Anwendungsbeispielen finden sich erläuternde Angaben zur Bedeutungsunterscheidung in Deutsch.

Eine zusätzliche Hilfestellung für die richtige Übersetzung und das idiomatisch korrekte Formulieren geben die grammatischen Hilfen in beiden Wörterbuchteilen sowie die detaillierten Übersichten zur Deklination, Konjugation und Wortbildung im Anhang.

Dr. Heinz F. Wendt hatte mit seinem Taschenwörterbuch Türkisch-Deutsch ein Standardwerk vorgelegt, das auf einem reichen lexikographischen und didaktischen Erfahrungsschatz aus langjähriger Tätigkeit als Übersetzer, Dozent und Verlagslektor beruhte.

Wir sind sicher, mit dieser Neubearbeitung ein nützliches Hilfsmittel für ein breites Publikum von Sprachlernenden und -interessierten geschaffen zu haben, und wünschen allen Benutzern viel Erfolg damit.

LANGENSCHEIDT VERLAG

Önsöz

Langenscheidt yayınevi elinizdeki bu ***Türkçe Cep Sözlüğü*** ile, ana dili gerek Almanca, gerek Türkçe olan kullanıcılar için pratik olması ön planda tutularak hazırlanmış bir çeviri aracı sunmaktadır. Bütün olarak 95.000 güncel maddebaşı içeren sözlüğün Almanca-Türkçe bölümü tamamen yeniden hazırlanmıştır. Mavi renkte basılan ana maddebaşları, daha kolay göze çarpmaları bakımından, kullanıcının istediği bilgiyi daha kolay bulmasını sağlamaktadır.

Yazarlar kelime haznesinin seçiminde gündelik hayat, yolculuk ve meslek hayatıyla ilgili konulara ve konuşma diline öncelik vermişlerdir. Sözlük bundan başka iktisat, siyaset, çevre, iletişim ve spor gibi alanlardan seçilmiş yararlı terimleri içermektedir.

Maddebaşı kelimelerin dilsel bağlamları içinde açıklanması kullanıcının sözlükte bulduğu karşılıklar içinden doğru seçimi yapmasını kolaylaştırmaktadır. Tipik kelime bileşimleri ve kullanımı somutlaştırıcı örneklerin yanı sıra, verilen Almanca ek bilgiler de anlam farklarına açıklık getirmektedir.

Sözlük bunlardan başka, kullanıcının dile getirmek istediği düşünce için gerek kelimelerde, gerek deyimlerde doğru karşılığı bulmasına yardımcı olmak amacıyla, maddebaşları üzerine dilbilgisel bilgiler, «Ek» bölümünde ise, isim çekimi, fiil çekimi ve kelime türetimi üzerine ayrıntılı tablolar içermektedir.

Türkçe-Almanca Cep Sözlüğü kaynağında Dr. Heinz F. Wendt'in uzun yıllar süren çevirmen, öğretim üyesi ve yayınevi redaktörü etkinlikleri yoluyla sözlükbilim ve didaktik alanlarında biriktirdiği değerli tecrübelerin bulunduğu temel bir başvuru eseridir.
Sözlüğün bu yeni biçimi ile de ortaya, dil öğrenen dille ilgisi olan geniş bir çevrenin yararlanacağı bir araç koymuş olduğumuzdan eminiz. Bütün kullanıcılara başarılar dileriz.

LANGENSCHEIDT YAYINEVİ

Hinweise zur Benutzung des Wörterbuchs
Sözlüğün Kullanımı Hakkında Bilgiler

1. Die Stichwörter sind streng alphabetisch geordnet. An alphabetischer Stelle sind ebenfalls gegeben:
a) die wichtigsten geographischen Namen, b) die gebräuchlichsten Abkürzungen. Hoch gestellte Ziffern nach dem Stichwort wie [1,2] unterscheiden gleich lautende Wörter (Homonyme):
Bremse[1] *f* ⟨-; -n⟩ TECH fren
Bremse[2] *f* ⟨-; -n⟩ ZOOL atsineği

1. Maddebaşı kelimeler tamamen alfabe sırasına göre dizilmiştir. Aynı şekilde, a) coğrafi adlar ve b) yararlı kısaltmalar da alfabetik sıralamada yer almaktadır. Yazılışları aynı, fakat kökenleri, türleri veya anlamları farklı olan kelimeler, [1,2] gibi üste yazılmış sayılarla birbirlerinden ayrılmıştır; örn.
hayat[1] ⟨-tı⟩ Leben *n*
hayat[2] ⟨-tı⟩ Vordach *n*

2. Rechtschreibung
Für die Schreibung der deutschen Wörter dienten als Norm die Regeln nach Duden, *Die deutsche Rechtschreibung*, 22. Auflage 2000, für die türkischen Wörter *Büyük Dil Kılavuzu* von Nijat Özön, Istanbul 1995, unter Beibehaltung der umstrittenen Verwendung des Zirkumflexes auf dem Relationssuffix (î).

2. İmla
Almanca kelimelerin yazılışında *Duden* sözlüğünün gözettiği imla kuralları esas alınmıştır. Türkçe kelimelerde ise Nijat Özön'ün Büyük Dil Kılavuzu'na (İstanbul 1995) uyulmuş, fakat nisbet ekleri üzerindeki düzeltme işareti korunmuştur (î).

3. Die Tilde (~) ersetzt das Stichwort (das auch selbst schon mithilfe der Tilde gebildet sein kann) oder den vor dem senkrechten Strich stehenden Wortteil, z.B.:
Selbst|achtung … ~bedienung = Selbstbedienung;
mit ~ = mit Selbstbedienung
Laden … ~dieb = Ladendieb

Wenn sich die Schreibung des ersten Buchstabens eines Stichworts ändert, also von groß auf klein und umgekehrt, erscheint die Kreistilde, z.B.:

3. Tilde işareti (~) maddebaşı kelimenin (bu kelimenin kendisi de tilde kullanılarak kurulmuş olabilir) veya dik çizginin solunda bulunan kelime parçasının yerini tutar, örn.:
çağıl|damak … ~tı = çağıltı
olası … ~lık = olasılık;
~lar hesabı = olasılıklar hesabı

Maddebaşı kelimenin baş harfinde küçükken büyük, büyükken küçük olma gibi bir değişiklik halkalı tilde işaretiyle gösterilmiştir, örn.:

drei … ~̊bettzimmer = Dreibettzimmer

4. Bei Stichwörtern, deren Aussprache nicht ohne Weiteres aus der Schreibung ersichtlich ist oder von den allgemeinen Regeln (S. 12–14 und 17–19) abweicht, wurde in eckigen Klammern die Lautschrift nach dem System der International Phonetic Association (IPA) hinzugefügt.

4. Telaffuzları doğrudan doğruya yazılışlarından anlaşılmayan kelimeler veya genel kurallarda (bak. S. 12–14 ve 17–19) belirtilenden değişik biçimde söylenen kelimeler köşeli parantezler içinde, International Phonetic Association'ın (IPA) sistemine uygun fonetik yazıyla belirtil-

Dies gilt insbesondere für Fremd- und Lehnwörter im Deutschen. Wo sich Ausspracheprobleme nur bei einzelnen Lauten oder bei Teilen eines Wortes ergeben, wurden nur die betreffenden Laute oder Wortteile in der Lautschrift hinzugefügt.
Im türkisch-deutschen Teil ist die abweichende Betonung von Stichwörtern durch das Betonungszeichen ' angegeben.
Eine Erläuterung der Aussprachezeichen findet sich auf S. 15–16.

miştir. Telaffuz sorunları kelimenin sadece belirli sesleri veya bir parçası için söz konusuysa, fonetik yazı sadece bu kısımların telaffuzunu gösterir. Telaffuz işaretleriyle ilgili ayrıntılı bilgi için bkz. S. 20–22.
Sözlüğün Türkçe-Almanca bölümünde, vurgusu genel kurallardan ayrılan maddebaşı kelimelerde, vurgulanan hecenin hemen önüne (') işareti konmuştur.

5. Das Geschlecht der deutschen Substantive ist immer angegeben, und zwar durch *m* (= männlich, Artikel der), *f* (= weiblich, Artikel die), *n* (= sächlich, Artikel das). Substantive, die nur im Plural auftreten, sind mit *pl* gekennzeichnet.

5. Almanca isim türünden kelimelerin tanımlığı (Artikel) ve dolayısıyla dilbilgisel cinsiyeti daima belirtilmiştir: *m* («maskulin», *der* tanımlığı ve eril cinsiyet için), *f* («feminin», *die* tanımlığı ve dişil cinsiyet için), *n* («neutral», *das* tanımlığı ve cinsiyeti nötr kelimeler için). Sadece çoğul biçimde (*die* tanımlığıyla) kullanılan kelimeler *pl* «plural» ile gösterilmiştir.

6. Im türkisch-deutschen Teil wurden bei den einsilbigen Verbstämmen die Aoristvokale angegeben (also *-ar/-er*; *-ır/-ir/-ür/-ur*). Außerdem wurden die Aoristformen der 3. Person Singular als Stichwort mit Verweis auf den Infinitiv aufgenommen. Bei den Nomen wird auf Lautveränderungen hingewiesen, die durch das Hinzufügen von Endungen erfolgen, z.B.:

6. Sözlüğün Türkçe-Almanca bölümünde tek heceli fiil köklerine gelen *-ar/-er* veya *-ir/-ır/-ür/-ir* geniş zaman eklerinden geçerli olanı belirtilmiş, ayrıca geniş zamanın 3. tekil şahıs biçimine maddebaşı olarak yer verilerek mastara gönderme yapılmıştır. Takı alan isimlerde ortaya çıkan ses değişiklikleri şöyle belirtilmiştir:

bucak ⟨-ğı⟩, **beyin** ⟨beyni⟩, **af** ⟨affı⟩

7. Im deutsch-türkischen Teil stehen die Flexionsformen (= Genitiv Singular; Nominativ Plural) unmittelbar hinter der Genusangabe:

7. Almanca-Türkçe bölümde isimlerin çekimleniş biçimleri (= tekil tamlama hali; çoğul yalın hal) tanımlığın (Artikel) hemen ardında yer almaktadır:

Affäre *f* ⟨-; -n⟩ = Genitiv: *der Affäre*; Plural: *die Affären*

Das Zeichen ¨ weist auf einen Umlaut in der flektierten Form hin:

¨ işareti, çekimlenme durumunda incelme (Umlaut) olduğunu gösterir:

Blatt *n* ⟨-s, ¨er⟩ = Genitiv: *des Blatts*; Plural: *die Blätter*

Keine Angaben erfolgen bei zusammengesetzten Substantiven, wenn die Teile als eigene Stichwörter verzeichnet sind.

Bileşik kelimelerde bu bilgiler tekrarlanmadığından, bileşimin son parçasının maddebaşı olduğu yere bakılmalıdır:

Klee ... ⁓blatt *n* → **Blatt** *n* ⟨-s, ¨er⟩

8. Bei den deutschen Verben ist angegeben, ob das Perfekt mit *haben* ⟨*h*⟩ oder *sein* ⟨*sn*⟩ gebildet wird (außer bei zusammengesetzten Verben). Außerdem stehen bei unregelmäßigen und trennbaren Verben die wichtigsten Merkmale:

8. Almanca fiillerden (bileşik fiiller dışında) geçmiş zamanı (Perfekt, Plusquamperfekt) *haben* yardımcı fiiliyle kurulanlar ⟨*h*⟩ ile, *sein* yardımcı fiiliyle kurulanlar da ⟨*sn*⟩ ile gösterilmiştir. Ayrıca, kuraldışı fiiller ile öntakısı ayrılan fiillerin bu özellikleri de belirtilmiştir, örn.:

schreiben *v/t u v/i* ⟨schrieb, geschrieben, h⟩ …
einspringen *v/i* ⟨*unreg*, -ge-, *sn*⟩ …

Siehe hierzu die Grammatikübersichten im Anhang!

Bu konuyla ilgili olarak ayrıca, ekteki dilbilgisi çizelgelerine bakınız.

9. Wird das Stichwort (Verb, Adjektiv oder Substantiv) von bestimmten Präpositionen regiert, so werden diese mit der entsprechenden Übersetzung angeführt:

9. Maddebaşı kelime (fiil, sıfat veya isim) eğer belli bir edat ile kullanılıyorsa, bu duruma işaret edilmiştir:

güven Vertrauen *n* (*-e karşı* zu *D*)
einsteigen ... (***in*** *A -e*) binmek

Bei deutschen Präpositionen, die den Dativ und den Akkusativ regieren können, wird der Fall jeweils angegeben:

Hem -i hali (Akkusativ), hem e hali (Dativ) ile kullanılan edatlar için geçerli hal belirtilmiştir:

knallen … *an* (*A*) od *gegen* …

10. Die Rektion der Verben und Substantive ist weitgehend berücksichtigt worden. Bei Verben, die im Deutschen und Türkischen mit jeweils unterschiedlichen Kasus gebraucht werden, stehen durchweg die entsprechenden Angaben:

10. Fiillerin ve isimlerin gerektirdiği haller geniş ölçüde belirtilmiştir. Almanca ve Türkçe'de ismin değişik farklı hallerini gerektiren fiillerde bu duruma ayrıca işaret edilmiştir:

değinmek berühren (*-e A*)
entlaufen ... kaçmak (*D -den*)

11. Die türkischen Suffixe, die der Vokalharmonie unterliegen (siehe Grammatikübersicht im Anhang), werden durch ihre hellen Varianten repräsentiert, z.B. -diğini = (ver)diğini,

11. Ünlü uyumuna bağlı olarak değişen takılar (ekteki dilbilgisi çizelgesine bakınız) ince ünlü biçimleriyle gösterilmiştir, örn. -diği = (ver)diği, (yap)tığı, (ol)duğu, (öp)tüğü.

(yap)tığını, (ol)duğunu, (öp)tüğünü. Zu -de, -e, -i usw. siehe auch das Abkürzungsverzeichnis im Anhang.

12. Die Bedeutungsunterschiede der Übersetzungen werden durch Abkürzungen (wie *fig.* = *übertragen*; EDV = elektronische Datenverarbeitung, Computer; F = familiär) sowie durch erklärende Zusätze, typische Zusammensetzungen oder Synonyme bezeichnet.
Dabei stehen Synonyme in Klammern, Objekt- und Subjektergänzungen ohne Klammern, z.B.:

-de, -e, -i vs. takıları için sayfa ekteki Kısaltmalar Listesi'ne bakınız.

12. Çevirilerdeki anlam farkları (*fig* = mecazî; EDV = elektronik bilgi işlem, bilgisayar; F = teklifsiz/konuşma dili) gibi kısaltmalarla, açıklayıcı ilavelerle, tipik sözcük birleşmeleri veya anlamdaş sözcükler yoluyla belirtilmiştir.
Burada açıklayıcı ilaveler parantezsiz, anlamdaş kelimeler parantez içinde verilmiştir:

eher ... *adv* (*früher*) daha erken, daha önce
einbringen ... *v/t Ernte* kaldırmak; *Lob*, *Kritik* getirmek

Zur Aussprache des Türkischen

A. Vokale und Diphthonge

Die türkischen Vokale **a, e, i, o, ö, u, ü** klingen ähnlich wie die entsprechenden Laute im Deutschen; sie werden im Allgemeinen offen und kurz ausgesprochen:

a [ɑ] wie **B**a**ch**
e [ɛ] wie **E**cke
i [ɪ] wie b**i**n
o [ɔ] wie d**o**ch
ö [œ] wie k**ö**nnen
u [ʊ] wie **u**nten
ü [ʏ] wie d**ü**nn

In Lehnwörtern arabischer oder persischer Herkunft können lange Vokale vorkommen: **sade** [sɑːˈdɛ] (langes a). Außerdem bewirkt der Halbkonsonant ğ eine Längung des vorangegangenen Vokals (s.u.).
Das Türkische kennt außer dem **i** (mit Punkt) noch ein **ı** (ohne Punkt). Dieses **ı** klingt dumpf, etwa wie das e in Bull**e**, z.B. kırmızı *rot*.
Zur Aussprache von **â, î, û** siehe unter C.

B. Konsonanten

Von den Konsonanten klingen **b, d, f, m, n, p, t** ähnlich wie im Deutschen. Zu beachten ist die Aussprache folgender Konsonanten:

c [dʒ] = **dsch** wie englisch gentleman.

ç [tʃ] = **tsch** wie in deutsch.

g meist wie das deutsche **g**, vor â (s. unten) jedoch erweicht und etwa wie **gj** gesprochen, z.B. ikametgâh *Wohnsitz*.

g (yumuşak g) **1.** nach dumpfen Vokalen nicht hörbar; längt lediglich den davor stehenden dumpfen Vokal; **2.** nach hellen Vokalen etwa wie das deutsche **j**; **3.** zwischen Vokalen in der Aussprache kaum hörbar.

h wie das deutsche **h** mit Neigung nach **ch**; in der Umgebung von dumpfen Vokalen klingt es etwa wie das **ch** in au**ch**: a**h**bap *Freund*, in der Umgebung von hellen Vokalen wie **ch** in i**ch**: tari**h** *Datum*. Es steht aber kaum als Dehnungs-h; a**h**bap, i**h**san werden also etwa wie a**ch**bap, i**ch**san gesprochen (Ausnahmen oft bei Ahmet, Mehmet, kahve [ɑːmɛt, mɛːmɛt, kɑːvɛ]).

j [ʒ] wie das französische **j** in **j**ournal.

k **1.** in Wörtern mit dumpfen Vokalen etwa wie das deutsche **k**: **k**um *Sand*, **k**urt *Wolf*; **2.** in Wörtern mit hellen Vokalen wird es erweicht und klingt etwa wie **kj**, wobei das nachklingende **j** nur schwach zu hören ist, z.B. **k**öy *Dorf*, ma**k**ine *Maschine*, e**k** *Anhang*, *Endung*.

l **1.** in Wörtern mit hellen Vokalen wie das deutsche **l**; **2.** in Wörtern mit dumpfen Vokalen immer dunkel wie das englische **l** [ɫ] in a**ll**, fu**ll**.
Abweichend von dieser Regel wird das **l** in Fremd- und Lehnwörtern auch in der Umgebung dumpfer Vokale erweicht, d. h. wie das deutsche l gesprochen. Früher wurden solche Vokale oft mit dem Zirkumflex versehen, z.B. **lâ**le *Tulpe*, **lâ**stik *Gummi*; jedoch nicht bei z.B. lo**kal** *lokal*, *Vereinslokal*.

r ist meist Zungenspitzen-**r**, das im Auslaut (am Wortende) seinen Stimmton verliert, d.h. es entwickelt sich ein deutliches Reibungsgeräusch.

s ist immer stimmlos wie **ß** in Ma**ß**, wei**ß**.

ş [ʃ] = **sch**.

v wie das deutsche **w**.

y [j] wie das deutsche **j** in **J**agd, **j**etzt.

z ist immer stimmhaft, also wie **s** in Hase, Rose.

C. Zirkumflex und Apostroph

Der Zirkumflex ^ (düzeltme işareti)

- bezeichnet die Palatalisierung (Erweichung) der vorangegangenen Konsonanten g und k (früher auch l), z.B. ikamet**gâh** *Wohnsitz*, **kâ**ğıt *Papier.*
- zeigt einen langen Vokal an, wenn damit eine Unterscheidung gleich geschriebener Wörter möglich ist, z.B. **a**lem *Fahne*, **â**lem *Welt.* Seit mehreren Jahren wird seine Verwendung sehr eingeschränkt.
- zeigt ein langes i im Auslaut an, das eine vom Arabischen entlehnte Relationsendung ist: Avrupa**î** *europäisch.* Auch diese Verwendung wird heute nicht mehr konsequent befolgt.

Der Apostroph ' (kesme işareti)

- bezeichnet die Grundform eines Eigennamens vor den Flexionsendungen, z.B. Almanya'**da** *in Deutschland*, Ankara'**ya** *nach Ankara.* Es gibt die Tendenz, diese Verwendung auf Personennamen zu beschränken.
- wird bei Buchstaben, Zahlen und Abkürzungen gebraucht, wenn diese Endungen bekommen, z.B. a'**dan** z'**ye** *von A bis Z*, saat 9'd**a** *um neun Uhr*, KDV'**siz** *ohne MwSt.*
- Als Zeichen (uzatma işareti) für Stimmabsatz bei arabischen und persischen Wörtern wird der Apostroph seit Anfang der 80er Jahre nicht mehr verwendet, z.B san'at → sanat.

D. Betonung

Der Ton liegt grundsätzlich auf der letzten Silbe und verlagert sich bei Wortstammerweiterung auf die letzte Silbe:

o'kul *die Schule*
okul'**lar** *die Schulen*
okullar'**da** *in den Schulen*
okullarda'**ki** *der/die/das in den Schulen befindliche*

Es gibt allerdings einige Suffixe, die nicht betont sind und die Verlagerung der Betonung auf die letzte Silbe verhindern. Die Betonung bleibt dort, wo sie ohne dieses Suffix gewesen wäre. Die wichtigsten unbetonten Suffixe sind:

1. Kopulativsuffixe:
   okul'da**yım** *ich bin in der Schule*
   ge'lir**sin** *du kommst*

2. Imperativsuffix der 2. Person Plural:
   'gel**in** *kommt!, kommen Sie!*
   'gel**in**iz *kommen Sie!*

3. Frage- und Verneinungssuffix:
   gel'ir **mi?** *kommt er?*
   'gel**me**yeceksin *du wirst nicht kommen*
   (Ausnahme: Verneinter Aorist, z.B.: gel'**me**zsin *du kommst nicht / du wirst nicht kommen*)

4. Das Tempussuffix des Präsens:
   o'k**uyor** *er liest gerade*
   ge'l**iyor** *er kommt gerade*

5. Das Sprachbezeichnungssuffix bzw. der nur noch in festen Formen erhaltene Äquativ (-ce) und die Adverbialsuffixe (-leyin und -in) sind stets unbetont: İngi'liz**ce** *Englisch*, Al'man**ca** *Deutsch*; 'ben**ce** *meiner Meinung nach*; sa'bah**leyin** *morgens*, ak'şam**leyin** *abends*; 'kış**ın** *im Winter*

6. Die suffigierten Formen von idi, imiş, ise, iken und ile, also -(y)di, -(y)miş, -(y)se, -(y)ken und -(y)le sind ebenfalls stets unbetont: gel'miş**ti** *er war gekommen*, gele'cek**miş** *er wird angeblich kommen*, ge'lir**se** *wenn er kommt*, o'kur**ken** *während er liest*, ara'ba**yla** *mit dem Wagen*

7. Das stets getrennt geschriebene konjunktionale Suffix de/da und die Konjunktion ki sind ebenfalls nicht betont:
   Ha'san **da** gitti. *Hasan ging auch / Und Hasan ging.*
   Öyle hoşuma git'ti **ki!** *Es gefiel mir so sehr!*

8. Bei den Intensivformen der Adjektive liegt die Betonung auf der verdoppelten Silbe:
   te'miz *sauber* '**ter**temiz *ganz sauber*
   çıp'lak *nackt* çı'**rıl**çıplak *splitternackt*

9. Eigennamen (Personen wie Ortsnamen) werden grundsätzlich nicht auf der letzten Silbe betont, mit Ausnahme von Ortsnamen auf -istan, die endbetont sind: Al'manya *Deutschland*, 'Türkiye *Türkei*; aber Yunanis'tan *Griechenland*

Phonetische Zeichen

ˈ steht vor der betonten Silbe

'kolza Raps *m*

pi'yango Lotterie *f*

Das Betonungszeichen entfällt, wenn die letzte Silbe betont wird, oder genauer, wenn alle Silben fast gleichmäßig betont sind, was im Türkischen die Regel ist.

ː dient zur Angabe der Länge des Vokals oder des Konsonanten:

dağ [dɑː] Berg *m*

etti [ɛtːɪ] er machte

b, d, f, g, j, l, m, n, p, t lauten wie im Deutschen; p und t sind ebenso wie im Deutschen leicht aspiriert, also genauer ph, th.

Erklärung der einzelnen Lautzeichen mit Beispielen

ɑ	„dunkles" ***a*** wie in *Vater*, aber kurz; im Deutschen nicht vorhanden	bardak [bɑrˈdɑk] *Trinkglas*
ɑː	langes „dunkles" ***a*** wie in *Vater*	dağ [dɑː] *Berg*
a	kurzes ***a*** wie in *Stadt*	plâk [plak] *Schallplatte*
aː	langes mittleres ***a***. Man dehne das ***a*** in *Stadt*.	lâzım [laːˈzɨm] *nötig*
ʤ	enge Verbindung zwischen stimmhaftem ***d*** in ***da*** und stimmhaftem ***j*** in ***Journal***	cep [ʤɛp] *Tasche*
eˑɪ	halblanges geschlossenes ***e*** wie in ***Telefon*** mit folgendem sehr schwachem i-Laut; fast wie ***ee*** in ***See***	değil [ˈdeˑɪl] *nicht*
ɛ	kurzes offenes ***e*** wie in ***Ecke***, ***fest***	erkek [ɛrˈkɛk] *Mann*
ɛː	langes offenes ***e*** wie ***ä*** in *während*	memur [mɛːˈmuːr] *Beamter*
h	bezeichnet niemals die Dehnung des vorangegangenen Vokals, sondern ist auch vor Konsonanten deutlich hörbar; *s. a.* [x]	hayır [ˈhajɨr] *nein*
ː	langes, ziemlich geschlossenes ***i***, doch nicht ganz so geschlossen wie in *Lied*	tamir [tɑːˈmɪːr] *Reparatur*
ɪ	kurzes, sehr offenes ***i*** wie in *bin*, ***ist***; wird auch in offener Silbe und am Ende eines Wortes offen gesprochen	bir [bɪr] *eins*
ĭ	flüchtiges ***i*** in *Ferien* oder sehr schwaches ***j***	büyük [byĭyk] *groß*
ɨ	ein dumpfer i-Laut, keine Entsprechung im Deutschen. Man spreche ***i*** mit zurückgezogener Zunge.	altın [ɑɫˈtɨn] *Gold*
ɨː	langer dumpfer i-Laut	antepfıstığı [ˈɑntɛpfɨstɨːɨ] *Pistazie*
j	wie das deutsche ***j*** in ***ja***, ***jeder***	yol [jɔɫ] *Reise*
ʒ	entspricht dem französischen ***j*** in ***Journal***	plâj [plaʒ] *Strand*
k	wird bei dunklen Vokalen etwas weiter hinten am Gaumen gebildet als das deutsche ***k*** in ***Kunde***, bei hellen Vokalen fast wie ***k***(*j*). Es ist wie im Deutschen aspiriert.	kaç [kɑʧ] *wie viel*

ł	„hartes" ***l***; wird in der Umgebung von dumpfen Vokalen hohl gesprochen und klingt wie das englische ***l*** in *fall*, *dull*	halı [hɑ'łɨ] *Teppich*
ŋ	wie ***ng*** in *Ring*	kamping [kɑm'pıŋ] *Camping*
ɔ	kurzes offenes ***o*** wie in *Sonne*	roman [rɔ'mɑn] *Roman*
ɔː	langes halboffenes ***o***, etwa zwischen ***o*** in *Sohn* und ***o*** in *dort*	fotoğraf [fɔtɔː'rɑf] *Bild*
œ	kurzes ***ö***, etwa wie in *können*, doch nicht ganz so offen	sözlük [sœz'lyk] *Wörterbuch*
œː	langes ***ö***, offener als in *Föhn*	böğür [bœː'yr] *Seite*, *Flanke*
r	Zungenspitzen-r, am Ende eines Wortes wird es mit deutlichem Reibegeräusch (fast wie ***rs***) gesprochen	opera [ɔ'pɛrɑ] *Oper* var [vɑr] *es gibt*
s	wie ***ss*** in *Wasser* oder ***ß*** in *Muße*	su [su] *Wasser*
ʃ	wie ***sch*** in ***schon***	şapka ['ʃɑpkɑ] *Hut*
tʃ	wie ***tsch*** in ***deutsch***	çok [tʃɔk] *viel*
u	kurzes ***u*** wie in *Universität*	uzun [u'zun] *lang*
uː	langes ***u*** wie in *Mut*	uğramak [uːrɑ'mɑk] *vorbeikommen*
v	wie ***w*** in ***Wasser***	takvim [tɑk'viːm] *Kalender*
x	wie ***ch*** in *Nacht*, jedoch ohne Kratzgeräusch; nur am Ende einer Silbe nach dunklem Vokal	anahtar [ɑnɑx'tɑr] *Schlüssel*
y	wie ***ü*** in *amüsieren*	gümüş [gy'myʃ] *Silber*
yː	langes ***ü*** wie in *Hüte*	güneş gözlüğü [gy'nɛʃgœzlyːy] *Sonnenbrille*
z	wie stimmhaftes ***s*** in ***Sonne***, ***See***	yüzük [jy'zyk] *Ring*

Almanca'nın Telaffuzu

Dikkat! Sözlükte kullanılan uluslararası fonetik alfabesinin (IPA) şu işaretleri Türkçe alfabedeki benzerlerinden farklıdır: [ç], [ı], [j], [y]. Bu harflerin okunuşu için aşağıdaki «Telaffuz İşaretleri Üzerine Açıklamalar» bölümüne bakınız.

A. Ünlüler ve Bileşik Ünlüler

Ünlüler, Almancada kısa veya uzun söylenir. Ünlünün kısa söylenişi bazen ondan sonra gelen ünsüzün ikilenmesi ile işaretlenir, ünlünün uzun söylenişi ise kendisinin ikilenmesi veya okunmayan uzatma harfi (h) ile gösterilir. Çoğu zaman ünlülerin kısa veya uzun söylenişi belirtilmez. Aşağıda ['] işareti, vurguyu göstermektedir:

a sesi ne Türkçe k**a**z kelimesinde olduğu kadar kalın, ne de l**a**f ve k**â**ğıt kelimelerinde olduğu kadar incedir.

a	g**a**nz	[gants]	*bütün*
	H**a**lle	['halə]	*salon, hol, hal (sebze hali)*
	s**a**gen	['zaːgən]	*söylemek, demek*
	W**aa**ge	[vaːgə]	*terazi, kantar*
	F**ah**rt	[faːt]	*gidiş, yolculuk*

Uzun söylenen **e** (ee), Türkçe t**e**sir kelimesindeki gibidir. Vurgusuz **e** Türkçedeki ı gibi söylenir.

e	**E**nde	['ɛndə]	*son, bitiş*
	Ebbe	['ɛbə]	*cezir, inme*
	eben	[eːbən, eːbm]	*düz*
	T**ee**	[teː]	*çay*
	Ehre	['eːrə]	*şeref*

i harfi **e**'nin veya **h**'nin önündeyse uzun okunur.

i	b**i**lden	['bıldən]	*teşkil etmek*
	b**i**llig	['bılıç]	*ucuz*
	Ol**i**ve	[o'liːvə]	*zeytin*
	B**ie**r	[biːɐ]	*bira*
	ihn	[iːn]	*onu (eril)*

Uzun söylenen **o** (**oo**) Türkçe **o**ğlum kelimesinde uzun söylenen o'ya benzer.

o	**O**rden	['ɔrdən]	*nişan, madalya*
	k**o**mmen	['kɔmən]	*gelmek*
	h**o**len	['hoːlən]	*alıp getirmek*
	M**oo**r	[moːɐ]	*bataklık, turba*
	h**oh**l	[hoːl]	*oyuk*

Uzun okunan **u** ise çift yazılmaz.

u	H**u**nd	[hunt]	*köpek*
	kn**u**rren	['knʊrən]	*hırlamak*
	g**u**t	[guːt]	*iyi*
	St**uh**l	[ʃtuːl]	*sandalye*

Y harfi yalnız yabancı kelimelerde bulunur ve **ü** gibi okunur.

y	Ph**y**sik	[fy'zık]	*fizik*
	Ps**y**chologie	[psyçolo'giː]	*psikoloji*

Kısa **ä/ae** Türkçedeki **e** gibi açık söylenir, uzun **ä/ae** ise çoğu zaman uzun (**ee**) gibi söylenir.

ä/ae	gänzlich	['gɛntʂlıç]	*tamamen*
	fällen	['fɛlən]	*(ağaç) kesmek*
	Märchen	['mɛːʁçən]	*masal*
	Zähler	['tʂɛːlɐ]	*sayaç*

Üzerinde iki nokta olan ünlüler (yani Umlaut'lar) çift yazılmaz. Aynı şey bunların iki nokta yerine kendilerinden sonra bir **e** harfiyle yazılmış olmaları hali için de geçerlidir (G**oe**the gibi).
Uzun **ö** (**öö**), Türkçe'deki uzun **ö**'den daha dar (ü'ye yakın) söylenir.

ö/oe	B**ö**rse	['bœrzə]	*borsa*
	H**ö**lle	['hœlə]	*cehennem*
	sch**ö**n	[ʃøːn]	*güzel*
	H**ö**hle	['høːlə]	*in, mağara*
ü/ue	B**ü**rger	['bʏrgɐ]	*şehirli, vatandaş*
	H**ü**lle	['hʏlə]	*kılıf*
	m**ü**de	['myːdə]	*yorgun*
	B**ü**hne	['byːnə]	*sahne*

İkili ünlülerden özellikle şunlar önemlidir:

ei/ey	m**ei**n	[maĭn]	*benim*
eu	d**eu**tsch	[dɔʏtʃ]	*Alman(ca)*

B. Ünsüzler

Ünsüzlerden **b, d, f, m, n, p**ve **t** hemen hemen Türkçe'de olduğu gibi söylenir.

c tek başına yalnız yabancı sözcüklerde bulunur ve çoğu zaman **ts** gibi söylenir. Kendisinden sonra gelen **h** ile birlikte hemen hemen Türkçedeki **h** gibi okunur: i**ch** [ih] *ben*, Kra**ch** [krah] *gürültü*. **Chs** ünsüzler grubu **ks** gibi okunur: Bü**chs**e ['bʏksə] *kutu*. **Ck** iki **k** yerine yazılır.

g sözcük sonunda **k** veya **h** gibi söylenir: Ta**g** [taːk] *gün*, farbi**g** [faːbiç] renkli. **G**'den önce gelen **n** genizden söylenir: **g**in**g**en ['gıŋən] *gittiler*.

h sözcük veya hece başında Türkçedeki **h** gibi söylenir: **H**aar [haːɐ] *saç*, Ge**h**alt [gə'halt] *aylık, maaş*. Dikkat: H harfi, çoğuzaman kendisinden önceki ünlünün uzun okunacağını gösterdiğinden herhangi bir ses değeri taşımaz: ge**h**t [geːt] *gidiyor*, st**eh**en ['ʃteːn] *ayakta durmak*.

j Almanca sözcüklerde y gibi, yabancı kökenli sözcüklerde **j** gibi söylenir: **J**ahr [jaːɐ] *yıl*, **J**ournalist [ʒuɐna'lıʂt] *gazeteci*.

k daima Türkçedeki kalın ünlülerin yanındaki **k** gibi söylenir: **K**ampf [kampf] kavga.

l daima Türkçedeki ince ünlülerin yanındaki **l** gibi söylenir: **L**ampe ['lɑmpə] *lamba*, **L**ager ['laːgɐ] *depo*.

ph = **f**: Mega**ph**on [mɛga'foːn] *megafon*.

r Bölgelere bağlı olarak, ya Türkçe'deki **r** gibi, ya da **ğ** ile **h**'ya benzeyen, gırtlaksı bir sesle söylenir.

s sözcük veya hece başında bir ünlüden önce **z** gibi söylenir: **S**ahne ['zaːnə] *kaymak*, be**s**itzen [bə'zıtʂən] *sahip olmak*.

sch = **ş**: **Sch**ule ['ʃuːlə] *okul*.

sp ve **st** sözcük veya hece başında **şp** ve **şt** gibi söylenir: **Sp**atz [ʃpaʂ] serçe, ge**sp**rochen [gə'ʃprɔxən] *konuş(ul)muş*, **St**ein [ʃtaɪn] *taş*, ge**st**ehen [gə'ʃteːən] *itiraf etmek*.

ß **s** gibi söylenir, bazen **ss** şeklinde de yazılır.

v Almanca sözcüklerde **f** gibi, yabancı kökenli sözcüklerde **v** gibi söylenir: voll [fɔl] *dolu*, Vase ['vaːzə] *vazo*.

w = **v**: **W**agen ['vaːgən] *araba*.

x = **ks**: A**x**t [akst] *balta*.

z = **ts**: **Z**eitung ['tsaĭtʊŋ] *gazete*

C. Vurgulama

Vurgu genellikle kök hecededir: **'geben** vermek, **ge'schrieben** yaz(ıl)mış, yazılı. Bu da bileşik kelimeler için geçerlidir: **'Buchbinder** *ciltçi, mücellit*, **'Buchbindermeister** *ciltçi/mücellit ustası*.

Öntakısı ayrılan fiillerde vurgu, ayrılan hecededir: **'übersetzen** (er setzt über) *gemiyle geçmek*, fakat **über'setzen** (er übersetzt) *tercüme etmek*; **ver'wandeln** (er verwandelte) *değiştirmek*.

Telaffuz İşaretleri Üzerine Açıklamalar

a) Ünlüler

[a]	**hat** [hat], **Tag** [ta:k]	Türkçe normal a'dan ince, ince a'dan kalın	**kaz** ile **kâğıt** arası
[ɐ]	**Theater** [te'a:tɐ], **Lehrer** ['le:rɐ]	zayıf a, «…er» ile biten kelimelerden sonra	
[ɐ̯]	**Uhr** [u:ɐ̯], **leer** [le:ɐ̯], **sehr** [ze:ɐ̯]	zayıf a, kelime sonundaki r'den önce uzatılan bir ses varsa	
[e]	**Tenor** [te'no:ɐ̯], **sehen** ['ze:ən]	i'ye benzeyen, kapalı e	**elma** [el'mɑ], **dede** [de'dɛ],
[ɛ]	**hätte** ['hɛtə], **wählen** ['vɛ:lən]	açık e	**dere** [de'rɛ], **efendi** [e'fɛndı]
[ə]	**Affe** ['afə]	mırıltı sesi (sadece vurgusuz hecelerde), İngilizce «the» daki «e» gibi	
[i]	**Triumph** [tri'ʊmf], **viel** [fi:l], **Podium** ['po:di̯ʊm]	kapalı i	**iğde** [i:dɛ], **hibe** [hi:bɛ]
[ɪ]	**bitte** ['bɪtə]	kapalı i (daima kısa)	**simit** [sɪ'mɪt], **bilet** [bɪ'lɛt]
[o]	**Poesie** [poe'zi:], **rot** [ro:t]	kapalı o	**oğlak** [o:'ɫɑk], **oy** [o͜ɪ]
[ɔ]	**toll** [tɔl]	açık o (daima kısa)	**oya** [ɔ'jɑ], **sol** [sɔɫ]
[ø]	**ökonomisch** [øko'no:mɪʃ]	kapalı ö	öğren [ø:'rɛn]
[œ]	**spöttisch** ['ʃpœtɪʃ]	açık ö	**örtü** [œr'tʏ]
[u]	**kulant** [ku'lant], **Schuhe** ['ʃu:ə], **aktuell** [ak'tu͜ɛl]	kapalı u	**uğur** ['u:r]
[ʊ]	**null** [nʊl]	açık u (daima kısa)	**kulak** [kʊ'ɫɑk]
[y]	**dynamisch** [dy'na:mɪʃ], **über** ['y:bɐ], **Mühe** ['my:ə]	kapalı ü	**düğme** [dy'mɛ]
[ʏ]	**Schüsse** ['ʃʏsə], **synchron** [zʏn'kro:n]	açık ü	**ümit** [ʏ'mɪt]
[ɑ̃, ɛ̃, ɔ̃, œ̃]	**balancieren** [balɑ̃'si:rən], **Interieur** [ɛ̃te'ri̯ø:ɐ̯], **Parfüm** [par'fœ̃:]	genizsi ünlüler (sadece yabancı kelimelerde ve bazı Anadolu ağızlarında)	

b) Çiftünlüler

[a͜i]	**steil** [ʃta͜il]	a'yla i'nin sıkı beraberliği	**kaymak** [kɑ͜ɪ'mɑk]
[a͜u]	**Laut** [la͜ut]	a'yla u'nun sıkı beraberliği	**aut** [ɑ͜ʊt]
[ɔ͜y]	**heute** ['hɔ͜ytə]	o'yla ü'nün sıkı beraberliği	**poyraz** [po͜ɪ'rɑz]

c) Ünsüzler

[k, p, t]	**Kunst** [kʊnst], Pelz [pɛlt͜s], Text [tɛkst]	vurgulu bir hecenin başında hafif soluklu söylenir	**kol** ['kɔɫ], **pasta** ['pɑstɑ], **tel** ['tel]
[b, d, g]	**Ball** [bal], **du** [du:], **gern** [gɛrn]	yumuşak ve soluksuz söylenir	**baba** [bɑ'bɑ], **dede** [de'dɛ], **gaga** [gɑ'gɑ]
[f]	**Fenster** ['fɛnstɐ], **Vater** ['fa:tɐ]	f sesi	**fark** ['fɑrk]
[v]	**Wasser** ['vasɐ], **Vase** ['va:sə]	ötümlü sürtünmeli ses, İngilizce'deki «w» değil!	**vazo** ['vɑzɔ]
[s]	**Nest** [nest], **Ruß** [ru:s], **besser** ['bɛsɐ]	keskin, ötümsüz s	**selam** [se'lam]
[z]	**sagen** ['za:g̩ə̩n], **Reise** ['ra͜izə]	yumuşak, ötümlü z	**zor** ['zɔr]
[pf, t͜s, t͜ʃ]	**Pferd** [pfe:ɐt], **Zunge** [t͜sʊŋə], **Benzin** [bɛn't͜si:n], **Putsch** [pʊt͜ʃ]	t ile s, t ile ş veya p ile f kaynaşması	**gitsek** [gɪt͜sɛk], **çiçek** [t͜ʃɪ't͜ʃɛk]
[x]	**achten** ['axt(ə)n], **Loch** [lɔx], **Flucht** [flʊxt]	kalın h (Türkçe h'den daha kalın)	
[ç]	**ich** [ɪç], **flechte** [flɛçtə]	ince h (Türkçe h'den daha ince)	
[j]	**ja** [ja:]	y sesi	**yoğurt** [jo'ʊrt]
[ʃ]	**Schotte** ['ʃɔtə]	ş sesi	**şasi** ['ʃɑsı]
[ʒ]	**Manege** [ma'ne:ʒə]	j sesi (sadece yabancı kökenli kelimelerde)	**jelatin** [ʒɛla'tın]
[d͜ʒ]	**Gin** [d͜ʒɪn], **Joint** [d͜ʒɔɪnt]	c sesi (sadece yabancı kökenli kelimelerde)	**cin** [d͜ʒɪn]
[m, n]	**Moment** [mo'mɛnt]	m ve n sesleri	**manda** [mɑn'dɑ]
[l]	**Nebel** [ne:b(ə)l], **Lust** [lʊst]	«kalın» değil, Türkçe'de kelime başında, ince ünlüden önce ve yabancı kökenli kelimelerdeki l sesi	**kelime** [kelı'mɛ]
[ŋ]	**lang** [laŋ], **Mangan** [maŋ'ga:n]	n ile g'nin kaynaşması, fakat g artık neredeyse duyulmaz olmuştur; İngilizce «song» gibi.	
[r]	**Ring** [rɪŋ]	çoğunlukla gırtlaktan söylenir, ğ'ye benzer	
[h]	**Hut** [hu:t]	soluklu ses (sadece hece başında)	**hece** [he'd͜ʒɛ]

Fonetik Alfabesine Özgü İşaretler

[']	**Rhythmus** ['rʏtmʊs]	vurgu işareti; vurgulu hecenin hemen önüne konur	**bodrum** [bɔd'rʊm], **Bodrum** ['bɔdrʊm],

[ː]	**Baby** ['beːbi]	uzatma işareti; kendisinden önceki ünlü uzun söylenir	**sakin** [saː'kın]
[˜]	**Fonds** [fõː]	genizsi ünlü işareti; söz konusu ünlünün üstünde bulunur	
[‿]	**Funktion** [fʊŋk't͜si̯oːn], **weit** [va͜it]	kaynaşma eğrisi; kaynaşan sesleri birleştirir / kaynaşan seslerin ardından gelir	**soğuk** ['so͜uk]
[˘]	**Studie** ['ʃtuːdĭə]	ünlü üzerinde yarım daire hece yapmayan, yani bir hece içinde hissedilen, fakat özellikle belirtilmeden söylenen ünlüyü gösterir	
[|]	**beachten** [bə'|axt(ə)n]	gırtlak vuruşu ünlülerden önce gelir, vurgulu ünlüden önce kısa bir susuş gibidir	

En Çok Kullanılan Almanca Eklerin Telaffuzu

-bar(keit) [-baːɐ(ka͜it)]

-ei ['-aĭ]

-el [-əl], **-eln(d)** [-əln(t)]

-en [-(ə)n], **-ens...** [-(ə)ns...]

-end [-ənt], **-ende** [-əndə], **-ender**, [-əndɐ]

-er [-ɐ], **-erin** [-ərɪn], **-erisch** [-ərɪʃ]

-ern [-ɐn]

-et [-ət]

-haft(s...) [-haft(s...)], **-haftigkeit** [-haftɪçka͜it]

-heit(s...) [-ha͜it(s...)]

-ieren [-'iːrən]

-ig [-ɪç], **-igen** [-igən], **-ige** [-ɪgə], **-iger** [-ɪgɐ], **-igkeit** [-ɪçka͜it], **-igt** [-ɪçt], **-igung** [-igʊŋ]

-isch [-ɪʃ]

-istisch [-ɪstɪʃ]

-keit(s...) [-ka͜it(s...)]

-lich(keit) [-lɪç(ka͜it)]

-los [-loːs], **-losigkeit** [-loːzɪçka͜it]

-nis [-nɪs]

-sal [-zaːl]

-sam(keit) [-zaːm(ka͜it)]

-schaft(s...) [-ʃaft(s...)]

-ste [-stə], **-stel** [-st(ə)l], **-stens** [-st(ə)ns]

-te [-tə], **-tel** [-t(ə)l], **-tens** [-t(ə)ns]

-tum [-tuːm]

-ung(s...) [-ʊŋ(s...)]

A

a[1], **A**; ***a'dan z'ye kadar*** von A bis Z

a[2] [ɑː] oh!, ach!; ***a ne güzel*** o wie schön!; *zur Verstärkung oft* denn; ***a çocuk*** (aber) Kind!; ***a, sen burada mıydın?*** huch, bist du hier?

-a[1], **-e** *Suffix des Dativs und der Richtung*: an *A*, auf *A*, in *A*, nach, zu *usw*; ***bir haftalığına*** auf e-e Woche

-a[2], **-e** *mit* ***-sa***: ***okusana!*** nun lies mal!, ***gitsene!*** geh doch!; *andere Personenformen* → ***-ya***

aa, aah F nicht doch, i wo!

a a a: ***~ bu ne hal!*** oje! oje!, was ist denn das!

AB *Abk* → ***Avrupa Birliği***

aba Filztuch *n*; dicke(r) Überwurf; ***~yı yakmak*** (*-e* in *A*) sich verlieben

abajur (*siper*) Lampenschirm *m*; (*siperli lamba*) Stehlampe *f*, Tischlampe *f*

abaküs Abakus *m*

abalı: ***vur ~ya!*** es trifft immer den Schwächsten

abandırmak *v/t* niedersitzen lassen (*Tier*)

abandone kampfunfähig (*beim Boxen*)

abanmak sich lehnen (*-e* an *A*); sich stützen (*-e* auf *A*); F *j-m* auf der Tasche liegen (*-e*)

abanoz Ebenholz *n*; Ebenholz-

abart|ı Übertreibung *f*; **~ıcı** übertreibend; **~ma** Übertreibung *f*, Hyperbel *f*; **~mak** übertreiben

Abaza Abchase *m*, Abchasin *f*; **~ca** (das) Abchasisch(e)

Abbasî Abbaside *m*; abbasidisch

ABC *Abk für* ***atom, biyoloji, kimya*** atomare, biologische und chemische (Waffen); ***~ silahları*** ABC-Waffen *f/pl*

ABD *Abk* → ***Amerika Birleşik Devletleri***

abdest → ***aptes***

abe he!, he, du (da)!

abece Alphabet, Abece *n*

aberasyon PHYS Abweichung *f*

abes (*saçma*) absurd; (*faydasız*) zwecklos; Unsinn *m*, dumme(s) Zeug; ***~ kaçmak*** *Wort* fehl am Platz sein; ***~le uğraşmak*** sich in Kleinkram verlieren

Abhazya Abchasien *n*; **~lı** Abchase *m*

abıhayat Lebenswasser *n*, Jungbrunnen *m*; ***~ içmiş*** jung geblieben

abi (→ ***ağabey***) ältere(r) Bruder; F *respektvolle Anrede an e-n älteren Mann*

abide [ɑː] Denkmal *n*, Monument *n*

abiye elegant, festlich (*Kleid usw*)

abla ['ɑblɑ] ältere Schwester; F *Anrede an e-e ältere Frau*

ablak pausbäckig; Pausback *m*

abluka [-'lu-] Blockade *f*; ***~ etmek*** blockieren (*-i A*); ***~ya almak*** die Blockade verhängen (*-i* über *A*); ***~yı kaldırmak*** die Blockade aufheben; ***~yı yarmak*** die Blockade durchbrechen

abone [ɑ'bɔnɛ] Abonnement *n*; Abonnent *m*; ***~ bedeli, fiyatı*** Abonnementspreis *m*; ***~yi kesmek*** das Abonnement abbestellen; ***~ olmak*** abonnieren (*-e A*, auf *A*); **~lik** ⟨-ği⟩ Abonnements-, Abonnenten- (*z.B. Zentrale*)

abonman Abonnement *n*; ***~ bileti*** Zeitkarte *f*

aborda [-'bɔr-] Anlegen *n eines Schiffes*; ***~ etmek*** anlegen (*-e* an *D*)

abraş scheckig; *Blatt* (weiß) fleckig

abstre abstrakt (*a Zahl*)

abuk: ***~ sabuk*** wirr, konfus, unsinnig

abullabut vertrottelt; verlottert

abur cubur alles durcheinander (*essen*); verworren

abus [ɑ'buːs] mürrisch, brummig; **~luk** ⟨-ğu⟩ Brummigkeit *f*

acaba ['ɑdʒɑbɑː] denn, wohl; vielleicht; ob … wohl; ***o bunu ~ biliyor mu?*** weiß er das überhaupt?; ***~ kim geldi?*** wer ist denn da gekommen?; ***~ gelmeyecek mi?*** ob er etwa nicht kommt?

-acak *Futursuffix*; *a zur Bildung von Gerundien* ***içecek bir şey*** etwas zum Trinken, *u Substantiven* ***içecek*** Getränk *n*; **~mış, ~tı** *Vergangenheitssuffixe für die vorweggenommene Zukunft*

acar couragiert, ungestüm; **~lık** ⟨-ğı⟩ *fig* Schwung *m*

acayip [-dʒaː-] ⟨-bi⟩ sonderbar, merkwürdig, komisch; *int* ***~!*** ist nicht möglich!; merkwürdig!; *-in* ***acayibine gitmek*** *j-m* komisch vorkommen; **~leşmek** sonderbar werden; **~lik** ⟨-ği⟩ (etwas) Komisches, Seltsames

acele Eile *f*, Hast *f*, Hetze *f*; eilig, dringend; ***~ ~*** sehr eilig, dringend; ***~ etmek*** sich beeilen; ***~ ile*** in Eile; ***~m*** (*od* ***~ işim***) ***var*** ich habe es eilig; ***~si yok*** es

eilt nicht; **~den** aus Eile; **~ye gelmek** in Eile erledigt werden; **~ye getirmek** eilig und schlecht erledigen
aceleci geschäftig, hektisch (*Person*)
acelecilik ⟨-ği⟩ Eile *f*, Überstürzung *f*
Acem *osm* Perser *m*; persisch; **~ce** (das) Persisch(e); (auf) persisch
acemi unerfahren, ungeübt; Anfänger *m*, -in *f*, Neuling *m*; **~ çaylak** blutige(r) Anfänger; MIL Rekrut *m*; **ben bu şehrin ~siyim** ich bin fremd in der Stadt; **~lik** ⟨-ği⟩ Unerfahrenheit *f*
acenta [ɑ'dʒɛntɑ] (*temsilcilik*) Agentur *f*, Vertretung *f*; (*kişi*) Vertreter *m*; **~lık** ⟨-ğı⟩ Vertretung *f*, Vertretertätigkeit *f*
acı[1] *adj allg* bitter, scharf; *fig* schmerzlich; *Geschrei* laut; *Stimme* scharf, durchdringend; *Farbe* grell, schreiend; *Nachricht* traurig; **~ ~** heftig, durchdringend; bitter; **~ kuvvet** rohe Gewalt *f*
acı[2] *subst* (*tat*) Bitterkeit, Schärfe *f*; (*ağrı*) Schmerz *m*; Leid *n*; Trauer *f*; **~ çeken** leidend; **~ çekmek** leiden, Schmerzen haben; **b-ne ~ gelmek** j-m bitter sein/werden; *-in* **~sını çekmek** büßen müssen *A*; **bş-in ~sını (b-nden) çıkarmak** sich für etw (an j-m) schadlos halten; **bş-in ~sı içine** (*od* **yüreğine**) **çökmek** sich *etw* sehr zu Herzen nehmen
acı|ağaç ⟨-cı⟩ BOT Quassie *f*; **~badem** BOT bittere Mandel *f*; **~bakla** BOT Lupine *f*; **~çiğdem** BOT Herbstzeitlose *f*; **~hıyar** BOT Eselsgurke *f*
acık F → **azıcık**
acıklı *kişi* traurig; *hikâye* herzzerreißend; **~ komedi** Tragikomödie *f*
acık|mak Hunger bekommen/haben; **~mış** hungrig; **~tım** ich habe Hunger; **~tırmak** Appetit machen (*-i j-m*)
acı|laşmak *e-n* bitteren Geschmack bekommen; *Fett* ranzig werden; **~lı** in Trauer; *Speise* scharf angemacht; **~lık** ⟨-ğı⟩ Bitterkeit *f*, Gram *m*
acıma Mitleid *n*
acımak wehtun, schmerzen; bitter werden; bedauern (*-e A*); Mitleid haben (*-e* mit *D*); *Aufwand* bereuen (*-e A*); *Fett* ranzig werden; **ona çok acıyorum** es tut mir sehr Leid um ihn
acımarul Chicoreé *m*, *a f*
acı|masız, ~maz mitleidlos
acım|sı, ~tırak schwach bitter, herb
acınacak bedauernswert
acındırıcı Mitleid erregend
acındırmak Mitleid erregen (*-i -e* bei *j-m* für *j-n*)
acınmak *-e* bedauern *A*; *Aufwand* bereuen *A*
acısız schmerzlos; *fig* sorgenfrei
acıtmak *j-m* wehtun (*-i* an *D*); bitter machen
acil [ɑː] *adj* eilig, dringend; (*hemen*) baldig, rasch; **~ servis** MED Intensivstation *f*; **~ şifalar dilemek** baldige Genesung wünschen; **~en** ['ɑː-] *adv* dringend
aciz[1] ⟨aczi⟩ Kraftlosigkeit *f*, Unfähigkeit *f*; **~ hali** ÖKON Zahlungsunfähigkeit *f*; **~e düşmek** *e-n* Rückgang verzeichnen
aciz[2] [ɑː] elend, kraftlos; hilfsbedürftig; unfähig; *-den* **~ olmak** nicht in der Lage sein, zu …
acun *osm* Weltall *n*, Kosmos *m*
acur *Art* Gurke *f*
acuze [-uː-] alte(s) Weib; Hexe *f*
acyo ['ɑdʒjɔ] ÖKON Agio *n*
acze, aczi [ɑdːz-] → **aciz**
aç[1] ⟨-çı⟩ *adj* hungrig; mittellos; unersättlich; versessen (*-e* auf *A*); **~ açına** mit nüchternem Magen; **~ bırakmak** hungern lassen; **~ biilaç** in Not und Elend; **~ kalmak** sich nicht satt essen können; verarmen; **~ kar(n)ına** auf nüchternen Magen; **karnım ~** ich habe Hunger; **~ susuz kalmak** in Not und Elend geraten
aç[2] ⟨acı⟩: **acından ölmek** verhungern
açalya [-'tʃɑ-] Azalee *f*
açan ANAT Streckmuskel *m*
açgözlü unersättlich; **~lük** ⟨-ğü⟩ Unersättlichkeit *f*; **~ etmek** gierig sein
açı Gesichtswinkel *m*, Aspekt *m*; MATH Winkel *m*; **bu ~dan** unter diesem Gesichtswinkel
açıcı (*ümit verici*) verheißungsvoll; (*açıklayıcı*) erklärend; **iç~ sözler** *fig* erleichternde Worte
açık[1] ⟨-ğı⟩ *adj Tür usw* offen (*a Meer*); *Geschäft, Museum* geöffnet; *Platz, Stelle* frei; *Schritt* weit; *Farbe* hell; *Film usw* frei, schamlos; *Tee* leicht; **~ ~** in aller Offenheit, freimütig; **~ ağızlı** deppenhaft; **~ arttırma** Auktion *f*; **~ çek** Blankoscheck *m*; **~ eksiltme** (öffentliche) Ausschreibung *f*; **~ fikirli** vorur-

teilsfrei, aufgeschlossen; ~ ***fikirlilik*** Aufgeschlossenheit *f*; ~ ***hava*** Freilicht…; ~ ***havada*** im Freien; ~ ***liman*** Freihafen *m*; ~ ***mektup*** offene(r) Brief; ~ ***seçik*** deutlich; ~ ***olmak*** offen sein (*-e* für *etw*); offen stehen (*-e j-m*); ~ ***söylemek*** offen aussprechen

açık[2] ⟨-ğı⟩ *subst* (das) Freie; freie Stelle *f*, Vakanz *f*; ÖKON Defizit *n*, Fehlbetrag *m*; Lücke *f*, Ausfall *m*; ~ ***vermek*** ÖKON in den roten Zahlen stehen; sich ertappen lassen; ***açığa çıkarmak*** ans Licht bringen (*etw*); entlassen *od* freistellen (*j-n*); ***açığa çıkmak*** an den Tag kommen; ***açığa vurmak*** offenkundig werden; (*-i*) bekunden (*A*); ***bütçe açığı*** Haushaltsdefizit *n*; ***şehrin açığından*** an der Stadt vorbei; ***… ~larında*** vor … (*im Meer*); ***~ta*** im Freien; *-i* ***~ta bırakmak*** *j-n* ohne Arbeit *od* ohne Unterkommen lassen; ***~ta kalmak*** *od* ***olmak*** keine Arbeit *od* kein Unterkommen haben; nicht berücksichtigt werden; → ***açıktan***

a'çıkça frei heraus; überzeugend *beweisen*

açıkçı ÖKON Baissier *m*

açıkgöz schlau, pfiffig; Schlauberger *m*; **~(lü)lük** ⟨-ğü⟩ Schlauheit *f*

açıkla|ma Erklärung *f*, Erläuterung *f*; (*veri*) Angabe *f*; (*atıf*) Hinweis *m*; ***~da bulunmak*** erklären, deutlich machen; **~mak** *v/t* erläutern; (*detaya inmek*) präzisieren; (*belirtmek*) kundtun; **~malı** erklärend; ***Türkçe ~*** mit türkischen Erläuterungen; **~nmak** *pass von* ***açıklamak***; **~yıcı** erläuternd; *subst* GR Apposition *f*

açık|lık ⟨-ğı⟩ *allg* Raum *m*, Weite *f*; offene(r) Platz; Öffnung *f*; Zwischenraum *m*; Klarheit *f*, Deutlichkeit *f*; Offenheit *f*, Geradheit *f*; ASTR Azimut *m*; *Foto* Blende(nöffnung) *f*; ~ ***hızı*** Winkelgeschwindigkeit *f*; **~saçık** *abw* halb nackt; *fig* zotig; **~sözlü** offenherzig; **~tan** mühelos (*z.B. Geld verdienen*); ~ ***açığa*** in aller Offenheit

açıktohumlular BOT Nacktsamer *m/pl*

açılım ASTR Deklination *f*; → ***açılma***

açılabilir: ~ ***tavan*** AUTO Schiebedach *n*

açılır: ~ ***kapanır*** zusammenlegbar; Klapp-; ~ ***kapanır metre*** Zollstock *m*; ~ (*od* ***açılabilir***) ***tavan*** *Auto* Schiebedach *n*; ~ ***meyva*** BOT Kapsel *f*

açılış Eröffnung *f*

açılma: ***denize ~*** MAR Auslaufen *n*

açılmak geöffnet werden *usw* (→ ***açmak***); *Geschäft* eröffnet werden; *Blume* erblühen; *Farbe* heller werden; *Fenster* gehen (*-e* auf *A*); *Kranker* wieder zu sich kommen; *Schiff* in See stechen; *Schule* wieder beginnen; *Schwimmen* (zu) weit hinausschwimmen; *Theater usw* seine Pforten wieder öffnen; *Tür* aufgehen; *Person* Scheu verlieren; *-e* ~ sich *j-m* eröffnen, anvertrauen; ***fazla ~*** sich übernehmen (*bes mit den Kosten*)

açımlamak *v/t* erläutern, analysieren

açın|dırmak entwickeln; MATH projizieren; **~ım** Entwicklung *f*, *fig* Aufdeckung *f*, **~lamak** enthüllen, aufklären; **~mak** keimen, sich entwickeln; **~sama** GEOGR Erforschung *f*; **~samak** MIL erkunden; *Gebiet* erforschen

açıortay Winkelhalbierende *f*

açısal Winkel- (*Geschwindigkeit*)

açış: ~ ***konuşması*** Eröffnungsrede *f*

açkı Polieren *n*; Politur *f*, Locheisen *n*; Öffner *m*; **~cı** Polierer *m*; **~lamak** polieren

açlık ⟨-ğı⟩ Hunger *m*; (Hungers)Not *f*; ~ ***grevi*** Hungerstreik *m*; *-in* ***~tan nefesi kokmak*** *fig* am Hungertuch nagen

açma Öffnen *n usw* (→ ***açmak***); *orman* Rodung *f*, Durchlass *m*, Abzug *m*; GASTR Butterkringel *m*

açmak ⟨-ar⟩ *allg Tür, Paket usw* öffnen, aufmachen; (*-i j-n*) heiter stimmen; *Arme* ausbreiten; *Ausdruck* erläutern; *Aussehen* freundlich(er) machen; *Bleistift* anspitzen; *Beine* spreizen; *Farbe* aufhellen; *Gerät* anstellen; *Gespräch* eröffnen; *Grube, Kanal* graben, ausheben; *Geschäft, Konto* eröffnen; *Krieg* entfesseln; *Knoten* lösen; *Licht* anmachen; *Schirm* aufspannen; *Schritte* beschleunigen; *Segel* hissen; HIST *Stadt* einnehmen; *Thema* anschneiden; *Blumen* (auf)blühen; *Wetter* sich aufklären; *-i, -e ~ j-m ein Geheimnis* offenbaren; *-e* ***telefon ~*** anrufen *A*

açmaz Ausweglosigkeit *f*, *Schach* Patt *n*; ***~a düşmek*** *od* ***gelmek*** *fig* weder ein noch aus wissen

açtırmak öffnen lassen, *Kaus.* → ***açmak***; (*-e -i j-n etw*); *-e* ***ağız açtırmamak*** *j-n* nicht zu Wort kommen lassen

ad ⟨adı⟩ Vorname *m*; Name *m*, Bezeichnung *f*, Ruf *m*, Berühmtheit *f*, GR Nomen *n*; Titel *m* (*Buch*); **~ koymak** *od* **vermek** (*-e j-m*) e-n Namen geben; e-n Namen nennen; **~ı batası(ca)** hol ihn der Teufel!; verflixt, verteufelt; **~ı batası hastalık** diese verflixte Krankheit!; **~ı belirsiz** ganz unbekannt; *-in* **~ı (fenaya) çıkmak** in Verruf kommen; **(yukarıda) ~ı geçen** oben erwähnt; **~ı geçmek** erwähnt werden; **~ı sanı var** allen bekannt; *-in* **~ına** im Namen (*G*); im Auftrag (von *D*); **~ını vermek** *j-s* Namen nennen; **~ımı ver** beruf dich auf mich!; **~ınızı bağışlar mısınız?** darf ich Ihren werten Namen wissen?

ada Insel *f*; **~balığı** Schleie *f*

a'daçayı ⟨-nı⟩ Salbei *m*

adak ⟨-ğı⟩ Gelübde *n*; Opfer *n*; **~ adamak** *od* **etmek** ein Opfer bringen, ein Gelübde ablegen (*-e* für)

Adalar (die) Prinzeninseln *f/pl*; **~ Denizi** Ägäische(s) Meer

adale Muskel *m*; **~li** muskulös

adalet [-da:-] Gerechtigkeit *f*, Justiz *f*, Gerechtigkeitsgefühl *n*; **~ Divanı** Haager Gerichtshof *m*; **~li** gerecht; **~siz** ungerecht; **~sizlik** ⟨-ği⟩ Ungerechtigkeit *f*

adalı Inselbewohner *m*, -in *f*, Insulaner *m*, -in *f*

adam Mann *m*; (*insan*) Mensch *m*; (*büyük* **~**) Persönlichkeit *f*; **bilim ~ı** Wissenschaftler *m*; **~ evlâdı** Mensch mit guter Kinderstube; **~ gibi** ordentlich, anständig; **~ almamak** von Menschen wimmeln; **~ beğenmemek** sich (*D*) aus niemandem etwas machen; *-i* **~ etmek** *j-n* gut ausbilden; *etw* in Schuss bringen; **~ gibi** vernünftig, mit Hand und Fuß; **~ olmak** ein anständiger Mensch werden, F sich machen; **~!** *od* **~ sen de** [ɑ'dɑ:m] es ist doch nicht so wichtig!; **~dan saymak** ernst nehmen (*-i j-n*)

adamak *j-m* (*z.B. ein Buch*) widmen; *j-m* sein Leben weihen

adam|akıllı [-'dam-] großartig, F toll (*z.B. Haus*); ordentlich, tüchtig; mächtig (*z.B. sich fürchten*); *vor adj* F ganz schön *kalt usw*; **~cağız** [-'dʒɑ:z] (der) Ärmste; **~lık** ⟨-ğı⟩ Menschlichkeit *f*; **~otu** BOT Alraune *f*

adamsendeci dickfellige(r) Mensch; **~lik** ⟨-ği⟩ F Wurstigkeit *f*

adamsız ohne Hilfskräfte, ohne Leute; **~lık** ⟨-ğı⟩ Personalmangel *m*

adan(ıl)mak *pass von* **adamak**

adap [ɑ:'dɑ:p] ⟨-bı⟩ Traditionen *f/pl*; **adabı muaşeret** gute(s) Benehmen

adaptasyon LIT, THEA Bearbeitung *f*; **~ yapmak** (frei) bearbeiten

adapte (frei) bearbeitet (*-den* nach); **~ etmek** (frei) bearbeiten

adaptör TECH Verbindungsstück *n*

adasoğanı [-'dɑ-] ⟨-nı⟩ BOT Meerzwiebel *f* (*Urginea maritima*)

adaş Namensvetter *m*, gleichnamig

adatavşanı [-'dɑ-] ⟨-nı⟩ Kaninchen *n*

aday Kandidat *m*, -in *f*, Bewerber *m*, -in *f*; **~ göstermek** *j-n* als Kandidaten aufstellen; **~lık** ⟨-ğı⟩ Kandidatur *f*; **adaylığını koymak** kandidieren (*-e* für)

adcı PHIL Nominalist *m*

adçek|me Auslosung *f*; **~mek** (*-i*) auslosen; *j-n* durch das Los bestimmen

add|edilmek *pass von* **addetmek**; **~etmek** (*-i* … olarak) betrachten, rechnen (*A* als …); halten (für *A*); zählen (zu *D*); **~olunmak** *pass von* **addetmek**

adem: **~i merkeziyetçilik** Subsidiarismus *m*

Âdem Adam *m*; **~ ve Havva** Adam und Eva; **âdemelması** ⟨-nı⟩ Adamsapfel *m*

âdemoğlu ⟨-nu⟩ Adam, Mensch *m*

adet ⟨-di⟩ Zahl *f*, Stück *n*, Exemplar *n*; *Zählwort* **beş ~ kitap** fünf Bücher

âdet ⟨-ti⟩ Gewohnheit *f*, Brauch *m*, Tradition *f*, Menstruation *f*; **~ görmek** die Regel haben; **(k-ne) bş-i ~ etmek** *od* **edinmek** sich (*D*) *etw* (*A*) angewöhnen; **~ yerini bulsun diye** um den Schein zu wahren; aus reiner Gewohnheit

âdeta ['ɑ:dɛtɑ:] fast, einfach; richtiggehend; normalerweise

adıl Pronomen *n*, Fürwort *n*; **belgisiz ~** unbestimmte(s) Fürwort; **gösterme ~ı** hinweisende(s) Fürwort; **iyelik ~ı** persönliche(s) Fürwort; **soru ~ı** Fragefürwort *n*

adım Schritt *m*; **~ ~** Schritt für Schritt; **~ atmak** e-n Schritt tun; *fig* den ersten Schritt tun; **~ başında** auf Schritt und Tritt; **~ını denk almak** vorsichtig zu Werke gehen; **geri ~ atmak** e-n Schritt zurück tun; **~larını açmak** s-e Schritte beschleunigen

adımlamak (*-i*) e-e Strecke abgehen; hin- und hergehen
adi [ɑːdiː] gewöhnlich; banal; ordinär
adil ['ɑː-] gerecht; angemessen (*Preis usw*); **~ane** [ɑːdılɑːnɛ] *adj* gerecht; *adv* gerecht, mit Recht
adilik [ɑːdiːlık] ⟨-ği⟩ F Gemeinheit *f*, Banalität *f*, schlechte Qualität
adisyon GASTR Rechnung *f*
adlandırmak (*-i*) bezeichnen (*A*); benennen, charakterisieren
adlanmak sich nennen, bezeichnet werden; sich (*D*) einen Namen machen
adlı mit Namen …; **~** (***sanlı***) ganz bekannt, berühmt
adlî Gerichts-, Justiz-; **~ *hata*** Justizirrtum *m*; **~ *tıp*** Gerichtsmedizin *f*
adliye Justiz *f*, Gerichtsgebäude *n*; Justizbeamte(r); **~lik**: **~ *olmak*** mit dem Gericht zu tun haben
Adr. *Abk* → ***adres***
adres Anschrift *f*, Adresse *f*; **~ *defteri*** Adressbuch *n*; **~ *sahibi*** Adressat *m*, -in *f*
Adriyatik: **~** (***denizi***) Adria *f*
adsız namenlos, unbekannt
adsızparmak Ringfinger *m*
aerodinamik ⟨-ği⟩ Aerodynamik *f*
af ⟨affı⟩ Verzeihung *f*, Entschuldigung *f*; Amnestie *f*; Entlassung *f aus dem Dienst*; **~ *dilemek*** um Entschuldigung bitten; JUR um Begnadigung nachsuchen; **~*fa uğramak*** begnadigt werden; **~*federsiniz!*** entschuldigen Sie (bitte)!; ***Uluslararası Af Örgütü*** Amnesty International
afacan Schlingel *m*, Bengel *m*; **~laşmak** immer frecher werden
afakan → ***hafakan***
afakî [ɑːfɑː'kiː] *fig* seicht, oberflächlich; PHIL objektiv
afal: **~ ~ *od* ~ *tapal*** verdutzt, ratlos
afalla|mak sprachlos sein, aus der Fassung geraten; **~tmak** verblüffen
afat [ɑːfɑːt] F → ***afet***[1]
AFC *Abk* → ***Almanya Federal Cumhuriyeti***
aferin ['ɑː-] bravo!, ausgezeichnet!; **~ *almak*** ein „Ausgezeichnet" erhalten
aferist Hochstapler *m*, -in *f*, Geschäftemacher *m*, -in *f*
afet[1] [ɑː] ⟨-ti⟩ Unglück *n*, Katastrophe *f*; MED Gewebstod *m*, Nekrose *f*
afet[2] atemraubend schön
aff|eden REL Vergebende(r); **~edici** gnädig; nachsichtig
affedilmek *pass von* ***affetmek***
affetmek (*-i*) entschuldigen (*A*); amnestieren, begnadigen (*A*); entheben (*-den G*); ***affedersiniz*** → ***af***; *als Vorwurf a* ***affetmişsin sen onu*** hast du eine Ahnung!
affolunmak *pass von* ***affetmek***
affolunmaz unverzeihlich
Afgan afghanisch; **~istan** Afghanistan *n*; **~lı** Afghane *m*, Afghanin *f*; afghanisch
afi F Angeberei *f*; **~ *kesmek*** angeben, sich wichtig machen
afili F angeberisch
afiş Plakat *n*, Anschlag *m*; F faule(r) Trick; **~*te kalmak*** THEA auf dem Spielplan bleiben
afişe: **~ *etmek*** ausposaunen
afişlemek *v/t* plakatieren
afiyet [ɑː] ⟨-ti⟩ Gesundheit *f*; **~ *olsun*** guten Appetit!; zum Wohl!; **~*le*** mit Appetit, mit Wohlbehagen; **~sizlik** ⟨-ği⟩ Unwohlsein *n*
aforoz Kirchenbann *m*; F Rausschmiss *m*; *-i* **~ *etmek*** exkommunizieren; mit *j-m* brechen; **~lamak** → **~ *etmek***
Af'rika Afrika *n*; **~lı** Afrikaner *m*, -in *f*; afrikanisch
afsun Zauber *m*
Afşar Afscharen *m/pl* (*türk. Volksstamm*)
aft ⟨-ti⟩ Afte *f*
aftos F Liebchen *n*; Geliebte(r)
afur: **~ *tafur etmek*** wichtig tun
afyon Opium *n*; **~*u başına vurmak*** vor Wut rasen; **~keş** Opiumraucher *m*; **~lu** opiumhaltig; im Opiumrausch
AGİT *Abk* → ***Avrupa Güvenlik ve İşbirliği Teşkilatı***
agraf Schnalle *f*, Spange *f*
agrandisman FOTO Vergrößerung *f*
agrega Aggregat *n*
agresif aggressiv
agu *int* gluck!; **~ *bebek*** Säugling *m*
ağ [ɑː] *a* EDV Netz *n*; (*pantalon* **~*ı***) Schritt *m*; **~ *gözü*** Masche *f*; **~ *yatak*** Hängematte *f*; *fig -in* **~*ına düşmek*** *j-m* ins Netz gehen
ağa [ɑːɑ] F (**~*bey***) ältere(r) Bruder; (*toprak* **~*sı***) Großbauer *m*; F *Anrede, etwa* Meister (*m*), Chef (*m*); HIST Agha *m*, *Titel verschiedener Amtsträger,*

Handwerker u Offiziere; ♀ ***Paşa*** *Oberhaupt der Janitscharen*; ***harem ~sı*** Obereunuch *m*

ağababa ['a:baba] F Doyen *m*

ağabey [a:bı] ältere(r) Bruder; ältere(r) Kollege (*a Anrede*; *im Deutschen meist Name*); **~lik** ⟨-ği⟩ *-e* ***~ etmek*** *j-n* unter *s-e* Fittiche nehmen

ağaç ⟨-cı⟩ Baum *m*; Stock *m*; Holz-; ***~ bayramı*** (das) Baumfest (*Pflanzung e-s Baumes zu j-s Ehren*); ***~ kurdu*** Holzwurm *m*; ***~ kabuğu*** Baumrinde *f*; ***~ kabuğu elyafı*** Bast *m*; F ***~ olmak*** sich (*D*) die Beine in den Leib stehen; **~çık** ⟨-ğı⟩ Strauch *m*; Bäumchen *n*; **~çılık** ⟨-ğı⟩ Baumzucht *f*

ağaç|çileği ⟨-ni⟩ BOT Himbeere *f*; **~kakan** ZOOL Specht *m*

ağaç|lamak, **~landırmak** aufforsten

ağaç|lı: ***~ yol*** Allee *f*; **~lık** ⟨-ğı⟩ Wäldchen *n*, Hain *m*; bewaldet; **~sıl** Holz-, hölzern

ağa|lanmak großtun; **~lık** ⟨-ğı⟩ Rang *m*, Würde *f* e-s Ağa

ağar|ık ergraut; verblichen; **~ma** Dämmerung *f*; **~mak** ergrauen; verbleichen; *Morgen* grauen; **~tı** Schimmer *m*

ağart|ıcı Bleich-; **~mak** (aus)bleichen

ağcık ⟨-ğı⟩ ANAT Netzhaut *f*; geflochtene Handtasche *f*

ağda Zuckerlösung *f* (*zähe*); Obstpaste *f*; Enthaarungspaste *f*; **~laşmak** dick (zähflüssig) werden; **~lı** dickflüssig; *Stil* schwülstig, altertümelnd

ağdırmak einkochen (*-i A*); *Holz* sich verziehen; *z.B. Traglast* (ver)rutschen, kippen

ağı Gift *n*; ***~ gibi*** gallebitter; **~ağacı** Oleander *m*; **~lı** giftig

ağıl ⟨-lı⟩ Pferch *m*; Koppel *f*; Hof *m des Mondes*

ağı|lamak vergiften; **~lı** giftig

ağıllanmak sich zusammenpferchen; *Mond e-n* Hof bekommen

ağım Spann *m des Fußes*

ağır [a:ır] *Arbeit, Krankheit, Waffen* schwer; *Problem, Lage* schwierig; *vorangehen* langsam; *Geruch* intensiv; *Schlaf* fest; *Worte* kränkend; *Mensch* (*yavaş*) schwerfällig; (*ciddî*) seriös; *~ ~ adv* allmählich, langsam; ***~ basmak*** überwiegen, sich durchsetzen; ***~ işitmek*** schwerhörig sein; ***~ siklet*** *Boxen* Schwergewicht *n*; ***~dan almak*** (*-i*) kein Interesse zeigen; auf die lange Bank schieben; *-in* ***~ına gitmek*** *fig j-n* schwer treffen, kränken

ağırayak hoch schwanger

ağırbaşlı besonnen, vernünftig; seriös; **~lık** ⟨-ğı⟩ Besonnenheit *f*

ağırkanlı PSYCH phlegmatisch

ağırküre GEOL Barysphäre *f*

ağırlamak bewirten

ağırlaşmak schwerer werden; *Gang(art)* sich verlangsamen; *Mensch* vernünftiger werden; *Fleisch usw* nicht mehr gut sein; ***hasta ağırlaştı*** der Zustand des Kranken hat sich verschlimmert

ağırlaştır|ıcı: ***~ sebepler*** erschwerende Umstände *m/pl*; **~mak** (*-i*) schwerer machen; verschlimmern; erschweren

ağırlık ⟨-ğı⟩ Gewicht *n*; (*yük*) Last *f* (*kâbus*) Albtraum *m*; (*yavaşlık*) Langsamkeit *f*; (*ağırbaşlılık*) Besonnenheit *f*, Seriosität *f*; (*mahmurluk*) Schläfrigkeit *f*; (*değer*) Wert *m e-s Geschenks*; *olta* Senkblei *n der Angel*; ***~ merkezi*** PHYS Schwerpunkt *m*; ***~ sınıfı*** Gewichtsklasse *f*; ***özgül ~*** spezifische(s) Gewicht; ***safi*** (*od* ***net***) ***~*** Nettogewicht *n*; ***tam*** (*od* ***brüt***) ***~*** Bruttogewicht *n*; *-e* ***~ basmak*** (*od* ***çökmek***) vom Schlaf übermannt werden; *e-n* Albtraum haben

ağırlıklandırmak MATH gewichten

ağırlıksız PHYS schwerelos

ağır|samak, **~sınmak** (*-i*) *dial* als lästig empfinden

ağırsu CHEM schwere(s) Wasser

ağırşak ⟨-ğı⟩ Wirtel *m e-r Spindel*; Knauf *m*; ***diz ağırşağı*** Kniescheibe *f*; ***emzik ağırşağı*** Schnullerring *m*; **~lanmak** anschwellen, sich runden

ağıruslu seriös, vernünftig; **~yağ** Schweröl *n*

ağıt ⟨-dı⟩ Nekrolog *m*; Totenklage *f*; Wehklagen *n*; **~çı (kadın)** Klageweib *n*

ağız ⟨ağzı⟩ Mund *m*; *hayvan a* Maul *n*; *kap, torba* Öffnung *f*; *körfez, galeri* Einfahrt *f*; *mağara* Eingang *m*; *volkan* Krater *m*; *yol* Abzweigung *f*, Kreuzung *f*; GR Mundart *f*, Dialekt *m*; Ton *m*, Art *f des Sprechers*; MUS Art zu singen; *bıçak* Schneide *f*; ***~ açmamak*** den Mund nicht aufmachen (F aufkriegen), schweigen; ***~ ağza konuşmak*** unter vier Augen sprechen; ***~ ağza vermek*** tuscheln; *-e* ***~ etmek*** *j-m etw* weismachen wollen; ***~ kavgası*** Schimpferei *f*; ~ ***kokusu*** üble(r) Mundgeruch; ***yumuşak*** *usw* ***bir*** ~ ***kullanmak*** einen sanften *usw* Ton einsetzen; ***ağız*** ~ prahlen; ~ ***tadı*** Genuss *m*, Behaglichkeit *f*; ~ ***tadıyla*** genießend, in aller Ruhe; ~ ***tütünü*** Kautabak *m*; ~ ***yapmak*** heucheln; ***ağza alınmaz*** ungenießbar; unanständig (*Worte*); ***ağz(ın)a almamak*** verschweigen, übergehen; ***ağza düşmek*** ins Gerede kommen; ***ağza koyacak bir şey*** etwas Essbares; ***ilk*** ~***da*** auf Anhieb; ~***dan*** MED oral; vom Hörensagen; ~***dan ağza*** von Mund zu Mund; -auf den Zahn fühlen; *-in* ***ağzı açık kalmak*** Mund und Nase aufsperren; ***ağzı bozuk*** *adj* Schandmaul *n*; ***ağzı büyük*** *adj* Aufschneider *m*; ***ağzı gevşek*** Schwätzer *m*; ***ağzı kara*** *adj* Schwarzseher *m*; Lästermaul *n*; *-e* ***ağzı varmamak*** sich nicht trauen zu sagen; *-in* ***ağzına bakmak*** nach dem Mund reden; ***ağzına burnuna bulaştırmak*** verpatzen; *b-ne* ***ağzına geleni söylemek*** *j-n* ausschimpfen; ***ağzına kadar dolu*** bis zum Rand gefüllt; *b-nin* ***ağzına lâyık*** *j-m* sehr zu empfehlen (*zu essen, trinken*); ***birbirinin ağzına tükürmek*** *einander* heruntermachen; *-in* ***ağzında bakla ıslanmamak*** kein Geheimnis für sich behalten können; *-in* ***ağzından çıkmak*** *Wort j-m* entschlüpfen; ***bş-i b-nin ağzından kapmak*** *j-m* (mit Worten) zuvorkommen; F so rausfahren; *-in* ***ağzından laf almak*** j-n aushorchen; ***ağzından (laf) kaçırmak*** sich verplappern; ***ağzını açmak*** den Mund aufmachen (*a zum Sprechen*); losschimpfen; dumm gucken; ***ağzını havaya*** *od* ***poyraza açmak*** das Nachsehen haben; *-in* ***ağzını açtırmamak*** *j-n* nicht zu Worte kommen lassen; *-in* ***ağzını aramak*** *j-n* ausfragen, aushorchen; ***ağzını bozmak*** fluchen (und wettern); ***ağzını kiraya mı verdin?*** hast du die Sprache verloren?; ***ağzını tutmak*** verschwiegen sein; ***ağzını pek*** *od* ***sıkı tutmak*** den Mund halten können, F dichthalten; *-in* ***ağzının içine bakmak*** an *j-s* Mund hängen; *-in* ***ağzının kâhyası olmak*** *j-m* vorschreiben, was er sagt; *-in* ***ağzının kokusunu çekmek*** *j-n* ertragen müssen; *-in* ***ağzının suyu akıyor*** das Wasser läuft *j-m* im Munde zusammen; *-den* ***ağzının tadını almak*** böse Erfahrungen machen mit; ***b-nin ağzının tadını kaçırmak*** j-m etw verderben

ağızbirliği: ~ ***etmek*** *fig* sich absprechen

ağızdan → ***ağız***

ağızlamak TECH anpassen (*Öffnung usw*); MAR die Einfahrt *e-r Bucht* anpeilen

ağızlık ⟨-ğı⟩ Zigarettenspitze *f*; MUS Mundstück *n*; Maulkorb *m*; Brunnenrand *m*; Blätter *n/pl auf e-m Obstkorb*

ağızsıl Mund-; GR oral (*Vokal*)

ağızsız still (und bescheiden)

ağlamak *v/i* weinen (*-e* über *A*); trauern (*-e* um *A*); *Baum* schwitzen, harzen; *Stimme* ***ağlar gibi*** weinerlich

ağla|ma(k)lı weinerlich; ~ ***etmek*** zum Weinen bringen; ~***mış*** verweint; ~***şmak*** zusammen weinen (*-le* mit *j-m*); ewig jammern; ~***tmak*** zum Weinen bringen; ~***yıcı*** Klageweib *n*

ağma Sternschnuppe *f*, Meteor *m*

ağmak ⟨-ar⟩ (empor)steigen, ziehen

ağrı Schmerz *m*; ~ ***kesici*** schmerzstillend; ~ ***kesici ilaç*** Schmerzmittel *n*; *-in* ~***sı tutmak*** *doğum öncesi* Wehen bekommen; *organ* beginnen zu schmerzen

Ağrı Dağı ⟨-nı⟩ Ararat *m*

ağrı|lı schmerzend; an Schmerzen leidend; ~***mak*** wehtun; ~***sız*** schmerzlos; sorglos

ağrıtmak *v/t* zum Schmerzen bringen; ***b-nin başmı*** ~ j-m Kopfschmerzen bereiten; F j-n vollquasseln

ağtabaka Netzhaut *f*

ağu → ***ağı***; ~***lu*** → ***ağılı***

ağustos August *m*; ~ ***ayı*** der Monat August; ~ ***ayında*** im (Monat) August; ~***böceği*** ⟨-ni⟩ Zikade *f*; *fig* Schwätzer *m*

ağzı → ***ağız***

ah [ɑx, ɑːx] ach!; oh!; [ɑː] ~ ***çekmek*** tief seufzen; viel durchmachen; ~ ***etmek*** seufzen; verwünschen; ~***la vahla*** mit Ach und Krach; ~, ***başım!*** oh, mein Kopf!; ~, ***ben ne ettim*** ach, was habe ich getan!; *-in* ~***ını almak***, ~***ına uğramak*** die verdiente Strafe wegen *j-s* bekommen; ~***ı (yerde) kalmasın!*** soll sein Fluch in Erfüllung gehen!

ahali [-hɑː-] Bevölkerung *f*; ***sivil*** ~ Zivilbevölkerung *f*

ahar [ɑː-] TECH Schlichten *n*; Schlichte *f*;

Appretieren *n*; Appretur *f*; **~lamak** TECH schlichten; appretieren

ahbap [-bɑːp] ⟨-bı⟩ Freund *m*, -in *f*, Bekannte(r); **~ *çavuşlar*** unzertrennliche Freunde; **~ça** freundschaftlich; **~laşmak** sich anfreunden; **~lık** ⟨-ğı⟩ Freundschaft *f*; ***göz ahbaplığı*** Grußbekanntschaft *f*

ahçı *usw* → ***aşçı***

ahdetmek [ˈɑxd-] (*-e*) sich verpflichten (zu *D*); geloben (*A*)

ahdî [iː] vertraglich; → ***ahit***

ahenk [ɑː] ⟨-gi⟩ Einklang *m*; MUS Harmonie *f*; **~ *tahtası*** MUS Wirbel *m*; **~li** *allg* harmonierend; gut organisiert; **~siz** *allg* unharmonisch; **~sizlik** ⟨-ği⟩ Disharmonie *f*; *fig* schlechte(s) Zusammenspiel

aheste [ɑː] bedächtig

ahım şahım: **~ *bir şey değil*** nichts Berauschendes

ahır Stall *m*; **~lamak** im Stall bleiben; F faul werden, sich ausruhen

ahir [ɑːˈhɪr] letzt-; **~ *zaman*** in letzter Zeit; das Ende der Welt

ahiret Jenseits *n*; **~ *suali*** heikle Frage; **~*i boylamak*** F aus der Welt scheiden

ahit ⟨ahdi⟩ Gelöbnis *n*; Abmachung *f*; ***Eski ve Yeni Ahit*** Altes und Neues Testament; ***ahdim olsun!*** auf Ehre!; **~leşmek** ein Abkommen schließen; sich (gegenseitig) verpflichten; **~li** vertraglich verpflichtet; **~name** Abkommen *n*, Pakt *m*

ahize [ɑː] TEL Hörer *m*

ahkâm Bestimmungen *f/pl*; **~ *çıkarmak*** merkwürdige Ansichten vertreten; **~ *kesmek*** ein vorschnelles Urteil fällen

ahlak ⟨-kı⟩ Moral *f*, Sitten *f/pl*; **~bilim** Ethik *f*; **~çı** Moralist *m*; **~dışı** amoralisch

ahlakî [-aːkiː] moralisch, ethisch; **~lı** gut erzogen; ***fena* ~** charakterlos; **~sal** ethisch; **~sız** unmoralisch; sittenlos; schlecht erzogen; **~sızlık** ⟨-ğı⟩ Unmoral *f*, Sittenlosigkeit *f*

ahlamak stöhnen (*-den* über *A*)

ahlat ⟨-tı⟩ wilde Birne *f*, Holzbirne *f*; **~** (***ağa***) F Tölpel *m*; lange(r) Laban

ahmak Dummkopf *m*; **~ça** dumm, idiotisch

ahmakıslatan Sprühregen *m*

ahret ⟨-ti⟩ → ***ahiret***; **~lik** ⟨-ği⟩ *veraltet* Pflegekind *n*

ahşap ⟨-bı⟩ Holz *n* (*als Baumaterial*); Holz-, hölzern; **~ *kaplama*** Furnier(holz) *n*; **~ *nefesli saz*** Holzblasinstrument *n*

ahtapot ⟨-tu⟩ ZOOL Krake *m*; MED Polyp *m*; F Schmarotzer *m*

ahu [ɑːhuː] Gazelle *f*, Antilope *f*, Gämse *f*

aˈhududu Himbeere *f*

ahval [-vɑːl] ⟨-li⟩ Lage *f*, Verhältnisse *n/pl*; ***dünya ~i*** Weltlage *f*; JUR **~*i şahsiye*** Personenstand *m*

aidat [ɑːɪdɑːt] ⟨-tı⟩ Mitgliedsbeitrag *m*; Unkostenbeitrag *m*, F Mietnebenkosten *m/pl*

aidiyet ⟨-ti⟩ Zugehörigkeit *f*, Zuständigkeit *f*

aile [ɑː] Familie *f*, F Ehefrau *f*; **~ *doktoru*** Hausarzt *m*; **~ *reisi*** Familienoberhaupt *n*; **~*ye mahsustur*** gesperrt für Männer ohne weibliche Begleitung

ait [ɑːɪt] betreffend (*-e A*); **~ *olmak*** gehören (*-e D*); *-e* **~*tir*** ist verknüpft (mit *D*), betrifft (*A*); *-e* **~ *evrak*** Papiere *n/pl* (über *A*); *-e* **~ *mallar*** *j-m* gehörige Waren *f/pl*; *-e* **~ *ödev*** *j-m* auferlegte Pflicht *f*; **~ *olduğu yere*** an den entsprechenden Ort

ajan *allg* (*casus*) Geheimagent *m*, -in *f*, (*temsilci*) Vertreter *m*, -in *f*, Agent *m*, -in *f*

aˈjanda Terminkalender *m*

ajanlık ⟨-ğı⟩ Vertretung *f*, Agentur *f*

ajans Agentur *f*; ÖKON Vertretung *f*; ***Anadolu Ajansı*** Anatolische Presseagentur; ***reklam* ~*ı*** Werbeagentur *f*

ajitasyon Agitation *f*

ajur ÖKON à jour; durchbrochene Arbeit, Häkelei *f*; **~lu** durchbrochen; gehäkelt

ak ⟨akı⟩ weiß (*in Wendungen*); *fig* rein; ***yumurta* ~*ı*** Eiweiß *n*; ***b-nin saçına* ~ *düşmek*** graue Haare bekommen; **~ *yüzle*** mit reinem Gewissen; **~*la karayı seçmek*** sich abmühen

akabinde gleich danach

akaç ⟨-cı⟩ Abflussrohr *n*; (Entwässerungs)Kanal *m*; **~lama** Entwässerung *f*, Dränierung *f*; **~lamak** dränieren

akademi Akademie *f*, Akt(studie *f*) *m*

akademik akademisch; Hochschul-

akademisyen Akademiker *m*, -in *f*

akait [-kɑː-] ⟨-di⟩ REL Katechismus *m*

akan → ***akar***[1]; **~yıldız** Sternschnuppe *f*

akar *Wasser* fließend; *Brennstoff* flüssig
akarbant ⟨-dı⟩ Fließband *n*
akarsu Wasserlauf *m*; Bach *m*; Perlenhalsband *n*
akaryakıt flüssige(r) Brennstoff
akasma ['ɑ-] Klematis *f*, Waldrebe *f*
akasya [-'kɑ-] Akazie *f*, Robinie *f*
akbaba ['ɑk-] Geier *m*
akbasma MED graue(r) Star
akbenek ⟨-ği⟩ MED weiße(r) Star
akciğer Lunge *f*; ~ ***veremi*** Lungentuberkulose *f*; ~ ***zarı*** Rippenfell *n*
akça weißlich, blässlich; ~ ***pakça*** *Mädchen* F appetitlich; **~ağaç** ⟨-cı⟩ Ahorn *m*; **~kavak** ⟨-ğı⟩ Silberpappel *f*
akçe *fig* Geld *n*; *osm* Asper *m*; ***geçer*** ~ *fig* angesehen, akzeptiert; ~ ***farkı*** ÖKON Agio *n*
akçıl ausgeblichen; ~ ***bir yeşil*** blassgrün
akçınlık ⟨-ğı⟩ Albinismus *m*
Akdeniz Mittelmeer *n*
akdetmek ['ɑ-] *(-i)* *Pakt usw* schließen; *Versammlung* einberufen
akgünlük Weihrauch *m*
akı PHYS Fluss *m*, Strom *m*
akıbet ⟨-ti⟩ **1.** *subst* (*son*) Ende *n*, Ausgang *m* (*z.B. e-s Kampfes*); (*kader*) Schicksal *n*; **2.** *adv* schließlich, letzten Endes
akıcı fließend; flüssig (*a fig*); *Gang* leicht; ~ ***madde*** Flüssigkeit *f*; ~ ***ünsüz*** LING Liquida *f* (= *l*, *r*); **~lık** ⟨-ğı⟩ flüssige(r) Zustand; Flüssigkeit *f des Stils*; Leichtigkeit *f*
akıl ⟨aklı⟩ Verstand *m* (*Intelligenz, Geist*); Vernunft *f* (*Einsicht*); Gedächtnis *n*, Erinnerung *f*, Gedanke *m*; Klugheit *f*, Weisheit *f*, Ratschlag *m*; ~ ***almaz*** unbegreiflich, unvorstellbar; ~ ***danışmak*** um Rat fragen; ~ ***defteri*** Notizbuch *n*; *-e* ~ ***erdirememek*** nicht begreifen können; *-i* ~ ***etmek*** kommen auf (*e-n Gedanken*); ~ ***hastalığı*** Geisteskrankheit *f*; ~ ***hastanesi*** psychiatrische Klinik; ~ ***hocası*** *scherzh* ein schöner Ratgeber; ~ ***istemek*** um Rat fragen; ~ ***kârı*** *iş* vernünftig, machbar; ~ ***kutusu*** *scherzh* Alleswisser *m*, -in *f*; **~*dan çıkarmak*** sich (*D*) aus dem Kopf schlagen; ***akla gelmez*** unvorstellbar, unwahrscheinlich; ***akla sığmaz*** unvorstellbar, immens; ***akla yakın*** einleuchtend, plausibel; *-i* ***aklı almamak*** *etw* nicht begreifen können; *-in* ***aklı başına gelmek*** zur Vernunft kommen; *unp* es dämmert *j-m*; ***aklı başında*** vernünftig; ***aklı başında olmamak*** nicht logisch denken können; ***aklı (başından) gitmek*** aus der Fassung geraten; ***aklı bokuna karışmak*** V *vor Angst* den Kopf verlieren; ***aklı durmak*** baff sein; *-e* ***aklı ermek*** begreifen (fassen) können (*A*); verständig werden; ***b-nin aklı fikri*** *-de* jd denkt nur an (*A*); *-i* ***aklı kesmek*** einsehen; ***aklı oynamak*** den Verstand verlieren; *-in* ***aklı sıra*** wie er glaubt; *-e* ***aklı yatmak*** vertrauen (auf *A*); *-in* ***aklına esmek*** *j-m* einfach in den Sinn kommen; ***aklına gelmek*** *j-m* einfallen, in den Sinn kommen; ***bş-i aklına koymak*** sich (*D*) etw in den Kopf setzen; ***bu benim aklıma sığmıyor*** das will mir nicht in den Kopf; ***aklına yazmak*** sich (*D*) einprägen; *-i* ***aklında tutmak*** sich (*D*) merken (*A*); (im Kopf) behalten; *-i* ***aklından geçirmek*** sich (*D*) etw durch den Kopf gehen lassen; ***b-nin aklından geçmek*** j-m durch den Kopf gehen; ***aklını başına almak*** *od* ***toplamak*** Vernunft annehmen, zur Einsicht kommen; *-in* ***aklını beğenmemek*** sich mit *j-s* Idee nicht anfreunden können; *-le* ***aklını bozmak*** versessen sein (auf *A*); *-in* ***aklını çekmek*** *j-m* abraten, *j-m e-n* Plan ausreden; ***b-nin aklını bş-e çelmek*** j-n verführen (*od* überreden) zu etw; ***aklını oynatmak*** den Verstand verlieren
akılcı Rationalist *m*, -in *f*; **~lık** ⟨-ğı⟩ Rationalismus *m*
akıldişi ⟨-ni⟩ Weisheitszahn *m*
akıllan|dırmak (*-i A*) zur Vernunft bringen; **~mak** klug werden; vernünftig werden, Vernunft annehmen; **~maz** unverbesserlich, hoffnungslos
akıllı vernünftig, klug; ~ ***uslu*** weise; umsichtig; **~lık** ⟨-ğı⟩ Verständigkeit *f*, Umsicht *f*
akılsız unvernünftig, unklug; **~*ca işler görmek*** Dummheiten machen; **~lık** ⟨-ğı⟩ Dummheit *f*, Unbesonnenheit *f*
akım Fließen *n*, Fluss *m*; EL Strom *m*; *fig* Bewegung *f*; ***alternatif*** (*od* ***dalgalı***) ~ Wechselstrom *m*; ***doğru*** ~ Gleichstrom *m*
akımlık ⟨-ğı⟩ Flussbett *n*; TECH Leitung *f*, Kanal *m*; ***gaz akımlığı*** Gasleitung *f*
akın MIL Überfall *m*, Streifzug *m*, Sturm

m auf die Festung; fig Andrang *m*, Ansturm *m* (von *D*); SPORT Angriff *m*; **hava~ı** Luftangriff *m*; **turist~ı** Touristenstrom *m*; *-e* **~ etmek** stürmen (*A*); strömen (in *A*); **~ ~ gelmek** in Scharen herbeiströmen
akıncı SPORT Stürmer *m*; HIST *leichter Reiter der Osmanen*, Streifzügler *m*
akıntı Fließen *n*; *deniz vs* Strömung *f*; *musluk* Leck *n*; (*eğim*) Neigung *f* (*z.B. des Daches*); **~ kapılmak** von der Strömung mitgerissen werden; **~ya (karşı) kürek çekmek** *fig* gegen den Strom schwimmen; **~lı** MED ansteckend; … mit e-r Strömung; **~sız** *Wasser* stehend
akış Strömung *f*; Lauf *m e-s Flusses, a fig der Tage*; Fahrt *f*, Ausfahrt *f*; **~ aşağı** stromabwärts; **~ yukarı** stromaufwärts
akışkan PHYS flüssig; *Gas* flüchtig
akıtmak (*-i*) gießen; schütten (*A*); **bş-e para ~** Geld hineinstecken in etw
akide[1] [kiː] Glaube *m*, Überzeugung *f*
akide[2] [kiː]: **~ şekeri** *Art* Zuckerbonbon *n*
akik [iː] ⟨-ği⟩ Achat *m*
akis[1] ⟨aksi⟩ Widerspiegelung *f*, Reflex *m*; *Logik* Umkehrung *f*; **aksi gibi** unglücklicherweise, wie zum Trotz; *-in* **aksine** im Gegensatz zu, entgegen (*D*); *-in* **aksini söylemek** das Gegenteil *G*/*von* sagen
akis[2] F Achse *f*
akit ⟨akdi⟩ JUR Abschluss *m e-s Vertrages*; Vertrag *m*; (*evlenme akdi*) Eheschließung *f*
âkit ⟨âkdi⟩ JUR Vertragschließende(r)
akkan ANAT Lymphe *f*
akkavak Silberpappel *f*
akkor weiß glühend
aklamak *v/t* JUR freisprechen; ÖKON entlasten
aklanmak *pass von* **aklamak**; weiß werden
aklen ['a-] verstandesmäßig
aklı[1] → **akıl**
aklı[2] weiß getupft
aklıevvel neunmalklug
aklıselim ['ɑklɨseliːm] gesunde(r) Menschenverstand
aklî [iː] geistig; **~ dengesi bozuk** geisteskrank; **~leştirmek** PSYCH rationalisieren
akma: **~ borusu** Abflussrohr *n*
akmak ⟨-ar⟩ fließen; (*akıtmak*) lecken, undicht sein; herausrieseln (*aus e-m Sack*); *Menschen* herbeiströmen; *Schlange* kriechen; *Meteor* fallen; *Stoff* fadenscheinig werden, ausfransen; F sich verdrücken; **akan sular durdu** da blieb nichts mehr zu sagen
akmaz stehend (*Wasser*)
akompanye MUS Begleitung *f*
akont ⟨-tu⟩ ÖKON Akontozahlung *f*
akordeon Akkordeon *n*
akort[1] ⟨-du⟩ MUS Akkord *m*; Stimmen *n*; **~ etmek** *Instrument* stimmen; **akordu bozuk** verstimmt
akort[2] ⟨-tu⟩ Akkord *m*, Stücklohn *m*; **~ usulü ile çalışmak** im Akkord arbeiten
akort|çu MUS Stimmer *m*; **~lamak** (*-i*) MUS stimmen (*A*); **~lu** gestimmt; **~suz** verstimmt
akraba [-bɑː] Verwandte(r) *f*(*m*); *selten a* Verwandte *pl*; **uzak(tan) ~** entfernte(r) Verwandte(r); **~ diller** verwandte Sprachen *f*/*pl*
akrabalık ⟨-ğı⟩ Verwandtschaft *f*; **~ bağları** verwandtschaftliche Beziehungen *f*/*pl*
akran [-ɑːn] Altersgenosse *m*, -genossin *f*; **benim ~larım** meine Altersgenossen
akredite: **~ olmak** akkreditiert sein *od* werden
akreditif ÖKON Akkreditiv *n*
akrep ⟨-bi⟩ ZOOL Skorpion *m*; *saat* kleine(r) Zeiger, Stundenzeiger *m*; ASTR **Akrep** Skorpion *m*
akroba|si Akrobatik *f*; **~t** Akrobat *m*, -in *f*, Seilkünstler *m*, -in *f*; **~tik** akrobatisch; (*tehlikeli*) halsbrecherisch
akropol ⟨-lü⟩ ARCH Akropolis *f*; **Akropol** Akropolis *f* (*Athen*)
aks TECH Achse *f*
aksak lahm, hinkend; *adv a* unregelmäßig (*z.B. e-e Schule besuchen*)
aksaklık ⟨-ğı⟩ Hinken *n*, Lahmen *n*; *fig* Defekt *m*, Unstimmigkeit *f*
aksam [-ɑːm] *osm* (*Ersatz-*) Teile *n*/*pl*
aksamak *v/i* hinken, (er)lahmen; *Arbeit* sich verzögern; *Motor* stottern
aksan F Akzent *m*, mundartliche Färbung
aksat|madan reibungslos; **~mak** *fig Arbeit* verzögern, verschleppen
akseptans ÖKON Akzept *n*; Aufnahmebestätigung *f* (*e-r Schule usw*)

aksesuar THEA Requisiten *n/pl*; AUTO Zubehör *n*; *moda* Accessoires *n/pl*
akset|mek reflektiert werden; *Stimme* widerhallen; *Gegenstand* sich (wider)-spiegeln; *Angelegenheit* bekannt (ruchbar) werden; zu Ohren kommen
aksettirmek widerspiegeln; zur Kenntnis bringen
aksır|ık ⟨-ğı⟩ Niesen *n*; **~lı taksırıklı** alt und gebrechlich; **~mak** niesen
aksi[1] → **akis**[1]
aksi[2] *yön* entgegengesetzt; *kişi, hayvan* störrisch; *durum* widrig; **~ cevap** Absage *f*, abschlägige Antwort; **~ gibi** unglücklicherweise; **~ gitmek** schief- *od* danebengehen; **~ halde** *od* **takdirde** anderenfalls, sonst; **~ tesadüf** Missgeschick *n*
aksi|lenmek *-e* störrisch reagieren auf (*A*); **~lik** ⟨-ği⟩ Widerspenstigkeit *f*; (*engel*) Hindernis *n*; F Haken *m*; **eğer bir~ çıkmazsa** wenn nichts dazwischenkommt; **~ne** umgekehrt, im Gegenteil; (wie) zum Trotz
'aksiseda Widerhall *m*
aksiyon Aktion *f*, Handlung *f*; ÖKON Aktie *f*; **~er** Aktionär *m*, -in *f*
aksöğüt ⟨-dü⟩ Silberweide *f*
aksu ['ɑk-] MED graue(r) Star
akşam Abend *m*; am Abend; **bir~** eines Abends; **iyi ~lar!** guten Abend!; **~ları** abends, jeden Abend; **~ güneşi** Abendsonne *f*, *fig* Lebensabend *m*; **~ olmak** Abend werden; **~ üstü** gegen Abend; **~ yemeği** Abendessen *n*; **~a doğru** gegen Abend; **~ı etmek** → **akşamlamak**
akşamcı Nachtarbeiter *m*, -in *f*, Nachtschwärmer *m*, -in *f*; **~cılık** ⟨-ğı⟩ (geselliger) Abendtrunk *m*; **~ gibi** vergänglich, schnell dahin; **~ki** Abend-; **~lamak** bis zum Abend sein, bleiben *od* arbeiten; **~leyin** [ɑk'ʃamlejin] am Abend
akşamlı: **~ sabahlı** morgens und abends
akşam|üstü, ~üzeri gegen Abend
akşın Albino *m*
aktar Drogist *m*, -in *f*, Kräuterhändler *m*, -in *f*; **~ dükkânı** Drogerie *f*
aktarıcı Dachdecker *m*
aktarılabilir ÖKON übertragbar
aktarım Vermittlung *f*, MUS Transponierung *f*, TECH Übertragung *f*
aktarma Umladen *n*; Umsteigen *n*; ÖKON Übertrag *m*; ÖKON Transit-; **~ eşyası** Transitwaren *f/pl*; **~ sistemi** Schaltvorrichtung *f*; **~ yapmak** umsteigen; **~ yeri** Umsteigestation *f*, Umladeplatz *m*; **~lı yolcu** LUFTF Transitreisende *m, f*
aktarmak (*-i*) umfüllen, umschütten; umsetzen; *Waren* umladen; ÖKON *Posten, Erbe* übertragen; *Text, Erzählung* übersetzen; bearbeiten; umarbeiten; *Feld* umpflügen; *Ball* zuspielen, abgeben; *Tasche* umstülpen; *Textstelle* zitieren; **damı ~** Dach neu decken
aktarma|lı mit Umsteigen; Anschluss-(*Zug*); **~ bilet** Umsteigefahrschein *m*; **~sız** ohne Umsteigen, direkt; LUFTF ohne Zwischenlandung
aktif ÖKON Aktiva *pl*; Aktiv-; aktiv, wirksam; **~leşmek** aktiv werden; **~lik** ⟨-ği⟩ Aktivität *f*
aktivite Aktivität *f*
aktör Schauspieler *m*
aktöre *neol* Moral *f*
aktörlük ⟨-ğü⟩ Schauspielerberuf *m*
aktris Schauspielerin *f*
aktü|alite Aktualität *f*, *Kino* Wochenschau *f*; **~el** aktuell; **~ellik** ⟨-ği⟩ Aktualität *f*
akupunktur Akupunktur *f*
akustik ⟨-ği⟩ Akustik *f*, akustisch
akut akut
akü, **~mülatör** Akkumulator *m*, AUTO Batterie *f*
akülü Akku…, … mit Akkubetrieb; **~ vidalama** Akkuschrauber *m*
akvaryum Aquarium *n*
akyuvar weiße(s) Blutkörperchen
al rot (*nur in Wendungen*); **~ at** *Pferd* Fuchs *m*; **~ ~ olmak** ganz rot werden; **~ı ~, moru mor** rot vor Aufregung; außer Atem; **~lı güllü** bunt gemustert
ala bunt; gefleckt; ZOOL Forelle *f*
alâ vorzüglich, prima; **ne ~!** wie schön! **pek ~** in Ordnung!
alabalık ⟨-ğı⟩ ZOOL Forelle *f*
ala'banda *Schiff* Seite *f*, Breitseite *f*, MAR **~ etmek** das Steuer ganz herumwerfen; *-e* **~ vermek** *j-m e-n* Rüffel erteilen; **~ yemek** *e-n* Rüffel bekommen
alabildiğine nach Kräften; unglaublich *dick usw*; unendlich; aus Leibeskräften *laufen*; **göz ~** so weit das Auge reicht
ala'bora Kentern *n*; **~ olmak** kentern; (um)kippen; *fig* durcheinander geraten

alaca bunt; Buntheit *f*, Zwielicht *n*; *fig* Unbeständigkeit *f*, (schlechter) Charakter; Tupfen *m*, Tüpfelchen *n*; *~ at* *Pferd* Schecke *m*, *f*; *~ dostluk* lose Freundschaft; *~ karanlık* Halbdunkel *n*
alacadoğan ZOOL Wanderfalke *m*
alacak ⟨-ğı⟩ ÖKON Forderung *f*, Anspruch *m*; *ondan yüz mark alacağım var* er schuldet mir noch hundert Mark; *alacağın olsun* dafür wirst du mir noch büßen!
alacakarga Elster *f* (*Pica pica*)
alacak|landırmak (*-i*) *j-m* etw gutschreiben; *~lı* Gläubiger *m*, -in *f*
alaca|lanmak bunt *od* scheckig werden; *fig* rot werden; *~lı* bunt; *~lık* ⟨-ğı⟩ Buntheit *f*, Unbeständigkeit *f*, Abenddämmerung *f*
alaçam BOT Fichte *f*
aladoğan ZOOL Habicht *m*
ala'franga (west)europäisch; nach europäischer Art; *~ tuvalet* (Sitz-)Klosett *n*
alagarson Bubikopf *m*
alaka [a'la:ka] Interesse *n*; Beziehungen *f/pl*; *~dar* interessiert (*-le* an *D*); zusammenhängend (*-le* mit); *~ etmek* interessieren, angehen; *-le ~ olmak* sich kümmern um; *~landırmak* interessieren; *~lanmak* sich interessieren (*-le* für); *~lı* wachsam, interessiert; beteiligt, zuständig
alakarga Eichelhäher *m*; F *a* Elster *f*, *fig* F Quatschkopf *m*
alakart à la carte
alakasız uninteressiert, unbeteiligt; *~ca* unbeteiligt; *~lık* ⟨-ğı⟩ → *ilgisizlik*
alakok *Ei* weich gekocht
alako(y)mak → *alıko(y)mak*
alamamak: *-mekten kendi(si)ni ~* nicht umhin können, zu …
Alaman F → *Alman*
alamana [-'mɑ-] Fischerboot *n*; *Art* Schute *f*; *~ (ağı)* große(s) Schleppnetz
alamet [ala:'mɛt] ⟨-ti⟩ Zeichen *n*, Symptom *n*; F Koloss *m*; *~ifarika* Warenzeichen *n*; *fig* Beiname *m*
alamod modisch
alan[1] Platz *m*, *a* PHYS Feld *n*; *fig* Gebiet *n*; TEL Ortsnetz *n*; *~ kodu* Ortsnetzkennzahl *f*, Vorwahl(nummer) *f*; *~ korkusu* Platzangst *f*; *~ sağlayıcı(sı)* TEL Netzanbieter *m*; *savaş ~ı* Kriegsschauplatz *m*; *fig* *her ~da* auf allen Gebieten
alan[2] Käufer *m*, -in *f*; (*Pass*)Empfänger *m*, -in *f*; *~ memnun, satan memnun* keiner fühlt sich übervorteilt
alan[3]: *~ talan* wüst durcheinander
a'larga MAR offene(s) Meer; auf offener See; *int* F verdufte!; *~ durmak* beiseite stehen; sich abseits halten; *~ etmek* in See stechen; F verduften; *~da yatmak* auf der Reede *od* vor Anker liegen
alarm Alarm *m*; *~ tertibatı* Alarmvorrichtung *f*, *uçak ~ı* Fliegeralarm *m*; *yanlış ~* falsche(r) Alarm
alaşağı: *~ etmek* zu Boden schmettern; *fig* *j-n* stürzen
alaşım Legierung *f*, *~lamak* *v/t* legieren
alaşımlı: *~ jant* Leichtmetallfelge *f*
ala'turka auf türkische Weise; türkisch (*Musik*); *fig* unmethodisch; *~ tuvalet* *Toilette ohne Sitzstein*; *~laşmak* *v/i* vertürken; *~laştırmak* (*-i*) türkisieren
ala'vere (Bilden e-r) Kette *f* (*z.B. beim Entladen*); Wiederverkauf *m*; MAR Ladesteg *m*; *fig* Tohuwabohu *n*; *~ dalavere* List *f*, *~ tulumbası* Saugpumpe *f*, *~ci* Spekulant *m*
alay[1] (Menschen-)Menge *f*, Haufen *m* (*Sachen*); (*tören ~ı*) Festzug *m*, Umzug *m*, Prozession *f*, MIL Regiment *n*; *bir ~* eine Menge (*od* Schar); *cenaze ~ı* Trauerzug *m*; *geçit ~ı* Parade *f*, *~la* *od* *~ ~* in Mengen, massenhaft
alay[2] Spott *m*; *~ geçmek* F spotten; spötteln, sticheln; *~ etme!* Scherz beiseite!; *~ etmek* sich lustig machen (*-le* über *A*); *j-n* auslachen; *-i ~a almak* *j-n* verspotten; *-in ~ında olmak* nicht ernst nehmen; *~cı* spöttisch; ironisch; höhnisch; *~cılık* ⟨-ğı⟩ Spott *m*, Ironie *f*
alayiş [ɑ:lɑ:-] Pomp *m*; *~li* zum Schein; rein äußerlich
alaylı[1] HIST von der Pike auf gedienter Offizier
alaylı[2] *adj u adv* spöttisch; ironisch; scherzhaft
alaz Flamme *f*, *~lama* MED Erythem *n*; *~lamak* *v/t* brennen; *fig* ausmerzen
albastı Wochenbettfieber *n*
albaştan: *~ etmek* alles von vorn machen
albay MIL Oberst *m*
albeni ['ɑl-] Charme *m*, Anmut *f*, *~li* anmutig; *~siz* … ohne Charme
albino Albino *m*
albüm Album *n*; Bildband *m*

albümin Eiweißstoff *m*
alçacık ⟨-ğı⟩ sehr niedrig
alçak niedrig; *fig* niederträchtig, gemein; ~ **basınç** Tief *n*, Tiefdruck *m*; F ~ **boylu** kleinwüchsig; ~ **sesle** leise
alçaktan *adv* leise, verhalten; ~ **almak** sich friedliebend zeigen; klein beigeben
alçakgönüllü bescheiden; **~lük** ⟨-ğü⟩ Bescheidenheit *f*
alçaklık ⟨-ğı⟩ *fig* Niedertracht *f*
alçalış LUFTF Landeflug *m*; *fig* Sich-Herabwürdigen *n*
alçalma GEOL Senkung *f*; Ebbe *f*; → **alçalış**
alçalmak sich senken; LUFTF zur Landung ansetzen; verfallen; sich erniedrigen; **~tıcı** erniedrigend; **~tmak** senken (*a Stimme*); hinunterlassen; *fig* herabsetzen
alçarak etwas niedrig
alçı Gips *m*; *-i* **~ya almak** (*od* **koymak**) in Gips legen; ~ **sargısı** Gipsverband *m*
alçıpan ARCH Gipskartonplatte *f*
alçı|lamak vergipsen; **~lı** in Gips; **~taşı** GEOL Gips *m*
aldangıç ⟨-cı⟩ Falle *f*, *fig* Schwindel *m*
aldanmak sich täuschen, sich irren (*-de* in *D*); getäuscht werden (*-e* durch *A*); F reinfallen (*-e* auf *A*); **eğer aldanmıyorsam** wenn ich mich nicht irre
aldat|ıcı irreführend; lügenhaft; **~ılmak** *pass von* **aldatmak**; **~ma** Betrug *m*; Irreführung *f*, *eheliche* Untreue *f*, **~maca** Täuschung *f*, List *f*, **~mak** (*-i*) *j-n* betrügen; *j-n* irreführen; vertrösten
aldırış: ~ **etmemek** keine Beachtung schenken; **~sız** nicht achtend
aldır|mak *kaus von* **almak**; sich (*D*) operativ entfernen lassen; **çocuk ~** sich (*D*) ein Kind abtreiben lassen; Beachtung schenken (*meist verneint*); (es) wichtig nehmen; **aldırma!** mach dir nichts daraus!; **~maz** unbekümmert; **~mazlık** ⟨-ğı⟩ Unbekümmertheit *f*, Gleichgültigkeit *f*
alel|acele hastig; flüchtig; **~ade** [-ɑ:-] gewöhnlich, normal; ordinär; **~hesap** a conto; **~usul** ordnungsgemäß
alem *Halbmond, Stern usw als Schmuck an der Spitze e-s Minaretts usw*
âlem Welt *f* (*bes fig*); Lage *f*, Zustand *m*; die (anderen) Leute; Vergnügen *n*, Party *f*, **hayvanlar ~i** Tierwelt *f*, **ticaret ~i** Geschäftswelt *f*, ~ **yapmak** F e-e Orgie feiern; **~e ne?** wen geht das was an?; **o bir ~** man wird aus ihm nicht schlau
alemdar [-dɑ:r] Fahnenträger *m*; *fig* Bannerträger *m*
alenen ['ɑ-] *adv* öffentlich
alenî [-i:] *adj* öffentlich (*Sitzung, Verhandlung usw*)
alerji Allergie *f*, **~k** allergisch
a'lesta bereit; fertig; MAR klar
alet [ɑ:-] ⟨-ti⟩ Werkzeug *n*, Instrument *n*; Gerät *n*; (*Maschinen-, Körper-*) Teil *n*; F Penis *m*; **b-ni bş-e ~ etmek** j-n zu etw missbrauchen; *-e* ~ **olmak** Handlanger sein (zu)
aletli: ~ **jimnastik** Geräteturnen *n*
alev Flamme *f*, Wimpel *m*; ~ **cihazı** Flammenwerfer *m*; ~ **lambası** Lötlampe *f*, ~ **almak** Feuer fangen; *fig* aufbrausen; ~ **kesilmek** vor Wut schäumen; ~ **saçağı sardı** die Sache nahm e-e gefährliche Wendung
Alevî [i:] Alevit *m*, -in *f*, **~lik** ⟨-ği⟩ Alevitentum *n*
alevlen|dirmek *v/t Feuer* schüren (*a fig*); **~ir** leicht entflammbar; **~mek** aufflammen; *fig* brenzlig werden, sich zuspitzen; *Person* außer sich geraten
alevli lodernd; in Flammen; feuergefährlich
aleyh: *-in* **~inde** *usw* gegen *A*, *zuungunsten G*
aleyhtar Gegner *m*; -feindlich; **savaş ~ı** Kriegsgegner *m*, -in *f*, Antikriegs-
aleykümselam *Grußformel als Antwort auf* → **selamünaleyküm**
alfa Alpha *n*; ~ **ışınları** Alpha-Strahlen *m/pl*
alfabe Alphabet *n*; (~ *kitabı*) Fibel *f*, ~ **sırasıyla** in alphabetischer Reihenfolge; **~tik** ⟨-ği⟩ alphabetisch
alg Alge *f*
algı PSYCH Wahrnehmung *f*, **~lamak** wahrnehmen; erkennen; **~lanır** wahrnehmbar; erkennbar; **~lanmak** *pass von* **~lamak**
alıcı *subst* Käufer *m*, -in *f*, TECH, POST Empfänger *m*, -in *f*, *adj* interessiert (*etw zu kaufen*); ~ **gözle bakmak** prüfend ansehen; ~ **kuş** Raubvogel *m*; ~ **melek** Todesengel *m*
alık[1] (*a* ~ **salık**) blöd, dämlich
alık[2] ⟨-ğı⟩ Decke *f* (*für Tiere*)

alıkça: ~ ***bir iş*** e-e dämliche Sache; **~lık** ⟨-ğı⟩ Dummheit *f*
alıko(y)mak zurücklegen, behalten; ***b-ni yemeğe*** ~ j-n zum Essen dabehalten; ***b-ni*** *-den* ~ j-n abhalten von
alım Kauf *m*, Ankauf *m*; Charme *m*; ~ ***gücü*** Kaufkraft *f*; ~ ***satım*** Handel *m*; ***veri*** **~ı** EDV Datenimport *m*; F **~cı** Einkassierer *m*; **~lı** charmant, anziehend
alın ⟨alnı⟩ Stirn *f*, Fassade *f*, Vorderseite *f*; ~ ***damarı*** (*od* ***derisi***) ***çatlamak*** jede Scham verlieren; ~ ***teriyle*** im Schweiße des Angesichts; ~ ***yazısı*** Los *n*, Schicksal *n*; ***alnı açık*** (***yüzü ak***) untadelig; *-in* ***alnından ter boşanmak*** sich halb totarbeiten; ***alnını karışlarım!*** ich werde es dir schon zeigen!
alındı Quittung *f*, POST Empfangsbestätigung *f*
alıngan leicht beleidigt; argwöhnisch
alınganlık ⟨-ğı⟩ Empfindlichkeit *f*, Argwohn *m*
alınlık ⟨-ğı⟩ Diadem *n*; (Zier)Giebel *m*
alın|ma: ***-den*** ~ GR Lehn- (*-den* von); gekauft; **~mak** (mit)genommen werden; übel nehmen (*-den etw*); sich anpassen (*-den* an *A*); → ***almak***; ***üstüne*** ~ *etw* auf sich beziehen; ***alınabilir*** erhältlich (*-den* bei, in *D*); **~tı** Entlehnung *f* (*a* GR); **~tılamak** *v/t* entlehnen
alınyazısı Los *n*, Schicksal *n*
alış Kaufen *n*; Kauf-; Öffnung *f* (nach *D*, *z.B. Fenster*)
alışık gewöhnt (*-e* an *A*); vertraut (*-e* mit *D*); *Tier* zahm; **~lık** ⟨-ğı⟩ Vertrautheit *f* (*-e* mit *D*); Fertigkeit *f* (*-e* in *D*)
alışıl|mak: *pass von* ***alışmak***; **~madık, ~mamış** (*garip*) ungewöhnlich; (*aşina olmayan*) ungewohnt
alış|kanlık ⟨-ğı⟩ Gewohnheit *f*, Geübtheit *f*; **~kın** → ***alışık***
alışmak sich gewöhnen (*-e* an *A*); *Tier* zahm (*od* zutraulich) werden
alıştırma Übung *f*, TECH Anpassung *f*
alıştırmak (*-i -e*) *j-n* gewöhnen (an *A*); *Tier* zähmen; TECH anpassen (an *A*); ***b-ne bş-i*** ~ ***alıştırarak haber vermek*** j-m etw schonend beibringen
alışveriş Einkauf *m*; Austausch *m*; ***fikir*** **~i** Meinungsaustausch *m*
âli [aːliː] *osm* hoch, erhaben
âlicenap [-ɑːp] ⟨-bı⟩ großzügig; gutmütig; **~lık** ⟨-ğı⟩ Großzügigkeit *f*
alim Gelehrte(r)
alimallah *int* bei Gott, weiß Gott
alivre ÖKON auf Abruf (*kaufen*)
alize Passat(wind) *m*
alkali CHEM Alkali *n*
alkalik CHEM alkalisch
alkış Beifall *m*, Applaus *m*; ~ ***tufanı*** Beifallssturm *m*; ~ ***tutmak*** starken Beifall spenden; begrüßen, billigen; **~çı** Liebediener *m*; THEA Claqueur *m*; **~lamak** (*-i D*) applaudieren; *fig* begrüßen; **~lanmak** bejubelt werden
alkol ⟨-lü⟩ Alkohol *m*; **~ik** Alkoholiker *m*, -in *f*, **~izm** Alkoholismus *m*; Trunksucht *f*, **~lü** alkoholhaltig; **~süz** alkoholfrei
Allah [ɑ'aːx] Gott (*m*); ~ *od* **~ım!** mein Gott!, großer Gott!; ~ **~!** ach, du liebe Zeit!; ach, du meine Güte!; Donnerwetter!; ~ ***aşkına*** um Gottes willen; ~ ***bağışlasın*** behüte dich (*od* ihn *usw*) Gott!; ~ ***bilir*** weiß Gott …; ~ ***derim*** weiß der Himmel; ~ ***esirgesin*** (*od* ***saklasın***) Gott behüte; ~ ***göstermesin*** da sei Gott vor; ~ ***için*** bei Gott, wirklich; um Gottes willen; ~ ***kabul etsin*** vergelt's Gott; ~ ***korusun*** Gott behüte!; ~ ***ona lâyığını versin*** Gott möge ihn strafen; ~ ***ömürler versin*** lange mögen Sie leben (*als Dank*); ~ ***rahatlık versin*** schlaf(en Sie) gut!; ~ ***razı olsun*** Gott segne Sie (*od* ihn, dich)! (*als Dank*); ~ ***rızası için*** um Gottes willen!; ~ ***selâmet versin*** Gott behüte dich (ihn *usw*)! (*vor e-r Reise*); ~ ***vere*** (***de***) … wollte Gott …!; ~ ***versin*** Gott gebe es; *zu Bettlern* Gott wird dir geben; **~a ısmarladık** → ***allahısmarladık***; **~a şükür** Gott sei Dank!; **~ı(nı) seversen** um Gottes willen!; **~ın belası** Gottes Geißel *f*, gottverlassen (*Ort*); (***her***) **~ın günü** jeden Tag, den Gott werden lässt; **~ın izniyle** mit Gottes Hilfe, so Gott will; **~tan** *als adv* glücklicherweise, Gott sei Dank; **~tan bulsun** Gott strafe ihn!; **~tan kork!** schäm dich!; **~tan korkmaz** unmenschlich
allahaısmarladık auf Wiedersehen! (*sagt der Weggehende*)
allah|lık ⟨-ğı⟩ *adj* harmlos (*Person*); naiv, unbedarft; **~sız** *adj* gewissenlos
allak: ~ ***bullak*** wüst durcheinander; *-i* ~ ***bullak etmek*** durcheinander bringen; ~ ***bullak olmak*** durcheinander kommen/sein

allâme [-la:-] allwissend; **~i cihan kesilmek** *scherzh* neunmalklug sein
allasen [-'lɑ:-] → **Allahını seversen**
allem: **~ kallem** (vage) Zusage; Floskeln *f/pl*; **~ etmek kallem etmek** alle Register ziehen (*um j-n zu überzeugen*)
allık ⟨-ğı⟩ Rouge *n*; **~ sürmek** Rouge auflegen
aliterasyon Stabreim *m*, Alliteration *f*
Alm. *Abk* → **Almanca, Almanya**
alma Entlehnung *f*
almak ⟨-ır⟩ nehmen (*-i A*); (*satın ~*) kaufen; MED *ilaç* einnehmen; MED *organ, cenin* entfernen; *iş, öğüt, izin vs* bekommen; (*kabul etmek*) annehmen; (*elde etmek*) erzielen; *ürün* einbringen; *koku vs* wahrnehmen; *kız* zur Frau (*od* als Schwiegertochter) nehmen; *ölçü* nehmen; *kiracı* aufnehmen; *in ein Verzeichnis vs* (*çekmek*) rücken, verschieben; *radyo vs* empfangen; *şehir* einnehmen; *nehir* mit sich fortreißen; *içerebilmek* fassen; **banda ~** aufs Band aufnehmen; **sağa ~** nach rechts verschieben; rechts anhalten; **su ~** leck sein; **şakaya ~** als Scherz auffassen; **omuzlarına ~** sich (*D*) überwerfen; schultern; **alıp götürmek** wegtragen, abfahren, abtransportieren; *-in* **b-le bir alıp veremediği var/olmak** mit j-m nicht auskommen können; **alıp yürümek** um sich greifen; **al sana …!, alın size …!** da haben wir …!; LIT **aldı Kerem** da hob Kerem an; → **alamamak**
almamazlık: **~ etmemek** nicht ablehnen
Alman deutsch; Deutsche(r); **~ gümüşü** deutsches Silber; **~ usulü** getrennte Bezahlung der Ausgaben; **~ca** [-'mɑndʒɑ] (das) Deutsch(e); deutsch (*nur sprachlich*); **~ öğretmeni** Deutschlehrer *m*, -in *f*
Alman|calaştırmak verdeutschen; **~cı** F Deutschlandtürke *m*; **~lık** ⟨-lığı⟩ Deutschtum *n*
Almanya Deutschland; **~ Federal Cumhuriyeti** Bundesrepublik *f* Deutschland; **Batı ~** F BRD; **Doğu ~** F (ehemalige) DDR *f*; **~lı** aus Deutschland; → **Almancı**
almaşık abwechselnd; *yaprak* wechselständig
'alo TEL hallo!; **~, orası neresi?** (*od* **kimsiniz?**) hallo, wer ist am Apparat?
alonj ÖKON Allonge *f*
al'paka (*alaşım, hayvan*) Alpaka *n*; (*yün*) Alpaka *m*
Alp Dağları (*a* **Alpler**) (die) Alpen *pl*
alpinist Bergsteiger *m*, -in *f*
Alsas Elsass *n*; **~ Loren** Elsass-Lothringen *n*
alt ⟨-tı⟩ **1.** *subst/adj* Untere(s), untere(r) Teil; Boden *m* (*e-s Gefäßes*); (*taban*) Sohle *f*; unter-; **~ bölüm** Unterabteilung *f*; **~ kat** untere(s) Stockwerk; (**bahçenin**) **~ köşesi** die hinterste (*od* äußerste) Ecke (des Gartens); **~ ~a** Eins unter dem Anderen; **~ ~a üst üste** drunter und drüber; **~ etmek** unterkriegen; bezwingen; **~ taraf** Unterseite *f*; **~ tarafı** (**on lira**) weiter nichts als, nur (zehn Lire); **~ yanı çıkmaz sokak** es führt zu nichts; **~ına almak** niederwerfen (*im Kampf*); **sıkı kontrol ~ına almak** e-r scharfen Kontrolle unterziehen; **~ına etmek** F sich (*D*) in die Hosen machen; *-in* **~ında kalmamak** nicht unbeantwortet (*od* unvergolten) lassen; **bş-in ~ından kalkmak** mit etw fertig werden; **~ta kalmak** unterliegen; **2.** *Ortssubstantiv -in* **~ına** unter *A*; **masanın ~ına** unter den Tisch (*legen usw*); *-in* **~ında** unter *D*; **masanın ~ında** unter dem Tisch (*liegen usw*); *-in* **~ından** unter *D* … hervor; **masanın ~ından** unter dem Tisch hervor (*kommen usw*)
alt- *oft* unter-, Unter-
altcins BIOL Unterart *f*
altçene Unterkiefer *m*
alternatif alternativ; **~ akım** Wechselstrom *m*
alternatör Wechselstromgenerator *m*
altgeçit ⟨-di⟩ Unterführung *f*
altı sechs; Sechs *f*; **~mız** wir sechs; **~da bir** ein Sechstel; **~ köşeli** sechseckig; **~gen** Sechseck *n*
altık *mantık* Subsumtion *f*
altıköşe Sechseck *n*
altın Gold *n*; Goldstück *n*; *adj* golden, Gold-; **~ arayıcısı** Goldgräber *m*; **~ bilezik** Goldarmband *n*; *fig* lukrativ, e-e Goldgrube; **~ çağ(ı)** goldene(s) Zeitalter *n*; **~ esası** Goldstandard *m*; **~ değerinde** Gold wert; **~ dünyası** Eldorado *n*; **~ kesmek** steinreich sein; Geld machen; **~ külçesi** Goldbarren *m*; **~küpü** *fig* Geldsack *m*; **~ sikke** Goldmünze *f*;

~ ***stoku*** (*a* ***rezervi***) Goldvorrat *m*; ~ ***yaldızlı*** vergoldet; ~***lar*** Goldmünzen *f/pl*; ***külçe*** ~ Barrengold *n*
altına → ***alt*** **2.**
altınbaş *Art* Zuckermelone *f*, *adj* vergoldet (*z.B. Kuppel*)
altıncı sechst-
altında(n) → ***alt*** **2.**
altından aus Gold, golden
altınlamak vergolden
altınlı goldhaltig; steinreich
Altınordu HIST (die) Goldene Horde
altı|parmak ⟨-ğı⟩ *Art* große Makrele, Bonito; *adj* sechsfingrig; mit sechs Zehen; ~***şar*** je sechs; ~ ~ zu sechsen
altkimlik Unteridentität *f*
altlı: ~ ***üstlü*** unten und oben; Jackenkleid *n*; Kostüm *n*
altlık ⟨-ğı⟩ (Schreib-) Unterlage *f*, Untersatz *m*; Ständer *m*
altmış sechzig
altmışaltı *Kartenspiel* Sechsundsechzig *n*; F ~***ya bağlamak*** hinhalten, abwimmeln
altmışıncı sechzigst-; ~***lık*** ⟨-ğı⟩ Sechzigjährige(r)
alto ['alto] Bratsche *f*, Alt *m*, Altstimme *f*
altunî [-u:ni:] goldfarben
altüst in heilloser Unordnung, chaotisch; *-i* ~ ***etmek*** durcheinander bringen (*A*); zerstören
altyapı Infrastruktur *f*, Erschließung *f* (*e-s Grundstücks*); PHIL *fig* Unterbau *m*; *-in* ~***sını getirmek*** erschließen (*Bauland*)
altyazı FILM Untertitel *m*; ~***lamak*** mit Untertiteln versehen
alümin Tonerde *f*, Korund *m*
alüminyum Aluminium *n*
alüvyon GEOL Anschwemmung *f*, ~***laşmak*** angeschwemmt werden; ~***lu*** Schwemm-, angeschwemmt
alveol ⟨-lü⟩ ANAT Alveole *f*
alyans Verlobungsring *m*; ***par***~ (***akraba***) verschwägert
alyuvar rote(s) Blutkörperchen
am V Fotze *f*
ama ['ɑmɑ] aber, doch; jedoch; *Verstärkung* wirklich, bestimmt; ***güzel***, ~ ***çok güzel*** wirklich sehr schön; ~ ***ne film*** *usw* F ein toller Film! *usw*
amaç ⟨-cı⟩ Zweck *m*; *fig* Ziel *n*; ~ ***edinmek*** sich (*D*) zum Ziel setzen; ***bu*** ~***la*** zu diesem Zweck; … ***amacıyla*** zwecks, mit dem Zweck zu …
amaçlamak bezwecken
amaçlı: ***birkaç*** ~ Mehrzweck-; ***çok*** ~ Vielzweck-; ~***sız*** ziellos
amade [ɑ:mɑ:-] bereit (*-e* zu)
aman [-mɑ:n] Hilfe!; Gnade!, Erbarmen!; ach bitte!; *öfke, bıkkınlık* zum Kuckuck!; *uyarı* Vorsicht! lieber nicht!; o weh!; ~ (***da***) ***ne güzel şey!*** Donnerwetter, wie ist das schön!; ~ ***Allahım*** hilf mir Gott!; ~ ***beni rahat bırak!*** zum Kuckuck, lass mich in Ruhe!; ~ ***bir daha yapmam*** verzeih, ich tu's nicht wieder; ~ (***zaman***) ***dilemek*** um Gnade bitten; ~ ***efendim …*** stellen Sie sich mal vor!, also so was!; ***b-ne*** ~ ***vermek*** j-n begnadigen; ***b-ne*** ~ ***vermemek*** j-m keine Ruhe geben; ~ ***vermez*** schonungslos; ~ ***ne yaptım!*** o weh, was habe ich getan!; ~***ı zamanı yok*** da gibt's kein Wenn und kein Aber
amansız gnadenlos; *hastalık* bösartig
amatör Amateur *m*, -in *f*, ***fotoğraf*** ~***ü*** Amateurfotograf *m*, -in *f*
-amaz → ***-emez***, *oft* darf (dürfen) nicht; *z.B.* ***taşıt geçemez*** (= *Fahrzeug darf nicht durchfahren*) Durchfahrt verboten
ambalaj Verpackung *f*, ~ ***dahil*** (***hariç***) einschließlich (ausschließlich) Verpackung; ~ ***kağıdı*** Packpapier *n*; *-i* ~ ***etmek*** *od* ***yapmak*** verpacken (*A*); ~***cı*** Packer *m*, -in *f*, ~***lamak*** *v/t* verpacken
ambale: ~ ***etmek*** *j-n* benebeln; ~ ***olmak*** ganz benommen sein
ambar Lager(haus) *n*, Speicher *m*; MAR Laderaum *m*; Hohlmaß *n* von 75 cm^3 (*für Sand, Kies usw*); Spedition(sfirma) *f*, ***buğday*** ~***ı*** *fig* Kornkammer *f*, ~ ***etmek*** (ein)lagern, speichern; ~***cı*** Lagerist *m*; Lagerverwalter *m*
am'bargo Embargo *n*, Ausfuhrverbot *n*; MAR Auslaufverbot *n*; ~ ***koymak*** ein Embargo verhängen; ~***yu kaldırmak*** das Embargo aufheben
ambarlamak lagern, speichern
amber Amber *m*; ~***baris*** [-bɑ:-] BOT Berberitze *f*, ~***bu*** (***pirinç***) Basmatireis *m*; ~***çiçeği*** *Art* Mimose *f*
amboli MED Embolie *f*
ambulans Krankenwagen *m*
'amca Onkel *m* (*Bruder des Vaters*); F *Anrede an e-n älteren Mann*; ~ ***kızı*** Ku-

sine *f*; ~ **oğlu** Cousin *m*
amel[1] *osm* Tat *f*, Werk *n*; REL Werke *n/pl*
amel[2] MED Durchfall *m*; ~ **olmak** Durchfall haben
amele Arbeiter *m* (*bes am Bau*)
ameliyat [-ɑːt] ⟨-ti⟩ MED Operation *f*; **masası** Operationstisch *m*; ~ **odası** Operationssaal *m*; ~ **etmek** operieren; ~ **olmak** operiert werden, sich operieren lassen (*A* von)
ameliye Prozess *m*, Vorgang *m*; **petrol arma ~si** Erdölbohrungen *f/pl*
amenna [ɑːˈmɛnːɑː] richtig, ganz recht; ~ **demek** F Ja sagen
Ameˈrika Aˈmerika *n*; ~ **Birleşik Devletleri** (ABD) Vereinigte Staaten von Amerika (USA)
Amerikalı Amerikaner *m*, -in *f*, amerikanisch; ~ **şarkıcı** amerikanische Sängerin
Amerikan amerikanisch, US-; ~ **şarkıcı** (*od* **şirketi**) amerikanische Sängerin (*od* Firma); ~ (**bezi**) (kräftiges) Nesseltuch *n*; ~ **bar** Bar *f*, Theke *f*; ~ **esprisi** Kalauer *m*; ~ **salatası** → **Rus salatası**; **~ca** (das) Amerikanisch(e)
ametal nichtmetallisch
ametist ⟨-ti⟩ Amethyst *m*
ˈamfi F Hörsaal *m*; F Verstärker *m* (*Hi-Fi*); **~bik** amphibisch; **~tiyatro** Amphitheater *n*
amfor Amphore *f*
amil [ɑː] tätig; Motiv *n*, Faktor *m*
amin Amen *n*; ~ **çekmek** Amen sagen; *fig -e* ~ **demek** zustimmen
amino: ~ **asitler** Aminosäuren *f/pl*
amip ⟨-bi⟩ ZOOL Amöbe *f*; **~li** Amöben-
amir [ɑː] Vorgesetzte(r)
amiral ⟨-li⟩ Admiral *m*; ~ **gemisi** Flaggschiff *n*
amit ⟨-di⟩ CHEM Amide *n/pl*
amiyane [ɑːmijɑːnɛ] volkstümlich (*Ausdruck usw*)
amma → **ama**
amme [ɑː] → **kamu**
amonyak ⟨-ğı⟩ Ammoniak *n*; Salmiakgeist *m*
aˈmonyum CHEM Ammonium *n*
amorf amorph
amorti ÖKON Tilgung *f*; *piyango* Kleinstgewinn *m*; Trostpreis *m*; **k-ni** ~ **etmek** ÖKON sich amortisieren
amortisman Amortisierung *f*, Abschreibung *f*; ~ **akçesi** Tilgungsrate *f*
amortisör AUTO Stoßdämpfer *m*
amper EL Ampere *n*; **~lik** ⟨-ği⟩ von … Ampere; **~metre** Amperemeter *n*
ampir: ~ **üslubu** Empirestil *m*
ampirik empirisch
ampiyem MED Empyem *n*
ampli(fikatör) EL Verstärker *m*
amplifiye: ~ **etmek** verstärken
amplitüt ⟨-dü⟩ PHYS Amplitude *f*
ampul ⟨-lü⟩ Ampulle *f*; EL Glühlampe *f*
ampütasyon MED Amputation *f*
amut: **amuda kalkmak** e-n Handstand machen
amyant Asbest *m*; Asbestplatte *f*
an Augenblick *m*, Moment *m*; **bir ~da** im Augenblick; sofort; **bir ~ evvel** sobald wie möglich
anında [ɑːn-] augenblicklich, sofort
ana[1] F Mutter *f*
ana[2] Haupt-, Zentral-, Grund- *usw*; ~ **akçe** Stammkapital *n*; ~ **atardamar** Hauptschlagader *f*, Aorta *f*; **b-ne ~ avrat sövmek** *j-n mit äußerst schweren Schimpfworten beleidigen*; ~ **baba günü** übervoll (von Menschen); ~ **baba bir** *adj* leiblich (*Geschwister*); ~ **bir baba ayrı** *adj* Stiefgeschwister *pl*; ~ **cadde** Hauptstraße *f*; ~ **çizgi** MATH Seitenlinie *f*, Mantellinie *f*; ~ **çizgileriyle** in großen Zügen; ~ **defter** ÖKON Hauptbuch *n*; ~ **fikir** Leitgedanke *m*; ~ **hatlar** Hauptverkehrswege *m/pl*; Grundlagen *f/pl*; ~ **işlem ünitesi** EDV Hauptprozessor *m*; ~ **kapı** Portal *n*; ~ **kart** EDV Hauptplatine *f*; ~ **koynu** (*od* **kucağı**) Mutterschoß *m*; ~ **motif** Leitmotiv *n*; ~ **sütü** Muttermilch *f*; ~ **tarafından** mütterlicherseits; F **~m!** mein Lieber!, meine Liebe!; o weh; prima; ach was!; **~m babam** F Menschenskind!; du meine Güte!; *-in* **~sı ağlamak** in großer Not sein; (*çalışmak*) schuften; **b-nin ~sını ağlatmak** j-n hart drannehmen; **~sı danası** *fig* (mit) Kind und Kegel; P **onun ~sını bellerim** (V **sikerim**) ich werd's ihm schon zeigen; F **onun ~sını sat** (*od* **satayım**) pfeif' drauf! (*od* ich pfeife drauf!); **Meryem Ana** (die) Jungfrau Maria; **uçak ~ gemisi** Flugzeugmutterschiff *n*
anaarı Bienenkönigin *f*
anababa *sg* Eltern *pl*
anaç ZOOL fruchtbar; BOT vermehrungsfähig

ana|dil Ursprache *f*; **~dili** Muttersprache *f*
Anadolu *die ganze asiatische Türkei*; HIST Anatolien *n*; **~lu** Anatolier *m*, -in *f*
ana|erki Matriarchat *n*; **~erkil** matriarchalisch
anafor[1] Gegenströmung *f*, Strudel *m*
anafor[2] F Reibach *m*; **~dan** auf fremde Kosten; **~a konmak** schmarotzen; **~cu** Schmarotzer *m*; F Schieber *m*; **~lamak** (-*i*) umsonst bekommen; F schieben
anahtar *a* MUS, TECH Schlüssel *m*; **~ deliği** Schlüsselloch *n*; **elektrik ~ı** Schalter *m*; **İngiliz ~ı** TECH Engländer *m*; **~ını bulmak** *fig* Mittel und Wege finden; **~cı** Beschließer *m*, -in *f*, Schlüsselmacher *m*
anakara Kontinent *m*
anakronizm Anachronismus *m*
ana|lık ⟨-ğı⟩ Mutterschaft *f*, Mutterliebe *f*, Stiefmutter *f*; **b-ne ~ etmek** wie e-e Mutter zu j-m sein
analitik analytisch
analiz Analyse *f*; **~ etmek** analysieren; **~ yapmak** e-e Analyse durchführen
analizlemek (-*i*) analysieren
analjezi MED Analg(es)ie *f*, Betäubung *f*
analo|g analog; **~ji** Analogie *f*
a'namal ⟨-lı⟩ Kapital *n*; **~cı** Kapitalist *m*, -in *f*
ananas Ananas *f*
anane Tradition *f*, → **gelenek**; **~ olmak** zur Tradition werden; **~ci** Traditionalist *m*, -in *f*
ananet [-nɑː-] ⟨-ti⟩ MED Impotenz *f*
ananevî [iː] traditionell, herkömmlich
a'naokulu ⟨-nu⟩ Kindergarten *m*
a'napara Stammkapital *n*
anarş|i Anarchie *f*, Terror *m*; **~ik** anarchisch; F terroristisch; **~ist** ⟨-ti⟩ Anarchist *m*, -in *f*, F Terrorist *m*, -in *f*
anasız mutterlos; **~ babasız** Vollwaise *f*
anason BOT Anis *m*
anatom|i anatomie *f*, **~ik** anatomisch
a'navatan Heimat *f* (*e-r Pflanze usw*); Vaterland *n*
a'na|yasa POL Verfassung *f*, Satzung *f der UNO*; **Anayasa Mahkemesi** Verfassungsgericht *n*; **~yasal** verfassungsmäßig, konstitutionell
a'na|yol Hauptstraße *f*, Fernverkehrsstraße *f*, **~yön** [-'na-] Himmelsrichtung *f*, **~yurt** ⟨-du⟩ → **anavatan**
anbean ['ɑːnbɛɑːn] jeden Augenblick
'anca → **ancak**; **~ beraber, kanca beraber** F mitgegangen, mitgefangen
'ancak *adv* nur, lediglich; höchstens, kaum; **~ yarın** erst morgen
ançüez Anchovis *f*
andetmek -*e* geloben zu
andırış Ähnlichkeit *f*
andırmak -*i* erinnern an (*A*), ähneln *D*
andiçmek → **ant içmek**
anemi MED Anämie *f*
anemon Anemone *f*
anestezi Anästhesie *f*, **lokal ~** örtliche Betäubung *f*
anfizem MED Emphysem *n*
angaj|e engagiert; **~ olmak** sich engagieren; **~man** Engagement *n*
an'garya Zwangsarbeit *f*, *fig* Knochenarbeit *f*, **~cı** Leuteschinder *m*
Anglikan anglikanisch
Anglosakson Angelsachse *m*, angelsächsisch
angut ⟨-du⟩ ZOOL Rostgans *f*, *fig* Dummkopf *m*
anı Erinnerung *f*; **~lar** Memoiren *pl*
anılmak in Erinnerung sein; erwähnt werden; **anılmaya değer** erwähnenswert
anımsa|mak -*i* sich (dunkel) erinnern an (*A*); **~tmak**: **b-ne -i ~** j-n erinnern an (*A*)
anır|mak schreien (*Esel*); *fig* sich unfein ausdrücken; **~tmak** *fig* zum Schreien bringen; F **radyoyu anırtma!** mach das Radio leiser!
anıştırmak andeuten
anıt ⟨-tı⟩ Denkmal *n*; Ehrenmal *n*
Anıtkabir ⟨-bri⟩ *Atatürks Mausoleum*
anıtlaşmak zur Legende werden
anıtsal monumental; imposant
anız Stoppeln *f/pl*
anızlık ⟨-ğı⟩ Stoppelfeld *n*
anî [ɑːniː] augenblicklich; plötzlich; unerwartet (*Ereignis*); **~den** *adv* unversehens; **~lik** ⟨-ği⟩ Plötzlichkeit *f*
anilin Anilin *n*; **~ boyalar** Anilinfarben *f/pl*
animasyon: **~ filmi** Trickfilm *m*
anjin MED Angina *f*, **~ olmak** Angina haben *od* bekommen
Ank. *Abk für* **Ankara**
anka [-kɑː] *Vogel* Greif *m*; Phönix *m*; *fig* steinreich; **~ gibi** sagenhaft, legendär
ankastre eingebaut, Einbau-

ankes Kassenbestand *m*; **~man** Inkasso *n*, Zahlungseingang *m*

anket ⟨-ti⟩ Umfrage *f*; **~ *yapmak*** e-e Befragung durchführen; **~çi** Interviewer *m*, -in *f*; Meinungsforscher *m*, -in *f*

anlak ⟨-ğı⟩ PHIL Verstand *m*; **~sal** verstandesmäßig

anlam Bedeutung *f*, Sinn *m*; ***~ına gelmek, ~ında olmak*** bedeuten, heißen; darauf hinauslaufen (dass); **~ *aykırılığı*** Widerspruch *m*; ***bş-e ~ katmak*** etw (*D*) Sinn geben

anlamak *v/t* verstehen, begreifen; feststellen; F herausfinden; nachsehen (*was da los ist*); *-den* **~** etwas verstehen von; *-den* ***hiç bir şey anlamadım*** ich habe nichts von … gehabt; ***şakadan ~*** Spaß verstehen

anlamazlık (*a* **anlamamazlık**): ***~tan gelmek*** sich dumm stellen

anlam|bilim Semantik *f*; **~daş** synonym; **~landırmak** *v/t* interpretieren; e-n Sinn hineinlesen; **~lı** sinnvoll; bedeutungsvoll; bezeichnend

anlam|sal bedeutungsmäßig; **~sız** bedeutungslos; sinnlos, absurd; **~sızlık** ⟨-ğı⟩ Bedeutungslosigkeit *f*, Unsinnigkeit *f*

anlaş|ılan *adv* offensichtlich; **~ılır** begreiflich; klar

anlaş|ılmak klar (*od* deutlich) werden; ***bundan şu anlaşılır*** daraus geht folgendes hervor; **~ılmaz** unbegreiflich

anlaşma Verständigung *f*, Vereinbarung *f*, Abkommen *n*; **~ *yapmak*** ein Abkommen treffen; ***yanlış ~*** Missverständnis *n*; ***bir yanlış ~ olmuş*** es liegt ein Missverständnis vor

anlaşmak sich verstehen; (*-de*) sich verständigen (über *A*)

anlaşmalı: **~ *hekim*** Kassenarzt *m*, Kassenärztin *f*

anlaşmazlık ⟨-ğı⟩ Meinungsverschiedenheit *f*, Konflikt *m*

anlatan Erzählende(r)

anlatı LIT Erzählung *n*; **~ (*türü*)** Epik *f*

anlatıcı ⟨-ğı⟩ Erzähler *m*, -in *f*

anlatılmak *pass von* ***anlatmak***; ***dille anlatılamaz*** unbeschreiblich; ***anlatıldığına göre*** es wird erzählt, dass

anlatım Ausdruck *m*; **~bilim** Stilistik *f*, **~bilimsel** stilistisch; **~cılık** ⟨-ğı⟩ Expressionismus *m*

anlatış Erzählweise *f*, Darstellungsart *f*

anlatmak (*-i -e*) *j-m etw* (*A*) erklären, erläutern; *Geschichte* erzählen; *Ereignis* schildern; abrechnen (*-e* mit *j-m*; *-i* wegen *G*)

anlayış Auffassungsgabe *f*, Verständnis *n*; Mentalität *f*; ***hizmet ~ı*** Kundenorientiertheit *f*; **~ *göstermek*** Verständnis zeigen *od* haben

anlayışla *adv* verständnisvoll; **~ *karşılamak*** Verständnis entgegenbringen (*-i j-m*)

anlayış|lı *adj* verständnisvoll; **~sız** verständnislos; **~sızlık** ⟨-ğı⟩ Verständnislosigkeit *f*

anlı: **~ *sanlı*** (*od* ***şanlı***) ansehnlich; angesehen

anlık vergänglich, flüchtig

anma Gedenken *n*; **~ *günü*** Gedenktag *m*; **~ *töreni*** Gedenkfeier *f*

anmak ⟨anar⟩ gedenken (*-i G*); *Namen* erwähnen, nennen

anne [ˈanːɛ] Mutter *f*; ***~ler günü*** Muttertag *m*

anneanne Großmutter *f* (*mütterlicherseits*); F Oma *f*

anne-baba *sg* Eltern *pl*; ***annem-babam*** meine Eltern

anne|ciğim [-dʒiːm] Mutti *f*, Mama *f*; **~lik** ⟨-ği⟩ Mutterschaft *f*; **~ *etmek*** *-e* wie e-e Mutter sein zu

anofel ZOOL Malariamücke *f*

anonim anonym; namenlos; **~ *şirket*** (***AŞ***) Aktiengesellschaft *f* (AG)

anons *radyo* Ansage *f*, Durchsage *f*

anorganik anorganisch

anormal anomal; **~lik** ⟨-ği⟩ Anomalie *f*

anot ⟨-du⟩ Anode *f*

ansambl Ensemble *n*

ansefalit ⟨-ti⟩ MED Hirnhautentzündung *f*

ansımak sich entsinnen *-i G*

ansızın plötzlich

ansiklopedi Enzyklopädie *f*

ant ⟨-dı⟩ Eid *m*; Gelöbnis *n*; **~ *etmek*** (*od* ***içmek***, *a* ***vermek***) *e-n* Eid ablegen *od* leisten; schwören; ***b-ne ~ ettirmek*** j-m den Eid abnehmen; ***andını bozmak*** s-n Eid brechen; ***andım var*** ich habe mein Wort gegeben

antagonizm Antagonismus *m*

antant ⟨-tı⟩ Übereinkommen *n*; POL Block *m*; HIST Entente *f*

antarkti|k antarktisch; **~ka** Antarktis *f*

anten Antenne *f*, ZOOL Fühler *m*

antepfıstığı ⟨-nı⟩ BOT Pistazie *f*
anterit ⟨-ti⟩ MED Darmentzündung *f*
antet ⟨-ti⟩ Briefkopf *m*; **~li kağıt** Briefbogen *m* (*mit Briefkopf*)
antibiyotik ⟨-ği⟩ Antibiotikum *n*
anti|demokratik antidemokratisch; **~emperiyalist** antiimperialistisch; **~faşist** antifaschistisch; Antifaschist *m*, -in *f*; **~friz** Frostschutzmittel *n*
antik antik; **~ çağ** Antike *f*
an'tika Antiquität *f*; Hohlsaumarbeit *f*; F komisch, sonderbar; **~cı (mağazası)** Antiquitätenladen *m*; **~ biri** komischer Kauz *m*; **~lık** ⟨-ğı⟩ Rarität *f*; Schrulle *f*
antikor MED Antikörper(chen *n*) *m*
antilop ⟨-pu⟩ Antilope *f*
antipati Antipathie *f*, Abneigung *f*
antipatik unsympathisch; **~ bulmak** unsympathisch finden
antisemit ⟨-ti⟩ Antisemit *m*, -in *f*; **~izm** Antisemitismus *m*
antiseptik antiseptisch
antitez Antithese *f*
antlaş|ma POL Pakt *m*; **barış ~sı** Friedensvertrag *m*; **saldırmazlık ~sı** Nichtangriffspakt *m*
antoloji Anthologie *f*
antrakt ⟨-tı⟩ FILM, THEA Pause *f*
antrasit ⟨-ti⟩ Anthrazit *m*
antre Eingang *m*; Diele *f*
antrekot ⟨-tu⟩ Mittelrippenstück *n*
antren|man Training *n*; **~ yapmak** trainieren; **~ör** Trainer *m*, -in *f*
antrepo Lagerhaus *n*
antrparantez *fig* nebenbei bemerkt; beiläufig (*sagen*)
anut [u:] ⟨-du⟩ störrisch
anüs ANAT After *m*
AO *Abk* → **anonim şirket**
aort ⟨-tu⟩ Aorta *f*
'apaçık sperrangelweit offen; *fig* völlig klar
'apak schneeweiß
apalak ⟨-ğı⟩ Pausback *m*; pummelig
apandis Wurmfortsatz *m*; Blinddarm *m*; **~it** Blinddarmentzündung *f*
'apansız(ın) jäh, ganz plötzlich
aparat, **aparey** Apparat *m*
aparmak *dial v/t* wegbringen; F klauen
apartman Mehrfamilienhaus *n*; **~ dairesi** Etagenwohnung *f*; **~ kapıcısı** Hauswart *m*; **~ yöneticisi** Hausverwalter *m*, -in *f*
apar topar überstürzt, Hals über Kopf
apaş Rowdy *m*
'apayrı ganz verschieden
apazlamak *v/t* zusammenraffen; *fig* einheimsen; *v/i* mit dem Wind segeln
aperitif Aperitif *m*
apış Innenseite *f* des Schenkels; **~(ını) açmak** die Beine grätschen *od* gegrätscht halten; **~ arası** ANAT Schamgegend *f*; Schritt *m* (*bei Kleidung*); **~lık** ⟨-ğı⟩ Zwickel *m*
apışmak *Tier* hinsinken (*vor Entkräftung*); die Beine grätschen; mit gegrätschten Beinen sitzen *od* stehen; **apışıp kalmak** verdattert sein
a'piko MAR segelklar; F flink, fix; fesch
aplik ⟨-ği⟩ Wandleuchter *m*
aplikasyon *auf Kleidern* Besatz *m*
aplike Besatz *m*; … mit Besatz
apolet ⟨-ti⟩ Schulterklappe *f*
apopleksi MED Schlaganfall *m*
apre Appretur *f*; **~lemek** *v/t* appretieren
apse MED Abszess *m*; **~lenmek** eitern; *unp* (es) bilden sich Eiterherde
apsent Absinth *m*
apsis MATH Abszisse *f*; ARCH Apsis *f*
Apt. *Abk* → **apartman(ı)**
aptal ⟨-lı⟩ dumm; Dummkopf *m*, Idiot *m*; *-i* **~ yerine koymak** *j-n* für *e-n* Dummkopf halten; **~laşmak** verblöden; verdattert sein; **~lık** ⟨-ğı⟩ Dummheit *f*; **gitmekle** *usw* **~ ettim** es war dumm von mir hinzugehen; **~ yapmak** Dummheiten machen; **~sı** albern
aptes REL Waschung *f*; **büyük ~** Stuhlgang *m*, große(s) Geschäft; **küçük ~** Urinieren *n*, kleine(s) Geschäft; **~ almak** REL e-e Waschung vornehmen; **~ bozmak** auf Toilette gehen; REL unrein werden; **~hane** [-sɑ:-] Toilette *f*
apul: **~ ~ yürümek** (dahin)watscheln
ar[1] Ar *n* (*= 100 m2*)
ar[2] Scham(gefühl *n*) *f*; **~ etmek** sich schämen
ara **1.** *subst* Abstand *m*; Zwischenraum *m*; Pause *f*; *fig* Kluft *f*; (menschliche) Beziehungen *f/pl*; Zwischen-, Inter-; **~ hattı** Demarkationslinie *f*; **~ kapı** Durchgang *m*; **~ kararı** JUR Zwischenentscheid *m*; **~ mal** Zwischenprodukt *n*; **~ renk** Nuance *f*, Schattierung *f*; **~ seçim** POL Nachwahl *f*; **~ vermek** *Arbeit* (zeitweilig) unterbrechen (*-e A*), e-e (kleine) Pause machen; **~da bir** zuweilen, hin und wieder; **~da kalmak**

das Nachsehen haben, leer ausgehen; in e-e Affäre verwickelt sein; ***~da kaynamak*** unbeachtet bleiben; sich in der Menge verlieren; ***iki ~da bir derede*** (***kalmak***) zwischen allen Stühlen (stehen); im Ungewissen (sein); ***~(da) sıra(da)*** von Zeit zu Zeit; ***~dan üç yıl geçti*** es sind drei Jahre her; ***~dan çıkarmak*** hinter sich bringen; ***~dan çıkmak*** sich zurückziehen; erledigt werden; *-i* ***~larına almak*** aufnehmen (*in ihre Gruppe*); *-in* ***~larına karışmak*** geraten zwischen (*A*); sich gesellen zu; ***kendi ~larında*** sie unter sich; *-in* ***~larını açmak*** (*od* bozmak) (sie miteinander) entzweien; *-in* ***~larını bulmak*** *v/t* versöhnen; ***~mız*** (***~ nız, ~ları***) unsere (eure, ihre) Beziehungen; ***~mız açık*** (*od* ***bozuk***) unser Verhältnis ist kühl; ***~mız açıldı*** die Entfernung zwischen uns ist größer geworden; *fig* wir haben uns überworfen; ***~mız düzeldi*** wir haben uns versöhnt; *-le* ***~sı hoş olmamak*** auf dem Kriegsfuß stehen mit; ***A ile B'nin ~sını açmak*** einen Keil zwischen A und B schieben; ***A ile B'nin ~sını bulmak*** zwischen A und B vermitteln; ***~ya*** *od* ***~larına girmek*** vermitteln (*bei Streit*); sich einmischen; dazwischenkommen; ***~ya gitmek*** F *Person* dabei draufgehen; *Sache* flöten gehen; *-i* ***~ya koymak*** *j-n* zum Vermittler machen; *j-n* als Werkzeug benutzen; **2.** *Ortssubstantiv*: ***masayla dolabın ~sına*** zwischen den Tisch und den Schrank (*stellen usw*); ***masayla dolabın ~sında*** zwischen dem Tisch und dem Schrank (*stehen usw*); ***masayla dolabın ~sından*** zwischen dem Tisch und dem Schrank hervor/hindurch (*kommen usw*); ***~nızda doktor var mı?*** ist unter Ihnen ein Arzt?; ***iş ~sında*** während der Arbeit

araba Wagen *m*; Auto *n*; Wagenladung *f*, Fuhre *f*; ***~ vapuru, ~lı vapur*** Autofähre *f*; ***~ kullanmak*** Auto fahren; ***çocuk ~sı*** Kinderwagen *m*; ***çek ~nı*** F zieh Leine!; ***~cı*** Kutscher *m*; HIST Stellmacher *m*; ***~cık*** ⟨-ğı⟩ AUTO Aufhängung *f*

arabaşlık Zwischentitel *m*

Arabî [iː] arabisch

arabirim EDV Interface *n*

Arabistan Arabien *n*

Arabiyat [-ɑːt] ⟨-tı⟩ Arabistik *f*; ***~çı*** Arabist *m*, -in *f*

a'ra|bozan Streithammel *m*; ***~bozanlık*** ⟨-ğı⟩ Streit *m*, Zwietracht *f*; ***~bozucu*** Störenfried *m*; Hetzer *m*

ara|bulma Vermittlung *f* (*zwischen Streitenden*); ***~bulucu*** Vermittler *m*, -in *f*; ***~buluculuk*** ⟨-ğu⟩ Vermittlung *f*

aracı Vermittler *m*, -in *f*; Makler(in) *f*; ***~lık*** ⟨-ğı⟩ Vermittlung *f*; *-in* ***~lığıyla*** durch Vermittlung *G/von*

a'racümle GR Einschiebsel *n*

araç ⟨-cı⟩ Mittel *n*; (*cihaz*) Gerät *n*, Instrument *n*; (*taşıt*) Fahrzeug *n*; ***~ gereç*** Materialien *n/pl*, Ausrüstung *f*; ***ulaşım ~ları*** Transportmittel *n/pl*; Verkehrsmittel *n/pl*; ***üretim ~ları*** Produktionsmittel *n/pl*

arada, **aradan** → ***ara***

Araf [ɑːrɑːf] REL Fegefeuer *n*

arak[1] Arrak *m*

arak[2]: ***~ işi*** Diebesgut *n*; ***~çı*** *f* Langfinger *m*; ***~çılık*** ⟨-ğı⟩ Dieberei *f*

a'rakesit ⟨-ti⟩ MATH Schnittpunkt *m*

araklamak *v/t* F stibitzen

arala|mak *v/t* e-n Spalt öffnen; auseinander rücken; ***~nmak*** F türmen (*-den* aus *D*); *pass von* ***aralamak***

aralık[1] ⟨-ğı⟩ **1.** *subst* Abstand *m*; Zwischenraum *m*; Zeit *f*, Pause *f*; enge(r) Durchgang, Gasse *f*, Spalt *m*, Ritze *f*; **2.** *adj* e-n Spalt offen, *kapı* angelehnt; ***bir ~*** eine Zeit lang; irgendwann; währenddessen; bei Gelegenheit; ***bu ~*** zur Zeit; ***~ vermeden*** pausenlos

aralık[2] ⟨-ğı⟩ Dezember *m*; ***~ ayı*** der Monat Dezember; ***~ta, ~ ayında*** im (Monat) Dezember

aralıklı durchbrochen; mit Unterbrechungen; BUCH mit Durchschuss; ***1,5 ~*** mit 1,5 Zeilenabstand

aralıksız ununterbrochen, pausenlos

arama Nachforschung *f*, Durchsuchung *f*; ***~ tarama*** Razzia *f*, Durchkämmung *f* *e-s Ortes*

aramak *v/t* suchen; nachforschen; fragen nach *j-m*; aufsuchen; (*telefonla*) anrufen; bestehen auf (*z.B. s-m Recht*); sich sehnen nach (*Vergangenem*); sich interessieren für *j-n*; *Haus*, *Taschen* durchsuchen; *Ort* durchkämmen; *fig* provozieren (*Probleme usw*); ***telefonla ~*** anrufen, am Telefon verlangen; ***arayıp sormak*** *v/t sich* kümmern (um *j-n*); ***arayıp taramak*** *v/t* durchkämmen; *Zeitungen* auswerten; ***aramamak*** (es) nicht bereuen

aran|an ÖKON gesucht, gefragt; **~mak** *pass von* ***aramak***; vermisst sein; Bedingung sein; *Taschen usw* durchwühlen; herumsuchen; provozieren (*Probleme usw*)

Arap ⟨-bı⟩ Araber *m*, -in *f*; F *a* Schwarze(r); F (Schwarzweiß)Negativ *n*; arabisch; **~ça** (das) Arabisch(e); arabisch

arapsabunu ⟨-nu⟩ Schmierseife *f*

arapsaçı Kraushaar *n*; *fig* Wirrwarr *m*

arasına arasında, arasından → ***ara* 2.**

a'rasıra dann und wann

arasız pausenlos, dauernd

araştırıcı Forscher *m*, -in *f*; forschend (*Blick*)

araştırma Forschung *f*, Erforschung *f*, Untersuchung *f*; GEOL Schürfen *n*; Schürfung *f*; ***~ görevlisi*** Assistent *m*, -in *f* (*an der Universität*); ***kamu ~sı*** Meinungsumfrage *f*

araştırmacı Forscher *m*, -in *f*

araştırmak *v/t Zimmer* durchsuchen; *Frage* prüfen, untersuchen; *Gebiet* erforschen; *Ursache* erforschen, feststellen

aratmak *kausativ von* ***aramak***; *v/t* vermissen lassen (*Vergangenes*), wehmütig erinnern an (*A*)

arayıcı (*altın ~ vs*) Goldgräber *m usw*

arayış Suche *f*, Bestreben *n*

a'ra|yön sekundäre Himmelsrichtung (*Südosten usw*); **~yüz** EDV Oberfläche *f*

araz [ɑːrɑːz] MED Symptom *n*; Nebenumstand *m*; PHIL Attribut *n*

arazi [-rɑːziː] Gelände *n*; Grundstück *n*; Grund und Boden *m*; ***~ arabası*** Geländewagen *m*; ***~ sahibi*** Grundbesitzer *m*; ***~ olmak*** F Schule schwänzen, blau machen

arbede Radau *m*, Schlägerei *f*

arbitraj ÖKON Arbitrage *f*, Schiedsgericht *n*

ardıç ⟨-cı⟩ BOT Wacholder *m*; ***~ rakısı*** Gin *m*, Wacholderschnaps *m*

ardıçkuşu ZOOL Drossel *f*, Amsel *f*

ardıl Nachfolger *m*, -in *f*; konsekutiv

ardın: **~ ~** rückwärts

ardına → ***art* 2.**

ar'dınca: (*-in*) **~** hinter (*D*) her; ***birbiri ~*** im Gänsemarsch

ardında, ardından → ***art* 2.**

ardışık aufeinander folgend; fortlaufend (*Zahl*); MED Nach-(*Wirkung*)

ardiye Depot *n*, Lagerhaus *n*; Lagergebühr *f*

arduaz Schiefer *m*; Schiefertafel *f*

arena Arena *f*; *fig* Schauplatz *m*

argaç ⟨-cı⟩ Schuss *m* (*beim Weben*); **~lamak** *Fäden* einschießen; weben

argın → ***yorgun***

'argo Slang *m*; *adj* … im Slang

arı[1] Biene *f*; ***~ kovanı*** Bienenstock *m*; ***~ gibi*** sehr fleißig, emsig

arı[2] rein, pur

arıbeyi Bienenkönigin *f*

arıcı Imker *m*, Bienenzüchter *m*; **~lık** ⟨-ğı⟩ Imkerei *f*, Bienenzucht *f*

arık → ***ark***[1]

arıkil Kaolin *n*

arılaşmak sich reinigen

arılık ⟨-ğı⟩ Reinheit *f*

arın|dırmak *v/t* säubern, befreien (*-den* von); **~ma** Reinigung *f*, Säuberung *f*, PHIL Läuterung *f*

arın|mak sich reinigen, sich läutern; **~mış** befreit (*-den* von); ***nükleer silahlardan ~ bölge*** atomwaffenfreie Zone

arısütü (Bienen)Futtersaft *m*

arış Deichsel *f*, Kette *f* (*beim Weben*); Unterarm *m*; HIST Elle *f*

arıt|ım, ~ma TECH Klärung *f*; ***~ tesisi*** Kläranlage *f*; **~mak** *v/t* reinigen (*-den* von); *Wasser* klären; TECH raffinieren

arız [ɑː] plötzlich auftretend; zufällig; ***~ olmak*** *Unruhe usw* überkommen (*-e A*)

arıza [ɑː] Störung *f*, Panne *f*, MED Komplikation *f*, MUS Versetzungszeichen *n*; GEOL Unebenheit *f*; ***~ yapmak*** zu e-r Komplikation führen; → ***arızalanmak***

arıza|lanmak e-e Panne haben, Schaden erleiden; **~lı** *arazi* uneben; *yol* holperig; *makina* defekt, gestört; MED *organ* angegriffen, geschädigt; AUTO ***~ çalışmak*** F stottern; **~sız** eben; störungsfrei; reibungslos

arızî [ɑːrɪziː] vorübergehend, zufällig

Ari [ɑːriː] Arier *m*, -in *f*, arisch

arif [ɑː] klug; erfahren; gebildet

arife Vortag *m*; Vorabend *m*; *fig -in* ***~sinde bulunmak*** unmittelbar davorstehen (*zeitlich*)

aristokrasi Aristokratie *f*, Adel *m*

aristokrat ⟨-tı⟩ Aristokrat *m*, -in *f*, Adlige(r)

aritmetik ⟨-ği⟩ Arithmetik *f*, arithme-

tisch; **~sel** arithmetisch
ariyet [ɑː] Notbehelf *m*; MAR Havarie *f*
ariyeten leihweise
Arjantin Argentinien *n*; **~li** Argentinier *m*, -in *f*; argentinisch
ark[1] ⟨-kü⟩ Bewässerungsgraben *m*
ark[2] ⟨-kü⟩ *a* EL Bogen *m*
arka 1. *subst* Rücken *m*; Rückseite *f*; Fortsetzung *f* (*e-r Erzählung usw*); Rückenlehne *f*; *fig* Beschützer *m*; Rück- (*Seite, Wand*); Hinter- (*Tür, Rad*); ~ ***koltuk*** AUTO Rücksitz *m*; ~ ***~ya*** hintereinander; ***~ ~ya vermek*** sich gegenseitig unterstützen; ***~ çıkmak*** Unterstützung geben; ***~ kapıdan çıkmak*** *Schule* ohne Abschluss verlassen; ***b- ne ~ olmak*** j-m e-e Stütze sein; ***~ plan*** Hintergrund *m*; ***~ üstü yatmak*** auf dem Rücken liegen; ***b-ne ~ vermek*** j- m Hilfe leisten; ***~da*** hinten; ***~da bırakmak*** überholen; *Toter* zurücklassen; *Jahre* durchleben; ***~da kalanlar*** (die) Hinterbliebenen; (die) Zurückgelassenen; ***~da kalmak*** in den Hintergrund treten; zurückliegen (*Zeit, Lage*); ***~dan*** von hinten; ***~dan ~ya*** *fig* hinter dem Rücken; ***bş-in ~sı alınmak*** e-r Sache (*D*) ein Ende setzen; ***~sı gelmek*** *fig* weitergehen; ***~sı kesilmek*** aufgebraucht werden/sein; versiegen; ***bş-in ~sına düşmek*** etw eifrig verfolgen; ***b-nin ~sına düşmek*** j-m auf den Fersen sein; ***b-nin ~sında dolaşmak*** sich j-m anzunähern versuchen; *-in* ***~sından*** hinter … her, nach (*zeitlich*); ***b-nin ~sından konuşmak*** hinter j-s Rücken reden; *-in* ***~sını bırakmak*** nicht mehr verfolgen, loslassen; *-in* ***~sını bırakmamak*** nicht ablassen von; ***~ya bırakmak*** (auf später) verschieben; **2.** *Ortssubstantiv*: *-in* ***~sına*** hinter *A*; ***dolabın ~sına*** hinter den Schrank (*stellen usw*); *-in* ***~sında*** hinter *D*; ***dolabın ~sında*** hinter dem Schrank (*stehen usw*); *-in* ***~sından*** hinter *D* … hervor (*kommen usw*)
arka- hinter-, Hinter-
arkada, **arkadan** → ***arka***
arkadaş Freund *m*, -in *f*; (*tanıdık*) Bekannte(r); (*iş* ***~ı***) Kollege *m*, Kollegin *f*; ***asker(lik) ~ı*** Kamerad *m*; ***sınıf ~ı*** Klassenkamerad *m*, -in *f*; ***yol ~ı*** Reisebekanntschaft *f*; **~ça** freundschaftlich
arkadaşlık ⟨-ğı⟩ Freundschaft *f*; Kameradschaft *f*; ***~ etmek*** befreundet sein
arka|lamak (*-e*) *j-m* Hilfe leisten; *j-n* unterstützen; protegieren; sich (*D*) auf den Rücken laden; **~lı** breitschultrig; protegiert; **~lık** ⟨-ğı⟩ Rückenlehne *f*; (*Fahrrad*) Gepäckträger *m*; Schulterkissen *n* (*des Lastträgers*)
arkasına, **arkasında**, **arkasından** → ***arka* 2.**
arkasız ohne Protektion
arkeolo|g Archäologe *m*; Archäologin *f*; **~ji** Archäologie *f*; **~jik** archäologisch
Arkti|k arktisch; **~ka** Arktis *f*
arlan|mak sich schämen; **~maz** schamlos
'arma Wappen *n*; MAR Takelwerk *n*; ***~ etmek*** MAR ausrüsten
armağan Geschenk *n*; Festschrift *f*; ***Nobel ~ı*** Nobelpreis *m*; ***b-ne bş-i ~ etmek*** j-m etw schenken
armatör Reeder *m*, -in *f*
armatür Armatur *f*
armoni Harmonie *f*; ***~ orkestrası*** Blasorchester *n*
armo'nika Mundharmonika *f*; Akkordeon *n*
armoz MAR Fuge *f*, Nut *f* (*der Planken*)
armut ⟨-du⟩ BOT Birne *f*; F Trottel *m*; ***~ gibi*** blöd
Arnavut ⟨-du⟩ Albanier *m*, -in *f*; albanisch; ***~ ciğeri*** GASTR panierte Leber; ***~ kaldırımı*** Kopfsteinpflaster *n*; **~ça** (das) Albanisch(e); (auf) albanisch; **~luk** ⟨-ğu⟩ Albanien *n*
aromatik aromatisch
arozöz Sprengwagen *m*
arpa Gerste *f*; klein; ***bir ~ boyu yol gitmek*** kaum vorankommen; **~cık** ⟨-ğı⟩ MED Gerstenkorn *n*; MIL Korn *n*
arpalık ⟨-ğı⟩ Gerstenspeicher *m*; Gerstenfeld *n*; ***burası ~ değil!*** hier kann man sich nicht frei bedienen!
'arsa Baugrundstück *n*
arsenik ⟨-ği⟩ Arsenik *n*
arsız schamlos; frech, ungezogen; *bitki* anspruchslos; **~lanmak, ~laşmak** unverschämt, zudringlich sein; **~lık** ⟨-ğı⟩ Schamlosigkeit *f*, Frechheit *f*
arsin Arsen *n*
arslan → ***aslan***
arş[1] (der) „siebte Himmel"; Thron *m* Gottes; Alkoven *m*
arş[2] *osm* MIL marsch! (*im Schritt*)
arşın Elle *f* (ÖKON *0,68 m*; TECH *0,75 m*); **~lamak** (aus)schreiten; ***sokakları ~***

durch die Straßen schlendern
arşidük Erzherzog *m*
arşipel Archipel *m*
arşiv Archiv *n*; **~ci** Archivar *m*, -in *f*; **~lemek** archivieren; ablegen
art ⟨-dı⟩ **1.** *subst* Rücken *m*; hintere Seite *f*, hintere(r) Teil; Rückseite *f*, Kehrseite *f*; Fortsetzung *f*; Ende *n*; Hinter- (*Beine, Tür*); nachfolgend (*Generation*); **~ arda gelmek** nacheinander kommen (*od* gehen); **~ düşünce** Hintergedanke *m*; **~ta kalmak** zurückbleiben; heil bleiben; übrig bleiben; **ardı ardına** hintereinander, F dicht aufeinander; unaufhörlich; *-in* **ardı (arkası) kesilmek** ein Ende nehmen; *-in* **ardı arkası kesilmez** unablässig; **ardı sıra** hinterher; *-in* **ardından bakmak** nachschauen *D*; *-in* **ardına düşmek** auf dem Fuß folgen *D*; **ardına kadar açık** weit offen (*Tür usw*); *-in* **ardından koşmak** hinter *j-m* herlaufen; *-in* **ardını boşlamak** *etw* aufgeben, *fig* hinwerfen, F hinschmeißen; *-in* **ardını getirmek** zu Ende führen; **2.** *Ortssubstantiv* → **arka**
art- hinter-, Hinter-
artakalmak übrig bleiben; überleben
artan übriggeblieben; zunehmend
artavurt *subst* GR velar
artçı MIL Nachhut *f*; Epigone *m*; **~ deprem** Nachbeben *n*
artdamak ⟨-ğı⟩ hintere(r) Gaumen, Velum *n*; **~sı** GR velar, Hintergaumen-
arterioskleroz MED Arteriosklerose *f*
artezyen: **~ kuyusu** artesische(r) Brunnen
artı zusätzlich; *a* MATH plus; positiv (*Zahl*); **~ değer** Mehrwert *m*; **~ işareti** Pluszeichen *n*; **~ kutup** EL positive(r) Pol; **~ uç** EL Anode *f*; **~ yüklü** positiv geladen
artık[1] ⟨-ğı⟩ Rest *m*; CHEM Niederschlag *m*, Rückstand *m*; Relikt *n*; **~ eksik** mehr oder weniger
'artık[2] endlich, nunmehr, inzwischen; nicht mehr (*in verneintem Satz*); **~ yaz geldi** endlich ist der Sommer da; **~ çocuk değil** sie ist kein Kind mehr; **~ gelmez** jetzt kommt er nicht mehr
artık|değer Mehrwert *m*; **~gün** Schalttag *m* (*29. Februar*); **~yıl** Schaltjahr *n*
artım Wachstum *n*; Steigerung *f*; **~lı** gequollen (*durch Kochen*)
artır|ım Sparen *n*; **~ma** Erhöhung *f*; (*müzayede*) Auktion *f*
artırmak *v/t* erhöhen, anheben; *Produktivität* steigern; *Geld* mehren, sparen; *auf der Auktion* bieten
artış Zuwachs *m*; Steigerung *f*
artist ⟨-ti⟩ Schauspieler *m*; Künstler *m*; **~ kadın** Schauspielerin *f*; Künstlerin *f*; **~ gibi** schön (*Person*)
artistik künstlerisch
artma Zuwachs *m*; Steigerung *f*
artmak ⟨-ar⟩ *v/i* zunehmen, steigen; **fiyat yüzde on arttı** der Preis stieg um 10%; *-den* **~** übrig bleiben von; **yeter de artar** mehr als genug
artsız: **~ arasız** unaufhaltsam; **~ uçsuz** eine Unzahl von
arttırma(k) → **artırma(k)**
'artzamanlı GR diachronisch; **~lık** Diachronie *f*
aruz [u:] Metrik *f* (*der osm Hofliteratur*)
'arya MUS Arie *f*
arz Vorlage *f*, Unterbreitung *f*, ÖKON Angebot *n*; Bericht *m*; **~ ve talep** Angebot und Nachfrage; **b-ne bş-i ~ etmek** j-m etw vorlegen, unterbreiten; zum Verkauf vorschlagen
arzu [u:] Wunsch *m*; **~ üzerine** auf Wunsch; **~ etmek** wünschen; *-mek* **~sunda olmak** den Wunsch haben + *inf*; **başka ~nuz** sonst noch einen Wunsch?
arzuhal [a:] ⟨-li⟩ *osm* Bittschrift *f*; **~ci** Schreiber *m* (*für Antragstellende*)
arzulamak *v/t* herbeisehnen; begehren
as[1] Hermelin *n*
as[2] Myrte *f*
as[3] (*Karte*) Ass *n*; *fig* Kanone *f*, Beste(r)
as-[4] Unter-, Vize-
AŞ *Abk* → **anonim şirket**
asa [ɑsɑ:] Krückstock *m*; Zepter *n*; REL Hirtenstab *m*
asabî [i:] nervös; **~leşmek** nervös werden, sich aufregen; **~yet** ⟨-ti⟩ Nervosität *f*
asal Haupt-, Grund-; **~ sayı** Primzahl *f*
asalak ⟨-ğı⟩ BOT, ZOOL, *fig* Schmarotzer *m*, Parasit *m*; **~lık** ⟨-ğı⟩ *fig* Schmarotzertum *n*
asalet [-sɑ:-] ⟨-ti⟩ Adel *m*; **~en** [-'sɑ:-] JUR in eigener Person, eigenverantwortlich; hauptamtlich (*Beamte*)
asamble Versammlung *f*
asansör Fahrstuhl *m*, Aufzug *m*; **~cü** Fahrstuhlführer *m*

asap [ɑːsɑːp] 〈-bı〉: ***b-nin asabını bozmak*** j-m auf die Nerven gehen
asarıatika [iː] Antiquitäten *f/pl*
asayiş [ɑːsɑː-] Sicherheit *f*, Ordnung *f*
asbaşkan Vizepräsident *m*, -in *f*
asbest 〈-ti〉 Asbest *m*
aseptik aseptisch
ases HIST Nachtwache *f*; HIST Sicherheitsbeamte(r)
asetat 〈-tı〉 Acetat *n*; Acetatfolie *f*
asetilen Acetylen *n*
aseton Aceton *n*; F Nagellackentferner *m*
asfalt 〈-tı〉 Asphalt *m*; asphaltiert; Teerstraße *f*; **~lamak** *v/t* asphaltieren
asgarî [iː] mindest-; Mindest-; minimal, Minimum *n*
ashap [-aːp] REL *Augen- und Ohrenzeugen Mohammeds*
ası: ***~da bırakmak*** in der Schwebe lassen; ***~da kalmak*** *Sache* in der Schwebe *od* unentschieden bleiben
asık *yüz* mürrisch, sauertöpfisch, finster; *abw* ***~ suratlı*** *fig* ein Sauertopf
asıl 〈aslı〉 Grundlage *f*, Basis *f*, Wesen *n*, Kern *m*; Grund *m* (*e-r Sache*); Herkunft *f*, Wurzel *f*, Original *n* (*e-s Dokumentes*); Echtheit *f*, Richtigkeit *f*; *adj* richtig, eigentlich, wahr (*Problem*); Haupt- (*Strecke*, *Grund*); ***~ önemlisi*** (das) eigentlich Wichtige; ***~ sayı*** ganze Zahl, Grundzahl *f*; ***aslı astarı olmayan*** aus der Luft gegriffen; ***aslı çıkmamak*** sich nicht als wahr erweisen; ***aslı gibi*** originalgetreu; ***aslı nesli bellisiz*** (*od* ***belirsiz***) von unbekannter Herkunft; ***aslı var*** (es ist) begründet, es ist etwas dran; ***aslı yok*** (es ist) unbegründet; unglaubwürdig; ***aslına bakarsan(ız)***, ***aslında*** im Grunde genommen
asılı hängend, aufgehängt
asıllı: ***Alman ~*** *vs* von deutscher *usw* Herkunft
asılmak *pass von* ***asmak***; sich hängen (*-e* an *A*); auf die Nerven gehen; anmachen *-e A*; *-in* ***yüzü*** (*od abw* ***suratı***) ***~*** ein langes Gesicht machen; ***küreklere ~*** sich in die Riemen legen
asılmış hängend; (*idam edilmiş*) gehenkt
asılsız unbegründet, frei erfunden; **~lık** 〈-ğı〉 Haltlosigkeit *f* (*e-r Nachricht*)
asıntı: ***işi ~ya bırakmak*** die Arbeit aufschieben; ***~ olmak*** → ***askıntı olmak***

asır 〈asrı〉 Jahrhundert *n*; Zeitalter *n*; **~lık** 〈-ğı〉 hundertjährig
asi [ɑː] aufrührerisch; Rebell *m*, -in *f*
asidite Säuregehalt *m*
asil [iː] adlig; *fig* edel; *Beamter* unkündbar
asi|leşmek rebellisch werden; **~lik** 〈-ği〉 Aufsässigkeit *f*; ***~ etmek*** aufbegehren
asil|lik 〈-ği〉 Adel *m*; (Ehren)Titel *m*; **~zade** [-zɑː-] Adlige(r), Aristokrat *m*
asimetrik asymmetrisch
asimptot 〈-tu〉 Asymptote *f*
asistan Assistent *m*, -in *f*; **~lık** 〈-ğı〉 Assistentenstelle *f*, Assistentenz *f*
asit 〈-di〉 Säure *f*; **~li** säurehaltig; ***~ yağmur*** saure(r) Regen
asitlik 〈-ği〉 Säuregehalt *m*
asker Soldat *m*; F (*askerlik*) Wehrdienst *m*; *adj fig Mensch* diszipliniert; *Volk* heldenhaft; ***~ kaçağı*** Deserteur *m*; ***~ olmak*** Soldat werden; ***~ selamı*** Soldatengruß *m*; ***~de olmak*** beim Militär sein; ***~den arındırmak*** entmilitarisieren; ***~den kaçmak*** desertieren; ***~e çağırmak*** zum Wehrdienst einberufen; ***~e gitmek*** zum Militär gehen; ***~ler*** Militärs *n/pl*
askerî militärisch; Militär-; Wehr-; ***~ hizmet*** Militärdienst *m*; ***~ mahkeme*** Militärgericht *n*
askerîleş|me Militarisierung *f*; **~tirmek** *v/t* militarisieren
askerlik 〈-ği〉 Wehrdienst *m*; ***~ çağı*** dienstpflichtige(s) Alter; ***~ yapmak*** (in der Armee) dienen; ***~ hizmeti*** Wehrdienst *m*; ***askerliği bitirmek*** den Wehrdienst ableisten
askı Haken *m*; (Kleider-) Bügel *m*, Ablage *f*, Tragriemen *m*; Träger *m* (*an Kleidung*); Hosenträger *m/pl*; Bund *n* von Früchten (*zum Nachreifen*); MED (Arm)Binde *f*; JUR Aufgebot *n*; *fig* Unentschiedenheit *f*; ***~da*** aufgehängt; MED in der Binde; *fig* in der Schwebe; ***~da bırakmak*** in der Schwebe lassen; ***~da kalmak*** unentschieden sein; ***~ya almak*** abstützen; *Schiff* flottmachen; *e-e* Beschlussfassung zurückstellen; ***~ya çıkmak*** sich verpuppen; *Bekanntmachung* ausgehängt werden; ***~ya çıkarmak*** JUR ein Aufgebot erlassen
askılı Hänge-; aufhängbar; ***~ yatak*** Hängematte *f*
askıntı Quälgeist *m*; ***b-ne ~ olmak*** j-n

bedrängen, belästigen
'asla keineswegs, durchaus nicht
aslan Löwe *m*; *fig* Held *m*, Recke *m*; ***dişi ~*** Löwin *f*; ***~ ağzında olmak*** fast unerreichbar sein; ***~ gibi*** stattlich, imposant; verwegen; kerngesund; ***~ payı*** Löwenanteil *m*; ***~ sütü*** *scherzh* Anisschnaps *m*; ***~ yürekli*** heldenmütig; HIST *Richard* Löwenherz; ***~ım!*** Bursche!, Junge!; mein Lieber!
Aslan, ***~ burcu*** ASTR Löwe *m*; ***~ burcundan olmak*** ein Löwe sein
as'lanağzı ⟨-nı⟩ BOT Löwenmaul *n*; Wasserspeier *m*
aslanlık ⟨-ğı⟩ Heldentum *n*
'aslen im Grunde genommen; der Herkunft nach, von Geburt …
aslı → ***asıl***
aslî [iː] Grund-, Haupt-; Original-; ursprünglich, eigentlich; ***~ görev*** Hauptaufgabe *f*
asliye: ***~ mahkemesi*** *etwa* Amtsgericht *n*
asma[1] Hängen *n*, Aufhängen *n*; Hänge-, hängend; ***~ bahçe*** Dachgarten *m*; ***~ kat*** Hängeboden *m*; Zwischenstock *m*; ***~ kilit*** ⟨-di⟩ Vorhängeschloss *n*; ***~ köprü*** Hängebrücke *f*; ***~ yatak*** MAR Hängematte *f*
asma[2] Lianen *f/pl*, Kletterpflanzen *f/pl*; (Wein)Reben *f/pl*; ***~ çardağı*** Weinlaube *f*; ***~ kütüğü*** Weinrebe *f*; ***~ yaprağı*** Weinbeerblatt *n*
asmagiller Schlingpflanzen *f/pl*
asmak ⟨-ar⟩ hängen (*-i -e A* an *A*), aufhängen (an *D*); (*idam etmek*) (auf)hängen, henken (*-i j-n*); F *Schule* schwänzen; sich drücken *-i* vor *D*; *Arbeit a* blaumachen; ***asıp kesmek*** *j-n* tyrannisieren; wie ein Tyrann wüten
asorti zueinander passend (*Kleidung*); **~man** Sortiment *n*
aspiratör Lüfter *m*
asrî [iː] modern, zeitgemäß
assubay Unteroffizier *m*
astar Futter *n* (*Kleidung*); TECH Grundierung *f*; ***~ boyası*** Grundierfarbe *f*; ***bş-e ~ çekmek*** etw grundieren; *-in* ***~ı yüzünden pahalı*** unrentabel (*durch unsichtbare Kosten*); **~lamak** *v/t Anzug* füttern; TECH grundieren; **~lı** gefüttert; grundiert; **~lık** ⟨-ğı⟩ Futterstoff *m*
asteğmen Leutnant *m* (*wörtlich: Unterleutnant*)
'astım Asthma *n*; **~lı** asthmatisch
astırmak *kaus von* ***asmak***
astragan Astrachanpelz *m*, Persianer (-pelz) *m*
astro|log Astrologe *m*; **~loji** Astrologie *f*
astro|nom Astronom *m*; **~nomi** Astronomie *f*; **~nomik** astronomisch
astronot ⟨-tı⟩ Astronaut *m*, -in *f*
'astropik|a Subtropen *pl*; **~al** subtropisch
astsubay → ***assubay***
asude [ɑːsuː-] ruhig, still
Asurca (das) Assyrisch(e)
Asya Asien *n*; **~lı** Asiate *m*, Asiatin *f*; asiatisch (*Person*)
aş Essen *n*, Gericht *n*
aşağı 1. *subst* untere(r) Teil; unter-; *Ware* minderwertig; *Wert* niedrig, gering; nieder- (*Pflanzen, Tiere*); ***~ almak*** unterwerfen, umstürzen; ***~ görmek*** *j-n* verachten; unterschätzen; *-den* ***~ kal(ma)mak*** (nicht) nachstehen *D*; ***~ yukarı*** mehr oder weniger, ungefähr; rauf und runter; hin und her; ***Ahmet ~, Ahmet yukarı*** Ahmet hin und Ahmet her; immer nur Ahmet; ***~da*** unten; ***~da adları yazılı eserler*** weiter unten (*od* nachstehend) aufgeführte Werke; ***~da belirtilen*** unten genannt; ***~da imza eden*** (der *od* die) Unterzeichnete; ***~daki*** unten stehend; ***~dan*** von unten her; ***~(ya)*** nach unten, abwärts; **2.** *Ortssubstantiv -in* ***~sında*** unterhalb *G*; *-in* ***~sından*** unter *D* her(vor); *-in* ***~sına*** unter *A*
aşağı|lamak erniedrigen, beleidigen; ***~layıcı*** erniedrigend; **~lar** Unten *n*; *tieferliegende Gegend(en)*; **~lık** ⟨-ğı⟩ Niedertracht *f*; niederträchtig; ***~ duygusu*** *od* ***kompleksi*** Minderwertigkeitskomplex *m*
aşağısa|ma Geringschätzung *f*; **~mak** *v/t* gering schätzen
aşağısı Unten *n*; *tieferliegende Gegend(en)*; **~na, ~nda(n), ~ya** → ***aşağı* 2.**
aşama Phase; Hierarchie *f*; **~lı** (ab)gestuft
aşçı Koch *m*; Wirt *m e-r Imbissstube*; ***~ dükkanı*** Garküche *f*; ***~ yamağı*** Küchenjunge *m*; ***~ kadın*** Köchin *f*; **~başı** ⟨-nı, -yı⟩ Küchenchef *m*; **~lık** ⟨-ğı⟩ Kochkunst *f*, Kochberuf *m*
aşermek Schwangerengelüste haben
'aşevi ⟨-ni⟩, **aşhane** Volksküche *f*

aşı Impfstoff *m*; Impfung *f*; BOT Pfropfreis *n*; Okulieren *n*, Veredeln *n*; ~ ***erik*** *usw* veredelter Pflaumenbaum *usw*; ~ ***kâğıdı*** Impfschein *m*; *-e* ~ ***yapmak*** (*od* ***vurmak***) impfen *A*; ***çiçek ~sı*** Pockenimpfung *f*
aşıboya|lı ockerfarben; **~sı** ⟨-nı⟩ Ocker *m* (*a n*); ockerfarben
aşık ⟨-ğı⟩ ANAT (Fuß)Knöchel *m*; ~ ***atmak*** Knöchel werfen; *fig* sich messen (*-le* mit *D*); ~ ***kemiği*** Knöchel *m*
âşık ⟨-ğı⟩ (*-e*) verliebt (in *A*); Verehrer *m*; Volksdichter *m*, -in *f*; *-e* ~ ***olmak*** sich verlieben in *A*; ***özgürlüğe*** ~ freiheitsliebend
âşık|lık ⟨-ğı⟩ Verliebtheit *f*; **~taşlık** ⟨-ğı⟩ Techtelmechtel *n*
aşılama Impfen *n*
aşılamak impfen; BOT veredeln; *Wasser* lauwarm machen; *fig* ***b-ne bş-i*** ~ j-n anstecken mit; j-m etw einflößen, suggerieren (*Ideen usw*)
aşılanmak *pass von* ***aşılamak***
aşılı MED geimpft; BOT veredelt; ***tifoya karşı*** ~ gegen Typhus geimpft
aşılmak *pass von* ***aşmak***; ***aşılmaz engel*** unüberwindliches Hindernis
aşım *Tiere* Paarung *f*
aşındır|an, **~ıcı** Erosions-; scharf; zersetzend; ätzend; **~ma** GEOL Erosion *f*; MED Auskratzung *f*; **~mak** *v/t* abnutzen; *j-n* ermüden, mitnehmen; CHEM zerfressen, auswaschen, erodieren; *-in* ***eşiğini*** (*od* ***kapısını***) ~ sehr oft ein- und ausgehen bei
aşınma TECH Abnutzung *f*, Verschleiß *m*; GEOGR Erosion *f*; ~ ***payı*** ÖKON Abschreibung(ssumme) *f*
aşınmak sich abnutzen, F ausleiern
aşıra'mento F Klauerei *f*
aşırı übermäßig; äußerst-, extrem; über-, übertrieben; Extremist *m*; ~ ***derecede*** über die Maßen; ~ ***doyma*** Übersättigung *f*; ~ ***duyarlık*** Überempfindlichkeit *f*; ~ ***gitmek*** *fig* zu weit gehen; ~ ***hareket*** abwegige(s) Verhalten; ~ ***hız*** Geschwindigkeitsüberschreitung *f*; ~ ***sağ*** (***sol***) POL extreme Rechte (Linke); ~ ***sağcı*** Rechtsextremist *m*, -in *f*; ~ ***solcu*** Linksextremist *m*, -in *f*; ~ ***uç*** POL Extrem *n*; **~*ya kaçmak*** in ein Extrem verfallen; ***deniz*** ~ Übersee-
aşırılık ⟨-ğı⟩ Übermaß *n*; Übertreibung *f*, Exzess *m*

aşırma Plagiat *n*; F geklaut; **~cı** Plagiator *m*; Langfinger *m*
aşırmak F mausen, klauen; *-den* hinübersetzen über *A*
aşırmasyon F Klauerei *f*
aşısız MED ungeimpft; BOT ungepfropft
aşifte → ***aşüfte***
aşikâr offenkundig
aşina [ɑːʃınɑː] bekannt (*vom Sehen usw*); **~lık** ⟨-ğı⟩ Vertrautheit *f*
aşiret [iː] Volksstamm *m*; Nomadenstamm *m*
aşk ⟨-kı⟩ Liebe *f* (*leidenschaftlich, sexuell*); Begeisterung *f*; ~ ***yapmak*** Liebe machen; ~ ***şarkısı*** Liebeslied *n*; **~*a gelmek*** in Verzückung geraten; ***bilim ~ı*** Liebe zur Wissenschaft; ***Allah ~ına*** um Gottes willen!
aşketmek: ***b-ne bir tokat*** ~ j-m e-e Ohrfeige verpassen
aşkın übersteigend, über; ***elliyi*** ~ ***bir adam*** ein Mann über fünfzig; ***otuzu*** ~ ***ağaç*** über (*od* mehr als) dreißig Bäume
aşkolsun bravo!; ~ ***size!*** nicht nett von Ihnen!; *scherzh* ich bedanke mich!
aşmak ⟨-ar⟩ *v/t Berg* übersteigen; *Meer, Schlucht* durchqueren; *Grenze, Frist* überschreiten; *Hindernisse* überwinden; *Hürde* nehmen; *-e* bespringen *A* (*Tier*); *-den* klettern über *A*
aşoz Rille *f*, Nute *f*
aşure [uː] *Art Süßspeise*; Sammelsurium *n*; ~ ***ayı*** *der islamische Monat* Muharrem
aşüfte [ɑː] liebestoll; Dirne *f*
aşyermek → ***aşermek***
at ⟨-tı⟩ Pferd *n*; ~ ***başı gitmek*** Kopf an Kopf rennen; *fig* auf gleichem Niveau stehen; ~ ***cambazı*** Zirkusreiter *m*; Pferdehändler *m*; ~ ***gibi*** *scherzh* Walküre *f*; ~ ***oğlanı*** Pferdeknecht *m*; ~ ***oynatmak*** zeigen, was man kann; nach Gutdünken verfahren; ~ ***uşağı*** Stallknecht *m*; ~ ***yarışı*** (*od* ***koşusu***) Pferderennen *n*; **~*a binmek*** reiten; **~*ı arabaya koşmak*** ein Pferd vor den Wagen spannen; **~*lar anası*** *scherzh* Walküre *f*, Hünin *f*
AT *Abk* → ***Avrupa Topluluğu***
ata Ahn *m*; Vorfahr *m*; *fig* Vorgänger *m*
atacak ⟨-ğı⟩ TECH Auswerfer *m*
atacılık ⟨-ğı⟩ Atavismus *m*
ataerk|i Patriarchat *n*; **~il** patriarcha-

lisch; **~illik** Patriarchat *n*; Patriarchalismus *m*, (männlicher) Chauvinismus *m*
atak[1] ⟨-ğı⟩ kühn, frech; rücksichtslos; F Klatschmaul *n*
atak[2] ⟨-ğı⟩ Attacke *f*
ataklık ⟨-ğı⟩ Kühnheit *f*, Frechheit *f*
atalet [-ɑː-] ⟨-ti⟩ *a* PHYS Trägheit *f*
atamak ⟨-ar⟩ *-e* berufen zu
ataman HIST Anführer *m*, Hetman *m*
atan|ma Berufung *f*; **~mak** *pass von* ***atamak***
atardamar Schlagader *f*, Arterie *f*; *fig* Verkehrsader *f*; ***büyük ~*** Hauptschlagader *f*
atasözü Sprichwort *n*
ataşe POL Attaché *m*; ***basın ~si*** Presseattaché *m*
Atatürkçü Kemalist *m*, -in *f*; kemalistisch; **~lük** ⟨-ğü⟩ Kemalismus *m*
atavi|k atavistisch; **~zm** Atavismus *m*
atbalığı ZOOL Wels *m*
atçılık ⟨-ğı⟩ Pferdezucht *f*, Reitsport *m*
ateist ⟨-ti⟩ Atheist *m*, -in *f*, atheistisch
ateizm Atheismus *m*
atelye → ***atölye***
ate'rina ZOOL Meeräsche *f*
ateş Feuer *n*; Begeisterung *f*, MED Fieber *n*, erhöhte Temperatur; *fig* Jähzorn *m*, Hitzköpfigkeit *f*; ***~ açmak*** das Feuer eröffnen; ***~ almak*** Feuer fangen; sich aufregen; beschossen werden; ***yüzümü ~ bastı*** mir schoss das Blut in den Kopf; *-e* (***bir el***)***~ etmek*** einen Schuss abfeuern auf *A*; ***~ gecesi*** Johannisnacht *f* (*24. Juni*); ***~ gibi*** glühend heiß; voller Elan; ***~ pahasına*** sündhaft teuer; ***kendini ~e atmak*** sich ins Unglück stürzen; sein Leben riskieren; ***~e dayanıklı*** feuerfest; *-i* ***~e tutmak*** anwärmen (*A*); unter Beschuss nehmen; *-i* ***~e vermek*** in Brand stecken (*A*); *j-n* in Panik versetzen; *ein Land* ins Verderben stürzen; ***~i kesmek*** MIL das Feuer einstellen; ***~le oynamak*** *fig* mit dem Feuer spielen; ***~ten indirmek*** vom Feuer *od* Herd nehmen
ateş|balığı ⟨-nı⟩ ZOOL Sardine *f*; **~böceği** ⟨-ni⟩ ZOOL Glühwürmchen *n*, Leuchtkäfer *m*
ateşçi Heizer *m*
ateşkes Feuereinstellung *f*, ***~ ilan etmek*** e-e Feuerpause ausrufen
ateşleme TECH Zündung *f*
ateşlemek *v/t* *Ofen* heizen; in Brand stecken; anstecken; TECH zünden; *Pistole* abfeuern
ateşlendirmek *fig* aufregen, in Fahrt bringen; *kaus von* ***ateşlenmek***
ateşlenmek in Brand geraten; wütend werden; heftiger werden; MED Fieber bekommen
ateş|letmek *kaus von* ***ateşlemek***; anzünden lassen; **~leyici** zündend; Zündvorrichtung *f*
ateşli feurig, Feuer-; fiebrig; *fig* feurig, impulsiv; ***~ silah*** Feuerwaffe *f*
'atfen *-e* unter Bezugnahme auf *A*
'atfetmek zuschreiben
atıcı Scharfschütze *m*; **~lık** ⟨-ğı⟩ Schießsport *m*; F Fantasterei *f*
atıf ⟨atfı⟩ Hinweis *m*, Bezug *m*
atık Abfall *m*; ***~ sular*** Abwässer *n/pl*
atıl [ɑː] *a* PHYS träge; *kapasite* brachliegend
atılgan unternehmungslustig; **~lık** ⟨-ğı⟩ Unternehmungslust *f*
atılım Ruck *m*, Schwung *m*; Initiative *f*, Aufschwung *m*; **~cı** Vorreiter *m*, Initiator *m*, -in *f*
atılış → ***atılım***
atılmak *pass von* ***atmak***; *fig* sich melden (*mit Begeisterung*); *-e* (*od -in* ***üstüne/içine***) sich stürzen auf, in *A*; *-den* ***~*** hinausgeworfen werden; ***«Hayır!» diye atıldı*** sie warf ein: „Nein!"; ***yola ~*** sich auf den Weg machen (*mit Elan*)
atım Schuss *m*; Ladung *f* (*e-s Geschosses*); Schussweite *f*; **… ~lık** für … Ladungen, … Schuss
atış Wurf *m*; Abschuss *m e-r Rakete*; Schießen *n*, Schuss *m*; ***~ bilgisi*** Ballistik *f*; ***~ yeri*** Schießplatz *m*
atış|ma Schusswechsel *m*; LIT Dichterwettstreit *m*; **~mak** sich (gegenseitig) beschießen; *-le* sich bewerfen mit *D*; ein Wortgefecht führen
atıştırmak **1.** *v/t* essen (*e-e Kleinigkeit*); **2.** *v/i* nieseln; leicht schneien
atik ⟨-ği⟩ rasch, flink
A'tina Athen *n*; **~lı** Athener *m*, -in *f*, athenisch
atkafalı dämlich
atkestanesi ⟨-ni⟩ BOT Rosskastanie *f*
atkı Schal *m*, Halstuch *n*; *Weberei* Schuss *m*; Heugabel *f*, Schuhspange *f*
atkuyruğu Pferdeschwanz *m* (*Frisur*); BOT Tannenwedel *m*
atlama Springen *n*; Sprung *m*; Wurf *m*;

sırıkla ~ Stabhochsprung *m*; ***uzun*** ~ Weitsprung *m*; ***yüksek*** ~ Hochsprung *m*; ~ ***beygiri*** Pferd *n* (*Turngerät*); ~ ***sehpası*** Bock *m* (*Turngerät*); ~ ***tahtası*** Sprungbrett *n*; ~ ***taşı yapmak*** *fig* als Sprungbrett benutzen

atlamak **1.** *v/i* springen; ***duvardan*** ~ über die Mauer springen; ***pencereden*** ~ aus dem Fenster springen; ***ata*** ~ auf das Pferd springen; ***çukura*** ~ in die Grube springen; ***konudan konuya*** (*od fig* ***daldan dala***) ~ von e-m Thema auf das andere springen; **2.** *v/t* überspringen; versäumen (*Nachricht*)

atlambaç ⟨-cı⟩ Bockspringen *n*

atlanmak[1] aufsitzen (*aufs Pferd*)

atlan|mak[2] ausgelassen/übersprungen werden; **~mış** ausgelassen, übergangen

Atlantik Atlantische(r) Ozean, Atlantik *m*; **~ötesi** transatlantisch

atlas[1] *Stoff* Atlas *m*; Satin *m*

atlas[2] GEOGR Atlas *m*; ♀ ***Okyanusu*** Atlantische(r) Ozean, Atlantik *m*

atlas[3] ANAT Atlas *m*

atlasçiçeği ⟨-ni⟩ BOT (Glieder)Kaktus *m*, Kakteen *pl*

atlat|ılmak *pass von* ***atlatmak***; **~mak** *Gefahr* abwenden; *Hindernis* überwinden; *Krankheit* gut überstehen; *Person* abwimmeln; ***bş-i ucuz*** ~ von etw glimpflich davonkommen

atlayış Sprung *m*, Absprung *m*

atlet ⟨-ti⟩ Athlet *m*, -in *f*; ärmelloses Unterhemd *n*; **~ik** athletisch; **~izm** Athletik *f*

atlı Reiter *m*; beritten; Pferde- (*Wagen*)

atlıkarınca Karussell *n*; ZOOL Riesenameise *f*

atma Werfen *n*; ***gülle*** ~ Kugelstoßen *n*

atmaca ZOOL Habicht *m*, Falke *m*

atmak ⟨-ar⟩ *v/t* werfen; schießen; wegwerfen; *j-n* hinauswerfen; verbannen; F flunkern; *Besprechung usw* verschieben *-e* auf *A*; *Brief* einwerfen; *Brücke usw* sprengen; *Fremdkörper* ausscheiden; *Mängel* beheben, beseitigen; *Kugel* stoßen; *Pfeil* abschießen; tun, geben (*-e* in *A*, *Salz usw*); *Satellit* starten, abschießen; *Farbe* verschießen, verbleichen; *Naht*, *Marmor usw* platzen; ***b-ni*** *-den* ~ j-n hinauswerfen, ausschließen aus; ***b-ne dayak*** ~ j-n verprügeln; ***hapse*** ~ ins Gefängnis werfen; ***ok*** (***tüfek*** *usw*) ~ mit dem Pfeil (Gewehr *usw*) schießen; *-in* ***rengi*** ~ *Person* erblassen; *Sachen* verblassen; (***havaya***) ***silah*** ~ e-n Schuss (in die Luft) abgeben; ***sırtına*** ~ sich (*D*) auf den Rücken werfen; *e-n Schal* umlegen *od* umwerfen; ***b-ni sokağa*** ~ j-n auf die Straße setzen; ***bş-i sokağa*** ~ etw zum Fenster hinauswerfen; ***şafak atıyor*** der Tag bricht an; ***b-nde şafak*** ~ es mit der Angst zu tun bekommen; ***bş-e tarih*** ~ das Datum auf etw setzen; *-in* ***tohumunu*** ~ den Keim legen zu; *-e* ***tokat*** (***tekme, yumruk*** *usw*) ~ *D* e-e Ohrfeige (e-n Fußtritt, Fausthieb *usw*) versetzen; ***bş-i b-nin üstüne*** ~ j-m etw zuschieben; ***atma Recep, din kardeşiyiz*** *scherzh* wer's glaubt, wird selig!

atmasyon F Angeberei *f*; **~cu** *f* Angeber *m*

atmık ⟨-ğı⟩ Samen *m*, Sperma *n*

atmosfer Atmosphäre *f*, Milieu *n*; **~ik** atmosphärisch

atol ⟨-lü⟩ Atoll *n*

atom Atom *n*; ~ ***ağırlığı*** Atomgewicht *n*; ~ ***bombası*** Atombombe *f*; ~ ***çağı*** Atomzeitalter *n*; ~ ***çekirdeği*** Atomkern *m*; ~ ***denizaltısı*** Atom-U-Boot *n*; ~ ***dışı saha*** atomwaffenfreie(s) Gebiet; ~ ***enerjisi*** Atomenergie *f*, Atomkraft *f*; **~*un parçalanması*** Kernspaltung *f*; ~ ***santrali*** Atomkraftwerk *n*; ~ ***silahları*** Atomwaffen *f/pl*; ~ ***silahlarından arındırılmış bölge*** atomwaffenfreie Zone; ~ ***savaşı*** Atomkrieg *m*

atom|al Atom-, atomar; **~cu** PHIL Atomist *m*; **~ik** Atom-

atomlu: CHEM … ~ -atomig

atonal MUS atonal

atölye *tamir* Werkstatt *f*; *sanat* Atelier *n*; *eğitim* Workshop *m*

atraksiyon Attraktion *f*

atsineği ZOOL (Pferde)Bremse *f*

attırmak *kaus von* ***atmak***

aut ⟨-tu⟩ SPORT out; Out *n*, Aus *n*; **~*a atmak*** ins Aus schlagen; **~*a gitmek*** ins Aus gehen; ~ ***atışı*** Einwurf *m*

av Jagd *f*, Jagdbeute *f*, *fig* Beute *f*; ~ ***hayvanı*** Wild *n*; ~ ***köpeği*** Jagdhund *m*; ~ ***tezkeresi*** Jagdschein *m*; ~ ***aramak*** Wild aufspüren; *fig* auf Gewinn aus sein; **~*a çıkmak*** auf die Jagd gehen

Av. *Abk für* ***avukat*** Rechtsanwalt (RA)

avadan *dial* Werkzeug(kasten *m*) *n*; **~lık** ⟨-ğı⟩ (ein) Satz Werkzeuge

aval[1] ⟨-li⟩ ÖKON Wechselbürgschaft *f*; ~ ***veren*** Wechselbürge *m*
aval[2]: ~ ~ ***bakmak*** F glotzen
avam [-'vɑːm] einfache(s) Volk; Pöbel *m*; ♀ ***Kamarası*** Unterhaus *n* (*Großbritanniens*)
avanak ⟨-ğı⟩ F Trottel *m*; leichtgläubig
avangart ⟨-dı⟩ Avantgarde *f*
avans Vorschuss *m*; ~ ***ayarı*** AUTO Vergasereinstellung *f*; ***b-ne ~ vermek*** j-m etw vorschießen, vorstrecken
a'vanta F Reibach *m*; **~cı** profitgierige(r) Mensch; **~dan** umsonst
avantaj Vorteil *m*; **~lı** vorteilhaft; **~sız** unvorteilhaft
a'vara[1] MAR stoß ab!; ~ ***etmek*** MAR abstoßen, absegeln
ava'ra[2] TECH Leerlauf *m*; ~***ya almak*** den Leerlauf einschalten
avare [ɑːvɑː'rɛ] Tagedieb *m*; *adj* faulenzend; ~ ***etmek*** bei der Arbeit stören; **~lik** ⟨-ği⟩ Müßiggang *m*
a'varya MAR Havarie *f*
avaz Geschrei *n*; ~ ~ ***bağırmak*** *od* ~***ı çıktığı kadar bağırmak*** aus voller Kehle schreien
avcı Jäger *m*; Fischer *m*; MIL Schütze *m*; ZOOL Raub-, Wild-; Jäger-; ~ ***çukuru*** Schützengraben *m*; ~ ***uçağı*** Jagdflugzeug *n*; **~lık** ⟨-ğı⟩ Jägerei *f*; Fischfang *m*
avdet ⟨-ti⟩ Rückkehr *f*; ~ ***etmek*** zurückkehren
averaj Mittelwert *m* (*bes der Punkte*)
a'visto ÖKON bei Sicht, bei Vorlage
avize Kronleuchter *m*
avlak ⟨-ğı⟩ Jagdgrund *m*
avlamak *v/t* jagen; *Fische* fangen; *Kunden* anlocken; (*kandırmak*) übers Ohr hauen
avlanmak[1] jagen, auf der Jagd sein
avlanmak[2] *passiv von* ***avlamak***
avlu Hof *m* (*am Haus*), Innenhof *m*
avrat ⟨-tı⟩ F Weib *n*
avret ⟨-ti⟩ Schamteile *n/pl*
Av'rupa Europa *n*; ~ ***Birliği*** (AB) Europäische Union *f* (EU); ~ ***Güvenliği ve İşbirliği Teşkilatı*** (AGİT) Organisation für Sicherheit und Zusammenarbeit in Europa (OSZE); ~ ***Konseyi*** Europarat *m*; ~ ***Kupası*** Europacup *m*; ~ ***normu*** Euronorm *f*; ~ ***Para Birimi*** Europäische Währungseinheit *f*, Euro *m*; ~ ***Parlamentosu*** Europaparlament *n*; ~ ***Şampiyonası*** Europameisterschaft *f*; ~ ***Şampiyonu*** Europameister *m*, -in *f*; ~ ***Topluluğu*** (AT) Europäische Gemeinschaft (EG)
Avrupa|î [-pɑːiː] europäisch, westlich; **~lı** Europäer *m*, -in *f*; europäisch
Avrupalılaşmak sich europäisieren
avuç ⟨-cu⟩ Handfläche *f*, hohle Hand *f*, Handteller *m*; **(*bir*)** ~ (eine) Hand voll; *-e* ~ ***açmak*** um Almosen bitten *A*; ~ ~ reichlich; ~ ***dolusu*** in Hülle und Fülle; ~ ***içi kadar*** winzig, klitzeklein; ***avucunu yalamak*** das Nachsehen haben; ***avucunda tutmak*** in der Hand haben
avuçlamak Hände voll … nehmen; Besitz ergreifen von; grapschen nach
avukat ⟨-tı⟩ Rechtsanwalt *m*, Rechtsanwältin *f*; *fig* Fürsprecher *m*
avukatlık ⟨-ğı⟩ Anwaltschaft *f*; Beruf *m e-s* Rechtsanwalts; ***b-ne ~ etmek*** sich für j-n einsetzen; ~***lık yapmak*** als Rechtsanwalt tätig sein
avun|durmak (*-i*) *j-n* trösten; *j-n* vertrösten; **~mak** sich trösten; vertröstet werden; **~tu** Trost *m*, Tröstung *f*
avurt ⟨-du⟩ (innere Seite der) Wange *f*, Backe *f*; ***avurdu avurduna geçmiş*** mit eingefallenen Wangen, abgemagert; ~ ***şişirmek*** die Wangen aufblasen; *fig* wichtig tun; ***b-ne ~ zavurt etmek*** F j-n zur Schnecke machen
Avus'tralya Australien *n*; **~lı** Australier *m*, -in *f*; australisch
Avus'turya Österreich *n*; **~lı** Österreicher *m*, -in *f*; österreichisch
avut ⟨-tu⟩ → ***aut***
avutmak zerstreuen; besänftigen, trösten; *fig* hinhalten; ***k-ni bş-le ~*** sich mit etw trösten
avü ÖKON bei Sicht
ay[1] *şaşkınlık* ach, ach nee!; *hoşlanma* ~, ***ne güzel*** oh, wie schön!; *acı* au!
ay[2] Mond *m*; ~ ***ışığı*** Mondlicht *n*; ~ ***parçası (gibi)*** bildhübsch; ~ ***tutulması*** Mondfinsternis *f*; ~ ***yıldız*** Halbmond und Stern (*türk. Fahne*); ~ ***yılı*** Mondjahr *n*
ay[3] Monat *m*; **~*da bir* (*iki usw kere*)** einmal (zweimal *usw*) im Monat; F ~***da yılda bir*** ganz ganz selten
aya Handteller *m*; Fußsohle *f*
ayak ⟨-ğı⟩ Fuß *m*; *Tier* Pfote *f*, Huf *m*; Gestell *n*, Ständer *m*; Pfeiler *m e-r Brücke*; Bein *n*; *Maß* Fuß (*30,5cm*); Tempo *n*, Gangart *f*, Flussarm *m*, Zu-

strom *m*; Abfluss *m* (*e-s Sees*); Reim *m*; Abschnitt *m* (*e-s Rennens*); ~ ***altında kalmak*** zertrampelt werden; ~ ***atmak*** ausschreiten; betreten (*-e A*); ~ ~ ***üstüne atmak*** die Beine übereinander schlagen; ~ ***bağı*** *fig* Klotz *m* am Bein; ~ ***basmak*** *allg* betreten (*-e A*); bei seiner Meinung bleiben; ~ ***değiştirmek*** den Tritt wechseln; ~ ***diremek*** hartnäckig sein; ~ ***işi*** Besorgungen *f* (*e-s Laufburschen usw*); ~ ***tedavisi*** ambulante Behandlung; ~ ***uydurmak*** Tritt fassen; sich anpassen (*-e D*); ***ayağa düşmek*** herunterkommen; *-i* ***ayağa kaldırmak*** *j-n* auf die Beine bringen; *fig* aufrütteln; aufwiegeln; ***ayağa kalkmak*** aufstehen; *Kranker* wieder auf die Beine kommen; meutern; (*-e*) vor *j-m* aufstehen; *-in -e* ***ayağı alışmak*** *e-n Ort usw* regelmäßig aufsuchen; ***ayağı bağlı*** gebunden, verheiratet; (***kendi***) ***ayağıyla gelmek*** aus eigenem Antrieb kommen; ***ayağına dolaşmak*** *fig* auf *j-n* zurückfallen; am Vorankommen hindern; *-in* ***ayağına düşmek*** *j-m* zu Füßen fallen; *-in* ***ayağına ip takmak*** *j-n* in Misskredit bringen; *-in* ***ayağına kadar gelmek*** sich zu *j-m* bequemen; *-in* ***ayağına gelmek*** *fig j-m* in den Schoß fallen; *-in* ***ayağını çelmek*** *j-m* ein Bein stellen (*a fig*); *-den* ***ayağını kesmek*** keinen Fuß mehr setzen (in *A*); *j-n* abwimmeln; ***ayağını çabuk tutmak*** schnell machen; ~***ta*** auf den Beinen; im Stehen; MED ambulant; ~***ta durmak*** (auf den Beinen) stehen; ~***ta kalmak*** k-n Sitzplatz bekommen; ~***ta tedavi*** MED ambulante Behandlung; ***ayağı uğurlu*** Glücksbringer *m* (*Person*)

ayak|altı ⟨-nı⟩ belebte Gegend; Durchgang *m*; ~***çı*** Bote *m*; Laufbursche *m*

a'yakkabı ⟨-yı⟩ Schuh *m*; ~ ***bağı*** Schnürsenkel *m*; ~ ***boyası*** Schuhkrem *f*; ~ ***fırçası*** Schuhbürste *f*; ~ ***mantarı*** Einlage *f*; ~ ***mağazası*** Schuhgeschäft *n*; ~***cı*** Schuhmacher *m*, Schuster *m*; ~***cılık*** ⟨-ğı⟩ Schuhmacherei *f*

ayaklamak abschreiten (*-i A*) (*messen*)

ayaklanma Aufstand *m*; Rebellion *f*

ayaklanmak rebellieren; sich empören; *Kind* anfangen zu laufen; *Kranker* wieder aufstehen

ayaklı mit Fuß/Bein, mit … Füßen/ Beinen; ~ ***bardak*** *od* ***kadeh*** Pokal *m*, Römer *m*; ~ ***kütüphane*** *fig* (ein) wandelndes Lexikon; ***dört*** ~***lar*** ZOOL Vierbeiner *m/pl*

ayaklık ⟨-ğı⟩ Pedal *n*; Schemel *m*; Sockel *m*; (*Leiter*) Tritt *m*; Stelzen *f/pl*

ayak|takımı ⟨-nı⟩ Pöbel *m*; ~***ucu*** ⟨-nu⟩ Fußende *n*; ~***ta*** im Stehen; → ***ayak***; ~***üstü*** ⟨-nü⟩ stehend; zwischen Tür und Angel; ~***yolu*** ⟨-nu⟩ F Klo *n*

ayal [-a:l] ⟨-li⟩ Gattin *f*

ayan: ~ ***beyan*** sonnenklar

âyan HIST Senatoren *m/pl*; Honoratioren *pl*; ~ ***meclisi*** Senat *m*

ayar [-ɑ:r] Feingehalt *m*; (*Gold*) Karat *n*; TECH Einstellung *f*; Regulierung *f*; Regulator *m*; Eichmaß *n*; Eichung *f von Maßen u Gewichten*; Regulieren *n* (*Schraube usw*); F ***o benim*** ~***ım değil*** er ist nicht mein Kaliber; ~ ***dairesi*** Eichamt *n*; *-i* ~ ***etmek*** eichen; TECH regulieren, einstellen; CHEM e-e (qualitative) Analyse durchführen; ~***ı bozuk*** *Uhr usw* nicht *od* falsch gestellt; *Person* charakterlos; ***saat*** ~***ı*** Stellen *n* der Uhr; ~***ını bozmak*** TECH verstellen, falsch einstellen *usw*; ~***cı*** Eichmeister *m*

ayar|lamak *v/t allg* einstellen, regulieren, regeln; *Maße usw* eichen; standardisieren, normieren; *Gewehr* einschießen; F *j-n* rumkriegen, beklatschen; *etw* organisieren, beschaffen; ~***layıcı*** Regulator *m*; ~***lı*** (genau) eingestellt; *Farbe usw* abgestimmt; ...karätig (*Gold*)

ayarsız ungeeicht; *Uhr* falsch gehend, ungenau; *Person* unberechenbar; unkultiviert

ayartı Verführung *f*; ~***cı*** Verführer *m*, -in *f*; verführerisch

ayartmak *v/t* verführen; *Angestellte* abwerben

Aya'sofya Hagia Sophia *f* (*in Istanbul*)

ayaz eisige (trockene) Kälte; klare(s) Winterwetter; ~ ***yemek*** Frost abbekommen; ~ ***kafa*** Kahlkopf *m*; ~***da kalmak*** in der Kälte stehenbleiben; *fig* leer ausgehen; ~***la(n)mak*** *Wetter* kalt werden; (durch)frieren

a'yazma heilige Quelle

aybaşı ⟨-nı⟩ Monatsbeginn *m*; MED Menstruation *f*; ~ ***görmek*** die Regel haben; ~***nda*** am Monatsbeginn

ayçiçeği ⟨-ni⟩ BOT Sonnenblume *f*

aydın gebildet, intellektuell; Intellek-

tuelle(r); fröhlich (*Tage*); **~lar** Intellektuelle *pl*, Intelligenz *f*; **gözün(üz) ~!** herzlichen Glückwunsch!
aydınla|nma Beleuchtung *f*, Informiertwerden *n*, Aufklärung *f*; **♀ (çağı)** (Zeitalter *n* der) Aufklärung *f*; **~nmak** beleuchtet werden; dämmern, Tag werden; *Himmel* sich aufklären; *Person* informiert werden; **~tıcı** Leucht- (*Rakete*); Aufklärungs- (*Arbeit*); informativ
aydınlat|ma Beleuchtung *f*, Aufklärung *f*, Leucht-; **~mak** *v/t* beleuchten; aufklären
aydınlık ⟨-ğı⟩ (Tages)Licht *n*; Helligkeit *f*, Klarheit *f*, Deutlichkeit *f*, Luke *f*, Lichtschacht *m*; *adj* hell (*Zimmer*); klar (*Sprache*); **aydınlığa çıkarmak** (*od* **kavuşturmak**) ans Tageslicht bringen, aufklären
ayet [ɑː] ⟨-ti⟩ Koranvers *m*
aygın: **~ baygın** erschöpft; F ganz hin (*vor Liebe usw*), verschossen (*-e* in *A*)
aygır (Zucht)Hengst *m*; *fig* Ignorant *m*; Rüpel *m*
aygıt ⟨-tı⟩ Apparat *m*; ANAT System *n*; **sindirim ~ı** Verdauungssystem *n*
ayı ZOOL Bär *m*; *abw* **~ gibi** bullig; **~ herif** ungehobelte(r) Mensch; **~ yürüyüşü** (Gang *m*) auf allen Vieren
a'yıbalığı ZOOL Seehund *m*, Robbe *f*
ayıcı Bärenführer *m*; *fig* Rüpel *m*
ayık nüchtern; aufgeweckt; *fig* kühl (*Kopf*)
ayık|lamak *v/t* auslesen, sortieren; F herauspicken; *Gemüse* waschen, putzen; **~lanma** *a* BIOL Auslese *f*, **tabiî ~lanma** natürliche Auslese
ayıklık ⟨-ğı⟩ Nüchternheit *f*
ayıkmak nüchtern werden (*nach Rausch*)
ayılmak zu sich kommen (*nach Ohnmacht*)
ayıltı Katzenjammer *m*; Ernüchterung *f*
ayılt|ıcı ernüchternd; **~mak** wieder zu sich bringen
ayıp ⟨-bı⟩ Schande *f*, Mangel *m*, Fehler *m*; *adj* schändlich, schimpflich; beschämend; **~ değil** das ist keine Schande; **~ etmek** sich vorbeibenehmen; **söylemesi ~** (*od* **~tır söylemesi**) mit Verlaub zu sagen; **size ~(tır)** schämen Sie sich!; **sorması ~** (*od* **~tır sorması**) wenn ich fragen darf
ayıp|lamak tadeln; **~lı** tadelnswert; **~sız** untadelig; *Mensch* ohne Fehler
ayır: **~-buyur** teile und herrsche!
ayır|aç CHEM Reagenz *n*; Norm *f*, Sortiermaschine *f*, Reaktions-; **~an** dispergierend, Streu-; MATH Diskriminante *f*
ayır|ıcı Ausschalter *m*; Sortier-; spezifisch; Dispersions- (*Mittel*); **~ıcılık** ⟨-ğı⟩ Unterscheidungsmerkmal *n*
ayırım → **ayrım**
ayırmak (*-i -den*) *j-n* trennen (von *D*); *etw* unterscheiden (von *D*); *j-n* entfernen (von *j-m*); (*-i -e*) (ein)teilen (in *A*); *etw* reservieren, zurückbehalten, *Buch* zurücklegen (für *j-n*)
ayırt: **~ etmek** (*tanımak*) ausmachen; unterscheiden (*-i -den A* von); **~ edilmek** sich unterscheiden (*-den* von); **~ edilir** merklich; **~ edilmez** unmerklich
ayırt|ı Nuance *f*, **~mak** *kaus von* **ayırmak**
ayin [ɑː] REL Gottesdienst *m*
aykırı asozial; widersprechend (*-e D*); zuwiderlaufend (*-e D*); -feindlich, -widrig; schräg; *-e* **~ çekmek** gegen *j-n* auftreten; *-e* **~ gelmek** *od* **olmak** widersprechen (*D*); *-i -e* **~ görmek** *etw* für unvereinbar halten (mit *D*); **yasaya ~** gesetzwidrig
aykırı|laşmak widersprechen, zuwiderlaufen (*-e D*); **~lık** ⟨-ğı⟩ Unvereinbarkeit *f*, Widersprüchlichkeit *f*
ayla ASTR Hof *m*
aylak ⟨-ğı⟩ müßig; herumlungernd; **~çı** Gelegenheitsarbeiter *m*; **~çılık** ⟨-ğı⟩ Herumlungern *n*, Faulenzerei *f*
ayle F → **aile**
aylı mondbeschienen
aylık ⟨-ğı⟩ (Monats-) Gehalt *n*, Lohn *m*; monatlich, Monats-; **~ dergi** Monatszeitschrift *f*, **~çı** Gehaltsempfänger *m*; **~lı** F fest eingestellt
ay|mak ⟨-ar⟩ zur Besinnung kommen, sich besinnen; **~maz** unbesonnen, unbekümmert; **~mazlık** ⟨-ğı⟩ Unbesonnenheit *f*, Sorglosigkeit *f*
ayna Spiegel *m*; F Reflektor *m*; Türfüllung *f*, TECH Einsatz *m*; MAR Teleskop *n*; **~cı** F Schwindler *m*; MAR Signalmast *m*
aynalı … mit Spiegel, Spiegel-; **~ kapı** Kassettentür *f*
aynasız … ohne Spiegel; F (*Polizist*) Bulle *m*; **işler … ~ gidiyor** es läuft schlecht
'aynen genauso; wörtlich; ÖKON in natu-

ra *bezahlen*

'aynı derselbe; gleich, identisch; **~ şey(dir)** das ist dasselbe; **~ zamanda** gleichzeitig, zur gleichen Zeit; **~lık** ⟨-ğı⟩ Identität *f*

aynıyla in derselben Weise; Wort für Wort

ayni [iː] materiell (*z.B. Hilfe*); stofflich; **~ hak** JUR Sachenrecht *n*

ayniyat ⟨-tı⟩ Mobilien *pl*; Inventar *n*; **~iyle** in Sachwerten

ayniyet ⟨-ti⟩ Identität *f*

'ayol *int Frauensprache* du!, ach!; doch!

ayraç ⟨-cı⟩ GR Klammer *f*

ayran Ayran *m* (*Joghurt mit Wasser*); Buttermilch *f*; **~ı kabarmak** außer sich (*D*) geraten

ayrı getrennt, isoliert; Einzel-; Sonder-; verschieden; selbstständig (*Organisation*); **~ ~** *adv* getrennt; einzeln, im Einzelnen; **~ gayrı bilmemek** alles gemeinsam tun *usw*; **bu, ~ bir konu** das ist eine andere Frage; *-den* **~ olarak** über (*A*) … hinaus; *-den* **~ tutmak** gesondert behandeln von, unterscheiden von

ayrıbasım BUCH Sonderdruck *m*

'ayrıca getrennt, allein; insbesondere, besonders; außerdem; **~lık** ⟨-ğı⟩ Privileg *n*, Vorrecht *n*

ayrıcinsten heterogen

ayrık ⟨-ğı⟩ Abtrennung *f*; *Frisur* Scheitel *m*; *adj* sonder-, besonder-; getrennt (*-den von D*); gescheitelt; GR *Logik* disjunktiv; *Beine* gespreizt; *Augen* weit auseinander liegend; **~lık** ⟨-ğı⟩ Ausschließlichkeit *f*, Besonderheit *f*

ayrıkotu ⟨-nu⟩ BOT (gemeine) Ackerquecke *f*; *fig* Unkraut *n*

ayrıksı exzentrisch; extravagant

ayrıksız ausnahmslos

ayrış|ma Differenzierung *f*; **~mak** sich absondern, sich trennen, zerfallen

ayrılık ⟨-ğı⟩ Abschied *m*, Abreise *f*; Besonderheit *f*; Abweichung *f*; JUR Trennung *f*; **görüş ayrılığı** Meinungsverschiedenheit *f*; **~lıkçı** POL Separatist *m*, -in *f*; **~lıkçılık** POL Separatismus *m*; **~lış** Trennung *f*

ayrıl|ma JUR Trennung *f*; PHYS Dispersion *f*; **~mak** *pass von* **ayırmak**; sich trennen, absondern; (*-den*) verlassen (*A*), abfahren aus; ausscheiden (*aus e-m Amt*); sich verabschieden von *D* (*weggehen*); **bu konuda görüşlerimiz ayrılıyor** in dieser Frage gehen unsere Ansichten auseinander

ayrılmaz unteilbar

ayrım Unterschied *m*; Auslese *f*; Diskriminierung *f*; **A ile B arasında ~ gözetmek** A und B ungleich behandeln; **A ile B arasında ~ yapmak** A und B (voneinander) unterscheiden, zwischen A und B differenzieren; → **~ gözetmek**; **ırk ~ı** Rassendiskriminierung *f*; **yol ~ı** Weggabelung *f*

ayrım|laşma Differenzierung *f*; **~laşmak** sich differenzieren; **~sal** differenziert, differenzierend; *Destillation* fraktioniert; **~sız** sich nicht unterscheidend (*-den* von *D*)

ayrıntı Einzelheit *f*, Detail *n*; *-in* **~sına inmek** ins Detail gehen; **~lı** ausführlich, detailliert

ayrı|şık CHEM zerlegt, zersetzt; **~şım** CHEM Zersetzung *f*; PHYS Spaltung *f*; Zerfall *m*

ayrış|mak sich zersetzen; sich spalten; zerfallen; **ayrışabilir** spaltbar; **~tırmak** CHEM analysieren; PHYS spalten

aysberg ⟨-ki⟩ Eisberg *m*

ayşekadın: **~ fasulye** *Art* grüne Bohnen *f/pl*

ayva BOT Quitte *f*; **~ tüyü** Flaum *m*

ayvan ARCH Veranda *f*

ayyaş Trunkenbold *m*, Säufer *m*; **~lık** ⟨-ğı⟩ Trunksucht *f*

ayyuk [uː] ⟨-ku⟩ ASTR Kapella *f*; **~a çıkmak** *fig* Stadtgespräch sein; *-in* **sesi ~a çıkmak** aus voller Kehle schreien

az *adj* gering; wenig; **~ ~** ein bisschen; nach und nach; **~ buçuk** leidlich, einigermaßen; **~ bulunur** selten, spärlich; *-i* **~ bulmak** (*od* **görmek**) unterschätzen; für zu wenig halten; **~ buz (şey) değil** das ist keine Kleinigkeit; **~ çok** mehr oder weniger; **~ çok dememek** mit dem Vorhandenen vorlieb nehmen; **~ daha** fast, beinahe; **~ değil** *scherzh* (*du bist mir*) gerade der Richtige!; **~ kala** (*od* **kalsın**) fast, beinahe; **~ maz** mehr oder weniger; **~ önce** kurz vorher, zuvor; **~ sonra** kurz danach, gleich; **~ söylemek** untertreiben; **~ zamanda, ~ zaman içinde** in kurzer Zeit; **daha ~** weniger, geringer; **en ~, en ~ından** mindestens; nicht weniger als

aza [ɑːzɑ] *osm* Mitglied *n*; ANAT Organ

n, Körperteil *m*
azade [ɑzɑːˈde] unabhängig; frei (*-den* von *D*)
azalık ⟨-ğı⟩ Mitgliedschaft *f*
azal|ma Verminderung *f*, Abnahme *f*, Schwund *m*; **~mak** abnehmen, nachlassen
azalt|ılma Senkung *f der Kosten*; (*Personal*)Abbau *m*; (*Rüstungs*)Begrenzung *f*; *allg* Verringerung *f*; **~ılmak** *pass von* **azaltmak**; **~mak** *v/t* verringern, beschränken; *Gefahr* bannen
azamet ⟨-ti⟩ Größe *f*, Pracht *f*, Hochmut *m*; **~li** groß, prächtig; hochmütig
azamî [ɑːzɑmiː] Höchst-, maximal; Maximum *n*; **~ hız, ~ sürat** Höchstgeschwindigkeit *f*
azap [-aːp] ⟨-bı⟩ Qual *f*, *meist pl* Qualen; **~ çekmek** Qualen erleiden; *-e* **~ vermek** *j-m* Qualen bereiten; **vicdan azabı** Gewissensbisse *pl*; **~lı** quälend
azar[1] Verweis *m*, Rüffel *m*; Vorwurf *m*; **~ işitmek** *e-n* Rüffel bekommen
azar[2]: **~ ~** nach und nach; in kleinen Mengen
azarla|ma Vorwurf *m*, Verweis *m*; **~mak** *v/t* tadeln; Vorwürfe machen (*-den ötürü* wegen *G*)
azat [ɑːzɑːt] ⟨-dı⟩ Freilassung *f* (*von Tieren*); **~ etmek → azatlamak**
azatlamak freilassen
azcık → azıcık
azdırmak reizen
Azerbaycan Aserbeidschan *n*; **~lı** Aserbeidschaner *m*, -in *f*
Azer|î [ɑːzeriː] aserbeidschanisch; Aserbeidschaner *m*, -in *f*; **~îce** (das) Aserbeidschanisch(e); aserbaidschanisch
azgelişmiş unterentwickelt
azgın wild, rasend; *Kind* wild, unbändig; F geil
azgınlık ⟨-ğı⟩ Raserei *f*; **~ etmek** rasen, toben; F Geilheit *f*
azı → azıdişi
azıcık ein bisschen
aˈzıdişi Backenzahn *m*
azık ⟨-ğı⟩ Proviant *m*; **~lanmak** sich verproviantieren; **~lı** eingedeckt (*mit Proviant*); freigebig; **~lık** ⟨-ğı⟩ Verpflegung *f*
azılı wild; aufsässig; unbarmherzig
azımsamak unterschätzen; **azımsanmayacak** nicht zu unterschätzen(d)
azınlık ⟨-ğı⟩ Minderheit *f*, Minorität *f*
azıştırmak *Streit usw* schüren, F anheizen
azıtmak → azmak; **işi ~** sich (*D*) immer mehr herausnehmen
azil ⟨azli⟩ Entlassung *f*, Abberufung *f*
azim ⟨azmi⟩ feste(r) Entschluss, Entschlossenheit *f*; **~ sahibi** resolut, entschlossen
azimli (fest) entschlossen; resolut
aziz [iː] lieb, teuer; geschätzt; REL Heilige(r); **~lik** ⟨-ği⟩ schlechte(r) Scherz; **~ etmek** e-n bösen Streich spielen
ˈazledilmek *pass von* **azletmek**
azletmek *v/t j-n* absetzen, entlassen
azlık ⟨-ğı⟩ Knappheit *f*, Mangel *m* (an *D*); geringe Zahl *od* Menge
azma Bastard *m*; Raserei *f*
azmak[1] ⟨azar⟩ toben, rasen; *Wunde* sich entzünden; *Wind* heftiger werden; *Fluss* über die Ufer treten; *fig a* ausufern; *Wäsche* verwaschen sein
azmak[2] ⟨-ğı⟩ Tümpel *m*; ausgetrocknete(r) Brunnen; Moor *n*
azman riesig; Balken *m*, Bohle *f*, **adam ~ı** Hühne *m*; **kurt ~ı bir köpek** Kreuzung *f* zwischen Hund und Wolf
ˈazmetmek sich (*D*) vornehmen (*-e A*)
azot ⟨-tu⟩ Stickstoff *m*; **~lu** Stickstoff-
Azrail [-rɑː-] Todesengel *m*

B

b, B [bɛ] b, B *n*; MUS b-moll, B-Dur
B *Abk. für* **batı** Westen (W); **Bay** Herr
baba Vater *m*; Pfosten *m*; Vorsteher *m* (*e-s Derwischordens*), Abt *m*; Mafiaboss *m*, große(r) Fisch; V Penis *m*; **~ adam** *väterlicher Typ*; *gutmütiger, großzügiger Mann*; **~ evi** Elternhaus *n*; **~ nasihati** väterliche(r) Rat; **~dan oğula** von Geschlecht zu Geschlecht; **~larımız** unsere Väter *od* Vorväter; **~na rahmet** vergelt's Gott; *-in* **~sı** (*od* **~ları**) **tutmak** verrückt spielen; F

vor Wut außer sich geraten; ***~sının hayrına çalışmak*** für ein (Ei und) Butterbrot arbeiten; (***tam***) ***~sının oğlu*** (***kızı***) wie der Vater, (genau) so der Sohn (die Tochter); ***ha ~m*** (***ha***) immer weiter, immer mehr; ***içiyor ~m içiyor*** er trinkt und trinkt

ba'baane Großmutter *f*, F Oma *f* (*väterlicherseits*)

ba'baca väterlich; väterlicherseits

babacan *Mann* nett, sympathisch, väterlich wohlwollend

babacığım! [-dʒɪːm] Papa!, Vati!

babacıl am Vater hängend

babaç ⟨-cı⟩ Leittier *n*; F Leithammel *m*

baba'fingo MAR Bramstange *f*

babaköş Blindschleiche *f*

babalanmak aus der Haut fahren; F große Töne spucken

babalı: F ***~ kağıt*** gezinkte Karte *f*

babalık ⟨-ğı⟩ Vaterschaft *f*, väterliche Sorge *f*, Pflegevater *m*; Stiefvater *m*; Schwiegervater *m*; *scherzh* Väterchen (*a als Anrede*); *iron* mein Guter!; ***b-ne ~ etmek*** wie ein Vater sein zu j-m

baba|yani [-'jaː-] schlicht, anspruchslos; väterlich; ***~yiğit*** [-jiː'it] ⟨-di⟩ Recke *m*; verwegen; ***~yiğitlik*** ⟨-ği⟩ Bravour *f*

Babıâli [baːb(ɪ)aːliː] HIST (die) Hohe Pforte

baca Schornstein *m*; TECH Abzug *m* (*für Dämpfe usw*); *-in* ***~sı tütmek*** in Ordnung sein; ***~sı tütmez*** *Haus* verödet; *Familie, Geschäft* zerrüttet

bacak ⟨-ğı⟩ Bein *n*; *Karte* Bube *m*; ***~ kadar*** winzig (klein); ***~ ~ üstüne atmak*** die Beine übereinander schlagen; ***~ protezi, takma ~*** Beinprothese *f*; *-in* ***~ları kopmak*** sich kaum auf den Beinen halten können

bacaksız ohne Beine; Dreikäsehoch *m*, Schlingel *m*

bacanak ⟨-ğı⟩ Schwager *m* (*Mann der Schwägerin*)

bacı F Schwester (*jüngere*); F *Anrede, auch für e-e gleichaltrige od jüngere Frau*; *osm* Kinderfrau *f*

baç ⟨-cı⟩ HIST Zoll *m*, Tribut *m*

ba'dana Tünche *f*, Anstrich *m*; *-i* ***~ etmek*** tünchen, anstreichen (*A*); ***~cı*** Maler *m*, Anstreicher *m*; ***~cılık*** ⟨-ğı⟩ Malerhandwerk *n*; ***~lamak*** *v/t* weißen, anstreichen; ***~lı*** geweißt; angestrichen; F geschminkt (*Frau*); ***~sız*** ungeweißt, nicht angestrichen

badas Spreu *f*

badem [ɑː] BOT Mandel *f*; *adj* mandelförmig; ***~ ağacı*** Mandelbaum *m*; ***~ ezmesi*** Marzipan *n*; ***~cik*** ⟨-ği⟩ ANAT Mandel *f*

badıç ⟨-cı⟩ Hülse *f*, Schote *f*

badi: ***~ ~ yürümek*** watscheln

badik ⟨-ği⟩ kurzbeinig, gedrungen; ***~lemek*** watscheln

badire [ɑː] plötzliche Notlage

badminton Badminton *n*

'badya Kübel *m*, Zuber *m*

bagaj Gepäck *n*; *Auto* Gepäckraum *m*; F Hintern *m*; ***~ deposu*** Gepäckaufbewahrung *f*; ***~ vagonu*** Gepäckwagen *m*

bağ[1] Weinberg *m*; Garten *m*; ***~ bozmak*** Weinlese halten; ***~ çubuğu*** Weinstock *m*

bağ[2] *a* ANAT Band *n*; Schnur *f*; Bündel *n*, Bund *n*; Garbe *f*; ***ayakkabı ~ı*** Schnürsenkel *m*; ***kasık ~ı*** Bruchband *n*; ***eklem ~ı*** Gelenkband *n*; ***kol ~ı*** Armbinde *f*; ***ot ~ı*** Grasbüschel *n*; ***dostluk ~ları*** freundschaftliche Bande *n/pl*; ***siyasî ~lar*** politische Beziehungen *f/pl*

bağa Schildpatt *n*; Schildpatt-; F Schildkröte *f*; ***~ gözlük*** Hornbrille *f*

bağbozumu ⟨-nu⟩ Weinlese *f*

bağcı Winzer *m*, -in *f*

bağcık ⟨-ğı⟩ Schnur *f*, Schnürsenkel *m*

bağcılık ⟨-ğı⟩ Weinbau *m*

bağdadî [baːdaːdiː] ARCH Fachwerk *n* (*mit Lehmfüllung*)

bağdamak *v/t* miteinander verflechten; *fig* verwirren; *Beine* kreuzen

bağdaş Schneidersitz *m*; ***~ kurmak*** den Schneidersitz einnehmen; ***~ık*** homogen; ***~ıklık*** ⟨-ğı⟩ Homogenität *f*; ***~ma*** Verbindung *f*, Vereinigung *f*; ***~mak*** im Einklang sein; vereinbar sein; ***~maz*** unvereinbar; ***~mazlık*** ⟨-ğı⟩ Unvereinbarkeit *f*; ***~tırmak*** in Einklang bringen

'Bağdat ⟨-dı⟩ Bagdad *n*

bağdoku Bindegewebe *n*

bağfiil GR Konverb *n*

bağıl MATH, PHYS relativ

bağıllık ⟨-ğı⟩ Relativität *f*; ***~ teorisi*** Relativitätstheorie *f*

bağım|lı abhängig (*-e* von); GR Neben-(*Satz*); ***~lılık*** ⟨-ğı⟩ Abhängigkeit *f*

bağımsız unabhängig, selbstständig; ***~ cümle*** GR Hauptsatz *m*; ***~laşmak*** unabhängig werden; ***~lık*** ⟨-ğı⟩ Unabhängig-

B

keit *f*, Selbstständigkeit *f*; **~lığa kavuşmak** die Unabhängigkeit erlangen
bağıntı Verhältnis *n*; Korrelation *f*, MATH Proportion *f*; **~lı** relativ; gebunden
bağ|ır[1] ⟨-ğrı⟩ Brust *f*; *pl* innere Organe *n/pl*, Eingeweide *pl*; innere(r) Teil; *fig* Herz *n*, *poet* Busen *m*; **bağrı çökük** mit eingefallener Brust; **bağrı yanık** schwer geprüft; *-i* **bağrına basmak** an die Brust drücken *A*
bağır[2]: **~ ~** lauthals; **~ ~ bağırmak** aus vollem Halse brüllen; **~ış** Schrei *m*; Gebrüll *n*; **~mak** schreien, brüllen; aufschreien; anschreien (*-e j-n*); sich melden, rufen
bağırsak → **barsak**
bağırtı Schrei *m*; Ruf *m*
bağırtkan ein Schreihals
bağış Geschenk *n*; Spende *f*
bağışık MED immun; **vergiden ~** nicht steuerpflichtig
bağışıklık ⟨-ğı⟩ MED Immunität *f*; **vergi bağışıklığı** Steuerfreiheit *f*; **~ kazan(dır)ma** Immunisierung *f*
bağışlama Spende *f*; Erlass *m der Strafe*; REL Vergebung *f*; JUR Schenkung *f*
bağışlamak schenken; spenden; *Strafe* erlassen; *Sünde* vergeben; *Gott* gnädig sein; **bş-i b-nin gençliğine** *usw* **~** j-m etw wegen seiner Jugend *usw* verzeihen
bağışlayıcı REL barmherzig, gnädig
bağlaç ⟨-cı⟩ GR Konjunktion *f*
bağlam Zusammenhang *m*, Kontext *m*; Bündel *n*; Kehlbalken *m*; MUS Refrain *m*; Verbindungs- (*Stange*); **~ limanı** Heimathafen *m*
bağlama Verbinden *n*; (Quer)Balken *m*, Träger *m*; Langhalslaute *f* (*mit drei Saiten*); EL **paralel ~** Nebenschaltung *f*, EL **seri ~** Serienschaltung *f*
bağlamak *v/t* (*-e*) anbinden (an *A*); *Schiff* festmachen (an *D*); ankuppeln (an *A*); *Gehalt* gewähren (*-e j-m*); *Hoffnungen usw* knüpfen (*-e* an *A*); *j-m etw* zuschreiben, zuschieben; *j-n* binden, fesseln; *Krawatte* umbinden; *Sachen* verpacken; *Wunde* verbinden; *fig* gewogen machen (*-i -e j-n j-m*); *Weg* sperren; **buz ~** vereisen; **kabuk ~ e-e Kruste** (**Rinde** *usw*) bilden; **karara ~** beschließen; **kir** (**pas, yosun** *usw*) **~** Schmutz (Rost, Algen *usw*) ansetzen; **maaşa ~** fest einstellen/engagieren
bağlan|ım, **~ma** Verbindung *f*
bağlanmak *pass von* **bağlamak**; sich verpflichten (*-e* zu)
bağlantı Verbindung *f*, Anknüpfung *f*, BAHN, LUFTF Anschluss *m*; TECH Verbindungs- (*Stück usw*); **telefon ~sı** Telefonverbindung *f*, **~lı** verbunden (*-le* mit); **~sız** blockfrei (*Land*)
bağlaş|ık verbündet; **~mak** sich verbünden
bağlayıcı verbindlich
bağlı verbunden (*-e* mit); angebunden (*-e* an *A*); *Institut usw* angegliedert (*-e D*); abhängig (*-e* von); untergestellt, *a* GR untergeordnet; TECH angeschlossen (*-e* an *A*); *Person* verbunden, ergeben, treu; **~ cümle** Nebensatz *m*; *-e* **~ kalmak** treu bleiben *D*; *-e* **~ olmak** hängen (an *j-m*); abhängen von; unterstehen *D*
bağlık ⟨-ğı⟩ Weinanbaugebiet *n*
bağlılık ⟨-ğı⟩ (*-e*) Bindung *f* (an *A*); Abhängigkeit *f* (von); Treue *f* (zu); Korrelation *f*
bağnaz Fanatiker *m*, -in *f*, fanatisch; **~lık** ⟨-ğı⟩ Fanatismus *m*
bağrış, **~ çağrış** Herumschreien *n*
bağrışmak herumschreien
bağsalyangozu Weinbergschnecke *f*
bahadır [-hɑː-] LIT Recke *m*
bahane [-hɑː-] Vorwand *m*, Ausrede *f*; *-i* **~ etmek** vorschützen (*A*); **~siyle** unter dem Vorwand
bahar[1] Frühling *m*; **hayatın ~ı** *fig* Jugend *f*
bahar[2] Gewürz *n*; **~at** ⟨-tı⟩ Gewürze *n/pl*; **~lı** gewürzt, aromatisch
baharlık: **~ manto** Übergangsmantel *m*
bahçe Garten *m*; **~ evi** Landhaus *n*; **çay ~si** Café *n*; **çocuk** (*od* **oyun**) **~si** Kinderspielplatz *m*; **~ci** Gärtner *m*; **~cilik** ⟨-ği⟩ Gartenarbeit *f*
bahçeli: **~ ev** Haus *n* mit Garten
bahçıvan Gärtner *m*, -in *f*, **~lık** ⟨-ğı⟩ Gartenarbeit *f*; *-in* **bahçıvanlığını yapmak** *fig* den Boden bereiten (für)
bahis ⟨bahsi⟩ Besprechung *f*, Erörterung *f*, Frage *f*, Thema *n*; Wette *f*; **~ konusu** Diskussionsthema *n*; **bahsi geçen** oben erwähnt
bahriye *osm* Marine *f*, Seeflotte *f*; **~li** Marinesoldat *m*; Student *m* an der Navigationsschule
bahs|etmek (*-den*) sprechen (über *A*,

von), erörtern *A*; handeln von; behandeln *A*; **~olunmak** *-den* erwähnt *od* erörtert werden *usw*

bahşetmek (*-i -e*) *j-m Ehre* erweisen; *Hoffnung* geben; *Glück* bringen, bescheren; *j-m* vergeben

bahşiş Trinkgeld *n*, Bakschisch *n*

baht ⟨-tı⟩ Schicksal *n*; Los *n*; **~ işi** Glückssache *f*; **~ı açık** Glückspilz *m*; **~ı kara** Pechvogel *m*; **~iyar** [-ɑːr] glücklich; **~iyarlık** ⟨-ğı⟩ Glück *n*; **~lı** glücklich; **~sız** unglückselig; Unglücksrabe *m*

bakakalmak anstarren (*-e A*); sprachlos sein (*vor Erstaunen usw*)

baka'lorya Reifeprüfung *f*

bakan Minister *m*, -in *f*; **~lar kurulu** Ministerrat *m*

bakan|lık ⟨-ğı⟩ Ministerium *n*; **~lığı**: **çalışma ~** Arbeitsministerium *n*; **çevre ~** Umweltministerium *n*; **dışişleri ~** Außenministerium *n*; **içişleri ~** Innenministerium *n*; **eğitim ~** Schulministerium *n*; **sağlık ~** Gesundheitsministerium *n*; **savunma ~** *n* Verteidigungsministerium *n*; **sosyal yardım ~** Ministerium *n* für Soziales; **ulaştırma ~** Verkehrsministerium *n*

bakar[1] Rindvieh *n* (*a Schimpfwort*)

bakar[2] → **bakmak**

bakarkör *fig* Schlafmütze *f*

bakaya [-ɑːjɑː] *um ein Jahr zurückgestellte Steuern*; MIL Dienstflüchtige(r)

bakıcı Pfleger *m*, -in *f*

bakılmak *pass von* **bakmak**

bakım Pflege *f* (*-e G*); TECH Überholung *f*; **~ sigortası** Pflegeversicherung *f*; **~ yurdu** Pflegeheim *n*; **~ yükümlülüğü** Sorgepflicht *f*; **~a muhtaç** pflegebedürftig; **depo ~ı** Generalüberholung *f*; **bir ~a** (*od* **~dan**) in gewisser Hinsicht; **bu** (**her** *usw*) **~dan** in dieser (jeder *usw*) Hinsicht *f*; **... ~ından** vom Standpunkt ... *G*/*von* aus; **sağlık ~** in gesundheitlicher Hinsicht

bakımevi Pflegeheim *n*

bakımlı gut betreut; gepflegt

bakımsız verwahrlost; ungepflegt

bakımsızlık ⟨-ğı⟩ Verwahrlosung *f*

'**bakındı**: **~ yalancıya!** nun schau mal einer den Lügner an!

bakınmak: (**etrafa**) **~** sich umsehen

bakır Kupfer *n*; Kupfergeschirr *n*; Kupfer-; **~ çağı** Bronzezeitalter *n*; **~ kaplamak** verkupfern; **~ pası** Grünspan *m*; **~cı** Kupferschmied *m*; **~lı** Kupfer-; kupferhaltig; **~ pirit** Kupferkies *m*

bakış Blick *m* (*-e* auf *A*); **~ açısı** Blickwinkel *m*; **kuş ~ı** Vogelperspektive *f*; **ilk ~ta** auf den ersten Blick; **~larını b-nden kaçırmak** j-s Blicken ausweichen

bakış|ık symmetrisch; **~ım** Symmetrie *f*; **~ımsız** asymmetrisch; **~ımsızlık** ⟨-ğı⟩ Asymmetrie *f*

bakışmak sich (*einander*) ansehen; Blicke tauschen

baki [bɑːkiː] verbleibend; ewig, bleibend

bakir [ɑː] unbefleckt, jungfräulich; keusch; **~ orman** Urwald *m*; **~ toprak** Neuland *n*

bakire Jungfrau *f*; jungfräulich; **~lik** ⟨-ği⟩ Jungfräulichkeit *f*

bakiye ÖKON Saldo *m*

bakkal Lebensmittelhändler *m*, -in *f*, Krämer *m*, -in *f*; **~iye** Lebensmittel(geschäft *n*) *pl*

bakla Saubohne *f*; **~ kadar** erbsengroß; **~yı ağzından çıkarmak** F (endlich) den Mund auftun; etw ausplaudern; **~çiçeği** ⟨-ni⟩ schmutzig weiß, gelblich; **~kırı** Apfelschimmel *m*

baklava *Süßspeise aus Teigblättern, Zucker und Nüssen*; **~ biçimi(nde)** rautenförmig

bakliyat [-ɑːt] ⟨-tı⟩ Hülsenfrüchte *f/pl*

bakmak ⟨-ar⟩ *v/i* hinsehen; (*-e*) (*suchen*) sehen, schauen (nach *D*; in, auf *A*); pflegen, sich kümmern um; achten auf *A*, aufpassen (auf *A*); besorgen *A*; zuständig sein für; abhängen (von), *Arzt* behandeln; *Farbe* spielen in *A*; *Fenster* gehen auf *A*; *Angelegenheit* bearbeiten; *Rechnung* (nach)prüfen; *Papiere usw* überprüfen, kontrollieren; *Schularbeiten* machen; sich beschäftigen (mit); *-meye* **~** zusehen, dass; darauf aus sein, zu ...; **bak!** pass auf!; MIL **sola bak!** Augen links!; **bak bak!** sieh mal, schau mal; **bana bak!** hallo, hör mal!; **bakar mısın(ız)!** hallo!, hör(en Sie)!; **bu iş paraya bakar** das ist eine Geldfrage; **bakalım** *od* **bakayım** [-ɪːm] *in Anrufen* doch, (doch) mal, nun; **anlat bakalım ...** erklär doch mal; *in Fragen* denn; **ne yaptın bakalım?** was hast du denn (da) gemacht?; *-e* ***bakarak*** im Vergleich (zu); *-e* ***bakınız*** siehe ...; *-e* ***bakmadan*** ungeachtet *G*; ***baksana, baksanıza!*** hallo!, hör mal!; hören Sie bitte!; ***(bir de) bakarsın*** ehe man sich's versieht, ehe du dich's versiehst; ***bu renk yeşile bakıyor*** diese Farbe spielt ins Grün

bakraç ⟨-cı⟩ Kupfernapf *m*

bakteri Bakterie *f*; **~giller** Bakterien *f/pl*; **~yel** bakteriell; **~yolog** Bakteriologe *m*; **~yoloji** Bakteriologie *f*; **~yolojik** bakteriologisch

baktırmak *kaus von* **bakmak**

bal Honig *m*; Gummi *n (a m) aus Obstbäumen*; Saft *m (überreifer Früchte)*; ***~ alacak çiçeği bulmak*** *fig* e-e Goldgrube entdecken; ***~ gibi*** honigsüß; *Stimme* angenehm, einschmeichelnd; *Sache* F *geht* wie geschmiert; F klar, selbstverständlich

balaban ZOOL Rohrdommel *f*; Hühnerhabicht *m*

balans Balance *f*; ***~ ayarı*** AUTO Auswuchten *n*

balarısı Honigbiene *f*

balast ⟨-tı⟩ TECH Schotter *m*, Bettung *f*; Ballast *m*

balad, balat ⟨-dı⟩ Ballade *f*

'balayı Flitterwochen *f/pl*; ***~ seyahati*** (*od* ***gezisi***) Hochzeitsreise *f*; ***~ yapmak, ~nda olmak*** Flitterwochen haben

balcı Imker *m*, -in *f*; Honighändler *m*, -in *f*

balçık ⟨-ğı⟩ Ton *m*, Lehm *m*; Matsch *m*; matschig; **~lı** Ton-

baldır Unterschenkel *m*; Wade *f*; ***~ kemiği*** Wadenbein *n*, Fibula *f*

baldırak Gamaschen *f/pl*

baldıran BOT Schierling *m*

baldırıçıplak bettelarm

baldırıkara BOT Frauenhaar *n*

baldız Schwägerin *f* (*Schwester der Frau*)

bale Ballett *n*; ***~ öğretmeni*** Ballettmeister *m*; ***~ sanatçısı*** Balletttänzer *m*, -in *f*; **~rin** Balletttänzerin *f*

balgam Schleim *m*; Auswurf *m*; ***~ söktürmek*** Schleim lösen; **~taşı** Jaspis *m*

balık ⟨-ğı⟩ Fisch *m*; ♓ ***(burcu)*** ASTR Fische *m/pl*; ♓ ***burcundanım*** ich bin Fisch; ***~ ağı*** Fischnetz *n*; ***~ avı*** Fischfang *m*; ***~ eti*** Fischfleisch *n*; ***~ istifi gibi*** *fig* wie die Heringe; ***~ tutkalı*** Fischleim *m*; Gelatine *f*; ***~ tutmak*** fischen, angeln; ***~ yumurtası*** Rogen *m*; ***~ kavağa çıkınca*** *scherzh* am Sanktnimmerleinstag; ***balığa çıkmak*** auf Fischfang gehen

balık|adam Froschmann *m*; **~çı** Fischer *m*; Fischhändler *m*; **~çıl** ZOOL Fischreiher *m*; **~çılık** ⟨-ğı⟩ Fischfang *m*; Fischereibetrieb *m*; **~çın** ZOOL Seeschwalbe *f*

balıketinde vollschlank (*Frau*)

balıkhane [bɑ'lıkɑːnɛ] Fischhalle *f*

balıklama Kopfsprung *m*; *-e* ***~ dalmak*** F (sich) auf *A* stürzen

balıklava Fischteich *m*; Fischgrund *m*

balıksırtı ⟨-nı⟩ *Weg* gewölbt; (im) Fischgrätenmuster *n*

balıkyağı Tran *m*, Lebertran *m*

baliğ [bɑliː] reif, volljährig; ***~ olmak*** die (volle) Reife erlangen, volljährig werden; (*-e*) sich belaufen (auf *A*); erreichen (*A*)

ba'lina Wal(fisch) *m*; ***~ avı*** Walfang *m*

balistik ⟨-ği⟩ Ballistik *f*

'balkabağı ⟨-nı⟩ BOT Moschuskürbis *m*

Balkan: ***~ Yarımadası*** Balkanhalbinsel *f*; **~lar** Balkan *m*; balkanisch, Balkan-

balkı glänzend; stechend; **~mak** funkeln; *Wunde* ziehen, stechen

balkır Funkeln *n*; Blitz *m*

balkon Balkon *m*

ballan|dırmak *v/t* mit Honig (ver)süßen; *fig* ausmalen, farbig darstellen; **~mak** süß werden (*Früchte*); *fig* attraktiv werden

ballı Honig-, mit Honig; honigsüß; F lukrativ; **~baba** BOT Taubnessel *f*; **~babagiller** Lippenblütler *m/pl*

'balmumu ⟨-nu⟩ Bienenwachs *n*; *-e* ***~ yapıştırmak*** sich (*D*) *etw* hinter die Ohren schreiben

'balo *Fest* Ball *m*; ***maskeli ~*** Maskenball *m*

balon Ballon *m*; Luftballon *m*; Sprechblase *f* (*Cartoon*); ***~ haber*** *fig* unwahre Nachricht; ***~ uçurmak*** e-n Versuchsballon loslassen; *fig* e-e Lügengeschichte in die Welt setzen; **~cu** Luftschiffer *m*

'bal|özü ⟨-nü⟩ Nektar *m*; **~sıra** Manna *n*

balta Axt *f*, Beil *n*; ***~ girmemiş*** *Wald* undurchdringlich; *-e* ***~ olmak*** F *j-m* auf die Nerven gehen; **~cı** Holzhauer *m*; Feuerwehrmann *m*; **~lama** Sabotage *f*; ***~ hareketi*** Sabotageakte *m/pl*; ***~dan girmek*** F dazwischenfunken

balta|lamak *v/t* zu vereiteln versuchen;

sabotieren; Obstruktion üben; *Glauben, Vertrauen* untergraben; **~layıcı** Sabotage-; Saboteur *m*; **~lık** ⟨-ğı⟩ Waldnutzung *f*; **~ hakkı** Holzungsrecht *n*

Baltık ⟨-ğı⟩ baltisch; das Baltikum; **~ Denizi** Ostsee *f*; **~ Devletleri** die baltischen Staaten

'balya Ballen *m*; Paket *n*; *-i* **~ yapmak** (ballenweise) verpacken; **~lamak** *v/t* (in Ballen) verpacken; **~lı** (in Ballen) verpackt

balyoz (Schmiede)Hammer *m*

bam: **~ bum!** bum, bums!; *-in* **~ teline basmak** *fig j-m* auf die Hühneraugen treten, *j-n* an seiner empfindlichsten Stelle treffen

'bambaşka grundverschieden

bambu Bambus *m*

'bamteli Basssaite *f*, (*Bart*) Fliege *f*, *fig* wunde(r) Punkt; → **bam**

'bamya BOT Okra *f*, Bamia *f*; **~ tarlası** F Totenacker *m*

bana *D von* **ben**; mir, zu mir; **~ kalırsa** nach meiner Ansicht; was mich betrifft; **~ mısın dememek** dickfällig sein; **~ ne!** meinetwegen; F ist mir schnuppe; F was geht mich das an

banal banal

bandaj Bandage *f*, Verband *m*

'bandıra MAR Fahne *f*, Flagge *f*; **~lı** unter ... Flagge (*fahrend*)

bandırmak eintauchen (*-i -e etw* in *A*)

bandırol ⟨-lu⟩ Streifband *n*; (Steuer)-Banderole *f*

'bando MUS Kapelle *f*

bangır: **~ ~** ganz laut; **~ ~ bağırmak** grölen, brüllen; laut schreiend sagen

bank ⟨-kı⟩ (Sitz)Bank *f*

'banka ÖKON Bank *f*, Bankhaus *n*; **~ gibi** steinreich; **~ müdürü** Bankdirektor *m*, -in *f*; **~ ödeme emri** Bankanweisung *f*

bankacı Bankbeamte(r), Bankangestellte(r); Banksachverständige(r); Bankkaufmann *m*, Bankkauffrau *f*; *Spiel* Bankhalter *m*; **~lık** ⟨-ğı⟩ Bankwesen *n*; Bankfach *n*

banker Bankier *m*; F Geldsack *m*

banket ⟨-ti⟩ AUTO Seitenstreifen *m*; Bank *f*; **alçak/gevşek ~** Seitenstreifen nicht befahrbar

banknot Banknote *f*, (Geld)Schein *m*

'banko Theke *f*; *Spielbank* Einsatz *m*

'banliyö Vorort *m*; **~ treni** Vorortzug *m*

banmak eintauchen (*-i -e etw* in *A*)

bant ⟨-dı⟩ Band *n*; Fließband *n*; Klebeband *n*; Tonband *n*, Videoband *n*; Streifen *m*; **banda alınmış** auf (Ton)-Band aufgenommen; **~ kaydı** Bandaufnahme *f*; (automatische) Telefonansage; **~tan vermek** von Band wiedergeben

bantlamak *v/t* mit Band zukleben

'banyo Bad *n*, Badezimmer *n*; MED, FOTO Bad *n*; **~ yapmak** baden, ein Bad nehmen; **çamur ~su** Schlammbad *n*; **güneş ~su** Sonnenbad *n*; **kükürt ~su** Schwefelbad *n*; **göz ~su** Augenbad *n*; **göz ~ yapmak** Frauen wohlgefällig betrachten (*Männer*)

bar[1] Bar *f*

bar[2] PHYS Bar *n*

bar[3] *Reigentanz aus der Osttürkei*

bar[4] Belag *m der Zunge*; Staubschicht *f*; Spur *f* von Schmutz

bar[5]: **~ ~ bağırmak** aus vollem Hals schreien

baraj Staudamm *m*; (Tal)Sperre *f*; Sperr-; **~ gölü** Stausee *m*; **~ yapmak** e-n Staudamm errichten; **~ı aşmak** *fig* die Hürde nehmen (*in der Wahl, Prüfung usw*); **%5'lik ~** Fünfprozenthürde *f*

barak ⟨-ğı⟩ *Tier* zottig, haarig; *Filz* flauschig, wollig; *Art* Jagdhund *m*; *Art* Efeu *m*

ba'raka Baracke *f*; **~lar** Barackensiedlung *f*

barbar Barbar *m*, -in *f*; barbarisch; **~ca** barbarisch; **~lık** ⟨-ğı⟩ Barbarei *f*

bar'bunya ZOOL Meerbarbe *f*; BOT *e-e Bohnenart*; **~ fasulya** GASTR *kalte Speise aus Barbunya-Bohnen*

'barça Barke *f*; HIST Galeere *f*

bardak ⟨-ğı⟩ Becher *m*; (Wasser)Glas *n*; **bira bardağı** Seidel *n*

bardakaltı Untersetzer *m*

barem Besoldungssystem *n*; **~ cetveli** Tarif *m* (*für Beamte*)

barfiks SPORT Reck *n*; **~ demiri** Reckstange *f*; **~ yapmak** am Reck turnen

barınak ⟨-ğı⟩ Zufluchtsort *m*; F Dach *n* über dem Kopf; **balıkçı barınağı** (kleiner) Hafen

barın|dırmak (*-i -de*) *j-n* unterbringen (bei *D*); *j-n* schonen; beinhalten; (in sich) bergen; **~mak** Unterschlupf (*od* Auskommen) finden (*-de* in, bei *D*); hausen, leben

B

barış Friede *m*; ♀ ***Gücü*** Friedenstruppe *f* (*der UNO*); ~ ***yapmak*** Frieden schließen; ~ ***yoluyla*** auf friedlichem Wege; ~ ***zamanında*** in Friedenszeiten
barışçı, **barışçıl** friedliebend; *Zweck* friedlich; **barışçılık** ⟨-ğı⟩ Friedensliebe *f*
barışık versöhnt; **~lık** ⟨-ğı⟩ Versöhnung *f*, Friede *m*
barış|ma Schlichtung *f*, Ausgleich *m*; **~mak** (*-le*) sich aussöhnen mit; sich abfinden mit etw; **~maz** unversöhnlich; **~sızlık** ⟨-ğı⟩ Misshelligkeit *f*; **~tırıcı** Friedensstifter *m*, -in *f*; **~tırmak** *v/t* versöhnen
'**bari** [ɑː] wenigstens; nun denn; ***onun ~ bir haberini alsam!*** wenn ich wenigstens e-e Nachricht von ihr/ihm hätte; ***kimse gelmedi, ~ biz de gidelim!*** niemand ist gekommen, nun dann gehen wir auch
barikat ⟨-tı⟩ Barrikade *f*; ***~la kapatmak*** verbarrikadieren; **~lamak** *v/t* verbarrikadieren
baritin GEOL Barit *m*
bariton Bariton *m*
bariz ['bɑː-] offensichtlich; auffallend
bark ⟨-kı⟩ → ***ev***
'**barka** Barke *f*; **~cı** Bootsmann *m*
barkarol ⟨-lü⟩ Barkarole *f*
barklanmak, **barklı** → ***evlenmek, evli***
'**barko** MAR Dreimaster *m*
barmen Barkeeper *m*
baro Rechtsanwaltskammer *f*
Barok Barock *n od m*; Barock-
baro'metre Barometer *n*
baron Baron *m*
barparalel Barren *m* (*zum Turnen*)
barsak ⟨-ğı⟩ Darm *m*; ~ ***düğümlenmesi*** Darmverschlingung *f*; ~ ***tıkanması*** MED Verstopfung *f*; ***kuru*** ~ Darmsaite *f*; ***onikiparmak barsağı*** Zwölffingerdarm *m*
barut ⟨-tu⟩ (Schieß)Pulver *n*; ~ ***gibi*** *Person* aufbrausend; ~ ***kesilmek*** (*od* ***olmak***) in Wut geraten; ***~la oynamak*** *fig* mit dem Feuer spielen; **~hane** [ɑː] Pulverfabrik *f*, Pulvermagazin *n*
'**baryum** Barium *n*
bas[1] MUS Bass *m*, tief; ~ ***gitar*** Bassgitarre *f*; **~çı, ~ist** Bassist *m*, -in *f*
bas[2]: ~ ~ → ***bar***[5]
basamak ⟨-ğı⟩ Stufe *f*, Trittbrett *n*; MATH (Zehner)Reihe *f*; MATH *Gleichung* Grad *m*; ~ ***yapmak*** *j-n od etw* als Sprungbrett benutzen; **~lı** Stufen- (*Pyramide*); *Steuer* progressiv
basan Albdruck *m*
basar → ***basmak***
'**basbayağı** *adv* einfach, schlicht und ergreifend
basen ANAT Becken *n*
bası BUCH Auflage *f*
basık platt (gedrückt); *Schuhabsatz* flach; *Decke* niedrig; ~ ***konuşmak*** nuscheln
basıl|ı gedrückt, gepresst; BUCH gedruckt; **~ış** Auflage *f*; **~mış** gedruckt
basım Buchdruck *m*, Druck *m*; **~cı** Drucker *m*; **~cılık** ⟨-ğı⟩ Druckereiwesen *n*; **~evi** Druckerei *f*
basın Presse *f*; ~ ***kartı*** Presseausweis *m*; ~ ***konferansı*** Pressekonferenz *f*
basınç ⟨-cı⟩ PHYS Druck *m*; ***alçak ~ (alanı)*** Tiefdruck(gebiet *n*) *m*; ***yüksek ~ (alanı)*** Hochdruck(gebiet *n*) *m*
basınçlı Hochdruck-; ~ ***hava*** Pressluft *f*; ~ ***hava tokmağı*** Presslufthammer *m*
basınçölçer Barometer *n*
basil Bazillus *m*
basiret [iː] ⟨-ti⟩ Weitblick *m*, Scharfsinn *m*; *-in* ***~i bağlanmak*** nicht klar denken können; **~li** weitblickend; **~siz** *fig* kurzsichtig; **~sizlik** ⟨-ği⟩ *fig* Kurzsichtigkeit *f*
basit ⟨-ti⟩ einfach; MATH ~ ***kesir*** gemeine(r) Bruch; GR ~ ***zamanlar*** Grundtempora *n/pl*
basita[1] ANAT Streckmuskel *m*
basit|leşmek (*kolaylaşmak*) einfach werden; (*adileşmek*) verflachen; **~leştirme** Vereinfachung *f*; **~leştirmek** *v/t* vereinfachen; **~lik** ⟨-ği⟩ Einfachheit *f*, Unkompliziertheit *f*
basketbol ⟨-lu, -lü⟩ Basketball *m*; **~cu, ~cü** Basketballspieler *m*, -in *f*
baskı Druck *m*, Zwang *m*; TECH Presse *f*, Schraubstock *m*; Pressform *f*, Auflage *f e-s Buches*; BUCH (*guter*) Druck (*e-s Buches*); Auflagenhöhe *f e-r Zeitung*; Überfall *m*, Angriff *m*; ~ ***altında*** unter Druck; ~ ***altında tutmak*** unterjochen, unterdrücken; ~ ***grubu*** Interessengruppe *f*; ~ ***yapmak*** Druck ausüben; **~lık** ⟨-ğı⟩ Briefbeschwerer *m*
baskın Überfall *m*; Handstreich *m*; Überrumpelung *f*, (Polizei)Razzia *f*; *-den* ~ ***çıkmak*** *j-m* überlegen sein; ~ ***et-***

mek auf frischer Tat ertappen; **~ *yapmak*** e-n Überfall durchführen; *j-n* überrumpeln; **~*a uğramak*** plötzlich überfallen werden; überrumpelt werden; auf frischer Tat ertappt werden

baskınlık ⟨-ğı⟩ Überlegenheit *f*

basküL Hebelwaage *f*

basma Druck(erzeugnis *n*) *m*; bedruckte(r) Baumwollstoff; gedruckt; **~ *kalıbı*** Klischee *n*; ***ağır ~*** Übergewicht *f*, Dominanz *f*

basmak ⟨-ar⟩ treten (*-e* auf *A*); eindringen (*-e* in *A*); drücken (*-i -e A Siegel usw* auf *A*); (*-i*) überfallen, *j-n* überrumpeln; auf frischer Tat ertappen; F verduften; *Alter* erreichen; *Buch* drukken; *Gäste* plötzlich hereinschneien; *Dunkelheit* hereinbrechen; *Kälte usw* einsetzen; *Schlaf* überkommen; ***haydi bas (git)!*** hau ab!; ***zile ~*** klingeln; ***çocuk yedisine bastı*** das Kind trat in sein siebtes Lebensjahr *od* wurde sechs Jahre alt

basmakalıp stereotyp; *Ausdruck* feststehend; abgedroschen

'basso MUS Bass *m*; baso

bas'tarda MAR Galeere *f*, Flaggoffizier *m*

bastı *Gemüsesuppe mit Fleisch*; Ragout *n mit Gemüse*

bastıbacak krummbeinig; Knirps *m*; altkluge(s) Kind

bastırıl|ma Unterdrückung *f e-r Demonstration*; **~*mış*** gepresst

bastırmak **1.** *v/t* (*-i*) *kaus von* ***basmak***; *Antwort usw* parat haben; *-e* drücken auf *A*; *Aufstand* unterdrücken; *Brand* löschen; *j-n als Gast* überfallen; *Gefühl* bezwingen; *Stoff* säumen; (*-i -de*) *j-n* übertreffen (in *D*); (*-i -e*) *etw* stopfen (in *A*, *z.B. e-e Kiste*), verstauen (in *A*); **2.** *v/i Kälte*, *Schneefall* einsetzen

baston Stock *m*; **~ *francala*** (*Stangenbrot*) Baguette *n*; **~ *araba*** Buggy *m*; **~ *yutmuş gibi*** stocksteif

basur [bɑːsur] Hämorrhoiden *pl*; ***kanlı ~*** Ruhr *f*

baş **1.** *subst* Kopf *m*; LIT Haupt *n*; *fig* Chef *m*, Leiter *m*; Anfang *m der Woche, des Weges usw*; Gipfel *m*, Spitze *f des Berges*; MAR Bug *m*; Schnecke *f* (*an der Geige*); Grundlage *f e-r Sache*; Vermittlungsgebühr *f*; Haupt- (*Stadt*); Chef- (*Arzt*); Ober- (*Befehlshaber*); ***beş ~ soğan*** fünf Zwiebeln; **~ *ağrısı*** Kopfschmerzen *m/pl*; *-e* **~ *ağrısı vermek*** *fig j-m* Kopfschmerzen bereiten; *-den* **~ *alamamak*** überlastet sein (mit); *fig* sich nicht retten können vor *D*; **~ *aşağı*** auf dem Kopf, kopfüber; **~ *aşağı gelmek*** Kopf stehen; kein Glück haben; **~ *aşağı gitmek*** e-e böse Wendung nehmen, F schief gehen; **~ ~*a*** allein, unter vier Augen; **~ ~*a vermek*** sich zusammensetzen (*zur Beratung*); **~ *belası*** Ungemach *n*; *Person* Quälgeist *m*; **~ *bulmak*** ÖKON e-n Überschuss haben; **~ *dayanağı*** AUTO Kopfstütze *f*; **~ *döndürücü*** *fig* Schwindel erregend; *-le* **~ *edememek*** nicht fertig werden (mit); **~ *göstermek*** erscheinen, auftreten; *Aufstand* ausbrechen; **~*ım*, ~*ın*, ~*ı*** *usw e-e Umschreibung für die Person selbst*; *-in* **~(*ını*) *göz(ünü) yarmak*** *fig* radebrechen *A*; *-e* **~ *kaldırmak*** sich erheben gegen; *-den* **~ *kaldırmamak*** pausenlos sitzen (*od* arbeiten); *-e* **~ *ko(y)mak*** sich *e-r Sache* (*D*) hingeben; **~ *köşe*** Ehrenplatz *m*; *-e* **~ *sallamak*** einverstanden sein (mit); **~ *üstüne*** jawohl!; zu Befehl!; mit Vergnügen!; **~ *vurmak*** → ***başvurmak***; **~*a* ~** → ***başabaş***; *-e* **~*a çıkmak*** fertig werden (mit); **~*a geçmek*** an die Spitze treten; **~*ı açık*** barhäuptig; **~*ı bağlı*** gebunden (*z.B. verheiratet*); **~*ı belaya girmek*** (*od* ***düşmek***) in Not geraten; **~ *çekmek*** der Initiator sein; *ein Spiel* leiten; **~*ımla beraber*** sehr gern; **~*ın(ız) sağ olsun!*** mein Beileid!; **~*ına*** pro Kopf; allein, für sich; ***iş ~ına*** an die Arbeit; ***tek ~ına*** ganz allein; **~*ına bir hal gelmek*** *fig* in e-e böse Lage geraten; (*etwas Böses*) passieren; **~*ına buyruk*** selbstherrlich; *-i* **~*ına geçirmek*** sich (*D*) aufsetzen (*Mütze usw*); ***bş-i b-nin ~ına geçirmek*** j-m eins auf den Kopf geben; *-in* **~*ına gelmek*** passieren *D* (*etwas Unangenehmes*); ***vay ~ıma gelen(ler)!*** o weh!; ***bş-i b-nin ~ına kakmak*** j-m etw unter die Nase reiben; *-in* **~*ına vurmak*** *Wein j-m* zu Kopf steigen; *Gas usw j-n* ganz benommen machen; ***bu dert benim de başımda*** F das ist auch mein Problem; *-i* **~*ından atmak*** (*od* ***savmak***) *etw od j-n* abwimmeln; ***b-nin ~ından aşmak*** *Arbeit* j-m zu viel sein; ***b-nin ~ından***

geçmek von j-m erlebt/durchgemacht werden; **~ını kesmek** köpfen *A*; **~ını alıp gitmek** sich auf und davon machen; *-in* **~ını beklemek** *j-n, etw* betreuen/bewachen; *-in* **~ını ezmek** *j-n* unschädlich machen; **~ını ortaya koymak** seinen Kopf riskieren; *-e* **~ını sokmak** F schon irgendwo landen (*od* unterkommen); **~ını taştan taşta vurmak** sich (*D*) den Kopf einrennen; sich (*D*) die Haare raufen (*vor Reue*); *-e/ … için* **~ını vermek** kein Opfer scheuen für; **~ta taşımak** große Ehre erweisen; **~tan ~a** von e-m Ende zum anderen; durch und durch; ganz; **~tan aşağı** von Kopf bis Fuß; gänzlich; **~tan çıkmak** auf die schiefe Bahn geraten; aus der Fassung geraten; **~tan savmak** sich um nichts kümmern; **~tan savar** flüchtig; undeutlich; **~tan vurulmuş** am Kopf verwundet; **2.** *Ortssubstantiv*: **~ına** an *A*, zu *D*; **masanın ~ına otur!** setz dich an den Tisch!; **iş ~ına!** ran an die Arbeit!; **~ında** an (*D*), bei; **masa ~ında çalışıyor** sie arbeitet am Tisch; **ay ~ında** (am) Anfang des Monats; *-in* **~ında durmak** dabeistehen; F überwachen

başabaş patt, *Wahl* Kopf-an-Kopf (*-Rennen*); **~ gelmek** zur rechten Zeit kommen; *Spiel* unentschieden ausgehen

başağırlık ⟨-ğı⟩ SPORT Schwergewicht *n*

başak ⟨-ğı⟩ Ähre *f*; **~ bağlamak** Ähren ansetzen; ♍ **burcu** ASTR Jungfrau *f*; **o ♍ burcundan** er ist eine Jungfrau

başak|lama Ährenlese *f*; **~lı** Ähren-, mit Ähren (*od* Früchten); unaufgelesen

başaltı Mannschaftskajüte *f*; SPORT zweite Klasse

başarı Erfolg *m*; **~ göstermek** Erfolg haben; *v/t* erfolgreich durchführen; **~cı** erfolgreich(er Mensch); Arrivist *m*; **~lı** erfolgreich; *Ergebnis* positiv; **~ olmak** Erfolg haben (*Person und Sache*); gelingen (*Sache*); **~lmak** *pass von* **başarmak**; gelingen

başarı|m Leistung(sfähigkeit) *f*; **~sız** erfolglos; gescheitert; **~ kalmak** keinen Erfolg haben (*Person und Sache*); misslingen (*Sache*); **~sızlık** ⟨-ğı⟩ Misserfolg *m*; **başarısızlığa uğramak** scheitern

başarmak zustande bringen; verhelfen zu; erfolgreich durchführen; **anlamayı** *usw* **başardım** *unp*: es gelang mir, es zu verstehen

başat ⟨-dı⟩ (vor)herrschend, dominierend, Haupt-; **~lanmak** *v/i* herrschen; dominieren; **~lık** ⟨-ğı⟩ BIOL Dominanz *f*

'başbakan Premierminister *m*, -in *f*; *Almanya, eyaletler* Ministerpräsident *m*, -in *f*; *Almanya, federal hükümet* Bundeskanzler *m*, -in *f*; **~lık** ⟨-ğı⟩ Premierministeramt *n*; Ministerpräsidium *n*; Bundeskanzleramt *n*

'baş|buğ HIST Oberbefehlshaber *m*; **~çavuş** Feldwebel *m*, Wachtmeister *m*; **~çı** Vorarbeiter *m*, Polier *m*; Verkäufer *m* von Hammel- *od* Rindsköpfen

'başdöndürücü → baş

baş|garson Oberkellner *m*; **~gedikli** Oberfeldwebel *m*, Oberwachtmeister *m*; **~hekim** Oberarzt *m*; **~hemşire** Oberschwester *f*

ba'şıboş frei (umherlaufend), herrenlos; ungezügelt; *-i* **~ bırakmak** *j-n* allein lassen; freien Lauf lassen *D*

başıbozuk HIST Zivilist *m*; Meute *f*; verwahrlost; **~luk** ⟨-ğu⟩ Anarchie *f*, Verwahrlosung *f*, Disziplinlosigkeit *f*

başıkabak kahlköpfig

başına, başında → baş

başka 1. *pron* ander-; verschieden (*-den* von); **~ ~** unterschiedlich, verschieden; **~ (bir) arzunuz?** sonst noch einen Wunsch? **~ bir deyişle** anders gesagt, mit anderen Worten; **~ biri(si)** ein anderer; etwas anderes; **onun ~ işi yok mu?** hat er denn nichts zu tun?, was mischt er sich ein?; **~ları** andere (Leute); **bize ~ ne lazım** was brauchen wir noch?**~ sefer(e)** ein andermal; **~sı** ein(e) andere(r), etwas anderes; **~ türlü** anders; **2.** *präp* *-den* **~** außer *D*; **bundan ~** außerdem

baş'kaca sonst, darüber hinaus

başkacıl Altruist *m*, -in *f*

başkalaş|ım, ~ma Metamorphose *f*; **~mak** sich verwandeln; (*kötüleşmek*) sich verschlechtern

başkaldır|ı Aufstand *m*; Erhebung *f*; Meuterei *f*; **~ıcı** Aufständische(r), Rebell *m*, -in *f*; Meuterer *m*; **~mak** sich empören, rebellieren (*-e* gegen)

başkalık ⟨-ğı⟩ Veränderung *f*; Eigenart *f*
başkan Vorsitzende(r); Chef *m*, -in *f*; Präsident *m*, -in *f*; **~lık** ⟨-ğı⟩ Präsidentschaft *f*; Vorsitz *m*; *-e* **~ *etmek*** den Vorsitz *G*/*von* führen; *(-in)* ***başkanlığında*** unter Vorsitz (*G*)
'baş|kâtip Generalsekretär *m*, -in *f*; JUR Urkundsbeamte(r), Urkundsbeamtin *f*; **~kent** ⟨-ti⟩ Hauptstadt *f*; **~kilise** Kathedrale *f*; **~kişi** Hauptperson *f*; Held *m*, -in *f* (*e-s Romans*); **~komutan** Oberbefehlshaber *m*; **~komutanlık** ⟨-ğı⟩ Oberbefehl *m*; **~konsolos** Generalkonsul *m*, -in *f*; **~konsolosluk** ⟨-ğu⟩ Generalkonsulat *n*; **~köşe** Ehrenplatz *m*; **~kumandan** → ***başkomutan***
başlama Anfang *m*
başlamak (*-e*) anfangen, beginnen (*A od* mit); *Freundschaft* sich entspinnen; *Landschaft* sichtbar werden; *-den* **~** anfangen mit/bei; ***gene başlama!*** fang nicht schon wieder an!
başlangıç ⟨-cı⟩ Anfang *m*, Beginn *m*; Anfangs-; (*Vorwort*) Einführung *f*; **~ *noktası*** Ausgangspunkt *m*; **~ *sürati*** Anfangsgeschwindigkeit *f*; ***yüzyılın baş(langıç)ında*** am Anfang des Jahrhunderts
başlanmak *pass von* ***başlamak***; BOT Knollen ansetzen (*Zwiebeln usw*)
başlatmak *kaus von* ***başlamak***; schaffen (*Feindschaft usw*); *Kampagne* einleiten; *Krieg* auslösen; *fig* einführen (*-e* in *A*); ***çocuğu okula*** **~** ein Kind einschulen
başlayan: ***yeni ~lar*** **(*için*)** (für) Anfänger *m/pl*
başlı etw mit Kopf, -köpfig; ***belli*** **~** wichtigst-, bekanntest-; **~başına** für sich (allein); F an und für sich; **~ca** wesentlich, Haupt-
başlık ⟨-ğı⟩ Kopfbedeckung *f*, Haube *f*, Helm *m*; Kapitell *n*; (Rad)Nabe *f*; BUCH Titel *m*, Überschrift *f*, Kolumnentitel *m*; AUTO Kopfstütze *f*, TECH Kopf *m* (*e-r Schraube*, *e-r Rakete*); Brenner *m* (*am Gasherd*); ***… başlığı altında*** unter dem Titel …; ***atom başlığı*** *od* ***nükleer*** **~** Atomsprengkopf *m*; ***çelik*** **~** Stahlhelm *m*; ***~lar halinde*** in Stichworten; **~ (*parası*)** *Geld, das der Bräutigam der Familie der Braut zahlt*
başlılık ⟨-ğı⟩: ***ağır*** **~** Gesetztheit *f*, Seriosität *f*
başmakçı Schuhmacher *m*; Schuhwärter *m vor der Moschee*
başmaklık ⟨-ğı⟩ Schuhabstellplatz *m*
baş|müdür Generaldirektor *m*, -in *f*; **~müfettiş** Oberinspektor *m*, -in *f*; **~oyuncu** Hauptdarsteller *m*, -in *f*; **~öğretmen** Schulrektor *m*, -in *f*; **~örtü(sü)** Kopftuch *n*; **~papaz** Bischof *m*; **~parmak** ⟨-ğı⟩ Daumen *m*; große Zehe; **~piskopos** Erzbischof *m*; **~rol** ⟨-lü⟩ FILM, THEA Hauptrolle *f*
başsağlığı Beileid *n*; *-e* **~ *dilemek*** j-m sein Beileid aussprechen
başsavcı Generalstaatsanwalt *m*
başsız … ohne Kopf; führungslos; **~lık** ⟨-ğı⟩ Führungslosigkeit *f*
başşehir Hauptstadt *f*
başta anfangs; **(*en*) ~** zuvörderst, allen voran, vor allem
baştaban Architrav *m*
baştan von Anfang an; (*tekrar*) von neuem; **~ *başlamak*** von vorn anfangen
baştankara ZOOL Kohlmeise *f*; **~ *etmek*** MAR stranden; *fig* alles riskieren
'baş|ucu ⟨-nu⟩ Kopfende *n*; **~ (*noktası*)** ASTR Zenit *m*; **~ucul** Zenit-
başvurma Antragstellung *f*, Anfrage *f*, Nachschlagen *n*; Anwendung *f*, → ***başvuru***
'başvurmak *-e* sich wenden an *A*; nachschlagen *A* in *D od* bei *D*; greifen zu (*Mitteln usw*); sich bewerben (*-e*/için um *A*)
başvuru Anmeldung *f*, Bewerbung *f*, Antragstellung *f*; **~ *kitabı*** Nachschlagewerk *n*; **~ *sahibi*** Antragsteller *m*, -in *f*
başyapıt ⟨-dı⟩ Meisterwerk *n*
başyazar Chefredakteur *m*, -in *f*
başyazı Leitartikel *m*
başyazman Generalsekretär *m*, -in *f*
batak ⟨-ğı⟩ Sumpf *m*; sumpfig; *Sache* verloren; *Geld* vergeudet; **~çı** Schwindler *m*, -in *f*, Zechpreller *m*, -in *f*, Verschwender *m*, -in *f*; **~çıl** sumpfig; **~çılık** ⟨-ğı⟩ Gaunerei *f*, Zechprellerei *f*
batakhane [-hɑː-] Spelunke *f*, *fig* Sumpf *m*
bataklık ⟨-ğı⟩ Sumpf *m*; **~gazı** Sumpfgas *n*; **~kömürü** ⟨-nü⟩ Torf *m*
ba'tarya MIL, EL Batterie *f*
bateri MUS Schlagzeug *n*
baterist Schlagzeuger *m*, -in *f*

batı Westen *m*; West-, westlich; ***Batı Almanya*** Westdeutschland *n*; ***~cı*** pro-westlich eingestellt

batık untergegangen, versenkt; versunken (*Kultur*); eingefallen

batıl [aː] REL unwahr, falsch; ***~ itikat*** Aberglaube *m*

batılı (West)Europäer *m*, -in *f*; Westler *m*, -in *f*; westlich; ***~laşmak*** sich europäisieren/verwestlichen; ***~lık*** ⟨-ğı⟩ Verwestlichung *f*

batım Untergang *m der Sonne*; *fig* Niedergang *m*

batın[1]: ***bir ~da*** bei einer Geburt, *hayvan* bei einem Wurf

batın[2] REL Innere(s); Wesen *n*

batınî REL verborgen

batır|mak *v/t* versenken; (ein)tauchen (*-e* in *A*); stechen (*-e* in *A*); zugrunde richten, vergeuden; ruinieren, zum Bankrott führen (*Geschäft*); verlieren (*Kapital*); *-i* (***yerin dibine***) ~ schlecht machen

batış Untergang *m*; ***güneş ~ı*** Sonnenuntergang *m*

batıyel Westwind *m*

batik Batik *f*; ***~ yapmak*** batiken

batiskaf Tiefseetauchgerät *n*

batkı Bankrott *m*; Börsenkrach *m*

batkın bankrott; ***~ yer*** Grube *f*; ***~lık*** ⟨-ğı⟩ *a fig* Bankrott *m*; Vertiefung *f*

batmak ⟨-ar⟩ versinken; *Boot*, *Himmelskörper* untergehen; *fig* zugrunde gehen; *Fingernagel* hineinwachsen; *Nadel* eindringen, sich hineinbohren (*-e* in *A*); *Geld* verloren gehen, F perdu gehen; *Worte* treffen, berühren (*-e j-n*); *in die Hände* fallen; ***borca ~*** tief in Schulden stecken; ***tere ~*** in Schweiß gebadet sein

battal [-ɑː] ausgedient; *Brunnen* ausgetrocknet; sperrig; schwerfällig; ***~ etmek*** abschaffen

battaniye [-ˈtɑː-] Wolldecke *f*

bav Dressur *f* (*zur Jagd*); ***~cı*** Dresseur *m*, Abrichter *m*; ***~lı*** abgerichtet; ***~lımak*** *v/t* dressieren, abrichten

bavul ⟨-lu⟩ Koffer *m*; ***~ ticareti*** *Import und Export durch mitgebrachte Waren von Auslandsreisenden*

Ba'vyera Bayern *n*; ***~lı*** Bayer *m*, -in *f*; bay(e)risch

bay Herr *m*; ♀ *Anrede* Herr … (*m*) (*vor Vor- u Nachnamen*)

bayağı üblich, gewöhnlich; ordinär, gewöhnlich; *Qualität* niedrig, schlecht; BOT gewöhnlich; *adv* einfach; fast; tüchtig, ordentlich; ***~dan aşağı*** primitiv; schlechtest-

bayağı|kesir MATH gemeine(r) Bruch; ***~laşmak*** verflachen; gewöhnlich werden; ***~lık*** ⟨-ğı⟩ Mittelmäßigkeit *f*, Geschmacklosigkeit *f*, Banalität *f*, *Ware* Schund *m*

bayan Dame *f*; ♀ *Anrede* Frau … (*f*) (*vor Vor- u Nachnamen*); gnädige Frau; ***~lar, baylar!*** meine Damen und Herren!

bayar angesehen

bayat ⟨-tı⟩ nicht frisch; *Fisch* verdorben; *Butter* ranzig; *Brot* altbacken; *Idee*, *Nachricht* überholt; veraltet; ***~lamak*** *Lebensmittel* verderben, alt werden; veralten; schal werden (*Witz usw*)

baygın besinnungslos, bewusstlos, ohnmächtig; matt; *Blick* schmachtend; *Stimme* einschmeichelnd; *Geruch* betäubend; *Pflanze* verwelkt; (*-e*) F verschossen in *A*; ***~lık*** ⟨-ğı⟩ Ohnmacht *f*, Besinnungslosigkeit *f*; ***~ geçirmek*** in Ohnmacht fallen

bayıl|ma Ohnmacht *f*; ***~mak*** ohnmächtig werden; *Pflanze* welken; F hingerissen sein (*-e* von); F *Geld* blechen; ***bayıla bayıla*** F wahnsinnig gern

bayılt|ıcı betäubend; *Hitze* erstickend; ***~mak*** (*-e*) MED anästhesieren, narkotisieren; ***b-nin içini ~*** bei j-m Übelkeit verursachen; *fig* schrecklich langweilen

bayındır *fig* urban(isiert); ***~laştırmak*** *v/t* urbanisieren; ***~lık*** ⟨-ğı⟩ Stadtentwicklung *f*, Stadtplanung *f*; ***♀ ve İskân Bakanlığı*** Ministerium *n* für Straßenbau, Urbanisierung und Besiedlung

bayır Abhang *m*; ***~laşmak*** *v/i* ansteigen, emporführen

bayi [ɑː] Vertragshändler *m*; ***~lik*** ⟨-ği⟩ Verkauf(sstelle *f*) *m*

baykuş Eule *f*; ***~ gibi*** Unglücksbringer *m*; F unkend

bayonet ⟨-ti⟩ FOTO Bajonett *n*

baypas MED Bypass *m*; TECH Stutzen *m*

bayrak ⟨-ğı⟩ Fahne *f*, Flagge *f*; ***~ açmak*** Freiwillige anwerben; meutern; ***~ları açmak*** ein Geschrei erheben; sich schlecht aufführen; ***~ koşusu, ~ yarışı*** Stafettenlauf *m*; ***~tar*** Fahnenträger *m*,

-in *f*; Anführer *m* (*e-s Stammes*); *fig* Verfechter *m*, -in *f*

bayram REL Fest *n*; (National)Feiertag *m*; *fig* große Freude, Jubel *m*; **~ arifesi** Vortag *m* (*eines Festes*); **Cumhuriyet ♀ı** Tag *m* der Republik (*29. Oktober*); **~ koçu gibi** aufgedonnert; **Kurban ♀ı** Opferfest *n*; **Şeker** (*od* **Ramazan**) **♀ı** Ramadan-Fest *n*; **~ üstü** vor dem Fest; **~ etmek** (*od* **yapmak**) feiern, jubeln; **~dan ~a** an Festtagen; *fig* höchst selten; **iyi ~lar!** frohe Festtage!; **~ınızı kutlarım, ~ınız kutlu olsun!** herzlichen Glückwunsch zum Fest!

bayram|laşmak *einander frohe Festtage wünschen*; **~lık** ⟨-ğı⟩ Festtags-, Sonntags- (*Kleid usw*); Festtagsgeschenk *n*; Festtagseinkäufe *m/pl*; **~ ağzını açmak** fluchen

bayt EDV Byte *n*

baytar F Tierarzt *m*; **~lık** ⟨-ğı⟩ F Veterinärmedizin *f*

baz Basis *f*, Grundlage *f*, CHEM Base *f*; Grund-, Eck- (*Lohn*); **~ (istasyonu)** TEL Basisstation *f*; **… ~ında** auf -basis; **~al** CHEM basisch, alkalisch

bazan, **bazen** [bɑː-] manchmal; **~ iyi, ~ kötü** mal gut, mal schlecht

bazı [bɑː-] einige; **~ ~, ~ kere** zuweilen; **~lar(ı)** einige, manche; **~mız** manche(r) von uns; **~sı** mancher

bazik CHEM basisch

bazilika Basilika *f*

bazlama(ç) ⟨-cı⟩ *Art* Fladen *m*, Pfannkuchen *m*

BDT *Abk für* **Bağımsız Devletler Topluluğu** Gemeinschaft *f* unabhängiger Staaten (GUS)

be P du (da), Sie (da), Mensch!; doch; denn; **dur ~ çocuk** bleib doch stehen, Kind; **yapma ~!** nun lass das doch!; nicht doch; **neredesin ~?** F wo bist du eigentlich?

bebe → **bebek**; **~ mağazası** Geschäft *n* für Babyartikel; **port ~** Babytragetasche *f*

bebek ⟨-ği⟩ Baby *n*; Puppe *f*; **~ beklemek** ein Baby erwarten; **~ arabası** Kinderwagen *m*; **~ (alt) bezi** Windel *f*; **~lik** Babyalter *n*; **~ maması** Babynahrung *f*

beceri Geschicklichkeit *f*, Fertigkeit *f*, Befähigung *f*

becerik|li geschickt; begabt; unternehmungslustig; **~siz** Versager *m*; ungeschickt; hilflos; **~sizlik** ⟨-ği⟩ Ungeschicklichkeit *f*, Unvermögen *n*

becermek (*-i*) *Arbeit usw* erledigen; (es) schaffen, fertig bringen + *inf*; *scherzh* kaputtmachen; F *j-n* erledigen wollen; F *Frau* umlegen; **işler ~** *fig* was Schönes anrichten

Beç ⟨-ci⟩ HIST Wien *n*; **♀tavuğu** Perlhuhn *n*

bedava [-dɑː-] umsonst; **~dan ucuz** spottbillig; **~cı** Schnorrer *m*

bedbaht ⟨-tı⟩ unglücklich; **~lık** ⟨-ğı⟩ Unglück *n*, Missgeschick *n*

bedbin [iː] pessimistisch

beddua [ɑː] Fluch *m*; *-e* **~ etmek** verfluchen, verwünschen *A*; *-in* **bedduası tutmak** j-s Fluch in Erfüllung gehen

bedel Gegenwert *m*, Preis *m*; Gegenleistung *f*, Ersatz *m*; *Pilger, der für einen anderen nach Mekka geht*; Wehrersatzleistung *f* (*Geld*); **~ olarak** anstatt dessen; im Austausch (für); **~ ödemek** sich (vom Militärdienst) freikaufen; **~ usulü** Ersatzsystem *n*; **… buna ~(dir)** … wiegt das auf

bedelli: **~ asker** *Wehrpflichtiger, der gegen Devisen e-n verkürzten Wehrdienst ableistet*

bedelsiz unentgeltlich

beden Körper *m*, Rumpf *m*; BOT Stamm *m*; Festungswall *m*; **~ dili** Körpersprache *f*; **~ eğitimi** Leibeserziehung *f*; **~i ile** körperlich (*arbeiten*)

beden|î [iː], **~sel** physisch, Leibes-, körperlich; **~ iş** körperliche Arbeit

bedensellik Körperlichkeit *f*

bedesten großer Basar; *in Istanbul* Antiquitätenbasar *m*

bedevi [iː] Beduine *m*

bedir ⟨-dri⟩ Vollmond *m*

be'gonya BOT Begonie *f*

beğendi Auberginenpüree *n* (*mit Fleisch*)

beğen|dirmek Zuneigung (*od* Interesse) wecken (*-e -i* bei *j-m* für); **~i** Gefallen *n*; Vergnügen *n*; Geschmack *m*; **~ilmek** Anklang finden

beğen|mek (*-i*) mögen, gern haben; Gefallen finden an *D*; wählen, sich (*D*) aussuchen; **kendini ~miş** hochnäsig; **kimi görsem beğenirsiniz?** raten Sie mal (*od* was meinen Sie wohl), wen ich gesehen habe?; **~memek** *v/t* missbilligen, ablehnen; verachten; kein

B

Gefallen finden an *D*; *-e* ***karşı beğenmemezlik etmemek*** nicht unangenehm finden *A*

beher je, pro

behey he!

beis ⟨be'si⟩ ***-mekte ~ görmemek*** nichts dabei finden + *inf*; ***~ yok*** *od* ***ne ~ var!*** nicht schlimm, nicht der Rede wert

bej: ***~ (rengi, renkli)*** beige

bek[1] ⟨-ki⟩ SPORT Verteidiger *m*

bek[2] ⟨-ki⟩ (Gas)Brenner *m*

bekâr Junggeselle *m*, Junggesellin *f*; ledig; ***yaz ~ı*** Strohwitwe *m*; ***~et*** ⟨-ti⟩ Jungfräulichkeit *f*; ***~lık*** ⟨-ğı⟩ Junggesellenleben *n*; Ehelosigkeit *f*

bekas Waldschnepfe *f*; ***~in*** Sumpfschnepfe *f*

bekçi (Nacht)Wächter *m*; ***~ köpeği*** Wachhund *m*; ***~li*** bewacht; ***~lik*** ⟨-ği⟩ Wachdienst *m*; Wache *f*; *-e* ***~ etmek*** bewachen *A*; ***evde ~ yapmak*** das Haus hüten

beklegör: ***~ politikası*** Politik *f* des Abwartens

bekleme Wartezeit *f*; Warte-; Stillstand *m der Maschine*; ***~ odası*** Wartezimmer *n*; ***~ salonu*** Wartesaal *m*; ***~ yapmak*** *am Straßenrand auf mögliche Fahrgäste warten (Bus usw)*

beklemek warten (auf *A*), hoffen (auf *A*); erwarten (*-i -den A* von); aufpassen (auf *A*); *Gefangene* bewachen; ***hastanın başını ~*** am Bett e-s Kranken wachen; ***(gene) bekleriz*** besuchen Sie uns doch (wieder)!

beklen|en: ***~ haklar*** JUR Anrecht *n* auf e-e Vakanz; ***~i aşmak*** die Erwartungen übertreffen; ***~(il)meyen, ~medik*** unerwartet; ***~mek*** *pass von* ***beklemek***; ***~ti*** Erwartung *f*; Ansprüche *m/pl*

bekleşmek warten (*als Gruppe*); *fig* belagern (*-de A*)

bekletmek *kaus von* ***beklemek***; *im Kühlschrank usw* aufbewahren; *im Wasser* stehen lassen; bewachen lassen (*-e -i A/von A*); ***sizi çok beklettim mi?*** habe ich Sie lange warten lassen?

Bektaşi [-ɑːʃiː] *Mitglied n des Bektaschi-Ordens*; *fig* ***~ sırrı*** Mysterium *n*; ***♀üzümü*** BOT Stachelbeere *f*

bel[1] Taille *f*; Kreuz *n*; Lende *f*; Gürtel *m*; Mittelteil *m (e-s Schiffes)*; Bergpass *m*; *-e* ***~ bağlamak*** vertrauen (*j-m od* auf *j-n*); ***~ bölgesi*** Lendengegend *f*; ***~ gevşekliği*** MED Impotenz *f*; ***~ vermek*** *Holz* sich durchbiegen, sich werfen; *Gebäude* sich senken, sich setzen; *-in* ***~i çökmek*** e-n Buckel bekommen; sich krümmen; *-in* ***~ini bükmek*** bettelarm machen

bel[2] Spaten *m*

bel[3] Sperma *n*; *-in* ***~i gelmek*** ejakulieren

bela [-laː] Unglück *n*; Unheil *n*; Strafe *f*, Heimsuchung *f*; ***b-nin başına ~ açmak*** j-m große Unannehmlichkeiten bereiten; ***~ çıkarmak*** Streit anfangen, Unheil stiften; ***bş-i b-nin başına bela etmek*** j-m etw aufhalsen; *-e* ***~ okumak*** verfluchen *A*; ***namus ~sına*** wegen des guten Rufes; ***~ya çatmak*** *od* ***~yı bulmak*** in Not geraten; ***~yı gör ki*** zu allem Übel; ***bin*** (*od* ***güç***) ***~*** mit Müh und Not

belagat [-laː-] ⟨-ti⟩ Beredsamkeit *f*

belalı [-laː-] unheilvoll; F Zuhälter *m*; ***~ herif*** (ein) streitsüchtiger Kerl

Bel'çika Belgien *n*; ***~lı*** belgisch; Belgier *m*, -in *f*

belde Ort *m*, Gemeinde *f*, *osm* Stadt *f*

belediye Magistrat *m*, Stadtverwaltung *f*; F → ***~ zabıtası***; ***~ başkanı*** (Ober)Bürgermeister *m*, -in *f*; ***~ zabıtası*** *Ordnungskraft e-s Magistrats*; F *Beamter/Beamtin dieser Organisation*; ***~ci*** Magistratsbeamte(r), -beamtin *f*; F → ***belediye zabıtası***

belemek *v/t* F in Windeln legen, wickeln; wälzen (in *D*)

beler|mek *Augen* groß werden; ***~tmek*** *Augen* aufreißen

beleş F gratis, für nichts; ***~e konmak*** nassauern; ***~çi*** Schmarotzer *m*, -in *f*

belge Bescheinigung *f*, Schein *m*; Schriftstück *n*; Urkunde *f*; ***~ almak*** von der Schule gewiesen werden; Schule abbrechen; ***~ (niteliğinde)*** dokumentarisch; ***~si bulunmayan*** unbewiesen

belge|leme Dokumentation *f*; ***~lemek*** *v/t* bescheinigen; nachweisen; Belege anführen (*od* beibringen); den Nachweis führen; ***~li*** nachgewiesen, belegt; von der Schule gewiesen; ***~lik*** ⟨-ği⟩ Archiv *n*

belgesel: dokumentarisch; ***~ film*** Dokumentarfilm *m*

belgisiz GR unbestimmt

beliğ beredt

B

belik ⟨-ği⟩ (Haar)Zopf *m*
belirgin offenkundig, auffallend; deutlich; **~leşmek** zu Tage treten; deutlich(er) werden; **~leştirmek** verdeutlichen; **~sizlik** ⟨-ği⟩ Unbestimmtheit *f*, Vagheit *f*
beliriş Erscheinen *n*, Auftauchen *n*
belir|lemek *v/t* bestimmen; festsetzen; determinieren; **~lenim** Eingrenzung *f*; Merkmal *n*; PHIL Determination *f*; **~li** bestimmt; festgesetzt; offenbar; **~me** Äußerung *f*; Offenbarung *f*; GR **~ *geçmiş*** Vergangenheit *f* auf -di
belir|mek erscheinen, auftauchen; sich klären; **~siz** unbestimmt, vage; unbekannt; GR **~ *geçmiş*** Vergangenheit *f* auf -miş; **~sizlik** ⟨-ği⟩ Unbestimmtheit *f*
belirt|eç GR Adverb *n*; **~en** GR Bestimmung *f*, Attribut *n*; MATH Determinante *f*
belirti Kennzeichen *n*, Merkmal *n*; Symptom *n*; MATH Kennziffer *f*; ***hayat ~si*** Lebenszeichen *n*; **~ici** kennzeichnend; GR bestimmend; Kennzeichen *n*
belirti|len GR attribuiertes Substantiv; **~li** bestimmend; **~ (*isim*) *tamlama*(*sı*)** GR Genitivkonstruktion *f*; **~siz** unbestimmt; GR **~ (*isim*) *tamlama*(*sı*)** Possessivkonstruktion *f* (*Ankara kedisi* = *Angorakatze usw*)
belirt|ken Sinnbild *n*; GR diakritische(s) Zeichen (*z.B.* ^); **~me** Hervorhebung *f*; **~ *durumu*** GR bestimmte(r) Akkusativ (*auf -i*)
belirtmek *v/t* anmerken; erklären, deutlich machen; bestimmen; betonen, klarstellen; nachweisen; hinweisen auf *A*; MATH benennen; ***yukarıda belirtilen*** oben angegeben
belit ⟨-ti⟩ MATH Axiom *n*
belkemiği ⟨-ni⟩ Wirbelsäule *f*, Rückgrat *n*; *fig* Stütze *f*
'belki vielleicht; **~ *de*** vielleicht auch
belladona BOT Tollkirsche *f*, Belladonna *f*; Atropin *n*
bellek ⟨-ği⟩ Gedächtnis *n*; EDV Speicher *m*; **~ *yitimi*** Gedächtnisschwund *m*; ***belleğe almak*** EDV speichern; **~sel** Gedächtnis-; mnemotechnisch
belleme Satteldecke *f*
bellemek[1] auswendig lernen; behalten; denken, glauben; *-in* ***anasını ~*** V schinden
bellemek[2] *Boden* umgraben
belleten Bulletin *n*; Artikelsammlung *f*
belletici Repetitor *m*, -in *f*
belli[1] bekannt; klar, offenbar; bestimmt; **~ *başlı*** *Person* führend, prominent; *Sache* wichtigst-; **~ *belirsiz*** kaum merklich; andeutungsweise; *-i* **~ *etmek*** bekunden; zu erkennen geben; **~ *etmeden*** unbemerkt, verstohlen; **~ *olmak*** sich zeigen/herausstellen; zu erkennen sein (*-den* an *D*)
belli[2]: ***ince ~*** rank und schlank
bellibaşlı → ***belli***[1]
belli|lik ⟨-ği⟩ Klarheit *f*; Bestimmtheit *f*; Zeichen *n*; **~siz** unklar
belsoğukluğu ⟨-nu⟩ MED Tripper *m*, Gonorrhöe *f*
bembeyaz schneeweiß
bemol ⟨-lu⟩ MUS b-moll, Erniedrigungszeichen *n*
ben[1] ich; Ich *n*
ben[2] Muttermal *n*
benben|ci selbstgefällig; egozentrisch; Narziss *m*; **~lik** ⟨-ği⟩ Selbstgefälligkeit *f*, Arroganz *f*
bence meiner Meinung nach
bencil Egoist *m*, -in *f*; egoistisch; **~eyin** ['bɛn-] genauso wie ich; **~lik** ⟨-ği⟩ Egoismus *m*
bende[1] bei mir; **~ *para kalmadı*** ich habe kein Geld mehr
bende[2] Sklave *m*, Sklavin *f*; **~niz** *osm* Ihr gehorsamster Diener
benden: **~ *geçti*** ich bin zu alt dafür; **~ *sonra tufan*** nach mir die Sintflut
benek ⟨-ği⟩ Fleck *m*, Tüpfelchen *n*; Muttermal *n*; Lichtpunkt *m*; **~li** gesprenkelt; gefleckt; **~ *yüzlü*** sommersprossig
bengi ewig; **~lemek** verewigen; unsterblich machen; **~lik** ⟨-ği⟩ Ewigkeit *f*, Unsterblichkeit *f*; **~su** ⟨-yu⟩ Lebenswasser *n*
beni mich
beniadem [-ni:-] Menschheit *f*, Menschen *m/pl*
benim mein(e); (*G von* **ben**) meiner; **~ *için*** für mich
'benim ich bin es; **~ *diyen geldi*** wer etwas von sich hielt, kam
benimki mein; der/die/das mein(ig)e
benimse|mek *v/t* sich (*D*) *etw* aneignen; sich (*D*) *etw* zu Eigen machen; *Vorschlag usw* annehmen, akzeptieren;

~nmek *pass von* ***benimsemek***

beniz ⟨-nzi⟩ Teint *m*, Gesichtsfarbe *f*; ***benzi bozulmak*** (*od* ***atmak***) blass werden; ***benzi yerinde*** er/sie sieht wohl aus; ***benzine kan gelmek*** wieder Farbe bekommen

benli: ***senli ~ konuşmak*** sich duzen

benlik ⟨-ği⟩ Wesen *n*; Selbst *n*; Ich *n*; Identität *f*, Egoismus *m*; ***~ ikileşmesi*** Persönlichkeitsspaltung *f*

benmari GASTR Wasserbad *n*

bent ⟨-di⟩ Deich *m*, Damm *m*; JUR Absatz *m*

benzek ⟨-ği⟩ Parodie *f*, Nachahmung *f*

benze|mek *-e* ähneln *D*; (aus)sehen nach; *-e* ***benziyor*** es sieht so aus, als ob ...; es scheint, dass ...; ***yağmur yağacağa benziyor*** es sieht nach Regen aus; **~mezlik** ⟨-ği⟩ Unähnlichkeit *f*

benzer (*-e*) ähnlich (*D*); *subst* Double *n*; ***~i yok*** einmalig, einzig; ***buna ~*** und Ähnliches (u.Ä.); **~lik** ⟨-ği⟩ Ähnlichkeit *f*; **~siz** unähnlich

benzeş ähnlich; analog; **~en** GR assimilierte(r) Laut; **~im** Assimilation *f*, Angleichung *f*; **~me** GR Assimilation *f*; **~mek** sich (*=einander*) ähneln

benzeti Nachahmung *f*, Imitation *f*; **~ci** Nachahmer *m*, -in *f*, Imitator *m*, -in *f*

benzetiş Vergleich *m*

benzetmek vergleichen (*-e* mit); verwechseln (*-e* mit); *j-n* halten (*-e* für); kaputtmachen; *fig* (*-i j-m*) den Kopf waschen; vertrimmen

benzetsel nachahmend, Nachahmungs-

benzeyiş Ähnlichkeit *f*

benzin Benzin *n*; ***~ deposu*** Benzintank *m*; Tanklager *n*; ***~ istasyonu*** Tankstelle *f*; ***~ koymak*** tanken; **~ci** Tankwart *m*

benzol ⟨-lü⟩ Benzol *n*

beraat [aː] ⟨-tı⟩ Freispruch *m*; ***~ kararı*** Freispruchsurteil *f*; ***~ etmek*** freigesprochen werden; ***~ ettirmek*** freisprechen; JUR ***~ı zimmet*** Freisein *n* von Verpflichtungen

beraber [aː] **1.** *adv* zusammen; gemeinsam; gleichbedeutend (*-le* mit); gleicher Meinung (*-de* in *D*); (*-le* von) gleicher *Größe usw*; ***bununla ~*** trotzdem, ungeachtet dessen; ***~e bitmek*** unentschieden enden; ***1:1 ~e kalmak*** 1 zu 1 enden; **2.** *konj -mekle* ~ obwohl ...; *-mesiyle* ~ kaum ... (als); sobald; **3.** *präp* ***~inde*** bei sich (*D*); in (seiner) Begleitung

beraberlik ⟨-ği⟩ Zusammensein *n*; Solidarität *f*, Gemeinsamkeit *f der Interessen*; Ähnlichkeit *f*, SPORT unentschieden; ***~ golü*** Ausgleichstor *n*

berat ⟨-tı⟩ Patent *n*; Bescheinigung *f*; ***♀ gecesi*** Nacht der Berufung Mohammeds zum Propheten; ***ihtira ~ı*** Erfindungspatent *n*

berbat verdorben, zerstört; dreckig; *Zustand* miserabel; ***~ etmek*** verderben, herunterwirtschaften; beschmutzen; ***~ olmak*** verdorben *usw* werden; **~lık** ⟨-ğı⟩ Zerrüttung *f*, schmutzige(r) Zustand

berber Frisör *m*; ***~ aynası*** Handspiegel *m*

Berberî [iː] Berber *m*, -in *f*

berdevam [aː] (an)dauernd; noch erhalten; ***~ etmek*** andauern, sich hinziehen

bere[1] ANAT blaue(r) Fleck; Striemen *m*

bere[2] Baskenmütze *f*

bereket ⟨-ti⟩ Segen *m*; Fruchtbarkeit *f*, Überfluss *f*; ***~ versin*** danke! (*nach dem Essen, traditionell*); *Verkäufer etwa* Gott segne Sie!; ***~ (versin) ki, ...*** Gott sei Dank ...; **~li** gesegnet, segensreich; fruchtbar, ertragreich (*Erde usw*); ergiebig; **~siz** unfruchtbar; unergiebig

bere|lemek *v/t* stoßen, schlagen, zerkratzen; **~li** mit blauen Flecken (*Haut*); mit Druckstellen (*Obst usw*); zerkratzt

bergamot ⟨-tu⟩ Bergamotte *f*

berhava [-vaː]: ***~ etmek*** (in die Luft) sprengen; ***~ olmak*** in die Luft fliegen; *fig* ins Wasser fallen

berhudar: ***~ ol!*** das Glück sei mit dir!

beri[1] diesseitig; hier(her); ***~de*** auf dieser Seite, hier; ***~den*** von hier (aus); ***biraz ~ye*** etwas näher, hierher *kommen*

beri[2] **1.** *präp*: ***-den ~*** seit; **2.** *konj*: ***-eli ~*** seit(dem)

beri'beri MED Beriberi *f*

beriki diese(r), dieses hier

berk fest, hart

bermuda: ***~ şort*** Bermudas *pl*

'bermutat [-muːtaːt] wie üblich

berrak ⟨-kı, -ğı⟩ kristallklar; glänzend; **~laşmak** kristallklar werden; glänzend werden; **~lık** ⟨-ğı⟩ Klarheit *f*, Glanz *m*

bertaraf beseitigt; abgelegen; ***~ etmek*** beiseite legen; beseitigen; ***şaka ~!*** Scherz beiseite!

berzah Landenge *f*
'**besbelli** völlig klar; offensichtlich
besi Ernährung *f*; Mast *f*; TECH Klotz *m*, Keil *m*; ***aşırı ~*** Überfütterung *f*
besidoku Albumin *n*; BOT Endosperm *n*
besili gefüttert; gut genährt
besin Nährstoff *m*; Nahrungsmittel *n*; **~suyu** ⟨-nu⟩ BOT Saft *m*
beslek ⟨-ği⟩ Pflegekind *n*
besleme Füttern *n*; Verpflegung *f*; Pflegekind *n*; subventioniert; ***~ hattı*** TECH Speiseleitung *f*
beslemek ernähren; verpflegen; füttern; mästen; *Boden* düngen; erziehen; aufziehen; *Liebe*, *Hoffnung* hegen; *Hühner usw* züchten, halten; TECH *durch Keil usw* unterfüttern, festigen
beslenme: Ernährung *f*, ***~ bozukluğu*** Ernährungsstörung *f*; ***~ rejimi*** Ernährungsweise *f*; ***~ değeri*** Nährwert *m*; ***yetersiz ~*** Unterernährung *f*; **~yici** nahrhaft
besmele *islamisches Glaubensbekenntnis*; ***~ çekmek*** *das islamische Glaubensbekenntnis aussprechen*; **~siz** unehrlich; *Kind* außerehelich
beste MUS Komposition *f*; **~ci**, **~kâr** Komponist *m*, -in *f*; **~lemek** *v/t* komponieren; vertonen; **~li** vertont
beş fünf; ***~ aşağı, ~ yukarı*** ungefähr; ***~ kardeş*** F Watschen *f*; ***~ para etmez*** keinen Heller wert; *-i* ***~ paralık etmek*** *j-n* gehörig blamieren; ***~ vakit namaz*** die fünf täglichen Gebete; ***Beş Yıllık Plan*** Fünfjahresplan *m*; ***~ yüz*** fünfhundert; ***~i bir yerde*** → ***beşibirlik***; ***~imiz*** wir fünf
beşbıyık ⟨-ğı⟩ BOT große Mispel *f*
beşer[1] je fünf
beşer[2] (*der*) Mensch
beşerî [i:] menschlich; human; ***~ bilimler*** Humanwissenschaften *f/pl*
beşgen Fünfeck *n*, Pentagon *n*
beşibirlik ⟨-ği⟩ Kettchen *n* mit fünf Goldmünzen (*Schmuck*)
beşik ⟨-ği⟩ Wiege *f*
beşinci fünft-; ***~ kol*** die fünfte Kolonne
beşiz Fünflinge *pl*
beşli Fünf *f* (*Spielkarte usw*); *Leuchter* fünfflammig; **~lik** ⟨-ği⟩ Fünfer *m*
beşyüz → ***beş yüz***; **~lük** ⟨-ğü⟩ mit je 500; Fünfhunderter *m*
bet ⟨-ti⟩: ***~ beniz***, *meist* ***~i benzi*** Gesichtsfarbe *f*; ***~ bereket*** Wohlhabenheit *f*, Überfluss *m*; *-in* ***~i bereketi kalmamak*** *Geld usw* schnell dahinschmelzen; **~elemek** sich beklagen
beter schlechter
betim|lemek schildern, beschreiben; darstellen; **~sel** GR beschreibend, synchronisch
beton Beton *m*; *-e* ***~ dökmek*** betonieren *A*; **~arme** Stahlbeton *m*; **~iyer** Betonmischmaschine *f*
bevliye Krankheiten *f/pl* der Harnorgane; ***~ koğuşu*** urologische Abteilung
bevliyeci Urologe *m*
bey Herrscher *m*; Fürst *m*; Reiche(r); *Karte* Ass *n*; Herr *m*; *hitap* ***Hasan*** (***Sontürk***) ~ Herr Hasan (Sontürk); ***~im!*** mein Herr!; ***~ler!*** meine Herren! ***bir ~ sizi aradı*** ein Herr hat nach Ihnen gefragt
beyan [ɑ:] Erklärung *f*, Deklaration *f*; ***ayan ~*** völlig klar; ***~ etmek*** erklären; deklarieren, anmelden (*Steuern*, *Zoll usw*); ***~da bulunmak*** e-e Erklärung abgeben
beyanat ⟨-ti⟩ (Presse)Erklärung *f*
beyanname [-nɑ:-] Erklärung *f* (*Zoll*, *Steuern usw*); Verlautbarung *f*, Kommunikee *n*; Manifest *n*
beyaz weiß; F Heroin *n*; ***~ adam*** Weiße(r); ***~lar*** (die) Weißen; ***~ cam*** F Mattscheibe *f*, ***~ eşya*** Haushaltsgeräte *n/pl*; ***~ perde*** Leinwand *f*; ***~ kitap*** Weißbuch *n*; ***~ Rusya*** Weißrussland *n*; ***~ Saray*** Weiße(s) Haus; ***~ Türkler*** *abw* die sozial besser gestellten Türken; ***yumurtanın ~ı*** Eiweiß *n*
beyaz|ımsı, **~ımtırak** weißlich; **~latmak** weißen; **~lık** ⟨-ğı⟩ Weiße *f*, (das) Weiß(e); **~zehir** Rauschgift *n*
'**beyefendi** gnädiger Herr; → ***bey***
beygir Pferd *n*; **~gücü** ⟨-nü⟩ PHYS Pferdestärke *f*
beyhude [u:]: ***~*** (***yere***) vergeblich; **~lik** ⟨-ği⟩ Nutzlosigkeit *f*
beyin ⟨beyni⟩ Gehirn *n*; Auffassungsgabe *f*, F Grips *m*; ***elektronik ~*** Elektronengehirn *n*; ***~ patlatmak*** sich (*D*) den Kopf zerbrechen; ***~ sarsıntısı*** Gehirnerschütterung *f*, ***~ sektesi*** Gehirnschlag *m*; ***~ yıkama*** Gehirnwäsche *f*; *-in* ***beyni atmak*** in Wut geraten; ***b-nin beyni sulanmak*** F *unp* j-m raucht der Kopf; **~cik** ⟨-ği⟩ ANAT Klein-

hirn *n*; **~sel** Zerebral-; **~siz** beschränkt, dämlich; **~sizlik** ⟨-ği⟩ Dämlichkeit *f*, **~zarı** ANAT Gehirnhaut *f*

beyit ⟨-ti⟩ (Doppel)Vers *m*

beylerbeyi ⟨-ni⟩ *osm* Generalgouverneur *m*

beylik ⟨-ği⟩ *Wort* abgedroschen; *Waffe* Dienst-; HIST Fürstentum *n*; Vornehmheit *f*, kleine Wolldecke *für Soldaten*; **~ satmak** *fig* den großen Herrn spielen

'beynelmilel international

beyzbol Baseball *m*

beyzade [ɑː] junge(r) Herr

beyzî [iː] oval

bez[1] Gewebe *n*; (Baumwoll)Stoff *m*; Lappen *m*; Stoff-; **gaz ~i** Gaze *f*, Mull *m*; **tahta ~i** Scheuertuch *n*; **toz ~i** Staubtuch *n*; **~(den) bebek** Stoffpuppe *f*

bez[2] Drüse *f*, **pankreas ~i** Bauchspeicheldrüse *f*; **tükürük ~i** Speicheldrüse *f*

bezdir|ici zudringlich, lästig; **~mek** lästig fallen (*-i -den j-m* mit)

bezek ⟨-ği⟩ Verzierung *f*, Ornament *n*; Dekoration *f*, **~çi** Dekorationsmaler *m*; **~li** verziert; **~sel** ornamental

be'zelye Erbse *f*

bezemek dekorieren; ausstatten

bezenmek: *-e* **özenip ~** sich viel Mühe geben mit

bezgin resigniert; frustriert, enttäuscht; niedergeschlagen; **~leşmek** niedergeschlagen sein (*od* werden); **~lik** ⟨-ği⟩ Resignation *f*, Frustration *f*, Niedergeschlagenheit *f*

bezir: **~ yağı** Leinöl *n*

bezirgân *osm* Händler *m*; Schacherer *m*, Wucherer *m*

bezmek ⟨-er⟩: *-den* **~** *e-r Sache* (*G*) überdrüssig sein; **hayattan ~** lebensmüde sein

BG *Abk für* **beygir gücü** Pferdestärke (PS)

bıçak ⟨-ğı⟩ Messer *n*; **~ kemiğe dayandı** es ist unerträglich geworden; es ist allerhöchste Zeit; *-e* **~ çekmek** mit dem Messer bedrohen *A*; **~ yeri** Stichwunde *f*, **~ yüzü** Schneide *f*, **bıçağın ağzında olmak** *fig* auf des Messers Schneide stehen; **~çı** Messerschmied *m*; Messerstecher *m*, Radaubruder *m*; **~lamak** *v/t* erstechen; mit dem Messer verletzen (*-den* an *D*)

bıçkı Motorsäge *f*, Doppelgriffsäge *f*

bıçkın *fig* großspurig, machohaft

bıdık kurz und dick, Dickerchen *f*

bıkılmak: *pass von* **bıkmak**

bıkkın überdrüssig (*-den G*); gelangweilt; **~lık** ⟨-ğı⟩ Überdruss *m*

bıkmak ⟨-ar⟩ (*-den*) überdrüssig sein (*G*), genug haben (von); **bıktım (artık)!** ich hab' genug davon, ich bin es satt!

bıktır|ıcı langweilig, lästig; **~mak** lästig fallen, F *fig j-m* auf die Nerven gehen; F löchern (*-i -den j-n* mit)

'bıldır F voriges Jahr; **~ki** vorjährig

bıldırcın Wachtel *f*

bıngıldak ⟨-ğı⟩ ANAT Fontanelle *f*

bıngıldamak leicht zittern, F bibbern

bırakışma: **silah ~sı** Waffenstillstand *m*

bırakmak lassen; loslassen; gehen lassen; *Angelegenheit* dabei belassen; *Bart* wachsen lassen; *Frau* sich scheiden lassen von; *Gewinn* abwerfen; *z.B. Kinder* verlassen; *Schüler* sitzenbleiben lassen; *Spur, Vermögen* hinterlassen; *Tätigkeit* aufgeben; *Tier* freilassen; (*unterwegs*) sich von *j-m* trennen; *Politur, Furnier* sich ablösen, abblättern; (*-i -e*) *j-m etw* überlassen; *Sache, Person j-m* anvertrauen; *etw um eine Woche* verschieben; **b-ni (arabayla) eve** *usw* **~** j-n nach Hause *usw* begleiten (fahren); *-i* **aç ~** *j-n* hungern lassen; **elden ~** aus der Hand legen; **içeri ~** hineinlassen; **b-ne bş-i ... liraya ~** j-m etw für ... Lira lassen; **sigarayı ~** das Rauchen aufgeben; *-i* **bir yana ~** beiseite legen; *fig* absehen von; **b-ni bir yere** (*od* **yerde**) **~** j-n an einem Ort absetzen; **bırak!** gib nichts drauf!; lass (*ihn/sie nur machen*)!

bıraktırmak (*-i -e*) *kaus von* **bırakmak**

bıyık ⟨-ğı⟩ Schnurrbart *m*; **~ altından gülmek** verschmitzt lachen; **~lanmak** e-n Bart bekommen; **~lı** bärtig; **~sız** bartlos

biber Pfeffer *m*; **~ dolması** gefüllte Paprikaschote; **kırmızı ~** rote(r) Pfeffer, Paprika *m*

biberiye BOT Rosmarin *m*

biberlemek *v/t* pfeffern; *fig* sticheln

biberli gepfeffert

biberon Saugflasche *f*

bibliyografya Bibliographie *f*

'biblo Nippes *pl*; **~ gibi** sehr zart

biçare [biːtʃɑː-] arm, bedauernswert

biçem Stil *m*

biçer → ***biçmek***
biçerbağ|lar Garbenbindemaschine *f*
biçerdöver Mähdrescher *m*
biçilmez: ***paha ~*** unschätzbar, sehr wertvoll
biçilmiş: ***... için ~ kaftan*** genau das Richtige für
biçim 1. *subst* Schnitt *m*, Fasson *f*, Art *f*, Form *f*, Gestalt *f*, Mähen *n*, Ernte *f*; ***~ verme*** TECH Formung *f*; ***ne ~ adam?*** *abw* was für ein Mensch?; ***bu ne ~ şey?*** was ist/soll denn das?; **2.** *konj* ***-ecek/-eceği ~de*** so..., dass
biçim|bilgisi LING Formenlehre *f*, Morphologie *f*; **~bilim** BIOL, LING Morphologie *f*; **~birim** LING Morphem *n*; **~ci** Formalist *m*, -in *f*; **~cilik** ⟨-ği⟩ Formalismus *m*
biçimlendirmek *v/t* formen, gestalten; **~lenmek** sich gestalten, Gestalt annehmen
biçimli gut geformt; *Kleid* gut sitzend; *Zimmer* gut geschnitten; **... ~** in der Art *G*
biçimsel formal; formalistisch; ***~ hususlar*** Formalien *f/pl*
biçimsiz formlos, unförmig; plump; schlecht sitzend; schlecht geschnitten; PHYS amorph; **~leştirmek** verunstalten, verstümmeln; **~lik** ⟨-ği⟩ Verunstaltung *f*, Entstellung *f*
biçki Zuschneiden *n*, Zuschnitt *m*; **~ci** Zuschneider *m*, -in *f*
biçme behauene(r) Stein
biçmek ⟨-er⟩ *v/t* schneiden; *Kleid* zuschneiden; mähen; *-e* ***fiyat ~*** e-n Preis ansetzen für
bidon Kanister *m*
biftek ⟨-ği⟩ Beefsteak *n*
bigudi Lockenwickler *m*
bikarbonat ⟨-tı⟩: ***sodyum ~*** doppeltkohlensaure(s) Natron
bikir ⟨bikri⟩: JUR *-in* ***bikrini izale etmek*** entjungfern; ***~asması*** wilde(r) Wein
bila- [-lɑː] ohne ..., ...los
bilahare danach, später
bilakis ['bılakıs] im Gegenteil
bi'lanço ÖKON Bilanz *f*; ***~ dökümü*** Aufstellung *f* e-r Bilanz; ***~ yapmak*** Bilanz ziehen
bilandaj EL Abschirmung *f*
bi'lardo Billard *n*; ***~ masası*** Billardtisch *m*; ***~ salonu*** Billardsaal *m*; ***~ sopası*** Billardstock *m*; ***~ topu*** Billardkugel *f*
'bilcümle alle(s); zur Gänze
bildik ⟨-ği⟩ Bekannte(r)
bildirge Bekanntmachung *f*, Charta *f*, Erklärung *f* (*der Menschenrechte*)
bildiri Mitteilung *f*, Kommuniqué *n*, Manifest *n*; Flugblatt *n*; ***~ dağıtmak*** Flugblätter verteilen
bildir|ilmek *pass von* ***bildirmek***; verlauten; **~im** Mitteilung *f*, Deklaration *f* (*Steuern, Zoll usw*); **~iş** Benachrichtigung *f*, Meldung *f*; **~işmek** Nachrichten austauschen; **~me** Mitteilen *n*; ***~ kipi*** GR Indikativ *m*; **~mek** mitteilen, melden (*-e –i j-m etw*)
bile 1. *adv* sogar, selbst; dazu noch; **2.** *konj* ***-se ~*** selbst wenn ...
bileği: ***~ taşı*** Schleifstein *m*; **~ci** Schleifer *m*
bilek ⟨-ği⟩ Handgelenk *n*; Handwurzel *f*, Fessel *f des Pferdes*; ***~ kuvveti*** Brachialgewalt *f*; ***bileğine güvenmek*** sich auf seine Kraft (*od* Geschicklichkeit) verlassen
bileklik ⟨-ği⟩ Handgelenkbinde *f*
bileme: ***~ taşı*** Schleifstein *m*
bilemek *v/t* schleifen; *fig* stärken; *-e* ***diş ~*** ärgster Feind sein von
bilerek bewusst, vorsätzlich
bileşen PHYS Komponente *f*, Baustein *m*
bileşik *a* GR zusammengesetzt; kombiniert; CHEM Verbindung *f*; ***~ faiz*** Zinseszins *m*; ***~ kaplar*** kommunizierende Röhren
bileş|im CHEM Zusammensetzung *f*, Verbindung *f*; **~ke** PHYS Resultante *f*
bileş|mek sich verbinden (*-le* mit); zusammengesetzt sein; **~tirmek** verbinden; MATH *Vektoren* addieren
bilet ⟨-ti⟩ Fahrkarte *f*, Fahrschein *m*; Eintrittskarte *f*; ***~ gişesi*** (Fahrkarten-)Schalter *m*; Kasse *f*; ***piyango ~i*** (Lotterie)Los *n*; **~çi** Schaffner *m*, -in *f*; Fahrkartenverkäufer *m*, -in *f*; **~siz**: ***~ var mı?*** noch jemand ohne Fahrschein?
bilezik ⟨-ği⟩ Armband *n*; Armreif(en) *m*; TECH Muffe *f*, Ring *m* (*Kolbenring usw*); F Handschellen *f/pl*
'bilfarz angenommen, dass ...
'bil fiil in der Tat; faktisch
bilge Weise(r); **~ce** weise; **~lik** ⟨-ği⟩ Weisheit *f*
bilgi Nachricht *f*, Information *f*; Kenntnisse *f/pl*, Angaben *f/pl*; Kunde *f*; ~

bankası Datenbank *f*; ~ ***işlem*** Datenverarbeitung *f*; ***daha geniş*** ~ ***için*** für weitere Informationen; *-e* ~ ***vermek*** informieren, briefen *A*

bilgiç ⟨-ci⟩ neunmalklug, P Klugscheißer *m*; **~lik** ⟨-ği⟩ Neunmalklugsein *n*, P Klugscheißerei *f*

bilgilen|dirme Information *f*, **~dirmek** informieren; **~mek** Informationen erhalten; sich informieren

bilgili *Person* informiert; gebildet

bilgin Gelehrte(r); Wissenschaftler *m*, -in *f*, **~lik** ⟨-ği⟩ Gelehrsamkeit *f*

bilgisayar Computer *m*; ***~a geç(ir)mek*** auf Computer umstellen; ~ ***destekli*** computerunterstützt; ~ ***mühendisliği*** Informatik *f*, **~cı** Computerspezialist *m*, -in *f*, **~lı** computerisiert; computergesteuert

bilgisiz unwissend; **~lik** ⟨-ği⟩ Unwissenheit *f*

'bilhassa insbesondere; speziell

bilim Wissenschaft *f*, Wissen *n*; -kunde *f*, ~ ***adamı*** Wissenschaftler *m*; ***fen ~leri*** Naturwissenschaften *f/pl*; ***sosyal ~ler*** Sozialwissenschaften *f/pl*; **~ci** Wissenschaftler *m*, -in *f*, **~dışı** unwissenschaftlich; Positivismus *m*; **~sel** wissenschaftlich; **~sellik** Wissenschaftlichkeit *f*, ***~ten uzak*** (ganz und gar) unwissenschaftlich

bilinç ⟨-ci⟩ Bewusstsein *n*; ***(anlık)*** ~ ***karaması*** Blackout *n* (*a m*); *-in* ***bilincine varmak*** sich (*D*) bewusst werden *G*; **~altı** ⟨-nı⟩ Unterbewusstsein *n*; unterbewusst; **~dışı** unbewusst; **~lendirmek** bewusst machen; **~lenmek** Bewusstsein erlangen; **~li** bewusst; mit Bewusstsein; **~siz** unbewusst, ohne Bewusstsein

bilin|en ⟨-ği⟩ MATH Bekannte *f*, **~meyen** ⟨-ği⟩ unbekannt; MATH Unbekannte *f*, **~mek** *pass von* ***bilmek*** bekannt sein; **~mez** *fig* dunkel, unerklärlich; **~mezlik** ⟨-ği⟩ Unerklärbarkeit *f*, Geheimnis *n*

bilirkişi Experte *m*, Expertin *f*, JUR Sachverständige(r)

bilişim Informatik *f*, **~ci** Informatiker *m*, -in *f*

'billâh(i), ***vallah(i)*** ~ bei Gott!

billur Kristall *m*; Kristallglas *n*; kristallklar; Kristall-; **~iye** Kristallwarengeschäft *n*

bilmece Rätsel *n*; ~ ***çözmek*** Rätsel raten/lösen; *-e* ~ ***sormak*** Rätsel raten lassen

'bilmeden ohne es zu wissen, unabsichtlich

'bilmedik unbekannt; Nichtwissende(r)

bilmek ⟨-ir⟩ *Sache* wissen; *Person u meist Inhalt* kennen; *Sprache* können; sich verstehen (*-i* auf *A*), verstehen (*-mesini* zu ...); sich besinnen (*-i* auf *A*); (*-i j-n*) betrachten als (*z.B.* Freund); ***bildiğime göre*** soviel ich weiß; ***bildiğini okumak*** s-n Kopf durchsetzen; ***bildiğinden şaşmamak*** stur s-n Weg gehen; ***bile bile*** mit Vorbedacht; extra; ***bilemedin(iz)*** F sagen wir (mal); ja sogar; ***bilmem hangi*** irgendein; ***bilmem kim*** irgendjemand; ***bilmem nasıl*** irgendwie; ***dinmek bilmiyor*** will nicht nachlassen (*z.B. Wind*)

bilmemezlik ⟨-ği⟩ → ***bilmezlik***

bil|meyiş Unwissenheit *f*, **~mez** unwissend; ***~den gelmek*** *v/t* sich dumm stellen; **~mezlenmek** → ***bilmezden gelmek***

bilmezlik: ***~ten gelmek*** → ***bilmezden gelmek***

bilmiş, ***çok*** ~ durchtrieben; *çocuk* altklug

'bilmukabele [ɑː] ganz meinerseits, gleichfalls

'bilumum [-uːm] sämtlich(e)

'bilye Murmel *f*, **~li**: ~ ***oynak*** ANAT Kugelgelenk *n*; ~ ***yatak*** Kugellager *n*

bin tausend; Tausend *f*, ~ ***(bir)*** ungeheuer(e) (*Schwierigkeiten*); alle mögliche(n) (*Gefahren*); ~ ***bir gece*** Tausendundeine Nacht; ~ ***dikkatle*** mit größter Vorsicht; ***~de bir*** ein Tausendstel, ein Promille; sehr selten; ***~i bir paraya*** im Überfluss; spottbillig; ***~lerce*** zu Tausenden

bina [ɑː] Gebäude *n*; ~ ***sorumlusu*** Hausmeister *m*

binaen [-'nɑː-]: *-e* ~ auf Grund *G*; ***buna*** ~ auf Grund dessen; **~aleyh** daher, deshalb

'binbaşı Major *m*; **~lık** ⟨-ğı⟩ Majorsrang *m*

bindi Stütze *f*

bindirilmiş MIL motorisiert

bindirme Verladen *n*; *Bau* Fachwerk *n*; TECH Überlappung *f*, AUTO Auffahren *n*; ~ ***iskelesi*** Verladerampe *f*

bindirmek einsteigen lassen (*-i -e j-n* in

A); aufsteigen *od* aufsitzen lassen; (*-i*) verladen (*A*); stoßen (*-e* auf *A*; an *A*), fahren (*-e* gegen *A*); *fig* häufen (üstüne auf *A*)

binek ⟨-ği⟩ Reittier *n*; **~ atı** Reitpferd *n*; **~ otomobili** Personenauto *n*

biner[1] je Tausend

biner[2] binär

binici Reiter *m*, -in *f*; **~lik** ⟨-ği⟩ Reitkunst *f*; **~ sporu** Reitsport *m*

bininci tausendst-

biniş Reiten *n*, Ritt *m*

binlik ⟨-ği⟩ Tausender *m*

binmek ⟨-er⟩ (*-e*) *Verkehrsmittel* nehmen, einsteigen in *A*; besteigen; steigen (auf *A*); **gerçeğe ~** Wirklichkeit werden; *fig* dazu kommen (*-e* zu); **ata ~** reiten; **bisiklete** (**motosiklete** *usw*) **~** (Fahr)Rad (Motorrad *usw*) fahren; **iş fenaya** (**ciddiye, gerçeğe**) **bindi** die Sache nahm eine schlechte (ernsthafte, reale) Wendung

bir ein; Eins *f*; *Artikel* ein, eine; einzig (*z.B. Gott*); (*nicht verschieden*) gleich; gemeinsam (*z.B. Kasse*); nur allein *ich, du*; ein Mal; *adv* einmal; mal; **~ ağızdan** im Chor *singen*; **~ araba** eine Fuhre; *fig* eine Menge; **~ araya** zusammen; **~ araya gelmek** zusammenkommen; **~ aşağı ~ yukarı dolaşmak** hin- und herspazieren; **~ bakıma** bei näherem Hinsehen; **~ ~** einer nach dem Anderen; eins nach dem Anderen; **~ çift** ein paar *Worte*; **~ daha** noch (ein)mal; **~ de** und auch; noch dazu; und da ...; nun; mal *nachsehen usw*; **~ defa** (*od* **kere**) nun (ein)mal; schließlich; erstens, vor allem; **~ derece** (*od* **dereceye kadar**) bis zu einem (gewissen) Grad; *-i* **~ etmek** vereinen; vereinheitlichen; **~ gelmek** sich ausgleichen; **~ gün** eines Tages; *-e* **~ hal olmak** e-n Unfall haben; nicht geheuer zumute sein *D*; sich seltsam aufführen; **~ hoş** seltsam, merkwürdig; **~ içim su** *Mädchen* bildhübsch; **~ iki** einige; ein- zweimal; **~ iki derken** im Handumdrehen; **~ iyi(ce)** gehörig, ordentlich; **1 Nisan şakası** Aprilscherz *m*; **1 Mayıs** Tag *m* der Arbeit; **~ nice** eine ganze Menge; **~ numaralı** Nummer eins, hervorragend; **~ o kadar** noch einmal so viel; **~ olmak** *od* **kalmak** identisch sein; F ganz hin (*erschöpft*) sein; **~ örnek** uniform, unisex; einheitlich; **~ şeyler, ~ şeyler** und so weiter, und so weiter; **~ türlü** ein und derselbe; **~ türlü olmuyor** es klappt einfach nicht; **yapsam ~ türlü, yapmasam ~ türlü** ob ich es tue oder lasse, habe ich Nachteile; **~ vakit** damals; (der)einst; **~ varmış ~ yokmuş** *Märchen* es war einmal; **~ yastığa baş koymak** Mann und Frau sein; **~ yerde** irgendwo, gewissermassen; **~ yere getirmek** ansammeln, konzentrieren; **~ yığın** eine Masse; viel (*Zeit*); **~e bin katmak** maßlos übertreiben; **günün ~inde** eines schönen Tages; **~ tuhaf bakıyor** er sieht so seltsam herüber; **gitmesiyle gelmesi ~ oldu** kaum war sie gegangen, als sie wieder kam

'bira Bier *n*; **~ fabrikası** Brauerei *f*; **~cı** Bierbrauer *m*; Biertrinker(in) *f*

birader [ɑː] F Bruder *m*; mein Lieber!

birahane [-hɑː-] Bierlokal *n*, Bierhalle *f*

'biraz etwas, ein bisschen; **~ da** (nur) zum Teil; **~ sonra** kurz darauf; **~dan** gleich (danach)

birbiri ⟨-ni⟩: **birbirine, birbirlerine** einander; **~ ardınca** (*od* **arkasına, arkasından**) hintereinander; **~ne girmek** aneinander geraten; sich verwickeln (*a fig*)

bircilik ⟨-ği⟩ PHIL Monismus *m*

birçok viele, zahlreiche; (recht) viel; **~ları, birçoğu** sehr viele; **~ kimseler** *Personen* eine ganze Reihe

birden zugleich; plötzlich, auf einmal

birdenbire [-'dɛn-] auf einmal, plötzlich; **~lik** ⟨-ği⟩ Plötzlichkeit *f*

'birdirbir Bockspringen *n*

bi'rebir: **bş-e ~ gelmek/olmak** garantiert wirksam sein bei/gegen

birer je eine(r); jeweils; **~ ~** jeder einzeln, einer nach dem Anderen

bireşim Synthese *f*; **~sel** synthetisch

birey Individuum *n*; **~ci** Individualist *m*, -in *f*; **~cilik** ⟨-ği⟩ Individualismus *m*; **~sel** individuell, persönlich

biri der eine; jemand; **~ ... ~ ...** der eine ... und der andere ...; **~cik** einzig, alleinig; unverwechselbar

• **birik|im** Ansammlung *f*, Anhäufung *f*; Akkumulation *f*; Background *m* (*e-r Person*); **~inti** Pfütze *f*, (Wasser)Lache *f*; (Müll)Haufen *m*; **~ havzası** GEOGR Wasserbecken *n*

birik|mek sich ansammeln; **~tirmek** an-

B

sammeln; *v/t Geld* sparen; *Briefmarken usw* sammeln; TECH speichern

birim (Mess)Einheit *f*, EDV Baustein *m*

birinci erst-; erstklassig; primär (*Alkohol*); **~ elden** aus erster Hand *kaufen*; **~ gelmek** (*a* **çıkmak**) Erste(r) werden; die erste Stelle einnehmen (*-de* in *D*)

birinci|l primär; **~lik** ⟨-ği⟩ Vorrang *m*; SPORT erster Platz; **~si** erstens

birkaç ⟨-çı⟩ einige; ein paar; mehrere; **~ günlüğüne** auf ein paar Tage; **~ kere** (*od* **defa/sefer**) einige Male; **~ımız** einige von uns; **~ ata birden oynamak** F mehrere Eisen im Feuer haben; **~ıncı** soundsovielt-

birler MATH Einer *m/pl*

birleşik vereinigt; GR *Verb usw* zusammengesetzt; **Amerika ♀ Devletleri** (**ABD**) Vereinigte Staaten von Amerika (USA)

birleş|im Sitzung *f*, Einberufung *f*, Konsolidierung *f*, ÖKON Fusion *f*, BIOL Paarung *f*; **~me** Vereinigung *f*, TECH Kupplung *f*, MATH Schnitt- (*Punkt*); **~ değeri** CHEM Valenz *f*

birleşmek sich vereinigen (*-le* mit); zusammenkommen, sich treffen; sich einigen; *Linien* sich schneiden; **Birleşmiş Milletler** (**BM**) Vereinte Nationen (*UN*); **birleşip kaynaşmak** zusammenwachsen

birleştir|ici verbindend, Einheit stiftend; Binde-; **~ madde** CHEM Bindemittel *n*; **~ilme** Zusammenführung *f*, **aile(lerin) ~si** Familienzusammenführung *f*; **~me**: **~ çizgisi** GR Bindestrich *m*; **~ kanalı** Verbindungskanal *m*

birleştirmek *v/t* (ver)einigen; schlichten; in Einklang bringen

birli Ass *n*; *Domino* Eins *f*

birlik ⟨-ği⟩ Einmaligkeit *f*, *a* MIL Einheit *f*, Gemeinschaft *f der Gedanken*; Verband *m*; Verein *m*; Liga *f*, Union *f*, Bund *m*; MUS ganze Note; *adv* zusammen; **üçü ~** alle drei zusammen, zu dritt; **~ olmak** sich verständigen; sich verabreden; sich vereinigen; **o da ~** er ist auch dabei, er handelt im Einverständnis (mit ihnen)

birlikte **1.** *adv* gemeinsam; **... ile ~** zusammen (mit); **~ çalışmak** zusammenarbeiten; **~ getirmek** mitbringen; **~ öğretim** Koedukation *f*, **2.** *konj* **-mekle ~** abgesehen davon, dass ...; obwohl, obgleich

'birtakım einige; eine ganze Anzahl

bis! da capo!; **~ etmek** da capo rufen

bisiklet ⟨-ti⟩ Fahrrad *n*; **~ sporu** → **bisikletçilik**; **~ yolu** Rad(fahr)weg *m*; **~e binmek** Fahrrad fahren, radeln; **~çi** Radsportler *m*, -in *f*, **~çilik** Radsport *m*; **~li** Radfahrer *m*, -in *f*

bisküvi ⟨-yi⟩, **~t** Keks *m*, Biskuit *n*

bismillah im Namen Gottes; um Gottes willen!; → **besmele**

'bistro Wirtschaft *f*, Kneipe *f*

bit[1] ⟨-ti⟩ Laus *f*, **~ sirkesi** Nisse *f*, **bu işte bir ~ yeniği var** *fig* hier ist etwas faul; **yaprak ~i** Blattlaus *f*, **~i kanlandı** *fig* er ist wieder zu Geld gekommen

bit[2] EDV Bit *n*

bitap [bi:tɑ:p] kraftlos, entkräftet

bitaraf [bi:-] neutral; **~lık** ⟨-ğı⟩ Neutralität *f*

bitek fruchtbar; **~siz** unfruchtbar

biter → **bitmek**

'bitevi(ye) unaufhörlich; eintönig

bitik erschöpft, schlapp; *Sache* übel; verliebt, F verschossen

bitim Ende *n*; Beendigung *f*

bitirim F ein Traum *von*, prächtig

bitirme Beenden *n*, Beendigung *f*, Vollendung *f*, **~ sınavı** Abgangsprüfung *f*

bitir|mek *v/t* beenden; vernichten; *Alter* vollenden; *Buch* auslesen; *Sauerstoff usw* (ver)brauchen; *Schule*, *Kurs* abschließen; **bu iş beni bitirdi** diese Angelegenheit hat mich ausgelaugt

bitiş Aufhören *n*; Ende *n*, Ausklang *m*; **~ düdüğü** Abpfiff *m*; **~ik** ⟨-ği⟩ aneinander stoßend; Neben- (*Zimmer*); zusammen *schreiben*; Nachbarschaft *f*, **~ ikizler** siamesische Zwillinge *m/pl*; **~ komşu** der Nachbar von nebenan; **~te** nebenan; **~ken** *Sprache* agglutinierend

bitiş|mek sich berühren; *Gürtel*; *Wunde* zugehen; **~tirmek** ansetzen, anstückeln (*-e* an *A*); zusammenfügen

bitki Pflanze *f*, Gewächs *n*; Pflanzen- (*Fett*); **~ örtüsü** Flora *f*, Vegetation *f*, **~bilim** Botanik *f*, Pflanzenkunde *f*, **~ci** Pflanzenzüchter *m*, -in *f*, **~cil** Pflanzen fressend; **~cilik** ⟨-ği⟩ Pflanzenzucht *f*

bitkin völlig erschöpft, abgespannt; deprimiert; *Stimme* kaum vernehmbar

bitkisel pflanzlich; **~ hayat** Koma *n*; **~**

örtü → ***bitki örtüsü***
bit|lemek (*-i*) *j-n* lausen; F e-n Streit vom Zaune brechen; **~lenmek** *v/i* Läuse bekommen, verlausen; sich lausen; F zu Geld kommen; **~li** verlaust
bitmek[1] ⟨-er⟩ enden, zu Ende gehen; aufhören; *Bau usw* fertig (*od* vollendet) sein; aufgebraucht sein; F ganz weg (= berauscht) sein (von); (*-den*) sich nicht mehr auf den Beinen halten können (*vor Müdigkeit*); ***bitip*** (*od* ***bitmez***) ***tükenmez*** unerschöpflich
bitmek[2] ⟨-er⟩ wachsen
bitmemiş unbeendet, unfertig, halb
bitpazarı ⟨-nı⟩ Flohmarkt *m*, Trödelmarkt *m*
'bittabi selbstverständlich
'bitter bitter (*Schokolade*)
bitüm Bitumen *n*, Asphalt *m*
'bityeniği ⟨-ni⟩: ***bu işte bir ~ var*** diese Sache hat einen Haken
biyel Pleuelstange *f*, Zugstange *f*
biyo|fizik Biophysik *f*; biophysisch; **~genetik** Biogenetik *f*; biogenetisch; **~grafi** Biografie *f*; **~grafik** biografisch; **~kimya** Biochemie *f*; **~kütle** Biomasse *f*; **~log** Biologe *m*, Biologin *f*; **~loji** Biologie *f*; **~lojik** biologisch
biyo|psi Gewebeprobe *f*; **~ritm** Biorhythmus *m*
biz[1] wir; ***~ ~e*** wir allein; unter uns; ***~ler*** wir; ***~lerden biri*** einer von uns; ***~siz*** ohne uns
biz[2] Ahle *f*, Pfriem *m*
Bizans Byzanz *n*; **~lı** Byzantiner *m*, -in *f*; byzantinisch
bizar [biːzaːr] erschöpft, abgearbeitet; gelangweilt; ***~ etmek*** erschöpfen, anstrengen; *-den* ***~ olmak*** Abneigung hegen (gegen *A*)
bi'zatihi selbsttätig; an und für sich
bizi uns (*A*)
bizim *gen von* → ***biz***; unser(e); ***~ için*** für uns; **~ki** der, die, das Unsrige; ***~ler*** die Unsrigen
bizmut ⟨-tu⟩ Wismut *n*
'bizzat persönlich, selbst
bak *Abk für* ***bakınız*** siehe (s.)
blazer, ***~ ceket*** Blazer *m*
blok ⟨-ku⟩ *a* POL Block *m*; Mehrfamilienhaus *n* (*bes in Siedlungen*)
blokaj Blockieren *n*; Sperre *f*
bloke ÖKON gesperrt; blockiert; ***~ hesap*** Sperrkonto *n*; *-i* ***~ etmek*** sperren, einfrieren; blockieren; SPORT *Ball* auffangen, stoppen
bloknot ⟨-tu⟩ Notizblock *m*
bloksuz POL blockfrei, bündnisfrei
blöf Bluff *m*; ***~ yapmak*** bluffen
blucin Blue Jeans *pl*
bluz Bluse *f*
BM *Abk* → ***Birleşmiş Milletler***
Bn *Abk. für* ***Bayan*** Frau (Fr.)
boa Boa *f*
bob: ***~ kızağı*** Bob *m*; ***~(sled) pisti*** Bobbahn *f*
bobin *a* EL Spule *f*; EL Anker *m*
bobinaj Umspulung *f*; Ankerreparatur *f*
'boca MAR Lee *f*
bocala|mak *fig* schwanken; irren, den Faden verlieren; sich sehr anstrengen müssen; **~nmak** *fig* hin- und hergeworfen werden
bocurgat ⟨-dı⟩ Hebewinde *f*, Ankerwinde *f*; ***~sız iş görmez*** (er) tut es nur gezwungenermaßen
bodoslama MAR Steven *m*
bodrum Keller *m*; ***~ katı*** Kellergeschoss *n*
bodur untersetzt, kurzbeinig; gedrungen
boğa Stier *m*, Bulle *m*; ♉ (***burcu***) ASTR Stier *m*; ***o*** ♉ ***burcundan*** er/sie ist ein Stier; ***~ güreşi*** Stierkampf *m*
boğalık ⟨-ğı⟩ Zuchtstier *m*
boğar → ***boğmak***
boğaz Kehle *f*; Schlund *m*; Hals *m* (*a der Flasche*); GEOGR Pass *m*; Engpass *m*; Meerenge *f*, Straße *f*; Esser *m* (*in der Familie*); Essen und Trinken *n*; ***~ ~a gelmek*** sich in die Haare kriegen; ***~ kavgası*** Kampf *m* ums tägliche Brot; ***~ ola!*** F wohl bekomm's!; ***~ olmak*** Halsschmerzen haben; ***~ tokluğuna çalışmak*** gegen freie Verpflegung arbeiten; ***~ı açıldı*** er/sie hat Appetit bekommen; *-in* ***~ı işlemek*** gerade beim Essen sein; ***~ına*** (*od* ***~ında***) ***durmak*** in der Kehle stecken bleiben; *-in* ***~ına sarılmak*** *j-m* an die Kehle gehen; ***~ından artırmak*** am Essen sparen; ***~ından geçmemek*** *vor Trübsinn* nichts herunterbringen können; ***~ını doyurmak*** nähren; sättigen; ***~ını yırtmak*** F *fig* wie am Spieß brüllen
Bo'ğaziçi ⟨-ni⟩ Bosporus *m*
boğazkesen Küstenfestung *f*; enge Gasse *f*, Engpass *m*; ***Boğazkesen*** HIST

Rumeli-Hisar *am Bosporus*
boğazla|mak (*-i j-m*) die Kehle durchschneiden; **~nmak** *pass von* ***boğazlamak***; F reingelegt werden
Boğazlar Meerengen *f/pl* (*Bosporus und Dardanellen*)
boğaz|lı Vielfraß *m*; **~sız** schlechte(r) Esser(in)
boğdur|mak (*-i -e*) *j-n* erdrosseln lassen (durch *A*)
boğmaca Keuchhusten *m*
boğmak[1] ⟨-ar⟩ *v/t* erwürgen, erdrosseln; (*-e*) ertränken; (*-e* durch *Lärm usw*) übertönen, verdrängen; *-e* bedecken (mit *Küssen*); überhäufen (*-e* mit); F reinlegen (*-i j-n*)
boğmak[2] ⟨-ğı⟩ Knoten *m*, Verdickung *f*
boğucu erstickend; *Hitze, Stille* drückend; Gift- (*Gas*)
boğuk *Stimme* heiser, gepresst, rau; **~laşmak** heiser werden; **~laştırmak** *Stimme* dämpfen; **~luk** ⟨-ğu⟩ Heiserkeit *f*
boğulmak *pass von* ***boğmak***[1]; ertrinken; *a fig* ersticken (*-den* vor *D*; *-e* in *D*); *fig* sterben (*-den* vor, *z.B. Langeweile*); *fig* übergossen werden (*-e* von)
boğum BOT, BIOL Knoten *m*, Verdickung *f*; ***lenf*** **~*u*** Lymphknoten *m*; ***sinir*** **~*u*** Nervenknoten *m*; ***tırtıl*** **~*u*** TECH Raupenkettenglied *n*
boğumlanma GR Artikulation *f*
boğumlu knotig
boğuntu Erstickung *f*, Langeweile *f*, F Wucher *m*; F Mogelei *f* (*im Spiel*); **~*yeri*** Spielhölle *f*
boğunuk gedämpft
boğuşmak handgemein werden, sich raufen
bohça Einschlagetuch *n*; Bündel *n*; **~*sını koltuğuna vermek*** *fig* aus dem Haus jagen; **~cı** Hausiererin *f*; **~lamak** *v/t* in ein Bündel verschnüren
bohem Boheme *f*
bok ⟨-ku⟩ V Scheiße *f*; **~*herif*** Scheißkerl *m*; *-e* **~*atmak*** *fig j-n* mit Schmutz bewerfen; *-i* **~*etmek*** (es) versauen, Mist machen; **~*yemek*** Mist machen; *-in* **~*u çıkmak*** sich von der miesesten Seite zeigen; **~*püsür*** (der) ganze Mist (*od* Quatsch); (das) Drum und Dran; **~*tan*** beschissen, Scheiß-; **~*umu ye!*** leck mich am Arsch!; **~lamak** *v/t* beschmutzen; F versauen; *j-m* alles verpatzen; **~laşmak** sich beschmutzen; **~lu** dreckig
bokluca: **~*bülbül*** ZOOL Zaunkönig *m*
bokluk ⟨-ğu⟩ Misthaufen *m*; Drecknest *n*; *fig* Mist *m*, dummes Zeug; F miese Seite *e-r Person*
boks[1] Boxen *n*; (Faust)Schlag *m*; **~*maçı*** Boxkampf *m*; **~*yapmak*** boxen
boks[2] (Lautsprecher)Box *f*
bokser: **~*şort*** Boxershorts *pl*
boksör Boxer *m*
bol[1] weit; reichlich; *Schuh, Kleid* (zu) weit, reichlich; **~ ~** *od* **~*bolamaç*** in Hülle und Fülle; **~*doğramak*** *Geld* vergeuden; **~*gelirli*** einbringlich; rentabel; **~*keseden atmak*** dick auftragen; goldene Berge versprechen; **~*sözlü*** Schwätzer *m*, -in *f*, **~*şans*(*lar*)** viel Glück
bol[2] ⟨-lü⟩ Ballspiel *n*; Kegeln *n*
bol[3] ⟨-lü⟩ Bowle *f*
bolla|nmak, **~şmak** ausgeleiert sein; (inzwischen) reichlich vorhanden sein; **~ştırmak** weiten, größer machen; ausleiern; *kaus von* ***bollaşmak***
bolluk ⟨-ğu⟩ Weite *f*, Fülle *f*, **~*içinde yaşamak*** in Überfluss leben
bolşekilli mannigfaltig; polymorph
bolşevik ⟨-ği⟩ Bolschewist *m*, -in *f*, bolschewistisch; **~lik** ⟨-ği⟩ Bolschewismus *m*
bom *int* bums!; (Glücks)Spiel *n*; F Schwindelei *f*, **~*atmak*** schwindeln, flunkern
ˈ**bomba** Bombe *f*, Granate *f*, große(s) Fass, Tonne *f*, *fig* (Film)Schönheit *f*, **~*gibi*** blendend (aussehend); F super; ***el*** **~*sı*** Handgranate *f*, ***oksijen*** **~*sı*** Sauerstoffflasche *f*; ***yangın*** **~*sı*** Brandbombe *f*; **~cı** Handgranatenwerfer *m*; Bombenleger *m*
ˈ**bombalamak** *v/t* bombardieren
bombardıman Bombardierung *f*, Beschießung *f*, **~*etmek*** bombardieren; beschießen; **~*uçağı*** LUFTF Bomber *m*
bombe gewölbt, bauchig; Wölbung *f*, Ausbauchung *f*; **~li** gewölbt
ˈ**bombok** ⟨-ku⟩ V beschissen
ˈ**bomboş** völlig leer
bomcu Schwindler *m*, -in *f*
boˈ**naça** Windstille *f*
bonbon Bonbon *m*; **~iyer** Bonboniere *f*
boncuk ⟨-ğu⟩ (blaue) Glasperle; **~*mavisi*** türkisblau

bone Mütze *f*
'bonfile Filet(stück) *n*
bonkör gutmütig; freigebig
bonmarşe Kaufhaus *n*
'bono Anleihe *f*, Wechsel *m*
'bonservis Arbeitszeugnis *n*
bor[1] Brachland *n*; Neuland *n*
bor[2] CHEM Bor *n*
'bora Bora *f*, Nordostwind *m*; Orkan *m*
borak *Boden* unfruchtbar
boraks CHEM Borat *n*; Borax *n*
boran Gewitter *n*
borana GASTR *Salat mit Joghurt und Eiern*
borani [ɑː] GASTR *Gemüsegericht mit Reis und Joghurt*
borat → ***boraks***
borazan MUS Trompete *f*, Trompeter *m*, Hornist *m*; ***... diye ~ çalmak*** *fig* etw ausposaunen
borazancı Trompeter *m*
borç ⟨-cu⟩ Geldschuld *f*, Schulden *f/pl*; Pflicht *f*, Anleihe *f*; ***~ almak*** sich (*D*) leihen *od* borgen (*Geld*), ein Darlehen aufnehmen; *-meyi* ***~ bilmek*** sich verpflichtet fühlen (zu ...); ***~ istemek/almak*** anpumpen F (*-den A*); ***~ kaydetmek*** ausbuchen; ***~ yapmak*** Schulden machen; ***~ harç*** mit zusammengepumptem Geld; ***~ vermek*** Geld verleihen, ein Darlehen geben; ***borca girmek*** in Schulden geraten
borçlan|dırmak *Konto* belasten, debitieren; ***~ma*** Schuldenmachen *n*; Nachentrichten *n*; ÖKON Verschuldung *f*, ÖKON Anleihe *f*, ***~mak*** Schulden machen; schuldig sein (*-e j-m*); Versicherungsbeiträge nachentrichten
borçlu schuldig (*-e –i j-m etw*); zu Dank verpflichtet (*-e -den dolayı j-m* für); Schuldner *m*, -in *f*, ***b-ne ~ kalmak*** in j-s Schuld stehen; ***b-ne bş-i ~ olmak*** j-m etw verdanken
borçluk Verschuldung *f*
borçsuz *~ harçsız* ohne Schulden zu machen
'borda MAR (Schiffs)Deck *n*; Bordwand *f*, ***~dan atmak*** über Bord werfen
'bordo weinrot
'bordro Verzeichnis *n*, Liste *f*, Register *n*
bordür Bordüre *f*, Borte *f*
bornoz, bornuz Burnus *m*; Bademantel *m*
'borsa Börse *f*, ***~ işlemi*** Börsengeschäft *n*
'borsacı Börsenmakler *m*, -in *f*, Börsenspekulant *m*, -in *f*
boru Rohr *n*, Röhre *f*, MUS Trompete *f*, Signal *n*; ***~ anahtarı*** Rohrschlüssel *m*; ***~ çalmak*** Trompete blasen; Signal geben, hupen; ***~ değil!*** F das ist kein Pappenstiel!; ***~ hattı*** Rohrleitung *f*, Pipeline *f*, *-in* ***~su ötmek*** *fig etw* zu sagen haben; ***~cu*** Rohrleger *m*; MUS Trompeter *m*
borucuk ⟨-ğu⟩ ANAT Gefäß *n*
bos → ***boy***
'Bosna Bosnien *n*
bostan Gemüsegarten *m*; Melonenfeld *n*; Melonenanbau *m*; ***~ çukuru*** Dunggrube *f*, ***~ dolabı*** Schöpfwerk *n*; ***~ korkuluğu*** Vogelscheuche *f* (*a fig*)
bostancı Gemüsegärtner *m*
bostancılık ⟨-ğı⟩ Gemüseanbau *m*
boş leer; *Haus* leer (stehend); *Person, Taxi, Zeit* frei; unbeschäftigt; *Furcht, Worte* sinnlos; Niete *f* (*beim Loseziehen*); ***~ bulunmak*** *fig* (einen Augenblick) abwesend sein; ***~ çıktı*** nichts gewonnen (*beim Loseziehen*); ***(eli) ~ dönmek*** unverrichteter Sache zurückkehren; ***~ durmamak*** rührig sein; ***~ düşmek*** *Frau* geschieden werden (*nach islamischem Recht*); ***~ gezmek*** faulenzen; F arbeitslos sein; ***~ gezenin ~ kalfası*** Oberfaulenzer *m*; ***~ inanç*** Aberglaube *m*; *-i* ***~ koymak*** entbehren (*A*); *fig j-n* übergehen; *j-n* sich (*D*) selbst überlassen; ***~ söz*** dumme(s) Zeug; ***~ver!*** mach dir nichts daraus!, egal!; *-i/-e* ***~ vermek*** sich (*D*) nichts machen aus; ***~ zaman*** Freizeit *f*, ***~ yere*** unnötig; *-i* ***~a almak*** TECH, AUTO F den Leerlauf einlegen; ***~a çıkmak*** sich nicht erfüllen, enttäuscht werden; ***~a gitmek*** verpuffen, unnütz sein
boşal|ma EL Entladung *f*, Entleerung *f*, MED Ejakulation *f*; MED Orgasmus *m*; ***~ borusu*** TECH Abflussrohr *n*; ***~mak*** leer *od* frei werden; sich leeren; *Wasser* herausfließen, heraustropfen; *Batterien* sich entladen; *Tier* sich losreißen; *Knoten* aufgehen; *Person* sich aussprechen; MED ejakulieren
boşalt|ım MED Ausscheidung *f*, Absonderung *f*, sekretorisch; ***~ma*** Entlade-; Abfluss-; ***~ müddeti*** ÖKON Liegezeit

B

f; **~mak** leeren; *Akku* entladen; *Posten* aufgeben; *Fracht* ausladen, löschen; *Haus* räumen; *Bewohner* evakuieren; *Luft* herauslassen; *Feder usw* abschnellen lassen; *Suppe* füllen (*-e* in *A*); *Wasser* gießen (*-e* in *A*); *Waffe* abfeuern

boşamak sich scheiden lassen (*-i* von)

boşandırmak *v/t* JUR *Ehe* scheiden

boşanma (Ehe)Scheidung *f*; **~ davası** Scheidungsprozess *m*

boşanmak sich scheiden lassen (*-den* von); sich losreißen (*-den* von); *Regen* strömen; *Pfeil*, *Feder* losschnellen; *Schuss*, *Waffe* losgehen; **gök boşandı** es gießt in Strömen; **bardaktan boşanırcasına yağmak** wie aus Kübeln gießen

boşboğaz schwatzhaft; Schwätzer *m*, -in *f*

boşboğazlık ⟨-ğı⟩ Schwatzhaftigkeit *f*

boşlamak vernachlässigen

boşluk ⟨-ğu⟩ Leere *f*, Hohlraum *m*; Vakuum *n*; Lücke *f* (*im Gesetz, auf e-m Gebiet*); ANAT Höhle *f*; Raum *m*; TECH Spielraum *m*; **~, uzay boşluğu** Weltraum *m*; **~ gidermek** eine Lücke ausfüllen; **ağız boşluğu** Mundhöhle *f*

Boşnak ⟨-ğı⟩ Bosnier *m*, -in *f*; **~ça** Bosnisch *n*

boşta arbeitslos; TECH im Leerlauf; **~ kalmak** arbeitslos werden

boşuna umsonst, vergebens; zwecklos; **~ geçirmek** *Zeit* vertrödeln

bot[1] ⟨-tu⟩ Paddelboot *n*, Kanu *n*; Boot *n* (*in festen Bildungen wie* → **hücumbot** *usw*)

bot[2] ⟨-tu⟩ Stiefelette *f*, Boots *pl*

botanik ⟨-ği⟩ Botanik *f*; botanisch; **~ bahçesi** botanische(r) Garten

botanikçi Botaniker *m*, -in *f*

'**bovling** Bowling *n*; Kegeln *n*

boy[1] Stamm *m*; Sippe *f*; Geschlecht *n*

boy[2] Wuchs *m*; Größe *f*, Höhe *f*, Länge *f*, Ausdehnung *f*; Ausmaß *n*, Format *n*; **~ ~** in verschiedener Größe *od* Preislage; verschiedenartig; **~ almak** (*od* **atmak**) groß werden, F sich rausmachen; **~ göstermek** sich zeigen; F aufkreuzen; prunken; *-le* **~ ölçüşmek** sich messen mit; **~ bos** F Wuchs *m*, Größe *f*; **büyük ~** großformatig; **~a çekmek** *Kind* in die Höhe schießen; **~dan ~a** in ganzer Länge; völlig; **bir ~da** in gleicher Größe; **dalga ~u** *Radio* Wellenlänge *f*; **diz ~u** bis zum Knie; **ömür ~u** zeitlebens

boya Farbe *f*, Anstrich *m*; Farbstoff *m*; Tinte *f*, Schminke *f*, *fig* Tünche *f*, Schein *m*; **~ astarı sürmek** grundieren; **~ kalemi** Farbstift *m*; **~sı atmak** verschießen, verblassen; **atmaz ~** lichtbeständige Farbe; **dudak ~sı** Lippenrot *n*; **yağlı ~** Ölfarbe *f*

boya|cı Farbenhändler *m*; Färber *m*; Maler *m*, Anstreicher *m*; (*ayakkabı* **~sı**) Schuhputzer *m*; **~ küpü değil ya!** das ist kein Kinderspiel; **~cılık** ⟨-ğı⟩ Malerei *f*, Malerhandwerk *n*; **~hane** Färberei *f*

boya|lı gestrichen, angemalt; bunt, farbig; *Schuh* geputzt; **~ basın** Boulevardpresse *f*; **~ma** bunte(s) Tuch; gefärbt

boya|mak *v/t* färben (**siyaha** schwarz); (an)streichen; *Schuhe* putzen; **~nmak** *f pass von* **boyamak**; sich anmalen; **yeni boyanmıştır** frisch gestrichen

boyarmadde Farbstoff *m*; Pigment *n*

boyatmak *kaus von* **boyamak**; (*-e*) **ayakkabı ~** sich (*D*) die Schuhe putzen lassen (von)

boyca der Länge (*od* Größe) nach

boykot ⟨-tu⟩ Boykott *m*; Streik *m* (*Studenten usw*); **~ etmek** boykottieren; **~çu** Boykottierer *m*, -in *f*

boyla|m GEOGR Länge *f*; **batı ~ı** westliche Länge; **~mak** *v/t Länge* messen; *Strecke* durchschreiten, zurücklegen; sich hinziehen; der Länge nach hinfallen; zugehen (auf *A*) (*z.B. die Fünfzig*); geraten, landen (*-i* in *A*); **~nmak** länger werden, in die Höhe schießen; weitergehen

boylu von ... Wuchs (*od* Größe); hoch gewachsen; **~ boslu** hoch gewachsen; **~ boyunca** der Länge nach; die ganze Zeit hindurch; **uzun ~** lang und weit; **kısa ~** von kleinem Wuchs

boyna kurze(s) Ruder

boynu → **boyun**

boynuz Horn *n e-s Tieres*; Horn-; MED Schröpfkopf *m*; **b-ne ~ takmak** *fig* j-m Hörner aufsetzen; **~lu** gehörnt; *subst* F Trolleybus *m*

boy|un ⟨boynu⟩ Hals *m* (*a der Flasche*); Nacken *m*; (Berg)Sattel *m*, Pass *m*; **~ borcu** (unabdingbare) Pflicht; **~ eğmek** *fig* sich ergeben; nachgeben; **boynu bükük** hilflos, allein; **boynuna**

B

almak auf sich nehmen; *-i -in* ***boynuna atmak*** *j-m etw* in die Schuhe schieben; *-in* ***boynuna binmek*** *j-m* zusetzen; **~** *od* ***boynunu bükmek*** sich fügen, nachgeben; ***boynunu vur(dur)mak*** *j-n* enthaupten (lassen)

boyu'na[1] (*-i*) der Länge nach; durch (*A*); ... (*A*) entlang; ***enine*** **~** kreuz und quer

'boyuna[2] ständig, dauernd

boyunbağı ⟨-nı⟩ Krawatte *f*

bo'yunca: ... **~** längs (*G*), ... (*A*) entlang; ***yıllar*** **~** im Laufe der Jahre; ***yol*** **~** auf der gesamten Strecke

boyun|duruk ⟨-ğu⟩ Joch *n*; *Ringen* Umklammerung *f* des Halses (*des Gegners*); **~luk** ⟨-ğu⟩ Halstuch *n*

boyut ⟨-tu⟩ Dimension *f*; Format *n*; ***~lar*** *fig* Ausmaße *n/pl*; ***... ~lara ulaşmak*** ... Ausmaße annehmen; ***~landırmak*** *-i* die Ausmaße (*G/von*) feststellen/beziffern; **~lu**: ***üç*** **~** dreidimensional

boz (asch)grau

boza *gegorenes Hirsegetränk*; **~** ***olmak*** F verlegen werden

bozar → ***bozmak***

bozarmak: ***kızarıp*** **~** *fig* verlegen werden, erröten

'bozdoğan ZOO Falke *m*

bozdurma: ***para*** **~** ***mecburiyeti*** Zwangsumtausch *m*

bozdurmak *kaus von* ***bozmak***; *Geld* wechseln lassen (*in kleinere Scheine od andere Währung*)

bozgun Niederlage *f*; Zerrüttung *f*; Auflösung *f*; zerrüttet, in Auflösung; **~** ***vermek***, ***~a uğramak*** *a* MIL sich auflösen, in voller Auflösung begriffen sein; e-e totale Niederlage erleiden; **~cu** Panikmacher *m*, -in *f*; Defätist *m*, -in *f*; defätistisch; **~culuk** ⟨-ğu⟩ Defätismus *m*; Panikmache *f*

bozkır Steppe *f*

bozlak ⟨-ğı⟩ *e-e Gesangart aus Mittel- und Südanatolien*

bozma Aufhebung *f*, Annullierung *f*; ***-den bozma*** umgebaut, umfunktioniert *usw* aus

bozmadde graue Hirnrinde *f*

bozmak ⟨-ar⟩ *v/t* verderben; kaputtmachen; F *j-n* verlegen machen, blamieren; den Verstand verlieren; *Eid*, *Fasten*, *Schweigen*, *Wort* brechen; *Feind* schlagen, vernichten; *Geld* wechseln; *Strafe* aufheben; *Trauben* abernten; *Ordnung* zerrütten; *Verlobung* lösen; *Vertrag* verletzen; *Lebensmittel* verderben; *Wetter* sich verschlechtern; *-mekle* ***aklını*** **~** die fixe Idee haben + *inf*; ***birbirini*** **~** sich stören, sich überlagern; ***... ile*** **~** versessen sein (auf *A*); *-in* ***keyfini*** **~** die Laune verderben *D*; ***kızlığını*** **~** *e-m Mädchen* die Unschuld rauben; *-in* ***midesini*** **~** den Magen verderben

bozuk ⟨-ğu⟩ kaputt; verdorben; defekt, nicht intakt; *Mensch* sittenlos, verderbt; *Tag*, *Zensur*, *Zeugnis* schlecht; *-e* **~** ***atmak*** (*od* ***çalmak***) F schimpfen mit; **~** ***para*** Kleingeld *n*; ***sinir(ler)im*** **~** ich bin mit meinen Nerven am Ende; ***gayet*** **~** ***bir Fransızca ile*** in e-m sehr gebrochenen Französisch; **~düzen** unordentlich, systemlos; MUS verstimmt

bozukluk ⟨-ğu⟩ *a* MED Defekt *m*, Störung *f*; Missstände *m/pl*; Kleingeld *n*

bozulabil|ecek, ~en verderblich; ***çabuk*** **~** leicht verderblich

bozulmak zerschellen; *Auto* beschädigt werden; *Fleisch* schlecht werden; *Verlobung usw* in die Brüche gehen; *Person* abmagern; verlegen werden; ***bana bozuldu*** sie ist böse auf mich

bozum Zerstreuung *f*; F Verlegenheit *f*, Blamage *f*; **~** ***etmek*** F blamieren; **~** ***havası*** verlegene Stimmung

bozuntu Bruchstücke *n/pl*; Schrott *m*; völlige(r) Wirrwarr; ***doktor*** *usw* ***~su*** eine Karikatur von einem Arzt *usw*; ***~ya vermemek*** sich (*D*) nichts anmerken lassen

bozuş|mak sich überwerfen; **~uk** verfeindet, entzweit; **~ukluk** ⟨-ğu⟩ Zwietracht *f*

böbrek ⟨-ği⟩ Niere *f*

böbürlenmek sich brüsten; *-le* angeben mit

böcek ⟨-ği⟩ Insekt *n*; Käfer *m*; **~çi** Seidenraupenzüchter *m*; **~kabuğu** grünblaue(r) metallische(r) Schimmer

böceklenmek von Insekten (*od* Käfern) befallen werden; wurmstichig werden

böcü Käfer *m*; Holzwurm *m*; schwarze(r) Mann (*Kinderschreck*)

böğür ⟨-ğrü⟩ Seite *f*; Flanke *f*

böğürmek *Tier* brüllen (*a fig Person*)

böğürtlen Brombeere *f*

böğürtü Brüllen *n*

bölen MATH Teiler *m*, Divisor *m*
böler → ***bölmek***
bölge Gebiet *n*; Zone *f*, Region *f*, Bereich *m*; Bezirk *m*; ANAT Gegend *f*; *Türkei: jede der 7 geographischen Regionen ohne verwaltungsmäßigen Charakter*; **~cilik** ⟨-ği⟩ Regionalismus *m*; Kastengeist *m*; **~leştirilme** Dezentralisierung *f* (*der Produktion*); **~sel** regional; Bezirks-; MED örtlich
bölme Spaltung *f* (*a fig*); Trennungs(*Zeichen*); MATH Teilung *f*, Division *f*, Trennwand *f*, Zelle *f*, Verschlag *m*; ***~ çizgisi*** Trennungsstrich *m*; ***~li***, F ***~ ~*** in Fächer geteilt, unterteilt
bölmek ⟨-er⟩ *v/t a* MATH teilen (*-e* in *A*); dividieren; zerlegen (*-e* in *A*); *Volk usw* spalten; ***böl ve hükmet*** teile und herrsche!; ***bölmeli*** abgeteilt, gesondert
bölü (geteilt) durch (*A*); **~cü** POL Separatist *m*, -in *f*, separatistisch; **~cülük** ⟨-ğü⟩ Separatismus *m*
bölük ⟨-ğü⟩ Teil *m*; Gruppe *f*; MIL Kompanie *f*, Schwadron *f*, Batterie *f*; MATH Gruppe *f* (*der Einer usw*)
bölüm Teilung *f*, Abteilung *f*, Kapitel *n*, Abschnitt *m e-s Buches*; Verteilung *f der Pflichten*; MATH Quotient *m*; ***~ müdürü*** Abteilungsleiter *m*, -in *f*; **~leme** Klassifizierung *f*
bölümlemek *v/t* unterteilen, klassifizieren, gliedern
bölünebil|en: ***iki ile ~*** durch 2 teilbar (*Zahl*); **~me** Teilbarkeit *f*
bölün|en MATH Dividend *m*; **~me** Spaltung *f*, Zellteilung *f*
bölün|mek geteilt, gegliedert werden (*-e* in *A*); **~mez** unteilbar; **~müş** geteilt
bölüş Teilung *f*; **~mek** *v/t* sich (*D*) (*od* untereinander) teilen; **~türmek** *v/t* aufteilen
bön blöd; naiv; Dummkopf *m*; ***~ ~ bakmak*** anglotzen (*-e A*); **~lük** ⟨-ğü⟩ Blödheit *f*, Naivität *f*
börek ⟨-ği⟩ Pastete *f*, Teigrolle *f*; **~çi** Pastetenverkäufer *m*
böyle so; solche (+ *pl*); ***~ şeyler*** solche Sachen, so etwas; ***~ bir*** ein(e) solche(r), solches; ***~leri*** solche Leute *pl*; ***~ olunca*** wenn dem so ist; ***bundan ~*** von nun an; ***nereye ~?*** wohin möchten Sie (wollen Sie) denn?
'**böylece** derart, auf diese Weise; somit
böylelikle auf diese Weise, dadurch
böylesi etwas Ähnliches, ein(e) solche(r/s)
böylesine *abw* so, auf diese Weise
Braille: ***~ alfabesi*** Blindenschrift *f*
'**branda** Plane *f*, MAR Hängematte *f*, ***~ bezi*** Segeltuch *n*
branş Branche *f*, Fachrichtung *f*
'**bravo** bravo
bre he (du da)!; guck mal ...!; ***~ aman*** ach, du liebe Zeit!; o weh!; *z.B.* ***bekle ~ bekle*** er wartete und wartete (*od* wir ... *usw*)
Bre'zilya Brasilien *n*; **~lı** Brasilianer *m*, -in *f*, brasilianisch
briç ⟨-çi⟩ *Spiel* Bridge *n*
brifing MIL Briefing *n*
brik ⟨-ki⟩ MAR Brigg *f*
briket ⟨-ti⟩ Brikett *n*; Ziegelstein *m*; Parkettstab *m*
briyantin Brillantine *f*
brokar Brokat *m*
brokoli BOT Brokkoli *m*
brom CHEM Brom *n*
bronş ANAT Bronchus *m*; *meist pl* **~lar** Bronchien *m/pl*; **~it** ⟨-ti⟩ Bronchitis *f*
bronz Bronze *f*, Bronze-
broş Brosche *f*
broşür Broschüre *f*, Prospekt *m*
bröve Diplom *n*; Abzeichen *n*
bruto → ***brüt***
Brüksel Brüssel *n*; ***~ lahanası*** Rosenkohl *m*
brüt brutto; ***~ tonaj*** Bruttoregistertonnen *f/pl*; ***~ millî hasıla*** Bruttosozialprodukt *n*
Bşk. *Abk für* ***Başkan(ı)*** Vorsitzende(r) (*G/von*)
bu dieser, diese, dies(es); ***~ arada*** inzwischen; in dieser Zeit; dabei, gleichzeitig; ***~ defa*** (*od* ***kere, sefer***) diesmal; ***~ gibi*** solch-; ***~ günlerde*** (*od* ***yakınlarda***) dieser Tage, demnächst; ***~ kadar*** so viel, so sehr; das ist alles; *Radio* soweit für heute; → ***bundan, bunun*** *usw*
buat Abzweigdose *f*
bucak ⟨-ğı⟩ Winkel *m*; Ecke *f*, Gemeinde *f*, Bezirk *m*
buçuk ⟨-ğu⟩ halb; Hälfte *f*; ***bir ~*** eineinhalb; ***saat iki ~*** es ist halb drei; **~lu** Bruch-; Klein-
budak ⟨-ğı⟩ Zweig *m*; Ast *m* (*a im Holz*); ***~ deliği*** Astloch *n*; **~lanmak** in die Zweige schießen; sich verzweigen; *fig* kompliziert werden

budala dumm; Fan *m*; (*Mode*)Narr *m*; ***futbol ~sı*** Fußballfan *m*

budalalık ⟨-ğı⟩ Dummheit *f*, Idiotie *f*

buda|ma (Baum)Schnitt *m*; ***~ makası*** Baumschere *f*; **~mak** *v/t* beschneiden (*a Rechte*), kappen; *Lohn* kürzen; SPORT (*dem Zugriff*) ausweichen; **~ntı** abgehauene Äste *m/pl*

Bud|ist Buddhist(in *f*)*m*; buddhistisch; **~izm** Buddhismus *m*

'bugün heute; (die) heutige Zeit; ***~ yarın, ~den yarına*** baldigst; in den nächsten Tagen; ***~e ~*** letzten Endes; ***~lerde*** in diesen Tagen; **~kü** heutig; zeitgenössisch; **~lük** für heute; ***~ yarınlık*** jeden Augenblick; demnächst

buğday Weizen *m*; ***~ rengi*** brünett

buğu (Wasser)Dampf *m*; ***~ bağlamak*** *Scheibe* anlaufen; **~lamak** *v/t* dämpfen; *z.B. Gemüse* dünsten; **~lanmak** *Scheiben* beschlagen; verdampfen, verdunsten; **~laşma** Verdunstung *f*; **~lu** angelaufen, beschlagen; diesig, feucht; *Auge* getrübt

buhar Dampf *m*; ***~ kazanı*** Dampfkessel *m*; ***~ makinesi*** Dampfmaschine *f*; ***~ olmak*** F verschwinden; **~laşan** ätherisch; **~laşma** Verdunstung *f*; **~laşmak** *v/i* verdunsten

buharlı Dampf-; ***~ ısıtma*** Dampfheizung *f*; ***~ ütü*** Dampfbügeleisen *n*

buhran [ɑː] Krise *f*; ***~ geçirmek*** e-e Krise durchmachen; **~lı** kritisch (*Lage usw*)

buhur [-uːr] Weihrauch *m*; **~dan(lık)** ⟨-ğı⟩ Weihrauchgefäß *n*; **~lamak** weihräuchern

buhurumeryem BOT Alpenveilchen *n*

buji AUTO Zündkerze *f*

bukağı Fußfesseln *f/pl*; **~lamak** Fußfesseln anlegen (*-i j-m*)

bukalemun ZOOL Chamäleon *n* (*a fig*)

buket ⟨-ti⟩ (Blumen)Strauß *m*, Bukett *n*

bukle Locke *f*; **~li** lockig (*Haar*), mit Schlingen (*Teppich*)

bulama Obst- *od* Weintraubensirup *m*

bulamaç ⟨-cı⟩ (dünner) Brei *m*, Schleimsuppe *f*

bulamak wälzen (*-i -e A* in *D*, *z.B. Mehl*); beschmieren, besudeln (*-e* mit)

bulandırıcı Übelkeit verursachend; Ekel erregend

bulandırmak *v/t etw* trüben; *j-n* aufhetzen; *fig* durcheinander bringen; ***midey(yi) ~*** Übelkeit erregen

bulanık *Wasser, Wetter* trübe; *Zeichnung* verschwommen; POL verworren; **~lık** ⟨-ğı⟩ Verschwommenheit *f*; *fig* Trübung *f des Urteils*

bulanmak sich besudeln (*-e* mit); trübe werden, sich trüben; *Wetter* sich eintrüben; ***tere ~*** in Schweiß gebadet sein; ***midem bulanıyor*** mir ist übel

bulantı MED Übelkeit *f*; Wirrwarr *m*

bulaşıcı *a* MED ansteckend, Infektions-

bulaşık ⟨-ğı⟩ beschmiert; beschmutzt; Abwasch *m*, schmutzige(s) Geschirr; gewälzt (*z.B. in Mehl*); unrein; infiziert (*-le* mit); *Person* F zudringlich; *Sache* unpassend; *Schiff* mit infizierten Kranken an Bord; ***~ deterjanı*** Spülmittel *n*; ***~ iş*** dunkle Angelegenheit; ***~ makinası*** Geschirrspülmaschine *f*; ***~ suyu*** Aufwaschwasser *n*; ***~ yıkamak*** aufwaschen; **~çı** Geschirrwäscher *m*, -in *f*; **~kan** *fig* Streithammel *m*

bulaş|ma Ansteckung *f*; ***radyoaktif ~*** radioaktive Verseuchung *f*; **~mak** schmutzig werden; sich aufdrängen (*-e j-m*); übergreifen (*-e* auf *A*), ergreifen (*-e A*); *fig* sich anlegen (*-e* mit); ***çocuğa suçiçeği bulaşmış*** das Kind hat sich die Pocken geholt; ***nezlem size bulaşmasın*** ich möchte Sie mit meinem Schnupfen nicht anstecken

bulaştırmak beschmieren, beschmutzen; verseuchen; ***bş-i b-ne ~*** j-n mit etw anstecken; ***bş-i yüzüne gözüne ~*** F etw versauen

buldog ⟨-ğu⟩ (*a **~ köpeği***) Bulldogge *f*

buldozer Bulldozer *m*

buldumcuk: ***~ olmak*** *etwa* über s-e (eigene) Findigkeit jubeln

buldurmak *kaus von* ***bulmak***

Bulgar Bulgare *m*, Bulgarin *f*, bulgarisch; **~ca** bulgarisch; (das) Bulgarisch(e); **~istan** Bulgarien *n*

bulgu Befund *m*

bulgulamak feststellen, entdecken

bulgur Weizengrütze *f*; ***~ pilavı*** *Speise aus Weizengrütze*

bulgusal heuretisch (*Methode*)

bulmaca (Kreuzwort)Rätsel *n*; ***~ çözmek*** Kreuzworträtsel lösen

bulmak ⟨-ur⟩ *v/t* finden; *etw Vorhandenes* entdecken; *etw Nichtvorhandenes* erfinden; kommen auf (*z.B. e-n Namen*); *Zeitpunkt, Summe* erreichen;

B

Betrag sich belaufen (*-i* auf *A*); *Arbeit* vermitteln; *e-n Ort, ein Alter* erreichen; *Uhr* schlagen (*z.B. neun*); *j-n, etw* für ... halten, ... finden (*z.B. gut*); *als Stützverb, z.B.* **son ~** zu Ende gehen; **vuku ~** stattfinden; **bulup çıkarmak** ausfindig machen

bulucu Entdecker *m*, -in *f*; Detektor *m*

buluğ [-u:] **~ (çağı)** Pubertät *f*; **~a ermek** pubertieren

bulundurmak *v/t* bereithalten, in Reserve haben; **yanında ~** bei sich (*D*) führen

bulunmak 1. *pass von* **bulmak**; **bulunmuş eşya deposu** Fundbüro *n*; **2.** *v/r* sich befinden; sich aufhalten; vorhanden sein; **sizde ... bulunur mu?** führen/haben Sie ...? **boş bulundum** ich war etwas abwesend (und habe mich erschreckt); **3.** *als Hilfsverb*: haben/sein; **başlamış bulundum** ich habe nun einmal angefangen; **4.** *Stützverb mit -da*: **açıklamada ~** erklären, e-e Erklärung abgeben

bulun|maz selten, rar; unauffindbar; **~ Hint kumaşı** *scherzh* etwas höchst Wertvolles; **~mazlık** ⟨-ğı⟩ Fehlen *n* (von); **~tu** Fund *m*; Findelkind *n*; **~ur** vorhanden, vorrätig

buluş TECH Errungenschaft *f*, Findigkeit *f*; Einfall *m*; **~ma** Treffen *n*; **~ yeri** Treffpunkt *m*

buluşmak sich treffen; sich verabreden (*-le* mit)

bulut ⟨-tu⟩ Wolke *f*; **~ kesilmek** F sich besaufen; **~tan nem kapmak** leicht eingeschnappt sein; sehr argwöhnisch sein; **~lanmak** sich bewölken; *fig* getrübt werden; **~lu** bewölkt, wolkig

bulutsu ASTR Nebel *m*

bulvar Boulevard *m*, Allee *f*

bum bums

bumbar Dickdarm *m*; *Art* Wurst *f*; Watterolle *f zum Abdichten von Türen usw*

'**bum|bulanık** sehr trübe; **~buruşuk** ganz zerknüllt, faltig; **~buz** eisig kalt

'**bumerang** Bumerang *m*

bumlamak platzen

buna *D von* **bu**; **~ gelince** was das anbetrifft; **~ göre** dementsprechend; **~ mukabil** statt dessen; andererseits; **~ oranla** im Vergleich/Verhältnis dazu; **~ rağmen** trotzdem

bunak *abw* senil; **~lık** ⟨-ğı⟩ *abw* Senilität *f*

bunalım Krise *f*

bunal|mak bedrückt sein (*-den* durch); gestresst sein (*-den* durch); **~mış** ganz benommen; **~tı** Bedrängnis *f*, Not *f*; Niedergeschlagenheit *f*, Gedrücktheit *f*; **~tıcı** bedrückend; *Hitze* drückend, schwül

bunaltmak in Atem halten

bunamak kindisch (*od* senil) werden

'**bunca** so viel, dermaßen (viel); *Zeit* lange; so groß

bun|da darin, daran, dabei; **~ bir iş var** es steckt etwas dahinter; **~dan** daher, deshalb; **~ böyle** künftig, in Zukunft; **~ dolayı** deswegen

'**bungalov** Bungalow *m*

bunlar *a abw* sie, die *pl*

bunsuz ohne das, ohne dies

bunun davon, dessen; **~ burası** letzten Endes, schließlich; **~la beraber** (*od* **birlikte**) zusammen damit; trotzdem, trotz allem; **~ için** deshalb; dafür; **~ kadar** so viel (groß, schnell *usw*); **~ üzerine** daraufhin

'**bunzen**: **~ beki** Bunsenbrenner *m*

bura diese Stelle, dieser Ort; **~ gazetesi** hiesige Zeitung; **~larda** in dieser Gegend; **~da** hier; **... ~ biter** hier(mit) endet ...; **~daki** hiesig; **~dan** von hier (aus); **~ geçilmez** Durchgang verboten

burağan heftige Bö; Unwetter *n*; Gewitterregen *m*

buralı hiesig (*nur Personen*); **~yım** ich bin von hier

buram: **~ ~ kokmak** stark (*abw* penetrant) riechen; **~ ~ tütmek** qualmen

buran → **burağan**

burası dieser Ort, hier; **~ neresi?** wo ist das hier?; **~ Kent Radyosu** hier spricht Radio Kent

buraya hierher

burcu: **~ ~ kokmak** (stark) duften

burç[1] ⟨-cu⟩ Turm *m*; Bastion *f*, Festung *f*; Tierkreiszeichen *n*; **~lar kuşağı** Tierkreis *m*

burç[2] ⟨-cu⟩ BOT Mistel *f*

burçak ⟨-ğı⟩ BOT (Acker)Wicke *f*; **~ ~** gewunden; gelockt

burdurmak (*-i -e*) *kaus von* **burmak**

burgaç ⟨-cı⟩ Strudel *m*; gekrümmt; gewunden; **~lamak** sich winden; sich krümmen

burgu Bohrer *m*; Korkenzieher *m*; **~ *hareketi*** LUFTF Trudeln *n*; **~ *kuyusu*** artesische(r) Brunnen

burgu|lamak *v/t* bohren (*a fig*); ausbohren; **~lu** gewunden, Schraub-

burjuva [-'wɑ] Bourgeois *m*, Bürger *m*; ***büyük* ~** Großbürger *m*; ***küçük* ~** Kleinbürger *m*, Spießer *m*

burjuvazi Bourgeoisie *f*, Bürgertum *n*

burk|mak ⟨-ar⟩ *v/t* umdrehen; **~ucu** *fig* beklemmend; Dreh-; **~ulmak** *Schraube* sich drehen lassen; sich (*D*) *den Fuß* verstauchen; ***yüreğim burkuldu*** mir tat das Herz weh; ***ayağım burkuldu*** ich habe mir den Fuß verrenkt (*od* verstaucht)

burma gedreht, gewunden; spiralförmig; MED Kolik *f*; *Bart* gezwirbelt

burmak ⟨-ar⟩ *v/t* drehen; winden; kastrieren; *Bart* zwirbeln; *das Herz* wird *j-m* schwer; *Schmerz* stechen (*in e-m Organ*); *Zitrone den Mund* zusammenziehen; kastrieren (*Tier*); ***bura bura sıkmak*** *Wäsche* auswringen

burnaz mit großer Nase

burs Stipendium *n*; *-e* **~ *vermek*** *j-m* ein Stipendium gewähren; **~lu** Stipendiat (-in *f*) *m*

buruk ⟨-ğu⟩ gedreht, gewunden; gezwirbelt; herb; traurig, schmerzlich; Abschied *m*; *Mund* zusammengezogen; *Person* leicht gekränkt; *Tier* kastriert; Verrenkung *f*, Verstauchung *f*; **~luk** ⟨-ğu⟩ Herbheit *f*; Gekränktheit *f*; **~su** säuerlich, herb

burulmak: ***midesi*** *usw* **~** stechende Schmerzen im Magen *usw* haben

burun ⟨-nu⟩ Nase *f*; Schnabel *m*; LUFTF, MAR Bug *m*; Spitze *f* (*Schuh*); GEOGR Kap *n*, Landzunge *f*; **~ *boşluğu*** Nasenhöhle *f*; *-e* **~ *burmak*** die Nase rümpfen (über *A*); *-le* **~ ~*a gelmek*** ganz nahe kommen (*D*); **~ *deliği*** Nasenloch *n*; Nüster *f*; **~ *kanadı*** Nasenflügel *m*; **~ *perdesi*** Nasenscheidewand *f*; *-e* **~ *yapmak*** hochnäsig sein gegenüber; *-in* ***burnu büyümek*** (*od* ***kabarmak***) überheblich werden; (*-in*) ***burnu havada*** aufgeblasen; *-in* ***burnu bile kanamamak*** mit heiler Haut davonkommen; *-in* ***burnuna çıkmak*** nicht ertragen können; *-in* ***burnuna girmek*** *j-m* unter die Augen kommen; sich in *j-s* Vertrauen schleichen; *-in* ***burnunda tütmek*** j-s Sehnsucht erwecken; *-in* ***burnundan (fitil fitil) gelmek*** j-n teuer zu stehen kommen (*etw Angenehmes*); ***burnunu çekmek*** schnäuzen, schnüffeln; *fig* das Nachsehen haben; *-e* ***burnunu sokmak*** F *fig* s-e Nase stecken (in *A*); AUTO drängeln; ***b-nin burnunu sürtmek*** j-n kleinkriegen; ***burnunun dibinde*** in nächster Nähe, F *fig* vor der Nase (*sein, liegen*); ***burnunun dikine gitmek*** nach s-m eigenen Kopf handeln; ***burnunun direği sızlamak*** traurig sein

burun|lu hochnäsig; mit ... Nase; **~luk** ⟨-ğu⟩ Nasenring *m*; *Schuhbeschlag* Spitze *f*; **~salık** ⟨-ğı⟩ Maulkorb *m*; **~suz** ohne Nase; F bescheiden

buruntu MED Kolik *f*, Stiche *m/pl*

buruş: **~ ~** (*od* **~ *kırış***) runzelig (*Gesicht, Früchte*); zerknittert (*Papier, Kleidung*); **~mak** runzelig (*od* faltig) werden; *Stirn* sich runzeln; *Stoff* knittern; *Mund* sich zusammenziehen; **~maz** *Stoff* knitterfrei; **~turmak** *v/t* Falten werfen; *Stirn* runzeln

buruşuk runzelig, faltig; *Stoff* zerknittert

buse [uː] Kuss *m*

but ⟨-du⟩ Oberschenkel *m*; Keule *f*

butafor THEA Requisiten *n/pl*

butaforcu Requisiteur *m*, -in *f*

butik ⟨-ki⟩ Boutique *f*

buut: ***üç* ~*lu*** dreidimensional

buymak ⟨-ar⟩ F erfrieren

buyruk ⟨-ğu⟩ Befehl *m*; ***başına* ~** eigensinnig

buyur: ***içeri(ye)* ~ *etmek*** hereinbitten; ***sofraya* ~ *etmek*** zu Tisch bitten

buyurmak: ***b-ne bş(-i)* ~** j-m etw befehlen; LIT geruhen, belieben (*zu tun*); ***buyurun(uz)!*** bitte!, herein!; bitte, treten Sie näher; bitte, nehmen Sie Platz!; bitte, bedienen Sie sich! ***bir şey mi buyurdunuz?*** wollten Sie etwas sagen?; ***bize (de) buyurun!*** besuchen Sie uns doch (auch)!; ***yine buyurun!*** beehren Sie uns wieder!; ***buyur!*** zu Befehl!; ***buyur?*** ja?, wie bitte?

buyuru → ***buyruk***

buz Eis *n*; **~ *gibi*** wie Eis; *fig* kalt(herzig); richtig(gehend); *Angelegenheit* wahr; *Fleisch* frisch und zart; **~ *kes(il)mek*** *Glieder* (*vor Kälte*) steif werden; erstarren; **~ *tutmuş*** (an)gefroren, *Straße* vereist; **~ *tutmak*** einfrieren; vereisen; **~**

B

tutması Vereisung *f*; **~lar çözüldü** *fig* das Eis ist gebrochen; ***Kuzey* ≈ *Denizi*** Nördliche(s) Eismeer

buz|çözer Abtauvorrichtung *f*; **~dağı** Eisberg *m*; **~dolabı** Kühlschrank *m*; **~hane** Kühlhaus *n*; **~kıran** Eisbrecher *m*; **~lanmak** zufrieren; sich mit Reif bedecken

buz|lu (ein)gefroren; Eis-; eisgekühlt; mit Eis (*serviert*); *Glas* mattiert, Milch-; **~luk** ⟨-ğu⟩ Gefrierfach *n*

buzul Gletscher *m*; ***~ çağı*** *od* ***devri*** Eiszeit *f*; **~taş** Moräne *f*

bücür Dreikäsehoch *m*

büfe Büfett *n*; Anrichte *f*; (Zeitungs)Kiosk *m*; Imbissstube *f*, Imbissstand *m*; ***açık ~*** offene(s) Büfett; ***soğuk ~*** kalte(s) Büfett; **~ci** Imbissbetreiber *m*, Kioskbesitzer *m*

büge ZOOL Bremse *f*

bük ⟨-kü⟩ Au *f*; Schilf *n*; Gestrüpp *n*

büken Beugemuskel *m*, Flexor *m*

büklüm Windung *f*; Kurve *f*; Falte *f*; Knick *m*; gekrümmt, bucklig; gewunden; ***iki ~ olmak*** sich zusammenducken

bük|me Schnur *f*; Litze *f*; **~mek** ⟨-er⟩ *fig* winden; *Faden* (zusammen)drehen; spinnen; krümmen, (um)biegen; falten; knicken; *Teppich* zusammenlegen

'Bükreş Bukarest *n*

bükücü Spinner *m*, -in *f*

büküк zusammengedreht; gebogen; gefaltet; gebeugt

bükülgen GR flektierend; biegsam

bükül|mek → ***bükmek***; sich verbiegen; ***beli ~*** vom Alter gebeugt sein; **~mez** unbiegsam, steif; *fig* unbeugsam

bükül|ü gekrümmt, gebogen; gedreht, gewunden; gesponnen; **~üş** wiegende Bewegung; Knick *m*

büküm Zusammendrehen *n*; Spinnen *n*; Biegen *n*; Falz *m*; Knicken *n*; ***~ oynağı*** Kniegelenk *n*; **~cü** Spinner *m*, -in *f*

bükün GR Flexion *f*; **~lü** LING flektierend

bükünmek sich winden (*vor Schmerz*)

büküntü Falte *f*; (*Magen*)Kolik *f*; (*Weg*)-Biegung *f*, Kurve *f*

bülbül Nachtigall *f*; ***~ gibi*** fließend *sprechen*; ***~ gibi açılmak*** gesprächig werden, *fig* auftauen; *-i* ***~ gibi söylemek*** ausplaudern (*A*); sein Herz ausschütten

bülten (amtliche) Mitteilung; Bulletin *n*; Informationsblatt *n*

bünye Bau *m*; Struktur *f* (*z.B. soziale*); Körperbau *m*, Konstitution *f*

'büro Büro *n*; JUR Anwaltspraxis *f*; Abteilung *f*; Schreibtisch *m*; ***~ malzemesi*** Bürobedarf *m*, Büroartikel *m/pl*

büro|krasi Bürokratie *f*; **~krat** Bürokrat *m*, -in *f*; **~kratik** bürokratisch

bürülü eingehüllt; eingewickelt; vermummt

bürüm Schicht *f*, Haut *f*, Hülle *f*; Paket *n*

bürüm|cek ⟨-ği⟩ Zusammengerollte(s); Packen *m*; **~cük** ⟨-ğü⟩ Musselin *m*

bürü|mek einwickeln; bedecken; *Nebel* einhüllen; **~nmek** eingehüllt sein (*-e* von); versinken, sich einhüllen (*-e* in)

'büsbütün ganz und gar, völlig, durchaus

büst ⟨-tü⟩ Büste *f*

bütan, bütangaz CHEM Butan *n*

bütçe Budget *n*, Haushalt(splan) *m*

bütün ganz, völlig; *pl* alle; (das) Ganze, Ungeteilte; Summe *f*; ***~ gün*** den ganzen Tag; ***~ çocuklar*** alle Kinder; **~ ~** *od* **~üyle** völlig, restlos; **~cül** totalitär

bütünleme: ***~ imtihanı*** Nachprüfung *f*; (***Türkçe dersinden***) ***~ye kalmak*** e-e Wiederholungsprüfung (im Fach Türkisch) machen müssen

bütünle|mek vervollständigen, ergänzen; **~meli** *nachzuprüfender Schüler*

bütünler ergänzend; PHYS Komplementär

bütünlük ⟨-ğü⟩ Ganzheit *f*, Einheit *f*; Integrität *f*

bütünsel vollständig; total, ganzheitlich; ***~ tıp*** ganzheitliche Medizin

büve, büvelek → ***büğe***

büyü Zauber *m*; Hexerei *f*; *-e* ***~ yapmak*** behexen *A*, verzaubern *A*

büyücek ziemlich groß; ansehnlich

büyücü Zauberer *m*; Hexe *f*; ***~ çırağı*** Zauberlehrling *m*; **~lük** ⟨-ğü⟩ Zauberei *f*, Magie *f*

büyük ⟨-ğü⟩ groß; älter, erwachsen; mächtig; ***~ abdest*** (***a aptes***) → ***abdest***; *-in* ***büyüğü*** (*od* ***~ aptesi***) ***gelmek*** F groß machen müssen; ***büyüğünü*** (*od* ***~ aptesini***) ***yapmak*** F groß machen; ***~ devletler*** (die) Großmächte; ***~ dil-balığı*** ZOOL Heilbutt *m*; ≈ ***İskender*** Alexander der Große; ≈ ***Sahra*** (die) Sahara; ***~ sanayi*** Großindustrie *f*, *-e*

~ gelmek Kleidung *j-m* zu groß sein
büyük|ana, ~anne Großmutter *f*
Büyükayı ASTR (der) Große Bär
büyük|baba Großvater *m*; **~elçi** Botschafter *m*; **~hanım** (die) ältere Dame
büyük|lenmek großtun; **~lük** ⟨-ğü⟩ Größe *f*, Bedeutung *f*, Großmut *f*; *~ bakımından ikincisi* (der) Zweitgrößte; *~ hastalığı* Größenwahnsinn *m*
büyük|semek übertreiben, überziehen; **~sü** *Kind* wie ein Erwachsener, altklug
büyülemek bezaubern, verhexen
büyüleyici bezaubernd
büyült|eç ⟨-ci⟩ → *büyüteç*; **~mek** größer machen; *Foto* vergrößern; *Tisch* ausziehen
büyülü Zauber-; *~ değnek* Zauberstab *m*
büyüme Wachstum *n*; *~ göstermek* *Brand* um sich greifen; *~ hızı* Wachstumsrate *f*
büyümek groß (*od* größer) werden (*a Kind*); aufwachsen, heranwachsen; *Feuer* sich ausbreiten; *Streit* sich verschärfen; *büyümüş de küçülmüş* *Kind* wie ein Erwachsener, altklug
büyüteç ⟨-ci⟩ Vergrößerungsglas *n*
büyütme Pflegekind *n*
büyütmek *v/t* vergrößern (*a Bild*); *Kind* großziehen; *Kräfte* verstärken; *Industrie* erweitern; *Problem* komplizieren
büzgen ANAT Schließmuskel *m*
büzgü Plissee *n*, Fältelung *f*; **~lü** mit Falten; plissiert
büzme *Sack* (oben) zusammengezogen
büzmek ⟨-er⟩ *v/t* zusammenziehen; *Kleid* plissieren; MED *Gefäße* verengen
büzmeli zusammengezogen; plissiert
büzük ⟨-ğü⟩ gekräuselt; plissiert; eingeschrumpft; F After *m*; F *fig* Schneid *m*
büzülmek sich zusammenziehen; schrumpfen; Falten werfen; sich verkriechen (*in e-e Ecke*); *Stoff* einlaufen
büzüş|mek sich kräuseln; **~ük** (zusammen)geschrumpft

C

c, C [dʒɛː, *deutsch etwa* dsch], c, C *n*; MUS C-moll, C-Dur
-ca → *-ce*
c. *Abk. für* *cilt* Band (Bd.)
'caba umsonst; obendrein; *~ etmek* schenken; dazugeben; *bu da onun ~sı* und das kommt noch (gratis) dazu; **~dan** unentgeltlich
cacık ⟨-ğı⟩ GASTR Tzatziki *n*; *Getränk aus frischen Gurken und Joghurt*
cad. *Abk. für* *cadde(si)* Straße *f* (Str.)
cadaloz Xanthippe *f*, alte Hexe; **~luk** ⟨-ğu⟩ Bosheit *f*, Boshaftigkeit *f*
cadde Straße *f*, Avenue *f*; *ana ~* Chaussee *f*, Fernverkehrsstraße *f*
cadı Hexe *f*, Furie *f*
cafcaf Pomp *m*; hochtrabende(s) Gerede; klatschsüchtig; *~ etmek* *f* klatschen
cahil [ɑː] unwissend; unerfahren; laienhaft; *-in ~i olmak* ein Laie sein (in *D*); **~leşmek** *v/i* verdummen; **~lik** ⟨-ği⟩ Unwissenheit *f*, *~ etmek* e-e Dummheit begehen
caiz [ɑː] erlaubt, zulässig; legal; *~ değil* nicht am Platze; unstatthaft; *tabir(i) ~se* mit Verlaub gesagt
'caka F Angeberei *f*, Effekthascherei *f*, *~ satmak* (*od* *yapmak*) sich wichtig machen, prunken, paradieren; **~cı** *f* Angeber *m*, -in *f*, Stutzer *m*; **~lı** wichtig tuend; stutzerhaft
calip [ɑː]: *-i ~ olmak* *z.B. Zweifel* wecken
cam Glas *n*; (Glas)Scheibe *f*, FOTO Platte *f*, Glas-; *~ elyafı* Glasfaser *f*, *-e ~ takmak* Scheibe(n) einsetzen (in *A*), verglasen (*A*)
camadan MAR Reff *n*; *~ bağlamak* reffen
cambaz Akrobat *m*, Seiltänzer *m*; Pferdehändler *m*; Meister *m* (*des Wortes usw*); Gauner *m*, Spitzbube *m*; *adj* verschlagen; **~hane** [ɑː] Zirkus *m*; **~lık** ⟨-ğı⟩ Akrobatik *f*, Seilkunst *f*, *fig* Verschlagenheit *f*, *~ yapmak* mogeln
camcı Glaser *m*; *~ dükkanı* Glaserei *f*
camekân Schaukasten *m*; Schaufenster *n*; Vitrine *f*, Treibhaus *n*, Orangerie *f*,

~lı verglast; ... mit Schaufenster
camgöbeği Türkis *n*; türkis(farben)
camgöz Glasauge *n*; *fig* gierig; **~ (balığı)** Hundshai *m*, Biethai *m*
cami ⟨-i od -si⟩ Moschee *f*
camia [dʒɑː-] Gesamtheit *f*; Gesellschaft *f*; Gemeinschaft *f*; Block *m*
camipliği ⟨-ni⟩ Glasfaser *f*
cam|lamak *v/t* einrahmen; **~latmak** einrahmen lassen
cam|lı Glas-; **~dolap** Glasschrank *m*; **~lık** ⟨-ğı⟩ Glaswand *f*; Glasveranda *f*; **~sı** glasig; ANAT Glas- (*Körper*); **~yünü** Glaswolle *f*
can Leben *n*; Seele *f*; (*a als Zählwort*); Gesundheit *f*, Lebenskraft *f*; *adj Person* feinfühlig; entgegenkommend; aufrichtig; *bes Kind* lieb; **~ acısı** heftige(r) Schmerz; **~ alacak nokta** (*od* **yer**) Kernpunkt *m*, des Pudels Kern; **~ alıcı** ohrenbetäubend; vernichtend; *fig* heikel; wunde(r) Punkt; **~ almak** (Todes-) Opfer fordern; **~ atarcasına** leidenschaftlich; *-e* **~ atmak** sehnlichst wünschen (*A od* zu ...); sich flüchten (zu *D*); **~ baş üstüme** ... wird gern erledigt; **~ borcunu ödemek** das Zeitliche segnen; **~ çekişmek** mit dem Tode kämpfen; sich herumquälen; **~ damarı** Lebensnerv *m*; **~ dostu** Busenfreund *m*; **~ düşmanı** Todfeind *m*; **~ havliyle** aus Leibeskräften; **~ kaybı** Verluste *m/pl* an Menschenleben; **~ kurtaran yok mu** Hilfe!; **~ sıkıntısı** Langweile *f*; Ärgernis *n*, Verdruss *m*; **~ vermek** umkommen; (*-e*) *j-m* wieder Mut geben; wieder zum Leben erwecken *A*; **... için ~ vermek** sein Leben opfern für; lechzen nach; **~ yakmak** peinigen; *j-m* schaden; F ins Geld laufen; **~a yakın** sympathisch; *Lied* rührend; **~ı ağzına gelmek** wie gerädert sein; abgehärmt sein; e-n Schreck bekommen; *-i* **~ı çekiyor** er/sie hat Appetit (auf *A*); **~ı çıkmak** den Geist aufgeben; F krepieren; sich umbringen (*-den* vor *D*); *Kleid* sich abtragen, zerschleißen; **~ı pek** *Person* zäh; *-in* **~ı sıkılmak** sich langweilen; bedrückt sein; sich ärgern (*-den* über *A*); *-in* **~ı yanmak** heftige Schmerzen haben; satt haben (*-den* *j-n*); *-in* **~ına tak demek** (*od* **etmek**) *j-m* unerträglich werden; **~ına yandığım(ın)** F verflixt; herrlich; Teufels-; **~la başla** mit Herz und Seele; **canım** mein(e) Liebe(r)!; mein Kind; **yok canım** aber nicht doch!?; wirklich!?; sieh mal an!; **canım** [dʒaː'nɯm] herrlich, wunderschön
canavar wilde(s) Tier, Raubtier *n*; Drache *m*; *fig* Unhold *m*, Unmensch *m*; *adj* wild, brutal; **~ düdüğü** Sirene *f*; **~ gibi** wie ein Pferd (*arbeiten*); mit einem Affentempo; **~ca** brutal, bestialisch; **~laşmak** zur Bestie werden
canciğer intim, nahe, innig (*Person*); **biz onunla ~iz** wir sind unzertrennlich; **~ kuzu sarması** *scherzh* sehr innig
candan von Herzen, herzlich; lebhaft *interessiert*, aufrichtig *verbunden*; **(en) ~ dilek** Herzenswunsch *m*; *-i* **~ kutlarım** ich gratuliere herzlich (zu *D*); **~ dileklerimle** (*od* **selamlarımla**) mit besten Wünschen (*od* Grüßen); **~lık** ⟨-ğı⟩ Herzlichkeit *f*, Aufrichtigkeit *f*
'canevi ⟨-ni⟩: **b-ni ~nden vurmak** j-n bis ins Mark treffen; **b-ni ~nden yakalamak** ein schlagendes Argument gegenüber j-m anbringen
canfes Taft *m*
cangıl: **~ congul** bim bam; Gebimmel *n*
canhıraş [ɑː] herzzerreißend; ohrenbetäubend (*Lärm*)
cani [dʒɑːniː] Verbrecher *m*, -in *f*, Mörder *m*, -in *f*; **~yane** verbrecherisch
cankurtaran Rettungswagen *m*; (Lebens)Retter *m*; **~ ceketi** Schwimmweste *f*; **~ gemisi** Rettungsschiff *n*; **~ kemeri** Rettungsgürtel *m*; **~ sandalı** Rettungsboot *n*; **~ simidi** Rettungsring *m*
canlandır|ıcı belebend; Trickfilmzeichner *m*; **~ma** Belebung *f*; Wiederbelebung *f*; **~ filmi** Trickfilm *m*; **~mak** wieder beleben; nachvollziehen; *Beziehungen* wieder aufnehmen; *Schauspieler* darstellen
canlanmak wieder aufleben; *Kranker* wieder zu Kräften kommen; *fig* wieder lebendig werden
canlı lebendig; lebend; GR belebt; -süchtig; *Kind*, *Handelsplatz* lebhaft; *Rede* anschaulich; TV live, Live-, Direkt- (*Übertragung*); *subst* Lebewesen *n*; Liebhaber *m*, Freund *m* (von *D*); F Fan *m*; **~ varlık** Lebewesen *n*; **çocuk ~sı** Kinderfreund *m*; kinderliebend; **içki ~sı** trunksüchtig; Alkoholiker *m*; **para ~sı** geldgierig; **~laştırma** Personifi-

zierung *f*; **~lık** ⟨-ğı⟩ Lebhaftigkeit *f*; *wirtschaftliche* Belebung *f*; (*Farben*)-Pracht *f*

cansız leblos; GR unbelebt; *Darstellung* farblos, F lahm; ÖKON tot; *Person* schlapp, lahm; **~ *düşmek*** sehr schwach (F schlapp) werden (*od* sein); **~ *madde(ler)*** anorganische Materie; **~laştırmak** zum Erliegen bringen; entseelen; **~lık** ⟨-ğı⟩ Leblosigkeit *f*; Schlappheit *f*

cant ⟨-tı⟩ Felgenkranz *m*

'capcanlı quicklebendig

car: **~ ~ *etmek*** (laut) plappern, quatschen

carcar Plaudertasche *f*, Schwätzer *m*, -in *f*

carcur[1] *f* Reißverschluss *m*

carcur[2]: **~ *etmek*** *etw* daherquasseln

cari [dʒɑːriː] *Verfahren* geltend, üblich; *Geld* gültig; *Monat usw* laufend; **~ *harcamalar*** laufende Kosten *pl*; **~ *hesap*** Girokonto *n*

carlamak laut schwatzen; *v/t* ausplaudern; ausposaunen

cart ⟨-dı⟩ Krach *m*; Knistern *n*; **~ ~ *ötmek*** krachen; *fig* schwadronieren

'carta F Furz *m*; **~*yı çekmek*** e-n (Furz) fahren lassen; F *fig* abkratzen

'cartadak bums; mit e-m Bums

'cascavlak splitternackt; *Kopf* völlig kahl; *-i* **~ *etmek*** *Tier* kahl fressen (*A*); **~ *kalmak*** F in der Tinte sitzen

casus [ɑː] Spion *m*, -in *f*

casusluk ⟨-ğu⟩ Spionage *f*; ***casusluğa karşı koruma*** Spionageabwehr *f*; **~ *etmek*** spionieren

cavlak nackt; kahl; kurz geschoren; ***cavlağı çekmek*** F abkratzen

cavlamak F abnibbeln

caydırıcı beschwörend, überredend

caydırmak (*-i -den*) *j-m etw* ausreden, *j-n* abbringen von

cayır: **~ ~** ritsche, ratsche; knisternd; mit sanfter Gewalt *nehmen*; **~ ~ *işlemek*** *Geschäft* blendend gehen; **~ ~ *yanmak*** *Feuer* knistern; *Haus* lichterloh abbrennen; **~ ~ *yırtılmak*** ritsch, ratsch zu Fetzen werden; **~damak** knistern; *Tür* knarren; **~tı** Krachen *n*; Knistern *n*, Knarren *n*; **~(*yı*) *vermek*** e-n Schrecken einjagen (*-e j-m*)

caymak ⟨-ar⟩ Abstand nehmen (*-den* von *D*); sein Wort zurücknehmen; F sich verdrücken

caz Jazz *m*; '**~bant** ⟨-tı⟩ Jazzband *f*; **~cı** Jazzmusiker *m*, -in *f*, F Jazzer *m*, -in *f*

cazgır *Ausrufer und Fürbitter der Ringkämpfer*

cazırdamak *Feuer* knistern, prasseln

cazırtı Knistern *n*; Knarren *n*, Quietschen *n der Wagen*

cazibe [ɑː] Charme *m*, Zauber *m*, Anziehungskraft *f*

cazibeli attraktiv

cazip [ɑː] ⟨-bi⟩ interessant (*Vorschlag*); attraktiv

CD [siːdiː] CD *f*; **~ *çalar*** CD-Spieler *m*; **~ *yazıcı*** CD-Brenner *m*

-ce *Äquativsuffix*; *Passivsuffix* von (*D*), durch (*A*) → ***tarafından***

cebbar [ɑː] Tyrann *m*; gewalttätig; mächtig; *Gott* allmächtig; F pfiffig

Cebelitarık Gibraltar *n*; **~ *Boğazı*** Straße *f* von Gibraltar

cebelleşmek diskutieren, debattieren

ce'bellezi: **~ *etmek*** F mitgehen lassen

ceberut ⟨-tu⟩ Hochmut *m*; Gewalttätigkeit *f*; gewalttätig

cebir[1] ⟨-bri⟩ Gewalt *f*; MED Einrenkung *f*; Kompensation *f*

cebir[2] ⟨-bri⟩ Algebra *f*

cebire [iː] MED Schiene *f*; TECH Lasche *f*; *-i* **~(*yle*) *bağlamak*** schienen (*A*)

cebirsel algebraisch

Cebrail [-ɑːiːl] REL Gabriel *m*

'cebr|en gewaltsam; **~etmek** zwingen (*-i -e j-n* zu *D*); sich enthalten (*-den G*)

cebrî [iː] gewaltsam; Zwangs- (*Maßnahmen*); Sturm- (*Angriff*); **~ *yürüyüş*** Gewaltmarsch *m*

cefa [ɑː] Quälerei *f*; Leiden *n/pl*; **~ *çekmek*** schwere Prüfungen durchmachen; **~keş** [ɑː] Dulder *m*, -in *f*

cehalet [ɑː] ⟨-ti⟩ Unwissenheit *f*

cehennem Hölle *f*; **~ *azabı çekmek*** Höllenqualen erleiden; **~ *ol* (*buradan*)** scher dich zum Teufel!; **♀ *Tanrısı*** Satan *m*

cehennem|î [iː] höllisch (*Hitze*, *Tempo*); **~lik** ⟨-ği⟩ Heizung *f* (*im türk. Bad*); *fig* Ausgeburt *f* der Hölle

ceket ⟨-ti⟩ Jackett *n*, Sakko *n*; TECH Mantel *m*, Hülle *f*; MED **~ *k(u)ron*** Jacketkrone *f*

celal [ɑː] *fig* Größe *f*, Zorn *m*, Unmut *m*

celbe Jagdtasche *f*

celep ⟨-bi⟩, **~çi** Viehhändler *m*

cellat ⟨-dı⟩ Scharfrichter *m*; grausam

celp ⟨-bi⟩ JUR Vorladung *f*; MIL Einberufung *f* (*a e-r Versammlung*); ***dikkati ~ etmek*** die Aufmerksamkeit fesseln; ***~name*** JUR Vorladung *f*
celse Sitzung *f*; JUR Gerichtsverhandlung *f*; ***~ raporu*** Sitzungsprotokoll *n*
cemaat [-mɑː-] ⟨-ti⟩ (Menschen)Menge *f*; (Dorf)Bevölkerung *f*; REL Gemeinde *f*
'ceman insgesamt; Gesamt- (*Tonnage*)
cemaziyülevvel [-ɑː-]: *-in* ***~ini bilmek*** *j-s* (*dunkle*) Vorgeschichte kennen
cemiyet ⟨-ti⟩ Gesellschaft *f*; Verein *m*; Kreis *m*; Bund *m*; *türk.* Bevölkerung(steil *m*) *f*; Feierlichkeit *f*
cemiyetçi Vereinsaktivist *m*, -in *f*; *fig* Organisationstalent *n*
cemre Erwärmung *f* (*im Februar*); MED Furunkel *m*
cenabet [ɑː] ⟨-ti⟩ REL Unreinheit *f* (*bes durch sexuelle Betätigung*); *fig Sache* verdammt; *Person* Ekel *n*; ***~ olmak*** REL unrein werden
cenah [ɑː] MIL Flanke *f*
cenap [ɑː] ⟨-bı⟩: ***Cenabı Allah, Cenabı Hak*** (der) Herrgott; ***... ~ları*** Seine Exzellenz
cenaze [ɑː] Verstorbene(r), sterbliche Überreste *pl*; Bestattung *f*; ***~ alayı*** Leichenzug *m*; ***~ namazı*** REL Trauergebet *n* (*vor der Moschee*); ***~ töreni*** Trauerfeier *f* (*weltlich*); ***~ marşı*** Trauermarsch *m*; ***buyurun ~ namazına*** *scherzh* na dann, gute Nacht!; ***~yi kaldırmak*** zu Grabe tragen
cendere Walze *f*; Rolle *f*, Mangel *f*; Engpass *m*; *-i* ***~ye koymak*** (*od* ***sokmak***) *fig j-m* gehörig zusetzen
Ce'nevre Genf *n*
cengâver kriegerisch; Krieger *m*
cengel Dschungel *m*
Cengiz: ***~ Han*** Dschingis-Khan *m*
cenin [iː] Embryo *m*; ***~i sakıt*** Fehlgeburt *f*, Frühgeburt *f*
cenk ⟨-gi⟩ Kampf *m*
cennet ⟨-ti⟩ Paradies *n*; ***~ öküzü*** Dorfdepp *m*; ***~kuşu*** ⟨-nu⟩ Paradiesvogel *m*; Uferschwalbe *f*
cennetli seligen Angedenkens, selig
cennetlik ⟨-ği⟩ fromm; selig; F (*er, sie ist usw*) ... im Himmel
'Cenova Genua *n*
centilmen Gentleman *m*, feine(r) Mann; ***~ce*** fair, anständig, ritterlich
centilmenlik ⟨-ği⟩ Korrektheit *f*
cep ⟨-bi⟩ Tasche *f*; AUTO Einbuchtung *f*; ***~ feneri*** Taschenlampe *f*; ***~ harçlığı*** Taschengeld *n*; ***~ kitabı*** Taschenbuch *n*; ***~ saati*** Taschenuhr *f*; ***~ (telefonu)*** F Handy *n*; ***cebi boş*** (*od* ***delik***) Habenichts *m*; ***~te*** in der Tasche; *fig* gemacht, geregelt; ***~ten aramak*** vom Handy aus anrufen; ***~ten*** (*od* ***cebinden***) ***ödemek*** aus der eigenen Tasche zahlen
cephane [ɑː] Munition *f*; ***~lik*** ⟨-ği⟩ Munitionslager *n*
cephe (Haus)Fassade *f*, Frontseite *f*; MIL Front *f* (*a Wetter*); *fig* Seite *f*; Frontal- (*Angriff*); *-e* (***karşı***) ***~ almak*** Front machen gegen; ***~ gerisi*** MIL Etappe *f*; ***~li***: ***iki ~ savaş*** Zweifrontenkrieg *m*
cerahat [-rɑː-] ⟨-ti⟩ Eiter *m*
cerbeze Wortgewandtheit *f*
cereyan [-ɑːn] Fließen *n*; Strom *m* (*a* EL); Ablauf *m der Ereignisse*; Strömung *f in der Kunst usw*; (Luft)Zug *m*; ***~ etmek*** stattfinden; im Gange sein; *Gespräche, Kämpfe* geführt werden; ***burası ~ yapıyor*** es zieht hier; *-e* ***~ vermek*** unter Strom stellen *A*
cereyanlı: ***yüksek ~*** Hochspannungs-
ceride [iː] HIST Zeitung *f*, Journal *n*; Register *n*
Cermen Germane *m*, Germanin *f*
Cermence (das) Germanisch(e)
cerrah [-ɑːx] Chirurg *m*, -in *f*, HIST Quacksalber *m*
cerrahi Chirurgie *f* (*Fach, Abteilung*)
cerrahî [-iː] chirurgisch; ***~ müdahale*** chirurgische(r) Eingriff, Operation *f*
cesaret [ɑː] ⟨-ti⟩ Mut *m*; Kühnheit *f*, Verwegenheit *f*; ***~ almak*** Mut schöpfen (*-den* aus *D*); *-e* ***~ etmek*** (es) wagen zu ...; sich entschließen zu ...; *-e* ***~ vermek*** *j-n* ermutigen (zu *D*); ***~lenmek*** Mut fassen; *-den* Mut schöpfen aus; ***~li*** mutig; kühn; dreist; ***~siz*** mutlos; schüchtern
ceset ⟨-di⟩ Leiche *f*, Körper *m*
cesur mutig; furchtlos; entschlossen
cet ⟨-ddi⟩ Vorfahr *m*; ***ceddine rahmet!*** danke; prima!, Donnerwetter!
cetvel *fig* Lineal *n*; Tafel *f*, Tabelle *f*, (*Bewässerungs*)Kanal *m*; Graben *m*; ***puan ~i*** SPORT Punktetabelle *f*, ***T ~i*** Reißschiene *f*
ce'vaben [ɑː] in Beantwortung (*-e G*)

cevabî [iː] Antwort- (*z.B. Note*)
cevahir [ɑː] Juwelen *n/pl*; **~ci** Juwelier *m*
cevap ⟨-bı⟩ Antwort *f*, → ***karşılık***; **~ *lâyihası*** JUR *etwa* Verteidigungsschrift *f*; *-e* **~ *vermek*** *j-m* antworten; *e-n Brief* beantworten; ***cevabı yapıştırmak*** kontern; **~landırmak** *v/t* beantworten; **~sız**: *-i* **~ *bırakmak*** unbeantwortet lassen
cevaz [ɑː]: *-e* **~ *vermek*** zulassen (*A*), gestatten (*D*)
cevher PHIL Wesen *n*, Substanz *f*; Edelstein *m*; *fig* Talent *n*, Anlagen *f/pl*; **~ *yumurtlamak*** *scherzh* mal wieder Weisheiten verzapfen
cevherli kostbar; *Kind* talentiert, begabt
ceviz Walnuss *f*; Nussbaum(holz *n*) *m*; ... aus Nussbaum; ***çetin*** **~** harte Nuss; *Person* stur(er) Mensch
ceylan Gazelle *f*
ceza [ɑː] Strafe *f*, Bußgeld *n*; **~ *alanı*** → **~ *sahası***; **~ *almak*** e-e Strafe bekommen; **~ *çekmek*** e-e Strafe verbüßen (*-den* wegen *G*); **~ *hukuku*** Strafrecht *n*; **~ *kanunu*** Strafgesetzbuch *n*; *-e* **~ *kesmek*** *j-m* e-e Geldstrafe auferlegen; **~ *muhakemeleri usulü kanunu*** Strafprozessordnung *f*; **~ *ödemek*** Strafe zahlen; **~ *sahası*** SPORT Strafraum *m*; ***b-ni*** **~ *vermek*** j-n bestrafen; **~ *vermek*** (*od* ***ödemek***) Strafe zahlen; **~ *vuruşu*** SPORT Strafstoß *m*; **~ *yazmak*** F *j-n* aufschreiben → **~ *kesmek***; **~*yı ağırlatıcı sebepler*** strafverschärfende Umstände *m/pl*; **~*sını bitirmek*** (*od* ***doldurmak***) s-e Strafe absitzen; **~*sını bulmak*** s-e verdiente Strafe finden; *-in* **~*sını çekmek*** *od* ***görmek*** büßen müssen (für *A*); **~*ya kalmak*** *Schüler* nachsitzen müssen; ***ağır*** **~** Freiheitsstrafe *f* (*Türkei über 5 Jahre*); ***hapis*** **~*sı*** Gefängnisstrafe *f*; ***idam*** (*od* ***ölüm***) **~*sı*** Todesstrafe *f*
ceˈzaevi Gefängnis *n*, Strafanstalt *f*
cezaî [iː] JUR strafrechtlich
cezalandır|ılma Bestrafung *f*; Zahlung *f* e-r Strafe; **~ılmak** bestraft werden; e-e Geldstrafe zahlen müssen; **~mak** bestrafen; e-e Geldstrafe auferlegen
cezalı verurteilt; *bes Schüler* bestraft; zu e-r Geldstrafe verurteilt; **~ *bilet*** Fahrschein *m* mit Strafzuschlag; **~ *posta ücreti*** Strafporto *n*
Ceˈzayir [ɑː] Algier *n*; Algerien *n*; **~li** Algerier *m*, -in *f*; algerisch
cezbe Ekstase *f*, Verzückung *f*
cezbelenmek in Ekstase geraten
ˈcezbetmek *v/t* anziehen; *fig* betören
cezir ⟨cezri⟩ Ebbe *f*
cezve Kaffee-, Mokkakännchen *n*
cıbıl *dial* nackt; bettelarm
cıcık ⟨-ğı⟩ F etwas Hübsches; Schmuck *m*; *-in* ***cıcığını çıkarmak*** abnutzen, zerfleddern *A*; *fig* zerreden; *-in* ***cıcığı çıkmak*** sich abnutzen; sich abhetzen
cıˈgara F Zigarette *f*
cılız hinfällig; *Licht* trübe; **~laşmak** schwach (*od* schwächer) werden; *fig* schwächer (*inhaltslos*) werden
cılk ⟨-kı⟩ *Ei* faul; *Weg* matschig; *Wunde* eiternd, eitrig; **~ *çıkmak*** faul sein; *Sache* fehlschlagen; *Bemühungen* F für die Katz sein; *-in* **~*ı çıkmak*** matschig werden; degenerieren, versaut werden
cılklaşmak faulen, F angehen
cımbız Pinzette *f*, *fig* Stichelei *f*; **~lamak** mit e-r Pinzette entfernen; *fig* sticheln
cır: **~ ~ *ötmek*** *Grasmücke* zirpen; *fig* plappern, quasseln; *Kind* schreien
cırcır Knarre *f*, Klapper *f*; F Durchfall *m*; *fig* Quasseltante *f*; TECH Drillbohrer *m*; **~ *olmak*** Durchfall haben; **~böceği** ZOOL Grille *f*, Heimchen *n*
cırıldamak zirpen; F quäken; quasseln
cırlak ⟨-ğı⟩ Fistelstimme *f*; ZOOL Grille *f*; Neuntöter *m*; Schwätzer *m*, -in *f*; *Farbe* schreiend
cırlamak winseln; quieken; F quasseln
cırnak F (Finger-/Fuß)Nagel *m*
cırnaklamak *v/t* F verkratzen
cırt ritsch, ratsch; Klettverschluss *m*; **~lak** ⟨-ğı⟩ *Frucht* platzend vor Reife, vollreif; Aufschneider *m*; → **cırlak**; **~lamak** platzen (vor Reife); *Papier* ratsch machen
ˈcıva Quecksilber *n*; **~ *gibi olmak*** *fig* kein Sitzfleisch haben
cıˈvadra MAR Bugspriet *m*
cıvalı Quecksilber-; quecksilberhaltig
cıˈvata TECH Bolzen *m*; Schraube *f*
cıˈvatalamak verbolzen; verschrauben
cıˈvatalı verbolzt; Schrauben-
cıvık ⟨-ğı⟩ klebrig, schlammig; F matschig; *Farbe* auffallend; *Person* zynisch; frech; **~ *etmek*** → ***cıvıklamak***; **~lamak** das Spiel verderben
cıvık|lanmak, **~laşmak** klebrig wer-

den; frech werden; **~lık** ⟨-ğı⟩ Frechheit *f*

C

cıvıl *Stadt* geräuschvoll; ***~ ~ konuşmak*** plappern; ***~ ~ ötmek*** zwitschern; piepen; **~damak** zwitschern

cıvıltı Zwitschern *n*; Piepen *n*; *Spatz* Tschilpen *n*

cıvımak → ***cıvıklamak, cıvıklanmak***

cıvıtmak *kaus von* **cıvımak**; frech werden

cıyak: ***~ ~ bağırmak*** → ***cıyaklamak***

cıyaklamak *fig* wie am Spieß schreien; piepsen; plappern

cıyırtı (ein) Ratsch-Geräusch *n*; Rascheln *n*, Knistern *n*

cız *bei Kinderspiel* es brennt!; ***~ diye*** ganz gehörig *stechen usw*; ***~ etmek*** zischen; brutzeln; ***içim*** (*od* ***yüreğim***) ***cız etti*** das gab mir einen Stich

cızbız gegrillt (*Fleisch*)

cızık ⟨-ğı⟩ Grieben *f/pl*

cızıltı Brutzeln *n*, Zischen *n*; Knarren *n*; Kritzeln *n*

cızır: ***~ ~ kızarmak*** *v/i* brutzeln, zischen; **~damak** brutzeln; *Feder* kratzen; *Schnee* knirschen; *Tür* knarren

cızlam: ***~ı çekmek*** F verduften

cızlamak → ***cız etmek***

'cızsineği ⟨-ni⟩ ZOOL (Pferde)Bremse *f*

cibinlik ⟨-ği⟩ Moskitonetz *n*

'cibre ZOOL Brassen *m*, Blei *m*

cici *etwas Schönes, Neues usw* (*für Kinder*); ***~m!*** mein Liebling!; ***~m ayı*** Honigmond *m*; **~anne** *Kindersprache* Oma!, Tante!

cicili: ***~ bicili*** mit Verzierungen überladen; (allzu) verspielt; protzig

cicim *Art* Kelim *m*

cicoz Murmel(spiel *n*) *f*

cicozlamak F abhauen, verduften

cidar [ɑː] (*z.B. Magen*)Wand *f*

'cidden ernstlich, im Ernst, wirklich

ciddî [-iː] ernst; seriös; *Grundlage* solide, gesichert; *Liebe* echt, wirklich; *adv* ernstlich (*sprechen usw*); *-i* ***~ye almak*** *etw* (*A*) ernst nehmen; *-i* ***~ye almamak*** *etw* (zu) leicht nehmen

ciddî|leşmek e-e ernste Wendung nehmen, sich zuspitzen; **~lik** ⟨-ği⟩ Ernst *m* (*der Lage*); Ernsthaftigkeit *f*

ciddiyet → ***ciddîlik***

cif [sɪf] ÖKON cif. = Kosten, Versicherung und Fracht eingeschlossen

ciğer (*a* ***~ler***) F Eingeweide *pl*, Innereien *pl*; (*karaciğer*) Leber *f*; (*akciğer*) Lunge *f*; *fig* Seele *f*, Herz *n*; Innerste(s); ***~i beş para etmez*** Taugenichts *m*; ***~imin köşesi*** mein Herz!; mein geliebtes Kind!; *-in* ***~ini okumak*** *j-s* Gedanken lesen; *-in* ***~i yanıyor*** *j-m* blutet das Herz (*-den* vor *D*); ***bu adamın ~i yok*** dieser Mensch hat keinen Mumm

ciğerpare [ɑː] Herzblatt *n*

cihan [ɑː] Welt *f*; **~gir** Welteroberer *m*

cihar [dʒɑːr] *Würfel* vier; ***hep ~*** Pasch *m* vier; **~ıdü** vier und zwei; **~ıse** vier und drei; **~ıyek** vier und eins

cihat [ɑː] ⟨-dı⟩ heilige(r) Krieg

cihaz [ɑː] Gerät *n*; Apparatur *f*; ANAT System *n*; ***devlet ~ı*** Staatsapparat *m*

cihet ⟨-ti⟩ Seite *f*, Richtung *f*, Gesichtspunkt *m*, Aspekt *m*, Modalität *f*, Motiv *n*; *-diği* **~(iy)le** *konj* da, weil; angesichts dessen, dass

cila [ɑː] Politur *f*, Lack *m*, Firnis *m*; *fig* Glanz *m*; Polieren *n*; *fig* Tünche *f*, Firnis *m*; **~cı** Polierer *m*; Lackierer *m*

cila|lamak *v/t* polieren; lackieren; firnissen; *fig* (*-e*) Stimmung bringen (in *A*), aufheitern (*A*); **~latmak** polieren lassen *usw*; **~lı** poliert, lackiert; Glanz-; glänzend; ***♀ Taş Devri*** Jungsteinzeit *f*

cild|iye Dermatologie *f*, Hautklinik *f*; **~iyeci** F Hautarzt *m*, -ärztin *f*

cilt ⟨-di⟩ Haut *f*; Einband *m*; Band *m* (*e-s Werkes*); ***~ atölyesi*** Buchbinderei *f*; ***~ hastalığı*** Hautkrankheit *f*; ***~ rengi*** Hautfarbe *f*; **~çi** Buchbinder *m*, -in *f*; **~lemek** *Buch* binden; **~li** gebunden; ***iki ~*** zweibändig; **~lik** ...bändig; Einband-; **~siz** ungebunden

cilve Reiz *m*, Anmut *f*, Koketterie *f*; *fig* Laune *f*, Erscheinung(sbild *n*) *f*, Aspekt *m*; ***kaderin ~si*** Ironie *f des Schicksals*; ***~ etmek*** (*od* ***yapmak***) → ***cilvelenmek***; **~lenmek** kokettieren, anbändeln; **~leşmek** kokettieren (*-le* mit *D*); sich (= einander) necken; **~li** kokett

cima [ɑː] ⟨-aı⟩ Beischlaf *m*, Koitus *m*

cimcime *Art kleine, süße* Melone; nett, reizend (*Kind*)

cimnastik ⟨-ği⟩ Gymnastik *f*; ***~ aleti*** Heimtrainer *m*

cimri geizig, knauserig; **~lik** ⟨-ği⟩ Geiz *m*; Knauserei *f*; ***~ etmek*** geizen

cin[1] ⟨-nni⟩ Dämon *m*, böse(r) Geist; Schelm *m*, Spitzbube *m*; ***~ fikirli*** super-

klug; aufgeweckt; verschlagen; *Kind* Wildfang *m*; ***-de ~ler cirit oynuyor*** (*od* ***atıyor***) da sagen sich die Füchse gute Nacht; ***~leri başına toplanmak*** (*od* ***üşüşmek***) fuchsteufelswild werden
cin² Gin *m*, Wacholderbranntwein *m*
cinaî [ɑːiː] kriminell; Kriminal-
cinas [ɑː] Wortspiel *n*; Zweideutigkeit *f*
cinaslı zweideutig, anzüglich
cinayet [ɑː] Mord *m*; ***~ davası*** Mordprozess *m*; ***~ romanı*** Kriminalroman *m*; ***~ işlemek*** einen Mord begehen
cingöz → ***cin fikirli***
cinli fuchsteufelswild
cinnet ⟨-ti⟩ Wahnsinn *m*; ***~ geçirmek*** wahnsinnig werden; amok laufen
cins Art *f*, Sorte *f*, BIOL Gattung *f*, (*Tier*)Rasse *f*, Abstammung *f*, Schlag *m*; BIOL, GR Geschlecht *n*; **~ ~** verschiedenartig; ***~ ~ ayırmak*** sortieren; sichten; ***~ bir köpek*** ein Rassehund; ***~ boğa*** Zuchtstier *m*; ***~ çelik*** Qualitätsstahl *m*; ***~i latif*** *fig* (das) schöne Geschlecht; ***ayrı ~ten*** heterogen; ***bir ~ten*** homogen; ***bu ~ten*** derartig ...; ***karşı ~*** das andere Geschlecht
cinsel geschlechtlich, sexuell; Geschlechts-; ***~ doyum*** sexuelle Befriedigung; ***~ hayat*** Sexualleben *n*; ***~ iktidarsızlık*** Impotenz *f*; ***~ ilişki*** (*od* ***temas***) Geschlechtsverkehr *m*; ***~ yaşama*** Geschlechtsleben *n*; **~lik** ⟨-ği⟩ Sexualität *f*, Sex *m*
cinsî → ***cinsel***
cinsiyet ⟨-ti⟩ Geschlecht *n*, Sexus *m*; Geschlechts-, sexuell; **~li**: ***~ değiştirmek*** das Geschlecht wechseln; ***çifte ~li*** Hermaphrodit *m*
cinslik ⟨-ği⟩ BIOL, GR Geschlecht *n*
cinsliksiz geschlechtslos; vegetativ
cip ⟨-pi⟩ Geländewagen *m*, *bes* Jeep® *m*
cips Kartoffelchips *pl*
ci'ranta ÖKON Indossant *m*
cirit ⟨-di⟩ Wurfspieß *m*, Speer *m*; ***~ atma*** Speerwerfen *n*; ***~ atmak*** mit dem Speer werfen; *fig* sich tummeln
ciritçi Speerwerfer *m*
'ciro ÖKON Indossament *n*; ***~ etmek*** ÖKON indossieren; **~lu** übertragbar
cisim ⟨cismi⟩ Gegenstand *m*; PHYS Körper *m*; Stoff *m*, Materie *f*, ***yabancı ~*** Fremdkörper *m*; **~cik** ⟨-ği⟩ PHYS Korpuskel *f*, Partikel *f*; **~lenmek** körperliche Gestalt annehmen
cismani [-iː] körperlich; materiell; ***~ zarar*** Körperverletzung *f*
civa → ***cıva***
civan [ɑː] LIT hübsch, nett; hübsche(s) Mädchen, hübsche(r) Junge; **~mert** LIT edelmütig
civanperçemi ⟨-ni⟩ Schafgarbe *f*
civar [ɑː] Umgebung *f*, Nähe *f*, **~ında** *Ort* in der Umgebung von; in der Nähe (*G*); ***yüzde altmış ~ında*** ungefähr 60%
civciv Küken *n*; Piepen *n*, Gequieke *n*; Zwitschern *n*; **~li** turbulent, stürmisch; *fig* heiß (*Kampf*)
civelek ⟨-ği⟩ lebhaft; forsch; gesellig; HIST Janitscharen-Rekrut *m*
cizvit ⟨-ti⟩ Jesuit *m*
coğrafî [iː] geographisch
coğ'rafya Geographie *f*, Erdkunde *f*, **~cı** Geograph *m*, -in *f*, F Geographielehrer *m*, -in *f*
'cokey Jockey *m*; Joker *m* (*Spielkarte*)
'conta TECH Dichtung *f*, Zwischenfutter *n*; ***~ macunu*** Dichtungsmasse *f*, **~lamak** abdichten
cop ⟨-bu⟩ (Gummi)Knüppel *m*; **~lamak** (nieder)knüppeln
coşku Erregung *f*, Pathos *n*
coşkulu erregt; pathetisch
coşkun überflutend; *Empfang* begeistert; *Freude* überschäumend; *Fluss* ausufernd; *Meer* stürmisch; *Tätigkeit* rastlos; **~luk** ⟨-ğu⟩ Begeisterung *f*, (*Arbeits*)Eifer *m*; Aufgeräumtheit *f*
coşmak ⟨-ar⟩ *Person* in Begeisterung geraten; feuriger werden; stürmischer (*od* heftiger) werden; *Fluss* ausufern
coştur|mak in Begeisterung versetzen (*-i j-n*); **~ucu** aufwühlend; begeisternd
cömert ⟨-di⟩ großzügig, freigebig; *Boden* fruchtbar; **~lik** ⟨-ği⟩ Freigebigkeit *f*, Fruchtbarkeit *f*
cönk ⟨-gü⟩ HIST Anthologie *f*
ct. *Abk. für* ***cumartesi*** Samstag (Sa.)
cu. *Abk. für* ***cuma*** Freitag (Fr.)
cuma, ***~ günü*** Freitag *m*; am Freitag
cu'martesi, ***~ günü*** Samstag *m*; am Samstag
'cumba Erker *m*
cumbada(na)k plumps!; ***-e ~ düşmek*** plumpsen (in *A*)
cumbalak ⟨-ğı⟩ Purzelbaum *m*
cumbul: **~ ~** platsch!; sehr wässerig; **~ ~**

Ç

yıkanmak (herum)plätschern
cumbuldamak plätschern; plumpsen; *Magen* knurren
cumbur(tu) → ***cumbul(tu)***
cumburlop! plumps!
cumburtu Plumps *m*; Wirrwarr *m*
cumhurbaşkanı Staatspräsident *m*, -in *f*
cumhuriyet [-hu:r-] ⟨-ti⟩ Republik *f*; ♀ ***Bayramı*** Tag der Republik (*29. Oktober*); ♀ ***Halk Partisi*** (***CHP***) Republikanische Volkspartei *f*; ***~çi*** Republikaner *m*, -in *f*; ***~çilik*** ⟨-ği⟩ republikanische(s) System
'cunta Junta *f*; ***askerî ~*** Militärjunta *f*; ***~ yönetimi*** Juntaregierung *f*
cup! plumps!, platsch!
cura[1] *kleine Langhalslaute*
cura[2] letzte(r) Zigarettenzug; F Popo *m*
cur'cuna *sehr lebhafte(s) Tempo (türkische Musik)*; Krach *m*, Höllenlärm *m*; ***~ yapmak*** e-n Höllenlärm machen
curnal → ***jurnal***
cüce Zwerg *m*, -in *f*; Liliputaner *m*, -in *f*; ***~lik*** ⟨-ği⟩ Zwergenhaftigkeit *f*
cücük ⟨-ğü⟩ Keim *m*; BOT Schössling *m*; Herz *n* (*der Zwiebel usw*); ***~lenmek*** keimen, knospen
cülûs HIST Thronbesteigung *f*
cümbür: ***~ cemaat*** in hellen Scharen
cümbüş (Tanz)Vergnügen *n*; F Ringelpiez *m*, Schwof *m*; *Art* Gitarre *f*; ***~ yapmak***, sich vergnügen; F schwofen
cümle[1] GR Satz *m*; ***~ üyesi*** Satzglied *n*; ***bağımlı ~*** Nebensatz *m*, Gliedsatz *m*; ***bağımsız ~*** Hauptsatz *m*; ***bağlı ~*** Konjunktionalsatz *m*; ***bileşik ~*** Satzgefüge *n*; ***bir ~ ile*** kurz gesagt
cümle[2] Gesamtheit *f*; alles, alle, sämtliche; ***~ kapısı*** Haupteingang *m*, Tor *n*; ***~miz*** wir alle; ***bu ~den*** *fig* darunter, so zum Beispiel
cümlecik ⟨-ği⟩ GR untergeordnete(r) Satz
'cümleten insgesamt; gänzlich; ***~ Allaha ısmarladık*** auf Wiedersehen allerseits!
cünha JUR Vergehen *n*, Delikt *n*
cüppe (Richter)Robe *f*; Talar *m*
cüret ⟨-ti⟩ Kühnheit *f*; Frechheit *f*; Mutwilligkeit *f*, Leichtsinnigkeit *f*; ***~ etmek*** sich (*D*) *etw* (*A*) herausnehmen; ***~kâr***, ***~li*** kühn, mutig; hitzig, mutwillig; dreist
cürmümeşhut in flagranti; *-e* ***~ yapmak*** in flagranti ertappen *A*
cüruf [u:] Schlacke *f*
cürüm ⟨cürmü⟩ strafbare Handlung, Gesetzübertretung *f*
cüsse Wohlbeleibtheit *f*; Massigkeit *f*
cüsseli riesig, massig; wohlbeleibt
cüz ⟨-z'ü⟩ Teil *m*; (Koran)Abschnitt *m*
cüzam [ɑ:] Aussatz *m*, Lepra *f*
cüzamlı Aussätzige(r)
cüzdan Brieftasche *f*; Aktentasche *f*; Ausweis *m*; ***askerlik ~ı*** Soldbuch *n*; ***evlenme ~ı*** Heiratsurkunde *f*; ***kimlik ~ı*** Personalausweis *m*; ***sağlık ~ı*** Gesundheitspass *m*
cüzi [i:], **cüz'î** geringfügig

Ç

ç, Ç [tʃɛ, *deutsch etwa* tsch] *4. Buchstabe des türk. Alphabets*
-ça → ***-ce***
ça. *Abk. für* ***çarşamba*** Mittwoch (Mi.)
çaba Anstrengung *f*, Bemühungen *f/pl* (*-me* *~sı* zu + *inf*); ***~ göstermek*** (*od* ***harcamak***) alles daran setzen (... *için* um zu)
çabala|ma Bemühungen *f/pl*; ***~mak*** sich anstrengen; sich bemühen (*-e* um *A*); ***~yış*** Bemühungen *f/pl* (*-e* um *A*)
'çabucacık, **çabucak** im Handumdrehen, im Nu; schnellstens
çabuk schnell; ***~ ~*** *adv* rasch; ***~ ağlayan*** weinerlich; ***~ olmak*** schnell machen; ***~ça*** schnell; ***~laşmak*** schneller werden; ***~laştırmak*** beschleunigen; ***~luk*** ⟨-ğu⟩ Schnelligkeit *f*
'çaça[1] *fig* Seebär *m*; F Puffbesitzer *m*, Puffmutter *f*
çaça[2], ***~balığı*** ⟨-nı⟩ ZOOL Sprotte *f*
çaçaron Phrasendrescher *m*; Schreier *m*
çadır Zelt *n*; ***~ bezi*** Zeltleinwand *f*; ***~ direği*** Zeltstock *m*; ***~ kurmak*** das Zelt aufschlagen; ***~lı***: ***~ kamp*** Zeltlager *n*

çağ Zeit *f*, Lebensalter *n*; Zeitabschnitt *m*, Epoche *f*, Reife *f*
çağanoz Krabbe *f*
Çağatay Tschagataier *m*, -in *f*; **~ca** (das) Tschagataisch(e)
çağcıl(laşmak) → ***çağdaş(laşmak)***
çağdaş Zeitgenosse *m*; zeitgenössisch
çağdaşlaş|ma Modernisierung *f*; **~mak** sich modernisieren; **~tırmak** *v/t* modernisieren; der Zeit anpassen
'çağdışı unzeitgemäß; ***~ kalmak*** hinter der Zeit zurückbleiben
çağıl: ***~ ~ akmak*** → ***çağıldamak***
çağıl|damak plätschern, murmeln; rauschen; **~tı** Plätschern *n*, Rauschen *n*
çağırma Ruf *m*; JUR Vorladung *f*; ***askere ~*** MIL Einberufung *f*
çağırmak *v/t* rufen; *(-i –e) j-n* einladen (zu *D*); *Arzt* rufen zu *j-m*; einberufen (zu *D*); POL aufrufen (zu *D*, *z.B. e-r Tat*); appellieren (an *A*); ***türkü ~*** F singen
çağırt|ı Ruf *m*, Zuruf *m*; **~kan** Lockvogel *m*; **~mak** *kaus von* ***çağırmak***
'çağla grüne Mandeln; unreif *(Obst)*
çağla|mak *Wasser* rauschen; brodeln, wallen; **~nmak** heranreifen
çağla|r, **~yan** Wasserfall *m*, Kaskade *f*
çağmak ⟨-ar⟩ *(-e) Sonne* fallen (auf *A*), beleuchten (*A*)
çağnak ⟨-ğı⟩ MED Fruchtwasser *n*
çağrı Einladung *f*, Aufforderung *f*, Aufruf *m*, Appell *m*; ***~ hali*** Vokativ *m*
çağrıcı Einladende(r); Aufrufer *m*, -in *f*
çağrı|lı Gast *m*; **~lık** ⟨-ğı⟩ *schriftliche* Einladung *f*; **~lma** Einladung *f*, Berufung *f*, MIL Einberufung *f*; ***geri ~*** Abberufung *f (e-s Botschafters)*
çağrılmak *pass von* ***çağırmak***; ***geri(ye) ~*** abberufen werden
çağrı|m Rufweite *f*; ***iki ~ ötede*** e-n Katzensprung von hier; **~sız** ungeladen
çağrışım Assoziation *f (der Gedanken)*
çağrış|mak *(-le)* einander zurufen; Radau machen; **~tırmak** *v/t* assoziieren; denken lassen (an *A*), wachrufen (*A*)
çakal Schakal *m*; F Spitzbube *m*
çakaleriği Schlehe *f*, Schlehdorn *m*
çakar Leuchtfeuer *n*; → ***çakmak²***
çakı Taschenmesser *n*; ***~ gibi*** scharf; flink, sehr fix
çakıl Kieselstein *m*, Kies *m*
çakıldak ⟨-ğı⟩ (Sperr)Klinke *f*, Klapper *f (Spielzeug)*; Schnarre *f*, Dreckklümpchen *n*; F Quasselkopf *m*
çakıldaklı: ***~ çark*** Sperrklinke *f*
çakıldamak knirschen; rasseln, klirren
çakılı angenagelt
çakılmak *pass von* ***çakmak²***; ***yere ~*** (ab)stürzen; ***çakılıp kalmak*** festsitzen
çakıltı Gerassel *n*; Knirschen *n*
çakıntı Aufleuchten *n*; F Trunkenbold *m*
çakır¹ blaugrau
çakır²: ***~ çukur*** schmatzend *kauen*
çakırdiken BOT Klette *f*
çakırkeyf F beschwipst
çakırpençe Raffer *m*; raffgierig
çakışık MATH kongruent
çakışmak zusammenfallen, kongruent sein; sich kreuzen *(Termine)*; aneinander geraten; *Dichter* wetteifern
çakıştırmak *kaus von* ***çakışmak***; F sich einen genehmigen, einen heben
çakma genagelt; ***~ kapı*** Brettertür *f*
çakmak¹ ⟨-ğı⟩ Feuerzeug *n*; Feuerstein *m*; Zünder *m*; ***~ benzini*** Feuerzeugbenzin *n*; ***~ gazı*** Feuerzeuggas *n*
çakmak² ⟨-ar⟩ *(-i –e) Nagel* einschlagen (in *A*); *etw an der Wand* befestigen, annageln (an *A*); anbinden (an *A*); *Tier* anpflocken; *Zündholz* anzünden; F einen heben, zechen; F *j-m etw* (*A*) andrehen; *etw* verstehen, e-e Ahnung haben *(-den* von *D)*; durchfallen *(-de* in *der Prüfung*; *-den* in *einem Fach)*; *Blitz* aufleuchten; ***işi ~*** F den Braten riechen; ***selam ~*** grüßen, salutieren; ***sınıfta ~*** F sitzen bleiben; *-in* ***suratına tokadı ~*** F *j-m* eine kleben
çakmaktaşı ⟨-nı⟩ Feuerstein *m*
çakşır HIST *Art* Pumphose *f* (mit angenähten Schuhen)
çaktırmak *kaus von* ***çakmak***; ***b-ne bş-i ~*** j-m etw zu verstehen geben, j-n etw merken lassen
çala|kalem: ***~ yazmak*** (schnell) hinschreiben; **~kaşık**: ***~ yemek*** F tüchtig reinhauen *(essen)*
Çalap ⟨-bı⟩ HIST Gott *m*
çalar Schlagwerk *n*; ***~ saat*** Wecker *m*
çalçene Schwätzer *m*, -in *f*
çaldırmak *kaus von* ***çalmak***; ***saatimi çaldırdım*** man hat mir die Uhr gestohlen
çalgı Musik *f*, (Musik)Spiel *n*; Musikinstrument *n*; Kapelle *f*; ***~ çalmak*** ein Instrument spielen; ***nefesli ~*** Blasin-

Ç

strument *n*; **~cı** Musikant *m*, -in *f*
çalgıç ⟨-cı⟩ MUS Schlagring *m*; F Kehrbesen *m*
çalgılı mit Live-Musik; **~ *kutu*** Spieldose *f*
çalı Strauch *m*, Busch *m*; Reisig *n*; Mauerleine *f*; **~ *çırpı*** Reisig *n*; **~ *gibi*** buschig; struppig
çalık ⟨-ğı⟩ krumm; schief; *Person* gestört, neurotisch; *Stoff* diagonal geschnitten; Schramme *f*, Narbe *f*; **~ *adam*** F Spinner *m*; ***aklı* ~** launisch; gestört, neurotisch; F übergeschnappt
çalıkavak ⟨-ğı⟩ BOT Silberpappel *f*
çalıkuşu ⟨-nu⟩ ZOOL Zaunkönig *m*; Goldhähnchen *n*
çalılık ⟨-ğı⟩ Gebüsch *n*, Dickicht *n*
çalım Dünkel *m*, Selbstgefälligkeit *f*; Schneide *f des Säbels*; Reichweite *f*; SPORT Täuschungsmanöver *n*, Finte *f*; **~ *etmek*** (*od* ***satmak***) sich wichtig machen; *-i* **~*ına getirmek*** die Lage ausnutzen (für *A*); ***sert* ~** Taktlosigkeit *f*; **~*lamak*** die Gelegenheit wahrnehmen; sich anpassen (*-e* an *A*); SPORT täuschen
çalımlı dünkelhaft, aufgeblasen; **~ ~** wichtigtuerisch; **~ ~ *gülmek*** herablassend lächeln
çalınmak *pass von* ***çalmak***; ***çalına çalına aşınmış*** *fig* abgedroschen
çalıntı Diebesgut *n*; *adj* gestohlen
çalışan Mitarbeiter *m*, -in *f* (*e-s Betriebes*); **~*lar*** Personal *n* (*e-s Betriebes*)
çalışkan fleißig, arbeitsam
çalışkanlık ⟨-ğı⟩ Fleiß *m*, Eifer *m*
çalışma Arbeit *f*; Diplomarbeit *f usw*; Werk *n*; Training *n*; **♀ *Bakanlığı*** Arbeitsministerium *n*; **~ *dairesi*** Arbeitsamt *n*; **~ *gücü*** *Person* Arbeitskraft *f*; **~ *hakkı*** Recht *n* auf Arbeit; **~ *izni*** Arbeitsgenehmigung *f*; **~ *odası*** Arbeitszimmer *n*; **~ *saatleri*** Arbeitsstunden *f/pl*; **~ *şartları*** Arbeitsbedingungen *f/pl*; ***kısa* ~** Kurzarbeit *f*; ***kurtarma* ~*ları*** Rettungsarbeiten *f/pl*
çalışmak *v/i* arbeiten; TECH laufen, funktionieren; *Bus usw* verkehren; *-e* **~** sich bemühen (um *A*); **... *üzerinde* ~** arbeiten an; ***çalışamayacak olan*** nicht arbeitsfähig; ***çalışır halde*** in Gang; TECH funktionsfähig
çalışman: ***sosyal* ~** Sozialarbeiter *m*, -in *f*
çalıştırıcı Trainer *m*, -in *f*
çalıştırma: **~ *cezası*** Zwangsarbeit *f*
çalıştırmak *Arbeiter* beschäftigen; (*-i j-n*) beschäftigen (*-e* mit *D*); zur Arbeit anspornen; *Busse usw* in Betrieb haben, betreiben; *Fähigkeiten* aktivieren; *Schüler* (*-e*) üben (*od* machen) lassen; *Sportler* trainieren; MIL exerzieren lassen; (*-i*) *Motor* starten, ankurbeln
çalka|lamak schütteln; (durch)rütteln; *Eier* schlagen; *Getreide* worfeln; *Henne Eier* umdrehen; *Mund, Wäsche* spülen; *Schiff* hin- und herwerfen; ***kullanmadan önce çalkalayınız*** vor Gebrauch schütteln!; **~*lanmak*** *pass von* ***çalkalamak***; *Boot* schaukeln
çalkama Omelett *n*
çalkamak → ***çalkalamak***
çalkanmak *fig* in Aufruhr versetzt werden; *Wasser* plätschern, glucksen; *Meer* tosen, brausen; *Boot* hin- und hergeworfen werden; ***şehir bu haberle çalkandı*** die Stadt geriet mit dieser Nachricht in Aufruhr
çalkantı Tosen *n des Meeres*; *fig* Erschütterung *f*, Schock *m*; **~*sız*** regungslos, unbewegt
çalma Schlag *m der Uhr*; MUS Spiel *n*; Turban *m*; Diebstahl *m*; *adj* gestohlen
çalmak[1] ⟨-ar⟩ (*-i*) *Glocke, Klingel* läuten; *ein Instrument* spielen; *mit der Peitsche* knallen; *Trompete* blasen; *v/i* TEL läuten; *Uhr* schlagen; sich (*D*) etw holen, etw abbekommen; ***kapıyı* ~** an die Tür klopfen; an der Tür klingeln; ***bu halıyı güneş çalmış*** der Teppich hat Sonne abbekommen
çalmak[2] stehlen; anstreichen; (*-e*) werfen *od* schmeißen (auf *A*); (auf)streichen (auf *A*); *bitter, nach Rauch usw* schmecken; *Farbe* spielen (*z.B. ins Blaue*); *-in* ***dili* ~** e-n Akzent haben
çalpara Kastagnette *f*; TECH Scheibe *f*; ZOOL Schwimmkrabbe *f*
'çalyaka: *-i* **~ *etmek*** *j-n* beim Schlafittchen packen
çam Tanne *f*, Kiefer *f*, Föhre *f*; **~ *devirmek*** einen Fauxpas begehen; **~ *yarması*** lange(r) Laban; *adj* robust; ***fıstık* ~*ı*** Pinie *f*
çamaşır Wäsche *f*, Waschtag *m*; **~ *makinesi*** Waschmaschine *f*; **~ *suyu*** (chlorhaltiges) Bleichmittel *n*; **~ *tozu*** Waschpulver *n*; **~ *yıkamak*** Wäsche wa-

schen; **~a gitmek** als Wäscherin arbeiten gehen; **iç ~ı** Unterwäsche *f*; **~cı, ~ kadın** Wäscherin *f*, Waschfrau *f*; **~hane** [ɑː] Wäscherei *f*
çamçak ⟨-ğı⟩ Zuber *m*
'çamfıstığı ⟨-nı⟩ Pinienkern *m*
'çamsakızı ⟨-nı⟩ Fichtenharz *n*; **~ gibi yapışmak** *fig* wie e-e Klette sein
çamur Schmutz *m*; *a* MED Schlamm *m*; *fig* Mist *m*; *Person* unsauber; *-e* **~ atmak** *fig* mit Schmutz bewerfen; **~a bulaşmak** sich beschmutzen; *fig* in dunkle Geschäfte verwickelt sein; **~a yatmak** nicht Wort halten; **~ olmak** sich schmutzig machen; F im Eimer sein
çamurcuk ⟨-ğu⟩ ZOOL Schlei *m*
çamurlamak *v/t* beschmutzen; beschmieren
çamurlu *Weg* schlammig, F matschig
çamurluk ⟨-ğu⟩ AUTO Kotflügel *m*; Schutzblech *n* (*Fahrrad*); Gamaschen *f/pl*
çan Glocke *f*; **~ kulesi** Glockenturm *m*; **kilise ~ı** Kirchenglocke *f*; **tehlike ~ı** Sturmglocke *f*; *-in* **~ına ot tık(a)mak** mundtot machen *A*
çanak ⟨-ğı⟩ (Keramik)Topf; Schüssel *f*; BOT Kelch *m*; GEOGR Talkessel *m*; TECH (Ventil)Teller *m*; **~ anten(i)** Parabolantenne *f*, F (Satelliten)Schüssel *f*; *-e* **~ tutmak** (*od* **açmak**) Kritik *f usw* provozieren; **~ yalayıcı** Speichellecker *m*; Schmarotzer *m*
Ça'nakkale: **~ Boğazı** Dardanellen *pl*
çanaklık ⟨-ğı⟩ MAR Mastkorb *m*
çançan dumme(s) Geschwätz
çangıl: **~ çungul** klirrend; klappernd
çangırdamak klirren; klappern; poltern
çangırtı Geklirr *n*; Geklapper *n*
'çanta Tasche *f*, Mappe *f*, Aktentasche *f*; **el ~sı** Handtasche *f*; **para ~sı** Brieftasche *f*; Portemonnaie *n*; **sırt ~sı** Rucksack *m*; Ranzen *m*; **~da keklik** die Sache ist (*od* scheint) perfekt
çap ⟨-pı⟩ Durchmesser *m*; Kaliber *n*; *fig* Größe *f*, Umfang *m*; *fig* Rahmen *m*; Maßstab *m*; Katasterplan *m*; **büyük ~ta** umfangreich, erheblich; **dünya ~ında** im Weltmaßstab; **ülke ~ında** landesweit; **geniş ~ta** weitgehend; **~tan düşmek** abnehmen; *fig* an Bedeutung verlieren
çapa Hacke *f*; MAR Anker *m*; **~ makinası** AGR Fräse *f*
çapaçul unordentlich, liederlich
çapaçulluk ⟨-ğu⟩ Liederlichkeit *f*
çapak[1] ⟨-ğı⟩ Augenschmalz *n*; TECH Schnittreste *m/pl*, Splitter *m/pl*; Zunder *m*
çapak[2] ⟨-ğı⟩ ZOOL Blei *m*, Brachsen *m*
çapalamak hacken, lockern; Hacken *n*, Lockern *n*
Ça'panoğlu ⟨-nu⟩: *-in* **... altından ~ çıkar** dabei kommt nichts Gutes heraus
çapari Angel *f* (*mit vielen Haken*)
çaparız Hindernis *n*; Dilemma *n*
çapkın Schürzenjäger *m*; Nichtsnutz *m*; gute(s) Pferd; *Blick* lüstern; *Erzählung* frivol; **~lık** ⟨-ğı⟩ Lüsternheit *f*, Übermut *m*
çapla Stichel *m*; **~mak** kalibrieren
çaplı umfangreich; **büyük ~** großkalibrig; von großem Ausmaß; **küçük ~** kleinkalibrig; begrenzt
çapraşık verworren, vertrackt; **~lık** ⟨-ğı⟩ Vertracktheit *f*
çapraşmak (*immer*) verzwickter werden
çapraz Quer-; Kreuz- (*Feuer*); diagonal; kreuzförmig; Schnittpunkt *m*; TECH Kreuzstück *n*; MATH Diagonale *f*, Dreikantfeile *f*, (Gürtel)Spange *f*, *-in* **~ında** schräg gegenüber
çaprazla|ma über Kreuz, kreuzweise; *a* BIOL Kreuzung *f*; **~mak** kreuzen; **~masına** kreuzförmig; **~nmak** sich schneiden; sich kreuzen
çaprazlaş|ma *fig* Komplizierung *f*, *fig* Verflechtung *f*, **~mak** verzwickt werden; sich kreuzen
çapul Plünderung *f*; **~cu** Räuber *m*, **~culuk** ⟨-ğu⟩ Räuberei *f*
çaput ⟨-tu⟩ Lappen *m*
çar Zar *m*
'çarçabuk blitzschnell, im Nu
çarçur: **~ etmek** zum Fenster hinauswerfen, vergeuden
çardak ⟨-ğı⟩ Pergola *f*
çare [ɑː] Mittel *n*; Ausweg *m*; *-e* **~ bulmak** e-e Lösung finden für; *-in* **~sine bakmak** e-n Ausweg suchen (aus *D*); **ne ~!** leider!; o weh!; was hilft's?
çaresiz ausweglos, hoffnungslos (*Person, Situation*); unheilbar (*Krankheit*); hilflos; *adv* wohl oder übel; **~lik** ⟨-ği⟩

Ausweglosigkeit *f*; Unheilbarkeit *f*; Hilflosigkeit *f*

çarık ⟨-ğı⟩ Ledersandale *f*; F Portemonnaie *n*; ***fren çarığı*** Bremsschuh *m*

çarıklı *fig* abgerissen; **~ kurmay** *scherzh* j-d mit Bauernschläue

ça'riçe Zarin *f*

çark[1] ⟨-kı⟩ Rad *n*; Schleifscheibe *f*; Räderwerk *n*; ***dişli ~*** Zahnrad *n*; ***devlet ~ı*** Staatsapparat *m*; **~ *işkencesi*** HIST Rädern *n*; *-in* ***~ına etmek*** triezen *A*

çark[2] ⟨-kı⟩ MIL Schwenkung *f*; **~ *hareketi*** Umgehungsbewegung *f*; Kreisbewegung *f*

çarkçı MAR Maschinist *m*; Scherenschleifer *m*

çarkıfelek ⟨-ği⟩ Passionsblume *f*; Feuerwerk(skörper *m*) *n*; *fig* Schicksal *n*

çarklı Rad- (*Dampfer*)

çarlık ⟨-ğı⟩ Zarentum *n*; Herrschaft *f*; (Zaren)Reich *n*; ♀ ***Rusyası*** (das) zaristische Russland

çarmıh HIST Kreuz *n*; *-i* ***~a germek*** kreuzigen

çarmık ⟨-ğı⟩ MAR Want *f*

çarnaçar ['tʃɑːrnɑtʃɑːr] wohl oder übel

çarpan MATH Multiplikator *m*; ***~lara ayırmak*** in (Prim)Faktoren zerlegen

çarpı[1] Malzeichen *n*; mal

çarpı[2] (Kalk)Bewurf *m*, Tünche *f*

çarpıcı wirksam, ergreifend

çarpık schief; krumm; verkehrt; **~ ~ *yürümek*** watscheln

çarpılan MATH Multiplikand *m*

çarpılmak *pass von* ***çarpmak***; sich verbiegen; krumm werden; *Holz* sich verziehen; *fig* einschnappen

çarpım MATH Produkt *n*; **~ *tablosu*** Einmaleins *n*

çarpıntı Herzklopfen *n*; (*Wellen*)Schlag *m*; MED Zuckungen *f/pl*

çarpışma AUTO Zusammenstoß *m*; MIL Scharmützel *n*; (Luft)Kampf *m*

çarpışmak zusammenstoßen; sich schlagen (*-le* mit *D*); aufeinander prallen

çarpma Stoß *m*, Schlag *m* (*a* EL); Anprall *m*; Malnehmen *n*; **~ *kapı*** Schwingtür *f*; ***güneş ~sı*** Sonnenstich *m*

çarpmak ⟨-ar⟩ stoßen; schlagen (*-e* gegen *A*); anfahren (*-e j-n*); AUTO prallen (*-e* gegen *A*); *Herz* schlagen, klopfen; *Blitz* treffen (*-e j-n*); *Tür* zuschlagen, zuknallen (*-i A*); multiplizieren (*-le* mit *D*); *fig Vorwurf* ins Gesicht schleudern; F klauen; *-i* ***yere ~*** *j-n* zu Boden werfen; *fig* vernichten

çarptır|ılmak verurteilt werden (*-e* zu *e-r Strafe*); ***~mak*** *kaus von* ***çarpmak***; ***bş-ini ~*** F sich (*D*) etw klauen lassen

çarş. *Abk. für* ***çarşamba*** Mittwoch (Mi.)

çarşaf Bettlaken *n*; Tschador *m*

çarşamba Mittwoch *m*; **~ *pazarı gibi*** durcheinander, desolat

çarşı Markt *m*, Basar *m*; Geschäftsstraße *f*; ***kapalı ~*** Basar *m*

çat ⟨-tı⟩ bums!; zack!; **~ *kapı gelmek*** unangemeldet kommen; **~ *pat*** mit Händen und Füßen (*e-e Fremdsprache sprechen*)

çatak[1] ⟨-ğı⟩ GEOGR Sattel *m*, Pass *m*

çatak[2] ⟨-ğı⟩ Paar-, Doppel-; zänkisch; Raufbold *m*; *fig* verzwickt

çatal Gabel *f*; Gabelung *f*; (Hirsch)Geweih *n*; gegabelt; Doppel-; Doppelbart- (*Schlüssel*); *Wort* zweideutig; *Angelegenheit* heikel; **~ *görmek*** schielen; **~ *sürgüsü*** TECH Schalthebel *m*; **~ *takımı*** Besteck *n*

catal|lanmak sich verzweigen; *Weg* abzweigen; sich verzwicken (*Lage*); ***~laşmak*** → ***çatallanmak***; ***~lı*** gegabelt; gabelförmig; *Stimme* brüchig

çataltırnaklılar ZOOL Paarhufer *m/pl*

ça'tana MAR kleine(s) Dampfschiff

çatapat *Art* Knaller *m*

çatar → ***çatmak***

çatı (Holz)Gerüst *n*; Gerippe *n*, Skelett *n*; Dach *n*; Dachboden *m*; (Gewehr-)Pyramide *f*; ANAT Gelenk *n*; GR Verbgenus *n*; LIT Handlung *f*, Aufbau *m*; **~ *altı*** Mansarde *f*; **~ *katı*** Dachetage *f*

çatık ⟨-ğı⟩ *Miene* finster; *Stirn* gerunzelt; *Brauen* zusammengezogen, zusammengewachsen

çatılmak *passiv von* → ***çatmak***; *Stirn usw* sich verfinstern

çatır: **~ ~** krachend; *Feuer* prasselnd; mit Gewalt, unter mildem Druck; fließend *sprechen*, *lesen*; **~ ~ *almak*** ohne Rücksicht (wieder)bekommen; ***~damak*** krachen; prasseln; aus den Fugen gehen; ***dişleri ~*** mit den Zähnen knirschen (*od* klappern *vor Kälte*); ***~tı*** Krachen *n*; Prasseln *n*; Knirschen *n*

çatışık sich kreuzend; widersprüchlich

çatışkı PSYCH Konflikt *m*
çatışma Konflikt *m*; Streit *m*, Zank *m*
çatışmak zusammenstoßen; in Konflikt geraten (*-le* mit *D*); widersprechen (*-le D*); sich zanken; *Tiere* sich begatten; ***birbirine ~*** übereinander herfallen
çatkı Stirnband *n*; (*Gewehr*)Pyramide *f*, Fachwerk *n*; TECH Niete *f*
çatkın *fig* finster, mürrisch
çatlak ‹-ğı› *Glas* gesprungen; *Stimme* brüchig; Sprung *m*, Riss *m*, Spalte *f*; F (***kafadan***) **~** spinnert
çatlama Aufbrechen *n*, Platzen *n*; Brandung *f*
çatlamak platzen (*a fig Kopf*); zerspringen; ***meraktan ~*** vor Neugier fast umkommen; ***çatlama!*** F nicht so hitzig!
çatlatmak **1.** (*-i*) zertrümmern (*A*); *fig j-n* rasend machen; **2.** *v/i* überschnappen
çatma Zusammenstoß *m*; Überfall *m*; angeheftete(s) Besatzstück; Gerippe *n*; *Augenbrauen* zusammengewachsen
çatmak ‹-ar› **1.** *v/t Gewehre, Stangen* zusammenstellen; (lose) anheften; *Kleid* abstecken; bepacken (*-i -e Tier* mit *D*); binden (*-i -e etw* um *den Kopf*); stoßen (*-e* auf *j-n*); rühren (*-i j-n*); (*-e*) belästigen; **2.** *v/i Leid, Winter usw* hereinbrechen; *Frist* heranrücken; betroffen sein (*-e* von *D*)
ˈçatra ˈpatra → ***çat pat***
çavdar BOT Roggen *m*; ***~ ekmeği*** Roggenbrot *n*
çavlanmak rauschen; *fig* ruchbar werden; bekannt werden
çavuş Unteroffizier *m*; Kadett *m*; (Bau)Aufseher *m*; Vorarbeiter *m*; ***yapı ~u*** Bauleiter *m*, Polier *m*
çavuşkuşu ZOOL Wiedehopf *m*
çay[1] Flüsschen *n*
çay[2] Tee *m*; Teegesellschaft *f*; ***~ bahçesi*** Gartencafé *n*; ***~ kaşığı*** Teelöffel *m*; ***~ süzgeci*** Teesieb *n*; ***~ yapmak*** Tee machen; e-e Teeparty veranstalten; ***~a davet etmek*** zum (Nachmittags)Tee einladen; ***açık*** (***koyu***) **~** leichter (starker) Tee; **~cı** Teehändler *m*, -in *f*, Teetrinker *m*, -in *f*
çaydanlık ‹-ğı› Teekessel *m*
çay|evi, **~hane** [ɑː] Teestube *f*
çayır Wiese *f*, Weide *f*, Grasfutter *n*
çayırkuşu ‹-nu› ZOOL Feldlerche *f*
çayır|lamak weiden (lassen); **~lanmak** weiden, grasen; **~latmak** *v/t* weiden; **~lık** ‹-ğı› Weideland *n*; Fußballplatz *m*
çaylak ‹-ğı› ZOOL schwarze(r) Milan; Gabelweihe *f*, *fig* Tolpatsch *m*; ***acemi ~*** F Grünschnabel *m*
çayocağı Teeküche *f*
-çe → ***-ce***
ˈçeçe, ***~ sineği*** Tsetsefliege *f*
çehre Gesicht *n*; Physiognomie *f*, Aussehen *n*; Äußere(s); Miene *f*, *fig* Gestalt *f*, Aspekt *m*; ***bu ~ kime?*** auf wen sind Sie böse?; ***~niz pek bozuk görünüyor*** Sie sehen sehr schlecht aus; **~li**: ***asık ~*** mit saurer Miene; **~siz** entstellt
çek ‹-ki› ÖKON Scheck *m*; ***~ defteri*** (*od* ***karnesi***) Scheckheft *n*; ***çizgili*** (*od* ***bare***) **~** Verrechnungsscheck *m*
Çek ‹-ki› Tscheche *m*, Tschechin *f*, tschechisch; **~çe** (das) Tschechisch(e); (auf) tschechisch; **~ya** Tschechien (*n*)
çekap MED Checkup *m*, Gesamtuntersuchung *f*
çekçek ‹-ği› vierrädrige(r) Handwagen; F Blockwagen *m*
çekecek ‹-ği› Schuhanzieher *m*; ***çizme çekeceği*** Stiefelknecht *m*
çeˈkeme|mek *v/t* nicht ertragen können; *Person* nicht ausstehen können; **~(me)zlik** ‹-ği› Neid *m*, Missgunst *f*
çeker → ***çekmek***
çeki *Gewichtmaß von 250 kg*; ***o her ~ye gelir*** er ist ein Opportunist; ***~ye gelmez*** unangebracht; unermesslich; unüberlegt
çekici *fig* anziehend, attraktiv; MAR Schlepper *m*; AUTO Abschleppwagen *m*; ***TIR ~(sı)*** F Sattelschlepper *m*; **~lik** ‹-ği› Charme *m*, Anziehungskraft *f*
çekiç ‹-ci› Hammer *m*; ***~ atma*** Hammerwerfen *n*; ***hava*** (***basınçlı***) **~** Presslufthammer *m*; ***orak - ~*** Hammer und Sichel; ***~ sesi*** Hammerschlag *m*; **~hane** [ɑː] Schmiede *f*
çekiçle|mek *v/t* (be)hämmern; schmieden; **~ˈnebilir** schmiedbar
çekidüzen Ordnung *f*, Reinlichkeit *f*, Schmuck *m*, Verzierung *f*, Ausstattung *f*; *-e* ***~ vermek*** in Ordnung bringen *A*
çekik lang gezogen; *Bauch* eingezogen; ***~ gözlü*** schlitzäugig
çekil|im Abschied *m*, Rücktritt *m*; Rückzug *m*; **~ir** erträglich; **~iş** (*Los*)-Ziehung *f*; **~me** MIL Rückzug *m*; Abschied *m*, Rücktritt *m* (*-den* von *D*)

Ç

çekilmek *pass von* **çekmek**; sich zurückziehen (*-e* in *A*, nach *D*, zur *Beratung*; *-den* von *D*); weggehen (*-den* von, aus *D*); *Meer* zurückweichen, zurückgehen; *Spiel* aufgeben (*-den A*); *Stoff* einlaufen; s-n Abschied nehmen, zurücktreten; ***sahneden ~ a*** *fig* abtreten; ***~ oradan!*** geh weg hier!, mach Platz!

çekil|mez unerträglich; **~miş** gemahlen

çekim FILM, FOTO Aufnahme *f*; GR Flexion *f*; ***~ eki*** grammatische(s) Suffix; **~lemek** *v/t* GR flektieren; **~li** flektierbar

çekimseme Enthaltung *f*

çekimsemek sich enthalten (*-den G*)

çekimser sich enthaltend; ablehnend; ***(oylamada) ~ kalmak*** sich der Stimme enthalten; ***~ oy*** Stimmenthaltung *f*; **~lik** ⟨-ği⟩ Stimmenthaltung *f*

çekimsiz GR unflektierbar

çekince Vorbehalt *m*, Reserve *f*; ***~ koymak*** Vorbehalte machen

çekingen schüchtern; verlegen; verschlossen; **~leşmek** sich verschließen, sich in sich zurückziehen; **~lik** ⟨-ği⟩ Schüchternheit *f*, Verlegenheit *f*, Zurückhaltung *f*

çekinik BIOL rezessiv (*Merkmal*)

çekinme Schüchternheit *f*, Unschlüssigkeit *f*, Verzicht *m* (auf *A*); **~den** ungezwungen, frei; ohne weiteres

çekinmek sich genieren (*-den* vor *D*); bange sein (*-den* vor *D*); *fig* (*-den*) sich scheuen (vor *D*)

çekinmemek (*-den*) nicht bange sein *usw*; sich nicht scheuen (zu); nicht zurückschrecken (vor *D*)

çekinmezlik ⟨-ği⟩ Verwegenheit *f*

çekirdek ⟨-ği⟩ BOT, PHYS, *fig* Kern *m*; ***~ten*** *fig* von der Pike auf; ***atom çekirdeği*** Atomkern *m*

çekirdek|lenmek Frucht ansetzen; **~li** ... mit Kern(en), Kern- (*Frucht*); **~siz** kernlos

çekirge Heuschrecke *f*

çekiş Zugkraft *f*, Ziehen *n*

çekişme Geschimpfe *n*; *bes fig* Tauziehen *n*; ***~li bir maç*** ein hartes (Fußball)-Spiel

çekişmek: ***b-ne ~*** mit j-m schimpfen

çekiştirmek herumzerren; herumzupfen (*-i* an *D*); ziehen (*an der Zigarette*); *fig* herziehen (*-i* über *j-n*); F madig machen (*-i j-n*); zwiebeln (*-i j-n*)

çekme Ziehung *f* (*Lose*); Ziehen *n*; Schublade *f*, Gewichtsschrumpfung *f*, Gartenmesser *n*; Anziehungs- (*Kraft*); TECH Walz-; MUS Zupf-; TECH gewalzt; ***~ halatı*** AUTO Abschleppseil *n*; ***~ kat*** Dachgeschoss *n*; ***~ aracı*** Abschleppwagen *m*

çekmece Schublade *f*, Schatulle *f*, HIST Zugbrücke *f*, kleine(r) Hafen

çekmek ⟨-er⟩ **1.** *v/t* ziehen; schleppen; einziehen, einsaugen, in sich aufnehmen, absorbieren; F sich (*D*) e-n genehmigen; FILM, FOTO machen, aufnehmen; *Interesse, Neugier* (er)wecken; *Kaffee usw* mahlen; *Kleid, Schuhe* anziehen; *Kunden* anziehen, anlocken; *Last* tragen (können), schaffen; *Messer, Säbel* ziehen, zücken; *Pferd* abführen; *Fax, Telex, Telegramm* senden; *Kleidung, Stoff* einlaufen; *Unangenehmes, Launen usw* aushalten, erdulden; erleiden, ertragen; hinnehmen; *Wand, Zaun usw* ziehen; *-e* ~ auftragen (auf *A*); *etw* (*A*) umschreiben (in *A*); *-den* ~ zupfen (an *D*); ***ah*** *usw* ***~*** ach! *usw* rufen; ***burnunu ~*** schnüffeln; *fig* leer ausgehen; ***bş-in ceremesini ~*** die Folgen *G*/von tragen müssen; ***çizgi ~*** e-n Strich ziehen; ***dikkat(i) ~*** Aufmerksamkeit auf sich ziehen; *-in* ***dişini ~*** j-m e-n Zahn ziehen; ***ettiğini ~*** es nicht besser verdienen; *-in* ***fotokopisini ~*** fotokopieren *A*; ***geri ~*** zurückziehen; *Botschafter usw* abberufen; ***gol ~*** ein Tor schießen; ***kafayı ~*** F saufen; *-den* ***kopya ~*** abzeichnen von; abschreiben (*bei der Prüfung*); ***nutuk ~*** e-e Rede vom Stapel lassen; ***otuzbir ~*** F onanieren; ***para ~*** Geld abheben; ***sorguya ~*** e-m Verhör unterziehen; *-in* ***sözlerini başka manaya ~*** Worte *G*/von falsch auslegen; ***su ~*** Wasser schöpfen; ***tarladan ~*** *Getreide* einfahren; ***temize ~*** ins Reine schreiben; ***çek (arabanı!)*** zieh Leine!; ***bu ay 30 (31) çekiyor*** dieser Monat hat 30 (31) Tage; **2.** *v/i* (schwer) wiegen; *Stoff* einlaufen; *-e* ~ nachkommen, ähneln *D*

çekmen BIOL Saugorgan *n*

çekmez nicht einlaufend

Çekoslovak HIST tschechoslowakisch; **~ya** Tschechoslowakei *f* (*bis 1992*); **~yalı** Tschechoslowake *m*, -kin *f*

çektirmek *kaus von* **çekmek**; ***resim ~*** (sich) fotografieren lassen; *-e* ***görev-***

den el ~ vom Dienst suspendieren *A*
çekül Lot *n*, Senkblei *n*; Senkrechte *f*
çekyat ⟨-tı⟩ Klappsofa *n*, Bettsofa *n*
çelebi vornehm; höflich; HIST Herr *m*; HIST *Titel e-s Ordensoberhauptes*
çelenç ⟨-ci⟩ SPORT Wanderpokal *m*; Aufforderung *f* zum Kampf
çelenk ⟨-gi⟩ Kranz *m*; Girlande *f*; ~ ***koymak*** e-n Kranz niederlegen; ***defne çelengi*** Lorbeerkranz *m*
çeler → ***çelmek***
çelik[1] ⟨-ği⟩ BOT Steckling *m*, Ableger *m*; Aststück *n*
çelik[2] ⟨-ği⟩ Stahl *m*; ~ ***başlık*** Stahlhelm *m*; ~ ***dolap*** Stahlschrank *m*; ~ ***üretimi*** Stahlproduktion *f*; ~ ***gibi*** sehnig
çelikane [ɑː] Stahlwerk *n*
çeliklemek TECH härten; BOT mit Stecklingen vermehren
çelikleşmek gehärtet werden; *fig* sich stählen
çelim|li gut gebaut; **~siz** schmächtig; **~sizlik** ⟨-ği⟩ Schmächtigkeit *f*
çelişik ⟨-ği⟩ widersprüchlich
çelişiklik ⟨-ği⟩ Widersprüchlichkeit *f*
çelişki Widerspruch *m*; Kontrast *m*; ***kendisiyle*** (*od* ***b-le, bş-le***) ***~ye düşmek*** in Widersprüche geraten mit sich selbst (*od* j-m, etw)
çeliş|me Widerspruch *m*; **~mek** im Widerspruch stehen (*-le* zu *D*)
çelme: ***b-ne ~ atmak*** (*od* ***takmak***), ***b-ni çelmelemek*** j-m ein Bein stellen
çelmek ⟨-er⟩ abbringen (von *D*); *j-m den Schlaf* rauben; ***b-nin aklını ~*** (es) j-m ausreden, j-n auf andere Ideen bringen, j-n verführen
çeltik ⟨-ği⟩ ungeschälte(r) Reis; ~ ***tarlası*** Reisfeld; **~çilik** ⟨-ği⟩ Reisanbau *m*; **~lik** ⟨-ği⟩ Reisfeld *n*
çember MATH Kreis(linie *f*) *m*; Reifen *m*; Bandeisen *n*; Radreifen *m*, Fassreifen *m*; MIL Kessel *m*, Einkesselung *f*; rund, kreisförmig; Kreis-; *-i* ***~e almak*** einkesseln; **~imsi** rundlich; kreisförmig
çember|lemek *v/t* mit Reifen beschlagen; einfassen; einkreisen, einkesseln; **~li** Reifen-; Ring-
çemen Kreuzkümmel *m*; *besondere Gewürzmischung für Schinkenkruste*
çene Kinn *n*; Kinnlade *f*, Kiefer *m*; TECH Backe *f* (*e-s Schraubstocks usw*); *fig* Geschwätzigkeit *f*; ~ ***yapmak*** (miteinander) schwatzen; ***alt ~*** Unterkiefer *m*; ***üst ~*** Oberkiefer *m*; ***~si düşük*** *fig* schwatzhaft; ***~sini kapatmak*** den Mund halten, schweigen; ***~ye kuvvet*** durch die Kraft des Wortes
çengel Haken *m*; Paragraphenzeichen *n*; hakenförmig, Haken-
çengelle|mek anhaken; *Tür* zuhaken; **~nmek** *pass von* ***çengellemek***; sich festhaken; *fig* sich im Kopf festsetzen
çengelli ... mit Haken; **~iğne** Sicherheitsnadel *f*
çengelsakızı *Art* Mastix *m*
çentik ⟨-ği⟩ Kerbe *f*, Scharte *f*, Kehle *f*, Rinne *f*; GEOL Spalt *m*; *adj* schartig; gezackt; **~lenmek** schartig werden; **~li** schartig, ... mit Kerben *usw*; gezackt, gezahnt
çentmek ⟨-er⟩ *v/t* einkerben; *Zwiebeln usw* klein schneiden, zerhacken
'çep(e)çevre ringsum (*A*)
çepel schmutzig, unsauber; ungereinigt; ... mit Beimengungen; **~lemek** *v/t* verunreinigen; *fig* verhunzen
çeper TECH (Innen)Wand *f*, Membrane *f*
çer: ***~den çöpten*** F zusammengeschustert
çerçeve Rahmen *m*; (Brillen)Fassung *f*; *-in* ***~sini aşmak*** *fig* den Rahmen (*G*) überschreiten (*od* sprengen)
çerçeve|lemek (ein)rahmen; **~li** (ein)gerahmt
çerçi Hausierer *m*
çerçöp ⟨-pü⟩ Späne *m/pl*, Holzabfälle *m/pl*; Kehricht *m*
çerez GASTR etwas zum Knabbern; Imbiss *m*; Nachtisch *m*
çerezlenmek e-e Kleinigkeit zu sich (*D*) nehmen; F Profitchen machen
çerge (Zigeuner)Zelt *n*; kleine Werkstatt
Çerkez Tscherkesse *m*, Tscherkessin *f*; ~ ***tavuğu*** GASTR *Hühnerpaste mit Walnüssen*
çeşit ⟨-di⟩ Art *f*, Sorte *f*; ÖKON Artikel *m*; **~(ler)** (Waren)Sortiment *n*; ~ ~ verschiedene, alle Möglichen; verschiedener Art; sortiert; ***her ~*** ... aller Art; ~ ***düzmek*** das Sortiment erweitern; **~lendirmek** (*-i*) Abwechslung bringen (in *A*); **~li** verschieden(artig); **~lilik** ⟨-ği⟩ Verschiedenartigkeit *f*
çeşme Quelle *f*, Springbrunnen *m*
çeşni Geschmack *m*; Kostprobe *f*, Zutat *f*, Würze *f*

Ç

çeşnilenmek schmackhaft werden
'çete Partisanenabteilung *f*, Partisan *m*; (Räuber)Bande *f*; ~ ***savaşı*** Partisanenkrieg *m*; **~başı** Bandenführer *m*, -in *f*; **~ci** Partisan *m*; Räuber *m*; **~cilik** ⟨-ği⟩ Partisanenbewegung *f*
'çetele Kerbholz *n*
çetin *Frage, Lage, Weg* schwierig; *Kampf* hart; ~ ***ceviz*** *a fig* harte Nuss; schwierige(r) Mensch; **~leşmek** schwieriger werden; **~leştirmek** erschweren
çetrefil verworren; vertrackt
çev *Abk.* → ***çeviren, çeviri***
çevik flink, beweglich; ~ ***kuvvet*** Einsatzkommando *n*; **~lik** ⟨-ği⟩ Gewandtheit *f*, Beweglichkeit *f*
çeviren Übersetzer *m*, -in *f*, übersetzt von
çeviri Übersetzung *f*; EL Kommutator *m*, Kollektor *m*
çevirim Wendung *f*; Verwaltung *f*
çevirme Wendung *f*; Drehung *f*; Spießbraten *m*; Übersetzen *n*; *adj* übersetzt; ~ ***hareketi*** MIL Umfassungsbewegung *f*
çevirmek *v/t* wenden; drehen; umgeben, einfassen (*-le* mit *D*); verwandeln (*-i -e etw* in *A*); GR, JUR umwandeln (*-e* in *A*); *Person, Taxi* anhalten; *Buchseite* umschlagen, wenden; *Festung* umzingeln, einkreisen; *Haus* umwandeln (*-e* in *A*); *Intrigen* spinnen; *Kopf* (um)wenden; *Kurbel* drehen; *Richtung* ändern; *Rücken* wenden, kehren; *Sprache* übersetzen (*-den -e* aus *D* in *A*); EL *Strom* umformen (*-e* in *A*); *Strafe* umwandeln (*-e* in *A*); *Worte* verdrehen, falsch deuten; ***dört yanını*** ~ von allen Seiten einkreisen; ***geri*** ~ zurückweisen; *Geld* zurückschicken; ***harabeye*** ~ in Trümmer legen; ***işleri*** ~ schalten und walten; *-den* ***yüz*** ~ sich abwenden (von *D*)
çevirmen Übersetzer *m*, -in *f*
çevirmenlik ⟨-ği⟩ Übersetzertätigkeit *f*
çevre Kreis *m*; Umkreis *m*; Umgebung *f*; (*Brust*)Umfang *m*; Umriss *m*; Umwelt *f*, Milieu *n*; Umlaufbahn *f* (*e-s Satelliten*); (Taschen)Tuch *n* mit Bordüre; ~ ***dostu*** umweltfreundlich; ~ ***kirlenmesi*** Umweltverschmutzung *f*; ~ ***koruyucu*** umweltfreundlich; ~ ***sağlığı*** (*od* ***koruması***) Umweltschutz *m*; ~ ***yolu*** Umgehungsstraße *f*; ***siyasî*** *usw* **~ler** *fig* politische *usw* Kreise *m/pl*; *-in* **~sinde** um (*A*), um ... (*A*) herum
çevrebilim Ökologie *f*; **~ci** Ökologe *m*, Ökologin *f*; **~sel** ökologisch
çevreci Umweltschützer *m*, -in *f*; **~lik** Umweltschutz *m*
çevrel begrenzt; MATH umschrieben
çevrelemek *v/t* umgeben; umschließen; *Personen* umringen; begrenzen
çevresel ökologisch, Umwelt-
çevri Strudel *m*; ***hava ~si*** Wirbelsturm *m*
çevrik Gemüsegarten *m*; → ***çevrili***
çevrili umgeben; eingezäunt (*-le* mit *D*)
çevrilmek *pass von* ***çevirmek***; sich drehen (*-e* auf, *z.B. die Seite*); sich wenden (*-e* zu *D*); ***b-nin gözü -e çevrilmek*** j-s Aufmerksamkeit gerichtet sein auf *A*
çevrim Zyklus *m*, Periode *f*; EL geschlossene(r) Stromkreis; **~li** sparsam, haushälterisch; **~sel** zyklisch
çevrinti Kreisbewegung *f*, Strudel *m*; Wirbelwind *m*; Siebreste *m/pl*
çevriyazı GR Transkription *f*, Umschrift *f*
çeyiz Aussteuer *f*, Mitgift *f*; **~lik** ⟨-ği⟩ Mitgift *f*, etwas für die Aussteuer
çeyrek ⟨-ği⟩ Viertel *n*; Viertelstunde *f*; SPORT ~ (*od* ***son***) ***final*** Viertelfinale *n*
çıban Eiterbeule *f*, Geschwür *n*; Furunkel *m* (*od n*); ~ ***başı*** Eiterkopf *m*; *fig* heikle Frage; ***şark*** (*od* ***Halep***) **~ı** MED Aleppobeule *f*
çığ Lawine *f*
çığa ZOOL Sterlet *m* (*Fisch*)
çığıltı Geschrei *n*, Heidenlärm *m*
çığır ⟨-ğrı⟩ Lawinenbahn *f*; *fig* Weg *m*, Bahn *f*; ~ ***açmak*** bahnbrechend sein
çığırmak schreien; ***türkü*** ~ F singen
çığırtkan Anreißer *m*; *fig* Lakaienseele *f*
çığlık ⟨-ğı⟩ Schrei *m*; Geschrei *n*; Gejammer *n*; Lärm *m*; ~ ***atmak*** (*od* ***koparmak***) F wie am Spieß schreien; laut jammern; **~çı** Greiner *m*
çığrışmak schreien; lärmen
çı'kagelmek plötzlich auftauchen
çıkak ⟨-ğı⟩ LING Artikulationsstelle *f*
çıkan MATH Subtrahend *m*
çıkar Nutzen *m*, Vorteil *m*; Ausweg *m*; einzig möglich; **~ına düşkün** gewinnsüchtig; *-in* **~ına uygun** profitabel für; ~ ***yol*** Ausweg *m*, einzig mögliche Lösung; **~cı** Konjunkturritter *m*; ge-

winnsüchtig, profitgierig; **~cılık** ⟨-ğı⟩ Gewinnsucht *f*

çıkarılmak *pass von* **çıkarmak**

çıkar|ım Schlussfolgerung *f*; Entlassung *f*; **~ma** MIL Landung *f*; Subtraktion *f*; Ausschluss *m* (*-den* aus *D*); ***işten ~*** Entlassung *f*, Kündigung *f*

çıkarmak *kaus von* **çıkmak**; **1.** (*-den*) entfernen (von *D*, aus *D*); *Kleidung, Schuh* ausziehen; *Brille* abnehmen; weisen (aus *D*), hinauswerfen (aus *D*); *Mitglied* ausschließen (aus *D*); *b-ni* ***işten ~*** *j-n* entlassen, *j-m* kündigen; **2.** (*-den*) herausholen; *Nagel usw* herausziehen (aus *D*); EL *Birne* ausdrehen; *Formel usw* ableiten (von *D*); MATH subtrahieren, abziehen; *Handschrift* entziffern; *Kopie* machen (von *D*); **3.** (*-e*) *Truppen* landen (in *D*); *Frist* verlängern (*-den -e* von *D* auf *A*); ***piyasaya ~*** auf den Markt bringen; **4.** *v/t über den Winter* kommen; *Essen* erbrechen, von sich (*D*) geben; (*neues*) *Modell* herausbringen; auskommen (*-le* mit *D*); *Ausgaben* decken; *Fell* abziehen; *Gewässer* ausbeuten; *Gesetz* verabschieden; (*-den*) *Kosten* decken; *Krieg* beginnen; *Schuld* begleichen; *Tote* bergen; *s-n Unterhalt* verdienen; (*-i*) *Zeitung* herausgeben; *Waren, Produkte* ausstoßen, produzieren; *s-e Wut* auslassen (*-den* an *D*); ***büyük para ~*** viel Geld verdienen; ***diş ~*** Zähne bekommen, zahnen; ***haç ~*** sich bekreuzigen; *-in* ***suretini ~*** e-e Abschrift *G/von* anfertigen; *j-n* hinstellen, bezeichnen (als *A*); *-i -e ~ j-m* (*z.B. die Tochter*) vorstellen, vorführen

çıkarsama PHIL Folgerung *f*

çıkartma Abziehbild *n*; Reproduktion *f*; Räumung *f*

çıkartmak *kaus von* **çıkmak**; → ***çıkarmak***

çıkı Bündel *n*

çıkık ⟨-ğı⟩ verrenkt; *Stirn* hervorstehend; *Haus* vorspringend; ***~ (tahtası)*** MED Schiene *f*; **~çı** Orthopäde *m* (*in der Volksmedizin*)

çıkılmak *pass von* **çıkmak**; ***içinden çıkılmaz*** ausweglos; unlösbar

çıkılır Ausgang *m* (*als Aufschrift*)

çıkın Bündel *n*; **~lamak** *v/t* bündeln

çıkıntı Vorsprung *m*; Hervortreten *n*; GEOGR Kap *n*; LIT Randbemerkung *f*

çıkış Ausgang *m*; Abfahrt *f*; *fig* Ausweg *m* (*-e* aus *D*); Auftreten *n e-r Kultur*; Aufstieg *m*; Besteigung *f* (*-e G*); Ausgangsstellung *f*, Start *m*; MIL Ausfall *m*; Einsatz *m* (*der Luftwaffe*); Kündigung *m*, Entlassung *f*, Kundgebung *f*, EDV Ausdruck *m*; EDV Port *m*; ***~ almak*** gekündigt werden (*Arbeiter*); ***~ belgesi*** Abgangszeugnis *n*; Ausfuhrgenehmigung *f*; ***~ tonu*** GR steigende(r) Ton; *-e* ***~ vermek*** kündigen (*e-m Arbeiter*); ***bir ~ yapmak*** die Stimme erheben

çıkışlı: **… ~** Abgänger *m*, -in *f G/von*

çıkışmak ausschimpfen (*-e j-n*); tadeln; *Geld* (aus)reichen

çıkıştırmak *Geld* F zusammenkratzen

çıkma Austritt *m* (*-den* aus *D*); Ausbruch *m e-s Brandes*; Badetuch *n*; Balkon *m*; Randbemerkung *f*, Absolvent *m*, -in *f*; *adj* vorspringend; (*-den*) stammend (aus *D*); ***~ durumu*** GR Ablativ *m* (*-den, -dan*)

çıkmak ⟨-ar⟩ **1.** (*-den*) (hervor)kommen (aus *D*); stammen (aus *D*); *Käfer usw* kriechen (aus *D*); *Arbeit, Stellung* aufgeben, ausscheiden (aus *D*); *Büro, Haus* verlassen, kommen (aus *D*); *Geld* ausgeben müssen, verbrauchen; sich lossagen (von *e-r Religion*); *Schule, Klasse* absolvieren, abschließen; ***bundan ne çıkar?*** was wäre schon dabei?; was ergibt sich daraus?; **2.** *v/i* ausgehen; *Ausschlag* sich bilden; *Bart* sprießen; *Befehl* ergehen; *Brand, Krieg* ausbrechen; *Buch, Zeitung* erscheinen, herauskommen; *Einband* abgehen; *Fett* gewonnen werden (*-den* aus *D*); *Fleck* herausgehen; *Flugzeug* aufsteigen; *Gesagtes* sich bewahrheiten, sich erfüllen; *Geschwür* aufgehen; *Gesetz* herauskommen; *Gestirn* aufgehen; *Kleid* gehen (aus *e-m Stoff*); *Laub* herauskommen; *Preis* (an)steigen; *Saat* sprießen; *Schuh* gehen (*vom Fuß*); *Ware* auf den Markt kommen; *Wort* entfallen (*-den*); *Zahl* abgehen (*-den* von *D*); *Zeit, Monat* vergehen; auf die Toilette gehen, austreten; sich erweisen als, sich herausstellen als; ***bu iş çıkmadı*** die Sache hat nicht geklappt; ***çocuğun kolu çıktı*** das Kind hat sich den Arm ausgerenkt; **3.** (*-e*) *Treppe* hinaufgehen; (*-den -e*) ziehen (aus *D* in *A*); (*-e*) sich auf den Weg machen;

steigen auf *e-n Berg*, besteigen (*A*); fahren, gehen an *den Bosporus*; landen (in *D*; an *D*); sich *j-m* zeigen; auftauchen (*önüne* vor *j-m*); erscheinen (vor *D*, *z.B. Gericht*); *Geld* kosten; gelangen zu *e-r Stellung*; *j-m* gleichkommen; *Los j-m* zufallen; *Tür, Fenster* gehen (auf *A*); THEA *e-e Rolle* spielen; *Weg* führen (nach *D*); ***geziye*~** auf Reisen gehen; ***karaya*~** an Land gehen; *-e* ***karşı*~** *fig* auftreten (gegen *A*); ***müdüre*~** sich beim Direktor melden; ***turneye*~** auf Tournee gehen; **4.** *ohne Suffix*: *Betrag* noch dazulegen; (*-i*) *Geld* rausrücken

çıkmaz ausweglos; aussichtslos; **~ (*sokak*)** Sackgasse *f*; *fig* **~*a girmek*** in e-e Sackgasse geraten

çıkrık ⟨-ğı⟩ (Brunnen)Winde *f*; Spinnrad *n*; Haspel *f*; TECH Kabeltrommel *f*

çıktı Erzeugnis *n*; Ausstoß *m*, Produktion *f*; Output *m* (*a n*); EDV Ausdruck *m*

çılbır[1] verlorene Eier (*in Joghurt*)

çılbır[2] Longe *f*, Führungsleine *f*

çıldır: **~ ~** mit glänzenden Augen *gucken*; strahlend hell *brennen*

çıldırmak wahnsinnig werden (*-den* vor *D*); *fig* brennen (*için* auf *A*)

çıldır|tan nervenzerreißend; **~tmak** *v/t* wahnsinnig machen

çılgın *a fig* verrückt, wahnsinnig; *Geschwindigkeit* rasend; **~lık** ⟨-ğı⟩ Wahnsinn *m*, Verrücktheit *f*

'çıma MAR Anlegetau *n*

çınar Platane *f*

çınarlık ⟨-ğı⟩ Platanenhain *m*

çınçın bim bam!; dröhnend; **~ *ötmek*** dröhnen; *fig* ein Quatschkopf sein

çıngar Klamauk *m*, Radau *m*; **~ *çıkarmak*** krakeelen

çıngır: **~ ~** dröhnend

çıngırak ⟨-ğı⟩ Glöckchen *n*; (Tür)Klingel *f*; Rassel *f*; ***çıngırağı çekmek*** F abkratzen; **~lı** tönend; schallend (*Lachen usw*); **~yılan** Klapperschlange *f*

çıngırdamak läuten; dröhnen; schallen; klirren, rasseln

çıngırtı Klirren *n*; Dröhnen *n*

çınlamak klingeln, klingen (*a Ohren*); tönen; widerhallen

çıpıldak ⟨-ğı⟩ Nackedei *m*

çıplak ⟨-ğı⟩ nackt; *Baum, Kopf* kahl; *Fuß, Auge* bloß; Akt(bildnis *n*) *m*; Nudist *m*, -in *f*; **~*lar kampı*** FKK-Lager *n*; **~*lar plajı*** Nacktbadestrand *m*

çıplaklaşmak kahl werden

çıplaklık ⟨-ğı⟩ Nacktheit *f*; ***bütün çıplaklığıyla*** unverblümt

çıra Kienspan *m*; Kienholz *n*

çırak ⟨-ğı⟩ Lehrling *m*; Geselle *m*; Gehilfe *m*; ***marangoz çırağı*** Tischlerlehrling *m*; **~lık** ⟨-ğı⟩ Lehre *f*, Lehrzeit *f*; Lehrlingsgehalt *n*

'çırçıplak splitternackt

çırçır Egreniermaschine *f*, kleine Quelle; *fig* Geplapper *n*; **~ *böceği*** ZOOL Grille *f*

çı'rılçıplak → ***çırçıplak***

çırpacak GASTR Rührbesen *m*

çırpar → ***çırpmak***

çırpı Rute *f*, Gerte *f*; Markierung(slinie) *f*; **~*ya getirmek*** (aus)richten; ***bir*** **~*da*** auf Anhieb; ***çalı*~** Reisig *n*

çırpıcı Tuchwalker *m*

çırpı|nmak zappeln; *fig* zittern (*-den* vor *D*); flattern; sich aufregen; *Muskeln* sich verkrampfen; mit den Flügeln schlagen; *Meer* plätschern; *fig* sich abrackern; **~ntı** Zappeln *n*; (Herz)Klopfen *n*; Aufregung *f*; Krampf *m*; Plätschern *n*; **~ştırmak** *v/t fig* oberflächlich machen, F hinhauen; hinkritzeln

çırpmak ⟨-ar⟩ *v/t* schlagen; abschütteln; *Teppich* ausklopfen; *Wäsche* spülen; *Zweige* abschneiden; ***el*~** in die Hände klatschen; ***çalıp*~** unehrliche Geschäfte machen

çıt knacks!; zack!; Laut *m*, F Piep *m*; (***bir***) **~ *yok*** kein Piep war zu hören

'çıta Latte *f*, Leiste *f*

çıtçıt ⟨-tı⟩ Druckknopf *m*

çıtı: **~ *pıtı*** nett, niedlich

çıtır: **~ ~** *Kind* nett, niedlich; prasselnd, knisternd *brennen*; geräuschvoll *essen*; **~ ~ *konuşmak*** redselig sein; **~tı** Knacken *n*; Prasseln *n*; Geraschel *n*

çıtırdamak knarren

çıtkırıldım zartbesaitet; *fig* Mimose *f*

çıtla|mak *v/t* knacken; knirschen; *Feuer* knistern; **~tmak** *v/t* knacken (mit *D*); *fig* ***b-ne bş-i*~** j-m etw andeuten

çıtpıt ⟨-tı⟩ Knallkörper *m*, Knallerbse *f*

çıvgın Schneeregen *m*; Schneesturm *m*

çıyan ZOOL Skolopender *m*

çiçek[1] ⟨-ği⟩ Blume *f*, *fig Person* schöne(s) Früchtchen; Blumenmuster *n*; CHEM Kristalle *n/pl*; **~ *gibi*** reinlich, adrett; *Ware* erstklassig; *Zimmer* wie geleckt; ~ ***gibi açılmak*** *fig* aufblühen, sich herausmachen; ***çiçeği burnunda*** neuest-, letzt-; ganz neu, F taufrisch

çiçek[2] ⟨-ği⟩ MED Pocken *pl*; ~ ***aşısı*** Pockenimpfung *f*; **~bozuğu** ⟨-nu⟩ pockennarbig; Pockennarbe *f*

çiçekçi Blumenzüchter *m*, -in *f*; Blumenhändler *m*, -in *f*; F Zuhälter *m*; **~lik** ⟨-ği⟩ Blumenzucht *f*; F Zuhälterei *f*

çiçek|lenmek Blüten bekommen, (auf)blühen; **~li** ... mit Blüten; Blumen-; *Muster* geblümt; BOT Blüten- (*Pflanze*); **~lik** ⟨-ği⟩ Blumenvase *f*; Orangerie *f*, Wintergarten *m*; HIST Blumennische *f*; BOT Fruchtboden *m*

çiçek|simek CHEM effloreszieren, ausblühen; **~siz** blütenlos; ~ ***bitki*** Kryptogame *f*; **~tozu** ⟨-nu⟩ Blütenstaub *m*, Pollen *m*

çif- → ***çift-***

çift ⟨-ti⟩ Paar *n Schuhe usw*; Pärchen *n* (*z.B. Tauben*); Gespann *n*; gerade (*Zahl*); ~ ***başlı*** doppelköpfig; ~ ***heceli*** zweisilbig; ~ ***priz*** EL Doppelstecker *m*; ~ ***sürmek*** pflügen; ***sana bir ~ sözüm var*** ich möchte dir ein paar Worte sagen

çiftçi Bauer *m*, Bäuerin *f*, Landwirt *m*, -in *f*; **~lik** ⟨-ği⟩ Ackerbau *m*, Landwirtschaft *f*

çifte Doppel-; zweiarmig (*Leuchter*); Doppelflinte *f*; *Schule* Sitzenbleiber *m*, -in *f*; ~ ***atmak*** *Pferd* (nach hinten) ausschlagen; *fig j-n* kränken, verletzen; ~ ***dikiş*** Doppelnaht *f*; *fig* Sitzenbleiben *n*; ~ ***kavrulmuş*** zweifach (*Glück*), zweifacher Art; *Person* F ausgefuchst; gerissene(r) Patron; *Art* Lokum (*hart und fein geschnitten*); **~lemek** *Pferd* ausschlagen (*-i* nach *j-m*); MAR den zweiten Anker auswerfen

çifteli unberechenbar; schikanös

çiftenağra kleine Doppeltrommel

çifter: ~ ~ (immer) paarweise

çiftetelli *Art* Bauchtanz(musik *f*) *m*

çiftkanatlılar ZOOL Zweiflügler *m/pl*

çiftlemek *v/t* paaren

çiftleş|me Paarung *f*; **~mek** sich paaren

çiftlik ⟨-ği⟩ Landgut *n*, Farm *f*, Landwirtschafts-; ~ ***kahyası*** Gutsverwalter *m*, -in *f*

çiftparmaklılar ZOOL Paarhufer *m/pl*

çiftsayı gerade Zahl

çiğ *Fleisch usw* roh; *Farbe* grell, auffallend; *Mensch* unreif; *Wort* unpassend; ~ ***düşmek*** (*od* ***kaçmak***) sehr taktlos sein; grell sein, sehr auffallen; ~ ***hareket*** Taktlosigkeit *f*

çiğde BOT Jujube *f*

çiğdem BOT Colchicum *n*; ***güz ~i*** Herbstzeitlose *f*

çiğit ⟨-di⟩ (Baumwoll)Samen *m*, Kern *m*; Sommersprosse *f*

çiğlik ⟨-ği⟩ Unreife *f*, Taktlosigkeit *f*

çiğneme Verletzung *f*, Verstoß *m* (gegen *A*)

çiğnemek *v/t* kauen; niedertreten; AUTO überfahren; *Abkommen* verletzen; verstoßen gegen; ***çiğneyip geçmek*** achtlos vorübergehen an *D*; ignorieren

çiğne|nmek *pass von* ***çiğnemek***; **~nmiş** *Thema* oft durchgekaut; **~tmek** *kaus von* ***çiğnemek***

çiklet ⟨-ti⟩ Kaugummi *m*

çiko'lata Schokolade *f*

çil[1] Haselhuhn *n*; ~ ***yavrusu gibi dağılmak*** auseinander laufen

çil[2] Sommersprosse *f*; *Spiegel* blinde Stelle; scheckig, gesprenkelt; (funkel)-nagelneu (*Münze*)

çile[1] Strähne *f*; (Garn)Docke *f*

çile[2] Drangsal *f*; Sorge *f*; HIST *40-tägige Probezeit e-s Ordensnovizen*; ~ ***çekmek*** Schweres durchmachen; ~ ***doldurmak*** auf das Ende der Sorgen warten; **~*den çıkar(t)mak*** aufs Äußerste reizen; aus dem Häuschen bringen; **~*den çıkmak*** außer sich geraten; **~cilik** ⟨-ği⟩ Asketentum *n*

çilek ⟨-ği⟩ BOT Erdbeere *f*

çilekeş schwer geprüft; Märtyrer *m*, -in *f*

çileli leidgeprüft; sehr verdrießlich

çilemek *Nachtigall* schlagen; *Regen* nieseln

çilingir Schlosser *m*; F Einbrecher *m*; ~ ***sofrası*** Vorspeisen *f/pl* mit Schnaps

çilingirlik ⟨-ği⟩ Schlosserhandwerk *n*

çillenmek Sommersprossen bekommen

çilli sommersprossig

çim Rasen *m*

çimdik ⟨-ği⟩ Prise *f* Salz; Kneifen *n*; *fig* Stichelei *f*; **~lemek** *v/t* kneifen; knabbern (an *D*); *fig* sticheln

çimen Rasen *m*; Wiese *f*; Gras *n*

çimenlik ⟨-ği⟩ Rasenplatz *m*; Wiese *f*

çi'mento Zement *m*; Zement-

çi'mentolamak *v/t* zementieren

çimlendirmek keimen lassen

çimlenmek keimen, sprossen; grünen, grün werden; F für sich *etw* abzwacken; nippen (*von e-m Essen*)

çimmek ⟨-er⟩ F sich baden

Çin China *n*; chinesisch

çinakop ZOOL kleine(r) Blaubarsch

Çince (das) Chinesisch(e); chinesisch

Çingene *neg!* Zigeuner *m*, -in *f*

çingene F *abw* habgierig; knauserig; **~leşmek** sich knauserig *od* habgierig zeigen; **~lik** ⟨-ği⟩ Zigeunerwesen *n*; Geiz *m*, Habgier *f*

çingenepalamudu ⟨-nu⟩ ZOOL Bonito-Junge(s)

çini Kachel *f*, Fliese *f*, Fayence *f*, Keramik *f*, Kachel- (*Ofen*); ***~ mavisi*** Kobalt *n*; kobaltblau; ***~ mürekkebi*** Tusche *f*; ***~ soba*** Kachelofen *m*

çini|ci Keramiker *m*, -in *f*; **~cilik** ⟨-ği⟩ Keramik *f*; **~li** Kachel-, Fliesen-

'çinko[1] Zink *n*; ***~ (ile) kaplamak*** verzinken; ***~ leğen*** Zinkwanne *f*

'çinko[2] *Tombola*: *etwa Bingo n*

Çinli Chinese *m*, Chinesin *f*

çipil ... mit geschwollenen, triefenden, wimperlosen Augen

çipilti Nieselwetter *n*

çi'pura ZOOL Goldbrassen *m*, Dorade *f*

çiriş Kleister *m*, Klebstoff *m*; Appretur *f*

çiriş|lenmek *v/t* kleistern, kleben; *Gewebe* appretieren; **~li** geklebt; appretiert; klebrig; **~otu** BOT Affodill *m*

çirkef Aufwaschwasser *n*, (dreckige) Brühe; *Sache* F dreckig; mulmig; ***~ adam*** gemeine(r) Kerl, F Mistvieh *n*; ***~e taş atmak*** sich mit e-m üblen Subjekt einlassen

çirkin hässlich; *Verhalten*, *Wort* übel, gemein; *subst* Scheusal *n*; **~leşmek** *v/i* hässlich werden; **~leştirmek** *kaus von* ***çirkinleşmek***; **~lik** ⟨-ği⟩ Hässlichkeit *f*, Gemeinheit *f*

çiroz gedörrte Makrele; *fig* Hering *m*; **~laşmak** *v/t* laichen; sehr dünn (*od* spitz) werden

çise|lemek nieseln; **~nti** Sprühregen *m*

çiş *Kindersprache* Pipi *n*; ***~ yapmak*** Pipi machen; *-in* ***~i geldi, ~i var*** er/sie muss mal Pipi machen

çit[1] ⟨-ti⟩ Hecke *f*, Zaun *m*

çit[2] ⟨-ti⟩ *Art* Kattun *m*, Chintz *m*

çitilemek *v/t Wäsche* reiben, waschen

çitişmek *v/i* filzen, sich verfilzen

çitlembik ⟨-ği⟩ BOT Terebinthe(nfrucht) *f* (*Pistazienart*); ***~ gibi*** *Mädchen* dunkelhäutig und zierlich

çitlemek *v/t* einfrieden; F knacken (*Kürbiskerne usw*)

çitmek ⟨-er⟩ *v/t* vereinigen; *Strumpf* stopfen; *Wäsche* waschen, reiben

çitmik ⟨-ği⟩ Traubenbüschel *n*; Prise *f* (*Tabak*)

çivi Nagel *m*; Stift *m*; Pflock *m* (*aus Holz*), Keil *m*; Dübel *m*; ***~ çakmak*** Nägel einschlagen; ***~ gibi*** robust; fix; stramm; vor Kälte erstarrt; ***~si çıkık*** *fig* Spinner *m*, (seelisch) Gestörte(r); *-in* ***~si çıkmak*** verkommen

çividî [-di:] indigoblau, ultramarin

çivileme Annageln *n*; Fußsprung *m* (*beim Schwimmen*)

çivilemek *v/t* nageln (*-i -e etw* an *A*)

çivilenmek *pass von* ***çivilemek***; wie angenagelt stehen

çivili genagelt; angenagelt; Nagelschuh *m*

çivit ⟨-di⟩ Indigo *n*, Waschblau *n*

çivit|lemek *v/t Wäsche* bläuen; blau färben; **~otu** ⟨-nu⟩ Indigopflanze *f* (*Indigofera*)

çiviyazısı ⟨-nı⟩ Keilschrift *f*

çiy Tau *m*; **~lemek** tauen, *v/unp* es fällt Tau; es tröpfelt

çizelge Tabelle *f*, ***uçuş ~si*** Flugplan *m*

çizer Zeichner *m*, -in *f*, → ***çizmek***

çizgi Strich *m*, *a* MATH Linie *f*, (Stirn-, Gesichts)Falte *f*, Kratzer *m*; ***~ film*** Zeichentrickfilm *m*; ***düz ~*** MATH Gerade *f*; ***eğri ~*** Kurve *f*, ***kısa ~ (işareti)*** Divis *n*, kurzer Bindestrich *m*; Trennungsstrich *m*; ***uzun ~ (işareti)*** Bindestrich *m*; **~lemek** (e-n Strich) ziehen; **~li** liniert; *Muskel* quer gestreift; *Stoff* gestreift; **~siz** unliniert

çiziktirmek *v/t* hinkritzeln

çizili, ***üstü ~*** durchgestrichen; ***altı ~*** unterstrichen

çizilmek *pass von* ***çizmek***

çizim Zeichnung *f*, TECH Zeichnen *n*; MATH Konstruktion *f*

çizinti Schramme *f*, Markierung *f*

çizme (Schaft)Stiefel *m*

çizmek ⟨-er⟩ *v/t Linie* ziehen; (aus)streichen; *Skizze* zeichnen, entwerfen; *Nadel* ritzen, stechen; schrammen; *fig* Ge-

biet umreißen, aufzeichnen; *-in* ***altını* ~ *a*** *fig* unterstreichen; *-in* **üstünü ~** durchstreichen

çizmeli gestiefelt

çoban Schäfer *m*, Hirt *m*; **~aldatan** ZOOL Ziegenmelker *m*, Nachtschwalbe *f*; **~lama** Pastorale *n* (*od f*); **~püskülü** BOT Stechpalme *f*

Çobanyıldızı ASTR Venus *f*, Morgenstern *m*

çocuğumsu kindlich

çocuk ⟨-ğu⟩ Kind *n*; F junge(r) Mann, Bursche *m*; ***~ aldırma*** MED Abtreibung *f*; ***~ arabası*** Kinderwagen *m*; ***~ bahçesi*** Kinderspielplatz *m*; ***~ bakımevi*** Kinderheim *n*; ***~ bezi*** Windel *f*; ***~ dünyaya getirmek*** ein Kind zur Welt bringen; ***~ düşürme*** MED Fehlgeburt *f*; ***~ hekimi*** (F ***doktoru***) Kinderarzt *m*, -ärztin *f*; ***~ işi*** kinderleicht, Kinderei *f*; ***~ mahkemesi*** JUR Jugendgericht *n*; ***~ odası*** Kinderzimmer *n*; ***~ oyun alanı*** Kinderspielplatz *m*; ***~ parası*** Kindergeld *n*; ***~ yuvası*** Kindergarten *m*; *-in* ***çocuğu olmak*** ein Kind bekommen; ***okul çağındaki ~*** Kind *n* im schulpflichtigen Alter; ***okul çocuğu*** Schulkind *n*; ***toy ~*** grüne(r) Junge

çocukça kindisch

çocukçağız arme(s) Kind

çocuk|laşmak wie ein Kind sein; wieder kindisch werden; **~lu** mit ... Kindern; ***çok ~*** kinderreich; **~luk** ⟨-ğu⟩ Kindheit *f*, Kinderei *f*; ***~ arkadaşı*** Jugendfreund *m*, -in *f*

çocuksu kindlich

çocuksuz kinderlos; **~luk** ⟨-ğu⟩ Kinderlosigkeit *f*

çoğal|ma Vermehrung *f*, BIOL Fortpflanzung *f*; **~mak** sich vermehren; *Gedränge usw* zunehmen, noch größer werden; **~tım** Vermehrung *f*, Vervielfältigung *f*; **~tmak** *v/t* vermehren; kopieren, vervielfältigen

çoğu meist-; **~ (*defa, kere*)** *Zeit* meistens; ***~ insan(lar)*** die meisten Menschen; ***~ zaman*** meistens

çoğul GR Mehrzahl *f*, Plural *m*; Plural-; ... im Plural

çoğulcu pluralistisch; **~luk** ⟨-ğu⟩ Pluralismus *m*

çoğumsamak (*-i*) *fig* (es) viel finden

[1]**çoğun** meistens

çoğunluk ⟨-ğu⟩ Mehrheit *f*, Majorität *f*; ***~ almak*** die Mehrheit erringen; ***oy çoğunluğu ile*** mit Stimmenmehrheit

çoğunlukla meistens; größtenteils

çok ⟨-ğu⟩ *adj* viel, viele; *adv* viel; viel-, multi-; sehr *schön usw*; durchaus; lange *warten, arbeiten*; *-den* **(*daha*) ~** mehr als; ***daha ~ var mı?*** ist es noch weit?; **~ ~** höchstens; ***~ defa(lar)*** (*a* ***~ kere, ~ sefer***) (sehr) oft; meistens; ***~ geçmeden*** kurz darauf, bald danach; ***~ gelmek*** zu viel sein (*od* werden); zu viel scheinen; ***~ görme*** Missgunst *f*; ***~ görmek*** (*-i -e*) *etw* (*A*) als überflüssig für *j-n* erachten; *j-m etw* missgönnen; viel durchmachen; ***~ heceli*** GR mehrsilbig; ***~ olmak*** *fig* zu weit gehen, keine Grenzen kennen; ***~ olmuş*** überreif; *Tee* zu stark; ***~ şey!*** erstaunlich!, F ein dolles Stück; ***az ~*** mehr oder weniger; ***en ~*** höchstens; meistens; ***pek ~*** sehr viel; ***çoğumuz*** viele (*od* die meisten) von uns

çok|amaçlı Mehrzweck-; **~anlamlı** vieldeutig; **~ayaklı** ZOOL Vielfüßer *m*; **~bilmiş** verschmitzt; frühreif; *scherzh* allwissend; **~ça** ziemlich viel (*od* oft); ordentlich; mehr; **~düzlemli** MATH vielflächig; **~eşlilik** ⟨-ği⟩ Polygamie *f*; **~fazlı** EL Vielphasen-; **~gen** Vieleck *n*; **~gözlü** TECH vielstufig; zerlegbar; Glieder-; ... mit vielen Fächern; **~hücreli** BIOL Vielzeller *m*; **~katlı** mehrstökkig; **~kültürlü** multikulturell

çokluk ⟨-ğu⟩ Menge *f*, Masse *f*, Unmenge *f*; (Stimmen)Mehrheit *f*; oft, häufig; ***işin çokluğu*** Arbeitsüberlastung *f*

çokpartili Vielparteien- (*System*)

çoksamak als überflüssig (*od* zu ausgedehnt) betrachten

çoksatan *adj* Bestseller *m*

çoksesli vielstimmig; GR mehrlautig

çoktan, ***~ beri*** seit langem; schon lange; ***~ geçmiş*** längst vergangen

çoktanrıcılık ⟨-ğı⟩ Polytheismus *m*

çoktanrılı polytheistisch

çok|taraflı multilateral; *Problem* verzwickt; **~terimli** MATH vielgliedrig; Polynom *n*; **~yanlı** vielseitig; **~yıllık** BOT mehrjährig; **~yüzlü** MATH vielflächig

çolak Einarmige(r); Einhändige(r)

çolpa tollpatschig; unbeholfen

çoluk: ***~ çocuk*** Kind und Kegel (*ohne Artikel*); unbedarfte Leute *pl*; ***~ yok, çocuk yok*** ganz ohne Anhang

Ç

çomak 〈-ğı〉 Knüppel *m*; Trommelstock *m*
çomar große(r) (Schäfer)Hund
çopra Fischgräte *f*; Röhricht *n*
çopur blatternarbig; Pockennarbe *f*
çorak 〈-ğı〉 *Boden* unfruchtbar; *Wasser* ungenießbar, bitter; Salzboden *m*; *Art* Lehm *m für Dächer*; **~laşmak** *v/i* unfruchtbar werden; **~lık** 〈-ğı〉 Unfruchtbarkeit *f*; bittere(r) Geschmack
çorap 〈-bı〉 Strumpf *m*; Socke *f*; **~ bağı** Strumpfband *n*; **~ kaçtı** der Strumpf hat e-e Laufmasche; **~ örmek** Strümpfe stricken; *fig* Ränke schmieden; **~ şişi** Stricknadel *f*; **~ söküğü** Laufmasche *f*; **~ söküğü gibi gitmek** (*od* **gelmek**) es geht wie geschmiert
çorba Suppe *f*; **~ içmek** Suppe essen; **~ kaşığı** Suppenlöffel *m*; **~ tabağı** Suppenteller *m*; **~ tableti** Brühwürfel *m*; **~da tuzu bulunmak** *fig* sein Scherflein dazu beitragen; **~ya dönmek** (*od* **~ olmak**) völlig durcheinander geraten; **~cı** HIST F *ein reicher Christ*; F Boss *m*, Chef *m*; HIST Janitscharenoberst *m*
çorbalık Suppen- (*Fleisch*); **~ pirinç** Bruchreis *m*
çotuk 〈-ğu〉 BOT Luftwurzel *f*; hängende Weinrebe
çöğ|dürmek F urinieren; *v/t* schleudern, (ab)spritzen; **~mek** 〈-er〉 *Geschoss* zur Erde fallen
çökel|ek 〈-ği〉 *Art* Quark *m*; **~mek** sich niederschlagen, sich absetzen; **~ten** Reagenz *n*; **~ti** CHEM Rückstand *m*, Bodensatz *m*; BIOL Alterung *f*; **~tmek** *v/t* CHEM ausfällen
çöker → **çökmek**
çökertmek *v/t* niederknien lassen; einrammen; MIL einbrechen; *fig* niederzwingen, zum Kollaps führen
çökkün zusammengefallen, eingestürzt; *Person* erschöpft; depressiv
çökme Senkung *f*; *fig* Zusammenbruch *m*; Zerfall *m*
çök|mek 〈-er〉 *v/i Boden usw* sich senken; einstürzen, zusammenbrechen; *Person* altern, zusammenfallen; sich (hin)hocken; *Nacht* hereinbrechen; *Nebel* herabsinken; sich fallen lassen (in *A*); *Wangen* einfallen; (*-in* **önünde/karşısında**) **diz ~** knien, niederknien (vor *D*); **yere ~** landen, niedergehen; **~müş** eingefallen
çökük *Boden* eingesunken; *Brust usw* eingefallen; *Schultern* hängend; **~ saha** GEOGR Niederung *f*
çöküntü Verfall *m*; Trümmer *pl*; Bodensatz *m*; GEOL Senkung *f*; PSYCH Depression *f*
çöküş *fig* Niedergang *m*, Zerfall *m*; Hinhocken *n* (*des Kamels*)
çöküşmek *Vögel* sich in Scharen niederlassen (*-e* auf *D*); sich hinhocken
çöl Wüste *f*; **~ faresi** Wüstenspringmaus *f*; **~e dönmek** zur Wüste werden
çölleşmek zur Wüste werden
çömelmek sich (hin)hocken (*-e* auf *A*)
çömez Schüler *m*, Jünger *m*; HIST Kostschüler *m* (*e-r Medrese*)
çömezlik 〈-ği〉: *-in* **çömezliğini yapmak** diensteifrig sein gegenüber
çömlek 〈-ği〉 Tontopf *m*
çöp[1] 〈çöpü〉 Müll *m*; **~ arabası** Müllwagen *m*; **~ bidonu** Mülltonne *f*; **~ gibi** spindeldürr; **~ tenekesi** Mülleimer *m*; **~ yığını** Müllhaufen *m*; **~lerin toplanması** Müllabfuhr *f*; **atom ~leri** Atommüll *m*; **otomatik ~ boşaltıcısı** Müllschlucker *m*
çöp[2] 〈çöpü〉 Hälmchen *n*, Hölzchen *n*; Span *m*; Splitter *m*; **~ atlamamak** kleinlich (*od* pedantisch) sein; **~ gibi** spindeldürr; **~ kebabı** *Art* Schaschlik *m*; **kibrit ~ü** Streichholz *n*
çöpatlamaz pedantisch; kleinlich
çöpçatan Heiratsvermittler *m*, -in *f*
çöpçü Müllmann *m*; Straßenkehrer *m*
çöpleme BOT Nieswurz *f*
çöplenmek von allem ein bisschen kosten; sich (*D*) kleine Vorteile sichern
çöp|lük 〈-ğü〉 Müllplatz *m*; Schutthaufen *m*; **~süz**: **~ üzüm** jemand ohne Anhang; einwandfrei
çörçöp → **çerçöp**
çörek 〈-ği〉 Plätzchen *n*, Gebäck *n*
çöreklenmek sich zusammenrollen; *bes Schlange* sich zusammenringeln; *fig* sich festsetzen (*-de z.B.* im *Kopf*); *Gast* F bis in die Puppen bleiben; **lök gibi ~** F zusammenglucken
çöven BOT Seifenkraut *n*
çözelti CHEM Lösung *f*
çözgü Kette *f* (*Weben*); gestreifte(s) Leinentuch
çözgün Auflösung *f*, Schmelzen *n*; *adj* geschmolzen; *Schnee* matschig

çözmek ⟨-er⟩ lösen; *etw friedlich* regeln; *Knoten* lösen, aufmachen; *Meinungsverschiedenheit* beilegen, aus dem Weg räumen; *Paket* aufmachen, aufbinden; *Problem* lösen; *Rätsel* raten, lösen; *Schrift* entziffern; *Text* analysieren; *Tier* losbinden; ***düğmeleri ~*** aufknöpfen; ***işi ~*** die Lösung finden
çözülme MIL Absetzbewegung *f*; PSYCH gestörte(s) Verhalten
çözülmek *pass von* ***çözmek***; *Schnürsenkel* aufgehen; schmelzen (*Gefrorenes*); MIL sich absetzen; F abhauen, verduften; ***buzlar çözüldü*** *fig* das Eis ist geschmolzen
çözülmez unlösbar (*Problem*); ***~ düğüm*** Gordische(r) Knoten
çözüm *fig* Lösung *f* (*e-s Problems*); friedliche Regelung; ***~e bağlamak*** e-r Lösung zuführen
çözümle|me Analyse *f*; ***~mek*** *v/t* analysieren; ***~li*** auf e-e Analyse gestützt
çözümsel analytisch
çözünebilir löslich
çözünmek sich (auf)lösen
çözüntü → ***çözelti***; Eisscholle *f*
çözünürlük ⟨-ğü⟩ Löslichkeit *f*; FOTO, EDV Auflösung *f*
çözüşmek *v/i* zerfallen, zerlegt werden
çubuk ⟨-ğu⟩ (*Eisen*)Stange *f*, Stab *m*; MAR Stenge *f*; (Tabaks)Pfeife *f*; Zigarettenspitze *f*; Streifen *m auf Stoff*; ***asma çubuğu*** Weinstock *m*; ***atlama çubuğu*** SPORT Stab *m*; ***~ aşısı*** Pfropfen *n*; ***tuzlu ~*** Salzstange(n) *f(pl)*
çubuklu gestreift; gerippt
çuha Tuch *n*; Tweed *m*; ***~cı*** Tuchhändler *m*; ***~çiçeği*** ZOOL Primel *f*
çukur Grube *f*, Loch *n*, Vertiefung *f*, Trichter *m*; Mulde *f*; Grübchen *n in der Wange*; GEOGR Schlucht *f*, Kluft *f*; *fig* Grab *n*; *adj* unter-; konkav; ***~ açmak*** e-e Grube graben (*od* ausheben); ***~ yol*** Hohlweg *m*; ***pislik ~u*** Kloake *f*
çukur|lanmak, ~laşmak einsinken, einfallen; ***~laşmış*** *Augen* eingesunken
çukurluk ⟨-ğu⟩ Vertiefung *f*; GEOGR Niederung *f*; *adj* vertieft
çul grobe(r) Wollstoff; Pferdedecke *f*; F Klamotte *f*
çullanmak: *-in* ***üstüne ~*** sich stürzen auf *A*
çulluk ⟨-ğu⟩ ZOOL Waldschnepfe *f*
Çulpan ASTR Venus *f*
çulsuz Hungerleider *m*, -in *f*
çultutmaz Verschwender *m*, -in *f*
çurçur ZOOL *Art* Lippfisch *m* (*Crenilabrus*); *adj* belanglos
çuval Sack *m*; F Dickwanst *m*; ***~ gibi*** *Stoff* grob; *Kleidung* schlottrig; ***uyku ~ı*** Schlafmütze *f*, Langschläfer *m*, -in *f*; ***~dız*** Sacknadel *f*; Ahle *f*; ***~lamak*** **1.** *v/t* einsacken; F *-i* verpfuschen *A*; **2.** *v/i* F jämmerlich versagen
çük ⟨-kü⟩ F (männliches) Glied
'çünkü weil, da (*Nebensatz*); denn (*Hauptsatz*)
çürük ⟨-ğü⟩ Fäulnis *f*, blaue(r) Fleck; faul, verfault; zweifelhaft, dunkel; *Argument* leicht widerlegbar; *Baum, Brett* morsch; *Angaben* unhaltbar; *Angelegenheit* hoffnungslos; MIL dienstuntauglich; ausgemustert; ***~ gaz*** Abgase *n/pl*; ***~ mal*** alte(r) Kram, Gerümpel *n*; ***~ tahtaya basmak*** sich auf e-e faule Sache einlassen; ***çürüğe çıkarmak*** MIL als dienstuntauglich erklären; ausrangieren; ***diş çürüğü*** Zahnfäule *f*; ***~lük*** ⟨-ğü⟩ Fäule *f*, Fäulnis *f*, *fig* Unhaltbarkeit *f*, Zweifelhaftigkeit *f*, Hoffnungslosigkeit *f*
çürüme Fäulnis *f*, Zersetzung *f*, Verwesung *f*; ***diş çürümesi*** Zahnfäule *f*
çürümek (ver)faulen; verderben; *Behauptung, Idee usw* gegenstandslos werden; *Hoffnungen* zunichte werden; *Person* hinfällig werden; altern; *Sache* sich abnutzen, verschleißen
çürümüş verdorben
çürütme Widerlegung *f*
çürütmek *v/t* verderben, verfaulen lassen; *Lüge* widerlegen; ***birbirini çürüten*** sich widersprechend; ***dirsek ~*** die Schulbank drücken
çürütülmek *pass von* ***çürütmek***
çürüyüş Faulen *n*, Verfaulen *n*; Zunichtewerden *n*
çüş halt! (*für Esel*); F na!, he!; ***~ ki ~!*** na!, da ...; zum Donnerwetter!; *-e* ***~ demek*** zum Halten bringen (*Esel*)

D

d, D [dɛ] d, D *n*; MUS d-moll, D-Dur
D *Abk. für* ***doğu*** Osten (O)
da (de) 1. *adv* auch; ***onu ben de gördüm*** auch ich habe ihn gesehen; ***ben onu da gördüm*** auch ihn habe ich gesehen; **2.** *Intensivierung* ***bu iş hiç de doğru değil*** diese Sache ist keineswegs richtig; ***bu yol o kadar da uzun ki!*** dieser Weg ist sehr sehr weit; **3.** *adv* noch, sogar, selbst; ***böylesi daha da iyi*** so ist es noch besser; ***onu babam da yapar*** das kann sogar ein Greis!; **4.** *konj* und; ***... konuşur da konuşur*** er redet und redet; *nach dem ersten Satzglied* ***... ben de ona dedim ki*** ... und ich sagte zu ihr; **5.** *konj* aber; ***gördü de selam vermedi*** er sah (*mich, uns* ...), grüßte aber nicht; *zwischen zwei Verben oder Adjektiv und Verb*: **6.** *konj* (so)dass; ***hava sıcak da terledim*** es war heiß, sodass ich schwitzte; ***siz nasıl oldu da böyle geciktiniz?*** wie kommt es, dass Sie so spät gekommen sind?; **7.** *konj* sowohl ... als auch; ***çay da var, kahve de (var)*** es gibt sowohl Tee als auch Kaffee; ***ben de, sen de, o da hep gideceğiz*** ich, du und er, alle werden wir gehen
-da *Suffix* → **-de**
dadanmak *-e* versessen sein auf *A*; befallen *A*; häufig kommen zu
dadı Kindermädchen *n*, Kinderfrau *f*
dağ[1] Berg *m*; Berg-; Gebirgs- (*Klima*); **~ *adamı*** Bergbewohner *m*; Hinterwäldler *m*; **~ *ardında*** hinter den Bergen; **~ *ayısı*** F Tölpel *m*; **~ *eteği*** Fuß *m* des Berges; **~ *gibi*** mächtig; bergehoch; **~ *sıçanı*** Murmeltier *n*; **~ *sporu*** Alpinismus *m*; **~ *taş*** riesig (viel); so weit das Auge reicht; ***~lar kadar fark*** ein himmelweiter Unterschied
dağ[2] Brandmal *n*; Narbe *f*; MED Ätzung *f*
dağar Lederbeutel *m*; Tongefäß *n mit breitem Hals*; **~cık** ⟨-ğı⟩ *fig* Wissen *n*; (Wort)Schatz *m*; ***dağarcığı yüklü*** F er hat Grips
dağcı Bergsteiger *m*, -in *f*; **~lık** ⟨-ğı⟩ Alpinismus *m*
dağdağa Lärm *m*, Tumult *m*
dağdağalı aufregend, bewegt
dağılım PSYCH, CHEM Dissoziation *f*; Zerfall *m*; ÖKON Verteilung *f*
dağılış Auflösung *f*; Verbreitung *f*; Untergang *m* (*e-s Reiches*)
dağılmak sich auflösen (*a Armee, Wolken*); sich verbreiten; *Briefe* ausgetragen (*od* verteilt) werden; *Essen* verteilt werden; *Menge* sich zerstreuen; auseinander brechen (*Möbel usw*); F sich verzetteln; ***dağılan enerji*** PHYS Strahlungsenergie *f*; *-in* ***aklı*** (*od* ***kafası***) **~** sich nicht konzentrieren können
dağınık unaufgeräumt (*Zimmer usw*); zerstreut (*Dörfer usw*); *Boden* locker, porös; *Haare* zerzaust; MIL aufgelockert (*Formation*); *Reflexion* verstreut, diffus; *Gedanken* wirr; **~ışık** Flutlicht *n*
dağıtıcı Briefträger *m*, -in *f*; (Zeitungs)-Austräger *m*, -in *f*; auflösend, zerstörend
dağıtılmak *pass von* ***dağılmak***
dağıtım Verteilung *f*, Zustellung *f* (*der Post*); Vertrieb *m* (*von Waren*)
dağıtmak *v/t* verteilen (*-e* an *A*); zuteilen (*-e j-m*); *Bücher* vertreiben; *Dividende* ausschütten; zerschlagen (*a organisatorisch*); *Feind* vertreiben; *Post* austragen, zustellen; *Wolken, Zweifel* zerstreuen; *z.B. Zimmer* in Unordnung bringen; *Karten* geben
'dağkeçisi ⟨-ni⟩ ZOOL Gämse *f*
dağlamak *v/t* mit e-m Brandmal versehen; *Wunde* ausbrennen; *Hitze j-m das Gesicht* verbrennen; *Pfeffer j-m den Mund, die Zunge* verbrennen; *fig -in* ***içini*** **~** das Herz schwer machen *D*
dağlı[1] Bergbewohner *m*, -in *f*
dağlı[2] ... mit e-m Brandmal; narbig
dağlıç ⟨-cı⟩ *Art* Fettschwanzschaf *n*
dağlık gebirgig; gebirgige Gegend
daha noch; immer noch; MATH plus, und; **~ *gelmedi*** er/sie ist noch nicht gekommen; ***siz ~ burada mısınız?*** sind Sie noch hier?; *Komparativ*: *-den* **~ *az*** weniger als; **~ *çok*** mehr; **~ *fazla*** noch mehr; **~ *iyi*** besser; **~ *iyi ya!*** umso besser!; **~ *olmazsa*** schlimmstenfalls; **~ *sonra*** später; **~ *da zor*** noch schwerer; **~ *neler*** na, so was!; was nicht alles; ***~sı mı?*** noch mehr?, genügt das?; ***~sı var*** das ist noch nicht alles

dahi auch; selbst; → ***da 3.***
dâhi Genie *n*
dahil [ɑː] einschließlich (-/*G od ohne Artikel*); -*i* ~ ***etmek*** *etw* einschließen (in *A*, *die Rechnung usw*); -*e* ~ ***olmak*** teilnehmen (an *D*); eingeschlossen sein (in *D*, *der Rechnung usw*); gehören (zu *D*, *z.B. e-r Gruppe*); (-*in*) ~***inde*** innerhalb *G*/*von*; ***imkan ~inde*** innerhalb des Möglichen
dahilen ['dɑː-]: MED ~ ***kullanılır*** innerlich anzuwenden
dahilî [dɑːhıliː] inner- (*Sicherheit, Krankheit*); Innen- (*Politik*); Binnen- (*Markt*); innenpolitisch (*Lage*); inländisch; intern; ~ ***telefon*** Haustelefon(anlage *f*) *n*
dahiliye innere Krankheiten *f*/*pl*; Abteilung *f* für innere Krankheiten; ~ ***uzmanı*** Internist *m*, -in *f*; ~***ci*** F Internist(*m* in *f*)
daim [ɑː] dauernd; ~ ***olmak*** andauern
daima ['dɑː-] immer, ständig
daimî [iː] dauernd; ständig, stehend (*Heer*); alltäglich (*Arbeit*)
dair [ɑː] (-*e*) über (*A*); betreffend (*A*), bezüglich (*G*); ***buna*** ~ diesbezüglich
daire [ɑː] MATH Kreis *m*; (Etagen)Wohnung *f*; Büro *n*, Amt *n*; (Verwaltungs)-Abteilung *f*; (Maschinen)Raum *m*; MUS Tamburin
dakik genau; Präzisions-; fein(körnig), gestoßen; *Angelegenheit* heikel; *Person* gewissenhaft
dakika [iː] Minute *f*; ***bir*** ~ (***lütfen***)***!*** einen Moment (bitte)!; ~***sı*** ~***sına*** auf die Minute, pünktlich; ~***sında*** auf der Stelle, sofort
'daktilo Schreibmaschine *f*; Maschinenschreiben *n*; ~ (***bayan***) (Steno)Typistin *f*, Sekretärin *f*; ~ ***bilmek*** Maschine schreiben können; ~ ***etmek*** (mit der) Maschine schreiben; F tippen; ~ ***ile yazılmış*** maschinengeschrieben; F getippt; ~ ***şeridi*** Farbband *n*; ~***grafi*** Maschinenschreiben *n*
dal[1] Zweig *m*, Ast *m*; *fig* Gebiet *n*; (Industrie)Zweig *m*; ~ ***budak salmak*** wachsen und wuchern; *fig* sich komplizieren; ~***dan*** ~***a konmak*** es nicht lange aushalten (*im Beruf*); vom Hundertsten ins Tausendste kommen; ~ ***gibi*** schlank
dal[2] Rücken *m*; -*in* ~***ına basmak*** *A* reizen, ärgern
dal[3] nackt, bloß
dalak ⟨-ğı⟩ Milz *f*
dalakotu ⟨-nu⟩ BOT Gamander *m*
dalamak *v/t* kratzen (*Wolle usw*)
dalar → ***dalmak***
dalaşmak sich zanken, sich beschimpfen; *Hunde* sich beißen; ***b-ne*** ~ sich mit j-m auf e-n Streit einlassen
dala'vere Schwindel *m*; Machenschaften *pl*; ~***ci*** Hochstapler *m*; Intrigant *m*
daldırma BOT Vermehrung *f* durch Stecklinge; Steckling *m*
daldırmak *v/t kaus von* ***dalmak***; *Hände* stecken (-*e* in *A*); *Löffel* tauchen (-*e* in *A*); *Pflanzen* durch Stecklinge vermehren; *Taucher* hinablassen (-*e* in *A*)
dalga Welle *f*; Woge *f*; F Schwindel *m*; F Rausch(zustand) *m*; PHYS ~ ***boyu*** Wellenlänge *f*; ~ ***çizgisi*** Wellenlinie *f*; ~ ~ wellig; streifenförmig; fleckenartig; ~ ***geçmek*** F verträumen (*A*), träumen (von *D*); ***b-le*** ~ ***geçmek*** j-n veräppeln; ***en kısa, kısa, orta, uzun*** ~ Ultrakurz-, Kurz-, Mittel-, Langwelle *f*; ***ses*** ~***sı*** Schallwelle *f*; ~***cı*** *f* Schwindler *m*; Hans Guckindieluft *m*; wetterwendisch
dalgakıran Wellenbrecher *m*
dalgalanmak *v/i* wogen; *Fahne* flattern; *Farbe* schillern, changieren; *Haare* wehen; ***dalgalanmaya bırakmak*** *fig* in der Schwebe lassen; ÖKON floaten lassen
dalgalı wogend, wellenförmig; *fig* in Gedanken (versunken); *Radio* mit ... Wellenbereichen; PHYS Wechsel- (*Strom*); *fig* gut ausgeheckt; schwebend (*Schuld*)
dalgıç ⟨-cı⟩ Taucher *m*; *fig* Gauner *m*; ~ ***başlığı*** Taucherglocke *f*
dalgın zerstreut, abwesend; apathisch; *Kranker* im Dämmerzustand
dalgınlık ⟨-ğı⟩ Zerstreutheit *f*, Apathie *f*, MED Dämmerzustand *m*
dalkavuk ⟨-ğu⟩ F Speichellecker *m*; Schleimer *m*
dalkılıç ⟨-cı⟩ mit blankem Säbel
dallandırmak Zweige treiben lassen; *fig* aufbauschen; komplizieren
dallanmak *v/i* BOT Triebe ansetzen; ***dallanıp budaklanmak*** immer verzwickter werden
dallı ... mit (vielen) Zweigen; verästelt; ~ ***güllü*** *Stoff* bunt gemustert; *fig* verwi-

ckelt; ~ ***budaklı*** verworren
dalma *Ringkampf* Griff *m* nach den Beinen des Gegners
dalmak ⟨-ar⟩ (*-e*) tauchen (in *A*); stürzen (in *A*), hineinplatzen (in *A*); F sich schleichen (in *A*); verschwinden (in *A*); geraten (in *A*); *in Gedanken* versinken; eindringen (in *A*); *fig* sich vertiefen (in *A*); sich *Träumen* (*D*) hingeben; MIL einbrechen (*-e* in *A*); *Kranker* das Bewusstsein verlieren; (*Ringkampf*) greifen nach ...; (***uykuya***) ~ einschlafen
dalmış *fig* (*-e*) versunken (in *A*)
daltaban barfuß; Habenichts *m*
daltonizm MED Farbenblindheit *f*
'dalya BOT Dahlie *f*
dalyan ortsfeste Fischernetzgruppe; ~ ***gibi*** gut gebaut, athletisch
dam[1] Dach *n*; Kate *f*, Hütte *f*, Bruchbude *f*; Stall *m*; F Kittchen *n*; ~ ***altı*** Schutzdach *n*; Dachstube *f*
dam[2] Dame *f* (*im Spiel*); Tanzpartnerin *f*
'dama Damespiel *n*; ~ ***taşı gibi oynatmak*** *fig* wie eine Marionette hin- und herschieben (*od* -schicken)
dama'cana große Korbflasche
damak ⟨-ğı⟩ Gaumen *m*; Widerhaken *m*; ~ ***eteği*** weiche(r) Gaumen; ~ ***kemiği*** harte(r) Gaumen; ~ ***ünsüzü*** LING Palatal *m*
damaklı: ~ ***diş*** obere Prothese
damaksı LING palatal, Gaumen-; **~laşma** Palatalisierung *f*
'damalı *Stoff* kariert
damar ANAT, GEOL, BOT Ader *f*; *a* Zeichnung *f* (*Marmor usw*); ANAT *a* Gefäß *n*; Erzgang *m*; *fig* Veranlagung *f*, Natur *f*, Neigung *f*, Hang *m* (zu); *-in* ~ ***genişleten*** gefäßerweiternd; **~ı *tutmak*** bockig sein, aus der Haut fahren; ***hasislik* ~ı *tuttu*** er neigte zum Geiz
damaraj MAR Losmachen *n*
damar|lı geädert; *Hand* sehnig; *fig* bockig; **~sız** ohne Adern; *fig* unverschämt
da'masko Damaststoff *m*; Damast-
damat [dɑ:-] ⟨-dı⟩ Schwiegersohn *m*; Bräutigam *m*
damga Stempel *m*; Plombe *f* zum Versiegeln; *fig* Makel *m*; ~ ***pulu*** Stempelmarke *f*; ~ ***vurmak*** *etw, A* abstempeln; **~cı** Beamte(r) des Eichamtes; mit der Abstempelung (*od* Plombierung) Beauftragte(r); **~lamak** *v/t* (ab)stempeln; plombieren; *fig* anprangern, verunglimpfen, abstempeln
damıt|ıcı Destillierkolben *m*; **~ık** destilliert; **~ma** Destillation *f*
damıtmak *v/t* destillieren
damızlık ⟨-ğı⟩ Zucht- (*Tier, Pflanze*); Ferment *n*
damla Tropfen *m*; Pipette *f*; ~ ~ tropfenweise; ~ ***hastalığı*** Gicht *f*; ***bir* ~ *çocuk*** Knirps *m*
damla|cık ⟨-ğı⟩ Tröpfchen *n*; (Bluts-)Tropfen *m*; winzig; **~lık** ⟨-ğı⟩ Tropfenzähler *m*; Pipette *f*, Dachrinne *f*
damla|mak (*-e*) *v/i* tropfen (auf, in *A*); *Hahn* tropfen, undicht sein; geradezu gehen (*-e* in *A*); *Gast* F hereinschneien (zu); **~sakızı** Mastix *m* (*bester Qualität*); **~taş** GEOL Stalaktit *m*; **~tmak** *v/t Arznei* eintröpfeln (*-e* in *A*); destillieren
damper (*Lastwagen*) Kippvorrichtung *f*
damperli: ~ ***kamyon*** Kipper *m*
damping Dumping *n*; ~ ***fiyatına*** zu Dumpingpreisen
-dan *Suffix* → ***-den***
dana Kalb *n*; ~ ***eti*** Kalbfleisch *n*; **~nın *kuyruğu koptu*** das Befürchtete traf ein
'Danca (das) Dänisch(e); dänisch
dandik F wertlos
'dandini hopp!; hoppe, hoppe Reiter; unordentlich; ~ ~ eiapopeia!; ***ortalık*** ~ wüste(s) Durcheinander; *Person* leichtsinnig
dangalak ⟨-ğı⟩ F Taps *m*
dangıl: ~ ***dangul*** *fig* ungehobelt
danışıklı vorher vereinbart; ~ ***döğüş*** abgekartete Sache
danışım Konsultation *f*
'danışma Beratung *f*, Auskunft *f*, ~ ***bürosu*** Informationsbüro *n*; 2 ***Meclisi*** beratende Versammlung
'danışmak um Rat fragen, befragen (*-e A*; *-i* in *D*); konsultieren (*-e A*); besprechen, erörtern (*-i A*); sich erkundigen (*-i* nach)
'danışman Berater *m*
Danıştay Oberverwaltungsgericht *n* (*Türkei*)
Dani'marka Dänemark *n*; **~lı** Däne *m*, Dänin *f*
da'niska: *-in* **~sı** das Beste von
dank: *-in* ***kafasına* ~ *etti*** (*od* ***dedi***) F endlich dämmerte es ihm
dans Tanz *m*; ~ ***etmek*** tanzen; **~çı** Tän-

zer *m*, -in *f*; **~ör** Tänzer *m*; **~öz** Tänzerin *f*
dan'tel(a) Spitze *f* (*am Kleid*)
dan'telli Spitzen-; *Münze* gerändelt
'dapdaracık furchtbar eng
dar eng; schmal; *Geld, Zeit* knapp; *adv* kaum, (nur) mit Mühe; **~ açı** MATH spitze(r) Winkel; **~ düşünceli** engstirnig; **~ gelirli** Kleinverdiener *m*; **~ hat** Schmalspurbahn *f*; **~ anlamıyla** (*od* **manada**) im engeren Sinn; **~ ünlü** enger *od* geschlossene(r) Vokal (*ı, i, u, ü*); **~da kalmak** in (Geld)Schwierigkeiten sein
'dara ÖKON Tara *f*; *-in* **~sını düşmek** Verpackungsgewicht abziehen
'daracık mächtig eng
daradar mit knapper Not; gerade noch, F so eben
'darağacı ⟨-nı⟩ Galgen *m*
daral|mak eng(er) werden; *Kleid* zu eng werden; *Geld, Zeit* knapp werden; *-in* **nefesi daralmak** in Atemnot kommen; **~tmak** *kaus von* **daralmak**; enger machen
darbe Schlag *m*, Hieb *m*; Staatsstreich *m*, Putsch *m*
'darbımesel *osm* Sprichwort *n*
darboğaz Engpass *m*
dar'buka Trommel *f* (*in Form e-s Kruges*)
dardağan BOT gemeine(r) Schneeball
dargın ärgerlich (*-e* auf *A*); verstimmt; abweisend; **~lık** ⟨-ğı⟩ Verstimmung *f*, Ärgernis *n*
darı Hirse *f*; **~sı başınıza!** das wünsche ich Ihnen auch! (*etwas Gutes*)
darılgan leicht eingeschnappt
darılmaca: **~ yok** nehmen Sie es bitte nicht übel!
darılmak (*-e*) sich ärgern (über *A*); böse sein (auf *A*); übel nehmen (*A*)
darlık ⟨-ğı⟩ Enge *f*, Knappheit *f*, Beschränktheit *f*, Not *f*, Entbehrung *f*; **para darlığı** Geldknappheit *f*
'darmadağın(ık) wüst durcheinander
darphane [ɑː] Münzanstalt *f*
darülaceze ['dɑːr-] F Pflegeheim *n*; ♀ *öffentliche Pflegeanstalt* (*Türkei*)
Darwincilik ⟨-ği⟩ Darwinismus *m*
dav Zug *m* (*Schach*); ZOOL *Art* Zebra *n*
dava [dɑːvɑː] JUR Prozess *m*, Rechtssache *f*, Klage *f*, Anspruch *m*, Forderung *f*, Anliegen *n*; Problem *n*, Frage *f*, Sache *f*, Angelegenheit *f*; (*-in*) **aleyhine**, *-e* **~ açmak** e-n Prozess anstrengen, ein Verfahren einleiten (gegen); **~ etmek** verklagen; **~ eden** Kläger *m*, -in *f*; **~ edilen** Beklagte(r); **~cı** Kläger *m*, -in *f*; *-den* **~ olmak** prozessieren gegen; **~lı** *Person* Beklagte(r); *Sache* strittig
davar (das) kleine Hornvieh; Schafherde *f*, Ziegenherde *f*
davavekili ⟨-ni⟩ HIST Rechtsanwalt *m* (*ohne Jurastudium*)
davet [ɑː] ⟨-ti⟩ Einladung *f*, Gastmahl *n*; JUR Vorladung *f*; *-i* **~ etmek** *v/t* einladen, auffordern (*-e* zu); provozieren; *Gefahr usw* auslösen; *Zweifel* aufkommen lassen; **~ vermek** e-n Empfang (*od* ein Essen) geben; **~iye** Einladung(skarte) *f*; **bş-e ~ çıkarmak** *fig* etwas heraufbeschwören; **~li** Geladene(r), Gast *m*; **~siz** *Gast* ungebeten
davlumbaz Dunstabzugshaube *f*, Rauchfang *m*
davranış *a* PSYCH Verhalten *n*, Haltung *f*, Benehmen *n* (*-e karşı D* gegenüber); Vorgehen *n*; **~çılık** ⟨-ğı⟩ PSYCH Behaviorismus *m*
davranma Benehmen *n*
davranmak handeln, etwas tun; sich verhalten, sich benehmen; verfahren, vorgehen, auftreten (*-e karşı* gegen *A*); *-e* **~** greifen zu; zücken *A*; **b-ne iyi** *usw* **~** j-n gut *usw* behandeln
davudî [iː] tief (*Männerstimme*)
davul (große) Trommel *f*, Pauke *f*; F Hintern *m*; **~ çalmak** die Trommel rühren; *fig* ausposaunen; **~cu** Trommler *m*; F Schlagzeuger *m*, -in *f*
dayak ⟨-ğı⟩ Prügel *pl*, Schläge *m/pl*; TECH Stütze *f*, Pfeiler *m*, Strebe *f*; **~ kolu** Konsole *f*, Kragstein *m*; **~ yemek** Prügel beziehen; **b-ne bir temiz ~ atmak** j-m e-e gehörige Tracht Prügel verabreichen
dayaklamak *v/t* abstützen
dayalı gestützt (*-e* auf *A*); beruhend (auf *D*); unter Berufung auf (*A*); gelehnt (*-e* an *A*); ... mit e-r Stütze; **~ döşeli** F vollständig) möbliert
dayamak (*-i* –e) lehnen (an *A*), stellen (an *A*); *Ohr* legen (an *A*); *etw* (*A*) stützen (auf *A*); *Arme in die Seite* stemmen; (*gözüme* mir unter die Nase) schieben; F kurzerhand anmelden, einreichen; F kontern (mit); zurückführen (*-e* auf *A*)

D

dayanak Stütze *f*, Grundlage *f*, Substrat *n*; Widerstand *m*; **~lı** begründet; **~sız** unbegründet, weit hergeholt
daya'namamak sich nicht behaupten können (*-e* gegen); nicht hinnehmen können, nicht aushalten können (*-e A*)
dayandırmak *v/t* gründen (*-e* auf *A*)
dayanık ⟨-ğı⟩ gelehnt, gestellt (*-e* gegen *A*); gestützt (*-e* auf *A*); **~lı** solide, widerstandsfähig; *Stoff* strapazierfähig; gewachsen (*-e D*); *Person a* ungerührt; SPORT ausdauernd; **~lılık** ⟨-ğı⟩ Festigkeit *f*, Widerstandskraft *f*, Ausdauer *f*, Strapazierfähigkeit *f*; **~sız** nicht widerstandsfähig; labil; CHEM unbeständig, flüchtig
dayanılmaz unerträglich
dayanış|ma Solidarität *f*; **~macı** solidarisch Handelnde(r); **~macılık** ⟨-ğı⟩ Solidarismus *m*; **~mak** sich solidarisieren
dayanma Widerstand *m*
dayanmak (*-e*) sich stützen (auf *A*); sich (an)lehnen (an *A*); vertrauen (auf *A*); *irgendwo* (*nicht*) lange bleiben; sich halten, bestehen (*-e* gegen); *Arbeit* abwälzen (*-e* auf *A*); *Stoff* strapazierfähig sein; standhalten; **gaza ~** Gas geben
dayatmak *kaus von* **dayanmak**; **... diye ~** fest darauf bestehen, zu ...; unbedingt (*z.B. gehen*) wollen; aufzwingen
dayı Onkel *m* (*Bruder der Mutter*); F *Anrede für e-n älteren Mann*; *scherzh* Väterchen *n*; **~kızı** Cousine *f*; **~oğlu** Cousin *m*
dazlak ⟨-ğı⟩ Kahlkopf *m*; Skinhead *m*
de → **da**
-de (*-da, -te, -ta*) *Lokativsuffix* in *D*, auf *D*, an *D*, bei; **nerede?** wo?; **Türkiye'de** in der Türkei; **denizde** auf dem Meer; **gökte** am Himmel; **sağ tarafta** auf der rechten Seite; **yemekte** beim Essen; (**saat**) **kaçta?** um wieviel Uhr? (**saat**) **ikide** um zwei (Uhr); *-de* **bş var/olmak** haben *A*; **bende bir şehir planı var** ich habe e-n Stadtplan; *-de* **bş yok/olmamak** haben *A*; **bende para yok** ich habe kein Geld; **yüzde on** zehn Prozent (*od* von Hundert); *bei Verben*: als, wenn; **vardığında** als er ankam, bei seinem Eintreffen
debdebe Prunk *m*, Pomp *m*
debelenmek strampeln, zappeln; um sich schlagen; *fig* sich damit herumschlagen
debriyaj Kupplung *f*; **~ pedalı** Kupplungspedal *n*
dede Großvater *m*, F Opa *m*; Vorfahr *m*; REL *Führer e-r alevitischen Gemeinde*
dedektif → **detektif**
dedikodu Klatsch *m*; **~cu** Klatschbase *f*, Klatschmaul *n*
dedir(t)mek *kaus von* **demek**; **kendisine tembel** *usw* **dedir(t)memek için ...** um nicht als faul *usw* zu gelten
defa Mal *n*; -mal; **~larca** häufig; **bazı ~** zuweilen; **bir ~** einmal; **birkaç ~** einige Male; **bu ~** diesmal; **her ~sında** mit jedem Mal; **iki ~** zweimal
defans SPORT Verteidigung *f*
defansif defensiv
'defetmek *v/t Angriff* abschlagen; *Feind* vertreiben, verjagen; *Not* abwenden
defi ⟨def'i⟩ Ausschluss *m*; **~ hacet** Notdurft *f*
defile Modenschau *f*
defin ⟨-fni⟩ Bestattung *f*
define [i:] Schatz *m*; *fig* wahre Perle; **~ci** Schatzgräber *m*
deflasyon Deflation *f*
'defne Lorbeer(baum) *m*
'defnetmek *v/t* begraben, beerdigen
defo ÖKON Fehler *m*; **~lu** mit Fehlern
'defolmak sich davonmachen; **defol!** verschwinde (hier)!, raus hier!, weg hier!
de|formasyon MED Missbildung *f*, TECH Verformung *f*; **~forme** entstellt, verunstaltet, verformt
defosuz makellos, ohne Fehler (*Ware*)
defroster Defroster *m*; Abtauvorrichtung *f*
defter (Schreib)Heft *n*; ÖKON Buch *n*; Register *n*, Liste *f*; **~ açmak** e-e Spendensammlung durchführen; e-e Freiwilligenliste aufstellen; *-in***~ini dürmek** j-n auf die Abschussliste setzen; **~ tutmak** ÖKON Buch führen; **cep ~i** Notizbuch *n*; **hatıra ~i** Tagebuch *n*; **~dar** Finanzdirektor *m* (*e-r Provinz*)
degaj(man) SPORT Weitschuss *m*
değdirmek *kaus von* **değmek**; **b-ne laf** (*od* **söz**) **~** e-e kränkende Andeutung auf j-n machen
değer Wert *m*, Preis *m*; Verdienst *n*; Vorzug *m*, Wert *m*; MATH Größe *f*; *-e* wert *A/G*, würdig (*G*), -wert, -würdig; **-meye ~** es lohnt sich + *inf*; **saygı~** ehrenwert; **~ biçilmez** unschätzbar; *-in* **~ini**

bilmek wertschätzen *A*; ~ ***düşürümü*** (Geld)Entwertung *f*; ~ ***kaybı*** Wertverlust *m*; ~ ***vermek*** Bedeutung beimessen; ~ ***yargısı*** Werturteil *n*; ***dene(n)meye*** (*od* ***zahmete***) ~ des Versuchs (*od* der Mühe) wert → ***değmek***; **~bilir** Kenner *m*; **~bilmez** Verächter *m*; undankbar

değerlemek *v/t* schätzen

değerlendir|me Beurteilung *f*, Würdigung *f*, Wertung *f*; Aufwertung *f*; ***~ye girmek*** in die Rangliste kommen; *-in* ***~sini yapmak*** *fig* e-e Bilanz (*G*) ziehen; **~mek** *v/t* beurteilen; würdigen; Gebrauch machen (von); TECH verarbeiten; ÖKON realisieren; *-i* ***değerlendirmeyi bilmek*** zu schätzen wissen; ***boş zamanını*** ~ s-e Freizeit gut gestalten

değerlenmek an Wert gewinnen; Bedeutung (*od* Ansehen) gewinnen

değerli wertvoll, kostbar; geachtet; verdient; verdienstvoll; ~ ***eşya*** Wertsachen *f/pl*; ~ ***kağıt*** Wertpapier *n*

değerlik CHEM, GR Valenz *f*, Wertigkeit *f*

değersiz wertlos; bedeutungslos

değgin: ***-e*** ~ *A* betreffend

değil **1.** *adv* nicht; ***~im, ~sin*** *usw* ich bin nicht, du bist nicht; *-inde* ***~im*** mir liegt nichts (an *D*); ***parasında ~im, yeter ki ...*** mir liegt nichts an dem Geld, wenn nur ...; *-ecek* ***~im*** ich bin nicht gesonnen ..., ich beabsichtige nicht ...; ***... bile*** ~ nicht nicht einmal ...; (***doğru***) ~ ***mi?*** nicht wahr?; **2.** *konj* nicht … sondern; ***sen ~, ben yaptım*** nicht du, sondern ich habe es gemacht; **3.** *konj* da; ~ ***mi ki başladık, bitireceğiz*** da wir nun angefangen haben, machen wir es zu Ende; **4.** geschweige denn; ~ ***ağaç, ot bile yok*** es gibt nicht einmal Gras, geschweige denn einen Baum

değin → ***kadar***

değinmek *-e* berühren, erwähnen *A*; sich beziehen auf *A*

değirmen Mühle *f*, Mühl-; ~ ***taşı*** Mühlstein *m*; ***kahve ~i*** Kaffeemühle *f*, ***yel ~i*** Windmühle *f*, **~ci** Müller *m*

değirmi rund (*Gesicht*); quadratisch (*Tuch*)

değiş: ~ ***tokuş*** (Waren)Austausch *m*

değişik verändert; unterschiedlich, verschieden(artig); neuartig, originell; verschieden (*-den* von *D*); **~lik** ⟨-ği⟩ Änderung *f*, Veränderung *f*, Veränderlichkeit *f*, Reform *f*, *-de* ~ ***yapmak*** ändern *A*; novellieren *A*; ***adres değişikliği*** Anschriftänderung *f*, ***durumda*** *usw* ***bir*** ~ ***var mı*** gibt es etwas Neues?, irgendwelche Fortschritte?

değişim Änderung *f*, Veränderung *f*, Wechsel *m*; ÖKON Warenaustausch *m*; BIOL Variation *f*, **~li** Wechsel-; GR im Wechsel stehend (*Konsonanten k/g usw*)

değiş|ir wechselnd; veränderlich; **~ken** wechselhaft (*Wetter usw*); variabel; MATH Variable *f*, **~me** Veränderung *f*, Wechsel *m*; Austausch *m*

değiş|mek **1.** sich (ver)ändern; wechseln; *Beamter* abgelöst werden; **2.** ersetzen (*-i -le A* durch); austauschen (*-i -le A* mit); (*-i*) *Wäsche* wechseln; ***onu dünyaya değişmem*** ich tausche ihn für nichts in der Welt ein; **~mez** unveränderlich; beständig; MATH Konstante *f*

değiştirilme *pass von* ***değiştirmek*** Ablösung *f* (*der Wache*)

değiştirme Umbildung *f*, Umtausch *m* (*e-r Ware*)

değiştirmek *kaus von* ***değişmek***; *v/t* (ver)ändern; ersetzen (*-i -le A* durch); austauschen (*-le* gegen); *Wache* ablösen; *Wäsche* wechseln; ***el*** ~ s-n Besitzer wechseln; ***üstünü*** ~ sich umziehen

değme Kontakt *m*; Berührung *f*, prominent, ausgesucht

değmek[1] ⟨-er⟩ (*-e*) berühren (*A*); F kommen (an *A*); *Ziel* treffen

değmek[2] ⟨-er⟩ (*-e*) lohnen *A*; ***görmeğe değer*** sehenswert; ***zahmete değmez*** es lohnt die Mühe nicht

değnek ⟨-ği⟩ Stock *m*; Stab *m*; ***kayak değneği*** Skistock *m*; **~çi** Parkplatzwächter *m*

deh *int* hüh!

deha [ɑː] Genie *n*; Genialität *f*

dehlemek *v/t* mit „hüh" antreiben; F *A* rausschmeißen

dehliz Vestibül *n*; Korridor *m*; ANAT Gehörgang *m*

dehşet ⟨-ti⟩ Schrecken *m*; Terror *m*; F furchtbar, ganz doll; *-i* ***~e düşürmek*** *A* in Schrecken versetzen

dehşetli schrecklich, fürchterlich

dejenere verdorben, degeneriert; *-i* ~ ***etmek*** verderben *A*; ~ ***olmak*** *v/i* verderben, degenerieren

dek → ***kadar***
dekadan dekadent; **~lık** ⟨-ğı⟩ Dekadenz *f*
dekagram Dekagramm *n*
dekan Dekan *m* (*Universität*)
deklanşör Auslöser *m*; LUFTF Ausklinkvorrichtung *f*
deklarasyon Bekanntgabe *f*, Zollerklärung *f*
deklare: **~ *etmek*** *Zoll* deklarieren
dekolte dekolletiert; ausgeschnitten; Dekolleté *n*; **~ *konuşmak*** unverblümt (*od* sehr ungeniert) reden
dekont ⟨-tu⟩ ÖKON Kontoauszug *m*
dekor THEA Dekoration *f*, Bühnenbild *n*; Ausstattung *f*
dekor|asyon Dekorierung *f*, Einrichtung *f*; **~atif** dekorativ; **~atör** Dekorateur *m*, -in *f*
dekovil Feldbahn *f*
dekstr|in Dextrin *n*; **~oz** Dextrose *f*
delege Abgesandte(r), Delegierte(r)
deler → ***delmek***
deli verrückt; wahnsinnig; *fig* stürmisch; *Baum* unveredelt; *Fluss* reißend; *Bach* reißend; **~ *pazarı*** Tohuwabohu *n*; ***kitap* ~*si*** Büchernarr *m*; ***sevinç*~*si*** wahnsinnig vor Freude; **~ *dana*(*lar*) *gibi dönmek*** *fig* den Kopf verlieren; **~ *etmek*** verrückt machen; **~ *olmak*** wahnsinnig werden; (*-e*) *fig* verrückt sein (nach *D*); **~*ye dönmek*** *fig* verrückt werden (vor *D*)
delibozuk querköpfig, unausgeglichen
de'lice[1] (wie) verrückt
delice[2] BOT Wildhafer *m*
delidana *scherzh* stürmischer junger Mensch; **~ (*hastalığı*)** F Rinderwahnsinn *m*
deli|dolu unbesonnen; **~fişek** leichtsinnig; Windbeutel *m*
delik ⟨-ği⟩ Loch *n*; Öffnung *f*; F Loch *n*; durchbohrt, perforiert, durchlöchert; **~ *açmak*** ein Loch bohren; ***anahtar deliği*** Schlüsselloch *n*; ***fare deliği*** Mauseloch *n*; *-i* **~*deliğe tıkmak*** F *A* einlochen; **~ *deşik*** völlig durchlöchert; *Kleidung* zerrissen, schäbig; **~ *deşik etmek*** niederschießen; durchlöchern; **~ *deşik aramak*** alle Winkel durchstöbern
delikanlı junge(r) Mann, Bursche *m*; **~ *adam*** F tugendhafte(r) Mann; **~lık** ⟨-ğı⟩ Jugend *f* (*für Männer*)
delikli mit Loch, mit Löchern; durchlöchert; **~ *tuğla*** Hohlziegel *m*
deliksiz ohne Loch, ohne Löcher; **~ *çıkarmak*** *Waren* ohne Ausschuss auf den Markt bringen; **~ *karanlık*** ägyptische Finsternis; **~ *uyku*** feste(r) Schlaf
delil Beweis *m*; Beweismittel *n*; Anzeichen *n*; **~ *göstermek*** Beweise beibringen; **~ *yetersizliğinden*** aus Mangel an Beweisen
delilik ⟨-ği⟩ Verrücktheit *f*, *fig* Unsinn *m*
delinmek *pass von* ***delmek***; ein Loch (*od* Löcher) bekommen; untergraben (*od* umgangen) werden
delirmek verrückt werden; *fig* F ganz weg sein (vor *D*)
delişmen verwöhnt, überspannt
delko TECH Zündspule *f*
del|me Bohrung *f*, **~mek** ⟨-er⟩ *v/t* durchbohren; lochen; durchstechen
'delta Delta *n*
dem Augenblick *m*, Zeit *f*, *Tee* Aufguss; F Betäubungsmittel *n*; ***her*** **~** die ganze Zeit; jeden Augenblick; **~ *çekmek*** *Vögel* singen; F picheln; *-den* **~ *vurmak*** plaudern über *A*
demago|g Demagoge *m*, Volksverführer *m*; **~ji** Demagogie *f*
demarke: SPORT **~ *etmek*** demarkieren
deme: **~*m o* ~(*k*) *değil*** das meinte ich nicht; **~*m şu ki ...*** ich will damit sagen, dass ...
demeç ⟨-ci⟩ POL Erklärung *f*, Interview *n*; **~ *vermek*** eine Erklärung abgeben
demek[1] ⟨der, diyor⟩ sagen; *-e* sagen (zu); *-e ...* **~** heißen, nennen *A A*; halten (von); ***ona yalancı diyorlar*** sie nennen ihn einen Lügner; ***deme*** sag bloß nicht!; (***bir hafta***) ***demeden*** es war noch keine Woche vergangen ...; ***desene!*** sieh mal an!; ***dedi mi*** kaum (*geschieht etw*); ***saat üç dedi mi ...*** kaum schlägt die Uhr drei ...; ***der demez*** kaum ..., da ...; ***olmaz*** *usw* ***demeye getirdi*** sie meinte (indirekt): „Nein"; ***deme gitsin*** ganz unbeschreiblich; ***dur demeye kalmadı*** kaum konnte man „Halt!" sagen, als; *-e* ***diyecek yok*** es gibt nichts einzuwenden gegen; ***dediği dedik olmak*** s-n Willen durchsetzen
demek[2] das heißt, also; **~ (*oluyor*) *ki*** das heißt also; demnach; **~(*tir*)** bedeutet, bedeuten; ***bu bir servet*** **~** das ist ja ein Vermögen; ***... (Türkçe) ne*** **~** was bedeutet ... (auf Türkisch)?

dememek nicht beachten; ***yağmur dememeden*** ohne den Regen zu beachten
demet ⟨-ti⟩ Bukett *n*, Strauß *m*; (Haar)-Büschel *n*; PHYS Bündel *n*; **~lemek** *v/t* bündeln; e-n Strauß machen
'demin (gerade) eben; vorhin; **~cek** F gerade eben; **~den**: **~** ***beri*** schon die ganze Zeit; **~ki** von vorhin
demir Eisen *n*; Ketten *f/pl*, Fesseln *f/pl*; MAR Anker *m*; *am Schuh* Eisenplättchen *n*; eiserne(r) Teil; Eisen-, eisern; **~** ***almak*** den Anker lichten; **~** ***atmak*** Anker werfen; **~** ***eritme fırını*** Hochofen *m*; **~** ***gibi*** *fig* eisern; **~** ***leblebi*** *fig* harte Nuss; ***~de yatmak*** vor Anker liegen
demirbaş Inventar *n*; zum Inventar gehörig; *scherzh* (der) Älteste *im Amt usw* ständig, hartnäckig; **~** ***erzak*** eiserne Ration; **~** ***eşya*** Inventar *n*
demir|ci Schmied *m*; Eisenhändler *m*; **~cilik** ⟨-ği⟩ Schmiedehandwerk *n*; **~hane** [a:] Schmiede *f*, Eisenhütte *f*; **~hindi** BOT Tamarinde *f*; Erfrischungsgetränk *n*; **~kapı** GEOGR Eiserne(s) Tor
Demirkazık ⟨-ğı⟩ ASTR Polarstern *m*
demirlemek **1.** *v/t* mit Eisen beschlagen; *Tür usw* verriegeln; **2.** *v/i Schiff* ankern
demirli eisenhaltig; vor Anker (liegend)
demirperde HIST Eiserne(r) Vorhang
demiryol → ***demiryolu***
demiryolcu Eisenbahner *m*, -in *f*
de'miryolu Eisenbahn *f*, Eisenbahnlinie *f*, Eisenbahn- (*Station usw*); **~** ***bekçisi*** Bahnwärter *m*; **~** ***köprüsü*** Eisenbahnbrücke; **~** ***makası*** Weiche *f*; **~** ***şebekesi*** Eisenbahnnetz *n*; ***dar hatlı*** **~** Schmalspurbahn *f*
demle|mek, **~ndirmek** *v/t Tee* aufgießen, ziehen lassen; **~nmek** *v/i Tee* ziehen; F picheln, einen heben
demli *Tee* gezogen, stark
demlik ⟨-ği⟩ Samowarkännchen *n*
demo EDV Demoversion *f*
demode unmodern, veraltet
demokrasi Demokratie *f*
demokrat ⟨-tı⟩ Demokrat *m*, -in *f*
demokratik demokratisch; ***Alman*** ♀ ***Cumhuriyeti*** Deutsche Demokratische Republik (DDR); ♀ ***Sol Parti*** Partei der Demokratischen Linken (DSP); **~leştirmek** *v/t* demokratisieren
demokratlaşma Demokratisierung *f*
demokratlaşmak demokratisch werden
-den (*-dan*; *-ten*, *-tan*) **1.** *Ablativsuffix* aus, von, durch; ***nereden?*** woher?; ***Ankara'dan*** aus Ankara; ***okuldan*** von der Schule; ***yemekten*** vom Essen; **2.** *bei Postpositionen* ***-den başka*** außer *D*; ***-den beri*** seit *D*; ***-den dolayı/ötürü*** wegen *G*; **3.** *beim Komparativ*: als, ***bedava sirke baldan tatlıdır*** geschenkter Essig ist süßer als Honig
denek ⟨-ği⟩ Versuchsperson *f*
denektaşı ⟨-nı⟩ Prüfstein *m*
deneme Versuch *m*, Experiment *n*; Probe *f*; LIT Essay *m*; **~** ***süresi*** Probezeit *f*; **~** ***tahtası*** *abw* Versuchsobjekt *n*
denemeci LIT Essayist *m*, -in *f*
denemek *v/t* versuchen, probieren; *e-e Arznei* erproben; e-m Versuch unterziehen; experimentieren (mit); ***şansını*** **~** sein Glück versuchen
den(il)mek *pass von* ***demek***
denenmek *pass von* ***denemek***
denenmiş *Person* erprobt, erfahren; *Sache* bewährt
denet|çi Kontrolleur *m*, -in *f*; **~im** Kontrolle *f*; ***~(i) altına almak*** unter (seine) Kontrolle bringen; **~leme** Kontrolle *f*, Kontroll-; **~lemek** kontrollieren; **~leyici** Kontrolleur *m*, -in *f*; Kontrollapparat *m*
deney Versuch *m*, Experiment *n*; Erfahrung *f*; **~ci** PHIL Empirist *m*, -in *f*; **~cilik** ⟨-ği⟩ PHIL Empirismus *m*; **~im** Erfahrung *f*; **~kap** Reagenzglas *n*; **~li** erfahren, geschult; **~sel** experimentell; Experimental-; **~selcilik** ⟨-ği⟩ PHIL Experimentalismus *m*
denge Gleichgewicht *n*; *-in* ***~si bozulmak*** straucheln, taumeln; *a fig* das Gleichgewicht *G/von* gestört werden; **~lemek** *v/t* ins Gleichgewicht bringen, ausgleichen, ausbalancieren; **~leyici** TECH Stabilisator *m*; **~li** ausgeglichen, ausgewogen, ausbalanciert; **~siz** unausgeglichen; PSYCH labil; **~sizlik** ⟨-ği⟩ Unausgeglichenheit *f*, Ungleichgewicht *n*; Labilität *f*
denilmek *pass von* ***demek***
deniz Meer *n*, See *f*; **~** ***baskını*** Sturmflut *f*; **~** ***böceği*** ZOOL Garnele *f*; **~** ***gözlüğü*** Tauchermaske *f*, F Taucherbrille *f*; **~** ***nakliyatı*** Seetransport *m*; **~** ***tutması*** Seekrankheit *f*; **~** ***üssü*** MIL Marine-

stützpunkt *m*; **~ *yoluyla*** auf dem Seewege; **~*e girmek*** (im Meer) baden; **~*e indirmek*** vom Stapel lassen; ***iç* ~** Binnenmeer *n*; ***beni* ~ *tutar*** ich werde seekrank

deniz|altı ⟨-nı⟩ Unterseeboot *n*, U-Boot *n*; **~anası** ZOOL Qualle *f*; **~aşırı** Übersee-, überseeisch; **~atı** ⟨-nı⟩ ZOOL Seepferdchen *n*

D

denizci Matrose *m*, Seemann *m*; Seefahrer *m*; **~lik** ⟨-ği⟩ Seefahrt *f*

deniz|gergedanı ⟨-nı⟩ ZOOL Narwal *m*; **~kestanesi** ⟨-ni⟩ ZOOL Seeigel *m*; **~kızı** ⟨-nı⟩ Meerjungfrau *f*, ZOOL Seekuh *f*; **~kulağı** GEOGR Lagune *f*, ZOOL Seeohr *n*

denizlik ⟨-ği⟩ Fenstersims *m*

denk[1] ⟨-gi⟩ Gleichgewicht *n*; Gegengewicht *n*; Traglast *f*; (gewichtsmäßig) gleich; *fig* zueinander passend; **~ *gelmek*** ins Gleichgewicht kommen; sich ausgleichen; gleiches Gewicht haben; passen; ***dengine getirmek*** *fig* den richtigen Moment erwischen (*-i* für *A*); ***dengi dengine*** zu jedem Topf gibt's einen Deckel

denk[2] ⟨-gi⟩ Ballen *m*

denklem MATH Gleichung *f*

denkle|mek *v/t* ausgleichen, ausbalancieren; **~şmek** ausbalanciert sein; verglichen werden (*-le* mit *D*); entsprechen (*-le D*); **~ştirim** (*Steuer*)Ausgleich *m*; **~ştirmek** *v/t* ins Gleichgewicht bringen; *fig* ausgleichen

denklik ⟨-ği⟩ Gleichgewicht *n*; Angemessenheit *f*

denli[1] taktvoll; **~ *densiz konuşmak*** ungereimte(s) Zeug reden

denli[2] derart ... (*ki* dass); ***ne* ~ ..., *o* ~** je mehr ..., desto ...

denmek *pass von* ***demek***

densiz taktlos; unanständig; **~lenmek** sich taktlos benehmen; **~lik** ⟨-ği⟩ Taktlosigkeit *f*, Unanständigkeit *f*

deodoran Deodorant *n*

depar SPORT Start *m*

departman Abteilung *f*

deplasman SPORT Auswärtsspiel *n*; **~*a çıkmak*** auswärts spielen

'depo Lager *n*, Depot *n*; AUTO Tank *m*; Speicher *m*; ***-i* ~ *etmek*** speichern; auf Lager haben

'depolamak lagern; speichern

depo'zit(o) ÖKON Kaution *f*, Sicherheit *f*, Pfand *n* (*für Flaschen usw*)

deprem Erdbeben *n*; ***artçı* ~** Nachbeben *n*; **~*e* (*karşı*) *dayanıklı*** erdbebensicher; **~sel** seismisch; **~yazar** Seismograph *m*

depresyon PSYCH Depression *f*; **~*a girmek*** in e-e Depression kommen

depreş|mek *Krankheit usw* erneut auftreten; **~tirmek** *v/t fig* (wieder) aufwühlen, aufrühren

der → ***demek***

derbeder Strolch *m*; schlampig

derbent ⟨-di⟩ Engpass *m*; HIST Grenzburg *f*

dere Bach *m*; Tal *n*, Schlucht *f*, Rinnstein *m*

derebey|i ⟨-ni⟩ HIST Feudalherr *m*; Despot *m*; **~lik** ⟨-ği⟩ HIST Feudalherrschaft *f*, Lehenswesen *n*

derece Grad *m*; Stufe *f*; F Thermometer *n*; SPORT Klasse *f*; **~ *almak*** in die Rangliste kommen; **~ ~** nach und nach; ***o* ~*de ki*** derartig (dass); ***son* ~(*de*)** äußerst, höchst; ***bir* ~*ye kadar*** bis zu e-m gewissen Grad; ***sıfatlarda* ~** GR Steigerung *f* der Adjektive

derece|lemek unterteilen, aufteilen; klassifizieren; **~li**: ***orta* ~** mittleren Grades; **~ *deneykap*** Messbecher *m*

de'reotu ⟨-nu⟩ BOT Dill *m*

dergi Zeitschrift *f*

'derhal sofort

deri Haut *f*, *Tier* Fell *n*; ledern, Leder- (*Tasche*); **~altı** ANAT subkutan

derici Gerber *m*; **~lik** ⟨-ği⟩ Lederproduktion *f*, Lederhandel *m*

derilenmek *v/i* zuheilen, vernarben

derili: ***siyah* ~** schwarzhäutig

derin tief; Tiefe *f*, *fig* tiefgreifend (*Reform usw*); *fig* tiefsinnig; **~ ~ *düşünmek*** grübeln; angestrengt nachdenken; **~ *devlet*** Staat *m* im Staat; **~ *dondurucu*** Tiefkühlschrank *m*, -fach *n*, -truhe *f*; **~*den* ~*e*** von weitem

derinleşmek tiefer werden; *fig -de* ~ sich spezialisieren auf *A*; **~leştirmek** vertiefen; **~lik** ⟨-ği⟩ Tiefe *f*, FOTO Tiefenschärfe *f*

derisidikenli ZOOL Stachelhäuter *m*

derişik CHEM konzentriert, gesättigt

deriş|me CHEM Konzentration *f*, Sättigung *f*; **~mek** sich konzentrieren, gesättigt werden

derken *Konjunktionaladverb* mittlerweile, inzwischen; da, in diesem Augenblick; ***~ yağmur başladı*** da fing es an zu regnen; *Konjunktion* indem; (gerade) als; obwohl (*man wollte, man sollte*), so doch ...; ***onu kurtarayım ~ az kalsın ben de ...*** indem ich ihn retten wollte, wäre ich fast ...

derle|me Sammlung *f*; ausgewählt (*Märchen*); **~mek** *v/t* sammeln; *Blumen* pflücken; ***derleyip toparlamak*** aufräumen, ordnen; **~nmek** *pass von* ***derlemek***; *v/i* sich zusammenreißen

derleyen Herausgeber *m*, -in *f*

derli: ***~ toplu*** aufgeräumt; geordnet

derman [ɑ:] Kraft *f* (*-e* zu *D*); Heilmittel *n* (*-e* für *A*); Ausweg *m*; Trost *m* (*suchen*); *-e* ***~ bulmak*** e-n Ausweg finden (aus *D*); **~sız** kraftlos, erschöpft; unheilbar; *Kummer* unstillbar; **~sızlık** ⟨-ğı⟩ Erschöpfung *f*, Kraftlosigkeit *f*

dermatolog ⟨-ğu⟩ Hautarzt *m*, -ärztin *f*

derme: ***~ çatma*** *Sache* zusammengesucht; *Arbeit* hingepfuscht; *Haus* zusammengeschustert; *Gruppe* zusammengewürfelt

dermek ⟨-er⟩ sammeln; *Blumen* pflücken

dernek ⟨-ği⟩ Verein *m*

ders Lektion *f*, Stunde *f*; (Haus)Aufgabe *f*; *fig* Lektion *f*, Beispiel *n*; *meist pl* Unterricht *m*; ***~ almak*** Stunden nehmen (*den* bei); *fig* e-e Lehre ziehen (*den* aus); ***~ gereçleri*** Unterrichtsmaterial *n*; ***~ kitabı*** Schulbuch *n*; ***~ vermek*** Unterricht erteilen; *fig* e-e Lektion erteilen; ***~e kaldırmak*** die Lektion abfragen; ***din ~i*** Religionsunterricht *m*

dersane Klassenzimmer *n*; Privatschule *f*

derslik Klassenzimmer *n*

dert ⟨-di⟩ Leid *n*; Sorge *f*, Kummer *m*; Schmerz *m*; chronische Krankheit *f*; Laster *n*, Übel *n*; ***onun derdi günü*** seine einzige Sorge, sein einziges Interesse; *-in* ***derdine yanmak*** betrübt sein über *A*; ***~ ortağı*** Leidensgenosse *m*, -genossin *f*; ***~*** (*od* ***derdini***) ***yanmak*** sein Herz ausschütten

dertlenmek sich grämen

dertleşmek *-le* über s-e Sorgen reden mit

dertli betrübt; verdrossen; kummervoll

dertop: ***~ etmek*** zusammenknüllen

dertsiz unbekümmert; schmerzlos

derviş Derwisch *m*; *fig* anspruchslos (*Person*)

derya [ɑ:] Meer *n*; *fig* Anhäufung *f* (von *D*); *Person* wandelnde(s) Lexikon

desen Muster *n*, Dessin *n*; Skizze *f*; (Mode)Zeichnen *n*

desi- Dezi-

desinatör technische(r) Zeichner, technische Zeichnerin; Modezeichner *m*, -in *f*

despot ⟨-tu⟩ Tyrann *m*, Despot *m*; Erzbischof *m* (*griechisch-orthodox*), Metropolit *m*; **~ik** tyrannisch; **~izm** Tyrannei *f*

destan Epos *n*, Heldenlied *n*; *fig* ***~ gibi*** sehr lang (*z.B. Brief*); ***dillere ~*** sagenhaft, legendär, in aller Munde; ***dillere ~ olmak*** zur Legende werden

deste Bündel *n*; Paket *n*; Bukett *n*; Satz *m*, Spiel *n* (*Karten*); ***~ başı*** Muster *n* *auf e-r Warensendung*

destek ⟨-ği⟩ Balken *m*; TECH Träger *m*; Widerlager *n*; Stütze *f*; MATH Vektorlinie *f*; *fig* Unterstützung *f*, Hefter *m*; ***~ görmek*** Unterstützung erhalten; *-e* ***~ olmak*** e-e Stütze sein *D*; *-e* ***~ çıkmak*** sich hinter *A* stellen; **~doku** ⟨-yu⟩ ANAT Bindegewebe *n*; **~leme** Unterstützung *f*, Sicherung *f*, Stütz-

destek|lemek *v/t* (ab)stützen; *fig* unterstützen, befürworten; **~leyen** Befürworter *m*; **~siz** schutzlos

destelemek bündeln; zu e-m Paket machen

des'troyer MAR, MIL Zerstörer *m*

'destur[1] [u:] gestatten Sie!; Vorsicht!

destur[2] [u:] Erlaubnis *f*

deşarj EL Entladung *f* (*a der Waffe*); Ausladen *n*; EL ***~ olmak*** sich entladen, *Akku* F alle, leer sein; *fig* sich (*D*) Luft machen, sich abreagieren

deşelemek *v/t* *Boden* aufwühlen; *fig* ausforschen

deşifre: ***~ etmek*** entschlüsseln

deşik ⟨-ği⟩ durchstochen, durchlöchert; Loch *n*; Bresche *f*

deşmek ⟨-er⟩ *v/t* durchstechen; *Furunkel* aufstechen; *a fig Wunde* (wieder) aufreißen; *fig Frage* anschneiden

detant POL Entspannung *f*

detay Detail *n*, Einzelheit *f*; **~lı** → ***ayrıntılı***

detektif Detektiv *m*

detektör Detektor *m*

deterjan Waschmittel *n*; Spülmittel *n*

determinant ⟨-tı⟩ MATH Determinante *f*
dev/dak *Abk* → ***devir***[2]
dev böse(r) Geist, Dämon *m*; Riese *m*; Ungeheuer *n*; ***~ adımlar(ıy)la*** mit Riesenschritten
deva [ɑː] Arznei *f*, Heilmittel *n*
devalüasyon ÖKON Abwertung *f*; ***~ yapmak*** abwerten
devam [ɑː] Fortsetzung *f*, Dauer *f*, Besuch *m* (*-e G*); Beharrlichkeit *f*; ***~ etmek*** andauern, weitergehen; fortfahren; *-e Schule* besuchen; *Lokal* frequentieren; *-de* ***~ etmek*** weiter *etw* sagen (*od* tun); nicht davon ablassen, zu ...; ***~ (et)!*** weiter(machen)!, fahr fort!; ***~ı var*** Fortsetzung folgt; ***~lı*** [ɑ] **1.** *adv* ununterbrochen, pausenlos; **2.** *adj Personal* fest (eingestellt); *Schüler* eifrig, ... der nie fehlt; selten abwesend; ***~sız*** [ɑ] unterbrochen; unregelmäßig (*Schulbesuch*); *Schüler* häufig abwesend; ***~sızlık*** ⟨-ğı⟩ Unbeständigkeit *f*, häufiges Fehlen *im Unterricht*; ***~tan kalmak*** wegen häufiger Abwesenheit sitzenbleiben
ˈ**devaynası** ⟨-nı⟩ Vergrößerungsspiegel *m*; (***kendini***) ***~nda görmek*** größenwahnsinnig sein
deve Kamel *n*; ***~ adımı ile*** ganz gemächlich; ***~ gibi*** plump; *-i* ***~ yapmak*** einheimsen, beiseite schaffen; ***~de kulak*** herzlich wenig (*od* unbedeutend); ***~nın başı*** (*od* ***nalı***)*!* dummes Zeug!
deve|boynu ⟨-nu⟩ Rohr *n* in S- *od* U-Form; ***~ci*** Kamelkarawanenführer *m*; Kamelbesitzer *m*; ***~dikeni*** ⟨-ni⟩ BOT *Art* Mariendistel *f*; ***~dişi*** ⟨-ni⟩ grobkörnig
devekuşu ⟨-nu⟩ ZOOL Strauß *m*
deveran [ɑː] Umlauf *m*; Kreislauf *m*
devetabanı ⟨-nı⟩ BOT gemeine(r) Huflattich (*Tussilago farfara*); BOT Philodendron *m* (*a n*)
devetüyü ⟨-nü⟩ Kamelhaar *n*; Kamelhaar-; hellbraun
devimbilim Kinematik *f*, Dynamik *f*; ***~sel*** kinematisch; dynamisch
devin|gen beweglich, mobil; bewegt, lebhaft; ***~im*** Bewegung *f*; ***~mek*** sich bewegen; sich vorwärts bewegen
devir[1] ⟨-vri⟩ Epoche *f*, Zeit(abschnitt *m*) *f*, Periode *f*; ***Osmanlı Devri*** (die) osmanische Epoche
devir[2] ⟨-vri⟩ PHYS Umdrehung *f*; ***~/dakika, dev/dak*** Umdrehungen pro Minute (U/min); Umladung *f* (*-den -e* von *D* auf *A*); JUR, ÖKON Übertragung *f*
devirli periodisch, mit ... Umdrehungen
devirmek *Sache, Möbel* umstürzen; *Baum* fällen; umlegen; F *Buch* verschlingen; *fig Regierung* stürzen; *Glas Wasser* F runterkippen; *auf die Seite* schieben
devlet ⟨-ti⟩ Staat *m*; *fig* Glück *n*, Chance *f*; ***~ adamı*** Staatsmann *m*; ***~ baba*** „Vater Staat" *m*; ***~ başkanı*** Staatspräsident *m*, -in *f*; ***b-nin başına ~ kuşu kondu*** ein (unerwarteter) Glücksfall für *A*
devlet|çi POL Etatist *m*, -in *f*; ***~çilik*** ⟨-ği⟩ Etatismus *m*; Dirigismus *m*; ***~leştirmek*** *v/t* verstaatlichen; ***~li*** HIST *Titel* hochwohlgeboren; ***~siz*** staatenlos; unglücklich; erfolglos
ˈ**devralmak** *v/t die Wache* ablösen; *e-e Aufgabe* übernehmen
devran [ɑː] Schicksal *n*; Zeit *f*
devre Periode *f*, Zeit(abschnitt *m*) *f*, Phase *f*, Zyklus *m*; EL Stromkreis *m*; Schaltung *f*; ***~ anahtarı*** Relais *n*; ***~ sayısı*** PHYS Periodenzahl *f*; ***kısa ~*** EL Kurzschluss *m*
ˈ**devren** JUR mit Übertragung der Rechte; ÖKON mit Übertrag; ***~ kiralık*** mit Inventar zu vermieten (*Betrieb*)
devretmek **1.** *v/i* sich drehen, kreisen; PHYS e-n Umlauf, e-e Umdrehung ausführen; **2.** *v/t* ÖKON übertragen; übergeben, aushändigen
devri → ***devir***
devrî Umdrehungs-, Rotations-; periodisch, zyklisch
devrik umgestürzt, umgekippt; POL gestürzt; GR ***~ cümle*** Inversion *f*; ***~ yaka*** umgeschlagene(r) Kragen; Schillerkragen *m*
devrilmek *pass von* ***devirmek***; *v/i* umfallen, umkippen; *Regierung* stürzen
devrim Revolution *f*, Umsturz *m*; ***dil ~i*** Sprachreform *f*; ***harf ~i*** Schriftreform *f*
devrimci Revolutionär *m*, -in *f*; revolutionär; ***~lik*** ⟨-ği⟩ Revolutionismus *m*, Revolutionsgeist *m*
devrisi nächst-, folgend
devriye Patrouille *f*, Streife *f*
devşirim Ernte *f*, Ertrag *m*
devşirme Pflücken *n*; HIST Aushebung *f* der Janitscharenrekruten; ***~ (oğlanı)*** HIST Janitscharenrekrut *m*

devşirmek pflücken, (ein)sammeln; *Wäsche* zusammenlegen
deyim Ausdruck *m*, Redewendung *f*; Worte *n/pl*; **~ *yerindeyse*** mit Verlaub (gesagt); ***başka bir ~le*** mit anderen Worten
deyiş Äußerung *f*, Erklärung *f*, Epos *n*, Heldenlied *n*, Volkslied *n*
deyyus [u:] Hahnrei *m*
dezavantaj Nachteil *m*; **~lı** nachteilig; im Nachteil; ***~ duruma düşmek*** im Nachteil sein, übervorteilt werden
dezenfeksiyon Desinfektion *f*
dezenfektan Desinfektionsmittel *n*
dezenfekte desinfiziert; *-i* ***~ etmek*** desinfizieren (*A*)
dezenfektuar Desinfektionsanstalt *f*
dığdığı *jemand, der ein Zäpfchen-r anstatt e-s Zungenspitzen-r spricht*
dımbırdatmak F spielen, zupfen, geigen
dımdızlak splitternackt; F ***~ kalmak*** aufgeschmissen sein
dırdır F Gequassel *n*; ***~ etmek*** F quasseln
dırıltı → ***dırdır***; Zänkerei *f*; Meckerei *f*; ***~ çıkarmak*** e-n Streit vom Zaun brechen
dırla(n)mak meckern; ***o dırlanıp durur*** er meckert dauernd
dırlaşmak F stänkern
dış **1.** *adj/subst* Außenseite *f*, außen-, Außen-; Auslands-; (das) Äußere; ***~ görünüşte*** dem Aussehen nach; ***~ kapı*** Haustür *f*, ***~ lastik*** *Auto* Reifen *m*; ***~ siyaset*** Außenpolitik *f*, ***~ taraf*** Außenseite *f*, ***~ ticaret*** Außenhandel *m*; ***~a açılmak*** sich (der Außenwelt) öffnen; ***evlilik ~ı*** außerehelich; ***kanun ~ı*** illegal; *-i* ***kanun ~ı etmek*** *A* ächten, in Acht und Bann tun; ***~ kapının ~ mandalı*** entfernte(r) Verwandte(r); ***yarışma ~ı*** außer Konkurrenz; **2.** *postp -in* ***~ına*** über ... (*A*) hinweg; *-in* ***~ında*** *Ort* außerhalb (*G*); draußen (vor *D*); *fig* außer (*D*); ***şehir ~ında*** außerhalb der Stadt; **3.** *adv* ***bunun ~ında*** darüberhinaus
dı'şadönük ⟨-ğü⟩ extrovertiert
'dışalım ÖKON Einfuhr *f*, Import *m*
dışarı außen; draußen; hinaus-; nach draußen; Ausland *n*; Provinz *f*, Dorf *n*, Land *n* (*Gegensatz Stadt*); *-i* ***~ çıkarmak*** *etw* (*z.B. den Kopf*) hinausstrecken (***pencereden*** zum Fenster); ***~ çıkmak*** weggehen; F austreten; ***~ çık*** F zieh ab!; *-den* ***~ çıkmamak*** *fig* im Rahmen (*G*) bleiben; ***~da*** draußen; ***~dan*** von außen; von draußen; ***~sında*** → ***dışında***; ***~sı soğuk*** draußen ist es kalt; ***~ya*** nach draußen, hinaus; ***~ya gitmek*** in die Provinz (*od* aufs Land) gehen; ins Ausland fahren
dışarlıklı aus der Provinz (*Person*)
dı'şavurumcu Expressionist *m*, -in *f*; **~luk** ⟨-ğu⟩ Expressionismus *m*
'dışbükey konvex, Konvex-
'dışderi ANAT Ektoderm *n*
dışık ⟨-ğı⟩ TECH Schlacke *f*
dışında → ***dış***
'dışişleri ⟨-ni⟩ auswärtige Angelegenheiten *f/pl*; ***~ bakanı*** Außenminister *m*, -in *f*; ***♀ Bakanlığı*** Außenministerium *n*, *Almanya* Auswärtige(s) Amt *n* (AA)
dışkı Exkremente *n/pl*, MED Stuhl *m*
'dışkulak ⟨-ğı⟩ ANAT äußere(s) Ohr *n*
'dışlanma Ausgrenzung *f*, Diskriminierung *f*
'dışlamak (-den) ausschließen, ausschalten; diskriminieren
'dış|merkez Epizentrum *n*; **~perde** THEA Vorhang *m*; **~rak** exoterisch; **~sahne** FILM Außenaufnahmen *f/pl*; **~satım** ÖKON Ausfuhr *f*, Export *m*
'dış|tan PHIL außer-; zufällig; objektiv; außen-; ***~ takma motor*** Außenbordmotor *m*; **~yüz** Äußere(s) *n*
dızdız Summen *n*; **~cı** Schwindler *m*; Taschendieb *m*; **~cılık** ⟨-ğı⟩ Schwindel *m*; Taschendiebstahl *m*
dızlamak summen
diba [di:bɑ:] *Art* Taft *m*
dibek ⟨-ği⟩ große(r) Mörser *m*; ***~ kahvesi*** Mokka *m* (*aus zerstoßenem Kaffee*)
'Dicle Tigris *m*
didaktik ⟨-ği⟩ Didaktik *f*, didaktisch
dider → ***ditmek***
didik: ***~ ~*** zerfasert; zerhackt; zerzaust; ***~ ~ etmek***, **~lemek** zerfasern, zerzausen; *Vögel* zerhacken, zerpicken; *fig* durchsuchen, durchwühlen; *Thema* zerpflücken; analysieren
didinmek sich abrackern
didişken Streithammel *m*
didiş|me Streit *m*, Zank *m*; **~mek** sich zanken (*-le* mit *D*); schuften
diferansiyel *Auto* Differenzial(getriebe) *n*; MATH Differenzial *n*
'difteri MED Diphtherie *f*

diftong LING Diphthong *m*
difüzyon PHYS Diffusion *f*
diğer ander-; **~ biri** ein anderer; **~ taraftan** anderseits; **~kâm** altruistisch
dijital digital; Digital-; **~izasyon** Digitalisierung *f*

D

dik ⟨-ki⟩ vertikal, senkrecht; steil; aufrecht; MATH rechtwinklig; *fig* scharf; giftig; **~ açı** rechte(r) Winkel; **~ başlı** stolz und aufrecht; bockig; **~ ~ bakmak** streng (*od* scharf) blicken; → **dikine**; **~ kafalı** halsstarrig; **~ ses** schneidende Stimme; **~ sözlü** sehr direkt, kränkend; **~ yokuş** steile(r) Anstieg
dikdörtgen Rechteck *n*
dikelmek unbeweglich dastehen; stehen und warten; *fig* scharf antworten
diken Dorn *m* (*der Rose*); BOT *u* ZOOL Stachel *m*; BOT Distel *f*; BOT Dornkraut *n*; **~ üstünde oturmak** (*od* **olmak**) wie auf glühenden Kohlen sitzen; **~ce** ZOOL Stichling *m*
di'kenduku ⟨-nu⟩ BOT Brombeere *f*
dikenli dornig; stachelig; *fig* dornig; heikel; **~ tarla** Distelfeld *n*; **~ tel** Stacheldraht *m*
diker → **dikmek**
dikey senkrecht
dikici (Flick)Schuster *m*; (Änderungs)-Schneider *m*
dikili[1] aufrecht stehend; *Baum* gepflanzt; *Denkmal* errichtet
dikili[2] genäht
dikilitaş Obelisk *m*
dikilmek *pass von* **dikmek**; *v/i* **-in karşısına ~** *fig* sich erheben gegen *A*
dikim[1]: **~ zamanı** Pflanzzeit *f*
dikim[2] Schnitt *m*, Fasson *f*; **~evi, ~hane** Nähstube *f*, Schneiderei *f*
dikine senkrecht; *-in* **~ gitmek** zuwiderhandeln *D*; **başının ~ gitmek** F eigensinnig handeln; **~ tıraş** F Eigensinn *m*; Widerrede *f*
dikiş Nähen *n*; Naht *f*, Machart *f e-s Kleides*; MED (Operations)Narbe *f*; **~ iğnesi** Nähnadel *f*; **~ ipliği** Nähgarn *n*; **~ makinesi** Nähmaschine *f*; **kaynak ~i** TECH Schweißnaht *f*; **bir ~te** *fig* in einem Zug; **~çi** Näher *m*, -in *f*
dikişli Naht-; **~ kaynak** Nahtschweißen *n*; **~siz** nahtlos
dikit ⟨-di⟩ GEOGR Stalagmit *m*
dikiz F Gucken *n*, Schauen *n*; *-i* **~ etmek** F (hin)gucken; F Schmiere stehen; *-e* **~!** siehe mal einer *A* an!; **~ aynası** AUTO Rückspiegel *m*
dikizci F Spanner *m*; Schnüffler *m*
dikizlemek bespitzeln (*-i A*)
dikkat ⟨-ti⟩ Aufmerksamkeit *f*, Beachtung *f*, Sorgfalt *f*; **~!** Achtung!; **~ edin!** Achtung!, seien Sie vorsichtig!; **~ et!** sei vorsichtig!, pass auf!; *-e* **~ etmek** aufpassen (auf *A*), achten (auf *A*); beachten (*A*), bemerken (*A*); **~ göstermek** Beachtung schenken; **~e almak** berücksichtigen; (**b-nin**) **~(in)i çekmek** (j-s) Interesse erwecken; (j-m) auffallen; **~e değer** beachtenswert; **b-nin ~ini** *-e* **çekmek** j-n auf *A* aufmerksam machen; **~le** *adv* aufmerksam (*zuhören usw*); sorgfältig
dikkat|li vorsichtig; aufmerksam; *Arbeit* sorgfältig; **~siz** unaufmerksam; unvorsichtig; **~sizlik** ⟨-ği⟩ Unaufmerksamkeit *f*, Unvorsichtigkeit *f*
diklemesine vertikal, senkrecht
dikle|nmek, **~şmek** senkrecht werden; *Weg* ansteigen; steiler werden; **b-ne ~** frech werden gegenüber
diklik ⟨-ği⟩ Steilheit *f*, *fig* Starrsinnigkeit *f*
dikme → **dikmek**[1]; Setzling *m*; MATH Senkrechte *f*, ARCH Ständer *m*
dikmek[1] ⟨-er⟩ errichten, aufstellen (*z.B. Pfahl*; *Statue*); anpflanzen (*A*); pflanzen (*-e* in *A*, *D*); *Lehne* aufrichten; *Setzling* einpflanzen; *Wache* aufstellen; **başına ~** *Getränk* F runterkippen
dikmek[2] ⟨-er⟩ **1.** *v/t* nähen; *Loch*, *Riss* (zu)nähen; **2.** *v/i* **dikiş ~** nähen
dikmelik ⟨-ği⟩ Anpflanzung *f*, Baumschule *f*
dikta Diktat *n*, Befehl *m*; **~ rejimi** Diktatur *f*
diktatör Diktator *m*; **~lük** ⟨-ğü⟩ Diktatur *f* (*allg*)
dikte Diktat *n* (*e-s Textes*); **~ etmek** diktieren
dil[1] ANAT Zunge *f*, Sprache *f*, Ausdrucksweise *f*, GEOGR Landzunge *f*, MUS Zunge *f*, TECH Zünglein *n* (*der Waage*); Riegel *m* (*des Schlosses*); **~ akrabalığı** Sprachverwandtschaft *f*; **~ çıkarmak** die Zunge herausstrecken; sich lustig machen; **~(ler) dökmek** schöne Worte machen; **~ kavgası** Schimpferei *f*, **~ koymak** sich ins Ge-

spräch mischen; **~ kursu** Fremdsprachenschule *f*, **~ laboratuarı** Sprachlabor *n*; **~ pelesengi** Verlegenheitswörter *n/pl* (*ee, şey, also, hm usw*); *-e* **~ uzatmak** lästern über *A*; verleumden *A*; **~e, ~lere düşmek** (*od* **gelmek**) in Verruf kommen; **~e gelmek** *im Märchen* zu sprechen beginnen; *-i* **~e getirmek** zur Sprache bringen; schildern; auf *A* zu sprechen kommen; **~e kolay** leicht gesagt; *-i* **~e vermek** ausplaudern (*A*); *-in* **~i açıldı** er wurde gesprächig; *-in* **~i bozuk** schlecht sprechend; *-in* **~i çalmak** mit Akzent sprechen; *-in* **~i damağına yapışmak** e-n trockenen Mund haben; *-in* **~i dolaşıyor** er lallt; **~i tutuk** Stotterer *m*; **~i tutuldu** es verschlug ihr die Sprache; **~i uzun** Lästerer *m*; **~i yatkın** sprachbegabt; **~inde tüy bitti** er hat sich den Mund fusselig geredet; **~ine dolamak** ewig dasselbe sagen; **~ini kesmek** den Mund halten; *j-m* den Mund stopfen; **~ini tutamamak** s-n Mund nicht halten können; **~ini yutmak** *fig* sprachlos sein; **~lerde dolaşmak** (*od* **gezmek**) in aller Munde sein

dil[2] *osm* → **gönül**

'dilaltı: **~ (hapı)** Herzmittel *n*; **~ bağı** Zungenband *n*

'dilbalığı ZOOL Seezunge *f*, Zungenscholle *f*

dilber liebreizend; Schönheit *f*

dilbilgisel grammatisch

'dilbilgisi ⟨-ni⟩ Grammatik *f*

'dilbilim|ci Linguist *m*, -in *f*; **~i** Linguistik *f*; **~sel** linguistisch

dilcik ⟨-ği⟩ Zünglein *n*; MUS Zunge *f*, BOT Blatthäutchen *n*

dilek ⟨-ği⟩ Wunsch *m*; Bitte *f*; Anliegen *n*; **~ kipleri** GR *Türkçe* Konditional *m*, Optativ *m*, Imperativ *m*; **senden bir dileğim var** ich habe eine Bitte an dich; **~çe** Antrag *m*, Petition *f*; **~ vermek** e-n Antrag stellen; **~ sahibi** Antragsteller *m*, -in *f*

dilemek wünschen; bitten; sich (*D*) *etw* (*A*) wünschen (*-den* von *D*)

dilenci Bettler *m*, -in *f*; *fig* Quälgeist *m*; unbescheiden; **~ vapuru** „Bummeldampfer" *m*; **~lik** ⟨-ği⟩ Bettelei *f*; Unbescheidenheit *f*

dilenmek 1. *v/i* betteln; **2.** *v/t* erbetteln

diler → **dilmek, dilemek**

-di'li geçmiş GR *Türkçe* einfache Vergangenheit, *etwa* Perfekt *n*, Präteritum *n*

dilim Scheibe *f*, Schnitte *f* (*Brot*); Stück *n Brot*; Sektor *m*, Zone *f*, (*Zeit*)Abschnitt *m*; TECH Lamelle *f e-s Kühlers*; Rippe *f e-s Heizkörpers*

dilimlemek in Scheiben schneiden (*A*)

dilimli in Scheiben geschnitten

dilinim GEOL Schieferung *f*

dillenmek *Kind* anfangen zu sprechen; ins Gerede kommen; *fig* auftauen, gesprächig werden

dilli schwatzhaft; -sprachig; **~düdük** *Art* Rohrpfeife *f*; F Plappermaul *n*

dilmaç ⟨-cı⟩ HIST Dolmetscher *m*

dilme Klotz *m*; Vierkantbalken *m*

dilmek ⟨-er⟩ in Scheiben (*od* in Stücke) schneiden

'dilpeyniri ⟨-ni⟩ Schafskäse *m* (*ungesalzener*)

dilsel LING Zungen-, lingual; sprachlich

dilsiz stumm; schweigsam; Taubstumme(r); **~lik** ⟨-ği⟩ Schweigsamkeit *f*, Taubstummheit *f*

dilüviyum GEOL Diluvium *n*

dimağ Gehirn *n*; Verstand *m*

'dimdik kerzengerade; ungebeugt; *-e* **~ bakmak** *A* anstarren, fixieren

din[1] PHYS Dyn *n*

din[2] [iː] Religion *f*, Glaube *m*; **~ adamı** Seelsorger *m*; Geistlicher *m*; **~ hürriyeti** Religionsfreiheit *f*; **İslam ~i** Islam *m*; *-i* **~den imandan çıkarmak** *A* aufs Äußerste reizen; **~den imandan çıkmak** außer sich geraten (*vor Wut*); **~i bütün** sehr fromm

dinamik PHYS Dynamik *f*; *adj a fig* dynamisch

dinamit ⟨-ti⟩ Dynamit *n*; **~lemek** (*-i*) (in die Luft) sprengen; *fig* untergraben

dinamizm Dynamik *f*

di'namo: Dynamo *m*; Gleichstromgenerator *m*

dinar Dinar *m* (Währungseinheit)

dinasti Dynastie *f*

'dinbilim [diːn-] Religionswissenschaft *f*

dincelmek wieder zu Kräften kommen

dinç ⟨-ci⟩ kräftig, stark, robust; rüstig

dinçleş|mek kräftig werden, stark werden *usw*; **~tirmek** kräftigen

dinçlik ⟨-ği⟩ Stärke *f*, Robustheit *f*

dindar [diːn-] religiös, gläubig; **~lık** ⟨-ğı⟩ Religiosität *f*, Frömmigkeit *f*

D

D

dindaş Glaubensgenosse *m*, -genossin *f*
'dindışı profan
dindirmek *Schmerz* lindern; *Zorn usw* besänftigen; MED *Blutung* stoppen
dinelmek F stehen; aufstehen; sich widersetzen
diner → ***dinmek***
dingil Achse *f*; **~ *yatağı*** Achsenlager *n*
dingildemek TECH Spiel haben; *fig vor Angst* zittern
dingin ruhig (*z.B. Meer*), unbeweglich; überarbeitet; verbraucht (*z.B. Pferd*); *Vulkan* erloschen; CHEM passiv; **~lik** ⟨-ği⟩ Ruhe *f*, Unbeweglichkeit *f*; Passivität *f*
dinî [di:ni:] → ***dinsel***
dinleme: **~ *aygıtı*** Abhörgerät *n*; **~ *salonu*** Musiksaal *m*; Auditorium *n*
dinlemek (*-i*) hören, zuhören; *Vortrag usw* hören, sich (*D*) etw anhören; hören auf *e-n Rat*; TEL (*unerlaubt*) abhören; MED abhorchen; ***başını* ~** sich ausruhen
dinlendirici beruhigend
dinlendirmek (*-i*) *Feuer* löschen; *Feld* brach liegen lassen; *Wein* ablagern lassen; ***kalıbı* ~** F sterben
dinlenme Entspannung *f*; **~ *kampı*** Ferienlager *n*; **~ *yeri*** Raststätte *f*; **~ *yurdu*** Erholungsheim *n*
dinlenmek[1] *pass von* ***dinlemek***
dinlenmek[2] entspannen, sich ausruhen, sich erholen; es (*Essen usw*) noch etwas stehen lassen
dinletmek zu Gehör bringen (*-i A*)
dinleyici Hörer *m*, -in *f*; Zuhörer *m*, -in *f*
dinli religiös, fromm
dinmek ⟨-er⟩ aufhören (*Regen*, *Wind*, *Schmerz*)
dinozor (Dino)Saurier *m*
dinsel religiös, sakral, Religions-
dinsiz Atheist *m*, -in *f*, gottlos, ungläubig; **~lik** ⟨-ği⟩ Atheismus *m*, Gottlosigkeit *f*
dioksit ⟨-di⟩ Dioxid *n*
dip ⟨-bi⟩ **1.** *subst* Grund *m z.B. des Meeres*; Boden *m e-s Gefäßes*; Wurzel *f des Baumes*; Tiefe *f des Raumes*; Fuß *m des Berges*; *-in* ***dibi görünmek*** zur Neige gehen; **2.** *postpos*: *-in* ***dibine*** unten (an *A*); *-in* ***dibine darı ekmek*** bis zum Grunde leeren, ausschöpfen; alles ausgeben; *-in* ***dibinde*** unten (an *D*), am Fuße (*G*); ganz hinten (in *D*); ***salonun dibindeki masalar*** die Tische ganz hinten im Saal; *-in* ***dibinden*** aus der Tiefe *G*/*von* hervor
dipçik ⟨-ği⟩ Gewehrkolben *m*; **~lemek** (*-i*) *A* mit dem Gewehrkolben stoßen
'dipdiri kerngesund; quicklebendig
dipfriz Tiefkühlschrank *m*
'dipkoçanı ⟨-nı⟩ Block *m* mit Kontrollabschnitten; ÖKON Juxta *f*
diplemek ganz austrinken
dip|li fundamental; **~lik** ⟨-ği⟩ Hintergrund *m*; Riegel *m*, Querholz *n*
di'ploma Diplom *n*; Zeugnis *n*
di'plomalı mit Diplom; **~ *terzi*** Schneidermeister *m*
diplomasi Diplomatie *f*
diplomat ⟨-tı⟩ Diplomat *m*, -in *f*
diplomat|ik diplomatisch; **~lık** ⟨-ğı⟩ Diplomatie *f*, Stellung *f* als Diplomat
'dipnot ⟨-tu⟩ Fußnote *f*
dipsiz grundlos, bodenlos; *fig* unbegründet, grundlos, haltlos; *fig adv* ... ohne Ende, ... und immer wieder; **~ *kile*** Verschwender *m*; **~ *kile, boş ambar*** verschwenderisch; *Sache* hoffnungslos, enttäuschend; **~ *testi*** Verschwender *m*
dirayet [ɑ:] ⟨-ti⟩ Auffassungsgabe *f*, Aufgewecktheit *f*; **~li** fähig; aufgeweckt
dirayetsiz unfähig; nicht (sehr) scharfsinnig; **~lik** ⟨-ği⟩ Unfähigkeit *f*
direk[1] ⟨-ği⟩ (*Strom- usw*) Mast *m*; Pfahl *m*, Pfosten *m z.B. e-s Vordachs*; (Zelt-)Stange *f*; ***dam direği*** Dachsparren *m*; ***kale direği*** SPORT Torpfosten *m*; ***maden direği*** Grubenholz *n*; ***taban direği*** Brückenpfeiler *m*; **~ *ağacı*** Pappel *f*; **~ ~ *bağırmak*** schreien wie am Spieß
direk[2] → ***direkt***
direksiyon AUTO Lenkrad *n*, Steuer *n*; **~ (*düzeni*)** Steuerung *f*; **~ *başına geçmek*** sich ans Steuer setzen; **~ *başında*** am Steuer; **~ *sallamak*** F fahren (*beruflich*)
direkt direkt; **~ *sefer*** ohne Umsteigen; Direktverbindung *f*; **~ *uçuş*** Direktflug *m*
direkt|if Direktive *f*, Weisung *f*, Richtlinie *f*; **~ör** Direktor *m*, -in *f*; **~örlük** ⟨-ğü⟩ Direktion *f*, Verwaltung *f*
diremek: ***ayak* ~** trotzen
diren zweizinkige (Heu)Gabel
direnç ⟨-ci⟩ EL Widerstand *m*
direniş POL Widerstand *m*; Eigensinn *m*; **~çi** POL Widerstandskämpfer *m*, -in *f*

direnme → ***direniş***
direnmek (*-de*) bestehen (auf *D*), sich versteifen (auf *A*); Widerstand leisten
dirhem HIST *Gewicht von 3,12 g*; HIST *e-e Silbermünze*; ~ ~ *fig* Stück für Stück; F ***iki ~ bir çekirdek*** schick, schnieke
diri lebendig; *Gemüse* frisch; *Fleisch* nicht ganz durchgebraten; *Gemüse* nicht durchgekocht; *Person* vital
dirilik ⟨-ği⟩ Lebendigkeit *f*, Vitalität *f*
diril|mek *v/i* auferstehen; *fig* sich wieder beleben; **~tmek** *kaus von* ***dirilmek***
dirim Leben *n*; **~bilimci** Biologe *m*, Biologin *f*; **~bilim** Biologie *f*; **~sel** lebenswichtig, vital; **~selcilik** ⟨-ği⟩ PHIL Vitalismus *m*
dirlik ⟨-ği⟩ Ruhe *f*, Wohlstand *m*; Einvernehmen *n*; ***~ düzenlik*** ungestörte Harmonie, Einvernehmen *n*
dirliksiz unverträglich, unwirsch
dirsek ⟨-ği⟩ Ellbogen *m*; (Weg)Biegung *f*, Kurve *f*, (Fluss)Windung *f*, Knie *n* (*e-s Rohres*); Kragstein *m*; *-e* ***~ atmak*** mit dem Ellbogen stoßen *A*; ***~ mili*** Kurbelwelle *f*, *-e* ***~ çevirmek*** mit *j-m* brechen; sich von *j-m* abwenden; ***~ çürütmek*** F die Schulbank drücken
dirseklemek *v/t* mit dem Ellbogen stoßen
disiplin Disziplin *f*, Fachgebiet *n*; ***~ cezası*** Disziplinarstrafe *f*, ***~ kurulu*** Disziplinarausschuss *m*; **~lerarası** interdisziplinär; **~li** diszipliniert; **~siz** undiszipliniert
disk ⟨-ki⟩ SPORT Diskus *m*; Scheibe *f*, ANAT Bandscheibe *f*, MUS, EDV CD *f*, EDV *a* CD-ROM; ***~ atma*** Diskuswerfen *n*; ***sabit ~*** EDV Festplatte *f*, ***~ sürücü*** CD(-ROM)-Laufwerk *n*; ***~ yazıcı*** CD-Brenner *m*
diskalifiye: ***~ etmek*** disqualifizieren; ***~ olmak*** disqualifiziert werden
disket EDV Diskette *f*, ***~ sürücü*** Diskettenlaufwerk *n*
disko(tek) Diskothek *f*
diskur: ***~ geçmek*** *scherzh* dozieren; ***b-ne ~ geçmek*** j-m die Leviten lesen
dislokasyon GEOL Verschiebung *f*
dispanser Gesundheitsfürsorgestelle *f*, Poliklinik *f*
dispeç MAR Seeschadenberechnung *f*
disponibl ÖKON *Geld* verfügbar
distribü|syon Verteilung *f*, **~tör** *allg* Verteiler *m*; AUTO Zündverteiler *m*

diş Zahn *m*; TECH Zacke *f*, Zinke *f*, Gewinde *n*; Zehe *f* (*des Knoblauchs*); F Haschisch *n* (*a m*); ***~ açmak*** Gewinde schneiden; *-e* ***~ bilemek*** *fig* auf Rache sinnen gegen *A*; ***~ çıkarmak*** zahnen; ***~ çukuru*** ANAT Alveole *f*, Zahntasche *f*, ***~ çürüğü*** Karies *f*, Zahnfäule *f*, ***~ dolgusu*** Füllung *f*, Plombe *f*, ***~ fırçası*** Zahnbürste *f*, ***ona ~ geçiremedi*** er/sie konnte nicht mit ihm/ihr fertig werden; ***~ gıcırdatmak*** mit den Zähnen knirschen; ***~ göstermek*** *fig* die Zähne zeigen (*drohend*); ***~ hekimi*** → ***dişhekimi***; ***~ kemiği*** Zahnbein *n*; ***~ macunu*** Zahnpasta *f*, ***~ mastarı*** TECH Gewindekaliber *n*; ***~ ünsüzü*** GR Zahnlaut *m*, Dental *m*; ***~e dokunur*** genießbar; lohnend; ***~ tabibi*** → ***dişhekimi***; ***~inden tırnağından artırmak*** sich (*D*) *etw* vom Munde absparen; ***kesici ~*** Schneidezahn *m*; ***akıl*** (*od* ***yirmi yaş***) ***~i*** Weisheitszahn *m*; ***azı ~i*** Backenzahn *m*; ***göz ~i*** Aug(en)zahn *m*; ***süt ~i*** Milchzahn *m*
'dişbademi ⟨-ni⟩ dünnhäutige Mandel
'dişbudak ⟨-ğı⟩ BOT Esche *f*
'dişbuğdayı *Familienfeier zum ersten Zahn e-s Kindes*
dişçi F Zahnarzt *m*, -ärztin *f*, F Leichenfledderer *m*; **~lik** ⟨-ği⟩ F → ***dişhekimliği***
dişeti ⟨-ni⟩ Zahnfleisch *n*
dişhekim|i Zahnarzt *m*, -ärztin *f*, **~liği** Zahnheilkunde *f*
dişi Weibchen *n*; weiblich; Öse *f*, Öhr *n*; Schlaufe *f*, GR feminin, weiblich; TECH weich, leicht verformbar; ***~ fiş*** Steckdose *f*, ***~ kopça*** Öse *f*, ***~ organ*** BOT Stempel *m*
dişil GR weiblich
dişilik ⟨-ği⟩ Weiblichkeit *f*, weibliche Attraktivität
dişlek mit vorstehenden Zähnen
dişlemek (*-i*) beißen (in *A*, *z.B. den Apfel*); TECH zahnen, rändeln
dişlenmek *pass von* ***dişlemek***
dişli Zahn-; gezahnt, gezackt; *fig* energisch; Zahnrad *n*; ***~ tırnaklı*** energisch, resolut
'dişotu ⟨-nu⟩ BOT *Art* Widerstoß *m*, Strandnelke *f*, **~giller** BOT Bleiwurzgewächse *n/pl* (*Plumbaginazeen*)
'dişözü ⟨-nü⟩ Zahnmark *n*
diş|sel [dısːɛl] Zahn-; dental; GR Zahnlaut *m*, Dental *m*; **~siz** zahnlos; ker-

D

benlos, glatt; **~tacı** ⟨-nı⟩ Zahnkrone *f*
diştaşı Zahnstein *m*
ditmek ⟨dider⟩ *Wolle usw* kämmen; zerfasern; *Fleisch* zerpflücken
divan *a* [di:vɑ:n] Couch *f*, Sofa *n*; HIST Staatsrat *m*; (hohes) Gericht; öffentliche Ratssitzung; LIT Sammlung *f* (*von Versen e-s Dichters*); ≗ ***edebiyatı*** klassische (osmanische) Versliteratur; **~ *durmak*** ehrerbietig dastehen
divane [ɑ:] verrückt; Idiot *m*; *-in* ***~si olmak*** ganz vernarrt sein in *A*
divanıâli [-vɑ:-] HIST oberste(s) Gericht
divanıharp ⟨-bi⟩ HIST Kriegsgericht *n*
divik ⟨-ği⟩ ZOOL Termite *f*
divit ⟨-ti⟩ HIST Schreibgerät *n*
divitin Baumwollflanell *m* (*beidseitiger*)
diya Dia *n*, Diapositiv *n*; **~ *çerçevesi*** Diarähmchen *n*
diyabet ⟨-ti⟩ Zuckerkrankheit *f*, Diabetes *m*; **~ik** ⟨-ği⟩ Diabetiker *m*, -in *f*
diyafram ANAT Zwerchfell *n*; FOTO Blende *f*
diyagonal Diagonale *f*, schräg gewebte(r) Stoff
diyagram Schaubild *n*, Diagramm *n*
diyalekt Dialekt *m*; **~ik** Dialektik *f*; **~ *materyalizm*** (*od* ***maddecilik***) (der) dialektische Materialismus
diyalog Dialog *m*; **~ *yapmak*** e-n Dialog führen
diyanet ⟨-ti⟩ Religion *f*, Kult *m*; Frömmigkeit *f*; ≗ ***İşleri Başkanlığı*** Präsidium *n* für Religiöse Angelegenheiten; **~ *işleri*** Kultusangelegenheiten *f/pl*
diyanetli fromm
diyapazon Stimmgabel *f*, Kammerton *m*
diyapozitif → ***dia***
diyar [ɑ:] Land *n*
diyastaz Diastase *f*
diyatome BOT Diatomeen *f/pl*
diye *konj* indem (er/sie's sagte, dachte); in der Annahme, dass ...; ***-eyim, -esin, -sin*** (*usw*) **~** damit, um zu + *inf*; mit dem Namen; wegen; zu; ***bugün ders yoktur* ~ *okula gitmedi*** in der Annahme, dass heute kein Unterricht sei, ging sie nicht in die Schule; ***bu işi bitireyim* ~ *geldim*** ich bin gekommen, um diese Angelegenheit zu erledigen; ***Ali Er* ~ *bir müşteri*** ein Kunde mit dem Namen Ali Er
diyecek → ***demek***

diyet[1] ⟨-ti⟩ Sühnegeld *n*
diyet[2] ⟨-ti⟩ Diät *f*; **~ *çikolatası*** Diätschokolade *f*
diyez MUS Erhöhungszeichen *n*
diyoptri *Optik* Dioptrie *f*; PHYS Diopter *m*
diz Knie *n*; **~ *ağırşağı*** Kniescheibe *f*; **~ *boyu*** knietief; kniehoch; *fig* maßlos; **~ *çökmek*** niederknien; **~ *üstü*** auf den Knien; **~ *~e*** dicht an dicht; ***~e gelmek*** nachgeben, kapitulieren, F weich werden; ***~ini dövmek*** sich (*D*) die Haare raufen; ***~lerinin bağı çözüldü*** ihm begannen die Knie zu schlottern (*-den* vor *Angst usw*)
dizanteri MED Ruhr *f*
dizayn Design *n*, Zeichnung *f*, Muster *n*
'dizbağı Strumpfband *n*; ANAT Kniescheibenband *n* (*Ligamentum patellae*)
diz'barko Entladung *f e-s Schiffes*; Entlade- und Hafengebühren *f/pl*
dize Verszeile *f*
'dizel, **~ *motoru*** Diesel(motor) *m*
diz|em LIT Rhythmus *m*; **~er** → ***dizmek***
dizge System *n*; **~li, ~sel** systematisch; **~siz** unsystematisch
dizgi Ordnung *f*, System *n*; BUCH Satz *m*; **~ *yanlışı*** Satzfehler *m*; **~ci** Setzer *m*
dizgin Zügel *m*; **~ *vurmak*** die Zügel anlegen; *fig A* zügeln; *-in* ***~ini kısmak*** *fig A* im Zaume halten; ***~leri salıvermek*** *fig* die Zügel schießen lassen; **~lemek** (*-i*) zügeln; *fig* bändigen, beherrschen; **~li** gezügelt; gebändigt; **~siz** ohne Zügel; *fig* zügellos; unbändig
dizi *a* MATH Reihe *f*, (Perlen)Schnur *f*, MUS Tonleiter *f*; MIL Rotte *f*; Ordnung *f*, Formation *f*; **~ *film*** Fernsehserie *f*; ***~yle*** der Reihe nach
dizi|ci BUCH Setzer *m*; **~lemek** (*-i*) aufreihen; auffädeln; **~li** aufgereiht; aufgefädelt; geordnet; BUCH gesetzt; **~lmek** *in e-r Reihe* antreten; aufgefädelt sein (*-e* auf *D*)
dizin Index *m*; Verzeichnis *n*; **~lemek** katalogisieren
'dizkapağı, **~ *kemiği*** Kniescheibe *f*
dizlik ⟨-ği⟩ Kniehose *f*, Knieschützer *m*
diz|mek ⟨-er⟩ *v/t Gläser usw* (der Reihe nach) aufstellen (*-e, üstüne* auf *A*); *Perlen* (auf)ziehen (*-e* auf *A*), auffädeln; BUCH setzen
do MUS C *n*
'dobra **~ ~** geradeheraus, ganz offen

Doz. *Abk.* → ***doçent***
doçent ⟨-ti⟩ *Türkei: akademischer Grad zwischen „asistan" und „profesör"*
doçentlik ⟨-ği⟩ *Stellung eines „doçent"*; ~ ***tezi*** *etwa* Habilitation *f*
'dogma Dogma *n*; **~cı** Dogmatiker *m*, -in *f*; dogmatisch; **~cılık** ⟨-ğı⟩ Dogmatismus *m*; **~tik** Dogmatik *f*; dogmatisch; **~tizm** Dogmatismus *m*
doğ. *Abk. für* ***doğum(u)*** geboren (geb.)
doğa Natur *f* (*a Art, Eigenheit*); ~ ***bilgini*** Naturwissenschaftler *m*, -in *f*; ~ ***bilgisi*** Naturkunde *f*; ~ ***bilimleri*** → ***doğabilimleri***; ~ ***koruma***, **~*nın korunması*** Naturschutz *m*; **~ca** natürlich; angeboren; **~cı** Naturalist *m*, -in *f*; naturalistisch; **~cılık** ⟨-ğı⟩ Naturalismus *m*; REL Heidentum *n*
doğaç ⟨-cı⟩ Improvisation *f*; Inspiration *f*; **~*tan*** aus dem Stegreif, improvisiert
doğadışı unnatürlich
doğal natürlich (*z.B. Auslese*), Natur-; angeboren (*Fähigkeit*); ~ ***atık(lar)*** Biomüll *m*; ~ ***besin*** Naturkost *f*; ~ ***olarak*** *adv* natürlich, selbstverständlich; ~ ***rezervler*** Naturschätze *m/pl*; ~ ***sit alanı*** Naturschutzgebiet *n*; **~cı** Naturalist *m*, -in *f*; **~cılık** ⟨-ğı⟩ Naturalismus *m*
doğabilim|ci Naturwissenschaftler *m*, -in *f*; **~leri** Naturwissenschaft(en) *f(pl)*; **~sel** naturwissenschaftlich
doğalgaz Erdgas *n*
doğallıkla *adv* natürlich, freilich
doğan ZOOL Falke *m*; **~cı** Falkner *m*
doğa|ötesi ⟨-ni⟩ Metaphysik *f*; metaphysisch; **~üstü** ⟨-nü⟩ übernatürlich
doğma Geburt *f* (= *geboren werden*); Aufgang *m der Sonne usw*; *-den* ~ aus ... gebürtig; ~ ***büyüme İstanbullu*** ein gebürtiger Istanbuler
doğmak ⟨-ar⟩ geboren werden; *Gedanke* kommen; *Sonne usw* aufgehen; entstehen; *z.B. Schulden* sich ergeben (*-den* aus *D*); ***bugün geleceğiniz içime doğdu*** ich hatte die Vorahnung, als ob Sie heute kämen
doğrama Zimmern *n*; Holzbauteile *m/pl*
doğramacı Zimmermann *m*; Bautischler *m*; **~lık** ⟨-ğı⟩ Bautischlerei *f*
doğra|mak (*-i*) in Stücke schneiden; zerhacken; brocken (*-e* in, *z.B. die Milch*); tischlern; **~nmak** *pass von* ***doğramak***; *fig* wie zerschlagen sein

doğru¹ **1.** *adj/subst* richtig; recht-; gerade; direkt; geradeaus; gerecht *handeln*; Richtigkeit *f e-r Angelegenheit*; Wahrheit *f*; *Mensch* ehrlich; *Nachricht* wahr; ~ ***açı*** MATH gestreckte(r) Winkel; ~ ***akım*** EL Gleichstrom *m*; ~ ***çıkmak*** sich als richtig (*od* wahr) erweisen; ~ ***durmak*** gerade stehen; *Kinder* sich ruhig verhalten; ~ ***dürüst*** freimütig, offen; fehlerlos, korrekt *sprechen*; *-i* ~ ***bulmak*** richtig finden (*A*); ~ ***mu?*** tatsächlich, wirklich?; ~ ***orantılı*** MATH direkt proportional; ~ ***söylüyorsunuz*** Sie haben ganz recht; **~*dan*** (**~*ya***) direkt, unmittelbar; **2.** *postp -e* ~ gegen (*z.B. Abend*); auf ... (*A*) zu; in Richtung auf (*A*)
'doğru² direkt; **~!** richtig!; **~ca** geradewegs; aufrichtig; *adv* geradezu
'doğrucu aufrichtig; ~ ***Davut*** *scherzh* Wahrheitsapostel *m*; **~luk** ⟨-ğu⟩ Aufrichtigkeit *f*; LIT Verismus *m*
doğrulamak *v/t* bestätigen; bescheinigen; berichtigen, korrigieren
doğrulmak sich aufrichten; wieder gerade werden; *Angelegenheit* sich klären; sich begeben (*-e* nach, zu *D*); ***gündeliği doğrulttuk*** F jetzt stimmt die Kasse
doğrultmaç ⟨-cı⟩ EL Gleichrichter *m*
doğrultmak gerade machen; *A* aufrichten; *Fehler* berichtigen; *Ausgaben* decken, bestreiten
doğrultman MATH Leitlinie *f*
doğrultu Richtung *f*; TECH Richtfähigkeit *f*; Kurs *m*; Bewegungsrichtung *f*; Gestaltung *f*; ... **~*sunda*** gemäß *D*; im Einklang mit
doğru|lu geradlinig; **~luk** ⟨-ğu⟩ Geradlinigkeit *f*; Richtigkeit *f*; Wahrheit *f*; *Person* Ehrlichkeit *f*; MIL Treffsicherheit *f*; **~lum** BIOL Tropismus *m*; **~sal** geradlinig
doğrusu das stimmt; tatsächlich, aufrichtig gesagt; ***daha*** ~ genauer
doğu Osten *m*; Ost-, östlich; Orient *m*; ♀ ***Anadolu*** Ostanatolien *n*; ***Uzak*** ♀ (der) Ferne Osten; ***Orta*** ♀, ♀ ***Doğu*** (der) Nahe Osten; ***güney*** ~ Südosten *m*; ***kuzey*** ~ Nordosten *m*
doğubilim Orientalistik *f*; **~ci** Orientalist *m*, -in *f*
doğulu aus dem Osten stammend; Orientale *m*, Orientalin *f*
doğum Geburt *f*; *fig* Durchbruch *m*;

Aufgang *m* der Sonne; ~ **(olayı)** MED Niederkunft *f*; ~ **belgesi** Geburtsurkunde *f*; ~ **günü** Geburtstag *m*; ~ **kağıdı** Geburtsurkunde *f*; ~ **kontrolü** Geburtenkontrolle *f*; ~ **kütüğü** Geburtsregister *n*; ~ **önleyici hap** Antibabypille *f*; ~ **sancıları** Geburtswehen *pl*; ~ **tarihi** Geburtsdatum *n*; ~ **yeri** Geburtsort *m*; ~ **(yılı)** Geburtsjahr *n*; **~evi** ⟨-ni⟩ Entbindungsheim *n*; **~lu** geboren; **1990 ~ bir çocuk** ein 1990 geborenes Kind

D

doğuran lebend gebärend

doğurgan ZOOL fruchtbar

doğurganlık ⟨-ğı⟩ Fruchtbarkeit *f*

doğurmak *v/t* gebären; *fig Folgen* zeitigen, nach sich ziehen; bewirken

doğurtmak e-e Entbindung vornehmen

doğusal östlich

doğuş Geburt *f*; Aufgang *m der Sonne*; Entstehung *f der Sprachen*; **~lu** edel, ... von Geburt; **~tan** von Geburt; *adj* angeboren, ererbt

doğut ⟨-du⟩ ASTR Aufgangspunkt *m*

dok ⟨-ku⟩ MAR Dock *n*; Speicher *m*

doksan neunzig; (die) Neunzig; **~ar** je neunzig; **~ıncı** neunzigst-; **~lar** (die) neunziger (Jahre); **~lı**: ~ **yıllar** (die) neunziger Jahre

doksanlık neunziger; ~ **bir ihtiyar** ein neunzigjähriger Greis

doktor Arzt *m*, Ärztin *f*, F Doktor *m*, -in *f*; Doktor *m als Titel* (Dr.); **aile ~u** Hausarzt *m*, -ärztin *f*; **göz ~u** Augenarzt *m*, -ärztin *f*; **kadın ~u** Frauenarzt *m*, -ärztin *f*; **hukuk ~u** Doctor juris, (Dr. jur.)

dok'tora Doktortitel *m*; Promotion *f*; ~ **(tezi)** Doktorarbeit *f*, Dissertation *f*; **~sını yapmak** s-n Doktor machen, promovieren; **felsefe ~sı yapmak** in Philosophie promovieren

doktorluk ⟨-ğu⟩ Arztberuf *m*; Doktorgrad *m*; Arztpraxis *f*; ~ **okuyan öğrenci** Medizinstudent *m*, -in *f*; ~ **etmek** Arzt sein, als Arzt arbeiten

doktrin Doktrin *f*; **~er** Doktrinär *m*

doku BIOL Gewebe *n*

dokubilimi Histologie *f*

dokuma Weben *n*; Weberei *f*; Gewebe *n*; ~ **bir örtü** e-e gewebte Decke; ~ **fabrikası** Textilfabrik *f*; ~ **makinesi** Webstuhl *m*; ~ **sanayii** Textilindustrie *f*

dokumacı Weber *m*, -in *f*; **~lık** ⟨-ğı⟩ Webware *f*; Weberei *f*; Webwarenhandel *m*

dokumak *v/t* weben; F austüfteln; *Matte* flechten; *dial* Früchte vom Baum schlagen

dokunaklı rührend; eindringlich; eindrucksvoll; *Lied* rührselig; *Schmerz* fühlbar; *Wein* stark, schwer

dokunca Nachteil *m*, Schaden *m*

dokuncalı schädlich

dokundurmak (*-e A*) aufs Korn nehmen; *fig* hinnehmen; **kadehini dudaklarına ~** am Glase nippen; **bunu kendime dokundurmam** ich ziehe mir diesen Schuh nicht an

dokunma BIOL Tasten *n*; ~ **(duyusu)** Tastsinn *m*; Berührung *f*

dokunmak (*-e*) berühren (*A*) (*a fig Worte usw*); *z.B.* anfassen; betreffen (*e-e Sache*); stoßen an, kommen an (*e-n Gegenstand*); *j-m* nicht bekommen, *j-m* schaden (*z.B. Rauchen*); *Lied j-m* nahe gehen, *A* rühren; *als Hilfsverb*: *z.B.* **bize faydası dokundu** er ist für uns von Nutzen; er brachte uns Nutzen; **belki bir yardımım dokunur** vielleicht kann ich behilflich sein; *-in* **zararı ~** *j-m* Schaden zufügen

dokunulmaz unantastbar; **~lık** ⟨-ğı⟩ Unantastbarkeit *f*, JUR Immunität *f*

dokun|um Tastsinn *m*; **~uş** Berührung *f*

dokuyucu Weber *m*, -in *f*

dokuz neun; (die) Neun; **~ ayın çarşambası bir araya geldi** verschiedene unglückliche Umstände trafen zusammen; ~ **babalı** *Kind* außerehelich; ~ **doğurmak** vor Ungeduld zittern; ungeduldig warten; **~ar** je neun; **~lu** *Karte* Neun *f*; (in, zu) Neunergruppe(n) *f*

dokuzluk ⟨-ğu⟩ neunjährig; (in, zu) Neunergruppe(n) *f*

dokuztaş ⟨-nı⟩ *Art* Mühlespiel *n*

dokuzuncu neunt-

doküman Dokument *n*; **~tasyon** Dokumentation *f*

dokümanter Dokumentar- (*Film*)

dolak ⟨-ğı⟩ Wickelgamaschen *f/pl*

dolam Wickel(länge *f*) *m*

dolama MED Nagelgeschwür *n*; Wickeln *n*; Überwurf *m*

dolamak wickeln (*-e* um *A*); *-i* **b-nin başına ~** *fig* j-m *A* aufhalsen

dolambaç ⟨-cı⟩ Labyrinth *n von Straßen usw*; (Weg)Kurve *f*; Umweg *m*;

~lı ... mit Labyrinthen; gewunden; *Ausdruck* verschleiert; gewunden; *Frage, Sache* verworren; *Weg* kurvenreich, Serpentinen-; **~sız** unumwunden, klipp und klar

dolan, ***yalan* ~** Schwindel *m*, Gaunerei *f*; **~cı** Lügner *m*, -in *f*; **~dırıcı** Schwindler *m*, -in *f*, Gauner *m*, -in *f*

dolandırıcılık ⟨-ğı⟩ Schwindelei *f*, Betrug *m*, Hochstapelei *f*

dolandırmak (*-i*) *A* herumführen; *A* betrügen (um *A*), ergaunern

dolanlı gefälscht, falsch; ÖKON betrügerisch (*Bankrott*)

dolanmak (*-e*) sich wickeln (um *A*); *über s-e Beine* stolpern; *z.B. Efeu* sich ranken (um *A*); gehen, streifen (***evin etrafında*** um das Haus); *Nachricht* sich (wie eine Lauffeuer) verbreiten; *-in* ***etrafını* ~** umfahren, ausweichen

dolantaşı ⟨-nı⟩ Dolerit *m*

dolap ⟨-bı⟩ Schrank *m*; *fig* List *f*, Intrige *f*; Uhrgehäuse *n*; Wasserrad *n*; (Verkaufs)Bude *f*, Stand *m*; Drehkreuz *n*; Futteral *n*; Karussel *n*; F Direktion *f*; ***~ beygiri gibi dönüp durmak*** auf der Stelle treten; ***~ çevirmek*** (*od* ***döndürmek***) Ränke schmieden, intrigieren; ***dolaba düşmek*** (*od* ***girmek***) hereinfallen, in die Falle gehen; *-i* ***dolaba koymak*** *A* überrumpeln

dolapçı Schrankhersteller und -verkäufer *m*; Karusselbesitzer *m*; Intrigant *m*; Verschwörer *m*

dolaplı Wand- (*z.B. Uhr*); POL Hetz-

dolar[1] Dollar *m*

dolar[2] → ***dolmak***

dolaşık verworren (*a fig*), verknäuelt; *Frage* verzwickt; vage; *Ausdruck* schwammig; ***~ bir deyişle*** mit gewundenen Worten; ***~ yol*** Umweg *m*; **~lık** ⟨-ğı⟩ Verworrenheit *f* (*a fig*); Verzwicktheit *f*

dolaşılmak *pass von* ***dolaşmak***; ***burada dolaşılmaz*** unberechtigter Aufenthalt (Herumstehen) verboten

dolaşım Umlauf *m*, Zirkulation *f*; BIOL Kreislauf *m*; ***serbest* ~** POL Freizügigkeit *f*; ***kan* ~ı** Blutkreislauf *m*

dolaşmak spazieren gehen; e-n Umweg machen; patrouillieren; (*-de*) *im Lande* umherreisen; *die Meere* durchqueren; *durch die Straßen* bummeln; *Fäden* sich verwirren; *Blut* kreisen, zirkulieren; *Gerücht* im Umlauf sein; *Zunge*: nicht gehorchen (*j-m*); *allg, Füße* sich verheddern; ***saçları dolaşmış*** s-e Haare sind zerzaust

dolaştır|ılmak *Kind* spazieren geführt werden; *Speisen* gereicht werden, angeboten werden (*-e j-m*); **~mak** (*-e* -e) *j-m* (*die Stadt*) zeigen; *A* herumführen, herumfahren; *Hund* ausführen; *fig* durcheinander bringen

dolay: ***5° ~(lar)ında*** um 5 Grad (herum)

dolayı *-den* ~ wegen (*G*); infolge (*G*); ***bundan* ~** deswegen; *konj -diğinden* ~ weil, da; **~sıyla** **1.** *adv* indirekt; auf indirektem Wege *erhalten*; dadurch, deshalb; **2.** *postp* durch (*A*), dank (*D*), bei (*D*), anlässlich (*G*); ***iş* ~** durch die Arbeit; dank (*od* bei) der Arbeit

dolayları Umgebung *f* von, Umkreis *m* von; ***İzmir* ~nda** in der Nähe von Izmir; → ***dolay***

dolay|lı indirekt; ***~ tümleç*** GR indirekte(s) Objekt; **~sız** unmittelbar, direkt

doldur|ma (Ein)Füllen *n*; TECH Tanken *n*; EL Ladung *f*; LIT Pleonasmus *m*; **~mak** *v/t* füllen; *fig* aufhetzen; F *A* auf die Palme bringen; *Akku* (auf)laden; *Betrag* auffüllen (*-e* auf *A*); *Formular* ausfüllen; *Gans* füllen, farcieren; *Lebensjahr* vollenden; *Lücke* ausfüllen; *Pfeife* stopfen; *fig j-s Platz* einnehmen; *Waffe* laden; *Zahn* füllen, plombieren; ***kaset*** *usw* ~ e-e Kassette *usw* bespielen

dolduruş: ***~a getirmek*** F aufhetzen, bearbeiten

dolgu *a* MED Füllung *f*; ***~ yapmak*** füllen, zuschütten; *Zahn a* plombieren

dolgun voll, gefüllt; prall; *Figur* mollig, vollschlank; *Gehalt* ansehnlich, anständig; *Kissen* prall gefüllt; *Person* voller Wut, F geladen; *Stimme* voll, sonor; ***~ kafa*** helle(r) Kopf; **~laşmak** *v/i* voller werden, zunehmen; **~luk** ⟨-ğu⟩ (Körper)Fülle *f*; Überfülle *f*, Korpulenz *f*; *fig* Unwille *m*; Wut *f* (*-e* auf *A*)

dolma **1.** *adj* gefüllt; *mit Erde* zugeschüttet; *Speise* gefüllt, farciert; **2.** *subst* Füttern *n*; Füllung *f*, Roulade *f*; *Slang*: Schwindel *m*; Kniff *m*; grobe(r) Streich; ***~ yutmak*** *fig* hereinfallen; ***biber ~sı*** gefüllte Paprikaschoten *f/pl*; ***lahana ~sı*** Weißkohlroulade *f*; ***patlıcan ~sı*** gefüllte Auberginen *f/pl*; ***kaz ~sı***

D

gefüllte Gans
dolmak ⟨-ar⟩ sich füllen; angefüllt sein, voll werden (*od* sein) (*-le* von *D*); *Zeit* ablaufen; sich sammeln (*-e* in *D*); *fig* außer sich geraten (*vor Wut*); *oft* ***doldu*** *Bus* überfüllt; *Augen* füllten sich *mit Tränen*; *Zeit* abgelaufen, erfüllt; ***müddeti dolmadan*** vorzeitig, vorfristig
dol'makalem Füllfederhalter *m*, Füller *m*
dolmalık (*Gemüse, Reis*) zum Füllen
dolmen Dolmen *m*
dolmuş 1. *adj* → ***dolmak***; gefüllt, voll; besetzt; **2.** *subst* Sammeltaxi *n*, Dolmusch *n*; ~ ***motoru*** MAR Sammelbarkasse *f*; ~ ***yapmak*** als Dolmusch verkehren
dolu[1] Hagel *m*; ~ ***yağıyor*** es hagelt
dolu[2] voll (*-le* von *D*), voller ...; gefüllt (mit); ... in Mengen, ... im Überfluss; *Person* beschäftigt, ausgelastet *sein*; *Waffe* geladen; ***su*** **(*ile*)** ~ ***şişe*** e-e Flasche voll Wasser; ~ ~ ***güldü*** sie lachte laut auf (*od* aus ganzem Herzen); ***...~su*** (ganz) voll; ***avuç ~su*** e-e Hand voll; ***bir torba ~su*** e-n ganzen Sackvoll
do'ludizgin wie der Blitz; ~ ***koşmak*** dahinsausen
dolum Füllen *n*, Tanken *n*; ***benzin ~ yeri*** Tankstelle *f*
do'lunay Vollmond *m*
domalan BOT Trüffel *m*; *dial* Geschwür *n*
domalmak (*-e*) sich bücken, sich niederbeugen; aufquellen, sich beulen; *fig* ein mürrisches Gesicht machen
domaltmak krümmen, biegen
do'mates BOT Tomate *f*; ~ ***salatası*** Tomatensalat *m*; ~ ***salçası*** Tomatenmark *n*; ~ ***soslu*** in Tomatensoße
dombay *dial* Büffel *m*
do'mino Domino *n*; Domino *m* (*der Maskerade*)
dominyon POL Dominion *n*
domur Blase *f*; Tropfen *m*; ~ ~ tropfenweise
domuz Schwein *n*; *a Schimpfwort* boshaft, Flegel *m*, Bösewicht *m*; F Schmutzfink *m*; ***dişi*** ~ Sau *f*; ~ ***eti*** Schweinefleisch *n*; ***~una*** zum Trotz, mit Absicht (*etw tun*); tüchtig, ordentlich; ~ ***gibi*** trotzig; boshaft; flegelhaft; tückisch; robust; gehörig, ordentlich; ~ ***gibi bilir, ama söylemez*** er weiß es schon (recht gut), aber er sagt es extra nicht
domuzlan: ~ ***böceği*** ZOOL Bombardierkäfer *m* (*Brachymus crepitans*)
domuz|lanmak F bockig sein; **~luk** ⟨-ğu⟩ F Schweinerei *f*; Bockigkeit *f*
domuzyağı Schmalz *n*
don[1] Unterhose *f*; Farbe *f des Pferdes*; HIST Gewand *n*; ***~una etmek*** sich (*D*) in die Hosen machen (*-den* vor); unter sich machen; ***... ~una girmek*** *Märchen* sich verwandeln (in *A*)
don[2] Frost *m*; ~ ***havası*** Frostwetter *n*; ***~a çekiyor*** es friert; ~ ***çözüldü*** es hat getaut
do'nakalmak *fig* ganz starr sein (*-den* vor *D*); F ganz baff sein
donanım Ausrüstung *f*; EDV Hardware *f*; (*Kühl- usw*) Anlage *f*; MAR Takelage *f*
donanma MIL Flotte *f*; Illumination *f*, Festbeflaggung *f*, Feuerwerk *n*; ~ ***destеği*** Flottenstützpunkt *m*
donanmak sich schmücken, geschmückt sein (*-le* mit *D*); MAR aufgetakelt sein; *fig* e-n Rüffel bekommen
donar → ***donmak***
donatan MAR Reeder *m*
donat|ı Ausrüstung *f*, Ausstattung *f*; **~ılmak** geschmückt (*od* TECH versehen) sein (*-le* mit *D*); **~ım** Ausrüstung *f*, Ausstattung *f*; **~ma** MAR Betakelung *f*; **~mak** *v/t* schmücken; dekorieren; illuminieren; MAR, TECH ausrüsten; *fig j-m* e-n Rüffel erteilen
dondurma (Speise)Eis *n*; Gefrieren *n*; gefroren; ~ ***külahı*** Eistüte *f*; **~cı** Eisverkäufer *m*
dondurmak zum Gefrieren bringen; *A* frieren lassen; einfrieren (*a fig Gehälter*)
dondurucu Gefriergerät *n*; ~ ***torbası*** Gefrierbeutel *m*; ***derin ~*** → ***derin***
dondurulmuş gefroren; eingefroren; ~ ***et*** Gefrierfleisch *n*; ***derin ~*** tiefgekühlt
done Angabe *f*, *pl a* Daten *pl*
donma erstarrt; gefroren; *Zement* abgebunden; ~ ***noktası*** Gefrierpunkt *m*
donmak ⟨-ar⟩ gefrieren; *Butter* fest werden, erstarren; *Zement* abbinden; *Person* erfrieren; ***sular dondu*** die Flüsse sind zugefroren; ***donup kaldık*** *fig* wir waren ganz baff
donra[1] Tundra *f*
donra[2] Kopfschuppen *pl*; Schmutzschicht *f*

donsuz Habenichts *m*, *j-d* ohne Unterzeug; mittellos
donuk trübe, glanzlos, matt; steif gefroren; erfroren; *Glas a* angelaufen; *Mensch* langweilig, steif; **~ yarası** Erfrierung *f am Körper*
donuk|lanmak, ~laşmak sich trüben, matt werden; *Glas* anlaufen; *Person* erlahmen; **~luk** ⟨-ğu⟩ Trübung *f*, Mattheit *f*; Schlaffheit *f*, Trägheit *f*
'donyağı ⟨-nı⟩ ausgelassene(s) Fett, Schmalz *n*; *Person* sehr distanziert; **~ gibi** F wie ein Ölgötze
'dopdolu proppenvoll
doping Doping *n*; **~ yapmak** dopen
dore vergoldet (*Leder usw*)
doru *Pferd* braun; **yağız ~** dunkelbraun
doruk ⟨-ğu⟩ Gipfel *m*; Wipfel *m des Baumes*; **~ çizgisi** Höhenlinie *f*; **~ noktası** Höhepunkt *m*; **~ toplantısı** Gipfelkonferenz *f*; **~lama** Erhöhung *f*; in Haufenform
doruklu *türk. Silbe z.B.* **tek ~** eingipflig
'dosdoğru kerzengerade, schnurstracks; völlig richtig, F goldrichtig
dost ⟨-tu⟩ Freund *m*, Freundin *f*; *fig* Freund *m*, -in *f*, Anhänger *m*, -in *f*; F Geliebte(r); Liebhaber *m*, -in *f*; (*Mystik*) Gott *m*; befreundet; **~ ~** freundlich *z.B. lächeln*; **iki ~ devlet** zwei befreundete Staaten; **kitap ~u** Bücherfreund *m*, -in *f*
dostane [ɑː], **dostça** freundlich, freundschaftlich (*a adv*)
dostluk ⟨-ğu⟩ Freundschaft *f*; **~ etmek** Freunde sein; e-n Gefallen tun; nett, freundlich sein; **dostluğu kesmek** die Freundschaft kündigen; **~ kurmak** Freundschaft schließen; **~ yapmak** → **~ etmek**
'dosya Akten *pl*; (Akten)Ordner *m*; Ablage *f*; EDV Datei *f*; **~ tutmak** e-e Akte führen; **gizli ~** Geheimakten *pl*; **özlük ~sı** Personalakte *f*; **~ya bağlamak** ablegen, abheften, einordnen; **~lamak 1.** *v/i* e-e Ablage (*od* Registratur) führen; **2.** *v/t* → **~ya bağlamak**
doyasıya reichlich; *nicht* genug
doygun bedürfnislos; zufrieden (gestellt); anspruchslos; versorgt
doygunluk ⟨-ğu⟩ Bedürfnislosigkeit *f*, Anspruchslosigkeit *f*, Wohlstand *m*
doy|ma Sättigung *f* (*a* CHEM); **aşırı ~** Übersättigung *f*; **~mak** ⟨-ar⟩ satt werden; *fig* es satt haben, genug haben (*-den* von *D*); (**suya** mit Wasser) durchtränkt sein; **doydum** (*od* **karnım doydu**) ich bin satt (*od* gesättigt); **bakmaya doyamıyorum** ich kann mich nicht satt sehen; **~mamış** ungesättigt; **~maz** gierig, lüstern; unersättlich; **~muş** *Lösung* gesättigt
doyulmak *pass von* **doymak**; **seyretmeye doyulmaz bir manzara** eine Aussicht, von der man sich nicht sattsehen kann
doyum Sättigung *f*, Genüge *f*, Zufriedenheit *f*; *-e* **~ olmamak** nie genug haben (von *D*); sich nicht satt sehen können (an *D*); **~luk** ⟨-ğu⟩ *etw* zum Sattessen; F Beute *f*, Fang *m*; **~suz** unbefriedigt; unersättlich
doyuran e-e Sättigung bewirkend; EL induzierende(s) Magnetfeld *n*
doyurma Durchtränkung *f*, Sättigung *f*
doyurmak *kaus von* **doymak**; (*-i j-m*) (ordentlich) zu essen geben; *A* ernähren, unterhalten; CHEM sättigen; *fig* überzeugen; **karnını ~** sich satt essen
doyurucu sättigend; *fig* überzeugend
doz Dosis *f*; **~unu kaçırmak** e-e zu große Dosis geben; *fig* übertreiben, überziehen; **~aj** Dosierung *f*
dozer Bulldozer *m*
döğmek → **dövmek**
dökme Gießen *n*; Guss *m*; Guss *m Wasser*; *Ware* lose, unverpackt; stückweise, mengenweise; ausgegossen (*Wasser*); **~ demir** Gusseisen *n*; gusseisern; **~ yük** Schüttgut *n*
dökmeci Gießer *m*; **~lik** ⟨-ği⟩ Gießerei *f* (*als Handlung*)
dökmek ⟨-er⟩ *v/t* gießen (*-e* in, auf *A*); streuen; schütten (*-e* in, auf *A*); *Abfälle* leiten (*-e* in *A*); *Gebäck* backen; *Haare* fallen lassen (*-e* bis auf *A*); *Mülleimer, Papierkorb* leeren, ausschütten (*a fig Herz*); *Metall* gießen; *Tränen* vergießen; *Truppen* werfen (*-e z.B. an die Grenze*); *in der Prüfung* durchfallen lassen; *schriftlich* niederlegen, erfassen; *e-r Sache* (*D*) e-e (bestimmte) Wendung geben; **hastalık bütün saçını döktü** die Krankheit hat bei ihm (*od* ihr) völligen Haarausfall verursacht
döktürmek (ver)gießen lassen *usw*; *fig* sich produzieren; *fig Seiten* füllen

D

dökük hängend (-*e* bis auf *A*); *Kleiderstoff* weich, gut fallend; vergammelt; **~ saçık** zerzaust, F strubbelig
dökülmek (aus)gegossen werden; (aus)geschüttet werden; *Blätter, Früchte* abfallen; *Farbe* abgehen, sich lösen, abbröckeln; *Fluss* sich ergießen (-*e* in *A*); *Haar* ausfallen; *Haus* verfallen; *Menschen* strömen (-*e* in *A*); sich stürzen (-*e* auf *z.B. e-e Ware*); *Metall* gegossen werden; *Person, Körper* ermatten; *Suppe* überschwappen; ausarten (**kavgaya** in e-n Streit); **dökülmüş** *Kleidung* abgetragen, verschlissen; *Hose* durchgewetzt; **bugün dökülüyorum** F *fig* heute bin ich geschafft
döküm **1.** *subst* Fallen *n*, Abfallen *n*; TECH Gießen *n*; ÖKON Spezifizierung *f*, Auflistung *f*, Bestandsaufnahme *f*; **2.** *adj* unansehnlich; F schlampig (gekleidet); **~cü** Gießer *m*; **~evi** ⟨-ni⟩, **~hane** [ɑː] Gießerei *f* (*Fabrik*)
dökümlü *Stoff* gut fallend, schmiegsam
dökünmek sich begießen, sich übergießen; (**su**) **~** sich duschen
döküntü Abfall *m*, Abfälle *m/pl*; Ausschuss *m*; Geröll *n*; MED Ausschlag *m*; MIL Versprengte *m/pl*, Nachzügler *m/pl*; *allg* (die) Übriggebliebenen; *fig* Hefe *f des Volkes*; **radyoaktif ~ler** radioaktive(r) Abfall; **~lü** versprengt; übrig geblieben; ... mit Ausschlag behaftet
döl Embryo *m od n*; Keim *m*; Samen *m*; BOT Fruchtknoten *m*; Generation *f*, Nachkomme *m*; *Tier* Junge(s); **~ döş** F Nachkommenschaft *f*; **~ vermek** Junge werfen; BOT Frucht tragen
dölek ⟨-ği⟩ *dial* grüne Melone; *Person* ausgeglichen, bedächtig; *Boden* eben
dölle|mek *v/t* BIOL befruchten; BOT bestäuben; **~nme** Befruchtung *f*, Bestäubung *f*
dölüt ⟨-dü⟩ Embryo *m*, Leibesfrucht *f*
'döl|yatağı ⟨-nı⟩ Gebärmutter *f*, Uterus *m*; **~yolu** Muttermund *m*, Scheide *f*, Vagina *f*
'dömifinal SPORT Halbfinale *n*
döndürmek *v/t* drehen; *A* zur Umkehr bewegen, zurückholen; umwenden; umkippen; *A* verwandeln (-*e* in *A*); *Schüler* durchfallen lassen; F *e-e Abteilung* leiten
dönek ⟨-ği⟩ unbeständig, wankelmütig, labil; *Schüler* Wiederholer *m*, -in *f*, sitzen geblieben; Renegat *m*, -in *f*, F Aussteiger *m*, -in *f*, **~lik** ⟨-ği⟩ Wankelmut *m*; Labilität *f*, Unbeständigkeit *f*, Renegatentum *n*
dönem Periode *f*, Stadium *n*; Epoche *f*, POL Sitzung(speriode) *f*, Parlamentsperiode *f*, SPORT Runde *f*
dönemeç ⟨-ci⟩ Kurve *f*, *fig* Stadium *n*, Wende *f*, **~li** kurvenreich
dönence GEOGR Wendekreis *m*; Wendepunkt *m*; **~li** astronomisch (*Jahr*)
döner Dreh- (*Stuhl, Tür*); umlaufend (*Kapital*); → **dönmek**; **~** (**kebap/kebabı**) Dönerkebab *m*, F Döner *m* BAHN **~ levha** Drehscheibe *f*
döngel BOT Mispel *f*
döngü: **kısır ~** Zirkelschluss *m*
dönme Abtrünnige(r); zum Islam Übergetretene(r); TECH Rotation *f*, Drehung *f*, Drehschrank *m*; **~ ekseni** Drehachse *f*, **geriye ~** Umkehr *f*
dönmedolap Karussel *n*
dönmek ⟨-er⟩ sich drehen; *z.B. Mond* kreisen; zurückkehren (-*den* aus *D*; -*e* nach, zu *D*); sich wenden (-*e* an *A*); sich zuwenden (-*e j-m*); sich verwandeln (-*e* in *A*); werden (-*e* zu *D*); REL abtrünnig werden, übertreten; *Gerücht* umlaufen; *Schüler* sitzen bleiben; *Wetter* umschlagen; -*den* abrücken, Abstand nehmen von; **arkasını** (*od* **sırtını**) **~** den Rücken zukehren; **deliye ~** verrückt werden; **geriye ~** umkehren; **köşeyi ~** um die Ecke biegen; *fig* (plötzlich) reich werden; (**mutlak bir**) **ölümden ~** dem (sicheren) Tode entgehen
dönmüş zurück; **~ olmak** zurück sein, wieder da sein
dönük ⟨-ğü⟩ (-*e*) interessierend, ausgerichtet (auf *A*); gelehnt (an *A*); gerichtet (gegen *A*); **sırtı duvara ~** mit dem Rücken zur Wand gekehrt
dönüm Wendung *f*, Drehung *f*, *fig* Wende *f*, *türk. Flächenmaß* Dönüm *m* (*ca.* 920 m^2); (Arbeits)Gang *m*; **~ momenti** PHYS Drehmoment *n*; **~ noktası** *fig* Wendepunkt *m*; **~lük** ⟨-ğü⟩ ... von (*od* für) ... Dönüm (Hektar)
dönüş Rückkehr *f*, Kehrtwendung *f*, *Stern* Umkreisung *f*, **~ yapmak** e-e Kehrtwendung machen; **sağa ~** Rechtsabbiegen *n*; POL Rechtsruck

m; ***u ~ü*** Umkehren *f*; ***~te*** auf dem Rückweg, auf der Rückreise

dönüşlü GR reflexiv

dönüşme Umwandlung *f*; Änderung *f in der Verfassung*; GR Assimilation *f*

dönüş|mek sich (ver)wandeln (*-e* zu *D*, in *A*); (*-le*) auskommen (mit); zurecht kommen, zusammenleben (*z.B. in e-m Zimmer*); ***~türmek*** *v/t* (um)wandeln (*-e* in *A*); EL transformieren; umbauen, umgestalten; EDV konvertieren; reorganisieren; umformen; ***~türücü*** EL Transformator *m*

dönüşüm Umgestaltung *f*; Transformation *f*; Recycling *n*; ***~cülük*** ⟨-ğü⟩ BIOL Transformismus *m*; ***~lü*** der Reihe nach; in wechselnder Folge; recycelt; ***~lü kağıt*** Recyclingpapier *n*

döpiyes Kostüm *n*, Zweiteiler *m*

dördül *dial* Quadrat *n*; LIT Vierzeiler *m*

dördün Mondviertel *n*; Quartal *n*

dördüncü viert-; ***~ zaman*** GEOL Quartär *n*

dördüz Vierling *m*

dört ⟨-dü⟩ vier; (die) Vier; ***~ almak*** *Schüler* e-e Vier bekommen; ***~ başı mamur*** in bester Verfassung; erstklassig; ***~ bir tarafı(nda)*** (*od* ***yanında***) an allen Ecken und Kanten; ***~ gözle beklemek*** sehnsüchtig erwarten; ***~ işlem*** MATH (die) vier Rechnungsarten; ***~ taraftan*** auf allen Seiten; ***dünyanın ~ bucağından*** aus allen Himmelsrichtungen

dört|ayak vierbeinig; auf allen vieren; ***~gen*** Viereck *n*; viereckig; ***~köşe*** F Quadrat-, quadratisch; ***(zevkten) ~ olmak*** großes Vergnügen haben; ***~lü*** MUS Quarte *f*; *Würfel* ... mit vier Augen; vierteilig; ***~lük*** ⟨-ğü⟩ MUS Viertelnote *f*; Verereinheit *f*; LIT Vierzeiler *m*; LIT vierzeilige Strophe; ASTR Quadrat *n*

'dörtnal Galopp *m*; ***~a*** im Galopp; ***~a gitmek*** galoppieren

dörtyol: ***~ ağzı*** (*Straßen*)Kreuzung *f*; *fig* Drehkreuz *n*

'dörtyüzlü MATH Tetraeder *m*

döş Brust *f*; Flanke *f*, Weiche *f*

döşek ⟨-ği⟩ Matratze *f*; Bett *n*; ***döşeğe düşmek***, ***~ esiri olmak*** bettlägerig sein

döşeli *Boden* ausgelegt (mit); möbliert

döşeme Boden *m*; Möbel *pl*, Mobiliar *n*; ***~ci*** (Polster)Möbelhändler *m*; Tapezierer *m*; Parkettleger *m*; Dekorateur *m*

döşemek (*-i*) *mit Teppich, mit Fliesen usw* auslegen; *Straße* pflastern; *Stuhl* polstern; *Zimmer* möblieren, einrichten; TECH *Schienen, Leitung* legen

döşemelik ⟨-ği⟩ Auslegeware *f*; Tapezieren *n*; Material *n* zum Tapezieren (*od* Beziehen, Polstern)

döşenmek *pass von* ***döşemek***; bettlägerig sein; *fig* sich verbreiten, sich lang und breit auslassen (*üzerine* über *A*); F (*-e A*) runterputzen

döşeyici Installateur *m*

dövdürmek *kaus von* ***dövmek***

döven Dreschschlitten *m*

döver → ***dövmek***

döviz ÖKON Devisen *pl*; POL Losung *f*; Devise *f*; ***~ kuru*** Wechselkurs *m*; ***~ tahditleri*** Devisenbeschränkungen *f/pl*

dövme → ***dövmek***; Tätowierung *f*; *Tier* Brandmal *n*, Stempel *m*; *Metall* gehämmert; Schmiede- (*Eisen*); ***~ krema*** Schlagsahne *f*; ***~ dondurma*** Eiskrem *f*

dövmek ⟨-er⟩ (*-i*) *A* schlagen, prügeln; zerstoßen; *Ei* schlagen; *Eisen* schmieden; *Kaffee* mahlen; *Metall* behämmern; MIL beschießen

dövül|gen schmiedbar, verformbar; ***~mek*** *pass von* ***dövmek***

dövünmek sich (selbst) schlagen; *fig* sich zerreißen (*-e* wegen *G*); (*-e*) ***çok pişman olmuş dövünüyorum*** ich möchte vor Reue vergehen (wegen *G*)

dövüş Schlägerei *f*, Handgemenge *n*; Kampf *m*; ***~ken*** kämpferisch; rauflustig, streitsüchtig; ***~kenlik*** ⟨-ği⟩ Kampflust *f*; Rauflust *f*; ***~mek*** (*-le*) sich schlagen (mit *j-m*); miteinander kämpfen (*od* boxen); *Kinder* sich balgen

Dr. *Abk. für* ***doktor*** Doktor (Dr.)

drahmi *griechische* Drachme

dra'homa Mitgift *f bei Nichtmuslimen*

draje Dragee *n*

dram Drama *n*; ***~atik*** *allg* dramatisch

dramatize: ***~ etmek*** als Drama bearbeiten; *fig* dramatisieren

dren MED Kanüle *f*

drenaj Entwässerung *f*, Drainage *f*

dresaj Dressur *f*

drosera BOT Sonnentau *m*

dua [ɑː] Gebet *n*; Fürbitte *f*; ***~ etmek*** (*od* ***okumak***) beten (*-e* für *A*); Gottes Segen erflehen (*-e* für *A*); ***~cı*** Fürbitter

D

m; ***sana ~yız*** wir beten für dich, wir sind dir dankbar
'duba Boje *f*, Lastkahn *m*, Schute *f*; ***~ köprüsü*** Pontonbrücke *f*; *Person* stämmig; ***~ gibi*** *fig* wie e-e Tonne
dubara [-bɑː-] *Spiel* Zweierpasch *m*; *fig* Doppelspiel *n*; Trick *m*; ***~ya düşmek*** *f* reinfallen; **~cı** Schwindler *m*
dublaj FILM Synchronisierung *f*; ***Türkçe ~lı*** türkische Fassung; ***~ yapmak*** synchronisieren
duble doppelt, zweifach; (ein) Doppelte(r) *Raki usw*; zwei Glas *Bier usw*; (*Kleider*)Futter *n*; *-i* ***~ etmek*** füttern
dubleks: ***~ daire*** Maisonnette-Wohnung *f* (*auf zwei Etagen*)
dublör FILM Double *n*; (Synchronisations)Sprecher *m*, -in *f*; **~lük** ⟨-ğü⟩: ***~ yapmak*** als Filmsprecher(in *f*) arbeiten
dudak ⟨-ğı⟩ Lippe *f*; *fig* Rand *m des Glases*; ***alt ~*** Unterlippe *f*; ***üst ~*** Oberlippe *f*; ***~*** (*od* ***dudağını***) ***bükmek*** e-n Schmollmund machen, den Mund verziehen; **~sıl** LING labial, Lippen-
dudu HIST Frau *f*; Papagei *m*; ***~ dilli*** redselig
duhuliye Eintritt(sgebühr *f*) *m*
'duka Herzog *m*; *Venedig* Doge *m*; HIST Dukaten *m*; **~lık** ⟨-ğı⟩ Herzogtum *n*
dul verwitwet; Witwe *f*, Witwer *m*; ***~ kalmak*** Witwe(r) werden
dulaptalotu ⟨-nu⟩ BOT Kellerhals *m*, *Art* Lorbeer *m* (*Daphne mezereum*)
dulda Schlupfwinkel *m*
duman Rauch *m*, Qualm *m des Feuers*; *Wetter* Dunst *m*; Nebel *m*; Beschlag *m e-r Scheibe*; *Slang*: Stoff *m*; *Slang*: mies; mulmig; (*-i*) ***~ almak*** *unp* der Nebel verhüllt (*A*); ***~ attırmak*** *A* dauernd schikanieren; ***~ bulutu*** Rauchwolke *f*; ***~ etmek*** F versauen; Glück haben; ***~ olmak*** *fig* zu Wasser werden; *Person* F verduften; ***~a boğmak*** qualmen; ***~a tutmak*** blaken, rußen; ***~ı üstünde*** *fig* völlig neu; taufrisch; ***~ı vermek*** Verwirrung stiften
dumancı Rauschgiftsüchtige(r)
duman|lamak (*-i*) *Fische* räuchern; MIL einnebeln, vernebeln; *Zimmer* verräuchern; *fig* trüben; **~lanmak** geräuchert werden; voll Rauch sein; eingenebelt werden, vernebelt werden; verräuchert werden; neblig werden; *fig* e-n Schwips bekommen; **~lı** Rauch-; Nebel-; verrußt; vernebelt; neblig (*Wetter*); Räucher- (*Fisch*); *Blick* verschleiert; *Glas* beschlagen; ***kafası*** (*od* ***başı***) ***~*** er ist angeheitert; ihm schwirrt der Kopf
dumur [-uːr] Verkümmerung *f*, MED Atrophie *f*; ***~a uğramak*** verkümmern
duo Duett *n*
dur → ***durmak***; halt!, (e-n) Moment mal; ***~ bakalım!*** warten wir mal!; halt!
duraç ⟨-cı⟩ Sockel *m*, Fuß *m*
durağan stabil; stationär; ortsfest; *fig* unbeweglich, tatenlos
durak ⟨-ğı⟩ **1.** *subst* Haltestelle *f*, (*Arbeits-*, *Lese*)Pause *f*, GR Zäsur *f*; **2.** *adj Wasser* stehend, stagnierend
duraklama Stoppen *n*, Stopp *m*; MIL Ruhe *f an der Front*; (*Marsch*)Pause *f*, Schwanken *n*, Unschlüssigkeit *f*
duraklamak halten, F stoppen; stehen bleiben; stocken (*a in der Rede*); ***duraklamadan*** unentwegt, ständig
durak|lı stationär; **~samak** zögern; innehalten; **~sız** pausenlos
dural statisch
duralamak stehen bleiben, (an)halten
durdurmak (*-i*) anhalten, zum Stehen bringen; stoppen; *allg a Versuche* einstellen; *Waffen* zum Schweigen bringen
durgu Pause *f*, Stillstand *m*; Stagnation *f*
durgun *Meer* ruhig; *Wasser* stehend, stagnierend; ÖKON flau, ruhig; *Person* matt, teilnahmslos; ***~ mevsim*** tote Saison, F Sauregurkenzeit *f*
durgunlaşmak zum Stillstand kommen; *Person* nachdenklich (*od* still) werden; *Meer* sich beruhigen; *Wind* sich legen
durgunluk ⟨-ğu⟩ Stockung *f*, Stillstand *m*; ÖKON Flaute *f*, Apathie *f*
durmak ⟨-ur⟩ (*hier- usw*) bleiben; stehen bleiben, (an)halten; wohnen, leben; Geduld haben, warten; verdattert sein, verdutzt sein; wirken, aussehen, sich machen; *Regen* aufhören; *Uhr* stehen bleiben; *Welt* bestehen; ***açık ~*** offen stehen; ***dur!*** halt!, stopp!; *-e* ***karşı soğuk ~*** *A* kühl behandeln; ***-ip ~, -e ~, -a ~*** ununterbrochen *etw* tun, *z.B.* ***okuyup ~, okuya~*** ununterbrochen (*od* pausenlos, immer noch) lesen; *-in* ***üstünde*** (*od* ***üzerinde***) ***~*** erörtern (*A*), diskutieren (*A*); betonen (*A*), hinwei-

sen (auf *A*); ***artık duramayacağım*** ich kann nicht länger warten; ***içim duramıyor*** ich habe keine Geduld mehr, ich halte es nicht mehr aus; ***durmadan, durmaksızın, 'durmamaca(sına)*** ununterbrochen, ständig, pausenlos; Dauer-; *-dan* ***duramamak*** nicht anders können als ...; ***durup durup*** von Zeit zu Zeit, häufig; ***durup dururken*** ohne ersichtlichen Grund; plötzlich, auf einmal; ***durdu durdu*** er wartete lange; ***durduğu yerde*** ohne Mühe; unnötig; ***durmuş oturmuş*** bedächtig, gesetzt; gealtert; schwunglos

dursun: ***şöyle ~*** nicht zu sprechen (von *D*); geschweige denn ...

duru kristallklar; ***~ beyaz*** blütenweiß

duruk ⟨-ğu⟩ EL Stator *m*; potenziell (*Energie*); unschlüssig; labil; ***~samak*** aufgehalten werden; *fig* schwanken

durul|amak *Wäsche* (klar)spülen; ***~anmak*** *Wasser usw* sich klären; sich mit Wasser übergießen, *Hände* abspülen

durulma Klärung *f*, Klarwerden *n* (*e-s Wassers*)

durulmak[1] *v/i Wasser* sich klären; sich beruhigen; *Lärm* sich legen; *fig* vernünftig werden

durulmak[2] *pass von* ***durmak***; ***durulmaz*** Halten verboten; ***üzerinde durulması gereken bir nokta*** ein beachtenswerter Punkt

duruluk ⟨-ğu⟩ Klarheit *f*, Reinheit *f*

durum Lage *f*, Situation *f*, Zustand *m*; *fig* Färbung *f*, Anstrich *m*, Aspekt *m*; Fall *m* (*a* GR); ***~ almak*** Stellung nehmen; e-e bestimmte Haltung einnehmen; ***... ~a gelmek*** ... werden; ***güç bir ~a düşmek*** in e-e schwierige Lage geraten; ***iktisaden bağımsız ~a gelmek*** wirtschaftlich unabhängig werden; ***geçim ~u*** Lebensbedingungen *f/pl*; ***hastanın ~u*** der Zustand des Kranken; ***hava ~u*** Wetterlage *f*; ***sağlık ~u*** Gesundheitszustand *m*; ***sıhhî ~*** sanitäre Verhältnisse *n/pl*; *-in* ***kaybolması ~unda*** im Falle des Verlustes *G/von*

durur → ***durmak***

duruş *subst von* ***durmak***; Aufenthalt *m*; *a* PSYCH Haltung *f*, Verhalten *n*; ***~ mesafesi*** AUTO Bremsstrecke *f*

duruşma JUR (Gerichts)Verhandlung *f*, Prozess *m*

duş Dusche *f*; ***~ almak, ~ yapmak*** (sich) duschen

dut ⟨-tu⟩ Maulbeere *f*; ***~ ağacı*** Maulbeerbaum *m*; ***~ gibi olmak*** F völlig blau sein; sich schämen

duvak ⟨-ğı⟩ Brautschleier *m*; Babyschleier *m*; ***~ düşkünü*** junge Witwe

duvar Wand *f*, Mauer *f*; ***~ gibi*** stocktaub; sehr haltbar; ***~ kağıdı*** Tapete *f*; ***~ları kağıtla kaplamak*** tapezieren; ***ses ~ı*** Schallmauer *f*; ***yangın ~ı*** Brandmauer *f*; ***~a yazıyorum*** (*od* ***yazarım***) ich wette; schreib dir das hinter die Ohren!

duvarcı Maurer *m*; *Slang*: Einbrecher *m*

duy Fassung *f e-r Glühbirne*; TECH Buchse *f*, Hülse *f*, Muffe *f*; ***~ priz*** EL Glühlampenfassung *f* mit Steckdose

duyar sensibel; empfindlich; sentimental, empfindsam; → ***duymak***

duyarga BIOL Fühler *m*

duyar|lı empfindlich, feinfühlig; ***~(lı)lık*** ⟨-ğı⟩ Einfühlsamkeit *f*, Sensibilität *f*, Empfindlichkeit *f*, Empfindsamkeit *f*, Sentimentalität *f*, PHIL Kontemplation *f*

duygu Gefühl *n*, Empfindung *f*; ***~ organı*** Sinnesorgan *n*; ***güzellik ~su*** Schönheitssinn *m*; ***sorumluluk ~su*** Verantwortungsgefühl *n*

duygudaş sympathisierend, mitfühlend; Sympathisant *m*, -in *f*; teilnahmsvoll; ***~lık*** ⟨-ğı⟩ Sympathie *f*, Mitgefühl *n*

duygulandırmak (*-i*) *A* bewegen, beeindrucken

duygulan|ım Empfindung *f*, Wahrnehmung *f*; ***~mak*** beeindruckt (*od* gefesselt) werden; gerührt werden (*-den* von *D*); *-den* ***çok duygulandım*** ich bin tief bewegt von

duygulu empfindlich; gemütvoll; feinfühlig; ***~luk*** ⟨-ğu⟩ Empfindlichkeit *f*, Gefühlsbetontheit *f*, Feinfühligkeit *f*

duygusal emotional, gefühlsbetont, gefühlsmäßig; PSYCH affektiv

duygusuz unempfindlich; gemütlos; herzlos; ***~luk*** ⟨-ğu⟩ Unempfindlichkeit *f*, Gefühlsarmut *f*

duyma Wahrnehmung *f*, Gehör *n*

duymak ⟨-ar⟩ (*-i*) hören, erfahren; fühlen; wahrnehmen, beobachten; *Stolz, Freude* empfinden; *Sehnsucht* verspüren (*-e* nach *D*); *Musik* richtig auffassen, verstehen; ***ihtiyaç ~*** für nötig erachten; ***kulaktan ~*** vom Hörensagen kennen

D

duymaz taub; empfindungslos; ***~dan gelmek*** sich taub stellen; **~lık** ⟨-ğı⟩ Empfindungslosigkeit *f*; ***~tan gelmek*** →***~dan gelmek***
duysal MED sensorisch; empfindlich
duyu (*Gehör-, Gesichts- usw*) Sinn *m*; Sinnesorgan *n*; Intuition *f*
duyulmak *pass von* ***duymak***; zu Gehör kommen; ***duyulmadık, duyulmamış*** unerhört; ungewöhnlich, beispiellos
duyulur hörbar; ***~ duyulmaz*** kaum hörbar; **~luk** ⟨-ğu⟩ Hörbarkeit *f*
duyum Empfindung *f*; ***~ eşiği*** Reizschwelle *f*; ***~ ikiliği*** Synästhesie *f*; **~culuk** ⟨-ğu⟩ Sensualismus *m*; **~sal** wahrnehmbar; sensorisch; Sinnes- (*Nerv*); **~ samazlık** ⟨-lığı⟩ Apathie *f*, Teilnahmslosigkeit *f*
duyurmak Gehör verschaffen (*-i D*); hören lassen; mitteilen, bekannt geben (*-i -e j-m etw*); sich *j-m* verständlich machen; zu erkennen geben; seine Stimme erheben; *j-m Schmerz* zufügen
duyuru Bekanntgabe *f*, Mitteilung *f*; Anzeige *f*
duyusal PSYCH affektiv, emotional
duyuş Eindruck *m*; Auffassung *f*; ***~ vurgusu*** GR emphatische Betonung
düdük ⟨-ğü⟩ Pfeife *f*; Hupe *f des Autos*; Flöte *f*; Horn *n*; Schalmei *f*; Sirene *f*; *fig* Döskopf *m*; ***~ çalmak*** pfeifen; auf der Schalmei spielen *od* die Schalmei blasen; ***~ gibi*** schrill; hauteng; ***~ gibi kalmak*** mutterseelenallein sein; dünn werden; ***alarm düdüğü*** Alarmsirene *f*; ***başlama düdüğü*** SPORT Anpfiff *m*; ***düdüğü çalmak*** *etw* zustande bringen
düdükçü Pfeifer *m*; Flötenspieler *m*, -in *f*
düdük|lemek (*-i*) *Slang*: es treiben (mit *j-m*); *A* irreführen; **~lü** Pfeif-; ***~ tencere*** Schnellkochtopf *m*
dü'ello Duell *n*; ***~ etmek*** sich duellieren; ***söz ~su*** Wortgefecht *n*
düğme Knopf *m* (*a* EL); BOT Knospe *f*; TECH Klemme *f*; ***~ deliği*** Knopfloch *n*; ***kapama ~si*** Ausschalter *m* (*Radio*); ***marş ~si*** Einschalter *m*; ***~ye basmak*** auf den Knopf drücken
düğmek ⟨-er⟩ *dial v/t* (zu)knoten
düğmelemek *v/t* zuknöpfen
düğmeli Knopf-; (zu)geknöpft
düğüm Knoten *m* (*a im Drama*); TECH Bündel *n*; ANAT Ganglion *n*, Nervenknoten *m*; ***~ noktası*** BAHN Knotenpunkt *m*; *fig* (der) entscheidende Augenblick
düğümle|mek *v/t* zuknoten, verknoten; e-n Knoten machen; **~nme** Verknotung *f*; ***bağırsak ~si*** MED Darmverschluss *m*; **~nmek** (in der Kehle) stecken bleiben; *fig* verstrickt sein (in *D*); *fig* sich konzentrieren; *Verkehr* (völlig) stocken; **~şmek** sich verstricken
düğümlü verknotet; geknotet; knotig
düğün Hochzeit *f*, (Familien)Fest *n*; F Fete *f*; ***~ dernek*** ⟨-ği⟩ Hochzeitsgesellschaft *f*; ***~ hediyesi*** Hochzeitsgeschenk *n*; ***~ yapmak*** Hochzeit machen (*od* feiern); ***~ bayram etmek*** laut feiern; jubeln, frohlocken; **~çiçeği** BOT Hahnenfuß *m* (*Ranunculus*); **~çorbası** Hochzeitssuppe *f*
dük ⟨-kü⟩ Herzog *m*
dükkan Laden *m*; Werkstatt *f*; *Slang*: Hosenlatz *m*; ***bakkal ~ı*** Lebensmittelgeschäft *n*
dükkancı Ladeninhaber *m*, -in *f*
düldül alter Klepper; AUTO Klapperkasten *m*
dülger Zimmermann *m*
dümbelek ⟨-ği⟩ MUS kleine Trommel; *Person* Trottel *m*
'dümdüz völlig eben, flach; direkt; *Kleid usw* sehr schlicht; *Person* borniert; ***yerle ~ etmek*** dem Erdboden gleichmachen
dümen Steuer *n*, Steuerruder *n*; Ruder *n*; *Slang*: Schwindel *m*; Kniff *m*; ***-i ~ çevirmek*** steuern; das Steuer herumwerfen (*a fig*); *fig* F e-n Dreh finden; ***-e ~ kırmak*** MAR zusteuern auf *A*; ***~i kırmak*** F sich davonstehlen; ***~ kolu*** Steuerknüppel *m*; ***~(i) kullanmak*** steuern, lenken; F die Sache hindrehen
dümenci Steuermann *m*; F Gauner *m*
dün gestern; Vergangenheit *f*; ***~ bir bugün iki*** in so kurzer Zeit; ***~ akşam*** gestern abend
dünden von gestern, gestrig; (schon) am Vortage; ***~ bugüne*** von heute auf morgen; ***~ hazır*** (*od* ***razı***) er brennt nur darauf; ***~ ölmüş*** lustlos, apathisch
dünkü gestrig; neu; Neuling *m*
dünür Gegenschwiegervater *m*, Gegenschwiegermutter *f*; **~(cü)** Brautwerber *m*, -in *f*; **~ler** Gegenschwiegereltern *pl*; **~leşmek** verschwägert werden

dünya [ɑː] Welt *f*; Erde *f*; Diesseits *n*; alle, die ganze Welt, alle Welt; **~ adamı** Weltmann *m*; welterfahrene(r) Mensch; **~ evine girmek** in den Ehestand treten; **~ görmüş** weit herumgekommen; **~ görüşü** Weltanschauung *f*; **~(lar) kadar** ganz ganz viel; **~ piyasası** Weltmarkt *m*; **~ satranç şampiyonu** Weltmeister *m* im Schach; **~ güzeli 1.** *subst* Miss World; **2.** *adj* allerhübschest; **~ vatandaşı** Weltbürger *m*; **~da gitmem** nicht um die Welt (*od* keineswegs) werde ich gehen; **~nın işi** ganz viel Arbeit; **~ya gelmek** *Kind* auf die Welt kommen; *-i* **~ya getirmek** *Kind* zur Welt bringen; **~ya kazık kakmak** F ein hohes Alter erreichen

dünyaca: **~ tanınmış** weltbekannt

dünyalık ⟨-ğı⟩ **1.** *adj* weltlich; irdisch; **2.** *subst* Vermögen *n*; *Slang*: Zaster *m*; **dünyalığı doğrultmak** F auf den grünen Zweig kommen

düo Duo *n*

'düpedüz 1. *adj* ganz glatt; absolut (*Unwissenheit usw*); **2.** *adv* rundheraus, direkt ins Gesicht *sagen*; glattweg

dürbün Fernrohr *n*; Opernglas *n*; **~ün tersiyle bakmak** bagatellisieren (*-e A*); **~lü** mit Fernrohr

dürmek ⟨-er⟩ *v/t* zusammenrollen; einrollen; *Wäsche* zusammenlegen

dürtmek ⟨-er⟩ *v/t* leicht stechen; *Tier* antreiben; *mit dem Ellbogen* stoßen; rütteln (*-den* an, *z.B. den Schultern*); *fig A* anspornen, stimulieren

dürtü Ansporn *m*; Stimulans *n*; PSYCH Motivation *f*; **~klemek** *v/t* rütteln; *fig* warnen; **~şmek** sich gegenseitig stoßen

dürü Zusammengerollte(s), Rolle *f*; (Gast)Geschenk *n*

dürüm Rolle *f*; Falte *f im Kleid*; Schicht *f*, Lage *f*; *Art* Pfannkuchen *m* mit Füllung; **~ ~** zusammengerollt; deftig

dürüst ⟨-tü⟩ richtig, fehlerfrei; ehrenhaft; gerecht; treu (*s-m Wort*)

Dürzî [-iː] Druse *m*

dürzü *Schimpfwort* gemeiner Kerl!, Schuft!

düstur [uː] Kodex *m*, Gesetzessammlung *f*; Regel *f*, Norm *f*, Leitsatz *m*; ÖKON Hauptbuch *n*; Arzneibuch *n*

düş Traum *m*; Fantasie *f*; **~ azması** Pollution *f*

düşer → **düşmek**

düşes Herzogin *f*

düşeş Glücksfall *m*; F Backpfeife *f*; *Spiel* Sechserpasch *m*

düşey vertikal, senkrecht

dü'şeyazmak beinahe hinfallen

düşkün 1. *adj* heruntergekommen; verarmt; niedrig (*Preis*); kläglich (*Zustand*); schwer, böse (*Zeit*); (*-e*) (*dem Spiel usw*) verfallen; -süchtig, *z.B.* **giyinişe ~** putzsüchtig; **2.** *subst* Schwärmer *m*, -in *f* (für); Freund *m*, -in *f* (*G od* von *D*)

düşkünlerevi Obdachlosenheim *n*

düşkünleşmek verarmen; verkommen; e-e Vorliebe haben (*-e* für *A*)

düşkünlük ⟨-ğü⟩ Verkommenheit *f*, Verarmung *f*; (*-e*) Neigung *f*, Hang *m* (zu); Vorliebe *f* (für)

düşman *allg* Feind *m*, -in *f*, Gegner *m*, -in *f*; feindlich; F Verbraucher *m*, -in *f*, Esser *m*, -in *f*, Trinker *m*, -in *f*, *z.B.* **ekmek ~ı** starke(r) Brotesser, Brotverbraucher *m*, -in *f*; **~ ağzı** Verleumdung *f*; feindselige(r) Ton; **amansız ~** Todfeind *m*; *-in* **~ı kesilmek** *A* als Feind betrachten; **~ca** feindselig

düşmanlık ⟨-ğı⟩ Feindschaft *f*; Feindseligkeit *f*; **bana düşmanlığı olan bir adam** ein mir feindselig gesonnener Mann

düşme Fall *m*, Fallen *n*; TECH **~ çekici** Ramme *f*; **çocuğun ~si** Fehlgeburt *f*; **elden ~** gebraucht, zweiter Hand

düşmek ⟨-er⟩ **1.** *v/i* fallen (*-den* von *D*; *-e* auf *A*); hinfallen; *Flugzeug* abstürzen; herunterkommen, verarmen; (*-den* durch, *z.B. Krankheit*) abnehmen; (*-e* in *e-e Lage, Angst*) geraten; passen, wirken, sich machen (*-e* zu, *z.B. e-m Bild*); verlieren (*-den* an, *z.B. Vertrauen*); *Hitze* zurückgehen; *Wind, Wut* sich legen; sich *dem Spiel* hingeben; *Verhältnis* entfallen (*-e* auf *A*); (*-e*) *irgendwo* auftauchen, herkommen; *Leute* strömen (*-e* auf, in *A*); **arkasına** (**peşine**) **~** verfolgen (*-in A*); **önüne ~** vorausgehen (*-in D*); **hastaneye ~** ins Krankenhaus kommen; **şüpheye ~** Zweifel hegen; **kar düştü** es hat geschneit; **dokuzdan iki düş(tü)** neun minus zwei; **bana düşer** es obliegt mir, es ist meine Pflicht; **bana düşmez** es ist nicht meine Sache, es geht mich nichts an; ***bana (da) evet demek düşmüştü*** (und) mir war nur noch geblieben, ja zu sagen; ***fırsat düşerse*** wenn sich die Gelegenheit bietet; ***işim düşerse*** wenn ich ... zu tun haben sollte; ***yolum (oraya) düşerse*** wenn es mich (dorthin) verschlägt; *-le* ***düşüp kalkmak*** (intensive) Beziehungen haben zu; **2.** *v/t* abziehen; ***hesaptan ~*** von der Rechnung abziehen; **3.** *v/aux*: ***hasta (yorgun, zayıf*** *usw*) **~** krank (müde, schwach *usw*) werden

düşsel traumhaft, Traum-; fantastisch

düşsüz [-ss-] traumlos (*Schlaf usw*)

düşük ⟨-ğü⟩ *Preis, Temperatur, Zinsen* niedrig; GR *Satz usw* regelwidrig; *Ausdruck* hinkend; abfallend (*Schultern*); MED Fehlgeburt *f*, POL gestürzt; ehemalig (*Regierung usw*); *Rock* heruntergerutscht; ***~ basınç*** Tiefdruck *m*; ***~ ücretli*** schlecht bezahlt; ***~ yapmak*** e-e Fehlgeburt haben

düşüklük ⟨-ğü⟩ Fallen *n der Preise*; Rückgang *m der Temperatur*; Verfall *m der Sitten*; Regelwidrigkeit *f*, Vertiefung *f*, Tiefdruck(gebiet *n*) *m*

düşülmek *pass von* ***düşmek***

düşün Gedanke *m*; Denken *n*

düşünce Gedanke *m*; Auffassung *f*, Meinung *f*, Urteil *n*, Gesichtspunkt *m*; Sorge *f*; ***~ içinde*** nachdenklich; ***~ özgürlüğü*** Gedankenfreiheit *f*, ***art ~*** Hintergedanke *m*; ***beni bir ~(dir) aldı*** ich machte mir Sorgen, mir kamen quälende Gedanken

düşünceli nachdenklich; mitdenkend; ***özgür ~*** Freidenker *m*, -in *f*; ***~lik*** ⟨-ği⟩ Mitdenken *n*; Besorgnis *f*, Nachdenklichkeit *f*

düşüncesiz gedankenlos, unüberlegt; sorglos, unbekümmert; ***~lik*** ⟨-ği⟩ Gedankenlosigkeit *f*, Unbekümmertheit *f*; ***(-mekle) ~ etmek*** unbekümmert sein (+*inf*)

düşündürmek *kaus von* ***düşünmek***; (*-i*) zu denken geben *D*; nachdenklich stimmen *A*; beunruhigen *A*

düşündürücü beunruhigend; bedenklich

düşünme Denkvermögen *n*; Denken *n*; Überlegung *f*

düşünmek (*-i*) denken (an *A*); sich (*D*) ausdenken, ersinnen (*A*); planen, gedenken, beabsichtigen + *inf*; im Begriff sein + *inf*; sich kümmern um *A*, denken an *A*; sich (*D*) Sorgen machen um *A*

düşünsel Denk-; gedanklich

düşünülmek *pass von* ***düşünmek***; ***düşünülebilecek*** denkbar; ***düşünülemez*** undenkbar

düşün|ür Denker *m*, -in *f*; ***~üş*** Gedankengang *m*; Denkweise *f*, Denken *n*; Weltanschauung *f*

düşürmek *kaus von* ***düşmek***; (*-i*) fallen lassen (*A*); *A* zu Fall bringen; LUFTF zum Absturz bringen; fällen; e-e Fehlgeburt haben; *Arbeitszeit* senken, verkürzen; *Obst* abschlagen (*-den* von *D*); *Regierung* stürzen; *Maske* herunterreißen; ***birbir(ler)ine ~*** gegeneinander aufhetzen; ***çocuk ~*** eine Fehlgeburt haben; *-i* ***çarpıp ~*** *A* umrennen; *-in* ***gözünden ~*** in den Augen *G*/*von* herabsetzen; ***ucuza ~*** *etw* billig erwerben, F ergattern; ***uygun(suz) ~*** sich (nicht) schicken; ***(zayıf) ~*** schwächen

düşürtmek *kaus von* ***düş(ür)mek***; ***çocuk ~*** *v/i* abtreiben

düşür|ücü senkend, herabsetzend (*bes* MED); ***~ülmek*** *pass von* ***düşürmek***

düve Färse *f*

düven Dreschschlitten *m*

düz *Boden* eben, flach (*a Boot*); gerade (*Linie*); geradlinig (*Bewegung*); glatt (*Haar*); *Stoff* einfarbig, uni; Ebene *f*; GR ungerundet (*Vokal*); ***~ayak*** *Haus* ebenerdig; *Weg* eben; ***~ bir ev*** Flachbau *m*; ***~ bağırsak*** Mastdarm *m*; ***~ tümleç*** GR direkte(s) Objekt; ***~e çıkmak*** aus dem Gröbsten heraus sein

düzce ziemlich eben; ehrlich; kurz und gut

düzelmek in Ordnung gebracht werden; organisiert werden; geebnet werden; *Fehler* behoben werden; *Kranker* sich erholen; *Wetter* sich bessern

düzeltici Korrektur-; ordnend; ***~ jimnastik*** Krankengymnastik *f*

düzeltme Berichtigung *f*, ***~ işareti*** GR Zirkumflex *m* (ˆ)

düzeltmek *kaus von* ***düzelmek***; *v/t* glätten; *Betten* machen; *Brille* zurecht rücken; *Fehler* beheben, korrigieren, verbessern; *Kleider* ausbessern, reparieren; *Zimmer* aufräumen

düzeltmen Korrektor *m*, -in *f*

düzem CHEM Dosierung *f*, prozentuale

Zusammensetzung; MUS Kadenz *f*
düzen Ordnung *f*, Organisation *f*, Veranstaltung *f*; POL System *n*, Regime *n*; Harmonie *f*; Ausstattung *f des Zimmers*; TECH Einrichtung *f*; *fig* Trick *m*, List *f*; ***alfabetik*** ~ alphabetische Reihenfolge; ~ ***kurmak*** ordnen; *fig* Ränke schmieden; ~***e koymak*** (*od* ***sokmak***) in Ordnung bringen; regeln, ordnen
düzen|baz, ~ci Gauner *m*; Intrigant *m*
düzenek ⟨-ği⟩ Mechanismus *m*; Plan *m*
düzengeç ⟨-ci⟩ PHYS Regulator *m*
düzenle|me Ordnung *f*, Regelung *f*, Regulierung *f*, MUS Arrangement *n*, Bearbeitung *f*; **~mek** ordnen, in Ordnung bringen; aufräumen; *Ausflug, Reise, Konferenz* veranstalten, organisieren; *Streik* organisieren
düzenlenmek *pass von* ***düzenlemek***
düzenleyici Regulator *m*, Regler *m*
düzen|li in Ordnung gebracht, geregelt; adrett; stetig, regelmäßig; harmonisch; *Wind* anhaltend; *Zimmer* aufgeräumt; **~lik** ⟨-ği⟩ (tadellose) Ordnung *f*; Ruhe *f* (und Frieden)
düzensiz ungeordnet; unordentlich, schlampig; unsystematisch; unharmonisch; *Entwicklung* unregelmäßig, unstetig; *Wind* wechselnd; **~lik** ⟨-ği⟩ Unordnung *f*, Durcheinander *n*, Desorganisation *f*; Disharmonie *f*
düzer → ***düzmek***
düzey Niveau *n*; Standard *m*; ***üst*** ~ höher gestellt (*Beamter usw*); (***yüksek***) ~***li*** von hohem Niveau; ~***siz*** niveaulos
düzgün glatt; eben; *fig* regelmäßig, systematisch; gut angelegt (*Garten*); organisiert; tadellos; *Gedanke* klar formuliert; fehlerfrei *sprechen*; *Kleidung* adrett; MATH regelmäßig; PHYS gleichförmig; Tönungskrem *f*; **~lük** ⟨-ğü⟩ Glätte *f*, Ebenheit *f*, Regelmäßigkeit *f*
dü'zine Dutzend *n*; *fig* e-e (ganze) Menge
'düzkanatlılar ZOOL Geradflügler *m/pl*
düzlem eben, flach; Ebene *f*, Fläche *f*, Projektion *f*; ~ ***geometri*** Planimetrie *f*
düzlemek (*-i*) glätten; ebnen (*A*); planieren; nivellieren
düzlemküre Planisphäre *f*, Planiglob *m*
düzle|nmek, ~şmek eingeebnet werden; geglättet werden; sich glätten; **~tmek** *kaus von* ***düzlemek***
düzlük ⟨-ğü⟩ Ebenheit *f*, Glätte *f*, ebene Fläche; *fig* Schlichtheit *f*
düzme erdichtet; falsch, *Wechsel* gefälscht; **~ce** gefälscht, Pseudo-
düzmek ⟨-er⟩ (*-i*) ordnen; zustande bringen; zusammentragen; *ein Haus* einrichten; *Lied* komponieren; sich (*D*) *etw* (*A*) ausdenken, erfinden (*A*); V vögeln, nageln
'düztaban Plattfuß *m*; *fig* unheilvoll
düzülmek *pass von* ***düzmek***; ***yola*** ~ sich auf den Weg machen
'düzyazı Prosa *f*
dz. *Abk. für* ***deniz*** See; Marine

E

e, E¹ [ɛː] e, E *n*; MUS e-moll, E-Dur
e² [ɛ] *int* nun (ja), hm: ***e, gitsin*** nun ja (*od* hm), mag er gehen; [ɛː] (*a* ***ee***): ***e, yetişir artık*** nun reicht's aber; ***e, sonra?*** na, und weiter?; ***ee?*** (*od* ***e e?***) na, und?
e³: ***e mi?*** stimmt's?, gut so?
-e¹ *Dativzeichen*; an *A*, auf *A*, in *A*, nach, zu *usw*; ~ ***hali*** GR Dativ *m*
-e² *Suffix auf* ***–se*** → ***-a, -ya***
ebat [ɑː] ⟨-dı⟩ Maße *n/pl*, Ausmaße *n/pl*, Format *n*, Größe *f*; ***... ebadında*** im Format, in der Größe von ...
ebe Hebamme *f*; *Spieler, der e-e Aufgabe zu bewältigen hat*, Haschemann *m*
ebedî [iː] ewig; endlos; **~leştirmek** verewigen; **~lik** ⟨-ği⟩ Ewigkeit *f*
ebediyen [-'diːjɛn] *adv* ewig, auf immer; *verneint*: nie und nimmer
ebediyet ⟨-ti⟩ Ewigkeit *f*
e'begümeci BOT Malve *f*
e'be(m)kuşağı ⟨-nı⟩ Regenbogen *m*
ebelemek *-i* *Kinderspiel* zum Haschemann machen
ebelik ⟨-ği⟩ Geburtshilfe *f*, Hebammenberuf *m*

E

ebeveyn *osm* Eltern(paar *n*) *pl*
ebleh schwachsinnig
ebru [uː] Marmorierung *f*; **~ ~** flammend rot (*Wange*); **~li** bunt; **~lu** marmoriert
ecdat [ɑː] ⟨-dı⟩ Ahnen *pl*, Vorfahren *pl*
ece Königin *f*; *Person*: Schönheit *f*
-ecek, **-ecekmiş**, **-ecekti** → ***-acak***, ***-acakmış***, ***-acaktı***
ecel Todesstunde *f*; **~ *beşiği*** F alte(r) Kahn; hoch gefährliche(r) Pass, Übergang *m*; Karussel *n*; **~ *teri dökmek*** Todesängste ausstehen; ***~ime susamadım*** ich bin doch nicht lebensmüde; ***~iyle ölmek*** e-s natürlichen Todes sterben
ecinni F böse(r) Geist, → ***cin***
eciş: **~ *bücüş*** krumm und schief; **~ *bücüş yazı*** Gekritzel *n*
ecnebi [iː] **1.** *subst* Ausländer *m*, -in *f*; **2.** *adj* ausländisch; fremd
ecz. *Abk. für* ***eczane*** Apotheke *f*
ecza [ɛzːɑː] ⟨-aı⟩ chemisches (*od* pharmazeutisches) Mittel *n*; **~cı** Apotheker *m*, -in *f*; Pharmazeut *m*, -in *f*; **~cılık** ⟨-ğı⟩ Pharmakologie *f*; Apothekerberuf *m*; **~hane, ~ne** Apotheke *f*
eda[1] [ɑː] Manieren *f/pl*, Ton *m*; Miene *f*; ***sevimli*** (*od* ***hoş***) ***bir*** **~** Anmut *f*
eda[2] [ɑː] Zahlung *f*; Erfüllung *f e-s Versprechens*; **~ *etmek*** e-e Zahlung leisten; erfüllen
edalı charmant, reizend; prüde, geziert
edat [ɑː] ⟨-tı⟩ GR Postposition *f*, Präposition *f*
edebî literarisch, Literatur-
edebiyat [ɑː, ɑ] ⟨-tı⟩ Literatur *f*; *abw* Rhetorik *f*; **~ *tarihi*** Literaturgeschichte *f*; **~bilim** Literaturwissenschaft *f*; **~çı** Literat *m*, -in *f*
e'dememek nicht sein können ohne ...; ***ben onsuz edemem*** ich kann nicht ohne ihn/sie sein; ***ben onunla edemem*** ich kann mit ihm/ihr nicht auskommen (zurecht kommen); ***okumadan edemem*** ich muss unbedingt lesen
edep ⟨-bi⟩ Anstand *m*, gute(s) Benehmen; F Benimm *m*; Höflichkeit *f*; **~ *etmek*** sich genieren, verlegen sein; **~ *yeri*** Schamgegend *f*; **~lenmek** gute Umgangsformen erwerben; **~li** höflich; anständig; ... mit gutem Benehmen; verlegen; **~ ~** ganz bescheiden; **~siz** unhöflich; frech; **~leşmek** sich frech benehmen; **~lik** ⟨-ği⟩ Unhöflichkeit *f*, Unverschämtheit *f*
eder → ***etmek***
edevat [ɑː] ⟨-tı⟩: ***alet*** **~** Geräte *n/pl*; Zubehör *m* (*od n*); Bedarf *m*
edici bewirkend; *z.B.* ***hayran*** **~** erstaunlich
edilgen GR Passiv *n*; GR passiv
edilgenlik ⟨-ği⟩ GR Passivform *f*
edilgin passiv; als Ergebnis (*G*)
edilmek *pass von* ***etmek***
edim Handlung *f*, Reale(s); Verkörperung *f*; **~sel** faktisch, real
edinç ⟨-ci⟩ Erwerbung *f*, (das) Erworbene
edinmek *Kenntnisse usw* erwerben; *Charakterzug*, *Gewohnheit* annehmen; sich (*D*) *Geld* verschaffen; ***evlat*** **~** adoptieren; **~ti** Erwerbung *f*
edip ⟨-bi⟩ *osm* Schriftsteller *m*
E'dirne Edirne *n*; HIST Adrianopel *n*
edisyon Ausgabe *f*, Edition *f*
edit: **~ *etmek*** EDV editieren
editör Herausgeber *m*, -in *f*, Redakteur *m*, -in *f*; Lektor *m*, -in *f*
efe Räuber *m*; HIST Partisan *m*
efekt ⟨-ti⟩ (Ton)Effekt *m*
efektif ÖKON verfügbar; bar; Effektivbestand *m*
efelenmek sich wichtig machen
e'fendi HIST Herr *m*; ***Hasan*** **~** Herr Hasan; Besitzer *m*; Herr *m*, Gebieter *m*; **~*(den) adam*** anständige(r) (*od* seriöser) Mensch, taktvolle(r) Mensch; **~ce** höflich; anständig, **~lik** ⟨-ği⟩ gute Kinderstube; Höflichkeit *f*, Anständigkeit *f*
e'fendim: **~ *!*** jawohl; hier (bin ich); zu Diensten!; TEL hallo!; **~ *?*** bitte?, wie bitte? (= *was sagten Sie?*); *bes höflich*: ***hakkınız var,*** ≗ *etwa*: jawohl, Sie haben ganz recht!; mein Herr (*od* gnädige Frau) (*im Deutschen nicht verbreitet*)
'Efes Ephesus *n*
efkâr F Kummer *m*; **~ *dağıtmak*** sich (*D*) die Sorgen vertreiben; **~lanmak** sich (*D*) Sorgen machen; **~lı** sorgenvoll, betrübt
Eflatun Plato *m*
eflatun Gelehrte(r) *m*; Philosoph *m*; **~ (*rengi*)** Helllila *n*; **~ (*renkli*)** helllila
efor Anstrengung *f*; **~ *göstermek*** sich anstrengen; viel leisten; **~ *testi*** MED Belastungs-EKG *n*

efsane [ɑː] Sage *f*; *fig* Lügenmärchen *n*; **~leşmek** Legende werden; **~vî** legendär
'Ege Ägäis *f*; **~ *Bölgesi*** Region *f* Ägäis; **~ *Denizi*** Ägäische(s) Meer
egemen **1.** *subst* Herrscher *m*, Souverän *m*; **2.** *adj* souverän; herrschend; *-e* **~ *olmak*** herrschen über *A*
egemenlik ⟨-ği⟩ Souveränität *f*, Hegemonie *f*; ***hava egemenliği*** Luftherrschaft *f*; ***… üstünde ~ kurmak*** Herrschaft installieren über *A*/*D*
ego|ist ⟨-ti⟩ Egoist *m*, -in *f*; **~istlik** ⟨-ği⟩, **~izm** Egoismus *m*
eg'zama MED Ekzem *n*, Ausschlag *m*
egzersiz Übung *f*, Training *n*; **~ *yapmak*** trainieren
egzost ⟨-tu⟩, **egzoz** TECH Auspuff *m*; **~ (*gazları*)** Abgase *n*/*pl*; **~ *supabı*** Auspuffventil *n*
egzozcu AUTO Auspuffwerkstatt *f*
eğdirmek *kaus von* ***eğmek***; *v*/*t* schief aufsetzen (*Mütze usw*)
eğe[1], **~ *kemiği*** ANAT Rippe *f*
eğe[2] Feile *f*; **~lemek** (*-i*) feilen, mit der Feile bearbeiten (*A*)
'eğer[1]: **~ *... -se*** wenn, falls; **~ *hava güzel olursa ...*** wenn das Wetter schön ist ...
eğer[2] → ***eğmek***
eğik geneigt, schief; **~ *düzlem*** (die) schiefe (geneigte) Ebene
eğiklik ⟨-ği⟩ Neigung *f*
eğilim Neigung *f* (*a fig*); Tendenz *f*, Hang *m*; POL Einstellung *f*; **~li** mit e-r Neigung, mit e-m Gefälle
eğilme geneigte Ebene; Ausschlag *m*, Deklination *f der Magnetnadel*
eğilmek sich beugen, sich bücken; *fig* sich beugen, sich unterwerfen; *z.B. Glas*: (um)kippen; schief stehen; (*-e*) *fig* sich *e-s Problems* annehmen
eğil|memezlik ⟨-ği⟩ Unbiegsamkeit *f*, *fig* Unbeugsamkeit *f*; **~mez** unbiegsam; *fig* unbeugsam
eğim Neigung *f*, Gefälle *n*; Krümmung *f*
eğimli geneigt (*a fig*)
eğin ⟨eğni⟩ Rückgrat *n*, Wirbelsäule *f*
eğinti Späne *m*/*pl*; Sägespäne *m*/*pl*
eğir|me Spinnen *n*; **~meç** ⟨-ci⟩ Spindel *f*; **~mek** spinnen; **~men** Spindel *f*
eğiş Neigung *f*, Verbeugung *f*
eğitbilim Pädagogik *f*
eğitici Erzieher *m*, -in *f*; Lehr- (*Film*)
eğitilmek *pass von* ***eğitmek***
eğitim Erziehung *f*, Ausbildung *f*, Schulung *f*; ZOOL Dressur *f*; Bildung *f*; **~ *bilimi*** → ***eğitbilim***; **~ *enstitüsü*** pädagogische Hochschule; **~ *filmi*** Lehrfilm *m*; **~ *almak*** (*od* ***görmek***) erzogen (*od* ausgebildet) werden; **~ *vermek*** erziehen, ausbilden; **~ *uçağı*** Schulflugzeug *n*; ***halk ~i*** Erwachsenenbildung *f*; ***meslek ~i, meslekî ~*** Berufsausbildung *f*; **~ci** Erzieher *m*, -in *f*; Pädagoge *m*, Pädagogin *f*; Dompteur *m*, -in *f*
eğitim|li erzogen; dressiert; **~sel** erzieherisch, pädagogisch; **~siz** ohne Erziehung (*od* Ausbildung); nicht dressiert
eğit|mek *v*/*t* erziehen; ausbilden; *Tier* dressieren; **~sel** erzieherisch
eğlemek aufhalten; zerstreuen
eğlence Vergnügen *n*, Unterhaltung *f*, Spaß *m*; lustige Gesellschaft; **~ *yeri*** Vergnügungsstätte *f*; **~li** unterhaltsam; lustig; **~ *adam*** Spaßmacher *m*
eğlencelik ⟨-ği⟩ Knabberkonfekt *n*, etwas zum Knabbern; *Person* Gespött *n*
eğlendirici amüsant, lustig, komisch
eğlendirmek *pass von* ***eğlenmek***; *v*/*t* aufhalten, F festhalten; amüsieren, erheitern
eğlenmek sich amüsieren; *dial* (noch) bleiben, verweilen; sich lustig machen (*-le* über *A*)
eğlenti Zerstreuung *f*, Unterhaltung *f*, kleine Gesellschaft, Vergnügen *n*
eğleşmek *dial* wohnen, sich aufhalten; (noch) bleiben, nicht weggehen
eğletmek (*-i*) *j-n* aufhalten
eğmek ⟨eğer⟩ *v*/*t* schief halten, neigen; kippen; *Bogen* krümmen, biegen; ***öne doğru ~*** nach vorn beugen
eğre Bolzen *m*, Schraube *f*, Satteldecke *f*
eğrel'tiotu ⟨-nu⟩ BOT Farn *m*; *bes* Wurmfarn *m* (*Dryopteris filix-mas*)
eğreti provisorisch, Not-, behelfsmäßig; *Bein usw* künstlich; Ersatz-; *Stuhlbein usw* wacklig; **~ *almak*** leihweise nehmen; ***~ye almak*** abstützen
eğretileme LIT Metapher *f*
eğri **1.** *adj* krumm (*Linie*); geneigt, schief (*Wand*); *fig* falsch, unredlich; **~ *bakmak*** finster dreinschauen; **~ *gitmek*** vom Kurs (*od* vom Weg) abweichen; **~ *söz*** böse(s) Wort; **2.** *subst* Krümmung *f*, Zickzack *m*; Kurve *f*, *z.B.* ***sıcaklık ~si*** Temperaturkurve *f*

E

eğri|k krumm, verbogen; **~lik** ⟨-ği⟩ Krümmung *f*, Windung *f*, Neigung *f*, Wölbung *f*; *fig* Winkelzüge *m/pl*
eğril|mek sich verbiegen; sich verziehen, sich werfen; **~tmek** (ver)biegen, krümmen; verziehen
eğritmek (ver)biegen; *Gesicht* verziehen
eh *int* nun ja; na ja
-e hali → **-e**
ehemmiyet ⟨-ti⟩ → **önem**
ehemmiyetle inständig *bitten*
ehemmiyet|li → **önemli**; **~siz** → **önemsiz**
ehil ⟨ehli⟩ Gesellschaft *f*, Fachmann *m* (*-in* **ehli** in *D*); F Ehehälfte *f*, (Ehe-)Mann *m*; Besitzer *m*; Träger *m von Eigenschaften*; Intrigant *m*, -in *f*
ehlî → **evcil**; **~hibre** *a pl* → **bilirkişi**
ehlîleşmek → **evcilleşmek**
ehlîleştirmek → **evcilleştirmek**
ehliyet ⟨-ti⟩ F Führerschein *m*; Qualifikation *f*, JUR Rechtsfähigkeit *f*; **şoför~i** Führerschein *m*; **~le** qualifiziert, kompetent; **~li** qualifiziert; rechtsfähig; ... mit Führerschein
ehliyet|name [ɑː] Zeugnis *n*, Befähigungsnachweis *m*; **~siz** unqualifiziert; JUR rechtsunfähig; ohne Führerschein
ejder(ha) [ɑː] Drache *m*
ek ⟨eki⟩ Anlage *f* (*zum Brief*); *Zeitung*: Beilage *f*, Anhang *m*; TECH Ansatzstück *n*; GR Suffix *n*; Endung *f*; zusätzlich; Zusatz- (*Versicherung*); Neben- (*Haus*); *-e* **~ olarak** zusätzlich (zu *D*); **~ iş** Nebenarbeit *f*; **~ sefer** zusätzliche(r) Zug (*od* Flug *usw*)
ekarte: **~ etmek** ausrangieren
ekber: **Allahü ~!** Gott ist groß!
eker → **ekmek**[1]
ekici Anbauer *m*
ekili besät, bestellt; **~ arazi** (*od* **toprak**) Anbaufläche *f*
ekilmek *pass von* **ekmek**[1]
ekim, **~ ayı** Oktober *m*; Aussaat *f*; **~ makinesi** Sämaschine *f*
ekin Saat *f*, Anbau *m* (*bes Getreide*); **~ biçmek** Getreide ernten; **~ ekmek** Getreide säen; **~biti** Kornkäfer *m*, Getreiderüßler *m*; **~ci** Landmann *m*; **~cilik** ⟨-ği⟩ Landwirtschaft *f*; **~kargası** Saatkrähe *f*; **~lik** ⟨-ği⟩ bestellte(s) Feld
ekinoks Tagundnachtgleiche *f*
ekip ⟨-bi⟩ Mannschaft *f*, Team *f*, MIL Trupp *m*; Schicht *f*; **kurtarma ekibi** Rettungsmannschaft *f*; **on kişilik bir ~** ein Trupp, eine Truppe von zehn Personen; **üç ~le çalışmak** in drei Schichten arbeiten
ekipman Ausrüstung *f*, Ausstattung *f*
eklem ANAT Gelenk *n*; **~bacaklılar** ZOOL Gliedertiere *n/pl*
ekle|me Ansatz *m*; Zusatz *m*; Verlängerung *f*; **~mek** *v/t* verlängern; annähen (*-e* an *A*); ansetzen (*-e* an *A*); hinzufügen (*-e D*); *Geld* zusammenlegen
ekle|mlemek *v/t* zusammenfügen; angliedern (*-e* an *A*); **~nik** angeschlossen, angegliedert; **~nti** Anbau *m*; Zusatz *m*; Ansatz(stück *n*) *m*
ekler GASTR Eclair *n*
ekli verlängert; angesetzt, angefügt; zusammengelegt; **~ püklü** zusammengeflickt; **~ yıl** Schaltjahr *n*
ekliptik ⟨-ği⟩ Ekliptik *f*
ekme Säen *n*, Aussaat *f*
ekmek[1] ⟨-er⟩ säen (*-i -e etw* auf *D*); (*-i*) *Feld* bestellen; (*-i* –e) *etw ins Essen* streuen, tun; (*-i*) F *Ware usw* verschleudern; vergeuden; F *etw* verlieren; *Slang*: durch die Lappen gehen (*-i j-m*); (*Auto*) F überholen (*-i j-n*)
ekmek[2] ⟨-ği⟩ Brot *n*; (das) tägliche Brot, Lebensunterhalt *m*; **beyaz ~** Weißbrot *n*; **çavdar ekmeği** Schwarzbrot *n*; Roggenbrot *n*; **ekmeğini çıkarmak** (*od* **kazanmak**) sein Brot verdienen; **ekmeğini taştan çıkarmak** hart für das tägliche Brot arbeiten; *-in* **ekmeğine yağ sürmek** Wasser auf *j-s* Mühle gießen; **~ kapısı** auskömmliche Stellung
ekmekağacı ⟨-nı⟩ Brot(frucht)baum *m*
ekmek|çi Bäcker *m*; **~çilik** ⟨-ği⟩ Bäckerhandwerk *n*; **~hane** Brotbäckerei *f*; **~lik** ⟨-ği⟩ Brot- (*Getreide*); Auskommen *n*; F *fig* Futterkrippe *f*, Brotkasten *m*
ekol Schule *f*, Strömung *f*
ekoloj|i Ökologie *f*; **~ik** ökologisch
ekonomi Wirtschaft *f*, Ökonomie *f*, Wirtschaftskunde *f*, Wirtschaftlichkeit *f*
ekonomik wirtschaftlich, ökonomisch (*a* = *sparsam*); Wirtschafts-; **~ yükseliş** wirtschaftliche(r) Aufschwung
ekose Schottenstoff *m*
ekran FILM Leinwand *f*; Bildschirm *m*; **~ kartı** EDV Grafikkarte *f*; **~lı telefon** Bildtelefon *n*

eksantrik exzentrisch; ~ ***mili*** TECH Nockenwelle *f*
ekselans(ları) (seine/ihre) Exzellenz *f*
eksen Achse *f*; **~sel** Achsen-, Axial-
ekser Hakennagel *m*, große(r) Nagel
ekserî (die) meisten, (die) Mehrheit; ~ ***günler*** die meisten Tage; ~ ***insanlar*** die meisten Menschen
ekseriya [a:] meist(ens)
ekseriyet ⟨-ti⟩ Mehrheit *f*; **~le** meistens; mit Stimmenmehrheit
eksi minus; ***beş ~ üç*** fünf minus drei; MATH, PHYS negativ; Minus- (*Temperatur*); ~ ***elektrik*** negative Ladung; ~ ***sıcaklık*** Minustemperatur *f*
eksik ⟨-ği⟩ **1.** *subst* Mangel *m*; Lücke *f*; **2.** *adj* unvollständig, mangelhaft; ungenügend; fehlerhaft, defekt; *Lohn*: kümmerlich; EL negativ; ~ ***etek*** *abw* Weib *n*; *-i* ~ ***etmemek*** immer dahaben; weiter *etw* tun, *z.B.* ***sigarayı ~ etmiyor*** er raucht weiter, er lässt das Rauchen nicht; ***mektuplarınızı ~ etmeyiniz*** und vergessen Sie nicht, (mir) zu schreiben; ~ ***gedik*** kleine Bedürfnisse *n/pl*; ~ ***gelmek*** nicht genügen, nicht reichen; ~ ***olmamak*** immer da sein; es fehlt nicht (an *D*); ~ ***olma!*** vielen Dank!; ~ ***olmasın!*** möge er glücklich werden!, ihm sei gedankt!; ~ ***olsun*** *iron* darauf kann man verzichten; ***bir bu ~ti!*** das hätte noch gefehlt!; ***bu kitap ~*** dieses Buch ist unvollständig (*od* fehlerhaft)
eksik|li bedürftig; nötig *sein*; defekt; unvollkommen; **~lik** ⟨-ği⟩ Mangel *m* (an *D*); Unzulänglichkeit *f*; Defekt *m*; **~siz** vollkommen; fehlerfrei; einwandfrei
eksil|en MATH Minuend *m*; sinkend, zurückgehend; **~iş** Verminderung *f*, Rückgang *m*; **~me** Verminderung *f*, Kürzung *f des Umfangs*; Senkung *f*
eksilmek weniger werden; abnehmen
eksiltme Verminderung *f*, Begrenzung *f*; ÖKON Ausschreibung *f* (*e-r Arbeit*)
eksiltmek *v/t* vermindern, herabsetzen; begrenzen
ekskavatör Bagger *m*
eksper Experte *m*, Expertin *f*
ekspres Express *m*, Schnellzug *m*; Schnelldampfer *m*; Express- (*Brief*); ~ ***yol*** Schnellstraße *f*
'ekstra hochwertig; extra
ekşi sauer (*a Miene*); ~ ***hamur*** Sauerteig *m*; **~ce** säuerlich; **~lemek** *v/t* säuern; **~li** säuerlich; **~lik** ⟨-ği⟩ Säure *f*; saure Miene *f*; **~me** Übersäuerung *f des Magens*
ekşimek sauer werden; *Teig*: durchsäuert werden; *fig* e-e saure Miene machen; sich (*D*) *den Magen* verderben; F verlegen werden; F stur sein
ekşimik ⟨-ği⟩ *Art* Käse *m aus Magermilch*
ekşimsi säuerlich
ekşitmek ⟨-ği⟩ säuern; F *j-n* blamieren; ***yüzünü ~*** e-e saure Miene ziehen
ekşiyonca BOT Sauerampfer *m* (*Oxalis acetocella*)
ekti Schmarotzer *m*, -in *f*; ~ ***püktüler*** *Person*: Schmarotzer *m/pl*
ekvator Äquator *m*; **~al** Äquatorial- (*Zone*)
el[1] Hand *f*; Vorderfuß *m*; *e-e* Partie *f Schach usw*, *ein* Spiel *n*; *beim Schachspiel z.B.* Zug *m*; Reihe *f*; *fig* Vermittlung *f*; Gewalt *f*; ~ ***altında bulundurmak*** über *etw*, *j-n* verfügen; ~ ***altında olmak*** *etw* griffbereit haben; ~ ***altından*** heimlich; *-e* ~ ***atmak*** die Hand ausstrecken, greifen nach; *j-n* streng halten; sich interessiert zeigen (an *D*); ~ ***ayak*** alle (Menschen); ~ ***ayası*** Handteller *m*; ~ ***bağlamak*** die Hände ehrerbietig übereinanderlegen; ~ ***bende (oyunu)*** *Art* Haschespiel *n*; ***şimdi ~ bende!*** jetzt komme ich (an die Reihe); ~ ***çabukluğu*** Handfertigkeit *f*, *fig* Gerissenheit *f*; ~ ***çantası*** Handtasche *f*; ~ ***çırpmak*** in die Hände klatschen; ~ ***değmeden hazırlanmış*** maschinell (und hygienisch) hergestellt; ~ ***değmemiş*** ungebraucht; ~ ***~e*** Hand in Hand *arbeiten*; ~ ***~e vermek*** sich die Hände reichen; ~ ***emeği*** manuelle Arbeit; handgearbeitet; Lohn *m*; ~ ***erimi*** in Reichweite; ~ ***etmek*** *j-m* winken, *j-n* herbeiwinken; ~ ***freni*** Handbremse *f*; ~ *-le* ***tutulur*** *fig* handgreiflich; ~ ***işi*** Handarbeit *f*; ~ ***katmak*** sich einmischen; eingreifen; *-e* ~ ***koymak*** sich *e-r Sache* (*G*) annehmen; *fig* in die Hand nehmen (*A*); beschlagnahmen; sich (*D*) *etw* aneignen; ~ ***sanatları*** Kunstgewerbe *n*; ~ ***sıkmak*** *j-m* die Hand drücken; ~ ***sokmak*** sich einmischen; *-e* ~ ***sürmek*** *Person*: anrühren (*A*); *Sache*: berühren (*A*); *fig Frage* be-

E

rühren; *Arbeit* anrühren; **~ topu** Handball *m*; *-e* **~ vermek** *j-m* behilflich sein; **~ vurmak** in die Hände klatschen (*um j-n zu rufen*); **~ vurmamak** keinen Finger rühren; **~ yazılı** handgeschrieben; **~ yazısı** *allg* Handschrift *f* (*a Gegenstand*), Manuskript *n*; **~ yazması** Handschrift *f*, handgeschrieben; **~ yordamıyla** durch Tasten; **~de** *beim Rechnen*: **~de var beş ...** fünf im Sinn; **~de bir** feststehend; **~de bulunmak** vorliegen; **~de edilmez** uneinnehmbar; **~de etmek** beschaffen; *Bodenschätze usw* gewinnen; ziehen; *j-n* abwerben; erobern; einnehmen; **~de mi?** (ganz) unmöglich!; **~deki** vorliegend, vorhanden; **~den** persönlich, selbst, von mir aus; **~den ağıza yaşamak** von der Hand in den Mund leben; *-i* **~den bırakmak** verzichten (auf *A*); **~den çıkarmak** veräußern, abstoßen (*A*); **~den düşme** aus zweiter Hand; **~den geçirmek** durchsehen, überprüfen; **~den geldiği ölçüde** in möglichst großem Umfang; (*-in*) **~den gelmek** (*j-m*) möglich sein; F *Geld* rausrücken, blechen; **elimden dikiş gelmiyor** ich kann nicht nähen; **~den gitmek** verloren gehen, *e-r Sache* (*G*) beraubt werden; **~e alınır** recht nützlich; **~e alınmaz** miserabel; *-i* **~e almak** *Thema usw* behandeln; *Gedanken* aufgreifen; *-i* **~e geçirmek** fassen, F erwischen; *Land* einnehmen; *Führung* übernehmen; **~e geçmek** in die Hände fallen; **~e vermek** *j-n* ausliefern, verraten; *fig* verraten (*z.B. Alter*); **~i açık** freigebig; **~i ağır** schwerfällig; *Zahler*: unpünktlich; mit schwerer Hand; **~i bayraklı** Streithammel *m*; Aufrührer *m*; **~i boş** mit leeren Händen; mittellos; beschäftigungslos; **~i çabuk** behände, flink; geschickt; **~i hafif** leichte Hand *habend*; **onun ~i kolu bağlı** ihm sind die Hände gebunden; er steht tatenlos da; *-de* **~i olmak** seine Hand (bei *D*) im Spiele haben; *-e* **~i varmamak**: *-e* **~i varmıyor** ihm liegt *etw* nicht, ist *etw* nicht sympathisch; **~i yordamlı** bewandert, erfahren; **~inde bulunmak** (*od* **olmak**) haben; besitzen; beherrschen; **~inde ekşimek** liegen bleiben, F schmoren; **~inde kaldı** (er/sie) ist *die Ware* nicht losgeworden; **~inden gelen** sein Möglichstes (*zu tun*); **~inden gelirse ...** wenn es in seiner Macht steht, ...; **~inden tutmak** für *j-n* sorgen; *-in* **~ine almak** *fig etw* in die Hand nehmen; *j-s* Kontrolle unterstellen; *-in* **~ine bakmak** auf *j-n* (materiell) angewiesen sein; *-in* **~ine geçmek** *Geld* verdienen, bekommen; *-in* **~ine kaldım** (er/sie) war (*od* ist) meine einzige Stütze; **~ini sürmemek** nicht berühren; sich nicht herablassen; *-e* **~ini uzatmak** *j-n* unterstützen; *-den* **~ini yıkamak** die Finger von (*D*) lassen; **~inin altındadır** *etw* steht zu seiner Verfügung; **~in(iz)e sağlık** gut gelungen!, danke schön! (*für Essen und handwerkliche Tätigkeiten*); **dört ~le** vierhändig *spielen*; **~ler yukarı!** Hände hoch!

el[2] Volk *n*; Land *n*; Heimat *f*; Fremde(r); Außenseiter *m*; **~ gün** alle, (das) Publikum, die anderen; **~ oğlu** (der) Fremde

ela [ɛlaː] gelblich braun (*Augen*)

elâlem [-laː-] (die) Leute *pl*; (die) Welt

elaman [-la-]: **~ senden** jetzt hab ich aber genug von dir!

'elarabası ⟨-nı⟩ Schubkarre *f*

elastik(î) elastisch, federnd, biegsam

elastikiyet ⟨-ti⟩ Elastizität *f*, Geschmeidigkeit *f*

'elbet, **el'bette** sicher; unbedingt

'elbezi Wischlappen *m*

'elbirliği ⟨-ni⟩ Zusammenarbeit *f*, **~yle** mit vereinten Kräften

elbise Kleidung *f*, (*Damen*)Kleid *n*; (*Herren*)Anzug *m*; **~ci** Konfektionsgeschäft *n*; **~lik** ⟨-ği⟩ Stoff *m* zum Kleid, Kupon *m*

elçi Botschafter *m*, -in *f*, Delegierte(r), Abgesandte(r); **~lik** ⟨-ği⟩ Botschaft *f*, Stellung *f* e-s Botschafters; **~ uzmanı** (Botschafts)Attaché *m*

eldeci Verwalter *m*, -in *f*, Leiter *m*, -in *f*

eldiven Handschuh *m*

'elebaşı ⟨yı⟩ Anführer *m*, Chef *m*, Boss *m e-r Bande*

elek ⟨-ği⟩ Sieb *n*; **~ten geçirmek** *v/t* sieben (*a fig*); *fig* sichten; **~çi** Siebhersteller *od* -verkäufer *m*; Zigeunerin *f neg!*; **~lemek** *v/t* durchsieben

elektrik ⟨-ği⟩ Elektrizität *f*, elektrische(s) Licht; elektrisch; **~ akımı** elektrische(r) Strom; **~ devresi** Stromkreis *m*; **~ anahtarı** (*od* **düğmesi**) (elektrischer) Schalter; **~ santralı** (*od* **santralı**)

Elektrizitätswerk *n*; **~ *sigortası*** elektrische Sicherung; **~ *süpürgesi*** Staubsauger *m*; ***elektriği kesmek*** Strom ausschalten; ***elektriği yakmak*** Licht (*od* Strom) einschalten; *-in* ***elektriğini almak*** entspannen *A*
elektrikçi Elektriker *m*, -in *f*, Elektrotechniker *m*, -in *f*; **~çilik** ⟨-ği⟩ Elektrohandwerk *n*
elektrikle|mek elektrisieren; **~ndirmek** *v/t* elektrifizieren (*z.B. Dorf*); elektrische Kraft erzeugen; *bes fig* elektrisieren, F anheizen; **~nmek** elektrisiert werden; *fig* nervös, gereizt werden; *Luft*: geladen, schwül sein
elektrikli elektrisch; *Atmosphäre*: gespannt (*a fig*), schwül; **~ *araba*** Elektroauto *n*; **~ *soba*** Heizsonne *f*, Heizlüfter *m*; **~ *tıraş makinası*** Trockenrasierer *m*
elektriksel elektrisch
elektrokardiyogram → ***kardiyogram***
elektro|lit ⟨-ti⟩ Elektrolyt *m*; **~liz** Elektrolyse *f*; **~manyetik** elektromagnetisch; **~manyetizma** Elektromagnetismus *m*; **~mıknatıs** Elektromagnet *m*; **~motor** Elektromotor *m*
elektron Elektron *n*
elektronik Elektronik *f*; elektronisch; **~ *beyin*** → ***bilgisayar***
elektroskop ⟨-pu⟩ Elektroskop *n*
elektro|statik ⟨-ği⟩ Elektrostatik *f*; elektrostatisch; **~t** ⟨-du⟩ Elektrode *f*
elem Kummer *m*, Schmerz *m*
eleman Element *n* (*a fig*); *Person*: Spezialist *m*, -in *f*, Fachmann *m*, (Fach)-Kraft *f*; **~sal, ~ter** elementar
eleme **1.** *adj* gesiebt; **2.** *subst* Ausscheidung *f*; Ausscheidungskampf *m*; Auslese *f*; Sichtung *f*; (Vor)Prüfung *f*; Ausleseprüfung *f*
elemek *v/t* sieben; *fig* sichten; *Prüfung* auswählen; SPORT besiegen; *fig* e-e Säuberung durchführen
element CHEM Element *n*
elem|li kummervoll; **~siz** sorglos
Elen Hellene *m*, Hellenin *f*, hellenisch; **~ce** Griechisch *n*; griechisch
elenme SPORT: Ausscheiden *n*
elenmek *pass von* ***elemek***; *v/i* SPORT ausscheiden; *Prüfung*: ausgewählt werden
eleştirel kritisch; ... der Kritik
eleştiri Kritik *f* (*a Artikel*); Rezension *f*; **~ler** kritische Äußerungen *f/pl*; **~ci** Kritiker *m*, -in *f*; kritisch, prüfend; **~cilik** ⟨-ği⟩ kritische Haltung; Kritikerberuf *m*
eleştirme Kritik *f*; Rezensieren *n*; Besprechung *f*; **~ci** Kritiker *m*, -in *f*
eleştir|mek *v/t* kritisieren; rezensieren, besprechen; **~meli** kritisch; **~men** Kritiker *m*, -in *f*
elfatiha [-faː-] F Schluss (*-e* mit *D*), und (damit) basta
elhamdüllilâh [-ɑː] Gott sei Dank!
elhasıl [ɑː] kurz und gut
elif arabische(r) Buchstabe Alif; **~*i* ~*ine*** haargenau
elim [iː] schmerzlich, betrüblich
elips MATH Ellipse *f*, Oval *n*
'elişi ⟨-ni⟩ Handarbeit *f*
elit auserwählt; Elite *f*
ellemek *v/t* befühlen, betasten, F befummeln
elleşmek einander stoßen; einander helfen; F sich anfrotzeln; miteinander ringen; ÖKON durch Handschlag besiegeln
elli fünfzig; (die) Fünfzig; **~*li yıllar*** (die) fünfziger Jahre; **~ler** → ***-li yıllar***; **~lik** ⟨-ği⟩ fünfzigjährig; zu (*od* mit) je fünfzig (*Stück*, *Seiten usw*)
elli|nci fünfzigste(r); **~şer** je fünfzig
elma Apfel *m*; **~ *ağacı*** Apfelbaum *m*; **~ *suyu*** Apfelsaft *m*
elmacık ⟨-ğı⟩ ANAT Backenknochen *m*
elmas Diamant *m*; Brillant *m*; Diamant-; Brillant- (*Nadel*); **~tıraş** geschliffen; Kristall- (*z.B. Karaffe*)
'elsanatları Kunstgewerbe *n*
elsi BOT gefingert
elti ⟨-ni⟩ Schwägerin *f* (*Frau des Bruders des Ehemannes*)
'eltopu ⟨-nu⟩ Handball *m*
elüstü EDV Handheld-
elvan farbig
elveda [ɑː] ⟨-ı⟩ leb wohl!, lebt wohl!, adieu!, ade!
elverişli geeignet (*-e* für *A*); rentabel
elverişlilik ⟨-ği⟩ Eignung *f*, Rentabilität *f*
elverişsiz (*-e*) ungeeignet (für *A*); untauglich; **~lik** ⟨-ği⟩ Untauglichkeit *f*
elvermek (*-e*) reichen (*D*); (*bes nicht*) günstig sein (für *A*); ***elverir ki*** es reicht
elyaf [ɑː] Garn *n*, Fasern *f/pl*
elyazısı Handschrift *f* (*e-r Person*)
elyazması Handschrift *f* (*als Buchform*)

elzem unbedingt erforderlich; unaufschiebbar
e-mail ['iːmeːl] E-Mail *f*
emanet [ɑː] ⟨-ti⟩ das, was (*-e j-m*) anvertraut ist; das (*-e j-m*) anvertraute Gut; *-i -e* **~ etmek** *j-m etw* (*A*) anvertrauen; *Kinder usw* unter *j-s* Obhut stellen; **~çi** Gepäckaufbewahrung *f*, Treuhänder *m*, -in *f*; Kommissionär *m*, -in *f*; Betreuer *m*, -in *f von Kindern usw*

E

emay Emaille *f*; *-i* **~ etmek** emaillieren
emay|e emailliert; **~lamak** *v/t* emaillieren
embriyon Embryo *n*
emcik ⟨-ği⟩ *dial* Brustwarze *f*, Zitze *f*
emdirmek (*-i*) die Brust geben (*D*)
emek ⟨-ği⟩ Mühe *f* (und Arbeit *f*); Arbeit *f*; **~ çekmek** sich anstrengen; **emeğiyle geçinmek** von s-r Hände Arbeit leben; *-in* **emeği geçmek** die Anstrengungen (*G*) erfordern; **~çi** Werktätige(r); werktätig, Proletarier *m*, -in *f*; proletarisch
emeklemek *Kind*: krabbeln
emekli[1] Rentner *m*, -in *f*; (*staatlich*) Pensionär *m*, -in *f*; *als adj*: ... im Ruhestand; pensioniert; **~ aylığı** (*od* **maaşı**) Rente *f*; (*staatlich*) Pension *f*; **~ye ayırmak** *j-n* in den Ruhestand versetzen; **~ye ayrılmak** in den Ruhestand versetzt werden; Rente beziehen *od* F in Rente gehen; *-den* **~** (*od* **... ~sı**) ... im Ruhestand
emekli[2] mühsam, zeitraubend
emeklilik ⟨-ği⟩ Ruhestand *m*; Versetzung *f* in den Ruhestand; **~ dilekçesi** Antrag *m* auf Gewährung von Ruhegeld; **~ yaşı** Rentenalter *n*
emeksiz mühelos; F Stief- (*Kind*)
emektar [ɑː] (alt)bewährt, verdient; *Sache*: ausgedient
emel Sehnsucht *f*, erstrebte(s) Ziel
emelsiz wunschlos; ziellos
emer → **emmek**
-emez → **-amaz**, *z.B.* **taşınamaz** ... dürfen nicht befördert werden
emici (an)saugend; **gürültü ~** schallschluckend, schalldicht; **~ kıllar** BOT Faserwurzeln *f/pl*
emilmek *pass von* **emmek**
emin [iː] *allg* sicher; *Person*: zuverlässig; überzeugt (*-e* von *D*); Leiter *m*, Verwalter *m e-s Lagers*; *-den* **~ olmak** vertrauen (auf *A*), Vertrauen haben (zu *D*)
eminleştirmek *v/t* bekräftigen; beteuern
emir[1] ⟨emri⟩ Befehl *m*; Anordnung *f*; **~ kipi** GR Imperativ *m*; **~ eri** MIL Ordonnanz *f*; *-e* **~ vermek** *j-m* e-n Befehl erteilen; (*-in*) **emr(iy)le** auf Befehl (*G od* von *D*); **emri altında** unter dem Befehl (*G*); **emrinize hazırım** ich stehe zu Ihrer Verfügung; *-i -in* **emrine vermek** *j-m* unterstellen (*A*); **ödeme emri** Zahlungsbefehl *m*
emir[2] [iː] Emir *m*; **~lik** ⟨-ği⟩ Emirat *n*
emirname [ɑː] Erlass *m*
emisyon ÖKON Emission *f*
emlak ⟨-ki⟩ Immobilien *pl*, Grundbesitz *m*; **~ bankası** Hypothekenbank *f*
emlakçı Immobilienhändler *m*, -in *f*, (Immobilien)Makler *m*, -in *f*
emme Saug- (*Pumpe*); Einlass- (*Ventil*)
emmek ⟨-er⟩ (*-i*) saugen (an *D*); *Milch* einsaugen; *Boden*: aufsaugen, absorbieren
emmi *dial* Onkel *m* (*Bruder des Vaters*)
emniyet ⟨-ti⟩ Sicherheit *f*, Vertrauen *n*; Polizei *f*, TECH Sicherung *f*; **~ supabı** Sicherheitsventil *n*; **~ kasası** Panzerschrank *m*; **~ kemeri** Sicherheitsgurt *m*; *-e* **~ etmek** sich verlassen (auf *A*); *j-m* vertrauen; *j-m* (*-i etw*) anvertrauen; **iş ~i** Arbeitsschutz *m*; **~li** zuverlässig; sicher; glaubwürdig; **~siz** unzuverlässig; unglaubwürdig; **~sizlik** ⟨-ği⟩ Unzuverlässigkeit *f*
emperyal|ist ⟨-ti⟩ Imperialist *m*; imperialistisch; **~izm** Imperialismus *m*
empoze: **~ etmek** *v/t* durchsetzen; aufzwingen
emprenye: **~ etmek** imprägnieren
emprime Druckstoff *m*, Imprimé *n*
emr- → **emir**[1]
'emretmek ⟨-eder⟩ befehlen (*-i -e j-m etw*); anordnen (*-i A*); **'emredersiniz** wie Sie befehlen, wie es Ihnen beliebt
emri|hak ⟨-kkı⟩ Gottes Wille! (*bei Gestorbenen*); **~vaki** ⟨-ii⟩: *-i* **~ karşısında bırakmak** *j-n* vor vollendete Tatsachen stellen
emsal [ɑː] ⟨-li⟩ *Person*: (die) Kameraden, (die) Altersgenossen; meinesgleichen, deinesgleichen *usw*; *Sache*: *etw* Vergleichbares; Präzedenzfall *m*; Beispiel *n*; MATH Koeffizient *m*; *-e* **~ olmak** als Präzedenzfall dienen für; **~i bulun-**

maz unvergleichlich; **~*i bulunmayan*** noch nie dagewesen; **~*i misilli*** wie in ähnlichen Fällen; **~*i yok*** einzig in seiner Art, es gibt nicht seinesgleichen; **~siz** unvergleichlich; ungewöhnlich, großartig

emtia Waren *f/pl*

emval ⟨-li⟩ Besitz *m*, Güter *n/pl*

emzik ⟨-ği⟩ Saugflasche *f*, Schnuller *m*, Lutscher *m*; ANAT Brustwarze *f*, Tülle *f*, Schnauze *f der Teekanne*; **~li** mit Schnuller, mit Tülle; stillend (*Mutter*); **~ *çocuk*** Säugling *m*, Brustkind *n*

emzirmek (*-i*) stillen (*A*), die Brust geben (*D*)

en[1] Breite *f*; **~*inde sonunda*** schließlich, F letzten Endes; **~*ine*** in der Breite, ... breit; **~*ine boyuna*** imposant, stattlich; kreuz und quer; *fig* lang und breit; **~ *sonu*** schließlich

en[2] *bildet den Superlativ und Elativ*; *z.B.* **~ *büyük*** größt-; **~ *çabuk*** schnellst-; **~ *iyi*** best-; **~ *yüksek*** höchst-; **~ *az*** wenigst-; **~ *azından*** wenigstens; **~ *çok*** meist-; am meisten; *zeitlich* meistens; **~ *çok beğenilen*** Beliebteste(r), die beliebtesten; **~ *başta*** allen voran; **~ *sonra*** ganz zum Schluss; **~ *büyük ortak bölen*** MATH der größte gemeinsame Teiler; **~ *iyisi*** (*od* ***temizi***) am besten

en[3] *dial Tier*: Kennzeichen *n*

en'am-ı şerif Koran-Anthologie *f*

enayi: dumm; **~ *dümbeleği*** ausgemachte(r) Dussel; **~ce** tölpelhaft

enayilik ⟨-ği⟩ Dummheit *f*

encek, **encik** ⟨-ği⟩ (das) Junge *e-s Hundes usw*

encümen Ausschuss *m*, Komitee *n*

endam [ɑː] Figur *f*, Wuchs *m*; Stattlichkeit *f*; **~lı** stattlich; gut gebaut; **~sız** plump, unförmig

endaze [ɑː] Maß *n*; *-i* **~*ye vurmak*** ausmessen

endeks Index *m*; ***fiyat* ~*i*** Preisindex *m*

endirekt indirekt

endişe [iː] Unruhe *f*, Sorge *f*; **~*ye kapılmak*** sich beunruhigen; *-den* **~ *etmek*** befürchten; **~ *verici*** Besorgnis erregend; *-e* **~ *vermek*** *j-m* Sorge machen

endişe|lendirmek (*-i j-n*) beunruhigen; **~lenmek** sich (*D*) Sorgen machen; **~li** beunruhigend; **~sizlik** ⟨-ği⟩ Sorglosigkeit *f*

Endo'nezya Indonesien *n*; **~lı** Indonesier *m*, -in *f*

endüksiyon Induktion *f*

endüstri Industrie *f*; **~ *şehri*** Industriestadt *f*; **~ci** Industrielle(r); **~leştirilme** Industrialisierung *f*; **~leştirmek** *v/t* industrialisieren; **~yel** industriell

enek[1] ⟨-ği⟩ Unterkiefer *m*

ene|k[2] kastriert; **~mek** *v/t* kastrieren

enerji Energie *f*; **~ *kaynağı*** Energiequelle *f*; **~ *santrali*** Elektrizitätswerk *n*; **♀ *ve Tabii Kaynaklar Bakanı*** Minister *m* für Energie und natürliche Ressourcen; ***nükleer* ~** Kernenergie *f*

enerjik energisch, resolut

enerjisiz energielos; **~lik** ⟨-ği⟩ Energielosigkeit *f*

enez(e) kraftlos, schlapp

enezeleşmek kraftlos werden

enfarktüs MED Infarkt *m*

enfes entzückend; F fesch

enfiye Schnupftabak *m*

enfeksiyon MED Infektion *f*

enflasyon ÖKON Inflation *f*

enflü'anza MED Influenza *f*, Grippe *f*

enformasyon Information *f*

enfra|kırmızı, **~ruj** infrarot

enfrastrüktür Infrastruktur *f*

engebe GEOGR Unebenheit *f*; **~li** uneben; F höckerig; **~lik** ⟨-ği⟩ Unebenheit *f*, Unebenheiten *f/pl*

engel Hindernis *n*; Barriere *f*; *-e* **~ *olmak*** behindern (*A*); **~ *sınavı*** Sonderprüfung *f* (*als 2. Wiederholungsprüfung*)

engelbalığı ⟨-nı⟩ ZOOL *Art* Makrele *f*

engelle|me POL Obstruktion *f*; **~mek** *v/t j-n* hindern (*-i* an *D*), (*-i*) daran hindern, zu ...; behindern, erschweren

engel|li behindert; Behinderte(r); Hindernis-; ***işitme engelli*** hörbehindert; Hörbehinderte(r); **~ *koşu*** Hindernislauf *m*; **~siz** ungehindert; glatt

engerek ZOOL Otter *f*, Viper *f*

engin weit, unendlich; (die) offene See

enginar BOT Artischocke *f*

enginlik ⟨-ği⟩ unendliche Weite *f*

engizisyon Inquisition *f*

enik ⟨-ği⟩ → ***encek***; **~lemek** Junge werfen

enikonu gehörig, ordentlich; F Haufen (*z.B. Geld*)

enine Quer-; ANAT quer gestreift; Horizontal-

e'nişte Schwager *m* (*Mann der Schwes-*

ter); Onkel *m* (*Mann der Tante*)
enjeksiyon Injektion *f*, F Spritze *f*
enjekte: **~ *etmek*** einspritzen
enjektör Spritze *f* (*als Instrument*)
enkaz [-ɑːz] Trümmer *pl*; Wrack *n*
enlem GEOGR Breite(ngrad *m*) *f*
enli breit (liegend, *z.B. Stoff*)
enlilik ⟨-ği⟩ Breite *f*
ense Nacken *m*; F Hinterteil *n*, Steiß *m*; **~ *kökü*** Nacken *m*; **~ *yapmak*** Faulenzerleben führen; **~*si kalın*** dick, fett; reich, ... bei Kasse; **~*lemek*** (*-e*) F *j-n* erwischen; zu fassen kriegen
ensiz eng; schmal (*a Lippe*)
enstalasyon *Kunst* Installation *f*
enstantane FOTO Schnappschuss *m*
enstitü Institut *n*; HIST Berufsschule *f*
enstrüman MUS Instrument *n*
enstrümantal instrumental
ensülin MED Insulin *n*
entari [ɑː] (Frauen)Gewand *n*; ***gecelik* ~** Nachthemd *n*
entegral MATH Integral *n*
entegrasyon Integration *f*
entel *abw* Intellektuelle(r); **~ *takılmak*** sich intellektuell geben
entellektüel intellektuell; Intellektuelle(r); geistig (*Arbeit*); **~*ler*** Intellektuelle(n) *pl*, Intelligenz *f*
enteresan interessant
enternasyonal international; ***Komünist* ♀** (die) Kommunistische Internationale
enterne: *-i* **~ *etmek*** *j-n* internieren
entipüften wertlos; *Worte*: aus der Luft gegriffen; *Person*: ganz unbedeutend; **~ *bir ev*** *f* Bruchbude *f*
en'trika Intrige *f*; THEA Verwicklung *f*; **~*cı*** Intrigant *m*, -in *f*
'enüstünlük ⟨-ğü⟩ GR Superlativ *m*
enva ⟨-ai⟩: **~*i çeşit*** (*od* ***türlü***) *adj* mannigfaltig, verschieden(st)
envanter Inventar *n*; Bestand *m*; Inventur *f*; **~ *yapmak*** Inventur machen
enzim Enzym *n*
epey(ce) ['ɛpɪ] ziemlich, recht; ziemlich viel; recht wichtig (*Mensch*); eingehend (*sich beschäftigen*)
epik episch
epitel, epitelyum ANAT Epithel *n*
epizot ⟨-du⟩ Episode *f*
epope LIT Epos *n*
e-posta EDV E-Mail *f*
eprimek *v/i* sich zersetzen, verderben

er[1] Mann *m*; MIL Soldat *m*, Schütze *m* (*Rang*); Gemeine(r); Held *m*; Kenner *m* (*od* Meister *m*) *s-s Fachs*; Herr *m* *s-s Wortes*; **~*e gitmek*** *dial Mädchen*: heiraten
er[2] → ***erken***; **~ *geç*** früher oder später
erat ⟨-ti⟩ Unteroffiziere und Mannschaften *pl*
erbap [ɑː] ⟨-bı⟩ Fachmann *m*
erbaş MIL Unteroffizier *m*
'erbezi ⟨-ni⟩ ANAT Hode *f*
erdem Tugend *f*; **~*li*** tugendhaft
erdirmek *kaus von* ***ermek***: reifen lassen *usw*; *-i* ***sona* ~** ein Ende machen *od* setzen *D*; ***bu işe akıl erdiremedim*** ich konnte es nicht fassen
'erdişi Hermaphrodit *m*
erek ⟨-ği⟩ Ziel *n*
eren REL Adept *m*; Heilige(r); Seher *m*, -in *f*
erer → ***ermek***
erg ⟨-ği⟩ PHYS Erg *n*
'ergeç früher oder später
ergen heiratsfähig; unverheiratet
ergenlik ⟨-ği⟩ heiratsfähige(s) Alter; Junggesellenleben *n*; MED Akne *f*
ergi|me Schmelzen *n*; **~ *noktası*** Schmelzpunkt *m*; **~*mek*** *v/i* schmelzen; **~*mez*** unschmelzbar
ergin reif; JUR volljährig, mündig
ergin|leşmek heranreifen, reif werden; mündig werden; **~*lik*** ⟨-ği⟩ Reife *f*; Volljährigkeit *f*; **~ *çağına gelmiş*** volljährig geworden
ergitmek *v/t* (ein)schmelzen
ergonom|i Ergonomie *f*; **~*ik*** ergonomisch
erguvan BOT Judasbaum *m*; **~ (*rengi*)** Purpur(farbe *f*) *m*
erguvanî [-ɑːniː] purpurn, purpurfarbig
erik ⟨-ği⟩ Pflaume *f*
eril GR männlich, maskulin
erim Reichweite *f*, Aktionsradius *m*; ***göz* ~*i*** Sehweite *f*; ***ses* ~*i*** Hörweite *f*
erimek *v/i* schmelzen, sich auflösen; abnehmen, mager werden; *Stoff*: zerschleißen, dünn werden; *fig* sich genieren; ***erim erim* ~** sehr geschwächt sein
erinç ⟨-ci⟩ Ruhe *f*, Entspannung *f*
erinçli ruhig, entspannt
erinmek zu faul sein (*-e* zu *D*)
erirlik ⟨-ği⟩ Löslichkeit *f*
eriş (*-e*) Erlangung *f* (*G*)

erişilmez unerreichbar
erişim Verbindung *f*, Kommunikation *f*; Verbindungs- (*Wege*); EDV Zugang *m* (*Internet*); EDV Zugriff *m*; **~ süresi** Zugriffszeit *f*
erişkin reif; volljährig
erişkinlik ⟨-ği⟩ Reife *f*; Volljährigkeit *f*
erişmek (*-e*) erreichen, erlangen (*A*); *z.B. Frühling* erleben; *Obst*: reifen; *Zeit*: kommen, eintreten; *Schall*: hallen
erişte (Vollkorn)Nudeln *f/pl*; Seetang *m*
eriştirmek *kaus von* **erişmek**; (*-i-e*) *j-m etw* verschaffen
erit|ici Löse-; **~me** Schmelzen *n*; **~ ocağı** Schmelzofen *m*
eritmek *v/t* schmelzen, auflösen; *Geld* vergeuden; *Sache*: *fig j-n* mitnehmen, herunter bringen
eriyik ⟨-ği⟩ CHEM Lösung *f*
erk ⟨-ki⟩ Kraft *f*; Macht *f*; Einfluss *m*
erkân HIST höhere Beamte *m/pl*; (die) leitenden Persönlichkeiten *f/pl*; MIL Generalität *f*, Stab *m*; Senioren *pl der Familie*; *a* **yol ~** Methode *f*, Richtung *f*
erkeç ⟨-ci⟩ *dial* Ziegenbock *m*
erkeçsakalı ⟨-nı⟩ BOT Mädesüß *n* (*Filipendula ulmaria*)
erkek ⟨-ği⟩ Mann *m*; ZOOL Männchen *n*; männlich, maskulin (*a fig*); mannhaft; **~ adam** (ein) richtiger Mann; **~ çocuk** Junge *m*, Knabe *m*; **~ egemen** männerbeherrscht; **~ kedi** Kater *m*; **~ kopça** Haken *m der Spange*
erkek|çe männlich, kühn; **~leşme** Vermännlichung *f*; **~leşmek** mannbar werden; *Frau*: sich maskulin geben; **~lik** ⟨-ği⟩ (das) männliche Geschlecht; Mannbarkeit *f*; MED Potenz *f*; Mannhaftigkeit *f*; Mannespflicht *f in der Familie*; ANAT Hoden *f/pl*
erkek|organ BOT Staubgefäß *n*; männliche(s) Geschlechtsorgan; **~si** *Frau*: maskulin; **~siz** ohne Mann, allein stehend, ohne Stütze
erken früh; vorgezogen (*Wahl*); **sabahın çok ~ saatlerinde** in den frühen Morgenstunden; **~ce** ziemlich früh; **~ci** Frühaufsteher *m*, -in *f*; frühreif (*Obst*); **~den** in aller Frühe
ermek ⟨-er⟩ (*-e*) gelangen (zu *D*); *sein Ziel* erreichen; *Hand* strecken (bis an *A*, *z.B. die Decke*); *Ernte* reifen; *Vorräte* wachsen; REL sich läutern
Ermeni Armenier *m*, -in *f*; **~ce** armenisch; (das) Armenisch(e)
Ermenistan Armenien *n*
ermiş **1.** *adj* erwachsen; **2.** *subst* Heilige(r)
eroin Heroin *n*; **~man** Heroinsüchtige(r)
eros Eros *m*
erozyon Erosion *f*
erselik ⟨-ği⟩ Zweigeschlechtlichkeit *f*; hermaphroditisch; bisexuell
'ersuyu BIOL Sperma *n*
erte *nur in Zusammensetzungen*: am Tage (*od* in der Zeit) nach ...; *z.B.*: **bayram ~si** der (*od* am) Tag nach Bayram; **savaş ~si** (in der) Nachkriegszeit
ertelemek **1.** *v/t* verschieben (*-e* auf, *z.B. morgen*); *Schulden* stunden; **2.** *v/i* (stehen) lassen (*-e* bis, *z.B. morgen*)
ertelenmiş aufgeschoben, vertagt
ertesi folgend-, nächst-, *z.B.* **~ gün** am nächsten Tag; **~ yıl** nächste(s) Jahr; im nächsten Jahr; → **erte**
erzak [ɑː] ⟨-kı⟩ Lebensmittelvorräte *m/pl*, Proviant *m*
erzen BOT Hirse *f*
es MUS Pause(nzeichen *n*) *f*; *-i* **~ geçmek** F links liegen lassen
esans Essenz *f*, Parfum *n*
esaret [ɑː] ⟨-ti⟩ (Kriegs)Gefangenschaft *f*; Sklaverei *f*; Joch *n*
esas [ɑː] Grundlage *f*; Basis *f*; Wesen *n*, Inbegriff *m*; Grund-, Haupt-, wesentlich; **~ bilmek** als wesentlich werten; **~ itibariyle** im Wesentlichen, grundsätzlich; *-in* **~larını koymak** den Grund(stein) legen (für *A*, zu *D*)
esasen [ɛ'sɑːsɛn] *adv* von vornherein, schon im Prinzip; eigentlich, an und für sich; sowieso
esas|î Grund-; grundlegend; grundsätzlich; **~lı** grundlegend; gründlich; radikal; Haupt- (*Punkt*); eindrucksvoll *sprechen*; **~ tamir** Generalüberholung *f*
esassız unbegründet; jeder Grundlage entbehrend (*Nachricht*); **~lık** ⟨-ğı⟩ Unbegründetheit *f*, Grundlosigkeit *f*
esef Bedauern *n*; *-e* **~ etmek** *etw*, *j-n* bedauern; **~le** leider; **~li** bedauerlich
eselemek: **~ beselemek** *fig* alle Register ziehen
esen gesund; klug; **şen ve ~** froh und munter; → **esmek**
esen|lemek grüßen (*-i j-n*); sich verab-

E

schieden; **~leşmek** (*-le*) sich grüßen; Abschied nehmen; **~lik** ⟨-ği⟩ Gesundheit *f*, Wohl *n*

eser Werk *n*; Spur *f*, Anzeichen *n*; ***hayat ~i*** Lebenszeichen *n*; ***Türk ve İslam ~leri Müzesi*** Museum *n* der türkischen und islamischen Kunst; → ***esmek***

esin Morgenwind *m*; Inspiration *f*, Einfall *m*; *-den* ***~ almak*** sich begeistern (für *A*); inspiriert werden (von *D*)

esinlenmek sich inspirieren lassen

esinti Brise *f*, Lüftchen *n*; Bö *f*

esir[1] Äther *m*

esir[2] (Kriegs)Gefangene(r) (*a fig*); *fig* Sklave *m*, Diener *m*; ***adet ~i*** *fig* Gewohnheitstier *n*; ***b-ni ~ almak*** gefangennehmen; j-n mit Beschlag belegen; ***~ düşmek*** in Gefangenschaft geraten; ***~ etmek*** gefangen nehmen; ***~ olmak*** in Gefangenschaft geraten; *fig* abhängig werden (*-e* von *D*)

esirci HIST Sklavenhändler *m*

esirgeme: ***Çocuk Esirgeme Kurumu*** Kinderfürsorgeanstalt *f*

esirgemek *v/t* schützen (*-i -den j-n* vor *D*); *j-m* (*-i etw*) versagen; zurückscheuen (vor *D*); ***canını esirgememek*** sein Leben nicht schonen (*için* für *A*)

esirgemezlik ⟨-ği⟩ Opferbereitschaft *f*

esirgeyici schützend, Schutz-; scheuend; schonend; haushälterisch

esirlik ⟨-ği⟩ Gefangenschaft *f*; *fig* Abhängigkeit *f*

esir|me Hysterie *f*, Ekstase *f*; **~mek** in Ekstase (*od allg* außer sich) geraten

eski *Kleid*, *Gewohnheit* alt; *Bekannter* ehemalig; früher- (*z.B. Direktor*), Ex- (*Präsident*); veraltet (*Mode*); ***~ kafalı*** rückständig, altmodisch; ***~ püskü*** Trödel *m*, alte(r) Kram; ***Eski Dünya*** (die) Alte Welt; ***~ hayratı da berbat etmek*** verschlimmbessern; ***~ler*** Ahnen *m/pl*; Vorläufer *m/pl*, Wegbereiter *m/pl*; Gerümpel *n*; ***~si gibi*** wie früher

eskici Trödler *m*, Altwarenhändler *m*; Flickschuster *m*

Eskiçağ ⟨-ğı⟩ Altertum *n*, Antike *f*

eskiden früher, damals; ***~ beri*** seit jeher

Eskidünya → ***eski***

eski|lik ⟨-ği⟩ Baufälligkeit *f*, Antiquiertheit *f*, Antiquität *f*, **~mek** alt werden; veralten; *Sache*: sich abnutzen

Es'kimo Eskimo *m*; **~ca** (die) Eskimosprache, (das) Eskimo(ische)

eskişehirtaşı ⟨-nı⟩ (*a* ***Eskişehir taşı***) Meerschaum *m*

eskitmek (*-i*) altern lassen, alt machen; *Kleid usw* abtragen; *fig negativ*: lebendig halten

eskiyazıbilim Paläografie *f*

eskiz Skizze *f*

eskrim Fechten *n*, Fechtkunst *f*; ***~ meçi*** Florett *n*; ***~ yapmak*** fechten; **~ci** Fechter *m*, -in *f*

esmek ⟨-er⟩ wehen; *fig* toben, wüten; (*-e*) *j-m* in den Sinn kommen, *j-m* einfallen, kommen (auf *A*); ***bunlar size nereden esti?*** wie kommen Sie darauf?; ***aklına eseni söylüyor*** er/sie sagt, was ihm/ihr (gerade) einfällt

esmer braun, brünett

esna: ***o ~da*** in diesem Moment, gerade in dieser Zeit; *-diği* ***~da*** *konj* während; im Laufe (*G*); ***iş*** *usw* ***~sında*** während der Arbeit *usw*

esnaf [ɑː] Handwerker *m*; Kleinhändler *m*; Handwerker und Kleinhändler *pl* (e-r Stadt *usw*); *Slang*: Falschspieler *m*; ***~ cemiyeti*** Handwerkerinnung *f*; ***~tan bir kadın*** *abw* Nutte *f*

esnek ⟨-ği⟩ elastisch, biegsam; **~leşmek** elastisch werden; **~leştirmek** elastisch, geschmeidig machen; **~lik** ⟨-ği⟩ Elastizität *f*, Biegsamkeit *f*

esne|mek gähnen; nachgeben; federn; sich weiten; **~tmek** *kaus von* ***esnemek***; *v/t* langweilen; ausweiten; recken

esneyiş Gähnen *n*

espri Witz *m*, Bonmot *n*; Geist *m*; ***... ~ içinde*** im Geiste ...; **~li** geistreich, witzig

esrar[1] Haschisch *n*

esrar[2] [-ɑːr] Geheimnis *n* (*a pl*); ***~ perdesini kaldırmak*** den Schleier des Geheimnisses lüften

esrarengiz geheimnisvoll

esrarkeş Haschischsüchtige(r)

esrarlı[1] ... mit Haschisch

esrarlı[2] geheimnisvoll; in Rätseln *sprechen*

esrik ⟨-ği⟩ *osm* betrunken; erregt

esri|(k)leşmek sich betrinken; **~lik** ⟨-ği⟩ Trunkenheit *f*, Rausch *m*; Gereiztheit *f*; **~mek** sich betrinken; in Ekstase geraten; **~tici** berauschend; aufreizend; **~tmek** *v/t* berauschen; aufreizen

es'tağfurullah keine Ursache!; (aber) nicht doch!; nichts zu danken!

estek: ~ ***köstek etmek*** F Fisimatenten machen; ~ ***köstek etmeden*** ohne Fisimatenten
ester CHEM Ester *m*
estet ⟨-ti⟩ Ästhet *m*, -in *f*; **~ik** Ästhetik *f*; ästhetisch; **~ikçi** Ästhetiker *m*, -in *f*
estimatör Taxator *m*
estirmek *v/t* entfachen, anblasen; *fig* anheizen; *Stimmung* schaffen
Es'ton|ca (das) Estnisch(e); **~ya** Estland *n*; **~yalı** Este *m*; Estin *f*
esvap [ɑː] ⟨-bı⟩ Kleidung *f*, Garderobe *f*; **~lık** ⟨-ğı⟩ Kleiderstoff *m*
eş Gegenstück *n*; Partner *m*, -in *f*; passende(r) Gefährte; Ehemann *m*, Gatte *m*; Ehefrau *f*, Gattin *f*; ~ ***dost*** gute Bekannte *pl*; ***~i benzeri görülmemiş*** unvergleichlich, einzig dastehend; ***~ine az rastlanan*** kaum noch vorkommend; ***bu masanın bir ~i bizde de var*** genauso e-n Tisch haben wir (auch)
eşaçılı MATH gleichwinklig
eşanlamlı Synonym *n*; synonym, gleichbedeutend
eşantiyon ÖKON Muster *n*; Werbegeschenk *n*
eşarp ⟨-bı⟩ Schal *m*; Schärpe *f*
eşbasınç ⟨-cı⟩ GEOGR Isobare *f*
eşbiçim(li) einheitlich, gleichartig; CHEM isomorph; **~lik** ⟨-ği⟩ Gleichartigkeit *f*, Isomorphismus *m*
eşcinsel homosexuell; **~lik** Homosexualität *f*
eşdeğer äquivalent, gleichwertig; **~lik** ⟨-ği⟩ Gleichwertigkeit *f*
eşek ⟨-ği⟩ Esel *m* (*a Dummkopf*); ~ ***başı mısın?*** *etwa*: hast du gar nichts zu sagen?; bist du eine Null?; F ~ ***inadı*** Starrsinn *m*; ~ ***kafalı*** dämlich; ~ ***şakası*** grobe(r) Scherz; ***~ten düşmüşe dönmek*** sein blaues Wunder erleben
eşek|arısı ⟨-nı⟩ Wespe *f*; **~çe(sine)** dämlich, grob; **~dikeni** ⟨-ni⟩ BOT Milchdistel *f*; **~hıyarı** ⟨-nı⟩ BOT Spritzgurke *f*, Eselsgurke *f*; **~kulağı** ⟨-nı⟩ BOT Acker-, Witwenblume *f* (*Knautia aroensis*); **~lik** ⟨-ği⟩ Dummheit *f*, Grobheit *f*; **~otu** ⟨-nu⟩ Süßklee *m*, Esparsette *f*
eşelemek *v/t Boden* aufscharren, aufwühlen; *Problem* zu ergründen versuchen, analysieren
eşer → ***eşmek***
eşey BIOL Geschlecht *n*; **~li** geschlechtlich (*Fortpflanzung*); **~lilik** ⟨-ği⟩ Geschlechtlichkeit *f*; **~sel** geschlechtlich; **~siz** ungeschlechtlich; **~sizlik** ⟨-ği⟩ Geschlechtslosigkeit *f*
eşgüdüm Koordination *f*; **~lü** koordiniert, abgestimmt
eşik ⟨-ği⟩ Schwelle *f* (*a fig*); MUS Steg *m*; Stromschnelle *f*; ***üst*** ~ (*Tür*) Sturz *m*; *-in* ***eşiğini aşındırmak*** *j-m* die Tür einrennen; *-in* ***eşiğine gelmek*** (*od* ***yüz sürmek***) *j-n* beschwören, anflehen
eşinmek scharren; ausschlagen *mit dem Huf*; *fig* herumstöbern (in *D*)
eşit gleich (*a* MATH) (*-le D*); gleichartig; ~ ***haklı*** gleichberechtigt; ~ ***haklılık*** ⟨-ğı⟩ Gleichberechtigung *f*; ***yaşça*** ~ gleichaltrig; **~lemek** *v/t* gleichmachen, ausgleichen; **~leyici** ausgleichend
eşitlik ⟨-ği⟩ Gleichheit *f*; ~ ***eki*** GR Vergleichspartikel *f* (*z.B. gibi*); Moduspartikel *f* (*z.B. göre, -ce*); ***kadın-erkek eşitliği*** Gleichheit *f* von Mann und Frau; ~ ***kazanma*** Emanzipation *f*
eşitsiz ungleich(artig); **~sizlik** ⟨-ği⟩ Ungleichheit *f*
eşkanatlılar ZOOL Gleichflügler *m/pl*
eşkenar MATH gleichseitig
eşkıya [ɑː] Bandit *m*, Rowdy *m*
eşkin leichte(r) Galopp; im leichten Galopp
eşköken homolog; ähnlich, entsprechend
eşle|m Kopie *f*; **~me** FILM Synchronisation *f*; **~mek** paarweise einteilen, zusammenstellen; synchronisieren
eşleşmek (*-le*) ähnlich werden (*D*); sich paaren zu
eşlik ⟨-ği⟩ Ähnlichkeit *f*, MUS Begleitung *f*; ~ ***etmek*** begleiten; ***gitar eşliğinde*** mit Gitarrenbegleitung
eşme kleine Quelle *im Sandboden*
eşmek ⟨-er⟩ *v/t* aufscharren, aufkratzen, aufwühlen; *fig* durchforschen, zerpflücken
eşofman Trainingsanzug *m*
eşraf [ɑː] Honoratioren *pl*
eşsesli [ɛsːɛs'li] GR Homonym *n*, Homophon *n*
eşsıcak [ɛsː-] PHYS Isotherme *f*
eşsiz unvergleichlich; ohne Partner(in)
eşya [ɑː] Sachen *f/pl*, Gegenstände *m/pl*; Möbel *n/pl*; ~ ***vagonu*** Gepäckwagen *m*; ***kayıp*** ~ ***bürosu*** Fundbüro *n*
eşyükselti: GEOGR ~ ***eğrisi*** Isohypse *f*,

Höhenlinie *f*
eşzamanlı [ɛsz-]: synchron; **~lık** Synchronie *f*
et ⟨eti⟩ Fleisch *n*; Fruchtfleisch *n*; **~ bağlamak** dick werden; *Wunde*: (zu)heilen; **kızartma ~** Braten *m*; **~ suyu** → **etsuyu**; **~ tutmak** dick werden; F ansetzen; **~i ne budu ne?** mit ihm ist nicht viel los; **diş ~i** Zahnfleisch *n*; **kaba ~i** *f* Hinterbacken *flpl*, Sitzfleisch *n*; **~le tırnak gibi** unzertrennlich (*Freunde*)
etajer Kommode *f*
etalon Standard *m*; Eichmaß *n*
etap ⟨-bı⟩ Etappe *f*
etçil ZOOL Fleisch fressend
etek ⟨-ği⟩ Schoß *m e-s Kleides*, untere(r) Teil; Saum *m e-r Decke*; (Frauen)Rock *m*; Fuß *m e-s Berges*; ANAT weiche(r) Gaumen, Velum *n*; **~ dolusu** *od* **~ ~** reichlich, im Überfluss; **~ öpmek**, *-in* **eteğini öpmek** (*vor j-m*) zu Kreuze kriechen; **~leri tutuşmak** sich aufregen, sich (*D*) große Sorge machen; **~leri zil çalmak** vor Freude außer sich (*D*) sein
eteklemek (*-i*) *vor j-m* katzbuckeln
eteklik ⟨-ği⟩ (*Frauen*)Rock *m*; Stoff *m* zum Rock; Rauchfang *m*, (*Abzugs*)-Haube *f*
eten Fruchtmark *n*
etene ANAT Plazenta *f*, Mutterkuchen *m*
eter Äther *m*; **~lemek** narkotisieren
etermek: **~ yetermek** tun, was man kann
Eti → **Hitit**
etik Ethik *f*, ethisch
etiket ⟨-ti⟩ Etikett *n*; Etikette *f*; **~ bozmak** gegen die Etikette verstoßen
etiket|çi *abw* Formalist *m*, -in *f*; **~lemek** mit e-m Etikett versehen; *Waren* auszeichnen; **~li** ausgezeichnet; formell, förmlich
etilen Äthylen *n*
etimoloji Etymologie *f*; **~k** etymologisch
etiyoloji Ätiologie *f*
Eti'yopya Äthiopien *n*; **~lı** äthiopisch
'etkafalı borniert
etken GR, CHEM aktiv; GR Aktiv *n*; Faktor *m*; *-e* **~ olmak** bewirken
etkenlik ⟨-ği⟩ Wirksamkeit *f*, Lichteffekt *m*
etki Wirkung *f*, Einfluss *m* (*üzerine* auf *A*); **~ yapmak** Einfluss ausüben; einwirken (*üzerine* auf *A*); *-in* **~si altına girmek** (*od* **düşmek**) unter den Einfluss ... (*G*) geraten
etkile|mek (*-i*) wirken (auf *A*); *j-n* betreffen; beeinflussen; *Metalle* angreifen; **~nmek** *pass von* **etkilemek**; betroffen werden *usw*; **~şim** Wechselwirkung *f*; **~yici** wirkend; anregend; **~ madde** Anregungsmittel *n*
etki|li wirksam, wirkungsvoll; **~lilik** ⟨-ği⟩ Wirkung *f*, Wirksamkeit *f*, Einfluss *m*; Eindruck *m*; **~mek** wirken (*-e* auf *A*)
etkin wirksam; aktiv, dynamisch; **~ci** Aktivist *m*, -in *f*; **~lik** ⟨-ği⟩ Aktivität *f*; (Kultur)Veranstaltung *f*; Wirksamkeit *f*; **~leştirmek** *v/t* aktivieren; **~lik** ⟨-ği⟩ Tätigkeit *f*; Aktivismus *m*
etkisiz untätig; unwirksam; **~leştirmek** unwirksam machen; vereiteln; außer Betrieb setzen; **~lik** ⟨-ği⟩ Untätigkeit *f*; Unwirksamkeit *f*
etlenmek korpulent werden
etli Fleisch-; fleischig; ... mit Fleisch gefüllt; **~ butlu** korpulent, rundlich
etmek ⟨eder⟩ **1.** *v/t* machen, tun; etwas Böses (an)tun (*-e j-m*); *j-m* wegnehmen (*-den etw*); *-e* **etmediğini bırakmamak** an *j-m* kein gutes Haar lassen; **ettiğini bulmak** (*od* **çekmek**) büßen für seine Tat; (die) Strafe verdienen; **ettiğini yanına bırakmamak** *j-m etw* (*A*) heimzahlen; **etmesine etmek, ama ...** zwar *etw tun*, aber ...; **iyilik ~** Gutes tun; (**ne**) **iyi ettiniz de geldiniz** Sie haben gut daran getan zu kommen (... dass Sie gekommen sind); **etme!** lass das sein!; **2.** *v/i* kosten; *ohne Wasser usw* leben, existieren; **3.** *Stützverb*, *z.B.* **alay ~** scherzen; **berbat ~** verderben
etmen Faktor *m*
etni Ethnie *f*, **~lerarası** interethnisch
etnik ethnisch
etno|grafya Ethnographie *f*, Völkerkunde *f*; **~loji** vergleichende Völkerkunde *f*
'etobur Fleischfresser *m* (*a Tier*); **~ dişi** große(r) Backenzahn
etraf [ɑː] Umgebung *f*, Umkreis *m*; Milieu *n*, (die) menschliche Umgebung; **~a haber vermek** *etw* ausposaunen; *-in* **~ını almak** sich sich scharen (um *A*); *-in* **~ında** (**dört**) **dönmek** um *j-n* herumscharwenzeln; **~ına toplamak** um sich scharen; *-in* **~ında** um (*A*),

um ... (*A*) herum; *fig* über (*A*); **~lı(ca)** ausführlich, eingehend

etsiz fleischlos; mager; *Kind*: schmal

etsuyu Fleischbrühe *f*

ettirgen GR kausativ

ettirmek *kaus von* **etmek**; machen lassen, dazu bringen, *etw* zu machen (*-e j-n -i etw*)

etüt ⟨-dü⟩ Studie *f*; Studien-; Untersuchung *f* (*üzerinde* über *A*); Lernstunde *f* im Internat; **~ etmek** studieren, untersuchen

etyemez Vegetarier *m*, -in *f*; **~ lokanta(sı)** vegetarische(s) Lokal; **~lik** ⟨-ği⟩ vegetarische Lebensweise

ev Haus *n*; Heim *n*; Familie *f*; **~ açmak** e-e Familie gründen; **~ bark** Familie *f*; Haushalt *m*; **~ halkı** gesamte(r) Haushalt; **~ hayvanı** Haustier *n*; **~ idaresi** Haushalt *m*; **~ işi** Hausarbeit *f*; **~ kadını** Hausfrau *f*; Heimarbeiterin *f*; **~ sahibi** Hauswirt *m*, -in *f*; Gastgeber *m*, -in *f*; **~ yapmak** die Eheleute wieder versöhnen; **~de kalmak** *Mädchen*: F sitzen bleiben; **~e teslim** Lieferung *f* frei Haus; **ahşap ~** Holzhaus *n*; **doğum ~i** → **doğumevi**; **~lerden ırak** *bei Unglücksfällen, Tod usw etwa*: Gott behüte *die anderen davor!*; **~lere şenlik!** *abw* unglaublich

evce(k) mit Kind und Kegel; **evceğiz** F Bruchbude *f*

ev|ci häusliche(r) Mensch; Internatsschüler *m*, -in *f zu Hause auf Urlaub*; **~cil** zahm; Haus- (*Tier*)

evcilik ⟨-ği⟩: **~ oynamak** *Kinder*: Mann und Frau spielen

evcilleşmek *v/i* zahm werden; **~ştirmek** *v/t* zähmen

evcimen häusliche(r) Mensch; gute(r) Familienvater

evç ⟨-ci⟩ ASTR Erdferne *f*

ev|deci Heimarbeiter *m*, -in *f*; **~deş** einer der Ehepartner; Mitbewohner *m*

evecen → **ivecen**

evegen *dial* galoppierend (*Krankheit*)

evel → **evvel**

evermek *v/t dial* verheiraten

evet ja; *Anfang der Rede oft*: also ...; **~ efendim** jawohl, ganz recht!; **~ efendimci** Liebediener *m*, Kriecher *m*

evetlemek bejahen

evham [ɑː] Verdächtigungen *f/pl*; Argwohn *m*; Zweifel *m/pl*; **~ etmek** *od* **getirmek** misstrauisch werden; **~a kapılmak** Verdacht schöpfen

evhamlı paranoisch, hypochondrisch

evirmek umwandeln; umarbeiten, umbauen; **~ çevirmek** von allen Seiten prüfen (*a fig*); **evire çevire** *adv* tüchtig, gehörig

evirt|im Umwandlung *f*, Reduktion *f*; Inversion *f*; PHYS Reflex *m*, Reflexion *f*; **~mek** umwandeln; reduzieren; invertieren; reflektieren

evlat ⟨-dı⟩ Kind *n*; Kinder *n/pl*; Nachkommen *m/pl*; **~lık** ⟨-ğı⟩ Adoptivkind *n*; Pflegekind *n*; *-i* **evlatlığa almak** *Kind* adoptieren; **~sız** kinderlos

evlek ⟨-ği⟩ Furche *f*; $^{1}/_{4}$ dönüm (*etwa 230 qm*); Wassergraben *m*

evlendirmek *v/t* verheiraten

evlen|me Heirat *f*, Eheschließung *f*; **~ cüzdanı**, **~ kağıdı** Heiratsurkunde *f*; **~ dairesi** Standesamt *n*; **~ töreni** Hochzeitsfeier *f*; **~mek** (*-le*) heiraten (*A*), sich verheiraten (mit *D*); **~melik** ⟨-ği⟩ Hochzeitsgeschenk *n*; **~memiş** unverheiratet; **~miş** verheiratet

evli verheiratet; mit ... Häusern (*Dorf*); **~ barklı** mit Familie, verheiratet; **~lik** ⟨-ği⟩ Ehe(stand *m*) *f*; **~ birliği** Ehegemeinschaft *f*; **~ dışı** unehelich; **~ hayatı** Familienleben *n*; **~ öncesi** vorehelich; **~ sözleşmesi** Ehevertrag *m*

evliya [ɑː] (die) Heiligen *pl*; Heilige(r); *fig* Gerechte(r)

evrak [ɑː] ⟨-kı⟩ Papiere *n/pl*, Schriftstücke *n/pl*; Dokumente *n/pl*; Akten *f/pl*; **~ çantası** Aktentasche *f*

evre Etappe *f*, Phase *f*, Stadium *n*

evren Weltall *n*, Kosmos *m*; Erde *f*, Welt *f*; **~bilim** Kosmologie *f*

evrensel universal; Welt-, international; **~ ekonomik kriz** Weltwirtschaftskrise *f*; **~leştirmek** internationalisieren

evrik umgekehrt, reziprok

evrilir umwandelbar, umkehrbar; invertierbar

evrim BIOL Evolution *f*; **~cilik** ⟨-ği⟩ Evolutionismus *m*

evrişik *Logik*: umkehrbar

evsaf [ɑː] Eigenschaften *f/pl*

evsiz obdachlos; **~ barksız olmak** kein Dach über dem Kopf haben

evvel früher, vorher, zuvor; zuerst; **~ Allah** Gott mit uns; mit Gottes Hilfe; **~ emirde** vor allem, in erster Linie;

→ ***önce***
'evvela [ɑː] vor allem; anfangs, zuerst
ev'vel|ce vorher, etwas früher; **~den** seit jeher, schon früher; **~en** erstens
evvel|i(si), **~ki** vorherig, alt, ehemalig; erst-; vor(letzt)-; **~ *gün*** vorgestern
ey *int* hallo!, du!, Sie!, he!; ja (*verstärkend*); **~ *arkadaş!*** hallo, (*od* du, Sie) Kollege!; [ɛːj]: **~, *artık çok oluyorsun!*** nun reicht's aber!, zum Donnerwetter, mir reicht's!

E

eyalet [ɑː] ⟨-ti⟩ Provinz *f*, Departement *n*; Bundesland *n*, Staat *m* (*USA*); **2*ler Meclisi*** Bundesrat *m* (*Deutschland*)
eyer Sattel *m*; **~lemek** *v/t* satteln; **~li** gesattelt; **~siz** ungesattelt
eylem Aktion *f* (*-e* gegen *A*); Tätigkeit *f*, Aktivität *f*, Wirken *n*; Operation *f*; GR Verb *n*, → ***fiil***
eylemci Aktivist *m*, -in *f*
eylemek *veraltet für* ***etmek***
eylem|li aktiv; praktisch *lernen*; ordentlich, planmäßig; **~lik** ⟨-ği⟩ GR Infinitiv *m*; **~si** GR Verbalaffix *n*; Verbform *f*; **~sizlik** ⟨-ği⟩ Untätigkeit *f*, Passivität *f*; PHYS Trägheit *f*
eylül ⟨-lü⟩ September *m*
eytişim PHIL Dialektik *f*; **~sel** dialektisch
eyvah [-ɑːx] o weh!; **~ *çekmek*** stöhnen
'eyvallah [-ɑːx] vielen Dank!; tschüss!; alles Gute!; nun sei es!, F gewiss doch!; **~ *demek*** dankbar sein; danke sagen; tschüss sagen; *-e* **~ *etmemek*** nicht um *j-s* Gunst buhlen
eyyam [ɑː] (glückliche) Tage *m/pl*; Zeit *f*, günstige(r) Wind; **~ *görmüş*** ... der bessere Tage gesehen hat
eyyamcı Opportunist *m*, -in *f*
eza [ɑː] Qual *f*, Tortur *f*
ezan [ɑː] Gebetsruf *m*; **~ *okumak*** zum Gebet rufen
ezber auswendig, aus dem Gedächtnis; *-i* **~*e bilmek*** auswendig können; **~ *etmek*, ~*e almak*** → ***ezberlemek***; *-i* **~*e okumak*** auswendig hersagen
ezber|ci *f* Büffler *m*, -in *f*; **~cilik** ⟨-ği⟩ *f* Paukerei *f*, Büffelei *f*; **~den** auswendig; unbewusst
ezbere so obenhin *sagen*; unüberlegt
ezberle|mek *v/t* auswendig lernen; sich (*D*) *etw* einprägen; F büffeln; auswendig lernen; F pauken; **~tmek** einpauken (*-i -e j-m etw*)
'ezcümle insbesondere; darunter, unter anderem (*u.a.*); zum Beispiel (*z.B.*); kurz und gut
ezdirmek: ***kendini* ~** sich nicht schonen; sich unterdrücken lassen
ezel Ewigkeit *f*, graue Vorzeit *f*, **~den** (***beri***) seit unvordenklichen Zeiten
ezelî [iː] ewig, uralt
ezer → ***ezmek***
ezgi Melodie *f*
ezgin unterdrückt; zerdrückt; zerschlagen; **~lik** ⟨-ği⟩ starke(s) Unbehagen; Zerschlagenheit *f*
ezici erdrückend (*Mehrheit*); drückend (*Stille, Langeweile*)
ezik zerdrückt; zerschlagen, erschöpft; *Obst*: angestoßen, verdorben; braune(r), blaue(r) Fleck; **~lik** ⟨-ği⟩ Niedergeschlagenheit *f*, Depression *f*
ezilmek *pass von* ***ezmek***; *v/i* verlegen werden; ***midem eziliyor*** mir knurrt der Magen; ich habe Magendrücken
ezilmiş unterdrückt (*Volk*); **~lik** ⟨-ği⟩ Unterdrückung *f*, Unterdrücktsein *n*
ezinmek sich schwach (*od* unbehaglich) fühlen
ezinti Niedergeschlagenheit *f*, Unbehagen *n*; Magenknurren *n*
eziyet ⟨-ti⟩ Qual *f*, Leiden *n*; Strapaze *f*; **~ *çekmek*** (Qualen) leiden; sich (ab)plagen; sich quälen; *-e* **~ *etmek*** *j-n* quälen, plagen, F piesacken
eziyetli qualvoll, mühevoll, strapaziös
eziyetsiz mühelos, ohne Strapazen
ezme Püree *n*, Brei *m*; (Tomaten)Paste *f*; ***erik* ~*si*** Pflaumenmus *n*; ***patates* ~*si*** Kartoffelpüree *n*
ezmek ⟨-er⟩ *v/t Früchte* auspressen, ausdrücken; *Kartoffeln* zerquetschen, zerstampfen; *Feind* schlagen, zerschlagen; *Farbe, Zucker in Wasser* auflösen; *Geld* F durchbringen, verjubeln; *Volk* unterdrücken; aussaugen; *Schüler, Tiere* ermüden, überanstrengen; *Auto*: *j-n* überfahren
Ezrail Todesengel *m*

F

f, F [fɛ] f, F *n*; MUS f-moll, F-Dur
fa MUS *f*
faal [faɑːl] ⟨-li⟩ tätig, aktiv; *Person a* rührig; werktätig
faaliyet ⟨-ti⟩ Tätigkeit *f*, Aktivität *f*, Veranstaltung *f*, Energie *f*, Tatkraft *f*; **~e başlamak** in die Produktion gehen; **~e geçirilme** Inbetriebnahme *f*; *-i* **~e geçirmek** in Betrieb nehmen; *-de* **~ göstermek** tätig sein (auf *D*); **~ sahası** Tätigkeitsbereich *m*
fab'rika Fabrik *f*, Werk *n*, Betrieb *m*; **~ damgası** Fabrikmarke *f*; **~cı** Fabrikant *m*, -in *f*; **~cılık** ⟨-ğı⟩ Fabrikantentätigkeit *f*; **~syon** Fabrikation *f*; **~tör** Fabrikant *m*, -in *f*
FAC *irrtümliche Abk* → **AFC**
facia [faː-] Katastrophe *f*; **~lı** katastrophal; dramatisch; tragisch
'faça[1] MAR Drehung *f* vor dem Wind
faça[2] F Visage *f*, Fratze *f*, Fresse *f*; Klamotten *pl*; **~sını almak** *j-n* blamieren
fa'çeta Facette *f*
fagot ⟨-tu⟩ MUS Fagott *n*
fağfur (*chinesisches*) Porzellan
fahiş [ɑː] *Miete, Preis* überhöht; *Fehler* grob; unanständig, obszön
fahişe Prostituierte *f*; **~lik** ⟨-ği⟩ Prostitution *f*
fahrenhayt ⟨-tı⟩ PHYS Fahrenheit *n*
fahrî [iː] Ehren-; **~ olarak** ehrenhalber
fail [ɑː] JUR Täter *m*, -in *f*; **aslî ~** Initiator *m*, -in *f*
faiz [ɑː] **1.** *subst* Zinsen *m/pl*; **~ oranı** Zinssatz *m*; **~in ~i** *od* **bileşik ~** Zinseszinsen *m/pl*; *-e* **~ vermek** verzinsen (*A*); *-in* **~i işlemek** sich verzinsen; *-i* **~e vermek** (*od* **yatırmak**) *Geld* gegen Zinsen verleihen; **yüksek ~ politikası** Hochzinspolitik *f*; **2.** *adj* reichlich; **~ci** Wucherer *m*; **~cilik** ⟨-ği⟩ Wucher *m*
faiz|li Zins-, Zinsen-; ... auf Zinsen; **düşük ~** mit niedrigem Zinssatz; **~ senetler** Wertpapiere *n/pl*; **~siz** zinslos; unverzinslich
fak: **~a basmak** in die Falle gehen; fehlschlagen; *-i* **~a bastırmak** *j-m* ein Bein stellen
fak. *Abk.* → **fakülte(si)**
'fakat aber, jedoch; **~ı makatı yok** keine Widerrede, keine Ausflüchte!
fakir [-'kɪr] arm; bedauernswert; (der) Ärmste; Derwisch *m*; Fakir *m*; **~ adam** arme(r) Schlucker; **~ düşmek** → **fakirleşmek**; **~hane** [ɑː] *scherzh* „mein bescheidenes Heim"; **~izm** Fakirtum *n*; **~leşmek** *v/i* verarmen; **~lik** ⟨-ği⟩ Armut *f*, Knappheit *f*
faks Fax *n*; **~lamak** faxen (*-e A*)
faksimile Faksimile *n*
faktör Faktor *m*
fa'külte Fachbereich *m* (FB); Fakultät *f*, F Bordell *n*
fal Orakel *n*; Wahrsagung *f*; **~ açmak** wahrsagen; **iskambil ~ı açmak** Karten legen; **kahve ~ına bakmak** aus dem Kaffeesatz wahrsagen; **~ taşı** *etwa* Zauberspiegel *m*
fa'laka Bastonade *f*, Bastonadenholz *n*; TECH Zwinge *f*, Schraubstock *m*; *-i* **~ya çekmek** (*od* **yatırmak**) *j-m* die Bastonade erteilen
falan der und der, die und die, das und das; ein(e) gewisse(r); *Herr, Frau* so und so; und so weiter; **~ kimse** (*od* **kişi**) F (Herr/Frau) Soundso; **~ yerde** *f* (in) Dingsda; **15 mark ~** so um die 15 Mark, etwa 15 Mark; **~ca** → **~ kimse**; irgendein(e); **~ıncı** x-t(e); soundsovielt-; **evin ~ katında** im x-ten Stockwerk des Hauses
falcı Wahrsager *m*, -in *f*; **el ~sı** Handleser *m*, -in *f*; **~lık** ⟨-ğı⟩ Wahrsagerei *f*
'falso MUS falsche(r) Ton, Dissonanz *f*; Fehlgriff *m*, Fehler *m*; **~ yapmak** (*od* **vermek**) e-n Fehler machen, e-n Missgriff tun; **~lu** misstönend; fehlerhaft
faltaşı: *-in* **gözleri ~ gibi açıldı** er riss die Augen weit auf (*vor Staunen*)
fa'milya Familie *f* (*a* BOT *u* ZOOL); F Ehehälfte *f*
fanati|k ⟨-ği⟩ Fanatiker *m*, -in *f*; **~zm** Fanatismus *m*
fanfan Nuscheln *n*; Lispeln *n*; nuschelnd, lispelnd; Nuschler *m*, -in *f*
fanfar Blasorchester *n*; Fanfare *f*
fanfin F Kauderwelsch *n*
fani [faːniː] sterblich, vergänglich; eitel, nichtig; **~ dünya** Diesseits *n*
fa'nila Unterhemd *n* (*mit Ärmeln*)
fanilik [faːniː-] ⟨-ği⟩ Vergänglichkeit *f*
fan'tasma Halluzination *f*

F

fantastik fantastisch
fantezi Fantasie *f* (*a* MUS); fantastisch; verspielt, außergewöhnlich; *Stoff* bunt gemustert; Stil- (*Möbel*)
fanus [ɑː] Glasglocke *f*; Laterne *f*
far *allg* Scheinwerfer *m*; Leuchtturm *m*; Augenschminke *f*; *Slang*: Busen *m*
faraş Kehrschaufel *f*
'faraza [-zɑː] angenommen, dass ...
faraz|î [iː] hypothetisch, angenommen; **~iye** Hypothese *f*, Annahme *f*
'farbala Volant *m*, Rüsche *f*

F

fare [ɑː] ZOOL, EDV Maus *f*; **~ *deliği*** Mauseloch *n*; **~ *kapanı*** Mausefalle *f*; **~kulağı** ⟨-nı⟩ BOT Dost *m*
farfara lärmend, laut; Krakeeler *m*; Angeber *m*; **~lık** ⟨-ğı⟩ Angeberei *f*
farımak *v/i dial* sich abnutzen; hinfällig werden; verzichten (*-den* auf *A*)
farika [fɑː-]: ***alameti* ~** Wahrzeichen *n*
fariza [iː] REL Gebot *n*; ***haç* ~*sı*** (das) Wallfahrtsgebot
fark ⟨-kı⟩ Unterschied *m* (*arasında* zwischen *D*); Differenz *f* (*a* MATH); **~ *bileti*** Zuschlag(karte *f*) *m*; **~ *etmek*** (*-i*) unterscheiden (*A*), den Unterschied sehen; bemerken, wahrnehmen (*A*); anders werden; **~ *etmez*** das ist egal; das macht nichts; **~ *görmek*** (*a* ***gözetmek***) e-n Unterschied machen (*od* bemerken); diskriminieren; **~ *olunmak*** (*-le* durch *A*) sich auszeichnen; offenbar werden; *-e* **~ *yapmak*** (*od* ***atmak***) F mit deutlichem Unterschied überlegen sein *D*; **~*ı olmak*** sich unterscheiden, *etw* ausmachen; *-in* **~*ına varmak*** merken, bemerken; Notiz nehmen (von *D*); **~*ına varılmamış*** unbemerkt; *-in* **~*ında olmak*** (be)merken, wahrnehmen; begreifen **~*ında mısın?*** hast du es bemerkt?; hast du es verstanden?; *-in* **~*ında olmamak*** nicht bewußt sein *G*; *-in* **~*ında* (*bile*) *olmamak*** keine Ahnung haben von; ***benim için* ~*ı yok*** mir ist es gleichgültig; ***yalnız şu* ~*la ki*** nur mit dem Unterschied, dass ...
farkedilir spürbar, merklich
farklı verschieden, unterschiedlich; differenziert; **~ ~*sız*** kaum zu unterscheidend; **~ *olmak*** sich unterscheiden (*-den* von *D*); **~ *tutmak*** Unterschiede machen; diskriminieren; **~ca** etwas verändert; *Kranker* etwas besser; **~laşma** Differenzierung *f*, Staffelung *f*; BIOL Modifikation *f*
farklı|laşmak sich differenzieren; in mehrere Gruppen zerfallen; **~lık** ⟨-ğı⟩ Unterschied *m*; Verschiedenheit *f*
farksız unterschiedslos; unklar; bedeutungslos; **~laşma** MATH Differentiation *f*; **~laşmak** die Merkmale verlieren
farmakolog Pharmakologe *m*, -login *f*
farmakoloji Pharmakologie *f*
farmason *a abw* → ***mason***
fars THEA Farce *f*, Posse *f*
Fars Perser *m*, -in *f*; persisch; **~ça** (das) Persisch(e); auf persisch
fart: **~ *furt*** Angeberei *f*; leere Drohungen *f/pl*; **~ *furt etmek*** sich wichtig machen
'farta: **~*sı furtası olmamak*** sich taktlos benehmen; tun, was einem gerade einfällt
farz *jede der fünf Pflichten eines Muslims*; *fig* Pflicht *f*, Notwendigkeit *f*; **~ *etmek*** annehmen, voraussetzen, davon ausgehen (*ki* dass); **~ *olmak*** unbedingt notwendig sein
Fas Marokko *n*; marokkanisch
'fasa 'fiso F dumme(s) Zeug, Blech *n*
fa'sarya F Geseiche *n*; Koketterie *f*
fasıl ⟨-slı⟩ Abschnitt *m*, Kapitel *n*; ÖKON Posten *m für Ausgaben*; Trennungslinie *f*; THEA Akt *m*, Aufzug *m*; Entschluss *m*; Jahreszeit *f*; *fig* Klatsch *m*; *ein Zyklus von Instrumental- und Gesangstücken in der türk. Musik*; *fig* Handlung *f*, *z.B.* ***yemek faslı*** Essen *n*, Esserei *f*
fasıla [fɑː-] Intervall *n*; Pause *f*, Unterbrechung *f*; *-e* **~ *vermek*** *Arbeit usw* unterbrechen; **~sız** ununterbrochen
fasih [iː] klar; HIST **~ *Türkçe*** (das feine) Türkisch *der Gebildeten*
fasikül Lieferung *f* (*e-r Enzyklopädie*)
fasit [aː]; **~ *daire*** *fig* Teufelskreis *m*
Faslı Marokkaner *m*, -in *f*
fason Fasson *f*, Schnitt *m* (*e-s Kleides*); **~ *imalat*** ÖKON Auftragsfertigung *f*
fa'sulya, fasulye BOT Bohne *f*; ***kuru* ~** weiße Bohnen *pl*; ***taze* ~** grüne Bohnen
faşist Faschist *m*, -in *f*; **~lik** ⟨-ği⟩ faschistische Machenschaften *pl*
faşizm Faschismus *m*
fatih [ɑː] Eroberer *m*
fatiha [ɑː] Fatiha (*f*), *die erste Koransure*; *-e* **~ *okumak*** die Fatiha für *j-s* Seelenheil lesen; die Hoffnung (auf *A*) be-

graben
fa'tura ÖKON Rechnung *f*; ~ ***çıkarmak*** e-e Rechnung ausstellen; *-in* ***~sını b-ne yüklemek*** j-n für etwas büßen lassen
fa'turalamak (*-i*) e-e Rechnung über *etw* (*A*) ausstellen; fakturieren
fa'turalı mit Rechnung; ~ ***yaşam*** *umfassender Rechnungszwang im Einzelhandel* (*ab ca 1980*)
faul [fɑːul] ⟨-lü⟩ Foul *n*; ~ ***(atışı)*** *Fußball* Strafstoß *m*; *-e* ~ ***yapmak*** *j-n* foulen
fay GEOL Verwerfung *f*; ~ ***hattı*** Verwerfungslinie *f*
favori SPORT Favorit *m*; Backenbart *m*; Lieblings-, *z.B.* ~ ***şarkım*** mein Lieblingslied *n*
fayans Fliese *f*, Kachel *f*
fayda Nutzen *m*; Vorteil *m*; Profit *m*; ~ ***etmek*** (*od* ***~sı olmak***) Nutzen bringen; ***... olmasında ~ var*** es liegt ein Nutzen darin, dass ...; *-e* ~ ***vermek*** guttun; nützlich sein; ***ne ~?*** was hilft das?; *-e* ***~sı dokunmak*** *j-m* nützlich sein; ***~sı yok*** ganz unnütz; *-in* ***~sını görmek*** (die gute) Wirkung spüren; profitieren von
faydacıl Utilitarist *m*, -in *f*
faydalan|dırmak (*-i*) *j-n* Nutzen ziehen lassen; **~ış, ~ma** Verwertung *f*, Ausnutzung *f* (*-den G*); **~mak** (*-den*) ausnutzen (*A*), nutzen (*A*), verwerten (*A*) (*z.B. Energie*); Nutzen ziehen aus, profitieren von
faydalı nützlich; vorteilhaft; Nutz- (*Last*); nutzbringend (*Arbeit*); **~lık** ⟨-ğı⟩ Nützlichkeit *f*
faydasız unnütz, nutzlos; unproduktiv; **~lık** ⟨-ğı⟩ Nutzlosigkeit *f*
'fayrap: ~ ***etmek*** Dampf aufmachen; Feuer anfachen; *Fenster usw* aufreißen; *Hemd usw* abwerfen
fayton Kutsche *f*; **~cu** Kutscher *m*
faz Phase *f*; ~ ***kalemi*** Spannungsprüfer *m*
fazıl → ***erdemli***; weise; gesittet; edel
fazilet [iː] ⟨-ti⟩ Tugend *f*; Verdienst *n*
fazla **1.** *subst* Überschuss *m*; Rest *m*; **2.** *adj* überflüssig, Über-; (viel) mehr (*-den* als), größer (*-den* als); noch mehr; zu viel; zu weit; übrig *haben*; ~ ***ağırlık*** ⟨-ğı⟩ Übergewicht *n*; Ballast *m*; ~ ***bagaj*** Übergepäck *n*; ~ ***çalışma (süresi)*** Überstunden *f/pl*; ~ ***değer*** Mehrwert *m*; ~ ***gelmek*** sich als überflüssig erweisen; ~ ***gitmek*** zu weit gehen; ~ ***olarak*** darüberhinaus; ***daha ~*** noch mehr; meistens; ***en ~*** am meisten, meistens; am liebsten; ***pek*** (*od* ***çok***) ~ sehr viel; zu viel; ***bundan ~*** mehr + *Verb*; ~ ***besleme*** Überfütterung *f*; ~ ***doyurmak*** überfüttern; CHEM übersättigen; ~ ***kaçırmak*** zu viel trinken (*od* F saufen); sich überessen; zu viel reden; ~ ***olmak*** sich erübrigen; zu viel sein
fazlaca ziemlich viel, F ganz schön
fazla|dan sehr viel, reichlich; extra, zusätzlich; **~mak** sich vermehren; sich vergrößern; **~laştırmak** *v/t* vermehren; vergrößern; erhöhen
fazlalık ⟨-ğı⟩ Überfluss *m*; Überzahl *f*; ***nüfus fazlalığı*** Überbevölkerung *f*; ~ ***etmek*** überflüssig sein
feci [iː] ⟨-i; -si⟩ tragisch, furchtbar
feda [ɑː] Opfer *n*; *-i* ~ ***etmek*** *Geld, Leben* opfern; ~ ***olsun!*** mag's hingehen; nun, wenn schon!
fedaî [iː] *e-r Idee* verfallen; glühende(r) Patriot; Bodyguard *m*; **~kâr** selbstlos, aufopfernd; **~kârlık** ⟨-ğı⟩ Selbstlosigkeit *f*, Opferbereitschaft *f*, Hingabe *f*; ~ ***etmek*** Opfer bringen; ***fedakârlığa katlanmak*** Opfer bringen
federal Bundes-; ≈ ***Almanya, Almanya*** ≈ ***Cumhuriyeti*** Bundesrepublik Deutschland; ***Federal Meclis*** Bundesparlament *n*, *Almanya* Bundestag *m*
federa|syon POL Föderation *f*, Bund *m*; Verband *m*; **~tif** föderativ, Bundes-
federe: ~ ***devlet*** Bundesland *n*
fek ⟨-kki⟩ JUR Abtrennen *n*
felaket ⟨-ti⟩**1.** *subst* Unglück *n*, Katastrophe *f*; **2.** *adj fig* unheimlich; ~ ***haberi*** Hiobsbotschaft *f*; **~zede** Opfer *n* (*e-r Katastrophe*)
felç ⟨-ci⟩ Lähmung *f*, Schlaganfall *m*; ***çocuk felci*** Kinderlähmung *f*; ***felce uğramak*** e-n Schlaganfall erleiden; gelähmt werden; *-i* ***felce uğratmak*** lähmen; *fig* lahmlegen
felek ⟨-ği⟩ Himmelsgewölbe *n*; Weltall *n*; Firmament *n*; Schicksal *n*; MIL Schellenbaum *m*; ~ ***düşkünü*** Pechvogel *m*
'Felemenk ⟨-gi⟩ HIST (die) Niederlande *pl*; Holland *n*
felfelek ⟨-ği⟩ ZOOL kleine(r) Schmetterling; BOT Betelnuss-Palme *f* (*Areca catechu*)

F

fellah Fellache *m*
fellek (*od* **fellik**): **~ ~** aufgeregt, nervös *hin- und hergehen*; fieberhaft *suchen*
felsefe Philosophie *f*; *scherzh* **~ *yapmak*** philosophieren, dozieren; **~ *doktoru*** Doktor der Philosophie (*Dr. phil.*)
felsefeci Philosoph *m*, -in *f*; F Philosophielehrer *m*, -in *f*
felsefî [iː] philosophisch
femini|st ⟨-ti⟩ Feminist *m*, -in *f*; feministisch; **~zm** Feminismus *m*
fen ⟨-nni⟩ Technik *f*; **~ (*bilimleri*)** Naturwissenschaften *f/pl*
fena [-ɑː] schlecht (*z.B. Wetter, Nachrichten*); böse (*z.B. Lage, Dinge*); *Mensch* schlecht, böse, übel; **~ *değil!*** nicht übel!; *-i* **~ *etmek*** *j-m* Übelkeit verursachen; vor den Kopf stoßen; *-e* **~ *gelmek*** *j-m* schlecht, übel erscheinen; *Essen j-m* nicht bekommen; **~ *gitmek*** *Geschäfte* schlecht gehen; **~*sına gitmek*** *j-n* verdrießen, ärgern; es tut *j-m* leid; **~ *halde*** sehr, furchtbar; **~ *kalpli*** böse, bösartig; **~ *kokulu*** übel riechend; **~ *olmak*** sich schlecht fühlen; aufgeregt werden; *-i* **~*ya çekmek*** *Wort usw* übel auslegen
fenalaşmak schlechter werden; sich verschlechtern; sich schlecht fühlen
fenalık ⟨-ğı⟩ Schlechtigkeit *f*, (das) Böse; *-e* **~ *etmek*** *j-m* Böses (an)tun; **~ *geçirmek*** *j-m* wird schlecht; (fast) ohnmächtig werden
fener Lampe *f*, Laterne *f*, Leuchtturm *m*; **~ *alayı*** Fackelzug *m*; **~ *direği*** Laternenpfahl *m*; ***kağıt*** **~** Lampion *m*
fenik ⟨-ği⟩ Pfennig *m*
Fe'nike Phönizien *n*; **~li** Phönizier *m*, -in *f*; phönizisch
fennî [iː] technisch; naturwissenschaftlich
fenomen Phänomen *n*; Erscheinung *f*, Tatsache *f*
fent ⟨-di⟩ List *f*, Finte *f*
feodal feudal; **~ *bey*** Feudalherr *m*; **~izm** Feudalismus *m*
fer Glanz *m*, *z.B. der Augen*
feragat [-rɑː-] ⟨-ti⟩ Verzicht *m* (*-den* auf *A*); JUR **~*i caiz olmayan*** unveräußerlich; *-den* **~ *etmek*** *bes* JUR verzichten (auf *A*); die Arbeit aufgeben; entsagen (*z.B. dem Thron*); **~ *göstermek*** resignieren; **~ *sahibi*** selbstlos
ferağ ⟨-ğı⟩ JUR Zession *f*, Abtretung *f*, Übertragung *f*, Ruhe *f*; *-den* **~ *etmek*** abtreten (*A*), übertragen (*A*)
ferah **1.** *adj* geräumig, weitläufig; (über)-reichlich; fröhlich, erleichtert; *Zimmer* hell; **2.** *subst* Glück *n*; **~ ~** gut und gern; **~ *yaşamak*** auf großem Fuß leben; ***içi*** **~ *olmak*** sich nicht aufregen; ***kalbini*** **~ *tut!*** Kopf hoch!; **~lamak** *Raum* geräumiger werden/wirken; *Person* sich erleichtert fühlen, aufatmen
ferahlan|dırmak: ***gönlünü*** **~** sich zerstreuen; **~mak** → ***ferahlamak***
ferah|latıcı aufmunternd, erfrischend; **~latmak** *kaus von* ***ferahlamak***; MED *j-m* Erleichterung verschaffen; **~lık** ⟨-ğı⟩ Geräumigkeit *f*, Heiterkeit *f*, Erleichterung *f*
feraset [ɑː] ⟨-ti⟩ Scharfsinn *m*
ferasetli scharfsinnig
ferdî [iː] individuell; SPORT **~ *birincilik*** Einzelmeisterschaft *f*
'feribot ⟨-tu⟩ Autofähre *f*, ***tren*** **~*u*** Eisenbahnfähre *f*
ferma THEA Hintergrund *m*; Hinterhalt *m*; *Jagd* Anstand *m*
ferman [ɑː] Ferman *m*, Erlass *m*; **~ *dinlememek*** sich über alles hinwegsetzen
ferment ⟨-ti⟩ Ferment *n*
fermuar Reißverschluss *m*
fersah: **~ ~** meilenweit; *-i* **~ ~ *geçmek*** *j-n* weit übertreffen
fersiz schwach, leblos, glanzlos (*Augen*)
fersizleşmek schwach (*od* glanzlos) werden; *Zorn* abflauen
fert ⟨-di⟩ Individuum *n*; (Familien)Angehörige(r)
'fertik ⟨-ği⟩: F **~, *fertiği çekmek*** abhauen, türmen
feryat [ɑː] ⟨-dı⟩ Jammergeschrei *n*; Stöhnen *n*; *-den* **~ *etmek*** jammern, stöhnen (über *A*)
fes Fes *m*
fesat [ɑː] ⟨-dı⟩ **1.** *subst* Aufruhr *m*; Unfriede *m*; Intrige *f*, Komplott *n*; (Magen)Verstimmung *f*, (Sitten)Verderbnis *f*; **2.** *adj* ränkesüchtig; misstrauisch, argwöhnisch; **~ *çıkarmak*** Unruhe stiften; **~ *kumkuması*** Unruhestifter *m*; Intrigant *m*; **~çı** Aufwiegler *m*, Hetzer *m*; Ränkeschmied *m*; **~çılık** ⟨-ğı⟩ Intrigenspiel *n*; Aufhetzerei *f*
'feshetmek aufheben, rückgängig machen, annullieren; *a Abkommen* verletzen; *Parlament* auflösen

'fesholunmak *pass von* ***feshetmek***
fesih ⟨-shi⟩ Aufhebung *f*, Annullierung *f*; Verletzung *f*; Auflösung *f*
fesleğen BOT Basilikum *n* (*Ocimum basilicum*)
festekiz: ***falan*** **~** F und so weiter, und so fort
festival ⟨-li⟩ Festspiele *n/pl*, Festival *n*, Festwochen *f/pl*; Tohuwabohu *n*
fesuphanallah [-'hɑːnɑlɑːx] mein Gott!; unmöglich!; Donnerwetter!
fethedil|me Eroberung *f*; **~miş** erobert
fethetmek *v/t* erobern (*a fig, z.B. Herz*); eröffnen; *Gespräch usw* aufnehmen
fetih ⟨-thi⟩ Eroberung *f*, Einnahme *f e-r Stadt*; Eröffnung *f*; **~çi** Eroberer *m*
fetiş Fetisch *m*; **~ist** Fetischist *m*, -in *f*
fettan [ɑː] fesselnd, packend; verführerisch; Verführer *m*
fetva [ɑː] Rechtsgutachten *n* (*nach islamischem Recht*)
feveran [ɑː] *fig* Aufbrausen *n*; **~** ***etmek*** *fig* aufbrausen
'fevkalâde außergewöhnlich, überaus; außerordentlich; Sonder- (*z.B. Gericht*); **~lik** ⟨-ği⟩ Außergewöhnliche(s)
fevrî [iː] eilig; vorschnell; impulsiv
fevrîlik ⟨-ği⟩ Impulsivität *f*
feza [ɑː] → ***uzay***
fıçı Fass *n*; Ponton- (*Brücke*); **~** ***balığı*** eingepökelte(r) Fisch; ***şarap*** **~*sı*** Weinfass *n*; **~cı** Böttcher *m*, Fassbinder *m*; **~lama** Abfüllen *n* in Fässer
fıkar- → ***fukar-***
fıkıh ⟨-khı⟩ islamische Rechtswissenschaft
fıkır: **~ ~** brodelnd; kokett; **~ ~** ***gülmek*** kichern
fıkırda|k ⟨-ğı⟩ Koketterie *f*; kokett; zappelig; **~mak** brodeln; kichern
fıkırtı Brodeln *n*
fıkra Anekdote *f*, Witz *m*; JUR Absatz *m*; *Zeitung* Kolumne *f*; **~cı** Kolumnist *m*, -in *f*
fıldır: **~ ~** mit flackernden Blicken; *-i* **~ ~** ***aramak*** (alles) durchstöbern
fındık ⟨-ğı⟩ BOT Haselnuss *f*; klein, winzig; F gezinkte(r) Würfel; **~** ***ağacı*** Haselnussstrauch *m*; **~** ***kabuğunu doldurmaz*** herzlich unbedeutend; **~çı** Haselnussanbauer *m*; Haselnussverkäufer *m*; F Kokette *f*; **~kıran** Nussknacker *m*
'Fırat ⟨-tı⟩ Euphrat *m*
fır: *-in* ***etrafında*** **~** (**~**) ***dönmek*** *fig* herumscharwenzeln
fırça Bürste *f*, Pinsel *m*; ***diş*** **~*sı*** Zahnbürste *f*; ***elbise*** **~*sı*** Kleiderbürste *f*; *-i* **~** ***atmak*** (*od* ***çekmek***) F *j-n* runterputzen; **~lamak** *v/t* abbürsten, ausbürsten; *Haar* bürsten; *Gelände* durchkämmen; *fig* F *j-n* runterputzen
fırdolayı ringsherum
fırdöndü Drehzapfen *m*; Scharnier *n*; *fig* wetterwendisch
fırfır Volant *m*, Rüsche *f*; **~ ~** ***dönmek*** *Augen* unstet kreisen; *Kreisel* um s-e Achse wirbeln
fırıldak ⟨-ğı⟩ Windmühle *f* (*für Kinder*); Ventilator *m*; *fig* F Schwindel *m*, Betrug *m*; *fig* Wetterfahne *f*; ***su fırıldağı*** Wasserrad *n*; **~çı** *fig* Hochstapler *m*
fırılda|(n)mak wirbeln, rotieren; **~tmak** rotieren lassen, kreisen lassen
fırın (Back)Ofen *m*; Herd *m*; Bäckerei *f*; ***elektrikli*** **~** elektrische(r) Backofen; **~** **~cı** Bäcker *m*, -in *f*; **~cılık** ⟨-ğı⟩ Bäckerhandwerk *n*
fırınlamak *v/t* in den Ofen schieben; *Ziegel* brennen; *im Ofen* trocknen
fırlak hervorstehend; *Augen* hervorquellend
fırlama Lausbube *m*, Schlitzohr *n*
fırlamak auffliegen, emporschnellen; (*-e*) stürzen (in, auf *A*), sich stürzen (in, auf *A*); *Preise* in die Höhe schnellen; (*-den*) abspringen (von *D*); ***ayağa*** **~** auf die Füße springen
fırlatılabilen: **~** ***koltuk*** Schleudersitz *m*
fırlat|ma Werfen *n*, Schleudern *n*; Abschuss *m*, Start *m e-s Satelliten*; **~mak** *v/t* schleudern; beiseite werfen; katapultieren; *Rakete* abschießen, starten
fırlayış Auffliegen *n*; Aufspringen *n*; rasche(s) Ansteigen *der Preise*
fırsat ⟨-tı⟩ Gelegenheit *f*, Chance *f*; **~** ***bu*** **~** das kommt wie gerufen; **~** ***buldukça*** bei jeder passenden Gelegenheit; **~** ***bulmak*** (*od* ***düşürmek***) die Gelegenheit ergreifen; **~** ***düşkünü*** Opportunist *m*; **~*ı ganimet bilmek*** die Gelegenheit beim Schopfe ergreifen; **~** ***kollamak*** (*od* ***gözetmek***) e-e günstige Gelegenheit abwarten; ***ilk*** **~*ta*** bei erstbester Gelegenheit; **~çı** Opportunist *m*, -in *f*; **~çılık** ⟨-ğı⟩ Opportunismus *m*
fırt F Schlückchen *n* (*z.B. rakı*); **~ ~** in einem fort (*rein- und rausgehen*)
fır'tına Sturm *m*; *fig* Konfusion *f*, Not *f*,

Notlage *f*; ~ ***koptu*** ein Sturm brach los; *fig* es gab e-n Skandal
fır'tınalı stürmisch (*Wetter*; *fig Leben*)
fıs: ~ ~ Klatsch *m*; ~ ~ ***konuşmak*** (miteinander) tuscheln
fısılda|mak (*-i*) *etw* (*A*) flüstern, *j-m etw* zuflüstern; ***kulağına*** ~ *j-m* ins Ohr flüstern; **~şmak** (miteinander) tuscheln
fısıltı Geflüster *n*; ~ ***gazetesi*** Flüsterpropaganda *f*; **~lı** LING Zisch- (*Laut*)
fısır: ~ ~ rieselnd; zischend (*Wasser*); knisternd (*Feuer*); *fig* im Flüsterton
fıskıye Springbrunnen *m*
fıslamak (*-i -e*) *j-m etw* (*A*) zuflüstern
fıstık ⟨-ğı⟩ Nuss *f*, Kern *m* der Pistazie, der Erdnuss; ~ (***gibi***) F wunderschön
fıstıkî [i:] pistaziengrün, hellgrün
fış → ***fışır***
fışıltı Plätschern *n*; Rauschen *n*, Rieseln *n*; Knistern *n*
fışır: ~ ~ ***akmak*** plätschern; rieseln; ~ ~ ***etmek*** *Stoff* rauschen; rascheln; *Seide* knistern; **~damak** → ***fışır fışır etmek*** (*od* ***akmak***); **~tı** → ***fışıltı***
fışkı (Esels-, Pferde)Mist *m*
fışkırık ⟨-ğı⟩ Spritzen *n*; F Spritzer *m*
fışkır|ma MED Ejakulation *f*; ASTR Protuberanz *f*; **~mak** hervorsprudeln, emporschießen; *Licht* durchdringen, herausdringen; *Pflanzen* üppig (hervor)sprießen; **~tı** Zischen *n des Dampfes usw*; **~tıcı** TECH Auswerfer *m*
fışkırtmak *v/t* ANAT ausspritzen; *Öl usw* ausstoßen
fıtık ⟨-ğı, -tkı⟩ MED Bruch *m*; ~ ***olmak*** sehr ungeduldig werden
fıtır ⟨-trı⟩ Ende *n* des Ramadan-Monats
fiat → ***fiyat***
fidan BOT Setzling *m*, Steckling *m*; Sproß *m*; ~ ***boylu*** rank und schlank
fidanlık ⟨-ğı⟩ Baumschule *f*
'fide (Gemüse)Setzling *m*, Pflanzling *m*; junge Pflanze; **~lemek** setzen, stecken, pflanzen; umpflanzen, umtopfen
'fidelik ⟨-ği⟩ Pflanzenschule *f*, *fig* Ausbildungsstätte *f*, auspflanzbar
fidye, **~inecat** [ɑ:] ⟨-tı⟩ Lösegeld *n*
figür Figur *f*, Gestalt *f e-r Statue*; (Eislauf-, Tanz)Figur *f*, SPORT ***mecburi*** **~ler** Pflichtübung *f*, ***serbest*** **~ler** Kür *f*, **~an** Statist *m*, -in *f*, Komparse *m*, Komparsin *f*, **~atif** figürlich (*malen*)
fiğ BOT Wicke *f*
fihrist ⟨-ti⟩ Inhaltsverzeichnis *n*; Notizbuch *n* mit Alphabet
fiil Handlung *f*, Tat *f*; GR Verb *n*; *-i* (***kuvveden***) **~*e çıkarmak*** in die Tat umsetzen; **~en** [-'ilɛn] de facto; praktisch; tatsächlich, wirklich; **~î** faktisch, real, tatsächlich; MIL aktiv (*Dienst*)
fiilimsi Verbalnomen *n*, Gerundium *n*
fikir ⟨-kri⟩ Meinung *f*; Gedanke *m*; Verstand *m*; ***fikrimce, fikrime göre*** nach meiner Meinung; ~ ***adamı*** Denker *m*; ~ ***arkadaşı*** Gesinnungsgenosse *m*; *-den* ~ ***almak***, *-in* ***fikrini almak*** (*od* ***sormak***) *j-n* um Rat fragen; ... ***hakkında*** ~ ***edinmek*** sich (*D*) ein Bild machen (von *D*); *-e* ~ ***vermek*** *j-m* raten; *j-n* auf e-n Gedanken bringen; ~ ***yürütmek*** e-e Idee haben; *-mek* ***fikrinde olmak*** gedenken, beabsichtigen zu *+inf*; *-diği* ***fikrindeyim*** ich bin der Meinung, dass ...; *-mek* ***fikrindeyim*** ich beabsichtige, ... zu ...; *-mek* ***fikriyle*** mit der Absicht, zu ...
fikir|ce geistig; **~li** mit ... Gedanken; ***dar*** ~ engstirnig; ***geri*** ~ rückständig; ***ileri*** ~ fortschrittlich
fikrî geistig
fiks ÖKON fest(stehend); ~ ***menü*** Menü *n*
fiksaj FOTO Fixieren *n*
fiksatif Fixiermittel *n*
fikstür SPORT Spielplan *m*
fil Elefant *m*; *Schach* Läufer *m*; ~ ***hastalığı*** MED Elephantiasis *f*
filaman EL Glühfaden *m*
filan → ***falan*** *usw*
filarmoni Philharmonie *f*
filarmonik philharmonisch
filateli Philatelie *f*, **~st** ⟨-ti⟩ Briefmarkensammler *m*, -in *f*
'filbah|ar, ~ri BOT Waldrebe *f*
'fildişi Stoßzahn *m*; ANAT Zahnbein *n*; Elfenbein *n*; Elfenbein-; elfenbeinfarben; ♀ ***Kıyısı*** Elfenbeinküste *f*
file Einkaufsnetz *n*; Haarnetz *n*; *Fußball* Netz *n*; → ***fileto***
filenç ⟨-ci⟩ TECH Flansch *m*; **~li** Flansch-; ~ ***boru*** Flanschenrohr *n*
filenk ⟨-gi⟩ MAR Stapel *m*
fi'leto GASTR Filet *n*
'filhakika [-ki:-] *osm* tatsächlich; zwar
Filibe Plovdiv *n* (*Stadt in Bulgarien*)
filibit ⟨-ti⟩ MED Venenentzündung *f*
filigran *im Papier* Wasserzeichen *n*

fi'lika Beiboot *n*; ***cankurtaran ~sı*** Rettungsboot *n*
filim → ***film***
fi'linta Flinte *f*, Jagdgewehr *n*
Fi'lipinler (die) Philippinen *pl*
Fi'lipinli Filipino *m*; philippinisch
Fi'listin Palästina *n*; **~li** Palästinenser *m*, -in *f*
filiz[1] Spross *m*, Trieb *m*
filiz[2] Erz *n*; ***demir ~i*** Eisenerz *n*
filizî [iː] hellgrün
filizkıran kalte(r) Ostwind (*Mitte Mai*)
filizlenmek Triebe ansetzen; aufkeimen; *fig* aufflammen
film Film *m*; ***~ çekmek*** e-n Film drehen; e-e Röntgenaufnahme (Schirmbild) machen; ***~ çevirmek*** e-n Film drehen; *fig* sich amüsieren; ***~ festivali*** Filmfestspiele *n/pl*; ***~ hilesi*** Filmtrick *m*; Gag *m*; ***~ kamerası*** Filmkamera *f*; ***~ yıldızı*** Filmstar *m*; ***~ yönetmeni*** Filmregisseur *m*, -in *f*; ***~ oynatmak*** e-n Film aufführen; *-i* ***~e almak*** verfilmen (*A*); ***~in dublajını yapmak*** synchronisieren (*A*); *-in* ***~ini almak*** filmen (*A*); ***belgesel ~*** Dokumentarfilm *m*; ***bilimsel ~*** Kulturfilm *m*; ***canlandırma ~i*** Trickfilm *m*; ***dolu ~*** abfotografierte(r) Film; ***kısa (metrajlı) ~*** Kurzfilm *m*; ***uzun (metrajlı) ~*** (Lang)Spielfilm *m*, abendfüllende(r) Film; ***renkli ~*** Farbfilm *m*; ***sesli ~*** Tonfilm *m*; ***sessiz ~*** Stummfilm *m*; ***siyah-beyaz ~*** Schwarzweißfilm *m*; ***ama ne ~!*** F was für ein Schauspiel!; ***o anda bende ~ koptu*** F da hatte ich ein Blackout
filmci Filmemacher *m*, -in *f*; **~lik** ⟨-ği⟩ Filmproduktion *f*; ***~ sanayii*** Filmindustrie *f*
filmlik *Thema* für e-n Film, Film-
'filo [-l-] Flotte *f*, Geschwader *n*; Fuhrpark *m*; ***~ etmek*** die Segel streichen
filoloji Philologie *f*; ***Alman ~si*** Germanistik *f*; ***İngiliz ~si*** Anglistik *f*
filo'tilla Flottille *f*
filozof Philosoph *m*, -in *f*; ***~ taşı*** Stein *m* der Weisen; **~ça** *adj*, *adv* weise
filozof|i Philosophie *f*; **~ik** philosophisch
'filtre Filter *m*; ***~ kağıdı*** Filterpapier *n*; ***~ etmek*** filtern, filtrieren; ***~den geçmiş*** gefiltert; **~li** Filter- (*Zigarette*)
Fin Finne *m*, Finnin *f*; finnisch; ***~ hamamı*** Sauna *f*
final SPORT Endrunde *f*, *a* MUS Finale *n*; ***çeyrek ~*** Viertelfinale *n*; ***yarı ~*** Halbfinale *n*; ***~e kalmak*** ins Finale kommen; **~ist** Finalist *m*
finans Finanz-; ***~ kaynakları*** Geldquellen *f/pl*; **~al** finanziell; **~çı** Finanzmann *m*; **~e:** *-i* ***~ etmek*** finanzieren (*A*); **~man** Finanzierung *f*, **~ör** Geldgeber *m*, Finanzier *m*
fincan Tasse *f*; EL (Glocken)Isolator *m*; ***~ tabağı*** Untertasse *f*; **~cı:** ***~ katırlarını ürkütmek*** große Verwirrung stiften; **~lık** ... Tassen voll; für ... Tassen
'Fince (das) Finnisch(e); finnisch
fingirdek ⟨-ği⟩ kokett; leichtsinnig (*Handlung*); **~lik** ⟨-ği⟩ Koketterie *f*, Leichtsinn *m*
fingir|demek kokettieren; leichtsinnig handeln; **~deşmek** flirten (*-le* mit *D*)
fingirti Leichtsinn *m*
finik: CHEM ***asit ~*** Karbolsäure *f*
finiş Endspurt *m*; ÖKON Finish *n*; ***~e geçmek*** am Ziel ankommen; ***~e kalkmak*** zum Endspurt ansetzen
fink: ***~ atmak*** flirten; sich amüsieren
Finlan|dalı Finne *m*, Finnin *f*, **~diya** Finnland *n*; **~diyalı** Finne *m*, Finnin *f*
'fino Schoßhund *m*; F Stoff *m*
Fin-Ugur: ***~ dilleri*** finnisch-ugrische Sprachen *f/pl*
firar [ɑː] Flucht *f* (*Soldaten, Gefangene*); ***~ etmek*** flüchten, desertieren; *aus dem Gefängnis* ausbrechen; ***~ olan*** flüchtig; ***~ teşebbüsü*** Fluchtversuch *m*; **~î** Flüchtling *m*; Deserteur *m*
firavun Pharao *m*; *fig* Tyrann *m*; ***~ faresi*** ZOOL Pharaonsratte *f* (*Herpestes ichneumon*); **~î** [iː] Pharaonen-; tyrannisch
'fire ÖKON Schwund *m*; Ausschuss *m*, Abgänge *m/pl*; ***~ vermek*** e-n Schwund aufweisen; *fig* e-n Bock schießen
fir'kete Haarnadel *f*
'firma ÖKON Firma *f*
firuze [-'uː-] Türkis *m*, türkis(farben)
Fisagor Phythagoras; ***~ davası*** pythagoräische(r) Lehrsatz
fiske Schnalzen *n*; Knall *m*; Prise *f Salz*; Wasserbläschen *n*; Pickel *m*; ***~ vurmak*** schnalzen; **~lemek** *mit den Fingern* schnalzen; *fig* abkanzeln (*-i j-n*)
fiskos Getuschel *n*; ***~ etmek*** tuscheln
fistan *dial* Kleid *n*, Rock *m*
'fisto Feston *n*, Festonborte *f*, Rüsche *f*
fistül MED Fistel *f*
fisyon PHYS Kernspaltung *f*

fiş EL Stecker *m*; Karteikarte *f*; Spielmarke *f*; Automatenmünze *f*; ÖKON Kassenbon *m*, Quittung *f*; **~ kutusu** Kartei(kasten *m*) *f*; **~ açmak** e-e Kartei anlegen; *-in* **~ini tutmak** *über j-n* Kartei führen; **dişi ~** EL Buchse *f*

fişek ⟨-ği⟩ Patrone *f*; Rakete *f*; Feuerwerkskörper *m*; **~ atmak** Raketen abschießen; ein Feuerwerk veranstalten; aufreizen; Zwietracht säen; P bumsen; **~ gibi** aufbrausend, hitzig; **~ gibi girmek** plötzlich hereinschneien

F

fişeklik ⟨-ği⟩ Patronentasche *f*, Patronengürtel *m*

fişlemek (in die Kartei) eintragen, aufnehmen, registrieren; *Polizei* erkennungsdienstlich behandeln

fişli (in der Karteikarte) stehend, aufgenommen, eingetragen; *Polizei* erkennungsdienstlich behandelt

fit[1] ⟨-ti⟩ Hetze *f*, Aufwiegelung *f*; Intrige *f*; *-e* **~ sokmak** (*od* **vermek**) aufhetzen zu

fit[2] ⟨-ti⟩ Entgelt *n*; F Jasagen *n* (zu); **~ olmak** quitt sein; **bş-e ~ olmak** sich zufrieden geben mit

fit[3] TECH Speise-; *als Maß englisch* feet (= *Fuß*)

fitçi Aufhetzer *m*, -in *f*; Intrigant *m*, -in *f*

fitil Docht *m*; Zündschnur *f*; Lunte *f*; Mull *m* (*für Wunden*); MED Zäpfchen *n*, Paspel *f*; **~ gibi** (**sarhoş**) total betrunken; **~i almak** außer sich (*D*) geraten; sich beunruhigen; *-e* **~ vermek** *j-n* zur Raserei bringen; *j-n* aufhetzen

fitil|lemek (*-i*) *e-e Bombe usw* zünden; *j-n* rasend machen; intrigieren; **~li** ... mit Docht; HIST ... mit Luntenschloss; **~ gaz ocağı** Petroleumkocher *m*

fitlemek (*-i*) *j-n* aufhetzen; *fig j-n* anschwärzen

fitleyici Aufwiegler *m*; Intrigant *m*

fitne Aufruhr *m*, Aufwiegelung *f*; Meuterei *f*; Aufstand *m*; Intrige *f* → **fitneci**; **~ koymak** (*od* **sokmak**) Unfrieden stiften; **~ bastı** ein Aufstand ist ausgebrochen; **~ ficur** gefährliche(r) Hetzer; man hat e-e Intrige gesponnen

fitneci Unruhestifter *m*; **~lik** ⟨-ği⟩ Hetzerei *f*, Aufwiegelei *f*

fitne|lemek (*-i*) *über j-n* lästern, herziehen; *j-n* aufhetzen; **~lik** ⟨-ği⟩ Klatschsucht *f*, Lästerungen *f/pl*

fitre REL Almosen *n* (*in den letzten Tagen des Ramadan*)

fi'yaka Angeberei *f*; *-e* **~ çekmek** *j-m* imponieren; **~ yapmak** (*od* **satmak**) angeben, sich wichtig machen; **~cı** Angeber *m*, -in *f*, Wichtigtuer *m*, -in *f*; **~lı** wichtigtuerisch; **~ olmak** imponieren

fi'yasko Fiasko *n*, F Reinfall *m*; **~ya uğramak, ~ vermek** ein Fiasko erleiden

fiyat ⟨-tı⟩ ÖKON Preis *m*; (*Börsen*)Kurs *m*, Notierung *f*; **~ artışı** Preiserhöhung *f*; **asgarî ~** Mindestpreis *m*; **azamî ~** Höchstpreis *m*; **değişmez ~lar** feste Preise *m/pl*; **döviz ~ı** Wechselkurs *m*; **~ - performans oranı** Preis-Leistungs-verhältnis *n*; **~ listesi** Preisliste *f*; **~a ilave** Preisaufschlag *m*; **~lanmak** teurer werden

fiyonk ⟨-gu⟩ Schleife *f*; F Fliege *f*

fiyort ⟨-tu⟩ Fjord *m*

fizik ⟨-ği⟩ **1.** *subst* Physik *f*; Körperbeschaffenheit *f*; **atom fiziği, nükleer ~** Atomphysik *f*, Kernphysik *f*; **2.** *adj* physisch; **~ yapısı** Körperbau *m*

fizikçi Physiker *m*, -in *f*; F Physiotherapeut *m*, -in *f*; F Physiklehrer *m*, -in *f*

fizikî → **fiziksel**

fiziköte|si ⟨-ni⟩ Metaphysik *f*; metaphysisch; **~sel** metaphysisch

fiziksel physisch; physikalisch

fizyoloji Physiologie *f*; **~k** physiologisch

fizyonomi Physiognomie *f*, Gesichtsausdruck *m*

flama Wimpel *m*, Flagge *f*; TECH Nivellierlatte *f*; **~ işareti** Flaggensignal *n*

Flaman Flame *m*; Flämin *f*; flämisch

flamankuşu, flamingo Flamingo *m*

'flandra MAR Schiffswimpel *m*

'Flandra Flandern *n*

flanel (Woll)Flanell *m*

flap ⟨-bı⟩ LUFTF Bremsklappe *f*

flaş Blitzlicht *n*; *fig* Sondermeldung *f*; *adj* sensationell; **~ (haber)** Sensation *f*

flebit ⟨-ti⟩ MED Venenentzündung *f*

flegmatik phlegmatisch

flit ⟨-ti⟩ Zerstäuber *m*; Insektenvertilgungsmittel *n*; **~lemek** (mit e-m Insektizid be)sprühen

flore|san fluoreszierend; **~ lamba** Leuchtröhre *f*; **~sans** Fluoreszenz *f*

florin Gulden *m*

floş Flockenseide *f*, *Art* Kunstseide *f*

flöre Florett *n*

flört ⟨-tü⟩ Flirt *m*; Freund *m*, -in *f*; *-le* ~

etmek flirten mit; **~öz** Schmuse-
flüor Fluor *n*
flüoresan(s) → ***floresan(s)***
flüt ⟨-tü⟩ MUS Flöte *f*
fob ÖKON fob, frei an Bord
fobi Phobie *f*
fodepar SPORT Fehlstart *m*
'fodra (Rosshaar)Unterlage *f*, (*Anzug*)-Futter *n*
fodul arrogant
fok ⟨-ku⟩ ZOOL Robbe *f*, Seehund *m*
fokur: ~ ~ brodelnd; **~damak** brodeln, blubbern; **~datmak** zum Blubbern bringen; **~tu** Brodeln *n*
fokus PHYS Brennpunkt *m*
fol Gipsei *n*, künstliche(s) Ei
folikül ANAT Follikel *m*
folk: ~ (***müziği***) MUS Folk *m*
folklor Folklore *f*, Volkskunde *f*; F Volkstänze *f*; **~ik** folkloristisch
folluk ⟨-ğu⟩ Legenest *n für Hühner*; P weibliche Scham
'folye, **folyo** Folie *f*
fon ÖKON Fonds *m*, Gelder *n/pl*; *Ansicht* Hintergrund *m*; Geräuschkulisse *f*; *Gemälde* Untergrund *m*; ~ ***kartonu*** Zeichenpappe *f*; ***yedek ~u*** Reservefonds *m*; ~ ***müziği*** Musikkulisse *f*, Begleitmusik *f*
'fonda Meeresgrund *m*; Ankergrund *m*; ~ ***etmek*** Anker werfen
fondan *Art* Bonbon *m*
fondöten Make-up *n*
fonem GR Phonem *n*; → ***sesbirim***
fonetik ⟨-ği⟩ Phonetik *f*; phonetisch
fonksiyon Funktion *f* (*a Aufgabe*)
fonksiyonel funktional
font ⟨-tu⟩ Gusseisen *n*; ~ ***karter*** AUTO Ölwanne *f*
for: → ***forvet***
'fora: ~ ***etmek*** *Segel* setzen, aufziehen; *Fenster* weit öffnen; *Flagge* hissen; *Lichter* richten (-*e* auf *A*); *Messer* zücken
form *bes* SPORT Form *f*, Formular *n*; ~ ***dilekçe*** Antragsformular *n*; ***~(un)da olmak*** in Form sein; ***~dan düşmek*** nicht in Form sein
'forma Form *f*, Gestalt *f*; BUCH Bogen *m*; Uniform *f*; Schulkleidung *f*; SPORT Dress *m*; ***millî ~*** Nationaltrikot *n*; **~lık** Uniform- (*Stoff*); BUCH mit ... Bogen
formalist ⟨-ti⟩ Formalist *m*
formalite Formalität *f*, Bürokratismus *m*; ~ ***düşkünü*** Pedant *m*, -in *f*; **~ci** Formalist *m*, -in *f*
formalizm Formalismus *m*
formasyon Ausbildung *f*, Bildung *f*, Background *m*
format EDV, FOTO Format *n*; **~lamak** formatieren
formel formal
formen Vorarbeiter *m*; Polier *m*; Werkmeister *m*
formikasit ⟨-ti⟩ Ameisensäure *f*
formsuz SPORT nicht in Form
formül *allg* Formel *f*, *fig* Richtung *f*, Kurs *m*; Formular *n*; ***yapı ~ü*** CHEM Strukturformel *f*
formüle: ~ ***etmek*** formulieren
formüler Formular *n*
fors MAR Flagge *f*, Wimpel *m*; F Prestige *n*; Hochmut *m*; ~ ***almak*** anmaßend sein; *-in* ***~u olmak*** das Sagen haben
'forsa Galeerensträfling *m*
forseps MED Geburtszange *f*
forslu einflussreich, mächtig; MAR mit Wimpel
'forum Forum *n*
forvet Stürmer *m* (*Fußball*)
fos F windig; faul, mies; ~ ***çıkmak*** *Sache* danebengehen; faul (*od* mies) sein
fosfat CHEM Phosphat *n*
fosfor Phosphor *m*; **~ışıl** phosphoreszierend; **~ik**: ~ ***asit*** Phosphorsäure *f*; **~lu** Phosphor-, phosphorhaltig; F phosphoreszierend
fosil versteinert; Fossil *n*; **~leşmek** *v/t* versteinern; *fig* verkalken
fosla|mak *v/i* fehlschlagen; *fig* die Fassung verlieren; **~tmak** (*-i j-n*) aus der Fassung bringen, blamieren
fosur: ~ ~ ***içmek*** paffen, schmauchen
fosurdamak = ~ ~ ***içmek***; **~datmak** *v/t* paffen
fotin → ***potin***
'foto *nur in Zusammensetzungen* Foto *n*, Fotoatelier *n*; ~ ***muhabiri*** Bildberichterstatter *m*, -in *f*
'fotofiniş Fotofinish *n*
fotoğraf Foto *n*, Fotografie *f*, Lichtbild *n*; ~ (***sanatı***) Fotografie *f*; ~ ***kitabı*** Bildband *m*; ~ ***makinesi*** Fotoapparat *m*; (*-in*) ***~ını çekmek*** fotografieren, aufnehmen (*A*); ***vesikalık ~*** Passbild *n*; ***hava ~ı*** Luftaufnahme *f*, **~çı** Fotograf *m*, -in *f*, Fotogeschäft *n*; **~çılık** ⟨-ğı⟩ Fotografie *f*; ~ ***yapmak*** als Fotograf(in) tä-

F

tig sein; **~landırmak** mit Fotos versehen
foto|jenik fotogen; **~kopi** Fotokopie *f*, Ablichtung *f*; **~model** Fotomodell *n*; **~montaj** Fotomontage *f*
foton PHYS Photon *n*, Lichtquant *n*
fotosel TECH Fotozelle *f*
fotosentez BOT Photosynthese *f*
'foya *fig* Augenwischerei *f*; ***~sını ortaya çıkarmak*** *j-n* entlarven; ***~sı ortaya çıkmak*** entlarvt werden
fötr Filz *m*; ***~ şapka*** Filzhut *m*
fragman Fragment *n*
frak ⟨-kı⟩ Frack *m*
fraksiyon POL Gruppierung *f* (*in e-r Partei usw*)
fran'cala Baguette *f*, Brötchen *n*
frank ⟨-gı⟩ Franc *m*
'Fransa Frankreich *n*
Fransız Franzose *m*; Französin *f*; französisch; **~ca** (das) Französisch(e); (auf) französisch; ***~ öğretmeni*** Französischlehrer *m*, -in *f*
frapan auffallend
frazeoloji LING Phraseologie *f*
fregat ⟨-tı⟩ MIL Fregatte *f*
frekans PHYS Frequenz *f*
fren Bremse *f*; ***~ çarığı*** Bremsschuh *m*; ***~ kolu*** Bremshebel *m*; ***~ mesafesi*** (*od* ***yolu***) Bremsstrecke *f*; ***~ pedalı*** Bremspedal *n*; ***~ sıvısı*** Bremsflüssigkeit *f*; ***~ tutmadı*** die Bremse versagte; ***~ yapmak*** bremsen; ***~e basmak*** auf die Bremse treten; ***el ~i çekmek*** die Bremse anziehen
frengi Syphilis *f*
Frengistan HIST Europa (*n*)
Frenk ⟨-gi⟩ HIST Europäer *m*, -in *f*; Franke *m*, Franzose *m*; ***~ eriği*** BOT Reineclaude *f*; ***~ sakalı*** Spitzbart *m*
frenkasması wilde(r) Wein
frenkçileği ⟨-ni⟩ BOT Gartenerdbeere *f*
frenkinciri ⟨-ni⟩ BOT Feigenkaktus *m*
frenklahanası ⟨-nı⟩ Rosenkohl *m*
frenküzümü ⟨-nü⟩ (rote) Johannisbeere; ***siyah ~*** schwarze Johannisbeere
frenlemek *v/t* bremsen; *fig* hemmen, obstruieren; ***kendini ~*** *fig* sich bezwingen
frenleyici hemmend, obstruktiv
fresk ⟨-ki⟩ Freske *f*, Freskenmalerei *f*
'freze Fräser *m*; ***~ etmek*** fräsen; ***~ makinesi*** Fräse *f*; **~ci** *Person* Fräser *m*; **~lemek** *v/t* fräsen
'frigo **1.** *subst* Gefrorene(s); **2.** *adj* F frigide
frigorifik ⟨-ği⟩ Kühl- (*Wagen*)
'frikik ⟨-ki⟩ SPORT Freistoß *m*; P ***~ yakalamak*** das nackte Bein sehen
friksiyon Einreibung *f*
friz Fries *m* (*a Bordüre*)
früktoz Fruchtzucker *m*
fuar ÖKON Messe *f*
fuarcılık ⟨-ğı⟩ Messeveranstaltung *f*
fuaye THEA Foyer *n*
fuhuş ⟨-hşu⟩ Prostitution *f*
fukara [-rɑː] arm, mittellos; *fig* arm; Derwisch *m*; ***~ babası*** Freund *m* der Armen; **~lık** ⟨-ğı⟩ Armut *f*
ful ⟨-lü⟩ BOT Jasmin *m* (*Iasminum sambac*); **~ya** BOT Narzisse *f*
'funda BOT Erika *f*, Heidekraut *n*
'fundalık ⟨-ğı⟩ Gestrüpp *n*
'funya Zünder *m*
furgon Gepäckwagen *m*
'furya Unmenge *f*; ***balık ~sı*** Fischzug *m*; ***sıcağın ~sında*** in e-r Gluthitze
'futbol ⟨-ü⟩ Fußball *m*; ***~ delisi*** (*od* ***hastası, tutkunu***) Fußballfan *m*; ***~ sahası*** Fußballplatz *m*; **~cu**, **~cü** Fußballer *m*, Fußballspieler *m*
fuzuli [-uːliː] überflüssig; JUR unrechtmäßig; F Quatschkopf *m*
'fücceten: ***~ gitmek*** plötzlich von uns (*D*) gehen (*sterben*)
füg MUS Fuge *f*
füme geräuchert; rauchfarben; *-i* ***~ etmek*** räuchern
fümuar Rauchzimmer *n*
füsun [uː] *osm* Zauber *m*
fütuhat [-tuːhɑːt] ⟨-tı⟩ HIST Eroberungen *f/pl*
fütursuz rücksichtslos
fütürist Futurist *m*, -in *f*, futuristisch
fütürizm Futurismus *m*
füze Rakete *f*; **~atar** Raketenabschussrampe *f*
füzen Kohlestift *m*; Kohlezeichnung *f*
füzesavar Raketenabwehr *f*
füzyon ÖKON, PHYS Fusion *f*

G

g, G [gɛ] g, G *n*; MUS g-moll, G-Dur
G *Abk. für* ***güney*** Süden (S)
gabardin Gabardine *m*; **~ (pardösü)** Gabardinemantel *m*
gabi [iː] stumpfsinnig
'gabya MAR Marssegel *n*
gacır: **~ gucur** schmatzend; *Tür* knarrend
gaco P (fesches) Weib; Geliebte *f*
gaddar erbarmungslos; grausam; Tyrann *m*; **~lık** ⟨-ğı⟩ Erbarmungslosigkeit *f*
gadir ⟨-dri⟩, **~lik** ⟨-ği⟩ Grausamkeit *f*, Ungerechtigkeit *f*; *-i* ***gadre uğratmak*** *j-n* tyrannisieren, unterdrücken
gaf Schnitzer *m*; Taktlosigkeit *f*; **~ işlemek** (*od* ***yapmak***) sich danebenbenehmen; **~çı** taktlose(r) Mensch; F Taps *m*
gafil [ɑː] uneinsichtig, gedankenlos, zerstreut; *-i* **~ avlamak** *j-n* überrumpeln
gaflet ⟨-ti⟩ Unachtsamkeit *f*, Gedankenlosigkeit *f*; **~ uykusu** Lethargie *f*, Verträumtheit *f*
gaga Schnabel *m*; *-i* **~sından yakalamak** *j-n* in die Enge treiben; **~burun** ⟨-rnu⟩ mit e-r Adlernase (*od* Hakennase); Adler- oder Hakennase; **~lamak** *v/t* aufpicken; hacken; *fig* *j-n* runterputzen; **~laşmak** sich schnäbeln, schnäbeln (*-le* mit)
Gagavuz Gagause *m*; **~ca** (das) Gagausisch(e)
gaile [ɑː] Sorge *f*, Kummer *m*; Fron(arbeit) *f*; ***hayat* ~si** Existenzkampf *m*; *-in* ***başına* ~ler *açmak*** *j-m* Kummer bereiten; **~li** kummervoll; **~siz** sorgenlos; *Person* unbekümmert
gaip [ɑː] ⟨-bi⟩ abwesend; verschollen; Abwesenheit *f*, Jenseits *n*; **~lerin muhakemesi** JUR Kontumazialverfahren *n*; **~ten haber vermek** wahrsagen
gak ⟨-kı⟩: **~ ~, ~ guk** *int* raab, raab *od* krah, krah; **~ guk istemem** keine Ausrede!; **~lamak** krächzen
Gal(ler) Wales *n*
gala Galaempfang *m*; Galavorstellung *f*, Gala *f*
galan galant; Galan *m*; piekfein
galat ⟨-tı⟩ Fehler *m*, falsche(s) Wort
galdır: **~ guldur** trapp trapp!
galebe: *-e* **~ çalmak** besiegen *A*
galeri Galerie *f*; *Bergwerk* Stollen *m*; ***resim* ~si** Gemäldegalerie *f*; ***oto* ~(si)** Autogeschäft *n* (*Verkaufsstelle*)
ga'leta Zwieback *m*; **~ unu** Paniermehl *n*
galeyan [-ɑːn] *fig* Erregung *f*, Wut *f*; **~a gelmek** schäumen (*vor Wut*)
'galiba [ɑː-ɑː] wahrscheinlich; es scheint (so), dass ..
galibiyet [gɑː-] ⟨-ti⟩ Sieg *m*; **~ kazanmak** den Sieg davontragen; die Oberhand gewinnen
galip [ɑː] ⟨-bi⟩ Sieger *m*; Preisträger *m*; überlegen; wahrscheinlich; *-e* **~ gelmek** (*od* ***olmak***) *j-n* besiegen, schlagen; *j-m* überlegen sein
galiz [iː] *Worte* grob, unanständig; *Schicht* dick
galon Kanister *m* (*für Öl usw*); *Maß* Gallone *f* (*4½ Liter*)
galoş Galosche *f*, Überschuh *m*
galvan|ik galvanisch; **~iz** Galvanisierung *f*, **~ize** galvanisiert; verzinkt; **~izlemek** *v/t* galvanisieren; verzinken; **~izli** → ***galvanize***
gam[1] MUS Tonleiter *f*, Oktave *f*
gam[2] ⟨gammı⟩ Kummer *m*, Sorge *f*; **~ yemek** sich grämen
gamalı: **~ haç** Hakenkreuz *n*
gamet ⟨-ti⟩ BIOL Gamet *m*, Keimzelle *f*
gamlanmak sich grämen (*-e* über *A*)
gamlı bekümmert
gamma: **~ ışınları** Gammastrahlen *m/pl*
gammaz [-ɑːz] Verleumder *m*, -in *f*, Denunziant *m*, -in *f*
gammaz|lamak denunzieren; anschwärzen (*-i -e j-n* bei *j-m*); **~lık** ⟨-ğı⟩ Verleumdung *f*, Denunzierung *f*
gamze Grübchen *n*
gang GEOL Gangart *f* (*bei Metallen*)
gangren MED Gangräne *f*, (heißer) Brand
gangster Gangster *m*; **~lık** ⟨-ği⟩ Verbrecherunwesen *n*, Gangstertum *n*
gani [iː] vermögend; großzügig; **~ ~** in Hülle und Fülle; **~ gönüllü** großzügig
ganimet [iː] ⟨-ti⟩ (Kriegs)Beute *f*, *fig* Geschenk *n* des Himmels
gar Hauptbahnhof *m*
garabet ⟨-ti⟩ Abwegigkeit *f*
garaj Garage *f*, (*Straßenbahn*)Depot *n*

G

garanti **1.** *subst* Garantie *f*, Gewähr *f*; **2.** *adv* F garantiert; *-i* ~ ***altına almak*** garantieren (*A*); ~ ***veren*** Garant *m*, Bürge *m*; Gewährsmann *m*; ***bu saatin bir yıl ~si var*** auf diese Uhr besteht ein Jahr Garantie; *-i* ~ ***etmek***: ***başarınızı ~ ediyorum*** ich garantiere Ihnen (e-n) Erfolg; **~lemek** (*-i*) *j-m etw* garantieren; (zu)sichern (***hakkını*** *j-m* das Recht); **~li** garantiert; mit Garantie(-schein); ***bir yıl için*** ~ mit einjähriger Garantie; **~siz** ohne Garantie

garaz Groll *m*, Feindseligkeit *f*, böse Absicht; *-e* ~ ***bağlamak*** *j-m* feindlich gesinnt sein; *-e* ~ ***olmak*** *gegen j-n* Groll hegen; **~kâr** gehässig, nachtragend; **~sız** uneigennützig; ohne Hintergedanken; ohne Groll

gardırop ⟨-bu⟩ Kleiderschrank *m*; Garderobe *f* (*a Kleidung*)

gardiyan Gefängniswärter *m*; **~lık** ⟨-ğı⟩ Wachdienst *m*

gargara Gurgeln *n*; Gurgelmittel *n*; ~ ***etmek*** (*od* ***yapmak***) gurgeln; *-i* ***~ya getirmek*** F übertönen

garibe [iː] Kuriosität *f*; ***hilkat ~si*** Naturwunder *n*; Monstrum *n*

garip ⟨-bi⟩ **1.** *subst* Alleinstehende(r); Fremde(r); (der) Ärmste; **2.** *adj* sonderbar, eigentümlich, komisch; erstaunlich; *-in* ***garibine gitmek*** *j-m* komisch vorkommen; **~semek** sich einsam (und verlassen) fühlen; (*-i*) *etw* komisch finden

gark ⟨-kı⟩ *fig* Verschwendung *f*; *-i -e* **~etmek** ertränken (*A*), versenken (*A*); *z.B. den Markt* überschütten mit; *j-n* überhäufen mit; **~olmak** *pass von* **~etmek**; überhäuft werden (***hediyelere*** mit Geschenken)

garni Beilage *f*, Zukost *f*; *Kleid* Besatz *m*

garnitür GASTR Mischung *f*, → ***garni***; **~lü** mit Beilage; mit Besatz

garnizon MIL Garnison *f*

garp ⟨-bı⟩ → ***batı***; Abendland *n*

garplılaşmak sich europäisieren; verwestlichen

garson Kellner *m*; F Herr Ober!; ~ ***kız*** Kellnerin *f*; **~iye** Bedienungsgeld *n*; **~iyer** Junggesellenwohnung *f*; F Liebesnest *n*; **~luk** ⟨-ğu⟩ Kellnerberuf *m*; ~ ***yapmak*** servieren; als Kellner arbeiten

gaseyan [ɑː] MED Erbrechen *n*

gasıp[1] ⟨-sbı⟩ Usurpation *f*; JUR Raub *m*

gasıp[2] [ɑː] ⟨-ıbı⟩ Usurpator *m*; Räuber *m*; **~lık** ⟨-ğı⟩ Usurpation *f*

gasletmek REL (den) Toten waschen

gasp ⟨-bı⟩ → ***gasıp***[1]

gaspetmek usurpieren, sich (*D*) *etw* (*A*) gewaltsam aneignen

gastr|al: ~ ***boşluk*** ⟨-ğu⟩ MED Bauchhöhle *f*; **~it** ⟨-ti⟩ Gastritis *f*

gâvur **1.** *subst abw* Ungläubige(r) (= *Christ*, *Christin*); Gottlose(r); **2.** *adj* unbarmherzig; trotzig, stur; *-i* ~ ***etmek*** *Geld* unnütz rausschmeißen; **~ca** *abw* F *Sprache* „ausländisch", europäisch

'gayda Dudelsack *m*

gaye [ɑː] Ziel *n*; Zweck *m*; Anliegen *n*; *-i* ~ ***edinmek*** sich (*D*) ein Ziel setzen; ***bir ~(yi) gütmek*** ein Ziel verfolgen; ***ne ~ ile*** zu welchem Zweck?; *-mek* ***~sindeyim*** ich beabsichtige, zu ...

gayesiz [ɑː] sinnlos, ziellos; **~lik** ⟨-ği⟩ Sinnlosigkeit *f*, Zwecklosigkeit *f*

gayet [ɑː] äußerst, überaus; **~le** F → ***gayet***

gaygay schrill; ~ ***etmek*** schrill (*od* grell) klingen

gayret ⟨-ti⟩ Anstrengung *f*, Fleiß *m*; Plackerei *f*, Eifer *m*; Ausdauer *f*; ~ ***dayıya düştü*** so ist die Sache unerledigt; ~ ***etmek*** sich anstrengen; ~ ***göstermek*** sich eifrig bemühen; *-e* ~ ***vermek*** *j-n* anfeuern; trösten; ***~e gelmek*** die Initiative ergreifen; ans Werk gehen; *-i* ***~e getirmek*** *j-n* anregen; **~keş** übereifrig; **~keşlik** Übereifrigkeit *f*

gayretlenmek sich anstrengen

gayret|li energisch; kühn; resolut; **~siz** apathisch; ohne Initiative; **~sizlik** ⟨-ği⟩ Apathie *f*, Interesselosigkeit *f*, Unentschlossenheit *f*

'gayrı[1] schon; *nicht* mehr; (auch noch) weiter; ~ ***o işi bana bırak!*** überlass diese Arbeit schon mir!; ~ ***oraya gitmeyeceğim*** ich gehe nicht mehr dahin; ***demek burada kalacaksın ~?*** du bleibst also noch weiter hier?

gayrı[2], **gayri** (der, die, das) andere, alles andere; außer; ***bunlardan ~ kimsem yok*** außer ihnen habe ich niemanden

'gayri un-, nicht-, ohne ...; de-; ~ ***ahlakî*** unsittlich; ~ ***insanî*** unmenschlich; ~ ***kabili kıyas*** unvergleichlich; ... ohnegleichen; ~ ***sıhhî*** unhygienisch; gesundheitsschädlich; ~ ***tabiî*** unnatür-

lich; übernatürlich; sonderbar
gayrimenkul Immobilien *f/pl*
gayrimeşru illegal; unehelich (*Kind*)
gayya: ~ ***kuyusu*** *fig* Hexentanzplatz *m*; verzwickte, hoffnungslose Lage
gayzer Geysir *m*
gaz[1] Gaze *f*, Mull *m*; Flor *m*; ~ ***bezi*** Mullbinde *f*
gaz[2] Gas *n*; F Petroleum *n*; MED Blähungen *f/pl*, Winde *m/pl*; ~ ***borusu*** Gasleitung *f*; ~ ***hali*** gasförmige(r) Zustand; ~ ***halinde*** gasförmig; ~ ***lambası*** Petroleumlampe *f*; ~ ***maskesi*** Gasmaske *f*; ~ ***sayacı*** Gasuhr *f*; ~ ***silahı*** chemische Waffe *f*; ~ ***sobası*** Petroleumofen *m*; ***doğal*** (*od* ***tabii***) ~ Erdgas *n*; ~***a basmak*** AUTO Gas geben; ~***ı kesmek*** AUTO Gas wegnehmen; *allg* TECH drosseln; ***tam*** ~***(la)*** mit Vollgas; ***tam*** ~***(la) gitmek*** AUTO mit Vollgas fahren; ~***a gelmek*** sich (durch Lob *usw*) verleiten lassen; *-e* ~ ***vermek*** Gas geben; F bestärken, loben *A*
gaza [-zaː] heilige(r) Krieg
gazal [-aːl] ZOOL Gazelle *f*
gazap ⟨-bı⟩ Wut *f*, Zorn *m*; *-e* ***karşı gazaba gelmek*** zornig werden; sich empören (gegen *A*); *-in* ***gazabına uğramak*** sich (*D*) den Zorn *j-s* zuziehen; in Ungnade fallen; ~***landırmak*** (*-i j-n*) rasend machen; ~***lı*** erzürnt, rasend
gazel[1] ⟨-li⟩ LIT Gasele *f*, Liebesgedicht *n*; *Art* Gesang *m*; *-e* ~ ***okumak*** *j-m* Gaselen vorlesen (*od* vorsingen); *fig j-m* Märchen erzählen, *etw* vorflunkern
gazel[2] trockene(s) Blatt, Laub *n*
ga'zete Zeitung *f*; ~ ***dağıtmak*** Zeitungen austragen; ~ ***kâğıdı*** Zeitungspapier *n*; ~ ***bayii*** Zeitungskiosk *m*; ~ ***ilavesi*** Beilage *f*; ***haftalık*** ~ Wochenzeitung *f*; ~***ci*** Zeitungsherausgeber *m*, -in *f*; Journalist *m*, -in *f*, Reporter *m*, -in *f*; Redakteur *m*, -in *f*; Zeitungsverkäufer *m*, -in *f*; ~***cilik*** ⟨-ği⟩ Zeitungswesen *n*, Journalismus *m*; Journalistenberuf *m*
gazhane [-haː-] Gaswerk *n*
'gazışı Lumineszenz *f*
gazi [gaːziː] Gazi *m*, Glaubenskämpfer *m* (*für den Islam*); Veteran *m*; *Ehrentitel für Feldherren*
'gazibiği ⟨-ni⟩ Gasbrenner *m*
ga'zino Kasino *n*, Klub *m*
'gazküre ASTR Atmosphäre *f*
gazlamak **1.** *v/t* vergasen; mit Petroleum bestreichen; **2.** *v/i Auto* Gas geben; e-n Gasangriff durchführen; F abhauen; losziehen; ***gazla!*** hau ab!
gazlanmak vergast werden; sich durch Gas vergiften; *Gase* sich bilden
gazlı[1] Gas-; mit Gas betrieben; gasvergiftet
gazlı[2]: ~ ***bez*** → ***gaz bezi***
gazo'metre Gasometer *m*
gazoz Brauselimonade *f*; ~ ***ağacı*** F Quark *m*
'gaztaşı Schleifstein *m*
'gazyağı ⟨-nı⟩ Petroleum *n*; ~ ***ocağı*** Petroleumkocher *m*
GB *Abk für* ***Gümrük Birliği*** Zollunion *f*
gebe schwanger; *Tier* trächtig; *fig* explosive Lage; *-i* ~ ***bırakmak*** schwängern, F ein Kind machen (*D*); befruchten; ~ ***kalmak*** schwanger werden; *-e* ~ ***kalmak*** *abw* F in *j-s* Schuld stehen; *-den* ~ ***kalmak*** geschwängert werden von; ~ ***olmak*** nahe bevorstehen; ~***lik*** ⟨-ği⟩ Schwangerschaft *f*, Trächtigkeit *f*; ~ ***izni*** Schwangerschaftsurlaub *m*
geberesiye tod- (*müde usw*)
geber|mek F krepieren, verrecken (*-den* vor *D*); ~***tmek*** *fig* F *j-n* umbringen, erschlagen
gebeş plump; untersetzt; linkisch; *Stimme* rau; F Dussel *m*; ~***lik*** ⟨-ği⟩ Plumpheit *f*, Unbeholfenheit *f*
gebre BOT Kapern *f/pl*; ~***otu*** ⟨-nu⟩ Kapernstrauch *m*
gece Nacht *f*, nachts; ~ ***bekçisi*** Nachtwächter *m*; ~ ***gündüz*** Tag und Nacht; ~ ***hizmeti*** Nachtdienst *m*; ~ ***işi*** Nachtarbeit *f*; ~ ***kuşu*** *fig* Nachtschwärmer *m*; ~ ***oluyor*** es wird Nacht; ~ ***yarısı*** → ***geceyarısı***; ~ ***yatısına kalmak*** übernachten (*Gast*); ~ ***yatısına alıkoymak*** übernachten lassen (*Gast*); ***çarşambayı perşembeye bağlayan*** ~ (in der) Nacht von Mittwoch auf Donnerstag; ~***i gündüze katmak*** die Nacht zum Tage machen; ***iyi*** ~***ler!*** gute Nacht!
gececi Nachtschichtarbeiter *m*, -in *f*
geceki nächtlich, von (letzter) Nacht
gecekondu *in e-r Nacht ungesetzlich behelfsmäßig gebautes Haus*, Baracke *f*, *fig* Bruchbude *f*; ~ ***ağası*** Barackenspekulant *m*; ~ ***mahallesi*** Slum *m*; ~***laşma*** Anhäufung *f* von Barackensiedlungen

gecelemek *v/i* übernachten
ge'celeyin nachts, in der Nacht
gecelik ⟨-ği⟩ **1.** *subst* Nachthemd *n*; **2.** *adj* pro Nacht (*z.B. Preis*)
gecesefası ⟨-nı⟩ BOT Wunderblume *f* (*Mirabilis jalapa*)
geceyarısı Mitternacht *f*; um Mitternacht; **~ *operasyonu*** *fig* Nacht- und Nebelaktion *f*
gecikme Verspätung *f*, Verzögerung *f*
gecikmek sich verspäten; *Zug* Verspätung haben; sich verzögern; **~*sizin*** ohne Verspätung; unverzüglich
gecikmeli verzögert; Langzeit-
geciktirim LIT retardierendes Moment
geciktirme Verzögerung *f*, Aufschub *m*
geciktirmek *v/t* verzögern; verschieben (*-e* auf *A*); zögern mit; ***geciktirmemek*** möglichst bald *etw tun* (*z.B. Antwort geben*); ***geciktirmeden*** umgehend
geç spät; zu spät; **~ *saatte*** *od* **~ *vakit*** zu später Stunde; ***en* ~** spätestens; *-e* **~ *kalmak*** zu spät kommen; ***trene* ~ *kalmak*** den Zug versäumen (*od* verpassen); ***vakit çok* ~** es ist schon spät
geçe[1] *dial* Seite *f*, Gegenseite *f*
geçe[2] *Uhrzeit* nach; ***üçü beş* ~** um fünf nach drei; ***yediyi on dakika beş saniye*** **~** um zehn Minuten und fünf Sekunden nach sieben; (***saat***) ***yediyi çeyrek*** **~** um Viertel nach sieben
geçek ⟨-ği⟩ Durchgang *m*; Durchfahrt *f*; BAHN Strecke *f*; kleine Holzbrücke
geçen *Ort* (**...** ***önünden*** **~**) vorbeiführend; *Fluss* vorbeifließend; *Zeit* vergangen, verflossen, vorig-; letzt- (*Brief*); **~ *gün*** vor einigen Tagen, kürzlich; **~ *hafta*** letzte Woche; **~*de*** neulich, vor kurzem; **~*ki*** vorig-, von neulich; **~*lerde*** → ***geçende***
geçer *Ware* gängig, absatzfähig; *Geld* gültig, im Umlauf befindlich; **~ *akçe*** begehrt, beliebt; → ***geçmek***
geçer|li gültig; gebräuchlich; **~ *olmak*** Geltung (*od* Gültigkeit) haben; **~*lik*** ⟨-ği⟩ *Ware* Absatz *m*, Nachfrage *f* (nach); (Geld)Umlauf *m*; Gültigkeit(sdauer) *f*, Laufzeit *f* (*e-s Gesetzes*)
geçersiz ohne Nachfrage; ungültig; außer Kraft; **~*lik*** ⟨-ği⟩ Ungültigkeit *f*
geçici (*adv* **~ *olarak***) vorübergehend, flüchtig (*z.B. Neigung*); zeitweilig, vorläufig, interimistisch (*Regierung*); *Krankheit* ansteckend
geçilir befahrbar, begehbar
geçilmek *Weg* zurückgelegt werden; (*-den*) auskommen können (ohne *A*), verzichten (*-den* auf *A*); (***buradan***) ***geçilmez!*** Durchgang verboten!
geçilmemek (*-den*) in Überfülle dasein (*z.B. Obst*); vor (*Autos*) nicht treten können; unüberbietbar sein
geçilmez unpassierbar
geçim Lebensunterhalt *m*, Unterhalt *m*; (gegenseitiges) Einvernehmen; **~ *derdi*** (die) Sorge um das tägliche Brot; **~ *düzeyi*** Lebensstandard *m*; **~ *endeksi*** Existenzminimum *n*; **~ *kapısı*** gute Stellung; **~ *seviyesi*** Lebensstandard *m*; **~ *yolu*** gute Einnahmequelle; **~*ini çıkartmak*** (*od* ***kazanmak, sağlamak***) s-n Lebensunterhalt verdienen
geçim|li *Person* umgänglich, gesellig; verträglich; **~*siz*** ungesellig; stur; **~*sizlik*** ⟨-ği⟩ Ungeselligkeit *f*, Sturheit *f*, (Familien)Streitigkeiten *f/pl*; ***şiddetli*** **~** JUR Zerrüttung *f* (*Ehe*)
geçindirmek (*-i j-n*) unterhalten; F durchbringen; ***onu kızı geçindiriyor*** seine/ihre Tochter bestreitet seinen/ihren Lebensunterhalt
geçinme Existenz *f*, → ***geçim***
geçinmek (*-le*) sich ernähren von D; leben von D; in Eintracht leben (*-le* mit *D*); sich aufspielen (als ...); *-in* ***sırtından*** **~** auf Kosten *G*/*von* leben; ***marifetli geçiniyor*** er hält sich für geschickt; ***geçinip gitmek*** sich durchschlagen; mehr oder weniger zurechtkommen
geçirgen durchlässig; durchdringbar; EL leitfähig; ***yarı*** **~** halbleitend; **~*lik*** ⟨-ği⟩ Durchlässigkeit *f*, Leitfähigkeit *f*
geçirim|li → ***geçirgen***; **~*siz*** undurchlässig
geçirme Eintragung *f*, Registrierung *f*, Abziehbild *n*; ***vakit*** **~** Zeitvertreib *m*
geçirmek (*-i*) *Gas, Flüssigkeit* durchlassen; *Krankheit, Krise* durchmachen, überstehen; *Anfall* erleiden; *Urlaub, Zeit* verbringen; *Schüler* versetzen; *Etappen, Stufen* durchlaufen; *Schmerz* stillen; (*-i, -e*) *Scheibe* einsetzen (in *A*); ÖKON *Posten* eintragen (in *A*); *etw* (*A*) bringen, schaffen (in *A*; nach *D*); MED anstecken (*-e j-n -i* mit *D*); *-e* ***yüz*** **~** überziehen mit; ***b-ni*** (***evine kadar***) **~** j-n nach Hause begleiten; (*-i -den*) *Wa-*

gen (***köprüden*** über die Brücke) bringen, fahren, führen; *-i* ***başa*** ~ *j-n* an die Spitze stellen; *-i* ***dayaktan*** ~ *j-n* durchprügeln; *-i* ***harekete*** ~ in Bewegung setzen (*A*); *Maschine* in Gang setzen; *fig* in Aufregung versetzen; *j-n* einsetzen (***yolunda*** für *A*); *-i* ***huyundan*** ~ *j-n* umerziehen, F umkrempeln; *-i* ***iğneye*** ~ *Faden* einfädeln; *-i* ***kılıçtan*** ~ *j-n* niedersäbeln; *-i* ***sınavdan*** ~ *j-n* (gründlich) prüfen; *-i* ***sırtına*** ~ *Mantel* überziehen; *-ip* ~: *Verstärkung, z.B.* ***kırıp*** ~ dahinmähen; (völlig) zerschlagen

geçirmez undurchlässig; ***kurşun*** ~ kugelsicher; ***su*** ~ wasserdicht

geçirtmek *kaus von* ***geçirmek***

geçiş Übergang *m* (*a fig -den -e* von *D* zu *D*); Übergangs- (*Periode*); Übersetzen *n* (*über e-n Fluss*); Vorbeimarsch *m*; ***sınırdan*** ~ Grenzüberschreitung *f*; ~ ***dönemi*** Übergangszeit *f*; Wandel *m*; ~ ***ücreti*** Straßengebühr *f*, Maut *f*; **~li** GR transitiv; **~me** Osmose *f*

geçişmek durchdringen; sich durchdringen; sich vermischen (*-le* mit)

geçişsiz GR intransitiv

geçiştirmek (*-i*) *e-r Frage* ausweichen, übergehen (*mit Schweigen usw*); überstehen *A*, entgehen *D* (*Gefahr usw*)

geçit ⟨-di⟩ Durchgang *m*; Durchfahrt *f*; Durchgangsdauer *f* (*e-s Planeten*); Furt *f im Fluss*; Schneise *f im Wald*; Gebirgspass *m*; Vorbeimarsch *m*, Parade *f*; Spalt *m*; Durchschuss *m*; ~ ***havuzu*** Schleuse *f*; ~ ***vermek*** e-e Furt haben, e-e Durchgangsstelle aufweisen; ~ ***vermez*** unpassierbar; ***üst*** ~ Überführung *f*; ***alt*** ~, ***yeraltı geçidi*** Unterführung *f*; ***hemzemin*** ~ Bahnübergang *m*; ***yaya geçidi*** Fußgängerübergang *m*

geçkin nicht mehr jung; ***altmışını*** ~ über 60 Jahre alt; ~ ***yaş*** vorgerückte(s) Alter; ~ ***bir karpuz*** e-e überreife Wassermelone; **~ce** recht alt

geçme Durchgehen *n*, Durchfahren *n*; *fig* Übergang *m* (*-e* in *A*; zu *D*); TECH Zapfenverbindung *f*; ausziehbar, Auszieh-; Schiebe- (*Rahmen*)

geçmek ⟨-er⟩ **1.** *v/i Zeit* vergehen; *Geld usw* gelten, gültig sein; *Kleider* in Mode sein; *Krankheit* übertragen werden, vorkommen; *Wort* Eindruck machen, etwas gelten; *Schüler* versetzt werden; *Vokal in e-m Wort usw* vorkommen; ***saat dokuzu geçiyor*** es ist nach neun (Uhr); ***geçti*** *Mode usw* ist vorbei; *Schnupfen usw* F ist weg; ***geç!*** *od* ***geç efendim!*** lassen wir das, sprechen wir nicht davon!; **2.** (*-den*) gehen, fahren; vorbeigehen (an *D*); *Grenze* verlaufen; *Verkehrsmittel* fahren, (über *A*, *z.B. Eskişehir*); *fig* verzichten (auf *A*), aufgeben (*A*); nicht rechnen (auf *A*); *Prüfung* bestehen; ***köprüden*** ~ über die Brücke gehen; ***muayeneden*** ~ untersucht werden; ***benden geçti*** ich bin zu alt dafür; **3.** (*-e*) *in ein Haus* umziehen; sich setzen (*in e-n anderen Sessel*), *den Platz* wechseln; *fig j-n* beeindrucken; *die Direktion, Leitung* übernehmen; *Krankheit j-n* anstecken; ansteckend sein; *fig zu e-r Methode* übergehen; *zur Abstimmung* schreiten; **4.** (*-i*) *Fahrzeug* überholen; *Person j-n* übertreffen; *Grenze* überschreiten; *Thema* übergehen, nicht berühren, (beiseite) lassen; **5.** (*-i -den*) beibringen (*j-m etw*); **6.** (*-i -e*) *j-n* bei *j-m* schlecht machen; **7.** (*-den -e*) *fig* übergehen (von *D* zu *D*); ***düşman tarafına*** ~ zum Feinde überlaufen; ... ***ona babasından geçti*** … hat er/sie vom Vater (geerbt)

geçmez *Ware* nicht gefragt, nicht absatzfähig; → ***geçirmez***

geçmiş **1.** *adj* vergangen; *Obst* überreif, faulig; ***di'li*** ~ ***zaman*** GR Perfekt *n*; ***miş'li*** ~ ***zaman*** GR Narrativ *m*; ~ ***ola*** die Gelegenheit kommt nicht wieder; ~ ***olsun*** gute Besserung!; (hoffentlich) gut überstanden!; *-e* ~ ***olsuna gitmek*** *e-m Kranken* e-n Besuch abstatten; ***ile*** **~*i*** ***olmak*** *mit j-m* ein Hühnchen zu rupfen haben; *mit j-m* von früher her befreundet sein; **2.** *subst* Vergangenheit *f*; **~*i*** ***karanlık*** mit dunkler Vergangenheit

geçmişte früher, in der Vergangenheit

gedik ⟨-ği⟩ Spalt *m*, Ritze *f*, Bresche *f*, Scharte *f*, Lücke *f*, Defekt *m*; Mangel *m*; *fig* Dilemma *n*; ~ ***açmak*** e-e Bresche schlagen; ~ ***açılıyor*** es zeigt sich ein großes Manko; ***gediğe takılmak*** in ein Dilemma geraten; **~lenmek** schartig werden; **~li** schartig, mit e-r Bresche; defekt, mit Mängeln (behaftet); ständig; Stammgast *m*; Stamm- (*Kunde*); HIST Berufsunteroffizier *m*

gedilmek schartig sein (*od* werden); zer-

brochen (*od* kaputt) sein
geğirmek aufstoßen, F rülpsen
geğrek ⟨-ği⟩ ANAT Seite *f*; ~ ***batması*** Seitenstechen *n*
Geiger: ~ ***sayacı*** Geigerzähler *m*
gelberi Feuerhaken *m*; Stange *f* (mit Haken); *Art* Feger *m*; ~ ***etmek*** *Slang*: klauen
gele: ~ ~ (so) nach und nach
gelecek ⟨-ği⟩ kommend, nächst-, folgend-; Zukunft *f*; ~ ***zaman*** GR Futur *n*; **~çi** Futurist *m*, -in *f*; **~çilik** ⟨-ği⟩ Futurismus *m*
gelen kommend, eintreffend; künftig; *Strahl* einfallend; ~ ***giden*** Gäste *m/pl*; Passanten *m/pl*
gelenek ⟨-ği⟩ Tradition *f*, Gewohnheit *f*; ~ ***olmak*** Tradition sein; zur Gewohnheit werden; ~ ***ve görenekler*** Sitten und Gebräuche *pl*; **~çi** Traditionalist *m*, -in *f*; **~sel** traditionell, Traditions-; ~ ***olarak*** traditionsgemäß, üblicherweise
gelgeç unbeständig; vorübergehend, flüchtig; *Person* flatterhaft
gelgelelim und sieh da, ...; aber leider ..., aber dabei ...
gelgit ⟨-ti⟩ Hin- und Herlauferei *f*; Ebbe und Flut (*f*); (die) Gezeiten *pl*
gelim Flut *f*, Hochwasser *n*
gelin Braut *f*, Jungverheiratete *f*; Schwiegertochter *f*; ~ ***alıcı*** *etwa* Brautbegleiter *m* (*der die Braut abholt*); *-i* ~ ***etmek*** verheiraten (*A*); (***kendi kendine***) ~ ***güvey olmak*** sich zu früh freuen, frohlocken; ***Bulgurlu'ya ~ mi gidecek?*** *etwa* warum so hektisch?
ge'lince (*-e*) was ... (*A*) betrifft; ***bana*** ~ was mich betrifft; ***birkaç sene öncesine ~ye kadar*** bis vor wenigen Jahren noch
gelincik ⟨-ği⟩, ~ ***çiçeği*** Klatschmohn *m*; ZOOL Wiesel *n*
gelinlik ⟨-ği⟩ Brautstand *m*; Brautkleid *n*; ~ (***yaşta***) Hochzeits-; heiratsfähig
gelip → ***gelmek***; ***bunlar ~ geçici şeyler*** das geht alles vorüber
gelir[1] ÖKON Einkommen *n*; Ertrag *m*; ~ ***getirmeyen*** unrentabel; ***yan ~*** Nebeneinkünfte *f/pl*; ~ ***vergisi*** Einkommensteuer *f*; ***yıllık ~*** Jahreseinkommen *n*; ~ ***düzeyi düşük*** (***yüksek***) von niedrigem (hohem) Einkommensniveau; **~li**: ***dar ~*** Kleinverdiener *m*; ***yüksek ~*** Großverdiener *m*
gelir[2] → ***gelmek***
geliş Ankunft *f*, Eintreffen *n*; Gang *m*, Fahrt *f*, Bewegung *f*; ***gidiş ~ bileti*** Hin- und Rückfahrkarte *f*
gelişigüzel aufs Geratewohl, zufällig, durch Zufall; (so) obenhin; x-beliebig; ~ ***işler*** Gelegenheitsarbeiten *f/pl*
geliş|im Wachstum *n*; Entwicklung *f*, Fortschritt *m*; **~kin** (hoch) entwickelt
gelişme Wachstum *n*; Entwicklung *f*
geliş|mek *allg* sich entwickeln; ergänzt werden; **~memiş** unentwickelt, zurückgeblieben; **~miş** entwickelt
geliştir|ilme Entwicklung(sförderung) *f*; **~im** *Drehbuch* Bearbeitung *f*
geliştirmek *v/t* entwickeln; fördern
gelivermek überraschend kommen, angefahren kommen
gelme (*-e*) Kommen *n*; stammend (*-den* aus *D*); eingetroffen, angekommen; PHYS Einfall *m* (*von Licht*); ***soydan ~*** erblich
gelmek ⟨-ir⟩ (*-den -e*) kommen *a fig* (von *D*, aus *D* zu *D*, nach *D*, in *A*); ÖKON *Briefe* einlaufen; *Waren* eingehen; *50 kg usw* wiegen; *Karte* spielen; ***çok ~*** überflüssig sein; (*-de*) ***birinci ~*** erste(r) werden (in *D*); (*-e*) *zur Hauptsache* kommen, übergehen; *etw* (*A*) aushalten können; *-in* ***işine ~*** *j-m* passen, *s-m* Wunsch entsprechen, *j-m* recht kommen; *-in* ***omuzuna ~*** *j-m* bis an die Schulter reichen; *-e* ***iyi ~*** *j-m* gut tun, bekommen, gut sein (für *A*); ***sıkıntıya gelmez*** ... er hat kein Durchhaltevermögen; ***şakaya gelmemek*** keinen Spaß verstehen; ***... kaça geliyor*** was kommt (= kostet) ...?; ***bana pahalıya geliyor*** es kommt mich teuer zu stehen; ***tamam ~*** *Schuhe z.B.* gut passen; ***... yaşına ~*** das Alter von ... Jahren erreichen; ***yolun sağına geliyor*** ... befindet sich rechts vom Weg; ***o yerlere hiç gelmemiştim*** dort war ich noch nie gewesen; ***gelmez*** man darf nicht ..., *z.B.* ***bu çamaşır kaynatılmaya gelmez*** diese Wäsche darf nicht gekocht werden; ***dediğime geldiniz mi?*** finden (*od* fanden) Sie es richtig, was ich sagte?; ***bana öyle geldi ki ...*** mir schien es so; ***öyle geliyor ki ...*** es scheint, dass ...; ***... bana fazla şekerli geldi*** ... kam mir zu süß vor; ***arabayla ~*** mit dem Auto *usw* kommen; gefah-

ren kommen; *-(me)mezlikten* ~ so tun, als ob ... (+ *Konjunktiv II*); ***bilmemezlikten*** ~ den Tauben, den Unwissenden spielen; *-i* ***gelip almak*** *j-n* abholen; ***gelip çatmak*** hereinbrechen; (*-e*) ***gelip gitmek*** *j-n* besuchen; Touren (*od* Fahrten) machen; (*-den*) vorbeifahren; *-eceği* (*od -esi*) ~, *z.B.* ***ağlayacağım geldi*** ich hätte am liebsten losgeweint; *Verbstamm+e+~, z.B.* ***söyleyegeldiğimiz şarkılar*** Lieder, die wir schon lange singen; F ***futbolcuya gel!*** siehe mal einer den Fußballer an!; ***gel(in), gelsin*** also, nun; los ...; soll (er) doch ...; ***gelin, bu akşam sinemaya gidelim*** los (*od* also), gehen wir heute abend ins Kino!; ***gel de, gelsin de*** wenn möglich, wenn du kannst *usw*; ***gel zaman git zaman*** nach geraumer Zeit; im Laufe der Zeit

gel|memezlik ‹-ği›: ~ ***edeyim deme*** komm nicht auf den Gedanken, nicht zu kommen; ***~miş*** ... ist gekommen; → ***gelmek***; ~ ***geçmiş*** bisherig

gem Zaum *m*, Kandare *f*; ANAT Zungenbändchen *n*; ~ ***almak*** dressieren, zähmen; ~ ***almaz*** ungehorsam, widerspenstig; *-e* ~ ***takmak*** (*od* ***vurmak***) zügeln, bändigen; ***~i azıya almak*** *Pferd* durchgehen; *fig* aufbrausen, sich vergessen

gemi Schiff *n*; ~ ***adamı*** Seemann *m*; ~ ***inşaatı*** Schiffbau *m*; ~ ***inşaat atelyesi*** (*od* ***tezgâhı***) Werft *f*; ~ ***izi*** Kielwasser *n*; ***~de teslim*** fob, frei an Bord; ***~den inmek*** von Bord gehen; *-i* ***~ye almak*** an Bord nehmen (*A*); ***~ye binmek*** an Bord gehen; (***savaş, ticaret, yolcu***) ***yük~si*** (Kriegs-, Handels-, Passagier-) Frachtschiff *n*

gemiaslanı Galionsfigur *f*

gemici Matrose *m*, Seemann *m*; ***eski*** ~ *scherzh* alte(r) Seebär; ***~lik*** ‹-ği› Schifffahrt *f*; ~ ***şirketi*** Schifffahrtsgesellschaft

gemlemek (*-i*) Zügel anlegen (*a fig j-m*)

gen[1] weit, geräumig, frei; *Boden* unbearbeitet

gen[2] BIOL Gen *n*; ~ ***manipülasyonu*** Genmanipulation *f*

-gen -eck, -eckig, *z.B.* ***dörtgen*** Viereck *n*

'gencecik blutjung; F *dial* Jungscher *m*

gencelmek jünger werden

genç ‹-ci› jung; junge(r) Mann; Jüngling *m*; ~ ***adam*** junge(r) Mann; ~ ***ihtiyar*** jung und alt; ~ ***irisi*** ein (junger) Berserker; ~ (***yaşta***) ***iken*** in jungen Jahren

gençkız junge(s) Mädchen

gençler junge Leute *pl*

gençleş|mek jünger werden; sich erneuern; ***~miş*** verjüngt; erneuert; ***~tirici*** Verjüngungs- (*Mittel*); ***~tirmek*** *v/t* verjüngen (*a Organisation*); erneuern

gençlik ‹-ği› Jugend *f* (*Zeit u junge Menschen*); ***bş-i b-nin gençliğine bağışlamak*** etw j-s Jugend zuschreiben, j-m seine Jugend zugute halten

'gene[1] wieder; und dennoch, trotzdem (*a* ~ ***de***); ~ ***iyi*** (nun) auch gut; ~ ***görüşürüz!*** auf baldiges Wiedersehen!

gene[2] ZOOL Milbe *f*

genel allgemein, Allgemein-; Öffentlichkeit *f*, öffentlich; ~ ***grev*** Generalstreik *m*; ~ ***kitaplık*** Zentralbibliothek *f*; ~ ***müdür*** Generaldirektor *m*, -in *f*; ~ ***olarak*** im Allgemeinen; ~ ***oya başvurma*** allgemeine Volksbefragung *f*, Referendum *n*, Volksentscheid *m*; ~ ***prova*** Generalprobe *f*; ~ ***seçimler*** allgemeine Wahlen *f/pl*; ~ ***sekreter*** Generalsekretär *m*, -in *f*

genelde im Allgemeinen

genelev Bordell *n*

genelge (amtliches) Rundschreiben *n*

genelkurmay Generalstab *m*; ~ ***başkanı*** Generalstabschef *m*, -in *f*

genelleme Verallgemeinerung *f*

genellemek *v/t* verallgemeinern

genelleşmek Allgemeingut werden

genelleştirmek *v/t* verallgemeinern

genellik ‹-ği› Allgemeinheit *f*; ***~le*** im allgemeinen, in der Regel; ausnahmslos

general ‹-li› General *m*; ***~ler*** Generalität *f*; ***~lik*** ‹-ği› Generalsrang *m*

genetik ‹-ği› Genetik *f*, genetisch

gengörü allgemeine Auffassung

geniş breit; weit; *Anzug*; *Begriff* weit; *Garten* groß; *Haus* geräumig; *Mensch* sorglos; *Programm* umfangreich; *Tür, Weg*; *Volksmassen* breit; *Vokal* weit (*in der türk. Phonetik* a e o ö); ~ ***açı*** MATH stumpfe(r) Winkel; FOTO Weitwinkel *m*; ~ ***bir nefes almak*** (befreit) aufatmen; ~ ***bir zaman*** große(r) Zeitraum *m*; ~ ***çaplı*** umfangreich; ~ ***gönüllü*** gutmütig; ~ ***ölçüde*** weitgehend; ~ ***perde*** Breitwand *f*; ~ ***yelpazeli*** breitge-

G

fächert; **~ zaman** GR das r-Präsens, *z.B. gelirim*

genişleme Erweiterung *f*; POL Expansion *f*; PHYS Ausdehnung *f*

geniş|lemek breiter werden, weiter werden; sich erweitern; *z.B. Brand* sich ausdehnen; *Person* sich nicht so beengt fühlen; **~letmek** *v/t* erweitern; ausdehnen

genişlik ⟨-ği⟩ Breite *f*, Weite *f*, Amplitude *f*, Umfang *m*; Kaliber *n e-r Waffe*; Innendurchmesser *m e-s Rohres*; ***hat genişliği*** BAHN Spurweite *f*; ***iki metre genişliğinde*** zwei Meter breit

geniz ⟨-nzi⟩ ANAT Nasenhöhle *f*, Nasenrachenraum *m*; ***~den konuşmak*** näseln; ***~ ünlüsü*** Nasal(vokal) *m*; ***genzi yakmak*** in der Nase beißen

genizsel Nasen-, Nasal-

genizsi Nasen-, Nasal- (*Laut*) (*z.B. m*); **~leşme** GR Nasalierung *f*

genleşmek PHYS sich ausdehnen

genleştirmek *v/t* ausdehnen

genlik ⟨-ği⟩ PHYS Amplitude *f*

'gensoru POL Anfrage *f*

genz|ek näselnd; **~el** → ***genizsel***

'gepegenç blutjung

gerçek ⟨-ği⟩ wirklich, tatsächlich; real; echt; eigentlich (*Bedeutung*); wahr, echt, richtig (*z.B. Gelehrter*); Wahrheit *f*, Wirklichkeit *f*, Tatsache *f*, *Grund*; *Geschichte* wahr; **~ler** (die) Fakten, Tatsachen; ***gerçeğini söylemek*** die Wahrheit sagen

gerçekçi Realist *m*, -in *f*; realistisch; **~lik** ⟨-ği⟩ Realismus *m*

gerçek|leme Bestätigung *f*, Bescheinigung *f*, MATH Beweis *m*; **~lemek** *v/t* bestätigen; bescheinigen; MATH beweisen; **~lenmek** *pass von* ***gerçeklemek***

gerçekleş|mek sich verwirklichen; *Nachricht* sich bestätigen; sich erweisen (als *N*); *Hoffnung*, *Traum* sich erfüllen; **~tirilme** Verwirklichung *f*, Erfüllung *f e-s Plans*; **~tirilmek** *pass von* ***gerçekleştirmek***; **~tirmek** *v/t* verwirklichen, realisieren; durchführen

gerçeklik ⟨-ği⟩ Realität *f*, Richtigkeit *f*, Echtheit *f*

gerçek|te in Wirklichkeit; **~ten** in der Tat, wirklich, tatsächlich; wahrhaft *lieben*; **~üstü** surrealistisch; **~üstücü** Surrealist *m*, -in *f*, surrealistisch; **~üstücülük** ⟨-ğü⟩ Surrealismus *m*

'gerçi wenn auch ...; zwar; ***~ ben de oradaydım, fakat*** (*od* ***ama***) zwar war ich dort, aber ..

gerdan Hals *m*; Kinnpartie *f*, Dekolleté *n*; Doppelkinn *n*; Nacken *m e-s Schlachttieres*; ***~ kırmak*** kokettieren; sich aufspielen

gerdanlık ⟨-ğı⟩ Halskette *f*, Halsband *n*

gerdirmek *kaus von* ***germek***

gereç ⟨-ci⟩ Material *n*, Zubehör *n*, Ausrüstung *f*; ***yapı ~leri*** Baumaterial *n*

gereği laut (*G*), gemäß (*D*), ... (*D*) entsprechend; ***~ gibi*** dementsprechend, ordnungsgemäß; ***yasalar ~*** gemäß den Gesetzen

gereğince laut (*G*), gemäß (*D*); entsprechend, ordnungsgemäß *z.B. bearbeiten*

gerek[1] ⟨-ği⟩ (*-e*) nötig, erforderlich; Notwendigkeit *f*, Bedarf *m* (*-e* an *D*); ***gereğinde*** nötigenfalls; *verbal*: nötig haben, brauchen: ***bana bir çekiç ~*** ich brauche einen Hammer; ***neme ~?*** was geht mich das an?; ***nene ~?*** was geht dich das an?; ***bunun bize gereği yok*** das brauchen wir nicht; ***gereği gibi*** wie es erforderlich ist; ***gereği kadar*** so viel wie nötig; ausreichend; ***telaşa ~ yok*** kein Grund zur Aufregung; *mit -se*: ***gelse ~*** wahrscheinlich wird er kommen, er müsste kommen; ***olsa ~*** vermutlich, aller Wahrscheinlichkeit nach ...: ***evde olsa ~*** vermutlich ist sie zu Hause; *-mesinden* ***ileri gelmiş olsa ~*** das mag wohl daher gekommen sein, dass ...

gerek[2] ob ... oder: ***~ ben gideyim, ~ o gitsin ...*** ob ich nun gehe oder (ob) er (geht); sowohl ... als auch, ebenso wie; *verneint* weder ... noch; ***~ büyük, ~ küçük*** sowohl die Großen (*Erwachsenen*) als auch die Kleinen

gerekçe Motiv *n*; *a* JUR Begründung *f*, JUR Beweisführung *f*; ***~ göstermek*** begründen; **~lendirmek** begründen; **~li** motiviert, begründet; **~siz** unmotiviert, unbegründet

gerek|en erforderlich; ***bilmemiz ~ ...*** (den) wir wissen müssen; ***~ hallerde*** nötigenfalls; **~ir, ~iyor** es ist nötig, man muss; ***çok çalışmam gerekir*** ich muss viel arbeiten

gerekirci PHIL Determinist *m*, -in *f*

gerekircilik ⟨-ği⟩ Determinismus *m*

gerekli nötig, notwendig; Zwangs-; *-i ~ **bulmak*** (*od* ***görmek***) für erforderlich halten (*A*); **~ *gereksiz*** ob nötig oder nicht, unbegründet, beliebig

gereklik ⟨-ği⟩ Notwendigkeit *f*; **~ *kipi*** GR Nezessativ *m* (*Suffix* -meli)

gerekmek (*-e*) erforderlich (*od* notwendig) sein; *etw tun* sollen *od* müssen: ***bunu bilmeniz gerekirdi*** Sie sollten es wissen

gerekse|me Erfordernis *n*, Bedürfnis *n*; **~mek** (*-i*) nötig haben (*A*), brauchen (*A*)

gereksin|im, **~me** → ***gerekseme***; **~mek** *v/t* brauchen

gereksiz unnötig, unnütz

gerektik-: ***gerektiği gibi*** in gebührender Weise; ***gerektiğinde*** im Bedarfsfalle

gerektirmek *kaus von* ***gerekmek***; (*-i*) nötig machen (*A*); nach sich ziehen

gerer → ***germek***

gergedan ZOOL Nashorn *n*, Rhinozeros *n*

gergef Stickrahmen *m*

gergi *dial* Vorhang *m*; (Spann)Rahmen *m*

gergin gespannt (*a fig Lage usw*); straff

gerginleşme *fig* Zuspitzung *f der Lage*

gerginleş|mek sich straffen; *bes fig* gespannt werden; *Lage* sich zuspitzen; **~tirmek** (*-i*) *Lage* verschärfen, verschlechtern

gerginlik ⟨-liği⟩ Spannung *f* (TECH *u fig*); Gespanntheit *f*; POL gespannte Lage; ***gerginliğin giderilmesi*** (*od* ***yumuşaması***) Entspannung *f*

geri wieder; zurück, zurück-, Rück-; rückwärts; *fig* rückständig; veraltet; Raum *m* hinter *z.B. dem Haus*; hintere(r) Teil; Hinter-; (das) Übrige; Steiß *m*, Bürzel *m der Vögel*; *fig* Folge *f*, Ausgang *m e-r Sache*; **~ *adam*** rückständige(r) Mensch; Reaktionär *m*; *-i* **~ *almak*** zurücknehmen (*a Wort*); *Befehl, Truppen* zurückziehen; *Auto* zurückfahren, zurücknehmen; *Botschafter* zurückberufen; *Stadt* zurückerobern; *Uhr* zurückstellen; **~ *basmak*** Rückwärtsgang einschalten; rückwärts zurückgehen; **~ *çağırma*** Rückberufung *f*; **~ *çekilmek*** sich zurückziehen; sich heraushalten (*-den* aus *D*); **~ *çevirme*** Absage *f*, Ablehnung *f e-r Bitte*; *-i* **~ *çevirmek*** zurückschicken; *fig* zurückweisen, ablehnen; **~*ye dön!*** MIL kehrt!; **~ *dönmek*** sich umwenden; zurückkehren; **~ *durmak*** sich heraushalten (*-den* aus *D*); sich scheuen (*-mekten* zu ...); **~ ~ *çekilmek*** sich rückwärts entfernen, zurückgehen; **~ *gitmek*** ÖKON *fig* zurückgehen, schlechter gehen; **~ *göndermek*** zurückschicken; **~ *hizmet*** MIL Versorgungsdienst *m*; **~ *kafalı*** rückständig; reaktionär; **~ *kalmak*** zurückbleiben (*fig -den* hinter *D*); *Uhr* zurückgehen; **~ *kalmamak*** nicht zurückbleiben (*-den* hinter *D*); nicht versäumen, zu ...; **~ *kalmış*** zurückgeblieben, rückständig; **~ *kalmışlık*** Rückständigkeit *f*; **~ *ko(y)mamak*** (es) nicht versäumen (zu ...), alles daransetzen; **~ *ödemek*** zurückzahlen; **~ *olmak*** *fig auf einem Gebiet* nicht ganz zu Hause sein; **~ *planda*** hinten, im Hintergrund (*a fig*); **~ *satın alma hakkı*** Rückkaufsrecht *n*; **~*(ye) tepme*** Rückstoß *m der Waffe*; *-i* **~ *vermek*** zurückgeben (*A*); **~ *vites*** *Auto* Rückwärtsgang *m*; **~ *yol*** Rückweg *m*; **~ *zekâlı*** F geistig zurückgeblieben; **~*sin* ~*ye*** → ***gerisingeri(ye)***; **~*ye bırakmak*** → ***geriye***; ***şimdiden*** **~** von nun an; *postp* -in **~*sinde*** hinter (*D*); -in **~*sinden*** hinter ... (*D*) hervor; -in **~*sine*** hinter (*A*)

gerici[1] Reaktionär *m*, -in *f*; reaktionär

gerici[2] ANAT Tensor *m*, Spanner *m*

gericilik ⟨-ği⟩ POL Reaktion *f*, Rückständigkeit *f*

geride hinten; *oft* zurück-; **~ *bırakmak*** zurücklassen; *j-n, etw* hinter sich (*D*) lassen, überholen

gerideki hinter-, Hinter-

geriden von hinten; **~ *geriye*** heimlich; F hintenherum

gerilek retrospektiv, rückblickend; regressiv (*a phonetisch*)

gerileme Regress *m*; Dekadenz *f*; Rückgang *m*; BIOL Atavismus *m*

gerilemek zurückgehen (*a fig Krankheit*); zurückfahren; zurückweichen; *fig* zurückfallen; verfallen; ***gerileyen*** GR regressiv

geriletmek *kaus von* ***gerilemek***; (*-i*) zurückdrängen (*A*); den Verfall *G/von* bewirken, F runter bringen

gerileyici: **~ *benzeşme*** GR regressive

G

Assimilation *f* (*Sache z.B.* ***ecza***); **~iş** Rückfall *m*; Rückschritt *m*; Verfall *m*
gerili gespannt; ausgestreckt
gerilik ⟨-ği⟩ Rückständigkeit *f*; Rückschritt *m*; *geistige* Zurückgebliebenheit *f*
gerilim *a* EL, TECH Spannung *f*; PSYCH Stress *m*; ***~ yükseltici transformatör*** spannungserhöhende(r) Transformator; ***yüksek ~ hattı*** Hochspannungsleitung *f*; **~li** gespannt; *Zeit* spannungsgeladen; vorgespannt (*Beton*); EL ***yüksek ~*** Hochspannungs-; **~ölçer** EL Spannungsmesser *m*
geriliş Spannen *n*; (***İsa'nın***) ***çarmıha ~(ı)*** Kreuzigung *f* (Jesu Christi)
gerilla Freischärler *m*, -in *f*, Partisan *m*, -in *f*, Guerillakämpfer *m*, -in *f*
gerilme Spannung *f*, Angespanntsein *n*; TECH Beanspruchung *f*; (Dampf-)Druck *m*; ***~ kuvveti*** PHYS Reißfestigkeit *f*
gerilmek gespannt werden; *Muskeln* sich spannen; *Nerven* (an)gespannt sein; *fig* aufbrausen; ***gerile gerile*** großspurig
gerinmek sich recken; SPORT sich dehnen, stretchen; ***gerine gerine*** in e-r wohligen Stimmung
geri'singeri(ye) rückwärts gehend; kehrtmachend; ... machten (wir) kehrt und ..., noch einmal
geriş (Berg)Kamm *m*
geriye: ***~ bırakmak*** *v/t* hinterlassen; aufschieben; zurückstellen
geriz ARCH Abfluss *m*, Abflussrohr *n*
germe Spannen *n*; Strecken *n*; Spann-
germek ⟨-er⟩ *v/t z.B. Bogen* spannen; *Hände* ausstrecken; ausbreiten; (***balkona*** über den Balkon) *e-e Markise* spannen; ***gözlerini ~*** große Augen machen; ***sinirlerimi gerdi*** ... ging mir auf die Nerven, machte mich ganz nervös
germen[1] Festung *f*
germen[2] Fortpflanzungsorgane *n/pl*
getiri Zinsen *pl*; ***yıllık ~*** Jahreszinsen *pl*
getiril|me Lieferung *f*, Zufuhr *f*, Ernennung *f*; **~mek** *pass von* ***getirmek***; geliefert *od* eingeführt werden (*-den* aus *D*); *-in* ***yerine ~*** an *j-s* Stelle treten, ernannt werden
getirme: ***bir araya ~*** Vereinigung *f aller Kräfte*; ***yerine ~*** Erfüllung *f* e-s Plans
getir|mek (mit)bringen (*-i*, *-den*, *-e etw A* aus, von *D*, *D od* nach *D*, in *A*); *Ausbildung* zum Abschluss bringen; *Beispiel* anführen; *z.B. Frühling* (noch) erleben; *Gewinn* bringen, abwerfen; *Gruß* ausrichten; *Krise* hervorrufen; *Schaden* verursachen; ***alışkanlık ~*** zur Gewohnheit werden; *-i* ***bakanlığa ~*** zum Minister ernennen; ***... haline ~*** machen (zu *D*, *z.B. zur Wüste*); *-i* ***sıvı haline ~*** verflüssigen; *-i* ***sonuna ~*** zu Ende führen (*A*); ***şahit*** (*od* ***tanık***) ***~*** als Zeugen heranziehen; *-i* ***yerine ~*** *Bedingung, Pflicht* erfüllen
getirtmek *kaus von* ***getirmek***; bringen *od* kommen lassen (*-e* durch)
getr Gamasche *f*
getto Getto *n*
gevelemek *v/t* kauen; wiederkauen; *v/i* nuscheln; (***sözleri***) ***ağzında ~*** herumdrucksen; mit *etw* (*D*) nicht herausrücken wollen
gever → ***gevmek***
geveze schwatzhaft; Schwätzer *m*, -in *f*
gevezelenmek schwatzen; plaudern
gevezelik ⟨-ği⟩ Schwatzhaftigkeit *f*; ***~ etmek*** dummes Zeug reden; *Geheimnis* ausplaudern
geviş Wiederkäuen *n*; ***~ getirmek*** *v/t u v/i* wiederkäuen
gevişgetiren ZOOL Wiederkäuer *m*
gevmek ⟨-er⟩ *v/t* kauen, muffeln; nuscheln
gevrek ⟨-ği⟩ bröckelig; spröde; *Brot* knusperig; Zwieback *m*; *Eisen* brüchig, spröde; *Kuchen* zart, mürbe
gevremek trocken *od* bröckelig werden; knusprig sein (*od* werden); dahinsiechen; *Getreide* heranreifen
gevretmek *v/t* rösten, aufbacken
gevşek ⟨-ği⟩ lose, schlaff; *Knoten* locker; ***~ ağız(lı)*** schwatzhaft; ***~ biri*** willenlose(r) Mensch, F Waschlappen *m*; ***~ bulunmak*** *fig* ein Auge zudrücken
gevşeklik ⟨-ği⟩ Lockerung *f*, Schwächerwerden *n*, Nachlassen *n*; Erschlaffung *f*, Apathie *f*, MED Atonie *f*, ***gevşekliğe düşmek*** in Apathie verfallen
gevşeme Lockerung *f*, Schwächung *f*, BIOL Diastola *f*, TECH Toleranz *f*, PSYCH Entspannung(szustand *m*) *f*
gevşemek *v/i* locker (*od* schlaff) werden; *Person* apathisch werden; *Angriff* schwächer werden; *Knie* schlottern;

Körper erschlaffen; *Schraube* sich lockern; *Wetter* milder werden; *Wind* nachlassen; F *etw* mögen, gern haben

gevşemiş *Sache* lose, locker, wackelig

gevşetmek *kaus von* ***gevşemek***; *v/t* lockern

geyik ⟨-ği⟩ ZOOL Hirsch *m*; **~ *muhabbeti*** F sinnlose Konversation; **~ *(muhabbeti) yapmak*** F e-e sinnlose Konversation führen

gez[1] Kerbe *f*; *Gewehr* Kimme *f*; Visier *n*; ***~e almak*** aufs Ziel richten

gez[2] Messschnur *f*; Lot *n*, Senkblei *n*

gezdirmek *v/t* spazieren führen (*-de* in *D*); *im Auto* herumfahren; (*-e*, *-i*) herumführen (*j-n in der Stadt*), *j-m die Stadt* zeigen; *Hand* gleiten lassen; *j-n sauber* kleiden, anziehen; ***salataya yağ ~*** den Salat mit Öl anmachen

gezegen Planet *m*; **~lerarası** interplanetar

gezeğen Vagabund *m*

gezelemek hin- und hergehen, *fig* schwanken

gezenti → ***gezeğen***

gezer → ***gezmek***

gezgin **1.** *adj* viel herumgekommen, weit gereist; umherziehend, Straßen-; **2.** *subst* Reisende(r); Tourist *m*, -in *f*

gezginci → ***gezgin***; Nomaden- (*Leben*); Wander- (*Theater*); (*Handels*)Reisende(r); **~lik** ⟨-ği⟩: ***~ etmek*** umherziehen

gezi[1] Reise *f*; Reise- (*Notizen*); Promenade *f*, Anlagen *f/pl*; ***~ye çıkmak*** auf Reisen gehen

gezi[2] Moiré *m*; ... aus Moiré

gezici **1.** *adj* umherziehend; wechselnd; ambulant; Wander- (*Schauspieler*); **2.** *subst* ambulante(r) Händler; **~lik** ⟨-ği⟩ ambulante(r) Handel

gez|ilmek *pass von* ***gezmek***; besichtigt werden; **~inme** Spazierengehen *n*, Spazierenfahren *n*; **~inmek** spazieren gehen, F bummeln; ***(ileri geri) ~*** umhergehen, auf- und abgehen; MUS Läufe spielen

gezinti Spaziergang *m*; Spazierfahrt *f*; Ausflug *m*; Spazierweg(e) *m(pl)*; Flur *m*; Wehrgang *m*; MUS Passage *f*, Lauf *m*; ***~ tozuntu*** Spaziergänge *m/pl usw*; ***uzayda ~ yapma*** Ausflug *m* in den Weltraum

gezlemek *v/t* ausmessen; zielen

gezmek ⟨-er⟩ *v/i* spazieren gehen; umhergehen; *Kranker* (wieder) gehen; (*-i*) *Haus* besichtigen; *Länder* bereisen; ***yamalı pantolonla ~*** in geflickten Hosen herumlaufen; ***nerelerde geziyordun?*** wo hast du dich herumgetrieben?; ***gezmeye gitmek*** e-n Spaziergang machen (*od* unternehmen); *-i* ***gezip dolaşmak*** *Stadt* durchstreifen; *Welt* durchreisen, durchwandern; *-i* ***gezip görmek*** besichtigen (*A*), sich (*D*) ansehen (*A*); ***gezip tozmak*** viel herumfahren; sich herumtreiben; ***ne gezer*** i wo!; woher denn?; nicht die Bohne; ***onda para ne gezer*** woher soll der Geld haben?!

gıcık ⟨-ğı⟩ **1.** *subst* Kitzeln *n im Hals*, Hustenreiz *m*; **2.** *adj* Niesreiz *m*; F nervig; ***~ etmek*** *v/t* kribbelig machen; F nerven; ***~ olmak*** *v/i* kribbelig werden; *-e* ***~ olmak***, *-den* ***~ kapmak*** F sauer sein über *A*; **~lamak** (*-i*) *im Hals* kitzeln, *in der Nase* brennen; ***... zihnimi gıcıklıyor*** ... stimmt mich bedenklich

gıcıklayıcı, ***iç ~*** kitzelnd; Reiz-

gıcılamak (*-i*) ein Brennen verursachen (auf *D*; an *der Hand*)

gıcır[1], **~ ~** F nagelneu, taufrisch; ***~ ~ yıkamak*** sauber abwaschen; auf Hochglanz putzen

gıcır[2]: ***~ ~ etmek*** quietschen; *Treppe* knarren; knurren; *-i* ***~ ~ gıcırdatmak*** *mit den Zähnen* knirschen; ***~ ~ ötmek*** *Treppe*, *Tür* knarren; ***~ ~ ses çıkmak*** *Schnee* knirschen

gıcırdamak *v/i* (*mit den Zähnen*) knirschen; *mit der Tür* knarren; *Räder* quietschen

gıcırtı Knirschen *n*; Knarren *n*; Quietschen *n*; **~lı** knirschend; knarrend

gıda [ɑ:] Nahrung *f*; Nahrungsmittel *n*; ***~ borusu*** ANAT Speiseröhre *f*

gıdaklamak gackern; *fig* plappern

gıdalandırmak *Kind* hochpäppeln

gıda|lı nahrhaft; Nähr-; **~sız** ... ohne Nährwert *od* Nahrungsmittel

gıdı(k)[1] ⟨-ğı⟩ Kinn *n* (*beim Kind*)

gıdık[2] ⟨-ğı⟩ Kitzeln *n*; ***~tan korkmak*** kitzelig sein

gıdıklamak *v/t* kitzeln (*a fig*); *fig* reizen; schöne Worte machen

gıdıklanmak *pass von* ***gıdıklamak***; kitzelig sein; ***o çok gıdıklanır*** er ist sehr kitzlig

gıdıklayıcı *fig* kitzelig, heikel

gıgı *dial* Kinn *n*

G

gık Piep *m*, Mucks *m*; *-e* ~ ***dedirtmemek*** *j-n* nicht zu Worte kommen lassen; ~ ***demek*** aufmucken; e-n Mucks sagen; (*-den j-n*) satt haben; ~ ***dememek*** keinen Piep (*od* Mucks) sagen

gıldır: ~ ~ ***çalışmak*** *Maschine* dröhnen und pochen

gına [ɑː] Überdruss *m*; ***b-ne*** (*-den*) ~ ***gelmek*** genug haben von D; *-e* ~ ***getirmek*** F *j-m* auf den Wecker fallen

gıpta Neid *m*; Sehnsucht *f*; ~ ***edilecek*** beneidenswert; *-e* ~ ***etmek*** *j-n* beneiden; sich sehnen (nach *D*); ~ ***ettirmek*** neidisch machen; **~lı** neidisch

gır **1.** *subst* Gerede *n*; ~ ***atmak*** reden, F quatschen; ~ ***geçmek*** reden und reden; *fig* abwesend sein; ~ ***kaynatmak*** die Zeit verplaudern (*od* F verquatschen); **2.** *adj* erdichtet

gıra *usw* → ***gra-***

gırgır[1] Gebrumme *n*; Geschnarche *n*; (kleines) Motorboot; Fischernetz *n*; Teppichklopfer *m*

gırgır[2] F lustig, komisch; F Belustigung *f*; *-le* ~ ***geçmek***, *-i* **~a *almak*** sich lustig machen über *A*, auf den Arm nehmen *A*

'gırla in Mengen, F und wie!; ~ ***gitmek*** in vollem Gange sein; verschleudert (*od* F verpufft) werden

gırt Quietschen *n*; Knirschen *n*; ~ ~ *od* ~ ***diye*** knirschend, quietschend

gırtlak ⟨-ğı⟩ ANAT Kehlkopf *m*; Luftröhre *f*; *fig* Essen *n*; ***gırtlağına düşkün*** Feinschmecker *m*; ***gırtlağına kadar borcu var*** er steckt bis über die Ohren in Schulden; ***gırtlağından kesmek*** sich (*D*) *etw* vom Munde absparen; ~ ***gırtlağa gelmek*** handgemein werden; ~ ***kapağı*** Kehldeckel *m*; ~ ***kemiği*** Adamsapfel *m*; **~*lamak*** *v/t* würgen

gırtlaksı LING Kehl- (*Laut*)

gıy: ~ ~ MUS Fiedeln *n*; Kratzen *n*

gı'yaben [ɑː] JUR in Abwesenheit; nicht persönlich, vom Hörensagen *kennen*

gıyabî [-ɑːbiː] JUR Abwesenheits- (*Urteil*); nicht persönlich (*Bekanntschaft*); ~ ***tutuklama kararı*** *Haftbefehl, der in Abwesenheit des Verdächtigen ausgestellt wird*

gıyap ⟨-bı⟩ Abwesenheit *f*; JUR Abwesenheits-; Versäumnis-; ***gıyabında*** in s-r Abwesenheit

gıybet: ~ ***hali*** JUR Alibi *n*

gibi wie; ***bal*** ~ wie Honig, honigsüß; *fig* ganz sicher, sonnenklar; ***benim*** ~ wie ich; ***bu(nun)*** ~ solch ein, solche; ***buz*** ~ eiskalt (*fig Blick usw*); ***bülbül*** ~ vorzüglich, tadellos *Türkisch sprechen*; ***senin*** ~ wie du; ***bizim*** **~*ler*** Leute wie wir; ***bu*** **~*ler*** derartige Leute, solche Leute; ***ne*** ~ was für (ein), welche(r), welches?; ***ne*** ~ ***şartlarla*** zu welchen Bedingungen?; *konj -diği* ~ sobald; kaum ... als; wie ...; *zuweilen* und; ***çocuk gittiği*** ~ ***geldi*** kaum war das Kind gegangen, als es auch schon wieder kam; ***gece olduğu*** ~ sobald es Abend wurde, ...; ***istediğiniz*** ~ ***yapın*** machen Sie es, wie Sie wollen; ***söylediğim*** ~ wie ich sagte; *mit verschiedenen Verbformen* als ob; anscheinend: ***beni görmüyormuş*** ~ als ob er mich nicht sähe; ***bir ses duyar*** ~ ***oldum*** mir war, als ob ich e-e Stimme hörte; ***kapı çalınır*** ~ ***oldu*** es war, als ob an die Tür geklopft würde; ***nihayet anlar*** ~ ***oldu*** anscheinend hat er endlich verstanden; ***... de ...*** **~: *Ahmet de Mehmet*** ~ Ahmet ebenso wie Mehmet ...; **~*lerden*** **...** wie jemand, der ...; ... in der Art von Leuten, die ...; **~*sine gelmek*** *j-m* scheinen, vorkommen: ***olmaz*** **~*me geliyor*** das scheint mir unmöglich; ***bu önerini doğru bulmamış*** **~*sine getirdi*** er deutete an, dass er diesen Vorschlag nicht richtig finde; **~*lerden***, **~*sinden*** so wie, als ob

gideceği: ~ ***yer*** Bestimmungsort *m*; Reiseziel *n*

gideğen Wasserableitungskanal *m*

gider[1] ÖKON **~*ler*** Ausgabe(n) *f(pl)*, Unkosten *pl*; **~*e yazmak*** ins Debet buchen; (ein Konto) belasten; ~ ***merkezi*** Kostenstelle *f*

gider[2] → ***gitmek***

giderayak beim Weggehen; in der letzten Minute

gi'derek nach und nach; immer mehr (*z.B. sich verschlechtern*); sogar

giderici beseitigend, entfernend; ***ağrı*** ~ ***ilaç*** schmerzlinderndes Mittel; ***leke*** ~ ***madde*** Fleckenentferner *m*

gidermek *v/t* beseitigen; liquidieren; *Bedürfnisse* befriedigen; *Flecke* entfernen (*-den* aus *D*); *Hunger, Durst* stillen; HIST hinrichten

gidertmek *v/t kaus von* ***gidermek***

gidi *dial* liederlich; ***hay***, **~!** ach, der freche Kerl!; (***hey***) ~ ***günler*** ja, die gute alte Zeit!; ***seni ~ seni*** du bist mir eine(r)!

gidici gehend; todkrank; zeitweilig, Interims-; ***o ~*** er ist auf dem Sprung

gidilmek: ***gidilir*** man fährt, kommt, geht *usw*; *-e* ***nereden*** (*od* ***nasıl***) ***gidilir*** wie kommt man zu ... ?; ***oraya gidilmez*** Durchgang (*od* Durchfahrt) verboten!

gidim, **gidiş** Gehen *n*; Fortgehen *n*; Weggang *m*; Abfahrt *f*, Reise *f*, Fahrt *f*, Gang *m der Ereignisse*; POL Kurs *m*; Tempo *n*; Verhalten *n*, Benehmen *n*; Lebensweise *f*, ***~ o ~*** er ging und war verschwunden

gidişat [ɑː] ⟨-tı⟩ Zustand *m*; Lage *f* (der Dinge), Situation *f*, Verhalten *n*

gidişgeliş Verkehr *m*; Hin- und Rückfahrt- (*Karte*)

gidişmek jucken

gidon Lenkstange *f*, Wimpel *m*, Flagge *f*

-gil Familie *f*: ***Aligile gittik*** wir besuchten die Familie von Ali

-giller ZOOL, BOT Art *f*, Gattung *f*, Familie *f*, *z.B.* ***gül~*** Rosengewächse *pl*

'gine → ***gene***

girdap [ɑː] ⟨-bı⟩ Strudel *m*; *fig* Abgrund *m*

girdi Ertrag *m*, Gewinn *m*, Einnahmen *f/pl*; EDV Input *m*; ***~(si) çıktı(sı)*** nähere Beziehungen *f/pl*; Einzelheiten *f/pl*; F Drum und Dran *n*

girgin unternehmungslustig; resolut; ***~lik*** ⟨-ği⟩ Resolutheit *f*, Unternehmungslust *f*

girift ⟨-ti⟩ vertrackt; *Schrift* eng verschlungen; Ergreifung *f*

girilmek *pass von* ***girmek***; ***girilir*** *Aufschrift* Eingang *m*; (***içeriye***) ***girilmez*** Zutritt verboten!

girinti Vertiefung *f*, Einbuchtung *f*, ***~li*** buchtenreich; uneben; ***~ çıkıntılı*** *Weg* holperig; *Küste* buchtenreich

giriş Eingang *m*; Eintritt *m*; Einfahrt *f*, Zugang *m*; Zufahrt *f*, Zustrom *m von Devisen*; *fig* Einführung *f* (*-e* in *A*); MUS Ouvertüre *f*, ***~ sınavı*** Aufnahmeprüfung *f*, ***~ ücreti*** Eintrittsgeld *n*; ***~ yasağı*** Einreiseverbot *n*; ***~ ücretsizdir*** Eintritt frei

girişik verwickelt; verzwickt; ***~ bezeme*** Arabeske *f*, arabeskenhaft; ***~ cümle*** GR Schachtelsatz *m*

girişilmek sich machen (*-e* an *A*)

girişim Schritte *m/pl*, Bemühungen *f/pl*; Eingriff *m*; Initiative *f*, PHYS Interferenz *f*, ÖKON Unternehmertum *n*; ***~de bulunmak*** die Initiative ergreifen; ***~ bastırılmış*** funkentsört; ***~ci*** Unternehmer *m*, -in *f*, Initiator *m*, -in *f*, ***~cilik*** ⟨-ği⟩ Unternehmertum *n*

girişken tatkräftig, aktiv; Initiator *m*, -in *f*, ***~lik*** ⟨-ği⟩ Tatkraft *f*, Dynamik *f*

girişmek (*-e*) sich machen *an die Arbeit*; *Arbeiten* unternehmen, einleiten; sich anschicken (zu *od inf*); sich (*D*) vornehmen (*A*); sich einlassen (in *A*); *Gespräch* anknüpfen; *in (e-n) Streik* treten; *Streit* anfangen, vom Zaun brechen

Girit ⟨-di⟩ Kreta *n*

Giritli Kreter *m*, -in *f*, kretisch

girizgâh Einführung *f*, Einleitung *f*

girland ⟨-dı⟩ Girlande *f*, Inselkette *f*

girme Einreise *f*

girmek ⟨-er⟩ *allg* gehen (*-e* in *A*), eintreten; einreisen (in *A*); ***içeri(ye) ~*** eintreten (in *A*); *Dieb*, *fig Wort* eindringen (in *A*); *auf Einzelheiten*, *ein Thema* (*A*) eingehen; *e-e Farbe* annehmen; *Hände* gehen, passen *in die Handschuhe*; *in e-n Krieg* eintreten; *Krankheit j-n* anstecken; MIL einziehen (in *A*); *in die Schule* gehen; *Stellung* (*A*) antreten; *in Schulden* geraten; F kapieren, begreifen (*A*); *-e* ***ağrı ~*** *Schmerz* befallen (*A*); ***birbirine ~*** in Streit geraten; durcheinander geraten; ***şarkıya ~*** ein Lied anstimmen; ***yirmisine ~*** in das zwanzigste Jahr gehen; ***midesine bir şey girmedi*** er nahm nichts zu sich; *-e* ***girip çıkmak*** *e-n Ort* häufig aufsuchen

gişe (*Post- usw*) Schalter *m*; ***~ filmi*** Kassenfüller *m*; ***~ rekoru***

gitar MUS Gitarre *f*, ***~cı*** Gitarrist *m*, -in *f*

'gitgide nach und nach, zunehmend

gitmek ⟨-der⟩ gehen (*a funktionieren*, *z.B. Uhr*); fahren (*-den* von, aus *D*; *-e* nach *D*, in *A*); F hinüber sein; reichen, genug sein (*-e* für *A*); *Geschäfte* gehen (*gut*); *Geld usw* F draufgehen (*-e* für *A*); *Kleidung*, *Stoff* (*lange*) halten; *Ware* gehen, sich verkaufen; *Weg* führen; abgehen, sich lösen, abbröckeln (*z.B. Farbe von der Wand*); ***otomobille ~*** mit dem Auto fahren; ***uçakla ~*** flie-

G

gen; ***çalışmaya*** ~ arbeiten gehen; stehen (*D*), passen (zu *D*, *z.B. e-r Farbe*); ***bu böyle giderse ...*** wenn das so weitergeht ...
gitsin *mit Befehlsformen* einfach: ***sat*** (***al***) ~! verkaufe (kaufe) es einfach!
gitti *nach Verbformen auf -di etwa* (ganz) einfach; ... und fertig!; ***anlayamadım*** ~ ich konnte es einfach nicht begreifen; ***... verdim*** ~ gab ich's und fertig!
gittikçe nach und nach; mehr und mehr
giydirici THEA, FILM Garderobiere *f*; Gewandmeister *m*, -in *f*
giydirmek *kaus von* ***giymek***; *j-n* ankleiden; einkleiden (lassen); F *j-n* abkanzeln; ***kılıf*** ~ abdecken, mit e-m Überzug versehen
giyecek Kleidung *f*; (***kışlık***) ***yazlık*** ~ (Winter-) Sommerkleidung *f*
giyer → ***giymek***
giyilmek *pass von* ***giymek***; getragen werden
giyim Kleidung *f*; Garnitur *f* zum Wechseln; Satz *m* (*z.B. zwei Stück*); ~ ***kuşam*** (Festtags)Kleidung *f*; F *fig* Staat *m*
giyim|evi Konfektion(sgeschäft *n*) *f*; **~li** gekleidet; ~ ***kuşamlı*** gut gekleidet
giyinik gekleidet
giyiniş Art *f* sich zu kleiden; Kleidung *f*
giyinmek **1.** *v/i* sich kleiden, sich anziehen; **2.** (*-i*) *Hut* aufsetzen; *Handschuhe* anziehen; **3.** (*-e*) sich ärgern (über *A*); schmollen (wegen *G*)
giymek ⟨-er⟩ *Mantel* anziehen; (***başına***) *Mütze* aufsetzen; *Kleidung* anhaben, tragen; nähen lassen, machen lassen; *Beleidigung* schlucken (müssen)
giyotin Guillotine *f*; Papiermesser *n*
giysi Kleidung *f*; Kleid *n*; Anzug *m*
giz[1] Geheimnis *n*
giz[2] MAR Gaffel *f*
gizem Geheimnis *n*, Mysterium *n*
gizemci Mystiker *m*, -in *f*
gizem|li geheimnisvoll; **~sel** mystisch
gizil verborgen, latent; potenziell
gizilgüç ⟨-cü⟩ *a* PHYS Potential *n*
gizle|me Verheimlichung *f*; MIL Tarnung *f*; **~mek** *v/t* verbergen (*-den* vor *D*); tarnen; verheimlichen; geheim halten (*-den* vor *D*); **~nmek** *pass von* ***gizlemek***; sich verbergen, sich verstecken (*-e* vor *D*); *-in* ***arkasına*** hinter *D*
gizli geheim, Geheim-; vertraulich; MIL getarnt; PHYS, MED latent; versteckt (*Arbeitslosigkeit*); ~ ***kapaklı*** dunkel, versteckt; geheim; ~ ***oylama*** geheime Abstimmung; ~ ***polis*** Geheimpolizei *f*, Geheimpolizist *m*, -in *f*; *-i* ~ ***tutmak*** geheim halten; ÖKON vertraulich behandeln; **~den** **~ye** verstohlen; **~ce** heimlich; vertraulich; illegal
gizlilik ⟨-ği⟩ Geheimhaltung *f*, Vertraulichkeit *f*, Illegalität *f*
glase Glacéleder *n*; Glacé-; Lack- (*Schuhe*)
glikoz Glykose *f*
gliserin Glyzerin *n*
glob ⟨-bu⟩ (Glas)Kugel *f* (*e-r Lampe*)
global global; überschlägige Rechnung; **~leşme** Globalisierung *f*
glüten Glutin *n*, Knochenleim *m*
goblen Gobelin *m*
gocuk ⟨-ğu⟩ Anorak *m*; Hirtenmantel *m*
gocunmak (*-den*) übel nehmen (*A*), gekränkt sein (durch)
gofret ⟨-ti⟩ Waffel *f*
gol ⟨-lü⟩ SPORT Tor *n*; ***~ün sahibi*** Torschütze *m*; ~ ***pozisyonu*** Schussposition *f*; ***~ü kurtamak*** ein Tor verhindern; ***~ü saymak*** ein Tor gelten lassen; (***bir***) ~ ***atmak*** ein Tor schießen; ~ ***yemek*** ein Tor durchlassen; ~ ***kralı*** Torschützenkönig *m*; **~cü** Torschütze *m*; F Bomber *m*
golf Golf(spiel) *n*; ~ ***pantolonu*** Knickerbocker *pl*
golfstrim GEOGR Golfstrom *m*
gollük Schuss-; ~ ***şut*** Torschuss *m*
gonca → ***konca***
gondol ⟨-lü⟩ Gondel *f*
gondolcü Gondoliere *m*
gonk ⟨-gu⟩ Gong *m*; ~ ***çalmak*** den Gong schlagen
Gordium: ~ ***düğümü*** Gordische(r) Knoten
goril ZOOL Gorilla *m*; *abw* Bodyguard *m*
gotik ⟨-ği, -ki⟩ Gotik *f*, gotisch; ~ ***üslup*** (*od* ***üslubu***) gotische(r) Stil; ~ ***harfler*** Fraktur *f*, gotische Schrift
Gotlar Goten *m/pl*
göbek ⟨-ği⟩ Nabel *m*; Bauch *m*; Zentrum *n*; Mittelstück *n*; Herz *n*, Mark *n*, Gehäuse *n* (*e-r Frucht*); Generation *f*; Ornament *n in der Mitte*; (Rad)Nabe *f*; EL Anker *m*; BOT Eisbergsalat *m*; ~ ***atmak*** e-n Bauchtanz aufführen; *fig* vor Freude verrückt sein; ~ ***bağı*** Nabel-

binde *f*; ~ ***bağlamak*** e-n Bauch bekommen; ~ ***kordonu*** Nabelschnur *f*; ***göbeği biriyle bağlı*** unzertrennlich; ***göbeği çatlamak*** sich abschuften; ***göbeği çıkmak*** einen Bauch bekommen
göbeklenmek e-n Bauch bekommen; dick werden; *Salat* Köpfe bilden
göbekli beleibt; ... mit e-m Ornament in der Mitte; ~ ***salata*** Eisbergsalat *m*
göç ⟨-çü⟩ Wanderung *f*, Auswanderung *f*, Abwanderung *f* (*-e in A, z.B. die Stadt*); Übersiedlung *f*, Vogelzug *m*; Umzug *m*; Umzugsgut *n*; Habseligkeiten *f/pl*; *fig* (die) letzte Reise; ***Kavimler* 2*ü*** HIST Völkerwanderung *f*; ~ ***etmek*** → ***göçetmek***
göçebe Nomade *m*, Nomadin *f*, Nomadenstamm *m*; Nomaden- (*Leben*); **~leşmek** *fig* ein Nomadenleben führen; **~lik** ⟨-ği⟩ Nomadentum *n*; *fig* Nomadenleben *n*
göçer → ***göçebe***; **~i** umherziehend; ohne festen Wohnsitz; **~mek** (*-i -e*) *j-m etw* (*A*) übertragen; *j-n* übersiedeln lassen (nach *D*); umpflanzen, umtopfen
göçertmek einschlagen, demolieren
'**göçetmek** (*-e*) übersiedeln (nach *D*); *Vögel* abfliegen; *fig in die Ewigkeit* eingehen
göçkün baufällig; gebrechlich; altersschwach; Nomade *m*
göçmek ⟨-er⟩ übersiedeln; einwandern, auswandern; ziehen (*-e* in *die Stadt*, auf *die Berge*); *Vögel* wandern, ziehen (nach); *Wand usw* einstürzen; *Person* verscheiden
göçmen Auswanderer *m*, -in *f*, Einwanderer *m*, -in *f*, Aussiedler *m*, -in *f*, BIOL Wander-; Zug- (*Vogel*); **~lik** ⟨-ği⟩ Auswanderung *f*, Einwanderung *f*, Migration *f*
göçücü: ~ ***kuş*** Zugvogel *m*
göçük ⟨-ğü⟩ Einbruch(stelle *f*) *m*; eingestürzt; ~ ***altında kalmak*** verschüttet werden
göçüm BIOL Taxie *f*
göçürmek (*-i*) *kaus von* ***göçmek***; zwingen, zu verlassen; treiben von *D*; zum Einsturz bringen; F *Essen* verschlingen, verdrücken
göçüş Übersiedlung *f*, → ***göçmek***
göden, ~ ***barsağı*** ANAT Mastdarm *m*, Rektum *n*
göğem *dial* violett; fliederfarben
göğermek *dial* grün werden, grünen; in violettem Licht erscheinen; *Fleck* blau anlaufen
göğüs ⟨-ğsü⟩ Brust *f*, Brustdrüse *f*, Mutterbrust *f*; ~ ***anjini*** MED Angina pectoris *f*; ~ ***bağır açık*** mit offener Brust; F in Räuberzivil; ~ ***darlığı*** Asthma *n*; ~ ***geçirmek*** seufzen; *-e* ~ ***germek*** die Stirn bieten (*D*); ertragen (*A*); ~ ***göğse*** Brust an Brust *kämpfen*; direkt aufeinander (zu); ~ ***hastalığı*** Tuberkulose *f*; ~ ***kafesi*** Brustkorb *m*; ~ ***kemiği*** Brustbein *n*; ***göğsü daralmak*** schwer keuchen; tief bedrückt sein; ***göğsü kabarmak*** sich brüsten; *unp* ihm schwillt die Brust (*-den* vor *D*); ***göğsünü gere gere*** voller Stolz
göğüslemek (*-i*) sich (mit der Brust) stemmen (gegen *A*); *j-n* beiseite stoßen; sich widersetzen; ***ipi*** ~ SPORT das Zielband mit der Brust berühren
göğüs|lü ... mit breiter Brust; *Frau* vollbusig; **~lük** ⟨-ğü⟩ (Schul)Schürze *f*, Brustriemen *m*; **~sel** Brust-
gök ⟨-ğü⟩ Himmel *m*; *dial* himmelblau, hellblau; blaugrün; *dial* unreif (*Früchte*); ~ ***gözlü*** blauäugig; grauäugig, helläugig; tückisch; ~ ***gürlemesi*** (*od* ***gürültüsü***) Donner *m*; ~ ***gürlüyor*** es donnert; ~ ***kandil*** F sternhagelvoll; *-i* **~*lere çıkarmak*** *fig* in den Himmel heben; **~*lere çıkmak*** sich in den Himmel erheben; *fig* im siebten Himmel sein; **~*ten zembille inmek*** etwas Besonderes sein; *fig* (*-e j-m*) vom Himmel fallen, einfach zufallen
gök|ada ASTR Milchstraße *f*, Galaxie *f*, **~bilimci** Astronom *m*; **~bilimi** Astronomie *f*, **~bilimsel** astronomisch; **~cismi** Himmelskörper *m*
gök|delen Wolkenkratzer *m*; **~evi** Planetarium *n*; **~fiziği** Astrophysik *f*
Gökhan ASTR Uranus *m*
gök|kır graublau; **~kuşağı** ⟨-nı⟩ Regenbogen *m*; **~küresi** Himmelskugel *f*
gök|lük ⟨-ğü⟩ Lazurblau *n*; **~men** *dial* blauäugig; **~sel** Himmels-
göktaşı Meteorit *m*
Göktürk Göktürke *m* (*altes Turkvolk in Mittelasien*)
gökyüzü ⟨-nü⟩ Firmament *n*; Himmel(szelt *n*) *m*, Himmelsgewölbe *n*
göl See *m*; Teich *m*; ~ ***balığı*** Seefisch *m*;

~ayağı Abfluss *m aus e-m See*; **~başı** Zufluss *m zu e-m See*; **~cük** ⟨-ğü⟩ Teich *m*, Tümpel *m*; Pfütze *f*; **~cül** See-

gölek ⟨-ği⟩, **gölet** Teich *m*

gölge *allg* Schatten *m*; *fig* Schutz *m*; *-e* **~ düşürmek** *fig* e-n Schatten werfen (auf *A*); **~ etme!** steh mir nicht im Licht!; *-e* **~ etmek** *j-m* Schatten spenden; e-n Schatten werfen (auf *A*); stören (*A*); *-e* **~ olmak** *j-n* unter seine Fittiche nehmen; **~ oyunu** Schattenspiel *n*; *-i* **~de bırakmak** *fig* in den Schatten stellen

gölge|altı schattige(r) Platz; **~cil** schattig; Schatten- (*Gewächs*)

gölgelemek (*-i*) beschatten (*A*), Schatten spenden (*D*); *fig* e-n Schatten werfen (auf *A*); *Bild* abschatten, abtönen

gölge|lendirmek (*-i*) Schatten werfen (auf *A*); *fig* verdunkeln; rasten lassen, Ruhe gönnen; **~lenmek** schattig sein; im Schatten Rast machen; **~li** schattig; **~lik** ⟨-ği⟩ schattige(r) Platz; Zelt *n*; Laube *f*

gömeç ⟨-ci⟩ → **gümeç**

gömer → **gömmek**

'gömgök durch und durch blau

gömlek ⟨-ği⟩ Hemd *n*; Überzug *m*; Futteral *n*; Hülse *f*; Muffe *f*; *fig* Generation *f*; TECH Mantel *m*; TECH (Glüh)Strumpf *m*; Aktendeckel *m*; BUCH Schutzumschlag *m*; **bir ~** etwas, eine Stufe, ein Grad; **dosya gömleği** Aktendeckel *m*; **gecelik ~** Nachthemd *n*; **~ değiştirmek** ZOOL Haut wechseln; **~ değiştirir gibi** *fig* wie e-e Wetterfahne; **~ eskitmek** große Lebenserfahrung haben; ein langes Leben hinter sich (*D*) haben; **gömleği kalın** wohlhabend; **~lik** ⟨-ği⟩ Hemdenstoff *m*

gömme eingegraben; *Badewanne* eingelassen; eingebaut; Einbau-; Bestattungs- (*Feierlichkeit*); **~ dolap** Einbauschrank *m*

gömmek ⟨-er⟩ *v/t* begraben, bestatten, beerdigen; vergraben; einlassen, einbauen (*-e* in *A*); *Stein* einfassen; *z.B. Gesicht* verbergen (*an s-r Schulter*); geraten (in *A*)

gömü Bodenschätze *m/pl*; *fig* Schatz *m*

gömücü Schatzsucher *m*, -in *f*

gömüldürük ⟨-ğü⟩ Spund *m*, Pfropfen *m*; Latz *m*

gömülmek *pass von* **gömmek**; versinken (*a fig in Schulden*); sinken (*-e* ins *Bett*, in *e-n Sessel*)

gömülü begraben; unerwartet (*Kurve*); **o borca ~** er steckt tief in Schulden

gömüt ⟨-tü⟩ Grabstätte *f*

gömütlük ⟨-ğü⟩ Friedhof *m*

gön gegerbte(s) Leder

göncü Sattler *m*; Schuster *m*

gönder (Fahnen)Stange *f*; MAR Steuerruder *n*

gön. *Abk für* **gönderen** Absender (Abs.)

gönderen Absender *m*, -in *f*

gönder|i *Post* Sendung *f*; Wunsch *m* für e-e gute Reise; **~ici** (Radio)Sender *m*; **~ilmek** *pass von* **göndermek**

gönderme Versand *m*; *Wissenschaft* (Literatur)Verweis *m* (*-e* auf *A*); **~ belgesi** Versandschein *m*; **~ yapmak** verweisen (auf *A*)

göndermek *v/t* senden, schicken (*-e* an *A*, zu *D*); *j-n* begleiten, F bringen; *-i* **alışverişe ~** *j-n* zum Einkaufen schicken

gönen|ç ⟨-ci⟩ Wohlstand *m*; Wohlhabenheit *f*; **~çli** *Leben* üppig; **~dirmek** *v/t j-n* glücklich (*od* reich) machen; **~mek** wohlhabend (*od* zufrieden) werden

gönlün(üz)ce: **her şey ~ olsun!** möge alles nach deinem (Ihrem) Wunsch geschehen

gönül ⟨-nlü⟩ *fig* Herz *n*, Seele *f*; Mut *m*; Zuneigung *f*; Lust *f* (zu *D*); **~ acısı** Liebeskummer *m*; **~** (*od* **gönlünü**) **almak** *j-n* erfreuen; *j-m* Mut machen; *j-s* Sympathie erwerben; *j-n* (wieder) versöhnen; **~ borcu** herzliche(r) Dank; Dankbarkeit *f*; **~** (*od* **gönlünü**) **bulandırmak** *j-m* Übelkeit verursachen; *j-n* kränken; *j-n* verdächtigen; Verdacht erwecken; **~ darlığı** Beklommenheit *f*; **~ eğlendirmek** sich vergnügen; **~ eri** Spaßvogel *m*; F *fig* ein fideles Haus; *-e* **~ etmek** *j-m etw* (*A*) wünschen; (bestimmte) Absichten haben; *-in* **gönlünü etmek** *j-n* zufrieden stellen; *j-s* Zustimmung erhalten; **~ ferahlığı** Sorglosigkeit *f*; **~ hoşluğu ile** von Herzen gern; gütlich (*Einigung*); **~ işi** Liebesaffäre *f*; **~ kırmak**, *-in* **gönlünü kırmak** (*j-m*) die Stimmung verderben; *j-n* kränken; *-e* **~ koymak** böse sein (auf *A*); **~ okşamak** *j-m* gefällig sein, freundlich zu *j-m* sein; *-i* **gönlünden çıkarmamak**

j-n nicht vergessen können; ***gönlü açık*** ohne Falsch; ***gönlü alçak*** bescheiden; friedfertig; (*-de*) ***gönlü kalmak***: ***gönlüm kalır*** ich nehme (es) übel (*od* krumm); (*-de*) ***gönlüm kaldı*** (es) sagte mir sehr zu, ich war sehr angetan von *D*; -in ***gönlünü hoş etmek*** *j-n* zufrieden stellen; ***gönlünden kopmak*** von Herzen (*etw*) geben; *-de* ***gönlü olmak*** *j-n* gern haben; *-e* ***gönlü olmak*** einverstanden sein mit; zufrieden sein mit; ***gönlü tez*** ungestüm; *-e* ***gönlünü*** (*od* ***gönül***) ***vermek*** *j-m* sein Herz schenken; ***gönlümce*** nach meinem Geschmack; meinem Wunsch entsprechend; ***gönülden*** von Herzen

gönüllü freiwillig; Freiwillige(r); Liebhaber *m*, -in *f*; **~ *gönülsüz*** halbherzig; ***alçak* ~** → ***alçakgönüllü***

gönülsüz ungern, lustlos; bescheiden; schlicht; anspruchslos; sanft; **~lük** ⟨-gü⟩ Bescheidenheit *f*; Sanftmut *f*

'gönye Winkelmaß *n*

göre *postp* (*-e*) nach (*D*); gemäß (*D*), im Einklang mit; ... (*D*) zufolge; was ... (*A*) anbetrifft; je nach (*D*); *konj -diğine* ~ da, weil; zumal; wie; soviel ...; *-e* **~ *olmak*** *j-m* passen; *j-n* betreffen; genau für *j-n* sein; ***adamına* ~** F es hängt von dem Menschen ab, je nach dem Menschen; ***gazetelerin bildirdiğine* ~** wie die Zeitungen mitteilen; ***arzunuza* ~** Ihrem Wunsch gemäß; ***bana* ~** nach meiner Meinung; mir passend; ***bildiğime* ~** so viel ich weiß; ***buna* ~** dementsprechend; ***emeğe* ~** nach Leistung; ***geç kaldığıma* ~** da (*od* weil) ich mich verspätet habe; ***kanunlara* ~** im Einklang mit den Gesetzen; nach den Gesetzen; ***kimisine* ~** nach Ansicht einiger Leute; ***ölçünüze* ~** nach Ihren Maßen; ***plana* ~** planmäßig; ***son modaya* ~** nach der letzten Mode; ***yağmur yağdığına* ~** weil (*od* da) es regnet(e)

görece relativ; **~ci** Relativist *m*, -in *f*

görececilik ⟨-ği⟩ Relativismus *m*

görecelik Relativität *f*

görecek: *-in -i* ***göreceği gelmek*** (*-i*) sich sehnen nach

göreli → ***görece***

görelik, **görelilik** ⟨-ği⟩ → ***görecelik***

görenek ⟨-ği⟩ Tradition *f*, Brauch *m*; Schablone *f*, F alte Leier; Erfahrung *f*

görenek|sel traditionell, konventionell

göresi: **~ *gelmek*** *dial* → ***görecek***

göresimek *dial* → ***görecek***

görev Amt *n*, Funktion *f*, Dienst(pflicht *f*) *m*; Pflicht(en *pl*) *f*, EDV Job *m*; POL Auftrag *m*, Mission *f*, Aufgabe *f*, Rolle *f*, *allg* Funktion *f*, Aufgabe *f z.B. der Mandeln*; (*bir*) **~ *almak*** e-e Aufgabe übernehmen; **~ *başında*** bei Ausübung s-r Dienstpflichten; **~*den çıkarılma*** Dienstenthebung *f*, *-i* **~*den çıkarmak*** (*od* ***almak***) *j-n* s-s Dienstes entheben; *-i* **~*e almak*** *j-n* zu e-m Amtsträger ernennen, *j-n* einstellen; **~*den alınması*** Amtsenthebung *f*, *-e* **~ *vermek*** einsetzen (*A*); **~ *yapmak*** Dienst tun; tätig sein; *fig* die Aufgabe (*G*) haben; ***açık* ~** freie Stelle, Vakanz *f*, ***askerlik* ~*ini yapmak*** s-n Militärdienst ableisten

görevdeşlik ⟨-ği⟩ PHYS Synergie *f*

görevlen|dirmek (*-i -le*) *j-n* beauftragen mit; verpflichten (*için* zu *D*); *j-n* in Dienst stellen; **~mek** e-e Aufgabe (*od* ein Amt) übernehmen

görevli beauftragt; bevollmächtigt; akkreditiert (*-de* bei *D*); Beamte(r); *-i* **~ *kılmak*** (*-le*) *j-n* verpflichten (zu); ***gizli* ~** Geheimagent *m*, -in *f*, ***gümrük* ~*si*** Zollbeamte(r); **~ler** Personal *n*

görevsel Funktions-; Dienst-

görevseverlik ⟨-ği⟩ Pflichttreue *f*

görevsiz ohne Aufgabe, ohne Funktion

görgü Erfahrung *f*, Anstand *m*, gute(s) Benehmen; Etikette *f*; **~ *tanığı*** Augenzeuge *m*; **~cülük** ⟨-ğü⟩ PHIL Empirismus *m*

görgülü gut erzogen; erfahren; routiniert

görgüsüz schlecht erzogen; unerfahren; **~lük** ⟨-ğü⟩ Unhöflichkeit *f*, Unerfahrenheit *f*

görkem Pomp *m*, Prunk *m*

görkemli pompös, prunkvoll

görme Sehen *n*; Beobachtung *f*, Treffen *n*; Seh- (*Feld*); Sehkraft *f*; ***iş* ~ *kabiliyeti*** Leistungsfähigkeit *f*

görmece dem Aussehen nach; in Bausch und Bogen *kaufen*; unter der Bedingung, sich zu sehen (*od* es zu sehen)

görmek ⟨-ür⟩ *v/t* sehen; *j-n* besuchen; sich mit *j-m* treffen, mit *j-m* zusammenkommen, *j-n* sprechen; Zeuge werden (*G od* von *D*); *etw* (*A*) halten (für *A*); betrachten (als); *Gutes, Interes-*

G

santes, *Liebe* erfahren, *j-m* entgegengebracht werden; sich (*D*) *e-n Film* ansehen; *Leid* erfahren, erdulden; *Schlacht*, *Ereignis* verfolgen; F bestechen; ***az*** **~** für gering, ungenügend halten; ***güneş*** **~** sonnig sein; ***hizmet*** **~** dienen, tätig sein; ***iş*** **~** e-e Arbeit verrichten; ***iyilik*** **~** Gutes erfahren (*-den* von *D*); ***tedavi*** **~** in Behandlung sein, behandelt werden; ***yardım*** **~** Hilfe bekommen, (*j-m*) geholfen werden; *-den* ***ders*** **~** bei *j-m* Stunden nehmen; *-i* ***göreceği gelmek*** → ***görecek***; ***önceden görerek söylemek*** voraussagen; *-i* ***görüp geçirmek*** erleben, durchmachen (*A*); *Operation* überstehen; ***görüp gözetmek*** *j-n* betreuen; ***görür gibi olmak*** (so) scheinen; ***gözü parayı*** **~** nur aufs Geld sehen; ***görmüş geçirmiş*** (welt)erfahren; *Blick* verständnisvoll; ***görmediği kalmadı*** ihr blieb nichts erspart; ***gör*** *od* ***görürsün*** du wirst schon sehen!; *-meye* ***görsün*** (*od* ***gör***) *etwa* wenn einmal ..., was einmal ...: ***aklına esmeye görsün, ...*** wenn er sich etwas in den Kopf gesetzt hat, ...; *-i* ***görme*** (*viel*, *wunderbar*) ***... elmaları görme*** Äpfel hat der (*wie* ...)

görmemezlik → ***görmezlik***

görmemiş **1.** *subst* Gernegroß *m*; **2.** *adj* ungehobelt; **~lik** ⟨-ği⟩ Unerfahrenheit *f*, Ignoranz *f*, Habgier *f*

görmez blind; ***uzak*** **~** kurzsichtig; ***yakın*** **~** weitsichtig; **~lik** ⟨-ği⟩ Blindheit *f*; ***görmezliğe*** (*od* **~*ten***) ***gelmek*** ignorieren

görmüşlük ⟨-ğü⟩: *-i* ***görmüşlüğü var*** *j-n* gesehen haben; ***sizi görmüşlüğüm var*** ich muss Sie schon mal gesehen haben; **~ *duygusu*** PSYCH Erinnerungstäuschung *f*, Déja-vu *n*

görsel Seh-; visuell; darstellend (*Künste*); **~ *araçlar*** Anschauungsmaterial *n*; **~*-işitsel*** audiovisuell

görü Vision *f*

görücü Brautwerberin *f*; **~*ye çıkmak*** sich der Brautwerberin zeigen

görüldüğünde ÖKON bei Vorlage *G*

görülme: ***sorumsuz*** **~** JUR Freisprechung *f* (*des Angeklagten*)

gö'rülmedik einmalig, unbeschreiblich; unerhört

görülmek *pass von* ***görmek***; *Seuche* auftreten; ***görülecek*** sehenswert; ***görülecek yer*** Sehenswürdigkeit *f* (*e-r Stadt usw*); ***görülmüş şey değil!*** das ist ja wohl nicht dagewesen!; ***görülüyor*** das sieht (*od* merkt) man; ***görülüyor ki*** wie man sieht; es scheint, dass ...; ***yer yer görülen*** sporadisch; ***resimde görülen*** hier abgebildet

görülmemiş → ***görülmedik***

gö'rümce Schwägerin *f* (*Schwester des Ehemannes*)

görümlük ⟨-ğü⟩ Attrappe *f*, Ausstellungsstück *n*; *dial Verlobungsgeschenk des Mannes an die Frau*

görünen sichtbar; PHYS virtuell

görüngen offensichtlich

görüngü PHIL Phänomen *n*

görünmeden unbemerkt

görünmek *v/i* erscheinen, sich zeigen; *gut*, *jung usw* aussehen; sich treffen; zurechtweisen (*-e j-n*); ***görünüyor ki*** es scheint, dass ...; ***göründü Sivas'ın bağları*** da haben wir die Bescherung!; *-meyi* ***amaçlar*** **~** zu bezwecken scheinen zu + *inf*

görünmez unvorhergesehen, unerwartet; unsichtbar; **~ *olmak*** (von der Bildfläche) verschwinden

görüntü Erscheinung *f*, Gespenst *n*; Ansehen *n*; Spiegelbild *n*; *fig* Aussicht *f*, Bild *n*, Filmszene *f*; **~ *işleme*** EDV Bildbearbeitung *f*; **~lemek** *v/t* fotografieren, verfilmen; **~lü**: ***güzel*** **~** schön anzusehen

görünüm Äußere(s), Erscheinung *f*, (das) Formale, die formale Seite *e-r Sache*; GR Aspekt *m*

görünür sichtbar; offenkundig, klar

görünürde anscheinend, scheinbar (*z.B. im Recht*); **~ *yok*** ist nicht zu sehen; **~ *kimse yoktu*** niemand war zu sehen

görünür|deki äußerlich; **~lerde** → ***görünürde***

görünürlük ⟨-ğü⟩ Sichtbarkeit *f*

görünüş Aussehen *n*, Äußere(s), (äußere) Erscheinung; Panorama *n*, Aussicht *f*, Meinung *f*, GR Aspekt *m*

görünüşte dem Anschein nach

görüş Sehen *n*, Beobachtung *f*, Sicht *f*, Sehkraft *f*, Meinung *f*, Ansicht *f*, Gesichtspunkt *m*; *politische* Einstellung; Anschauung *f*, *Krankenhaus*, *Gefängnis* Besuch *m*; **~ *açısı*** Gesichtspunkt *m*; Standpunkt *m*; **~ *ayrılığı*** Meinungsverschiedenheit *f*; **~ birliği** Übereinstimmung *f*; gleiche Meinung; **~ değiş tokuşu** Meinungsaustausch *m*; **~ farkı** Meinungsverschiedenheit *f*; **benim ~ümce, benim ~ümle** nach meiner Meinung; **dünya ~ü** Weltanschauung *f*; **ilk ~te** auf den ersten Blick

görüşlü: **dar ~** kurzsichtig, engstirnig; **demokratik ~** demokratisch eingestellt; **uzak ~** weitsichtig

görüşme Treffen *n*; Wiedersehen *n*; Diskussion *f*, Gespräch *n*; Verhandlung *f*, Besprechung *f*; **~ görüşmesi** Telefonat *n*; **~ yapmak** Besprechungen führen; **~ci** Besucher *m*, -in *f* (*Kaserne, Gefängnis usw*)

görüş|mek (*-le*) sich treffen mit; *bes* POL zusammentreffen mit; sprechen, sich unterhalten mit; *mit e-m Nachbarn* verkehren; verhandeln mit; (*-i*) besprechen (*A* mit *D*); behandeln, erörtern; **~türmek** *kaus von* **görüşmek**; bekannt machen (*-i, -le j-n* mit *j-m*); ein Wiedersehen veranstalten (*od* ermöglichen)

görüşül|me Behandlung *f e-r Sache*; **~mek** *pass von* **görüşmek**

gösteren LING Bezeichnende(s), Signifikans *n*

gösterge Zeichen *n*, Merkmal *n*; Indikator *m*; Display *n*; Anzeiger *m*

göstergebilim Semiotik *f*

gösteri (*z.B. Sport*) Veranstaltung *f*, Darbietung *f*, (Kino)Vorführung *f*, THEA Vorstellung *f*, POL Kundgebung *f*, Demonstration *f*; **~ yürüyüşü** Aufmarsch *m*; **~ci** Demonstrant *m*, -in *f*, (Film)Projektor *m*

gösteril|en LING Bezeichnete(s), Signifikat *n*; **~me** (Film)Vorführung *f*; **~mek** *pass von* **göstermek**; **parmakla gösterilecek kadar az** das ist an den Fingern abzuzählen

gösterim (Film)Vorführung *f*, *Kino*, THEA *usw* Vorstellung *f*, Veranstaltung *f*; **~e girmek** FILM anlaufen

gösteriş 1. *subst* Zeigen *n*, Vorzeigen *n*; Äußere(s), Aussehen *n*; Schau *f*, Schaustellung *f*, Glanz *m*, Prunk *m*; **2.** *adj* Schein-, Pseudo-, unecht, übertüncht; demonstrativ; **~ yapmak** blenden, sich zur Schau stellen; **~ meraklısı** Blender *m*, -in *f*, ... **-in ~i var** etwas herzeigen; **~çi** Blender *m*, -in *f*, *fig* Komödiant *m*, -in *f*, demonstrativ; geziert; **~li** auffällig; prächtig; extravagant *gekleidet*; angeberisch; **~siz** unansehnlich, unauffällig, schlicht; ungezwungen (*Atmosphäre*); **~sizlik** ⟨-ği⟩ Unansehnlichkeit *f*, Unauffälligkeit *f*

gösterme Zeigen *n*; Vorführung *f*, Hinweis *m*; **aday ~** (Kandidaten)Aufstellung *f*, Nominierung *f* e-s Kandidaten; *-i* **aday ~** Nominierung *f j-s* (als Kandidaten); **kaynak ~** (Quellen)Nachweis *m*, (Quellen)Angabe *f*, **~ zamiri** (*od* **adılı**) Demonstrativpronomen *n*; **~ salonu** Vorführungsraum *m*

göstermek 1. (*-i, -e*) *j-m etw* (*A*) zeigen; kennzeichnen (*A*); hinweisen (auf *A*); *j-m e-e Arbeit* anweisen; *j-n als schuldig* hinstellen; *j-n als Zeugen* benennen; *gute Absicht usw* zeigen, bekunden; *Brille z.B. Schrift nicht* erkennen lassen; *Liebe usw* zeigen, an den Tag legen; *Mut* beweisen, zeigen; *Pass* (vor)zeigen; *Wort* anführen, angeben; **2.** *v/i alt, jung* aussehen, wirken; *-i* **aday ~** *j-n* als Kandidaten aufstellen, vorschlagen; *-e* **ders ~** *j-m* die Lektion erläutern; **güneşe ~** der Sonne aussetzen; **kendini ~** sich zeigen; *Wahrheit* an den Tag kommen; **kırktan fazla göstermiyor** sie wirkt nicht älter als vierzig

göstermelik ⟨-ği⟩ **1.** *subst* Muster *n*; Probestück *n*; Getue *n*, Zierereı *f*; **2.** *adj* prächtig, imposant; repräsentativ; Schein-; **~ aday** Scheinkandidat *m*, -in *f*

göstertmek *kaus von* **göstermek**

göt ⟨-tü⟩ V Arsch *m*; *fig* Idiot *m*; *-le* **~ tokuşturmak** mit *j-m* warm werden; **~ten bacaklı** kurzbeinig; **~ü trampet çalmak** F in prima Stimmung sein; -in **~ünü yakmak** *j-m* den Hintern versohlen; **~lek** ⟨-ği⟩ passive(r) Schwule(r)

götün: **~ ~ gitmek** F zurückgehen, rückwärts gehen; *fig* immer mieser gehen

götürme Bringen *n usw*; **evlere su ~** Wasserversorgung *f* der Häuser

götürmek ⟨-ür⟩ *v/t* bringen (*-den -e* von *D* nach *D*); (*-i j-n*) mitnehmen; (**evine** nach Hause) bringen; *Kind* (**okula** zur Schule) bringen; *Waren* transportieren; (*-e*) *zu e-m Ergebnis* führen; (*-e j-m*) *Grüße* bestellen, ausrichten; *j-m* den Rest geben, *j-n* fertig machen; *Krankheit j-n* dahinraffen; *Kugel z.B. j-m das Bein* wegreißen; *Mauer* umreißen,

G

wegspülen (*durch Wasser*); *Gewinn, Überschuss* ausgleichen, zunichte machen; *Slang*: *j-n* abschleppen; ***alıp ~*** *j-n* (ergreifen und) abführen; ***başarıya ~*** zum Erfolg führen; *-e* ***selam ~*** *j-m* Grüße bestellen, ausrichten; *-i* ***sofraya ~*** *j-n* zu Tisch führen; ***şaka götürmemek*** keinen Spaß verstehen

götürü ÖKON en gros; Pauschal-; Engros- (*Einkauf*); ***~ fiyat*** Pauschale *f*

götürücü ANAT *Nerven* zentrifugal; TECH Beschicker *m*; EL Leiter *m*

gövde Rumpf *m* (*a e-s Flugzeugs*); Körper *m des Menschen*; geschlachtete(s) Tier; *z.B.* ***bir ~ koyun*** ein geschlachteter Hammel; (Baum)Stamm *m*; TECH Gehäuse *n*; Mantel *m*; GR Stamm *m*; ***~ gösterisi*** Massendemonstration *f*; *-i* ***~ye indirmek*** F runterschlingen (*A*); ***~lenmek*** *v/i* dick werden; *Baum* e-n Stamm bilden; ***~li*** robust, stämmig; korpulent; mit ... Stämmen; ***~sel*** Rumpf-

gövem ZOOL Bremse *f*

gövermek *dial* grünen, grün werden; *Fleck* blau werden

göverti[1] Grünzeug *n*, Gemüse *n*

göverti[2] blaue(r) Fleck

göy- *dial* → ***yan-***; *z.B.* **göymek** ⟨-er⟩ *v/t* verbrennen; **göynük** *dial* verbrannt; leidend; *Obst* reif

göz[1] Öhr *n e-r Nadel*; Öse *f*; Fach *n*, Schubfach *n*, Schublade *f*; Kasten *m*; Waagschale *f*; Öffnung *f*; (Brücken)Bogen *m*, Durchfahrt *f*; *dial* Zimmer *n*

göz[2] Auge *n* (*a fig Blick*; *am Ast*); böse(r) Blick; Augenlicht *n*; Gesichtssinn *m*; Seh-; *-den* ***~ açamamak*** keine Ruhe finden (vor *D*); sich von e-r Krankheit nicht erholen können; ***~ açıp kapayıncaya kadar*** im Nu; ***~ alabildiğine*** so weit das Auge reicht; *-e* ***~ atmak*** e-n Blick werfen (auf *A*); ***~ boyamak*** Augenwischerei betreiben; ***~ değmek*** behext werden; *-e* ***~ dikmek*** begehren (*A*), ein Auge haben (auf *A*); ***~ doktoru*** Augenarzt *m*, -ärztin *f*; ***~ doldurmak*** SPORT für e-e Überraschung sorgen, überraschen; *-e* ***~ etmek*** *j-m* zuzwinkern; *-e* ***~ gezdirmek*** überfliegen (*A*, *z.B. einen Text*); ***~ göre*** (***göre***) vor aller Augen; ***~ hapsi*** JUR Hausarrest *m*; MIL Stubenarrest *m*; *-e* ***~ kırpmak*** *j-m* zuzwinkern; *-e* ***~ kulak olmak*** aufpassen auf *j-n*; *j-n* betreuen; auskundschaften; *-i* ***~ önünde tutmak*** berücksichtigen (*A*); in Betracht ziehen; ***~ tanışıklığım var*** ich kenne ihn vom Sehen; ***~ yumulmaz*** nicht zu unterschätzend; *-i* ***~den çıkarmak*** *etw* (*A*) opfern, F *Geld* losmachen; ***~den çıkmak*** (*od* ***düşmek***) an Interesse (*od* an Ansehen) verlieren; in Ungnade fallen; *-i* ***~den düşürmek*** *j-n* diskreditieren; *j-m* den Nimbus nehmen; verhasst machen; *-i* ***~den geçirmek*** durchblättern, überfliegen *A*; prüfen, untersuchen; *Motor* nachsehen; *Theorie* überprüfen; *-i* ***~den sürmeyi çekmek*** (*od* ***çalmak***) F Meister im Klauen sein; *-i* ***~e almak*** *e-r Gefahr* (*D*) ins Auge sehen; riskieren, wagen (*A*); ***~e batmak*** *fig* ins Auge springen, (unangenehm) auffallen; ***~e çarpan*** auffallend; ***~e çarpmak*** auffallen, ins Auge springen; *-in* ***~leri kapanmak*** *fig* die Augen schließen (*sterben od einschlafen*); *-in* ***~lerinden okumak*** *j-m etw* (*A*) an den Augen ablesen; ***~lerini dört açmak*** genau aufpassen; die Augen aufmachen; *fig* die Augen aufreißen; ***~ü açık*** F auf Draht, fix; wachsam; ***~ü açılmak*** verständig werden; ***~ü bağlı*** sorglos; unüberlegt, unbedacht; ***~ü dönmek*** zornig werden, rasend werden; *-den* ***~ü dönmüş*** rasend (vor *D*); verblendet; ***~ü gibi sakınmak*** wie s-n Augapfel hüten; ***onu*** (***bir yerden***) ***gözüm ısırıyor*** er kommt mir (irgendwie) bekannt vor; *-de* ***~ü kalmak*** begehrt werden; erpicht sein (auf *A*); neidisch sein (auf *A*); *-de* ***~ü olmak*** *fig* ein Auge haben (auf *A*); ***~ü pek*** beherzt; *-e* ***~ü takılmak*** unverwandt blicken (auf *A*); starren (auf *A*); ***~ü tok*** genügsam, anspruchslos; *-i* ***~ü tutmak*** *j-m* gefallen, Interesse haben (für *A*); ***bu işi ~üm tutmuyor*** diese Arbeit liegt mir nicht; *-in* ***~üne girmek*** *j-s* Zuneigung erwerben; ***~ünü*** (*a* ***~lerini***) ***açmak*** aufpassen, Acht geben; aufwachen; *fig* (*-in j-m*) die Augen öffnen; (*-de* in *D*) heimisch werden; ***~ünü doyurmak*** mit vollen Händen geben; (*-e*) ***~ünü kapamak*** *od* ***yummak*** die Augen für immer schließen, sterben; *fig* die Augen (*-e* vor *D*) verschließen; so tun, als ob man *etw* nicht sähe; ***~ünün içine baka baka*** unerschrocken (und

kaltblütig); -in **~ünün içine bakmak** *j-m* in die Augen sehen; *um j-n* zittern; *j-n* hätscheln; flehend *j-n* anblicken, *j-n* anflehen; **dört ~le** sehnsüchtig *warten*; **~üm!** mein Liebling!
göz|açıklığı ⟨-nı⟩ Wachsamkeit *f*; Auffassungsgabe *f*; Mutterwitz *m*; **(ilk) ~ağrısı** ⟨-nı⟩ (*erste*) Liebe *f*; **~akı** ⟨-nı⟩ Weiße *n* (*des Auges*), Sklera *f*; **~alıcı** *Farbe* auffällig; auffallend schön (*gekleidet*); **~altı** ⟨-nı⟩ Gewahrsam *m*; Überwachung *f*; Festnahme *f*; Untersuchungshaft *f*; *-i* **~na almak** in Gewahrsam nehmen, festnehmen
gözbağcı ⟨-nı⟩ Zauberkünstler *m*; Jongleur *m*; **~lık** ⟨-ğı⟩ Zauberei *f*; Zauberkunststück *n*, Hokuspokus *m*
gözbağı ⟨-nı⟩ Hexerei *f*; Taschenspielerei *f*; Augenbinde *f*
göz|bebeği ANAT Pupille *f*; *fig* Liebling *m*, Augapfel *m*; **~boyama** Augenwischerei *f*; → **göz boyamak**
gözcü Beobachter *m*, -in *f*; Spion *m*, -in *f*; F Augenarzt *m*, -ärztin *f*; **~ uçağı** Aufklärungsflugzeug *n*; **~lük** ⟨-ğü⟩ Beobachtung *f*; Überwachung *f*
gözdağı ⟨-nı⟩ Drohung *f* (*-e* für *A*); *-e* **~ vermek** *j-m* drohen (*-le* mit *D*)
gözde beliebt; populär; Mode- (*Farbe*); Geliebte *f*, Auserwählte *f*
gözdişi Augenzahn *m*
göze BIOL → **hücre**
gözemek *v/t Loch* stopfen, zunähen; besticken
gözene Bienenschleier *m*
gözenek ⟨-ği⟩ Pore *f*; Masche *f* (*e-s Netzes*)
gözer grobe(s) Sieb
gözet|ici Aufseher *m*, -in *f*; **~ilmek** *pass von* **gözetmek**; **~im** Aufsicht *f*; Überwachung *f* → **gözaltı**; **~imci** Betreuer *m*, -in *f*; **~leme** Beobachtung *f*, Beobachtungs-
gözetle|mek *v/t* (heimlich) beobachten; bespitzeln; *Unterschied* beachten; *Ziel* verfolgen; **~yici** Beobachter *m*, -in *f*
gözetme: **ayrılık ~den** ohne e-n Unterschied zu machen
gözetmek *v/t* beaufsichtigen, aufpassen (auf *A*); beschützen; *Disziplin* wahren; *Gelegenheit* abwarten; *Interessen* wahrnehmen; *Recht* achten, verteidigen; *Unterschied* machen; *Ziel* verfolgen
gözetmen Aufseher *m*
göz|evi Augenhöhle *f*; **~kapağı** Augenlid *n*; **~leği** Beobachtungsstand *m*; (*Jagd*) Anstand *m*
gözlem Beobachtung *f*; (*wissenschaftliche*) Untersuchung *f*, Forschung *f*; **~ci** *allg*, *a* POL Beobachter *m*, -in *f*
gözleme[1] Beobachtung *f*; Abwarten *n*
gözleme[2] *gefüllter, auf Blech gebackener Fladen*
gözlemek (*-i*) warten (auf *A*); genau beobachten; untersuchen, erforschen
gözlemevi ⟨-ni⟩ ASTR Sternwarte *f*
gözle|mlemek *v/t* beobachten; feststellen, ermitteln; **~yici** Beobachter *m*
gözlü sehend; klug; -äugig, *z.B.* **kara ~** schwarzäugig; → **göz**[1]; ... mit Fächern, Räumen *usw*, → **göz**[2]; *z.B.* **beş ~ bir ev** ein Haus mit fünf Räumen; **sık ~** *Sieb* feinmaschig
gözlük ⟨-ğü⟩ Brille *f*; Scheuklappen *f/pl*; **~ çerçevesi** Brillenfassung *f*; **güneş gözlüğü** Sonnenbrille *f*; **o ~ kullanıyor** (*od* **takıyor**) sie trägt eine Brille; **gözüne ~!** F pass doch auf!
gözlük|çü Optiker *m*, -in *f*; **~lü** bebrillt, mit Brille; Brillenträger *m*, -in *f*
gözlüklüyılan ZOOL Brillenschlange *f*, Kobra *f*
gözsüz blind; ohne Fach *usw*, → **göz**[1,2]
göztaşı ⟨-nı⟩ CHEM Kupfervitriol *n*
gözüaç unersättlich; neidisch
gözüaçık → **gözü açık**
gözükmek sich zeigen; **... gibi ~** aussehen
gözüpek → **gözü pek**
gözyaşı ⟨-nı⟩ Träne *f*; **~ dökmek** Tränen vergießen
gözyuvası ⟨-nı⟩ Augenhöhle *f*
grado Grad *m*; Alkoholgehalt *m*
grafik ⟨-ği⟩ Schaubild *n*, Diagramm *n*; grafisch; Graphik *f*
grafit ⟨-ti⟩ CHEM Graphit *m*
gram Gramm *n*
gramer Grammatik *f*
gramofon Grammophon® *n*
'grandi MAR Großmast *m*
gran|'duka, '~dük ⟨*-kü*⟩ Großherzog *m*; **~düşes** Großherzogin *f*
granit ⟨-ti⟩ Granit *m*; Granit-
granül TECH Korn *n*; Granulat *n*
granüle gekörnt, granuliert
gravitasyon PHYS Gravitation *f*
gravür Stich *m*, Gravüre *f*, Gravierkunst *f*; **~cü** Graveur *m*, Stecher *m*

G

gravyer, ~ ***peyniri*** Gruyère-Käse *m*
Grek altgriechisch, griechisch; '**~çe** Altgriechisch *n*; (auf) altgriechisch
gres, ~ ***yağı*** TECH Schmiere *f*, Maschinenöl *n*
gres|ör Schmierbüchse *f*; **~yağı** → ***gres***
grev Streik *m*; ~ ***gözcüsü*** Streikposten *m*; ~ ***kırıcı*** Streikbrecher *m*; ~***e girmek*** in den Streik treten; ~ ***hakkı*** Streikrecht *n*; ~***e gitmek*** e-n Streik beschließen; ~ ***ilan etmek*** e-n Streik ausrufen; ~ ***kırıcılığı*** Niederwerfung *f* des Streiks; ~ ***yapmak*** streiken; ***açlık*** ~***i*** Hungerstreik *m*; ***genel*** ~ Generalstreik *m*; ***açlık*** ~***i*** Hungerstreik *m*; ***işi yavaşlatma*** ~***i*** Bummelstreik *m*; ***oturma*** ~***i*** Sitzstreik *m*; **~ci** Streikende(r)
grayder Planierraupe *f*
greyfrut ⟨-tu⟩ Pampelmuse *f*, Grapefruit *f*
gri grau
grip ⟨-bi⟩ Grippe *f*; ~ ***olmak*** die Grippe haben/bekommen
'**grizu** Grubengas *n*
grog ⟨-gu⟩ GASTR Grog *m*
grotesk ⟨-ki⟩ Groteske *f*; grotesk
grup ⟨-bu⟩ Gruppe *f*; Gruppierung *f*; POL *a* Zelle *f*; MIL Bataillon *n*; ***bağlama grubu*** Volksmusikgruppe *f*
grupla|ndırmak *v/t* gruppieren; ***yeniden*** ~ umgruppieren; **~nmak** sich gruppieren; **~şmak**: *-in* ***etrafında*** ~ sich gruppieren, sich scharen um
guatr MED Kropf *m*
gudde ANAT Drüse *f*
gudubet [-du:-] ⟨-ti⟩ **1.** *adj* (abstoßend) hässlich; **2.** *subst* Fratze *f*
guguk ⟨-ğu⟩, ~ ***kuşu*** Kuckuck *m*; ~ ***gibi kalmak*** (*od* ***oturmak***) allein, einsam leben; ~ ***yapmak*** Kuckuck rufen; **~lu**: ~ ***saat*** Kuckucksuhr *f*
gulden Gulden *m*
gulyabani Dämon *m*, Menschenfresser *m*
gurbet ⟨-ti⟩ Fremde *f*; Ausland *n*; ~ ***çekmek*** Heimweh haben; ~***e gitmek*** (*od* ***çıkmak***) in die Fremde ziehen; ~ ***ellerde yaşamak*** fern der Heimat leben
gurbetçi Auslandstürke *m*, -türkin *f*, Gastarbeiter *m*, -in *f*
gurbetçilik ⟨-ği⟩ Leben *n* im Ausland
gurgur: ~ ***etmek*** *Magen* knurren, → ***guruldamak***
gurk ⟨-ku⟩ Glucke *f*, Bruthenne *f*, Truthahn *m*; ~ ***etmek*** kollern; gackern; ~***a yatmak*** brüten
gurklamak *Henne* gackern; glucken
guruldamak knurren; kollern; glucken
gurultu Knurren *n*; Glucken *n*
gurup [-u:p] ⟨-bu⟩ Sonnenuntergang *m*; **~rengi** Abendröte *f*
gurur [-u:r] Stolz *m*; Hochmut *m*; *-le* ~ ***duymak*** stolz sein (auf *A*); ***b-ne*** ~ ***gelmek*** sich brüsten, sich aufblähen; ~***unu okşamak*** j-s Eitelkeit schmeicheln; **~la** stolz, voll Stolz
gururlanmak hochmütig sein
gururlu stolz; hochmütig
gusletmek REL *die rituelle Ganzwaschung vornehmen*
'**gusto** Geschmack *m*, Stil *m der Zeit*; **~lu** ... mit Geschmack
gusül ⟨-slü⟩ REL rituelle Ganzwaschung *f*; **~hane** HIST kleine(r) Waschraum
gut MED Gicht *f*
gübre Dung *m*, (*künstlicher*) Dünger; ~ ***böceği*** Mistkäfer *m*; ~ ***şerbeti*** Jauche *f*; ~ ***vermek*** düngen; **~leme** Düngen *n*
gübre|lemek *v/t* düngen; **~li** gedüngt; **~lik** ⟨-ği⟩ Dunggrube *f*, Misthaufen *m*
gücen|dirmek *v/t j-n* kränken; verstimmen, verdrießen; betrüben; **~gen** leicht beleidigt; argwöhnisch; **~ik** gekränkt, beleidigt; verdrießlich; **~iklik** ⟨-ği⟩ Gekränktheit *f*, Verstimmung *f*
gücenmek (*-e*) böse sein auf *j-n*; es *j-m* übel nehmen, F krumm nehmen; verstimmt sein (über *A*)
gücü Litze *f am Webstuhl*
gücük gestutzt; *Tier* mit gestutztem Schwanz; ~ ***ay*** *dial* Februar *m*
gücümsemek (*-i*) sich schwer tun (mit *D*)
'**gücün** kaum, F mit Ach und Krach; mit knapper Not *erreichen*
güç[1] ⟨-cü⟩ schwer, schwierig; Schwierigkeit *f*; *adv* mit Mühe, schwer; ***gücü gücüne***, ~ ***halle*** unter großen Schwierigkeiten; ***güce sarmak*** schwierig (F vertrackt) werden; *-in* ***gücüne gitmek*** kränken (*A*); übelnehmen (*A*); *Sache* ärgern, nicht behagen wollen; *-i* ~ ***etmek*** *etw* (*A*) kaum erwarten können
güç[2] ⟨-cü⟩ Kraft *f*, (Charakter)Stärke *f* (*a Pferde*); Macht *f* (*Gottes, des Geldes*; *a* POL *Staat*); Fähigkeit *f*, Leistung *f des Motors*; ***Barış Gücü*** Friedenstruppe *f der UNO*; ***çalışma gücü*** Arbeitsfähig-

keit *f*; ***iş gücü*** Arbeitskraft *f* (*als Person*); Menschenpotential *n*; ***ödeme gücü*** Zahlungsfähigkeit *f*; ***~ birliği*** Koalition *f*; ***~ denemesi*** Kraftprobe *f*; *-e* ***gücü yetmek*** imstande sein, fähig sein zu; ***ona kimin gücü yeter?*** wer kann ihn kleinkriegen?; **(*onun*) *buna gücü yetmez*** das steht nicht in seiner Macht

güçbeğenir *Person* anspruchsvoll, wählerisch

güçbela mit Mühe und Not

güçlendirici festigend; Stärkungs-

güçlendirme Festigung *f*, Stärkung *f*

güçlendirmek *kaus von* ***güçlenmek***; *v/t* stärken, festigen

güçlenmek *v/i* erstarken

güçleş|me Verschlimmerung *f*, Zuspitzung *f der Lage*; **~mek** sich verschlimmern; schwieriger werden; sich zuspitzen; **~tirmek** *v/t* erschweren; verschlimmern; *Beziehungen* belasten

güçlü stark, kräftig; ***~ kuvvetli*** stark und kräftig

güçlük ⟨-ğü⟩ Schwierigkeit *f*, Mühe *f*; ***~ çekmek*** Schwierigkeiten haben; in Not sein; ***~(ler) çıkarmak*** *j-m* Schwierigkeiten machen; ***~lerle karşılaşmak*** auf Schwierigkeiten stoßen

güçlülük ⟨-ğü⟩ Kraft *f*, Stärke *f*

güçsüz [gy(t)sːyz] kraftlos, schlapp; ***~ çıkmak*** geschwächt hervorgehen (*-den* aus); ***~ düşmek*** zu schwach sein

güder → ***gütmek***

güderi Wildleder *n*; Sämischleder *n*; Fensterleder *n*

güdü Beweggrund *m*, Motiv *n*; innere(r) Antrieb; **~cü** *dial* Hirte *m*

güdük ⟨-ğü⟩ unvollendet, unfertig; gestutzt; *Tier* schwanzlos, kupiert; kurz (*Monat*); ***~ kalmak*** unvollendet *od* klein bleiben

güdülenme Motivation *f*

güdül|me Manipulation *f*; **~mek** *pass von* ***gütmek***; manipuliert werden

güdüm Verwaltung *f*, Leitung *f*, Führung *f*; *fig* Steuerung *f*; **~bilim** Kybernetik *f*; **~cü** Anhänger *m*, -in *f* der Planwirtschaft; **~cülük** ⟨-ğü⟩ Planwirtschaft *f*, Dirigismus *m*; **~lü** lenkbar, Lenk- (*Ballon*); gesteuert; POL gelenkt (*a Kunst*); Plan- (*Wirtschaft*); spezialisiert, Fach-; **~lülük** ⟨-ğü⟩ Planwesen *n*, Dirigismus *m*

güfte (Lieder)Text *m*, Libretto *n*

güfteci Librettist *m*, -in *f*; Texter *m*, -in *f*

güğüm Kanne *f*, Krug *m*

güherçile CHEM Salpeter *m*

gül Rose *f*; ***~ gibi*** bezaubernd (*Kind*); ideal (*Beruf*); *-e* ***~ gibi bakmak*** liebevoll sorgen (für *A*); sorglos leben; ***~ gibi geçinmek*** (*od* ***yaşamak***) herrlich und in Freuden leben; in bester Eintracht leben; ***her şeyi ~ gülistan görmek*** alles durch die rosarote Brille sehen

güldür: ***~ ~ akmak*** *Wasser* dahinbrausen, dahinrauschen; ***~ ~ okumak*** laut und langsam lesen, psalmodieren

güldürmek *kaus von* ***gülmek***; zum Lachen bringen; ***âlemi kendine ~*** sich zum Gespött machen

güldürü Komödie *f*; **~cü** lustig, komisch, drollig

güldürücülük ⟨-ğü⟩ Komik *f*

güle: ***~ ~*** auf Wiedersehen!, alles Gute! (*zu den Weggehenden*); ***~ ~ git*** **(*gidin*)*!*** komm (kommen Sie) gut hin!; ***~ ~ kullan(ın)!*** herzlichen Glückwunsch zur Anschaffung!; ***~ ~ otur(un)!*** viel Freude an der neuen Wohnung!

gülecek komisch, ... zum Lachen; lächerlich; ***güleceğim tuttu*** ich musste lachen; ***bunda ~ ne var?*** was gibt es da zu lachen

güleç, **güler** lächelnd, heiter; *Person* freundlich; ***~ yüz*** Freundlichkeit *f*, Entgegenkommen *n*; ***~ yüzlü*** freundlich, entgegenkommend

güler → ***gülmek***

güleş → ***güreş***

gülhatmi BOT Stockrose *f*, rote(r) Eibisch

gülistan [ɑː] *osm* Rosengarten *m*

güllabicilik [aː] ⟨-ği⟩: ***b-ne ~ etmek*** *j-s* Verrücktheiten dulden

güllaç [-latʃ] ⟨-cı⟩ *Süßspeise aus Blätterteig und Milch*; Oblate *f*

gülle Kanonenkugel *f*, Geschoss *n*; SPORT Scheibenhantel *f*, Gewicht *n*; Kugel *f*; ***~ atma*** Kugelstoßen *n*; ***~ atmak*** die Kugel stoßen; **~ci** Kugelstoßer *m*, -in *f*

güllük ⟨-ğü⟩ Rosengarten *m*; ***~ gülistanlık*** Paradies *n* auf Erden

gülme Lachen *n*

gülmece Humor *m*; humoristische Literatur

gülmek ⟨-er⟩ lachen (*-e* über *A*); ***~ten***

bayılmak sich halb totlachen; ***~ten kırılmak*** (*od* ***katılmak***) sich kranklachen; laut auflachen; ***kıskıs ~*** kichern; *-in* ***yüzüne ~*** *j-m* ins Gesicht lachen; *j-n* auslachen; ***gülerim!, güleyim bari*** dass ich nicht lache!; ***gülersin ya!*** du hast gut lachen!; ***gülüp oynamak*** lachen und scherzen

gülmez unfreundlich, brummig

'gülsuyu Rosenwasser *n*

gülücük ⟨-ğü⟩ Lächeln *n* (*Kinder*)

gülük ⟨-ğü⟩ Puter *m*

gülümse|me Lächeln *n*; ***~mek*** lächeln (*-e* über *A*); ***~yiş*** Lächeln *n*

gülünç lächerlich; komisch; ***~ denecek kadar az*** lächerlich gering, wenig

gülünçleş|mek lächerlich wirken; ***~tirmek*** lächerlich machen

gülünçlü lustig, komisch, humorvoll, witzig

gülün|ecek lächerlich, lachhaft; ***bunda ~ ne var?*** was gibt es dabei zu lachen?; ***~mek*** ausgelacht werden (*-e* von *D*); lächerlich werden

gülüş Lachen *n*

gülüşmek miteinander lachen, scherzen

'gülyağı ⟨-nı⟩ Rosenöl *n*

güm *int* bums, krach!; Krach *m*, Bums *m*, Knall *m*; *-i* ***~ ~ vurmak*** bumsen (an *A*); ***~ atmak*** spinnen, Märchen erzählen; *-e* ***~e gitmek*** verloren gehen, F verpuffen; zugrunde gehen

'gümbedek dröhnend, polternd; unversehens; bums, zack

gümbür: ***~ ~ etmek*** poltern, donnern; ***~demek*** poltern, donnern; F abkratzen; ***~tü*** Gepolter *n*, Getöse *n*, Bumsen *n*

gümeç ⟨-ci⟩ Honigwabe *f*; ***~ balı*** Wabenhonig *m*

gümlemek donnern, poltern; F sitzen bleiben; ***gümleyip gitmek*** F plötzlich sein Leben aushauchen

gümletmek *kaus von* ***gümlemek***; (*-i*) ballern (gegen *A*)

gümrah *Haar* dicht, üppig; *Stimme* volltönend, dröhnend; ***~lık*** ⟨-ğı⟩ Dichte *f*, Üppigkeit *f*, Dröhnen *n*

gümrük ⟨-ğü⟩ Zoll *m*; Zollamt *n*; Zollbehörde *f*; *-den* ***~ almak*** von *j-m* Zoll erheben; ***~ muayenesi*** Zollabfertigung *f*; ***~ten*** (*od* ***~ resminden***) ***muaf*** zollfrei; ***koruyucu ~ resmi*** Schutzzoll *m*; ***gümrüğe tabi*** zollpflichtig; ***~çü*** Zollbeamte(r); ***~leme*** Verzollung *f*; ***~lemek*** *v/t* verzollen; ***~lü*** zu verzollend; verzollt

gümrük|lük zollpflichtig; ***~ bir şeyiniz var mı*** haben Sie etwas zu verzollen?; ***~süz*** zollfrei; unverzollt, geschmuggelt

gümüş Silber *n*; Silber-, silbern; ***~ kaplama*** versilbert, Versilberung *f*; Silberdublee *n*; ***~ kaplamak*** versilbern; ***~!*** F *scherzh* mein liebes Kind!; ***~çü*** Silberschmied *m*

gümüşgöz geldgierig

gümüş|î [iː] silberfarben, silbergrau; ***~lemek*** *v/t* versilbern

gümüşlü silberhaltig; versilbert

gümüşsuyu ⟨-nu⟩ galvanische Silberlösung *f*

gün Tag *m*; Sonne *f*; *-den* ***~ almak*** sich e-n Termin holen (bei *D*); ***~ bugün*** (*od* ***o ~ bugündür***) (das ist) die Gelegenheit; ***~ doğar*** der Tag bricht an; das kommt (***bana*** mir) zupass; ***~ durumu*** Sonnenwende *f*; ***çocuğa ~*** (*od* ***güneş***) ***geçti*** das Kind bekam e-n Sonnenstich; ***~ gibi açık*** sonnenklar; ***~ görmedik yer*** (ein) Platz ohne Sonne, F wo die Sonne nicht hinkommt; ***bu oda hiç ~*** (*od* ***güneş***) ***görmez*** in dieses Zimmer fällt keine Sonne; ***~ görmek*** *fig* gut leben; ***~ görmüş*** *a* ... der viel erlebt hat; ***~ günden*** von Tag zu Tag; ***~ ışığına çıkmak*** ans Licht kommen; *-e* ***~ koymak*** ein Datum bestimmen, e-n Tag (*od* Tage) ansetzen (für *A*); ***~ yapmak*** e-n Tag im Monat Gäste haben; ***~den ~e*** von Tag zu Tag; ***~lerden bir ~*** eines (schönen) Tages; einst, (es war) einmal; ***~leri gece olmak*** in e-e bedauernswerte Lage geraten; ***onun ~leri sayılı*** seine Tage sind gezählt; ***~ü ~üne*** fristgerecht; ***~ü yetmek*** *Tod, Geburt* nahe bevorstehen; ***~ün adamı*** Held *m* des Tages; ***~ün birinde*** eines Tages; ***~ün konusu*** Tagesgespräch *n*; ***~ünü doldurmak*** e-e bestimmte Frist abwarten; ***~ünü ~ etmek*** herrlich und in Freuden leben; ***~ünü görmek*** schlecht ausgehen (für *A*); *Frau* die Regel haben; glückliche Tage s-r Kinder erleben; ***~ünü göstermek*** (*-e*) *j-m* e-n Denkzettel geben; ***adi ~, iş ~ü*** Werktag *m*; ***tatil ~ü*** Feiertag *m*; ***bir ~*** eines Tages; einst, einmal; irgendwann; ***birkaç ~ önce*** vor einigen Tagen; ***her ~***

jeden Tag; ***geçen ~*** vorgestern; neulich, dieser Tage; ***bu ~lerde*** dieser Tage, demnächst; ***ak*** (***kara***) ***~lerde*** in guten (schlechten) Zeiten

günah [ɑː] *allg* Sünde *f*; ***~ çıkarmak*** (s-e Sünden) beichten; ***~ etmek, ~ işlemek*** sündigen, e-e Sünde (e-n Fehler) begehen; *-le* ***~a girmek*** sich versündigen (an *D*); *-i* ***~a sokmak*** *j-n* verführen, verleiten; *-in* ***~ına girmek, ~ını almak*** *j-n* zu Unrecht beschuldigen, verdächtigen; *-in* ***~ını çekmek*** für seine (*od j-s*) Sünden büßen (müssen); ***~ını vermez*** Geizkragen *m*; *-mek* ***~ olur*** *fig* es ist eine Sünde, *zu* ...

günah|kâr, **~lı** Sünder *m*, -in *f*; sündig; **~sız** unschuldig, ... ohne Sünde

'günaşırı jeden zweiten Tag

günaydın! guten Morgen!

günbatımı Westen *m*; Westwind *m*

'günbegün von Tag zu Tag; täglich

'günberi ASTR Erdnähe *f*

günce Tages-; täglich; Tagebuch *n*

güncel aktuell

güncellemek EDV aktualisieren

güncelleşmek aktuell werden

güncelleştirmek aktualisieren

güncellik ⟨-ği⟩ Aktualität *f*

'günçiçeği ⟨-ni⟩ *dial* Sonnenblume *f*; ***~ tohumu*** Sonnenblumenkerne *m/pl*

gündeleşmek an der Tagesordnung sein

gündelik ⟨-ği⟩ täglich; Tages- (*Zeitung*); Alltags- (*Anzug*); Tage(s)lohn *m*; ÖKON Tagebuch *n*, Primanota *f*

gündelikçi Tagelöhner *m*, -in *f*; ***~ kadın*** Putzfrau *f*; **~lik** ⟨-ği⟩: ***~ yapmak*** als Tagelöhner(in) arbeiten

gündem Tagesordnung *f*; *-i* ***~e almak*** auf die Tagesordnung setzen (*A*); *-i* ***~e getirmek*** zur Diskussion stellen (*A*); zu e-m aktuellen Thema machen; ***bu konu ~de*** das steht auf der Tagesordnung

gündoğusu ⟨-nu⟩ Osten *m*; Ostwind *m*

gündönümü ⟨-nü⟩ Tag *m* der Sonnenwende

gündüz Tag *m*, Tageszeit *f*, am Tage, tagsüber; ***gece ~*** Tag und Nacht; ***~ ışıklı*** Tageslicht- (*Leuchte*); **~cü** tagaktiv; Tagarbeiter *m*, -in *f*; Tag(es)trinker *m*; **~lü** externe(r) Schüler

'gündüzün bei Tage

günebakan *dial* Sonnenblume *f*

güneğik ⟨-ği⟩ *dial* Zichorie *f*

güneş Sonne *f*, Sonnenschein *m*; ***~ almak*** (*od* ***görmek***) Sonne bekommen; ***~(in) altında*** in praller Sonne; ***~ banyosu yapmak*** ein Sonnenbad nehmen; ***~in*** (*a* ***~***) ***batması*** Sonnenuntergang *m*; ***onu ~ çarptı*** er hat (sich) e-n Sonnenstich (geholt); ***~ çarpması*** MED Sonnenstich *m*; ***~ gören taraf*** Sonnenseite *f*; ***~ gözlüğü*** Sonnenbrille *f*; ***~ tutulması*** Sonnenfinsternis *f*; ***~ var*** die Sonne scheint; ***~ yılı*** Sonnenjahr *n*; ***~ten yanmış*** sonnenverbrannt

güneşlemek, **güneşlenmek** sich sonnen

güneşletmek *v/t* der Sonne aussetzen

güneş|li sonnig; **~lik** ⟨-ği⟩ sonnig (*Zimmer*); Sonnenschutz *m*; **~siz** ... ohne Sonne, sonnenlos; dunkel; *Himmel* bedeckt

güney Süden *m*; südlich; ***≈ Afrika*** Südliche(s) Afrika; ***≈ Afrika Cumhuriyeti*** Südafrikanische Republik; ***≈ Amerika*** Südamerika *n*; ***≈ Kutbu*** Südpol *m*; **~batı** Südwesten *m*; südwestlich; **~doğu** Südosten *m*; südöstlich; **~li** Südländer *m*, -in *f*; südländisch

güneyönelim Heliotropismus *m*

'günışığı ⟨-nı⟩ FOTO Tageslicht *n*; → ***gün ışığına***

günkü: ***her ~ iş*** tägliche Arbeit; ***salı ~ gazete*** die Zeitung vom Dienstag

günlü mit Datum von (*D*), vom ...; datiert

günlük[1] ⟨-ğü⟩ **1.** *subst* Tagebuch *n*; Tagesbericht *m*; **2.** *adj* täglich (*z.B. Ausgaben*); Tages- (*Ereignisse*; *Befehl*; *Zeitung*); für ... Tage; alltäglich, Alltags- (*Kleidung*); -tägig, *z.B.* ***sekiz ~*** achttägig (*a* acht Tage alt); Tagesration *f*; ***~ güneşlik*** hell, sonnig, in Sonne gebadet

günlük[2] ⟨-ğü⟩ Weihrauch *m*

günlükçü Tagebuchschreiber *m*, -in *f*

'günmerkezli heliozentrisch

günü *dial* Neid *m*; Eifersucht *f*

günübirliğine *adv* (nur) für einen Tag, ohne Übernachtung (*Ausflug usw*)

günübirlik ⟨-ği⟩ nur tagsüber, als Tagesgast

günü|cü *dial* Neider *m*, -in *f*, Eifersüchtige(r); **~lemek** (*-i*) *j-n* beneiden; eifersüchtig sein auf *j-n*

gü'pegündüz am helllichten Tage

güpgüzel bildschön

G

gür *Haar* üppig, voll; *Wasser* reichlich; *Stimme* gewaltig, mächtig; **~ *diye*** mit Gepolter
gürbüz kerngesund; **~leşmek** sich kräftig entwickeln, sich tüchtig herausmachen
gürbüzlük ⟨-ğü⟩ eiserne Gesundheit
Gürcistan Georgien *n*
Gürcü Georgier *m*, -in *f*; georgisch; **~ce** (das) Georgisch(e); (auf) georgisch
güre *dial* energisch, kraftvoll; furchtsam
güreş Ringkampf *m*, Ringen *n*; Runde *f*; **~ *etmek*, ~ *tutmak*** (miteinander) ringen; ***boğa* ~*i*** Stierkampf *m*; ***serbest* ~** Freistilringen *n*; **~çi** Ringkämpfer *m*; ***boğa* ~*si*** Stierkämpfer *m*; **~ *köprüsü*** SPORT Brücke *f*; **~çilik** ⟨-ği⟩ Sektion *f* Ringkampf; **~mek** ringen, e-n Ringkampf durchführen
gürgen BOT Weißbuche *f*, Hainbuche *f*
gürleme Donnern *n*; ***gök*~*si*** Donner *m*
gürlemek donnern; *Person fig* brüllen, donnern; ***gürleyip gitmek*** *fig* plötzlich den Geist aufgeben; ***gürleyivermek*** F in die Binsen gehen
gürleşmek *Haar* voller werden, → ***gür***
gürle|tmek *Stimme* erzittern lassen, erschüttern; **~yiş** Donnern *n*, Krach *m*
gürlük ⟨-ğü⟩ Fülle *f*, Üppigkeit *f*; reichliche(s) Vorhandensein, Menge *f*; Mächtigkeit *f der Stimme usw*; *-in* ***son gürlüğü olmak*** (sein) Schwanengesang sein
gürp: ***yüreği* ~ ~ *ediyor*** sein Herz pocht mächtig, F ... macht bum, bum
güruh [u:], **gürüh** Bande *f*, F Pack *n*
gürül: **~ ~ *akmak*** dahinrauschen; **~ ~ *çalışmak*** verbissen arbeiten; **~ ~ *yanmak*** *Flamme* knistern; **~demek** Krach machen, lärmen; rauschen
gürültü Lärm *m*, Krach *m*; Geschrei *n*, Hollotria *n*; Krawall *m*; Streit *m*, Zank *m*, *fig* Krach *m*; **~ *etmek*** (F *a* ***çıkarmak, yapmak***) Lärm machen, laut sein; rumoren; **~ *patırtı*** Tamtam *n*; Aufregung *f*, Krach *m*; **~den** vor (lauter) Lärm; **~*ye gelmek*** in Aufregung geraten; im Lärm untergehen; *-i* **~*ye getirmek*** zur Farce machen (*A*); in Aufregung versetzen (*A*); *etw* im Lärm ersticken; unterschlagen; **~*ye pabuç bırakmamak*** sich nicht einschüchtern lassen
gürültü|cü lärmend, laut; bewegt, stürmisch (*Leben*); Krakeeler *m*; **~lü** laut; Lärm verursachend, rumpelnd; voller Menschen, belebt; stürmisch (*Leben*); **~süz** ruhig, lärmgeschützt; unauffällig
gürz HIST eiserne(r) Streitkolben
güta'perka Guttapercha *n od f*
gütmek ⟨-der⟩ *v/t Tiere* weiden, hüten; *Politik*, *Ziel* verfolgen; führen, leiten
güve ZOOL Motte *f*
güveç ⟨-ci⟩ Schmortopf *m*; Güvetsch *n*, *Fleisch- und Gemüsegericht im Tontopf*
güven Vertrauen *n* (*-e karşı* zu *D*); Zuversicht *f*; Sicherheit *f*; Obhut *f*, Schutz *m*; **~ *altına almak*** in Sicherheit nehmen; **~ *içinde*** mit Vertrauen, vertrauensvoll; **~ *mektubu*** Beglaubigungsschreiben *n*; *-e* **~*i olmak*** sich verlassen (auf *A*)
güvence Garantie *f* (*... hakkında* dafür, dass ...); Kaution *f*, Sicherheit *f*; **~li** garantiert, gesichert; **~siz** ungesichert, ... ohne Garantie
güvenil|ir zuverlässig (*z.B. Quelle*); **~me** Vertrauenswürdigkeit *f*; **~mez** unzuverlässig; nicht vertrauenswürdig
güven(il)irlik ⟨-ği⟩ Zuverlässigkeit *f*
güvenli sicher, zuverlässig; selbstbewusst, selbstsicher
güvenlik ⟨-ği⟩ Sicherheit *f*, Vertrauen *n* (*einflößen*); **~ *borusu*** Überlaufrohr *n*; **~ *kemeri*** Sicherheitsgurt *m*; **≈ *Konseyi*** Sicherheitsrat *m* (*der UNO*); **~ *vanası*** Sicherheitsventil *n*; ***iş güvenliği*** Arbeitsschutz *m*
güven|mek (*-e*) sich verlassen (auf *A*); sich rühmen (*G*); ***kendine güvenen*** selbstbewusst; **~mişlik** ⟨-ği⟩ Zuversicht *f*; ***kendine* ~** Selbstbewusstsein *n*
güvenoylaması ⟨-nı⟩ Abstimmung *f* über die Vertrauensfrage
güvenoyu ⟨-nu⟩ Vertrauensvotum *n*
güvensiz unsicher; misstrauisch
güvensizlik ⟨-ği⟩ Misstrauen *n*; Unsicherheit *f*; **~ *önergesi*** Misstrauensantrag *m*; **~ *oyu*** Misstrauensvotum *n*
güvercin Taube *f*; **~ *göğsü*** enge Brust, Hühnerbrust *f* (*Sache a* ***güvercin boynu***); ***haber*** (*od* ***posta***) **~*i*** Brieftaube *f*; **~ *boynu*** ⟨-nu⟩ grün-rosa schillernde Farbe; **~lik** ⟨-ği⟩ Taubenschlag *m*; Taubenzucht *f*
gü'verte MAR Deck *n*; ***ara* ~** Mitteldeck *n*; ***üst* ~** Oberdeck *n*; **~*den atmak*** über Bord werfen; **~ *albayı*** Kapitän *m* zur See; **~ *binbaşısı*** Korvettenkapitän *m*;

G

~ yarbayı Fregattenkapitän *m*
güverteli Deck-
güvey (*a* **~i, ~si**) Bräutigam *m*; junge(r) Mann; Schwiegersohn *m*; *Mann* **~ girmek** heiraten
gü'veyeniği ⟨-ni⟩ Mottenloch *n*
gü'veyfeneri BOT Judenkirsche *f*
güvez dunkelrot; rotlila schimmernd
güya ['gyːjaː] *adv* angeblich; *konj* als ob
güz *dial* Herbst *m*; **~ noktası** Herbst-Tagundnachtgleiche *f*
güzaf [ɑː]: **laf-ü ~** dumme(s) Zeug, Gewäsch *n*
'güzçiğdemi ⟨-ni⟩ BOT Herbstzeitlose *f*
güzel schön; hübsch; nett; *z.B. Arbeit, Geld* gut; *Gelegenheit* günstig, gut; *Idee* ausgezeichnet; *scherzh Versprechen, Worte* schön; *Person* Schönheit(s-königin) *f*, *z.B.* **Türkiye ≈i** Miss Türkei; *adv* gut *sprechen*; **~im Fatma** meine liebe Fatma; **~ yazı** Kalligraphie *f*, **ne ~ ettiniz de geldiniz** nett von Ihnen, dass Sie gekommen sind
güzelavratotu ⟨-nu⟩ BOT Belladonna *f*, Tollkirsche *f*
güzelce[1] recht hübsch
gü'zelce[2] tüchtig, ordentlich
gü'zelduyu Ästhetik *f*, **~culuk** ⟨-ğu⟩ Ästhetizismus *m*; **~sal** ästhetisch
güzelim wunderschön, herrlich; entzückend
güzelleme lyrische(s) Gedicht *in der türk. Volksliteratur*
güzellenmek → **güzelleşmek**
güzel|leşme Verschönerung *f*; **~leşmek** schöner werden, sich verschönern; besser werden; **~leştirmek, ~letmek** *v/t* schöner machen, verschönern
güzellik ⟨-ği⟩ Schönheit *f*; Güte *f*; Zärtlichkeit *f*; **~ enstitüsü** Schönheitsinstitut *n*; **~ kraliçesi** Schönheitskönigin *f*; **~le** gütlich, im Guten; in Güte; friedlich
güzergâh Strecke *f*; Verlauf *m der Strecke*; Durchgangspunkt *m*
güzide [iː] ausgewählt; erlesen
güzlek ⟨-ği⟩ Herbstregen *m*; Herbstaufenthalt *m*
güzlemek den Herbst verbringen
güzlük ⟨-ğü⟩ Herbst- (*Ernte*); Herbstgetreide *n*
'güzün *dial* im Herbst
ğ, Ğ *wird buchstabiert als* **yumuşak g**, *kommt nie als Anlaut vor, nur als Inlaut* (-ğ-) *und im Auslaut* (-ğ); *oft als Dehnungslaut*

H

h, H [heː] h, H *n*; MUS h-Moll, H-Dur
H *Abk. für* **Hicrî** (Jahr) der Hedschra
ha[1] [a] *int zur Ermunterung* nur; nun, na: **~ gayret!, ~ göreyim seni!** nur Mut!, nur ran!, na los!
ha[2] [ɑː] *int zur Verstärkung* wie, doch, nicht; nur, ja; *verschiedene Bedeutungen* also; aha, ach so!; ja richtig!; **amma güzel ~!** doch schön, nicht!?; **~ bilmiş ol, ben öyle şey istemem** also merke dir (*od* lass es dir gesagt sein), ich dulde so etwas nicht; **~, şimdi anladım** ah, jetzt habe ich verstanden; **~, size yazmayı unutmuştum** ja, richtig, ich hatte vergessen, Ihnen zu schreiben; **gitti ~, yazık!** er ist also gegangen, schade!; **gelir misin? – ~, gelirim!** du kommst? – na klar, (ich komme)
ha[3]: **yürü ~ yürü, yol bitmiyor** man geht und geht, der Weg nimmt kein Ende; **~ babam** in einem fort: **~ babam konuşuyor** er spricht und spricht; **~ bire** → **habire**; **~ deyince** auf Anhieb, gleich, sofort; **~ ... ~: ~ bugün ~ yarın** heute oder morgen; über kurz oder lang; **~ bağ, ~ bahçe, ~ tarla** gleich ob Weinberg, ob Garten oder Feld; **~ işte ...** da ist ja ...
HA *Abk. für* → **haber ajansı**
habbe: **~yi kubbe yapmak** *fig* übertreiben
haber Nachricht *f*, Meldung *f*, Mitteilung *f*; **~ ajansı** Nachrichtenagentur *f*, *-diğini* **~ almak** erfahren, *dass ...*; **~ atlamak** e-e Nachricht verfehlen/auslassen; **~ çıkmamak** nichts verlauten lassen; *-e* **~ etmek** *j-n* informieren, unter-

richten; ~ **geçmek** Nachricht durchgeben; *-e* ~ **göndermek** (*od* **salmak, yollamak**) *j-m* Nachricht (*od* Bescheid) geben; *-e* ~ **uçurmak** *j-m* umgehend Bescheid geben; F *j-m etw* stecken; *-i -e* ~ **vermek** *j-m etw* (*A*) mitteilen; *j-n* benachrichtigen; melden (*A*); informieren (*-e ... hakkında j-n* über *A*); ein Anzeichen sein (*-i* dafür, dass ...); **~e göre** dem Vernehmen nach; *-den* **~i olmak** wissen von; unterrichtet sein von; im Bilde sein; **kara~** Trauernachricht *f*; Hiobsbotschaft *f*; **bugün ne~ var?** was gibt's heute Neues?; ~ **ver!** *od* **~lerini yolla!** lass von dir hören!; (*-den*) **ne ~?** wie steht's (mit)?

haberci Bote *m*, Botin *f*; MIL Melder *m*; Kurier *m*; *fig* Vorbote *m*, Anzeichen *n*

haberdar [-dɑːr] informiert; *-den* **~ım** e-e Ahnung haben (von *D*); *-i -den* ~ **etmek** *j-n* in Kenntnis setzen (von *D*), *j-n* informieren (über *A*); *-den* ~ **olmak** Bescheid wissen (über *A*); gewarnt sein

haberleş|me Nachrichtenaustausch *m*; **~mek** sich gegenseitig benachrichtigen

haber|li informiert; gewarnt; *Gast* angemeldet; **~siz** ... ohne Nachricht; nicht informiert (*-den* von *D*); ~ **geliş** unangemeldete(r) Besuch; **~sizce** ohne Benachrichtigung

Habeş HIST Äthiopier *m*, -in *f*; **~istan** Äthiopien *n*

Habil [ɑː] *Bibel* Abel *m*; ~ **ile Kaabil** Kain und Abel

habire ununterbrochen, in einem fort

habis [iː] *bes* MED bösartig; Halunke *m*, Schuft *m*; **~lik** ⟨-ği⟩ Bösartigkeit *f*

hac ⟨-cı⟩ Wallfahrt *f*; **~ca gitmek** e-e Wallfahrt machen, pilgern

hacamat ⟨-tı⟩ Schröpfen *n*, Blutabnahme *f* durch Schröpfköpfe; ~ **etmek** → **hacamatlamak**; **~lamak** (*-i*) F *j-n* leicht verwunden *od j-m* e-n Messerstich versetzen

hacet [ɑː] ⟨-ti⟩ Bedarf *m*, Notwendigkeit *f*; Gebet *n*; Bitte *f*; ~ **dilemek** zu Gott beten; *-e* ~ **etmek**, ~ **görmek** auf die Toilette gehen, austreten müssen; bedürfen (*G*), für nötig halten (*A*), brauchen (*A*); ~ **kapısı**, ~ **penceresi** Gebetstür *f*, Gebetsfenster *n* (*am Grabmal e-s Heiligen*); ~ **yeri** Abort *m*; ~ **yok** es erübrigt sich; **~ini yapmak** s-e Notdurft verrichten

hacı Mekkapilger *m*, -in *f*, Pilger *m*, -in *f*, Wallfahrer *m*, -in *f*; (*-i*) ~ **bekler gibi beklemek** (wie) auf Kohlen sitzen (und auf j-n warten); **~sı hocası** Krethi und Plethi

hacıağa F *etwa* Großkotz *m* vom Lande

hacıyatmaz Stehaufmännchen *n* (*a fig*)

hacim ⟨-cmi⟩ Volumen *n*; Rauminhalt *m*; *fig* Umfang *m*; (Flüssigkeits)Menge *f*

hacimli ... ~ mit e-m Umfang von ...; (**geniş**) ~ umfangreich

hacimsel Umfangs-, Raum-; volumetrisch (*Analyse*)

hacir ⟨-cri⟩ JUR Vormundschaft *f*, Entmündigung *f*, → **kısıt**; ~ **altına almak** unter Vormundschaft stellen

Hacivat ⟨-tı⟩ *zweite Figur im Schattenspiel Karagöz*; Angeber *m*

haciz ⟨-czi⟩ JUR Pfändung *f*; *-e* ~ **koymak** pfänden (*A*); ~ **kararı** Pfändungsbefehl *m*; **~li** gepfändet

hacker EDV Hacker *m*, -in *f*

hacklamak EDV hacken

haczetmek [ˈhɑ(dʒ)zɛt-] *v/t* pfänden

haç ⟨-çı⟩ Kreuz *n*; ~ **çıkarmak** sich bekreuzigen

Haçlı HIST Kreuzfahrer *m*; ~ **Seferleri** HIST Kreuzzüge *m/pl*

haçvari kreuzförmig; Kreuz-

had ⟨-ddi⟩ Grenze *f*, Grad *m*; **~di hesabı olmamak** unzählig sein, sehr zahlreich sein; **~di mi, ~dine mi düşmüş?** dazu ist er nicht fähig; (*-mek*) **~di olmamak** *j-m* nicht zustehen (zu *+inf*); **~di varsa** wenn er den Schneid hat; er soll's nur wagen!; **~di zatında** eigentlich, an und für sich; **~dinden fazla** über die Maßen, über Gebühr; **~dini aşmak** *fig* zu weit gehen; **~dini bildirmek** *j-n* in die Schranken weisen; **~dini bilmek** wissen, was sich gehört; **~dini bilmemek** sich (*D*) zu viel herausnehmen; **~dini bilmez** taktlos; rücksichtslos; **yaş ~di** Altersgrenze *f*

hadde TECH Walzmaschine *f*, Drahtziehmaschine *f*; ~ **fabrikası** Walzwerk *n*; **~den çekmek** *v/t* walzen; *fig* auf die Folter spannen; **~den geçirmek** *v/t* walzen; *Drähte* ziehen; eingehend prüfen, F durchkauen

haddelemek *v/t* walzen; *Draht* ziehen

hademe Amtsdiener *m*; Putzfrau *f*

hadım Eunuch *m*; **~ etmek** kastrieren; **~ağası** HIST Eunuchenvorsteher *m*; **~laştırmak** *v/t* kastrieren
'hadi → ***haydi***
hadis [iː] REL *Spruch oder Tat Mohammeds (als Richtschnur)*; *Lehre über die Überlieferung von Sprüchen und Taten Mohammeds*
hadise [ɑː] Ereignis *n*; **~ çıkarmak** e-n Zwischenfall verursachen; **~li** tumultuös, in erregter Atmosphäre; **~siz** ohne Zwischenfälle
hadsiz: **~ hesapsız** unendlich, in unübersehbarer Menge
hafakan: **beni** *usw* **~lar basıyor** mir *usw* krampft sich das Herz zusammen (*vor Überdruss*)
ha'fazanallah Gott behüte uns!
hafız [ɑː] *jemand, der den Koran auswendig rezitieren kann*; F Büffler *m*; F *fig* Papagei *m*
hafıza [hɑː-] Gedächtnis *n*; EDV Speicher *m*; **~yı yoklamak** sich zu erinnern suchen
hafızlamak *v/t* F büffeln
hafızlık ⟨-ğı⟩ Aufgabe *f* e-s Koranrezitators; Büffelei *f*
hafif leicht; leichtsinnig; *Getränk, Licht* schwach; **~ ~** leise *sprechen*; **~ bir kahvaltı** ein leichtes Frühstück; **~ giyinmek** sich dünn anziehen; **~ sanayi** Leichtindustrie *f*; **~ sıklet** SPORT Leichtgewicht *n*; *-i* **~e almak** bagatellisieren (*A*); **~ atlatmak** noch glimpflich davonkommen; **~çe** *adv* leicht; ein wenig, etwas; schwach
hafiflemek leichter werden; *Person* erleichtert sein; *Krankheit* im Abklingen sein; *Schmerz, Sturm* nachlassen
hafifleş|mek → ***hafiflemek***; unsolide, leichtsinnig werden; **~tirmek** *v/t* erleichtern; mildern; *j-n* (durch schlechten Umgang) verderben
hafiflet|ici *a* JUR mildernd; **~mek** *v/t* erleichtern; mildern; *Entzündung* hemmen; POL *Spannung* abbauen, verringern
hafiflik ⟨-ği⟩ Leichtigkeit *f*, Erleichterung *f*, Leichtsinnigkeit *f*; **~ etmek** leichtsinnig handeln; frivol sein
hafifmeşrep ⟨-bi⟩ leichtsinnig; frivol; leichte(s) Mädchen
hafifsemek *v/t* gering schätzen
hafiften leicht; leise *singen*; **~ almak** *etw* auf die leichte Schulter nehmen; *j-n* gleichgültig behandeln
hafiye Detektiv *m*, -in *f*
hafriyat [ɑː] ⟨-tı⟩ ARCH Ausgrabung(en) *f/pl*
hafta Woche *f*; **~ arasında** (*od* **içinde**) im Laufe der Woche; **~ başı** Wochenanfang *m*; **~ sekiz, gün dokuz** (**bizdedir**) ständig, dauernd (sitzt er uns auf der Pelle); **~larca** wochenlang
haftalık ⟨-ğı⟩ -wöchig; wöchentlich (*Bericht*); Wochen- (*Zeitung*); Wochenlohn *m*; **iki ~** zweiwöchig
haftalıkçı, **~lı** Wochenlöhner *m*
'haftaym SPORT Halbzeit *f*
hah na endlich!; na eben!; na also!; **~ şöyle** ganz recht so!
haham Rabbiner *m*
hahha [-hɑː], **'hahhah** *int* haha!
hain [hɑː-] Verräter *m*, -in *f*, *scherzhaft* Taugenichts *m*, Stromer *m*, Vagabund *m*; boshaft; hinterhältig; **vatan ~i** Hochverräter *m*, -in *f*; **~ce** verräterisch; hinterhältig
hain|leşmek tückisch sein (*od* werden); als Verräter handeln; **~lik** ⟨-ği⟩ Verrat *m*; Hinterlist *f*; **vatan hainliği** Hochverrat *m*; **~ etmek** e-n Verrat begehen; boshaft sein (*od* werden)
haiz [hɑː-]: *-i* **~ olmak** besitzen (*A*), verfügen (über *A*); **ehemmiyeti ~** von Wichtigkeit, bedeutend
Hak ⟨-kkı⟩ Herrgott *m*; **~kı Cenabı** *od* **Cenabı ~** Herrgott *m*; **hak getire** ... sucht man vergebens; er (man) hat ... nicht; **~ka kavuşmak** (*od* **yürümek**) zu Gott eingehen; **~kın rahmetine kavuşmak** das Zeitliche segnen
hak[1] ⟨-kkı⟩ Recht *n*; Gerechtigkeit *f*; Teil *m*, Anteil *m*; *fig* Lohn *m*, Belohnung *f*, Arbeit *f*, Mühe *f*, Einsatz *m z.B. e-r Mutter*; richtig; recht; **~ eşitliği** Gleichberechtigung *f*; **~ etmek** verdienen (*A*), ein Recht haben (auf *A*); *Vertrauen* rechtfertigen; *-e* **~ kazanmak** das Recht erwerben (auf *A*); Recht bekommen; sich als richtig erweisen; *-e* **~ vermek** *j-m* Recht geben; **b-nin ~kını yemek** j-n übervorteilen; j-m gegenüber ungerecht sein; **~ yemez** gerecht, anständig; *-e* **~kı geçmek** *j-m* Mühe machen; **... ~kı için** im Namen (*G*); **Allah ~kı için** im Namen Gottes; **namusum ~kı için** mein Ehrenwort!; **~kı**

H

ödenmez unbezahlbar; **~kı olmak** Recht haben; das Recht haben (*-e* auf *A*); etwas zu bekommen haben; **~kı var** er hat Recht; er hat ein Recht dazu; *-in* **~kından gelmek** meistern (*A*); *mit j-m* abrechnen, sich (*D*) *j-n* vornehmen; **~kını aramak** sein Recht verlangen; *-e* **~kını helal etmek** REL *j-m die Schuld usw* vergeben; *j-m etw* gönnen; *-in* **~kını vermek** ordentlich machen (*A*); *j-n* gerecht behandeln; *-in* **~kını yemek** *j-n* benachteiligen; **emek ~kı** Vergütung *f*; **emeklilik ~kı** Recht *n* auf Ruhegeld; **oturma ~kı** Aufenthaltsberechtigung *f*; Wohnrecht *n*; **tatil ~kı** Recht *n* auf Urlaub; **insan ~ları** Menschenrechte *n/pl*; **yurttaş ~ları** (die) bürgerliche(n) Rechte *n/pl*; **medenî ~lardan istifade ehliyeti** JUR Rechtsfähigkeit *f*; **ne ~la?** mit welchem Recht?

hak[2] ⟨-kki⟩ Gravur *f*; Gravierkunst *f*; Ziselieren *n*

hakan [hɑ:kɑ:n] HIST Chan *m*; *Titel der osmanischen Herrscher*

hakaret [-kɑ:-] ⟨-ti⟩ Beleidigung *f*, Verachtung *f*, Herabsetzung *f*; *-e* **~ etmek** *j-n* beleidigen; herabsetzen; *-den* **~ görmek** beleidigt (*od* erniedrigt) werden (von *D*, durch *A*)

'hakça gerechterweise; mit Recht

hakem SPORT Schiedsrichter *m*; **~lik** ⟨-ği⟩ SPORT Spielleitung *f*; *-e* **~ etmek** (*od* **yapmak**) den Schiedsrichter spielen für

haketmek → **hak**[1]

hakeza ['hɑ:kɛzɑ:] ebenfalls, auch (*nicht*)

haki [hɑ:ki:] khaki(farben)

hakikat [-ki:-] ⟨-ti⟩ Wahrheit *f*, Tatsache *f*, → **gerçek**, **gerçekten**; **~ olmak** → **gerçekleşmek**

hakikaten [-'ki:-] → **gerçekten**

hakikatli wahr, aufrichtig, echt

hakikatsiz treulos; unbeständig

hakikî [hɑki:'ki:] wahr, wirklich; echt, richtig; **~ Türk tütünü** echt türkische(r) Tabak; **~ şahıs** JUR natürliche Person

hakim (*-e*) Herrscher *m*; Herr *m der Lage, der Gefühle*; Richter *m*, beherrschend (*A*); *-e* **~ olmak** beherrschen (*j-n*; *A*); *Pflanzen usw* heimisch sein; **kendine ~ olmak** sich beherrschen

hakîm [i:] *osm* Weise(r), Philosoph *m*; ♀ (*od* **♀i mutlak**) (der) allwissende Gott

hakimiyet ⟨-ti⟩ Souveränität *f*, (*-e*) Beherrschung *f* (*G*); Herrschaft *f* (über *A*); → **egemenlik**

hakimlik ⟨-ği⟩ Herrschaft *f*, Richteramt *n*

hakir [-ki:r] unbedeutend; *-i* **~ görmek** verachten, herabsetzen

hakkâk ⟨-ki⟩ Graveur *m*; Stecher *m*

hakkaniyet [-kɑ:-] ⟨-ti⟩ Gerechtigkeit *f*

hakketmek gravieren, stechen (*-i -e A* in *A*); ausradieren (*-i A*)

hakkı|hıyar HIST Optionsrecht *n*; **~huzur** JUR Anwesenheitsvergütung *f*

hakkında über (*A*), bezüglich (*G*), *A* betreffend, mit Bezug (auf *A*); **dil ~ bir yazı** ein Artikel über die Sprache; (**benim**) **hakkımda** über mich, mich betreffend

hakkısükût ⟨-tu⟩ Schweigegeld *n*

hakkıyla ordentlich, wie es sich gehört

hakla|mak *Feind* schlagen, besiegen; *Sache* kaputtmachen; F aufessen, verputzen; **~şmak** (*-le*) mit *j-m*, miteinander abrechnen; quitt sein

haklı berechtigt (*z.B. Forderung*); gerecht (*z.B. Strafe*); wahr (*z.B. Wort*); Recht *haben*; *-i* **~ çıkarmak** rechtfertigen (*A*); richtig finden (*A*); **~ çıkmak** *Person* Recht haben; *Sache* sich als richtig erweisen; **~ olarak** berechtigterweise; **~ olmak** Recht haben; **~sınız** Sie haben Recht; **~lık** ⟨-ğı⟩ Gerechtigkeit *f*, Berechtigung *f*, Angemessenheit *f*

haksever wahrheitsliebend; gerechtigkeitsliebend

haksız ungerecht; unwahr (*z.B. Behauptung*); Unrecht haben; **~ çıkmak** Unrecht haben; *Prozess usw* verlieren; Unrecht bekommen; **~ yere** *adv* unverdient, ungerechterweise; **~sınız** Sie haben Unrecht; **~lık** ⟨-ğı⟩ Ungerechtigkeit *f*, Unwahrheit *f*, Gesetzwidrigkeit *f*, Willkür *f*

hak|şinas [ɑ:], **~tanır** das Recht achtend, gerecht

hakuran → **kumru**; **~ kafesi** (**gibi**) (wie eine) Bruchbude *f*

hal[1] ⟨-li⟩ **1.** *subst* → **durum**; Zustand *m*, Lage *f*, Auftreten *n*, Benehmen *n*, Verhalten *n e-r Person*; Gegenwart *f*, Kraft *f* (*etw zu tun*); GR Indikativ *m*; Fall *m*, Kasus *m* (*z.B. -i* **hali** Akkusativ); **~ hatır sormak** nach dem Befinden fragen; **... bir ~ almak** in ein ... Stadium treten; **~ olmak** in Verzückung sein, im Trancezustand sein; *-e* **(bir) ~ olmak** *unp j-m* stößt etwas zu (= er stirbt); *-i* **~(e) yola koymak** richtig stellen, in Ordnung bringen; **~(in)den anlamak** (*od* **bilmek**) Anteilnahme zeigen; **~e bak!** Donnerwetter! (*positiv u negativ*); *-in* **~i duman olmak**, *-in* **~i harap olmak** übel dran sein; **~i olmamak** nicht mehr die Kraft haben; sich nicht wohl fühlen; **~i tavrı yerinde olmak** anständig aussehen, sich anständig benehmen; **~i vakti yerinde olmak** begütert sein; **benim ~im ne olacak?** was wird aus mir werden?; **~im kalmadı** ich bin ganz hinüber, F ich bin geschafft; **... ~inde** in Form (*G*); im Falle (*G*), bei (*D*); **atom savaşı ~inde** im Falle e-s Atomkrieges; **gruplar ~inde** gruppenweise; **öğüt ~inde** in Form e-s Ratschlages; **(kendi) ~ine bakmamak** s-e Kräfte überschätzen; **... ~ine gelmek** werden (*N*; zu *D*); (*negativ*) ausarten (in *A*); **... ~ine getirmek** auf den Stand (*G*) bringen, reif machen (für *A*); **... ~ini almak** werden (zu *D*); ausarten (in *A*); den Zustand (*G*) annehmen, erzeugen, sich entwickeln (zu *D*); **2.** *konj* *-diği* **~de** obwohl, obgleich, wenn ... auch, (*adversativ*) während; **hasta olduğu ~de ...** obwohl sie krank ist, ...; **her ~de, her ~ükârda** auf jeden Fall; unter allen Umständen; (höchst) wahrscheinlich; → **herhalde**; **ihtar ettiğim ~de ...** obwohl ich warnte, ...; **o ~de, şu ~de** in diesem Fall, demnach, das heißt; **yola çıktığı ~de ...** während sie sich auf den Weg machte

hal[2] ⟨-li⟩ Markthalle *f*

hal[3] ⟨-lli⟩ Lösung *f*

hal[4] ⟨-li⟩ HIST Entthronung *f*; Raub *m*

'hala Tante *f* (Schwester des Vaters)

'hâlâ noch (*nicht*), immer noch (*nicht*); **~ o masal** immer dieselbe Leier

halat ⟨-tı⟩ Seil *n*, Tau *n*, Trosse *f*; **~ çekme** Tauziehen *n*

halay *Art Reigentanz* (*mit Trommel und Oboe*); **~ çekmek** den Halay tanzen

halayık Leibeigene *f*; Dienerin *f*; Dienstmagd *f*

hal'buki *konj, adv* dabei; indessen, in Wirklichkeit; obwohl

haldır: **~ ~** pochend, stampfend; eifrig

hale [hɑː-] Hof *m des Mondes*; *fig* Nimbus *m*, Heiligenschein *m*

halef Nachfolger *m*; **b-le ~ selef olmak** j-s Nachfolge antreten; **~iyet** ⟨-ti⟩ JUR Rechtsnachfolge *f*

halel Schaden *m*, Beschädigung *f*; Mangel *m*; Beeinträchtigung *f*; **~ gelmek** *Rechte* geschmälert werden; *Ordnung* gestört werden; *-e* **~ getirmek** schaden (*D*), beeinträchtigen (*A*); *-e* **~ vermek** Schaden zufügen (*D*)

haleldar [ɑː]: **~ olmak** geschädigt werden, beeinträchtigt werden; defekt sein

halen [hɑː-] (im Augenblick) noch; schon jetzt

Halep ⟨-bi⟩ Aleppo *n*

halet [ɑː] ⟨-ti⟩ *osm* → **durum**; **~i ruhiye** Gemütsverfassung *f*

'haletmek *v/t* entthronen

halfa BOT Alfagras *n*

halhal ⟨-li⟩ Fußreif *m*

hal(li)hamur: *-le* **~ olmak** eins sein mit

halı Teppich *m*; **~cı** Teppichweber *m*, -in *f*, Teppichhändler *m*; **~cılık** ⟨-ğı⟩ Teppichweberei *f*, Teppichhandel *m*

haliç ⟨-ci⟩ GEOGR Förde *f*; **Haliç** (das) Goldene Horn

halife [iː] HIST Kalif *m*; Kanzlist *m* der Hohen Pforte; *fig Person* Koryphäe *f*, Größe *f*; **~lik** ⟨-ği⟩ Kalifat *n*

halihazır [hɑːlɪhɑː-] gegenwärtige Lage; **~da** unter den gegenwärtigen Umständen

halik [ɑː] ⟨-kı⟩ *osm* Schöpfer *m*

halim [iː]: **~ selim** verträglich; nachgiebig

halis [ɑː] echt, rein; aufrichtig; **~ muhlis** *Person* untadelig; echt, richtig (*Soldat*); **~ kahve** Bohnenkaffee *m*; **~ane** [hɑːlɪsɑː-] freimütig, ohne Falsch

halita [liː] Legierung *f*; *fig* Mischung *f*

haliyle an sich, an und für sich; wohl oder übel; **~ bırakmak** so, wie es ist, belassen, unverändert lassen

halk ⟨-kı⟩ Volk *n*; Bevölkerung *f*; Leute *pl*; *osm* Schöpfung *f*; **~ ağzı** Volksmund *m*; **~ cumhuriyeti** Volksrepublik *f*; **~ deyimiyle** im Volksmund; **~ müziği** Volksmusik *f*; **~tan bir adam** ein Mann aus dem Volke; **hane ~ı** Haushaltsmitglieder *n/pl*; **♀ Eğitim Merkezi** Volksbildungszentrum *n*

halka Ring *m*; Kreis *m*; Kettenglied *n*;

H

Brezel Salzkringel *m*; ~ ***olmak*** e-n Kreis bilden; ~ ***oyunu*** Ringelreihen *m*; Spiel *n* im Kreis; ~***lar*** SPORT Ringe *m/pl*; *fig* Ringe *m/pl* um die Augen

halka|lamak *v/t* umringen, umschließen; mit Ringen versehen; ~***lanmak*** sich ringeln; kreisen, sich drehen; ~***lı*** mit Ring(en) versehen; ringförmig

'**halkbilgisi** ⟨-ni⟩ Volkskunde *f*

'**halkbilim** Folklore *f*, Volkskunde *f*

'**halkçı** Populist *m*, -in *f*, Demokrat *m*, -in *f türkischer Prägung*; *adj a* völkisch, Volks-; ~***lık*** ⟨-ğı⟩ Populismus *m*; Demokratie *f türkischer Prägung*

'**Halkevi** ⟨-ni⟩ *Niederlassung der* → ***Halkevleri***; ~***evleri*** ⟨-ni⟩ *türk. Volksbildungsorganisation 1932-1950*

'**halkoylaması** ⟨-nı⟩ Referendum *n*, Volksentscheid *m*

hallaç ⟨-cı⟩ (*Woll-, Baumwoll*)Hechler *m*, Kämmer *m*; ~ ***makinesi*** Kämmmaschine *f*; *-i* ~ ***pamuğu gibi almak*** durcheinander werfen; *Person* bunt durcheinander würfeln; ~***lamak*** *v/t* TECH kämmen

hallenmek *v/i* sich ändern; ohnmächtig werden; F scharf sein (*-e* auf *A*); ***hallenip küllenmek*** sich kümmerlich durchschlagen

halleşmek einander sein Leid klagen; sich einsetzen (*-le* für *A*)

'**halletmek** *v/t Problem, Rätsel usw* lösen; *Schwierigkeiten* beseitigen; *Streit* schlichten, beilegen

hallice (gesundleitlich) besser; *Person* gut gestellt

'**hallol(un)mak** *pass von* ***halletmek***; sich lösen, erledigt werden

halojen Halogen *n*

halsiz kraftlos; müde, matt (*a Antwort*); ~ ***düşmek*** *Person* hinfällig werden; ~***lik*** ⟨-ği⟩ Kraftlosigkeit *f*, Erschöpfungszustand *m*

halt ⟨-tı⟩ Gemisch *n*; dumme(s) Zeug; *fig* Zeug *n*, Mist *m*; ~ ***etmek***, ~ ***karıştırmak*** F dumme(s) Zeug reden; Mist machen; sich daneben benehmen; ~ ***yemek*** e-n bösen Schnitzer machen; ***ona*** ~ ***düşer!*** was geht das ihn an?!

halter [hal-] SPORT Scheibenhantel *f*, Gewichtheben *n*; ~***ci*** Gewichtheber *m*

halvet ⟨-ti⟩ heiße Badekabine; völlige Zurückgezogenheit; ~ ***etmek*** sich zurückziehen; e-e geheime Unterredung führen; ~ ***gibi*** überhitzt, stickig; ~ ***olmak*** unter vier Augen beraten

ham Roh- (*Seide, Eisen usw*), roh; unreif (*Obst*); grob (*Wort*); *Hoffnung* leer; *Körper* ungeübt, untrainiert; *Person* ungehobelt; unbedarft; *Vorschlag* unrealistisch, abwegig

hamak ⟨-ğı⟩ Hängematte *f*

hamal (Last)Träger *m*; ~***iye*** [-maː-] Trägerlohn *m*; ~***lık*** ⟨-ğı⟩ Trägerberuf *m*; Trägerlohn *m*; *fig* Schufterei *f*, unnütze Last, F (eine) Qual

hamam (türkisches) Bad; ~ ***gibi*** überhitzt; ~ ***takımı*** Badeutensilien *pl*; ~ ***tellağı*** Badediener *m*; *fig* ~ ***tellağı gibi*** selbstherrlich, unfreundlich; (F sau)grob; ***çarşı*** ~***ı*** öffentliche(s) Bad

hamam|böceği ZOOL Küchenschabe *f*; ~***cı*** Inhaber *m* (*od* Pächter *m*) e-s Bades; ~ ***olmak*** der rituellen Waschung bedürfen; Pollutionen haben

hamamotu Enthaarungsmittel *n*

hamamtası Messingschale *f*

hamarat ⟨-tı⟩ tüchtig, emsig (*Hausfrau*); ~***laşmak*** an die Arbeit gehen; F losarbeiten

hama|set ⟨-ti⟩ *osm* Heldenmut *m*; Helden- (*Epos*); ~***sî*** [-aːsiː] Helden-

hamaylı Schulterriemen *m*; Amulett *n*, Talisman *m*

Hambelî REL Hanbalit; hanbalitisch(e Rechtsschule) (*e-e der vier Schulen der sunnitischen Rechtslehre*)

'**hamd|etmek** ⟨-eder⟩ (*-e*) *Gott* loben; ~***olsun*** Gott sei Dank

hamhalat ⟨-tı⟩ *Person* ungehobelt; Rüpel *m*

ham: ~ ***hum etmek*** vor sich (*D*) herbrummen, nuscheln; ~ ***hum şaralop*** F nur Gequassel *n*, Geseihe *n*; Hokuspokus *m*; Hokuspokus und weg ist es!

hami [haːmiː] Beschützer *m*; Protektor *m*; Gönner *m*; ~ ***devlet*** Protektorat *n*

hamil [haː-] ÖKON Inhaber *m*, -in *f*, Träger *m*, -in *f*, Überbringer *m*, -in *f*, ~***ine yazılı çek*** Inhaberscheck *m*

hamile schwanger; ~ ***kalmak*** (*od* ***olmak***) schwanger werden; ~***lik*** ⟨-ği⟩ Schwangerschaft *f*

ha'minne (*aus hanım nine*) Großmutter *f*

hamiş [haː-] *osm* Postskriptum *n*; Randbemerkung *f*

hamla Ruderschlag *m*; Kurs *m*; ~ ***küreği***

Steuerruder *n*
hamlaç ⟨-cı⟩ TECH Düse *f*
hamla(ş)mak *v/t* erschlaffen; SPORT nicht mehr in Form sein
hamle Angriff *m*; Ansturm *m*; Sprung *m*, Satz *m*; Schwung *m*; Anstrengung *f*; Ruck *m*; *Brettspiel* Zug *m*; PSYCH Ausbruch *m*, Anwandlung *f*; SPORT Stoß *m*; Schlag *m*; ***bir ~de*** in e-m Zug; mit e-m Ruck; (*-e*) ***~ etmek*** (*od* ***yapmak***) angreifen (*A*); e-n Vorstoß unternehmen; sich ins Mittel legen; e-n Schlag versetzen (*D*); ***~ci*** unternehmungslustig
'hamletmek *osm* zurückführen (*-i -e A* auf *A*)
hamlık ⟨-ğı⟩ Unerfahrenheit *f*, Ungeübtheit *f*; *Obst* Unreife *f*
'hammadde Rohstoff *m*
hamule [uː] → ***yük***
hamur Teig *m*; Sorte *f* (*z.B. Papier*); teigig, nicht durchgebacken; ***~ gibi*** *fig* hundemüde; ***~ işi*** Teigwaren *f/pl*; Backwaren *f/pl*; ***~ açmak*** Teig ausrollen; ***~ yoğurmak*** Teig kneten
hamurlaşmak *Teig* gesäuert werden; *fig* schlaff werden
hamursu nicht durchgebacken
hamursuz REL Matzen *m*; ***~ bayramı*** (jüdisches) Ostern *n*
hamurumsu teigartig; klebrig
han[1] HIST Khan *m*, Chan *m*
han[2] HIST Herberge *f*, Karawanserei *f*; Geschäftshaus *n*; ***~ gibi*** riesengroß; ***~ hamam sahibi*** F Pfeffersack *m*
hancı Herbergsvater *m*; ***~ sarhoş, yolcu sarhoş*** wer und was - alles nebelhaft
hançer Dolch *m*; ***~lemek*** *v/t* erdolchen
'handikap ⟨-pı⟩ SPORT, *fig* Handicap *n*
'handiyse ehe man sich's versah, im Nu
hane [ɑː] Haus *n*, Haushalt *m*; Raum *m*; MATH Stelle *f*, Feld *n des Brettspiels*; Rubrik *f*, Spalte *f*
-hane -ei *f*, -haus *n*, -anstalt *f usw*; ***kütüphane*** Bücherei *f*
hanedan [hɑːnɛ'dɑːn] Dynastie *f*, Herrscherhaus *n*; ***~lık*** ⟨-ğı⟩ F vornehme Herkunft; Gastfreundschaft *f*
Hanefî [-fiː] REL Hanafit; hanafitisch(e Rechtsschule) (*e-e der vier Schulen der sunnitischen Rechtslehre*)
haneli mit … Häusern/Haushalten; mit … Zellen (*od* Karos, Spalten, Feldern); ...stellig; ***beş ~ sayı*** fünfstellige Zahl
hanende *osm* Sänger *m*, -in *f*
hangar Hangar *m*; Schuppen *m*
'hangi *in Fragen* welche(r) ...; ***~ adam*** welcher Mann?; ***~ ... ise*** welche(r) ... auch (immer); ***~ kitabı açsanız, bulursunuz*** welches Buch Sie auch aufschlagen, Sie finden es darin; ***~si*** wer (von ihnen)?, welche(r) (*-den* von *D*); ***bu iki kumaştan ~ daha dayanıklı?*** welcher von diesen beiden Stoffen ist strapazierfähiger?
hanım Frau *f*, Dame *f*; Fräulein *n*; ***Ülker Hanım*** Frau Ülker; Frau *f*, Ehefrau *f*; Frau *f* des Hauses; Gastgeberin *f*; ***~ evladı*** F Muttersöhnchen *n*; ***pek ~ bir kadındır*** e-e bezaubernde Frau; ideale Hausfrau; ***~ hanımcık*** tüchtig *im Haushalt*; damenhaft
hanımböceği ⟨-ni⟩ ZOOL Marienkäfer *m*
hanımefendi HIST gnädige Frau; meine Dame!; *nach dem* (*Vor*)*Namen* Frau ...
hanımeli ⟨-li⟩ BOT Geißblatt *n*
hanımgöbeği ⟨-ni⟩ *Art* Süßspeise *f*
hanımlık ⟨-ğı⟩ Sitte *f* feiner Damen; Stand *m*, Rang *m* e-r Dame
hani ZOOL Zackenbarsch *m* (*Serranus cabrilla*)
'hani wo ist denn ...?; wissen Sie noch, weißt du noch; doch; nur, (doch) wenigstens; ... um ehrlich zu sein; schließlich, übrigens, dazu kommt, dass ...; ***~ ya*** wieso denn; denn *als Verstärkung*; ***~ yok mu*** *nachfolgende Worte verstärkend*, *etwa* ich sage Ihnen (*od* dir); ***~dir*** seit langem, schon lange; ***~ bana?*** wo bleibe ich?, wo ist mein Anteil?; ***~ benim kim olduğumu bilmese*** wenn sie nur nicht wüsste, wer ich bin; ***~ yanlış da değil*** dazu kommt, dass es kein Fehler ist; ***~, pek de pahalı sayılmaz*** um ehrlich zu sein, als sehr teuer kann man das nicht bezeichnen; ***~ (ya) kahve?*** wo bleibt denn der Kaffee?
hanlık ⟨-ğı⟩ HIST Khanat *n*
hantal plump; unförmig; *Gegenstand* sperrig; ***~laşmak*** plump werden, F auseinander gehen, die Form verlieren
hantallık ⟨-ğı⟩ Plumpheit *f*, Unförmigkeit *f*, Sperrigkeit *f*
hap ⟨-pı⟩ Pille *f*, Tablette *f*, *Slang*: Opium *n*; ***~ı yutmak*** *fig* in den sauren Apfel beißen; ***~ı yuttuk!*** da haben wir die

H

Bescherung!

hapis ⟨-psi⟩ Gefängnis *n*, Haft *f*; F → ***hapishane***; Gefangene(r), Häftling *m*; JUR *z.B. Geld* beschlagnahmt, eingezogen; **~ *giymek*** Gefängnis bekommen; **~ *yatmak*** im Gefängnis sitzen; F sitzen; *-i* ***hapse atmak*** (*od* ***koymak***) *j-n* ins Gefängnis stecken

hapishane [-hɑː-] Gefängnis *n*; **~ *kaçkını*** Herumtreiber *m*; Vagabund *m*

hapislik ⟨-ği⟩ Gefängnisstrafe *f*, Gefängniszeit *f*, Inhaftierung *f*

'**haps|edilme** Gefangennahme *f*; Inhaftierung *f*; **~etmek** *v/t* verhaften, inhaftieren; einsperren; *j-n* warten lassen, F sitzen lassen; **~ettirmek** (*-i -e*) *j-n* verhaften lassen (von)

hapsolmak *pass von* ***hapsetmek***

hapşır|ık Niesen *n*; **~mak** niesen

hapşu [uː] hatschi!

har[1]: **~ ~ *akmak*** *Wasser* dahinbrausen; **~ ~ *yanmak*** *Ofen* bullern; **~ *hur*** Balgerei *f*; Zank und Streit (*m*); **~ *vurup harman savurmak*** mit (dem) Geld um sich werfen

har[2] *osm* (brennend) heiß; **~ı *başına vurmak*** e-n unbezähmbaren Wunsch verspüren; außer sich (*D*) geraten; **~ı *geçmek*** sich beruhigen; *Zorn usw* sich legen

'**hara** Gestüt *n*

harabe [-rɑː-] Ruine *f*; (halb) verfallen (*Haus*); **~lik** ⟨-ği⟩ Ruinenfeld *n*

haraç ⟨-cı⟩ Tribut *m*; HIST Wehrsteuer *f der Nichtmuslime*; erpresste(s) Geld, Schutzgeld *n*; **~ *mezat satmak*** versteigern, F verauktionieren; **~ *yemek*** (*od* ***almak***) auf Kosten anderer leben, F schnorren; *-i* ***haraca bağlamak*** *j-m* Tributzahlungen auferlegen; **~çı** Erpresser *m*; HIST Steuereintreiber *m*

haram [-ɑːm] REL verboten; Verbotene(s); unrechtmäßig erworben; *-e -i* **~ *etmek*** REL *j-m etw* verbieten; *fig j-m etw* (*A*) (*z.B. die Freude*) verderben; *-e* **~ *olmak*** *etw* (*A*) nicht mehr haben, *keinen* (*Schlaf*) mehr finden; **~ *olsun!*** möge es dir (*od* Ihnen) nur schaden!; **~ *yemek*** sich ungesetzlich bereichern; usurpieren (*A*); **~*a uçkur çözmek*** außereheliche Beziehungen unterhalten

haramî [-rɑːmiː] Räuber *m*

harap ⟨-bı⟩ zerstört; verwüstet; ruiniert; verfallen, verkommen; *Weg* öde, verlassen; **~ *etmek*** zerstören; verwüsten; ***kendini* ~ *etmek*** sich grämen, sich quälen (*a* **~ *olmak***); **~lamak** zerstören; ruinieren; **~laşmak** verfallen, verkommen; ruiniert werden; **~lık** ⟨-ğı⟩ Zerstörung *f*, Verwüstung *f*

hararet [-rɑː-] Wärme *f*, Hitze *f*, Fieber *n*; Durst *m*; *fig* Feuer *n*, Begeisterung *f*; TECH Überhitzung *f*; *-e* **~ *basmak*** Durst haben (auf *A*); MED steigende Temperatur haben; **~ *kesmek*** (*od* ***söndürmek***) den Durst löschen; zu trinken geben

hararetlen|dirmek *fig* anheizen; **~mek** *fig* lebhafter werden, hitzig werden

hararetli heiß; flammend; *Sonne* brennend (heiß); *fig* feurig, begeistert; *Tage* aufregend; MED fiebrig

haraşo *Art* Wollstrickerei *f* (*immer links*)

harbî[1] F treuherzig, ohne Falsch

harbî[2] militärisch, Kampf-; HIST Bürger *m* eines nichtislamischen Staates; HIST noch im Kriegszustand befindliche Staaten *m/pl*

harbîlik ⟨-ği⟩ Treuherzigkeit *f*

harbiye HIST militärische Angelegenheiten *f/pl*; ≗ Kriegsakademie *f*, **≗li** Schüler *m* der Kriegsakademie

harcama Ausgabe *f* (*-in* für *A*)

harcamak *v/t Geld* ausgeben; (*-e*) *Material* aufwenden (für *A*); *Zeit* brauchen (für *A*); *fig j-n* opfern, ruinieren; POL liquidieren, beseitigen; F *j-n* erledigen, aus dem Wege räumen

harcıâlem billig, banal; *Scherz* abgeschmackt

harç ⟨-cı⟩ Angaben *f/pl*; Gebühr *f*; TECH Bindemittel *n* (*Mörtel usw*); GASTR Zutat *f*, Gewürze *n/pl*; Fertigmischung *f*; Besatz *m auf Kleidern*; Gartenerde *f*; ***bu iş onun harcı değil*** dem ist er nicht gewachsen; es kommt ihm nicht zu; **~lı** aufwendig; kostspielig; mit Besatz; *Wand* verputzt

harçlık ⟨-ğı⟩ Taschengeld *n*; bescheidene Einnahmen *f/pl*

hardal Senf *m*, Mostrich *m*; **~ *gazı*** Senfgas *n*

hardaliye [-dɑː-] Traubensaft *m* mit Senf

hare [ɑː] Moirierung *f*, geflammte(s) Muster; geflammte(r) Stoff

harekât ⟨-tı⟩ MIL Operationen *f/pl*; MIL

Manöver *n*

hareke *osm* Kurzvokalzeichen *n in der arabischen Schrift*

hareket ⟨-ti⟩ *allg* Bewegung *f*, Handlung *f*, Aktion *f*; MUS Tempo *n*; BAHN Fahrt *f*, Abfahrt *f*, Abreise *f*, Abfertigung *f e-s Zuges*; SPORT Griff *m*; (Erd-)Beben *n*; Verhalten *n*; Benehmen *n*, Handlungsweise *f e-s Menschen*; *fig geistige* Strömung *f*, TECH *a* Start-; **~ dairesi** Fahrdienstleitung *f*; **~ etmek** abreisen, abfahren; sich bewegen; sich rühren; handeln, vorgehen, sich verhalten; (*-den*) *fig* (*von der Meinung*) ausgehen, zu ...; **~ noktası** Abfahrtsplatz *m*; Zentralhaltestelle *f*, *fig* Ausgangspunkt *m*; **~ saati, ~ zamanı** Abfahrtszeit *f*; **~e geçirmek** (*od* **getirmek**) *v/t j-n* in Bewegung bringen; *fig* aktivieren, aktiv werden lassen; *Polizei usw* zum Einschreiten veranlassen; in Aktion versetzen; **~e geçmek** *v/i* in Aktion treten

hareketlendirmek verursachen

hareketlenmek rege werden

hareketli rege, rührig, aktiv; lebhaft; TECH (orts)beweglich; rollend

hareketsiz unbeweglich; träge, passiv

hare|lemek [hɑː-] kräuseln; *Stoffe* flammieren; **~lenmek** sich kräuseln; (**renk renk** in allen Farben) schillern, changieren; **~li** wellenförmig gezeichnet; schillernd; moiriert, geflammt

harem HIST Harem *m*; *osm* (Ehe)Frau *f*; **~ ağası** Haremswächter *m*, Obereunuch *m*; **~lik** Frauengemächer *n/pl*; **~ selamlık olmak** (nach Geschlechtern) getrennt sitzen

harf ⟨-fi⟩ Buchstabe *m*; **büyük ~** Großbuchstabe *m*; **küçük ~** Kleinbuchstabe *m*; **büyük ~le yazılmak** großgeschrieben werden; **küçük ~le yazılmak** kleingeschrieben werden; **~i ~ine** wörtlich, Wort für Wort (*Übersetzung*); buchstäblich; peinlich genau

harfiyen [-fiː-] → **harfi harfine**

harharyas ZOOL Heringshai *m*

harhur → **har**

harıl: **~ ~** unermüdlich, ohne Unterlass; lebhaft; mit voller Kraft *arbeiten*

harıl|damak pochen, stampfen; **~tı** Pochen *n der Maschine*; Knistern *n*

harım Zaun *m*; Obst- und Gemüsegarten *m*

haricen [ˈhɑː-] *adv* MED äußerlich

haricî [-dʒiː] *adj* äußer-; Außen-

haricinde *postp -in* **~** außerhalb (*G*)

hariciye [hɑː-] MED äußere Erkrankungen *f/pl*; HIST äußere Angelegenheiten *f/pl*

hariç [hɑː-] ⟨-ci⟩ **1.** *osm* Ausland *n*; Außenseite *f*, draußen; *fig* unberücksichtigt; **2.** *postp* ausgenommen, abgesehen (von *D*); außer (*D*); **Turgut ~** abgesehen von Turgut ...; **perşembe ~** außer donnerstags; *-den* **~ olmak** nichts zu tun haben (mit *D*); fern stehen (*D*); *-i* **~ etmek** *j-n* ausschließen

harika [hɑː-] Wunder *n*; wunderbar, F super; **~ çocuk** Wunderkind *n*

harikulade [-lɑː-] wunderbar

haris gierig (*-e* auf *A*); **şöhrete ~** ruhmsüchtig

haˈrita (Land)Karte *f*, Plan *m*; **~ memuru** Kartograph *m*; **Ankara şehrinin ~sı** Stadtplan *m* von Ankara; **~da olmak** in Betracht kommen

haˈritacı Kartograph *m*, -in *f*

harlamak *Feuer* auflodern; knistern; *Wasser* rauschen; *fig Person* aufbrausen

harman Dreschen *n*; Tenne *f*, Dreschplatz *m*; Dreschzeit *f*, (Tee)Mischung *f*; **~ çorman** wüst durcheinander; *fig* Rauschzustand *m*; *-i* **~ etmek** mischen (*A*); **~ makinesi** Dreschmaschine *f*, *-i* **~ savurmak** worfeln; **har vurup ~ savurmak** auf großem Fuß leben

harmancı Drescher *m*

harmani(ye) Pelerine *f*

harmanlamak *Tabak usw* mischen; *Mond* e-n Hof bekommen; im Kreis gehen; MAR Schlagseite haben

harˈmonyum MUS Harmonium *n*

harp[1] ⟨-bi⟩ Krieg *m*; → **savaş**; **~ zengini** Kriegsgewinnler *m*

harp[2] ⟨-pı⟩ Harfe *f*

hart: **~ ~** mit e-m Kratzgeräusch; **~ ~ kaşınmak** sich laut kratzen

harta|dak, **~dan!** schnapp!; zack!; *-i* **hartadak ısırmak** schnappen (nach *D*); packen (*A*)

hartuç ⟨-çu, -cu⟩ Kartusche *f*

harup ⟨-bu⟩ BOT Johannisbrot(baum *m*) *n*, Karob *m*

has [ɑː] ⟨-ssı⟩ besonder-, eigen(tümlich) (*-e D*); echt, rein (*z.B. Gold*); *Sache* bester Qualität; *Person* einzigartig,

H

edel(mütig), vornehm; HIST königlich, fürstlich, Sultans-; *Farbe* waschecht; TECH Edel- (*Metall*)

hasar [-ɑːr] Schaden *m*; (*-e*) **~ yapmak, ~a yolaçmak** Schaden zufügen *D*; Schaden anrichten; **~a uğramak** Schaden erleiden

hasat Mahd *f*, Ernte *f*

hasatçı Mäher *m*, -in *f*

hasbelkader rein zufällig

hasbıhal [-aːl] ⟨-li⟩ Unterhaltung *f*, Gespräch *n*; **~ etmek** plaudern

hasebiyle auf Grund *G*

haseki *osm Ehrenbezeichnung*

haset ⟨-di⟩ Neid *m*; *-e* **~ etmek** *j-n* beneiden; **~çi** Neider *m*, -in *f*

hasetlik ⟨-ği⟩ Neid *m*

hasıl sich ergebend; Ergebnis *n*; **~ olmak** erscheinen; sich ergeben, gewonnen werden (*-den* aus *D*)

hasıl|a Resultat *n*, Ergebnis *n*; **millî ~** Nationaleinkommen *n*; **~at** [-ɑːt] Einnahmen *f/pl*, Ertrag *m*; **~atlı** Gewinn bringend

'hasılı kurz und gut

hasım ⟨-smı⟩ Gegner *m*, -in *f*, Gegenspieler *m*, -in *f*, Widersacher *m*, -in *f*, JUR Gegenpartei *f*

hasımlık ⟨-ğı⟩ Gegnerschaft *f*

hasır (Stroh)Matte *f*, Stroh- (*Hut*); Korb- (*Stuhl*); *-i* **~ altı etmek** *fig* unter den Teppich kehren, vertuschen, verschleiern; *fig* verschleppen, hinausziehen; **~cı** Mattenflechter *m*; Mattenverkäufer *m*

hasırlamak *v/t* mit Matten auslegen; **~lı** mit Matten ausgelegt

hasırotu ⟨-nu⟩ BOT Binse *f*

hasis knauserig

hasislik ⟨-ği⟩ Knauserigkeit *f*, Geiz *m*

haslet ⟨-ti⟩ Naturell *n*; *fig* Tugend *f*

'haspa *f Mädchen* kesse Biene

hasret ⟨-ti⟩ Sehnsucht *f*; **... ~i** Sehnsucht nach; *-e* **~ bırakmak** Sehnsucht erwecken (nach *D*); *-e* **~ çekmek** sich sehnen (nach *D*); *-e* **~ kalmak** *j-n* vermissen; *-in* **~ini çekmek** sich sehnen (nach *D*)

hasret|li sehnsuchtsvoll; **~lik** ⟨-liği⟩ F Sehnsucht *f*, Trennung *f* (*-in* von *D*)

'hasretmek widmen (*-e -i j-m A*)

'hasrolmak gewidmet werden (*-e D*)

hassa HIST (Leib)Garde *f*

hassas [-ɑːs] *a* TECH empfindlich; sensibel, empfindsam

hassasiyet ⟨-ti⟩ Empfindlichkeit *f*, Feingefühl *n*; Empfindsamkeit *f*

hassaslık ⟨-ğı⟩ → **hassasiyet**

'hassaten extra, eigens, vor allem

hasta krank; Kranke(r); Fan *m*, Liebhaber *m*; **~ etmek** krank machen; F nerven; **~ olmak** (*od* **düşmek**) krank werden; **futbol ~sı** Fußballfan *m*; **~ mizaçlı** chronisch krank; ewig kränkelnd

hastabakıcı Krankenpfleger *m*, -in *f*, **~lık** ⟨-ğı⟩ Krankenpflegerberuf *m*

hastahane → **hastane**

hastalandırmak *v/t* krank machen

hastalanmak erkranken, krank werden

hastalık ⟨-ğı⟩ Krankheit *f*, Erkrankung *f*; **~ kapmak** *od* **~hastalığa tutulmak** sich (*D*) e-e Krankheit holen, sich infizieren; **kulak-boğaz-burun ~ları uzmanı** Hals-Nasen-Ohrenarzt *m*; **~ nedeniyle/dolayısıyla** wegen Erkrankung; **~lı** kränkelnd, leidend

hastane [-tɑː-] Krankenhaus *n*; *-i* **~ye kaldırmak** (*od* **yatırmak**) *j-n* ins Krankenhaus einliefern; **~ye yatmak** ins Krankenhaus kommen (*od* eingeliefert werden)

hastanelik ⟨-ği⟩ der stationären Behandlung bedürftig; *fig* **öyle dövmüşler ki ~ oldu** sie schlugen ihn krankenhausreif

haşa Pferdedecke *f*, Schabracke *f*

'hâşâ Gott bewahre!; F i bewahre!; keinesfalls; mit Verlaub zu sagen!; verzeihen Sie den Ausdruck!

haşarat [-ɑːt] ⟨-tı⟩ Insekten *n/pl*; *fig* Gesindel *n*, Pack *n*

haşarı störrisch, bockig; **~laşmak** störrisch sein, bockig sein, bocken; **~lık** ⟨-ğı⟩ Bockbeinigkeit *f*

haşat ⟨-tı⟩ F mies; *Person* geschafft, ganz kaputt; **~ olmak**, *-in* **~ı çıkmak** hin sein, kaputt sein; **~ etmek** übel zurichten

haşhaş BOT Mohn *m* (*Papaver somniferum*)

haşıl *Weberei* Schlichte *f*, **~lamak** *v/t* schlichten

haşır → **haşir**

haşır|damak *Papier* rascheln, knistern; **haşır haşır** *od* **~ huşur** mit einem Rascheln *n*; raschelnd; **~tı** Rascheln *n*

haşin grob, barsch, abweisend; brutal (*a Sache*); *Sache* extrem

haşinlik ⟨-ği⟩ Grobheit *f*, Brutalität *f*

haşir ⟨-şri⟩ (der) Jüngste Tag; ***haşre kadar*** F bis in die Puppen *warten*; ... *-le* ~ ***neşir olmak*** zusammen sein mit, verkehren mit
haşiş Haschisch *m*; ~ ***içmek*** Haschisch rauchen
haşiv ⟨-şvi⟩ Tautologie *f*; Wortreichtum *m*
haşiye [hɑː-] *osm* Fußnote *f*
haşlama gekocht; gedünstet
haşlamak *Ei* kochen; *Gemüse* dünsten; *z.B. Hand* verbrühen; *Insekt* stechen; *fig Kälte* zwicken, beißen; *fig j-n* ausschimpfen, F runterputzen
haşlamlı BIOL Aufgusstierchen *n*, Infusorium (*pl* -en) *n*; ~ ***toprak*** Kieselerde *f*
haşmet ⟨-ti⟩ → ***görkem***; **~li** prunkvoll
haşre → ***haşir***
hat ⟨-ttı⟩ Linie *f*; Strich *m*; TECH Leitung *f*; BAHN Strecke *f*, Linie *f*; Verkehrsverbindung *f*; ~ ***bekçisi*** Bahnwärter *m*, Streckenwärter *m*; ~ ***çekmek*** Leitungen legen (*od* ziehen); ~ ***genişliği*** BAHN Spurweite *f*; ~ ***uçağı*** Linienflugzeug *n*; ***tek*** ~ BAHN eingleisige Strecke
hata [-tɑː] Fehler *m*; Versehen *n*; Irrtum *m*; ~ ***etmek*** (*od* ***işlemek***), ***~ya düşmek*** (e-n) Fehler machen, sich irren; *-i* ***~ya düşürmek*** *j-n* irreführen; zu Fehlern Anlass geben
hataen [-'tɑː-] aus Versehen
hatalı fehlerhaft; falsch, irrig (*Meinung*)
hatasız fehlerlos
hatıl Querbalken *m*, Bohle *f*
hatır[1] Gedächtnis *n*; *-in* ***~ıma gelmek***: ***sorduğunuz ~ıma gelmiyor*** ich komme nicht darauf, was Sie fragten *od* ich kann mir nicht denken, was Sie meinen; ***... ~ımda ...*** habe ich behalten; ***~ında kalmak*** (*od* ***tutmak***) behalten, sich entsinnen (*G*); ***~ımda kaldığına göre*** soweit ich mich erinnere; *-in* ***~ından çıkamamak*** *j-m* (*e-e Bitte*) nicht abschlagen können; ***~ından geçmemek*** sich nicht erinnern können (an *A*)
hatır[2] Achtung *f*, Respekt *m*; Gefühl *n*, Ehrgefühl *n*, Innere(s); Befinden *n*; *-i* ~ ***almak*** *j-n* freundlich stimmen; ~ ***gönül bilmemek*** (*od* ***saymamak***) kompromisslos sein; ***~(ı) için*** um (seinet)willen, aus Rücksichtnahme (auf ihn); ***~(ı) kalmak*** böse sein, gekränkt sein; ~ ***senedi*** ÖKON Gefälligkeitsakzept *n*; ~ ***sormak*** nach *j-s* Befinden fragen; ***~ı sayılır*** ziemlich, F anständig (*z.B. Kälte*); *Person* angesehen, bedeutend; *-in* ***~ını hoş etmek*** *j-m* Freude machen; *j-n* achten; *-in* ***~ını kırmak*** *j-n* kränken; ***~ını saymak*** *j-m* Ehre erweisen
hatıra [hɑː-] Erinnerung *f*, Gedenk- (*Münze usw*); ~ ***defteri*** Tagebuch *n*; ***~lar*** LIT Memoiren *pl*
hatırla|mak *v/t* sich erinnern (an *A*), denken (an *A*); **~nmak**: *pass von* ***hatırlamak*** *v/unp* man erinnert sich; ***hatırlanacağı gibi*** wie man sich erinnert, wie bekannt; **~tmak** (*-i –e*) *j-n* erinnern (an *A*); hinweisen (auf *A*)
hatır|lı geachtet; ehrbar; einflussreich; autoritär; **~sız** missachtet; unbedeutend; **~şinas** [-ɑːs] höflich, entgegenkommend
hatim ⟨-tmi⟩ Gesamtlesung *f* des Koran; ~ ***indirmek*** → ***hatmetmek***
hatip [iː] ⟨-bi⟩ Redner *m*; Prediger *m*
hatiplik ⟨-ği⟩ Redekunst *f*
hatlı: TECH mit … Leitung(en); ***çift*** ~ zweigleisig; ***tek*** ~ eingleisig
'hatmetmek *v/t* den Koran ganz durchlesen; *fig* beenden
hatmi BOT Eibisch *m*, Hibiskus *m*
hatta [-tɑː] und sogar
hattat ⟨-tı⟩ Kalligraph *m*, -in *f*
hattatlık ⟨-ğı⟩ Kalligraphie *f*
hatun [hɑː-] Dame *f*, Frau *f* (F *a abw*)
hav[1] Flor *m*, Haar *n* (*e-s Stoffes*)
hav[2]: ~ ~ *Kindersprache* wau wau; Wauwau *m*
hava Luft *f*, Wetter *n*; Klima *n*; Lüftchen *n*; Melodie *f*, Weise *f*, Motiv *n*; *fig* Atmosphäre *f*, Stimmung *f*, Leere *f*, Nichts *n*; ~ ***açıyor*** *Wetter* es klart auf; ~ ***almak*** Luft schöpfen; *fig* leer ausgehen; TECH Luft durchlassen ~ ***basıncı*** Luftdruck *m*; ~ ***boşluğu*** Vakuum *n*; LUFTF Luftloch *n*; ~ ***bozuyor*** *Wetter* es verschlechtert sich; ***başka bir ~ çalmak*** *Person* verschieden sein, verschiedener Meinung sein; ~ ***çekici*** Presslufthammer *m*; ~ ***değişimi*** Luftveränderung *f* (*für Kranke*); ~ ***korsanı*** Luftpirat *m*, -in *f*, ~ ***köprüsü*** Luftbrücke *f*, ~ ***kirliliği*** Luftverschmutzung *f*; ~ ***geç(ir)mez*** luftdicht, hermetisch; ***bana*** *usw* ***göre ~ hoş*** mir *usw* ist alles gleich; ***≗ Kuvvetleri*** Luftstreitkräfte *f/pl*; ~ ***parası*** Abstand(szahlung *f*) *m* (*für Wohnungen*); ~ ***raporu*** Wetterbericht *m*; ~

sahası POL Luftraum *m*; **~ *tahmini*** Wettervoraussage *f*; **~ *vermek*** *Reifen* aufpumpen; (*-e*) *e-m Kranken* Sauerstoff zuführen; **~*da kalmak*** in der Luft schweben, den Boden nicht berühren; *fig* in der Schwebe bleiben; *fig* aus der Luft gegriffen sein; **~*dan*** mühelos; leer (*Worte*); **... ~*sı esiyor*** Anzeichen von ... sind da; **~*sı olmak*: *onda babasının* ~*sı var*** er hat etwas von seinem Vater; *-in* **~*sına uymak*** sich anpassen; kein Spielverderber sein; **~*ya gitmek*** zu nichts taugen; *fig* zu Wasser werden; **~*ya kılıç*** (*od* ***pala***) ***sallamak*** sich umsonst bemühen; **~*ya uçmak*** in die Luft fliegen; → ***havaya gitmek***; **~*yı bozmak*** die Stimmung verderben

hava|alanı ⟨-nı⟩ Flugplatz *m*; F Flughafen *m*; **~altı** ⟨-nı⟩ Stratosphäre *f*; **~bilgisi** Wetterkunde *f*, Meteorologie *f*

H

havacı Flieger *m* (*a* MIL); **~lık** ⟨-ğı⟩ Luftfahrt *f*, Flugwesen *n*

hava'cıva BOT Alkanna *f*; *fig* ein Nichts, F Quatsch *m*

havadar luftig

havadeğişimi MED Luftveränderung *f*

havadis [-vɑː-] *osm* Nachricht *f*, Nachrichten *f/pl*

havagazı ⟨-nı⟩ Gas *n*, Leuchtgas *n*; F Quatsch *m*; **~ *ocağı*** Gasherd *m*

havaî [-vɑːiː] Luft-; himmelblau; leichtsinnig; *Worte* leer, nichtig; **~ *fişek*** Feuerwerkskörper *m*, -rakete *f*; MIL Leuchtrakete *f*; **~lik** ⟨-ği⟩ Leichtsinnigkeit *f*; **~mavi** himmelblau

havaküre Atmosphäre *f*

havalandır|ıcı Ventilator *m*; Belüfter *m*; **~ma** (Be)Lüftung *f*; **~mak** *kaus von* ***havalanmak***; *v/t Zimmer* lüften; *Drachen* steigen lassen

havalanmak gelüftet werden *usw*; *Fahne* flattern; LUFTF aufsteigen; abfliegen, starten; *Vogel* in die Luft steigen, auffliegen; *z.B. Tischdecke* emporwehen; *fig* leichtsinnig werden

havale [-vɑː-] Übertragung *f* (*-e* an *A*); Beauftragung *f*; ÖKON Überweisung *f*, Zahlungsanweisung *f*, Indossament *n*; Einblicksmöglichkeit *f* (von oben); MED Eklampsie *f*; SPORT Ausfall *m*; *-i -e* **~ *etmek*** *j-n mit etw* beauftragen; *j-m etw* (*A*) übergeben; *j-m etw* (*A*) zuleiten; weiterleiten; überweisen (*A*); SPORT e-n Ausfall machen; **~ *gelmek*** *Geld* überwiesen werden; *-e* **~ *göndermek*** (*od* ***yollamak***) *j-m Geld* (***posta** -le* durch die Post) überweisen (*a* anweisen); **~ *kağıdı*** Zahlungsanweisung *f*

havaleli [-vɑː-] **1.** *subst* Beauftragte(r); **2.** *adj Waren* sperrig; *Wagen* zu hoch beladen

havalı luftig; leichtsinnig; *Kleidung* auffällig; *Mädchen* attraktiv; TECH Druckluft-; **~ *direksiyon*** AUTO Servolenkung *f*; **~ *fren*** AUTO Druckluftbremse *f*

havali [-vɑː-] Gegend *f*, Umgebung *f*

havalimanı ⟨-nı⟩ Flughafen *m*

havan Mörser *m*; HIST Tabakschneidemaschine *f*; **~ *topu*** Mörser *m*; **~*da su dövmek*** etwas völlig Nutzloses tun; sich umsonst bemühen

havaneli Stößel *m*

havari [-vɑːriː] Jünger *m*, Apostel *m*

havasız luftleer; stickig; *fig* unansehnlich

hava|yolları Fluggesellschaft *f*; **~yolu** Luftverkehrslinie *f*

havi [hɑːviː]: *-i* **~** -haltig, enthaltend

havil ⟨-vli⟩: ***can havliyle*** in Todesangst

havla|ma Gekläffe *n*, Bellen *n*; **~mak** kläffen, bellen; **~yış** → ***havlama***

havlı flaumig

havlu Handtuch *n*; ***banyo*~*su*** Badetuch *n*; **~luk** ⟨-ğu⟩ Handtuchhalter *m*; Badezimmerschränkchen *n*

'havra Synagoge *f*

havsala ANAT Becken *n*; *fig* F Grips *m*, Köpfchen *n*; Gesichtskreis *m*; **~ *almaz*** unbegreiflich; ***bunu* ~*m almadı*** F das habe ich nicht mitgekriegt, das ging nicht in meinen Kopf; **~*sı dar*** engstirnig; ungeduldig, F kribbelig; **~*ya sığmaz*** unfassbar; unannehmbar

havuç ⟨-cu⟩ BOT Mohrrübe *f*

havut ⟨-tu⟩ Packsattel *m* (*e-s Kamels*)

havuz Wasserbecken *n*, Bassin *n*; MAR Dock *n*; Reservoir *n*; *-i* **~*a çekmek*** auf Dock legen, eindocken (*A*); **~*a girmek*** ins Dock gehen; ***yüzme* ~*u*** Schwimmbecken *n*; **~cuk** ⟨-ğu⟩ ANAT Nierenbecken *n*

havuzlamak *v/t* eindocken

Havva [-vɑː] REL Eva *f*

'havya Lötkolben *m*

havyar Kaviar *m*; **~ *kesmek*** (herum)faulenzen

havza GEOGR Becken *n*; Gebiet *n* (*e-s Flusses*); ***Ruhr* ℒ*sı*** Ruhrgebiet *n*

hay *int Wunsch* nun ja, nun auf!; na!; *Freude* oh!; ~ ***gidi!*** na, du Schlingel!; ~ ~ → ***hayhay***

haya ANAT Hoden *m*

hayâ Schamgefühl *n*

hayal [-a:l] ⟨-li⟩ Fantasie *f*, Traum *m*; Traumbild *n*; Illusion *f*; Einbildung *f*; Gespenst *n*, Erscheinung *f*, Spiegelbild *n*; *-i* ~ ***etmek*** sich (*D*) vorstellen (*A*); sich (*D*) ausmalen; ~ ***gücü*** Einbildungskraft *f*; ~ ***kırıklığı*** Enttäuschung *f*; ~ ***kurmak*** Luftschlösser bauen; ~ ***meyal*** nur vage, verschwommen; ~ ***olmak*** ein Traum bleiben; ~ ***oyunu*** Schattenspiel *n*; ~***e kapılmak*** sich Illusionen hingeben; *-i* ~***inden geçirmek*** liebäugeln (mit *D*), mit dem Gedanken spielen, zu ...

hayalci Träumer *m*, -in *f*, Fantast *m*, -in *f*; träumerisch; Schattenspieler *m*, -in *f*

hayalcilik ⟨-ği⟩ Fantasterei *f*

hayalet [-ja:-] ⟨-ti⟩ Erscheinung *f*, Phantom *n*; *fig* Schatten *m*

hayâlı schüchtern, scheu

hayalî [-ja:li:] fiktiv; fantastisch; Schein-; ~ ***fener*** [-ja:-] HIST Laterna magica *f*, *fig* nur Haut und Knochen; ~ ***ihracat*** Scheinexport(e) *m(pl)*

hayalperest ⟨-ti⟩ Träumer *m*, -in *f*, F Spinner *m*, -in *f*

hayâsız schamlos; frech

hayat[1] ⟨-tı⟩ Leben *n* (*a* = Lebewesen); ~ ***adamı*** Lebenskünstler *m*; ~ ***arkadaşı*** Lebensgefährte *m*, -gefährtin *f*; ~ ***dolu*** lebenslustig; ~ ***düzeyi*** Lebensstandard *m*; (***parlak bir***) ~ ***geçirmek*** (ein glänzendes) Leben führen; ~ ***kadını*** Prostituierte *f*; ~ ***memat meselesi*** eine Frage auf Leben und Tod; ~ ***mücadelesi*** Kampf *m* ums Dasein; ~ ***pahalılığı*** Teuerung *f*; ~ ***sigortası*** Lebensversicherung *f*; ***... bir*** ~ ***sürmek*** ein ... Leben führen; ~ ***şartları*** Lebensbedingungen *f/pl*; *-e* ~ ***vermek*** beleben (*A*); ~***a atılmak*** ins Leben treten; ~***a gözlerini yummak*** (*od* ***kapamak***) *fig* s-e Augen für immer schließen; ~***a küsmek*** mit dem Leben nicht zurechtkommen; *-in* ~***ı kaymak*** F ruiniert werden; *-e* ~***ını borçlu olmak*** *j-m* sein Leben (*od* s-n Lebensunterhalt) verdanken; ~***ını kazanmak*** s-n Lebensunterhalt verdienen; ~***ta olmak*** am Leben sein, (noch) leben; ***özel*** ~ Privatleben *n*

hayat[2] ⟨-tı⟩ Vordach *n*; Vorgarten *m*; überdachte(r) Vorraum

ha'yatağacı ⟨-nı⟩ Stammbaum *m e-r Familie*; ANAT (*Gehirn*) Lebensbaum *m*

hayat|î [-a:ti:] lebenswichtig; ~***iyet*** ⟨-ti⟩ Lebenskraft *f*; neue(r) Schwung, Auftrieb *m*; ~***sal*** → ***hayatî***

hayda *int* hüh!; los!; *Verwunderung* ach was!; ~***lamak*** *Tier* antreiben; ~***mak*** *v/t Tier* antreiben, hüh schreien; F *j-n* rausschmeißen, feuern

'haydi los!, auf!; nun, also (*z.B. gute Fahrt!*); *Einräumung* nun ja, nun gut; *Wahrscheinlichkeit* ja vielleicht, unter Umständen; ~ ***bunları başkasına anlat!*** geh!, mach das anderen weis!; ***hadi hadi*** kurz und gut; machen wir es kurz!; ~ ~ ganz einfach, ohne weiteres; (aller)höchstens; ~ ***canım sen de*** gibt's denn so was?!; ~ ***oradan*** weg hier!; jetzt reicht's aber!

haydin nun los; nun also; ~***di*** mach schnell, F mal dalli (*z.B.* ***kayığa*** ins Boot)*!*

haydi'sene F dalli, dalli!

haydut ⟨-du⟩ Bandit *m*; *zu e-m Kind* kleiner Schlingel!; ~ ***yatağı*** Räuberhöhle *f*, ~***luk*** ⟨-ğu⟩ Banditentum *n*

'hayhay gut!, in Ordnung!; natürlich!

hayhuy Radau *m*; Wirrwarr *m*; Hektik *f*, ~***la*** in der Hektik, überstürzt

hayıflanmak (*-e*) nachtrauern (*D*, *z.B. e-r Gelegenheit*); traurig *etw* sagen

hayır[1] nein; ~ ***dememek*** nicht nein sagen

hayır[2] ⟨-yrı⟩ Wohltat *f*, das Gute; Güte *f*; Nutzen *m*; Vorteil *m*; *adj* gut, erfreulich (*z.B. Nachricht*); ~ ***etmemek*** die (in *j-n*) gesetzten Hoffnungen nicht erfüllen; *-den* ~ ***görmemek*** nichts Gutes erleben (von *D*); *-e* ~ ***işlemek*** *j-m* Gutes tun; ***ondan*** ~ ***kalmadı*** F davon (*od* von ihm/ihr) hat man nichts mehr; ***hayra alamet*** ein gutes Zeichen; ***hayra karşı*** gütlich, friedlich; ***hayra yormak*** positiv auslegen (*od* deuten); ~***dır inşallah!*** Gott geb's!, möge alles gut werden!; Donnerwetter!; ***hayrını gör!*** möge es dir nützen!; ~***la anmak*** (*od* ***yâd etmek***) (*der Toten*) mit Ehrfurcht gedenken, *j-m* nur Gutes nachsagen

hayırlaşmak *nach e-r Einigung* sich beglückwünschen, mit Handschlag bekräftigen

hayır|lı *Kind* gut geraten; glücklich (*Reise*); **~** (*od* **~sı**) **olsun** hoffen wir das Beste!; **~perver, ~sever** hilfreich, wohltätig; **~severlik** ⟨-ği⟩ Hilfsbereitschaft *f*, Wohltätigkeit *f*
hayırsız *Kind* ungeraten; untauglich; treulos; Pech-; Pechvogel *m*; unheilvoll
hayız ⟨-yzı⟩ Menstruation *f*
haykırı(ş) Schrei *m*, Ruf *m*; Geschrei *n*
haykırışmak *-le* sich anschreien
haykır|ma → **haykırış**; **~mak** schreien; *v/t* deutlich (*od* krass) zeigen
haylaz Tagedieb *m*; faul; **~laşmak** herumlungern; **~lık** ⟨-ğı⟩ Trägheit *f*, Faulheit *f*
'hayli ziemlich; ziemlich weit, äußerst; **~den ~(ye)** überaus, ungemein; **bir ~** ziemlich lange; **~dir** seit langem
'haylice erheblich
'haymana freie(s) Weideland, Auslauf *m*; **~ öküzü** (*od* **sığırı**) Faulenzer *m*, Herumlungerer *m*
haymatlos heimatlos, staatenlos
hayran [-ɑːn] erstaunt, verwundert; entzückt; Bewunderer *m*; Verehrer *m*; *-i* **~ bırakmak** *j-n* in Erstaunen versetzen, überraschen; **~ kalmak** erstaunt sein; entzückt sein (*-e* von *D*); *-e* **~ olmak** sich wundern (über *A*); entzückt sein (von *D*); *j-n* bewundern; **~lık** ⟨-ğı⟩ Bewunderung *f*, Entzücken *n*
hayrat [-ɑːt] ⟨-tı⟩ gute(s) Werk; wohltätige Stiftung
hayret ⟨-ti⟩ Erstaunen *n*, Verwunderung *f*, Bestürzung *f*, **~!** unglaublich!, Donnerwetter!; *-e* **~ etmek** sich wundern (über *A*); *-den* **~e düşmek** überrascht sein (von *D*); *-i* (**hayretten**) **~e düşürmek** in (tiefes) Erstaunen versetzen; **~le** erstaunt, voller Erstaunen; *-i* **~te bırakmak** in Staunen setzen; überraschen; **~te kalmak** staunen, sich wundern
hayrı- → **hayır**[2]
'hayrola nanu!
haysiyet ⟨-ti⟩ Würde *f*, Ehre *f*, Ansehen *n*; **~ divanı** Ehrengericht *n*; *-in* **~ine dokunmak** *j-s* Ehre verletzen; **~li** verehrt, geachtet; **~siz** unwürdig; missachtet
'hayta HIST Söldner *m*; Taugenichts *m*
'haytalık ⟨-ğı⟩ Banditentum *n*; **~ etmek** sein Unwesen treiben
hayva Lötkolben *m*
hayvan Tier *n*; Vieh *n*; Pferd *n*; Reittier *n*; *fig* Dämlack *m*; **~ gibi** stumpfsinnig
hayvanat [-ɑːt]: **~ bahçesi** Zoo *m*
hayvan|bilimci Zoologe *m*, -login *f*; **~bilim** Zoologie *f*, **~ca** tierisch; *fig* brutal
hayvanî [-iː] Tier-, tierisch (*z.B. Fett*); *fig* animalisch (*z.B. Gefühle*); brutal; roh (*Gewalt*)
hayvan|laşmak zum Tier werden, verrohen; **~lık** ⟨-ğı⟩ tierische(r) Zustand; *fig* Brutalität *f*, Bestialität *f*, **~sal** zoologisch; tierisch (*Nahrung*)
hayyalessela *Gebetsruf* eilt zum Gebet!
haz ⟨-zzı⟩ Genugtuung *f*, Freude *f*, Lust(gefühl *n*) *f*, *-den* **~ duymak** Freude empfinden, sich freuen (an *D*)
haza [hɑːzɑː] F richtiggehend, absolut (*z.B. Idiot*); prima (*z.B. Haus*)
Hazar Chasare *m*, Chasarin *f*, **~ Denizi** Kaspische(s) Meer
hazcılık ⟨-ğı⟩ PHIL Hedonismus *m*
hazık [ɑː] ⟨-kı⟩ *Arzt* geschickt, erfahren
hazım ⟨-zmı⟩ Verdauung *f*, Verträglichkeit *f*, **~lı** großzügig, dickfellig; verträglich; **~sız** unverdaulich; *Person* reizbar; ungesellig; unverträglich; **~sızlık** ⟨-ğı⟩ Verdauungsstörung *f*, *fig* Reizbarkeit *f*
hazır fertig, bereit (*-e* zu *D*); anwesend; Konfektions- (*Anzug*); *konj* wenn ... schon; da ... doch; **~ bulunmak** anwesend sein; bereit sein; *-i* **~ etmek** bereitstellen (*A*); **~ ol!** MIL stillgestanden!; **~ ol duruşu** Strammstehen *n*; **~ ol vaziyetinde durmak** Haltung annehmen; **~ yiyici** Rentier *m*, von s-m Gelde Lebende(r); **~a konmak** schmarotzen, *fig* sich ins gemachte Bett legen; **~dan yemek** leben von dem, was da ist
hazırcevap schlagfertig; **~lık** ⟨-ğı⟩ Schlagfertigkeit *f*
hazırcı Konfektionshändler *m*; F *fig* Nassauer *m*
hazırlama Bereitstellung *f*, Bearbeitung *f*
hazırlamak *v/t allg* vorbereiten; zurechtmachen (*z.B. Zimmer*); *Essen* zubereiten; bereitstellen, bereitlegen; *Kohlen für den Winter* einkellern, anschaffen; *Komplott* anzetteln; *Tisch* decken; *Überraschung usw* bereiten; *zu einem Unglück* führen; *Buch* bearbeiten; (*-i -e*) *j-n* vorbereiten (auf *A*, *z.B. Prüfung*)

hazırlanmak *pass von* ***hazırlamak***; *v/i* sich vorbereiten (*-e* auf *A*)

hazır|latmak *kaus von* ***hazırlamak***; *v/t* anfertigen lassen (*-i -e j-n A*); **~lık** ⟨-ğı⟩ Vorbereitung *f*, Vorkehrung *f*, Bereitschaft *f*; Vorbereitungs-; Vor- (*Arbeit*; *Untersuchung*); ***~ görmek*** *od* ***yapmak*** Vorbereitungen treffen; **~lıklı** vorbereitet; **~lıksız** unvorbereitet

hazırlop ⟨-pu⟩ *Ei* hart gekocht; *fig* ohne e-n Finger zu rühren, ohne Gegenleistung

hazin [-i:n] betrübt; *Stimme* kläglich; *Verlust* bitter

hazine [-i:-] Schatz *m*; Schatzkammer *f*; Staatskasse *f*; MIL Magazin *n*; Vorratsbehälter *m*; Lager *n*, Depot *n*; LIT (Weisheits)Brunnen *m*, Born *m*; ***~ bonoları*** Schatzanweisungen *f/pl*; ***kelime ~si*** Wortschatz *m*

hazinedar HIST Schatzmeister *m*, -in *f*

haziran [-i:-] Juni *m*

haziranböceği ⟨-ni⟩ ZOOL Junikäfer *m*, Brachkäfer *m* (*Amphimallus solstitialis*)

'hazmetmek → ***sindirmek***; *fig* dulden, ertragen, aushalten; *Beleidigung* hinnehmen, schlucken

hazne Depot *n*, Behälter *n*

hazret ⟨-ti⟩ *etwa* der heilige ..., *z.B.* ***Hazreti Ali*** (der) heilige Ali, der Prophet Ali; ***Hazreti Muhammed*** (der) Prophet Mohammed; *scherzh* der/die Gute

Hazretleri ⟨-ni⟩ *osm* Seine/Ihre Majestät; ***Hanımefendi ~*** sehr verehrte gnädige Frau

'hazzetmek sich freuen (*-den* an *D*); *j-n* mögen; *j-m* zugetan sein

he *dial* ja; ***~ demek*** ja sagen

heba [-ɑ:] vergebens; vertan; *-i* ***~ etmek*** vergeuden, verschwenden

hece Silbe *f*; ***açık ~*** offene Silbe; ***kapalı ~*** geschlossene Silbe; ***~ ölçüsü*** (türk.) Silbenversmaß *n*; ***~ yutumu*** GR Haplologie *f*, Silbenausfall *m*

hece|leme Silbentrennung *f*; **~lemek** *v/t* nach Silben lesen; buchstabieren; **~li**: ***iki ~*** zweisilbig (*Wort*); ***tek ~*** einsilbig

hecin, ***~ devesi*** Dromedar *n*

hedef Ziel *n*; Zielscheibe *f*; *-i* ***~ almak*** *fig* sich (*D*) zum Ziel setzen (*A*); *j-n* aufs Korn nehmen; zielen (auf *A*); *-i* ***~ tutmak*** zum Ziel haben (*A*), bezwecken (*A*)

heder: *-i* ***~ etmek*** opfern (*A*); verschwenden; ***~ olmak*** geopfert werden; *Geld* F futsch sein; *Zeit* verloren sein

hediye Geschenk *n*; *-e* ***~ etmek*** *j-m* ein Geschenk machen; **~lik** ⟨-ği⟩ als Geschenk; ***~ eşya*** Geschenkartikel *m/pl*

hege'monya Hegemonie *f*

hekim Arzt *m*, Ärztin *f*; ***diş ~i*** Zahnarzt *m*, -ärztin *f*; ***göz ~i*** Augenarzt *m*, -ärztin *f*; ***kulak-boğaz-burun ~i*** Hals-Nasen-Ohrenarzt *m*, -ärztin *f*; ***ruh ~i*** Psychiater *m*, -in *f*; ***veteriner ~*** Veterinär *m*, -in *f*, Tierarzt *m*, -ärztin *f*

hekimlik ⟨-liği⟩ Arztberuf *m*; *meist* Medizin *f*

hekt|ar Hektar *n*; **~o'litre** Hektoliter *n* (*m*); **~o'metre** Hektometer *n*

hela [-lɑ:] Abort *m*

helak [-a:k] ⟨-ki⟩: *-i* ***~ etmek*** vernichten, zugrunde richten; *Person* sehr anstrengen, F ganz kaputtmachen, stark mitnehmen; ***~ olmak*** zugrunde gehen; *Person* sich überanstrengen; schwach werden

helal [-a:l] ⟨-li⟩ REL erlaubt; gesetzmäßig, legitim; angetraute(r) (rechtmäßiger) Mann; angetraute (rechtmäßige) Frau; *-i -e* ***~ etmek*** *j-m etw* (*z.B. die Schuld*) erlassen; *e-e Sache*, *e-n Betrag* nicht bereuen; ***~ olsun*** es sei (ihm) gegönnt; es ist nicht schade (um *A*); ***~ olsun!*** bravo!; ***~ süt emmiş*** ehrbar, ehrlich; ***~ü hoş olsun*** (es war) gern geschehen; **~inden** aus reinem Herzen; ohne Hintergedanken

helal|leşmek einander vergeben (*vor e-r Trennung*); **~li** angetraute(r) Mann; angetraute Frau, Gattin *f*

helallik ⟨-ği⟩ → ***helalli***; etwas Erlaubtes; ***~ dilemek*** *j-n* bitten, *j-m e-e Schuld* zu erlassen *od* (*e-e Kränkung*) zu verzeihen

'hele gerade (*z.B. Sie*); insbesondere; vor allem; sicher schon; mal; nur erst; schließlich ... doch noch; *soll er* nur ...; doch; ***~ bak!*** sieh nur, man sehe nur ...; ***~ ~*** nun mal los, F mal raus damit, (*erzähl* ...); *Beispiele* ***~ çalışmasın ...*** soll er nur (*od* mal) nicht arbeiten (wollen) ...; ***sınıfını geç ~, ...*** mach erst die Klasse durch ...; werde mal erst versetzt, (*dann* ...); ***~ geldi, şükür!*** Gott sei Dank, schließlich ist er doch noch gekommen

helecan Aufregung *f*
helecanlanmak sich aufregen
Helen Hellene *m*; **~ist** Hellenist *m*, -in *f*, Gräzist *m*, -in *f*, Griechenfreund *m*, -in *f*
Helenistik ⟨-ği⟩ hellenistisch; Hellenistik *f*
Helenizm Hellenismus *m*
helezon Spirale *f*, Schnecke *f*, ANAT Ohrenmuschel *f*, TECH Schraube *f*, Schnecke *f*, **~ *yay*** Spiralfeder *f*
helezonî [-iː] spiralförmig; schraubenförmig; Schnecken-; Schrauben-; Spindel- (*Treppe*)
helezonlaşmak sich schlängeln, sich winden
helikopter Hubschrauber *m*
helke (Kupfer)Eimer *m*
helme (*Reis- usw*) Schleim *m*; Brei *m*; **~ *dökmek*** schleimig/breiig werden
helmelenmek → ***helme dökmek***
helmeli schleimig, breiig
helva türkische(r) Honig, Halva *n*
helvacı Verkäufer *m* (*od* Hersteller *m*) von Helva; **~*kabağı*** BOT Kürbis *m* (*Cucurbita maxima*)
helyoterapi Sonnentherapie *f*
'helyum Helium *n*
hem außerdem; auch; und (zwar); **~ *de*** und zwar; und wie ...; ja ...; **~ ... ~ (*de*) ...** sowohl ... als auch ..., ebenso wie ...; **~ *de nasıl!*** und wie, und ob!; ***gidiyor, ~ de koşarak gidiyor*** er geht, und zwar saust er ab (*od* und zwar schnell); ***sıcak, ~ de sıcak!*** heiß, und wie (heiß) *od* heiß, und ob!; ***Ankara'yı sever misin?*; *~ de nasıl!*** gefällt dir Ankara? na, und wie! (*od* und ob!)
hem- *persisches Präfix* gleich, gemeinsam, Mit-, Ge-; (*türk.* ***-daş***)
hemahenk harmonisch
hemati ANAT rote(s) Blutkörperchen
hematit ⟨-ti⟩ Hämatit *m*, Blutstein *m*
hemdert ⟨-di⟩ Leidensgenosse *m*
'hemen sofort, unverzüglich, direkt, unmittelbar; *zeitlich* fast, beinahe; *einschränkend + Negation* kaum; wenn nur ...; **~ ~** fast, nahezu; ***ben ~ o sıralarda gelmiştim*** ich war fast (genau) zu dieser Zeit gekommen; **~ *önünüzde* ...** direkt vor Ihnen ...
hemencecik F sofort, auf der Stelle; (*nicht*) allzu rasch
hemfikir ⟨-kri⟩ Gesinnungsgenosse *m*
hemofil Bluter *m*
hemofili Bluterkrankheit *f*
hemoglobin Hämoglobin *n*
hempa [ɑː] Kumpan *m*, Verschwörer *m*
hemşeri Landsmann *m*, Mitbürger *m*; **~*lik*** Mitbürgerschaft *f*
hemşire [iː] *osm* Schwester *f*, Krankenschwester *f*, ***ameliyat ~si*** Operationsschwester *f*
hemze *osm* Hamza *n* (*arabischer Buchstabe u Laut*), Stimmlippenverschlusslaut *m* (*türk. früher* ***mes'ele*** *statt* ***mesele***)
hemzemin ebenerdig (*Übergang*)
hendek ⟨-ği⟩ Graben *m*; MIL Schützengraben *m*
hendese Geometrie *f*
hendesî [iː] geometrisch
'hentbol ⟨-lü⟩ Handball *m*
'henüz gerade (eben); schon; *negativ* noch (*nicht*)
hep alle(s), alle; immer, dauernd; ganz; **~ *birden*** alle zusammen; **~ *geç kalır*** er verspätet sich dauernd; **~ *bunlar*** all das (*od* dies); ***ya ~ ya hiç*** alles oder nichts; **~*imiz*** wir alle; **~*imizce malumdur*** uns allen ist es bekannt; **~*inizi iyi buldum*** ich fand euch alle gesund (vor)
hepçil allesfressend; Allesfresser *m*
'hepsi ⟨-ni⟩ alles; alle; **~ *bir*** alles gleich (*od* egal); **~ *yalan*** alles Lügen; **~*ni biliyorum*** ich weiß alles; ich kenne alle
'hepten völlig
'hepyek Einser-Pasch *m*
her jeder, jede, jedes; **~ *bir*** ein jeder/jedes, eine jede; **~ *biri*** jede(r) von ihnen; **~ *dem taze*** jugendlich wirkend; **~ *gün*** jeden Tag; **~ *günkü*** alltäglich; **~ *halde*** (*od* ***halü kârda***) in jedem Fall; Alltagsanzug *m*; **~ *nasılsa*** wie auch immer, irgendwie; **~ *ne hal ise*** wie dem auch sei; **~ *ne ise*** kurz und gut; irgendwie; **~ *nedense*** aus irgendeinem Grund; **~ *ne kadar*** wenn ... auch, obwohl; **~ *ne pahasına olursa olsun*** um jeden Preis; **~ *şeyden önce*** vor allen Dingen; **~ *zaman*** dauernd, beständig
hercai [-dʒɑːiː] wankelmütig, launisch, wetterwendisch; **~*lik*** ⟨-ği⟩ Wankelmütigkeit *f*, **~*menekşe*** BOT Stiefmütterchen *n*
hercümerç ⟨-ci⟩ Wirrwarr *m*, Chaos *n*; **~ *etmek*** ein Chaos verursachen

herdemtaze BOT immergrün
herek ⟨-ği⟩ Spalier *n*; Stock *m*, Stange *f* e-s Spaliers; **~lemek** *v/t* (an e-m Spalier) befestigen
hergele undressierte(s) Reittier; *fig* rohe(r) Patron; **~ci** Pferdehirt *m*
her'hangi irgendeine(r); **~ *bir*** irgendein; **~ *bir şekilde*** irgendwie; **~ *bir yerde*** irgendwo; **~ *biri*** irgend jemand
herif Kerl *m*, Subjekt *n*; F Mensch *m*, Bursche *m*
herif'çioğlu ⟨-nu⟩ F der blöde Kerl
'herkes jeder
herrü: ***ya ~ ya merrü*** soll es kommen, wie es kommt
'Hersek ⟨-ği⟩ Herzegowina *f*
'heryerdelik ⟨-ği⟩ Allgegenwart *f Gottes*
herze Blödsinn *m*, F Stuss *m*; **~ *etmek*** Stuss reden; Unfug treiben; **~vekil** Quatschkopf *m*; Störenfried *m*
hesabî [-sɑːbiː] sparsam, haushälterisch; berechnend
hesap ⟨-bı⟩ Rechnung *f*, Rechnen *n*; Konto *n*; Berechnung *f*, Schätzung *f*; ***bankada bir ~ açmak*** bei e-r Bank ein Konto eröffnen; **~ *cetveli*** Rechenschieber *m*; **~ *çıkarmak*** Bilanz ziehen; den Saldo feststellen; **~ *etmek*** berechnen; kalkulieren; in Rechnung setzen; überlegen (***aklında*** bei sich *D*); **~ *kitap etmek*** hin und her überlegen; **~ *görmek*** abrechnen; die Rechnung zahlen; **~ *işi*** Kreuzstickerei *f*; **~ *makinası*** Rechenmaschine *f*, Rechner *m*; *-in* **~ *sormak*** Rechenschaft verlangen (über *A*); **~ *tutmak*** ÖKON Buch führen; **~ *tutmadı*** die Mutmaßung hat sich nicht als richtig erwiesen; **~ *uzmanı*** Betriebsprüfer *m* (*des Finanzamtes*); **~ *vermek*** Rechnung ablegen; *-in* ***hesabını vermek*** (sich) (*D*) Rechenschaft ablegen (über *A*); **~ *yanlışlığı*** Rechenfehler *m*; *-i* ***hesaba almak*** rechnen (mit *D*); berücksichtigen (*A*); ***hesaba almamak*** keine Beachtung schenken, einfach übersehen; *-i* ***hesaba çekmek*** *j-n* verantwortlich machen, zur Verantwortung ziehen; ***hesaba gelmez*** unzählig; unverhofft; *-i* ***hesaba katmak*** rechnen (mit *D*); berücksichtigen *A*; ... *-le* ***hesabı kesmek*** die Beziehungen abbrechen (mit *D*); ***hesabı temizlemek*** die Rechnung begleichen; *-in* ***hesabı yok*** eine Unmenge; *-in* ***hesabına*** für (*A*); zu Gunsten *G*/*von*; auf Rechnung *G*/*von* ***hesabıma göre*** nach meinem Dafürhalten; *-in* ***hesabına gelmek*** *j-m* zupass kommen; ***hesabını*** (***kitabını***) ***bilmek*** haushälterisch sein, umsichtig sein; (*-in*) ***hesabını görmek*** die Bilanz ziehen; (mit *j-m*) abrechnen, *j-m* e-n Denkzettel geben; **~*ta olmamak*** außer Betracht lassen; *-i* **~*tan düşmek*** ÖKON abziehen, *a* nicht berücksichtigen
he'sap|ça eigentlich, aller Voraussicht nach; **~çı** haushälterisch; ein guter Rechner, eine gute Rechnerin
hesap|lamak *v/t* berechnen; berücksichtigen; annehmen, voraussetzen; vorhaben; **~ *kitaplamak*** hin und her überlegen; **~laşmak** (*-le*) abrechnen mit; *fig* sich auseinandersetzen mit; **~lı** eingetragen, gebucht, verbucht; (ein)kalkuliert; *Person* umsichtig; sparsam; *Sache* berechnet, geplant; vorsichtig; **~sız** ohne Rechnung; *Reichtum* unermesslich; *Versprechen* unzählig; riskant, unüberlegt (*Sache*); **~ *kitapsız*** ohne Beleg, unbelegt; unüberlegt, leichtfertig
hetepete stotternd
heterojen heterogen
hevenk ⟨-gi⟩ Fruchtgirlande *f*, Bündel *n*; PHYS ***ışık ~leri*** Lichtbündel *n*
heves Neigung *f*, Hang *m* (*-e* zu *D*); F Hobby *n*; Laune *f*; *-e* **~ *etmek*** Gefallen finden (an *D*); **~kâr** Liebhaber *m*, -in *f e-r Sache*, Amateur *m*, -in *f*, Dilettant *m*, -in *f*; **~kârlık** ⟨-ğı⟩ Neigung *f*, Liebe *f* (*-e* zu *D*); **~lenmek** (*-e*) e-e Neigung verspüren (zu *D*), sich hingezogen fühlen (zu *D*); **~li** (*-e*) neigend (zu *D*), dürstend (nach *D*); *fig* Liebhaber *m*, -in *f*, Freund *m*, -in *f* (*z.B. des Gesprächs*); **~siz** gleichgültig, lustlos; desinteressiert (*-e* an *D*)
hey *int* hallo!; ihr da, du da!; ach!; *Bewunderung* **~ *Allahım ...*** mein Gott, ...; *Sehnsucht* **~ *gidi gençlik ~!*** ach (ja) die Jugendzeit!
heyam'ol(a) *int* hau ruck!; *adv* mit Ach und Krach
heybe Satteltasche *f*, Schultertasche *f*
heybet ⟨-ti⟩ Erhabenheit *f*, Würde *f*, Überlegenheit *f*; **~li** imposant
heyecan [ɑː] Aufregung *f*, Erregung *f*; Begeisterung *f*; **~ *duymak*** sich aufre-

gen; sich begeistern; *-e* ~ ***vermek*** *j-n* in Aufregung (*od* Begeisterung) versetzen; ~***a gelmek*** in Erregung (*od* in Begeisterung) geraten

heyecan|landırmak *v/t* erregen, aufregen; begeistern; ~**lanmak** in Erregung geraten; sich begeistern

heyecan|lı (leicht) erregbar; erregt (*z.B. Debatte*); erregend, begeisternd; angstvoll (*Erwartung*); ~**sız** gelassen; ohne Aufregung; lustlos, ohne Begeisterung; nicht erregend, nicht stimulierend

heyelan [-la:n] Erdrutsch *m*

heyet ⟨-ti⟩ Delegation *f*, Ausschuss *m*

heyhat [ɑ:] *int* o weh!, du liebe Zeit!; ja leider

heyhey ~***ler geçirmek*** viel durchmachen; ~***leri tutmak*** (*od* ***üstünde olmak***) gereizt sein

H

heykel Statue *f*, Standbild *n*; Skulptur *f*; ~ ***gibi*** wohlgestaltet; F wie ein Ölgötze; ~**ci** → ***heykeltıraş***

heykeltıraş Bildhauer *m*; ~**lık** Bildhauerei *f*

heyula [-u:la:] *fig* Albdruck *m*, Schrecken *m* (*-le* unter *D*); ~ ***gibi*** monströs

hezaren [ɑ:] BOT Bambus *m*; Bambus-; Rittersporn *m*

hezeyan [ɑ:] Fantasieren *n*, Irrereden *n*; Delirium *n*; ~ ***etmek*** fantasieren, irrereden

hezimet [i:] ⟨-ti⟩ (empfindliche) Niederlage *f*

hıçkırık ⟨-ğı⟩ Schluckauf *m*; Schluchzen *n*; ***beni*** ~ ***tuttu*** ich habe e-n Schluckauf; ~***larla ağlamak*** schluchzend weinen

hıçkırmak Schluckauf haben; schluchzen

hıdiv [i:] HIST Khedive *m* (*Vizekönig von Ägypten*)

hıdrellez erste(r) Sommertag (6. Mai); Frühlingsfest *n*

'hıfzetmek aufbewahren; *Wörter* behalten; auswendig lernen

hıfzıssıhha (Volks)Hygiene *f*

hık *int* hick!; ~ ***mık etmek*** herumdrucksen; *fig* ausweichen, sich herausreden; ~***ı mıkı yok*** keine faulen Ausreden!

hım *int* hm

hımbıl träge, faul, schlapp

hımhım: ~ ***konuşmak*** näseln

'hıncahınç: ~ ***dolu*** proppenvoll; ~ ***insan dolu*** überfüllt

hınç ⟨-cı⟩ Rachsucht *f*, Hass *m*; Wut *f*; *-den* ~ (*od* ***hıncını***) ***almak*** sich rächen (an *D*); ~**lı** hasserfüllt (*Blick*)

hınzır *Schimpfwort* Tyrann *m*; grausam; *scherzh* Racker *m*; ~**lık** ⟨-ğı⟩ Gemeinheit *f*, schlechte(r) Scherz, Streich *m*

hır Streit *m*; ~ ***çıkarmak*** e-n Streit anfangen

'hırbo lange(r) Lulatsch; Lümmel *m*; F Dussel *m*; ~**luk** ⟨-ğu⟩ Stumpfsinn *m*; F Dusseligkeit *f*

hırçın jähzornig, hitzig; reizbar; ~**laşmak** *fig* aufbrausen, leicht erregbar sein; ~**lık** ⟨-ğı⟩ Reizbarkeit *f*

hırdavat ⟨-tı⟩ Eisenwaren *f/pl*; *fig* Kram *m*, Krimskram *m*

hırdavatçı Eisenwarenhändler *m*

hırgür *f* Streiterei *f*, ~ ***çıkarmak*** Streit anfangen

hırıldamak röcheln; heiser klingen; *-in* ***göğsü hırıldıyor*** (es) keucht

hırıltı Röcheln *n*; heisere(r) Ton, Heiserkeit *f*, Zank *m*; ~**lı** *Stimme* heiser

hı'rızma Ring *m* (*durch die Nase*)

Hıristiyan *usw* → ***Hristiyan***

hıristo: ~ ***teyeli*** Kreuznaht *f*

hırka *Art* Joppe *f*, weite(s) Gewand *der Derwische*

hırlamak *Hund* knurren; *Person* brummen; MED keuchen; *Schnee* knirschen

hırlaşmak (*-le*) aufeinander losgehen, sich anbrüllen

hırpa|lamak (*-i*) verschleißen, abtragen; F *fig j-n* piesacken; ~**ni** [-pɑ:ni:] zerlumpt; abgerissen (*bes Person*)

hırs Gier *f* (nach *D*); Wut *f*, Leidenschaft *f*, Ehrgeiz *m*

hırsız Dieb *m*, -in *f*, Einbrecher *m*; ~ ***anahtarı*** Dietrich *m*; ~ ***feneri*** Blendlaterne *f*, ~ ***gibi*** verstohlen; ~ ***yatağı*** Diebeshöhle *f*, ~**lama** heimlich (, still und leise); Diebesgut *n*, Gestohlene(s); ~**lık** ⟨-ğı⟩ Diebstahl *m*; Einbruch *m*; ~ ***etmek*** (*od* ***yapmak***) stehlen; e-n Diebstahl begehen

hırslan|dırmak (*-i*) *j-n* in Wut bringen; *fig j-n* locken; ~**mak** in Wut geraten; F scharf sein (auf *A*)

hırslı begierig, gierig; wütend; ehrgeizig

hırt ⟨-tı⟩ **1.** *int* ratsch!; **2.** *subst* F Depp *m*, Schafskopf *m*; ~**apoz** *f* Dämlack *m*; ~**apozluk** ⟨-ğu⟩ Schafsköpfigkeit *f*

hırtı: ~ ***pırtı*** Gerümpel *n*; Trödel *m*

hırtlamba unansehnlich; vergammelt;

Magen verdorben; **~ *gibi*** wie ein Gammler; **~*sı çıkmış*** in Lumpen gehüllt; *Sache* ramponiert, ausgedient

Hırvat ⟨-tı⟩ Kroate *m*; Kroatin *f*; kroatisch; **~ça** (das) Kroatisch(e)

Hırvatistan Kroatien *n*

hısım Verwandte(r); **~ *akraba(lar)*** (die ganze) Verwandtschaft *f*; **~lık** ⟨-ğı⟩ Verwandtschaft *f*

hışıl|amak, **~damak** *Blätter* rauschen; *Seide* knistern; MED keuchen; **~tı** Rauschen *n*; Knistern *n*; MED Keuchen *n*, Röcheln *n*

hışım ⟨-şmı⟩ Zorn *m*, Unwille *m*; *-in* ***hışmına uğramak*** *j-s* Zorn auf sich laden; **~lanmak** sich erbosen

hışır unreife Melone; *fig* Grünschnabel *m*; unreif; **~ ~** raschelnd, knisternd; zischend; **~damak** *Laub* rascheln; *Papier* knistern; keuchen, zischen; **~datmak** (*-i*) *mit dem Papier usw* rascheln, knistern; ein Rascheln hervorrufen; **~tı** Rascheln *n*; Knistern *n*; Zischen *n*; **~tılı** GR Zisch- (*Laut*)

hıyanet [-jaː-] ⟨-ti⟩ Verrat *m*, Treulosigkeit *f*; treulos; Veruntreuung *f* (*-e G*); **~lik** ⟨-ği⟩ Verrat *m* (*-in* an *D*)

hıyar[1] Gurke *f*; P Esel *m*, Grobian *m*

hıyar[2] JUR Option *f*; Wahlfreiheit *f*

hıyarcık ⟨-ğı⟩ Drüsengeschwulst *f*, Bubo *m*

hıyarşembe BOT Kassie *f* (*Cassia*)

hız Schnelligkeit *f*; PHYS Geschwindigkeit *f*; Tempo *n*; Hast *f*; Hektik *f*; **~ *almak*** e-n Anlauf nehmen; *-e* **~ *vermek*** beschleunigen (*A*); *fig* anregen; *Stimmung* anheizen; **~*ını alamamak*** nicht Einhalt gebieten können; *fig* sich nicht beherrschen können; **~*ını almak*** *Sturm* sich legen; sich beruhigen; **~*ını yitirmek*** an Kraft (*od* Einfluss) verlieren

hızar Säge *f*; Sägewerk *n*

Hızır *jemand, der nach dem Volksglauben Unsterblichkeit erreicht hat*; *etwa* Heilige(r); ***hızır gibi yetişmek*** als rettender Engel auftreten

hızlandırmak *v/t* beschleunigen

hızlanmak sich beschleunigen, schneller werden (*od* gehen); *z.B. Regen* heftiger werden

hız|laştırmak beschleunigen; (zur Eile) antreiben; **~latmak** *v/t* antreiben; beschleunigen

hızlı rasch, hektisch; heftig, kräftig (*z.B. zuschlagen*); laut (*sprechen*); überstürzt; mit Schwung; in Saus und Braus (*leben*)

hibe [iː] Spende *f*; *-i* **~ *etmek*** spenden; opfern (*A*)

hicap [-ɑːp] ⟨-bı⟩ Scham *f*; Verlegenheit *f*; Bescheidenheit *f*; Schleier *m*; ANAT Membrane *f*; **~ *etmek*** sich schämen; verlegen sein; **~lı** verlegen; verschämt

hiciv ⟨-cvi⟩ Satire *f*; **~ci** Satiriker *m*, -in *f*

hicran [-ɑːn] Trennungsschmerz *m*

hicret ⟨-ti⟩ Hedschra *f* (*622 n.Chr.*)

hicrî [-iː] … nach der Hedschra; **~ *takvim*** (der) islamische Kalender

hicvetmek *v/t* verspotten

hicv|î [-iː] satirisch; **~iye** Satire *f*

hiç ⟨-çi⟩ **1.** *bei verneintem Verb* überhaupt (*nicht*), gar (*nicht*); keineswegs; (*ohne*) im Geringsten; **2.** *in der Frage* jemals, überhaupt; dann (wirklich); Nichts *n*, Kleinigkeit *f*; (e-e) Null; **3.** *in der Antwort* nichts; gar nicht, überhaupt nicht; **~ *de*** keineswegs; **~ *değilse***, **~ *olmazsa*** wenigstens; immerhin; **~ *kimse*** niemand, keiner; **~ *mi* ~** absolut nichts; gar nicht; **~ *yoktan*** (*od* ***yüzünden***) ohne jeden Grund, F einfach so; **~*e indirmek*** missachten, ignorieren; **~*e saymak*** → **~*e indirmek***; *Beispiele* **~ *beklenmedik bir anda*** in e-m völlig unerwarteten Augenblick; ***o* ~ *bilmez*** er/sie weiß überhaupt nichts; ***onu* ~ *görmedim*** ich habe ihn/sie nie gesehen; ***üç günden beri* ~ *görünmedi*** schon seit drei Tagen hat sie sich überhaupt nicht sehen lassen; **~ *bilmiyorum*** ich weiß (es) wirklich nicht

hiçbir kein, nicht ein(e); nicht ein(e) Einzige(r); **~ *surette*** in keinerlei Weise, auf keinen Fall; **~ *şey*** gar nichts; **~ *yerde*** nirgendwo; **~ *yere*** nirgendwohin; **~ *zaman*** niemals, zu keiner Zeit; *mit Suffixen*: **~*imiz*** keiner von uns

hiççi Nihilist *m*, -in *f*; **~lik** ⟨-ği⟩ Nihilismus *m*

hiçistan Utopien *n*; Hungerleiderland *n*

hiçlemek *v/t* bagatellisieren

hiçlik ⟨-ği⟩ Nichtigkeit *f*; Nichts *n*

hiçten minderwertig; nichtswürdig; für nichts, unnützig, zwecklos, F für die Katz

hidayet [aː] ⟨-ti⟩ REL (der) rechte Weg; **~*e ermek*** den rechten Glauben (*d.h.*

H

den Islam) annehmen
hiddet ⟨-ti⟩ Wut *f*, LIT Zorn *m*; Heftigkeit *f*; **~ etmek, ~e kapılmak** in Wut geraten; heftig werden; **~lendirmek** *v/t* erzürnen, *j-n* rasend machen; **~lenmek** wütend (*od* zornig) werden, F böse werden; **~li** wütend, zornig, aufgebracht; hitzig, aufbrausend; Hitzkopf *m*; **~siz** gelassen, besonnen
hidra Hydra *f*
hidrat ⟨-tı⟩ CHEM Hydrat *n*
'hidro- hydro-, Wasser-
hidrojen Wasserstoff *m*; **~ bombası** Wasserstoffbombe *f*; **~ sülfür** Schwefelwasserstoff *m*; **~lenme** Hydrierung *f*
hidro|karbon, **~karbür** Kohlenwasserstoff *m*; **~klorik**: **~ asit** Salzsäure *f*
hidrolik ⟨-ği⟩ hydraulisch; Hydraulik *f*
hidroterapi Wasserheilverfahren *n*, Hydrotherapie *f*
hijyen Hygiene *f*; **~ik** hygienisch
hikâye Geschichte *f*, Erzählung *f*; LIT (Kurz)Geschichte *f*; *fig* Märchen *n*; **küçük** (*od* **kısa**) **~** Kurzgeschichte *f*; **~ bileşik zamanı** GR Erzählform *f* (*des Perfekts usw*); **~ etmek** erzählen, berichten
hikâye|ci Erzähler *m*, -in *f*; **~leme** Erzählen *n*
hikmet ⟨-ti⟩ Weisheit *f*; verborgene(r) Sinn; *Gottes* Fügung *f*, Ratschluss *m*; HIST Philosophie *f*; Sentenz *f*; weise(r) Spruch (*meist scherzh*); sonderbar!; (**her**) **ne ~se** merkwürdigerweise, wie sonderbar!
hilaf [aː] Widerspruch *m*; Gegenteil *n*; F Unwahrheit *f*, Lüge *f*; **hiç ~ım yok** ich sage die reinste Wahrheit; (*-in*) **~ına** entgegen *D*, ungeachtet *G*
hilafet [aː] ⟨-ti⟩ POL Kalifat *n*
hilafsız [aː] *adv* ungelogen; tatsächlich
hilal [aː] ⟨-li⟩ Neumond *m*; Halbmond *m*; **~ gibi** gewölbt (*Augenbraue*); **~ şeklinde** sichelförmig
hile [iː] List *f*; Betrug *m*; Trick *m*; **~ hurda bilmez** ehrlich, rechtschaffen; **~ yapmak** mogeln, Tricks anwenden; **bş-e ~ karıştırmak** (*od* **katmak**) etw fälschen, verfälschen; *Milch, Wein* F panschen; **bu sütte ~ var** diese Milch ist gepanscht; **~si hurdası yok** grundehrlich, ohne List und Tücke; **~baz** [ɑː], **~ci** Betrüger *m*, -in *f*; Mogler *m*, -in *f*; Panscher *m*, -in *f*; **~cilik** ⟨-ği⟩ Betrügerei *f*; Panscherei *f*; Fälschen *n*; **~kâr** → **hileci**; **~ kârlık** ⟨-ğı⟩ → **hilecilik**
hile|lendirmek betrügen; mogeln; fälschen; *Milch usw* panschen; **~li** listig; verfälscht; gepanscht; **~ iflas** betrügerische(r) Bankrott; **~siz** arglos, harmlos; unverfälscht, rein; **~sizlik** ⟨-ği⟩ Arglosigkeit *f*, Harmlosigkeit *f*
hilkat ⟨-ti⟩ Schöpfung *f*, Natur *f*, Charakter *m*; **~ garibesi** Missgeburt *f*
himaye [ɑː] Schutz *m*; Protektion *f*; *-i* **~ etmek** begünstigen, protegieren; beschützen; **~ görmek** begünstigt (*od* protegiert) werden; beschützt werden; (*-in*) **~sinde** unter dem Schutz (*od* der Schirmherrschaft) *G*; *-i* **~sine almak** unter seinen Schutz nehmen; **~ altındaki devlet** Protektorat *n*; **~cilik** ⟨-ği⟩ Protektionismus *m*; **~siz** schutzlos
himen ANAT Hymen *n*
himmet ⟨-ti⟩ Gunst *f*, Unterstützung *f*, Beihilfe *f*, Hilfe *f*, Aufwand *m*, Kraftaufwand *m*, Mühe *f*; **~ etmek** *j-n* unterstützen, *j-m* Hilfe leisten; Gunst erweisen; sich bemühen
hin gerissen, durchtrieben; → **hinoğluhin**
hindi Truthahn *m*, Puter *m*
hindiba BOT Endivie *f*
Hindiçin Indochina *n*
Hindistan Indien *n*; **hindistancevizi** ⟨-ni⟩ Kokospalme *f*, Kokosnuss *f*
Hindoloji Indologie *f*
Hindu [uː] Hindu *m*; (das) Hindustani
hinoğluhin abgefeimte(r) Bursche
Hint **~-Avrupa dilleri** indoeuropäische Sprachen *f/pl*
'hint|bademi ⟨-ni⟩ *Art* Kakao *m*; **~domuzu** ⟨-nu⟩ Meerschweinchen *n*
hinterlant ⟨-dı⟩ Hinterland *n*
'hint|kamışı ⟨-nı⟩ BOT Bambus *m*; **~kirazı** ⟨-nı⟩ Mango *f*, Mangobaum *m*
Hintli Inder *m*, -in *f*, indisch
'hintyağı ⟨-nı⟩ Rizinusöl *n*
hiperbol MATH Hyperbel *f*; **~ik** hyperbolisch
hipertansiyon → **yüksek tansiyon**
hipnoz Hypnose *f*
hipodrom Hippodrom *n*
hipopotam Nilpferd *n*, Flusspferd *n*
hipotansiyon (zu) niedrige(r) Blutdruck
hipotenüs MATH Hypotenuse *f*
hipotez Hypothese *f*

his ⟨-ssi⟩ Gefühl *n*, Empfindung *f*; Vorgefühl *n*, Ahnung *f*; **~lerine kapılmak** gefühlsmäßig handeln (*od* reagieren)
hisar Festung *f*, Fort *n*; Burg *f*; **~ içi** Zitadelle *f*
hislenmek → **duygulanmak**
hisli → **duygulu**
hisse Anteil *m*; Aktie *f*; Lehre *f*, Moral *f*; (**kendine**) *-den* **~ çıkarmak** (für sich) Nutzen ziehen (aus *D*); *-den* **~ kapmak** für sich e-e Lehre ziehen (aus *D*); **~ senedi** Namensaktie *f*
hissedar [ɑː] Aktionär *m*, -in *f*
his'seişayia [-ʃɑː-] Anteil *m*, Anteilsrecht *n*; **~lı** in Anteile aufgeteilt, im Besitz mehrerer befindlich
hisseli Anteilsinhaber *m*, -in *f*, Aktieninhaber *m*, -in *f*; Aktien-; (in Anteile) aufgeteilt
hissetmek *v/t* fühlen; *Unwohlsein* leiden (an *D*); *etw* merken
hissettirmek merken lassen, fühlen lassen (*-i -e j-n etw*)
hissî [iː] Gefühls-, gefühlsmäßig; sentimental, rührend
hissiyat [aː] ⟨-tı⟩ Gefühle *n/pl*
hissiz gefühllos; apathisch; **~lik** ⟨-ği⟩ Gefühllosigkeit *f*
histeri Hysterie *f*
histerik hysterisch; Hysteriker *m*, -in *f*
hiş(t) *int* he!, du da!, Sie da!; los!; **~, oradan çekil** he (du, da!), weg da!
hitabe [ɑː] Ansprache *f*
hitaben: **bana ~** indem er sich an mich wandte
hitabet ⟨-ti⟩ Redekunst *f*, Rhetorik *f*; *Islam* (das) Predigen (*am Freitag*)
hitam [ɑː] Ende *n*; Ablauf *m*
hitap [ɑː] ⟨-bı⟩ Anrede *f* (*-e* an *A*); *-e* **~ etmek** *j-n* anreden; e-e Rede halten; **b-ne «sen» diye ~ etmek** *j-n* duzen; **b-ne «siz» diye ~ etmek** *j-n* siezen
Hitit Hetiter *m*, -in *f*; **~çe** (das) Hetitisch(e); **~oloji** Hetitologie *f*
hiyerarşi Hierarchie *f*
hiza [ɑː] Niveau *n*, Ebene *f*, Höhe *f*; *-in* **~sını almak** nivellieren; ausgleichen; *-in* **~sına kadar** bis zur gleichen Höhe (mit *D*); **~ya gelmek** sich ausrichten; *fig* sich zusammennehmen; **~ya gel!** MIL richt' euch!; *fig* komm zur Vernunft!; **sola bak ~ya gel!** Augen links!; *-i* **~ya getirmek** ausrichten; *fig j-n* zur Vernunft bringen; **bir ~(sın)da** auf demselben Niveau; in derselben Richtung (*od* Reihe)
hizip ⟨-zbi⟩ *bes* POL Gruppierung *f*; **~çi** Mitglied *n* e-s Klüngels; **~çilik** ⟨-ği⟩ Gruppenbildung *f*, Cliquenbildung *f*; **~leşmek** Gruppen (*od* Cliquen) bilden
hizmet ⟨-ti⟩ Dienst *m*, Amt *n*, Tätigkeit *f*, Verdienst *n* (*-e* um *A*); Betrieb *m*; Pflege *f*, Wartung *f*, Verwendung(szweck *m*) *f*; **~ akdi** Dienstvertrag *m*; *-e* **~ etmek** *j-m* dienen; *j-n* bedienen; **~ görmek** e-n (*od* den) Dienst versehen; *-e* **~ vermek** *j-n* bedienen; *j-m* zu Diensten stehen; **~e açmak** in Betrieb nehmen; **~e girmesi** Inbetriebnahme *f*; **~e girmek** s-n Dienst antreten; *Fabrik* den Betrieb aufnehmen; in Betrieb genommen werden; *Schiff* in Dienst gestellt werden; **~e özel** nur für den Dienstgebrauch; **~inde olmak** in *j-s* Dienst stehen; *-le* **~inizdeyiz** wir stehen Ihnen zu Diensten mit; **~(ler) sektörü** ÖKON Dienstleistungssektor *m*
hizmetçi Dienstmädchen *n*; Diener *m*, -in *f*; **~lik** ⟨-ği⟩ Stellung *f* (*od* Tätigkeit *f*) e-s Dienstmädchens
hizmet|kâr Dienstbote *m*; Dienstmädchen *n*; **~li** Bürodiener *m*, -in *f*; Portier *m*, Pförtner *m*
hobi Hobby *n*, Steckenpferd *n*
'hoca F Lehrer *m*; *osm* geistliche(r) Lehrer, Hodscha *m*; **akıl ~sı** Schlaukopf *m*, Schlaumeier *m*; **Nasrettin ♀** Hodscha Nasrettin (*etwa der türkische Till Eulenspiegel*); **~m!** Herr Lehrer!
'hocafendi *scherzh* (der) Herr Lehrer
'hocalık ⟨-ğı⟩ Lehrerberuf *m*; **~ etmek** Lehrer sein; *scherzh* s-e Weisheiten zum Besten geben
hodan BOT Borretsch *m*
hod|bin Egoist *m*, -in *f*; **~binlik** ⟨-ği⟩ Egoismus *m*
'hodri: **~ meydan!** versuch's doch mal!
hohlamak *v/t* anhauchen; pusten (auf *A*)
hokey Hockey *n*; **buz ~i** Eishockey *n*
hokka (*Zucker-, Tabak*) Dose *f*; Tintenfass *n*; **~ gibi oturuyor** *Kleid usw* (es) sitzt wie angegossen
hokkabaz **1.** *subst* Zauberkünstler *m*; **2.** *adj* durchtrieben; **~ herif** Gauner *m*; **~lık** ⟨-ğı⟩ Taschenspielerei *f*, Zauberkünste *f/pl*; *fig* Trick *m*, Gaunerei *f*

H

hol ⟨-lü⟩ Diele *f*, Vorraum *m*; Halle *f*; Foyer *n*
holding ÖKON Konzern *m*
Hol'landa Holland *n*; **~lı** Holländer *m*, -in *f*; holländisch
homojen homogen, gleichartig
homoseksüel homosexuell; **~lik** ⟨-ği⟩ Homosexualität *f*
homur: **~ ~** brummend, griesgrämig
homurdanma Brummen *n*, Murren *n*
homur|danmak *v/i* brummen (*a Motor*); murren; maulen (*-e* wegen *G*); *Hund* knurren; *Katze* fauchen; TECH *defekter Motor usw* rasseln, ächzen; **~tu** Brummen *n* (*a e-r Maschine*); Murren *n*
hop *int* hopp!, hopp!; Hops *m*; **~ ~!** halt!, Vorsicht!; **~ *etmek*** *Herz* pochen, schlagen; *-den* **~ *oturup* ~ *kalkmak*** nicht wissen wohin vor (*Wut, Aufregung usw*)
hoparlör Lautsprecher *m*; *fig* Sprachrohr *n*
hopla|ma Sprung *m*, Hops *m*; **~mak** herumhüpfen, herumhopsen (*-den* vor *D*); *fig Herz* zittern, pochen; **~tmak** *v/t* springen lassen; *Kind* hochwerfen
hoppa leichtsinnig, unbesonnen
hoppadak fast; → ***hemen***
'hoppala hoppla!; nanu!; ach was!, was du nicht sagst! (was Sie nicht sagen!); **~, *bu da yeni çıktı*** ach, das ist ja ganz was Neues!; **~ *bebek*** *fig* (ein) große(s) Kind (*von Erwachsenen*)
hoppalık ⟨-ğı⟩ Unbesonnenheit *f*, Modesucht *f*, Geckenhaftigkeit *f*
hopurdatmak *v/t* laut schlürfen
hor: *-e* **~ *bakmak***, *-i* **~ *görmek*** *j-n* verachten, geringschätzen; *-i* **~ *kullanmak*** *j-n* von oben herab behandeln; *-i* **~ *tutmak*** *j-n* missachten; schlecht behandeln; **~*a geçmek*** anerkannt werden, F ankommen
'hora Rundtanz *m*; **~ *tepmek*** die Hora tanzen; mit den Füßen stampfen
ho'ranta Familienmitglied *n*
horhor plätschernd
horlamak[1] *v/i* schnarchen
horlamak[2] (*-e j-n*) schikanieren, schurigeln
hormon Hormon *n*
horoz ZOOL Hahn *m*, F Gockel *m*; Hahn *m am Gewehr*; Schnäpper *m am Türschloss*; **~ *akıllı*** hirnlos, F bescheuert; **~ *dövüşü*** Hahnenkampf *m*; **~*dan kaçar*** *Mädchen* schamhaft, sehr zurückhaltend, männerscheu
ho'rozayağı ⟨-nı⟩ Rast *f am Gewehr*; Bohrer *m*; Korkenzieher *m*
ho'rozibiği ⟨-ni⟩ Hahnenkamm *m*; BOT Fuchsschwanz *m*, Amaranthus *m*
horozlanmak einherstolzieren
hort|lak ⟨-ğı⟩ (Friedhofs)Gespenst *n*; Albdruck *m*; **~lamak** *Toter* herumgeistern; *Problem* immer wieder auftauchen; **~latmak** *fig Geist* wachrufen; erinnern (an *A*)
hortum Rüssel *m*; TECH Schlauch *m*; Windhose *f*, Tornado *m*; *-e* **~ *sıkmak*** Wasser geben, spritzen (auf *A*)
horul: **~ ~** laut schnarchend; **~damak** schnarchen; **~tu** Schnarchen *n*; Brummen *n des Motors*
hostel Jugendherberge *f*
hostes LUFTF Stewardess *f*; **~lik** ⟨-ği⟩ Stewardessentätigkeit *f*
hoş angenehm, erfreulich; *adv konj* und wenn schon; nun ja; **~ *bulduk!*** *etwa* danke sehr, *od* freut mich auch (Sie zu sehen); **~ *geldine gitmek*** *j-m* e-n Antrittsbesuch machen; **~ *geldiniz!*** willkommen!; ich freue mich, Sie zu sehen!; *-i* **~ *görmek*** (*od* ***karşılamak***) tolerant sein gegen; hinwegsehen über *A*; *-i* **~ *tutmak*** *j-m* zugetan sein; **~*a giden*** angenehm, gefällig; **~*a gitmek***, *-in* **~*una gitmek*** *j-m* gefallen, *j-m* zusagen
hoşaf Kompott *n*; **~ *gibi*** *fig* sehr abgespannt; ***bende ~ın yağı kesildi*** ich war ganz baff
hoşbeş Begrüßung(sworte *n/pl*) *f*, Plauderei *f*; *-le* **~ *etmek*** plaudern; ins Gespräch kommen (mit *j-m*)
hoşça recht angenehm, recht erfreulich; **~ *kal***, **~ *kalın*** auf Wiedersehen!, F tschüss!; *Radio* auf Wiederhören!
'hoşgörü Duldsamkeit *f*, Toleranz *f* (*a fig Abweichung*); Nachsicht *f*; **~lü** duldsam, tolerant; nachsichtig
'hoşgör|ür wohlwollend; **~ürlük** ⟨-ğü⟩ → ***hoşgörü***; Wohlwollen *n*
hoşgörüsüz unduldsam, intolerant; unnachsichtig; **~lük** ⟨-ğü⟩ Unduldsamkeit *f*, Intoleranz *f*, Unnachsichtigkeit *f*
hoşhoş F Wauwau *m*
hoşlandırmak (*-i -den*) *j-s* Gefallen erregen (an *D*), *j-n* einnehmen (für *A*)
hoşlanmak (*-den*) Gefallen haben (an

D), (gern) mögen (*A*); *etwas* halten (von *D*); ***bundan hoşlanıyorum*** *unp* es gefällt mir, ich mag es

hoşlaşmak angenehm werden; miteinander sympathisieren, sich (gern) mögen; → ***hoşlanmak***

hoşluk ⟨-ğu⟩ Annehmlichkeit *f*; ***gönül hoşluğu*** Wohlwollen *n*; ***gönül hoşluğu ile*** von Herzen, herzlichst; ***bir ~*** *etw* nicht Geheueres: ***bir hoşluğum var*** mir ist nicht wohl zumute; ***onun bugün bir hoşluğu var*** mit ihm stimmt heute etwas nicht

hoşnut ⟨-tu⟩ zufrieden (*-den* mit *D*); *-i* ***~ etmek*** *j-n* zufrieden stellen; *-den* ***~ olmak*** zufrieden sein mit; **~luk** ⟨-ğu⟩ Zufriedenheit *f*, Vergnügen *n*; **~suz** unzufrieden; **~suzluk** ⟨-ğu⟩ Unzufriedenheit *f*, Missvergnügen *n*

hoşsohbet [hɔsːɔx'bɛt] ⟨-ti⟩ gute(r) Gesellschafter(in), gute(r) Unterhalter(in)

hoşt *int um Hunde zu vertreiben, etwa*: pfui!, weg da!

hoşur grob, ordinär; F mollige Frau

Ho'tanto Hottentotte *m*

hotoz Kamm *m*, Haube *f des Vogels*; HIST verzierte Kopfbedeckung *der Frauen*, Kopfputz *m*

hovarda Verschwender *m*, Prasser *m*; Schürzenjäger *m*; reiche(r) Freund *e-r Frau*; **~laşmak** zum Verschwender werden; **~lık** ⟨-ğı⟩ Zecherei *f*, Prasserei *f*, Verschwendung *f*

hoyrat ⟨-tı⟩ vulgär; *Person* ungeschlacht, plump; **~lık** ⟨-ğı⟩ etwas Vulgäres; Plumpheit *f*, Ungewandtheit *f*

hozan Brachland *n*

hödük ⟨-ğü⟩ ungeschliffen; Lümmel *m*; Ignorant *m*; *dial* Angsthase *m*; **~lük** ⟨-ğü⟩ Ungeschliffenheit *f*, Ignoranz *f*

höpürdetmek *v/t* schlürfen

hörgüç ⟨-cü⟩ (Kamel)Höcker *m*

höst *int zu Tieren* brr! (= halt!); *Warnung Person* P he!, halt!, paß auf!

höt hör mal her!, he da!; bauz!; ***kış ~ dedi geldi*** und bauz war der Winter da

höyük ⟨-ğü⟩ Hügel *m*; Ruinenhügel *m*

Hristiyan Christ *m*, -in *f*; **~laşma** Annahme *f* des Christentums; **~laşmak** das Christentum annehmen; **~laştırma** Christianisierung *f*; **~laştırmak** christianisieren; **~lık** ⟨-ğı⟩ Christentum *n*; Christenheit *f*, christliche Welt

'hristo: ***~ teyeli*** Kreuzstich *m*

hst. *Abk für* ***hastane(si)*** Krankenhaus (Krh.)

hu *int* heda; hör mal!, hu hu (*von Frauen gebraucht*)

Hu REL der Herr

hububat [-buːbaːt] ⟨-tı⟩ Getreide *n*, Korn *n*; Nährmittel *n/pl*

Huda [aː] REL Herrgott *m*

hudut [-uːt] ⟨-du⟩ Grenze *f*

hudut|landırmak *v/t* abgrenzen, eingrenzen; begrenzen, limitieren; **~lu** begrenzt; **~suz** unbegrenzt

huğ ⟨-ğu⟩ Schilfhütte *f*

hukuk [-kuːk] ⟨-ku⟩ Recht *n*, (die) Rechte *pl*; Jura *pl* (*ohne Artikel*); Rechte *n/pl*; Rechtswesen *n*; Rechtswissenschaft *f*; Zivil-; freundschaftliche Beziehungen *f/pl*, Freundschaft *f*; ***~ davası*** Zivilklage *f*; ***~ doktoru*** Doktor juris (*Dr. jur.*), Doktor der Rechte; ***~ devleti*** Rechtsstaat *m*; ***~ mahkemesi*** Zivilgericht *n*; ***Roma ~u*** Römische(s) Recht; ***şahsın ~u*** Persönlichkeitsrecht *n*; ***ticaret ~u*** Handelsrecht *n*

hukuk|çu Jurist *m*, -in *f*; **~çuluk** ⟨-ğu⟩ Juristentätigkeit *f*

hukuk|î [iː] juristisch; Rechts- (*z.B. Lage*); **~lu** Jurastudent *m*, -in *f* (*stud. jur.*); **~sal** → ***hukukî***

hulasa [-laː-] **1.** *subst* Auszug *m*, Resümee *n*, Zusammenfassung *f*; innere(s) Wesen *n*, Quintessenz *f*; CHEM Extrakt *m*; Essenz *f*; **2.** *adv* ['hu-] mit e-m Wort; *-i* ***~ etmek*** zusammenfassen

hulul [-uːl] ⟨-lü⟩ POL *usw* Durchdringung *f*, Nahen *n*, Eintritt *m des Winters*; PHYS Osmose *f*; REL Inkarnation *f*; *-e* ***~ etmek*** eindringen (in *A*); durchdringen (*A*); *Winter usw* eintreten, nahen

hulus [-uːs] *osm* Ehrlichkeit *f*; *-e* ***~ çakmak*** *fig j-m* um den Bart gehen

hulya [aː] Illusion *f*; ***~ya dalmak, ~lara kapılmak*** der Illusion frönen, sich Illusionen hingeben; **~lı** Träumer *m*, -in *f*, F Spinner *m*, -in *f*

humma [aː] Fieber *n*; Typhus *m*; **~lı** fiebrig; *fig* fieberhaft (*arbeiten usw*); ***~ hasta*** fieberkrank; an Typhus erkrankt

humor Humor *m*

'humus[1] Humus *m*

humus[2] *Gericht aus Kichererbsen, Se-*

H

samöl und Gewürzen
Hun Hunne *m*, Hunnin *f*, hunnisch
hun *osm* → **kan**; **~har** [ɑː] blutdürstig
huni Trichter *m*
hunnak [ɑː] ⟨-kı⟩ MED Angina *f*
hurafe [ɑː] religiöse Legende, Fabel *f*
hurafeperest abergläubisch
hurç ⟨-cu⟩ große Satteltasche
hurda Abfall *m*; Kram *m*, Trödel *m*; Schrott *m*; klein, kleinst-; winzig; *Sache* ausgedient, ... (ist) Bruch, Schrott; **~cı** Altwarenhändler *m*; Schrotthändler *m*; **~cılık** ⟨-ğı⟩ Altwarenhandel *m*, Schrotthandel *m*; Verunreinigung *f* durch Abfälle; **~haş** [ɑː] F völlig zerteppert; **~ etmek** kurz und klein schlagen, F zerteppern
huri [uː] REL Huri *f* (*Mädchen im Paradies*)
hurma Dattel *f*; **~ ağacı** Dattelpalme *f*
'**hurra** hurra!
huruç [-uːtʃ] ⟨-cu⟩ Ausgang *m*; MIL Ausfall *m*
hurufat [-uːfɑːt] ⟨-tı⟩ BUCH Lettern *pl*; Satzmaterial *n*
husul [-uːl] ⟨-lü⟩ Verwirklichung *f*, Erfüllung *f*; **~ bulmak, ~e gelmek** erfüllt werden, verwirklicht werden; zustande kommen
husumet [-suː-] ⟨-ti⟩ Feindschaft *f*; Feindseligkeit *f*; JUR Rechtsstreit *m*; **~ beslemek** sich feindselig verhalten
husus [-uːs] Sache *f*, Frage *f*, Punkt *m*; Besonderheit *f*, Eigenheit *f*, Umstand *m*; **bu ~ta** in dieser Hinsicht (*od* Beziehung), in dieser Angelegenheit; darüber (*z.B. denken*); **... ~unda** bezüglich *G*, mit Bezug auf *A*, über *A*
hususî [iː] besonder-, Sonder-, speziell; Privat- (*Wagen*); *adv* privat
hususiyet [-suː-] ⟨-ti⟩ Besonderheit *f*, Eigentümlichkeit *f*, Merkmal *n*; freundschaftliche Beziehungen *f/pl*
husye ANAT Hode *f*
huş BOT Birke *f*
huşu [-ʃuː] ⟨-uu⟩ Demut *f*, Gottergebenheit *f*
huşunet [-ʃuː-] ⟨-ti⟩ Härte *f*, Strenge *f*
hutbe REL Feiertags- *od* Freitagspredigt *f*
huy Natur *f*, Charakter *m*; Wesen *n*; Veranlagung *f*; (schlechte) Angewohnheit; *-i* **~ edinmek** sich (*D*) *etw* angewöhnen; **~u suyu** Wesen und Verhalten *e-r Person*; *-in* **~u ~una suyu suyuna uygun** im Wesen ganz ähnlich (*bes zwei Menschen*)
huylandırmak *v/t j-n* beunruhigen; aufschrecken; beängstigen
huylanmak unruhig werden, nervös werden; *Tier* scheuen; scheu werden
huylu mit ... (*gutem usw*) Charakter; -artig; störrisch, bockig; ängstlich, misstrauisch; **iyi ~** gutartig (*a* MED); **kötü ~** bösartig (*a* MED)
huysuz bösartig; zanksüchtig; launisch; störrisch; bockig; **~lanmak** eigensinnig werden, bockig werden (*od* sein); böse sein; **~laşmak** unruhig werden, nervös werden; *Kind* eigenwillig werden, eigensinnig werden; **~luk** ⟨-ğu⟩ schlechte(r) Charakter; Launenhaftigkeit *f*; **~ etmek** launenhaft (*od* launisch) sein
huzme PHYS (Strahlen)Bündel *n*; MIL (Geschoss)Garbe *f*
huzmeli: **kısa ~ far** Abblendlicht *n*
huzur [-uːr] Ruhe *f*, Gelassenheit *f*, Bequemlichkeit *f*; HIST (persönliche) Anwesenheit; HIST Audienz *f* (*beim Sultan*); **~ hakkı** Anwesenheitsvergütung *f*; **~ içinde** bequem *liegen usw*; *-e* **~ vermek** *j-n* beruhigen; in Ruhe lassen; *-i* **~una çağırmak** *j-n* zu sich (*D*) rufen, zu sich (*D*) beordern; *-in* **~una çıkmak** vor *j-n* (hin)treten; **~unu kaçırmak** *j-m* die Ruhe rauben, *j-n* stören; **~unuzda** in Ihrer Gegenwart
huzurevi ⟨-ni⟩ Seniorenheim *n*
huzurlu ungestört, ruhig, behaglich
huzursuz unruhig; unbehaglich, ungemütlich, aufregend; **~luk** ⟨-ğu⟩ Unruhe *f*, Aufregung *f*
hüccet ⟨-ti⟩ *osm* Beleg *m*, Beweis *m*; JUR Besitzurkunde *f*
hücra → **ücra** [-rɑː]
hücre *allg* Zelle *f*, Kammer *f*, Wandnische *f*; **~ hapsi** Einzelhaft *f*, **~ plazması** Zytoplasma *n*; **~ yapımı** Zellbildung *f*; **~bilim** Zytologie *f*; **~lerarası** interzellulär; **~li, ~sel** Zell-, ...zellig; porös, großporig (*Holz*); **tek hücreli** einzellig
hücum [-uːm] Angriff *m* (*z.B. a Kritik*); Attacke *f*; *-e* **~ etmek** *j-n* angreifen; attackieren; *Sturm* hereinbrechen; *Blut ins Gesicht* schießen; *-i* **~la almak** im Sturm nehmen; **uçak ~u** Luftangriff *m*
hücumbot MAR Sturmboot *n*
'**hükmen** auf richterlichen Beschluss;

SPORT nach Punkten (*siegen*)

'hükmetmek (*-e*) herrschen (über *A*); urteilen (über *A*); richten (*A*; über *A*); vermuten (*A*), zu dem Urteil (*od* Schluss) gelangen, dass ...

hükmî [iː] gerichtlich, gesetzlich; nominell; juristische (*Person*)

hüküm ⟨-kmü⟩ Urteil *n*, Beschluss *m* *des Gerichts*; Schlussfolgerung *f*; Bestimmung *f*; Gültigkeit *f*; Macht *f*; **~ giymek** verurteilt werden; **~ sürmek** herrschen, an der Macht sein; *fig Meinung* herrschen, gelten; *Klima, Stille usw* herrschen; **~ vermek** e-n Entschluss fassen; JUR ein Urteil fällen; *-e* **hükmü geçmek** (*od* **yürütmek**) regieren, beherrschen (*A*), etwas zu sagen haben (über *A*); *unp* (seine/ihre) Meinung gilt (*od* herrscht); *-in* **hükmü geçti** ... verlor s-e Macht; **hükmü parasına geçmek** sich (*D*) *etw* mit s-m Gelde leisten können; *-in* **hükmü yok** er/sie hat nichts zu sagen; *Ausweis* ... gilt nicht mehr; ... **hükmünde olmak** in der Lage *j-s* sein, dieselben Rechte haben wie ...

hükümdar [ɑː] Herrscher *m*, Monarch *m*; **~lık** ⟨-ğı⟩ Herrschaft *f*, Monarchie *f*, Souveränität *f*

hükümet [-kyː-] ⟨-ti⟩ Regierung *f*, Staat *m*; Regime *n*, Herrschaft *f* (*der Osmanen*); **~ darbesi** Staatsstreich *m*; **~ etmek** regieren; **~ konağı** Regierungsgebäude *n*; **~i kurmak** die Regierung bilden

hükümlü Verurteilte(r); in Kraft (befindlich), gültig

hükümran [ɑː] souverän, herrschend; **~lık** ⟨-ğı⟩ Souveränität *f*, Herrschaft *f*

hükümsüz ungültig; **~ kılmak** ungültig machen; **~lük** ⟨-ğü⟩ Ungültigkeit *f*

hülle fiktive Ehe (*nach islam. Recht, damit die Frau zu ihrem Mann, von dem sie geschieden war, zurückkehren kann*)

hümanist ⟨-ti⟩ Humanist *m*, -in *f*

hümanizm(a) Humanismus *m*

hümayun [-maːjuːn] *osm* glücklich; kaiserlich, Sultans-; **sarayı ~** (der) kaiserliche Palast

hüner Meisterschaft *f*, Talent *n*, Kunstfertigkeit *f*; **~ göstermek** Talent zeigen; **~ satmak** als Könner hervortreten; **~li** *Person* begabt, talentiert; *Sache* meisterhaft; **~siz** *Person* unbegabt, untalentiert; *Sache* kunstlos, plump; **~ yapılmış bir şey** eine geschmacklose Sache, Kitsch *m*; **~sizlik** ⟨-ği⟩ Mangel *m* an Begabung

hüngürdemek (laut) schluchzen

hünkâr HIST Sultan *m*; *als Titel etwa* Allerdurchlauchtigste(r); **~beğendi** GASTR Auberginenmus *n*

hünnap ⟨-bı⟩ BOT Jujube *f* (*Zizyphus*)

hünsa [ɑː] BIOL bisexuell

hür ⟨-rrü⟩ frei

hürlük ⟨-ğü⟩ Freiheit *f*

hürmet ⟨-ti⟩ Achtung *f*, Hochachtung *f*, Respekt *m*; → **saygı**; **~ etmek** *v/t* achten; respektieren; ehren

hürmetli Achtung gebietend; verehrt; geehrt; *fig scherzh* mächtig; → **saygılı**

hürmetsiz respektlos, unehrerbietig; unhöflich; **~lik** ⟨-ği⟩ Unehrerbietigkeit *f*, Respektlosigkeit *f*, Unhöflichkeit *f*

hürriyet ⟨-ti⟩ Freiheit *f*; → **özgürlük**

'hürya [ɑː] alle auf einmal; **~ etmek** hineinstürzen, sich hineindrängen; herausstürzen

'hüsnü|hal ⟨-li⟩ gute Führung; Unbescholtenheit *f*; **~hat** ⟨-tı⟩ Kalligraphie *f*, Schönschrift *f*; **~kabul** ⟨-lü⟩ freudige(r) Empfang; **~niyet** ⟨-ti⟩ Gutherzigkeit *f*, gute Absicht, gute(r) Wille; **~le** in guter Absicht, reinen Herzens

'hüsnüyusuf BOT Nelke *f*, Bartnelke *f*, *Dianthus barbatus*

hüsran [ɑː] Enttäuschung *f*; HIST Einbuße *f*; **~ almak** enttäuscht werden

hüsün ⟨-snü⟩ → **güzellik**

hüt: **~ dağı gibi** aufgequollen, aufgeschwemmt; **~ dağı gibi şişmek** F furchtbar in die Breite gehen; *fig* sich aufblähen

hüthüt: **~ kuşu** ZOOL Wiedehopf *m*

hüviyet ⟨-ti⟩ Identität *f*, Charakter *m*, Wesen *n*; **~ cüzdanı** Personalausweis *m*

hüzün ⟨-znü⟩ Traurigkeit *f*, Kummer *m*, Schwermut *f*; **~ çökmek, içine bir ~ çökmek** schwermütig werden, melancholisch werden; **~lendirmek** traurig machen (*od* stimmen); **~lenmek** traurig werden, melancholisch werden; **~lü** traurig, schwermütig, melancholisch; **~süz** unbekümmert, heiter

I

ı, I [ɨ] *im Deutschen nicht vorhanden, Laut etwa wie **e** in „Gabe"*
-ı → **-i**
ıcık: -*in* ***ıcığını cıcığını çıkarmak*** (*a* ***anlamak***) die geheimsten Einzelheiten (*od* alles Drum und Dran) *e-r Sache* (*G*) erforschen
ığrıp ⟨-bı⟩ *Art* Fischnetz *n*; **~ *çevirmek*** sein Schäfchen ins Trockene bringen
ıhlamak ächzen und stöhnen; ein Kamel niederhocken lassen
ıhlamur BOT Linde *f*, Lindenblütentee *m*; **~ *çiçeği*** Lindenblüte *f*
ıhmak ⟨ıhar⟩ *Kamel* niederhocken
ıhtırmak *Kamel* niederhocken lassen
ıkıt: **~ ~** keuchend; mit Ach und Krach
ıkın|mak schwer atmen, stöhnen; MED drücken; sich (*D*) die größte Mühe geben; kreißen *bei der Geburt*; ***ıkınıp sıkınmak*** (unter der Last) ächzen und stöhnen; **~tı** Stöhnen *n*
ıklamak: ***ıklaya sıklaya*** mit allen Kräften
ıklım: **~ *tıklım*** bis zum Rande (gefüllt), proppenvoll
ılgım (*a* **~ *salgım***) Luftspiegelung *f*, Fata Morgana *f*
ılgın BOT Tamariske *f*
ılgıncar BOT Vogelkirsche *f*
ılgıt: **~ ~** still, ruhig
ı'lıca heiße Quelle; Thermalbad *n*
ılıcak lauwarm
ılık lauwarm; *Luft* lau; *Worte* warm; **~ ~** heiß (*Tränen*); **~laşmak** lauwarm werden; **~lık** ⟨-ğı⟩ Wärme *f* (*a fig*)
ılım Ausgeglichenheit *f*, Gleichmaß *n*
ılıman gemäßigt (*Klima*)
ılımlı maßvoll, ausgeglichen, ausgewogen; *bes* POL gemäßigt; **~lık** ⟨-ğı⟩ Ausgewogenheit *f*
ılın|dırmak *v/t* erwärmen; **~mak** sich erwärmen, warm werden; *fig* sich mäßigen, nachgeben, F klein beigeben
ılıştırmak (-i) (*zu kaltem Wasser*) warmes (hinzu)gießen
ımızganmak schlummern, F dösen; *Feuer* glimmen, schwelen; *fig Person* schwanken
-ınca → ***-ince***
ıpıl: **~ ~** strahlend (*z.B. blauer Himmel*)
'ıpıslak feucht, nass
'ıpıssız menschenleer
ırak *dial* weit weg (*od* entfernt)
'Irak ⟨-kı⟩ (der) Irak
ıraklaşmak sich entfernen (-*den* von *D*)
Iraklı Iraker *m*, -in *f*, irakisch
ırak|sak PHYS divergent; **~ *mercek*** Zerstreuungslinse *f*; **~sama** PHYS Divergenz *f*, Zerstreuung *f*
ırak|samak, ~sınmak *v/t* unwahrscheinlich finden (*A*), bezweifeln (*A*)
ırgalamak *v/t dial* rütteln, schütteln; *fig* F reizen, beeindrucken; F interessieren; ***beni ırgalamaz*** mir ist es schnuppe
ırgala|nmak → ***ırganmak***; **~tmak** *v/t dial* bewegen, in Bewegung setzen; rütteln
ırganmak *dial* sich bewegen; schwanken
ırgat ⟨-tı, -dı⟩ Landarbeiter *m*; Bauarbeiter *m*; MAR Winde *f*; **~ *başı*** Vorarbeiter *m*, Polier *m*; **~ *pazarına döndürmek*** in ein heilloses Durcheinander bringen
ırıp → ***ığrıp***
ırk ⟨-kı⟩ Rasse *f*; **~ *ayrımı*** Rassendiskriminierung *f*; **~çı** Rassist *m*, -in *f*; **~çılık** ⟨-ğı⟩ Rassentheorie *f*, Rassismus *m*; Rassenlehre *f*
ırk|sal rassisch, Rassen-; **~taş** Mensch *m* gleicher Rasse, Gleichrassige(r)
ırmak Fluss *m*; **~ *ayağı*** Nebenfluss *m*; **~ *roman*** LIT Romanzyklus *m*
ırz Ehre *f*; **~ *düşmanı*** Schürzenjäger *m*, Lebemann *m*; **~ *ehli*** ehrbar; unbescholten; -*in* **~*ına geçmek*, ~*ını bozmak*** vergewaltigen, entehren (*A*)
ısı PHYS Wärme *f*; **~ *kaybı*** Wärmeverlust *m*; **~ *yalıtımı*** Wärmedämmung *f*
ısıalan PHYS endotherm
ısı|cak *dial* heiß; Bad *n*; **~cam** Thermoscheibe *f*
ısıl PHYS thermisch, Wärme-
ısın|dırmak (-*i* -*e*) erwärmen (*A* durch *A*); *fig j-n* für sich einnehmen; **~ma** Erwärmung *f*, *fig* Zuneigung *f* zu *D*, Anhänglichkeit *f*; **~mak** (-*e*) sich erwärmen (*a fig* für); warm, wärmer werden; *fig* sich gewöhnen an *A*; sich erwärmen für; sich befreunden mit
ısıölçer Kalorimeter *n*

ısır|gan Brennessel *f*; **~gın** MED Ausschlag *m*, Pickel *m/pl*; Röte *f*

ısır|ıcı beißend (*a fig Kälte*); *Wolle* kratzend; **~ık** ⟨-ğı⟩ Biss *m*; Bisswunde *f*; Schaden *m*; **~ımlık** ⟨-ğı⟩ Bissen *m*; **~mak** (*-i*, *-den*) *j-n* beißen (*-den* in *A*); *Wolle* kratzen; *z.B. am Kugelschreiber* kauen; *Wind* scharf wehen

ısırtmak (*-i -e*) *e-n Hund* hetzen auf *j-n*

ısıtaç Stövchen *n*; ***elektrikli*** **~** Tauchsieder *m*

ısıt|ıcı Vorwärmer *m*, Erhitzer *m*; Glüh-; **~ım** Erwärmung *f*; **~ma** Erwärmung *f*; Brenn-; *dial* Malaria *f*

ısıtmak *v/t* erwärmen, anwärmen; *-i* ***ısıtıp ısıtıp önüne koymak*** *fig* immer wieder aufwärmen (*A*)

ısıveren PHYS exotherm

ıska F Reinfall *m*; **~ *geçmek*** → ***ıskalamak***; darauf pfeifen

ıs'kala TECH Skala *f*; MUS Tonleiter *f*; **~ *yapmak*** die Tonleiter spielen

ıskalamak F verfehlen (*Ziel*, *Ball usw*)

ıs'karça Gedränge *n* (von Schiffen im Hafen)

ıskarmoz MAR Dolle *f*; MAR Spant *n*

ıs'karta abgelegte Karten *f/pl* (*beim Spiel*); ÖKON Ausschuss *m*, Schund *m*; *-i* ***~ya çıkarmak*** als Ausschuss erklären, aussondern, F wegschmeißen

ıs'kartacı Warenprüfer *m*, -in *f*

ıskat ⟨-tı⟩ REL Almosen *n* für e-e Seelenmesse; Streichung *f*, Annullierung *f*, Entzug *m*; Sturz *m der Regierung*; *-i -den* **~ *etmek*** *Mandat* entziehen *D*; POL stürzen (*A*); beseitigen

ıskata! F Mist!; P Scheiße!, Mistvieh!

ıskatçı Friedhofsbettler *m*, *der* (*od die*) *am Grab des Verstorbenen für ein Almosen Betende*

ıs'konto → ***iskonto***; **~lu** → ***iskontolu***

ıs'kota MAR Schot(e) *f* (*Segeltau*)

ıs'kuna MAR Schoner *m*

ıslah [ɑː] Verbesserung *f*, Neugestaltung *f*, Reform *f*; BIOL (Samen)Veredelung *f*; **~ *etmek*** verbessern; neugestalten; reformieren; **~ *kabul etmez***, **~ *olmaz*** unverbesserlich

ıslahat [ɑː] ⟨-tı⟩ Reform *f*, Reformen *f/pl*; **~çı** Reformator *m*; **~çılık** ⟨-ğı⟩ Reformbewegung *f*

ıslah|evi ⟨-ni⟩, **~hane** Besserungsanstalt *f*, Erziehungsheim *n*

ıslak nass, feucht; **~ *karga*** (*od* ***sıçan***) völlig durchnässt; *fig* Waschlappen *m*; ... wie ein begossener Pudel

ıslaklık ⟨-ğı⟩ Nässe *f*, Feuchtigkeit *f*

ıslanmak feucht (*od* nass) werden

ıslatıcı Befeuchter *m*

ıslatılmak *pass von* ***ıslatmak***

ıslatmak *v/t* nass machen, befeuchten; F *j-n* verhauen; *j-n* abkanzeln, zur Minna machen; F *scherzh* begießen, feiern

ıslık ⟨-ğı⟩ Pfiff *m*; Pfeifen *n*; **~ *çalmak*** pfeifen; *Schlange* zischen; auspfeifen (*-e j-n*); *-i* ***~la çalmak*** *e-e Melodie* pfeifen; **~lamak** *v/t j-n* auspfeifen; *j-n* heranpfeifen; **~lı** pfeifend; **~ *ünsüz*** LING Zischlaut *m* (*wie j*, *s*, *ş*, *z*)

ısmarla|ma **1.** *subst* Bestellung *f*, Auftrag *m*; auf Bestellung; Maß- (*Schuhe*); **2.** *adj fig* rein förmlich, formell; **~mak** bestellen, in Auftrag geben (*-i -e etw* bei *j-m*); sich (*D*) machen lassen (*-i -e etw* bei *j-m*); (*-i j-n*) *j-s* Obhut (*-e*) anvertrauen; raten (*-e j-m*); *bes* ***bir şey ısmarlayacak mısınız?*** soll ich Ihnen etwas mitbringen? (*d.h. vom Markt*); **~nmak** *pass von* ***ısmarlamak***; sich (*D*) *etw* mitbringen lassen (*-e* von *D*)

ıspanak ⟨-ğı⟩ BOT Spinat *m*; F Depp *m*

ıspatula Spatel *m*, Spachtel *m*

ıs'pavli MAR Tau *n*, Trosse *f*

ıspazmoz MED Krampf *m*, Zucken *n*, Zuckungen *f/pl*

ısrar [-ɑːr] ⟨-de⟩ Festhalten *n* (an *D*), Bestehen *n* (auf *D*); Verharren *n* (bei *D*); *-de* **~ *etmek*** festhalten an *D*; bestehen auf *D*; **~la** nachdrücklich; ***~la istemek*** F unbedingt wollen (, dass ...); beharren (auf *D*); **~lı** hartnäckig

ıssız herrenlos; verlassen, öde, menschenleer; **~laşmak** menschenleer werden, sich entvölkern; **~lık** ⟨-ğı⟩ Leere *f*, Verlassenheit *f*, Einsamkeit *f*

ıstakoz ZOOL Hummer *m*

ıs'tampa Stempelkissen *n*, Stempel *m*; **~ *resim*** Stich *m*, Gravüre *f*

ıstavroz → ***istavroz***

ıstırap [-ɑːp] ⟨-bı⟩ Schmerzanfall *m*, Stich *m*; Qual *f*, Trauer *f*, Unerquicklichkeit *f*; **~ *çekmek*** Qualen erleiden, Schmerzen erleiden; sich quälen; trauern; *-e* **~ *vermek*** Schmerzen verursachen, wehtun *D*; **~ *verici*** schmerzlich

ıstıraplı traurig, schwer (*Tage*)

ışığadoğrulum BOT Phototropismus *m*

ışık ⟨-ğı⟩ Licht *n* (*a* = *Lampe*, *Kerze*); **~**

I

ışını Lichtstrahl *m*; *-e* **~ *tutmak*** leuchten *D*; *j-m* den Weg weisen; *fig ein Thema* beleuchten, ein Licht werfen auf *A*; **~ *yılı*** Lichtjahr *n*; ***ışığa duyarlı*** lichtempfindlich; *-in* ***ışığı altında*** *fig* im Lichte (*G*); ***elektrik ışığı*** elektrische(s) Licht; ***gün ışığı*** Tageslicht *n*

ışıkgöçüm BIOL Phototaxis *f*

ışıklama Belichtung *f*

ışıklan|dırmak *v/t* beleuchten; *Denkmal* anstrahlen; **~mak** beleuchtet werden

ışık|lı beleuchtet; Licht-; Leucht- (*Reklame*); **~ölçer** Belichtungsmesser *m*

ışıksız unbeleuchtet

ışıl: **~ ~** sehr hell; leuchtend; funkelnd; strahlend

ışıldak ⟨-ğı⟩ Scheinwerfer *m*, Strahler *m*

ışıldamak leuchten

ışıldatmak *kaus von* ***ışıldamak***; blank machen, polieren

ışıltı Glanz *m*; Glänzen *n*; Blinken *n*; Flimmer *m*; **~lı** blinkend, flimmernd

ışı|ma PHYS Strahlung *f*; **~mak** strahlen; *Tag* anbrechen; ***gün ışırken*** als es tagte; als der Tag angebrochen war

ışın PHYS Strahl *m*; Strahlen *n der Sonne*; **~ *kırılması*** Lichtbrechung *f*, Refraktion *f*; ***alfa, beta, gama, Röntgen*** (*od* ***X*** [iks]) **~*ları*** Alpha-, Beta-, Gamma-, Röntgenstrahlen *m/pl*; **~ *tedavisi*** Bestrahlungstherapie *f*

ışınbilim Röntgenologie *f*, Strahlenkunde *f*; **~ci** Röntgenologe *m*, -login *f*

ışınetkin PHYS radioaktiv

ışınetkinlik ⟨-ği⟩ PHYS Radioaktivität *f*

ışınım Strahlung *f*; **~lama** PHYS, MED *usw* Bestrahlung *f*; **~lamak** *v/t* bestrahlen; **~layıcı** Bestrahlungs-; Bestrahlungsapparat *m*

ışınımlılar ZOOL Strahlentierchen *n/pl*

ışınım|sal, **~sı** PHYS Radiär-

ışınlamak beamen

ışıtmak *v/t* erhellen, beleuchten

ıtır ⟨ıtrı⟩ Duft *m*, Wohlgeruch *m*; Aroma *n*; Blume *f des Weins*; **~ *çiçeği*** BOT Geranie *f*, Pelargonie *f*

ıtırlı wohlriechend; aromatisch; blumig

ıtriyat [ɑː] ⟨-tı⟩ Parfüm *n*; **~çı** Parfümerie *f*

ıvır: **~ *zıvır*** F Krimskram(s) *m*; wertlos; albern

ızdırap → ***ıstırap***

ızbandut ⟨-du⟩ Berserker *m*

ız'gara Grill *m*, Rost *m*; Gitter *n*; gegrillt; Gully *m*, Siel *n od m*; *-i* **~ *etmek*** (*od* ***yapmak***) grillen

ız'garalık ⟨-ğı⟩ Grillfleisch *n*

İ

i, İ [iː, ɪ] i, I *n*

-i GR *Akkusativzeichen*; **~ *hali*** GR Akkusativ *m*

iade [ɑː] Rückgabe *f*, Rückerstattung *f der Auslagen*; Wiederherstellung *f*, Wiedereinsetzung *f* (*in ein Amt*); Absage *f*, Ablehnung *f*, Auslieferung *f* (*von Verbrechern*); **~ *edilmek*** ausgeliefert werden; **~ *etmek*** (*als Echo*) zurückwerfen; zurückgeben, zurückerstatten; zurückschicken; wieder einsetzen; ausliefern; ablehnen; absagen, **~li** *Post* mit Rückschein

iane [ɑː] Hilfe *f*, Spende *f*; **~ *etmek*** helfen; spenden, opfern

iaşe [ɑː] Verpflegung *f*, Proviant *m*; Verproviantierung *f*; *-i* **~ *etmek*** *j-n* ernähren; **~ *ve ibate*** Kost und Logis

ibadet [ɑː] ⟨-ti⟩ Gottesverehrung *f*, Gottesdienst *m*; Andacht *f*, Kult *m*; *-e* **~ *etmek*** beten (zu *D*; *zu Gott*); anbeten (*A*); **~hane** [ɑː] Gotteshaus *n*

ibadullah [ɪ'bɑː-] in Hülle und Fülle

ibare [ɑː] Formulierung *f*, Ausdruck *m*; Absatz *m* (*im Text*); Zitat *n*

ibaret [ɑː] ⟨-ti⟩ bestehend (*-den* aus *D*); *-den* **~ *kalmak*** begrenzt sein (durch *A*); **~ *olmak*** bestehen (aus *D*); bestehen (in *D*), in sich schließen (*A*); ***mesele şundan ~tir ki ...*** die Angelegenheit besteht darin, dass ...

ibibik ⟨-ği⟩ ZOOL Wiedehopf *m*

ibik ⟨-ği⟩ Kamm *m* (*des Hahns*); ANAT Brustwarze *f*, *dial* Kante *f*

ibis ZOOL Ibis *m*

ibiş Stoffel *m*, Depp *m* (*im türk. Volks-*

theater „ortaoyunu")
iblis [-iːs] Teufel *m*, Satan *m*
ibne P Tunte *f*; Schwule(r); **~lık** ⟨-ği⟩ P Tuntenhaftigkeit *f*, Schwulsein *n*
ibra [ɑː] JUR Entlastung *f*; Erlassung *f* (*e-r Strafe*); Schuldenerlass *m*; *-i* **~ etmek** *j-m* die Schuld (*od* Strafe) erlassen, *j-n* entlasten; *j-n* rehabilitieren; → **aklamak**
İbrahim [-iːm] Abraham *m*
ibraname [-nɑː-] Quittung *f über bezahlte Schulden*, Entlastungsschein *m*
İb'rani [-'niː-] Hebräer *m*, -in *f*
İb'rani|ce (das) Hebräisch(e), *a* Neuhebräisch(e), (das) Iwrith
ibraz [ɑː] Vorlage *f*; *-i* **~ etmek** vorlegen, vorzeigen (*A*); **~ında** bei Vorlage (*G*)
ibre PHYS (*Magnet- usw*) Nadel *f*, Zeiger *m*; BOT Nadel *f der Tanne usw*
ibret ⟨-ti⟩ **1.** *subst* Lehre *f*, Beispiel *n*; **2.** *adj* F wunderbar, putzig; *-den* **~ almak** eine Lehre ziehen (aus *D*); sich (*D*) ein Beispiel nehmen (an *D*); *-e* **~ olmak** ein Beispiel sein (für *A*); **~ verici** belehrend; mahnend; **~i âlem için** exemplarisch
'ibreten zur Lehre, als Beispiel
ibrik ⟨-ği⟩ (Wasser)Kanne *f*
ibrişim Nähseide *f*
icabet [ɑː] ⟨-ti⟩ Zustimmung *f* (*-e* zu); Annahme *f e-r Einladung*; *-e* **~ etmek** zustimmen (*D*); Folge leisten (*D*)
icap [iːdʒɑːp] ⟨-bı⟩ **1.** *subst* Notwendigkeit *f*, Konsequenz *f*, GR bejahende Form; **~ etmek** notwendig sein; **~ ettirmek** erfordern, notwendig machen; *-in* **icabına bakmak** *e-e Sache* (*A*) erledigen, *e-r Sache* (*D*) nachgehen; F *j-n* erledigen, aus dem Wege räumen; **icabında** nötigenfalls; **2.** *postp* **icabı** entsprechend *D*, aufgrund *G*; aus Gründen *G*; **işleri icabı** aus geschäftlichen Gründen; **rol icabı** entsprechend der Rolle
icar [iːdʒɑːr] Vermietung *f*; *-i* **~ etmek, ~a vermek** vermieten
icat [iːdʒɑːt] ⟨-dı⟩ Erfindung *f*, Hirngespinst *n*; **~ çıkarmak** F Mucken haben, Launen haben; *-i* **~ etmek** erfinden (*A*); sich (*D*) *etw* ausdenken
icazet [ɑː] ⟨-ti⟩ **1.** *subst* Genehmigung *f*, JUR Ratifizierung *f*, Diplom *n*; Zeugnis *n*; **2.** *adv* in Ordnung, genehmigt; **~name** [ɑː] Bescheinigung *f*, Diplom *n*; Zeugnis *n*
icra [ɑː] Durchführung *f*, Ausführung *f*, Exekutiv-; MUS Darbietung *f*, Aufführung *f*, JUR Zwangsvollstreckung *f*; **~ dairesi** Vollstreckungsbehörde *f*; **~ memuru** Gerichtsvollzieher *m*; *-i* **~ya vermek** zur Vollstreckung einreichen (*A*)
icraat [-ɑːɑːt] ⟨-tı⟩ Maßnahmen *f/pl*, Verfügungen *f/pl*; Durchführung *f*, Tätigkeit *f*; **~ yapmak** Maßnahmen treffen; **~a geçmek** die nötigen Schritte unternehmen
icracı *a* MUS Ausführende(r); JUR Vollstrecker *m*, Vollstreckungsbeamte(r)
iç ⟨içi⟩ (das) Innere; (als) Unterzeug *n*; Zentrum *n e-r Stadt*; Füllung *f*, Innen- (*Hof usw*); Inner-; Binnen-; Inlands-; **~ açıcı** erquickend; verheißungsvoll; **~ açmak** froh stimmen; **♀ Anadolu** Inneranatolien *n*; **~ bellek** EDV innere(r) Speicher *m*; **~ bulantısı** Magengrimmen *n*; **~ bükün** GR innere Flexion *f*, Ablaut *m*; **~ cep** Innentasche *f*; **~ ceviz** Nusskern(gehäuse *n*) *m*; **~ çamaşırı** Unterwäsche *f*, Unterhosen *f/pl*; **~ çekmek** (auf)seufzen; *-i* **~ etmek** F sich (*D*) *etw* unter den Nagel reißen, einstecken; **~ geçirmek** tief aufseufzen; **~ hastalıkları** innere Krankheiten *f/pl*; **~ hat** Inlandsverkehr *m*; Inlandsfluglinie *f*; **~ içe** ineinander geschoben; *Zimmer* ineinander gehend; *Person* eng zusammen (stehend); **~ merkez** Erdbebenherd *m*; **~ pazar** Binnenmarkt *m*; **~ politika** Innenpolitik *f*; **~ savaş** Bürgerkrieg *m*; **~ taban** Brandsohle *f*; **~ turizm** Inlandstourismus *m*; **~ tutmak** *Fruchtknoten* ansetzen; **~ türeme** GR Sprossvokal *m*; Sprosskonsonant *m*; *-in* **~i açılmak** *unp j-m* wird wieder froh zumute; **~i almamak** *j-m* zuwider sein; *j-m* nicht bekommen; **~i bayılmak** e-n Widerwillen haben; F *unp j-m* ist flau; **~i bulanmak**, *z.B.* **bundan ~im bulanıyor** mir ist schlecht davon; **~i burkuluyor** ihr wird das Herz schwer; **~i çekmek** gern haben wollen (*A*); **~i dar** kribbelig, ungeduldig; **~im eziliyor** mir ist beklommen zumute; mir ist übel; **~i geçmiş** er ist eingenickt; *-in* **~i geniş** unbekümmert; *-in -e* **~i gitmek** trachten (nach *D*), brennen (auf *A*); *-in* **~i hop etti** er wurde ganz aufgeregt; *-e* **~i ısınmak** *j-m* zugetan sein; **~i ~ine sığmamak** s-e Begeisterung (*od*

İ

Aufregung) nicht verbergen können; *-in* **~i ~ini yemek** sich (ab)quälen; *-in* **~i kan ağlamak** zu Tode betrübt sein; *-in* **~i kararmak** in Verzweiflung geraten; sich tödlich langweilen; *-in* **~i sıkılmak** sich langweilen; *-in* **~i sızlamak** betrübt sein; **~i tez** kribbelig; *-in* **~i vık vık** (*od* **fık fık**) **etmek** kribbelig sein, nervös sein; *-in* **~i yağ bağlamak** selig sein; aufatmen; *-in* **~i yanmak** sehr durstig sein; *fig* dursten (nach *D*); betrübt sein; *-in* **~inde kaybolmak** wie verloren wirken (in *D*); *Kleidung* viel zu weit sein; *-in* **~inden çıkmak** fertig werden (mit *D*); hervorgehen (aus *D*); **~inden geçmek** *j-m* in den Sinn kommen; **~inden gelmek** *unp* es ist (mir) ein Herzenswunsch; *-e* **~inden gülmek** innerlich lachen (über *A*); **~inden konuşmak** leise vor sich hin sprechen; **~inden okumak** still lesen; F innerlich fluchen; **~ine almak** in sich schließen; *Fläche* einnehmen; *-i* **~ine atmak** *fig* in sich hineinfressen; **~ine çekmek** einatmen; einsaugen; *fig* kapieren; **~ine çekilmek** → **~ine kapanmak**; *N* **~ine doğmak** ahnen (*A*), F es dämmert *j-m*; **~ine etmek** verpfuschen, verpatzen; **~ine gelmek** *j-m* in den Sinn kommen; *-in* **~ine işlemek** *j-n* schmerzlich berühren; **~ine kapanmak** (*od* **çekilmek**) *fig* sich in sich zurückziehen; **çok ~ine çekilmiş** ganz in sich zurückgezogen; **~ine kurt düşmek** Argwohn hegen; *-in* **~ine sıçmak** verpatzen; *-i* **~ine sindirmek** sich (*D*) *etw* einprägen; **~ine sindirmek** vom Herzen einverstanden sein; **~ine tükürmek** F verpfuschen, verhunzen; **~ini açmak** sein Herz erleichtern; **~ini boşaltmak** freimütig gestehen; sein Herz erleichtern; **~ini kurt yemek** in ständiger Sorge (*od* Angst) sein; **~ini çekmek** (*od* **geçirmek**) tief aufseufzen; **~ini dökmek** sein Herz öffnen; sich aussprechen; *-in* **~ini kemirmek** in ständiger Sorge sein; *-in* **~ini sıkmak** *j-m* peinlich sein, *j-n* genieren; **~ini yakmak** *j-n* sehr betrüben; **...** *-le* **~ini yemek** bedrückt sein (von *D*); **~inin yağı erimek** *j-n* tief erschüttern; **~lerinden biri** einer von (*od* unter) ihnen; **kendi ~lerinden** aus ihren eigenen Reihen

iç|bölge Hinterland *n*; **~buzul** GEOL Inlandeis *n*; **~bükey** konkav; **~deniz** Binnenmeer *n*

içebakış PSYCH Selbstbeobachtung *f*

içecek ⟨-ği⟩ Getränk *n*; trinkbar (*Wasser*); **~ bir şey** etwas zum Trinken

içedönük verschlossen; PSYCH introvertiert; **~lük** ⟨-ğü⟩ Verschlossenheit *f*; Introvertiertheit *f*

'içek ⟨-ki⟩ GR Infix *n* (*z.B. deutsch* angekommen; *türk.* yap*ı*lmak)

i'çekapanık PSYCH introvertiert; **~lık** ⟨-ğı⟩ Introvertiertheit *f*

içeri ⟨-yi, -si⟩ **1.** *adv* herein; hinein; *-i* **~ almak** (*od* **atmak, tıkmak**) *j-n* einsperren, F einlochen; **~ düşmek** ins Gefängnis kommen; **~ girmek** *Geld* einbüßen; ins Gefängnis kommen; **~de** drinnen; F im Kittchen; in Schulden; **~de olmak** geschädigt worden sein (um *A*); **~(ye) almak** hineinlassen, hineingeleiten; **~(ye) buyurun!** bitte, treten Sie ein!; **~ gelmek, ~(ye) girmek** eintreten; **~(ye) işlemek** eindringen (*-den* durch *A*); **~ hizmet** MIL Innendienst *m*; **2.** *subst* Innenraum *m*; → **iç**; **evin ~si sıcak** es ist warm im Haus; **3.** *postp* **~sinde** in (*D*, *Ort u Zeit*); im Laufe (*G*); **~sinden** aus (*D*) ... heraus; über (*A*) ... hinweg; **~sine** in (*A*); in (*A*) ... hinein

içerik ⟨-ği⟩ Inhalt *m*; impliziert, (darin) einbegriffen; (nur) gedacht; **~li** inhaltlich; **sosyal ~** sozial ausgerichtet (*Sache*); **~sel** inhaltsmäßig

içerlek abgelegen; weiter hinten liegend

içerlemek sich erzürnen, böse werden, wütend werden (*-e* auf *A*)

içermek in sich schließen, enthalten; implizieren, sich gegenseitig bedingen; **içeren** enthaltend

i'çevlilik ⟨-ği⟩ Endogamie *f*

içeyöneliklik ⟨-ği⟩ PSYCH Autismus *m*

'içgüdü Instinkt *m*; **~sel** instinktiv

'içgüvey, ~i, ~isi ⟨-ni⟩ Schwiegersohn (*der im Haus der Schwiegereltern wohnt*); **~den halliceyim** es geht mir einigermaßen

içici Trinker *m*, -in *f*, F Säufer *m*, -in *f*; **~lik** ⟨-ği⟩ Trunkenheit *f*

içil|ir trinkbar; **~mek** *pass von* **içmek**; geraucht werden; **sigara içilmez** Rauchen verboten

içim Trinken *n*; Rauchen *n*; Schluck *m*; Prise *f Tabak*; Geschmack *m des Tees usw*; **~li** geschmacklich; ***güzel* ~** gut schmeckend; **~lik** ⟨-ği⟩ (ein) Schluck, etwas (*Kaffee*)

için[1] **1.** *postp* für (*A*); zu (*D*); wegen (*G*); um (*G*) ... willen; über (*A*), betreffend (*A*); **2.** *konj* weil, da; um ... zu; dafür, dass ...; *Beschwörungen* bei (*D*), zu (*D*); *Beispiele* ***annem* ~** für meine Mutter; ***benim* ~** für mich; meinetwegen; meines Erachtens; ***barışçı maksatlar* ~** zu friedlichen Zwecken; ***bunun* ~** deswegen; dafür; infolgedessen; ***bir kaç saat* ~** auf einige Stunden (*a* für ...); ***kara gözler* ~** um der schwarzen Augen willen; ***kim(in)* ~** für wen?; ***pratik* ~** der praktischen Arbeit wegen, der Praxis wegen; ***şaka* ~** zum Scherz, aus Spaß; **3.** *konj -mek* **~:** ***yaşamak* ~ *yemeli*** man muss essen, um zu leben; **4.** *-me+Possessiv* **~:** ***çabuk gitmesi* ~ *arabayı verdim*** ich gab ihm den Wagen, damit er schnell hinkommt; **5.** *-diği* **~:** ***ona yardım ettiği* ~** weil (*od* dafür, dass) ich ihr ihm/ihr geholfen habe; ***Allah*** (*od* ***namusum***) ***hakkı* ~!** bei Gott! (*od* meiner Ehre!)

için[2] tief (innerlich); **~ ~** (leise) vor sich hin, innerlich; unbemerkt; **~ ~ *yanmak*** schwelen, vor sich hin brennen; *fig* betrübt sein, ohne es zu zeigen

içinde → **iç**; innerhalb (*G*, F von *D*); in (*D*); im Laufe (*G*); ***yüzü kırışık* ~** Gesicht voller Runzeln; *oft* mit (*D*), *z.B.* ***büyük sevinç* ~** mit großem Vergnügen

içindeki inner-: **~ *düşmanlar*** die inneren Feinde; **~ler** Inhaltsverzeichnis *n*; *fig* Inhalt *m* (*Themen usw*); *Lebensmittel* Inhaltsstoffe *m/pl*; Triebwerk *n e-r Uhr*

içinden → **iç**; spontan

içirmek *kaus von* **içmek**; (*-e bş-i*) *j-m etw* zu trinken geben; *Tier* tränken; *j-m* etwas zu rauchen geben; *Wasser* abwischen; *Hände* trocknen

'içişleri ⟨-ni⟩ innere Angelegenheiten *f/pl*; **~ *bakanı*** Innenminister *m*, -in *f*; **~ *bakanlığı*** Innenministerium *n*

içki (alkoholisches) Getränk; Trinken *n* (*von Alkohol*); **~ *âlemi*** Zecherei *f*; **~ *arkadaşı*** Zechbruder *m*; **~ *yasağı*** Alkoholverbot *n*, Prohibition *f*; **~ci** Trinker *m*, -in *f*, F Säufer *m*, -in *f*; Spirituosenverkäufer *m*; **~cilik** ⟨-ği⟩ Trunkenheit *f*; **~li** betrunken; alkoholhaltig; ... mit Alkoholausschank; **~ *durumda*** in betrunkenem Zustand

içkin immanent; existent; im Versuchsstadium, im Ansatz (vorhanden); **~lik** ⟨-ği⟩ Immanenz *f*

içkisiz nüchtern; ... ohne Alkoholausschank

'içkulak ⟨-ğı⟩ BOT innere(s) Ohr

'içlastik ⟨-ği⟩ AUTO Schlauch *m*

içlem PHIL (Begriffs)Inhalt *m*; Wesensmerkmal *n*

içlenmek *Frucht* sich ausbilden, ansetzen; ***bş-e* ~** *fig* sich (*D*) *etw* zu Herzen nehmen

içli *Frucht* gut angesetzt, ausgebildet; feinfühlend, gefühlvoll; rührend, ergreifend (*Gedicht*); intim; familiär; **~ ~** bitterlich (*weinen*); **~dışlı** vertraut; ungezwungen; gut bekannt (*-le* mit *D*); **~dışlılık** ⟨-ğı⟩ Vertrautheit *f*

içlik ⟨-ği⟩ Unterzeug *n*; Unterhemd *n*; **~ *astar*** Futterstoff *m*

içme Trinken *n*; Heilquelle *f*; **~ *suyu*** Trinkwasser *n*

içmece Heilquelle *f*

içmek ⟨-er⟩ *v/t* trinken; rauchen; *Boden* aufsaugen, absorbieren; ***çorba* ~** Suppe essen; ***sigara*** (***pipo***) **~** Pfeife (Zigaretten) rauchen; ***b-nin şerefine* ~** auf die Gesundheit j-s trinken; ***içip bitirmek*** austrinken; *-in* ***içtikleri su ayrı gitmemek*** *fig* ein Herz und eine Seele sein

içmeler Heilquelle *f*, Mineralquelle *f*

'içmimar [-miːmaːr] Dekorateur *m*, -in *f*; Innenarchitekt *m*, -in *f*

'içorgan ANAT innere(s) Organ

'içplazma Endoplasma *n*

içre *osm* in (*D*); *fig* unter (*D*)

içrek verborgen; mystisch; eingeweiht

'içsalgı innere Sekretion *f*; **~bezi** ⟨-ni⟩ ANAT endokrine Drüse *f*

içsel inner-; einheimisch

içses GR Inlaut *m*; **~ *düşmesi*** Synkope *f*, Ausfall *m* e-s Inlautes

içten herzlich; zärtlich (*j-n angucken*); aufrichtig; inner- (*Beziehungen*); gründlich (*zerstören*); **~ *gelmek*** aus dem Herzen kommen; **~lik** ⟨-ği⟩ Herzlichkeit *f*; Aufrichtigkeit *f*; **~likli** aufrichtig, zwanglos (*Beisammensein*); **~siz** unaufrichtig; **~sizlik** ⟨-ği⟩ Unaufrichtigkeit *f*

ˈiçtepi Impuls *m*, Antrieb *m*; **~li** impulsiv

ˈiçtersaçı ⟨-nı⟩ MATH innere(r) Wechselwinkel

içtihat [ɑː] ⟨-dı⟩ JUR Ermessensurteil *n*; Urteil *n* des Kassationsgerichts; *islamisches Recht* eigene, persönliche Auslegung *durch den Richter*

içtima [ɑː] ⟨-aı⟩ ASTR Konjunktion *f*, Versammlung *f*, MIL Appell *m*; **~ etmek** sich versammeln

içtimaî [-iː] gesellschaftlich, sozial

ˈiç|tümce *türk.* GR eingeschaltete(r) Satz; **~türeme** GR Epenthese *f*, eingeschaltete(r) Vokal (*z.B.* ***nakil** aus **nakl***)

ˈiçtüzük ⟨-ğü⟩ Dienstordnung *f*, Geschäftsordnung *f*, Satzung *f*

ˈiçyağı ⟨-nı⟩ Talg *m*

ˈiç|yürek: **~ *zarı*** ANAT Endokard *n*, Herzinnenhaut *f*; **~yüz**: ***bş-in* ~ü** das wahre Gesicht e-r Sache

ida [iːdɑː] JUR Deponierung *f*

idam [iːdɑːm] Todesstrafe *f*, Hinrichtung *f*; *-i* **~ *etmek*** hinrichten, die Todesstrafe vollziehen an *D*; **~ *kararı*** Todesurteil *n*; **~ *sehpası*** Galgen *m*

idame [ɑː] Fortsetzung *f*, Beibehaltung *f*; *-i* **~ *etmek*** fortsetzen (*A*); *-i* **~ *ettirmek*** in die Tat umsetzen

idamlık[iːdɑːm-]⟨-ğı⟩ **1.** *subst* Todeskandidat *m*, -in *f*, (der, die) zum Tode Verurteilte; **2.** *adj* todeswürdig (*Vergehen*)

idare [ɑː] Verwaltung *f*, Leitung *f*, Führung *f*, Direktion *f*, Sparsamkeit *f*, Verwaltungs-; *-i* **~ *etmek*** verwalten; leiten, führen; hinwegsehen über *A*; auskommen können mit *D*; ***kendini* ~ *etmek*** sich beherrschen; ***bu ekmek* ~ *etmez*** dies Brot reicht nicht; **~ *etmez*** es lohnt nicht, es bringt nichts ein; **~ *edenler*** Führungskräfte *f/pl*; **~ *kandili*** (*od* ***lambası***) Leuchte *f*, Nachtbeleuchtung *f*; ***~sini bilmek*** haushälterisch sein

idarece [ɑː] von der Verwaltung *usw*

idare|ci Verwaltungsbeamte(r); Führungskraft *f*, leitend, Führungs- (*Kader*); gute(r) Organisator(in); sparsam; **~hane** Verwaltung(sgebäude *n*) *f*

idare|li *Person*, *Sache* sparsam; *Sache* wirtschaftlich arbeitend, rentabel; **~siz** organisatorisch unbegabt; ohne Initiative; unökonomisch; **~sizlik** ⟨-ği⟩ Unwirtschaftlichkeit *f*

idarî [-dɑːriː] Verwaltungs-, administrativ; **≈ *Mahkeme*** Verwaltungsgericht *n*

iddia [ɪˈdɑː] Behauptung *f*, Anspruch *m*; Anmaßung *f*, Sturheit *f*, Wette *f*; *-i* **~ *etmek*** behaupten (*A*); *-e* ***hak* ~ *etmek*** ein Recht beanspruchen (auf *A*); *fig* stur festhalten (an *D*); **~*ya girişmek*** (*od* ***tutuşmak***) e-e Wette eingehen

iddiacı eigensinnig (*Kind*); rechthaberisch; Streithahn *m*; **~lık** ⟨-ğı⟩ Rechthaberei *f*, Eigensinn *m*

iddialaşmak (*-le*) miteinander streiten, wetten

iddialı anspruchsvoll, anmaßend

iddia|name JUR Anklageschrift *f*; **~sız** anspruchslos, schlicht; **~sızlık** ⟨-ğı⟩ Anspruchslosigkeit *f*, Schlichtheit *f*

ide, **idea** PHIL Idee *f*

ideal ⟨-li⟩ Ideal *n*; ideal; **~ist** Idealist *m*, -in *f*, idealistisch; **~ize**: *-i* **~ *etmek*** idealisieren; **~izm** Idealismus *m*

idealleştirmek *v/t* idealisieren

idefiks fixe Idee *f*

ideolog ⟨-ğu⟩ Ideologe *m*, Ideologin *f*

ideoloji Ideologie *f*

ideolojik ideologisch

idik ⟨-ği⟩: ***ne idiği belirsiz*** völlig verschwommen; ***idiği gediği*** Last *f*, Sorgen *f/pl*

idil Idyll *n*

İdil Wolga *f*

idiş → ***iğiş***

idman Training *n*; Übung *f*; **~ *etmek*** *v/i* turnen; trainieren; *-i* **~ *ettirmek*** *v/t j-n* trainieren; **~lı** trainiert; gewöhnt (*-e* an *A*); **~sız** untrainiert; **~sızlık** ⟨-ğı⟩ Untrainiertheit *f*

idrak [ɑː] ⟨-ki⟩ Wahrnehmung *f*, Auffassung *f*, Erreichung *f*, **~ *edilebilir*** erkennbar; *-i* **~ *etmek*** wahrnehmen; begreifen; *s-e Verantwortung* erkennen; *Lebensjahr* erreichen; *bes* feiern, begehen; **~li** einsichtig; **~siz** uneinsichtig; **~sizlik** ⟨-ği⟩ Uneinsichtigkeit *f*, Unverständnis *n*

idrar [ɑː] Harn *m*; → ***sidik***

idrarzoru ⟨-nu⟩ Harnverhaltung *f*

İdris Enoch *m* (*Bibel*)

idrisağacı ⟨-nı⟩ Weichselkirschbaum *m*

idük → ***idik***

ifa [iːfɑː] Ausführung *f*, Begleichung *f* *e-r Schuld*; *-i* **~ *etmek*** ausführen (*a Befehl*); *Pflicht*, *Versprechen* erfüllen; *Schuld* begleichen

ifade [ɑː] Ausdruck *m* (*Wort*; *der Augen usw*); Ausdruckskraft *f*; JUR Aussage *f*; *-i* ~ ***etmek*** erklären; *Gedachtes usw* darstellen; *Dank usw* ausdrücken; JUR aussagen; (***çok şey***) ~ ***etmek*** (sehr viel) bedeuten (***benim için*** für mich); ~ ***vermek*** JUR aussagen, e-e Aussage machen; *-in* ~***sini almak*** JUR *j-n* vernehmen, verhören; die Aussagen *j-s* zu Protokoll nehmen; F *j-n* unterkriegen, in die Pfanne hauen; ***diğer*** (*od* ***başka***) ***bir*** ~ ***ile*** mit anderen Worten; ~**lendirmek** *v/t* verdeutlichen; interpretieren; ~**siz** ausdruckslos; *fig* farblos, blass

iffet ⟨-ti⟩ Keuschheit *f*; Tugend *f*; Ehrenhaftigkeit *f*; ~**li** keusch, unschuldig; tugendhaft; ehrenhaft; ~**siz** lasterhaft; unehrenhaft

ifildemek *v/i* beben; *Wind* säuseln

iflah [ɑː] Wohl *n*; Erlösung *f*; ~ ***etmek*** erlösen, retten (*-den* von *D*); ~ ***olmak*** geheilt werden, gerettet werden, erlöst werden; *scherzh* selig werden; ~ ***olmaz*** *fig* unverbesserlich, ... ist nicht zu retten; ~***ını kesmek*** *j-n* völlig zermürben, F kleinkriegen

iflas [ɑː] Bankrott *m*; Konkurs *m*; ~ ***bayrağını çekmek*** (*od* ***borusunu çalmak***) *a fig* Bankrott machen; ~ ***etmek*** Konkurs anmelden, *a fig* Bankrott machen; *fig* scheitern, zusammenbrechen; zerrütten; ~ ***ettirmek*** *j-s* Bankrott herbeiführen

ifrağ [ɪˈfrɑː] *osm* Umwandlung *f*, Formgebung *f*; BIOL Ausscheidung *f*; ~ ***etmek*** umwandeln; ausscheiden

ifrat [ɑː] ⟨-tı⟩ Übertreibung *f*, Übermaß *n*; ~ ***derecede*** übermäßig, im Übermaß; ~ ***etmek*** → ~***a kaçmak***, ~***a vardırmak***; ~***a kaçmak*** übertreiben, es zu weit treiben; *-i* ~***a vardırmak*** bis zum Äußersten treiben *A*

ifraz [ɑː] JUR Parzellierung *f*; MED Ausscheidung *f*; Sekret *n*; *-i* ~ ***etmek*** parzellieren; ausscheiden; CHEM niederschlagen; ~**at** [-ɑːt] ⟨-tı⟩ Ausscheidungen *f/pl*

ifrit ⟨-ti⟩ Dämon *m*; Teufel *m* (*a fig*); *-i* ~ ***etmek*** *j-n* rasend machen; ~ ***olmak*** (*od* ***kesilmek***) fuchsteufelswild werden

ifşa [ɑː] ⟨-aı⟩ Verbreitung *f e-s Gerüchtes*; Enthüllung *f*, Preisgabe *f e-s Geheimnisses*; *-i* ~ ***etmek*** verbreiten; verraten, preisgeben *A*

ifşaat [-ɑːt] ⟨-tı⟩ Enthüllungen *f/pl*

iftar REL Fastenbrechen *n* (*am Abend*); Abendessen *n* (*im Monat Ramadan*); ~ ***etmek*** zu Abend essen (*nach Sonnenuntergang in der Fastenzeit*); ~ ***topu*** Kanonenschuss *m* (*zum Fastenbrechen*); ~**lık** ⟨-ğı⟩ **1.** *subst* Abendimbiss *m* (*im Ramadan*); **2.** *adj fig* herzlich wenig

iftihar [ɑː] Stolz *m*; Ehre *f*; *-le* ~ ***etmek*** stolz sein (auf *A*); ~ ***listesi*** *türk. Schule* Belobigungsliste *f*; ~***la geçmek*** als Klassenbeste(r) versetzt werden

iftira [ɑː] Verleumdung *f*; *-e* ~ ***atmak*** (*od* ***etmek***) *j-n* verleumden, schlecht machen; ~***ya uğramak*** schlecht gemacht werden; ~**cı** Verleumder *m*, -in *f*

iğ ⟨iği⟩ Spindel *f*; (Wagen)Achse *f*; ~ ***taşı*** Mühlstein *m*

iğde BOT Ölweide *f*; Frucht *f* der Ölweide

iğdiş kastriert, verschnitten; ZOOL Wallach *m*; *-i* ~ ***etmek*** kastrieren

iğfal [iːfɑːl] ⟨-li⟩ Verführung *f*; *-i* ~ ***etmek*** *Frau* verführen; täuschen

iğik, iğilmek *usw* → ***eğilmek***

iğmek → ***eğmek***

iğne Nadel *f*; Nähnadel *f*; MED Injektionsnadel *f*; Injektion *f*, Spritze *f*; Angelhaken *m*; *fig* Nadelstich *m*, Stichelei *f*; Stachel *m der Biene*; BOT Griffel *m*; MIL Schlagbolzen *m*; ~ ***atsan yere düşmez*** (*ein Gedränge*), dass keine Stecknadel mehr zu Boden fallen kann; ~ ***deliği*** (*od* ***gözü***) Nadelöhr *n*; ~ ***işi*** Nadelarbeit *f*; ~ ***iplik*** *fig* Haut und Knochen; ~ ***üstünde oturmak*** *fig* wie auf glühenden Kohlen sitzen; *-e* ~ ***vurmak*** (*od* ***yapmak*** *od* ***vermek***) *j-m* e-e Spritze geben; *-e* ~ ***yaptırmak*** *j-m* e-e Spritze geben lassen; ~ ***yastığı*** Nadelkissen *n*; ~ ***yemek*** e-e Spritze bekommen; ~***ye iplik geçirmek*** e-n Faden einfädeln

iğnedan, ~**denlik** ⟨-ği⟩ Nadelbüchse *f*

iğneci F Fixer *m*, -in *f*; *j-d, der gegen Bezahlung Spritzen gibt*

iğne|lemek durchstechen (*-i A*); anheften (*-i -e etw* an *A*); *fig* sticheln (*-i* gegen *j-n*); ~**lenmek** *pass von* ***iğnelemek***; MED e-n Stich (*od* Stiche) fühlen (*od* haben); ~**leyici** *Wort* bissig, giftig, sarkastisch; ~**li** Nadel-; ... mit einer Nadel; nadelförmig; (an)geheftet; stichelnd, giftig, bös (*Blick*); ~**lik** ⟨-ği⟩ Nadelkissen *n*; Nadelkästchen *n*

iğneyaprak (Tannen)Nadel *f*; **~lı** Nadelbaum *m*, Konifere *f*
iğrenç ⟨-ci⟩ ekelhaft; abscheulich (*Wetter*); widerlich (*Kerl*); **~lik** ⟨-ği⟩ Ekel *m*, Abscheu *m*, Widerwille *m*
iğrendirmek *v/t* anekeln, *j-m* widerwärtig sein; ***iğrendirecek kadar*** widerwärtig, abstoßend
iğren|me Ekel *m*, Abscheu *m*; **~mek** (*-den*) sich ekeln (vor *D*), Abscheu empfinden (vor *D*); **~ti** Ekel *m*, Abscheu *m*
iğreti → ***eğreti***
iğretileme *usw* → ***eğretileme***
iğri → ***eğri***
iğva [ɑː] REL Versuchung *f*
ihale [ɑː] Zuschlag *m* (*bei Ausschreibungen*); Erteilung *f*, Vergabe *f e-s Auftrages*; *-i* **~ *etmek*** *Auftrag* erteilen, vergeben (an *A*); ***~ye çıkarmak*** ÖKON ausschreiben
-i hali → ***-i***
ihanet [ɑː] ⟨-ti⟩ Verrat *m*; Untreue *f in der Liebe*; Unzuverlässigkeit *f*, Treulosigkeit *f*; *-e* **~ *etmek*** *j-n* verraten; *in der Ehe* betrügen; ***~e uğramak*** Treulosigkeit erleben (*od* erfahren)
ihbar [ɑː] Benachrichtigung *f*, Denunziation *f*; *-e -i* **~ *etmek*** *j-m etw* mitteilen; *j-n* anzeigen (bei *D*); **~cı** Denunziant *m*, -in *f*; **~ *üzerine*** auf Hinweis aus der Bevölkerung; **~iye, ~name** schriftliche Mitteilung (*od* Anzeige)
ihlal [ɑː] ⟨-li⟩ Störung *f der Ruhe*; JUR Verstoß *m*; Verletzung *f des Vertrages*; Beeinträchtigung *f der Interessen usw*; *-i* **~ *etmek*** *v/t* stören; beeinträchtigen; *Freiheit* einschränken; verstoßen gegen; *-i* **~ *suçu işlemek*** verstoßen gegen
ihlas REL „der reine Glaube" (*Koran*)
ihmal [ɑː] ⟨-li⟩ Vernachlässigung *f*, Nachlässigkeit *f*, Unterlassung *f*, Unzulänglichkeit *f*, JUR Fahrlässigkeit *f*; *-i* **~ *etmek*** vernachlässigen (*A*); sich über (*das Gesetz*) hinwegsetzen; **~ci, ~kâr** nachlässig; fahrlässig; Müßiggänger *m*, -in *f*; **~kârlık** ⟨-ğı⟩ Nachlässigkeit *f*
ihracat [-ɑːdʒɑːt] ⟨-tı⟩ Export *m*, Ausfuhr *f*; **~ *yapmak*** exportieren; **~çı** Exporteur *m*; **~ *ülkesi*** Exportland *n*; **~çılık** ⟨-ğı⟩ Export *m*; Exportgeschäfte *n/pl*
ihraç [ɑː] ⟨-cı⟩ Export *m*, Ausfuhr *f*; Entfernung *f* (*von der Schule*); Ausschluss *m* (*aus der Partei*); ÖKON Emission *f*; *-i* **~ *etmek*** exportieren, ausführen (*A*); entfernen (*-den* von *D*); ausschließen (*-den* aus *D*); ÖKON emittieren, ausgeben
ihram Toga *f* (*der Römer*); Burnus *m*; Plaid *n*; Überwurf *m* (*der Mekkapilger*)
ihsan [ɑː] Gunst *f*, Wohltat *f*, Gunstbezeigung *f*; *-e* **~ *etmek*** *j-m* e-e Gefälligkeit erweisen; *j-m etw* schenken, verehren
ihtar [ɑː] Warnung *f*, Mahnung *f*, Verweis *m*; JUR Verwarnung *f*; *-i -e* **~ *etmek*** *j-n* erinnern (an *A*); *j-n* hinweisen (auf *A*); *bes* ÖKON *j-n* mahnen; *j-n* warnen (vor *D*); **~name** [ɑː] ÖKON Mahnung *f*, Mahnschreiben *n*
ihtikâr [ɑː] Spekulation *f*, Wucher *m*
ihtikârcı Spekulant *m*; Wucherer *m*
ihtilaf [ɑː] Streitigkeit *f*; ***~a düşmek*** in Streit geraten
ihtilal [ɑː] ⟨-li⟩ Revolution *f*, Aufstand *m*, Meuterei *f*, Umwälzung *f*; **~ *yapmak*** e-e Revolution herbeiführen (F machen); **~ci** Revolutionär *m*, -in *f*; Revolutions-
ihtilas [ɑː] Veruntreuung *f*, Unterschlagung *f*
ihtimal [ɑː] ⟨-li⟩ Wahrscheinlichkeit *f*; wahrscheinlich (*a **~dir ki***); *-e* **~ *vermemek*** nicht für wahrscheinlich halten (*A*); ***her ~e karşı*** auf jeden Fall; ***~ler hesabı*** Wahrscheinlichkeitsrechnung *f*
ihtimal|î [-iː] wahrscheinlich; **~li** wahrscheinlich; **~siz** unwahrscheinlich
ihtimam [ɑː] Sorgfalt *f*, Fürsorge *f*, Gewissenhaftigkeit *f*; *-e* **~ *etmek*** (*od* ***göstermek***) *j-n* betreuen, sorgen (für *A*); sehr gewissenhaft sein; ***~la*** gewissenhaft; **~lı** gewissenhaft; **~sız** nachlässig
ihtira [ɑː] Erfindung *f*; **~ *beratı*** Patent *n*; **~ (*beratı*) *dairesi*** Patentamt *n*; → ***bulgu***
ihtiras [ɑː] Begierde *f*, Ehrgeiz *m*; Drang *m*; Leidenschaft *f*; ***~la*** leidenschaftlich
ihtisas [ɑː] Spezialisierung *f*, Fachausbildung *f* (*bes* MED); *-de* **~ *yapmak*** sich spezialisieren (auf *A*)
ihtişam [ɑː] Prunk *m*, Pomp *m*; **~lı** prunkvoll, pompös
ihtiva [ɑː] Umfang *m*, Inhalt *m*; *-i* **~ *et-***

mek enthalten (*A*), umfassen (*A*)
ihtiyaç [ɑː] ⟨-cı⟩ Bedürfnis *n* (*için* nach *D*); Bedarf *m* (*için* für *A*); Erfordernis *n*, Anspruch *m*; Not *f*, Elend *n*; *-e* ~ ***duymak*** bedürfen (*G*), nötig haben (*A*); *-mek* ~ ***duymak*** das Bedürfnis haben (*od* fühlen), zu ...; ~ ***maddeleri*** Bedarfsartikel *m/pl*; ~ ***sahibi*** Bedürftige(r); ***bş-e*** ~ ***var*** etw ist (*od* sind) erforderlich; ***ihtiyaca cevap vermek*** e-m Bedürfnis entsprechen; ***ihtiyaca göre*** je nach Bedarf; *-e* ***ihtiyacı olmak*** brauchen *A*; angewiesen sein auf *A*; ***buna hiç ihtiyacım yok*** darauf bin ich keineswegs angewiesen
ihtiyar alt, bejahrt; alte(r) Mann; Greis *m*, -in *f*; F der, die Alte (*Vater, Mutter*); ~ ***heyeti*** Gemeinderat *m*
ihtiyarî [-iː] freiwillig, fakultativ
ihtiyar|lamak, **~laşmak** altern, alt werden; **~latmak** alt machen, alt werden lassen; **~lık** ⟨-ğı⟩ Alter *n*
ihtiyat [ɑː] ⟨-tı⟩ Vorsicht *f*, Umsicht *f*, Ersatz *m*; Reserve *f*, Ersatz-; MIL Ersatztruppe *f*, Eingreiftruppe *f*; ~ ***akçesi*** Rücklage *f*, Notgroschen *m*; ~ ***kaydı ile*** mit Vorbehalt, vorbehaltlich; **~en** [-ˈjaːtɛn] vorsorglich, für den Notfall; als Reserve
ihtiyat|î [-iː] vorsorglich; Präventiv-; Vorsichts- (*Maßregel*); ~ ***tedbir*** JUR einstweilige Verfügung; **~kâr** bedächtig, behutsam; **~lı** → ***ihtiyatkâr***, ~ ***bulunmak*** sich abwartend (*od* vorsichtig *usw*) verhalten; ~ ***olmak*** vorsichtig sein; sparsam sein; **~sız** unvorsichtig, unbedacht; **~sızlık** ⟨-ğı⟩ Unvorsichtigkeit *f*, Unbedachtsamkeit *f*
ihya [ɑː] (Wieder)Belebung *f*; *-i* ~ ***etmek*** *j-n* wieder beleben; *fig j-m* Mut machen, neue Kraft geben; kultivieren (*A*); ~ ***olmak*** (blühen und) gedeihen; *Person* froh sein; befördert werden
ihzar [ɑː] JUR Vorladung *f* (*vor Gericht*)
ika [iːkɑː] ⟨ikaı⟩ JUR Verursachung *f*; *-i* ~ ***etmek*** verursachen; *Verbrechen* begehen
ikame [ɑː] **1.** *subst* Aufstellung *f*, Platzierung *f*; JUR Einleitung *f* (*e-s Prozesses*); Beibringung *f* (*von Beweisen*); **2.** *adj* angebracht; aufgestellt; Ersatz-; *-i* ~ ***etmek*** *Person* unterbringen; *Sache* anbringen, aufstellen; JUR einleiten; *Prozess* anstrengen; *Wachen* aufstellen
ikamet [ɑː] ⟨-ti⟩ Aufenthalt *m*, Wohnort *m*; ~ ***etmek*** wohnen, ansässig sein; ~ ***tezkeresi*** Aufenthaltsbescheinigung *f*; **~gâh** Wohnsitz *m*; **~gâhlı** *Wechsel* domiziliert
ikaz [iːkɑːz] Warnung *f*, Warn-; *-i* ~ ***etmek*** *j-n* warnen; ~ ***ateşi*** Warnschuss *m*
ikbal [ɑː] ⟨-li⟩ Glück *n*; Erfolg *m*; ~ ***düşkünlüğü*** *fig* das Sinken s-s Sterns; ~ ***düşkünü*** vom Glück Verlassene(r); **~i** ***sönmek*** *j-s* Stern sinkt, verlischt
iken seiend; als, während ... (ist); damals, als ... war; obwohl; ***ben öğrenci*** ~ (*od* ***öğrenciyken***) als ich Schüler war
iki zwei; Zwei *f* (*a im Zeugnis*); *Auto* zweite(r) Gang; ~ ***ahbap çavuşlar*** *scherzh* zwei unzertrennliche Freunde *m/pl*; ~ ***arada kalmak*** sich zwischen zwei Stühle gesetzt haben; ~ ***ayağını bir pabuca sokmak*** *fig j-m* das Messer an die Kehle setzen; ~ ***çift laf*** ein paar Worte; ~ ***kat*** doppelt; verdoppelt; ~ ***kat*** (*od* ***büklüm***) (*vom Alter*) tief gebeugt, F ganz krumm; ~ ***misli*** doppelt (so viel); ~ ***misli artmak*** verdoppeln; ~ ***misli fazla*** mehr als das Doppelte; ~ ***nokta*** Doppelpunkt *m*; *-i* ~ ***paralık etmek*** mit Schmutz bewerfen (*A*); ~ ***satır laf etmek*** ein paar Worte miteinander wechseln; ~ ***ucunu bir araya getirememek*** (wirtschaftlich) nicht zurechtkommen können; **~de bir(de)** jede(r) zweite; häufig; **~miz** wir beide; **~si bir kapıya çıkmak** auf dasselbe hinauslaufen; **~ye bölmek** in zwei Teile teilen
iki|ağızlı zweischneidig; **~bilinmiyenli** MATH ... mit zwei Unbekannten
ikicanlı *fig* schwanger
iki|cilik ⟨-ği⟩ Dualismus *m*; **~cinslikli** Hermaphrodit *m*; zweigeschlechtlich
iki|dilli zweisprachig; **~eşeyli** → ***ikicinslikli***; **~hörgüçlü** zweihöckerig
ikilem Dilemma *n*
ikile|me Verdoppelung *f*, GR Doppelung *f* (*z.B. yavaş yavaş*); **~mek** *v/t* verdoppeln; *Satz* wiederholen; SPORT ein zweites *Tor* schießen; sich (*D*) ein zweites (*z.B. Auto*) anschaffen; **~şmek** sich verdoppeln; in zweifacher Zahl erscheinen; **~tmek** sich (*D*) ein zweites Mal sagen lassen
ikili Doppel- (*z.B. Stecker*); zweiteilig; *Abkommen* zweiseitig, bilateral; MUS Duett *n*; Duo *n*; ~ ***çatı*** GR Verbsuffix

I

n mit Doppelfunktion (*z.B.* ***-il-*** „sich" *od Passiv*); **~ *ünlü*** LING Diphthong *m*
ikilik ⟨-ği⟩ Dualismus *m*; Zwietracht *f*; Meinungsverschiedenheit *f*; Unterschied *m*; MUS halbe Note; Doppelform *f e-s Namens*; Doppel-; zwiespältig
ikinci zweite(r); Vize-, stellvertretend; **~ *çağ*** (*a* ***zaman***) GEOL Mesozoikum *n*; THEA **~ *derecedeki rol*** Nebenrolle *f*; **~ *gelmek*** SPORT Zweite(r) werden; **~ *yarı*** SPORT zweite Halbzeit; ***~si(nde)*** zweitens
ikincil sekundär, zweitrangig
ikincilik ⟨-ği⟩ zweite(r) Platz
ikindi Nachmittag *m*; REL Nachmittagsgebet *n*; **~ *kahvaltısı*** Nachmittagsmahlzeit *f*; *dial* Vesper *f*; ***~üstü*** gegen Abend, nachmittags
ikir|cik ⟨-ği⟩ Unentschlossenheit *f*; **~cikli** unentschlossen, zögernd, zögerlich; **~cil** *Wort* mit zwei Bedeutungen, doppeldeutig
iki|şekilli BIOL, CHEM dimorph; **~şer** je zwei; **~ *olmak*** sich zu zweit aufstellen
iki|taraflı bilateral; **~telli** Zweisaiten- (*Instrument*); **~terimli** MATH Binom *n*; **~yanlı** zweiseitig; **~yaşayışlı** BIOL Amphibium *n*; **~yüzlü** scheinheilig, hinterhältig, falsch, doppelzüngig; (*a* ***iki yüzlü***) *Schwert* zweischneidig; *Stoff* beiderseitig, seitengleich; **~yüzlülük** ⟨-gü⟩ Falschheit *f*, Scheinheiligkeit *f*, Doppelzüngigkeit *f*
ikiz Zwilling *m*; Zwillinge *pl*; Zwillings-, Doppel-; **~ *doğurmak*** Zwillinge gebären; *fig* sich sehr abquälen (*-de* mit *D*); **~ *erkek kardeşler*** Zwillingsbrüder *m/pl*; **~ *kız kardeşler*** Zwillingsschwestern *f/pl*; **~anlam** Doppeldeutigkeit *f*; Trugschluss *m*
ikizkenar MATH gleichschenklig
İkizler, **~ *burcu*** ASTR Zwillinge *pl*; **~ *burcundanım*** ich bin Zwilling
ikizli ... mit Zwillingen; Doppel-; zweiteilig; zweiarmig (*z.B. Leuchter*); zweideutig; **~lik** ⟨-ği⟩ Doppeldeutigkeit *f*
iklim [-iːm] Klima *n*
iklimbilim Klimatologie *f*
ikmal [aː] ⟨-li⟩ Vollendung *f*; TECH Belieferung *f*, Vervollständigung *f*; Versorgungs- (*Stützpunkt*); MIL Versorgungsdienst *m*; Beseitigung *f* (*von Mängeln*); *-i* **~ *etmek*** vollenden (*A*); vervollkommnen (*A*); *Mängel* beseitigen; *s-e Zeit* absitzen; **~ *imtihanı* → *bütünleme sınavı*; *fizikten ~e kalmak*** in Physik e-e Nachprüfung machen müssen
ikna [ɑː] Zureden *n*; *-i -e* **~ *etmek*** *j-n* überreden (zu), *j-n* überzeugen (von *D*); **~ *kabiliyeti*** Überzeugungskraft *f*
ikon EDV Icon *n*
ikon(a) Ikone *f*
ikrah [ɑː] Widerwille *m* (*-den* gegen *A*); *-den* **~ *etmek*** e-n Widerwillen haben (gegen *A*); *-e* **~ *etmek*** in *j-m* kommt e-e Abneigung auf (gegen *A*); **~lık** ⟨-ğı⟩ Abscheu *m*; *-den -e* **~ *vermek*** *j-m* Abscheu einflößen (gegen *A*)
ikram [ɑː] freundliche Aufnahme *e-s Gastes*; LIT Präsent *n*; Bewirtung *f*; Nachlass *m* (*im Preis*); *-e* **~ *etmek*** *j-m* Ehre erweisen; ***b-ne bş(-i)* ~ *etmek*** j-n bewirten mit; j-m etw kredenzen, anbieten; j-m e-n Nachlass gewähren; **~ *görmek*** ehrenvoll bewirtet werden
ikramiye [ɑː] Gratifikation *f*, Prämie *f*; Sonderzulage *f*; Gewinn *m* (*Lotto usw*)
ikrar [ɑː] Geständnis *n*; JUR Anerkenntnis *n*; *-i* **~ *etmek*** gestehen (*A*), zugeben (*A*); anerkennen (*A*); **~ *vermek*** sein Wort geben
iks der Buchstabe X, x; → ***x***
ikraz [ɑː] *osm* Darlehen *n*
iksir [-iːr] Elixier *n*; Zaubertrank *m*
iktibas [ɑː] Entlehnung *f*; Zitat *n*; *-i* **~ *etmek*** entlehnen; zitieren; *Werk* bearbeiten, adaptieren; HIST sich (*D*) *etw* borgen
iktidar [ɑː] Kraft *f*, Macht *f* (*a* POL); PHYS Potenz *f*; POL Regierung *f*, Regierungsgewalt *f*; **~*a geçmek*** an die Macht kommen; **~*a gelmek*** an die Macht (F ans Ruder) kommen (*od* gelangen); **~*da olmak*** an der Macht (F am Ruder) sein; **~*dan düşmek*** die Macht abgeben, verlieren, abtreten müssen; **~ *sahibi*** (der) Mächtige; **~lı** mächtig, tätig; **~sız** machtlos; unfähig; MED impotent; **~sızlık** ⟨-ğı⟩ Machtlosigkeit *f*, Unfähigkeit *f*, MED Impotenz *f*
iktifa [ɑː]: *-le* **~ *etmek*** sich begnügen mit; sich zufrieden geben mit
iktisadî [-sɑːdiː] wirtschaftlich, ökonomisch; Wirtschafts-; rentabel
iktisap [ɑː] ⟨-bı⟩ Erwerb *m*; *-i* **~ *etmek*** erwerben (*A*)

iktisat [aː] ⟨-dı⟩ Ökonomie *f*; ~ ***etmek*** (*od* ***yapmak***) sparen; sparsam sein; **~çı** Wirtschaftswissenschaftler *m*, -in *f*; **~lı** sparsam; **~sız** verschwenderisch
iktiza [aː] Notwendigkeit *f*; ~ ***etmek*** erforderlich sein
il Regierungsbezirk *m* (*größte Verwaltungseinheit*); Land *n*; Provinz *f*
ilaç ⟨-cı⟩ Arznei *f*, Medizin *f*, Mittel *n*; *z.B.* ***öksürük ilacı*** Hustenmittel *n*; ***uyku ilacı*** Schlafmittel *n*; ***~la*** medikamentös; ~ ***için ... yok*** überhaupt nichts (*od* kein, keine, keinen); ~ ***yazmak*** *Arzt etw* verschreiben; **~lamak** (chemisch) behandeln; einreiben, einbalsamieren; *Obst usw* spritzen; **~lı** gespritzt, behandelt; arzneihaltig; **~lık** ⟨-ğı⟩ Heil-(*Kräuter*); **~sız** unheilbar; unausrottbar; *Obst* unbehandelt
ilah [-aːx] ⟨-hı⟩ Gott *m*; Gottheit *f*; *fig* (*z.B. Mode*) Papst *m*; ~ ***gibi*** *fig* wie ein junger Gott; **~e** Göttin *f*
ilahî [-iː] göttlich; wunderschön; REL Lobgesang *m*, Hymne *f*
ilahi [-ˈlaːhi] *int* mein Gott!, ach, du liebe Zeit!
ilahiyat [aː] ⟨-tı⟩ Theologie *f*; **~çı** Theologe *m*, Theologin *f*
ilahlaş|mak vergöttlicht werden; *fig* verzückt sein; **~tırmak** vergöttlichen
ilam [iːlaːm] Richterspruch *m*; Urteilsausfertigung *f*; HIST Mitteilung *f*; ~ ***etmek*** bekannt geben; → ***bildirmek***
ilamaşallah [-laːˈmaː-] bis in alle Ewigkeit; *int scherzh* ganz vorzüglich; Donnerwetter!
ilan [iːlaːn] Bekanntmachung *f*; Ausrufung *f* (*der Republik usw*); Verkündigung *f*; (Kriegs)Erklärung *f*; Anzeige *f*, Annonce *f*; *-i* ~ ***etmek*** bekannt machen (*A*); ausrufen (*A*); erklären (*A*); ***gazeteye ~ vermek*** eine Anzeige (*od* ein Inserat) aufgeben; ***~ı aşk*** Liebeserklärung *f*; ***~ı aşk etmek*** s-e Liebe gestehen
ilanihaye [ılaːnıhaːjɛ] (auf) ewig; ***bu ~ böyle devam edemez*** so kann das ja nicht weitergehen
ilarya gemeine Meeräsche (*Mugil capito*)
ilave [aː] Zusatz *m*, Hinzufügung *f*, Ergänzung *f*, TECH Ansatzstück *n*; Anbau *m*; zusätzlich; zusätzliche Anlage; Beilage *f* (*zu e-r Zeitung*); ~ ***bellek*** EDV Zusatzspeicher *m*; ~ ***etmek*** hinzufügen, anfügen (*-i -e A D*); ~ ***yatak*** *Hotel* zusätzliche(s) Bett; **~li** zusätzlich; ergänzt, erweitert (*Auflage*); aufgebauscht; **~siyle** um ... (*erhöhen*)
ilaveten [-ˈlaː-] ergänzend (*mitteilen*); ***mektuba ~*** als Anlage zum Brief
ilçe Landkreis *m* (*Untereinheit von* ***il***)
ile (-(*y*)*le*, -(*y*)*la*) **1.** *konj* und; **2.** *postp* mit (*D*); durch (*A*), infolge (*G*); ***bıçakla*** mit dem Messer (*schneiden*); ***bununla beraber*** (*od* ***birlikte***) trotzdem; ***iştah ~*** mit Appetit; ***kiminle, kimle*** mit wem?; ***kurtla kuzu*** der Wolf und das Lamm; ***litre ~*** literweise *verkaufen*; ***ne ~*** womit; wodurch; ***ne ~ geçiniyor*** wovon lebt er?; ***onlar ~, onlarla*** mit ihnen; ***onların oyları ~ seçildi*** durch ihre Stimmen gewählt; ***tavşan ~ kaplumbağa*** der Hase und die Schildkröte; ***telefonla*** telefonisch; ***uçakla*** mit dem Flugzeug; per Luftpost; **3.** *konj -mekle* ***birlikte*** (*od* ***beraber***) gerade, als ...; in dem Augenblick, da; außer, dass ...; obgleich; wenn ... auch: ***güneşin batmasıyla beraber*** gerade, als die Sonne unterging; ***mektup yazmakla beraber*** außer, dass (er) e-n Brief schrieb ***yıllarca çalışmakla birlikte*** obgleich er jahrelang gearbeitet hatte
ilen *dial* ***ile***
ilenç ⟨-ci⟩ *dial* Fluch *m*; **~li** verflucht
ilenmek *dial* (*-e*) *j-n* verfluchen
ilerde → ***ileride***
ileri **1.** *subst* Vorderraum *m*; Vorderteil *m*, *n*; Vorderseite *f*, Zukunft *f*; ***... ~si*** (das) Kommende, die Folgen *pl*; (das) Weitere; *-in* ***~sine gitmek*** gründlich prüfen (*A*), *e-r Sache* (*D*) auf den Grund gehen; **2.** *adj* weiter vor, weiter vorne; Vor-, vorderst-; vorgeschoben (*Linie*); früher; fortschrittlich; ~ ***yaş*** vorgerückte(s) Alter; **3.** *int* vorwärts!; **4.** *adv* nach vorn, weiter vor; *-i* ~ ***almak*** vorrücken (lassen), nach vorn nehmen; *Uhr* vorstellen; *j-n* befördern; ~ ***atılmak*** (*od* ***çıkmak***) vorstürmen (*a* MIL); nach vorn stürmen; ~ ***geçmek*** vorwärts kommen (*im Beruf*); (*-i j-n*) überholen, überflügeln; ~ ***gelenler*** → ***ilerigelenler***; *-den* ~ ***gelmek*** herrühren (von *D*), entstehen (aus *D*), F kommen (von *D*); vorangehen; vorankommen (*im Beruf*); ~ ***geri etmek*** sich in die

Haare geraten; ~ ***geri konuşmak*** einfach so daherreden; ~ ***geri söz*** unbedachte Worte *n/pl*; ~ ***gitmek*** (*od* ***varmak***) vorangehen; *fig* zu weit gehen; *Uhr* vorgehen; ~ ***görüşlü*** weit vorausschauend; *-i* ~ ***götürmek*** zu weit treiben (*A*); *-i* ~ ***sürmek*** *bes Presse* meinen; sagen, betonen; *Argumente* vorbringen, anführen; *Gedanken* ausdrücken; *Ansicht* vertreten; *Vorschlag* machen

ilerici fortschrittlich (gesinnt); **~lik** ⟨-ği⟩ Fortschrittlichkeit *f*

ileride in Zukunft, künftig; weiter (hinten); *Person* hoch gestellt

ileri|den von vorn; **~gelen** → ***ileri***

ilerigelenler Prominente *pl*; (Partei) Größen *f/pl*

ilerle|me (fortschreitende) Entwicklung; Fortschritt *m*; **~mek** weitergehen; weiterfahren; vorrücken; vorwärts schreiten; *Uhr* vorgehen; *Zeit* vorrücken, vorschreiten; *fig* Fortschritte machen (*z.B. Schüler*); **~miş** fortgeschritten

ilerletmek *v/t* fördern (*z.B. im Beruf*); verstärken; vorwärts bringen

ilerleyici fortschrittlich; MED fortschreitend; GR progressiv (*Assimilation*)

ilerleyiş Vormarsch *m*, Vorrücken *n*

ilet|i Botschaft *f*, Nachricht *f*; **~ici** Leit-, leitend; **~ilme** Überbringung *f*, Vermittlung *f*; **~ilmek** *pass von* ***iletmek***; **~im** Überbringung *f*, Übermittlung *f*; Transport *m*; PHYS Leitfähigkeit *f*; Konvektion *f*

iletişim Kommunikation *f*, Nachrichtenübermittlung *f*; ***kitle*** ~ ***aracı*** Massenkommunikationsmittel *n*; ***kitle*** ~ ***araçları*** Massenmedien *pl*

iletken leitend, Leit-; ~ ***damarlar*** BOT Gefäße *n/pl*; ***yarı*** ~ Halbleiter *m*; **~lik** ⟨-ği⟩ Leitfähigkeit *f*

iletki Winkelmesser *m*

ilet|me Leiten *n*; ***elektrik*** ~ ***sistemi*** Stromnetz *n*; **~mek** (*-i*) PHYS, TECH leiten; kommunizieren; übermitteln; *Büro* weiterleiten (*-e* an *A*); überbringen; transportieren; *j-n* bringen (*-e* zu); *Gruß* ausrichten; *Botschaft* richten (*-e* an *A*)

ilga [ɑː] JUR Auflösung *f*; *-i* ~ ***etmek*** aufheben, annullieren (*A*)

ilgeç ⟨-ci⟩ GR Partikel *f*, *meist* Postposition *f* (*z.B. -e karşı*); Haken *m*; Halter *m*; **~ten ad** GR *etwa* substantivierte Partikel (*z.B. -in gibisini*); **~ten sıfat** adjektivisch gebrauchte Partikel (*z.B. avuç içi kadar ...*); **~li**: ~ ***tümleç*** GR postpositionale Ergänzung; adverbiale Bestimmung (*z.B. makina gibi ...*)

ilgi (*-e*) Beziehung *f* (zu); Interesse *n* (an *D*); CHEM Verwandtschaft *f*, Affinität *f*; ~ ***alanı*** Interessengebiet *n*; ~ ***çekici*** interessant, fesselnd; ~ ***çekmek*** Aufmerksamkeit erregen, das Interesse auf sich ziehen; Interesse finden; ~ ***duyan*** Interessent *m*, -in *f*; *-e* ***karşı*** ~ ***duymak*** Interesse haben (an *D*); ~ ***eki*** GR Beziehungssuffix *n* (*z.B. -ki*); ~ ***görmek*** (*a* ***toplamak***) → ~ ***çekmek***; *-e* ***karşı*** ~ ***göstermek*** Interesse entgegenbringen (*D*); *-de* ~ ***uyandırmak*** Interesse erregen bei; *-le* **~*sini kesmek*** die Beziehungen abbrechen zu

ilgilendirmek (*-i*) *j-n* interessieren (*-le* für); *j-s* Interesse wecken (*-le* für); *j-n* betreffen; *j-m* zupass kommen

ilgileniş Interesse *n*; Wissbegier(de) *f*

ilgilenmek (*-le*) sich interessieren (für *A*); sich annehmen (*G*, *z.B. e-s Kranken*)

ilgili (*-le*) betreffend (*A*); beteiligt (an *D*); diesbezüglich; interessiert, zuständig, kompetent; ~ ***olmak*** (*-le*) Beziehungen haben (zu); sich beziehen (auf *A*); interessiert sein (an *D*); F zu tun haben (mit *D*); **~lik** ⟨-ği⟩ Zugehörigkeit *f*

ilginç ⟨-ci⟩ interessant, beachtenswert; *-e* ~ ***gelmek*** *j-m* interessant erscheinen; ~ ***olmayan*** uninteressant; **~lik** ⟨-ği⟩ Anziehungskraft *f*

ilgisiz uninteressiert, gleichgültig; interessenlos; ohne Zusammenhang (mit *D*); **~lik** ⟨-ği⟩ Interessenlosigkeit *f*; Indifferenz *f*, Zusammenhanglosigkeit *f*

ilhak [ɑː] ⟨-kı⟩ Annexion *f*; *-i* ~ ***etmek*** annektieren (*A*); eingliedern (*A*)

ilham [ɑː] Eingebung *f*, Inspiration *f*; *-den* ~ ***almak*** inspiriert werden von; *-i* *-e* ~ ***etmek*** *j-n* inspirieren, beflügeln zu

ilhan HIST Kaiser *m*, Herrscher *m*

ilik[1] ⟨-ği⟩ Knopfloch *n*

ilik[2] ⟨-ği⟩ Knochenmark *n*, Mark *n*; ~ ***gibi*** sehr schmackhaft; F appetitlich (*Mädchen*); ***iliğine***, **~*lerine işlemek*** *Kälte* bis auf die Knochen gehen; *Re-*

gen bis auf die Knochen (*od* Haut) durchnässen; *fig* bis ins Mark packen; *-in* ***iliğini kemirmek*** *j-m* bis ins Mark gehen; *fig j-n* aussaugen, F *j-n* tüchtig ausnutzen; ***iliğim kurudu*** mit meiner Geduld ist es zu Ende

iliklemek *v/t* zuknöpfen

ilikli[1] zugeknöpft; mit Knopfloch

ilikli[2] Knochenmark enthaltend; Mark-(*Knochen*)

ilim ⟨ilmi⟩ Wissenschaft *f*; *-in* ***ilmini almak*** sich (*D*) *etw* aneignen; ~ ***deryası*** *scherzh* Ausbund *m* von Weisheit

ilinek ⟨-ği⟩ PHIL Attribut *n*

ilinti Beziehung *f*, Verhältnis *n* (*-le* zu); Zusammenhang *m*; **~li** (*-le*) betreffend (*A*), angehend (*A*); ~ ***olmak*** betreffen (*A*), zusammenhängen mit

ilişik **1.** *adj* (*-e*) beigefügt (*D*); betreffend (*A*); **2.** (*-le*) Verbindung *f* (mit *D*), Beziehung *f* (zu); ***~te*** in der Anlage (*zum Brief*); *-in -le* ***ilişiğini kesmek*** entlassen aus (*Schule*, *Stellung*)

ilişik|lik ⟨-ği⟩ MUS Dissonanz *f*; ***~siz*** ohne Beziehung zu, beziehungslos

ilişki Verhältnis *n*; Beziehung *f*; (*-le*) Verbindung *f* (*z.B. mit dem Dorf*); *-le* ~ ***kurmak*** Beziehungen aufnehmen zu

ilişkili ... im Bunde, verbündet; ***yakından*** ~ eng verbunden; ~ ***olmak*** zu tun haben, sich beschäftigen

ilişkisel: ~ ***veritabanı*** EDV relationale Datenbank

ilişkin (*-e*) sich beziehend auf *A*, verknüpft mit; berührend *A*

ilişkisiz beziehungslos; **~lik** ⟨-ği⟩ Beziehungslosigkeit *f*

ilişmek (*-e*) berühren (*A*), streifen (*A*, *a fig Thema*); hängen bleiben (*z.B. am Nagel*); *Geld* (*nicht*) anrühren; *j-n bei der Arbeit* stören; sich nur halb hinsetzen, sich auf die Kante (*des Bettes*) setzen

iliştirmek (*-i* –e) *etw* anheften (an *A*); annähen (an *A*); anhängen (an *A*); beifügen (*A-D*); sich (*D*) *z.B. e-e Zigarette in den Mund* stecken

ilk ⟨-ki⟩ **1.** erst-, nächst-; Anfangs-; MIL vorgeschoben; ~ ***adım*** der erste Schritt; ~ ***ağızda*** zunächst; von Anfang an; ~ ***bakışta*** auf den ersten Blick; ~ ***defa*** zum ersten Mal; ~ ***elden*** von Anfang an; ÖKON aus erster Hand; ~ ***göz ağrısı*** erstgeborene(s) Kind; (die) erste Liebe; ~ ***hamlede*** vor allem; beim ersten Anlauf; ~ ***önce*** zu allererst, gleich zu Anfang; ~ ***yardım*** → ***ilkyardım***; **2.** *adv* zum ersten Mal; ~ ***geldi*** sie kam als Erste; sie kam zum ersten Mal

ilkah [ɑːx] Befruchtung *f*; *-i* ~ ***etmek*** befruchten (*A*); BOT pfropfen, veredeln

'ilkbahar Frühling *m*

'ilkçağ ⟨-ğı⟩ Altertum *n*, Antike *f*

ilke Grundstoff *m*, Urelement *n*; Grundlage *f* (*der Chemie usw*); Prinzip *n*, Grundsatz *m*; Maxime *f*

ilkel primitiv, ursprünglich; Ur-; elementar; kulturlos, primitiv; *bes* Renaissance-Maler *m*; ~ ***insan*** Urmensch *m*, Primitive(r); **~ciler** *Kunst* Primitivisten *pl*; **~cilik** ⟨-ği⟩ Primitivismus *m*

ilkeleşmek zum Prinzip werden

ilkeli prinzipiell, konsequent

ilkelleşmek primitiv werden; verwildern

ilkellik ⟨-ği⟩ Primitivität *f*

'ilkin zunächst; zuerst

ilkin|'de anfangs; **~'den** von Anfang an

'ilk|okul Grundschule *f*; HIST *Türkei* (*fünfjährige*) Volksschule

ilköğretim Elementarunterricht *m*; ~ ***okulu*** *Türkei* (*achtjährige*) Grundschule *f*

ilk|sezi PHIL Intuition *f*, unmittelbare Anschauung; **~sizlik** ⟨-ği⟩ Ewigkeit *f*

ilksöz Einführung *f*, Vorwort *n*

ilk|yardım erste Hilfe; **~yaz** Frühling *m*

ilkzaman Paläozoikum *n*

illa(ki) [ɑː] → ***ille***

'illalah [-ɑːx] du lieber Himmel!; ~ ***yeter artık!*** Donner und Doria, jetzt reicht's aber!; ***senden ~!*** du fällst (mir) auf den Wecker

'ille **1.** *adv* auf jeden Fall; *verneint* auf keinen Fall, keineswegs; unbedingt; besonders, vor allem; **2.** *konj* sonst (*auch nicht*); außer ..., es sei denn ...

illegal illegal

illet ⟨-ti⟩ Gebrechen *n*; Leiden *n*; (schlechte) Angewohnheit; TECH Defekt *m*, Schaden *m*; Fehler *m*; PHIL → ***neden***; Grund *m* des Ärgernisses; *-i* ~ ***etmek*** *j-n* rasend machen; verstümmeln; halb totschlagen; **~li** gebrechlich; leidend; kränklich; TECH störanfällig; **~siz** ohne Gebrechen, völlig gesund

illî [-liː] HIST kausal

illiyet ⟨-ti⟩ Kausalität *f*

i

ilmek[1] ⟨-er⟩ (*-i*) anknoten (an *A*); (*-in*) ***iler tutar yeri olmamak*** (*od* ***kalmamak***) *Zeug* sich völlig abtragen, sich abnutzen; *Theorie* völlig veralten, überlebt sein
ilmek[2] Knoten *m*; Schlinge *f*
ilmî wissenschaftlich
ilmihal [aː] ⟨-i⟩ Katechismus *m*
ilmik lose(r) Knoten; Schlinge *f*; **~lemek** *v/t* lose verknoten; **~li** lose verknotet
ilmiye HIST Klerus *m*
ilmühaber Bescheinigung *f*; (Todes)Urkunde *f*
iltica [aː] Zuflucht *f*, Asyl *n*; **~ *hakkı*** Asylrecht *n*; *-e* **~ *etmek*** Zuflucht suchen (bei *D*); *j-n* um Asyl bitten; **~cı** Asylbewerber *m*, -in *f*, F Asylant *m*, -in *f*
iltifat [aː] ⟨-tı⟩ Kompliment *n*; Liebenswürdigkeit *f*, Gunst *f*, Wohlwollen *n*; **~*lar*** freundliche Worte *n/pl*, Komplimente *n/pl*; *-e* **~ *etmek*** höflich sein gegenüber; Gefallen finden (an *D*), *e-r Speise* zusprechen; **~lı** freundlich, wohlwollend
iltihak [aː] ⟨-kı⟩ Beitritt *m*; *-e* **~ *etmek*** beitreten *D*
iltihap [aː] ⟨-bı⟩ MED Entzündung *f*, **~lanmak** sich entzünden; **~lı** entzündet
iltimas [aː] Protektion *f*, Begünstigung *f*, Fürsprache *f*, *-e* **~ *etmek*** (F *a* ***yapmak, geçmek***) *j-n* protegieren, begünstigen; *j-n* empfehlen; sich für *j-n* verwenden; **~çı** Protektor *m*; Fürsprecher *m*, -in *f*, **~çılık** ⟨-ğı⟩ Protektionismus *m*; Vetternwirtschaft *f*, F Filzokratie *f*, **~lı** Protegé *m*; protegiert; *Sache* durch Protektion zustande gekommen
iltizam [aː] Bevorzugung *f*, Parteinahme *f*, Anerkennung *f* e-r Notwendigkeit; Pacht *f*, HIST Steuerpachtung *f*
im Zeichen *n*; → ***işaret***; **~*i timi yok*** keine Spur, nicht die Spur
ima [iːmaː] Andeutung *f*, Wink *m*; *-e* **~ *etmek*** *j-m* zunicken; andeuten (*A*), anspielen (auf *A*)
imaj Image *n*; **~ *cilalama*** Imagepflege *f*
imal [iːmaːl] ⟨-li⟩ Herstellung *f*, Fabrikation *f*, *-i* **~ *etmek*** herstellen; *Schuhe* machen; **~at** [aː] ⟨-tı⟩ Produktion *f*, Produkte *n/pl*; **~atçı** Hersteller *m*, -in *f*, Produzent *m*, -in *f*, Fabrikant *m*, -in *f*, **~athane** [-haː-] Werkstatt *f*, Werkhalle *f*
imale [aː]: **~ *etmek*** *v/t* biegen; GR (e-e kurze Silbe) längen
imalı [iːmaːlɨ] verschlüsselt, versteckt; **~ *sözler*** Anspielungen *f/pl*, Andeutungen *f/pl*
imam [aː] Imam *m*; Vorbeter *m* in der Moschee, Geistliche(r); Begründer *m* e-r religiösen Sekte; Kalif *m*; Oberhaupt *n* einiger kleiner islamischer Staaten; Titel großer islamischer Gelehrter; **~ *nikahı*** Trauung *f* vor dem Imam; **~ *kayığı*** *Slang* Sarg *m*; **~ *suyu*** *Slang* Schnaps *m*; **~ *efendinin aptes suyu*** *zu heller Tee*
imambayıldı *eine kalte Speise aus gefüllten Auberginen*
imame *die dickere erste Perle am Rosenkranz*; Mundstück *n e-r Pfeife*
iman [iːmaːn] (*-e*) Glaube *m* (an *A*); Annahme *f* des Islams; feste(r) Glaube; *-e* **~ *etmek*** glauben (an *A*); **~ *getirmek*** den Islam annehmen; **~ *sahibi*** Gläubige(r); **~ *tahtası*** F Brust *f*, Busen *m*; **~*a gelmek*** den Islam annehmen; *fig* Vernunft annehmen; *-i* **~*a getirmek*** *j-n* zum Islam bekehren; *j-n* zur Vernunft bringen; *-in* **~*ı gevremek*** F sich ganz kaputtmachen (*-den* mit *D*); **~*ı yok*** herzlos, grausam; nieder mit ihm!; **~*ım*** F mein Lieber, mein Bester!; du lieber Himmel!; **~*ına kadar*** bis zum Rande *voll*; **~*ına kadar dolu*** gerammelt voll; *-in* **~*ını gevretmek*** *j-m* den Rest geben; **~lı** gläubig; gerecht, menschlich; **~sız** ungläubig; unmenschlich; **~ *gitmek*** als Heide sterben
imar [iːmaːr] Bebauung *f*, Aufbau *m*; **~ *durumu*** Baugenehmigung *f*; **~ *planı*** Bebauungsplan *m*; *-i* **~ *etmek*** bebauen (*A*); ausbauen, erschließen
imarlı F erschlossen, mit Baugenehmigung
imaret [aː] ⟨-ti⟩, **~hane** [aː] HIST Wohltätigkeitseinrichtung *f*, Armenküche *f*
imbat ⟨-tı⟩ *Wind* Sommer-Monsun *m*
imbik ⟨-ği⟩ Destilliergerät *n*; *-i* **~*ten çekmek***, **~ *etmek*** destillieren
ˈ**imbilim** → ***göstergebilimi***
imdat [aː] ⟨-dı⟩ Hilfe *f*; **~*!*** Hilfe!; **~ *freni*** Notbremse *f*; **~ *kapısı*** Notausgang *m*; *-e* **~ *etmek*** *j-m* zu Hilfe kommen; ***imdada*** (*od* *-in* ***imdadına***) ***koşmak*** (*od* ***yetişmek***) (*j-m*) zu Hilfe eilen

¹imdi also; demnach; nun; jetzt aber
imece Kollektivarbeit *f* (*der Bauern*); (die) gemeinsam ausgeführte Arbeit; **~yle** mit vereinten Kräften
imek *angenommene Verbform* → **idi** war, **ise** wenn … ist; **imiş** ist/war (wohl) *usw*
imge Bild *n*; Fantasiebild *n*; Trugbild *n*; **~ci** Fantast *m*, -in *f*; **~lem** Fantasie *f*, Einbildungskraft *f*; **~leme** Illusion *f*; Vorstellung *f*; **~lemek** *v/t* sich (*D*) *etw* vorstellen; **~sel** eingebildet, imaginär
imha [ɑː] Vernichtung *f*, Ausrottung *f*; Vernichtungs- (*Feuer*); *-i* **~ etmek** vernichten, ausrotten (*A*)
imik ⟨-ği⟩ Kehle *f*; **imiğine sarılmak** *j-m* an die Kehle gehen, *j-n* arg bedrängen
imitasyon Imitation *f*
imkan Möglichkeit *f*; **~ı elde edememek** keine Möglichkeit sehen zu …; *-e* **~ vermek** *j-m* die Möglichkeit geben; **~ı yok** unmöglich; **bunun ~ı yok, buna ~ yok** das ist unmöglich
imkansız unmöglich; unwahrscheinlich; **~laşmak** unmöglich werden; **~lık** ⟨-ğı⟩ Unmöglichkeit *f*, Unbemitteltheit *f*
imla [ɑː] Orthographie *f*, Rechtschreibung *f*; **~ kılavuzu** Rechtschreibführer *m*; **~ yanlışı** Rechtschreibefehler *m*; **~sız** unorthographisch, *Person* rechtschreibeschwach
imleç ⟨-ci⟩ EDV Cursor *m*
imlemek *v/t* registrieren, aufzeichnen; (*j-m*) e-n Wink geben, andeuten (*A*); signalisieren
imparator Kaiser *m*; **~içe** [-ˈɪtʃɛ] Kaiserin *f*; **~luk** ⟨-ğu⟩ Kaiserreich *n*, Imperium *n*; Kaisertum *n*; (*osmanisches*) Reich
imrendirmek (*-i*, *-e*) *in j-m* den Wunsch (nach *A*) wecken, *j-n* neidisch machen
imren|mek (*-e*) das Verlangen haben (nach *D*); Appetit bekommen (auf *A*); *j-n* beneiden; **~ti** Verlangen *n*, Sehnsucht *f*, Neid *m*; **~ içinde olmak** neidisch sein
imsak [aː] ⟨-ki⟩ REL Fastenbeginn *m am Morgen*; **~ etmek** den Fastenbeginn einhalten; **~iye** Kalender *m* der Anfangszeiten des Fastens
imsel symbolisch, sinnbildlich; bildlich
imtihan [ɑː] Prüfung *f*; **~ etmek** *v/t* prüfen; *-den* **~ vermek** eine Prüfung ablegen (in *D*); *-i* **~a çekmek** *j-n* prüfen, examinieren
imtina [ɑː] ⟨-aı⟩ Verweigerung *f*; *-den* **~ etmek** ablehnen (*A od* zu …); verweigern (*A*); **teslim almaktan ~** Annahmeverweigerung *f*
imtiyaz [ɑː] Privileg *n*, Vorrecht *n*; Konzession *f* (*z.B. zum Bau* …); **~ sahibi** Konzessionär *m*, -in *f*; **~lı** privilegiert; konzessioniert; **~sız** nicht privilegiert
imtizaç → **bağdaşma**
imza [ɑː] Unterschrift *f*; Unterzeichnen *n*; Autogramm *n*; *-e* **~ atmak**, *-i* **~ etmek** unterzeichnen (*A*); Unterschrift geben; **~ kağıdı** Kontrollpapier *n* (*bei Arbeitsbeginn u -ende*); **~ sahibi** Unterzeichner *m*; **~yı basmak** (*od* **çakmak**) F s-e Unterschrift darunter setzen; **~lamak** *v/t* unterzeichnen; **~lanma** Unterzeichnung *f*; **~lanmak** unterzeichnet werden; **~latmak** unterschreiben lassen (*-e -i j-n etw*); *j-m* zur Unterschrift vorlegen; **~lı** unterschrieben, unterzeichnet
in¹ Höhle *f* (*wilder Tiere*)
in²: **~ cin** (*keine*) Menschenseele; **~ misin cin misin?** bist du etwa ein Geist?
inadına [ˈɪnɑː-] zum Trotz, mit Willen; dagegen; sehr, ungewöhnlich
inam anvertraute(s) Gut, Depositum *n*
inan Glaube *m* (*-e* an *A*); Vertrauen *n* (*-e* zu); Garantie *f*; **~ olsun** glaub' mir, glauben Sie mir!; bei Gott!; (*-e*) **~ olmaz** unglaubwürdig
inanca Garantie *f*
inancılık ⟨-ğı⟩ PHIL Fideismus *m*
inanç ⟨-cı⟩ Glaube *m*; Glaubensbekenntnis *n*; Vertrauen *n*; **tam bir ~la** aus voller Überzeugung; **~lamak** *v/t* garantieren; zusichern; **~lı** gläubig; glaubenstreu; **~sız** ungläubig; **~sızlık** Unglaube *m*; Misstrauen *n*
inandırıcı überzeugend, einleuchtend; **~lık** ⟨-ğı⟩ Überzeugungskraft *f*
inandırılmış: **~ bulunmak** in dem Wahn leben (*-e* dass …)
inandırmak (*-i* -e) überzeugen (*j-n* von *D*), überreden (*j-n* zu); zu verstehen geben (*-i -e j-m etw*)
inanıl|abilir glaubhaft, wahrscheinlich; **~acak** wahrscheinlich; **~ır** glaubhaft; wahrscheinlich, glaubwürdig; **~mak** (*-e*) *unp* es ist zu glauben: **böyle şeye inanılmaz** das ist unglaublich
inanış Glaube *m*; Vertrauen *n*

i

inanlı gläubig; überzeugt
inanmak (-*e*) glauben (*D*: *Worte*; *was jemand sagt*, *Tatsachen*); *j-m* Glauben schenken; glauben (an *A*, *z.B. an Gott*, *die Zukunft*, *die Sterne usw*)
inansız ungläubig; nicht überzeugt
inat ⟨-dı⟩ Eigensinn *m*, Trotz *m*; F *adj* trotzig, eigensinnig; **~ etmek** trotzig sein, F bocken; ***iş inada bindi*** (es geschieht) nur noch aus Trotz; *-in* ***inadı tutmak*** sehr bockig sein; **~çı** trotzig, halsstarrig
inatçılık ⟨-ğı⟩ → ***inat***
inat|laşmak (-*le*) beharren (auf *D*), sich widersetzen (*D*); gegenseitigen Trotz zeigen; **~lı** trotzig; erbittert (*Kampf*)
inayet [ɑː] ⟨-ti⟩ Güte *f*, Gnade *f*, Gunst *f*; *-e* **~ *etmek*** (*od* **~*te bulunmak***) *j-m* gnädig sein; *j-m* wohl wollen
-'ince *Konverb*: und; als, sobald, wenn; bei; nachdem; nach; *z.B.* ***alınca*** sobald (du) es bekommen hast ...; bei Empfang; nach Empfang ...; ***görünce*** als er sah ...; ***bitince*** wenn es zu Ende ist ...
ince dünn; fein; zart; LING palatal; hell; weich; *Faden*, *Mantel*, *Stimme*, *Stock* dünn; *Mehl*, *Humor*, *Regen*, *Sand* fein; *Kleidung* leicht; *Leim* verdünnt; *Mensch* fein, verfeinert; schlau; *Minarett* schlank; *Stimme* zart; *Wind* schwach, leicht; **~ *eleyip sık dokumak*** überaus gewissenhaft (*od* F pingelig) sein (*od* prüfen); **~ ~** ganz dünn, fein *usw*; überaus kunstreich; **~ *iş*** Stickerei *f*, *fig* Finesse *f*; **~ *nokta*** *fig* schwache(r) Punkt; **~ *zar*** ANAT weiche Hirnhaut, Leptomeninx *f*; **~*den* ~*ye*** *fig* haarklein *erläutern*; *genauestens* wissen; ganz leise *rauschen*
inceba(ğı)rsak ⟨-ğı⟩ Dünndarm *m*
'incecik sehr dünn, dünnst-
inceden zart *gebaut*, schlank; ganz leicht
incehastalık ⟨-ğı⟩ Lungentuberkulose *f*
incele|me Untersuchung *f*, Inspektion *f*, Prüfung *f*; **~meci** Forscher *m*, -in *f*; Rezensent *m*, -in *f*; **~mek** *v/t* untersuchen; prüfen; **~tmek** *kaus von* ***incelemek***; **~yici** prüfend (*Blick*)
incelik ⟨-ği⟩ Dünne *f*, Dünnheit *f*; Feinheit *f*; Zartheit *f*; Delikatesse *f*, Behutsamkeit *f*; Vertracktheit *f*, (das) Heikle (an *D*); Einzelheit *f*, Detail *n*
incelmek dünn(er) werden, feiner werden, sich verfeinern; vornehm tun; mager (*od* schmaler) werden, abnehmen; *Saft* flüssiger werden, dünner werden; TECH sich verjüngen
incelt|ici Verdünnungsmittel *n*, Verdünner *m*; **~mek** *kaus von* ***incelmek***; *v/t* *Flüssigkeit* verdünnen
incesaz orientalische(s) Orchester
inceyağ Mineralöl *n*
inci Perle *f*, Perlen-; *fig* Floskel *f*, Stilblüte *f*
inci|balığı ⟨-nı⟩ *Art* Weißfisch *m* (*Alburum lucidus*); **~çiçeği** ⟨-ni⟩ BOT Maiglöckchen *n*
incik[1] ⟨-ği⟩ ANAT Unterschenkel *m*; *dial* Kniescheibe *f*; **~ *kemiği*** Schienbein *n*
incik[2] ⟨-ği⟩ leicht beschädigt (*od* verletzt); Sehnenzerrung *f*
incik[3]: **~ *boncuk*** Tand *m*, Flitter *m*
İncil Evangelium *n*; Neue(s) Testament
incinmek *z.B. Fuß* umknicken, sich (*D*) *etw* (*z.B. den Fuß*) verstauchen; (-*den*) sich ärgern (über *A*)
incir Feige *f*; **~ *yaprağı*** Feigenblatt *n*; **~ *çekirdeğini doldurmaz*** *fig* ... ist keinen Schuss Pulver wert; **~lik** ⟨-ği⟩ Feigenplantage *f*
incitici *fig* kränkend, verletzend; **~lik** ⟨-ği⟩ Kränkung *f*
incitmek *v/t* sich (*D*) *etw* (*z.B. den Fuß*) verletzen, verstauchen; *fig j-n* kränken, verletzen
inç Inch *m od n*, Zoll *m*
indeks Index *m*
indifa [ɑː] ⟨-aı⟩ Ausbruch *m e-s Vulkans*; MED Ausschlag *m*
indikatör Indikator *m*; **~ *paneli*** Schautafel *f*
indirgeme CHEM, MATH Reduktion *f*
indirgemek *v/t* vereinfachen; *-e* reduzieren auf *A*; CHEM desoxidieren
indirge|n, **~yici** Reduktionsmittel *n*
indiril|me Einziehen *n der Flagge*; Herabsetzung *f z.B. der Altersgrenze*; Verminderung *f*, Verkürzung *f*; **~mek** *pass von* ***indirmek***; **~miş** *Preis* ermäßigt
indirim Rabatt *m*, Ermäßigung *f*; ***% 6 ~ yapmak*** e-n Rabatt von 6% gewähren; **~li** herabgesetzt; *Tarif* ermäßigt; mit Rabatt; **~ *satışlar*** Ausverkauf *m*
indirme Rabatt *m*, Ermäßigung *f*; *Schiff* Stapellauf *m*; LUFTF Landung *f*
indirmek *kaus von* ***inmek***; *v/t* hinunter-

tragen; hinablassen; *Augen* niederschlagen; *Flagge* einziehen; LUFTF abschießen; *mit der Faust* schlagen (*-e* auf *A*); *Lehne* zurückklappen; *Preis* herabsetzen; *Rollladen* herunterlassen; *Scheiben* zertrümmern; *Schiff* vom Stapel lassen; *Schlag* versetzen (*-e j-m*); *Waren* abladen, ausladen; (*-den*) tragen, holen (aus *D*); EDV herunterladen

indis LING diakritische(s) Zeichen (*z.B. Akzent*); MATH Exponent *m*; Wurzelexponent *m*

İndo'nezya Indonesien *n*; **~lı** Indonesier *m*, -in *f*

indükleç ⟨-ci⟩ PHYS Induktor *m*

indükle|me Induktion *f*; **~mek** *v/t* induzieren; **~yici** Induktions-

indüksyon Induktion *f*

ineç ⟨-ci⟩ GEOL Senke *f*, Mulde *f*

inek ⟨-ği⟩ Kuh *f*; *fig* Rindvieh *n*; *Schüler* Streber *m*, -in *f*, Büffler *m*, -in *f*

inekçi Milchproduzent *m*

inek|lemek *v/i* F büffeln; **~lik** ⟨-ği⟩ Kuhstall *m*; *fig* F Blödheit *f*; F Büffelei *f*

infaz [ɑː] JUR Vollstreckung *f*; *-i* **~ etmek** *Strafe, Urteil* vollstrecken

infial [aː] ⟨-li⟩ Unwille *m*; Verstimmung *f*; PHIL Leiden *n*

infilak [aː] ⟨-ki⟩ Explosion *f*, Knall *m*; Spreng-; **~ etmek** explodieren, platzen (*a fig*); **~ ettirmek** *v/t* zur Explosion bringen, sprengen

infinitezimal **~ hesap** MATH Infinitesimalrechnung *f*

infirat [ɑː] ⟨-tı⟩ *osm* Isolierung *f*; **~çı** Isolationist *m*, -in *f*; **~çılık** ⟨-ğı⟩ Isolationismus *m*

İng *Abk für* **İngilizce** Englisch (Engl.)

İngiliz Engländer *m*, -in *f*; englisch; **~ anahtarı** Engländer *m*, Universalschraubenschlüssel *m*; **~ tuzu** Bittersalz *n*, Magnesiumsulfat *n*; **~ce** englisch (-sprachig) (*z.B. Buch*); englisch *sprechen*; (das) Englisch(e)

İngil'tere England *n*

ingin **1.** *adj* tief gelegen; **2.** *subst* MED Entzündung *f* der Schleimhäute; Katarrh *m*; **~lik** ⟨-ği⟩ Niederung *f*; *fig* Schwächezustand *m*

-in hali GR Genitiv *m*

inhiraf [ɑː] Abweichung *f*; ASTR Deklination *f*; Rückgang *m*; TECH Neigungs-

inhisar [ɑː] Beschränkung *f*; Monopol *n*; *-e* **~ etmek** sich beschränken (auf *A*), beschränkt werden (auf *A*); Monopol (*G*) sein; *-i* **~a almak** monopolisieren

inik heruntergelassen; *Augen* gesenkt

inildemek stöhnen; tönen

inilemek → **inlemek**

inilmek *pass von* **inmek**; **inilir** Ausstieg *m*; **burada inilmez!** kein Ausstieg hier!

inilti Wimmern *n*; Widerhall *m*

inim: **~ ~ inlemek** jämmerlich stöhnen

inisiyatif Initiative *f*; **~ sahibi** fähig selbständig zu handeln; **~ini kullanmak** die Initiative ergreifen

iniş Gang *m*, Fahrt *f* (*-e* in *A*); Abstieg *m*; Abhang *m*; Böschung *f*; *fig* Rückgang *m*; LUFTF Landung *f*; SPORT Abschwung *m*; *Bus* Ausgang *m*; Aussteigen *n*; **~ çıkışlar** Fallen und Steigen *n*; Niedergang und Aufschwung *m*; *fig* Wechselfälle *m/pl des Lebens*; **~ tonu** LING fallende(r) Ton; (**yumuşak**) **~ yapmak** (weich) landen; **~e geçmek** zur Landung ansetzen; **~li** abschüssig; **~ yokuşlu** holprig, uneben; Berg- und Tal-; *fig* dornig

inişsiz **~ uçuş** Nonstopflug *m*

inkâr Leugnung *f*; *-i* **~ etmek** (*od* **~dan gelmek**) leugnen, abstreiten; nicht anerkennen

inkılap [ɑː] ⟨-bı⟩ Reform *f*, Umwälzung *f*; ASTR Sonnenwende *f*

inkıta [ɑː] *bes Fußball* Unterbrechung *f*

inkişaf [ɑː] Entwicklung *f*, Fortschritt *m*

inleme Stöhnen *n*

inlemek stöhnen; widerhallen; dröhnen

inlik Höhlen- (*Tier*)

inme MED Schlaganfall *m*; LUFTF Landung *f* (*-e* auf *D*); Ebbe *f*

inmek **1.** (*-den*) aussteigen (aus *D*); hinuntersteigen (*die Treppe*); hinuntergehen (in *A*; auf *A*); herunterkommen (*vom Berge*); *Wind* wehen (*-den* aus *D*); **2.** (*-e*) gehen, fahren (nach *D*; zu); absteigen (*in e-m Hotel*); eingehen (auf *A*, *z.B. Einzelheiten*); *mit dem Preis* heruntergehen; sich erstrecken, gehen (*-e kadar* bis zu); *fig* zurückgehen (*-e* auf *A*); *Preis, Ausgaben* sinken, fallen (*-e* auf *A*); **3.** *ohne Suffix*: *Haare* ausfallen; *Mauer* einsinken; *Nebel* herabsinken; *Hochwasser* fallen, zurückgehen; **şehre ~** in die Stadt gehen/fahren; **şimdi kafana inerim!** *Slang*: ich hau dir gleich eine runter!; ***inecek var mı?*** *im Bus* steigt jemand aus?; *-i* ***hesaptan*** ~ von der Summe abziehen *A*

inmeli MED gelähmt

inorganik anorganisch

insaf [ɑː] **1.** *subst* Gerechtigkeit *f*; Einsicht *f*; **2.** *int* ich bitte Sie!; aber wie denn!?; ~ ***etmek*** gerecht sein; ~***a gelmek*** gerecht sein; sich erbarmen; *-in* ~***ına kalmış*** j-s Gerechtigkeitssinn überlassen; ~**lı** gerecht, human; mitleidig; ~**sız** ungerecht; gewissenlos; mitleidlos; gnadenlos; ~**sızlık** ⟨-ğı⟩ Ungerechtigkeit *f*, Gewissenlosigkeit *f*, Mitleidlosigkeit *f*

insan **1.** *subst* Mensch *m*; (die) Leute *pl*; **2.** *pron* man; **3.** *adj* human; ~ ***ayağı değmemiş*** von Menschen unberührt, ... den noch kein Mensch betreten hat; ~ ***düşmanı*** Menschenfeind *m*; ~ ***evladı*** (ein) gute(r) Mensch; ~ ***gibi*** menschlich, human; ~(***lık***) ***hali***(***dir***) es ist nur menschlich; ~ ***içine çıkmak*** unter Menschen kommen; mit anderen Kontakt aufnehmen; ~ ***müsveddesi*** *Person* (eine) Null; ~ ***seli*** Menschenstrom *m*; ~**biçimcilik** ⟨-ği⟩ Anthropomorphie *f*; ~**bilim** Anthropologie *f*

in'sanca menschlich; anständig *leben*; Menschen- (*Verluste*)

insan'cı menschlich, human

in'sancıl → ***insancı***; Humanist *m*, -in *f*

in'sancılık ⟨-ğı⟩ Humanismus *m*

in'sangiller Hominiden *pl*

in'sanımsılar Anthropoiden *pl*

insanî [-ɑːniː] menschlich

in'saniçincilik ⟨-ği⟩ Anthropozentrismus *m*

insaniyet [ɑː] ⟨-ti⟩ Menschheit *f*, Menschlichkeit *f*, Humanität *f*; ~**li** menschlich, human; ~**siz** unmenschlich, inhuman; ~**sizlik** ⟨-ği⟩ Unmenschlichkeit *f*

insanlaşmak menschlich handeln

insanlık ⟨-ğı⟩ Menschlichkeit *f*, Menschheit *f*; Menschen- (*Geschlecht*); ~ ***etmek*** sich menschlich verhalten; ~ ***hali bu!*** das ist alles (*od* allzu) menschlich; ~***tan çıkmak*** geschwächt sein, herunterkommen; verwildern

in'sanoğlu Mensch *m*, (das) menschliche Wesen

insansı Anthropoid *m*

in'sanüstü übermenschlich

insiyakî [-kiː] *osm* instinktiv

insiyatif → ***inisiyatif***

insülin Insulin *n*

inşa [ɑː] Bau *m*; Bauen *n*; Konstruktion *f*; Niederschrift *f*, Abfassung *f e-r Urkunde*; Bau- (*Material*); *-i* ~ ***etmek*** bauen, erbauen; ***köprü*** ~***sı*** Brückenbau *m*

inşaat [-ɑː'ɑːt] ⟨-tı⟩ Bau *m*; Bauvorhaben *n*; Bauarbeiten *f/pl*; ~ ***işçisi*** Bauarbeiter *m*; ~ ***sektörü*** Baubranche *f*; ~ (***yeri***) Baustelle *f*; ***gemi*** ~***ı*** Schiffsbau *m*; ***makina*** ~***ı*** Maschinenbau *m*; ***konut*** ~***ı*** Wohnungsbau *m*; ~**çı** Bauunternehmer *m*; ~**çılık** ⟨-ğı⟩ Bauwesen *n*

'inşallah [-ɑːx] hoffentlich

integral ⟨-li⟩ MATH Integral *n*; ~ ***hesabı*** Integralrechnung *f*

intiba [ɑː] ⟨-aı⟩ Eindruck *m*, Wirkung *f*

intibak [ɑː] ⟨-kı⟩ Anpassung *f*, Akklimatisierung *f*; *-e* ~ ***etmek*** sich anpassen (an *A*); sich akklimatisieren

intibaksızlık ⟨-ğı⟩ Mangel *m* an Anpassungsfähigkeit

intifa [ɑː] JUR Nutznießung *f*; ~ ***hakkı*** Nutznießungsrecht *n*

intihal [ɑː] ⟨-li⟩ Plagiat *n*; *-i* ~ ***etmek*** plagiieren; ~**cı** Plagiator *m*

intihar [ɑː] Selbstmord *m* (*a* F *fig = zu riskant*); ~ ***etmek*** Selbstmord begehen; ~ ***girişimi*** Selbstmordversuch *m*

intikal [-ɑːl] ⟨-li⟩ Übergang *m*; Übertragung *f*, Übergreifen *n des Feuers*; Umzug *m*; Vererbung *f*, Begreifen *n*, Auffassung *f*; ~ ***etmek*** (*-den -e*) übergehen (von *D* - in *A*); übertragen werden; *Sinn* begreifen; (*-den -e*) sich vererben (von *D* - auf *A*); *-e* ~ ***ettirmek*** *Kosten usw* abwälzen (auf *A*); zuleiten (*D*); weiterleiten (an *A*)

intikam [ɑː] Rache *f*; *-den* ~ ***almak*** Rache nehmen (an *D*); ~**cı** Rächer *m*

intizam [ɑː] Ordnung *f*; ~**lı** geordnet; ordentlich; ~**sız** unordentlich

inzibat [ɑː] ⟨-tı⟩ Disziplin *f*; Militärpolizei *f*; ~**sız** undiszipliniert

inziva [ɑː] Einsiedlerleben *n*; ~***ya çekilmek*** der Welt entsagen

İÖ *Abk. für* ***İsa'dan Önce*** vor Christi Geburt (v. Chr.)

ip ⟨-pi⟩ Schnur *f*; Seil *n*; Leine *f*; BOT Ader *f*; *dial* Faden *m*; Strick- (*Leiter*); ~ ***atlamak*** Seil springen; ~ ***cambazı*** Seiltänzer *m*; ~ ***kaçkını*** Galgenstrick *m*, Landstreicher *m*; ~ ***merdiven***

Strickleiter *f*; *-i* ***~e çekmek*** *j-n* henken, hängen; ***~e gelesi(ce)!*** hol ihn der Henker!; ***~e sapa gelmeyen*** (*od* ***gelmez***) *fig* völlig zusammenhanglos; *-i* ***~e sermek*** (*Wäsche*) aufhängen; ***~e un sermek*** Ausflüchte machen, nach e-r Ausrede suchen; ***~i kırık*** F Penner *m*; ***~i kırmak*** F sich verdrücken; (*-in*) ***~i(ni) koparmak*** loslaufen; ***~i sapı yok*** zusammenhanglos(es Zeug); ***~in ucunu kaçırmak*** nicht Maß halten können; *-in* ***~ini çekmek*** *j-n* an die Kandare nehmen, zurechtweisen; ***~ini kırmak*** außer Rand und Band geraten; *-i* ***~le çekmek*** *Stunden* zählen, nicht abwarten können, herbeisehnen; ***~ten kuşak kuşanmak*** *fig* auf den Hund kommen

ipek ⟨-ği⟩ Seide *f*, Seiden-, seiden; ***ham ~*** Rohseide *f*; ***suni ~*** Kunstseide *f*; **~böceği** ⟨-ni⟩ Seidenraupe *f*; **~böcekçiliği** Seidenraupenzucht *f*; **~böcekçisi** Seidenraupenzüchter *m*

ipekçi → ***~böcekçisi***; Seidenhändler *m*

ipekçiçeği BOT Portulakröschen *n* (*Portulaca grandiflora*)

ipek|çilik ⟨-ği⟩ Seidenraupenzucht *f*, Seidenhandel *m*; **~li** Seiden-, aus Seide

iperit ⟨-ti⟩ Senfgas *n*

ipertansiyon Bluthochdruck *m*

ipil: ***~ ~ etmek*** trübe leuchten (*od* brennen); **~emek** trübe leuchten (*od* brennen); schimmern; glimmen; **~eşmek** flimmern, schimmern; **~ti** Glimmen *n*; Schwelen *n*; Flimmern *n*

i'pince sehr zart, → ***ince***

iple|mek *v/t* zusammenbinden; F *j-n* respektieren; **~memek** *v/t j-n* ignorieren, F nicht für voll nehmen

iplik ⟨-ği⟩ Faden *m*; Garn *n*; Zwirn *m*; BOT Faser *f*; ***~ ~ inmek*** *Tränen* rinnen; ***~ ~ olmak*** fadenscheinig werden; *-in* ***ipliği pazara çıkmak*** in Verruf geraten; entlarvt werden, zum Vorschein kommen; **~çi** Spinner *m*, -in *f*

ipliklenmek *Naht* platzen; *Stoff* verschleißen, F auseinander gehen

ipnotize hypnotisiert; *-i* ***~ etmek*** *j-n* hypnotisieren

ipnotizma Hypnose *f*; **~cı** Hypnotiseur *m*; **~lı** hypnotisiert; schlafwandlerisch

ipnoz → ***hipnoz***

ipofiz: ***~ bezi*** ANAT Hypophyse *f*

ipotansiyon niedrige(r) Blutdruck

ipotek ⟨-ği⟩ Hypothek *f*; *-e* ***~ etmek*** (mit e-r Hypothek) belasten; ***~ edilmiş*** belastet; **~li** Hypotheken-

ipotez Hypothese *f*

ipsi fadenförmig; ***~ solucanlar*** ZOOL Fadenwürmer *m/pl*

ipsiz ohne Seil; *fig* Penner *m*; ***~ sapsız*** ohne Hand und Fuß, völlig ungereimt

iptal [-a:l] ⟨-li⟩ Annullierung *f*, Aufhebung *f*, Entwertung *f*, Streichung *f*; *Bank* Stornierung *f*; Abschaffung *f*; *als Aufdruck* ungültig; *-i* ***~ etmek*** *v/t* annullieren, ungültig machen; stornieren; streichen; entwerten; abschaffen; *Besuch usw* absagen; SPORT nicht anrechnen; ***~ ettirmek*** streichen lassen, stornieren lassen

iptida [ɑ:] Beginn *m*

'iptida *osm* anfangs, zunächst; GR inchoativ

iptidaî [-dɑ:i:] primitiv

iptila [a:] Sucht *f*, Leidenschaft *f* (*-e* zu); ***morfin ~sı*** Morphiumsucht *f*

'ipucu ⟨-nu⟩ Hinweis *m*, Anhaltspunkt *m*

irade [ɑ:] Wille *m*; HIST Erlass *m*; ***~ yitimi*** Willensschwäche *f*; ***bu benim ~min dışında*** das liegt nicht in meiner Macht; **~cilik** ⟨-ği⟩ Voluntarismus *m*; **~dışı** unbewusst; willkürlich; **~li** bewusst; willensstark; tatkräftig; **~siz** willensschwach, unentschlossen; charakterlos; **~sizlik** ⟨-ği⟩ Willensschwäche *f*, Charakterlosigkeit *f*

İran (der) Iran; **~lı** Iraner *m*, -in *f*, iranisch

irat [i:] ⟨-tı⟩ Einkommen *n*; (ertragreicher) Grundbesitz *m*

'İrce (das) Irisch(e)

irdelemek *v/t* untersuchen, prüfen; erörtern, diskutieren

irfan [ɑ:] Wissen *n*; Bildung *f*, Weitblick *m*, Vorausschau *f*

iri riesig, gewaltig, Riesen-; grob, kränkend (*Worte*); grob *mahlen*; hochtrabend, bombastisch *reden*; ***gözünü ~ ~ açmak*** große Augen machen

iribaş ZOOL Kaulquappe *f*

irice ziemlich groß, dick, recht plump

i'ridyum CHEM Iridium *n*

i'rikıyım grob gehackt; robust; korpulent

irileş|me MED Hypertrophie *f*, gewaltige Zunahme; **~mek** riesengroß werden;

umfangreicher werden; ***irileşmiş*** *Augen* weit aufgerissen
irili: ~ ***ufaklı*** groß(e) und klein(e)
irilik ⟨-ği⟩ Größe *f*, Dicke *f*, Stärke *f*; ... ***iriliğinde*** in der Größe *von/G*
irin Eiter *m*; ~ ***bağlamak*** (*od* ***toplamak***) eitern; **~lenme** Eitern *n*
irin|lenmek *v/i* eitern; **~li** eitrig, eiternd
'iris ANAT Iris *f*, Regenbogenhaut *f*
iriş → ***arış***
i'riyarı mächtig, kraftstrotzend
irkiliş Ansammlung *f*, Zusammenzucken *n*; MED Irritation *f*, Reizung *f*
irkilmek sich ansammeln; zusammenfahren *vor Schreck*; MED irritiert sein
irkiltici Reiz- (*Stoff*)
irkiltmek *v/t* e-e Ansammlung bewirken; *j-n* erschrecken; MED e-e Entzündung (*od* Reizung) bewirken
irkinti stehende(s) Wasser; Lache *f*, Pfütze *f*; *fig* Abscheu *m*, Abneigung *f*
irkmek ⟨-er⟩ *dial* ansammeln, sparen
İr'landa Irland *n*; **~lı** Ire *m*; Irin *f*; irisch
irmik ⟨-ği⟩ Grieß *m*
irrasyonel irrational
irs Erbschaft *f*; → ***kalıtım***
irsaliye ÖKON Lieferschein *m*
irsî [-iː] erblich, Erb-; **~yet** ⟨-ti⟩ angeborene Eigenschaft; Erblichkeit *f*
irtibat [ɑː] ⟨-tı⟩ Verbindung *f*; *-le* ~ ***kurmak*** Verbindung aufnehmen (mit *D*); ~ ***kutusu*** EL Kommutator *m*; **~çı** MIL Melder *m*, Verbindungsmann *m*
irtica [ɑː] ⟨-aı⟩ POL Reaktion *f*
irtical [ɑː] ⟨-li⟩ Improvisation *f*
irti'calen [ɑː]: ~ ***söylemek*** improvisieren, aus dem Stegreif sprechen
irtifa [ɑː] ⟨-aı⟩ Höhe *f*, Deckenhöhe *f*, Gipfelhöhe *f*; GEOGR Höhe *f* über dem Meeresspiegel; ~ ***saati*** Höhenmesser *m*; ***uçuş ~ı*** Flughöhe *f*
İ.S. *Abk. für* ***İsa'dan Sonra*** nach Christi Geburt (n. Chr.)
is Ruß *m*; ***~e tutmak*** *Fische* räuchern
İsa [iːsɑː] Jesus (Christus); ***Hazreti ~nın çarmıha gerilişi*** Kreuzigung *f* Jesu Christi
isabet [ɑː] ⟨-ti⟩ **1.** *subst* Treffer *m* (*Lotterie, Schuss usw*); *fig etw* ganz Richtiges, Treffendes; ... ganz richtig, sehr treffend; glückliche(r) Zufall; ~ ***almak*** LUFTF *z.B.* e-n Treffer erhalten, getroffen werden; *-e* ~ ***etmek*** treffen (*A*; in *A*, *z.B. ins Ziel*); *Betrag* entfallen (auf *A*); *in der Lotterie* gewinnen; *Los* fallen *auf j-n*; *-i -e* ~ ***ettirmek*** treffen (*A*; mit *D*; durch *A*); ~ ***ettirememek*** (das Ziel) verfehlen, F danebengehen; ~ ***olmak*** gerade zur rechten Zeit geschehen (*od* erfolgen, sein); ***bunda çok ~ ettiniz*** damit haben Sie ins Schwarze getroffen; **2.** *int* wunderbar!; schön (*ki* dass ...)
isabetli angebracht, passend; treffend; *Maßnahme* glücklich; **~lik** ⟨-ği⟩ Angebrachtheit *f*, Angemessenheit *f*
isabetsiz unangebracht, unangemessen; **~lik** ⟨-ği⟩ Unangemessenheit *f*
ise (*a* ***-se, -sa***) **1.** *adv* jedoch, hingegen; *Beispiel* ***ben buralıyım, eşim ise yabancı*** ich bin von hier, mein/e Gatte/Gattin jedoch ist Ausländer/in; ~ ***de*** wenn ... auch, obgleich: ***genç ~ de işini biliyor*** wenn sie auch jung ist, so versteht sie ihre Sache doch; **2.** *konj* wenn; falls; *Beispiele* ***çalışıyorsa dokunmayın!*** stören Sie ihn nicht, wenn er arbeitet!; ***bilsen, sana ne kadar gıpta ediyorum*** wenn du wüsstest, wie sehr ich dich beneide!; ***bilseydim söylerdim*** wenn ich es gewusst hätte, hätte ich es gesagt; ***zahmet olmazsa ...*** wenn es Ihnen keine Mühe macht ...
İshak ⟨-kı⟩ REL Isaak *m*
ishakkuşu ZOOL Ohreule *f*
ishal [aː] ⟨-li⟩ MED Durchfall *m*, Diarrhö *f*; ~ ***olmak*** Durchfall haben
isilik ⟨-ği⟩ MED Hitzeausschlag *m*
isim ⟨ismi⟩ Name *m*, *bes* Vorname *m*; Bezeichnung *f*; GR gantiv *n*, Nomen *n*; ~ ***cümlesi*** Nominalsatz *m*; ***ismin hali*** Kasus *m*, Fall *m*; *-e* ~ ***koymak*** e-n Namen geben (*D*); ~ ***takımı*** *etwa* Kompositum *n*; ~ ***yapmak*** sich (*D*) e-n Namen machen; bekannt werden (*-le* durch *A*); *-in* ***ismi geçmek*** erwähnt werden; ***aşağıda ismi geçen*** unten erwähnt; ***... ismiyle tanınmak*** unter dem Namen ... bekannt sein; *-in* ***ismini cismini bilmemek*** F *fig* von Tuten und Blasen keine Ahnung haben; *j-m* völlig fremd sein; (*-in*) ***ismi var cismi yok*** er (*od* es) ist zu nichts nütze; sehr bekannt, doch nur vom Hörensagen; ***isminizi öğrenebilir miyim?*** darf ich bitte Ihren Namen erfahren?
isim-fiil Verbalsubstantiv *n*
isim|li namens, mit Namen; **~siz** na-

menlos; *fig* unbeschreiblich; ~ ***çek*** Inhaberscheck *m*
iskambil Kartenspiel *n*; Spielkarte *f*; ~ ***kağıdı gibi devrilmek*** wie ein Kartenhaus zusammenfallen
iskan Ansiedeln *n*; Sesshaftwerdung *f*; Besiedelung *f*; *-e -i* ~ ***etmek*** *j-n* ansiedeln (in *D*); *j-n* sesshaft machen
iskandil Lot *n*, Senkblei *n*; Tiefenmessung *f*; *fig* Sondierung *f* des Terrains; (*-i*) ~ ***etmek*** ausloten; *fig* das Terrain sondieren; ausspionieren (*A*)
İskandinav skandinavisch; Skandinavien *n*; ~ ***dilleri*** (die) skandinavischen Sprachen; **~ca** [-ˈnɑvdʒɑ] (die) skandinavischen Sprachen; **~ya** [-ˈnɑvjɑ] Skandinavien *n*; **~yalı** [-ˈnɑvjɑlı] skandinavisch; Skandinavier *m*, -in *f*
iskarˈpela Stemmeisen *n*; Meißel *m*
iskarpin Damenschuh *m*
isˈkarta Schafwollabfälle *m/pl*
isˈkele MAR Anlegestelle *f*, Landungsbrücke *f*; MAR Backbord *n*; Landesteg *m*; Hafenstadt *f*; Bahnsteig *m*; Baugerüst *n*; THEA, FILM Beleuchtungsbrücke *f*; ~ ***almak*** *Schiff* ablegen, losmachen; *Slang: Frau* belästigen; **~*yi tutmak*** MAR anlegen
iskelet ⟨-ti⟩ Skelett *n*; Gerippe *n*, Knochengerüst *n*; (Schiffs)Rumpf *m*; ***bina* ~*i*** Baugerüst *n*; *-in* **~*i çıkmak*** bis zum Skelett abmagern
isˈkemle Hocker *m*; Schemel *m*; Tischchen *n für Blumen usw*; (*elektrischer*) Stuhl *m*; TECH Hängesitz *m*, Fördersitz *m*; ~ ***kavgası*** Postenjägerei *f*; ***iki* ~ *arasında oturmak*** zwischen zwei Stühlen sitzen
İskender: ***Büyük*** ~ Alexander der Große; ~ (***kebabı***) Döner *m* mit Fladenbrot und Joghurtsoße
İskenderiye Alexandrien *n in Ägypten*
İsˈkenderun Iskenderun *n*, Alexandrette *n*
ˈİskit ⟨-ti⟩ HIST Skythe *m*; Skythin *f*; **~çe** (das) Skythisch(e)
ˈİskoç Schotte *m*, Schottin *f*; **~ça** (das) Schottisch(e); **~ya** Schottland *n*
isˈkonto Diskont *m*; Rabatt *m*; *fig scherzh* Abstrich *m*, Vorbehalt *m*; ~ ***bankası*** Diskontbank *f*; *-i* ~ ***etmek*** diskontieren; Rabatt einräumen; *fig Worte* F nicht für voll nehmen, Abstriche machen; **~lu** mit Rabatt, ermäßigt; *fig* mit Abstrichen
iskorbüt ⟨-tü⟩ MED Skorbut *m*
iskorpit ⟨-ti⟩ *Fisch* Meersau *f*, Meereber *m* (*Scorpaena scrofa*)
isl- → ***sl-***
İslam [ɑː] Islam *m*; Mohammedaner *m*; ~ ***hukuku*** islamische(s) Recht
İslam|î [-iː] islamisch, muslimisch; **~iyet** ⟨-ti⟩ Islam *m*; **~laşmak** muslimisch werden
isle|mek *v/t z.B. Wand* schwärzen, verräuchern; *Fisch* räuchern; **~nmek** *pass von* ***islemek***
isli verrußt, verräuchert; geräuchert, Räucher- (*Fisch usw*)
islim → ***istim***
ˈismen nominell; dem Namen nach
isnat ⟨-dı⟩ Rückführung *f* (auf *A*); Zurlastlegung *f* (*e-r Schuld*); Verleumdung *f*; *-i -e* ~ ***etmek*** *j-m etw* zuschreiben, *etw* zur Last legen; *j-n* verleumden; schlecht machen
isˈpalya Spalier(stange *f*) *n*
İspany|a [-ˈpa-] Spanien *n*; **~alı** Spanier *m*, -in *f*; **~ol** Spanier *m*, -in *f*, spanisch; **~olca** [-ˈjɔl-] (das) Spanisch(e); spanisch
ispanyolet [-ˈlɛt] *Fenster* (Dreh)Stangenverschluss *m*
isˈpari Ringelbrassen *m* (*Sargus annularis*)
İsˈparta HIST Sparta *n*
ispat [ɑː] ⟨-tı⟩ Beweis *m*; Argumentation *f*, Bekräftigung *f*; *-i* ~ ***etmek*** beweisen (*A*); JUR ~ ***kudreti*** Beweiskraft *f*; ***bu* ~ *edilemez*** das ist unbeweisbar
ispati *Karte* Kreuz *n*; F Laffe *m*; Fatzke *m*; ~ ***kızı*** Kreuzdame *f*, ~ ***oğlu*** Kreuzbube *m*
ispat|lamak *v/t* beweisen; bezeugen; bekräftigen; **~lı** bewiesen; bescheinigt
ispenç ⟨-ci⟩ ZOOL Zwerghuhn *n*; *fig* Knirps *m*; ~ ***horozu*** *fig* klein, aber oho
ispermeçet ⟨-ti⟩ Walrat *n* (*m*); Stearin-; ~ ***balinası*** ZOOL Pottwal *m*
ispinoz ZOOL Buchfink *m*
ispir Pferdeknecht *m*
ispiˈralya MAR Luke *f*
isˈpirto Spiritus *m*, Alkohol *m*; ~ ***ocağı*** Spirituskocher *m*; **~lu** Spiritus-; alkoholhaltig; **~luk** ⟨-ğu⟩ Spirituskocher *m*; **~suz** alkoholfrei
ispit ⟨-ti⟩ Felge *f*
ispiyon Spion *m*; Spitzel *m*; **~lamak** *v/t*

İ

j-n bespitzeln; *j-m* nachspionieren; **~luk** ⟨-ğu⟩ Spionage *f*, Bespitzelung *f*
ispiritizma Spiritismus *m*
israf [ɑː] Verschwendung(ssucht) *f*; *-i -e* **~ etmek** (*Geld, Energie*) verschwenden (auf *A*), verplempern
İsrail [-'rɑː-] Israel *n*; **~li** Israeli *m, f*
İst. *Abk für* **İstanbul**
is'tadya Entfernungsmesser *m*
istalagmit ⟨-ti⟩ Stalagmit *m*
istasyon Bahnhof *m*; Station *f*; Stelle *f*; **aşı ~u** Impfstelle *f*
istatistik ⟨-ği⟩ Statistik *f*; **~ bilgiler** statistische Angaben *f/pl*; **~çi** Statistiker *m*
istatistik|î, ~sel statistisch
istavrit ⟨-ti⟩ ZOOL Bastardmakrele *f*
istavroz REL Kreuz *n*
istek ⟨-ği⟩ Wunsch *m*; Forderung *f*; Anspruch *m*; Erfordernis *n*; **~ kipi** GR Optativ *m*; *-e* **~ duymak**, *-e* **isteği olmak** Lust haben, zu ...; **büyük bir ~le** sehr gern; **isteğe bağlı** auf Wunsch, optional; *-in* **isteği üzerine** auf Wunsch (*G*); **kendi isteği üzerine** auf eigenen Wunsch; **ekonomik ~ler** wirtschaftliche Erfordernisse *n/pl*; GR **~ yutumu** Optativ-Haplologie *f* (*z.B. başlayım statt başla-ya-yım*)
is'teka Billardqueue *n*; Glättholz *n* (*des Schusters*)
istekle gern; mit Appetit
isteklendirmek den Wunsch erwecken zu, anregen zu (*od* zu + *inf*)
istek|li strebend nach; Bewerber *m*, -in *f*; **~ olarak** freiwillig; **~siz** ungern, lustlos, apathisch, ohne Schwung; **~sizlik** ⟨-ği⟩ Lustlosigkeit *f*, Apathie *f*
istem PSYCH → **istenç**; JUR Antrag *m* (auf *A*); ÖKON **sunu ve ~** Angebot und Nachfrage
istemek *v/t* wollen; haben wollen; wünschen; verlangen (*-den -i A* von *D*), bitten (*-den -i j-n* um *A*); fragen, verlangen (*-i* nach *j-m*); ersuchen (*-i* um *A*, *z.B. Hilfe*); *Prospekte* anfordern; *Zeit, Arbeit, Mühe* erfordern; **istediği gibi at koşturmak** nach eigenem Gutdünken handeln; **istemeye istemeye** widerwillig; **isteyerek** gern; freiwillig; **nasıl isterseniz** wie Sie wünschen; **Ali'den kızını istemişti** er warb bei Ali um dessen Tochter
istemli → **istençli**
istemseme PSYCH Versuch *m*, Ansatz *m*, Anlauf *m*; Schwankung *f*
istemsiz ungewollt; unwillkürlich
istenç ⟨-ci⟩ PSYCH Wille *m*; **~ yitimi** Willenlosigkeit *f*, PSYCH Abulie *f*; **~çilik** Voluntarismus *m*; **~dışı** willenlos
istenç|li, ~sel vorsätzlich; gewollt; absichtlich; willensstark, selbstbewusst, resolut; **~siz** willensschwach, willenlos
isten(il)mek *pass von* **istemek**; wünschenswert sein; gewünscht werden; **istendiği kadar** auf Abruf; nach Belieben; **istenmeyen** unerwünscht; **istenmeyen kişi** POL Persona non grata
istep ⟨-pi⟩ GEOGR Steppe *f*
istepne AUTO Reserverad *n*
ister Bedürfnis *n*; **~ gitsin ~ kalsın** es ist (mir) egal, ob er/sie geht oder bleibt; soll er/sie gehen *od* bleiben!; **~ istemez** wohl oder übel
ister|i Hysterie *f*; **~ye tutulmak** e-n hysterischen Anfall haben; F hysterisch werden; **~ik** Hysteriker *m*, -in *f*
istetmek *kaus von* **istemek**; bitten lassen; *j-n* um die Hand (*der Tochter*) anhalten lassen
istiap [ɑː] ⟨-bı⟩ Fassungsvermögen *n*; Volumen *n*; **~ haddi** AUTO Nutzlast *f* *bzw* Anzahl der Sitzplätze
istiare [ɑː] LIT Metapher *f*
istibdat [ɑː] ⟨-dı⟩ Absolutismus *m*; Despotismus *m*
istida [ɑː] Eingabe *f*, Antrag *m*
istidat [ɑː] ⟨-dı⟩ Talent *n*; *Person* Talent *n*; MED Veranlagung *f*, Neigung *f*
istif Stapelung *f*, Stapel *m*; Packen *n*; MAR Ladung *f*; *-i* **~ etmek** stapeln (*A*); *Schiff* beladen; **~ini bozmamak** *fig* keine Miene verziehen, nicht stutzen
istifa [-iːfɑː] Rücktritt(sgesuch *n*) *m*; *-den* **~ etmek** zurücktreten (von *D*); **~yı basmak** F kündigen
istifade [ɑː] Ausnutzung *f*, Gebrauch *m*; Nutzen *m*; *-den* **~ etmek** ausnutzen (*A*), Gebrauch machen (von *D*); **herkesin ~ edebileceği** allen zugänglich
istifçi Packer *m*, Lagerist *m*; **~lik** ⟨-ği⟩ Stapelung *f*, Packerei *f*, *fig* Hamsterung *f*, Hamsterwesen *n*; **~ etmek** als Packer arbeiten; *fig* hamstern
istiflemek *v/t* stapeln; packen; *Schiff* beladen; verstauen (*-e* auf, in *A*); *fig Waren* hamstern
istihbarat [-ɑːt] ⟨-tı⟩ Informationen *f/*

pl; Nachrichten *f/pl*; Spionage- (*Netz*); Aufklärung *f*, Aufklärungs-; ~ ***dairesi*** Auskunftsbüro *n*; ~ ***servisi*** Geheimdienst *m*; ***askerî istihbarat örgütü*** Militärischer Abschirmdienst (MAD)
istihdam [ɑː] Anstellung *f*, Beschäftigung *f*, Beschäftigungslage *f*; *-i* ~ ***etmek*** *j-n* anstellen, beschäftigen
istihkak [ɑː] ⟨-kı⟩ Rechtsanspruch *m*; Verdienst *m*; Vergütung *f*
istihkâm MIL Befestigung *f* (*meist pl* -en); Pionierwesen *n*; ~ ***sınıfı*** Pioniertruppen *f/pl*; **~cılık** ⟨-ğı⟩ Pionierwesen *n*
istihsal [aː] ⟨-li⟩ Erzeugung *f*, Produktion *f*, Produkt *n*; *-i* ~ ***etmek*** *v/t* erzeugen, produzieren; erwirken
istihza [ɑː] Verhöhnung *f*, Ironie *f*
is'tika → ***isteka***
istikamet [ɑː] ⟨-ti⟩ → ***yön***; Richtung *f*, Ehrlichkeit *f*; *-i -e* ~ ***vermek*** *v/t* richten (auf *A*); ***mecburî*** ~ Einbahnstraße *f*
istikbal [aː] ⟨-li⟩ *a* GR Zukunft *f*; **~siz** ohne Zukunft; aussichtslos
istiklal [aː] ⟨-li⟩ Unabhängigkeit *f*; ***İstiklal Savaşı*** Unabhängigkeitskrieg *m* (*Türkei, 1919–1923*)
istikrar [ɑː] Stabilität *f*, Konsolidierung *f*; **~lı** stabil; solide; **~sız** instabil; veränderlich; unsicher; **~sızlık** ⟨-ğı⟩ Instabilität *f*, Veränderlichkeit *f*
istikraz [ɑː] Entleihen *n*; Anleihe *f*
istila [-iːlaː] Invasion *f*, Epidemie *f*, MIL Okkupation *f*, *fig* Überschwemmung *f* (*mit Waren*); *-i* ~ ***etmek*** einfallen (in *A*); okkupieren, besetzen (*A*); sich (*wie e-e Seuche*) verbreiten; (*a fig*) überschwemmen; **~cı** Eindringling *m*, Invasor *m*; Okkupant *m*; Invasions-
istim TECH Dampf *m*; F Schnaps *m*; ~ ***üstünde olmak*** MAR unter Dampf stehen, klar zur Abfahrt sein; **~*ini tutmak*** unter Dampf stehen; *fig* geladen sein; F benebelt (*od* voll) sein
istimal ⟨-li⟩ Verwendung *f*
istimator Taxator *m* (*beim Zoll*)
istimlak [-aː-] ⟨-ki⟩ Enteignung *f*; *-i* ~ ***etmek*** enteignen
istimli Dampf-
istinabe [ɑː] JUR Vernehmung *f am Wohnort der Zeugen*; ~ ***suretiyle*** in Vollmacht
isti'naden *-e* aufgrund *G/von*
istinaf [ɑː] JUR Berufung *f*, ~ ***mahkemesi*** Berufungsgericht *n*; *-i -e* ~ ***etmek*** Berufung einlegen gegen *A* bei *D*
isti'nafen JUR auf dem Berufungsweg
istinat [ɑː] ⟨-dı⟩ Stütze *f*, Unterstützung *f*, Rückhalt *m*; Bezugnahme *f* (auf *A*); *-e* ~ ***etmek*** sich stützen (auf *A*); Bezug nehmen (auf *A*); ~ ***duvarı*** Stützmauer *f*
istirahat [-rɑː-] ⟨-ti⟩ Erholung *f*, Ruhe *f*; ~ ***etmek*** sich ausruhen
istirham [ɑː] Flehen *n*, flehentliche Bitte; *-den -i* ~ ***etmek*** *von j-m* erflehen (*A*); **~*da bulunmak*** flehentlich bitten, flehen; ***saygılarımı kabul buyurmanızı*** ~ ***ederim*** *amtlich* mit dem Ausdruck meiner vorzüglichen Hochachtung
isti'ridye ZOOL Auster *f*
istismar [ɑː] Ausbeutung *f*, Ausnutzung *f*; *-i* ~ ***etmek*** *j-n* ausbeuten; *j-n, etw* ausnutzen; **~cı** Ausbeuter *m*
istisna [ɑː] Ausnahme *f*; ~ ***etmek*** e-e Ausnahme machen; **~*en*** [-nɑːɛn] ausnahmsweise
istisnaî [-iː] Ausnahme- (*Zustand*); Sonder- (*Gericht*); **~sız** ausnahmslos
istişare [ɑː] Konsultation *f*, Beratung *f*; *-i -le* ~ ***etmek*** *etw mit j-m* beraten
istop halt!, stop!; (*-i*) ~ ***etmek*** anhalten, stoppen (*a A*); AUTO ausgehen (*Motor*)
'İsveç ⟨-ci⟩ Schweden *n*; **~çe** schwedisch; (das) Schwedisch(e); **~li** Schwede *m*; Schwedin *f*, schwedisch
İs'viçre Schweiz *f*, ~ ***peyniri*** Schweizer Käse *m*; **~li** Schweizer *m*, -in *f*, schweizerisch
isyan [ɑː] Empörung *f*, POL Aufstand *m*, Revolte *f*, MIL Meuterei *f*, ~ ***etmek*** sich empören; meutern; ~ ***bayrağını açmak*** zum offenen Aufruhr übergehen; **~cı** Aufständische(r); Meuterer *m*; **~cılık** ⟨-ğı⟩ Meuterei *f*, **~kâr** aufständisch; aufsässig; *a fig* widerspenstig
iş *a* PHYS Arbeit *f*, Tätigkeit *f*, Angelegenheit *f*, Sache *f*, Dinge *n/pl*; Lage *f* der Dinge; F Geschichte *f*, Geschäft *n*, *bes pl* Geschäfte *n/pl*; Erzeugnis *n*, Ware *f* (*z.B. Glaswaren usw*); ~ ***açmak*** *fig* Scherereien machen; ~ ***alanı*** Arbeitsgebiet *n*; ~ ***başa düşmek*** sich durchbeißen müssen; ~ ***başa gelmek*** *etw* selbst tun müssen; ~ ***başına!*** an die Arbeit!; ~ ***başına geçmek*** e-e Arbeit übernehmen; an die Arbeit gehen; e-e (gute) Position bekommen; ~

başında bei der Arbeit; ***~(ini) bilmek*** s-e Sache verstehen; ***~ bölümü*** Arbeitsteilung *f*; ***~ çıkarmak*** viel Arbeit machen; Scherereien machen; ***~ değil*** *scherzh* ... ist kein Meisterstück; *-i* ***~ edinmek*** sich (*D*) *etw* (*A*) zur Aufgabe machen; *-e* ***~ etmek*** *j-m* Scherereien machen; ***~ giysisi*** Arbeitsbekleidung *f*; ***~ göremezlik*** Arbeitsunfähigkeit *f*; ***~ görmek*** arbeiten; (zur Arbeit) taugen; *-e* ***~ göstermek*** *j-m* Arbeit zuweisen; ***~ güç*** Erwerb *m*, Beschäftigung *f*; ***~ güç sahibi*** Erwerbstätige(r); gewerbetreibend; ***~ hukuku*** Arbeitsrecht *n*; ***~(in) içinde ~ var*** es steckt etwas dahinter; ***~ istasyonu*** EDV Workstation *f*; ***~ ~ten geçti*** vorbei ist vorbei; ***~ kazası*** Arbeitsunfall *m*; ***~ ki*** es reicht (*od* genügt), dass ... (*od* wenn ...); ***~ mi?*** was ist das schon ...?; ***~ olanağı*** Arbeitsmöglichkeit *f*; ***~ olsun diye*** (wie) ein Gschaftlhuber; ***~ saatleri*** Arbeitsstunden *f/pl*; ***~ sözleşmesi*** Arbeitsvertrag *m*; ***~ teşviki kanunu*** Arbeitsförderungsgesetz *n*; ***İş ve İşçi Bulma Kurumu*** Arbeitsamt *n* (*Türkei*); *-de* ***~ yok*** von ... (*D*) hat man nichts; (da) ist nichts dran; ***~ zamanı*** Arbeitszeit *f*; *-i* ***~e almak*** anwerben (*A*); einstellen; ***~e bak!*** sieh mal (einer) an!; ***~e girmek*** s-n Dienst antreten; *-in* ***~i aksi gitmek*** *fig* F danebengehen; ***~i azıtmak*** es zu weit treiben; *-in* ***~i başından aşkın*** überlastet, mit Arbeit überhäuft; *-in* ***~i bitmek*** erledigen (*A*); *fig* erledigt sein; *-in* ***~i çıktı*** er hat etw zu tun bekommen; *-in -e* ***~i düşmek***: ***size bir ~im düştü*** ich wende mich an Sie um Hilfe, ich habe ein Anliegen an Sie; *-in* ***~i ne?*** was ist er von Beruf?; *-in* ***~i olmak***: ***~im var*** ich habe zu tun; ***~i olmayan giremez*** Unbefugten Zutritt verboten; ***~i pişirmek*** *fig* unter e-r Decke stecken; ein Techtelmechtel beginnen; ***~in başı*** der springende Punkt; ***~in içinden çıkmak*** F (damit) klarkommen, es spitzkriegen; ***~in mi yok*** nicht wichtig, (ist) nicht tragisch; *-e* ***~in ucu dokunmak*** den Schaden (*G*) haben; ***~in ucu bana da dokunuyor*** das betrifft mich auch; ***~in üstesinden gelmek*** F hinkriegen, managen; *-i* ***~inden çıkarmak*** *j-n* entlassen, F rauswerfen; ***~inden olmak*** s-e Stellung verlieren; (***kendi***) ***~ine bak!*** kümmere dich um deine (eigenen) Angelegenheiten!; arbeite weiter!; mach weiter!; ***~ine gelmek*** *j-m* gelegen kommen; ***~ine göre*** je nachdem; ***~i(ni) görmek*** e-e Rolle spielen, e-e Funktion haben; F *j-n* erledigen, *j-n* umlegen; ***~ten anlamak*** *etw* von der Sache verstehen; ***~ten almak*** hinauswerfen, F rausschmeißen; ***~ten*** (***bile***) ***değil*** kinderleicht

ˈişadamı Geschäftsmann *m*

işalan Arbeitnehmer *m*, -in *f*

işaret [ɑː] ⟨-ti⟩ Zeichen *n*; Geste *f*; Signal *n*; Symbol *n*; Hinweis *m*; ***düzeltme ~i*** Zirkumflex *m*; ***kesme ~i*** Apostroph *m*; ***noktalama ~i*** Satzzeichen *n*; ***soru ~i*** Fragezeichen *n*; ***tırnak ~i*** Anführungszeichen *n*; ***ünlem ~i*** Ausrufungszeichen *n*; ***~ etmek*** ein Zeichen geben; signalisieren (*-i A*); hinweisen (*-e* auf *A*); ***~ sıfatı*** GR Demonstrativpronomen *n*; ***~ vermek*** ein Signal geben; ***başı ile evet ~i vermek*** mit dem Kopf nicken

işaretçi Signalgeber *m*; MAR Signalgast *m*

işaret|lemek *v/t* signalisieren, Zeichen geben für; kennzeichnen; *Frage, Feld* ankreuzen; **~lenme** Kennzeichnung *f*, Ausschilderung *f der Wege*; **~lenmiş** gekennzeichnet, markiert; **~leşmek** einander Zeichen geben; **~li** mit Zeichen versehen; ausgeschildert

işaretparmağı ⟨-nı⟩ Zeigefinger *m*

ˈişbaşı ⟨-nı⟩ Arbeitsbeginn *m*; ***~ yapmak*** an die Arbeit gehen, mit der Arbeit beginnen; ***~nda eğitim*** Anlernen *n*; Ausbildung *f* am Arbeitsplatz

ˈişbirliği ⟨-ni⟩ Zusammenarbeit *f*; ***~ yapmak*** zusammenarbeiten

ˈişbirlikçi Kollaborateur *m*, -in *f*

ˈişbölümü ⟨-nü⟩ Arbeitsteilung *f*

ˈişbu *osm* vorliegend, diese(r), dieses

işçi Arbeiter *m*, -in *f*, Arbeits-; ***~ hareketi*** Arbeiterbewegung *f*; ***~ sınıfı*** Arbeiterklasse *f*; ***~ ücreti*** Arbeitslohn *m*; ***kafa ~si*** Kopfarbeiter *m*, -in *f*; ***maden ~si*** Bergarbeiter *m*; ***~ arı*** Arbeitsbiene *f*; ***~ temsilcisi*** Arbeitnehmervertreter *m*; Betriebsrat *m*

işçilik ⟨-ği⟩ Beschäftigung *f* als Arbeiter; Arbeitslohn *m*; Arbeit *f* (*als Menge u Qualität*), (Arbeits)Ausführung *f*

işeme Wasserlassen *n*, F Pissen *n*

işe|mek Wasser lassen, urinieren; F pissen; **~tmek** *Kind* abhalten

işgal [-a:l] ⟨-li⟩ Besetzung *f*, Besatzung *f*, Abhaltung *f* (von *D*); Beschäftigung *f*; **~ ordusu** Besatzungsarmee *f*; *-i* **~ etmek** besetzen (*A*); *j-n* abhalten, beschäftigen; *Platz* einnehmen; **~cı** Besatzer *m*, Okkupant *m*

'işgücü ⟨-nü⟩ Arbeitskraft *f*

işgüder POL Geschäftsträger *m*

'işgünü ⟨-nü⟩ Werktag *m*; ***altı saatlik* ~** sechsstündige(r) Arbeitstag

işgüzar [ɑ:] tüchtig, rührig, unternehmungslustig; *abw* dienstfertig, wichtigtuerisch, übereifrig; **~lık** ⟨-ğı⟩ Tüchtigkeit *f*; Dienstfertigkeit *f*

işitilmek *pass von* ***işitmek***; bekannt werden; ***ancak işitilen*** kaum vernehmbar; ***işitilmemiş*** unverbreitet, nicht bekannt geworden; *fig* noch nicht dagewesen, unerhört

işi|tme Gehör *n*; Hör- (*Vermögen*); **~ *özürlü*** hörbehindert; **~mek** (*-i*) hören (*A*); hören, erfahren (*A*); ***azar*** (*od* ***laf***) **~** Vorwürfe bekommen (*-den* von)

işitme(me)zlik ⟨-ği⟩: ***işitme(me)zliğe getirmek***, **~*ten gelmek*** sich taub stellen, geflissentlich überhören

'işkadını Geschäftsfrau *f*

iş'kembe Pansen *m*, erste(r) Magen *der Wiederkäuer*; Wanst *m*; Innereien *pl*, Kaldaune *f*, Kutteln *f/pl*; **~ *çorbası*** Kuttelsuppe *f*; **~*den atmak*** (*od* ***söylemek***) F nur Quatsch reden

iş'kembeli: **~ *adam*** Dickwanst *m*

işkence Folter *f*, Tortur *f*; *fig* Qual *f*; **~ *aleti*** Folterwerkzeug *n*; *-e* **~ *etmek*** *j-n* foltern, martern; **~ *odası*** Folterkammer *f*; **~*ye sokmak*** der Folter unterwerfen; **~ci** Folterknecht *m*

işkil Argwohn *m*, Misstrauen *n*

işkil||lendirmek *v/t j-n* argwöhnisch machen, misstrauisch (*od* unruhig) machen, beunruhigen; erschweren; **~lenmek** Zweifel hegen; argwöhnisch sein, beunruhigt sein; *Sache* unklar werden, sich komplizieren; **~li** argwöhnisch, misstrauisch; **~siz** treuherzig; ... ohne Falsch; **~sizlik** ⟨-ği⟩ Treuherzigkeit *f*

'işkolu Industriezweig *m*, Gewerbe *n*

işlek *Straße* belebt, befahren; *Handel* lebhaft; aktiv; LING *Endung* produktiv; *Schrift* flüssig

işlem Formalitäten *f/pl*, Prozedur *f*; MATH Rechnungsart *f*; (Produktions)-Prozess *m*; EDV Rechenoperation *f*; (gesetzliche) Maßnahmen *f/pl*; TECH Behandlung *f*, Verfahren *n*; **~ *kayıt pusulası*** Laufzettel *m*

işlemci EDV Prozessor *m*

işleme Funktionieren *n*, Arbeit *f*; Betrieb *m*; Begehung *f e-s Verbrechens*; TECH (Boden)Bearbeitung *f*, Behandlung *f*; Arbeits-; Handarbeit *f*; Stickerei *f*; fein gearbeitet; **~ci** Kunsthandwerker *m*; **~cilik** ⟨-ği⟩ Kunsthandwerk *n*; ***altın işlemeciği*** Goldschmiedekunst *f*

işlemek **1.** *v/i Geschäft* (*gut*) gehen; *Gehalt* laufen (*-den itibaren* von, ab *D*); beginnen (mit *D*); *Maschine* funktionieren, arbeiten, gehen; *Wunde* eitern; *Zeit* vergehen, ablaufen; *Zug*, *Schiff usw* verkehren; dringen, gehen (*-e* auf *A*; in *A*); **2.** *v/t Boden*, *Rohstoff* bearbeiten; mit der Hand arbeiten; *Fehler*, *Verbrechen* begehen; *Gutes* tun (*-e j-m*); *Kleid* besticken; sticken (*A*); F mausen, klauen; mogeln; nachstöbern; *j-n* veräppeln

işle|meli bestickt; **~nmek** *pass von* ***işlemek***; *v/i* in Bearbeitung sein

işlen|memiş unbearbeitet; **~miş** bearbeitet; Fertig-; ***yarı* ~** Halbfabrikat *n*

işler: **~ *durumda*** betriebsbereit

işlerlik ⟨-ği⟩ Lebensfähigkeit *f*, Funktionsfähigkeit *f*, Effizienz *f*

işleten jemand, der ... betreibt, Inhaber *m*, -in *f*; Wirt *m*, -in *f*

işletici Antriebs- (*Rad*); Trieb- (*Werk*)

işletim: **~ *sistemi*** EDV Betriebssystem *n*

işletme Unternehmen *n*, Betrieb *m*; Verwaltung *f*; ***sanayi* ~*si*** Industriebetrieb *m*; **~ci** Betriebsleiter *m*, -in *f*; Manager *m*, -in *f*; Inhaber *m*, -in *f*; Filmverleiher *m*; **~cilik** ⟨-ği⟩ Wirtschaft(s-führung) *f*; Betriebswirtschaft(slehre) *f*

işletmek *Geschäft*, *Hotel usw* betreiben, führen; *Konto* führen; *Motor* in Gang setzen; *j-n* arbeiten lassen, *j-n* beschäftigen; F *j-n* ausnutzen; foppen, auf den Arm nehmen; TECH verarbeiten

işlev Funktion *f*, Aufgabe *f*, Bestimmung *f*; Funktionsfähigkeit *f*; **~ *kaybı*** MED Apraxie *f*; **~cilik** ⟨-ği⟩ Funktionalismus *m*; **~sel** Funktions-, funktional, funktionell; **~siz** funktionslos

işley|ici arbeitend, in Betrieb; durchdringend; **~iş** Arbeitsweise *f*

işli bestickt; besetzt (*-le* mit *D*)

işlik ⟨-ği⟩ Atelier *n*; Overall *m*, Monteuranzug *m*

işmar *dial* Zeichen *n*, Wink *m*; Zwinkern *n*; *-e* ~ ***etmek*** *j-m* ein Zeichen geben, zuzwinkern

iş'porta Bauchladen *m*; Straßenhandel *m*; ~ ***malı*** Ausschussware *f*, Schund *m*; **~cı** fliegende(r) Händler

işsiz [ɪ'sːɪz] arbeitslos; ~ ***güçsüz*** *abw* ohne jede Beschäftigung

işsizlik ⟨-ği⟩ Arbeitslosigkeit *f*; ~ ***sigortası*** Arbeitslosenversicherung *f*

iştah Appetit *m*; Verlangen *n* (*-e* nach *D*); Lust *f* (*-e* zu *D*); ~ ***açıcı*** appetitanregend; ~ ***açmak*** den Appetit anregen; ~ ***kapamak*** (*od* ***kesmek***) (*j-m*) den Appetit verderben

iştahlan|dırmak (*-i*) Appetit machen (auf *A*); **~mak** *v/t* Appetit bekommen (*a fig*); Lust bekommen

iştahlı hungrig; (*a* ~ ~) mit Lust und Liebe *arbeiten*; **~yım** ich habe Appetit

iştahsız appetitlos; lustlos, sehr ungern (*meist* ~ ~); **~lık** ⟨-ğı⟩ Appetitlosigkeit *f*; Lustlosigkeit *f*

işte *Verstärkung*; da ist ...; da!; da ...; nun, also; und sieh ...; ~ ***bak!*** nun, guck mal!; ~ ***bu kadar*** und mehr nicht; damit wären wir am Ende (*unserer Sendung*); ~ ***bu suretle*** denn auf diese Weise; ~ ***sizin çantanız, hani benimki?*** da ist Ihre Tasche, wo ist denn meine?

işteş HIST Kollege *m*; reziprok; ~ ***eylem*** GR reziproke(s) Verb; **~lik** ⟨-ği⟩ Zusammenarbeit *f*, Reziprozität *f*

iştigal [aː] ⟨-li⟩ Beschäftigung *f*; ... *-le* ~ ***etmek*** sich beschäftigen (mit *D*); → ***uğraşmak***

iştikak [ɑː] ⟨-kı⟩ *osm* GR Ableitung *f*, Etymologie *f*; *-den* ~ ***etmek*** abgeleitet werden (von *D*); *-i -den* ~ ***ettirmek*** ableiten (*A* von *D*)

iştira [ɑː] Kauf *m*; Ankauf *m*; ~ ***gücü*** Kaufkraft *f*; ~ ***hakkı*** Vorkaufsrecht *n*

iştirak [aː] ⟨-ki⟩ Teilnahme *f* (*-e* an *D*); ÖKON Beteiligung *f*; *-e* ~ ***etmek*** teilnehmen (an *D*); mitwirken (an *D*); **~çi** Teilnehmer *m*, -in *f*, Teilhaber *m*, -in *f*

iştiyak [ɑː] ⟨-kı⟩ *osm* Sehnsucht *f*; ~ ***duymak*** Sehnsucht haben

işve Koketterie *f*; Getue *n*; **~li** kokett; verführerisch

işveren Arbeitgeber *m*, -in *f*

'işyeri Arbeitsplatz *m*; Gewerberaum *m*; ~ ***terörü*** Mobbing *n*

İt. *Abk für* ***İtalyanca*** Italienisch

it ⟨-ti⟩ Köter *m*, Hund *m*; gemeine(r) Kerl; Schuft *m*; ~ ***gibi çalışmak*** wie ein Pferd arbeiten; ~ ***kopuk*** Hinz und Kunz, jede(r) Hergelaufene; ~ ***sürüsü*** Hunderudel *n*; *fig* Otterngezücht *n*

ita [iːtɑː] Ausstellung *f e-r Bescheinigung*; ~ ***emri*** Zahlungsbefehl *m*

itaat [-tɑːt] ⟨-ti⟩ Gehorsam *m*; *-e* ~ ***etmek*** gehorchen (*D*); **~li** gehorsam

itaatsiz ungehorsam; **~lik** ⟨-ği⟩ Ungehorsam *m*; (*-e*) ~ ***etmek*** ungehorsam sein; *Befehl usw* verweigern; ***emre*** ~ Befehlsverweigerung *f*

italik ⟨-ği⟩ kursiv; ~ ***harfler*** Kursivschrift *f*; **~*le dizmek*** kursiv setzen

İ'talya Italien *n*; **~lı** Italiener *m*, -in *f*; italienisch

İtalyan Italiener *m*, -in *f*; italienisch; **~ca** (das) Italienisch(e); (auf) italienisch

'itboğan BOT Eisenhut *m*

'itburnu ⟨-nu⟩ BOT Hagebutte *f*

'itdirseği ⟨-ni⟩ Gerstenkorn *n* (*im Auge*)

iteklemek *v/t* F stoßen, schubsen

itelemek (*-e -i*) *j-n* treiben (zu, in *A*); drängen, puffen, (zurück)stoßen

itenek ⟨-ği⟩ Kolben *m*

iter → ***itmek***

itfa [ɑː] Löschen *n*; ÖKON Tilgung *f*, Abzahlung *f*; *-i* ~ ***etmek*** löschen (*a* ÖKON); tilgen, abzahlen

itfaiye [aː] Feuerwehr *f*; **~ci** Feuerwehrmann *m*; **~cilik** ⟨-ği⟩ Brandbekämpfung *f*

ithaf [ɑː] Widmung *f*; *-i -e* ~ ***etmek*** *j-m* widmen (*A*)

ithal [aː] ⟨-li⟩ Einfuhr *f*, Import *m*; Einführen *n*; *-i* ~ ***etmek*** ÖKON einführen, importieren; TECH einführen; hineinstecken

ithalat [ɑː] ⟨-tı⟩ Einfuhr *f*, Import *m*; Einfuhrwaren *f/pl*, Importe *m/pl*; **~çı** Importeur *m*; **~çılık** ⟨-ğı⟩ Importwirtschaft *f*, Importwesen *n*

itham [ɑː] Beschuldigung *f*; Vorwurf *m*; *-e -le* ~ ***etmek*** *j-n* beschuldigen (*G*); *j-m* vorwerfen (*A*)

itibar [iːtɪbɑːr] Prestige *n*; Ansehen *n*; Autorität *f*; Kredit *m*; Kreditwürdigkeit *f*; Gesichtspunkt *m*; *-e* ~ ***etmek***

j-m Beachtung schenken; ~ ***görmek*** Ansehen genießen; gefragt sein; verlangt werden; ~ ***mektubu*** Kreditbrief *m*; **~*a almak*** in Betracht ziehen (*A*), Beachtung schenken; **~*dan düşmek*** an Ansehen einbüßen, sein Gesicht verlieren

iti'baren [ɑː]: *-den* ~ von ... an; ***şimdiden*** ~ von jetzt an

itibarî [iːtıbɑːriː] nominell; konventionell; nominal, Nenn-

itibarıyla mit Bezug (auf *A*), was ... (*A*) anbetrifft; bezogen (auf *A*, *z.B. ein Datum*); zum Zeitpunkt *G*; ***esas*** ~ im Prinzip, grundsätzlich

itibarlı angesehen; kreditwürdig

itibarsız unbedeutend; nicht kreditwürdig; **~lık** ⟨-ğı⟩ Mangel *m* an Ansehen; mangelnde Kreditwürdigkeit

itici TECH Stößel *m*; Schub-; Antriebs-, Trieb-; Raketen-; *fig Person* abstoßend

itidal [iːtıdaːl] ⟨-li⟩ Mäßigkeit *f*; Zurückhaltung *f*; Gleichmaß *n*, Symmetrie *f*; Gelassenheit *f*, Gleichmut *m*; ~ ***sahibi*** *Person* gelassen, ausgeglichen; **~li** gemäßigt, gelassen; **~siz** unausgeglichen, aufbrausend, unbeherrscht

itikat [iːtıkɑt] ⟨-dı⟩ Glaube *m*; Dogma *n*

itilaf [-laːf] Verständigung *f*, Übereinstimmung *f*; ♀ ***Devletleri*** HIST Entente *f*

itil|me Stoßen *n*, Schubsen *n*; PSYCH Verdrängung *f*; **~mek** *pass von* ***itmek***

itimat [iːtımɑːt] ⟨-dı⟩ Vertrauen *n*; Zuversicht *f*; *-e* ~ ***etmek*** sich verlassen (auf *A*); ~ ***edilmeyen*** unzuverlässig; ~ ***mektubu*** Beglaubigungsschreiben *n*

itimatname [-nɑː-] → ~ ***mektubu***

itimatsız argwöhnisch; **~lık** ⟨-ğı⟩ Argwohn *m*, Misstrauen *n*

itina [iːtınɑː] Bemühung *f*, Sorge *f*, Sorgfalt *f*; *-e* ~ ***etmek*** (*od* ***göstermek***) sich *um j-n* bemühen; sich *j-s* annehmen; **~lı** sorgfältig; liebevoll; **~sız** nachlässig; lieblos

itiraf [iːtırɑːf] Geständnis *n*, Eingeständnis *n*; *-i* ~ ***etmek*** gestehen (*A*); zugeben; sich *schuldig* bekennen; *-e -i* ~ ***ettirmek*** *von j-m* ein Geständnis erpressen

itiraz [iːtırɑːz] Einwand *m*; JUR Einspruch *m* (*-e* gegen *A*); Zurückweisung *f*; *-e* (*karşı*) ~ ***etmek*** *etw* einwenden (gegen *A*); zurückweisen (*A*); ~ ***hakkı*** Einspruchsrecht *n* (*-e* gegen *A*); **~*ınız yoksa*** wenn Sie nichts dagegen haben

itirazcı *Person* Widerspruchsgeist *m*

itirazsız widerspruchslos; unbestritten

itiş Stoß *m*, Schubs *m*, Puff *m*; ~ ***kakış*** schubsend und drängelnd; **~mek** sich stoßen, sich schubsen; ***itişip kakışmak*** einander drängeln und schubsen, F rangeln; **~tirmek** *j-n* drängeln; anstoßen

itiyat [iːtıjaːt] ⟨-dı⟩ Angewohnheit *f*; Gewohnheit *f*; *-e* ~ ***etmek*** sich gewöhnen (an *A*)

itki Impuls *m*, Antrieb *m*

itlaf [ɑː] Tötung *f*, Vernichtung *f*

itlik ⟨-ği⟩ Schweinerei *f*; Grobheit *f*

itme Stoß *m*, Puff *m*, Schubs *m*

itmek ⟨-er⟩ *v/t* schieben; rücken; stoßen; *j-n* schubsen; *fig* treiben (in *A*); *Tisch* rücken; *Tür* aufstoßen; PHYS ***birbirini*** ~ sich abstoßen; ***ite kaka*** *j-n* schubsend, durch Schubse; *fig* mit Gewalt

ittifak [-ɑːk] ⟨-kı⟩ Bündnis *n*; Allianz *f*; Übereinstimmung *f*; Einstimmigkeit *f*; ~ ***etmek*** sich verbünden; übereinstimmen; **~la** einstimmig

ittihat [-ɑːt] ⟨-dı⟩ Vereinigung *f*

ittihatçı Unionist *m*, -in *f*

ivdirmek *v/t* beschleunigen; überstürzen

ivecen übereilt, überstürzt; **~lik** ⟨-ği⟩ Übereiltheit *f*, Überschwenglichkeit *f*

ivedi eilig, dringend; überstürzt; hitzig

ivedilenmek sich beeilen; eilig handeln

ivedi|leştirmek *v/t* beschleunigen; überstürzen; **~lik** ⟨-ği⟩ Dringlichkeit *f*

iveğen MED akut; → ***ivedi***

ivinti Schnelligkeit *f*; ~ ***yeri*** Stromschnelle *f*

iv|me Beschleunigung *f*; ~ ***kazanmak*** beschleunigt werden; **~meli** beschleunigt

iyelik ⟨-ği⟩: ~ ***eki*** GR Possessivsuffix *n*

iyi **1.** *adj* gut; **2.** *subst* gute Note, Pluspunkt *m*; (*-i*) ~ ***etmek*** (*j-n*) heilen, gesund machen; gut daran tun (*de* ... zu); F mitgehen lassen (*A*); *-e* ~ ***gelmek*** *j-m* gut tun; *Schmerz* lindern; *Kleidung* sitzen; ~ ***gitmek*** *fig* gut gehen; *Kleidung* gut stehen (*-e j-m*); ~ ***hal belgesi*** Führungszeugnis *n*; ~ ***hoş*** (***ama***) schön und gut (aber); ~ ***iş doğrusu!*** eine schöne Bescherung!; ~ ***kalpli*** gutherzig; treuherzig; ~ ***ki*** schön, dass ...; nur gut, dass

...; ~ ***kötü*** *adv, adj* recht und schlecht; ~ ***niyet*** Arglosigkeit *f*; ~ ***olmak*** in Ordnung sein; sich erholen; *unp* es geht (mir) besser; ... *için* ~ ***söylemek*** Gutes *über j-n* sagen; ~***den*** ~***ye*** *adv* gehörig, entsetzlich; immer mehr (*dahinsiechen usw*); *adj* endgültig; ~***ye gelmek*** sich bessern; ~***si***, ~***si mi*** am besten ...; das Beste ist, ...; ~***yim*** es geht mir gut; ich fühle mich gut; ~ ***değilmişsiniz*** es soll Ihnen (gesundheitlich) nicht gut gehen (*sagt man*)

iyi'ce recht gut (*a adv*; *z.B. verstehen*); einigermaßen (*z.B. sich fühlen*)

i'yice *adv* sehr, F mächtig; viel

i'yicene *adv* gehörig

iyicil gütig, wohlwollend; friedlich; *Krankheit* nicht gefährlich

iyileşme Besserung *f*, Genesung *f*

iyileş|mek *Kranker* sich besser fühlen, genesen; sich bessern; ~***miş*** beschwerdefrei, genesen

iyileştirmek *v/t* heilen, kurieren; verbessern, berichtigen; *Mängel* beheben

iyilik ‹-ği› (etwas) Gute(s); gute(r) Zustand; Wohlbefinden *n*, Gesundheit *f*; Güte *f*, Freundlichkeit *f*; Vorteil *m*, Nutzen *m*; ~ ***bilmek*** dankbar sein; ~ ***etmek*** (*od* ***yapmak***) *j-m etw* Gutes tun; nützlich sein; ~ ***güzellik*** (*od* ***sağlık***) *Antwort auf «Ne var ne yok?»* danke gut, glänzend!; ***bize çok iyiliği dokundu*** er hat uns viel Gutes getan; ~***bilir*** erkenntlich; ~***bilirlik*** ‹-ği› Erkenntlichkeit *f*; ~***çi*** wohlwollend; gewogen; wohltätig; ~***çilik*** ‹-ği› Gönnerhaftigkeit *f*, Wohltätigkeit *f*; ~***le*** gütlich, friedlich

iyiliksever → ***iyilikçi***

iyimser Optimist *m*; optimistisch; ~***lik*** ‹-ği› Optimismus *m*

i'yiniyetli treuherzig; guten Willens

iyon PHYS Ion *n*

iyonik[1] PHYS Ionen-

iyonik[2] ARCH ionisch (*z.B. Säule*)

iyonlaş|ma PHYS Ionisierung *f*; ~***tırmak*** ionisieren

iyonosfer Ionosphäre *f*

iyot ‹-du› Jod *n*; ~***lu tuz*** Jodsalz *n*

iz Spur *f* (*a fig*); MATH Schnittpunkt *m*; ***bir*** ~ ***bırakmak*** e-e Spur hinterlassen; ~ ***sürmek*** einander folgen; Spur verfolgen; *-in*~***i belirsiz olmak*** spurlos verschwinden; *-in* ~***inden yürümek*** *fig* in *j-s* Fußstapfen treten; *-in* ~***ine basmak*** *j-n* nicht aus den Augen lassen

izabe [ɑː] Schmelzen *n*

izafeten [-'zɑː-] (*-e*) in Verbindung (mit *D*); zu Ehren (*G*)

izafî [-ɑːfiː] relativ

izah [iːzɑːx] → ***açıklama, açıklamak***

izahat [ɑː] ‹-tı› Erklärungen *f/pl*, Aufschlüsse *m/pl*; → ***açıklama***

izale [ɑː] *osm* Beseitigung *f*, Aufhebung *f*; *-i* ~ ***etmek*** beseitigen, aufheben

izan [ɑː] Verständnis *n*; Vernunft *f*; ~ ***etmek*** vernünftig sein; ~***sız*** unvernünftig; ~***sızca*** gedankenlos; unvernünftig

izbe **1.** *subst* Verließ *n*; **2.** *adj* dunkel und feucht

iz'biro MAR Tauschlinge *f*

izci Pfadfinder *m*; Pionier *m*, Bahnbrecher *m*; Aufklärer *m*; ~***lik*** ‹-ği› Pfadfinderwesen *n*; Aufklärung *f*

izdiham [ɑː] Gedränge *n*, Andrang *m*; ~ ***saatleri*** Stoßzeiten *f/pl*

izdivaç [ɑː] ‹-cı› Vermählung *f*; ~ ***etmek*** sich vermählen

'izdüşü|msel projektiv (*Geometrie*); ~***mü*** Projektion *f*; ~***rmek*** *v/t* projizieren

izhar [ɑː] Äußerung *f*

izin ‹izni› Genehmigung *f*, Urlaub *m*; Entlassung *f*; ~ ***almadan*** ohne Genehmigung; ~ ***almak*** die Genehmigung (*od* Urlaub) bekommen; *-e* ~ ***çıkmak*** *j-m* freigestellt werden; ~ ***koparmak*** F → ~ ***almak***; *-e* ~ ***vermek*** *j-m* erlauben (*A*); *j-n* entlassen; beurlauben; ***izne gitmek*** (*od* ***çıkmak***) auf Urlaub gehen

izinli beurlaubt, Urlauber *m*, -in *f*; ~ ***olmak*** freihaben, Urlaub haben

izinname [ɑː] schriftliche Genehmigung; Heiratsschein *m* (*vom Richter ausgestellt*)

izinsiz ohne Genehmigung; Urlaubsentzug *m*, Ausgehverbot *n*; mit e-m Ausgehverbot Belegte(r); ~***lik*** ‹-ği› Urlaubsentzug *m*; MIL unerlaubte Entfernung

İzlanda [-'la-] Island *n*; ~***ca*** (das) Isländisch(e); ~***lı*** Isländer *m*, -in *f*

izlek ‹-ği› *dial* Pfad *m*, Steig *m*; LIT Thema *n*

izleme Verfolgung *f*, Beschatten *n*; *-i* ~***ye almak*** Verfolgung *G*/von *usw* anordnen; ~ ***böceği*** F Wanze *f*

izlemek *v/t* verfolgen; folgen (*D*), kommen (nach *D*); aufspüren; (genau) be-

obachten; *Konzert, Radio* hören; *Mode* mitmachen; ***televizyon*** (*od* ***televizyonda bir program***) ~ fernsehen; sich (*D*) e-e Fernsehsendung ansehen
izlence Programm *n*; (Lehr)Plan *m*
izlenim Eindruck *m*; **~ci** Impressionist *m*; impressionistisch; **~cilik** ⟨-ği⟩ Impressionismus *m*
izlenme Verfolgung *f*, Durchführung *f* *z.B. e-r Politik*; ***~ oranı*** Einschaltquote *f*
izlenmek *pass von* ***izlemek***; *mit Interesse* aufgenommen werden
izleyici Beobachter *m*, -in *f*
İzm. *Abk für* ***İzmir***
izmarit ⟨-ti⟩ Zigarettenstummel *m*, F Kippe *f*; ZOOL Laxierfisch *m*
izobar GEOGR Isobare *f*
izol|asyon Isolierung *f*, Isolier-; **~atör** Isolator *m*
izole isoliert; Isolier-; ***~ etmek*** isolieren
izolebant Isolierband *n*
izotop ⟨-pu⟩ CHEM Isotop *n*
izzet ⟨-ti⟩ Ehre *f*, Würde *f*, Achtung *f*; REL Herrlichkeit *f*; **~inefis** ⟨-fsi⟩ Selbstachtung *f*, Ehrgefühl *n*

J

j, J [ʒɛ] j, J *n*
J *Abk für* ***Jandarma*** Gendarmerie *f*
jaguar Jaguar *m*
jak, ***~ fiş*** Kupplungsstecker *m*
jalon ARCH Peilstab *m*
jakar Jacquard *m*; **~lı** Jacquard- (*Stoff*)
jakuzi Whirlpool *m*
jaluzi Jalousie *f*
jambon GASTR Schinken *m*
jan'darma **1.** *subst* Gendarm *m*; Gendarmerie *f*; **2.** *adj fig* schlau, pfiffig
janjan(lı) changierend
jant ⟨-tı⟩ Felge *f*
Japon Japaner *m*, -in *f*; japanisch; **~ca** [-'pɔn-] japanisch; (das) Japanisch(e)
japon|e Kimonoärmel *m*; *Kleid*: ärmellos; **~gülü** BOT Kamelie *f*
Japonya Japan *n*
jarse Jersey *m* (*Stoff*)
jartiyer Strumpfband *n*
jelatin Gelatine *f*
jeneratör EL Generator *m*
jenerik FILM Vorspann *m*; Nachspann *m*
jenosit Völkermord *m*
jeofizik ⟨-ği⟩ Geophysik *f*
jeolog ⟨-ğu⟩ Geologe *m*, Geologin *f*
jeoloji Geologie *f*
jeolojik geologisch
jeopolitik ⟨-ği⟩ Geopolitik *f*
jeosantrik geozentrisch
jeoşimi Geochemie *f*
jerse → ***jarse***
jest ⟨-ti⟩ Geste *f*
jet ⟨-ti⟩ Düsenflugzeug *n*; ... mit Düsenantrieb; ***~ yakıtı*** Kerosin *n*
jeton (*Telefon- usw*) Münze *f*, Spielmarke *f*; ***~ geç düştü*** *iron* endlich ist der Groschen gefallen
ji'golo [-l-] Gigolo *m*
jikle AUTO Choke *m*
jiklet ⟨-ti⟩ Kaugummi *m*
jile Damenweste *f*
jilet ⟨-ti⟩ Rasierklinge *f*
jimnastik ⟨-ği⟩ Gymnastik *f*, Turnen *n*; Leibesübungen *f/pl*; ***~ alanı*** Sportplatz *m*; ***~ aracı*** Turngerät *n*; ***~ salonu*** Turnhalle *f*; ***aletli ~*** Geräteturnen *n*; ***düzeltici ~*** Krankengymnastik *f*; **~çi** Turner *m*, -in *f*
jinekolo|g ⟨-gu⟩ Gynäkologe *m*, Gynäkologin *f*; **~ji** Gynäkologie *f*
jip Geländewagen *m*, Jeep *m*®
jips Gipsstein *m*
jokey Jockey *m*; Joker *m* (*Kartenspiel*)
jorjet Georgette(stoff) *m*
jöle Gelee *n* (*a m*)
jön junge(r) Schauspieler; *abw* Schönling *m*; **~prömiye** FILM, THEA Hauptdarsteller *m*
Jöntürk HIST Jungtürke *m*; jungtürkisch
judo Judo *m*
jul ⟨-lü⟩ PHYS Joule *n*
jurnal ⟨-li⟩ Führungsbericht *m*; Anzeige *f*; Tagebuch *n*; *-i* ***~ etmek*** *j-n* anzeigen, denunzieren; *über j-n* Bericht erstatten; **~cı, ~ci** Denunziant *m*, -in *f*
jü'bile Jubiläum *n*; ***~ maçı*** Abschiedsspiel *n*

Jü'piter ASTR Jupiter *m*
jüpon Unterrock *m*
jüri Jury *f*; Preisgericht *n*; Geschworenenversammlung *f*
jüt ⟨-tü⟩ Jute *f*

K

k, K [kɛ] k, K *n*
K *Abk. für* **Norden** (N)
kaba grob, ungefüge; primitiv; vulgär; ungebildet; *Arbeit* grob; *Kiesel* grobkörnig; *Mehl* grob gemahlen; *Mensch* grob, primitiv, ungebildet; roh; **~ kâğıt** Packpapier *n*; **~ konuşma** derbe Rede(weise); **~ kuvvet** rohe Gewalt; **~ saba** *Person* ungeschliffen; *Sache* gepfuscht; **~ sofu** Frömmler *m*, -in *f*, Fanatiker *m*, -in *f*; **~ Türkçe** HIST (das) einfache (volkstümliche) Türkisch; *-in* **~sını almak** abhobeln, glatt machen (*A*); nur obenhin reinigen (*A*)
kabaca grob, roh; (so) obenhin, flüchtig; F ganz schön dick, mächtig
ka'badayı Kraftmeier *m*, Draufgänger *m*; Angeber *m*; Flegel *m*; draufgängerisch; (das) Schönste (*von allem*)
ka'badayılanmak mit s-r Kraft protzen; *-e* einzuschüchtern versuchen *A*
ka'badayılık ⟨-ğı⟩ Kraftmeierei *f*, Angeberei *f*; Flegelhaftigkeit *f*
kabahat [-bɑː-] ⟨-ti⟩ Schuld *f*; Vergehen *n*; Fehler *m*; **~ bulmak** herumkritteln; **~ etmek** (*od* **işlemek**) e-n Fehler begehen; *-e* **~ yüklemek** *j-m* die Schuld geben; **~ kimde?** wer hat Schuld?; **bende ~ yok** ich habe keine Schuld; **~li** schuldbewusst; **~siz** unschuldig
kabak ⟨-ğı⟩ **1.** *subst* Kürbis *m*; Grobian *m*; **2.** *adj fig Person* ungeschliffen; *Melone* unreif; fade; *Kopf* haarlos, kahl; *Reifen* abgefahren; **~ gibi** kahl; unbehaart; fade; **~ kafalı** Glatzkopf *m*; kahl geschoren, mit abrasiertem Kopf; Döskopf *m*; **~ kemane** MUS *dreisaitige(s) folkloristisches Streichinstrument*; **~ tadı vermek** F *j-n* anöden, *j-m* zum Hals heraushängen
kabaklamak *v/t Baum* entästen, abästen
kabakulak ⟨-ğı⟩ MED Ziegenpeter *m*, Mumps *m*
kaba|laşmak grob (*od* taktlos) werden (*od* sein); **~lık** ⟨-ğı⟩ Grobheit *f*, Taktlosigkeit *f*
ka'bara Schuhnagel *m*; Ziernagel *m*
kabarcık ⟨-ğı⟩ Blase *f*, Bläschen *n*; MED Pickel *m*; **~lı** ... mit Bläschen; pickelig
kabare Kabarett *n*; **~ sanatçısı** → **kabareci**; **~ci** Kabarettist *m*, -in *f*
kabarık geschwollen; aufgebläht; erhaben, Relief-, hervortretend; **~ deniz** Hochwasser *n* (*bei Sturm*); **~lık** ⟨-ğı⟩ Schwellung *f*, Erhebung *f*
kabarma Anschwellung *f*, Flut *f*
kabarmak anschwellen (*a fig Ausgaben*); *Farbe* abplatzen, abgehen; *Federn, Haare* sich sträuben; *Holz* sich werfen; *Milch usw, Meer, Zorn* aufwallen; *Teig, Brot* aufgehen; *Pfau, a Person fig* sich aufplustern
kabartı Wölbung *f*, Schwellung *f*
kabartma Relief *n*; Basrelief *n*; Prägedruck *m*; Relief- (*Karte*); **~ tozu** Backpulver *n*
kabartmak *v/t* zum Schwellen bringen; aufblähen; *Bett* aufschütteln; *Boden* auflockern
ka'ba|sakal vollbärtig; **~taslak** überschlägig (*Rechnung*); Roh- (*Entwurf*)
ka'bayel → **lodos**
Kâbe REL Kaaba *f* (*in Mekka*)
kabız ⟨kabzı⟩ Verstopfung *f*; **~ olmak** an Verstopfung leiden
kabil[1] [kɑː-] möglich; -bar, *z.B.* **~i tedavi** heilbar
kabil[2] [-iːl] Art *f*; **bu ~** derartig, solch-; **şaka** *usw* **~inden** als Scherz *usw*
Kabil [kɑː-] Kain *m* (*Bibel*)
'Kâbil Kabul *n* (*in Afghanistan*)
kabile [iː] (Nomaden)Stamm *m*
kabiliyet [ɑː] Fähigkeit *f*; **~li** fähig, tüchtig; **~siz** unfähig
kabin Kabine *f*; Kajüte *f*; **telefon ~i** Telefonzelle *f*
ka'bine POL Kabinett *n*; → **kabin**

kabir ⟨kabri⟩ Grab *n*; ~ ***taşı*** Grabstein *m*; ~ ***suali*** quälende Fragerei, Gretchenfrage *f*
'kablo EL Kabel *n*; **~cu** Kabelleger *m*; **~lu** Kabel-; ~ ***televizyon*** Kabelfernsehen *n*
kabotaj Küstenschiffahrt *f*
kabristan Friedhof *m*
kabuk ⟨-ğu⟩ (Baum-, Erd-, Brot)Rinde *f*; (Eier-, Obst)Schale *f*; (Schildkröten)-Panzer *m*; (Schnecken)Haus *n*; Kruste *f* (*e-r Wunde*); ***elmanın kabuğunu soymak*** e-n Apfel schälen
kabuklanmak e-e Kruste bilden, verkrusten
kabuklular Krustentiere *n/pl*
kabuksal ANAT kortikal
kabul [uː] ⟨-lü⟩ Empfang *m*; Annahme *f*, Aufnahme *f* (*in e-e Schule*); Empfangs- (*Zimmer*); Prämisse *f*, Voraussetzung *f*; ~ ***edilebilir*** *Arbeit* zumutbar; anzunehmend, wahrscheinlich; *-i* ~ ***etmek*** anerkennen; *Geschenk* entgegennehmen; *Fußball Tor* anrechnen; *j-n* empfangen; *Vorschlag* annehmen; *-i -e* ~ ***ettirmek*** sich (*D*) Zugang verschaffen (bei *D*); *j-m etw* aufzwingen, aufhalsen; ***hata*** ~ ***etmez*** unfehlbar; ohne Fehlertoleranz; ***tedavi*** ~ ***etmez*** unheilbar
kabullenmek *v/t* → ***kabul etmek***; sich (*D*) aneignen; sich abfinden mit *D*
ka'burga Rippe *f* (*a* ~ ***kemiği***); Brustkorb *m*; Gerippe *n*; (Schiffs)Rumpf *m*
kâbus [uː] Albdruck *m*; *-e* ~ ***basmak*** (*od* ***çökmek***) Albdrücken haben
kabza Griff *m*; F Prise *f* Heroin
kabzımal (Frucht)Großhändler *m*
kaç[1] ⟨-çı⟩ wie viel; ~ ***defa ...*** wie oft schon ...!; ~ ***para eder!*** *fig* was soll das?, was hilft das?; ~ ***paralık*** keinen Heller wert, *Person* (eine) Niete; ~ ***parça olayım!*** ich kann mich doch nicht zerreißen; ***saat*** ~***?*** wie spät ist es?; ~ ***zamandır*** seit langem; ... **~a** wie teuer ...?; ***her*** **~a** um jeden Preis; ***bugün ayın*** **~ıdır?** den Wievielten haben wir heute?; **~ta** um wie viel Uhr?; ***peynirin kilosu*** ~ ***lira?*** wie viel Lira kostet ein Kilo Käse?; ***kaçın kurası*** *fig* alter Hase
kaç[2] → ***kaçmak***
kaçak ⟨-ğı⟩ Entlaufene(r), Flüchtige(r); ungesetzlich, gesetzwidrig; Schmuggel-; Schwarz-; Ausfließen *n*; Ausströmen *n* (*des Gases*); undichte Stelle, Leck *n*; Flüchtlings- (*Familie*); insgeheim *z.B. trinken*; ~ ***yaşamak*** im Untergrund leben, untergetaucht sein; ***asker kaçağı*** Deserteur *m*; ~ ***av*** Wilderei *f*; ~ ***avcı*** Wilderer *m*; ~ ***avlanmak*** wildern; ~ ***işçi*** Schwarzarbeiter *m*, -in *f*; ~ ***yolcu*** blinde(r) Passagier
kaçakçı Schmuggler *m*, -in *f*; **~lık** ⟨-ğı⟩ Schmuggel *m*; ***vergi kaçakçılığı*** Steuerhinterziehung *f*
kaçaklık ⟨-ğı⟩ Flucht *f*, Entweichen *n*; MIL Fahnenflucht *f*
kaçamak ⟨-ğı⟩ *subst u adj* Ausweichen *n*; *fig* Ausflucht *f*, Finte *f*, verstohlen (*Blick*); Zufluchtsort *m*; Unterschlupf *m*; Seitensprung *m*; *-den* ~ ***yapmak*** schwänzen *A*, sich drücken (vor *D*); fremdgehen; ~ ***yol(u)*** Ausrede *f*, Ausflucht *f*
kaçamaklı ausweichend; verstohlen, heimlich
kaçar[1] je(weils) wie viel?
kaçar[2] → ***kaçmak***
kaçgöç Geschlechtertrennung *f* (*Islam*)
kaçık ⟨-ğı⟩ verrutscht, verschoben; ... mit Laufmasche; *fig* übergeschnappt
kaçılmak zur Seite gehen, aus dem Weg gehen
kaçımsamak (*-den*) Vorwände suchen, um nicht ...; F sich drücken (vor *D*)
kaçıncı (der *od* die) wievielte?
kaçınılmaz unvermeidlich; *Wahrheit* unumstößlich; **~lık** ⟨-ğı⟩ Unvermeidlichkeit *f*
kaçınmak (*-den*) scheuen *A*, vermeiden *A*; sich hüten (vor *D*); (es) ablehnen, zu
kaçırma JUR Entführung *f*
kaçırmak *v/t j-m* zur Flucht verhelfen; *j-n*, *Mädchen* entführen; *j-n* verjagen, abschrecken, vergraben; *dem Alkohol übermäßig* frönen, zusprechen; *Gelegenheit*, *Zug usw* versäumen, verpassen; *j-m den Schlaf* rauben; *Dampf*, *Strafstoß usw* durchlassen; *Waren* (durch)schmuggeln; (*-den*) JUR vorenthalten *D*, entziehen (*D*; *z.B. e-r Zwangsvollstreckung*); *Person fig* durchdrehen, verrückt werden; ***donuna*** ~ unter sich machen, F sich (*D*) in die Hosen machen; *-i* ***fazla*** ~, *-in* ***dozu(nu)*** ~ übertreiben mit, überziehen *A*
kaçış Weglaufen *n*, Entlaufen *n*

K

kaçışmak auseinander laufen; weglaufen
kaçkın Entlaufene(r); Flüchtling *m*
kaçlı aus wie viel Teilen ...?; welcher Jahrgang?; ***bu çocuk ~?*** welcher Jahrgang ist das Kind?
kaçlık ⟨-ğı⟩ in welcher Größe?; in (*od* von) welchem Format?; in welchem Alter?; in welcher Preislage?; ***~ paket istersiniz?*** in welcher Größe wollen Sie das Paket?; ***bu adam ~?*** in welchem Alter ist dieser Mann?
kaçma Flucht *f*; Laufmasche(n) *f* (*pl*)
kaçmak ⟨-ar⟩ (*-den*) flüchten (aus *D*; vor *D*); meiden *A*; entgehen *D*; laufen (aus *D*), entlaufen *D*; F sich (heimlich) davonmachen; dahinsein; *Dampf usw* entweichen; (*-e z.B. auf Einzelheiten A*) eingehen; *Farbe* (*-e z.B. ins Grüne*) spielen; *Feuchtigkeit usw* eindringen (*-e* in *A*); *Mühe* scheuen; *Strumpf* Laufmaschen haben; *-e zur List usw* greifen; *-e* ins Auge kommen (*z.B. Splitter*); *z.B. Teppich* verrutschen (*-e* nach *D*); wirken, aussehen, *z.B.* ***garip ~*** komisch wirken; *Wort unfreundlich* klingen; ***dışarı ~*** hinauslaufen; ***... kaçtı*** (*od -in* ***tadı kaçtı***) *Freude, gute Laune, Ruhe usw* ... ist dahin *od* ist weg
ka'dana Lastpferd *n*; ***~ gibi*** *fig* ... (wie ein) Dragoner
kadar 1. *adj* wie; so ... wie; so viel wie; so groß wie; so umfangreich wie; etwa, ungefähr; ***aslan ~ güçlü*** stark wie ein Löwe; ***senin ~ bir çocuk*** ein Kind so groß (*od* so alt) wie du; ***Borneo aşağı yukarı Anadolu ~dır*** Borneo ist etwa so groß wie Anatolien; ***bir ay ~*** etwa (*od* ungefähr) ein(en) Monat; **2.** *postpos -e* ~ bis, bis zu *D*; bis nach *D*; *-diği* ~ so viel; so lange, so weit; wie; *-ecek* ~ so ..., dass; so ... als dass; ***Ankara'ya ~*** bis nach Ankara; ***akşama ~*** bis zum Abend, bis abends; ***istediği ~*** so viel sie will; ***insanı öldürecek ~ vahşi*** so wild, dass er e-n Menschen töten könnte; **3.** *konj -inceye* ~ bis; ***ben gelinceye ~*** bis ich komme; ***bu ~*** soweit (*die Nachrichten*); **4.** *adv* so, derart; so viel, derart viel; ***ne ~?*** wie lange?; ***ne ~ ...*** *-se* wie auch immer, so (sehr), wie viele (auch immer); ***ne ~ ... o ~ ...*** je ... desto ...; ***o ~*** derart; ***o ~ ... ki*** derart, dass ...; → ***ki***; ***şu ~*** so und so viel; ***yalnız bu ~ da değil*** das ist noch nicht alles; ***ne ~ teşekkür etsem az*** (wie sehr ich auch danke, es ist wenig =) wie sehr bin ich (Ihnen) dankbar; ***ne ~ çabuk gelirse, o ~ iyi*** je schneller sie kommt, desto besser; ***o ~ sevindi ki*** er freute sich so, dass; ***bu ~ mı*** ist das alles?; ***bunu alacak ~ paramız yok*** wir haben nicht so viel Geld, als dass wir das kaufen können
kadarcık: ***bu ~, o ~*** derart wenig (*od* winzig)
ka'dastro Kataster *n od m*, Grundbuch *n*; ***~ya geçmek*** ins Grundbuch eingetragen werden
kadastro|lamak *v/t* ins Grundbuch eintragen; **~lanmak** ins Grundbuch eingetragen werden
ka'davra Leiche *f*, Kadaver *m*
kadayıf *Art* Sirup- *od* Honigteig *m*; ***ekmek ~ı*** *Art* Honigkuchen *m*
kadeh Becher *m*; Pokal *m*; ***~ arkadaşı*** Zechbruder *m*; ***~ tokuşturmak*** anstoßen
kadem Fuß *m als Maß*
kademe Stufe *f*; Sprosse *f* (*e-r Leiter*); POL Ebene *f*; ***~ ~*** stufenweise; **~lendirmek** staffeln; **~li** gestaffelt
kadem|li Glück bringend; ***uğurlu ~ olsun!*** es möge Glück bringen!; **~siz** Unglücksbote *m*
kader Schicksal *n*; Vorbestimmung *f*; ***~ birliği*** Schicksalsgemeinschaft *f*; ***kendi ~ine terkedilmiş*** s-m Schicksal überlassen; **~ci** Fatalist *m*, -in *f*; **~cilik** ⟨-ği⟩ Fatalismus *m*; Prädestinationslehre *f*
kaderiye PHIL *Islam Lehre von der Willensfreiheit des Menschen*
kadı HIST Kadi *m*, Richter *m*
kadın Frau *f*; Damen-; weiblich; Aufwartefrau *f*; ***aşçı ~*** Köchin *f*; ***ev ~ı*** Hausfrau *f*; ***~ avcısı*** Schürzenjäger *m*; ***~ çorabı*** Damenstrumpf *m*; ***~ doktoru*** Frauenarzt *m*, -ärztin *f*; ***~ hareketi*** Frauenbewegung *f*; ***~ hastalığı*** Frauenkrankheit *f*; ***~ ~a*** von Frau zu Frau; ***~ kadıncık*** ideale Hausfrau; ***~ kahraman*** Heldin *f*; ***~ memur*** Beamtin *f*; ***~ sığınağı*** Frauenhaus *n*
ka'dınbudu ⟨-nu⟩, ***~ köfte*** Frikadelle *f* (*mit Eiern u Reis*)
kadın|cağız arme Frau; *scherzh* (die) gute Frau; **~cıl** Schürzenjäger *m*; **~göbeği** *Art* Spritzkuchen *m aus Eierteig*

kadınlaşmak feminine Züge annehmen; *abw* verweiblichen
kadınlık ⟨-ğı⟩ Frauenwürde *f*; Gebärfähigkeit *f*; haushälterische Fähigkeit
kadınsı feminin; weibisch
kadıntuzluğu ⟨-nu⟩ BOT Berberitze *f*, Sauerdorn *m*
ka'dırga MAR Galeere *f*
kadife Samt *m*; samten, Samt-; *~ **deri*** Veloursleder *n*
kadifeçiçeği BOT Tagetes *f*
kadim [iː] (ur)alt; antik; ***~den beri*** von alters her
kadir[1] ⟨kadri⟩ Wert *m*; Würde *f*; ASTR Sterngröße *f*, Größenklasse *f*; ***♀ gecesi*** *die 27. Nacht des Monats Ramazan, in der der Koran herabgesandt wurde*
kadir[2] [ɑː] fähig (*-e G*); allmächtig (*Gott*)
kadirbilir ... voll Anerkennung; wertschätzend
kadit [iː]: ***kadidi çıkmış*** abgemagert
'kadmiyum CHEM Kadmium *n*
kadran Zifferblatt *n*; Skala *f*; MIL Quadrant *m*
'kadro POL Kader *m*; Belegschaft *f*; Personalbestand *m*, Lehrkörper *m*; Planstelle *f*; TECH Rahmen *m* (*des Fahrrads*)
kadük hinfällig; JUR gegenstandslos
kafa Kopf *m*; Schädel *m*; *fig* Köpfchen *n* (*Verstand*); ***~ çıkışı*** (*od* ***vuruşu***) SPORT Kopfball *m*; ***~ dengi*** Gesinnungsgenosse *m*; ***~ işçisi*** Kopfarbeiter *m*, -in *f*; ***~ patlatmak*** sich (*D*) den Kopf zerbrechen; ***~ sallamak*** zu allem ja sagen; *-e* ***~ tutmak*** sich auflehnen gegen *A*; ***~ tutucu*** Trotzkopf *m*; *-e* ***~ yormak*** sich (*D*) den Kopf zerbrechen über *A*; *-in* ***~sı bozulmak*** *fig* aus der Haut fahren; *-in* ***~sı işlemek*** nicht auf den Kopf gefallen sein; *-in* ***~sı şişmek*** *fig* e-n schweren Kopf haben; *-i* ***~sına koymak*** sich (*D*) *etw* (*od* es) in den Kopf setzen (zu ...); *-in* ***~sına vurmak*** *Wein j-m* in den Kopf steigen; *-i* ***~sında tutmak*** behalten *A*, nicht vergessen *A*; ***~sını kadırmak*** sein Haupt erheben; ***~sını taştan taşa çarpmak*** sich (*D*) an die Brust schlagen; ***~yı çekmek*** F sich besaufen
kafadanbacaklı ZOOL Kopffüßer *m*
kafadar Gesinnungsgenosse *m*, -genossin *f*, Gefährte *m*, Gefährtin *f*
kafa|kağıdı ⟨-nı⟩ F Personalausweis *m*; **~lı** mit (e-m) Kopf; ...köpfig; gescheit; **~sız** ohne Kopf; *fig* schwachköpfig, borniert; **~sızlık** ⟨-ğı⟩ Beschränktheit *f*
ka'fatasçı *abw* Rassist *m*, -in *f*; rassistisch; **~lık** ⟨-ğı⟩ Rassismus *m*
ka'fatası ⟨-nı⟩ Schädel *m*
'Kafdağı ⟨-nı⟩ *sagenhafter Berg* Kaf; HIST Kaukasus *m*; ***~nın ardında*** am Ende der Welt
kafein Koffein *n*
kafes Käfig *m*; Gitter *n*; Gerüst *n*; *fig* F Kittchen *n*; F Mogelei *f*; ***~ gibi*** abgemagert; durchlöchert; ***~e girmek*** F reingelegt werden; ins Kittchen kommen; *-i* ***~e koymak*** F *j-n* reinlegen; *Slang*: *j-n* einlochen; **~çi** Schwindler *m*, -in *f*, Mogler *m*, -in *f*; Käfigverkäufer *m*; **~lemek** *j-n* bemogeln
kafesli vergittert, mit Fenstergittern
kafe'terya Cafeteria *f*, Café *n* mit Selbstbedienung
kâfi [kĭaːfiː] genügend, hinreichend; es genügt, es reicht!; *-e* ***~ gelmek*** *e-r Sache D* gewachsen sein; *allg* reichen
kafile [kɑː-] Kolonne *f*; Konvoi *m*, Geleitzug *m*; (Reise)Gruppe *f*
kâfir Ungläubige(r), Nichtmuslim *m*, -in *f*; unmenschlich, grausam; ***seni ~ seni!*** *als freundlicher Vorwurf* du bist doch ein Schelm!; **~lik** ⟨-ği⟩ Ungläubigkeit *f*; Unmenschlichkeit *f*
kafiye [kɑː-] Reim *m*; **~li** gereimt; **~siz** reimlos, ohne Reim
Kaf'kas Kaukasus *m*; **~lar** Kaukasusgebirge *n*; **~ya** Kaukasusgebiet *n*; **~yalı** Kaukasier *m*, -in *f*
kaftan Kaftan *m*
kâfur [-uːr], **~u** Kampfer *m*
kağan Khan *m*, Herrscher *m*
kâgir Stein-, Backstein- (*Haus*)
kâğıt [kĭaːt] ⟨-dı⟩ Papier *n*; Schreiben *n*; Bericht *m*, Papier *n*; Formular *n*; (Spiel)Karte *f*; *Schule* schriftliche Arbeit; Tüte *f*; ***~ açmak*** die Karten aufdecken; ***~ gibi olmak*** leichenblass sein; ***~ oynamak*** Karten spielen; ***~ oyunu*** Kartenspiel *n*; ***~ para*** Papiergeld *n*; ***~ üzerinde kalmak*** *fig* nur auf dem Papier stehen; *-i* ***kağıda dökmek*** zu Papier bringen *A*; ***kağıda kaleme sarılmak*** sofort aufschreiben *A*; ***ambalaj kağıdı*** Einwickelpapier *n*; ***sigara kağıdı*** Zigarettenpapier *n*; ***tuvalet kağıdı*** Toilettenpapier *n*; ***yazı kağıdı***

K

Schreibpapier *n*
kâğıtçı Papier- und Schreibwarenhändler *m*, -in *f*; **~lık** ⟨-ğı⟩ Papierherstellung *f*; Papierhandel *m*
kâ'ğıthelvası *dünnschichtige Honigwaffel*
kâğıt|lamak *v/t* mit Papier bekleben; **~lı** ... in Tüten, ... in Schachteln; ... in Packungen, abgepackt; **~sı** papierartig
kağnı (zweirädriger) Ochsenkarren; **~ gibi** wie e-e Schnecke *gehen*
kağşak wacklig, altersschwach (*Stuhl*)
kağşamak wacklig werden (F *a Mensch*), altersschwach werden; *Möbel a* aus dem Leim gehen
kâh *konj* **~ ... ~ ...** bald ... bald ...
kahır ⟨kahrı⟩ Kummer *m*, Bedrängnis *f*; Anforderung *f*; Härte *f*; große(s) Ungemach; Zugrunderichtung *f*
kahırlanmak sich (zu Tode) grämen
kâhin Wahrsager *m*, -in *f*, Hellseher *m*, -in *f*; **~lik** ⟨-ği⟩ Voraussage *f*
Kahire ['kɑː-] Kairo *n*
kahkaha (lautes) Gelächter; **~ atmak** laut (auf)lachen; in ein Gelächter ausbrechen; **~dan kırılmak** sich totlachen; **~yı basmak** (*od* **koparmak, salıvermek**) sich vor Lachen nicht halten können, vor Lachen platzen
kahkahaçiçeği ⟨-ni⟩ BOT Winde *f*
kahpe 1. *subst* Dirne *f*, Hure *f*; Schuft *m*; **~nin dölü** *Schimpfwort* Hundesohn *m*; **2.** *adj* treulos, verräterisch; **~ felek** wankelmütige(s) Schicksal; **~ce** treulos, verräterisch
kahpelik ⟨-ği⟩ Unzucht *f*, Laster *n*; Treulosigkeit *f*; Gemeinheit *f*
kahraman *a* THEA Held *m*; **kadın ~** Heldin *f*; **~ca** heldenhaft; **~laşmak** ein Held werden; **~laştırmak** *v/t* zu e-m Helden machen; **~lık** ⟨-ğı⟩ Heldentum *n*; Heldentat *f*
'kahredici erschreckend, quälend
'kahr|etmek 1. *v/t* vernichten; martern; **2.** *v/i* sich quälen, sich härmen; fluchen (*-e j-m*); **~olmak** zugrunde gehen; sich grämen, sich quälen; **'kahrolsun ...!** nieder mit …; **'kahrolayım, ...** so wahr ich hier stehe, ...
kahvaltı ⟨-yı⟩ Frühstück *n*; Imbiss *m* (*z.B. a abends*); **~ etmek** (*od* **yapmak**) frühstücken; *abends* e-n Imbiss nehmen; **~da ne var?** was gibt es zum Frühstück?; **~lık** ... zum Frühstück
kahve [kɑːvɛ] Kaffee *m*; Café *n*; **~ ağacı** BOT Kaffeebaum *m*; **~ değirmeni** Kaffeemühle *f*; **~ fincanı** Kaffeetasse *f*; **~ makinesi** Kaffeemaschine *f*; **~ ocağı** Kaffeeküche *f*; **~ parası** Trinkgeld *n*; **~ pişirmek** Kaffee kochen; **~ takımı** Kaffeeservice *n*; **~ tanesi** Kaffeebohne *f*; **~ telvesi** Kaffeesatz *m*; **acı** (*od* **sade**) **~** Kaffee schwarz (*od* ungesüßt); **çekilmiş ~** gemahlene(r) Kaffee; **çekirdek ~** ungemahlene(r) Kaffee; **halis ~** Bohnenkaffee *m*; **orta** (**şekerli**) **~** schwach gesüßte(r) Kaffee (Kaffee mit Zucker); **sütlü ~** Kaffee mit Milch; **bir ~!** einen Kaffee, bitte! (*eine Tasse Kaffee*); **kır ~si** Kaffeegarten *m*; Straßencafé *n*
kahveci Cafetier *m*, Kaffeehausbesitzer *m*; Kaffeekellner *m*; Kaffeehändler *m*; **~lik** ⟨-ği⟩ Kaffeehandel *m*; Kaffeerösterei *f*
kahvehane [-hɑː-] Café *n*, Kaffeehaus *n*
kahverengi ⟨-yi, -ni⟩ (kaffee)braun
kahya Hausmeister *m*; Verwalter *m*; Inspektor *m*; *fig scherzh* Gouvernante *f*, Vormund *m*; **~ kadın** Verwalterin *f*; **~lık** ⟨-ğı⟩ Verwaltungsposten *m*; Hausmeisterposten *m*; (Vergütung *f* für) Verwaltungstätigkeit *f*; **~ etmek** als Verwalter *usw* arbeiten; seine Nase in alles stecken
kaide [kɑː-] *osm* Regel *f*, Grundlage *f*; Norm *f*; Sockel *m*; **~ olarak** in der Regel
kaim [kɑː-]: **... yerine ~ olmak** an die Stelle *G* treten
kaime [kɑː-] HIST Papiergeld *n*; HIST Urkunde *f*; **mezat ~si** amtliche Versteigerungsliste
kâinat [-ɑːt] ⟨-tı⟩ Weltall *n*; jeder, alle Welt
kak ⟨-kı⟩ **1.** *subst* Trockenfrucht *f*; *Art* Geleefrucht *f*; **2.** *adj fig* ausgetrocknet, dürr; **kayısı ~ı** getrocknete Aprikosen *f/pl*
kaka 1. *adj Kind* böse; **2.** *subst* Schmutz *m*; P Kacke *f*; **~ yapmak** F *Kind* groß machen; P kacken
kakalamak[1] *-i j-m* Püffe geben, Stöße versetzen; *j-m schlechte Ware* andrehen
kakalamak[2] *Kind* groß machen; *-e* F voll machen *A*
ka'kao Kakao(baum) *m*; Kakao *m* (*Getränk*)

K

kakar → ***kakmak***
kakavan eitel, von sich eingenommen, eingebildet; **~lık** ⟨-ğı⟩ Überheblichkeit *f*, Eitelkeit *f*
kakılmak: ***kakılıp kalmak*** wie angewurzelt dastehen
kakım ZOOL Hermelin *n*; Hermelin *m* (*Pelz*)
kakır: **~ ~** knirschend; knackend; ***~ ~ gülmek*** laut und unentwegt lachen; ständig kichern; **~damak** knirschen; knacken; F abkratzen; **~tı** Knirschen *n*; Knacken *n*
kakışma Missklang *m*, Kakophonie *f*, Katzenmusik *f*; → ***kakışmak***
kakışmak sich puffen; *fig* sich zanken
kakma Intarsien *f/pl*; eingelegt, Intarsien-; ziseliert; getrieben
kakmacı Graveur *m*, Stecher *m*; Intarsiator *m*; **~lık** ⟨-ğı⟩ Gravierkunst *f*
kakma|k ⟨-ar⟩ stoßen, drängen; *Nagel* einschlagen (*-e* in *A*); gravieren, einlegen (*-e* in *A*); **~lı** Intarsien-, ... mit Gravierungen; getrieben, graviert
kaknem sehr hässlich; *fig* Haut und Knochen; vergrämt
kakofoni Kakophonie *f*
'kaktüs BOT Kaktus *m*
kakule BOT Kardamom *m* (*a n*)
kâkül Stirnlocke *f*
kal[1] [aː] ⟨-li⟩ Gesagte(s); ***~e al(ın)maya değmez*** nicht erwähnenswert; *-i* ***~e almamak*** *fig* hinweggehen (über *A*)
kal[2] ⟨-lı⟩ Läuterung *f von Metallen*
kala *Ort*, *Zeit* vor *D*: (***saat***) ***altıya beş*** (***dakika***) **~** um fünf Minuten vor sechs (Uhr); ***yediye çeyrek ~ geldi*** er kam um Viertel vor sieben an; ***köye iki kilometre ~ benzin bitmiş*** zwei Kilometer vor dem Dorf war das Benzin alle; **~ ~** höchstens; alles in allem
kalaba F → ***kalabalık***
kalabalık ⟨-ğı⟩ Menschenmenge *f*, Gedränge *n*; Wirrwarr *m*, Panik *f*, Durcheinander *n von Sachen*; *Versammlung* stark besucht; zahlreich (*Familie*); *Autobus* überfüllt; ***günün en ~ saatlerinde*** zu den Stoßzeiten; ***~ etmek*** sich drängen; *Sache* platzraubend sein; **~laşmak** *v/i* F voll werden, sich füllen, ausufern
kalafat ⟨-tı⟩ Kalfaterung *f*, TECH Überholung *f*, Instandsetzung *f*; HIST *Art* Turban *m*; ***~ yeri*** Schiffsreparaturwerk *n*; Dock *n*; ***~a çekmek*** *v/t* auf Dock legen; *fig j-n* ausschalten; **~çı** Kalfaterer *m*; **~lamak** *v/t* kalfatern; *ein Schiff* auf Dock legen; *fig* polieren; schönmachen
kalak ⟨-ğı⟩ *dial* Nüstern *f/pl*
kalakalmak verdutzt sein; ratlos (*od* hilflos) dastehen; *fig* in der Patsche sein
kalamar ZOOL Kalmar *m* (*Loligo vulgaris*)
kalan restlich; MATH Rest *m*
kalantor Protz *m*; protzenhaft
kalas Balken *m*, Bohle *f*
kalay Zinn *n*; Zinn-; verzinnt; *fig* Fluchen *n*, Schimpfen *n*; Augenwischerei *f*; *-e* ***~ı basmak*** F *j-m* Zunder geben
kalay|lamak *v/t* verzinnen; *fig* verschleiern, vertuschen; *j-m* die Leviten lesen; **~cı** Verzinner *m*; Schwindler *m*
kalay|lı verzinnt; zinnhaltig; *fig* vorgetäuscht; **~sız** unverzinnt
'kalben [-al-] von Herzen
kalbı ... → ***kalp***
kalbur Sieb *n*; *-i* ***~a çevirmek*** durchlöchern *A*; ***~dan geçirmek*** sieben; durchsieben; **~lamak** *v/t* durchsieben
kalburüstü ⟨-nü⟩ prominent; ***~ne gelenler*** Elite *f*, (die) Creme der Gesellschaft
kalcı TECH Schmelzer *m*
kalça Hüfte *f*, Becken *n*; ***~ kemiği*** Hüftbein *n*; **~sız** ohne Hüften; schmalhüftig
kalçın Puschen *m*; Überziehstiefel *m*
kaldıraç ⟨-cı⟩ Hebel *m*; Kurbel *f*
kaldıran ANAT Heber *m*, Levator *m*
kaldırılma Beseitigung *f*, Einstellung *f*, Liquidierung *f*, Außerdienststellung *f*
kaldırılmak *pass von* ***kaldırmak***
kaldırım Bürgersteig *m*, Trottoir *n*; gepflasterte(r) Weg; ***~ çiğnemek*** *fig* weit herumkommen, Erfahrung sammeln; ***~ mühendisi*** Herumbummler *m*; ***~ taşı*** Pflasterstein *m*; ***~a düşmek*** *v/i* verkommen, vergammeln; *Ware* verschleudert werden; **~cı** Pflasterer *m*; Herumlungerer *m*; F Schwindler *m*; **~lı** gepflastert; **~sı** MED Granulations-(*Gewebe*); **~sız** ungepflastert
kaldırma Hebe-; ÖKON Aufschwung *m*; ***yürürlükten ~*** Außerkraftsetzung *f*
kaldırmak *v/t* heben; *j-n* wecken; F klauen; *Bestimmung*, *Blockade* aufheben; *Betrieb* einstellen; *Brücke* demontie-

K

ren; *Ernte* einbringen; *Gegenstand* wegstellen, außer Reichweite stellen; *Geschirr* abräumen; *Jalousie* hochziehen; *Königtum* abschaffen; *e-n Kranken* F wieder auf die Beine bringen, hochbringen; (*-i -e*) *j-n ins Krankenhaus* einliefern, überführen, schaffen; *Mädchen* entführen; *Scherze, Speisen usw* (*meist nicht*) vertragen (können); *Schüler* aufrufen; *Staub* aufwirbeln; MIL *Stützpunkt* liquidieren; *Urlaub* sperren; *Wagen* (*Last*) tragen, aushalten, schaffen; *Waren* (*durch Spekulanten*) aufkaufen; *Zelt* abbrechen; ***ortadan*** ~ beseitigen, liquidieren; ***şerefe kadeh*** ~ sein Glas auf *j-s* Gesundheit heben

kaldırtmak *pass von* ***kaldırmak***

kale Burg *f*, Festung *f*, Festungs-; *fig* Bollwerk *n*, Hort *m*; Stellungs- (*Krieg*); *Schach* Turm *m*; SPORT Tor *n*

kalebent ⟨-di⟩ HIST Festungshäftling *m*

kaleci Torwart *m*

kalem (Schreib)Feder *f*, Stift *m*; Meißel *m*; Posten *m e-r Rechnung*; Büro *n*; Kanzlei *f*; ~ ***açmak*** Bleistift anspitzen; *fig* aus dem Gedächtnis streichen; ~ ***efendisi*** HIST Kanzleibeamte(r); *-e* ~ ***oynatmak*** *Text* korrigieren; verfassen, schreiben *A*; *-i* ~***e almak*** verfassen; aufzeichnen *A*; *-in* ~***e aldığı eser*** das von ... verfasste Werk; ~***e gelir*** erwähnenswert; *-in* ~***inden çıkmak*** aus der Feder *G*/*von* stammen; ***kırmızı*** ~ Rotstift *m*; ***tükenmez*** ~ Kugelschreiber *m*

kalemkâr Stukkateur *m*; Graveur *m*

kalemşor Schreiberling *m*

kalemtıraş Bleistiftanspitzer *m*

kalender 1. *subst* Einsiedler *m*, -in *f*; Eigenbrötler *m*, -in *f*; **2.** *adj* gemütlich (*Person*)

kalenderce verhalten, zurückhaltend

'kalfa Geselle *m*; Schulbegleiter *m*; ~**lık** ⟨-ğı⟩ Gesellenstand *m*; ~ ***sınavı*** Gesellenprüfung *f*

kalgımak *Pferd* sich aufbäumen; *Delphin* emporschnellen, emporschießen

kalıcı beständig, dauerhaft; unsterblich

kalıcılık ⟨-ğı⟩ Beständigkeit *f*, Dauerhaftigkeit *f*

kalıç ⟨-cı⟩ Sichel *f*

kalık ⟨-ğı⟩ mangelhaft; veraltet; *Mädchen* F sitzen geblieben

kalıklık ⟨-ğı⟩ Mangelhaftigkeit *f*

kalım: → ***ölüm kalım***

kalın dick; stark (*z.B. Handgelenk*); *Nebel, Rauch* dicht; dickflüssig; GR *Laut* velar, hinter-; *Stimme* tief, rau; ~ ***kafalı*** schwer von Begriff

kalınba(ğı)rsak ⟨-ğı⟩ Dickdarm *m*

kalınca dicklich, ziemlich stark

kalın|laşmak dicker werden; *Stimme* rau werden; ~**lık** ⟨-ğı⟩ Dicke *f*, Stärke *f*, Dichte *f*, Rauheit *f* (*Stimme*)

kalınmak: *pass von* ***kalmak***; ***kalınır*** man kann bleiben, man bleibt (über Nacht)

kalıntı Rest *m*; Überbleibsel *n*; BIOL Rudiment *n*; rudimentär

kalınyağ Schweröl *n*

kalıp ⟨-bı⟩ Form *f*, Matrize *f*, Schablone *f*, Muster *n*, Modell *n*; (Schuster)Leisten *m*; Stück *n Käse, Seife*; ~ ***gibi*** wie ein Klotz (*daliegen*); wie ein Murmeltier *schlafen*; *Kleid* wie angegossen *sitzen*; ~ ***kıyafet*** Äußere(s); ***kalıba vurmak*** wieder in Form bringen; ***kalıbı değiştirmek*** (*od* ***dinlendirmek***) F ins Gras beißen; ***kalıbını basmak*** sich für *etw* verbürgen; ~***tan kalıba girmek*** *fig Problem* hin und her gewälzt werden; *-i* ~ ***etmek*** F *j-n* anführen, anschmieren

kalıpçı Modellierer *m*, -in *f*, Anfertiger *m*, -in *f von Formen usw*; F Schwindler *m*, -in *f*

kalıplamak (aus)formen; (wieder) in Form bringen; gerade biegen

kalıplaş|mak zur Schablone werden; ~**mış** schablonisiert, geformt; ~ ***iyelik*** GR uneigentliche(s) Personalsuffix (*z.B.* bir-i, biri-si)

kalıplı Modell-; flott, gut geschnitten

kalıpsız formlos, plump, unansehnlich

kalıpsöz LIT Phrase *f*

kalır → ***kalmak***

kalıt ⟨-tı⟩ Erbschaft *f*, Erbe *n*; ~**çı** Erbe *m*, Erbin *f*; ~**ım** BIOL Erblichkeit *f*; Vererbung *f*; ~**ımbilim** Genetik *f*; ~**ımsal**, ~**sal** erblich, Erb-

ka'libre Kaliber *n*; ***küçük*** ~ Kleinkaliber *n*

kalifiye qualifiziert; ~ ***eleman*** Fachkraft *f*; ~ ***işçi*** Facharbeiter *m*

kaligrafi Kalligraphie *f*, Schönschreibkunst *f*

ka'lite Qualität *f*, Qualitäts- (*Wein*); ~***si bozuk*** von schlechter Qualität

ka'lite|li *Sache* hochwertig, Qualitäts-; hoch qualifiziert (*z.B. Techniker*);

~siz *Ware* minderwertig; *fig* niveaulos

kalkan[1] Schild *m*; *fig* Schutz *m*; **~ *duvarı*** Giebeldreieck *n*

kalkan[2] ZOOL Steinbutt *m* (*Rhombus maximus*)

kal'kanbezi ANAT Schilddrüse *f*

kalkar → ***kalkmak***

kalker [kal-] Kalkstein *m*; **~leşmek** *v/i* verkalken; **~li** Kalk-, kalkhaltig

kalkık emporstehend, nach oben gerichtet; höher (*als z.B. die eine Seite*); abgeblättert; hochgeschlagen; **~ *burun*** Stupsnase *f*; **~ *gözler*** hervorquellende Augen *n/pl*; F Glotzaugen *n/pl*

kalkındırmak *v/t* aufbauen (*Ort*); ankurbeln (*Wirtschaft*)

kalkınma ÖKON Belebung *f*; ÖKON Wachstum *n*, Aufschwung *m*, Entwicklung *f*; **~ *hızı*** Wachstumsrate *f*

kalkınmak ÖKON sich (wirtschaftlich) erholen, sich wieder beleben; ÖKON wachsen, sich entwickeln; ***~ta olan ülke*** Enwicklungsland *n*

kalkış Abflug *m*, Start *m*; Abfahrt *f*; Aufbruch *m*; ***~a geçmek*** abfliegen, starten; **~mak** *-e* sich wagen an *A* (*od* daran, zu ...); sich einlassen in *A*; sich anschicken, zu ...

kalkmak ⟨-ar⟩ **1.** *v/i* aufstehen, sich erheben; sich erheben, rebellieren; weggehen, aufbrechen; *Belag* sich ablösen, abblättern; *Brauch, Sitte* verloren gehen; *Deckel* abgehoben werden; *Ernte* eingebracht werden; LUFTF starten, abfliegen; sich abheben; *Gesetz* aufgehoben werden, abgeschafft werden; *Kranker* wieder aufstehen können; *vom Markt* verschwinden; *Pferd* sich aufbäumen; *Zug* abfahren; ***kalk borusu*** MIL Wecksignal *n*; ***bizim paket kalk gidelim oldu*** F unser Paket ist verschütt gegangen **2.** *-e* sich anschicken zu

kallavi groß (*Mokkatasse*)

kalleş treulos; verräterisch; Betrüger *m*

kalma (*-den*) stammend *von j-m, aus e-r Zeit*; **~ *durumu*** GR Lokativ *m* (*-de, -da*); ***Nuh-u Nebi'den*** **~** vorsintflutlich

kalmak ⟨-ır⟩ **1.** *v/i* bleiben (*z.B. Kind* bleiben); übrig bleiben; *Angelegenheit, Arbeit* liegen bleiben; *Auto* stecken bleiben; *Beziehungen* bestehen; *-mekle* ***kalmamak*** sich nicht darauf beschränken, zu ... (*... de sondern auch* ...); ***kaldı ki*** dazu kommt noch, dass ...; außerdem; ***az kaldı, az kalsın*** fast, beinahe; ***kalır yeri yok*** unterschiedslos; **2.** (*-de*) bei *j-m* wohnen (*vorübergehend*); *im Hotel* wohnen; *irgendwo* bleiben, F stecken; *in e-m Land* leben; (***sınıfta***) **~** *Schüler* sitzen bleiben; ***... içinde*** **~** gehüllt sein (in *D*, *z.B. Rauch*); ***nerede kaldınız?*** wo haben Sie gesteckt?; **3.** (*-e*) *j-m* zufallen, *bei j-m* liegen; *Abfahrt, Besuch usw* verschoben werden (auf *A*); *Zeit, Stunden* verbleiben (bis *A*); auskommen müssen mit; fertig werden (mit *D*), meistern (können) *A*; (***gece yatısına***) **~** über Nacht bleiben; ***yemeğe*** **~** zum Essen bleiben; ***bir saate kalmadan*** in weniger als e-r Stunde; ***bana kalırsa*** (*od* ***kalsa***) meines Erachtens; wenn es mir möglich wäre, wenn ich könnte; **4.** (*-den*) *Erbschaft, Haus* übergehen (*-e* auf *A*); *Wind* sich legen; Abstand nehmen (von *D*); ohne ... (*z.B. Arbeit*) sein; *s-e Stellung* verlieren; **5.** *Stützverb* sein, *z.B.* ***aç*** **~** hungrig sein; **6.** ***-e-*** **(*-a*)*kalmak*** *zum Ausdruck der Plötzlichkeit, Überraschung*, → ***bakakalmak, donakalmak***

'Kalmuk ⟨-ğu⟩ Kalmücke *m*

ka'loma MAR Schlaffseil *n*

kalori [-l-] Kalorie *f*

kalorifer [-l-] Zentralheizung *f*; F Heizkörper *m*; **~ci** Heizer *m*; Heizungstechniker *m*

kalp[1] [kalp] ⟨-bi⟩ Herz *n*; **~ *ağrısı*** Liebeskummer *m*; **~ *çarpıntısı*** Herzklopfen *n*; MED Tachykardie *f*; **~ *hastası*** herzkrank; **~ *kapağı*** Herzklappe *f*; **~ *kırmak*** *j-n* kränken, beleidigen; **~ *krizi***, **~ *sektesi*** Herzanfall *m*; **~ *yetmezliği*** Herzinsuffizienz *f*; ***kalbi bütün*** gutherzig; ***kalbi olan*** herzkrank; seelenvoll; ***kalbi olmamak*** kein Herz haben; ***kalbine girmek*** *j-n* lieb gewinnen; ***kalbine göre*** (*Gott gibt*) ... das, was jemand verdient; *-in* ***kalbine işlemek*** *j-m* zu Herzen gehen; ***~ten*** herzlich; von Herzen; ***~ten ölmek*** an Herzversagen sterben

kalp[2] [kap] ⟨-bı⟩ falsch, gefälscht; *Person* verlogen; unzuverlässig

kalpak ⟨-ğı⟩ (Pelz)Mütze *f*

kalpazan Falschmünzer *m*; Betrüger *m*; Hochstapler *m*; **~lık** ⟨-ğı⟩ Falschmünzerei *f*; Hochstapelei *f*

kalpli ... mit Herz; ***iyi*** **~** gutherzig

kalpsiz herzlos; **~lik** ⟨-ği⟩ Herzlosigkeit *f*
'kalsiyum Kalzium *n*; **~lu** kalziumhaltig
kaltaban Gauner *m*
kaltak ⟨-ğı⟩ Holzteil *m* des Sattels; *fig* F Dirne *f*
kalubela ['kaːluːbelaː]: **~dan beri** seit unvordenklichen Zeiten
Kalvenci Kalvinist *m*, -in *f* (Anhänger *m* der Lehre Calvins); **~lik** ⟨-ği⟩ Kalvinismus *m*
'kalya *gebratene Kürbisse oder Auberginen*
kam TECH Nocke *f*
'kama Keil *m*; Verschluss *m e-r Waffe*; Gewinn *m im Spiel*; *zweischneidiger* Dolch; **~ basmak** *im Spiel* gewinnen, siegen; **~ biçimde** keilförmig
'kamacı Artillerieschlosser *m*
'kamalamak *v/t* erdolchen
kamanço: *-e* **~ etmek** F abwimmeln (auf *A*)
ka'mara Kajüte *f*, Kabine *f*, Raum *m*; *in Großbritannien* **Avam Ka'marası** Unterhaus *n*; **Lortlar Ka'marası** Oberhaus *n*
kama'rilla Kamarilla *f*, Clique *f*
kamarot ⟨-tu⟩ (Schiffs)Steward *m*
kamaşmak *Augen* geblendet sein (*od* werden); *Zähne* stumpf werden *durch Säure*
kamaştırıcı blendend; grell; glitzernd; **göz ~** *bes fig* blendend
kamaştırmak *v/t* blenden; *Edelstein* glitzern; *fig* (unangenehm) auffallen
kamber *fig* treue(r) Diener; **~siz düğün olmaz** (er) ist überall dabei
'kambiyo Devisenhandel *m*; Geldumtausch *m*; Devisen *pl*; Wechselstube *f*; **~ kuru** Wechselkurs *m*
Kam'boçya Kambodscha *n*; **~lı** Kambodschaner *m*, -in *f*; kambodschanisch
kambur Buckel *m*; Ausbuchtung *f*, Wölbung *f*; bucklig; gekrümmt; *fig* Kummer *m*; Hindernis *n*; *-e* **~ daha geliyor** *fig* (*die Sache*) hat noch e-n Haken; **~ felek** launische(s) Schicksal; **~ üstüne ~** (*od* **~ ~ üstüne**) Pechsträhne *f*; *-in* **~u çıkmak** e-n Buckel bekommen; *fig* von der Arbeit gebeugt sein
kamburlaş|mak *v/i* bucklig werden; sich wölben; **~tırmak** *v/t* krümmen; wölben; *Katze a* **sırtını ~** e-n Buckel machen
kamburumsu leicht gebeugt
kamçı Peitsche *f*; Geißel *f*; MAR frei hängende(s) Tau; *-e* **~ vurmak** (*od* **çalmak**) *j-n* mit der Peitsche schlagen; **~lamak** *v/t* peitschen (*a Sturm usw*); auspeitschen; *fig Nerven* aufpeitschen
kamçılı ... mit der Peitsche; Tyrann *m*; ZOOL Geißeltierchen *n*
ka'melya Kamelie *f*
kamer *osm* Mond *m*
'kamera 1. *subst* (Film-, Video)Kamera *f*; **2.** *int* Achtung, Aufnahme!; **~ karşısında** vor der Kamera
'kameraman Kameramann *m*
kamerî [iː] Mond- (*Jahr usw*)
kameriye Laube *f*
kamış Schilf(rohr) *n*; Rohr-; Korb-; F Penis *m*; **~ dam** Schilfdach *n*; **~ şekeri** Rohrzucker *m*
kamışlık ⟨-ğı⟩ Röhricht *n*
kamışsı rohrartig; hohl
kâmil vollkommen; reif; hochgelehrt
kamp ⟨-pı⟩ Lager *n*; Lager- (*Leben*); **~ kurmak** campen; **çadırlı ~** Zeltlager *n*; **esir ~ı** Gefangenenlager *n*; **toplama ~ı** Konzentrationslager *n*, KZ *n*
kam'pana (Schiffs)Glocke *f*
kam'panya Kampagne *f*, (Verkaufs)Aktion *f*, **bağış ~sı** Spendenaktion *f*, **imza ~sı** Unterschriftenaktion *f*; **seçim ~sı** Wahlkampagne *f*, Wahlkampf *m*
kampçı Lagerinsasse *m*; Camper *m*
kampçılık ⟨-ğı⟩ Lagerleben *n*; Camping *n*; **~ yapmak** campen
kamping Campingplatz *m*
kamu Öffentlichkeit *f*, öffentlich, staatlich; **~ görevlisi** Beamte(r), Angestellte(r) im öffentlichen Dienst; **~ hukuku** öffentliche(s) Recht; **~ iktisadî teşebbüsü** (**KİT**) staatliches Wirtschaftsunternehmen *n*; **~ kesimi** (*od* **sektörü**) staatseigene Betriebe; **~ personeli** (*od* **hizmetlileri**) (die) öffentlich Bediensteten
kamuflaj Tarnung *f*; **~ yapmak** *v/i* tarnen
kamufle getarnt; verschleiert; *-i* **~ etmek** tarnen; verschleiern
kamulaştır|ma Verstaatlichung *f*; **~mak** verstaatlichen
kamuoyu öffentliche Meinung; **~ araştırması** Meinungsumfrage *f*
kamusal öffentlich; publik
kamyon Lastkraftwagen *m*, LKW *m*

kamyoncu Lastwagenfahrer *m*, Fernfahrer *m*; Lastwagenbesitzer *m*
kamyonet ⟨-ti⟩ Lieferwagen *m*
kan Blut *n* (*a fig Stamm, Geschlecht*); **~ ağlamak** bitterlich weinen; **~ alma** Blutabnahme *f*; **~ almak** Blut abnehmen (*-den* bei); **~ bağı** Blutsbande *f*; **~ bankası** Blutbank *f*; **~ basıncı** Blutdruck *m*; **~ çekmek** F *etw* vom Vater (*od* der Mutter) haben; sich verwandt fühlen; **~ çıbanı** MED Furunkel *n* (*a m*); **~ davası** Blutfeindschaft *f*, Blutrache *f*; **~ dolaşımı** Blutkreislauf *m*; **~ durdurucu** blutstillend; **~ dökme** Blutvergießen *n*; **~ dökmek** Blut vergießen; **~ dökücü** blutdürstig; **~ gelmek** *v/unp* (es) blutet; **~ gövdeyi götürüyor** es wird viel Blut vergossen; **~ grubu** Blutgruppe *f*; **~ gütmek** Blutrache üben; *-e* **~ istemek** *j-s* Tod fordern; **~ kanseri** MED Blutkrebs *m*; **~ kardeşi** Blutsbruder *m*; **~ kaybı** MED Blutverlust *m*; **~ kaybından ölmek** verbluten; **~ kesen** blutstillend; **~ kırmızı** blutrot, knallrot; (der, die, das) Schlimmste; *-e* **~ kusturmak** *j-m* viel Leid zufügen; **~ lekesi** Blutfleck *m*; **~ nakli** Blutübertragung *f*; **~ çıkar** *scherzh* es gibt (sonst) ein Blutvergießen; **~ plazması** Blutplasma *n*; **~ portakalı** Blutorange *f*; **~ sayımı** Blutbild *n*; **~ sucuğu** Blutwurst *f*; **~ tahlili** Blutsenkung *f*; **~ ter içinde** schweißgebadet; *-i* **~ tutmak** *fig* kein Blut sehen können; **~ verecek kişi, ~ verici** Blutspender *m*, -in *f*; *-e* **~ vermek** *j-m* Blut spenden; *j-m* Blut übertragen; **~ zehirlenmesi** Blutvergiftung *f*; *-in* **~ı başına çıktı** das Blut stieg ihm (vor Wut) in den Kopf; **~ı kaynamak** lebhaft sein; herumtollen; **b-ne ~ı kaynamak** sich entflammen für j-n
kanaat [-nɑ:-] ⟨-ti⟩ Genügsamkeit *f*; Überzeugung *f*, Auffassung *f*; *-e* **~ etmek** sich zufrieden geben mit; *-e* **~ getirmek** zu dem Schluss kommen, dass ...; **~imce** nach meiner Überzeugung
kanaatkâr anspruchslos, genügsam; **~lık** ⟨-ğı⟩ Anspruchslosigkeit *f*
kanaatli → **kanaatkâr**
'kanaktarım(ı) MED Blutübertragung *f*
kanal ⟨-lı⟩ Kanal *m*; **Süveyş** **♀ı** Suezkanal *m*; **televizyon ~ı** Fernsehkanal *m*
kanalıyla *fig* über *A*, mittels *G*
kanalizasyon Kanalisation *f*, Siel *m*
kana|ma Blutung *f*; **burun ~sı** Nasenbluten *n*; **~malı** blutend
kanar → **kanamak, kanmak**
ka'narya ZOOL Kanarienvogel *m*; **~otu** BOT Vogelmiere *f*
kanat ⟨-dı⟩ Flügel *m*; Flosse *f des Fisches*; MIL Flanke *f*; Hälfte *f e-s Vorhangs*; *Fußball* Flügelstürmer *m*; (*-in*) **kanadı altında** unter dem Schutz *G*; *-i* **kanadı altına almak** *fig j-n* unter seine Fittiche nehmen
ka'nata Krug *m*
kanatçık ⟨-ğı⟩ LUFTF Querruder *n*; Flügelchen *n*
kanatlan|dırmak *v/t* erfreuen; **~mak** *v/i* flügge werden; anfliegen; *fig* außer Rand und Band geraten
kanatlı mit Flügeln; TECH Flügel-; Schaufel-; geflügelt (*z.B.* ZOOL *Insekten*); **iki ~ kapı** Flügeltür *f*
kanatmak *kaus von* **kanamak**; *v/t* zum Bluten bringen; **parmağını** *usw* **~** sich (*D*) in den Finger *usw* schneiden
ka'nava, kana'viçe Kanevas *m*, Gitterleinen *n*; Kreuzstich *m*; Sackleinen *n*
'kanca Haken *m*; Bootshaken *m*; *-e* **~yı takmak** (*od* **atmak**) nachtragend sein; *j-n* belästigen, *j-m* zusetzen; **~lamak** *v/t* e-n Haken anbringen (an *A*); mit dem Haken heranziehen; *fig* sich an *j-n* anklammern *od* an *etw* klammern; **~lı** mit e-m Haken; Haken-
kancık ⟨-ğı⟩ **1.** *subst dial* Weibchen *n* (*Tier*); *abw* Frau *f*; **2.** *adj* hinterhältig
kançılar Botschaftssekretär *m*, -in *f*; Konsulatsbeamte(r); **~ya** [-'lɑrja] Botschaftskanzlei *f*
kandaş blutsverwandt
kandaşlık ⟨-ğı⟩ Blutsverwandtschaft *f*
kandırıcı überzeugend; verführerisch; durststillend; sättigend
kandır|ış; **~ma** Überzeugung *f*, Überredung *f*, Versuchung *f*, Verführung *f*; **~maca** Überreden *n*, Täuschen *n*
kandırmak *kaus von* **kanmak**; überzeugen; überreden; täuschen; *j-m* den Durst *od* Hunger stillen
kandil **1.** *subst* Öllampe *f*; **~ (gecesi)** *e-e der vier muslimischen Festnächte, an denen die Minarette illuminiert werden*; **~in yağı tükendi** *fig* das Leben ist erloschen; **2.** *adj* betrunken
kandil|leşmek *sich* (*D*) *zur* → **kandil gecesi** *beglückwünschen*; **~li** illumi-

K

niert; F besoffen; ~ ***küfür*** ordinärste(r) Fluch
'kandoku ANAT Fibrin *n*
ka'nepe Sofa *n*; Kanapee *n*, Partyhappen *m*
kangal (Draht)Rolle *f*, Spule *f*, Docke *f*; Kranz *m*, Ring *m* *von Würsten*; ANAT Schlinge *f*, Ansa *f*; ZOOL *ostanatolische Schäferhundrasse*
kangallamak *v/t* aufspulen, aufwickeln
kangren MED Brand *m*, Gangräne *f*; ~ ***olmak*** brandig werden; *fig* → ***kangrenleşmek***
kangrenleşmek brandig werden; *fig* zu einem unlösbaren Problem werden
'kanguru Känguru *n*
kanı Auffassung *f*, Überzeugung *f*, Meinung *f*; ***~ma göre, ~mca*** nach meiner Meinung; ***-diği ~sındayım*** ich bin der Meinung, dass ...
kanıksa|ma *abw* Gewöhnung *f*, Ausbrennen *n*; ***~mak*** *-i* sich gewöhnen an *A*; abgebrüht sein gegen *A*; ausbrennen
kanırtmaç ⟨-cı⟩ Brecheisen *n*
kanırtmak *-i* durch Lockern herausziehen (*Nagel usw*); abbrechen (*Ast*)
kanıt ⟨-tı⟩ Beweis *m*; Argument *n*
kanıtlamak *v/t* beweisen; begründen
kanıtlı bewiesen; begründet
kani [kɑ:ni:] überzeugt; ***-diğine ~yim*** ich bin überzeugt davon, dass ...; *-e* ~ ***olmak*** sich überzeugen lassen von
kankurutan BOT Mandragore *f*, Alraune *f*
kanlamak *-i* mit Blut beflecken *A*
kanlanmak *v/i* mit Blut befleckt werden, blutige Stellen bekommen; wieder zu Kräften kommen; *Auge* blutunterlaufen sein
kanlı blutbefleckt; blutig; *Beefsteak* nicht durchgebraten; *Auge* blutunterlaufen; *dial* Mörder *m*, -in *f*; ~ ***canlı*** *Person* sanguinisch, vital
kanmak ⟨-ar⟩ *-e* Glauben schenken *D*; sich verleiten lassen *zu*; sich begnügen mit; sich satt trinken (an *D*); ***kana, kana***, *a* ***kanıncaya kadar*** (mehr als) genug, reichlich
'kano Kanu *n*; Kahn *m*
kanon Kanon *m*
kansa MED Kropf *m*
kanser MED Krebs *m*, Karzinom *n*; *-in* ***~i olmak*** Krebs haben; ***~leşmek*** krebsartig werden; ***~li*** Krebs-, krebsartig; krebskrank
kanserojen Krebs erregend
kanseroloji Karzinologie *f*
kansız *Lippen* blutleer; *Revolution* unblutig; MED blutarm, anämisch; *fig* apathisch; ängstlich; F niederträchtig, feig
kansızlık ⟨-ğı⟩ Blutarmut *f*, Apathie *f*, Ängstlichkeit *f*, Niedertracht *f*
kantar (Schnell)Waage *f*, HIST *Gewicht von etwa* 56 kg; ~ ***kolu*** Waagebalken *m*; *-i* ***~a çekmek*** *v/t* auswiegen; ***~ı belinde*** durchtrieben; Pfiffikus *m*
kantar|lamak *v/t* auswiegen; *fig* genau erwägen; *j-n* prüfen, testen; ***~lı***: ~ ***küfür*** unflätige Beschimpfung
kantaron BOT Tausendgüldenkraut *n* (*Centaurea*)
'kantaşı ⟨-nı⟩ Hämatit *m*
kantat ⟨-tı⟩ MUS Kantate *f*
kantin Kantine *f*, *Slang*: Spinnerei *f*
kantinci Kantinenwirt *m*, -in *f*
'kanto MUS Chanson *n*, Couplet *n*
'kantocu MUS Kabarettsängerin *f*
kanton POL Kanton *m* (*in der Schweiz*)
kanun[1] [kɑ:nu:n] Gesetz *n*; Gesetzbuch *n*, Kodex *m*; ~ ***hükmünde kararname*** Erlass *m*
kanun[2] MUS *Art* Zimbel *f*
kânun HIST ***~uevvel*** Dezember *m*; ***~usani*** HIST Januar *m*
kanundışı illegal, ungesetzlich
ka'nunen gesetzlich, nach dem Gesetz
kanun|î [-ni:] gesetzlich, legal; juristisch; ♀ ***Sultan Süleyman*** Süleyman der Prächtige; ***~iyet*** ⟨-ti⟩ *osm* Gesetzmäßigkeit *f*, Gesetzeskraft *f*; ~ ***kesp etmek*** → ***kanunlaşmak***
kanunlaşmak Gesetzeskraft erlangen
kanunsuz ungesetzlich, illegal; gesetzlos
kanyak ⟨-ğı⟩ Branntwein *m*
kaos Chaos *n*; ~ ***yaşandı*** es herrschte ein Chaos
kap[1] ⟨-bı⟩ Gefäß *n*; Behälter *m*; Schüssel *f*, Überzug *m*, Hülle *f*, Einband *m*, Deckel *m* *e-s Buches*; ***~kacak*** Küchengeschirr *n*; ***iki ~ yemek*** zwei Gänge, zwei Gerichte; *-e* ***~geçirmek*** *Buch* einschlagen; *Kissen* überziehen; ***kabına sığmamak*** *fig* außer sich (*D*) sein
kap[2] ⟨-pı⟩ Cape *n*, Pelerine *f*
kapak ⟨-ğı⟩ Deckel *m*; Motorhaube *f*, (Flaschen)Verschluss *m*; MATH Seg-

ment *n*; *-e* ***kapağı atmak*** Zuflucht finden (in, bei *D*)
kapakçık *a* ANAT Klappe *f*
kapakkızı Covergirl *n*
kapaklanmak stürzen; F lang hinschlagen; *Schiff* kentern; AUTO sich überschlagen
kapaklı verschlossen; ... mit Deckel; ***gizli ~*** heimlich, verstohlen, verdeckt
kapaksız ... ohne Deckel; *fig* ungebildet
kapalı verschlossen; geschlossen (*Sitzung, Stromkreis, Silbe, Kleid*); *fig* vage; *Frau* mit Kopfbedeckung; *Wetter* trübe, bedeckt; ***~ bir hayat yaşamak*** ein zurückgezogenes Leben führen, sehr abgeschlossen leben; ***~ devre televizyon*** Kabelfernsehen *n*; *-i* ***~ geçmek*** (mit Stillschweigen *usw*) übergehen *A*; ***~ kalmak*** eingeschlossen sein; ***~ kutu*** *Person* verschlossen, zugeknöpft; (ein) Rätsel *n*; Heimlichtuer *m*, -in *f*; ***~ yüzme havuzu*** Hallenschwimmbad *n*; ***üstü ~*** Hallen-
kapalıçarşı (überdachter) Basar *m*; ♀ Großer Basar (*in Istanbul*)
kapalılık ⟨-ğı⟩ Verschlossenheit *f*
kapalıtohumlular BOT Bedecktsamer *m/pl*
kapama *Fleischgericht mit Lattich und frischer Zwiebel*; → ***kapamak***; Verschluss-; Absperr- (*Hahn*); ***cadde ~sı*** Barrikade *f*
kapamak *v/t* schließen, zumachen; *den Ausblick* versperren, verdecken; *e-n Teil* bedecken; *Buch* zuklappen; *Gesicht* bedecken; *Loch* zustopfen; *Schulden* ausgleichen, decken; *Strom* ausschalten; *Text* chiffrieren, verschlüsseln; *Thema* abschließen; *Verbrecher* einsperren (*-e* in *A*); *Wasser* abstellen; *Weg* sperren; versperren; beschließen (*z.B. mit e-m Fest*); ÖKON abschließen (*mit e-m Gewinn usw*)
kapan Falle *f*; *-e* ***~ kurmak*** *j-m* e-e Falle stellen; ***~a düşmek*** (*od* ***girmek, kısılmak***) in die Falle gehen; *-i* ***~a sıkıştırmak*** (*od* ***kıstırmak***) *fig j-n* in e-e Falle locken; *j-n* in große Bedrängnis bringen; ***~ca*** kleine Falle; *fig* List *f*
kapanık geschlossen; verschlossen; finster (*Ort*); trüb (*Wetter*)
kapanıklık ⟨-ğı⟩, ***içine ~*** Verschlossenheit *f*; PSYCH Introvertiertheit *f*
kapanış Schluss *m*; *Radio*, TV Sendeschluss *m*; ÖKON Börsenschluss *m*
kapanma Verschluss *m*; ***~ saati*** Ladenschluss(zeit *f*) *m*
kapanmak *pass von* ***kapamak***; sich werfen (an *die Brust*, auf *den Boden*); *Halbzeit* schließen (mit ...); *Himmel* sich bedecken, sich beziehen; *Schule* schließen; *Wunde* zuheilen, verheilen; *Zeitung* ihr Erscheinen einstellen; ***telefon kapandı*** ... hat (den Hörer) aufgelegt
kapantı GR Verschluss(laut) *m*
kapar → ***kapamak, kapmak***
'kapari BOT Kaper *f*, Kapern *f/pl*
ka'paro ÖKON Anzahlung *f*; ***~ vermek*** e-e Anzahlung leisten
kapasite Kapazität *f*; *fig* Auffassungsvermögen *n*; *fig* Kompetenz *f*; TECH ***eksik ~ ile*** ... ohne Belastung
kapatılmak *pass von* ***kapatmak***
kapatma 1. *subst* Schließen *n*; *Basketball* Blockieren *n e-s Spielers*; Mätresse *f*; **2.** *adj Ware* ergaunert
kapatmak → ***kapamak***; *Betrieb* schließen; TEL auflegen; e-e Geliebte unterhalten; ***ucuza ~*** F billig ergattern
kapçak ⟨-ğı⟩ (Feuer)Haken *m*
kapçık ⟨-ğı⟩ kleine(s) Gefäß; (Patronen)Hülse *f*; BOT Samenkapsel *f*
ka'pela Mütze *f*
kapı Tür *f*; (*groß*) Tor *n*; MAR Luke *f*; *fig* (Verdienst)Quelle *f*, Hilfsquelle *f*; Möglichkeit *f*; *Tricktrackspiel: Feld, in dem zwei Steine zusammentreffen*; ***~ açmak*** e-e Tür einschlagen; (*-den*) ein Gespräch eröffnen (über *A*); *etw* einleiten; e-n Handel mit überzogenem Preis beginnen; ***~ baca açık*** *fig* völlig ungeschützt; ***~ dışarı!*** raus hier!; *-i* ***~ dışarı etmek*** *j-n* hinauswerfen, F rausschmeißen; ***~ duvar*** (vor) verschlossene(r) Tür (*stehen*); ***~ dürbünü*** Türspion *m*; ***~ gibi*** *Person* wie ein Schrank; ***~ ~ dolaşmak*** von Tür zu Tür gehen; ***~ karşı*** Tür an Tür; ***~ komşusu*** Nachbar *m*, -in *f* nebenan; ***~ mandalı*** Türklinke *f*; *fig* Nichtsnutz *m*; ***~ yapmak*** *fig* den Boden bereiten; ein Haus besichtigen; ***~da*** unmittelbar bevorstehend; ***~sı açık*** gastfreundlich; *-in* ***~sını çalmak*** *fig* anklopfen bei; ***~ya dayanmak*** *fig Winter usw* vor der Tür stehen; e-e drohende Haltung annehmen

K

kapıcı[1] Pförtner *m*, Portier *m*; Hausmeister *m*

kapıcı[2] (er)greifend; Räuber *m*

ka'pıkulu ⟨-nu⟩ *osm* Garde *f* (*aus berittenen und Fußsoldaten*)

kapılanmak *v/i -e* unterkommen, Arbeit finden (bei *D*)

kapılı ...türig, *z.B.* ***dört ~*** viertürig

kapılmak *-e* erfasst werden, ergriffen werden von; geraten in *A*; *fig* F reinfallen auf *A*; sich täuschen lassen von; sich verleiten lassen von

kapış: ***~ ~*** gierig (*verschlingen*); ***~ ~ gitmek*** reißenden Absatz finden

kapışmak *-i* sich reißen um; F sich in die Haare kriegen; F sich abknutschen

kapıştırmak (*-i -le*) gegeneinander aufhetzen *A*

kapital ⟨-li⟩ ÖKON Kapital *n*

kapitalist ⟨-ti⟩ Kapitalist *m*, -in *f*

kapitalizm Kapitalismus *m*

kapitone gesteppt; ***~ çekmek*** steppen

kapitülasyonlar HIST *Handelsbegünstigungen für Europäer im osm. Reich*

kapkaç ⟨-cı⟩ Raub *m*

kapkaççı Räuber *m*; Pfuscher *m*; schlampig; stümperhaft; ***~lık*** ⟨-ğı⟩ Raub *m*, Pfuscherei *f*

'kapkara pechschwarz

kaplam Inhalt *m*, Umfang *m* (*e-s Begriffs*); (Begriffs)Feld *n*

kaplama **1.** *subst* (Möbel)Furnier *n*; Belag *m*, Bezug *m*; (Silber-, Gold)Auflage *f*; (Wand)Behang *m*; Verkleidung *f*; (Zahn)Krone *f*; **2.** *adj* dubliert; Dublee-; *Zahn* überkront; ***~cı*** Plattierer *m*; Furnierer *m*; ***~cılık*** ⟨-ğı⟩ Plattierung *f*, Dublearbeit *f*; Furnieren *n*

kaplamak (*-i -e od -le*) *v/t Buch* einbinden; *Decke*, *Silber usw* überziehen mit; belegen; *Metall* plattieren; *Wand* behängen, verkleiden; *Möbel* furnieren mit; *Zahn* überkronen; *Freude*, *Ruhm*, *Lärm* erfüllen; *Stille* herrschen (*-i* in *D*); *Wolken* bedecken

kaplamalı dubliert; furniert

kaplamlı *Begriff* umfassend

kaplan ZOOL Tiger *m*

kaplı überzogen; bedeckt; ***çinko ~*** verzinkt; ***toz ~*** verstaubt

kap'lıca[1] (Thermal)Bad *n*; Heilquelle *f*

kap'lıca[2] BOT Dinkelweizen *m* (*Triticum monococcum*)

kap'lumbağa Schildkröte *f*

kapma ergaunert, zusammengeschachert

kapmaca → ***köşe ~***

kapmak ⟨-ar⟩ *v/t* greifen, packen; ergattern; *aus der Hand* reißen; *z.B. Finger* abreißen; *Schaf* zerreißen; *fig* (*geistig*) erfassen, begreifen; sich (*D*) *e-e Krankheit* zuziehen; ***kapıp koyuvermek*** *v/t* vernachlässigen

ka'porta Luke *f*; AUTO Karosserie *f*

kapris Laune *f*, Kaprice *f*; ***~ yapmak*** launenhaft sein; ***~li*** launisch

kapsam Bereich *m*, Sphäre *f*, (Begriffs)-Umfang *m*; ***... ~ına alma*** (*od* ***alınma***) Einbeziehung *f* (in *A*)

kapsa|ma Einbeziehung *f*, ***~mak*** einschließen, einbegreifen, umfassen

kapsamlı umfassend, umfangreich

kapsül BOT, MED Kapsel *f*; BOT Samengehäuse *n*; CHEM Abdampfschale *f*

kaptan Kapitän *m*; SPORT Mannschaftskapitän *m*; ***~ pilot*** Flugkapitän *m*; ***~ şoför*** Fahrer *m* (*e-s Überlandbusses*)

kaptıkaçtı Kleinbus *m*; *Art* Kartenspiel *n*; F Mauserei *f*

kaptırmak *kaus von* ***kapmak***; sich (*D*) *etw* entreißen lassen, wegnehmen lassen (*-e* von); ***kaptırıp gitmek*** *usw* in einem fort fahren *usw*

ka'puska *gedünsteter Kohl mit Fleisch*

kaput ⟨-tu⟩ Militärmantel *m*; AUTO Motorhaube *f*, Kondom *n*; ***~ gitmek*** *Schüler* immer wieder durchfallen; *Kartenspiel* Pech haben

kar Schnee *m*; *-i* ***~ basmak*** einschneien; ***~ gibi*** (***beyaz***) schneeweiß; ***~ fırtınası*** Schneesturm *m*; ***~ (küreme) makinesi***, ***~ kürüme pulluğu*** Schneepflug *m*; ***~ yağmak*** schneien; ***~dan adam*** Schneemann *m*; ***~da gezip izini belli etmemek*** alles gut zu vertuschen wissen; ***~la karışık yağmur*** Schneeregen *m*

kâr ÖKON Gewinn *m*; Nutzen *m*; ***~ bırakmak*** Gewinn abwerfen; ***~ etmek*** gewinnen, verdienen; wirken, nützen; (*nicht*) helfen; ***~ haddi*** Gewinnspanne *f*; ***~ koymak*** den Gewinn aufschlagen (*auf den Gestehungspreis*); ***~ payı*** Gewinnanteil *m*, Dividende *f*; ***~ ve zarar hesabı*** Gewinn- *u* Verlustrechnung *f*; ***~a geçmek*** Gewinne erzielen; ***bu, benim ~ım değil*** das steht nicht in meinen Kräften

kara[1] Land *n*; Festland *n*; Erd-; ***~ birlik-***

leri Heerestruppen *f/pl*; **~ *iklimi*** Landklima *n*; **~*dan*** auf dem Landweg; zu Lande; **~*ya ayak basmak*, ~*ya çıkmak*** an Land gehen, landen; **~*ya oturmak*** auflaufen, stranden; **~*ya vurmak*** an Land gespült werden

kara² schwarz; dunkel(häutig); *fig* unheilvoll, bös, finster, schwarz; **~ *gün dostu*** Freund *m* in der Not; **~ *haber*** Hiobsbotschaft *f*; *-i* **~ *listeye almak*** *fig* auf die schwarze Liste setzen; *-e* **~ *sürmek*** (*od* ***çalmak***) *j-n* anschwärzen, verleumden; **~ *para*** schwarzes Geld; **~ *yağız*** schwarzbraun; *fig* kräftig, stämmig; **~(*lar*) *bağlamak*** (*od* ***giymek***) sich schwarz kleiden, Schwarz tragen

karaağaç ⟨-cı⟩ BOT Ulme *f*, Rüster *f*

kara|basan Albdruck *m*, Albtraum *m*; **~baş** überzeugte(r) Junggeselle; Mönch *m*; *Art* Hirtenhund *m*; *Art* Hühnerkrankheit *f*; BOT gemeine(r) Lavendel; **~batak** ⟨-ğı⟩ ZOOL Kormoran *m*; **~ *gibi*** *fig* e-e flüchtige Erscheinung; im Nu

kara'bina Karabiner *m*

ka'raborsa ÖKON Schwarzmarkt *m*; **~cı** Schwarzhändler *m*; **~cılık** ⟨-ğı⟩ Schwarzhandel *m*

ka'raboya CHEM Schwefelsäure *f*

ka'rabuğday BOT Buchweizen *m*

ka'rabiber schwarze(r) Pfeffer; *scherzh Mädchen* hübscher (brünetter) Käfer

ka'rabulut ⟨-tu⟩ Regenwolke *f*

karaca¹ schwärzlich

karaca² ZOOL Reh *n*

karacı Offizier *m* (*od* Soldat *m*) des Heeres

ka'raciğer ANAT Leber *f*

ka'raçalı BOT Schlehdorn *m*, Schlehe *f*, *fig* Störenfried *m*, Intrigant *m*, -in *f*

ka'raçayır Unkraut *n*

Ka'radağ Montenegro *n*; **~lı** Montenegriner *m*, -in *f*, montenegrinisch

Ka'radeniz Schwarze(s) Meer; **~li** Bewohner *m*, -in *f* der Schwarzmeerküste

karaelmas *fig* schwarze Diamanten *m/pl*; TECH Karbonado *m*

karagöz *türk.* Schattenspiel *n*; ♀ *e-e Figur im türk. Schattenspiel*; **~ (*balığı*)** ZOOL Geißbrasse *f*

karagözcü Schattenspieler *m*

karagül ZOOL Karakul-Schaf *n*

Ka'rahan ASTR Pluto *m*

karahindiba BOT Löwenzahn *m*

Karaimce (das) Karaimisch(e); karaimisch (*in Polen*)

karakabarcık ⟨-ğı⟩ MED Milzbrand *m*, Anthrax *m*

karakalem Kohlezeichnung *f*

karakış strenge(r) Winter; Höhepunkt *m* des Winters

karakol Wache *f* (*Polizei, Gendarmerie*); Wach-; Wachposten *m*; ***polis* ~*u*** Polizeiwache *f*, Polizeirevier *n*

karakolluk: **~ *olmak*** aufs Polizeirevier gebracht werden

ka'rakoncolos *fig* Vogelscheuche *f*

karakter PSYCH Charakter *m*; BUCH Schrift(art) *f*, Charakterdarsteller *m*, -in *f*; **~ *sağlamlığı*** Charakterstärke *f*

karakteristik ⟨-ği⟩ Charakteristik *f*; charakteristisch

karakterize: **~ *etmek*** *v/t* charakterisieren

karakter|li charakterfest; von ... Charakter; **~siz** charakterlos; **~sizlik** ⟨-ği⟩ Charakterlosigkeit *f*

karakul → ***karagül***

karakulak ⟨-ğı⟩ ZOOL Wüstenfuchs *m*

ka'rakuş ZOOL *Art* Adler *m*

karakuşî: **~ *hüküm*** Willkürentscheid *m*

ka'ralahana *Art* Kohl *m*

karalama Kritzeln *n*; Entwurf *m*

karalamak ausstreichen, durchstreichen; *Antrag* entwerfen; *Bild* skizzieren; sich im Schönschreiben üben; *Wände* beschmieren, F voll schmieren; *j-n* anschwärzen, schlecht machen

kara|lı ausgestrichen; (schwarz)fleckig; **~lık** ⟨-ğı⟩ Schwärze *f*, dunkle(r) Fleck

karaltı dunkle(r) Fleck, dunkle Stelle; Umriss *m*, Schatten *m*, etwas Dunkles

karaman ZOOL Karaman-Schaf *n*

karambol ⟨-ü⟩ *Billard; Autos* Karambolage *f*; *-i* **~*e getirmek*** *j-n* bewusst irreführen; *etw* überstürzen

kara'mela Karamelbonbon *n od m*

karamsar pessimistisch; Pessimist *m*, -in *f*; **~laşmak** schwarz sehen; Pessimist werden; **~lık** ⟨-ğı⟩ Pessimismus *m*

karamuk ⟨-ğu⟩ BOT Kornrade *f*

karanfil BOT Nelke *f*

karanlık ⟨-ğı⟩ dunkel; Dunkelheit *f*; **~ *basmak*** *Wetter* dunkel werden; *-i* **~ *etmek*** verdunkeln; **~ *işler*** *fig* dunkle Geschäfte *n/pl*; **~ *oda*** FOTO Dunkelkammer *f*; ***karanlığa kalmak*** von der Dunkelheit überrascht werden

K

karanlıkta im Dunkeln; ~ ***göz kırpmak*** geheimnisvolle Andeutungen machen
karan'tina Quarantäne *f*; **~*da yatmak*** in Quarantäne liegen; **~*ya almak*** in Quarantäne legen *A*
Ka'raorman(lar) Schwarzwald *m*
karar[1] Entschluss *m*, Entscheidung *f*; Beschluss *m*, Urteil *n des Gerichts*; Beschluss *m*, Entscheidung *f des Parlaments*; Beständigkeit *f des Wetters*; richtige(s) Maß, Ausgewogenheit *f*; Tempo *n*; MIL (Feuer)Geschwindigkeit *f*; (innere) Ruhe; ~ ***almak*** e-n Entschluss fassen; *-de* ~ ***bulmak*** zu e-m Abschluss kommen in *D*; *-de* ~ ***kılmak*** sich entscheiden für; *-e* ~ ***vermek*** den Entschluss fassen zu (*od* zu + *inf*); sich entscheiden für *A*; ***çabuk*** ~ ***veren*** schnell entschlossen; *-i* **~*a bağlamak*** entscheiden *A*; **~*ınca*, ~*ında*** maßvoll, in Grenzen (*bleiben*); **~*ında bırakmak*** Maß halten; *-mek* **~*ında olmak*** gedenken (zu + *inf*); entschlossen sein (zu +*inf*); ***göz ~ıyla*** nach Augenmaß
karar[2] → ***karmak***
karargâh MIL Quartier *n*, Unterkunft *f*
kararlama annähernd; bestimmt; entschlossen; **~*dan*** auf gut Glück
kararlamak *v/t* überlegen; anpeilen
kararlamaya → ***kararlamadan***
kararlaş|mak beschlossen (*od* beschlossene Sache) sein; **~*tırmak*** *v/t* beschließen (*-mesini* zu + *inf*); anordnen; *z.B. Ort* vereinbaren, festsetzen
kararlı *-e* entschlossen (zu; *a Person, Widerstand usw*); *Gleichgewicht* stabil; PHYS stehend (*Welle*); **~*lık*** ⟨-ğı⟩ Entschlossenheit *f*, Festigkeit *f*
kararmak dunkel werden, trübe werden; *unp j-m* wird schwarz (*vor Augen*); *Licht* erlöschen
kararname [-nɑː-] POL Erlass *m*; (Ernennungs)Urkunde *f*
kararsız unentschlossen; unklar; PHYS labil; *Wetter* unbeständig; **~*lık*** ⟨-ğı⟩ Unentschlossenheit *f*, Unbeständigkeit *f*; Labilität *f*
karartı Schwärze *f*, schwarze(r) Fleck
karartma MIL Verdunkelung *f*
karartmak *Zimmer* verdunkeln, dunkel machen; ***gözünü*** ~ F wagen
karasal kontinental, Festland-
ka'rasevda [-dɑː] Melancholie *f*; **~*lı*** melancholisch; unglücklich verliebt
ka'rasığır ZOOL Büffel *m*
ka'rasinek ⟨-gi⟩ ZOOL Stubenfliege *f*
ka'rasu MED grüne(r) Star; Glaukom *n*; träge fließende(s) Wasser
karasuları ⟨-nı⟩ Territorialgewässer *n/pl*
ka'ratahta *Schule* Wandtafel *f*
ka'ratavuk ⟨-ğu⟩ ZOOL Amsel *f*
ka'raturp ⟨-pu⟩ BOT Meerrettich *m*
karavan AUTO Wohnwagenanhänger *m*
kara'vana Gulaschkanone *f*, (Kasernen)Essen *n*; F Fraß *m*; F (Schuss *m*) daneben; flache(r) Brillant; **~*cı*** MIL Essenträger *m*; F Flasche *f* (*Versager*)
kara'vide ZOOL Flusskrebs *m*
karayağız → ***kara***[2]
ka'rayazı Missgeschick *n*, F Pech *n*
ka'rayazılı Pechvogel *m*
ka'rayel Nordwest-; Nordwestwind *m*
ka'rayolu ⟨-nu⟩ Landweg *m*; Fernstraße *f*; ~ ***ile*** auf dem Landweg, per Achse
Karbeyaz(ı) Schneewittchen *n*
karbon Kohlenstoff *m*; *Zeitalter* Karbon *n*; ~ ***kağıdı*** Kohlepapier *n*
karbonat ⟨-tı⟩ kohlensaure(s) Salz, Karbonat *n*; doppeltkohlensaure(s) Natrium, Natron *n* ($NaHCO_3$)
karbondioksit Kohlendioxid *n* (CO_2)
karbonhidrat Kohle(n)hydrat *n*
karbonik Kohlenstoff-, kohlenstoffhaltig; ~ ***asit*** Kohlensäure *f* (H_2CO_3)
karbonmonoksit Kohlenmonoxid *n* (CO)
karbüratör AUTO Vergaser *m*
kardan Kardangelenk *n*; ~ ***mili*** Kardanwelle *f*
kardelen BOT Schneeglöckchen *n*
kardeş Bruder *m*; Schwester *f*; Bruder-; brüderlich; ***erkek*** ~ Bruder *m*; ***kız*** ~ Schwester *f*; ***din ~i*** Religionsgenosse *m*; ~ ***devlet*** befreundete(r) Staat; **~*kavgası*** Bruderkrieg *m*; ~ ***payı*** brüderliche Teilung; ~ ***şehir*** Patenstadt *f*; **~*im!*** mein Lieber!; ~ ~ wie die Geschwister; **~*çe*** geschwisterlich; **~*lik*** ⟨-ği⟩ Bruderschaft *f*, Brüderlichkeit *f*; F (dicke) Freundschaft *f*
kardinal ⟨-li⟩ REL Kardinal *m*
kardiyak MED Herz-; herzkrank
kardiyo- MED Herz-
kardiyogram MED Elektrokardiogramm *n* (EKG)
kardiyolog MED Herzspezialist *m*, -in *f*, Kardiologe *m*, Kardiologin *f*

K

kardiopati Herzleiden *n*
kare Quadrat *n*; quadratisch; Karo *n*; ***bir sayının ~sini almak*** e-e Zahl mit sich selbst malnehmen; **~kök** Quadratwurzel *f*; ***~ünü almak*** die Wurzel ziehen, radizieren; **~li** kariert
Ka'relya Karelien; **~lı** Karelier *m*, -in *f*; karelisch
karga[1] ZOOL Rabe *m*; ***~ bok yemeden*** in aller Herrgottsfrühe
'karga[2] MAR Geitau *n*; ***~ etmek*** MAR aufgeien; pumpen
kargaburun ⟨-nu⟩ Kneifzange *f*; *Person* ... mit e-r Hakennase
kargabüken BOT Brechnuss *f* (*Strychnos nux vomica*)
kargacık: ***~ burgacık*** *fig* F e-e fürchterliche Pfote (*haben*)
kargaşa Chaos *n*, Anarchie *f* (*fig*); Wirrwarr *m*, Durcheinander *n*
kargaşacı Anarchist *m*, -in *f*; Chaot *m*, -in *f*; Aufwiegler *m*, -in *f*
kargaşalık ⟨-ğı⟩ → ***kargaşa***
'kargatulumba (*j-n*) an Händen und Füßen packend; ***~ etmek*** an Händen und Füßen packen
kargı Speer *m*; (Schilf)Rohr *n*; **~lamak** *v/t* mit dem Speer durchbohren
kargılık ⟨-ğı⟩ Patronentasche *f*
kargımak *v/t* verfluchen
kargın große(r) Hobel; Reibeisen *n*
kargış Fluch *m*, Verwünschung *f*; **~lamak** *v/t* verfluchen; **~lı(k)** verflucht
'kargo Kargo *m*
karı (Ehe)Frau *f*; Gattin *f*; F Weib *n*; alte Frau, F Olle *f*; ***~ koca*** Mann und Frau, Ehepaar *n*, Eheleute *pl*
karık[1] ⟨-ğı⟩ Schneeblindheit *f*; geblendet
karık[2] ⟨-ğı⟩ kleine(r) Graben, Rinne *f*
karılı ... mit s-r Frau; verheiratet; ***çok ~ olmak*** mehrere (viele) Frauen haben
karın ⟨karnı⟩ Bauch *m*; Leib *m*; Mutterleib *m*, Schoß *m*; Bauch *m e-s Schiffes*; *e-r Flasche*; PHYS Schwingungsbauch *m*; *fig* Kopf *m*; Innere(s), Seele *f*; ***~ ağrısı*** Leibschmerzen *m/pl*; *Person* unausstehlich; *Sache* F Dingsbums *n*; ***karnı aç*** (*od* ***boş***) hungrig; ***karnım aç*** ich bin hungrig; *-in* ***karnını doyurmak*** (sich *od* j-n) sättigen; ***karnım tok*** ich bin satt; *fig* ich habe genug (*-e* von); ich bin es satt; ***karnı tok sırtı pek*** *fig* wohlhabend; ***karnım zil çalıyor*** mir knurrt der Magen; ***karnım acıktı*** ich habe Hunger bekommen; ***karnı geniş*** sorgenfrei; sorglos; ***~ ~a*** Seite an Seite; ***~dan konuşan*** Bauchredner *m*; ***karnından konuşmak*** brummeln, nuscheln; flunkern; *-in* ***karnından geçmek*** es geht *j-m* durch den Kopf, sich (*D*) *etw* überlegen
ka'rınca Ameise *f*; ***~ asidi*** CHEM Ameisensäure *f*; ***~ belli*** ... mit Wespentaille; ***~ kararınca*** so weit (wie) möglich; ***~ yuvası*** Ameisenhaufen *m*; ***~ yuvası gibi kaynamak*** nur so wimmeln; ***~yı bile ezmemek*** (*od* ***incitmemek***) *fig* keiner Fliege etwas zuleide tun
karıncalanmak von Ameisen wimmeln; *Metall* rosten; *Hand*, *Fuß* eingeschlafen sein; ***ayağım karıncalanıyor*** es kribbelt mir im Fuß
karıncalı mit Poren, mit Rostflecken
karıncık ⟨-ğı⟩ ANAT (Herz)Kammer *f*
karınlamak *-e Schiff* anlegen
karınlı bauchig; dickbäuchig
karınsa Mauserung *f*, Mauser *f*; ***~ya girmek*** sich mausern
karıntı Strudel *m*
ka'rınzarı ⟨-nı⟩ Bauchfell *n*; ***~ iltihabı*** Bauchfellentzündung *f*, Peritonitis *f*
karış (Hand)Spanne *f*, Fußbreit *m*; ***~ ~*** jeden Fußbreit (*verteidigen*); jeden Winkel (*kennen*, *besichtigen*)
karışık ⟨-ğı⟩ *Akten usw* unordentlich; *Angelegenheit* verworren, vertrackt, verwickelt; *Milch usw* gepanscht; *Salat* gemischt; *Sinn* verwirrt, wirr; F Hexe *f*, Hexen-; *fig -e* verwickelt (in *A*)
karışıklık ⟨-ğı⟩ Wirrwarr *m*, Durcheinander *n*; Unruhen *f/pl*
karışım Gemisch *n*, Mischung *f*
karışlamak *v/t* mit der Handspanne messen
karışmak *v/i* sich vermischen, sich vermengen; *fig* sich einmischen (*-e* in *A*); beteiligt sein (*-e* an *D*); sich befassen (*-e* mit *D*); sehen (*-e* nach *D*), sich kümmern (*-e* um *A*); untertauchen (*-e* in *D*), verschwinden (*-e* in *D*, *z.B. in den Wolken*); *Geist* sich verirren; *Papiere usw* durcheinander geraten; *Thema* unklar sein, dunkel sein; *Wetter* sich eintrüben; ***sen karışma!*** misch du dich nicht ein!
karıştırıcı Mixer *m*; umstürzlerisch; Unruhestifter *m*, Radaubruder *m*; **~lık**

K

⟨-ğı⟩ Streiterei *f*, F Stänkerei *f*
karıştırmak *v/t* mischen, vermengen (*-le* mit *D*); durcheinander werfen; durcheinander bringen (*a fig Person*); (alles) auf den Kopf stellen; *-e j-n* zu *etw D* hinzuziehen; *j-n* einweihen (in *A*); hinzugießen (*z.B. Wasser zu D*); zusetzen (*z.B. Chlor D*); *Radio* einstellen, drehen (an *D*); *Suppe, Tee* umrühren; *Zeitungen* durchblättern; überfliegen
karides ZOOL Garnele *f*
karikatür Karikatur *f*, Cartoon *m* (*od n*); ***ev ~ü*** (das) Zerrbild e-s Hauses; **~cü** Karikaturist *m*, Cartoonist *m*; **~ize**: *-i* ***~ etmek*** karikieren; **~leştirmek** karikieren
ka'rina MAR Kiel *m*; *-i* ***~ etmek*** kielholen
karine [iː] Anzeichen *n*, Merkmal *n*; Vermutung *f*; *-i* ***~ ile anlamak*** aus dem Zusammenhang erraten
kariyer Laufbahn *f*, Karriere *f*; **~ci** Karrierist *m*, -in *f*
karizma Charisma *n*; **~tik** charismatisch
karkas ARCH Gerüst *n*; ***betonarme ~*** Stahlbeton(bau) *m*
kar|lamak schneien; **~lı** schneebedeckt; Schnee-; ***~ rüzgar*** Schneeschauer *m*
kârlı Gewinn bringend, rentabel; *-den* ***~ çıkmak*** Vorteile erzielen bei (*D*)
karlık ⟨-ğı⟩ Eiskeller *m*; große Kühlflasche
karma Gemeinschafts- (*Erziehung*; *Schule*); gemischt (*Kommission*); Koalitions- (*Regierung*); ***~ futbol takımı*** Auswahlmannschaft *f*; ***~ tamlama*** GR mehrteilige(s) Attribut (*z.B. büyük evin ...* e-s großen Hauses)
karmak ⟨-ar⟩ *v/t* mischen (*a Karten*); *Farbe usw* anrühren; *-e* hineintreiben
'karmakarış(ık) durcheinander gewürfelt; ***~ etmek*** durcheinander würfeln
karman: ***~ çorman*** Kraut und Rüben; ***~ çorman etmek*** ein heilloses Durcheinander anrichten
karman'yola Straßenräubertum *n*; **~cı** Straßenräuber *m*, Bandit *m*
karmaş|a PSYCH Komplex *m*; Verwirrung *f*; **~ık** verwickelt; CHEM, MATH komplex
karmaş|mak sich vermischen; durcheinander gehen; **~tırmak** *v/t* vermischen
karmuk ⟨-ğu⟩ (Enter)Haken *m*
karnabahar ⟨-ti⟩ BOT Blumenkohl *m*
karnaval Karneval *m*
karne (Schul)Zeugnis *n*; (Lebensmittel)Karte *f*; ***çek ~si*** Scheckheft *n*
karnıkara *Art* Bohne *f*; *fig* Bösewicht *m*
karnıyarık ⟨-ğı⟩ *Gericht aus mit Hack gefüllten Auberginen*
karni Retorte *f*, Glaskolben *m*
'karo Karo *n* (*im Kartenspiel*); Fliese *f*
karoser(i) Karosserie *f*, Wagenaufbau *m*
Karpatlar Karpaten *pl*
karpit ⟨-di⟩ CHEM Karbid *n*
karpuz BOT Wassermelone *f*; ***~ fener*** Lampion *m*; ***lamba ~u*** Kugelleuchte *f*
karsak ⟨-ğı⟩ ZOOL Steppenfuchs *m*
kârsız unrentabel
karst Karst *m*
karşı **1.** *adj u subst* gegenüberliegend; (die) gegenüberliegende Seite; Gegen- (*Partei*); gegensätzlich (*Meinung*); ***~ akın*** Gegenangriff *m*; ***~ öneri*** Gegenvorschlag *m*; ***~ taraf*** Gegenseite *f*; gegenüberliegende Seite; ***~ tarafa geçmek*** die Straße überqueren; ***~ yatak*** TECH Strebepfeiler *m*; **2.** *adv -e* ***~ çıkmak*** *j-m* entgegengehen; widersprechen *D*; *-e* ***~ durmak*** widerstehen *D*; *gegen j-n* auftreten; *-e* ***~ gelmek*** sich *j-m* widersetzen; ***~ ~ya*** einander (*od* sich) gegenüber, Auge in Auge; ***~ ~ya gelmek*** plötzlich einander gegenüberstehen; *-e* ***~ koymak*** gegen *j-n* auftreten; *-e* ***~ olmak*** gegen *j-n* (*od etw*) sein; ***buna ~yım*** ich bin dagegen; ***~dan ~ya*** von e-m Ende zum anderen, quer über ...; querdurch; still und leise; *-i* ***~sına almak*** *j-m* nicht beipflichten können; ***~sındaki*** Gesprächspartner *m*; **3.** *postp -e* ***~*** gegen *A*, gegenüber *D*; zu *D*; für *A*; auf ... *A* hinaus; *-in* ***~sına*** gegenüber *A*; auf ... *A* zu; *-in* ***~sında*** gegenüber *D* (*z.B. dem Haus*); *fig* angesichts *G*; *-in* ***~sından*** von ... gegenüber; ***sabaha ~*** gegen Morgen; ***biz bahçeye ~ oturuyoruz*** wir wohnen auf den Garten hinaus; ***~mızda bir bay oturuyordu*** uns gegenüber saß ein Herr; ***ona ~ sempatim var*** ich habe Sympathie für sie, sie ist mir sympathisch
kar'şıdevrim Konterrevolution *f*; **~ci** Konterrevolutionär *m*
kar'şıgelim Gegensatz *m*, Opposition *f*; Antagonismus *m*

karşılama Empfang *m*; Deckung *f*

karşılamak *v/t j-n* empfangen, begrüßen; abholen; entgegengehen; *Ausgaben, Bedürfnisse* decken; *Begriffe* wiedergeben; *Krankheit* verhüten; *Nachricht, Vorschlag* aufnehmen; *Tennisball* zurückschlagen; *Torschuss* halten

karşılanma Deckung *f*, Befriedigung *f* (*e-s Bedürfnisses*)

karşılanmak *pass von* **karşılamak**; aufgenommen werden *usw*

karşılaşma Begegnung *f*, Treffen *n*; SPORT Spiel *n*, Wettkampf *m*

karşılaşmak sich begegnen; SPORT miteinander kämpfen; *fig* aneinander geraten

karşılaştırmak *v/t* vergleichen (*-le* mit *D*); *j-n* zusammenführen mit; ÖKON e-e Bilanz aufstellen; *Gedanken* austauschen; *kaus von* **karşılaşmak**

karşılaştırmalı vergleichend

karşılayıcı Empfangsperson *f*; verhütend; befriedigend

karşılık ⟨-ğı⟩ **1.** *subst* Gegenwert *m*; (Gold)Deckung *f*; Entgelt *n*, Vergütung *f* (*-in* für *A*); Antwort *f*; Entsprechung *f* (*e-s Wortes*); TECH Gegenstück *n*; *-e* **~ vermek** *j-m* antworten, antworten (*auf e-n Brief*); sich sträuben (gegen *A*); *j-m etw* heimzahlen; *Kind* e-e freche Antwort geben; **mektubunuza ~ olarak** in Beantwortung Ihres Schreibens; **2.** *postp* (*-e* gegen *A*, für *A*; auf *A*, *z.B. je drei Personen*); **buna ~** als Gegengewicht; dagegen, dafür; (*-in*) **karşılığında** für, gegen, als Gegenleistung für; **ücret karşılığı(nda)** gegen Lohn

karşılıklı gegenseitig; gegenüber (*sitzen*); gegenüberliegend; BOT wechselständig; MATH Gegen- (*Winkel*); *Brief* mit (bezahlter) Rückantwort; **~lık** Gegenseitigkeit *f*

karşılıksız ungedeckt (*Scheck*); unentgeltlich (*Hilfe*); unbeantwortet; ohne Entsprechung

karşın *-e* trotz (*G*; *älter a D*)

karşısav Antithese *f*

karşıt ⟨-tı⟩ gegensätzlich; Gegensatz *m*, Kontrast *m*; entgegengesetzt; Gegengift *n*; Gegenmittel *n*; **~ anlamlı** Antonym *n*, gegensätzliche(r) Begriff

karşıtçı Gegner *m*, -in *f*, Opponent *m*, -in *f*; **~lık** ⟨-ğı⟩ Gegnerschaft *f*

karşıt|layıcı GR adversativ; **~lı** gegensätzlich; adversativ; **~lık** ⟨-ğı⟩ Gegensatz *m*, Kontrast *m*; Reversibilität *f*; Antagonismus *m*; Opposition *f*

kart[1] ⟨-tı⟩ alt, verbraucht; F vertrocknet; *Lebensmittel* verdorben, nicht mehr frisch; **~ kız** alte Jungfer

kart[2] ⟨-tı⟩ Karte *f*; Ausweiskarte *f*; Visitenkarte *f*; Postkarte *f*; Spielkarte *f*; **açık ~larla oynamak** mit offenen Karten spielen

Kar'taca HIST Karthago *n*

kartal ZOOL Adler *m*

kartalmak → **kartlaşmak**

kartalo|ş, **~z** F *Person* abgeklappert, Wrack *n*

kartel[1] ÖKON Kartell *n*

kartel[2] MAR Trinkwasserbehälter *m*

kartelleşme ÖKON Kartellierung *f*

kartlaşmak *Person* verknöchern; *Gemüse* verholzen

kartograf Kartograph *m*, -in *f*

kartlı: **~ telefon** Kartentelefon *n*

karton Karton *m*, Pappe *f*; Stange *f* (*Zigaretten*)

kartonpiyer ARCH Stuck *m*

'kartopu ⟨-nu⟩ Schneeball *m* (*a* BOT); **~ oynamak** e-e Schneeballschlacht veranstalten

kartotek ⟨-ği⟩ Kartei *f*; Zettelkasten *m*

kartpostal Ansichtskarte *f*; FOTO Postkartenformat *n*

kartuk ⟨-ğu⟩ Egge *f*

kartuş Patrone *f*; (Schreib)Mine *f*

kartvizit ⟨-ti⟩ Visitenkarte *f*

'Karun [kɑːruːn] *fig* Krösus *m*

karyağdı *Stoff* gesprenkelt, *fig* Pfeffer und Salz

karyokinez BIOL Mitose *f*

kar'yola Bett(gestell) *n*; **portatif ~** Klappbett *n*

kas Muskel *m*; **~ tutukluğu** Muskelkater *m*

'kasa Kasse *f*; Geldschrank *m*; (Bank)-Tresor *m*; TECH Gehäuse *n*; AUTO Fahrgestell *n*, Chassis *n*; Kasten *m* (*z.B. Bier*; *a Turngerät*); Container *m*, Behälter *m*; (Fenster-, Tür)Rahmen *m*; Schlinge *f* (*e-s Taus*); **~ kimde?** wer führt die Kasse? (*beim Spiel*)

kasaba Städtchen *n*, Kleinstadt *f*

kasadar Kassierer *m*, -in *f*

kasalamak *v/t* einkassieren

kasap ⟨-bı⟩ Fleischer *m*, *a fig* Schläch-

K

ter *m*, Metzger *m*; Fleischerladen *m*, Fleischerei *f*; F ungeschickte(r) Fahrer; **~lık** ⟨-ğı⟩ Fleischergewerbe *n*; **~ (hayvan)** Schlachtvieh *n*; *fig* Metzelei *f*; *fig* dick und fett; **~ etmek** Fleischer sein

kasar → **kasmak**

ka'sara Deckkabine *f*, Turm *m*; **~ altı** Unterdeck *n*; **baş ~sı** MAR Back *f*; **kıç ~sı** Achterdeck *n*; **orta ~sı** Mitteldeck *n*

kasa'tura (nicht aufgesetztes) Bajonett *n*

kasavet [-sɑ:-] ⟨-ti⟩ Betrübnis *f*; **~ etmek** betrübt sein; **~li** betrübt; trüb (*Tag*); **~siz** sorglos

'kasdoku ANAT Muskelgewebe *n*

kâse Napf *m*, Schale *f*; F Hintern *m*

kaset ⟨-ti⟩ Kassette *f*; **~çalar** Kassettenspieler *m*; **~li teyp** Kassettenrekorder *m*

kasık ⟨-ğı⟩ ANAT Leiste *f*; **~ çatlağı** (*od* **fıtığı**) Leistenbruch *m*; **(gülmekten) ~ın çatlar** du lachst dich kaputt; **~kemiği** Schambein *n*; **~lar** Leistengegend *f*

kasıkbağı Bandage *f*, Bruchband *n*

kasıl|ma Kürzung *f*, Zusammenpressung *f*, MED Krampf *m*, Konvulsion *f*; **~mak** kürzer werden; sich krampfhaft zusammenziehen, sich verkrampfen; *Stoff* einlaufen; *fig* sich dick(e)tun

kasım November *m*

ka'sımpatı ⟨-nı⟩ BOT Chrysantheme *f*

kasımsı: **~ tümör** MED Fibrom *n*

kasınmak sich winden, e-n Krampf haben (*od* bekommen)

kasıntı Einschlag *m* (*beim Kleid*); F Angabe *f*, Arroganz *f*, Überheblichkeit *f*; Wichtigtuer *m*, -in *f*; arrogant; **~lı** arrogant; ... mit Einschlag; **~sız** (ganz) schlicht, ... ohne Überheblichkeit; ungezwungen

kasır ⟨kasrı⟩ HIST Schlösschen *n*

ka'sırga (Wirbel)Sturm *m*; *fig* **ağlama ~sı** Weinkrampf *m*

kasıt ⟨kastı⟩ Ziel *n*, Absicht *f*, JUR Vorsatz *m*; *-e* **kastı olmak** *etw* im Schilde führen (gegen *A*); **~lı** vorsätzlich

kaside [-'i:-] *osm* LIT Lobgedicht *n*

'kaskatı stocksteif; starr; *fig* hart, unerbittlich (*Wirklichkeit*); *-den* **~ kesilmek** erstarrt (*od* starr) sein (vor *D*)

kasket ⟨-ti⟩ Schirmmütze *f*

'kasko Kaskoversicherung *f*

kaslı muskulös

kasmak ⟨-ar⟩ *v/t* kürzen; *Gürtel* enger schnallen; *Zügel* anziehen; straffen; *fig j-n* einengen, unter Druck setzen; **kasıp kavurmak** *v/t j-n* tyrannisieren; *Sache* verwüsten

kasnak ⟨-ğı⟩ Reifen *m*; Holzrahmen *m*; Stickrahmen *m*; TECH (Riemen)Scheibe *f*; Treib- (*Riemen*); (*Brems*)Trommel *f*; Hohlbund *m an e-r Ringerhose*; **~lamak** *v/t* mit e-m Reifen versehen; verschalen

kast ⟨-tı⟩ Kaste *f*

kastanyet ⟨-ti⟩ Kastagnette *f*

kastan'yola MAR Klampe *f*

kastarlamak *Baumwolle* waschen und bleichen

kasten *adv* vorsätzlich, absichtlich; F extra

'kastetmek *v/t* beabsichtigen; *j-n* meinen (*-le* mit *D*); *damit* meinen, sagen wollen; rechnen *zu*; *-e j-m* schaden (wollen); *etw* untergraben (wollen)

kastî vorsätzlich

kastor Biber *m*; Biberpelz *m*; Biberpelz-

kasvet ⟨-ti⟩ Niedergeschlagenheit *f*; *-e* **~ basmek** *j-n* bedrücken; *unp* e-e (schwere) Sorge lastet auf *D*

kasvetli drückend, trübe; bedrückend

kaş Augenbraue *f*, Wölbung *f*, Biegung *f*; ARCH (Sattel)Bogen *m*; **~ göz etmek** (*j-m*) zublinzeln; mit den Augen zwinkern; **~ yapayım derken göz çıkarmak** *j-m* e-n Bärendienst erweisen; **~la göz arasında** im Handumdrehen; **~larını çatmak** die Stirn runzeln

kaşağı Striegel *m*; **~lamak** *v/t* striegeln

kaşalot ⟨-tu⟩ ZOOL Pottwal *m*; *fig* Dussel *m*

kaşamak *v/t* striegeln

kaşan Harnen *n* (*e-s Tieres*); Harn *m*; **~dırmak** *Tier* (zum Harnen) anhalten lassen; **~mak** harnen, Wasser lassen

kaşar *Art* Schafskäse (*Hartkäse*); *fig* gewieft, ausgekocht (*bes Spieler*)

kaşarlanmak *v/i* abstumpfen, gleichgültig werden; Praxis bekommen; **~lanmış** abgestumpft; geübt, eingefuchst; **~lı** mit Kaşar-Käse; → **kaşarlanmış**

kaşık ⟨-ğı⟩ Löffel *m*; **~ ~** löffelweise; **çay kaşığı** Teelöffel *m*; **çorba kaşığı** *od* **ye-**

K

mek kaşığı Esslöffel *m*; **~ *düşmanı*** (die) bessere Ehehälfte; **~*la yedirip sapıyla (gözünü) çıkartmak*** *etwa* e-e Wohltat ins Gegenteil verkehren; **~ *çatal*** Besteck *n*; **~lık** Besteckkorb *m*

kaşımak *v/t* kratzen; sich kratzen (an *D*)

kaşındırıcı: **~ *gaz*** Reizkampfstoff *m*

kaşın|mak *v/i* jucken; sich jucken, sich kratzen; F *unp j-n* juckt das Fell; übermütig sein; **~tı** Juckreiz *m*, Jucken *n*

kâşif Entdecker *m*

kaşka'riko F Schwindel *m*; **~ *yapmak*** schwindeln; **~cu** Schwindler *m*

kaşkaval *Art* Hartkäse *m* (*aus Schaf- u Kuhmilch*); *fig* Dussel *m*

kaşkol Halstuch *n*, Cachenez *n*

kaşkorse Strickleibchen *n*

kaşlı mit ... Augenbrauen; **~ *gözlü*** ... mit hübschem Gesicht

'kaşmir Kaschmirwolle *f*; Kaschmir-

kat ⟨-tı⟩ Stockwerk *n*, Etage *f*; Schicht *f*; Reihe *f*; Mal *n*; (*drei-, vier- usw*) -fach; MATH (das) Vielfache; (*Wäsche*)Garnitur *f*; Satz *m*, Set *n*; *Zählwort* Stück *n*, Laib *m* (*Käse*); **~ *çıkmak*** *ein Haus* aufstocken; ***bu ondan* ~ ~ *güzel*** dies ist bei weitem schöner als das da; **~ ~ *koymak*** *v/t* aufschichten; ***iki* ~** zweimal, doppelt; ***iki* ~ *etmek*** *v/t* verdoppeln; ***bu ondan iki* ~ *pahalı*** dies ist doppelt so teuer (wie das da); *in der Formel* ***yeraltı* ~** Souterrain *n*; ***zemin* ~ı** Erdgeschoss *n*; ***Bakanlık yüksek* ~ına** *etwa* an die Leitung des Ministeriums *od* an Seine Exzellenz den Herrn Minister

katafalk ⟨-kı⟩ Katafalk *m*

katakomp ⟨-pu⟩ Katakombe *f*

kata'kulli *f* Schwindel *m*; **~*ye gelmek*** *fig* auf den Leim gehen

kataliz Katalyse *f*; **~ör** Katalysator *m*

katalog ⟨-ğu⟩ Katalog *m*; Verzeichnis *n*; **~lamak** katalogisieren, verzeichnen

katapolt ⟨-tu⟩ Katapult *m* (*a n*)

katar[1] BAHN, MIL, *Vögel* Zug *m*; Karawane *f*; MIL Kolonne *f*; **~ ~** e-e Schlange (von *D*), Kolonnen *f/pl* (von *D*); ***yük* ~ı** Güterzug *m*

katar[2] → ***katmak***

katarakt ⟨-tı⟩ MED grauer Star *m*, Katarakt *m*

katarlamak *v/t* in Reihen (*od* Kolonnen) aufstellen (*od* antreten lassen)

katedral ⟨-li⟩ Kathedrale *f*

kategori Kategorie *f*

kategorik kategorisch, bedingungslos

'katetmek *v/t* Strecke zurücklegen; durchschreiten, durchfahren

katgüt ⟨-tü⟩ Katgut *n*; Darmsaite *f*

katı[1] hart (*z.B. Ei*); *Person* hart, grausam; *Brennstoff, Nahrung*, PHYS fest; *Fleisch* zäh; GR Geräusch- (*Laut*); *Teig* steif; feste(r) Stoff; **~ *yürekli*** hartherzig; unerschütterlich

katı[2] Kropf *m* (*Vögel*)

katık ⟨-ğı⟩ Zukost *f*, Zubrot *n*; **~ *etmek*** mit Brot essen; **~sız** echt, unverfälscht, rein; *fig Zorn usw* echt

katılaşmak hart werden, steif werden

katılaştırmak *v/t* härten; festigen

katıl'gandoku ANAT Bindegewebe *n*

katılık ⟨-ğı⟩ Härte *f*, Festigkeit *f*, MED Verhärtung *f*, Schwiele *f*

katılım Teilnahme *f*, POL Partizipation *f*; **~ *kartı*** Teilnahmekarte *f*; **~cı** Teilnehmer *m*, -in *f*; **~lı** mit großer Beteiligung

katıl|ış, **~ma** *-e* Teilnahme *f* (an *D*); Anschluss *m* (an *A*); Beitritt *m zu*; Beteiligung *f* (an *D*); Zusatz *m* (zu *D*)

katılmak[1] *-e* hinzugesetzt werden *zu*; eintreten (*z.B. in die Armee*); teilnehmen (an *D*); sich anschließen (*an e-e Gruppe*); beitreten (*D, z.B. e-m Abkommen*)

katılmak[2] *von Furcht* gepackt werden; sich biegen *vor Lachen*; ***katıla katıla gülmek*** sich krummlachen; ***katıla katıla ağlamak*** laut schluchzen

katır[1] **1.** *subst* Maultier *n*, Maulesel *m*; **2.** *adj* bockig

katır[2]: **~ *kutur*** laut knackend (*essen*); *Schuhe* klappernd

katırlaşmak s-e Launen zeigen, unberechenbar sein

katırtırnağı ⟨-nı⟩ BOT Ginster *m*

katışık durchsetzt, untermischt; verfälscht; **~sız** unverfälscht

katışmak *-e* sich anschließen *A*, sich zugesellen *A*; sich mischen (unter *A*)

katıştırmak *v/t* beimengen (*-e D*), zusetzen (*-e D*); durchsetzen (*-e -i, A* mit *D*)

katıyağ Fett *n*

katî [iː] endgültig; definitiv; **~ *olarak*** *adv* endgültig, definitiv

katil[1] [ɑː] Mörder *m*, -in *f*; tödlich (*Kugel*)

katil[2] [ɑ] ⟨katli⟩ Mord *m*; ***kaza* ~** JUR Tot-

K

schlag *m*
katileşmek [-iː-] sich entscheiden (*Sache*)
kâtip [kɪɛɑː-] ⟨-bi⟩ Schreiber *m*
katiyen [-'tiː-] endgültig, bestimmt; unbedingt; + *Verneinung*: keineswegs
katiyet ⟨-ti⟩ Entschiedenheit *f*, Genauigkeit *f*; **~le** → **katiyen**
katkı Beitrag *m* (*-de* zu *D*); Zusatz *m*; Beilage *f*; *dial* Hochzeitsgeschenk *n*; **~ maddesi** Zusatzstoff *m*; *-e* **~da bulunmak** beitragen (zu *D*), e-n Beitrag leisten *zu*; **~lı** mit e-m Beitrag *usw*; **~sız** ohne Zusatz, unverfälscht, echt
katlama GASTR Blätterteig *m*
katlamak *v/t* zusammenlegen (*z.B. Stoff*); zusammenklappen; *Papier* (zusammen)falten; **dörde** *usw* **~** viermal *usw* falten; vervierfachen *usw*
katlanmak *pass von* **katlamak**; *-e* ertragen; durchmachen; sich abfinden mit; **üçe ~** *usw* sich verdreifachen *usw*
'katletmek *v/t* ermorden
katlı (*zwei- usw*) -geschossig (*Gebäude*); -stufig (*Rakete*); **iki ~** doppelt
katliam [-ɑːm] Gemetzel *n*, Blutbad *n*
katma Zusatz *m*; zusätzlich; Nach-; **~ değer** Mehrwert *m*; **~ değer vergisi** (**KDV**) Mehrwertsteuer *f* (MwSt)
katmak ⟨-ar⟩ *v/t* hinzufügen (*-e* zu *D*); zusetzen, (*Wasser*) zugießen (*-e* zu *D*); *Schafe* treiben (*-e* zu *D*); *j-m Schutz* beigeben; *Tiere* paaren; **birbirine ~** gegeneinander aufhetzen; **kendini ~** sich einmischen (in *A*)
katman Schicht *f*; **~bulut** ⟨-tu⟩ Schichtwolke *f*; **~laşma** Schichtung *f*; Schichtenbildung *f*; **~laşmak** sich in Schichten ablagern, Schichten bilden
katmer Vielschichtigkeit *f*; *Art* Pastete *f*; **~lendirmek** *v/t* verstärken, konsolidieren; **~leşmek** sich (schichtweise) ablagern; *fig* sich verstärken; **~li** geschichtet, in Schichten; gefüllt (*Blüte*); *fig* ohnegleichen; ausgemacht (*Dummkopf*); faustdick (*Lüge*)
Katolik ⟨-ği⟩ Katholik *m*, -in *f*; katholisch; **~ kilisesi** (die) katholische Kirche; **~lik** ⟨-ği⟩ Katholizismus *m*
katot ⟨-du⟩ Kathode *f*
katran Teer *m*; Asphalt *m*; Pech *n*; **~ gibi** pechschwarz; **~ağacı** ⟨-nı⟩ BOT Libanonzeder *f*; **~çamı** ⟨-nı⟩ Pechkiefer *f* (*Pinus rigida*); **~lamak** *v/t* teeren; **~lı** geteert; asphaltiert, Teer-; **~ kağıt** Dachpappe *f*; **~ sabun** Teerseife *f*
katran|ruhu ⟨-nu⟩ CHEM Kreosot *n*; **~yağı** ⟨-nı⟩ Teeröl *n*, Karbolineum *n*
katrat ⟨-tı⟩ BUCH Quadrat *n*
katre Tropfen *m*; **~ ~** tropfenweise (*bes fig*); **~si kalmadı** es ist alle; **~si haram** REL absolut verboten (*Alkohol usw*)
katrilyon Biliarde *f* (10^{15})
'katsayı ⟨-nı⟩ MATH Koeffizient *m*
katyon CHEM Kation *n*
'katyuvarı ⟨-nı⟩ Stratosphäre *f*
kauçuk ⟨-ğu⟩ Kautschuk *m*, Gummi *n*; **~ ağacı** ⟨-nı⟩ BOT Gummibaum *m*
kav Zunder *m*
kavaf Verfertiger *m* oder Verkäufer *m* groben Schuhwerks; *fig* Pfuscher *m*; **~ işi** Pfuscharbeit *f*
kavak ⟨-ğı⟩ Pappel *f*; **ak ~** Weißpappel *f*
kaval Hirtenflöte *f*; **~ kemiği** ⟨-ni⟩ Wadenbein *n*
kavalye Kavalier *m*; **~lik** ⟨-ği⟩: **~ etmek** als Kavalier begleiten
ka'vanço MAR Umladung *f von Waren*; **~ etmek** *v/t* (*-e* auf *j-n*) abwälzen; (*-i -le A* mit *D*) verwechseln
kavanoz Glasbehälter *m*; (*Einmach-, Marmeladen*) Glas *n*
ka'vara F Furz *m*, (die) Winde *m/pl*
kavas HIST Bote *m*, Kurier *m e-s Konsulats usw*
ka'vata Trog *m*; Gefäß *n* (*aus e-m Holzklotz*); *Art* Tomate *f*
ka'vela Holzpflock *m*; Eisenbolzen *m*
kavga Streit *m*; Skandal *m*; Schlägerei *f*, Kampf *m* (um *A*); **~ çıkarmak** e-n Streit vom Zaun brechen; *-le* **~ etmek** sich streiten (*od* prügeln) mit *j-m*; **~ kaşağısı** Streithammel *m*; **~ya tutuşmak** Streit anfangen; **~cı** streitsüchtig; Krakeeler *m*; Schläger *m*
kavga|laşmak (*-le*) sich streiten; sich prügeln mit; **~lı** zerstritten; in Streit (mit); Streit-, Prügel-; **~sız** ohne Streit, friedlich
kavi [iː] solide; fest (*Versprechen*)
kavil ⟨-vli⟩ Absprache *f*, Übereinkommen *n*
kavileş|mek sich festigen; **~tirmek** *v/t* festigen; anziehen, straffen
kavilleşmek sich absprechen
kavim ⟨-vmi⟩ Volksstamm *m*; **𝔖ler Göçü** Völkerwanderung *f*
kavis ⟨-vsi⟩ Bogen *m*; Krümmung *f*;

Kurve *f*
kavkı → ***kabuk***
kavla|k *Baum* entrindet; **~mak** entrindet werden; *Haut* sich schälen; *Schicht* abgehen; **~tmak** *kaus von* ***kavlamak***
kavlıç ⟨-cı⟩ MED Bruch *m*, Hernie *f*; an e-m Bruch Leidende(r)
kavraç ⟨-cı⟩ TECH Steinfänger *m*
kavram[1] Begriff *m*; *dial* Handvoll *f*
kavram[2] Bauchfell *n*
kavrama TECH Kupplung *f*; ***~ noktası*** Kupplungspunkt *m*
kavramak *v/t* fassen, ergreifen; *Schmerz* ergreifen *A*, sich ausbreiten (über *A*); *fig* begreifen, F kapieren; PHIL erkennen
kavramlaşmak zum Begriff werden
kavramsal begrifflich
kavranılmaz unbegreiflich
kavrayış Erfassung *f*, Verständnis *n*; ***~ kudreti*** Begriffsvermögen *n*; **~lı** von leichter Auffassungsgabe, aufgeweckt; **~sız** begriffsstutzig
kavruk geröstet; *Baum* verkümmert; *Kind* zurückgeblieben
kavrulmak *pass von* ***kavurmak***
kavşak ⟨-ğı⟩ Kreuzung *f*, BAHN Knotenpunkt *m*; Zusammenfluss *m*
kavuk ⟨-ğu⟩ Turban *m*; ANAT Harnblase *f*; *-e* ***~ sallamak*** *vor j-m* (e-n) Kotau machen; **~çu** Liebediener *m*; **~lu** mit e-m Turban auf dem Kopf; ***Kavuklu*** *e-e Hauptperson im* → ***Ortaoyunu***
kavun BOT Honigmelone *f*
kavuniçi ⟨-ni⟩ rötlich gelb
kavurga geröstete(r) Mais *od* Weizen
kavurma geröstet; getrocknet; Bratenfleisch *n* (*im Fett*)
kavurmaç ⟨-cı⟩ geröstete(r) Weizen
kavurmak *v/t* rösten; *Wind* austrocknen, ausdörren; *fig Herz* zerreißen
kavurmalık ⟨-ğı⟩ Röst-, ... zum Rösten
kavurucu glühend, brennend, sengend; schneidend (*Kälte*)
kavuşma Verbindung *f*, Verbindungs-(*Kanal*); ASTR Konjunktion *f*; Untergang *m der Sonne*; *-e* **~** Gelangen *n* zu
kavuşmak *-e* erlangen *A*; erwerben *A*, kommen zu; *Kind* bekommen; *Möglichkeit* erhalten; *Vaterland*, *j-n* wieder sehen; *j-n* wieder haben, wieder finden; *z.B. Dorf elektrisches Licht* bekommen, elektrifiziert werden; *Fluss*, *Straße* münden in *A*; *Sonne* untergehen; *bes* zusammengehen, sich schließen lassen (*z.B. Jackett*)
kavuştak ⟨-ğı⟩ LIT Refrain *m*
kavuşturmak (*-i -e*) *etw* führen (an *A*); bringen (in *e-n Zustand*); *Arme* verschränken, kreuzen (*-e* auf *der Brust*); *Menschen* zusammenführen; ***suya ~*** bewässern, berieseln
kavuş|uk vereinigt, zusammengeführt; anschließend; **~um** ASTR Konjunktion *f*
kavut ⟨-du⟩ Speise aus geröstetem Weizen mit Zucker
kavzamak *v/t* festhalten, fest anpacken; aufpassen (auf *A*)
kaya Felsen *m*
kayacık ⟨-ğı⟩ kleine(r) Felsen
kayağan schlüpfrig, glatt, glitschig
kayağantaş Schiefer *m*
kayak ⟨-ğı⟩ Ski *m*, Skier *m/pl*; Skisport *m*; Skilaufen *n*; ***~ yapmak*** (*od* ***kaymak***) Ski laufen; **~çı** Skiläufer *m*, -in *f*
ka'yakeleri ⟨-ni⟩ ZOOL Chamäleon *n*
kayalık ⟨-ğı⟩ felsig; felsige(s) Gebiet
kayan Gießbach *m*; gleitend; reißend
kayar → ***kaymak***
ka'yatuzu ⟨-nu⟩ Steinsalz *n*
'kaybeden Verlierer *m*, -in *f*
'kaybetmek *-i v/t* verlieren; *-i* ***gözden ~*** *j-n* aus den Augen verlieren; ***kendini ~*** *fig* den Kopf (*od* das Bewusstsein) verlieren
'kaybolmak verloren gehen; verschwinden; *Wolken* sich zerstreuen; ***... 'kayboldu*** *oft* ... ist (*od* sind) verloren
kaydedilmek *pass von* ***kaydetmek***
'kaydetmek *v/t* (*z.B. Notizen*) eintragen (*-e* in *A*); *Wörter usw* erfassen; *allg*, PHYS feststellen, registrieren; einschreiben lassen; *auf Tonband* aufnehmen; aufzeichnen; bemerken, hinweisen (auf *A*) (= *sagen*); *e-n Erfolg* verzeichnen; ***gol ~*** SPORT ein Tor schießen; ***nüfusa ~*** als Einwohner anmelden; ***okula ~*** einschulen
kaydettirmek *v/t s-n Namen usw* eintragen, aufnehmen lassen
kaydı: *-in* ***~ silinmek*** ausgetragen werden; → ***kayıt***
kaydırak ⟨-ğı⟩ flache(r) Kieselstein; *Kinderspiel* Himmel und Hölle (*spielen*); Rutsche *f*
kaydırmak *v/t* gleiten lassen *usw*; (weg)schieben, (weg)streifen (*-den* von *D*); *kaus von* ***kaymak***; *Truppen*

K

verschieben, verlegen
kaydıyla vorbehaltlich *G*; unter dem Vorbehalt (, dass ...)
'kaydolmak *-e pass von* ***kaydetmek***; sich anmelden (in, bei *D*); sich eintragen (lassen) (in *A*)
kaygan glatt, glitschig, schlüpfrig; ~ ***yol*** nasse Fahrbahn, Straßenglätte *f*
kaygana GASTR Omelett *n*; Eierdessert *n*
kaygı ⟨-yı⟩ Sorge *f* (*-e* um *A*); *-den* ~ ***çekmek*** sich (*D*) Sorgen (*od* Gedanken) machen (über *A*)
kaygılanmak sich (*D*) Sorgen machen
kaygılı bedrückend; *Person* besorgt
kaygın schlüpfrig; *Papier* glatt; *dial Tier* trächtig
kaygısız sorglos; friedlich
kayık ⟨-ğı⟩ (Ruder-, Segel)Boot *n*; zur Seite geneigt; ~ ***salıncak*** Schiffsschaukel *f* (*Jahrmarkt*); ~ ***tabak*** ovale Servierplatte; **~çı** Bootsmann *m*; **~hane** [ɑː] Bootshaus *n*
kayın[1] Buche *f*
kayın[2] Schwager *m*; **~baba** Schwiegervater *m*; **~birader** Schwager *m*; **~lık** ⟨-ğı⟩ Schwägerschaft *f*; **~peder** Schwiegervater *m*; **~val(i)de** Schwiegermutter *f*
kayıp ⟨-bı⟩ Verlust *m*; verloren gegangen, verschwunden; verschollen; ~ (***eşya***) ***bürosu*** Fundbüro *n*; ~ ***ilanı*** Verlustanzeige *f*; **~(*lar*) *vermek*** Verluste erleiden; **~*lara karışmak*** *scherzh* sich nicht sehen lassen; **~*lara uğratmak*** Verluste zufügen
kayır Sandbank *f*, Sandverwehung *f*
kayırıcı Gönner *m*, Beschützer *m*
kayırıcılık ⟨-ğı⟩ Vetternwirtschaft *f*
kayırmak *v/t* beschützen, sich annehmen *G*; begünstigen, protegieren
kayısı [kaɪ'sɨ] BOT Aprikose *f*; ~ ***ağacı*** Aprikosenbaum *m*
kayış Riemen *m*, Gurt *m*; (Uhr)Armband *n*; ***bel*** **~*ı*** Leibriemen *m*, Koppel *f*; ~ ***gibi*** zäh, hart (wie Leder); verdreckt
kayışçı Riemenanfertiger *m*; *fig* Schwindler *m*
ka'yışdili ⟨-ni⟩ Vulgärsprache *f*
kayıt[1] ⟨-tı⟩ Fensterrahmen *m*; Vorrichtung *f*
kayıt[2] ⟨-ydı⟩ Eintragung *f*, Registrierung *f*; Anmeldung *f*; Notiz *f*, Vermerk *m*; Bedingung *f*; Einschränkung *f*; Vorbehalt *m*; Beachtung *f*; (amtliche) Bescheinigung *f*; Aufzeichnung *f* (*auf Tonband*); ~ ***altına girmek*** sich e-r Beschränkung unterwerfen; ~ ***kuyut*** F Wenn und Aber *n*; ***kayda değer*** beachtenswert; *-i* ***kayda geçirmek*** eintragen, anmelden *A*; bemerken, betonen; *-e* ***kaydını yaptırmak*** sich anmelden; *-i* **~*tan düşmek*** (*in der Liste*) streichen, weglassen; tilgen; → ***kaydıyla***
kayıtım PHIL Rückläufigkeit *f*, Negation *f* der Negation
kayıtlamak *v/t* einschränken; sich (*D*) *etw* vorbehalten
kayıtlayıcı vorbeugend
kayıtlı eingetragen; angemeldet; einschränkend, bedingt, ... mit Vorbehalt
kayıtmak (*-den*) Abstand nehmen (von *D*), *fig* zurücknehmen *A*
kayıtsız (*-e* karşı) gleichgültig (gegen *A*), uninteressiert (an *D*), unempfindlich (gegen *A*); unvermerkt, nicht notiert; unangemeldet; ~ ***şartsız*** bedingungslos; **~lık** ⟨-ğı⟩ Gleichgültigkeit *f*, Apathie *f*; fehlende Eintragung
kaykılmak *-e* sich (zur Seite) neigen, sich überhängen lassen (nach *D*)
kayma Rutsch *m* (*a* POL; *-e* nach *D*); Verrutschen *n e-s Films*; ~ ***tehlikesi*** Rutschgefahr *f*; ~ ***uçuşu*** Gleitflug *m*
kaymak[1] ⟨-ğı⟩ Sahne *f*, Rahm *m*; Creme *f* (*a fig Elite*); ~ ***altı*** Magermilch *f*; ~ ***bağlamak*** (*od* ***tutmak***) sich bilden (*Rahm usw*); ~ ***gibi*** schneeweiß; sahnig, sahneweich; *fig* köstlich; ~ ***gibi oluyor*** geht wie geschmiert
kaymak[2] ⟨-ar⟩ (dahin)gleiten; ausgleiten, ausrutschen; *zur Seite* weichen; *Boden* verrutschen, sich verschieben; POL *Partei* (*-e z.B. nach links*) rutschen; *Bedeutung* sich wandeln; F verduften, türmen; *-in* ***gözü*** ~ mit dem Blick streifen; etwas schielen
kaymakam Landrat *m*; HIST → ***yarbay***; ***Yalova*** **~*ı*** F Großkotz *m*
kaymakkağıdı ⟨-nı⟩ Glanzpapier *n*
kaymaklanmak → ***kaymak bağlamak***
kaymaklı Sahne- (*Eis*); ~ ***süt*** Vollmilch *f*
kay'maktaşı ⟨-nı⟩ Alabaster *m*
kayme HIST Papierlira *f*, Papiergeld *n*
kaynaç ⟨-cı⟩ Geysir *m*
kaynak ⟨-ğı⟩ Quelle *f*; TECH Schweißung *f*, Lötung *f*, Schweißstelle *f*,

Schweißnaht *f*, Schweiß-; F Hintern *m*; ***döviz kaynağı*** Devisenquelle *f*, ***enerji kaynağı*** Energiequelle *f*, ***ısı kaynağı*** Wärmequelle *f*, **~ *kitap*** Nachschlagewerk *n*; **~ *aleti*** Schweißapparat *m*; ***oto-jen kaynağı*** autogene(s) Schweißen; ***punto* ~** Punktschweißen *n*; **~ *yapmak*** schweißen

kaynakça Bibliographie *f*, **~sal** bibliographisch

kaynakçı Schweißer *m*; **~lık** ⟨-ğı⟩ Schweißen *n*

kaynaklanmak (*-den*) herrühren (von *D*), stammen (aus *D*)

kaynama gekocht; Aufkochen *n*; **~ *noktası*** PHYS Siedepunkt *m*

kaynamak *v/i* kochen, sieden; schäumen; *Magen* rumoren; *Meer* brodeln, tosen; *Most* gären; MED zusammenwachsen; *fig* sich zusammenbrauen, sich anbahnen; *Wasser* hervorsprudeln; *Wunde* zuheilen; **... *kaynadı*** F *Geld, Unterricht* ... war futsch; ***burada bir iş kaynıyor*** *fig* es steckt etwas dahinter; **... *insan kaynıyor*** es wimmelt von Menschen

'**kaynana** Schwiegermutter *f*, **~dili** ⟨-ni⟩ BOT Feigenkaktus *m* (*Opuntia*); **~zırıltısı** ⟨-nı⟩ (Kinder)Schnarre *f*

kay'narca heiße Quelle

kaynaşma Unruhe *f*, Bewegung *f*

kaynaşmak sich verbinden; sich vereinigen; *Farben, a Person* zueinander passen; *Knochen* zusammenwachsen; *Person* Freundschaft schließen

kaynaştırma GR Elision *f*, Vokalabfall *m*, Vokalausfall *m* (*z.B. ağabey zu abi*); **~ *sesi*** intervokalische(r) Konsonant, Hiatustilger *m* (*z.B. y, n iki + i zu ikiyi*)

kay'nata *dial* Schwiegervater *m*

kaynatma Schweißen *n*; *fig* Schwatz *m*

kaynatmak *v/t* (auf)kochen, (auf)brühen; TECH schweißen; *fig* schwatzen, tratschen; F (Geborgtes) behalten; ***dersi* ~** Lehrer vom Unterricht abhalten

kaypak glatt, schlüpfrig; vage; *fig* windig; **~ça** unzuverlässig

kayrak ⟨-ğı⟩ Schiefer *m*; Rodelbahn *f*, Skipiste *f*, erdrutschgefährdet

kayramak versanden

kayran *dial* Lichtung *f*

kayrılmak begünstigt werden

kayser HIST Kaiser *m*

kayşa GEOL Erdrutsch *m*

kayşamak abrutschen, hinunterstürzen

kayşanmak GEOL absacken, abrutschen

kayşat ⟨-tı⟩ GEOL Geröll *n*, Schutt *m*

kaytak ⟨-ğı⟩ wortbrüchig; → ***kuytu***

kaytan Schnur *f*, Bindfaden *m*; Litze *f*, Borte *f*, **~ *bıyık*** langer, dünner Schnurrbart

kaytarmak *-den* sich drücken vor

kayyım, kayyum Moscheediener *m*; JUR Treuhänder *m*

kaz ZOOL Gans *f*, *fig* Dummkopf *m*, Tölpel *m*; **~ *kafalı*** borniert; **~*ı koz anlamak*** *fig* alles falsch verstehen

kaza [-zaː] Unglück *n*, Unfall *m*; → ***yargı***, Zufall *m*; Landkreis *m*; **~ *etmek*** *Gebet usw* nachholen; **~ *geçirmek*** e-n Unfall haben; **~ *ve kader*** Vorsehung *f*, **~ *ile*** zufällig; unerwartet; **~ *sigortası*** Unfallversicherung *f*, **~ *yeri*** Unfallort *m*; **~*ya kalmak*** (*Gebets*)Zeit versäumen; **~*ya uğramak*** verunglücken

kazaen [-'zaː-] → ***kazara***

kazak[1] ⟨-ğı⟩ Pullover *m*, Sweater *m*; Trikot *n* (*e-s Jockeys*)

kazak[2] ⟨-ğı⟩ Kosake *m*; Haustyrann *m*

Kazak[3] ⟨-ğı⟩ Kasache *m*, Kasachin *f*

kazalı gefährlich

kazan Kessel *m*; **~ *kaldırmak*** meutern, sich empören; *-in* **~*ı kapalı kaynamak*** *Person* zugeknöpft sein

kazancı Kesselschmied *m*

kazanç ⟨-cı⟩ Gewinn *m*; Verdienst *m*, Einkommen *n*

kazanç|lı einträglich, rentabel, Gewinn bringend; Gewinner *m*, -in *f*, **~sız** unrentabel, unergiebig

kazandırmak (*-i -e*) *j-m etw* einbringen; *j-m etw* erteilen, geben; *j-m* zu *etw D* verhelfen; *j-m Arbeit* verschaffen; *kaus von* ***kazanmak***

ka'zandibi ⟨-ni⟩ *Art* Pudding *m*

kazanım erworbene(s) Recht; Errungenschaft *f*

kazanmak *v/t* gewinnen; *Geld* verdienen; *Erfolg, Sieg* erringen; *e-n Freund* gewinnen; *Genehmigung, Ruhm* erwerben; *Gewohnheit* annehmen; *Land* erobern; *Leid* erfahren; *Prozess, im Spiel, Wahl* gewinnen; *Prüfung* bestehen; *Stipendium* erhalten, bekommen; ***vakitten* ~** Zeit sparen

kazar → ***kazmak***
ka'zara zufällig; durch e-n Unfall
kazasız [-zɑː-] ohne Unfall, unfallfrei; (*a* ~ ***belasız***) wohlbehalten, heil und gesund (*angekommen*)
kazasker *osm* HIST höchste(r) Militärrichter
'kazayağı ⟨-nı⟩ Haken *m* (*mit mehreren Spitzen*); (Weg)Kreuzung *f*; Kreuzstich *m*; rötlich gelb(e Farbe); BOT Gänsefuß *m*; dreisträhnige(s) Schiffstau; TECH Ausleger *m*
kazazede [-zɑː-] Verunglückte(r); Unfallopfer *n*
kazboku ⟨-nu⟩ F schmutzig gelb
kazdırmak *kaus von* ***kazmak***
kazı Grabung *f*, Ausgrabung *f*; Schnitzen *n*; Gravieren *n*, Stechen *n*; **~cı** Graveur *m*, Stecher *m*; Schnitzer *m*
kazık ⟨-ğı⟩ Pfahl *m*, Pfosten *m*; Stock *m*, Knüppel *m*; HIST Pfählung *f*; *Ringkampf* Gürtelgriff *m*; *fig* Wucher *m*, Übervorteilung *f*; F mies, Mist (*-e* für *j-n*); *-e* ~ ***atmak*** *j-n* übers Ohr hauen, neppen; ~ ***gibi*** gerade wie ein Stock; ~ ***kadar*** lange(r) Lulatsch; **(*dünyaya*)** ~ ***kakmak*** e-n Pfahl einschlagen; festen Fuß fassen (in, bei *D*); F (*ist*) nicht tot zu kriegen; ~ ***marka*** Wucher(preis) *m*, reine(r) Nepp
kazıkazan Rubbellos *n*
kazıkçı Nepper *m*, Wucherer *m*
kazıklamak *v/t ein Feld* abstecken; HIST pfählen; *fig* übervorteilen, neppen
kazıklıhumma MED Tetanus *m*
kazıma MED Kürettage *f*; Gravur *f*; Schnitzerei *f*
kazımak *v/t* abkratzen, auskratzen; (schlecht) rasieren; *Geschriebenes* ausradieren; *Inschrift* eingravieren; F *j-n* nerven; *j-n* ausnehmen
kazınma Ausmerzung *f*
kazınmak sich abschaben; sich kratzen; sich (schlecht) rasieren; *Geld* zusammenkratzen; zusammenraffen
kazıntı Abfälle *m/pl*, Späne *m/pl*, Abgekratzte(s), radierte Stelle; **~lı** radiert
kazıyıcı TECH Schrapper *m*, Schrape *f*
kazkanadı ⟨-nı⟩ *ein Griff im Ringkampf*
kazma (Spitz)Hacke *f*; Erd- (*Arbeiten*); ausgegraben; *Inschrift* eingraviert; *fig* Hauer *m* (*Zahn*)
kazmak ⟨-ar⟩ *v/t Grube* graben, ausheben; eingravieren; ziselieren
kazulet ⟨-ti⟩ lange(r) Laban
KDV *Abk. für* ***Katma Değer Vergisi*** Mehrwertsteuer *f* (MwSt)
kebap ⟨-bı⟩ **1.** *subst* Röstfleisch *n*; Schaschlik *m*; **~*şişi*** Bratspieß *m*; ***döner*** ~ Dönerkebab *m*; **2.** *adj* gebraten, geröstet (*Mais usw*); *fig* brennend; **~çı** Kebabverkäufer *m*, F Schaschlikbude *f*
kebere BOT Kaper(n *pl*) *f*
kebir *osm* groß; erwachsen; bedeutend
keçe Filz *m*; Filz-; Filzteppich *m*; **~*sini sudan çıkarmak*** sich aus der Affäre ziehen; **~lemek** *v/t* mit Filz überziehen; polieren
keçeleş|mek sich verfilzen, sich verheddern; *Haut* rau werden; *Körperteile* pelzig (*od* taub, empfindungslos) werden; **~tirmek** *v/t* durcheinander bringen, verheddern; pelzig machen, empfindungslos machen
keçeli Filz-; ~ ***kalem*** Filzschreiber *m*
keçi Ziege *f*, Ziegenbock *m*; *fig* bockig, stur; **~*leri kaçırmak*** *f* in e-r Krise sein; verrückt werden; ~ ***inadı*** F Starrsinn *m*
keçiboynuzu ⟨-nu⟩ BOT Johannisbrot(baum *m*) *n*; ~ ***gibi*** (das ist) verlorene Liebesmüh
keçi|leşmek stur sein; **~lik** ⟨-ği⟩ Sturheit *f*; ~ ***etmek*** eigensinnig (*od* stur) sein; **~sakal** Spitzbart *m*
keçiyolu ⟨-nu⟩ (Fuß)Pfad *m*
keder Kummer *m*, Leid *n*; ~ ***çekmek*** sich (*D*) Sorgen machen; *-e* ~ ***vermek*** *j-m* Sorgen machen
keder|lenmek betrübt sein; **~li** sorgenvoll, verhärmt; **~siz** sorglos
kedi Katze *f*, ***erkek*** ~ Kater *m*; ***kara*** ~ *fig* schwarze Katze; ~ ***gibi*** anschmiegsam, zutraulich; ~ ***ile köpek gibi*** wie Hund und Katze; **~*ye peynir*** (*od* ***ciğer***) ***ısmarlamak*** den Bock zum Gärtner machen; **~balığı** ⟨-nı⟩ Katzenhai *m* (*Scyliorhinus canicula*)
kedi|dili GASTR Löffelbiskuit *n* (*a m*); **~gözü** ⟨-nü⟩ Rückstrahler *m*, F Katzenauge *n*; **~otu** BOT Baldrian *m*
kefal ZOOL (Großkopf)Meeräsche *f* (*Mugil cephalus*); F Kippe *f*
kefalet [-fɑː-] ⟨-ti⟩ Bürgschaft *f*; ~ ***akçesi*** Kaution *f*
kefaret [-fɑː-] ⟨-ti⟩ Buße *f*, Wiedergutmachung *f*; *-in* **~*ini ödemek*** büßen; ~ ***keçisi*** *fig* Sündenbock *m*

kefe Waagschale *f*
kefeki Zahnstein *m*; grobe(r) Sandstein
kefen Leichentuch *n*; **~lemek** *v/t* in ein Leichentuch einhüllen; *vor dem Braten* mit Teig bestreichen
kefil [iː] Bürge *m*; Garant *m*; **~ göstermek** e-n Bürgen stellen; *-e* **~ olmak** bürgen, haften für
kefillik ⟨-ği⟩ Bürgschaft *f*; Garantie *f*
kehanet [ɑː] ⟨-ti⟩ Weissagung *f*; **~ etmek** prophezeien
kehribar Bernstein *m*; bernsteingelb
kek ⟨-ki⟩ (Sand)Kuchen *m*
kekâ(h) wunderbar!, herrlich
keke Stotterer *m*; stotternd; **~me** Stottern *n*; **~lemek** stottern (*a fig aus Verlegenheit*); stammeln; **~melik** ⟨-ği⟩ Stottern *n*; Stammeln *n*
kekik ⟨-ği⟩ BOT Thymian *m*
keklik ⟨-ği⟩ ZOOL Rebhuhn *n*; **~ gibi** wie e-e Gazelle; hübsch
kekre säuerlich, herbe; **~msi** säuerlich, etwas herb; *Person* mürrisch, brummig
kel Grind *m*; grindköpfig; nackt, kahl; glatzköpfig; **~ kahya** Naseweis *m*, naseweise(r), indiskrete(r) Mensch; **~ başa şimşir tarak** völlig fehl am Platze; *-in* **~i görünmek** ans Tageslicht kommen
kelam [-aːm] Wort *n*; Rede *f*; PHIL Logos *m*; islamische Religionswissenschaft *f*
Kelamıkadim [iː] (der) Heilige Koran
kelebek ⟨-ği⟩ Schmetterling *m*; Drehkrankheit *f* (*der Schafe*); TECH Flügelschraube *f*; **~camı** ⟨-nı⟩ AUTO Ausstellfenster *n*; **~gözlük** ⟨-ğü⟩ Kneifer *m*
kelek ⟨-ği⟩ unreife Honigmelone *f*; Schlauchfloß *n*; ... mit kahlen Stellen; *fig* Dussel *m*; **~lik** ⟨-ği⟩ Kahlheit *f*; *fig* Dummheit *f*
keleme Brachfeld *n*, unbestellte(r) Garten
kelep ⟨-bi⟩ Garnrolle *f*
ke'lepçe Handschelle *f*; TECH Schelle *f*; *-e* **~ vurmak** *j-m* Handschellen anlegen
kelepir (ein) wahre(r) Fund, Gelegenheitskauf *m*
keler ZOOL Eidechse *f*; **~(balığı)** ZOOL Engelhai *m*
keleş ansehnlich; gut gebaut; wagemutig; *dial* hässlich; *fälschlich a* → **kel**
kelime Wort *n*; **~ dizisi** Wortgruppe *f*; **~ hazinesi** Wortschatz *m*; **~ işlemcisi, ~ işlem programı** Textbearbeitungsprogramm *n*; **~ oyunu** Wortspiel *n*; **~ yapımı** Wortbildung *f*; **bir ~ ile** mit einem Wort; **~-i şehadet** *Islam* Glaubensbekenntnis *n*; **~nin tam anlamıyla** im wahrsten Sinne des Wortes; **~si ~sine** Wort für Wort; wörtlich; **bileşik ~** zusammengesetzte(s) Wort
kelimebilim Lexikologie *f*
kelle Kopf *m*, F Schädel *m*, (Kohl)Kopf *m*, (Käse)Laib *m*; Zuckerhut *m*; BOT Ähre *f*; **~ götürür gibi** überstürzt, übereilt; **~ kulak yerinde** stattlich, imposant
kelleşmek kahl werden
kelli[1] *dial -den* **~** nach *D*; *konj* nachdem; **ondan ~** danach, darauf; **sen böyle dedikten ~** nachdem du das gesagt hast
kelli[2]: **~felli** ansehnlich (*Person*)
kellik ⟨-ği⟩ Kahlköpfigkeit *f*; Grindköpfigkeit *f*; kahle Gegend
'Keloğlan *Held türk. Märchen*
kem *dial* schlecht; *Münze* nicht vollgültig; **~ göz** böse(r) Blick
kemal [aː] ⟨-li⟩ *osm* Reife *f*; Würde *f*
Kemal|ist Kemalist *m*, -in *f*; **~izm** Kemalismus *m*
keman Geige *f*; Bogen *m*; **~ çalmak** Geige spielen; **~ yapımcısı** Geigenbauer *m*, -in *f*; **~ yayı** Geigenbogen *m*; **~cı** Geigenspieler *m*, -in *f*
kemane [-mɑː-] Violinbogen *m*; Meißel *m*, Gravierstift *m*; *Art Geige*
kemankeş HIST Bogenschütze *m*
ke'mençe *Art kleine Geige mit drei Saiten*
kement ⟨-di⟩ Lasso *n*; Schlinge *f*
kemer Gürtel *m*; ARCH Bogen *m*; Arkade *f*; Gewölbe *n* (*a des Fußes*); Bund *m der Hose*; krumm, gebogen; Haken-(*Nase*); **~ altı** Markthalle *f*; **~ köprü** Viadukt *m od n*; **~ patlıcanı** längliche Aubergine; **cankurtaran ~i** Rettungsgürtel *m*; **damak ~i** Gaumenbogen *m*; **emniyet ~i** Sicherheitsgurt *m*; **su ~i** Aquädukt *m* (*a n*); **~i dolu olmak** begütert sein; **~ini sıkmak** *bes fig* den Gürtel enger schnallen; **~lerinizi bağlayın(ız)!** schnallen Sie sich an!; **~li** bogenförmig, Bogen-; krumm, gebogen; **~lik** ⟨-ği⟩ Werkzeuggürtel *m*
kemik ⟨-ği⟩ Knochen *m*; Knochen-, Bein-; *-in* **önüne ~ atmak** *j-n durch e-e Kleinigkeit* beschwichtigen, F den Mund stopfen; **~ iliği** Knochenmark *n*; **~ yalayıcı** Speichellecker *m*; **~lerine**

K

kadar *fig* bis auf die Knochen; **~ *zarı iltihabı*** MED Knochenhautentzündung *f*
kemikdoku ANAT Knochengewebe *n*
kemikleş|mek verknöchern; *fig* verkalken; **~*miş*** *fig* verkalkt
kemik|li Knochen-; ... mit starkem Knochenbau; knöchern; **~si** knochenartig
kemir|cik ⟨-ği⟩ Knorpel *m*; **~dek** (Schwanz)Knorpel *m*; **~gen** Nagetier *n*; **~ici** nagend; Nagetier *n*
kemirmek *-i* nagen (an *D*), benagen *A*; *Rost* zerfressen, zerstören; *-in* ***içini ~*** *fig* an *j-s* Herzen nagen, F *j-n* wurmen
kem: **~ *küm etmek*** *etw* in s-n Bart brummen; herumdrucksen
kemlik ⟨-ği⟩ *dial* Böse(s)
kemre *dial* Mist *m*, Dung *m*; Schorf *m e-r Wunde*
kenar **1.** *subst* Rand *m* (*der Straße*, *des Buches*); Ufer *n des Meeres*; Saum *m des Kleides*; Bordüre *f*; Krempe *f des Hutes*; MATH Seite *f e-s Dreiecks*; **~ *gezmek*** sich entfernen; *-i* **~*a atmak*** *fig* hinweggehen (über *A*); beiseite legen; *-i* ***bir ~a bırakmak*** vernachlässigen; außer Acht lassen; **~*a çekilmek*** zurücktreten; sich zurückziehen, sich abkapseln; **~*da kalmak*** beiseite stehen (*bes fig*); **~*da köşede*** ganz zurückgezogen, verborgen; **2.** *adj* abgelegen; öde; **~ *mahalle*** Stadtrand *m*; **~cı** Angler *m*; **~lı** -randig; -krempig; schön gesäumt; ***geniş ~*** breitkrempig
kenarortay MATH Seitenhalbierende *f*
kendi **1.** *pron* selbst, selber; er, sie, es; **(*ben*) ~*m*** ich (selbst), **(*sen*) ~*n*** du (selbst), **~(*si*)** er, sie, es (selbst), **~*miz*** wir (selbst), **~*niz*** ihr (selbst), Sie (selbst), **~*leri*** sie (selbst); **~*me*** mir, **~*mi*** mich *usw*; **2.** *adj* eigen; **~*minki*** mein, meins; der, die, das Meinige; **~ *evim*** mein Haus, **~ *evin*** dein Haus; **~ *kitabı*** sein Buch, sein eigenes Buch; **~ *oğlu*** ihr leiblicher Sohn; **~ *başına*** selbstständig, auf eigene Faust; **~ *derdine düşmek*** nur mit sich selbst beschäftigt sein; **~ *dünyasında yaşamak*** weltfremd sein; **~ *düşen ağlamaz*** wie man sich bettet, so liegt man; **~ *göbeğini kesmek*** sich nur auf sich selbst verlassen; **~ *yağıyla kavrulmak*** im eigenen Saft schmoren; allein zurechtkommen; **~ *halinde***, **~ *havasında*** eigenbrötlerisch; **~ *işini kendin yap*** Do-it-yourself *n*; **3.** *refl pron* sich; ***ben ~me güveniyorum*** ich verlasse mich auf mich selbst; **~*mi iyi bulmuyorum*** ich fühle mich nicht wohl; ***belli ki, ~ni çok üşütmüş*** es ist klar, dass sie sich sehr erkältet hat; **~*ne*** vor sich; mit sich selbst; ganz allein; selbst-; **~*nden geçmek*** in Ohnmacht fallen; **~*ne güvenen*** selbstsicher; **~*ni atmak*** sich stürzen (*-den* aus *D*); **~*ni dev aynasında görmek*** sehr eingebildet sein; **~*ni beğenmek*** viel von sich (*D*) halten; **~*ni bırakmak*** sich gehen lassen; sich überlassen (*-e D*); **~*ni dirhem dirhem satmak*** zimperlich sein, F sich anstellen; **~*ni bulmak*** wieder zu sich (*D*) kommen; e-e Persönlichkeit werden; **~*ni göstermek*** sich zeigen, auftreten; sich hervortun; **~*ni ispat etmek*** sich behaupten; **~*ni ispat ihtiyacı*** Geltungsbedürfnis *n*; **~*ni tanıtmak*** sich vorstellen; **~*ni toparlamak*** sich zusammennehmen; Vernunft annehmen; zunehmen; *-e* **~*ni vermek*** sich hingeben *D*, sich aufopfern für; **~(*si*)*ne gelmek*** zu sich (*D*) kommen; *Sache* sich einrenken
kendiliğinden spontan; automatisch; *adv* von selbst; Selbst-; **~ *tutuşma*** Selbstzündung *f*; **~ *üreme*** Urzeugung *f*
kendiliğindenlik ⟨-ği⟩ Spontanität *f*
kendilik ⟨-ği⟩ Wesen *n*; Individualität *f*
kendin|ce nach ihrer Ansicht; wie sie glaubt; (rein) persönlich; **~de** PHIL Wesen *n*; **~den** → ***kendiliğinden***
kendir BOT Hanf *m*
kendisi er, sie, es (selbst); → ***kendi***
kendisince → ***kendince***
kene ZOOL Zecke *f*; **~ *gibi*** *fig* wie e-e Klette
kenef P Abort *m*
kenet ⟨-di⟩ (eiserne) Klammer; Klemme *f*; **~ *etmek*** (zusammen)klammern; **~ *gibi yapışmak*** unzertrennliche Paare bilden, unzertrennlich sein; **~lemek** *v/t* (zusammen)klammern; nieten; (*birbirine*) *Hände* kreuzen, falten; *Lippen* zusammenpressen; *im Weltall* zusammenkoppeln; **~lenmek** *pass von* ***kenetlemek***; sich zusammenklammern; **~li** (zusammen)geklammert; zusammengepresst
kenevir BOT Hanf *m*
kengel, kenger BOT Artischocke *f*; **~ *yaprağı*** ARCH Akanthusblatt *n*

K

kent ⟨-ti⟩ Stadt *f*; HIST Siedlung *f*
kental ⟨-li⟩ Zentner *m*
kentçi → ***şehirci***; **~lik** → ***şehircilik***
kentet MUS Quintett *n*
kentlerarası Fern-; Überland-
kentleş|me Urbanisierung *f*, Verstädterung *f*; **~mek** verstädtern
kent|li Städter *m*, -in *f*, Bürger *m*, -in *f*; städtisch; **~sel** städtisch; urban
kentsoylu Bourgeois *m*; **~luk** ⟨-ğu⟩ Bourgeoisie *f*, Bürgertum *n*
kep ⟨-pi⟩ Mütze *f*; MIL Käppi *n*; *(Schwestern)*Haube *f*; ***banyo ~i*** Badehaube *f*
kepaze [ɑː] *Sache* wertlos, F mies; F Schund; unverschämt, frech; gemein; verächtlich; *-i* ***~ etmek*** *j-n* blamieren; ***~ olmak*** sich blamieren; **~lik** ⟨-ği⟩ Gemeinheit *f*, Schande *f*
kepçe Schöpflöffel *m*; Ke(t)scher *m*; TECH Bagger *m*; ***delikli ~*** Schaumlöffel *m*; ***~ gibi*** abstehend (*Ohren*); ***~li kamyon*** (*od* ***traktör***) Frontlader *m*; **~kulak** abstehende Ohren *n/pl*; **~kuyruk** ⟨-ğu⟩ F Schmarotzer *m*
kepek ⟨-ği⟩ Kleie *f*, Kopfschuppen *pl*
kepeklenmek *unp* es bilden sich Schuppen, Kopfschuppen bekommen; *Äpfel usw* pelzig werden
kepenek[1] ⟨-ği⟩ Filzüberwurf *m*
kepenek[2] ⟨-ği⟩ Schmetterling *m*
kepenk ⟨-gi⟩ Rollladen *m*, Fensterladen *m*; ***~leri indirmek*** *fig* mit der Arbeit aufhören, Feierabend machen
kerahet [-rɑː-] ⟨-ti⟩: ***~ vakti*** Beginn *m* der (abendlichen) Zecherei
keramet [-rɑː-] ⟨-ti⟩ Wunder *n*; *etw* Wunderbares; ***~i kendinden menkul*** *abw* selbsternannt; **~li** Wundertäter *m*
kerata Hahnrei *m*; *zu e-m Kind* Schlingel *m*, Schelm *m*; Schuhanzieher *m*
keratin Keratin *n*
kere Mal *n*; ***bir ~*** einmal; ***iki ~*** zweimal *usw*; ***iki ~ iki*** zweimal zwei; ***bazı ~*** manchmal; *-e* ***kıyasla iki ~*** (***daha***) das Zweifache im Vergleich zu
kerem Großmut *f*, Edelmut *m*; ***~ buyurun*** gestatten Sie bitte!
kerempe Klippe *f*, Berggipfel *m*
ke'reste Bauholz *n*; Schuhmachermaterial *n*; *fig* blöd; **~ci** Holzhändler *m*; **~cilik** ⟨-ği⟩ Holzhandel *m*
kerevet ⟨-ti⟩ Pritsche *f*, Schlafbank *f*
kerevit ⟨-di⟩ ZOOL Flusskrebs *m*
kereviz BOT Sellerie *m od f*
kerhane [ɑː] Bordell *n*; F Puff *m*
'kerhen widerwillig
kerim [iː] erhaben; gnädig
kerime *osm* Tochter *f*
keriz Neuling *m*; F Ringelpiez *m*
kerizci Falschspieler *m*
ker'kenez ZOOL Turmfalke *m*
kermes Jahrmarkt *m*; Volksfest *n*
kerpeten (Kneif)Zange *f*
kerpiç ⟨-ci⟩ ungebrannte(r) Ziegel, *a* Luftziegel *m*; Ziegel-; **~leşmek** völlig austrocknen, hart und trocken werden
kerte Kerbe *f*, Grad *m*, Stufe *f*, Strich *m* (*auf e-m Kompass*); *fig* Grenze *f* (*überschreiten*); **~ ~** stufenweise, allmählich; *-i* ***~sine getirmek*** den richtigen Augenblick abpassen für; (*meist verneint*) *etw A* so weit treiben; **~leme** Allmählichkeit *f*, Staffelung *f*, Abstufung *f*; **~lemek** einkerben
ker'tenkele Eidechse *f*
kerteriz MAR Peilung *f*, Peilen *n*; ***~ almak*** peilen; ***~ noktası*** Orientierungspunkt *m*
kertik ⟨-ği⟩ gekerbt; Kerbe *f*, Einschnitt *m*; Scharte *f*
kertmek ⟨-er⟩ *v/t* kerben; streifen, stoßen (an *A*)
kervan Karawane *f*; **~başı** Karawanenführer *m*; *fig* Kopf *m* der Karawane; **~cı** Karawanenführer *m*
Kervankıran ASTR Venus *f*
kervansaray Karawanserei *f*
kes Turnschuh *m* (*hochgeschlossen*)
kesafet [ɑː] ⟨-ti⟩ Dichte *f*, Undurchsichtigkeit *f*, Verschmutzung *f*
kesat ⟨-dı⟩ Flaute *f*, schlechte Ernte
kese[1] (kleiner) Beutel; Futteral *n*; Tasche *f*, Geldbörse *f*, Frottierhandschuh *m*; ***~nin ağzını açmak*** *fig* tief in die Tasche greifen; ***~nin dibi görünmek*** *fig Geld* dahinschmelzen; *-in* ***~sine bir şey girmemek*** keinen Nutzen von etw haben; ***benim ~me ne girecek?*** was habe ich davon?; ***bol ~den*** *a abw* freigebig; aus dem Überfluss
kese[2] kürzest-, direkt(est) (*Weg*); ***~ yol*** Abkürzung *f*; ***~den*** auf dem kürzesten Wege
kesecik ⟨-ği⟩ ANAT Bläschen *n*
kesek ⟨-ği⟩ Erdklumpen *m*; getrocknete(r) Dung; Rasen *m*
kesekâğıdı ⟨-nı⟩ Papiertüte *f*
kesekli klumpig; *Boden* aufgewühlt

K

keselemek *-i* frottieren
keselenmek sich frottieren, sich abreiben; *pass von* ***keselemek***
keseli ZOOL Beuteltier *n*
kesen MATH Sekante *f*
kesene Abkommen *n*; Akkord *m*, Stücklohn *m*
kesenek ⟨-ği⟩ Abzug *m vom Gehalt*; Pacht *f*; *-i* ***keseneğe almak*** pachten *A*; *-i* ***keseneğe vermek*** verpachten
kesenekçi (Steuer)Pächter *m*
kesenkes → ***kesinkes***
keser Beil *n*; → ***kesmek***
kesici (ab)schneidend; Schneide-; Schlächter *m auf dem Schlachthof*; ***ağrı ~ (ilaç)*** schmerzlindernde(s) Mittel; ***~ yol*** Abkürzung *f*; **~diş** Schneidezahn *m*
kesif [i:] *Menge*, *Nebel* dicht; massig; Massen-; matt, undurchsichtig
kesik ⟨-ği⟩ abgeschnitten (*Zweig*); durchschnitten (*Gelände*); abgestumpft (MATH, *Kegel*); *Linie* unterbrochen; *Milch* sauer (geworden); *Person* abgekämpft, F geschafft; F mies; (Zeitungs)Ausschnitt *m*; Schnittwunde *f*; **~ ~** abgehackt *sprechen*; stoßweise; ***~ ~ öksürmek*** hüsteln; GR ***~ sözcük*** Kurzform *f* (*z.B. Auto von Automobil*)
kesik|li unterbrochen; aussetzend; MED arrhythmisch; ***~ akım*** EL Wechselstrom *m*; **~lik** ⟨-ği⟩ Aussetzen *n*, Stockung *f*; *fig* Abgespanntheit *f*; **~siz** ununterbrochen; ständig; stetig; ***~ (a doğru) akım*** EL Gleichstrom *m*
kesilmek *pass von* ***kesmek***; erschöpft sein; werden *zu*; *Milch usw* gerinnen, sauer werden; *Mayonnaise* verderben; *Regen usw* aufhören; *Wasser* nicht mehr fließen; *Wind* sich legen; F scharf sein (*-e* auf *A*); ***buz ~*** zu Eis werden; ***sapsarı ~*** leichenblass werden; ***taş ~*** versteinern; *-den* **~** nicht mehr haben: ***iştahtan ~*** keinen Appetit mehr haben
kesim Schneiden *n*, Abschneiden *n*; Schnitt- (*Punkt*); Schlachtung *f des Viehs*; Abschnitt *m*, Sektor *m*; ÖKON Sektor *m*; *fig* Gebiet *n*; HIST Steuerverpachtung *f*; Zuschneiden *n e-s Stoffes*; Fasson *f*, Schnitt *m*; ***su ~i*** Wasserlinie *f*; **~ci** (Steuer)Pächter *m*
kesin endgültig, definitiv; entschlossen (*Maßnahme*); ***~ dönüş*** definitive Rückkehr (*in die Türkei*); ***~ olarak*** *adv* definitiv, endgültig
kesinkes bestimmt, definitiv *wissen*; kategorisch, entschieden (*Antwort*)
kesin|leme kategorische Entscheidung; **~leşmek** (endgültig) entschieden werden
kesinlik ⟨-ği⟩ Bestimmte(s), Definitive(s); **~le** kategorisch; unfehlbar; absolut; endgültig; *negativ* nie und nimmer; ***~ hayır!*** auf gar keinen Fall; **~siz** unbestimmt; unentschieden
kesinti Unterbrechung *f*, Pause *f*, Abzug *m* (*vom Gehalt*); Einschränkung *f*; ***personel ~leri*** Gehaltsabzüge *m/pl*; *-i* ***~ye almak*** *fig j-n* auf den Arm nehmen; **~li** mit e-r Pause, mit Unterbrechungen; *Gehalt* gekürzt, Netto-; **~siz** ununterbrochen, pausenlos; Brutto- (*Gehalt*)
kesir ⟨-sri⟩ MATH Bruch *m*; **~li** Bruch-
kesiş|en MATH sich schneidend; **~me** Kreuzung *f*; ***~ noktası*** Schnittpunkt *m*
kesişmek (*-le*) sich schneiden (mit *D*), sich kreuzen; handelseinig werden; F miteinander flirten
kesit ⟨-ti⟩ Schnitt *m*; ***~ alanı*** Schnittfläche *f*
keski Meißel *m*, Stichel *m*; *-i* ***~ ile kesmek*** ausmeißeln; behauen *A*
keskin *z.B. Auge*, *Kurve*, *Messer*, *Wind* scharf; *Geruch* beißend; *Kälte* schneidend; *Schütze* sicher; ***~ nişancı*** Scharfschütze *m*; ***iki tarafı ~ bıçak*** *fig* zweischneidiges Schwert
keskinleşmek schärfer werden; *fig* drückender werden
keskinlik ⟨-ği⟩ *allg* Schärfe *f*; ***akort keskinliği*** PHYS Trennschärfe *f*
kesme Schneiden *n*; Schlachten *n*; Blechschere *f*; MATH Sektor *m*, Kreisausschnitt *m*; endgültig; Fest- (*Preis*); Würfel-, würfelförmig; ***~ işareti*** Apostroph *m*; ***~ kaya*** Felsboden *m*; ***~ almak*** F in die Wange kneifen; ***oksijenle ~*** autogene(s) Schneiden
kesmece *Melone usw zur Prüfung* angeschnitten; alles zusammen (*zu einem Pauschalpreis*)
kesmek ⟨-er⟩ *v/t* schneiden; (*-meyi*) aufhören (zu + *inf*); *-e* werden: ***beyaza ~*** ganz weiß (*od* blass) werden; *Baum* fällen; *Datum*, *Tag* festsetzen; *Fahrkarte* einreißen, entwerten; *Fahrt* hemmen, erschweren; *Fieber* senken; sich

(*D*) *in den Finger* schneiden; *Gas, Strom, Wasser* abstellen, abdrehen; AUTO *Gas* wegnehmen; *vom Gehalt* abziehen; *Gespräch* abbrechen; *Haar* stutzen; (*Spiel*)*Karte* abheben; *mit dem Lärm* aufhören; *Licht* ausschalten; *Münzen* prägen; *Radio* ausschalten; *e-n Menschen* umbringen; köpfen; *Schmerzen* vertreiben; *Tier* schlachten; *Unterstützung, Zahlungen* einstellen; F *j-n* bemogeln; F anfunken; *j-n* schlecht machen; ***kes!*** hör auf!, sei still!; *-i* ***kesip atmak*** kurzerhand urteilen (*od* etwas sagen); kurzerhand Schluss machen; *-i* ***kesip biçmek*** daherreden *A*; *j-n* ins Bockshorn jagen

kesmelik ⟨-ği⟩ Steinbruch *m*

kes'meşeker Würfelzucker *m*

kesmez stumpf

kesmik ⟨-ği⟩ Spreu *f*; Rückstand *m geronnener Milch*

kestane [ɑː] Kastanie *f*; Kastanienbaum *m*; **~ *dorusu*** ZOOL Goldfuchs *m*; **~ *kebap*** heiße Maronen *f/pl*; **~ *püresi*** Maronenpüree *n*; **~ *suyu*** *scherzh* Blümchenkaffee *m*; **~*ci*** Maronenhändler *m*

kestanecik ⟨-ği⟩ ANAT Prostata *f*

kestane|fişeği ⟨-ni⟩ Schwärmer *m*, Knallfrosch *m*; **~*rengi*** kastanienbraun

kestirme **1.** *subst* Kürzen *n*; Abkürzung *f* (*Weg*); Peilung *f*; Peil-; **~*den*** schnurstracks; über e-e Abkürzung; **2.** *adj* endgültig; entschlossen; *Mittel* wirksam; **3.** *adv* kurz und knapp; **~*si*** kurz gesagt

kestirmek *kaus von* ***kesmek***; *v/t* feststellen, ergründen; voraussehen; ermessen; sich (*D*) *etw* denken; ansäuern; ***biraz*** **~** ein Schläfchen halten; ***kestirip atmak*** es (dabei) bewenden lassen

keş fettarme(r) Käse; *fig* unbedarft

'keşfetmek *v/i* entdecken; enthüllen, aufdecken; MIL aufklären

keşide [iː] Ausstellung *f* (*e-s Schecks usw*); Ziehung *f* (*in der Lotterie*)

keşif ⟨keşfi⟩ Entdeckung *f*; Enthüllung *f*; MIL Aufklärung *f*; Aufklärungs-

keşiş Mönch *m* (*nichtmuslimisch*)

keşişleme Südostwind *m*; MAR Südosten *m*

'keşke *konj Einleitung von Wunschsätzen* ***ah,*** **~** ***bir iş bulsam*** wenn ich doch e-e Arbeit fände!; **~** ***bir haber gönderseydik*** (*od* ***göndereydik*** *od* ***göndermiş olsaydık***)*!* wenn wir doch eine Nachricht geschickt hätten!

keşkek ⟨-ği⟩ *Weizengrieß mit Fleisch*

keşkül *Süßspeise aus Milch u Pistazien*

keşmekeş Tohuwabohu *n*

ket ⟨-ti⟩: *-e* **~** ***vurmak*** beeinträchtigen; **~** ***vurucu gen*** Antigen *n*

ketçap ⟨-bı⟩ Ketchup *m* (*a n*)

keten BOT Flachs *m*; Leinen *n*; Lein(en)-; **~** ***yağı*** Leinöl *n*

ke'tenhelva(sı) ⟨-nı⟩ *Art* Helva *n*, Zuckerwatte *f*

ke'tentohumu ⟨-nu⟩ Leinsamen *m*

ketum [uː] verschwiegen

ketumiyet ⟨-ti⟩ Verschwiegenheit *f*

kevgir Schaumlöffel *m*; Sieb *n*

kevser REL Paradiesquelle *f*; **~** ***gibi*** wie Nektar

'keyfetmek sich amüsieren

keyfî [iː] willkürlich; qualitativ

keyfince nach Belieben

keyfiyet ⟨-ti⟩ Qualität *f*; Umstand *m*; Tatsache *f*

keyif ⟨-yfi⟩ Wohlbefinden *n*; gute Laune, gute Stimmung; Vergnügen *n*; Rausch *m*, Schwips *m*; Laune *f*, Einfall *m*; Verlangen *n*; **~** ***çatmak*** sich amüsieren; **~** ***halinde*** beschwipst; **~** ***sormak*** sich nach dem Befinden erkundigen; *-e* **~** ***vermek*** *j-n* berauschen; *-in* ***keyfi bilmek*** *fig* s-n eigenen Kopf haben; *-in* ***keyfi bozulmak***: ***keyfim bozuldu*** mir ist die Laune verdorben, ich fühle mich nicht wohl; *-in* ***keyfi*** (***yerine***) ***gelmek***: ***keyfim geldi*** ich bin wieder in guter Stimmung; ***keyfi sıra*** willkürlich; ***keyfi yerinde*** gut aufgelegt (*od* zuwege) sein; ***keyfine bakmak*** es sich (*D*) wohl sein lassen; *-in* ***keyfinin kahyası olmamak*** nicht das Recht haben, sich einzumischen (in *A*)

keyiflendirmek *v/t* aufheitern

keyiflenmek wieder guter Dinge sein

keyifli froh, guter Stimmung (*sein*); angeheitert

keyifsiz missmutig, schlechter Stimmung; unpässlich; **~*lenmek*** unpässlich sein; kränkeln; **~*lik*** ⟨-ği⟩ Missstimmung *f*; Unpässlichkeit *f*

kez → ***kere, defa***

keza [ɑː], **ke'zalik** [ɑː] genauso

kezzap ⟨-bı⟩ CHEM Salpetersäure *f*

kıble Gebetsrichtung *f* (*nach Mekka*); Südwind *m*; *fig* Zuflucht *f*

Kıbrıs Zypern *n*; ***Kuzey ~ Türk Cumhuriyeti*** (***KKTC***) Türkische Republik Nordzypern; **~lı** Zypriot *m*, -in *f*; **~ *Rum*** griechischer Zypriot, griechische Zypriotin; **~ *Türk*** türkischer Zypriot, türkische Zypriotin

kıç ⟨-çı⟩ F Hintern *m*; Kruppe *f des Pferdes*; MAR Heck *n*; ***~ atmak*** *Pferd* hinten ausschlagen; *fig* F scharf (*od* wild) sein (auf *A*); ***~ üstü oturmak*** F nicht ein und aus können; ***~ını yırtmak*** gröhlen; sich (*D*) den Hintern zerreißen; ***~tan bacaklı*** *Wuchs* gedrungen, stämmig

kıçın: F **~ ~** rückwärts (*gehen*)

kıdem Dienstalter *n*; Dienstzeit *f*; ***~ tazminatı*** Abfindung *f* (*bei Kündigung*); **~ce** dem Dienstalter entsprechend; **~li** lang gedient; **~siz** neu im Dienst

kığ(ı) (Schafs-, Ziegen)Mist *m*

kıh[1] pfui!, baba!

kıh[2]: ***~ ~ gülmek*** kichern

kıkır: **~ ~** kichernd

kıkırdak ⟨-ğı⟩ Knorpel *m*; GASTR Griebe *f*; ***~ disk*** ANAT Bandscheibe *f*; ***göz kıkırdağı*** Augapfel *m*; ***kulak kıkırdağı*** Ohrmuschel *f*; ***~ poğaçası*** Pastete *f* mit Grieben; **~doku** Knorpelgewebe *n*

kıkır|damak kichern; vor Kälte erstarren; F abkratzen; **~tı** Kichern *n*

kıl Körperhaar *n*; (*Pferde- usw*) Haar *n*; (Tier)Wolle *f*; BOT Flaumhärchen *n*; *adj* hären, Haar-; Rosshaar-; ***~ gibi*** haarfein; ***~ payı zafer*** *usw* ein hauchdünner Sieg *usw*; *-e* ***~ payı kalmak***: *-e* ***~ payı kaldı*** fast wäre es gekommen (zu); um Haaresbreite; ***~ı kıpırdamamak*** keine Miene verziehen; ***~ı kırk yarmak*** haarscharf untersuchen; *-in* ***~ına dokunmamak*** *j-m* kein Härchen krümmen

kılağı TECH Grat *m*; *-in* ***~sını almak*** wetzen, schleifen; **~lamak** *v/t* wetzen

kılaptan Goldlitze *f*, Flitter *m*

kılar → ***kılmak***

kılavuz Führer *m* (*Person u Sache*); MAR Lotse *m*; Nachschlagewerk *n*; TECH Gewindebohrer *m*; Leit-, Lenk-; ***kullanma ~u*** Gebrauchsanweisung *f*; ***imla ~u*** Rechtschreibführer *m*; **~luk** ⟨-ğu⟩ Führung *f*, Lotsendienst *m*

kılburun ⟨-burnu⟩ Landzunge *f*

kılcal Kapillar-, Haar-; ***~ damar*** Kapillargefäß *n*; **~lık** ⟨-ğı⟩ Kapillarität *f*

kılçık ⟨-ğı⟩ Gräte *f*, BOT Granne *f*; **~lı** ... mit Gräten; *fig* heikel, dornig; **~sız** ... ohne Gräten

kılgı PHIL Praxis *f*; **~sal** praktisch

kılıbık ⟨-ğı⟩ Pantoffelheld *m*

kılıcına hochkant (*stellen*)

kılıç ⟨-cı⟩ Säbel *m*; Schwert *n*; ***~ sallamak*** *fig* mit dem Säbel rasseln; *-i* ***~tan geçirmek*** niedermetzeln

kılıçbacak krummbeinig

kılıçbalığı ⟨-nı⟩ Schwertfisch *m*

kılıçlama hochkant; *-i* ***~ asmak*** über die Schulter hängen *A*

kılıçlamak *v/t* niedermetzeln

kılıf Futteral *n*; Hülle *f*, Überzug *m*; F Kondom *n*; TECH Mantel *m*; BOT Schale *f*; *fig* fadenscheinige Begründung; ***yastık ~ı*** Kissenbezug *m*

kılıflamak *v/t* überziehen

kılıflı bezogen; in e-m Futteral

kılık ⟨-ğı⟩ (das) Äußere, Aussehen *n*; Kleidung *f*; ***~ kıyafet düşkünü*** wie ein Penner (gekleidet); **~lı** vom Aussehen (eines ...), gekleidet wie ...; ***~ kıyafetli*** gut gekleidet, F in Schale (*sein*); **~sız** unansehnlich; ungepflegt; schlecht gekleidet; **~sızlaşmak** vergammeln

kılınmak *pass von* ***kılmak***

kılkıran Haarausfall *m*

kılkuyruk ⟨-ğu⟩ arme(r) Schlucker; ZOOL Spießente *f*

kıllanmak Haare bekommen; e-n Bart bekommen

kıllı behaart

kılmak ⟨-ar⟩ (*Stützverb wie etmek, yapmak*) machen; *z.B.* ***mümkün ~*** ermöglichen; *-e* ***mecbur ~*** zwingen *zu*; ***namaz ~*** *das* (*fünfmalige islam.*) *Gebet verrichten*

kılsız unbehaart; bartlos

kımıl|da(n)mak sich bewegen; sich rühren (***yerden*** von der Stelle); **~datmak** *v/t von der Stelle* rücken; bewegen, schwanken lassen; **~tı** (kleine) Bewegung *f*, Schwanken *n*

kımız Kumyss *m* (*gegorene Stutenmilch*)

kın Futteral *n*, Etui *n*; (Schwert)Scheide *f*; BOT Blattscheide *f*

kına Henna *f*; ***~ ağacı*** Hennastrauch *m*; *-e* ***~ koymak*** (*od* ***sürmek***) mit Henna färben; *-e* ***~lar yakmak*** schadenfroh sein (über *A*); ***~ gecesi*** *kleine Feier unter Frauen im Haus der Braut vor der Hochzeit*

K

kına'kına Chinarinde *f*; *Art* Aperitif *m*
kınalamak *v/t* mit Henna färben
kınama Rüge *f*, Missbilligung *f*; **~ cezası** Disziplinarstrafe *f*, Verwarnung *f*
kınamak *v/t* kritisieren, verurteilen; verwarnen
'kınkanat ⟨-dı⟩ Käfer *m*, Deckflügler *m*
kınnap ⟨-bı⟩ Schnur *f*, Strick *m*
kıpar → **kıpmak**
Kıpçak Kiptschaktatare *m* (*11. bis 15. Jh.*); **~ça** kiptschaktatarisch
kıpık *Auge* halb geschlossen
kıpır: **~ ~** fortgesetzt, ständig; zitternd, in Angst; zappelig
kıpırda|mak sich rühren, sich bewegen; zittern; vibrieren; **~tmak** *kaus von* **kıpırdamak**
kıpırtı Zittern *n*, Vibrieren *n*
kıpıştırmak blinzeln (*-i* mit)
'kıp|kırmızı feuerrot; **~kızıl** über und über rot, glutrot; *fig* fanatisch, extrem
kıpmak ⟨-ar⟩ zwinkern
Kıptî [-i:] Kopte *m*; koptisch; *fälschlich* Zigeuner *m neg!*; **~ce** (das) Koptisch(e); koptisch; *fälschlich* Zigeunersprache *f*
kır[1] grau; hellgrau; *-e* **~ düşmek: sakalına ~ düşmüş** sein Bart fing an zu ergrauen
kır[2] freie(s) Feld; **~ eğlencesi** kleine(s) Fest im Freien, Gartenfest *n*; **~ lokantası** Gartenlokal *n*; **~a gitmek** ins Grüne fahren; **~da** im Freien
kıraat ⟨-ti⟩ *osm* Lesen *n*; Rezitation *f* (*des Korans*); *-i* **~ etmek** rezitieren
kıraathane *osm* Lesesaal *m*; Kaffeehaus *n*
kıraç unfruchtbar (*Boden*); öde
kırağı Reif *m*; **~ yağmış** es ist Reif gefallen
kıral *usw* → **kral** *usw*
kıran[1] Brecher *m*, Hauer *m*; Seuche *f*; *-e* **kıran mı girdi?** mangelt es etwa an *D*?
kıran[2] Ufer *n*; Bergkamm *m*
kı'ranta (gepflegter, mittelalter) Mann
kırar → **kırmak**
kırat ⟨-tı⟩ Karat *n*; *fig* Art *f*, Kaliber *n*; **ne ~ta ...** was für ein ...
kıratlık -karätig; -artig
kırba Wasserschlauch *m*; Blähbauch *m*; F Wassertrinker *m*
kırbaç ⟨-cı⟩ Peitsche *f*; Gerte *f*; *-e* **~ vurmak** *j-n* peitschen; **~lamak** *v/t j-n* peitschen; **~lı** Treiber *m von Lasttieren*
kırçıl angegraut, grau meliert
kırdırmak *kaus von* **kırmak**; *-e* **fiyatı ~** zu e-m Rabatt veranlassen *A*; ÖKON diskontieren lassen
kırgın enttäuscht, gekränkt; gebrochen (*Herz*); F eingeschnappt; *dial* Pest *f*; **~lık** ⟨-ğı⟩ Enttäuschung *f*, Gekränktsein *n*
Kırgız Kirgise *m*, Kirgisin *f*; **~ca** (das) Kirgisisch(e); kirgisisch; **~istan** Kirgisistan *n*
kırıcı brechend; rüpelhaft (*Benehmen*); **~-delici** Bohrhammer *m*; **buz ~** Enteisungsanlage *f*; **grev ~** Streikbrecher *m*; PHYS Beugungs-; **~ olmak** SPORT rempeln, bolzen
kırık[1] ⟨-ğı⟩ **1.** *adj* zerbrochen; kaputt; *Hand*, *Linie* gebrochen; *Schulnote* schlecht; **~ dökük** *Sache* ausgedient, altersschwach; *Rede* zusammenhanglos; restlich; Trödel *m*, Kram *m*; **2.** *subst* MED Bruch *m*; Graupen *f/pl*; Grütze *f*; **~ tahtası** MED Schiene *f*; **cam kırığı** Scherbe *f*; **ekmek kırığı** Brotkrume *f*
kırık[2] ⟨-ğı⟩ Liebhaber *m*, Hausfreund *m*; **~ dölü** uneheliche(s) Kind
kırıkçı *jd, der Knochenbrüche heilt*
kırıklık ⟨-ğı⟩ Zerschlagenheit *f*, Mattigkeit *f*
kırılgan zerbrechlich; leicht eingeschnappt
kırılma gezierte(r) Gang; PHYS Brechung *f*, Refraktion *f*; **~sı kolay** leicht zerbrechlich; ÖKON **~ payı** Entschädigung *f* für Bruch
kırılmak *pass von* **kırmak**; *im Kampf* fallen, umkommen; zugrunde gehen; sich ärgern (*-e* über *A*); zerschlagen sein, überwunden sein; sich zieren; *fig* brechen (*-den* vor *D*, *z.B. Überfülle*); *Preis* fallen; *Wind* sich legen; **kırılıp dökülmek** kurz und klein geschlagen werden; liebedienern, schöne Worte machen; sich elend fühlen
kırıl|mayan, **~maz** unzerbrechlich
kırım Massenmord *m*; Schlachtung *f*; Bruch *m*, Panne *f*
'Kırım Krim *f*; **~lı** Bewohner *m*, -in *f* der Krim
kırın: **~ ~** sehr kokett, herausfordernd
kırıntı Krume *f*, Krümchen *n*; Rest *m*; **~ külte** Verwitterungsgestein *n*
kırışık runzelig; Falte *f*, Runzel *f*; **~lık** ⟨-ğı⟩ Runzeligkeit *f*; **~sız** faltenlos

kırışmak runzelig werden; zusammenschrumpfen; einander schlecht behandeln; gegenseitig zerbrechen; sich (gegenseitig) schlagen, sich (gegenseitig) umbringen (*-le* mit) wetten; feilschen; zur Hälfte teilen (*-i A*)

kırıştırmak flirten; *kaus von* ***kırışmak***

kırıtkan kokett

kırıtmak kokettieren; watscheln

kırk ⟨-kı⟩ vierzig; (die) Vierzig; ***~ dereden su getirmek*** um e-e Ausrede nicht verlegen sein; ***~ bir buçuk kere maşallah*** unberufen!; toi, toi, toi!; ***~ tarakta bezi olmak*** viel um die Ohren haben; ***~ yılda*** in vielen Jahren (*z.B. erarbeitet*); ***~ yılda bir*** alle Jubeljahre einmal; ***kılı ~ yarmak*** Haarspalterei betreiben; ***~ta bir*** ein Vierzigstel *n*

'kırkambar wandelnde(s) Lexikon; Grabbelkiste *f*, Kramecke *f*

kırkar[1] je vierzig

kırkar[2] → ***kırkmak***

kırkayak ⟨-ğı⟩ ZOOL Tausendfüßler *m*; Filzlaus *f*

kırkbayır ZOOL Blättermagen *m*

kırkım (Zeit *f* der) Schafschur *f*

kırkıncı vierzigste(r)

kırklamak vierzig Tage vergehen seit; ***lohusa kırkladı*** es sind vierzig Tage seit der Geburt vergangen; vierzigmal waschen *usw*

kırklı *Kinder* nacheinander (*innerhalb von 40 Tagen*) geboren

kırklık ⟨-ğı⟩ vierzigjährig; (*Paket*) ... mit vierzig Stück; Vierziger-

kırkmak ⟨-ar⟩ *v/t* beschneiden, wegschneiden; stutzen; scheren; trimmen

kırlangıç ⟨-cı⟩ ZOOL Schwalbe *f*

kırlangıç|balığı ⟨-nı⟩ ZOOL rote(r) Knurrhahn; ***~dönümü*** ⟨-nü⟩ „Schwalbenabflug" *m*, Anfang Oktober

kırlangıçfırtınası ⟨-nı⟩ Sturm *m in den ersten Apriltagen*, Aprilsturm *m*

kırlaşmak ergrauen

kırma **1.** *subst* Brechen *n*; Falten *n*; Plissee *n*; grob gemahlen (*Weizen*); Graupen *pl*; *Pferd* Halbblut *n*; **2.** *adj* umklappbar; ***~ metre*** Zollstock *m*; ***~ tüfek*** Selbstspanner *m*, Knicklaufbüchse *f*

kırmak ⟨-ar⟩ *v/t* zerbrechen, zertrümmern, F kaputtmachen; *Brot*, *Herz*, *Rekord*, *Steine*, *Widerstand* brechen; MED sich (*D*) (*den Arm*) brechen; *j-n* kränken, verletzen; *Autorität* untergraben; *Ehre* beflecken; *Format* falzen; *Gehalt* kürzen; *Glas* zerbrechen, zertrümmern; *Hoffnung* zerstören; *Holz* hacken; *Kälte* mildern; *Lust* (*j-m*) nehmen; *Nüsse* knacken; *Papier* falten; *Preis* herabsetzen; *Seuche* dahinraffen, vernichten; (*Auto*)*Steuer* umwerfen; *Wechsel* diskontieren; (***kirişi***) ~ F abhauen; *-i* ***kırıp geçirmek*** zerstören, vernichten *A*; *j-n* drangsalieren; *j-n* bezaubern, begeistern; *j-n* zum Lachen bringen

kırmız Karm(es)in *n*; ***~böceği*** ⟨-ni⟩ Schildlaus *f*, Koschenille *f*

kırmızı rot; ***~ oy*** Neinstimme *f*; ***~ süs balığı*** Goldfisch *m*; ***♀ Şapkalı Kız*** Rotkäppchen *n*; ***~ şarap*** Rotwein *m*; ***~da*** VERKEHR bei Rot; ***~ yanıyor*** VERKEHR es ist rot

kırmı'zıbiber GASTR Paprika *m*

kırmızıca rötlich

kırmızılahana BOT Rotkohl *m*

kırmızı|laşmak erröten; ***~lık*** ⟨-ğı⟩ Röte *f*; ***~msı***, ***~mtırak*** rötlich

kırmızıturp ⟨-bu⟩ BOT Radieschen *n*

'kıro F ganz unbedarft; *abw* Provinzler *m*

kırpık ⟨-ğı⟩ geschoren; *Schnurrbart* gestutzt

kırpıntı Schnitzel *m od n/pl*; Abfälle *m/pl*; Reste *m/pl*

kırpış|mak *v/i* blinzeln; *Licht* flackern; ***~tırmak*** *v/t* blinzeln; zwinkern (mit *D*)

kırpmak ⟨-ar⟩ *v/t* stutzen; (*mit den Augen*) zwinkern; sich (*D*) *etw* abzwacken (*-den* von); ***gözünü kırpmadan*** ohne mit der Wimper zu zucken

kırsal ländlich (*im Gegensatz zu städtisch*)

kırt: ***~ ~*** knirschend

kırtasiye [-tɑː-] Schreibwaren *f/pl*, Bürobedarf *m*; ***~ci*** Schreibwarenhändler *m*, -in *f*; *abw* Bürokrat *m*, -in *f*; ***~lik*** ⟨-ği⟩ Schreibwarenhandel *m*; Bürokratismus *m*, F Amtsschimmel *m*

kırtıpil erbärmlich, miserabel

kısa kurz (*a zeitlich*); Kurz-; ***~ boylu*** untersetzt; ***~ çizgi*** Bindestrich *m*; ***~ devre*** EL Kurzschluss *m*; ***~ geçmek*** (*od* ***kesmek***) es kurz machen (*sagen*); ***~ ömürlü*** kurzlebig; (***uzun***) ***sözün ~sı*** der langen Rede kurzer Sinn; ***~ vadeli*** kurzfristig; ***~ vadeli hafıza*** Kurzzeitgedächtnis *n*

kısaca ziemlich kurz
kı'saca kurz (gesagt); kurz *berichten*
kı'sacası mit e-m Wort, kurz und gut
'kısacık sehr kurz
kısakafalı ANAT brachykephal
kısal|mak zu kurz werden; *Stoff a* einlaufen; **~tılma** Kürzung *f der Fristen*
kısalt|ım Kürzen *n*; **~ma** Kürzung *f*; LING Abkürzung *f*; **~mak** *v/t* kürzen, kürzer machen; abkürzen (*Zeit*)
kısar → ***kısmak***
kısas HIST JUR Revanche *f*; **~a ~** Zahn um Zahn; **~ *etmek*** sich revanchieren
kısık ⟨-ğı⟩ (ab)gekürzt; zusammengepresst; MATH unkürzbar; *Augen* geschwollen; *Stimme* gedämpft, heiser
kısılma Einschränkung *f*; MED Systole *f*
kısılmak *pass von* ***kısmak***; *v/i Auge* blinzeln; *Herz* sich zusammenziehen; *Stimme* heiser (*od* schwach) klingen; *Wasser* schwach (*od* dünn) laufen; ***kapana ~*** in Bedrängnis geraten; ***kapana kısıldı*** er sitzt in der Klemme
kısım ⟨kısmı⟩ Teil *m*; Gruppe *f*, Kategorie *f*; (*Kinder*)Volk *n*; MIL Trupp *m*
kısıntı Einschränkung *f*; Sparmaßnahme *f*; *fig* Abbau *m*
kısır[1] unfruchtbar; *fig* unnütz
kısır[2] *Art Salat aus Weizengrütze*
kısırdöngü Teufelskreis *m*
kısırlaş|mak unfruchtbar werden; **~tırmak** *v/t* sterilisieren; kastrieren
kısırlık ⟨-ğı⟩ Unfruchtbarkeit *f*
kısıt ⟨-tı⟩ Entmündigung *f*
kısıtla|mak *v/t* unter Vormundschaft stellen; *fig* einschränken, begrenzen; beeinträchtigen, behindern; **~malı** *Waren* verboten, von der Beförderung ausgeschlossen; **~yıcı** einschränkend
kısıtlı bevormundet, entmündigt; eingeschränkt, begrenzt
kıskaç ⟨-cı⟩ Kneifzange *f*, Schraubstock *m*, Zwinge *f*, Klappleiter *f*; **~ (*operasyonu*)** MIL Zangenbewegung *f*; **~ *gözlük*** Kneifer *m*, Pincenez *n*
kıskanç ⟨-cı⟩ eifersüchtig; neidisch
kıskançlık ⟨-ğı⟩ Eifersucht *f*, Neid *m*
kıskandırmak *-i j-n* eifersüchtig machen; *kaus von* ***kıskanmak***
kıskanmak eifersüchtig sein (*-i* auf *A*; *-den* wegen *G*); neidisch sein (auf *A*); eifersüchtig wachen (über *A*); nicht gönnen (*-den –i j-m A*); beneiden (*-den –i j-n* um)
kıskı Keil *m*
kıskıs: **~ *gülmek*** schmunzeln
'kıskıvrak ganz fest (*z.B. zubinden*); **~ *yakalamak*** erwischen, ertappen
kısmak ⟨-ar⟩ vermindern; *Augen* (zusammen)kneifen; *Ausgaben* einschränken; *Gürtel* enger schnallen; (*Petroleum*)*Lampe* herunterschrauben; *Ohren* anlegen; *Radio* leiser stellen; *Schultern* hochziehen; *Scheinwerfer* abblenden; *Stimme* dämpfen
'kısmen teilweise; teils
kısmet ⟨-ti⟩ Schicksal *n*; Glück *n*; gute Heiratspartie; **~!** vielleicht; wer weiß?; **~ *aramak*** sein Glück versuchen; **~ *beklemek*** auf ihr Glück (= *die Heirat*) warten; *-in* **~(*i*) *çıktı*** sie fand ihr Glück (*a* = *den richtigen Mann*); **~ *olursa* ...** wenn es das Schicksal will, ...; *-in* **~*i açıldı*** *j-m* lacht das Glück; *-in* **~*i bağlı*** (er ist) ein Pechvogel; **~li** Glückspilz *m*; **~siz** Pechvogel *m*
kısmî [iː] teilweise, partiell, Teil- (*Zahlung*); **~ *seçim*** Nachwahl *f*
kısrak ⟨-ğı⟩ Stute *f*
kıssa (kleine) Geschichte; **~*dan hisse*** die Moral von der Geschicht'
kıstak ⟨-ğı⟩ Landenge *f*, Isthmus *m*
kıstas Waage *f*, *fig* Kriterium *n*
kıstırmak (*-i -e*) sich (*D*) (*z.B. den Finger*) (ab)quetschen (*-e* in *D*); *j-n* in die Enge treiben
kış[1] Winter *m*; **~ *günü*** (in der) Winterzeit (*f*); **~ *sporları*** Wintersportarten *f/pl*; **~ *tarifesi*** Winterfahrplan *m*; **~ *uykusu*** Winterschlaf *m*; ***çok ~ yaptı*** es herrscht(e) ein strenger Winter; **~*ı geçirmek*** überwintern; den Winter verbringen; ZOOL Winterschlaf halten
kış[2] *int zum Verscheuchen der Hühner* ksch-ksch, sch-sch!
'kışın im Winter
kışkırtı Aufwiegelei *f*, Provokation *f*; Wühlarbeit *f*; **~cı** aufwieglerisch; provokatorisch; Provokateur *m*, -in *f*; **~ *ajan*** Agent provocateur
kışkırtıcılık ⟨-ğı⟩ Wühlarbeit *f*
kışkırt|ma Hetze *f*, Provokation *f*, provokatorisch; **~mak** *v/t Vögel usw* (auf)scheuchen; *fig* aufhetzen, provozieren
'kışla Kaserne *f*, (Schaf)Stall *m*
kışlak ⟨-ğı⟩ Winterlager *n*; Winterhütte *f*, MIL Winterquartier *n*
kışlamak Winter werden; überwintern,

K

den Winter verbringen
kışlık Winter-; Winterquartier *n*
kıt ⟨-tı⟩ gering; kümmerlich; *Ernte* schlecht; ÖKON knapp; ***anlayışı ~*** schwer von Begriff; ***sözü ~*** wortkarg; ***~ kanaat*** mit Mühe und Not (*auskommen*)
kıta Kontinent *m*; MIL Trupp *m*, Unterabteilung *f*, Einheit *f*, Zahlgebiet *n* (*Bus, Straßenbahn*); ***~ sahanlığı*** Festlandssockel *m*
kıtalararası interkontinental
kıtıpiyoz F mies, wertlos
kıtır[1] Puffmais *m*; Flunkerei *f*, ***~ atmak*** *fig* spinnen, flunkern
kıtır[2]: ***~ ~*** kross, stark geröstet; knackend (*Knochen*)
kıtırcı F Lügenpeter *m*
kıtırdamak *v/i* knacken
kıtırdatmak knacken (*-i* mit *D*)
kıtlaşmak knapp (*od* Mangelware) werden
kıtlık ⟨-ğı⟩ Hungersnot *f*, Knappheit *f*, Mangel *m* (an *D*); (*Sauerstoff*)Mangel *m*; ***~ta kalmak*** knapp sein; ***~ yılı*** Hungerjahr *n*
kıvam [ɑː] Konsistenz *f*, (der) richtige Augenblick; Höhepunkt *m*; Reife *f*; SPORT (gute) Kondition *f*, ***~ında*** *Geschäfte* ... gehen gut; *Vergnügen* ... auf dem Höhepunkt sein; in vollem Gange sein; SPORT in Form
kıvam|lanmak dickflüssig werden, sich verdicken; *fig* in Gang kommen; in Form sein; ***~lı*** dickflüssig; reif
kıvanç ⟨-cı⟩ Stolz *m*; Freude *f*, *-le* ***~ duymak*** stolz sein (auf *A od* darauf, zu + *inf*); sich freuen (zu + *inf*); ***~lı*** stolz; freudig
kıvanmak (*-le*) stolz sein (auf *A*); sich freuen (über *A*)
kıvılcım Funke(n) *m*; ***~ saçmak*** Funken geben; ***umut ~ı*** Hoffnungsschimmer *m*; ***~lanmak*** Funken sprühen
kıvır: ***~ ~*** kraus (*Haare*); sich zierend
kıvırcık lockig, gekräuselt; thrakische(s) Schaf (*mit lockiger Wolle*); ***~ lahana*** BOT Wirsing(kohl) *m*; ***~ salata*** BOT Kopfsalat *m*
kıvırmak **1.** *v/t* kräuseln; krümmen (*Finger*); *Ärmel* aufkrempeln; *Tuch* einsäumen (*-den* an *D*); sich wiegen *beim Tanz usw*; *Essen* F verputzen, verdrücken; *Sache* (es) schaffen, fertig werden mit; F sich (*D*) *etw* ausdenken, *Lügen* auftischen; **2.** *v/i -e* abbiegen (nach *D*); *fig* sich drücken
kıvrak gewandt; pfiffig; flink; *Ausdruck* treffend, präzise; *Aussehen* adrett
kıvranmak sich winden (*a vor Schmerzen*); *fig* in großer Not sein; *fig* lechzen nach
kıvrık ⟨-ğı⟩ umgebogen, Korkenzieher-, gewunden; Aufschlag *m*, Umschlag *m am Ärmel usw*
kıvrılmak sich kräuseln; *pass von* ***kıvırmak***; sich schlängeln; sich zusammenkauern; einbiegen (*-e* in *A*)
kıvrım Krümmung *f*, Windung *f* (*a* ANAT); kraus; lockig; Knick *m*; GEOL Falte *f*, MED Krampf *m*; ***~ ~*** gekräuselt; *Weg* gewunden; ***~ ~ olmak*** *fig* sich krümmen (vor *D*); ***~lı*** gekrümmt; GEOL Falten- (*Gebirge*)
kıvrıntı → ***kıvrım***
kıyafet [-aː-] ⟨-ti⟩ Kleidung *f*, offizielle Kleidung; → ***kılık***; ***~ balosu*** Maskenball *m*; ***~ düşkünü*** verlottert; Gammler *m*; ***yerel ~*** Regionaltracht *f*, ***~li*** … gekleidet; ***asker ~*** in Soldatenuniform; ***~name*** Trachtenbuch *n*
kıyak ⟨-ğı⟩ F dufte, prima; großartig; Gefallen *m*, Dienst *m*; ***~ kaçmak*** wie gerufen kommen
kıyam [aː] REL Auferstehung *f*
kıyamet [aː] ⟨-ti⟩ REL Auferstehung *f*, *fig* Tohuwabohu *n*; ***~ gibi*** (*od* ***kadar***) in Mengen; sehr; ***~ günü*** (der) Jüngste Tag; ***~ koptu*** es gab e-n Riesentumult; ***bundan ~ mi kopar?*** geht davon die Welt unter?; ***~e kadar*** bis in alle Ewigkeit
kıyar → ***kıymak***
kıyas [aː] Vergleich *m*; Analogie *f*, *Logik* Syllogismus *m*; *-e* ***~la*** im Vergleich zu; *-e*, *-le* ***~ etmek*** vergleichen mit; ***~ kabul etmez*** unvergleichlich
kı'yasıya (sich) bis aufs Blut (*bekämpfen*); erbarmungslos (*Wettbewerb*)
kıyaslama Vergleich *m*; ***~ yapmak*** e-n Vergleich ziehen
kıyaslamak *v/t* vergleichen (*-le* mit)
kıyı Ufer *n*; Küste *f*, Küsten- (*Strich*); (Straßen)Rand *m*; (Brot)Kruste *f*, ***~ya durdum*** ich trat zur Seite
kıyıcı Tyrann *m*; Hacker *m*, Schneider *m z.B. von Tabak*
kıyıcılık ⟨-ğı⟩ Grausamkeit *f*

K

kıyık klein gehackt
kıyılmak *pass von* ***kıymak***; *fig* ganz zerschlagen sein
kıyım Schneiden *n*; Krümel *m*; Hacken *n*; *fig* Willkür *f*; ***iri ~*** *fig* korpulent; **~lı** gehackt, zerkleinert
kıyınmak *v/i* sich wie zerschlagen fühlen; ***midem kıyındı*** ich habe Bauchschmerzen
kıyıntı (Holz)Span *m*; *fig* Zerschlagenheit *f*; MED (Magen)Krampf *m*, Krämpfe *m/pl*
kıyışmak (*-le*) eine Vereinbarung treffen (mit *j-m*); sich messen (mit *j-m*)
kıyma Hack-; Hackfleisch *n*, Hack *n*
kıymak ⟨-ar⟩ *v/t* (zer)hacken; *-e Ausgaben, Geld* nicht scheuen; *-e j-n* nicht schonen, *j-n* umbringen; *Jugend* vergeuden; ***cana ~*** *j-m* nach dem Leben trachten
kıymalı GASTR Hackfleisch-, mit Hackfleisch (gefüllt *usw*)
kıymet ⟨-ti⟩ Wert *m*; Wertschätzung *f*; ***~i olmak*** e-n Wert, (e-e) Bedeutung haben; ***... ~inde*** im Werte von; ***-in ~ini bilmek*** zu schätzen wissen *A*; ***~ten düşmek*** entwerten, an Wert verlieren
kıymetlendirmek *v/t Daten usw* auswerten; (*yeniden*) ÖKON aufwerten
kıymet|lenmek aufgewertet werden; an Wert gewinnen; **~li** *Person* lieb; verehrt (*z.B. Kunde*); *Sache* wertvoll; Wert- (*Papier*); Edel- (*Stein*); CHEM -wertig
kıymetsiz wertlos; ***~ numune*** ÖKON Muster *n* ohne Wert; **~lik** ⟨-ği⟩ Wertlosigkeit *f*
kıymık ⟨-ğı⟩ Splitter *m*
kız Mädchen *n*; Junggesellin *f*; Jungfrau *f*, jungfräulich; Tochter *f*; *Karte* Dame *f*, Königin *f*; ***~ arkadaş*** Freundin *f*, Kollegin *f*; ***~ çocuk*** kleine(s) Mädchen; ***~ kardeş*** Schwester *f*; ***~ gibi*** F mädchenhaft; schüchtern; tadellos, Klasse-; ***~ istemek*** um die Hand (der Tochter) anhalten; ***~ oğlan ~*** jungfräulich
kızak ⟨-ğı⟩ Schlitten *m*; MAR Helling *f*; *-i* ***kızağa çekmek*** MAR auf die Helling legen; außer Betrieb setzen; *Person* in den einstweiligen Ruhestand versetzen; *-i* ***kızağa koymak*** *ein Schiff* auf Kiel legen
kızamık ⟨-ğı⟩ MED Masern *pl*; ***~ çıkarmak*** die Masern haben
kızamıkçık ⟨-ğı⟩ MED Röteln *pl*
kızan[1] *dial* Junge *m*, Bube *m*; Bursche *m*
kızan[2] ZOOL Brunst *f*
kızar → ***kızmak***
kızarmak *v/i* sich röten, reifen; *Person* erröten, rot werden; *Kohle* glühend werden; *Speisen* noch länger braten, braun werden; ***kızarıp bozarmak*** rot und blass werden
kızarmış (braun) gebraten
kızartı Rötung *f*, rote Stelle
kızartıcı röstend; *fig* brennend, aktuell; ***yüz ~*** das Schamgefühl verletzend
kızartma Braten *m*; Rostbraten *m*; Gebratenes, Geröstetes, Frittiertes *usw*; ***patates ~sı*** GASTR Pommes frites *pl*; Bratkartoffeln *f/pl*
kızartmak *kaus von* ***kızarmak***; erröten lassen; frittieren, braten, rösten *usw*
'kızböceği ⟨-ni⟩ ZOOL Plattbauch *m*, Libelle *f* (*Libellula depressa*)
kızdırmak *v/t* anwärmen, vorwärmen; erwärmen; *fig j-n* ärgern, wütend machen
kızgın heiß, erhitzt; überhitzt (*Dampf*); glühend (*Sonne*); vulkanisch (*Wolke*); böse, schrecklich (*Zeit*); *fig* wütend; ~ ~ böse, zornig
kızgın|laşmak böse werden, wütend werden, aufbrausen; **~lık** ⟨-ğı⟩ Erhitzung *f*, *fig* Gereiztheit *f*, Zorn *m*
kızıl *a* POL rot; furchtbar, ausgesprochen (*z.B. dumm*); hitzig (*Streit*); ***♀ Ordu*** (die) Rote Armee *f*; ***~ (hastalığı)*** MED Scharlach *m* (*a n*)
kı'zılağaç ⟨-cı⟩ BOT Erle *f* (*Alnus*)
Kı'zılay Rote(r) Halbmond
kızılca rötlich; ***~ kıyameti koparmak*** Radau machen, krakeelen
kızılcık Kornelkirsche *f*; ***~ ağacı*** Kornelkirschbaum *m*; ***~ sopası*** Prügel *pl*
Kı'zıldeniz Rote(s) Meer
Kı'zılderili Indianer *m*, -in *f*
Kı'zılelma (*a* **Kızıl Elma**) *etwa* Alttürkische(s) Reich (*als Utopie*); HIST *Name für* Rom *n*, Wien *n* (*od a* Moskau *n*)
kızılgerdan ZOOL Rotkehlchen *n*
Kı'zılhaç ⟨-çı⟩ Rote(s) Kreuz
kızıllaşmak rot werden, sich röten
kızıllık ⟨-ğı⟩ Röte *f*, Rötung *f*, Rouge *n*; ***akşam kızıllığı*** Abendröte *f*
kızılötesi ⟨-ni⟩ infrarot
kızılşap lavendelfarben
kızıltı Rötung *f*

kızılyaprak ⟨-ğı⟩ BOT Odermennig *m*
kızılyara MED Karbunkel *m*
kızış|mak TECH sich heißlaufen; *fig* entbrennen, entflammen; sich stürmisch entwickeln; *Getreide* zu faulen beginnen; ZOOL in die Brunst kommen; brünstig sein; **~tırmak** anzünden; *fig* entfachen; aufhetzen
'kızkardeş Schwester *f*
kızlık ⟨-ğı⟩ Jungfräulichkeit *f*, Mädchen-; **~ adı** Mädchenname *m*; geborene ...; **~ zarı** Jungfernhäutchen *n*
kızmabirader Mensch-ärgere-dich-nicht *n*
kızmak ⟨-ar⟩ glühend werden; *Fett* (siedend) heiß werden; sich aufregen (*-e* über *A*); ZOOL brünstig sein
'kızmemesi ⟨-ni⟩ BOT Grapefruit *f*
ki **1.** *Relativpronomen* der *usw*, dessen *usw*; *da, wo* **siz ~ beni tanırsınız ...** Sie, der Sie mich kennen, ...; **o yerden ~ herkes kaçar, sen de kaç!** den Ort, den jeder meidet, meide auch du!; **bir zaman gelecek, ~ herkes hür olacak** eine Zeit wird kommen, da (*od* in der) jeder frei sein wird; **2.** *konj* dass; so ... dass; um ... zu; damit; aber, doch: **herkes bilir ~ dünya yuvarlaktır** jeder weiß, dass die Erde rund ist; (*relative Rede im Deutschen*) **bana dedi ~ hastayım** er sagte zu mir, dass er krank sei; **istiyor ~ geleyim** er will, dass ich komme; **oturdum ~ biraz dinleneyim** ich setzte mich, um mich ein bisschen auszuruhen; **geldim ~ kimseler yok!** ich kam, doch niemand war da!; **öyle** (*od* **o kadar**) **... ~** so ... dass: **o kadar para harcadı ~ donduk, kaldık** er gab so viel Geld aus, dass wir ganz verblüfft waren; **3.** *als satzabschließende Partikel* (*Verstärkung u.a.*) denn, eben, doch, ja *usw* **niçin gelmedi ~!** warum ist er denn nicht gekommen?; **öyle** (*od* **o kadar**) **çalıştık ~!** wir haben derartig gearbeitet *od* haben wir gearbeitet!; **ona güvenilmez ~!** auf ihn kann man sich eben nicht verlassen; **öyle para harcadı ~!** hat der Geld ausgegeben!
-ki ⟨-kü⟩ *Wortbildungssuffix* (*adjektivisch oder substantivisch*), *z.B.* **şimdiki** gegenwärtig; das Gegenwärtige; **bugünkü** heute; das Heutige; **-deki: bahçedeki ağaçlar** die Bäume im Garten; **Almanya'daki Türkler** die Türken in Deutschland; **bahçedekiler** die im Garten Befindlichen; **içindekiler** (*das, was drinnen ist* =) Inhaltsverzeichnis *n*; **-imki, -inki** *usw* **bizimki** das Unsrige, **seninki** das Deinige
kibar vornehm, aristokratisch; *Kleid* elegant, fesch; **~laşmak** vornehm werden, sich herausmachen; arrogant sein
kibarlık ⟨-ğı⟩ Vornehmheit *f*, Eleganz *f*, Überheblichkeit *f*
kibir ⟨kibri⟩ Stolz *m*; Hochmut *m*; **~lenmek** hochtrabend sein; **~li** stolz, hochmütig; **~siz** bescheiden; sanftmütig
kibrit ⟨-ti⟩ Zündholz *n*, Streichholz *n*; **~ çakmak** ein Streichholz anzünden; **~ kutusu** Streichholzschachtel *f*, **~çi** **1.** *subst* Streichholzfabrikant *m*, Streichholzverkäufer *m*; **2.** *adj fig* knickerig
kibutz Kibbuz *m*
kifayet [a:] ⟨-ti⟩ Hinlänglichkeit *f*, Fähigkeit *f*, Kompetenz *f*, **~ etmek** ausreichend sein; sich begnügen *-le* mit; **~li** ausreichend; fähig; kompetent; **~siz** unzulänglich; unfähig; unzuständig
kih: **~ ~ gülmek** kichern
kik ⟨-ki⟩ MAR Gig *f*
kiklon → **siklon**
kil Ton *m*, Tonerde *f*
kiler Speisekammer *f*, Speiseschrank *m*
kilim Kelim *m*, Webteppich *m*
kilimci Kelimverkäufer *m*; *schroffe Antwort auf die Frage «Kim?»*
ki'lise *allg* Kirche *f*, **Ortodoks** **~si** die orthodoxe Kirche; **Aya İrini ~si** (die) Hagia Eirene, Irenenkirche *f*
kilit ⟨-di⟩ Schloss *n*; *fig* **~ adam** Schlüsselperson *f*, **~ altında** unter Verschluss; **~ dili** Riegel *m* (*am Schloss*); **~ gibi olmak** unzertrennlich sein; **~ noktası** (*od* **yeri**) Schlüsselposition *f*
kilitlemek *v/t* abschließen, zuschließen; einsperren, einschließen (*-e* in *A*); ineinander fügen; *Zähne* zusammenpressen; *fig Lage* blockieren
kilitlenmek *pass von* **kilitlemek**; sich verschließen; (*Verkehr*) nicht mehr fließen; (*Verhandlungen*) festgefahren sein
kilitli verschlossen, abgeschlossen
kiliz Schilfrohr *n*
'kilo Kilo *n*; Kilo-; **~ almak** *an Gewicht* zunehmen; **~ vermek** abnehmen
'kilogram Kilogramm *n*
kilolu (*Person*) mit Übergewicht

kiloluk ⟨-ğu⟩ Kilo- (*Paket*), ... von ... Kilo
kilo'metre Kilometer *m*; ~ ***kare*** Quadratkilometer *m*; ~ ***levhası*** VERKEHR Entfernungsschild *n*; ~ ***saati*** Tachometer *n*; ~ ***taşı*** *fig* Markstein *m*
kilovat ⟨-tı⟩ Kilowatt *n*; ~ ***saat*** Kilowattstunde *f* (*kWh*)
kilüs ANAT Chylus *m*
kim wer?; ~***se***, ~ ***ise ...*** wer auch immer ...; jeder, der ...; ~***in için?*** für wen?; ~***in*** wessen?; ***bu*** ~***indir*** wem gehört das?; ~***imiz*** einige von uns; ~***iniz*** einige von euch (*od* Ihnen); ~***(dir) o?*** wer ist da?; ~ ***olursa olsun ...*** wer es auch immer sei ...; ***burada*** ~***ler var?*** wer ist denn da?; ***her*** ~ jeder, der ...; ~***ler?*** wer (alles)?; ~ ***bilir*** wer weiß, ...; wahrscheinlich; weiß der Himmel, ob ...; ~ ~***e, dum duma*** völlig unbemerkt; in e-m heillosen Wirrwarr; ~ ***oluyor*** wer ist er schon?; ~***i kimsesi*** jemand aus der Familie
kime wem?, an wen?
kimi einige, manche; wen? (*A von* ***kim***); ~ ***...***, ~ ***...*** die einen ..., die anderen ...; ~ ***zaman*** manchmal
kimisi mancher
kimlik ⟨-ği⟩ Identität *f*; Personalien *pl*; ~ (***belgesi*** *od* ***kartı***) Personalausweis *m*; ~ ***arayışı*** Identitätssuche *f*; ~ ***bunalımı*** Identitätskrise *f*; ~ ***sorunu*** Identitätsproblem *n*
kimse jemand; ~***ler*** einige, welche; ['kımsɛ] niemand; ***hiçbir*** ~ überhaupt keiner
kimsesiz allein stehend, ohne Anhang; menschenleer; ~***lik*** ⟨-ği⟩ Alleinsein *n*
kimüs BIOL Chymus *m*
kimya [ɑː] Chemie *f*; *fig* Rarität *f*
kim'yaca chemisch (*rein usw*)
kimya|cı Chemiker *m*, -in *f*; Chemielehrer *m*, -in *f*; ~***ger*** Chemiker *m*, -in *f*
kimyalaştırılma Chemisierung *f*
kimyasal chemisch; Chemikalie *f*; ~ ***ilgi*** chemische Verwandtschaft
kimyevî [-iː] chemisch
kimyon Kümmel *m*
kin [iː] Hass *m*, Feindschaft *f*, Animosität *f*; ***ırk*** ~***i*** Rassenhass *m*; *-e* ~ ***bağlamak*** Hass bekommen auf *A*; ~ ***beslemek*** (*od* ***gütmek, tutmak***) Hass haben auf *A*, Hass hegen gegen *A*
kinaye [aː] Andeutung *f*, Metapher *f*, Anspielung *f* (*-e* auf *A*, *-e karşı* gegen *A*); ~ ***yoluyla***, ~ ***ile*** andeutungsweise; ~ ***ile söylemek*** Anspielungen machen; ~***li*** allegorisch; vieldeutig; ~ ~ *fig* durch die Blume, andeutungsweise
kinci gehässig, hasserfüllt
kinetik ⟨-ği⟩ Kinetik *f*, kinetisch
kinin MED Chinin *n*
kinizm Zynismus *m*
kip ⟨-pi⟩ Muster *n*, Typ *m*, Modell *n*; GR Modus *m*, Aussageform *f*; EDV Arbeitsmodus *m*; ***bildirme*** (*od* ***haber***) ~***i*** GR Indikativ *m*; ~***lik*** ⟨-ği⟩ Modalität *f*
kir Schmutz *m*; ***bu renk*** ~ ***götürür*** diese Farbe ist nicht schmutzempfindlich; ***evi*** ~ ***götürüyor*** die Wohnung ist sehr schmutzig
kira [ɑː] Miete *f*; ~ ***artırımı*** Mieterhöhung *f*; ~ ***bedeli*** Leihgebühr *f*; ~ ***ile***, ~***da*** zur Miete (*wohnen*); ~ ***kontratı*** Mietvertrag *m*; ~ ***süresi*** Mietdauer *f*; *-i* ~***ya vermek*** vermieten *A*
kiracı Mieter *m*, -in *f*; ~***nın*** ~***cısı*** Untermieter *m*, -in *f*
kiralamak (*-i -e*) *j-m etw* vermieten; (*-i -den*) *etw von j-m* mieten
kiralık ⟨-ğı⟩ ... zu vermieten; Mietobjekt *n*; Miet-; gedungen (*Mörder*); ~ ***araba*** Mietwagen *m*; ~ ***katil*** Killer *m*
kirasız mietfrei
kiraz BOT (Süß)Kirsche *f*
kirde GASTR Maisfladen *m*
kireç ⟨-ci⟩ Kalk *m*; ~ ***gibi*** kreideweiß; ~ ***kaymağı*** ⟨-nı⟩ Chlorkalzium *n*, Kalziumchlorid *n*; ~***çi*** Kalkbrenner *m*; ~***çil*** Kalkpflanze *f*, Kalk-
kireçlemek *v/t* kalken
kireçlenme Verkalkung *f*, Kalzinieren *n*
kireçlenmek verkalken; gebrannt werden, kalziniert werden
kireçleşmek verkalken; Kalk brennen
kireçli kalkhaltig; hart (*Wasser*)
kireçsütü ⟨-nü⟩ Kalkmilch *f*
kireçtaşı ⟨-nı⟩ Kalkstein *m*
kiremit ⟨-di⟩ Dachziegel *m*
kiremitli Ziegel-, mit Ziegeln gedeckt
kiriş MUS (Darm)Saite *f*, *a* ANAT, MATH (Bogen)Sehne *f*; ~***i kırmak*** F türmen
ki'rizma AGR Umgraben *n*; ~ ***yapmak*** Erde *od* den Boden umgraben
kirlenme Verschmutzung *f*; ***çevre*** ~***si*** Umweltverschmutzung *f* (*bes Vorgang*)
kirlenmek schmutzig werden; *fig* besudelt werden; *Mädchen* seine (*od* ihre)

Unschuld verlieren
kirletilme Verschmutzung *f*
kirletmek *v/t* beschmutzen, verschmutzen; *Frau* vergewaltigen; ***altını ~*** F unter sich machen
kirli schmutzig, unrein; verschmutzt
kirlilik ⟨-ği⟩ Unreinlichkeit *f*, Verschmutzung *f*; ***çevre kirliliği*** Umweltverschmutzung *f* (*Zustand*)
kir'likan Venenblut *n*
kirpi ZOOL Igel *m*
kirpik ⟨-ği⟩ Wimper *f*; **~li** Wimpern-; **~si** Wimpern-; Ziliar- (*Muskel*)
kirve *dial Person, die den Jungen während der Beschneidung hält*
kispet ⟨-ti⟩ enge Lederhose *f* (*der türk. Ringer*)
kist ⟨-ti⟩ MED Zyste *f*
kisve: ***~si altında*** unter dem Deckmantel *G/von*
kisvet ⟨-ti⟩ → ***kisve***; ***dalgıç ~i*** Taucheranzug *m*
kiş! Schach (*dem König*)*!*
kişi *a* GR Person *f*, jemand; ***~ adılı*** GR Personalpronomen *n*; ***~ eki*** Personalsuffix *n*
kişileştirme Personifizierung *f*
kişilik ⟨-ği⟩ Persönlichkeit *f*, menschenwürdig; anständig; ***~ kazanmak*** zu e-r Persönlichkeit werden; ***iki ~ oda*** ein Doppelzimmer (*n*); ***iki ~ yer*** Platz *m* für zwei Personen; **~li** charakterstark; **~siz** verschwommen; Massenmensch *m*
kişioğlu Mensch *m*
kişisel persönlich; menschlich; Personal-; subjektiv (*Meinung*); ***~ bilgisayar*** Personalcomputer *m*, PC *m*; ***~ durum*** Familienstand *m*; **~leştirmek** personalisieren
kişmiş BOT kleine kernlose schwarze Weintraube
kişnemek wiehern
kişniş Koriander *m* (*Coriandrum sativum*)
KİT *Abk* → ***kamu iktisadî teşebbüsü***
kitabe [ɑː] Inschrift *f*
kitabet [ɑː] ⟨-ti⟩ Schrifttum *n*; Schrift-(*Sprache*); Stil *m*
ki'tabevi ⟨-ni⟩ Buchhandlung *f*
kitabî [-ɑːbiː] Buch- (*Wissen*); Stubengelehrte(r); GR korrekt
kitakse *int -e* F sieh an!; ***herife ~*** guck mal den Kerl an!
kitap ⟨-bı⟩ Buch *n*; (das) Heilige Buch; ***alfabe kitabı*** Fibel *f*; ***~ kurdu*** *a fig* Bücherwurm *m*; ***kitaba el basmak*** (auf ein heiliges Buch) schwören; *-i* ***kitab(ı-n)a uydurmak*** den Anschein der Korrektheit geben *D*
kitapçı Buchhändler *m*, -in *f*; ***~ (dükkanı)*** Buchhandlung *f*
kitaplık ⟨-ğı⟩ Bücherschrank *m*; Bücherregal *n*; Bibliothek *f*, **~bilimci** Bibliothekar *m*, -in *f*, **~bilim** Bibliothekswissenschaft *f*
ki'tara Gitarre *f*, **~cı** Gitarrist *m*, -in *f*
kitle Haufen *m*; Masse *f*, ***~ iletişim aracı*** Massenkommunikationsmittel *n*; ***~ iletişim araçları*** (Massen)Medien *n/pl*
kitlemek → ***kilitlemek***
kitre Pflanzengummi *n*
'klakson Hupe *f*, ***~ çalmak*** hupen
klan Klan *m*
klapa Aufschlag *m*, Revers *m od n*
klape MUS, TECH Klappe *f*, Ventil *n*
klarnet ⟨-ti⟩ MUS Klarinette *f*
klas Klasse *f*; F prima, Klasse-
klase: ***~ etmek*** klassifizieren
klasik klassisch; Klassiker *m*; traditionell; **~leşmek** klassisch werden
klasisizm Klassizismus *m*
klasör (Akten)Ordner *m*; Ablage *f*, EDV (Datei)Verzeichnis *n*
klavye Klaviatur *f*, Tastatur *f*
klik ⟨-ki⟩ Clique *f*, Klüngel *m*
klikleşme Cliquenbildung *f*
klinik ⟨-ği⟩ Klinik *f*, klinisch; ***~ belirtiler*** klinische(r) Befund
klip (Video)Clip *m*
kliring ÖKON Clearing *n*, Verrechnung(sverfahren *n*) *f*
klişe BUCH, *fig* Klischee *n*
klişeleş|mek zum Klischee (*od* zur Schablone) werden; **~tirmek** klischieren
klitoris ANAT Klitoris *f*, Kitzler *m*
klor Chlor *n*; ***~ sodyum*** Chlornatrium *n*, Kochsalz *n*; **~hidrik**: ***~ asit*** Salzsäure *f* (*HCl*); **~lamak** *v/t* chloren; **~lu** Chlor-
klorofil CHEM Chlorophyll *n*
kloroform Chloroform *n*
klorür CHEM Chlorür *n*, Chlorid *n*
kloş Glockenrock *m*
klüz Schlucht *f*, Engpass *m*
koalisyon Koalition *f*
kobalt ⟨-ti⟩ Kobalt *n*; ***~ bombası*** MIL Kobaltbombe *f*

kobay ZOOL Meerschweinchen *n*; *fig* Versuchskaninchen *n*
kobra ZOOL Kobra *f*
koca[1] Ehemann *m*, Mann *m*; **~ya varmak** *Frau* heiraten
koca[2] enorm, riesig; erwachsen; alt, bejahrt; groß, bedeutend; **~ bir gün** e-n ganzen Tag; **~ herif olmak** F ein langer Lulatsch werden
ko'cakarı alte(s) Weib; *Slang*: die Alte (= *Mutter*); **~ ilacı** MED Hausmittel *n*; **~ soğuğu** (die) „Eisheiligen" (*Ende März*)
kocamak alt werden
kocaman riesig, enorm
kocasız *Frau* allein stehend
kocayemiş BOT Baumerdbeere *f*, Erdbeerbaum *m* (*Arbutus uneda*)
kocundurmak *j-n* erschrecken; ärgern
kocunmak (*-den*) sich aufregen (über *A*)
kocuşmak sich umarmen
koç ⟨-çu⟩ Widder *m*, Schafbock *m*; **~ yiğit** hübsche(r) Bursche
Koç ⟨-çu⟩ ASTR Widder *m*; **o ~ burcundan** sie ist ein Widder
koçak beherzt, mutig; großzügig
koçaklama Heldengedicht *n*
koçan Strunk *m*, Kolben *m*; ÖKON Talon *m*, Kontrollabschnitt *m*
'koçbaşı ⟨-nı⟩ HIST Rammbock *m*
kod ⟨-du⟩ Kode *m*; **~ adlı** unter dem Decknamen ...; **~ çözücü** Decoder *m*; **alan ~u** (*od* **~ numarası**) TEL Vorwahlnummer *f*; **posta ~** Postleitzahl *f*
kodaman *abw* hohe(s) Tier
kodein Kodein *n*
kodeks Arzneibuch *n*
kodes F Knast *m*; **~e girmek** in den Knast kommen; **~e tıkmak** einlochen
kodifiye: **~ etmek** kodifizieren
kodlama Kodierung *f*
kodlu verschlüsselt, chiffriert
kof hohl, leer; *Nuss* taub; *Person* hohlköpfig; **~laşmak** hohl (*usw*) werden
koful ⟨-lü⟩ BIOL Vakuole *f*
koğmak *usw* → **kovmak** *usw*
koğuş Krankenzimmer *n*, Krankensaal *m*; Station *f* (*im Krankenhaus*); (Gefängnis)Raum *f*
kok ⟨-ku⟩ Koks *m* (*Kohle*)
kokain Kokain *n*; **~man** Kokainsüchtige(r)
kokak stinkend, übel riechend
kokar übel riechend; → **kokmak**
ko'karca ZOOL Skunk *m*, Stinktier *n*
kokart ⟨-dı⟩ Kokarde *f*
koket kokett
koklamak *-i* riechen (an *D*); *v/t Tiere* beschnüffeln
koklatmak (*-i -e*) *j-n* riechen lassen (an *D*); *j-n* selten sehen; *j-m* nichts geben
kokmak ⟨-ar⟩ (**güzel** gut) riechen; *z.B. Fleisch* verdorben riechen; *fig* aussehen (nach *D*, *z.B. Krieg*), drohen; **kötü** *od* **pis ~** stinken
kokmuş übel riechend; *Essen* verdorben; *fig* stinkfaul; *Melodie* abgeleiert
kokoreç ⟨-ci⟩ GASTR gegrillte Därme
kokoroz Mais *m*; F Vogelscheuche *f*; **~lanmak** sich provozierend benehmen; sich aufblasen
'kokteyl Cocktail *m*; Cocktailparty *f*
koku Geruch *m*, Duft *m*, Gestank *m*; Parfum *n*; *fig* Hauch *m* (von *D*), Spur *f* (von *D*); F Kokain *n*; **~su çıkmak** *fig* herauskommen, ans Licht kommen; *-in* **~su olmak** riechen nach; *-in* **~sunu almak** *fig* riechen *A*, wittern *A*
koku|lu riechend (*od* duftend, stinkend) nach; parfümiert; **~suz** geruchlos
kokuş|mak stinken, riechen; verwesen; **~muş** verdorben; verwest
kokutmak *-i* mit Geruch erfüllen *A*; *Fleisch usw* verderben lassen
kol Arm *m*; Oberarm *m*; *Tier* Vorderfuß *m*; Ärmel *m*; Ast *m des Baumes*; MUS Griff *m*; TECH Kurbel *f*, Hebel *m*; Riegel *m*; Ader *f e-s Kabels*; Abteilung *f*, Sektor *m*; (Produktions)Zweig *m*; Streife *f*, Patrouille *f*; (Marsch)Kolonne *f*; MIL Flügel *m*, Flanke *f*; **~ atmak** *Baum* ausschlagen; *fig* sich verbreiten; F die Runde machen; **~ düğmesi** Manschettenknopf *m*; **~ gezmek** auf Streife gehen, e-e Streife machen; *fig* Druck ausüben; *-e* **~ kanat olmak** *j-n* unter s-n Schutz nehmen; **~ ~a** Arm in Arm; **~larını sıvamak** *fig* die Ärmel hochkrempeln; **~unda altın bileziği olmak** *fig* e-e Goldgrube haben; **~ saati** Armbanduhr *f*; **gençlik ~u** Jugendorganisation *f* (*einer Partei*)
'kola[1] Stärke(mittel *n*) *f*, Stärken *n*; Leim *m*, Klebstoff *m*
'kola[2] Cola *n* (*Getränk*)
'kola[3] BOT Kolabaum *m*
kolaçan Bummel *m*; *-i* **~ etmek** *scherzh*

die Gegend inspizieren; „unsicher machen"; (*dort*) herumbummeln; beäugen *A*
kolalamak *v/t Wäsche* stärken
kolalı gestärkt
kolan Gurt *m*; Riemen *m*; Sattelgurt *m*; Strick *m e-r Schaukel*
kolay leicht, nicht schwierig; **~ ~** ganz einfach, mühelos; **~da** griffbereit; **~ı var** es gibt einen Ausweg; *-in* **~ını bulmak** Mittel und Wege finden für; **~ gele** (*od* **gelsin**) viel Erfolg (*bei der Arbeit*)!
ko'layca recht einfach; mühelos, leicht
kolayla|mak *v/t* im Begriff sein, *etw* fertig zu machen; fertig machen; **~nmak** *v/i* dem Ende entgegengehen; **~ştırmak** *v/t* erleichtern; fertig machen
kolaylık ⟨-ğı⟩ Leichtigkeit *f*; Erleichterung *f*; Mittel *n*, Möglichkeit *f*; *-e* **~ göstermek** *fig j-m* entgegenkommen, *j-m* behilflich sein; **~la** mühelos; **~lar** Komfort *m*
'kolböreği ⟨-ni⟩ *Art* Teigpastete *f*
kolcu *Person* Wachposten *m*, Wächter *m*; Patrouillierende(r); **gümrük ~su** Zollbeamte(r)
kolçak ⟨-ğı⟩ Fausthandschuh *m*; Ärmelschützer *m*; Armbinde *f*, Armlehne *f*
koldaş Kollege *m*
kolej *mittlere Schule mit intensivem Fremdsprachenunterricht*; **polis ~i** Polizeihochschule *f*; **sağlık ~i** Sanitätsfachschule *f*
koleksiyon Kollektion *f*; **pul ~u** Briefmarkensammlung *f*
kolektif kollektiv, Kollektiv-, Gemeinschafts-; Kollektiv *n*; **~ şirket** (**koll. şti.**) offene Handelsgesellschaft (OHG); **~leştirmek** *v/t* kollektivieren, vergesellschaften
kolektör EL Kollektor *m*
ko'lera MED Cholera *f*
kolesterin MED Cholesterin *n*
kolhoz Kolchose *f*
koli Postpaket *n*; Karton *m* (*Umzugskarton usw*); **~ bantı** Paketband *n*; **değerli ~** Wertpaket *n*
kolik ⟨-ği⟩ MED Kolik *f*
kollamak ⟨-uyor⟩ *v/t* warten (auf *A*, *z.B. e-e Gelegenheit*), abpassen *A*; *j-n* beschützen; *die Gegend* prüfend überblicken; nach *links usw* schauen
kollu -armig; ... mit Ärmeln; TECH Hebel- (*Schalter*); **kısa ~** kurzärmelig
kolluk ⟨-ğu⟩ Manschette *f*, Ärmelschützer *m*; Armbinde *f* (*als Kennzeichen*); **~ kuvvetleri** Sicherheitskräfte *pl*
Kolomb, **Kolomp** ⟨-bu⟩ Kolumbus *m*
kolon[1] (Zeitungs)Spalte *f*, Säule *f*
kolon[2] ANAT Dickdarm *m*
kolon[3] TECH (Versorgungs)Kanal *m*; EL (Lautsprecher)Box *f*
koloni Kolonie *f*
Ko'lonya Köln *n*
ko'lonya Kölnischwasser *n*
kolonyal kolonial, Kolonie(n)-; **~ şapka** Tropenhelm *m*
'kolordu ⟨-nu⟩ MIL Armeekorps *n*
'kolpo Stoß *m*; *fig* Treffer *m*
koltuk ⟨-ğu⟩ Sessel *m*; ANAT Achsel *f*; *fig* Stütze *f*, Dienststelle *f*, F Bordell *n*; (Auto)Sitz *m*; **~ altı** Achselhöhle *f*; **~ başlığı** AUTO Kopfstütze *f*; **~ değneği** Krücke *f*; **~ meyhanesi** F Kneipe *f*; **~çu** Sesselhersteller *m*; *fig* Schmeichler *m*
koltuklamak *v/t* unter den Arm nehmen (*a Person*), (*Sache* F *a* klemmen); *fig j-m* Komplimente machen
koltukluk ⟨-ğu⟩ Schweißblatt *n*; Sessel-
'kolye Halskette *f*
kolyoz ZOOL Makrele *f* (*Scomber colias*)
'kolza BOT Raps *m*
'koma Koma *n*; **~ya girmek** ins Koma fallen; **~da olmak** im Koma sein; **~dan çıkmak** aus dem Koma erwachen
komandit ⟨-ti⟩: **~ ortaklık** (**kom. şti.**) Kommanditgesellschaft *f* (KG); **~er** Kommanditist *m*, -in *f*
kom'bina Kombinat *n*
kombinezon Unterhemd *n* mit Unterrock; *fig* Dreh *m*, Kniff *m*
komedi THEA, *fig* Komödie *f*
ko'medya → **komedi**
komedyen Komödiant *m*, -in *f*, THEA Komiker *m*, -in *f*, → **komedyacı**
komi Kellnergehilfe *m*; Liftboy *m*
komik ⟨-ği⟩ lustig; Komiker *m*, -in *f*; Jux *m*, Spaß *m*
komik|leşmek lustig (*od* lächerlich) werden; **~lik** ⟨-ği⟩ (das) Komische, komische Wirkung
komiser Kommissar *m*, -in *f*; **~lik** ⟨-ği⟩ Kommissariat *n*
komisyon Kommission *f*, Ausschuss *m*; Maklergebühr *f*; **~cu** Makler *m*, -in *f*; Kommissionär *m*, -in *f*

ko'mita HIST Untergrundbewegung *f*, Geheimbund *m*; **~cı** Geheimbündler *m*
ko'mite Komitee *n*, Ausschuss *m*; ***icra ~si*** Exekutivkomitee *n*
komodin Nachttisch *m*, Schränkchen *n*
kompartıman BAHN Abteil *n*
kompas Zirkel *m*; Schublehre *f*
kompetan kompetent; Experte *m*
komple komplett, vollständig; Garnitur *f*; Besteck *n*; *Person*, *Sportler* perfekt, hervorragend
kompleks *a* PSYCH Komplex *m*; Fabrikkomplex *m*
kompliman Kompliment *n*
'komplo [-lɔ] Komplott *n*, Verschwörung *f*; ***~ kurmak*** (*od* ***hazırlamak***) ein Komplott schmieden
kom'posto Kompott *n*; (*Dünger*) Kompost *m*
kompozi|syon Komposition *f*, *Schule* Aufsatz *m*; (mündliche) Nacherzählung; **~tör** MUS Komponist *m*, -in *f*
kompres MED Umschlag *m*, Packung *f*
kompresör TECH Kompressor *m*
komprime MED Tablette *f*, Pille *f*
kompüter → ***bilgisayar***
komşu Nachbar *m*, -in *f*, MATH Neben-(*Winkel*); ***~ kapısı*** nebenan; ***~ ülke*** Nachbarland *n*; ***-i ~ kapısı yapmak*** *scherzh* sehr oft frequentieren; **~luk** ⟨-ğu⟩ Nachbarschaft *f*, ***iyi~...*** gut nachbarlich; ***~ etmek*** Nachbarn sein
komut ⟨-tu⟩ Befehl *m*, Kommando *n*; ***~ vermek*** Befehl geben
ko'muta MIL Kommando *n*, Befehlsgewalt *f*, ***-in ~sında, ~sı altında*** unter dem Kommando *G*/*von*
komutan MIL Befehlshaber *m*; Kommandeur *m*; Kommandant *m*; ***ordu ~ı*** Armeeoberbefehlshaber *m*; **~lık** ⟨-ğı⟩ MIL Kommando *n*, Leitung *f*, Stab *m*; Kommandantur *f*
komün Kommune *f*, **~al** kommunal
komün|ist ⟨-ti⟩ Kommunist *m*, -in *f*, kommunistisch; **~istlik, ~izm** ⟨-ği⟩ Kommunismus *m*
komünyon REL Abendmahl *n*, Kommunion *f*
komütatör EL Kommutator *m*, Stromwender *m*; Kollektor *m*
konak[1] ⟨-ğı⟩ Unterkunft *f*, Quartier *n* (*a* MIL); Palast *m*, Palais *n*, Schlösschen *n*
konak[2] ⟨-ğı⟩ Kopfgrind *m* (*Kleinkinder*)
konakla|mak *v/i* übernachten; Quartier beziehen; **~tmak** *v/t* unterbringen, einquartieren
konar → ***konmak***[1]
konargöçer Nomade *m*, Nomadin *f*, *adj* unstet, rastlos
konca Knospe *f*, F (*Kokain*) Schnee *m*
konç ⟨-cu⟩ Stiefelschaft *m*; Strumpflänge *f*
kon'çerto (*Komposition*) Konzert *n*; ***piyano ~su*** Klavierkonzert *n*
kondansatör Kondensator *m*
kondanse kondensiert; Kondens-(*Milch*)
kondisyon Kondition *f* (*bes* SPORT)
kondom Kondom *n*
kondur|mak (*-i -e*) unterbringen (*A* in *D*); *meist* MIL einquartieren; *provisorisch* anheften, befestigen (an *D*); **~mamak** *Krankheit* (*-e j-n*) unberührt lassen; ***üstüne~*** nicht belasten (mit *D*)
kondüktör Schaffner *m*, -in *f*
konfederasyon Bund *m*, Konföderation *f*, Verband *m*
konfeksiyon Konfektion *f*, ***~ mağazası*** Konfektionsgeschäft *n*
konferans Vortrag *m*; POL Konferenz *f*, ***~ vermek*** e-n Vortrag halten; **~çı** Vortragende(r); Redner *m*, -in *f*
kon'feti Konfetti *n*
konfigürasyon EDV Konfiguration *f*
konfor Komfort *m*; **~lu** komfortabel; ***tam ~*** ... mit allem Komfort
'kongre Kongress *m*, Tagung *f*
koni Konus *m*, Kegel *m*
konik ⟨-ği⟩ konisch, kegelförmig; Kegelschnitt *m*
konişmento Frachtbrief *m*, Konossement *n*
konjonktür ÖKON Konjunktur *f*
konjunktiva ANAT Bindehaut *f*, ***~ iltihabı*** Bindehautentzündung *f*
konkasör Brecher *m*, Zerkleinerungsmaschine *f*
konkav konkav
konkor'dato ÖKON Konkordat *n*
konkre konkret
konkurhipik ⟨-ği⟩ Pferderennen *n*
konmak[1] ⟨-ar⟩ *-e* sich niederlassen, sich setzen (auf *A*); *Flugzeug* landen; *Staub* sich absetzen; übernachten; zelten; *umsonst* kriegen; kommen (zu *D*: *z.B. schnell zu Reichtum*); *Slang*: *j-m* eine kleben

K

konmak[2] ⟨-ur⟩ *pass von* ***koymak***: gelegt werden; *Salz* zugetan werden *usw*
konsa ZOOL Kropf *m*
konsantrasyon Konzentration *f*
konsantre konzentriert; ***~ etmek*** konzentrieren; *-e* ***~ olmak*** sich konzentrieren auf *A*
konsensus Konsens *m*
konser Konzert *n* (*Veranstaltung*); ***~ vermek*** ein Konzert geben
konservatuar Konservatorium *n*
kon'serve Konserve *f*; Konserven-(*Dose*); konserviert; ***~ açacağı*** Dosenöffner *m*; ***balık ~si*** Fischkonserve *f*
konsey Rat *m*; ***Avrupa ℒi*** Europarat *m*; ***Birleşmiş Milletler Güvenlik ℒi*** Sicherheitsrat *m* der Vereinten Nationen
konsol ⟨-lu⟩ Konsole *f*
konsolide: ***~ etmek*** ÖKON konsolidieren
konsolit ⟨-di⟩ ÖKON konsolidierte Obligation; *Art* Kartenspiel *n*
konsolos Konsul *m*, -in *f*; ***~luk*** ⟨-ğu⟩ Amt *n* (*od* Tätigkeit *f*) e-s Konsuls; Konsulat *n*
konsoma|syon Verbrauch *m*; Verzehr *m*, Zeche *f*; ***~tris*** Animierdame *f*
kon'sorsiyum Konsortium *n*
kon'sulto MED Konsilium *n*
konsül Konsul *m* (*im alten Rom*)
konsültasyon *bes* MED Konsultation *f*
konşimento → ***konişmento***
kont ⟨-tu⟩ Graf *m*
kontak ⟨-ğı⟩ *a* EL Kontakt *m*; Kurzschluss *m*; AUTO Zündung *f*; ***~ anahtarı*** Zündschlüssel *m*; ***~ kurmak*** Kontakt aufnehmen; ***~ attı*** es gab e-n Kurzschluss
kontaklens Kontaktlinse *f*
kontenjan Kontingent *n*
kontes Gräfin *f*; F Lehrerin *f*
kontluk ⟨-ğu⟩ Grafschaft *f*
'kontra gegen, dagegen; Gegen-; ***~ gitmek*** F *-e* (immer) kontra sein zu; widersprechen *D*
kon'tralto MUS tiefe Altstimme
kontrat ⟨-tı⟩ Vertrag *m*
kontratak *Fußball* Gegenangriff *m*
kontratlı vertraglich abgeschlossen
kontrbas Kontrabass *m*
kontrfile Filetstück *n*, Rückenstück *n*
kontrol ⟨-lü⟩ Kontrolle *f*; Regelung *f*; ***~ altına almak*** in den Griff bekommen *A*, *e-r Sache* Herr werden; *-i* ***~ etmek*** kontrollieren *A*; ***~ kalemi*** EL Phasenprüfer *m*; ***~ kulesi*** Kontrollturm *m*; ***~cü, ~ör*** Kontrolleur *m*, -in *f*
kontrplak ⟨-kı⟩ Sperrholz *n*
kontur Kontur *f*
kontür TEL Einheit *f*
konu Thema *n*, Gesprächsgegenstand *m*, Frage *f*; ***~ komşu*** nächste(r) Nachbar und Bekannte(r); ***bu ~da*** in dieser Frage, darüber, hierüber; ***... ~sunda*** *fig* über *A*, betreffend *A*, mit Bezug (auf *A*); ***~ edilmek*** zur Sprache kommen; ***... ~lu*** unter dem Titel ..., mit dem Thema ...
konuk ⟨-ğu⟩ Gast *m*; *-e* ***~ gelmek*** zu *j-m* zu Besuch kommen; ***~ söz*** Fremdwort *n*, moderne(s) Lehnwort; ***~evi*** Gästehaus *n*; ***~sever*** gastfreundlich; ***~severlik*** ⟨-ği⟩ Gastfreundschaft *f*
konulmak *pass von* ***komak***; hinzugesetzt werden, hinzugetan werden
konulu → ***konu***
konum GEOGR Lage *f*; Ort *m*; Stellung *f*, Position *f*
konuş GEOGR Lage *f*; Legen *n*; Unterbringung *f*; MIL Standortverteilung *f*
konuşkan redselig; gesprächig; ***~lık*** ⟨-ğı⟩ Redseligkeit *f*; Gesprächigkeit *f*
konuşlandırmak MIL stationieren
konuşma Rede *f*, Vortrag *m*; *a* TEL Gespräch *n*; Unterhaltung *f*; ***~ balonu*** Gesprächsblase *f*; ***~ dili*** Umgangssprache *f*; ***~ merkezi*** ANAT Sprachzentrum *n*; ***~cı*** Redner *m*, -in *f*, Vortragende(r); (Rundfunk)Kommentator *m*, -in *f*
konuşmak **1.** *v/i* sprechen (*-le* mit *D*; *-den* von); *fig* gut wirken, schick aussehen; flirten; *-le* ***konuşmamak*** *mit j-m* nicht mehr sprechen, *j-m* böse sein; **2.** *v/t* besprechen *A*; *e-e Sprache* sprechen: ***Türkçeyi iyi ~*** gut Türkisch sprechen
konuşulmak besprochen werden
konut[1] ⟨-tu⟩ Wohnung *f*, Wohnraum *m*; Wohn-; Wohnsitz *m*; ***~ belgesi*** Wohnsitzbescheinigung *f*; ***~ hapsi*** Hausarrest *m*; ***sosyal ~*** Sozialwohnung *f*; ***~luk*** ⟨-ğu⟩ für ... Wohnungen
konut[2] ⟨-tu⟩ PHIL Postulat *n*
konvansiyon Konvention *f*
konvansiyonel konventionell
konveks konvex
konvoy Geleitzug *m*, Konvoi *m*
'konveyör Fließband *n*
konyak ⟨-ğı⟩ Kognak *m*

kooperatif Genossenschaft *f*; **~çi** Genossenschaftsmitglied *n*; **~çilik** ⟨-ği⟩ Genossenschaftswesen *n*
kooperatifleşmek ÖKON sich genossenschaftlich organisieren
koordinasyon Koordination *f*
koordinat ⟨-tı⟩ MATH Koordinate *f*
koordine koordiniert; **~ *etmek*** koordinieren
kopanaki Klöppelspitze *f*
kopar → ***kopmak***
koparmak *v/t* abreißen; zerreißen; *Blumen* (ab)pflücken; *Früchte* abpflücken; *Geschrei* erheben; *in Lachen* ausbrechen; *Lärm* schlagen; *Staub* aufwirbeln; entreißen (*-den j-m*), (schwer) bekommen (*-den* von *j-m*)
kopça Schnalle *f*, ***dişi* ~** Öse *f*, Schlaufe *f*, ***erkek* ~** Haken *m*; **~lamak** zuschnallen
kopil F Bengel *m*, Range *f*
'kopkolay kinderleicht
'kopkoyu sehr dunkel; sehr dicht
kopmak ⟨-ar⟩ *v/t* (ab)brechen; (ab)reißen; sehr wehtun; **... *'koptu*** ... ist abgerissen; *Knopf* ... ist ab; *Krieg* ... ist ausgebrochen; *Sturm* ... ist losgebrochen
kopoy ZOOL (ungarischer) Jagdhund *m*
'kopseke'fali Kopf ab!
kopuk ⟨-ğu⟩ abgerissen; abgebrochen; Gammler *m*
kopuz HIST Saiteninstrument *n*
'kopya Kopie *f*, Durchschlag *m*; **~ *çekmek*** *in der Schule* abschreiben; *-in* **~*sını çıkarmak*** e-e Kopie (FOTO: e-n Abzug) machen von *D*; *-i* **~ *etmek*** kopieren; **~ *kağıdı*** Kohlepapier *n*, Blaupapier *n*; **~cı** Kopist *m*, -in *f*, *Schule* Abschreiber *m*, -in *f*, **~lamak** *v/t a* EDV kopieren; *Gentechnik* klonen
kopye → ***kopya***
kor Glut *f* (*der Kohle*); (brennend) rot
koral ⟨-li⟩ Choral *m*
'koramiral ⟨-li⟩ MIL Admiral *m*
kor'dele (*a* **-a**) Band *n*; Film *m*, → ***kurdele***
'kordiplomatik ⟨-ği⟩ diplomatische(s) Korps
kordon Kordel *f*, Schnur *f*, MIL Tresse *f*, (Uhr)Kette *f*, EL Verbindungsschnur *f*, Litze *f*, Bordüre *f zur Verzierung*; Absperrung *f*, (Polizei)Kordon *m*; *-i* **~ *altına almak*** absperren
'Kore Korea *n*; **~ce** (das) Koreanisch(e); **~li** Koreaner *m*, -in *f*
Korent ⟨-ti⟩ Korinth *n*; korinthisch; **~ *Kanalı*** (der) Kanal von Korinth
'korgeneral ⟨-li⟩ kommandierende(r) General
koridor *a* ARCH Korridor *m*
korkak ⟨-ğı⟩ ängstlich; Hasenfuß *m*; **~lık** ⟨-ğı⟩ Ängstlichkeit *f*, Feigheit *f*
korkmak ⟨-ar⟩ sich fürchten (*-den* vor *D*); nicht wagen (*-e* zu + *inf*)
korkmaz furchtlos
korku Furcht *f*, Angst *f*, Befürchtung *f*, Gefahr *f*, ***hastalık* ~*su*** die Furcht vor (e-r) Krankheit; ***uçuş* ~*su*** Flugangst *f*
korkulmak: ***korkuluyor*** es besteht die Gefahr (*-eceğinden* dass ...); es steht zu befürchten ... (*-den* dass ...)
korkulu beängstigend, schrecklich; riskant, bedrohlich
korkuluk ⟨-ğu⟩ Vogelscheuche *f*, Gitter *n*, Geländer *n*; *fig Person* Null *f*
korkunç ⟨-cu⟩ schrecklich, fürchterlich (*a* = *sehr, stark*); **~ *sıcak*** schrecklich heiß
korkusuz furchtlos; gefahrlos
korkutmak *v/t* erschrecken; beunruhigen; bedrohen, terrorisieren
'korna Hupe *f*, Hupen *n*; **~ *çalınmaz*** Hupen verboten
'korner SPORT Eckball *m*
kornet ⟨-ti⟩ MUS Kornett *n*
korniş Gardinenstange *f*, Leiste *f*, Gesims *n*; Anhöhe *f*
'korno MUS (Wald)Horn *n*
'koro Chor *m*
koroner MUS Koronar-, Kranz- (*Gefäße*)
korporasyon Körperschaft *f*
korsan Pirat *m*; Piraten- (*Sender*); **~ *kaset*** (***kitap*** *usw*) Raubkopie *f* (*Kassette, Buch usw*); **~ *miting*** illegale Kundgebung *f*, ***bilgisayar* ~*ı*** EDV Hacker *m*
'korse Korsett *n*
kort ⟨-tu⟩ Tennisplatz *m*
kortej Festzug *m*; Trauerzug *m*; POL Ehrengeleit *n*
koru Wäldchen *n* (*angelegtes*); Park *m*
korucu Waldhüter *m*; ziviler Helfer der Streitkräfte
korugan MIL Bunker *m*
koruk ⟨-ğu⟩ unreife Weintraube; **~ *suyu*** Saft *m* unreifer Weintrauben
koruluk ⟨-ğu⟩ Wäldchen *n*
koruma Schutz *m*; Verteidigung *f*; **~ *aşısı*** Schutzimpfung *f*, **~ *faktörü*** *Krem*

K

Schutzfaktor *m*; ***kendi kendini ~*** Selbstverteidigung *f*
korumak *v/t* schützen (*-den* vor *D*); *Land* verteidigen; *Ruhe* bewahren; *Unkosten* decken; sich (*D*) sichern *A*
korun: ***~ tabakası*** ANAT Epidermis *f*
korunak ⟨-ğı⟩ Unterschlupf *m*, Zufluchtsort *m*; *bes* MIL Unterstand *m*
korunma MIL Deckung *f*, Verteidigungs-; Verhütung *f*; ***~ tedavisi*** Vorsorgeuntersuchung *f*
korunmak sich schützen (*-den* vor *D*)
korunum Schutz *m*
koruyucu Schutz- (*Schicht*); prophylaktisch (*Arznei*); Wächter *m*; Beschützer *m*, Verteidiger *m*; ***~ hekimlik*** Prophylaxe *f*; ***~ muayene*** Vorsorgeuntersuchung *f*
'kosinüs MATH Kosinus *m*
'koskoca riesig; *Person a* voll ausgewachsen; **~man** riesig, riesengroß
kostik CHEM ätzend
kostüm THEA Kostüm *n*; Anzug *m*; (Damen)Kostüm *n*

K

koşar → ***koşmak***; ***~ adım*** (in) Laufschritt *m*
koşma Laufen *n*; LIT *Art* Volkslied *f*
koşmaca: ***~ oynamak*** Haschen spielen
koşmak ⟨-ar⟩ *v/i* laufen (*-meye* (um) zu ...); *-in* ***ardından*** (*od* ***peşinden***) ***~*** beharrlich verfolgen *A*, nachjagen *D*; *-e* ***~*** gebrauchen *A*, greifen *zu*; spannen (*vor e-n Wagen*); *Bedingung* stellen; ***işe ~*** F *j-n* einspannen (für e-e Arbeit)
koşturmak *v/t* antreiben, jagen; ***topu ~*** *Fußball* kicken; *-e* ***~*** jagen (nach *D*)
koşu Wettrennen *n*; ***~ atı*** Rennpferd *n*; ***~ yolu*** Rennbahn *f*, SPORT Laufrichtung *f*; ***bir ~*** blitzschnell; **~cu** Rennpferd *n*; Läufer *m*, -in *f*, Lauf-
koşuk ⟨-ğu⟩ Vers *m*; Gedicht *n*; Poesie *f*
koşul Bedingung *f*; ***barış ~ları*** Friedensbedingungen *f/pl*; ***~ bileşik zamanı*** GR Bedingungsform
koşullandır|ma Beeinflussung *f*, Manipulation *f*; **~mak** *abw* beeinflussen, manipulieren, bedingen
koşulmak *-e* sich gesellen *zu*; *Wagen* bespannt werden; ***işe ~*** F sich hineinknien in *A*; eingespannt werden bei
koşulu angeschlossen; angespannt; ... mit Pferdezug
koşum (Pferde)Geschirr *n*
koşuş Jogging *n*, *meist* Dauerlauf *m*
koşuşmak *Masse, Leute* zusammenlaufen; *Kinder* herumtollen, toben
koşuşturmak hin- und herlaufen; rotieren
koşut parallel; **~luk** ⟨-ğu⟩ Parallelität *f*
kot[1] ⟨-du⟩ ARCH (Höhen)Angabe *f*, → ***kod***
kot[2] ⟨-tu⟩ ® Jeans-; ***~ kumaşı*** Jeansstoff *m*; ***~ pantalon*** Jeanshose *f*
'kota ÖKON Kurs *m*, Notierung *f*, Quote *f*
kotarmak *v/t Essen* auftischen; *Suppe* einfüllen; *fig* fertig machen, beenden
kotlamak buchstabieren (*mit Städtenamen*); kodieren, auszeichnen
kotlet ⟨-ti⟩ Kotelett *n*; **~pane** panierte(s) Kotelett
'kotra[1] MAR Jacht *f*, Kutter *m*
kotra[2] Pferch *m* (*für Kleinvieh*)
kov Klatsch *m*, Lästern *n*; ***~ etmek*** klatschen, lästern
kova Eimer *m*
Kova ASTR Wassermann *m*; ***~ burcundanım*** ich bin Wassermann
kovalamaca: ***~ oynamak*** Haschen spielen
kovalamak *v/t j-n* haschen, *j-n* zu fangen suchen; *e-n Dieb* verfolgen, *j-m* nachjagen; ***birbirini ~*** aufeinander folgen
kovan Bienenstock *m*; TECH Hülse *f*, MIL Kartusche *f*, (Torpedo)Rohr *n*; ***arı ~ı gibi*** (***işliyor***) (es herrscht) ein reger Betrieb
kovanlık ⟨-ğı⟩ Imkerei *f*
kovar → ***kovmak***
'kovboy Cowboy *m*
kovcu Klatschbase *f*, klatschsüchtig
kovlamak *-i* klatschen, lästern (über *j-n*), *j-n* schlecht machen
kovmak ⟨-ar⟩ *v/t j-n* jagen, scheuchen (*-den* von *D*); ausweisen (*-den* aus *D*)
kovuk ⟨-ğu⟩ Hohlraum *m*; Höhlung *f*, ANAT (Zahn)Höhle *f*
kovukçul ⟨-lu⟩ Höhlenmensch *m*
kovulma: ***işten ~*** Entlassung *f*
kovuluş Ausweisung *f* (*-den* aus *D*)
kovuşturmak *v/t* fahnden (nach *j-m*)
koy Bucht *f*
koyacak ⟨-ğı⟩ Behälter *m*
koyak ⟨-ğı⟩ *dial* Tal *n*
koyar[1] Zusammenfluss *m*
koyar[2] → ***koymak***
koymak ⟨-ar⟩ (*-i -e*) setzen; legen (auf

A, in *A*); stecken (in *A*); gießen (in *A*); *j-n* kränken, *j-m* nahe gehen, F *j-n* wurmen; *-e* V ficken *A*; *Belohnung*, *Preis* aussetzen; *Geld* zuteilen, zur Verfügung stellen; *Kontrolle* einführen; *Steuer* festsetzen; (*-e* in *der Schule*) *etw Neues* einführen; *-i* ***işe ~*** *j-n für e-e Arbeit* einsetzen; ***arabaya benzin ~*** Treibstoff nachfüllen, tanken

koyu dick(flüssig); steif; *Farbe* dunkel (*z.B.* ***~ yeşil*** dunkelgrün); echt (*z.B. Türke*); F ausgemacht; fanatisch (*z.B.* POL *Anhänger*); *Tee* stark

koyulaş|mak dick(flüssig) (*od* steif) werden; dunkel werden; **~tırmak** *Soße* eindicken; *fig* verdichten, konsolidieren

koyulmak *pass von* ***koymak***; sich machen (*-e* an *A*); fester werden, dicker werden; dunkler werden; ***yola ~*** sich auf den Weg machen

koyuluk ⟨-ğu⟩ Dickflüssigkeit *f*, Dichtigkeit *f*; *fig* höchste(r) Grad

koyun[1] Schaf *n*; Hammel *m*; *fig* Schaf *n*, Tropf *m*; blöd (*z.B. Blick*); ***~ budu*** Hammelkeule *f*; ***~ eti*** Hammelfleisch *n*

koyun[2] ⟨koynu⟩ Brust *f*, Busen *m*; *fig* Schoß *m*; ***~ ~a*** eng umschlungen

koyunculuk ⟨-ğu⟩ Schafzucht *f*

ko'yungözü ⟨-nü⟩ BOT Mutterkraut *n* (*Matricaria parthenium*)

koy(u)vermek *v/t* freilassen, loslassen

koz *Karte* Trumpf *m*; *dial* (Wal)Nuss *f*; ***~ oynamak, son ~larını oynamak*** s-n letzten Trumpf ausspielen

'koza BOT (Baumwoll)Kapsel *f*, Samenkapsel *f*; ZOOL Kokon *m*

kozak ⟨-ğı⟩ → ***kozalak***

kozalak ⟨-ğı⟩ Tannenzapfen *m*; **~lı** Nadelbaum *m*; **~lılar** Nadelhölzer *n/pl*, Koniferen *f/pl*

kozmetik ⟨-ği⟩ Kosmetik *f*, kosmetisch; **~çi** Kosmetiker *m*, -in *f*

kozmik kosmisch, Weltraum-; ***~ ışınım*** kosmische Strahlung

kozmonot ⟨-tu⟩ Kosmonaut *m*, -in *f*

kozmopolit ⟨-ti⟩ Kosmopolit *m*, -in *f*, kosmopolitisch; F unsolide (*Gegend*)

kozmos ['kɔz-] Kosmos *m*, Weltall *n*

köçek ⟨-ği⟩ HIST Transvestit *m*; Leichtfuß *m*; **~çe** flotte Tanzmelodie

köfte Fleischklößchen *n*, Boulette *f*, *Slang*: Collegeschülerin *f*; ***çiğ ~*** *scharf gewürzte Tatarklößchen*

köftehor Schelm *m*, komische(r) Kauz

köftelik: Fleisch *n* für → ***köfte***

köhne altersschwach, verwohnt (*z.B. Haus*); *Gedanke* überholt, unzeitgemäß

köhne|leşmek, **~mek** altersschwach werden; veralten, unmodern werden

kök ⟨-kü⟩ ANAT, BOT, GR, MATH, *fig* Wurzel *f*, Herkunft *f*, Geschlecht *n e-r Familie*; CHEM Radikal *n*; ***~ salmak*** Wurzeln schlagen; ***~ sökmek*** F schuften; ***~ tedavisi*** *Zahn* Wurzelbehandlung *f*; *-in* ***~ünü kazımak*** (mit der Wurzel) ausrotten *A*; (***küp***) ***~ almak*** MATH die (Kubik)Wurzel ziehen

'kökboyası BOT Krapp *m*; Färberröte *f*

köken Ursprung *m*; ÖKON Ursprungsland *n*; ***~ belgesi*** ÖKON Ursprungszeugnis *n*; **... ~li** von ... Herkunft; **~bilim** Etymologie *f*

köklemek *v/t* ausrotten; (mit der Wurzel) ausreißen; durchsteppen, festnähen; (***gazı***) ***~*** F Vollgas geben

kökleşmek Wurzel fassen (*od* schlagen); *fig* sich einwurzeln

köklü ... mit Wurzel; grundlegend, radikal (*Reform*); *fig* alteingesessen (*Familie*)

köknar BOT Tanne *f*

'köksap ⟨-pı⟩ Wurzelstock *m*

köksel Wurzel-; radikal

kökten grundlegend, radikal; *fig Person* ... vom alten Stamm; **~ci** Radikalist *m*, -in *f*, Fundamentalist *m*, -in *f*; **~cilik** ⟨-ği⟩ Radikalismus *m*; Fundamentalismus *m*

köktendincilik religiöser Fundamentalismus

kökteş GR stammgleich, vom selben Stamm; ***~ sürme*** ... aus alter Familie, ... aus (langer) Tradition

köle Sklave *m*, Sklavin *f*; ***~niz*** *osm* Ihr untertänigster Diener; ***toprak ~si*** Leibeigene(r); **~ce** sklavisch

köleleş|mek Sklave werden; **~tirmek** *v/t* versklaven

köle|lik ⟨-ği⟩ Sklaverei *f*; **~men** HIST Mameluck(e) *m*; Mameluckendynastie *f*

kömür Kohle *f*, EL (Kohle)Bürste *f*, pechschwarz; **~cü** Kohlenhändler *m*; HIST Köhler *m*; *Schiff usw* Heizer *m*; **~leşmek** verkohlen; **~lük** ⟨-ğü⟩ Kohlenlager *n*; Kohlenkeller *m*

köpek ⟨-ği⟩ Hund *m* (*a als Schimpf-*

K

wort); ~ **kulübesi** Hundehütte *f*; ~ **maması** Hundefutter *n*; ~ **oğlu** Hundesohn *m*, F Hundsfott *m*
köpekayası ⟨-nı⟩ BOT gemeine(r) Andorn (*Marrubium vulgare*)
köpekbalığı ⟨-nı⟩ ZOOL Hai *m*
köpekdişi ⟨-ni⟩ ANAT Eckzahn *m*
köpekle|nmek, **~şmek** kriecherisch sein, katzbuckeln, herumscharwenzeln
kö'pekmemesi ⟨-ni⟩ Geschwür *n* unter der Achselhöhle
'köpoğlu ⟨-nu⟩ GASTR frittierte Auberginen *f/pl*; *a* ~ **köpek!** Kanaille!, Schuft!
köprü Brücke *f*; **asma ~** Hängebrücke *f*; **diş ~sü** (Zahn)Brücke *f*; *-e* ~ **atmak** e-e Brücke schlagen nach
köprü|başı Brückenkopf *m*; *fig* Sprungbrett *n*; **~cü** Brückenbauer *m*; MIL Pontonier *m*
köprücük ⟨-ğü⟩, **~ kemiği** ANAT Schlüsselbein *n*
köpük ⟨-ğü⟩ Schaum *m*; **çikolatalı ~** Schokoladenschaum *m*; **sabun köpüğü** Seifenschaum *m*; **~lü şarap** Schaumwein *m*, Sekt *m*
köpüklen|dirmek *v/t* zum Schäumen bringen; **~mek** schäumen
köpürmek *v/i* (auf)schäumen; *fig* vor Wut schäumen, ergrimmen
köpürtmek *v/t* aufregen, aufbringen
kör blind; Blind- (*z.B. Landung*); *Licht* trübe, schwach; *Messer* stumpf; *Ort* abgeschieden; ~ **boğaz** Nimmersatt *m*; Vielfraß *m*; ~ **karanlık** tiefste Finsternis; ~ **kütük** F sternhagelvoll; ~ **sokak** verödete Straße; ~ **talih** verwünschte(s) Schicksal; *fig* Pech *n*; ~ **topal** schlecht und recht; **~ler alfabesi** Blindenschrift *f*
'körba(ğı)rsak ANAT Blinddarm *m*
'kördüğüm gordische(r) Knoten
'körebe Blindekuh *f* (*spielen*)
körelmek *v/i* BIOL verkümmern; aussterben; *Quelle* austrocknen; *Messer* stumpf werden
körfez Meerbusen *m*, Golf *m*; *Ort* abgelegen, verlassen
'körkandil → **körkütük**
'körkuyu ausgetrocknete(r) Brunnen
körlemeden blindlings; aufs Geratewohl
körle|nmek, **~şmek** erblinden; stumpf werden; *Gedächtnis* nachlassen, verkümmern; *Quelle* versiegen; *Straße* veröden; **~tmek** *v/t* blenden; MED stumpf machen; *fig* *j-n* abstumpfen, schwächen; verkümmern lassen; ÖKON lahm legen
körlük ⟨-ğü⟩ Blindheit *f*, Stumpfheit *f*; Fahrlässigkeit *f*
'körocak kinderlose Familie
'Köroğlu ⟨-nu⟩ *Held der türk. Volksdichtung*; F Ehehälfte *f*
körpe frisch, grün (*Zweig*); frisch, jung (*Körper*)
körük ⟨-ğü⟩ Blasebalg *m*; Balg *m*; Harmonika *f*; FOTO Balgengerät *n*
körük|lemek *Feuer* schüren, anfachen; *fig* schüren, anheizen; **~lü** ... mit Verdeck; ... mit Harmonika; ~ **otobüs** Gelenkbus *m*
kö'rükörüne blindlings
kös[1] *osm* MIL Pauke *f*; ~ **dinlemek** dickfellig sein
kös[2]: ~ ~ blindlings; schnurstracks
köse bartlos; ~ **sakal** Milchbart *m*, ... mit dünnem Bart
kösele (Sohlen)Leder *n*; Leder- (*Tasche*); ~ **kasnak** TECH Riemenscheibe *f*
kösemen Leithammel *m*; kühn
'köskötürüm völlig gelähmt
köstebek ⟨-ği⟩ ZOOL Maulwurf *m*
köstek ⟨-ği⟩ Fußfessel *f* (*für Weidetiere*); (*Uhr*)Kette *f*, Hemmschuh *m*; **köstеği kırmak** ausreißen, weglaufen
kösteklemek *v/t e-m Tier* Fußfesseln anlegen; *fig* hemmen, lähmen *A*; ein Bein stellen *D*
köşe Ecke *f*, Eck-; ~ **başı** Straßenecke *f*; ~ **başı bakkalı** F (der) Laden um die Ecke; **~(de) bucak(ta)** alle Winkel; an allen Ecken und Enden; ~ **kadısı** Träumer *m*, -in *f*, Einzelgänger *m*, -in *f*; **~kapmaca** *Kinderspiel* Bäumchen wechseln; **~yi dönmek** um die Ecke biegen; *fig* F schnell zu etwas kommen; **dört ~** Viereck *n*
köşebent ⟨-di⟩ Winkeleisen *n*
köşegen Diagonale *f*
köşegönderi *Fußball* Eckfahne *f*
köşeleme quer über Eck
köşeli eckig, (*fünf usw*) -eckig; ~ **parantez** eckige Klammer
köşk ⟨-kü⟩ Villa *f*, Schlösschen *n*; Pavillon *m*
kötek ⟨-ği⟩ Stockhieb *m*; Prügel *pl*
kötü schlecht (*Essen, Luft, Mensch*

K

usw); *Ausdruck* vulgär, unanständig; übel, schlimm; **~ gözle** scheel (*angucken*); **~ kişi olmak** sich unbeliebt machen; **~ niyetli** böswillig; *-i* **~ye kullanmak** missbrauchen *A*
kötücül missgünstig; Neider *m*; MED bösartig
kötüle|mek *v/i* abmagern; *Qualität* nachlassen, geringer werden; (*-i j-n*) schlecht machen; **~şmek** *Geschäfte, Zustand des Kranken, Wetter* sich verschlechtern; *Frau* verkommen; **~ştirmek** verschlechtern; verderben
kötülük ⟨-ğü⟩ (etw) Schlechte(s), Böse(s); schlechte Lage; *z.B.* **havaların kötülüğü** Schlechtwetterlage *f*
kötülükçü niederträchtig; übelwollend
kötüm|semek *v/t* schwarz malen; für schlecht halten, verachten; **~ser** pessimistisch; **~serlik** ⟨-ği⟩ Pessimismus *m*
kötürüm lahm (*Bein*); verkrüppelt; gelähmt, energielos; **~leşmek** gelähmt (*od* apathisch) werden; **~lük** ⟨-ğü⟩ Lähmung *f*, Energielosigkeit *f*
köy Dorf *n*; Land-; Dorfgemeinschaft *f*; **~ adamı** Landbewohner *m*; **~ ekonomisi** Landwirtschaft *f*; **~ meydanı** Dorfplatz *m*; **~ muhtarı** Dorfschulze *m*; **~ okulu** Dorfschule *f*
köycü HIST Dorfentwicklungsberater *m*, -in *f*; **~lük** ⟨-ğü⟩ Dorfentwicklungswesen *n*
köydeş aus demselben Dorf
köylü Dörfler *m*, Dorfbewohner *m*, -in *f*, Bauer *m*; dörflich; Bauern-; **~ kadın** Bäuerin *f*, Dorffrau *f*; **~lük** ⟨-ğü⟩ Bauernschaft *f*
köyodası Versammlungshaus *n*, Gästehaus *n*, Gemeindehaus *n*
köz Glut *f*, schwelende(s) Feuer; **~lemek** *v/t* auf schwacher Flamme kochen
kraking ⟨-gi⟩ CHEM Krackverfahren *n*, Cracken *n*
kral ⟨-lı⟩ König *m*; *fig* F Klasse *f*; **~ araba** (ein) Klassewagen; **~ taraftarı** Royalist *m*, -in *f*, Monarchist *m*, -in *f*; **~cı** Royalist *m*, -in *f*; royalistisch
kra'liçe Königin *f*; **güzellik ~si** Schönheitskönigin *f*
kral|iyet, **~lık** ⟨-ğı⟩ Königreich *n*, Monarchie *f*, Königtum *n*
kramp ⟨-pı⟩ Krampf *m*; *-e* **~ girmek** e-n Krampf bekommen (in *D*)
krampon Klammer *f*, Stollen *m* (*am Sportschuh*); *fig Person* Klette *f*
krank ⟨-kı⟩ TECH Kurbel *f*; **~ kolu** Pleuelstange *f*
krater GEOL Krater *m*
kravat ⟨-tı⟩ Schlips *m*, Krawatte *f*
kravl Kraulstil *m* (*Schwimmen*)
kredi Kredit *m*; **~ kartı** Kreditkarte *f*; **~ mektubu** Kreditbrief *m*; *-e* **~ açmak** *j-m* e-n Kredit eröffnen; *-e* **~ vermek** *j-m* e-n Kredit gewähren; *-in* **~sini düşürmek** *j-n* diskreditieren; **~li** kreditwürdig; ÖKON Kreditnehmer *m*, -in *f*, Schuldner *m*, -in *f*; **~siz** nicht kreditwürdig; **~tör** Kreditgeber *m*, -in *f*, Gläubiger *m*, -in *f*
krem (Haut)Creme *f*; cremefarben, hellbeige; **nemlendirici ~** Feuchtigkeitscreme *f*; **güneş ~i** Sonnencreme *f*; **tıraş ~i** Rasiercreme *f*
'krema Creme *f*; Sahne *f*; **İngiliz ~sı** Vanillecreme *f*; **dövülmüş ~** Schlagsahne *f*; **~lı** Sahne-; **~ pasta** Sahnetorte *f*
krema'toryum Krematorium *n*
kremlemek *v/t* eincremen
kremşanti GASTR Schlagsahne *f*
krep ⟨-pi⟩ Krepp *m*; Eierkuchen *m*
krepdöşin Crêpe-de-Chine *m*
krepon Krepon *m*, Krepp *m*; Krepp- (*Papier*)
kreş Krippe *f*, Kindertagesstätte *f*
kriket ⟨-ti⟩ Kricket *n*
'kriko AUTO Wagenheber *m*
kristal ⟨-li⟩ Kristall *n*; F Kokain *n*; Kristall-; **~lenmek**, **~leşmek** sich kristallisieren
kriter Kriterium *n*
kritik ⟨-ği⟩ Kritik *f*; Kritiker *m*; kritisch; kritische Lage; *-i* **~ etmek** kritisieren
kriz *allg* Krise *f*; (*Herz-, Lach*) Anfall *m*; **~ geçirmek** e-e Krise durchmachen; **sinir ~i** Nervenzusammenbruch *m*
krizalit ⟨-ti⟩ Puppe *f* (*von Insekten*)
krizantem BOT Chrysantheme *f*
'kroki Skizze *f*, Plan *m*; **~ çizmek** e-n Entwurf machen; **~ yapmak** skizzieren, e-e Skizze anfertigen
krom Chrom *n*; **~ çeliği** Chromstahl *m*; **~ kaplama** Verchromung *f*
kromaj Verchromung *f*; **~lı** verchromt
kromlu verchromt
kromozom BIOL Chromosom *n*
kron *Währung* Krone *f*, → **kuron**
kronik ⟨-ği⟩ Chronik *f*, chronisch
kronoloji Chronologie *f*

kronolojik chronologisch
krono'metre Chronometer *n*, Stoppuhr *f*
kros Waldlauf *m*, Geländelauf *m*
krosan GASTR Croissant *n*, Hörnchen *n*
kroş MUS Achtelnote *f*
kruvaze zweireihig (*Anzug*)
kruvazör Kreuzer *m*
krş *Abk für* ***karşılaştırınız*** vergleiche (vgl.)
kuaför Friseur *m*
kuars Quarz *m*
kuartet ⟨-ti⟩ MUS Quartett *n*
kubbe ARCH Kuppel *f*; *fig* Gewölbe *n*; ***dalgıç ~si*** Taucherglocke *f*
Kubbealtı ⟨-nı⟩ HIST Ratssaal *m* im Sultanspalast
kubbeli kuppelförmig; Kuppel-, überkuppelt
kubur Abflussrohr *n* (*im Abort*); ***ok ~u*** Köcher *m*
kucak ⟨-ğı⟩ Armvoll *m* (*z.B. Brennholz*); Umarmung *f*; *fig* e-e Menge, viel(e); Schoß *m*; *-e* ***~ açmak*** *j-n* mit offenen Armen aufnehmen; *fig* begrüßen; **~ ~** e-e Fülle (von *D*), Schwaden *m/pl*, Wolken *f/pl* (*von Rauch*); *-in* ***kucağında*** innerhalb *G*; auf den Weiten *des Meeres*, in der Tiefe *des Waldes*
kucaklamak *v/t* umarmen; *Decken usw* zusammenraffen, in die Arme nehmen; *fig* umrahmen, umgeben
kucaklaşmak sich umarmen
kudret ⟨-ti⟩ Kraft *f*, Macht *f*, Fähigkeit *f*, Vermögen *n*, Finanzkraft *f*; MED Potenz *f*; ***~ hamamı*** heiße Quelle; ***~ helvası*** Manna *n* (*Acpicilia esculenta*) (*a Wunderspeise*); ***~ten*** von Natur aus; natürlich
kudret|li mächtig; fähig, begabt; ***~siz*** machtlos; unfähig, unbegabt; ***~sizlik*** ⟨-ği⟩ Machtlosigkeit *f*, Unbegabtheit *f*
kudsî [-i:] heilig
kudur|gan jähzornig, aufbrausend, rasend (*werden*); ***~mak*** *v/i* aufbrausen (*a fig -den* vor *D*); *Meer a* aufwallen; tollwütig werden; *Kinder* außer Rand und Band geraten; ***~tmak*** *v/t j-n* wild (*od* rasend) machen; ***~uk*** ⟨-ğu⟩ wild, tollwütig; rasend
kuduz MED tollwütig; Tollwut *f*; ***~ tehlikesi*** Tollwutgefahr *f*
'Kudüs Jerusalem *n*
kuğu Schwan *m*
kuğurmak gurren
kuintet ⟨-ti⟩ MUS Quintett *n*
'kuka[1] Kokosnuss *f*; Kokospalme *f*; Kokos-
'kuka[2] Knäuel *n* (*a m*); VERKEHR Bake *f*
'kukla Puppe *f*; THEA, *fig* Marionette *f*; Marionetten- (*Regierung*)
'kuklacı Puppenspieler *m*, -in *f*
kuku'leta Kapuze *f*
kukumav ZOOL Steinkauz *m*; ***~ (kuşu) gibi*** mutterseelenallein
kul Knecht *m*; Sklave *m*; (der) Sterbliche; Diener *m* Gottes; *-e* ***~ köle olmak*** sich abrackern für; *j-m* untertan sein; dienstbeflissen sein; ***~ yapısı*** Menschenwerk *n*
'kula Falbe *m* (*Pferd*)
kulaç ⟨-cı⟩ HIST Klafter *f*; ***~ atmak*** kraulen; ***~lamak*** kraulen
kulak ⟨-ğı⟩ Ohr *n*; Gehör *n*; Kieme *f des Fisches*; MUS *Instrument* Wirbel *m*; Griff *m*; Streichbrett *n am Pfluge*; *-e* ***~ asmamak*** nicht hinhören; ***buna dair ~ dolgunluğum var*** das weiß ich vom Hörensagen; ***~tan dolma*** Gerücht *n*; vom Hörensagen bekannt; ***~ kabartmak*** s-e Ohren spitzen; ***~ kesilmek*** die Ohren aufsperren, die Ohren spitzen; ***~ misafiri olmak*** zufällig mithören; *-e* ***~ vermek*** zuhören *D*; Beachtung schenken *D*; hören (auf *A*); *-in* ***kulağı çınlasın*** *fig* ihm werden die Ohren klingen; ***kulağı kirişte olmak*** genau aufpassen, auf der Hut sein; ***kulağı okşamak*** gut klingen; ***kulağına kar suyu düşmek*** (*od* ***kaçmak***) *fig* in e-e Patsche geraten; ***kulağına küpe olmak*** *fig* sich (*D*) *etw* hinter die Ohren schreiben
kulakçı F Hals-Nasen-Ohren-Arzt *m*, -Ärztin *f*
kulakçık ⟨-ğı⟩ ANAT Herzvorhof *m*
kulaklı -ohrig; ... mit ... Ohren; ... mit ... Pflugscharen; ***uzun ~*** Langohr *n* (*poet Esel*)
kulaklık ⟨-ğı⟩ Kopfhörer *m*; Ohrenschützer *m*; TEL *usw* Hörer *m*; MED Hörgerät *n*
kulakmemesi ⟨-ni⟩ ANAT Ohrläppchen *n*; ***~zarı*** ANAT Trommelfell *n*
kulamparalık ⟨-ğı⟩ *abw* Knabenliebe *f*
kule Turm *m*; ***gözcü ~si*** Aussichtsturm *m*; LUFTF ***kontrol*** (*a* ***uçuş***) ***~si*** Tower *m*; Kontrollturm *m*; ***~li*** Turm- (*z.B.*

K

Kran)

kulis Kulisse *f*; ÖKON Freiverkehr *m*; **~te** hinter den Kulissen; **~ yapmak** hinter den Kulissen operieren

kullanan Benutzer *m*, -in *f* (*-i G*)

kullanıcı EDV Anwender *m*, -in *f*; **~ platformu** Benutzeroberfläche *f*

kullanılış Anwendung *f*

kullanılmış gebraucht (*Kleidung*); benutzt, in Betrieb (*Maschine*)

kullanım Anwendung *f*, Verwendung *f*; **~ alanı** Anwendungsgebiet *n*; **~a hazır** gebrauchsfertig; **~dan düşmek** ungebräuchlich werden, *Wort* veralten; **~ı kolay, kolay ~lı** benutzerfreundlich; **~lık**: **tek ~** Einweg- (*Flasche*)

kullanış Anwendung *f*, Gebrauch *m*; **~tan kalkmak** außer Gebrauch kommen

kullanışlı gebrauchsfähig, praktisch; TECH leicht zu bedienen; *Haus* komfortabel

kullanışsız ungeeignet; unpraktisch, unhandlich; nicht gebrauchsfähig

kullanma Verwendung *f*; **son ~ tarihi** Haltbarkeitsdatum *n*; haltbar bis ...

kullanmak *v/t* verwenden, benutzen; sich bedienen (*G*, *z.B. e-r Brille*); *Alkohol* trinken; *Arbeiter* beschäftigen; *Auto* fahren; *Kleidung* tragen; *Menschen* (richtig) einsetzen; *Position*, *Stellung* ausnutzen, auswerten; *Tabak*, *Zigarette* rauchen; **sigara kullanmıyorum** ich rauche nicht

kullap ⟨-bı⟩ Haspel *f*, Zapfen *m*, Bolzen *m*

kulluk ⟨-ğu⟩ Sklaverei *f*, Unfreiheit *f*

kulp ⟨-pu⟩ Henkel *m*, Griff *m*; *-de* **~ bulmak** *etw* auszusetzen haben; *-e* **~ takmak** *j-m* die Schuld geben; **~lu** ... mit Griff

ku'luçka Glucke *f*, Bruthenne *f*; **~ devri** Brutzeit *f*; MED Inkubation *f*; **~ makinesi** Brutapparat *m*

kulun (Esels-, Pferde)Füllen *n*

kulunç ⟨-cu⟩ Kolik *f*; *bes* Reißen *n* in der Schulter; Hexenschuss *m*

ku'lübe (Hunde)Hütte *f*; (Wärter-)Häuschen *n*; F Bruchbude *f* (*schlechtes Haus*); **telefon ~si** Telefonzelle *f*

kulüp ⟨-bü⟩ Klub *m*; **gece kulübü** Nachtlokal *n*; **spor kulübü** Sportverein *m*; **~çü** Klubleiter *m*, -in *f*; **~çülük** ⟨-gü⟩ Klubwesen *n*

kulvar SPORT Bahn *f*, (Schwimm)Strecke *f*

kum Sand *m*; (*Harn- usw*) Grieß *m*; Grieß *m*, harte Stelle *im Obst*; **~ gibi** *fig* wie Sand am Meer; **~ havuzu** Sandkasten *m*; **~ saati** Sanduhr *f*

ku'manda Kommando *n*; **~ etmek** kommandieren; Fernbedienung *f* (*Gerät*); **uzaktan ~** Fernbedienung *f*

kumandan Kommandant *m*

kumandanlık ⟨-ğı⟩ Kommando *n*, Oberbefehl *m*; Kommandantur *f*

kuman'darya *süßer zyprischer Wein*

ku'manya Proviant *m*; MIL Marschverpflegung *f*

kumar Glücksspiel *n*; **~baz, ~cı** Spieler *m*; **~cılık** ⟨-ğı⟩ Spielleidenschaft *f*

kumarhane Spielkasino *n*

kumaş Stoff *m*; **elbiselik ~** Anzugstoff *m*

'kumbara Sparbüchse *f*; HIST Granate *f*; **~cı** HIST Grenadier *m*

kumcul Sand- (*Pflanze*)

kumkuma Krug *m*; *fig Beispiel* **fesat ~sı** ein Ausbund von e-m Intriganten; **söylenti ~sı** ein Tummelplatz (*od* ein Herd) von Gerüchten, F e-e Giftküche

'kumla sandige Gegend; Sandstrand *m*

kumlu sandig, Sand-; Sand- (*od* Schmirgel) (*Papier*); *Stoff* getüpfelt

kumluk ⟨-ğu⟩ Sand- (*Boden*); ... mit Sandwüsten

kum'panya Firma *f*, Gesellschaft *f*; THEA Truppe *f*, Bande *f* (*von Dieben usw*)

kumpas Zirkel *m*; Komplott *n*; *-e* **~ kurmak** aushecken *A*

kumral hellbraun (*Haar*)

kumru ZOOL Turteltaube *f*

kumsal, **~lık** Sandstrand *m*; sandig, Sand-; **~taşı** ⟨-nı⟩ Sandstein *m*

kumul Düne *f*

kundak ⟨-ğı⟩ Windel(n) *f* (*pl*); Gewehrschaft *m*; Lafette *f*, Brandfackel *f*, Kopftuch *n*; *-e* **~ sokmak** Brand legen (an *A*); *fig* entfachen; **~çı** Brandstifter *m*; Wühler *m*; Saboteur *m*; **savaş ~sı** Kriegsbrandstifter *m*; **~çılık** ⟨-ğı⟩ Wühlarbeit *f*, Sabotage *f*

kundaklama Brandstiftung *f*

kundaklamak *v/t* in Windeln wickeln; in Brand stecken; sabotieren

'kundura Schuh *m*; *Art* grobe(r) Pantoffel; **~cı** Schuster *m*; Schuhhändler *m*

kunduz ZOOL Biber *m*

kunt ⟨-tu⟩ massiv; plump

'kupa Pokal *m*; *Kartenspiel* Herz *n*; **~ *kızı*** Herz Dame *f*

'kupkuru knochentrocken; *-i* **~ *etmek*** völlig austrocknen *A*

kupon Kupon *m*, Gutschein *m*; **~ *kumaş*** (exklusiver) Anzugsstoff *m*

kupür (Zeitungs)Ausschnitt *m*

kur[1] ÖKON Kurs *m*; ***döviz ~u*** Wechselkurs *m*; ***çapraz ~*** Vergleichskurse *m/pl*

kur[2] → ***kurs***

kur[3] Flirt *m*; *-e* **~ *yapmak*** *j-m* den Hof machen; *j-n* umschmeicheln

kura Los *n*; **~ *çekmek*** das Los ziehen; **~ *askeri*** Rekrut *m*; (***bu yılın***) ***~sı olmak*** zum wehrpflichtigen Jahrgang gehören

kurabiye [-ɑː-] GASTR Makrone *f*, Plätzchen *n*; F *fig Mann* Memme *f*

kurak ⟨-gı⟩ regenlos; trocken; ausgetrocknet; Dürre- (*Jahr*)

kuraklık ⟨-ğı⟩ Dürre *f*

kural ⟨-lı⟩ Regel *f*; ***~dışı*** unregelmäßig; ***~lı*** regelmäßig; ***~sız*** unregelmäßig

kuram Theorie *f*; ***~cı*** Theoretiker *m*, -in *f*; ***~laştırmak*** *v/t* zur Theorie machen, theoretisieren; ***~sal*** theoretisch

Kuran (der) Koran; ***~ı Kerim*** [-iːm] (der) Heilige Koran; **~ *çarpsın!*** *Schwur auf den Koran*

kurar → ***kurmak***

kurbağa Frosch *m*; Kröte *f*

kurbağaadam Froschmann *m*

kurbağacık ⟨-ğı⟩ Fröschchen *n*; Schraubenschlüssel *m*; Fenstergriff *m*

kurbağalama Brustschwimmen *n*

kurban Opfertier *n*; ***Kurban*** (***Bayramı***) Muslimische(s) Opferfest; *fig* (Todes-)Opfer *n* (*e-r Katastrophe*); *-i -e* **~ *etmek*** *j-m etw* opfern; *-e* **~ *gitmek*** zum Opfer fallen; **~ *olmak*** geopfert werden; **~ *olayım*** ich flehe Sie (*od* dich) an; F ich werd(e) verrückt (*vor Entzücken*)!

kurbanlık Opfer- (*Lamm*); *fig Person* Lamm *n*; Todeskandidat *m*; **~ *koyun*** *fig* ahnungslose(r) Engel

kurcalamak *v/t* bohren, stochern (in *D*); zerkratzen; aufkratzen; herumhantieren, F herumfummeln an *D*; *fig e-e Frage* anschneiden, berühren

kurdağzı ⟨-nı⟩ MAR Tauwinde *f*, TECH Schwalbenschwanz *m*

kur'dele Seidenband *n*; Haarschleife *f*

kurdeşen MED Nesselausschlag *m*

kurgan Grabhügel *m*, Hünengrab *n*; Festung *f*

kurgu Schlüssel *m zum Aufziehen e-r Uhr*; (Feder)Triebwerk *n*; *Fabrik*, FILM Montage *f*; *fig* Spekulation *f*; ***~bilim*** Science-Fiction *f*

kuriye → ***kurye***

kurk ⟨-ku⟩ Glucke *f*; **~ *tavuk*** Gluckhenne *f*

kurma Bau *m*; Montage *f*, Montage- (*Plan*); **~ *ev*** Fertighaus *n*

kurmak ⟨-ar⟩ gründen; bilden; aufstellen; TECH installieren; *gegen j-n* hetzen; *Beziehungen* anknüpfen; *Bett* machen; *Bogen*, *Feder* spannen; *Brücke* schlagen; *Gerüst* aufstellen; *Fabrik* gründen; *Luftschlösser* bauen; *Mixed Pickles* einmachen; *Plan* aufstellen; schmieden; *Regierung* bilden; *Sitzung* einberufen; *Tisch* decken; *Uhr* aufziehen; *Zelt* aufschlagen; *-meyi* **~** sich (*D*) vornehmen, zu ...

kurmay MIL Generalstab *m*; Stabs- (*Offizier*); *-in* ***~ları*** *fig* die Führung *G/von*

'kurna Marmorbecken *n* (*z.B. im türk. Bad*)

kurnaz pfiffig, gerissen; ***~lık*** ⟨-ğı⟩ Gerissenheit *f*, Schlauheit *f*

kuron Krone *f* (*Währung*; *Zahn*)

kurs[1] Kurs *m*, Lehrgang *m*; **~ *açmak***, **~ *düzenlemek*** e-n Kurs veranstalten; **~ *görmek***, ***~a katılmak*** e-n Kurs machen

kurs[2] ASTR sichtbare Seite *e-s Planeten*

kursak ⟨-ğı⟩ Kropf *m*; Magen *m*; Blasebalg *m*; Membran *f*; ***kursağında kalmış*** *fig* verfrüht; nicht ausgelebt

kurşun Blei *n*; (Gewehr)Kugel *f*; Schuss *m*; Plombe *f*; **~ *dökmek*** Blei gießen; **~ *vurmak*** plombieren; **~ *yemek*** von e-r Kugel getroffen werden; *-i* ***~a dizmek*** (standrechtlich) erschießen

kurşunî [-iː] dunkelgrau

kurşunkalem Bleistift *m*

kurşunlamak *v/t* mit Blei bedecken (*od* überziehen); plombieren; schießen auf *A*; (*töten*) *j-n* erschießen

kurt[1] ⟨-du⟩ Wolf *m*; *fig* Kenner *m*, Fachmann *m*; *fig* schlau; Fuchs *m*; **~ *köpeği*** Wolfshund *m*; ***eski deniz kurdu*** alte(r) Seebär

kurt[2] ⟨-du⟩ Made *f*, Wurm *m* (*a fig Zweifel*); **~ *yeniği*** wurmstichige Stelle; *fig* Schwäche *f*, schwache Stelle; ***~larını***

dökmek s-n Leidenschaften frönen; sich köstlich amüsieren
kurtarıcı Befreier *m*; Retter *m*
kurtarma Rettung *f*, Rettungs- (*Boot*)
kurtarmak *v/t* (*-i -den*) *allg j-n* retten (vor *D*); *j-n* befreien (von *D*); *j-n* loskaufen (von *D*); *Ausgaben* decken, rechtfertigen; *Verlust* wieder gutmachen
kurtçuk ⟨-ğu⟩ Larve *f*, Raupe *f*
kurtlanmak *v/i* wurmstichig werden; *fig* zu Hause hocken; *fig* nicht ruhig sitzen können, kein Sitzfleisch haben
kurtlu madig; *fig* voller Quecksilber; **~ *bakla*** Zappelphilipp *m*; mit Quecksilber im Leib
'kurtmasalı ⟨-nı⟩ Ammenmärchen *n*
'kurtpençesi ⟨-ni⟩ BOT Schlangenknöterich *m*; Blutwurz *f*
kurtulma Rettung *f*, Rettungsaktion *f*
kurtulmak gerettet werden (*-den* von); *Frau* niederkommen, entbunden werden; beendet werden; fallen (*-den* aus *D*), entfallen (*-den D*); *Pferd* sich losreißen; *Schraube* sich lockern; *Person* loswerden; *Sache*, *Person* befreit werden
kurtulmalık ⟨-ğı⟩ Lösegeld *n*; Freikauf *m*
kurtuluş Befreiung *f*, Rettung *f*; **~ *savaşı*** Befreiungskrieg *m*
'kurtyeniği → ***kurt***[2]
kuru trocken; getrocknet, Trocken-; *Blume* vertrocknet; *Boden* nackt; *Brunnen* ausgetrocknet; *Kind* schwächlich, mager; *Person* nüchtern; *Sitz*, *Stuhl* ungepolstert, hart; leer (*z.B. Wahn*); *fig* trocken, müde, schwunglos (*erzählen*); **~ *fasulye*** weiße Bohnen *f/pl*; **~ *gürültü*** Lärm *m* um nichts; **~ *kahve*** Kaffeebohnen *f/pl*; **~ *başına kalmak*** ganz allein bleiben; **~ *ekmek*** trocken Brot *n* (*ohne Zubrot*); **~ *kalabalık*** bloße, unnütze Menge (*von Menschen*)
kurucu Begründer *m*, Schöpfer *m*; konstituierend (*Versammlung*); **~ *üye*** Gründungsmitglied *n*
ku'rukafa Schädel *m*; *fig* Döskopf *m*
ku'rukahve geröstete(r) Kaffee
kurul Ausschuss *m*, Komitee *n*; Rat *m*; ***bakanlar* ~*u*** Ministerrat *m*; ***sandık* ~*u*** Wahlkomitee *n*
kurulamak *v/t Haare* trocknen; *Hände*, *Teller* abtrocknen (*-le* mit *D*)
kurulanmak *pass von* ***kurulamak***; sich abtrocknen
kurulmak *pass von* ***kurmak***; bestehen (*-den* aus *D*); *fig* sich wichtig machen; *-e z.B.* (sich *A*) *in einen Sessel* sinken (lassen)
kurultay Kongress *m*
kurulu eingerichtet, installiert, bestehend; *-den* zusammengesetzt aus; bestehend aus; *Uhr* aufgezogen
kuruluk ⟨-ğu⟩ Trockenheit *f*, Dürre *f*
kurulum EDV Installation *f*
kuruluş Gründung *f*, Organisation *f*, Unternehmen *n*; Institution *f*, Struktur *f*
kurum[1] Gesellschaft *f*, Verein *m*, Akademie *f*, Institut *n*; Organisation *f*, (Versicherungs)Anstalt *f*
kurum[2] Wichtigtuerei *f*, Hochnäsigkeit *f*; **~ *satmak*** wichtig tun
kurum[3] Ruß *m*; **~ *bağlamak*** Ruß ansetzen
kurumak *v/i* trocknen; trocken werden; *Baum* vertrocknen; *Person* abmagern; vertrocknen
kurumlanmak[1] wichtigtuerisch (*od* hochnäsig) sein
kurumlanmak[2] Ruß ansetzen
kurumlaşma Institutionalisierung *f*
kurumlaşmak sich institutionalisieren
kurumlaştırmak *v/t* institutionalisieren
kurumlu[1] hochnäsig, wichtigtuerisch
kurumlu[2] berußt
kurumsuz bescheiden
kuruntu Argwohn *m*, Verdacht *m*; Wahn(gebilde *n*) *m*, Einbildung *f*, Traum *m*
kuruntucu argwöhnische(r) Mensch; Träumer *m*, -in *f*, Fantast *m*, -in *f*
ku'rusıkı Blindschuss *m*, Schreckschuss *m*; *fig* Bluff *m*; *fig* leer; **~ *atmak*** e-n Schreckschuss abgeben; bluffen; leeres Zeug reden
kuruş Kurusch *m* (*100. Teil der türk. Lira*); **~*u* ~*una*** auf Heller und Pfennig
kurut|ma Trocknen *n*; Entwässerung *f*; **~ *kağıdı*** Löschpapier *n*; **~*maç*** ⟨-cı⟩ Löschpapier *n*; Löscher *m*
kurutma|k trockenlegen, entwässern; *Obst* trocknen; *fig Sache* aufbrauchen, F verbuttern; **~*lık*** zum Trocknen geeignet, Trocken-
ku'ruyemiş Trockenfrüchte *f/pl*, Nüsse

f/pl; *etw zum Knabbern*; **~çi** Laden *m* mit Knabberwaren
kurye Kurier *m*
kusar → ***kusmak***
kuskun Schwanzriemen *m* (*des Pferdegeschirrs*); ***~u düşük*** *Pferd* klapprig; *fig* in Ungnade gefallen; vergessen
kusma Erbrechen *n*
kusmak ⟨-ar⟩ *v/t* erbrechen, (wieder) von sich (*D*) geben; sich übergeben; *Beschimpfungen* ausstoßen; ***kumaş lekeyi kustu*** der Fleck kommt wieder vor, geht nicht raus (*aus dem Stoff*)
kusmuk ⟨-ğu⟩ Erbrochene(s)
kusturucu MED Brechmittel *n*
kusuntu → ***kusmuk***
kusur Mangel *m*, Fehler *m*; Unzulänglichkeit *f*; Schuld *f*; F (das) Übriggebliebene, Rest *m*; ***~a bakmamak*** nicht übel nehmen; ***~a bakma(yın)*** entschuldige(n Sie)!; *-de* ***~ etmek*** e-n Fehler machen bei; vernachlässigen *A*; ***saygıda ~ etmek*** an Respekt fehlen lassen; ***~ bende*** ich habe die Schuld
kusurlu fehlerhaft; ... mit Mängeln
kusursuz fehlerlos; ... ohne Mängel
kuş Vogel *m*; ***~ beyinli*** ... mit e-m Spatzengehirn; ***~ kafesi*** Vogelkäfig *m*; ***~a benze(t)mek*** verhunzen, verpfuschen
kuşak ⟨-ğı⟩ Gürtel *m*; (*Holz-, Eisen*) Reifen *m*; GEOGR Zone *f*; MATH Kugelabschnitt *m*; Generation *f*; ***genç ~*** Nachwuchs *m*; ***~ farkı*** Generationsunterschied *m*
kuşaklamak *v/t* verfestigen, versteifen
kuşane → ***kuşhane***
kuşanmak *v/t* umbinden, umhängen; sich umgürten mit; ***giyinip ~*** sich fein machen
kuşat|ma Einkreisung *f*, Belagerung *f*; **~mak** *v/t* einkreisen; umbinden
ˈkuşbakışı ⟨-nı⟩ aus der Vogelschau
kuşbaşı ⟨-nı⟩ Fleisch *n*, in Würfel geschnitten; ***~ kar*** dicke Schneeflocke
kuşbilim Ornithologie *f*
kuşçu Vogelhändler *m*
kuşburnu BOT Hagebutte *f*
kuşdili ⟨-ni⟩ BOT Eschenart *f*; *scherzhafte Sprachbildung durch Silbeneinschübe, z.B. ich ge ler ge ne ge (= ich lerne)*
kuşe: ***~ kağıt*** ⟨-nı⟩ Glanzpapier *n*
kuşet BAHN Liege *f*; ***~li vagon*** Liegewagen *m*
kuşgömü ⟨-nü⟩ GASTR Filetstück *n*
kuşhane Vogelhaus *n*; kleine(r) Schmortopf
kuşkanadı ⟨-nı⟩ MED Erkrankung *f* der Sklera und Pupille (*des Auges*)
kuşkirazı ⟨-nı⟩ BOT Traubenkirsche *f* (*Cerasus padus*)
kuşkonmaz Spargel *m*
kuşku Zweifel *m*; (*-e* wegen *G*); Argwohn *m*; ***~ uyandırmak*** Argwohn erregen; *-e* ***~ vermek*** beunruhigen *A*; ***~ yatmak*** schlummern, F dösen
kuşkucu Skeptiker *m*, -in *f*; argwöhnisch; **~luk** ⟨-ğu⟩ PHIL Skeptizismus *m*
kuşkulanmak Zweifel haben (*-den* an *D*); Verdacht schöpfen; nervös werden
kuşku|lu misstrauisch; beunruhigt; verdächtig; **~suz** unerschrocken; unbesorgt; selbstverständlich, zweifellos
kuşlamak F büffeln
kuşluk ⟨-ğu⟩ Vormittag *m*
kuşpalazı ⟨-nı⟩ MED Diphtherie *f*
kuşsütü ⟨-nü⟩ Unmögliche(s), Unwirkliche(s); ***~ ile beslemek*** *j-n* verwöhnen (*allg u mit Essen*); ***~nden başka her şey var*** was das Herz begehrt, ist da
kuştüyü ⟨-nü⟩ Daune *f*, Daunen *f/pl*; Daunen-
kuşüzümü ⟨-nü⟩ Korinthen *f/pl*
kut ⟨-tu⟩ Glück *n*, glückliche(r) Zufall
kutbu → ***kutup***
kutlamak *-i j-m* gratulieren (*-den dolayı* zu *D*), beglückwünschen *zu*; *ein Fest* feiern; ***sizin başarınızı kutlarım*** ich gratuliere Ihnen zu Ihrem Erfolg
kutlanmak gefeiert werden
kutlu glücklich, freudig; gefeiert; ***~ gün*** Feiertag *m*; ***~ olsun!*** alles Gute!; ***yeni yılınız ~ olsun*** alles Gute im neuen Jahr!
kutsal heilig; ***~ saymak*** heilig halten
kutsamak *v/t* für heilig erklären; heiligen; Glück wünschen
kutu Schachtel *f*, Kasten *m*; Dose *f*; ***aptal ~su*** F Glotze *f*; ***fesat ~su*** Verkörperung *f* der Ränkesucht; ***konserve ~su*** Konservendose *f*; ***~ gibi*** (*Haus*) ... wie e-e Puppenstube
kutup ⟨kutbu⟩ *allg* Pol *m*; Polar-; *fig* Gegenteil *n* (*a Person*); **~ayısı** ⟨-nı⟩ ZOOL Eisbär *m*; **~engel** EL Depolarisator *m*
kutuplanma EL Polarisation *f*
kutuplaş|ma Polarisierung *f*; **~mak** sich polarisieren, sich in zwei Lager spalten

kutuplu -polig; ***çift*** ~ zweipolig
Kutupyıldızı ⟨-nı⟩ Polarstern *m*
kuvöz MED Brutkasten *m*, Inkubator *m*
kuvve Absicht *f*, Vorhaben *n*; Kraft *f*; *-i* ***~den çıkarmak*** in die Tat umsetzen *A*
kuvvet ⟨-ti⟩ Kraft *f*; Macht *f*; Stärke *f*; Gewalt *f*; *pl* MIL Streitkräfte *f/pl*; MATH Potenz *f*; ***kaba*** ~ rohe Gewalt; Stärkungs- (*Mittel*); *-e* ~ dank *D*; *-e* ~*! etwa* freie Bahn (für *A*)*!*; möge ... helfen!; *z.B.* ***ilaca*** ~ möge die Arznei wirken!; ***tabana*** ~ also, auf zu Fuß!; ***~le*** mit allen Kräften; mit Gewalt; steif und fest *behaupten*; *-den* ~ ***almak*** stärker werden, zunehmen (an *D*); ***~ten düşmek*** an Kraft verlieren; ~ ***yayı*** SPORT Expander *m*
kuvvetlendirici kräftigend
kuvvetlendirmek *v/t* kräftigen, stärken
kuvvetlenmek erstarken; sich kräftigen
kuvvet|li kräftig; stark; wirksam; *Auge* scharf; ***~siz*** kraftlos, schlapp; ***~sizlik*** ⟨-ği⟩ Kraftlosigkeit *f*
kuyruk ⟨-ğu⟩ ZOOL Schwanz *m*; ASTR Schweif *m*; Reihe *f*, (*Menschen*) Schlange *f*; Schleppe *f*; MUS Saitenhalter *m*; *fig Person* ständige(r) Begleiter, F Klette *f*; ***kuyruğa girmek*** sich anstellen; Schlange stehen; ***kuyruğu ile*** mit Kind und Kegel; ***kuyruğunu doğrultmak*** zuerst an sich denken; ~ ***acısı*** Rachedurst *m*; ~ ***meydana getirmek*** e-e Schlange bilden; ~ ***olmak*** → ***kuyruğa girmek***; ***~ta beklemek*** Schlange stehen
kuyrukçu POL Mitläufer *m*, -in *f*
kuy'rukkakan ZOOL Schmätzer *m*; Schwarzkehlchen *n*
kuyruklu ... mit Schwanz; Skorpion *m*; ~ ***piyano*** (Konzert)Flügel *m*; ~ ***yalan*** faustdicke Lüge; ***~yıldız*** Komet *m*
kuyruksallayan ZOOL Bachstelze *f*
kuyruksokumu ⟨-nu⟩ ANAT Steißbein *n*
kuytu einsam, versteckt; sonnenlos
kuyu Brunnen *m*; Schacht *m*; (*Kalk- usw*) Grube *f*; Bohrloch *n*; *adj* finster; *-in* ***~sunu kazmak*** *fig j-m* e-e Grube graben; ***~cu*** Brunnenmeister *m*; Schachtmeister *m*
kuyum Juwelen *n/pl*; Schmucksachen *f/pl*; ***~cu*** Juwelier *m*
kuzen Vetter *m*, Cousin *m*
kuzey Norden *m*; ♀ ***kutbu*** Nordpol *m*; ***~batı*** Nordwesten *m*; ***~doğu*** Nordosten *m*; ***~li*** Nordländer *m*, -in *f*, nordisch
kuzgun ZOOL Kolkrabe *m*; ***~cuk*** ⟨-ğu⟩ Gitterfenster *n* (*e-r Zelle*)
kuzgunî [iː] pechrabenschwarz
kuzgunkılıcı BOT Gladiole *f*
kuzin Kusine *f*
kuzine Kochherd *m*; Schiffsküche *f*
kuzu Lamm *n*; Lammgericht *n*; ~ ~ sachte, sanft; ***~m!*** mein Lieber!, mein Kind!; ~ ***dolması*** *mit Trauben und Pistazien gefüllte Lammroulade*; ~ ***eti*** Lammfleisch *n*; ~ ***gibi*** sanft (und friedlich)
kuzudişi ⟨-ni⟩ Milchzahn *m*
kuzugöbeği ⟨-ni⟩ BOT Champignon *m*
kuzukulağı ⟨-nı⟩ BOT kleine(r) Ampfer (*Rumex acetosa*)
kuzulanmak auf allen vieren kriechen; *Schaf* Junge werfen
kuzu|lu mit e-m Lämmchen; Frucht *f* mit Auswuchs; ***~luk*** ⟨-ğu⟩ Schafhürde *f*; Sanftmut *f*; ***~mantarı*** ⟨-nı⟩ BOT Steinpilz *m* (*Boletus edulis*)
küb → ***küp***[2]
kübik kubisch; Kubik- (*Wurzel*); kubistisch
kübizm Kubismus *m*
küçük ⟨-ğü⟩ klein; *zu e-m Kind* Kleine(r)!; ~ ***ad*** Vorname *m*; ~ ***aptes*** F Kleine(s), kleine(s) Geschäft, Wasserlassen *n*; ~ ***düşmek*** machtlos werden; F ganz klein werden; *-i* ~ ***düşürmek*** *j-n* erniedrigen, verwirren; *-i* ~ ***görmek*** *j-n* missachten; F *j-n* links liegen lassen; ~ ***ünlü uyumu*** GR kleine Vokalharmonie *f*
Kü'çükayı ⟨-nı⟩ ASTR Kleine(r) Bär
küçükbaş: ~ ***hayvan*** Kleinvieh *n*
kü'çükdil ANAT Zäpfchen *n*; ***~ini yutmak*** *fig* F ganz verdattert sein
kü'çükhanım Tochter *f* des Hauses; junge Frau
küçükle|mek *v/t* herabsetzen; ***~şmek*** s-e Würde (*od* s-n Wert) verlieren
küçüklü: ~ ***büyüklü*** groß und klein
küçüklük ⟨-ğü⟩ Kleinheit *f*, Winzigkeit *f*, Gemeinheit *f*, Niedertracht *f*; Kindheit *f*
küçükparmak kleine(r) Finger
küçüksemek *v/t* verachten; herabsetzen
küçülmek kleiner werden; *durch Waschen* kürzer werden, einlaufen; sich

erniedrigen; *Mond* abnehmen
küçültme GR Verkleinerung(sform) *f*; **~ eki** Verkleinerungssuffix *n*
küçültmek *v/t* verkleinern; kleiner machen, kürzen; *Augen* zusammenkneifen; *fig* erniedrigen
küçültülme Abwertung *f*
küçümen winzig
küçümsemek herabsetzen; unterschätzen; **küçümsenmeyecek** nicht zu unterschätzende(r)
küçümseyici verächtlich
küçürek winzig
küf Schimmel *m*; **~ bağlamak** schimmelig werden; **~ kokmak** muffig riechen
küfe Kiepe *f*; **~lik** ‹-ği› Kiepe *f als Maß*, Korbvoll *m*; *fig* sinnlos betrunken
küflenmek *v/i* verschimmeln; *fig* überholt sein, veralten; *fig* (ver)rosten
küflenmiş verschimmelt; überholt; altmodisch
küflü verschimmelt; *fig* rückständig; *Luft* stickig; **~ para** Geld *n* im Strumpf
'**küfretmek** schimpfen; *-e* schimpfen (auf *A*), *j-n* beschimpfen
küfür[1] ‹küfrü› Schimpfen *n*, Fluchen *n*, Schimpferei *f*, Schimpfwort *n*; REL Gottlosigkeit *f*
küfür[2]: **~ ~ esmek** *Wind* säuseln
kükre|me Gebrüll *n*; **~mek** brüllen; *fig* schnauben (*vor Wut*)
kükürt ‹-dü› Schwefel *m*; **~ dioksit** Schwefeldioxid *n*; **~lemek** *v/t* schwefeln; **~lü** schwefelhaltig; **~ hidrojen** Schwefelwasserstoff *m* (H2S)
kül Asche *f*; *-i* **~ etmek** einäschern; *j-n* ruinieren; **~ gibi** farblos; aschgrau; **~ olmak** in Schutt und Asche gelegt werden; **~ tablası** Aschenbecher *m*; **~ yemek** (*od* **yutmak**) *fig* reinfallen
külah HIST spitze Kopfbedeckung; Tüte *f*; *-e* **~ giydirmek** *fig* übers Ohr hauen; **~ıma anlat** mach das anderen weis!; *-e* **~ını ters giydirmek** es *j-n* büßen lassen; *-le* **~ları değişmek** sich verzanken mit
külahçı Spitzbube *m*
külbastı gegrillte(s) Fleisch
külçe Klumpen *m*; Barren *m Gold*; **~ gibi oturmak** völlig zusammengesackt sein
külfet ‹-ti› Plackerei *f*, Belastung *f*, *fig* Aufwand *m*, Unkosten *pl*; **~li** beschwerlich, anstrengend; aufwendig; **~siz** zwanglos; wirtschaftlich, ohne Unkosten
külhan Heizanlage *f im türk. Bad*
külhanbeyi ‹-ni› Strolch *m*, Rowdy *m*
külhan|cı Heizer *m*
külhanî [-hɑːniː] → **külhanbeyi**; *scherzhaft* Schelm *m*, Racker *m*
'**külkedisi** ‹-ni› Aschenputtel *n*; gern am Ofen Hockende(r); schlafmützig
küllemek *v/t* mit Asche bedecken
küllenmek sich mit Asche bedecken; zu Asche werden; erlöschen; *Schmerz usw* nachlassen
küllî [iː] *osm* total; erheblich; **~yat** [ɑː] ‹-tı› gesammelte Werke *n/pl*
külliye ARCH Komplex *m* (*e-r Moschee*)
külliyen völlig, gänzlich
külliyet ‹-ti› Gesamtheit *f*, Menge *f*, Fülle *f*; **~li** beträchtlich
küllük ‹-ğü› Ascheimer *m*; Aschenbecher *m*
külot ‹-tu› Slip *m*, kurze Unterhose; Reithose *f*, Breeches *pl*; **~lu**: **~ çorap** Strumpfhose *f*
'**külrengi** ‹-ni› aschgrau
kült Kult *m*
külte → **kütle**
kültür *a* BIOL Kultur *f*, Bildung *f*; **~el** kulturell; **~fizik** Körpererziehung *f*; **~lerarası** interkulturell; **~lü** gebildet; **~süz** kulturlos
külünk ‹-gü› Spitzhacke *f*
külüstür AUTO schrottreif; *Haus*, *Kleidung* verlottert, ungepflegt
kümbet ‹-ti› Kuppel *f*, Wölbung *f*, Kuppelgrab *n*; F Hintern *m*
kümbetlemek *v/t* krümmen
küme (Baum)Gruppe *f*, Haufen *m*, Rudel *n*; SPORT Liga *f*; **~ ~** in Gruppen; **~bulut** ‹-tu› Haufenwolke *f*; **~lenmek** sich gruppieren; sich ansammeln
kümes Hühnerstall *m*; Häuschen *n*; **~ hayvanları** Geflügel *n*
kümülüs Haufenwolke *f*
künde Fußfessel *f*; *Ringkampf* Zangengriff *m*
künk ‹-gü› (Ab)Wasserrohr *n* (*aus Ton*)
künye Personalien *pl*; Schild *n usw* mit Personalien; *Buch usw* Impressum *n*
küp[1] ‹-pü› große(r) Tonkrug; **~lere binmek** *fig* (*vor Wut*) auf die Palme gehen
küp[2] ‹-bü› Kubus *m*; Bauklotz *m* (*Spielzeug*); **metre ~** Kubikmeter *m*; **beş metre ~ kum** fünf Kubikmeter Sand

küpe Ohrring *m*, Ohrringe *m/pl*; (Haut)Lappen *m*, *z.B. beim Hahn*; ***kulağına ~ olsun!*** vergiß das nie!
küpeçiçeği ⟨-ni⟩ BOT Fuchsie *f*
kü'peşte MAR Reling *f*, Handlauf *m* (*e-s Geländers*)
kür Kur *f*; ***~ yeri*** Kurort *m*; ***~ yapmak*** e-e Kur machen
kürdan Zahnstocher *m*
Kürdistan Kurdistan *n*
küre Kugel *f*; Globus *m*; **~cik** ⟨-ği⟩ Kügelchen *n*; Blutkörperchen *n*
kürek ⟨-ği⟩ Ruder *n*; Schaufel *f*, Spaten *m*; ***~ cezası*** Galeerenstrafe *f*, Zwangsarbeit *f*; ***~ çekmek*** rudern; **~çi** Ruderer *m*; **~çilik** ⟨-ği⟩ Rudersport *m*; **~li**: ***~ kayık*** Ruderboot *n*
küremek *v/t* (weg)schaufeln
küresel kugelförmig; ASTR sphärisch; Kugel-; global
küreselleşme Globalisierung *f*
kürevî [iː] → ***küresel***
kürk ⟨-kü⟩ Pelz *m*; ***~ manto*** Pelzmantel *m*; **~çü** Kürschner *m*
kürsü Pult *n*, Katheder *n*; Kanzel *f*; *fig* Lehrstuhl *m*
kürsülü solide
Kürt ⟨-dü⟩ Kurde *m*, Kurdin *f*; kurdisch
kürtaj MED Kürettage *f*, Abschabung *f*
'Kürtçe (das) Kurdisch(e); (auf) kurdisch
kürümek → ***küremek***
küs *Kind* böse; eingeschnappt
küseğen BOT, *fig* Mimose *f*
küser → ***küsmek***
küskü Brecheisen *n*
küskün *fig* eingeschnappt; verärgert, F sauer; → ***küstümotu***
küsmek ⟨-er⟩ böse sein (auf *A*); *fig* streiken, nicht mitmachen
küspe Rückstand *m*, Treber *m*
küstah frech, unverschämt; **~laşmak** frech werden, unverschämt werden (*od* sein); **~lık** ⟨-ğı⟩ Frechheit *f*
küstere Langhobel *m*; Schleifstein *m*
küstümotu BOT Mimose *f*
küsur [uː] Anteil *m*; Überschuss *m*; ... und etwas, F und ein paar Zerquetschte
küsurat [ɑː] ⟨-tı⟩ Überschuss *m*
küt ⟨-tü⟩ stumpf; *Finger* kurz und dick; *int* bum!
kütle Masse *f*, Haufen *m*; Block *m*; Massen-; MIL ***~ halinde*** massiert
kütlesel → ***kütlevi***
kütleşmek *Gefühle* abstumpfen
kütlevî [iː] Massen-; massiert
'küttedek Bums *m*; bums!
kütük ⟨-ğü⟩ Weinstock *m*; (Holz)Klotz *m*; Baumstumpf *m*; Register *n*; Matrikel *f*; ***~ gibi*** sternhagelvoll; ***asker kütüğü*** Wehr(pflichtigen)kartei *f*
kütüklük ⟨-ğü⟩ Patronentasche *f*
kütüphane [-pɑː-] Bibliothek *f*, Leihbibliothek *f*; **~ci** Bibliothekar *m*, -in *f*, Bibliothekswissenschaftler *m*, -in *f*; **~cilik** ⟨-ği⟩ Bibliothekarsdienst *m*; Bibliothekswissenschaft *f*
kütür: **~ ~** knirschend; knackend; *Obst* knackig frisch; **~demek** knirschen; knacken; **~tü** Knirschen *n*, Knacken *n*; **~tülü** knirschend; knackend
küvet ⟨-ti⟩ Wanne *f*, Waschbecken *n*
Küveyt Kuwait; **~li** Kuwaiter *m*, -in *f*

L

l, L [lɛ] l, L *n*; ***~ demiri*** TECH Winkeleisen *n*; ***~ (tipi) salon*** L-förmige(s) Wohnzimmer
la MUS Ton (*od* Note) a
la- *osm* nein; un-, a-
-la (-le) → ***ile***
labada ['la-] BOT Gartenampfer *m*
labirent [la-] ⟨-ti⟩ Labyrinth *n*
laborant [la-] ⟨-tı⟩ Laborant *m*, -in *f*
laboratuar Laboratorium *n*, F Labor *n*
lacivert [laː-] ⟨-di⟩ dunkelblau; ***~ (taşı)*** Lapislazuli *m*
'laçka MAR Nachlassen *n*, Lockern *n des Taus*; TECH Spiel *n*, Spielraum *m*; Versager *m*; ***~ etmek*** lockern; *fig* ermatten; ***~ olmak*** TECH lose sitzen; zu viel Spiel haben; *Achse* schlagen, F eiern; *fig* versagen
laden ['laː-] BOT Zistrose *f* (*Cistus creticus*)

lades ['la:-] *Art Wette, in der das Brustbein e-s Vogels zerbrochen wird*; **~ kemiği** ANAT Gabelbein *n*
ladin(ağacı) BOT Fichte *f*
laf Rede *f*, Worte *n/pl*; Wort *n*, Ausdruck *m*; F Geseiche *n*, Gequatsche *n*; **~ altında kalmamak** nicht auf den Mund gefallen sein; **~ anlamaz** stupide; bockig; **~ aramızda** unter uns gesagt; **~ atmak** (ein bisschen) plaudern; *j-n* hochnehmen, reizen; F (*-e j-n*) anmachen; (-e) *ein Mädchen* ansprechen, F anquatschen; **~ çiğnemek** F herumdrucksen; **~ çıktı** es ging das Gerücht; **~ değil** nicht der Rede wert; *-den -le* **~ etmek** *mit j-m* reden (von *D*); tratschen (über *A*); **~ işitmek** F Schimpfe bekommen; **~!** von wegen!; **(araya) ~ karıştırmak** vom Thema ablenken; **~ ola (beri gele)!**, Geschwätz!; **~ olsun diye** nur um etwas zu sagen; *-i* **~a tutmak** *j-n* aufhalten; *-in* **~ı mı olur?** ist nicht der Rede wert; **~ı ezip büzmek** ausweichen, *etw* vertuschen wollen; herumstottern; **~ı uzatmak** nicht wissen, was man sagen soll, vom Hauptthema ablenken
lafazan Schwätzer *m*
'lafebesi ⟨-ni⟩ schlagfertig; schwatzhaft
lafız ⟨lafzı⟩ JUR Wortlaut *m*
lagün Lagune *f*
'lağım Kloake *f*, Abwasserkanal *m*; Mine *f*; HIST, MIL unterirdische(r) Gang; Kanalisation *f*; **~ suları** Abwässer *pl*; **~la atmak** HIST in die Luft sprengen; **~cı** Kloakenreiniger *m*; Mineur *m*; Sprengmeister *m*; F Päderast *m*
lağıv [la:ıv] ⟨lağvı⟩ Liquidierung *f*, Auflösung *f*
'lağvetmek *v/t* liquidieren, auflösen
la'hana Kohl *m*; **~ dolması** Krautwickel *m* mit Hackfleisch; **~ turşusu** Sauerkohl *m*; **baş ~** Kohlkopf *m*; **Brüksel ~sı** Rosenkohl *m*
la'havle [lɑ:-] ach ja!; ach was! (*Unmut*); **~ çekmek** (*od* **okumak**) resignieren
Lahey (*a* **La Haye**) Den Haag *m*
lahit ⟨lahdi⟩ Grabmal *n*; Sarkophag *m*
lahmacun [laxmɑ:-] *Art Fladen mit Hackfleisch, im Ofen gebacken*, türk. Pizza *f*
lahza Augenblick *m*; **bir ~da** im Nu; **~da** im Nu
laik laizistisch; säkular; **~leştirmek** *v/i* säkularisieren, **~lik** ⟨-ği⟩ Laizismus *m*; Säkularisierung *f*
laka ['la-] Lack *m*; **~ sürmek** lackieren
lakap ⟨-bı⟩ Spitzname *m*; *-e* **~ takmak** *j-m* e-n Spitznamen geben; **~lı** ... mit dem Spitznamen ...
lakaydî Teilnahmslosigkeit *f*
lakayt [lɑ:-] ⟨-dı⟩ uninteressiert, stumpfsinnig; **~lık** ⟨-ğı⟩ → **lakaydî**
lake *Möbel* lackiert; Lack-
la'kerda eingemachte(r) Thunfisch
lakırdı Wort *n*, Worte *n/pl*; (leere) Worte *n/pl*; → **laf**; **~cı** Schwätzer *m*, Klatschbase *f*
lakin ['la:-] aber, jedoch
laklak Klappern *n des Storches*; *fig* Geschnatter *n*; **~ etmek** plappern
laklaka Geschwätz *n*
laklakıyat ⟨-tı⟩ F Geseiche *n*
lakonik lakonisch
laktoz CHEM Laktose *f*
lal [la:l] ⟨-li⟩ Rubin *m*; rubinfarbig; hellrot
'lala HIST Erzieher *m*
la'langa GASTR *Art* Krapfen *m*
lale [la:-] BOT Tulpe *f*; HIST eiserne(r) Halsring *der Sträflinge*
lam[1] *der arabische Buchstabe* l; **~ı cimi yok** keine Widerrede
lam[2] Objektträger *m* (*des Mikroskops*)
'lama[1] ZOOL Lama *n*
'lama[2] (der) Lama (*in Tibet*)
'lamba Lampe *f*; *Radio* Röhre *f*; VERKEHR Ampel *f*; **~der** Stehlampe *f*
lambri Täfelung *f*, Paneel *n*
lame silberdurchwirkt; silberlackiert
lamel Deckglas *n*
lan → **ulan**
lanet [la:-] ⟨-ti⟩ Fluch *m*; verflucht; gottverlassen (*Ort*); *-e* **~ etmek** (*od* **okumak**) verfluchen *A*; **~ olsun** (sei) verflucht!
lanet|lemek *v/t* verfluchen; **~li** verflucht
langır: **~ lungur** rumpelnd; *-den* **~ lungur geçmek** rumpeln über *A*; **~ lungur söylemek** so (etwas) daherreden
langırt ⟨-tı⟩ Heimfußballspiel *n*
langust ⟨-tu⟩ ZOOL Languste *f*
lanse lanciert; **~ etmek** lancieren
lap *int* plumps!, klatsch!; bauz!; **~ ~ yemek** schmatzen
lapa Brei *m*; **~ ~** in dicken Flocken *schneien*; **~cı** Breiesser *m*; *fig* Schlappschwanz *m*; *fig* Elefantenbaby *n*
lapçın (Leder)Pantoffel *m*

L

Lapon Lappe *m*, Lappin *f*; **~ya** Lappland *n*; **~yalı** → ***Lapon***; lappisch; **~ca** (das) Lappisch(e); lappisch
-lar Pluralsuffix; → ***ler***
laser → ***lazer***
'lasta Tonnage *f*, Ladefähigkeit *f*
lasteks Lastex® *n*
lastik ⟨-ği⟩ Gummi *m*; AUTO Reifen *m*; Gummi- (*Stiefel usw*); ***~ başlık*** Bademütze *f*; ***~ değiştirme*** Reifenwechsel *m*; ***~ eldiven*** Gummischuh *m*; ***~ pompası*** Luftpumpe *f*; ***~ silgi*** Radiergummi *m*; ***~, bel lastiği*** Gummiband *n*; ***dış ~*** Mantel *m*; ***iç ~*** Schlauch *m*; ***dubleks ~*** Tubelessreifen *m*; ***~ servisi*** Reifendienst *m*
las'tikağacı BOT Gummibaum *m*
lastikli Gummi-; *fig* gewunden, doppeldeutig, schwammig (*Wort*); ***~ şerit*** Gummiband *n*
'lata[1] Latte *f*
'lata[2] *osm Gewand e-s islamischen Geistlichen*
la'terna Drehorgel *f*, Leierkasten *m*
latif [iː] nett; hübsch; witzig
latife Witz *m*, Scherz *m*; Anekdote *f*; ***~ etmek*** scherzen; ***~ bertaraf*** Scherz beiseite!
latifeci Spaßmacher *m*, Witzbold *m*
Latin HIST Latiner *m*, -in *f*; latinisch; Romane *m*; romanisch; ***~ harfleri*** lateinische Buchstaben *m/pl*; **~ce** (das) Lateinisch(e); lateinisch
latinçiçeği ⟨-ni⟩ BOT Kapuzinerkresse *f*
laubali [laːubɑːliː] ungeniert, respektlos; **~leşmek** sich (*D*) viel herausnehmen
lav Lava *f*
'lava MAR hisst!, zieht hoch!; mit e-m Zug (*herunterschlucken*); ***~ etmek*** hochziehen, hissen; *fig* über *j-n* herziehen
la'vabo Waschbecken *n*; Waschraum *m*
lavaj Auslaugung *f*; MED Spülung *f*
la'vanta Lavendel(öl *n*) *m*; ***~ mavisi*** lavendel(blau); **~çiçeği** ⟨-ni⟩ BOT Lavendel *m*
lavman MED Einlauf *m*, Klistier *n*
'lavta[1] MUS Laute *f*
'lavta[2] Geburtszange *f*, Geburtshelfer *m*, -in *f*
layık [lɑː-] ⟨-ğı⟩ (-e) geeignet (für, zu); würdig *G*; ***layığını bulmak*** die gerechte Belohnung (*od* Strafe) erhalten; den passenden Lebensgefährten finden; *-i -e* ***~ görmek*** *j-n* geeignet halten für; *-e* ***~ olmak*** verdienen *A*, würdig sein *G*
layıkıyla in geeigneter Weise, gebührend, richtig
layiha [laː-] Entwurf *m*; Exposé *n*; Gutachten *n*
laytmotif MUS Leitmotiv *n*
Laz Lase *m*, Lasin *n*; lasisch
'Lazca (das) Lasisch(e); lasisch
lazer, ***~ ışını*** Laserstrahl *m*; ***~(li) yazıcı*** EDV Laserdrucker *m*
lazım [laː-] nötig; ***~ olmak***: (***benim***) ***gitmem ~*** ich muss gehen; ***bana para ~*** ich brauche Geld; ***size ... ~ mı?*** brauchen Sie ...?; ***~ gelmek*** nötig sein; sich als nötig erweisen; ***~ gelen her şey*** alles Nötige; ***ne ~ gelir?*** was folgt daraus?; was macht das schon?; ***neme ~?*** was soll's?, F mir ist es wurscht; ich mische mich lieber nicht ein; **~lık** ⟨-ğı⟩ Nachttopf *m*
-le → ***ile***
le → ***l, L***
leblebi geröstete Kichererbsen *f/pl*; F *fig* (Revolver)Kugel *f*
'Lefkoşa, **'Lefkoşe** Nikosia *n*
legal legal; **~ize** legalisiert; ***~ etmek*** legalisieren
leğen (große) Waschschüssel; → ***leğenkemiği***; **~kemiği** ⟨-ni⟩ ANAT Becken *n*
Leh Pole *m*, Polin *f*, polnisch
leh'çe LING Dialekt *m*
'Lehçe (das) Polnisch(e); polnisch
lehim TECH Lot *n*, Lötzinn *n*; ***~ dikişi*** Lötstelle *f*; **~lemek** *v/t* löten; *Slang*: miteinander schlafen; **~li** gelötet
lehinde: *-in* ~ zugunsten *G/von*; ***~inde olmak*** sich einsetzen für
lehine: *-in* ~ zugunsten *G*; *-in* ***~ yorumlamak***; zugunsten *G/von* auslegen
Lehli Pole *m*, Polin *f*
lehtar Anhänger *m*, -in *f*, Befürworter *m*, -in *f*
lehte für *A*, pro (*Stimme*, *Argument*)
lejyon Legion *f*; **~er** Legionär *m*
leke Fleck *m*; *fig* Makel *m*, Fleck *m*; *-i* ***~ etmek*** beflecken, schmutzig machen; *-e* ***~ sürmek*** *fig j-n* in den Schmutz ziehen; bloßstellen; ***~ ilacı*** Fleckentferner *m*
leke|lemek *v/t* beflecken, schmutzig machen; *fig* verunglimpfen; **~li** fleckig, schmutzig; *fig* entehrt; bloßgestellt
lekelihumma MED Flecktyphus *m*

lekesiz fleckenlos; *fig* makellos; **~lik** ⟨-ği⟩ Fleckenlosigkeit *f*, *fig* Makellosigkeit *f*
leksikografi LING Lexikographie *f*
leksikoloji LING Lexikologie *f*
lektör Lektor *m*, -in *f* (*an der Universität*)
lenduha [-du:hɑ:] klotzig; Klotz *m*
lenf, 'lenfa ANAT Lymphe *f*, **~ düğümü** Lymphknoten *m*
lenfatik Lymph-, lymphatisch
lenger MAR Anker *m*; große Kupferschale
lengüistik Sprachwissenschaft *f*
Lenincilik ⟨-ği⟩ Leninismus *m*
lens Linse *f*, (**kontak**) **~** Kontaktlinse *f*, **~ takmak** Kontaktlinsen tragen
lento ARCH Sturz *m*
leopar ZOOL Leopard *m*
le'piska *Haar* blond *u* weich
-ler *Pluralsuffix*; **1950'lerde** in den Fünfzigerjahren
lesbiyen Lesbierin *f*, lesbisch
lesepase Passierschein *m*
leş Kadaver *m*, Aas *n*; **~ (gibi) kokmak** wie die Pest stinken; **~ gibi serilmek** sich der Länge nach hinlegen; *-in* **~ini çıkarmak** *j-n* halb totschlagen
leşkargası ⟨-nı⟩ Aasgeier *m*
Le'ton Lette *m*, Lettin *f*, **~ca** (das) Lettisch(e); lettisch; **~ya** Lettland *n*; **~yalı** → **Leton**; lettisch
'leva Lewa *m* (*bulgarische Währung*)
Levanten Levantiner *m*, -in *f*, levantinisch
levazım [-vɑ:-] Material *n*; Bedarfsartikel *m/pl*; MIL Versorgungsgüter *n/pl*; **~ sınıfı** Versorgungskompanie *f*, **~cı** MIL Angehörige(r) der Versorgungseinheit
levent ⟨-di⟩ HIST *osm* Marinesoldat *m*; **~ gibi** stattlich, ansehnlich
levha Schild *n*; Plakat *n*; Platte *f*, Tabelle *f*, Tafel *f* (*im Buch*); **hatıra ~sı** Gedenktafel *f*, **sokak ~sı** Straßenschild *n*
levrek ⟨-ği⟩ *Art* Seebarsch *m* (*Labrax labrax*)
levüloz Fruchtzucker *m*
levye Hebel *m*; Griff *m*
ley (*der rumänische*) Leu (*pl* Lei)
leylak ⟨-kı⟩ BOT Flieder *m*, Syringe *f*
leylek ⟨-ği⟩ ZOOL Storch *m*
leylî [i:] Nacht-, nächtlich; Internats- *n*
leziz [i:] delikat, F lecker
lezzet ⟨-ti⟩ Geschmack *m*; Genuss *m*; Vergnügen *n*, Spaß *m*; **~ almak** *-den* Freude (*od* Genuss) finden an *D*
lezzet|lendirmek appetitlich machen; Spaß machen; **~lenmek** appetitlich werden; es genießen; **~li** schmackhaft, appetitlich; angenehm; **~siz** fade, ... ohne jeden Beigeschmack; freudlos
lığ ⟨-ğı⟩ Anschwemmung *f*
lığlanmak anschwemmen
lığlı angeschwemmt, Schwemm-
lıkır: **~ ~** gluckernd; **~damak** gluckern
liberal ⟨-li⟩ liberal; Liberale(r); **~ist** liberal; **~izm** Liberalismus *m*
liberalleşmek liberalisiert werden
liberasyon ÖKON Freigabe *f*, **~ listesi** ÖKON Freiliste *f*
liboş *abw* Liberale(r), Freidenkende(r); *abw* Primitivkapitalist *m*, -in *f*
'libre Pfund *n*
li'bretto MUS Libretto *n*
'Libya Libyen *n*; **~lı** Libyer *m*, -in *f*
'lider POL Führer *m*; Chef *m*; SPORT Tabellenführer *m*; **~lik** ⟨-ği⟩ Führerschaft *f*, Führung *f*, **~ yapmak** die Führerschaft innehaben, an der Spitze stehen
lif Faden *m*; BIOL Faser *f*, Einseifetuch *n*
lifli Faser-, faserig
lig ⟨-gi⟩ Liga *f*, **~ maçı** Ligaspiel *n*; Ausscheidungsspiel *n*; **~den düşmek** aus der Liga absteigen; **~e çıkmak** in die Liga aufsteigen
'lika Rohseide *f*
liken BOT, MED Flechte *f*
likidasyon ÖKON Liquidation *f*
liki|de: **~ etmek** liquidieren; **~dite** ÖKON Liquidität *f*, Zahlungsfähigkeit *f*
likit flüssig; ÖKON liquide, verfügbar; **~ kristal gösterge** LCD-Anzeige *f*
liko'rinoz Räucherfisch *m*; geräucherte Meeräsche
likör Likör *m*
liman Hafen *m*; **açık** (*od* **serbest**) **~** Freihafen *m*; **~ idaresi** Hafenamt *n*; **~ işçisi** Hafenarbeiter *m*; **~ masrafları** Hafengebühren *f/pl*; **~ reisi** Hafenmeister *m*; **~a girmek** in den Hafen einlaufen
limanlamak in e-n Hafen einlaufen; *Wind* sich legen
'limbo MAR Schute *f*, Leichter *m*; ÖKON Umladung *f* (*auf ein anderes Schiff*)
lime: **~ ~** in Fetzen, zerlumpt
limit ⟨-ti⟩ Limit *n*, Höchstgrenze *f*
'limitet ⟨-ti⟩: **~ şirket** (**ltd. şti.**) Gesellschaft mit beschränkter Haftung

L

(GmbH)

limon Zitrone *f*; ***~ ağacı*** BOT Zitronenbaum *m*; ***~ gibi*** kreidebleich; (sauer) wie e-e Zitrone; ***~ kabuğu*** Zitronenschale *f*

limo'nata Limonade *f*; ***~ gibi*** *im Sommer* erfrischende Brise

limonî [-iː] zitronengelb; leicht aufbrausend; *fig* gestört, F kaputt (*Beziehung*)

limonküfü graugrün

limon|lu mit Zitronengeschmack; ***~ dondurma*** Zitroneneis *n*; ***~luk*** ⟨-ğu⟩ Zitronenplantage *f*, Zitronenpresse *f*, Gewächshaus *n*; ***~tuzu*** ⟨-nu⟩ Zitronensäure *f*

linç ⟨-çi⟩ Lynchjustiz *f*; *-i* ***~ etmek*** *j-n* lynchen

lineer linear

link[1] ⟨-ki⟩ Traben *n*; Trab *m*; ***~ gitmek*** traben

link[2] Fernmeldewesen: Kanal *m*; EDV Link *n*

li'nolyum Linoleum *n*

linyit ⟨-ti⟩ Braunkohle *f*

'lipsos ZOOL Meersau *f*, Drachenkopf *m* (*Scopaena porcus*)

lir MUS Leier *f*, Lyra *f*

'lira *Währung* Lira *f*, Pfund *n*; ***Türk ~sı*** (***TL***) türkische(s) Pfund, türkische Lira; ***~lık*** ... zu ... Lira

liret ⟨-ti⟩ Lira *f* (*italienische Währung*)

lirik ⟨-ği⟩ Lyrik *f*, lyrisch

lisan [ɑː] Sprache *f*

lisans Lizenziat *n*, Diplom *n* (*Universität*); Lizenz *f*; ÖKON (*Einfuhr- usw*) Genehmigung *f*; ***~lı*** mit Lizenz; ***~üstü*** ... post graduate (*Studium*); ***~ eğitim*** Magister *n*, Promotion *f*

'lise Gymnasium *n*, Oberstufe *f*; ***~ mezunu*** Abgänger *m*, -in *f* der Oberstufe; ***~li*** Oberschüler *m*, -in *f*

'liste Liste *f*, Verzeichnis *n*; ***fiyat ~si*** Preisliste *f*; ***~ yapmak*** e-e Liste aufstellen; *-i* ***~ye geçirmek*** in e-e Liste eintragen; ***yemek ~si*** Speisekarte *f*; *-i* ***kara ~ye almak*** auf die schwarze Liste setzen; ***~ye kaydolunmak*** sich eintragen

literatür *bes Wissenschaft* (Fach)Literatur *f*

'litre Liter *m* (*a n*); ***yarım ~*** Halbliter *m*; ***~lik***: *z.B.* ***iki ~ şişe*** e-e Zweiliterflasche

Lit'vanya Litauen *n*; ***~lı*** Litauer *m*, -in *f*, litauisch; ***~ca*** (das) Litauisch(e)

liva [ɑː] HIST Landkreis *m*; HIST, MIL Brigade *f*, Brigadegeneral *m*

livar Fischbassin *n*; Fischteich *m*

liyakat [-jaː-] ⟨-ti⟩ Verdienst *n*; Fähigkeit *f*; ***~ göstermek*** sich bewähren

liyakatli verdient; fähig, tüchtig

liyakatsiz unwürdig; unfähig

Liyej Lüttich *n*

'Lizbon Lissabon *n*

'lobi Vorraum *m*; Wandelgang *m*; POL Lobby *f*

lobut ⟨-tu⟩ Keule *f* (*a Turngerät*)

'loca THEA Loge *f*; ***mason ~sı*** Freimaurerloge *f*

'loça MAR Klüse *f*

lodos ['lɔ-] Süd(west)wind *m*; Süden *m*; ***~lamak*** *unp*: ***hava lodosluyor*** es kommt ein Südwind auf

loga'ritma Logarithmus *m*; ***~ tablosu*** Logarithmentafel *f*

loğ ⟨-ğu⟩ Straßenwalze *f*

loğlamak feststampfen, glatt walzen

lo'ğusa Wöchnerin *f*; ***~lık*** ⟨-ğı⟩ (*a* ***~ dönemi***) Wochenbett *n*

lojistik ⟨-ki⟩ PHIL, MIL Logistik *f*

lojman Dienstwohnung *f*

lok Schleuse *f*

lokal ⟨-li⟩ *a* MED lokal; Klub *m* (*als Raum*); (*Vereins*)Haus *n*

lo'kanta Restaurant *n*; ***~cı*** (Gast)Wirt *m*

lokavt ⟨-tı⟩ ÖKON Aussperrung *f*

lokma Stück *n Brot*, Brocken *m*, Bissen *m*; GASTR Krapfen *m*; ***~ dökmek*** Krapfen backen

lokmanruhu ⟨-nu⟩ Äther *m*

lokomotif Lokomotive *f*; ***~ döndürme köprüsü*** BAHN Drehscheibe *f*

lokum *türk. Süßigkeit*; *Kartenspiel* Karo *n*; F nachsichtige(r) Lehrer(in); ***~ gibi*** sehr hübsch, F Zucker!

lolo F Angeberei *f*; F Schwanz *m* (*Penis*); ***~lo*** leere(s) Gerede, Blabla *n*; ***bize de mi ~?*** falle ich etwa auf sowas rein?

lombar MAR Ladeluke *f*

lomboz Bullauge *n*; Luke *f*

'lonca HIST Zunft *f*, Gilde *f*

'Londra London *n*

longpley Langspielplatte *f* (LP)

lop[1] weich und rundlich; ***~ et*** ein weiches Stück Fleisch; ***~ ~ yemek*** (in großen Stücken) hinunterschlingen; ***~ yanaklı*** rundbäckig; ***~ yumurta*** hartgekochte(s) Ei

lop[2] ⟨-pu⟩ ANAT Lappen *m*

'loppadak! klatsch!, bauz! (*z.B. auf die*

Erde fallen); happ!, haps! (*in den Mund*)
lopur: *-i* **~ ~ yemek** verschmatzen
lord, **lort** ⟨-du⟩ Lord *m*; Krösus *m*; **2lar Kamarası** Oberhaus *n* (*in Großbritannien*)
'**lorta** (*Schuh*) Leisten(größe *f*) *m*
'**lostra** Schuhcreme *f*; **~ salonu** Schuhputzersalon *m*; **~cı** Schuhputzer *m*
los'tromo MAR Bootsmann *m* (*auf Handelsschiffen*)
losyon Lotion *f*, Toilettenwasser *n*; Haarwasser *n*; Gummilösung *f*
loş schummrig; **~laşmak** schummrig (*od* dunkel) werden; **~luk** ⟨-ğu⟩ Halbdunkel *n*
lot ÖKON Aktienpaket *n*; **~ altı işlemi** Geschäft *n* mit weniger als ein → **lot**
loto Lotto *n*
lotus BOT Lotus *m*; **~ çiçeği** Lotusblüte *f*
lök ⟨-kü⟩ plump; wuchtig; Zuchtkamel *n*
löklemek *v/t* verkitten
lökün Kitt *m*; **~lemek** → **löklemek**
löp: *meist* **~ ~** voll und weich
löpür → **lopur**
lös GEOL Löss(boden) *m*
lösemi MED Leukämie *f*
'**lövye** LUFTF Steuerknüppel *m*; → **levye**
Ltd. Şti. *Abk.* → **limitet şirket(i)**
lûgat, **lugat** *osm* Wörterbuch *n*; **~ paralamak** kauderwelschen; fachsimpeln
lum'bago Hexenschuss *m*
'**lunapark** ⟨-kı⟩ Lunapark *m*; F *Berlin* Rummel *m*; *Hamburg* Dom *m*; *München* Oktoberfest *n*
Lut [uː] ⟨-tü⟩ *Bibel* Lot *m*
'**Luterci** Lutheraner *m*; **~lik** ⟨-ği⟩ Luthertum *n*
lutr ZOOL Otter *m*; Otterfell *n*
Lübnan (der) Libanon; **~lı** Libanese *m*, Libanesin *f*
lüfer ZOOL Blaufisch *m* (*Makrelenart*; *Temnodon saltator*)
lüks[1] Luxus *m*; **~ koltuk** *z.B.* THEA (die) besten Plätze *m/pl*; **~ otel** Luxushotel *n*
lüks[2] PHYS Lux *n* (lx); **~ lambası** Petroleum-Glühlampe *f*
lüksasyon MED Verrenkung *f*
Lük'semburg Luxemburg *n*; **~lu** Luxemburger *m*, -in *f*
lüle Locke *f*, Flocke *f*, Pfeifenkopf *m*; Ausflussöffnung *f* (*e-s Brunnenrohrs*)
lületaşı Meerschaum *m*
lümen PHYS Lumen *n*
lüp ⟨-pü⟩ glückliche(r) Fund; *int* haps!; **~e konuyor** *unp* (*ihm*, *ihr*) fällt alles in den Schoß; (*er*, *sie*) schmarotzt; **~çü** *fig* F Nassauer *m*
lütfen bitte; freundlicherweise; *scherzh* gnädigst; **~ dikkat!** Achtung, Achtung (e-e Durchsage)!
'**lütfetmek** (*-i -e*) verehren (*j-m etw*); nennen (*j-m z.B. den Namen*); gestatten (*j-m etw*); geruhen (*-ip* zu ...)
lütuf ⟨lütfu⟩ Güte *f*, Freundlichkeit *f*; *-mek* **lütfunda bulunmak** so freundlich sein, zu ...; **~kâr** liebenswürdig, freundlich; **pek ~sınız** sehr freundlich von Ihnen!
lüzum [-uːm] Notwendigkeit *f*, Bedürfnis *n*; *-e* **~ göstermek** (es) für erforderlich halten (zu ...); **~u halinde** nötigenfalls; **~u olan miktarda** in der erforderlichen Menge; **~u yok** (das ist) nicht nötig; **~unda** nötigenfalls; **~undan fazla** mehr als nötig, über die Maßen; **görülen ~ üzerine** aus gegebenem Anlass; **~lu** nötig, erforderlich; **~suz** unnötig, überflüssig; **~suzluk** ⟨-ğu⟩ Überflüssigkeit *f*, Entbehrlichkeit *f*

M

m, M [mɛ] m, M *n*
maada ['maːadaː] *osm* außer (*-den D*); **benden ~** außer mir
maaile [ma'a-] mit Kind und Kegel
maalesef [ma'a-] leider
maarif [ma'a-] *osm* Unterrichtswesen *n*
maaş [ma'a-] Gehalt *n*; **~ bağlamak** *-e* ein Gehalt bewilligen; **... ~lı** mit einem Gehalt von ...
maattessüf [ma'a-] bedauerlicherweise
maazallah [ma'a-] Gott behüte!
mabat ⟨-dı⟩ *osm* Fortsetzung *f*, F Hintern *m*
mabet [maː-] ⟨-di⟩ Tempel *m*

mabeyinci [maː-] *osm* (persönlicher) Mittelsbeamte(r) (*des Sultans*)
mablak ⟨-ğı⟩ Rührlöffel *m*; Spachtel *m*
mabut [maːbuːt] ⟨-dı⟩ Idol *n*
Macar Ungar *m*, -in *f*; **~ salamı** ungarische Salami; **~ca** [-ˈdʒar-] (das) Ungarisch(e); ungarisch; **~istan** Ungarn *n*
macera [maːdʒɛraː] Abenteuer *n*; **gönül ~sı** Liebesabenteuer *n*; **~cı** Abenteurer *m*, -in *f*; **~lı** abenteuerlich; **~perest** ⟨-ti⟩ abenteuerlustig; Abenteurer *m*, -in *f*
macun [maː-] Paste *f*, Kitt *m*; *Art* Lutscher *m*; **~ çekmek** verspachteln; auskitten; **diş ~u** Zahnpasta *f*; **~lamak** *-i v/t* verkitten; (ver)spachteln
maç ⟨-çı⟩ Spiel *n*; **~ yapmak** ein (Fußball)Spiel austragen; **boks ~ı** Boxkampf *m*; **futbol ~ı** Fußballspiel *n*
ˈmaça *Kartenspiel* Pik *n*; **~ bey(i)** Pikass *n*; **~ kızı** Pikdame *f*
maˈça TECH Kern *m*, Mittelstück *n*
maˈçuna Verladekran *m*; **~ arabası** Kranwagen *m*
mad. *Abk für* **madde** JUR Paragraph *m* (§)
maˈdalya Medaille *f*, Orden *m*; **~nın ters tarafı** *fig* die Kehrseite der Medaille; **İstiklal ~sı** Kriegsveteranenorden *m* (*der Republik Türkei*)
madalyon Medaillon *n*
madam gnädige Frau, Frau ..., Madame *f* (*für nichtislamische Frauen*)
maˈdara *Slang*: mies; *-i* **~ etmek** *j-n* reinlegen; **~ olmak** reinfallen
madde Materie *f*, Stoff *m*, ganz *f*, Material *n*; ÖKON Artikel *m*, Ware *f*, Produkt *n*; Postgut *n*; Wesen *n*; Problem *n*; JUR Artikel *m*, Paragraph *m*; **~nin hali** Aggregatzustand *m*; **plastik ~** Kunststoff *m*; **besin ~si** Nährstoff *m*; **sözlük ~si** Wörterbuchartikel *m*; **yiyecek ~leri** Nahrungsmittel *n/pl*; **~ başı** (**kelime**) Stichwort *n*
maddeci *a* PHIL Materialist *m*, -in *f*
maddecilik ⟨-ği⟩ Materialismus *m*
maddesel Material-; materiell
ˈmaddeten materiell; faktisch; technisch
maddî [iː] materiell
maddileşmek sich materialisieren
madem [ˈmaː-], **maˈdem ki** *konj* (nun) da; wenn ... nun einmal; **~ öyle** da dem so ist ...; unter diesen Umständen; **~ görmek istiyorsunuz ...** wenn Sie es nun einmal sehen möchten ...
maden [aː] Metall *n*; Metall-; Erz *n*, Mineral *n*; Mine *f*, Erzgrube *f*, *fig* Goldgrube *f*, Eldorado *n*; Glücksritter *m*; **~ cevheri** (*od* **filizi**) Erz(vorkommen) *n*; **~ işçisi** Bergmann *m*; **~ kuyusu** Schacht *m*; **~ ocağı** Erzgrube *f*; **~ yatağı** Erzlagerstätte *f*; **hafif ~** Leichtmetall *n*
madenci Bergmann *m*; Mineraloge *m*; Metallurg(e) *m*; **~lik** ⟨-ği⟩ Metallurgie *f*
madenî [iː]: Metall-, ... aus Metall; metallisch, metallen; mineralisch, Mineral-; mineralogisch; **~ para** Geldstück *n*
madenkırmız Mineralkermes *m*
madenkömürü ⟨-nü⟩ Steinkohle *f*
madensel → **madenî**
madensi metallartig, metallisch
madensuyu ⟨-nu⟩ Mineralwasser *n*
madenyünü ⟨-nü⟩ Isolierwolle *f*
maderşahi [-ʃaːhiː] matriarchalisch
madik ⟨-ği⟩ F Trick *m*, Schummelei *f*; **~ etmek** *j-n* beschummeln
madrabaz Aufkäufer *m*, Großhändler *m*; F Gauner *m*, Ganove *m*
maˈestro Dirigent *m*
ˈmafiş F nicht (*od* kein ...) mehr, F alle; *Art* Eiergebäck *n*; **bende para ~** mein Geld ist alle
mafsal ANAT, TECH Gelenk *n*; **kardan ~ı** Kardangelenk *n*
magazin Illustrierte *f*, Feuilleton *n*
ˈmagma Magma *n*
magnezyum Magnesium *n*
magri ZOOL Seeaal *m*
maˈğara Grotte *f*, Höhle *f*; **~ adamı** Höhlenmensch *m*; **~bilim** Höhlenforschung *f*
maˈğaza (großer) Laden; Kaufhaus *n*; Lager *n*; **giyim ~sı** Konfektionsgeschäft *n*; *-i* **~da bulundurmak** auf Lager haben *A*; **~lamak** *v/t* einlagern
mağdur [uː] benachteiligt; Geschädigte(r); *fig* Opfer *n*; **~iyet** ⟨-ti⟩, **~luk** ⟨-ğu⟩ Benachteiligung *f*
mağfur [uː] selig (*von Toten*)
mağlubiyet ⟨-ti⟩ Niederlage *f*
mağlup [uː] ⟨-bu⟩ besiegt; **~ edilmez** unbesiegbar; *-i* **~ etmek** besiegen *A*
Mağribî [-biː] Nordafrikaner *m*, -in *f*; nordafrikanisch (*ohne Ägypten*); Westen *m*
mağrur [uː] überheblich; stolz (*-e* auf *A*)

M

mağrurlanmak überheblich sein
mah. *Abk für* ***mahalle(si)*** Stadtviertel *n*
mahal ⟨-li⟩ Ort *m*, Stelle *f*; *-e* ***~ kalmamak*** kein Anlass bestehen zu, zu + *inf*; ***bu sözlere ~ yoktur*** zu solchen Äußerungen besteht kein Anlass
mahalle Stadtviertel *n*; Wohnviertel *n*; vulgär; ***~ kahvesi gibi*** wie auf e-m Jahrmarkt; ***~ karısı*** Marktweib *n*; ***kenar ~*** Vorstadt *f*, Außenbezirk *m*; ***~ muhtarı*** Stadtviertelvorsteher *m*
mahallebi → ***muhallebi***
mahallî örtlich, lokal; Orts-; regional; ***~ idare*** Kommunalverwaltung *f*
maharet [ɑː] ⟨-ti⟩ Kunst *f*, Geschicklichkeit *f*; **~li** geschickt, wendig; **~siz** ungeschickt, tapsig
mahcubiyet [uː] ⟨-ti⟩ Schüchternheit *f*, Verlegenheit *f*
mahcup ⟨-bu⟩ schüchtern; verlegen; *-i* ***~ etmek*** *j-n* verlegen machen, verwirren; ***~ olmak*** verlegen werden
mahdut [uː] begrenzt; beschränkt (*a geistig*); gezählt, gering
mahfaza Futteral *n*, Etui *n*; Schatulle *f*
mahfazalı ... mit (*od* im) Futteral
mahfil (Offiziers)Klub *m*; ARCH Herrscherloge *f in der Moschee*
mahfuz [uː] geschützt (*a Rechte*); erhalten; *im Gedächtnis* bewahrt, behalten; ***her hakkı ~dur*** alle Rechte vorbehalten
mahir [ɑː] gewandt; Meister *m* (*-de* in *D*); **~ane** gewandt, geschickt
mahiyet [mɑː-] ⟨-ti⟩ Wesen *n*, Charakter *m*; Bedeutung *f*; ***aynı ~teki*** gleichartig, analog
mahkeme Gericht *n*; Prozess *m*; ***~ duvarı*** schamlos, gewissenlos; ***~ kapılarında*** vor Gericht, durch alle Gerichte (*schleppen*); *-in* ***~de dayısı olmak*** e-n hoch gestellten Protektor haben; ***~ye düşmek*** vor Gericht gehen müssen; **~lik** ⟨-ği⟩ Gerichtsangelegenheit *f*; ***~ olmak*** → ***~ye düşmek***
mahkûm **1.** *adj* verurteilt (*-e* zu *D*); *Kranker* aufgegeben, (unrettbar) verloren; *-e -i* ***~ etmek*** *j-n* verurteilen (zu *D*); **2.** *subst* Gefangene(r); **~iyet** ⟨-ti⟩ Haft(strafe) *f*, Vorstrafe *f*
mahlas Pseudonym *n*, Künstlername *m*
mahluk [uː] ⟨-ku⟩ Geschöpf *n*; **~at** [-ɑːt] ⟨-tı⟩ *pl von* ***mahluk***
mahlul [-uːl] ⟨-lü⟩ *osm* (auf)gelöst; JUR erblos, dem Staate verfallen
mahmur [uː] benommen, schlaftrunken; verkatert; schläfrig; *Blick* träumerisch
mahmur|laşmak benommen werden, schläfrig werden; e-n Kater bekommen; **~laşmış** schläfrig; **~luk** ⟨-ğu⟩ Katzenjammer *m*; Schlaftrunkenheit *f*
mahmuz Sporn *m* (*am Stiefel*; *des Hahns*); Eisbrecher *m an Brückenpfeilern*; **~lamak** *-i* die Sporen geben *D*; rammen
mahpus [uː] verhaftet, gefangen; *Spielart im Tricktrackspiel*; ***~ kampı*** Gefangenenlager *n*; **~hane** [ɑː] Gefängnis *n*
mahrama kleine(s) Badetuch; HIST breite(r) Überwurf
mahreç ⟨-ci⟩ *fig* Quelle *f*, GR Artikulationsstelle *f*
mahrem **1.** *adj* geheim (*z.B. Akte*); *Islam* verboten (*Heirat unter nahen Verwandten*); **2.** *subst* Vertraute(r); **3.** *adv* vertraulich (*sprechen*)
mahremiyet ⟨-ti⟩ Geheimhaltung *f*, Vertraulichkeit *f*, Intimität *f*
mahrum [uː] ohne (*-den A*); *-i* ***~ etmek*** (*od* ***bırakmak***) *j-n* berauben *G*; ***~ olmak*** (*od* ***kalmak***) nicht haben *A*, entbehren (müssen); **~iyet** ⟨-ti⟩ Mangel *m*, Entbehrung *f*, JUR Aberkennung *f* (*z.B. der ... Rechte*); ***~lere katlanmak*** Mangel leiden
mahsuben [uː] *-e* auf Rechnung *G*, a conto *G*
mahsul [uː] ⟨-lü⟩ Erzeugnis *n*; Ertrag *m*; Ernte *f*; ***~ almak*** (*a* ***kaldırmak***) die Ernte einbringen; **~dar** einträglich
mahsup [uː] ⟨-bu⟩ verrechnet; *-i -e* ***~ etmek*** *etw* anrechnen (auf *A*), berücksichtigen *A*
mahsur eingekreist, belagert; blockiert; beschränkt (*-e* auf *A*)
mahsus [uː], [u] *-e* bestimmt (für *A*), vorbehalten *D*, F extra (für *A*); eigen *D*, typisch (für *A*); extra, mit Absicht, absichtlich; zum Spaß, scherzhaft; (*auf e-m Brief*) ***şahsa ~tur*** persönlich
mahşer REL (der) Jüngste Tag; (das) Jüngste Gericht; Ort *m* des Jüngsten Gerichts; *fig* Menschenmenge *f*, Gewühl *n*; *fig* Hölle *f*
mahun, ma'hunya Mahagoni *n*
mahut [mɑːhuːt] *osm* berüchtigt
'mahvetmek *v/t* zerstören; *Bemühun-*

gen zunichte machen; *Ernte* vernichten

'mahv|olmak zugrunde gehen; **~olunmak** *pass von* ***mahvetmek***

mahya *Leuchtgirlanden zwischen zwei Minaretten in den Ramazan-Nächten*; ARCH Dachgrat *m*, First *m*

mahzen Lagerkeller *m*; *bes a* Weinkeller *m*; Bunker *m*; Archiv *n*; (Pulver)-Magazin *n*

mahzun [u:] wehmütig; **~luk** ⟨-ğu⟩ Wehmut *f*; **~laşmak** wehmütig werden

mahzur Nachteil *n*; Bedenken *n/pl*, *bes* MED kontraindiziert; Hindernis *n* (*-mekte* zu ...); Mangel *m*; **~lu** riskant; bedenklich; hinderlich, nachteilig

mail[1] [ɑ:] geneigt, schräg, schief; *fig -e* geneigt (zu *D*); neigend (zu *D*); ***yeşile*** ~ ins Grüne spielend

mail[2] [mɛil] *Abk* → ***e-mail***; ***~lemek*** mailen

maişet [i:] ⟨-ti⟩ *osm* Lebensunterhalt *m*

maiyet ⟨-ti⟩ Gefolge *n*; Gefolgschaft *f*; Belegschaft *f*; Begleitpersonal *n*; ***~ memuru*** Adjutant *m*; persönlicher Sekretär; *-in* ***~inde*** unter der Leitung *G*

majeste Majestät *f*; s-e Exzellenz der Staatspräsident

majör Dur *n*; ***~ gam*** Durtonleiter *f*

majüskül ⟨-lü⟩ (der) große Buchstabe

makabil [ɑ:]: ***~ine şamil olmak*** JUR rückwirkende Kraft haben

makale [-kɑ:-] (Zeitungs)Artikel *m*; Aufsatz *m*

makam [-kɑ:m] Dienststelle *f*, Behörde *f*; Dienstraum *m*; Amt *n*, Posten *m*; Aufenthaltsort *m*; Amtssitz *m*; → ***orun***; MUS (türk.) Tonart *f*, Ton *m*; ***resmî ~*** amtliche Stelle *f*; ***dostluk ~ında*** als Zeichen der Freundschaft; ***~ arabası*** Dienstwagen *m*; **~lı** harmonisch; mit Singsang; **~sız** unharmonisch

ma'kara Spule *f* (*a* EL); Rolle *f*, Trommel *f* (*z.B. für Kabel*); Flaschenzug *m*; ***~ çekmek*** trillern; zwitschern; ***~ geçmek*** (*od* ***~ya almak***) *fig j-n* aufziehen; ***~ları koyuvermek*** sich halb totlachen; **~lı** ... mit Rolle, mit Spule; Trommel-; ***~ film*** Rollfilm *m*; ***~ kuş*** Singvogel *m*

ma'karna Makkaroni *pl*; Teigwaren *f/pl*; **~cı** Makkaroniliebhaber *m*, -in *f*; Makkaronihersteller *m*

makas *a* ZOOL Schere *f*; Dachsparren *m*; BAHN Weiche *f*; Kupplung *f* (*der Wagen*); Locher *m* (*für Fahrkarten*); Hebewerkzeug *n*; AUTO Feder *f*; F Zwicken *n*, Kneifen *n* (*in die Wange*); F es reicht!, Schluss damit!; *-i* ***~a almak*** *fig j-n* in die Zange nehmen; **~çı** Weichensteller *m*; Scherenverkäufer *m*; F Gauner *m*; **~lama** Durchkreuzen *n*; ***~ ateşi*** Kreuzfeuer *n*

makaslamak *v/t mit e-r Schere* schneiden; *z.B. Film, Artikel* kürzen; zensieren; *in die Wange* kneifen, zwicken *A*

makat ⟨-dı⟩ Gesäß *n*; Holzbank *f mit Sitzkissen*; **~tan** MED anal

makbul [u:] ⟨-lü⟩ angenommen; annehmbar; angenehm; beliebt; *Ware* gängig; ***~ümdür*** das ist annehmbar für mich; ***~e geçmek*** wohltuend sein

makbuz [u:] Quittung *f*; ***~ mukabilinde*** gegen Quittung

Make'don|ca (das) Mazedonisch(e); **~ya** Maze'donien *n*; **~yalı** Mazedonier *m*, -in *f*; mazedonisch

maket ⟨-ti⟩ Modell *n*; Skizze *f*; **~çi** Modellierer *m*; Skizzierer *m*

'maki[1] BOT Maquis *m*

'maki[2] ZOOL Lemur *m*

ma'kina, **makine** Maschine *f*; Apparat *m*; Triebwerk *n*; Motor *m*; F Auto *n*, Wagen *m*; Pistole *f*; ***buhar ~sı*** Dampfmaschine *f*; ***idare ~sı*** Verwaltungsapparat *m*; ***tıraş ~sı*** Elektrorasierer *m*; ***yazı ~sı*** Schreibmaschine *f*; ***~ çekmek*** mit der Maschine nähen; ***~ gibi adam*** Roboter *m*; ***~ gücü*** Leistung *f* (*e-r Maschine*); ***~ mühendisi*** Maschinenbauingenieur *m*; ***~ yağı*** Maschinenöl *n*; ***~yı bozmak*** *scherzhaft* Durchfall haben

ma'kinacı Maschinist *m*; Mechaniker *m*

ma'kinalaş|ma Mechanisierung *f*; **~mak** mechanisiert werden; *fig* zur Maschine werden; **~tırmak** *v/t* mechanisieren, auf Maschinenbetrieb umstellen

ma'kinalı mechanisch; mechanisiert; maschinell; Maschinen-; ***~ tüfek*** Maschinengewehr *n*

makinist ⟨-ti⟩ Maschinist *m*; Techniker *m*; Lokomotivführer *m*; **~lik** ⟨-ği⟩: ***~ yapmak*** als Maschinist arbeiten; Techniker sein

maksat ⟨-dı⟩ Ziel *n*; Zweck *m*; Absicht *f*; ***maksada girmek*** s-e Absichten verwirklichen; ***~ gütmek*** (den) Hinterge-

M

danken haben (, zu ...); **~larını meydana koymak** s-e Karten aufdecken; **... (demek)ten ~** es besteht die Absicht, zu ...; *-mek* **maksadıyla** um ... zu, mit dem Zweck, zu ...
maksat|lı tendenziös; **~sız** zwecklos
maksi *Mode* lang; **~mal** höchstens; maximal; **~mum** ['maks-] Maximum *n*
maktu ⟨-tuu⟩ ÖKON en gros; **~ fiyat** feste(r) Preis
maktul ⟨-lü⟩ getötet; ermordet; **~ düşmek** ermordet werden; umkommen
makul [maːkuːl] ⟨-lü⟩ rational; *Person u Sache* vernünftig; *Grund* triftig, nachvollziehbar; *Preis* angemessen
makule [uː] Art *f*, Gruppe *f*, Kategorie *f*; **bu ~** derartig
makyaj Schminken *n*, Make-up *n*; Schminke *f*; *-e* **~ yapmak** schminken *A*; sich schminken; **~cı** Maskenbildner *m*, -in *f*; **~lı** geschminkt
mal[1] Großvieh *n*, Rindvieh *n*
mal[2] Eigentum *n*; Vermögen *n*; *fig* Bestandteil *m* (*der Geschichte*); ÖKON Ware *f*, F Moneten *pl*, Zaster *m*; F Kerl *m*, Subjekt *n*; F Stoff *m*, Rauschgift *n*; **~ bildirimi** Zollerklärung *f*; **~ birliği** JUR Gütergemeinschaft *f*; **~ bulmuş gibi** in Hochstimmung; **~ canın yongasıdır** „auch Besitz ist ein Teil der Seele", (auch Geldverluste sind schmerzlich); **~ canlısı** habgierig; **~ edinmek** zu Geld kommen; *-i* **kendine ~ etmek** sich (*D*) zu eigen machen; *abw* nur für sich in Anspruch nehmen; *-i* **... liraya ~ mal etmek** e-n Selbstkostenpreis von … Lira erzielen; *-i* **halka** *usw* **~** zum Gemeingut des Volkes *usw* machen; **~ kaldırmak** erwirtschaften; *-e* **~ olmak** kosten *A*, sich belaufen auf; **~ sahibi** Eigentümer *m*, -in *f*; **~ sandığı** Finanzkasse *f*; **~ yapmak** F Geld machen; **~ı götürmek** Reibach machen; **~ın gözü** übel, nichtsnutzig (*Kerl*); → **mal etmek, mal olmak**
'mala Maurerkelle *f*
malak ⟨-ğı⟩ ZOOL Büffelkalb *n*
malakit ⟨-ti⟩ Malachit *m*
malalamak *v/t* verputzen
ma'larya Malaria *f*
maletmek → **mal etmek**
mal'gama Amalgam *n*
malıtaşı MAR Ankerstein *m*
malî [maːliː] materiell; finanziell, Finanz- (*Krise*); **~ müşavir** Finanzberater *m*, -in *f*; **~ sorumluluk sigortası** Haftpflichtversicherung *f*; **~ yıl** Finanzjahr *n*
malihulya Melancholie *f*, Einbildung *f*
malik [maː-] ⟨-ki⟩ Inhaber *m*; *-e* **~ olmak** besitzen; Herr sein *G*; **kendine ~ değil** er ist nicht Herr seiner selbst
malikâne Anwesen *n*, Besitztum *n*
maliye [maː-] Finanzwesen *n*; **~ bakanlığı** Finanzministerium *n*; **~ memuru** Finanzbeamte(r); **~ci** Finanzmann *m*; Finanzbeamte(r)
maliyet [maː-] ⟨-ti⟩: **~ fiyatına** zum Selbstkostenpreis; **~ler** Kosten *pl*
malkıran MED Rinderpest *f*
malmüdürü ⟨-nü⟩ Finanzdirektor *m*
malşans Pech *n*
'malolmak [maːlɔ-] → **mal olmak**
malt ⟨-tı⟩ Malz *n*
'Malta Malta *n*; **~ca** (das) Maltesisch(e)
'maltaeriği ⟨-ni⟩ BOT Wollmispel *f* (*Eriobotrya*)
'Maltalı Malteser *m*, -in *f*
'maltataşı ⟨-nı⟩ maltesische(r) Sandstein
Maltız *osm* Malteser *m*, -in *f*; maltesisch, Malteser-
maltız kleine(s) tragbare(s) Kohlebecken
malul [maːluːl] ⟨-lü⟩ Invalide *m*; Invaliden-; gebrechlich; **~ gazi** Kriegsversehrte(r); **~en emekliğe ayrılmak** Frührente *f* beziehen, F auf Frührente gehen; **~iyet** ⟨-ti⟩ Kriegsinvalidität *f*
malum [maːluːm] bekannt; klar, offensichtlich; **bana ~ oldu** ich habe es geahnt; **~ değil** (das ist) nicht ganz sicher; **~ ya!** das ist klar; natürlich!; **~unuzdur ki ...** wie Ihnen bekannt ...; **~ olduğu üzere** wie bekannt
malumat [maːluːmaːt] ⟨-tı⟩ Kenntnisse *f/pl*; Auskunft *f*; **~ almak** sich erkundigen (*... hakkında* über *A*, nach *D*); *-den* **~ı olmak** Kenntnis haben (von *D*), informiert sein von; *-e* **~ vermek** *j-n* benachrichtigen, informieren; **~ım yok** ich habe keine Ahnung; **~furuş** besserwisserisch; **~lı** benachrichtigt, informiert; **~sız** ... ohne Nachricht, ... ohne Kenntnis, unwissend
malzeme [mal-] Material *n*; Zubehör *n*; Zutaten *f/pl* (*beim Kochen*); **~ bilgisi** Materialkunde *f*; **~ yorgunluğu** Mate-

rialermüdung *f*; ***makyaj ~si*** Kosmetika *pl*
mama Brei *m*, Kindernahrung *f*, Futter *n* (*für Haustiere*)
mamafih [ma:ma:-] dennoch, trotz allem
mamul [ma:mu:l] ⟨-lü⟩ gemacht, hergestellt (*-den* aus *D*); Industrie- (*Waren*); Produkt *n*; **~at** [-a:t] ⟨-tı⟩ Produkte *n/pl*, Produktion *f*
mamur [ma:mu:r] *fig* blühend; bearbeitet; erschlossen, kultiviert
'mamut ⟨-tu⟩ ZOOL Mammut *n*
mana [ma:na:] Sinn *m*, Bedeutung *f*, *-den* ***~ çıkarmak*** Schlüsse ziehen (aus *D*); falsch deuten, den Sinn verdrehen; *-e* ***bir ~ verememek*** nicht zu deuten wissen *A*; *-in* ***~sını sezmek*** den Sinn *G* erfassen; *-de* ***ne ~ var?*** welchen Sinn hat es, ... zu ...; ***tam ~sıyla*** *adv* buchstäblich; im wahrsten Sinn (*des Wortes*); **~lı** viel sagend; ***çok ~*** vielsagend; vieldeutig; ***iki ~ söylemek*** sich zweideutig äußern; **~ ~** vielsagend; **~sız** bedeutungslos; sinnlos; **~sızca** *adv* sinnlos
manastır Kloster *n*
manav Obst- und Gemüsehändler *m*; Obst- und Gemüsegeschäft *n*
mancınık ⟨-ğı⟩ HIST Wurfmaschine *f*
Man'çu Mandschu *m* (*a f*); **~ca** (das) Mandschurisch(e)
Man'çurya die Mandschurei *f*
manda[1] ZOOL Büffel *m*; ***~ gibi yemek*** *fig* wie ein Scheunendrescher essen
manda[2] POL Mandat *n*; ***~ altındaki ülke*** unter (e-m) Mandat stehende(s) Land
mandal Riegel *m*; Wirbel *m an der Geige*; ***çamaşır ~ı*** Wäscheklammer *f*
manda'lina BOT Mandarine *f*
mandal|lamak *v/t* verriegeln; *Wäsche* anklammern, aufhängen; **~lı** verriegelt; *Wäsche* aufgehängt; **~sız** unverriegelt; nicht angeklammert, nicht aufgehängt
mandarin HIST Mandarin *m* (*in China*); Mandarine *f*
mandater Mandatar(staat) *m*; Mandats-
man'depsi F Schwindel *m*; ***~ye bastırmak*** *fig j-n* aufs Kreuz legen
'mandıra Molkerei *f*, (Vieh)Hürde *f*
mandolin MUS Mandoline *f*
manej Manege *f*, ***kapalı ~*** Reitsaal *m*
manen ['ma:-] *adv* sinngemäß; geistig; moralisch
manevî [ma:nεvi:] geistig; ideell; moralisch; angenommen (*Kind*); ***~ evlat*** Adoptivkind *n*; ***~ şahıs*** juristische Person; ***~ taciz*** Mobbing *n*
maneviyat [a:] ⟨-tı⟩ (das) Ideelle, (das) Geistige; Moral *f*, *-in* ***~ını bozmak*** (*od* ***kırmak***) die Moral zerstören
ma'nevra *a* MIL Manöver *n*; Wendemanöver *n*; Manövrierung *f*, BAHN Rangieren *n*; ***~ çevirmek*** lavieren, sich durchschwindeln; ***~ kabiliyeti*** MAR Steuerbarkeit *f*; ***~ yapmak*** manövrieren; ein Manöver unternehmen; *fig* → ***~ çevirmek***; **~lı** geschickt; listig; **~sız** MAR steuerlos
'manga MIL Gruppe *f* (*zehn Mann*); MAR Schlafraum *m* (*der Mannschaften*)
mangal Kohlenbecken *n*; ***~ kömürü*** Holzkohle *f*
mangan(ez) Mangan *n*
mangır F Zaster *m*, Moneten *pl*; Kohlenstaubscheibe *f* (*zum Anzünden der Wasserpfeife*); HIST Kupfermünze *f*
mangiz F Pinkepinke *f*
mani[1] PSYCH Manie *f*
mani[2] [ma:ni:] LIT *Vierzeiler in der Volksdichtung*
mânı [ma:ni:] ⟨-ii *od* -iyi⟩ Hindernis *n*; *-e* ***~ olmak*** verhindern *A*; *j-n* (daran) hindern; *j-n* abhalten (von *D*); ***bir ~ olmazsa*** wenn nichts dazwischenkommt
mânia Sperre *f*, Sperr-; Hürde *f*, ***~m var*** ich bin verhindert; **~lı** ... mit Hindernissen; Hindernis- (*Rennen*); *fig* schwierig, heikel
manidar [ma:ni:da:γ] bedeutungsvoll, vielsagend
manifa'tura Textilien *pl*, Stoffe *m/pl*; Stoff-
mani'festo POL, MAR Manifest *n*; MAR Ladepapiere *n/pl*
ma'nika MAR Belüftungsrohr *n*
manikür Maniküre *f*, **~cü** Handpfleger *m*, -in *f*
ma'niple (Hand)Taste *f*
ma'nita F Gaunerei *f*, **~cı** Gauner *m*; F Geliebte *f*
mani'vela Hebel *m*; Kurbel *f*, ***marş ~sı*** Anlasserhebel *m*
'mankafa schwachsinnig; ***~ hastalığı*** Rotzkrankheit *f*
manken Gliederpuppe *f*, Malerpuppe *f*, Kleiderpuppe *f*, *Person* Mannequin *n*;

M

Dressman *m*
ma'nolya BOT Magnolie *f*
manometre Manometer *n*
mansiyon Belobigung *f*, Anerkennung *f*; Prämie *f*
Manş: ~ ***Denizi*** Ärmelkanal *m*
manşet ⟨-di⟩ Manschette *f*, Manschettenknopf *m*; Schlagzeile *f*
manşon Muff *m*; TECH Muffe *f*
mantar Pilz *m*; Kork *m*; Korken *m*; ~ ***(hastalığı)*** MED Pilzkrankheit *f*, Dermatomykose *f*; F Lüge *f*, Ente *f*; ***yer ~ı*** BOT Trüffel *f*; ~ ***atmak*** flunkern, Märchen erzählen; ~ ***gibi yerden bitmek*** *fig* wie Pilze aus dem Boden schießen; ~ ***meşesi*** Korkeiche *f*; ~ ***tabancası*** Knallkorkenpistole *f*; ~***a bastırmak*** F *j-n* reinlegen; **~cıl** Pilz-; verkorkt; **~cılık** ⟨-ğı⟩ Schwindel *m*, Hochstapelei *f*; **~lamak** *v/t* verkorken; **~lı** Pilz-; ~ ***çorba*** Pilzsuppe *f*
mantı *Art Ravioli*
mantık ⟨-ğı⟩ Logik *f*, Sinn *m*; ***mantığa aykırı*** unlogisch; sinnlos; **~dışı** ⟨-nı⟩ unlogisch; alogisch; **~i** [-kiː] logisch; **~lı, ~sal** logisch; sinnvoll; *Person* logisch denkend; **~sız** unlogisch; *Person* unlogisch (denkend)
'manto (Damen)Mantel *m*
manüel Handbuch *n*
'manya Manie *f*, Wahnsinn *m*; ***büyüklük ~sı*** Größenwahn *m*
manyak ⟨-ğı⟩ Besessene(r); Verrückte(r); **~lık** ⟨-ğı⟩ Besessenheit *f*
manyet|ik magnetisch; ~ ***alan*** Magnetfeld *n*; **~ize** magnetisiert; ~ ***etmek*** magnetisieren, **~izma** [-'tızma] Magnetismus *m* (*a Hypnose*); **~izmacı** Magnetiseur *m*
man'yeto: ***~lu telefon*** Kurbeltelefon *n*
manzara Ausblick *m*, Blick *m*, Panorama *n*; Anblick *m*; *fig* Bild *n*, Lage *f*; **~lı** ... mit schöner Aussicht; ***deniz ~*** ... mit Blick aufs Meer; **~sız** ... ohne Aussicht; unansehnlich
manzum [uː] Vers-, ... in Versen; gereimt; (gut) geordnet
manzume Gedicht *n*; System *n*
maral *dial* Hirschkuh *f*
marangoz Tischler *m*; ~ ***işi*** Tischlerarbeit *f*; **~balığı** ⟨-nı⟩ Sägefisch *m* (*Pristis pristis*); **~hane** Tischlerei *f*; **~luk** ⟨-ğu⟩ Tischlerhandwerk *n*
maraton Marathonlauf *m*
maraz Krankheit *f*, Hinfälligkeit *f*; *fig* Not *f*; *Person adj* launisch; nörgelig
maraza Streit *m*; ~ ***çıkarmak*** Streit anfangen
marazî [iː] krankhaft; pathologisch
marda Ramsch *m*; II. (zweite) Wahl
mareşal ⟨-li⟩ (Generalfeld)Marschall *m*; ~ ***asası*** Marschallsstab *m*
margarin Margarine *f*; ***kahvaltılık ~*** Frühstücksmargarine *f*
marifet [mɑː-] ⟨-ti⟩ Geschicklichkeit *f*; Kunst *f* (= was man kann); Vorzug *m*, Besonderheit *f*, F Pfiff *m* (*e-r Sache*); F Streich *m*, Unfug *m*; ***~iyle*** *osm* durch die Vermittlung *G*/*von*
marifetli meisterhaft
mariz [iː] kränklich; siech
marizlemek *v/t Slang*: *j-n* vertrimmen
marj BUCH Rand *m*; *fig* Spanne *f*; ÖKON Risikoanteil *m*
mark ⟨-kı⟩ (Deutsche) Mark, (DM)
'marka Marke *f*, Zeichen *n*; (Automaten)Münze *f*
markaj *Sport* Deckung *f* (*des Gegners*); ***~a almak*** decken (*Gegner*)
markalamak *v/t* markieren, anzeichnen; kennzeichnen
'markalı markiert, angezeichnet
marke: ~ ***etmek*** *Sport Gegner* decken
marki Marquis *m*
markiz Markise *f*, Zweisitzsofa *n*; *Person* Marquise *f*
markizet ⟨-ti⟩ Markisette *m* (*Stoff*)
Marksçı, Marksist *usw* → ***Marxist***
Marxist ⟨-ti⟩ Marxist *m*, -in *f*; marxistisch; **~izm** Marxismus *m*
'marley® *Art* Kunststoff-Bodenfliese *f*
'Marmara: ~ ***adası*** Marmara-Insel *f*; ~ ***denizi*** Marmarameer *n*
marmelat ⟨-dı⟩ Marmelade *f*
marn GEOL Mergel *m*
maroken Saffianleder *n*; Saffian-; *Stoff* Marocain *m*
marpuç ⟨-cu⟩ Schlauch *m* der Wasserpfeife
mars Doppelgewinn *m* (beim Backgammon); ~ ***etmek*** gewinnen *im Backgammon*; *fig j-m* den Mund stopfen
Mars ASTR Mars *m*
Mar'silya Marseille *n*
marş[1] MUS Marsch *m*; ***millî ~*** Nationalhymne *f*
marş[2] marsch!; ~ ***~!*** im Laufschritt marsch!

marş[3]**: ~ (motoru)** AUTO Anlasser *m*; **~a basmak** starten, anlassen

marşandiz Güterzug *m*; **~ vagonu** Güterwagen *m*

mart ⟨-tı⟩ März *m*; **~ dokuzu** Sturm *m in der dritten Märzwoche*, Märzstürme *m/pl*; **~ havası** Aprilwetter *n*; **~ havası gibi** *fig* launenhaft

martaval F Lügengeschichten *f/pl*, Quatsch *m*; **~ atmak** (*od* **okumak**) F spinnen

martı ZOOL Möwe *f*

maruf [ma:ru:f] bekannt

marul BOT Lattich *m*

maruz [ma:ru:z] *-e* ausgesetzt *D*; *-e* **~ bırakmak** unterwerfen *D*; *-e* **~ olmak** ausgesetzt sein *D*; **~at** [-a:t] ⟨-tı⟩ Anliegen *n*, Bitte *f* (*-e* an *A*)

marya Mutterschaf *n*, Mutterziege *f*; kleine Fische *m/pl*

mas ⟨-ssı⟩ Aufsaugen *n*

'**masa** Tisch *m*; Tischgesellschaft *f*; *Behörde* Ressort *n*, Abteilung *f*; *Sport* Kasten *m*; **iflas ~sı** ÖKON Konkursmasse *f*; **~ örtüsü** Tischdecke *f*; **yazı ~sı** Schreibtisch *m*; **yemek ~sı** Esstisch *m*; **~ya yerleşmek** sich an den Tisch setzen

masaj Massage *f*; **~ yapmak** massieren; **~cı** Masseur *m*, Masseuse *f*

masal Märchen *n*; Fabel *f* (*z.B. von La Fontaine*); *fig* Münchhausiade *f*; **~ okumak** Märchen erzählen; **~cı** Märchenerzähler *m*, -in *f*; *fig* Münchhausen *m*; **~ımsı** märchenhaft

masat ⟨-tı⟩ Schleifstein *m*, Schleifmaschine *f*

masa|tenisi ⟨-ni⟩, **~topu** ⟨-nu⟩ Tischtennis *n*, Pingpong *n*

masaüstü ~ bilgisayar Desktopcomputer *m*

mask Maske *f*

maskara lustig, drollig; (schlechter) Scherz, Ulk *m*; Albernheit *f*, Karnevalsmaske *f*, Clown *m*; Gespött *n*; *-i* **~ya çevirmek** verulken *A*, ins Lächerliche ziehen *A*; *-i* **~ etmek** *j-n* zum Gespött machen; verpfuschen *A*; *-in* **~sı olmak** zum Gespött *G* werden; **~lanmak** sich zum Gespött machen; **~laşmak** sich lächerlich machen; **~lık** ⟨-ğı⟩ Albernheiten *f/pl*, F Faxen *f/pl*; Spaß(macherei *f*) *m*; **~ etmek** herumalbern

'**maske** Maske *f* (*a kosmetisch*); **~si düşmek** s-e Maske fallen lassen, entlarvt werden; *-in* **~sini düşürmek** *od* **kaldırmak** *j-n* entlarven; **gaz ~sı** Gasmaske *f*; **hayırseverlik ~siyle** unter der Maske der Hilfsbereitschaft

'**maskelemek** *v/t* tarnen; verschleiern

'**maskelenmiş** getarnt

'**maskeli** maskiert; getarnt; *Person* undurchsichtig; **~ balo** Maskenball *m*

'**maskesiz** ohne Maske; entlarvt

maskot ⟨-tu⟩ Maskottchen *n*; *fig* Symbolfigur *f*

maslahat ⟨-tı⟩ Geschäfte *n/pl*; V Schwanz *m*; (*früher*) Gemächt *n*

maslahatgüzar [-a:r] Geschäftsträger *m*

'**masmavi** [-ma:-] rein blau; himmelblau

mason Freimaurer *m*; **~ locası** Freimaurerloge *f*; **~luk** ⟨-ğu⟩ Zugehörigkeit *f* zu den Freimaurern; Freimaurerei *f*

masör Masseur *m*; Masseuse *f*

masraf Ausgabe *f*, Unkosten *pl*; Aufwand *m*; ÖKON Spesen *pl*; **~ etmek** (viele) Ausgaben haben; **~ görmek** die Ausgaben verwalten; die Unkosten tragen; **~ kapısı** Ausgabenposten *m*, Passivposten *m*; **~a girmek** sich in Unkosten stürzen; **~tan çıkmak** sich (finanziell) übernehmen

masraflı kostspielig; **az ~** preisgünstig

mastar GR Infinitiv *m*; Richtscheit *n*

mastı ZOOL Dackel *m*

mas'tika Mastix *m*; Mastix-Schnaps *m*

mastor F besoffen; **~laşmak** sich besaufen

masum [ma:su:m] unschuldig, naiv; rein, lauter; kleine(s) Kind, F Krabbe *f*; **~iyet** ⟨-ti⟩ Unschuld *f*, Unberührtheit *f*

masun [u:] sicher, geschützt (*-den* vor *D*); JUR unantastbar; **~iyet** ⟨-ti⟩ Sicherheit *f*, Unantastbarkeit *f*

ma'sura Spule *f*, Wasserspeier *m* (*am Brunnen*)

maşa Zange *f*, Feuerzange *f*, Pinzette *f*, Klammer *f*, (*Fahrrad*)Gabel *f*, *fig* Werkzeug *n*; **~ gibi** *Person* vertrocknet; **~ kadar** kleine(s) Wurm (= *Neugeborenes*); **saç ~sı** Brennschere *f*, **şeker ~sı** Zuckerzange *f*; **~lamak** *v/t* *Haar* kräuseln; ondulieren

'maşallah [mɑː-] *Spruch, der das Objekt der Bewunderung vor bösem Blick schützen soll*; großartig, wunderbar!; sehr erfreut; *als Vorwurf* mein Gott; du (ihr) dagegen; *als Antwort* bitte, gern!; goldene(s) Amulett (*mit „Maşallah"*); ***~ nerelerdeydiniz?*** mein Gott, wo wart ihr denn?; ***çocuğun bugün ~ı var*** das Kind ist heute in Ordnung

maşatlık ⟨-ğı⟩ (*meist* jüdischer) Friedhof

maşlah (Frauen)Überwurf *m*

maşrapa Krug *m*

mat[1] ⟨-tı⟩ Matt *n*; *fig* Lähmung *f*; ***~ etmek*** (schach)matt setzen

mat[2] matt, glanzlos

matah Kram *m*, Krimskrams *m*; *Person* Früchtchen *n*, Stromer *m*

ma'tara Feldflasche *f*

matbaa Druckerei *f*

matbaacı Drucker *m*, -in *f*

matbu [uː] ⟨-un⟩ (vor)gedruckt, Druck-

matbuat [-ɑːt] ⟨-tı⟩ Presse *f*

matem [ɑː] Trauer *f*; ***~ havası*** Trauer(stimmung) *f*; Trauermusik *f*

matematik ⟨-ği⟩ Mathematik *f*; **~çi** Mathematiker *m*, -in *f*

matemli ... in Trauer; traurig

materyal ⟨-li⟩ Material *n*; Ausrüstung *f*

materyal|ist ⟨-ti⟩ Materialist *m*; materialistisch; **~istçe** materialistisch; **~izm** Materialismus *m*; ***diyalektik ~*** (der) dialektische Materialismus

'matetmek → ***mat***[1]

matine Vormittagsvorstellung *f*, Nachmittagsvorstellung *f*

matiz[1] F sternhagelvoll

matiz[2] MAR Verklammerung *f* (*zweier Taue*)

matkap ⟨-bı⟩ Bohrmaschine *f*, Drillbohrer *m*; ***~ ucu*** Bohrer *m*

matlaşmak matt werden, trübe werden

matlaştırmak glanzlos machen

matlup [uː] ⟨-bu⟩**1.** *adj* gewünscht; verlangt; wünschenswert; **2.** *subst* Wunsch *m*; Verlangen *n*; *osm* ÖKON Schuld *f*

matmazel Fräulein *n*; junge Dame, junges Mädchen

matrah Einheitswert *m* (*zur Steuerberechnung*)

matrak ⟨-ğı⟩ ***~ adam*** F fideles Haus; *-i* ***matrağa almak*** F s-n Spaß haben mit

matris Matrize *f*, MATH Matrix *f*

matuf [mɑːtuːf] *-e osm* gerichtet (auf *A*); zugeschrieben (*j-m*)

maun Mahagoni *n*; Mahagoni-; ***~ ağacı*** BOT Mahagonibaum *m*

maval F Schwindel *m*; ***~ okuma!*** F schwindel uns nichts vor!

mavi [mɑː-] blau; ***açık ~*** hellblau; ***gök ~si*** himmelblau; ***~ boncuk dağıtmak*** *j-n* glauben machen, dass man ihm die größte Zuneigung schenkt

mavimsi, **~tırak** bläulich

maviş [ɑː] weißhäutig und blauäugig; ... helle(r) Typ

'mavna Lastkahn *m*, Leichter *m*

mavzer Mausergewehr *n*

maya Hefe *f*, CHEM Ferment *n*; *fig* Veranlagung *f*, Wesen *n*; -geartet; ***~sı bozuk*** charakterlos; **~lamak** *v/t* säuern

mayalan|dırmak Hefe zusetzen, zur Gärung bringen; **~ma** Fermentation *f*, Gärung *f*; **~mak** *v/i* gären

mayalı mit Hefe, Hefe-; gegoren; aufgegangen

mayasıl MED Ekzem *n*, Ausschlag *m*; F Hämorrhoiden *f/pl*

mayasız ungesäuert

maydanoz BOT Petersilie *f*

mayestro → ***maestro***

mayhoş süßsauer; *fig Beziehungen* abgekühlt, sehr lau

mayın Mine *f*; ***~ arama tarama gemisi*** Minensuchboot *n*, Minensucher *m*; ***~ dökmek*** Minen legen; ***~ tarlası*** Minenfeld *n*; ***bir ~a çarpmak*** auf e-e Mine treten *od* fahren; **~lama** Verminen *n*; **~lamak** *v/t* verminen

mayıs[1] Mai *m*

mayıs[2] frische(r) Kuhmist

mayısböceği ⟨-ni⟩ ZOOL Maikäfer *m*

mayi [mɑː-] ⟨-ii⟩ Flüssigkeit *f*, flüssig

ma'yistra Nordwestwind *m*

maymun Affe *m*; *fig* Nachäffer *m*; ***~ herif*** *Person* (alter) Affe; ***~ gözünü açtı*** darauf falle ich *usw* nicht noch einmal ein; *-i* ***~a benzetmek*** völlig verhudeln *A*

maymun|cuk ⟨-ğu⟩ Äffchen *n*; *fig* Dietrich *m*; **~laşmak** *fig* zum Affen (*od* Nachäffer) werden; **~luk** ⟨-ğu⟩ Grimassenschneiderei *f*

'mayna F basta, Schluss damit!; ***~ etmek*** MAR die Segel streichen; *Boot* herunterlassen; *fig* aufhören (mit *D*), einstellen *A*

'mayo Badeanzug *m*; Badehose *f*, SPORT

Trikot *n*; **~lu** im Badeanzug, im Trikot
mayonez Mayonnaise *f*; **~li** mit Mayonnaise
maytap ⟨-bı⟩ Feuerwerkskörper *m*; F Jux *m*; ***maytaba almak*** *fig j-n* hochnehmen
mazarrat ⟨-tı⟩ Nachteil *m*
mazbut [uː] ⟨-tu⟩ *Haus* solide (gebaut); *Person* häuslich, solide; *Dokument* registriert, protokolliert
mazeret [ɑː] ⟨-ti⟩ Entschuldigung *f*; **~li** entschuldigt; entschuldbar; **~siz** unentschuldigt; ***~ işine gitmemek*** unentschuldigt der Arbeit fernbleiben
mazgal Schießscharte *f*
mazhar *-e* erhascht, gefunden: ***saadete ~ oldum*** mir wurde das Glück zuteil
mazı Lebensbaum *m*, Thuja *f*; ***~ tuzu*** Tannin *n*, Gerbsäure *f*
mazi [mɑːziː] Vergangenheit *f*; ***~ye karışmak*** außer Gebrauch kommen, veralten; ***geçmişe ~ (denir)*** was zählt, ist das Ergebnis
mazlum [uː] unterdrückt; *fig* leise, sanft; *Person* bescheiden; **~luk** ⟨-ğu⟩ Unterdrückung *f*; Sanftheit *f*
mazmun [uː] *osm* Bonmot *n*; Wortspiel *n*; (geheimer) Sinn
mazot ⟨-tu⟩ Dieselkraftstoff *m*, Heizöl *n*; ***~lu*** AUTO Diesel-
mazur entschuldigt; verzeihlich; *-in bir şeyini* ***~ görmek*** *j-m etw* nachsehen, *j-m etw* verzeihen
ma'zurka MUS Mazurka *f*
meal [aː] ⟨-li⟩ Bedeutung *f*; Inhalt *m*; ***Kuran'ın ~i*** Koranübersetzung *f*
me'alen dem Sinne nach
meblağ [ɑː] Betrag *m*
mebus [uː] Abgeordnete(r)
mebzul [uː] großzügig; reichlich; verschwenderisch; **~en** *adv* reichlich; **~iyet** ⟨-ti⟩ Überfluss *m*
mecal [aː] ⟨-li⟩ Kraft *f*; ***~i kalmadı*** er hatte keine Kraft mehr; **~siz** kraftlos, schwach; ***~ düşmek*** e-n Schwächeanfall haben
mecaz LIT Metapher *f*, Bild *n*
me'cazen [ɑː] *adv* in übertragener Bedeutung, bildlich
mecazî [-ɑːziː] bildlich, übertragen, figürlich
mecbur [uː] gezwungen (*-e* zu *D*); *-e* ***~ etmek*** (*od* ***tutmak***) zwingen (zu *D*; zu ...); ***itirafa ~uz ki ...*** wir müssen gestehen, dass ...; ***~ kalmak*** (*od* ***olmak***) gezwungen sein (*od* werden)
mec'buren *adv* gezwungenermaßen
mecburî [-uːriː] gezwungen; Zwangs-; obligatorisch; Pflicht-; ***~ hizmet*** MIL Dienstpflicht *f*; ***~ iniş*** LUFTF Notlandung *f*; ***~istikamet*** vorgeschriebene Fahrtrichtung; **~yet** ⟨-ti⟩ Notwendigkeit *f*, Zwang *m*
mec'canen [ɑː] *osm* unentgeltlich
meccani [-ɑːniː] *osm* unentgeltlich
mecelle HIST osmanische(s) Bürgerliche(s) Gesetzbuch (*bis 17. Feb. 1926*)
meclis Versammlung *f*; Rat *m*; (Partei-)Vorstand *m*; Parlament *n*; Gesellschaft *f*, Zusammensein *n*; → ***Türkiye Büyük Millet*** **≗i**; ***idare ~i*** Verwaltungsrat *m*
mecmu [uː] ⟨-uu⟩ Kollektion *f*, Gesamtheit *f*
mecmua [uː] Sammlung *f*, Zeitschrift *f*
mecnun [uː] wahnsinnig; sterblich verliebt; **~ane** unsinnig, wahnsinnig
mecra [ɑː] Flussbett *n*; Fahrwasser *n*; *fig* Gang *m*, Verlauf *m* (*e-r Sache*)
Mecusî [-uːsiː] Feueranbeter *m*, -in *f*, Zarathustra-Anhänger *m*, -in *f*
meczup [-dzuːp] ⟨-bu⟩ verzückt (*-e* vor *D*), hingerissen (*-e* von); in Extase
meç[1] ⟨-çi⟩ Degen *m*; Florett *n*
meç[2] Farbsträhne(n) *f/pl* im Haar
meçhul [uː] ⟨-lü⟩ unbekannt, anonym
Med HIST Meder *m*
medar [ɑː] Grund *m*; Stütze *f*; *-e* ***~ olmak*** *j-m* Hilfe erweisen; ***~ı iftihar*** (j-s) ganzer Stolz
meddah [ɑː] HIST Geschichtenerzähler *m*; *fig* Lobredner *m*
medenî [iː] zivilisiert; zivil; ***~ cesaret*** Zivilcourage *f*; ***~ haklar*** Bürgerliche Rechte *n/pl*; ***~ haklardan istifade ehliyeti*** Rechtsfähigkeit *f*; ***~ hakları kullanma eheliyeti*** Handlungsfähigkeit *f*; ***~ hukuk*** bürgerliche(s) Recht; ***~ kanun*** bürgerliche(s) Gesetzbuch
medeniyet ⟨-ti⟩ Zivilisation *f*; **~siz** unzivilisiert
medet ⟨-di⟩ Beistand *m*; ***~ Allah!*** Gott steh mir (*od* uns) bei!; ***~ ummak*** auf Hilfe hoffen
medih ⟨methi⟩ Lob(en) *n*
mediyastin ANAT Mittelfell *n*
medrese Medrese *f*, HIST *Schule zur Ausbildung islamischer Geistlicher und Richter*; **~li** Student *m* e-r Medrese

M

medüz ZOOL Qualle *f*
Medüz Meduse *f*
medyum Medium *n* (*Okkultismus*)
medyun [u:] Schuldner *m*; schuldig; *-e* **~ olmak** *j-m* verpflichtet sein
mefhum [u:] Begriff *m*
mefkûre *osm* Ideal *n*
mefruşat [-u:ʃɑ:t] Möbel *pl*, Einrichtung *f*; **~ mağazası** Möbelgeschäft *n*; **~çı** Möbelhändler *m*
meftun [u:] *-e* vernarrt (in *A*); **~ olmak** hingerissen sein von
mega- Mega-
megafon Megaphon *n*
megaloman Größenwahnsinnige(r)
megavat Megawatt *n*
meğer jedoch, aber; indessen; **~ ...miş** es zeigte sich ..., offenbar: **~ ben aldanmışım** ich hatte mich offenbar geirrt
ˈmeğerki (+ *opt -eyim, -esin, -sin usw*) es sei denn, dass; wenn … nicht; **yarın mutlaka gelirim, ~ işim çıksın** morgen komme ich bestimmt, es sei denn, dass etwas dazwischenkommt
mehaz [mɛ:-] *fig* Quelle *f*
mehil Frist *f*
Mehmetçik ‹-ği› (*der türkische*) Landser; F *Bezeichnung für die* türk. Armee
mehtap [ɑ:] ‹-bı› Mondlicht *n*, Mondschein *m*; **~lı**: **~ gece** Mondnacht *f*
mehter *osm* Musiker *m* (*bei den Janitscharen*); **~ takımı** *osm* Militärmusikkapelle *f*; **~hane** → **mehter takımı**
mekân Ort *m*; Wohnort *m*; Raum *m*; Weltraum *m*; Restaurant *n usw*; *-i* **~ tutmak** sich niederlassen in *D*
mekanik ‹-ği› Mechanik *f*, mechanisch; **~çi** PHIL Mechanist *m*; mechanistisch; **~çilik** ‹-ği› Mechanismus *m* (*als Weltanschauung*)
mekani|ze mechanisiert; **~zm** mechanistische Weltanschauung; **~zma** [-ˈnɪzmɑ] Mechanismus *m*
mekik ‹-ği› Weberschiffchen *n*; **~ dokumak** hin- und hergehen; hin- und zurückfahren; hin- und herpendeln
mekruh [u:] widerlich; *Islam* verboten, aber geduldet (*Handlung*)
mektep ‹-bi› Schule *f*; **mektebi asmak** die Schule schwänzen; *-i* **~ etmek** F weiterverkaufen, verhökern *A*
mektup ‹-bu› Brief *m*; *Büro* Schreiben *n*; **~ atmak** e-n Brief zur Post geben; **~ üstü** Briefanschrift *f*; **~laşma** Briefwechsel *m*; **~laşmak** korrespondieren (*-le* mit); F sich schreiben
mel: **~ ~** blöd; traurig, F geknickt
melaike [-la:-] (=**melekler**) Engel *m/pl*
melal [-la:l] ‹-li› Niedergeschlagenheit *f*
melankoli Melancholie *f*
melankolik ‹-ği› melancholisch
melek ‹-ği› REL Engel *m*
melekotu ‹-nu› BOT Angelika *f*
melekût ‹-tu› REL (Himmel)Reich *n*
melemek *Schaf* blöken; *Ziege* meckern
melez[1] BIOL, BOT Kreuzung *f*, *Person* Mischling *m*, Mestize *m*, Mestizin *f*; **~ dil** Mischsprache *f*
melez[2], **~ ağacı** BOT Lärche *f*
melezlemek BOT, ZOOL *v/t* kreuzen
melezleşme BOT Kreuzung *f*; *fig* Entfremdung *f*
melhem → **merhem**
melik [i:] ‹-ği› *osm* König *m*
melike *osm* Königin *f*
meˈlisa BOT Melisse *f*
melo|di Melodie *f*; **~dik** melodisch
melodram Melodrama *n*; **~atik** melodramatisch
melül ‹-lü› niedergeschlagen; niedergebeugt; **~ ~** todtraurig
memba ‹-aı› Quelle *f*; **~ suyu** Quellwasser *n*
meme Brust *f der Mutter*; Euter *n*; Brustwarze *f*, Zitze *f*, Papille *f*, (Ohr-)Läppchen *n*; TECH Düse *f*, Brenner *m*; **~ başı** Brustwarze *f*, Zitze *f*; *-e* **~ vermek** die Brust geben *D*; **çocuğu ~den kesmek** ein Kind entwöhnen
memeli, **~ hayvan** Säugetier *n*; Säuge-; mit Düse
mememsi warzenähnlich; Papillar-
memişhane F Abtritt *m*, Abort *m*
memleket ‹-ti› Land *n*; Heimatland *n*; Heimat *f*; Geburtsstadt *f*; **~li** Landsmann *m*
memluk [u:] ‹-kü› HIST Mameluck *m*
memnu [u:] ‹-uu› verboten; **~ meyve** REL verbotene Frucht
memnun [u:] (*-den*) zufrieden (mit); erfreut (über *A*); **~ etmek** zufriedenstellen; *-den* **~ olmak** erfreut sein (über *A*); **~ oldum!** sehr erfreut (*Sie kennen zu lernen*)
memnuniyet ‹-ti› Zufriedenheit *f*; Freude *f*; **~ duymak** Genugtuung empfinden (*-den* über *A*); **~le** (sehr) gern;

M

~siz unzufrieden; **~sizlik** ⟨-ği⟩ Unzufriedenheit *f*
memnunluk ⟨-ğu⟩ → ***memnuniyet***
memo'randum Memorandum *n*
memur [mɛːmuːr] Beamte(r); F *a* Angestellte(r); *-e* beauftragt (mit); bevollmächtigt (mit); *-i -e* ***~ etmek*** *j-n* beauftragen mit
memur|e Beamtin *f*, F *a* Angestellte; **~iyet** ⟨-ti⟩ Amt *n*, Aufgabe *f*, Beamtentum *n*; ***~le gitmek*** e-e Dienstreise machen; **~luk** ⟨-ğu⟩ Beamtentum *n*; Dienststellung *f*
menajer Manager *m*; **~lik** ⟨-ği⟩ Managerstellung *f*, Managergruppe *f*
mendebur jämmerlich; F Dämlack *m*
'menderes GEOGR Mäander *m*; ***'Menderes*** *Fluss* Mäander *m*
mendil Taschentuch *n*; Tischtuch *n*; ***kağıt ~*** Papiertaschentuch *n*; ***~ sallamak*** mit dem Taschentuch winken
'mendirek ⟨-ği⟩ Mole *f*
menecer Manager *m*, -in *f*
'menedilmek *pass von* ***menetmek***
me'nekşe Veilchen *n*; violett; **~rengi** ⟨-ni⟩ violett
menenjit ⟨-ti⟩ MED Gehirnhautentzündung *f*, Meningitis *f*
'menetmek (*-i j-n*) hindern (*-den* an *D*)
meneviş Schillern *n*; Maserung *f*, Moiré *m* (*od n*); BOT Terpentinpistazie *f*; **~lenmek** schillern; gemasert sein; **~li** schillernd; gemasert; moiriert, geflammt
menfa [ɑː] *osm* Verbannungsort *m*
menfaat ⟨-ti⟩ Interesse *n*; Nutzen *m*; ***~inizedir*** (das) liegt in Ihrem Interesse; ***... ~ine*** im Interesse *G*/*von*; **~çi** Raffer *m*, F Raffke *m*; berechnend; auf s-n Vorteil bedacht; **~li** vorteilhaft; nützlich; **~siz** unvorteilhaft; nutzlos
menfez Öffnung *f*, Durchlass *m*
menfî [iː] negativ; verneinend; *Person* negativ eingestellt
'mengene (Wäsche)Mangel *f*; Presse *f*, Kelter *f*, Schraubstock *m*, Zwinge *f*
meni [iː] ⟨-ii⟩ BIOL Sperma *n*
menisküs ANAT, MED Meniskus *m*
menkıbe Epos *n*; Legende *f*
menkul [uː] ⟨-lü⟩ JUR beweglich (*Vermögen*); (*-den*) ~ *osm* überliefert (durch); ***~ kıymetler*** Wertpapiere *n/pl*; ***~ kıymetler borsası*** Wertpapierbörse *f*
menopoz Wechseljahre *n/pl* (*der Frau*)
mensubiyet [uː] ⟨-ti⟩ Zugehörigkeit *f*; Beziehung *f*
mensucat [uː] ⟨-tı⟩ Textilien *pl*; Textil-
mensup [uː] ⟨-bu⟩ Mitglied *n*; *-e* angehörend *D*, Angehörige(r); ***~ olmak*** (*nicht fest*) gehören zu
menşe ⟨-ei⟩ Ursprung *m*; ***~ şahadetnamesi*** ÖKON Ursprungszeugnis *n*; ***Asya ~li ...*** ... asiatischer Herkunft
Menşevik ⟨-ki⟩ HIST Menschewik *m*
menteşe Türangel *f*, Scharnier *n*
mentol ⟨-lü⟩ Menthol *n*
menü EDV Menü *n*; ***~ çubuğu*** Menüleiste *f*
menzil Halteplatz *m*; Etappe *f*, Hinterland *n*; MIL *bes* Tragweite *f*, Tagesmarsch *m*; HIST Relais *n*, Poststation *f*
mera [ɑː] Weide *f*
merak [ɑː] ⟨-kı⟩ Neugier *f*, *-e* Lust (zu *D*), Interesse (an *D*); Unruhe *f*, ***~ etmek*** sich interessieren (*-e* für *A*); *-i* neugierig sein (auf *A*); sich (*D*) Sorgen machen um; ***~ etme!*** keine Sorge!; *-e* ***~ sarmak*** (*a* ***salmak***) großes Interesse zeigen für, eingenommen sein von; *-den* ***~a düşmek*** sich (*D*) Gedanken machen über *A*, sich aufregen über *A*; *j-s* Interesse erwecken; ***~tan çatlamak*** vor Sorge umkommen; vor Neugier platzen
meraklandırmak *-i* Sorge machen *D*
meraklanmak *-e* sich (*D*) Sorgen machen um; betrübt sein über *A*
meraklı *-e* neugierig (auf *A*); interessiert (an *D*); begeistert (von *D*); beunruhigt, besorgt (um *A*); Freund *m*, -in *f*, Liebhaber *m*, -in *f*, Anhänger *m*, -in *f*, Fan *m*; Fanatiker *m*, Narr *m*; ***edebiyat ~sı, edebiyata ~*** Literaturfreund *m*, -in *f*; ***futbol ~sı*** Fußballfan *m*; ***pul ~sı*** Briefmarkensammler *m*; ***temizlik ~sı*** Reinlichkeitsfanatiker *m*, -in *f*, ***yemek ~sı*** Feinschmecker *m*, -in *f*
meraksız uninteressiert; unbeschwert, sorglos; **~lık** ⟨-ğı⟩ Interesselosigkeit *f*; Unbeschwertheit *f*
meram [ɑː] Zweck *m*; Ziel *n*; Vorsatz *m*; Anliegen *n*; *-e* ***~(ını) anlatmak*** *j-m etw* klarmachen; *-e* ***~ etmek*** bezwecken *A*
merasim [ɑː] Zeremonie *f*, Zeremoniell *n*; Feierlichkeiten *f/pl*; Förmlichkeiten *f/pl*, (äußere) Form; ***~ atışı*** Salutschüsse *m/pl*; **~li** förmlich; **~siz** unförmlich, ... ohne Förmlichkeiten

M

mercan ZOOL Koralle *f*; Korallen-; **~ *rengi*** korallenrot, lachsfarben
mercanada Koralleninsel *f*; Atoll *n*
mercanbalığı ⟨-nı⟩ ZOOL *Art* Rotbrasse *f* (*Pagrus pagrus*)
mercek ⟨-ği⟩ Linse *f*
merci ⟨-ii⟩ Dienststelle *f*, Instanz *f*; zuständige(r) Bearbeiter(in)
mercimek ⟨-ği⟩ BOT Linse *f*; *-le* ***mercimeği fırına vermek*** ein Techtelmechtel haben mit
merdane[1] [ɑː] *adv* kühn, tapfer
merdane[2] [ɑː] Walze *f*, Nudelholz *n*
merdanelemek *v/t* (aus)walzen; *Teig* ausrollen
merdiven Treppe *f*; Leiter *f*; **~ *başı*** Treppenabsatz *m*, Podest *n*; **~ *dairesi*** Treppenhaus *n*; **~ *kovası*** Treppenauge *n*; ***dönme*~** Wendeltreppe *f*; ***ip*~** Strickleiter *f*; ***yürüyen* ~** Rolltreppe *f*
meret ⟨-ti⟩ *fig* F Mist *m*, Dreck *m*; V Scheiße *f*, Mistkerl *m*, V Scheißkerl *m*; ***bu ne ~ şeymiş!*** was ist das für ein Mist!
'merhaba [-bɑː] F guten Tag!, sei (seid, seien Sie) gegrüßt!; *-den* **~*yı kesmek*** *j-n* nicht mehr grüßen; *-le* **~*sı olmak*** (nur) e-e Grußbekanntschaft sein (*od selten*) haben mit
'merhabalaşmak sich grüßen
merhale Station *f*, Etappe *f*, Tagesreise *f*; **~ ~** in Etappen
merhamet ⟨-ti⟩ Mitleid *n* (*-e* mit); REL Erbarmen *n*; **~*e gelmek*** Mitleid haben; *-e* **~ *etmek*** Mitleid haben (mit *D*), *j-n* bedauern; **~en** [-'mɛtɛn] aus Mitleid; **~li** mitleidig; REL barmherzig; **~siz** mitleidslos, unbarmherzig; **~sizlik** ⟨-ği⟩ Unbarmherzigkeit *f*
merhem Salbe *f*, *fig* Heilmittel *n*
merhum [uː] selig, verstorben
'meri [iː] JUR gültig, in Kraft
meridyen Meridian *m*; **~ *dairesi*** (*od* ***çemberi***) Meridiankreis *m*
'Merih ASTR Mars *m*
me'rinos Merino *m*; Merinoschaf *n*; **~ (*yünü*)** Merinowolle *f*
meriyet JUR Gültigkeit *f*
merkantilizm ÖKON Merkantilismus *m*
merkep ⟨-bi⟩ Esel *m*; Reittier *n*
merkez Zentrum *n*, Mittelpunkt *m*; Hauptstadt *f*, Zentral-; *fig* Herd *m*; EL, TECH Station *f*; MIL Kommandantur *f*, Hauptsitz *m*, Zentrale *f* (*e-r Firma*); Polizeipräsidium *n*; **~ *açı*** MATH Zentriwinkel *m*; **~ *istasyonu*** Hauptbahnhof *m*; **~ *komitesi*** Zentralkomitee *n*; ***deprem* ~*i*** Erdbebenzentrum *n*, Epizentrum *n*; ***kontrol*~*i*** Kontrollzentrum *n*; ***posta* ~*i*** Hauptpostamt *n*; ***düşünüşüm bu ~dedir*** meine Gedanken bewegen sich auf dieser Linie; ***iş, bu ~de iken ...*** da die Dinge so liegen ...; *-i* **~*e bağlamak*** zentralisieren *A*
merkez|ci Zentralist *m*, -in *f*, zentralistisch; zentralisiert; **~cil** Zentripetal- (*Kraft*); **~cilik** ⟨-ği⟩ Zentralisierung *f*
merkezî [iː] Haupt-, Zentral-, zentral
merkezileş|mek sich konzentrieren (*-e* auf *A*); **~tirmek** *v/t* konzentrieren
merkeziyet ⟨-ti⟩ Zentralismus *m*; Zentralisierung *f*, zentrale Lage *f*; **~çi** Zentralist *m*; **~çilik** ⟨-ği⟩ Zentralismus *m*; → ***ademi merkeziyetçilik***
merkezkaç Zentrifugal- (*Kraft*)
merkezlendirmek *v/t* zentralisieren; konzentrieren
merkezlenmek sich konzentrieren
merkezleşme Zentralisierung *f*
merkum [uː] *osm* oben erwähnt; besagt; notiert
'Merkür ASTR Merkur *m*
mermer Marmor *m*; **~ *ocağı*** Marmorbruch *m*; **~lik** ⟨-ği⟩ Marmorboden *m*, Marmor-
mermerşahi [-ʃɑːhiː] *Art* Musselin *m*
mermi Kugel *f*, Geschoss *n*; Rakete *f*; **~ *yolu*** Flugbahn *f*; ***atom başlıklı ~*** Atomgeschoss *n*; Atomrakete *f*
merserize merzerisiert; Merzerisierung *f*
'mersi danke; ***çok* ~** danke sehr
mersin BOT Myrrhe *f*; **~balığı** ⟨-nı⟩ Stör *m* (*Acipenser sturio*)
mersiye *osm* Totenklage *f*
mert ⟨-di⟩ Ehrenmann *m*; kühn, wacker
mertebe Grad *m*, Stufe *f*, Rang *m*, Würde *f*; ***mümkün* ~** nach Möglichkeit
mertebece: **~ *aşağıda olmak*** im niederen Rang stehen
mertek ⟨-ği⟩ (viereckiger) Balken
mertlik ⟨-ği⟩ Kühnheit *f*, Edelmut *m*
Meryem (*a* **~ *Ana, Hazreti* ~**) (die) Jungfrau Maria; **~ *kandili*** ⟨-ni⟩ REL (die) ewige Lampe
mesabe [ɑː] *osm* Grad *m*, Stufe *f*, Art *f*; ***... ~sinde olmak*** sich erweisen als ...
mesafe [ɑː] Entfernung *f*, Abstand *m*;

M

Distanz *f*; ~ ***bırakmak*** (*od* ***koymak***) *fig* Distanz (*od* Abstand) wahren; **~li** distanziert; ***uzak*** ~ Langstrecken-

mesai [-sɑːiː] Bemühungen *f/pl*; Arbeit *f*; ~ ***saatleri*** Arbeitsstunden *f/pl*, Arbeitszeit *f*; (***fazla***) ~ ***yapmak*** (*od* ***~ye kalmak***) Überstunden machen

mesaj Botschaft *f*, (amtliche) Mitteilung; ***tebrik ~ı*** Grußadresse *f*; ~ ***bırakmak*** e-e Nachricht hinterlassen

mesame [ɑː] ANAT Pore *f*

mesane [ɑː] ANAT Harnblase *f*

mescit ⟨-di⟩ kleine Moschee

mesel Sprichwort *n*; Redensart *f*, Fabel *f*; ~ ***olmak*** sprichwörtlich werden

'mesela [-laː] zum Beispiel

mesele Angelegenheit *f*, Problem *n*, Schwierigkeit *f*; ~ ***çıkarmak*** Probleme schaffen; *-i* ~ ***yapmak*** *etw* zum Problem machen; e-e Staatsaktion aus *etw* machen; ~ ***yok!*** kein Problem!

'meshetmek (*bei der rituellen Waschung*) *die feuchte Hand über den Kopf führen*

Mesih, ***İsa*** ~ (Jesus) der Messias

mesken Wohnsitz *m*; *-i* ~ ***tutmak*** sich niederlassen in *D*

meskûn bewohnt; Heimat *f*; *-i* ~ ***kılmak*** bevölkern; bewohnbar machen

meslek ⟨-ği⟩ Beruf *m*; Fach *n*; Art und Weise *f*, Anschauung *f*, Prinzipien *n/pl*; Doktrin *f*; ~ ***alanı*** Fachgebiet *n*; ~ ***eğitimi*** Berufsausbildung *f*; ~ ***hastalığı*** Berufskrankheit *f*; ~ ***geliştirme eğitimi*** Fortbildung *f*; ~ ***lisesi*** (*od* ***okulu***) Berufsschule *f*; ~ ***sahibi*** Berufstätige(r); Fachmann *m*; ***serbest*** ~ ***sahibi*** Freischaffende(r), freiberuflich Tätige(r); ~ ***sırrı*** Berufsgeheimnis *n*; ***~ten yetişme*** *fig* von der Pike auf gelernt; ***mesleğe yöneltme*** Berufsberatung *f*; ***mesleğiniz ne?*** was sind Sie von Beruf?

meslek|î [iː] Berufs-; **~siz** berufslos; **~taş** (Berufs)Kollege *m*, Kollegin *f*

mesnet ⟨-di⟩ Stütze *f*; ~ ***pimi*** Bolzen *m*

mest[1] ⟨-ti⟩ betrunken, *fig* trunken (*-den* vor *D*); benebelt (*-den* von *D*); besinnungslos

mest[2] ⟨-ti⟩ weiche(r) Überschuh

mesture [uː]: *osm* ***tahsi̇̂ʼ satı*** ~ Geheimfonds *m*

mesul [uː] ⟨-lü⟩ verantwortlich; *-den* ~ ***etmek*** verantwortlich machen für; ~ ***müdür*** Geschäftsführer *m*, -in *f*; *-i* *-den* ~ ***tutmak*** (*j-n*) verantwortlich machen für; **~iyet** ⟨-ti⟩ Verantwortung *f*, Verantwortlichkeit *f*; ***üzerine ~(i) almak*** Verantwortung auf sich nehmen, Verantwortung übernehmen; **~iyetli** verantwortungsvoll; **~iyetsiz** verantwortungslos; *Arbeit* untergeordnet

'mesut [uː] glücklich

meşakkat ⟨-ti⟩ Widrigkeiten *f/pl*; Anstrengungen *f/pl*, Strapazen *f/pl*; ~ ***çekmek*** Strapazen durchmachen; Widrigkeiten erdulden; **~li** anstrengend, strapaziös

meşale [-ʃɑː-] Fackel *f*; ~ ***çekmek*** *fig* Vorkämpfer sein; **~ci** Fackelträger *m*

meşe BOT Eiche *f*, Eichen-; ~ ***odunu*** Eichenholz *n*; *fig* Holzkopf *m*

meşelik ⟨-ği⟩ Eichenwald *m*

meşgale Beschäftigung *f*

meşgul [uː] ⟨-lü⟩ beschäftigt (*-le* mit); *Telefon* besetzt; *-i* ~ ***etmek*** *j-n* aufhalten; s-e Fähigkeiten anwenden; *j-n* beschäftigen mit; ~ ***olmak*** aufgehalten werden, Zeit verlieren; beschäftigt sein (*-le* mit; in *D*)

meşguliyet ⟨-ti⟩ Beschäftigung *f*

meşhur [uː] berühmt

meşhut [uː] ⟨-du⟩ bezeugt; ***cürmü*** ~ ***halinde*** JUR auf frischer Tat

meşin (gegerbtes) Leder; ~ ***çanta*** Ledertasche *f*; ~ ***gibi*** wie gegerbt, Leder- (*Haut*); F ~ ***yuvarlak*** (das) Leder (= *Fußball*)

meşk ⟨-ki⟩ *osm* Schreib- *od* Musikstunde *f*; ~ ***etmek*** Übungen machen

meşrep ⟨-bi⟩ Charakter *m*, Anlage *f*; ***hafif*** ~ Leichtfuß *m*

meşru [uː] ⟨-uu⟩ gesetzlich, legal; legitim (*Recht*); ehelich (*Kind*); ~ ***müdafaa*** Notwehr *f*

meşrubat [-uːbɑːt] ⟨-tı⟩ (alkoholfreie) Getränke *n/pl*

meşrulaş|mak gesetzlich werden; legalisiert werden; **~tırmak** *v/t* legalisieren

meşrut [uː] ⟨-du⟩ vereinbart; zur Bedingung gemacht

meşruta JUR unveräußerliche(r) Besitz

meşruten [-'ruː-] bedingt; ~ ***tahliye*** JUR bedingte Strafaussetzung

meşrutî [-ruːtiː] konstitutionell

meşrutiyet ⟨-ti⟩ konstitutionelle Regierungsform; ♀ HIST *die 1. u 2. konstitutionelle Periode des Osm. Reiches (1876-77, 1908-22)*

M

meşum [uː] verhängnisvoll, fatal

met ⟨meddi⟩ Flut *f*, Hochwasser *n*

meta [ɑː] ⟨-aı⟩ (Handels)Ware *f*

metabo'lizma BIOL Stoffwechsel *m*

metal ⟨-li⟩ Metall *n*; **~bilimi** Metallurgie *f*; **~ik** metallisch; metallic; **~si** metalloid; **~ürji** Metallurgie *f*

metan Methan(gas) *n*

metanet [ɑː] ⟨-ti⟩ Festigkeit *f*, Widerstandskraft *f*; **~li** widerstandsfähig; **~siz** schlaff, lasch, weichlich

meta|psişik metapsychisch; **~staz** MED Metastase *f*; **~tez** LING Metathese *f*

meta'zori mit Gewalt, rücksichtslos

metelik ⟨-ği⟩ *fig* Heller *m*, Pfennig *m*; *osm* HIST 10-Para-Münze *f*; **~ *etmez*** (ist) keinen Pfennig wert; *-e* **~ *vermemek*** *fig* nichts geben (auf *A*); ***meteliğe kurşun atmak*** keinen Pfennig haben

meteliksiz bettelarm

meteor Meteor *m*, Sternschnuppe *f*

meteor|oloji Meteorologie *f*, Wetterkunde *f*; **~taşı** Meteorit *m*

metfun [uː] *osm* begraben

meth ⟨-hi⟩ → ***medih***

methal ⟨-li⟩ Entree *n*; Eingang *m*

'methetmek *v/t* loben

methiye *a* LIT Lobgesang *m*

metil- CHEM Methyl-

metin[1] ⟨metni⟩ Text *m*

metin[2] [-iːn] robust, stabil; **~lik** ⟨-ği⟩ Robustheit *f*, Festigkeit *f*

metis Bastard *m*, Mestize *m*; Kreuzung *f*

metot ⟨-du⟩ Methode *f*; Methodik *f*

metraj Länge *f* (in Metern)

metrajlı in e-r Länge von ... Metern; ***kısa* ~ *film*** Kurzfilm *m*; ***uzun* ~ *film*** Spielfilm *m*

metrdotel GASTR Oberkellner *m*, maître d'hotel

'metre Meter *m*; (Zentimeter)Maß *n*; ***~yle almak*** Maß nehmen; **~ *kare*** Quadratmeter *m*; **...** **~ *karelik*** ... Quadratmeter groß (*Wohnung*); **~ *küp*** Kubikmeter *m*; **~ *sistemi*** metrische(s) System; **... ~lik** ⟨-ği⟩ ... Meter: ***beş* ~ *kumaş*** fünf Meter Stoff

metres Geliebte *f*, Mätresse *f*

metrik metrisch

metris Schützengraben *m*

'metro U-Bahn *f*, Untergrundbahn *f*; (*zum Teil a*) Hochbahn *f*

metropol ⟨-lü⟩ Metropole *f*

metruk [uː] ⟨-kü⟩ verlassen; hinterlassen; zurückgelassen; *Frau* geschieden; ungebräuchlich

mevcudiyet ⟨-ti⟩ Existenz *f*, Dasein *n*

mevcut [uː] ⟨-du⟩ **1.** *adj* bestehend; vorhanden; anwesend; da (*z.B. Person*); **~ *olmak*** vorhanden sein; **2.** *subst* Bestand *m*; Anzahl *f* (*z.B. der Schüler*); ***kasa mevcudu*** Kassenbestand *m*; **~ *listesi*** Anwesenheitsliste *f*

mevduat [ɑː] ⟨-tı⟩ ÖKON Festgeld *n*; Zeitkonto *n*, Gelder *n/pl*

mevhum [uː] imaginär; fiktiv; *Wechsel* gefälscht

mevki [-kiː] ⟨-ii⟩ Stelle *f*; Lage *f*; *fig* hohe Stellung; BAHN, *Schiff* Klasse *f*; ***~i olmak*** e-n hohen Posten innehaben

mevkuf [uː] verhaftet

mevkut [uː] ⟨-tu⟩ *osm* periodisch

mevla [-laː] *osm* Herr *m*; ♀ REL der Herr, Gott *m*; ***~sını bulmak*** sein Ziel erreichen; REL zu Gott eingehen

Mevlevî [-viː] Mevlevi-Derwisch *m*; Mevlevi-Orden *m*

mevlit ⟨-di⟩, F *a* **mevlut** ⟨-du⟩ *Gedicht über Geburt und Leben von Mohammed*; REL *Feier, bei der dieses Gedicht rezitiert wird (bei Tod, Geburt usw)*; **~ *kandili*** *Feier zu Mohammeds Geburt*; **~ *şekeri*** *Bonbontüte für die Gäste einer mevlit-Feier*; **~ *okumak*** *bei der mevlit-Feier rezitieren*; **~ *okutmak*** *e-e mevlit-Feier veranstalten*

mevsim Jahreszeit *f*, Zeit *f*, Periode *f*; ÖKON Saison *f*; **~ *elbisesi*** (*od* ***paltosu***) Übergangsmantel *m*; **~ *öncesi*** Vorsaison *f*; ***turizm ~i*** Reisezeit *f*, Saison *f*; **~lik** ⟨-ği⟩ Saison- (*Obst*); Übergangs- (*Mantel*); **~siz** verfrüht, außerhalb der Saison; in der Vor- oder Nachsaison; unzeitig

mevzi ⟨-ii⟩ *bes* MIL Stellung *f*, Ort *m*, Stelle *f*; ***~i tutmak*** die Stellung halten; ***~e girmek*** in Stellung gehen; ***çıkış ~i*** Ausgangsstellung *f*; ***radar ~i*** Radarstation *f*

mevziî [-iː] örtlich, lokal; MIL Stellungs-

mevzilenmek in Stellung gehen, Stellung beziehen

mevzu [uː] ⟨-uu⟩ Sache *f*, Thema *n*; ***~a girmek*** zur Sache kommen; **~at** [ɑː] ⟨-tı⟩ Gesetzgebung *f*, (die) geltenden Gesetze *n/pl*, Vorschriften *f/pl*

mevzu(u)bahis ⟨-hsi⟩ Gesprächsgegenstand *m*; **~ *olan şu*** es geht um Fol-

gendes; ~ **değil** es geht nicht um
mevzun [uː] *osm* ebenmäßig, gut proportioniert (*Körper*)
meyan[1] [ɑː] *osm* Mitte *f*; **~ında** *fig* unter *D*; **bu ~ında** darunter; **bunlar ~larında** unter ihnen
meyan[2] [ɑː] → **meyankökü**
meyanbalı Lakritze *f*
meyane [ɑː] Bindemittel *n für Suppen usw*; **~si gelmek** sämig werden, zähflüssig werden
me'yankökü ⟨-nü⟩ Süßholz(wurzel *f*) *n*, Lakritze *f*
meydan Platz *m*; Möglichkeit *f*, Gelegenheit *f*; **at ~ı** Hippodrom *n*; **atış ~ı** Schießplatz *m*; **savaş ~ı** Kriegsschauplatz *m*; ~ **korkusu** Platzangst *f*; *-e* ~ **okumak** herausfordern *A*; ~ **savaşı** Endkampf *m*; *-e* ~ **vermek** Gelegenheit geben zu; **~a atılmak** sich stellen *D* (*z.B. e-r Aufgabe*); bereit sein zu; **~a çıkarmak** *fig* ans Licht bringen, enthüllen; bilden, schaffen; *Erz* fördern; **~a çıkmak** auftreten, erscheinen, sich zeigen; heranwachsen; *Erz* gefördert werden; **... ~a çıktı** *oft* es zeigt sich, dass ...; **~a düşmek** *fig* sich vordrängen; **~a gelmek** erfolgen; geschehen, vorkommen; (*-den*) gebildet sein, bestehen (aus *D*); sich bilden; **~a getirmek** *Gesellschaft* gründen, bilden; *Ware* erzeugen, produzieren; durchführen; *-i* **~a koymak** zeigen, offenbaren, bekennen; hervorbringen; **~a vurmak** zum Vorschein bringen; **~da** offensichtlich; auf der Hand (*liegen*); *-i* **~da bırakmak** *j-n* schutzlos lassen; im Stich lassen; *etw* griffbereit halten (*od* haben); *-e* **~ı bırakmak** (*j-m*) das Feld räumen; aufgeben *A*; **~ı boş bulmak** *abw* willkürlich *od* unverantwortlich handeln können
meydancı Straßenfeger *m*; Gartenarbeiter *m*; Gefängniswärter *m*
meyhane [ɑː] Kneipe *f*
meyil ⟨meyli⟩ Neigung *f*, Abhang *m*; *fig* Zuneigung *f*, Neigung *f* (*-e* zu *D*); Schlagseite *f des Schiffes*; ÖKON Tendenz *f*, Trend *m*; *-e* ~ **vermek** Liebe schenken *D*; **~li** abschüssig; geneigt; *fig* zugeneigt
meymenet ⟨-ti⟩ Segen *m*; **~li** segensreich; **~siz** unheilvoll; *Person* abstoßend, widerwärtig
meyus [uː] *osm* hoffnungslos, verzweifelt
meyva, **meyve** Frucht *f*, Obst *n*; ~ **şekeri** Fruchtzucker *m*; ~ **suyu** Obstsaft *m*
meyveci Obsthändler *m*; Obstzüchter *m*; **~lik** ⟨-ği⟩ Obsthandel *m*, Obstbau *m*
meyve|dışı ⟨-nı⟩ BOT Exokarp *n*; **~hoş** Obstmarkt *m*; getrocknete Früchte *f/pl*
meyve|li *Baum* tragend, fruchtbar; Frucht-; Obst- (*Kuchen*); **~siz** fruchtlos, nicht tragend
mezalim [ɑː] Gräuel(taten) *pl*
mezar Grab *n*; ~ **kaçkını** *fig* nur Haut und Knochen; ~ **kitabesi** Grabinschrift *f*; ~ **taşı** Grabstein *m*; **araba ~ı** Autofriedhof *m*; **~cı** Totengräber *m*
mezarlık ⟨-ğı⟩ Friedhof *m*
mezat ⟨-dı⟩ Auktion *f*; ~ **malı** ersteigerte Ware; *-i* **mezada çıkarmak** (*od* ~ **etmek**) versteigern *A*; **~çı** Auktionator *m*
mezbaha Schlachthaus *n*; *fig* Blutbad *n*, Metzelei *f*
mezbele Müll(haufen) *m*; *fig* Misere *f*
'meze Vorspeise *f* (*meist zum Alkohol*); Scherz *m*, Witz *m*; *-i* ~ **etmek** *fig j-n* auf die Schippe nehmen; **~lik** ... zum Imbiss; Imbisszutaten *f/pl*; **~siz** ohne Imbiss (*trinken*)
mezgit ⟨-ti⟩ ZOOL Merlan *m*, Wittling *m* (*Gadas merlangus*)
mezhep ⟨-bi⟩ REL Konfession *f*, Doktrin *f*, Schule *f*, Auffassung *f*, *osm* Lehre *f*
meziyet ⟨-ti⟩ Vorzug *m*; Verdienst *n*; Talent *n*; Verdienst- (*Orden*); **~li** verdienstvoll; fähig
mezkûr (oben)erwähnt
mezmur Psalm *m* (*Davids*)
mezon PHYS Meson *n*
mezra *entfernt liegender Teil e-s Dorfes mit Landwirtschaft kleiner Ansiedlung*
mezun [mɛːzuːn] **1.** *subst* Absolvent *m*, -in *f* (*-den G*); **lise ~u** Abiturient *m*, -in *f*; **nereden ~sunuz?** welche Schule haben Sie absolviert?; **2.** *adj osm* beurlaubt; befugt, bevollmächtigt (*-e* zu *D*); *-i* ~ **etmek** *j-n* beurlauben; **~iyet** ⟨-ti⟩ Abschluss *m e-s Studiums*; Befugnis *f*, *osm* Urlaub *m*; ~ **sınavı** Abschlussprüfung *f*
me'zura Bandmaß *n*, Zentimetermaß *n*
mezür MUS Takt(maß *n*) *m*; → **mezura**
mı → **mi**

mıcır Brechkies *m*; Kohlenstaub *m*
mıh (großer) Nagel; **~lamak** (*-i -e*) (*Nagel*) einschlagen in *A*; annageln an *A*; vernageln *A*; *fig* lähmen; **~lanmak** *pass von* ***mıhlamak***; *fig* wie angewurzelt stehen bleiben (*od* sein); **~lı** (an)genagelt; *fig* wie angewurzelt
mıhsıçtı F schäbig, knauserig
mıknatıs Magnet *m*; Zündmagnet *m*
mıknatıs|î [iː] magnetisch, Magnet-; **~lamak** *v/t* magnetisieren; **~lanmak** magnetisiert werden, magnetisch werden; **~lı** magnetisch; **~ *iğne*** Magnetnadel *f*; **~lık** ⟨-ğı⟩ Magnetismus *m*
mıncık: **~ ~** zerkrümelt, zerdrückt; zerknittert; **~lamak** *v/t Brot usw* zerkrümeln, zerdrücken; *Stoff* zerknittern
mıntıka Zone *f*
mır: ***~ ~ mırıldanmak*** vor sich hin murmeln
mırıl|damak *v/t* murmeln; **~danma** Gemurmel *n*; **~danmak 1.** *v/i* vor sich hin murmeln; *Katze* schnurren; **2.** *v/t Lied* vor sich hin summen; flüstern
mırıl: ***~ ~ konuşmak*** (miteinander) flüstern, tuscheln; ***~ ~ okumak*** *v/t* (vor sich hin) murmeln; nuscheln
mırıltı Gemurmel *n*; ***~ halinde*** kaum hörbar, verhalten
mırın: ***~ kırın etmek*** F herumdrucksen
mırnav miau!
mısır Mais *m*; ***~ ezmesi*** Maisbrei *m*; ***~ koçanı*** Maiskolben *m*
'Mısır Ägypten *n*; ägyptisch; **~lı** Ägypter *m*, -in *f*
'mısırturnası ⟨-nı⟩ ZOOL Ibis *m*
mıskal Panflöte *f*
mısra [ɑː] LIT Halbvers *m*; Zeile *f*
mışıl: **~ ~** friedlich (*z.B. schlafen*); still
mışmış *dial* Aprikose *f*
mıymıntı trödelig; **~lık** ⟨-ğı⟩ Trödelei *f*
mı'zıka Musik *f*; (Militär)Kapelle *f*; Harmonika *f*; ***ağız ~sı*** Mundharmonika *f*; ***başta ~ olduğu halde*** mit klingendem Spiel (voran); **~cı** Musikant *m*
mızık|çı Spielverderber *m*, -in *f*; (leicht) eingeschnappt; F Stänkerer *m*; **~lık** ⟨-ğı⟩ Stänkern *n*, Quertreiberei *f*; ***~ etmek → mızıklanmak***
mızıklanmak ein Spielverderber sein
mızmız mäkelig, quengelig; F Meckerfritze *m*; Schlafmütze *f*; **~lanmak** mäkeln, quengeln; F meckern
mızrak ⟨-ğı⟩ Lanze *f*
mızrap ⟨-bı⟩ MUS Schlagring *m*, Plektron *n*
mi[1] (*mı, mu, mü*) **1.** *Fragepartikel, z.B.* ***Türkçe biliyor musunuz?*** können Sie Türkisch?; ***o odada mı bekliyor?*** wartet er im Zimmer?; ***yalnız mı oturuyorsun?*** wohnst du allein?; *verneint* ***'gelmiyor mu?*** kommt sie nicht?; *verneinte Form, aber bejahende Bedeutung* ***olur mu hiç öyle şey?*** gibt es dennso etwas?; **2.** *Verstärkungspartikel:* ***küçük mü küçük*** klein, und wie! (*od* und ob!); ganz ganz klein; ***güzel mi güzel*** bildschön; **3.** *als konj für* ***se***: ***yağmur yağdı mı her yer yeşerir*** wenn es geregnet hat, wird es überall grün
mi[2] MUS *Note* e
miat [miːɑːt] ⟨-dı⟩ Lebensdauer *f*, Haltbarkeit *f e-s Stoffes*; Frist *f*; Termin *m*; ***miadı dolmak*** unbrauchbar werden; veralten; ***miadı dolmuş*** *Arznei* verfallen
'miço → *muço*
mide [iː] Magen *m*; *fig* Geschmack *m*; ***~ ağrısı*** Magenschmerzen *m/pl*; ***~ bozukluğu*** Magenverstimmung *f*; ***~(sini) bulandırmak*** (*j-m*) Übelkeit verursachen; *fig* (*j-m*) zuwider sein; bedrücken *A*; belästigen; ***~ ekşimesi*** Sodbrennen *n*; ***~ fesadına uğramak*** sich (*D*) gehörig den Magen verderben; ***~ kapısı*** ANAT Pförtner *m*, Magenausgang *m*; ***~si almamak*** nicht vertragen können; ***~si bulanmak*** e-n Brechreiz haben; *fig* sich ekeln (vor *D*); *fig* Zweifel hegen; ***~si ekşimek*** sich (*D*) den Magen verdorben haben; Sodbrennen haben; ***~ye oturmak*** *Speise j-m* schwer im Magen liegen
mide|ci Egoist *m*; egoistisch; **~siz** nicht wählerisch, anspruchslos *im Essen*; dickfellig; fade, ohne Geschmack; **~sizlik** ⟨-ği⟩ Anspruchslosigkeit *f*; Geschmacklosigkeit *f*
midevî [iː] Magen- (*z.B. Saft*); magenfreundlich
mi'dilli Pony *n*
Mi'dilli *Insel* Lesbos *n*; Mytilene *n* (*auf Lesbos*)
'midye Miesmuschel *f*; ***~ tavası*** frittierte Muscheln *f/pl*
migren Migräne *f*
miğfer (*Schutz*)Helm *m*
mihanikî [miːxɑːnɪkiː] mechanisch,

stumpfsinnig (*z.B. Arbeit*)
mihenk ⟨-gi⟩ Prüfstein *m*; *-i* ***mihenge vurmak*** prüfen, testen
mihmandar Fremdenführer *m*, -in *f*
mihnet ⟨-ti⟩ Kummer *m*, Trübsal *f*, Not *f*; ~ ***çekmek*** Not leiden, Kummer haben
mihrace [ɑː] Maharadscha *m*
mihrak [ɑː] ⟨-kı⟩ Herd *m*; Brennpunkt *m*
mihrap [ɑː] ⟨-bı⟩ Gebetsnische *f*
mihver Achse *f*, *fig* Hauptpunkt *m*, zentrale(s) Thema
mihverli schwenkbar
'mika Glimmer *m*
Mikail Erzengel *m* Michael
mikro- Mikro-
mikrobik Mikroben-, durch Mikroben verursacht; Infektions- (*Krankheit*)
mikrodalga Mikrowelle *f*; ~ ***fırını*** Mikrowellenherd *m*
mikro|film Mikrofilm *m*; **~fon** Mikrofon *n*; Lautsprecher *m*; **~kok** ⟨-ku⟩ MED Mikrokokkus *m*; **~metre** Mikrometer *n* (*a m*); **~organizma** [-'nızmɑ] Mikroorganismus *m*
mikrop ⟨-bu⟩ Mikrobe *f*, Krankheitserreger *m*; *fig* Bösewicht *m*, Natter *f*; ~ ***öldürücü*** antiseptisch; Desinfektions-
mikroplu ansteckend, Infektions-
mikropsuz desinfiziert; antiseptisch
mikropsuzlandırmak desinfizieren
mikroskobik mikroskopisch
mikroskop ⟨-bu⟩ Mikroskop *n*
mikser Mixer *m*
miktar [ɑː] Menge *f*, Mengen- (*Analyse*); (*Geld*)Betrag *m*; Umfang *m*, Grad *m*; ***önemli ~da*** umfangreich, weitgehend
mikyas [ɑː] Maßstab *m*, Maß *n*; Ausmaß *n*, Dimension *f*
mil[1] Meile *f*; ***deniz ~i*** Seemeile *f*
mil[2] Achse *f*, Welle *f*, Stange *f*, Spindel *f*; ~ ***yatağı*** Achsenlager *n*; ***kam ~i*** Nockenwelle *f*; ***krank ~i*** gekröpfte Welle, Kurbelwelle *f*
mil[3] Schlamm *m*
miladî [miːlaːdiː] christlich; ~ ***tarih*** christliche Zeitrechnung
milat [miːlaːt] ⟨-dı⟩ Christi Geburt *f*, *fig* Stichtag *m*; ***~tan önce*** (***M.Ö.***) vor Christus (v.Chr.); ***~tan sonra*** (***M.S.***) nach Christus (n.Chr.)
mildiyu Meltau *m*
milenyum Millenium *n*
milföy Cremekuchen *m* aus Blätterteig; ~ ***hamuru*** Blätterteig *m*
milibar Millibar *n*
miligram Milligramm *n*
milim F Millimeter *m*; ~ ***oynamamak*** haargenau stimmen; sich nicht im Geringsten bewegen; ***~i ~ine*** haargenau
mili'litre Milliliter *m* (*od n*)
milimetre Millimeter *m* (*od n*)
milis Miliz *f*, Milizsoldat *m*
militan POL militant; Aktivist *m*
militar|ist POL Militarist *m*; militaristisch; **~izm** Militarismus *m*
millet ⟨-ti⟩ Nation *f*, HIST *nichtmuslimische Bevölkerungsgruppe des osm. Reiches*; Leute *pl*, Publikum *n*; *fig* F alle Welt; ~ ***meclisi*** Nationalversammlung *f*, ***≈ler Cemiyeti*** HIST Völkerbund *m*; ***erkek ~i*** *abw* Männerwelt *f*, ***şoför ~i*** *abw* diese Chauffeure
milletler|arası ⟨-nı⟩ international; **~ötesi** transnational; **~üstü** übernational
milletvekili ⟨-ni⟩ Abgeordnete(r)
millî [-iː] national; Volks-; ~ ***bayram*** Nationalfeiertag *m*; ~ ***gelir*** Nationaleinkommen *n*; ~ ***olmak*** in die Nationalmannschaft ausgewählt werden; ~ ***park*** Nationalpark *m*; ≈ ***savunma bakanı*** Verteidigungsminister *m*; ~ ***takım*** Nationalmannschaft *f*
milliyet ⟨-ti⟩ Nationalität *f*, **~çi** Nationalist *m*, -in *f*, nationalbewusst; **~lik** ⟨-ği⟩ Nationalismus *m*; Nationalbewusstsein *n*
milliyetsiz nicht nationalbewusst
milyar Milliarde *f*, **~der** Milliardär *m*, -in *f*, **~lık** Milliarden- (*z.B. Haushalt*); *Person* milliardenschwer
milyon Million *f*, **~er** Millionär *m*, -in *f*, **~luk** Millionen- (*z.B. Volk*); *Person* millionenschwer
mim[1]: *-e* ~ ***koymak*** sich (*D*) ein Merkzeichen machen auf *A*, sich (*D*) merken *A*
mim[2] Mime *m*
mimar [miːmɑːr] Architekt *m*, -in *f*, Baumeister *m*
mimar|î [-iː] Architektur *f*, Baukunst *f*; architektonisch; **~lık** ⟨-ğı⟩ Architektur *f*, Architektenberuf *m*
mimber Kanzel *f in der Moschee*
mimik ⟨-ği⟩ Mimik *f*

M

mimlemek *-i* (es) *j-m* ankreiden, (es) *j-m* übel vermerken
mimli auf der Liste, registriert; übel vermerkt
mi'moza Mimose *f*
minare [ɑː] Minarett *n*; ~ ***boyu*** zwischen 10-20 m hoch; ~ ***kırması*** F *fig* lange(r) Lulatsch, Hopfenstange *f*
minber → ***mimber***
minder Sitzkissen *n*; SPORT Matte *f*; *-i* ~ ***altı etmek*** auf die lange Bank schieben *A*; ~ ***çürütmek*** die Hände in den Schoß legen; *Gäste scherzh* Sitzfleisch haben
'mine Glasur *f*, Email *n*; Zahnschmelz *m*; Zifferblatt *n*; emailliert; **~ci** Emailarbeiter *m*; **~çiçeği** ⟨-ni⟩ BOT Eisenkraut *n* (*Verbena officialis*); **~lemek** *v/t* emaillieren; **~li** emailliert
mineral ⟨-li⟩ Mineral *n*; ~ ***yağı*** Mineralöl *n*; **~bilim** Mineralogie *f*
mineralleştirmek mineralisieren
mineraloji Mineralogie *f*
mini Mini-; ~ ***etek*** Minirock *m*
minibüs Kleinbus *m*; **~çü** Kleinbusbesitzer *m*; Kleinbusfahrer *m*
minicik winzig; Liliputaner *m*; Liliput-
minik Kleine(r) (*Kind*)
minimal Minimum *n*; wenigstens
minimini winzig, verschwindend klein; ~ ***çocuk*** niedliche(s) Dingelchen
minimum Minimum *n*; Minimal-
minnet ⟨-ti⟩ Dankbarkeit *f*, Erkenntlichkeit *f*, Gefallen *m*; Wohlwollen *n*, Verbundenheit *f*; ~ ***altında kalmamak*** sich erkenntlich zeigen; *-den dolayı* ~ ***duymak*** sich verbunden fühlen (wegen *G*); ~ ***etmek*** *fig* e-n Kotau machen
minnettar [ɑː] (*-e j-m*) verbunden, dankbar (***kalmak, olmak*** sein); **~lık** ⟨-ğı⟩ Dankbarkeit *f*
minnoş reizend, entzückend; ***ne de ~ şey!*** ganz entzückend!
minör MUS Moll *n*, Molltonart *f*
mintan (kragenloses) Oberhemd
minval [ɑː] ⟨-li⟩ *osm* Art *f*; ***bu ~ üzere*** in dieser Weise (*weiter*)
minyatür Miniatur *f*
minyon niedlich; zierlich (gebaut)
mir [iː] *osm* Anführer *m*; Kommandeur *m*; **~im!** lieber Kollege!
'mira Messlatte *f*
miraç [miːrɑːtʃ] ⟨-cı⟩ Himmelfahrt *f* Mohammeds; ***miracı İsa*** Himmelfahrt *f* Christi
miras [miːrɑːs] Erbschaft *f*, Hinterlassenschaft *f*, Erbe *n*; *-e* ~ ***kalmak*** *j-m* als Erbschaft zufallen; ~ ***yemek*** das Erbe durchbringen; e-e Erbschaft ergattern; **~a konmak** e-e Erbschaft machen; **~çı** Erbe *m*, Erbin *f*; **~yedi** reiche(r) Erbe; Verschwender *m*
mirî [miːriː] Staatskasse *f*, Fiskus *m*
mis[1] Moschus *m*; ~ ***gibi*** wohlriechend, gut duftend; wunderbar; herrlich und in Freuden (*leben*); spielend (*etw erledigen*)
mis[2] *englisch* Miss *f*, Fräulein *n*
misafir [ɑː] Gast *m*; Besuch *m*; ~ ***ağırlamak*** Gäste bewirten, Besuch haben; ~ ***odası*** Gästezimmer *n*; ~ ***kalmak***, *-e* ~ ***olmak*** zu Besuch sein (bei *j-m*)
misafirperver gastfreundlich; **~lik** ⟨-ği⟩ Gastfreundschaft *f*
misak [miːsɑːk] ⟨-kı⟩ *osm* Pakt *m*
misal [aː] ⟨-li⟩ Beispiel *n*; ähnlich; ***ok ~i*** pfeilähnlich, einem Pfeil gleich
misil ⟨misli⟩ → ***kat***; ***eş***; Gleiche(s); -mal; ***iki misli fazla*** mehr als doppelt (so viel); ***üç misli az*** dreimal weniger; *-in* ***misli menendi yok*** es gibt nichts Schöneres als ...; ... ist einmalig
misilleme Vergeltung *f*
mi'sina Angelschnur *f*, Nylonfaden *m*
misk ⟨-ki⟩ Moschus *m*; → ***mis***[1]
miskal ⟨-li⟩: **~le** sehr kärglich, wenig
misket[1] ⟨-ti⟩ Murmel *f*; MIL Schrapnellkugel *f*, (Stahl)Kugel *f*
misket[2] ⟨-ti⟩ Muskat- (*z.B. Traube*); ~ ***şarabı*** Muskatwein *m*
miskin dickfellig; *fig* Schlafmütze *f*; jämmerlich; träge; feige; MED aussätzig, leprakrank; **~ce** jammervoll, elendig; schlafmützig; **~leşmek** ein Faulpelz werden; **~lik** ⟨-ği⟩ Schlafmützigkeit *f*
mistik ⟨-ki⟩ Mystik *f*, mystisch
misyon *a* REL Mission *f*, Sendung *f*; **~er** Missionar *m*, -in *f*
-mişli: ~ ***geçmiş*** (***zaman***) *perfektive Vergangenheit für nicht bewusst Miterlebtes*
mit ⟨-ti⟩ Mythos *m*, Heldensage *f*
miting POL Kundgebung *f*
mitleştirmek *-i* zu e-m Mythos machen *A*
mitoloji Mythologie *f*
mitolojik mythologisch
mitralyöz Maschinengewehr *n*
miyar [miːjaːr] Feingehalt *m*; *fig* Maß-

stab *m*; CHEM Reagens *n*
miyav! miau!; **~lamak** miauen
miyokart ⟨-dı⟩ Myokard *n*, Herzmuskel *m*
miyop ⟨-bu⟩ kurzsichtig; **~luk** ⟨-ğu⟩ Kurzsichtigkeit *f*
miyosen GEOL Miozän *n*
'miza Einsatz *m* (*beim Spiel*)
mizaç [ɑː] ⟨-cı⟩ Veranlagung *f*, Temperament *n*; *osm* Befinden *n*; **~lı** ... veranlagt, von ... Temperament; ***sakin* ~** von ruhigem Temperament
mizah [ɑː] Humor *m*; **~çı** Humorist *m*
mizahî [-iː] humoristisch
mizan [miːzɑːn] Maß *n*, Maßstab *m*; Kontrolle *f*, ÖKON Zwischenbilanz *f*
mizanpaj BUCH Umbruch *m*, Layout *n*
mizanpli *Frisur* Wasserwelle *f*
mizansen THEA *u fig* Inszenierung *f*
mo'bilya Möbel *pl*, Mobiliar *n*; ***~ mağazası*** Möbelgeschäft *n*; **~cı** Möbelhändler *m*; Möbelladen *m*; **~lı** möbliert; **~sız** unmöbliert
'moda Mode *f*, modisch; Mode-; ***~ defilesi*** Modenschau *f*; ***saç ~sı*** Haarmode *f*; *-in* ***~sı geçmek*** außer Mode kommen; *fig* überholt sein; ***~sı geçmiş*** veraltet, unmodern; ***son ~(ya göre)*** nach der neuesten Mode; ***eski ~*** altmodisch; ***~ olmak*** modern sein; **~cı** Modeschöpfer *m*, -in *f*; **~cılık** ⟨-ğı⟩ Modebranche *f*; **~evi** ⟨-ni⟩ Modehaus *n*
modal GR modal; ***~ yardımcı fiil*** Modalverb *n* (*z.B. können, sollen*)
model Modell *n*; Fasson *f e-s Kleides*; Modejournal *n*; Ebenbild *n* (*z.B. ihrer Mutter*); Mannequin *n*; Muster- (*Schüler*); ***saç ~i*** Frisur *f*, Haarschnitt *m*; **~ci** Modellierer *m*; **~cilik** ⟨-ği⟩ Modellbau *m*; **~lik** ⟨-ği⟩ Beschäftigung *f* als Modell; ***~ etmek*** Modell stehen
modem EDV Modem *n*
modern modern; zeitgemäß
modernite Moderne *f*, Modernität *f*
modernize: ***~ etmek*** modernisieren
modernizm ⟨-ği⟩ Modernismus *m*
modernleştir(il)me Modernisierung *f*
modernleştirmek *v/t* modernisieren
modernlik ⟨-ği⟩ Modernismus *m*
modül Modul *n*, Baustein *m*
modülasyon Modulation *f*
Moğol Mongole *m*, Mongolin *f*, mongolisch; **~ca** (das) Mongolisch(e); **~istan** Mongolei *f*; ***~ Halk Cumhuriyeti*** (die) Mongolische Volksrepublik
'mola Pause *f*, MAR Nachlassen *n*; ***ihtiyaç ~sı*** Erfrischungspause *f*; ***yemek ~sı*** Essenspause *f*; ***~ etmek*** e-e Pause machen; *Tau* nachlassen, lockern; ***~ vermek*** e-e Pause machen; **~sız** ohne Pause, pausenlos
molekül Molekül *n*; **~er** Molekular-; **~sel** Molekular-
molibden Molybdän *n*
molla geistliche(r) Richter; Theologiestudent *m*
moloz Schotter *m*, Steinschutt *m*; *fig* Schund *m*, Plunder *m*; **~luk** Schotterboden *m*; *fig* F Mist *m*
moment ⟨-ti⟩ PHYS, TECH Moment *n*
monarş|i Monarchie *f*, **~ist** Monarchist *m*; monarchisch; **~izm** Monarchismus *m*
'monden mondän; weltlich
Mongol → ***Moğol***
monitör TECH, TV Monitor *m*; Turnlehrer *m*, -in *f*, Ausbilder *m*
monofaze EL einphasig, Einphasen-
monogami Monogamie *f*, Einehe *f*
mono|grafi Monographie *f*; **~kl** ⟨-klü⟩ Monokel *n*; **~log** Monolog *m*
monopol ⟨-lü⟩ Monopol *n*; **~cü** Monopolist *m*; ***~ kapital*** Monopolkapital *n*
monoton monoton; **~luk** ⟨-ğu⟩ Eintönigkeit *f*
montaj Montage *f*, Filmschnitt *m*; *-i* ***~ yapmak*** montieren *A*; **~cı** Installateur *m*; Montagearbeiter *m*, Monteur *m*
monte: *-i* ***~ etmek*** montieren *A*
montör Monteur *m*
mor violett; *-i* ***~ etmek*** *j-n* zum Erröten bringen, blamieren
'Mora Peloponnes *m*; Morca *f*
moral ⟨-li⟩ Moral *f*, Sittlichkeit *f*, Moral *f* (*der Truppen*); *-e* ***~ vermek*** die Moral *G/von* heben; *-in* ***~ini bozmak*** die Moral *G/von* untergraben; demoralisieren; ***~i bozuk*** demoralisiert
morarmak violett werden; *bes* MED blau werden
mora'toryum Moratorium *n*
moren GEOL Moräne *f*
morfem LING Morphem *n*
morfin Morphium *n*
morfoloji Morphologie *f*
morg Leichenschauhaus *n*; ***~a kaldırma*** Obduktion *f*
mo'rina ZOOL Kabeljau *m* (*Gadus mor-*

rhua), Schellfisch *m*
morluk ⟨-ğu⟩ (das) Violett(e); blaue(r) Fleck
ˈ**morötesi** ⟨-ni⟩ ultraviolett
mors[1] ZOOL Walross *n*
mors[2] Morseapparat *m*; ~ ***alfabesi*** Morsealphabet *n*
mortlamak F abkratzen
morto: ~***yu çekmek*** → ***mortlamak***
moruk ⟨-ğu⟩ F alte(r) Knacker
moruklaşmak F klapprig werden
Moskof HIST Russe *m*; barbarisch
ˈ**Moskova** Moskau *n*; **~lı** Moskauer *m*, -in *f*
ˈ**mosmor** dunkelviolett, dunkellila; ~ ***olmak*** rot anlaufen (*vor Wut*)
ˈ**mostra** Muster *n*; Schaukasten *m*, Vitrine *f*; ~ ***olmak*** zum Gespött werden; **~lık** ⟨-ğı⟩ Muster *n*; *fig* F bunte(r) Hund, Gespött *n*
motel Motel *n*
motif Motiv *n*
motopomp Motorpumpe *f*
motor Motor *m*; Motorboot *n*; F Trecker *m*; F Motorrad *n*; ~ ***kayışı*** Keilriemen *m*; ~ ***odası*** MAR Motorraum *m*; ***elektrik ~u*** Elektromotor *m*; ***~la sürmek*** mit dem Traktor pflügen
motor|bot ⟨-tu⟩ Motorboot *n*; **~cu** Motorbootfahrer *m*
motorize motorisiert; ~ ***etmek*** *v/t* motorisieren
motor|lu Motor-; motorisiert; ~ ***taşıt*** Kraftfahrzeug *n*; **~suz** ... ohne Motor; ~ ***uçak*** Segelflugzeug *n*
motosiklet ⟨-ti⟩ Motorrad *n*; ***sepetli ~*** Motorrad *n* mit Beiwagen; **~çi** Motorradfahrer *m*
ˈ**mototren** Triebwagenzug *m*
mozaik ⟨-ki⟩ Mosaik *n*; *Art* Schokoladenbiskuitkuchen *m*
mozole Mausoleum *n*
M.Ö. *Abk.* → ***milattan önce***
möble Möbel *pl*; **~li** möbliert; **~siz** unmöbliert
mönü Menü *n*
mösyö *zu Nichtmuslimen* Herr *m*, mein Herr (*im Deutschen ohne Namen nicht üblich*)
M.S. *Abk.* → ***milattan sonra***
mu → ***mi***
muad|ele [ɑː] *osm* MATH Gleichung *f*, *fig* Rätsel *n*; **~il** parallel, gleich
muaf [ɑː] befreit (*-den* von); *-den* ~ ***tutmak*** *j-n* befreien von; **~iyet** ⟨-ti⟩ Befreiung *f* (*-den* von)
muallak [-lːak] ⟨-kı⟩ ... in der Schwebe, unentschieden
muallim *osm* → ***öğretmen***
muamelat [-ɑːmelɑːt] ⟨-tı⟩ Formalitäten *f/pl*; Geschäftsführung *f*, ~ ***müdürü*** geschäftsführende(r) Direktor
muamele [ɑː] Verhalten *n* (*-e karşı D* gegenüber); ÖKON Geschäft *n*; (Börsen)Abschluss *m*, Transaktion *f*, ÖKON Umsatz *m*; *Büro* Bearbeitung *f von Akten*; Formalitäten *f/pl*, Prozedur *f*; *-e* ~ ***etmek*** behandeln *A*, sich verhalten (*j-m* gegenüber); ~ ***görmek*** *Person* behandelt werden; *Papiere usw* bearbeitet werden; in Ordnung gebracht werden
muamma [-mɑː] Rätsel *n*; ~ ***kabilinden*** schleierhaft, rätselhaft
muaraza [muɑː-] Zank *m*; Kontroverse *f*
muarız [ɑː] *osm* Gegner *m*
muasır [ɑː] Zeitgenosse *m*; zeitgenössisch; **~laşmak** *v/i* dem Zeitgeist entsprechen
muaşaka [-ɑːʃɑ-] *osm* Liebelei *f*
muaşeret ⟨-ti⟩ Umgang *m*; Etikette *f*; ~ ***adabı*** (*a* ***adabı~***) (das) gute Benehmen
muavenet [ɑː] ⟨-ti⟩ Unterstützung *f*; *-e* ~ ***etmek*** unterstützen *A*
muavin Assistent *m*, -in *f*; Gehilfe *m*, Gehilfin *f*, Beifahrer *m* (*von Fernfahrern*); Hilfs-; Stellvertreter *m*, -in *f*, Vize-; **~lik** ⟨-liği⟩ Stellvertretung *f*
muayene [ɑː] MED Untersuchung *f*; (Zoll)Kontrolle *f*; *-i* ~ ***etmek*** untersuchen; kontrollieren, inspizieren; ~ ***olmak*** sich untersuchen lassen; untersucht werden; ~ ***odası*** Sprechzimmer *n*
muayeneci Inspektor *m*; Kontrolleur *m*; Zollbeamte(r)
muayenehane MED Praxis *f*, Sprechzimmer *n*, Behandlungszimmer *n*
muayyen bestimmt; fest
muazzam riesig; mächtig
mubah [ɑː] REL nicht verboten, zulässig
mubayaa [-bɑː-] Ankauf *m*; **~cı** Ankäufer *m*
mucibince laut (*G*, *a D*), gemäß *D*; ***mukavele ~*** laut Vertrag
mucip [uː] ⟨-bi⟩ erforderlich machend; zwingend; Anlass *m*, Grund *m* (*-e* zu *D*); *-i* ~ ***olmak*** nach sich ziehen, erfor-

dern; ~ ***sebep*** JUR Argument *n*; Beweis *m*
mucit [uː] ⟨-di⟩ Erfinder *m*
mucize [uː] Wunder *n*; ~ ***kabilinden*** wie durch ein Wunder
mucuk ⟨-ğu⟩ kleine Fliege
mucur (Kohlen)Grus *m*; Geröll *n*; *fig* Abfall *m*
'**muço** MAR Schiffsjunge *m*; Pikkolo *m*, junge(r) Kellner
mudi [muːdiː] ⟨-ii⟩ Bankkunde *m*
mufassal ausführlich
'**mufla** TECH Muffel *f*
mugalata [-gɑː-] Spitzfindigkeiten *f/pl*
mugayir [ɑː] entgegengesetzt
muğlak ⟨-kı⟩ vertrackt, verworren
muhabbet ⟨-ti⟩ Liebe *f*, Zuneigung *f*, Freundschaft *f*, (gemütliche) Plauderei *f*; ~ ***etmek*** (miteinander) plaudern; ~**çiçeği** ⟨-ni⟩ Reseda *f* (*reseda odorata*); ~**kuşu** Wellensittich *m*
muhabere [-hɑː-] Berichterstattung *f*, Korrespondenz *f*, Verbindung *f*, Nachrichten(verkehr *m*) *f/pl*; Nachrichten-; ~ ***etmek*** Bericht erstatten; korrespondieren; ***telefon*** ~***si*** Telefonverbindung *f*; ~**ci** Nachrichter *m*, F Nachrichtenmann *m*; Funker *m*
muhabir [-hɑː-] Korrespondent *m*, -in *f*, Berichterstatter *m*, -in *f*
muhaceret [ɑː] ⟨-ti⟩ Auswanderung *f*, Umsiedlung *f*
muhacir [ɑː] Auswanderer *m*, Emigrant *m*; Umsiedler *m*; Zug- (*Vogel*); ~ ***arabası*** Planwagen *m*; ~ ***gitmek*** wandern (*als Volk*)
muhafaza [-hɑː-] Schutz *m*; Bewahrung *f*, Beibehaltung *f*, Schutz- (*Brille*); Aufrechterhaltung *f* (*der Ordnung*); *-i* ~ ***etmek*** *v/t* schützen; bewahren; konservieren, (*im alten Zustand*) belassen; aufrechterhalten; sich (*D*) (*das Recht*) vorbehalten; ~ ***altına almak*** JUR in Gewahrsam nehmen *A*
muhafazakâr konservativ; Konservative(r); ~**lık** ⟨-ğı⟩ Konservativismus *m*
muhafız [ɑː] Wächter *m*; Beschützer *m*; Wach-; ~ ***alayı*** (*od* ***kıtası***) Leibwache *f*, Wachmannschaft *f*, ~**lık** ⟨-ğı⟩ Wache *f*, Wachdienst *m*
muhakeme [-hɑː-] Prozess *m*, Gerichtsverhandlung *f*, Urteilskraft *f*, Überlegung *f*; ~ ***etmek*** aburteilen; erwägen; urteilen über *A*; ~ ***sırasında*** im Laufe der Verhandlung; ~ ***usulü kanunu*** Prozessordnung *f*; ~ ***yürütmek*** Überlegungen anstellen
muhakkak ⟨-kı⟩ bestimmt, gewiss, unbedingt; *Tatsache* feststehend; *Tod* sicher
muhalefet [ɑː] ⟨-ti⟩ *bes* POL Opposition *f*, Widerspruch *m*; Kontrast *m*; ~ ***partisi*** Oppositionspartei *f*; *-e* ~ ***etmek*** sich widersetzen *D*, widersprechen *D*; opponieren; ***hava*** ~ ***yüzünden*** wegen schlechter Wetterbedingungen
muhalif [ɑː] oppositionell, Oppositions-; widersprechend (*-e D*); gegensätzlich (*Meinung*); ~ ***bir adam*** ein Widerspruchsgeist
muhallebi Reismehlpudding *m*; ~ ***çocuğu*** F Muttersöhnchen *n*; ~**ci** Puddingshop *m*
Muhammedî [iː] Muslim *m*, -in *f*, islamisch
Muhammet ⟨-di⟩ (*od* ***Hazreti*** ~) (der Prophet) Mohammed
muharebe [ɑː] Kampf *m*, Schlacht *f*, *fig* harte Auseinandersetzung; ~ ***etmeden*** kampflos
muharip ⟨-bi⟩ kriegerisch; Kämpfer *m*; *Land* Krieg führend; ~**lik** ⟨-ği⟩ Kriegführung *f*, Kriegszustand *m*
muharrem *1. Monat des islamischen Mondjahres*
muharrir *osm* → ***yazar***
muhasara [-hɑː-] Einkreisung *f*, Belagerung *f*, Blockade *f*
muhasebe [-hɑː-] Buchführung *f*, Buchhaltung *f*, ~ ***görmek*** Buch führen; abrechnen; *-in* ~***sini yapmak*** *fig* die Bilanz ziehen (aus *D*)
muhasebeci Buchhalter *m*, -in *f*
muhasım [ɑː] feindlich; Gegner *m*
muhasır [ɑː] Belagerungs-, Blockade-
muhasip [ɑː] ⟨-bi⟩ Buchhalter *m*, -in *f*, ~**lik** ⟨-ği⟩ Buchhaltung *f*
muhatap [-hɑː-] ⟨-bı⟩ Angeredete(r); Gesprächspartner *m*, -in *f*, Ansprechpartner *m*, -in *f*, *fig* Zielscheibe *f*, *-e* ausgesetzt *D*; ÖKON Akzeptant *m*, Trassat *m*; ***bş-e*** ~ ***olmak*** konfrontiert werden mit
muhavere [ɑː] Gespräch *n*
muhayyel geträumt, (*Geschöpf*) ... meiner Träume, ... der Fantasie
muhayyer frei (in der Wahl), nicht verpflichtet; ÖKON ... zur Probe, ... mit Garantie; MUS Ton *m in der türk. Musik*; *-e*

M

~ ***bırakmak*** *j-m* anheim stellen
muhayyile Einbildungskraft *f*
muhbir Denunziant *m*, Spitzel *m*
muhit [iː] ⟨-ti⟩ Milieu *n*, Umgebung *f*; ~ ***yapmak*** sich (*D*) e-n Bekanntenkreis schaffen
muhkem robust, fest (gebaut)
muhrip ⟨-bi⟩ MIL Zerstörer *m*
muhtaç [ɑː] ⟨-cı⟩ bedürftig, Not leidend; *-e* ~ ***etmek*** *j-n* veranlassen, das Nötige zu besorgen; *-e* ~ ***olmak*** brauchen *A*, nötig haben *A*, bedürfen *G*; ***tamire*** ~ reparaturbedürftig; **~lık** ⟨-ğı⟩ Bedürfnis *n*
muhtar Gemeindevorsteher *m*
muhtelif verschieden, divers
muhtemel wahrscheinlich, möglich
muhterem geehrt
muhteşem prächtig, pompös
muhteva [ɑː] Inhalt *m*
muhtevî [iː] beinhaltend
muhteviyat [aː] ⟨-tı⟩ Inhalt *m*
muhtıra Notiz *f*, Memorandum *n*, Note *f*; ~ ***defteri*** Notizbuch *n*
mukabele [ɑː] Entgegnung *f*, Entgelt *n*, Gegenleistung *f*, Empörung *f*, Rezitieren *n* des Korans; *-e* ~ ***etmek*** antworten *D*; sich empören (gegen *A*); ~ ***okumak*** den Koran rezitieren; auswendig hersagen; **~ci** Rezitator *m* des Korans; HIST MIL Diensthabende(r)
mukabil [ɑː] **1.** *adj* Gegen- (*Angriff*); Konter- (*Revolution*); gegenüber liegend (*Seite*); entsprechend; **2.** *subst* Gegenleistung *f*, (*türkische*) Entsprechung (*z.B. e-s Wortes*); **3.** *postp* *-e* im Gegensatz zu; als Entgelt für; ***buna*** ~ dafür; dagegen; im Gegensatz dazu; umgekehrt; ***~inde*** für, gegen (*z.B. e-e Bezahlung*); unter Einsatz (*z.B. des Lebens*)
mukadder vorherbestimmt, prädestiniert; Schicksal *n*; **~at** [-ɑːt] ⟨-tı⟩ Schicksal *n*; ***kendi ~ını saptama hakkı*** das Recht auf Selbstbestimmung
mukaddes heilig; geheiligt; **~at** [-ɑːt] ⟨-tı⟩ alles, was *j-m* heilig ist
mukallit ⟨-di⟩ nachahmend; Imitator *m*; *fig* Komödiant *m*
mukataa HIST Steuerverpachtung *f*, Abbruch *m*
mukavele [ɑː] Vertrag *m*; **~li** unter Vertrag
mukavemet [ɑː] ⟨-ti⟩ Widerstand *m*; Ausdauer *f*, *-e* ~ ***etmek*** sich widersetzen *D*; Widerstand leisten; ~ ***göstermek*** Widerstand leisten; ~ ***koşusu*** SPORT Langstreckenlauf *m* (*3–15 km*); **~çi** Langstreckenläufer *m*; Widerstandskämpfer *m*; **~li** standhaft, unerschütterlich; **~siz** widerstandslos; nachgiebig
mu'kavva Pappe *f*, Karton *m*; ~ ***kutu*** Pappschachtel *f*, Karton *m*
mukayese [ɑː] Vergleich *m*; Analogie *f*; *-i* ~ ***etmek*** vergleichen *A*; **~li** vergleichend (*z.B. Anatomie*); Vergleichs- (*Tabellen*)
mukayyet ⟨-ti⟩ registriert; gebunden (*-e* an *A*); gewissenhaft; *-e* ~ ***olmak*** Acht geben (auf *j-n*), ein Auge auf *j-n* haben
mukim [-kiːm] wohnhaft
muktedir *-e* fähig (zu); imstande (zu)
mulaj Abdruck *m*; Abguss *m*; Schablone *f*
mum Kerze *f*, Wachs *n*; ~ ***direk*** kerzengerade; sehr brav; gewissenhaft; ~ ***durumu*** SPORT Kerze *f*; *-i* ~ ***etmek*** (*od* ***~a çevirmek***) *j-n* gefügig machen, F weichmachen; ~ ***gibi*** kerzengerade; gefügig; weich; *Kleidung* steif; ~ ***olmak*** gefügig sein, weich sein; F ja sagen (*-e* zu *D*); ~ ***yapıştırmak*** *Brief* versiegeln; *fig* sich (*D*) merken *A*
'mumboyası ⟨-nı⟩ Wachsfarbe *f*
mum|cu Kerzengießer *m*; **~lamak** *v/t* wachsen; **~lu** Wachs-; ~ ***bez*** Wachstuch *n*; ~ ***kağıt*** Wachspapier *n*
'mumya Mumie *f*
mumyalamak *v/t* mumifizieren
mumyalaşmak zur Mumie werden
munafık → ***münafk***
mundar → ***murdar***
munhasır *-e* beschränkt (auf *A*); nur bestimmt (für *A*)
munis [uː] geläufig; vertraut; *Gedanke* plausibel; *Kind* zutraulich
munkabız MED an Verstopfung leidend
muntazam regelmäßig, gleichmäßig; regulär, stehend (*Heer*); *Zimmer* (gut) aufgeräumt; **~an** [-'zɑmɑn] *adv* regelmäßig, ständig
muntazır: *-e* ~ ***olmak*** entgegensehen *D*, erwarten *A*
munzam ⟨-mmı⟩ zusätzlich; Zusatz-; Über- (*Stunden*)
murabba [-bɑː] *Art* Konfitüre *f*
murahhas Delegierte(r)

murakabe [-raː-] Kontrolle *f*; **~ *heyeti*** Aufsichtsrat *m*; REL Kontemplation *f*, Meditation *f*
murana ZOOL Muräne *f*
murat [aː] ⟨-dı⟩ Wunsch *m*; Ziel *n*, Absicht *f*, Zweck *m*; **~ *almak*** (s-n) Wunsch verwirklichen; *-i* **~ *etmek*** wünschen *A*; ***muradına ermek*** sich (*D*) den Wunsch erfüllen; ***bunu demekten* ~** damit soll(te) gesagt werden
murdar schmutzig; *fig* gemein, niederträchtig
muris [uː] JUR Erblasser *m*
Musa [muːsaː] *Bibel* Moses *m*
musahhih BUCH Korrektor *m*
musalla [-laː] Platz *m* des gemeinsamen Gebetes; **~ *taşı*** (steinerne) Aufbahrungsplatte
musallat ⟨-tı⟩ lästig; Unglück bringend; *-e* **~ *etmek*** heimsuchen *A*; *-i* ***başına* ~ *etmek*** *j-n od etw* zur Strafe schicken (*D*, *j-m*); *-e* **~ *olmak*** *j-n* belästigen, *j-m* zusetzen; herfallen über *j-n*
mu'sandıra Wandschrank *m*, Bettschrank *m*; *in Küchen* Wandbrett *n*
Musevî [muːsɛviː] mosaisch, jüdisch; Jude *m*, Jüdin *f*; **~lik** ⟨-ği⟩ Judentum *n*
musibet [iː] ⟨-ti⟩ Unheil *n*; Elend *n*
musikî [muːsıkiː] Musik *f*; **~şinas** [aː] Musikkenner *m*
muska Amulett *n*
muslin Musselin *m*
musluk ⟨-ğu⟩ (Wasser)Hahn *m*; Handwaschbecken *n*; F ***musluğu çevir!*** halt die Klappe!; **~çu** Klempner *m*; F Gauner *m*, *bes* Taschendieb *m*
muson *Wind* Monsun *m*
mustarip ⟨-bi⟩ leidend; drückend (*z.B. Stille*); *-den* **~ *olmak*** leiden an *D*
muşamba Wachstuch *n*; Linoleum *n*; Regenmantel *m*; **~ *gibi*** fettig, ... voller Fettflecken
'muşmula BOT Mispel *f*; **~ *suratlı*** *abw* runzlig; *Haus* unansehnlich
'muşta Schusterhammer *m*; Schlagring *m*; **~lamak** e-n Hieb mit dem → ***muşta*** versetzen (*-i j-m*)
muştu gute Nachricht; **~lamak** (*-i -e*) *j-m etw* Erfreuliches mitteilen
mut ⟨-tu⟩ Glück *n*
muta [muːtaː] Gegebenheit *f*, bekannte Größe
mutaassıp ⟨-bı⟩ fanatisch; Fanatiker *m*; **~lık** ⟨-ğı⟩ Fanatismus *m*
mutabakat [-taː-] ⟨-tı⟩ Übereinstimmung *f* (*-le*, *-e* mit *D*); GR Kongruenz *f*; BIOL Akkomodation *f*
mutabık [-ta-] ⟨-kı⟩ **1.** *adj* übereinstimmend; **... *hususunda* ~ *kalmak*** sich einig werden über *A*; **2.** *postp -e* gemäß *D*, entsprechend *D*
mutantan prächtig
mutasarrıf *-e* HIST Gouverneur *m* e-s Sandschaks
mutasyon Mutation *f*
mutat [muːtaːt] ⟨-dı⟩ gewohnt; gewöhnlich; Gewohnheit *f*
mutavassıt ⟨-tı⟩ Vermittler *m*; durchschnittlich
mutazarrır geschädigt, betroffen
mutçuluk ⟨-ğu⟩ PHIL Eudämonismus *m*
muteber [muː-] geehrt; angesehen; vertrauenswürdig; geltend; gültig *sein*
mutedil [muː-] *Klima* gemäßigt; *Preis* mäßig
mutemet [muː-] ⟨-di⟩ vertrauenswürdig; Vertrauensmann *m*
mutena [muːtɛnaː] sorgfältig; Elite-, ausgewählt
mutfak ⟨-ğı⟩ Küche *f* (*a Essen*); ***Türk mutfağı*** (die) türkische Küche
mutlak ⟨-kı⟩ absolut; unbedingt
'mutlaka [-kaː] unbedingt, auf jeden Fall
mutlakiyet [-laː-] ⟨-ti⟩ Absolutismus *m*; **~çi** Monarchist *m*; Absolutist *m*; absolutistisch
mutlan|mak glücklich werden; **~dırmak** *v/t* glücklich machen; beglücken
mutlu glücklich; **~ *etmek*** *v/t* glücklich machen; **~ *olmak*** glücklich werden; **~landırmak** *v/t* glücklich machen; **~luk** ⟨-ğu⟩ Glück *n*
mutsuz unglücklich; **~laşmak** unglücklich(er) werden; **~luk** ⟨-ğu⟩ Unglück *n*
muvacehe [-vaː-]: *postp -in* **~*sinde*** angesichts *G*; in Gegenwart *G*
muvafakat [-vaː-] ⟨-tı⟩ Zustimmung *f*; Übereinstimmung *f*; *-e* **~ *etmek*** zustimmen *D*
muvaffak ⟨-kı⟩ erfolgreich; *-e* **~ *oldum*** es gelang mir, zu ...; *-de* **~ *olmak*** erfolgreich sein in *D*
muvaffakıyet ⟨-ti⟩ Erfolg *m*; **~li** erfolgreich; **~siz** erfolglos, misslungen; **~sizlik** ⟨-ği⟩ Erfolglosigkeit *f*
muvafık [aː] ⟨-kı⟩ geeignet (*-e* für); *-e* **~ *gelmek*** passen, sich eignen für

M

muvakkat ⟨-tı⟩ provisorisch; Not-
mu'vakkaten *adv* zeitweilig, ... auf Zeit
muvazaa [-vɑː-] Verstellung *f*, Heuchelei *f*; **~lı** abgekartet
muvazene [-vɑː-] Gleichgewicht *n*; **~li, ~siz, ~sizlik** → ***dengeli*** *usw*
muvazi → ***paralel***
muvazzaf MIL aktiv; Berufs- (*Offizier*); **~ *hizmet*** Wehrdienst *m*; ***askerlikle* ~** wehrpflichtig; **~lık** ⟨-ğı⟩ aktive(r) Wehrdienst
muylu Zapfen *m*; **~ *yatağı*** Zapfenloch *n*
muz Banane *f*; **~ *ağacı*** BOT Bananenstaude *f*; **~ *gibi olmak*** sich genieren
muzaffer siegreich; Sieger *m*, -in *f*; **~iyet** ⟨-ti⟩ Sieg *m*
muzaheret [-zɑː-] ⟨-ti⟩: ***adlî* ~** JUR Gerichtskostenbeihilfe *f*
muzır ⟨-rrı⟩ **1.** *adj* schädlich (*-e* für *A*); verderblich; **~ *yayın*** Pornographie *f*; **2.** *subst Kind* Tunichtgut *m*; **~lık** ⟨-ğı⟩ Schädlichkeit *f*; böse(r) Streich
muzip [uː] ⟨-bi⟩ Spaßvogel *m*; **~lik** ⟨-ği⟩ Streich *m*, (grober) Scherz; *-e* **~ *etmek*** *j-n* aufziehen
mü- → ***mi-***
mübadele [ɑː] Tausch *m*, Austausch *m*; HIST Bevölkerungsaustausch *m*; **~ *etmek*** *v/t* austauschen; umtauschen
mübalağa [-bɑ-] Übertreibung *f*; (*-i*) **~ *etmek*** übertreiben (*A*); **~cı** Aufschneider *m*, -in *f*; übertreibend; **~lı** übertrieben, aufgebauscht
mübarek [ɑː] ⟨-ği⟩ gesegnet; heilig; *int* herrlich!, Donnerwetter!; *scherzh zu Person* du Schussel; Menschenskind!; ***bu* ~ *adam*** komische(r) Kauz; **~ *olsun!*** alles Gute (zum Fest)!; schönen Feiertag!
mübaşir [ɑː] Gerichtsdiener *m*
mücadele [ɑː] Kampf *m*; Auseinandersetzung *f*; **~ *etmek*** kämpfen; sich streiten
mücahit [ɑː] ⟨-di⟩ Glaubenskämpfer *m*
mücbir zwingend
mücehhez versehen, ausgerüstet
mücellit ⟨-di⟩ Buchbinder *m*, -in *f*; **~hane** Buchbinderei *f*
'mücerret ⟨-di⟩ abstrakt; nur, lediglich
mücessem verkörpert; körperlich
mücevher Juwel *n*, Kleinod *n*; **~ci** Juwelier *m*
mücrim schuldig; Verbrecher *m*
mücver *Art* Gemüsefrikadelle *f*
müçtehit ⟨-di⟩ *Islam* Ausdeuter *m religiöser Gesetze*; der oberste Geistliche
müd. *Abk. für* ***müdür*** Leiter; Direktor
müdafaa [-dɑː-] *a* JUR Verteidigung *f*; Abwehr *f*; **~ *etmek*** *v/t* verteidigen
müdafi [-dɑːfiː] ⟨-ii⟩ *a* JUR Verteidiger *m*, -in *f*
müdahale [-dɑː-] Einmischung *f* (*-e* in *A*), Intervention *f*; chirurgische Behandlung *f*; Eingriff *m*; *-e* **~ *etmek*** sich einmischen in *A*, intervenieren; hineingezogen werden (in *e-n Kampf*); **~ci** Intervenient *m*; interventionistisch
müdahil Intervenient *m*; intervenierend; JUR Nebenkläger *m*, -in *f*
müdavim [ɑː] Stammgast *m*; *-in* **~*i olmak*** Stammgast sein bei
müddeiumumi [-uːmumiː] *osm* Staatsanwalt *m*; → ***savcı***
müddet ⟨-ti⟩ Frist *f*, Dauer *f*, Zeit *f*, Zeitraum *m*; ***bir* ~** eine Zeitlang; ***teslim* ~*i*** Ablieferungsfrist *f*; **~çe** solange: ***yaşadığım* ~** solange ich lebe; **~li** -fristig: ***kısa* ~** kurzfristig; **~siz** unbefristet
müderris *osm* Professor *m*; Lehrer *m* an e-r Medrese
müdür Direktor *m*, -in *f*, Leiter *m*, -in *f*; ***istasyon* ~*ü*** Bahnhofsvorsteher *m*, -in *f*; **~iyet** ⟨-ti⟩ Direktion *f*, Amt *n des Direktors*, Direktorenstellung *f*, Leitung *f*, Verwaltung *f*; **~lük** ⟨-ğü⟩ → ***müdüriyet***
müebbet ewig; JUR lebenslänglich
müellif Autor *m*, -in *f*
müessese Institut(ion *f*) *n*, Unternehmen *n*; **~leşmek** institutionalisiert werden
müessif betrüblich
müessir wirksam; spürbar; JUR **~ *fiil*** Körperverletzung *f*
müessis Gründer *m*
müeyyide JUR Sanktion(ierung) *f*, Auflagen *f/pl*
müezzin Gebetsrufer *m*, Muezzin *m*
müfettiş Inspektor *m*, -in *f*
müflis zahlungsunfähig, bankrott
müfredat [ɑː] ⟨-tı⟩: **~ (*programı*)** Lehrplan *m*
müfreze Kommando *n*, Trupp *m*
müfrit ⟨-di⟩ übertrieben; POL extrem, radikal
müftü Mufti *m*
müh *Abk* → ***mühendis***
mühendis Ingenieur *m*, -in *f* (Ing.); **~lik**

M

⟨-ği⟩ Ingenieurwesen *n*; Ingenieurberuf *m*; Technik *f*
mühim ⟨-mmi⟩ wichtig, bedeutend (*Erfolg*); schwer (*Krankheit*); erheblich (*Schaden*)
mühimmat [ɑː] ⟨-tı⟩ Munition *f*
mühimsemek *v/t* für wichtig halten
mühlet ⟨-ti⟩ Aufschub *m*; *-e* ~ ***vermek*** Aufschub gewähren *D*
mühre (kleine) Glaskugel (*zum Glätten*); Lockvogel *m*; **~lemek** *v/t Papiere usw* glätten
mühtedî [iː] REL Übergetretene(r), Renegat *m*
mühür ⟨mührü⟩ Siegel *n*; Siegelring *m*; Stempel *m*; ~ ***mumu*** Siegellack *m*; **~dar** [ɑː] HIST Siegelbewahrer *m*; **~lemek** *v/t* abstempeln; siegeln; *Gebäude* versiegeln
müjde gute Nachricht, Freudenbotschaft *f*; Belohnung *f* (für e-e gute Nachricht); *-e* ~ ***koşturmak*** in aller Eile e-e frohe Nachricht überbringen; *-e* ~ ***vermek*** etwas Erfreuliches mitteilen; **~ci** Freudenbote *m*; **~lemek** (*-i -e*) *j-m etw* Erfreuliches mitteilen; **~li** froh, erfreulich (*Nachricht*)
mükâfat [-ɑːt] ⟨-tı⟩ Belohnung *f*, Auszeichnung *f*; *-in* ~***ını görmek*** belohnt werden für; **~en** erfreulicherweise; als Auszeichnung; **~landırmak** *v/t* belohnen; auszeichnen
mükâleme Gespräch *n*; POL Verhandlung *f*
mükellef verpflichtet (*-le* zu *D*); steuerpflichtig; Steuerpflichtige(r); komfortabel (*Haus*); pompös (*Gastmahl*); **~iyet** ⟨-ti⟩ Verpflichtung *f*, Pflicht *f*
mükemmel hervorragend, erstklassig; (*technisch*) vollkommen; *int* vorzüglich, tadellos!; **~en** *adv* vollkommen, perfekt; **~iyet** ⟨-ti⟩, **~lik** ⟨-ği⟩ Vollkommenheit *f*, Perfektion *f*, tadellose(r) Zustand
mükerrer wiederholt; GR iterativ; ~ ***iskonto*** Rediskont *m*; ~ ***sigorta*** Rückversicherung *f*; **~en** *adv* wiederholt
mülahazat [-laːhazɑːt] ⟨-tı⟩ Überlegungen *f/pl*; Meinungen *f/pl*; Bemerkungen *f/pl*; ~ ***hanesi*** Spalte *f* für Bemerkungen; ~ ***hanesini açık bırakmak*** sich jedes Urteils enthalten
mülakat [-laːkɑːt] ⟨-tı⟩ Interview *n*; Reportage *f*; *-le* ~ ***yapmak*** *j-n* interviewen
mülayim annehmbar (*Vorschlag*); *Person* verträglich; sympathisch; regelmäßig (*Stuhlgang*)
mülazım [-lɑː-] HIST Leutnant *m*
mülhem inspiriert (*-den* von)
mülk ⟨-kü⟩ Grundbesitz *m*, unbewegliche(r) Besitz; Land *n*; Reich *n*; ~ ***sahibi*** Grundstücksbesitzer *m*
mülkî [iː] *osm* zivil; Staats-; ~ ***amir*** ranghöchste(r) Zivilbeamte(r) (*an e-m Ort*); ~ ***hak*** Recht *n* auf Privateigentum
mülkiye HIST ♀ ***Mektebi*** politologische Fakultät; **~li** Politologe *m*, -login *f*
mülkiyet ⟨-ti⟩ Eigentum *n*; **~çi** Eigentümer *m*
mülteci [iː] Flüchtling *m*; ~ ***yurdu*** Flüchtlingsheim *n*
mültefit freundlich
mültezim HIST Steuerpächter *m*
mümbit ⟨-ti⟩ ergiebig; *Land* fruchtbar
mümessil Vertreter *m*; ÖKON Vertretung *f*, Klassensprecher *m*, -in *f*
mümeyyiz Prüfer *m*, -in *f*
ˈ**mümin** gläubig; Muslim *m*, -in *f*
mümkün möglich; **~se** wenn möglich; ~ ***kılmak*** (*od* ***yapmak***) *v/t* ermöglichen, möglich machen; ~ ***mertebe*** nach Möglichkeit, möglichst; ~ ***olduğu kadar*** möglichst; ~ ***olduğu kadar çok*** so viel wie möglich; ***-memek*** ~ ***değil*** man kann nicht umhin, zu (+ *inf*); ***ne*** ~***!*** unmöglich!
mümtaz [ɑː] privilegiert, bevorzugt; führend; hervorragend
münafık [ɑː] ⟨-kı⟩ Hetzer *m*, Unruhestifter *m*
münakaşa [-nɑː-] Diskussion *f*, Streit *m*; Meinungsverschiedenheit *f*; ~ ***götürmemek*** außer Frage stehen, unbestritten sein; ~ ***yapmak*** (*a* ***etmek***) *v/t* diskutieren, debattieren
münasebet [ɑː] ⟨-ti⟩ Beziehung *f* (*-le* zu *D*); Zusammenhang *m*; Gelegenheit *f*, passende(r) Augenblick; Grund *m*; ~ ***almak*** passen, geeignet sein; ~ ***almaz*** es gehört sich nicht; *-le* ~ ***kurmak*** Beziehungen anknüpfen (zu *D*); *-le* ~***e girmek*** in Beziehungen treten zu; ***bir*** ~***i düşerse*** wenn sich e-e Gelegenheit bietet ...; ~***iyle*** im Falle *G*; aufgrund *G*; anlässlich *G*; ***bu*** ~***iyle*** bei dieser Gelegenheit; dabei, in diesem Zusammenhang; *-le* ~***te bulunmak*** Beziehungen unterhalten zu; **~li** passend, ange-

M

bracht
münasebetsiz unpassend, unangebracht; unzeitig; *Gast* ungebeten; ungehörig; respektlos; albern; ***münasebetli ~*** ob angebracht oder nicht; ganz egal wie; **~lik** ⟨-ği⟩ Ungehörigkeit *f*, Respektlosigkeit *f*
münasip [ɑː] ⟨-bi⟩ passend (*-e* zu) geeignet (*-e* für) gebührend; *Vorschlag, Einwand usw* angebracht; *-i* ***~ bulmak*** (*od* ***görmek***) für angebracht halten *A*
münavebe [ɑː] Ablösung *f*, Reihenfolge *f*; ***~ ile*** umschichtig, abwechselnd
müneccim *osm* HIST Astrologe *m*, Astronom *m*; **~lik** ⟨-ği⟩ *osm* HIST Astrologie *f*, Astronomie *f*
münevver intelligent, aufgeweckt; gebildet; Intellektuelle(r)
münferit ⟨-di⟩ isoliert, Einzel-, sporadisch
münfesih annulliert
münhal ⟨-li⟩ vakant, offen (*Stelle*); Vakanz *f*, offene Stelle
münhasır → ***munhasır***
ˈ**Münih** München *n*
müntehir Selbstmörder *m*, -in *f*
münzevî [iː] Einsiedler *m*, -in *f*, zurückgezogen (*leben*)
müphem unklar; *adv a* vage; verworren; **~iyet** ⟨-ti⟩ Unklarheit *f*
müptela [-laː] *-e* verfallen *D*; MED leidend (an *D*); ***aşka ~*** liebestoll; ***içkiye ~*** alkoholabhängig
müptezel banal, wertlos
müracaat [-rɑː-] ⟨-tı⟩ Antrag *m*; Anfrage *f*, Auskunft *f*, Anmeldung *f*, *-e* ***~ etmek*** e-n Antrag stellen (an *A*); sich wenden (an *j-n*); sich melden (bei *D*); (*Gewalt*) anwenden; ***~ta bulunmak*** → ***~ etmek***; **~çı** Antragsteller *m*
mürdüm, **~eriği** ⟨-ni⟩ BOT Damaszenerpflaume *f*
mürebb|î [iː] *osm* Erzieher *m*; Dompteur *m*; **~iye** Erzieherin *f*, Gouvernante *f*
müreffeh in Wohlstand
mürekkep[1] ⟨-bi⟩ Tinte *f*, ***~ lekesi*** Tintenfleck *m*; ***~ püskürtmeli yazıcı*** EDV Tintenstrahldrucker *m*; ***~ yalamış*** *scherzh* gebildet, gelehrt
mürekkep[2] ⟨-bi⟩ (*-den*) zusammengesetzt; kompliziert; bestehend; *-den* ***~ olmak*** bestehen aus
mürekkep|balığı ⟨-nı⟩ ZOOL Tintenfisch *m* (*Sepia officinalis*); **~lemek** *v/t* mit Tinte beflecken; **~li** mit Tinte beschmiert; Tinten- (*Stift*)
mürettebat [ɑː] ⟨-tı⟩ (*Flugzeug- usw*) Besatzung *f*, TECH Bedienungspersonal *n*; MIL Bedienungsmannschaft *f*
mürettep ⟨-bi⟩ abgekartet; geregelt; MIL kombiniert, zusammengestellt
mürettip ⟨-bi⟩ BUCH Setzer *m*; ***~ hatası*** Satzfehler *m*; **~hane** Setzerei *f*
mürit ⟨-di⟩ REL Schüler *m* (*a fig e-r Lehre*)
mürşit ⟨-di⟩ geistige(r) Führer; *fig* Wegweiser *m*, Richtschnur *f*
mürtecî [iː] Reaktionär *m*, -in *f*
mürtet ⟨-ddi⟩ Abtrünnige(r)
mürur [uː] Passieren *n*, Passier-; Verlauf *m e-r Zeit*; **~uzaman** JUR Verjährungsfrist *f*, Verjährung *f*, ***~a uğramak*** verjähren
mürüvvet ⟨-ti⟩: *-in* ***~ini görmek*** sich freuen (*an Erfolgen seiner Kindern*); **~siz** herzlos, unmenschlich
mürver BOT Schwarze(r) Holunder (*Sambucus nigra*)
müsaade [-sɑː-] Genehmigung *f*, Erlaubnis *f*, *-e* ***~ buyurmak*** (*od* ***etmek***) *j-m* gestatten, erlauben; ***bana ~*** gestatten Sie bitte, (ich muss gehen); ***~nizle*** wenn Sie gestatten; ***~ eder misiniz?*** gestatten Sie?; ***söylememe ~ eder misiniz*** wenn ich so sagen darf
müsabaka [-sɑː-] Wettbewerb *m*; Konkurrenz *f*, Wettkampf *m*; ***~ya girmek*** an e-m Wettbewerb teilnehmen
müsabık ⟨-kı⟩ Wettbewerber *m*
müsademe [ɑː] (*meist* bewaffnete) Auseinandersetzung *f*
müsadere [ɑː] Beschlagnahme *f*
müsait [ɑː] ⟨-ti⟩ günstig (*-e* für *A*); passend (*-e* für); *-e* ***~ davranmak*** *fig* entgegenkommen *D*; ***~ misiniz?*** hätten Sie Zeit?
müsamaha [-sɑː-] Duldsamkeit *f*, Nachsicht *f*, Nachlässigkeit *f*, *-e* ***~ etmek*** *fig* ein Auge zudrücken (vor *D*); **~lı** duldsam; nachgiebig; **~sız** unnachgiebig; streng, hart
müsamere [-sɑː-] Schulfest *n*
müsavat [-ɑːvɑːt] ⟨-tı⟩ Gleichgewicht *n*; Gleichheit *f* (*der Rechte*)
müsavî [iː] gleich, gleichberechtigt
müsbet → ***müspet***
müsekkin Beruhigungsmittel *n*
müsemma [ɑː] genannt, erwähnt; ***is-***

miyle **~** wie der Name schon sagt
müshil MED Abführmittel *n*
Müslim, **Müslüman** Muslim *m*, -in *f*
Müslüman|laştırmak *j-n* islamisieren, zum Islam bekehren; **~lık** ⟨-ğı⟩ Islam *m*; (die) islamische Welt
müsrif verschwenderisch; **~lik** ⟨-ği⟩ Verschwendung(ssucht) *f*
müstahak ⟨-kkı⟩ *-e* würdig *G*; Verdientes (*Lohn, Strafe*); **~ *olmak*** verdienen
müstahdem beschäftigt; Angestellte(r)
müstahkem MIL befestigt
müstahsil Produzent *m*
müstahzar vorbereitet; Präparat *n*
müstakbel künftig, in spe
müstakil ⟨-lli⟩ unabhängig, selbstständig; allein stehend (*Haus*)
müstamel [ɑː] gebraucht; abgenutzt
müstehcen pornographisch, unsittlich; **~lik** ⟨-ği⟩ Unanständigkeit *f*
müstemleke → ***koloni***
mü'steniden [iː] *-e* auf Grund *G*
müsterih [iː] ruhig, friedlich; **~ *olmak*** sich beruhigen
müstesna [ɑː] **1.** *adj* ausgenommen (*-den* von *D*); *Sache, Person* außergewöhnlich; Ausnahme *f*; **2.** *subst* Ausnahme- (*Stellung*); **~ *tutmak*** e-e Ausnahme machen; **3.** *postp* außer *D*, mit Ausnahme *G*; ***bu gazete* ~** mit Ausnahme dieser Zeitung
müsteşar [ɑː] (Botschafts)Rat *m*; Staatssekretär *m*
müsteşrik ⟨-ki⟩ Orientalist *m*, -in *f*
müsvedde Kladde *f*; Konzept *n*; Manuskript *n*; *fig* Zerrbild *n*
müşahede [ɑː] Beobachtung *f*, Aufsicht *f*; *-i* **~ *altına almak*** überwachen *A*; unter Kontrolle stellen
müşahit [ɑː] ⟨-di⟩ POL Beobachter *m*
müşavere [ɑː] Beratung *f*
müşavir Berater *m*, -in *f*
müşerref geehrt; **~ *olmak*** die Ehre haben; **~ *oldum*** es hat mich sehr gefreut (*Sie kennen gelernt zu haben*)
müşfik ⟨-ki⟩ zärtlich
müşir [iː] HIST Marschall *m*
müşkül schwierig; Schwierigkeit *f*; *Bedingungen* schwer, hart; **~at** ⟨-tı⟩ Schwierigkeiten *f/pl*; **~ *çekmek*** Schwierigkeiten haben; *-e* **~ *çıkarmak*** *j-m* Schwierigkeiten machen (*od* bereiten); schikanieren *A*; **~*a uğramak*** in Schwierigkeiten geraten
müşküle *Art* dickschalige Weintraube
müşkülpesent ⟨-di⟩ pedantisch, umständlich; übergenau
müşteki [iː]: **~ *olmak*** sich beklagen (*-den* über *A*)
müşterek ⟨-ki⟩ gemeinsam; gemeinschaftlich; kollektiv (*z.B. Sicherheit*); **~ *bahis*** Totalisator *m*; *-de* **~ *olmak*** in *e-r Sache* einig sein, im Einvernehmen handeln
müş'tereken *adv* gemeinschaftlich, zusammen
müşteri Kunde *m*, Kundin *f*
mütaa- *osm* → ***mütea-***
mütalaa [-tɑː-] *osm* Lektüre *f*, Untersuchung *f*, Studie *f*, Meinung *f*, Äußerung *f*, *Lernstunden im Internat*; **~ *etmek*** lesen; studieren, prüfen, besprechen
mütareke [-'tɑː-] Waffenstillstand *m*
müteaddit: **~ *defalar*** wiederholt; zahlreich
müteahhit ⟨-di⟩ (*Bau*)Unternehmer *m*
müte|akiben [-'ɑː-] kurz (nach *D*), im Anschluss (an *A*); **~akip** *-i* folgend *D*; nächst-; nach *D*
müteallik ⟨-ki⟩ *-e* betreffend *A*, über *A*
mütecanis [ɑː] homogen
mütecaviz *-i* über *A*, (von) mehr als ..., *A* überschreitend; aggressiv; Agressor *m*; ***yüzü* ~** (vor) mehr als hundert
mütecessis *abw* neugierig; Schnüffler *m*, -in *f*
müteessif betrübt; *-den*, *-e* **~ *olmak*** bedauern *A*
müteessir (*-den*) betrübt (über *A*); beeinflusst, beeindruckt (von *D*); *-e* **~ *olmak*** bedauern *A*; der Einwirkung *G* unterliegen
mütefekkir Denker *m*, -in *f*
mütehassıs Spezialist *m*, -in *f*; **~ (*hekim*)** Facharzt *m*, Fachärztin *f*, qualifiziert, ausgebildet
mütekabil [ɑː] gegenüberliegend; gegenseitig; GR HIST reziprok; **~ *dava*** Gegenklage *f*; **~iyet** ⟨-ti⟩ Gegenseitigkeit *f*; **~ *esası üzerine*** auf (der Grundlage der) Gegenseitigkeit
mütekait [ɑː] ⟨-di⟩ pensioniert
mütekâmil entwickelt; vollkommen
mütemadi [-mɑːdiː] ständig, Dauer-, kontinuierlich; **~yen** [-'mɑː-] dauernd; unaufhörlich
mütemayil [ɑː] *-e osm* geneigt (nach *D*); *fig* geneigt (zu ...; zu *D*), bereit

M

(zu ...; zu *D*)
mütemayiz [ɑː] *osm* hervorstechend
mütenasip [ɑː] ⟨-bi⟩ *-e* proportional *D*; angemessen *D*
mütercim Übersetzer *m*, -in *f*
müteselsil verkettet; JUR Solidar-; **~ kefalet** gesamtschuldnerische Bürgschaft
müteşebbis Unternehmer *m*, -in *f*
müteşekkil bestehend (*-den* aus *D*)
müteşekkir dankbar
mütevazı bescheiden
mütevazi [iː] parallel
mütevelli [iː] Verwalter *m* e-r frommen Stiftung
müthiş schrecklich, fürchterlich (= sehr); *int* erstaunlich, F doll
müttefik ⟨-ki⟩ verbündet, alliiert; Verbündete(r), Alliierte(r); **2ler** HIST (die) Alliierten
müvekkil Auftraggeber *m*; JUR Mandant *m*, Klient *m*
müvezzi ⟨-ii⟩ Austräger *m*; Postbote *m*; ambulante(r) Zeitungshändler
müyesser *osm* leicht zu bewältigen (*-e* für *j-n*); *-e* **~ olmak** *j-m* vergönnt sein
müzakere Besprechung *f*, Erörterung *f*; mündliche Prüfung; Abhören *n der Aufgaben*; Konferenz-; (Zeit *f*) für Schularbeiten (*unter Beaufsichtigung*); *-i* **~ etmek** erörtern, besprechen, diskutieren *A*; abfragen, mündlich prüfen *A*; *-i* **~ye koymak** zur Diskussion stellen *A*
müzayede [-zɑː-] Auktion *f*; **~ ile satmak** an den Meistbietenden verkaufen
'**müze** Museum *n*
'**müzeci** Museumsbegründer *m*; Museumsangestellte(r)
müzekkere amtliche Mitteilung; (Haft)Befehl *m*
'**müzelik** veraltet, museumsreif; **~ler** *fig* Trödel *m*, alte Sachen *f/pl*
müzev(v)ir Betrüger *m*; Intrigant *m*; Denunziant *m*
müzev(v)ir|lemek *-i* denunzieren *A*; **~lik** ⟨-ği⟩ Verleumdung *f*, Denunziantentum *n*
müzik ⟨-ği⟩ Musik *f*; **dans müziği** Tanzmusik *f*; **oda müziği** Kammermusik *f*; **vokal müzik** Vokalmusik *f*; **~ yapmak** Musik schreiben zu; musizieren, Musik machen
müzik|al Musical *n*; musikalisch; **~çi** 'Musiker *m*, -in *f*, Musiklehrer *m*, -in *f*; **~hol** Varieté *n*; **~li** Musik- (*Film*); mit Live-Musik
müzisyen Musiker *m*, -in *f*
müzmin chronisch, langwierig; dauernd, ewig; *Problem* ungelöst; **~leşmek** chronisch werden; *Problem* ungelöst bleiben; **~leştirmek** *v/t* auf ewig verschieben; ewig ungelöst lassen

N

N

n, N [nɛ] n, N *n*
na, nah *int* da!, hier!, guck!; **~ kafa** so ein (kleiner) Dussel!; **~, bir tane daha** da! (hast du) noch ein Stück!
na- [nɑː-] un-, nicht-
naaş ⟨-a'şı⟩ Beerdigte(r), Leiche *f*, *a* **naş**
nabız ⟨-bzı⟩ Pulsschlag *m*; Puls *m*; **nabzı 120 atıyor** er hat e-n Puls von 120; *-in* **nabzına girmek** sich bei *j-m* einschmeicheln; *-in* **nabzına göre şerbet vermek** sich lieb Kind machen bei; *-in* **nabzını ölçmek** (*od* **yoklamak**) *fig j-m* auf den Zahn fühlen; *-in* **nabzını saymak** (*od* **almak, tutmak**) *j-m* den Puls fühlen
nacak ⟨-ğı⟩ Beil *n*
naçar [nɑːtʃɑːr] ausweglos, hoffnungslos (*Lage*); **~ kalmak** *fig* in der Klemme sein
naçiz [nɑːtʃiːz] wertlos, bedeutungslos; *höflich* bescheiden (*z.B. Geschenk*)
nadas Brache *f*, Brachfeld *n*; *-i* **~ etmek** brachlegen *A*; **~a bırakmak** brachlegen; **~lık** Brach- (*Feld*)
nadide [nɑdiː-] selten, rar
nadim [ɑː] zerknirscht; *-e* **~ olmak** bereuen *A*
nadir [ɑː] selten; **~en** [nɑː'di-] *adv* selten
nafaka Lebensunterhalt *m*, F die nötigen Mittel; JUR Alimente *pl*; *-e* **~ bağlamak** *j-n* zur Zahlung von Alimenten

verpflichten
nafile [ɑː] vergeblich (*Mühe*), nutzlos; *Islam* zusätzliche fromme Handlung (*z.B. Gebet*); **~ yere** vergebens
nafta Naphtha *f od n*
naftalin Mottenpulver *n*; **~lemek** *v/t* einmotten, mit e-m Mottenschutzmittel einsprühen
nağme Melodie *f*, MUS Note *f*; *fig* schnippische(r) Ton; *-e* **~ yapmak** *j-m etw* vormachen
nahak ⟨-kkı⟩ unrecht; **~ yere** zu Unrecht, unnütz, unnötig
nahiye [ɑː] Bezirk *m*; Gemeinde *f* (*Teil e-s Kreises*); Region *f*
nahoş [ɑː] unangenehm, schlecht (*Eindruck*)
nail [ɑː] erreicht; *-e* **~ olmak** erreichen *A*
naip [ɑː] ⟨-bi⟩ Regent *m*; **~ prens** Prinzregent *m*; **~lik** ⟨-ği⟩ Regentschaft *f*
nakarat [-ɑːt] ⟨-tı⟩ MUS Refrain *m*, Kehrreim *m*; **hep aynı ~** *fig* immer die gleiche Leier
nakavt ⟨-tı⟩ Knock-out *m*, K.o. *m*; *-i* **~ etmek** knock-out schlagen; *fig j-n* matt setzen, ausschalten
'nakden *adv* (in) bar *zahlen*
nakdî [iː] Geld- (*Strafe*); bar
nakış ⟨nakşı⟩ Stickerei *f*, Ornament *n*; Wandmalerei *f*, Deckenmalerei *f*; **~ işlemek** sticken; **~lamak** *v/t* besticken; bemalen
nakil ⟨nakli⟩ Beförderung *f*, Transport *m*; EL Leitung *f*, Umzug *m*; Übertragung *f*, ÖKON Übertrag *m*; Bericht *m*, Erzählung *f*, Versetzung *f* (*im Amt*); Übersetzung *f* (*in e-e Sprache*); **kan nakli** Bluttransfusion *f*, **organ nakli** Organtransplantation *f*
nakit ⟨nakdi⟩, **~ para** Bargeld *n*; **~ ödeme** Barzahlung *f*
nakkare [-kɑː-] (Wirbel)Trommel *f*
nakkaş Ornamentemaler *m*
'naklen *Radio*, TV direkt, live; **~ yayın** Direktübertragung *f*, Livesendung *f*
'nakletmek *-i* transportieren; (weiter)erzählen; *Radio*, TV, ÖKON übertragen; EL leiten; (*-den -e*) übersetzen (*aus dem Türkischen ins ...*)
nakliyat [-ɑːt] ⟨-tı⟩ Transport *m*, Beförderung *f*, Transportwesen *n*; Spedition *f*, **kara ~ı** Transport *m* auf dem Landwege; **~çı** Transportunternehmer *m*; **~çılık** ⟨-ğı⟩ Transportwesen *n*
nakliye Transport *m*; Transportkosten *pl*; Frachtgeld *n*; Transport-, Fracht-; **~ gemisi** Frachter *m*; **~ senedi** Frachtbrief *m*; **~ci** Spediteur *m*
'nakşetmek (*-i -e*) dekorieren *A*; *fig* **zihnine ~** sich *D* einprägen *A*
'nakzen JUR in Abänderung (*e-s Urteils*); **(davayı) ~ görmek** *e-e Sache* erneut verhandeln; **(davayı) ~ iade etmek** *e-e Sache* zurückverweisen
'nakzetmek *v/t* JUR *Urteil* aufheben, kassieren
nal Hufeisen *n*; **~ çakmak** (ein Pferd) beschlagen; **~ları dikmek** F krepieren; **~bant** ⟨-dı⟩ Hufschmied *m*
nalbur Eisenwarenhändler *m*
nalça Schutzeisen *n*, Spitzen *f/pl für Schuhe*
nalın hohe Holzsandale (*fürs Bad*)
nallamak *v/t Pferd usw* beschlagen; F um die Ecke bringen, abmurksen
nam [ɑː] Name *m*; Ruf *m*; *-e* **~ salmak** (*od* **vermek**) sich (*D*) e-n Namen machen (in *D*); *-in* **~ı nişanı kalmamak** völlig in Vergessenheit geraten; **~ına** mit Namen, namentlich; im Namen *G/von*
namaz (islam. rituelles) Gebet; **~ bezi** Gebetskopftuch *n*; **~ kılmak** das Gebet verrichten, beten; **~ niyaz** Gebete *n/pl*, Beten *n*; **~a durmak** → **~ kılmak**; **~gâh** Gebetsstätte *f*, **~lık** ⟨-ğı⟩ Gebetsteppich *m*; **~sız** MED menstruierend
-name [-ɑː-] -brief *m*; -schein *m*
namert [nɑː-] ⟨-di⟩ feige; Schuft *m*
namlı bekannt, bedeutend
namlu Lauf *m* (*des Gewehrs*); Klinge *f* (*des Säbels*)
namus [ɑː] Ehre *f*, Ehrbarkeit *f*, Gewissen *n*; Unbescholtenheit *f e-r Frau*; **~ belası** Gewissensbisse *m/pl*; **~ sözü** Ehrenwort *n*; **~unu temizlemek** s-e Ehre wieder herstellen; **~lu** ehrlich; anständig (*a Essen usw*); *Frau* unbescholten; **~luluk** ⟨-ğu⟩ Ehrlichkeit *f*, Anständigkeit *f*, **~suz** unehrenhaft, gewissenlos
namzet ⟨-di⟩ Kandidat *m*; Bewerber *m*; Verlobte(r); *-i* **~ göstermek** kandidieren (für *A*), als Kandidat auftreten; **~lik** ⟨-ği⟩ Kandidatur *f*
nanay F nix, nischt; **bende para ~** bei mir ist Ebbe in der Kasse
nane [ɑː] Pfefferminze *f*, **~ çayı** Pfeffer-

N

minztee *m*; ~ ***yemek*** Dummheiten machen; dummes Zeug reden
nanemolla [nɑ:-] **1.** *subst* F Schlafmütze *f*, Trottel *m*; **2.** *adj abw* wählerisch
naneruhu Pfefferminzextrakt *m*
nanik: ~ ***etmek*** *j-m* e-e lange Nase machen
nankör undankbar; **~lük** ⟨-ğü⟩ Undankbarkeit *f*
napalm: ~ ***bombası*** Napalmbombe *f*
nar[1] Granatapfel *m*
nar[2] [ɑ:] Feuer *n*; feuerrot; ~ ***gibi*** gut durchgebraten; *-i* ***~a yakmak*** *j-m* schaden; verpatzen *A*
nara [nɑ:-] Schrei *m*; Gebrüll *n*; ~ ***atmak*** (*od* ***basmak***) laut schreien; gröhlen
narcıl BOT Kokosnuss *f*
narçiçeği ⟨-ni⟩ scharlachrot
nardenk ⟨-gi⟩ *Art Sirup aus Granatäpfeln, Feigen u.a.*
narenciye [nɑ:-] Zitrusfrüchte *f/pl*
nargile Wasserpfeife *f*
narin [ɑ:] zierlich, schlank
narkotik ⟨-ki⟩ Narkotikum *n*; narkotisch; ~ ***şube*** Rauschgiftdezernat *n*
narkotizm Narkotismus *m*, Rauschmittelsucht *f*
narkoz MED Narkose *f*, Betäubung *f*; *-e* ~ ***vermek*** *j-n* narkotisieren; **~cu** Anästhesist *m*, -in *f*
'nasıl wie?; welche(r), was für ein(e)?; wie (sehr); wie bitte?; ~ ***ise*** wie ... auch immer; ***~sınız?*** wie geht es Ihnen?; ***bu ~ bir adam?*** was ist das für ein Mensch?; ~ ***olsa*** wie dem auch sei; irgendwie; ~ ***olur*** wie kann das sein?; ***~sa → nasılsa***; ***... hem de ~!*** und wie!; ~ ***geldiniz?*** wie (*od* womit) sind Sie gekommen?; ***~, bir daha söyler misiniz?*** wie bitte? Würden Sie es noch einmal sagen?; ~ ***ki*** (so) wie (auch)
'nasılsa irgendwie; sicherlich, sowieso
nasır Hühnerauge *n*; Schwiele *f*, harte Haut; ~ ***bağlamak*** Hühneraugen (*od* harte Haut) bekommen; *fig* sich verhärten; **~lanmak** Schwielen bekommen; **~lı** ... voller Schwielen
nasihat [-si:-] ⟨-tı⟩ guter Rat; Ratschlag *m*; *-e* ~ ***etmek*** (*od* ***vermek***) *j-m* raten, e-n Rat geben; **~çı** Ratgeber *m*
nasip [i:] ⟨-bi⟩ Anteil *m*; Schicksal *n*, Los *n*, das *j-m* Gebührende; ~ ***etmek*** zuteil werden lassen; *-e* ~ ***olmak*** *Anteil* auf *j-n* entfallen, *j-m* zuteil werden; *j-m* bestimmt sein, vergönnt sein; *-den* ***nasibini almak*** s-n (gebührenden) Anteil bekommen von D; ***nasibim olmadı*** es war mir nicht vergönnt
nasiplenmek (*-den*) e-n Vorteil ziehen (aus *D*); profitieren (von *D*)
Nasranî [-ɑ:ni:] Christ *m*; Nazarener *m*
nasyonal|ist ⟨-ti⟩ Nationalist *m*, -in *f*; nationalistisch; **~izm** Nationalismus *m*
naş → ***naaş***
naşir [ɑ:] Herausgeber *m*, -in *f*, Verleger *m*, -in *f*
natır Bademeisterin *f* (*im türk. Frauenbad*)
'natron CHEM Natron *n*
na'tura Konstitution *f* (*e-s Menschen*)
natüral|ist ⟨-ti⟩ Naturalist *m*; naturalistisch; **~izm** Naturalismus *m*
natürel natürlich (*z.B. Farbe*); naturbelassen, unbehandelt
natürmort ⟨-tu⟩ Stilleben *n*
navçağan BOT Stechapfel *m*
navlun [u:] (See)Fracht *f*, Ladung *f*; ÖKON Fracht(kosten *pl*) *f*
'naylon Nylon *n*; Nylon-; unecht; ~ ***fatura*** ÖKON Scheinrechnung *f*
naz Ziererei *f*, Affektiertheit *f*, Laune *f*, Grille *f*; ***~a çekmek*** sich zieren; ~ ***etmek*** sich zieren; Umstände machen; *-e* ***~ı geçmek*** *fig* alles durchgehen lassen; *-in* ***~ını çekmek*** alle Launen *G*/*von* in Kauf nehmen
nazar Blick *m*; böse(r) Blick; Ansicht *f*, Auffassung *f*; ~ ***boncuğu*** Talisman *m*, Amulett *n gegen den bösen Blick*; *-e* ***~(ı) değmek, ~a gelmek*** (durch den bösen Blick) behext werden; *-in* ***~ı dikkatini çekmek*** *j-s* Aufmerksamkeit auf sich ziehen; *j-n* hinweisen (auf *A*); *-i* ***~ı itibara almak*** berücksichtigen *A*, in Betracht ziehen; *-in* ***~ında*** nach *j-s* Auffassung; *-e* ***... ~ıyla bakmak*** *j-n* betrachten als *A*
'nazaran *-e* gemäß *D*, zufolge *D*; aufgrund *G*; F mit Blick auf *A*; ***buna ~*** demzufolge, demnach
nazar|î [i:] theoretisch; **~iye** Theorie *f*
nazarlık ⟨-ğı⟩ Amulett *n*
nazenin [nɑ:zɛni:n] kokett; affektiert; zart; verwöhnt
nazım ⟨nazmı⟩ LIT Verskunst *f*
nâzım regelnd; urbanisierend; ~ ***planı*** Stadtentwicklungsplan *m*
nazır [ɑ:] Minister *m*; *-e* (hinaus)gehend

(auf *A*), mit Blick (auf *A*); ***denize ~ bir oda*** ein Zimmer mit Meerblick

nazik [ɑː] ⟨-ki⟩ höflich; fein, empfindlich; heikel (*Angelegenheit*); ***pek ~siniz*** sehr nett von Ihnen; **~leşmek** höflicher werden; sich verfeinern; *Lage* sich zuspitzen; **~lik** ⟨-ği⟩ Höflichkeit *f*; Feinheit *f*; Bedenklichkeit *f der Lage*

nazire Nachdichtung *f*; Parodie *f*; *-e* **~ *yapmak*** frei nach … dichten *usw*; F j-s Neid zu provozieren suchen

Nazizm POL Nazismus *m*; Nazi-

naz|lanmak sich hin- und herwinden, sich sträuben; sich zieren; **~lı** affektiert; kokett; empfindlich (*Blume*); lieb, nett (*Kind*); **~ *davranmak*** sich zieren

ne[1] was?; welcher, welches, welche; was für (ein), was für eine; wozu?; warum?; wie!; **~ *alıp veremiyor!*** was ist mit ihm los?; **~ *de olsa*** wie dem auch sei; immerhin; **~*dir ki*** aber; trotzdem; **~ *diye*** wozu?; **~ *gezer*** i wo, keineswegs; was soll das hier?; **~ *gibi*** was für …; **~ *güne durmak*** (nun einmal) da sein; **~ *haddine*** wie kommt er nur dazu, …; **~ *idiği belirsiz*** … unbekannter Herkunft; **~ *ile*** wieso?; womit?; **~ *imiş*** was stellt er denn vor?; **~ *ise*** nun gut; was schon!; erledigt!; schon gut! (= *danke*); **~ *kadar*** → ***kadar***; **~ *mi var?*** du fragst noch (was da los ist?); **~ *mümkün*** ausgeschlossen; **~ *münasebet!*** ein Ding der Unmöglichkeit!; **~ *olacak*** was soll das?; **~ *olur, ~ olmaz*** auf alle Fälle; **~ *olur, ~ olursun, ~ olursunuz*** (= ***n'olur***) ach bitte!; **~ *pahasına olursa olsun*** um jeden Preis; unter Beachtung aller Umstände; **~ *var ki*** doch; jedoch; dennoch; wobei …; **~ *var ne yok*** was gibt es Neues?, wie geht's?; **~ *yapıp yapıp*** wie die Dinge auch liegen …; **~ *zaman?*** wann?; **~*(yi)n var?*** was hast du?, was fehlt dir?; **~*(yi)niz var?*** was fehlt Ihnen?; *-in* **~*yin ~si*** wer (ist es?), was für ein …?; **~*ymiş*** angeblich; **~*ler*** was (alles); ***bugün ~ler gördük*** was haben wir heute alles gesehen!; **~*me lazım*** (*od* ***gerek***) was geht mich das an?; *korrelativ*: **~ *… (i)se*** was (auch immer); alles, was … (das): **~ *bulduysa*** (= ***buldu ise***), ***aldı*** was er fand, nahm er (mit); **~ *ekersen, onu biçersin*** was du säest, wirst du ernten; **~ *görse, ister*** was er sieht, will er haben; *Beispiele* **~ *karışıyorsun?*** was (= warum) mischst du dich ein?; **~ *sıcak, ~ sıcak*** ist das heiß!, eine Hitze ohnegleichen!; ***otomobil onun ~sine*** wozu braucht er ein Auto?

ne[2]: ***ne … ne*** weder … noch; nicht … oder; **~ *sıcak ~ soğuk*** weder warm noch kalt; **~ *uzak ~ kısa*** weder lang noch kurz; **~ *tütüne, ~ içkiye sakın alışmayın!*** sehen Sie zu, dass Sie sich nicht ans Rauchen oder Trinken gewöhnen!; ***çocuk ~ eve ~ (de) okula gidiyor*** das Kind geht weder nach Hause noch in die Schule

nebat [ɑː] ⟨-tı⟩ → ***bitki***; **~at** [ɑː] ⟨-tı⟩ Botanik *f*; **~ *bahçesi*** botanische(r) Garten

nebatî [iː] → ***bitkisel***; **~ *yağ*** Pflanzenöl *n*

nebî [iː] Prophet *m*; ***Nuh ~den kalma*** *fig* aus der Mottenkiste

nebze ein bisschen; Quentchen *n*

'nece was?, welche Sprache?; in welcher Sprache (verfasst); F → ***nice***; ***bu adam ~ konuşuyor?*** was (*od* welche Sprache) spricht der Mann?

neceftaşı ⟨-nı⟩ Bergkristall *m*

neci was (von Beruf?); ***arkadaşın ~?*** was ist dein(e) Freund(in) von Beruf?; ***sen ~ oluyorsun*** *fig* was mischst du dich hier ein?; was hast du denn damit zu tun?

nedamet [ɑː] Reue *f*; **~ *duymak*** (*od* ***getirmek***) Reue empfinden; **~le** voller Reue

neden Grund *m*; Ursache *f*; warum, weshalb?; *-e* **~ *olmak*** verursachen *A*, hervorrufen, herbeiführen *A*; ***bunun ~i*** der Grund dazu; ***bu ~le*** aus diesem Grund; **~ *sonra*** nach geraumer Zeit

nedenbilim MED, PHIL Ätiologie *f*

nedeniyle aufgrund (*G*, von *D*), wegen *G*; anlässlich *G*; bezüglich *G*

nedenli begründet

ne'dense irgendwie, warum auch immer

nedensel kausal; **~lik** ⟨-ği⟩ Kausalität *f*

nedensiz grundlos; ohne Grund

nedim [iː] Vertraute(r); Gesellschafter *m*; HIST Hofnarr *m*

nedime [iː] Hofdame *f*

nefer Soldat *m*

nefes Atem *m*; Zug *m* (*beim Rauchen*); Hauch *m*; Heilung *f* durch Besprechung und Anhauchen (*Aberglauben*); *-e* **~ *aldırmamak*** *j-n* nicht zu Atem

N

kommen lassen; ~ ***almak*** Atem holen, atmen; einatmen; *fig* verschnaufen; ***geniş ~ almak*** tief (ein)atmen; ~ ***çekmek*** ziehen (*an der Zigarette*); F Haschisch rauchen; F Geschlechtsverkehr haben; ~ ***darlığı*** Asthma *n*, Atemnot *f*; *-e* ~ ***etmek*** *e-n Kranken* durch Besprechung und Anhauchen heilen; ~ ~***e*** ganz außer Atem; gerade eben; ~ ***tüketmek*** *fig* F sich (*D*) den Mund fusselig reden; ~ ***vermek*** ausatmen; ~***ini tutmak*** den Atem anhalten

nefes|lemek *v/t* anhauchen; → ~ ***etmek***; ~**li** ... mit e-r guten Lunge; Blas- (*Instrument*); ~**lik** ⟨-ği⟩ (Zeit F für e-n) Atemzug *m*; Entlüftung *f*, Lüftungsklappe *f*, Abzug *m*

nefis[1] ⟨nefsi⟩ selbst; Selbst *n*, Ich *n*; die natürlichen Bedürfnisse *n/pl* (*Essen usw*); ~ ***mücadelesi*** Selbsterhaltungstrieb *m*; ***nefsine düşkün*** selbstsüchtig; rücksichtslos; ***nefsine uymak*** s-n Wünschen (*od* Trieben) nachgeben; *-i* ***nefsine yedirememek*** sich nicht abfinden können mit; ***nefsini körletmek*** e-e Kleinigkeit essen

nefis[2] [iː] wunderbar, herrlich; köstlich

nefret ⟨-ti⟩ Abscheu *m*; Hass *m*; *-den* ~ ***etmek*** verabscheuen; hassen *A*

nefrit ⟨-ti⟩ MED Nierenentzündung *f*

neft ⟨-ti⟩, ~**yağı** Erdöl *n*, Naphtha *n*

'negatif negativ; Negativ *n e-s Films*; ~ ***film*** Negativfilm *m*

nehir ⟨nehri⟩ Fluss *m*; ~ ***ağzı*** Flussmündung *f*

nekes knauserig, geizig; ~**lik** ⟨-ği⟩ Knauserigkeit *f*

nektar Nektar *m*

nem Feuchtigkeit *f*, Tau *m*; ~ ***yağdı*** es ist Tau gefallen

nema [ɑː] Wachstum *n*; Zinsen *pl*; ~**lanmak** sich verzinsen; gedeihen

nemalıcı Entfeuchter *m*

nemcil hydrophil, Wasser- (*Pflanze*)

Nemçe *osm* HIST Österreich *n*

nemçeker Hygroskop *n*; hygroskopisch

nemelazımcı [aː] gleichgültig, F wurstig; ~**lık** ⟨-ğı⟩ Gleichgültigkeit *f*, F Wurstigkeit *f*

nemeyönelim Hygrotropismus *m*

nemf ZOOL Puppe *f*

nemlen|dirici befeuchtend, Feuchtigkeits- (*Creme*); Befeuchter *m*; ~**dirmek** *v/t* befeuchten; ~**mek** feucht werden

nemletmek *v/t* befeuchten

nemli feucht (*a Auge*); ~ ~ nass; ~**lik** ⟨-ği⟩ Feuchtigkeit *f*

nemölçer Hygrometer *n*, Feuchtigkeitsmesser *m*

nemrut ⟨-du⟩ *Person* gefühllos, finster, tyrannisch; ~**luk** ⟨-ğu⟩ Gefühllosigkeit *f*, Tyrannei *f*

nene *dial* Mutter *f*, → ***nine***

neogen Neogen *n*

neolitik neolithisch, jungsteinzeitlich; ~ ***çağ*** Neolithikum *n*, Jungsteinzeit *f*

neolojizm Neologismus *m*, Neuwort *n*

neon Neon *n*; ~ ***tüpü*** Neonröhre *f*

Neptün ASTR Neptun *m*

nerde, **nerden** → ***nerede, nereden***

'nere welcher Ort?; was für eine Gegend?; ~***niz ağrıyor?*** wo tut es Ihnen weh?; ~***si*** wo ist ...?; ~***yi arıyorsunuz?*** welchen Ort suchen Sie?; ***buranın*** ~***(si) olduğunu biliyor musumuz?*** wissen Sie, was das für ein Platz ist (*od* wo wir hier sind)?; ~***sinden yaralı?*** wo ist er verwundet?; (***orası***) ~***si?*** TEL woher rufen Sie an?; wer ist da?

'nerede wo?; ... ~ ... ~ ... (sind) weit entfernt, ganz verschieden: ***Ankara*** ~, ***Konya*** ~***!*** *etwa* Ankara liegt nicht (*od* ist nicht) bei Konya!; ~ ***ise*** → ***neredeyse***; ~ ***kaldı?*** was hat ... genützt (*od* geholfen)?; ~ ***kaldı*** (***ki***) ... ***-sin*** *etwa* ... wie ist es da möglich, dass ...; ***o kendisi bilmez,*** ~ ***kaldı ki başkasına öğretsin?*** er weiß es selbst nicht, wie will er da andere belehren?

nereden woher?; F wo ... her?; wie?; ~ ***geliyorsunuz?*** woher kommen Sie?; ~ ***bilecektin?*** woher solltest du das wissen?; ~ ***hatırınıza geldi?*** wie ist Ihnen das in den Kopf gekommen?; ~ ***nereye!*** *fig* ich kann nicht (mehr) folgen!; wie meinen?

neredeyse gleich, jeden Augenblick; beinahe, fast; *negativ* kaum

'nereli wo ... geboren?; woher?; ~***siniz*** woher sind (*od* stammen) Sie?

neresi → ***nere***

nereye wohin?; F wo ... hin?; ~ ***olursa olsun*** egal, wohin; wohin auch immer

nergis BOT Narzisse *f*

nervür *a* BOT Rippe *f*, Nervengewebe *n*

nesep ⟨-bi⟩ Herkunft *f*, Abstammung *f* (*väterlicherseits*); ~***i gayri sahih*** *osm* unehelich (geboren)

nesil ⟨nesli⟩ Nachwuchs *m*; *Tier* Junge(s), (die) Jungen
nesir ⟨nesri⟩ LIT Prosa *f*
nesne Gegenstand *m*; *a* GR, PHIL Objekt *n*; Substanz *f*; ***belirtili ~*** GR bestimmte(s) Objekt; ***~ öbeği*** GR Objektgruppe *f*
nesnel objektiv; **~ci** Objektivist *m*, -in *f*; **~cilik** ⟨-ği⟩ Objektivismus *m*
nesnelleştirmek *v/t* verwirklichen; objektivieren, vergegenständlichen
nesnellik ⟨-ği⟩ Objektivität *f*
Nesturî [-u:ri:] Nestorianer *m*, -in *f*
neşe Fröhlichkeit *f*; (fröhliche, angeheiterte) Stimmung; ***~si kaçtı*** die Stimmung ist ihr (*od* ihm) vergangen (*od* verdorben); ***~si yerinde*** in gehobener Stimmung; ***~sini bulmak*** in Stimmung geraten, in Schwung kommen
neşe|lendirmek *v/t j-n* erheitern; **~lenmek** (*-e -den*) fröhlich werden, lebhaft werden (durch *A*); **~li** fröhlich, heiter; angeheitert; **~siz** schlecht gelaunt; **~sizlik** ⟨-ği⟩ schlechte Laune
neşet ⟨-ti⟩ Entstehen *n*; Ursprung *m*; *-den* ***~ etmek*** entstehen aus *D*
neşide [i:] Vers *m* (*oft als Sprichwort*); *Bibel* Lied *n*; ***~ler ~si*** Hohelied *n*
neşir ⟨neşri⟩ *osm* → ***yayım***
'neşretmek *osm* → ***yayımlamak***
neşriyat [ɑ:] ⟨-tı⟩ → ***yayın***
neşter Lanzette *f*; ***~ vurmak*** *fig Problem* energisch anpacken; **~lemek** *v/t* (auf)schneiden, aufritzen; *fig* zur Sprache bringen
net[1] ⟨-ti⟩ deutlich, klar; netto; ***~ gelir*** Nettoeinkommen *n*
net[2] EDV, SPORT Netz *n*
netameli [ɑ:] gefährlich; vom Pech verfolgt; Pechvogel *m*
netice [i:] Ergebnis *n*; ***bunun ~si olarak*** infolgedessen; ***o işten bir ~ çıkmadı*** es kam nichts dabei heraus
netice|lendirmek *v/t* beenden, zu e-m Ergebnis führen; **~lenmek** abgeschlossen werden, erledigt werden; **~siz** ergebnislos; ***~ kalmak*** ergebnislos verlaufen; **~sizlik** ⟨-ği⟩ Ergebnislosigkeit *f*
nevale [ɑ:]: ***soğuk ~*** kalt, unsympatisch; ***~yi düzmek*** für Essen und Trinken sorgen
nevi ⟨-v'i⟩ Art *f*, Sorte *f*; ***bu ~*** derartig; ***nevi şahsına münhasır*** spezifisch; einzig in s-r Art

nevir: F ***nevrim döndü*** ich wurde wütend
nevr|alji MED Neuralgie *f*; **~aljik** neuralgisch; Nerven-; **~asteni** Neurasthenie *f*; **~oloji** Neurologie *f*; **~opat** MED nervenleidend; **~oz** *a* PSYCH Neurose *f*
ney Rohrflöte *f*
neye → ***niye***
neyse schon gut!; ***~ ki*** immerhin; ***~ ne*** was auch immer; ... nun ja
nezaket [ɑ:] ⟨-ti⟩ Höflichkeit *f*, Takt *m*; gute Kinderstube; heikle(r), delikate(r) Charakter *e-r Angelegenheit*
ne'zaketen aus Höflichkeit, freundlich
nezaket|li höflich, taktvoll; schick; **~siz** unhöflich, taktlos; unchic; **~sizlik** ⟨-ği⟩ Taktlosigkeit *f*
nezaret [ɑ:] ⟨-ti⟩ Beobachtung *f*, Überwachung *f*, Inspektion *f*, Kontrolle *f*; *osm* Anblick *m*, Aussehen *n*; *osm* Ministerium *n*; *-e* ***~ etmek*** kontrollieren; beaufsichtigen *A*; *-i* ***~e almak*** überwachen *A*; *-in* ***~i altında*** unter Aufsicht *G*/*von*; **~hane** polizeiliche(r) Gewahrsam (*Raum*)
nezih [i:] fein (*Lokal usw*); gesittet
nezle Schnupfen *m*; ***~ oldum*** ich habe e-n Schnupfen bekommen; ***bahar*** (*od* ***saman***) ***~si*** Heuschnupfen *m*; ***~m var*** ich habe Schnupfen
nıkris MED Gicht *f*; ***~e uğramak*** an Gicht erkranken
nışadır Salmiak *m* (NH_4Cl); **~kaymağı** Hirschhornsalz *n*, Ammoniumkarbonat *n*; **~ruhu** Salmiakgeist *m*
'nice wie viel(e)?, viele; seit langem; ***~ ~ yıllar dileriz*** wir wünschen Ihnen noch viele, viele Lebensjahre (*od* ein recht langes Leben)*!*
nice|l quantitativ; Mengen-; **~lemek** quantitativ bestimmen; **~lik** ⟨-ği⟩ Menge *f*, Quantität *f*
niçin ['ni:-] warum?; ***~ olmasın?*** warum nicht?
nida [ɑ:] Ruf *m*, Ausruf *m*
nifak ⟨-kı⟩ Zwietracht *f*; ***~ tohumu*** Zankapfel *m*; *-e* ***~ sokmak*** Zwietracht säen (unter *D*); **~çı** Unruhestifter *m*
nihaî [-hɑ:i:] letzt-; endgültig; End- (*Urteil*)
nihayet **1.** [-hɑ:-] ⟨-ti⟩ *subst* Ende *n*; Schluss *m*; *-e* ***~ vermek*** ein Ende machen *D*; ***işine ~ vermek*** *j-m* kündigen; ***en ~*** letzten Endes; **2.** ['nɪhɑ:jɛt] *adv*

N

endlich; schließlich; schließlich nur, höchstens; **~ üç ay** höchstens drei Monate; → **sonunda**; **~lenmek** enden, ein Ende finden; **~siz** endlos
nihilist ⟨-ti⟩ Nihilist *m*, -in *f*
Ni'jerya Nigeria *n*
nikâh Heirat *f*, Eheschließung *f*, Trauung *f*; *-e* **~ düşmek** *Heirat* gesetzlich erlaubt sein; *-i* **~ etmek** *e-e Frau* heiraten, ehelichen; **~ kıymak** die Eheschließung vollziehen; **~ memuru** Standesbeamte(r); **~ şahidi** Trauzeuge *m*, Trauzeugin *f*; **~ tazelemek** (die Geschiedene) wieder heiraten; **imam ~ı** religiöse Trauung (*nach islamischem Ritus*)
nikâh|lamak *v/t* heiraten; die Eheschließung vollziehen, verheiraten (*-le* mit); **~lı** angetraut, verheiratet (*Frau od Mann*); **~sız** unverheiratet (*zusammen lebend*)
nikel Nickel *n*; **~ kaplama → nikelaj**
nikelaj Vernickelung *f*, Nickelbelag *m*; **~lemek** *v/t* vernickeln; **~li** vernickelt; nickelhaltig
Nikola: **Aziz ~** der Heilige Nikolaus
nikotin Nikotin *n*; **~li** Nikotin-, nikotinhaltig; **az ~** nikotinarm; **~siz** nikotinfrei
nilüfer BOT Wasserlilie *f*, Seerose *f*
'nimbus Regenwolke *f*
nimet [iː] ⟨-ti⟩ Segen *m*, Glück *n*; Wohltat *f*; das tägliche Brot; **~ler** *fig* (die geistigen) Güter *n/pl*
nine Großmutter *f*, F Oma *f*; *dial* Urgroßmutter *f*
ninni Wiegenlied *n*; *int* schlaf ein!
Nis Nizza *n*
nisaî [-sɑːiː] Frauen- (*Krankheit*), gynäkologisch; **~ye** Gynäkologie *f*; **~yeci** Gynäkologe *m*, Gynäkologin *f*
nisan April *m*; **bir ~!** April, April!; **~ balığı** ⟨-nı⟩ Aprilscherz *m*
nispet ⟨-ti⟩ **1.** *subst* Verhältnis *n*, Proportion *f*; Beziehung *f*; Maß *n*, Norm *f*; Vergleich *m*; absichtlich, extra; **~ eki** Relationssuffix **-î**; *-i -e* **~ etmek** *etw* vergleichen mit; **~ kabul etmeyecek** unvergleichlich; *-e* **~le** im Vergleich *zu*; im Verhältnis *zu*; *-e* **~ vermek** *j-n* ärgern, *j-m* zusetzen; **~inde** zu *D*; im Rahmen *G*; % (= **yüzde**) **25 ~inde** zu 25% (=Prozent); **imkan ~inde** im Rahmen des Möglichen; **sekizin, yirmi dörde ~i, x'in y'e ~i gibidir** MATH x verhält sich zu y wie 8 zu 24; **2.** *adv* (*-e j-m*) zum Trotz, zum Ärger: **bana ~** mir zum Trotz
'nispeten **1.** *-e* im Vergleich *zu*; **2.** *adv* verhältnismäßig
nispet|li proportional; **~siz** nicht proportional; **~sizlik** ⟨-ği⟩ Disproportion *f*
nispî [-iː] sich wechselseitig bedingend, korrelativ; proportional; relativ, verhältnismäßig; **~ temsil sistemi** POL Verhältniswahlrecht *n*
nişan Zeichen *n*, Merkmal *n*; Kennzeichen *n*; Zielscheibe *f*; Ziel *n*; Verlobung *f*; Orden *m*, Auszeichnung *f*; **~ almak** zielen, anlegen (auf *A*), schießen; e-n Orden bekommen; **~ atmak** schießen, feuern; **~ bırakmak** e-e Spur hinterlassen; **~ halkası** (*od* **yüzüğü**) Verlobungsring *m*; *-i* **~ koymak** sich *D* merken *A*; kennzeichnen *A*; **~ takmak** den Verlobungsring anstecken; den Orden anlegen; *-e* **~ vermek** *j-m* e-n Orden verleihen; (*-den*) e-n Vorgeschmack geben von D; **~ yapmak** sich verloben
nişancı Schütze *m*; HIST Stempelbewahrer *m* (*des Sultans*); **keskin ~** Scharfschütze *m*
nişane [ɑː] Zeichen *n*; Beweis *m*
nişangâh Zielvorrichtung *f*, Visier *n*; Ziel *n*, Zielscheibe *f*
nişan|lamak *v/t* verloben (*-le* mit *D*); zielen (*-e* auf *A*); markieren, kennzeichnen *A*; **~lanmak** sich verloben; **~lı** verlobt; Verlobte(r); gekennzeichnet; Gezeichnete(r); **~sız** ... ohne Besonderheiten, unauffällig
nişasta Stärke(mehl *n*) *f*
'nitekim ebenso wie ... ja; wie ... ja auch; so ... denn auch; so zum Beispiel; **ben görmedim, ~ siz de görmüş değilsiniz** ich habe (es) nicht gesehen, ebenso wie Sie es ja nicht gesehen haben
nitel qualitativ
nitele|me Qualifizierung *f*, charakterisierend; **~mek** *v/t* charakterisieren; bezeichnen; **~ndirmek** *v/t* kennzeichnen, charakterisieren (*olarak* als)
nitelik ⟨-ği⟩ Beschaffenheit *f*, Eigenschaft *f*, Qualität *f*; **... ~te** mit der Eigenschaft ...; **... (verebilecek) ~tedir** ... ist so beschaffen, dass (er geben kann); **~li** Qualitäts-; qualifiziert (*a Person*); **~ işçi** Facharbeiter *m*, -in *f*
nitrat ⟨-tı⟩ CHEM Nitrat *n*

nitrik: ~ ***asit*** CHEM Salpetersäure *f*
nitrogliserin CHEM Nitroglyzerin *n*
nitrojen Stickstoff *m*
nivelman Nivellierung *f*, Planierung *f*
niyaz [ɑː] flehentliche(s) Bitten; ~ ***etmek*** flehen; ***namaz*** ~ F *Befolgen der Rituale*
'niye warum?, weshalb?; wozu?
niyet ⟨-ti⟩ Absicht *f* (*-e* zu *D*; zu ...); REL feste Absicht, Wille *m* (*z.B. das Fasten einzuhalten*); Wahrsagebriefchen *n*; *-e* ~ ***etmek*** beabsichtigen, gedenken (zu ...); ~ ***tutmak*** *etwa* Wunschträume haben (*z.B. beim Wahrsagen*); **~*i bozuk*** (er führt) Böses im Schilde; *-mek* **~*inde olmak*** die Absicht haben (zu ...)
niyet|çi Wahrsager *m* (*wobei z.B. Vögel Briefchen mit Prophezeiungen ziehen*); **~lenmek** *-e* beabsichtigen (zu ...); REL sich *D* vornehmen, das Fasten einzuhalten; **~li** gesonnen; ***iyi*** ~ wohlgesinnt; **~*yim*** REL ich faste (gerade)
nizam [ɑː] Ordnung *f*; *-i* **~*a getirmek*** (*a* ***koymak, sokmak***) in Ordnung bringen *A*; **~*a riayet etmek*** die Vorschriften beachten
nizam|î [-iː] ordnungsmäßig; gesetzlich, festgesetzt; **~iye** *osm* Infanterie *f*; **~lı** geordnet; vorgeschrieben; verordnet; **~name** [ɑː] Statut *n*; Vorschrift(en *pl*) *f*; **~sız** ungeordnet; unvorschriftsmäßig; **~sızlık** ⟨-ğı⟩ Desorganisation *f*, Gesetzlosigkeit *f*, gesetzlose Tat
no. *Abk für* ***numara*** Nummer *f* (Nr.); ***2 no.lu ...*** ... Nummer zwei
nobran barsch, grob; unfreundlich; **~lık** ⟨-ğı⟩ Grobheit *f*, Unfreundlichkeit *f*
Noel Weihnachten *n*; Weihnacht *f*; ***iyi*** **~*ler*** fröhliche Weihnachten!; ~ ***ağacı*** Weihnachtsbaum *m*; ~ ***baba*** Weihnachtsmann *m*; (Sankt) Nikolaus *m*
Nogay Nogaier *m*, -in *f* (*Turkvolk*)
nohudî [-huːdiː] grünlich gelb, schmutzig gelb
nohut ⟨-du⟩ BOT Kichererbse *f*
noksan Fehler *m*; Mangel *m*; Defekt *m*; unvollständig (*Werk*); mangelhaft; nicht zufrieden stellend; defekt; *-i* ~ ***bulmak*** mangelhaft finden *A*; ***yalnız bir şeyim*** **~*dı*** mir fehlte nur eins; **~lık** ⟨-ğı⟩ Mangelhaftigkeit *f*, Mangel *m* (*-de* an *D*); **~sız** fehlerfrei; tadellos
nokta Punkt *m* (*a Platz, Thema*); Tüpfel *m*; (Polizei)Wache *f*; **~*sı*** **~*sına*** Punkt für Punkt; ***iki*** ~ Doppelpunkt *m*; ***ölü*** ~ TECH tote(r) Punkt; tote(r) Winkel; *-e* ~ ***koymak*** *fig* abschließen
noktala|ma Zeichensetzung *f*, Interpunktion *f*; TECH Punktier- (*Nadel*); **~mak** *v/t* punktieren; tüpfeln; (Satz)-Zeichen setzen in *D*; *fig* abschließen, zu Ende bringen; **~nmak** *v/i* ein Ende finden
nokta|lı punktiert (*Linie*); ~ ***damarlar*** Kapillargefäße *n/pl*; ~ ***virgül*** Semikolon *n*; **~sız** ... ohne Punkt
n'olur [-oː-] ach bitte!, → ***ne olur*** *usw*
nominal Nominal-; ~ ***değer*** Nominalwert *m*
nonoş Mädelchen *n*; **~*um!*** mein Kleinchen!
norm Norm *f*, Standard *m*; **~*a göre*** normgerecht
normal ⟨-li⟩ normal; MATH Normale *f*; **~leşmek** sich normalisieren; sich stabilisieren; **~leştirmek** *v/t* normalisieren
'Norveç ⟨-ci⟩ Norwegen *n*; norwegisch; **~çe** (das) Norwegisch(e); **~li** Norweger *m*, -in *f*, norwegisch
nostalji Heimweh *n*; Nostalgie *f*, Sehnsucht *f* nach alten Zeiten
nosyon Begriff *m*
not ⟨-tu⟩ Notiz *f*, Note *f*, Zeugnis *n*, Zensur *f*; (*-den*) ~ ***almak*** sich (*D*) Notizen machen (von *D*); e-e (*z.B. gute*) Note bekommen (in *D*); ~ ***atmak*** *e-e Arbeit* benoten; *-e* ~ ***bırakmak*** e-e Nachricht hinterlassen (*z.B. auf dem Anrufbeantworter*); ~ ***defteri*** Notizbuch *n*; *-i* ~ ***düşmek***, *-i* ~ ***etmek*** notieren *A*; sich (*D*) aufschreiben *A*; ~ ***kırmak*** e-e schlechte Note geben; ~ ***tutmak*** schriftlich festhalten (*z.B. Rede*); mitschreiben; ~ ***vermek*** ein Gutachten abgeben; *-e* **~*unu vermek*** *j-m* die verdiente Note geben
'nota MUS Note *f*, diplomatische Note; ***sözlü*** ~ Verbalnote *f*
noter Notar *m*; **~lik** ⟨-ği⟩ Notariat *n* (*Amt und Büro*)
nöbet ⟨-ti⟩ Reihe *f*, Reihenfolge *f*, Ablösung *f*, Wache *f*, (Wach)Dienst *m*; MED Anfall *m*; Mal *n*; (Arbeits)Gang *m*; Fuhre *f*; ~ ***beklemek*** (*od* ***tutmak***) Wache stehen, Wachdienst haben (*od* F schieben); warten, bis man an die Reihe (*od* F dran) kommt; ~ ***değiştirmek*** die Wache ablösen; *-e* ~ ***gelmek***

N

MED e-n Anfall haben; **~e çıkmak** die Wache antreten; **gece ~i** Nachtdienst *m*; **~le** nach der Reihe; **bu akşam ~ sizde** heute Abend sind Sie an der Reihe
nöbetçi Wachposten *m*; Dienst habend; **~ doktor** Bereitschaftsarzt *m*, Notarzt *m*; **~ eczane** Apotheke *f* mit Nachtdienst; **~lik** ⟨-ği⟩ Wach(t)dienst *m*
nöbetleşe abwechselnd, turnusmäßig
nöbetleşmek sich ablösen (*-le* mit *D*)
nöbetşekeri ⟨-ni⟩ Kandiszucker *m*
nöro|log Neurologe *m*, Nervenarzt *m*; **~loji** Neurologie *f*, Nervenheilkunde *f*
nötr *a* CHEM neutral; GR Neutrum *n*; **~lemek** *-i* CHEM neutralisieren; **~leşmek** neutralisiert werden; **~lük** ⟨-ğü⟩ Neutralität *f*
nötron Neutron *n*
Nuh [u:] Noah *m*; **~'un gemisi** (die) Arche Noah
'numara Nummer *f*; (Kleidungs-, Schuh)Größe *f*; *Schule* Note *f*, Zeugnis *n*; F Schwindel *m*, Ding *n*; Dreh *m*; **~ sırasıyla** nach Nummern; **~dan** absichtlich; gekünstelt; **~ yapmak** F sich (*z.B. betrunken*) stellen, (*betrunken*) tun; **senin ~n bize geçmez** mit deinem Dreh kommst du bei uns nicht durch; **~cı** Simulant *m*, -in *f*; Schwindler *m*, -in *f*; **~lamak** *v/t* nummerieren; **~lı** nummeriert; (mit der) Nummer; **bir ~** vorrangig, höchst wichtig; **yedi ~ ev** (das Haus) Nummer sieben; **15 ~ tramvay** Straßenbahn Nummer 15, F „die 15"; **~sız** unnummeriert (*Platz*)
numune [-mu:-] Muster *n*; Probe *f*; Beispiel *n*; Vorbild *n*; **kıymetsiz ~** Muster *n* ohne Wert; **~ koleksiyon** Musterkollektion *f*; **~lik** ⟨-ği⟩ Muster-; Prüfstück *n*; ... nach Muster; beispielhaft; **~ kumaş** Stoffmuster *n*
nur [u:] Licht *n*; Glanz *m*; **~ gibi** glänzend, strahlend; **~ içinde yatsın!** er/sie ruhe in Frieden; **~ ol!** bravo!; **~ topu gibi** allerliebst, entzückend
naranî [-ɑ:ni:] (strahlend) hell; verklärt
Nurcu *Mitglied e-r fundamentalistischen Sekte*; **~luk** (die) Nurcu-Sekte
nurlu → **nuranî**
nursuz abstoßend; unschön
nutuk ⟨nutku⟩ (feierliche) Rede *f*, Ansprache *f*; ♀ *Rede Atatürks vom 15.-20. Okt. 1927 über die Gründung der türk. Republik*; *-e* **~ atmak** (*od* **çekmek**) *j-n* (mit s-m Gerede) anöden; **~ söylemek** (*od* **vermek**) e-e Rede halten; *-in* **nutku tutulmak** in der Rede stocken, sich verheddern
nü Akt *m*, Aktstudie *f*
nüans Nuance *f*, Kleinigkeit *f*, Spur *f*
nüfus [u:], *meist* [u] Bevölkerung *f*; Person *f*, Mensch *m*; **~artışı** Bevölkerungswachstum *n*; **~ artış oranı** Bevölkerungszuwachsrate *f*; **~ cüzdanı** (*od* F **~ kağıdı**) Personalausweis *m*; **~ cüzdan sureti** (beglaubigte) Kopie *f* des Personalausweises; **~ memurluğu** Personenstandsamt *n*; **~ planlaması** Geburtenkontrolle *f*; **~ patlaması** Bevölkerungsexplosion *f*; **~ sayımı** Volkszählung *f*; **tarım ~u** Landbevölkerung *f*
nüfusbilim Demographie *f*; **~ci** Demograph *m*, -in *f*; **~sel** demographisch
nüfuz [u:] Durchdringung *f*; Einfluss *m* (*-in* üzerinde auf *A*); **~ bölgesi** Einflusssphäre *f*; **~ ticareti** gute Beziehungen *f/pl*; Vetternwirtschaft *f*; **~u altında tutmak** *j-n* (ständig) beeinflussen, gefügig machen; *-e* **~ etmek** eindringen in *A*; Einfluss ausüben auf *A*; **~ yarışı** POL Machtkampf *m*; **~lu** einflussreich
nükleer nuklear, Kern-; **~ enerji** Kernenergie *f*; **~ reaktör** Kernreaktor *m*; **~ santral** Kernkraftwerk *n*; **~ silah** Atomwaffe *f*; **~ silahsızlanma taraftarı** Atomwaffengegner *m*; **~ yeraltı denemesi** unterirdische(r) Atomversuch
'nüksetmek MED wieder auftreten
nükte Witz *m*; Pointe *f*; **~ saçmak** (*od* **yapmak**) Witze machen (*od* reißen); **~ci** Witzbold *m*; **~dan** [ɑ:] Spaßmacher *m*; **~li** witzig; geistreich
nümayiş Demonstration *f*, Schau *f*; **~ yapmak** demonstrieren; **~çi** Demonstrant *m*; **~kâr, ~li** demonstrativ; vorgetäuscht, zum Schein
nüsha Exemplar *n*; Nummer *f e-r Zeitung*; Abbild *n*, F Abklatsch *m* (*des Vaters*)
nüve Kern *m*
nüzul [u:] ⟨-lü⟩ MED Schlaganfall *m*

N

O

o, O [ɔ] o, O *n*
o[1] **1.** [ɔː] *int* oh!; pah!, ach was!; **2.** [o], [oː] **~, maşallah, ne güzel!** o, herrlich, das ist schön!
o[2] ⟨onu⟩ **1.** *pron* er, sie, es; **2.** *adj* der, die, das ... da; jener, jene, jenes; **~ bir(i)** der andere (von zweien); **~ bu** dies und das, alles; **~ denli** derart, (dass); **~ gün bugün(dür)** seit damals, seither; **~ saat** sofort, auf der Stelle, gleich, unverzüglich; **~ taraflı olmamak** keine Beachtung schenken; **~ yolda** auf solche Weise; **~ ev bundan geniş değil** das Haus da ist nicht geräumiger als dieses; **kim ~?** wer da?; wer ist das?; **ne ~?** was gibt's?; was ist los?
oba Nomadenzelt *n*; Nomadenfamilie *f*, Nomadenlager *n*
obje → **nesne**
objektif **1.** *subst* FOTO Objektiv *n*; **2.** *adj* objektiv; **~ kapağı** Objektivdeckel *m*
obligasyon ÖKON Obligation *f*
obruk ⟨-ğu⟩ konkav; Trichter *m* (*im Boden*), Schlagloch *n*
obstrüksiyon Obstruktion *f*
'obua MUS Oboe *f*
obur Vielfraß *m*; unersättlich; **~luk** ⟨-ğu⟩ Gefräßigkeit *f*
obüs MIL Granate *f*, Schrapnell *n*
ocak[1] ⟨-ğı⟩ Herd *m*; Kamin *m*; Kocher *m*; häusliche(r) Herd, Familie *f*, Heim *n*; Kamin *m*; Steinbruch *m*; Marmorbruch *m*; Kohlenbecken *n*; Bergwerk *n*; *fig* Mittelpunkt *m*, Herd *m*; Beet *n*; Plantage *f*, (*Partei*)Haus *n*, Klub *m*; HIST (*Janitscharen*)Korps *n*; *-in* **ocağı batmak** *Familie, Geschlecht* aussterben; erlöschen; *-in* **ocağına düşmek** Schutz suchen (bei *D*); *-in* **ocağına incir dikmek** e-e Familie zugrunde richten
ocak[2] ⟨-ğı⟩ (**~ ayı**) *Monat* Januar *m*
ocakçı Schornsteinfeger *m*; Heizer *m*; Klubmitglied *n*, Korpsmitglied *n*; F Kaffeekoch *m*, Teekoch *m*
ocak|lı ... mit Herd; **~lık** ⟨-ğı⟩ Familiengut *n*; Herdstelle *f*, Tragbalken *m*; *dial* Schornstein *m*
od *osm* Feuer *n*; *fig* Liebesglut *f*
oda Zimmer *n*; Kammer *f*, Stelle *f*, Amt *n*; **~ arkadaşı** Zimmergenosse *m*; **~ hapsi** Hausarrest *m*; **~ hizmetçisi** Hoteldiener *m*, Hotelboy *m*; **~ müziği** Kammermusik *f*, **banyolu ~** Zimmer *n* mit Bad; **arka ~** Hinterzimmer *n*; **banyo ~sı** Badezimmer *n*; **çalışma ~sı** Arbeitszimmer *n*; **kontrol ~sı** Kontrollpunkt *m*; **misafir ~sı** Gästezimmer *n*; **okuma ~sı** Lesesaal *m*; **otel ~sı** Hotelzimmer *n*; **oturma ~sı** Wohnzimmer *n*; **yatak ~sı** Schlafzimmer *n*; **yemek ~sı** Esszimmer *n*; **tabipler ~sı** Ärztekammer *f*, **sanayi ~sı** Industriekammer *f*, **ticaret ~sı** Handelskammer *f*
odacı Hoteldiener *m*; Zimmermädchen *n*; (Gebäude)Reiniger *m*
odak ⟨-ğı⟩ Brennpunkt *m*; Zentrum *n*; **~ noktası** PHYS Brennpunkt *m*, Fokus *m*; **~lamak** *v/t* scharf einstellen; **~lanmak** *üzerine* sich fokussieren auf *A*; **~laştırmak** *Strahlen* bündeln; richten auf *A*
odalı mit ... Zimmer(n); **dört ~** Vierzimmer- (*Wohnung*)
odalık ⟨-ğı⟩ HIST Odaliske *f*
odi'toryum Auditorium *n*; Hörsaal *m*; Funksaal *m*
odsuz ... ohne Feuer; **~ ocaksız** bettelarm
odun (Brenn)Holz *n*; Balken *m*; *fig* Döskopf *m*, Trottel *m*; **~ kırmak** Holz hacken; *-e* **~ atmak** *j-n* prügeln
odun|cu Holzfäller *m*; Holzhändler *m*; **~kömürü** ⟨-nü⟩ Holzkohle *f*, **~laşmak** *v/i* verholzen; *fig* vertrotteln; **~luk** ⟨-ğu⟩ Holzlager *n*; Baum *m* für Brennholz; *fig* Gerangel *n*; **~su** holzig
of brr!, puh!; ach (ja)!; äh!, ach was!; **~, ne sıcak** puh, ist es heiß!; **~, kolum acıdı** ach, tut mir der Arm weh!
ofis Büro *n*; Amt *n*
oflamak ächzen, stöhnen, seufzen; **~ puflamak** ächzen und stöhnen
ofsayt ⟨-tı⟩ Abseits *n* (*Fußball*); **~a düşmek** ins Abseits laufen; **~ pozisyonu** Abseitsstellung *f*
ofset ⟨-ti⟩, **~ baskı** Offsetdruck *m*
oftalmoloji MED Augenheilkunde *f*
Oğlak ASTR Steinbock *m*; **~ burcundanım** ich bin ein Steinbock; **♀** Zicklein *n*
oğlan Junge *m*, Knabe *m*; *Karte* Bube *m*; Lustknabe *m*; **~cı** Päderast *m*

oğmak ⟨-ar⟩ → ***ovmak***
oğul ⟨oğlu⟩ Sohn *m*; *int* mein Junge!, mein Kind!; *Karte* Bube *m*; **~ arısı** Bienenschwarm *m*; ***hin oğlu hin!*** durchtrieben, und wie!
oğul|cuk ⟨-ğu⟩ Söhnchen *n*; BIOL Keim *m*, Embryo *m*; **~luk** ⟨-ğu⟩ Sohnes-(*Pflicht*); Adoptivsohn *m*
Oğuz (*türk. Stamm*) Oghuse *m*, Oghusin *f*
oh [ɔx] o, oh; *Bedauern* ach!; **~, *ne güzel*** oh, wie schön!; **~ *çekmek*** F feixen; schadenfroh sein; **~ *demek*** aufatmen, verschnaufen; **~ *olsun*** das geschieht dir (*od* euch) recht!; ja, ja ...
'oha [ɑː] brr! (= *halt!*); *vorwurfsvoll*, *warnend* 'na, 'na!; nicht doch!
oje Nagellack *m*
ok ⟨-ku⟩ Pfeil *m* (*a als Zeichen*); ***araba* ~*u*** Wagendeichsel *f*; ***saban* ~*u*** Pflugsterz *m*; ***terazi* ~*u*** Waagebalken *m*; **~ *gibi*** pfeilschnell; **~ *yaydan çıktı*** nun ist es geschehen
okaliptüs Eukalyptus(baum) *m*
okçu Pfeilhersteller *m*; Pfeilverkäufer *m*; (Bogen)Schütze *m*; **~luk** ⟨-ğu⟩ (Bogen)Schießen *n*
okey Okay *n*; *int* in Ordnung!; *-in* **~*ini almak*** → ***olurunu almak***; **~lemek** bestätigen; genehmigen
okka *altes Gewichtmaß* Okka *f* (*=1,283 g*); **~ *çekmek*** *fig* von Gewicht sein; **~*nın altına gitmek*** sich (*D*) die Finger verbrennen; **~lı** groß (*Tasse usw*); schwerwiegend (*Gedanke*); deftig (*Schimpfwort*)
oklava Teigrolle *f*
ok|lu Pfeil-; Gift-; **~luk** ⟨-ğu⟩ Köcher *m*
oklukirpi ⟨-ni⟩ ZOOL Stachelschwein *n*
oksijen Sauerstoff *m*; **~lemek** *v/t* mit Sauerstoff anreichern; *Haare* blondieren, aufhellen; **~li** sauerstoffhaltig; blondiert; **~ *su*** Wasserstoffsuperoxyd *n*
oksit ⟨-di⟩ Oxid *n* (*a* Oxyd); **~lemek** *v/t* oxidieren (*a* oxy-); **~lenmek** *v/i* oxidieren (*a* oxy-); **~leyici** Oxidiermittel *n*
okşamak *v/t* streicheln, liebkosen; *j-m* e-n Klaps geben; *j-m* schmeicheln; *osm j-m* ähneln; **~nmak** *pass von* ***okşamak***; ***çocuk* ~ *ister*** das Kind braucht Zärtlichkeit; **~yıcı** schmeichelnd; Kose- (*Wort*)
oktav MUS Oktave *f*
okul Schule *f*; ***dil* ~*u*** Sprachenschule *f*; **~ *arkadaşı*** Schulfreund *m*, -in *f*; **~lu** Schüler *m*, -in *f*
okulöncesi Vorschul-, ... im Vorschulalter; **~ *eğitim*** Vorschulerziehung *f*
okuma Lesen *n*; Lektüre *f*; **~ *yazma*** Lesen und Schreiben *n*; *-in* **~*sı yazması yok*** er/sie ist Analphabet(in)
okumak ⟨okur⟩ *v/t* lesen; lernen, studieren; (*-i -e*) *j-m etw* vorlesen; einladen, rufen *zu*; *Lied* singen; *j-s Namen* aufrufen; *Kranken* durch Besprechung behandeln, für *j-n* beten; ***ezan* ~** zum Gebet aufrufen; ***gözlerinden* ~** *fig* von *j-s* Augen ablesen; F (*-e j-m*) die Leviten lesen; *j-m die Laune* verderben; *j-m das Leben* sauer machen
okumuş belesen; gebildet, gelehrt; **~luk** ⟨-ğu⟩ Belesenheit *f*; Bildung *f*
okunuş Lesen *n*, Vorlesen *n*
okur Leser *m*; **~yazar** lese- und schreibkundig
okut|mak (*-i -e*) *j-n* (vor)lesen lassen *A*; *j-n etw* lernen lassen; lehren *A*, unterrichten (*A*, in *D*); F verscherbeln *A*; **~man** (Universitäts)Lektor *m*
okuyucu Leser *m*, -in *f*; Sänger *m*, -in *f*
oküler Okular *n*, Augenlinse *f*
okyanus Ozean *m*; ***Atlas Okyanusu*** (der) atlantische Ozean, Atlantik *m*; ***Büyük Okyanus*** Stille(r) Ozean, Pazifik *m*; ***Hint Okyanusu*** (der) Indische Ozean
ol *osm* dies(e), der, die, das ... da, → ***o***
ola denn (*als adv*); *osm* soll/mag sein; ***sabah* ~, *hayır* ~** kommt Zeit, kommt Rat; → ***acaba***; **~ *ki*** es sei denn
olabilir möglich
olabilirlik ⟨-ği⟩ Möglichkeit *f*
olacak ⟨-ğı⟩ durchführbar, machbar, realistisch; unaufschiebbar (*Angelegenheit*); endgültige(r), äußerste(r) Preis; angeblich, so genannt; ... müsste sein, ... ist wohl; das Mögliche; ***arkadaşım* ~ *adam*** mein so genannter Kollege; ***bu işi o yapmış* ~** das müsste sie gemacht haben; ***evde* ~** sie müsste zu Hause sein; **~ *gibi değil*** es kommt wohl nichts dabei heraus; ***iş olacağına varır*** die Dinge nehmen so und so ihren Lauf
olagelmek andauern, bestehen bleiben
olağan üblich, gewöhnlich; natürlich; normal; **~ *olarak*** üblicherweise; normalerweise; nach wie vor; regelmäßig

(*z.B. sich treffen*); **~dışı** ⟨-nı⟩ übernatürlich, außergewöhnlich; eine Ausnahme; **~üstü** **1.** *adj* ungewöhnlich, anormal; Ausnahme- (*Zustand*); **2.** *adv* äußerst
o'lamaz *a int* unmöglich; (es) geht nicht, kann nicht sein
olan werdend; seiend; → ***olmak***; ***iyi ~ hasta*** ein Kranker in der Genesung, ... dem es besser geht; ***orada ~lar*** die Anwesenden *pl*; ***beş çocuğu ~ bir baba*** ein Vater, der fünf Kinder hat (*od* mit fünf Kindern); ***~ biten*** das, was geschah; ***sana ~ olmuş*** dir ist auch schon alles passiert; ***~ oldu*** vorbei ist vorbei
olanak ⟨-ğı⟩ Möglichkeit *f*; ***~ dışı*** unmöglich; ***~ ölçüsünde*** nach Möglichkeit; **~lı** möglich; **~sız** unmöglich
o'lanca gesamt, all-; ***~ para*** das gesamte Geld, alles Geld
olarak als; ***hediye ~*** als Geschenk; ***turist ~*** als Tourist; ***pantalon ~ şunlar var*** an Hosen haben wir diese hier
olası wahrscheinlich; aussichtsreich; ***oldum ~*** → ***oldum***; **~lı** wahrscheinlich; hypothetisch; **~lık** ⟨-ğı⟩ Wahrscheinlichkeit *f*, Aussicht *f*, Chance *f*; ***~lar hesabı*** Wahrscheinlichkeitsrechnung *f*
olay Ereignis *n*; Fall *m*, Vorfall *m*; Umstand *m*; Phänomen *n*, Erscheinung *f*; Tatsache *f*; ***~ çıkarmak*** e-n Zwischenfall verursachen; ***~ yeri*** Tatort *m*; **~bilim** PHIL Phänomenologie *f*; **~lı** ereignisreich; **~sız** ohne Zwischenfall; ereignislos
oldu *int* (geht) in Ordnung; jawohl; gemacht!; ***~ mu?*** alles klar?
oldubitti vollendete Tatsache; es ist erledigt; *-i* ***~ye getirmek*** *j-n* vor vollendete Tatsachen stellen
ol'dukça ziemlich, recht (viel), F ganz schön, ziemlich
oldum: ***~ bittim, ~ olası*** seit je(her)
oldurmak *v/t* zur Reife bringen
olgu Ereignis *n*; Tatsache *f*, Umstand *m*; **~culuk** ⟨-ğu⟩ PHIL Positivismus *m*
olgun reif (*Frucht, Person*); *Person a* voll(entwickelt); **~laşmak** *v/i* reifen, reif werden (*a Person*); **~laştırmak** *v/t* zur Reife bringen; *fig Plan* ausreifen lassen
olgunluk ⟨-ğu⟩ Reife *f*; ***~ sınavı*** Reifeprüfung *f*
oligarşi Oligarchie *f*
olimpiyat ⟨-tı⟩ Olympiade *f*; ***kış olimpiyatları*** die olympischen Winterspiele *n/pl*
'olmadan bevor es wird: ***sabah ~*** noch vor Morgengrauen
'olmadı und wenn das nicht geht
'olmadık noch nicht dagewesen, unerhört, unglaublich
olmak ⟨-ur⟩ **1.** *v/i* sein; werden; entstehen; werden zu; geschehen; reif werden; fertig werden; angebracht sein; *Zeit* dauern; vergehen; F betrunken sein, voll sein; ***o senin ne(yi)n oluyor?*** wie ist er mit dir verwandt?; ***o benim yeğenim oluyor*** er ist mein Neffe; sie ist meine Nichte; ***anne oldu*** sie wurde Mutter; ***akşam oluyor*** es wird Abend; ***doktor olmak*** Arzt werden; ***şarap sirke olmuş*** der Wein wurde zu Essig; ***ekin oldu*** das Getreide wurde reif; ***çay oldu*** der Tee ist fertig; ***böyle iş olmaz*** so etwas geht nicht (*od* ist nicht angebracht); ***iki yıl oldu*** es ist zwei Jahre her; ***sen adamakıllı olmuşsun*** F du bist ganz gehörig voll; **2.** *unp* es gibt *A*: ***dışarıda telaş oldu*** draußen gab es einen Tumult; *-in* (+ *Possessiv*) ~ haben; *Krankheit* bekommen; *-in* ***bilgisi ~*** Wissen erwerben; ***ev onun oldu*** das Haus wurde seins, er erwarb das Haus; ***öksürük olmak*** Husten bekommen; ***yarın misafirimiz olacak*** morgen werden wir Gäste haben, morgen bekommen wir Besuch; **3.** (*-den*) verlieren, F loswerden; ***işinden oldu*** er hat seine Arbeit verloren, er ist entlassen worden; kommen, stammen aus; **4.** (*-e*) *j-m* passen: ***bu ayakkabı size olur*** diese Schuhe passen Ihnen; **5.** ***~ üzere*** davon: ***ikisi kız ~ üzere üç çocuğu var*** sie hat drei Kinder, davon zwei Mädchen; → ***ola (ki)***; ***olabilir***; ***olacak***; ***olamaz***; ***olan***; ***olarak***; ***olası***; ***oldu***; ***oldum***; ***'olmadı***; ***'olmadık***; ***'olmayacak***; ***olmaz***; ***olmuş***; ***olsun***; ***olup***; ***olur***
'olmamış unreif, grün
'olmayacak nicht durchführbar; *Worte* unpassend, ungehörig; ***~ duaya amin demek*** auf das Unmögliche hoffen
olmaz unmöglich; es geht nicht; ***~ mı*** geht es nicht?; ***~ ~*** geht nicht gibt's nicht; **~sa**: ***~ olmaz*** unabdingbar
olmuş *Obst* reif; ... hat sich gebildet; beschlossen (*Sache*); ***~ armut gibi*** *-in* ***eli-***

ne düşmek *fig j-m* in den Schoß fallen
olsa: **de** ~ wenn auch; **ne de** ~ immerhin; ~ ~ höchstens; schlimmstenfalls; wenn's hochkommt
olsun *int* (er/sie) sei; sei es!, nun ja; meinetwegen; (das) macht nichts!; trotzdem!; ~ ~ → **olsa olsa**; ... ~ ... ~ sowohl ... als auch; ebenso wie: **bitkiler** ~, **hayvanlar** ~ sowohl Pflanzen als auch Tiere; **kim** *usw* **olursa** ~ wer *usw* auch immer; **ne olursa** ~ komme, was wolle; was auch immer
olta Angel *f*; ~ **iğnesi** Angelhaken *m*; ~ **ipi**, ~ **ipliği** Angelschnur *f*; ~ **yemi** Köder *m*; ~**ya vurmak** anbeißen
oltacı Angler *m*
oluk ⟨-ğu⟩ Rinne *f*, Dachrinne *f*, TECH Rille *f*; ~ ~ *adv* in Strömen; ~**laşmak** *unp* es bilden sich Rinnen; ~**lu** gerifelt; gewellt; ~ **mukavva** Wellpappe *f*; ~ **saç**, ~ **teneke** Wellblech *n*
olum|lama GR Bejahung *f*, ~**lu** bejahend, GR *a* affirmativ; positiv; ~**suz** negativ; GR *a* verneint; ~ **yapmak** GR in die verneinte Form setzen; ~**suzlamak** GR verneinen; ~**suzluk** ⟨-ğu⟩ Verneinung *f*, Negation *f*
olunmak *pass von* **etmek**; **ilan** ~ bekanntgegeben werden
oluntu Zwischenfall *m*, Episode *f*
olup: ~ **olacağı** alle(s) insgesamt
olupbitti → **oldubitti**
olur möglich; es geht; es klappt; es kommt vor; **ne** ~**?** was ist los?; was soll's?; **ne** ~, **ne olmaz** (**diye** *od* **kabilinden**) man kann nie wissen; für den Fall des Falles; ~ **olmaz** *abw* alles Mögliche, alle möglichen ..., irgendwelche, irgendeine(r); ~ **çocuk değil** ein unmögliches Kind; *-i* ~**una bırakmak** den Dingen ihren Lauf lassen; **b-nin** ~**unu almak** j-s Genehmigung einholen; **ne** ~, **n'** ~ bitte!
oluş *a* PHIL Werden *n*; Genesis *f*; Entstehung *f*, Gebilde *n*; GEOL Formation *f*; (*-den*) Zugehörigkeit *f* zu
oluş|mak *v/i* (*-den*) entstehen, sich bilden; bestehen aus D; ~**turmak** *v/t* bilden; schaffen; darstellen; ~**uk** ⟨-ğu⟩ GEOL Formation *f*; ~**um** Einrichtung *f*, Institution *f*, Formation *f*
om EL Ohm *n*; ~ **kanunu** Ohmsche(s) Gesetz
om(a) Kopf *m*, Ende *n des Knochens*; runde(s) Endstück
omaca Baumstumpf *m*; große(r) Knochen; Rebstock *m*
omlet ⟨-ti⟩ GASTR Omelett *n*
omur ANAT Wirbel *m*; ~ **deliği** Wirbelloch *n*; ~ **kemiği** Wirbelknochen *m*; **boyun** ~**u** Halswirbel *m*
o'murga ANAT Wirbelsäule *f*, Rückgrat *n*; MAR Kiel *m*; *fig* Rückgrat *n*, Grundlage *f*, ~**lı** ZOOL Wirbeltier *n*; ~**sız** ZOOL wirbellos; ~**sızlar** ZOOL (die) Wirbellosen *pl*
o'murilik ⟨-ği⟩ ANAT Rückenmark *n*; ~ **soğanı** Nachhirn *n*
omuz ⟨omzu⟩ Schulter *f*, ~ **başı** Schulterspitze *f*, ~ **kaldırmak** → ~ **silkmek**; ~ **omza** Schulter an Schulter, dicht gedrängt; ~ **silkmek** *fig* mit den Achseln zucken; *-e* ~ **vermek** *j-n* unterstützen; mit der Schulter stützen *A*; *-i* ~**da taşımak** *j-n* auf den Schultern tragen; *fig j-n* in den Himmel heben; ~**ları çökmek** *fig* völlig herunterkommen (*od* heruntergekommen sein); ~**daş** Spießgeselle *m*, Helfershelfer *m*
omuz|lamak (*-i*) schultern *A*; *Jacke* über die Schulter werfen; *mit der Schulter* vorwärtsschieben, stemmen; *Slang* klauen; ~**luk** ⟨-ğu⟩ Schulterklappe *f*, *bes* MIL Epaulette *f*, MAR Back *f auf dem Vorderschiff od* Achterdeck *n*
on zehn; Zehn *f*, ~ **paralık etmek** *j-n* ruinieren; verunglimpfen; ~ **parmağında** ~ **marifet** Tausendkünstler *m*
ona *D von* **o**: ihm, ihr; dem ... da; der ... da; ~ **buna dil uzatmak** über *j-n* herziehen, F quatschen
'onaltılık ⟨-ğı⟩ MUS Sechzehntelnote *f*
onamak *v/t* billigen, genehmigen; gutheißen
onar je zehn; → **onamak**; **onmak**
onar|ılma Instandsetzung *f*, **yeniden** ~ Wiederaufbau *m*; ~**ım**, ~**ma** Reparatur *f*, Instandsetzung *f*, Restaurierung *f*, ~**mak** *v/t* reparieren; *Haus* instand setzen; restaurieren; *Fehler* verbessern
onartmak *kaus von* **onarmak**
onay Genehmigung *f*, Billigung *f*, Bescheinigung *f*, *adj* passend; ~**lamak** *v/t* genehmigen; billigen; dulden; POL ratifizieren; ~**lı** genehmigt; ratifiziert; ~**sız** nicht genehmigt *usw*; nicht ratifiziert
'onbaşı MIL Gefreite(r)

'onca **1.** nach seiner/ihrer Ansicht; **2.** *adj* (*der, die das*) viel(*e*); **~ ekmek** das viele Brot, F der Haufen Brot; **3.** *adv* gehörig, ordentlich
onda[1] in ihr (*od* ihm); darin; → **o**; **~ para yok** er (*od* sie) hat kein Geld
onda[2] Zehntel *n*; **~lık** ⟨-ğı⟩ der zehnte Teil; Dezimal- (*Bruch*); **~ sayı** Dezimalzahl *f*
ondan von ihm (*od* ihr); davon; → **o**; deshalb; **~ sonra** danach
ondurmak *v/t* besser machen, verbessern
on'düle onduliert, gewellt
onikiparmakba(ğı)rsağı ⟨-nı⟩ ANAT Zwölffingerdarm *m*
oniks Onyx *m*
onlar[1] (die) Zehner *pl*
onlar[2] sie *N/pl*; **~a** ihnen; **~da** in (*od* bei) ihnen; **~dan** von ihnen; **~ı** sie *A/pl*
onlu Zehner-; *Karte* Zehn *f*
onluk ⟨-ğu⟩ Zehner *m* (*Einheit von zehn*); *z.B.* Zehnmarkschein *m*; *Schüler* mit e-r Note über 10
onma Heilung *f*, Genesung *f*
onmak ⟨-ar⟩ besser werden, heilen; *Person* glücklich werden; wieder gesund werden, genesen
'onmadık *Wunde* nicht geheilt
onmaz unheilbar; unverbesserlich
onomatope → **yansıma**
ons Unze *f*
onsuz ohne ihn, ohne sie, ohne es; ohne das; **~ edememek** ohne ihn *usw* nicht sein (*od* auskommen) können
onu ihn, sie, es; → **o**
onulmak *pass von* **onmak**; **onulmaz** unheilbar
onun *G von* **o**: seiner, ihrer; sein, ihr
onuncu zehnt-; **~luk** ⟨-ğu⟩ zehnte(r) Platz
onunki: **bu ~** das gehört ihm/ihr
onur Selbstgefühl *n*, Würde *f*, Ehre *f*; **~ belgesi** Ehrenurkunde *f*; **~ üyesi** Ehrenmitglied *n*; **... ~una** zu Ehren *G*/*von*; *-in* **~una dokunmak** *j-s* Ehrgefühl verletzen; gegen *j-s* Ehre gehen; **~una yedirememek** *fig j-n* innerlich sehr treffen; sich nicht abfinden können mit
onurlan|dırıcı ehrenvoll; **~dırmak** (*-i*) *j-m* Ehre erweisen, *j-n* ehren; **~mak** geehrt werden
onurlu ehrenvoll, würdig
onursal Ehren- (*Mitglied*)
onursuz unwürdig, unehrenhaft
oparlör Lautsprecher *m*
o'pera Oper *f* (*Werk u Haus*); **~komik** komische Oper
operasyon MED, MIL Operation *f*
operatör Chirurg *m*; Kameramann *m*; BUCH Maschinensetzer *m*; Telefonist *m*; Kranführer *m usw*
operet ⟨-ti⟩ MUS Operette *f*
oportün|ist ⟨-ti⟩ Opportunist *m*, -in *f*; **~izm** Opportunismus *m*
opsiyon ÖKON Option *f*, Frist *f* für e-e Entscheidung
optik ⟨-ği⟩ Optik *f*
optim|ist ⟨-ti⟩ Optimist *m*, -in *f*; **~izm** Optimismus *m*
optimum Optimum *n*; optimal
opus MUS Opus *n*
'ora jene(r) Ort, die Gegend (da); **~da burada** in der ganzen Gegend; **~dan buradan** hier und da ein bisschen (*z.B. lesen*); **~dan ~ya koşmak** hin- und herrennen; **~larda** dort, in der Gegend; **~larda olmamak** *fig* (mit den Gedanken) *etw* abwesend sein; **~cıkta** gleich dort, ganz in der Nähe
ora|da, **~dan** → **ora**
orak ⟨-ğı⟩ Sichel *f*, Ernte(zeit) *f*, *dial* **~ ayı** Juli *m*; **~-çekiç** Hammer und Sichel; **~çı** Schnitter *m*, -in *f*
'oralı dortig, ... von dort; **~ olmamak** sich nicht darum kümmern; **siz de ~ mısınız?** sind Sie auch daher (*od* von dort)?
oramak ⟨-ar⟩ F *Korn* schneiden, ernten
'oramiral ⟨-li⟩ Großadmiral *m*
oran Verhältnis *n*, Proportion *f*, Vergleich *m*; Maß *n*; Voraussetzung *f*, Hypothese *f*, MATH Quotient *m*; **faiz ~ı** ÖKON Zinssatz *m*; *-e* **~la** im Vergleich, im Verhältnis zu; *-diği* **~da mümkündür** ... ist nur soweit möglich, wie ...; **~dışı** MATH irrational; unvergleichbar
orangutan ZOOL Orang-Utan *m*
oran|la → **oran**; **~lamak** *v/t* vergleichen; in Relation setzen; **~lı** vergleichbar; proportional *D*, entsprechend *D*; ausgeglichen; **~sız** unvergleichbar; nicht proportional; unausgeglichen; **~sızlık** ⟨-ğı⟩ Unverhältnismäßigkeit *f*, Unausgeglichenheit *f*, **~tı** Proportionalität *f*, richtige(s) Verhältnis; **~tılı** proportional; **doğru ~** direkt proportional; **ters**

O

~ indirekt proportional

orası → **ora**; der Ort da; jener Ort; (die) Gegend; *fig* die Seite, der Aspekt (*der Sache*); ~ **neresi?** TEL wer spricht dort, wer ist dort?; **~nı görmedim** die Gegend habe ich nicht gesehen; ~ **İzmir, değil mi?** da liegt Izmir (*od* das da ist Izmir), nicht wahr?; **~nı Allah bilir** das weiß Gott allein

ora'toryo MUS Oratorium *n*

'oraya dorthin; dahin; → **ora**

ord *Abk* → **ordinaryüs**

ordan → **ora, oradan**

ordi'naryüs *Universität, früher* Ordinarius *m* (*Professor mit Lehrstuhl*)

ordinat ⟨-tı⟩ MATH Ordinate *f*

or'dino ÖKON Indossament *n*

'ordonat ⟨-tı⟩ MIL Feldzeugtruppe *f*, Feldzeugwesen *n*

ordövr GASTR Vorspeise *f*

ordu Heer *n*, Armee *f*, Heeresgruppe *f*; *fig* Heer *n* (*der Arbeitslosen usw*); Schwarm *m*

ordu|bozan MED Krampfader *f*; **~evi** ⟨-ni⟩ Offizierskasino *n*; **~gâh** Lager *n*, Feldlager *n*

orfoz ZOOL Riesenbarsch *m* (*Epinephelus gigas*)

org ⟨-gu⟩ MUS Orgel *f*

organ Organ *n* (*a Zeitung*); ~ **nakli** ⟨-ni⟩ MED Transplantation *f*; **~ik** organisch; ~ **kimya** organische Chemie

organiz|asyon Organisation *f*; **~atör** Organisator *m*; F Kuppler *m*; **~ma** Organismus *m*

organ|di *Stoff* Organdy *m*; **~za, ~ze** Organza *f*; **~zin** Kettseide *f*

orgazm Orgasmus *m*

orgcu Organist *m*

'orgeneral ⟨-li⟩ MIL Generalleutnant *m*

orijinal ⟨-li⟩ Original-; *Produkt* echt; originell; ausgefallen; *Person* Original *n*; **~lik** ⟨-ği⟩ Originalität *f*

or'kestra Orchester *n*; ~ **şefi** Dirigent *m*; ~ **çukuru** Orchestergraben *m*; **~lama** Orchestrierung *f*

orkide BOT Orchidee *f*

'orkinos ZOOL Thunfisch *m*

orman Wald *m*; ~ **horozu** Auerhahn *m*; ~ **kebabı** *gebratene Fleischstückchen mit Knoblauch*; ~ **memuru** Förster *m*; ~ **taşlamak** *fig* das Terrain sondieren; **~cı** Förster *m*; **~cılık** ⟨-ğı⟩ Forstwesen *n*; Forstwirtschaft *f*, Waldkultur *f*; **~laş(tır)ma** Aufforstung *f*; **~laştırmak** *v/i* aufforsten; **~lık** waldreich; bewaldet; **~sız** unbewaldet

ornat|ma Ersatz *m*; Austausch *m*; Substitution *f*; **~mak** *v/t* ersetzen, austauschen; substituieren

orospu P Hure *f*; **~luk** ⟨-ğu⟩ Hurerei *f*, Unzucht *f*; *fig* Gaunerei *f*

orostopolluk ⟨-ğu⟩ F Trick *m*, Gaunerei *f*

'orsa MAR Luv *f*; Luven *n*; ~ **alabanda** mit Seitenwind; ~ **boca** (*od* **poca**) irgendwie, durch Lavieren; ~ **boca etmek** lavieren

orta Mitte *f*, Mittelpunkt *m*, Zentrum *n*; mittler-, Durchschnitts-; SPORT Mittelgewicht *n*; F *früher* Mittelschule *f*; **Orta Anadolu** Zentralanatolien *n*; ~ **boylu** mittelgroß; ~ **dereceli** Mittelstufen-; ~ **dalga** Mittelwelle *f*; ~ **direk** MAR Großmast *m*; mittlere(r) Pfosten (*e-s Zelts*); *fig* Mittelstand *m*; ~ **halli** mittelständisch; ~ **hece yutumu** GR Haplologie *f* (*z.B. ağzı aus ağız+ı*); ~ **hizmetçisi** Putzfrau *f*, Reinigungskraft *f*; ~ **malı** trivial; … von gemeinem Nutzen; F Dirne *f*; ~ **(şekerli) kahve** mittelsüßer Kaffee; ~ **yaşlı** … mittleren Alters; Mann *m*, Frau *f* im mittleren Alter; **~da** in der Mitte; da; vor aller Augen; **~da bırakmak** *v/t* im Stich lassen; **~da kalmak** ohne Obdach sein; sich in e-m Dilemma befinden; **~da kalmamak** *Ware* gut gehen; **~da olmak** *Problem usw* anstehen, e-e Lösung erfordern; **~dan kaldırılmak** wegfallen (*z.B. Ausgaben*); *-i* **~dan kaldırmak** beseitigen; wegräumen; *Gefahr a* bannen; *Recht* beeinträchtigen; **~dan kalkmak** beseitigt werden; abtreten, verschwinden; **~dan kaybolmak** verschwinden; **~nın sağı (solu)** POL gemäßigte Rechte (Linke); *-i* **~ya almak** *v/t* einkreisen; bedrängen; **~ya atılmak** *Problem* (zur Diskussion) gestellt werden; *Person* hervortreten; *-i* **~ya atmak** *v/t Frage, Idee* zur Diskussion stellen, aufwerfen; *Wort* äußern; **~ya bir balgam atmak** *fig* (alles) mit Schmutz bewerfen; **~ya çıkarmak** *Plan usw* aufdecken; entlarven; **~ya çıkmak** zutage treten, offenkundig werden, herauskommen; sich bilden; entstehen; auftreten; *Person a* hervortreten; *Gebühren* anfallen; *-i*

O

~ya dökmek herauswerfen (*Sache aus e-r Kiste*), umherwerfen; *fig* offenbaren, offen äußern; **~ya dökülmek** hinausströmen; offenbar werden; **~ya gelmek** aktuell werden; *-i* **~ya koymak** *v/t* offen darlegen; vorlegen; schaffen
ortaağırlık ⟨-ğı⟩ SPORT Mittelgewicht *n*
ortaç ⟨-cı⟩ GR Partizip *n*
Or'taçağ ⟨-ğı⟩ HIST Mittelalter *n*
Or'tadoğu GEOGR (der) Mittlere Osten
ortadoğulu *j-d aus dem Mittleren Osten*
or'taelçi POL Gesandte(r)
ortak ⟨-ğı⟩ Teilhaber *m*, -in *f*, Kompagnon *m*; Partner *m*, -in *f*; gemeinsam (*-le* mit *D*); → **ortakçı**; *-i* **~ etmek** *j-n* (als Gesellschafter) aufnehmen; zur Teilnahme auffordern; **~ olarak** anteilig; *-e* **~ olmak** Teilhaber(in) *G* sein; *fig* teilnehmen (an *dem Leiden*), (*den Schmerz* mit *j-m*) teilen; ♀ **Pazar** HIST Gemeinsamer Markt (*von Europa*)
ortakçı Halbpächter *m*, -in *f*
ortakkat ⟨-tı⟩ MATH: **en küçük ~ (EKOK)** (das kleinste) gemeinsame Vielfache (k.g.V.)
ortaklaşa gemeinsam; Kollektiv-, Gemeinschafts-; **~cı** Kollektivist *m*; **~cılık** ⟨-ğı⟩ Kollektivismus *m*
ortaklaş|ma Kollektiv *n*; Kollektivbesitz *m*; **~mak** sich zusammenschließen; e-e Gesellschaft bilden; Teilhaber sein; **~tırmak** *v/t* kollektivieren
ortaklık ⟨-ğı⟩ Teilhaberschaft *f*; ÖKON Gesellschaft *f*; Unternehmen *n*; *-e* **~ etmek** Teilhaber(in) *G* werden; (als Teilhaber) in e-e Firma eintreten
or'takulak ⟨-ğı⟩ ANAT Mittelohr *n*; **~ iltihabı** MED Mittelohrentzündung *f*
ortak|yapım FILM Gemeinschaftsproduktion *f*; **~yaşama** Symbiose *f*
ortalama **1.** *subst* Durchschnitt *m*; **~ olarak** im Durchschnitt; **2.** *adv* in der Mitte, je zur Hälfte (*z.B. spalten*); **3.** *adj* annähernd, durchschnittlich, Durchschnitts- (*Einkommen usw*)
ortalamak (*-i*) bis zur Mitte (*od* Hälfte) gelangen; die Hälfte *e-r Arbeit G* schaffen; *Ball* (zur Mitte) flanken
ortalı -teilig, *z.B.* **beş ~** fünfteilig
ortalık ⟨-ğı⟩ Umkreis *m*, Gegend *f*, Umgebung *f*, alle(s) (rund)herum; jeder; die Leute; Raum *m im Haus usw*; Horizont *m*; **~ ağarmak** hell werden, tagen; **~ aydınl(an)ıyor** es wird hell; **~ düzelmek** *unp* es geht in Ordnung; **~ kararmak** dunkel werden, Abend werden; **~ karıştı** alles geriet durcheinander; **ortalığı birbirine katmak** zu e-m Chaos werden; **~ta** im Umkreis, ... zu sehen; **~ta kimseler kalmadı** niemand war mehr zu sehen, alle waren weg
ortam Umwelt *f*, Milieu *n*; Verhältnisse *n/pl*; **çalışma ~ı** Arbeitsklima *n*
ortanca[1] mittlere(r) (*Bruder, Schwester*)
or'tanca[2] BOT Hortensie *f*
or'ta|okul Mittelschule *f* (*früher 6.-8. Schuljahr*); **~oyunu** ⟨-nu⟩ (*improvisiertes*) türk. Volkstheater (*ohne Bühne, Kulissen usw*); **~öğretim** mittlere Reife, mittlere(r) Bildungsweg; **~parmak** ⟨-ğı⟩ Mittelfinger *m*; **~sıklet** SPORT Mittelgewicht *n*
ortodoks orthodox, linientreu
Ortodoks orthodox; **~ kilisesi** orthodoxe Kirche; **~luk** ⟨-ğu⟩ orthodoxe Religion (*od* Konfession)
ortopedik orthopädisch
oruç ⟨-cu⟩ REL Fasten *n*; *fig* Enthaltsamkeit *f*, Verzicht *m*; **~ açmak** (*gemäß dem Ritus*) mit dem Fasten aufhören; **~ bozmak** (*entgegen dem Ritus*) das Fasten brechen; → **~ açmak**; **~ tutmak** das Fastengebot halten; **~ yemek** das Fastengebot brechen; **~lu** fastend: **~yum** ich faste (zur Zeit); **~suz** das Fastengebot nicht beachtend
oryantal orientalisch; **~ dansöz** Bauchtänzerin *f*; **~ist** ⟨-ti⟩ Orientalist *m*, -in *f*
Osmanlı Osmane *m*, Osmanin *f*; osmanisch; *fig* resolut, forsch; **~ İmparatorluğu** (das) Osmanische Reich; **~ca** (das) Osmanisch(e); **~lık** ⟨-ğı⟩ Osmanentum *n*
osur|gan P Furzer *m*; **~mak** P e-n (Furz) fahren lassen, furzen; **~uk** ⟨-ğu⟩ Winde *m/pl*, P Furz *m*; **osuruğu cinli** hitzig, jähzornig
ot ⟨-tu⟩ Gras *n*; (Heil)Kraut *n*; Enthaarungsmittel *n*; Gift *n*; F Betäubungsmittel *n*; **~ minder** Strohsack *m*; *-e* **~ yoldurmak** *j-n* schuften lassen; **~ yiyenler** ZOOL Pflanzenfresser *m/pl*
otacı *dial* Arzt *m*; **~lık** ⟨-ğı⟩ Medizin *f*
otağ, otak ⟨-ğı⟩ große(s) Prunkzelt
otamak *v/t dial* (durch Kräuter) heilen
otantik authentisch, echt

otarmak *dial v/t* weiden
otarsi Autarkie *f*
otçu Heilkundige(r) *(auf dem Dorf)*
otçul ZOOL Grasfresser *m*
otel Hotel *n*; **~e inmek** in e-m Hotel absteigen; **~ci** Hotelier *m*, Hotelbesitzer *m*; **~cilik** ⟨-ği⟩ Gaststättengewerbe *n*, Hotelwesen *n*
otlak ⟨-ğı⟩ Weide *f*, Trift *f*; **~çı** F Nassauer *m*; **~çılık** ⟨-ğı⟩ Nassauern *n*
ot|lamak *v/t* weiden, grasen; F nassauern; **~lanmak** → **otlamak**; *Gras* gefressen werden; **~latmak** *v/t* weiden (lassen), grasen lassen
ot'lubağa *dial* Kröte *f*
otluk ⟨-ğu⟩ Wiese *f*, Weide *f*, Heuschober *m*
oto Auto *n*, Kfz *n*; **~ tamircisi** Autoschlosser *m*; **~ yedek parçası** Autoersatzteil *n*; **~ban** F Autobahn *f*
otobiyografi Autobiografie *f*
'otobur ZOOL Pflanzenfresser *m*
otobüs Autobus *m*; Bus *m*; **~ durağı** Autobushaltestelle *f*; **~çü** Busfahrer *m*; Busunternehmer *m*
otodidakt Autodidakt *m*, Selbstlerner *m*
otogar Autobusbahnhof *m*
otokar Reisebus *m*
oto|krasi Autokratie *f*; **~krat** Autokrat *m*; **~kratik** autokratisch
otokritik selbstkritisch; Selbstkritik *f*
otoman Ottomane *f*
oto|masyon Automation *f*; **~mat** ⟨-tı⟩ Automat *m*; Gasboiler *m*; **~matik** automatisch; TECH Automatik *f*; **~ sigorta** EL Sicherungsautomat *m*; **~matikleştirmek** *v/t* automatisieren
otomatizm PSYCH Automatismus *m*
otomobil Automobil *n*; Kraftfahrzeug *n*; **~ kafilesi** Autoschlange *f*; **~ kazası** Autounfall *m*; **~ kullanmak** Auto fahren; **~ kulübü** Autoklub *m*; **~ plakası** Autokennzeichen *n*; **~ yarışı** Autorennen *n*; **~ci** Autohändler *m*; Autofahrer *m*; **~cilik** ⟨-ği⟩ Kraftfahrwesen *n*; Autohandel *m*
oto|nom autonom; **~nomi** Autonomie *f*
otopark ⟨-kı⟩ Parkplatz *m*; Parkhaus *n*
otopsi Leichenschau *f*, Obduktion *f*, Autopsie *f*
otoray BAHN Schienenkraftwagen *m*, Motordraisine *f*
otori|te Autorität *f*; **~ter** autoritär
otostop ⟨-pu⟩ per Anhalter; **~ yapmak** per Anhalter fahren; **~çu** Anhalter *m*
otoyol Autobahn *f*; **bilgi ~u** EDV Datenautobahn *f*
otsu(l) grasartig, Gras-
oturacak ⟨-ğı⟩: **~** Sitzplatz *m*, Sitzgelegenheit *f*
oturak ⟨-ğı⟩ Grundlage *f*, Sitzplatz *m*; Ruderbank *f*, Aufenthaltsort *m*; Nachttopf *m*; **~ âlemi** Zechgelage *n* *(mit Tanzvorführungen von Frauen)*
oturaklı solide; stabil; *Person* solide, seriös; *Wort* treffend; **~lık** ⟨-ğı⟩ Solidität *f*; Besonnenheit *f*
oturma kurze(r) Besuch; Sitzen *n*; Aufenthalt *m*; **~ grevi** Sitzstreik *m*; **~ izni** Aufenthaltsgenehmigung *f*; **~ odası** Wohnzimmer *n*; **~ yeri** Wohnort *m*
oturmak sich setzen (*-e* auf *A*, in *A*); sitzen (*-in üzerinde* auf *D*); *Kleidung* (gut) sitzen; passen (*-e* zu *D*); wohnen (*-de* in *D*); untätig dasitzen; *Flüssigkeit* sich setzen; *Mauer usw* sich senken; stranden; auflaufen (*-e* auf *A*); teuer kommen (*-e j-n*); *Sitten* sich einbürgern (*-de* in *D*)
oturmuş etabliert, fest begründet; **~luk** ⟨-ğu⟩ etablierte Stellung; *fig* Vertrautheit *f* (*-e* mit *D*)
oturtma *Gericht aus Hackfleisch, Auberginen, Kürbis und Kartoffelscheiben*
oturtmak (*-i -e*) *j-n* Platz nehmen lassen (in, auf *D*); einfassen lassen (*Edelstein*); setzen (*A* auf, in *A*); *-i* **yörüngeye ~** in die Umlaufbahn bringen (*e-n Satelliten*)
oturtmalık ⟨-ğı⟩ Grundmauer *f*
otur|um Sitzung *f*, LUFTF Flugstabilität *f*; **~uş** Sitzweise *f*; **~uşmak** *v/i* nachlassen, sich beruhigen
otuz dreißig; Dreißig *f*; **~ bir çekmek** V wichsen; **~ar** je dreißig; **~luk** ⟨-ğu⟩ aus dreißig Stück (bestehend); Dreißigjährige(r); **~uncu** dreißigst-
ova Ebene *f*; **alçak ~** Tiefebene *f*
oval ⟨-li⟩ oval
ovala|mak *v/t* reiben, massieren; frottieren; **~tmak** (*-i -e j-n* durch *j-n*) frottieren lassen, massieren lassen
ovalık ⟨-ğı⟩ flach, eben (*Land*)
ovar → **ovmak**
ovdurmak → **ovalatmak**
overlok Overlock-Naht *f*

O

ovmaç ⟨-cı⟩ *Art Suppe mit Teigstückchen*
ovmak ⟨-ar⟩ (*-i*) massieren, reiben; streichen (über *A*); *z.B. Topf* putzen, blank reiben
ovunmak sich abreiben; sich massieren
ovuşturmak (*-i*) reiben *A*, streichen (über *A*); ***ellerini ~*** sich (*D*) die Hände reiben
oy (Wahl)Stimme *f*; ***~ elde etmek*** Stimmen bekommen; ***~ hakkı*** Stimmrecht *n*; ***~ sandığı*** Wahlurne *f*; ***~ verme*** Stimmabgabe *f*; ***~ verme yeri*** Wahllokal *n*; ***~ vermek*** (*od* ***~unu kullanmak***) s-e Stimme abgeben (*-e* für *A*); ***~a koymak*** (*od* ***sunmak***) zur Abstimmung vorlegen; ***32 çekimser ~a karşılık 62 ~la kabul edilmiştir*** (*der Antrag*) wurde bei 32 Stimmenthaltungen mit 62 Stimmen angenommen
oya *Gewebe* (feine) Spitze; ***~ gibi*** durchbrochen; zierlich
oyalamak[1] *v/t* ablenken; *j-s* Aufmerksamkeit lenken (*-e* auf *A*); *j-n* zerstreuen, unterhalten; *j-n* aufhalten; *j-n* hinhalten; F *j-n* abwimmeln
oyalamak[2] *v/t* mit Spitzen besetzen
oyalanmak *pass von* ***oyalamak***; die Zeit vergeuden, F herumtrödeln
oyalayıcı Unterhalter *m*
oyalı ... mit Spitzenrand
oyar → ***oymak***[1]
'oybirliği Einstimmigkeit *f*; ***~yle*** einstimmig (*bei Wahlen*)
oyculuk ⟨-ğu⟩ Stimmenfang *m*
oydurmak *kaus von* ***oymak***
oyla|ma Wahl *f*; Abstimmung *f*; ***~ yapmak*** wählen; ***~ya geçirmek*** zur Abstimmung schreiten; *-i* ***~ya koymak*** zur Abstimmung vorlegen, abstimmen lassen (über *A*); ***~mak*** (*-i*) stimmen (für *j-n*); abstimmen lassen (über *A*)
oyluk ⟨-ğu⟩ ANAT Oberschenkel *m*
oylum Hohlraum *m*; Umfang *m*; leere(r) Raum; Raumgefühl *n*; Raumtiefe *f*; ***~ ~*** gelappt; (aus)gezackt; ***~lamak*** (*-i*) Tiefenwirkung verleihen *D*; ***~lu*** umfangreich; weit, tief (*wirkend*)
oyma Aushöhlung *f*; (*Holz- usw*) Stich *m*; Gravieren *n*; Gravüre *f*; (kleine) Wandnische *f*; ***~cı*** Graveur *m*, (Kupfer)Stecher *m*
oymak[1] ⟨-ar⟩ *v/t* aushöhlen; ausschachten; auskehlen; ausstechen; eingravieren; *Marmor* behauen, bearbeiten (*mit dem Meißel*); *Saum* (nach innen) einschlagen; zahnförmig ausschneiden, zacken
oymak[2] ⟨-ğı⟩ Stamm *m*, Sippe *f*; (Pfadfinder)Gruppe *f*; BIOL Gattung *f*
oymalı ... mit Stichen geschmückt; graviert; *Blatt* gelappt
oynak ⟨-ğı⟩ lose, wackelig; *Person* beweglich (*a* MIL); unruhig; lebhaft; MIL manövrierfähig; *Preis* schwankend; *Frau* lebenslustig; ANAT Gelenk *n*; ***~lı*** beweglich; gelenkig; ***~lık*** ⟨-ğı⟩ Beweglichkeit *f*; Lebhaftigkeit *f*; Unbeständigkeit *f*; ÖKON Schwanken *n der Kurse*; Bewegung *f*; Leichtsinn *m*; Manövrierfähigkeit *f*
oynamak **1.** *v/i* spielen (*-le* mit *D*); tanzen; tänzeln; sich bewegen (*-den* von *D*); beweglich sein; scherzen, spaßen (*-le* mit *j-m*); ANAT zucken; FILM, THEA gespielt werden, gegeben werden; *Gebäude* erschüttert werden, schwanken; TECH Spiel haben; *Herz* (er)zittern; *Preis* schwanken (*... arasında* zwischen *D*); ***oynamamak*** *Bein, Hand usw* steif sein; ***oynaya oynaya*** mit größtem Vergnügen; ***oynama!*** F trödel nicht (he)rum!, tu was!; **2.** *v/t Fußball usw* spielen; THEA ***... rolü(nü) ~*** die Rolle (des, der ...) spielen
oynanmak *pass von* ***oynamak***; ***bu akşam Hamlet oynanacak*** heute Abend wird Hamlet gespielt; ***burada futbol oynanmaz*** hier ist Fußballspielen verboten
oynar beweglich; → ***oynamak***
oynaş Liebhaber *m*, -in *f*
oynaşmak (*-le*) miteinander spielen; flirten, ein Techtelmechtel haben mit
oynatıl|ma Aufführung *f e-s Films*; ***~mak*** *etw* aufführen lassen; ***oynatılmaz*** unverrückbar (*a Tatsache*)
oynatmak *v/t j-n* spielen lassen; *j-n* unterhalten, zerstreuen; THEA e-e (Film-, Puppenspiel- *usw*) Vorstellung geben; (herum)fuchteln (*-i* mit *D*, *z.B. der Hand*); *j-n* vom Platz rücken; *das Herz* erzittern lassen; *j-n* hinhalten, an der Nase herumführen; F *Person* durchdrehen, verrückt werden
'oysa(ki) doch; dagegen; dabei
oyuk ⟨-ğu⟩ hohl; ausgestochen; Hohlraum *m*; Höhle *f*, Grotte *f*

oyulga Heftén *n*; Heftnaht *f*; **~lamak** *v/t* grob nähen, heften; hineintreiben; **~lanmak** *pass von* **oyulgalamak**; aufgereiht sein (*od* stehen), sich ansammeln; **~mak** → **oyulgalamak**
oyulmak *pass von* **oymak**
oyum Aushöhlung *f*, Ausschachtung *f*, Durchstechung *f e-s Berges*; **göz ~u** Augenhöhle *f*
oyun Spiel *n*; THEA Stück *n*, Vorstellung *f*, Tanz *m*; Ringkampf *m*; *fig* Winkelzug *m*, Schlich *m*; **~ alanı** Spielplatz *m*; **~ almak** SPORT gewinnen; **~ çıkarmak** ein Spiel liefern; *-e* **~ etmek** *j-n* hereinlegen, F reinlegen; **~ kuralı** Spielregel *f*; **~ otomatı** Spielautomat *m*; **~ salonu** Spielhalle *f*
oyun|baz geschickte(r) Spieler; Gauner *m*; *Tier* verspielt; **~bozan** Spielverderber *m*, Störenfried *m*; **~bozanlık**: **~ etmek** Spielverderber(in) sein
oyuncak ⟨-ğı⟩ Spielzeug *n*; *fig* Kinderspiel *n*; *fig Person* Spielball *m*, Marionette *f*; **~ at** Schaukelpferd *n*; **~ ev** Puppenhaus *n*; **~çı**: **~ (dükkanı)** Spielwarenladen *m*
oyuncu Spieler *m*, -in *f*; Schauspieler *m*, -in *f*; Tänzer *m*, -in *f*; verspielt; F Schwindler *m*, -in *f*; **~luk** ⟨-ğu⟩ THEA Spiel *n*, Vorstellung *f*; F Schwindel *m*
oyunlaştırmak *v/t ein Werk* für die Bühne bearbeiten
oyuntu Grotte *f*; *Kleid* Ausschnitt *m*
ozalit Blaupause *f*, Ozalid(kopie *f*) *n*
ozan HIST Barde *m*
ozmos Osmose *f*
ozon Ozon *n* (*a m*); **~ deliği** Ozonloch *n*; **~ tabakası** Ozonschicht *f*

Ö

ö, Ö [œ] ö, Ö *n*, O-Umlaut *n*
ö *int* [œː] i!, äh!, igitt!
öbek ⟨-ği⟩ Haufen *m*; Gruppe *f*; **~ ~** in Gruppen; **~ vurgusu** GR Gruppenakzent *m*
öbür der (die, das) andere; der (die, das) da; übernächste(r); **~ dünya** Jenseits *n*; **~ gün** übermorgen; **~ tarafta** drüben; **~ yandan** andererseits
öbür|kü, ~sü, ~ü → **öbür**
öcü *Kindersprache* (der) schwarze Mann
öç ⟨-cü⟩ Rache *f*; *-den* **~** (*od* **öcünü**) **almak** (an *j-m*) Rache nehmen (für), sich rächen (an *j-m* für); **öcünü çıkarmak** → **öcünü almak**
öd ⟨ödü⟩ Galle *f*; **~ kanalı** Gallengang *m*; **~ kesesi** ANAT Gallenblase *f*; **~ kesesi taşları** Gallensteine *m/pl*; *-in* **~ü kopmak** (*od* **patlamak**) zu Tode erschrecken; **~ağacı** ⟨-nı⟩ BOT Aloeholz *n* (*Aquillaria agallocha*)
ödem MED Ödem *n*
ödeme Zahlen *n*; Zahlung *f*; **~ emri** Zahlungsbefehl *m*; **~ kabiliyeti** Zahlungsfähigkeit *f*
ödemek *v/t Geld* zahlen; *Rechnung* bezahlen; *Schaden* wieder gutmachen; *fig* bezahlen (*-le* mit); (*-in*) **sermayesini ~** Gewinn bringen, sich rentieren, sich bezahlt machen
ödemeli ÖKON zahlbar; gegen (*od* per) Nachnahme; **~ konuşma** TEL R(ück)-Gespräch *n*
ödenek ⟨-ği⟩ POL bereitgestellte Mittel *pl*; *Parlament* Diäten *pl*
ödenmek *pass von* **ödemek**; sich bezahlt machen; **ödenmeyen** unbeglichen, ausstehend
ödenti Mitgliedsbeitrag *m*
ödeşmek (*-le*) abrechnen mit, quitt werden (*od* sein)
ödetmek (*-e -i*) *j-n* zur Zahlung *G/von* veranlassen
ödev Pflicht *f*, Verpflichtung *f* (*-e karşı* gegenüber); Aufgabe *f*, *Schule* Hausaufgabe *f*; *-i* **kendine ~ edinmek** sich (*D*) zur Aufgabe machen *A*
'ödkesesi ⟨-ni⟩ → **öd**
ödlek ⟨-ği⟩ ängstlich; Angsthase *m*; **~lik** ⟨-ği⟩ Ängstlichkeit *f*, Schüchternheit *f*
ödül Belohnung *f*, Prämie *f*, Auszeichnung *f*; **~ almak** ausgezeichnet werden; **~lendirmek** *v/t* belohnen; auszeichnen; würdigen
ödün Zugeständnis *n*; *-e* **~ vermek** Zu-

gestândnisse machen *D*

ödünç ⟨-cü⟩ geliehen, geborgt; **~ almak** (sich *D*) borgen, leihen; *-e* **~ vermek** *j-m* borgen, leihen, verleihen; **~leme** LING Entlehnung *f*

ödün|leme Ersatz *m*; PSYCH Ersatzbefriedigung *f*, Ersatzhandlung *f*; **~lemek** *v/t* entschädigen; **~lü** ausgleichend; Entschädigungs-; (Schaden)Ersatz Leistende(r); **~süz** entschädigungslos; ohne Zugeständnisse, kompromisslos

öf i(gitt)!; pfui!; ach!, uh!; **~ ne sıcak!** uh, diese Hitze!

öfke Wut *f*, Zorn *m*; Gewalt *f*, Heftigkeit *f*; *-in* **~si topuklarına çıkmak** *fig* vor Wut schäumen; *-den* **~sini çıkarmak** (*od* **almak**) an *j-m* s-e Wut auslassen; **~sini yenmek** s-e Wut beherrschen (*od* zügeln); **~ci** aufbrausend; Hitzkopf *m*

öfke|lendirmek *v/t* wütend machen, erbosen; aufregen; **~lenmek** sich aufregen (*-den* über *A*); **~li** wütend, aufbrausend

öge, öğe Element *n*; GR (Satz)Glied *n*

öğle Mittag *m*; **~ paydosu** (*od* **tatili**) Mittagspause *f*; **~ yemeği** Mittagessen *n*; **~ üstü** → **öğleüstü**; **~den önce** vormittags; Vormittag *m*; **~den sonra** nachmittags; Nachmittag *m*; **~leri** mittags

öğlen F = **öğle**; **~de** mittags

öğleüstü gegen Mittag; mittags

'öğleyin mittags, zur Mittagszeit

öğmek → **övmek**

öğrenci Schüler *m*, -in *f*, Student *m*, -in *f*, *fig* Schüler *m* (*z.B. Kants*); **~ yurdu** Schülerheim *n*, Studentenheim *n*; **~lik** ⟨-ği⟩ Schulzeit *f*, Studentenzeit *f*, Ausbildung *f*

öğrenilmek *pass von* **öğrenmek**; *-in* **-diği öğrenilmiştir** wie verlautet, ...

öğrenim Studium *n*; Ausbildung *f*, Erlernung *f*, Lehr- (*Mittel*); **~ belgesi** Zeugnis *n*, (Studien)Bescheinigung *f*; **~ çağındaki çocuklar** Kinder *n/pl* im schulpflichtigen Alter

öğrenmek *v/t* lernen; erfahren (*-i -den etw* von); in Erfahrung bringen; **Hanya'yı Konya'yı ~** mit allen Wassern gewaschen sein

öğreti Doktrin *f*, Lehre *f*, **~ci** Lehr-; didaktisch; **~ malzeme** Lehrmittel *n/pl*

öğretim Unterricht *m*; Lehre *f*, Schulung *f*, Lehr-; **~ bilgisi** Didaktik *f*, **~ görevlisi** Lehrbeauftragte(r) *an der Universität*; **~ yılı** Schuljahr *n*; Studienjahr *n*; **zorunlu ~** Schulpflicht *f*

öğretmek (*-i -e*) *j-n* lehren *A*, F *j-m* beibringen *A*; **öğretirim sana!** ich werde es dir zeigen!

öğretmen Lehrer *m*, -in *f*, **kadın ~** Lehrerin *f*, **~ not defteri** Zensurenheft *n*; **Türkçe ~i** Türkischlehrer *m*, -in *f*, **~lik** ⟨-ği⟩ Lehrerberuf *m*; **~ yapmak** Lehrer sein, unterrichten

öğü- → **övü-**

öğün Mal *n*; **üç ~** dreimal (*z.B. essen*); **bir ~de** in e-m Zug (*austrinken*)

öğür gleichaltrig; eingefuchst, routiniert; vertraut; *Pferd* eingeritten; Gruppe *f*, Klasse *f*, **~leşmek** sich gewöhnen (*-e* an *A*)

öğür|mek *v/i* würgen (*beim Erbrechen*); *Rind* brüllen; **öğüreceği gelmek** e-n Brechreiz haben; ekelhaft finden *A*, F zum Kotzen finden *A*; **~tü** Erbrechen *n*; Brechreiz *m*; Rülpsen *n*; Brüllen *n*

öğüt ⟨-tü⟩ Rat(schlag) *m*; **~ tutmak** sich *D* raten lassen; *-e* **~te bulunmak** (= **~ vermek**) *j-m* e-n Rat geben (*od* erteilen); **~çü** Ratgeber *m*, -in *f*, REL Prediger *m*; **~lemek** raten, empfehlen

öğüt|mek *v/t* mahlen; verdauen; **~ücü** Mahlwerk *n*; mahlend; zerstoßend; Mahl-; **~ücüdiş** Backenzahn *m*; **~üş** Mahlen *n*

öhö *int* hüstelnd, sich räuspernd, *etwa* hr, hr; *scherzh* hm, hm!; sososo!

ökçe Hacke *f*, Ferse *f*, (Schuh)Absatz *m*; *-in* **~sine basmak** *j-m* auf dem Fuß folgen; *j-m* auf den Fuß treten; **~ kemiği** Fersenbein *n*; **~li: yüksek ~** mit hohen Absätzen; **~siz** ohne Absätze, flach; F Angsthase *m*

öl. *Abk für* **ölüm(ü)** gestorben (gest.)

ökse Vogelleim *m*; F charmante Frau; **~ye basmak** *fig* auf den Leim gehen

ökseotu ⟨-nu⟩ BOT Mistel *f*

öksür|mek husten; *-in* **öksüreceği tuttu** er hat(te) e-n Hustenanfall; **~tücü** Husten verursachend; **~ük** ⟨-ğü⟩ Husten *m*, *a* Erkältung *f*, **~ ilacı** Hustenmittel *n*; *-i* **~ tuttu** er musste husten

öksürüklü dauernd hustend, hüstelnd; **~ tıksırıklı** sehr angekränkelt

öksüz Waise *f*, Vollwaise *f*, ganz allein (stehend), F ohne Anhang; **~lük**

Ö

⟨-ğü⟩ Elternlosigkeit *f*, Waisenstand *m*; Alleinsein *n*, Einsamkeit *f*

öküz Ochse *m* (*a = Dummkopf*), Rind *n*; *fig* Rindvieh *n*, Dummkopf *m*; F präparierte(r) Würfel

ö'küzgözü ⟨-nü⟩ BOT Arnika *f* (*Arnica montana*)

öküzlük ⟨-ğü⟩ Eselei *f*

ölçek ⟨-ği⟩ Maßstab *m*, Kriterium *n*; HIST Maß *n von vier* → ***okka***; ***yüz binde bir ölçeğinde bir harita*** eine Karte im Maßstab von 1:100.000

ölçer[1] Feuerhaken *m*

ölçer[2] Zähler *m*, Messer *m*, Messgerät *n*

ölçer[3] → ***ölçmek***

ölçermek *dial Feuer* schüren

ölçmek ⟨-er⟩ *v/t* messen; *Feld* vermessen; *fig* erwägen, sich (*D*) etw (*z.B. jedes Wort*) überlegen; *Wert* beurteilen, ermessen; ***ölçüp biçmek*** es sich *D* reiflich überlegen

ölçü Maß *n*; Maßeinheit *f*, Ausmaße *n/pl*; LIT Versmaß *n*; MUS Takt *m*; *fig* Maßstab *m*, Kriterium *n*; -messer *m*, -messgerät *n*; ~ ***aleti*** Messinstrument *n*; (*-in*) ~***(sünü) almak*** Maß nehmen (bei *j-m*); *fig* alles erwägen; ***yükseklik ~sü*** Höhenmesser *m*; *-e* ~ ***yoktu*** ... war maßlos; ***büyük ~de*** in hohem Maße; **~cü** (ver)messend; Messer *m*, Messgerät *n*; **~lemek** *v/t* regeln, in Ordnung bringen; **~lmek** *pass von* ***ölçmek***; **~lü** (aus)gemessen; *fig* (wohl)überlegt; geregelt; *fig* gemessen, maßvoll; ~ ***biçili*** wohlbedacht; in angemessener Weise; **~lülük** ⟨-ğü⟩ Wohlbedachtheit *f*, Gemessenheit *f*, Augenmaß *n*

ölçüm Messen *n*; Ausmaß *n*, Ausmaße *n/pl*; Messergebnis *n*; **~lemek** *v/t Worte* abwägen, überlegen

ölçüsüz maßlos; beliebig; unbedacht; ~ ***konuşmak*** (reden und) kein Ende finden; unüberlegt reden; **~lük** ⟨-ğü⟩ Maßlosigkeit *f*

ölçüşmek sich messen (*-le* mit *D*)

ölçüştürmek (*-i*) vergleichen *A*, gegeneinander halten *A*

ölçüt ⟨-dü⟩ Maßstab *m*, Kriterium *n*

öldüresiye als ob (er ihn) totschlagen wollte (*prügeln usw*)

öldür|mek *v/t* töten; totschlagen (*a Zeit*); ermorden; *Geruch, Geschmack* neutralisieren, überdecken, beseitigen; *z.B. Handwerk* vernichten; *Wetter j-n* ganz kaputtmachen; *Gemüse* dünsten; **~ücü** tödlich; *Hitze* drückend; *Schönheit* bezaubernd

ölesiye äußerst, wahnsinnig (*lieben*); ~ ***yorgun*** todmüde

ö'leyazmak fast umkommen (*-den* vor *D*)

ölgün welk; *Stimme* schwach, sterbend; *Meer* still; ~ ~ lässig, schleppend

ölme Sterben *n*

öl|mek ⟨-ür⟩ *v/i* sterben; BOT (ver)welken; *fig* sterben, umkommen (*-den* vor *D*); *Methode* veralten; ***gülmekten*** ~ sich totlachen; ***ölüp ölüp dirilmek*** fast vergehen, sterben; **~mez** unsterblich; unverwüstlich; F nicht totzukriegen; **~mezleştirmek** *v/t* verewigen; **~mezlik** ⟨-ği⟩ Unsterblichkeit *f*; **~müş** tot; gestorben; Tote(r); ***~lerinin ruhu için*** ums Seelenheil deiner verstorbenen Angehörigen willen

ölü tot; *Auge, Stimme* schwach, matt; Tote(r); *Tier* krepiert; Kadaver *m*; ~ ***fiyatına*** zu e-m Schleuderpreis; ~ ***mevsim*** tote Saison, F Sauregurkenzeit *f*; ~ ***nokta*** tote(r) Punkt; *-in* ***~sünü öpeyim*** *beschwörend, z.B.* so wahr ich hier stehe; ich will tot umfallen, (*wenn ... nicht*)

ölük F ganz kaputt *od* erschossen, erschöpft

ölüm Tod *m*; Todesfall *m*; ~ ***döşeği*** Sterbebett *n*; ~ ***ilmühaberi*** Sterbeurkunde *f*; ~ ***kalım*** (*od* ***dirim***) ***meselesi*** (*od* ***savaşı***) e-e Frage (*od* ein Kampf) auf Leben und Tod; ~ ***oranı*** Sterblichkeitsrate *f*, Sterberate *f*; ~ ***sessizliği*** Totenstille *f*; ~ ***tehlikesi*** Lebensgefahr *f*; ***~ü göze almak*** dem Tode ins Auge sehen; ***~üne susamak*** lebensmüde sein; **~cül** tödlich; *Person* sterbend, mit dem Tode ringend; **~lü** vergänglich (*Welt*); sterblich; **~lük** ⟨-ğü⟩ Sterbegeld *n*; **~süz** unsterblich; ewig; unvergesslich; **~süzleştirmek** *v/t* verewigen; **~süzlük** ⟨-ğü⟩ Unsterblichkeit *f*, Ewigkeit *f*

ölünmek *pass von* ***ölmek*** (*man stirbt usw*)

ölür → ***ölmek***

ömür ⟨ömrü⟩ Leben *n*, Lebensdauer *f*; großartig, F prima; ~ ***boyunca*** das Leben lang; ~ ***geçirmek*** ein ... Leben führen; ~ ***sürmek*** sein Leben genießen; ~ ***törpüsü*** *Arbeit* aufreibend;

Ö

Person Nervensäge *f*; ***~sizlere ~!*** Gott erhalte Sie am Leben; (*a* =) j-d ist gestorben; ***ömrüne bereket*** ich wünsche dir ein langes Leben; ich danke dir!; ***~lü*** ewig; langlebig, von langer Dauer; ***kısa ~*** kurzlebig; ***uzun ~*** langlebig, von langer Dauer; ***~süz*** kurzlebig (*fig a Sache*)

ön 1. *adj u subst* Raum *m* (*od* Platz *m*, Zeit *f*) davor; Vorder-; Vorderseite *f*; Vor-, vorläufig; *Zeit* bevorstehend, kommend; ***~ cam*** AUTO Windschutzscheibe *f*; ***~ koltuk*** ⟨-ğu⟩ Vordersitz *m*; ***~ tekerlek*** Vorderrad *n*; ***kağıdın ~ü*** Vorderseite *f des Bogens*; *-in* ***~ünü kesmek*** *j-m* den Weg abschneiden; *Wasser* eindämmen; ***~üne bakmak*** sich genieren; ***~üne gelen*** jede(r) beliebige; ***~e almak*** den Vorrang geben *D*, voranstellen; ***~e düşmek***, *-in* ***~üne düşmek*** *j-m* vorangehen; an die Spitze treten; *-i* ***~e sürmek*** *v/t* betonen, erklären; meinen; vorschlagen; *Meinung* vorbringen, unterbreiten; (*-in*) ***~ü sıra*** (gleich) vor *D* her; **2.** *adv*: ***~de*** vor; vorn; voran; ***~de gitmek*** vorangehen; ***~deki*** vorangehend; ***~den*** von vorn; ***~den yürümek*** (anderen) voranmarschieren; **3.** *postp*: ***~üne*** vor *A*; ***~ünde*** vor *D*; *-in* ***~üne koymak*** *j-m etw* vorsetzen, auftischen; *-in* ***~üne geçmek*** verhindern *A*; *j-m* den Weg versperren; ***~ünden*** (vorn) an ... vorbei; ***kapının ~üne gelmiştik*** wir waren (bis) vor die Tür gekommen; ***pencerenin ~ünde kim var?*** wer steht vor dem Fenster?; ***bu evin ~ünden geçerdik*** an diesem Haus gingen wir gewöhnlich vorbei; → ***önümüzdeki***

'önalım Vorkauf *m*; ***~ hakkı*** Vorkaufsrecht *n*

önavurt ⟨-tu⟩ ANAT vordere Mundhöhle *f*; GR Lateral- (*Laut*)

önayak: *-i -e* ***~ etmek*** *j-n* bewegen zu; *-de* ***~ olmak*** die Initiative ergreifen in, bei *D*

ön|belirti Vorbote *m*, Vorahnung *f*; ***~bellek*** EDV Cache-Speicher *m*; ***~bilgi*** Quelle *f*; Ursprung *m*; einführende Bemerkungen *f/pl*; PHIL Apriori *n*; ***~bilim*** Vorherwissen *n Gottes*, Vorausschau *f*

'önce vorher, zuvor, früher; zuerst, zunächst; ***bir an ~*** möglichst bald; ***ilk ~*** zuallererst; ***bir yıl ~*** ein Jahr davor; *postp* ***-den ~*** vor *D*: ***her şeyden ~*** vor allem; ***senden ~ geldi*** er kam vor dir; *konj* ***-meden ~*** bevor: ***gitmeden ~ iyi*** überlege es dir gut, bevor du gehst; ***~si***: ***cumhuriyet ~si*** vorrepublikanisch; ***savaş ~si*** Vorkriegs-; ***~sinde*** am Tag vor *D*; ***seçim ~sinde*** am Tag vor den Wahlen; *-in* ***~ye geçerliği*** die rückwirkende Kraft

öncebilim → ***önbilim***

'önceden vorher; anfangs; im Voraus, vorsorglich (*z.B. bereithalten*)

önceki (*-den*) früher; vorig, vorhergehend; POL Ex-; ***bundan ~ mektuplar*** die vorangegangenen (*od* früheren) Briefe; ***İslamiyetten ~*** vorislamisch

öncel Vorgänger *m*, -in *f*, Vorfahre *m*, Ahne *m*

'önceleri früher, damals; zunächst

öncelik ⟨-ği⟩ Vorrang *m*, Priorität *f*, Vorrecht *n*, Privileg *n*; ***~le*** vorrangig, bevorzugt, in erster Linie

öncesiz ewig, immerwährend; ***~lik*** ⟨-ği⟩ Ewigkeit *f*; ***~ten beri*** seit ewigen Zeiten

öncü Vorkämpfer *m*, -in *f*, Pionier *m*; Vor- (*Trupp*); Führer *m*; avantgardistisch (*z.B. Theater*); *fig* Avantgarde *f*

öncül Voraussetzung *f*, Prämisse *f*

öncülük ⟨-ğü⟩ Führungskraft *f*, leitende (*od* führende) Rolle *f*; ***~ etmek*** die führende Rolle spielen

'önçalışma Vorarbeiten *f/pl*

'öndamak ⟨-ğı⟩ vordere(r) Gaumen; GR palatal

öndelik ⟨-ği⟩ Vorauszahlung *f*, Anzahlung *f*

önden → ***ön***; ***~ çekişli*** AUTO mit Frontantrieb

önder Führer *m*; Chef *m*; ***~lik*** ⟨-ği⟩ Führerschaft *f*; ***... önderliğindeki parti*** die Partei unter Führung von ...

'öndeyiş LIT Prolog *m*

öne → ***ön***

'önek ⟨-ki⟩ LING Präfix *n*, Vorsilbe *f*

önel Frist *f*, Kündigungsfrist *f*

önem Wichtigkeit *f*, Bedeutung *f*; ***~ taşımak*** Bedeutung haben; *-e* ***~ vermek*** Bedeutung beimessen *D*; ***~le*** nachdrücklich, sehr, inständig (*bitten*); vorrangig; ***~li*** wichtig, bedeutend; ***~ değil*** nicht so wichtig; nicht so schlimm; ***~semek*** *v/t* wichtig nehmen,

Ö

wichtig finden; für wichtig halten; **~senmek** *pass von* **önemsemek**; **~siz** unwichtig; **~sizlik** ⟨-ği⟩ Unwichtigkeit *f*
önerge POL Antrag *m*; **~ *vermek*** e-n Antrag einbringen; ***sözlü soru ~si*** mündliche Anfrage
öneri Vorschlag *m*; ***~de bulunmak*** e-n (*od* den) Vorschlag machen; **~ilmek** *pass von* **önermek**; **~me** Vorschlag *m*; Prämisse *f*, Behauptung *f*; ***~ler mantığı*** Aussagenlogik *f*; **~mek** *v/t* vorschlagen; unterbreiten; planen; andeuten
'öngör|mek *v/t* vorsehen, (ein)planen, ins Auge fassen; **~ü** Voraussicht *f*; **~ülü** umsichtig; *fig* weitsichtig
öngü *dial* Bockigkeit *f*; **~l** bockig
'ön|kol Unterarm *m*; **~koşmak** voraussetzen, zur Voraussetzung machen; **~koşul** Vorbedingung *f*
önle|m (Vorsichts)Maßnahme *f*, Zurückweisung *f*, ***~ almak*** Maßnahmen ergreifen; **~mek** *v/t* verhindern (*z.B. Arbeitslosigkeit*); vorbeugen *D*; *Brand, Krankheit* verhüten; eindämmen; **~nmek** *pass von* **önlemek**; **~yici** verhütend, Vorbeugungs-; prophylaktisch; ***~ hekimlik*** Präventivmedizin *f*; ***~ muayene*** Vorsorgeuntersuchung *f*; ***~ uçak*** Abfangjäger *m*
önlük ⟨-ğü⟩ Schürze *f*, (Arzt)Kittel *m*
'önoda ANAT vordere Augenkammer *f*
'önseçim Vorwahl *f* (*durch Parteidelegierte*); Selektion *f*
önsel a priori, unabhängig von der Erfahrung; unbewiesen
'ön|sezi Vorgefühl *n*, Vorahnung *f*; **~söz** Vorwort *n*; **~şart** Vorbedingung *f*; **~şartsız** vorbedingungslos; **~takı** LING Präfix *n*, Vorsilbe *f*; **~tasar, ~taslak** Rohentwurf *m*; **~türeme** Prothese *f*, GR Vorschlagslaut *m* (*z.B. Urum aus Rum*)
önümüzdeki nächst-; künftig, bevorstehend; ***~ günlerde*** in den nächsten Tagen
önün|de vor (*D*); **~den** vor (*A*); → **ön**
'ön|vurgu LING Anfangsbetonung *f* (*z.B. 'Ankara*); **~yargı** Vorurteil *n*; Voreingenommenheit *f*; **~yargılı** voreingenommen; **~yargısız** vorurteilslos; **~yüzbaşı** ⟨-yı⟩ Hauptmann *m* erster Klasse
öpmek ⟨-er⟩ *v/t* küssen; ***yanağından ~*** auf die Wange küssen; ***öpüp de başına koymak*** *fig* mit Kusshand annehmen
öpücük ⟨-ğü⟩ Kuss *m*, Küsschen *n*; *-e* ***~ göndermek*** *j-m* e-e Kusshand zuwerfen
öpüş Küssen *n*; Kuss *m*; **~mek** (*-le*) sich küssen; *fig Autos* aufeinander prallen
ör(n). *Abk* → **örneğin**
ördek ⟨-ği⟩ Ente *f* (*a Nachtgefäß für Kranke*); (unterwegs aufgenommener) Mitfahrer, F Anhalter *m*; **~başı** dunkelgrün; **~gagası** ⟨-nı⟩ hellorange
ördürmek *kaus von* **örmek**
öreke Spinnrocken *m*
ören Ruine *f*, **~leşme** Verfall *m*; **~lik** ⟨-ği⟩ Ruinenfeld *n*
örer → **örmek**
örf Brauch *m*, Sitte *f*, ***~ ve âdetler*** Sitten und Gebräuche *pl*
örfî [iː] gängig; gesetzlich; ***~ idare*** Ausnahmezustand *m*
örgü Häkelei *f*, Strickerei *f*, Geflecht *n* (*a* ANAT); Strick- (*Kleid; Wolle*); Flecht-; ***~ şişi*** Stricknadel *f*, ***saç ~sü*** Zopf *m*; **~cü** Strickwarenhändler *m*, -in *f*, **~lü** geflochten; gestrickt
örgün organisiert; systematisch, Plan-; methodisch; ***~ eğitim*** Studium *n* mit Teilnahmepflicht (*im Gegensatz zu Fernstudium*)
örgüt ⟨-tü⟩ Organisation *f*, **~çü** Organisator *m*; **~lemek** *v/t* organisieren; institutionalisieren; **~lendirmek** *v/t* organisieren; **~lenme** Organisierung *f*, Institutionalisierung *f*, **~lenmek** organisiert werden; sich organisieren; institutionalisiert werden; **~lü** organisiert; **~sel** organisatorisch; **~süz** unorganisiert
örme geflochten; gestrickt; ***~ iğnesi*** Stopfnadel *f*; ***~ koltuk*** Korbsessel *m*; ***elde ~*** handgestrickt
örmek ⟨-er⟩ *v/t Korb* flechten; *Wolle* stricken; häkeln; *Loch im Gewebe* stopfen; *Mauer* ziehen, errichten; ***ne örüyor?*** *dial* was macht er?
'örneğin zum Beispiel (z.B.)
örnek ⟨-ği⟩ Beispiel *n*; Modell *n*; ÖKON Muster *n*; *fig* Vorbild *n*, Beispiel *n*; *fig* Muster- (*Schüler*), beispielhaft; ***~ almak*** sich *D* ein Beispiel nehmen (*-den* an *D*); ***~ olmak*** ein Beispiel sein (*-e* für); *-in* ***örneğini almak*** e-e Zeichnung machen (von *D*); *-in* ***örneğini çıkarmak*** ein Strickmuster anfertigen von; genau kopieren *A*

örnek|lemek (*-i*) ein Beispiel (*od* Muster) sein (für); **~lik** ⟨-ği⟩ Beispielhaftigkeit *f*, Musterhaftigkeit *f*; **~seme** Analogie *f*
örs Amboss *m*; Schusterdreifuß *m*; **~elemek** *v/t Buch usw* zerfleddern; *Pflanzen* zerzausen; *fig Kranken* sehr mitnehmen
örtbas: **~ etmek** vertuschen, verschleiern; verheimlichen
örtenek ⟨-ği⟩ ANAT (Deck)Membran *f*
örter → **örtmek**
örtmece LIT Euphemismus *m*, verhüllende(s) Wort; **~ yolu ile** verhüllend
örtmek ⟨-er⟩ *v/t Dach* decken; *Gesicht, Kopf* bedecken (*-le* mit); *Grab* zuschütten; *Tür* zumachen, schließen; *fig Fehler usw* verschleiern, bemänteln; **masa örtüsünü ~** ein Tischtuch auflegen; **paltomu üzerime örttüm** ich deckte mich mit meinem Mantel zu
örttürmek (*-i -e*) bedecken lassen, zudecken lassen (*A* durch *j-n*; *od j-n etw*); **evin üzerini ~** das Dach des Hauses decken lassen
örtü Decke *f*, Umschlagtuch *n*; Plaid *n*; Überzug *m*, Schoner *m*; MIL Deckung *f*; F Dach *n*; TECH Verkleidung *f*; **masa ~sü** Tischdecke *f*
örtü|lmek *pass von* **örtmek**; **~lü** bedeckt; *fig* geheim, Geheim-; *fig* sittsam gekleidet; **~nmek** sich zudecken (*od* bedecken); sich verschleiern; **~süz** unbedeckt
örü Geflecht *n*; Damm *m*; Mauer *f*; Bau *m*; gestopfte Stelle; **~cü** Stricker *m*, -in *f*; Kunststopfer *m*, -in *f*; **~lü** geflochten; gestrickt
örümcek[1] ⟨-ği⟩ Spinne *f*; **~ (ağı)** Spinngewebe *n*; **~ almak** die Spinnweben entfernen; **~ kafalı** rückständig; **her taraf ~ tutmuş** alles ist mit Spinnweben bedeckt; **~lenmek** sich mit Spinnweben bedecken; MED *Augen* sich entzünden; *fig* völlig verlassen, unbehütet sein
örümcek[2] Laufgitter *n*
öşür ⟨öşrü⟩ *osm Steuer* der Zehnte
öt → **öd**
öte (die) andere Seite; drüben; mehr (*-den* als); (das) Weitere, (das) Übrige; **~ dünya** Jenseits *n*; **~ yandan** andererseits; **~de** drüben, dahinten; **~de beride** hier und da, überall; **~deki** gegenüberliegend; **~den** von drüben; **~den beri** seit jeher, schon immer; **~den beriden** von hier und von da; von diesem und jenem; **dağın ~si(nde)** jenseits des Berges, hinter den Bergen; **~si berisi** alle möglichen Stellen (*od* Sachen); **~si çıkmaz sokak** da sind wir in einer Sackgasse; **~si var mı?** (ist) sonst noch etwas (zu sagen)?; **~ye beriye** hierhin und dahin; *-den* **~ye gitmek** *fig* hinausgehen (über *A*)
öteberi alles Mögliche; ein paar Kleinigkeiten, dies und das
ötede *usw* → **öte**
öteki ⟨-ni⟩ der (die, das) andere, Übrige; der (die, das) da; **~ beriki** diese(r) oder jene(r); **~si** ⟨-ni⟩ der (die, das) andere da
öter → **ötmek**
ötleğen Grasmücke *f* (*Sylvia communis*)
ötlek → **ödlek**
ötmek ⟨-er⟩ *Vögel* singen, zwitschern; *Hahn* krähen; *Insekten* summen; *Kuppel* dröhnen; *Blasinstrument, Pfeife* ertönen; ansprechen; *negativ meist* keinen Ton von sich geben; *Ohr* klingen; *Slang*: quasseln; *Slang*: kotzen
öttürmek (*-i*) *Flöte usw -i* spielen, blasen auf *D*; *kaus von* **ötmek**
ötücü (Flöten)Spieler *m*, Bläser *m*; lieblich singend; **~ kuş** Singvogel *m*
ötümlü GR stimmhaft; **~leşmek** GR stimmhaft werden (*z.B. araç – araca*)
ötümsüz GR stimmlos; stimmlose(r) Laut; **~lük** ⟨-ğü⟩ Stimmlosigkeit *f*
ötürmek *v/i dial* Durchfall haben
ötürü wegen (*-den G*); **bundan ~** deswegen
ötürük ⟨-ğü⟩ *dial* Durchfall *m*
ötüş Singen *n usw* → **ötmek**
ötüşmek (einander) (zu)zwitschern
över → **övmek**
övgü Lob *n*; Lobrede *f*, Laudatio *f*; **~cü** lobend; Lobredner *m*; Lobhudler *m*
övmek ⟨-er⟩ *v/t* loben, preisen
övünç ⟨-cü⟩ Stolz *m* (*a als Gegenstand*); *-den* **~ duymak** stolz sein (auf *A*)
övün|geç, **~gen** prahlerisch, F großschnäuzig
övünmek (*-le*) stolz sein (auf *A*), sich rühmen *G*; sich selbst loben, F großschnäuzig sein; **~ gibi olmasın** ohne mich selbst rühmen zu wollen, ...

Ö

övüt- *usw* → **öğüt-** *usw*
öykü LIT Kurzgeschichte *f*, Erzählung *f*, Novelle *f*; ***yaşam ~sü*** Biografie *f*; **~cü** Erzähler *m*, -in *f*; Novellist *m*, -in *f*; **~cülük** ⟨-ğü⟩ Novellistik *f*; **~leme** Erzählen *n*; **~lemek** erzählen
öykün|me Nachahmung *f*; **~meci** Nachahmer *m*, -in *f*; **~mek** *-e* nachahmen *A*
öyle **1.** *pron* so ein(e), solch ein(e), solche; derartige(r); **~ bir** solch, so ein(e), so einer; **2.** *adv* so; *nach* ***ne*** *od* ***nasıl***: ***o ne biçim iş ~!*** das ist aber ein Ding!, na, so was!; ***~ mi?*** tatsächlich?; ***~ ya!*** tatsächlich; natürlich!, genau!; *-e* ***~ gelmek (ki)*** den Eindruck haben, (dass ...), *j-m* so vorkommen, (dass); am liebsten wäre er ... *usw*
'öylece genauso, auf diese Weise
öylelikle somit; schließlich
öylesi so ein(er), so eine (*wie der, die*); **~ne** einfach so; derart, so ... (*ki* dass); ***~ kıskanç ki*** er ist derart neidisch, dass …
öz[1] Selbst *n*, Ich *n*; Wesen *n*; Inbegriff *m*; Grundelement *n*; BOT Mark *n*; Saft *m*; Kern *m*; MED Eiterpfropf *m*; Selbst-; Eigen-; ***~ü sözü bir*** ein Mann ein Wort, ehrlich
öz[2] leiblich, eigen (*z.B. Mutter*); Selbst- (*Liebe*); echt, rein; PHYS spezifisch (*Wärme*); ***~ Türkçe*** (das) reine Türkisch
Özbek ⟨-ği⟩ Usbeke *m*, Usbekin *f*; **~çe** usbekisch; (das) Usbekisch(e); **~istan** Usbekistan *n*
'özbeöz echt, ... durch und durch
özbeslenme BOT Autotrophie *f*
özden **1.** *adj* originell; Original *n*; **2.** *subst* ANAT Thymusdrüse *f*
'özdenetim Selbstkontrolle *f*
özdenlik ⟨-ği⟩ Originalität *f*
özdeş gleich(artig); identisch; **~leme** Identifizierung *f*; **~lemek** *v/t* identifizieren; **~leşmek** sich identifizieren; **~leştirmek** *v/t* (*j-n*) identifizieren (*-le* mit); **~lik** ⟨-ği⟩ Identität *f*
'özdeyiş Spruch *m*, Aphorismus *m*
'özdışı PHIL objektiv
'özdirenç ⟨-ci⟩ EL spezifischer Widerstand
özekdoku BIOL Parenchym *n*
özel besonder-; persönlich; privat; Sonder-; Privat- (*Wagen*); ***~ ad*** Eigenname *m*; ***~ dil*** Fachsprache *f*; ***~ fiyat*** Sonderpreis *m*; ***~ girişim*** Privatinitiative *f*; ***~ mülk*** Privatbesitz *m*; ***~ okul*** Fachschule *f*; ***~ sayı*** Sondernummer *f* (*e-r Zeitschrift*); ***~ sektör*** ÖKON Privatwirtschaft *f*; ***~ tim*** MIL Sondereinsatzkommando *n*; ***~ ulak*** POST durch Eilboten
'özeleştiri Selbstkritik *f*
özelleştirmek *v/t* spezifizieren; qualifizieren; ÖKON privatisieren
özellik ⟨-ği⟩ Besonderheit *f*, Merkmal *n*; Beschaffenheit *f*; ***~le*** insbesondere, vor allem
özemek *v/t* verdünnen; sämig machen
özen Sorgfalt *f*, Umsicht *f*; *-e* ***~ göstermek*** sorgfältig beachten *A*; sich (*D*) Mühe geben
özendirmek (*-i -e*) *j-n* anregen zu
özeniş Bestreben *n*; Sehnsucht *f*
özenli gewissenhaft, akkurat
özen|mek (*-e*) sich (*D*) viel Mühe geben (mit); sich (*D*) wünschen *A*, erstreben *A*; ***özeniyorum*** ich möchte gern machen (*od* werden); (*a -den*) *j-m* nacheifern; ***özenerek, özene bezene*** mit größter Sorgfalt; **~siz** oberflächlich, unsorgfältig; schlampig
özenti *abw* Nacheiferung *f*, Nachahmung *f*, Kopieren *n*; Mühe *f*; **~ci** Nachahmer *m*, -in *f*; **~li** nacheifernd; eifrig; **~siz** schlicht, natürlich
özerk autonom; **~leşmek** Autonomie erlangen; **~lik** ⟨-ği⟩ Autonomie *f*
özet ⟨-ti⟩ Inhalt *m*, Resümee *n*; Zusammenfassung *f*, Kurzfassung *f der Nachrichten*; Extrakt *m*, Auszug *m*; **~le** kurz (zusammengefasst), in Kürze; **~lemek** *v/t* zusammenfassen
özge ander-; fremd; **~ci** Altruist *m*, -in *f*; **~cil** selbstlos, hilfsbereit, altruistisch; **~cilik** ⟨-ği⟩ Altruismus *m*
'özgeçmiş ÖKON Lebenslauf *m*; Personalakte *f*
özgü (*-e*) eigen *D*, typisch für; (speziell) vorbehalten *D*, bestimmt für
özgül spezifisch (*Gewicht*); **~lük** ⟨-ğü⟩ typische Eigenschaft, Besonderheit *f*
özgün original, ursprünglich, Original-; originell, einzigartig; (*Schriftstück*) Original *n*; ***~ baskı*** Kunstgrafik *f*; ***~ müzik*** *Musikrichtung der 80er Jahre, etwa: Folk-Pop*; **~lük** ⟨-ğü⟩ Originalität *f*
özgür frei, unabhängig; **~ce** *adv* frei; **~lük** ⟨-ğü⟩ Freiheit *f*; ***söz özgürlüğü***

Ö

Redefreiheit *f*; ***vicdan özgürlüğü*** Gewissensfreiheit *f*; **~lükçü** freiheitlich; liberal; **~lüksever** freiheitsliebend
'özgüven Selbstsicherheit *f*
'özindükleme PHYS Selbstinduktion *f*
özle|m Sehnsucht *f*; Neigung *f*; **~mek** *-i* sich sehnen nach; ersehnen *A*
özleş|mek sich (be)reinigen; **~tirmek** *v/t* reinigen, purifizieren
özletmek (*-i -e*) *etw* begehrenswert machen (für *j-n*); *kaus von* ***özlemek***
özleyiş Sehnsucht *f*
özlü markig; üppig; *Ausdruck* treffend; *Boden* fett, ergiebig; *Getreide* gut konditioniert; *Teig* sämig
özlük ⟨-ğü⟩ Wesen *n*; Typische(s); Persönlichkeit *f*; ***~ işleri*** Personalangelegenheiten *f/pl*
özne GR Subjekt *n*; ***~ almayan eylem*** unpersönliche(s) Verb
öznel subjektiv; **~ci** Subjektivist *m*; **~cilik** ⟨-ği⟩ Subjektivismus *m*; **~lik** ⟨-ği⟩ Subjektivität *f*
'özöğrenim Selbststudium *n*, Autodidaktik *f*; **~li** Selbstlerner *m*, -in *f*, Autodidakt *m*, -in *f*; autodidaktisch
özrü → ***özür***
'özsaygı Selbstachtung *f*
özsel wesentlich; → ***öz***
'özsu ⟨-yu⟩ BOT Saft *m*; (Magen)Saft *m*
özümle|me *a* BIOL Assimilation *f*, Anpassung *f*; **~medokusu** ⟨-nu⟩ Photosynthese *f*; **~mek** *v/t* assimilieren, anpassen; **~nim** → ***özümleme***; **~nme** Assimilation *f*, Anpassung *f*, Aneignung *f*; **~nmek** sich assimilieren, sich anpassen
özümseme *usw* → ***özümleme*** *usw*
özür ⟨özrü⟩ Entschuldigung *f*, Verzeihung *f*; Entschuldigungsgrund *m*; Fehler *m*, Mangel *m*; *-den* ***~ dilemek*** sich entschuldigen (wegen *G*, für); ***~ dilerim*** ich bitte um Entschuldigung, Verzeihung!; **~lü** ... (ist) entschuldbar, ... (hat einen) Entschuldigungsgrund; beschädigt, fehlerhaft (*Stoff*); *Person* behindert; ***bedensel ~*** körperbehindert; ***zihinsel ~*** geistig behindert; **~süz** unentschuldigt (*zu spät kommen*); unentschuldbar; einwandfrei, ... in Ordnung
'özveri Selbstlosigkeit *f*; **~li** selbstlos
'özyapı Charakter *m*
özyaşam: ***~ öyküsü*** Autobiografie *f*
özyönetim (Arbeiter)Selbstverwaltung *f* (*e-s Betriebes*)

P

p, P [pɛ] p, P *n*
pabuç ⟨-cu⟩ Schuh *m* (*früher ohne Absatz*); *fig* Fuß *m* (*e-r Säule, e-s Tischbeins usw*); *-e* ***~ bırakmamak*** nicht zurückschrecken vor D; ***pabucu dama atılmak*** F kaltgestellt werden, s-e Rolle ausspielen; ***pabucunu eline vermek*** F *j-n* ausbooten, rausschmeißen, *fig* feuern; *-e* ***pabucunu ters giydirmek*** *j-n* zum Rückzug zwingen, F *j-n* vergraulen; **~çu** Pantoffelhersteller *m*; Pantoffelwärter *m* (*z.B. an Moscheen*); **~suz** barfuß; ***~ kaçmak*** Reißaus nehmen, F abhauen
paça (*bei Tieren*) Unterschenkel *m*, Fuß *m*; Hosenbein *n*; *Gericht aus Hammelbeinen*; ***~ları(nı) sıvamak*** *fig* sich machen (an *A*), F die Ärmel hoch krempeln; ***~sı düşük*** schlampig (*Kleidung*); ***~yı*** (*od* ***~sını***) ***kurtarmak*** sich aus der Affäre ziehen; **~günü** ⟨-nü⟩ (der) zweite Hochzeitstag; **~lı**: *z.B.* ***dar ~*** mit engen Hosenbeinen
pa'çavra Lappen *m*; Lumpen *pl*; Fetzen *m*; alte(r) Kram; F *Person* Penner *m*; Schlampe *f*; ***~ hastalığı*** F MED Grippe *f*; *-i* ***~ya çevirmek, ~sını çıkarmak*** zerfetzen, zerfledern; übel zurichten; **~cı** Lumpensammler *m*, -in *f*
pa'davra Holzschindel *f*; Latte *f*
'padılbot Paddelboot *n*
padişah [pɑːdɪʃɑːx] Herrscher *m*, Sultan *m*; **~lık** ⟨-ğı⟩ Herrschaft *f*, Sultanat *n*
'pafta Faltblatt *n* (*e-r Karte*); Ziernagel *m*; Metallplättchen *n*; große(r) Fleck
pagan Heide *m*, Heidin *f*; **~izm** Heidentum *n*
paha Preis *m*; ***~ biçilmez*** unschätzbar; unermesslich; *-e* ***~ biçmek*** schätzen

P

A, bewerten; **... ~sına** um den Preis, zu ..., selbst auf die Gefahr hin, zu ...; **~ya çıkmak** teurer werden

pahacı Halsabschneider *m*

pahalanmak im Preise steigen

pahalı teuer, kostspielig; *-e* **~ya oturmak** *j-m* teuer zu stehen kommen; **~laşmak** im Preise steigen; **~laştırmak** (*-i*) den Preis *G* erhöhen; **~lık** ⟨-ğı⟩ Teuerung *f*, Höhe *f* (*des Lohnes*); hohe Preise *m/pl*

pahlamak *v/t* behauen; abfeilen

pak [ɑː] ⟨-ki⟩ rein; *fig* geläutert; *Person* ehrenhaft

paket ⟨-ti⟩ Paket *n* (*a fig von Gesetzen usw*); (Stoff)Ballen *m*; Päckchen *n* (*Zigaretten*); Packung *f*; F Hintern *m*; **yiyecek ~i** Lunchpaket *n*; *-i* **~ etmek, ~ yapmak** einpacken; **~lemek** *v/t* einpacken; verpacken; **~letmek** *v/t* einpacken lassen

Pakistan [pɑː-] Pakistan *n*; **~lı** Pakistani *m, f*, Pakistaner *m*, -in *f*; pakistanisch

pak|lamak *v/t* säubern; F verdrücken; **~lık** ⟨-ğı⟩ Sauberkeit *f*, *fig* Läuterung *f*

pakt ⟨-tı⟩ Pakt *m*; **Kuzey Atlantik** **♀ı** Nordatlantikpakt *m*, NATO *f*

pala Krummschwert *n*, Pallasch *m*; Propellerflügel *m*; Ruderblatt *n*; **~ çalmak** sich abrackern; **~ çekmek** die Klinge ziehen

palabıyık ⟨-ğı⟩ Schnauzbart *m*

palamar MAR Trosse *f*; **~ı çözmek** (*od* **koparmak**) F türmen

palamut[1] ⟨-du⟩ unechte(r) Bonito (*Makrelenart*; *Pelamys sarda*)

palamut[2] ⟨-du⟩ BOT Eichel *f*; Valoneneiche *f*, Knoppereiche *f* (*Quercus valonea*)

palan Sattelkissen *n*

pa'langa Flaschenzug *m*; Winde *f*

palanlamak *v/t* F einlochen

palas[1] Palast *m*; Luxushotel *n*; *Schüler-Slang* ... ein Kinderspiel; **~ geçmek** F glatt gehen

palas[2]: **~ pandıras** *fig* Hals über Kopf

pa'lavra[1] Gerede *n*, Geschwätz *n*; **~ savurmak** (*od* **atmak**) F spinnen, fantasieren; aufschneiden; **~ tutturmak** (anfangen zu) munkeln

pa'lavra[2] MAR Hauptdeck *n*

palavracı F Spinner *m*, Fantast *m*

palaz Junge(s) (*z.B. Entlein, Gänseküken*); **~la(n)mak** heranwachsen; groß werden; *fig* reich werden; *fig* altern; F mit dem Kopf durch die Wand wollen

paldım Geschirriemen *m*

paldır: **~ küldür** holterdiepolter

paleografi Paläographie *f*

palet ⟨-ti⟩ Palette *f*, TECH Raupenkette *f*, MAR Lecksegel *n*; **işaretçi ~i** BAHN Winkerstab *m*; Kelle *f*

paletli Raupen-, Ketten-

pali'karya junge(r) Grieche; *abw* Grieche *m*; *abw* Draufgänger *m*

palmiye Palme *f*

'palto Wintermantel *m*

paluze [pɑːluːzɛ] *Art* Gelee *n*

pal'yaço Bajazzo *m*, Clown *m*, Kasper *m*; **~luk** ⟨-ğu⟩ Clownerie *f*, Harlekinade *f*

palyatif Beruhigungs- (*Mittel*); **~ tedbir** oberflächliche Maßnahme

pamuk ⟨-ğu⟩ Baumwolle *f*, Watte *f*, Baumwoll-; (schnee)weiß; **~ bitkisi** Baumwollstaude *f*, **~ gibi** (flaum)weich; **♀ Prenses** Schneewittchen *n*; **~ ipliğiyle bağlı olmak** *fig* an einem (seidenen) Faden hängen; **♀kale** Pamukkale *n*, *das antike* Hierapolis; **~lu** baumwollen; wattiert

pa'nama Panamahut *m*; Panamagewebe *n*

Pa'nama Panama *n*; **~ Kanalı** Panamakanal *m*; **~lı** Panamaer *m*, -in *f*; panamaisch

panayır Messe *f*, Ausstellung *f*; **~cı** Messeteilnehmer *m*, Aussteller *m*

pancar BOT Rübe *f* (*Beta vulgaris*); Rote Bete; **şeker ~ı** Zuckerrübe *f*

pancur Fensterladen *m*

pandantif Anhänger *m* (*als Schmuck*); ARCH Hängebogen *m*

pandi'spanya *Art* Sandkuchen *m*; **~ gazetesi** F Ente *f*, Lügenmärchen *n*

pando'mim Pantomime *f*

pandül ⟨-lü⟩ Pendel *n*; **~lü: ~ saat** Pendeluhr *f*

panel öffentliche Diskussion; Podiumsgespräch *n*; (Kontroll)Pult *n*

panik ⟨-ği⟩ Panik *f*, **~ oldu** (*od* **çıktı**) *unp* es gab e-e Panik, e-e Panik brach aus; **~ yaratmak** Panik verbreiten; **paniğe kapılmak** in Panik geraten, F Panik machen; *-i* **paniğe vermek** *j-n* in Panik versetzen; **~lemek** F → **paniğe kapılmak**

panjur → **pancur**

pankart ⟨-tı⟩ Spruchband *n*, Transparent *n*

pankreas Bauchspeicheldrüse *f*; SPORT Catchen *n*; ~ ***bezi*** → ***pankreas***

'pano EL Schalttafel *f*; Täfelung *f*; Wandbehang *m*; Anschlagtafel *f*, schwarze(s) Brett

pano'rama Panorama *n*; *-in* ~***sını vermek*** e-n allgemeinen Überblick geben über *A*

pansiyon Pension *f*; Pensionat *n*; ***tam*** ~ Vollpension *f*; ***yarım*** ~ Halbpension *f*; ~**cu** Pensionsinhaber *m*, -in *f*; ~**er** Pensionsgast *m*

pansuman Verband *m*; *-i* ~ ***yapmak*** e-n Verband anlegen; verbinden *A*

pantalon Hose *f*

pante|ist ⟨-ti⟩ Pantheist *m*, -in *f*; ~**izm** Pantheismus *m*

panter Panther *m*

pantolon → ***pantalon***

pan'tufla Pantoffeln *m/pl*, F Latschen *pl*

panzehir ⟨-hri⟩ Gegengift *n*

panzer Panzerwagen *m*

papa Papst *m*; ~ ***gönderiği*** (päpstlicher) Nuntius

papağan Papagei *m*; ~**lık** ⟨-ğı⟩ Papageienkrankheit *f*

papalık ⟨-ğı⟩ Papsttum *n*

pa'para *Art Brotsuppe mit Fleischbrühe und Joghurt*; Anschnauzer *m*, Rüffel *m*

paparazzi Paparazzo *m*

pa'patya BOT (echte) Kamille (*Matricaria chamomilla*); ~ ***çayı*** Kamillentee *m*; ~ ***falı*** F Gänseblümchen-Zupfen *n* (*ja – nein*)

papaz *christlicher* Geistliche(r); Pope *m*; König *m* (*Karte*); ~ ***uçurmak*** F ein Saufgelage veranstalten; ~**kaçtı** *Art Kartenspiel*

papel Papiergeld *n*; ~**ci** *Art* Trickdieb *m*

pa'pirüs BOT Papyrusstaude *f*; Papyrus *m* (*a Papier*); Papyrusrolle *f*; Papyrusschrift *f*

papyemaşe Pappmaché *n*

papyon Fliege *f* (*als Krawatte*); ~ ***somunu*** TECH Flügelmutter *f*

par: ~ ~ ***olmak*** funkeln

para Geld *n*; HIST Para *m* (*40. Teil des Kurusch*); ~ ***babası*** steinreich; *fig* Geldsack *m*; ~ ***bozmak*** wechseln, F klein machen; ~ ***canlısı*** geldgierig; ~ ***cezası*** Geldstrafe *f*; ~ ***çantası*** (*od* ***kesesi***) Portemonnaie *n*; ~ ***dökmek*** (sein) Geld vergeuden; (viel) Geld investieren; ~ ***etmemek*** zu nichts taugen; nichts hermachen; ~ ***ile değil*** spottbillig; ~ ***kırmak*** Geld scheffeln; ~ ***pul*** Geld *n*, klingende Münze; ~ ***sıkıntısı*** Geldsorgen *pl*; *-den* ~ ***sızdırmak*** (*od* ***koparmak***) F *j-m* Geld abknöpfen; ~ ***tutmak*** Geld anhäufen; Geld haben; ~ ***yapmak*** F Geld machen; ~ ***yemek*** Geld vergeuden; *fig* F sich schmieren lassen; *-e* ~ ***yedirmek*** *j-n* mit Geld überschütten; bestechen *A*; ~***dan çıkmak*** sich verausgaben; ~***sı pul olmak*** *j-s* Geld an Wert verlieren (*od* vergeudet werden); ~***sını sokağa atmak*** *fig* sein Geld aus dem Fenster werfen (F schmeißen)

parabol ⟨-lu⟩ Parabel *f*

paradi THEA F Olymp *m*

paradoks paradox; Paradoxon *n*; Paradoxie *f*

paraçol ARCH Stütze *f*, Konsole *f*

paraf Initialen *f/pl*; Handzeichen *n*

parafe abgezeichnet; *-i* ~ ***etmek*** abzeichnen *A*

parafin CHEM Paraffin *n*

paragöz geldgierig

paragraf Paragraph *m*; BUCH Absatz *m*; Einzug *m*

para'kete MAR Log *n*; Langangel *f*

paralamak *v/t Tier* zerreißen, zerfleischen; *Sache* abnutzen; *Schuhe* ablaufen; *Sprache* radebrechen

paralanmak[1] zu Geld kommen

paralanmak[2] entzweigehen, kaputtgehen; zerreißen; *fig* sich zerreißen; sich abrackern

paralayıcı zerreißend; ***yürek(ler)*** ~ herzzerreißend

paralel parallel (*-e* zu *D*); Parallele *f*; GEOGR Breitenkreis *m*; ~**kenar** MATH Parallelogramm *n*; ~**lik** ⟨-ği⟩ Parallelität *f*, Ähnlichkeit *f*

para|lı Geldmann *m*; vermögend; gegen Bezahlung, kostenpflichtig; gebührenpflichtig; getüpfelt (*Stoff*); ~ ***asker*** Söldner *m*; ~ ***askerlik*** F Freikaufen *n*; ~ ***geçiş*** Mautpflicht *f*; ~**lık** ... im Werte von ... Para; ***bir*** (*od* ***iki***) ~ ... keinen Heller wert; *-i* ***bir*** ~ ***etmek*** *fig* herabziehen, herabwürdigen

pa'ramparça zerfetzt; zertrümmert

pa'rankima ANAT, BOT Parenchym *n*

parantez BUCH Klammer *f*, Klammern *f/pl*; ~ ***açmak*** die Klammer öffnen; *fig* das Thema erweitern; **~i kapamak** die Klammer schließen; **köşeli ~** eckige Klammern *f/pl*

parapet ⟨-ti⟩ Geländer *n*, Brüstung *f*; MAR Schanzkleid *n*

parasal Geld-, geldlich

parasız mittellos; unentgeltlich; kostenlos (*Dienst*); **~ pulsuz** ... ohne einen Groschen; **~lık** ⟨-ğı⟩ Mittellosigkeit *f*

parasoley FOTO Gegenlichtblende *f*

paraşüt ⟨-tü⟩ Fallschirm *m*; **~ ile atlamak** mit dem Fallschirm abspringen; **~ kulesi** Sprungturm *m*, Fallschirmturm *m*; **~çü** Fallschirmspringer *m*, -in *f*; **~ kıtalar** Luftlandetruppen *f/pl*; **~çülük** ⟨-ğü⟩ Fallschirmspringen *n*, Fallschirmsport *m*

paratoner → **yıldırımsavar**

para'van(a) Stellwand *f*, spanische Wand; *fig* Deckung *f*; **~ şirket** Scheinfirma *f*; *-i* **~ yapmak** *fig j-n* vorschieben, F sich hinter *j-m* verstecken

parazit ⟨-ti⟩ Parasit *m*, Schmarotzer *m*; *Radio* Störung *f*; **~ yalıtımı yapılmış** funkentsört; **~lik** ⟨-ği⟩ Schmarotzertum *n*

parça Stück *n*; Teil *m*; *als Zählwort* (*z.B.* **üç ~ elbise** drei Anzüge); Musikstück *n*; Teil *m* (*e-s literarischen Werkes*); (Stoff)Abschnitt *m*, Kupon *m*; F (*Rauschmittel*) Stoff *m*; **bir ~** ein Stück (*Brot*); Teil *m* (*der Arbeit*); etwas, ein bisschen (*warten*); *etw* -ähnliches (*z.B.* **elmas ~sı ..., ay ~sı ...** musterhaft, entzückend, F toll); **~ parça** P Klasse Weib *n*; **bir adam ~sı** ein erbärmlicher Mensch; **~ başına** pro Stück, Stück-(*Lohn*); **~ ~** in Stücken, zerschlagen; *-i* **~ ~ etmek** entzweimachen, kaputtmachen, in Stücke schlagen; *Papier* zerreißen; **~ pürçük** wenig(e); einige; sporadisch

parçacık ⟨-ğı⟩ PHYS Teilchen *n*, Partikel *f*; **bir ~** ein (klein) bisschen

parça|lamak *v/t* zerstückeln, zerschmettern; F kaputtschlagen; *Papier* zerreißen; **~lanmak** *pass von* **parçalamak**; *fig* F sich vor Eifer umbringen; **~layıcı** POL spalterisch, zersetzend; **~lı** geflickt; stellenweise; **~ bohça** Patchwork *n*; Sammelsurium *n*; **~lılık** ⟨-ğı⟩ Zersplitterung *f*

'pardon *int* Verzeihung!, Pardon!

par'dösü Übergangsmantel *m*

pare [ɑː] Stück *n*; *Zählwort* **20 ~ top** 20 Kanonenschüsse

parfüm Parfüm *n*; **~eri** Parfümerie *f*

parıl: **~ ~** strahlend; **~ ~ parlamak** strahlen, funkeln; **~damak** *v/i* funkeln, glänzen, strahlen; *fig* sich entfalten, voranschreiten; **~tı** Strahl *m*; Funken *m*; Glanz *m*; **~tılı** strahlend, funkelnd, glänzend; **~tısız** glanzlos

park ⟨-kı⟩ Park *m*; Parken *n* (*der Autos*); (*Wagen*)Park *m*; **~ etmek** (*od* **yapmak**) parken; **~ yapılmaz** Parken verboten, Parkverbot *n*; **~ yeri** Parkplatz *m*

parke Parkett *n*; **~ döşemek** mit Parkett auslegen, Parkett legen; **~taşı** Pflasterstein *m*; Steinplatte *f*; **~çi** Parkettleger *m*; **~li** Parkett-

parkmetre AUTO Parkuhr *f*

parkur Rennstrecke *f*, Bahn *f*, Flugstrecke *f*; **yürüyüş** (*od* **koşu**) **~u** Trimmstrecke *f*

parlak ⟨-ğı⟩ strahlend (*z.B. Stern*); glänzend (*z.B. Metall*; *a fig z.B. Erfolg, Schüler*); blank (*Metall*); F schick, fesch; Glanz- (*Papier*); **~lık** ⟨-ğı⟩ Glanz *m*

parlamak *v/i* strahlen; glänzen; leuchten; *Benzin* Feuer fangen; berühmt werden, F ein Star werden; *fig* aufbrausen, sich leicht aufregen; *fig* aufleuchten

parlamasız entspiegelt

parlamen|tarizm Parlamentarismus *m*; **~ter** Parlamentarier *m*, -in *f*, Parlamentsmitglied *n*; parlamentarisch; **~to** [-'mɛntɔ] Parlament *n*; **~ dışı** außerparlamentarisch

parlat|ıcı Polier-; **~mak** *v/t* polieren, blank reiben

parmak ⟨-ğı⟩ Finger *m*; *am Fuß* Zeh *m*, Zehe *f*, Speiche *f des Rades*; *Maß* Zoll *m*; *altes Längenmaß, etwa 3 cm*; Fingerbreit (*m*); Fingerprobe *f* (*z.B. Honig*); *-e* **~ atmak** die Sache aufbauschen; *-in* **bir noktasına ~ basmak** besondere Beachtung schenken *D*; **~ hesabı** *fig* türk. Versmaß *n*; **~ ısırmak** verblüfft sein; **~ ısırtmak** *j-n* verblüffen; **~ izi** Fingerabdruck *m*; **~ kadar çocuk** Knirps *m*, Däumling *m*; **~ kaldı** fast (hätte, wäre ...); **~ kaldırmak** *fig* den Finger heben, sich melden; **~ tatlısı** *Art Gebäck*; **~ ucu** Fingerspitze *f*; **~ yalamak** *fig* sein Schäfchen ins Trockene

P

bringen; ***parmağı ağzında kalmak*** *fig* Mund und Nase aufsperren; ***bir işte parmağı olmak*** s-e Hand im Spiele haben; *-i* ***parmağına dolamak*** *fig* in die Länge ziehen, verschleppen; *-i* ***parmağında oynatmak*** *j-n* nach s-r Pfeife tanzen lassen; ***parmağını bile kıpırdatmamak*** *fig* F nicht mehr jappen können; *-i* ***parmağının ucunda çevirmek*** F schon hinkriegen, schon deichseln *A*; ***~la gösterilmek*** nicht seinesgleichen haben; ***~larını yemek*** *fig* sich *D* die Finger (danach) lecken

parmaklık ⟨-ğı⟩ Zaun *m*; Gitter(werk) *n*; ***bahçe parmaklığı*** Gartenzaun *m*; ***balkon parmaklığı*** Balkongitter *n*

parodi Parodie *f*

pa'rola Parole *f*, Losungswort *n*; Schlagwort *n*

pars ZOOL Leopard *m*, Panther *m*

'parsa (kleine) Spende; milde Gabe; (eingesammelte) Spenden *f/pl*; ***~yı toplamak*** die Vorteile einheimsen

parsel Parzelle *f*; ***~lemek*** *v/t* parzellieren

parşömen Pergament *n*; ***~ kağıdı*** Pergamentpapier *n*

partal *Sache* gebraucht, alt, Trödel-; ***~ eşyalar*** Trödel *m*

parter THEA Parterre *n*

parti[1] Partei *f*; ***~ başkanı*** Parteiführer *m*, F Parteichef *m*; ***çok ~ sistemi, çok ~li sistem*** Vielparteiensystem *n*

parti[2] ÖKON Partie *f*, Posten *m*; *Spiel* Partie *f* (*Schach*); MUS Partie *f*, Empfang *m*, F Party *f*; *fig* F Fund *m*; ***~ vermek*** e-n Empfang (*od* e-e Party) geben; ***~yi vurmak*** F e-n großen Schnitt machen; ***iyi bir ~ vurmak*** e-e gute Partie machen

partici Parteimitglied *n*; Parteigänger *m*, -in *f*, Parteianhänger *m*, -in *f*; ***~lik*** ⟨-ği⟩ Parteilichkeit *f*, Parteinahme *f*

partikül Partikel *f*

partili Parteimitglied *n*; ***çok ~*** Mehrparteien-; ***iki ~*** Zweiparteien-

partizan Partisan *m*; Freiheitskämpfer *m*; → *abw* ***partici***; ***~lık*** ⟨-ğı⟩ Partisanentum *n*; Parteifilz *m*

partner Partner *m*, -in *f*; ***~lik*** ⟨-ği⟩ Partnerschaft *f*; *-e* ***~ etmek*** Partner(in) ... *G* sein

partöner → ***partner***

part-time ['pɑrtaim] Teilzeit- (*Arbeit*)

'parya Paria *m*

pas[1] Rost *m*; MED Belag *m*; ***~ tutmak*** rosten; ***~a dayanıklı*** rostfrei; ***bakır ~ı*** Grünspan *m*

pas[2] Abgeben *n*, Zuspielen *n* (*des Balles*); *Kartenspiel* Passen *n*; ich passe!; ***~ çekmek*** F passen müssen; ***~ etmek*** SPORT passen; *Kartenspiel* passen; (*-e*) F *j-n* schicken (zu *D*), verweisen (an *A*); ***~ vermek*** *Ball* abgeben, zuspielen; *fig j-m* entgegenkommen

pasaj Passage *f*, Durchgang *m*; LIT Passage *f*, Stelle *f*

pasak ⟨-ğı⟩ Schmutz *m*; Lumpen *pl* (*Kleidung*); ***~lı*** schlampig, ungepflegt

pasapa'rola MIL mündliche(r) Befehl; Schalltrichter *m*

pasaport ⟨-tu⟩ Pass *m*; ***~ kontrolü*** Passkontrolle *f*; *-in* ***~unu (eline) vermek*** *fig j-m* den Laufpass geben

pasavan Passierschein *m*, (Grenz)Pass *m* (*für Grenzgänger*)

pasif passiv; GR Passiv *n*

paskal ulkig; ***~lık*** ⟨-ğı⟩ Ulk *m*; Spaß *m*

Pas'kalya Ostern *pl*, Osterfest *n*; ***♀ çiçeği*** Gänseblümchen *n* (*Bellis perennis*); ***♀ çöreği*** Osterzopf *m*

paslan|dırmak *v/t* rostig machen; ***~mak*** *v/i* rosten, rostig werden; ***~mayan*** nichtrostend; ***~maz*** rostfrei

paslaşmak sich gegenseitig (*den Ball*) zuspielen; *fig* sich zuzwinkern

paslı verrostet, rostig; *Zunge* belegt

'paso (Ermäßigungs)Fahrschein *m*, Monatskarte *f*, Zeitkarte *f*; ***emekli ~su*** Seniorenkarte *f*; ***öğrenci ~su*** Schülerkarte *f*; → ***pas***[2]; ***bundan ötesine benden ~*** *fig* weiter kann ich nicht gehen

paspartu Passepartout *n* (*od m*)

paspas Fußmatte *f*, Mop *m*; ***~ yapmak*** moppen; ***~lamak*** *v/t* moppen

'pasta[1] Kuchen *m*; TECH Paste *f*; ***~ çatalı*** Kuchengabel *f*; ***elmalı ~*** Apfelkuchen *m*; ***kuru ~*** Plätzchen *n*; ***meyveli ~*** Obstkuchen *m*; ***tuzlu ~*** Salzgebäck *n*; ***yaş ~*** (Sahne)Torte *f*

pasta[2] Rüsche *f*

'pastacı Konditor *m*; ***~ dükkanı*** Konditorei *f*; ***~lık*** ⟨-ğı⟩ Feinbäckerei *f*, Konditoreikunst *f*

pastane [-tɑ:-] Konditorei *f*, Café *n*

pastırma gewürzte(s) Pökelfleisch; ***~ yazı*** Altweibersommer *m*

pastil MED Pastille *f*
pastörize pasteurisiert; *~ etmek* *v/t* pasteurisieren
paşa HIST *u inoffiziell* General *m*; *Kind* verständig, vernünftig; F (artiger) Junge (*als Lob*); *~ çayı verdünnter schwarzer Tee für Kinder*; *~ gibi yaşamak* wie (ein) Gott in Frankreich leben; *~ olmak* e-n Schwips haben; *~ ~* ohne weiteres; sehr artig, ruhig
pat[1] ⟨-tı⟩ platt, flach
pat[2] bums!; bauz! (= *plötzlich*); patsch, patsch; *Schritte* trippel, trappel; *~ küt* Schlag *m*, Ohrfeige *f*; *~ küt vurmak* drauflosschlagen
pat[3] ⟨-tı⟩ BOT Aster *f*; Diamantbrosche *f*
pat[4] *Schach* Patt *n*
'pata *Spiel* Unentschieden *n*, Patt *n*; *~ çakmak* MIL salutieren; *~ gelmek* patt sein (*od* stehen); quitt sein; *fig* in e-e Sackgasse geraten
patak ⟨-ğı⟩ Schläge *m/pl*, Dresche *f*; *~lamak* (-*i*) auf *j-n* einschlagen, F versohlen
pa'tates Kartoffeln *f/pl*; *~ ezmesi* (*a püresi*) Kartoffelpüree *n*; *~ kızartması* Bratkartoffeln *f/pl*; *~ salatası* Kartoffelsalat *m*; *~ tanesi* Kartoffel *f*
patavatsız schnoddrig, respektlos; *~lık* ⟨-ğı⟩ Schnoddrigkeit *f*
paten Schlittschuh *m*; Rollschuh *m*; *~ kaymak* Schlittschuh (Rollschuh) laufen; *~ci* Schlittschuhläufer *m*, -in *f*; Rollschuhläufer *m*, -in *f*
patent Patent *n*; MAR Gesundheitsattest *n*; Gewerbeschein *m*
patentalı patentiert
patır: *~ kütür* mit großem Krach, polternd; *~damak* Krach machen, poltern; *~datmak* (-*i*) *mit den Füßen* trampeln, aufstampfen; Krach machen mit
patırtı Krach *m*, Lärm *m*; Getrampel *n*, laute Schritte *m/pl*; *fig* (*Streit*) Krach *m*, F Donnerwetter *n*; *~ çıkarmak* ein Donnerwetter loslassen; *~ etmek* Krach machen; -*i ~ya vermek* in ein Chaos versetzen *A*; *~lı* laut, ohrenbetäubend
pati (Vorder)Pfote *f*
patik ⟨-ği⟩ Babyschuh *m*
pa'tika Pfad *m*, Steig *m*
patinaj TECH Schlupf *m*; AUTO Durchrutschen *n der Räder*; → *buz pateni*; *~ yapmak* Schlittschuh laufen, Eis laufen; *Räder* durchrutschen, Schlupf haben
pa'tiska Batist *m*; Batist-
patlak ⟨-ğı⟩ geplatzt, geborsten; Spalt *m*; Riss *m*; Detonation *f*; Knall *m*; *~ gözler* hervorstechende Augen *n/pl*, F Glotzaugen *n/pl*; *~ vermek* platzen, knallen; *fig* herauskommen, ans Licht kommen; *Krieg usw* ausbrechen
patlama Knall *m*, Detonation *f*, Explosion *f*, Entladung *f*; GR Sprengung *f* (*des Verschlusses*); *fig* (*a pl ~lar*) Aufschwung *m*, Konjunktur *f*; *boru ~sı* Rohrbruch *m*
patlamak *v/i* platzen; krachen, knallen; *Bombe* explodieren, detonieren; *Knospe* aufbrechen; *Krieg* ausbrechen; *Gelächter*, *Sturm* losbrechen; *Winter* einbrechen; *vor Sorge* umkommen; *vor Wut* explodieren; (-*e j-m*) teuer zu stehen kommen; *patlama!* F immer mit der Ruhe!
patlamalı GR Verschluss- (*Laut*); Explosions- (*Motor*)
patlang|aç, *~ıç* ⟨-cı⟩ Schreckschusspistole *f*; Knallfrosch *m*
patlatmak *v/t* zum Platzen bringen, zur Explosion bringen; *Krieg* entfachen; *Schuhe* durchlaufen; F *j-m* e-e kleben
patlayıcı Explosiv-, Spreng- (*Stoff*); GR Verschluss- (*Laut*)
patlıcan Aubergine *f*; *~ dolması* gefüllte Auberginen *f/pl*; *~giller* Nachtschattengewächse *n/pl*
patolojik pathologisch
patriarkal patriarchalisch
patrik ⟨-ği⟩ Patriarch *m*; *Rum-Ortodoks patriği* der griechisch-orthodoxe Patriarch
patrik|hane REL Patriarchat *n* (*Institution*); *~lik* ⟨-ği⟩ Patriarchenwürde *f*
patron Chef *m*; Abteilungsleiter *m*; Tonangebende(r); Schnittmuster *n*
patronaj Gefangenenfürsorge *f*
patroncu Zuschneider *m*, -in *f*
'pattada(na)k bauz!, ganz plötzlich; von ungefähr
pa'vurya Einsiedlerkrebs *m*; *fig* F schief (gehend)
pavyon Pavillon *m*; Gartenlokal *n*
pay Anteil *m*; gleiche(r) Teil, Quote *f*; MATH Zähler *m*; *~ bırakmak* den Rest stehen lassen; -*den ~ biçmek* urteilen nach; *kendinden ~ biçmek* sich in *A*

hineinversetzen und so urteilen; *-i ~ etmek* aufteilen *A*, teilen (*beş ~* in fünf gleiche Teile); *aslan ~ı* Löwenanteil *m*
payan [pɑːjaːn]: *~ olmamak* (*-e*) *Freude usw* grenzenlos sein, kein Ende finden
pa'yanda ARCH Stützbalken *m*; Strebe *f*; *-den ~ları çözmek* F *j-m, e-m Ort* Ade sagen; *~lamak v/t* (ab)stützen
payda MATH Nenner *m*
paydaş Aktionär *m*, -in *f*, Anteilseigner *m*, -in *f*
'paydos Feierabend *m*; Pause *f*; Schluss!, basta!; *~ borusu çalmak* die Arbeit (*od Sache*) hinwerfen; *~ demek* Schluss machen; *~ etmek* Feierabend machen; *Schule* schließen, in die Ferien gehen; *yapı ~ edildi* die Bauarbeiten wurden unterbrochen
paye [ɑː]: *-e ~ vermek j-m* Respekt zollen
payidar [pɑːjıdɑːr]: *~ olmak* s-n Platz im Leben behaupten
payitaht [pɑː] ⟨-tı⟩ *osm* Hauptstadt *f*
paylamak *v/t j-n* ausschimpfen
paylaşmak *v/t* unter sich aufteilen; *fig Schmerz usw* teilen
payölçer Wärmemengenzähler *m*
paytak ⟨-ğı⟩ krummbeinig; *Schach* Bauer *m*; *~ adım* watschelnd(er Schritt)
payton Droschke *f*
pazar (Wochen)Markt *m*; Basar *m*; ÖKON Markt *m*; Sonntag *m*; *~ araştırması* Marktforschung *f*; *~ günü* Sonntag *m*; am Sonntag; *~ günleri, ~ları* sonntags; *~ kayığı gibi* überbeladen (*wie ein Lastboot*); *~a çıkarmak* auf den Markt bringen; *~ ola!* guten Umsatz!, viel Erfolg!; *~ payı* Marktanteil *m*; *~ yeri* Markt *m* (*im Freien*); *balık ~ı* Fischmarkt *m*; *dünya ~ları* Weltmärkte *m/pl*
pazar|başı Marktaufseher *m*; *~cı* Markthändler *m*, Marktfrau *f*; *~lama* Vermarktung *f*; Marketing *n*; *~lamak* (*-i*) e-n Markt finden (für *A*); vermarkten; *~laşmak* feilschen, handeln (*-le* mit *j-m*); *~lık* ⟨-ğı⟩ Handeln *n*, Feilschen *n*; *-i ~ etmek* handeln, feilschen (um *A*); *~lıksız* ohne Feilschen
pa'zartesi ⟨-ni, -yi⟩ Montag *m*; *~ günü* am Montag; *~ günleri, ~leri* montags
pazen [ɑː] (geköperter) Barchent
pazı[1] BOT Runkelrübe *f* (*Beta vulgaris*)
pazı[2] ANAT Bizeps *m*; *~ kemiği* Oberarmbein *n*, Humerus *m*
pazıbent ⟨-di⟩ Armbinde *f*, Amulett *n*
pazval Spannriemen *m*, Knieriemen *m* (*des Schusters*)
pazvant ⟨-tı⟩ *osm* Nachtwächter *m*
peçe Gesichtsschleier *m*; ASTR Nebel *m*; *fig* Schleier *m*; *fig* Tarnkappe *f*; *~lemek v/t* tarnen; verschleiern; *~li* getarnt; verschleiert; *~siz* unverschleiert
pe'çete Serviette *f*
pedago|g Pädagoge *m*, Pädagogin *f*; *~ji* Pädagogik *f*; *~jik* pädagogisch
pedal ⟨-lı⟩ Pedal *n*; *fren ~ı* Bremspedal *n*; *gaz ~ı* Gaspedal *n*; *~lara basmak* in die Pedale treten
peder *osm* Vater *m*
pediatri MED Kinderheilkunde *f*
pedikür Fußpflege *f*; *~ yaptırtmak* sich pediküren lassen
pehlivan Ringkämpfer *m*; Hüne *m*; Berserker *m*; *~lık* ⟨-ğı⟩ Tätigkeit *f* als Ringkämpfer; körperliche Kraft
pehpeh bravo!, prima!; *~lemek v/t* in den Himmel heben
pejmürde zerlumpt, verwahrlost
pejoratif GR pejorativ
pehriz → *perhiz*
pek ⟨-ki⟩ hart, streng; stur; robust, fest, stabil; *adv* sehr; schnell; *~ çok* (+ *sg*) sehr viel(e); *~ gözlü* verwegen; *~ ~* höchstens; *~ söylemek* im barschen Ton reden; *~ yüzlü fig* geradlinig, ungezwungen
pekalâ sehr gut, hervorragend (*a als adv*); *adv* gut, in Ordnung; nun ja; *~ gideceğim ...* na klar, werde ich hingehen
'pekdoku BOT Kollenchym *n*
'peki jawohl!; gut!, in Ordnung!; nun ja
pek|in feststehend; authentisch, verbürgt; *~işmek* sich verhärten; sich zusammendrängen; sich ansammeln; *~iştirmek v/t* hart machen; verstärken; festigen (*a fig Frieden*); *~iştirmeli* verstärkend; *~ sözcük* GR Verstärkungspartikel *f*, *z.B. kupkuru*
pekitmek *v/t* bekräftigen; *amtlich* bestätigen; *Frieden* festigen
'pekiyi *Note* ausgezeichnet
pekleş|mek → *pekişmek*; *Glaube* sich festigen; *~tirmek* → *pekiştirmek*
peklik ⟨-ği⟩ MED Verstopfung *f*, Widerstandskraft *f*; *~ çekmek* an Verstopfung

leiden

pekmez Trauben- oder Maulbeersirup *m*

peksimet ⟨-ti⟩ Zwieback *m*

pelerin Pelerine *f*

pelesenk ⟨-gi⟩ Balsam *m*; **~ ağacı** ⟨-nı⟩ Balsambaum *m*

pelikan ZOOL Pelikan *m*

pelikül Häutchen *n*; Film *m*

pelin, **~ otu** BOT Wermut *m* (*Artemisia absinthium*)

pelit ⟨-di⟩ Eichel *f*; **~ ağacı** Knoppereiche *f*

pelte Gelee *n*, *Art* Götterspeise *f*; Gallertmasse *f*; **~ gibi** wabbelig; F hinüber, geschafft

peltek ⟨-ği⟩ lispelnd; Lispel-; gehemmt, stockend *sprechen*; **~ konuşmak** lispeln; **~leşmek** beim Sprechen anstoßen, lispeln; **~lik** ⟨-ği⟩ Lispeln *n*; Sprachfehler *m*

pelte|lenmek; **~leşmek** zu Gelee werden; *fig* schlappmachen, F geschafft sein; schwächer werden (*z.B. Ton*)

pelür Durchschlagpapier *n*

pelüş Plüsch *m*

pembe rosa; **~ dizi** TV Seifenoper *f* in Folgen; *fig* **her şeyi ~ görmek** alles durch die rosa Brille sehen; **~leşmek** sich rosa färben

'penaltı Strafstoß *m*, Elfmeter *m*

'pencere Fenster *n*; **~ kanadı** Fensterflügel *m*; **~ sekisi** Fensterbank *f*

pençe Tatze *f*, Pranke *f*, Klaue *f*, Kralle *f der Vögel*; *fig* der Arm (*des Gerichts*); Schuhsohle *f*, große(r) Fleck (*im Gesicht*)

P

pençe|lemek *v/t* packen, ergreifen, fassen; ausschlagen; kratzen; scharren; besohlen; **~leşmek** (*-le*) sich gegenseitig packen, miteinander ringen; *fig* ringen, kämpfen mit; **~li** ... mit Tatzen *usw*; *fig* despotisch; **~ nal** Steigeisen *n*

penguen ZOOL Pinguin *m*

penisilin MED Penicillin *n*

pens(e) Pinzette *f*, Abnäher *m*

pentatlon Fünfkampf *m*

pepe stotternd; Stotterer *m*; **~lemek** *v/i* stottern; **~lik** ⟨-ği⟩ Stottern *n*

pepsin CHEM Pepsin *n*

perakende [ɑː] Einzelhandel *m*; Einzelhandels- (*Preis*); zerstreut; ÖKON *Schulden* stark aufgesplittert; **~ci** Einzelhändler *m*

perçem (Pferde)Mähne *f*, Stirnlocke *f*, Haarbüschel *n*, Schopf *m*

perçin TECH Niete *f*, Niet *m*; **~leme** Vernieten *n*; **~lemek** *v/t* (ver)nieten; *fig* festigen; F zusammen schlafen; (*-e*) festnageln; anwenden, festschreiben (auf *A*); **~leşmek** *fig* sich festigen, fester, enger werden; **~li** vernietet, genietet; *fig* fest(gefügt), eng

perdah Glanz *m*; Politur *f*, Nachrasur *f*, **~lamak** *v/t* polieren, glänzend machen; F sich dicke tun; F schimpfen, fluchen

perde Vorhang *m*; Gardine *f* (*meist* **tül ~**); FILM Leinwand *f*; MED Star *m*; MUS Tonlage *f*; THEA Akt *m*, Aufzug *m*; *fig* Schleier *m* (*vor, von den Augen*); Scheidewand *f*; **~ arası** THEA Pause *f*; **~ arkasında(n)** hinter den Kulissen; **~ çekmek** e-n Vorhang ziehen vor D; *fig* verschleiern; *-in* **gözüne ~ inmek** MED den Star bekommen; **~ ~** allmählich; *fig* *-in* **son perdesi** der Höhepunkt ... *G*; **beyaz ~** Film *m* (*Branche, Kunst*)

per'deayaklı ZOOL Schwimmfüßer *m*

perde|lemek *v/t fig* verheimlichen; verschleiern; **~lenme** GR Intonation *f*; **~li** mit Vorhang *usw*, → **perde**; **üç ~ piyes** ein Theaterstück in drei Akten; **~siz** *fig* unverschämt

perende Salto *m*; Purzelbaum *m*; (*-in yanında*) **~ atamamak** (*j-m*) nichts vormachen können; (*j-m*) nicht beikommen können; **~ atmak** e-n Purzelbaum schlagen

perese Richtschnur *f des Maurers*; *fig* Stadium *n*; **~sine getirmek** e-e Gelegenheit abpassen; **~ye almak** ausmessen; erwägen, ins Auge fassen *A*

perforatör TECH Locher *m*, Stanzer *m*

performans Leistung *f*, SPORT Höchstleistung *f*, **~ göstermek** e-e Leistung an den Tag legen

pergel Zirkel *m*; **~leri açmak** große Schritte machen; F Reißaus nehmen; **~lemek** *v/t* mit dem Zirkel abmessen; *fig* durchdenken

perhiz Diät *f*, REL Fasten *n*; **~ tutmak** fasten; **~ yapmak** Diät halten; fasten

peri Fee *f*, **~li** verzaubert, verhext

periskop ⟨-pu⟩ Periskop *n*

perişan [-iː-] unordentlich; verworren, ungeordnet; wüst; *fig Person* verwahrlost, elend; traurig, gedrückt; verstört;

-i ~ ***etmek*** durcheinander bringen; verwüsten; ~ ***olmak*** verwahrlosen

perişanlık ⟨-ğı⟩ wüste(r) Zustand; Verwahrlosung *f*

periton ANAT Bauchfell *n*; **~it** ⟨-ti⟩ MED Bauchfellentzündung *f*

periyodik ⟨-ği⟩ periodisch; Zeitschrift *f*

periyot ⟨-du⟩ PHYS Periode *f*

perma(nant) ⟨-tı⟩ Dauerwelle *f*

per'meçe Trosse *f*, Seil *n*

permi ÖKON Ein- und Ausfuhrbescheinigung *f*, Einfuhrgenehmigung *f*

peron Bahnsteig *m*; Grenzübergangsstelle *f*; ~ ***bileti*** Bahnsteigkarte *f*

persenk ⟨-gi⟩: ***lakırdının persengi*** *Füllwort* also, das heißt *od* was ich noch sagen wollte

personel Personal *n*; Belegschaft *f*

perspektif Perspektive *f*; *fig* Aussicht *f*; *fig* Sicht *f*

perşembe Donnerstag *m*; ~ ***günü*** am Donnerstag; ~ ***günleri***, **~*leri*** donnerstags

pertavsız Vergrößerungsglas *n*

peruk ⟨-ğu⟩, **pe'ruka** Perücke *f*

perükâr *osm* → ***kuaför***

perva [ɑː] Angst *f* (*-den* vor *D*)

pervane [ɑː] Nachtschmetterling *m*; Motte *f*; Propeller *m*; Schiffsschraube *f*; ~ ***gibi*** immer dasselbe, F noch und noch; *-in* ***etrafında*** ~ ***gibi dönmek*** um *j-n* herumscharwenzeln; *-e* ~ ***olmak*** F immer um *j-n* herum sein

pervasız [ɑː] furchtlos, selbstbewusst; **~lık** ⟨-ğı⟩ Selbstbewusstsein *n*

pervaz (Fenster)Rahmen *m*; Gesims *n*; Besatz *m*, Saum *m des Kleides*

pes[1] *int* ich passe!; ~ ***demek*** *v/i* passen, aufgeben; ~ ***doğrusu*** jetzt reicht's aber!; ~ ***etmek*** aufgeben, sich ergeben

pes[2] leise, flüsternd, gedämpft; tief (*Stimme*); ~ ***perdeden konuşmak*** sehr verhalten sprechen

pesek ⟨-ği⟩ Zahnstein *m*

pesim|ist ⟨-ti⟩ Pessimist *m*, -in *f*; **~izm** Pessimismus *m*

pesleşmek leise (*od* gedämpft) klingen

pespaye [ɑː] gewöhnlich, ordinär

pestil *Art* Gelee *n*; ~ (***gibi***) *fig* ganz erschossen; F *adj* malade; ***erik ~i*** Pflaumengelee *n*; *-in* ***~ini çıkarmak*** *j-n* auspressen; durchprügeln

peş[1] Besatz *m* (*bei Kleidung*)

peş[2] **1.** → ***arka***; **2.** *adv*: ~ ***~e*** hintereinander; ~ ***~e oluşmak*** dicht aufeinander folgen; **3.** *postp*: ***~inde, ~inden, ~ine*** hinter (*D, A*); nach *D*; ***~inde*** auf der Suche nach *D*; ***~inde dolaşmak*** *fig* F hinterher sein (hinter *D*); ***biri diğerini ~inden çeker*** das eine zieht das andere nach sich; *-in* ***~ine düşmek*** hinter *j-m* herlaufen; *fig* F hinter *j-m* hersein, *j-m* die Bude einrennen; *-in* ***~ine takmak*** mitbringen, F ranschleppen

peşin im Voraus; bar (*zahlen*); vorher, zuvor; zunächst ... (*dann* ...); ~ ***para*** Vorauszahlung *f*; ~ ***pazarlık*** *fig* die Rechnung ohne den Wirt; ~ ***hüküm*** Vorurteil *n*; ~ ***hükümlü*** voller Vorurteile; **~at** ⟨-tı⟩ Vorauszahlung *f*

peşinen [-'ʃiː-] im Voraus

peşkeş: *-e* ~ ***çekmek*** (*das Gut anderer*) verschleudern an *A*

peşkir Serviette *f*, Handtuch *n*

peşli besäumt, besetzt

peşrev *türk.* MUS Präludium *n*; Vorspiel *n* (*im Ringkampf*); LIT Liedeinlage *f* (*bei Volksdichtungen*)

peştamal Badeschurz *m*

Peş'tuca Paschtu *od* Puschtu *n* (*Sprache in Afghanistan*)

pet: ~ ***şişe*** PET-Flasche *f*

petek ⟨-ği⟩ Bienenwabe *f*; ANAT Alveole *f*, Zahnfach *n*, Zahndamm *m*; Kopf *m*, Laib *m* (*Käse*); ~ ***balı*** (echter) Bienenhonig *m*; **~göz** ZOOL Facettenauge *n*

petrol ⟨-lü⟩ Erdöl *n*; Petroleum *n*; Benzin *n*; ~ ***boru hattı*** Erdölpipeline *f*; ~ ***gemisi*** Tankschiff *n*; ~ ***ihraç eden ülke*** Erdöl exportierende(s) Land; ~ ***kuyusu*** Erdöllquelle *f*, Erdölbohrloch *n*; ~ ***şirketi*** Ölfirma *f*

pe'tunya BOT Petunie *f*

pey Anzahlung *f*; ~ ***sürmek*** *Preis* bieten (*auf e-r Auktion*); ~ ***vermek*** e-e Anzahlung leisten

peyda [ɑː] sichtbar, offenbar; *-i* ~ ***etmek*** zeigen, offenbaren; annehmen; ~ ***olmak*** sichtbar werden, sich zeigen

peydahlamak (*-i*) (*schlechte Gewohnheiten*) annehmen; F sich *D* (*e-e Freundin, ein Kind*) zulegen (*od* anschaffen)

peydahlanmak zum Vorschein kommen, erscheinen (*unerwartet, unerwünscht*)

'peyderpey nach und nach

peygamber Prophet *m*; **~lik** ⟨-ği⟩ Prophezeiung *f*, (göttliche) Sendung, Pro-

P

phetentum *n*
peygamberöküzü F Dummkopf *m*
peyk ⟨-ki⟩ Satellit *m*; ~ ***devlet*** Satellitenstaat *m*
peyke Holzbank *f*
peylemek (*v/t*) *etw* anzahlen (auf *A*), eine Anzahlung leisten (auf *A*)
peynir Käse *m*; ***beyaz*** ~ Schafskäse *m*; ***kaşar*** ~***i*** *Art* Hartkäse *m*; **~ci** Käsehändler *m*; **~cilik** ⟨-ği⟩ Käsehandel *m*; Käsezubereitung *f*; **~dişi** ⟨-ni⟩ (der) letzte Zahn; **~leşmek** *v/i* käsen; **~li** Käse-, mit Käse; ~ ***börek*** Käsepastete *f*; ~ ***sand(ö)viç*** Käsebrötchen *n*
peyzaj Landschaft *f*, Landschaftsbild *n*; ~ ***düzenlemesi*** Landschaftsgestaltung *f*; ~ ***mimarisi*** Landschaftsarchitektur *f*
pezevenk ⟨-gi⟩ P Zuhälter *m*
pıhtı Gerinnsel *n*; ***kan*** ~***sı*** Blutgerinnsel *n*; **~lanmak** *v/i* gerinnen; klumpen; **~laşmak** gerinnen; erstarren; **~laştırmak** zum Gerinnen bringen
pılı: ~ ***pırtı*** Trödel *m*; Kram *m*; ~***yı pırtıyı toplamak*** seine sieben Sachen packen
pınar Quelle *f*
pır [prrr:] *int etwa* husch, hsch ...!; (und) weg war er!
pı'rasa Lauch *m*, Porree *m*
pırıl: ~ ~ strahlend (hell); blitzsauber; *fig* (*z.B. Schüler*) glänzend; **~dak** Blinkgerät *n*; **~damak** leuchten, glänzen; **~tı** Glanz *m*, Leuchten *n*; **~tılı** glänzend
pırlak ⟨-ğı⟩ Lockvogel *m*
pırla|mak *Vogel* abschwirren; **~ngıç** ⟨-cı⟩ Brummkreisel *m*; **~nmak** zu fliegen versuchen, mit den Flügeln schlagen
pır'lanta Brillant *m*
'pırna F Wodka *m*, Schnaps *m*
pırnal BOT Steineiche *f* (*Quercus ilex*)
pırpırı F Schürzenjäger *m*
pırpıt ⟨-tı⟩ Plunder *m*, Trödel *m*; *Sache* klapperig, ausgedient
pırtı Lumpen *pl*; alte(r) Kram
pırtık → ***yırtık***
pırtlamak (*-den*) quellen, hervorkommen aus; überquellen
pısırık ⟨-ğı⟩ zaghaft, unentschlossen; schüchtern; **~lık** ⟨-ğı⟩ Zaghaftigkeit *f*
pıt[1] ⟨-tı⟩ Mucks *m*; ~ ***atmak*** *Herz* pochen; ~ ***yok*** kein Mucks zu hören
pıt[2] tapp!; ~ ~ ***yürüyerek geldi*** tapp, tapp kam er gegangen
pıtır: ~ ~ (mit) trippelnd(en Schritten); **~damak** trippeln; knarren; **~tı** Trippeln *n*; Tappen *n*; Knarren *n*
pıtrak ⟨-ğı⟩ klettenartige(r) Samen, Klette *f*; ~ ***gibi*** in Hülle und Fülle
piç ⟨-çi⟩ Bastard *m*, uneheliche(s) Kind; *Kind* Flegel *m*; BOT Schössling *m*, Trieb *m*; abartig; *-i* ~ ***etmek*** F verkorksen; ~ ***kurusu*** Strolch *m*; ~ ***olmak*** F für die Katz sein, hin sein; **~leşmek** *v/i* aus der Art schlagen
'pide Fladen(brot *n*) *m*
pigment ⟨-ti⟩ Pigment *n*
pi'jama Schlafanzug *m*, Pyjama *m*
pik[1] ⟨-ki⟩ Gusseisen *n*; gusseisern
pik[2] ⟨-ki⟩ *Karte* Pik *n*
pikap ⟨-bı, -pı⟩ Plattenspieler *m*; Kleinlieferwagen *m*, Pick-up *m*
pike[1] Pikee *m* (*Gewebe*)
pike[2] Sturzflug *m*; ~ ***etmek*** (*od* ***yapmak***) den Sturzflug ausführen; im Sturzflug angreifen
piknik ⟨-ği⟩ Picknick *n*; ~ ***alanı*** Picknickfläche *f*; ~ ***tüpü*** Campinggas(flasche *f*) *n*; ~ ***yapmak*** picknicken
piko Zierstich *f*; *-e* ~ ***çekmek*** mit Zierstich versehen *A*
piksel EDV Pixel *m*
pil EL Batterie *f*; *-in* ~***i bitmek*** F geschafft sein
pilaki [-'la-] *Gericht aus Öl, Lauch und Zitrone*; F blöd; ***fasulye*** ~***si***, ***balık*** ~***si*** → ***pilaki*** mit Bohnen, mit Fisch *usw*
pilav Pilaw *m*, Reisgericht *n*; ***bulgur*** ~***ı*** *Pilaw aus Weizengrütze*
pile Falte *f* (*bei Kleidung*); **~li** Falten-
piliç ⟨-ci⟩ Hühnchen *n*; Hähnchen *n*; ~ ***çevirme(si)*** Hähnchen *m* am Spieß; ~ ***gibi*** F (*Mädchen*) nett, dufte
pilli Batterie- (*Gerät*), ... mit Batteriebetrieb
pilot ⟨-tu⟩ Pilot *m*, Flugzeugführer *m*; MAR Lotse *m*; ~ ***mahalli*** Cockpit *n*; ***avcı*** ~ Jagdflieger *m*; ***öğretmen*** ~ Fluglehrer *m*; ***test*** ~***u*** Testpilot *m*; Versuchs-, Test-, Muster-, *a* Pilot-, *z.B.* ~ ***işletme*** Musterbetrieb *m*
pim TECH Bolzen *m*, Pflock *m*, Dorn *m*
pineklemek *v/i* schlummern, F dösen
pinel Wetterfahne *f*
pingpong Tischtennis *n*, Pingpong *m*
pimpirik ⟨-ği⟩ *Person* klapprig
pinpon *Person* F uralt; F → ***pingpong***
pinti knauserig; kleinlich; **~leşmek** knauserig werden, knausern

P

pipet ⟨-ti⟩ Pipette *f*
'pipo Pfeife *f*, **~ *temizleyici*** Pfeifenreiniger *m*
pir [iː] **1.** *adj* bejahrt; Begründer *m*; Kenner *m*, Experte *m*; F alte(r) Hase; **2.** *adv* deutlich, unmissverständlich; **~ *aşkına*** *fig* (nur) um der schönen Augen willen
piramit ⟨-di⟩ Pyramide *f*
pire Floh *m*; **~*ye kızıp yorgan yakmak*** *fig* das Kind mit dem Bade ausschütten; **~*yi deve yapmak*** *fig* aus der Mücke e-n Elefanten machen
'Pire Piräus *n*
pirekapan BOT persische Kamille (*Pyrethrum carneum*); Insektenpulver *n*
pirelen|dirmek *v/t j-n* nervös (F kribbelig) machen; **~mek** Flöhe bekommen; gereizt sein, kribbelig sein; *-den* Verdacht schöpfen bei
pireli voller Flöhe; argwöhnisch
Pi'reneler (die) Pyrenäen *pl*
pi'rina Ölkuchen *m*
pirinç ⟨-ci⟩ Reis *m*; **~ *pilavı*** gekochter Reis; *-in* ***pirinci su kaldırmamak*** *fig* keinen Spaß verstehen
piruhi GASTR *Art Ravioli*
'pirüpak ⟨-ki⟩ blitzblank
pir'zola GASTR Kotelett *n*
pis schmutzig, dreckig; *fig* abscheulich (*Wetter*); ekelhaft (*Essen*); unanständig, zotig (*Worte*); verzwickt, F mies (*Sache*); **~ *kokmak*** stinken; **~ *koku*** Gestank *m*; **~ ~ *düşünmek*** grübeln; **~ ~ *gülmek*** grinsen; **~*i ~ine*** für die Katz
pis|bıyık ⟨-ğı⟩ Ekel *n*, widerliche(r) Kerl; **~boğaz** Vielfraß *m*
pisi (*Kindersprache*) Miezekatze *f*, *dial* Musch *f*, Mieze *f*
pi'sibalığı ⟨-nı⟩ ZOOL Kliescha *f*
pisipisi → ***pisi***; miez!, miez!; musch!
piskopos REL Bischof *m*
pisle|mek beschmutzen (*-e A*); *z.B. Katze* F etwas (hin)machen (auf *A*); **~nmek** sich beschmutzen; F dreckig werden; **~tmek** beschmutzen, F dreckig machen; *fig Sache* vermasseln
pislik ⟨-ği⟩ Unrat *m*; Müll *m*; Müll-; Schmutz *m*, F Dreck *m*; Verschmutzung *f*; *fig* Pfuscherei *f*; Gemeinheit *f*
pist[1] *int zu Katzen* pst!, hscht! (= *weg da!*)
pist[2] ⟨-ti⟩ LUFTF Rollfeld *n*, Landebahn *f*; SPORT Rennbahn *f*; Eisbahn *f*; Tanzfläche *f*
piston Kolben *m*; *fig* Protektion *f*; **~ *kolu*** Pleuelstange *f*; **~lu** Kolben-; *fig* Protegé *m*, Schützling *m*
pisuar Pissoir *n*
piş|eğen, **~ek** gut kochbar
pişekâr *Vorredner im türk. Volkstheater*
pişer → ***pişmek***
pişik ⟨-ği⟩ MED Intertrigo *f*, F Wolf *m*
pişirim, **~lik** ⟨-ği⟩ (Menge) für ein Gericht, für e-n Aufguss; ***bir ~ pirinç*** (so viel) Reis für ein Gericht
pişirmek *v/t* kochen (*a Kaffee*); braten; *Brot* backen; *Ziegel* brennen; *fig* lernen, F pauken; MED e-e Intertrigo hervorrufen
pişkin gar; *Brot* durchgebacken; *Fleisch* durchgebraten; *fig* unverfroren; *fig* abgebrüht; *fig* bewandert
pişman [ɑː] reuevoll, zerknirscht; *-i -e* **~ *etmek*** *j-n etw* bereuen lassen; *-e* **~ *olmak*** bereuen *A*
pişmaniye [ɑː] Zuckerwattenkonfekt *n*
pişmanlık Reue *f*; **~ *yasası*** F Kronzeugenregelung
pişmek ⟨-er⟩ *v/i* kochen; gebraten werden; gebacken werden; *Ziegel* gebrannt werden; reifen, reif sein; *in der Sonne* braten; *fig* Praxis haben (*od* gewinnen); ***pişmiş toprak*** Terrakotta *f*
pişpirik, **pişti** *Art Kartenspiel*
Pitagor Phytagoras *m*
piti: **~ ~** *Schritt* schlurfend
pitoresk ⟨-ki⟩ malerisch
piyade [ɑː] MIL Infanterist *m*; *osm* Fußgänger *m*; *Schach* Bauer *m*; **~ (*sınıfı*)** MIL Infanterie *f*
pi'yango Lotterie *f*; *fig* Treffer *m*; **~ *bileti*** Lotterielos *n*; **~ *çekmek*** ein Los ziehen (*od* kaufen); *-e* **~ *vurmak*** in der Lotterie ... (*z.B. 100 Euro*) gewinnen; *fig* e-n Treffer erzielen; ***Millî*** ♀ Staatliche Lotterie *f*; **~cu** Losverkäufer *m*
piyanist ⟨-ti⟩ Pianist *m*, -in *f*, Klavierspieler *m*, -in *f*
pi'yano **1.** *subst* Piano *n*, Flügel *m*; **2.** *adv* piano; **~cu** Klavierstimmer *m*
pi'yasa ÖKON Markt *m*; Marktpreis *m*, Kurs *m*; Marktplatz *m*; Korso *m*, Bummel *m*; Flanieren *n*; **~ *ekonomisi*** Marktwirtschaft *f*; **~ *etmek*** spazieren gehen, F bummeln; **~*ya düşmek*** auf

den Markt kommen; *Frau* herunterkommen; **~ya sürmek** auf den Markt bringen
pi'yata flach; Essteller *m*
piyaz GASTR *Art* Bohnensalat *m*; Zwiebelbeilage *f*, Kompliment *n*, F Speichelleckerei *f*, **~lamak** *v/t* marinieren; einmachen, einlegen
piyes (Theater)Stück *n*
piyon *Schach* Bauer *m*; *fig Person* Marionette *f*
piz(z)a GASTR Pizza *f*
P.K. *Abk* → **posta kutusu**
'plaçka Raub *m*; Plünderung *f*, Beute *f*
plaj Strand *m*; **~ kabin(es)i** Badekabine *f*; **~ voleybolü** Beachvolleyball *m*
plak ⟨-ğı⟩ Schallplatte *f*, FOTO Platte *f*
'plaka AUTO Nummernschild *n*; Schild *n*; **~lı** mit dem Kennzeichen ...
plaket Plakette *f*
plan Plan *m*; **~ kurmak** e-n Plan aufstellen; **~a göre** planmäßig; **ikinci ~a düşmek** an die zweite Stelle treten; **... ~da olmak** an ... Stelle stehen; **arka ~da** im Hintergrund; *-i* **ön ~a almak** in den Vordergrund stellen; *-i* **birinci ~da tutmak** den Vorrang geben *D*; **beş yıllık ~** Fünfjahresplan *m*; **şehir ~ı** Stadtplan *m*
plan'çeta Messtisch *m*; **~ tahtası** Reißbrett *n*
plankton Plankton *n*
plan|lama Planung *f*, Planungsamt *n*; **~lamak** *v/t* planen; e-n Plan entwerfen; **~laştırmak** *v/t* planen; **~lı** planmäßig; **~ ekonomi** Planwirtschaft *f*
planör Segelflugzeug *n*; **~cü** Segelflieger *m*; **~cülük** ⟨-ğü⟩ Segelfliegen *n*
plansız planlos
plantasyon AGR Plantage *f*
'planya TECH Schlichthobel *m*
plase *Pferderennen* Platzwette *f*
plasenta ANAT Plazenta *f*
plasiyer ÖKON Vertreter *m*, -in *f*
plasman ÖKON Anlage *f*
plaster MED Pflaster *n*
plastik ⟨-ği⟩ plastisch; Plast *m*, Plastik-; Kunststoff *m*; Kunststoff-; **~ sünger** Schaumstoff *m*
platform Plattform *f*, POL Ebene *f*
platin Platin *n*
plato GEOGR Hochebene *f*, Plateau *n*
platonik platonisch; **~ aşk** platonische Liebe
plazma Plasma *n*
plebisit ⟨-ti⟩ Volksabstimmung *f*
pleybek Playback *n*
pli, **plili** → **pile, pileli**
plonjon Sprung *m* (*des Torwarts*); Kopfsprung *m*
plutokrasi POL Plutokratie *f*
plüralizm POL Pluralismus *m*
'Plüton ASTR Pluto *m*
pnömatik pneumatisch; Luft- (*Pumpe*)
'poca MAR Leeseite *f*, **~ alabanda** vor dem Wind
podüsüet ⟨-ti⟩ Wildleder *n*
'podyum Podium *n*; *Mode* Laufsteg *m*
pof! puff!; **~ diye** mit e-m Puff
pofurdamak tief seufzen
po'ğaça Salzpastete *f mit* (*Fleisch- usw*) *Füllung*
pohpoh Schmeichelei *f*, Komplimente *n/pl*; **~lamak** (*-i*) *j-n* über den grünen Klee loben, *j-m* schmeicheln
poker: **bir ~ çevirmek** e-e Partie Poker spielen
polar|ıcı PHYS Polarisator *m*; **~ite** Polarität *f*, **~mak** *v/t* polarisieren
polemik ⟨-ği⟩ Polemik *f*
poli- poly-
po'liçe ÖKON Wechsel *m*; **sigorta ~si** Versicherungspolice *f*
poliklinik ⟨-ği⟩ Poliklinik *f*
polim Angeberei *f*, **~ci** Angeber *m*
polip ⟨-pi⟩ ZOOL, MED Polyp *m*
polis Polizei *f*, Polizist *m*, -in *f*, **~ arabası** Streifenwagen *m*; **~ filmi** Krimi(nalfilm) *m*; **~ hafiyesi** Detektiv *m*; **~ memuru** Polizeibeamte(r), Polizeibeamtin *f*, **~ müdürü** Polizeichef *m*; **~ romanı** Kriminalroman *m*
polisaj TECH Polieren *n*; Glätten *n*
polisiye: **~ film** Kriminalfilm *m*
polislik ⟨-ği⟩ Polizeidienst *m*
politik ⟨-ği⟩ politisch
poli'tika Politik *f*, **~ gütmek** e-e ... Politik betreiben (*od* verfolgen); **~ yapmak** Politik machen; *abw* über Politik reden; **~yla uğraşmak** politisch tätig sein; **barış ~sı** Friedenspolitik *f*, **dış ~** Außenpolitik *f*, **iç ~** Innenpolitik *f*, **~cı** Politiker *m*, -in *f*, *fig* Diplomat *m*, -in *f*
politize politisiert, politisch engagiert; **~ etmek** politisieren *A*; **~ olmak** sich politisieren
poliyester CHEM Polyester *m*
'polka MUS Polka *f*

P

polo Polo *n*
Polonez MUS Polonaise *f*, polnisch
Po'lonya Polen *n*; **~lı** Pole *m*, Polin *f*, polnisch
polyester → ***poliyester***
pomat ⟨-dı⟩ Pomade *f*
'pompa Pumpe *f*, Luftpumpe *f*, ***benzin ~sı*** Benzinpumpe *f*; **~lamak** (*-i -e*) pumpen (*A* in *A*); *fig j-n* anstacheln zu; V ficken; **~lı** ... mit Pumpe
ponpon (Puder)Quaste *f*
ponton Ponton *m*; ***~ köprüsü*** Pontonbrücke *f*
'ponza, ***~ taşı*** Bimsstein *m*; **~lamak** *v/t* (mit Bimsstein) glätten, reiben
pop: ***~ müzik*** (*od* ***müziği***) Popmusik *f*
poplin *Stoff* Popelin *m*
popo F Popo *m*
popularite → ***popülerlik***
popüler populär; beliebt; **~lik** Popularität *f*, Beliebtheit *f*
pornografi Pornographie *f*
porselen Porzellan *n*; ***~ tabak*** Porzellanteller *m*
porsiyon Portion *f*, ***çift ~*** doppelte Portion
porsuk[1] ⟨-ğu⟩ ZOOL Dachs *m*
porsuk[2] runzelig; morsch; schlaff, lax
por'sukağacı ⟨-nı⟩ BOT Eibe *f* (*Taxus baccata*)
porsumak → ***pörsümek***
port EDV Port *m*
portakal Apfelsine *f*, Orange *f*, ***~ suyu*** Orangensaft *m*; ***kan ~ı*** Blutorange *f*
portakal|lı Orangen-, mit Orange(ngeschmack); ***~ gazoz*** Orangenlimonade *f* **~rengi** ⟨-ni⟩ orange (*Farbe*)
portatif tragbar; *Bett* zusammenklappbar, Klapp-; ***~ ev*** Fertighaus *n*; ***~ radyo*** Kofferradio *n*
portbagaj AUTO, *Fahrrad* (Dach)Gepäckträger *m*
portbebe Babytragetasche *f*
'porte Tragweite *f*, ***malî ~*** (Gesamt)-Kosten *m/pl*; MUS Notenlinien *f/pl*
'Portekiz Portugal *n*; **~ce** (das) Portugiesisch(e); portugiesisch; **~li** Portugiese *m*; Portugiesin *f*, portugiesisch
portföy ÖKON Portefeuille *f*, Depot *n*; ***~ yönetimi*** Depotverwaltung *f*
portmanto Garderobenständer *m*
'porto Portwein *m*
portre Porträt *n*; ***kendi ~si*** Selbstporträt *n*; **~lemek** porträtieren
'posa Treber *m*; Satz *m*, Rest *m*; Schlacke *f*
'posbıyık ⟨-ğı⟩ Schnauzbart *m*
post ⟨-tu⟩ Fell *n*; Haut *f*, Balg *m* (*des Tieres*); *fig* Stellung *f*, Posten *m*; ***~ elden gitmek*** umgebracht werden; *fig* abgesägt werden; ***~ kavgası*** Postenjägerei *f*, ***~u kurtarmak*** sein Leben retten (können); ***~u sermek*** sich häuslich niederlassen
'posta Post *f* (*Gebäude und System*); Gang *m*, Fahrt *f*, Fuhre *f*, (Arbeits)-Schicht *f*, *Person* Posten *m*, Wache *f*, Trupp *m*, Kommando *n*; Kurier *m*; ***~ çeki*** Postscheck *m*; ***~ damgası*** Poststempel *m*; *-i* ***~ etmek*** *j-n* abkommandieren; *j-n* der (Polizei)Behörde übergeben; ***~ havalesi*** Postanweisung *f*, ***~ işleme merkezi*** Briefzentrum *n*; ***~ kartı*** Postkarte *f*, ***~ kodu*** Postleitzahl *f*, PLZ; *-e* ***~ koymak*** (*od* ***atmak***) *j-m* drohen; ***~ kutusu*** (***P.K.***) Postfach *n*; F *a* Briefkasten *m*; ***~ memuru*** Postbeamte(r) *m*, -beamtin *f*, ***~ pulu*** Briefmarke *f*, ***~ pulu satıcılığı*** Briefmarkenverkaufsstelle *f*, ***~ ücreti*** Postgebühren *f/pl*, Porto *n*; ***üç ~ yapmak*** *Bus* dreimal (*am Tage*) verkehren; ***~ya vermek*** (*a* ***atmak***) zur Post geben; ***~yı kesmek*** die Beziehungen abbrechen; die Sache aufgeben, F (hin)schmeißen
postacı Postbote *m*, Briefträger *m*
postahane [-haː-] → ***postane***
postal Soldatenschuh *m*, Arbeitsschuh *m*; *fig* F Nutte *f*
postalamak *v/t per Post* versenden; schicken (*-e* an *A*); Brief aufgeben, zur Post geben
postane [ɑː] Postamt *n*
poster Poster *n*
postiş Haarteil *n*
postrestant postlagernd
postulat ⟨-tı⟩ Postulat *n*; Bedingung *f*
poşu *Art Kopftuch mit Fransen*
poşet ⟨-ti⟩ Beutel(chen *n*) *m*; Plastiktüte *f*, ***~e girmek*** als jugendgefährdend eingestuft werden (*Buch usw*); ***~ çay*** Beuteltee *m*
pot[1] ⟨-tu⟩ Falte *f*, *fig* Schnitzer *m*; *fig* Pokerspiel *n*; ***~ gelmek*** *fig* schief gehen; ***~ kırmak*** e-n Fauxpas begehen, *unp j-m* unterläuft ein Lapsus; ***~ yapmak*** *beim Nähen* Falten werfen, krausen; ***~ yeri*** wunde(r) Punkt

pot[2] ‹-tu› Fähre *f*; **~ başı** Übergangsstelle *f*
'pota (Schmelz)Tiegel *m*
potansiyel Potential *n*; Leistungsfähigkeit *f*
potas Pottasche *f*
potasyum Kalium *n*; **~ siyanür** Zyankali *n*
potin Halbstiefel *m*
potkal MAR Flaschenpost *f*
pot|lanmak kraus sein, knautschen; **~lu** kraus, gekraust, knautschig
potpuri Potpourri *n*
potur knautschig; *Art* (bäuerliche) Pumphose
poyra (Rad)Nabe *f*
poyraz Nordosten *m*; kalte(r) Nordostwind; **~lamak** *Nordwind* wehen; ***hava poyrazladı*** es setzte der Nordostwind ein
poz Pose *f*; FOTO Belichtung(sdauer) *f*; SPORT Stellung *f*, Haltung *f*; *-e* **~ vermek** belichten; posieren; **~ kesmek** sich in Positur werfen
pozisyon Position *f*, Stellung *f*
'pozitif positiv; FOTO Positiv *n*
pozo'metre FOTO Belichtungsmesser *m*
pöf! *int* pfui!, igitt!, puh!
Pön punisch
pörsü|k zerknittert; eingefallen; **~mek** faltig werden, knautschen; welk werden; **~müş** faltig, runzelig
pösteki (*ungegerbtes*) Schaffell *n*, Ziegenfell *n*; *-e* **~ saydırmak** *j-m* e-e sinnlose Arbeit aufhalsen
pötikare klein kariert
'prafa Kartenspiel
'pragmacı Pragmatiker *m*, -in *f*
pragmatik pragmatisch
'pranga Fesseln *f/pl*, Ketten *f/pl*; *-i* **~ya vurmak** *j-n* in Ketten legen
pratik ‹-ği› Praxis *f*; praktisch; **~te** in der Praxis; **~ yapmak** praktizieren
pra'tika MAR *Bescheinigung über die Quarantänebefreiung*
pratikleşmek praktisch ausüben, praktizieren
pratisyen Praktikant *m*, -in *f*; praktizierend (*Arzt*); **~ hekim** praktischer Arzt, praktische Ärztin
prefabrik(e) ARCH vorgefertigt, Fertig-
prefabrikasyon Vorfertigung *f*, fertige Bauelemente *n/pl*, Fertigteile *n/pl*
prelüt ‹-dü› MUS Vorspiel *n*
prematüre verfrüht; Früh- (*Geburt*)
prens Prinz *m*; Fürst *m*; **~es** Prinzessin *f*, Fürstin *f*
prensip ‹-bi› Prinzip *n*
prenslik ‹-ği› Prinzenwürde *f*, Fürstentum *n*
pres Presse *f*
presbit ‹-ti› weitsichtig; **~lik** ‹-ği› Weitsichtigkeit *f*
pres|e gepresst; **~lemek** *v/t* pressen
prestij Prestige *n*
prezantabl präsentabel
prezervatif Präservativ *n*, Kondom *n* (*od m*)
prim Prämie *f*; ÖKON Agio *n*; **~ yapmak** ÖKON Rendite bringen
printer EDV Drucker *m*
primitif ‹-vi› primitiv
priz EL Steckdose *f*
prizma Prisma *n*
problem Problem *n*; MATH Aufgabe *f*; **~atik, ~li** problematisch
prodüktör FILM, TV Produzent *m*, -in *f*
profe'sör Professor *m*, -in *f*
profesyonel berufsmäßig; Berufssportler *m*; Profi *m*; Berufs- (*Fotograf*); *-in* **~i olmak** Fachmann sein in *D*; **~leşmek** berufsmäßig betreiben
profil Profil *n*; Profil- (*Eisen*); **~ bir yüz** Gesicht *n* im Profil
program Programm *n*; **~cı** Programmchef *m*, -in *f*, Programmverkäufer *m*, -in *f*, **~lama** Programmierung *f*, **~lamacı** Programmierer *m*; **~lamak** *v/t a* EDV programmieren; ein Programm *G* aufstellen
'proje Projekt *n*; Entwurf *m*; Projektierungs- (*Büro*); **~ yapmak** e-n Plan ausarbeiten; **~lendirmek** *v/t* projektieren
projeksiyon Projektion *f*
projektör Scheinwerfer *m*; Strahler *m*; Bildwerfer *m*
prole|'tarya Proletariat *n*; **~'ter** Proletarier *m*
promosyon Verkaufsaktion *f*, Beförderung *f*, Unterstützung *f*
propa'ganda Propaganda *f*; **~ etmek** (*od* **yapmak**) Reklame machen; **~cı** Propagandist *m*, Propagandamacher *m*
propagandist ‹-ti› Propagandist *m*
prosedür Prozedur *f*
proses Prozess *m*
pros'pektüs Packungsbeilage *f*

prostat ⟨-tı⟩ Prostata *f*, Vorsteherdrüse *f*
pros'tela Schürze *f*
protein Protein *n*
Protestan Protestant *m*, -in *f*; protestantisch; evangelisch; **~lık** ⟨-ğı⟩ Protestantismus *m*
pro'testo Protest *m*; **~ *edilmek*** *Wechsel* zu Protest gehen; *-i* **~ *etmek*** protestieren gegen; *Wechsel* zu Protest gehen lassen; **~ *çekmek*** (*od* ***yollamak***) zu Protest gehen lassen; **~ *eylemi*** Protestaktion *f*, **~ *mitingi*** Protestkundgebung *f*
protez MED Prothese *f*
protokol ⟨-lü⟩ Protokoll *n* (*a die Etikette*); **~*e dahil*** im Rahmen des Protokolls; protokollarisch zugelassen; **~*e geçirmek*** protokollieren
proton Proton *n*
proto'plazma Protoplasma *n*
prototip ⟨-pi⟩ Prototyp *m*
'prova Anprobe *f* (*e-s Kleides*); THEA Probe *f*; BUCH Korrekturfahne *f*; **~ *etmek*** (*od* ***yapmak***) anprobieren; probieren; THEA e-e Probe abhalten, proben
provizyon ÖKON Provision *f*
provoka|syon Provokation *f*; **~*a*** (*od -in* **~*una*) *gelmek*** sich provozieren lassen (von); **~tör** Provokateur *m*
provoke: **~ *etmek*** provozieren; **~ *olmak*** provoziert werden, sich provozieren lassen
prömiyer Premiere *f*, Uraufführung *f*
'Prusya Preußen *n*; **~lı** Preuße *m*, Preußin *f*; preußisch
'pruva MAR Bug *m*; **~*dan rüzgâr*** Gegenwind *m*
psikanal|itik psychoanalytisch; **~iz** Psychoanalyse *f*; **~izci** Psychoanalytiker *m*
psikiyatr Psychiater *m*, -in *f*
psikiyatri Psychiatrie *f*
psikiyatrik psychiatrisch
psikolo|g Psychologe *m*, Psychologin *f*; **~ji** Psychologie *f*, **~jik** psychologisch
psikopat ⟨-tı⟩ Psychopath *m*, -in *f*
psikoz MED Psychose *f*
psişik psychisch
PTT *Abk. für* ***Posta, Telgraf, Telefon*** (***İdaresi***) Post- und Fernmeldewesen *n*
puan Punkt *m* (*im Spiel*); *Stoff* Tüpfel *m*; **~ *almak*** (*od* ***kazanmak***) Punkte erzielen; **~ *cetveli*** Rangliste *f*, **~ *hesabıyla yenmek*** nach Punkten siegen; **~ *maçı*** Punktspiel *n*; **~lama** Punktwertung *f*, **~lamak** nach Punkten werten; **~lı** *Stoff* getüpfelt; **~taj** Punktierung *f*, Stempeln *n* (*der Arbeitszeit*); **~tör** Stechuhr *f*, Stempeluhr *f*, Kontrolleur *m*
'puding GASTR Pudding *m*
'pudra Puder *m*; **~lamak** *v/t* pudern; **~lı** gepudert; **~lık** ⟨-ğı⟩ Puderdose *f*; **~şeker**, **~ *şekeri*** Puderzucker *m*
puf[1] Puff *m* (*zum Sitzen*)
puf[2] *int* puh!, es reicht!
puf[3]: **~ *böreği*** *Pastete mit Käse- oder Hackfleischfüllung*
'pufla ZOOL Eiderente *f* (*Somateria*); Eiderdaune *f*, daunenweich
puflamak ächzen
puhu, **~kuşu** ZOOL Uhu *m*
pul (Brief)Marke *f*, (Metall)Plättchen *n*; Schuppe *f* (*z.B. beim Fisch*); Stein *m* (*im Spiel*); TECH Unterlegscheibe *f*, Dichtungsscheibe *f*, (Nagel)Kopf *m*; Tüpfelchen *n*; Kofferanhänger *m*; F Zaster *m*; **~ ~** bröckelig, in Bröckchen; **~ ~ *dökülmek*** sich abschuppen, abbröckeln; **~cu** Briefmarkenverkäufer *m*; Briefmarkensammler *m*
pullamak *v/t* frankieren, freimachen; mit Plättchen verzieren
pullu frankiert; mit Schuppen *usw* → ***pul***; Stempel- (*Papier*)
pulluk ⟨-ğu⟩ Pflug *m*
pulu ZOOL *Art* Meeräsche *f* (*Mugil chelo*)
punar → ***pınar***
punç ⟨-çu⟩ Punsch *m*
punt ⟨-du⟩: *-in* ***pundunu bulmak*** (*a -i* ***punduna getirmek***) den richtigen Augenblick abpassen, die Gelegenheit ergreifen
'punto BUCH Punkt *m*; ***sekiz*** **~** in acht Punkt; **~lu**: ***iri*** **~** in großen Lettern; fett gedruckt (*Überschrift*)
'pupa MAR Heck *n*; von hinten; **~ *rüzgâr*** Rückenwind *m*; **~ *yelken*** mit Rückenwind, in voller Fahrt; *fig* völlig ungezwungen
'puro Zigarre *f*
pus[1] (leichter) Nebel, Dunst *m*; Belag *m auf Früchten*; Moos *n* (*auf Bäumen*)
pus[2] Zoll *m* (*als Maß*)
pusar → ***pusmak***
pusarık ⟨-ğı⟩ Trugbild *n*, Fata Morgana

P

f; dunstig; nasskalt; → ***puslu***
pusarmak dunstig werden
pusat ⟨-tı⟩ Werkzeug *n*; Waffe *f*; *dial* Kleidung *f*; **~landırmak** *v/t* ausrüsten
puset ⟨-ti⟩ Buggy *m* (*Kinderwagen*)
puslanmak neblig werden; *Scheibe* beschlagen, anlaufen
puslu trübe; beschlagen, angelaufen
pusmak ⟨-ar⟩ sich ducken; sich verkriechen; sich in Dunst hüllen; *fig* bedrückt sein
pusu Hinterhalt *m*; **~ *kurmak*** im Hinterhalt liegen; (*-e j-m*) auflauern; ***~ya düşmek*** in die Falle gehen; *-i* ***~ya düşürmek*** *j-n* in die Falle locken; ***~ya yatmak*** auf der Lauer liegen, sich auf die Lauer legen
pu'sula[1] Kompass *m*; ***~yı şaşırmak*** die Fassung verlieren
pu'sula[2] Zettel *m*; Notiz *f*; Vorladung *f*; Rechnung *f*, Quittung *f*
pusulasız ohne Kompass; *fig* ziellos
put ⟨-tu⟩ Götze *m*, Götzenbild *n*; **~ *gibi*** *fig* wie ein Ölgötze; **~ *kesilmek*** wie versteinert dastehen
putlaştır|ma Kult *m*; Vergötterung *f*; **~mak** *v/t* vergöttern
putperest ⟨-ti⟩ Götzenanbeter *m*, -in *f*
putrel TECH (Eisen)Träger *m*
püf pf!, ph!; Hauch *m*; Pusten *n*; *-e* **~ *demek*** auspusten, ausblasen *A*; **~ *noktası*** *fig* springende(r) Punkt; schwache Stelle; **~kürmek** *v/t* blasen; spritzen; aufblasen; **~lemek** *v/t* blasen, pusten (auf *A*, *z.B. Heißes*); ausblasen
püfür: **~ ~ *esmek*** *Wind* säuseln
pülverizatör Zerstäuber *m*
pünez Reißzwecke *f*, Heftzwecke *f*
pür-[1] *osm* voll, sehr; *z.B.* ***~telaş*** voller Aufregung, ganz aufgeregt
pür[2] *dial* (*Baum*)Nadel *f*
pürçek ⟨-ği⟩ Haarlocke *f*, Ringellocke *f*; **~lenmek** sich locken, sich kräuseln; **~li** gekräuselt
püre Püree *n*, Brei *m*
pürmüz TECH Lötlampe *f*
pürtük ⟨-ğü⟩ Höcker *m*; Pickel *m*, Unebenheit *f*; **~ ~** höckerig, runzelig; **~lü** uneben, höckerig; pickelig
pürüz Unebenheit *f*, Höcker *m*; *fig* Schwierigkeit *f*, Haken *m*; **~ *çıkmak*** *Problem* auftauchen; **~alır** TECH Reibahle *f*; **~lenmek** rau werden (*a Stimme*); heiser werden; *fig* knifflig werden; **~lü** rau; heiser; *fig* knifflig; **~süz** glatt
püskül Troddel *f*, Quaste *f*; **~lü** mit Troddeln; **~ *bela*** *fig* große Sorge; große(s) Unglück
püskür|mek *v/i* hervorsprudeln; *Vulkan* auswerfen, ausspeien; **~teç** ⟨-ci⟩ Zerstäuber *m*
püskürtme Spritzen *n*; **~ *tabancası*** Spritzpistole *f*; ***~li yazıcı*** EDV Tintenstrahldrucker *m*
püskür|tmek *Gas* ausstoßen, ablassen, ausspritzen; **(*geri*) ~** *Feind* zurückwerfen; **~tü** Lava *f*; **~tülmek** *pass von* ***püskürtmek***
püsür *fig* Klette *f*, Quälgeist *m*; *dial* faul, träge; *Sache* vertrackt; ***bok* ~** F Mist *m*, V Scheiße *f*
pütür: **~ ~** rau, schwielig (*Haut*); **~lü** rau; **~süz** glatt

R

R

r, R [rɛ] r, R *n*
Rab ⟨-bbi⟩ Herr *m*, Gott *m*
Rabbena [-nɑː] unser Gott; **~ *hakkı!*** bei Gott!; **~ *hep bana!*** haben, haben, haben!
rabıta [rɑː-] Verbindung *f*, Zusammenhang *m*; Verhältnis *n*, Beziehung *f*; Abhängigkeit *f*; System *n*; Holzfußboden *m*
rabıta|lı zusammenhängend; ordentlich; *Person* anständig; **~sız** zusammenhanglos; *Person*, *Verwaltung* unordentlich, schlampig
racon Schau *f*, Angeberei *f*, Art *f*, Methode *f*; **~ *kesmek*** nach dem Äußeren urteilen; F e-e Schau abziehen
'radar Radar *m* (*a n*), Funkortung *f*, Radarstation *f*; **~ *ekranı*** Radarschirm *m*; **~cı** Radartechniker *m*; F Spitzel *m*
radde Grad *m*; ***~lerinde*** *Uhrzeit* unge-

fähr (um), etwa; *-ecek* **~de** so (*od* derart) ..., dass; ***son ~ye*** bis zum Äußersten

ra'dika BOT gemeiner Löwenzahn (*Taraxatum officiale*)

radikal ⟨-li⟩ radikal; **~ist** ⟨-ti⟩ Radikalist *m*

radyasyon Strahlung *f*, Strahlungs-

radyatör Heizkörper *m*; AUTO Kühler *m*; ***~ suyu*** Kühlwasser *n*

'radyo Radio *n*; ***~ dinlemek*** Radio hören; ***~ yayını*** Rundfunksendung *f*; ***~ istasyonu*** Rundfunkstation *f*; ***~ oyunu*** Hörspiel *n*

radyo|aktif radioaktiv; **~aktivite** Radioaktivität *f*

'radyocu Rundfunktechniker *m*; Rundfunkangestellte(r); **~luk** ⟨-ğu⟩ Rundfunkwesen *n*; Radioreparaturen *f/pl*

radyo|evi Funkhaus *n*; **~fonik** Rundfunk-, Funk-; ***~ oyun*** Hörspiel *n*; **~foto** Funkbild *n*; **~grafi** MED Röntgenaufnahme *f*; **~link** ⟨-ki⟩ Funksprechanlage *f*; **~lojik** MED röntgenologisch; **~lokasyon** Funkortung *f*; MED **~terapi** Strahlentherapie *f*

'radyum Radium *n*

raf Wandbrett *n*; (Bücher)Gestell *n*; Regal *n*; ***~a kaldırmak*** (*od* ***koymak***) zu den Akten legen, auf die lange Bank schieben; verdrängen

rafadan *Ei* weich gekocht

rafine raffiniert; **~ri** Raffinerie *f*

rağbet ⟨-ti⟩ Verlangen *n*; Interesse *n*; Lust *f*; Nachfrage *f* (nach); Anklang *m*; *-e* ***~ etmek*** Appetit haben auf *A*; Interesse haben an *D*; ***~ görmek*** (*od* ***kazanmak***) beliebt sein, Anklang finden; ***~ göstermek*** *-e* Interesse zeigen *D*

rağbet|li beliebt; gefragt; **~siz** unbeliebt, unpopulär; nicht gefragt; **~sizlik** ⟨-ği⟩ Unbeliebtheit *f*, Interesselosigkeit *f*

rağmen **1.** *postp* (*-e*) trotz *G*; ***bana ~*** mir zum Trotz; ***buna ~*** trotzdem; **2.** *konj mit Verb* obwohl; ***söz vermesine ~*** obwohl er/sie es versprochen hat

rahat ⟨-tı⟩ **1.** *subst* Gemütlichkeit *f*, Ruhe *f*; ***~ına bakmak*** an seine Bequemlichkeit denken; es sich (*D*) bequem machen; ***~ını bozmak*** (*j-s* Ruhe) stören; ***~ yüzü görmemek*** nicht zur Ruhe kommen; **2.** *adj* ruhig; beruhigt; *Stuhl* bequem, gemütlich; **3.** *adv* bequem, gemütlich, mühelos (*erreichen*); MIL ***~!*** rührt euch!; *-e* ***~ batmak*** *v/unp* sich (*D*) ganz unnötig Probleme schaffen; ***~ bırakmamak*** *j-n* nicht in Ruhe lassen; ***~ etmek*** sich ausruhen; sich behaglich fühlen; ***~ olmak*** ruhig (*od* zufrieden) sein; bequem sein; ***~ ~*** in aller Ruhe

rahat|lamak sich beruhigen; sich erleichtert fühlen; **~latmak** *v/t* beruhigen

rahatlık ⟨-ğı⟩ Ruhe *f*, Bequemlichkeit *f*; **~la** *adv* bequem, mit Leichtigkeit

rahatsız unruhig; unbequem; unpässlich, unwohl; gestört; ***~ edici*** störend; ***~ etmek*** *v/t* stören, belästigen; ***~ olmak*** unpässlich sein; gestört werden; ***~ olmayın(ız)!*** lassen Sie sich nicht stören!; **~lanmak** erkranken, sich unwohl fühlen; **~lık** ⟨-ğı⟩ Störung *f*, Unruhe *f*, Unbequemlichkeit *f*, Unwohlsein *n*; *-e* ***~ vermek*** stören, belästigen *A*; *Herz usw* angreifen

rahibe [ɑː] Nonne *f*

rahim[1] ⟨rahmi⟩, ***ana rahmi*** ANAT Gebärmutter *f*

rahim[2] [iː] barmherzig; REL Erbarmer *m*

rahip [ɑː] ⟨-bi⟩ Mönch *m*

rahle *osm* (Lese)Pult *n* (*beim Sitzen*)

rahman [-mɑːn] REL Allerbarmer *m*

rahmanî göttlich

rahmet ⟨-ti⟩ Gnade *f*, Erbarmen *n*; *fig* Regen *m*; *-e* ***~ okumak*** beten für; segnen *A*; *j-m* (*meist* nichts) Gutes wünschen; *-e* ***~ okutmak*** *j-n* (im Schlechten) noch übertreffen; **~li** selig; verstorben; ***~ olmak*** in die Ewigkeit eingehen, versterben

rakam Ziffer *f*, Zahl *f*, ***Hint ~ı*** arabische Zahl; ***Romen ~ı*** römische Zahl; **~lamak** *v/t* beziffern (MUS *z.B. Bassnote*)

rakamlı beziffert; ***tek ~*** einstellig (*Zahl*)

raket ⟨-ti⟩ Tennisschläger *m*

rakı Raki *m*, Anisschnaps *m*

rakım [ɑː] Höhe *f* (*über dem Meeresspiegel*)

rakibe [iː] *osm* Rivalin *f*, Konkurrentin *f*

rakip [iː] ⟨-bi⟩ Rivale *m*, Rivalin *f*, Nebenbuhler *m*, -in *f*, ÖKON Konkurrent *m*; Konkurrenz *f* (*Firma usw*); konkurrierend

rakiplik ⟨-ği⟩ Konkurrenz *f*

rakipsiz konkurrenzlos, einzigartig, ohnegleichen

rakkas [-kɑːs] Pendel *n*; *osm* (Berufs)-Tänzer *m*

R

rakkase *osm* (Berufs)Tänzerin *f*
rakor TECH Muffe *f*
raks *osm* Tanz *m*; **~etmek** tanzen
'ralli AUTO Rallye *f* (*a n*), Sternfahrt *f*
ram [ɑː] *osm* gebändigt; **~ etmek** *v/t* bändigen; unterwerfen
ramak 〈-kı〉: *-e* **~ kalmak** *v/unp* nahe daran sein (zu ...); **bayılmasına ~ kaldı** fast wäre er in Ohnmacht gefallen
Ramazan *Islam* Fastenmonat *m* Ramadan; **~ bayramı** Ramadanfest *n*; **~ keyfi** Gereiztheit *f der Fastentreuen*
ramp 〈-pı〉 THEA Rampe *f*
'rampa Laderampe *f*, (Abschuss)Rampe *f*, TECH Krampe *f*, Anstieg *m*, steile Straße; MAR Entern *n*; *-e* **~ etmek** prallen auf *A*, aufeinander prallen; *Schiff* entern; F sich ungebeten (an e-n Tisch) dazusetzen; **~lamak** → **rampa etmek**
randevu Verabredung *f*, **~ almak** sich anmelden (*beim Arzt*); *-e* **~ vermek** *j-n* bestellen (*beim Arzt*); **~su olmak** e-e Verabredung (*od* e-n Termin) haben
randevu|cu Bordellbesucher *m*; **~evi** (illegales) Bordell *n*
randıman Leistung *f*, **çalışma ~ı** Arbeitsleistung *f*, **~lı** produktiv, Gewinn bringend; leistungsfähig
rant 〈-tı〉 Rente *f*, **~abilite** Rentabilität *f*, **~abl** rentabel
rantiye Rentier *m*
'ranza Koje *f*, Etagenbett *n* (*Schlafwagen usw*)
rap 〈-pı〉 zack; ruckartig; **~ diye durmak** mit e-m Ruck stehen bleiben; **~ ~ gelmek** zackig anmarschiert kommen
rapor Bericht *m*; ärztliche(s) Attest; **~ vermek** Bericht erstatten; e-n Bericht geben; **~cu** Berichterstatter *m*, -in *f*, **~lu** krankgeschrieben; F für verrückt erklärt; **~tör** Berichterstatter *m*, -in *f*
rapsodi MUS Rhapsodie *f*
'raptetmek (*-i -e*) verbinden (*A* mit *D*)
raptiye (Büro)Klammer *f*, Reißnagel *m*; **~lemek** (*-i -e*) anklammern (an *A*)
ras- → **rast-**
rasat 〈-dı〉 Beobachtung *f*, **~hane** Sternwarte *f*, Observatorium *n*
'rasgele irgendein(e), x-beliebig; auf gut Glück; *int* viel Erfolg!
ras|ist 〈-ti〉 Rassist *m*, -in *f*, **~izm** Rassismus *m*
'raspa TECH Raspel *f*, F Vielfraß *m*; **~lamak** (ab)schaben, raspeln
rast *osm* Zufall *m*; Treffen *n*; *-e* **~ gelmek** *j-m* begegnen, *j-n* (zufällig) treffen; *Ziel* treffen; (*nach Suchen*) finden; *-i* **~ getirmek** treffen *A* (*mit e-m Geschoss*); *Gelegenheit* wählen, abpassen; unverhofft finden *A*; *Gott* den Segen geben *D*; **~ gitmek** gut gehen, in Ordnung gehen (*od* sein)
rastık 〈-ğı〉 Augenbrauen- und Wimperntusche *f*, Antimon *n*
rastlamak (*-e*) → **rast gelmek**
rastlantı Zufall *m*
rasyonalizm Rationalismus *m*
rasyonel rationell, wirtschaftlich; MATH rational
raşit|ik 〈-ği〉 MED rachitisch; Rachitiker *m*, -in *f*, **~izm** Rachitis *f*
ravent 〈-di〉 BOT Rhabarber *m*
raunt 〈-du〉 *Boxen* Runde *f*
ray Gleis *n*; **~(ın)a girmek** *fig* in Ordnung kommen, sich regeln; **~(ın)dan çıkmak** BAHN entgleisen; *fig* schief gehen; **~ına oturtmak** *fig* aufs richtige Gleis bringen, in Ordnung bringen
rayiç [aː] 〈-ci〉 ÖKON Marktpreis *m*; Kurs(wert) *m*; *Ware* gefragt; geltend, gültig, ... im Umlauf (befindlich)
rayiha [rɑː-] *osm* Duft *m*
razakı BOT *Art* Weintraube *f*
razı [ɑː] einverstanden; befriedigt; *-i -e* **~ etmek** *j-n* bewegen, veranlassen zu; *j-n* zufrieden stellen; *-e* **~ olmak** (*od* **gelmek**) einverstanden sein mit, zustimmen *D*; zufrieden sein mit
re MUS *Note* d
reaksiyon Reaktion *f*, **~ kabiliyeti** Reaktionsvermögen *n*
reakt|if reaktiv; **~ör** Reaktor *m*; **atom ~ü** Atomreaktor *m*
real|ist 〈-ti〉 Realist *m*, -in *f*, realistisch; **~ite** Realität *f*, Wirklichkeit *f*, **~izm** Realismus *m*
reasürans ÖKON Rückversicherung *f*
reaya [-aːja] HIST *osm Untertan nichtislamischer Religion*
recep 〈-bi〉 *7. Monat des islam. Mondkalenders*
reçel Konfitüre *f*, Marmelade *f*
re'çete MED *u fig* Rezept *n*; **~ yazmak** ein Rezept ausstellen
re'çine (Baum)Harz *n*
redaksiyon BUCH Redaktion *f*, Lektorat *n*, Lektorierung *f*

'reddetmek *v/t* zurückschicken; ablehnen; *Behauptungen* zurückweisen; *Person* nicht anerkennen

reddi → ***ret***

redif HIST Reserve *f*, Reservist *m*; LIT Refrainwort *n*

reel real (*z.B. Kaufkraft*)

refah [ɑː] Wohlstand *m*; Wohlfahrt *f*

refakat [-fɑː-] ⟨-ti⟩ Begleitung *f* (*a* MUS); Geleitzug *m*; Konvoi *m*; Gefolge *n*, Eskorte *f*; *-e* ***~ etmek*** *j-n* begleiten; *-in* ***~inde bulunmak*** (*im Konvoi*) eskortieren, geleiten *A*; begleiten *A*; **~çi** Begleiter *m*, -in *f*; Krankenwärter *m*, -in *f*

refe'randum Volksabstimmung *f*, Referendum *n*

referans Referenz *f*

refika [iː] *osm* Lebensgefährtin *f*

refleks Reflex *m*

reflektör Reflektor *m*; AUTO Warndreieck *m*

reform Reform *f*; ***toprak ~u*** Bodenreform *f*

regaip [ɑː] ⟨-bi⟩ *Nacht der Zeugung Mohammeds*; ***♀ Kandili*** *islamischer Feiertag (1. Freitagnacht des Recep)*

regülatör Regulator *m*

rehabilitasyon MED Rehabilitation *f*; ÖKON Umschulung *f*; Umstrukturierung *f*

rehavet [ɑː] Mattheit *f*, Trägheit *f*

rehber Führer *m*; Fremdenführer *m*; Nachschlagewerk *n*; Magazin *n*; ***telefon ~i*** Telefonbuch *n*; ***~ öğretmen*** *Lehrer(in) mit Aufgaben e-s Erziehungsberaters*; **~lik** ⟨-ği⟩ Wegweisung *f*, Führerschaft *f*; PÄD *Unterrichtsstunde zur Besprechung psychologischer und gruppendynamischer Themen*; *-e* ***~ etmek*** (an)leiten, führen *A*

rehin ⟨rehni⟩ Pfand *n*, Verpfändung *f*, verpfändet; ***~ etmek*** als Pfand geben; *-i* ***~e koymak*** (*od* ***vermek***) verpfänden *A*

rehine [-hiː-] Geisel *f*; ***~ alan*** Geiselnehmer *m*

reis [iː] Oberhaupt *n*; Präsident *m*; Vorsitzende(r); Führer *m*

reisicumhur Staatspräsident *m*

reislik ⟨-ği⟩ Führerschaft *f*, Präsidentschaft *f*

reji FILM, THEA Regie *f*

rejim Regime *n*, Regierungsform *f*; MED Diät *f*; ***tam ~*** *f* Höchstleistung *f*; ***~ yapmak*** Diät halten

rejisör Regisseur *m*; **~lük** ⟨-ğü⟩ Regie *f*, Leitung *f*; ***~ yapmak*** Regie führen

rekabet [ɑː] ⟨-ti⟩ Wettstreit *m*; Wettbewerb *m*, Konkurrenz *f*; ***~ etmek*** *-le* wetteifern, konkurrieren mit; ***~ yapmak*** miteinander konkurrieren

rekât ⟨-tı⟩ *Islam die vier Haltungen bzw. Bewegungen beim Gebet*

reklam Reklame *f*, Werbung *f*; ***~ ajansı*** Werbeagentur *f*; ***~ yazarı*** (Werbe)Texter *m*, -in *f*; ***~ etmek*** *v/t* publik machen, öffentlich blamieren; ***~ yapmak*** werben, Werbung machen; **~cı** Werbefachmann *m*; **~cılık** ⟨-ğı⟩ Werbung *f*, Werbebranche *f*

re'kolte AGR Ernte(ertrag *m*) *f*

rekor Rekord *m*; ***~ kırmak*** e-n Rekord brechen; **~cu** → ***rekortmen***

rekortmen Rekordinhaber *m*, -in *f*

rektör Rektor *m*, -in *f* (*Universität*); **~lük** ⟨-ğü⟩ Rektorwürde *f*, Rektorat *n*

rektum ANAT Rektum *n*, Mastdarm *m*

rembetiko *Musik der aus Anatolien ausgewanderten Griechen*

rencide [iː]: ***~ etmek*** *j-n* kränken; ***~ olmak*** gekränkt sein

rençper Landarbeiter *m*, -in *f*, Tagelöhner *m*, -in *f*, Bauer *m*, Bäuerin *f*

rende Hobel *m*; Reibe *f*, Reibeisen *n*; Geriebene(s), Reibsel *n*; **~lemek** glatthobeln, reiben (*z.B. Käse*); zerreiben

rengârenk bunt, vielfarbig

rengeyiği ⟨-ni⟩ Ren *n*, Rentier *n*

renk ⟨-gi⟩ Farbe *f*, Färbung *f*, *fig* Kolorit *n*; Wesen *n*, Typ *m*; ***~ almak*** e-e Färbung annehmen, sich färben; *fig* e-e Wendung nehmen; ***~ ~*** kunterbunt; *-e* ***~ katmak*** (*od* ***vermek***) färben *A*; *fig* Schwung verleihen *D*; beleben *A*; ***~ vermemek*** (*od* ***rengini belli etmemek***) sich (*D*) nichts anmerken lassen; ***rengi atmak*** (*od* ***kaçmak, uçmak***) verschießen, verbleichen, ausbleichen; *fig* erbleichen, blass werden; *-in* ***rengi bozuk*** er sieht schlecht aus; ***~ten renge girmek*** rot und blass werden vor *D*

renk|gideren Bleichmittel *n*, Entfärbungsmittel *n*; **~körlüğü** ⟨-nü⟩ Farbenblindheit *f*; **~körü** farbenblind; **~lendirmek** *v/t* färben; *fig* beleben; **~lenmek** gefärbt werden; *fig* Schwung bekommen; **~li** farbig; *fig* lebhaft, schwungvoll; *fig* mit Profil, profiliert (*Politiker*);

R

Farb- (*Film*); ~ ***fotoğraf*** Farbfoto *n*; ~ ***kalem*** Buntstift *m*, Farbstift *m*; ~ ***televizyon*** Farbfernsehen *n*
renk|semez achromatisch; **~ser** chromatisch; **~siz** farblos (*a fig Person*); bleich (aussehend)
reosta EL Rheostat *m*
repertuar Repertoire *n*
replik ⟨-ği⟩ THEA Stichwort *n*; Erwiderung *f*
repo *festverzinsliches Wertpapier mit Rückkaufgarantie*; ~ ***yapmak, parayı ~ya yatırmak*** Geld (termingebunden) anlegen
resepsiyon Empfang *m*; Rezeption *f*, Anmeldung *f* (*Hotel*)
reset EDV Kaltstart *m*
resif Riff *n*
resim ⟨resmi⟩ Bild *n*; Foto *n*; Zeichnen *n*; Malen *n*; Zeichnung *f*, Plan *m*; Feierlichkeit *f*; Abgabe *f*, Steuer *f*; Zeichen- (*Lehrer*); ~ ***almak*** abzeichnen, abmalen; fotografieren; besteuern, Gebühren erheben (auf *A*); ~ ***çekmek*** *v/i* fotografieren; *-in* ***resmini çekmek*** fotografieren *A*; ein Foto machen von, F knipsen; ~ ***gibi*** bildschön; ~ ***işleme*** EDV Bildbearbeitung *f*; ~ ***yapmak*** zeichnen; malen; ***resm-i geçit*** Parade *f*; ***teknik*** ~ technische Zeichnung; *-nin* ***resmidir*** es ist klar, dass ...; ganz bestimmt ...: ***treni kaçırdığının resmidir*** er hat den Zug ganz bestimmt versäumt
resimci Zeichner *m*, -in *f*, Maler *m*, -in *f*
resim|lemek *v/t* illustrieren, bebildern; **~li** illustriert; ~ ***dergi*** Illustrierte *f*; ~ ***kitap*** Bilderbuch *n*; **~lik** ⟨-ği⟩ Bilderrahmen *m*; Album *n*; **~si** bildhaft, anschaulich; **~siz** unbebildert, ohne Illustrationen; *fig* ungezwungen; **~yazı** Bilderschrift *f*
resital Solo *n*; Konzert *n* (*Veranstaltung*)
'resm|en amtlich; formell, förmlich; endgültig; **~etmek** *v/t* zeichnen; malen
resmî [iː] amtlich, offiziell; Amts- (*Sprache*); förmlich, steif; ~ ***gazete*** Staatsanzeiger *m*; ~ ***elbise*** (*od* ***giysi***) Uniform *f*; Festtagskleidung *f*; ~ ***nikah*** Ziviltrauung *f*; ~ ***selam*** MIL Ehrenbezeigung *f*; **~lik** ⟨-ği⟩, **~yet** ⟨-ti⟩ Förmlichkeit *f*; ***işi ~e dökmek*** e-e formellen Ton anschlagen
resmigeçit ⟨-di⟩ Parade *f*
ressam Kunstmaler *m*, -in *f*, Zeichner *m*, -in *f*; **~lık** ⟨-ğı⟩ Malerei *f*
rest ⟨-ti⟩ *das ganze Geld e-s Pokerspielers*; ~ ***çekmek*** alles aufs Spiel setzen; *-e* ~ ***çekmek*** *j-m* ein Ultimatum erteilen
restoran Restaurant *n*
restore restauriert; *-i* ~ ***etmek*** restaurieren
resul ⟨-lü⟩ REL Gottesgesandte(r)
reşit ⟨-di⟩ volljährig
ret ⟨-ddi⟩ Ablehnung *f*, Zurückweisung *f*; ~, ~ ***oyu*** POL Gegenstimme *f*
re'tina ANAT Netzhaut *f*
reva *fig* angebracht, am Platze; *-i -e* ~ ***görmek*** für angebracht halten *A*; als angemessen erachten (*A* für *A*)
revaç [ɑː] ⟨-cı⟩ Absatz *m*; gefragt (*sein*); ~ ***bulmak*** sich gut verkaufen; Anklang finden
revak ⟨-kı⟩ Gewölbe *n*, Höhlengang *m*
revanî [-ɑːniː] *Art süße Grießspeise*; Grießgebäck *n*
revanş → ***rövanş***
reverans Verbeugung *f*, Knicks *m*
revir Sanitätsraum *m*
revizyon Revision *f*, **~dan *geçirmek*** TECH überholen; **~izm** POL Revisionismus *m*
revolver Revolver *m*
revü Revue *f*
rey Stimme *f*, Votum *n*
reyon Abteilung *f*, *z.B.* ***ayakkabı ~u*** Schuhabteilung *f*
reyting Umfragewert *m*; Einschaltquote *f*
rezalet [ɑː] ⟨-ti⟩ Schande *f*, Skandal *m*; ~ ***çıkarmak*** e-n Skandal hervorrufen; **~li** schändlich; skandalös
reze Riegel *m*, Türangel *f*, Türdrücker *m*
rezede BOT Reseda *f*
rezelemek *v/t* verriegeln
re'zene BOT Fenchel *m* (*Foeniculum vulgare*)
rezerv(e) Reserve *f*, (Erz)Vorkommen *n*
rezervasyon Reservierung *f*, Buchung *f*; ***~u iptal ettirmek*** die Buchung rückgängig machen; ~ ***yapmak*** *v/i* reservieren; **~lu** reserviert, mit Reservierung
rezerve gebucht, reserviert; ~ ***etmek*** *v/t* reservieren, buchen
rezil [iː] schändlich; *-i* ~ ***etmek*** schmähen *A*; blamieren, bloßstellen; *-i* ~ ***rüs-***

R

va etmek *j-n* öffentlich bloßstellen, anprangern; **~et** ⟨-ti⟩ Schande *f*, Niederträchtigkeit *f*
rezistans EL Widerstand *m*; Heizdraht *m*
rezonans Resonanz *f*, Widerhall *m*
rıhtım Kai *m*
rıza [ɑː] Einverständnis *n*; Wunsch *m*, Wille *m*; *-e* ***~ göstermek*** einverstanden sein mit; *-in -de* ***~sı olmak*** billigen *A*; *-in* ***~sı olmadan*** ohne sein (*od* ihr) Einverständnis; *-in* ***~sını almak*** das Einverständnis *G* erlangen; ***kendi ~sıyla*** mit s-m Einverständnis
rızk ⟨-kı⟩ (das) tägliche Brot, Lebensunterhalt *m*
riayet [ɑː] ⟨-ti⟩ Achtung *f*, Respekt *m*; Befolgung *f*, Unterwerfung *f*; *-e* ***~ etmek*** respektieren *A*; Rücksicht nehmen (auf *A*); sich richten nach; berücksichtigen *A*; *Gesetz usw* befolgen; *Vertrag* einhalten; **~kâr** respektvoll; **~siz** respektlos
rica [ɑː] Bitte *f*; ***~ ederim!*** bitte (sehr)! (*a* = keine Ursache!); *-i -den* ***~ etmek*** *j-n* bitten (um *A*); *-e* ***~da bulunmak*** *j-n* bitten; ***size*** (*od* ***sizden***) ***bir ~m var*** ich habe e-e Bitte an Sie
rical [ɑː] ⟨-li⟩ *osm pl* Persönlichkeiten *f/pl*, Staatsmänner *m/pl*
ricat ⟨-tı⟩ Rückzug *m*; *-e* ***~ etmek*** sich zurückziehen nach
rikkat ⟨-ti⟩ Zärtlichkeit *f*, Weichherzigkeit *f*
rimel Wimperntusche *f*, Lidstrich *m*
'rina ZOOL Stachelrochen *m* (*Dasyatis pastinasa*)
ring (Box)Ring *m*; ***~ seferi*** Ringverkehr *m* (*e-s Stadtbusses usw*)
'ringa Hering *m*
rint ⟨-di⟩ *osm* Bruder Lustig *m*; fidel
risale [ɑː] *osm* Abhandlung *f*, Broschüre *f*
risk ⟨-ki⟩ Risiko *n*; ***~ yönetimi*** Risikomanagement *n*; ***~e girmek*** ein Risiko eingehen; **~li** riskant
ritim ⟨ritmi⟩ Rhythmus *m*; **~li** rhythmisch
ritm → ***ritim***
ritmik rhythmisch
rivayet [ɑː] ⟨-ti⟩ Gerücht *n*; Bericht *m*; Version *f*; *-i* ***~ etmek*** berichten *A*; ***~ birleşik zamanı*** GR erzählende Vergangenheit, miş-Form *f*, *z.B.*: ***yapıyormuş*** er soll gerade dabei (gewesen) sein, es zu machen
riya [ɑː] Doppelzüngigkeit *f*, **~kâr** doppelzüngig, heuchlerisch
riyaset [ɑː] ⟨-ti⟩ Vorsitz *m*, Vorstand *m*
riyasız [ɑː] arglos, treuherzig
ri'ziko Risiko *n*; **~lu** riskant
'roba (Brust)Einsatz *m*, Brustbreite *f* (*am Kleid*)
robot ⟨-tu⟩ Roboter *m*; *fig* Werkzeug *n*; ***~ resim*** Phantombild *n*; ***mutfak ~u*** Küchenmaschine *f*
rodaj AUTO Einfahren *n*
rock, **Rock** Rock(musik *f*) *m*; **~çı** Rocker *m*, -in *f*
roket ⟨-ti⟩ Rakete *f*; ***~ atmak*** Rakete abschießen; **~atar** Panzerfaust *f*
rokoko Rokoko *n*
rol ⟨-lü⟩ THEA Rolle *f*; *-de* ***~ almak*** e-e Rolle übernehmen (*in e-m Film*); ***~ bölümü*** THEA Rollenverteilung *f*; ***~ kesmek*** sich verstellen; *-de* ***~ oynamak*** e-e Rolle spielen (in, bei *D*); ***~ yapmak*** so tun als ob; *-in* (***bunda***) ***~ü olmak*** *fig* (dabei) e-e Rolle spielen; *-de* ***~üne çıkmak*** in der Rolle *G* auftreten (in *D*)
rom Rum *m*
'Roma Rom *n*; ***~ İmparatorluğu*** das Römische Reich; **~lı** Römer *m*, -in *f*; römisch; **≈lılaştırmak** latinisieren
roman Roman *m*; romanisch (*Kunst*); **~cı** Romanschriftsteller *m*, -in *f*, Romancier *m*; **~esk** ⟨-ki⟩ romanhaft; fantasievoll; **~laştırmak** *v/t* als Roman bearbeiten, in e-m Roman darstellen
roman|tik ⟨-ği⟩ romantisch; F *a* idyllisch; Romantiker *m*, -in *f*; (das) Romantische; **~tizm** Romantik *f*
Ro'manya Rumänien *n*; **~lı** Rumäne *m*, Rumänin *f*; rumänisch
roma'tizma Rheuma(tismus *m*) *n*
Romen römisch (*z.B. Zahlen* I, II *usw*)
rop ⟨-bu⟩ Robe *f*
ro-ro: ***~ gemisi*** Autofähre *f* für Lastzüge; ***~ taşımacılığı*** RoRo-Transport *m*
'rosto GASTR Braten *m*; Hackbraten *m*
rot ⟨-tu⟩ AUTO Lenkstange *f*
'rota Route *f*, Kurs *m*
rotasyon Rotation *f*, Turnus *m*
rotatif BUCH Rotationsmaschine *f*
rotor EL Anker *m*, Läufer *m*
rozbif GASTR Roastbeef *n*
rozet ⟨-ti⟩ Abzeichen *n*, Plakette *f*, TECH Rosette *f*

rö'lanti AUTO Leerlauf *m*; Zeitlupentempo *n*; Zeitlupenaufnahme *f*; **~de durmak** (*od* **çalışmak**) *Motor* leer laufen; *-i* **~ye almak** leer laufen lassen *A*; *fig Sache* schmoren lassen

rölat|if relativ; **~ivite** Relativität *f*

röle EL Relais *n*

rölyef Relief *n*

römork ⟨-ku⟩ Anhänger *m*; Beiwagen *m* (*am Motorrad*); **~ör** Schlepper *m*

Rönesans Renaissance *f*

'röntgen Röntgenaufnahme *f*, Schirmbild *n*; *Maßeinheit*; **~ ışınları** Röntgenstrahlen *m/pl*; **~ci** Röntgenarzt *m*, Röntgenologe *m*; F Spanner *m*; **~cilik** ⟨-ği⟩ Röntgenologie *f*

röportaj Reportage *f*; **~cı** Reporter *m*, -in *f*; *-le* **~ yapmak** *j-n* interviewen

röprodüksiyon Reproduktion *f*

rötar Verspätung *f*; ***trende ~ var*** der Zug hat Verspätung; **~lı** verspätet

rötuş Retusche *f*; **~lu** retuschiert

rövanş Revanche *f*; **~ *maçı*** Rückspiel *n*

ruam [ɑː] MED Rotzkrankheit *f* (*bei Tier*)

rubai [-bɑːiː] LIT Vierzeiler *m*

ruble Rubel *m*

rugan Lack(leder *n*) *m*; **~ *pabuç*** *od* ***ayakkabı*** Lackschuh *m*

rugbi Rugby *n*

ruh [uː] Seele *f*; REL Geist *m* (*a* = *Sinn*); *fig* Kern *m*; JUR Sinn *m*; CHEM Essenz *f*; spiritistisch; **~ *hastası*** geisteskrank; **~ *hekimliği*** Seelenheilkunde *f*; *-e* **~ *kazandırmak*** Schwung verleihen *D*; **~ *seansı*** spiritistische Sitzung; (***kimsenin***) ***~u bile duymadı*** kein Mensch hat etwas gemerk; ***~um!*** mein Schatz!; ***~umla*** von meinem ganzen Herzen; ***~unu teslim etmek*** *fig* s-n Geist aufgeben

ruhan|î [-hɑːniː] seelisch; geistig; geistlich, klerikal; **~iyet** ⟨-ti⟩ Geistigkeit *f*, geistliche Würde

ruhbaniyet [ruːxbɑː-] Klosterleben *n*

ruhbilim Psychologie *f*; **~ci** Psychologe *m*, Psychologin *f*; **~cilik** ⟨-ği⟩ Psychologismus *m*; **~sel** psychologisch

'ruhen [uː] seelisch, geistig

'ruhgöçü ⟨-nü⟩ Seelenwanderung *f*

ruhî [ruːhiː] seelisch, psychisch; **~yat** [-ıjaːt] *osm* → ***ruhbilim***; **~lu** beseelt; aktiv; geistig

'ruhötesi ⟨-ni⟩ metapsychisch

ruhsal seelisch, psychisch

ruhsat ⟨-tı⟩ Genehmigung *f*; *Abk* → ***ruhsatname***; *-e* **~ *almak*** Genehmigung einholen für; **~lı** mit Genehmigung; **~name** Genehmigungsschein *f*; AUTO Fahrzeugschein *m*; **~sız** ohne Genehmigung

ruhsuz kraftlos, leblos

ruj Rouge *n*, Lippenstift *m*

rulet ⟨-ti⟩ Roulette *n*

rulman TECH Kugellager *n*

'rulo Rolle *f*

Rum Grieche *m*, Griechin *f* (*bes in der Türkei*); HIST *a* Byzantiner *m*, -in *f*, byzantinisch; Anatolier *m*, -in *f*, anatolisch; **~ca** F (das) Neugriechisch(e)

'Rumeli HIST Rumelien *n*; **~li** Rumelier *m*, -in *f*

Rumen Rumäne *m*, Rumänin *f*, rumänisch; **~ce** (das) Rumänisch(e)

rumî [ruːmiː] byzantinisch; griechisch; **~ *takvim*** gregorianische(r) Kalender

rumuz [-muːz] Symbol *n*; Chiffre *f*, Pseudonym *n* (*in Kontaktanzeigen usw*)

Rus Russe *m*, Russin *f*, russisch; **~ *salatası*** *Salat aus Erbsen, Sellerie usw mit Mayonnaise*; **~ça** (das) Russisch(e); russisch

'Rusya Russland *n*; **~lı** gebürtige(r) Russe, Russin *f*

rutubet [-tuː-] ⟨-ti⟩ Feuchtigkeit *f*; **~lendirmek** *v/t* befeuchten; **~lenmek** feucht werden; **~li** feucht

rücu [uː] ⟨-u⟩ Umkehr *f*, Rücknahme *f* (*s-s Wortes*); **~ *etmek*** zurückweichen; zurücktreten (*-den* von *D*); **~ *hakkı*** JUR Recht *n* auf Verlusterstattung, Regressrecht *n*

rüçhan [ɑː] Übergewicht *n*, Vorrangigkeit *f*; **~ *hakkı*** JUR Vorzugsrecht *n*

rüküş geschmacklos gekleidet

rüşvet ⟨-ti⟩ Bestechung *f*, Bestechungsgeld *n*, F Schmiergeld *n*; **~ *almak*** (*od* ***yemek***) sich bestechen lassen; *-e* **~ *vermek*** (*od* ***yedirmek***) *j-n* bestechen; **~ *yemek*** F Schmiergelder annehmen; **~çi** bestechlich(er Mensch); korrupt; **~çilik** ⟨-ği⟩ Bestechlichkeit *f*, Korruption *f*

rütbe Grad *m*, Rang *m*; **~li** im Range *G*; ***en yüksek ~*** ranghöchste(r), *-in* ***~sini düşürmek*** *j-n* degradieren

rüya [ryːjaː] Traum *m*; **~ *görmek*** e-n

Traum haben, träumen; *-in* **~larına giriyor** *j-m* träumt von; *-in* **~sı çıkmak** *Traum* sich erfüllen; *-i* **~sında görmek** träumen von; *-i* **~sında (bile) görememek** nicht einmal im Traum daran denken; *-i* **~sında görse hayra yormamak** sich *D* in den kühnsten Träumen nicht vorstellen können; **seni ~mda gördüm** mir träumte von dir

rüzgâr Wind *m*; **~ almak** dem Wind ausgesetzt sein; der Wind steht (auf *A*)

rüzgâr|gülü ⟨-nü⟩ Windrose *f*; **~lanmak** anfangen zu wehen; ein Wind kommt auf; sich gegen den Wind stellen; **~lı** windig; dem Wind ausgesetzt; **~lık** ⟨-ğı⟩ Windschutz *m* (*a Kleidung*); Windjacke *f*; Windfang *m*

S

s, S [sɛ] s, S *n*

-sa → **ise, -se**

saadet [saɑ:-] ⟨-ti⟩ Glück *n*; *osm* **~le!** kommen Sie gut hin (*od* nach Hause)!

saat [sa:at] ⟨-ti⟩ Stunde *f*; Zeit *f*; Uhr *f*; **~ başı** stündlich; **~ bu ~** das ist die Gelegenheit!; **~ ayarı** Zeitansage *f im Radio*; **~ gibi!** genau!, getroffen!; **~ kadranı** (*od* **minesi**) Zifferblatt *n*; **~ tutmak** die Zeit abstoppen; **~i çaldı** die Stunde (... *zu tun*) hat geschlagen; **~i ~ine** genau zur Stunde; **~lerce** stundenlang; **duvar ~i** Wanduhr *f*; **çalar ~** Wecker *m*; F **elektrik ~i** Gaszähler *m*; **kol ~i** Armbanduhr *f*; **kontrol ~i** Kontrolluhr *f*; **kum ~i** Sanduhr *f*; **~ kaç?** wie viel Uhr ist es?; **~ kaçta geldi?** um wie viel Uhr ist er gekommen?; **~ bir** es ist ein Uhr; **~ bir buçuk** es ist halb zwei; **~ üç sularında** es ist ungefähr drei Uhr; **~ yarım** 12 (*od* 0) Uhr 30, halb eins

saatçi Uhrmacher *m*, -in *f*

saatli mit Uhrwerk; **~ bomba** Zeitbombe *f*; nach Fahrplan (*Bus usw*)

sabah Morgen *m*; morgens; Morgen-; **~ akşam** jederzeit, ständig; **~ ~** früh morgens; **~ saat sekizde** früh um acht; **~a doğru** (*od* **karşı**) gegen Morgen; **~ı bulmak** (*od* **etmek**) nicht durchschlafen; **~ın köründe** in aller Herrgottsfrühe; **bu ~** heute Morgen; **dün ~** gestern Morgen; **yarın ~** morgen früh; **~lar hayrolsun** guten Morgen!; **~çı** Nachtdiensthabende(r); Frühaufsteher *m*, -in *f*, Schüler *m*, -in *f* der Morgenschicht; **~ kahvesi** Nachtcafé *n*

sabah|lamak die Nacht über aufbleiben; e-e schlaflose Nacht verbringen; **~ları** morgens; jeden Morgen; **~leyin** [sa'baxle'n] morgens

sabahlı: **~ akşamlı** morgens und abends

sabahlık ⟨-ğı⟩ Morgenrock *m*; ... für den Morgen, Morgen-

saban Pflug *m*; **~ bıçağı** Pflugschar *f*; **~ izi** Furche *f*; **~ sürmek** pflügen

sabankemiği ⟨-ni⟩ ANAT Nasenscheidewand *f*

sabık [ɑ:] ⟨-kı⟩ ehemalig, Ex-; **~a** Präzedenzfall *m*; JUR Rückfall *m* (*e-s Verbrechers*); **~alı** JUR vorbestraft

sabır ⟨sabrı⟩ Geduld *f*; **~ taşı** Mensch *m* mit e-r Engelsgeduld; **sabrı taşmak** (*od* **tükenmek**): **sabrım tükendi** *v/unp* mir ist der Geduldsfaden gerissen, meine Geduld ist erschöpft; **~la** mit Geduld, geduldig

sabır|lı geduldig; **~sız** ungeduldig; **~sızlanmak** ungeduldig werden; **~sızlık** ⟨-ğı⟩ Ungeduld *f*

sabit [ɑ:] ⟨-ti⟩ fest, stabil; TECH ortsfest; *Tatsache* feststehend, erwiesen; **~ balon** Fesselballon *m*; **~ disk** EDV Festplatte *f*; **~ fikir** fixe Idee; **~ fiyat** feste(r) Preis; **~ gelir** feste(s) Einkommen; **~ para** harte Währung; **~ olmak** feststehen, erwiesen sein

sabite [ɑ:] MATH, PHYS Konstante *f*; ASTR Fixstern *m*

sabitlemek befestigen, feststellen; etablieren

sabitleş|mek [ɑ:] sich festigen, fest werden; **~tirmek** *v/t* festbekommen, F festkriegen

'sabo Holzpantoffel *m*

sabotaj Sabotage *f*; **~cı** Saboteur *m*

sabote: **~ etmek** sabotieren

S

'sabretmek sich gedulden (*-e* mit); ausdauernd sein; ertragen (können) *A*

sabuk → ***abuk sabuk***; **~lanma** MED Fantasieren *n*, Delirium *n*

sabun Seife *f*; ***~ köpüğü*** Seifenblasen *f/pl*; Seifenschaum *m*; ***~ tozu*** Seifenpulver *n*; ***~ köpüğü gibi sönmek*** *fig* wie eine Seifenblase platzen; **~cu** Seifensieder *m*; Seifenhändler *m*; **~lamak** *v/t* abseifen; **~laşmak** CHEM verseifen; **~lu** seifig, Seifen- (*Wasser*); eingeseift; **~luk** ⟨-ğu⟩ Seifenschale *f*, Seifen-; **~otu** ⟨-nu⟩ Seifenkraut *n*

sac ⟨-cı⟩ Blech *n*, Blechpla[illegible] ***soba*** eiserne(r) Ofen; **~ayağı** [illegible] **~ayak** Dreifuß *m*

saç[1] ⟨-cı⟩ → ***sac***

saç[2] ⟨-çı⟩ (Kopf)Haar [illegible] ***~ fırçası*** H[illegible]bürste *f*; ***~*** [illegible] Haar[illegible] *n*; ***~ kes[illegible]akinası*** H[illegible]maschine *f*; ***~ kurutma ma[illegible]*** [illegible]ar-trockner [illegible] ***modeli*** Fris[illegible] [illegible]***baş başa gelme[illegible]*** [illegible]***dövüş[illegible]*** [illegible]ch in die Haare gerat[illegible] *-de* [illegible] ***ağart-mak*** (*bei e-r Arbeit*) alt [illegible] werden; (im Dienst) ergrau[illegible] [illegible] ***başı ağarmak*** altern, ergrauen; [illegible] ***[illegible]medik*** Neugeborene(s), Baby [illegible] ***~ını başını yolmak*** *fig* sich (*D*) di[illegible] raufen; ***~ını süpürge etmek*** *Fra*[illegible] fern für

saçak ⟨-ğı⟩ Franse *f*, Franse[illegible] *f*, Wetterdach *n*, Vordach *n*; PHYS (Frequenz)Band *n*; Streifen *m*; **~bulut** ⟨-tu⟩ Zirruswolke *f*; **~lanmak** gefranst sein; **~lı** mit Fransen; mit e-m Vordach; *fig* in Fransen, schäbig

saçkıran MED Haarausfall *m*

saçlı: ***ak ~*** weißhaarig; ***~ sakallı adam*** Mensch mit (angeblichen) Erfahrungen, im reifen Lebensalter

saçma Wurfnetz *n* (*der Fischer*); Schrot *m od n*; Gewäsch *n* (*a* ***~ sapan***), Quatsch *m*; sinnlos; ***~ adam*** Wirrkopf *m*, F Quatschkopf *m*; ***~ şeyler*** Unsinn *m*; **~cı** F Quatschkopf *m*

saçmak ⟨-ar⟩ *v/t* zerstreuen; (aus)säen; *Funken* sprühen; *Geld* F rauswerfen; *Geruch usw* verbreiten; *Tod* säen; ***saçıp savurmak*** das Geld *usw* zum Fenster hinauswerfen

saçmalamak Unsinn reden

sada [-dɑː] → ***seda***

sadak ⟨-ğı⟩ Köcher *m*

sadaka Almosen *n*, (eine) kleine Gabe

sadakat [-dɑː-] ⟨-ti⟩ Treue *f*, Ergebenheit *f*, Loyalität *f*; **~li** treu, ergeben; **~siz** treulos, untreu; **~sizlik** ⟨-ği⟩ Treulosigkeit *f*, Untreue *f*

sadakor Rohseide *f*; rohseiden

sadaret [-dɑː-] ⟨-ti⟩ HIST Großwesirat *n*

sade [ɑː] **1.** *adj* einfach, schlicht; rein (*z.B. Türkisch*); *Person* treuherzig, naiv, arglos; ***~ kahve*** Mokka *m* schwarz und ungesüßt; **2.** *adv* nur, lediglich; von Natur aus (*z.B. schön*); ***~ bu iş için*** eigens zu diesem Zweck

sadece ['sɑː-] lediglich

sadeleş|me Vereinfachung *f*; **~mek** einfacher werden; **~tirmek** *v/t* vereinfachen; *Text* sprachlich modernisieren

sadelik [ɑː] ⟨-ği⟩ Einfachheit *f*, Arglosigkeit *f*

sadet ⟨-di⟩: ***sadede gelmek*** zur Sache kommen

sa'deyağ Kochbutter *f*, Margarine *f*

sadık ⟨-ğı⟩ treu; loyal; *-e* ***~ kalmak*** treu bleiben *D*

sad|ik ⟨-ği⟩ sadistisch; **~ist** ⟨-ti⟩ Sadist *m*, -in *f*; **~izm** Sadismus *m*

sadme Schlag *m*; Attacke *f*; Detonation *f*; *fig* (seelische) Erschütterung

'sadrazam [-drɑː-] HIST Großwesir *m*; ***≈ Kapısı*** HIST (die) Hohe Pforte

saf[1] ⟨-ffı⟩ Reihe *f*, Ordnung *f*; MIL Glied *n*; ***~ bağlamak*** die Reihe schließen, sich einreihen; ***~ ~*** (*od* ***~ şeklinde***) in Reih und Glied; ***~ dışı*** *fig* außer Gefecht; ***~ dışı etmek*** außer Gefecht set[illegible]; ***~ tutmak*** sich in Reih und Glied a[illegible]ellen

saf[2] [illegible]echt, rein, pur; *fig* naiv

safa [illegible] ***sefa***

safari [illegible] *f*

safdil le[illegible]ubig, naiv

saffet ⟨-ti⟩ [illegible] Klarheit *f*; Naivität *f*

safha Seite *f*, Aspekt *m*; → ***evre***; Phase *f*

safi **1.** [sɑːfiː] *adj* rein, unverfälscht; Netto-, Rein-; **2.** ['sɑːfi] *adv* nur, einfach

safir Saphir *m*

safiyet [ɑː] Reinheit *f*, Treuherzigkeit *f*

'safkan [sɑː-] Vollblut- (*Pferd*)

saflaştırmak reinigen; CHEM raffinieren

saflık ⟨-ğı⟩ Reinheit *f*, Naivität *f*

safra[1] Ballast *m*; ***~ atmak*** Ballast abwerfen; *j-n od etw* abwimmeln

safra[2] Galle *f*; ***~ bastırmak*** den knurrenden Magen beruhigen; ***~ kesesi***

ANAT Gallenblase *f*; **~sı kabarmak**: **~m kabarıyor** mir ist übel
safran BOT Safran *m*
safsata F Sophismus *m*, Trugschluss *m*; Spitzfindigkeit *f*
'sagu Sago *m*
sağ[1] recht-; rechts; **~ yap!** rechts (abbiegen)!; **~a** (nach) rechts; **~a bak!** Augen rechts!; **~a çark marş** rechts schwenkt marsch!; **~a kaymak** POL nach rechts tendieren; **~a sola** hierhin und dahin; **~a sola bakmadan** schnurstracks; **~da** rechts, auf der rechten Seite; **~dan geri etmek** sich umwenden und gehen; **~dan gitmek** (*od* **yürümek**) rechts gehen; *-in* **~ı solu olmamak** *Sache* unsicher sein, F schwimmen; *-in* **~ı solu belli olmamak** unberechenbar sein; **~ını solunu bilmemek** gedankenlos sein
sağ[2] gesund; heil; lebendig; am Leben; echt, rein; **~ bırakmamak** nicht am Leben lassen, umbringen; **~ ol!** danke schön!; **~ olsun!** nichts gegen ihn (*od* sie *usw*), aber ...; **~ salim** heil und gesund
'sağaçık ⟨-ğı⟩ *Fußball* Rechtsaußen *m*
sağal|ma Genesung *f*; **~mak** genesen, gesunden; **~tıcı** heilend; Heilende(r); Desinfektion(smittel *n*) *f*; **~tım** Heilung *f*; Behandlung *f*; Kur *f*; Therapeutik *f*; **~tmak** *v/t* heilen, gesund machen
sağanak ⟨-ğı⟩ (Regen)Schauer *m*
sağar → **sağmak**
'sağbeğeni der gute Geschmack
sağ|bek SPORT rechte(r) Verteidiger; **~cı** POL Rechte(r); **~cılık** ⟨-ğı⟩ politische Rechte
sağdıç ⟨-cı⟩ Brautführer *m*
sağdırmak *kaus von* **sağmak**
'sağ|duyu ⟨-nu⟩ gesunde(r) Menschenverstand; **~görü** Scharfsinn *m*; **~görülü** scharfsinnig
'sağhaf SPORT rechte(r) Läufer
sağılır Milch-; Melk-
sağılmak **1.** *pass von* **sağmak**; gemolken werden; *Stoff* sich abnutzen, sich abtragen; **2.** (*-e*) schlüpfen (in *A*)
sağım AGR Milchleistung *f*, Milchvieh *n*; **~lı** Milch-; Melk-
sağır taub; *Glas* undurchsichtig; *Ofen* schlecht heizend; *Trommel* taub; *Wand* schalldämmend, schallschluckend; (**kulakları**) **~ eden** (*od* **edici**) ohrenbetäubend; **~ etmek** taub machen, betäuben; **~ olmak** taub sein, schwerhörig sein (*od* werden); **bunu ~ sultan bile duydu** das wissen inzwischen ja alle
sağır-dilsiz taubstumm; **~ alfabesi** Gebärdensprache *f*
sağır|laşmak taub werden; *Ofen*, *Topf* *usw* nicht viel leisten; **~lık** ⟨-ğı⟩ Taubheit *f*
'sağiç ⟨-çi⟩ SPORT Halbrechte(r), rechte(r) Innenstürmer
sağlam **1.** *adj* (kern)gesund; rüstig; *Sache* stabil, robust, widerstandsfähig; *Arbeit* sicher; *Entschluss* fest; *Gebäude* solide; *Nachricht*, *Person* zuverlässig; *Währung* hart, sicher; **~ ayakkabı değil** ein unsicherer Kandidat; *-i* **~a** (*od* **~ kazığa**) **bağlamak** *fig* auf e-e feste Grundlage stellen *A*; **2.** *adv* bestimmt, ohne weiteres
sağlama Sicherstellung *f*, Sicherung *f*; MATH Probe *f*
sağlamak[1] (*-e -i*) sichern; sicherstellen; verschaffen, liefern (*j-m etw*); gewährleisten; verhelfen (*j-m* zu *D*); *z.B. Erfolg* erlangen, sichern (*-e D*); *Sympathie* erwerben; *Wachstum* sicherstellen, fördern; *Zulage j-m* zusichern; MATH beweisen
sağlamak[2] auf die rechte Seite (*od* nach rechts) gehen (*od* fahren)
sağlamla|mak *v/t* festigen, konsolidieren; *fig* Nachdruck verleihen *D*, bekräftigen *A*; **~şma** Festigung *f*, Stärkung *f*
sağlamlaş|mak sich festigen; gesund werden; **~tırmak** festigen
sağlamlık ⟨-ğı⟩ Gesundheit *f*, Wohlbefinden *n*; Zuverlässigkeit *f*, Vertrauenswürdigkeit *f*, Festigkeit *f*
sağla|nmak *pass von* **sağlamak**; *Hilfe* geleistet werden; **~yıcı** sichernd, sicherstellend
sağlı recht-, rechts; **~ sollu** links und rechts
sağlı'cakla: **~ kalın!** leben Sie wohl!
sağlık ⟨-ğı⟩ Gesundheit *f*, Befinden *n*; **~ bakımı** Hygiene *f*; **~ durumu** Gesundheitszustand *m*; **~ ocağı** Sanitätsstelle *f* (*auf dem Dorf*); **~ raporu** Gesundheitsattest *n*; **~ sigortası** Krankenversicherung *f*; **~ yurdu** Sanatorium *n*; **~ olsun!** *tröstend* es ist nicht so schlimm; *-in* **sağlığında** zu Lebzeiten *G/von*;

S

sağlığınıza! auf Ihr Wohl!
sağlık|bilgisi ⟨-ni⟩ Hygiene *f*; **~lı** gesund (*a Aussehen, Entwicklung*); **~sal** hygienisch; **~sız** nicht gesund, leidend; unzuverlässig; unsolide, ungesund
sağmak ⟨-ar⟩ *v/t* melken; *Faden* abwickeln, abspulen; *Honig* herausnehmen; F *j-n* ausnehmen, melken
sağmal, **sağman** Milch-; Milchkuh *f*; ***~ inek*** Milchkuh *f*
sagol(un) → ***sağ***
sağrı Kruppe *f*, Rücken *m*, Kreuz *n*
saha [sɑː-] Stelle *f*; Gebiet *n*; SPORT, *Forschung* Feld *n*; Fußballplatz *m*
sahaf [-ɑːf] Antiquar *m*
sahan Pfanne *f*; ***~da yumurta*** Spiegelei *n*; **~lık** ⟨-ğı⟩ Vorplatz *m*; Plattform *f*; Treppenabsatz *m*
sahi [ɑː] wirklich, tatsächlich; ***~ mi?*** tatsächlich?; ***~ mi söylüyorsunuz*** ist das wirklich so, (wie Sie sagen)?; **~ci** echt, richtig
sahibe, ***ev ~si*** *usw osm* Besitzerin *f*, Gastgeberin (*f*) *usw* → ***sahip***
sahiden ['sɑː-] wirklich
sahife [-hiː-] BUCH Seite *f*
sahih *osm* → ***doğru, gerçek***
sahil [ɑː] Küste *f*, Ufer *n*; Küsten- (*Gebiet*); ***~ kordonu*** Küstenstrich *m*
sahileşmek sich bewahrheiten; glaubhaft werden
sahip [ɑː] ⟨-bi⟩ Herr *m*; Besitzer *m*; Inhaber *m*; Eigentümer *m*; Beschützer *m*; Bauherr *m*; *-e* ***~ çıkmak*** e-n Anspruch (auf *A*) geltend machen; sich annehmen *G*; eintreten für; einspringen für; *Rechte* geltend machen; *-e* ***~ kılmak*** sich (*D*) *etw* verschaffen; *Kind* bekommen; *-e* ***~ olmak*** besitzen *A*, bekommen *A*; ***arazi sahibi*** Grundbesitzer *m*; ***ev sahibi*** Gastgeber *m*, -in *f*; Hausbesitzer *m*, -in *f*; ***söz sahibi*** wortgewandt; ***zekâ sahibi*** vernünftig, intelligent
sahiplenmek *-i* sich annehmen *G*
sahiplik ⟨-ği⟩ Protektion *f*; Eigentumsrecht *n*; ***~ etmek*** protegieren
sahipsiz verlassen, in Stich gelassen; herrenlos (*Hund*)
sahne Bühne *f*; Szene *f*, Auftritt *m*; Akt *m*; *fig* POL Szene *f*; *fig* (*Kriegs*)Schauplatz *m*; *-e* ***~ olmak*** Schauplatz *G* werden; ***~ sempatisi*** THEA mitreißende(s) Spiel, Schauspielkunst *f*; ***~ye çıkmak*** THEA auftreten; ***~ye koyan*** THEA Bearbeiter *m*, -in *f*; *-i* ***~ye koymak***, **~lemek** aufführen, inszenieren; **~lenmek** aufgeführt werden; *fig* über die Bühne gehen
sahra [-rɑː] Wüste *f*, Feld *n*; ***~ postası*** Feldpost *f*; ***~ çölü*** die Sahara
sahte gefälscht, Falsch-, imitiert; MIL Schein- (*Manöver usw*); **~ci** Fälscher *m*; **~cilik** ⟨-ği⟩ Fälschung *f*; **~kâr** Fälscher *m*, -in *f*; **~lik** ⟨-ği⟩ Fälschung *f*; Verfälschung *f*, Künstlichkeit *f*
sahtiyan Saffianleder *n*
sahur [uː] *Mahlzeit der Fastenden vor Tagesanbruch*; **~luk** ⟨-ğu⟩ *Essen für* → ***sahur***
saik(a) [ɑː] ⟨-kı⟩ Faktor *m*; Beweggrund *m*
sair [ɑː] ander-; ***~ günler*** F Werktage *m/pl*; werktags
saka[1] Wasserträger *m*
saka[2], ***~ kuşu*** Stieglitz *m*
sakağı MED Rotzkrankheit *f*
sakak ANAT Unterkinn *n*
sakal Bart *m*; ***~ bırakmak*** (*od* ***koyuvermek, uzatmak***) sich (*D*) den Bart stehen lassen; *-in* ***~ı bitmek*** *fig Sache* sich hinziehen; ***~ı ele vermek*** *fig* sich gängeln lassen; ***~ı saydırmak*** an Ansehen (*od* Respekt) verlieren
sakallanmak e-n Bart bekommen; ***sakallanmış*** bärtig
sakal|lı bärtig, mit e-m Bart; unrasiert; ***ak ~*** weißbärtig; **~sız** bartlos
sakar ZOOL Blesse *f*; *fig* Taps *m*; unbeholfen, tapsig
sakarin Sacharin *n*
sakarlık ⟨-ğı⟩ Tollpatschigkeit *f*
sakaroz Sacharose *f*, Rohrzucker *m*
sakat ⟨-tı⟩ Invalide *m*, Invalidin *f*, Krüppel *m*; gebrechlich; Fehler *m*, Mangel *m*; *Hand usw* verkrüppelt; *Sache* zerbrochen; *fig Ausdruck* entstellt; Pfusch- (*Arbeit*); ***ağır ~*** Schwerbehinderte(r); ***~ etmek*** → ***sakatlamak***
sakatat [-tɑːt] ⟨-tı⟩ Innereien *f/pl*, Kopf und Füße *e-s Schlachttieres*
sakatla|mak beschädigen; ramponieren; verstümmeln; SPORT spielunfähig machen (*durch ein Foul*); **~nmak** sich verletzen; *pass von* ***sakatlamak***
sakatlık ⟨-ğı⟩ körperliche(r) Fehler, Behinderung *f*, Fehler *m* (*in e-m Stoff*); Missbildung *f*, Verletzung *f*, Invalidität

f; Missgeschick *n*
sakın ja, nur ...!; vorsichtig; **~ ha!** ja nicht, um Gottes willen nicht!; sei vorsichtig!; **~ söylediklerimi unutmayın!** vergessen Sie ja nicht, was ich gesagt habe!
sakınca Vorbehalt *m*; Einwand *m* (*-in, -de* gegen); MED Kontraindikation *f*; **~lı** heikel, bedenklich
sakıngan vorsichtig, zurückhaltend
sakınma Vorsicht *f*, Vermeidung *f*; Hemmung *f*; **~sı olmamak** keine Hemmungen haben
sakınmak (*-den*) sich enthalten *G*, meiden (*A*, *z.B. Sünde*); sich hüten (vor *D*); *-i* behüten
sa'kırga ZOOL Zecke *f*
sakır: **~ ~** wie Espenlaub (*zittern*)
sakıt [ɑː] ⟨-tı⟩ bedeutungslos; ungültig; hinfällig; *Dynastie* gestürzt, entthront; *Kind* nicht ausgetragen; Fehlgeburt *f*; **~ olmak** s-e Geltung verlieren
sakız Harz *n*; Mastix *m* (*zum Kauen*); **~ gibi** blitzsauber; *fig* aufdringlich, wie e-e Klette; **~ağacı** ⟨-nı⟩ Mastixstrauch *m* (*Pistacia lentiscus*)
saki [sɑːkiː] *osm* Mundschenk *m*
sakil [-kiːl] schwer; drückend; unschön
sakin [ɑː] ruhig (*Kind, Kranker, Schlaf*); Bewohner *m*, -in *f*; wohnhaft; **~ ol!** beruhige dich!; **~ ~** lautlos
sakinleş|mek sich beruhigen; **~tirmek** beruhigen
sakinlik ⟨-ği⟩ Ruhe *f*, Gelassenheit *f*
saklama Verheimlichung *f*, Aufbewahrung *f*; **~ kabı** Aufbewahrungsbox *f*
saklamak *-i Wahrheit* verheimlichen; verbergen; (*-i -e*) aufbewahren (für *j-n*); (*-i -den*) geheim halten (vor *j-m*); (*-den*) übrig lassen von; *Platz* reservieren; *Gott* schützen, bewahren; **Allah saklasın!** bewahre Gott!
saklambaç: **~ oynamak** Versteck spielen
saklan|ılmak *pass von* **saklamak**; sich verstecken; **~mak** sich verstecken; sich hüten
saklayıcı Beschützer *m*; verbergend
saklı aufbewahrt; verborgen, enthalten (*-de* in *D*); versteckt; latent; geheim (-gehalten); **her hakkı ~dır** alle Rechte vorbehalten
sako Sakko *n*
saksağan Elster *f*
saksı Blumentopf *m*; **~lık** ⟨-ğı⟩ Übertopf *m*
saksofon MUS Saxophon *n*; **~cu** Saxophonist *m*, -in *f*
sak'sonya (Meißener) Porzellan *n*
Sak'sonya Sachsen *n*; **Aşağı ~** Niedersachsen *n*
sal Floß *n*
sala [-lɑː] REL Gebetsruf *m*
salah [-ɑːx] Besserung *f*; **~ bulmak** besser werden
salahiyet [-lɑː-] ⟨-ti⟩ Kompetenz *f*, Vollmacht *f*; **~li** bevollmächtigt; kompetent
salak ⟨-ğı⟩ albern, närrisch; idiotisch; **~laşmak** albern sein; **~lık** Albernheit *f*
salam Salami *f*, Wurst *f*
sala'mura Lake *f*, Beize *f*; eingelegt, Pökel-; **~ balık** Pökelfisch *m*
sala'purya MAR Küstenboot *n*
salar → **salmak**
sa'lata Salat *m*; **domates ~sı** Tomatensalat *m*; **patates ~sı** Kartoffelsalat *m*; **yeşil ~** Kopfsalat *m*, grüne(r) Salat; **~lık** ⟨-ğı⟩ Gurke *f*, Salat-, ... für Salate
salavat [-ɑːt] ⟨-tı⟩ Gebete *n/pl*; **~ getirmek** beten (*bei Gefahr*)
'salça Soße *f*, Tomatenpaste *f*, **~lı** ... mit Soße
saldırgan aggressiv; angreifend; **~lık** ⟨-ğı⟩ Aggressivität *f*, Aggression *f*, Angriff *m*; aggressiv (*Politik*)
saldırı Angriff *m*; Überfall *m*; **~ya çekmek** zum Angriff übergehen; **~ya uğramak** e-m Angriff ausgesetzt sein; **~cı** angriffslustig, aggressiv; Aggressor *m*, Angreifer *m*
saldırış → **saldırı**; **karşı ~** Gegenangriff *m*
saldırma → **saldırı**; lange(s) Messer
saldırmak *-e* angreifen *A* (*a* CHEM); *z.B. Hund* loslassen, hetzen (auf *A*); losstürzen (auf *A*); MAR unter Segel gehen
saldırmazlık ⟨-ğı⟩ Zurückhaltung *f*; **~ paktı** Nichtangriffspakt *m*
salep ⟨-bi⟩ BOT Knabenkraut *n* (*Orchis*); *heißes Getränk mit Milch und Wurzeln des Knabenkrauts*
salgı Ausscheidung *f*, Sekretion *f*, Sekret *n*; Absonderungs- (*Organ*); **~lamak** absondern, ausscheiden
salgın Seuche *f*, Epidemie *f*; epidemisch, ansteckend (*Krankheit*); Invasion *f*, Plage *f*; *fig* Manie *f*, Sucht *f*, Wahn *m*

salı Dienstag *m*; ~ **günü** am Dienstag
salık ⟨-ğı⟩ Mitteilung *f*, Information *f*; Empfehlung *f*; *-i -e* ~ **vermek** *j-m etw* empfehlen
salıncak ⟨-ğı⟩ Schaukel *f*, Hängematte *f*, Wiege *f*; **~lı** Schaukel-; ~ **koltuk** (*od* **sandalye**) Schaukelstuhl *m*
salınım PHYS Schwingung *f*, Vibration *f*, Oszillation *f*; ASTR Libration *f*
salınmak *v/i* sich wiegen (*im Gehen*); hineintorkeln (*-e* in *A*)
salıntı wiegende(r) Gang; Schaukeln *n* (*e-s Schiffes*); **~lı** schwankend (*Gang*)
salıvermek *v/t* freilassen; *j-n* gehen lassen
salim [sɑ:-] unversehrt, heil; gesund; tadellos; vorzüglich (*Mittel*); **~en** heil und gesund, wohlbehalten
salip [ɑ:] ⟨-bi⟩ *osm* Kreuz *n*
salise [ɑ:] *sechzigstel Sekunde*
salisilik: ~ **asit** CHEM Salizylsäure *f*
salkım (Wein)Traube *f*, Dolde *f*, BOT Glyzinie *f* (*Wisteria sinensis*); ~ **saçak** wüst (*od* bunt) durcheinander
salkımak locker (schlaff, brüchig) werden
salkımsöğüt ⟨-dü⟩ Trauerweide *f*
salla|mak *v/t* schaukeln; (*mit dem Taschentuch*) winken; (*mit den Beinen*) schlenkern; *fig Sache* in die Länge ziehen; F *j-m* e-e runterhauen; **başını** ~ mit dem Kopf nicken; **hayır diye başını** ~ den Kopf schütteln; **el** ~ winken; **~mamak** F darauf pfeifen
sallan|dırmak (*-i -e*) *j-n* an den Galgen bringen; **~mak** *v/i* schaukeln; *Erde* beben, erschüttert werden; *Lampe* hin- und herpendeln; *Person* (herum)bummeln; *fig* nicht fest im Sattel sitzen; *Tisch*, *Zahn* wackeln; **~tı** Schaukeln *n*; Pendeln *n*; Bummeln *n*; Wackeln *n*; *fig* **~da bırakmak** *fig* in der Schwebe lassen; **~da kalmak** in der Schwebe bleiben
sallapati [-pɑ:-] *Person* rücksichtslos; *Wort* unüberlegt
sallasırt: ~ **etmek** auf die Schultern wuchten
salma fließend (*Wasser*); Abgabe *f* (*der Bauern für die Gemeinde*); Stoffabschnitt *m*; ~ **gezmek** (umher)streunen; **midye ~sı** *Muscheln in Reis*
salmak ⟨-ar⟩ (*-i -e*) freilassen, (laufen) lassen (in *A*, nach *D*); (*in den Ofen*) schieben; *j-n* loslassen, hetzen (auf *A*); *j-n* (*mit e-r Gemeindesteuer*) belegen; *Baum* ausschlagen; *Bett* machen; *j-m* sofort (*Bescheid*) geben; unverzüglich schicken (an *A*); F *Brief* loslassen; *Furcht* verbreiten, säen; *Schiff* auslaufen lassen; *Speise* zugeben, F tun *zu*; *fig j-n* stürzen (in *A*); sich stürzen (*-e* auf *A*); *fig* ignorieren, F pfeifen (auf *A*)
salmalık ⟨-ğı⟩ Weide *f*
sal'mastra Dichtung(sring *m*) *f*, Abdichtung *f*, MAR Seising *n*
salon Wohnzimmer *n*; (Konferenz)Saal *m*; (Frisier)Salon *m*; **jimnastik ~u** Turnhalle *f*; **yemek ~u** Speisesaal *m*; **yolcu ~u** Wartesaal *m*; ~ **adamı** Salonlöwe *m*
saloz dämlich, F bescheuert
salt ⟨-tı⟩ nur, lediglich; echt, richtig (*Mensch*); CHEM rein; PHYS absolut (*a* POL *Mehrheit*); ~ **okunur bellek** EDV Nur-Lese-Speicher *m* (ROM)
'salta[1]: ~ **durmak** *Hund* Männchen machen
'salta[2] MAR Fieren *n*, Ablaufenlassen *n* (*des Taus*)
saltanat ⟨-tı⟩ Herrschaft *f*, Regierung *f*; Sultanat *n*; *fig* Luxusleben *n*, Wohlleben *n*, Pomp *m*; ~ **sürmek** herrschen; im Luxus leben; **~lı** luxuriös, pompös; **~sız** bescheiden, unscheinbar
salt|çılık ⟨-ğı⟩ (das) Absolute, Bedingungslosigkeit *f*; **~ık** ⟨-ğı⟩ absolut
'salto Salto *m*
'salvo MIL Salve *f*
'salya Speichel *m*, F Spucke *f*
salyangoz ZOOL, ANAT Schnecke *f*; ~ **kabuğu** Schneckenhaus *n*
sam ⟨-mmı⟩ Samum *m*, Wüstenwind *m*
saman Stroh *n*, Häcksel *m od n*; ~ **alevi gibi** *fig* wie ein Strohfeuer; ~ **altından su yürütmek** alles klammheimlich machen; ~ **çöpü** Strohhalm *m*; ~ **gibi** fade, ohne Geschmack; ~ **nezlesi** Heuschnupfen *m*; ~ **sapı** Strohhalm *m*
samanî [i:] hellgelb
samankâğıdı ⟨-nı⟩ Packpapier *n*; **~kapan** Bernstein *m*; **~lık** ⟨-ğı⟩ Heuschober *m*; **~rengi** ⟨-ni⟩ hellgelb
Samanyolu ⟨-nu⟩ ASTR Milchstraße *f*
Sami [sɑ:mi:] Semit *m*; Semitin *f*, semitisch
samimî [-mi:mi:] **1.** *adj* herzlich; aufrichtig (*Freund*); **2.** *adv* offen, zwanglos

S

(*mit j-m sprechen*); **~lik** ⟨-ği⟩, **~yet** ⟨-ti⟩ Herzlichkeit *f*, Zwanglosigkeit *f*, Vertrautheit *f*; **~yetsiz** herzlos

samsa, **~ *tatlısı*** GASTR *Art* → ***baklava***

samur Zobel *m*; **~ *kaşlı*** ... mit schwarzen Augenbrauen; **~ *kürk*** Zobelpelz *m*

'samyeli ⟨-ni⟩ → ***sam***

san Ruhm *m*, Ansehen *n*; Achtung *f*; (Ehren)Titel *m*

sana dir, zu dir; **~ *ne*** was geht es dich an?

sanal virtuell; MATH imaginär; **~ *gerçeklik*** virtuelle Realität; **~ *mekan*** Cyberspace *m*, virtuelle(r) Raum

sanat ⟨-tı⟩ Kunst *f*, Schaffen *n*; Handwerk *n*; **~ *eseri*** Kunstwerk *n*; **~ *sahibi*** Handwerker *m*, -in *f*; ***güzel ~lar*** (die) schönen Künste; **~çı** Künstler *m*, -in *f*; **~kâr** Handwerker *m*, -in *f*; → ***sanatçı***; **~lı** kunstvoll; meisterhaft

sana'toryum MED Sanatorium *n*

sanatsal künstlerisch

sanayi [-nɑː-] ⟨-ii⟩ Industrie *f*; ***ağır ~*** Schwerindustrie *f*; **~ *bölgesi*** Industriegebiet *n*; **~ *odası*** Industriekammer *f*; **~ci** Industrielle(r); Industrie-; industriell

sanayileş|me Industrialisierung *f*; **~mek** industrialisiert werden; **~tirmek** *v/t* industrialisieren

sancak ⟨-ğı⟩ Fahne *f*, Banner *n*; HIST *osm. Regierungsbezirk*; MAR Steuerbord *n*; **~tar** Fahnenträger *m*

sancı stechende(r) Schmerz, Stechen *n*; Kolik *f*, Bauchkrämpfe *f/pl*; ***doğum ~ları*** Geburtswehen *pl*; **~lanmak** stechende Schmerzen haben; **~lı** sehr schmerzhaft; *Kranker* unter Koliken leidend; **~mak** *v/i* sehr schmerzen; *Person* e-e Kolik haben

sandal[1] BOT Sandelbaum *m*

sandal[2] Ruderboot *n*, Kahn *m*

sandal[3], **~et** Sandale *f*, Sandalette *f*

san'dalye Stuhl *m*; Posten *m*, Stellung *f*; **~ *kavgası*** Bangen *n* um e-n Posten; ***tekerlekli ~*** Rollstuhl *m*; **~siz** ohne Portefeuille

sandık ⟨-ğı⟩ (Mitgift)Truhe *f*, Kiste *f*, Kasten *m*; ÖKON Kasse *f*; POL Wahlurne *f*; **~ *başına gitmek*** wählen gehen; **~ *düzmek*** die Ausstattung besorgen; **~ *emini*** Schatzamt *n*; **~ *eşyası*** Ausstattung *f* (*der Braut*); **~ *lekesi*** Stockfleck *m*; **~ *odası*** (Abstell)Kammer *f*; **~ *sepet*** (die) sieben Sachen, die gesamte Habe; **~*tan çıkmak*** *fig* demokratisch gewählt werden; **~lamak** *v/t* einpacken, verpacken; **~lı** (Wand)Verschalung *f*

sandöviç → ***sandviç***

san'duka REL Schrein *m*

sandviç ⟨-ci⟩ belegte(s) Brötchen, Sandwich *n*

sanı Vermutung *f*, Meinung *f*; **~mca** meines Erachtens; *-in* **-*diği ~sına kapılmak*** vermuten, dass

sanık ⟨-ğı⟩ *-den* angeklagt *G*; Angeklagte(r); **~ *sandalyesi*** Anklagebank *f*

sanır → ***sanmak***

saniye [sɑː-] Sekunde *f*; ***bir ~!*** e-n Augenblick!, F Moment mal!; **~lik** Sekunden-, ... e-r Sekunde

'sanki irgendwie, fast; *Verstärkung der Frage*, *oft* denn; angenommen + *konj II*, wenn ... nun + *konj II*; (*meist* + ***gibi***) als ob + *konj II*; ***ne demek istiyorsun, ~?*** was willst du denn (damit) sagen?; **~ *kabahat benimmiş!*** angenommen, ich wäre schuldig!, wenn ich nun schuldig wäre; **~ *gece olmuş gibi*** als ob es (schon) Nacht wäre

sanlı ehrenwert; angesehen

sanmak ⟨-ır⟩ *v/t* meinen, glauben; halten für; ***hayır*** (*od* ***kem***) **~** gut (*od* schlecht) (von *j-m*) denken; ***ben onu insan sandım*** ich hielt ihn für einen Menschen; ***sanırsam*** wenn ich mich nicht irre; ***hiç sanmıyorum*** das glaube ich nicht

sanrı Halluzination *f*, Vision *f*; **~lamak** *v/t* die Vision *e-r Sache G* haben

sansar Steinmarder *m*; *Slang*: Taschendieb *m*; **~ *gibi*** F *fig* hintenrum, hinterm Rücken

sansasyon Sensation *f*; **~el** sensationell

Sanskrit ⟨-ti⟩ Sanskrit *n*

sansür Zensur *f*; **~ *edilmek*, *~e uğramak*** zensiert werden; *-i* **~ *etmek*** (*od* ***~den geçirmek***) zensieren *A*; **~cü** Zensor *m*; Zensoren-; **~lemek** *v/t* zensieren; **~lü** zensiert

santi- Zenti-

santim Zentimeter *m* (*a n*); Centime *m*; (der) hundertste Teil; **~ *kaçırmamak*** peinlich genau sein

santimantal sentimental

santi'metre Zentimeter *m* (*a n*)

santral ⟨-lı⟩ Zentrale *f*, Kraftwerk *n*; ~

S

memuru (***memuresi***) Fernsprechbeamte(r) *m* (-beamtin *f*); ***atom ~ı*** Atomkraftwerk *n*; ***elektrik ~ı*** Elektrizitätswerk *n*; ***telefon ~ı*** Fernsprechamt *n*; **~cı** Fernsprechbeamte(r) *m*, -beamtin *f*, Telefonist *m*, -in *f*
'santrfor SPORT Mittelstürmer *m*
santrifüj Zentrifuge *f*, Zentrifugal-; Wäscheschleuder *f*
santrifüjör Zentrifuge *f*
santur MUS *Art* Laute *f*
sap ⟨-pı⟩ BOT Stängel *m*, Stiel *m*; Griff *m*, Stiel *m der Pfanne*; Heft *n*, Griff *m des Messers*; (*Brillen*)Bügel *m*; Garbe *f*; (*Garn*) Docke *f*; ***~ yapmak*** TECH verzapfen; ***~ı silik*** vagabundierend; ***~ına kadar*** *fig* bis ins Mark, durch und durch (*z.B. ein Kerl*)
sapa abgelegen; ***orası bana ~ geliyor*** das ist für mich ein Umweg
sapan Schleuder *f*, Klammer *f*, Schäkel *m*, Kettenring *m*; MAR Stropp *m*
sapar → ***sapmak***
saparta *fig* Rüffel *m*
sa'pasağlam kerngesund
sapçık ⟨-ğı⟩ kleine(r) Stängel; ANAT Plexus *m*, Geflecht *n*
sapık ⟨-ğı⟩ anomal, pervers; **~lık** ⟨-ğı⟩ Anomalität *f*, Verrücktheit *f*
sapınç ⟨-cı⟩ Abweichung *f*, Anomalität *f*; ASTR Aberration *f*
sapır: ***~ ~*** massenhaft; wie Espenlaub (*zittern*)
sapıtmak *v/t* sich verirren; den Verstand verlieren
sapkın verirrt; anomal; GEOL erratisch
sapla|ma Verkeilung *f*, Stift *m*; **~mak** (*-i -e*) *Messer* stechen, stoßen in *A*; bohren (in *A*); durchbohren, niederstechen; **~nmak** *-e* dringen in *A*; stecken bleiben (in *D*); *fig* sich versteifen auf *A*
saplantı fixe Idee
saplı ... mit e-m Griff; steckend (*-e* in *D*)
sap|ma PHYS Abweichung *f*, Brechung *f* (*der Strahlen*); **~mak** ⟨-ar⟩ abbiegen (*-den* von *D*); einbiegen (*-e* in *A*); *fig* (*e-n Irrweg*) einschlagen; *fig* greifen zu
'sapsağlam → ***sapasağlam***
'sapsarı quittengelb; *fig* totenblass
saptama Festsetzung *f*, Feststellung *f*, Bestimmung *f*
sapta|mak *v/t* festsetzen; feststellen, konstatieren; **~nmak** *pass von* ***saptamak***
sara MED Epilepsie *f*
saraç ⟨-cı⟩ Sattler *m*
sarak ⟨-ğı⟩ Fries *m*
saraka Spott *m*; ***-i ~ya almak*** *fig j-n* aufziehen, *j-n* veräppeln; **~cı** Spaßvogel *m*
saralı Epileptiker *m*, -in *f*
sarar → ***sarmak***
sararmak vergilben; *fig* bleich werden, erbleichen; verschießen (*-den* von *der Sonne*)
saray Palast *m*; Hof *m*; ***~ lokması*** GASTR *Art* Krapfen *m*
Saraybosna Sarajevo *n*
saraylı *osm* Hofdame *f*
sar'dalya Sardine *f*; ***kutu ~sı*** Ölsardine *f*
sardırmak *kaus von* ***sarmak***
sar'dunya BOT Pelargonie *f*, Geranie *f*
sarf Ausgabe *f*, Verwendung *f*; ***-i ~ etmek*** ausgeben *A*; *Zeit* aufwenden; *Worte* gebrauchen, äußern
sarfınazar: *-den* ***~ etmek*** absehen von
sarfiyat [aː] ⟨-tı⟩ Aufwand *m* (an *D*)
sargı Binde *f*, Verband *m*, Bandage *f*, Verbands- (*Kasten*); TECH (Kabel)Mantel *m*, Umklöppelung *f*; **~lı** *Kabel* umflochten, umklöppelt; MED verbunden; **~lık** ⟨-ğı⟩ Verband(s)- (*Zeug*)
sarhoş betrunken, berauscht; ***~ olmak***, **~laşmak** sich betrinken; **~luk** ⟨-ğu⟩ Trunkenheit *f*, Trunksucht *f*
sarı gelb; bleich; blond, hellhaarig; rein (*Gold*); Eigelb *n*; ***~ sıcak*** Gluthitze *f*
sarıağız ⟨-ağzı⟩ ZOOL Adlerfisch *m* (*Sciaena aquila*)
sarıçalı BOT Berberitze *f*
sarığıburma GASTR *Art* → ***baklava***
sarık ⟨-ğı⟩ Turban *m*, Turbanband *n*
sarıkanat ZOOL mittelgroße(r) Blaufisch
sarıkız *osm* Goldlira *f*, F Haschisch *m*
sarılgan Schling- (*Pflanze*)
sarılı[1] gelb gefleckt, gelb geblümt
sarılı[2] *-e* gewickelt (in *A*); mit e-r Wicklung; MED verbunden, bandagiert; *fig j-m* verbunden
sarılık ⟨-ğı⟩ gelbe Farbe; MED Gelbsucht *f*
sarılışmak sich verflechten
sarılmak *pass von* ***sarmak***; (*-e*) umarmen *A*; greifen (zu *D*, *z.B. den Waffen*); sich festhalten (an *D*); *fig* sich stürzen (auf *A*); ***kaleme ~*** zur Feder greifen; ***~sarılmış*** gewickelt (in *A*)

sarım Einwickeln *n*; Binde *f*; EL Wicklung *f*
sarımsak ⟨-ğı⟩ → ***sarmısak***
sarım|sı, **~tırak** gelblich
sarınmak *-e* sich einwickeln (in *A*); sich (*D*) umbinden *A*
sarısabır ⟨-brı⟩ BOT Aloe *f*
sarışın (hell)blond
sârî [sɑːriː] MED ansteckend
sarih [iː] klar; unbestreitbar (*Recht*)
sarkaç ⟨-cı⟩ Pendel *n*; **~lamak** pendeln lassen; *Glieder* lockern, locker lassen
sarkar → ***sarkmak***
sarkık hängend; Hänge- (*Backen*)
sarkıntı Belästigung *f*; *-e* **~ *olmak*** belästigen *A*
sarkıntılık ⟨-ğı⟩ sexuelle Belästigung; *-e* **~ *etmek*** sich heranmachen an *A*; *j-n* belästigen
sarkıt ⟨-tı⟩ Stalaktit *m*
sarkıtmak *v/t* hinablassen, F runterlassen; F *j-n* aufhängen
sark|ma MAR Versenkung *f*; Rollen *n*, Schlingern *n*; Anhänger *m* (*Schmuck*); **~mak** ⟨-ar⟩ herunterhängen, (heraus)hängen (*-den* aus); hängen (*-e* bis in, an *A*); sich entfernen, gehen (*-e* bis zu *D*); ***dışarı*** **~** sich hinauslehnen
sarma eingeschlagen, eingewickelt; *Wunde* verbunden; Roulade *f*; Krautwickel *m*; gefüllte Weinblätter *n/pl*; *Griff beim Ringen*
sarmak ⟨-ar⟩ *v/t* binden, legen um *A*; *z.B. Erde* bedecken; *Feind* einkreisen, umzingeln; *Aufstand, Feuer, Schmerz* übergreifen auf *A*, sich ausbreiten nach; *Faden* aufwickeln; *Fieber, Erregung j-n* erfassen; (*-i -e*) *Buch in Papier* einschlagen; einpacken; *fig* aufhalsen (*j-m A*); *-e* BOT umranken; *-i Kleid j-m* stehen; *-i Sache j-m* zusagen; *j-n* begeistern; *Wunde* verbinden; *Zigarette* drehen; *fig j-m* lästig fallen
sarmal Spirale *f*; spiralförmig
sarmalamak *v/t* einhüllen, einwickeln; in e-n Umschlag stecken
sarman groß, riesig; gelbhaarige Katze
sarmaş: **~ *dolaş*** eng umschlungen; **~ *dolaş olmak*** sich umarmen
sarmaşık ⟨-ğı⟩ Efeu *m*
sarmaşmak sich verschlingen; *fig* (*-le*) sich (*od* einander) umarmen
sarmısak ⟨-ğı⟩ Knoblauch *m*; **~ *dişi*** Knoblauchzehe *f*; **~ *ezici*** Knoblauchpresse *f*
sarnıç ⟨-cı⟩ Zisterne *f*; Süßwassertank *m*; **~ *gemisi*** MAR Tanker *m*
sarp ⟨-pı⟩ steil; schwer zugänglich; *fig* schwierig, vertrackt; **~ *yamaç*** Steilhang *m*
sarp|laşmak *v/i* steil ansteigen; *fig* verzwickt werden; **~lık** ⟨-ğı⟩ Steilheit *f*
sarraf Goldhändler *m*
sarsak ⟨-ğı⟩ gebrechlich, wackelnd; **~ *sursak*** tatterig
sarsalamak, **sarsar** → ***sarsmak***
sarsılmak erschüttert werden; wanken, schwanken; *pass von* ***sarsmak***
sars|ım Erschütterung *f*; ASTR Perturbation *f*; **~ıntı** Erschütterung *f*; ***yer*** **~*sı*** Erdstöße *m/pl*; **~ıntılı** stürmisch; *fig* brüchig, erschüttert; **~mak** ⟨-ar⟩ *v/t* erschüttern; *j-n* durchrütteln
sası: **~ ~ *kokmak*** faulig riechen, schlecht (*nach verdorbenem Fisch*) riechen
satar → ***satmak***
sataşmak *-e j-n* belästigen, stören; *j-n* bedrängen
saten *Stoff* Satin *m*
sathî [iː] oberflächlich
satıcı Verkäufer *m*, -in *f*; **~lık** ⟨-ğı⟩ Verkaufswesen *n*; Kleinhandel *m*
satıh ⟨sathı⟩ (Ober)Fläche *f*
satılık ⟨-ğı⟩ verkäuflich, ... zu verkaufen; *-i* ***satılığa çıkarmak*** zum Verkauf anbieten *A*
satılmak *pass von* ***satmak***; *fig* sich verkaufen (*-e* an *A*)
satım Verkauf *m*; ***alım*** **~** Handel und Wandel *m*; **~lık** ⟨-ğı⟩ Maklergebühr *f*; Nachlass *m* (*vom Wareninhaber*)
satın: **~ *alıcı*** Käufer *m*, -in *f*; **~ *almak*** kaufen
satınal|ım, **~ma** Kaufen *n*; ÖKON Einkauf *m*; **~ *danışmanı*** Kaufberater *m*, -in *f*; **~ *gücü*** Kaufkraft *f*
satır[1] ⟨satrı⟩ Zeile *f*, Strich *m*; **~ *başı*** neuer Absatz; **~*ların arasından okumak*** zwischen den Zeilen lesen
satır[2] Hackmesser *n*
satırlık ⟨-ğı⟩ in ... Zeilen
satış Verkauf *m*, Absatz *m*; ***indirimli*** **~** Sonderangebot *n*
satmak ⟨-ar⟩ verkaufen (*-i -e j-m etw*); F (*-i j-m*) entwischen; *fig* verkaufen, verraten; spielen: *z.B.* ***bilgi*** **~** den Gelehrten (*od* Kenner) spielen; ***damping fi-***

S

yatına** ~* zu Dumpingpreisen verkaufen; ***el altından** ~* unter der Hand verkaufen; ***satıp savmak (alles) zu Geld machen

satranç ⟨-cı⟩ Schachspiel *n*; *~ ~* schachbrettartig; kariert; *~ **tahtası*** Schachbrett *n*; *~ **taşı*** Schachfigur *f*; *~**lı*** kariert

Satürn Saturn *m*

sauna Sauna *f*

sav Behauptung *f*, These *f*; *~**ı kanıtsama*** Teufelskreis *m*; Trugschluss *m*

savak ⟨-ğı⟩ Ablauf *m*, Überlauf(vorrichtung *f*) *m*

savan Baumwollkelim *m*; Decke *f*

savar → ***savmak***

savaş Krieg *m*; Kampf *m*; *-e ~ **açmak*** (*od **ilan etmek***) den Krieg erklären *D*; *-i ~ **dışı etmek*** außer Gefecht setzen *A*; *~ **uçağı*** Kampfflugzeug *n*; *~ **yürütmek*** Krieg führen; ***atom** ~**ı*** Atomkrieg *m*; ***dünya** ~**ı*** Weltkrieg *m*; *~**a girişmek*** in den Krieg eintreten

savaş|çı Kämpfer *m*, -in *f*, kriegerisch; *~**çılık*** ⟨-ğı⟩ Kampfeslust *f*; *~**ım*** *fig* Kampf *m*; *~ **vermek*** kämpfen; *~**kan*** kämpferisch; Kämpfer *m*, -in *f*

savaşmak kämpfen; alles daransetzen (*-meye* zu ...)

savat ⟨-tı⟩ Ornament *n* (*in Silber*)

savcı Staatsanwalt *m*, -anwältin *f*; *~**lık*** ⟨-ğı⟩ Staatsanwaltschaft *f*

savlamak *v/t* behaupten

savmak ⟨-ar⟩ **1.** *v/t* verjagen; *j-n* entlassen; *Abend* verbringen; *Dienst* ableisten; *Krankheit* durchmachen; *-e* dringen (in *A*); **2.** *v/i* ausdienen, seine Schuldigkeit tun; verblühen

savruk ⟨-ğu⟩ zerstreut, fahrig; *~**luk*** ⟨-ğu⟩ Zerstreutheit *f*, Pfuscherei *f*

savrulmak zerstieben; zerstäuben

savsak ⟨-ğı⟩ schlampig; fahrlässig; *~**lamak*** *v/t* hinziehen, hinauszögern, verschleppen; *~**layış*** Verschleppung *f*

savsamak → ***savsaklamak***

savulmak Platz machen; ***savul(un)!*** mach (machen Sie) Platz!

savunan Verteidiger *m*

savunma Verteidigung *f* (*a* SPORT *u fig*); *~ **bakanı*** Verteidigungsminister *m*

savunmak *v/t* verteidigen

savunmasız schutzlos

savunu Verteidigung *f*

savunucu Verteidiger *m*, -in *f*

savurgan verschwenderisch; Verschwender *m*, -in *f*

savurmak *v/t Geld* verschleudern; *Korn* worfeln; *Rauch* blasen (*-e* in *A*); *Schwert* schwingen; *Staub* aufwirbeln; *fig* sich ergehen in *D*; *Flüche* ausstoßen; *Lügen* auftischen

savurtmak *-i* (*mit den Händen*) fuchteln

savuşmak *v/i* davonschleichen; F sich verdünnisieren; *Krankheit* vorübergehen

savuşturmak *v/t* durchmachen, erleben; *Unfall* erleiden

saya *Schuh* Oberleder *n*

sayaç ⟨-cı⟩ EL, *Gas usw* Zähler *m*, -messer *m*

saydam durchsichtig; *fig* einleuchtend; *~ **tabaka*** ANAT Hornhaut *f*; *~**laşmak*** durchsichtig werden; *fig* einleuchten; *~**lık*** ⟨-ğı⟩ Durchsichtigkeit *f*; *~**sız*** undurchsichtig

saydırmak (*-i -e*) *j-n etw* zählen lassen; sich (durch *j-n*) beurteilen lassen

saye [a:]: *-in ~**sinde*** dank *D*; durch *A*; dadurch, dass ...; *~**nizde*** durch Sie, durch Ihre Hilfe; ***bu** ~**de*** dadurch, hierdurch

sayfa Seite *f* (*im Buch usw*); *~ **bağlama*** BUCH Paginierung *f*; *~ **bağlamak*** *v/t* BUCH umbrechen; *Presse ~ **sekreteri*** Umbruchredakteur *m*, -in *f*; *~**(yı) çevirmek*** umblättern; *~ ~ **bakmak*** *a* EDV blättern; *~**landırmak*** *v/t* BUCH umbrechen; *~**lık*** ⟨-ğı⟩ von ... Seiten

sayfiye Landhaus *n*, Sommerhaus *n*; *~ (**yeri**)* Erholungsort *m*

saygı Achtung *f* (*-e* vor *D*); Respekt *m*; *-e ~ **beslemek*** Achtung entgegenbringen *D*; *~**yla*** *adv* höflich; *~**larımla*** *Brief* mit freundlichen Grüßen; hochachtungsvoll; ***derin** ~**larımla*** mit vorzüglicher Hochachtung; *~**değer*** schätzenswert, ehrenwert; *~**lı*** korrekt (*z.B. sich benehmen*); ehrerbietig, höflich; *-e ~ **olmak*** *j-n* achten, respektieren

saygın geachtet, angesehen

saygısız unehrerbietig, respektlos (*-e karşı* gegen *j-n*); *~**lık*** ⟨-ğı⟩ Respektlosigkeit *f*

sayı Zahl *f*, Nummer *f* (*z.B. e-r Zeitschrift*); GR Zahlwort *n*; SPORT Punkt *m*; Stich *m*; *~**m suyum yok!*** *Kinderspiel* das gilt nicht!; *~**boncuğu*** ⟨-nu⟩ Rechenbrett *n*; *~**ca*** zahlenmäßig

sayıklamak fantasieren; *fig* träumen (*-i*

S

von *D*)
sayıla|ma Statistik *f*; Berechnung *f*; **~mak** statistisch erfassen
sayılı ... mit der Nummer ...; gezählt, wenig; selten, rar
sayılmak *pass von* **saymak**; (*-den*) zählen zu; gehalten werden (für *j-n*), gelten (als ...)
sayım Zählung *f*, Kontrolle *f*; **~ vergisi** Viehsteuer *f*; **nüfus ~ı** Volkszählung *f*
sayın geehrt, verehrt (*nur bei Anrede*); **~ bayanlar, baylar!** sehr geehrte Damen und Herren; **~ yolcular** verehrte Fahrgäste!
sayı|sal numerisch, Zahlen-, zahlenmäßig; digital; **~ loto** Lotto *n*; **~sız** zahllos; zahlreich
sayış Aufzählung *f*, **~mak** (*-le*) abrechnen mit; kompensieren mit
Sayıştay Rechnungshof *m* (*Türkei*)
saymaca Nominal- (*Wert*)
saymak ⟨-ar⟩ *v/t* aufzählen, nennen; zählen (*von eins bis zehn*); *j-n* achten, schätzen; *etw* berücksichtigen; Bedeutung beimessen *D*; annehmen, damit rechnen (dass); *j-n* halten (*-den*, *-e* für *A*); bar zahlen; *-i* **sayıp dökmek** haarklein berichten über *A*; **paranızın üstünü sayın** zählen Sie Ihr Wechselgeld nach!
say(ma)mazlık ⟨-ğı⟩ Nichtachtung *f*
sayman Buchhalter *m*, -in *f*, Kassenwart *m*, -in *f*; **~lık** ⟨-ğı⟩ Buchhaltung *f*
sayrı krank
saz[1] Rohr *n*, Schilf *n*; Schilf- (*Dach*)
saz[2] MUS Langhalslaute *f*; **~ takımı** *türk.* Saz-Orchester *n*; **~lı sözlü** mit Musik und Gesang (*Fest usw*)
sazan Karpfen *m*
sazlık ⟨-ğı⟩ Schilfdickicht *n*
-se wenn: **çalışırsa** wenn er arbeitet; **eve gitsek** wenn wir nach Hause gingen (F gehen würden)
seans Sitzung *f* (*Therapie usw*); THEA *usw* Vorstellung *f*
sebat [ɑː] ⟨-tı⟩ Ausdauer *f*, Beharrlichkeit *f*; *-de* **~ etmek** (*od* **göstermek**) sehr beharrlich sein (in *D*); **~kâr, ~lı** zäh, ausdauernd, beharrlich; konsequent
sebebiyet ⟨-ti⟩ Ursache *f*; *-e* **~ vermek** Anlass geben zu
sebep ⟨-bi⟩ Ursache *f*; Grund *m*; **... sebebiyle** wegen *G*, infolge *G*, aufgrund *G*; *-e* **~ olmak** verursachen *A*; **bu ~le** infolgedessen, aus diesem Grund
sebep|lenmek *-den* Nutzen ziehen aus; **~li** begründet, motiviert; **~ sebepsiz** völlig grundlos; **~siz** grundlos, unbegründet; **~ kalmak** leer ausgehen
sebil [iː] REL kostenlose(s) Trinkwasser; Brunnen(haus *n*) *m*; Trinkwasserspeier *m* (*an der Moschee*); **~ etmek** verschwenderisch sein
sebze Gemüse *n*
seccade [ɑː] Gebetsteppich *m*
secde REL Kniefall *m* (*beim Gebet*); **~ etmek** REL sich zu Boden werfen; *-e* **~ etmek** *fig* anbeten
seciye Charakter *m*; **~li** charaktervoll; **~siz** charakterlos
seçenek ⟨-ği⟩ alternativ; Alternative *f*, Auswahl *f*
seçer → **seçmek**
seçi Wahl *f*; **~ci** Wahlmann *m*; auswählend; **~ler kurulu** Jury *f*
seçilmiş ausgewählt; *Stoffe* ausgesucht
seçim POL Wahl *f*, Auswahl *f*; BIOL Selektion *f*, Auslese *f*; **~ çevresi** Wahlbezirk *m*; **~ hakkı** Wahlrecht *n*; **~ hücresi** Wahlkabine *f*; **~ yapmak** wählen
seçimli optional; Wahl-; **~ ders** Wahlfach *f*
seçki LIT Anthologie *f*
seçkin ausgewählt, best-; *Person* hervorragend; **~ler** (die) Prominente(n), Elite *f*; **~leşmek** prominent werden
seçme ausgewählt (*Werke*); (*Zeitungs*)-Auszug *m*; **~ hakkı** ÖKON Optionsrecht *n*; **~ ve seçilme hakkı** aktive(s) und passive(s) Wahlrecht
seçmece Alternative *f*, Wahl *f*, zum Selbstaussuchen (*beim Obstkauf usw*)
seçmeci PHIL Eklektiker *m*
seçmek ⟨-er⟩ wählen (*-e* in *A*); auswählen; sich (*D*) *etw* aussuchen; erkennen, entziffern, ausmachen; wählerisch sein (in *D*); *-i* **başkanlığa ~** *j-n* zum (*od* zur) Vorsitzenden wählen; **seçip ayırmak** sortieren
seçmeli wahlfrei, fakultativ (*Schulfach*); frei in der Wahl
seçmen Wähler *m*, -in *f*
seçtirmek *kaus von* **seçmek**
seda [ɑː] Stimme *f*, Ruf *m*
sedef Perlmutter *n*; **~ hastalığı** MED Schuppenflechte *f*
sedimantasyon MED Blutsenkung *f*, GEOL Sedimentation *f*, Ablagerung *f*

sedir[1] *mit Polsterkissen belegte Bank an e-r Wand; etwa* Liege *f* (*ohne Lehne*)
sedir[2] BOT Zeder *f*
'sedye Krankenbahre *f*, HIST Sänfte *f*
sefa [ɑː] Freude *f*, Vergnügen *n*; ***~ bulduk!*** danke! *als Antwort auf* ***~ geldiniz!*** willkommen!; ***~ geldine gitmek*** *j-m* e-n Antrittsbesuch machen; ***~ sürmek*** das Leben genießen
sefahat ⟨-ti⟩ Ausschweifungen *f/pl*
sefalet [ɑː] Elend *n*, Misere *f*; ***~ çekmek*** im Elend leben
sefaret [ɑː] ⟨-ti⟩, ***~hane*** → ***elçilik***
sefer *osm* Reise *f*, Feldzug *m*; Mal *n*; ***bu ~*** diesmal; ***her ~inde*** jedes Mal
seferber mobilisiert; *-i* ***~ etmek*** mobilmachen, mobilisieren; ***~ olmak*** sich mobilmachen; ***~lik*** ⟨-ği⟩ Mobilmachung *f*; ***okuma-yazma seferberliği*** Alphabetisierungskampagne *f*
se'fertası ⟨-nı⟩ Henkelmann *m*
sefih [iː] liederlich
sefil [iː] erbärmlich, heruntergekommen; ***~lik*** ⟨-ği⟩ Erbärmlichkeit *f*
sefir [iː] → ***elçi***
seğirdim Lauf *m*, Jogging *m*; Rücklauf *m* (*e-r Waffe*)
seğirmek zucken
seğirtmek rennen, rasen (*-e doğru* auf *A* zu); ***arkasından ~*** (*j-m*) hinterherrennen
seğmen *Reiter in Lokaltracht an Festen*
seher Morgenröte *f*
sehpa [ɑː] Dreifuß *m*; Gestell *n*; FOTO Stativ *n*; Staffelei *f*; Galgen *m*; *-i* ***~ya çekmek*** *j-n* an den Galgen bringen
'sehven irrtümlich
sek *Wein* herb, trocken; *Schnaps* unverdünnt
sekant ⟨-tı⟩ MATH Sekante *f*
seker → ***sekmek***
seki[1] Sockel *m*; Steinbank *f*; GEOGR Terrasse *f*, Plateau *n*
seki[2] weiße(r) Fleck (*am Fuß des Pferdes*)
sekilemek *v/t* terrassenförmig bepflanzen
sekiz acht; Acht *f*; ***~ yıllık eğitim*** achtjährige Schulpflicht; ***~de bir*** ein Achtel; ***~er*** je acht, in Gruppen zu acht; ***~gen*** Achteck *n*; ***~inci*** achte(r); ***~li*** aus acht Teilen; achtjährig; *Karte* Acht *f*; ***~lik*** für acht *Tassen usw*; MUS Achtelnote *f*

sekmek ⟨-er⟩ hüpfen; *z.B. Stein* mehrmals aufschlagen (und abprallen); *z.B. Fieber* aussetzen
sekmen Schemel *m*; Stufe *f*
sekreter Sekretär *m*, -in *f*; *Büro a* Schreibkraft *f*; ***~lik*** ⟨-ği⟩ Sekretariat *n*
seks Sex *m*; ***~ yapmak*** Sex haben
seksi sexy, anturnend
seksek *Kinderspiel* Himmel und Hölle
seksen achtzig; Achtzig *f*; ***~er*** je achtzig; ***~inci*** achtzigst; ***~lik*** achtzigjährig
seks|üalite Sexualität *f*; ***~üel*** sexuell
sekte Stillstand *m*, Stagnation *f*, MED (Gehirn)Schlag *m*; Schaden *m*; Beeinträchtigung *f*; ***~ye uğramak*** *v/i* zum Stillstand kommen, unterbrochen werden; ***~ vurmak***, ***~ye uğratmak*** *v/t* zum Stillstand bringen, anhalten, stoppen, F abblasen; ***kalp ~si*** Herzinfarkt *m*
sekter POL Sektierer *m*; sektiererisch, dogmatisch; ***~lik*** ⟨-ği⟩ POL Sektierertum *n*, Dogmatismus *m*
sektirmek hüpfen lassen; *-i* ***sektirmemek*** *fig* unentwegt bleiben bei; ***gün sektirmeden*** ohne e-n Tag zu überspringen
sektör Sektor *m*
sel ⟨-lli⟩ Sturzbach *m*; (*Menschen*) Strom *m*; ***~ baskını*** Überschwemmung *f*; ***~i suyu kalmamış*** ohne Saft und Kraft
selam [ɑː] Gruß *m*; ***~ almak*** den Gruß erwidern; *-e* ***~(a) durmak*** F strammstehen vor *D*; *-e* ***~ etmek*** *j-n* grüßen (lassen); ***~ olsun*** *etwa* alles Gute; ***~ sabah*** Begrüßung *f*; *-e* (*-den*) ***~ söylemek*** *j-n* grüßen (von); *-e* ***~ söylemek*** (*od* ***yollamak***) Grüße bestellen *D* (*od* an *A*); *-e* ***~ vermek*** *j-n* grüßen; *-in* ***size ~ var*** ... lässt euch grüßen
selamet [ɑː] ⟨-ti⟩ Wohlbefinden *n*; Geborgenheit *f*; Sicherheit *f*; ***~e çıkmak*** davonkommen, gerettet werden
selametlemek [ɑː] *v/t j-n* begleiten, verabschieden, bringen (*z.B. -e* bis zu)
selam|lamak *v/t* begrüßen; (*von weitem*) grüßen; ***~laşmak*** sich begrüßen; F auf Grüßfuß stehen (*-le* mit *j-m*)
selamlık ⟨-ğı⟩ *osm* Herrenräume *m/pl des Hauses*; HIST Festzug *m des Sultans in die Moschee an Feiertagen*; Parade-(*Uniform*)
selamüna'leyküm *Gruß* Friede sei mit euch!; ***~ kör kadı*** *scherzh* gerade he-

raus, ohne Umschweife
'Selanik Thessaloniki *n*
'Selçuk [uː] ⟨-ku, -ğu⟩ Seldschuke *m*; seldschukisch; **~lu** Seldschukenreich *n*
'sele[1] (Fahrrad)Sattel *m*
'sele[2] (flacher) Korb *m*; **~ *zeytini*** mild gesalzene schwarze Oliven
selef Vorgänger *m*, -in *f*
selektör Getreideschwinge *f*; AUTO Lichthupe *f*; **~ *yapmak*** ein Zeichen mit der Lichthupe geben
selen Selen *n*
'selfservis Selbstbedienung *f*; **~ *lokantası*** Selbstbedienungslokal *n*
selim [iː] MED gutartig, ungefährlich
selinti Gießbach *m*; angeschwemmte(s) Geröll
selo|fan Zellophan *n*; Frischhaltefolie *f*; **~teyp** Klebeband *n*
selpak® Papiertaschentuch *n*
selül|it MED Zellulitis *f*; F Orangenhaut *f*; **~oit** ⟨-di⟩ Zelluloid *n*; **~oz** Zellulose *f*; **~*suz*** holzfrei (*Papier*)
selvi BOT Zypresse *f*
sema[1] [ɑː] Himmel *m*; **~*lar*** Luftraum *m*
sema[2] [ɑː] *ritueller Tanz der Derwische*
semah *ritueller Tanz der Aleviten*
semafor BAHN Signal *n*; MAR Signalmast *m*
semaî [-mɑːiː] *Art* Liebesgedicht *n* (*Volksdichtung*); MUS *e-e Grundtonart*
semantik ⟨-ği⟩ Semantik *f*; semantisch
semaver [ɑː] Samowar *m*
semavî [-ɑːviː] himmlisch, Himmels-
sembol ⟨-lü⟩ Symbol *n*; **~ik** symbolisch; **~izm** Symbolismus *m*
semender ZOOL Salamander *m*; *Fabeltier* Drache *m*
semer Packsattel *m*; Rückenschurz *m* (für Traglasten); F Hintern *m*; *-e* **~ *vurmak*** e-n Packsattel auflegen
semere *fig* (gutes) Ergebnis *n*; **~(*sini*) *vermek*** das erwünschte Ergebnis bringen; **~li** fruchtbar, lohnend, ertragreich
semerlemek *v/t* e-n Packsattel auflegen
seminer Seminar *n*; Fortbildungskurs *m*
semir|gin verfettet (*durch Faulheit*); **~mek** fett werden; **~tmek** *v/t* mästen; dick machen
semiz fett; gemästet; **~lemek** fett werden; **~lik** ⟨-ği⟩ Verfettung *f*
semizotu ⟨-nu⟩ BOT Portulak *m* (*Portulaca oleracea*)
sempati Sympathie *f*; *-e* (***karşı***) **~ *beslemek*** (*od* ***duymak***) (eine) Sympathie haben *od* hegen für
sempati|k *a* MED sympathisch; freundlich; **~zan** Sympathisant *m*; sympathisierend
sem'pozyum Symposium *n*
semt ⟨-ti⟩ (Wohn)Gegend *f*; ASTR Azimut *n* (*a m*); *-in* **~*ine uğramamak*** die Gegend *G* meiden; jeden Kontakt (mit *j-m*) meiden
sen du; **~ *bilirsin*** das musst du wissen; **~ *diye hitap etmek*** duzen; **~*i* (*gidi*) ~*i*** du Nichtsnutz, du Lausbub!
sena [ɑː]: ***medh ü* ~** *abw* Lob *n*
se'naryo THEA *usw* Drehbuch *n*; **~cu** Drehbuchautor *m*
se'nato POL Senat *m*
senatör POL Senator *m*
'sence nach deiner Ansicht
sende bei dir, in dir
sendelemek stolpern; taumeln
senden von dir, aus dir; über dich
sendik ⟨-ği⟩ Syndikus *m*; Konkursverwalter *m*
sen'dika Gewerkschaft *f*; **~cı** Gewerkschaft(l)er *m*, -in *f*; **~cılık** ⟨-ğı⟩ Gewerkschaftsbewegung *f*; **~laşmak** sich gewerkschaftlich organisieren; **~lı** gewerkschaftlich organisiert; **~lizm** Syndikalismus *m*; **~sız** gewerkschaftlich nicht organisiert
sendrom Syndrom *n*, Krankheitsbild *n*
sene Jahr *n*; **~*lerce*** jahrelang; **~*den* ~*ye*** von Jahr zu Jahr; **~*ye*** im nächsten Jahr
senelik Jahres- (*Bilanz*); ***iki* ~** zweijährig
senet ⟨-di⟩ Schuldschein *m*; Wechsel *m*; Urkunde *f*; Bescheinigung *f*; Nachweis *m*; *-e* **~ *vermek*** *j-m* e-e Bescheinigung (*od* e-n Beleg) geben; sich verbürgen (*-e* für *A*), *j-m* garantieren *A*; **~leşmek** e-n Vertrag schließen (*-le* mit *D*); **~li** beurkundet, belegt, nachgewiesen; **~siz** nicht nachgewiesen, nicht belegt; **~ *sepetsiz*** F ohne Bescheinigung
sen|foni MUS Sinfonie *f*; **~ *orkestrası*** Sinfonieorchester *n*; **~fonik** sinfonisch
seni dich; **~ *kurnaz* (~)** du Schlaumeier!
senin deiner *G*, dein; **~ *için*** für dich; ***bu* ~** das gehört dir, das ist deins
seninki (das) deinige; **~*ler*** die Deinigen, deine Angehörigen
senkron synchron; **~izasyon** FILM Syn-

S

chronisierung *f*
sen'libenli sehr zwanglos; ungezwungen, sehr vertraut; per du
sensor TECH Sensor *m*, Fühler *m*
sen|tagma LING Syntagma *n*; **~taks** LING Syntax *f*; **~tetik** ⟨-ği⟩ synthetisch; **~tez** Synthese *f*
sepet ⟨-ti⟩ Korb *m*; Korb voll ...; Korb-; Beiwagen *m*; ***kağıt ~i*** Papierkorb *m*; *-i* ***sanmak*** für belanglos halten; **~kulpu** ⟨-nu⟩ ARCH Flachbogen *m*; **~lemek** *v/t* in den Korb tun; F *j-n* abwimmeln; vergraulen; **~lik** ⟨-ği⟩ (Mauer)Vorsprung *m*; Flechtmaterial *n*
sepi Gerben *n*; **~ci** Gerber *m*; **~lemek** *v/t* gerben; **~li** gegerbt
sepken → ***sulusepken***
septik[1] ⟨-ki⟩ MED septisch
septik[2] ⟨-ği⟩ PHIL skeptisch
septisemi MED Sepsis *f*, Septihämie *f*, *Art* Blutvergiftung *f*
ser[1] *osm* Kopf *m*; Ober-, General-, Chef-; ***~de ... var*** *scherzh* immerhin bin ich (bist du *usw*) ein ...
ser[2], **sera** Treibhaus *n*; ***sera etkisi*** Treibhauseffekt *m*
seramik ⟨-ği⟩ Keramik *f*
serap [ɑː] ⟨-bı⟩ Fata Morgana *f*
serasker HIST (*osm.*) Kriegsminister *m*
serbest ⟨-ti⟩ frei; Frei- (*Handel*); unabhängig, parteilos; ***~ bölge*** Freihandelszone *f*; ***~ dolaşım*** Freizügigkeit *f* (*der Arbeitskräfte in der EU*); ***~ piyasa ekonomisi*** freie Marktwirtschaft; *-i* ***~ bırakmak*** freilassen *A*; ***~ meslek*** freie(r) Beruf; ***~ vuruş*** Freistoß *m*; **~çe** *adv* frei, ungehindert
serbestî [iː] → ***serbestlik***; **~lemek** sich befreien (aus *D*, *z.B. der Menge*), frei werden; **~lik** ⟨-ği⟩ Freiheit *f*, Ungezwungenheit *f*
serçe Sperling *m*, Spatz *m*; **~parmak** ⟨-ğı⟩ kleine(r) Finger; kleine(r) Zeh
serdirmek *kaus von* ***sermek***
serdümen MAR Steuermann *m*; MIL Obermaat *m*
sere Fingerspanne *f* (*zwischen Daumen und Zeigefingerspitze*)
seremoni Zeremonie *f*
seren MAR Rahe *f*, Ausleger *m* (*e-s Krans*)
serenat ⟨-dı⟩ MUS Serenade *f*
serer → ***sermek***
serf Leibeigene(r); **~lik** ⟨-ği⟩ Leibeigenschaft *f*
sergen Schaufenster *n*, Auslage; Abstellbrett *n*, Regal *n*
sergi Auslage *f* (*zum Verkauf*); (Verkaufs)Stand *m*; Ausstellung *f*; **~ci** Aussteller *m*; ***~ salonu*** Ausstellungshalle *f*; Galerie *f*; **~lemek** *v/t* ausstellen; *fig* darlegen; zur Schau stellen
sergin ausgebreitet; bettlägerig; ***~ vermek*** MED das Bett hüten müssen
sergüzeşt ⟨-ti⟩ Abenteuer *n*
serhat ⟨-ddı⟩ *osm* Grenzgebiet *n*
seri[1] Serie *f*, Serien- (*Herstellung*; EL *Schaltung*); laufend (*Nummer*)
seri[2] [iː] schnell; Schnell- (*Feuer*); ***~ imalat*** (*od* ***üretim***) Serienproduktion *f*
serili ausgedehnt, ausgebreitet
serilmek *pass von* ***sermek***; sich hinlegen, sich ausstrecken (*-e* auf *A*)
serin kühl, frisch; **~kanlı** kaltblütig; **~lemek** kühl (*a* frisch) werden; auffrischen; sich erleichtert fühlen; sich erfrischen; **~leşmek** kühl(er) werden; **~letici** erfrischend; **~letmek** *v/t* (ab)kühlen; **~lik** ⟨-ği⟩ Kühle *f*
serkeş aufsässig; eigensinnig; **~lik** ⟨-ği⟩ Aufsässigkeit *f*, Eigensinnigkeit *f*
sermaye [ɑː] Kapital *n*; Vermögen *n*; Gesprächsstoff *m*; Mädchen *n* e-s Zuhälters; ***~yi kediye yüklemek*** F *fig* sein Vermögen verjuxen *od* verprassen; **~ci** Kapitalist *m*; **~dar** [-dɑːr] Kapitalist *m*; Geldgeber *m*, -in *f*
sermek ⟨serer⟩ (*-i -e*) *v/t* ausbreiten (*z.B.* auf *A*); *Wäsche* aufhängen; *Kabel* legen (in *A*); ***işi ~*** die Sache: in die Länge ziehen; *-i* ***yere ~*** *j-n* niederstrecken
serpantin Papierschlange *f*, Fußbodenheizung *f*, *Mineral* Serpentin *m*
serpelemek *Regen* nieseln
serper → ***serpmek***
serpilmek sich herausmachen; *pass von* ***serpmek***
serpinti Sprühregen *m*; (Wasser)Spritzer *m*; (Schnee)Flocke *f*, Überreste *m/pl*; ***~ radyoaktif ~*** Fall-out *n*
serpiştirmek (*-i -e*) besprühen *A*, bespritzen *A*; *Regen* nieseln
serpme Versprühen *n*; Ausstreuen *n*; Wurfnetz *n*; vereinzelt, sporadisch
serpmek ⟨-er⟩ (*-i -e*) (hin)streuen (*j-m A*); besprengen; *Konfetti* (aus)streuen; sprühen (auf, in *A*); ***kar serpiyor*** es fällt leichter Schnee

S

'sersefil bettelarm
sersem betäubt (*-den* von *D*); benommen; zerfahren, F schusselig, fahrig; **~lemek, ~leşmek** betäubt (*od* benommen) sein; **~letici** betäubend; **~letmek** *v/t* betäuben, benommen machen; **~lik** ⟨-ği⟩ Benommenheit *f*, Betäubung *f*, F Dusel *m*; Zerstreutheit *f*
serseri Vagabund *m*; Penner *m*; *Hund* herumstrolchend; verirrt (*Kugel*); Treib- (*Mine*); **~leşmek** zum Vagabunden werden; **~lik** ⟨-ği⟩ Vagabundentum *n*; **~ etmek** vagabundieren
sert ⟨-ti⟩ hart; *Antwort* barsch; *Fleisch* zäh; *Klima*, *See* rau; *Konsonant* stimmlos; *Person* streng; POL gespannt (*Atmosphäre*); *Wein* herb; *Tabak* stark
sertelmek *dial* sich verhärten; *fig Miene* sich verfinstern
serti'fika Zeugnis *n*; Studienfach *n*; Studienbescheinigung *f*
sert|lenmek streng werden; **~leşme** TECH Härtung *f*, **~leşmek** TECH hart werden, binden; *Klima* rau werden; streng werden; gespannter werden, sich zuspitzen; **~leştirmek** *v/t* härten; verschärfen; *die Stimme* heben; **~lik** ⟨-ği⟩ Härte *f*, Strenge *f*, Schärfe *f*
serum ANAT, MED Serum *n*
serüven Abenteuer *n*; **~ci** Abenteurer *m*, -in *f*, **~cilik** ⟨-ği⟩ Abenteuerlust *f*, **~li** abenteuerlich; **~siz** ereignislos
server *a* ['sərvər] EDV Server *m*
servet ⟨-ti⟩ Reichtum *m*; Vermögen *n*; **~ beyanı** Vermögenserklärung *f*, **~li** vermögend; **~siz** unvermögend
servi BOT Zypresse *f*
servis (Ess)Service *n*, Set *n*; Kundendienst *m*; Tafelgeschirr *n*; Dienst *m*; Bedienung *f* (*im Restaurant*); Gedeck *n* (*im Restaurant*); Schicht *f* (*im Dienstleistungsgewerbe*); Abteilung *f* (*e-r Behörde*); (Autobus)Verkehr *m*; SPORT Aufschlag *m*, Angabe *f*, **~ atan** Aufschläger *m*, -in *f*, **~ atmak** *v/t* (*Tennis*) aufschlagen; **~ istasyonu** Tankstelle *f*, **~ kapısı** Dienstboteneingang *m*; **~ sağlayıcı(sı)** EDV Internet-Provider *m*; **~ yapmak** bedienen (*bei Tisch*); servieren (*Kochrezept*)
seryat Bettsofa *n*
ses Stimme *f*, Klang *m*, Ton *m* (*z.B. der Trommel*); MUS Ton *m*; PHYS Schall *m*; **~ çıkarmak** ein Geräusch machen; *fig* F (dagegen) meckern; *-e* **~ çıkarmamak** sich nicht äußern zu; *-in* **~ çıkmamak** F nicht mumm (*od* piep) sagen; **~ dalgaları** Schallwellen *f/pl*; **~ değişmesi** GR Assimilationserscheinung *f*, **~ duvarı** Schallmauer *f*, **~ etmek** rufen, schreien; **~ geçirmez** schalldicht; **~ getirmek** Anklang finden; **~ kartı** EDV Soundkarte *f*, **~ kirişleri** ANAT Stimmbänder *n/pl*; **~ kuşağı** FILM Tonspur *f*, **~ seda kesilmek** *v/unp* kein Laut zu hören sein; **~ seda yok** man (er, sie) schweigt sich aus; es ist still; **~ yolu** GR, ANAT Ansatzrohr *n*; FILM Tonspur *f*, *-in* **~i(ni) kesmek** *j-n* zum Schweigen bringen; verstummen
ses|bilgisi ⟨-ni⟩ Phonetik *f*, Lautlehre *f*, **~bilim** Phonologie *f*, **~çil** phonetisch; **~ yazım** Lautschrift *f*
ses|lemek *v/t* hören; lauschen *D*; **~lendirmek** *v/t* vertonen; vorsingen; *Reaktion* zeigen; *Einwand usw* erheben, laut werden lassen; *Film* synchronisieren; *Sehnsucht* wachrufen; **~lenmek** *-e* rufen; (*auf e-n Ruf*) antworten; appellieren an *A*; *j-n* anreden; *j-m* zurufen
ses|li laut (*z.B. weinen, lesen*); mit e-r ... Stimme; Laut-; Ton- (*Film*); LING → ***ünlü***; **~ötesi** Ultraschall *m*; **~siz** stumm; lautlos, leise; schweigsam; ruhig, verschlossen, still; **~ (olun)!** Ruhe!; **~ ortaklık** ÖKON stille Teilhaberschaft; LING → ***ünsüz***, **~sizleşmek** stumm werden *usw*; **~sizlik** ⟨-ği⟩ Stummheit *f*, Stille *f*, ***ölüm sessizliği*** Totenstille *f*
sesteş LING Homonym *n*, *a* Homophon *n*; gleichlautend
set[1] ⟨-ddi⟩ Damm *m*; Deich *m*; Sperre *f*, Wall *m*; Barriere *f*, GEOL Terrasse *f*, Arbeitsfläche *f* (*Küche*); ***Çin Seddi*** die Chinesische Mauer; **~ çekmek** (*od* ***etmek***) e-e Sperre errichten; eindämmen
set[2] ⟨-ti⟩ SPORT Spielfeldgrenze *f*, (*Tennis*) Satz *m*; ***müzik ~i*** Stereoanlage *f*
setüstü: **~ ocak** Tischherd *m*
sevap [ɑː] ⟨-bı⟩ REL gute(s) Werk; **~ kazanmak** wohltätig sein, Gutes tun
sevda [ɑː] Liebe *f*, Leidenschaft *f*, brennende(r) Wunsch; Vorhaben *n*; *-e* **~ çekmek** leidenschaftlich verliebt sein (in *A*); (*-mek*) **~sına düşmek** *fig* darauf brennen (zu ...); **~lı** verliebt (in *A*); erpicht (auf *A*)

S

sevdirmek (*-i -e*) *j-m etw* nahe bringen; *j-s* Begeisterung erwecken für
seve: **~ ~** sehr gern
sevecen zärtlich; **~lik** ⟨-ği⟩ Zärtlichkeit *f*
-sever liebend, Liebhaber *m*, -in *f*, Freund *m*, -in *f* (von ...); → ***sevmek***
sevgi Liebe *f*; *-e* (***karşı***) **~ *beslemek*** *j-m* Liebe entgegenbringen; **~li** Geliebte(r); *Brief* liebe(r), liebe(s) ...
sevi Liebesleidenschaft *f*
sevici Lesbierin *f*
sevil|en beliebt; ***sevilecek*** liebenswert; **~mek** *pass von* ***sevmek***
sevimli nett, lieb, freundlich; **~leştirmek** *v/t* liebenswert machen; **~lik** ⟨-ği⟩ Freundlichkeit *f*, Nettigkeit *f*
sevimsiz unfreundlich; unangenehm; **~lik** ⟨-ği⟩ Unannehmlichkeit *f*
sevinç ⟨-ci⟩ Freude *f*; **~ *içinde*** voller Freude; **~li** freudig
sevindir|ici erfreulich; **~mek** *v/t* erfreuen; e-e Freude machen *D*
sevin|e: **~ ~** voller Freude; **~mek** sich freuen (*-e* über/auf *A*, an *D*)
sevişmek (*-le*) sich lieben (*bes körperlich*)
seviye Niveau *n*; *fig* Stand *m*; POL Ebene *f*; **~*ye çıkartmak*** *v/t* auf ein Niveau bringen; **~ *tespit sınavı*** Feststellungsprüfung *f*
sevk ⟨-kı⟩ Entsendung *f*, Lieferung *f*, Abtransport *m*; Sendung *f*, Rücken *n*, Heranrücken *n*; *-i* **~ *etmek*** *Truppen* entsenden; zusammenziehen; schicken, transportieren; *-e* führen zu; *fig* bringen, veranlassen zu; weiterleiten; **~ *kağıdı*** Überweisungsschein *m* (*ans Krankenhaus*); **~ *ve idare*** Management *n*
sevkıyat [ɑː] ⟨-tı⟩ MIL Versorgung *f*, ÖKON Lieferung *f*
sevmek ⟨-er⟩ *v/t* lieben; *bes Sache* mögen; gern tun; *j-n* streicheln, liebkosen; BOT (*z.B. feuchtes Klima*) bevorzugen; ***sevsinler!*** siehe mal einer an!
seyahat [-jaː-] ⟨-ti⟩ Reise *f*; **~ *acentası*** Reisebüro *n*; **~*e çıkmak*** verreisen; **~name** [ɑː] Reisebeschreibung *f*
seyir ⟨seyri⟩ Verlauf *m* (*der Krankheit*); MAR (*in*) Fahrt *f* (*befindlich*); Veranstaltung *f*, Schauspiel *n*, *etw* zu sehen; *-i* ***seyre dalmak*** in Betrachtung *G* versinken
seyirbilgisi Navigation *f*
seyir|ci Zuschauer *m*, -in *f*; THEA *a* Besucher *m*, -in *f*; *-e* **~ *kalmak*** untätig zusehen (bei *D*); **~ *mahalli*** Zuschauerraum *m*; **~lik**: **~ *oyun*** volkstümliche(s) Schauspiel
seyis Stallknecht *m*
'Seylan [ɑː] *Insel* Ceylon *n*; **~ *dili*** (das) Singhalesisch(e)
seyran [ɑː] Spaziergang *m*, Ausflug *m*
seyredilme: **~ *oranı*** TV Einschaltquote *f*
seyrek ⟨-ği⟩ weitläufig; *Gewebe* lose, weitmaschig; *Haar* schütter, spärlich; *Wald* licht; *Zähne* weit auseinander stehend; *zeitlich* selten; **~leşmek** sich verringern; *Menge* sich verlaufen; auseinander gehen; *Regen* sporadisch fallen; **~leştirmek** *v/t* verringern
seyrelmek → ***seyrekleşmek***
seyreltik CHEM verdünnt; **~lik** ⟨-ği⟩ Verdünnung *f*
seyreltmek *v/t* verdünnen
seyretmek **1.** *v/t* betrachten, sich (*D*) ansehen; **2.** *v/i* MAR abfahren, absegeln; ***televizyon* ~** fernsehen; ***... seyret!*** *int* guck dir ... mal an!
'seyrüsefer *osm* Verkehr *m*
seyyah [ɑː] *osm* Reisende(r)
seyyar ambulant (*Händler*); Wander- (*Kino*); MIL Feld- (*Küche*); tragbar
'Sezar Cäsar *m*
sezaryen MED Kaiserschnitt *m*
sez|dirmek (*-i -e*) *j-m etw* andeuten; zu verstehen geben; **~er** → ***sezmek***; **~gi** Vorgefühl *n*, Ahnung *f*, Intuition *f*; **~ilmek** *pass von* ***sezmek***; **~inlemek** *v/i* ahnen, fühlen, spüren; **~mek** ⟨-er⟩ *-i* ahnen *A*, das Gefühl haben (dass ...); merken *A*, spüren *A*
sezon Saison *f*; **~luk** Saison(s)-
'sezyum Cäsium *n*
sfenks Sphinx *f*
sıcacık mollig (warm)
sıcak ⟨-ğı⟩ heiß (*a fig Tränen*); warm (*z.B. a Frühstück*); freundlich, herzlich (*Empfang*); Hitze *f*, türkische(s) Bad; ***sıcağı sıcağına*** unverzüglich, auf der Stelle; **~ *temas*** MIL Kontakt *m* mit dem Feind; *-e* **~ *bakmak*** positiv gegenüberstehen *D*; **~iklim** Tropenklima *n*; **~kanlı** ZOOL warmblütig; *fig* warmherzig, sympathisch
sıcaklaş|mak heiß (*od* warm) werden; **~tırmak** *v/t* erhitzen, erwärmen

S

sıcaklık ⟨-ğı⟩ Hitze *f*, Wärme *f*, Temperatur *f*; *fig* Liebe *f*, Herzlichkeit *f*; **~ değişmeleri** Temperaturschwankungen *f/pl*
sıçan Ratte *f*; **~a dönmek** pudelnass werden; **~dişi** ⟨-ni⟩ *Kleid* Hohlsaum *m*; **~kırı** mausgrau; **~kuyruğu** ⟨-nu⟩ Stichfeile *f*; **~otu** ⟨-nu⟩ *dial* Arsenik *n*; **~yolu** ⟨-nu⟩ MIL Laufgraben *m*
sıçmak ⟨-ar⟩ V scheißen; *fig* (alles) versauen, Mist machen; *-in* **ağzına ~** V versauen; **ağzına sıçarım!** V ich mach dich fertig!
sıçra|ma Sprung *m*; Schub *m*; Etappe *f*; **~ tahtası** Sprungbrett *n*; **~ yapmak** *fig* einen Sprung vollziehen; **~mak** *-e v/i* springen (auf, in *A*); *fig* auffahren, aufschrecken; *Dreck* spritzen; *Feuer, Funke* überspringen (auf *A*); **~tmak** springen lassen *usw*; (*-e j-n, A*) bespritzen (*-i* mit *D*); **~yış** Sprung *m*
sıfat ⟨-tı⟩ Eigenschaft *f*, (das) Äußere, Aussehen *n*; Physiognomie *f*; GR Adjektiv *n*; **~ tamlaması** attributive Fügung (*z.B. beyaz ev*); **bakan ~ıyla** in seiner/ihrer Eigenschaft als Minister(in); **~landırmak** *-i j-n* qualifizieren, als geeignet anerkennen; **~laştırmak** *v/t* GR adjektivieren
sıfır Null *f*, null, wertlos; SPORT **dört ~** vier zu null; **~ altı (üstü) ... derece** ... Grad unter (über) Null; **~ büyüme** Nullwachstum *n*; **~dan başlamak** von Null anfangen; **~ın altında (üstünde) ... derece** ... Grad unter (über) Null; **~ı tüketmek** F völlig ausgepumpt sein; nichts zu beißen haben; **~lamak** *v/t* auf Null zurückführen; nullen
sığ ⟨-ğı⟩ seicht; untiefe Stelle
sığa PHYS Kapazität *f*
sığar → **sığmak**
sığdırmak (*-i -e*) *etw* unterbringen (können) in *D*, pressen in *A*; *-i* **içine sığdıramamak** *v/t fig* nicht vertragen (F verdauen) können
sığınak ⟨-ğı⟩ Zuflucht(sort *m*) *f*; MIL Bunker *m*; Luftschutzraum *m*; *fig* Schutz *m*, Zuflucht *f*
sığın|ık ⟨-ğı⟩ Flüchtling *m*; **~ma** Zuflucht *f*; POL Asyl *n*; SPORT Windschatten *m*; **~ hakkı** Asylrecht *n*; **~macı** Asylsuchende(r), Asylant *m*, -in *f*; **~mak** *-e* Zuflucht suchen in, bei *D*; sich retten in, unter *A*; Asyl suchen bei, in *D*; *fig* Hilfe suchen bei, in *D*
sığıntı *j-d, der auf Unterkunft und Beköstigung bei j-m angewiesen ist*
sığır Rind *n*, Hornvieh *n*; **~ eti** Rindfleisch *n*; **~ sineği** ZOOL Bremse *f*; **~ gibi adam** *fig* F ein Rindvieh!
sığırcık ⟨-ğı⟩ ZOOL Star *m*
sığırgözü ⟨-nü⟩ BOT Bergwohlverleih *m* (*Arnica montana*)
sığırtmaç ⟨-cı⟩ Rinderhirt *m*; GASTR grüne Bohnen in Butter
sığış|mak Platz finden, F reingehen; **~tırmak** (*-i -e*) *v/t* hineinzwängen in *A*
sığlık ⟨-ğı⟩ Untiefe *f*, *fig* Seichtheit *f*
sığmak ⟨-ar⟩ *-e* hineingehen, Platz finden; *fig* passen zu; *-in* (*-den*) **içi içine sığmamak** außer sich (*D*) sein (vor *D*)
sıhhat ⟨-ti⟩ Gesundheit *f*, Genauigkeit *f*; **~ler olsun!** (*nach dem Bad od Rasieren*) wohl bekomm's!; **~li** gesund; genau
sıhhî [-i:] hygienisch, sanitär; Gesundheits- (*Zustand*); medizinisch (*Hilfe*); **~ye** Gesundheitswesen *n*; Sanitär-; **~ subayı** Sanitätsoffizier *m*; **~yeci** Sanitäter *m*; Beamte(r) im Gesundheitswesen
sıhriyet ⟨-ti⟩ *osm* Verwandtschaft *f* (*durch Heirat*); Verschwägerung *f*
sık 1. *adj* dicht; eng aneinander stehend; **2.** *adv* oft, häufig; **~ ~** sehr oft
sıkacak ⟨-ğı⟩ Presse *f*, Schraubstock *m*
sıkar → **sıkmak**
sıkboğaz: *-i* **~ etmek** *fig j-m* das Messer an die Kehle setzen
'sıkça ziemlich oft, häufiger
sıkı 1. *adj* eng; fest verschnürt; vollgestopft (*Kissen*); streng (*Diät, Kontrolle*); schwer (*Zeiten*); scharf (*Wind*); *fig Person* knickerig, kleinlich; **2.** *adv* fest; ordentlich; **~ basmak** *v/i* sicher auftreten, sich durchsetzen; **~ durmak** *fig* fest bleiben, die Ohren steifhalten; **~ fıkı** vertraut, intim; **~ ~ya** fest (verschlossen); nachdrücklich (*ermahnen*); *-i* **~ tutmak** *fig* fest im Auge behalten; *fig* festhalten; *-i* **~ya almak** bedrängen *A*; zusetzen *D*; fest in die Hand nehmen; **~ya gelmek** in Bedrängnis geraten; **hiç ~ gelemez** er will es immer leicht haben; **~ysa** wenn er *usw* Mumm hat ...
sı'kıca fest; streng
sıkıcı langweilig, ermüdend

S

sıkılamak enger schnallen, zusammenziehen; *Waffe* laden; pressen
sıkılgan verlegen, schüchtern
sıkılık ⟨-ğı⟩ Knickerigkeit *f*, Kleinlichkeit *f*; Enge *f*
sıkılma Verlegenheit *f*, Schüchternheit *f*; Enge *f*
sık|ılmak *pass von* ***sıkmak***; sich genieren; verlegen werden; in (finanziellen) Schwierigkeiten sein; *-in -e* ***canı ~*** betrübt sein über *A*; *-in* ***canı ~*** sich langweilen; ***~ılmaz*** ungeniert
sıkım: Handvoll *f*; Ladung *f* (*e-r Waffe*); *-in* ***bir ~lık canı var*** er ist ganz schwach (*od* klein); ***~ınmak*** sich zusammenpressen; sich anstrengen
sıkıntı Langeweile *f*, Unbehagen *n*; Bedrückung *f*, Strapaze *f*, Bedrängnis *f*, Geldnot *f*, Entbehrungen *f/pl*; Mangel *m*; (böse) Vorahnung; ***~ basmak*** bedrückt (*od* niedergeschlagen) sein; ***~ çekmek*** Strapazen durchmachen; Not leiden; *-e* ***~ vermek*** *j-n* bedrücken; langweilen; verdrießen; ***~da olmak*** in Bedrängnis sein, in Not sein; *-in* ***~sı olmak*** Schwierigkeiten haben; Stuhldrang haben; F auf die (*od* zur) Toilette müssen; ***~ya düşmek*** in Not geraten; ***~ya gelememek*** *fig* leicht aufgeben, keine Ausdauer haben
sıkıntı|lı bedrückt, sorgenvoll; *Lage* bedrückend; *Krankheit* entkräftend; *Wetter* schwül; ***~sız*** sorgenlos
sıkışık ⟨-ğı⟩ (zusammen)gedrängt (*z.B. sitzen*); heikel; MIL geschlossen (*Ordnung*); verstopft; ***~ hallerde*** in dringenden Fällen; ***~lık*** ⟨-ğı⟩ Gedränge *n*; (Verkehrs)Stau *m*; Verstopfung *f*
sıkışmak sich drängen, gedrängt sein; sich (*D*) (*z.B. den Finger*) klemmen, quetschen (*-e* in *D*); *fig* schlecht bei Kasse sein; in Bedrängnis sein; Beklemmungen (*in der Brust*) haben; Stuhldrang haben
sıkıştırma Druck *m*; Kompression *f*, *a* EDV Komprimierung *f*
sıkıştırmak *-i* stopfen, quetschen (*-e* in *A*); EDV, TECH komprimieren; abdichten; pressen; sich (*D*) etw ... klemmen: ***gazeteyi kolunun altına sıkıştırdı*** er hat sich (*D*) die Zeitung unter den Arm geklemmt; (*-e j-m*) *etw* in die Hand drücken; *fig j-n* in die Enge treiben; *fig j-n* in die Zange nehmen
sıkışılmış *a* EDV komprimiert
sıkıyönetim Notstand(sregierung *f*) *m*; Ausnahmezustand *m*
sıkkın niedergeschlagen, deprimiert
sıklaş|mak aneinander rücken, (*-di-Form*) dicht stehen; (*z.B. Besuche*) häufiger werden; ***~tırmak*** *v/t* oft wiederholen; näher aneinander stellen; *Schritte* beschleunigen
sıklet ⟨-ti⟩ SPORT Gewicht *n*; ***ağır ~*** SPORT Schwergewicht *n*; ***orta ~*** Mittelgewicht *n*; ***sinek ~*** Federgewicht *n*
sıkma saftig; Pressen *n*; (frisch) gepresst; ***~ portakalı*** Saftorange *f*
sıkmabaş *abw Frau mit streng islamischer Kopfbedeckung*
sıkmak ⟨-ar⟩ (*-i*) pressen, zusammendrücken *A*; (*j-m die Hand*) drücken; *Frucht* auspressen; drücken (auf *A*); *Wäsche* auswringen; *Wasser* spritzen (*-e* auf *A*); *Salve* abfeuern; *fig j-n* drangsalieren, piesacken, F *Schüler* ordentlich vornehmen; *j-n* verdrießen; ***sıkarsın*** (*od* ***sıkıyorsun, sıktın***)***!*** du gehst mir auf die Nerven
sıla Heimat(dorf *n*) *f*; ***~ hastalığı*** Heimweh *n*; ***~cı*** Heimkehrer *m*, -in *f*
'sımsıkı sehr dicht; fest; (pflück)reif
sınaî [-nɑːiː] industriell
sına|ma Versuch *m*; Probe *f*; ***~mak*** *v/t* prüfen; probieren, versuchen
sınanmak *pass von* ***sınamak***
sınar → ***sınamak***
sınatmak *kaus von* ***sınamak***
sınav *Person* Prüfung *f*, Test *m*, Examen *n*; ***~ları kazanmak*** die Prüfungen bestehen; ***giriş ~ı*** Aufnahmeprüfung *f*; ***~a tabi tutmak, ~a sokmak, ~dan geçirmek*** e-r Prüfung unterziehen, examinieren
sıncan BOT Tragant *m* (*Astragalus*)
sındı Schneiderschere *f*
sındırmak *v/t* zerschlagen; MIL niederwerfen
sınıf *a* POL Klasse *f*, Kategorie *f*, Klassenzimmer *n*; ***birinci ~*** erstklassig; ***işçi ~ı*** Arbeiterklasse *f*, ***subay ~ı*** Offizierskorps *n*; ***~ arkadaşı*** Klassenkamerad *m*; ***~ atlamak*** (sozial) aufsteigen; ***~ ders defteri*** Klassenbuch *n*; ***~ farkı*** Klassenunterschied *m*; ***~ geçmek*** e-e Klasse durchmachen; ***~ öğretmeni*** Klassenlehrer *m*, -in *f*, ***~ta çakmak*** F sitzen bleiben; ***~ta kalmak*** nicht ver-

S

setzt werden

sınıf|lamak *v/t* klassifizieren; **~landırılma** Klassifizierung *f*; **~landırmak** *v/t* klassifizieren; **~lık** Klassen-; ***sekiz ~*** achtklassig (*Schule*); **~sal** POL Klassen-; klassenmäßig; **~sız** POL klassenlos

sınır Grenze *f*; ***~ çekmek*** (*od* ***çizmek***) e-e Grenzlinie ziehen; *fig* e-e Grenze setzen (*-e D*); ***~ dışı edilme*** Ausweisung *f*; *-i* ***~ dışı etmek*** *j-n* ausweisen; ***yanlış ~ı*** TECH Fehlergrenze *f*; **~daş** angrenzend; Grenzbewohner *m*, -in *f*, Anrainer *m*, -in *f*; **~daşlık** ⟨-ğı⟩ Grenznachbarschaft *f*

sınır|lamak *v/t* begrenzen; bestimmen, definieren; **~landırmak** *v/t* begrenzen; **~lı** begrenzt; mit e-r Grenze; **~sız** ohne Grenze; *fig* grenzenlos

sıpa Eselsfüllen *n*; Stativ *n*

sır[1] ⟨sırrı⟩ Geheimnis *n*; ***~ küpü*** verschwiegene(r) Mensch; Geheimniskrämer *m*; ***~ tutmak*** (es) geheim halten; F den Mund halten; ***~ sızdırmak*** (*od* ***vermek***) ein Geheimnis preisgeben, ausplaudern; *-in* ***~rına ermek*** hinter das Geheimnis *G* kommen, F dahinterkommen; ***~ra kadem basmak*** *fig* plötzlich verschwinden; ***meslek ~rı*** Berufsgeheimnis *n*

sır[2] Glasur *f*, Email *n*; Amalgam *n*

sıra 1. *subst* Reihe *f*, Ordnung *f*, Anordnung *f*, Reihenfolge *f*, Gelegenheit *f*, Moment *m*; (Holz)Bank *f*, Schulbank *f*; ***~ beklemek*** Schlange stehen; *-e* ***~ gelmek*** *v/unp* an der Reihe sein; ***~ ev*** Reihenhaus *n*; ***~ malı*** Ramschware *f*; ***~ numarası*** laufende Nummer; ***~ sayı sıfatı*** Ordnungszahl *f*, ***yürüyüş ~sı*** Marschordnung *f*, ***~ ~*** in Reihen, reihenweise; ***~ ile, ~yla, ~sıyla*** der Reihe nach; *-in* ***~sı değil*** nicht am Platze sein; *-in* ***~sı düşünce*** bei passender Gelegenheit; *-in* ***~sı gelmek*** *-e* an der Reihe sein; ***şimdi ~ bende*** (*od* ***benim***) jetzt bin ich an der Reihe (*od* F dran); ***kimin ~sı, ~ kimin?*** wer ist an der Reihe (*od* F dran)?; ***~sı gelmişken*** bei dieser Gelegenheit; da schon einmal davon die Rede ist; ***~sına getirmek*** die passende Gelegenheit finden (zu ...); ***~sına göre*** je nachdem (wie); ***~sını kaybetmek*** *Baby* aus dem (gewohnten) Rhythmus sein (*Schlaf usw*); sich wieder anstellen müssen; *-i* ***~ya koymak*** einreihen *A*; in Ordnung bringen, durchführen; (***adam***) ***~sına geçmek*** (schließlich doch) ein Mensch werden; ***~*** (*od* ***~sını***) ***savmak*** s-e Pflicht tun, s-s Amtes walten; **2.** *postp* bei *D*, während *G*; ***yanı ~*** nebenbei; **3.** *konj* *-diği* ***~da*** *Zeit* als; kaum ..., da: ***~sında*** zu gegebener Zeit; ***o ~(lar)da*** damals, in jener Zeit; ***bunu işittiğim ~da ...*** als ich das hörte, ...; ***arabaya bineceği ~da*** kaum wollte er in den Wagen steigen, da ...

sıraca MED Skrofulose *f*

sıradağ GEOGR Gebirgskette *f*

sıra|lamak *Akten* ordnen; (der Reihe nach) aufstellen; *Mängel usw* aufzählen; überschütten (*-e karşı j-n* mit *D*); prüfend durchgehen *A*; *Kind* Gehversuche machen; **~lanmak** (in Reih und Glied) antreten; Spalier bilden; *pass von* ***sıralamak***; **~lı** passend, angebracht; (nach Reihen) geordnet; ***~ sırasız*** bei jeder Gelegenheit

sırat ⟨-tı⟩: ***~ köprüsü*** REL die Brücke des Jüngsten Gerichts

sırça Glas *n*; *fig* ***~ köşk*** Glashaus *n*

sırdaş Mitwisser *m*, -in *f*, Vertraute(r); ***~ hesap*** *Art* Nummernkonto *n*

sırf rein, natürlich; *fig* rein, absolut (*z.B. Lüge*); *adv* lediglich

sırık ⟨-ğı⟩ Stange *f*, Stab *m*; ***~ gibi*** wie e-e Bohnenstange; ***~ atlama*** Stabhochsprung *m*; **~lamak** *Bohnen usw* (an Stangen) anbinden; F klauen

sı'rılsıklam → ***sırsıklam***

sırım Lederriemen *m*; ***~ gibi*** hager und kräftig, zäh

sırıtkan grinsend; **~lık** ⟨-ğı⟩ Grinsen *n*

sırıtmak *v/i* grinsen; *fig Fehler usw* herauskommen

sır|lamak *v/t* glasieren, emaillieren; **~lı** glasiert, emailliert

sırma Golddraht *m*; goldblond

sırnaş|ık ⟨-ğı⟩ aufdringlich, hartnäckig, penetrant; **~mak** aufdringlich sein

Sırp ⟨-bı⟩ Serbe *m*, Serbin *f*, serbisch; **~ça** (das) Serbisch(e); serbisch

'sırrolmak (von der Bildfläche) verschwinden

'sırsıklam völlig (*od* bis auf die Haut) durchnässt; total, völlig *betrunken*; bis über die Ohren *verliebt*

sırt ⟨-tı⟩ Rücken *m*; Kamm(linie *f*) *m e-s Berges*; Rückseite *f*, ***~ çantası*** Rucksack *m*; ~ ***dayanağı*** Rückenlehne *f*; ~ ***çantalı*** Rucksacktourist *m*, -in *f*; *-e* ~ ***çevirmek*** *j-m* den Rücken kehren; ~ ***üstü*** → ***sırtüstü***; ~***ı kaşınıyor*** *fig* ihm juckt das Fell; ~***ı pek*** warm angezogen; *-in* ~***ı yere gelmek*** untergekriegt werden; *-i* ~***ına almak*** auf die Schulter nehmen, schultern *A*; sich *(D)* *(e-n Mantel)* überziehen; *-in* ~***ından geçinmek*** auf Kosten *G* leben; *-e* ~***ını dayamak*** sich verlassen auf *A*; *-in* ~***ında bir ceket vardı*** er hatte ein Jackett an

sırtarmak *dial* sich wehren; → ***sırıtmak***

sırtlamak *v/t* auf den Rücken nehmen; *fig* auf sich nehmen; sich stemmen gegen

sırtlan ZOOL Hyäne *f*

'sırtüstü auf dem *(od* den) Rücken; ~ ***yatmak*** sich auf den Rücken legen; *fig* (die verdiente) Ruhe genießen; ~ ***yüzme*** Rückenschwimmen *n*

sıska mager, hager

sıtma MED Malaria *f*; ~ ***görmemiş*** Stentorstimme *f*; ~ ***sivrisineği*** Malariamücke *f*; ~**lı** malariakrank; malariaverseucht

sıva ARCH Putz *m*, Verputz *m*; *-e* ~ ***vurmak*** verputzen *A*; ~**cı** Putzer *m*; ~**cılık** ⟨-ğı⟩ Putzarbeiten *f/pl*, Verputzen *n*; ~**lamak** *v/t* verputzen

sıvalı[1] verputzt

sıvalı[2] aufgekrempelt *(Ärmel)*

sıvama besetzt, bedeckt mit; voll und ganz; bis zum Rande *(gefüllt)*

sıvamak[1] *v/t* verputzen; beschmieren *(-i -e A* mit *D)*; *Zement* auftragen; *fig* streicheln

sıvamak[2] *Ärmel usw* aufkrempeln

sıvanmak[1] *pass von* ***sıvamak***[1, 2]; *-e fig* sich machen an *A*

sıvaş|mak kleben bleiben; sich beschmieren; F *fig* stecken bleiben; ~**tırmak** *v/t* beschmieren; *fig j-m* Steine in den Weg legen

sıvazlamak streichen *(-i* über *A)*; *z.B. Schweiß* abwischen; streicheln

sıvı flüssig; Flüssigkeit *f*

sıvık ⟨-ğı⟩ flüssig; *fig* aufdringlich

sıvılaştırmak *v/t* CHEM verflüssigen

sıvışık ⟨-ğı⟩ klebrig; *fig* aufdringlich; ~**lık** ⟨-ğı⟩ Klebrigkeit *f*, Aufdringlichkeit *f*

sıvışmak sich verschmieren, sich verteilen; sich (heimlich) davonmachen

sıvıyağ Öl *n*

sıyga *osm* GR Modus *m*; → ***kip***; *-i* ~***ya çekmek*** *j-n* verhören, ausfragen

sıyırmak *v/t* abschürfen, leicht verletzen, streifen; an sich nehmen; wegreißen *A*; *Schwert* ziehen; *Essen usw* F (alles) verputzen; *Teller mit Brot* F reinputzen

sıyrık ⟨-ğı⟩ **1.** *subst* Abschürfung *f*, wunde Stelle, Kratzer *m*; **2.** *adj* unverfroren

sıyrılmak *pass von* ***sıyırmak***; *(-den) fig* sich retten aus; sich *(aus der Klemme)* ziehen

sıyrıntı Speiserest *m (im Topf)*; (abgerissenes) Stoffstück

sızar → ***sızmak***

sızdır|mak *kaus von* ***sızmak***; durchlassen *(z.B. Wasser)*; *fig* verlauten lassen, verraten *(-e -i j-m etw)*; *(-i j-m) Geld* abluchsen; *fig z.B. Hitze j-n* fertig machen; filtern, filtrieren; ~**maz** undurchlässig

sızı leichter *(od fig* tiefer) Schmerz

sızıcı durchlässig; ~ ***ünsüz*** LING Reibelaut *m*

sızılı schmerzend

sızıltı Klage *f*, Klagen *n*

sızım: ~ ~ ***sızlamak*** *v/unp* sehr wehtun

sızıntı Leck *n*; Einsickern *n*; Tropfen *n*; Sicker- *(Wasser)*

sızla|mak **1.** *v/i* jammern; **2.** *v/unp* wehtun; ~**nmak** klagen, sich beschweren; F meckern, mosern; ~**tmak** *v/t j-m (das Herz)* zerreißen

sızma Infiltration *f*

sızmak ⟨-ar⟩ *v/i* tropfen, lecken, sickern *(-e* in *A)*; durchsickern *(a fig Gerücht)*; ausströmen; *Licht* dringen *(-den* durch *A)*; F *fig* beduselt, im Dusel sein; einnicken; sich davonschleichen; *fig* einsickern *(-e* in)

si MUS h

siber|nasyon kybernetische Methode; ~**netik** ⟨-ği⟩ Kybernetik *f*, kybernetisch; ~**uzay** virtuelle(r) Raum, Cyberspace *m*

sicil Register *n*; Personalakte *f*, *fig* Qualifikation *f*; ~ ***vermek*** e-e dienstliche Auskunft über die Qualifikation e-s Angestellten geben; ~**li** registriert; JUR vorbestraft

sicim Schnur *f*, Bindfaden *m*; ~ ***gibi*** Bindfäden *(regnen)*

sidik ⟨-ği⟩ Harn *m*, Urin *m*; ~ ***söktürü-***

S

cü harntreibende(s) Mittel; harntreibend; ~ ***yarışı*** kleinliche(r) Prestigestreit; (gegenseitige) Besserwisserei *f*; **~borusu** ⟨-nu⟩ Harnröhre *f*; **~li** harnbefleckt; *Person* mit schwacher Blase; **~torbası** ⟨-nı⟩ ANAT Harnblase *f*; **~yolu** ⟨-nu⟩ ANAT Harngang *m*; **~zoru** ⟨-nu⟩ MED Dysurie *f*

sif ÖKON cif (Kosten, Versicherung, Fracht)

sifilis MED Syphillis *f*

sifon Siphon *m*, Saugröhre *f*; Geruchverschluss *m*; (Toiletten)Spülung *f*; **~u** ***çekmek*** die Spülung betätigen

siftah **1.** *subst* erste(s) Geschäft *am Tage*, erste(r) Versuch; **2.** *adv* ganz neu, zum ersten Mal; ~ ***etmek*** → ***siftahlamak***

siftahlamak morgens das erste Geschäft machen

siftinmek sich zerstreuen, die Zeit totschlagen; sich kratzen

si'gara Zigarette *f*, *oft* Rauchen *n*; ~ ***içilmez*** Nichtraucher *m*; ~ ***içmek*** (Zigaretten) rauchen; ~ ***kağıdı*** Zigarettenpapier *n*; ~ ***kağıdı gibi*** hauchdünn; ~ ***tablası*** Aschenbecher *m*; ~ ***tiryakisi*** starke(r) Raucher(in); **~*yı bırakmak*** mit dem Rauchen aufhören

sigaralık ⟨-ğı⟩ Zigarettenspitze *f*; Zigarettendose *f*; ~ ***tütün*** Zigarettentabak *m*

si'gorta ÖKON Versicherung *f* (*-e karşı* gegen *A*); EL Sicherung *f*; ~ ***acentası*** Versicherungsanstalt *f*; ~ ***bedeli*** Versicherungssumme *f*; ~ ***poliçesi*** Versicherungsschein *m*; ~ ***primi*** Versicherungsprämie *f*; ~ ***şirketi*** Versicherungsgesellschaft *f*; ***karşılıklı*** ~ Versicherung *f* auf Gegenseitigkeit; ***kaza*** **~*sı*** Unfallversicherung *f*; ***mali mesuliyet*** **~*sı*** Haftpflichtversicherung *f*; ***sağlık*** **~*sı*** Krankenversicherung *f*; ***sosyal*** ~ Sozialversicherung *f*; ***trafik*** **~*sı*** Kraftfahrzeugversicherung *f*; ***yangın*** **~*sı*** Feuerversicherung *f*; ***hayat*** **~*sı*** Lebensversicherung *f*; *-i* ~ ***etmek*** *j-n* versichern (*-e karşı* gegen *A*); **(*kendini*)** ~ ***ettirmek*** sich versichern (lassen) (*-e* auf *A*, *-e karşı* gegen *A*); e-e Versicherung haben; **~*ya tabi*** versicherungspflichtig

si'gortacı Versicherer *m*, Versicherungsträger *m*; **~lık** ⟨-ğı⟩ Versicherungswesen *n*

sigorta|lamak *v/t* versichern; garantieren; **~lı** versichert (*-e karşı* gegen *A*); Versicherungsnehmer *m*; **~sız** nicht versichert

siğil MED Warze *f*

sihir ⟨sihri⟩ Zauber *m*; Zauberei *f*; **~baz** Zauberer *m*; **~bazlık** ⟨-ğı⟩ Zauberei *f*; **~li** verzaubert; Zauber- (*Formel*); magisch; bezaubert; ~ ***halı*** (der) fliegende Teppich

sik V Schwanz *m*, MED Penis *m*

sikatif Trockenmittel *n*; trocknend, Trocken-

siker → ***sikmek***

sikişmek V (miteinander) ficken

sikke Münze *f*; Prägung *f*

siklamen Alpenveilchen *n*; violett

siklememek *-i* V scheißen auf *A*

siklon Wirbelsturm *m*

sikmek ⟨-er⟩ V ficken

siktir|iboktan, **~ici** V wertlos, Scheiß-; ordinär; **~mek** V abhauen; sich ficken lassen; *kaus von* ***sikmek***; ***siktir* (*ol*)!** hau ab!; ***siktir et!*** pfeif drauf!, scheiß drauf!

silah [ɑː] Waffe *f*; *-i* ~ ***altına almak*** *j-n* zum Wehrdienst einberufen, einziehen; ~ ***arkadaşı*** Waffenbruder *m*; ~ ***başına!*** zu den Waffen!; ~ ***çatmak*** die Gewehrpyramide bauen; ~ ***deposu*** Waffenlager *n*; ~ ***omuza!*** das Gewehr über!; ~ ***patlamak*** schießen, Schüsse abgeben; e-n Krieg entfesseln; ~ ***sesi*** Schuss *m* (*Geräusch*); **~*a davranmak*** zu den Waffen greifen

silah|hane [-hɑː-] Arsenal *n*; **~lamak, ~landırmak** *v/t* bewaffnen; aufrüsten; **~lanma** Aufrüstung *f*; ~ ***yarışı*** Rüstungswettlauf *m*; **~lanmak** *v/i* aufrüsten; sich bewaffnen; **~lı** bewaffnet; ~ ***kuvvetler*** Streitkräfte *f/pl*; ~ ***terör*** bewaffnete(r) Terror; **~lık** ⟨-ğı⟩ Waffenkammer *f*

silahsız unbewaffnet; (*Dienst*) ohne Waffe; **~landırmak** *v/t* entwaffnen; abrüsten; **~lanma** Abrüstung *f*; ~ ***konferansı*** Abrüstungskonferenz *f*; **~lanmacı** Rüstungsgegner *m*; **~lanmak** abrüsten

silahşor HIST Musketier *m*; Krieger *m*

silecek ⟨-ği⟩ AUTO Scheibenwischer *m*

silgeç ⟨-ci⟩ AUTO Scheibenwischer *m*

silgi Radierstift *m*, Radiergummi *m*; Wischtuch *n*, Scheuerlappen *m*; (Tafel)Schwamm *m*

S

silik ⟨-ği⟩ abgenutzt, abgegriffen (*Münze*); verwischt (*Schrift*); *Person* unscheinbar, farblos, schlicht
silikat ⟨-tı⟩ CHEM Silikat *n*
silikleşmek sich abnutzen; unscheinbar werden; sich verwischen, verwittern
silindir Zylinder *m* (*a Hut*); Walze *f*, Straßenwalze *f*; ~ ***başı contası*** Zylinderkopfdichtung *f*; *-i* ~ ***gibi ezmek*** *fig j-n* an die Wand drücken; **~aj** Walzen *n*, Plattwalzen *n*; Planieren *n*; **~ik** zylindrisch; **~li**: ***dört*** ~ Vierzylinder-
silin|me Verwischung *f*, Verblassen *n* (*der Unterschiede*); **~mek** *pass von* ***silmek***; ***ortadan*** ~ untergehen, aufhören zu existieren; **~mez** unauslöschlich; **~ti** Streichung *f* (*im Text*); Korrektur *f*, Radierstelle *f*
silis Kieselerde *f*
si'listire MAR Signalhorn *n*
si'lisyum Silizium *n*
silke|lemek *v/t* ausschütteln; *Baum* schütteln; *j-n* rütteln; *fig j-n* erschüttern; *fig* von sich (*D*) abschütteln; **~lenmek** zusammenzucken, zusammenfahren
silker → ***silkmek***
silkinmek sich schütteln; zusammenschrecken, aufschrecken; *fig* sich (*D*) e-n Ruck geben
silkmek ⟨-er⟩ *Zigarettenasche* abstreifen; *Baum* schütteln; SPORT *Hantel* stemmen; *Reiter* abwerfen; *Teppich* ausklopfen; *Tuch* ausschütteln; *mit der Hand* emporfahren; *mit den Schultern* zucken; *-i* ***silkip atmak*** *fig* brechen (mit *j-m*), *j-n* abschreiben
sille Ohrfeige *f*; ~ ***tokat*** *adv* unter Schlägen, verprügelnd
silme bis zum Rand (voll)
silmek ⟨-er⟩ *v/t* (sich *D*) etw abwischen; (sich *D*) etw abtrocknen; *Fenster* putzen; *Fußboden* wischen, scheuern; streichen (*-den* aus *dem Register*); *fig* löschen, durchstreichen; ***burnunu*** ~ sich (*D*) die Nase putzen; ***silip süpürmek*** (alles) aufessen, verputzen; zermalmen; mit sich (*D*) fortreißen
'silo AGR Silo *n*
silsile Kette *f*, Reihe *f*; *fig* Stammbaum *m*; Instanz *f*; ***dağ ~si*** Gebirgskette *f*
siluet ⟨-ti⟩ Silhouette *f*
sim silbern, Silber-
sima [si:mɑ:] Antlitz *n*; *fig* Persönlichkeit *f*, Gestalt *f*
simetr|i Symmetrie *f*; **~ik, ~ili** symmetrisch; **~isiz** unsymmetrisch
simge Symbol *n*, Zeichen *n*; Sigel *n*; abgekürzte Bezeichnung; **~ci** LIT Symbolist *m*; **~cilik** ⟨-ği⟩ Symbolismus *m*; **~leme** Symbolisierung *f*; **~lemek** *v/t* symbolisieren; **~sel** symbolisch
simit ⟨-di⟩ (Sesam)Kringel *m*; F *Schulnote* Null *f* (*in Deutschland = 6*); ***cankurtaran simidi*** Rettungsring *m*; ***direksiyon simidi*** AUTO Lenkrad *n*; **~çi** Kringelverkäufer *m*
simli versilbert
simsar Makler *m*; **~iye** [-sɑ:-] Maklergebühr *f*; **~lık** ⟨-ğı⟩ Maklergeschäft *n*; Maklerberuf *m*
'simsiyah pechschwarz
simulasyon EDV Simulation *f*
simultane: ~ ***çeviri*** Simultandolmetschen *n*
simya [ɑ:] Alchimie *f*; **~cı** Alchimist *m*
Sina [si:nɑ:] (der) Berg Sinai
sinagog REL Synagoge *f*
sinameki [ɑ:] BOT Kassie *f* (*cassia*); Sennesblätter *n/pl*; ~ ***gibi*** *fig Person* ungenießbar
si'nara große(r) Angelhaken
sinarit ⟨-ti⟩ ZOOL Zahnbrassen *m* (*Dentex vulgaris*)
sincabî [-ɑ:bi:] graubraun
sincap ⟨-bı⟩ (graues) Eichhörnchen
sindirilmek verdaut werden; ***sindirilebilir*** verdaulich
sindirim Verdauung *f*; ***~i kolay (zor)*** leicht (schwer) verdaulich; **~bilim** Gastroenterologie *f*
sindirmek *v/t* verdauen: ***bş-i sindir(e-me)mek*** *fig* etw (nicht) verdauen
sine [i:] *poetisch* Busen *m*; ***~ye çekmek*** *v/t* erdulden, geduldig ertragen; ***~i millete dönmek*** *fig* sich aus der Politik zurückziehen
sinek ⟨-ği⟩ Fliege *f*, *Karte* Treff *n*, Kreuz *n*; ~ ***avlamak*** *fig* Löcher in die Luft gucken; **~ağırlık** ⟨-ğı⟩ SPORT Fliegengewicht *n*
sinek|kaydı *Rasur* glatt wie ein Kinderpopo; **~lik** ⟨-ği⟩ Fliegenfänger *m*; Fliegenklatsche *f*, Fliegennetz *n*; Fliegentummelplatz *m*; **~savar**: ~ ***aerosol*** Insektenspray *m* (*od n*); **~sıklet** ⟨-ti⟩ SPORT Fliegengewicht *n*
si'nema Kino *n*; Filmkunst *f*, Film- (*In-*

dustrie); ~ ***artisti*** Filmschauspieler *m*, -in *f*; ~ ***yıldızı*** Filmstar *m*; **~cı** Filmproduzent *m*, -in *f*, Filmemacher *m*, -in *f*, Regisseur *m*, -in *f*, Filmtechniker *m*, -in *f*, Kinobesitzer *m*, -in *f*; **~cılık** ⟨-ğı⟩ Filmkunst *f*, Filmwesen *n*; Filmindustrie *f*; **~sever** Kinofreund *m*, -in *f*

sinema|skop ⟨-pu⟩ Breitwandfilm *m*; **~tek** Filmarchiv *n*

siner → ***sinmek***

singin *dial* schüchtern; leicht verdaulich, bekömmlich

sini runde(s) Tablett (*meist aus Messing*)

sinik[1] ⟨-ği⟩ geduckt, scheu

sinik[2] zynisch; Zyniker *m*, -in *f*

sinir Nerv *m*; Sehne *f*; ~ ***gerginliği*** Nervenanspannung *f*; ~ ***harbi*** Nervenkrieg *m*; *-e* ~ ***olmak*** gereizt werden (durch *A*); ~ ***krizi*** Nervenzusammenbruch *m*; ~ ***sistemi*** Nervensystem *n*; ***~i oynamak*** (*od* ***tutmak***) die Nerven verlieren, sich aufregen; ***~ine dokunmak*** *j-n* nervös machen, *j-m* auf die Nerven gehen; ***~leri gevşemek*** (*od* ***yatışmak***) sich beruhigen, F sich abregen; ***~leri kuvvetli*** (er hat) starke Nerven; ***~lerine hakim olmak*** sich beherrschen können

sinir|bilim Neurologie *f*; **~doku** Nervengeflecht *n*; **~lemek** *v/t* Sehnen aus dem Fleisch trennen; *dial* verdauen

sinirlen|dirmek *v/t* nervös machen, F nerven, auf die Nerven gehen; reizen; **~mek** *v/i -e* nervös werden, gereizt werden durch; sich aufregen über *A*

sinir|li nervös, gereizt, aufgeregt; *Fleisch* sehnig; **~lilik** ⟨-ği⟩ Nervosität *f*; **~sel** nervlich; **~siz** F ohne Sehnen (*Fleisch*); *fig* unerschütterlich

sinizm Zynismus *m*

sinmek ⟨-er⟩ *-e* sich verstecken hinter (unter) *usw D*, *-e* sich verkriechen in *A*; *Geruch usw* eindringen in *A*, sich festsetzen in *D*; ***sine sine*** heimlich, unbemerkt (*näher kommen*)

Sinolo|g Sinologe *m*, Sinologin *f*; **~ji** Sinologie *f*

sinonim Synonym *n*

sinot ⟨-du⟩ Synode *f*

sinsi heimtückisch, hinterhältig; **~lik** ⟨-ği⟩ Heimtücke *f*, Hinterhältigkeit *f*

'sinüs *a* ANAT Sinus *m*

sinyal Signal *n*; TEL Signalton *m*, *bes* Wählton *m*; ~ (***lambası*** *od* ***ışığı***) AUTO Blinker *m*; (***sağa*** *od* ***sola***) ~ ***vermek*** (nach rechts *od* links) blinken

sipahi [ɑː] *osm* HIST Kavallerist *m*, Lehensreiter *m*

sipariş [ɑː] Bestellung *f*, Auftrag *m*; *-i -e* ~ ***etmek*** bestellen (*A* bei *D*); ~ ***üzerine*** auf Bestellung; ~ ***vermek*** e-n Auftrag erteilen

siper **1.** *subst* (*Sonnen- usw*) Schutz *m*; Unterschlupf *m*; MIL Unterstand *m*, Schützengraben *m*; Brustwehr *f*; (Hut)Krempe *f*; (*Mützen*)Schirm *m*; Markise *f*; TECH Support *m*, Werkbankschlitten *m*; **2.** *adj* geschützt (*Platz*); *-e* ~ ***etmek*** *Hand usw* schützend halten (*-e* vor *D*, *A*); schützen *A*; ~ ***olmak*** Schutz bieten; **~lenmek** *-e* Schutz suchen (bei *D*); **~lik** ⟨-ği⟩ Schutz(vorrichtung *f*) *m*; **~siz** ungeschützt

sipsi Pfeife *f*, Mundstück *n*; F Glimmstängel *m*

'sipsivri sehr spitz, zugespitzt; ~ ***kalmak*** von allen verlassen sein

siren Sirene *f*

sirk ⟨-ki⟩ Zirkus *m*

sirke[1] (*Wein*)Essig *m*

sirke[2] Nisse *f*, Ei *n* (*der Laus*)

sirkeci Essighersteller *m*, -in *f*

sirkeleşmek *Wein* sauer werden

sirkeli[1] mit Essig angemacht

sirkeli [2] voller Nissen

sirkül|asyon Umlauf *m*, Zirkulation *f*; **~er** Rundschreiben *n*, Umlauf *m*

si'roko GEOGR Schirokko *m*

siroz MED Zirrhose *f*

'sirrus Federwolke *f*, Zirruswolke *f*

sis Dunst *m*, Nebel *m*; ~ ***farı*** Nebelscheinwerfer *m*; ~ ***perdesi*** Nebelvorhang *m*, Nebelwand *f*; *fig* Schleier *m*; **~leme** Vernebelung *f*; **~lendirmek** *v/t* vernebeln; **~lenmek** vernebelt werden; *Wetter* neblig werden; **~li** neblig, trüb(e)

sis|mik seismisch; **~mograf** Seismograph *m*; **~molog** Seismologe *m*, Seismologin *f*; **~moloji** Seismologie *f*

sistem System *n*; TECH *a* Vorrichtung *f*, Modell *n*; Methode *f*; ~ ***analisti*** EDV Systemanalytiker *m*, -in *f*; ~ ***analizi*** EDV Systemanalyse *f*; ***kontrol ~i*** Kontrollsystem *n*; **~atik** ⟨-ği⟩ systematisch; **~atize** systematisiert; ~ ***etmek*** systematisieren

sistemleş|me Systematisierung *f*; **~mek** in ein System gebracht werden; **~tirmek** *v/t* systematisieren

S

sistem|li systematisch; **~siz** unsystematisch
'sistire TECH Raspel *f*; Striegel *m*; **~lemek** raspeln, glatthobeln, abziehen
sistol ANAT Systole *f*
site Siedlung *f*, Stadt *f*, EDV Webseite *f*; ***basın ~si*** Pressezentrum *n*; ***öğrenci ~si*** Studentendorf *n*; ***spor ~si*** Sportzentrum *n*; ***internet*** (*od* ***web***) ***~si*** Website *f*
sitem Vorwurf *m*, Vorhaltung *f*, Mäkelei *f*; *-e* ***~ etmek*** *j-m* Vorwürfe machen; (herum)mäkeln; **~li** vorwurfsvoll
sitil große Kupferschale; Kupfergefäß *n*
sitoloji MED Zytologie *f*
sitrik: ***~ asit*** CHEM Zitronensäure *f*
sit'tinsene *fig* eine Ewigkeit, jahrelang
sivil zivil, Zivil- (*Bevölkerung*); in Zivil(kleidung); Zivilist *m*; Geheimpolizist *m*; F splitternackt; ***~ giyimli*** in Zivil; ***~ toplum*** POL Zivilgesellschaft *f*; ***~ toplum kuruluşları*** (***STK***) zivilgesellschaftliche Einrichtungen
sivilce Pickel *m*
sivri spitz; konisch (zulaufend); *fig* auffällig, exzentrisch; ***~ akıllı*** *abw* spitzfindig, neunmalklug; **~biber** BOT Peperoni *pl*; **~burun** spitznasig
sivrileş|mek *v/i* spitz (*od* scharf) werden; wachsen, aufschießen; **~tirmek** *v/t* verschärfen
sivrilmek → ***sivrileşmek***; sich verjüngen; *fig* Karriere machen, vorankommen
sivrisinek ⟨-ği⟩ Stechmücke *f*, Moskito *m*
siya [ɑː]: ***~ etmek*** MAR den Rückwärtsgang einschalten; rückwärts rudern; ***~ ~*** (***gitmek***) rückwärts (fahren)
siyah schwarz; *Schrift* fett; Rot- (*Wein*); F Opium *n*; ***~ beyaz film*** Schwarz-Weiß-Film *m*; ***~ çelenk*** POL schwarzer Kranz (*des Protestes*); ***~ ekmek*** Schwarzbrot *n*; ***~lar giyinmiş*** schwarz gekleidet, ganz in Schwarz
siyah|ımsı, **~ımtırak** schwärzlich; **~lanmak**, **~laşmak** schwarz werden; dunkler werden; **~latmak** *v/t* schwärzen; **~lı** ... in Schwarz; **~lık** ⟨-ğı⟩ (das) Schwarze, Schwarz *n*; Finsternis *f*
siyanür Zyanid *n*
siyas|a → ***siyaset***; **~al** politisch; ***~ İslam*** politische(r) Islam, islamische(r) Fundamentalismus
siyaset [ɑː] ⟨-ti⟩ Politik *f*; ***~ meydanı*** HIST Hinrichtungsstätte *f*; **~çi** Politiker *m*, -in *f*
siyasî [-jaːsiː] politisch; Politiker *m*, -in *f*
siyatik ⟨-ği⟩ ANAT Ischias *n* (*a f*)
siyek ⟨-ği⟩ ANAT Harnröhre *f*, Urethra *f*
siymek ⟨-er⟩ *bes Tiere* urinieren
siyon|ist ⟨-ti⟩ Zionist *m*; **~izm** POL Zionismus *m*
siz ihr; Sie; ***~ sağ olsun*** ach bitte!, keine Ursache!; ***~ce*** nach Ihrer Meinung; ***~ler*** *pl* ihr (alle); ***~li bizli konuşmak*** sich siezen; **~de** bei, in euch, von Ihnen *usw*; **~den** von euch, bei Ihnen *usw*
size euch *D*, Ihnen; zu euch, zu Ihnen
sizi euch *A*, Sie
sizin euer; Ihr; ***~ için*** für euch, für Sie; ***~ gibi*** so wie ihr (Sie); ***~ kadar*** so(viel) wie ihr (Sie); **~ki** die euren; die Ihrigen; **~le** mit euch; mit Ihnen; **~kiler** eure (Ihre) Angehörigen
skandal Skandal *m*
Skandinav Skandinavier *m*, -in *f*, skandinavisch; **~ya** Skandinavien *n*; **~yalı** Skandinavier *m*, -in *f*
skeç ⟨-çi⟩ Sketch *m*
ski Ski *m*; ***~ yapmak*** Ski laufen
skleroz MED Sklerose *f*
skolastik ⟨-ki⟩ Scholastik *f*, scholastisch
skrayper Schrapper *m*; Schneepflug *m*
Slav Slawe *m*, Slawin *f*, slawisch; **~ca** (das) Slawisch(e); slawisch
slayt ⟨-dı⟩ FOTO Diapositiv *n*, F Dia *n*
slogan Slogan *m*, Schlagwort *n*
Slovak ⟨-kı⟩ Slowake *m*, Slowakin *f*, slowakisch
Sloven Slowene *m*, Slowenin *f*, slowenisch
smaç Schmetterball *m*
smokin Smoking *m*
snobizm Snobismus *m*
snop ⟨-bu⟩ Snob *m*
'soba Ofen *m*; Treibhaus *n*; **~cı** Ofensetzer *m*
'soda Soda *n*; Sodawasser *n*; **~lı** mit Kohlensäure
'sodyum Natrium *n*; ***~ bikarbonat*** Natron *n*
sof Kamelott *m*; Futterseide *f*
sofa Diele *f*
sofist ⟨-ti⟩ PHIL Sophist *m*; **~ike** raffiniert, ausgeklügelt; anspruchsvoll
sofizm Sophismus *m*, Spitzfindigkeit *f*

sofra Tafel *f*, gedeckte(r) Tisch; runde(s) Nudelbrett; *Personen* Tafelrunde *f*; **~ donatmak** gehörig auftischen; **~(yı) kaldırmak** den Tisch abdecken; abräumen; **~(yı) kurmak** den Tisch decken; **~ örtüsü** Tischdecke *f*; **~ şarabı** Tafelwein *m*; **~ takımı** Essservice *n*; **~sı açık** gastfreundlich; **~cı** Servierer *m*, -in *f*

softa HIST Student *m* e-r Medrese; Fanatiker *m*; bigott; **~lık** Bigotterie *f*

sofu religiös, fromm; frömmelnd; **~luk** ⟨-ğu⟩ Religiosität *f*; *abw* Scheinheiligkeit *f*; **~ taslamak** fromm tun, frömmeln

soğan Zwiebel *f*, Knolle *f*, Bolle *f*; **~lı** Zwiebel-; **~cık** ⟨-ğı⟩ Schnittlauch *m*

soğuk ⟨-ğu⟩ **1.** *adj* kalt; *fig* kühl (*z.B. Empfang*); *Frau* frigide; **2.** *subst* Kälte *f*, kalte(s) Wetter; **~ algınlığı** Erkältung *f*; **~ almak** sich erkälten; **~ büfe** kalte(s) Buffet; *-e* **~ bakmak** sich gleichgültig (*od* ablehnend) verhalten gegenüber; **~ çıkmak** *v/unp Wetter* kalt werden; **~ füzyon** PHYS kalte Fusion; **~ nevale** kaltschnäuzig; **♀ Savaş** der Kalte Krieg

soğuk|alın Kältefront *f*; **~kanlı** ZOOL *u fig* kaltblütig; ZOOL Kaltblüter *m*; *fig* geistesgegenwärtig; **~kanlılık** ⟨-ğı⟩ Kaltblütigkeit *f*; Geistesgegenwart *f*

soğukla|ma Erkältung *f*; **~mak** sich erkälten; **~şmak** sich abkühlen; **~ştırmak** *v/t* abkühlen

soğukluk ⟨-ğu⟩ Kälte *f*; Kühlung *f*; Gefühlskälte *f*; Indifferenz *f*; Erfrischung *f* (*z.B. nach dem Essen*)

soğu|ma Abkühlung *f*; **~mak** *v/i* kalt werden; *-den* Interesse verlieren an *D*; **bu işten ~dum** mein Interesse daran ist abgekühlt

soğurma CHEM, BIOL Adsorption *f*

soğurmak *v/t* absorbieren; *Feuchtigkeit* aufsaugen; *Licht* verschlucken

soğut|kan kühlend; **~ma** Kühlung *f*, Kühl- (*Raum usw*); **~mak** *v/t* kühlen, kühl stellen; (*-den*) *fig* (*Liebe usw* zu *D*) zerstören; **arasını ~** die Beziehungen zwischen ... (*D*) erkalten lassen; **~malı**: Kühl- (*Wagen usw*); **hava** (**su**) **~** mit Luftkühlung (Wasserkühlung); **~ucu**: Kühlschrank *f*, Kühlvorrichtung *f*

sohbet ⟨-ti⟩ Gespräch *n*, Plauderei *f*, Unterhaltung *f*; **~ etmek** sich unterhalten, plaudern

sokak ⟨-ğı⟩ Straße *f*; **çıkmaz ~** Sackgasse *f*; **~ başı** Straßenecke *f*; **~ kapısı** Haustür *f*; **~ kadını** Straßenmädchen *n*; **~ lambası** Straßenlaterne *f*; **~ levhası** Straßenschild *n*; **~ ressamı** Straßenmaler *m*, -in *f*; **sokağa çıkmak** aus dem Haus gehen; **sokağa düşmek** durch ein Überangebot Wert verlieren; *Frau* sich zu prostituieren beginnen; das eigene Haus fliehen; **~taki adam** Otto Normalverbraucher; **~tan toplamak** mühelos und in Fülle bekommen

sokar → **sokmak**

soket EL Steckdose *f*; Lampenfassung *f*; **~ çorap** Socke *f*

sokma (Schlangen)Biss *m*; Stich *m*

sokmak ⟨-ar⟩ (*-e*) *v/t* stecken (in *A*); einlassen, (herein)lassen (in *A*); (*j-n ins Parlament*) schicken; *Insekt* stechen; *Schlange* beißen; *in ein Land* einführen, schmuggeln; *Messer* stoßen in *A*; *Sonde* einführen in *A*; *Tiere* in *den Stall* lassen; F *j-m schlechte Waren* andrehen

sokman Stiefel *m*, Langschäfter *m*

sokra (Planken)Fuge *f*

sokturmak anschließen (*-e* an *A*); stecken lassen; *kaus von* **sokmak**

soku Steinmörser *m*

sokulgan schnell vertraut; anlehnungsbedürftig; *Kind* zutraulich

sokulma *-e* Eindringen *n* (in *A*); Vertraulichkeit *f* (mit); Ankuscheln *n* (an *A*)

sokulmak *-e* eindringen in *A*; sich anschmiegen an *A*; sich (*unter die Decke*) kuscheln; **düşmana ~** Feindberührung aufnehmen

sokulu gesteckt, steckend

sokum Bissen *m*, Teil *m*

sokuşturmak zwängen (*-i -e A* in *A*); F *j-m* andrehen *A*; (**laf**) **~** *j-m* e-n Stich versetzen (*mit Worten*)

sol[1] link-; links; *Boxen* Linkshaken *m*; (die) Linke; **~ parti** POL Linkspartei *f*, die Linken *pl*; **~a** (nach) links; **~a bak!** MIL die Augen links!; **~a dön!** MIL linksum!; **~a dönen** Linksabbieger *m*; **~da** auf der linken Seite, links; **~dan** von links; auf der linken Seite (*gehen*); **~umda** links von mir

sol[2] ⟨-lü⟩ MUS g

'solaçık ⟨-ğı⟩ SPORT Linksaußen *m*

solak ⟨-ğı⟩ Linkshänder *m*, -in *f*
'solanahtarı ⟨-nı⟩ Violinschlüssel *m*
solar → ***solmak***
solcu POL links eingestellt, linke(r/s); (ein) Linke(r); ***aşırı*** ~ linksradikal; ~ ***parti*** Linkspartei *f*; **~luk** ⟨-ğu⟩ Linkssein *n*, linke Tendenz
soldurmak *v/t* ausbleichen; *kaus von* **solmak**
solgun verblichen; bleich; **~laşmak** verbleichen; blass werden; **~luk** ⟨-ğu⟩ Blässe *f*
solist Solist *m*, -in *f*
sollamak *v/t* (links) überholen; ***sollama şeridi*** Überholspur *f*
solmak ⟨-ar⟩ *Blume* verwelken (*a fig Person*); *Stoff* verschießen, ausbleichen
solmuş welk
'solo Solo *n*; ~ ***yapmak*** als Solist auftreten; **~cu** Solist *m*, -in *f*
solucan, ***yer ~ı*** Regenwurm *m*; Spulwurm *m*; ***pis ~!*** niederträchtiger Kerl!; ~ ***düşürücü*** Wurmmittel *n*; **~laşmak** *v/i* sehr dünn werden
soluğan jappend, keuchend; asthmatisch; gekräuselte See, Dünung *f*
soluk[1] ⟨-ğu⟩ verwelkt; bleich
soluk[2] ⟨-ğu⟩ Atem *m*; *-i* ~ ***aldırmamak*** *j-n* nicht zu Atem kommen lassen; ~ ***almadan*** atemlos (*zuhören usw*); ~ ***almak*** Atem holen, atmen; *fig* verschnaufen; ~ ***kesici*** atemberaubend; ~ (*-in* ***soluğunu***) ***kesmek*** *j-m* den Atem verschlagen; ~ ***soluğa*** ganz außer Atem; in aller Eile; ~ ***vermek*** ausatmen; ***soluğu*** *-de* ***almak*** *fig* schnurstracks gehen *od* fahren nach, zu; ***soluğu kesilmek*** (*od* ***tutulmak***) außer Atem kommen; *fig* den Schwung verlieren
soluklanmak tief atmen; sich entspannen; sich kurz erholen
solukluk ⟨-ğu⟩ Blässe *f*
solumak (schwer) atmen, keuchen (*-den* vor *D*)
solun|gaç ⟨-cı⟩ Kieme *f*; **~mak** atmen
solunum Atmen *n*; ~ ***aygıtı*** (*od* ***sistemi***) Atmungsorgane *n/pl*
solüsyon (*Gummi*)Lösung *f*
som[1] massiv (*Gold*); *fig* tief (*Schatten*)
som[2] Kaimauer *f*
som[3] → ***somon***
'soma[1] Branntwein *m ohne Anis*
'soma[2] Körperzellen *f/pl*
somak ⟨-ğı⟩ → ***sumak***
somaki [-mɑː-] Porphyr *m*
so'mata Mandelmilch *f*
somatik somatisch
'sombalığı ⟨-nı⟩ → ***somon***
somun[1] Rundbrot *n*; Laib *m Brot*
somun[2] (Schrauben)Mutter *f*; ~ ***anahtarı*** Schraubenschlüssel *m*; **~lu**: ~ ***vida*** Schraube *f* mit Mutter
somurdanmak brummen, maulen
somurt|kan brummig, mürrisch, F miesepetrig; **~kanlık** ⟨-ğı⟩ Missmut *m*, Verdrossenheit *f*; **~mak** schmollen, F maulen; mürrisch aussehen; **~uş** Maulen *n*; mürrische(s) Aussehen
somut ⟨-tu⟩ konkret; konkrete Sache; GR Konkretum *n*; **~lamak** *v/t* konkretisieren; **~laşmak** sich konkretisieren; **~laştırmak** *v/t* konkretisieren
'somya (Sprungfeder)Matratze *f*
son letzt-; äußerst- (*z.B. Geschwindigkeit*); abschließend (*Wort*); Ende *n*, Schluss *m*; End-, Schluss-; ANAT Plazenta *f*, Mutterkuchen *m*; ~ ***bulmak*** zu Ende gehen; ~ ***derece(de)*** höchst, äußerst; ~ ***durak*** Endhaltestelle *f*, Endstation *f*; ~ ***iddia*** JUR Plädoyer *m* (*des Staatsanwalts*); ~ ***kozunu oynamak*** den letzten Trumpf ausspielen; ~ ***müdafaa*** (*od* ***savunma***) JUR Plädoyer *m* (*des Angeklagten*); *-e* ~ ***vermek*** ein Ende setzen *D*; **~*a erdirmek*** beenden; **~*a ermek*** zu Ende gehen; ***en ~u(nda)*** F letzten Endes
sonar Unterwasserortungsgerät *n*
sonat ⟨-tı⟩ MUS Sonate *f*
'sonbahar Herbst *m*
'sonda MED Sonde *f*, Katheter *m*; TECH Erdbohrer *m*, Bohrstange *f*
sondaj Sondierung *f*, Einführung *f* e-s Katheters; ~ ***kuyusu*** Bohrloch *n*; **~cı** Bohrarbeiter *m*
sondalamak *v/t* sondieren
sone LIT Sonett *n*
'sonek ⟨-ki⟩ GR Suffix *n*
sonlu endlich
'sonra ['sɔːrɑ] (*-den*) *postp* nach *D*; *adv* sonst, anderenfalls; später; danach; nachher; ***daha*** ~ danach; ***biraz*** ~ etwas später; ***ondan*** ~ danach, hierauf; *Zeitdauer* ***bir yıl*** ~ nach e-m Jahr; (*-den*) *Zeitpunkt* ***o zamandan*** ~ nach jener Zeit; **~*sı var*** Fortsetzung folgt; ***savaş***

S

~sı (dönemi) Nachkriegszeit *f*; **ondan ~sı** das Übrige; **~ya bırakmak** auf später verschieben; **~ya kalmış** aufgeschoben, vertagt; **en ~** schließlich, ganz zum Schluss; *konj -dikten* **~** nachdem: **evlendikten iki yıl ~** zwei Jahre, nachdem sie geheiratet hatten

sonradan danach; später, in der Folge; nachträglich; **~ görme** Emporkömmling *m*, Parvenu *m*; **~ görmüşlük** Neureichtum *m*; **~ olma** relativ neu

'sonra|ki später, folgend; **~kiler** Nachkommenschaft *f*, Nachfolger *m/pl*; **~ları** die folgenden Zeiten; danach; **~sız** ewig; **~sızlık** ⟨-ğı⟩ Ewigkeit *f*

sonsal PHIL a posteriori

son|ses ['sɔn-] LING Auslaut *m*; **~ düşmesi** Abfall *m* des Auslauts; **~söz** ['sɔn-] Nachwort *n*; **~suz** unendlich; ewig; *fig a* unbegrenzt; **~ vida** TECH Schnecke *f*; **~suzluk** ⟨-ğu⟩ Unendlichkeit *f*; **sonsuzluğa göçmek** *fig* in die Ewigkeit eingehen; **~takı** ['sɔn-] Postposition *f*

sonuç ⟨-cu⟩ **1.** *subst* Ergebnis *n*, Resultat *n*; Folge *f*; Schlussfolgerung *f*, Ausgang *m*; Schluss *m* (*e-r Rede*); *-den* **~ almak** ein Resultat erzielen bei; *-den* **~lar çıkarmak** Schlüsse ziehen; **2.** *postp* **... sonucu** infolge *G*, als Folge *G*; **bunun sonucunda** infolgedessen

sonuç|lamak, **~landırmak** *v/t* zu e-m Schluss bringen, beenden; bewirken, veranlassen; beschließen; **~lanmak** erfolgen; erledigt werden, durchgeführt werden; **~suz** erfolglos

son|uncu letzt-; **~unda 1.** *adv* letzten Endes, schließlich; zuletzt; **2.** *postp* (*-in*) **~** infolge *G*

sop ⟨-pu⟩: **soy ~** die ganze Verwandtschaft

sopa Knüppel *m*, Stock *m*; Prügel *pl*; Stockschlag *m*; *-e* **~ çekmek** *j-n* verprügeln; **~lamak** *v/t* verprügeln

so'prano [ɑː] MUS Sopran *m*

'sopsoğuk bitterkalt

sorar → **sormak**

sordurmak *kaus von* **sormak**

sorgu Verhör *n*, Vernehmung *f*, Fragen *n*; **~ sual** *abw* Fragerei *f*; **~ hakimi** (*od* **yargıcı**) Untersuchungsrichter *m*, -in *f*

sorguç ⟨-cu⟩ Haube *f* (*der Vögel*); Federbusch *m*

sorgulama → **sorgu**

sorgulamak JUR vernehmen, verhören

sorgusuz: **~ sualsiz** ohne Gerichtsverfahren; ohne nachzufragen

sormak ⟨-ar⟩ (*-i -e*) fragen (*j-n* etw, nach *D*); *j-n* verantwortlich machen (*-den* für *A*); *Fragen* stellen; *-e* **saati olduğunu ~** *j-n* nach der Uhrzeit fragen; *-den* **ne istediğini ~** *j-n* fragen, was er möchte; *-in* **hatırını ~** nach *j-s* Befinden fragen; F **sorma** (*od* **sormayın**) **gitsin** hör (*od* hören Sie) bloß (davon) auf!; ich kann dir (*od* Ihnen) sagen!; **sora sora** durch vieles Fragen; **bir kimse sizi sordu** jemand hat nach Ihnen gefragt

sorti EL Auslass *m*, Anschluss *m*; MIL (Flieger)Einsatz *m*

soru Frage *f*; **~ cümlesi** Fragesatz *m*; **~ eki** Fragepartikel *f* (*z.B. mi*); **~ işareti** Fragezeichen *n*; **~ sahibi** Fragesteller *m*; **~ sıfatı** Interrogativadverb *n*; **~ sormak** e-e Frage stellen; **~ zamiri** Fragepronomen *n*; **~ zarfı** Frageadverb *n*

sorulmak (*-e od -den*) gefragt werden; *pass von* **sormak**; **nasıl** (*-diği*) **sorulduğunda** auf die Frage, wie ...

sorumlu verantwortlich (*-in* für *A*); **~luk** ⟨-ğu⟩ Verantwortung *f*; **~ duygusu** Verantwortungsgefühl *n*; **~ sahibi** verantwortungsbewusst, gewissenhaft; *-in* **sorumluğunu üzerine almak** die Verantwortung übernehmen für

sorumsuz unverantwortlich; **~luk** ⟨-ğu⟩ Verantwortungslosigkeit *f*

sorun Problem *n*; **~lu** problematisch; **~sal** Problematik *f*; **~suz** problemlos

soruştur|ma JUR Untersuchung *f*; JUR Ermittlung *f*, Umfrage *f*; **~mak** (*-i -e*) JUR ermitteln (*-e* bei *j-m*), untersuchen *A*; ausforschen, ausfragen (*-e j-n*); Erkundigungen einziehen, ermitteln (*-e* bei *j-m*)

sorut|kan abweisend, brummig; **~mak** unfreundlich sein

sos Soße *f*; **vanilya ~u** Vanillesoße *f*

sosis Würstchen *n*

sosyal sozial; **~ çalışman** Sozialarbeiter *m*, -in *f*; **~ güvenlik kuruluşu** Sozialversicherungsanstalt *f*; **~ konut** Sozialwohnung *f*; **≈ Sigortalar Kurumu** Sozialversicherungsgesellschaft *f* (*Türkei*); **~ yardım** Sozialhilfe *f*

sosyaldemo|krasi Sozialdemokratie *f*; **~krat** ⟨-tı⟩ Sozialdemokrat *m*, -in *f*

S

sosyalist ⟨-ti⟩ Sozialist *m*, -in *f*; sozialistisch
sosyalizasyon Sozialisierung *f*
sosyalizm Sozialismus *m*
sosyalleş|me Vergesellschaftung *f*; **~tirmek** *v/t* vergesellschaften, verstaatlichen; *j-n* resozialisieren
sosyet|e (die) feine Gesellschaft; *abw* Schickeria *f*; **~ik** ⟨-ği⟩ *abw* Schickimicki *m*
sosyolengüistik ⟨-ği⟩ Soziolinguistik *f*
sosyolo|g Soziologe *m*, -login *f*; **~ji** Soziologie *f*; **~jik** soziologisch
sote GASTR geschmort, gedünstet
Sovyet ⟨-ti⟩ HIST Sowjet *m*; sowjetisch; **~*ler Birliği*** Sowjetunion *f*; **~ *Cumhuriyeti*** Sowjetrepublik *f*; **~ *Sosyalist Cumhuriyetler Birliği* (*SSCB*)** Union der Sozialistischen Sowjetrepubliken (UdSSR) *f*
soy Stamm *m*, Geschlecht *n*; Generation *f*, Abstammung *f*, Rasse- (*Pferd*); ... aus guter Familie; edel; **~ *olmayan*** *Metall* unedel; **~ *sop*** die gesamte Verwandtschaft, F Mischpoche *f*; **~*a çekmek*** seiner Familie (*od* seinen Vorfahren) nacharten
'soya, **~ *fasulyesi*** BOT Sojabohne *f*
soyaçekim BIOL Vererbung *f*
'soy|adı ⟨-nı⟩ Familienname *m*; ***adı*, ~** Vor- und Zuname; **~*ağacı*** ⟨-nı⟩ Stammbaum *m*
soyar → ***soymak***
soydaş Stammesgenosse *m*; Auslandstürke *m*, Auslandstürkin *f*
soydurmak *kaus von* ***soymak***
soygun Raub *m*; (Raub)Überfall *m*; F (*Gewinn*) Fischzug *m*; **~cu** Räuber *m*, Bandit *m*; **~culuk** ⟨-ğu⟩ Raub *m*
'soykırım Völkermord *m*, Genozid *n*
soylu edel; adelig; erhaben; Höfling *m*; Adelige(r); **~luk** ⟨-ğu⟩ vornehme Abkunft
soymak ⟨-ar⟩ *v/t* abschälen, schälen, *z.B. Kartoffeln*, *Ei* pellen; *Erbsen* entschoten; *Fisch* schuppen; *Haut* abziehen; *z.B. Kind* ausziehen; *Person*, *Bank* überfallen, ausrauben
soymuk ⟨-ğu⟩ essbare Rinde, Kaurinde *f* (*aus e-r Tanne*)
'soyoluş Phylogenese *f*
soysal Stamm-, Stammes-
soysuz entartet, degeneriert; verkümmert; unmoralisch; **~laşmak** *v/i* entarten, degenerieren; **~laştırmak** *v/t* verunstalten, entstellen; verstümmeln; F verhunzen; **~luk** ⟨-ğu⟩ Entartung *f*; unbekannte Herkunft; unmoralische(s) Verhalten
soytarı Clown *m*, Harlekin *m*; **~lık** ⟨-ğı⟩ Clownerie *f*, Harlekinade *f*; **~ *etmek*** Clownerien machen
soyucu Räuber *m*; räuberisch
soyulmak sich schälen (*od* pellen *usw*); *pass von* ***soymak***
soyunma Umkleiden *n*; **~ *odası*** (*od* ***kabini***) Umkleidekabine *f*
soyunmak sich ausziehen; ***bir işe* ~** sich an e-e Aufgabe *usw* dranmachen; ***soyunup dökünmek*** Straßenkleidung ablegen
soyut ⟨-tu⟩ abstrakt; **~lama** Abstraktion *f*, Abstrahieren *n*; **~lamak** *v/t* abstrahieren; **~luk** ⟨-ğu⟩ (das) Abstrakte
söbe, **söbü** oval; eiförmig
söğüş *kaltes gekochtes Fleisch*; Tomatensalat *m* (*ohne Soße*)
söğüt ⟨-dü⟩ BOT Weide *f*, **~ *ağacı*** Weidenbaum *m*; ***salkım* ~** Trauerweide *f*
sökmek ⟨-er⟩ **1.** *v/t* herausnehmen; abnehmen, ernten, pflücken; abreißen; durchkommen (durch *z.B. die Menge*); *Baum* ausreißen; *Motor* auseinander nehmen; demontieren; *Naht* auftrennen; *Nagel* herausreißen; *Pferde* abspannen; *Schraube* herausdrehen, herausschrauben; *Schrift* entziffern; *Steigung* bewältigen; *Zahn* ziehen; *Zelt* abbrechen; ***söküp atmak*** ausmerzen, loswerden; **2.** *v/i* eintreffen; ***bana sökmez!*** *fig* F das zieht bei mir nicht!
söktürmek (*-i -e*) *kaus von* ***sökmek***
sökük ⟨-ğü⟩ *Naht* aufgeplatzt; fallen gelassene Masche; Loch *n*, Riss *m*; **~ *dikmek*** Löcher stopfen
sökülmek (*-den*) *fig* (*aus dem Kopf*) gehen, angetrieben werden; *-i* F *Geld* herausrücken; *Ware* absetzen
söküm Pflücken *n*, Ernte *f*
sökün: **~ *etmek*** plötzlich auftauchen, *Gäste a* nacheinander eintreffen, F eintrudeln
söküntü Riss *m e-r Naht*; Trümmer *pl*
sölpü|k schlaff, erschlafft; **~mek** *v/i* erschlaffen
sömestr Semester *n*; **~ *tatili*** Semesterferien *pl*
sömürge Kolonie *f*; **~ci** Kolonisator *m*,

Kolonialist *m*; Kolonial- (*Staat*); **~cilik** ⟨-ği⟩ Kolonisation *f*; Kolonialismus *m*; **~leştirmek** *v/t* kolonisieren

sömür|me Ausbeutung *f*; **~mek** *v/t* ausbeuten; *Getränk* schlürfen; alles aufessen, verschlingen

sömür|ü Ausbeutung *f*; **~ücü** Ausbeuter *m*; Ausbeuter-; **~ücülük** ⟨-ğü⟩ Ausbeuterwesen *n*; **~ülme** Ausbeutung *f*; **~ülmek** *pass von* **sömürmek**

söndür|me Löschung *f*; Lösch- (*Trupp*); **~mek** *v/t* löschen; *Gas* abstellen; *Licht* ausmachen; *Luft* (*aus e-m Ballon*) lassen; *fig Erregung* besänftigen; **~ücü** Feuerlöscher *m*; Lösch-

sönmek ⟨-er⟩ erlöschen, ausgehen; *Ballon* erschlaffen, schlaff werden; *Gefühle* erkalten; *Reifen* F e-n Platten haben; *Stadt* verfallen, veröden; *Stimmung j-m* vergehen

sönmüş gelöscht (*Kalk*); erloschen (*Vulkan*)

sönük ⟨-ğü⟩ erloschen; schlaff geworden; schwach (*Hoffnung*); *Person* unscheinbar

sönüm ÖKON Tilgung *f*; PHYS Dämpfung *f*, Abklingen *n*; **~lemek** *v/t* dämpfen, zum Stillstand bringen; ÖKON tilgen, zurückzahlen; **~lü** gedämpft, zum Stillstand gebracht; **~süz** ungedämpft, anhaltend (*Schwingung*)

sör *osm* (Kranken)Schwester *f*, Nonne *f*

sörf Surfen *n*; **~ tahtası** Surfbrett *n*; **~ yapmak** surfen

söve (Fenster-, Tür)Rahmen *m*

söver → **sövmek**

sövgü Schimpfwort *n*, Fluch *m*

söv|me Beschimpfung *f*; Beleidigung *f*; **~mek** ⟨-er⟩ beschimpfen, schimpfen (auf *A*); **~üp saymak** schimpfen und fluchen; **~ülmek** *pass von* **sövmek**, *dial* → **sövmek**; **~üşmek** sich beschimpfen

söylem Diskurs *m*

söylemek sagen (*-i -e j-m etw*; *için* über *A*); *Lied* singen; *z.B. e-e Tasse Kaffee* bestellen; *-e* (*od -in*) **-mesini ~** *j-m* sagen, dass er etw tun solle; *j-n* bitten, etw zu tun; **size yazmamı söylediler** sie sagten mir, dass ich Ihnen schreiben solle; **söylemediğini bırakmamak** alles Mögliche erzählen *od* F tratschen; *-e* kein gutes Haar an *D* lassen

söylence Sage *f*

söylenilmek: *pass von* **söylemek**; **söylenilir** man sagt

söyleniş LING Aussprache *f*; **~i güç** schwer aussprechbar

söylenmek *pass von* **söylemek**; (**kendi kendine**) **~** vor sich hin brummen

söyle|nti Gerücht *n*; Legende *f*; Rederei *f*; **~şi** Unterhaltung *f*, Plauderei *f*; Interview *n*; **~şmek** (*-le*) miteinander plaudern; verhandeln mit; **~tmek** (*-i -e*) *j-n* dazu bringen, *etw* zu gestehen, *j-n* zu e-m Geständnis veranlassen (*od* zwingen)

söylev Rede *f*; **~ vermek** e-e Rede halten

söyleyiş LING Aussprache *f*

söz Wort *n*, *a* Versprechen *n*; *-den* **~ açmak** erwähnen *A*, zu sprechen kommen auf *A*; **~ almak** das Wort ergreifen; die Zusage erhalten (*-eceği* **konusunda** dass ...); **~ altında kalmamak** (*j-m*) nichts schuldig bleiben; **~ aramızda** unter uns gesagt; **~ arasında** übrigens, nebenbei bemerkt; **~ atmak** Anspielungen machen; Annäherungsversuche machen; **~ ayağa düşmek** *Problem* völlig laienhaft erörtert werden; **~ dinlemek** (*od* **tutmak**) sich (*D*) raten lassen; **~ düşürmek** auf ein Thema lenken; *-den* **~ etmek** sprechen über *A*; handeln von; *-i* **~ etmek** zu klatschen anfangen (über *A*); **~(ünü) geçirmek** sich durchsetzen; *-e* **~ getirmek** Anlass zur Kritik *G* bilden; **~ götürmez** unbestreitbar; **~ kaldırmamak** sich (*D*) nichts gefallen lassen; **~ kesmek** e-e Zusage geben (*bezüglich e-r Heirat*); **~ konusu** betreffend; **~ konusu olmak** die Rede sein von; **~ konusu** (**bile**) **değil** es kann keine Rede sein von; **~ olmak** ins Gerede kommen; **~ sahibi olmak** mitreden können, kompetent sein; **~ temsili** zum Beispiel, nehmen wir an; **~ varlığı** Wortschatz *m*; *-e* **~ vermek** *j-m* das Wort erteilen; sein Wort geben; **~ yazarı** Textdichter *m*; **buna ~ yok!** dazu kann man nichts sagen; **~de kalmak** *unp* es wird nichts daraus; **~e atılmak** (*od* **karışmak**) sich einmischen, *j-m* ins Wort fallen; *-in* **~ü geçmek** das Sagen haben; erörtert werden; **~ü geçer** einflussreich; **~ü uzatmak** weitschweifig sein (*od* werden); **~üm olsun** auf Ehrenwort; **~üm yabana** mit Verlaub zu sagen; **~ün kısası**

kurz und gut; **~ünde durmak** sein Wort halten; **~ünden çıkmamak** die Bitte (*e-s Menschen*) nicht abschlagen können; **~ünü bilmez** taktlos, unbedacht; *-in* **~ünü etmek** sprechen über *A* (*od* von); **~ünü tutmak** sein Wort halten; dem Rat (*e-s anderen*) folgen; **~ünün eri** ein Mann des Wortes

söz|birliği ⟨-ni⟩ Zustimmung *f*, Einhelligkeit *f*; **~yle** einstimmig; **~cü** Sprecher *m*, -in *f*; Referent *m*, -in *f*; Berichterstatter *m*, -in *f*; **~cük** ⟨-ğü⟩ GR Wort *n*; **~ türü** Wortart *f*

sözcülük ⟨-ğü⟩ Berichterstattung *f*; *-e* **~ etmek** *j-m* Bericht erstatten

sözde angeblich; so genannt; Schein-

sözdizim|i ⟨-ni⟩ Syntax *f*; **~sel** syntaktisch

sözel verbal

söz|gelimi, **~gelişi** zum Beispiel (z.B.)

sözlendirmek FILM → **seslendirmek**

sözleş|me Abkommen *n*; Vertrag *m*; **toplu ~** Tarifvertrag *m*; **~ yapmak** e-n Vertrag schließen; **~mek** sich verabreden; **~mesiz** vertragslos; ohne Verabredung

sözlü mündlich (*Prüfung*); vertraglich verpflichtet (*-e j-m*); versprochen, (so gut wie) verlobt

sözlük ⟨-ğü⟩ Wörterbuch *n*; **Türkçe – Almanca ~** Türkisch-Deutsche(s) Wörterbuch; **sözlüğe bakmak** im Wörterbuch nachschlagen; **~bilim** Lexikographie *f*; **~bilimci** Lexikologe *m*, Lexikologin *f*; **~çü** Lexikograph *m*, -in *f*

sözsüz wortlos; **~ oyun** Pantomime *f*

sözümona so genannt, Schein-

spazm MED Krampf *m*

spekülа|syon ÖKON, PHIL Spekulation *f*; **~ yapmak** ÖKON spekulieren; **~tör** Spekulant *m*, -in *f*

'sperma Sperma *n*

spesifik spezifisch

'spiker *Radio*, TV Ansager *m*, -in *f*

spiral *a* MED Spirale *f*, spiralförmig

sponsor Sponsor *m*; *-in* **~luğunu yapmak** (*od* **üstlenmek**) sponsern *A*

spontane spontan

spor[1] Sport *m*; sportlich; **~ giyim** Sportkleidung *f*; **~ sahası** Sportplatz *m*; **~la uğraşmak** Sport treiben; **kış ~ları** Wintersportarten *f/pl*; **su ~u** Wassersport *m*; **~ paraşütü** Gleitschirm *m*

spor[2] BIOL Spore *f*

sporcu Sportler *m*, -in *f*; **~luk** ⟨-ğu⟩ Ausübung *f* e-s Sportes

sporsever Sportfreund *m*, -in *f*

sport|if sportlich; **~men** Sportler *m*; (körperlich) gut gebaut; **~ yapılı** sportlich, gut gebaut; **~mence** sportlich, fair

spor'toto Fußballtoto *n*

spot ⟨-tu⟩ Spotlight *n*, Punktlicht *n*; Werbespot *m* (*im Fernsehen*)

sprey Spray *n*, Zerstäuber *m*; Sprühmittel *n*

stabil stabil; **~ize** stabilisiert; **~ etmek** stabilisieren; verfestigen; **~ yol** verfestigte Straße

stad(yum) Stadion *n*

staj Praktikum *n*; **~yer** Praktikant *m*, -in *f*; **~ doktor** Assistenzarzt *m*, Assistenzärztin *f*; **~yerlik** ⟨-ği⟩ Praktikum *n*

stand → **stant**

standart ⟨-dı⟩ Standard *m*, Norm *f*; *fig* Niveau *n*; **~ donanım** Normalausführung *f*; **~laştırmak** standardisieren, normieren, normen

stant ⟨-dı⟩ (Ausstellungs)Stand *m*

star Star *m* (*Filmstar usw*)

start ⟨-tı⟩ Start *m*

statik ⟨-ği⟩ PHYS statisch; beständig; Statik *f*; ÖKON nicht expandierend

stator EL Stator *m*

statü Statut *n*

sta'tüko Status quo *m*; **~cu** Befürworter *m* des Status quo

stearin CHEM Stearin *n*

'steno Stenografie *f*, Stenograf *m*, -in *f*; **~graf** → **steno**; **~grafi** → **steno**

step Steppe *f*

stepne AUTO Reserverad *n*

stereo Stereo *n*, Stereophonie *f*; **~foni** Stereophonie *f*; **~fonik** ⟨-ği⟩ stereophonisch; **~skop** ⟨-pu⟩ Stereoskop *n*; **~tipi** Stereotypie *f*

steril steril; **~izasyon** Sterilisation *f*; **~ize**: **~ etmek** sterilisieren

steyşın, **~ vagon** Kombiwagen *m*

stil Stil *m*

stoacı Stoiker *m*; stoisch; **~lık** ⟨-ğı⟩ Stoizismus *m*

stok ⟨-ku⟩ (Waren)Lager *n*, Vorrat *m*; unverkaufte Ware, Ladenhüter *m*; *-i* **~ etmek** lagern *A*; **~çu** Lagerhalter *m*; Lagerinhaber *m*; **~çuluk** ⟨-ğu⟩ Lagerhaltung *f*

stop stopp!; **~ lambası** AUTO Bremslicht *n*; **~ etmek** *v/i* stehen bleiben; *Motor*

ausgehen
stopaj ÖKON Steuerabzug *m*
stor Store *m*
stratej Stratege *m*
stratej|i Strategie *f*; **~ik** ⟨-ği⟩ strategisch
stratosfer Stratosphäre *f*
stratus Haufenwolke *f*, Kumulus *m*
stres Stress *m*, Belastung *f*; **~ *atmak*** Stress abbauen, ausspannen; **~li** stressig
striptiz Striptease *m*
'stüdyo Studio *n*
su ⟨-yu⟩ Wasser *n*; Saft *m*; **~ *almak*** Wasser durchlassen, undicht sein; *Schiff* Trinkwasser aufnehmen; **~ *baskını*** Überschwemmung *f*, Hochwasser *n*; **~ *etmek*** leck sein; **~ *geçirmez*** wasserdicht; **~ *gibi akmak*** wie im Flug vergehen; viel trinken, F saufen; **~ *gibi bilmek*** aus dem Effeff wissen; **~ *gibi gitmek*** *Geld* dahinschmelzen; **~ *gibi konuşmak* (*okumak*)** fließend sprechen (lesen); **~ *götürmemek*** *fig* auf der Hand liegen; **~ *götürmez*** unumstritten, offenbar; *-in* **~ *götürür yeri olmamak*** unumstritten sein; **~ *ısıtıcı*** Warmwasserbereiter *m*; **~ *içinde*** mindestens; **~ *içinde kalmak*** in Schweiß gebadet sein; **~ *işleri*** Bewässerungsarbeiten *f/pl*; **~ *katılmamış*** *fig* reinsten Wassers; **~ *kayağı*** Wasserski *n*; **~ *kayağı yapmak*** Wasserski fahren; **~ *koyuvermek*** Saft ausscheiden; *fig* die Flinte ins Korn werfen; e-n Lachanfall bekommen; **~ *seviyesi*** Wasserspiegel *m*; *-e* **~ *vermek*** BOT begießen; zu trinken geben *D*; *Stahl* härten; **~ *yüzüne çıkmak*** offenbar werden; **~ *yatağı*** Wasserbett *n*; **~*dan ucuz*** spottbillig; **~*ya düşmek*** *fig* ins Wasser fallen; **~*ya sabuna dokunmamak*** *fig* heikle Dinge vermeiden; **~*yun başı*** Quelle *f*; *-in* **~*yuna gitmek*, ~*yunca gitmek*** *j-m* nicht widersprechen; **~*yunu çekmek*** Wasser absorbieren; *fig Geld usw* verbraucht werden; ***çamaşır* ~*yu*** (chlorhaltiges) Bleichmittel *n*; ***maden* ~*yu*** Mineralwasser *n*; ***mide* ~*yu*** Magensaft *m*
sual [ɑː] ⟨-li⟩ Frage *f*; **~ *etmek*** fragen, (an *j-n*) e-e Frage richten
sualtı ⟨-nı⟩ Unterwasser-(*Arbeiten usw*)
suare Abendvorstellung *f*
'suaygırı ⟨-nı⟩ ZOOL Nilpferd *n*
subap → ***supap***
subay Offizier *m*; **~lık** ⟨-ğı⟩ Offiziersrang *m*; Offiziersamt *n*
'su|bilim Hydrologie *f*; **~biti** ⟨-ni⟩ Wasserfloh *m*; **~boyası** Lasur *f*; **~böreği** ⟨-ni⟩ GASTR *Art* Blätterteigpastete *f*
'subra Schweißblatt *n*
subret Soubrette *f*
sucu Wasserträger *m*
sucuk ⟨-ğu⟩ Wurst *f*; *Nüsse in wurstförmig verdicktem Obstsirup*; **~ *gibi olmak*** bis auf die Haut durchnässt werden; ***sucuğunu çıkarmak*** F *j-n* schaffen, fertig machen; **~laşmak** schmutzig grau werden
sucul hydrophil; F Wasserratte *f*
suç ⟨-çu⟩ Schuld *f*; Vergehen *n*, Sünde *f*; **~ *işlemek*** sich strafbar machen; gegen das Gesetz verstoßen; **~ *olmak*** Schuld haben, schuldig sein; **~ *yükleme*** Anschuldigung *f*; **~*unu bağışlamak*** *j-m* e-e Strafe erlassen
'suçiçeği ⟨-ni⟩ MED Windpocken *pl*
suç|lamak (*-i -le*) *j-n* bezichtigen *G*, *j-n* anklagen *G*; **~landırmak** *v/t* beschuldigen; **~lanmak** (*-le*) beschuldigt werden, angeklagt werden *G*; sich schuldig fühlen; **~lu** schuldig (*-den G*); Verbrecher *m*, -in *f*; **~luluk** ⟨-ğu⟩ Schuld *f*, Verbrechen *n*; **~ *duygusu*** Schuldgefühl *n*; **~suz** unschuldig; **~suzluk** ⟨-ğu⟩ Unschuld *f*
'suçüstü ⟨-nü⟩: **~ *yakalamak*** *j-n* auf frischer Tat ertappen; **~ *mahkemesi*** JUR Schnellgericht *n*
sudan nebensächlich, unbedeutend; *Vorwand* fadenscheinig
Sudan [suːdɑn] Sudan *m*; **~lı** Sudanese *m*, Sudanesin *f*, sudanesisch
'sudolabı ⟨-nı⟩ Wasserrad *n*
sufi [suːfiː] *islamischer Mystiker*
sufl|e Soufflieren *n*; *-e* **~ *etmek*** *j-m* soufflieren, vorsagen; **~ör** Souffleur *m*, Souffleuse *f*
sugeçirmez wasserdicht
sui- *osm Präfix*: miss-, un-, nicht
suiistimal [suːɪstiːmaːl] ⟨-li⟩ Missbrauch *m*; *-i* **~ *etmek*** missbrauchen
suikast ⟨-tı⟩ Attentat *n*, Anschlag *m*; **~ *girişimi*** Attentatsversuch *m*; **~ *yapmak*** ein Attentat verüben; **~çı** Attentäter *m*, -in *f*
sukeleri ZOOL Salamander *m*
'sukemeri ⟨-ni⟩ Aquädukt *m*
sukut [-uːt] ⟨-tu⟩ Fall *m*, Fallen *n*; JUR

Einstellung *f e-s Verfahrens*; **~u hayal** Enttäuschung *f*; **~ etmek** fallen; JUR eingestellt werden
sulak ⟨-ğı⟩ sumpfig; Wassernapf *m*
sula|ma Bewässerung *f*; **~ arabası** Sprengwagen *m*; **~mak** bewässern; begießen; *Tiere* tränken; F *Geld* blechen (müssen)
sulandır|ıcı Verdünnungs- (*Mittel*); **~mak** *v/t* (mit Wasser) verdünnen
sulan|ma Verdünnung *f*; **~mak** dünnflüssig werden; bewässert werden; *Tier* getränkt werden; *Auge* feucht werden; tränen; *Schnee* tauen; F *-e* anmachen *A*
sularında *Zeit* ungefähr (um *A*), gegen: **saat üç ~** gegen drei Uhr
sulatmak (*-i -e*) *kaus von* **sulamak**; *j-n* blechen lassen *A*, *j-m Geld* abknöpfen
sul'fata F Chinin *n*
sulh Frieden *m*; *-e* **~ olmak** sich zufrieden geben mit; **~çu** friedlich, Friedens-
sulta Macht *f*
sultan HIST Sultan *m*; *als Titel z.B* Sultan Osman; *Titel für Frauen, Töchter und Enkelinnen e-s osm Sultans, z.B*: Safiye Sultan; **hanım ~** *Tochter e-s Sultans*; **valide ~** Sultansmutter *f*
sultanî [-tɑːniː] Sultans-, sultanisch, kaiserlich; BOT Sultanine *f*, **~ tembel** stinkfaul
sultanlık ⟨-ğı⟩ Sultanat *n*; *fig* Ansehen *n*, Geltung *f*, Glanz *m*
sulu wässerig; wasserhaltig; *Essen* mit Wasser zubereitet; *Obst* saftig; *fig* unanständig; anstößig; **~ adam** Zotenreißer *m*; **~ gözlü** wehleidig, tränenselig
suluboya Wasserfarbe *f*, **~ (resim)** Aquarell *n*
suluk ⟨-ğu⟩ Wassernapf *m*; MED (Kinder)Grind *m*; Waschnische *f*, **~ zinciri** Trense *f*
sululaşmak anzügliche Bemerkungen machen, Zoten reißen, anmachen
sululuk ⟨-ğu⟩ Wässerigkeit *f*, Saftigkeit *f*, *fig* faule(r) Witz, Anzüglichkeit *f*
sulusepken Schneeregen *m*; mit Regen vermischt
sumak ⟨-ğı⟩ BOT Sumach *m* (*Rhus coriatia*)
sumen Schreibunterlage *f*
sundurma ARCH Schleppdach *n*
sunî [iː] künstlich, Kunst-; synthetisch; *fig* gekünstelt; *Person* heuchlerisch; **~ gübre** Kunstdünger *m*; **~ ipek** Kunstseide *f*, **~ solunum** (künstliche) Beatmung *f*
sunîlik Manieriertheit *f*
sun|ma Unterbreitung *f*, **~mak** ⟨-ar⟩ (*-i -e*) *j-m* unterbreiten *A*; *Brief* übersenden; *z.B. Buch* überreichen; *j-m Grüße* entbieten; *(Fernseh)Programm* bieten, senden, *bes Film* bringen
sunturlu schallend; gehörig; wüst (*Beschimpfungen*)
sunucu Ansager *m*, -in *f*, Fernsehansager *m*, -in *f*, EDV Server *m*
sunulmak *pass von* **sunmak**
sunum Präsentation *f*, (Kurz) Referat *n*
sunuş Antrag *m*; (Bitt)Gesuch *n*; Vorwort *n*
'suölçer Hydrometer *n*
sup(anglez) *Art* Schokoladenpudding *m*
supap ⟨-bı⟩ Ventil *n*, Klappe *f*
sur HIST Festungsmauer *f*, Stadtmauer *f*
surat ⟨-tı⟩ Miene *f*, Physiognomie *f*, Gesicht *n*; F Flappe *f*, mürrische(s) Gesicht, Schmollmund *m*; **~ asmak** F eine Flappe ziehen; **~ düşkünü** Fratze *f*, Visage *f*, *fig* Vogelscheuche *f*; *-e* **~ etmek** F maulen, schmollen (mit *j-m*); *-in* **~ından düşen bin parça olmak** F e-e gekränkte Leberwurst sein; **~lı** mürrisch, brummig; mit e-m ... Gesicht; **~sız** griesgrämig, brummig
sure [uː] REL Sure *f*, **Yusuf ~si** die Josephssure
suret [uː] ⟨-ti⟩ **1.** *subst* Form *f*, Art *f*, Äußere(s); Kopie *f*, Abschrift *f*, Miene *f*, Art und Weise *f*, **~ çıkarmak** e-e Kopie anfertigen; **~i haktan görünmek** den Unschuldigen (*od* die Unschuldige) spielen; den Wohltäter (die Wohltäterin) spielen; **~ine girmek** *fig* in s-e Art schlagen; **aynı ~le** in derselben Art, genauso; **bu ~le** so, auf diese Weise; **hiçbir ~le** keineswegs; **o ~te** in e-m solchen Fall; **2.** *postp, konj* **... ~le, ~iyle** indem, dadurch, dass ...: **fenalıkları kaldırmak ~iyle** indem man die Mängel beseitigt, durch Beseitigung der Mängel
su'reta [ɑː] anscheinend; zum Schein; vorgetäuscht, fingiert
'Suriye [uː] Syrien *n*; **~li** Syrer *m*, -in *f*, syrisch
sus, **~ işareti** MUS Pausenzeichen *n*

susa *dial* Chaussee *f*
susak ⟨-ğı⟩ durstig; F dämlich, bekloppt; (Holz)Becher *m*; **~lık** ⟨-ğı⟩ Durst *m*; Dämlichkeit *f*
susam BOT Sesam *m*; ***açıl ~ açıl!*** Sesam, öffne dich!
susamak *v/i -e* Durst bekommen; *fig* sich sehnen nach; sich drängen nach; ***çok susadım*** ich bin sehr durstig; ***kana ~*** blutdürstig sein; ***susamış*** durstig
'susamuru ⟨-nu⟩ ZOOL (Fisch)Otter *f*
susar → ***susamak, susmak***
susatmak Durst machen
'susığırı ⟨-nı⟩ ZOOL Wasserbüffel *m*
suskun schweigsam, still; **~luk** ⟨-ğu⟩ Schweigen *n*; Schweigsamkeit *f*; ***~ içindeydi*** ... verharrte in Schweigen
susma Schweigen *n*; Pause *f*
sus|mak ⟨-ar⟩ *v/i* schweigen; still sein; ***sus payı*** Schweigegeld *n*; ***~!*** schweig!, sei still!; **~malık** ⟨-ğı⟩ Schweigegeld *n*; **~pus** ganz still, ganz leise; ***~ olmak*** verstummen
'susta[1] Männchenmachen *n*; ***~ durmak*** (*od* ***~ya kalkmak***) Männchen machen; *fig* e-n Kotau machen
'susta[2] Einschnappfeder *f*; **~lı** Klappmesser *n*; ... mit Feder; ***~ çakı*** Klappmesser *n*
sustur|mak *v/t* zum Schweigen bringen; schweigen (*od* verstummen) lassen; *fig Trauer usw* unterdrücken; **~ucu** Schweigen gebietend; mundtot machend; TECH Schalldämpfer *m*; Auspufftopf *m*; **~ulmak** mundtot gemacht werden
susuş Schweigen *n*
susuz ohne Wasser(leitung); saftlos, vertrocknet; niederschlagsarm, trocken, dürr; **~luk** ⟨-ğu⟩ Wassermangel *m*, Trockenheit *f*; Durst *m*
sut ⟨-tu⟩ Natrium *n*; ***~ kostik*** Ätznatron *n*
'sutaşı ⟨-nı⟩ Tresse *f*, Biese *f*
sutyen Büstenhalter *m*
'sutopu ⟨-nu⟩ Wasserball *m*
Suudî [iː] **Arabistan** Saudi-Arabien *n*
suvar|ım Wassermenge *f*, Wasserquantum *n* (*zum Tränken*); **~mak** *v/t* tränken; Wasser dazugeben
suvat ⟨-tı⟩ Tränke *f*
suver: ***~ yapmak*** unter Glas einrahmen
'suyolu ⟨-nu⟩ Kanal *m*; Wasserzeichen *n*; Tresse *f*, Litze *f*; *Kinderspiel* Verbindung von Punkten durch Linien
'suyosunu ⟨-nu⟩ BOT Alge *f*
sübap ⟨-bı⟩ → ***supap***
sübjektif subjektiv
süblim|e Sublimat *n*; **~leştirmek** *v/t* sublimieren
sübstratum Substrat *n*
sübut ⟨-tu⟩ Feststellung *f*, Nachweis *m*; ***~ bulmak*** festgestellt werden, nachgewiesen werden
sübvansiyon ÖKON Subvention *f*
sübyan *osm* Kinder *n/pl*
'sübye *Art* Mandelmilch *f*, Emulsion *f*
süet ⟨-ti⟩ Wildleder *n*
süflî [iː] niedrig, unter- (*Stellung*); schäbig (gekleidet); **~leşmek** *v/i* herunterkommen
sühunet [uː] ⟨-ti⟩ *osm* Wärme *f*
süit ⟨-ti⟩ MUS, *Hotel* Suite *f*
süje Thema *n*
süklüm: ***~ püklüm*** *fig* wie ein begossener Pudel
sükse Erfolg *m*; ***~ yapmak*** Erfolg haben; Aufsehen erregen, Furore machen
sükûn, ~et ⟨-ti⟩ Ruhe *f*, Einstellung *f* (*der Kämpfe*); ***~ bulmak*** sich legen, aufhören; eingestellt werden; ***sükûnet durumu*** TECH Ruhestellung *f*
sükût ⟨-tu⟩ *osm* Schweigen *n*, Stillschweigen *n*; ***~ hakkı*** Schweigegeld *n*; *-i* ***~la geçiştirmek*** mit Stillschweigen übergehen *A*; ***~un belagati*** beredte(s) Schweigen
sükûtî [iː] schweigsam
sülale Familie *f*, alte(s) Geschlecht
Süleyman Salomon *m*
sülfat ⟨-tı⟩ CHEM Sulfat *n*, Vitriol *n*
sülfür CHEM Schwefel *m*; **~ik** Schwefel-; ***~ asit*** Schwefelsäure *f*
sülüğen CHEM Mennige *f*
sülük ⟨-ğü⟩ ZOOL Blutegel *m*; BOT Ranke *f*; ***~ gibi*** *fig* wie e-e Klette
sülün ZOOL Fasan *m*; ***~ gibi*** stattlich
sümbül BOT Hyazinthe *f*
sümbülî [iː] leicht bewölkt
'Sümer Sumer *n*; **~ce** (das) Sumerisch(e)
sümkürmek sich schnäuzen
sümsük ⟨-ğü⟩ naiv, einfältig, bieder
sümük ⟨-ğü⟩ (Nasen)Schleim *m*; F Rotz *m*; **~doku** Schleimhaut *f*; **~lü** schleimig; Rotznase *f*; **~sel** Schleim-; **~sü**: ***~ cisim*** ANAT Hypophyse *f*; ***~ zar*** ANAT Nasen-

schleimhaut *f*
sündürmek *v/t* recken, dehnen
sünepe schlampig; Trottel *m*; **~lık** ⟨-ği⟩ Schlampigkeit *f*, Trotteligkeit *f*
süner → ***sünmek***
sünger Schwamm *m*; **~ *avcılığı*** Schwammfischerei *f*; *-in üzerine* **~ *çekmek*** (*od -in üzerinden* **~ *geçirmek***) *fig* (über *etw*) hinweggehen, ignorieren *A*; **~cı** Schwammfischer *m*; **~sı** porös; **~taşı** ⟨-nı⟩ Bimsstein *m*
süngü (*aufgesetztes*) Bajonett *n*; Grabstein *m*; **~*sü ağır*** *fig* schwerfällig; **~*sü depreşmesin, ama …*** (*von Toten*) sein Andenken in Ehren, aber …; **~*sü düşük*** kränklich; niedergeschlagen; *Sache* belanglos; **~lemek** *v/t* mit dem Bajonett stechen; *Feuer* schüren
sünmek ⟨-er⟩ sich dehnen
sünnet ⟨-ti⟩ Beschneidung *f*, Sunna *f* (*etwa: die heilige Sammlung der Taten und Aussprüche Mohammeds*); **~ *düğünü*** Beschneidungsfeier *f*; **~ *etmek*** *v/t* beschneiden; **~çi** Beschneider *m*; **~lemek** *v/t* aufessen, F verputzen; **~li** Beschnittene(r)
Sünnî [iː] REL Sunnit *m*, -in *f*, sunnitisch; **~lik** ⟨-ği⟩ Sunnitentum *n*, islamische Orthodoxie
süper Super-, F super; F Superbenzin *n*; **~ *benzin*** Super(benzin) *n*; **~ *devlet*** (*od* ***güç***) Supermacht *f*; **~ *emeklilik*** Zusatzrente *f*; **~market** ⟨-ti⟩ Supermarkt *m*; **~sonik** Überschall-; **~vizyon** PSYCH Supervision *f*
süprülmek → ***süpürülmek***
süprüntü Müll *m*, Abfall *m*, Abfälle *m/pl*; Trödel *m*; *Person* Abschaum *m*; **~cü** Trödler *m*; Lumpensammler *m*; **~lük** ⟨-ğü⟩ Müllhaufen *m*, Abfallhaufen *m*
süpürge Besen *m*; **~ *hesabı*** Tracht *f* Prügel; ***elektrik* ~*si*** Staubsauger *m*; **~ci** Besenbinder *m*
süpürmek *v/t* (aus)fegen; *Kleid* ausbürsten; *Essen* vertilgen, verschlingen; *fig* ausmerzen
süpürücü Reiniger *m*, Hausdiener *m*; ***ocak* ~** Schornsteinfeger *m*
süpürülmek *pass von* ***süpürmek***
sürahi [ɑː] Karaffe *f*
sürat ⟨-ti⟩ Geschwindigkeit *f*; **~ *katarı*** Schnellzug *m*; **~ *tahdidi*** Geschwindigkeitsbegrenzung *f*; **~le** schnell, eilig; ***son* ~(*le*)** mit Volldampf; **~lendirmek** *v/t* beschleunigen; **~lenmek** *v/i* schneller werden, sich beschleunigen; *Puls* schneller gehen; **~li** beschleunigt (*Puls*); eilig (*Schritt*); Trab *m*
sürç ⟨-cü⟩ Stolpern *n*; **~*ü lisan*** Versprecher *m*, F Lapsus *m* Linguae
sürçme: ***dil* ~*si*** → ***sürçü lisan***
sürçmek ⟨-er⟩ stolpern; ausrutschen; *-in* ***dili* ~** sich versprechen
sürdürmek *v/t* fortsetzen; *Aufgabe* weiterhin wahrnehmen; *Farbe* auftragen (*-e* auf *A*); *Frist* verlängern; *Industrie* betreiben; *kaus von* ***sürmek***
süre Dauer *f*, Periode *f*, Zeit *f*, Frist *f*, Verlauf *m*; *-in* **~*si dolmak*** *fig* auslaufen; ***aradan geçen* ~*de*** in der Zwischenzeit; ***bir* ~** e-e Zeitlang; ***bir* ~ *sonra*** nach einiger Zeit; ***bir hafta* ~*since*** im Verlauf e-r Woche
sürece *konj* während; solange; ***yaşadığı* ~** während er (*od* sie) lebt
sürecek Fortsetzung folgt
süreç ⟨-ci⟩ (*Entwicklungs*)Prozess *m*; ***… sürecinde*** im Laufe (*G*/ von)
sü'redur|an träge; **~um** PHYS Trägheit *f*
sü'regelmek andauern; ***süregelen*** gleich bleibend
süreğen andauernd; *bes* MED chronisch; **~leşmek** andauern, anhalten, chronisch werden
sürek ⟨-ği⟩ Dauer *f*, Kontinuierlichkeit *f*; (*Vieh*)Herde *f*; galoppierend, im Galopp; **~ *avı*** Treibjagd *f*; **~li** andauernd, anhaltend; ständig; chronisch; LING stimmhaft (*Konsonant*); frikativ; **~lilik** ⟨-ği⟩ Kontinuität *f*; **~siz** flüchtig, von kurzer Dauer; LING stimmlos (*Konsonant*); **~sizlik** ⟨-ği⟩ Flüchtigkeit *f*, kurze Dauer; LING Stimmlosigkeit *f*
süreli befristet; **~ *yayın*** BUCH Periodikum *n* (*meist pl*: Periodika)
sürer → ***sürmek***
sürerlik ⟨-ği⟩ lange Dauer, Andauern *n*; **~ *fiili*** LING durative(s) Verb
süresiz unbefristet, auf unbestimmte Zeit
sürfe BOT Raupe *f*
sürgit *adv* ewig, endlos, auf immer; **~ *yapmak*** *fig* in die Länge ziehen
sürgü Riegel *m*; Schieber *m*; Egge *f*; Maurerkelle *f*, Steinwalze *f*, MED Stechbecken *n*; TECH Stellring *m*; Gewehrverschluss *m*; **~lemek** *v/t* verriegeln; eggen; glatt walzen, feststampfen; **~lü**

verriegelt; mit Riegel

sürgün Schössling *m*, Trieb *m*; Verbannte(r); Verbannungs-; Verbannung *f*; Exil *n*; MED Durchfall *m*; **~ gitmek** (*od* **edilmek**) verbannt werden; Durchfall haben; **~ olmak** Durchfall haben; *-i* **~e göndermek** in die Verbannung schicken

sürme[1] Riegel *m*; Schubkasten *m*, Schublade *f*; **~ kapı** Schiebetür *f*

sürme[2] Augenschminke *f*

sürmek ⟨-er⟩ **1.** *v/t* AUTO fahren; *Farbe, Creme, Leim* auftragen, aufstreichen (*-e* auf *A*); *Feld* pflügen; *Geld, bes Falschgeld* an den Mann bringen, in Umlauf setzen; *Hand* ausstrecken (bis zu *D*); langen (**oraya** bis dahin); (*gutes*) *Leben* führen; *Person* verbannen; vertreiben (*-den* aus *D*); *Papiere* ausbreiten; *Riegel* vorschieben; *Tiere* antreiben; *Ware* absetzen; *-e* **elini ~** berühren *A*; *-e* **krem ~** eincremen *A*; *-e* **yağ ~** (ein)ölen *A*; *-i* **sürüp çıkarmak** *j-n* jagen, vertreiben von; **2.** *v/i* (an)dauern, anhalten; BOT *Knospen, Saat* (hervor)sprießen; **çok sürmez** es dauert nicht lange, dann ...; sehr bald; **sürüp gitmek** *fig* noch vorkommen, so weitergehen; **sürüp götürmek** *Arbeit* vorantreiben

sürme|lemek *Augenlider* schminken; verriegeln; **~li** geschminkt; verriegelt; **gözü ~** scheinheilig, muckerhaft

sürmelik: **~ peynir** Streichkäse *m*

sürmenaj Überlastung *f*, Überarbeitung *f*

sürprim Zuschlag(sprämie *f*) *m*

sürpriz Überraschung *f*; **~ olarak** überraschend; *-i* **~ yapmak** *j-n* überraschen

sürrealizm Surrealismus *m*

sürşarj Überdruck *m* (*auf Briefmarken*); TECH Überbeanspruchung *f*

sürter → **sürtmek**

sürtme Reibung *f*; **~ ağı** Schleppnetz *n*

sürtmek ⟨-er⟩ reiben (*-i -e etw* an *D*); sich herumtreiben; herumbummeln

sürtük ⟨-ğü⟩ Herumtreiberin *f*, Flittchen *n*; **~lük** Herumtreiberei *f*

sürtün|me Reibung *f*; **~mek** *v/i* kriechen; sich reiben; Streit anfangen; **sürtünüp durmak** *fig* auf dem Bauch kriechen

sür|tüşmek sich aneinander reiben; *fig* Reibungen (*od* Streit) miteinander haben; **~tüştürmek** (*-i -e*) aneinander reiben *A*

sürü Herde *f*; (Menschen)Schar *f*; (Vogel)Schwarm *m*; (Hunde)Meute *f*; **~ sepet** alle zusammen, F die ganze Sippschaft; **~ ~** e-e Unmenge, ein Schwarm von; **~den ayrılmak** s-n eigenen Weg gehen; **... ~süne bereket!** ganze Heerscharen!; **bir ~** eine Menge, einen Haufen

sürücü (Auto)Fahrer *m*, -in *f*; Kutscher *m*, -in *f*; EDV Laufwerk *n*; Treiber *m*; **~ adayı** Fahrschüler *m*, -in *f*; **~ kursu** Fahrschule *f*; **~lük** ⟨-ğü⟩ Fahren *n*, Kutschieren *n*

sürüklemek *v/t* schleppen, schleifen; *j-n* mitschleifen; *fig* (*in e-n Krieg*) stürzen; *fig j-n* hinreißen (*-e* zu), packen

sürükle|nmek *-e pass von* **sürüklemek**; sich schleppen; *Prozess* sich hinziehen; *Schiff* hin- und hertreiben; **~yici** *fig* spannend, packend

sürülmek *pass von* **sürmek**

sürüm Absatz *m* (*der Waren*); (*Geld*)-Umlauf *m*, Verkehr *m*; *-i* **~den kaldırmak** aus dem Verkehr ziehen *A*

sürümek *v/t* schleifen, schleppen; hinter sich (*D*) herziehen; *fig* aufschieben

sürümsüz unabsetzbar (*Ware*)

sürünceme Verzögerung *f*, Verschleppung *f*; *-i* **~de bırakmak** *fig* auf die lange Bank schieben, F schmoren lassen; **~de kalmak** sich hinziehen, verschleppt werden

süründürmek *v/t* ins Elend stürzen; *kaus von* **sürünmek**

sürün|gen ZOOL Kriechtier *n*, Reptil *n*; BOT Kriechpflanze *f*; **~me** Kriechen *n*; TECH Mannloch *n*; Kabelgraben *m*; **~mek 1.** *v/i* kriechen; *fig* dahinvegetieren; **2.** *v/t* sich einreiben mit, *Puder* auftragen; *-e* streifen *A*, F kommen (an *A*); schleifen (*auf dem Boden*)

sürüştürmek (*-i -e*) einreiben, einmassieren (in *A*); reiben (*etw* an *D*)

sürüt|me Schleppnetz *n*; **~mek** schleppen lassen (*-i -e etw* durch)

Süryanî [-ɑːniː] Syrer *m*, -in *f*; syrisch(er Christ); **~ce** (das) Syrisch(e)

süs Schmuck *m*, Putz *m*; Ornament *n*; Dekoration *f*; **~ için** zum Schein; **~ püs** Flitter *m*; **~e düşkün** putzsüchtig; (**kendine**) **... ~ü vermek** (sich *A*) ausgeben (als *A*), *etw* hinstellen (als *A*)

S

süsen BOT Schwertlilie *f*, Iris *f*
süser → ***süsmek***
süsle|me Verzierung *f*, Dekoration *f*; Dekor *m*; ~ ***sanatları*** Ornamentik *f*; **~mek** dekorieren; (aus)schmücken (*a mit Worten*); garnieren; *fig* (*j-m s-e Fehler*) ins Gesicht sagen; **~nmek** sich schmücken; **~yici** dekorativ
süslü geschmückt, dekoriert; *Ausdruck* gewählt; *Satz* kunstvoll; *Zimmer* schön ausgestattet; ~ ***püslü*** überladen; *Frau* aufgedonnert
süsmek ⟨-er⟩ (mit den Hörnern) stoßen
süspansiyon Federung *f*, CHEM Suspension *f*
süssüz schmucklos
süt ⟨-tü⟩ Milch *f*; F Treibstoff *m*, Benzin *n*; BOT Milchsaft *m*; ~ ***çocuğu*** Säugling *m*; ~ ***danası*** neugeborene(s) Kalb; ~ ***dökmüş kedi gibi*** *fig* wie ein begossener Pudel; ~ ***kuzusu*** Lämmchen *n*; Zicklein *n*; Baby *n*; ~ ***ürünü*** Milchprodukt *n*; *-e* ~ ***vermek*** stillen *A*; *-i* ***~ten kesmek*** entwöhnen *A*; ***~ü bozuk*** *fig* Hergelaufene(r)
süt|ana, **~anne** Amme *f*, **~baba** Mann *m* der Amme; **~başı** ⟨-nı⟩ Rahmschicht *f*, **~beyaz** schneeweiß; **~çü** Milchmann *m*; Milchfrau *f*, **~çülük** ⟨-ğü⟩ Milchgeschäft *n* (*Tätigkeit*); **~dişi** ⟨-ni⟩ Milchzahn *m*; **~hane** [aː] Milchküche *f*, Milchgeschäft *n* (*Raum*); **~kardeş** Milchschwester *f*, Milchbruder *m*; **~kırı** ⟨-nı⟩ Schimmel *m*; **~kızı** (als Säugling aufgezogene) Pflegetochter *f*
sütlaç ⟨-cı⟩ GASTR Milchreis *m*
sütleğen BOT Wolfsmilch *f*
sütliman *See* ruhig, glatt; *fig* ereignislos, eintönig
süt|lü Milch-, ... mit Milch; *Korn* unreif; ~ ***çikolata*** Milchschokolade *f*; **~lük** ⟨-ğü⟩ Milchküche *f*, **~nine** Amme *f*, **~oğul** ⟨-oğlu⟩ (als Säugling aufgezogener) Pflegesohn *m*; **~süz** ... ohne Milch; *Kuh* schlecht, wenig Milch gebend; **~şekeri** ⟨-ni⟩ Milchzucker *m*, Laktose *f*, **~tozu** ⟨-nu⟩ Milchpulver *n*
sütun [uː] Säule *f* (*a fig Feuer*); *Zeitung* Spalte *f*, ~ ***başı*** Kapitell *n*; ~ ***teknesi*** Architrav *m*
süvari [aː] Reiter *m*; *bes* MIL Kavallerist *m*; Kavallerie-; MAR Kapitän *m*
sü'veter Pullunder *m*
'Süveyş Suez *n*; ~ ***Kanalı*** Suezkanal *m*
süzek ⟨-ği⟩ *a* FOTO Filter *m*
süzer → ***süzmek***
süzgeç ⟨-ci⟩ Filter *m*; Teesieb *n*; ~ ***kağıdı*** Filterpapier *n*
süzgü Haarsieb *n*
süzgün schmächtig; *Blick* schmachtend, verträumt, träumerisch
süz|me filtriert, durchgeseiht; gesiebt; *Honig* geschleudert; *fig* durchtriebene(r) Kerl; **~mek** ⟨-er⟩ *v/t* filtrieren; (durch)sieben; *fig j-n* mustern; *fig* träumerisch blicken
süzül|me Schweben *n*; Gleitflug *m*; **~mek** *pass von* ***süzmek***; *v/i Auge* schmachtend blicken; *Tränen* tropfen; *Vogel* (dahin)schweben; (dahin)gleiten; *Person* dahinstolzieren; abnehmen, schmal werden (*-den* durch *A*); ***süzülerek*** *adv* geräuschlos, lautlos (*dahinziehen*)
süzüntü Filtrat *n*
STK *Abk* → ***sivil toplum kuruluşu***
streç Stretch- (*Hose usw*)
svastika Hakenkreuz *n*
svetşört Sweatshirt *n*

Ş

Ş

ş, Ş [ʃɛ] *sch*
şa [ʃaː]: ***ya ya ya ~ ~ ~!*** hipp, hipp, hurra!, → ***yaşa!***
şaban [ʃaːban] *8. Monat des islam. Mondjahres*; F bekloppt, bescheuert; **~laşmak** *v/i* verblöden; bekloppt sein
şablon Schablone *f*
şadırvan Moscheebrunnen *m*
şafak ⟨-ğı⟩ Morgendämmerung *f*, ~ ***sökmek*** *v/unp* dämmern; *-de* ~ ***atmak*** *fig j-m* geht ein Licht auf, *j-m* dämmert es

Şafiî [ʃɑːfiiː] REL Schafiit *m*; schafiitisch(e Rechtsschule); *e-e der vier Schulen des sunnitischen Bekenntnisses*
şaft ⟨-tı⟩ TECH Welle *f*
şah[1] [ɑː] Schah *m*; *Schach* König *m*; ~ ***iken şahbaz olmak*** sich noch mehr in die Nesseln setzen
şah[2] [ɑː]: ***~a kalkmak*** sich aufbäumen
şahadet [-hɑː-] ⟨-ti⟩ Zeugenschaft *f*; Bezeugung *f*; Heldentod *m*; *-e* ***~ etmek*** bezeugen *A*; Zeugnis ablegen; (***kelime-i***) ***~ getirmek*** das islamische Glaubensbekenntnis ablegen; ***~ parmağı*** Zeigefinger *m*; **~name** [-nɑː-] Diplom *n*; Zeugnis *n*
şahane [ʃɑːhɑː-] kaiserlich; *fig* großartig, fürstlich
şahbaz *Art* Falke *m*; kühn; flink
'şahdamarı ⟨-nı⟩ ANAT Aorta *f*, Hauptschlagader *f*
şaheser [ʃɑː-] Meisterwerk *n*
şahıs ⟨şahsı⟩ *a* GR Person *f*; ***~ eki*** Personalsuffix *n*; ***~ zamiri*** Personalpronomen *n*
şahin [ʃɑː-] ZOOL Mäusebussard *m* (*Buteo buteo*); *fig* (*a* ***~ bakışlı***) wild (*blickend*)
şahit [ɑː] ⟨-di⟩ Zeuge *m*; ***düello şahidi*** HIST Sekundant *m*; *-e* ***~ olmak*** Zeuge *G* sein; **~lik** ⟨-ği⟩ Zeugenschaft *f*; Zeugenaussage *f*; ***~ etmek*** als Zeuge aussagen
şahlan|dırmak *v/t* reizen, ärgern, provozieren; *Pferd* steigen lassen; **~ma** Levade *f*; Aufbäumen *n*; **~mak** die Levade machen; sich aufbäumen; *Hubschrauber* (steil auf)steigen; *fig* sich aufregen, aufbrausen
şahlık ⟨-ğı⟩ Kaisertum *n*; Kaiserreich *n* (*z.B. der Perser*)
şahmat schachmatt
şahmerdan Rammbär *m*, Ramme *f*
şahniş(in) Veranda *f*; Erker *m*
şahrem: ~ ~ in Fetzen, zerrissen
'şahsen persönlich, selbst; vom Sehen (her) (*kennen*)
şahs|î [iː] persönlich, eigen; Personal-; **~iyat** [-aːt] ⟨-ti⟩ Intimitäten *f/pl*; Privatleben *n*; ***işi ~a dökmek*** *abw* persönlich werden; **~iyet** ⟨-ti⟩ Individualität *f*; Persönlichkeit *f* (*a als* Person)
şaibe [ɑː] Fleck *m*; Makel *m*
şair [ɑː] Dichter *m*; **~ane** [ɑː] dichterisch, poetisch; *fig* stimmungsvoll

şak[1] ⟨-kı⟩ klatsch!, patsch!
şak[2] ⟨-kkı⟩ Riss *m*, Schlitz *m*; Spalt *m*; Spalten *n*, Einschnitt *m*; *dial* (abgebrochenes) Stück *n*
şaka Scherz *m*, Spaß *m*; ***~ etmek*** scherzen; ***~ gibi gelmek*** höchst unwahrscheinlich sein, *j-m* spanisch vorkommen; ***~ götürmemek*** *fig Sache* nicht zum Lachen sein; *Person* keinen Scherz verstehen; ***~ kaldırmak*** Spaß verstehen; ***~ maka*** Scherz beiseite; ***~ maka derken*** während *man* noch scherzte; *-e* ***~ yapmak*** scherzen (*-le* mit *D*); *-i* ***~dan yapmak*** zum Scherz tun *A*; *-i* ***~ya boğmak*** ins Scherzhafte verkehren *A*; ***~ya gelmek*** Spaß vertragen können; *-in* ***~sı yok*** es ist nicht zu scherzen mit; ***~ bir yana!*** Scherz beiseite!
şaka|cı Spaßmacher *m*, Witzbold *m*; **~cıktan** nur zum Spaß; spielend, ganz bequem; **~dan** zum Scherz
şakak ⟨-ğı⟩ Schläfe *f*
şaka|laşmak scherzen (*-le* mit *D*); **~sız** ohne Scherz, im Ernst; **~şuka** Witz *m*
şakayık ⟨-ğı⟩ BOT Pfingstrose *f*, Päonie *f*
şakımak **1.** *v/i* singen; zwitschern; *Nachtigall* schlagen; **2.** *v/t fig* besingen
şakır: ~ ~ *Brunnen* plätschernd; *Licht* strahlend; *Vogel* zwitschernd; fließend (*sprechen*); **~damak** *v/i* plätschern; *Licht* strahlen; *Regen* prasseln; **~datmak** *-i* rasseln; (*mit den Fingern*) knacken; **~tı** Plätschern *n*; Prasseln *n*; Klirren *n*, Rasseln *n*; Klappern *n*
şakirt [ɑː] *osm* Schüler *m*; Lehrling *m*; REL Jünger *m* (*Jesu*)
'şakkadak **1.** *adv* plötzlich; **2.** *int* bauz!
şaklaban Spaßmacher *m*; Scharlatan *m*
şakla|mak *v/i* knallen; klatschen; **~tmak** *-i* schmatzen; *j-m* eine (= *Ohrfeige*) schallern; (*mit der Peitsche*) knallen
şakrak fröhlich (*Lachen*); lebenslustig; **~kuşu** ⟨-nu⟩ ZOOL Gimpel *m*
şakşak ⟨-ğı⟩ Kastagnette *f*, Klapper *f*; **~çı** THEA Claqueur *m*; Speichellecker *m*, -in *f*
şakul [ɑː] ⟨-lü⟩ Senkblei *n*
şakullemek *v/t* ausloten; nivellieren; *fig* (über)prüfen; sondieren
şal Schal *m*; Überwurf *m*
şalgam BOT Steckrübe *f*
şallak: ***~ mallak*** splitternackt; *Kleidung* schlampig, nachlässig

Ş

'şalter EL Hauptschalter *m*
şalvar Pumphose *f*, Pluderhose *f*; **~ gibi** weit gearbeitet
Şam Damaskus *n*
'şama Wachsdocht *m*
şamama *Art* aromatische Melone; **~ gibi** *Person* zierlich und nett
şaman Schamane *m*
şa'mandıra Boje *f*, Schwimmer *m*
şamanizm Schamanismus *m*
şamanlık ⟨-ğı⟩ Schamanentum *n*
şamar Ohrfeige *f*; *-e* **~ atmak** *j-m* e-e Ohrfeige geben; **~ oğlanı** Prügelknabe *m*; **~lamak** *v/t j-n* ohrfeigen
şamata Krach *m*, Lärm *m*; **~ etmek** (*od* **koparmak**) Krach machen; **~cı** lärmend; Randalierer *m*, Radaubruder *m*; **~lı** laut, lärmend, tosend
şambaba(sı) *Art* Süßspeise *f*; *fig* Rabenvater *m*; *fig* Vater *m* ohne Autorität
şamdan Leuchter *m*
'şamfıstığı ⟨-nı⟩ Pistazie *f*
şamil [ɑː] in sich schließend; *-e* **~ olmak** sich erstrecken auf *A*
şam'panya Champagner *m*, Sekt *m*
şampiyon SPORT Meister *m*, -in *f*, (Gesamt)Sieger *m*, -in *f*; **~lar ligi** Champions' League *f*
şampiyon|a Meisterschaft(sspiel *n*) *f*; **~luk** ⟨-ğu⟩ Meisterschaft *f*
şampuan Shampoo *n*
şan¹ [ɑː] Ruhm *m*; gute(r) Ruf, Ehre *f*; *-e* **~ vermek** Ehre verleihen *D*; *-in* **~ından olmak** e-e Ehre sein (für *j-n*)
şan² Gesang *m*; **~ dersi** Gesangsstunde *f*
şangır: **~ şungur** klirrend, scheppernd; **~damak** *v/i* klirren, scheppern, klappern; **~tı** Klirren *n*, Klappern *n*
şanjanlı changierend, schillernd
şanjman AUTO Gangschaltung *f*
şanlı berühmt; großartig; **~ şöhretli** prächtig, beeindruckend
'şano Bühne *f*
şans Chance *f*, Glück *n*; **bol ~lar!** viel Glück!; **~ eşitliği** Chancengleichheit *f*; **~ oyunu** Glücksspiel *n*; **~ tanımak** e-e Chance haben; **~a kalmak** e-e Frage des Glülcks (*od* Zufalls) sein; **~ı dönmek** *Glück* sich ins Gegenteil verkehren; **~ı yaver gitmek**, *-in* **~ı olmak** Glück haben; **~lı** Glücks-; **~ olmak** Glück haben
şan'sölye Kanzler *m* (*Deutschland*)
şanssız erfolglos; **~ olmak** kein Glück haben; keine Aussichten haben; **~lık** ⟨-ğı⟩ Aussichtslosigkeit *f*; **şanssızlığa uğramak** von e-m Missgeschick betroffen sein
şantaj Erpressung *f*; *-e* **~ yapmak** *j-n* erpressen; **~cı** Erpresser *m*, -in *f*; **~cılık** ⟨-ğı⟩ erpresserische Handlung
şantiye Baustelle *f*; MAR Werft *f*
şantö|r Sänger *m*; **~z** Sängerin *f*
şanzıman → **şanjman**
şap¹ ⟨-pı⟩ Schmatz *m*; *int* patsch!
şap² ⟨-pı⟩ ARCH Estrich *m*; Alaun *m*; **~ gibi** versalzen; **~a oturmak** *fig* mit s-m Latein am Ende sein
şapır: **~ ~** *od* **~ şupur** laut schmatzend; **~damak** schmatzen; **~datmak**: **ağzını ~** (*während des Essens*) schmatzen; **~tı** Schmatzen *n*
'şapka Hut *m*; MIL Mütze *f*, (*Ofen-, Lampen*) Schirm *m*; F Zirkumflex *m*; TECH Kappe *f*; **~sını çıkarmak** den Hut abnehmen; **~sını giymek** den Hut aufsetzen; **~cı** Hutmacher *m*; **~lı** ... mit Hut; **~lık** ⟨-ğı⟩ Hutablage *f*
şaplak ⟨-ğı⟩ Ohrfeige *f*, *dial* Watschen *f*
şaplamak¹ schallen; klatschen
şaplamak² *v/t* Estrich legen
şaplamak³ *v/t* mit Alaun behandeln
şaplatmak schmatzen; *v/t* (*yüzüne j-m*) e-e schallende Ohrfeige verpassen; *kaus von* **şaplamak**
'şappadak mir nichts, dir nichts, unversehens
şaprak ⟨-ğı⟩ Satteldecke *f*
şapşal albern, dümmlich; plump; *Kleidung* unförmig, unschick
şarabî [-ɑːbiː] weinrot
şarampol Straßengraben *m*
şarap ⟨-bı⟩ Wein *m*; **~ kadehi** Weinglas *n*; **beyaz ~** Weißwein *m*; **kırmızı ~** Rotwein *m*; **misket şarabı** Muskatellerwein *m*; **pembe ~** Roséwein *m*
şarap|çı Winzer *m*, -in *f*, Weinhändler *m*, -in *f*, große(r) Weintrinker(in); **~hane** Weinlokal *n*; Weinkellerei *f*
şarapnel MIL Schrapnell *n*
şarap|rengi, **~tortusu** ⟨-ni⟩ weinrot
şarbon MED Milzbrand *m*
şarıl|damak *v/i Wasser* rieseln, plätschern; **~ ~** rieselnd, plätschernd; **~tı** Rieseln *n*, Murmeln *n* (*des Baches*)
şarj PHYS, EL Ladung *f*, Laden *n*; *-i* **~ etmek** *Akku* laden; F kapieren *A*; **~ör**

Magazin *n* (*e-s Gewehrs*)
şark ⟨-kı⟩ Orient *m*; Osten *m*; **~ *çıbanı*** MED Aleppobeule *f*
şarkî östlich, Ost-
şarkı Gesang *m*; Lied *n*; **~ *söylemek*** singen; **~ *tutturmak*** ein Lied anstimmen; **~cı** Sänger *m*, -in *f*
şarkiyat ⟨-tı⟩ Orientalistik *f*; **~çı** Orientalist *m*, -in *f*
şarklı Orientale *m*, Orientalin *f*
şarküteri Delikatessengeschäft *n*; Wurstgeschäft *n*
şarlamak: *-e* **~** schimpfen mit; → ***şarıldamak***
şarlatan Scharlatan *m*, Kurpfuscher *m*; **~lık** ⟨-ğı⟩ Scharlatanerie *f*
şart ⟨-tı⟩ Bedingung *f*; Voraussetzung *f*; *-i* **~ *etmek*** sich *D* ausbedingen *A*, zur Bedingung machen *A*; **~ *kipi*** GR Konditional *m*; **~ *koşmak*** e-e Bedingung stellen; *-i* **~ *koşmak*** zur Bedingung machen *A*; **~ *olsun!*** ich schwöre es!; **~ *şurt tanımaz*** an nichts gebunden, zu nichts verpflichtet; ***bu* ~*la*** unter dieser Bedingung; ***şu* ~*la ki*** unter der Bedingung, dass ...; **... ~*tır*** ... ist (unbedingt) nötig; *-mek* **~*ıyla*** unter der Bedingung, dass ..
şartlamak REL *etw Unreines drei- bis vierzigmal waschen*
şartlan|dırılmak PSYCH konditioniert werden; **~mak** *pass von* ***şartlamak***; bedingt werden
şartlı bedingt (*a Reflex*); vereinbart
şartname [ɑː] Pflichtenheft *n*; Submissionsbedingungen *f/pl*; Spezifikationen *f/pl*
şartsız bedingungslos, vorbehaltlos
'şaryo TECH Schlitten *m*; Wagen *m* (*der Schreibmaschine*)
'şasi Chassis *n*, Untergestell *n*; AUTO Fahrgestell *n*; Gerüst *n*; FOTO Kassette *f*
şaşaa [ʃɑː-] Pomp *m*, Prunk *m*; **~lı** prunkvoll
şaşa|kalmak verblüfft sein (*-e* über *A*); **~lamak** sich wundern (*-den* über *A*); **~latmak** *v/t j-n* wundern, verblüffen
şaşar → ***şaşmak***
şaşı schielend; Schiel-; **~ *bakmak*** schielen
şaşıla|cak erstaunlich; **~sı** erstaunlich, bewunderungswürdig
şaşı|laşmak zu schielen beginnen; **~lık** ⟨-ğı⟩ Schieläugigkeit *f*
şaş|ılmak: ***şaşılır*** man wundert sich; **~ırmak** *-i* verwundert (*od* erstaunt) sein über *A*; sich irren in *D*; *v/i* erstaunt (*od* verblüfft) sein; **~(*ır*)*ıp kalmak*** → ***şaşakalmak***; ***hesabını* ~** sich verrechnen; ***yolunu* ~** sich verirren; sich verfahren; **~ırtıcı** erstaunlich, verblüffend; irreführend; demonstrativ; **~ırtma** Täuschung(smanöver *n*) *f*; BOT Pikieren *n*; **~ırtmak** *v/t* irreführen; verwirren; in Erstaunen versetzen, verblüffen; BOT umpflanzen, pikieren
şaşkaloz *abw* F schieläugig
şaşkın fassungslos, F verdattert; ratlos, konfus, überrascht; perplex; **~*a çevirmek*** Überraschung auslösen (*-i* bei *D*); **~*a dönmek*** *fig* die Fassung verlieren, F verdattert sein; **~laşmak** *fig* den Kopf verlieren; **~lık** ⟨-ğı⟩ Fassungslosigkeit *f*, Ratlosigkeit *f*
şaşma Erstaunen *n*, Verwunderung *f*
şaş|mak ⟨-ar⟩ sich wundern (*-e* über *A*); sich irren (*-i* in *D*); (*nicht*) abgehen, abirren (*-den* von *D*); ***şaşarak*** verwundert; ***şaşmaz*** furchtlos (*Auge*), unbeirrt; zielsicher, zielgenau; **~tırıcı** auffallend; erstaunlich; frappant
şat ⟨-tı⟩ MAR Leichter *m*
şatafat ⟨-tı⟩ Aufmachung *f*, Prunk *m*
'şato Schloss *n*, Palast *m*; Burg *f*
şavkımak strahlen, glänzen
şavul → ***şakul***; **~lamak** → ***şakullemek***; *Gelegenheit* abpassen, ergreifen
şayan [ʃaːjaːn] *-e* wert, würdig *G*; **~*ı itimat*** vertrauenswürdig
şayet [ˈʃaː-] *konj* wenn, falls (*+-se*)
şebek ⟨-ği⟩ ZOOL Babuin *m* (*Pavianart*); *fig* alte(r) Affe
şebeke Netz *n* (*meist fig*); Spionagenetz *n*; Untergrundorganisation *f*; (Diebes-)Bande *f*; Netzkarte *f*
şebnem Tau *m*
şecere *fig* Stammbaum *m*; **~li** mit Stammbaum
şeddeli *arabischer Buchstabe mit Verdoppelungszeichen*; *fig* Erz-; **~ *eşek*** richtige(r) Esel, Erzdummkopf *m*
şef Chef *m*; Ober-; Chef-; **~ *garson*** Oberkellner *m*; ***orkestra* ~*i*** Dirigent *m*
şefaat [-fɑːt] ⟨-ti⟩ Fürbitte *f*; *-e* **~ *etmek*** eintreten für *A*; **~çi** Fürsprecher *m*
şeffaf durchsichtig
şefkat ⟨-ti⟩ Güte *f*; Zärtlichkeit *f*; Mit-

leid *n*; **~li** zärtlich; mitleidsvoll; **~siz** grob; unmenschlich
şeftali [a:] BOT Pfirsich *m*
şehir ⟨şehri⟩ Stadt *f*; Stadt-; **~ *eşkıyası*** Straßenräuber *m*; **~ *içi*** Innenstadt *f*; innerstädtisch; **~ *içi konuşma*** TEL Ortsgespräch *n*; **~ *rehberi*** Stadtführer *m*
şehirci Stadtplaner *m*; Urbanist *m*, -in *f*; **~lik** ⟨-ği⟩ Urbanistik *f*, Städtebaukunde *f*, Stadtplanung *f*
şehir|lerarası interurban; Überland-(*Bus*); **~ *telefon konuşması*** Ferngespräch *n*; **~ *yol*** Fernstraße *f*; **~leşmek** verstädtern; **~li** städtisch; Städter *m*, -in *f*, Stadtmensch *m*; **~lileşmek** zum Stadtmenschen werden; **~lilik** ⟨-ği⟩ Urbanität *f*; Städtertum *n*
şehit ⟨-di⟩ Gefallene(r) *m*; REL Märtyrer *m*; *-e* **~ *düşmek*** im Kriege fallen für; als Märtyrer sterben; **~lik** ⟨-ği⟩ Tod *m* (für das Vaterland; für den Glauben); Soldatenfriedhof *m*
şehla [a:] leicht schielend
'şehremini [-mi:-] HIST Präfekt *m*; Oberbürgermeister *m*
şehriye Suppennudeln *f/pl*; **~ *çorbası*** Nudelsuppe *f*
şehvet ⟨-ti⟩ Wollust *f*, Begehrlichkeit *f*; **~li, ~perest** sinnlich, lüstern, wollüstig
şehzade [ɑ:] Prinz *m*
şek ⟨-kki⟩ Zweifel *m*
şeker Zucker *m*; Süßigkeit *f*, Bonbon *m*; lieb, nett, süß; *Sache* hübsch; **~ *bayramı*** Zuckerfest *n*; **~ *hastalığı*** MED Zuckerkrankheit *f*; **~*im*** mein Schatz!, mein Herz(chen)! (*meist von Frauen*); ***toz* ~** → ***tozşeker***; **~ci** Zucker(waren)-fabrikant *m*, -in *f*, Süßwarenverkäufer *m*, -in *f*; **~kamışı** ⟨-nı⟩ Zuckerrohr *n*; **~leme** Bonbon *m*; kandierte Früchte *f/pl*; Nickerchen *n*; **~lemek** *v/t* verzuckern; zuckern, süßen; kandieren; **~lenmek** *v/i* verzuckert werden; *Zucker, Honig* kristallisieren; **~li** gezuckert, ... mit Zucker; F Diabetiker *m*, -in *f*; **~lik** ⟨-ği⟩ Zuckerdose *f*; **~pancarı** ⟨-nı⟩ Zuckerrübe *f*; **~renk** *Beziehungen* abgekühlt; **~siz** ohne Zucker
şekil ⟨şekli⟩ Form *f*, BUCH Abbildung *f*, Schaubild *n*, Zeichnung *f*, Art und Weise *f*, Zustand *m*; MATH Figur *f*; ***bu* ~*de*** auf diese Weise; **~ *ve şemail*** Aussehen *n*, Äußere(s); ***... şeklinde konuşmak*** meinen (*od* sagen), dass ...; sich dahingehend äußern, dass ...
şekilci Formalist *m*, -in *f*, formalistisch; **~lik** ⟨-ği⟩ Formalismus *m*
şekillen|dirmek *-i* e-e Form geben *D*, formen; **~mek** Gestalt annehmen
şekilsiz formlos, amorph; hässlich
'şeklen der Form nach, rein äußerlich, dem Aussehen nach
şekli → ***şekil***
şelale [-lɑ:-] Wasserfall *m*
şelf GEOGR Festlandssockel *m*
'şema Schema *n*; **~tik** schematisch
şempanze ZOOL Schimpanse *m*
şemsiye (Sonnen)Schirm *m*; BOT Dolde *f*; **~ci** Schirmmacher *m*; Schirmgeschäft *n*; **~lik** ⟨-ği⟩ Schirmständer *m*
şen fröhlich, heiter; **~ *şakrak*** froh und heiter; **~ *ve esen kalın*** bleiben Sie gesund!
şendere Furnier *n*; (Fass)Daube *f*
şeni [-i:] ⟨-ii⟩ gemein, perfide
şenlen|dirmek *v/t* erheitern, beleben; *fig* emporbringen; **~mek** *v/i* froh werden, aufleben; *fig Stadt usw* aufblühen
şenlik ⟨-ği⟩ Heiterkeit *f*, Fröhlichkeit *f*; Fest *n*, Feier *f*, Festival *n*; Veranstaltung *f*, Illumination *f*; **~li** dicht bewohnt; belebt; **~siz** trübe, trist; öde
şer ⟨-rri⟩ Böse(s); Schlechtigkeit *f*
şerbet ⟨-ti⟩ Sorbet(t) *m od n*; Lösung *f*; AGR Gülle *f*; **~ *gibi*** *Luft* lau; **~çi** Sorbetverkäufer *m*; **~çiotu** BOT Hopfen *m*; **~lemek** düngen; gegen Schlangenbiss *usw* feien, schützen; **~li** gegen Schlangenbiss *usw* gefeit; *-e fig* verfallen, ergeben *D*, -süchtig; geneigt (zu)
şeref Ehre *f*, (soziale) Stellung *f*, Ehren-; *-e* **~ *vermek*** *j-m* Ehre machen; **~ *üyesi*** Ehrenmitglied *n*; **~ *yemini*** Ehrenwort *n*; **~ *yeri*** Ehrenplatz *m*; **~*e*** prost!; **~*inize*** auf Ihr Wohl!
şerefe Umgang *m* (*e-s Minaretts*)
şerefiye *osm* Wertzuwachsabgabe *f* auf Grundstücke (*durch Urbanisation*)
şeref|lendirmek *v/t* ehren (*-le* durch *A*), Ehre erweisen *D*; **~li** ehrenvoll; *Ort* belebt, blühend; **~siz** ehrlos; unrühmlich; ... ohne Ehrgefühl
şerh Kommentar *m*; Erläuterung *f*
şerî [i:] Scheriat(s)-
şeriat [-i:-] ⟨-tı⟩ Scharia *f*, **~çı** islamische(r) Fundamentalist; **~çılık** islamischer Fundamentalismus
şerif[1] heilig; edel, erhaben; *islam. Titel*

Ş

şerif[2] Sheriff *m*
şeri|t ⟨-di⟩ Band *n*, Streifen *m*; Fahrstreifen *m*; AUTO Fahrspur *f*; ZOOL Bandwurm *m*; ***daktilo şeridi*** Schreibmaschinenband *n*; **~ *makarna*** Bandnudeln *f/pl*; **~ *metre*** Bandmaß *n*; **~lemek** *v/t* streifen, mit Streifen versehen
şeş *Würfelspiele* sechs; **~*i beş görmek*** F im Dusel sein; **~beş** sechs und fünf; **~cihar** sechs und vier; **~idü** sechs und zwei; **~üse** sechs und drei; **~yek** sechs und eins
şev *Straßenbau* Abhang *m*
şevk ⟨-ki⟩ Begeisterung *f*, Extase *f*
şevketli erhaben, majestätisch
şevkli eifrig, begeistert
şevval [ɑː] *10. Monat des Mondjahres*
şey Sache *f*, Ding *n*; Angelegenheit *f*; *Unterbrechung* hm ...; wie bitte?; *für e-n vergessenen Namen* Dingsda *m*, *f*; ***bir ~*** etwas; ***bir ~ değil*** nichts; ***kötü bir ~*** etwas Schlechtes; ***anlaşılmaz ~ler*** etwas Unverständliches; ***kötü bir ~ değil*** nichts Schlechtes; ***bir ~ kalmamış*** es ist nichts mehr da; ***bir ~ değil!*** keine Ursache!, bitte sehr!; ***bir ~ler*** (irgend)etwas *zu essen usw*; ***çok ~!*** Donnerwetter!; ***olmayacak bir ~!*** ein Ding der Unmöglichkeit!
şeyh Scheich *m*; **~ülislam** HIST geistliche(s) Oberhaupt (*im Osm. Reich*)
şeytan Teufel *m*, Satan *m*; durchtriebene(r) Bursche, F Aas *n*; **~ *aldatması*** Ejakulation *f* im Schlaf; **~ *azapta gerek*** das geschieht ihm ganz recht; **~ *çekici*** Range *m*, Racker *m*; **~ *gibi*** raffiniert; *-de* **~ *tüyü var*** er/sie hat Charme *m*, er/sie hat das gewisse Etwas; **~*a uyduk*** der Teufel hat uns geritten
şeytanarabası BOT Flugsamen *m*
şeytanca teuflisch, diabolisch
şeytanî [-ɑːniː] teuflisch; Teufels-
şeytankuşu ⟨-nu⟩ ZOOL *Art* Fledermaus *f* (*Rhinolophus ferrum equinum*)
şeytanlık ⟨-ğı⟩ Teufelei *f*, Verschlagenheit *f*
şeytan|örümceği ⟨-ni⟩ ZOOL *Art* Spinne *f*, flimmernde Mittagshitze; **~tırnağı** ⟨-nı⟩ Nietnagel *m*
şezlong ⟨-gu⟩ Liegestuhl *m*
şık[1] ⟨-kı⟩ schick, elegant; treffend
şık[2] ⟨-kkı⟩ Möglichkeit *f*, Alternative *f*
şıkır: **~ ~** klappernd; **~damak** *v/i* klappern; **~datmak** *-i* klappern, klimpern mit; F *fig* mit dem Gelde klimpern; **~tı** Klappern *n*
şık|laşmak schick werden, sich feinmachen; **~lık** ⟨-ğı⟩ Schick *m*
şıllık ⟨-ğı⟩ *abw* Weibstück *n*
şımarık ⟨-ğı⟩ verwöhnt, verzogen; unberechenbar; **~lık** ⟨-ğı⟩ Verwöhntheit *f*, übertriebene Ansprüche *m/pl*
şımar|mak verwöhnt werden; sich gehen lassen; **~tmak** *v/t* verwöhnen, verziehen
şıngır: **~ ~** klirrend, scheppernd; **~damak** *v/i* klirren, scheppern; rasseln; **~tı** Klappern *n*, Gerassel *n*
şıp ⟨-pı⟩ Klacks *m*, Klack *m*; **~ ~** tropf, tropf!, klack, klack; **~ *diye*** bauz, ruck-zuck
şıpıdık ⟨-ğı⟩ flache(r) Pantoffel, F Latsch *m*; flach
şıpınişi ⟨-ni⟩ auf die Schnelle
şıpır: **~ ~** tropf, tropf!
'şıpka MAR Torpedonetz *n*, Schutznetz *n*
'şıppadak mir nichts, dir nichts
şıpsevdi schnell verliebt, leicht begeistert
'şıra Traubensaft *m*; F Opium *n*
şırak ratsch!, zuck!; **~kadak** [-'rɑk-] bums!, plitz platz!; *fallen* plumps!
şırfıntı Strichmädchen *n*, V Nutte *f*
şırıl: **~ ~** rieselnd; **~damak** (leise) rieseln; **~tı** Rieseln *n*
şı'rınga Spritze *f*, Injektionsinstrument *n*; Klistier *n*; **~ *etmek*** (*od* ***yapmak***) e-e Spritze geben, e-e Injektion verabfolgen
şırlağan[1] (*a* **~ *yağı***) Sesamöl *n*
şırlağan[2] Strömen *n*, Fließen *n*
şırlamak rieseln
şırlop ⟨-bu⟩ *Eispeise mit Joghurt*
şıvgın neue(r) Trieb, Spross *m* (*am Baum*); Schauer *m*, Regen *m* mit Böen
Şia REL Schia *f*, Schiismus *m*
şiar [ɑː] Merkmal *n*; Losung *f*
şiddet ⟨-ti⟩ Heftigkeit *f*, Gewalt *f*, Wucht *f*, Intensität *f*, Strenge *f*, Stärke *f e-s Bebens*; **~ *göstermek*** Gewalt anwenden; **~ *hareketi*** Gewalttat *f*; **~ *olayı*** Skandal *m*; Krawall *m*; **~*e başvurmak*** Gewalt anwenden; **~le** mit Gewalt; ernstlich, stark; sorgfältig (*verbergen*)
şiddetlen|dirmek *v/t* verschärfen; intensivieren; verstärken; **~mek** *v/i* heftiger werden; sich verschärfen; sich verstärken; sich verschlimmern

Ş

şiddetli heftig; scharf; streng (*z.B. Kälte, Winter*); rau (*Klima*); **~ geçimsizlik** JUR Zerrüttung *f* (*der Ehe*)

şifa [ɑː] Heilung *f*, Gesundung *f*; **~ bulmak** genesen; **~ vermek** heilen, gesund machen; **~lar olsun!** möge sie (= *die Arznei*) dir gut tun!; **~yı bulmak** (*od* **kapmak**) *scherzh* (richtig) krank werden

şi'fahen [ɑː] mündlich

şifa|lı heilend (*Wirkung*); Heil- (*Quelle*); **~lık** ⟨-ğı⟩ Gesundheit *f*; **~sız** unheilbar

şiflemek *v/t* *Baumwolle* entkörnen, egrenieren

şifon Chiffon *m*

'şifre Chiffre *f*, Verschlüsselung *f*; EDV Passwort *n*; Geheimzahl *f*; **~yi çözmek** entschlüsseln, dechiffrieren; **~lemek** *v/t* chiffrieren, verschlüsseln; **~li** chiffriert, verschlüsselt; **~ kilit** Zahlenschloss *n*

Şiî [ʃiːiː] REL Schiit *m*; **~lik** ⟨-ği⟩ → **Şia**

şiir Dichtung *f*, Poesie *f*, Gedicht *n*; **~ düzmek** dichten; **~sel** poetisch

şikâyet ⟨-ti⟩ Klage *f*, Beschwerde *f*, Beanstandung *f*; *-den, -i* **~ etmek** sich beschweren über *A*; *-i -e* **~ etmek** sich beklagen (über *j-n* bei *j-m*); *-den* **~ getirmek** sich beklagen (über *A*); **~iniz ne?** was fehlt Ihnen?; **~çi** Kläger *m*, -in *f*, Beschwerdeführer *m*, -in *f*, Beschwerde erhebend; **~name** [-ɑː-] *osm* Beschwerdeschrift *f*

'şike SPORT Scheinkampf *m*, abgekartete(s) Spiel; **~ yapmak** ein Spiel vorher absprechen; *fig* e-e abgekartete Sache machen

şilem *Bridge* Schlemm *m*

şilep ⟨-bi⟩ MAR Frachtdampfer *m*; Schleppkahn *m*

şilin Schilling *m*

şilte Matratze *f*

şimal [ɑː] ⟨-li⟩ *osm* → **kuzey**

'şimdi jetzt; gleich (*Zukunft*); gerade, soeben (*Vergangenheit*); nunmehr; **~ ~** gerade eben; **~ye kadar** (*od* **dek**) bis jetzt; **~cik** gleich, sofort; vorerst; **~den** von jetzt an, schon jetzt; **~ki** jetzig, gegenwärtig, heutig; **~ler** die (heutige) Jugend; **~lik** ⟨-ği⟩ vorläufig, einstweilen; (für) diesmal

şimendifer Eisenbahn *f*, Zug *m*

şimşek ⟨-ği⟩ Blitz *m*; **~ çakıyor** es blitzt; **~ gibi** wie der Blitz; **~leri üstüne çekmek** die schärfste Kritik auf sich ziehen; **~lenmek** blitzen; **~li** blitzend, Blitz-; Blink-

şimşir BOT Buchsbaum *m*

şinanay wunderbar, prima!; entzückend; F kein bisschen, nicht die Bohne; **para ~** keinen roten Heller

şinik ⟨-ği⟩ *Getreidemaß* 8 Kilo

'şipşak auf der Stelle, F ruck, zuck!; **~çı** Straßenfotograf *m*

'şipşirin sehr nett, lieb

şiraze [ʃiːrɑː-] Kapitalband *n* (*beim Buch*); **~sinden çıkmak** *fig* aus den Fugen geraten

şirden Labmagen *m*

şirin lieb, nett, freundlich; **~lik** ⟨-ği⟩ Freundlichkeit *f*

şirket ⟨-ti⟩ Gesellschaft *f*, Firma *f*; **~ ele geçirme** feindliche Übernahme; **~ merkezi** Firmensitz *m*; **~ler hukuku** Gesellschaftsrecht *n*; **anonim ~** (**AŞ**) Aktiengesellschaft *f* (AG); **komandit ~** (**Kom. Şti.**) Kommanditgesellschaft *f* (KG); **limited ~** (**Ltd. Şti.**) Gesellschaft *f* mit beschränkter Haftung (GmbH)

şirpençe [iː] MED Karbunkel *n*

şirret ⟨-ti⟩ zanksüchtig; Zänker *m*; **~leşmek** streitsüchtig sein; **~lik** ⟨-ği⟩ Streitsucht *f*

şist ⟨-ti⟩ Schiefer *m*; **~li** Schiefer-, aus Schiefer

şiş[1] Spieß *m*; Bratspieß *m*; Stricknadel *f*; **~ kebap** Schaschlik *n*; **~e geçirmek** *Fleisch usw* (auf)spießen

şiş[2] geschwollen; Schwellung *f*, Beule *f*

şişe Flasche *f*; Lampenzylinder *m*; **~ açacağı** Flaschenöffner *m*; **~ kapağı** Flaschenverschluss *m*; **~ çekmek** MED Schröpfköpfe ansetzen; **bir ~ su** e-e Flasche Wasser; **~ suyu** Flaschenwasser *n*, Wasser *n* in Flaschen; **~ci** Flaschenverkäufer *m*; Glasbläser *m*; F Päderast *m*

şişek ⟨-ği⟩ Lamm *n* (*im zweiten Jahr*)

şişe|lemek *v/t* auf Flaschen ziehen; **~lenmek** *pass von* **şişelemek**

şişinmek *fig* sich aufblasen

şişer → **şişmek**

şişir|me Anfüllen *n* (*mit Luft*), Aufblasen *n*; Luft- (*Matratze usw*); **~mece** Pfuscherei *f*; **~mek** *v/t* aufblasen; *mit Luft* aufpumpen; *Segel* aufblähen; *fig* übertreiben; *fig e-e Arbeit* schnell hinhauen, hinpfuschen; F abmurksen; *kaus von* ***şişmek***; **~tmek** *kaus von* ***şişirmek***

şişkin aufgeblasen; aufgeschwemmt, aufgedunsen; **~lik** ⟨-ği⟩ MED Blähungen *f/pl*; Aufgeblasenheit *f*, Aufgeschwemmtheit *f*, Beule *f*

'şişko dicklich, rundlich; Dicke(r)

şişlemek *v/t* aufspießen; F einstechen (auf *j-n*), *j-n* niederstechen

şişlik ⟨-ği⟩ Schwellung *f*, Beule *f*

şişman dick, fett, korpulent; **~lamak** dick werden, korpulent werden; **~lık** ⟨-ğı⟩ Dicke *f*, Korpulenz *f*, Übergewicht *n*

şişmek ⟨-er⟩ anschwellen; dick werden, zunehmen; sehr gesättigt sein, F wie genudelt sein; *vom Laufen* außer Atem sein; *fig* sich blamieren

şive [iː] Akzent *m*, Dialekt *m*; **~siz** mit Akzent (*sprechen*)

şizofreni Schizophrenie *f*

şnorkel Schnorchel *m*

şofben Durchlauferhitzer *m*

şoför Autofahrer *m*, -in *f*, Chauffeur *m*, -in *f*; **~ *kursu*** Fahrschule *f*; **~ *muavini*** Fahrergehilfe *m*; **~lük** Fahrerberuf *m*; Fahrkünste *f/pl*; **~ *yapmak*** als Fahrer arbeiten

şok ⟨-ku⟩ Schock *m*; F schockierend; **~ *dondurma*** → ***şoklama***; **~ *olmak*** F → ***şoke olmak***; **~*a girmek*** e-n Schock bekommen

şoke schockiert; *-i* **~ *etmek*** schockieren *A*; *-den* **~ *olmak*** F geschockt sein von

şoklama Schockfrosten *n*

şom: **~ *ağızlı*** schwarzseherisch; Miesmacher *m*

şorolo F schwul

şorolop F schwapp!; Lügenpeter *m*

şort ⟨-tu⟩ Shorts *pl*, kurze Hose

'şose Chaussee *f*

şoset ⟨-ti⟩ Socke *f*

şoson Überschuh *m*

şov Show *f*, Revue *f*; *-e* **~ *çekmek*** F e-e Schau abziehen (vor)

şoven Chauvinist *m*; **~izm, ~lik** ⟨-ği⟩ Chauvinismus *m*

şöhret ⟨-ti⟩ Ruhm *m*; *Person* Berühmtheit *f*; **~li** berühmt

şölen Gastmahl *n*, Bankett *n*; (künstlerische) Veranstaltung

şö'mine (offener) Kamin *m*

şövale Staffelei *f*

şö'valye Ritter *m*; **~ *haçı*** Ritterkreuz *n*

'şöyle **1.** *adv* so; **2.** *pron* so eine(r), solch-; **~ *bir*** nur (so) obenhin, ganz flüchtig; von oben herab; **~ *böyle*** soso, leidlich; mittelmäßig; einigermaßen; ungefähr, etwa; **~ *ki*** so dass ...; derart, dass ...; wie folgt; **~ *dursun*, (... *bile* ...)** nicht nur (nicht) ..., selbst ...; geschweige denn ...; ***uyumak* ~ *dursun, biraz dinlenmek bile mümkün olmadı*** nicht nur zu schlafen, selbst etwas auszuruhen war nicht möglich *od* nicht einmal ein bisschen ausruhen, geschweige denn schlafen war möglich

şöyle|ce, ~likle so, derart, auf solche Weise; **~mesine, ~sine** in e-r Weise (dass ...), derart (dass ...)

şu ⟨-nu⟩ dieser, diese, dies(es); der da, die da, das da; **~ *bu*** Hinz und Kunz, jedermann; dies und jenes, dies und das, der ganze Kram; **~ *günlerde*** (*od* ***sırada***) dieser Tage; **~ *halde*** in diesem Fall; folglich, das heißt; demnach; **~ *kadar*** (*od* ***var***) ***ki*** dennoch, trotz allem; **~*na bak!*** schau dir den mal an!; **~*nu bunu bilmemek*** keine Widerrede gelten lassen

şua [ɑː] ⟨-aı⟩: **~ *tedavisi*** Strahlentherapie *f*

şubat ⟨-tı⟩ Februar *m*

şube [uː] Abteilung *f*, Sektion *f*, Filiale *f*, Polizeidezernat *n*; *Schule* (Parallel-)Klasse *f* (*z.B. 1 A, B usw*)

şufa: **~ *hakkı*** JUR Vorkaufsrecht *n*

şuna → ***şu***

'şunca so viel

şun|da darin; → ***şu***; **~dan** davon; → ***şu***

şunlar die da *pl*

şunun *G* von da, jenes *usw*; → ***şu***

'şura der Ort da, die Stelle (da); hier in der Nähe; **~*larda*** dort, an den Plätzen; **~*m ağrıyor*** da tut's mir weh; **~*da burada*** hier und da; an vielen Stellen; **~*dan buradan*** von allen möglichen Stellen; *fig* alles Mögliche; **~cık**: **~*ta*** hier ganz in der Nähe; **~lı** der dortige (Bewohner); **~sı** (die Gegend) da; *fig z.B.* **~*nı unutmayın ki*** vergessen Sie vor allem (das) nicht, dass ...

şura [ʃuːrɑː] Rat *m*, Gremium *n*

'şuraya dorthin, dahin

şurup ⟨-bu⟩ Sirup *m*; MED Mixtur *f*

şut ⟨-tu⟩ SPORT Schuss *m*; **~ *çekmek*** ein Tor schießen

Ş

şuur [-u:r] Bewusstsein *n*; **~altı** Unterbewusstsein *n*; **~lu** bewusst; **~suz** unbewusst; ohne Bewusstsein; **~suzca** *adv* unbewusst; *abw* verantwortungslos
şükran [ɑ:] Dankbarkeit *f*
'şükretmek *-e j-m* danken (*bes Gott*)
şükür ⟨şükrü⟩ Dankbarkeit *f*, Lobpreisung *f* (*Gottes*); **Allah'a ~ler olsun** Gott sei es gedankt
şümul [u:] ⟨-lü⟩ Bereich *m*, Umfang *m*; **~lendirmek** *v/t* erweitern, umfangreicher gestalten; ausdehnen; **~lü** umfassend, in sich schließend, umfangreich
şüphe Zweifel *m* (*-den* an *D*); Argwohn *m*; **~** (*od* **~ye meydan**) **bırakmamak** keinem Zweifel Anlass geben; *-den* **~ etmek** zweifeln an *D*; verdächtigen *A*; **~ kurdu** (der) bohrende Zweifel; **~ yok** es besteht kein Zweifel; *-den* **~ye düşmek** zu zweifeln beginnen an *D*; *-i* **~ye düşürmek** Zweifel aufkommen lassen (in *j-m*), (*j-n*) misstrauisch machen; **her türlü ~nin dışında** außer jedem Zweifel; **~ci** Zweifler *m*, Skeptiker *m*; **~cilik** ⟨-ği⟩ Zweiflerei *f*, PHIL Skeptizismus *m*
şüphe|lendirmek *v/t* Zweifel (an *D*) erwecken; **~lenmek** *v/i* (*-den*) zweifeln (an *D*), misstrauen *D*; Verdacht schöpfen gegen *j-n*; **~li** zweifelhaft; *Person* misstrauisch, argwöhnisch; verdächtig; Verdächtige(r); **~siz** zweifellos; glaubhaft
şvester Krankenschwester *f*

T

t, T [tɛ] t, T *n*
T cetveli Reißschiene *f*
T demiri T-Eisen *n*
ta [ɑ:] *Verstärkung von* **-de, -den**, (*-den, -e*) **kadar** *usw*: **~ uzaklarda havlayan köpek** ein ganz in der Ferne bellender Hund; **~ akşama kadar** bis in den Abend hinein; **~ kendisi** er selbst, er in Person; **~ ki** *konj* damit; **... ~ ki herkes anlasın** ... damit jeder es versteht
taahhüt ⟨-dü⟩ Verpflichtung *f*, Zusage *f*; **~lü** *Brief*: eingeschrieben; **~name** [-nɑ:-] schriftliche Verpflichtung
taalluk ⟨-ku⟩ Beziehung *f*; *-e* **~ etmek** betreffen *A*; **~at** [-ɑ:t] ⟨-tı⟩ (die) Verwandtschaft, Angehörige *pl*
taam [tɑɑ:m] Speise *f*
ta'ammüden JUR vorsätzlich
taarruz Offensive *f*
taassup ⟨-bu⟩ Bigotterie *f*
'taba tabakfarben
tabak[1] ⟨-ğı⟩ Teller *m*; Portion *f*, *dial* Blatt *n* Papier; **çorba tabağı** Suppenteller *m*; **~ gibi** flach, eben; **~ yalamak** herumtrödeln
tabak[2] ⟨-ğı⟩ Gerber *m*
tabaka[1] Schicht *f*, Blatt *n* (*Papier*); (Brief)Bogen *m*; **işçi ~sı** Arbeiterschicht *f*
ta'baka[2] Zigarettenetui *n*; Tabaksdose *f*
tabakalaşma GEOL Schichtenbildung *f*
tabakalı beschichtet (*Papier usw*)
tabakhane Gerberei *f*; **~ye bok yetiştirmek** F *abw* es sehr eilig haben
tabaklamak *v/t* gerben
tabaklık[1] ⟨-ğı⟩ Gerberei *f*, Gerben *n*
tabaklık[2] ⟨-ğı⟩ Tellerbrett *n*, Tellerabtropfgestell *n*
taban Fußsohle *f*, Schuhsohle *f*, *fig* Fuß *m*; Sockel *m*; Plateau *n*; MATH Basis *f*; (Fluss)Bett *n*; Grund *m*; Sohle *f* (*e-s Bergwerks*); TECH Ankerpflug *m*; Edelstahl *m*, Damaszener Stahl *m*; **~ fiyat** AGR gesetzliche(r) Mindestpreis; **~ tepmek** (*od* **patlatmak**) sich *D* die Füße wund laufen; **~a kuvvet!** nimm die Beine in die Hand!; **~ ~a zıt** direkt entgegengesetzt; **~ları yağlamak** sich auf die Beine machen; sich aus dem Staub machen
ta'banca Revolver *m*, Pistole *f*, Spritzpistole *f* (*für Farben*); **ısı ~sı** Heißluftpistole *f*, F Schnapsflasche *f*; **~ boyası** Dispersionsfarbe *f*; **~lık** Halfter *f*
taban|lı widerstandsfähig; beherzt; **... ~** auf der Grundlage von ..., -basiert; **~sız** ohne Fuß, ohne Grund *usw*; ... ohne Grund und Boden; grundlos; ängstlich; kraftlos; labil; **~sızlık** ⟨-ğı⟩ Bodenlosigkeit *f*, Lockerheit *f*, Labili-

tät *f*; Ängstlichkeit *f*; **~vay:** ***~la gitmek*** *scherzh* auf Schusters Rappen gehen
ta'bela Schild *n*; Verpflegungsliste *f*; Kontrollliste *f*
'tabetmek *v/t* FOTO abziehen
tabı ⟨-ı⟩ *osm* Druck *m*, Ausgabe *f*; Natur *f*, Auslage *f*
tabi [tɑːbiː] *-e* abhängig von; *j-m* ergeben; -pflichtig; ***gümrüğe ~*** zollpflichtig; *-i -e* ***~ tutmak*** *j-n* unterziehen *D*
tabiat [-biː-] ⟨-tı⟩ Natur *f* (*a Charakter*); ***~ bilgisi*** Naturwissenschaft *f*; ***~ sevgisi*** Naturliebe *f*; **~ıyla** selbstverständlich; natürlicherweise; von selbst; **~lı** mit ... Charakter; feinfühlig; ***fena ~*** mit schlechtem Charakter (*od* Wesen); **~üstü** übernatürlich
'tabii *int* natürlich!, selbstverständlich!
tabiî [-biː] natürlich, selbstverständlich, normal; Natur-; ***~ afetler*** Naturkatastrophen *f/pl*; **~leşmek** natürlich (*od* selbstverständlich) werden; **~lik** ⟨-ği⟩ Natürlichkeit *f*
tabiiyet [tɑːbiiˈjɛt] ⟨-ti⟩ Staatsangehörigkeit *f*; **~li:** ***Fas ~*** Staatsangehörige(r) von Marokko; **~siz** staatenlos
tabip ⟨-bi⟩ Arzt *m*
tabir [ɑː] Ausdruck *m*; (Traum)Deutung *f*; ***~ etmek*** *v/t* deuten; ausdrücken; ***~i caizse*** wenn man so sagen darf; **~name** [ɑː] Traum(deutungs)buch *n*
'tabla Tablett *n*; Eisenblechplatte *f*; Untersatz *m*; Waagschale *f*; Aschenbecher *m*; Metall- *od* Glasschale *f*; Türfüllung *f*; **~lı** breitrandig (*Hut*)
'tabldot ⟨-tu⟩ GASTR Menü *n*
tablet Tablette *f*; Pastille *f*; Tafel *f Schokolade*; HIST Tontafel *f*
'tablo Gemälde *n*, Bild *n*; Übersicht *f*; Tabelle *f*; THEA Bild *n*; TECH Armaturenbrett *n*
tabu Tabu *n*; tabu; **~laşmak** zum Tabu werden
tabur Bataillon *n*; *fig* Kolonne *f*; ***~ olmak*** sich in e-r Kolonne aufstellen, e-e Kolonne bilden; ***~ komutanı*** Bataillonskommandant *m*; **~cu** aus dem Krankenhaus Entlassene(r); *-i* ***~ etmek*** *j-n* (aus dem Krankenhaus) entlassen; *-den* ***~ olmak*** entlassen werden aus
ta'bure Hocker *m*
tabut ⟨-tu⟩ Sarg *m*; ***~ çivisi*** F Glimmstängel *m*; **~luk** ⟨-ğu⟩ *Platz für Särge* (*bei der Moschee*); enge Folterzelle

'tabya *osm* Fort *n*, Bastion *f*
Tacik ⟨-ği⟩ Tadschike *m*, Tadschikin *f*; tadschikisch; **~çe** (das) Tadschikisch(e)
tacir [ɑː] Kaufmann *m*
taciz [tɑːdʒiːz] Störung *f* (*a Rundfunk*); Beunruhigung *f*; ***~ etmek*** *v/t* stören; ***cinsel ~*** sexuelle Belästigung; **~lik** ⟨-ği⟩ Störung *f*; Stören *n*
taç[1] ⟨-cı⟩ Krone *f*, Kranz *m*; Kamm *m* (*des Vogels*); Blütenkrone *f*; ***diş tacı*** Zahnkrone *f*; ***~ giymek*** gekrönt werden; ***~ giyme*** (***töreni***) Krönung(sfeier) *f*
taç[2] ⟨-cı⟩ SPORT: Mark *f*, seitliche(s) Außenfeld; ***~ atışı*** Einwurf *m*; ***taca atmak*** ins Außenfeld schießen
taç|lanmak gekrönt werden; **~lı** gekrönt; **~sız** ungekrönt
'taçyaprağı ⟨-nı⟩ Blütenblatt *n*
tadar → ***tatmak***
tadım Geschmack(sempfindung *f*) *m*; **~lık** ⟨-ğı⟩ Kostprobe *f*; Prise *f*; *fig* ein Quäntchen
tadil [tɑːdiːl], **~at** [ɑː] ⟨-tı⟩ Abänderung *f*, Modifizierung *f*; Umbauarbeiten *f/pl*; ***~ dilekçesi*** Abänderungsantrag *m*
taflan BOT Kirschlorbeer(baum) *m*
tafra Dünkel *m*, Arroganz *f*; ***~ satmak*** dünkelhaft sein, arrogant sein; **~cı** eingebildete(r) Laffe
tafsilat [-ɑːt] ⟨-tı⟩ Einzelheiten *f/pl*; *-e -in* ***~ını vermek*** *j-m etw* genau erklären; Angaben machen; **~atlı** ausführlich, detailliert
tafta *Stoff*: Taft *m*
tahakkuk ⟨-ku⟩ Verwirklichung *f*; ÖKON Berechnung *f* und Feststellung *f*; ***~ etmiş faiz*** aufgelaufene(r) Zins; ***~ vergi*** veranlagte Steuer *f*; ***~ tarihi*** Fälligkeitstermin *m*
tahakküm Gewaltherrschaft *f*; *-e* ***~ etmek*** tyrannisieren *A*
tahammül Ausdauer *f*; *-e* ***~ etmek*** ertragen; aushalten; ***~ edilemeyecek, ~ edilmez*** unerträglich
taharet [-hɑː-] ⟨-ti⟩ *islam.* rituelle Reinigung (*nach dem Stuhlgang*); ***~ bezi*** Toilettentuch *n*; **~lenmek** sich reinigen, F sich abwischen
tahayyül Illusion *f*; Fantasie *f*; Tagtraum *m*; ***~ etmek*** sich *D etw* ausmalen, fantasieren
tahdidat [-iːdɑːt] ⟨-tı⟩ Beschränkungen *f/pl*

T

tahdit [iː] ⟨-di⟩ Beschränkung *f*; **~ *etmek*** beschränken

tahıl Getreide *n*; **~ *ambarı*** Kornkammer *f*

tahin [ɑː] Sesamöl *n*; **~ *helvası*** *türk. Honig mit Sesamöl*

tahkik [iː] ⟨-kı⟩ Untersuchung *f*; *-i* **~ *etmek*** untersuchen *A*; **~*at*** [-ɑːt] ⟨-tı⟩ Ermittlungen *f/pl*, Untersuchungen *f/pl* (**yapmak** anstellen); **~ *komisyonu*** Untersuchungskommission *f*

tahkim [iː] JUR Schiedsverfahren *n*; **~ *etmek*** (be)festigen; durch Schiedsverfahren entscheiden; **~*at*** [-ɑːt] ⟨-tı⟩ Befestigungsanlagen *f/pl*

tahkir [iː] Beschimpfung *f*; *-i* **~ *etmek*** *j-n* beschimpfen, beleidigen

tahlil [iː] Analyse *f*; *-i* **~ *etmek*** analysieren; **~ *raporu*** Analysebericht *m*

tahlisiye [-liː-] MAR Rettungsdienst *m*; **~ *sandalı*** Rettungsboot *n*; **~ *simidi*** Rettungsring *m*; **~ *uçağı*** Rettungsflugzeug *n*

tahliye Räumung *f*, Evakuierung *f*; Freilassung *f*, Entlassung *f* (*e-s Gefangenen*); Entladung *f*, Löschung *f* (*der Waren*); *-i* **~ *etmek*** räumen, evakuieren *A*; auf freien Fuß setzen, entlassen *A*; entladen *A*

tahmin [iː] Einschätzung *f*, Vermutung *f*, Vorhersage *f*, Hochrechnung *f*; *-i* **~ *etmek*** schätzen; vermuten; vorhersagen *A*; **~*en*** [-ˈmiː-] schätzungsweise; vermutlich

tahminî [iː] annähernd, Annäherungs-, Schätz-; mutmaßlich

tahnit [iː] ⟨-ti⟩ Einbalsamierung *f*; *-i* **~ *etmek*** einbalsamieren; ausstopfen

ˈtahra Buschmesser *n*

ˈTahran [-ɑːn] Teheran *n*

tahribat [-iːbɑːt] ⟨-tı⟩ Verwüstungen *f/pl*, Zerstörung *f*, Abnutzung *f*

tahrifat [iː] Entstellung *f*, Verdrehung *f*

tahrik [iː] ⟨-ki⟩ Aufwiegelung *f*, Hetze *f*; TECH Antrieb *m*; *-i* **~ *etmek*** aufhetzen *A*; TECH antreiben; sexuell erregen, F scharf machen; **~*çi*** Hetzer *m*, Aufwiegler *m*

tahrip [iː] ⟨-bi⟩ Zerstörung *f*; **~ *kalıbı*** Sprengsatz *m*; *-i* **~ *etmek*** zerstören *A*, verheeren; **~*kâr*** zerstörend; verheerend, destruktiv

tahrir [iː] Schreiben *n*; Aufsatz *m*; **~*at*** [-ɑːt] ⟨-tı⟩ amtliche Schreiben *n/pl*; Amtspapiere *n/pl*; Schriftwechsel *m*

tahriş [iː] MED Reizung *f*; **~ *edici*** Reiz- (*Gas*); Reizmittel *n*; *-i* **~ *etmek*** reizen *A*; *j-n* erschrecken

tahsil [iː] Studium *n*; Einziehung *f* (*von Geldern*); einziehen; einkassieren

tahsilat [-ɑːt] ⟨-tı⟩ Einziehung *f od* Eintreibung *f* (*von Abgaben*)

tahsildar [-dɑːr] Steuereinnehmer *m*; Kassierer *m* (*z.B. für Strom*)

tahsis [iː] Zuweisung *f*, Zuteilung *f*; *-e -i* **~ *etmek*** zuweisen, zuteilen (*j-m A*)

tahsisat [-ɑːt] ⟨-tı⟩ Mittel *n/pl*, bewilligte Gelder *n/pl*; Zuwendungen *f/pl*

taht ⟨-tı⟩ Thron *m*; **~*a çıkmak*** (*od* ***geçmek***) den Thron besteigen; *-i* **~*tan indirmek*** *j-n* entthronen, absetzen

tahta Brett *n*; Holz *n*; Platte *f*; MAR Planke *f*; Holz- (*Löffel usw*); **~ *kaplama*** Holzverschalung *f*; **~ *perde*** spanische Wand *f*; Bretterzaun *m*; (***bir***) **~*sı eksik*** F *fig* bei ihm (*od* ihr) ist e-e Schraube los; *-i* **~*ya kaldırmak*** *Schüler* an die Tafel rufen

tahˈtabiti ⟨-ni⟩ ZOOL Wanze *f*

tahˈtaboş hölzerne Dachterrasse *f*

tahˈtakurusu ⟨-nu⟩ → ***tahtabiti***

tahtalı Dielen-, Bretter-; Holz-; **~ *köyü boylamak*** F ins Gras beißen

tahˈtapamuk ⟨-ğu⟩ Holzwolle *f*

tahtereˈvalli Wippe *f*

ˈtahtırevan Sänfte *f*

tahvil [iː] Umwandlung *f* (*-e*, in *A*); ÖKON Konversion *f*, Schuldverschreibung *f*, Anleihe *f*; *-i* **~ *etmek*** *Währung* konvertieren, wechseln (*-e* in *A*)

tak[1] *int* tack; **~ ~ ~** *Gewehr*: tack, tack, tack!; *gegen die Tür*: bum, bum, bum!

tak[2] [ɑː] ⟨-kı⟩ (Blumen)Bogen *m*, Girlande *f*

ˈtaka kleine(s) Segelboot

takanak ⟨-ğı⟩ Schuld *f*, Beziehung *f*, Verhältnis *n*

takar → ***takmak***

takas ÖKON Clearing *n*, Verrechnung *f*; **~ *anlaşması*** Verrechnungsabkommen *n*; **~ *etmek*** verrechnen; **~ *tukas etmek*** F (gegenseitig) verrechnen

takat [tɑ-] ⟨-tı⟩ Kraft *f*; **~ *getirmek*** es ertragen können; **~*ı kalmamak*** (*od* ***kesilmek***) keine Kraft mehr haben, ganz erschöpft sein

takatlı kraftvoll, kräftig

takatsız kraftlos, entkräftet

taka'tuka Krach *m*, Getöse *n*
takaza Vorwurf *m*, F Rüffel *m*; **~ etmek** *j-m* Vorwürfe machen, F *j-m* e-n Rüffel erteilen
takdim [iː] Anerbieten *n*; Überreichung *f*; Vorstellen *n*; *-e* **~ edilmek** *j-m* vorgestellt werden; *-i -e* **~ etmek** *j-m* anbieten, überreichen *A*; *j-n j-m* vorstellen; **~ tehir** GR Inversion *f*, abweichende Wortstellung; **~ci** Conférencier *m*, Ansager *m*
takdir [iː] **1.** *subst* Wertschätzung *f*; JUR Ermessen *n*; Einschätzung *f*; Vorbestimmung *f*, Vorsehung *f*; Fall *m*; *-i* **~ etmek** schätzen *A*, würdigen *A*; anerkennen; bewerten, benoten *A*; **~ hakkı** richterliche(s) Ermessen; **~-i ilahî** göttliche(r) Ratschluss; **bu ~de** in diesem Fall; **2.** *konj* **-diği ~de** wenn; falls; in dem Fall, dass: **geldiği ~de** wenn er kommt
takdirname [-nɑː-] Anerkennungsschreiben *n*; Laudatio *f*
takdis [iː] Heiligung *f*, Segnung *f*; *-i* **~ etmek** heiligen; segnen; verehren
takı Schmuckstück *n* (*für die Braut*, *z.B. Ring*, *Brosche*); GR Beziehungswort *n*, Suffix *n*, Endung *f*
takılgan Spaßvogel *m*, Schäker *m*; **~lık** ⟨-ğı⟩ Neckerei *f*
takılı (an)gehängt; Anhänger-
takılmak *pass von* **takmak**; *-e* (an)gehängt werden *od* sein an *A*; *j-n* necken; hängen bleiben (an *D*); sich einlassen in *A*; *Fehler usw -e* sich stören an *D*; stoßen an, auf *A*; *fig* sich heften (an *j-n*); TECH haken; Allotria treiben; tun, sich gebärden, als wäre man …
takım Gruppe *f*, Zubehör *n*, Artikel *m/pl*; (Möbel)Garnitur *f*; (Tee)Service *n*; Besteck *n*; Set *n*; SPORT Mannschaft *f*; Trupp *m*; Zug *m* (*Soldaten*); TECH (Geräte)Satz *m*; Sorte *f*; System *n*; **~ çantası** Instrumententasche *f*; **~ (elbise)** Anzug *m*; **~ kutusu** Werkzeugkasten *m*; **kelime ~ı** GR Zusammensetzung *f*; **~ taklavat** alle zusammen; *Sache*: F mit allem Klimbim; **korkak ~ından değilim** *fig* ich bin kein Angsthase
takım|ada(lar) Archipel *m*, Inselgruppe *f*; **~yıldız** Sternbild *n*
takınak ⟨-ğı⟩ Zwangsvorstellung *f*, fixe Idee; **~lı** PSYCH Zwangs-, zwanghaft; **~ davranış** Zwangshandlungen *f/pl*
takınmak sich (*D*) etw anhängen, sich (*D*) etw anheften (*-e* an *A*); e-e (*ernste usw*) Miene aufsetzen, Verhalten an den Tag legen
takıntı Beiwerk *n*, das Drum und Dran; Schuld *f*, Verpflichtung *f*
takır: **~ ~**, **~ tukur** mit Gepolter; mit Geklapper; krachend (*Boden*); (hart und) bröckelig (*Brot*); **~damak** *Sache*, *Zähne*: klappern; *Möbel*: poltern; *Boden*: krachen; rumoren; *Gewehr*: knattern; **~datmak** *-i* klappern, poltern, rumoren mit; knattern lassen *A*; **~tı** Geklapper *n*; Gepolter *n*; Rumoren *n*; Knattern *n*; Krachen *n*
takışmak sich streiten, sich (gegenseitig) beschimpfen; sich (gegenseitig) necken
takıştırmak sich mit Schmuck behängen (*od* beladen)
takibat [tɑːkiːbɑːt] ⟨-tı⟩: JUR Strafverfolgung *f*; **~a geçmek** JUR die Verfolgung einleiten
taki'metre Tachymeter *n*
takip [tɑːkiːp] ⟨-bi⟩ Verfolgung *f*, (*geheime*) Beobachtung, Beschattung *f*, *fig* Verfolgung *f*, Betreiben *n* (*e-r Politik*); JUR (Zwangs)Betreibung *f*, (Zwangs)Vollstreckung *f*; *-i* **~ etmek** *v/t* verfolgen (*a fig zuhören*); betreiben; *der Mode* folgen *D*; *dem Weg* folgen; *j-n* beobachten, beschatten; *z.B. Bäume*: säumen (*das Ufer*)
takipçi Verfolger *m*, -in *f*; **iş ~si** *j-d*, *der für e-n anderen bei Behörden tätig wird*; **~lik** Beharren *n*, Beharrlichkeit *f*
takipsiz unbehelligt; ohne Beharrlichkeit, ohne Ausdauer; **~lik**: **~ kararı** JUR Beschluß *m* auf Einstellung des Verfahrens
'takkadak jählings, F plitz platz!
takke Käppchen *n*; **~ düştü, kel göründü** *fig* jetzt zeigt er sein wahres Gesicht
takla(k) Purzelbaum *m*; **~ atmak** (*od* **kılmak**) e-n Purzelbaum schießen (*a fig vor Freude*); e-n Kotau machen; AUTO sich überschlagen; LUFTF ein Looping drehen; *-e* **~ attırmak** *j-n* nach s-r Pfeife tanzen lassen; *etw* nach s-m Willen dirigieren
taklit [iː] ⟨-di⟩ Kopie *f*, Nachahmung *f*; Fälschung *f*; nachgeahmt, gefälscht; **~ edilemez** fälschungssicher; *-i* **~ etmek**, *-in* **taklidini yapmak** nachahmen *A*,

imitieren *A*, kopieren *A*; **~ para** Falschgeld *n*
taklitçi Nachahmer *m*, -in *f*, Imitator *m*, -in *f*; Fälscher *m*, -in *f*; **~lik** ⟨-ği⟩ Imitation *f*, F Nachäfferei *f*
takma künstlich (*Zahn usw*); **~ ad** Pseudonym *n*; **~ motor** Außenbordmotor *m*; **~cık** gekünstelt
takmak ⟨-ar⟩ (*-i -e*) *v/t* hängen an *A*; stecken an, auf *A*; befestigen an *D*; *Brille* aufsetzen, setzen auf *A*; *Brosche* anstecken; *Faden* einfädeln in *A*; *Papierbogen* einspannen in *A*; *Scheibe* einsetzen in *A*; *j-m e-n Spitznamen* geben, beilegen; F *j-m e-n Betrag* schuldig bleiben; F (*Schüler*) durchfallen (*-den* in *D*); **adamı adama ~** den einen gegen den anderen aufhetzen; **takı ~** Geschenk *usw e-r Braut* überreichen, anheften
takmamak F pfeifen auf *A*; **takma kafayı** (*od* **kafana**) pfeif drauf!
takograf AUTO Fahrtenschreiber *m*
takoz Keil *m*; Dübel *m*; Bremskeil *m*; **~lamak** *-i* e-n Keil legen (unter *A*)
ta'kriben [iː] ungefähr, annähernd
takrir [iː] POL Note *f*, Antrag *m*; JUR Auflassung *f*; *-i* **~ etmek** *v/t* darlegen; erläutern; mitteilen; **bir ~ vermek** e-n Antrag einbringen, JUR auflassen
takriz [iː] LIT Begleitwort *n*
'taksa Strafporto *n* (*als Gebühr*); **~ pulu** Strafporto *n* (*als Briefmarke*)
'taksi[1] Taxi *n*; **~ durağı** Taxistand *m*; **~ tutmak** ein Taxi nehmen; **~ dolmuş** *Taxi mit mehreren Fahrgästen, die sich die Kosten teilen*
taksi[2] BIOL Taxis *f*
taksim [iː] Teilung *f*, Aufteilung *f*, Verteilung *f*; *türk.* MUS Improvisation *f*; *-i* **~ etmek** teilen; aufteilen
taksi'metre Taxameter *m*
taksir [iː] Verfehlung *f*, Unterlassungssünde *f*; **bunda benim hiç bir ~im yok** daran habe ich überhaupt keine Schuld; **~at** [-ɑːt] ⟨-tı⟩ *pl von* → **taksir**; F Schicksal *n*
taksit ⟨-ti⟩ Rate *f*; **~le** (*od* **~ ~**) **ödemek** in Raten zahlen; **~e bağlamak** e-e Ratenzahlung vereinbaren; **~li** Raten-
takt Takt *m*; **~ sahibi** taktvoll
taktırmak (*-i -e*) *kaus von* **takmak**
taktik ⟨-ği⟩ Taktik *f*; taktisch; **~çi** Taktiker *m*
ta'kunya *Art* Holzsandale *f*; Badeschuh *m* (*aus Holz*)
takvim [iː] Kalender *m*; **~ yılı** Kalenderjahr *n*; **Miladî ~** gregorianische(r) Kalender; **Hicrî ~** *islam.* Mondkalender *m*
takviye Verstärkung *f*; MIL Verstärkungen *f/pl*; **~ etmek** *v/t* verstärken; festigen; MIL ausbauen
tal Wurzelschössling *m*
talan Plünderung *f*; **~ etmek**, **~lamak** *v/t* (aus)plündern, ausrauben
talaş Späne *m/pl*, Abfälle *m/pl*; **~kebabı** ⟨-nı⟩ *Art* Fleischeintopf *m*; **~lamak** *v/t* abschaben
talaz Woge *f*, Welle *f*; Unebenheit *f*, Falte *f* (*im Stoff*); **~lanmak** *v/i* wogen; *Stoff*: knittern, F knautschen
talebe Schüler *m*, -in *f*; Student *m*, -in *f*
talep ⟨-bi⟩ Forderung *f*; (Gebiets)Anspruch *m*; ÖKON Nachfrage *f*; **~ edilen** ÖKON gefragt; *-i* **~ etmek** fordern, verlangen; beanspruchen; **~name** [-nɑː-] Ersuchen *n*
tali [tɑːliː] sekundär; Unter-; Neben- (*Satz*; *Kriegsschauplatz*)
talih [ɑː] Schicksal *n*; Zufall *m*; Glück *n*; Chance *f*; **~ kuşu** *fig* Glücksstern *m*, Glückslos *n*; *-in* **~i yaver gitmek** vom Glück begünstigt sein; **~li** vom Schicksal begünstigt; **~ kimse** Glückspilz *m*; **~siz** Unglücksrabe *m*; Versager *m*; **~sizlik** ⟨-ği⟩ Unglück *n*, Pech *n*
talik [tɑːliːk] ⟨-kı⟩ Aufschub *m*, Vertagung *f*; *Art der arabischen Schreibschrift*: *„die Hängende"*; *-i* **~ etmek** *v/t* aufschieben, vertagen
talim [tɑːliːm] MIL Exerzieren *n*; (*Schieß*)Übung *f*; *-e* **~ etmek** F für die Katz arbeiten; sich begnügen müssen mit; **~at** [ɑː] ⟨-tı⟩ Instruktionen *f/pl*, Weisungen *f/pl*, Richtlinien *f/pl*; Dienstvorschriften *f/pl*
talimgâh Exerzierplatz *m*
talim|li [ɑː] MIL ausgebildet; geübt; *Tier*: dressiert; **~name** [ɑː] Vorschrift *f*, Reglement [-mɑ̃ː] *n*, Ordnung *f*
talip [ɑː] ⟨-bi⟩ Interessent *m*; Bewerber *m*; *-e* **~ olmak** als Bewerber (*od* Interessent) für *A* auftreten
talipli F Bewerber *m*, -in *f*
talk ⟨-kı⟩, **~ pudrası** Talk *m*, Talkum *n*
talkım Blühen *n*, Blüte *f*
talkın → **telkin**
'tallahi bei Gott!

tam ⟨-mmı⟩ voll, ganz, gesamt; vollständig; genau, gerade (*ein Monat usw*); **~ bölüm** MATH Divisor *m*, Teiler *m*; **~ adamını bulmak** den richtigen Mann finden; *scherzh* den „Richtigen" finden; *-e* **~ gelmek** *j-m* passen (*Schuhe usw*); **~ gün** ganztags; **~ iki yıl** zwei volle Jahre; **~ o aralık** gerade (*od* genau) in diesem Augenblick; **~ pansiyon** Vollpension *f*; **~ saat beşte** genau um fünf Uhr; *-in* **~ tersi** genau das Gegenteil *G/von*; **~ tersine** genau umgekehrt; **~ üstüne basmak** ins Schwarze treffen; **~ üye** Vollmitglied *n*; **~ vaktinde** zur rechten Zeit; **~ yol** schleunigst; **~ yol ileri** mit Volldampf voraus; **~ yüklü** voll beladen

tamah Habgier *f*; **~ etmek** habgierig sein; scharf sein (*-e* auf *A*); **~kâr** habgierig

'tamalgı allgemeine Wahrnehmung

tamam 1. *subst u adj* Gesamtheit *f*; vollständig; alles; (der, die, das) ganze ...; fertig; richtig, in Ordnung; *Zeit*: abgelaufen, erfüllt; **her şeyi ~** tadellos; **saat ~** die Zeit ist um; **~ı ~ına** alles in allem; **~ mı?** nicht wahr?, ist es nicht so?; *-i* **~ etmek** vervollständigen; **2.** *int* in Ordnung!, gut!; so ist es!; *resignierend*: nun gut, ...; Schluss damit!

tamam|en [-'ma:-], **~ıyla** [-ma:-] *adv* vollständig, zur Gänze, ganz und gar

tamam|lama Fertigstellung *f*, Abschluss *m*; **~lamak** *v/t* ergänzen; vollenden, fertig stellen, abschließen; **~lanmak** *pass von* **tamamlamak**; (wieder) vollzählig sein; **~layıcı** ergänzend; zusätzlich; Fortbildungs- (*Kurs*); **~ bilgi** weitere Auskunft

tambur Tambur *m*, *orientalisches sechssaitiges Zupfinstrument*; TECH Trommel *f*

tam'bura Zupfinstrument *n*

tamburî [-bu:ri:] Tamburspieler *m*

tamir [ta:mi:r] Reparatur *f*, Instandsetzung *f*; **~ etmek** *v/t* reparieren, instandsetzen; **~e vermek** reparieren (*od* überholen) lassen *A*; **Bağdat'ı ~ etmek** sich (*D*) den Bauch füllen; **~at** [a:] ⟨-tı⟩ Reparaturarbeiten *f/pl*; **~ci** Mechaniker *m*, -in *f*; Autoschlosser *m*, -in *f*; **~hane** [a:] Reparaturwerkstatt *f*

tamlama GR Wortfügung *f*, Wortgruppe *f*; **~ eki** *türk.* Wortfügungssuffix -(s)i

tamlanan GR attribuierte(s) Substantiv

tamlayan GR Genitivattribut *n*; GR **~ durumu** Genitiv *m*

tamlık ⟨-ğı⟩ Genauigkeit *f*

tampon Wattebausch *m*; MED Tampon *m*; AUTO Stoßstange *f*; BAHN Puffer *m*; Pfropfen *m*; Stempelkissen *n*; **~ devlet** Pufferstaat *m*

'tamsayı MATH ganze Zahl

'tamtakır völlig leer; **~ kuru bakır** F ratzekahl (leer)

tamtam MUS Tamtam *n*

tan[1] Morgendämmerung *f*; **~ ağarmak** (*od* **atmak**) *v/unp* es dämmert

tan[2]: **~ tuna gitmek** zugrunde gehen; F kaputtgehen

tandır (einfacher) Backofen (*im Erdboden*); Fußwärmer(vorrichtung *f*) *m*; **~ ekmeği** (**kebabı**) Brot *n* (Fleisch *n*) aus dem Lehmofen; **~name** [-na:-] Ammenmärchen *n*

tane [a:] Stück *n* (*als Zählwort*); Korn *n*; Beere *f*; **kum ~si** Sandkorn *n*; **~ bağlamak** *Früchte*: ansetzen; **~ ~ söylemek** deutlich sagen; **~cik** ⟨-ği⟩ Stückchen *n*; Körnchen *n*; PHYS Teilchen *n*; **bir ~** nur ein Einziger

tane|cikli [a:] körnig, granulös; pickelig; **~cil** Körner fressend; **~lemek** *v/t* entkörnen; granulieren; **~li**: **iri ~** grobkörnig; **ufak ~** feinkörnig

tanen Tannin *n*

tangır: **~ ~** dröhnend, F mit Gedröhn; **~damak** *v/i* dröhnen; klirren; **~datmak** *-i* dröhnen; klirren mit

'tango Tango *m*; *fig* Modepuppe *f*

tanı MED Prognose *f*

tanıdık ⟨-ğı⟩ Bekannte(r); bekannt

tanık ⟨-ğı⟩ Zeuge *m*, Zeugin *f*; *-e* **~ olmak** Zeuge *G* sein; **~lamak** *v/t* bezeugen; **~lık** ⟨-ğı⟩ Bezeugung *f*, Angaben *f/pl*; **~ etmek** als Zeuge auftreten

tanılama Diagnose *f*

tanılamak *v/t* diagnostizieren

tanım Bestimmung *f*, Beschreibung *f*, Definition *f*

tanıma *a* POL Anerkennung *f*

tanımak *v/t* (wieder) erkennen; (*j-n*) lange kennen; *Person u Sache*: kennen; unterscheiden können; *Frist* gewähren; *Gesetz*, *Unterschrift* anerkennen; *Gesetz a* achten, gehorchen *D*

tanımamazlık ⟨-ğı⟩, **tanımazlık** ⟨-ğı⟩: *-i* **~tan gelmek** so tun, als ob man *j-n*

T

nicht kennt(e)
tanımlamak *v/t* definieren
tanın|ma Anerkennung *f*; **~mak** bekannt sein; anerkannt sein; **~mış** bekannt, berühmt
tanısızlık ⟨-ğı⟩ PHIL Agnostizismus *m*
tanış bekannt; **~ık** ⟨-ğı⟩ gute(r) Bekannte(r); **~ıklık** ⟨-ğı⟩ Bekanntschaft *f*; **~ma** Kennenlernen *n*; Begrüßung *f*; **~ *toplantısı*** Begrüßungsfeier *f*; **~mak** *v/i* sich kennen, miteinander bekannt sein; kennen lernen (*ile j-n*); **~tırmak** (*-i ile*) bekannt machen (*j-n* mit *D*), vorstellen (*j-n j-m*)
tanıtıcı Propagandist *m*, -in *f*; Propaganda-, Informations-
tanıt|ılmak *pass von* ***tanıtmak***; **~ım** → ***tanıtma***; **~lama** Beweisen *n*; Beweis *m*; **~lamak** *v/t* beweisen; **~lı** bewiesen
tanıtma Bekanntmachen *n*; Information *f*, Informieren *n*; **~ *filmi*** Vorschau *f*, **~ *yazısı*** Vorspann *m* (*e-s Films*); **~macı** Ansager *m*, Conférencier *m*; **~mak** *v/t* vorstellen (*-e j-m*), bekannt machen (*-e* mit *D*); ***kendini* ~** sich vorstellen; **~malık** ⟨-ğı⟩ Prospekt *m*
tanıtsız unbewiesen, unbegründet
tanjant ⟨-tı⟩ Tangente *f*; tangential
tank ⟨-kı⟩ Panzer *m*; Tank *m*; **~çı** Panzersoldat *m*
tanker AUTO, MAR Tanker *m*
tanksavar Panzerabwehr(kanone) *f*; Panzerabwehr-
tanrı Gottheit *f*; ***Tanrı*** Gott *m*, (der) Herr; **~ *misafiri*** unangemeldete(r) Gast; ***~nın günü*** Tag für Tag; **~bilimci** Theologe *m*, Theologin *f*; **~bilim** Theologie *f*; **~cılık** ⟨-ğı⟩ Deismus *m*
tan'rıça Göttin *f*
tanrılaştırmak *v/t* vergöttlichen
tanrı|lık ⟨-ğı⟩ Göttlichkeit *f*; **~sal** göttlich; **~sız** Atheist *m*, -in *f*; **~sızlık** ⟨-ğı⟩ Atheismus *m*, Gottlosigkeit *f*; **~tanımaz** → ***tanrısız***
tansiyon Blutdruck *m*; POL Spannungen *f/pl*; ***düşük* ~, ~ *düşüklüğü*** niedrige(r) Blutdruck, Hypotonie *f*; ***yüksek* ~, ~ *yüksekliği*** hohe(r) Blutdruck, Hypertonie *f*; **~ *ölçme aleti*** Blutdruckmesser *m*
tantana Pomp *m*; **~lı** pompös; feierlich; hochtrabend (*Worte*)
'tan|yeli ⟨-ni⟩ Morgenbrise *f*; **~yeri** Horizontstelle *f* (der Morgenröte); **~ *ağarıyor*** der Morgen graut
tanzim [iː] Ordnen *n*, Regelung *f*, Ordnung *f*, Aufstellung *f* (*e-s Protokolls*); **~ *etmek*** *v/t* ordnen, regeln; umgestalten; reorganisieren; aufstellen; einstellen; **~ *satışı*** (staatlich) gelenkter Verkauf
Tanzimat [-iːmaːt] ⟨-tı⟩ *Reformen von 1839–*; **~çı** Reformist *m*
TAO *Abk für* ***Türk Anonim Ortaklığı*** Türkische Aktiengesellschaft *f*
'tapa Stöpsel *m*, Pfropfen *m*; MIL Zündhütchen *n*; **~lamak** *v/t* verschließen, zustöpseln; **~lı** verschlossen, zugestöpselt
tapan *Art* Egge *f*
tapar → ***tapmak***
tapasız *Flasche*: unverschlossen
tapıklamak *-i j-m* den Rücken klopfen
tapınak ⟨-ğı⟩ Heiligtum *n*, Gotteshaus *n*, Tempel *m*
tapın|ış Anbetung *f*, göttliche Verehrung; **~mak** anbeten (*-e A*)
tapırdamak *v/i* stampfen, trapsen, trampeln
tapışlamak *Teig* glatt streichen; *j-n* streicheln
tapma Anbetung *f* (*-e G*); ***kişiye* ~** Personenkult *m*
tapmak ⟨-ar⟩ anbeten (*-e A*)
tapon Ramsch-, minderwertig, F mies; **~ *adam*** Halunke *m*; **~ *mal*** Ramsch *m*, Schund *m*
'taptaze [-taː-] ganz frisch; *Person*: F taufrisch; *Brot*: ofenfrisch
tapu Grundbuchauszug *m*; **~ *dairesi*** Katasteramt *n*; **~ *kütüğü*** (*od* ***sicili***) Grundbuch *n*; Kataster *n*; **~cu** Grundbuchbeamte(r); **~lama** Grundbucheintragung *f*; **~lamak** *v/t* in das Grundbuch eintragen
ta'raça Terrasse *f*
taraf Seite *f*, Gegend *f*, Richtung *f*, JUR Partei *f*, Familie *f* (*z.B. der Braut*); (*z.B. vorderer*) Teil; Sorte *f*, Art *f*; (*-in*) ***~(ını) tutmak***, *-den* ***~a çıkmak*** (*od* ***olmak***) für *j-n* sein, (*j-s*) Partei ergreifen, sich einsetzen (für *j-n*); ***ana ~ından*** mütterlicherseits; ***her ~ı*** am ganzen Körper (*zittern*); ***dünyanın her ~ında*** überall in der Welt; ***her ~ta*** überall; ***dört bir ~ta*** an allen Seiten, ringsherum; ***üst* ~** Anfang *m*; Rest *m* (*der Schuld*); ***~ıma*** für mich; ***~ımdan*** von mir; durch mich; meinerseits; ***~ından*** *beim Passiv* von *D*, durch *A*, seitens *G*, im Auftrag

T

von *D*; ***öneri bakanlık ~ından kabul edildi*** der Vorschlag wurde vom Ministerium angenommen

taraf|eyn *osm* beide Parteien; **~gir** *osm* parteiisch; **~lı** -seitig; pateiisch; Anhänger *m*; gebürtig, woher; ***~ olmamak*** desinteressiert sein; ***tek ~*** einseitig; **~lılık** ⟨-ğı⟩: ***tek ~*** Einseitigkeit *f*; **~sız** neutral; unparteiisch, unvoreingenommen; POL parteilos; *Staat*: neutral; **~sızlık** ⟨-ğı⟩ Neutralität *f*, Unvoreingenommenheit *f*, Parteilosigkeit *f*; **~tar** Anhänger *m*, -in *f*, Freund *m*; *-e* ***~ olmak*** für *etw* sein, dafür sein, dass …

tarak ⟨-ğı⟩ Kamm *m* (*a der Vögel*); Harke *f*, Rechen *m*; Weberkamm *m*; ZOOL Mittelhand *f*, Mittelfuß *m*; (*Fisch*) Kieme *f*; ***~ vurmak*** → ***taramak***

tarak|lamak *v/t* (aus)kämmen; harken; *Fluss* ausbaggern, schraffieren, riffeln; **~lı** mit e-m Kamm (*in den Haaren*); *Stoff*: mit Zackenmuster; *Fuß*: breit; **~sı** ANAT Säge- (*Muskel*)

taralı gekämmt; geharkt; ausgebaggert

tara|ma Schraffierung *f*, MIL Durchkämmung *f*, GASTR *Vorspeise aus Fischrogen*; *fig* Auswertung *f* (*von Zeitungen*); ***~ çizgisi*** dünne(r) Strich, Haarstrich *m*; **~mak** *v/t* (aus)kämmen; *Stein* behauen, bearbeiten; *z.B. Wald* durchsuchen, *bes* MIL durchkämmen; *durch Licht* absuchen; *fig Zeitschrift* auswerten; *fig j-n* mustern

ta'ranga ZOOL Brasse *f*, Brassen *m*

taranmak *pass von* ***taramak***; sich kämmen

tarator *Soße aus Essig, Olivenöl, Nüssen*

tarayıcı EDV Scanner *m*

taraz Flor *m*, Faden *m*, lose(s) Ende; **~ ~** zerfasert; *Haar*: zerzaust, struppig; **~lamak** *v/t* ausfasern, auszupfen; **~lanmak** *v/i* flaumig werden, Flor geben *D*; *Haar*: zerzaust werden; *Haut*: rau werden

tarçın Zimt *m*, *dial* Kaneel *m*

taret ⟨-ti⟩ Geschützturm *m*

tarh Beet *n*

tarhana *Suppenpulver aus Mehl u Joghurt*; ***~ çorbası*** Suppe *f* aus Tarhana

tarhun BOT Estragon *m*

tarım Landwirtschaft *f*; ***Tarım, Orman ve Köyişleri Bakanlığı*** Ministerium *n* für Landwirtschaft, Wald- und Dorfwesen; **~cı** Landwirt *n*; Landwirtschafts-; **~sal** landwirtschaftlich, Agrar-

tarif [tɑː-] Beschreibung *f*, Schilderung *f*; Bestimmung *f*; ***~ etmek*** *z.B. Weg* beschreiben; ***~e gelmez*** unbeschreiblich

tarife [tɑː-] Tarif *m*; Preisliste *f*, Fahrplan *m*; Gebrauchsanweisung *f*, Kochrezept *n*; **~li** fahrplanmäßig

tarifsiz [tɑː-] unbeschreiblich

tarih [ɑː] Datum *n*; Geschichte *f*, Historie *f*; ***~ bilinci*** Geschichtsbewußtsein *f*; ***~in akışı*** Lauf *m* der Geschichte; ***~ atmak*** (*od* ***koymak***) das Datum setzen, datieren; ***~ düşürmek*** ein Chronogramm aufstellen; ***~e geçmek*** in die Geschichte eingehen; ***~e karışmak*** nur noch der Geschichte angehören; **~çe** geschichtliche(r) Abriss; **~çi** Historiker *m*, -in *f*, Geschichtslehrer *m*, -in *f*

tarih|î [iː] geschichtlich, historisch; **~lendirmek** *v/t* datieren; **~li** datiert

tarihöncesi ⟨-ni⟩ vorgeschichtlich; Vorgeschichte *f*, Prähistorie *f*

tarihsel → ***tarihî***

tarihsiz geschichtslos; undatiert, ohne Datum

tarikat [iː] ⟨-tı⟩ Sekte *f*, Orden *m*; ***Bektaşi ~ı*** Orden *m* der Bektaschi-Derwische; **~çı** Sektenanhänger *m*, -in *f*

tarla Feld *n*, Acker *m*; ***~ açmak*** *Boden* urbar machen; **~faresi** ⟨-ni⟩ ZOOL Feldmaus *f*, **~kuşu** ⟨-nu⟩ ZOOL Feldlerche *f*

tarpan ZOOL Wildpferd *n*, Tarpan *m* (*Equus gmellini*)

tart[1] ⟨-dı⟩ Ausstoßung *f*, Verjagung *f*

tart[2] ⟨-tı⟩ GASTR Obsttorte *f*

tartaklamak *v/t* (durch)schütteln, durchrütteln

tartar → ***tartmak***

tartı Gewicht *n*; Wiegen *n*, Auswiegen *n*; Waage *f*, *fig* Erwägung *f*, MAR Fall *n*, Tau *n*; ***~ ile, ~ya göre*** nach Gewicht

tartılı abgewogen; *fig* gemessen, maßvoll

tartılmak *pass von* ***tartmak***; sich wiegen

tartısız nicht gewogen; *fig* unüberlegt

tartış|ma Diskussion *f*, Auseinandersetzung *f*; ***~ konusu*** Diskussionsthema *n*; **~mak** (*ile*) diskutieren, sich auseinander setzen mit; **~malı** heftig diskutiert; *Sitzung*: stürmisch; **~masız** ohne Diskussion; unbestritten

T

tart|ma Wiegen *n*; *Ringer*: *Umfassungs- und Stemmgriff*; **~mak** ⟨-ar⟩ *v/t* (ab-)wiegen; rütteln (an *D*); *fig* erwägen, überlegen; prüfen
tar'tura TECH Drehbank *f*
tarumar [tɑːrumɑːr] desolat, durcheinander
tarz Art und Weise *f*, Weise *f*, Stil *m*; ***bu benim ~ım değil*** das ist nicht meine Art; ***~ fiili*** Modalverb *n*; ***öyle bir ~da ... ki*** so ..., dass; in e-r Art, dass
tas Schale *f*; ***~ gibi*** ganz kahl; flach; ***~ı tarağı toplamak*** *fig* s-e sieben Sachen packen, sich auf- und davonmachen
tasa Sorge *f*, Kummer *m*; ***~ çekmek*** (*od* ***etmek***) Sorgen haben; ***~sı sana mı düştü!*** mach dir nichts draus!, was hast du damit zu tun?; *-e* **~lanmak** sich (*D*) Sorgen machen um *A*; **~lı** besorgt, bekümmert
tasallut ⟨-tu⟩ Überfall *m*; Invasion *f*; Usurpation *f*, Vergewaltigung *f*; *-e* ***~ etmek*** einfallen (in *A*); überfallen *A*
tasar Plan *m*, Entwurf *m*; **~çizim** Entwurf *m*, Skizze *f*, Design *n*
tasar|ı Entwurf *m*; Projekt *n*, Plan *m*; ***~ geometri*** darstellende Geometrie; **~ım** Vorstellung *f*, Idee *f*, Einfall *m*; Vorhaben *n*, Projekt *n*; Plan *m*, Skizze *f*, Design *n*; **~ımcı** Designer *m*, -in *f*
tasarla|mak *v/t* planen; entwerfen; sich (*D*) ausdenken *A*; den Vorsatz haben; *Stein* behauen; **~yarak** vorsätzlich
tasarruf Verfügungsgewalt *f*, Befugnis *f*; Wirtschaftlichkeit *f*, Ökonomie *f*; Ersparnisse *pl*, Spargelder *n/pl*; ***~ hesabı*** Sparkonto *n*; ***~ sahibi*** Sparer *m*, -in *f*; *-i* ***~ etmek*** verfügen über *A*; nutznießen *A*; sparen *A*; *-den* ***~ etmek*** sparen an *D*, einsparen *A*; **~lu** sparsam; ökonomisch
tasasız sorglos, unbekümmert
tasavvuf (islamische) Mystik *f*
tasavvur PSYCH Vorstellung *f*, Gedanke *m*, Idee *f*, Absicht *f*, Vorhaben *n*; *-i* ***~ etmek*** sich (*D*) vorstellen *A*; ins Auge fassen; ***~ edilemeyecek kadar*** unvorstellbar
tasdik [iː] ⟨-kı⟩ Bestätigung *f*, Ratifizierung *f*; *-i* ***~ etmek*** bestätigen *A*; *-i -e* ***~ yaptırmak*** sich (*D*) *etw* bescheinigen lassen (durch *A*); **~li** bestätigt; bescheinigt; ratifiziert; **~name** [-nɑː-] Bescheinigung *f*, (Abgangs)Zeugnis *n*; Ratifizierungsurkunde *f*
tasfiye Reinigung *f*; ÖKON Liquidation *f*; Entlassung *f* (*e-s Beamten*); *-i* ***~ etmek*** reinigen, säubern; TECH *a* raffinieren; ÖKON, POL liquidieren, auflösen; *Stahl* frischen; *Personal* entlassen, abbauen; ***~ memuru*** JUR Liquidator *m*; **~ci** LING Purist *m*; **~hane** [-hɑː-] Raffinerie *f*
tashih [iː] *osm* Korrektur *f*, Tilgung *f*; *-i* ***~ etmek*** korrigieren; tilgen
tasım PHIL Syllogismus *m*; Schlussfolgerung *f*; **~lamak** *v/t* planen, projektieren, zu tun gedenken; **~sal** syllogistisch
taslak ⟨-ğı⟩ Entwurf *m*, Skizze *f*, Plan *m*; Attrappe *f*; *Person*: F Möchtegern *m*; ***kaba ~*** in groben Zügen; ***şair taslağı*** Dichterling *m*
taslamak *v/t* vortäuschen, (*den großen Mann*) spielen; *dial j-n* beschatten; *Stein* behauen
tasma Halsband *n* (*bes für Tiere*); Lederteil *n* (*am Pantoffel usw*); **~lı**: *Hund*: an der Leine
tasnif [iː] Klassifizierung *f*, Sortieren *n*; *-i* ***~ etmek*** klassifizieren, einordnen
'tastamam *adj* uneingeschränkt; sage und schreibe
tasvip [iː] ⟨-bi⟩ Billigung *f*; *-i* ***~ etmek*** billigen *A*, zustimmen *D*
tasvir [iː] Darstellung *f*, Bild *n*; *-i* ***~ etmek*** darstellen *A*; ***~ gibi*** bildschön; **~i** [iː] beschreibend (*Sprachwissenschaft*)
taş Stein *m* (*a Dominostein usw*); *fig* Stich *m*, Stichelei *f*; Stein-; *-e* ***~ atmak*** *j-m* e-n Stich versetzen, Spitzen austeilen; ***~ çatlasa*** wenn's hoch kommt; unter (keinen) Umständen; *-e* ***~ çıkartmak*** *j-n* weit übertreffen; ***~ gibi*** steinhart; ***~ kesilmek*** *fig* wie versteinert sein, F ganz baff sein; ***~ sürmek*** *Figur, Stein* setzen, rücken, ziehen; ***~ yerinde ağırdır*** *etwa*: jeder ist an s-m Platze wichtig; ***~ yürekli*** mit e-m steinernen Herzen, herzlos; ***~ı gediğine koymak*** *Wort*: ins Schwarze treffen, sehr treffend sein; ***ekmeğini ~tan çıkarmak*** sich (*D*) sein Brot sauer verdienen müssen
T.A.Ş. *Abk für* ***Türk Anonim Şirketi*** Türkische Aktiengesellschaft *f*
taşak ⟨-ğı⟩ Hoden (*f*)/*pl*; **~lı** V viril, der Mumm hat; ***~ kadın*** V *fig* Dragoner *m*, Mannweib *n*

T

taşar → ***taşmak***
'taş|basması Steindruck *m*; **~bebek** Puppe *f*; ***~ gibi*** schön, aber herzlos
taşçı Steinmetz *m*; Arbeiter *m* im Steinbruch
taşeron Subunternehmer *m*; **~luk** ⟨-ğu⟩ Subunternehmertum *n*
taşıl Fossil *n*, Versteinerung *f*; **~bilim** Paläontologie *f*
taşım: ***iki ~ kaynatmak*** zweimal aufkochen (lassen)
taşıma Beförderung *f*, Transportieren *n*; Transport- (*Mittel*); Förder-; ***~ gücü*** Belastbarkeit *f*; **~cı** Spediteur *m*, -in *f*, Transportunternehmer *m*, -in *f*; **~cılık** ⟨-ğı⟩ Spedition *f*, Transport(unternehmen *n*) *m*
taşı|mak *v/t* tragen; bringen (*-e* in *A*, nach *D*); transportieren, befördern; (*-den*) leiten (*z.B. Wasser* aus *D*); *Gewicht* stemmen; *Bedeutung*, *Charakter*, *Recht*, *Wunsch* haben; **~nabilir** tragbar; **~nır** tragbar; transportfähig; beweglich (*Güter*)
taşın|mak umziehen, einziehen (*-e* in *A*); ausziehen (*-den* aus); wegziehen (*-den* von); *-e* ständig aufsuchen, *j-m* auf die Nerven fallen; ***taşınmaya hazır*** bezugsfertig; **~maz** unbeweglich (*Güter*); ***~ (mal)*** Immobilie *f*
taşırmak *v/t* überschwemmen; *-in* ***sabrını ~*** *j-s* Geduld überbeanspruchen
taşıt ⟨-tı⟩ Transportmittel *n*, Fahrzeug *n*, Verkehrsmittel *n*; ***~ giremez*** für alle Fahrzeuge gesperrt; ***~ pulu*** AUTO (Steuer)Vignette *f*
taşıyıcı Träger *m* (*a e-s Namens usw*); Krankheitsträger *m*; Förderband *n*
taşkın übergetreten (*Fluss*); überschäumend; *fig* übermütig; *fig* verschroben, überspannt; kühn; Hochwasser *n*, Flut *f*; **~lık** ⟨-ğı⟩ Zeichen *n* des Übermuts (*od* der Ausgelassenheit), Exzess *m*
'taşkömürü ⟨-nü⟩ Steinkohle *f*
taşlama Schleifen *n*; Winkelschleifer *m*; *fig* Satire *f*; **~cı** Schleifer *m*; Satiriker *m*
taşla|mak *v/t* mit Steinen bewerfen; steinigen; entsteinen; TECH schleifen; abschmirgeln; pflastern; *fig* sticheln gegen, lästern (über *A*); **~şmak** *v/i* versteinern; *fig* wie versteinert sein
taş|lı mit Steinen; steinig (*Boden*); *Ring*: mit e-m Stein; **~lık** ⟨-ğı⟩ steinig (*Weg*); Stein- (*Fußboden*); (gepflasterter) Hof; Vestibül *n*; Kropf *m* (*der Vögel*)
taşma Überschwemmung *f*; TECH Überlauf-
taşmak ⟨-ar⟩ *v/t* überlaufen; überkochen (*z.B. Suppe*); *Fluss*: über die Ufer treten; überstehen (*z.B. Tischtuch*); MIL umgehen; *fig* aufbrausen; *Volksmenge*: (hinaus)drängen (*-den* über *A*); *-in* ***sabrı taştı*** s-e Geduld ist erschöpft
'taşpamuğu ⟨-nu⟩ Asbest *m*
'taşra Provinz *f*; ***~ ağzı*** Mundart *f*; **~lı** Provinzler *m*, -in *f*; provinziell
'taşyürekli unbarmherzig
tat ⟨-dı⟩ Geschmack *m*; Genuss *m*; Vergnügen *n*; ***~ alma organı*** Geschmacksorgan *n*; *-e* ***~ vermek*** Geschmack verleihen *D*; Vergnügen bereiten; ***kabak tadı vermek*** *j-m* Überdruss bereiten; ***bş-in tadı b-nin damağında kalmak*** noch gern zurückdenken an *A*; *-in* ***tadı kaçmak*** den Reiz verlieren; ***tadı tuzu kalmamak*** den Geschmack (*od* den Reiz) verlieren, fade (*od* reizlos) werden; *-in* ***tadı tuzu yok*** ohne jeden Geschmack; *-in* ***tadına bakmak*** *Speise* probieren, kosten; *-in* ***tadına varmak*** auf den Geschmack *G*/*von* kommen; *-i* ***tadında bırakmak*** *etw* im günstigsten Moment aufgeben; *-in* ***tadını almak*** Geschmack finden an *D*
tatar HIST Kurier *m*, Meldereiter *m*
Tatar Tatar *m*, -in *f*, tatarisch; **~ca** Tatarische *n*, tatarisch
tatarböreği ⟨-ni⟩ *Teiggericht mit Hack und Joghurt*
Tatarca (das) Tatarisch(e); tatarisch
tatar|cık ⟨-ğı⟩ *Art* Moskito *m* (*Phlebotomus*); **~ımsı, ~sı** ... mit tatarischem Einschlag; *Essen*: nicht durchgekocht
tatbik [iː] ⟨-ki⟩ Anwendung *f*, Verwirklichung *f*, Inkraftsetzung *f*, Durchführung *f*; *-i* ***~ etmek*** anwenden; verwirklichen; in Kraft setzen *A*; **~at** [-ɑːt] ⟨-tı⟩ Durchführung *f*, Praxis *f*; MIL Manöver *n*; ***~a geçmek*** zur Durchführung gelangen
tatbikî [iː] praktisch; angewandt (*Kunst*)
tatil [tɑː-] Urlaub *m*; (Schul)Ferien *pl*; ***~ günü*** Feiertag *m*; ***~ köyü*** Feriendorf *n*; *-i* ***~ etmek*** *Arbeit* einstellen; *Fabrik* stilllegen; *Schule* schließen; ***~e çıkmak***

auf (*od* in) Urlaub gehen

tatlan|dırmak *v/t* nett machen; süßen; würzen; Geschmack verleihen *D*; TECH entsalzen; **~mak** Geschmack bekommen, ausreifen

tatlı **1.** *adj* süß; schmackhaft; Süß-, Frisch- (*Wasser*); angenehm, sympathisch; mild, sanft (*Blick*); Genuss *m*, Vergnügen *n*; *türk*. Süßigkeiten *f/pl*, Süßspeisen *f/pl*; Dessert *n*; **~ kaşığı** Dessertlöffel *m*; *-i* **~ya bağlamak** gütlich beilegen *A*; **2.** *adv* gut (*sich benehmen*); **~ sert** durch die Blume (*sprechen*); **~ ~** angenehm, gemütlich (*erzählen*); mit Genuss (*essen*)

tatlı|cı Hersteller und Verkäufer *m* von (türkischen) Süßigkeiten; Konfitürengeschäft *n*; Konditor *m*; *Person* Leckermaul *n*; **~laşmak** süß werden; *fig* angenehm werden; **~lı** mit Dessert; **~lık** ⟨-ğı⟩ Süße *f*; *fig* Freundlichkeit *f*, Liebenswürdigkeit *f*; **~lıkla** gütlich, mit Güte, im Guten; **~msı** süßlich

tatlısu Süßwasser *n*; Süßwasser-

tatma (Geschmacks)Probe *f*

tatmak ⟨tadar⟩ *v/t* kosten, probieren; *fig Glück, Leid* erfahren, erleben

tatmin [iː] Zufriedenstellung *f*, Befriedigung *f*; *-i* **~ etmek** zufrieden stellen; befriedigen *A*; **kendini ~ etmek** sich (selbst) befriedigen; **~kâr** zufrieden stellend, befriedigend

tatsız fade, schal, ... ohne Geschmack; *Person*: unangenehm, unsympathisch; *fig* langweilig; **~ tuzsuz** abgeschmackt, abgedroschen; **~laşmak** *v/i* den Geschmack verlieren; *fig* schaler (*od* langweiliger) werden; **~lık** ⟨-ğı⟩ Fadheit *f*; Missstimmung *f*

tattırmak (*-i -e*) erfahren lassen, erleben lassen (*j-n etw*); *Essen* probieren lassen

ta'tula BOT Stechapfel *m*

tav (die) richtige Temperatur; (die) richtige Feuchtigkeit; *Vieh*: Mästungsgrad *m*; F **~ olmak** beschwindelt werden; *-i* **~a düşürmek** *fig j-n* übers Ohr hauen; *-i* **~ına getirmek** zu e-m guten Ende bringen *A*; **~ını bulmak** den richtigen Zeitpunkt wählen

tava Bratpfanne *f*; Pfannengericht *n*; TECH Tiegel *m*; Kalkgrube *f*; Abzugsgraben *m* (*e-r Saline*); **balık ~sı** gebratene(r) Fisch; **midye ~(sı)** frittierte Muscheln

tavaf [-ɑːf] REL *Gang der Pilger um die Kaaba*; **~ etmek** feierlich um die Kaaba gehen; *fig* andächtig herumgehen um *A*

tavan Zimmerdecke *f*; Decken- (*Beleuchtung*); *fig* Höchstgrenze *f*; Maximal-, Höchst-; **~ arası** Dachboden *m*; **~ fiyatı** (gesetzlicher) Höchstpreis; **uçuş ~ı** maximale Flughöhe

tavassut ⟨-tu⟩ Vermittlung *f*; *-e* **~ etmek** vermitteln für

tavcı Gauner *m*; **~lık** ⟨-ğı⟩ Gaunerei *f*, Trick *m*

taverna Taverne *f*, Weinlokal *n*

tavır ⟨tavrı⟩ Verhalten *n*; Haltung *f*; Miene *f*; Manieren *f/pl*; Arroganz *f*; **~ almak** (*od* **takınmak**) e-e Miene aufsetzen; *bes* POL Stellung beziehen

taviz [tɑːviːz] Zugeständnis *n*; **~ vermek** Zugeständnisse machen

'tavla[1] Tricktrackspiel *n*; Backgammon *n*; **~ oynamak** Tricktrack spielen; **~cı** Tricktrackspieler *m*

'tavla[2] Pferdestall *m*; **~cı** Pferdeknecht *m*

tav|lamak *v/t* hinreichend erhitzen (*od* befeuchten); F beschummeln, F anschmieren; F rumkriegen; **~lı** hinreichend erhitzt (*od* befeuchtet); gemästet

tavsa|mak *v/i* im Sande verlaufen, den Schwung verlieren; *Besuche*: einschlafen; **~tmak** *v/t* zum Erliegen bringen

tavsiye Empfehlung *f*, Rat *m*; *-i -e* **~ etmek** empfehlen (*j-m etw*); **~ mektubu** Empfehlungsschreiben *n*; **~ üzerine** auf Empfehlung; **~li** empfohlen, mit e-r Empfehlung

tavşan[1] Hase *m*; **~ anahtarı** Dietrich *m*; **~ diş** Überbiss *m* (*der mittleren Schneidezähne*); **~ uykusu** leichte(r) Schlaf; **~ yürekli** ängstlich; Hasenfuß *m*; **~ı araba ile avlamak** sehr bedächtig vorgehen; **~ın suyunun suyu** *fig* das hat doch damit nichts zu tun

tavşan[2] (Kunst)Tischler *m*

tavşan|cıl ZOOL Steinadler *m*; **~dudağı** ⟨-nı⟩ MED Hasenscharte *f*; **~kanı** ⟨-nı⟩ dunkelrot; *Tee*: sehr stark; **~kulağı** ⟨-nı⟩ BOT Alpenveilchen *n*

tavşanlık[1] ⟨-ğı⟩ feine Tischlerarbeit

tavşanlık[2] ⟨-ğı⟩ Kaninchenstall *m*

tavuk ⟨-ğu⟩ Huhn *n*, Henne *f*; **~ döner(i)** Döner *m* aus Hühnerfleisch; **~ eti**

Hühnerfleisch *n*; ~ ***kümesi*** Hühnerstall *m*; ~ ***suyu*** Hühnerbrühe *f*; ~ ***gibi yatmak*** mit den Hühnern schlafen gehen; **~balığı** ⟨-nı⟩ ZOOL Merlan *m*; **~çu** Hühnerzüchter *m*; **~çuluk** ⟨-ğu⟩ Hühnerzucht *f*; Geflügelhandel *m*; **~göğsü** ⟨-nü⟩ *Pudding mit gehackter Hühnerbrust*; **~götü** ⟨-nü⟩ F Warze *f*; **~karası** ⟨-nı⟩ MED Nachtblindheit *f*

tavus Pfau *m*; ~ ***çıkarmak*** erbrechen; ~ ***kuyruğu*** Erbrochenes (*n*)

tay[1] Füllen *n*, Fohlen *n*

tay[2]: ~ ~ ***durmak*** *Kind*: schon stehen können; ~ ~ ***arabası*** Laufgitter *n*

tayfa Matrose *m*; Mannschaft *f*; Bande *f*, Spießgesellen *m/pl*, Komplizen *m/pl*

'tayfölçer Spektroskop *n*

tayfun Taifun *m*

tayın MIL Ration *f*; ~ ***bedeli*** Wert *m* der monatlichen Verpflegung

tayin [tɑːjiːn] Festsetzung *f*, Festlegung *f*; Feststellung *f*; *Beamte* Ernennung *f*; *-i* ~ ***etmek*** festsetzen, ausmachen; feststellen; bestimmen, entscheiden; (*-e*) ernennen zu; *j-n* versetzen an, nach *A*

'Taymis GEOGR Themse *f*

tayyare Flugzeug *n*; **~ci** Pilot *m*

tayyör (Damen)Kostüm *n*

taze [ɑː] frisch (*a = neu, jung*); ***ne güzel ~!*** welch hübsches Mädchen!; ~ ***fasulye*** grüne Bohnen *f/pl*; ~ ***hücre tedavisi*** Frischzellentherapie *f*

tazelemek *v/t* erneuern, durch e-e frische Sache (*z.B. Blumen*) ersetzen; auswechseln; *Essen* (wieder) aufkochen, aufbacken; *Gefühle usw* wieder auffrischen; *Kenntnisse* auffrischen; *Vorgang*, *Angelegenheit* wieder aufnehmen; ***b-le nikah*** ~ j-n wieder heiraten

tazelik ⟨-ği⟩ Frische *f*; Jugendfrische *f*

tazı ZOOL Windhund *m*; **~laşmak** stark abmagern

tazim [tɑːziːm] *osm* Ehrenbezeigung *f*; ~ ***etmek*** ehrerbietig grüßen

taziye [ɑː] Beileid *n*; ***~de bulunmak*** sein Beileid ausdrücken

tazmin [iː] Entschädigung *f*, Wiedergutmachung *f*; *-i* ~ ***etmek*** *j-n* entschädigen; wieder gutmachen *A*

tazminat [-ɑːt] ⟨-tı⟩ Schadenersatz *m*; Reparationen *f/pl*; ~ ***talebi*** JUR Antrag auf Schadenersatz *m*

tazyik [iː] ⟨-ki⟩ Druck *m*, Zwang *m*

tazyikli: ~ ***hava*** TECH Druckluft *f*

T.B.M.M. *Abk* → ***Türkiye Büyük Millet Meclisi***

T.C. *Abk* → ***Türkiye Cumhuriyeti***

T.C.D.D. *Abk* → ***Türkiye Cumhuriyeti Devlet Demiryolları***

T.D.K. *Abk* → ***Türk Dil Kurumu***

teamül [ɑː] Gewohnheit *f*, Brauch *m*; ~ ***hukuku*** JUR Gewohnheitsrecht *n*

tebaa *osm* → ***uyruk***; Untertan(en) *m(pl)*

tebarüz [ɑː]: ~ ***etmek*** deutlich werden

tebdil [iː] Änderung *f* (*der Richtung*); Wechsel *m*, Veränderung *f*; ***hava ~i*** Luftveränderung *f*; Klimawechsel *m*; ~ ***gezmek*** inkognito gehen (*od* reisen); **~i hava** *osm* Luftveränderung *f*; Kur *f*; ***~ya gitmek*** e-e Luftveränderung brauchen, e-e Kur machen; ***~ya gönderilmek*** (zur Kur) verschickt werden; **~i kıyafet**: ~ ***etmek*** sich verkleiden, inkognito gehen

tebelleş: ~ ***etmek*** aufhalsen; *-e* ~ ***olmak*** *j-m* lästig fallen

teber Hellebarde *f*; Streitaxt *f*, Axt *f*

teberru [uː] ⟨-uu⟩ Spende *f*; ~ ***etmek*** spenden

tebessüm Lächeln *n*; ~ ***etmek*** lächeln

tebeşir Kreide *f* (*a Stück Kreide*)

tebliğ [-iː] Mitteilung *f*; ~ ***etmek*** mitteilen (*offiziell*)

tebrik [iː] ⟨-ki⟩ Glückwunsch *m*; ***b-nin bş-ini*** ~ ***etmek*** j-n beglückwünschen zu etw; ~ ***kartı*** Glückwunschkarte *f*

'Tebriz Täbris *n*

tebşir [iː]: REL Verkündigung *f*

tecahül [ɑː]: ~ ***etmek*** sich dumm stellen (*-den* mit Bezug auf *A*); ***~ü arif(ane)*** *Rhetorik* vorgetäuschte Unwissenheit

tecavüz [ɑː] Angriff *m*, Aggression *f*; Vergehen *n* (an *D*); Übergriff *m*; Verletzung *f* (*e-s Gesetzes*); *-e* ~ ***etmek*** angreifen *A*, überfallen *A*; *Frau* vergewaltigen; sich vergehen (an *D*); *j-n* anpöbeln; *-i* ~ ***etmek*** *osm Grenze* überschreiten; *Gesetz* verletzen

tecelli [iː] Offenbarung *f*; Bekundung *f*; Los *n*, Schicksal *n*; ~ ***etmek*** sich offenbaren, sich zeigen

tecessüs Neugier *f*; Bespitzelung *f*

tecil [tɛːdʒiːl] Aufschub *m*; MIL Zurückstellung *f*; *-i* ~ ***etmek*** aufschieben; **~li** MIL zurückgestellt

tecrit ⟨-di⟩ Isolierung *f*; Isolationshaft *f*;

T

-*i* ~ ***etmek*** isolieren
tecrübe Versuch *m*; Erfahrung *f*; *-i* ~ ***etmek*** versuchen; probieren *A*; experimentieren; ~ ***tahtasına dönmek*** zum Versuchskaninchen werden; ~***si olmak*** Erfahrung haben; ~**lı** erfahren; ~**siz** unerfahren
teçhiz [iː]: *-i* ~ ***etmek*** ausrüsten *A*; ~**at** ⟨-tı⟩ Ausrüstung *f*
tedai [-ɑːiː] PSYCH Assoziation *f*
tedarik [ɑː] ⟨-ki⟩ Beschaffung *f*, Versorgung *f*, Vorbereitungen *f/pl*; *-i* ~ ***etmek*** beschaffen, sich versorgen mit; ~ ***görmek*** Einkäufe machen; ~***te bulunmak*** Vorbereitungen treffen; ~**çi** Lieferant *m*, -in *f*; ~**li** vorgesorgt; beschafft; ausgerüstet; ~**siz** nicht vorgesorgt; unvorbereitet
tedavi [-ɑːviː] Heilung *f*, Behandlung *f*, Therapie *f*, Kur *f*; *-i* ~ ***etmek*** behandeln; heilen; ~ ***görmek*** behandelt werden; F *a* kuren
tedavül [ɑː] ÖKON Umlauf *m*; *Geld* Gültigkeit *f*; ~ ***bankası*** Emissionsbank *f*; ~***de olmak*** ÖKON gültig sein; ~***den kalkmak*** *Geld*: aus dem Verkehr gezogen werden; ungültig werden; ~***e çıkarmak*** emittieren, in Umlauf setzen
tedbir [iː] → ***önlem***; Umsicht *f*; ~ ***almak*** Maßnahmen ergreifen; ~**li** umsichtig, vorsorglich; ~**siz** unüberlegt, gedankenlos, ohne Überlegung; F schusselig; ~**sizlik** ⟨-ği⟩ Unüberlegtheit *f*, Gedankenlosigkeit *f*
tedirgin beunruhigt, aufgeregt; verunsichert; *-i* ~ ***etmek*** beunruhigen; verunsichern *A*; stören; ~**lik** ⟨-ği⟩ Beunruhigung *f*, Verunsicherung *f*; ASTR Perturbation *f*
tediye Zahlung *f*, Tilgung *f* (*e-r Schuld*); Zahl-; ~ ***etmek*** zahlen, begleichen
te'dri|cen [iː] *adv* stufenweise; ~**cî** [iː] *adj* allmählich, stufenweise
tedris [iː] *osm* Unterricht *m*; ~**at** [ɑː] ⟨-tı⟩ Schulwesen *n*; ***çift*** ~ *Nutzung e-s Schulgebäudes in zwei Schichten*
teessüf Bedauern *n*; *-e* ~ ***ederim*** ich bedaure sehr, ich bin sehr enttäuscht
teessür Betrübnis *f*, ~***le*** ganz betrübt
tef Tamburin *n*; *-i* ~***e koyup çalmak*** (*j-n*) durch den Kakao ziehen; ~ ***çalsan, oynayacak*** wie Kraut und Rüben
tefe Rahmen *m* (*am Webstuhl*)
tefeci Wucherer *m*, Wucherin *f*, ~**lik** ⟨-ği⟩ Wucher *m*
tefekkür *osm* Nachdenken *n*, Überlegen *n*, Meditation *f*, ~***e dalmak*** meditieren; ins Grübeln verfallen
teferruat [ɑː] ⟨-tı⟩ Einzelheiten *f/pl*, Details *n/pl*; ***bunlar*** ~ das (alles) ist Nebensache; ~**lı** ausführlich
teflon Teflon®; ~(***lu***) antihaftbeschichtet
tefrika Fortsetzungs- (*Roman usw*)
tefsir [iː] Kommentar *m* (*a zum Koran*); Interpretation *f*, *-i* ~ ***etmek*** kommentieren; interpretieren; ~**ci** Kommentator *m*, -in *f*
teftiş [iː] Revision *f*, Inspektion *f*; ~ ***fırçası*** sinnloses Vorzeigeobjekt; *-i* ~ ***etmek*** inspizieren, prüfen; revidieren
teğelti Satteldecke *f*
teğet ⟨-di⟩ Tangente *f*, ~**sel** tangential
teğmen Leutnant *m*; ***deniz*** ~***i*** Leutnant *m* zur See; ***hava*** ~***i*** Leutnant *m* der Luftwaffe; ~**lık** ⟨-ği⟩ Leutnantsrang *m*
tehcir [iː] HIST Umsiedlung *f*
tehdit [iː] Drohung *f*, Bedrohung *f*, *-i* ~ ***edici*** bedrohlich für; *-i* ~ ***etmek*** *j-m* drohen, *j-n* bedrohen; gefährden *A*; ~ ***savurmak*** *j-n* bedrohen; ~**kâr** bedrohlich, drohend
tehir [tɛːhiːr] Verschiebung *f*, Verspätung *f*, ~ ***etmek*** verschieben; ~**li** verschoben; *Zug usw* verspätet
tehlike Gefahr *f*, Risiko *n*; Not- (*Treppe*); ~ ***freni*** Notbremse *f*, ~ ***halinde*** im Notfall; ~ ***işareti*** Notsignal *n*; ~***de*** in Gefahr, gefährdet; ~(***yi***) ***atlatmak*** e-r Gefahr entgehen; ~***ye atılmak*** sich e-r Gefahr aussetzen; ~***ye düşürmek*** gefährden *A*; ***hayatı*** ~***ye girdi*** sein/ihr Leben ist in Gefahr; ~**li** gefährlich; riskant; ~**siz** ungefährlich
tein Tein *n*
teizm Deismus *m*
tek[1] **1.** *adj -i* einzig; einzeln (= *isoliert*), Einzel-; ungerade (*Zahl*); ein(e), eines (*aus mehreren*); ein Gläschen (*Schnaps*); ~ ***bir kişi var*** es ist nur einer (*od* ein einziger) da; ~ ***bir kişi yok*** es ist kein Einziger da; ~ ***anlamlı*** eindeutig; ~ ***başına*** ganz allein; für sich; selbstständig; ~ ***dalmak*** den Gegner (im Ringkampf) an e-m Bein packen; ~ ***elden*** unter e-r Leitung; ~ ***hatlı*** eingleisig; einspurig; ~ ***heceli*** einsilbig; ~ ***hücreli*** einzellig; ~ ***kullanımlık şırınga*** Einwegspritze; ~ ***sözle*** mit e-m Wort; ~ ***tip***

Einheits- (*Kleidung*); **~ tük** vereinzelt, sporadisch; **~ yanlı** *fig* einseitig; **~ yönlü yol** Einbahnstraße *f*; **~e ~ dövüşmek** Mann gegen Mann kämpfen; **2.** *adv* nur: **~ ...** *-sin* **de** wenn (er/sie) nur ...
tek[2] ⟨-ki⟩ ruhig; (*verneint*) zappelig; **adımını** (*od* **ayağını**) **~ atmak** vorsichtig handeln, sich (*D*) *etw* reiflich überlegen
tekabül [ɑː]:*-e* **~ etmek** entsprechen *D*; gleichwertig sein mit
tekâmül Evolution *f*, Entwicklung *f*; **~ etmek** sich (langsam) entwickeln
'**tekbencilik** ⟨-ği⟩ PHIL Solipsismus *m*
tekbir [iː] *islam. Bezeichnung des Gebets, das beginnt mit:* **Allahu ekber** (= Gott ist groß); **~ getirmek** *dieses Gebet sprechen*
tekçilik ⟨-ği⟩ PHIL Monismus *m*
tekdir [iː] Verweis *m*; *-i* **~ etmek** *j-m* e-n Verweis erteilen
'**tekdüze** eintönig, monoton; **~leşmek** abstumpfen, teilnahmslos werden; **~lik** ⟨-ği⟩ Eintönigkeit *f*, Monotonie *f*
teke Ziegenbock *m*; *Art* Garnele *f*
'**tekel** Monopol *n*; Alleinbesitz *m*; **~inde olmak** *z.B. Salz*: ein Monopolartikel sein; *Unternehmen, Person*: ein Monopol haben (auf *A*); *-in* **~ine almak** ein Monopol erwerben (auf *A*); *-in* **~ine vermek** (*j-m*) ein Monopol verleihen (*auf e-e Ware*); **~ci** Monopolist *m*; monopolistisch; Monopol-; **~ kapitalizm** Monopolkapitalismus *m*; **~leşmek** *v/t* zu e-m Monopol werden
tekellüf Förmlichkeit *f*, Manieriertheit *f*
tekemmül: **~ etmek** sich vervollkommnen; abgeschlossen werden; reif werden
teker[1] Rad *n*; Scheibe *f*; Rund- (*Käse*); **~ meker yuvarlanmak** hinunterpurzeln; **~ine taş koymak** *fig j-m* e-n Knüppel zwischen die Beine werfen
teker[2]: **~ ~** einzeln, einer nach dem anderen
tekerlek ⟨-ği⟩ Rad *n*; rund; **~ arası** Spurweite *f*; **~ başlığı** (*od* **göbeği**) Radnabe *f*; **~ çarığı** (*od* **pabucu**) Hemmschuh *m*, Hemmkette *f*; **~ çemberi** Radkranz *m*; **~ kilitleyici pençe** Parkkralle *f*; **~ parmağı** Radspeiche *f*; **serbest ~** Freilauf *m*; **~li** auf Rädern, Roll-; rollend; **~ koltuk** *od* **sandalye** Rollstuhl *m*
tekerle|me Abzählreim *m*; stereotype Wendung; stereotype(r) Beginn (*e-s Märchens, z.B.* **bir varmış, bir yokmuş** es war einmal ...); **~mek** *v/t* rollen; *fig* herausplatzen mit; **~nmek** *v/i* rollen; trudeln; sich überschlagen; F abkratzen
tekerrür Wiederholung *f*; **~ etmek** sich wiederholen
'**tekeşli** monogam; **~lik** ⟨-ği⟩ Einehe *f*
tekfur HIST byzantinische(r) Fürst
'**tekhücreli** einzellig
tekil LING Singular *m*; im Singular
tekin menschenleer, unbewohnt; ruhig; **~ değil** nicht geheuer, unheimlich; **~siz** tabu; Unheil bringend
tekir getigert; ZOOL Streifenbarbe *f* (*Mullus surmuletus*)
tekke Derwischkloster *n*; *fig* Tollhaus *n*; Opiumhöhle *f*, Rauschgiftzentrum *n*
teklemek AGR pikieren; *Motor* stottern
teklif [iː] Vorschlag *m*; Etikette *f*, Förmlichkeit *f*; **~ tekellüf** große Förmlichkeit; **aramızda ~ yok** bei uns geht's zwanglos (*od* ungezwungen) zu; *-i -e* **~ etmek** *j-m etw* vorschlagen; *j-m* e-e Empfehlung geben; **~li** förmlich, steif; **~siz** ungezwungen, familiär; *Person*: natürlich, ungekünstelt; **~sizlik** ⟨-ği⟩ Ungezwungenheit *f*
teklik ⟨-ği⟩ Einmaligkeit *f*; HIST *Münze*: e-e Lira
tekme Fußtritt *m*; *-e* **~ atmak** *j-m* e-n Fußtritt versetzen; **~lemek** *-i j-n* treten, *j-m* e-n Fußtritt geben
tekmil [iː] Abschluss *m*, Vollendung *f*; gesamt, ganz, *pl* alle; **~ haberi** *bes* MIL Vollzugsmeldung *f*; **~ vermek** MIL Lagemeldung erstatten
tekne Bottich *m*, Trog *m*; (Honig)Topf *m*; (Bade)Wanne *f*, Schiffsrumpf *m*; Boot *n*, Schiff *n*; GEOL Becken *n*, Mulde *f*; **~ kazıntısı** Nachkömmling *m*, (der) Benjamin
teknik ⟨-ği⟩ Technik *f*; technisch; **~ plan** Bauplan *m*; **~ terim** Fachausdruck *m*; **~ üniversite** technische Universität; **~er** Techniker *m*, -in *f*; **~öğretim** technische(s) Studium; **~okul** Technikum *n*
teknisyen Techniker *m*, -in *f*
tekno, **~ müzik** Techno *n* (*od m*)
tekno|krasi Technokratie *f*; **~krat** Technokrat *m*, -in *f*; **~loji** Technologie *f*; **~ parkı** Technologiepark *m*; **~lojik** technologisch; **~lojist** Technologe *m*, Tech-

T

nologin *f*; **~park** Technologiepark *m*
'tekparmaklılar ZOOL Ungleichzeher *m/pl*
'tekpartili Einparteien- (*System*)
tekrar **1.** *subst* [ɑː], *oft* [ɑ] Wiederholung *f*; Rekonstruktion *f*; *-i* ~ ***etmek*** wiederholen *A*; **2.** ['tɛkrɑr] *adv* wieder; *meist* noch (ein)mal!; ~ ~ immer wieder; **~lama** Wiederholung *f*; **~lamak** *v/t* wiederholen; **~lanmak** sich wiederholen; *pass von* ***tekrarlamak***; **~latmak** *v/t* wiederholen lassen
'tekrenkli GR einfarbig, uni
'teksesli gleichlautend; MUS einstimmig
teksif [iː]: ~ ***etmek*** konzentrieren
teksir [iː] Vervielfältigung *f*; *-i* ~ ***etmek*** vervielfältigen
tekstil Textilien *pl*; Textil- (*Industrie*)
'tektanrıcı Monotheist *m*; **~lık** ⟨-ğı⟩ Monotheismus *m*
tekvando Taekwondo *n*
tekvin [iː] REL Genesis *f*
tekzip [iː] ⟨-bi⟩ Dementi *n*; *-i* ~ ***etmek*** dementieren
tel Draht *m*; (einzelnes) Haar; Faser *f*; Faden *m*; MUS Saite *f*; EL Leitung *f*; → ***telgraf***; ~ ***çekmek*** e-n Draht spannen (*od* ziehen); ein Telegramm schicken; ~ ***dikiş makinası*** Heftmaschine *f*; ~ ***örgü*** Stacheldrahtgitter *n*; Drahtzaun *m*; ~ ~ drahtförmig; *Haare*: einzeln, jedes Haar; ~ ***kafes*** Drahtkäfig *m*; Drahtgitter *n*; ***~i kırmak*** die Beziehungen abbrechen; ***~ler takmak*** ausgelassen sein, vor Freude übermütig sein
Tel. *Abk für* ***telefon*** Telefon *n*
'tela Rosshaareinlage *f*
telaffuz Aussprache *f*; ~ ***etmek*** *Wort* aussprechen
telafi Ersatz *m* (*e-s Schadens*); Nachholen *n*; *-i* ~ ***etmek*** ersetzen, wieder gutmachen; nachholen
telakki [-iː] Auffassung *f*; *-i* ~ ***etmek*** auffassen, betrachten (*A* als *A*)
telaş [ɑː] Trubel *m*; Unruhe *f* (*a* PSYCH); Aufregung *f*; Hektik *f*; Panik *f*; ~ ***edecek bir şey*** etwas Beunruhigendes; ~ ***etmek*** beunruhigen; ~ ***göstermek*** aufgeregt (*od* unruhig) wirken; ***~a düşmek*** sich beunruhigen, sich aufregen; *-i* ***~a düşürmek*** *j-n* beunruhigen, aufregen; ***ortalığı ~a vermek*** alle in Aufregung versetzen
telaşe F → ***telaş***; ~ ***müdürü*** aufgeregte(r) Mensch, Panikmacher *m*
telaş|landırmak *v/t* beunruhigen, aufregen; in Panik versetzen; **~lanmak** sich aufregen; in Panik geraten; **~lı** beunruhigt; aufgeregt; erregt (*Stimme*); **~lılık** ⟨-ğı⟩ Aufgeregtheit *f*; **~sız** ruhig, gelassen, regungslos; **~sızlık** ⟨-ğı⟩ Ruhe *f*, Gelassenheit *f*
telcik ⟨-ği⟩ Äderchen *n*; (Blatt)Rippe *f*
'teldolap ⟨-bı⟩ Fliegenschrank *m*
telef Vernichtung *f*; Vergeudung *f*; *-i* ~ ***etmek*** vernichten *A*; vergeuden *A*; ~ ***olmak*** *Tier*: eingehen; *Nahrungsmittel*: ungenießbar werden; **~at** [ɑː] ⟨-tı⟩ (Menschen)Verluste *m/pl*; *-e* ~ ***verdirmek*** *j-m* Verluste beibringen
teleferik ⟨-ği⟩ Seilbahn *f*; ~ ***kablosu*** Drahtseil *n*
telefon Telefon *n*; Anruf *m*, Telefongespräch *n*; ~ ***bağlantısı*** Telefonverbindung *f*; *-e* ~ ***etmek*** *j-n* anrufen; telefonieren mit; ~ ***görüşmesi*** Telefongespräch *n*; ~ ***jetonu*** Telefonmünze *f*; ~ ***kabinesi, kulübesi*** Telefonzelle *f*; ~ ***kartı*** Telefonkarte *f*; ~ ***konuşması*** Telefongespräch *n*; ~ ***kordonu*** Telefonschnur *f*; ~ ***kulaklığı*** (Telefon)Hörer *m*; ~ ***numarası*** Telefonnummer *f*; ~ ***rehberi*** Telefonbuch *n*; ~ ***santralı*** Fernsprechamt *n*; (Haus)Telefonanlage *f*; ***~la aramak*** telefonisch zu erreichen suchen; ***~dan ayrılmayın!*** bleiben Sie am Apparat!; ***~la*** *adv* telefonisch; ***~u açmak*** den Hörer abnehmen; ***~u kapamak*** (den Hörer) einhängen *od* auflegen; ***otomatik*** ~ Selbstwähldienst *m*; **~cu** Telefonist *m*, -in *f*
telefonlaşmak (*ile*) telefonieren mit
'telefoto, **~graf** Funkbild *n*
telek ⟨-ği⟩ Gefieder *n*
teleke Schwungfeder *f*
tele|kız Callgirl *n*; **~kinezi** Telekinese *f*; **~komünikasyon** Fernmeldewesen *n*; **~konferans** TEL Konferenzschaltung *f*; TV Fernsehkonferenz *f*
teleks Fernschreiben *n*; ~ ***çekmek*** ein Fernschreiben senden
telekulak, ~ ***operasyonu*** POL Lauschangriff *m*
teleme: ~ ***peyniri*** Quark *m*
tele'metre Entfernungsmesser *m*
tele|objektif Teleobjektiv *n*; **~pati** Telepathie *f*
'telesiyej Sessellift *m*

teleskop ⟨-pu⟩ Teleskop *n*
teletekst TV Bildschirmtext *m*
televizyon Fernsehen *n*; ~ ***(cihazı)*** Fernsehgerät *n*; ~ ***alıcısı*** Fernsehempfänger *m*; ~ ***filmi*** Fernsehfilm *m*; ~ ***vericisi*** Fernsehsender *m*; ~ ***yayını*** Fernsehsendung *f*; ***~la öğretim*** Fernsehkurse *m/pl*; ***kablolu*** ~ Kabelfernsehen *n*; **~cu** Fernsehhändler *m*; Fernsehtechniker *m*; Fernsehmann *m*, Fernsehmitarbeiter *m*
telg. *Abk für* ***telgraf*** Telegramm *n*
telgraf Telegraf *m*; Telegramm *n*; ~ ***çekmek*** ein Telegramm aufgeben, telegrafieren; ***~la*** telegrafisch; **~çı** Telegrafist *m*, -in *f*
telif [tɛːliːf] Abfassung *f* (*e-s Buches*); friedliche Beilegung; *-i* ~ ***etmek*** verfassen *A*; ~ ***hakkı*** Urheberrecht *n*, Copyright *n*
telin [iː] Verfluchung *f*; Verwünschung *f*; ~ ***mitingi*** Protestkundgebung *f*; *-i* ~ ***etmek*** *j-n* verfluchen
'telkadayıf *Art Kuchen aus Teigfäden*
telkâri Filigran(arbeit *f*) *n*; Filigran-
telkin [iː] Suggestion *f*; Vertrautmachen *n* mit; Grabgebet *n*; *-i -e* ~ ***etmek*** suggerieren (*j-m etw*); einprägen (*j-m etw*); nahe bringen (*j-m etw*)
tellak ⟨-ğı⟩ Badediener *m*
tellal ⟨-lı⟩ Ausrufer *m*; ~ ***çağırtmak*** öffentlich bekannt geben
tellemek[1] *v/t* einzäunen; (mit Gold- und Silberfäden) (aus)schmücken; F ***telleyip pullamak*** (durch Schmuck) überladen, herausputzen; *fig* über den grünen Klee loben
tellemek[2] *v/t* telegrafieren
tellendirmek *v/t* schmauchen, rauchen
tellenmek[1,2] *pass von* ***tellemek***
telli faserig; Draht-; Saiten- (*Instrument*); ... im Goldfadenschmuck; ~ ***bebek*** extravagant gekleidet; Modepuppe *f*; ~ ***pullu*** herausstaffiert; *fig* ausgeschmückt
'telörgü → ***tel***
telsiz drahtlos; Funk-, über Funk; Funkgerät *n*; Funkspruch *m*; **~ci** Funker *m*, -in *f*
telve Kaffeesatz *m*; ~ ***falı*** Wahrsagen *n* aus dem Kaffeesatz
tem, **'tema** Thema *n*
temas [ɑː] Kontakt *m*, Fühlungnahme *f*; Beziehung *f*; Berührung *f*; Verbindung *f*; *-e* ~ ***etmek*** berühren *A*; zu sprechen kommen (auf *A*); ***~ta bulunmak*** in Kontakt sein (mit *j-m*); intime Beziehungen haben *zu*; *ile* ~ ***kurmak*** Kontakt aufnehmen; *ile* ***~a geçmek*** (*od* ***gelmek***) in Kontakt kommen mit
temaşa [-mɑːʃɑː] *osm* Vorstellung *f*; Schauspiel *n*; Betrachtung *f*
temayül [ɑː] Neigung *f*; Tendenz *f*; *-e* ~ ***etmek*** e-e Neigung haben zu; tendieren zu
temayüz [ɑː]: ~ ***etmek*** sich hervortun, sich auszeichnen
tembel faul, träge; ~ ~ *adv* faulenzerisch; **~ce** *adv* faul; **~hane** [ɑː] Faulenzerparadies *n*; **~leşmek** *v/t* bequem (*od* faul) werden; **~lik** ⟨-ği⟩ Faulheit *f*
tembih [iː] Anweisung *f*; Anregung *f*; Warnung *f*; *-i -e* ~ ***etmek*** *j-m* Anweisungen geben zu; anregen (*j-n* zu *D*); warnen (*j-n* vor *D*); *Kaffee*: anregen; **~lemek** warnen (*j-n* vor *D*); **~li** gewarnt
temcit [iː] ⟨-di⟩ *fig* die alte Leier; ~ ***pilavı gibi ısıtıp ısıtıp öne sürmek*** immer dasselbe erzählen (*od* F auftischen)
temdit [iː] ⟨-di⟩ (Frist)Verlängerung *f*
temel Fundament *n*, Grundlage *f*; Grund *m*; (Brücken)Pfeiler *m/pl*; Stütze *f*; Haupt-; grundlegend (*z.B. Gedanke*); *-in* ***~(ini) atmak*** den Grundstein legen zu; ~ ***cümle*** GR Hauptsatz *m*; ~ ***duruş*** *Turnen*: Grundstellung *f*; *-e* ~ ***kakmak*** sich klammern (an *e-n Ort*); sesshaft werden in *D*; ~ ***taşı*** Grundstein *m*; ~ ***tutmak*** Wurzeln schlagen, sich festsetzen; ***~(in)den*** von Grund auf
temel||lendirmek *v/t* begründen, fundieren; festigen; **~lenmek, ~leşmek** Fuß fassen; sich festigen; sich festsetzen; **~li 1.** *adj* grundlegend, fundamental, Grund-; fest (*Arbeit*); unvergänglich; beständig; **2.** *adv* ['tɛ-] auf immer, für immer (*verlieren, sich niederlassen*)
temelsiz *fig* grundlos, unbegründet; ohne Fundament
temenna(h) [ɑː] *Gruß durch Legen der Hand an den Kopf*; ~ ***etmek*** orientalisch grüßen
temennî [iː]: *-i* ~ ***etmek*** (*j-m*) *etw* wünschen
temerküz Konzentration *f*; Zentralisierung *f*; ~ ***etmek*** sich konzentrieren; ~ ***kampı*** Konzentrationslager *n*

temerrüt ⟨-dü⟩ ÖKON Verzug *m*; ~ ***faizi*** Verzugszinsen *m/pl*
temeyyüz: ~ ***etmek*** sich auszeichnen
temin [tɛːmiːn] Besorgung *f*, Beschaffung *f*, Sicherstellung *f*; *-i* ~ ***etmek*** *Bedürfnisse* befriedigen; *Ware* beschaffen, besorgen; versichern, beteuern
teminat [ɑː] ⟨-tı⟩ ÖKON Sicherheit *f*; ~ ***mektubu*** Garantieschreiben *n*; ***nakdî*** ~ Barsicherheit *f*; **~lı** garantiert, verbürgt, (ab)gesichert
temiz rein, sauber; *fig* sauber, anständig; adrett (*gekleidet*); gehörig, tüchtig (*verhauen*); *Leben*, *Mensch*: anständig; *Wagen*: ungebraucht; ~ ***pak*** adrett; ~ ***para*** Nettobetrag *m*; ~ ***raporu*** MED (*Untersuchung*:) ohne Befund (o.B.); ~ ~ *adv* (ganz) sauber; ~ ***tutmak*** sauber halten; ***~ci kadın*** Putzfrau *f*; ***~e çekmek*** ins Reine schreiben; ***kendini ~e çıkar(t)mak*** sich rechtfertigen, F sich reinwaschen; ***~e çıkmak*** sich als unschuldig erweisen; ***~e havale etmek*** *Angelegenheit usw* schnell abtun
temiz|kan arterielle(s) Blut; *Pferd*: Vollblut *n*; **~leme** Reinigung *f*, Säuberung *f*, MIL Entgasung *f*, Reinigungs- (*Milch*); **~lemek** *v/t* reinigen, säubern, putzen; MIL entgasen; *Arbeit* erledigen; F aufessen, F verputzen; *fig* liquidieren; erledigen; F *j-n* (*beim Spiel*) ausnehmen; **~lenmek** sich reinigen; *pass von* ***temizlemek***; **~letmek** (*-e -i*) reinigen lassen *usw* (*A* durch *A*); **~leyici** Reiniger *m*; Reinigungs- (*Creme*); Reinigungsmittel *n*; (*Luft*) Filter *m*; **~lik** ⟨-ği⟩ Sauberkeit *f*, Reinemachen *n*; Unschuld *f*, Anständigkeit *f*; ~ ***işleri*** Müllabfuhr *f*, Straßenreinigung *f*; ~ ***işçisi*** Müllmann *m*; ***büyük*** ~ Großreinemachen *n*; ~ ***yapmak*** reinemachen; *fig* säubern, frei machen von
temkin [iː] Besonnenheit *f*, Solidität *f*; **~li** besonnen; solide; **~siz** unbesonnen; unsolide
temlik [iː] ⟨-ki⟩ JUR Übereignung *f*, Abtretung *f*; ~ ***etmek*** übertragen; übereignen; ~ ***edilemeyen hak*** nicht übertragbare(s) Recht
temmuz Juli *m*
'tempo MUS Takt *m*; Tempo *n*; ~ ***tutmak*** den Takt schlagen; das Tempo einhalten; **~lu** taktmäßig, rhythmisch
temrin [iː] *osm* Übung *f*, Training *n*
temriye MED Flechte *f*, BOT Felsenflechte *f*
temsil [iː] Vertretung *f*, THEA Vorstellung *f*; ~ ***edilmek*** *pass von* ***temsil etmek***; *-i* ~ ***etmek*** vertreten *A*; THEA aufführen, vorführen, F geben; ~ ***kudreti*** Gesetzeskraft *f*; ~ ***salonu*** Zuschauerraum *m*; **~ci** Vertreter *m*, -in *f*; **~cilik** ⟨-ği⟩ Vertretung *f*
temsilî [iː]: ~ ***resim*** zeichnerische Darstellung (*einer Begebenheit*)
temyiz [iː] JUR Kassation *f*; *-i* ~ ***etmek*** unterscheiden *A*; in die höhere Instanz gehen mit; ~ ***mahkemesi*** Kassationsgericht *n*
ten Haut *f*; *osm a* Körper *m*; ~ ***fanilası*** Unterhemd *n*
-ten → ***-den***
tenakuz [ɑː] Gegensatz *m*, Gegenteil *n*; ***~a düşmek*** ins Gegenteil verfallen
tenasül [ɑː] Fortpflanzung *f*; ~ ***aleti*** Geschlechtsorgan *n*
tenasüp [ɑː] ⟨-bü⟩ Proportion *f*, Proportionalität *f*
'tencere (Koch)Topf *m*; ~ ***kebabı*** *geschmortes Fleisch*
'tender BAHN Tender *m*
teneffüs Atmung *f*, Pause *f* (*Schule*); ~ ***etmek*** (ein)atmen; verschnaufen
teneke Blech *n*; (Blech)Kanister *m*; Wellblech *n*; Blech-; (***arkasından***) ~ ***çalmak*** *j-n* auslachen; **~ci** Klempner *m*; ~ ***makası*** Blechschere *f*
teneşir Leichenwaschung *f*; ~ ***horozu*** (*od* ***kargası***) *fig* Bohnenstange *f*; *-i* ~ ***paklar*** nur der Tod kann *j-n* davon erlösen; ***~e gelesi*** geh' zum Teufel!; verrecke!
tenezzül Herablassung *f*, Fall *m*; *-e* ~ ***etmek*** sich herablassen zu
tenha [ɑː] öde; menschenleer; einsam; **~laşmak** *v/t* veröden; vereinsamen; **~lık** ⟨-ğı⟩ Einöde *f*, Öde *f*; verödet, menschenleer
'tenis Tennis *n*; ~ ***oynamak*** Tennis spielen; ~ ***kortu, sahası*** Tennisplatz *m*; **~çi** Tennisspieler *m*, -in *f*
tenkil [iː] *osm* Niederwerfung *f*, Ausrottung *f*, exemplarische Strafe
tenkit [iː] ⟨-di⟩ Kritik *f*; *-i* ~ ***etmek*** kritisieren *A*; **~çi** Kritiker *m*, -in *f*; kritisch
tenor Tenor *m*
'tenrengi ⟨-ni⟩ fleischfarben
tensel Körper-, körperlich; Haut-

'tente Markise *f*
tentene Häkelarbeit *f*
tentür Tinktur *f*; **~diyot** ⟨-du⟩ Jodtinktur *f*
'tenya MED Bandwurm *m*
tenzilat [ɑː] ⟨-tı⟩ Rabatt *m*, Ermäßigung *f*; **~ *yapmak*** mit dem Preis heruntergehen, e-n Preisnachlass gewähren; **~lı** ermäßigt, mit Rabatt
teokrasi Theokratie *f*
teolog Theologe *m*
teori Theorie *f*
teorik ⟨-ği⟩ theoretisch
tepe Spitze *f*; (Baum)Wipfel *m*; (Berg)-Gipfel *m*; Hügel *m*; ASTR Zenit *m*; MATH Spitze *f*, Scheitelpunkt *m*; Scheitel *m*, Wirbel *m* (*am Kopf*); Genick *n* (*der Vögel*); **~ *noktası*** Scheitelpunkt *m*; *fig* Höhepunkt *m*; *-e* **~*den bakmak*** *fig* herabsehen auf *A*; **~*den inme*** *fig* wie aus heiterem Himmel, überraschend; *Anordnung*: von oben, von höchster Stelle; **~*den tırnağa kadar*** von Kopf bis Fuß, vom Scheitel bis zur Sohle; bis an die Zähne *bewaffnet*; **~*si atmak*** *fig* vor Wut platzen
te'pe|camı ⟨-nı⟩ Dachluke *f*; **~cik** ⟨-ği⟩ Anhöhe *f*; BOT Narbe *f*; **~göz** … mit niedriger Stirn; *fig* Trampeltier *n*; Overheadprojektor *m*
tepele|me Füllen *n*, Vollstopfen *n*; **~ *dolu*** bis zum Rand gefüllt; vollgestopft; voll(beladen); **~mek** *v/t* zertrampeln; SPORT schlagen, vernichten
tepe|li hügelig; … mit Schopf; **~lik** ⟨-ği⟩ Gesimsschmuck *m*; hügelig
teper → ***tepmek***
tepetaklak **1.** *subst* Purzelbaum *m*; LUFTF Looping *n*; **~ *etmek*** *fig j-n* ruinieren; **2.** *adv* kopfüber; **~ *gitmek*** *fig* steil bergab gehen
tepi Impuls *m*, Antrieb *m*; Trieb *m*
tepiklemek *v/t dial* mit dem Fuß stoßen *A*, treten *A*
tepinmek *v/i* trampeln; *fig* ganz wild sein (vor *D*, *Freude usw*); um sich schlagen; *fig* ablehnen, F abschmettern
tepir *dial* Haarsieb *n*
tepişmek sich raufen; e-n Gruppentanz aufführen
tepke MED Reflex *m*
tepki Reaktion *f*, Gegenwirkung *f*, Rückschlag *m*; TECH Rückstoß *m*; ***zincirleme*** **~** Kettenreaktion *f*; *-e* **~ *göstermek*** reagieren (auf *A*); *-de* **~ *uyandırmak*** e-e Reaktion hervorrufen (in, bei *D*); **~li** Reaktions-; reaktiv; **~ *uçak*** Düsenflugzeug *n*; **~me** Reaktion *f*; **~mek** *v/i* reagieren (*-e* auf *A*); **~sel** reaktiv; **~ *davranış*** PSYCH Reaktionsvermögen *n*; **~siz** reaktionslos
tep|me Fußtritt *m*; MED Rückfall *m*; TECH Stampfen *n*; **~mek** ⟨-er⟩ *-i j-m* e-n Fußtritt geben; treten; ausschlagen; stopfen (*-e* in *A*); tanzen; *Weg* (entlang)trotten; *fig* zurückweisen; entsagen *D*; MED wieder auftreten; MIL e-n Rückstoß geben; ***geri*** **~** das Gegenteil bewirken; ***fırsatı*** **~** e-e gute Gelegenheit nicht wahrnehmen; ***tepe tepe kullanmak*** übermäßig strapazieren
tepr|enmek, **~eşmek**, **~eştirmek** → ***depr-***
tepsi Tablett *n*; Backblech *n*
ter Schweiß *m*; **~ *boşanmak*** *v/unp* anfangen zu schwitzen; **~ *dökmek*** stark schwitzen; *fig* ins Schwitzen geraten (*vor Anstrengung*); **~*e batmak*** schweißgebadet sein; ***alnının*** **~*iyle*** im Schweiße s-s Angesichts; **~ *gözü*** Schweißtropfen *m*; **~ ~ *tepinmek*** *fig* s-n Dickkopf durchsetzen, hartnäckig darauf bestehen
terakki [-iː] Fortschritt *m*; fortschrittlich; **~ *etmek*** Fortschritte machen
terane [ɑː]: ***hep aynı*** **~** alte Leier
terapi Therapie *f*
teras Terrasse *f*; **~lamak** *v/t* terrassenförmig anlegen
teravi [ɑː] *gemeinsames Nachtgebet im Fastenmonat Ramadan*
terazi [ɑː] Waage *f* (*a Turnen*); Wasserwaage *f*; Balancierstange *f*; Balance *f*; **~ *gözü*** Waagschale *f*; *-i* **~*ye vurmak*** *fig* auf die Waagschale legen *A*; ***Terazi*** ASTR Waage *f*; ***Terazi burcundanım*** ich bin Waage; **~lemek** *v/t* (in der Hand) prüfend wägen; balancieren
terbiye Erziehung *f*; gutes Benehmen; Ausbildung *f*; Dressur *f*; Kultivierung *f*; GASTR *Soße aus Zitronen u Eiern*; **~ *almak*** (*od* ***görmek***) e-e (gute) Erziehung erhalten; *-i* **~ *etmek*** erziehen *A*; dressieren *A*; trainieren *A*; **~*sini bozmak*** sich schlecht benehmen; *-in* **~*sini vermek*** *j-n* zurechtweisen, *j-n* zur Ordnung rufen; **~ci** Dresseur *m*, -in *f*; **~li** wohlerzogen; GASTR mit → ***terbiye***;

T

Tier: dressiert; zahm
terbiyesiz schlecht erzogen, frech; Flegel *m*; *Wort*: unanständig; **~leşmek** sich flegelhaft benehmen; **~lik** ⟨-ği⟩ Unerzogenheit *f*, Unhöflichkeit *f*; **~ etmek** sich schlecht benehmen
tercih [iː] Bevorzugung *f*; *-i* **~ etmek** vorziehen *A*; *Bewerber* bevorzugen *A*; **~ yapmak** Präferenzen angeben; **~an** *adv* lieber, bevorzugt
tercüman Dolmetscher *m*, -in *f*; Übersetzer *m*, -in *f*; *-e* **~ olmak** Sprachrohr *G*/*von* sein; **~lık** Dolmetschen *n*; Übersetzertätigkeit *f*
tercüme Übersetzung *f*; *-i -e* **~ etmek** übersetzen (*A* in *e-e Sprache*)
tere BOT Gartenkresse *f* (*Lepidium sativum*)
terebentin Terpentin *n*
tereci Gemüsehändler *m*; **~ye tere satmak** Eulen nach Athen tragen
tereddüt ⟨-dü⟩ Schwanken *n*, Zweifel *m*; **~ etmek** *fig* schwanken, unschlüssig sein; **~lü** zögerlich, zögernd; **~süz** unerschütterlich; **~süzce** ohne Zaudern, entschlossen
tereke Nachlass *m*
terel'leli leichtsinnig; **onda akıl ~** er ist ein Luftikus
teres Zuhälter *m*; *Schimpfwort*: Schweinehund *m*
te'reyağı ⟨-nı⟩ Butter *f*; **~ gibi** weich wie Butter; **~ndan kıl çeker gibi** mit Leichtigkeit
terfi [iː] *fig* Beförderung *f* (*im Rang*); **~ etmek** befördert werden; *-i* **~ ettirmek** *j-n* befördern; EDV aufrüsten
terhis [iː] MIL Entlassung *f*; *-i* **~ etmek** (aus dem Militärdienst) entlassen
terim Fachausdruck *m*; MATH Glied *n*; Vorzeichen *n* (+, -)
terk ⟨-ki⟩ Verlassen *n*; Verzicht *m* (auf *A*); Vernachlässigung *f*; *-i* **~ etmek** *v/t* verlassen; verzichten (auf *A*); aufgeben (*z.B. Rauchen*); überlassen (*-e j-m*); vernachlässigen *A*
terki Kruppe *f*; hintere(r) Teil des Sattels; *-i* **~sine almak** *j-n* hinten aufsitzen lassen
terkip [iː] ⟨-bi⟩ *a* GR Zusammensetzung *f*, Verbindung *f*
terle|me Schwitzen *n*, Transpiration *f*; **~mek** *v/i a fig* schwitzen (*-den* vor *D*); *Glas*: beschlagen; *Bart*: sprießen
terli verschwitzt; beschlagen
terlik ⟨-ği⟩ Hausschuh *m*, Pantoffel *m*; Strickkäppi *n*
termal Thermal-; Thermalbad *n*; **~ kamera** Nachtsichtgerät *n*
terme BOT Runkelrübe *f*
termik ⟨-ği⟩ thermisch, Wärme- (*Behandlung*); **~ santral** Wärmekraftwerk *n*
terminal ⟨-li⟩ Stadtbüro *n* (*mit Shuttle-Dienst zum Flughafen od Busbahnhof*); EDV Terminal *n*
terminoloji Terminologie *f*
termit ⟨-ti⟩ ZOOL Termite *f*
'termo|dinamik ⟨-ği⟩ thermodynamisch; **~elektrik** ⟨-ği⟩ thermoelektrisch; **~ çift** Thermoelement *n*; **~for** Wärmeflasche *f*; **~'metre** Thermometer *n*; **~nükleer** thermonuklear
'termos Thermosflasche *f*
termosifon Boiler *m*
termostat Thermostat *m*
termoterapi MED Wärmebehandlung *f*
ternöv *Hund*: Neufundländer *m*
teror, **terör** Terror *m*; **terörle mücadele yasası** Antiterrorgesetz *n*; **~ist** Terrorist *m*, -in *f*; **~izm** Terrorismus *m*
ters umgekehrt; link- (*Seite des Stoffes*); *Schuh*: verkehrt (*angezogen*); verkehrt; *Ansicht*: entgegengesetzt; *Antwort*: scharf; *Blick*: scheel; *Mensch*: unfreundlich, grob; Rückseite *f*, stumpfe Seite, Rücken *m* (*des Messers*); Gegenteil *n* (*verstehen*); **~ açı** Scheitelwinkel *m*; *-e* **~ düşmek** zuwiderlaufen *D*; im Gegensatz stehen zu; *-e* **~ gelmek** F *j-m* nicht in den Kram passen; **~ gitmek** F schief gehen, misslingen; **~ orantılı** umgekehrt proportional; **~ ışık** Gegenlicht *n*; **~ pers** F völlig daneben; **~ pers gitmek** *fig* ganz und gar schief gehen; **~ tarafından kalkmak** *fig* mit dem linken Bein zuerst aufstehen; *-e* **~ ~ bakmak** *j-n* scheel (*od* argwöhnisch) ansehen; **~ türs** aufs Geratewohl, wirr durcheinander; schlampig; **~i dönmek** sich verlaufen; **~inden okumak** (alles) falsch verstehen
tersane [ɑː] Werft *f*
'tersevirme *Logik*: Kontraposition *f*
tersine im Gegenteil, vielmehr; *-i* **~ çevirmek** ins Gegenteil verkehren *A*; **~ dönmek** umgekehrt ausfallen; **~ gitmek** schief gehen; nicht ausstehen

(*od* nicht leiden) können *A*
tersinir umkehrbar, reversibel (*z.B. Reaktion*); **~lık** ⟨-ğı⟩ Umkehrbarkeit *f*
tersinmek *v/i* sich ins Gegenteil verkehren; das Gegenteil behaupten, widersprechen; F umkippen
tersiyer tertiär
terslemek[1] *-i j-n* scharf zurechtweisen
terslemek[2] *Tier*: Kot ausscheiden, F Haufen machen, was hinmachen
ters|lenmek ungnädig sein, schlecht aufgelegt sein; **~lik** ⟨-ği⟩ Widerspruch *m*; Widerspruchsgeist *m*; Streitsucht *f*; Trotz *m*; Störung *f*
'tersyüz Kehrseite *f*, linke Seite; *-i* **~ etmek** *Kleidungsstück* wenden; **~(ü) geri dönmek** mit leeren Händen (*od* unverrichteter Sache) zurückkommen; **~üne dönmek** umkehren
'tertemiz blitzsauber
tertibat [-i:bɑ:t] ⟨-tı⟩ Vorbereitungen *f/pl*, Maßnahmen *f/pl*; TECH Vorrichtung *f*, Ausrüstung *f*, System *n*; MIL (Marsch)Ordnung *f*
tertip [i:] ⟨-bi⟩ Anordnung *f* (*der Möbel*); Ordnung *f* (*der Akten*); Einrichtung *f* (*der Küche*); Organisation *f* (*e-s Büros*); Vorrichtung *f*, Plan *m*; Serie *f* (*e-s Loses*); MATH Ordinate *f*, F Trick *m*; Komplott *n*; MED Rezept *n*; Dosis *f*, BUCH Satz *m*; (Buch)Format *n*; (**benim** *usw*) **~** vom gleichen Jahrgang (wie ich); **yürüyüş tertibi** Marschordnung *f*, **~ etmek** *v/t* ordnen; anordnen, stellen; einrichten; organisieren; planen; *Böses* aushecken; zusammenstellen; **~çi** Organisator *m*; Planer *m*; Urheber *m*, Täter *m*; **yangının ~si** Brandstifter *m*
tertiple|mek *v/t* veranstalten, organisieren; einrichten, stellen; gruppieren; **~nme** MIL Aufstellung *f*, Gruppierung *f*, **~nmek** sich ordnen; *pass von* **tertiplemek**; **yeniden ~** umgruppieren; **~yici** Organisator *m*, -in *f*
tertip|li geordnet; gut (durch)organisiert; *Haus*: gut (*od* praktisch) eingerichtet; *Person*: sehr ordentlich, ordnungsliebend; vorbedacht, abgekartet, geplant; **~lilik** ⟨-ği⟩ gute Organisation; gute Ordnung; Ordnungsliebe *f*, **~siz** unordentlich; schlecht organisiert; schlecht eingerichtet
terzi Schneider *m*, -in *f*, **erkek ~si** Herrenschneider *m*, -in *f*, **kadın ~si** Damenschneider *m*, -in *f*, **~hane** Schneiderei *f*
terzilik ⟨-ği⟩ Schneiderhandwerk *n*
tesadüf [ɑ:] Zufall *m*; *-e* **~ etmek** *j-m* zufällig begegnen; fallen (auf *e-n bestimmten Tag*)
tesadüfen [-'sɑ:-] *adj* zufällig
tesadüfî [i:] *adv* zufällig
tesbit → ***tespit***
tescil [i:] Registrierung *f*, **~ etmek** *v/t* registrieren; **~ mahkemesi** Registergericht *n*; **~li** eingetragen, registriert; **~ marka** eingetragene(s) Warenzeichen
teselli [i:] Trost *m*; **~ bulmak** Trost finden (*-de* in, bei *D*); **~ etmek** *v/t* trösten; **~ mükafatı** Trostpreis *m*; **~siz** untröstlich
tesellüm Entgegennahme *f*, *-i* **~ etmek** entgegennehmen, abnehmen
tesir [tɛ:si:r] Eindruck *m*; Wirkung *f*, Kraft *f*, *-e* **~ etmek** wirken auf *A*; Eindruck machen auf *A*; *-in* **~i altında** unter dem Eindruck *G*; *-in* **~inde kalmak** unter dem Einfluss *G* stehen; **~li** eindrucksvoll; wirksam, wirkungsvoll; *Anzeige*: zugkräftig; *Person*: einflussreich; **~siz** ergebnislos, wirkungslos; **~ hale getirmek** unwirksam machen, außer Kraft setzen
tesis [tɛ:si:s] Gründung *f*, Anlage *f*, Installation *f*, Einrichtung *f*, Institut *n*; JUR Stiftung *f*, *-i* **~ etmek** gründen; anlegen, einrichten *A*; **~at** [ɑ:] ⟨-tı⟩ Anlagen *f/pl*, Werke *n/pl*; Installationen *f/pl*; **~atçı** Installateur *m*
teskere Tragbahre *f*
teskin [i:] *a* MED Beruhigung *f*, *-i* **~ etmek** *j-n* besänftigen, beruhigen
teslim [i:] Aushändigung *f*, Auslieferung *f*, Übergabe *f*, Kapitulation *f*, Anerkennung *f*, **Berlin ~ fiyatı** Preis *m* ab Berlin; **eve ~** Lieferung *f* frei Haus; **~ almak** abnehmen, in Empfang nehmen; **~ bayrağı(nı) çekmek** *fig* die weiße Fahne hissen; *-e -i* **~ etmek** aushändigen, ausliefern (*j-m A*); *Grundstück* übergeben (*j-m*); *fig* zugeben, einräumen; **~ olmak** kapitulieren; sich ergeben; aufgeben; **~ ol!** gib's zu!; ergib dich!, gib auf!; **~ ve tesellüm** Übergabe und Abnahme *f*
teslim|at [ɑ:] ⟨-tı⟩ deponierte Waren *f/pl*; Einzahlungen *f/pl*; **~iyet** ⟨-ti⟩ Kapi-

T

tulation *f*; **~iyetçi** Kapitulant *m*
tespih [iː] Gebetskette *f*; **~ *çekmek*** die Perlen der Gebetskette bewegen; **~li** *Tischlerei*: mit e-m Perlenschnurrand
tes'pihböceği ⟨-ni⟩ ZOOL Kellerassel *f*
tespit [iː] ⟨-ti⟩ Befestigung *f*, Festsetzung *f* (*der Preise*); Feststellung *f*, Behauptung *f*, Beteuerung *f*; *-i* **~ *etmek*** *v/t* befestigen; festsetzen; feststellen, behaupten
test ⟨-ti⟩ Test *m*; **~ *etmek*** testen; **~ *sürüşü*** AUTO Probefahrt *f*
'testere Säge *f*; **~ *tozu*** Sägemehl *n*; **~balığı** ⟨-nı⟩ ZOOL Sägefisch *m*; **~li** (aus)gezackt
testi Tonkrug *m*; **~ *kabağı*** Flaschenkürbis *m*
tesviye Nivellierung *f*, Lösung *f* (*e-r Frage*); Tilgung *f* (*der Schuld*); Bezahlung *f*, Ausgleich *m*; *-i* **~ *etmek*** *v/t* nivellieren, ausgleichen; bereinigen, lösen; tilgen; bezahlen; liquidieren; **~ci** TECH Schlosser *m*, -in *f*, Holz-, Metallbearbeiter *m*, -in *f*; Dreher *m*; **~ruhu** Wasserwaage *f*
teşbih [iː] Vergleich *m*; **~ *etmek*** vergleichen; **~*te hata olmasın*** niemand beziehe das auf sich! *od* Anwesende ausgeschlossen!
teşebbüs Bemühung *f*, Versuch *m*, Vorstoß *m*; Initiative *f*, Unternehmen *n*; ***özel* ~** Privatwirtschaft *f*; *-e* **~ *etmek*** anpacken *A*, darangehen (zu ...), *etw* unternehmen; **~*e geçmek*** ans Werk gehen; die Initiative ergreifen
teşekkül Entstehung *f*, Bildung *f*, Organisation *f*, MIL Formation *f*; **~ *etmek*** sich bilden, entstehen; bestehen (*-den* aus *D*); sich formieren
teşekkür Dank *m*; **~ *ederim*** danke!, ich danke Ihnen; *-e* **~ *etmek*** *j-m* danken (*-den* für); ***mektubunuza* ~ *ederim*** ich danke Ihnen für Ihren Brief
teşhir [iː] Ausstellung *f*, Demonstration *f*, Vorführung *f*; HIST Prangerstrafe *f*; *fig* Anprangerung *f*; PSYCH Exhibition *f*; *-i* **~ *etmek*** *v/t* ausstellen, demonstrieren; an den Pranger stellen; **~ci** Exhibitionist *m*, -in *f*; **~cilik** ⟨-ği⟩ Exhibitionismus *m*
teşhis [iː] Identifizierung *f*, MED Diagnose *f*; *-i* **~ *etmek*** (*a* ***koymak***) *v/t* identifizieren; diagnostizieren
teşkil [iː] Bildung *f*, Schaffung *f*, Organisation *f*, MIL Verband *m*; *-i* **~ *etmek*** bilden, schaffen; organisieren
teşkilat [ɑː] ⟨-tı⟩ Organisation *f*, *fig* Organ *n*; System *n*; **≈ı *Esasiye kanunu*** HIST Grundgesetz *n*; **~çı** Organisator *m*; **~çılık** ⟨-ğı⟩ Organisationstalent *n*; **~landırmak** *v/t* organisieren; **~lı** organisiert; **~sız** unorganisiert
teşne *osm* durstig; *-e* **~** *fig* begierig
teşrif [iː] Ehrenerweisung *f*; *-i* **~ *etmek*** beehren; zu kommen (*od* gehen) geruhen; ***nereden* ~** woher des Wegs?; **~at** [ɑː] ⟨-tı⟩ Zeremonie *f*, Protokoll *n*; **~atçı** Zeremonienmeister *m*
teşrih [iː] Obduktion *f*, Anatomie *f*, Skelett *n*; *fig* Analyse *f*; *-i* **~ *etmek*** *v/t* sezieren, obduzieren; *fig* analysieren
teşrin [iː] *osm* ***birinci* ~** Oktober *m*; ***ikinci* ~** November *m*; **~-i evvel** Oktober *m*; **~-i sani** November *m*
teşvik [iː] ⟨-ki⟩ Förderung *f*, Anreiz *m*; Hetze *f*, Aufhetzung *f*; *-i* **~ *etmek*** *v/t* fördern, *j-m* e-n Anreiz bieten; *j-n* aufhetzen; **~çi** Förderer *m*; Aufhetzer *m*
tetanos MED Tetanus *m*, (Wund)Starrkrampf *m*
tetik[1] ⟨-ği⟩ Abzug *m* (*an der Waffe*); ***tetiğe basmak, tetiği çekmek*** auf den Abzug drücken
tetik[2] ⟨-ği⟩ flink, gewandt; wachsam; fein, elegant; heikel (*Angelegenheit*); **~(te) *bulunmak*** *fig* auf der Hut sein; **~ *davranmak*** schnell reagieren; **~ *durmak*** bereit sein; ***tetiğini bozmamak*** gelassen bleiben, sich nicht aufregen
tetikçi Killer *m*, -in *f*
tetiklik ⟨-ği⟩ Gewandtheit *f*, Wachsamkeit *f*
tetkik [iː] ⟨-kı⟩ Untersuchung *f*, Erforschung *f*, Inspektion *f*; *-i* **~ *etmek*** untersuchen; erforschen; inspizieren
tevatür [ɑː] Gerücht *n*; F sagenhaft
tevazu [ɑː] ⟨-uu⟩ Bescheidenheit *f*
tevcih [iː] Richten *n*; Wenden *n*; Verleihung *f*; *-e* **~ *etmek*** richten (auf *A*); *j-m* e-n Rang verleihen, e-n Posten geben
tevdi [iː] ⟨-ii⟩ Aushändigung *f*; *-i -e* **~ *etmek*** *v/t* aushändigen (*j-m*), anvertrauen (*j-m*); **~at** [ɑː] ⟨-tı⟩ ÖKON Einlagen *f/pl*; **~ *hesabı*** Depositenkonto *n*; **~*ta bulunmak*** Einlagen machen, Einzahlungen vornehmen
teveccüh: *-e* **~ *göstermek*** *j-m* gewogen sein; e-e Schwäche haben für

T

tevek ⟨-ği⟩ AGR Steckreis *n*, Ableger *m*
tevekkül Gottvertrauen *n*; **~ etmek** auf Gott vertrauen
tevellüt ⟨-dü⟩ *osm* Geburt *f*, Herkunft *f*; **~ etmek** geboren sein; stammen von; **~lü** geboren; Jahrgang *m*
tevessül: *-e* **~ etmek** sich e-s unlauteren Mittels bedienen
tevhit ⟨-di⟩ *osm* Vereinigung *f*; REL Monotheismus *m*; **~ ehli** Monotheisten *m/pl*; *-i* **~ etmek** vereinigen
tevil [tɛːviːl] Entstellung *f* (*des Sinnes*); *-i* **~ etmek** entstellen, verdrehen *A*
tevki ⟨-ii⟩ Sultanserlass *m* (*mit Monogramm*)
tevkif [iː] Verhaftung *f*; ÖKON Einstellung *f* (*e-r Zahlung*); **~ müzekkeresi** Haftbefehl *m*; *-i* **~ etmek** *v/t* verhaften
Tevrat ⟨-tı⟩ Thora *f*, Pentateuch *m*; Alte(s) Testament
tevzi [iː] ⟨-ii⟩ Austeilung *f*, Zustellung *f*, Verteilung *f*; *-i* **~ etmek** *v/t* austeilen, zustellen
teyel Heftnaht *f*, Heft-; **~ etmek** *v/t* heften; **~lemek** *v/t* heften; **~li** geheftet
teyemmüm REL *Waschung mit Sand, wenn es kein Wasser gibt*
teyit [tɛːjiːt] ⟨-di⟩ Bestätigung *f* (*e-r Abmachung, e-r Buchung*); *-i* **~ etmek** *v/t* bestätigen; bekräftigen; beweisen
teyp ⟨-bi⟩ Tonbandgerät *n*; **teybe almak** auf Band aufnehmen; **~ten** von Band, in Playback
teyze Tante *f* (*Schwester der Mutter*); **~zade** Vetter *m*, Cousin *m*; Kusine *f*, Base *f*
tez[1] Magisterarbeit *f*, Dissertation *f*, These *f*
tez[2] rasch; sofort; **~ beri** so schnell, gleich; leicht; **~ canlı** impulsiv, stürmisch; **~ elden** unverzüglich; **~ vakitte** in kürzester Frist, kurzfristig
tezahür [ɑː] Erscheinung *f*, Offenbarung *f*; **~ etmek** erscheinen; sich herausstellen; **~at** [ɑː] ⟨-tı⟩ Demonstration *f*, Ovationen *f/pl*, Beifallskundgebungen *f/pl*; **~ yapmak** stürmischen Beifall spenden
tezat [ɑː] ⟨-dı⟩ Kontrast *m*; Gegensatz *m*; Antagonismus *m*; Antithese *f*; *-e* **tezada düşmek** in Widerspruch (zu *D*) geraten; **~lı** widersprüchlich
tezek ⟨-ği⟩ *getrockneter Mist zum Heizen*
tezene MUS Plektron *n*
tezgâh Werkbank *f*, Ladentisch *m*, Theke *f*, Stand *m*, Buffet *n*; Werft *f*, Webstuhl *m*; (Küchen)Arbeitsfläche *f*; **~ altı** Unterbau- (*Kühlschrank usw*); **~ başı yapmak** im Stehen e-n trinken, an der Theke stehen (und trinken); **~lamak** *-i* sich machen an *A*; *fig* F aushecken; *fig* zurechtschustern; die Werkbank einrichten; *Material* einlegen (*in den Webstuhl*); **~tar** Verkäufer *m*, -in *f*
tezhip [iː] ⟨-bi⟩ Ornament(ik *f*) *n*
tezkere Notiz *f*, Bescheinigung *f*, Schein *m*; MIL Entlassungsschein *m*; Entschuldigungszettel *m* (*für e-n Schüler*); **esnaf ~si** Gewerbeschein *m*; **hasta ~si** Krankenschein *m*; (ärztliches) Bulletin; **~ci** MIL Reservist *m*; Gerichtssekretär *m*
tezkire [iː] HIST Dichterbiografie *f*
tezle|mek *v/t* beschleunigen; **~nmek** *v/i* eilen; **~şmek** sich beschleunigen; dringlich werden; eilen; **~ştirmek** *v/t* beschleunigen
tezli: **~ roman** Thesenroman *m*
tezlik ⟨-ği⟩ Schnelligkeit *f*, Ungeduld *f*; **~ fiili** *zusammengesetztes Verb der schnellen Handlung,* **-(y)ivermek**: *z.B.* **anlayıverirsiniz** ihr begreift es sofort
tezyin [iː] *osm* Verzierung *f*; **~at** [ɑː] ⟨-tı⟩ Dekoration *f*; **~i** [iː] Dekorations-
T.H.Y. *Abk für* **Türk Hava Yolları** Türkische Fluggesellschaft
'tıbben medizinisch (gesehen)
tıbb|î [iː] medizinisch, ärztlich; Heil- (*Kraut*); **~iye** *osm* medizinische Fakultät; **~iyeli** *osm* Medizinstudent *m*, -in *f*
tic. *Abk für* **ticaret** Handel(s-)
tıfıl ⟨tıflı⟩ kleine(s) Kind; klein und schwächlich
tığ [tɯː] Häkelnadel *f*, Pfriem *m*, Ahle *f*; **~ gibi** sehnig, gertenschlank; **~la örmek** häkeln
tığlamak stechen (*a Schmerz*); MED Stiche verspüren
tık ⟨-kı⟩ *leises Klopfen*; Ticken *n*; **~ ~** tick-tack; **~ etmek** F einrasten; **~ edene kadar** F bis zum Anschlag
tıka: **~ basa** gepfropft voll, voll (beladen)
tıkaç ⟨-cı⟩ Stöpsel *m*, Pfropfen *m*, Korken *m*; **~lamak** *v/t* verstöpseln, verkorken; **~sız** unverschlossen, unverkorkt

T

tıka|lı verstöpselt, verschlossen; gesperrt (*Hafen*); verstopft; **~mak** *v/t* verstöpseln, verkorken; verschließen; stopfen (*-e* in *A*); MIL abriegeln; *fig j-m* (den Mund) verschließen (F stopfen); **~nık** ⟨-ğı⟩ verstopft; Korken *m*; ÖKON Stagnation *f*, Flaute *f*; **~nıklık** ⟨-ğı⟩ Verstopfung *f* (*a Verkehr*); (Verkehrs)Stau *m*; MED Atemnot *f*

tıkanmak → *pass von* **tıkamak**; sich stauen, stocken; F genudelt (= *übersatt*) sein; *Atem* stocken; **gülmekten ~** vor Lachen ersticken; *-den* **~** (*es*), *etw* satt haben; ersticken an *D*

tıkar → **tıkmak**

tıkılmak *pass von* **tıkmak**; eingezwängt sein, zusammengepfercht sein (*-e* in *D*)

tıkım Bissen *m* (*Essen*)

tıkınmak sich vollstopfen, F fressen

tıkır[1]: **~ında** (alles) in Butter; **onun işi ~ında** er hat es gut; bei ihm ist alles geregelt; **~ı yolunda olmak** in gesicherten Verhältnissen leben; *-i* **~ına koymak** in Ordnung bringen *A*; **~ında** in Ordnung; **~ında gitmek** *fig* glatt gehen

tıkır[2]: **~ ~** bim; klimpernd (*Münze*); tick-tack (*Uhr*); *fig* reibungslos, wie geschmiert (*gehen*); ohne zu stocken (*antworten*)

tıkır|damak *v/i* klappern (*a Zähne*); *Fernschreiben* ticken; *Tür* knarren; *Münze* klingen; *Wasser* sieden, brodeln; **~tı** Ticken *n*; Klappern *n*; Klingen *n*; Knarren *n*; Brodeln *n*

tıkışık zusammengedrängt; **~lık** ⟨-ğı⟩ Gedränge *n*

tıkış|mak *v/t* sich drängen (in *A*); zusammengedrängt sein (in *D*); **~tırmak** (*-i -e*) stopfen (*A* in *A*); (hinein)drängen (*j-n* in *A*); *Essen* in sich hineinstopfen

tıkız *Person* gedrungen; *Matratze* hart; *Gewebe* dicht; *Teig* zäh(flüssig)

tıklatmak (leise) klopfen (*-i* an *A*); EDV (an)klicken

tıklım: **~ ~ dolmuş** (*od* **dolu**) *Zug usw* überfüllt, brechend voll

tıkmak ⟨-ar⟩ (*-i -e*) treiben (in *A*); stopfen, zwängen (in *A*); verstauen (in *D*); sich *D* (*die Ohren*) zustopfen; F *ins Gefängnis* stecken

tıknaz *Person* gedrungen, untersetzt

tıknefes kurzatmig, asthmatisch

tıksır|ık ⟨-ğı⟩ unterdrückte(s) Niesen; **~mak** unterdrückt niesen

tılsım Talisman *m*; Zauber *m*, Zaubermittel *n*; Zauberkraft *f*, Zauberwort *n*; **~ bozulmak** *v/unp Zauber*: gebrochen werden; **~lı** mit e-m Talisman; magisch, Zauber-

tımar[1] Pflege *f*, Behandlung *f* (*der Wunden*); Bestellung *f*, Kultivierung *f* (*des Bodens*); BOT Veredeln *n*; *-i* **~ etmek** *j-n* pflegen; *Boden* bestellen; *Tiere* striegeln, putzen; *Wunden* verbinden, behandeln; BOT veredeln

tımar[2] HIST Lehen *n*

tımarcı[1] Pfleger *m*; Pferdeknecht *m*

tımarcı[2] HIST Lehensherr *m*

tımarhane [-hɑː-] Irrenhaus *n*; **~ kaçkını** aus dem Irrenhaus entsprungen; **~lik** ⟨-ği⟩ reif fürs Irrenhaus

tımarlı gestriegelt; gepflegt; behandelt; Lehnsmann *m*; lehnspflichtig

tın bim!, kling!; **~ ~** *fig* hohl (*bes Kopf*)

tınar → **tınmak**

tınaz Schober *m*, Heuhaufen *m*

'tıngadak klirrend, scheppernd

tıngır bim!; klingend; F Moneten *pl*; klingende Münze; F pleite, abgebrannt; leer; **~ mıngır** holterdiepolter; hoppelnd; MUS klimpernd; **~ ~** klirrend; polternd; völlig leer, ratzekahl; **~ı yolunda** F lukrativ

tıngır|damak *v/i* klirren; klingen; **~datmak** *v/t* zum Klingen bringen; MUS klimpern auf *D*; *Instrument* anzupfen; **~tı** Klang *m*; Klimperei *f*

tın|ı Ton *m*, PHYS Klang *m*, MUS Timbre *n*; **~lamak** *v/i* klingen, tönen; **~mak** ⟨-ar⟩ *v/i* e-n Laut von sich (*D*) geben; sprechen; Beachtung schenken; **~mamak** *v/i* ungerührt sein, gleichgültig sein (*od* bleiben); keinen Laut (F Mucks) von sich (*D*) geben; **~maz** schweigsam

tıp[1] ⟨-bbı⟩ Medizin *f*; **~ öncesi öğretim** vormedizinische Ausbildung; **adlî ~** Gerichtsmedizin *f*

tıp[2]: **~ ~** *Herz macht*: bum, bum; *Wasser*: klack, klack

tıpa → **tapa**

'tıpatıp ganz genau, haargenau

tıpır: **~ ~** trippel-trapp; leise pochend

tıpırdamak *v/i* trippeln; F *Herz*: bum-bum machen; tröpfeln

tıpış: **~ ~ yürümek** trippeln; *fig* wohl *od*

übel gehen (müssen)

'tıpkı ganz genau; Ähnlichkeit *f*; *-in* **~sı** *fig* Spiegelbild *n* (*s-s Vaters*); *-in* **~sının aynısı** *scherzh* ganz genau das gleiche; **~ ~sına** ganz ähnlich; **~basım** Faksimile(druck *m*) *n*

tır F Sattelschlepper *m*

tırabzan Treppengeländer *n*; **~ babası** Treppenpfosten *m*, Tralje *f*; *fig* Rabenvater *m*

tırak rack!, ratsch!; krach!

tıraka F Bammel *m*

tıraş Rasieren *n*; Rasur *f*; Haarschnitt *m*; F Gefasel *n*; **~ bıçağı** Rasierklinge *f*, Rasiermesser *n*; **~ etme!** F *fig* mach mal halblang!; **~ etmek** *v/t* rasieren; *fig* F dauernd quasseln; flunkern, aufschneiden; **~ fırçası** Rasierpinsel *m*; **~ kremi** Rasiercreme *f*; **~ makinesi** Rasierapparat *m*; **~ olmak** sich rasieren (lassen)

tıraş|çı F *fig* Quatschkopf *m*; F *fig* Nervensäge *f*; **~lamak** *v/t* abhobeln; abschleifen; rasieren; (die Haare) schneiden; F quatschen, quasseln; *j-n* nerven; **~lı** rasiert; abgehobelt; F ... kein Milchbart mehr; **~sız** unrasiert; höckerig, uneben

tırhallı: **~ hep bir hallı** *fig* alle in einem Boot

tırık knarrend; **~ tırak** knarrend und knirschend

tırıl nackt; *fig* völlig blank; **~lamak** nackt sein; *fig* völlig blank sein

tırınk metallische(s) Geräusch

tırıs Trab *m*; **~ gitmek** traben; **~ ~** eiligst; verschämt, zögernd; **~a kalkmak** lostraben

tırmalamak *v/t* zerkratzen; aufkratzen; belästigen *A*, wehtun (*den Ohren*)

tırmandır|ma Eskalieren *n*; **~mak** *kaus von* **tırmanmak**; *fig* ausreizen

tırmanıcı kletternd; Kletter- (*Pflanze*)

tırman|ma Klettern *n*; POL Eskalation *f*; ÖKON Ansteigen *n*; **~ şeridi** Kriechspur *f*; **~mak** *-e* klettern auf *A*; *Treppen* (hinauf)steigen, hinaufgehen, F raufgehen; *fig* um sich greifen; eskalieren

tırmık ⟨-ğı⟩ Schramme *f*, Harke *f*; **~lamak** *v/t* zerkratzen; *Boden* harken; eggen

tırnak ⟨-ğı⟩ (Finger)Nagel *m*; Klaue *f*, Tatze *f*, Kralle *f* (*der Katze*); TECH Krampe *f*, Daumen *m*, Nocken *m*; Auswerfer *m* (*am Gewehr*); EL Elektrode *f*, Kontakt *m*; Schlagring *m* (*der Zither*); **~ cilası** Nagellack *m*; **~ dibi** Nagelbett *n*; **~ içinde** in Anführungszeichen (*zur Kennzeichnung eines Zitats*); **~ işareti** Anführungszeichen *n*, F Gänsefüßchen *n/pl*; **~ kadar** winzig; sehr wenig; **~ makası** Nagelschere *f*; **~ sürüştürmek** *Streit* schüren, anheizen; **~ törpüsü** Nagelfeile *f*; **~ yeri** Kerbe *f* (*am Schnappverschluss*); **~çı** Taschendieb *m*; **~lamak** (*-i*) zerkratzen; sich krallen (in *A*); **~lı** mit Fingernägeln, mit Krallen; **~ kova** TECH Greifkorb *m*; **~lık** ⟨-ğı⟩ Kerbe *f*, Auswerfer *m* (*am Gewehr*); **~sı** fingernagelförmig, krallenartig

tırpan Sense *f*; *Art* Ringergriff *m*; *-e* **~ atmak** *Gras* mähen; *fig* ausmerzen; **~dan geçirmek** → **tırpanlamak**

tır'pana, **~balığı** ZOOL Glattrochen *m* (*Raja batis*)

tırpanlamak *v/t* (ab)sensen; *fig* zerstören; ausmerzen

tırtık ⟨-ğı⟩ Scharte *f*, Schramme *f*, Unebenheit *f*

tırtık|çı F Taschendieb *m*; **~lamak** *v/t* F einheimsen, (für sich) in die Tasche stecken; **~lı** schartig; (aus)gezackt

tırtıl *a* TECH Raupe *f*, Profil *n* (*e-s Reifens*); Girlande *f*, Perforation *f* (*e-r Briefmarke*); Rändelung *f* (*bei Münzen*); **~ kesmek** rändeln; **~ (şerit)** Raupenkette *f*, Gleiskette *f*; **~lanmak** *v/i* sich anhäufen (*Raupen*); *Baum*: sich mit Kätzchen bedecken; **~lı** gezackt; gerändelt

tırtılsı BOT Kätzchen *n*

tırtır Weinstein *m*

tıs[1] *int* pst!; Fauchen *n* (*der Katze*); Zischen *n* (*der Schlange*); **~ dememek** F keinen Mucks von sich (*D*) geben; **~ etme!** sei ganz still, mucks dich nicht!; **~ kalmak** F ganz baff sein; **~ yok** mucksmäuschenstill

tıs[2]: **~ pıs** (es) zisch(t)!, zisch!

tıslamak *v/i* fauchen; zischen (→ **tıs**[1])

tıynet ⟨-ti⟩ Natur *f*, Anlage *f*, Charakter *m*; **~siz** bösartig; charakterlos

ti [iː]: **~ işareti** (*od* **borusu**) MIL Fanfare *f*, Trompetensignal *n*; **~ye almak** F *fig* *j-n* aufziehen

'Tibet Tibet *n*; **~çe** (das) Tibetisch(e); tibetisch; **~li** Tibeter *m*, -in *f*; tibetisch

T

ticaret [ɑː] ⟨-ti⟩ Handel *m*; Gewinn *m*; ~ ***filosu*** Handelsflotte *f*; ~ ***işletmesi*** Handelsunternehmen *n*; ~ ***limanı*** Handelshafen *m*; ~ ***mahkemesi*** Handelsgericht *n*; ~ ***odası*** Handelskammer *f*; ~ ***okulu*** Handelsschule *f*; ***dış*** ~ Außenhandel *m*; ~***i bırakmak*** Gewinn abwerfen, rentabel sein; ***hem ziyaret hem*** ~ das Angenehme mit dem Nützlichen verbinden; ~**hane** [ɑː] Handelshaus *n*; Firma *f*; ~**li** Handels-; einbringlich
ticarî [-ɑːriː] Handels-, kommerziell
'tifdruk, ~ ***baskı*** BUCH Tiefdruck *m*
'tifo Typhus *m*
tiftik ⟨-ği⟩ Mohair *m*; Angoraziege *f*; ~ ~ ***olmak*** → ***tiftiklenmek***
tiftiklenmek sich ausfransen
'tifüs MED Flecktyphus *m*
tik[1] ⟨-ki⟩ MED Tick *m*, Schrulle *f*
tik[2], ~ ***ağacı*** Teakbaum *m*; Teak(holz) *n*
tikel Teil-, parziell; ~**emek** *v/t* teilen; auseinander nehmen
tiksindir|ici abscheulich; Abscheu erweckend; ~**mek** (*-i -den j-m*) Abscheu einflößen vor *D*
tiksin|me Abscheu *m*, Ekel *m*; ~**mek** (*-den*) *v/t* verabscheuen, sich ekeln (vor *D*); ~**ti** Abscheu *m*
tilki ZOOL Fuchs *m*; ~**leşmek** *fig* listig (*od* durchtrieben) werden; ~**kuyruğu**, ~ ***testere*** Fuchsschwanz(säge *f*) *m*; ~**lik** ⟨-ği⟩ *fig* Schläue *f*, Durchtriebenheit *f*
tim Team *n*
timbal ⟨-li⟩ Kesselpauke *f*
timsah ZOOL Krokodil *n*
timsal [aː] ⟨-li⟩ Symbol *n*; Muster *n*
'timüs Thymusdrüse *f*
tin[1] Seele *f*; PHIL Geist *m*
tin[2]: ~ ~ lautlos, auf leisen Sohlen
tiner CHEM Verdünner *m*; ~**ci** F Schnüffler *m*, -in *f*, Lösungsmittelabhängige(r)
tinsel seelisch; geistig, spirituell; ~**ci** Spiritualist *m*; ~**cilik** ⟨-ği⟩ Spiritualismus *m*
tip ⟨-pi⟩ Typ *m*; Original *n*; BIOL Art *f*; typisch; originell; THEA Charakterrolle *f*
tipi Schneegestöber *n*
tipik typisch
tipilemek: ***hava tipiledi*** es erhob sich ein Schneesturm
tipili mit Schneegestöber
tipleme FILM, LIT (übertriebene) Typisierung; Schwarzweißmalerei *f*
tipo, ~ ***baskı*** Buchdruck *m*, Typographie *m*; ~**grafya** → ***tipo***; ~**loji** Typologie *f*
tiraj Auflage(nhöhe) *f*; ~**lı**: ***yüksek*** ~ ***gazete*** Zeitung *f* mit e-r hohen Auflage
tira'mola MAR zum Wind halten!
tiran Tyrann *m*
tirat ⟨-dı⟩ Tirade *f*
tirbuşon Korkenzieher *m*
tire[1] Baumwollfaden *m*
tire[2] Bindestrich *m*, Divis *n* (= *kısa çizgi*); Gedankenstrich *m* (= *uzun çizgi*)
tirendaz [tiːrɛndaːz]: *fig* adrett (gekleidet); fix, tüchtig, geschickt
tirfil Klee *m*; ~**lenmek** sich abtragen, sich durchscheuern, verschleißen
tiril: ~ ~ *Stoff*: schön fließend, schön fallend; ~**demek** *v/i* beben, zittern
tirit ⟨-di⟩ *Art Fleischbrühe mit geröstetem Brot*, Brotsuppe *f*; *Person*: klapperig; ~**leşmek** (alt u.) klapperig werden
tiriz Besatz *m*, Borte *f* (*am Kleid*); Latte *f*, Leiste *f*; Fries *m*, Zierleiste *f*
tirle MED Milchpumpe *f* (*für die Brust*)
tirlin Reißfeder *f*
tiroit ⟨-di⟩, ~ ***bezi*** ANAT Schilddrüse *f*
tirpidin, **tirpit(il)** ⟨-di⟩ kleine Gartenhacke *f*
tirsi ZOOL Alse *f* (*Alosa alosa*)
tirşe Pergament *n*; bläulich grün
tiryaki [-jɑːkiː] süchtig, leidenschaftlich; rauschgiftsüchtig; versessen (auf *A*); Narr *m*; ***kahve*** ~***si*** (leidenschaftlicher) Kaffeetrinker; F Kaffeetante *f*; ***tavla*** ~***si*** Tricktracknarr *m*, Tricktrackfan *m*; ***tütün*** (*od* ***sigara***) ~***si*** starke(r) Raucher; ~**lik** ⟨-ği⟩ Rauschgiftsucht *f*; Manie *f*, Leidenschaft *f*, Sucht *f* nach ...
tişört T-Shirt *n*
titiz wählerisch; pedantisch (genau); eigen; F pingelig; anspruchsvoll; kleinlich; gewissenhaft (*Bedienung*)
titiz|lenmek wählerisch (*od* pedantisch) sein; ~**lik** ⟨-ği⟩ Pedanterie *f*; Gewissenhaftigkeit *f*; Rücksicht *f*; Zartgefühl *n*; Kleinlichkeit *f*; die (gestellten) Ansprüche *m/pl*; ~**le** peinlich genau; rücksichtsvoll, gewissenhaft
titrek ⟨-ği⟩ zitternd, bebend; Zitter-(*Laut*); ~**lik** ⟨-ği⟩ Zittern *n*; *-e* ~ ***gelmek*** *z.B. Stimme*: zu zittern beginnen
titrem MUS Ton *m*; Klangfarbe *f*
titre|mek *v/i* zittern, beben (*-den* vor *D*); *-in* ***üzerine*** ~ *fig* (*z.B. um jede Ausgabe*)

zittern; ***titreyerek yanmak*** flackern; **~şim** Zittern *n*; PHYS Schwingung *f*; Pulsen *n*; **~şimli** Schwingungs-; LING stimmhaft; ***~ zımpara*** Schwingschleifer *m*; **~şme** Zittern *n*, Vibrieren *n*; **~şmek** heftig zittern; schwingen, vibrieren; **~ştirmek** *v/t* in Schwingungen versetzen; zum Zittern bringen

titretmek *v/t* in Schrecken versetzen; → ***titreştirmek***

ti'yatro Theater *n*; Theaterstück *n*; ***~ yazarı*** Dramaturg *m*, Bühnenschriftsteller *m*; **~cu** Schauspieler *m*, -in *f*; Theaterbesitzer *m*; **~culuk** ⟨-ğu⟩ Bühnenkunst *f*; Theaterbetrieb *m*; Schauspielerberuf *m*

tiz [iː] *Stimme*: hoch; schrill

T.L. *Abk für* ***Türk Lirası*** Türkische Lira

T.M. *Abk für* ***Türk malı*** Türkisches Erzeugnis

toğrul ZOOL Sperberfalke *m*, Hühnerhabicht *m* (*Accipiter gentilis*)

tohum Same *m*; Sperma *n*; ***~ ekmek*** (aus)säen; ***~a kaçmak*** *v/i* keimen, sprießen; *meist scherzh* nicht mehr der (*od* die) Jüngste sein; **~culuk** ⟨-ğu⟩ Samenhandel *m*; **~lamak** *v/t* befruchten; **~lu** Samen-; sich durch Samen fortpflanzend; ***~ bitki*** BOT Spermatophyte *f* (*pl* -ten)

tok[1] ⟨-ku⟩ satt; *Stimme*: voll, kräftig; *Stoff*: dicht gewebt, dick; *Wort*: hart, scharf; *fig Person*: saturiert; *-e* ***karnım ~(tur)*** ich bin gesättigt; *fig* ich habe genug von *D*

tok[2]: *~ ~* bum, bum!

'toka[1] Schnalle *f*, Spange *f*; ***saç ~sı*** Haarspange *f*; ***~ dili*** Schnallendorn *m*

toka[2] Händedruck *m*; Anstoßen *n*; ***~ etmek*** sich die Hand geben; (*mit den Gläsern*) anstoßen; F *Geld* hinblättern (*-e j-m*)

tokaç ⟨-cı⟩ (Wäsche)Schlegel *m*; **~lamak** *v/t Wäsche* schlegeln

tokalaşmak (*ile*) *j-m* die Hand schütteln; die Hand geben (*ile j-m*)

tokat ⟨-dı⟩ Ohrfeige *f*; GEOGR Bergmulde *f*, weite(s) Tal; *-e* ***~ atmak*** (*od* ***aşketmek, patlamak***) *j-m* e-e Ohrfeige geben, F *j-m* eine kleben; ***~ yemek*** e-e Ohrfeige bekommen, F eine geklebt kriegen; **~lamak** *v/t* ohrfeigen

'tokgözlü genügsam, anspruchslos; **~lük** ⟨-gü⟩ Genügsamkeit *f*

toklu einjährige(s) Lamm

tokluk ⟨-ğu⟩ Sattheit *f* (*bes fig*); Dichte *f* (*e-s Gewebes*)

tokmak ⟨-ğı⟩ Holzhammer *m*; Türklopfer *m*; Trommelstock *m*; *~ ~* stramm, fest

tokmak|çı Gigolo *m*; **~lamak** *v/t* behämmern; rammen; pochen (an *A*)

toksin Toxin *n*

'toksözlü grob, barsch, derb; unverblümt; **~lük** ⟨-ğü⟩ Grobheit *f*, Unverblümtheit *f*

tokurdamak glucksen

tokuş|mak (*ile*) (*zwei Objekte*) gegeneinander stoßen; sich stoßen (*mit den Köpfen*); **~turmak** *v/t* stoßen gegen; ***kadehleri ~*** (mit den Gläsern) anstoßen

tol *dial* kleine(s) Dorf, Flecken *m*; Steinbogen *m*; Gewölbe *n*

tolerans Duldsamkeit *f*, TECH Toleranz *f*, Spielraum *m*; **~lı** duldsam; **~sız** unduldsam

tolga Helm *m*

tolun → ***dolunay***

tomak ⟨-ğı⟩ Holzkugel *f*

tomar Rolle *f Papier*; Ballen *m*; Haufen *m Geld usw*; (**top**) ~ Geschützwischer *m*

tombak ⟨-ğı⟩ TECH Tombak *m*

'tombala Tombola *f*, große(s) Los

tombalak ⟨-ğı⟩ rundlich, pummelig

tombaz Ponton *m*; ***~ köprüsü*** Pontonbrücke *f*

tombul → ***tombalak***; voll (*Wange*); **~laşmak** voll werden, rund(lich) werden

tomruk ⟨-ğu⟩ Stamm *m* (*e-s gefällten Baumes*)

tomurcuk ⟨-ğu⟩ Knospe *f*; **~lanmak** *v/i* knospen

tomurmak knospen, sprießen; *Baum*: Früchte ansetzen

ton[1] Tonne *f* (*als Maß*); ***~la*** massenweise

ton[2] Ton *m*; Intonation *f*, (Farb)Ton *m*, Nuance *f*, ***yarım ~*** Halbton *m*

tonaj Tonnage *f*, Ladekapazität *f*, **~lı**: ***büyük ~*** ... mit e-r großen Ladekapazität

'tonbalığı ⟨-nı⟩ ZOOL Thunfisch *m*

'tonga Trick *m*, Falle *f*; ***~ya basmak*** (*od* ***düşmek***) *fig* in die Falle gehen, F auf e-n Trick reinfallen; **~cı** Schwindler *m*

Tonguz → ***Tunguz***

tonik ⟨-ği⟩ Tonikum *n*, Stärkungsmittel *n*; tonisch

toni'lato Tonne *f* (*als Fracht*); Registertonne *f*; **~luk** ⟨-ğu⟩ ... Registertonnen
tonluk: ***beş ~ kamyon*** F Fünftonner *m*
tonos ARCH Gewölbe *n*
tonton **1.** *subst* Liebling *m*, Alterchen *n*; **2.** *adj* nett
top[1] ⟨-pu⟩ Geschütz *n*, Kanone *f*; ***~ arabası*** Lafette *f*; ***~ atımı*** Kanonenschuss *m*; ***~(u) atmak*** *fig* Pleite machen; *Schüler*: sitzen bleiben; ***~ gibi*** blitzschnell; *-i **~a tutmak*** *v/t* unter Feuer nehmen; *fig* heftig angreifen; ***~un ağzında*** *fig* in höchster Gefahr, *fig* auf der Abschussrampe
top[2] ⟨-pu⟩ Ball *m*; Kugel *f*; (*Papier*)Ballen *m*; Knauf *m* (*der Pistole*); (***a ~u ~u***) alle zusammen, alles in allem, insgesamt; (die) Gesamtheit; Haufen *m*; ***~ başı*** Eröffnung *f* der Spielsaison; ***~ etmek*** zu einem (*od* auf einen) Haufen machen (*od* fegen *usw*); ***~ oynamak*** Ball spielen; ***su ~u*** Wasserball *m*
topaç ⟨-cı⟩ Kreisel *m*; Rudergriff *m*; ***~ çevirmek*** Kreisel spielen; ***~ gibi*** *Kind*: dick und rund
topak ⟨-ğı⟩ Klumpen *m*; Ballen *m*; glatte(r) (Kiesel)Stein; *dial* Flasche *f*, Becher *m*
topal *Person*: hinkend, lahm; *Tisch usw* wackelig; ***~ ~ yürümek*** hinken
topalak ⟨-ğı⟩ kugelförmig; Knäuel *n*, *m*
topallamak *v/i* hinken, lahmen; *fig* zurückgehen, nachlassen; stocken
'topaltı Esplanade *f*; Innenraum *m* e-r Festung; Weichbild *n e-r Stadt*, Nahbereich *m*
toparlak ⟨-ğı⟩ rund; MIL Protze *f*; abgerundet (*Rechnung*); rund (*Zahl*)
toparla|mak *v/t* (ein)packen; einsammeln; *Zimmer* aufräumen; ***kendini ~*** sich fassen, sich beherrschen; ***~nmak*** *v/i* (ein)packen; sich fassen; sich wieder aufrappeln (*z.B. nach e-r Krankheit*)
topatan, ***~ kavun(u)*** gelbe, längliche Zuckermelone
topaz Topas *m*
top|çeker Kanonenboot *n*; MIL Zugpferd *n*; ***~çu*** F Fußballer; F Sitzengebliebene(r); Artillerist *m*, -in *f*; Artillerie *f*; Artillerie- (*Feuer*); ***~luk*** ⟨-ğu⟩ Artillerie(dienst *m*) *f*
tophane [ɑː] Zeughaus *n*; Arsenal *n*
toplaç ⟨-cı⟩ EL Kollektor *m*
toplam Summe *f*, Betrag *m*
toplama MATH Addieren *n*; Einsammeln *n*; Einberufung *f* (*des Parlaments*); Konzentration *f*; Sammel- (*Punkt*); ***~ kampı*** Konzentrationslager *n*
toplamak **1.** *v/t* versammeln; einsammeln; *Betten* machen; *Blumen* pflücken; *Flugzeug* abfangen; *Kapital* ansammeln, zusammensparen; *Koffer* packen; *Müll* abfahren; *Rock*, *Kleid* raffen, ordnen; *Person*: wegschaffen; *Soldaten* einberufen; *Steuern* eintreiben; *Tisch* abräumen; *Zelt* abbrechen; *Zimmer* aufräumen; MATH addieren, zusammenzählen; AUTO generalüberholen; EDV zusammenstellen; **2.** *v/i* *Person*: zunehmen, voller werden; sich herausmachen; *Wunde*: eitern
toplanık versammelt; aufgeräumt
toplanma Einsammeln *n*; Pflücken *n*; Konzentration *f*
toplanmak *pass von* ***toplamak***; sich summieren; sich versammeln; sich aufraffen; sich konzentrieren; *Stoff*: einlaufen; *Person*: zunehmen, dick werden
toplantı Versammlung *f*, (Einberufung *f* e-r) Sitzung *f*, (Presse)Konferenz *f*; ***özel ~*** Sondersitzung *f*; ***müdür ~da*** der Direktor hat e-e Besprechung
top'lardamar ANAT Vene *f*
toplaş|ma Konzentration *f*, GEOGR Anschwemmungen *f/pl*; ***~mak*** sich ansammeln; sich konzentrieren; *fig* sein Bündel schnüren
toplat|ılmak *pass von* ***toplatmak***, JUR eingezogen werden; ***~ma*** Zurücknahme *f*, Einziehen *n*; ***~mak*** *j-n s-e Sachen* packen lassen; aus dem Verkehr ziehen, zurückziehen
toplu[1] versammelt; massiert, Massen-; geballt; Gruppen- (*Flug*); geschlossen (*Ordnung*); allgemein, Gesamt- (*Ansicht*); kollektiv; *Figur*: dicklich, stark; *Gesicht*: voll; *Zimmer*: aufgeräumt; *Person*: erholt aussehend; wohlgenährt; ***~ konut*** Siedlungsbau(wesen *n*) *m*; ***~ sözleşme*** Tarifvertrag *m*; ***~ taşıma araçları*** öffentliche Verkehrsmittel *n/pl*
toplu[2] ... mit e-r Kugel; ... mit e-m Knauf; ***~ tabanca*** Trommelrevolver *m*
top'luca en gros; in Bausch und Bogen; *Person*: rundlich, gut genährt

top'luiğne Stecknadel *f*; **~ *başı*** Stecknadelkopf *m*

topluluk ⟨-ğu⟩ Volksgruppe *f*; Gruppe *f*; Gemeinschaft *f*; Gesellschaft *f*; Gesamtheit *f* (*der Vorräte*); Kolonie *f* (*von Lebewesen*); Mästungszustand *m* (*des Viehs*); HIST ***Avrupa Topluluğu*** (***A.T.***) Europäische Gemeinschaft (EG) *f*; **~ *ismi*** GR Kollektivum *n*, Sammelname *m*

toplum Gesellschaft *f*; **~bilimci** Soziologe *m*, Soziologin *f*; **~bilim** Soziologie *f*; **~bilimsel** soziologisch

toplumcu Sozialist *m*, -in *f*; sozialistisch; **~luk** ⟨-ğu⟩ Sozialismus *m*

toplum|daş Gesellschaftsmitglied *n*; **~dışı** deklassiert, asozial; Paria *m*; **~dilbilimi** Soziolinguistik *f*; **~lararası** ⟨-nı⟩ zwischengesellschaftlich; **~laşmak** vergesellschaftet werden; **~laştırmak** vergesellschaften; **~sal** sozial; **~sallaş(tır)ma** PSYCH Sozialisation *f*; Resozialisierung *f*

toplusözleşme Tarifvertrag *m*

topo|ğrafya Topographie *f*; **~loji** Topologie *f*

toprak ⟨-ğı⟩ **1.** *subst* Boden *m*, Erde *f*; (festes) Land; Land- (*Reform*); POL Boden *m*, Territorium *n*; Land(besitz *m*) *n*; ***toprağa bakmak*** im Sterben liegen; ***toprağa vermek*** *v/t* bestatten; ***toprağı bol olsun*** er/sie ruhe in Frieden! (*für e-n Nicht-Moslem*); **~ *kayması*** Erdrutsch *m*; **~ *olmak*** sterben, (wieder) zu Erde werden; **2.** *adj* irden, Ton-

toprak|altı ⟨-nı⟩ unterirdisch; **~ *servetleri*** Bodenschätze *m/pl*; **~bilim** Pedologie *f*, Bodenkunde *f*; **~boya** Siena *n*, Sienafarbe *f*; Mineralfarbstoff *m*; **~lamak** *v/t* mit Erde bedecken; beschmutzen; EL erden; **~landırmak** *-i j-m* Land geben; **~lı** mit Ton vermischt; Ton-; mit Landbesitz; Landbesitzer *m*; ***az*** **~** landarm; **~sız** landlos (*Bauer*)

toptan (alles) auf einmal; en gros; Groß- (*Handel*); **~cı** Großhändler *m*, Grossist *m*; *abw* pauschalisierend; **~cılık** ⟨-ğı⟩ Großhandel *m*; *abw* Pauschalisieren *n*

topuk ⟨-ğu⟩ Ferse *f*; (Schuh)Absatz *m*; Fußknöchel *m*; Fessel *f*; **~ *çalmak*** mit den Füßen gegeneinander schlagen; **~*larına kadar*** bis zu den Knöcheln; **~demiri** ⟨-ni⟩ Zapfen *m* der Türangel; **~lamak** *v/t Tier* antreiben (*mit dem Absatz*); **~lu** mit hohem Absatz; Stöckelschuh *m*; **~suz** ohne Absatz, flach

toput ⟨-tu⟩ Bodensatz *m*; → ***çökelti***

topuz Keule *f*; Dutt *m*, Haarknoten *m*; Knauf *m*, Knopf *m*; **~ *gibi*** stämmig

tor[1] engmaschige(s) Netz; Netz-

tor[2] unreif, unerfahren; F Grünschnabel *m*; wild (*Pferd*)

toraman kräftig gebaut; junge(r) Kerl

torba Sack *m*; Beutel *m*; ANAT Hodensack *m*; **~ *kadro*** Planstelle *f* zur Besetzung bei Bedarf; ***ok* ~*sı*** Köcher *m*; **~ *kadro*** Reservemittel *n/pl*; Reservekräfte *f/pl*; ***plastik*** **~** Plastiktüte *f*; **~*da keklik*** F *fig* alles in Butter

torbalanmak *Hose*: sich ausbeulen

torik ⟨-ği⟩ ZOOL (größere) Makrele *f* (*Palemye sarda*)

tork PHYS Drehmoment *m*

torlak ⟨-ğı⟩ unreif, unerfahren; leichtsinnig, ungezähmt

torluk ⟨-ğu⟩ Unerfahrenheit *f*, F Unbedarftheit *f*

'torna Drehbank *f*; **~ *etmek*** *v/t* drechseln; **~*dan çıkma*** (*od* ***çıkmış gibi***) *fig* einander ähnlich; **~cı** Dreher *m*; Drechsler *m*; **~cılık** ⟨-ğı⟩ Drechselhandwerk *n*; Drechslerarbeit *f*

tor'nado Tornado *m*

torna|lamak *v/t* drechseln; **~lı** gedrechselt

torna'vida F Schraubenzieher *m*, TECH Schraubendreher *m*

'tornistan MAR Rückwärtsgang *m*; Wenden *n*; **~ *etmek*** rückwärts fahren; *Kleid usw* wenden

'Toros, **~ *dağları*** Taurus(gebirge *n*) *m*

tor'pido, **~bot** Torpedo *m*; Torpedoboot *n*; **~ *gözü*** AUTO Handschuhfach *n*

torpil Torpedo *m*; F Vitamin B; **~ *dökmek*** Minen legen; **~*i olmak*** *fig* Beziehungen haben

torpilbalığı ⟨-nı⟩ ZOOL Zitterrochen *m* (*Raia torpedo*)

torpil|lemek *v/t* torpedieren; *Schüler* sitzen bleiben; **~li** mit Torpedos ausgerüstet; F mit Beziehungen; Protegé *m*, Günstling *m*

'tortop ⟨-pu⟩ kugelrund

tortu Satz *m*, Sediment *n*; GEOL Ablagerung *f*, *fig* Hefe *f des Volkes*, Abschaum *m*; *fig* Nachwehen *f/pl*

tortul Absatz-, sedimentär; **~laşma** Se-

T

dimentation *f*; **~laşmak** sedimentieren, Gesteinsmaterial ablagern; **~lu** mit Sedimenten
torun Enkel *m*, -in *f*, Enkelkind *n*; **~lar** *a* (die) Nachkommen *pl*, Nachwuchs *m*
tos Stoß *m* (*mit dem Kopf, mit den Hörnern*); **~ *vurmak*** stoßen; **~lamak** *-i* stoßen, *j-m* e-n Stoß versetzen; *-e z.B. Auto* stoßen gegen; F *Geld* in die Hand drücken; ***birbirlerine* ~** aufeinander prallen
tost ⟨-tu⟩ GASTR Toast *m*; getoastete(s) Sandwich; **~ *ekmeği*** Toastbrot *n*
'tostoparlak kugelrund; zusammengeballt
tosun junge(r) Ochse; *fig* kräftige(r) Bursche
total total; **~itarizm** Totalitarismus *m*; **~iter** totalitär
'toto[1] *Spiel* Toto *n*
toto[2] F Popo *m*
toy[1] unbedarft, F grün (*Junge*)
toy[2], **'toykuşu** ZOOL Trappe *f* (*Otis tarda*)
toygar ZOOL Feldlerche *f*
toyluk ⟨-ğu⟩ Unbedarftheit *f*
toynak ⟨-ğı⟩ ZOOL Huf *m*; **~lılar** Unpaarzeher *m/pl*
toz Staub *m*; Pulver *n*; in Pulverform (*Farbe*); fein gestoßen (*Pfeffer*); *Slang*: Heroin *n*; **~ *almak*** Staub wischen; **~ *duman*** Staubwolke(n *pl*) *f*; **~ *kaldırmak*** Staub aufwirbeln; *-e* **~ *kondurmamak*** *fig* nichts auf *j-n* kommen lassen, *j-n* in Schutz nehmen; **~ *olmak*** zu Staub werden; *fig* sich aus dem Staub machen; **~ *sabun*** Seifenpulver *n*
tozan Staubkörnchen *n*; staubige Gegend
tozarmak *v/i* stauben; sich aus dem Staube machen
tozlan|ma BOT Bestäubung *f*; Einstauben *n*; **~mak** *v/i* einstauben, staubig werden
tozlaş|ma BOT Bestäubung *f*; **~mak** BOT bestäubt werden; zu Pulver (*od* zu Staub) werden
tozlu staubig
tozluk ⟨-ğu⟩ Gamaschen *f/pl*; Sportstrumpf *m*
tozma: ***gezip* ~** Spaziergang *m*, Bummel *m*
'tozşeker Kristallzucker *m*
tozumak *v/i* stauben
tozuntu Staubwolke *f*; Nieselregen *m*
tozutmak *v/t Schnee* wirbeln (*üzerinde* über *A*); *Teppich* ausklopfen (und Staub machen); F durchdrehen
töhmet ⟨-ti⟩ Verdacht *m*; Verdächtigung *f*; Schuld *f*; Vergehen *n*; **~li** verdächtigt; schuldig
tökezlemek *v/i* stolpern, straucheln
tömbeki Tabak *m* für die Wasserpfeife
töre Sitten *f/pl* (und Gewohnheiten *f/pl*), Brauch *m*; Verhaltensweise *f*; **~bilim** Ethik *f*; **~ci** Sitten-; ethisch; **~dışçılık** ⟨-ğı⟩ Amoralismus *m*; **~dışı** amoralisch
törel PHIL sittlich, moralisch, ethisch; **~cilik** ⟨-ği⟩ Moralismus *m*; **~lik** ⟨-ği⟩ Sittlichkeit *f*; **~siz** unmoralisch, sittenlos; **~sizlik** ⟨-ği⟩ Sittenlosigkeit *f*
tören Feier *f*, Feierlichkeit *f*, Zeremonie *f*; ***askerî* ~** Militärparade *f*; ***düğün* ~*i*** Hochzeitsfeier *f*; **~li** feierlich
töresel → ***törel***
törpü Feile *f*; ***tırnak* ~*sü*** Nagelfeile *f*; **~lemek** *v/t* (ab)feilen; **~lü** abgefeilt
töş *int zu Tieren*: zurück!; **~kürmek** *v/i* zurückweichen; **~kürtmek** *v/t* zurückstoßen
tövbe Reue *f*; REL Bußfertigkeit *f*; *-e* **~ *etmek*** hoch und heilig versprechen; schwören (zu ...); *Sünden* bereuen; **~*!*** (*od stärker*: **~*ler* ~*si!***) ich schwöre, es nicht wieder zu tun!
tövbekâr reuevoll, reuig
töz PHIL Substanz *f*; **~el** substanziell
TRT *Abk für* ***Türkiye Radyo ve Televizyon Kurumu*** Türkische Rundfunk- und Fernsehanstalt *f*
'Trablus Tripoli *n*; Tripolis *n*
'Trabzon Trapezunt *n*
trabzonhurması ⟨-nı⟩ Khakifrucht *f* (*Diospyros kaki*)
trafik ⟨-ği⟩ Verkehr *m*; **~ *canavarı*** Verkehrssünder *m* bei Unfällen mit Toten; **~ *işareti*** Verkehrszeichen *n*; **~ *kazası*** Verkehrsunfall *m*; **~ *ışıkları*** Verkehrsampel *f*; **~ *ruhsatı*** Fahrzeugschein *m*
'trafo Trafo *m*, Transformator *m*
trahom MED Trachom *n*
traj|edi Tragödie *f*; **~ik** ⟨-ği⟩ tragisch; **~ikomik** tragikomisch
trake Luftröhre *f*
traktör Traktor *m*; **~cü** Traktorist *m*
'Trakya Thrakien *n*
'trampa Tausch *m*, Tauschhandel *m*; **~**

etmek tauschen
trampet ⟨-ti⟩ MUS Trommel *f*; **~çi** Trommler *m*
tramplen Sprungbrett *n*
tramvay Straßenbahn *f*; ***atlı*** **~** HIST Pferdebahn *f*
'trança ZOOL *Art* Brasse *f* (*Pagrus Ehrenbergii*)
trank mit klingender Münze
transandantal transzendental
transatlantik ⟨-ği⟩ Ozeandampfer *m*; transatlantisch, Übersee-
transfer Beförderung *f*, Transfer *m*, Übertragung *f*; *Geld* (Auslands)Überweisung *f*; **~ *etmek*** *v/t* transferieren; (ins Ausland) überweisen
trans|formatör Transformator *m*; **~füzyon** Transfusion *f*, Blutübertragung *f*; **~istör** Transistor *m*; **~lü** Transistor-
transit ⟨-ti⟩ Transit *m*, Transitverkehr *m*; **~ *geçmek*** im Transit durchfahren, *Waren* (zollfrei) durchgehen; F Rotsünder sein, bei Rot durchfahren; **~ *vizesi*** Transitvisum *n*
transkripsiyon LING Transkription *f*, Übertragung *f*, Umschrift *f*; **~literasyon** LING Transliteration *f*; **~paran** transparent (*Kleidung*); **~plantasyon** MED Transplantation *f*, Organverpflanzung *f*; **~port** Transport *m*; **~seksüel** transsexuell, Transsexuelle(r)
tranş Mittelstück *n* (*e-r Kalbskeule*)
trapez Trapez *n*; **~ci** Trapezkünstler *m*, -in *f*
traş → ***tıraş***
travers BAHN Schwelle *f*, Querbalken *m*
travesti Travestie *f*, Transvestismus *m*; Transvestit *m*
travma MED Wunde *f*, Gewalteinwirkung *f*, PSYCH Trauma *n*
tren BAHN Zug *m*; **~ *ulaşımı*** Zugverkehr *m*; ***aktarma*** **~*i*** Anschlusszug *m*; ***marşandiz*** (*od* ***yük***) **~*i*** Güterzug *m*
trençkot ⟨-tu⟩ Trenchcoat *m*, Regenmantel *m*
trend Trend *m*
treyler Anhänger *m*; F Lastzug *m*
tribün Tribüne *f*, ***şeref*** **~*ü*** Ehrentribüne *f*
trigonometri MATH Trigonometrie *f*
'triko Trikot *n*
trikotaj Trikotage *f*, Strickwaren *f/pl*
triloji LIT, FILM Trilogie *f*
trilyon Billion *f* (10^{12})
'tringa F schick, picobello
trip Trip *m*; **~ *atmak*** e-n Trip nehmen
triportör Dreirad *n* (*als Lieferwagen*)
triptik ⟨-ği⟩ Triptyk *n*
trişin Trichine *f*
'triyo *a* MUS Trio *n*
trol ⟨-lü⟩ Grundschleppnetz *n*, Trawl *n*
troleybüs AUTO Obus (= Oberleitungsomnibus) *m*
trombon MUS Posaune *f*
tromboz MED Thrombose *f*
trompet ⟨-ti⟩ MUS Trompete *f*; **~çi** Trompeter *m*
tro'pika Tropen *pl*, tropische Zone; **~l** tropisch; Tropen- (*Krankheit*)
tröst ⟨-tü⟩ Trust *m*
trup ⟨-pu⟩ THEA Truppe *f*
trük ⟨-kü⟩ FILM Trick *m*
TSE *Abk für* ***Türk Standartlar Enstitüsü*** Türkisches Normeninstitut
tu pfui!; **~ *kaka!*** pfui, wie eklig!; **~ *kaka etmek*** F verteufeln; **~ *kaka olmak*** verteufelt werden
tualet → ***tuvalet***
tuba MUS Tuba *f*
tufan [tu:fɑ:n] *a fig* Sintflut *f*; **2*ı Nuh*** REL Sintflut *f*; ***alkış*** **~*ı*** Beifallssturm *m*; ***benden sonra*** **~** nach mir die Sintflut
tufeyli [i:] Schmarotzer *m*; **~ *bir surette*** auf Kosten anderer
tugay MIL Brigade *f*
tuğ Federbusch *m*; *Vogel*: Schopf *m*; **~amiral** ⟨-li⟩ Konteradmiral *m*; **~general** ⟨-li⟩ Generalmajor *m*; Brigadegeneral *m*
'tuğla Ziegelstein *m*; ***ateş*** **~*sı*** feuerfester Ziegelstein; **~ *harmanı*** Ziegelbrennerei *f*; **~cı** Ziegelbrenner *m*; **~lı** Ziegel-; **~ *ev*** Ziegelhaus *n*, Klinkerbau *m*
tuğra HIST Tugra *f*, *Namenszug des Sultans*; *Münze* Vorderseite *f*
tuh → ***tu***
tuhaf sonderbar, komisch, merkwürdig; *Anekdote* köstlich; **~ *olmak*** ratlos, perplex sein; ***işin*** **~*ı*** das Komische daran ist, (dass) ...; **~*ına gitmek*** *j-m* merkwürdig (*od* komisch) vorkommen
tuhafiye Kurzwaren *f/pl*, Galanteriewaren *f/pl*
tuhaf|laşmak eigentümlich werden; **~lık** ⟨-ğı⟩ Sonderbarkeit *f*, Merkwürdigkeit *f*; **~ *etmek*** Spaß (*od* Scherze)

machen; ***bir tuhaflığım var*** F mir ist ganz komisch zumute; ***~ olsun diye*** zum Spaß

tuluat [ɑː] ⟨-tı⟩ THEA Improvisation *f*; *volkstümliche Stegreifkomödie*; *fig* Einfall *m*, Witz *m*; ***~ yapmak*** improvisieren; THEA Einlagen geben

tuluk ⟨-ğu⟩ → ***tulum***

tulum Schlauch *m*; Dudelsack *m*; *Kleidung*: Kombination *f*, Hemdhose *f*; ***~ atmak*** *fig* aufschneiden, flunkern; ***~ gibi*** aufgeschwemmt, feist; ***~ peyniri*** weiße(r) Käse (*im Ledersack*); ***~ çıkarmak*** POL alle Stimmen bekommen; *-in* ***~unu çıkarmak*** *v/t* abhäuten; *fig* schinden, quälen

tu'lumba Pumpe *f*, Zerstäuber *m*; (Feuer)Spritze *f*; ***~ tatlısı*** *Art* Spritzkuchen *m* (*mit Sirup durchtränkt*); ***~cı*** Grobian *m*, Flegel *m*; HIST Feuerwehrmann *m*

tulumcuk ⟨-ğu⟩ Beutelchen *n*, Täschchen *n*; ANAT Ohrschnecke *f*

tuman Pumphose *f*

'tumba Umkippen *n*; MAR Kentern *n*; *Kind*: Kopfsprung *m* ins Bett; ***~ etmek*** kentern; umkippen; umstülpen

tumturak ⟨-ğı⟩ Prahlerei *f*, Großspurigkeit *f*, Phrasendrescherei *f*; ***~lı*** großspurig, reißerisch

'Tuna Donau *f*

tuncî [iː] bronzen

tunç ⟨-cu⟩ Bronze *f*, Bronze-; ***~laştırmak*** *v/t* anbronzen; mit e-m Bronzerelief versehen

'tund(u)ra GEOGR Tundra *f*

Tunguz Tunguse *m*, Tungusin *f*; ***~ca*** (das) Tungusisch(e)

tunik, **tünik** Tunika *f*

'Tunus Tunesien *n*; *Stadt* Tunis *n*; ***~lu*** Tunesier *m*, -in *f*; tunesisch

tur Tour *f*, Tournee *f*, Rundreise *f*; SPORT, F Runde *f* (= *Spaziergang*); POL (Gesprächs-, Wahl)Runde *f*; ***~ atlamak*** in die letzte Runde kommen; ***~ atmak*** F e-e Runde drehen; ***~ operatörü*** Reiseveranstalter *m*, -in *f*; ***~a çıkmak*** e-n kleinen Ausflug machen; ***dünya ~u*** Weltreise *f*, Weltumsegelung *f*

tura → ***tuğra***; (Garn)Docke *f*; Bildseite *f* *e-r Münze*; *Kinderspiel*: (der) Plumpsack (geht um); ***yazı mı tura mı?*** Zahl oder Bild?

turaç ⟨-cı⟩ ZOOL Frankolin *m*, Feldhuhn *n* (*Tetrao francolinus*)

Turan [turɑːn] HIST Turan *n*; (*als Idee*) großtürkische(s) Reich; ***~cı*** Turanist *m*; ***~cılık*** ⟨-ğı⟩ Großtürkentum *n*

turba Torf *m*; ***~lık*** ⟨-ğı⟩ Torfboden *m*; Torf-

turbo Turbo *m*; ***~ fırın*** Umluftherd *m*

turfa armselig, dürftig; unrein, nicht koscher; ***~ olmak*** in Verfall geraten, im Wert sinken; ***~lamak*** *v/t* gering schätzen

turfanda Früh- (*Obst*); außer Saison; *fig* frisch gebacken, brandneu; ***~lık*** ⟨-ğı⟩ Frühgemüseanbau *m*; ***son ~*** aus letzter Ernte

turgay → ***toygar***

'turgor MED Turgor *m*

turist ⟨-ti⟩ Tourist *m*, -in *f*, Touristen-; ***~ik*** ⟨-ği⟩ touristisch; Touristen- (*Hotel*)

turizm Tourismus *m*

turkuaz → ***türkuaz***

'turna ZOOL Kranich *m* (*Grus grus*); ***~ katarı*** Gänsemarsch *m*; Prozession *f*; ***~ olmak*** *Geld* verspielen; ***~yı gözünden vurmak*** e-n unerwarteten Gewinn einheimsen

turna|balığı ⟨-nı⟩ ZOOL Hecht *m* (*Esox lucius*); ***~gagası*** ⟨-nı⟩ BOT Ruprechtskraut *n* (*Geranium robertianum*); ***~geçidi*** ⟨-ni⟩ Frühlingsgewitter *n*; ***~gözü*** ⟨-nü⟩ quittegelb

turne Tournee *f*; ***~ye çıkmak*** auf Tournee gehen

tur'nike Drehkreuz *n*

'turno MAR Rolle *f*, Haspel *f*

turnusol ⟨-lü⟩ Lackmus(papier) *n*

turnuva Turnier *n*, Wettkampf *m*

turp ⟨-pu⟩ BOT Rettich *m*; ***~ gibi*** kerngesund; ***kırmızı ~*** Radieschen *n*

turşu Mixpickles *pl*; Marinade *f*, eingesalzen, Salz- (*Gurke*); Sauer- (*Kohl*); ***~ gibi*** abgespannt, erledigt, F k.o.; ***hıyar ~su*** saure Gurken *f/pl*; ***~ kurmak*** (*od* ***yapmak***) einsalzen, einlegen; ***~ olmak*** sauer werden, verderben; ermatten (→ ***turşu gibi***); ***~sunu kur!*** *scherzh etwa*: werde glücklich damit!; ***~ya dönmek*** völlig ausgepumpt (*od* ganz zerschlagen) sein; ***~cu*** Verkäufer *m*, -in *f* von Mixpickles *usw*; ***~luk*** ⟨-ğu⟩ (*Gemüse*) zum Einlegen

'turta GASTR Obsttorte *f*, Cremetorte *f*

turuncu orange, orangenfarbig

turunç ⟨-cu⟩ bittere Orange, Pomeranze *f*; **~giller** Zitrusfrüchte *f/pl*

tuş Taste *f*; Pinselstrich *m*; *Billard* Treffen *n*; *Fechtsport* Treffer *m*; *Ringen* Schulterniederlage *f*

tutacak ⟨-ğı⟩ Topflappen *m*

tutaç ⟨-cı⟩ Pinzette *f*

tutak ⟨-ğı⟩ Griff *m*; Heft *n* (*des Messers*); *Person* Geisel *f*

tutam Handvoll *f*, Prise *f Salz*; Griff *m*, Stiel *m*; *fig* Haltung *f*, Benehmen *n*

tutamaç ⟨-cı⟩ lange(r) Haken (*zum Greifen*); Griff *m*

tutamak ⟨-ğı⟩ Griff *m*; Haken *m*; Unterlage *f*, Stütze *f*; *fig* unwiderlegbare(r) Beweis; **~ *bulmak*** e-n Vorwand finden; **~lı** stabil, fest; mit Stiel; auf Beweise gestützt; **~sız** wackelig; ohne Griff; unbegründet

tutamlamak *-i* eine Hand voll (*od* e-e Prise) nehmen

tutanak ⟨-ğı⟩ Protokoll *n*; **~ *düzenlemek*** ein Protokoll aufnehmen; protokollieren, das Protokoll führen

tutar (Geld)Betrag *m*; → ***tutmak***

tutarak ⟨-ğı⟩ MED Anfall *m*; Epilepsie *f*; Zünder *m*; ***tutarağı tutmak*** e-n Anfall bekommen; plötzliche Gier nach *etw* verspüren; **~lı** Epileptiker *m*

tutarga → ***tutarak***

tutar|lı konsequent; ausgeglichen (*Person*); ausgewogen; logisch; *Rede* flüssig; **~(lı)lık** ⟨-ğı⟩ Konsequenz *f*, Ausgeglichenheit *f*, Harmonie *f*, Zusammenhang *m*; **~sız** inkonsequent; ungereimt; unausgeglichen; zusammenhanglos; **~sızlık** ⟨-ğı⟩ Inkonsequenz *f*, Ungereimtheit *f*

tutkal Leim *m*, Klebstoff *m*; **~ *gibi*** *fig* wie e-e Klette; **~lamak** *v/t* kleben; leimen; **~lı** geleimt; geklebt; **~ *boya*** Leimfarbe *f*

tutku Leidenschaft *f*, Passion *f*; einzige(s) Verlangen; **~lu** leidenschaftlich

tutkun *-e* begeistert von *D*, vernarrt (in *A*); F verknallt (in *A*); ***ay ~u*** Mondsüchtige(r); **~luk** ⟨-ğu⟩ Verliebtheit *f*, Begeisterung *f*

tutma → ***tutmak***; *fig* Halt *m*, Unterstützung *f*, Diener *m*, -in *f*, Helfer *m*, -in *f*

tutmaç *Joghurtsuppe mit Teigteilchen*

tutmak ⟨-ar⟩ **1.** *v/t* halten; *Atem* anhalten; halten an *A*; sich aufhalten in *D*; *j-n* (*auf dem Weg*) aufhalten; *Weg* sperren, abriegeln; *etw* verfolgen, im Auge behalten; *etw* (*z.B. ans Ohr*) halten; halten für, betrachten (als *z.B. erledigt*); *Wort* halten; entsprechen *D*; nehmen; *j-n* festnehmen, verhaften; *fig j-n* fesseln; *Dieb*, *Fisch*, *Vogel* fangen; *Auto*, *Etage*, *Haus* mieten; *Kunden* anziehen, anlocken; *Platz* einnehmen, in Anspruch nehmen; *Rauch* erfüllen (*e-n Raum*), einhüllen (*e-n Berg*); sich (*D*) *e-e Zahl* denken, im Kopf behalten; sich machen an *A*; *Weg* einschlagen, gehen; *Ziel* erreichen; *Hafen* anlaufen; *Wind usw* kommen an *A*, gelangen bis zu; *Betrag*, *Summe* ausmachen, sich belaufen auf *A*; *-e Betrag zu e-r Schuld* hinzurechnen; *j-m* beistehen, stehen zu *j-m*; (*Kind*) sorgen für, bleiben bei; *Person* kräftig ziehen, sich daranhängen; *e-n Schluckauf* haben; *z.B. Autofahrt j-n* ganz krank machen; ausgesetzt sein (*dem Wind*); (*-i -e*) *j-m etw* reichen, anbieten; *j-n* als Ziel für nehmen; ***birbirini ~*** miteinander übereinstimmen; ***topa ~*** *Stadt* beschießen; *fig* scharf kritisieren; ***not ~*** Notizen machen; ***zabıt ~*** Protokoll führen; ***tuttuğu dal elinde kalmak*** mit nichts (*od* wie ein Dummer) dastehen; ***tuttuğunu koparmak*** sich durchzusetzen verstehen; **2.** *v/i* liegen bleiben, kleben bleiben; *Essen* leicht anbrennen; *Farbe*, *Nagel* halten; stimmen, richtig sein; *Fluch* in Erfüllung gehen; *Gedanke*, *Idee* es kommt e-m der Gedanke, zu ...; *Kunstwerk* Anklang finden; *Lüge* sich als wahr erweisen; *Mode* ankommen, sich durchsetzen; anfangen (*-den* bei *D*; von *D*); *Regen*, *Schmerz* einsetzen; BOT *Knospen* ansetzen; *Wurzeln* schlagen; ***tutalım ki ...*** setzen wir den Fall, dass ..., nehmen wir an, dass ...; ***tuttu, tutar*** sieh da!, plötzlich; mir nichts, dir nichts ...; ***sinemaya gideceğimiz tuttu*** wir hatten plötzlich den Gedanken (*od* F uns war plötzlich danach), ins Kino zu gehen

tutsak ⟨-ğı⟩ Gefangene(r); **~lık** ⟨-ğı⟩ Gefangenschaft *f*

tutturaç ⟨-cı⟩ TECH Halter *m*, Halterung *f*, Träger *m*

tuttur|mak *kaus* → ***tutmak***; beharren auf *D*, bleiben bei *D*; *Lied* anstimmen; *Nagel* einschlagen in *A*; *Sache*: sich *j-m*

T

aufdrängen, (immer) in den Sinn kommen; *Weg* einschlagen; *Ziel* treffen; ***tutturabildiğine*** so teuer, wie er nur verlangen kann; **~malık** ⟨-ğı⟩ Verschluss *m* (*z.B. Spange, Knopf*)
tutucu konservativ; **~luk** ⟨-ğu⟩ Konservativismus *m*
tutuk ⟨-ğu⟩ MED gelähmt; PSYCH gehemmt, verlegen; steif; *Stimme* heiser; ***~ kalmak*** eingesperrt sein (*im Gefängnis*), F sitzen
tutuk|evi Haftanstalt *f*; **~lama** JUR Verhaftung *f*; **~lamak** *v/t* verhaften, festnehmen; inhaftieren; **~lu** verhaftet
tutuk|luk ⟨-ğu⟩ Sprachhemmung *f*; Gehemmtheit *f*; MED Heiserkeit *f*; TECH Störung *f*; ***~ yapmak*** TECH stottern, aussetzen, haken
tutukluluk JUR Haft *f*
tutulma ASTR Verfinsterung *f*; ***ay ~sı*** Mondfinsternis *f*; ***güneş ~sı*** Sonnenfinsternis *f*; ***~ dairesi*** Ekliptik *f*
tutulmak *pass von* ***tutmak***; *-e* geraten (*z.B. in e-n Regenguss*); gelähmt sein; betroffen werden (*-e z.B. von e-r Krankheit*); erkranken (an *D*); *Stimme* heiser werden; ASTR sich verfinstern; sich ärgern (*-e* über *j-n*); sich verlieben (in *j-n*); ***bu işe tutuluyorum*** F die Sache hängt mir zum Hals raus
tutulu verpfändet; *Platz* eingenommen
tutum Haltung *f*, Benehmen *n*; Wirtschaftlichkeit *f*, Sparsamkeit *f*; **~lu** sparsam; **~suz** *Person* schlecht rechnend, verschwenderisch
tutunmak sich halten (*karşısında* gegen *A*); verwenden *A*, sich bedienen *G*; (*meist negativ*) *Mode*, *Neuwort* sich durchsetzen; sich einbürgern; *z.B. Schleier* anlegen; *Blutegel* ansetzen; *-e* sich festhalten an *D*; sich eingewöhnen in *D*
tuturuk ⟨-ğu⟩ *dial* Reisig *n*; Brennholz *n*
tutuş|ma Zuordnung *f*, Zünd-; **~mak** *v/i* sich entzünden, in Flammen aufgehen; sich gegenseitig (*an der Hand*) fassen; *-e Streit* anfangen; **~turma** Zündung *f*, Zünd-; **~turmak** *v/t* in Brand setzen; *Gemüt* in Wallung bringen; *Krieg* entfachen; *-e j-m etw in die Hand* drücken
tuval *Stoff*: Toile *m*
tuvalet ⟨-ti⟩ Toilette *f* (*a* Kleidung, Ankleiden); ***~ kağıdı*** Toilettenpapier *n*; *-in* ***~i gelmek*** auf die Toilette müssen
tuz Salz *n*; *-e* ***~ ekmek*** salzen *A*; *-e* ***~ biber ekmek*** stärker würzen *A*, Salz und Pfeffer tun zu; ***~ ekmek hakkı*** (Erweisung *f* von) Dankbarkeit *f*; ***~(la) buz etmek*** kurz und klein schlagen; ***~la buz olmak*** *fig* in die Binsen gehen; ***~u kuru*** anspruchslos; in gesicherten Verhältnissen; *-in* ***~u biberi*** das Tüpfelchen auf dem i; *-in* ***~u biberi yerinde*** F *fig* alles in Butter
tuzak ⟨-ğı⟩ Falle *f*; ***~ kurmak*** e-e Falle stellen; ***tuzağa düşmek*** in die Falle gehen; ***tuzağa düşürmek*** in die Falle locken; ***tank tuzağı*** MIL Panzerfalle *f*
tuzcul: ***~ bitki*** BOT Halophyt *m*
'tuzla Saline *f*
tuzlak ⟨-ğı⟩ Salzboden *m*
tuzlama gesalzen, Salz-, Pökel-; ***~ çorbası*** Kaldaunensuppe *f*
tuzlamak *v/t* salzen, (ein)pökeln; ***tuzlayayım da kokma(yasın)*** *fig* F du bist wohl nicht ganz richtig (im Kopf)!
tuzlu salzig; gesalzen (*a fig Preis*); *Essen* versalzen; ***~ya mal olmak*** *fig* ins Geld laufen; *-e* ***~ya oturmak*** (*od* ***patlamak***) *j-n* teuer zu stehen kommen
tuzlubalgam MED Flechte *f*, Ekzem *n*
tuzluk ⟨-ğu⟩ Salzfass *n*; ANAT Vertiefung *f hinter dem Schlüsselbein*
tuzluluk ⟨-ğu⟩ Salzgehalt *m*
tuzruhu ⟨-nu⟩ Salzsäure *f*
tuzsuz ungesalzen; wenig gesalzen; *Witz*: faul, fade; geschmacklose(r) Spaßvogel
tü [y:] pfui!, eine Schande!; ach, herrje (-mine)!
tüberküloz MED Tuberkulose *f*
tüccar Kaufmann *m*; **~lık** ⟨-ğı⟩ Kaufmannsstand *m*
tüf GEOL Tuffstein *m*
TÜFE *Abk für* ***tüketici fiyat endeksi*** ÖKON Index *m* der Verbraucherpreise; ***~ endeksli → tüfeli***
tüfek ⟨-ği⟩ Gewehr *n*; *scherzh* POL militant; ***~ as!*** Gewehr über!; ***~ atmak*** schießen; ***~ başına!*** an die Gewehre!; ***~ çatısı*** Gewehrpyramide *f*; ***~leri çatmak*** die Gewehre zusammenstellen; ***~ omuza!*** Gewehr über!; **~çi** Waffenschmied *m*; HIST Palastwächter *m*, Palastwache *f*; **~hane** [ɑ:] Waffenarsenal *n*; **~lik** ⟨-ği⟩ Gewehrpyramide *f*, Waffenarsenal *n*

tüfeli ÖKON am → ***TÜFE*** indexiert (*Anleihe*)
tüh → ***tü***
tüken|ik aufgebraucht; *fig* verausgabt, erschöpft, verbraucht; **~me** Verbrauchtsein *n*; **~mek** zu Ende gehen, verbraucht werden (*od* sein); sich erschöpfen; **~mez** unerschöpflich, endlos; *Art* (hausgemachter) Fruchtsaft; Kugelschreiber *m*; **~mezkalem** Kugelschreiber *m*; **~miş** → ***tükenik***; ausgemergelt; **~mişlik** ⟨-ği⟩ Erschöpfungszustand *m*
tüket|ici Verbraucher *m*, -in *f*, Konsument *m*, -in *f*; ausschöpfend; *fig* erdrückend (*Müdigkeit*); **~im** Verbrauch *m*, Konsum *m*; **~ *kredisi*** Verbraucherkredit *m*; **~ *malları*** Gebrauchsartikel *m/pl*, Massenbedarfsartikel *m/pl*; **~mek** *v/t* verbrauchen, verausgaben; ausschöpfen; erschöpfen; schwächen; vergeuden, durchbringen; *Straßen* durchstreifen; *Ort* hinter sich (*D*) lassen
tükürmek *v/t* (aus)spucken, ausspeien; *-in* ***ağzına*** (*od* ***yüzüne***) **~** *j-m* ins Gesicht spucken; *j-n* anbrüllen, F anschnauzen; ***kan*** **~** Blut spucken; ***tükürdüğünü yalamak*** *abw* e-n Rückzieher machen
tükürük ⟨-ğü⟩ Speichel *m*; F Spucke *f*; MED Sputum *n*; **~ *bezi*** Speicheldrüse *f*; **~ *hokkası*** Spucknapf *m*; ***tükürüğünü yutmak*** *fig unp* (ihm) wird der Mund wässerig; **~otu** BOT Milchstern *m* (*Ornithogalum*)
tül Tüll *m*; **~bent** ⟨-di⟩ Batist *m*; Musselin *m*; HIST Turbantuch *n*
tüm[1] **1.** *subst u adj* Gesamtheit *f*, all-, (der) gesamte ...; Ganze(s); voll; **2.** *adv* ganz und gar, völlig
tüm[2] *dial* Anhöhe *f*
tümamiral Vizeadmiral *m*
'**tümbaşkalaşma** ZOOL Metamorphose *f*
tümbek ⟨-ği⟩ kleine Trommel; Anhöhe *f*
tümce GR Satz *m*; **~ *öğesi*** Satzglied *n*
tümcemsi Prämisse *f*, Vordersatz *m*
'**tümden** gänzlich, völlig; von Grund auf (*z.B. modernisieren*); **~gelim** [-'dɛn-] Deduktion *f*
tümel allgemein; ganz, voll; allgemeine(r) Begriff
tümen Volksmenge *f*; Masse *f*; MIL Division *f*; **~ ~** massenhaft
tümevarım PHIL Induktion *f*
tümgeneral Divisionsgeneral *m*
tümleç ⟨-ci⟩ ergänzend; GR Ergänzung *f*, Objekt *n*
tümlemek *v/t* ergänzen; vollenden
tümler ergänzend; MATH Ergänzungs- (*Winkel*)
tümleşik EL integriert; **~ *devre*** integrierte Schaltung
tümör MED Tumor *m*, Geschwulst *f*
tümsek ⟨-ği⟩ Anhöhe *f*, Bodenerhebung *f*, Schwellung *f*, angeschwollen; **~li** angeschwollen; hügelig
'**tümtanrıcı** Pantheist *m*, -in *f*; **~lık** ⟨-ğı⟩ Pantheismus *m*
tümür ANAT Darmzotten *f/pl*
tün HIST Abend *m*; Nacht *f*; **~aydın!** guten Abend!
tünek ⟨-ği⟩ Hühnerstange *f*; F Tunte *f*; **~lemek** → ***tünemek***
tünel Tunnel *m*; ***aerodinamik*** **~** (*od* ***rüzgâr ~ı***) Windkanal *m*
tünemek *v/i* auf der Stange hocken; sich setzen (*-e* auf *A*)
tünmek ⟨-er⟩ Nacht werden, dunkel werden
tüp ⟨-pü⟩ Tube *f*, (Leuchtstoff)Röhre *f*, Ampulle *f*, Reagenzglas *n*; **~ *bebek*** Retortenbaby *n*; **~ *etek*** tonnenförmige(r) Rock; **~ *geçit*** Unterwassertunnel *m*; ***gaz ~ü*** Gasflasche *f*, ***hava ~ü*** Pressluftflasche *f*, ***oksijen ~ü*** Sauerstoffflasche *f*, **~çü** Flaschengasverkäufer *m*, -in *f*, **~gaz** Flaschengas *n*; Butangas *n*; **~lük** ⟨-ğü⟩ Gestell *n* (*für Ampullen usw*)
tür Art *f*, LIT Genre *n*; verschiedenartig; ***~lerin sabitliği*** die Erhaltung der Arten
türban Turban *m*
türbe Grabmal *n*, Mausoleum *n*; **~eriği** ⟨-ni⟩ *Art* (kleinkernige) Pflaume
türbin Turbine *f*
türdeş gleichartig, homogen; **~lik** ⟨-ği⟩ Gleichartigkeit *f*
türe Regel *f*, Gesetz *n*; Recht *n*
türedi Emporkömmling *m*; Abenteurer *m*
türeme spontan, direkt; improvisiert; wild wachsend; GR Ableitung *f*; **~ *ünlü*** GR Sprossvokal *m*, eingeschaltete(r) Vokal; **~ *ünsüz*** GR Sprosskonsonant *m*

T

türe|mek *v/i* (*neu*) entstehen, sich bilden; sich verbreiten; GR abgeleitet werden (*-den* von *D*); *Laut* einschalten, vorschalten; **~miş** GR abgeleitet
türet|ici schöpferisch; GR (*z.B. Adjektive*) bildend (*Suffix*); **~mek** *v/t* schaffen; erzeugen; GR *Wort* ableiten
türev GR Ableitung *f*; abgeleitete(s) Wort; abgeleitet; CHEM Derivat *n*
Türk ⟨-kü⟩ Türke *m*, Türkin *f*; türkisch; **~ *dili*** die türkische Sprache; **~ *Dil Kurumu*** (***TDK***) die Türkische Sprachgesellschaft
Türkçe (das) Türkisch(e); türkisch, auf Türkisch; **~ *sözlük*** Türkische(s) Wörterbuch; **~*si*** *fig* auf gut „Deutsch", klar und deutlich (gesagt); **~ci** F Türkischlehrer *m*, -in *f*; **~cilik** ⟨-ği⟩ HIST Turkisierung *f* (*des Wortschatzes*), türkische(r) Purismus; **~leştirme** Turkisierung *f* (*sprachlich*); **~leştirmek** turkisieren; ins Türkische übersetzen
Türkçü türkische(r) Nationalist; Panturkist *m*; türkischnational; **~lük** ⟨-ğü⟩ Panturkismus *m*, Großtürkentum *n*
Türk-İslam: **~ *Sentezi*** POL *nationalistisch-islamistisch Konservatismus*
Türkiyat [aː] ⟨-tı⟩ Turkologie *f*
Türkistan Turkistan *n*
'Türkiye Türkei *f*; **~ *Büyük Millet Meclisi*** (***TBMM***) Große Nationalversammlung der Türkei; **~ *Cumhuriyeti*** (***TC***) Republik *f* Türkei; **~ *Cumhuriyeti Devlet Demiryolları*** (***TCDD***) Staatsbahn *f* der Republik Türkei
Türkiyeli aus der Türkei Stammende(r); Bewohner *m*, -in *f* der Türkei
Türk|leşmek zum Türken werden; **~lük** ⟨-ğü⟩ Türkentum *n*; türkische Nationalität
Türkmen Turkmene *m*, Turkmenin *f*; turkmenisch; **~ce** (das) Turkmenisch(e), turkmenisch
Türko|log Turkologe *m*, Turkologin *f*; **~loji** Turkologie *f*
türkuaz **1.** *subst* Türkis *m*; **2.** *adj* türkis
türkü (türkisches) Volkslied *n*; **~ *olmak*** Gesprächsthema werden; **~ *söylemek*** ein Volkslied singen; *-in* **~*sünü çağırmak*** *fig j-m* nach dem Munde reden; **~cü** Sänger *m*, -in *f*
türlü Art *f*; Sorte *f*; Verschiedenartigkeit *f*; verschieden(artig); GASTR Ratatouille *f*; ***iki*** **~** so oder so, auf zwei verschiedene Arten; ***her*** **~** jede(r) mögliche; jede Art von *D*; **~ ~** allerlei; alle Möglichen; ***başka*** **~** anders, auf andere Art und Weise; ***bir*** **~** (+ *Negation*) in keiner Weise; einfach (*nicht*); ***bu*** **~** so, ein solcher
tüs → ***tüy***
tüter → ***tütmek***
tütmek ⟨-er⟩ *v/i* rauchen; qualmen (*z.B. Ofen*); *Wasser* dampfen; e-e Rauchwand bilden; riechen; *-in* ***gözünde*** (*od* ***burnunda***) **~** *j-m* lebhaft vor Augen schweben; *Essen j-m* in die Nase stechen; ***yanıp*** **~** sich grämen
tütsü Räuchern *n*, Räucherung *f*; Räuchermittel *n*, Räucherkerze *f*; F Alkohol *m*, Sprit *m*; **~ *yapmak*** räuchern; Weihrauch abbrennen; **~lemek** *v/t* räuchern; beweihräuchern; (***kafayı***) **~** F sich beduseln; **~lenmek** geräuchert werden; *fig* sich benebeln; **~lü** geräuchert; mit Weihrauch durchzogen; F benebelt, beduselt
tüttürmek *v/t Zigarette* rauchen; *Pfeife* schmauchen; zum Rauchen bringen
tütün Tabak *m*; *dial* Rauch *m*; **~ *içmek*** *Person*: rauchen; **~ *kutusu*** Tabak(s)dose *f*; **~*ünü tüttürmek*** *fig* für die Familie sorgen; **~balığı** ⟨-nı⟩ Räucherfisch *m*; **~cü** Tabakshändler *m*; **~rengi** ⟨-ni⟩ *adj* tabakbraun
tüvit *Stoff*: Tweed *m*
tüy Haar *n*, Fell *n*, Wolle *f*; Flaum *m*; Federn *f/pl*; **~ *atmak*** *Tier* sich haaren; *Vögel* sich mausern; **~ *düzmek*** *Haar, Fell* glatt werden, sich glätten; sich fein anziehen; **~ *gibi*** federleicht; **~*ler ürpertici*** haarsträubend; **~*leri diken diken olmak*** *fig* e-e Gänsehaut bekommen; *v/unp j-m* stehen die Haare zu Berge (*z.B. vor Schreck*); **~*üne dokunmamak*** *fig j-m* kein Härchen krümmen
tüy|dürmek *v/t* F klauen; verschwinden lassen; **~er** → ***tüymek***
tüylenmek Federn (*od* Haare) bekommen; F zu Geld kommen
tüylü gefiedert; flaumig; langhaarige(r) Teppich; *fig* betucht, begütert
tüymek ⟨-er⟩ *v/i* F türmen
'tüysıklet ⟨-ti⟩ SPORT Federgewicht *n*
tüysüz ungefiedert; bartlos; Milchbart *m*; **~ *şeftali*** Nektarine *f*
tüze Recht *n*; Justiz *f*
tüzel gerichtlich; juristisch; **~kişi** JUR ju-

ristische Person
tüzük ⟨-ğü⟩ (Partei)Statut *n*, Satzung *f*, Ordnung *f*
tvist MUS Twist *m*

U

u, U [uː] u, U *n*
U: ~ ***borusu*** TECH Krümmer *m*, U-förmige(s) Rohr
ucu → ***uç***
ucun: ~ ~ allmählich; von der Seite
ucuz billig; *Erfolg* leicht, mühelos; *Träne* schnell vergossen; ~ ***atlatmak*** (*od* ***kurtulmak***) leichten Kaufes davonkommen; ~ ***etin yahnisi yavan*** (*od* ***tatsız***) ***olur*** *etw* wirklich Gutes hat s-n Preis; ~ ***pahalı*** ohne auf den Preis zu sehen; *-e* ~***a çıkmak*** *j-n* wenig kosten; ~**cu** billige Quelle (*Verkäufer*); Billigkäufer *m*, -in *f*; ~**lamak** *v/t* billiger werden; leicht(er) erreichbar sein, leichter zu machen sein; ~**latma** Verbilligung *f*; ~**latmak** *v/t* verbilligen, herabsetzen; billig verkaufen; *fig* erleichtern; ~**luk** ⟨-ğu⟩ Rabatt *m*, Sonderangebote *n/pl*
uç ⟨ucu⟩ Spitze *f*; Ende *n*; Rand *m*; Wipfel *m*; HIST Grenzgebiet *n*; (***karşı***) ~ Gegenpol *m*; ~ ***uca*** mit knapper Not; ~ ***uca gelmek*** mit knapper Not erreichen, F auf den letzten Drücker kommen; ~ ***vermek*** *Geschwür* eitern; zutage treten; BOT sprießen; *-in* ***ucu bucağı görünmemek*** das Ende nicht absehen können; ***ucu bucağı görünmeyen*** unabsehbar; (***işin***) ***ucunda … var*** *v/unp* es geht (bei …) schließlich um …; *etw* steckt dahinter; ***ipin ucunu kaçırmak*** *fig* das Maß verlieren
uçak ⟨-ğı⟩ Flugzeug *n*; ~ ***bileti*** Flugschein *m*; ~ ***gemisi*** Flugzeugträger *m*; ~ ***kaçırma*** Flugzeugentführung *f*; ~ ***telsizcisi*** Bordfunker *m*; ***jet uçağı*** Düsenflugzeug *n*; ***yolcu uçağı*** Passagierflugzeug *n*; ~ ***ile***, ~***la*** per Luftpost; ~**savar** Flugzeugabwehr-, Flak *f*; ~***savar top(u)*** Flak *f*, Flugzeugabwehrkanone *f*
u'çan|daire fliegende Untertasse; ~**kale** fliegende Festung
uçar → ***uçmak***[1]; ~***a atmak*** auf e-n Vogel im Flug schießen
uçarı flatterhaft; Heißsporn *m*; ~**lık** ⟨-ğı⟩ Flatterhaftigkeit *f*
uçkun (Feuer)Funke *m*
uçkur Gürtelschnur *f*; (Beutel)Schnur *f*; *-e* ~ ***çözmek*** mit *j-m* zusammenleben, mit *j-m* (intim) verkehren; ~***una sağlam*** sittsam, keusch; ~**luk** ⟨-ğu⟩ Hohlsaum *m*; Einfädelstab *m*
uçlanmak e-e Spitze bekommen; F blechen, herausrücken
uçlu mit Spitze; F Filterzigarette *f*
uçmak[1] ⟨-ar⟩ fliegen (*-e* nach *D*); dahinsausen; *Flüssigkeit* verfliegen; *See* austrocknen; *Farbe* verschießen; weggerissen werden, F wegfliegen (*vom Wind*); herabstürzen, F runterfliegen (*-e* in, auf *A*); *fig* aus dem Häuschen sein (*vor Freude*); *fig Entschluss* verfliegen; *fig* huschen (*-de* über *das Gesicht*); gesprengt werden (*z.B. Brücke*); REL *Seele* in den Himmel steigen
uçmak[2] HIST Paradies *n*
uçsuz endlos, grenzenlos; ~ ***bucaksız*** unabsehbar, endlos
uçucu fliegend; CHEM flüchtig, leicht verdunstend
uçuk[1] verblasst, verschossen; hell-; ~ ***renkler*** Pastellfarben *m/fl*
uçuk[2] ⟨-ğu⟩ Fieberbläschen *n*; Herpes *m*
uçuklamak *unp auf den Lippen* bilden sich Bläschen
uçun Hohlsaum *m* (*der Flagge*)
uçurmak *kaus von* **uçmak**; *v/t Vogel* fliegen lassen; *Drachen* steigen lassen; *Kopf, Glied* abreißen, abtrennen; *Wagen* stürzen (*-e* in *A*); dahinjagen (lassen); F mitgehen lassen; F e-n Orgasmus haben
uçurtma *Spielzeug* (Papier)Drachen *m*
uçurtmak *kaus von* ***uçmak, uçurmak***
uçurum Abgrund *m*; ~***un kenarında*** am Rande des Abgrundes
uçuş Flug *m*; ~ ***kartı*** Bordkarte *f*, ~ ***sü-***

resi Flugzeit *f*; **~ *pisti*** Rollfeld *n*; ***alçak* ~** Tiefflug *m*
uçuşmak umherfliegen; umherflattern
udî [u:di:] Lautenspieler *m*
udu → ***ut***
uf au!; **~ *olmak*** wehtun (*Kindersprache*)
'ufacık winzig; kleinst-; klein (*Beamter*); **~ *tefecik*** klein und schmächtig
ufak ⟨-ğı⟩ klein (*a jung beim Kind*); gering (*Ausgaben*); *Dienstgrad* niedrig; **~ *at!*** übertreibe nicht!; **~ *çapta*** in kleinem Maßstab; **~ *göstermek*** jünger aussehen (als man ist); **~ *para*** Kleingeld *n*; **~ *tefek*** Kleinkram *m*, Krimskrams *m*; ein paar Kleinigkeiten; geringfügig (*Fehler*); *Person* (klein und) schmächtig; **~ ~** ganz klein (*schneiden*); krümelig; Krümel *m/pl*; **~*tan ufağa*** allmählich, nach und nach
ufaklık ⟨-ğı⟩ Winzigkeit *f*, Kleingeld *n*; *scherzhaft* Laus *f*
ufal|amak *v/t* zerkleinern, zerbröckeln; **~anmak** *v/i* zerbröckeln; **~ayıcı** zerkleinernd; Zerkleinerungsmaschine *f*; **~mak** kleiner werden; (zusammen)schrumpfen; **~tmak** *v/t* verkleinern
ufarak nicht sehr groß
uflamak ächzen; ***uflayıp puflamak*** ächzen und stöhnen
ufuk ⟨ufku⟩ Horizont *m*, Gesichtskreis *m*; ***ufkunu genişletmek*** *fig* s-n Gesichtskreis erweitern
ufunet [-fu:-] ⟨-ti⟩ Eiter *m*; **~lenmek** *v/i* eitern
uğra Streumehl *n*
uğrak ⟨-ğı⟩ Station *f* (*auf e-m Weg*); Treffpunkt *m*, **~ *yeri*** Anlaufpunkt *m*, -stelle *n*
uğralamak *-i* mit Mehl bestreuen *A*
uğramak *-e* bei *j-m* vorsprechen, aufsuchen, vorbeikommen; *Bus* halten in *D*, bei; *Schiff* anlegen; *Ort* berühren; verlaufen an *D* vorbei; durch *A*; stürzen (*auf die Straße*); *fig* geraten in *A*, betroffen werden von *D*; ausgesetzt sein *D*; *Unrecht* leiden; sich nähern *D*; *Aberglaube* verhext werden
uğraş Kampf *m*; Anliegen *n*; → ***uğraşı***; (***kendine***) **~ *etmek*** sich zur Aufgabe machen
uğraş|ı Hobby *n*; Beschäftigung *f*, Bemühung *f*; **~mak** *-e* sich bemühen (zu ...); (*-le*) sich abgeben mit, sich beschäftigen mit; sich anlegen mit; kämpfen; **~tırmak** *-i j-m* (viel) zu schaffen machen; *j-m* aufhalsen *A*
uğrat|mak *kaus von* ***uğramak***; *Zerstörung* bewirken; *j-m* (*z.B. Verluste*) beibringen; *-e* **~mamak** (vor *e-r Katastrophe*) bewahren, nicht (in *ein Unglück*) rennen lassen
uğrun: **~ ~** heimlich, insgeheim
uğruna *usw* → ***uğur***[2]
uğul|damak dröhnen, widerhallen; *Wind* sausen, heulen; **~tu** Dröhnen *n*, Heulen *n*; Krach *m* (*der Autos*); **~tulu** dröhnend; sausend; Krach machend
uğur[1] gute(s) Zeichen, gute(s) Omen; Verheißung *f*, *Sache* Glücksbringer *m*; Glück *n*; **~ *ola!*, ~*lar olsun!*** glückliche Reise!, viel Glück!; **~*u açık*** vom Schicksal begünstigt
uğur[2] ⟨uğru⟩: ***uğurda, uğrunda, uğruna*** für *A*, um *G* willen, *G* wegen; ***bu uğurda*** dafür, deswegen; ***onun uğruna*** seinetwegen; ***vatan uğrunda*** für das Vaterland
u'ğurböceği ⟨-ni⟩ (gemeiner) Marienkäfer (*Coccinella septempunctata*)
uğurla|mak *v/t j-n* begleiten, bringen (*-e kadar* bis zu) (und alles Gute wünschen); **~nış** Begleitung *f*, Geleit *n*; Abschied *m*; **~yıcı** Verabschiedende(r)
uğurlu Glück bringend, Glück verheißend; **~ (*kademli*) *olsun!*** mögen Sie viel Freude daran haben!
uğursuz unheilvoll; unselig; **~ *rakam*** Unglückszahl *f*, **~luk** ⟨-ğu⟩ böse(s) Vorzeichen
ukala [-la:] Dreimalkluge(r), Besserwisser *m*
ukde: *-e* **~ *olmak*** *j-m* Sorgen machen; *-in* ***içinde ukde kalmak*** ungelöst bleiben
Uk'rayna Ukraine *f*, **~lı** Ukrainer *m*, -in *f*
ulaç ⟨-cı⟩ Verbaladverb *n* (*im Türk. z.B.* ***-ıp, -erek, -ince***)
Ulah HIST Walache *m*, Rumäne *m*, Rumänin *f*, **~ça** HIST (das) Rumänisch(e)
ulak ⟨-ğı⟩ Kurier *m*, Bote *m*
ulam Kategorie *f*
ulama Zusatz *m*, Hinzufügung *f*, Anhang *m*; GR Liaison *f*, gebunden; angesetzt
ulamak *v/t -e* hinzufügen zu; setzen an *A*; fügen an *A*; binden an *A*
ulan Mensch!, Menschenskind!; *int der Wut* zum Donnerwetter!

ulantı Zusatz *m*, Hinzufügung *f*; Anhang *m*
ulaşılmak *pass von* ***ulaşmak***
ulaşım Verkehrsverbindung(en *pl*) *f*; Verkehr *m*; Verbindung *f*; Berührung *f*, Kontakt *m*; Transport *m*; ***toplu ~*** öffentliche(r) (Nah)Verkehr
ulaşmak *-e Ort* erreichen (*a fig Ziel*); kommen bis zu, nach; reichen, langen bis zu; ***b-ne ~*** j-n erreichen (*telefonisch usw*); *Fluss* fließen in *A*
ulaştır|ma Transport(wesen *n*) *m*; ***~ hatları*** Verkehrswege *m/pl*; **~mak** (*-i -e*) *v/t* transportieren; liefern an *A*; *j-m* (*zum Erfolg*) verhelfen; (*ans Ziel*) bringen; *j-m* übermitteln; aushändigen; ÖKON senden, liefern
ulema [ɑː] HIST Gelehrte *m/pl*; Theologen *m/pl*
ultra- → ***ültra-***
ultrason(ografi) Ultraschalltechnik *f*, Ultrasonographie *f*
ulu *fig* groß; hoch, riesig (*z.B. Baum*); *-i* ***~ tutmak*** in Ehren halten *A*
ulufe [-luː-] HIST Sold *m* (*Janitscharen*)
ululamak *v/t* willkommen heißen; bewirten; hoch schätzen
ululuk ⟨-ğu⟩ Erhabenheit *f*, Großtat *f*
ulu|ma Heulen *n* (*e-s Hundes*); **~mak** heulen; *Person* schluchzen
u'luorta unbedacht; unbegründet; hergeholt
ulus Nation *f*; **~al** national; ***~ park*** Nationalpark *m*
ulusçu (Links-)Nationalist *m*, -in *f*; **~luk** ⟨-ğu⟩ (Links-)Nationalismus *m*
ulus'lararası ⟨-nı⟩ international, zwischenstaatlich; ≈ ***Af Örgütü*** Amnesty International; **~cılık** ⟨-ğı⟩ Internationalismus *m*
ulv|î [iː] erhaben; **~iyet** Erhabenheit *f*
umacı schwarze(r) Mann, Buhmann *m*
umar[1] → ***ummak***
umar[2] Mittel *n* (*a n/pl*), Vermögen *n*; **~sız** mittellos; **~sızlık** ⟨-ğı⟩ Mittellosigkeit *f*
um|madık unverhofft, unerwartet; **~mak** ⟨-ar⟩ *-i* (er)hoffen *A*; hoffen (auf *A*); rechnen mit
umman Ozean *m*
umran [ɑː] → ***ümran***
umul|madık → ***ummadık***; **~mak** erhofft werden; erwartet werden; ***umulmayan hal*** unerwartete(r) Umstand, Zufall *m*
umum [-uːm] General- (*Direktor*), Ober- (*Inspektor*); Allgemeinheit *f*, Publikum *n*; alle, alles; **~hane** Bordell *n*
umumî [-iː] allgemein, Universal-; General-; öffentlich
umumiyetle ⟨-ti⟩ im Allgemeinen
umur [-uːr]: ***~umda değil*** (*od* ***~umda mı***) F ich pfeife darauf; das ist nicht meine Sache
umursa|mak *v/t* Beachtung schenken *D*; beachten *A*; **~mazlık** ⟨-ğı⟩ Nichtachtung *f*; **~nmak** Beachtung finden
umut ⟨-du⟩ Hoffnung *f*; ***~ beslemek*** die Hoffnung hegen; ***~ etmek*** die Hoffnung haben; ***~ ışığı*** Hoffnungsschimmer *m*; *-den* ***~*** (*od* ***umudu***) ***kesmek*** die Hoffnung auf *A* aufgeben; *-e* ***~ vermek*** *j-m* Hoffnung(en) machen; ***umudunu kırmak*** *j-s* Hoffnungen zerstören
umutlan|dırmak *-i j-m* Hoffnungen machen; **~mak** hoffen, sich (*D*) Hoffnungen machen
umut|lu hoffnungsvoll, zuversichtlich; **~suz** hoffnungslos; **~suzluk** ⟨-ğu⟩ Hoffnungslosigkeit *f*
un Mehl *n*; ***~ ufak etmek*** kurz und klein schlagen, F zerteppern; ***~ ufak olmak*** zertrümmert (*od* demoliert) werden; ***~unu elemiş, eleğini asmış olmak*** einem ruhigen Lebensabend entgegensehen
-unca → ***-ince***
unlamak *v/t* GASTR in Mehl wälzen
unluk ⟨-ğu⟩ Brotgetreide *n*
unmak ⟨-ar⟩ → ***onmak***
unsur Element *n* (*a abw Person*); ***bozguncu ~lar*** defätistische Elemente *pl*
unutkan vergesslich; **~lık** ⟨-ğı⟩ Vergesslichkeit *f*
u'nutmabeni BOT Vergissmeinnicht *n*
unut|mak *v/t* vergessen; verlernen; **~turmak** (*-i -e*) aus *j-s* Gedächtnis verdrängen; vergessen lassen *A*; *j-n* ablenken von *D*; **~ulmak** vergessen werden; ***unutulmayan*** unvergesslich; ***unutulup gitmek*** in Vergessenheit geraten
'upuslu *Kind* sehr brav
'upuzun sehr lang, ellenlang (*Brief*); der Länge nach
ur MED Tumor *m*, Geschwulst *f*
U'ranus ASTR Uranus *m*
u'ranyum Uran *n*; **~lu** uranhaltig
urba *dial* Uniform *f*

urbanizm Urbanismus *m*
Ur'duca Urdu *n* (*in Pakistan*)
urgan Seil *n*; **~cı** Seiler *m*
urmak *dial, osm* → ***vurmak***
uruç ⟨-cu⟩ REL Auferstehung *f*
us Vernunft *f*, Verstand *m*; Lebenserfahrung *f*; **~ *pahası*: *bu sana bir ~ pahası olsun!*** das möge dir e-e Lehre sein!
usanç ⟨-cı⟩ Überdruss *m*; *-den* **~ *getirmek*** überdrüssig werden *G*; *-e* **~ *vermek*** F *j-n* anöden
usan|dırıcı lästig, geisttötend, entnervend; **~dırmak** *v/t* langweilen, F anöden, nerven; **~mak** (*-den*) genug haben von *D*, die Lust verlieren (*zu + inf*); **~mamak** immer bereit sein (*-den* zu)
us|çu PHIL Rationalist *m*; **~çuluk** ⟨-ğu⟩ PHIL Rationalismus *m*; **~dışı** irrational
us'kumru Makrele *f* (*Scomber scombrus*)
uskur MAR (Schiffs)Schraube *f*
uskuru TECH Gewinde *n*
usla|ma Überlegung *f*; **~mak** sich (*D*) überlegen *A*, bedenken *A*; **~nmak** vernünftig werden
uslu vernünftig, artig; **~ *durmak*** (*od* ***oturmak***) artig (*od* ruhig) sein, sich ordentlich benehmen; **~ *puslu*** still und bescheiden; **~luk** ⟨-ğu⟩ gute Kinderstube, Höflichkeit *f*, Artigkeit *f*
ussal PHIL rationalistisch; vernünftig, vernunftgemäß
usta F Handwerker *m*; Meister *m*, -in *f*; meisterhaft; erfahren, bewandert; ***aşçı* ~*sı*** Chefkoch *m*; Meisterkoch *m*; ***dam* ~*sı*** Dachdeckermeister *m*; ***duvarcı* ~*sı*** Maurermeister *m*; **~ *elinden çıkmak*** von Meisterhand geschaffen werden; **~ *işi*** Kunstwerk *n*, Meisterwerk *n*
usta|başı ⟨-nı⟩ Werkmeister *m*; **~ca** meisterhaft; *scherzh* sehr geschickt; **~laşmak** kunstfertig sein; **~lık** ⟨-ğı⟩ Meisterschaft *f*, Kunstfertigkeit *f*; Ausbildung *f* als Meister, Meistertitel *m*; **~lıklı** meisterhaft, vorbildlich
ustunç ⟨-cu⟩ (Operations)Besteck *n*
'ustura Rasiermesser *n*; F scharfe(r) Schnaps; F Gequatsche *n*; **~cı** F Aufschneider *m*
us'turpa Peitsche *f*, Gerte *f*
usturuplu meisterhaft; treffend (*Antwort*)

usul [-u:l] ⟨-lü⟩ Methode *f*, System *n*; MUS Takt *m*; **~ *hukuku*** JUR Prozessrecht *n*; **~ ~** *adv* langsam, gemessen
usulca leise; vorsichtig, bedächtig
u'sulcacık unmerklich, unauffällig
usul|dan, ~lacık → ***usulcacık***
usulsüz unmethodisch, unsystematisch; unregelmäßig, inkorrekt; **~lük** Amtsdelikt *n*
uşak ⟨-ğı⟩ Diener *m*, Lakai *m*; (junger) Bursche; ***Anadolu uşağı*** junge(r) Mann aus Anatolien, junge(r) Anatolier
uşakkapan ZOOL Steinadler *m*; ZOOL Lämmergeier *m*; ZOOL Mönchsgeier *m*
uşaklık ⟨-ğı⟩ Lakaienstellung *f*; *fig* Dienstfertigkeit *f*; *fig* Speichelleckerei *f*
ut ⟨udu⟩ *türk.* (Krummhals)Laute *f*
utanç ⟨-cı⟩ Scham *f*, Scheu *f*; ***utancından yere geçmek*** vor Scham in den Boden versinken; **~ *verici*** beschämend
utan|dırıcı beschämend; schändlich; **~dırmak** *v/t* beschämen; in Verlegenheit bringen; **~gaç** verlegen; schüchtern; verschämt; **~gaçlık** ⟨-ğı⟩ Verlegenheit *f*, Schüchternheit *f*; **~ma** Verlegenheit *f*, Scham(haftigkeit) *f*; **~mak** (*-den*; *-e*) sich schämen (*G od* wegen *G*); sich genieren; ***utanmadan*** ohne sich zu genieren; **~maz, ~mazca** unverschämt; schamlos; schändlich; **~mazlık** ⟨-ğı⟩ Unverschämtheit *f*, Schamlosigkeit *f*
utçu Lautenspieler *m*
utku Sieg *m*, Triumph *m*; **~lu** siegreich
utmak ⟨-ar⟩ *v/t* besiegen (*im Spiel*)
u'topya Utopie *f*; **~cı** Utopist *m*
utulmak *pass von* ***utmak***
uvertür MUS Ouvertüre *f*, Beginn *m* (*e-s Kartenspiels*); **~ *yapmak*** e-n Anfang machen
uvmak → ***ovmak***
uyak ⟨-ğı⟩ Reim *m*
uyandırma: **~ *servisi*** Weckdienst *m*
uyandırmak *v/t j-n* (auf)wecken; *Interesse* erregen; anregen; *fig* wachrufen; *Lampe* anzünden
uyanık ⟨-ğı⟩ wach; findig; wachsam; lebhaft; **~lık** ⟨-ğı⟩ Wachsein *n*; Wachsamkeit *f*, Scharfsinnigkeit *f*
uyan|ış → ***uyanma***; Renaissance *f*; **~ma** Erwachen *n*; Aufwachen *n*
uyanmak wach werden, aufwachen, er-

U

wachen; BOT hervorsprießen, aufgehen, aufblühen; *Person* verständig werden; *Licht* aufleuchten; *Schmerz* sich (wieder) einstellen

uyar[1] passend, geeignet; ähnlich

uyar[2], **uyarak** → ***uymak***

uyaran stimulierend, anregend; Reizmittel *n*

uyarı Warnung *f*; Mahnung *f*; Anregung *f*; MED Reiz *m*; ~ ***grevi*** Warnstreik *m*; ~ ***işareti*** Warnzeichen *n*

uyar|ıcı *a* MED anregend; Aufputsch-(*Mittel*); **~ılmak** *pass von* ***uyarmak***; **~ım** Reiz *m*

uyarınca gemäß *D*, laut *G*

uyar|lama MUS, THEA Bearbeitung *f*; bearbeitet; **~lamak** (*-i -e*) anpassen (*A* an *A*); bearbeiten *A*; ***iklime*** ~ akklimatisieren *A*; **~lanmak** sich anpassen an *A*; *pass von* ***uyarlamak***; **~layıcı** Bearbeiter *m*; **~lık** ⟨-ğı⟩ Übereinstimmung *f*, *fig* Zusammentreffen *n*

uyar|ma Warnung *f*; Reiz *m*, Antrieb *m*; ~ ***komutu*** Sportkommando *n*, *z.B.* „*Achtung!*"; **~mak** *v/t* warnen, aufmerksam machen (auf *A*); ermahnen; anregen, stimulieren; **~tı** Warnung *f*, Reizmittel *n*; Reiz *m*

uydu *a* TECH Satellit *m*; Trabant *m*; ~ ***anteni*** Satellitenantenne *f*; ***yapay*** ~ künstliche(r) Satellit; **~kent** ⟨-ti⟩ Trabantenstadt *f*; **~laşma**: ~ ***hızı*** ASTR Fluchtgeschwindigkeit *f*; **~laşmak** zum Satelliten werden; **~luk** ⟨-ğu⟩ Satellitenposition *f*, Satellitenzustand *m*

uydur|ma Erfindung *f*, Erdachte(s); erfunden, ausgedacht; Falsch- (*Meldung*); angepasst; **~maca** Erfindung *f*, künstliche Wortbildung; **~mak** anpassen (*-i -e A D*); *Geschichte* erfinden, sich (*D*) ausdenken; bekommen, F kriegen; schenken, verehren (*j-m A*); **~masyon** F reine Erfindung, Hirngespinst *n*, Flausen *pl*; **~uk** ⟨-ğu⟩ ausgedacht; → ***uydurmasyon***; **~ukçu** Fantast *m*, Fabulant *m*; **~ukçuluk** Fantasterei *f*

uygar zivilisiert; **~ca** *adv* wie ein zivilisierter Mensch; **~laşma** Zivilisation *f*, Kultivierung *f*; **~laşmak** zivilisiert (*od* kultiviert) werden; **~lık** ⟨-ğı⟩ Zivilisation *f*

uygula|ma Anwendung *f*; Verfahren *n*; Vorgehen *n*; ~ ***dersi*** Werkunterricht *m*; **~mak** *v/t* (praktisch) anwenden (*a Gesetz*); *Politik* führen; in die Tat umsetzen; MATH zur Deckung bringen; vergleichen mit; **~malı** praktisch (angewandt); ~ ***sanatlar*** angewandte Künste *f/pl*; **~nabilir** anwendbar; **~nış, ~nma** (praktische) Anwendung; **~nmak** *pass von* ***uygulamak***; **~yıcı** Verwirklicher *m*, Anwendende(r)

uygulayım Technik *f*, Methode *f*, technisch; **~bilim** Technologie *f*; **~cı** Technologe *m*; **~sal** technologisch

uygun *-e* angemessen *D*, passend *zu*; entsprechend *D*; geeignet *zu*; *Bedingung* günstig; anständig; *-i* ~ ***bulmak*** (*od* ***görmek***) für gut (*od* angemessen, richtig) halten *A*; *-e* ~ ***düşmek*** (*od* ***gelmek***) entsprechen *D*, passen zu; ~ ***rüzgar*** Rückenwind *m*; **~luk** ⟨-ğu⟩ Angemessenheit *f*, Entsprechung *f*, GR Kongruenz *f*, **~suz** unangemessen; unpassen*D*; *Zeit* ungelegen; unanständig; ~ ***kadın*** leichte(s) Mädchen; **~suzluk** ⟨-ğu⟩ Unangemessenheit *f*, Unanständigkeit *f*, Unschicklichkeit *f*

Uygur Uigure *m*, Uigurin *f*, **~ca** (das) Uigurisch(e); uigurisch

uyku Schlaf *m*; *-i* ~ ***basmak*** der Schlaf überkommt *j-n*; ~ ***çekmek*** sich e-n (schönen) Schlaf gönnen; ***deliksiz bir*** ~ ***çekti*** er hat fest durchgeschlafen; ~ ***durak yok*** man kann kein Auge zutun; ~ ***gözünden akıyor*** ihm fallen die Augen zu; ~ ***ilacı*** Schlafmittel *n*; ~ ***sersemliği*** Schläfrigkeit *f*, ~ ***tulumu*** Schlafsack *m*; *fig* Schlafmütze *f*, *-i* ~ ***tutmuyor*** er kann nicht einschlafen; **~*da olmak*** *fig* stagnieren, e-e Flaute haben; **~*m açıldı*** mir ist der Schlaf vergangen; **~*m geldi*** ich bin müde; ***hiç ~m yok*** ich kann kein Auge zutun; **~*ya dalmak*** einschlafen; **~*ya yatmak*** schlafen gehen

uyku|cu Schlafratte *f*; **~lu** schläfrig; unausgeschlafen; ~ ~ *adv* → ***uykulu***; noch im Halbschlaf; **~luk** ⟨-ğu⟩ Bauchspeicheldrüse *f* (*e-s Schlachttiers*); zarte(s) Lammfleisch; **~suz** unausgeschlafen; *Nacht* schlaflos; ~ ***kalmak*** nicht schlafen können; **~suzluk** ⟨-ğu⟩ Schlaflosigkeit *f*, ~ ***çekmek*** an Schlaflosigkeit leiden

Uykuveren Sandmännchen *n*

uyluk ⟨-ğu⟩ ANAT Oberschenkel *m*

uyma Anpassung *f* (an *A*)
uymak ⟨-ar⟩ *-e* passen zu *D*; in *A*; entsprechen *D*; sich halten an *A*, sich richten nach; sich fügen *D* (*e-r Vorschrift*); sich anpassen *D* (*der Umwelt*); übereinstimmen mit; (*e-r Rechnung*); *Kleidung j-m* passen, stehen; *-e* ***uyarak*** MUS nach den Klängen *G*
uymaz entgegengesetzt *D*, zuwiderlaufend *D*; **~lık** ⟨-ğı⟩ Gegensatz *m* (zu); Widerspruch *m* (zu)
uyruk ⟨-ğu⟩ Staatsangehörige(r); Staatsangehörigkeit *f*; ***Alman ~lu*** deutscher Staatsangehörigkeit; *-in* ***uyruğuna girmek*** sich in j-s Joch begeben; **~luk** ⟨-ğu⟩ Staatsangehörigkeit *f*; **~suz** staatenlos
uysal gehorsam, fügsam; verträglich; **~laşmak** sich fügen, gehorsam sein; **~lık** ⟨-ğı⟩ Fügsamkeit *f*, Verträglichkeit *f*
uyuklamak *v/i* schlummern, F dösen
uyum *a* GR Harmonie *f*, Anpassung *f* (*-e* an *A*); MED *Auge* Akkomodation *f*; → ***ünlü, ünsüz***; ***~ içinde*** im Einklang (*stehen*); *-e* ***~ sağlamak*** sich integrieren (können) in *A*
uyu|mak *v/i* schlafen; unter Narkose sein; *fig* nicht von der Stelle kommen, stagnieren; **~yakalmak** die Zeit verschlafen; (unversehens) einschlafen
uyum|lu harmonisch, gut abgestimmt; EDV kompatibel; **~luluk** EDV Kompatibilität *f*, Harmonie *f*; **~suz** unharmonisch; **~suzluk** ⟨-ğu⟩ Disharmonie *f*
uyunmak: ***uyunur*** man schläft
uyuntu schlafmützig; dickfellig
uyur schlafend; stehend (*Wasser*); *fig* still; ***~ uyanık*** im Halbschlaf
uyurgezer Schlafwandler *m*, -in *f*; **~lik** ⟨-ği⟩ Mondsüchtigkeit *f*
uyuşamazlık ⟨-ğı⟩ Uneinigkeit *f*, Meinungsverschiedenheit *f*
uyuşkan verträglich, umgänglich
uyuşma[1] Absterben *n*, Erstarrung *f*, Betäubung *f*
uyuşma[2] Verträglichkeit *f*; ***fiyatta*** *usw* ***~ sağlamak***, Einigkeit *f* im Preis *usw* erzielen
uyuşmak[1] *v/i Glieder* taub werden, einschlafen; steif werden (*vor Kälte*); *fig* träge (*od* apathisch) werden
uyuşmak[2] *v/i* (*-le*) miteinander auskommen, sich vertragen mit; *-e* sich einigen auf *A*; ***bin marka uyuştuk*** wir haben uns auf tausend Mark geeinigt
uyuşmaz unverträglich; unvereinbar; entgegengesetzt; MUS disharmonisch; **~lık** ⟨-ğı⟩ Unvereinbarkeit *f*, Unverträglichkeit *f*, Disharmonie *f*, Konflikt *m*; ***kan uyuşmazlığı*** Blutgruppenunverträglichkeit *f*
uyuşturan ZOOL Zitterrochen *m*
uyuşturmak[1] betäuben; *Schmerz* lindern
uyuşturmak[2] (*-i -le*) e-e Verständigung herbeiführen mit, zwischen
uyuşturucu betäubend, Betäubungs-; lindernd, Linderungs-; ***~ (madde)*** Rauschgift *n*, Droge *f*, Betäubungsmittel *n*, Narkotikum *n*; ***~ bağımlılığı*** Drogenabhängigkeit *f*, ***~ bağımlısı*** Drogensüchtige(r)
uyuşuk ⟨-ğu⟩ eingeschlafen (*Glied*), erstarrt, steif, gefühllos; *fig* träge, apathisch; **~luk** ⟨-ğu⟩ Gefühllosigkeit *f*, Steifheit *f*, Trägheit *f*, Apathie *f*
uyuşum Einklang *m*, Harmonie *f*; **~suz** disharmonisch
uyut|mak *-i Kind* in den Schlaf wiegen; einlullen; *Schmerz* lindern; *fig Sache* auf Eis legen, verschleppen; **~ucu** einschläfernd, Schlaf-; einlullend; narkotisch; *fig* langweilig
uyuz MED Krätze *f*, Räude *f*, Grind *m*; räudig, grindig; *fig* Schlappschwanz *m*; *-i* ***~ etmek*** *j-n* kribbelig machen
uyuzlaşmak *v/i* die Räude bekommen; *fig* gemein werden; *fig* ein armer Schlucker werden
uyuzluk ⟨-ğu⟩ Erkrankung *f* an Krätze; Hilflosigkeit *f*
uz: ***az gitmiş, ~ gitmiş*** und so ging er/sie immer weiter (*im Märchen*)
uzak ⟨-ğı⟩ (weit) entfernt; (*-den*) nicht zuständig für; noch weit entfernt von *D*; fern (*Zukunft*; *Verwandte*); ***~ bir ihtimal*** sehr unwahrscheinlich; ***~ görmek*** für ziemlich unwahrscheinlich halten; ***~ta*** weit entfernt (*wohnen*); ***orası ~(tır)*** das ist sehr weit (bis dahin); ***uzağı görmek*** weit blickend sein
uzak|ça ziemlich weit; **℮doğu** (der) Ferne Osten; **~görmez** *fig* kurzsichtig; **~laşmak** (*-den*) sich entfernen von *D*; verlassen *A*; *j-m* fremd werden; sich trennen von *D*; *Wolken* sich verziehen; **~laştırmak** *v/t* (*-den*) entfernen von *D*;

U

fern halten von *D*; weisen (von *der Schule*); (*aus dem Dienst*) entlassen

uzak|lık ⟨-ğı⟩ Ferne *f*, Entfernung *f*; *fig* Abstand *m*, große(r) Unterschied; **~samak** für weit halten

uzaktan aus der Ferne; entfernt (*Verwandter*); *-e* ~ ***bakmak*** aus der Ferne (*od* unbeteiligt) betrachten *A*; ~ ***kontrol*** Fernsteuerung *f*; ~ ***kumanda*** (***aleti***) Fernbedienung *f* (*a Gerät*); ~ ***kumandalı*** ferngesteuert; ~ ***merhaba*** Grußbekanntschaft *f*; *-i* ~ ***tanımak*** *j-n* flüchtig kennen; ~ ***uzağa*** aus weiter Ferne; nur ganz flüchtig

uzam (freier) Raum; Weite *f*, Ausdehnung *f*, Dimension *f*

uza|ma Verlängerung *f* (*des Krieges*); Länge *f* (*e-r Kolonne*); (lineare) Ausdehnung; **~mak** lang *od* länger werden; sich ausdehnen; *Zeit* sich hinziehen; **~nmak** sich hinlegen, sich ausstrecken; sich begeben zu, in *A*; *-e* (***kadar***) ~ kommen bis zu; sich ausbreiten; *-e* erreichen *A*, langen bis an *A*; sich lehnen (*-den* aus)

uzantı *a* GEOGR Verlängerung *f* (*e-r Linie*); EDV Erweiterung *f*

uzat|ma Verlängern *n*; LING Länge *f* (*des Vokals*); SPORT Spielverlängerung *f*, Nachspielzeit *f*; ~ ***işareti*** Längezeichen *n*; **~mak** *v/t* verlängern (*Frist*, *Leben*, *Vertrag*); *j-m etw* reichen (*z.B. Buch*); *Haare*, *Bart* wachsen lassen; *Hand usw* ausstrecken; *Laut* längen; *Leine* spannen; *Unterhaltung* in die Länge ziehen; ÖKON *Wechsel* prolongieren; *Zahlung* verzögern, hinausziehen; ***uzatma!*** genug so!, mach's kurz!; ***uzatmayalım*** fassen wir uns kurz!; **~malı** verlängert; prolongiert; lang- (*verlobt*); MIL längerdienend

uzay Raum *m*; Weltall *n*, Kosmos *m*; kosmisch; ~ ***istasyonu*** Raumstation *f*; ~ ***kapsülü*** Raumkapsel *f*; ~ ***mekiği*** Raumfähre *f*; ~ ***uçuşu*** (*od* ***yolculuğu***) Raumflug *m*; **~adamı** Astronaut *m*; **~gemisi** ⟨-ni⟩ Raumschiff *n*; **~sal** kosmisch, Raum-

uzlaşma Verständigung *f*, Einigung *f*, Aussöhnung *f*; JUR Vergleich *m*

uzlaş|mak *-le* sich verständigen mit; sich einigen mit; **~maz** unversöhnlich; **~lık** ⟨-ğı⟩ Unversöhnlichkeit *f*

uzlaştır|ıcı versöhnen *D*; Friedensstifter *m*; **~mak** *v/t* vereinigen, in Einklang bringen mit

uzm. *Abk* → ***uzman***

uzman Spezialist *m*, -in *f*, Fachmann *m* (*-de* in *D*); ***çocuk hastalıkları ~ı*** Kinderarzt *m*, -ärztin *f*; ***göz hastalıkları ~ı*** Augenarzt *m*, -ärztin *f*; ~ ***hekim*** Facharzt *m*, -ärztin *f*; **~laşma** Spezialisierung *f*; **~laşmak** sich spezialisieren (*-de* auf *A*); **~lık** ⟨-ğı⟩ Fachgebiet *n*, Fachwissen *n*

uzun lang (*a zeitlich*); *Körperwuchs* groß, lang; *Weg* weit; ~ ***araç*** Langtransporter *m*, „long vehicle"; ~ ***atlama*** Weitsprung *m*; ~ ***boylu*** hoch gewachsen; ***o kadar*** ~ ***boylu değil*** das geht nicht ganz so weit; *int* Schluß jetzt!; ~ ***çizgi*** Gedankenstrich *m*; ~ ***dalga*** Langwelle *f*; ~ ***etmek*** weitschweifig sein; übertreiben; sich zieren; ~ ***hava*** *e-e Liedform der türk. Volksmusik*; ~ ***huzmeli far*** AUTO Fernlicht *n*; ~ ***kollu*** langärmelig; ~ ***kulak***(***lı***) (Meister) Langohr *n*; ~ ***lafın*** (*od* ***sözün***) ***kısası*** der langen Rede kurzer Sinn; ~ ***mesafeli koşu*** Langstreckenlauf *m*; ~ ***metrajlı film*** Spielfilm *m*; ~ ***oturmak*** F sich langmachen; sich hinfläzen; ~ ***ömürlü süt*** H-Milch *f*; ~ ***sürmek*** lange dauern; ~ ***uzadıya*** lang und breit; ausführlich; eingehend; ~ ~ unverwandt, lange, unentwegt; ~ ***ünlü*** lange(r) Vokal; ~ ***yol şoförü*** Fernfahrer *m*, -in *f*

uzun|çalar Langspielplatte *f*; **~eşek** ⟨-ği⟩ Bockspringen *n*; **~kafalı** langköpfig

uzunlamasına der Länge nach

uzun(lar) F → ***uzun huzmeli far***(***lar***); **~ı** ***yakmak*** Fernlicht anschalten

uzunlevrek ⟨-ği⟩ ZOOL Zander *m*, Hechtbarsch *m* (*Luciperca sandra*)

uzunluk ⟨-ğu⟩ Länge *f*; ~ ***ölçüsü*** Längenmaß *n*; ***dalga uzunluğu*** Wellenlänge *f*; ***uzunluğuna*** der Länge nach; ***beş metre uzunluğunda*** fünf Meter lang

uzuv ⟨uzvu⟩ Organ *n*, Glied *n*

Ü

ü, Ü [y] ü, Ü *n*, U-Umlaut *n*
ücra [ɑː] abgelegen
ücret ⟨-ti⟩ Gebühr *f*; Lohn *m* (*des Arbeiters*); Fahrgeld *n* (*z.B. für den Bus*); Honorar *n* (*e-s Arztes*); Vergütung *f*; (Hotel)Kosten *pl*; ***~i verilmemiş*** *Post* mit Nachgebühr; **~li** besoldet, Sold-; Lohn- (*Arbeit*); bezahlt (*Urlaub*); gebührenpflichtig; ***yüksek ~*** hoch bezahlt; **~siz** gebührenfrei; ohne Bezahlung, umsonst; ***giriş ~dir*** Eintritt frei
üç ⟨üçü⟩ drei; Drei *f*; ***~ aşağı beş yukarı*** mehr oder weniger, ungefähr; ***~ aylar*** *Islam*: *die* (*heiligen*) *drei Monate* (*recep, şaban, ramazan*); ***~ beş*** ein paar; ***~ buçuk atmak*** F bange sein, F sich (*D*) in die Hosen machen; ***~ heceli*** dreisilbig; ***~ otuzluk*** sehr bejahrt, uralt; ***~te bir*** ein Drittel *n*
üç|boyutlu dreidimensional; **~er** je drei, zu dreien; ***~ ~*** in Dreierreihen; **~gen** Dreieck *n*; dreieckig, Dreiecks-; **~gül** dreiblättrige(s) Kleeblatt; **~kağıt** *Art Kartenspiel*; *fig* Trick *m*; Bauernfängerei *f*; *-i* ***üçkağıda getirmek*** *j-n* hereinlegen; **~kağıtçı** Mogler *m*, Falschspieler *m*; Bauernfänger *m*
üçle|me dreischäftig (*Tau*); BOT dreiblättrig; FILM, LIT Trilogie *f*; REL Dreifaltigkeit *f*; **~mek** auf drei erhöhen; verdreifachen; in drei Teile teilen; *Feld* dreimal pflügen; gegen ein Drittel der Ernte verpachten; **~şmek** sich verdreifachen; **~ştirmek** *v/t* auf drei erhöhen
üçlü dreiteilig, Dreier-; dreistellig (*Zahl*); Drei *f* (*z.B. auf e-m Dominostein*); MUS Trio *n*; Dreiergruppe *f*; ***~ kuralı*** MATH Dreisatz(rechnung *f*) *m*
üçlük ⟨-ğü⟩ Dreiereinheit *f*
'üçteker, ***~(lek)li bisiklet*** Dreirad *n*
üçüncü dritt-; Dritte(r); GEOL ***~ çağ*** Tertiär *n*; ***♀ Dünya Ülkeleri*** Länder *n/pl* der Dritten Welt; ***~ kuşak*** *dritte Generation der türk. Arbeitsmigranten in Europa*; ***~ olarak***, **~sü** drittens; ***~ şahıs*** GR dritte Person
üçüncül CHEM dreiwertig
üçüncülük ⟨-ğü⟩ dritte(r) Platz
üçüz Drilling *m*; Drillings-; dreiteilig; **~lü** mit Drillingen; dreiteilig; dreifach
üfleç ⟨-ci⟩ TECH Gebläse *n*; Ventilator *m*, Belüfter *m*
üflemek blasen (*-e* auf *A*); *Ballon* aufblasen; *Feuer* anblasen; *Kerze* ausblasen (*-i A*); pusten; MUS *Flöte* blasen; *fig* keuchen
üflemeli: ***~ çalgı*** Blasinstrument *n*
üfürmek *v/t* *Luft* ausatmen; blasen (*-i* auf *A*), anblasen; ***üfürüyor*** es zieht
üfürtmek *kaus von* ***üfürmek***; **~ük** ⟨-gü⟩ Blasen *n*; Behauchen *n*, Besprechen *n*
üfürükçü Wunderdoktor *m*; **~lük** ⟨-ğü⟩ Kurpfuscherei *f*
üleş *dial* Anteil *m*; **~mek** (*-le*) teilen (*unter sich*); **~tirmek** (*-i -e*) *j-m* zuteilen *A*
ülke POL Land *n*; ***~ çapında*** landesweit; **~bilgisi** Landeskunde *f*; **~lerüstü** länderübergreifend
Ülker Siebengestirn *n*, Plejaden *pl*
ülkü Ideal *n*; Utopie *f*; ***~ kardeşi*** Gesinnungsgenosse *m*; **~cü** Idealist *m*; POL radikaler türk. Nationalist *m*, -in *f*; **~cülük** ⟨-ğü⟩ Idealismus *m*; POL radikaler türk. Nationalismus *m*; **~sel** ideal; ideell
ülser MED Geschwür *n*, Ulkus *n*
ültimatom Ultimatum *n*
ültra|modern hypermodern; **~son** Überschall *m*; MED Ultraschall *m*; **~sonik** Überschall-; **~viyole** ultraviolett
ümit ⟨-di⟩ Hoffnung *f*; *-e* ***~ bağlamak*** Hoffnung knüpfen an *A*; ***~ etmek*** hoffen; *-in* ***içine ~ serpmek*** *j-m* Hoffnungen einflößen; **~lendirmek** → ***umutlandırmak***; **~li** hoffnungsvoll; **~siz** hoffnungslos; verzweifelt; **~sizlik** ⟨-ği⟩ Hoffnungslosigkeit *f*, Verzweiflung *f*
ümmet ⟨-ti⟩ islamische Religionsgemeinschaft *f*; ***Muhammet ~i*** die Gemeinde Mohammeds; **~çi** POL Anhänger *m*, -in *f* des politischen Islams
ün Ruhm *m*, Ruf *m*; Laut *m*, Stimme *f*; ***~ kazanmak*** berühmt werden; ***onun ~ü dünyayı tuttu*** er ist weltberühmt
-ünce → ***-ince***
üni'forma Uniform *f*; **~lı** uniformiert
ünite Einheit *f*; TECH Bestandteil *m*
üniversal universal
üniver'site Universität *f*; **~lerarası** interuniversitär; **~li** Student(in *f*); ***~ bur-***

Ü

su (Hochschul)Stipendium *n*
ünlem GR Interjektion *f*; **~ *işareti*** Ausrufezeichen *n*
ünlemek (*-e*) *dial* rufen *A*; laut ausrufen
ünlenmek ausgerufen werden; berühmt werden
ünletmek *v/t dial* ausrufen lassen
ünlü bekannt, berühmt; prominent; LING Vokal *m*; **~ *uyumu*** Vokalharmonie *f*; **~*leşme*** GR Vokalisierung *f* (*e-s Konsonanten*)
ünsüz unbekannt; GR Konsonant *m*; **~ *uyumu*** Konsonantenassimilation *f*
ürbanizm Urbanismus *m*
'Ürdün Jordanien *n*; jordanisch; **~*lü*** Jordanier *m*, -in *f*, jordanisch
üre Harnstoff *m*
üre|me BIOL Fortpflanzung *f*, **~*mek*** *v/i* sich vermehren; sich fortpflanzen
üremi MED Urämie *f*
üreten: ***elektrik* ~** Strom erzeugend
üretici Produzent *m*; produktiv; **~ *fiyatı*** Erzeugerpreis *m*; **~*lik*** Erzeugung *f*
üretim Produktion *f*, Erzeugung *f*, Produktion(saufkommen *n*) *f*; **~ *araçları*** Produktionsmittel *n/pl*; **~ *darboğazı*** Produktionsengpass *m*; **~ *ilişkileri*** Produktionsverhältnisse *n/pl*; **~ *sektörü*** Produktionssektor *m*; **~ *tarihi*** Herstellungsdatum *n*; **~*sel*** Produktions-
üretken produktiv; **~*lik*** Produktivität *f*
üretmek *v/t* produzieren, erzeugen, herstellen; *fig* hervorbringen, schaffen; *Tiere* züchten; ***çözüm(ler) üretmek*** POL an Lösungen arbeiten
ürkek ⟨-ği⟩ scheu, furchtsam; schüchtern; **~ ~** *adv* ängstlich und gedrückt; **~*lik*** ⟨-ği⟩ Furchtsamkeit *f*, Schüchternheit *f*
ürkmek ⟨-er⟩ *-den* erschrecken vor *D*; über *A*; zurückschrecken; sich fürchten vor *D*; *Pferd* scheuen; *Baum* keine Früchte tragen
ürküntü Schrecken *m*, Furcht *f*, Panik *f*; *-e* **~ *vermek*** *j-m* e-n Schrecken einjagen; **~*lü*** schrecklich, grauenvoll
ürküt|mek *v/t* erschrecken; *j-m* Angst einjagen; beängstigen; *Pferd* scheu machen; *Vogel* (weg)scheuchen; **~*ücü*** erschreckend
ürolog Urologe *m*
ürper|mek *Haare* sich sträuben, zu Berge stehen; schaudern, e-e Gänsehaut bekommen; **~*ti*** (leichtes) Zittern *n*; Schreck *m*, Schauder *m*; *-e* **~ *vermek*** *j-n* in Schrecken versetzen
ürpertici: (***tüyler***) **~** grauenvoll, schaurig
ürpertmek: *-in* ***tüylerini* ~** *j-n* in Schrecken versetzen
ürümek bellen; *Schakal* heulen
ürün Erzeugnis *n*, Produkt *n*; Ernte *f*; **~ *alma*** Erzielen *n* e-r Ernte; ***deniz* ~*leri*** Meeresfrüchte *f/pl*; ***süt* ~*leri*** Milchwaren *pl*; ***unlu* ~*ler*** Teigwaren *pl*
üryan [aː] nackt, bloß
üs[1] ⟨üssü⟩ MATH Exponent *m*; ***iki üssü üç*** zwei hoch drei (2^3)
üs[2] ⟨üssü⟩ Stützpunkt *m*; Basis *f*; ***donanma* ~*sü*** Flottenstützpunkt *m*; ***hava* ~*sü*** Luftstützpunkt *m*
üs- MIL Ober-, Stabs-: **üsçavuş** → ***üstçavuş***; **~*subay*** → ***üstsubay***
Üs'küdar Üsküdar *n*, Skutari *n*
'Üsküp ⟨-bü⟩ Skopje *n*
üslenmek *-de* sich stationieren in *D*
üslup [uː] ⟨-bu⟩ Stil *m*; Form *f*, Art *f*, **~*çu*** Stilist *m*; **~*laştırmak*** *v/t* formen, gestalten; stilisieren
üst ⟨-tü⟩ **1.** *subst* Oberseite *f*, obere(r) Teil; Außenseite *f*, Oberfläche *f*, (Ober)Kleidung *f*, Rest *m*, das Übriggebliebene; **~ *baş*** Kleidung *f*, Zeug *n*; **~ *fırçası*** Kleiderbürste *f*; **~ *geçit*** → ***üstgeçit***; *-e* **~ *gelmek*** F *fig* *j-n* unterkriegen; **~*e çıkmak*** F noch einmal davonkommen; *-in* **~*ünü doldurmak*** anfüllen; **~*ünü değiştirmek*** sich umziehen; **~*ünüze afiyet*** (*od* ***sağlık***) mögen Sie von *der Krankheit usw* verschont bleiben!; **2.** *adj* Ober-; *-in* **~ *başı*** obere(r) Teil; **~ *taraf*** obere Seite; Einleitung *f* (*e-s Artikels*); *-in* **~ *tarafı*** das Weitere; Rest *m*; **~ ~*e*** aufeinander; nacheinander; immer wieder; ***en* ~** oberst-; **3.** *postpos* **~*ü*** *Zeit* gegen *A*, zu *D*, bei *D*; ***yemek* ~*ü*** zum Essen; ***insan* ~*ü*** übermenschlich; *-in* **~*ünde durmak*** sich konzentrieren auf *A*; *-in* **~*ünden*** über ... *A* hinweg; **~*üne***: *z.B.* ***çay* ~*üne çay*** eine Tasse Tee nach der anderen; *-i* **~*üne almak*** *fig* übernehmen *A*; *Mantel usw* überziehen; *-in* **~*üne basa basa söylemek*** klar und deutlich sagen; **~*üne düşmek*** beharrlich betreiben *A*; sich befassen mit *D*; *-in* **~*üne düşmek*** *j-n* sich kümmern um; *-in* **~*üne oturmak*** sich *D* unter den Nagel reißen *A*; *-in* **~*üne titremek*** sich sehr

sorgen um; *-in* ***~üne toz kondurmamak*** auf *j-n* nichts kommen lassen, *j-n* in Schutz nehmen

üstat [ɑː] ⟨-dı⟩ Fachmann *m*, Experte *m*; Meister *m*; ***üstadım*** *etwa* lieber Kollege!; ***~ işi*** Meisterwerk *n*

'üst|çavuş *türk.* Unterfeldwebel *m*; *dt.* Feldwebel *m*; **~çene** Oberkiefer *m*; **~deri** Epidermis *f*, Oberhaut *f*; ***~ altı*** Unterhaut *f*, Subkutis *f*; **~dil** LING Metasprache *f*; **~dudak** ⟨-ğı⟩ Oberlippe *f*

üste: ***~ bindirmek*** (übereinander) stapeln; ***~ vermek*** dazugeben, dazutun; ***~ vurmak*** *v/i* aufschlagen (*auf den Preis*), F draufschlagen; hinzufügen; *-in* ***~sinden gelmek*** fertig werden mit

'üsteğmen MIL Oberleutnant *m*

üsteleme Insistieren *n*

üstelemek *v/i* drängen, hartnäckig sein, F stur bleiben; *Krankheit* wieder auftreten; *-i* anmahnen *A*; *-e fig* hinzukommen, hinzutreten zu

üstelik ⟨-ği⟩ **1.** *subst* Zugabe *f*; **2.** *adv* als Zugabe; obendrein, (noch) dazu; ***~ de ...*** mehr noch ...

üstenci Subunternehmer *m*; Zulieferbetrieb *m*

üsten|me Verpflichtung *f*, Beauftragung *f*; **~mek** *-i* übernehmen *A*, sich verpflichten zu

üstermek (*-i -e*) *j-n* beauftragen mit

'üst|geçiş Kulminationspunkt *m*; **~geçit** ⟨-di⟩ AUTO, BAHN Überführung *f*; **~gövde** Oberkörper *m*; **~kavram** Gattungsbegriff *m*; **~kimlik** Überidentität *f*; **~kol** Oberarm *m*

üstlenme *fig* Übernahme *f*

üstlenmek *v/t Rolle, Schutz, Verantwortung* übernehmen; *Last* auf sich nehmen

üstlük ⟨-ğü⟩ Übergangsmantel *m*; Überwurf *m*

'üstsubay Stabsoffizier *m*

üstsüz F Oben-ohne(-Badeanzug *m*) *n*; Oben-ohne-Badende *f*

üstübeç ⟨-ci⟩ Bleiweiß *n*

üstün überlegen (*-e*; *-den D*); ***en ~*** höchst-; ***~ gelmek*** überragen; die Oberhand gewinnen; *-den* ***~ olmak*** *fig* stehen über *D*; *-i -den* ***~ tutmak*** *j-n* höher einschätzen als *A*; *Person, Sache* mehr halten von *D ... als* von *D*; ***kendini ~ tutmak*** sehr viel von sich (*D*) halten

üst|ünde, ~ünden → ***üst***

üstüne *fig* über *A*, über das Thema *G*; → ***üst***

üs'tünkörü oberflächlich, flüchtig; *adv a* zum Schein

üstünlük ⟨-ğü⟩ Überlegenheit *f*; ***~ derecesi*** GR Komparativ *m*

üstüpü MAR Werg *n*; **~lemek** *v/t* kalfatern, Fugen abdichten

'üstyapı Aufbau *m*; TECH Hochbau *m*; *fig* Überbau *m*

üşen|geç ⟨-ci⟩, **~gen** apathisch; energielos; Tatenlosigkeit *f*, Apathie *f*; **~geçlik** ⟨-ği⟩ Schlaffheit *f*, Trägheit *f*; **~mek** *v/i -e* zu bequem sein zu

üşümek frieren (*meist* mich friert *usw*); *j-m* ist kalt

üşüntü Auflauf *m*, Ansammlung *f*; ***karınca ~sü*** Ameisenhaufen *m*; ***~ etmek*** e-n Auflauf bilden

üşürmek: *-i* ***birinin üstüne ~*** (*Hunde*) auf *j-n* hetzen

üşüşmek *-e* zusammenlaufen an *e-m Ort*; stürzen (an *z.B. den Ort*)

üşütmek (*-i j-n*) frieren lassen; erstarren lassen; (***kendini***) ***~*** sich erkälten; ***ayaklarını ~*** kalte Füße bekommen

üter → ***ütmek***

ütme geröstete Maiskörner (*od* Weizenkörner) *n/pl*

ütmek[1] ⟨-er⟩ *v/t* rösten; *Federn* absengen

ütmek[2] ⟨-er⟩ *v/t im Spiel* gewinnen, siegen

ütop|ik ⟨-ği⟩ utopisch; **~ist** Utopist *m*; **~ya** [-'tɔ-] Utopie *f*

ütü Bügeleisen *n*; Bügeln *n*; Plätten *n*; Bügelfalten *f/pl*; Absengen *n*, Sengen *n*; ***~ bilmek*** bügeln können; ***~ çizgisi*** Bügelfalte *f*; ***~ tahtası*** Bügelbrett *n*; ***~ yapmak*** bügeln; plätten (*nur Wäsche*); **~cü** Bügler *m*, -in *f*, Plätter *m*, -in *f*; **~leme** Bügeln *n*; Plätten *n*; **~lemek** *v/t* bügeln; plätten; (ab)sengen

ütülmek *im Spiel* besiegt werden

ütü|lü gebügelt; geplättet; **~süz** ungebügelt; ungeplättet

ütüv Sterilisator *m*, Desinfektionsapparat *m*

üvey ⟨-i, -si⟩ Stief-; ***~ ana*** (*od* ***anne***) Stiefmutter *f*; ***~ baba*** Stiefvater *m*; ***~ kardeş*** Stiefbruder *m*; Stiefschwester *f*; *-i* ***~ evlat gibi tutmak*** (*od* ***saymak***) *j-n* stiefmütterlich behandeln

üveyik, **üveyk** ⟨-ği⟩ BOT Turteltaube *f* (*Strepto'pelia turtur*)
üveymek *v/i* gurren
üvez[1] BOT Spierling *m* (*Sorbus domenica*)
üvez[2] ZOOL *Art* Stechmücke *f*, Schnake *f*
üye Mitglied *n*; ANAT Organ *n*, Glied *n*; **~ devlet** Mitglied(s)staat *m*; **aile ~si** Familienmitglied *n*; *-e* **~ olmak** Mitglied werden *G*, in *D*; **~lik** ⟨-ği⟩ Mitgliedschaft *f*; **~ kartı** Mitgliedskarte *f*
üzengi Steigbügel *m*; **~kemiği** Steigbügel *m* (*des Ohres*); **~lemek** *-i* die Sporen geben *D*
üzer → **üzmek**
üzere *konj* um ... zu; wie; ... wovon; falls, unter der Bedingung, dass ...; *-mek* **~ olmak** im Begriff sein, zu ...; gerade; *Beispiele* **gitmek ~ kalktı** er stand auf, um zu gehen; **yukarda yazıldığı ~** wie oben beschrieben; **ikisi kız olmak ~ üç çocuğu var** sie hat drei Kinder, von denen zwei Mädchen sind; **gelmek ~** er kommt gleich
üzeri Oberseite *f*, Oberfläche *f*; Kleidung *f*, Zeug *n*; → **üs**[1], → **üst**; *Zeit* **akşam ~** gegen Abend; **öğle ~** um die Nachmittagszeit
üzerinde auf *D*; bei *D* (*sich haben*); *Arbeit*, *Abhandlung* über *A*; *örtlich* an (*e-m Fluss*); **masanın ~** auf dem Tisch; **fizik konuları ~ çalışma** die Arbeit über Themen der Physik
üzerinden von ... weg; über ... *A* weg; via, über *A*; *Zeit* nach *D*, seit *D*
üzerine *fig* über *A*; betreffend *A*; *fig u zeitlich* auf *A*; *zeitlich* gleich nach *D*; auf ... *A* hin; **~ ... daha** besser als ..., schöner als ...; **İzmir ~ dünyada bir şehir daha yoktur** es gibt in der Welt keine schönere Stadt als Izmir
üzgün traurig; untröstlich; **çok ~üm ki** zu meinem großen Bedauern; **~üm ama** es tut mir Leid, aber ..
üzgünbalığı ⟨-nı⟩ ZOOL Leierfisch *m* (*Callionymus lyra*)
üzgünlük ⟨-ğü⟩ Traurigkeit *f*, Bedrücktheit *f*
üzlük ⟨-ğü⟩ kleine(s) Tongefäß
üzmek ⟨-er⟩ *v/t* bekümmern, Sorgen machen *D*; *Kleidung* verderben, angreifen
üzre → **üzere**
üzücü betrüblich, traurig; bedrückend; bedauernswert
üzülme Kummer *m*, Trauer *f*
üzülmek *v/t* besorgt sein, traurig sein (*-e* über *A*); bedauern (*-e A*); **buna çok üzüldüm** ich bedaure das sehr
üzüm[1] Weintrauben *f/pl*; **~ şekeri** Traubenzucker *m*; **kuru ~** Rosinen *f/pl*; **kuş ~ü** → **kuşüzümü**
üzüm[2]: **~ ~ üzülmek** (*meist* **-di-***Form*) ganz niedergeschlagen sein
üzümcü Weinbauer *m*, -in *f*; Weintraubenverkäufer *m*, -in *f*
üzümsü traubenartig; Beeren-, beerenartig; **~ meyve** Beerenobst *n*
üzüntü Sorge *f*, Trauer *f*, Unruhe *f*; **~ çekmek** besorgt sein; F viel durchmachen; **~ içinde kalmak** in Sorge sein; *-e* **~ vermek** *j-m* Sorge machen; *j-n* beunruhigen; **~lü** *Person* bekümmert; verdrossen; *Sache* betrüblich, ärgerlich; bedauerlich; **~süz 1.** *adj* unbekümmert, sorglos; **2.** *adv* zuverlässig

V

v, V [vɛ] v, V *n*
vaat ⟨-di⟩ Versprechen *n*; **~ etmek** versprechen (*j-m A*), in Aussicht stellen (*j-m A*); **vaadini tutmak** (*od* **vaadinde durmak**) sein Versprechen halten
vaaz ⟨-ı⟩ Predigt *f*; **~ etmek** predigen
vacip [ɑː] ⟨-bi⟩ *osm* notwendig (*-e* für *A*); *islam.* rituell vorgeschrieben; Gebet *n*; *-e* **~ olmak** obliegen
vade [ɑː] (Zahlungs)Frist *f*; ÖKON Laufzeit *f*; **~si geldi** der Zahlungstermin ist da; die Frist ist abgelaufen; *fig* die letzte Stunde hat geschlagen; **kısa ~de** *adv* kurzfristig; **uzun ~de** langfristig
vadeli [ɑː] befristet, -fristig; *adj* **kısa ~** kurzfristig; **orta ~** mittelfristig; **uzun ~** langfristig

vadesiz [ɑː] unbefristet
'vadetmek → ***vaat etmek***
vadi [vɑːdiː] Tal *n*; Wadi *n*; ***bu ~de*** *fig* auf diese Weise
vaftiz Taufe *f*; *-i* ***~ etmek*** taufen
vagina ANAT Scheide *f*, Vagina *f*
vagon Waggon *m*, Wagen *m*; ***~ restoran*** Restaurantwagen *m*; ***kuşetli ~*** Liegewagen *m*; ***yataklı ~*** Schlafwagen *m*; ***yemekli ~*** Speisewagen *m*; ***yük ~u*** Güterwagen *m*
vagonet ⟨-ti⟩ Lore *f*, Grubenwagen *m*
vagonluk ⟨-ğu⟩ Waggonladung *f*
vah *int* ach!, ach je!; o je!; ***~ ~, pek yazık oldu*** o je, so ein Jammer!; ***ah ile ~ ile*** mit Weh und Ach
vaha [vɑː-] Oase *f*
vahamet [-hɑː-] ⟨-ti⟩ Ernst *m* (*der Lage*), Gefährlichkeit *f*
vahdet ⟨-ti⟩ REL Einheit *f*
vahim [iː] gefährlich, schwerwiegend
vahiy ⟨vahyi⟩ REL Offenbarung *f*
vah|et ⟨-ti⟩ Wildheit *f*, Wildnis *f*, Brutalität *f*
vahş|î [iː] wild; furchtsam, menschenscheu; brutal; Wilde(r); ***~ orman*** Urwald *m*; ***~ileşmek*** *v/i* verwildern
vahşilik ⟨-ği⟩ Grausamkeit *f*
vaiz [vɑː-] Prediger *m*; ***~lik*** ⟨-ği⟩ Predigen *n*
vajina → ***vagina***
vaka Ereignis *n*, Vorfall *m*; (Krankheits)Fall *m*; ***~ etüdü*** Fallstudie *f*
vakar Ernst *m*, Würde *f*; ***~lı*** würdig, solide; ***~sız*** unsolide
va'keta Juchtenleder *n*
'vakfetmek (*-i -e*) *j-m* widmen *A*; *j-m* stiften, vermachen *A*; ***kendini*** *-e* ***~*** sich widmen *D*
vakıa [vɑː-] **1.** *subst* (vollendete) Tatsache; **2.** *adv* ['vɑː-] gleichviel, immerhin
vakıf ⟨vakfı⟩ Stiftung *f*
vâkıf *-e* Kenner *m G*, sachverständig für; *-e* ***~ olmak*** kennen *A*, beherrschen *A*
vakî [vɑːkiː] ⟨-ii⟩ geschehen; vollendet; befindlich; vorbeugend; ***~ olmak*** geschehen, sich zutragen
vakit [-kɪt] ⟨vakti⟩ Zeit *f*, Epoche *f*, Periode *f*, Möglichkeit *f*, Gelegenheit *f*; (*-in*) ***hali vakti yerinde*** (j-d ist) wohlhabend; *-erek* ***~ geçirmek*** die Zeit (damit) verbringen (zu + *inf*), sich (*D*) die Zeit vertreiben mit; ***~ kazanmak*** Zeit gewinnen; ***~ öldürmek*** *fig* die Zeit totschlagen; ***~ ~*** von Zeit zu Zeit; ***vakti geldi*** *fig* s-e (letzte) Stunde hat geschlagen; ***vakti olmamak*** keine Zeit haben; ***vaktinde*** rechtzeitig, pünktlich; *-in* ***vaktini almak*** (*od* ***yemek***) *j-n* viel Zeit kosten; ***vaktiyle*** rechtzeitig; seinerzeit, damals; ***ne ~?*** wann?; *konj -diği, -eceği* ***~*** wann; wenn; als; ***geldiği ~ söylerim*** wenn er kommt, sage ich es
vakit|li pünktlich, fristgemäß; ***~ vakitsiz*** wann es (ihm, ihr, ihnen *usw*) passt(e); ***~siz*** unpünktlich, unpassend (*Augenblick*); verfrüht; nicht rechtzeitig; außer der Saison
vakum Vakuum *n*
vakur [uː] solide, gemessen
vakvak *Kindersprache* Ente *f*, Schnattern *n*; ***~lamak*** schnattern
vale *Spielkarte* Bube *m*
valeryan BOT Baldrian *m*
valf TECH Ventil *n*
vali [vɑːliː] Provinzgouverneur *m*
valide [vɑː-] Mutter *f*; HIST ***~ sultan*** Sultanmutter *f*
valilik [vɑːliː-] ⟨-ği⟩ Amt(sgebäude) *n* e-s Gouverneurs *m*
valiz (kleiner) Koffer
'valla(h) F → ***vallahi***; **'vallahi** [ɑː], ***~ billahi*** [-łɑː-] bei Gott!
vals MUS Walzer *m*
valör ÖKON Wertstellung *f*, Valuta *f*
vampir Vampir *m*
'vana TECH Ventil *n*
Vandal Wandale *m*; ***2izm, 2lık*** ⟨-ğı⟩ Wandalismus *m*
va'nilya BOT Vanille *f*; ***~lı dondurma*** Vanilleeis *n*
vantilatör Ventilator *m*
vantrilok ⟨-ku⟩ Bauchredner *m*, -in *f*
vantuz Schröpfkopf *m*; ***~ çekmek*** Schröpfköpfe ansetzen; ***~lamak*** F küssen; ***~laşmak*** F miteinander schnäbeln
vapur Dampfer *m*; ***araba ~u, arabalı ~*** (Auto)Fähre *f*; ***~dumanı*** rauchfarben
var vorhanden; existierend; Vorhandene(s); (alles), was man hat; es gibt *A*; *zur Wiedergabe von* haben, *z.B.* ***sizde ... ~ mı?*** haben Sie ...?; (***senin***) ***vaktin ~ mı?*** hast du Zeit?; ***~ kuvvetiyle*** (*od* ***gücüyle***) mit aller Kraft; ***~ olmak*** existieren; ***~ olmak ya da olmamak*** sein oder nicht sein; ***ben*** (***bu işte***) ***~ım!*** ich bin dabei!; ***yarışa ~ mısın?*** machst du

V

den Wettlauf mit?; *-in* ***İngilizcesi var mı?*** kann er (*od* sie) Englisch?; gibt es das in Englisch? ***~ yok*** etwa, annähernd; in geringer Menge; ***ha ~ ha yok*** gleichsam nicht vorhanden; ***~a yoğa*** alles, jede Kleinigkeit; drauflos (*schlagen*); *-in* ***~ı yoğu*** all seine Habe; alles, was ... (man, er *usw*) hat; ***~la yok arası*** kaum merklich; ***... ~sa ... yoksa*** immer nur: ***~sa kızı yoksa kızı*** (es geht) immer nur um die Tochter; ***ne ~ ki*** jedoch; immerhin; ***bir ~mış, bir yokmuş*** *in Märchen* es war einmal

varagele TECH Gleitstück *n*; Seilfähre *f*

varak ⟨-ğı⟩: ***altın ~*** Blattgold *n*

varak|a *osm* Blatt *n* Papier; ***~çı*** Vergolder *m*; ***~lamak*** *v/t* vergolden; mit Blattgold überziehen

varan: ***~ bir*** erstens; ***~ iki*** zweitens *usw*

'varda *int* Achtung!

varda'kosta F *Frau* stattlich, ansehnlich; HIST Küstenwachschiff *n*

vardırmak (*-i -e*) *Angelegenheit* vorantreiben (bis zu)

'vardiya (Fabrik)Schicht *f*, Wache *f*, wachhabend (*Offizier*); ***gece ~sı*** Nachtschicht *f*

vareste [ɑː] *-den* befreit von *D*

vargı Schluss(folgerung *f*) *m*

varılır *v/unp* man erreicht (*-e A*)

varır → ***varmak***

varış Ankunft *f* (*-e* in *D*); *fig* schnelle Auffassungsgabe, Aufgewecktheit *f*, SPORT Endspurt *m*

varidat [vɑːrɪdɑːt] ⟨-tı⟩ Einkünfte *f/pl*

varil (Blech)Fass *n*; *Maß* Barrel *n*

varis Krampfader *f*

vâris JUR Erbe *m*, Erbin *f*

variyet [ɑː] ⟨-ti⟩ Vermögen *n*; ***~li*** vermögend

varlık ⟨-ğı⟩ Existenz *f*, Wesen *n* (*z.B. Tier*); Erscheinung *f*, Vermögen *n*, Besitz *m*; Wesentliche(s); ***~ göstermek*** s-e Pflicht tun; ***~ içinde yaşamak*** im Wohlstand leben; ***~ vergisi*** *Art* Vermögenssteuer *f*, ***~ta darlık çekmek*** seine Geldmittel nicht einsetzen können

varlıkbilimi Ontologie *f*

varlık|lı vermögend; ***~sız*** besitzlos

varmak ⟨-ır⟩ *-e* ankommen in *D*, eintreffen in *D*; *Alter, Ort* erreichen *A*; *Ausgaben* sich belaufen auf *A*; *fig* führen zu; kommen (*z.B. auf den Geschmack*; *hinter ein Geheimnis*); *dial Mädchen* heiraten *A*; ***var, varın, varsın, varsınlar*** *etwa* egal, ob ...; wie du willst, wie er will ... *usw*; wie dem auch sei: ***var, bildiğini yap*** egal, mach, was du kannst!; ***vara vara*** nach und nach; höchstens; ***varıncaya kadar*** bis hin zu; ***ne varsa*** alles was es da gibt; ***varsın gelmesin*** wenn er nicht will (F egal), dann soll er nicht kommen; soll er doch weg bleiben!; ***varsın olsun*** und wenn schon!, egal, soll es doch!

varoluş PHIL Existenz *f*, ***~çu*** Existenzialist *m*, *-in f*, ***~çuluk*** ⟨-ğu⟩ Existenzialismus *m*

varoş Vorstadt *f*

'varsayım Hypothese *f*, ***bir ~dan yola çıkmak*** von e-r Hypothese ausgehen; ***~lı, ~sal*** hypothetisch; EDV ***~sal bellek*** virtueller Speicher

'varsay|ma Hypothese *f*, Annahme *f*, ***~mak*** *v/t* annehmen; voraussetzen; ***varsayalım*** gesetzt den Fall, dass ...; nehmen wir an, dass ...

varsıl vermögend, reich

'varta: ***~yı atlatmak*** die Gefahr überstehen

varyant ⟨-tı⟩ Umgehungsstraße *f*, Umleitung *f*, LIT Variante *f*

varyasyon *bes* MUS Variation *f*

varyemez Knauser *m*, *-in f*

varyete Varieté *n*

varyos Steinhammer *m*

vasat ⟨-tı⟩ Mitte *f*, Zentrum *n*; durchschnittlich; F mittelprächtig

vasatî [iː] durchschnittlich

vasıf ⟨vasfı⟩ Eigenschaft *f*, ***~landırmak*** *v/t* qualifizieren; auszeichnen; ***~lanmak*** sich auszeichnen; ***~lı*** qualifiziert; Fach-; ***~sız*** unqualifiziert

vasıl [ɑː]: *-e* ***~ olmak*** eintreffen in *D*

vasıta [ɑː] Mittel *n*; Mittler *m*; Vermittlung *f*, ***~lı*** indirekt (*Steuer*); ***~sıyla*** mittels *G*, durch *A*, durch Vermittlung *G*; ***~sız*** direkt (*Steuer*); unmittelbar

vasi [iː] JUR Vormund *m*; Testamentsvollstrecker *m*; ***~lik*** ⟨-ği⟩ Vormundschaft *f*

'vasistas Oberlicht *f*, Klappfenster *n*

vasiyet ⟨-ti⟩ Testament *n*, Letzte(r) Wille; Vermächtnis *n*; ***~ etmek*** testamentarisch verfügen; ***~name*** Testament *n* (*als Schriftstück*)

vaşak ⟨-ğı⟩ ZOOL Luchs *m*

vat ⟨-tı⟩ EL Watt *n*; ***5 ~lık*** von 5 Watt

vatan Vaterland *n*; Heimat *f*; patriotisch; ~ ***hasreti*** Heimweh *n*; ~ ***sevgisi*** Vaterlandsliebe *f*; ~***ı kurtarmak*** F sich aus der Affäre ziehen; ~ ***tutmak*** sich niederlassen, sich ansiedeln
vatandaş Landsmann *m*, Landsmännin *f*; Mitbürger *m*, -in *f*; Staatsangehörige(r); ~**lar** Landsleute *pl*; (Mit)Bürger *pl*; ~**lık** ⟨-ğı⟩ Landsmannschaft *f*; Staatsangehörigkeit *f*; → ***yurttaşlık***; Bürger- (*Recht*); ... ***vatandaşlığına geçiş*** der Erwerb der ... Staatsangehörigkeit
vatan|î [iː] vaterländisch; ~ ***görev*** *fig* Militärdienst *m*; ~**perver** patriotisch; Patriot *m*, -in *f*; ~**perverlik** ⟨-ği⟩ Patriotismus *m*; ~**sever** → ***vatanperver***; ~**sız** vaterlandslos
vatka Watte(polster *n*) *f*
vatman Straßenbahnführer *m*
vatoz ZOOL Nagelrochen *m* (*Raja clavata*)
vaveyla [vaːvɛɪ̯laː] Geschrei *n*
vay o weh!, ach!; wehe (*-e D*); *Verwunderung* nanu!, ach nein!; was!?; Leid *n*, Unglück *n*
'vazetmek *v/t* → ***koymak, konulmak***
vazgeçilmez unabdingbar, unerlässlich
vaz|geçme Verzicht *m*; ~**geçmek** (*-den*) verzichten auf *A*; *Gewohnheit, Rauchen* aufgeben; Abstand nehmen von *D*; ~**geçti**: *-in* ***b-le bir vazgeçtisi olmak*** e-n alten Groll auf j-n hegen
vazife [iː] Pflicht *f*, Dienst *m*; Amt *n*; *-i* (***kendine***) ~ ***etmek*** (*od* ***bilmek***) sich *D* zur Aufgabe machen *A*; (***onun***) ~***si mi*** (*od* ***üstüne***) ~ ***mi?*** wieso mischt er sich ein?; ~**lendirmek** (*-i -e*) *j-n* verpflichten zu; beauftragen mit
vaziyet ⟨-ti⟩ Lage *f*, Situation *f*, Zustand *m*, Stellung *f*; ~ ***almak*** e-e Haltung einnehmen; Stellung nehmen; *-e* ***karşı*** ~ ***almak*** Stellung nehmen gegen
'vazo Vase *f*
v.b. *Abk für* ***ve benzer(ler)i*** und Ähnliche (u. Ä.); ***ve başka(lar)ı*** und andere(s) (u. a.); ***ve bunun gibi*** und dergleichen (u. dgl.)
ve *konj* und
veba [aː] MED Pest *f*, Seuche *f*; ***sığır*** ~***sı*** Rinderpest *f*
vebal [aː] ⟨-li⟩ Sünde *f*, schlimme Folgen *f/pl*; Strafe *f*; *-in* ~***i boynuna olmak*** die Verantwortung tragen müssen
vecd Ekstase *f*, Verzückung *f*; ***vecde gelmek*** in Verzückung geraten
vecibe [iː] *bes* REL Pflicht *f*
veciz [iː] prägnant; ~**e** Motto *n*, Devise *f*, Sinnspruch *m*; Aphorismus *m*
veçhile: ***bu*** ~ in dieser Hinsicht; ***her*** ~ in jeder Hinsicht
veda [aː] ⟨-aı⟩ Abschied *m*; Abschieds- (*Konzert*); *-e* ~ ***etmek*** Abschied nehmen von *D*; ~**laşmak** (*-e, -le*) sich verabschieden von *D*
vefa [aː] Treue *f*, Beständigkeit *f*; *-e* ~ ***etmek*** treu sein *D*; genügen, reichen; s-e Schuld begleichen; ~**kâr** [aː], ~**lı** *-e* treu *D*, treu ergeben *D*; ~**kârlık** Treue *f*; ~**sız** treulos, untreu; ~**sızlık** ⟨-ğı⟩ Treulosigkeit *f*, Unbeständigkeit *f*
vefat [aː] ⟨-tı⟩ Tod *m*, Ableben *n*; ~ ***etmek*** hinscheiden, sterben
veh|im ⟨vehmi⟩ Argwohn *m*; Befürchtung *f*, Zweifel *m*; ***vehme düşmek*** Bedenken haben; ***vehme kapılmak*** Befürchtungen hegen; ~**metmek** *v/t* befürchten, Bedenken haben wegen
vejetalin Pflanzenfett *n*
vejetaryen Vegetarier *m*; ~ ***lokantası*** vegetarische(s) Restaurant; ~**lik** ⟨-ği⟩ vegetarische Ernährung
vekâlet ⟨-ti⟩ *osm* → ***bakanlık***; JUR Vertretung *f*; ~**en** vertretungsweise; ~**name** [-naː-] JUR Vollmacht *f* (*als Urkunde*)
vekil [iː] *osm* → ***bakan***; Stellvertreter *m*; *-i -e* ~ ***etmek*** *j-n* bevollmächtigen *zu*; ~**lik** ⟨-ği⟩ (Stell)Vertretung *f*
vektör PHYS Vektor *m*
velayet [aː] ⟨-ti⟩: ~ ***hakkı*** Sorgerecht *n*
velet ⟨-di⟩ *osm* Kind *n*; Bengel *m*; ***veledi zina*** *abw* Bastard *m*
velev, ~ ***ki*** *osm konj* selbst wenn
'velhasıl [aː] kurz und gut
velî [iː] Erziehungsberechtigte(r); *Ansprechpartner für die Schule*; Heilige(r)
veliaht ⟨-di⟩ Thronfolger *m*
velî|lik ⟨-ği⟩ Vormundschaft *f*, Heiligkeit *f*, ~**nimet** [iː] ⟨-ti⟩ Wohltäter *m*, -in *f*, Brotgeber *m*, -in *f*
velur Velours *m*
velvele Geschrei *n*; Radau *m*; *-i* ~***ye vermek*** Radau machen, randalieren; *die Gegend* in Aufruhr versetzen; ~**ci** Krakeeler *m*, Radaubruder *m*
'Venedik Venedig *n*; ~**li** Venezianer *m*, -in *f*, venezianisch
'Venüs Venus *f*

ve'randa Veranda *f*
veraset [ɑː] ⟨-ti⟩ Erbschaft *f*, Erbe *n*; Vererbung *f*, Erblichkeit *f*; **~ *hakkı*** Erbrecht *n*; **~ ilamı** Erbschein *m*
verdi (Gas)Menge *f*; EL gelieferte Energie (*pro Sekunde*)
verdirmek *kaus von* ***vermek***
verecek F Schuld *f*; **~li** Schuldner *m*, -in *f*
verem Tuberkulose *f*; F tuberkulös, **~li** tuberkulös, Schwindsüchtige(r)
verese JUR Erben *pl*
veresiye auf Kredit, F auf Pump; sehr larifari, obenhin (*arbeiten*); *-i* **~ *vermek*** F auf Pump geben *A*
verev(ine) schräg, diagonal
vergi Steuer *f*; Gabe *f*, Talent *n*, (Gottes)Geschenk *n*; **~ *beyannamesi*** Steuererklärung *f*; **~ *dairesi*** Finanzamt *n*; **~ *dilimi*** Steuergruppe *f*; **~ *iadesi*** Steuererstattung *f*; **~ *kaçırmak*** Steuern hinterziehen; **~ *matrahı*** Steuerbemessungsgrundlage *f*; **~ *muafiyeti*** Steuerfreiheit *f*, Steuerbefreiung *f*; ***~den düşürmek*** von den Steuern absetzen; ***~ye bağlamak*** *j-n* zur Steuer veranlagen; *Sache* besteuern; ***~ye tabî*** steuerpflichtig; ***arazi*** (*od* ***gayri menkul***) ***~si*** Grundsteuer *f*; ***gelir ~si*** Einkommensteuer *f*, Lohnsteuer *f*; ***katma değer ~si*** (***KDV***) Mehrwertsteuer *f* (MwSt); ***motorlu taşıt ~si*** Kraftfahrzeugsteuer *f*; ***veraset ~si*** Erbschaftssteuer *f*; **~lendir(il)me** Besteuerung *f*; **~lendirmek** *v/t* besteuern; **~li** begabt
veri → ***veriler***; **~ *ağı*** Datennetz *n*; **~ *aktarımı*** Datenübertragung *f*; **~ *alışverişi*** Datenaustausch *m*; **~ *tabanı*** Datenbank *f*; **~ *toplamak*** Daten zusammentragen; **~ *ortamı*** Datenträger *m*
veriler *a* EDV Daten *pl*
verici MED Spender *m*, -in *f*; *Radio* Sender *m*
ver|iliş Erteilung *f*; **~ *tarihi*** Ausstellungsdatum *n*; **~ir** → ***vermek***
verim Ertrag *m*, Gewinn *m*; **~li** *bes* ÖKON produktiv, ergiebig; einträglich; *a* AGR fruchtbar; **~lilik** ÖKON Produktivität *f*, Ergiebigkeit *f*, Fruchtbarkeit *f*; **~siz** unergiebig; karg
veriş Geben *n*; Verkauf *m*
verïştirmek (*-i -e*) wie aufgezogen reden; *j-m* (gehörig) die Meinung sagen
veriyolu EDV Bus *m*
verkaç *Fußball* Ausmanövrieren *n*, Doppelpass *m*
verme: ***ara*~** Pausemachen *n*; ***su*~** Tränken *n*; ***yem* ~** Fütterung *f*
vermek ⟨-ir⟩ (*-i -e*) geben (*j-m A*) (*a fig z.B. Fest*); schenken (*j-m A*); hinterlassen (*z.B. Haus*); erteilen (*z.B. Unterricht*); verbreiten (*z.B. Geruch*), machen (*Geräusch*); *j-m die Tochter* (zur Frau) geben; als richtig betrachten (*z.B. Handlung*); *Diplom*, *Ermächtigung* erteilen; *Hoffnung* machen; *Kummer* bereiten; *Pass* ausstellen; *Schuld* begleichen; (*Rücken zur Wand*) wenden; *Zeit* aufwenden, opfern; ***kendisini*** *-e* **~** sich widmen *D*; *-i* ***heyecana* ~** in Aufruhr versetzen; *-e* ***randevu* ~** e-e Verabredung treffen mit; e-n Termin geben *D*; ***verildiği yer*** Ausstellungsort *m* (*e-r Urkunde*); ***ver elini İstanbul!*** *etwa* und jetzt ab nach Istanbul!; (*zum Ausdruck e-r eiligen Handlung*) (*-e*, *-a*, *-i usw*) + ***vermek***: ***alı*~** gleich (*od* schnell) nehmen; ***bakı*~** schnell (*od* flüchtig) hinsehen; ***söyleyi*~** gleich (*od* ohne weiteres) sagen; ***anlayı*~** sofort begreifen
vermut ⟨-tu⟩ BOT, GASTR Wermut *m*
vernik ⟨-ği⟩ Firnis *m*; **~lemek** *v/t* firnissen
versiyon Version *f*
'veryansın aus voller Kehle (*schreien*); F frisch drauflos (*singen*); *dial* F auf Deubel komm raus; **~ *etmek*** *etw* mit voller Kraft tun, mit vollen Händen ausgeben; *z.B.* ***sıcaklar* ~ *ediyor*** die Hitze ist ganz unerträglich
vesaire [-'sɑː-] und so weiter (= *usw.*)
vesayet [aː] ⟨-ti⟩ JUR Vormundschaft *f*, Bevormundung *f*; *-i* **~ *altına almak*** bevormunden
vesika [iː] → ***belge***; **~lı** registrierte Prostituierte; **~lık**, **~ *fotoğraf*** Passbild *n*
vesile [iː] Anlass *m*, Vorwand *m*; Gelegenheit *f*; ***bu* ~ *ile*** aus diesem Anlass; bei dieser Gelegenheit; ***her* ~ *ile*** bei jeder (passenden) Gelegenheit
'vesselam [-ɑːm] und damit basta!
vestiyer Garderobe *f*, Kleiderablage *f*; **~ci** Garderobenfrau *f*, Garderobier *m*
vesvese böse(r) Verdacht, Misstrauen *n*; **~ci, ~li** (dauernd) argwöhnisch
veteriner Tierarzt *m*, Tierärztin *f*; **~lik**

⟨-ği⟩ Veterinärmedizin *f*
'veto Veto *n* (*-e* gegen *A*); *-i* ~ ***etmek*** ein Veto einlegen gegen; ablehnen, zurückweisen, F sperren
veya, ~hut [-ja:-] oder, beziehungsweise
vezaret [ɑ:] ⟨-ti⟩ HIST Ministerium *n*
vezin ⟨vezni⟩ LIT Versmaß *n*; **~li** in Versen; **~siz** ohne Versmaß
vezir [i:] HIST Wesir *m*; Dame *f im Schachspiel*; ***~-i azam*** Großwesir *m*
vezne Kasse *f* (*z.B. in e-r Bank*); *osm* Waage *f*; **~ci, ~dar** Kassierer *m*
vıcık: *abw* ~ ~ dünflüssig, matschig; *fig* rührselig; **~lık** *fig* Gefühlsduselei *f*
vık ⟨-kı⟩ Piep(s) *m*; ~ ***dememek*** keinen Pieps von sich geben
vıkı: ~ ~ ***etmek*** *etw* daherreden, F rumquatschen
vınlamak schwirren, sausen, summen
vır: *abw* ~ ~ ***etmek*** → ***vırılda(n)mak***
vırıl|da(n)mak F fortgesetzt quasseln; **~tı** (ewige) Quasselei
vırt: *abw* ~ ***zırt*** immer wieder
vırvırcı *Person* F Quasselstrippe *f*
vız Summen *n* (*der Insekten*); Sausen *n*; *-e* ~ ***gelmek***, *a* ~ ***gelip tırıs gitmek*** F *j-m* völlig schnuppe (*od* egal) sein
vızıl|da(n)mak summen; sausen; *fig* jammern, quengeln; **~tı** Summen *n*, Surren *n*; *fig* Gejammer *n*
vızır: ~ ~ aus dem Handgelenk (*machen*); sofort, auf der Stelle (*wieder gehen*); schwirrend, sausend
vızlamak → ***vızıldamak***
vızlayıcı Summer *m*
vibratör TECH Vibrator *m*
vicdan [vɪʒ'dɑ:n] Gewissen *n*; ~ ***azabı*** Gewissensbisse *m/pl*; ~ ***hürriyeti*** Gewissensfreiheit *f*
vic'danen: ~ ***rahat*** ruhigen Gewissens
vicdan|lı gewissenhaft; **~sız** gewissenlos; **~sızlık** ⟨-ğı⟩ Gewissenlosigkeit *f*
'vida Schraube *f*; ~ ***anahtarı*** Schraubenschlüssel *m*; ~ ***dişi*** Schraubengang *m*; ***~yı sıkıştırmak*** festschrauben; ***~yı sökmek*** losschrauben; *-in* ***~ları gevşedi*** *fig* (er, sie) platzte los, F wieherte los
vi'dala Boxcalf *n*
vida|lamak *v/t* anschrauben; **~lı** angeschraubt; mit Schrauben; Schraub-
video Video(apparat *m*) *n*; ***~ya almak*** (*od* ***çekmek***) auf Video aufnehmen; ~ ***kamera(sı)*** Videokamera *f*; ~ ***kaseti*** Videokassette *f*; ~ ***oyunu*** Videospiel *n*
Vietnam Vietnam *n*; **~lı** Vietnamese *m*, Vietnamesin *f*; vietnamesisch
vilayet [-a:-] ⟨-ti⟩ HIST Provinz *f*
'villa Villa *f*
vinç ⟨-ci⟩ Kran *m*; Winde *f*; ***yüzer*** ~ Schwimmkran *m*; ~ ***operatörü*** Kranführer *m*, -in *f*
'vira in einem fort (*reden*); MAR *an den Maschinisten* los!, fertig!, ab!
viraj Kurve *f*; ~ ***almak***, ***~ı dönmek*** die Kurve nehmen; F einen Fauxpas doch noch vermeiden; ***keskin*** ~ scharfe Kurve; **~lı** kurvenreich
viran [vi:rɑ:n] verfallen, in Ruinen
virane Ruine *f*, Ruinenfeld *n*; **~lik** ⟨-ği⟩ Ruinenfeld *n*
virgül Komma *n*; ***noktalı*** ~ Semikolon *n*
virman ÖKON Überweisung *f*, Übertragung *f*; ~ ***bankası*** Girobank *f*; ~ ***çeki*** Verrechnungsscheck *m*
virt ⟨-di⟩ Gebetsformel *f*; *fig* ewige Litanei
virtüoz, virtüöz Virtuose *m*
'virüs EDV, MED Virus *n* (*a m*)
viski Whisky *m*
viskonsül Vizekonsul *m*
viskozite Viskosität *f*
'vişne BOT Sauerkirsche *f*; **~çürüğü** ⟨-nü⟩ (blasses) Weinrot *n*
vitamin Vitamin *n*; **~li** vitaminreich; ***bol*** ~ ***meyve suyu*** Multivitaminsaft *m*; **~siz** vitaminarm; **~sizlik** ⟨-ği⟩ Vitaminmangel *m*
vites AUTO Gang(schaltung *f*) *m*; ~ ***değiştirmek*** e-n anderen Gang einlegen, schalten; ~ ***kolu*** Schalthebel *m*; ~ ***kutusu*** Getriebe *n*; ***arazi ~i*** kleinste(r) Gang; ***ikinci ~e takmak*** (*od* ***~i ikiye almak***) den zweiten Gang einlegen
vitir ⟨vitri⟩ (zusätzliches) Nachtgebet (*nach dem letzten Abendgebet*)
vitray Buntglasfenster *n*; Bleiverglasung *f*
vitrin Schaufenster *n*; Schaukasten *m*; Vitrine *f*; ~ ***yapmak*** Schaufenster dekorieren, F Fenster machen
'viya MAR *etwa* Kurs halten!
viyadük ⟨-ke⟩ ARCH Viadukt *m*
viyak *Kind* Quäken *n*, Plärren *n*; **~lamak** quäken, plärren
Vi'yana Wien *n*; **~lı** Wiener *m*, -in *f*; wienerisch
vi'yola MUS Bratsche *f*, Viola *f*; **~cı** Brat-

schist *m*
viyolon|ist Geiger *m*, Violinist *m*; **~sel** Violoncello *n*
'vize Visum *n*; Sichtvermerk *m*; Semesterprüfung *f*, Semesterbescheinigung *f* (*an der Universität*); **~ almak** ein Visum erhalten; **~ mecburiyeti** Visumzwang *m*; **~ vermek** ein Visum ausstellen (*od* erteilen); **~ye tabi** visumpflichtig
vi'zite MED Visite *f*; (Untersuchungs)-Honorar *n*
vizon ZOOL Nerz *m* (*a* Nerzpelz *m*)
vizör FOTO Sucher *m*; Helmklappe *f*
vodvil MUS Vaudeville *n*, Singspiel *n*
vokal[2] ⟨-li⟩ GR, MUS Vokal *m*; vokal
volan TECH Schwungrad *n*; Volant *m* (*am Kleid*)
vole Flugball *m*
vo'leybol Volleyball *m*
volfram Wolfram *n*
'voli Auswerfen *n* von Netzen (*um das Boot*); *fig* Fang *m*, Gewinn *m*; **~ çevirmek** Netze auswerfen
volkan Vulkan *m*; **~ patlaması** Vulkanausbruch *m*; **~ik** vulkanisch
volt ⟨-tu⟩ EL Volt *n*
'volta MAR Verhedderung *f* (*von zwei Ketten od Kabeln*); Lavieren *n*; **~ atmak** hin- und herschlendern; **~ vurmak** MAR lavieren; hin- und herschlendern, e-n Bummel machen; **~sını almak** *fig* Fersengeld geben
voltaj EL (Strom)Spannung *f*; **~ düşüklüğü** Spannungsabfall *m*; **~ regülatörü** Spannungsregler *m*; **yüksek ~** Hochspannung *f*
volt'metre EL Spannungsmesser *m*
vonoz Fischbrut *f*
'votka Wodka *m*
v.s. *Abk für* **ve saire** und so weiter (usw.)
vuku [-uː] ⟨-uu⟩: *osm* Geschehnis *n*; **~ bulmak, ~a gelmek** sich zutragen; **~at** [ɑː] ⟨-tı⟩ Zwischenfälle *m/pl*
vukuf [-uːf] Wissen *n*, Kenntnisse *f/pl* (*-e G*); **~suz** inkompetent
'vulva ANAT Vulva *f*
vuraç ⟨-cı⟩ Schlegel *m*
vurdumduymaz gefühllos, stumpf(sinnig), abgestumpft; begriffsstutzig; **~lık** ⟨-ğı⟩ Gefühllosigkeit *f*, Stumpfsinnigkeit *f*; Begriffsstutzigkeit *f*
vurdurmak (*-i -e*) schlagen lassen *usw*; (*j-m den Fuß*) wund reiben
vurgu Betonung *f*; Akzent *m*; **~lamak** *v/t Wort* betonen; hervorheben; *fig* prägen, charakterisieren; **~lu** betont (*Wort*); **~ çalgılar** Schlaginstrumente *n/pl*
vurgun *-e* verliebt (in *A*); begeistert (von *D*); Spekulationsgewinn *m*; Wundsein *n* (*der Füße*); Schädigung *f* (*z.B. durch Giftgas*); MED Taucherkrankheit *f*; (*durch Hagel*) beschädigt; verwundet; **~(u) vurmak** F einen kräftigen Reibach machen
vurguncu Spekulant *m*; Spekulations-
vurgunculuk ⟨-ğu⟩ Spekulation *f*
vurgunluk ⟨-ğu⟩ Verliebtheit *f*, Wundsein *n*; durchgerieben
vurgusuz LING akzentlos, unbetont
vurma Schlagen *n*; **~lı çalgı** Schlaginstrument *n*
vurmak ⟨-ur⟩ (*-i -e*) schlagen *A* an, auf, in *A*; einschlagen (*z.B. Nagel* in *A*); den Weg einschlagen zu, nach *D*, zugehen auf *A*; klopfen (*z.B. Herz*; *an die Tür*); schießen (*auf e-n Vogel*), treffen *A*, abschießen *A*, erschießen *A*; F multiplizieren (*z.B.* **ikiyi dörde** 2 × 4); krank machen *A*, schlagen auf *A*; F e-n heben; *z.B. Arm* sich (*D*) stoßen an *D*; *Farbe* auftragen auf *A*, anstreichen *A*; *Kälte* schaden (*dem Obst*); *Licht* dringen in *A*; *im Lotto* gewinnen, e-n Treffer erzielen; *Sonne* direkt scheinen (*ins Gesicht*); MED *Spritze* geben *D*; *Stempel* setzen auf *A*; **vur emri** Erschießungsbefehl *m*; **ateşe ~** *etw* aufs Feuer stellen; **ayağını (güm güm) yere ~** mit dem Fuß (heftig) aufstampfen; **dışarıya ~** nach außen dringen; **dişleri birbirine ~** mit den Zähnen klappern; *-in* **ateşi başına vurmuş** *fig* er/sie spinnt; **sola ~** (nach) links abbiegen; *-i* **şakaya ~** ins Lächerliche ziehen *A*; *-e* **yama ~** e-n Flicken aufsetzen auf *A*; *-i* **zincire ~** in Ketten legen *A*; **vur aşağı tut yukarı** nach langem Feilschen; **vur abalıya** immer auf die Kleinen
vurtut Schießerei *f*, (bewaffnete) Auseinandersetzung; durch Handeln
vuru Klopfen *n* (*des Herzens*); Pulsschlag *m*
vurucu Schütze *m*; **~ güç** schlagkräftige Einheit; (ziviles) Einsatzkommando
vurulmak *pass von* **vurmak**; *-e* sich ver-

V

lieben in *A*; erschüttert sein von *D*
vurunmak anziehen; *Kopftuch* umbinden
vuruntu Stottern *n* (*des Motors*)
vurur → ***vurmak***
vuruş Schlagen *n*, Pochen *n*; Schlag *m*; Schlägerei *f*; MUS Takt *m*; SPORT Schuss *m*; ***başlama*** **~*u*** Anstoß *m*
vuruş|kan Schläger *m*; **~ma** Schlägerei *f*; **~mak** sich schlagen, sich prügeln; F miteinander schlafen
vuslat ⟨-tı⟩ Vereinigung *f* (*der Liebenden*)
vuzuh [-uːx] Klarheit *f* (*im Denken*)
vücut [uː] ⟨-du⟩ Körper *m*; Gehäuse *n*; Wesen *n*; ~ ***bakımı*** Körperpflege *f*; ~ ***bulmak*** Gestalt annehmen; ~ ***geliştirme*** Bodybuilding *n*; *-e* ~ ***vermek*** Gestalt geben *D*; ~ ***yapısı*** Körperbau *m*; ***vücuda gelmek*** entstehen; ***vücuda getirmek*** bilden, schaffen; **~*tan düşmek*** mager werden, vom Fleisch fallen; **~*ça*** was den Körperbau betrifft; **~*lu*** korpulent; mit e-m … Körper; **~*suz*** nicht bestehend; unwirklich; schmächtig
vülkanizasyon Vulkanisierung *f*
vülkanize: ~ ***etmek*** vulkanisieren

W, X

w, W [dubl ˈvɛː], [ˈdɑbəl yu] *kein Bestandteil des türkischen Alphabets*
walkie-talkie Walkie-Talkie *n*
walkman® Walkman® *m*
WC WC *n*, Toilette *f*
web: ~ ***sayfası*** Internetseite *f*, Homepage *f*; **~*sitesi*** Website *f*; ~ ***sunucu(su)*** Webserver *m*
workshop Workshop *m*
x, X [ɪks] *kein Bestandteil des türk. Alphabets*; MATH die Unbekannte x; ~ ***ışınları*** Röntgenstrahlen *m/pl*

Y

y, Y [jɛː] y, Y *n*; MATH die Unbekannte y
ya[1] [jaː] *int* oh, nein …!; *verstärkend* ~ ***Rabbi***, ~ ***Allah!*** mein Gott!; ~ ***medet*** (zu) Hilfe!; ***yürü*** ~ ***mübarek*** vorwärts, Menschenskind (*od* zum Donnerwetter!); → ***a!***
ya[2] *konj* oder; und …!?; ~ ***da*** oder; ~ …, ~ entweder … oder …; *Beispiele* ***siz karnınızı doyurdunuz***, ~ ***ben ne yapayım?*** Sie haben sich satt gegessen, und ich, was soll ich tun?; ~ ***ben aldanıyorum***, ~ ***sen*** entweder irre ich mich oder du
ya[3] *adv* denn (*in Fragesätzen*); ja; stimmt; doch; ja schon; wirklich?; so?!, was?!; ~ ***kardeşim nerede?*** wo ist denn mein Bruder?; ***hava bugün çok güzel! –*** ~, ***hakikaten öyle*** heute ist das Wetter sehr schön! Stimmt, es ist wirklich so; ~ ***demek artık çalışacaksın …*** so, du willst also endlich arbeiten …; ***dün getirdim*** **~*!*** ich hab's doch gestern gebracht!; ***böyle söylenir mi? Söylenir*** **~*!*** sagt man so? Ja, so sagt man!
-ya, *mit* **-sa**: ***öğrense ya!*** er soll es doch mal lernen!; *andere Personenformen* → **-a, -e**
yaba Holzgabel *f*; **~*lamak*** worfeln
yaban Wildnis *f*, Einöde *f*; Wilde(r); wild, Wild-; *-i* **~*a atmak*** nicht für voll nehmen *A*; *fig* hinweggehen (über *A*); verachten; **~*a gitmek*** *fig* verpuffen; **~*a söylemek*** F Stuss reden
ya'ban|arısı ⟨-nı⟩ ZOOL Wespe *f*; **~*asması*** ⟨-nı⟩ BOT Wildrebe *f*; **~*atı*** ⟨-nı⟩ ZOOL Wildpferd *n*
yabancı fremd; unbekannt; Ausländer *m*, -in *f*; ~ ***düşmanlığı*** Ausländerfeindlichkeit *f*; *-e* ~ ***gelmek*** *j-m* fremd vor-

kommen; **~ madde** Fremdkörper *m*; **buranın ~sıyım** ich bin hier fremd; **bu konuya ~** (*od* **bu konunun ~sı**) **değilim** mir ist diese Sache nicht fremd
yabancıl exotisch
yabancı|lamak *-i j-m* fremd vorkommen; *Kind* fremdeln; **~laşma** Verfremdung *f*, Entfremdung *f*; **~laşmak** fremd werden; verfremdet werden; **~laştırmak** *v/t* verfremden; zurückstoßen; **~lık** ⟨-ğı⟩ fremde Herkunft; Fremdsein *n*; Verfremdung *f*; **~ çekmek** sich fremd fühlen; sich nicht einleben können
ya'ban|domuzu ⟨-nu⟩ ZOOL Wildschwein *n*; **~eşeği** ⟨-ni⟩ ZOOL Wildesel *m*; **~gülü** ⟨-nü⟩ BOT Heckenrose *f*, Hundsrose *f* (*rosa canina*)
yabanıl → **yabanî**
yabanî [-ɑːniː] wild; menschenscheu; unheimlich; BOT wild wachsend
yabani|leşmek verwildern; **~lik** ⟨-ği⟩ Wildheit *f*, Verwilderung *f*, Verwahrlosung *f*
yabanlık ⟨-ğı⟩ *dial* Ausgeh- (*Anzug*), Sonntags-; (unbebaute) Felder *n/pl*, Wiesen *f/pl*
ya'banördeği ⟨-ni⟩ ZOOL Wildente *f*
yabansı ungewöhnlich, sonderbar, F komisch; **~lık** ⟨-ğı⟩ etwas Sonderbares; **~mak** *v/t* seltsam, sonderbar finden
ya'banturpu ⟨-nu⟩ BOT Meerrettich *m* (*Raphanus Japhanistrum*)
yad[1] → **yabancı**; **~ eller** Fremde *f*; die Fremden *pl*
yâd[2] ⟨-dı⟩: *-i* **~ etmek** gedenken *G*
ya da oder; → **ya**[2]
yadımla|ma BIOL Dissimilation *f*; **~mak** *v/t* dissimilieren
yadır|gamak seltsam (F *a* komisch) finden; sich wundern über *A*; **~gatmak** *v/t* befremden; verwundern
yadigâr [jɑː-] Erinnerung *f* (*z.B. als Sache od Person*); *-e -i* **~ vermek** als Andenken verehren (*j-m A*)
yadsı|ma Abweisung *f*, Nichtanerkennung *f*, Leugnen *n*; **~mak** *v/t* leugnen, bestreiten; verleugnen, nicht anerkennen; **~namayan** unbestritten
'yafta Etikett *n*, Aufkleber *m*
yağ Fett *n*; Öl *n*; Schmiere *f*; **~ bağlamak** Fett ansetzen; **~ bal** ausgezeichnet; *fig* wie die Made im Speck; **~ bal olsun!** wohl bekomm's!; **~ basmak** e-e Fettschicht bilden; *fig* Fett ansetzen; *-e* **~ çekmek** (*od* **yapmak**) *fig j-m* Honig um den Bart schmieren; **~ değiştirme** AUTO Ölwechsel *m*; **~ deposu** Öltank *m*; **~ gibi işlemek** *Maschine* laufen wie geschmiert; **~ lekesi** Fettfleck *m*; **~ pompası** Ölpumpe *f*; **~ seviyesi** Ölstand *m*; **~ tulumu** *fig* Fettwanst *m*, Tonne *f*; **~ıyla balıyla** mit allem Drum und Dran
yağar → **yağmak**
'yağbezi ⟨-ni⟩ Talgdrüse *f*
yağcı Fetthersteller *m*; TECH Öler *m*; *fig* Speichellecker *m*
yağcılık ⟨-ğı⟩ TECH Ölen *n*, Schmieren *n*; *fig* Speichelleckerei *f*; **~ etmek** *fig j-m* um den Bart gehen
yağdanlık ⟨-ğı⟩ Ölkanne *f*
yağdırmak (*-i -e*) regnen lassen, schneien lassen auf *A*; *fig* bombardieren, überschütten *A* mit *D*; ÖKON *Markt* überschwemmen *A* mit *D*
'yağdoku Fettgewebe *n*
yağımsı fettig
yağır Widerrist *m* (*des Pferdes*); Druckstelle *f* (*durch den Sattel*)
yağış Niederschlag *m*; Niederschlagsmenge *f*; **yoğun kar ~ı** heftige Schneefälle *m/pl*
yağışlı regnerisch; Regen- (*Tag*); regenreich (*Region*); **kar ~** mit Schneefall
yağışsız ohne Regen; regenarm
yağız dunkelbraun, brünett; *Pferd* Rappe *m*; **~ doru** *Pferd* Braune *m*
yağla|ma Ölen *n*, Schmieren *n*; **~ yağı** Schmiermittel *n*; **~mak** *v/t* ölen, (ab)schmieren; einfetten; *fig j-m* nach dem Munde reden; *-i* **yağlayıp ballamak** *fig j-n* in den Himmel heben
yağlayıcı: **~ madde** Schmiermittel *n*
yağlı ölig, Öl-; fettig, Fett-; fett; mit Fett (*od* Öl) hergestellt; ... in Öl; *fig* einträglich; *Person* F betucht; **~ güreş** Ringkampf *m* (*wobei die Körper eingefettet werden*); **~ kağıt** Butterbrotpapier *n*; **~ kuyruk** ZOOL Fettschwanz *m*; *fig* (*a* **~ kapı**) Goldgrube *f*, Geldquelle *f*, *Person* Goldesel *m*, *dial* F Dukatenscheißer *m*
yağlıboya Ölfarbe *f*; **~ tablo** Ölgemälde *n*
yağlık ⟨-ğı⟩ *dial* große(s) Taschentuch, Kopftuch *n*; **~çı** *dial* (Kopf)Tuchhändler *m*; *dial* Brautausstatter *m*
yağma Raub *m*; Plünderung *f*, Raubzug

m; ausgeraubt; *-i* ~ ***etmek*** ausrauben, ausplündern; HIST e-n Raubzug durchführen; ~ ***gitmek*** reißenden Absatz finden; ~ ***yok!*** nix da!

'yağmacı Räuber *m*, Plünderer *m*; **~lık** ⟨-ğı⟩ Räuberei *f*, Plünderei *f*

yağmak ⟨-ar⟩ *Regen usw* fallen; prasseln (*üstüne* auf *A*); *fig Briefe* hereinströmen, regnen; ***dolu yağıyor*** es hagelt; ***kar yağıyor*** es schneit; ***yağmur yağıyor*** es regnet

yağmalamak *v/t* ausrauben, ausplündern

yağmur Regen *m*; *fig* Hagel *m*; ~ ***boşanmak*** in Strömen regnen, gießen; ~ ***duası*** Gebet *n* um Regen; ~ ***suyu*** Regenwasser *n*; ~ ***yemek*** nass (*od* durchnässt) werden; **~*dan kaçarken, doluya tutulmak*** *fig* vom Regen in die Traufe kommen

yağmur|ca Damwild *n*; **~kuşu** ⟨-nu⟩ ZOOL (Fluss)Regenpfeifer *m* (*Charadrius fluvialis*)

yağmur|lama AGR Beregnung *f*; **~mak** **1.** *v/i* regnerisch werden; **2.** *v/t* besprühen; **~lu** regnerisch; Regen- (*Tag*); **~luk** ⟨-ğu⟩ Regenmantel *m*; **~suz** regenarm, regenlos

yağsız fettarm, mager; ohne Fett (*zubereitet*); *fig Figur* dünn, sehr schlank

yahey [jaː-] *int* juchhe!, wunderbar!

yahni *Ragout mit gerösteten Zwiebeln*

yahu [ˈjaː-] *int* Mensch!, Menschenskind!, Kinder(s)!; zum Donnerwetter!; was!; *zur Betonung* ja ...; ***bu ne sıcak, ~!*** Kinder, ist es heiß!; ***... cennet, ~!*** ... ja, ein Paradies!

Yahudi Jude *m*, Jüdin *f*; ~ ***pazarlığı*** lange(s) Feilschen; **~ce** (das) Hebräisch(e); hebräisch; **~lik** ⟨-ği⟩ Judentum *n*

yahut [jɑː-] oder (aber, vielleicht)

yaka Kragen *m*; Knopfloch *n* (*am Kragen*); Ufer *n*; Seite *f* (*des Ufers*); MAR Segelrand *m*; ~ ***paça götürmek*** (gewaltsam) wegschleppen; *-den* ~ ***silkmek*** sich abwenden von *D*; schaudern bei; **~*sı açılmadık*** *Ausdruck* unfein, unanständig; nie gehört, ganz neu; *-in* **~*sına yapışmak*** *j-n* nicht loslassen; *j-m* zusetzen mit; **~*yı ele vermek*** gefasst werden; (*-den*) **~*yı kurtarmak*** (*od* ***sıyırmak***) *fig* (ungeschoren) davonkommen; ***Anadolu*** (***Rumeli***) **~*sı*** die asiatische (europäische) Seite Istanbuls

yakacak ⟨-ğı⟩ Brennstoff *m*, Heizmaterial *n*; ~ ***yardımı*** Heizkostenzuschuss *m* (*zum Gehalt*)

yakalama JUR Festnahme *f*

yakalamak *v/t j-n* ergreifen, fassen; *j-n* überraschen, ertappen, F erwischen; JUR festnehmen; *Blick* auffangen, wahrnehmen; *z.B. Regen j-n* überraschen; ***çağı*** ~ mit der Zeit gehen

yakalanmak *pass von* ***yakalamak***; *-e* befallen werden (*von e-r Krankheit*); erfasst werden (*von e-m Sturm*); überrascht werden; *-e* ***hazırlıksız*** ~ unvorbereitet sein auf *A*; überrumpelt werden von; ***misafire*** ~ überraschend Besuch bekommen; ***nezleye*** ~ e-n Schnupfen bekommen

yakalatmak *kaus von* ***yakalamak***

yakalık ⟨-ğı⟩ Kragen-; lose(r) Kragen

yakamoz Meeresleuchten *n*; ~ ***olmak*** F erwischt werden; **~lanmak** *v/i* phosphoreszieren

yakar → ***yakmak***

yakarı(ş) Gebet *n*; Bitten *n*, Flehen *n*

yakarmak *-e* anflehen *A*; Zuflucht suchen (bei *D*)

yakı MED Pflaster *n*; Ätzmittel *n*; **~ağacı** ⟨-nı⟩ BOT Seidelbast *m*, Lorbeer *m* (*Daphne gnidium*)

yakıcı ätzend; brennend heiß, stechend; beißend (*Geschmack*); **~lık** ⟨-ğı⟩ (Sonnen)Glut *f*

yakılmak *pass von* ***yakmak***; *Ofen* geheizt werden, brennen; sich entzünden

yakın *-e* nah(e) *D*; dicht neben *D*; sehr ähnlich *D*; Nah- (*Kampf*); *Farbe* spielend (in *A*); *Interesse* rege; ~ ***akraba*** nahe(r) Verwandte(r); ~ ***benzeşme*** LING Assimilation *f*; ~ ***benzeşmezlik*** Dissimilation *f*; ~ ***çekim*** FOTO Nahaufnahme *f*

ya'kınçağ ⟨-ğı⟩ Neuzeit *f*

yakın|da in der Nähe; *Zeit* bald, demnächst; vor kurzem; **~dan** aus der Nähe, von nahem; näher; *-i* ~ ***bilmek*** näher (*od* genauer) kennen

Ya'kındoğu (der) Nahe Osten

yakınlarda in der Nähe; in der letzten Zeit, in diesen Tagen

yakınlaş|ma Nahen *n*; Annäherung *f* (*bes fig*); **~mak** *-e* sich nähern *D*; sich (einander) annähern, sich näher kommen; **~tırmak** *-i -e* annähern *A D*; *fig* näher bringen *A D*

yakınlık ⟨-ğı⟩ Nähe *f*; nahe Verwandtschaft; Interesse *n*; Sympathie *f*; *-e* ~ ***göstermek*** Interesse zeigen für
yakınma Klage *f*
yakınmak[1] *-den* klagen über *A*, sich beklagen über *A*
yakınmak[2] *v/t Pflaster* auflegen; *Haarfarbe, Henna* auftragen
yakın|sak PHYS, MATH konvergent; **~sama** Konvergenz *f*; **~samak** *-i* als nahe bevorstehend betrachten; MATH konvergieren
yakışık Schicklichkeit *f*; *fig* Anziehungskraft *f*; ~ ***almak*** sich gehören; **~lı** *Mann* gut aussehend; *fig* angemessen, schicklich; **~sız** *adj* ungehörig; **~sızca** *adv* ungehörig, flegelhaft (*sich benehmen*)
yakışmak *-e Kleid j-m* stehen; *z.B. Bild* passen zu, in *A*; sich gehören; angemessen sein *D*; ***ona hiç yakışmıyor*** das gehört sich nicht für ihn, das kommt ihm nicht zu
yakıştır|ma Argument *n*; passend, treffend; **~maca** Witz *m*, Witzwort *n*; schlagfertige Antwort; **~mak** (*-i -e*) zutrauen (*j-m etw*); *z.B. Kleidung* abstimmen (*auf s-n Typ*)
yakıt ⟨-tı⟩ Brennstoff *m*; Heizmaterial *n*; ***akar*** ~ Heizöl *n*
yakin [-kiːn] Gewißheit *f*; **~en** gewiss
yaklaşık annähernd, ungefähr; Annäherungs- (*Wert*); ~ ***olarak*** *adv* annähernd
yaklaşım *-e* Annäherung *f*; Einstellung *f* (zu); Betrachtung *f*, Behandlung *f*
yaklaşma *-e* Annäherung *f* (an *A*); MIL Anmarsch *m*; Anmarsch- (*Weg*); Marsch-; ~ ***fiili*** hypothetische(s) Verb → ***yazmak***[2]
yaklaş|mak *-e* sich nähern *D*; ähneln *D*; *Frage, Thema* berücksichtigen *A*; **~tırmak** (*-i -e*) nähern (*A D*); heranbringen *A* an *A*; *Stuhl* (heran)rücken an *A*; MIL *Reserven* heranziehen
yakma Brennen *n*, Brenn-, Ätzen *n*
yakmak[1] ⟨-ar⟩ **1.** *v/t* anzünden (*z.B. Zigarette*); verbrennen (*z.B. Holz, a fig den Mund durch Pfeffer*); *Licht* anmachen, anzünden; *fig Sturm* zunichte machen; mitspielen *D*; schwer enttäuschen; *fig vor Liebe* brennen; **2.** *v/i Sonne* brennen; *Person* schießen
yakmak[2] ⟨-ar⟩ auflegen; *z.B. Henna* auftragen; *Lied* komponieren
yakmak[3]: ***türkü*** ~ ein Lied improvisieren
yaktırmak (*-i -e*) anzünden lassen, zum Brennen bringen (*A* durch *A*)
yakut [ɑː] ⟨-tu⟩ Rubin *m*; ***gök*** ~ Saphir *m*
Yakut ⟨-tu⟩ Jakute *m*; Jakutin *f*; **~ça** (das) Jakutisch(e); jakutisch
yal *dial* Hunde- *od* Kuhfutter *n*
yalabı|k *dial* funkelnd; Feuer sprühend; schick, fesch; Blitz *m*; **~mak** funkeln, glänzen
yalak ⟨-ğı⟩ Trog *m*, Tränke *f*; (Auffang-)Becken *n*; *fig* F Quasselphilipp *m*
yalama TECH ausgeleiert; gewischte Zeichnung; F überreizt; ***cıvata*** ~ ***olmuş*** (*od* ***yapmış***) der Bolzen ist ausgeleiert
yalamak *v/t* lecken; auslecken (*Teller*); auflecken (*z.B. Honig*); *Kugel* streifen *A*; pfeifen, sausen; MAR *Deck* bespülen; ***yalayıp yutmak*** *Essen* hinunterschlingen; *fig* (hinunter)schlucken, sich (*D*) *etw* gefallen lassen
yalan Lüge *f*, gelogen; ~ ***atmak*** (*od* ***kıvırmak, söylemek***) lügen, die Unwahrheit sagen; ~ ***çıkmak*** sich als gelogen herausstellen; ~ ***dolan*** Schwindeleien *f/pl*; ~ ***dünya*** Jammertal *n*; ~ ***haber*** Lügennachricht *f*; ~ ***yanlış*** voller Fehler; oberflächlich, schlecht und recht; *fig* zusammenhanglos(es Zeug); ~ ***yere yemin etmek*** e-n Meineid schwören; ~ ***yok*** ganz bestimmt; *-in* ***~ını yakalamak*** *j-n* beim Lügen ertappen; ***iş bitirici*** ~ Notlüge *f*
yalancı Lügner *m*, -in *f*; lügnerisch, verlogen; Pseudo-; nachgemacht; verstellt, vorgetäuscht; *-i* ~ ***çıkarmak*** *j-n* als Lügner hinstellen; *j-n* der Lüge bezichtigen; ~ ***pehlivan*** Blender *m*, Gernegroß *m*; ~ ***tanık*** falsche(r) Zeuge; ***ben Ali'nin ~sıyım*** ich erzähle nur weiter, was ich von Ali weiß
yalan'cıdolma GASTR *mit Reis gefülltes Gemüse, gefüllte Weinblätter*
'yalancıktan nur zum Schein; ~ ***ağlamak*** *fig* Krokodilstränen vergießen
yalancılık ⟨-ğı⟩ Unwahrheit *f*, Lügen *n*; Verlogenheit *f*
yalandan fingiert, vorgetäuscht
yalanla|ma Dementi *n*; **~mak** *v/t* dementieren

yalanmak sich lecken, sich putzen (*z.B. Katze*); *pass von* ***yalamak***
yalansız **1.** *adj* wahr; **2.** *adv* aufrichtig
yalap: **~ ~** sprühend; *Stern* strahlend, funkelnd
yalap|şap, **~şalap** nur so obenhin
yalatmak *kaus von* ***yalamak***; sich streifen, sich leicht berühren; *fig j-m* zu *etw D* verhelfen
yalayıcı leckend; streifend; **~ *ateş*** MIL Flachfeuer *n*
yalaz(a) *dial* Flamme *f*, Feuer *n*
yalazlamak *v/i* durch die Flammen gehen
yalçın steil, schroff; kahl, eben
yaldırak *dial* glänzend
yaldız Gold- *od* Silberstaub *m*; goldene *od* silberne Tinte; Vergoldung *f*, Versilberung *f*; *fig* Tünche *f*, Maske *f*; **~lamak** *v/t* vergolden; versilbern; vergolden, in ein goldenes Licht tauchen; *fig* kaschieren; **~lı** vergoldet; versilbert; Golddublee *n*; *Versprechung* leer
yalelli [jaːˈlɛlːɪ] arabische(r) Gesang; **~ *gibi*** immer dieselbe Leier
yalgın *dial* Fata Morgana *f*, Trugbild *n*
yalı Strand *m*, Ufer *n*; Haus *n* am Wasser; **~ *kazığı gibi*** *fig* (wie) e-e Hopfenstange; **~ *uşağı*** am Meer aufgewachsen; *dial* von der Waterkant
yaˈlıçapkını ⟨-nı⟩ ZOOL Eisvogel *m* (*Alcedo atthis*)
yalım Flamme *f*, Schneide *f*; **~ı *alçak*** herzlos, bösartig
yalın einfach, simpel, schlicht (*sprachlich*); nackt; entrindet (*Baum*); **~ *belirteç*** GR suffixlose(s) Adverb (*z.B.* ***en, çok***); **~ *hal*** GR Nominativ *m*; **~ *tümce*** GR einfache(r) Satz; **~ *zaman*** GR einfache(s) Tempus
yaˈlınayak barfuß; **~ *başı kabak*** völlig abgerissen, zerlumpt
yalıncak *dial* splitternackt; ganz allein
yalıngaç mit aufgesprungener Rinde
yalıngöz ohne Augenlider; *Art* Eidechse *f*
yaˈlınkat ⟨-tı⟩ einschichtig; einstöckig (*Haus*); unsolide (gebaut); *fig* (*geistig*) primitiv, seicht
yaˈlınkılıç mit gezogenem Säbel
yalınlaştırmak *v/t* vereinfachen
yalınlık ⟨-ğı⟩ Reinheit *f*, Echtheit *f*, Einfachheit *f*, Klarheit *f* (*der Sprache*)
yalıt|ıcı → ***yalıtkan***; **~ım** EL Isolierung *f*, TECH *a* Dämmung *f*; **~ *maddesi*** Dämmstoff *m*; ***ısı* ~ı** Wärmedämmung *f*; **~kan** EL Isolator *m*; Isolierung *f*; Isolier-; **~mak** *v/t* EL isolieren, TECH dämmen
yalıyar GEOGR Steilküste *f*
ˈyallah *int* auf!, los!, marsch!, vorwärts!; *-i* **~ *etmek*** F *j-n* rausschmeißen
yalman *dial* geneigt; steil; Schneide *f*, (Berg)Spitze *f*
yalnız **1.** *adj* allein; allein stehend; einsam; selbstständig; **2.** [ˈjɑlnɨs] *adv* nur, lediglich; aber, jedoch; *Geldbetrag* in Worten; **~ *başına*** (ganz) allein (*wohnen*); **~ *şu var ki ...*** dabei ist zu beachten, dass ...; **~ca** **1.** *adv* ganz allein; **2.** *konj* indessen, jedoch
yalnızcı POL Isolationist *m*; **~lık** ⟨-ğı⟩ Isolationismus *m*
yalnızlaşmak verlassen werden, allein gelassen werden
yalnızlık ⟨-ğı⟩ Einsamkeit *f*
ˈyalpa MAR Schlingern *n*; **~ *vurmak*** schlingern; schaukeln; *fig beim Gehen* (hin und her) schwanken
yalpak **1.** *adj dial* zutraulich; liebedienerisch; durchtrieben; **2.** *subst* Abgrund *m*
yalpala|mak schwanken; **~tmak** *v/t* kippen; *kaus von* ***yalpalamak***
yalpı *dial* (geneigte) Ebene
yalpı|k flach, seicht; **~lı** schief, krumm
yaltak|(çı) Speichellecker *m*, -in *f*; **~lanmak** katzbuckeln, kriechen (vor *j-m*); **~lık** ⟨-ğı⟩ Katzbuckelei *f*
yalvaç ⟨-cı⟩ Prophet *m*; Apostel *m*
yalvar|ıcı Bittsteller *m*; **~ış** Bitten *n*, Flehen *n*; **~mak** *-e* sehr bitten um; flehen um; *amtlich* ersuchen um; ***yalvar yakar olmak*** inständig bitten; **~tmak** (*-i -e*) sich bitten lassen
yama Flicken *m*; Fleck *m*; **... *üstüne* ~ *vurmak*** e-n Flicken setzen (auf *A*); **~cı** Flickschuster *m*, -in *f*, *fig* Geizkragen *m*
yamaç ⟨-cı⟩ **1.** *subst* Abhang *m*, Bergwand *f*; **~ *paraşütü*** Drachen *m*, Hanggleiter *m*; **2.** *adj* neben *A*, an *j-s* Seite; ***yamacıma otur*** setz dich zu mir
yamak ⟨-ğı⟩ Gehilfe *m*, Helfer *m*; *fig* Nachbeter *m*, Echo *n*; **~lık** ⟨-ğı⟩ Aushilfe *f*, Aushilfsarbeit *f*, Hilfs-; **~ *etmek*** aushelfen (als *n*)
yama|lamak *v/t* flicken; **~lı** geflickt; ... mit Flecken (im Gesicht)

yamamak *v/t* flicken, ausbessern; *fig* (*-e j-m*) andrehen, aufschwatzen *A*
yaman erstaunlich, fabelhaft; heftig; wild, böse, grimmig; forsch, keck; *Winter* streng
yamanmak geflickt werden; *-e j-m* aufgedrängt (F angedreht) werden; *j-m* zur Last fallen
yamçı *Art* Filzmantel *m*
yampiri: **~ ~ yürümek** humpeln, im Krebsgang gehen
yamru: **~ yumru** verbeult, knorrig, höckerig; windschief
yamrulmak höckerig werden
yamuk ⟨-ğu⟩ MATH Trapez *n*; geneigt; verbeult; **~ ~** aufgeblasen; (auf)wirbelnd (*Wind*)
yamulmak sich verziehen (*z.B. Mund*), sich wölben; e-e Beule bekommen
yamyam Menschenfresser *m*, Kannibale *m*; **~lık** ⟨-ğı⟩ Kannibalismus *m*
'yamyassı eben, platt
'yamyaş pitschenass
yan 1. *subst u adj* Seite *f*; MIL Flanke *f*; Profil *n*; MATH Glied *n* (e-r Gleichung); Seiten- (*Tür*); Neben- (*Ausgang, Satz*); sekundär (*z.B. Ziel*); **öte ~dan** andererseits; **~ bakış** scheele(r) Blick; **~ bakmak** scheel blicken; *etw* im Schilde führen; *-de* **~ basmak** sich täuschen in *D*; **~ çizmek** sich drücken vor *D*; **~ etki** MED Nebenwirkung *f*; **~ iş** Nebenbeschäftigung *f*; **~ gelir** Nebenverdienst *m*; **~ gelmek** schwelgen, in Freuden leben; **~ gözle** mit scheelem Blick; **~ hakemi** SPORT Linienrichter *m*; **~ ödeme** Zulage *f* (*zum Gehalt*); **~ sanayi** Zulieferindustrie *f*; **~ sokak** Seitenstraße *f*; **~ ~** von der Seite, schief, scheel; **~ ~a** nebeneinander; **~ yatmak** sich krümmen, sich neigen, sich zur Seite neigen; **~dan çarklı** Raddampfer *m*; F Zucker extra (*zum Kaffee od Tee*); **~ı başında** (*od* **başına**) ganz in der (*od* in die) Nähe; *-in* **~ı sıra** (zusammen) mit *D*; neben *D*; parallel zu; **2.** *postpos -den* **~a** wegen *G*; für *A*; **benden ~a** meinetwegen; **... bir ~a** abgesehen von *D*; **bu ~a** hierher, auf diese Seite; *-den* **bu ~a** von … bis jetzt; *-den* **~a çıkmak** zu *j-m* halten; *-den* **~a olmak** für *j-n* sein; sich einsetzen für; **~ımdan git!** geh weg von mir!; *-in* **~ında olmak** (dabei) haben: **saatiniz ~ınızda mı?** haben Sie Ihre Uhr bei sich?; *-i* **~ına almak** *j-n* einstellen, *j-m* Arbeit geben; *j-n* zu sich *D* (= *ins Haus*) nehmen; **~ına bırakmamak** (*od* **komamak**) nicht ungestraft lassen; **bunu ~ına koymam** das werde ich ihm nie vergessen; **~ına kalmak** straflos ausgehen; **2.** *Ortssubstantiv -in* **~ına** neben *A*; zu *A*; an *A* heran; **~ında** neben *D*; bei *D*; **~ından** von *D* weg; von *D* her; weg von *D*; **(onun) ~ına oturduk** wir setzten uns neben ihn
yana → **yan**; *-den* **~ olmak** sein für *A*
yanabilme Entflammbarkeit *f*
yanak ⟨-ğı⟩ Wange *f*, F Backe *f*; **~ çukuru** Grübchen *n*; **~lı** (*rot*) -wangig
yanal Seiten-
yanar → **yanmak**; **~dağ** ⟨-ğı⟩ Vulkan *m*; **~ ağzı** Krater *m*; **~ patlaması** Vulkanausbruch *m*
ya'nardöner changierend, schillernd
yanaşık nahe aneinander, aufgeschlossen; MIL geschlossen
yanaşma Gehilfe *m*, Helfer *m*, Diener *m*
yanaş|mak *v/i* näher kommen; herankommen, zusammenrücken; MAR anlegen (*-e* an *D*); *-e* neigen (zu), Lust haben *zu*; *fig* näher treten *D*; interessiert sein an *D*; eingehen auf *A*; **~mamak** es ablehnen (+ *inf*); **~tırmak** (*-i -e*) *Boot* festmachen, anlegen lassen an *D*; *kaus von* **yanaşmak**
yancı MIL Flankensicherung *f*
yan|da, ~dan → **yan** *postp*
yandaş Anhänger *m*, Gesinnungsgenosse *m*
yandırmak *v/t dial* anzünden
yangı Entzündung *f*
yangın Brand *m*, Feuer *n*; F Fieber *n*; *fig* Feuer *n*, Leidenschaft *f*; *fig* verliebt (in *A*); **~ bombası** Brandbombe *f*; **~ merdiveni** Feuerleiter *f*; **~ muhbiri** Feuermelder *m*; **~ söndürücü(sü)** Feuerlöscher *m*; **~dan mal kaçırır gibi** überstürzt, in übertriebener Hast
yangısız entzündungsfrei
ya'nıbaşı|na direkt neben *A*; **~nda** direkt neben *D*
yanıcı leicht entzündlich, feuergefährlich
yanık ⟨-ğı⟩ MED Verbrennung *f*, Brandwunde *f*; Brandstelle *f* (*im Teppich*); angebrannt (*riechen*); *Person* rührselig, leidenschaftlich; verliebt; *Boden* un-

fruchtbar; *Kind* zart, schwächlich; *Wind* nachlassend; (*-den*) **yüreği ~ olmak** *fig* (es) satt haben, genug haben von *D*

ya'nıkara *dial* Milzbrand *m*

yanık|lık ⟨-ğı⟩ Überdruss *m*; Verbrennungszustand *m*; Schwächlichkeit *f*; **~sı** *Stimme* schmachtend

yanıl|gı Fehler *m* (*im Leben*); Irrtum *m*; **~ış** Irrtum *m*, Täuschung *f*

yanıl|mak sich irren (*-de* in *D*); **~maz** fehlerlos; untrüglich; **~mazlık** ⟨-ğı⟩ Fehlerlosigkeit *f*; **~sama** Illusion *f*, (Sinnes)Täuschung *f*

yanıltı Versehen *n*, Lapsus *m*; **~cı** trügerisch

yanıltmaca bewusste Irreführung

yanıltmaç ⟨-cı⟩ Zungenbrecher *m*

yanıltmak *v/t* irreführen

yanın|a, **~da** → ***yan***

ya'nısıra → ***yan***

yanıt ⟨-tı⟩ Antwort *f*; *-e* **~ *vermek*** e-e Antwort geben auf *A*; **~lamak** *-i* beantworten *A*, antworten auf *A*

yani [ja:-] nämlich, das heißt (d.h.); wirklich, in der Tat

'yankesici Taschendieb *m*

yankı Echo *n*, Widerhall *m*; Reaktion *f*

yankıla(n)mak widerhallen, ein Echo erzeugen

yankısız ohne Echo; ohne Reaktion

yanlamak kippen, sich auf die Seite legen; *fig* schwelgen, das Leben genießen

yanlamasına quer, seitwärts

yanlı parteiisch

yanlış Fehler *m*; fehlerhaft, verkehrt, falsch; **~ *anlamak*** falsch verstehen, missverstehen; **~ *bilmek*** falsch unterrichtet sein; **~ *yola gitmek*** den verkehrten Weg einschlagen; **~ *kapı çalmak*** *fig* sich an die verkehrte Adresse wenden; **~ *numara*** TEL (Sie haben sich) verwählt; *fig* (du bist) auf dem falschen Dampfer; ***hesabı(nı)* ~ *tutmak*** sich verrechnen; **~ *yere*** fälschlich

yanlışlık ⟨-ğı⟩ Versehen *n*, Irrtum *m*; **~la** irrtümlicherweise, aus Versehen

yanma MED Verbrennung *f*

yanmak ⟨-ar⟩ (*Zustand*) brennen (*z.B. a Mund*); anbrennen (*z.B. Essen*); abbrennen (= *herunterbrennen*); (*innen*) ausbrennen; sich (*D*) *die Hand* verbrennen; *Fahrkarte* verfallen, ungültig werden; *Licht* aufflammen, F angehen; (*-den*) verderben durch; leiden (unter *D*); ***yandı*** *fig* F er ist erledigt, reingefallen; *fig Kinderspiel* ausscheiden, F raus sein; *Kranker* stärkeres Fieber bekommen; *-e* bedauern *A*, nachtrauern *D*, nachweinen *D*; ***derdini* ~** sein Leid klagen; ***güneşte* ~** sich braun brennen lassen; *-i* ***için yanıp tutuşmak*** sich (*D*) etw sehnlichst wünschen; ***yanıp yakılmak*** F ganz geknickt sein

yanmaz unbrennbar

yansı Reflex *m*, Widerschein *m*; Projektion *f*; BIOL Reflexbewegung *f*; EDV Spiegelserver *m*

yansıca MED Echopraxie *f*

yansıla|mak *v/t* reflektieren; nachahmen; nachäffen; imitieren; **~nmak** sich widerspiegeln, reflektiert werden

yansı|ma Reflex *m*; Widerschein *m*; Lautmalerei *f*, lautmalende(s) Wort; **~mak** reflektiert werden; *fig* erhellen, hervorgehen (*-den* aus *D*); **~malı** reflektierend; **~taç** ⟨-cı⟩, **~tıcı** Reflektor *m*; **~tmak** *v/t* reflektieren, widerspiegeln; *Schall* reflektieren, zurückwerfen; *fig* reagieren

yansız unparteiisch; *a* CHEM neutral; **~lık** ⟨-ğı⟩ Neutralität *f*

yanşak ⟨-ğı⟩ *dial* Schwätzer *m*, Quasselkopf *m*

'yanyana Seite an Seite, nebeneinander; Zusammen-

yap: **~ *işlet devret* (*modeli*)** *Bau von Großprojekten durch Privatwirtschaft*

ya'padurmak *v/t* ständig (F ewig) *etw* tun; F herumpusseln

yapağı, **yapak** ⟨-ğı⟩ Schurwolle *f*, Frühjahrswolle *f* (*des Schafes*)

yapar → ***yapmak***

yapay künstlich; Kunst- (*Dünger*); **~ *dölleme*** künstliche Befruchtung; **~ *zekâ*** künstliche Intelligenz

yapayalnız [-'pɑ-] mutterseelenallein

yapı Bau *m*; Bauen *n*; Struktur *f*; Gebäude *n*, Bauwerk *n*; Konstruktion *f* (*z.B. Brücke*); **~ *işçisi*** Bauarbeiter *m*; **~ *market(i)*** Baumarkt *m*; **~ *tasarruf kredisi*** Bausparkredit *m*; **~ *tasarrufu*** Bausparen *n*; **~bilim** Morphologie *f*

yapıcı Erbauer *m*; Erschaffer *m*; konstruktiv; *Person* schöpferisch; **~lık** ⟨-ğı⟩ Konstruktivismus *m*

yapılabilirlik ⟨-ği⟩ Machbarkeit *f*

Durchführbarkeit *f*
yapılandırmak strukturieren; ***yeniden*** ~ umstrukturieren
yapıldak → ***yayan***
yapılı gebaut; *Mann* stämmig; ***atlet*** ~ athletisch gebaut; ***ufak tefek*** ~ F zierlich
yapılış Bauweise *f*, Bauart *f*, Konstruktion *f*; Durchführung *f*
yapılmak *pass von* ***yapmak***; erfolgen
yapım Produktion *f* (*a Film*), Herstellung *f*, Bau *m*; ~ ***eki*** LING Wortbildungssuffix *n*; **~cı** Produzent *m*; Programmchef *m*; Sendeleiter *m*
yapınmak sich (*D*) etw (*z.B. e-n Anzug*) machen lassen; sich bemühen (*-e* um *A*; zu + *inf*)
yapıntı *a* PHIL Fiktion *f*, Gebilde *n* (*der Fantasie*); **~lı** ausgedacht; fingiert
yapısal strukturell; **~cı** Strukturalist *m*; **~cılık** ⟨-ğı⟩ Strukturalismus *m*
yapış[1] Tätigkeit *f*, Verstellung *f*
yapış[2]: ~ ~ sehr klebrig; *Wetter* feucht; **~ıcı** klebrig, klebend; BOT Kletter-; Schling-; ~ ***sap*** Ranke *f*; **~ık** ⟨-ğı⟩ (an)geklebt; zusammengewachsen; sich anschmiegend; **~kan** klebrig; CHEM glutinös; Haft-, haftend; *Person* aufdringlich; Klebstoff *m*; **~kanlık** Klebrigkeit *f*; *fig* Aufdringlichkeit *f*
yapışmak *-e* kleben an *D*; sich schmiegen an *A*; *Kleid* sich anschmiegen *D*; greifen (zu); ergreifen; sich *j-m* aufdrängen
yapıştır|ıcı klebend; Kleb- (*Stoff*); **~ma** Klebe- (*Band*); Kleben *n*; Aufkleber *m*; **~mak** *v/t -e* kleben auf *A*; schmiegen an *A*; *j-m e-e Ohrfeige* geben, F *j-m* eine kleben; ***cevabı*** ~ kontern; ***kendisine*** ~ sich (*D*) etw zulegen (*z.B. e-e Eigenschaft*); *-e* ***pul*** ~ frankieren *A*
yapıt ⟨-tı⟩ Werk *n*, Arbeit *f* (*Produkt*)
yapma Machen *n*; künstlich; Kunst-; ~ ***bacak*** Beinprothese *f*; **~cık** ⟨-ğı⟩ Verstellung *f*, Getue *n*; gekünstelt, gespielt; **~sız** ungekünstelt
yapmak ⟨-ar⟩ *v/t* machen, tun; herstellen; reparieren, F wieder machen; *z.B. Krankheit* verursachen; tun (*gibi* als ob); (*krank, reich usw*) machen; machen (zu; *z.B. zum Doktor*); *Frieden* schließen; *Tor* schießen; ***fren*** ~ bremsen; ***görev*** ~ fungieren, tätig sein, die Aufgabe haben (*als*); *-lik* ~: *z.B.* ***öğretmenlik*** ~ als Lehrer tätig sein; ***iyilik*** ~ *etw* Gutes tun; ***mil*** (*od* ***kilometre***) ~ Meilen (*od* Kilometer) zurücklegen, schaffen; ***sıcak*** ~ heiß sein; ***yol*** ~ *Strecke* zurücklegen, schaffen; *-e* ***yapmadığını bırakmamak*** *j-m* nur Böses zufügen; ***yaptığını bilmemek*** nicht wissen, was man tut; ***iyi yaptınız da geldiniz*** wie schön, dass Sie gekommen sind; ***yapma!*** lass das!, nicht doch!; Donnerwetter!, ist nicht möglich!
yapracık ⟨-ğı⟩ Blättchen *n*
yaprak ⟨-ğı⟩ Blatt *n* (*a Papier*); Schicht *f*; Furnierholz *n*; Teil *n*; ~ ***dökümü*** Herbst *m*; ~ ***sigarası*** Zigarre *f*, Zigarillo *m*; ~ ***yay*** Blattfeder *f*; ~ ~ schichtweise; **~biti** ⟨-ni⟩ ZOOL Blattlaus *f*; **~lanmak** sich belauben; **~lı** belaubt; ***yüz*** ~ ***defter*** Heft von zweihundert Blatt
yaptırım Sanktion *f*, Auflage *f*; ~ ***gücü*** Durchsetzungskraft *f* (*bes des Staates*)
yaptırmak *-e -i* veranlassen *A* zu; zulassen, dass *j-d etw* macht; *etw* bestellen bei; *kaus von* ***yapmak***
'yapyalnız → ***yapayalnız***
yar[1] *Abk für* ***yardımcı*** Assistent *m*; Vize-, stellvertretend
yar[2] Schlucht *f*, Abgrund *m*; Steilküste *f*; ***~dan atmak*** *j-n* in den Abgrund stürzen; *fig j-n* ins Verderben stürzen
yâr ⟨-ri⟩ *dial, osm* Geliebte(r); Freund *m*, Helfer *m*; ~ ***ü ağyar*** (*od* ~ ***ile ağyar***) Freund und Feind, die ganze Welt, alle
yara Wunde *f*; MAR Leck *n*; Loch *n* (*im Stoff*); (seelische) Wunde, Trauma *n*; ***kurşun*** **~sı** Schusswunde *f*; *-e* ~ ***açmak*** *j-m* e-e Verletzung beibringen; ein Loch machen in *A*; *fig j-n* sehr verletzen; *-den* ~ ***almak*** verwundet werden (an *D*); ~ ***bere içinde*** übel zugerichtet; ~ ***işlemek*** eitern; ~ ***izi*** Narbe *f*; *-in* ***~sına dokunmak*** e-n wunden Punkt berühren; *-in* ***~sını deşmek*** j-s alte Wunde wieder aufreißen
Yaradan Schöpfer *m*, Allmächtige(r); ***~a kurban olayım!*** einfach zauberhaft!; ***~a sığınıp*** (*-i* ***yapmak***) mit aller Kraft (tun *A*)
yaradılış Natur *f*, Charakter *m*, Anlage *f*, Schöpfung *f*; **~tan** von Natur
yarak ⟨-ğı⟩ HIST Waffe *f*; V Schwanz *m*
yara|lamak *v/t* (*-den*) verwunden, verletzen an *D*; MAR ein Leck schlagen

in *A*; *fig j-n* kränken, verletzen; **~lanmak** *pass von* **yaralamak**; sich verletzen; **~lı** verwundet, verletzt; *fig* gekränkt; *Sache* beschädigt

yara|mak *-e* dienen zu; taugen zu; angebracht sein; geeignet sein für; *j-m* gut tun, *j-m* bekommen; **neye yarar** wozu ist das gut?; was hilft das?; **~maz** Schlingel *m*, Taugenichts *m*; unartig, ungezogen; *Sache* unbrauchbar; **~mazlık** ⟨-ğı⟩ *Kind* Ungezogenheit *f*; F ungelegene(r) Augenblick, schlechte Nachricht

yâran [-ɑːn] *osm pl von* **yâr**; **Malta** 2**ı** HIST Malteser Orden *m*

yaranmak *-e j-n* für sich einnehmen; es *j-m* recht machen

yarar geeignet (*-e* für *A*); Nutzen *m*, Vorteil *m*; (öffentliches) Wohl; (*-in*) **~ına** zum Nutzen *G*, zum Wohle *G*; Benefiz- für; → **yaramak, yarmak**; **~cılık** ⟨-ğı⟩ PHIL Utilitarismus *m*; **~lanma** Nutzung *f*, Nutznießung *f*; Verwertung *f*; **~lanmak** (*-den*) sich (*D*) etw zunutze machen *A*, Nutzen ziehen aus, nutzen *A*; Gebrauch machen von *D*; **~lı** nützlich, vorteilhaft; **~lık** ⟨-ğı⟩ Verdienst *n*, Leistung *f*; Nützlichkeit *f*; **~sız** untauglich, ungeeignet, unnütz

ya'rasa ZOOL Fledermaus *f*

yaraşık ⟨-ğı⟩: **~ almak** sich gehören; entsprechen *D*; **~ almaz** das gehört sich nicht; **~lı** angebracht, passend; **~sız** unangebracht, unpassend

yaraş|mak *-e* passen *zu*; stehen *D*; entsprechen *D*; **~tırmak** (*-i -e*) *j-m etw* (*z.B. e-e Äußerung*) zutrauen

yaratı Schöpfung *f*, Werk *n* (*künstlerisch*); **~cı** Schöpfer *m*; Schaffende(r); schöpferisch, kreativ; **~cılık** ⟨-ğı⟩ Schöpferkraft *f*, Kreativität *f*

yaratık ⟨-ğı⟩ Geschöpf *n*; **canlı ~** Lebewesen *n*

yaratılmak *pass von* **yaratmak**

yarat|ma Schöpfung *f*; Schaffen *n*; **~mak** *v/t* schaffen; ins Leben rufen; bewirken; *Freude* bereiten; *scherzh* beschaffen

yarayışlı nützlich, vorteilhaft

'yarbay Oberstleutnant *m*; HIST → **kaymakam**

yardakçı Komplize *m*, Mittäter *m*; **~lık** ⟨-ğı⟩ Komplizenschaft *f*; **~ etmek** Komplize, mitschuldig sein

yardım Hilfe *f*; Einwirkung *f*; POL *Gelder* Subvention *f*; **~ mönüsü** EDV Hilfemenü *n*; *-e* **~ etmek**, *-e* **~da bulunmak** *j-m* helfen, Hilfe leisten; *-e* **~ına koşmak** *j-m* zu Hilfe eilen; **ilk ~** die erste Hilfe

yardımcı Helfer *m*, -in *f*, Assistent *m*, -in *f*, Stellvertreter *m*, -in *f*, Hilfs-; stellvertretend, Vize-; provisorisch, Not-, Behelfs-; **~ fiil** GR Hilfsverb *n*; *-e* **~ olmak** *j-m* behilflich sein; **~ yargıcı** *Fußball* Schiedsrichterassistent *m*

yardımlaşmak sich gegenseitig helfen

yardımsever hilfsbereit, karitativ

yardırmak *kaus von* **yarmak**

yaren [jaː-] *dial* → **yarân**; Kamerad *m*, Freund *m*; **~lik** ⟨-ği⟩ Kameradschaft *f*, Freundschaft *f*

'yarga große(s) Hühnchen

yargı Urteil *n*; Justiz *f*; **~sız infaz** F *Mord an e-m verfolgten Terrorverdächtigten oder e-m (abtrünnigen) Bandenmitglied*

yargıç ⟨-cı⟩ Richter *m*

yargılamak *-i* urteilen (über *A*); *Sache* beurteilen *A*; (vor Gericht) vernehmen; vor Gericht stellen; (gerichtlich) untersuchen

Yargıtay Kassationsgerichtshof *m*

yarı Hälfte *f*, halb; SPORT Halbzeit *f*; **~ ağır siklet** Halbschwergewicht *n*; **~ gece** Mitternacht *f*; **~ ünlü** LING Halbvokal *m* (*y*, *ğ*); **~ ~ya** zur Hälfte, halb und halb; **~ yolda** auf halbem Wege; **~ yolda bırakmak** (*z.B. Urlaub*) abbrechen

yarıçap ⟨-pı⟩ MATH Radius *m*

ya'rıfinal ⟨-li⟩ Halbfinale *n*

ya'rıgölge Halbschatten *m*

yarık ⟨-ğı⟩ gespalten, geschlitzt; aufgerissen; (*Tür*) Spalt *m*; Spalte *f*; Riss *m*; **~lık** ⟨-ğı⟩ Spalte *f*; Spaltung *f*

ya'rıküre GEOGR Halbkugel *f*

yarılamak *v/t* zur Hälfte tun; *Glas* zur Hälfte austrinken; *Weg* zur Hälfte zurücklegen

yarılmak *pass von* **yarmak**; Spalten (*od* Risse) bekommen; sich spalten

yarım Hälfte *f*, halb-; unvollendet; oberflächlich; *Person* gebrechlich; **~ ağızla** halbherzig; **~ baş ağrısı** MED Migräne *f*; **~ dünya** *scherzh* sehr dicker Mensch; **~ gönülle** *adv* halbherzig; **~ gün** halbtags; **~ kalmak** halb fertig sein; **~ siyah** BUCH halbfett; **~ uyku** Halbschlaf *m*; **~ yamalak** nur halb; gebrochen (*spre-*

chen); **(saat) ~da** um halb eins

yarım|ada Halbinsel *f*; **~ay** Halbmond *m*; **~ca** halbseitige Lähmung; Migräne *f*; **~gün** Teilzeitbeschäftigung *f*; **~küre** Halbkugel *f*, MATH Kugelhälfte *f*

yarımlamak *v/t* halbieren; → **yarılamak**

yarımlık ⟨-ğı⟩ Gebrechlichkeit *f*, *dial* F Bruch *m*

ya'rımsağ MIL halbe Kehrtwendung rechts

'yarın morgen; Morgen *n* (*a* = *Zukunft*); **~ akşam** morgen Abend; **~ öbür gün** demnächst, in ein paar Tagen; in Zukunft; **~ sabah** morgen früh; **~dan sonra** übermorgen; **~dan tezi yok** so bald wie möglich, besser heut als morgen; **~ki** morgig

yarıntı Graben *m*, Rinne *f*, Furche *f*

ya'rısaydam halb durchsichtig

yarış Wettkampf *m*; ÖKON Wettbewerb *m*; Konkurrenz *f*, Wett-; Rennen *n*; **~ etmek** *e-n* Wettkampf austragen; im Wettbewerb stehen, konkurrieren; **~ tabancası** Startpistole *f*; **bisiklet ~ı** Radrennen *n*; **silahlanma ~ı** Wettrüsten *n*; **~a kalkmak** zum Wettkampf antreten; **~çı** Wettkämpfer *m*, -in *f*

yarış|ma → **yarış**; **~mak** (*-le*) kämpfen gegen, spielen gegen; in Wettbewerb treten, konkurrieren mit

ya'rıyıl Semester *n*

'yarkurul Komitee *n*, Kommission *f*

yarma Spalt *m*; Ausschnitt *m*; Schlitz *m*; *a* MIL Durchbruch *m*; Durchbruchs-(*Stelle*); *Pfirsich* mit leicht lösbarem Kern; *z.B. Weizen* grob gemahlen; **~ gibi, çam ~sı** hünenhaft; **~ çorbası** *Suppe aus Weizenschrot und Joghurt*

yarmak ⟨-ar⟩ *v/t* spalten; (auf)schlitzen; MIL *Front* durchbrechen; *Korn* mahlen; *Meer* durchfurchen; *fig* sich durchdrängen durch *A*

yarmalamak *v/t der Länge nach* durchhauen, durchschneiden

yarpuz BOT Polei *m* (*Mentha pulegium*)

yas Trauer *f*; **... için ~ tutmak** trauern um

yasa Gesetz *n*; **ceza ~sı** Strafgesetz *n*; **doğa ~sı** Naturgesetz *n*; **~ çıkarmak** ein Gesetz erlassen; **~ koyucu** Gesetzgeber *m*; **~ tasarısı** Gesetzesentwurf *m*; **~dışı** illegal, gesetzwidrig

yasak ⟨-ğı⟩ verboten; Verbot *n*; **~ bölge** Sperrgebiet *n*; **~ edilme** Verbot *n*, Untersagung *f*; **~ etmek** *v/t* verbieten, untersagen; **~ savmak** zur Not genügen; **~ yayın** *verbotene Publikation*; **durma yasağı** Halteverbot *n*; **park yasağı** Parkverbot *n*

yasak|lamak *v/t* verbieten; **~lanmak** verboten werden; **~layıcı** Verbots- (*Bestimmung*)

yasal legal, gesetzlich; **~ düzenleme** gesetzliche Regelung

yasalaş|mak Gesetzeskraft erlangen; **~tırmak** *v/t* legalisieren, legitimieren

yasama Gesetzgebung *f*; **~ dokunulmazlığı** POL Immunität *f*; **~ gücü** Legislative *f*

yasasız gesetzlos; **~sızlık** ⟨-ğı⟩ Gesetzlosigkeit *f*

yasemin [ja:-] BOT Jasmin *m*

yasla|mak (*-i -e*) stützen *A* auf *A*, lehnen *A* an *A*; **~nmak** *-e* sich lehnen an *A*; sich stemmen gegen; *pass von* **yaslamak**

yaslı in Trauer

yassı platt, flach; **~ kadayıf** süße (Blätterteig)Pastete; **~lık** ⟨-ğı⟩ Ebenheit *f*; **~lmak** → **yassılaşmak**; **~ltmak** glätten, glatt streichen

yas'sısolucan ZOOL Bandwurm *m*

yastık ⟨-ğı⟩ Kissen *n*; TECH Lager *n*; (Saat)Beet *n*; **~ kılıfı** Kissenbezug *m*

yastım *dial* ... mit Plattfuß

yaş[1] Alter *n*; Jahr *n*; **~ baş** Lebenserfahrung *f*; **~ günü** Geburtstag *m*; **~ haddi** Altersgrenze *f*; *-in* **~ı ilerlemek** älter werden; **~ yetmiş iş bitmiş** steinalt, hoch betagt; *-in* **~ı benzemesin!** möge er (*od* sie) länger leben (*als der andere Gestorbene*)!; *-in* **~ı ne, başı ne!** dazu ist er noch zu unerfahren, zu jung (*um mitreden zu können*); **~ı yerde sayılası** F möge er doch verrecken!; **sekiz ~ına bastı** er ist sieben (Jahre alt); **sekiz ~ını doldurdu** er ist acht (Jahre alt); **sekiz ~ından gün almamış** das siebte Lebensjahr noch nicht vollendet; **çocuk daha ~ında değil** das Kind ist noch nicht ein Jahr alt; **kaç ~ındasınız?** wie alt sind Sie?; **yirmi ~ındayım** ich bin zwanzig Jahre alt; **~ını (başını) almış insanlar** Menschen fortgeschrittenen Alters; **~ınızı göstermiyorsunuz** man sieht Ihnen Ihr Alter nicht an

yaş[2] **1.** *subst* Träne *f*; **~ akıtmak** (*od* **dök-**

mek) Tränen vergießen; **~ını içine akıtmak** *fig* F alles in sich hineinfressen; **2.** *adj* nass, feucht; frisch (*Obst*); F mies; **~ tahtaya** (*od* **yere**) **basmak** *fig* aufs Glatteis gehen
yaşa(sın), **yaşa varol** *int* hoch (soll er leben)!, ein Hoch darauf!; es lebe ...!; **çok yaşa!** *zum Niesenden* Gesundheit!
yaşam Leben *n*; **~ odası** Wohnzimmer *n*; **~a geçirmek** in die Tat umsetzen
yaşama Leben *n*, Existenz *f*, Dasein *n*; **~ uğraşı** Kampf *m* ums Dasein; **bir arada ~** Koexistenz *f*; **ortak ~** BIOL Symbiose *f*
yaşamak **1.** *v/i* leben; existieren; leben (*-le von e-m Einkommen*); es sich (*D*) gut sein lassen; *Erinnerung* weiterleben; **2.** *v/t* erleben; **yaşadık!** hurra!; **yaşadınız!** (ihr habt) Glück gehabt!
yaşamöyküsel biographisch
yaşamöyküsü ⟨-nü⟩ Biografie *f*
yaşamsal lebenswichtig
yaşan|mak, **~ılmak** *pass von* **yaşamak**; **yaşanıyor** *-i* man erlebt *A*
yaşantı Erlebnis *n*
yaşarmak *v/i* nass (*od* feucht) werden
yaşart|ıcı rührend, herzzerreißend; (**göz**)**~** Tränen- (*Gas*); **~mak** *v/t* zu Tränen rühren; *pass von* **yaşarmak**
yaşat|ıcı mit Leben erfüllend; lebensbejahend; **~mak** *v/t* Leben geben *D*; *j-n* gut leben lassen; (*-e -i*) *j-n* erleben lassen *A*; **~** *j-n* (in der Erinnerung) bewahren; **b-ni** (**bir yerde**) **yasatmamak** j-n (an e-m Ort) nicht dulden
yaşayış Lebensweise *f*; (gesellschaftliches) Leben
'yaşdönümü ⟨-nü⟩ Wechseljahre *n/pl*
yaşın: **~ ~** *dial* ganz leise, heimlich
yaşıt ⟨-dı⟩ Altersgenosse *m*, -genossin *f*
yaşlanmak[1] *v/i* altern, alt werden
yaşlanmak[2] feucht werden
yaşlı[1] bejahrt, alt; **~ başlı** gereift, erfahren
yaşlı[2] ... voll Tränen, tränenreich
yaşlık ⟨-ğı⟩ Feuchtigkeit *f*, Nässe *f*
yaşlılık ⟨-ğı⟩ Alter *n*
yaşmak ⟨-ğı⟩ HIST Gesichtsschleier *m*
yat ⟨-tı⟩ (Segel)Jacht *f*; **~ turizmi** Jachttourismus *m*
yatağan HIST Jatagan *m*, türkische(s) Krummschwert
yatak ⟨-ğı⟩ Bett *n*; Flussbett *n*; GEOL Schicht *f*; Vorkommen *n*, Lager *n*; TECH Lager *n*; *fig* Unterschlupf *m*, (*Diebes*)-Höhle *f*; reiche(r) Jagdgrund; (*Handels*)Zentrum *n*; **~ çarşafı** Laken *n*, Betttuch *n*; **~ esiri** bettlägerig; **~ kasası** Bettkasten *m*; **~ liman** Flottenstützpunkt *m*; **~ odası** Schlafzimmer *n*; **~ örtüsü** Bettdecke *f*; **~ takımı** (ganzes) Bettzeug *n*; *-e* **~ yapmak** *j-m* ein Lager bereiten; **bilyeli ~** TECH Kugellager *n*; **~ yorgan yatmak** krank daniederliegen; **yatağa bağlanmak** das Bett hüten müssen; **yatağa düşmek** F (*krank*) ins Bett müssen; **yatağa girmek** zu Bett gehen; schlafen gehen; **yatağa yatmak** ins Bett gehen; sich ins Bett legen; → **yatağa düşmek**; *-in* **yatağına girmek** *Frau* mit *j-m* ins Bett gehen
yatak|hane [-hɑː-] Schlafsaal *m*; **~lı** mit ... Betten; **dört ~ oda** Vierbettzimmer *n*; **~ vagon** Schlafwagen *m*; **~lık** ⟨-ğı⟩ Bett(gestell) *n*; Koje *f*; **on ~** Zehnbett-; *-e* **~ etmek** *j-n* verbergen, *j-m* Unterschlupf gewähren
yatalak ⟨-ğı⟩ bettlägerig
yatar → **yatmak**; **~ koltuk** Schlafsessel *m*
yatay horizontal, waagerecht; Horizontale *f*; **~ geçiş yapmak** wechseln (*Schule*)
yatı: **~ya kalmak** *Gast* übernachten
yatık ⟨-ğı⟩ geneigt, schief; Umlege- (*Kragen*); *Stoff* verschlissen; **~ harf** Kursivbuchstabe *m*; **~ kenar** Hypothenuse *f*
yatılı, **~ öğrenci** Internatsschüler *m*, -in *f*; **~ okul** Internat *n*
yatır Heilige(r)
yatırılmak *pass von* **yatırmak**
yatırım ÖKON Investition *f*, Anlage *f*; *-e* **~ yapmak** investieren in *A*, anlegen *A*; **~cı** (Kapital)Anleger *m*; Deponent *m*
yatırmak (*-i -e*) *v/t* legen in, auf *A*; *j-n im Haus, für die Nacht* unterbringen; *Geld zur Bank* bringen; *Geld* einzahlen; anlegen, investieren in *A*, deponieren bei *D*; *Geld* ausgeben für; *Getreide* zu Boden drücken, umlegen; *Fleisch* einlegen in *A*; *Haare* glätten, ordnen; *Kind* zu Bett bringen; F **işi** (*od* **takımı**) **~** vermasseln
yatış|ma Beruhigung *f*; **~mak** sich beruhigen; *Sturm, Zorn* nachlassen, sich legen; **~tırıcı** beruhigend; MED Beruhigungsmittel *n*; **~tırmak** *v/t* beruhigen; *Aufstand* eindämmen; *Schmerzen* lin-

dern; *Ungeduld* zügeln, bezähmen; *j-n* bewegen zu

yatkın (*-e*) geneigt (nach); *fig* geneigt (*D*; zu + *inf*); *fig* neigend, tendierend (zu); *fig* geschickt (in *D*); begabt (zu); *Ware* liegen geblieben, F vergammelt; **~lık** ⟨-ğı⟩ geneigte Lage; *fig* Tendenz *f* (zu), Vorliebe *f* (für); Geschicklichkeit *f*

yatma Übernachtung *f*; Nachtquartier *n*; MAR Schlagseite *f*

yatmak ⟨-ar⟩ sich hinlegen (*a zum Schlafen*); ruhen, noch schlafen, im Bett sein; sich neigen (*auf die Seite, nach links*); das Bett hüten; (begraben) liegen, ruhen; übernachten, nächtigen; F (im Gefängnis) sitzen; MAR vor Anker liegen; *Getreide* umgelegt werden, zu Boden gedrückt werden; *Stoff* glatt werden; *Ware* auf Lager liegen (und nicht verkauft werden); liegen bleiben; *fig* neigen, geneigt sein (zu *od inf*); gewandt, geschickt sein; ***b-le* ~** mit j-m schlafen; *-in* ***yatacak yeri yok*** er hat keine Bleibe; ***yatıp kalkıp*** zu jeder Stunde; ***yatıp kalkmak*** die Nacht verbringen

yatsı *Zeitraum von zwei Stunden nach Sonnenuntergang*; ***~ namazı*** islamische(s) Nachtgebet

yavan fettarm, fettlos; Wasser- (*Suppe*); mager (*Fleisch*); *fig* fade, geschmacklos, banal; **~lık** ⟨-ğı⟩ Fettlosigkeit *f*; *fig* Geschmacklosigkeit *f*, Banalität *f*

yavaş langsam; *Person* ruhig, bedächtig; schwerfällig; leise *sprechen*; vorsichtig; schwach; ***~!*** Vorsicht!; ***~ çekim*** F Zeitlupe *f*; **~ ~** allmählich, nach und nach; ganz sachte; ***~tan almak*** behutsam vorgehen, F bummeln, trödeln

yavaş|ça gemächlich, behutsam; leise; **~lamak** langsamer gehen (*od* fahren); sich verlangsamen; **~latmak** *v/t* verlangsamen; *Geschwindigkeit* drosseln; **~lık** ⟨-ğı⟩ Langsamkeit *f*, Schwerfälligkeit *f*, Vorsicht *f*, Lautlosigkeit *f*

yave [ɑː] Gewäsch *n*; ***~ söylemek*** F Blabla reden

yaver [jaː-] MIL Adjutant *m*; aussichtsreich; ***şansımız ~ gidiyor*** unsere Chancen stehen günstig

yavru Junge(s); Kindchen *n*, kleine(s) Kind; -chen, -ilein; ***~ atmak*** *Tier* Fehlgeburt haben; ***~m*** mein Kindchen!, mein Liebling!; ***kedi ~su*** Kätzchen *n*; ***ördek ~su*** Entlein *n*; **~ağzı** ⟨-nı⟩ lachs(farben); **~cak** ⟨-ğı⟩, **~cuk** ⟨-ğu⟩ arme(s) Kind, süße(s) Kind, Kindchen *n*; **~kurt** ⟨-du⟩ Pfadfinder *m*, -in *f* (*in der Grundschule*); **~lamak** Junge werfen

yavşak ⟨-ğı⟩ junge Laus; F geschwätzig, respektlos

yavuk ⟨-ğu⟩ *dial* Verlobung *f*; **~lamak** (*-i -e*) *j-n* verloben mit; **~lanmak** verlobt sein mit; sich verloben; **~lu** verlobt; **~luk** ⟨-ğu⟩ Verlobung *f*

yavuz streng; schrecklich; tapfer; *dial* schön, herrlich; **~lanmak, ~laşmak** wild werden, Drohungen ausstoßen; **~luk** ⟨-ğu⟩ Strenge *f*, Schrecklichkeit *f*, Wagemut *m*

yay *a* MUS Bogen *m*; TECH Feder *f*; MATH (Kreis)Bogen *m*; ***~ gibi*** krumm; gespannt; blitzschnell

Yay ASTR Schütze *m*; ***~ burcundanım*** ich bin Schütze

yaya zu Fuß; Fußgänger *m*, -in *f*; ***~ bölgesi*** Fußgängerzone *f*; ***~ geçidi*** Fußgängerübergang *m*; ***~ kaldırımı*** Bürgersteig *m*; ***~ kalmak*** *fig* in der Patsche sitzen; ***~ yolu*** Gehweg *m*

yayan zu Fuß; *fig* unbedarft, ahnungslos; ***~ gitmek*** (zu Fuß) gehen, marschieren; ***~ yapıldak*** auf Schusters Rappen

yayar → ***yaymak***

yaydırmak (*-i -e*) verbreiten lassen *A* durch *A*; *kaus von* ***yaymak***

yaygara Geschrei *n*; ***~ koparmak, ~yı basmak*** ein lautes Geschrei erheben; **~cı** Schreihals *m*; Krakeeler *m*

yaygı kleine(r) Teppich, Brücke *f*

yaygın *Mode, Wort* verbreitet; *Fleck* auseinander gelaufen; ***~ eğitim*** Erwachsenenbildung *f*; ***~ ~ oturmak*** sich hinlümmeln; **~laşmak** sich verbreiten, verbreitet werden; sich ausdehnen; sich einbürgern; **~laştırmak** *v/t* ausdehnen (*-e* auf *A*); **~lık** ⟨-ğı⟩ Verbreitung *f*; ***~ kazanmak*** e-e Verbreitung erfahren

yayık[1] ⟨-ğı⟩ Buttermaschine *f*

yayık[2] ⟨-ğı⟩ ausgedehnt, weit; ***~ ~*** *Silben* dehnend, langatmig *erzählen*

yayılı ausgebreitet

yayılım POL Expansion *f*; PHYS Ausbreitung *f*; **~cı** expansionistisch

yayılma Verbreitung *f*, → ***yayılım***

yayılmak *-e* sich verbreiten in *A*; *Fleck* auseinander laufen, größer werden; *Tier* grasen, weiden; *Teppich* ausgebreitet werden in *D*, (hin)gelegt werden in *A*; *fig* sich verbreiten über *A*; sich erstrecken auf *A*; sich (*in e-n Sessel*) hinflegeln

yayım Veröffentlichung *f* (*Vorgang*); **~cı** Herausgeber *m*; **~lamak** *v/t* veröffentlichen, herausgeben

yayın Veröffentlichung *f* (*Vorgang und Produkt*); *Radio*, TV Sendung *f*, Übertragung *f*; **~ yapmak** senden, ausstrahlen; **naklen ~** Direktübertragung *f*

ya'yınbalığı ⟨-nı⟩ ZOOL Wels *m* (*Silurus glanis*)

yayıncı BUCH Verleger *m*, -in *f*

yayındır|ıcı Streu-, streuend; **~ma** PHYS Streuung *f*

ya'yınevi ⟨-ni⟩ BUCH Verlag *m*

yayın|ım, **~ma** PHYS Streuung *f des Lichtes*

yayıntı Gerümpel *n*; *radioaktive Strahlung* Entweichen *n*

'yayla Hochebene *f*, Plateau *n*; Alm *f*; **~ çorbası → yarma çorbası**

yaylak ⟨-ğı⟩ Alm *f*, Weide *f*

yaylamak (*Halb*)*Nomaden*: *den Sommer in den Bergen verbringen*

yaylanmak *v/i* sich federn; F türmen

yaylı gefedert; HIST Kutsche *f*; **~ çalgı** Streichinstrument *n*

yaylım Weide *f*; **~ ateşi** Salvenfeuer *n*

yaymacı Kleinhändler *m*, -in *f*, Straßenhändler *m*, -in *f*

yaymak ⟨-ar⟩ (*-i -e*) *Nachricht usw* verbreiten; *Staub* aufwirbeln; *Tuch* ausbreiten; *Vieh* weiden

yayvan ausgebreitet; flach (*Schüssel*); **~ ~** gedehnt (*sprechen*); schallend (*lachen*); **~lık** ⟨-ğı⟩ Flachheit *f*, Nachlässigkeit *f*

yaz Sommer *m*; **~ dönemi** (*od* **semestresi, yarıyılı**) Sommersemester *n*; **~ dönencesi → yengeç dönencesi**; **~ kış** Sommer und Winter; **~ saati** Sommerzeit *f*; **~ tatili** Sommerferien *pl*; **~a çıkmak** auf den Sommer zugehen; **~ı getirmek** sich sommerlich anziehen

yazar Verfasser *m*, -in *f*, Autor *m*, -in *f*, Schriftsteller *m*, -in *f*; Publizist *m*, -in *f*

yazarkasa Registrierkasse *f*

yazarlık ⟨-ğı⟩ Schriftstellerei *f*

yazdırmak (*-i -e*) diktieren (*j-m A*); *kaus von* **yazmak**

yazgı Schicksal *n*, Los *n*

yazı[1] Schreiben *n*; Schrift *f*; Alphabet *n*; Handschrift *f*; Artikel *m*; Abhandlung *f*; Schreib- (*Material*); **~ dili** Schriftsprache *f*; **~ işleri** Redaktion(sbüro *n*) *f* (*e-r Zeitung*); **~ kadrosu** Mitarbeiterstab *m* (*e-r Zeitung*); **~ hatası** Schreibfehler *m*; **~ kağıdı** Schreibpapier *n*; **~ makinası** Schreibmaschine *f*; **~ masası** Schreibtisch *m*; **~ tura atmak** eine Münze werfen; *-i* **~ya dökmek** schriftlich festlegen; **~ya geçirmek** nach dem Diktiergerät schreiben; verschriftlichen; **~ya gelmemek** nicht schriftlich festgelegt werden können; **~yı çıkarmak** (*od* **sökmek**) lesen können, entziffern können, F rauskriegen; **~yla yazmak** *Zahlen* ausschreiben

yazı[2] *dial* Ebene *f*; **~ yaban** Tiefebene *f*, flache(s) Land

yazıbilgisi ⟨-ni⟩ Graphologie *f*

yazıcı *bes* MIL Schreiber *m*; EDV Drucker *m*; **~lık** ⟨-ğı⟩ Schreibdienst *m*

yazıhane [-hɑː-] (Anwalts)Kanzlei *f*; (Anmelde)Büro *n*; Schreibtisch *m*

yazık ⟨-ğı⟩ schade, bedauerlich; (*-e*) Schande (über *A*)!; schade um; Sünde *f*; *-e* **~ etmek** zunichte machen *A*; **kendine ~ etmek** sich (*D*) selbst schaden; *-e* **~ olmak** schade sein um; (**ne**) **~ ki** leider; bedauerlich (nur), dass; schade, dass

yazıklanmak *v/t* bedauern

yazılı schriftlich (*a Prüfung*); *Recht* verankert, dargelegt; beschrieben (*Blatt Papier*); eingetragen, registriert; *fig* vom Schicksal bestimmt; *Stein* mit e-r Inschrift, beschriftet; *Aktie* ausgestellt (auf *A*); **el ~** handschriftlich

yazılım EDV Software *f*, Programm *n*; **~cı** Softwareentwickler *m*

yazılma Eintragung *f*, Anmeldung *f*

yazılmak *pass von* **yazmak**; *-e* sich anmelden zu; **ayrı** (**bitişik**) **~** GR getrennt (zusammen) geschrieben werden

yazım Rechtschreibung *f*; **~ yanlışı** Rechtschreibfehler *m*

ya'zın[1] Literatur *f*, Schrifttum *n*

'yazın[2] im Sommer

yazış Schreiben *n*; Handschrift *f*

yazış|ma Korrespondenz *f*; **~mak** (*-le*) korrespondieren mit

yazıt ⟨-tı⟩ Inschrift *f*

yazlamak *dial* den Sommer verbringen; *v/unp* allmählich Sommer werden
yazlı: ~ **kışlı** sommers wie winters
yazlık ⟨-ğı⟩ Ferienhaus *n*; Sommerwohnung *f*; Sommerkleidung *f*; Sommer-, sommerlich; Freiluft- (*Kino*); **yazlığa çıkmak** Sommerurlaub machen
yazma Schreiben *n*; Kopftuch *n*; mit der Hand geschrieben; BUCH Handschrift *f*
yazmacı HIST Stoffdrucker *m*
yazmak[1] ⟨-ar⟩ (*a -i, -e*) schreiben (*etw* in, auf *A*); aufschreiben (*z.B. Adresse*); *Kind* anmelden (*zur Schule, für die Schule*); *Schicksal* bestimmen; **ayrı** ~ getrennt schreiben; **bitişik** ~ zusammenschreiben; **yazıp çizmek** Notizen machen; Berechnungen anstellen
yazmak[2] *dial gibt e-m anderen Verb den Sinn von* beinahe: **düşe~** beinahe fallen, **öle~** fast sterben; **ayağım kaydı, düşeyazdım** ich rutschte aus, fast wäre ich gefallen
yazman Sekretär *m*; Schreiber *m*
yedek ⟨-ği⟩ Reserve *f*; Reserve-; Ersatzteil *n*; Ersatz-; ~ **at** Beipferd *n*, Handpferd *n*; ~ **bidon** Reservekanister *m*; ~ **tekerlek** Reserverad *n*; ~ **lastik** Reservereifen *m*; *-i -e* **yedeğe almak** ins Schlepptau nehmen *A*; **~(te) çekmek** abschleppen *A*; treideln; **~çi** Stallknecht *m*; Treidler *m*
yedekle|me EDV Sicherheitskopie *f*, Backup *n*; **~mek** eine Sicherheitskopie erstellen
yedek|li Ersatz-, Reserve-; **~lik** ⟨-ği⟩ MIL Reserve *f*
yeder → **yedmek**
yedi sieben; Sieben *f*; ~ **canlı** unverwüstlich, F nicht totzukriegen; ~ **düvel** (*gegen*) alle Welt (*kämpfen*); ~ **iklim dört bucak** überall in der Welt; ~ **kat el** völlig fremd, Fremde(r); ~ **kubbeli hamam kurmak** Luftschlösser bauen; ~ **mahalle** alle Welt, alle Leute; *-i* ~ **mahalleye ilan etmek** *fig* (alles) ausposaunen; **~den yetmişe** jung und alt
yediler: ~ **grubu** POL (die) G-7-Staaten
yedi|li *Karte* Sieben *f*; siebenteilig; siebenarmig (*Leuchter*); **~lik** sieben-; → **yedili**
yedinci siebte(r)
yedirme Kitt *m*
yedir|mek (*-i -e*) *j-m* zu essen geben; *Tier* zu fressen geben; *Baby, Tier* füttern; gut unterrühren (*etw z.B. in den Teig*); *Vermögen* ausgeben für; *kaus von* **yemek**; **kendisine yedirememek** sich (*D*) *etw* nicht gefallen lassen
yedişer je sieben, in Gruppen zu sieben
yediveren BOT mehrmals (im Jahr) tragend (*od* blühend)
yedmek ⟨-er⟩ an der Leine führen; *fig* führen, geleiten
yegâne einzig, alleinig
yeğ besser, (dem) vorzuziehend; *-i -e* ~ **tutmak** → **yeğlemek**
yeğen Neffe *m*; Nichte *f*
yeğin heftig, intensiv; überlegen; **~leşmek** sich intensivieren; **~lik** ⟨-ği⟩ Intensität *f*; Heftigkeit *f*; Stärke *f* (*des Magnetfeldes*)
yeğlemek (*-i -e*) vorziehen *A D*; *-i* bevorzugen *A*
yeğlik ⟨-ği⟩ Überlegenheit *f*, Bevorzugung *f*
yeğni *dial* leicht (*a* nicht ernst); **~lik** ⟨-ği⟩ Leichtheit *f*; Leichtigkeit *f*; **~lmek** leichter werden; **~semek** *v/t* gering schätzen
yeis ⟨yesi; yeisi⟩ Verzweiflung *f*; *-i* ~ **bürümek** *v/unp j-n* ergreift (*od* prägt) (die) Hoffnungslosigkeit; **yeise kapılmak** von Hoffnungslosigkeit ergriffen werden
yek ⟨-ki⟩ ein (einziger); ein- (*z.B. farbig*); ~ **başına** selbstständig; *Würfel* eins; **hep** ~ Pasch eins
yekdiğeri ⟨-ni⟩ einander
yeke Ruderschaft *m*
yekin|iş Satz *m*, Sprung *m*; **~mek** *-e* springen, stürzen (*-e doğru* auf *A zu*)
yeknesak monoton, eintönig
yekpare [ɑ:] aus e-m Stück; Ganz- (*z.B. Metall*)
yeksan [ɑ:]: **yerle** ~ **etmek** dem Erdboden gleichmachen
yekûn Summe *f*; *-e* ~ **çekmek** ein Ende machen *D*; *fig* den Mund stopfen
yel Wind *m*; F MED Rheuma *n*; F Winde *m/pl* (= *Blähungen*); ~ **değirmeni** Windmühle *f*; ~ **yeperek** (**yelken kürek**) in fliegender Hast; *-i* **~e vermek** zum Fenster hinauswerfen
yeldirme *Art* leichte Kapuze (*für Frauen*)
yeldirmek *-e j-n* (zur Eile) antreiben
yele ZOOL Mähne *f*
yeleç luftig

yelek ⟨-ği⟩ Weste *f*; Fiederung *f* (*e-s Pfeils*); Schwungfedern *f/pl* (*e-s Vogels*); ***cankurtaran yeleği*** Schwimmweste *f*

yeleken *dial* luftig

yeleli ... mit e-r Mähne

yeler → ***yelmek***

yelim Lauf *m*; Eile *f*; **~ *yeperek*** mit Volldampf

yelken MAR Segel *n*; ***~le gitmek*** segeln; ***~ açmak*** die Segel setzen; ***~ basmak*** absegeln; ***~ bezi*** Segeltuch *n*; ***~ sporu*** Segelsport *m*; ***~ yarışı*** Segelregatta *f*; ***~leri suya indirmek*** *fig* die Segel streichen, sich ergeben

yelken|ci MAR Matrose *m*; **~cilik** ⟨-ği⟩ Segelsport *m*; Segeln *n*; Segel- (*Schule*); Segelschiffahrt *f*; **~leme** Segeln *n*; **~lemek** absegeln, unter Segel gehen; *fig* losziehen; **~li** Segel-; Segelboot *n*; ***~ gemi*** Segelschiff *n*

yelkovan große(r) Zeiger; Wetterfahne *f*; ZOOL Schwarzschnabel-Sturmtaucher *m* (*Puffinus puffinus*)

yelle|mek *v/t* (an)blasen; anfachen; **~nmek** *pass von* **yellemek**; F e-n fliegen lassen, V furzen

yelli windig; *fig* kokett; V Furzer *m*

yellim: ***~ yelalim*** in fliegender Hast

yelloz leichte(s) Mädchen, Dirne *f*

yelmek ⟨-er⟩ rasen (*-e* nach, zu); ***yelip yepermek*** hin- und herrasen

'yelölçer Anemometer *n*, Windmesser *m*

yelpaze [ɑː] Fächer *m*; fächerartig; ***~ merdiven*** Wendeltreppe *f*; **~lemek** *v/t* anfachen, schüren; **~lenmek**: ***kendini ~*** sich *D* (frische) Luft zufächeln

yeltek ⟨-ği⟩ unbeständig, flatterhaft

yeltenmek *-e* sich wagen an *A* (*unzulässigerweise*)

yem Futter *n*; Köder *m*; *fig* Finte *f*, Verstellung *f*; ***~ borusu çalmak*** *j-n* mit leeren Versprechungen abspeisen; *j-m* die Hucke voll lügen; ***~ dökmek*** Köder ausstreuen; *fig j-n* ködern

yeme: ***~ içme*** Essen und Trinken *n*

yemek[1] Essen *n* (*Mahlzeit, Speise, Veranstaltung*); ***~ borusu*** Speiseröhre *f*; *-e* ***~ çıkarmak*** *j-m* ein Essen vorsetzen, *j-n* bewirten; ***~ kaşığı*** Esslöffel *m*; ***~ kitabı*** Kochbuch *n*; ***~ listesi*** Speisekarte *f*; ***~ masası*** Esstisch *m*; ***~ odası*** (*od* ***salonu***) Esszimmer *n*; ***~ seçmek*** wählerisch sein; ***~ vermek*** ein Essen geben; ***~ yemek*** *v/i* essen; ***yemeği dışarıda yemek*** auswärts essen (gehen); ***akşam yemeği*** Abendessen *n*; ***öğle yemeği*** Mittagessen *n*; ***bu akşam yemeğe bize gelin!*** kommt heute Abend zu uns zum Essen!; ***yemeğe kalmak*** *Gast* bis zum Essen bleiben

yemek[2] ⟨yer⟩ essen; *Tier* fressen; *j-n* ruinieren, an *j-m* zehren; *viel Material, Benzin usw* fressen; *Erbschaft, Geld* durchbringen; ... *Jahre Gefängnis, e-e Ohrfeige usw* bekommen; *Geld e-s anderen* einkassieren, einbehalten; ordentlich *Regen* abbekommen; *Meer* auswaschen, abtragen; *Moskito* stechen; *Säure* zerfressen; *an den Nägeln* kauen; *von e-m Stein* getroffen werden; ***kumarda ~*** (alles) verspielen; ***rüşvet ~*** sich bestechen lassen; ***yediği naneye bak!*** so etwas Unvernünftiges!; ***yeme de yanında yat*** zu schön, um zu essen (*fig* um anzurühren); ***yemeden içmeden*** schnurstracks; ***yemeden içmeden kesilmek*** *fig* keinen Appetit mehr haben (*vor Aufregung*); *-i* ***yiyip bitirmek*** aufbrauchen; *fig j-n* zur Verzweiflung bringen; → ***yemek***[1]

yemekhane [ɑː] Speisesaal *m*

yemek|li mit Verpflegung; *Feier* mit (e-m) Essen; ***~ vagon*** BAHN Restaurantwagen *m*; **~lik** ⟨-ği⟩ Speise- (*Fett*); zur Ernährung; Esswaren *f/pl*; **~siz** ohne Verpflegung, ohne Essen

yemeni leichte(s) Kopftuch; leichte(r) Halbschuh *ohne Absatz*

'Yemen Jemen *m*; **~li** Jemenit *m*, Jemenitin *f*; jemenitisch

yemez F gerieben; *int* nix da!

yemin [iː] Eid *m*; ***~ billah etmek*** bei Gott schwören; *-e* ***~ etmek*** *j-m* schwören (*-in üzerine* bei); e-n Eid leisten; *-e* ***~ ettirmek*** *j-n* e-n Eid ablegen lassen; ***~ kasem*** beschwörend (*sagen*), unter Eid; ***~ verdirmek*** schwören lassen; *-e* ***~ vermek*** *j-m* schwören

yeminli JUR vereidigt

yemiş Früchte *f/pl*; *dial* Feige *f*; → ***kuru-yemiş***; ***~ vermek*** Früchte tragen; **~çi** Obsthändler *m*; **~lik** ⟨-ği⟩ Obstgarten *m*; Obstteller *m*; Lagerraum *m* für Obst

yemle|mek *v/t* füttern; *fig j-n* ködern; **~nmek** *pass von* **yemlemek**; *fig* sich durchfüttern lassen

yemlik ⟨-ği⟩ Futtertrog *m*, Futternapf *m*; Krippe *f*; F *fig* Dukatenesel *m*; *fig* Schmiergeld *n*; Pechvogel *m* (*im Spiel*)
'yemyeşil ganz grün
yen[1] Ärmel *m*; BOT Spatha *f*
yen[2] Yen *m* (*japanische Währung*)
yener → ***yenmek***[1]
'yenge Schwägerin *f*; Tante *f* (*Frau des Onkels*); F *Anrede* Sie, meine Dame, *meist* hören Sie!, hallo!; F meine Frau (*vom Ehemann gesagt*)
yengeç ⟨-ci⟩ ZOOL Krebs *m*; ~ ***gibi*** schief, von der Seite gehend; ♋ ASTR Krebs *m*; ♋ ***burcundanım*** ich bin Krebs; ♋ ***dönencesi*** Wendekreis *m* des Krebses
yeni 1. *adj* neu; Neo-; frisch (*gestrichen*); ~ ***baştan*** von neuem, noch einmal; ~ ***kelime*** Modewort *n*; Neologismus *m*; ~ ***dünya düzeni*** POL (die) neue Weltordnung; **2.** *adv* gerade (eben), eben (erst), erst vor kurzem; ~ ~ dieser Tage, (erst) kürzlich; ***~den ~ye*** soeben; vor ganz kurzer Zeit; ***~lerde, ~leyin*** vor kurzem
yeniay Neumond *m*
yenibahar Piment *m*, *n*; Neugewürz *n*
yenice recht neu, ziemlich neu
ye'niçağ Neuzeit *f*
yeniçeri HIST Janitschar *m*, Janitscharen *m/pl*; ~ ***ağası*** Oberbefehlshaber *m* der Janitscharen; ~ ***ocağı*** Janitscharenkorps *n*
'yeniden von neuem; wieder, nochmals; ~ ~ immer wieder; um-: ~ ***gruplanma*** Umgruppierung *f*; ~ ***yargılama*** JUR Wiederaufnahme *f* der Untersuchung
yenidünya bunte Glaskugel; BOT japanische Mispel; ♋ *osm* Amerika *n*
yenik[1] ⟨-ği⟩ **1.** *adj* GEOL erodiert, abgetragen; zerfressen, zernagt; **2.** *subst* Biss *m*; (*Motten*) Stelle *f*; (*Floh*) Stich *m*
yenik[2] *fig* mitgenommen, zerschlagen; besiegt; ~ ***düşmek*** scheitern; besiegt sein (*od* werden)
yeni|leme Erneuerung *f*; **~lemek** *-i* erneuern; erneut unternehmen; **~lenme** Erneuerung *f*; **~lenmek** *pass von* ***yenilemek***; sich erneuern; **~leşmek** sich erneuern, wieder wie neu werden; **~leştirmek** *v/t* erneuern, auffrischen
yenilgi Niederlage *f*, Zusammenbruch *m*; ***~ye uğramak*** e-e Niederlage erleiden
yenilik ⟨-ği⟩ Erneuerung *f*; Reform *f*; Neuheit *f*; **~çi** Neuerer *m*; **~çilik** ⟨-ği⟩ Neuererwesen *n*
yenilme Niederlage *f* (*-e* durch *A*)
yenilmek[1] *pass von* ***yemek***; ***yenil(ebil)ir*** essbar; → ***yenmek***
yenilmek[2] *-e* besiegt werden von *D*, *j-m* unterlegen sein; ***yenilmez*** unbesiegbar
yenir → ***yenmek***[2]
yenirce *dial* MED Gangräne *f*, Brand *m*; Beschädigung *f* des Knochengewebes; F Knochenfraß *m*
yeniş|ememek patt sein; **~mek** *v/t* überwinden; Herr werden *G*
ye'niyetme Teenager *m*, Halbwüchsige(r); **~lik** ⟨-ği⟩ Pubertät *f*
yenli mit ... Ärmeln
yenme Besiegen *n*, Sieg *m*
yenmek[1] ⟨-er⟩ *-i* besiegen *A*; *Schwierigkeiten* überwinden; Herr werden *G*; *Wunsch, Zorn* unterdrücken
yen|mek[2] ⟨-ir⟩ *pass von* ***yemek***; ***yen(il)ir yutulur gibi değil*** *bes fig* ungenießbar; unannehmbar; ***yenmez*** ungenießbar; **~miş** durchgescheuert; *Schuhabsatz* abgelaufen, schief
yensiz ärmellos
'yepyeni funkelnagelneu, aufs Neueste
yer[1] → ***yemek***[2]
yer[2] Platz *m*; Stelle *f*; Aufenthaltsort *m*; Erde *f*; Boden *m*; Erdboden *m*; Stellung *f* (*karşısındaki* gegenüber *D*); Grundbesitz *m*; Erd- (*Achse*); ... zu ebener Erde (*z.B. Zimmer*); ~ ***açıldı*** die Stelle wurde frei (*od* vakant); *-e* ~ ***açmak*** Platz machen *D*; ~ ***alıştırmaları*** SPORT Bodenübungen *f/pl*; *-de* ~ ***almak*** s-n Platz einnehmen; stattfinden; *fig* e-n Platz einnehmen; *-e* ~ ***ayırmak*** *fig* Platz einräumen *D*; ~ ***belirteci*** GR Ortsbestimmung *f*; ~ ***bulmak*** e-n (Sitz)-Platz finden; *fig* e-e Stellung finden; ~ ***demir gök bakır*** hilflos und verlassen; ~ ***edinmek*** Arbeit finden; sich im Leben durchsetzen; ~ ***etmek*** e-e Spur hinterlassen, e-e Druckstelle geben (*im Teppich*); sich niederlassen; ~ ***hostesi*** Hostess *f*, Betreuerin *f*; ***~i öpmek*** e-n Kotau machen; *scherzh* hinfallen; ~ ***tutmak*** Raum (*od* Platz) einnehmen; e-n Platz reservieren; e-n wichtigen Platz einnehmen; *-e* ~ ***vermek*** *fig j-m* (große) Bedeutung beimessen; *j-m* e-e wichtige Aufgabe übertragen; *j-m*

s-n Platz abtreten; *Wörter usw* aufnehmen; **~ yarılıp içine girmek** völlig verloren gehen; vor Scham in den Boden versinken; **~ yatağı** Lager *n*, Lagerstatt *f*; **~ ~** zeitweise; gebietsweise (*z.B. Regen*); stellenweise; **~ ~inden oynamak** *v/unp* großes Aufsehen erregen; e-n Tumult hervorrufen; **~den bitme** (*od* **yapma**) sehr untersetzt, zwergenhaft; **~den göğe kadar** voll und ganz, in jeder Hinsicht; **~den ~e çalmak** übel mitspielen *D*; **~e bakan yürek yakan** ein Wolf im Schafspelz; **~e düşmek** hinfallen; *-den* **~e geçmek** in den Boden versinken vor *D*; *-i* **~e göğe koy(a)mamak** sich sehr bemühen, *A* zu bewirten; *-in* **~i gelmek** an die Reihe kommen; *-en* **~i olmak** angebracht sein; **~i öpmek** *scherzh* hinfallen; *-in* **~i var** das hat Sinn; *-in* **~i yok** fehl am Platz; **~in dibine geçmek** (*od* **girmek**) in der Versenkung verschwinden; vor Scham in den Boden versinken; **~in kulağı var** die Wände haben Ohren; **~inde** *postp* → **yerinde**; **~inde saymak** MIL, *fig* auf der Stelle treten; *-in* **~inde yeller esiyor** völlig verödet; spurlos verschwunden; **~ine** *postp* → **yerine**; **...~ine geçmek** Ersatz sein für ..., gültig sein wie ...; *-in* **~ine geçmek** an die Stelle *j-s* treten, ablösen *A*; **~ine gelmek** erfolgen, geschehen; erfüllt werden; wieder hergestellt werden (*Gesundheit*); sich wieder einstellen; *-i* **~ine getirmek** ausführen; *Verpflichtung*, *Wunsch* erfüllen; *Schuld* begleichen; *Wort* halten; *-i* **... ~ine koymak** *j-n* halten für; behandeln wie ...; **~ine oturmuş olmak** *fig* fest im Sattel sitzen, etabliert sein; **~ini ısıtmak** *fig* Sitzfleisch haben; *-in* **~ini tutmak** ersetzen *A*; die Stelle (*e-s anderen*) ausfüllen; **~lerde sürünmek** in e-r verzweifelten Lage sein; **~leri süpürmek** auf dem Boden schleifen; **bıçak ~i** Schmiss *m*, Schramme *f*; **çalışma ~i** Arbeitsplatz *m*; **duracak ~** Stehplatz *m*; **oturacak ~** Sitzplatz *m*; **her hangi bir yerde** irgendwo; **her hangi bir yere** irgendwohin; **her ~de** überall; **hiçbir yerde** (**yere**) nirgendwo(hin)

'yeraltı ⟨-nı⟩ unterirdisch, Boden- (*Schätze*); *fig* Illegalität *f*, Untergrund *m*; **~ çarşısı** unterirdische Einkaufspassage; **~ dünyası** Verbrecherszene *f*; **~ geçidi** Unterführung *f*; **~ suları** Grundwasser *n*

'yer|beri Erdnähe *f*, Perigäum *n*; **~bilimci** Geologe *m*, Geologin *f*; **~bilim** Geologie *f*; **~çekimi** ⟨-ni⟩ Gravitation *f*, Schwerkraft *f*

yerel lokal, örtlich; Orts- (*Zeit*); Kommunal- (*Wahl*); **~ elbise** Tracht *f*; **~ gazete** Lokalzeitung *f*; **~radyo** Lokalsender *m*; **~ saat** Ortszeit *f*; **~ yönetim** Kommunalverwaltung *f*; **~leşmek** e-n lokalen Charakter annehmen

yerelması ⟨-nı⟩ BOT Topinambur *f*, *a* Erdbirne *f* (*Helianthus tuberosus*)

yerer → **yermek**

yerfıstığı ⟨-nı⟩ BOT Erdnuss *f*

yergi Satire *f*; **~ci** Satiriker *m*

yerici abschätzig, mäkelig

yerilmek *pass von* **yermek**

yerinde am Platze, angebracht; gut, tadellos; in der Lage *G*; **~ durmak** immer noch da sein; **deyim ~yse** wenn man so sagen darf; mit Verlaub gesagt; sozusagen; **~lik** ⟨-ği⟩ Angemessenheit *f*, JUR Vorrang *m* des öffentlichen Interesses (*bei Verstaatlichungen*)

yerine (an)statt *G*; anstelle (*G od* von *D*); **onun ~ sen git!** geh du an seiner Stelle!

yerinmek *-e* betrübt sein über *A*, bedauern *A*; bereuen *A*

'yer|kabuğu ⟨-nu⟩ GEOL Erdrinde *f*; **~katı** ⟨-nı⟩ Erdgeschoss *n*; **~küre** GEOGR Erdkugel *f*, Globus *m*

yerleş|ik angesiedelt; *Person*, THEA ansässig; sesshaft (*Leben*); **~im** Siedlung *f*, Siedlungs-

yerleşme Ansiedlung *f*, Siedlung *f*, Siedlungs- (*Gebiet*); MIL Stand- (*Ort*); Einführung *f* (*von Methoden*); **otele** *usw* **~** Unterkommen *n* im Hotel *usw*

yerleşmek sich niederlassen (*-de* in *D*), sich ansiedeln, Platz finden (*-e* in *e-m Auto*); ein Unterkommen finden; unterkommen (*-e* bei *e-r Bank*); einziehen (*-e* in *ein Haus*); *beim Umzug* die Sachen unterbringen; sich setzen (*-e* in *e-n Sessel*); *Mode* Fuß fassen, sich durchsetzen; *Stein* richtig einpassen, fest sitzen; *Wort* sich einbürgern

yerleştirmek (*-i -e*) stecken (*A* in *die Tasche*); legen; unterbringen, einquartieren (*A* in *D*, bei *D*); unterbringen (*j-n*

in *e-m Betrieb*); *j-m* (*e-e Ohrfeige*) verpassen; *Wort* treffend sein, F sitzen
yerli einheimisch; hiesig; (orts)ansässig; fest angebracht; TECH ortsfest, stationär; eingebaut (*Schrank*); Eingeborene(r) (= *Ureinwohner*); inländisch (*Waren*); ~ ***yerinde*** am richtigen Platz; ~ ***yerine*** an den richtigen Platz
yerlileşmek sesshaft werden
yerme Tadel *m*
yermek ⟨-er⟩ verurteilen, kritisieren
yermeli LING pejorativ, abschätzig
yer|merkezli geozentrisch; **~ölçüm** Geodäsie *f*; **~öte** Apogäum *n*; **~sarsıntısı** ⟨-nı⟩ Erdbeben *n*; **~sel** Erd-; **~seme** Lokalisierung *f*; **~siz** unangebracht, unpassend; ~ ***yurtsuz*** ein Hergelaufener; **~sizlik** ⟨-ği⟩ Mangel *m* an Lagerraum; Unangemessenheit *f*, Abwegigkeit *f*; **~solucanı** ZOOL Regenwurm *m*; **~üstü** oberirdisch; **~yüzü** ⟨-nü⟩ Erdoberfläche *f*
yestehlemek F groß machen
yesyeni → ***yepyeni***
yeşer|mek *v/i* grünen; Blätter bekommen, grün werden; *Baum* ausschlagen; **~ti** Grün *n* (*in der Natur*); **~tmek** *v/t* grün machen; *Bäume* grünen lassen
yeşil grün (*a* unreif); *Gemüse* frisch; ~ ***enerji*** umweltfreundliche Energie; ~ ***ışık*** grünes Licht; ♀ ***Pop*** *Art* Protestmusik *f* (*des politischen Islams*); ~ ***salata*** Kopfsalat *m*; *-e* ~ ***ışık yakmak*** *fig* grünes Licht geben
Yeşilay Grüne(r) Halbmond (*Abstinenzlerverein*); **~cı** Antialkoholiker *u* Nichtraucher *m*
ye'şilbağa ZOOL Laubfrosch *m*
Yeşilbarış, ~ ***örgütü*** Greenpeace
yeşilim|si, **~tırak** grünlich
yeşillenmek grün werden; *-e* F (e-e Frau) belästigen
yeşiller POL Ökologie-Bewegung *f*
Yeşiller POL Die Grünen (*Deutschland*)
yeşilli grünfarbig; ganz in Grün (gekleidet); **~lik** ⟨-ği⟩ Grün *n*; Grünplatz *m*; Grünzeug *n*, frische(s) Gemüse; Salatbeilagen *f/pl*; grüne Wiese; ***~ler içinde*** im Grünen
yetenek ⟨-ği⟩ Fähigkeit *f*, Begabung *f*, Rezeptivität *f*, Auffassungsgabe *f*; **~li** fähig; begabt; **~sizlik** ⟨-ği⟩ Unfähigkeit *f*, Unempfänglichkeit *f*
yeter genug; es reicht; ***~i kadar*** in ausreichendem Maße
yeterince genügend
yeter|li fähig; kompetent; leistungsfähig; ausreichend; **~lik** ⟨-ği⟩ Fähigkeit *f*, Kompetenz *f*, Sachkenntnis *f*, Leistungs-; **~lilik** ⟨-ği⟩ Zulänglichkeit *f*
ye'tersayı POL Beschlussfähigkeit *f*
yetersiz unfähig; ungenügend; inkompetent; unzulänglich; **~lik** ⟨-ği⟩ Unfähigkeit *f*, MED Insuffizienz *f*, ***maddi*** ~ Mittellosigkeit *f*, ***kalp yetersizliği*** Herzinsuffizienz *f*
yeti Fähigkeit *f*, Eigenschaft *f*
yetim Waise *f* (*väterlicherseits*); **~hane** [ɑː] Waisenhaus *n*
yetingen anspruchslos, bescheiden; **~lik** ⟨-ği⟩ Anspruchslosigkeit *f*
yetinmek *-le* sich beschränken auf *A*, sich begnügen mit
yetirmek (*mit dem Geld*) auskommen; *Kind* großziehen; beenden, abschließen
yetişen: ***yeni ~ler*** Nachwuchs *m*
yetişkin erwachsen, reif; **~lik** ⟨-ği⟩ (Zeit *f* der) Reife *f*
yetişme Wachstum *n*; Erlangung *f* (e-s Ziels, e-s Stadiums); Ausbildung *f*
yetişmek *-e* erreichen (*A*, *e-n Ort*); fertig sein *od* werden (*bis morgen usw*); zu Hilfe eilen; kommen *zu*; sich *j-m* anschließen (*bei e-r Arbeit*); reichen (bis zu, bis an *A*); (*zeitlich*) schaffen, erledigen; *z.B. Geld* reichen, genug sein; *j-n* erleben, noch sehen (*zu Lebzeiten*); *z.B. Obst* gedeihen; *Person* heranwachsen; lernen, ausgebildet werden; erzogen werden; *zehn Jahre* alt werden; ***yetiş!, yetişin!*** zu Hilfe!; ***yeni yetişen nesil*** (der) Nachwuchs
yetişmiş reif; *Person* erwachsen; ausgebildet; Fach- (*Arbeiter*)
yetiştirici Erzeuger *m*, Produzent *m*; **~lik** ⟨-ği⟩ Anbau *m* (*von Kaffee usw*)
yetiştirim Zähmung *f*, Dressur *f*
yetiştirme Zögling *m*; Heiminsasse *m*; Ausbildung *f*, ~ ***yurdu*** (Jugend)Heim *n*
yetiştirmek *kaus von* ***yetişmek***; (*-e -i*) *j-n* bringen (*z.B.* ***trene*** zur Bahn); *etw* beschaffen; *Buch*, *Handlung* abschließen (bis zu); *Kind* großziehen; *Nachricht* leiten an *A*, zukommen lassen (*j-m*); *Tabak* anbauen; *Tiere* züchten; *Person* ausbilden; BOT züchten, an-

bauen
yetke Autorität *f*, Geltung *f*; **~li** autoritär
yetki Befugnis *f*; Zuständigkeit *f*; Kompetenz *f*; Vollmacht *f*; *-e* **~ vermek** *j-n* ermächtigen; **~li** zuständig, kompetent; befugt; Zuständige(r); **~ kılmak** die Befugnis erteilen
yetkin vollkommen, perfekt; **~leşme** Vervollkommnung *f*; **~leşmek** sich vervollkommnen; **~leştirmek** *v/t* vervollkommnen; **~lik** ⟨-ği⟩ Vollkommenheit *f*
yetmek ⟨-er⟩ *-e* genügen *D*; *Geld, Kraft* reichen *zu*; *Zeit, Alter* erreichen; **artık canıma yetti** ich ertrage es nicht mehr; **yeter de artar** mehr als genug; **yeter ki yapsın** Hauptsache, er/sie macht es
yetmezlik ⟨-ği⟩ Mangel *m* an
yetmiş siebzig; Siebzig *f*; **yaş(ı) ~ işi bitmiş** er/sie ist schon zu alt; **~er** je siebzig; **~inci** siebzigste(r); **~li**: **~ yıllar** die siebziger Jahre; **~lik** siebzigjährig
yevmiye Tagelohn *m*; **~yeci** Tagelöhner *m*
yeygi *dial* Winterfutter *n*
Yezidî [-ziːdiː] Jeside *m* (*islam. Sekte*)
yezit [iː] ⟨-di⟩ *fig* perfide; Tyrann *m*
yığar → **yığmak**
yığdırmak *kaus von* **yığmak**
yığılı angehäuft, haufenweise
yığılış|ma Menschenandrang *m*, Menschenauflauf *m*; Gewühl *n*; **~mak** sich zusammendrängen
yığılmak sich ansammeln, sich (zusammen)drängen; sich stauen; e-n Auflauf bilden (*-in önüne* vor *D*); *Person* (ohnmächtig) zusammenbrechen
yığın Haufen *m*; Berg *m* (*von Büchern*); Masse *f*, Ansammlung *f*, Massen- (*Organisation*)
yığınak ⟨-ğı⟩ Ansammlung *f*, Konzentration *f*; BOT Kolonie *f*; MIL Aufmarsch- (*Gebiet*)
yığın|la haufenweise, massenhaft; **~sal** massenhaft; **~tı** Anhäufung *f*, Masse *f*
yığış Anhäufung *f*, Ansammlung *f*; **~ık** angehäuft, überladen; **~ım** Konglomerat *n*; **~mak** sich (zusammen)drängen, sich ansammeln; **~tırmak** *v/t* (zusammen)drängen; *pass von* **yığışmak**
yığmak ⟨-ar⟩ *v/t* aufhäufen; lagern, stapeln (*-e* in, auf *D*); *Kohle* einlagern
yıka|ma Waschen *n*; CHEM Ausfällen *n*; Wasch- (*Maschine*); MED Spülung *f*; **beyin ~(sı)** PSYCH Gehirnwäsche *f*; **~mak** *v/t* waschen; *Kind* baden; CHEM ausfällen; **bulaşık ~** Geschirr spülen; **çamaşır ~** Wäsche waschen
yıkanmak *pass von* **yıkamak**; *v/i* baden; sich waschen
yıkar → **yıkamak, yıkmak**
yıkayıcı Wäscher *m*, -in *f*
yıkı Ruine *f*, Trümmerstätte *f*; **~cı** Zerstörer *m*; zerstörerisch; destruktiv; verheerend (*Erdbeben*); Vernichtungs- (*Krieg*); Käufer *m* auf Abriss; **~cılık** ⟨-ğı⟩ Destruktivismus *m*
yıkık zerstört, zerfallen
yıkılmak *pass von* **yıkmak**; einstürzen, zusammenbrechen; sich davonmachen, F sich wegscheren; *fig j-m* aufgehalst werden (*-in üzerine*)
yıkım Katastrophe *f*; zerstörerisch; Vernichtungs-; **~ olmak** katastrophal sein
yıkıntı Trümmer *pl*, Ruinen *f/pl*; *-e* **~ olmak** der (finanzielle) Ruin sein für
yıkma Zerstören *n*; Abriß *m*
yıkmacı Käufer *m* auf Abriss
yıkmak ⟨-ar⟩ *v/t* zerstören; *Baum* fällen; umstürzen; *Haus a* abreißen; *Hut* (*nach links*) schieben, schräg aufsetzen; *Person* niederstrecken; *fig j-n* ruinieren
yıktırmak *kaus von* **yıkmak**; *Mauer* abreißen (lassen) (*-e* durch *A*)
yıl Jahr *n*; **~dan ~a** von Jahr zu Jahr; **doğum ~ı** Geburtsjahr *n*; **~ on iki ay** das ganze Jahr hindurch, dauernd; **2000 ~ında** im Jahr 2000; **(19)90'lı ~lar** die 90er Jahre
yılan Schlange *f*; **~ gömleği** (*od* **kavı**) Schlangenhaut *f*; **~ hikâyesi** Bandwurmgeschichte *f*, Hickhack *m* (*od n*); **~ kemiği** *fig* Gewissensbisse *m/pl*
yı'lanbalığı ⟨-nı⟩ ZOOL Aal *m*
yılancık ⟨-ğı⟩ MED Rose *f*
yılankavî [-kaːviː] gewunden, spiralförmig; **~ merdiven** Spindeltreppe *f*; **~ viraj(lar)** Serpentine *f*
yılar → **yılmak**
'yılbaşı ⟨-nı⟩ Neujahr *n*; Neujahrstag *m*; **~ gecesi** Silvesternacht *f*
yıldırak ⟨-ğı⟩ Blitz *m*, blitzend, funkelnd
yıldır|an, **~ıcı** Furcht erregend
yıldırım Blitz *m*; Blitz- (*Krieg, Telegramm*); **~ gibi** *fig* wie der Blitz; **~ siperi** Blitzableiter *m*; **~la vurulmuşa dön-**

mek wie vom Blitz getroffen sein; **~kıran, ~lık** ⟨-ğı⟩, **~savar** Blitzableiter *m*

yıldır|ma Terror *m*; Schreckens- (*Zeit*); **~mak** *v/t* erschrecken; bedrohen, terrorisieren

yıldız Stern *m*; *fig* Star *m*; *Schule* (der *od* die) Erste, Beste (*z.B. in Physik*); *fig* Glücksstern *m*; MAR Norden *m*; Stern- (*Zeit*); **~ *akmak*** (*od* ***uçmak***) *Sterne* fallen; **~ *barışıklığı*** gute(s) Einvernehmen; **~ *falcısı*** Astrologe *m*; **~ *falı*** Horoskop *n*; **~*ı düşük*** *fig* Unglücksrabe *m*

yıldızçiçeği ⟨-ni⟩ BOT Dahlie *f*

yıldız|lamak sternenklar werden; *Nordwind* aufkommen; **~lı** Sternen- (*Banner*); sternenklar; **~yeli** ⟨-ni⟩ kalte(r) Nordwind

'yıldönümü ⟨-nü⟩ Jahrestag *m*

yılgı Schrecken *m*, Panik *f*

yılgın eingeschüchtert, verschreckt; *fig* gelähmt, ... in Panik; **~lık** ⟨-ğı⟩ Furchtsamkeit *f*, Zaghaftigkeit *f*

'yılhalkası ⟨-nı⟩ BOT Jahresring *m*

yılık *dial* verzogen; schielend

yılışık servil, unterwürfig, liebedienerisch; **~ ~** zudringlich; **~lık** ⟨-ğı⟩ Servilität *f*, Zudringlichkeit *f*

yılışmak servil sein, unterwürfig sein (*od* lächeln)

yıllan|mak *v/i* ein ganzes Jahr bleiben; sehr lange bleiben; ein Jahr alt werden; alt werden; **~mış** betagt, alt geworden; alt (*Wein*); *Angelegenheit*, *Wort* überholt

yıl'larca jahrelang

yıllatmak *-i* viel Zeit (über *A*) vergehen lassen; in die Länge ziehen

yıllık ⟨-ğı⟩ -jährig; einjährig; jährlich, Jahres-; Jahresmiete *f*, ... auf ein Jahr (*mieten*); Jahrbuch *n*; **... *yıllığına*** auf ... Jahr(e)

yılmak ⟨-ar⟩ (*-den*) zurückschrecken vor *D*; *den Lärm usw* satt haben

yılmaz unerschrocken; **~lık** ⟨-ğı⟩ Unerschrockenheit *f*

yıpramak F → ***yıpranmak***

yıpranma Abnutzung *f*, GEOL Erosion *f*, MED Läsion *f*

yıpran|mak sich abnutzen (*z.B. Maschine*); sich abtragen (*z.B. Kleider*); *fig* sich verbrauchen, früh altern; *Regierung* geschwächt werden; **~mış** abgenutzt; *Kleidung* abgetragen; F gelitten; *Reifen* abgefahren

yıpratıcı Abnutzungs-; zermürbend

yıpratmak *v/t* abnutzen

yırtar → ***yırtmak***

yırtıcı Raub- (*Tier*); *fig* blutgierig; *fig* streitsüchtig

yırtık ⟨-ğı⟩ zerrissen; zerfallen; *Stimme* schrill, scharf; *fig* unverschämt, gerissen; Riss *m*; **~ *pırtık*** völlig zerlumpt

yırtılmak *pass von* ***yırtmak***; (durch)reißen, platzen; *fig* Scheu verlieren

yırtınmak aus vollem Halse schreien; *fig* sich vor Eifer zerreißen

yırtlak ⟨-ğı⟩ *dial* (auf)gerissen, geplatzt; Schlitz-

yırtmaç ⟨-cı⟩ Schlitz *m* (*am Kleid*)

yırtmak ⟨-ar⟩ *v/t* durchreißen; zerreißen (*a fig, z.B. die Stille*); zerkratzen (*z.B. Hand*); *Pferd* zureiten

'yısa *int* hau ruck!; **~ *beraber*** nun alle zusammen!; **~ *etmek*** *Tau* ziehen; **~ ~** höchstens

yıvışık → ***yılışık***; **~lık** → ***yapışkanlık***

yıvış: **~ ~** → ***cıvık***; **~mak** → ***cıvıklaşmak***

yiğit ⟨-di⟩ Bursche *m*, junge(r) Mann, F junge(r) Kerl; Held *m*; *fig* tapfer; freimütig; **~lenmek, ~leşmek** mutig werden, sich (*D*) ein Herz nehmen; **~lik** ⟨-ği⟩ Mannhaftigkeit *f*, Beherztheit *f*

yine → ***gene***

yinele|me Wiederholung *f*; **~mek** *v/t* wiederholen; **~meli** wiederholt; LING iterativ

yirik ⟨-ği⟩ hasenschartig

yirmi zwanzig; Zwanzig *f*; **~ *yaş dişi*** → ***yirmilik diş***; **~lik** ⟨-ği⟩ zwanzigjährig; Zwanziger- (*Packung usw*); Zwanzigmarkschein *m*; **~ *diş*** Weisheitszahn *m*; **~nci** zwanzigst-; **~şer** je zwanzig; zu zwanzig; **~şerlik** ... mit je zwanzig

yiter → ***yitmek***

yitik ⟨-ği⟩ verloren; Verlust *m*

yitim Verlust *m*, Einbuße *f*

yitirmek *v/t* verlieren; verpassen; *Weg* verfehlen, verlieren

yitmek ⟨-er⟩ *v/i* verloren gehen; verschwinden; *Licht* erlöschen, verschwinden; ***yitip gitmek*** verloren gehen

yiv TECH Rille *f*, Einschnitt *m*; Gewinde *n*; Gang *m* (*e-r Schraube*); Naht *f* (*des Schädels*); (*Hand*)Linie *f*, *Haar* Scheitel *m*; **~açar** Gewindeschneider *m*; **~lemek** *Hund* schnüffeln; **~li** gerillt, kan-

Y

neliert, geriffelt

yiyecek Essbare(s), Esswaren *f/pl*; Nahrungsmittel *n/pl*; (*tägliche*) Ration; ZOOL Futter *n*; **~ bir şey var mı?** gibt es etwas zu essen?; **~ler** Lebensmittel *n/pl*

yiyici essend; Fleisch fressend; gefräßig; *fig* bestechlich, korrupt; **~lik** ⟨-ği⟩ Bestechlichkeit *f*

yiyim Essen *n*; Nahrung *f*; *-i* **~ yeri yapmak** *j-n* als melkende Kuh betrachten; **~li** schmackhaft

yiyinti → **yiyecek**

yo [ɔː] nein, doch; *int* nein!, ach wo!, nicht doch!; auf keinen Fall!

yobaz Fanatiker *m*; REL *a* Frömmler *m*; Grobian *m*; **~ca** fanatisch; **~lık** ⟨-ğı⟩ Fanatismus *m*; Frömmelei *f*

'yoga Yoga *m* (*a n*)

'yogi Yogi *m*

yoğaltmak *v/t* konsumieren

yoğrulmak *pass von* **yoğurmak**; *Metalltopf* verbogen werden, Beulen bekommen

yoğrum Formung *f*, Verformung *f*

yoğun PHYS, dicht (*a Verkehr*); dicht (besiedelt); intensiv; zahlreich; *Arbeit, Mühe* erheblich; *Kontakt* eng; **~ alkış** brausende(r) Beifall; **~ bakım** (**servisi** *od* **ünitesi**) MED Intensivstation *f*

yoğun|laşma Kondensierung *f*; Verdichtung *f*; Gerinnung *f*; **~laşmak** sich verdichten, sich konzentrieren; kondensieren; *fig* zunehmen; dichter werden; **~laştırmak** *v/t* kondensieren, verdichten; komplizieren, erschweren; **~luk** ⟨-ğu⟩ PHYS Dichte *f*, Dichtigkeit *f*; spezifische(s) Gewicht; **~lukölçer** Dichtigkeitsmesser *m*

yoğurmak *v/t* kneten; *fig* formulieren

yoğurt ⟨-du⟩ Joghurt *m*; **~ çalmak** Joghurt ansetzen; **~lu** mit Joghurt; **~otu** BOT Labkraut *n* (*Gallium*)

yok ⟨-ku, -ğu⟩ ... ist nicht da, ... nicht vorhanden, gibt es nicht; *z.B. Rauchen* verboten; nein; Nichts *n*; → **yo**; aber (wenn) nicht ...; *scherzh, distanzierte Behauptung* **~ ... ~** einmal ... dann wieder (*od* außerdem, dann noch ...), *Beispiele* **~ yorgunmuş, ~ hastaymış ...** einmal ist sie (angeblich) müde, dann wieder ist sie krank ...; **~ canım** keineswegs; was du nicht sagst!; ach wo!; **~ denecek kadar az** schwindend gering; **~ devenin başı!** ganz unmöglich!; von wegen!; **~ edici** Vernichtungs-; **~ edilme** Liquidierung *f*, Vernichtung *f*; **~ etmek** *v/t* vernichten, liquidieren, ausmerzen; **~ oğlu ~** ganz und gar nichts; **~ olmak** vernichtet (*od* ausgemerzt) werden; **~ pahasına** zu e-m Spottpreis; **~ satmak** *Ware* reißenden Absatz haben; **~ yere** völlig nutzlos; grundlos; **bu şehirde ~ ~tur** in dieser Stadt ist alles da, was das Herz begehrt; **~ yoksul** bettelarm; **~tan var etmek** (aus dem Nichts) *etw* schaffen

yokçuluk PHIL Nihilismus *m*

yoklama Kontrolle *f*, Eintragung *f*, Registrierung *f*, Erfassung *f* (*der Wehrpflichtigen*); TECH Prüfen *n*; Test *m* (*in der Schule*); **~ listesi** Anwesenheitsliste *f*, **~cı** Kontrolleur *m*, -in *f*

yokla|mak *v/t* betasten; sehen nach, prüfen, kontrollieren; (das Terrain) sondieren, vorfühlen; *Haus* durchsuchen; *nach e-m Kranken sehen, e-n Kranken* besuchen; *Schmerzen* sich wieder einstellen; **bir yokla** fühl mal vor, ...; **~nmak** *pass von* **yoklamak**

yokluk ⟨-ğu⟩ Abwesenheit *f*, Fernsein *n*; Mangel *m*; Not *f*, PHIL Nichtsein *n*

'yoksa 1. *adv* sonst, anderenfalls; etwa, vielleicht; sicher, wahrscheinlich; **uslu durursun, ~ seni bir daha getirmem** benimm dich anständig, sonst nehme ich dich nicht mehr mit; **2.** *konj* oder; wenn nur; **bugün mü, ~ yarın mı gidiyorsunuz?** fahren Sie heute oder (etwa) morgen?

yoksul mittellos, arm; Not *f*, Armut *f*, ... in Armut; *fig Gedanken usw* dürftig; **~laşmak** *v/i* verarmen; **~laştırmak** *v/t* arm machen, ruinieren; **~luk** ⟨-ğu⟩ Armut *f*, Not *f*, Elend *n*; Mangel *m* (*-in* an *D*); **~ çekmek** Not leiden

yoksun (*-den*) ohne *A sein*, bar *G*; **~ bırakmak** (*od* **etmek**) *j-n* berauben *G*; *j-n* entblößen *G*; **~ olmak** nicht haben, entbehren (müssen) *A*; **~lu** GR privativ: **~ ek** Privativsuffix *n* (*z.B.* **-siz**); **~luk** ⟨-ğu⟩ Entbehrung *f*; **~mak** (*-den*) entbehren (müssen) *A*; ausgeschlossen sein von *D*

yokumsamak *v/t* leugnen, verneinen

yokuş Anstieg *m*, Steigung *f*; *selten* Abstieg *m*; **~ aşağı** bergab; **~ yukarı** bergauf; *-i* **~a koşmak** *fig* Schwierigkeiten machen bei; **~çu** Geländefahrer *m*

yol 1. *subst* Weg *m*; Reise *f*; ANAT Gang *m*; TECH Leitung *f*; Streifen *m* (*e-s Stoffes*); Art und Weise *f*; Mittel *n*, Mittel und Wege *pl*; *fig* Ausweg *m*; Vorgehen *n*, Methode *f*; System *n*; Ziel *n*, Zweck *m*; Mal *n*; TECH Geschwindigkeit *f*; *-e* **~ açmak** e-n Weg bahnen, e-n Weg anlegen; *-e j-m* den Weg freimachen (*od* freigeben); Platz machen; *fig j-m* Vorbild sein; *fig* führen zu; **~ almak** aufbrechen, F losziehen; absegeln; *Kilometer* zurücklegen; **~ arkadaşı** Reisegefährte *m*, -gefährtin *f*; **~ ayrımı** Weggabelung *f*; *-i* **~ etmek** oft besuchen *A*, Stammgast sein bei *D*; **~ gitmek** gehen, unterwegs sein; *-e* **~ görünmek** *v/unp* j-m e-e Reise bevorstehen; *-e* **~(u) göstermek** *j-m* den Weg zeigen; F *j-n* hinauswerfen; *fig j-m* e-n Fingerzeig geben; **~u tutmak** den Weg sperren; *fig* e-n Weg einschlagen; *-e* **~ vermek** *j-m* den Weg freigeben; passieren lassen; *fig j-n* rausschmeißen, feuern; **~ uğrağı** Station *f*, Punkt *m*, Stelle *f* (*auf dem Wege*; *am Wege*); **~ ~** fadenweise, in Strichen; *Stoff* gestreift; **~ yordam** (Verhaltens)Regeln *f/pl*; Ordnung *f*; **~a çıkmak** aufbrechen; abreisen; (*-in*) **~(un)a düşmek** sich auf den Weg machen in *A*, zu; **~a düzülmek** aufbrechen; **~a gelmek** zur Vernunft kommen; *-i* **~a getirmek** *j-n* zur Vernunft bringen; **~a koyulmak** sich auf den Weg machen; **~dan çıkmak** BAHN entgleisen; *fig* auf die schiefe Bahn geraten; **~lara düşmek** (in den Straßen) umherirren; sich auf die Suche begeben; **~da kalmak** liegen bleiben, nicht weiter(fahren) können; sich verspäten; *-in -e* **~u düşmek** *v/unp* der Weg führt *j-n* nach, zu; die Möglichkeit bietet sich *j-m*; **~un açık olsun!** glückliche Reise!; komm gut hin!; **~una çıkmak** *j-m* entgegengehen; **~una girmek** in Ordnung kommen, geregelt werden; **~una koymak** regeln, ordnen; *-in* **~unu beklemek** *j-s* Kommen erwarten; **~unu kaybetmek** den Weg verlieren, sich verirren; **~unu şaşırmak** sich verirren; *-in* **~unu tutmak** den Weg einschlagen nach; **~unu yapmak** e-n Weg bahnen; anlegen; **2.** *postp* **~una** für *A*; um *G* willen; im Namen *G*; **…~undan** über …, via …; → **yolunda, yoluyla**

yolak ⟨-ğı⟩ *dial* Pfad *m*

yolar → **yolmak**

yolcu Reisende(r); Mitreisende(r); Fahrgast *m*, Passagier *m*; Passagier- (*Flugzeug*, *Schiff*); *fig* das zu erwartende Kind; *fig* ein aufgegebener Kranker, Todeskandidat *m*; *-i* **~ etmek** *j-n* zur Bahn bringen; *j-n* begleiten; **~ olmak** Reisevorbereitungen treffen; **~ salonu** Wartesaal *m*; Wartehalle *f*

yolculuk ⟨-ğu⟩ Reise *f*; (*Autobus*)Fahrt *f*; **~ etmek** (*od* **yapmak**) reisen; **iyi ~lar!** angenehme Reise!; gute Fahrt!

yoldaş Reisegefährte *m*, -gefährtin *f*; POL Genosse *m*, Genossin *f*

yoldurmak *pass von* **yolmak**

yolgeçen: **burası ~ hanı değil!** hier geht man nicht nach Belieben ein und aus!

yolla|mak (*-i -e*) senden, schicken (*j-m A*); zuschicken (*j-m A*); *Brief*, *Telegramm* aufgeben; **~nmak** *pass von* **yollamak**; sich begeben zu; sich auf den Weg machen nach, zu

yollu mit (*guten usw*) Wegen; (*blau usw*) gestreift; *Fahrzeug* schnell; *fig* ordentlich, exakt, korrekt; F Straßenmädchen *n*; in Form *G*, als ...; **cevap ~** in Form e-r Antwort, als Antwort; **şükran ~** als Zeichen des Dankes

yolluk ⟨-ğu⟩ Reiseproviant *m*; Reiseandenken *n*; Reisekosten *pl*; Läufer *m* (= *Teppich*)

yolmak ⟨-ar⟩ *v/t* rupfen; auszupfen; *fig j-n* neppen, rupfen, ausnehmen; **saçını başını ~** *fig* sich (*D*) die Haare raufen

yolsuz straßenlos; unwegsam, unzugänglich; *Arbeit* illegal; *Auto* F lahm; langsam (fahrend); F abgebrannt

yolsuzluk ⟨-ğu⟩ Mangel *m* an Straßen; Dienstvergehen *n*, Korruption *f*

yoluk (aus)gerupft, ausgerissen

yolunca gesetzmäßig, ordnungsgemäß

yolunda in (voller) Ordnung; glatt, reibungslos (gehen); **~ gitmek** gut vorankommen

yolun|mak *pass von* **yolmak**; sich (*D*) die Haare raufen; **~tu** gerupft (*Huhn*); *etw* Abgerissenes

yoluyla *fig* durch Vermittlung *G*; → **yolundan**; **hava ~** auf dem Luftweg

yom *dial* Glück *n*; Freudenbotschaft *f*; **~ tutmak** für Glück bringend halten

yomsuzluk ⟨-ğu⟩ Verhängnis *n*, böse(r) Zauber
yonar → ***yonmak, yontmak***
yonca BOT Klee *m*
yonda Flaum *m*, Flaumfedern *f/pl*
yonga Abfall *m*, Späne *m/pl*; EDV Chip *m*
yont ⟨-tu⟩ ungezähmte Stute
yontar → ***yontmak***
yontkuşu ⟨-nu⟩ ZOOL Bachstelze *f*
yontma behauen
yontmataş: **~ *devri*** Paläolithikum *n*, Altsteinzeit *f*
yontmak ⟨-ar⟩ *v/t* behauen; *Holz* bearbeiten, behobeln, glätten; *Baum* stutzen; *Bleistift* (an)spitzen; *Glas usw* (be)schleifen; F *j-n* rupfen, ausnehmen
yontu Statue *f*, Skulptur *f*, Plastik *f*; **~cu** Bildhauer *m*; *fig* F Raffke *m*
yontuk ⟨-ğu⟩ behauen; gehobelt; geglättet; Span *m*; angespitzt; **~düz** GEOL Fastebene *f*, Peneplain *f*
yontulmak *pass von* ***yontmak***; *Person* zivilisiert werden, Benehmen lernen
yorar → ***yormak***
yordam Behändigkeit *f*, Gewandtheit *f*, Geschicklichkeit *f*; ***el ~ıyla*** tastend
yordamlı flink, behände; gewandt
yorga leichte(r) Trab; **~lamak** traben
yorgan Steppdecke *f*; **~ *döşek yatmak*** das Bett hüten (müssen); ***ayağını ~ına göre uzatmak*** *fig* sich nach der Decke strecken; **~cı** Steppdeckenhersteller *m*; Steppdeckenverkäufer *m*
yorgun müde; **~ *argın*** ganz zerschlagen; **~ *düşmek*** ganz müde werden; **~ ~** *adv* so müde(, wie ich bin, war *usw*); **~luk** ⟨-ğu⟩ Müdigkeit *f*, Ermüdung *f*; **~ *kahvesi*** Aufmunterungskaffee *m*; ***yorgunluğunu almak*** (*od* ***çıkarmak***) sich ausruhen; sich entspannen
yormak[1] ⟨-ar⟩ *v/t* ermüden, anstrengen
yormak[2] ⟨-ar⟩ (*-i -e*) deuten, auslegen *A* als *A*; *j-m etw* zuschreiben, hineindeuten *A* in *A*; *-i* ***hayra ~*** zum Guten auslegen
yortmak ⟨-ar⟩ *v/i* herumbummeln
yortu christliche(r) Feiertag; ***Paskalya ~su*** Osterfest *n*
yorucu ermüdend, anstrengend
yorulmak[1] ermüden; ***yoruldum*** ich bin abgespannt
yorulmak[2] *-e* gedeutet werden (als)
yorul'maksızın unermüdlich
yorum Kommentar *m*; Interpretation *f*, Deutung *f*; THEA, MUS Bearbeitung *f*; **~cu** Kommentator *m*, -in *f*; Interpret *m*, -in *f*; **~lamak** *v/t* kommentieren; interpretieren
yosma hübsche(s) junge(s) Mädchen, Püppchen *n*; Modepuppe *f*; **~lık** ⟨-ğı⟩ Liebreiz *m*, Charme *m*
yosun Moos *n*; Tang *m*, Alge *f*; BOT Flechte *f*; **~ *bağlamak*** (*od* ***tutmak***) *Sache* sich mit Moos *usw* bedecken; **~ *örtüsü*** Algenteppich *m*; **~lu** bemoost, mit Algen bedeckt
yoz natürlich, unbearbeitet; *Tier* ungezähmt, wild; BOT wild wachsend; *fig* unkultiviert; **~laşmak** degenerieren; **~laştırmak** *-i* die Entartung *G* bewirken; **~luk** ⟨-ğu⟩ Degeneration *f*
yön Seite *f*, Richtung *f*, *fig* Ansicht *f*, Einstellung *f*, *fig* Seite *f*, Aspekt *m* (*e-r Sache*); ***dört ana ~*** die vier Himmelsrichtungen *f/pl*; *-e* **~ *vermek*** e-e neue Richtung geben *D*, neu gestalten *A*; ***bir ~den*** in gewissem Sinne; ***bu ~den*** unter diesem Gesichtspunkt, in dieser Hinsicht; ***her ~den*** in jeder Beziehung; → ***yönünde***
yöndeş gleich gerichtet
yönelik *-e* gerichtet (auf *A*)
yönelim Tropismus *m*; PSYCH Veranlagung *f*, *fig* Orientierung *f* (*-e* nach *D*)
yönelme Orientierung *f*; **~ *durumu*** *türk*. Richtungsfall *m*, Dativ *m* (*-e, -a*)
yönelmek *-e* sich begeben nach *D*, in *A*, zu, zugehen auf *A*; *fig* sich zuwenden *D*; *fig* neigen zu; *fig* sich richten gegen *A*, *üzerine* auf *A*
yönelmeli: **~ *tümleç*** Dativobjekt *n*
yönelt|im Orientierung *f*, **~me** Orientierung *f*, **~mek** *-i -e* richten *A* auf *A*; *Fragen* richten *D*, an *A*
yönerge Anweisungen *f/pl*
yöneten Dirigent *m*
yönetici Leiter *m*, -in *f*, Geschäftsführer *m*, -in *f*, Verwalter *m*, -in *f*, leitend, führend; Manager *m*, -in *f*, **~lik** ⟨-ği⟩ Leitung *f*, Führung *f*
yönetim Verwaltung *f*, Leitung *f*, Führung *f*, Regime *n*; **~ *kurulu*** Vorstand *m*, Verwaltungsrat *m*; **~sel** Verwaltungs-, Führungs-; administrativ
yönetmek *v/t* verwalten; leiten; führen; MUS dirigieren; THEA inszenieren
yönetmelik ⟨-ği⟩ Satzung *f*, Statuten *n/*

pl; Bestimmungen *f/pl*; Regelung *f*; Verwaltungsverordnung *f*

yönetmen FILM, TV Regisseur *m*, -in *f*; **~lik** ⟨-ği⟩ Regie *f*

yönlendirmek *v/t* lenken; manipulieren; TEL umleiten (*Ruf*)

yönlü -seitig; ***çok ~*** *fig* vielseitig

yönseme *fig* Neigung *f*, Tendenz *f*

yönsüz ziellos, verschwommen

yöntem System *n*, Methode *f*; **~bilim** Methodenlehre *f*; **~li** methodisch; **~lilik** ⟨-ği⟩ methodische(s) Vorgehen; Regelmäßigkeit *f*; **~siz** unmethodisch

yönünden *postp* hinsichtlich *G*, mit Blick auf *A*

yöre Vorstadt *f*, Gegend *f*, Umgebung *f*; **~sel** regional; ***~ yemekler*** regionale Spezialitäten *f/pl*; **~sellik** ⟨-ği⟩ Lokalcharakter *m*

Yörük *halbnomadischer Stamm in Südanatolien*

yörünge ASTR (Umlauf)Bahn *f*; *-in* ***~sine oturmak*** in die Umlaufbahn kommen; *fig* sich gut anbahnen; ***~sine oturtmak*** *v/t* in die Umlaufbahn bringen; *fig Sache* gut anbahnen

yudum Schluck *m*; **~ ~** schluckweise; ***bir ~da*** in e-m Zug; **~lamak** *v/t* schluckweise trinken

yuf [uː] pfui!, verflucht!; ***~ borusu*** Trompete *f*; *-e* ***~ borusu çalmak*** F *j-n* verhohnepiepeln, hinter *j-m* herschimpfen

yufka **1.** *subst* Teigblatt *n*; **2.** *adj* zerbrechlich; ***~ yürekli*** weichherzig, mitleidig; **~lık** ⟨-ğı⟩ Weichherzigkeit *f*

Yugoslav Jugoslawe *m*, Jugoslawin *f*; jugoslawisch; **~ya** Jugoslawien *n*; **~lı**: ***~ Türk*** Jugoslawientürke *m*, Jugoslawientürkin *f*; jugoslawisch

yuğmak → ***yumak***[1]

yuğrulmak → ***yoğrulmak***

yuh *int* äh!, grässlich!

'yuha buh!; Buhruf *m*; *-e* ***~ çekmek*** buhen; *j-n* ausbuhen; **~lamak** *v/t* ausbuhen

yukar|da oben; **~daki** obige(r); **~dan** von oben; ***~ bakmak*** von oben herab behandeln

yukarı obere(r) Teil; Ober-, obere(r); nach oben; der Obere, Vorgesetzte; *fig* höhere, obere (Klasse); ***~ kat*** Obergeschoss *n*; ***eller ~!*** Hände hoch!; ***~ çıkmak*** hinaufgehen; **~dan** von oben; ***~dan almak*** von oben herab behandeln; ***~dan aşağı*** von oben nach unten; *-den* ***~ göstermek*** älter wirken als

yukarı|ki oben erwähnt; **~sı** das Obige; Oberteil *n*; Ort *m usw* oben

yulaf BOT Hafer *m*

yular Halfter *m* (*od n*); *fig* Gängelband *n*

yumak ⟨-ğı⟩ Knäuel *n*; **~lamak** *v/t* zu e-m Knäuel wickeln

yummak ⟨-ar⟩ fest schließen, zudrücken (*Auge*, *Mund*); *Faust* ballen; *-e* ***göz ~*** *fig* ein Auge zudrücken bei; die Augen verschließen vor *D*

yumru Knolle *f*, Beule *f* (*z.B. an der Stirn*)

yumruk ⟨-ğu⟩ Faust *f*, Faustschlag *m*; ***~ hakkı*** durch Gewalt Erworbene(s); Faustrecht *n*; ***~ kadar*** winzig; ***ilk ~ta*** mit dem ersten Schlag; **~lama** Faustschlag *m*; **~lamak** *v/t* mit der Faust schlagen; ***göğsünü ~*** sich (*D*) vor die Brust schlagen; **~laşma** Schlägerei *f*; **~luk** ⟨-ğu⟩: ***bir ~ canı var*** F er ist leicht rumzukriegen

yumrul(an)mak *v/i* Beulen bekommen, anschwellen

yumuk ⟨-ğu⟩ geschlossen; blinzelnd; *Hand* rundlich, mollig

yumulmak sich schließen; *Augen* blinzeln, zusammenkneifen; F sich hermachen über *A*; F Tempo vorlegen

yumurcak ⟨-ğı⟩ kleine(r) Schlingel; MED Pestbeule *f*

yumurta Ei *n*; ANAT Hode *f*, V Eier *n/pl*; Stopfpilz *m*; *Fisch* Rogen *m*; ***~ akı*** Eiweiß *n*; ***~ kapıya dayandı*** es ist allerhöchste Zeit; ***~ kabuğu*** Eierschale *f*; ***~ kaşığı*** Eierlöffel *m*; ***~ ökçe*** halbhohe(r) Absatz; ***~ sarısı*** Eigelb *n*; ***~ya kulp takmak*** um e-e Ausrede nicht verlegen sein; **~cı** Eierhändler *m*, -in *f*; **~lı**: ***~ yemek*** Eierspeise *f*; **~lık** ⟨-ğı⟩ Eierbecher *m*; ANAT Eierstock *m*; BOT Fruchtknoten *m*

yumurtamsı eiförmig

yumurtlamak *v/t* Eier legen; laichen; *fig* hinausposaunen; sich (*D*) etw ausdenken; ***altın ~*** *fig* goldene Eier legen; ***cevahir ~*** *scherzh* e-e Weisheit zum Besten geben

'yumuşacık samtweich

yumuşak ⟨-ğı⟩ weich; LING stimmhaft; *Klima*, *Luft* mild; *fig* nachgiebig, lenksam; *Wort* süß, angenehm; ***~ başlı*** umgänglich, nachgiebig; **~ g** *das weiche G* (*Ğ, ğ*); **~ça** ZOOL Molluske *f*, Weichtier *n*; **~lık** ⟨-ğı⟩ Weichheit *f*; *fig* Milde *f*

yumuşa|ma Erweichung *f*; POL Entspannung *f*; GR Konsonanterweichung *f*; **~mak** weich werden; *fig* nachgeben; GR stimmhaft werden; **~tmak** *v/t* erweichen; *fig* mildern; TECH dämpfen; POL entschärfen

yunak ⟨-ğı⟩ *dial* Bad *n*

Yunan Grieche *m*; Griechin *f*; griechisch; **~ca** (das) (Neu)Griechisch(e); (auf) (neu)griechisch; **~istan** Griechenland *n*; **~istanlı**: **~ *Türk*** Griechenlandtürke *m*, Griechenlandtürkin *f*; **~lı** Grieche *m*; Griechin *f*

yunmak ⟨-ar⟩ sich waschen, baden

yunus ZOOL Delphin *m*

yurt ⟨-du⟩ Land *n*, Vaterland *n*; Heimat *f*, Heim *n*; Jurte *f*, (Sammel)Stätte *f*, Hort *m*; ***~ dışı*** → ***yurtdışı***; ***dikiş yurdu*** Nähstube *f*; ***gençlik yurdu*** Jugendheim *n*; ***öğrenci yurdu*** Schülerheim *n*, Studentenwohnheim *n*; ***sağlık yurdu*** Erholungsheim *n*, Heilstätte *f*; ***~ tutmak*** heimisch (*od* ansässig) werden

yurt|dışı Ausland *n*; ausländisch; **~içi** binnenländisch, Binnen-; **~landırmak** *v/t* ansiedeln; **~lanmak** sich ansiedeln; **~luk** ⟨-ğu⟩ Besitztum *n*; HIST Lehen *n*; **~sama** Heimweh *n*; **~samak** Heimweh haben; **~sever** vaterlandsliebend, patriotisch; Patriot *m*, -in *f*; **~severlik** ⟨-ği⟩ Vaterlandsliebe *f*

yurtsuz heimatlos; obdachlos

yurttaş Landsmann *m*; Landsmännin *f*; Bürger *m*; Staatsbürger *m*, -in *f*; **~lık** ⟨-ğı⟩ Staatsbürgerschaft *f*; ***~ bilgisi*** Sozialkunde *f* (*Schulfach*)

'yus|yumru dick angeschwollen; kugelrund; **~yuvarlak** ⟨-ğı⟩ kugelrund; dick und rund

yutak ⟨-ğı⟩ Schlund *m*, Rachen *m*

yutar → ***yutmak***

yu'targöze BIOL Phagozyt *m*

yutkunmak *v/i* schlucken; *fig* herumdrucksen

yutma Schlucken *n*

yutmak ⟨-ar⟩ *v/t* hinunterschlucken; *fig Buch* verschlingen; *fig* an sich bringen; *Beleidigungen* einstecken, F schlucken; *Lüge* hinnehmen, F schlucken; MED einnehmen; F e-n Schnitt machen, *etw* gewinnen; F (sofort) kapieren; *Silben* verschlucken; MED ***kolay yutulur*** angenehm einzunehmen

yutturmaca versteckte(s) Wortspiel; Schwindel *m*; Attrappe *f*

yutturmak (*-i -e*) *kaus von* ***yutmak***; *j-m etw* aufbinden, weismachen

yutulmak *pass von* ***yutmak***

yuva Nest *n*; (Adler)Horst *m*; (Fuchs)-Bau *m*; (Ameisen)Haufen *m*; *Fische* Laichplatz *m*; *fig* (Diebes)Höhle *f*, Brutstätte *f*, Heim *n*, Häuslichkeit *f*, Kindergarten *m*, Kindertagesstätte *f*, *fig* Stätte *f* (*der Wissenschaft usw*); ANAT Höhle *f*, TECH Falz *m*, Kehle *f*, ***diş ~sı*** Alveole *f*, ***göz ~sı*** Augenhöhle *f*

yuvalamak *v/i* nisten (*-in üstünde* auf *D*)

yuvar Blutkörperchen *n*; sphärisch, kugelförmig

yuvarlak ⟨-ğı⟩ rund (*a fig Summe, Zahl*); *Zahl* aufgerundet; abgerundet; ***~ hesap yapmak*** (die Rechnung) abrunden; ***~ konuşmak*** sehr allgemein reden; ***~ ünlü*** LING gerundete(r) Vokal

yuvarlaklaş|mak rund (GR gerundet) werden; **~tırmak** *v/t* (auf-, ab)runden

yuvarlaklık ⟨-ğı⟩ Kugelförmigkeit *f*, runde Form

yuvarlamak *v/t* rollen, wälzen; *Tuch* zusammenlegen, zusammenrollen; (*zu Boden*) strecken, niederschlagen; *Essen* verkonsumieren, F verputzen; *Getränk* F runterkippen; *Rechnung* abrunden; *fig* F schwindeln

yuvar|lanmak *pass von* ***yuvarlamak***; hinunterrollen, F runtertrudeln; rollen (*-den* aus *D*); zu Boden sinken; *fig* plötzlich versterben; *fig* F rausfliegen (*aus e-r Stellung*); **~latmak** *v/t kaus von* ***yuvarlamak***; abrunden; ausfeilen

yuvgu *dial* Walze *f*, Zylinder *m*; **~lamak** *v/t* walzen

yüce hoch; *fig* erhaben, hehr; ***≈ Divan*** Oberste(s) Gericht, Verfassungsgericht *n*; **~lik** ⟨-ği⟩ Höhe *f*, *fig* Erhabenheit *f*; **~lim** ASTR Kulmination *f*; ***~ noktası*** Kulminationspunkt *m*; **~lmek** *v/i* steigen, sich erheben; **~ltmek** *v/t* heben; erheben, erhöhen

yük ⟨-kü⟩ *a* EL Ladung *f*, Last *f*; *bes* MAR Fracht *f*; *fig* Last *f*, Bürde *f*; Last-(*Tier*); *fig* Leibesfrucht *f*; *fig* Anstrengung *f*, Verbissenheit *f*; → ***yüklük***; **~**

ağırlığı Ladegewicht *n*; **~ *altına girmek*** *fig* e-e (*od* die) Last auf sich nehmen; **~ *asansörü*** Lastenaufzug *m*; **~ *boşalımı*** EL Entladung *f*; **~ *gemisi*** Frachtschiff *n*; *-e* **~ *olmak*** *j-m* zur Last fallen (*a finanziell*); **~ *vagonu*** Güterwagen *m*; *-e* **~ *vurmak*** *Tier* schwer bepacken, beladen; **~*ünü tutmuş olmak*** steinreich sein

yükçü Lastträger *m*; **~lük** ⟨-ğü⟩ Lastentragen *n*; Fuhrgeschäft *n*

yüklem GR Prädikat *n*

yükleme (Ver)Laden *n*; (Ver)Lade-

yüklemek (*-i -e*) *v/t* beladen; laden *A* auf *A*; in *A*; *fig* belasten *A* mit *D*, aufbürden (*j-m etw*); *j-m etw* zuschreiben; *Schuld*; *Verantwortung* zuschieben *D*, anlasten *D*

yüklenilmek *pass von* ***yüklemek***

yüklenmek *pass von* ***yüklemek***; *-e* drücken gegen; sich stemmen gegen; sich stürzen in *A*; sich werfen (*üzerine* auf *A*); *-i* auf sich nehmen *A*, sich belasten mit; *-e* bedrängen *A*

yüklet|me Verladung *f*, Verlade-; Umschlag- (*Hafen*, *Platz*); Lade- (*Brücke*); **~mek** (*-i -e*) *j-n* beladen, bepacken mit; *j-m* zuschreiben *A*

yükleyici Verlader *m*; Ladevorrichtung *f*, Stapler *m*

yüklü beladen; überladen (*a fig Programm*); *Person* überlastet; *Frau* schwanger; *fig* übertrieben, überzogen; F besoffen; F sehr betucht

yüklük ⟨-ğü⟩ *Platz für Matratzen u Bettzeug*

yüksek ⟨-ği⟩ hoch; hoch gelegen; *Person* Ober-; hoch gestellt; *fig* hoch, erhaben; *Gefühl* hoch, erhaben; *Stimme* hoch; kräftig, laut; **~ *atlama*** Hochsprung *m*; **~ *basınç*** Hochdruck *m* (*Wetterlage*); **~ *fiyat*** überhöhte(r) Preis; **~ *gerilim*** Hochspannung *f*; **~ *mühendis*** Diplomingenieur *m*; **~ *perdeden konuşmak*** laut sprechen; von oben herab reden; herausfordernd sprechen; **~ *sesle*** laut; mit hoher Stimme; **~*ten atmak*** ein Großmaul sein; *-e* **~*ten bakmak*** *j-n* von oben herab behandeln

yükseklik ⟨-ği⟩ Höhe *f*; ***beş yüz metre yüksekliğinde*** fünfhundert Meter hoch

yük'sek|okul Hochschule *f*; **~*öğrenim*** Studium *n*; **~ *bursu*** Hochschulstipendium *n*; **~*öğretim*** Hochschulwesen *n*

yükselen ASTR Aszendent *m*

yükselme Steigung *f*, Ansteigen *n*; Aufstieg *m*; Beförderung *f* (*im Dienst*); Hochwasser *n*; MATH Potenzieren *n*; **~ *devri*** HIST Blütezeit *f*

yükselmek sich erheben, (empor)steigen; *Flugzeug* aufsteigen; *Preise*, *Temperatur* steigen; *Stimme* lauter werden

yükselteç ⟨-ci⟩ PHYS Verstärker *m*

yükselt|gemek *v/t* CHEM oxidieren; **~gen** Oxidationsmittel *n*; oxidierend; **~genme** CHEM Oxidation *f*; **~genmek** *v/i* CHEM oxidieren

yükselti Anhöhe *f*, Hügel *m*; GEOGR Höhe *f* über dem Meeresspiegel; ASTR Höhe *f* (*e-s Gestirns*)

yükselt|me Hebung *f*; PHYS Auftrieb *m*; EL Verstärkung *f*; **~mek** *v/t* heben; *Kapital* erhöhen, aufstocken; *fig* aufblähen, aufbauschen; *j-n* befördern; *Stimme* verstärken, erheben; MATH erheben; ***dördüncü kuvvete*** **~** in die vierte Potenz heben

yüksük ⟨-ğü⟩ Fingerhut *m*; BOT (Blüten)Kelch *m*; **~otu** BOT (roter) Fingerhut, (*Digitalis purpurea*)

yüksünmek als Last empfinden (*-den A*); bequem (*od* apathisch) sein

yüküm Pflicht *f*, Schuldigkeit *f*; **~lenmek** sich verpflichten (*-i zu*); **~lü** verpflichtet (*-le zu*); *-le* **~ *tutmak*** ÖKON belasten mit; **~lülük** ⟨-ğü⟩ Verpflichtung *f*; **~ *altına girmek*** sich verpflichten

yükünmek *dial* sich tief verbeugen

yün Wolle *f*; **~ *kumaş*** Wollstoff *m*; **~lü** wollen, Woll-

yürek ⟨-ği⟩ Herz *n*; *fig* Herz *n*, Mut *m*; Mitgefühl *n*; **~ *çarpıntısı*** Herzklopfen *n*; ***bende* ~ *Selanik oldu*** mir hing das Herz in den Hosen; **~ *vermek*** sich (*D*) ein Herz fassen; *-in* ***yüreği ağzına gelmek*** *v/unp j-m* Angst und Bange werden; *-in* ***yüreği cız etmek*** *v/unp* wehmütig werden; ***yüreği geniş*** ungerührt; großmütig; *-in* ***yüreği kalkmak*** *v/unp* ganz aufgeregt sein; ***yüreğim serinledi*** ich fühlte mich erleichtert; *-in* ***yüreği yağ bağlamak*** frohlocken über *A*; *-in* ***yüreğine inmek*** plötzlich tot umfallen; plötzlich s-n Geist aufgeben; *j-m* aufs Gemüt schlagen; *-in* ***yüreğine işlemek*** *fig j-m* an die Nieren gehen; *-in* ***yüreğine su serpilmek*** sich erleichtert (*od* getröstet) finden; ***yüreğini boşaltmak*** sein Herz ausschütten; *-in* **~*yüreğinin yağları eriyor*** es zerreißt ihm das Herz; ihn überfällt die Angst; **~*ler acısı*** Seelennot *f*; herzzerreißend; **~*ten*** von Herzen; herzlich (*Dank, Gruß*)

yüreklendir|me Ermunterung *f*; **~mek** *v/t* ermuntern, ermutigen

yüreklenmek Mut schöpfen (*-den* durch *A*, aus *D* heraus)

yürekli beherzt, mutig; **~lik** ⟨-ği⟩ Beherztheit *f*; Herzlichkeit *f*

yüreksiz zaghaft, mutlos; widerwillig; **~lik** ⟨-ği⟩ Zaghaftigkeit *f*

yürük ⟨-ğü⟩ gut zu Fuß; HIST lehnspflichtige(r) Soldat; → ***Yörük***

yürüme Gang *m*, Gangart *f*; **~ *olanağı*** Gehfähigkeit *f*; Fortbewegungsmöglichkeit *f*

yürümek *v/i* (weiter)gehen; (weiter)fahren; gehen, marschieren, laufen; *Kind* (zu) laufen (anfangen); sich beeilen; gelangen (*-e zu*); *z.B. Wasser* kommen, tropfen (*-e* auf *A*); *Zeit* vergehen; *fig* (glatt) gehen, vorankommen; *Zinsen* berechnet werden (*-den* zu); ***yürüyerek gitmek*** zu Fuß gehen

yürürlük ⟨-ğü⟩ Gültigkeit *f*; ***yürürlüğe girmek*** in Kraft treten; **~*te olmak*** gültig sein, in Kraft sein; **~*ten kaldırmak*** außer Kraft setzen, abschaffen

yürüteç ⟨-ci⟩ Laufgitter *n*

yürütme Durchführung *f*, Ausführung *f*; **~ *gücü*** Exekutive *f*; **~ *kurulu*** geschäftsführende(r) Vorstand

yürütmek *v/t* zum Laufen bringen; *Büro (Angelegenheiten)*; *Untersuchung* leiten; durchführen, ausführen; *Gedanken* durchsetzen; *Geschäft* führen; *Gesetz* anwenden; *Heilung* bewirken; *Kampf* führen; *Meinung* äußern, vorbringen; *Tätigkeit* ausüben; F mitgehen lassen (= *stehlen*)

yürüyen: **~ *merdiven*** Rolltreppe *f*

yürüyüş Gang *m*, Gangart *f*, Schritt *m*; Fortbewegung *f*, Marsch *m*, POL Protestmarsch *m*; ***gösteri*~*ü*** POL Demonstration *f*; **~ *emri*** Marschbefehl *m*; **~ *kolu*** Marschkolonne *f*; **~ *yapmak*** e-n Spaziergang machen; e-n Protestmarsch durchführen; **~*e çıkmak*** spazieren gehen; **~*e geçmek*** sich auf den Marsch machen, losmarschieren

yüsrü Ebenholz *n*

yüz[1] hundert; Hundert *f*; **~*ler*** Hunderte *pl*; **~*lerce*** Hunderte von; **~ *numara*** WC *n* (00); **~*de*** → ***yüzde***

yüz[2] **1.** *subst* Gesicht *n*; Oberfläche *f*; Vorderseite *f*, Front *f* (*e-s Gebäudes*); Seite *f*, Abhang *m* (*e-s Berges*); rechte Seite (*e-s Stoffes*); rechts (*stricken*); **~ *akıyla*** ehrenvoll; *-den* **~ *bulmak*** *abw* verwöhnt werden; *-den* **~ *çevirmek*** *fig j-m* die kalte Schulter zeigen; sich abwenden von *D*; **~ *göstermek*** auftreten, sich zeigen; (*j-m*) zugetan sein; *-le* **~ *göz olmak*** *abw* auf vertrautem Fuße stehen mit, s-n Ansehen verlieren bei; **~ *kızartıcı*** schändlich, schmachvoll; *-e* **~ *tutmak*** nahe daran sein zu (+ *inf*), nahe sein *D*; *-e* **~ *vermek*** *abw j-n* verwöhnen; **~ ~*e gelmek*** sich (plötzlich) gegenüberstehen; einander begegnen; **~*e gülmek*** katzenfreundlich sein; freundlich wirken; ***rahat*** *usw* **~*ü görmek*** endlich Ruhe *usw* haben; *-in* **~*ü gözü açılmak*** frech werden; wieder sauber *usw* sein; **~*ü kara*** mit Schande bedeckt; *-in* **~*ü kızarmak*** schamrot werden; *-in -e* **~*ü olmamak*** sich nicht trauen, zu ...; nicht aushalten können *A*; *-in* **~*ü suyu hürmetine*** zum ehrenden Andenken an *A*; *-meye* **~*ü tutmamak*** sich nicht trauen (*etw zu fordern*); **~*ü yumuşak*** nachgiebig, weichherzig; **~*ünden kan damlıyor*** *fig* er (*od* sie) ist das blühende Leben; **~*üne bakılır*** ganz hübsch; **~*üne bakılmaz*** sehr unschön; *-in* **~*üne bakmamak*** *j-n* nicht mehr sehen wollen; *j-n* absichtlich übersehen; *fig j-n* schneiden; *-i -in* **~*üne vurmak*** (*od* ***çarpmak***) (*j-m*) s-n Fehler vorhalten, *j-m* Vorwürfe machen; *-in* **~*ünü ağartmak*** *j-n* mit Stolz erfüllen; **~*ünü kara çıkarmak*** *j-n* schmähen, besudeln; *-den* **~*ünün akıyla çıkmak*** sich ehrenvoll aus der Affäre ziehen, sich (*D*) zu helfen wissen; **2.** *postp* ***bu*** **~*den*** deswegen, aus diesem misslichen Grund; *-in* **~*ünden*** wegen *G*, aus *D* (*negativ*); ***benim*** **~*ümden*** meinetwegen, durch meine Schuld; ***dikkatsizlik*** **~*ünden*** aus Unvorsichtigkeit; ***kar*** **~*ünden*** der Schneefälle wegen, durch Schnee(fall)

yüzbaşı ⟨-nı⟩ MIL Hauptmann *m*; **~lık** ⟨-ğı⟩ Hauptmannsrang *m*

yüzde Prozent(satz *m*) *n*; ~ ***beş*** **(% 5)** fünf Prozent (5%); ~ ***yüz*** hundert Prozent, hundertprozentig; ganz und gar, absolut; ~ ***yüzlük*** hundertprozentig; **~lik** ⟨-ği⟩ Provision *f*
yüzden: ***bu*** ~ deswegen (*negativ*)
yüzdür|me Schwimmkraft *f*; PHYS Auftrieb *m*; **~mek** (*-i -e*) *v/t* schwimmen lassen durch *A*; baden lassen; *Schiff* heben; wieder flottmachen; *Fell* abziehen lassen; F *j-n* feuern, rausschmeißen
yüzer[1]: ~ ***havuz*** Schwimmdock *n*; → ***yüzmek***[1,2]
yüzer[2] je hundert; zu Hunderten
yüzerlik mit je hundert (*z.B. Stück*)
yü'zertop ⟨-pu⟩ Boje *f*
yüzey Fläche *f*; Oberfläche *f*; ~ ***şekilleri*** Relief *n*; **~sel** Oberflächen-; *fig* oberflächlich
yüzgeç ⟨-ci⟩ Flosse *f*; F gute(r) Schwimmer *m*, -in *f*; Schwimm- (*Vogel*)
'yüzgörümlüğü ⟨-nü⟩ Brautgeschenk *n*
yüzgöz → ***yüz***[2]
'yüzkarası ⟨-nı⟩ Schande *f*, Schmach *f*
yüzle|me Anprangerung *f*; **~mek** *-i j-m* (offen) Vorhaltungen machen, *j-n* blamieren; **~ştirmek**: ***b-ni b-le*** ~ j-n j-m gegenüberstellen
yüzlü[1] mit ... Gesicht; ***güzel*** ~ gut aussehend; ***iki*** ~ zweischneidig; *fig* doppelzüngig; ~ ~ *adv* dreist, unverfroren
yüzlü[2] aus hundert ... bestehend
yüzlük ⟨-ğü⟩ Hunderter *m*; hundertjährig
yüzme[1] Schwimmen *n*; Schwimm-; ~ ***havuzu*** Schwimmbad *n*; Schwimmbecken *n*; ~ ***bilmeyenler*** Nichtschwimmer *pl*
yüzme[2] Abhäuten *n*; F Nepp *m*
yüzmek[1] ⟨-er⟩ schwimmen (*a fig im Überfluss*); *fig* versinken (in *D*, *z.B. Schmutz*); ***sırtüstü*** ~ auf dem Rücken schwimmen
yüzmek[2] ⟨-er⟩ abhäuten, HIST schinden; F *j-n* neppen, ausnehmen
'yüznumara WC *n*
'yüzölçümü ⟨-nü⟩ Flächenmaß *n*; Flächeninhalt *m*
'yüzsuyu ⟨-nu⟩ Ehre *f*, gute(r) Ruf; ~ ***dökmek*** um Gnade bitten
yüzsüz ungeniert, ohne Hemmungen; **~leşmek** frech werden
yüzücü Schwimmer *m*, -in *f*; Schwimm-; ~ ***ayak*** Ponton *m*
yüzük ⟨-ğü⟩ Ring *m*; ~ ***oyunu*** Ring(versteck)spiel *n*
yü'zükoyun bäuchlings; ~ ***yere kapanmak*** auf die Nase fallen
yü'zükparmağı ⟨-nı⟩ Ringfinger *m*
yüzülmek *pass von* ***yüzmek***[1,2]
yüzüncü hundertst-
yüzünden *postp* → ***yüz***[2]
'yüzüstü → ***yüzükoyun***; halb fertig, liegen gelassen; *-i* ~ ***bırakmak*** *Arbeit* halb fertig liegen lassen; *Person* ihrem Schicksal überlassen; im Stich lassen; ~ ***kalmak*** liegen bleiben, ungetan bleiben
'yüzyıl Jahrhundert *n*; **~lık** ⟨-ğı⟩ jahrhundertelang; jahrhundertealt

Z

z, Z [zɛ] z, Z *n*
zaaf Schwäche *f*, Willensschwäche *f*
zabıt ⟨zaptı⟩ Protokollierung *f*, Eroberung *f*, Einnahme *f*, Machtergreifung *f*, Aneignung *f* (*e-s Lehrstoffes*); → ***zapt***; ~ ***kâtibi*** JUR Protokollführer *m*; ~ ***tutmak*** ein Protokoll aufnehmen
zabıta [zaː-] Polizei *f*, städtische Aufsichtsorgane *n/pl*
zabit [zaː-] ⟨-ti⟩ *osm* Offizier *m*
zaç ⟨-çı⟩ Vitriol *n*; **~yağı** ⟨-nı⟩ Schwefelsäure *f*
zade [aː] *osm* geboren; Sohn *m*; Tochter *f*, Kind *n* (*z.B.* ***Samipaşazade Sezai*** Sezai, Sohn des Sami Pascha)
zadegân *osm* Aristokratie *f*, Adel *m*
zafer Sieg *m*; Triumph *m*; ~ ***takı*** [aː] Triumphbogen *m*; ***Zafer Bayramı*** *Nationalfeiertag am 30. August*
zafiyet [aː] ⟨-ti⟩ Schwäche *f*, MED Asthenie *f*
zağ *dial* Schärfe *f*, Feinschliff *m*

zağanos ZOOL *Art* Falke *m*
zağar ZOOL Jagdhund *m*
zağcı Schleifer *m*
zahir [ɑː] **1.** *adj u subst* klar, deutlich; Äußere(s); **2.** *adv* natürlich, zweifellos; anscheinend, offenbar; **~de** dem Anschein nach
zahire [iː] (Lebensmittel)Vorräte *m/pl*
zahirî [zaːhıriː] äußerlich, äußer-; *fig* gespielt; erdacht, fiktiv
zahmet ⟨-ti⟩ Mühe *f*; **~ çekmek** sich abmühen; Schwierigkeiten haben; **~ etmek** (*od* **~e girmek**) sich bemühen; sich (*D*) Umstände machen; **b-ne ~ olmak** j-m Mühe (*od* Umstände) machen; **~ olmazsa** wenn es Ihnen keine Umstände macht; *-e* **~ vermek** *j-m* Mühe machen; *-in* **~ine değmek** die Mühe lohnen, der Mühe wert sein; **~ etmeyin** (*od* **olmasın**)*!* machen Sie sich keine Umstände!
zahmet|li anstrengend, mühsam; **~siz** mühelos; *Geburt, Gewinn* leicht
zakkum BOT Oleander *m* (*Nerium oleander*); REL Höllenbaum *m*
zalim [ɑː] grausam; **~lik** ⟨-ği⟩ Grausamkeit *f*
zam ⟨-mmı⟩ Zulage *f*, *-e* Erhöhung *f*, Steigerung *f G*; Verteuerung *f*; *-e* **~ gelmek** teurer werden, eine Preissteigerung erfahren; *-e* **~ yapmak** den Preis *e-r Sache G* erhöhen, anheben; **maaş ~mı** Gehaltserhöhung *f*
zaman [zɑmɑ(ː)n] **1.** *subst* Zeit *f*, Zeitalter *n*; GR Tempus *n*; Saison *f*; MUS, TECH Takt *m*; **~ eki** Tempussuffix *n*; **~ kollamak** die richtige Zeit abwarten; **~ öldürmek** sich (*D*) die Zeit totschlagen; **~ ulacı** GR temporale(s) Verbaladverb (*z.B.* **gelince**); **~ zarfı** GR Zeitadverb *n*; *-e* **~ vermek** die Zeit erübrigen für; *-in* **~ı geçmek** *v/unp* die Zeit ist vorbei für; *-i* **~a bırakmak** der Zeit überlassen *A*; **~ geçtikçe, ~la** mit der Zeit; **~ında** rechtzeitig; **bu ~da** heutzutage; **gel ~, git ~** im Laufe der Zeit; **az ~ sonra** bald darauf; **bir ~(lar)** einst, einmal; **hiçbir ~** nie(mals); **kimi ~** zeitweise, zuweilen; **ne ~?** wann?; **ne ~dan beri?** seit wann?; **o ~** damals; dann, in diesem Fall(e); **~ında** zur rechten Zeit; **~ ~** von Zeit zu Zeit, dann und wann; **~la yarışma** Wettlauf *m* gegen die Zeit; **2.** *-diği* **~** *konj* als; wenn
za'man|aşımı ⟨-nı⟩ JUR Verjährung *f*; **~na uğramak** verjähren; **~bilim** Chronologie *f*; **~dizin** Chronologie *f*
zamane [-mɑː-] Epoche *f*, heutige Zeit; *scherzh* heutig, modern, zeitgenössisch
zamanla|ma Zeitplan *m*, Timing *n*; **~mak** (*-i*) e-n Zeitplan aufstellen, zeitlich abstimmen *A*
zaman|lı pünktlich; TECH -takt; **iki ~ motor** Zweitaktmotor *m*; **~ zamansız** *abw* zu jeder beliebigen Zeit; **~sız** verfrüht, nicht zur rechten Zeit
zamazingo Dingsda *n*; F Liebschaft *f*
zambak ⟨-ğı⟩ BOT Lilie *f*
zamir [iː] GR Pronomen *n*
zamk ⟨-kı⟩ Klebstoff *m*
'zamkinos F Dings *n*, Dingsbums *m* (*od f*); Freund *m*; Liebschaft *f*; **~ etmek** F abziehen, abschwirren
zamk|lamak *v/t* kleben; **~lı** geklebt; aufgeklebt
zampara Schürzenjäger *m*; **~lık** ⟨-ğı⟩: **~ etmek** jedem Mädchen nachlaufen
zan ⟨-nnı⟩ Meinung *f*, Verdacht *m*; **~ altında bulunmak** unter (e-m) Verdacht stehen
zanaat ⟨-tı⟩ Handwerk *n*; **~çı** Handwerker *m*; **~çılık** ⟨-ğı⟩ Handwerksberuf *m*; **~kâr** → **zanaatçı**
zangır: **~ ~** wie Espenlaub (*zittern*); **~ ~ korkmak** vor Angst mit den Zähnen klappern; **~damak** furchtbar zittern; klirren; mit den Zähnen klappern; **~datmak** *v/t* in Schrecken versetzen; zum Klirren bringen; **~tı** Gepolter *n*; Geklirr *n*
zangoç ⟨-cu⟩ Kirchendiener *m*; Glöckner *m*
'zann|etmek *v/t* glauben; denken; **zannedersem** wie mir scheint; **kendini ne zannediyorsun?** was bildest du dir ein?; **~olunmak** denkbar sein
zap TV Zapping *n*; **~çı** TV Zapper *m*, -in *f*; **~lamak** zappen
za'parta *fig* Rüffel *m*
zapt → **zabıt**; **~ etmek** *v/t* erobern, an sich reißen; *Aussagen* protokollieren; *Lehrstoff* sich (*D*) aneignen, sich (*D*) zu Eigen machen; *Waren* beschlagnahmen; *Wut* bezähmen; **kendini ~ etmek** sich beherrschen
zaptiye HIST Gendarmerie *f*, Gendarm *m*
zapturapt ⟨-tı⟩ Disziplin *f*, **~ altına al-**

mak für Ordnung sorgen; **~sızlık** ⟨-ğı⟩ Disziplinlosigkeit *f*

zar[1] Häutchen *n*, Membrane *f*, Schleier *m*; ANAT Haut *f*, ***beyin ~ı*** Hirnhaut *f*

zar[2] Würfel *m*; ***~ atmak*** würfeln; ***~ tutmak*** mogeln (*durch besonderen Wurf*)

zar[3] *osm* Wehklagen *n*, Schluchzen *n*

zar[4]: ***~ zor*** mit Ach und Krach

zarafet [-ra:-] Eleganz *f*, Anmut *f*

zarar Schaden *m*, Verlust *m*; ***~ çekmek*** Schaden erleiden; ***~ etmek*** Verluste erleiden; *-e* ***~ gelmek*** es entsteht ein Schaden an *D*; ***~ getirmek*** Schaden stiften; *-den* ***~ görmek*** Schaden erleiden durch *A*, betroffen werden von *D*; ***~ verici*** schädlich; *-e* ***~ vermek*** Schaden zufügen *D*; ***~a uğramak*** Schaden erleiden; ***~da olmak*** ÖKON ein Defizit haben; *-in -e* ***~ı dokunmak*** *j-m* Schaden zufügen; *-in* ***~ı olmamak*** *v/unp* es entsteht kein Schaden; ***~ı yok*** das schadet nichts, das macht nichts

zararlı schädlich (*-e D*), abträglich (*-e D*); jugendgefährdend; nachteilig, verlustreich; *-den* ***~ çıkmak*** sich verrechnen (in *D*); **~lık** ⟨-ğı⟩ Schädlichkeit *f*; **~sız** unschädlich; ganz leidlich, nicht schlecht; ***~ duruma getirmek*** unschädlich machen

zarf (Brief)Umschlag *m*; (Teeglas)Halter *m*; GR Adverb *n*; **~çı** *Art* Trickdieb *m*, Gauner *m*

zarfında innerhalb *G*, in *D*; ***bir hafta ~*** innerhalb e-r Woche

zarflamak *-i* in e-n Umschlag stecken

'zargana ZOOL Hornhecht *m* (*Belone belone*)

zari [a:]: ***~ ~*** wimmernd, stöhnend; ***~ ~ ağlamak*** bitterlich weinen

zarif [i:] elegant, schick, fein; geistreich; **~lik** ⟨-ği⟩ Eleganz *f*, Chic *m*

zarsı ANAT hautartig

zart: ***~ zurt*** protzenhaft; ***~ zurt etmek*** sich aufspielen, protzen

'zarta Winde *m/pl*, Furz *m*; ***~ atmak, ~yı çekmek*** F e-n fahren lassen; F abkratzen

zaruret [u:] ⟨-ti⟩ Notwendigkeit *f*, Elend *n*, Not *f*; ***~ hali*** Härtefall *m*; *-mek* ***~indeyim*** ich bin gezwungen, zu ...

zarurî [-u:ri:] notwendig; unbedingt erforderlich; obligatorisch; unvermeidbar; absolut (*Minimum*)

zat [a:] ⟨-tı⟩ Person *f*, (hohe) Persönlichkeit *f*; ***~ işleri*** Personalangelegenheiten *f/pl*

zaten ['za:-] ohnehin, sowieso; im Grunde genommen; übrigens

zati ['za:-] F → ***zaten***

zatî [za:ti:] persönlich; ***~ eşya*** JUR persönliche Effekten (F Gegenstände) *pl*

'zatülcenp ⟨-bi⟩ MED Rippenfellentzündung *f*

zatürree MED Lungenentzündung *f*

zavallı arm, bedauernswert; der (*od* die) Ärmste; *fig* abgehetzt, F k.o.; **~lık** ⟨-ğı⟩ Elend *n*, Jammer *m*

zaviye [za:-] Klosterzelle *f*, *fig* Gesichtswinkel *m*, Standpunkt *m*

zayıf mager; schwach; geschwächt (*z.B. Armee*); baufällig (*Haus*); *fig* untüchtig; weich, zu gutmütig (*-e karşı* gegenüber *D*); ***~ düşmek*** abmagern; schwächer werden; **~lama** Abmagerung *f*, Abnehmen *n*; **~lamak** magerer (*od* dünner) werden, abnehmen; schwächer werden; **~latmak** *v/t* schwächen; entfetten, dünner (*od* schlanker) machen; **~lık** ⟨-ğı⟩ Schwäche *f*, Magerkeit *f*

zayi [a:] ⟨-ii⟩ verloren; vernichtet; nutzlos; Verlust *m*, Einbuße *f*; ***~ etmek*** *v/t* verlieren; ***~ olmak*** abhanden kommen; **~at** [a:] ⟨-tı⟩ MIL Verluste *m/pl*; *-e* ***~ verdirmek*** Verluste zufügen *D*; ***~ vermek*** Verluste erleiden

zeamet [a:] ⟨-ti⟩ HIST Lehen *n*

zebani [-a:ni:] REL Höllenwärter *m*

zebella [-la:] Ungetüm *n*

'zebra ZOOL Zebra *n*

zebun [u:] matt, erschlafft; **~laşmak** *v/i* erschlaffen, erlahmen

Zebur [u:] REL Psalter *m* Davids

zedelemek *v/t* beschädigen

zefir Zephir *m* (*Gewebe*)

zehap [a:] ⟨-bı⟩ Vermutung *f*

zehir ⟨zehri⟩ Gift *n*; ***~ gibi*** gallebitter; eisigkalt; *Person* tüchtig, meisterhaft; *Verstand* überlegen, scharf; ***~ zemberek*** äußerst bitter (*od* scharf); *fig* ***~ zıkkım*** *fig* sehr giftig, bitter; ***~ zıkkım olsun!*** *Fluch* verrecke!

zehir|lemek *v/t* vergiften; ***kendini ~*** sich vergiften; **~lenme** Vergiftung *f*, ***kan ~si*** Blutvergiftung *f*, **~lenmek** vergiftet werden; sich (*D*) e-e Vergiftung zuziehen; **~leyici** vergiftend; gesundheitsschädlich; **~li** giftig; *fig* bitter; *Lächeln* sarkastisch; **~siz** ungiftig

'zehr|etme *fig* Vergiftung *f*, Verbitterung *f*; **~etmek** *v/t* (*-i -e*) *fig* vergiften (*j-m A*), vergällen (*j-m A*); **~olmak** *-e j-m* vergällt werden

zekâ Intelligenz *f*, Verstand *m*; **~ *geriliği*** geistige Zurückgebliebenheit; **~ *puanı*** Intelligenzquotient *n*, IQ *m*; **~ *testi*** Intelligenztest *m*; *-den* **~ *fışkırıyor*** *scherzh* j-d ist ganz helle

zekât ⟨-tı⟩ REL Almosen *pl*

zekî [iː] intelligent; aufgeweckt; geistreich

zelzele Erdbeben *n*

zemberek ⟨-ği⟩ (Uhr)Feder *f*; TECH Türschließer *m*; **~ *gibi*** im Nu; *-in* ***zembereği boşalmak*** in ein lautes Gelächter ausbrechen

zembil (geflochtener) Korb; **~otu** ⟨-nu⟩ BOT Zittergras *n*

zemheri tiefe(r) Winter; **~ *zürafası*** (***gibi***) (auch im Winter) leicht gekleidet

zemin [iː] Boden *m*; Grundlage *f*; *Malerei* Grund *m*; Untergrund *m*; Wesen *n*, Sinn *m*; **~ *hazırlamak*** *fig* den Boden bereiten für; **~ *kat*(*ı*)** Erdgeschoss *n*; **~ *ve zamana uygun*** ganz den Umständen entsprechend; ***bu* ~*de*** in diesem Sinne (*od* Geiste); **~*i beyaz*** mit (*od* auf) weißem Untergrund

zeminlik ⟨-ği⟩ MIL Unterstand *m*

zemzem *Brunnen in der Nähe der Kaaba*; **~ *suyu*** *heiliges Wasser aus Mekka*; *-in* **yanında ~le yıkanmış olmak** *j-m* (moralisch) haushoch überlegen sein

zencefil BOT Ingwer *m*; Ingwerstaude *f*

zenci Schwarze(r); schwarz(häutig); **~ *ticareti*** Sklavenhandel *m*

zencir *dial* → ***zincir***

zengin reich; *Boden* ergiebig; *Natur* üppig; **~ *mal çeşidi*** reichhaltige(s) Sortiment; **~le(ş)mek** *v/i* reich(er) werden; **~leştirmek** *v/t* reich(er) machen; **~lik** ⟨-ği⟩ Reichtum *m*; (Boden)Schätze *m/pl*; ***tarihî* ~*ler*** historische Denkmäler *n/pl*

zenne *osm* Frau *f*; *Schauspieler in e-r Frauenrolle* (*im Ortaoyunu*); **~*ye çıkmak*** in e-r Frauenrolle auftreten

zeplin Zeppelin *m*

zerdali [aː] BOT *kleine Aprikosenart* (*Prunus armeniaca*)

zerde GASTR *süßer Reis mit Safran*

zerdeva ZOOL Edelmarder *m*

Zerdüşt ⟨-tü⟩ Zarathustra *m*

Zerdüştî Anhänger *m*, -in *f* des Zarathustra

zerk ⟨-ki⟩ Injektion *f*, Spritze *f*; **~ *etmek*** e-e Spritze geben

zerre Körnchen *n*; Tröpfchen *n*; *osm* Molekül *n*; **~ *kadar*** (*nicht*) im Geringsten, (*kein*) Fünkchen; **~ *kadar aklı olsaydı* ...** wenn er (*od* sie) nur ein Fünkchen Verstand hätte, ...

zerzevat ⟨-tı⟩ Gemüse *n*; **~çı** Gemüsehändler *m*

zevahir [ɑː] äußere(r) Schein; **~*i kurtarmak*** den Schein wahren

zeval [aː] ⟨-li⟩ *osm* Verfall *m*; *-e* **~ *vermek*** schaden *D*; vernichten *A*; *-e* **~ *vermemek*** retten, nicht untergehen lassen

zevat [ɑː] ⟨-tı⟩ *osm* Personen *f/pl*, Persönlichkeiten *f/pl*

zevce *osm* Gattin *f*, Gemahlin *f*

zevk ⟨-ki⟩ Vergnügen *n*, Genuss *m*; *etw* Angenehmes; Geschmack *m*; *-den* **~ *almak*** Vergnügen finden (an *D*), genießen *A*; **~ *etmek*** sich amüsieren; **~ *için*** zum Vergnügen; zum Spaß; **~ *meselesi*** Geschmack(s)sache *f*; **~*inde olmak*** (*od* **~*ine bakmak***) nur an sein eigenes Vergnügen denken; **~*ine mecbur*** vergnügungssüchtig; **~*ine varmak*** auf den Geschmack kommen; *-in* **~*ini çıkarmak*** voll auskosten *A*

zevk|lenmek *-le* genießen *A*; sich lustig machen über *A*; **~li** geschmackvoll; angenehm, vergnüglich; **~siz** unangenehm; Banause *m*; geschmacklos; **~sizlik** Geschmacklosigkeit *f*

zevzek ⟨-ği⟩ Schwadroneur *m*, F Quatschkopf *m*; geschwätzig; **~lenmek** schwadronieren, faseln; **~lik** ⟨-ği⟩ Schwatzhaftigkeit *f*, Gequatsche *n*

zeybek ⟨-ği⟩: **~ *oyunu*** *Volkstanz aus Westanatolien*

zeyrek ⟨-ği⟩ aufgeweckt, intelligent

zeytin Olive *f*; **~ *ağacı*** Olivenbaum *m*; **~ci** Olivenhändler *m*; Olivenbaumpflanzer *m*; **~cilik** ⟨-ği⟩ Olivenbaumplantage *f*; Olivenhandel *m*; **~si** Kern- (*Obst*); **~yağı** ⟨-nı⟩ Olivenöl *n*; **~ *gibi üste çıkmak*** s-e (falschen) Behauptungen als richtig hinstellen; **~yağlı** in Olivenöl, mit Olivenöl zubereitet

zeytunî [-uːniː] olivgrün

zıbarmak F krepieren, verrecken; s-n

Rausch ausschlafen

zıbın Kinderjäckchen *n*

zıdd- → **zıt**

zıddiyet ⟨-ti⟩ Kontrast *m*, Gegensatz *m*; gegenseitige Abneigung

zıh Bordüre *f*, Besatz *m*; Galone *f*, Paspel *f*, Litze *f*, Umrahmung *f*; **~lamak** *v/t* besäumen, besetzen; verbrämen, umranden; paspelieren

zıkkım *fig* Gift *n*

zıkkımlanmak *v/t* F sich voll fressen; F sich e-n hinter die Binde gießen

zılgıt ⟨-dı⟩ Rüffel *m*, Anschnauzer *m*; *-e* **~ vermek** (*od* **~ çekmek**) *j-n* anschnauzen; *-den* **~ yemek** angeschnauzt werden

'**zımba** Locher *m*; Lochung *f*, Perforierung *f*; **tel ~(sı)** Schnellhefter *m*; **~lamak** *v/t* lochen; ausstanzen; abmurksen; P ficken; **~lı** gelocht

zımbır|datmak *v/t* (*auf der Geige*) herumkratzen; herumklimpern; kratzen, scharren, quietschen mit; **~tı** MUS Gekratze *n*; Geklimper *n*; Geknarre *n*; ewig knarrendes (*od* quietschendes) Ding; *fig* Dingsbums *n*

'**zımnen** *adv* durch die Blume, in Andeutungen; implizit

zımnî [iː] *adj* verborgen (*z.B. Sinn*), gedacht; implizit

'**zımpara** Schmirgel *m*; **~ kağıdı** Schmirgelpapier *n*; **~lamak** *v/t* (ab)schmirgeln

zındık ⟨-ğı⟩ Ketzer *m*, Häretiker *m*; Ungläubige(r); **~lık** ⟨-ğı⟩ Ketzerei *f*

'**zıngadak** bums!, bauz!

zıngı|l-, ~r- → **zangır, zangırdamak** *usw*

zıngırdamak *v/t* zittern, klappern

zınk ⟨-kı⟩: **~ diye durmak** mit e-m scharfen Ruck halten

zıp zuck; **~ (diye) çıktı** F zuck war er/sie da, plötzlich erschien er/sie; **~ ~ gelmek** angehüpft kommen; **~ ~ kaçmak** im Nu verschwinden

zıpçıktı Emporkömmling *m*, Arrivist *m*

zıpır Tropf *m*, Einfaltspinsel *m*

zıpka *Art* Pluderhosen *f/pl* (*Tracht am Schwarzen Meer*)

zıpkın Harpune *f*; **~lamak** harpunieren

zıpla|mak (umher)hüpfen, springen; zurückprallen; F verduften; **~tmak** *v/t* springen lassen

'**zıppadak**: **~ içeri giriverdi** schwupp (-diwupp) war er (*od* sie) drin

zıpzıp ⟨-pı⟩ Murmel *f*, Marmel *f*; *Art* Bumerang-Ball *m* (am Gummiband), Spiel *n damit*

zır: **~ ~** auf die Nerven gehend (weinen, surren *usw*); F Reißverschluss *m*; **~ ~ ağlamak** ewig plärren; **~ ~ zırlamak** (ständig) winseln

'**zırdeli** F total verrückt

zırh Panzer *m*, (Ritter)Rüstung *f*; **~lanmak** sich panzern; *fig* sich abschirmen; **~lı** MIL gepanzert; Panzer-; **~ araba** Panzerwagen *m*; **~ birlik** Panzereinheit *f*

zırıl: **~ ~ söylemek** unaufhörlich schnattern; **~ ~ ağlamak** heulen, brüllen; **~damak, ~danmak** in einem fort grölen, schreien; flennen, heulen; **~tı** Geschrei *n*, Gegröle *n*; Katzenmusik *f*; Zank *m*, Kabbelei *f*; Dingsda *n*

zırlak ⟨-ğı⟩ Schreihals *m*; Heimchen *n*, Grille *f*; plärrend

zırlamak → **zırıldamak**

zırnık ⟨-ğı⟩ CHEM Arsenik *n*; **~ (bile) koklatmamak** keinen roten Heller geben

zırtapoz F meschugge, übergeschnappt

zırt: **~ ~** immer zur Unzeit

zırva Gefasel *n*; **~lamak** faseln, dummes Zeug reden

zıt ⟨-ddı⟩ Gegensatz *m*; Gegenteil *n*; Widerspruch *m*; *-in* **~ anlamlısı** Antonym *n* von *D*; *-e, -iyle* **~ gitmek** gegen *j-s* Willen handeln, (immer) das Gegenteil tun; *-in* **zıddı olmak** *j-s* Absichten zuwiderhandeln, *j-m* gegen den Strich gehen; *-in* **zıddına basmak** (*od* **gitmek**) *j-m* auf die Nerven gehen, *j-n* auf die Palme bringen

zıt|lanmak, **~laşmak** widersprechen, dagegen sein

zı'vana Röhrchen *n*; Mundstück *n*; Ansatzrohr *n*; Schlüsselloch *n*; **~dan çıkmak** (vor Wut) außer sich geraten; **~lı** mit Mundstück

zibidi zu eng und kurz gekleidet; taktlose(r) Tolpatsch

zifaf [aː] Heimführung *f* der Braut; **~ gecesi** Hochzeitsnacht *f*

zifir Nikotinniederschlag *m*; **~ gibi**, **~i** [iː] pechschwarz; **~î karanlık** ägyptische Finsternis; stockdunkel

'**zifos** Dreckspritzer *m*; *fig* nichts sagend; *-e* **~ atmak** *fig* *j-n* anpöbeln; *j-n* mit Schmutz bewerfen

zift ⟨-ti⟩ Pech *n*; Teer *m*; **~ gibi** gallebitter; ~ ***yesin!*** soll er/sie daran ersticken!; **~lemek** *v/t* teeren; **~lenmek** *pass von* ***ziftlemek***; *v/t* verschlingen; F e-n Reibach machen

zihin ⟨zihni⟩ Verstand *m*, Geist *m*; Intellekt *m*; Sinn *m*; Auffassungsgabe *f*; Gedächtnis *n*; ***Allah ~ açıklığı versin!*** F Hals- und Beinbruch (*bei der Prüfung*)!; ~ ***açmak*** s-n Gesichtskreis erweitern; ~ ***hesabı*** Kopfrechnen *n*; ~ ***karışıklığı*** (*od* ***bulanıklığı***) geistige Umnachtung; ~ (*od* ***zihnini***) ***yormak*** sich (geistig) anstrengen; ***~de*** (*od* ***zihninde***) ***tutmak*** behalten, im Gedächtnis bewahren; *-in* ***zihni açılmak*** verständiger werden; *-in* ***zihni bulanmak*** den Verstand verlieren; *-e* ***zihni takılmak*** nachgrübeln über *A*; *-i* ***zihnine yerleştirmek*** sich (*D*) einprägen *A*; *-in* ***zihnini bozmak*** *j-m* Argwohn einflößen, *j-n* beunruhigen; *-le* sich (*D*) Gedanken machen (über *A*)

zihinsel, **zihni** [-iː] verstandesmäßig, intellektuell; geistig

zihniyet ⟨-ti⟩ Geisteshaltung *f*, Einstellung *f*, Denkweise *f*, Mentalität *f*

zikir ⟨zikri⟩ Erwähnung *f*; REL Rezitation *f* der Gottesbezeichnungen

'zikretmek *v/t* erwähnen; *die Namen Gottes* anrufen

zikzak ⟨-ğı⟩ Zickzack *m*; ~ ***şeklinde*** zickzackförmig; ~ ***yapmak*** im Zickzack gehen (*od* fahren); *fig* sehr wetterwendisch sein; **~lı** zickzackartig

zil Glocke *f*, Klingel *f*; MUS Becken *n*, Zimbel *f*; ~ ***düğmesi*** Klingelknopf *m*; ~ ***gibi*** *Person* dünn; quirlig; ~ ***gibi*** (***sarhoş***) F sternhagelvoll; ***~e basmak*** klingeln, auf den Knopf drücken; ~ ***takıp oynayacak*** j-d ist ganz außer sich *D* vor Freude

zilli mit Glocken, Glocken-, Klingel-; F zänkisch; Xanthippe *f*; **~maşa** *fig* ungezogen, ungehörig; unmoralisch

zilsiz ohne Glocken; ~ ***oynamak*** sich wahnsinnig freuen

zilyet ⟨-ti⟩ JUR Besitzer *m*, -in *f*; **~lik** JUR Besitz *m*

'zilzurna sternhagelvoll

zimmet ⟨-ti⟩ ÖKON Verpflichtungen *f/pl*, Schulden *f/pl*; *-in* ***~ine geçirmek*** *j-n* belasten (*mit e-m Betrag*), in *j-s* Debet verbuchen; *Geld* unterschlagen

zina [ɑː] *a* JUR Ehebruch *m*

zin'cifre Zinnober *m*

zincir Kette *f*, Reihe *f* (*von Autos*); ***dümen ~i*** Ankerkette *f*; ***patinaj ~i*** Schneekette *f*; ***tırtıllı ~*** Raupenkette *f*; *-i* ***~e vurmak*** in Ketten schlagen; ***olaylar ~i*** e-e Kette (*od* Reihe) von Ereignissen

zincirleme Aneinanderkettung *f*; Ketten- (*Rauchen usw*); Verkettung *f*; Inkettenlegen *n*; ~ ***ad tamlaması*** GR Substantivverkettung *f*; ~ ***sıfat tamlaması*** GR Adjektivverkettung *f*

zincir|lemek *v/t* in Ketten legen; anketten; aneinander reihen; **~li** Ketten-; in Ketten gelegt; (an)gekettet; angereiht

zindan Kerker *m*, Gefängnis *n*; Verließ *n*; *fig* Finsternis *f*, F finstere(s) Loch; ~ ***gibi*** stockfinster; ***~a atmak*** in den Kerker werfen

zinde lebhaft; rüstig, frisch; **~lik** ⟨-ği⟩ Lebhaftigkeit *f*, Rüstigkeit *f*

'zinhar [ɑː] nur nicht, möge ... nicht!

zira [ziːrɑː] *konj* weil, da; *vor e-m Hauptsatz* denn

ziraat [-rɑː-] ⟨-tı⟩ Landwirtschaft *f*

zirai [-rɑːiː] landwirtschaftlich, Agrar-

zirve *a* POL *u fig* Gipfel *m*; ~ ***toplantısı*** Gipfelkonferenz *f*

zirzop ⟨-pu⟩ närrisch; ausgelassen; toll; **~laşmak** ausgelassen sein; **~luk** ⟨-ğu⟩ Ausgelassenheit *f*, Tollheit *f*

ziyade [aː] mehr (*-den* als); überaus; ~ ***olsun!*** *etwa* danke fürs Essen!; **~leşmek** sich vermehren, zunehmen; mehr werden; stärker werden; **~siyle** äußerst, überaus

ziyafet [aː] ⟨-ti⟩ Essen *n*, Fest *n*; Festlichkeit *f*, Gastmahl *n*; POL Bankett *n*; ~ ***çekmek*** (*od* ***vermek***) ein Essen (*od* Bankett) geben; ***müzik ~i çekmek*** e-n Ohrenschmaus bieten

ziyan [aː] Schaden *m*; Einbuße *f*; *-i* ~ ***etmek*** vergeuden, wegwerfen *A*; zu Schaden kommen; ~ ***olmak*** *pass von* ***ziyan etmek***; Schaden erleiden; ~ ***zebil olmak*** umsonst vergeudet werden; ***~ı yok!*** (es) macht nichts!; bitte sehr!; *-in* ***~ına*** zum Schaden *G*; **~cı, ~kâr** schädlich, Schaden anrichtend; Verlust bringend; **~kârlık** ⟨-ğı⟩ Schädlichkeit *f*; **~sız** unschädlich; leidlich, nicht schlecht

ziyaret [ɑː] ⟨-ti⟩ Besuch *m*; Wallfahrt(sort *m*) *f*; *-i* ~ ***etmek*** besuchen *A*; *Stadt* besichtigen; wallfahren nach; ***yarın ~inize geleceğim*** morgen komme ich zu Ihnen zu Besuch; **~çi** Besucher *m*, -in *f*, Besuch *m* (*als Person*)

ziyaretgâh Wallfahrtsort *m*

ziynet ⟨-ti⟩ Schmuck *m*, Zierrat *m*

Zodyak ⟨-kı⟩ ASTR Tierkreis *m*

'zoka Angelhaken *m*; *fig* Falle *f*; ***~yı yutmak*** *fig* in die Falle gehen

zom F ausgewachsen; blau, besoffen

zonk: **~ ~** *int* tuck, tuck! (*Schmerz*); **~lamak**: ***zonk zonk ~*** *Schmerz* pochen und stechen (in *D*, *z.B. den Fußsohlen*); **~latmak** *v/t* e-n pochenden (*od* stechenden) Schmerz verursachen

zoolog Zoologe *m*, Zoologin *f*

zooloji Zoologie *f*

zor **1.** *adj* schwer, schwierig, anstrengend; **2.** *subst* Schwierigkeit *f*, Anstrengung *f*; Zwang *m*, Notwendigkeit *f*; Gewalt *f*; F Leiden *n*; ***~ kullanmak*** Gewalt anwenden; ***~ oyunu bozar*** das ist eben höhere Gewalt; ***~a binmek*** zur Gewalt greifen; ***~a gelememek*** keinen Druck ertragen können; *-den* ***~u olmak*** leiden an *D*; *-in* ***aklından ~u olmak*** F nicht richtig ticken; ***~un ne?*** was hast du?, was fehlt dir?; (*-in*) ***~u ile*** unter Druck *G*/*von*; → ***zorla, zorunda***; **3.** *adv* (nur) mit Mühe; erst (*heute*); *int* (wohl) kaum! (*wirst du es schaffen*); ***~u ~una*** mit Mühe und Not

zoraki [ɑː] gezwungen; wohl oder übel; wider Willen

zorba gewalttätig, brutal; Despot *m*; **~lık** ⟨-ğı⟩ Gewalttätigkeit *f*, Brutalität *f*

'zorbela mit Mühe und Not

'zorla mit Gewalt; gezwungenermaßen (*annehmen*); gezwungen (*lächeln*)

zorla|ma Zwang *m*; Nötigung *f*; zwingend; MED Abnutzungserscheinung *f* (durch Überbeanspruchung); Gewalt- (*Marsch*); **~mak** (*-i -e*) zwingen (*j-n zu*); MIL erzwingen, forcieren; TECH beanspruchen; *Tür* aufbrechen, gewaltsam öffnen; ***kendisini ~*** sich überanstrengen, sich übernehmen

zorla|nmak *pass von* ***zorlamak***; ***bş-de ~*** Schwierigkeiten haben mit etw; **~şmak** erschwert werden, sich komplizieren; **~ştırmak** *v/t* erschweren, komplizieren; **~yıcı** zwingend; **~yış** Erzwingung *f*

zorlu heftig, stark; energisch, entschlossen; schwierig (*z.B. Versuch*)

zorluk ⟨-ğu⟩ Schwierigkeit *f*, Erschwernis *f*; ***~ çıkarmak*** Schwierigkeiten machen; **~la** mit knapper Not

zorunda: *-mek* ***~ olmak*** müssen; gezwungen sein zu (+ *inf*)

zorun|lu unerlässlich, (unbedingt) notwendig; zwingend; SPORT ***~ hareket*** Pflichtübung *f*; ***~ tasarruf*** POL *obligatorisches Sparen der Lohnempfänger*; *-e* ***başvurulması ~dur*** man wende sich an *A*; **~luk** ⟨-ğu⟩, **~luluk** ⟨-ğu⟩ Zwangsläufigkeit *f*, Erfordernis *n*

zuhur [-uːr] Erscheinen *n*; ***~ etmek*** auftreten, sich zeigen; *Feuer* ausbrechen

zuhurat [ɑː] ⟨-tı⟩ unvorhergesehene Umstände *m*/*pl*; Zufall *m*

'zula F Versteck *n* (*für Diebesgut usw*); *-i* ***~ etmek*** F klauen; verstecken

zulmet ⟨-ti⟩ Finsternis *f*

'zulmetmek *-e* peinigen, misshandeln *A*

zulüm ⟨zulmü⟩ Grausamkeit *f*, Unterdrückung *f*

zurna türk. Oboe *f*; F Gurke *f* (= *Nase*); ***davul ~ ile*** mit großem Tamtam; ***~ gibi*** *Hose* eng, wie angegossen

zücaciye [-dʒɑː-] Glaswaren *f*/*pl*, Porzellanwaren *f*/*pl*

züğürt ⟨-dü⟩ abgebrannt, F pleite; ***~ tesellisi*** schwache(r) Trost; **~lemek** *v/i fig* auf dem letzten Loch pfeifen; **~lük** ⟨-ğü⟩ Geldmangel *m*

zührevî [iː] MED venerisch (*Krankheit*)

zül ⟨-llü⟩ Niedertracht *f*; *-i* ***~ saymak*** für e-e Verunglimpfung halten

zülüf ⟨zülfü⟩ Locke *f*, Haare *n*/*pl*, Locken *f*/*pl* der Geliebten; **~lü** gelockt; ... mit Locken

zümre Gruppe *f*, Klasse *f*, Kategorie *f*

Züm'rüdüanka (*mythologisch*) Vogel *m* Phönix; ***~ gibi*** sagenhaft; traumhaft

zümrüt Smaragd *m*; Smaragd-, smaragden; ***~ gibi*** smaragdgrün; **~lenmek, ~leşmek** *v/i* wieder grün werden, grünen

züppe Geck *m*, Snob *m*; **~ce** geckenhaft; snobistisch; **~leşmek** sich zum Geck (*od* Snob) entwickeln; **~lik** ⟨-ği⟩ Geckenhaftigkeit *f*, Snobismus *m*

zürafa [-ɑː] ZOOL Giraffe *f*

zürriyet ⟨-ti⟩ Geschlecht *n*, Nachkommenschaft *f*

A

a, A [aː] *n* ⟨-; -⟩ **1.** a, A; **2.** MUS la; **3.** ***das A und O*** bş-in özü; ***von A bis Z*** a'dan z'ye kadar

à *präp* (*A*) beheri; ***à la*** usulünde, tarzında, gibi; ***à la carte*** alakart, yemek listesinden yemek seçerek

AA *Abk für* ***Auswärtiges Amt*** Federal Almanya Dışişleri Bakanlığı

Aal *m* ⟨-s; -e⟩ ZOOL yılanbalığı

aalen ⟨*h*⟩: ***sich in der Sonne ~*** güneşte (tembel tembel) yatmak

aalglatt *adj fig* çok kıvrak, ele gelmez

ab 1. *adv* (*weg, fort*) gitti; bitti; F (*los*) ***der Knopf ist ~*** düğme kopmuş; ***links ~*** sola sap(ın)!; ***München ~ 13.55*** Münih'ten kalkış 13.55; **2.** *präp* (*D*) *örtlich* itibaren; ***~ Seite 17*** sayfa 17'den itibaren; ÖKON ***~ Berlin*** (***Fabrik***) Berlin'de (fabrika) teslimi; *zeitlich* ***~ morgen*** yarından itibaren; ***~ und zu*** arasıra, arada bir; ***von heute ~*** bugünden itibaren; ***von jetzt ~*** şu andan itibaren, bundan sonra

abändern *v/t* ⟨-ge-, *h*⟩ tamamen değiştirmek

abarbeiten ⟨-ge-, *h*⟩ **1.** *v/t Schulden* çalışarak ödemek; **2.** *v/r*: ***sich ~*** didinmek, kendini çok yormak (*çalışarak*)

Abart *f* ⟨-; -en⟩ BIOL çeşit(lilik); **2ig** *adj* anormal, *sexuell a* sapık(ça); *fig a* aykırı, şaşırtıcı

Abb. *Abk für* ***Abbildung*** *f* resim; şekil

Abbau *m* ⟨-s; *o pl*⟩ *Kohle usw* çıkar(ıl)ma, kazan(ıl)ma; TECH sök(ül)me, demontaj; *von Ausgaben usw* azal(t)ma, kıs(ıl)ma; *von Missständen usw* gider(il)me

abbaubar *adj*: ***biologisch ~*** biyolojik (olarak) yokedilebilir

abbauen *v/t* ⟨-ge-, *h*⟩ *Kohle* çıkarmak; *Maschinen* kaldırmak, sökmek; *Vorurteile* yok etmek; ***Arbeitskräfte ~*** işgücü azaltmak; CHEM: ***sich ~*** ayrışmak, yokolmak

abbeißen *v/t* ⟨*unreg*, -ge-, *h*⟩ koparmak (*ısırarak*)

abbeizen *v/t* ⟨-ge-, *h*⟩ *Holz -in* ilaçla boyasını kazımak

abbekommen *v/t* ⟨*unreg*, *o* -ge-, *h*⟩ (*losbekommen*) çözmek, kaldırmak; ***sein Teil*** *od* ***etw ~*** hissesini almak; ***etw ~*** *Person*: (dayak) yemek, *Sache*: (zarar) görmek

abberufen *v/t* ⟨*unreg*, *o* -ge-, *h*⟩: ***j-n von e-m Amt ~*** b-ni görev(in)den almak

abbestell|en *v/t* ⟨*o* -ge-, *h*⟩ iptal etmek (*siparişi*); **2ung** *f* ⟨-; -en⟩ iptal

abbiegen *v/i* ⟨*unreg*, -ge-, *sn*⟩ sapmak; ***nach links*** (***rechts***) ***~*** sola (sağa) sapmak

Abbiegespur *f* sapma şeridi

Abbild *n* ⟨-s; -er⟩ (*Nachbildung*) kopya; (*Bild*) resim, şekil; *fig -in* aynısı, tıpkısı

abbilden *v/t* ⟨-ge-, *h*⟩ *-in* resmini yapmak; (*wiedergeben*) vermek, göstermek; ***wie oben abgebildet*** üstteki resimde görüldüğü gibi

Abbildung *f* ⟨-; -en⟩ resim, şekil

abbinden ⟨*unreg*, -ge-, *h*⟩ *v/t* (*-in* bağını) çözmek; MED bağlamak

Abbitte *f*: ***j-m ~ leisten*** (*od* ***tun***) (***wegen*** için) b-nden özür dilemek

abblasen *v/t* ⟨-ge-, *h*⟩ F *fig -den* vazgeçmek

abblättern *v/i* ⟨-ge-, *sn*⟩ (pul pul) dökülmek

abblend|en *v/i* ⟨-ge-, *h*⟩ AUTO farları kısmak; **2licht** *n* AUTO kısa huzmeli far

abblitzen *v/i* ⟨-ge-, *sn*⟩ F (***bei j-m***) ***~*** (b-nden) yüz bulmamak; ***j-n ~ lassen*** b-ne yüz vermemek

abblocken *v/t* ⟨-ge-, *h*⟩ bloke etmek, durdurmak, engellemek

abbrechen ⟨-ge-⟩ **1.** *v/t* ⟨*unreg*, -ge-, *h*⟩ koparmak; *Gebäude* yıkmak; *Spiel usw* bırakmak, kesmek; **2.** *v/i* ⟨*sn*⟩ kırılmak, kopmak

abbremsen *v/t u v/i* ⟨-ge-, *h*⟩ frenlemek, yavaşlatmak

abbrennen *v/i* ⟨-ge-, *sn*⟩ yakmak, yok etmek; yakıp kül etmek

abbringen *v/t* ⟨-ge-, *h*⟩: ***j-n ~ von etw*** b-ni bş-den vazgeçirmek

abbröckeln *v/i* ⟨-ge-, *sn*⟩ (parça parça) dökülmek

Abbruch *m* ⟨-s, ⸚e⟩ *Gebäude* yık(ıl)ma; *Beziehung*, *Verhandlung* kes(il)me; durdur(ul)ma; **2reif** *adj* yıkılmaya yüz tutmuş, köhne

abbuch|en *v/t* ⟨-ge-, *h*⟩: ***e-e Summe von j-s Konto ~*** bir meblağı b-nin hesabından tahsil etmek; **2ung** *f* ⟨-; -en⟩

hesaptan tahsil; **≈ungsauftrag** *m* borç kaydı talimatı
abbürsten *v/t* ⟨-ge-, *h*⟩ fırçalamak
Abc [abeˈtseː] *n* alfabe, abece
ABC-Waffen [abeˈtseː-] *pl* MIL ABC silahları
abdank|en *v/i* ⟨-ge-, *h*⟩ istifa etmek; *Herrscher* tahttan çekilmek; **≈ung** *f* ⟨-; -en⟩ istifa; tahttan feragat
abdecken *v/t* ⟨-ge-, *h*⟩ *-in* örtüsünü kaldırmak; *Dach -in* damını kaldırmak; *zudecken* örtmek, kapamak; ***Tisch ~*** sofrayı kaldırmak
abdichten *v/t* ⟨-ge-, *h*⟩ sıkıştırmak; TECH contalamak
abdrängen *v/t* ⟨-ge-, *h*⟩ uzaklaştırmak
abdrehen ⟨-ge-, *h*⟩ **1.** *v/t Gas, Licht* kapatmak, kesmek; **2.** *v/i* ⟨*a sn*⟩ LUFTF, MAR yönünü/rotayı değiştirmek
abdriften *v/i* ⟨-ge-, *sn*⟩ sürüklenip gitmek
Abdruck *m* ⟨-s; ⸚e⟩ (*Spur*) iz; (*Relief*) kalıp
abdrücken ⟨-ge-, *h*⟩ **1.** *v/i -in* tetiğini çekmek; **2.** *v/r* ***sich ~*** izi (kalıbı) çıkmak
abebben *v/i* ⟨-ge-, *sn*⟩ *fig* yatışmak, dinmek
Abend *m* ⟨-s; -e⟩ akşam; ***am ~*** akşam(leyin); ***es wird ~*** akşam oluyor; ***guten ~!*** iyi akşamlar!; ***heute ~*** bu akşam; ***heute*** (***gestern***) ***~*** bu (dün) akşam; ***Sonntag ~*** pazar akşamı
Abend|dämmerung *f* akşam alacası; **~essen** *n* akşam yemeği; **≈füllend** *adj Film usw* akşamı dolduran; **~kasse** *f* THEA *usw* gişe (*hemen gösteri öncesi bilet satışı*); **~kleid** *n* gece elbisesi; **~kurs** *m* akşam kursu; **~land** *n* ⟨-s; *o pl*⟩ batı (dünyası, ülkeleri); **≈ländisch** *adj* batılı, batı dünyasına ait; **≈lich** *adj* akşam
abends *adv* akşamleyin; ***um 7 Uhr ~*** akşam saat yedide
Abendzeitung *f* akşam gazetesi
Abenteuer *n* ⟨-s; -⟩ macera, serüven; **≈lich** *adj* maceracı; *fig riskant* tehlikeli, rizikolu; (*unwahrscheinlich*) garip
Abenteurer *m* ⟨-s; -⟩, **~in** *f* ⟨-; -nen⟩ maceracı
aber **1.** *konj* fakat; am(m)a; ***oder ~*** ya da; **2.** *int*: ***~, ~!*** hadi hadi!; ***~ sicher!*** elbette!; **3.** *adv*: ***das ist ~ nett von dir*** çok iyisin, sağol!
Aber|glaube *m* ⟨-ns⟩ batıl inanç, hurafe; **≈gläubisch** *adj* batıl inancı olan
aberkenn|en *v/t* ⟨*unreg, o* -ge-, *h*⟩: ***j-m etw ~*** b-nin bş-ini tanımamak/saymamak; JUR b-ni bş-den mahrum etmek; **≈ung** *f* ⟨-; -en⟩ JUR (*G -den*) ıskat
abermalig *adj* diğer, yeni
abermals *adv* yine, yeniden, bir daha
Abertausende: ***Tausende und ~*** binlerce
Abf. *Abk für* ***Abfahrt*** *f* kalkış, hareket
abfahren **1.** *v/i* ⟨-ge-, *sn*⟩ hareket etmek, kalkmak; F ***auf j-n*** (***etw***) (***voll***) ***~*** (b-ne) (o biçim) bayılmak; **2.** *v/t* ⟨*h*⟩ *Schutt* arabayla götürmek; *e-e Strecke* denetlemek (*arabayla*); *Reifen usw* aşındırmak, eskitmek; (*Fahrkarte*) sonuna kadar kullanmak
Abfahrt *f* ⟨-; -en⟩ hareket, kalkış; otoyol çıkışı
Abfahrtszeit *f* kalkış saati
Abfall *m* ⟨-s; ⸚e⟩ artık, atık; (*Müll*) çöp; **~beseitigung** *f* çöplerin imhası; **~eimer** *m* çöp kutusu/tenekesi
abfallen *v/i* ⟨*unreg*, -ge-, *sn*⟩ düşmek, dökülmek; POL ayrılmak (*partisinden usw*); *fig Leistung usw* azalmak; ***~ gegen*** *-e* oranla fena olmak
abfallend *adj Gelände* inişli; *fig* ***von j-m ~*** (*übrig bleiben*) artmak; F (*herausspringen*) ***was fällt für mich dabei ab?*** bana bundan ne pay düşer?, benim bu işten çıkarım ne?
abfällig **1.** *adj Bemerkung* hor görücü; **2.** *adv*: ***sich ~ über j-n äußern*** b-ni yerici sözler kullanmak
Abfall|korb *m* çöp tenekesi; **~produkt** *n* ikinci sınıf ürün; (*Nebenprodukt*) yan ürün; **~verwertung** *f* atık değerlendirme
abfärben *v/i* ⟨-ge-, *h*⟩ boyası çıkmak; *fig* ***~ auf*** (*A*) *-i* etkilemek
abfassen *v/t* ⟨-ge-, *h*⟩ kaleme almak
abfedern *v/t* ⟨-ge-, *h*⟩ yumuşatmak (*sarsıntıyı*)
abfeilen *v/t* ⟨-ge-, *h*⟩ TECH eğelemek, törpülemek
abfertig|en *v/t* ⟨-ge-, *h*⟩ *Waren* yollamaya hazırlamak, *beim Zoll -in* (gümrük) işlemini yapmak; *Personen an der Grenze* (giriş/çıkış) işlemini yapmak; **≈ung** *f* ⟨-; -en⟩ işlem (yapma); *Waren* sevk; **≈ungsschalter** *m* LUFTF bilet kayıt gişesi

abfeuern *v/t* ⟨-ge-, *h*⟩ *Schuss* (kurşun) (***auf*** *A -e*) atmak

abfind|en ⟨*unreg*, -ge-, *h*⟩ **1.** *v/t Gläubiger* tatmin etmek; (*entschädigen*) *-e* tazminat vermek; **2.** *v/r:* ***sich ~ mit*** ile yetinmek, *-e* razı olmak; ***damit kann ich mich nicht ~!*** bu bana yeterli değil!; **≈ung** *f* ⟨-; -en⟩ tazminat

abflachen *v/t* ⟨-ge-, *h*⟩ yassıltmak; ***sich ~*** yassılmak

abflauen *v/i* ⟨-ge-, *sn*⟩ ÖKON durgunlaşmak

abfliegen *v/i* ⟨*unreg*, -ge-, *sn*⟩ *Person* hareket etmek (*uçakla*); *Flugzeug a* kalkmak, havalanmak

abfließen *v/ i* ⟨*unreg*, -ge-, *sn*⟩ akıp gitmek

Abflug *m* ⟨-s; ⸚e⟩ kalkış, havalanış; **≈bereit** *adj* LUFTF uçuşa/harekete hazır; **~halle** *f* gidiş salonu; **~zeit** *f* kalkış saati

Abfluss *m* ⟨-es; ⸚e⟩ (*Abfließen*) (dışarıya) akma; **~öffnung** boşaltma deliği; **~rohr** *n* akıtma borusu; (*Abwasser≈*) pissu borusu

abfragen *v/t* ⟨-ge-, *h*⟩: ***j-n*** (***etw***) **~** b-ne (bş) sormak (*bilgisini ölçmek için*); EDV *Daten* almak

abfrieren *v/i* ⟨*unreg*, -ge-, *sn*⟩ F ***sich e-n ~*** soğuktan kakırdamak

Abfuhr *f* ⟨-; -en⟩ *fig:* ***j-m e-e ~ erteilen*** b-nin pasaportunu eline vermek

abführen *v/t* ⟨-ge-, *h*⟩ götürmek, çıkarmak; ***j-n ~ lassen*** nezarete attırmak; **~ *an*** (*A*) *Steuern -e* ödemek; **~ *von*** uzaklaştırmak (*konudan*)

abführend *adj* ishal sökücü

Abführmittel *n* ⟨-s; -⟩ MED müshil

Abfüll|anlage *f* dolum/şişeleme tesisi; **≈en** *v/t* ⟨-ge-, *h*⟩: ***in Beutel ~*** torbalamak; ***in*** (*od* ***auf***) ***Flaschen ~*** şişelemek

Abgaben *pl* vergi, harç *sg*; **≈frei** *adj* vergiden muaf; **≈pflichtig** *adj* vergiye tabi

Abgang *m* ⟨-s; ⸚e⟩ çıkış, ayrılma; *Schule* bitirme, mezuniyet; ***nach dem ~ von der Schule*** okulu bitirdikten sonra; *fig* ***sich*** (*D*) ***e-n guten ~ verschaffen*** etkileyici bir biçimde ayrılmak

Abgangszeugnis *n* diploma

abgasarm *adj* AUTO az emisyonlu, F egzozu az

Abgas|e *pl* AUTO egzoz (dumanı); ÖKOL atık gaz; **~emission** *f* atık gaz emisyonu; **~entgiftung** *f* atık gaz arıtımı; **≈frei** *adj* atık gaz çıkarmayan; **≈reduziert** *adj* atık gazı azaltılmış; **~test** *m* AUTO egzoz testi; **~untersuchung (AU)** *f* AUTO egzoz muayenesi

abgeben ⟨*unreg*, -ge-, *h*⟩ **1.** *v/t Prüfungsarbeit usw* vermek, teslim etmek; *Wärme, Dampf* yaymak, çıkarmak; *Schlüssel usw* (***bei*** *-e*) bırakmak; *Gepäck* emanete vermek; *Vorsitz* (***an*** *-e*) devretmek; *Erklärung, Stimme* vermek; ***e-n Schuss ~*** bir el ateş etmek; ***j-m etw ~ von*** b-ne *-den* pay vermek; **2.** *v/r:* ***sich ~ mit etw*** bş-le uğraşmak; ***sich mit j-m ~*** b-le meşgul olmak; F (*darstellen, sein*) ***er würde e-n guten Lehrer ~*** aslında iyi öğretmen *usw* olurmuş

abge|brannt *adj* F *fig* (***völlig***) **~** parasız, cebi delik; **~brüht** *adj fig* vurdumduymaz, pişkin; **~droschen** *adj fig* basmakalıp; **~fahren** *adj Reifen* aşınmış, kabak; **~härtet** *adj* (***gegen*** *-e*) dayanıklı, *-e* alışık

abgehen 1. *v/i* ⟨*unreg*, -ge-, *sn*⟩ LUFTF, BAHN *usw* hareket etmek; *Post* gitmek; *Knopf* kopmak; *Straße* sapmak; **~ *von*** *Plan* vazgeçmek; ***von s-r Meinung ~*** fikrini değiştirmek; ***von der Schule ~*** okulu bitirmek; THEA **...** ***geht*** (***gehen***) ***ab*** ... çıkar(lar); MED idrarla/dışkıyla çıkarılmak; ***hiervon gehen 7% ab*** bundan %7 düşülüyor; F *fig* ***ihm geht jeder Humor ab*** şakadan zerre kadar anlamaz; ***gut*** (***glatt***) **~** iyi geçmek; **2.** *v/t Strecke* adımlamak, yürümek

abge|hetzt *adj* (*atemlos*) nefes nefese; (*erschöpft*) kanter içinde; **~kartet** *adj:* ***~es Spiel*** *fig* danışıklı döğüş; **~lagert** *adj* dinlendirilmiş; yıllanmış; **~legen** *adj* uzak, sapa; **~magert** *adj* zayıflamış, kilo vermiş; **~neigt** *adj -e* karşı, gönülsüz; ***ich wäre e-r Sache nicht ~*** ben bş-e hayır demem; ***nicht ~, etw zu tun*** b-şi yapmaya niyetli; **~nutzt** *adj* aşınmış

Abgeordnete *m, f* ⟨-n; -n⟩ milletvekili, parlamenter; **~nhaus** *n* meclis, parlamento

abge|packt *adj* ÖKON paketlenmiş; **~rissen** *adj* kopmuş; *Kleidung* partal; *Sätze, Gedanken usw* bölük pörçük; **~rundet 1.** *adj* yuvarlatılmış; **2.** *adv* yuvarlak olarak/hesap

Abgesandte *m, f* ⟨-n; -n⟩ POL elçi; (*Vertreter*) temsilci

abgeschlossen *adj* (*zu*) kapalı; (*verschlossen*) kilitli; (*abgetrennt*) ayrı, müstakil; *Ausbildung usw* tamamlanmış
abgesehen *adv*: **~ von** bundan başka; **~ davon, dass** -mesi/-diği bir yana
abgespannt *adj* yorgun, bitkin
abgestanden *adj Luft* pis; *Bier usw* bayat, beklemiş
abgestorben *adj* dumura uğramış; *Blätter usw* ölmüş
abgestumpft *adj Person* (**gegen** *-e* karşı) hissiz, kayıtsız
abgetragen *adj Kleidung* yıpranmış
abgewinnen *v/t* ⟨*unreg, o* -ge-, *h*⟩: **e-r Sache etw ~** bş-de faydalanacak (hoşlanacak *usw*) bş bulmak
abgewöhnen *v/t* ⟨*o* -ge-, *h*⟩: **j-m etw ~** b-ni bş-den vazgeçirmek; **sich** (*D*) **das Rauchen ~** sigarayı bırakmak
abgießen *v/t* ⟨*unreg*, -ge-, *h*⟩ döküp atmak; TECH kalıba dökmek
Abglanz *m fig* **schwacher ~** *-in* silik bir izi (*geçmiş ihtişam vs*)
abgleichen *v/t* ⟨*unreg*, -ge-, *h*⟩ TECH tesviye etmek; ÖKON (borcu ve alacağı) eşitlemek
abgleiten *v/i* ⟨*unreg*, -ge-, *sn*⟩ kayıp gitmek; *fig* **Kritik gleitet von ihm ab** eleştiriyi hiç umursamıyor
abgöttisch *adv*: **j-n ~ lieben** b-ni taparcasına sevmek
abgrasen *v/t* ⟨-ge-, *h*⟩ *-in* bütün otunu yemek; F *fig* (**nach** için) kolaçan etmek
abgrenz|en *v/t* ⟨-ge-, *h*⟩ *a fig* (**gegen** *-den*) ayırmak; *fig -den* ayrı tutmak; **2ung** *f* ⟨-; -en⟩ sınır(lama), ayırma; sınırlanış, ayrılış
Abgrund *m* ⟨-s; ⸚e⟩ uçurum; *fig* **am Rande des ~s stehen** felaketin eşiğine gelmek; **2tief** *adj Hass usw* derin
Abguss *m* ⟨-es; ⸚e⟩ TECH pissu deliği/çıkışı
abhaken *v/t* ⟨-ge-, *h*⟩ *fig* işaret koymak, işaretleyerek saymak; *fig* **etw ~** halletmek, geçmek (*in e-r Liste*)
abhalten *v/t* ⟨*unreg*, -ge-, *h*⟩ *Versammlung usw* düzenlemek, yapmak; **j-n von der Arbeit ~** b-ni işten alıkoymak; **j-n davon ~, etw zu tun** b-ni bş yapmaktan alıkoymak
abhanden *adv*: **~ kommen** kaybolmak; **mir ist die Brille ~ gekommen** gözlüğüm kayboldu
abhandeln *v/t* ⟨-ge-, *h*⟩ *Thema usw* ele almak; **j-m etw ~** b-nden bş-i koparmak (*pazarlıkla*); **j-m 10 Dollar** (**vom Preis**) **~** b-ne (fiyattan) 10 dolar indirtmek
Abhandlung *f* ⟨-; -en⟩ (**über** *A* üzerine, hakkında) inceleme, makale
Abhang *m* ⟨-s; ⸚e⟩ iniş, bayır
abhängen[1] *v/t* ⟨-ge-, *h*⟩ *fig* F ekmek
abhängen[2] *v/i* ⟨*unreg*, -ge-, *h*⟩: **~ von** *-e* bağlı olmak; *finanziell* muhtaç olmak
abhängig *adj* (**von** *-e*) bağımlı, bağlı; MED bağımlı; GR **~er Satz** bağlı cümle; **die ~ Beschäftigten** bağımlı çalışanlar; **~ machen von** … şartına bağlamak; **~ sein von** → **abhängen**[2]
Abhängigkeit *f* ⟨-; -en⟩ (**von** *-e*) bağımlılık; MED *a* … bağımlılığı; **gegenseitige ~** karşılıklı bağımlılık
abhauen *v/i* ⟨-ge-, *sn*⟩ F defolmak; (*flüchten*) kaçmak; **hau ab!** defol!
abheben ⟨*unreg*, -ge-, *h*⟩ **1.** *v/t* kaldırmak; *Geld* (**von** *-den*) çekmek; **2.** *v/i* LUFTF havalanmak; TEL ahizeyi kaldırmak, (telefonu) açmak; *Kartenspiel* kağıt kesmek; *fig* **~ auf** (*A*) bitmek, bayılmak; **3.** *v/r*: **sich ~** (**gegen, von** *-den*) (belirgin biçimde) ayrılmak, farklı olmak
abheften *v/t* ⟨-ge-, *h*⟩ dosyalamak, dosyasına kaldırmak
abheilen *v/i* ⟨-ge-, *sn*⟩ tamamen iyileşmek (*yara*)
Abhilfe *f* ⟨-; *o pl*⟩ çare; **~ schaffen** çare bulmak
abhobeln *v/t* ⟨-ge-, *h*⟩ TECH rendelemek
abholen *v/t* ⟨-ge-, *h*⟩ (gidip) almak; (alıp) getirmek; **~ lassen** *-in* gelip almasını/karşılamasını sağlamak, aldırmak; **j-n von der Bahn ~** b-ni istasyonda(n) karşılamak
ab|horchen *v/t* ⟨-ge-, *h*⟩ MED dinlemek, kulaklıkla muayene etmek; **~hören** *v/t* ⟨-ge-, *h*⟩ (gizlice) dinlemek; *Tonaufnahme, Funkspruch usw* dinlemek
abkaufen *v/t* ⟨-ge-, *h*⟩: **j-m etw ~** b-nden bş-i satın almak; *fig* b-nin söylediği bş-e inanmak
abklingen *v/i* ⟨*unreg*, -ge-, *sn*⟩ *Schmerzen* hafiflemek, azalmak; *Wirkung* etkisi geçmek, azalmak
abklopfen *v/t* ⟨-ge-, *h*⟩ MED vurarak muayene etmek
Abitur *n* ⟨-s; *o pl*⟩ bakalorya, olgunluk, lise bitirme sınavı; **~ient** *m* ⟨-en; -en⟩,

~ientin *f* ⟨-; -nen⟩ lise mezunu; **~zeugnis** *n* olgunluk/lise diploması
abkapseln *v/r* ⟨-ge-, *h*⟩: ***sich ~*** içine kapanmak
abkassieren *v/i* ⟨*o* -ge-, *h*⟩ F *fig* parsayı toplamak
Abkehr *f* ⟨-; *o pl*⟩ (***von*** *-den*) yüz çevirme; *-e* sırt çevirme; **2en** *v/r* ⟨-ge-, *h*⟩: ***sich ~*** (***von*** *-den*) yüz çevirmek, (*-e*) sırt çevirmek
abklappern *v/t* ⟨-ge-, *h*⟩ baştan başa dolaşmak; F (***nach*** *-i*) her yerde aramak
abklären *v/t* ⟨-ge-, *h*⟩ açıklığa kavuşturmak; (*beschließen*) kararlaştırmak
Abklatsch *m* ⟨-s; -e⟩ kötü kopya
abklopfen ⟨-ge-, *h*⟩ *v/t* dövmek (*tozunu çıkarmak için*); (vurarak) yoklamak
abknallen *v/t* ⟨-ge-, *h*⟩ F vurmak, gebertmek
abknicken **1.** *v/t* ⟨-ge-, *h*⟩ (büküp) kırmak; **2.** *v/i* ⟨*sn*⟩ (bükülüp) kırılmak; ***~de Vorfahrt*** AUTO dirsek yapan ana cadde
abknöpfen *v/t* ⟨-ge-, *h*⟩ F: ***j-m etw ~*** b-nden bş-i koparmak
abkochen *v/t* ⟨-ge-, *h*⟩ kaynatmak
abkommen *v/i* ⟨-ge-, *sn*⟩ ayrılmak, uzaklaşmak; ***vom Kurs ~*** rotasından ayrılmak; *fig* ***vom Thema ~*** konuyu dağıtmak; ***vom Weg ~*** yolunu kaybetmek; ***von der Straße ~*** AUTO yoldan çıkmak; ***von e-r Idee*** fikrini değiştirmek
Abkommen *n* ⟨-s; -⟩ *bes* POL anlaşma; ***ein ~ treffen*** bir anlaşmaya varmak
abkömmlich *adj*: ***er ist nicht ~*** serbest değil, meşgul
abkoppeln *v/t* ⟨-ge-, *h*⟩ çözmek, ayırmak; RAUMF ayrılmak
abkratzen ⟨-ge-⟩ **1.** *v/t* ⟨*h*⟩ kazıyarak çıkarmak; **2.** V *v/i* ⟨*sn*⟩ (*sterben*) gebermek
abkühlen ⟨-ge-, *h*⟩ **1.** *v/t* serinletmek, soğutmak; **2.** *v/i* (*a* ***sich ~***) soğumak
abkürzen *v/t* ⟨-ge-, *h*⟩ kısaltmak
Abkürzung *f* ⟨-; -en⟩ kısaltma; kestirme (*Weg*); ***e-e ~ nehmen*** kestirmeden gitmek; **~sverzeichnis** *n* BUCH kısaltmalar listesi
abladen *v/t* ⟨*unreg*, -ge-, *h*⟩ boşaltmak; *Müll* dökmek; ***s-n Ärger auf j-n ~*** öfkesini b-nden çıkarmak; ***s-n Kummer bei j-m ~*** b-ne derdini/içini dökmek
Ablage *f* ⟨-; -n⟩ *Akten usw* dosya; kaldırılacak evrak; *allg* ambar; depo
ablager|n ⟨-ge-, *h*⟩ **1.** *v/t Holz usw* depolamak; **2.** *v/r*: ***sich ~*** CHEM, MED, GEOL çökelmek, birikmek; tortulaşmak; **2ung** *f* ⟨-; -en⟩ CHEM, MED, GEOL çökelti, tortu
ablassen **1.** *v/t* ⟨*unreg*, -ge-, *h*⟩ *Wasser* akıtmak; *Dampf, Luft* boşaltmak; ÖKON ***etw*** (***vom Preis***) ***~*** (fiyattan) … indirim yapmak; ***die Luft ~ aus*** *-in* havasını indirmek/boşaltmak; **2.** *v/i*: ***~ von*** *-in* peşini bırakmak
Ablativ *m* ⟨-s; -e⟩ GR -den hali, çıkma durumu
Ablauf *m* ⟨-s; ¨-e⟩ *Frist* son; *Pass usw* müddet sonu; *Ereignisse* gidiş, seyir; TECH çıkış (deliği/borusu); JUR, ÖKON bitim, hulul; ***nach ~ von zwei Wochen*** iki hafta geçtikten sonra
ablaufen **1.** *v/i* ⟨*unreg*, -ge-, *sn*⟩ akmak; *Frist, Pass usw* geçmek, bitmek; (*ausgehen*) bitmek, neticelenmek; *fig* ***an ihm läuft alles ab*** onu hiçbir şey etkilemiyor; (*verlaufen*) ***gut ~*** iyi geçmek; *fig* ***s-e Uhr ist abgelaufen*** onun günü/miadı dolmuş; **2.** *v/t* ⟨*h*⟩ *Strecke usw* yürümek, geçmek; *Läden usw* (***nach*** için) dolaşmak
ablegen ⟨-ge-, *h*⟩ **1.** *v/t Kleidung* çıkarmak; *Akten usw* dosyalamak; *Gewohnheit* bırakmak; *Eid* içmek; *Prüfung* vermek; *Last usw* indirmek; **2.** *v/i* palto, şapka *vs* çıkarmak; MAR hareket etmek, demir almak; ***abgelegte Kleider*** çıkarılmış elbiseler; ***bitte, legen Sie*** (***hier***) ***ab!*** buyurun, üstünüzdekileri (şuraya) çıkarın!
ablehnen *v/t* ⟨-ge-, *h*⟩ *Gesetzesentwurf, Vorschlag, Einladung* reddetmek, geri çevirmek; (*nicht mögen, missbilligen*) *-den* hoşlanmamak; ***es ~, etw zu tun*** bş yapmayı reddetmek
ablehnend *adj* olumsuz, reddî
Ablehnung *f* ⟨-; -en⟩ ret
ableit|en ⟨-ge-, *h*⟩ **1.** *v/t* TECH akıtmak, yöneltmek; CHEM, MATH, GR, *fig* (***aus*** *-den*) türetmek; ***s-e Herkunft ~ von*** kökünü *-e* dayandırmak; **2.** *v/r*: ***sich ~*** türemek; **2ung** *f* ⟨-; -en⟩ TECH akıtma, yöneltme; MATH türev; GR türetme
ablenk|en ⟨-ge-, *h*⟩ **1.** *v/t j-n, Aufmerksamkeit usw* *-in* dikkatini/aklını dağıtmak; *Verdacht usw* başka yöne çevirmek (***von*** *-den*); ***j-n von der Arbeit ~***

b-ni işinde rahatsız etmek; ***j-n von s-n Sorgen* ~** b-ne dertlerini unutturmak, efkâr dağıttırmak; **2.** *v/i* (*Thema wechseln*) değiştirmek; ***das lenkt ab*** bu bambaşka bir konu; **≈ung** *f* ⟨-; -en⟩ dikkati başka yöne çekme; (*Zerstreuung*) avunma; TECH sap(tır)ma

ablesen *v/t* ⟨*unreg*, -ge-, *h*⟩ *Rede* (kağıttan) okumak; *fig* (*feststellen*) (**an** *D -den*) anlamak, okumak; TECH ***Strom*** (***Gas***) **~** elektrik (gaz) saatini okumak; ***j-m etw vom Gesicht* ~** bş-i b-nin yüzünden okumak; ***j-m e-n Wunsch von den Augen* ~** b-nin bir isteğini gözlerinden okumak

ableugnen *v/t* ⟨-ge-, *h*⟩ inkâr etmek, yadsımak, yalanlamak

abliefern *v/t* ⟨-ge-, *h*⟩ (**bei** *-e*) teslim etmek

Ablös|e *f* ⟨-; -n⟩ SPORT transfer bedeli; *çıkan kiracının bıraktığı eşya vs için yeni kiracıdan istediği para*; **≈en** *v/t* ⟨-ge-, *h*⟩ (*entfernen*) ayırmak, çözmek; *Wache* değiştirmek; *Kollegen -in* işini üstlenmek; (*folgen auf*) *-in* yerini almak; *Hypothek usw* ödemek; ***sich* ~** (**bei** *-i*) nöbetleşe yapmak; *Tapete* çözülmek; **≈ung** *f* ⟨-; -en⟩ kaldırı(ıl)ma; nöbet değiştirme; yerine koy(ul)ma/geçme; ÖKON öde(n)me

Abluft *f* ⟨-; *o pl*⟩ TECH hava çıkışı; atık hava

ABM [aːbeːˈ|ɛm] *Abk für* ***Arbeitsbeschaffungsmaßnahme*** *f* istihdam yaratma önlemi

abmach|en *v/t* ⟨-ge-, *h*⟩ (*entfernen*) çözmek, kaldırmak; (*vereinbaren*) kararlaştırmak, (... üzerinde) anlaşmak; ***abgemacht!*** anlaştık!, tamam!; **≈ung** *f* ⟨-; -en⟩ anlaşma; ***e-e* ~ *treffen*** (**über** *A* hakkında) bir anlaşmaya varmak

abmager|n *v/i* ⟨-ge-, *sn*⟩ zayıflamak; **≈ungskur** *f* zayıflama rejimi

abmeld|en ⟨-ge-, *h*⟩ **1.** *v/t*: ***j-n* ~** kaydını sildirmek; *-in* gelmeyeceğini *vs* bildirmek; ***sein Auto* ~** arabasını trafikten çekmek; ***sein Telefon* ~** telefonunu kapattırmak; F ***bei mir ist er abgemeldet!*** benim onunla işim bitti!; **2.** *v/r*: ***sich* ~** *polizeilich* ikamet kaydını sildirmek; ***sich bei j-m* ~** b-ne ayrılacağını (*od* gelemeyeceğini) bildirmek; **≈ung** *f* ⟨-; -en⟩ kayıt sildirme, trafikten çekme, kapatma

abmess|en *v/t* ⟨*unreg*, -ge-, *h*⟩ ölçmek; **≈ung** *f* ⟨-; -en⟩: **~en** *pl* boyutlar *pl*

abmontieren *v/t* ⟨*o* -ge-, *h*⟩ TECH sökmek, demonte etmek

abmühen *v/r* ⟨-ge-, *h*⟩: ***sich* ~** (**mit** *-le*) didinmek, uğraşmak

abnabeln **1.** *v/t* ⟨-ge-, *h*⟩ *-in* göbeğini kesmek; **2.** *v/r*: ***sich* ~** *fig* bağlarını koparmak

Abnahme *f* ⟨-; *o pl*⟩ *Rückgang* azal(t)ma; *an Gewicht* zayıflama; TECH kabul, teslim alma; ÖKON satın alma; ***bei* ~ *von ... Stück*** ... adet sipariş edildiği takdirde

abnehmen ⟨*unreg*, -ge-, *h*⟩ **1.** *v/t* kaldırmak; TECH *Maschine usw -in* ruhsat muayenesini yapmak; *Ware* (*D -den*) satın almak; ***e-e Prüfung* ~** sınav yapmak; ***j-m Blut* ~** b-nden kan almak; ***j-m etw* ~** b-nin işini hafifletmek; ***j-m Fingerabdrücke* ~** b-nin parmak izini almak; ***j-m zu viel* ~** b-nin çok parasını almak; F *fig* ***das nimmt ihm keiner ab!*** o bunu kimseye yutturamaz!; **2.** *v/i* azalmak; *an Gewicht* zayıflamak, kilo vermek; TEL telefona çıkmak; *Mond* küçülmek

Abnehmer *m* ⟨-s; -⟩ alıcı; ÖKON ***keine* ~ *finden*** alıcı bulamamak

Abneigung *f* ⟨-; -en⟩ (***gegen*** *-e* karşı) antipati, *stärker* (*a -den*) tiksinti, nefret

abnorm *adj* anormal; **≈ität** *f* ⟨-; -en⟩ anormallik

abnutz|en ⟨-ge-, *h*⟩ **1.** *v/t* aşındırmak; **2.** *v/r*: ***sich* ~** aşınmak; **≈ung** *f* ⟨-; *o pl*⟩ aşın(dır)ma; **≈ungserscheinung** *f* MED aşınma

Abo *n* ⟨-s; -s⟩ F → ***Abonnement***

Abonn|ement [abɔn(ə)ˈmãː] *n* ⟨-s; -s⟩ (***auf*** *A -e*) abone(lik); **~ent** *m* ⟨-en; -en⟩, **~entin** *f* ⟨-; -nen⟩ abone; **≈ieren** *v/t* ⟨*o* ge-, *h*⟩ *-e* abone olmak; ***abonniert sein auf*** (*A*) *-in* abonesi olmak

abordn|en *v/t* ⟨-ge-, *h*⟩: (görevle) göndermek; **≈ung** *f* ⟨-; -en⟩ delegeler *pl*, delegasyon

Abort *m* ⟨-s; -e⟩ hela, tuvalet

abpacken *v/t* ⟨-ge-, *h*⟩ ÖKON paketlemek

ab|pfeifen *v/t u v/i* ⟨*unreg*, -ge-, *h*⟩ SPORT bitiş düdüğünü çalmak; **≈pfiff** *m* ⟨-s; -e⟩ SPORT bitiş düdüğü

abprallen *v/i* ⟨-ge-, *sn*⟩ *fig* ***an j-m* ~** b-ni hiç etkilememek

abputzen *v/t* ⟨-ge-, *h*⟩ temizlemek; (*abwischen*) silmek; ***sich*** (*D*) ***die Schuhe*** ~ ayakkabılarını silmek
abquälen **1.** *v/r* ⟨-ge-, *h*⟩: ***sich*** ~ meşakkate girmek; **2.** *v/t*: ***sich*** (*D*) ***ein Lächeln*** ~ zoraki olarak gülümsemek
abqualifizieren *v/t* ⟨*o* -ge-, *h*⟩ diskalifiye etmek
abraten *v/i* ⟨*unreg*, -ge-, *h*⟩: ***j-m*** ~ ***von*** b-ne *-i* yapmamasını tavsiye etmek
abräumen *v/t* ⟨-ge-, *h*⟩ *-in* üstünü toplamak (*masanın vs*)
abreagieren ⟨*o* -ge-, *h*⟩ **1.** *v/t Ärger usw* (***an*** *D -den*) çıkarmak (*öfkesini vs*); **2.** *v/r*: ***sich*** ~ sakinleşmek (*bş yaparak*)
abrechn|en ⟨-ge, *h*⟩ **1.** *v/t* ciro etmek; *Spesen usw* düşmek; **2.** *v/i* (***mit j-m*** *-le*) hesaplaşmak; **℘ung** *f* ⟨-; -en⟩ hesaplaşma; hesap dökümü; **℘ungszeitraum** *m* hesap dönemi
abreib|en *v/t* ⟨*unreg*, -ge-, *h*⟩ ov(uştur)mak; aşındırmak (*ovarak, sürterek*); *Zitrone usw* rendelemek; **℘ung** *f* ⟨-; -en⟩ MED friksiyon; F (*Tadel*) zılgıt, (*Prügel*) kötek
Abreise *f* ⟨-; -n⟩ (***nach*** *-e*) yol(culuğ)a çıkış, gidiş, hareket
abreisen *v/i* ⟨-ge-, *sn*⟩ yol(culuğ)a çıkmak; (***nach*** *-e*) gitmek
Abreisetag *m* hareket günü
abreißen ⟨*unreg*, -ge-⟩ **1.** *v/t* ⟨*h*⟩ koparmak; *Gebäude* yıkmak; **2.** *v/i* ⟨*sn*⟩ kopmak
Abreißkalender *m yaprakları koparılan takvim*
abriegeln *v/t* ⟨-ge-, *h*⟩ *Tür* sürmelemek; *Straße* kapamak
abringen *v/t* ⟨*unreg*, -ge-, *h*⟩: ***sich*** (*D*) ***ein Lächeln*** ~ zoraki gülümsemek
Abriss *m* ⟨-es; -e⟩ *Gebäude* yıkma; (*kurze Darstellung*) özet
abrollen ⟨-ge-⟩ **1.** *v/t* ⟨*h*⟩ makaradan boşaltmak; **2.** *v/i* ⟨*sn*⟩ yuvarlanıp gitmek
abrücken ⟨-ge-⟩ **1.** *v/t* ⟨*h*⟩ yerinden ayırmak, çekmek; **2.** *v/i* ⟨*sn*⟩ ayrılmak, çekilmek; ***von j-m*** ~ b-ni desteklemeyi bırakmak
Abruf *m* ⟨-s; *o pl*⟩ çağrılma; ***sich auf*** ~ ***bereithalten*** hizmete/nöbete hazır bulunmak; ÖKON ***auf*** ~ talep edildiğinde, talep/apel üzerine; **℘bereit** *adj* hizmete hazır
abrufen *v/t* ⟨*unreg*, -ge-, *h*⟩ EDV çağırmak; ***j-n*** ~ b-ni hizmete çağırmak; ÖKON talep etmek
abrunden *v/t* ⟨-ge-, *h*⟩ yuvarlamak; ***nach oben*** (***unten***) ~ yukarıya (aşağıya) yuvarlamak (*sayıyı*)
abrupt *adj* ansızın
abrüst|en *v/i* ⟨-ge-, *h*⟩ MIL silahsızlanmak; **℘ung** *f* ⟨-; *o pl*⟩ silahsızlanma
ABS [aːbeːˈ|ɛs] *Abk für* ***Antiblockiersystem*** *n* AUTO antiblokaj sistemi
Abs. *Abk für* **1.** ***Absender*** *m* gönderen (*Gön.*); **2.** ***Absatz*** *m* fıkra, paragraf
absacken *v/i* ⟨-ge-, *sn*⟩ F çökmek; MAR batmak; LUFTF irtifa kaybetmek
Absage *f* ⟨-; -n⟩ iptal; (*Ablehnung*) ret (cevabı)
absagen ⟨-ge-, *h*⟩ **1.** *v/t* iptal etmek; **2.** *v/i*: ***j-m*** ~ b-ne (b-nin/kendinin) gelmeyeceğini bildirmek
absägen *v/t* ⟨-ge-, *h*⟩ kesmek (*testereyle*); F *fig -in* ayağını kaydırmak
absahnen *v/t* ⟨-ge-, *h*⟩ F *fig* parsayı toplamak
Absatz *m* ⟨-es; ⸚e⟩ (*Abschnitt*) paragraf; ÖKON sürüm, revaç; (*Schuh℘*) ökçe, topuk; (*Treppen℘*) sahanlık; (***Schuhe***) ***mit hohen Absätzen*** yüksek topuklu (ayakkabı); ***neuer*** ~ paragraf başı; ***reißenden*** ~ ***finden*** yok satmak, *-in* sürümü iyi olmak
Absatz|förderung *f* satış promosyonu; **~gebiet** *n* sürüm ve satış bölgesi; **~markt** *m* ÖKON pazar, piyasa; **~möglichkeit** *f* ÖKON pazar(lama) imkânı; **~steigerung** *f* ÖKON satışlarda/sürümde artış
absaufen *v/i* ⟨*unreg*, -ge-, *sn*⟩ AUTO stop etmek; MAR batmak
absaugen *v/t* ⟨-ge-, *h*⟩ TECH, MED emerek almak; *Teppich usw* (elektrikli süpürgeyle) süpürmek
abschaben *v/t* ⟨-ge-, *h*⟩ kazımak
abschaff|en *v/t* ⟨-ge-, *h*⟩ kaldırmak; *Gesetz* yürürlükten kaldırmak; *Missstände -e* son vermek; **℘ung** *f* ⟨-; *o pl*⟩ kaldır(ıl)ma, fesih
abschalten ⟨-ge-, *h*⟩ **1.** *v/t* kesmek; *Radio usw* kapatmak; söndürmek; **2.** *v/i* F *fig -e* kulak asmamak; (*sich erholen*) dinlenmek
abschätz|en *v/t* ⟨-ge-, *h*⟩ tahmin etmek, kestirmek; **~ig** *adj* aşağılayıcı, küçük düşürücü
Abscheu *m* ⟨-s; *o pl*⟩ (***vor*** *D -den*) nef-

ret, tiksinti; **~ haben vor** *-den* nefret etmek; **≗lich** *adj* iğrenç

abschicken *v/t* ⟨-ge-, *h*⟩ göndermek, yollamak, *Brief a* postalamak

abschieben *v/t* ⟨*unreg*, -ge-, *h*⟩ *Schuld usw* (**auf** *A -e*) yüklemek; (*loswerden*) başından savmak, başkasına yüklemek; *Ausländer* (cebren) sınırdışı etmek

Abschiebung *f* ⟨-; -en⟩ JUR sınırdışı etme/edilme

Abschiebungshaft *f*: ***j-n in ~ nehmen*** sınırdışı edilecek b-ni gözaltına almak

Abschied *m* ⟨-s; -e⟩ veda; (*Trennung*) ayrılış; ***~ nehmen*** (**von** *D -le*) vedalaşmak; **beim** (*od* **zum**) **~** vedalaşırken, veda vesilesiyle

Abschieds|feier *f* veda toplantısı; **~kuss** *m*: ***j-m e-n ~ geben*** b-ne veda öpücüğü vermek; **~worte** *pl* veda sözleri *pl*

abschießen *v/t* ⟨*unreg*, -ge-, *h*⟩ *Waffe* atmak; *Rakete* fırlatmak; *Flugzeug* düşürmek; F *fig* ***j-n ~*** alaşağı etmek

abschirmen *v/t* ⟨-ge-, *h*⟩ (**gegen** *-e* karşı) izole etmek, yalıtmak

abschlachten *v/t* ⟨-ge-, *h*⟩ kesmek, öldürmek

abschlaffen *v/i* ⟨-ge-, *sn*⟩ F bitkinleşmek

Abschlag *m* ⟨-s; ⸚e⟩ *Fußball* kale vuruşu; ÖKON indirim; **auf ~** taksitle

abschlagen *v/t* ⟨-ge-, *h*⟩ vurup ayırmak; SPORT topu oyuna sokmak, servis yapmak; *Angriff usw* püskürtmek; *fig* reddetmek

abschlägig *adj*: ***~e Antwort*** ret cevabı

Abschlagszahlung *f* ÖKON taksit; kısmî ödeme, akont

abschleifen *v/t* ⟨*unreg*, -ge-, *h*⟩ TECH zımparalamak, sistre yapmak

Abschleppdienst *m* AUTO araba çekme/kurtarma servisi

abschleppen *v/t* ⟨-ge-, *h*⟩ çekmek; *fig* F ***j-n ~*** b-ni araklamak

Abschlepp|seil *n* çekme halatı; **~stange** *f* (araba) çekme çubuğu; **~wagen** *m* çekici, kurtarıcı

abschließbar *adj* kilitlen(ebil)ir, kilidi var/olan

abschließen *v/t* ⟨*unreg*, -ge-, *h*⟩ kilitlemek; (*beenden*) bitirmek; (*vollenden*) tamamlamak; *Versicherung, Vertrag* yapmak, akdetmek; *Wette* bahse girmek; ***e-n Handel ~*** pazarlık yapmak

abschließend **1.** *adj* son(ul), nihai; kapanış *subst*; **2.** *adv*: ***~ sagte sie*** son olarak … dedi/söyledi

Abschluss *m* ⟨-es; ⸚e⟩ sonuç, netice; ***etw zum ~ bringen*** bitirmek; bş-in sonunu getirmek; F (*Schul≗*) mezuniyet, bitirme; **~prüfung** *f Schule* mezuniyet/bitirme sınavı; **~zeugnis** *n* diploma

abschmecken *v/t* ⟨-ge-, *h*⟩ GASTR *-e* baharat koymak; (*probieren*) *-in* tadına bakmak

abschmieren *v/t* ⟨-ge-, *h*⟩ TECH yağlamak

abschminken *v/t* ⟨-ge-, *h*⟩ makyajını temizlemek; F ***das kannst du dir ~!*** sen o işten ümidini kes!

Abschn. *Abk für* **Abschnitt** *m* bölüm, kısım

abschneiden ⟨*unreg*, -ge-, *h*⟩ **1.** *v/t* kesip koparmak; ***j-m das Wort ~*** b-nin sözünü kesmek; **2.** *v/i* kestirmeden gitmek; **gut ~** iyi bir sonuç elde etmek

Abschneiden *n* ⟨-s; *o pl*⟩ sonuç, başarı

Abschnitt *m* ⟨-s; -e⟩ *Buch usw* bölüm, kısım; *Reise* etap; (*Zeit≗*) devir, çağ; *Entwicklung* aşama; (*Kontroll≗*) koçan, kontrol kuponu

abschöpfen *v/t* ⟨-ge-, *h*⟩ *a* ÖKON almak, massetmek, vergi koyup tahsil etmek; ***den Rahm ~*** kaymağı almak

abschott|en *v/r* ⟨-ge-, *h*⟩: **sich ~** (kendi) içine kapanmak; **≗ung** *f* ⟨-; -en⟩ ÖKON koru(n)ma; ***die ~ nationaler Märkte*** millî piyasaların korunması

abschrauben *v/t* ⟨-ge-, *h*⟩ sökmek (*bş-in vidasını*)

abschreck|en *v/t* ⟨-ge-, *h*⟩ korkutarak vazgeçirmek, yıldırmak (**von** *-den*); **~end** *adj* korkutucu, yıldırıcı, caydırıcı; ***~es Beispiel*** yıldırıcı bir örnek, uyarı; **≗ung** *f* ⟨-; -en⟩ caydırma; gözdağı (verme); ***zur ~ dienen*** caydırmaya yaramak; **≗ungspolitik** *f* caydırma politikası; **≗ungswaffe** *f* caydırıcı silah

abschreib|en *v/t* ⟨*unreg*, -ge-, *h*⟩ kopya etmek; ÖKON düşmek, indirmek, *völlig* tamamını amorti etmek; **≗ung** *f* ⟨-; -en⟩ amortisman, aşınma payı

Abschrift *f* ⟨-; -en⟩ kopya, suret, ikinci nüsha; ***beglaubigte ~*** tasdikli suret

abschürf|en *v/t* ⟨-ge-, *h*⟩: **sich** (*D*) ***das Knie ~*** dizini berelemek; **≗ung** *f* ⟨-; -en⟩ sıyırtı, bere, berele(n)me

Abschuss *m* ⟨-es; ⸚e⟩ *e-r Rakete* fırlat(ıl)ma; *Flugzeug* düşür(ül)me; **~liste**: ***auf der ~ stehen*** topun ağzında olmak; **~rampe** *f* roket rampası

abschüssig *adj* inişli, meyilli

abschütteln *v/t* ⟨-ge-, *h*⟩ silkip atmak

abschwächen *v/t* ⟨-ge-, *h*⟩ hafifletmek

abschweifen *v/i* ⟨-ge-, *sn*⟩: ***vom Thema ~*** konu dışına çıkmak

abschwellen *v/i* ⟨-ge-, *sn*⟩ MED *-in* şişi/şişkinliği inmek

abschwören *v/i* ⟨*unreg*, -ge-, *h*⟩ *-e* tövbe etmek

absehbar *adj*: ***in ~er Zeit*** oldukça yakın bir zamanda

absehen ⟨*unreg*, -ge-, *h*⟩ **1.** *v/t*: ***es ist kein Ende*** (***von***, *G*) ***abzusehen*** (*-in*) sonu görünmüyor; ***es abgesehen haben auf*** (*A*) *-i* elde etmeyi aklına koymuş olmak; **2.** *v/i*: ***~ von*** (*D*) *-den* sarfınazar etmek; → ***abgesehen***

abseilen ⟨-ge-, *h*⟩ **1.** *v/t* (halatla) indirmek; **2.** *v/r*: ***sich ~*** halatla inmek; F *fig* gruptan ayrılmak, kendi başına hareket etmeye başlamak

abseits **1.** *präp G*: ***~ der Straße*** yolun dışında; **2.** *adv*: ***~ liegen*** uzak(ta)/ücra olmak; ***~ stehen*** ofsaytta olmak

Abseits *n* ⟨-; -⟩ SPORT ofsayt; ***im ~ stehen*** ofsaytta olmak; *fig* ***sich ins ~ manövrieren, ins ~ geraten*** ofsayta düşmek, yalnız (başına) kalmak

absenden *v/t* ⟨*unreg*, -ge-, *h*⟩ göndermek, yollamak, *Brief usw a* postalamak

Absender *m* ⟨-s; -⟩, **~in** *f* ⟨-; -nen⟩ gönderen

absetzbar *adj* ÖKON satılabilir, pazarlanabilir; *steuerlich* düşülebilir

absetzen ⟨-ge-, *h*⟩ **1.** *v/t Last* indirmek; *Brille, Hut* çıkarmak; *Tasse usw* bırakmak; *Fahrgast* indirmek; *Herrscher usw* tahttan indirmek; THEA, *Film* programdan çıkarmak; *Medikament* kesmek; *steuerlich* vergiden düşmek; ÖKON satmak; *Zeile, Ton* ara vermek; **2.** *v/r*: ***sich ~*** CHEM *usw* çökelmek; F ayrılmak, kaçmak; **3.** *v/i*: ***ohne abzusetzen*** ara vermeden

Absetzung *f* ⟨-; -en⟩ azletme, azledilme, az(i)l; *Film usw* (gösterimden) kaldır(ıl)ma

absichern ⟨-ge-, *h*⟩ **1.** *v/t* emniyete almak, sağlama bağlamak; **2.** *v/r*: ***sich ~*** kendini emniyete almak

Absicht *f* ⟨-; -en⟩ amaç, niyet, kasıt; ***in der ~ zu*** -mek niyetinde; ***mit ~*** bilerek; kasıtlı olarak; **≗lich** **1.** *adj* kasıtlı; **2.** *adv* bilerek

Absichtserklärung *f* ⟨-; -en⟩ niyet bildirimi/mektubu

absitzen **1.** *v/t* ⟨*unreg*, -ge-, *h*⟩ F *Strafe* çekmek (*cezaevinde*); **2.** *v/i* ⟨*sn*⟩ (***von***) inmek (*bisikletten vs*)

absolut *adj* salt, mutlak; ***~ nicht*** kesinlikle … (değil)

Absolvent [-v-] *m* ⟨-en; -en⟩, **~in** *f* ⟨-; -nen⟩ mezun

absolvieren [-v-] *v/t* ⟨*o ge-, h*⟩ *Schule usw* bitirmek, *-den* mezun olmak; *Prüfung* vermek, başarmak

absonderlich *adj* acayip, garip, ters

absondern ⟨-ge-, *h*⟩ **1.** *v/t* MED salgılamak, çıkarmak; **2.** *v/r*: ***sich ~*** (***von*** *-den*) uzaklaşmak/uzak durmak

absorbieren *v/t* ⟨*o ge-, h*⟩ *a fig* özümlemek

abspalten **1.** *v/t* ⟨-ge-, *h*⟩ (yarıp) ayırmak, koparmak; **2.** *v/r*: ***sich ~*** ayrılmak, kopmak

Abspann *m* ⟨-s, -e⟩ FILM jenerik (*sonda*)

absparen *v/t* ⟨-ge-, *h*⟩: ***sich*** (*D*) ***etw*** (***vom Munde***) ***~*** (dişinden tırnağından) arttırmak

abspecken *v/i u v/t* ⟨-ge-, *h*⟩ F (***etw***) zayıflamak; *fig Firma usw* küçültmek

abspeichern *v/t* ⟨-ge-, *h*⟩ EDV kaydetmek

abspeisen *v/t* ⟨-ge-, *h*⟩ F: ***j-n ~ mit*** b-ne *-den* başka bir şey vermemek

abspenstig *adj*: ***~ machen*** (*D*) *-in* müşterilerini *vs* elinden almak; ***j-m die Freundin ~ machen*** b-nin kız arkadaşını ayartmak

absperr|en *v/t* ⟨-ge-, *h*⟩ kilitlemek; *Straße* kapamak; *Gas usw* kesmek; **≗ung** *f* ⟨-; -en⟩ kapa(t)ma; kordon, bariyer

Abspiel *n* SPORT pas

abspielen ⟨-ge-, *h*⟩ **1.** *v/t Kassette usw* çalmak; *Ball* vermek, ortalamak; **2.** *v/r*: ***sich ~*** olmak, vukubulmak: F ***da spielt sich nichts ab!*** bir şey olduğu yok

absplittern ⟨-ge-⟩ **1.** *v/i* ⟨*sn*⟩ parçalamak; **2.** *v/r* ⟨*h*⟩: ***sich ~*** parçalanmak, dağılmak

Absprache *f* ⟨-; -n⟩ anlaşma, uzlaşma,

danışma; **⁀gemäß** *adv* kararlaştırıldığı üzere/gibi

absprechen ⟨*unreg*, -ge-, *h*⟩ **1.** *v/t* (*vereinbaren*) kararlaştırmak; ***j-m etw ~*** b-ni bş bakımından yetersiz görmek; JUR ***j-m ein Recht ~*** b-nin bir hakkını tanımamak; **2.** *v/r*: ***sich mit j-m ~*** (***über*** *A* üzerinde) b-le anlaşmak/sözleşmek

abspringen *v/i* ⟨*unreg*, -ge-, *sn*⟩ (aşağıya) atlamak; LUFTF paraşütle atlamak; F *fig* (***von*** *-i*) terketmek

abspritzen *v/t* ⟨-ge-, *h*⟩ (basınçlı suyla) yıkamak

Absprung *m* ⟨-s; ⸚e⟩ atlama, atlayış

abspülen ⟨-ge-, *h*⟩ **1.** *v/t* yıkamak, çalkalamak; **2.** *v/i* bulaşık yıkamak

abstamm|en *v/i* ⟨-ge-, *sn*⟩: ***~ von*** *-in/…* soyundan gelmek; **⁀ung** *f* ⟨-; *o pl*⟩ köken; ***deutscher ~*** Alman asıllı/kökenli

Abstand *m* ⟨-s; ⸚e⟩ uzaklık, mesafe; (*Zwischenraum*) ara(lık), açıklık; *zeitlich* müddet, fasıla; ***~ halten*** mesafe bırakmak; ***in regelmäßigen Abständen*** düzenli ara(lık)larla; *fig* ***mit ~*** büyük farkla; ***mit ~ besser sein*** *-e* fark yapmak/atmak; ***mit ~ gewinnen*** farkla kazanmak; ***von etw ~ nehmen*** bş-den vazgeçmek

abstatten *v/t* ⟨-ge-, *h*⟩: ***j-m e-n Besuch ~*** b-ni ziyaret etmek

abstauben 1. *v/t* ⟨-ge-, *h*⟩ *-in* tozunu silmek; F (*stehlen*) yürütmek, tırtıklamak; **2.** *v/i* F *Fußball* (hazır) gole konmak

abstechen ⟨*unreg*, -ge-, *h*⟩ **1.** *v/t* (*töten*) kesmek; **2.** *v/i*: ***~ von*** *-den* gayet farklı olmak

Abstecher *m* ⟨-s; -⟩ gezinti (*asıl yoldan saparak*)

abstecken *v/t* ⟨-ge-, *h*⟩ *Kleid usw* teğellemek, iğnelemek; *Gelände, Kurs usw* işaretlemek; *fig -in* sınırlarını çizmek (*konunun*)

absteh|en *v/i* ⟨*unreg*, -ge-, *h*⟩ ayrık durmak; **~end** *adj*: ***~e Ohren*** yelpaze/kepçe kulak(lar)

Absteige *f* ⟨-; -n⟩ F *abw* adi otel

absteigen *v/i* ⟨*unreg*, -ge-, *sn*⟩ *vom Rad, Berg usw* inmek; (***in*** *-de*) konaklamak; SPORT küme düşmek

Absteiger *m* ⟨-s; -⟩ SPORT küme düşen takım, lig sonuncusu

abstellen *v/t* ⟨-ge-, *h*⟩ (yere) koymak; *Auto usw* park etmek; *Gas, Maschine* kapatmak; *Motor* durdurmak; *Missstände* kaldırmak

Abstell|fläche *f* AUTO park yeri; **~gleis** *n* BAHN şube hattı; *fig* ***j-n aufs ~ schieben*** b-ni pasif bir göreve vermek; **~raum** *m* sandık odası, depo

abstempeln *v/t* ⟨-ge-, *h*⟩ damgalamak

absterben *v/i* ⟨*unreg*, -ge-, *sn*⟩ *Pflanze* (zayıflayarak) ölmek; *Glieder* hissizleşmek

Abstieg *m* ⟨-s; -e⟩ iniş; *fig* itibar kaybı; SPORT küme düşme

abstimmen ⟨-ge-, *h*⟩ **1.** *v/i* (***über*** *A* üzerine) oylama yapmak; **2.** *v/t*: (***auf*** *A*) *-i -e* göre ayarlamak; ***aufeinander ~*** birbiriyle uyumlu hale getirmek; ÖKON koordine etmek; ***über etw ~ lassen*** bş-i oya koymak; **3.** *v/r*: ***sich ~*** birbirine danışarak davranmak; (***mit***) *-e* danışarak davranmak

Abstimmung *f* ⟨-; -en⟩ oylama, seçim; ayarla(n)ma; (***über*** *A* üzerine) oylama; ***geheime ~*** gizli oylama

abstinent *adj* içki içmeyen

Abstinenz *f* ⟨-; *o pl*⟩ içki düşmanlığı; **~ler** *m* ⟨-s; -⟩, **~lerin** *f* ⟨-; -nen⟩ içki kullanmaz, yeşilaycı

Abstoß *m* ⟨-s; ⸚e⟩ *Fußball* degaj(man)

abstoßen ⟨*unreg*, -ge-, *h*⟩ **1.** *v/t* vurarak uzaklaştırmak; *Möbel* eskitmek; *Geweih, Haut* atmak; MED reddetmek, atmak; ÖKON elden çıkarmak, satmak; *fig* (*anwidern*) *-e* itici gelmek; **2.** *v/i* *Fußball* degaj(man) yapmak

abstoßend *adj fig* itici

Abstoßung *f* ⟨-; *o pl*⟩ MED reddetme

abstottern *v/t* ⟨-ge-, *h*⟩ taksit taksit ödemek

abstrahieren [-ˈhiːrən] *v/t u v/i* ⟨*o* -ge-, *h*⟩ soyutlamak

abstrakt *adj* soyut; **⁀ion** [-ˈtsi̯oːn] *f* ⟨-; -en⟩ soyutlama; **⁀um** *n* ⟨-s; -ta⟩ GR soyut isim/ad

abstreiten *v/t* ⟨*unreg*, -ge-, *h*⟩ inkâr etmek, yalanlamak

Abstrich *m* ⟨-s; -e⟩ sıyırıp alma/atma; (***an*** *D -de*) kesinti, kısıtlama; MED yayma, froti; ***e-n ~ machen*** (dokudan) salgı örneği almak; *fig* ***~e machen müssen*** taviz(ler) vermek zorunda kalmak; *beim Schreiben harfin düşey çizgisi*

abstrus *adj* anlaşılmaz, karmakarışık

abstufen *v/t* ⟨-ge-, *h*⟩ *Gelände* teraslandırmak; *Farben -in* (degrade) ton-

larını kullanmak; *fig -in* ayrıntılarını gözetmek
Abstufung *f* ⟨-; -en⟩ (*Farb*♀) degrade (renkler/tonlar)
abstumpfen *v/i* ⟨-ge-, *sn*⟩ *Person fig* körlenmek
Absturz *m* ⟨-es; ⸚e⟩ LUFTF düşme; EDV kilitlenme, asma
ab|stürzen *v/i* ⟨-ge-, *sn*⟩ LUFTF düşmek; EDV asmak, kilitlenmek; **~stützen** *v/t* ⟨-ge-, *h*⟩ ARCH desteklemek, payandalamak
absuchen *v/t* ⟨-ge-, *h*⟩ yoklamak; bucak bucak aramak; ***nach etw ~*** *-de* bş-i aramak
absurd *adj* saçma, anlamsız
Absurdität *f* ⟨-; -en⟩ saçmalık
Abszess [aps'tsɛs] *m* ⟨-es; -e⟩ MED apse, çıban
Abszisse [aps'tsɪsə] *f* ⟨-; -n⟩ MATH apsis
Abt. *Abk für* ***Abteilung*** *f* şube, bölüm
abtasten *v/t* ⟨-ge-, *h*⟩ yoklamak; MED elle muayene etmek; *nach Waffen usw* (*-in* üstünü) aramak; EDV, *Radar* taramak; (***nach***) *-i* aramak; *fig* ***j-n ~*** b-nin nabzını yoklamak
abtauchen *v/i* ⟨-ge-, *sn*⟩ dalmak; F *fig* ortalıktan yok olmak, izini kaybettirmek
abtauen ⟨-ge-⟩ **1.** *v/t* ⟨*h*⟩ *Kühlschrank -in* buzunu çöz(dür)mek; **2.** *v/i* ⟨*sn*⟩ *-in* buzu çözülmek, erimek
Abteil *n* ⟨-s; -e⟩ BAHN kompartıman
abteilen *v/t* ⟨-ge-, *h*⟩ bölmek, ayırmak; kesip almak
Abteilung[1] *f* ⟨-; *o pl*⟩ bölme, ayırma
Abteilung[2] *f* ⟨-; -en⟩ bölüm, şube; *Krankenhaus* koğuş; SPORT disiplin
Abteilungsleiter(**in** *f*) *m* bölüm şefi
abtippen *v/t* ⟨-ge-, *h*⟩ F daktiloya çekmek, tape etmek
abtöten *v/t* ⟨-ge-, *h*⟩ öldürmek, yoketmek
abtragen *v/t* ⟨*unreg*, -ge-, *h*⟩ taşımak, götürmek; söküp/yıkıp kaldırmak; *Kleider* eskitmek; *Schuld* (taksit taksit) ödemek
abträglich *adj* (*D*) zararlı
Abtransport *m* ⟨-s; -e⟩ taşıma, götürme
abtreiben *v/i* ⟨*unreg*, -ge-⟩ **1.** ⟨*h*⟩ MED düşürmek, aldırmak; **2.** ⟨*sn*⟩ sürüklenmek; demir taramak
Abtreibung *f* ⟨-; -en⟩ MED düşük; ***e-e ~ vornehmen lassen*** çocuk aldırmak
Abtreibungspille *f* MED düşük hapı
abtrennen *v/t* ⟨-ge-, *h*⟩ *Coupon* kesmek; *Fläche* ayırmak; *Ärmel usw* sökmek
abtreten ⟨*unreg*, -ge-⟩ **1.** *v/t* ⟨*h*⟩ (*D*, ***an*** *A -e*) devretmek; JUR devir ve temlik etmek; JUR terk ve ferağ etmek; ***j-m etw ~*** b-ne bş-i bırakmak, vermek; *Teppich* eksiktmek (*basarak*); F (***sich*** *D*) ***die Füße ~*** ayakkabılarını (paspasa) silmek; **2.** *v/i* ⟨*sn*⟩ çekilmek, uzaklaşmak; THEA (sahneden) çıkmak
Abtretung *f* ⟨-; -en⟩ (***an*** *A*) JUR devir ve temlik; JUR terk ve ferağ
abtrocknen ⟨-ge-, *h*⟩ **1.** *v/t*: ***sich*** (*D*) ***die Hände ~*** (***an*** *D -e*) ellerini kurulamak; ***das Geschirr ~*** bulaşığı kurulamak; **2.** *v/i* kurumak
abtun *v/t* ⟨*unreg*, -ge-, *h*⟩ *fig* (***als*** … diye) önemsememek, küçümsemek, bir kenara atmak
abwägen *v/t* ⟨-ge-, *h*⟩ tartmak, ölçmek
abwählen *v/t* ⟨-ge-, *h*⟩: ***j-n ~*** yeniden seçmemek; *Schule* bırakmak (*seçimlik bir dersi*)
abwälzen *v/t* ⟨-ge-, *h*⟩: ***die Verantwortung auf j-n ~*** sorumluluğu b-nin üstüne yıkmak/atmak
abwandeln *v/t* ⟨-ge-, *h*⟩ değiştirmek, farklılaştırmak
abwander|n *v/i* ⟨-ge-, *sn*⟩ *a* ÖKON göç etmek, gitmek; **♀ung** *f* ⟨-; -en⟩ *a* ÖKON başka yere gitme/göç
abwarten ⟨-ge-, *h*⟩ **1.** *v/t* kollamak, *-in* olmasını beklemek; ***das bleibt abzuwarten*** onu zaman gösterecek(tir); **2.** *v/i* bekleyip görmek; F ***~*** (***und Tee trinken***)***!*** bekleyelim (görelim)!
abwärts *adv* aşağı(ya doğru); ***~ gehen*** inmek, aşağı(ya) doğru gitmek
Abwärtstrend *m* düşme eğilimi
Abwasch *m* ⟨-s; *o pl*⟩ bulaşık; F ***das ist ein ~!*** hepsi bir kalem iş!
abwaschbar *adj* yıkanır
abwaschen ⟨*unreg*, -ge-, *h*⟩ **1.** *v/t* yıkamak; ***Geschirr ~*** bulaşık yıkamak; **2.** *v/i* bulaşık yıkamak
Abwasser *n* ⟨-s; ⸚⟩ atık sular *pl*; **~leitung** *f* pissu borusu
abwechseln [-ks-] *v/i* ⟨-ge-, *h*⟩ (*a* ***sich ~***) (***bei*** *-i*) nöbetleşe yapmak; ***sich ~ mit*** ile değişmek
abwechselnd *adv* sırayla, nöbetleşe, dönüşümlü olarak

Abwechslung [-ks-] *f* ⟨-; -en⟩ değişiklik; **~ brauchen** *-in* değişikliğe ihtiyacı olmak; **~ bringen in** (*A*) *-e* değişiklik getirmek; **zur ~** değişiklik olsun diye
abwechslungsreich *adj* değişiklikler dolu; *Leben* canlı, F civcivli
Abweg *m*: **auf ~e geraten** yanlış yola sapmak; **≈ig** *adj* yanlış, tuhaf, gerçekdışı
Abwehr *f* ⟨-; *o pl*⟩ *a* MIL savunma; *e-s Stoßes usw -i* savma, *-den* korunma; (*Ablehnung*) *-e* tepki; **auf ~ stoßen** tepki görmek; **≈en** *v/t* ⟨-ge-, *h*⟩ *-den* korunmak; (*zurückschlagen*) (geri) püskürtmek; SPORT savuşturmak; *fig* atlatmak; **~haltung** *f* PSYCH savunucu davranış; **~kräfte** *pl* MED vücut direnci *sg*; **~mechanismus** *m* savunma mekanizması; **~reaktion** *f* (**gegen** *-e* karşı) savunma tepkisi; **~spieler(in** *f*) *m* defans oyuncusu; **~stoffe** *pl* MED antikor *sg*
abweichen *v/i* ⟨*unreg*, -ge-, *sn*⟩ (**von** *D -den*) ayrılmak, sapmak; *vom Thema* ayrılmak; (**voneinander**) **~** (birbirinden) farklı olmak; **vom Kurs ~** rota(sın)dan ayrılmak, *fig* çizgiden çıkmak; **von der Regel ~** kuralın dışına çıkmak
abweichend *adj* (**voneinander**) (birbirinden) farklı
Abweichler *m* ⟨-s; -⟩, **~in** *f* ⟨-; -nen⟩ POL aykırı ses, farklı düşünen
Abweichung *f* ⟨-; -en⟩ ayrılık, ayrılma, fark; (**von** *-den*) sapma
abweisen *v/t* ⟨*unreg*, -ge-, *h*⟩ terslemek; JUR reddetmek; MIL püskürtmek
abweisend *adj* reddedici, ters, soğuk
Abweisung *f* ⟨-; -en⟩ JUR red
abwenden ⟨*unreg*, -ge-, *h*⟩ **1.** *v/t -e* arkasını dönmek; **2.** *v/r*: **sich** (**innerlich**) **~ von** *-den* yüz çevirmek
abwerben *v/t* ⟨*unreg*, -ge-, *h*⟩ kendi tarafına çelmek (*müşteriyi vs*)
abwerfen *v/t* ⟨*unreg*, -ge-, *h*⟩ *Bombe* atmak; **Gewinn ~** kâr bırakmak
abwerten *v/t* ⟨-ge-, *h*⟩ *-in* değerini indirmek; *Währung* devalüe etmek
abwertend *adj* aşağılayıcı, küçümseyici
Abwertung *f* değer kaybı; ÖKON devalüasyon
abwesend *adj* hazır bulunmayan, yok; *fig* (*geistes~*) dalgın
Abwesenheit *f* ⟨-; *o pl*⟩ hazır bulunmama, yokluk; **durch ~ glänzen** *-in* varlığıyla yokluğu bir olmak; *fig* (*Geistes≈*) dalgınlık
abwickeln *v/t* ⟨-ge-, *h*⟩ çözmek; (*erledigen*) yerine getirmek; *Geschäft* bitirmek; MED sargıyı açmak; ÖKON, JUR tasfiye etmek
Abwicklung *f* ⟨-; -en⟩ ÖKON iş yürütme; iş halletme/çözme; JUR tasfiye, likidasyon
abwiegen *v/t* ⟨*unreg*, -ge-, *h*⟩ tartmak
abwimmeln *v/t* ⟨-ge-, *h*⟩ F başından savmak
abwinken ⟨-ge-, *h*⟩ **1.** *v/t Motorsport* pist dışına çağırmak; **2.** *v/i* elini sallamak (*yeter anlamında*)
abwischen *v/t* ⟨-ge-, *h*⟩ silmek
abwürgen *v/t* ⟨-ge-, *h*⟩ F *Motor* boğmak; *Diskussion* susturmak
abzahlen *v/t* ⟨-ge-, *h*⟩ ödemek; *in Raten* taksitle ödemek
abzählen *v/t* ⟨-ge-, *h*⟩ saymak
Abzahlung *f*: **etw auf ~ kaufen** bş-i taksitle satın almak
Abzeichen *n* ⟨-s; -⟩ nişan, rozet, belirti
abzgl. *Abk für* **abzüglich** hariç
abziehen ⟨*unreg*, -ge-⟩ **1.** *v/t* ⟨*h*⟩ *Bett -in* çarşafını çıkarmak; *Schlüssel* çekmek; *Ring* çıkarmak; FOTO tab etmek, çoğaltmak; *Messer* bileğilemek; *Flüssigkeiten* şişelemek; *Truppen* geri çekmek; MATH (**von** *-den*) çıkarmak; ÖKON indirmek; F numara yapmak; **2.** *v/i* ⟨*sn*⟩ *a* MIL çekilmek; *Rauch* çıkmak
abzielen *v/i* ⟨-ge-, *h*⟩: **~ auf** (*A*) *-i* hedef almak
Abzug *m* ⟨-s; ⸚e⟩ MIL geri çek(il)me; ÖKON kesinti, (*Skonto*) indirim; (*Kopie*) kopya; FOTO tab, baskı; *e-r Waffe* tetik; TECH çıkış yeri, delik, ağız; **nach ~ aller Kosten** bütün masraflar çıktıktan sonra; **vor** (**nach**) **~ der Steuern** vergi öncesi (sonrası)
abzüglich *präp G* çıkarıldığında; **~ der Kosten** masraflar çıktıktan sonra
Abzugs|haube *f* davlumbaz; **~rohr** *n* TECH boşaltma borusu
Abzweigdose *f* EL buat
abzweig|en ⟨-ge-⟩ **1.** *v/i* ⟨*sn*⟩ sapmak, ayrılmak; **2.** *v/t* ⟨*h*⟩ kendine ayırmak (*gizlice*); **≈ung** *f* ⟨-; -en⟩ yol ayrımı
Accessoires [aksɛˈsoaːɐ] *pl* aksesuar
Acetat *n* ⟨-s; -e⟩ CHEM asetat
ach *int* ah!; **~ ja** (**nein**)**?** sahi mi?; **~ je!** sevsinler!; **~ komm!** bırak şimdi!; **~**

so! ha!, ya!; ~ ***was!***, ~ ***wo!*** ha(y)di canım (sen de)!

Ach *n* F: ***mit ~ und Krach*** güçbela; dürtükleye dürtükleye

Achilles|ferse *f* ⟨-; *o pl*⟩ *fig -in* canalıcı noktası; **~sehne** *f* ANAT aşık kirişi

Achse [-ks-] *f* ⟨-; -n⟩ MATH eksen; TECH dingil, aks; F ***auf ~ sein*** hep ayakta/yollarda olmak

Achsel [-ks-] *f* ⟨-; -n⟩ omuz; ***die ~n zucken*** omuz silkmek; **~höhle** *f* koltukaltı; **~zucken** *n* ⟨-s; *o pl*⟩ omuz silkme

Achsschenkel *m* ⟨-s; -⟩ AUTO muylu; **~bolzen** *m* AUTO dingil pimi

acht *adj* sekiz; ***alle ~ Tage*** haftada bir; ***heute in ~ Tagen*** haftaya bugün; ***in ~ Tagen*** bir hafta sonra; ***vor ~ Tagen*** (bundan) bir hafta önce

Acht *f*: ***außer ~ lassen*** dikkat etmemek; ***sich in ~ nehmen*** (***vor*** *D -den*) sakınmak ihtiyatlı davranmak; ***~ geben*** (***auf*** *A -e*) dikkat etmek; ***gib ~!*** dikkat (et)!

achte, **~r**, **~s** *adj* sekizinci; ***am achten Mai*** sekiz mayısta

Achteck *n* ⟨-s; -e⟩ MATH sekizgen; **⌂ig** *adj* sekizgen

Achtel *n* ⟨-s; -⟩ sekizde bir; **~finale** *n* SPORT sekizde bir final/yarı çeyrek final

achten ⟨*h*⟩ **1.** *v/t*: ***j-n ~*** b-ne saygı göstermek; **2.** *v/i*: ***~ auf*** (*A*) *-e* dikkat etmek; (*aufpassen*) bakmak; (*Ausschau halten nach*) *-i* gözlemek; ***darauf ~, dass*** -mesine dikkat etmek

Achter *m* ⟨-s; -⟩ *Rudern* sekiz kürekli skif

Achterbahn *f* eğlence treni (*luna parkta*)

achtfach *adj u adv* sekiz kat/misli

achthundert *adj* sekiz yüz

achtjährig *adj* sekiz yıllık; *Lebensalter* sekiz yaşında

achtlos *adj* dikkatsız, kayıtsız; **⌂igkeit** *f* ⟨-; *o pl*⟩ dikkatsizlik

achtmal *adv* sekiz kere/defa

achtsam *adj* dikkatli, özenli

Achtstundentag *m* sekiz saatlik iş günü

achtstündig *adj* sekiz saatlik

achttägig *adj* sekiz günlük; (*wöchentlich*) haftada bir

Achtung *f* ⟨-; *o pl*⟩ dikkat; (*Respekt*) (***vor*** *D -e*) saygı; ***große ~ genießen*** büyük saygı görmek; ***in j-s ~ steigen*** b-nin (daha da çok) saygısını kazanmak; ***sich*** (*D*) ***~ verschaffen*** kendini saydırmak; F ***alle ~!*** helal olsun!, bravo!; ***~!*** dikkat! ***~ Stufe!*** basamağa dikkat!

Achtungserfolg *m* manevî kazanç

achtungsvoll *adj* saygılı

achtzehn ['axtse:n] *adj* on sekiz

achtzig ['axtsıç] *adj* seksen; ***er ist Mitte ~*** seksenlerinin ortasında; F ***auf ~ sein*** patlamak üzere olmak

Achtzig *f* ⟨-; *o pl*⟩ seksen

achtziger ['axtsıgɐ] *adj*: seksenlik

Achtziger *m* ⟨-s; -⟩, **~in** *f* ⟨-; -nen⟩ seksen yaşındaki; **~jahre** *pl*: ***die ~*** seksenli yıllar, seksenler

ächzen *v/i* ⟨*h*⟩ (***vor*** *-den*) inlemek, oflamak

Acker *m* ⟨-s; ¨-⟩ tarla; **~bau** *m* ⟨-s; *o pl*⟩ tarım, ziraat; **~land** *n* ⟨-s; *o pl*⟩ tarla(lık arazi)

ackern *v/i* ⟨*h*⟩ işlemek (*auf Feld*); F uğraşmak, didinmek

Acryl [a'kry:l] *n* ⟨-s; *o pl*⟩ CHEM akril(ik); **~farbe** *f* akrilik boya

a.d. *Abk für* ***an der*** (… nehri *usw*) kıyısındaki

a.D. [a:'de:] *Abk für* ***außer Dienst*** emekli

ad absurdum *nur in* ***etw ~ führen*** bş-in saçmalığını göstermek

ad acta [at'akta] *nur in* ***etw ~ legen*** bş-in dosyasını kapatmak

Adam *m* ⟨-s; *o pl*⟩ REL Âdem (Peygamber); insan(oğlu); F ***seit ~s Zeiten*** ezelden beri, dünya kurulalı (beri)

Adamsapfel *m* ANAT âdemelması

Adapter *m* ⟨-s; -⟩ TECH adaptör

adäquat *adj* uygun

addieren *v/t* ⟨*o* ge-, *h*⟩ toplamak

Addition *f* ⟨-; -en⟩ MATH toplama

ade [a'de:] *int* F Allaha ısmarladık!

Adel *m* ⟨-s; *o pl*⟩ aristokrasi; (*Vornehmheit*) asillik, soyluluk; ***von ~ sein*** soylu (sınıfından) olmak

ad(e)lig *adj* asil, soylu

Ad(e)lige *m*, *f* ⟨-n; -n⟩: ***die ~n*** asiller, soylular, zadegân

Ader *f* ⟨-; -n⟩ MED damar, *Vene* toplardamar, *Arterie* atardamar; ***er hat e-e humoristische ~*** onda mizahçı damarı var

adieu [adi'ø:] *int* Allahaısmarladık

Adjektiv [-f] *n* ⟨-s; -e⟩ sıfat; **⌂isch** *adj* sıfat *subst*

Adler *m* ⟨-s; -⟩ ZOOL kartal
Adler|auge *n fig* **~n haben** gözü keskin olmak; **~nase** *f* şahin burun
adoptieren *v/t* ⟨*o* ge-, *h*⟩ evlat edinmek
Adoption *f* ⟨-; -en⟩ evlat edinme
Adoptiv|eltern [-f] *pl evlat edinen anne-baba*; **~kind** [-f] *n* evlatlık
Adr. *Abk für* **Adresse** *f* adres
Adrenalin *n* ⟨-s; *o pl*⟩ CHEM, MED adrenalin
Adressbuch *n* adres defteri
Adresse *f* ⟨-; -n⟩ adres; ÖKON **erste ~** ilk/ana adres; *fig* **an die falsche ~ geraten** yanlış kapı çalmak
Adressen|änderung *f* adres değişikliği; **~verzeichnis** *n* adres listesi
adressieren *v/t* ⟨*o* ge-, *h*⟩ (**an** *-in*) adresine yazmak/yollamak; **falsch ~** yanlış adreslemek
Adressiermaschine *f* adresleme makinası
adrett *adj* derli toplu
adsorbieren *v/t* ⟨*o* ge-, *h*⟩ CHEM yüzermek
Adsorption *f* ⟨-; -en⟩ CHEM yüzerme
Advent [-v-] *m* ⟨-s; *o pl*⟩ *Noel'den önceki dört haftalık dönem*
Adverb [-v-] *n* ⟨-s; -bien⟩ zarf; **Ձial** *adj* zarf *subst*
Aerobic [ɛ'ro:bɪk] *n* ⟨-s; *o pl*⟩ SPORT aerobik
aerodynamisch [aerody'na:mɪʃ] *adj* aerodinamik
Affäre *f* ⟨-; -n⟩ olay; (*Liebes*Ձ) ilişki; **sich aus der ~ ziehen** işin içinden sıyrılmak
Affe *m* ⟨-n; -n⟩ ZOOL maymun, (*Menschen*Ձ) insanımsı maymun; F (**blöder**) **~** salak şey; **eingebildeter ~** (pis) kasıntı
Affekt *m*: **im ~** fevrî (olarak); **~handlung** *f* JUR fevrî hareket
affektiert *adj* yapmacıklı; **Ձheit** *f* ⟨-; *o pl*⟩ yapmacık(lılık)
Affen|liebe *f* F aşırı aşk; **~schande** *f* F rezalet, kepazelik; **~theater** *n* F maskaralık; **~zahn** *m* F: **e-n ~ draufhaben** deli gibi (araba sürmek *vs*)
affig *adj* F züppece
Afghan|e [af'ga:nə] *m* ⟨-n; -n⟩, **~in** *f* ⟨-; -nen⟩ Afgan, Afganistanlı; **~istan** *n* Afganistan; **Ձisch** *adj* Afgan(istan) *subst*; **~isch** *n* Afganca
Afrika *n* Afrika; **~ner** *m* ⟨-s; -⟩, **~nerin** *f* ⟨-; -nen⟩ Afrikalı; **Ձnisch** *adj* Afrika(lı) *subst*
Afrolook ['a(:)frolʊk] *m* ⟨-s; *o pl*⟩ afro (saç); **im ~** afro saçlı
After *m* ⟨-s; -⟩ ANAT anüs, makat
AG [a'ge:] *Abk für* **Aktiengesellschaft** *f* anonim şirket/ortaklık (*AŞ/AO*)
Agent *m* ⟨-en; -en⟩, **~in** *f* ⟨-; -nen⟩ acente; *bes* POL ajan
Agentur *f* ⟨-; -en⟩ *Presse* ajans; (*Vertretung*) acentelik
Aggregat *n* ⟨-s; -e⟩ TECH agrega, cihaz, teçhizat; **~zustand** *m* PHYS yığışım hali
Aggress|ion [-'si̯o:n] *f* ⟨-; -en⟩ saldırı; saldırganlık; **Ձiv** [-f] *adj* saldırgan; **~ivität** *f* ⟨-; *o pl*⟩ saldırganlık
Aggressor *m* ⟨-s; -en⟩ saldırgan
agieren *v/i* ⟨*o* ge-, *h*⟩ davranmak, hareket etmek
Agitation [-'t͡si̯o:n] *f* ⟨-; -en⟩ ajitasyon
Agitator *m* ⟨-s; -en ⟩ ajitatör; **Ձisch** *adj* ajitasyon niteliğinde
agitieren *v/i* ⟨*o* ge-, *h*⟩ ajitasyon yapmak
Agonie *f* ⟨-; -n⟩ MED can çekişme
Agrar|erzeugnisse *pl* tarım ürünleri; **~land** *n* POL tarım ülkesi; *Boden* tarım arazisi; **~markt** *m* tarım piyasası; **~politik** *f* tarım politikası
Ägypt|en *n* Mısır; **~er** *m* ⟨-s; -⟩, **~erin** *f* ⟨-; -nen⟩ Mısırlı; **Ձisch** *adj* Mısır(lı) *subst*
ah *int* aa!
äh *int stotternd* ee, şey; *angeekelt* öö, ıı
aha [a'ha(:)] *int* ha(h)!, şimdi anladım!
Aha-Erlebnis *n birdenbire kavrama*
Ahn *m* ⟨-s, -en⟩ ata
ahnden *v/t* ⟨*h*⟩ cezalandırmak, kovuşturmak
ähneln 1. *v/i* ⟨*h*⟩ benzemek; **2.** *v/r*: **sich** (*od* **einander**) **~** birbir(ler)ine benzemek, benzeşmek
ahnen *v/t* ⟨*h*⟩ sezmek; **ohne zu ~, dass …** -diğinin farkında bile olmadan; **wie konnte ich ~, dass …** -diğini nereden bileyim?; **ich habe es geahnt!** anlamıştım zaten!
ähnlich *adj* benzer; **das sieht ihm ~** ondan başka türlüsü beklenmez; **j-m ~ sehen** b-ne benzemek; **so etw Ähnliches** buna benzer bir şey; **Ձkeit** *f* ⟨-; -en⟩ (**mit** *-le*) benzerlik
Ahnung *f* ⟨-; -en⟩ sezgi; sanı; (*Vermutung*) şüphe; **er hat keine** (**blasse**) **~ davon** o bunun farkında bile değil;

onun bundan haberi bile yok; ***keine ~!*** bilmem!, ne bileyim!
ahnungslos *adj* habersiz
ahnungsvoll *adj* önceden sezmiş gibi
Ahorn *m* ⟨-s; -e⟩ BOT akçaağaç
Ähre *f* ⟨-; -n⟩ başak
Aids [eɪdz] *n* ⟨-; *o pl*⟩ MED AIDS; **~beratung** *f* AIDS danışma merkezi; **~hilfe** *f* AIDS'lilere yardım; **2infiziert** *adj* AIDS'e yakalanmış; **2krank** *adj* AIDS hastası, AIDS'li; **~kranke** *m, f*, **~patient(in** *f*) *m* AIDS hastası, AIDS'li; **~test** *m* AIDS testi
Airbag ['ɛːɐbɛk] *m* ⟨-s; -s⟩ AUTO hava yastığı, airbag
Airbus ['ɛːrbʊs] *m* LUFTF airbus (uçağı)
ais, Ais ['aːɪs] *n* ⟨-; -⟩ MUS la diyez
Akademie *f* ⟨-; -n⟩ akademi
Akademiker *m* ⟨-s; -⟩, **~in** *f* ⟨-; -nen⟩ akademisyen
akademisch *adj* akademik; ***~e Bildung*** akademik eğitim
akklimatisier|en: *v/t u v/r*: ***sich ~*** ⟨*o ge-, h*⟩ (***an*** *A -in*) havasına alışmak; **2ung** *f* ⟨-; -en⟩ havaya alışma
Akkord *m* ⟨-s; -e⟩ MUS akort, düzen; ***im ~ arbeiten*** ÖKON parça başı çalışmak; **~arbeit** *f* parça başı iş; **~arbeiter(in** *f*) *m* parça başı çalışan
Akkordeon *n* ⟨-s; -s⟩ MUS akordeon
Akkordlohn *m* parça başı ücreti
akkreditieren *v/t* ⟨*o* ge-, *h*⟩ *Diplomaten* yetkilendirmek; ÖKON *-e* akreditif açmak
Akkreditiv *n* ⟨-s; -e⟩ POL itimatname; ÖKON akreditif, kredi mektubu; ***j-m ein ~ eröffnen*** b-ne akreditif açmak
Akku *m* ⟨-s; -s⟩ F, **~mulator** *m* ⟨-s; -en ⟩ TECH akü(mülatör)
Akkusativ [-f] *m* ⟨-s; -e⟩ GR -i hali, belirtme durumu; **~objekt** *n* -i hali nesnesi, nesne
Akne *f* ⟨-;-n⟩ MED sivilceler *pl* (*yüzde çıkan*), akne
Akquisiteur *m* ⟨-s; -e⟩ ÖKON plasiye, mümessil
Akribie *f* ⟨-; *o pl*⟩ titizlik, özen
Akrobat *m* ⟨-en; -en⟩, **~in** *f* ⟨-; -nen⟩ cambaz, akrobat; **2isch** *adj* akrobatik
Akt *m* ⟨-s; -e⟩ edim; THEA perde, bölüm; (*Geschlechts2*) cinsel temas; FOTO, *Malerei* nü, çıplak
Akte *f* ⟨-; -n⟩ dosya, klasör; ***e-e ~ anlegen*** (***über*** *A* hakkında) bir dosya açmak; *fig* ***zu den ~n legen*** *-in* dosyasını kapatmak
Akten|deckel *m* dosya (*telsiz*); **~koffer** *m* evrak çantası; **2kundig** *adj* kayıtlara geçmiş; **~mappe** *f* evrak çantası; **~notiz** *f* bilgi notu; **~ordner** *m* klasör; **~schrank** *m* dosya dolabı; **~tasche** *f* evrak çantası; **~wolf** *m* evrak yoketme cihazı; **~zeichen** *n* dosya numarası, referans
Akteur [ak'tøːɐ] *m* ⟨-s; -e⟩ THEA, *fig* aktör, erkek oyuncu
Aktfoto *n* çıplak fotoğraf, nü fotoğrafı
Aktie ['akt͡sĭə] *f* ⟨-; -n⟩ ÖKON hisse senedi
Aktien|gesellschaft *f* anonim şirket; **~kapital** *n* hisseli sermaye; **~kurse** *pl* hisse senedi kuru *sg*; **~markt** *m* hisse senedi piyasası; **~mehrheit** *f* hisse çoğunluğu; **~paket** *n* hisse senedi paketi; *Börse* lot
Aktion [-'t͡sĭoːn] *f* ⟨-; -en⟩ etkinlik; (*Maßnahmen*) tedbirler *pl*; (*Werbe2*) kampanya; (*Rettungs2*) operasyon; ***in ~ treten*** harekete geçmek
Aktionär *m* ⟨-s; -e⟩, **~in** *f* ⟨-; -nen⟩ hissedar
Aktionsradius *m a* MIL menzil
aktiv [ak'tiːf] *adj* etkin, faal; ***~es Wahlrecht*** seçme hakkı; ***~er Wortschatz*** aktif kelime haznesi
Aktiv ['aktiːf] *n* ⟨-s; -s, -e⟩ GR etkin (çatı)
Aktiva [-v-] *pl* ÖKON aktifler *pl*, varlıklar *pl*; ***~ und Passiva*** aktif ve pasifler
aktivieren [-v-] *v/t* ⟨*o* ge-, *h*⟩ harekete geçirmek, etkinleştirmek, aktive etmek
Aktivist [-v-] *m* ⟨-en; -en⟩, **~in** *f* ⟨-; -nen⟩ militan; *abw* eylemci
Aktivposten *m* ÖKON aktif kalemi
Aktmodell *n* çıplak model
aktualisieren *v/t* ⟨*o* ge-, *h*⟩ güncelle(ştir)mek
aktuell *adj Zahlen usw* güncel; *Themen* aktüel, güncel; ***die Frage ist im Moment nicht ~*** soru(n) şu sıra güncel değil; ***~e Sendung*** aktüalite (programı); ***~es Problem*** güncel sorun
Akupunktur *f* ⟨-; -en⟩ akupunktur
Akustik *f* ⟨-; *o pl*⟩ *Raum* akustik
akustisch *adj* akustik *subst*
akut *adj* MED had; *fig* acele, acil, ivedi
AKW [aka've:] *n* → ***Atomkraftwerk***
Akzent *m* ⟨-s; -e⟩ şive, aksan; (*Beto-*

nung) vurgu; **Ձfrei**: **~** ***sprechen*** ana dili gibi gibi konuşmak, ağzı çalmamak

akzeptabel *adj* kabul edilir

Akzeptanz *f* ⟨-; *o pl*⟩ kabul; akseptans (yazısı)

akzeptieren *v/t* ⟨*o* ge-, *h*⟩ kabul etmek

Alarm *m* ⟨-s; -e⟩ alarm; **~** ***schlagen*** alarm vermek; ***blinder*** **~** yanlış alarm; **~anlage** *f* alarm sistemi; **~bereitschaft** *f*: ***in*** **~** alarma hazır durumda

alarmieren *v/t* ⟨*o* ge-, *h*⟩ *Polizei -e* haber vermek; (*beunruhigen*) endişelendirmek

Alarm|signal *n* alarm (işareti); **~stufe** *f* alarm derecesi; **~zustand** *m* ⟨-s; *o pl*⟩ alarm durumu

Alban|er *m* ⟨-s; -⟩, **~erin** *f* ⟨-; -nen⟩ Arnavut; **~ien** *n* Arnavutluk; **Ձisch** *adj* Arnavut(luk) *subst*; **~isch** *n* Arnavutça

albern *adj* matrak, *abw* sulu

Albtraum *m* kâbus, karabasan

Album *n* ⟨-s; Alben⟩ albüm

Alchimie *f* ⟨-; *o pl*⟩ simya

Alge *f* ⟨-; -n⟩ su yosunu

Algebra *f* ⟨-; *o pl*⟩ cebir; **Ձisch** *adj* cebirsel

Alger|ien *n* Cezayir; **~ier** *m* ⟨-s; -⟩, **~ierin** *f* ⟨-; -nen⟩ Cezayirli; **Ձisch** *adj* Cezayir(li) *subst*

Alibi *n* ⟨-s; -s⟩ JUR gaybubet, *suçun işlendiği yerde bulunmama (delili)*

Alibifunktion *f*: ***e-e*** **~** ***haben*** yasak savmaya yaramak

Alimente *pl* nafaka *sg*

alkalisch *adj* CHEM alkalik, baz

Alkohol ['alkoho:l] *m* ⟨-s; -e⟩ alkol; **Ձabhängig** *adj* alkol bağımlısı; **~einfluss** *m*: ***unter*** **~** alkol etkisi altında, alkollü; **Ձfrei** *adj* alkolsuz; **~gehalt** *m* alkol oranı; **~genuss** *m* alkol kullanımı; **~iker** *m* ⟨-s; -⟩, **~ikerin** *f* ⟨-; -nen⟩ alkolik; **Ձisch** *adj* alkollü; **Ձisieren** *v/t* ⟨*o* ge-, *h*⟩ *adv*: ***alkoholisiert*** alkollü/içkili (olarak); **~ismus** *m* ⟨-; *o pl*⟩ alkolizm; **~missbrauch** *m* fazla alkol alma; **~nachweis** *m* alkol tespiti; **~problem** *n*: ***ein*** **~** ***haben*** *-in* alkol sorunları var/olmak; **Ձsüchtig** *adj* alkolik; **~test** *m* AUTO alkol muayenesi; **~vergiftung** *f* alkol zehirlenmesi

all → ***alle***

All *n* ⟨-s; *o pl*⟩ evren, kâinat, âlem

alle *indef pron* her, bütün, hepsi; **~** ***beide*** her ikisi; **~** ***drei*** her üçü; ***wir*** **~** (biz) hepimiz; ***fast*** **~** hemen (hemen) herkes; **~** ***drei Tage*** (her) üç günde bir; **~** ***und jeder*** herkes ama herkes; **~** ***Welt*** bütün dünya/millet, cümle âlem; ***ohne*** **~*n*** ***Zweifel*** hiç şüphesiz; *adj präd* F: (*aufgebraucht*) **~** ***sein*** bitmek, *-in* dibi görünmek; (*erschöpft*) bitkin

Allee *f* ⟨-; -n⟩ bulvar; *iki yanı ağaçlı yol*

allein *adj u adv* yalnız, (*a ohne Hilfe*) tek başına; (*einsam*) yalnız, kimsesiz; ***einzig und*** **~** sadece ve sadece; ***ganz*** **~** yalnız başına; **~** ***erziehend*** *yalnız yaşayarak çocuk büyüten*; **~** ***stehen*** yalnız/tek (başına) yaşamak; (*im Stich gelassen sein*) yalnız kalmak; **~** ***stehend*** *adj* (*unverheiratet*) bekâr; (*ohne Verwandte*) ailesiz; *Haus* müstakil

Allein|erbe *m*, **~erbin** *f* tek mirasçı; **~erziehende** *m*, *f* ⟨-n; -n⟩ *çocuğunu yalnız yaşayarak yetiştiren*

Alleingang *m*: ***im*** **~** yalnız başına, danışmadan, izin/yardım istemeden

Allein|herrschaft *f tek başına egemenlik*; **~herrscher(in** *f*) *m tek başına hüküm süren*

alleinig *adj* yalnız; tek; biricik

Allein|inhaber(in *f*) *m* ÖKON tek sahip/hamil; **~sein** *n* ⟨-s; *o pl*⟩ yalnızlık, kimsesizlik; **~stehende** *m*, *f* ⟨-n; -n⟩ evli olmayan; **~unterhalter(in** *f*) *m bir topluluğu tek başına eğlendiren*; **~verdiener(in** *f*) *m* ⟨-s; -⟩ tek başına gelir getiren; **~vertretung** *f* ⟨-; *o pl*⟩ tek temsilcilik; **~vertrieb** *m* ⟨-s; *o pl*⟩ tek yetkili dağıtımcı

allemal *adv* her halükârda, nasıl olsa; ***ein für*** **~** son ve kesin olarak

allerbeste *adj* en iyi

allerdings *adv* fakat, halbuki

allererst **1.** *adj* en birinci; **2.** *adv*: ***zu*** **~** en başta

Allergie *f* ⟨-; -n⟩ MED alerji

Allergiker *m* ⟨-s;-⟩, **~in** *f* ⟨-; -nen⟩ MED alerjili, alerji hastası

allergisch *adj* alerjik

allerhand *adj* her çeşit; F ***das ist ja*** **~*!*** olur şey değil!

Allerheiligen *n* ⟨-; *o pl*⟩ Azizler (yortusu)

allerhöchstens *adv* olsa olsa, en çok

allerlei *adj* çeşit çeşit, çeşitli

Allerlei *n* ⟨-s; *o pl*⟩ türlü (yemeği); curcuna

allerletzt *adj* en son

allermeist 1. *adj* en çok; 2. *adv*: **am ≈en** en çok
allernächst *adj*: **in ≈er Zeit** pek yakında
allerneu(e)st *adj* en son/yeni
Allerseelen *n* ⟨-; *o pl*⟩ Ölüler (yortusu)
allerseits *adv*: **guten Morgen ~!** cümleten günaydın
Allerwelts… *in Zssgn* harcıâlem
allerwenigst 1. *adj* en az; 2. *adv*: **am ≈en** en az(ından)
alles *indef pron* hep(si), her şey; **~ in allem** toplam olarak; (*kurzum*) hulasa, kısacası; **vor allem** her şeyden önce; **auf ~ gefasst sein** her şeye hazır(lıklı) olmak; F **um ~ in der Welt!** Allah aşkına!, kuzum, ne olur!; F **~ aussteigen!** son durak!
allg. *Abk* → **allgemein**
allgegenwärtig *adj* F: **… ist ~** insan nereye baksa … (*-i* görüyor)
allgemein 1. *adj* genel; **~ verständlich** *adj* herkesçe anlaşılır; **im ≈en** genel olarak, genellikle; 2. *adv* genel olarak, genellikle; **von ~em Interesse** herkesin çıkarına; herkesin merak ettiği (gibi); **~es Wahlrecht** genel seçim hakkı; **es ist ~ bekannt, dass** -diği herkesçe bilinir; **es ist ~ üblich** yaygın/alışılmış bir şeydir
Allgemein|arzt *m* pratisyen hekim; **~befinden** *n* genel sağlık durumu; **~bildung** *f* genel kültür; **≈gültig** *adj* genelgeçerli; **~heit** *f* ⟨-; *o pl*⟩ genellik; (*Volk*) halk, kamuoyu; **~medizin** *f* pratisyen hekimlik; **~wissen** *n* genel bilgi; **~wohl** *n* kamu refahı
Allheilmittel *n* her derde deva
Allianz [a'li̯ants] *f* ⟨-; -en⟩ ittifak, birleşme
alliiert [ali'iːɐt] *adj* müttefik; HIST: **die Alliierten** Müttefikler
alljährlich *adj* her sene; senelik
allmächtig *adj* her şeye gücü yeten (*od* REL her şeye kaadir)
allmählich *adj* yavaş yavaş
Allradantrieb *m*: **Auto mit ~** dört-çeker araba
allseitig *adj*: **zur ~en Zufriedenheit**
allseits *adv* her yerde/tarafta
Alltag *m* ⟨-s; *o pl*⟩ gündelik hayat
alltäglich *adj* her günkü, gündelik; *fig* alelâde, (*durchschnittlich*) olağan
allwissend *adj* her şeyi bilir
allzu *adv* fazla; **~ gut** pekalâ, yeterince; **~ sehr** fazlasıyla; **~ viel** *adv* çok fazla; **nicht ~ schwer** *usw* fazla zor *vs* değil
Alm *f* ⟨-; -en⟩ yayla
Almosen *n* ⟨-s; -⟩ sadaka; fitre; **~empfänger(in** *f*) *m sadaka/fitre verilen kimse*
Alpen *pl* Alpler, Alp dağları; **~vorland** *n* ⟨-s; *o pl*⟩ *Alplere yakın bölgeler*
Alphabet [-f-] *n* ⟨-s; -e⟩ alfabe; **≈isch** *adj* alfabetik; **~ ordnen** alfabe sırasına sokmak/koymak; **≈isieren** [-f-] *v/t* ⟨*o* ge-, *h*⟩ *-e* okuma-yazma öğretmek
Alpinismus *m* ⟨-; *o pl*⟩ dağcılık
Alpinist *m* ⟨-en; -en⟩, **~in** *f* ⟨-; -nen⟩ dağcı
Alptraum → **Albtraum**
als *konj vergleichend -den* daha; (*wie*) gibi; *gleichsetzend* olarak; *zeitlich* -diğinde, (*während*) -ken; **sobald ~ möglich** bir an önce; **mehr ~ genug** yeterinden fazla; **~ Entschuldigung** özür olarak; **~ Mädchen hatte sie keine Chance** kız olarak fırsatı/şansı yoktu; **damals, ~** vaktiyle -ken; **gerade ~** tam -rken; **~ ob** sanki, güya; **alles andere ~** *-den* başka her şey
also *konj* o halde; **~ gut!** tamam o zaman; **na ~!** gördün(üz) mü?
alt *adj* eski; (*bejahrt*) yaşlı; (*geschichtlich a*) tarihi; **~ werden** yaşlanmak; **er ist doppelt so ~ wie ich** o benden bir kat (daha) yaşlı; **wie ~ bist du?** kaç yaşındasın?; **die ~en Sprachen** Eskiçağ dilleri; **es bleibt alles beim ≈en** eski hamam, eski tas; **in ~en Zeiten** eski zamanda; **ein fünf Jahre ~er Junge** beş yaşında bir oğlan
Alt *m* ⟨-s; *o pl*⟩ MUS alto
Altar *m* ⟨-s; ≃e⟩ sunak
altbacken *adj a* F *fig* bayat
Altbau *m* ⟨-s; -ten⟩ eski bina (*apartman*); **~sanierung** *f* sıhhileştirme; **~wohnung** *f eski bir apartmanda bulunan daire*
altbekannt *adj* eskiden beri bilinen
altbewährt *adj* denenmiş
Alte *m*, *f* ⟨-n; -n⟩ ihtiyar/yaşlı adam/kadın; **die ~n** yaşlılar
altehrwürdig *adj* yaşlı ve saygın
alteingesessen *adj -in* eski sakini, *-in* yerlisi
Altenheim *n* huzurevi
Alter *n* ⟨-s; *o pl*⟩ yaş; *hohes* yaşlılık; **im ~ von zwölf Jahren** on iki yaşında
älter *adj* daha eski; *Lebensalter* daha

yaşlı; **~e Schwester** abla; **~er Bruder** ağabey; **ein ~er Herr** yaşlıca bir bey; **er ist** (**3 Jahre**) **~ als ich** o benden (3 yaş) büyük
altern *v/i* ⟨*sn*⟩ yaşlanmak
alternativ [-f] *adj* alternatif
Alternative [-'ti:və] *f* ⟨-; -n⟩ seçenek, alternatif
Alters|erscheinung *f* yaşlanma belirtisi; **~grenze** *f* yaş haddi; (*Rentenalter a*) emeklilik yaşı; **flexible ~** esnek yaş haddi; **~gruppe** *f* yaş grubu; **~heim** *n* huzurevi; **~klasse** *f bes* SPORT yaş klası; **~rente** *f* emekli aylığı, **2schwach** *adj* ihtiyar, düşkün; **~schwäche** *f* MED yaşlılık marazı, F ihtiyarlık, düşkünlük; **~versorgung** *f* yaşlılık maaşı; **~unterschied** *m* yaş farkı
Altertum *n* ⟨-s; *o pl*⟩ ilkçağ, eskiçağ
altertümlich *adj* eski; antik; (*veraltet*) eski(miş)
ältest *adj* en eski; *Lebensalter* en yaşlı; *Kind* en büyük
Älteste *m, f* ⟨-n; -n⟩ en yaşlı/büyük olan
Altglas *n* TECH hurda cam; **~container** *m* şişe kumbarası
althergebracht *adj* geleneksel
Althochdeutsch *n* Eski Standart Almanca
altklug *adj* büyümüş de küçülmüş
Alt|lasten *pl önceki yönetimden devralınmış çevre sorunları*; **~material** *n* TECH yeniden kazanılmış malzeme; **~metall** *n* hurda metal; **2modisch** *adj* modası geçmiş; **~öl** *n* kullanılmış motor yağı
Altpapier *n* hurda kağıt; **~container** *m* (hurda) kağıt kumbarası
Altstadt *f* şehrin eski kısmı; **~sanierung** *f* kentsel yenileme
Alufolie *f* alüminyum folyo
Aluminium *n* ⟨-s; *o pl*⟩ alüminyum
Alzheimerkrankheit *f* MED Alzheimer (hastalığı)
a. M. *Abk für* **am Main** Main (nehri) kıyısında
am (= **an dem**) *präp*: **~ Anfang** baş(langıç)ta; **~ Fenster** pencerede; **~ Himmel** gökte; **~ Leben** hayatta, sağ; **~ Morgen** sabah(leyin); **~ Ufer** kıyıda, sahilde; **~ Wege** yol kenarında; **~ 1. Mai** 1 Mayıs'ta; *mit Superlativ*: en …; **~ besten** en iyisi, iyisi mi; **er war ~ tapfersten** en cesur o'ydu
Amalgam *n* ⟨-s; -e⟩ CHEM amalgam
Amateur [ama'tø:ɐ] *m* ⟨-s; -e⟩ amatör; **~funker** *m* amatör radyocu
Ambiente *n* ⟨-s; *o pl*⟩ ortam, hava, atmosfer
Ambition [-'tsĭo:n] *f* ⟨-; -en⟩ heves, hırs
ambivalent [ambiva'lɛnt] *adj* belirsiz, muğlak
ambulant *adj u adv* ayakta; ÖKON seyyar (*satıcı*); **~ behandelter Patient** ayakta tedavi gören hasta
Ambulanz *f* ⟨-; -en⟩ *Klinik* poliklinik; (*Krankenwagen*) ambülans, cankurtaran
Ameise *f* ⟨-; -n⟩ ZOOL karınca
Ameisen|haufen *m* karınca yuvası; **~säure** *f* CHEM formik asit
amen *int* amin!; *fig* **zu allem Ja und Amen sagen** gelen ağam giden paşam demek
Amerika *n* Amerika; **Vereinigte Staaten von ~** Amerika Birleşik Devletleri (ABD); **~ner** *m* ⟨-s; -⟩, **~nerin** *f* ⟨-; -nen⟩ Amerikalı; **2nisch** *adj* Amerikan; Amerika(lı) *subst*
Amerikanismus *m* ⟨-; -men⟩ *Amerikan İngilizcesi'nden alınma kelime*
Amethyst [ame'tʏst] *m* ⟨-en; -en⟩ ametist
Ami *m* ⟨-(s); -(s)⟩ F Amerikalı
Aminosäure *f* CHEM amino asit
Ammoniak [-ĭak] *n* ⟨-s; *o pl*⟩ CHEM amonyak
Amnestie *f* ⟨-; -n⟩ af
amnestieren *v/t* ⟨*o* ge-, *h*⟩ affetmek
Amok *nur in*: **~ laufen** *cinnet getirip dehşet saçmak*
Amortis|ation *f* ⟨-; -en⟩ ÖKON itfa; **2ieren** *v/t* ⟨*o* ge-, *h*⟩ itfa etmek, geri ödemek, amorti etmek
Ampel *f* ⟨-; -n⟩ avize (*çanak biçimli*); AUTO trafik ışığı, F ışıklar
Ampere|meter [am'pɛ:ɐ-] *n* ⟨-s; -⟩ EL ampermetre; **~stunde** *f* EL ampersaat
Amphibienfahrzeug [am'fi:bĭən-] *n* amfibik araç
Amphitheater [am'fi:-] *n* amfiteatr
Ampulle *f* ⟨-; -n⟩ MED ampul
Amput|ation *f* ⟨-; -en⟩ MED ampütasyon; **2ieren** *v/t* ⟨*h*⟩ kesmek (*bir uzvu*)
Amsel *f* ⟨-; -n⟩ ZOOL karatavuk
Amt *n* ⟨-es; ¨-er⟩ (*Dienststelle*) (resmî) daire; (*Posten*) memuriyet; (*Aufgabe*) görev, vazife, iş; TEL (telefon) santral(ı);

von ~s wegen JUR resen; ***aus dem ~ scheiden*** görevden ayrılmak

amtierend *adj* görev başındaki

amtlich *adj* resmî

Amts|antritt *m* göreve başlama (memur); ***bei s-m ~*** görevine başlarken (*memur*); **~arzt** *m*, **~ärztin** *f* hükümet tabibi; **~blatt** *n* resmî gazete; **~eid** *m* görev yemini; ***den ~ ablegen*** yeminle göreve başlamak; **~enthebung** *f* görevden al(ın)ma; **~geheimnis** *n* hizmet sırrı; **~gericht** *n* asliye mahkemesi; **~geschäfte** *pl* resmî işler; **~gewalt** *f* makam yetkisi; **~handlung** *f* tasarruf; **~missbrauch** *m* görevi kötüye kullanma; **~periode** *f* görev dönemi; **~zeichen** *n* TEL çevir sesi; **~zeit** *f* görev süresi

Amulett *n* ⟨-s; -e⟩ muska; nazarlık

amüsant *adj* (*unterhaltsam*) eğlendirici; (*lustig*) güldürücü

amüsieren ⟨*o* ge-, *h*⟩ **1.** *v/t* eğlendirmek; güldürmek; **2.** *v/r*: ***sich ~*** eğlenmek; (*lustig machen*) (***über*** *A -le*) alay etmek

an 1. *präp* (*D*) *zeitlich* -de; *örtlich* -de; ***~ der Grenze*** sınırda; ***~ der Isar*** Isar kenarında; ***~ der Wand*** duvarda; ***~ e-m kalten Tag*** soğuk bir gün(de); ***~ e-m Sonntagmorgen*** bir pazar (günü) sabahında; ***alles ist ~ s-m Platz*** her şey (yerli) yerinde; *fig* ***Kopf ~ Kopf*** baş başa; ***er hat so etw ~ sich*** kendine has bir tarafı var; ***es ist ~ ihm zu reden*** söz onda; ***~ s-r Stelle*** onun yerinde; ***j-n ~ der Hand führen*** b-ni elinden tutup götürmek; ***j-n ~ der Stimme erkennen*** b-ni sesinden tanımak; ***~ (und für) sich*** aslında, haddizatında; ***~ die Tür klopfen*** kapıya vurmak; **2.** *präp* (*A*) -(y)e; ***~ den Rand*** kenara; ***ein Brief ~ mich*** bana bir mektup; **3.** *adv*: ***von … ~*** -den itibaren; ***von nun ~*** şu andan itibaren; ***von heute ~*** bugünden itibaren; bundan böyle; ***das Licht ist ~*** ışık açık; ***~ - aus***; açık - kapalı; ***München ~ 13.55*** Münih'e varış 13.55; ***~ die 100 Dollar*** yaklaşık 100 dolar; ***er hatte noch s-n Mantel ~*** paltosu daha sırtındaydı

anal *adj* PSYCH anal, MED *a* rektal

analog *adj* EDV analog; ***~ zu*** *-e* benzer, *-e* paralel

Analphabet ['an|alfabe:t] *m* ⟨-en; -en⟩, **~in** *f* ⟨-; -nen⟩ okuma yazma bilmeyen; **~entum** *n* ⟨-s; *o pl*⟩ okuma-yazma bilmeme

Analyse *f* ⟨-; -n⟩ analiz, çözümleme

analysieren *v/t* ⟨*o* ge-, *h*⟩ çözümlemek

Analysis *f* ⟨-; *o pl*⟩ analitik geometri

Analytiker *m* ⟨-s; -⟩, **~in** *f* ⟨-; -nen⟩ PSYCH psik(o)analist

analytisch *adj* analitik, çözümsel

Anämie *f* ⟨-; -n⟩ MED anemi, kansızlık

Ananas *f* ⟨-; -⟩ ananas

Anarchie [anar'çi:] *f* ⟨-; -n⟩ anarşi, kargaşa(lık)

Anarchismus *m* ⟨-; *o pl*⟩ anarşizm

Anarchist *m* ⟨-en; -en⟩, **~in** *f* ⟨-; -nen⟩ anarşist; **≈isch** *adj* anarşik; anarşistçe

Anästhesie *f* ⟨-; -n⟩ MED anestezi

Anästhesist *m* ⟨-en; -en⟩, **~in** *f* ⟨-; -nen⟩ MED anestezist

Anatol|ien *n* Anadolu, **~ier** *m*, **~ierin** Anadolulu; **≈isch** Anadolu *subst*

Anatomie *f* ⟨-; -n⟩ anatomi

anatomisch *adj* anatomik

anbahnen ⟨-ge-, *h*⟩ **1.** *v/t -e* başlamak; *-in* yolunu hazırlamak; **2.** *v/r*: ***sich ~*** açılmak, *-in* önü açılmak

anbändeln *v/i* ⟨-ge-, *h*⟩ F: ***mit j-m ~*** b-le işi pişirmek

Anbau[1] *m* ⟨-s; *o pl*⟩ AGR ekim, yetiştirme

Anbau[2] *m* ⟨-s; -ten⟩ ARCH ek bina

anbauen *v/t* ⟨-ge-, *h*⟩ AGR yetiştirmek; ARCH eklemek, ek … yapmak; (***an*** *A -e*) eklemek, bitiştirmek

Anbaufläche *f* AGR ekim/dikim alanı

Anbaumöbel *pl elemanları yan yana eklenen mobilya*

anbei ilişik olarak; *adv* ÖKON: ***~ senden wir Ihnen …*** ilişikte size … yolluyoruz

anbeißen ⟨*unreg*, -ge-, *h*⟩ **1.** *v/t -in* ucundan ısırmak; **2.** *v/i Fisch* vurmak; *fig* F istekli görünmek

anberaumen *v/t* ⟨*o* ge-, *h*⟩ belirlemek, kararlaştırmak (*zaman*)

anbeten *v/t* ⟨-ge-, *h*⟩ *-e* tapmak

Anbetracht: ***in ~ (dessen, dass)*** (-diği) göz önünde tutulduğunda

anbetteln *v/t* ⟨-ge-, *h*⟩: ***j-n ~ (um*** *-i*) b-nden dilenmek

anbiedern *v/r* ⟨-ge-, *h*⟩: ***sich ~ (bei*** *-e*) hoş görünmeye çalışmak

anbieten *v/t* ⟨*unreg*, -ge-, *h*⟩ sunmak; *Tee usw* ikram etmek; (*vorschlagen*) önermek; ***es bietet sich ~, dass*** -mesi imkânı ortaya çıkıyor

Anbieter *m* ⟨-s; -⟩ ÖKON arz eden, satıcı; ***private ~*** *pl* özel satıcılar *pl*
Anblick *m* ⟨-s; *-e*⟩ görünüş
anblicken *v/t* ⟨-ge-, *h*⟩: ***j-n finster ~*** b-ne kötü kötü bakmak
anblinken *v/t* ⟨-ge-, *h*⟩ AUTO (***j-n*** b-ne) sinyal vermek
anbrechen ⟨*unreg*, -ge-⟩ **1.** *v/t* ⟨*h*⟩ *Packung, Flasche* açmak; **2.** *v/i* ⟨*sn*⟩ başlamak; *Tag* doğmak; *Nacht* olmak
anbrennen *v/i* ⟨*unreg*, -ge-, *sn*⟩ *Essen* dibi tutmak; ***~ lassen*** yakmak; F ***er lässt nichts ~*** hiçbir fırsatı kaçırmaz
anbringen *v/t* ⟨*unreg*, -ge-, *h*⟩ getirmek; (***an*** *D*) *-e* takmak, monte etmek; *Bitte usw -de* bulunmak; ***Kritik ~*** *-e* eleştiri yöneltmek
anbrüllen *v/t* ⟨-ge-, *h*⟩ *-e* bağırmak
andächtig *adv*: ***~ zuhören*** *-i* huşu içinde dinlemek
andauern *v/i* ⟨-ge-, *h*⟩ devam etmek
andauernd *adj* devamlı, durmadan; ***er störte uns ~*** bizi rahatsız edip duruyordu
Andenken *n* ⟨-s; -⟩ hatıra, anı; (*Reise*≗) hatıra eşyası; ***ein ~ an Paris*** bir Paris hatırası; ***zum ~ an*** *-in* hatırasına
andere, ~r, ~s 1. *adj* başka, diğer, (*von zweien*) öte(ki), (*verschieden*) değişik, farklı; ***ein anderes Buch*** başka bir kitap; ***am anderen Tag*** ertesi gün; ***das andere Geschlecht*** karşı cins; ***kein anderer als*** *-in* ta kendisi; ***anderes, andres*** başka (türlü); ***unter anderem*** -in yanısıra, … ve benzer(ler)i; ***eins nach dem anderen*** (her iş) sıra(sı)yla; **2.** *indef pron*: ***ein anderer, e-e andere*** bir başkası; ***die anderen*** başkaları; ***alles andere*** bunun dışında her şey
anderenfalls *adv* yoksa, aksi halde
andererseits *adv* diğer taraftan, öte yandan
andermal *adv* başka sefer; ***ein ~*** bir başka sefer(e)
ändern ⟨*h*⟩ **1.** *v/t* değiştirmek; ***ich kann es nicht ~*** benim elimde olan bir şey yok; ***das ändert nichts an der Tatsache, dass …*** bu -diği gerçeğini hiç değiştirmez; **2.** *v/r*: ***sich ~*** değişmek; ***die Zeiten ~ sich*** zaman değişiyor
anders *adv* başkaca, başka türlü; ***~ als*** *-den* başka; ***~ denkend*** başka (türlü) düşünen; ***~ gesagt*** başka (bir) deyişle; ***j-d ~*** başka bir kimse; ***~ werden*** değişmek; ***bei pron wer ~?*** başka kim?
anders|artig *adj* değişik, başka; **~gläubig** *adj* değişik inançta; **~herum 1.** *adv* aksi yöne; **2.** *adj* F eşcinsel; **~wo** *adv* başka (bir) yerde; **~wohin** *adv* başka (bir) yere
anderthalb *adj* bir buçuk; ***~ Tage*** bir buçuk gün
Änderung *f* ⟨-; -en⟩ değişiklik; değiş(tir)me
Änderungsantrag *m* POL değişiklik önergesi
anderweitig 1. *adj* başka yerde(n); **2.** *adv* başka yoldan; ***~ vergeben*** başkasına verilmiş
andeut|en ⟨-ge-, *h*⟩ **1.** *v/t* dolaylı anlatmak, ima etmek; *-e* işaret etmek; **2.** *v/r*: ***sich ~*** (hafiften) belli olmak; **≗ung** *f* ⟨-; -en⟩ ima; (*Hinweis*) işaret; **~ungsweise** *adv* ima yoluyla; (*vage*) belli belirsiz
Andrang *m* ⟨-s; *o pl*⟩ kalabalık, izdiham
andrehen *v/t* ⟨-ge-, *h*⟩ *Gas usw* açmak; *Licht a* yakmak; F *fig* ***j-m etw ~*** b-ne bş-i kakalamak/sokuşturmak
androhen *v/t* ⟨-ge-, *h*⟩: ***j-m etw ~*** b-ni bş-le tehdit etmek (*olacak bş-le*)
anecken *v/i* ⟨-ge-, *sn*⟩ F: ***bei j-m ~*** b-ni rahatsız etmek
aneignen *v/t* ⟨-ge-, *h*⟩: ***sich*** (*D*) ***~*** edinmek; *Kenntnisse usw a* kazanmak
aneinander *adv* yan yana, bitişik; ***~ denken*** birbir(ler)ini düşünmek; ***~ geraten*** birbir(ler)iyle dalaşmak; ***~ grenzen*** birbir(ler)ine bitişik olmak; ***~ reihen*** (yan yana) dizmek
Anekdote *f* ⟨-; -n⟩ fıkra, hikâyecik
anekeln *v/t* ⟨-ge-, *h*⟩ *Essen usw* mide(sini) bulandırmak, *Benehmen, Person usw* tiksindirmek
Anemone *f* ⟨-; -n⟩ BOT anemon
anerkannt *adj* tanınmış
anerkennen *v/t* ⟨*unreg*, *o* ge-, *h*⟩ tanımak, *a* POL, *Anspruch* kabul etmek
anerkennend *adj*: ***~e Worte*** takdir sözleri
anerkennenswert *adj* takdire değer/şayan
Anerkennung *f* ⟨-; *o pl*⟩ tanıma, kabul; (*Lob*) övgü, takdir; ***in ~*** (*G*) *-i* kabul ve tasdik ederek
anerzogen *adj* eğitimle kazanılmış, öğrenilmiş
anfachen *v/t* ⟨-ge-, *h*⟩ tutuşturmak; *fig* kışkırtmak

anfahren ⟨*unreg*, -ge-⟩ **1.** *v/i* ⟨*sn*⟩ harekete geçmek; **2.** *v/t* ⟨*h*⟩ (*rammen*) *-e* çarpmak, bindirmek; (*ansteuern*) *-e* yönelmek; TECH çalıştırmak; F ***j-n ~*** haşlamak

Anfahrt *f* ⟨-; -en⟩ *işe vs gidilen yol/süre*; (*Zufahrt*) araç girişi

Anfall *m* ⟨-s; ⸚e⟩ MED nöbet, (*Wut*≗) öfke krizi

anfallen ⟨*unreg*, -ge⟩ **1.** *v/t* ⟨*h*⟩ *-e* saldırmak; **2.** *v/i* ⟨*sn*⟩ çıkmak (*iş vs*)

anfällig *adj* alıngan; (***für*** *-e*) yatkın; *Gesundheit* hassas

Anfang *m* ⟨-s; ⸚e⟩ baş(langıç); ***am ~*** baş(langıç)ta; ***von ~ an*** baştan (itibaren); ***~ Mai*** mayıs başı(nda); ***er ist ~ 20*** yirmilerinin başında; ***den ~ machen*** başlamak, ilk adımı atmak

anfangen *v/t u v/i* ⟨*unreg*, -ge-, *h*⟩ (***mit*** *od A -e*; ***zu tun*** -meye) başlamak; ***ein neues Leben ~*** yeni bir hayata başlamak; ***mit der Arbeit ~*** işe/çalışmaya başlamak; ***mit ihm ist nichts anzufangen*** ondan hayır yok; ***was soll ich bloß ~?*** ne yapsam ki?; ***ich weiß nichts damit anzufangen*** buna bir anlam veremiyorum; bunu ne yapacağımı bilemiyorum; ***das fängt ja gut an!*** başı böyle olursa ... (sonu ne olur kimbilir?)

Anfänger *m* ⟨-s; -⟩, **~in** *f* ⟨-; -nen⟩ (yeni) başlayan, acemi; **~kurs(us)** *m* yeni başlayanlar kursu

anfänglich *adj* baş(langıç)taki, ilk

anfangs *adv* ilkin, başlangıçta

Anfangs|buchstabe *m* baş/ilk harf; ***großer*** (***kleiner***) ***~*** büyük (küçük) baş harf; **~gehalt** *n* işe başlama maaşı/aylığı; **~kapital** *n* kuruluş sermayesi; **~stadium** *n* ilk evre; **~zeit** *f* ilk zamanlar, başlangıç

anfassen ⟨-ge-, *h*⟩ **1.** *v/t* (*berühren*) dokunmak; (*ergreifen*) ellemek, tutmak; (***an*** *D -den*) tutmak; ***j-n ~*** b-ne dokunmak, b-ni ellemek; *fig* ***zum Anfassen*** elle tutulur (gözle görülür), somut; **2.** *v/i* (***mit***) **~** *-e* b-ne (bir) el vermek, yardım etmek

anfecht|en *v/t* ⟨*unreg*, -ge-, *h*⟩ tanımamak; JUR (kararı) kabul etmemek, reddetmek; ≗**ung** *f* ⟨-; -en⟩ JUR itiraz; (*Versuchung*) ayartı

anfeinden *v/t* ⟨-ge-, *h*⟩ *-e* düşman olmak

anfertigen *v/t* ⟨-ge-, *h*⟩ yapmak, hazırlamak; ÖKON, TECH imal etmek; ***ein Gutachten ~*** (***über*** *A* hakkında) rapor hazırlamak

anfeuchten *v/t* ⟨-ge-, *h*⟩ nemlendirmek, ısla(t)mak

anfeuer|n *v/t* ⟨-ge-, *h*⟩ *fig* coşturmak, *-e* tezahürat yapmak; ≗**ungsrufe** *pl* SPORT tezahürat

anflehen *v/t* ⟨-ge-, *h*⟩ *-e* yalvarmak, *-e* yalvarıp yakarmak

anfliegen ⟨*unreg*, -ge-⟩ **1.** *v/t* ⟨*h*⟩ *-e* uçmak; **2.** *v/i* ⟨*sn*⟩: ***angeflogen kommen*** uçup gelmek

Anflug *m* ⟨-s; ⸚e⟩ LUFTF hedefe yaklaşma; *fig* hava, esinti, izlenim

anforder|n *v/t* ⟨-ge-, *h*⟩ istemek; *offiziell* talep etmek; ≗**ung** *f* ⟨-; -en⟩ isteme, talep; ***auf ~*** talep üzerine; ***~en*** *pl* istenen(ler), beklenen(ler), *-in* gereği *sg*; ***hohe ~en stellen*** (***an*** *A -den*) çok şey beklemek, *-e* çıtayı yüksek tutmak

Anfrage *f* ⟨-; -n⟩ soru; başvuru; bilgi isteme; ***auf ~*** başvuru/istek üzerine

anfragen *v/i* ⟨-ge-, *h*⟩ (***bei j-m nach etw*** b-ne bş için) baş vurmak

anfreunden ⟨-ge-, *h*⟩: ***sich ~ mit*** b-le arkadaş olmak; ***sich mit e-m Gedanken ~*** *-in* (bir fikre) aklı yatmak

anfügen *v/t* ⟨-ge-, *h*⟩ eklemek

anfühlen ⟨-ge-, *h*⟩: ***sich ~ wie*** ... hissini vermek

anführen *v/t* ⟨-ge-, *h*⟩ yönetmek; (*nennen*) ortaya koymak; F kandırmak; ***zur Entschuldigung ~*** özür olarak belirtmek

Anführer *m* ⟨-s; -⟩, **~in** *f* ⟨-; -nen⟩ kumandan, baş; (*Rädelsführer*) elebaşı

Anführungs|striche *pl*, **~zeichen** *n* tırnak işaret(ler)i; ***in ~*** tırnak içinde

Angabe *f* ⟨-; -n⟩ bildirme, haber; F (*Angeberei*) yüksekten atma; *Tennis usw* servis (vuruşu); ***ohne ~ von Gründen*** gerekçe göster(il)meden; ***~n*** *pl* veriler; bilgi, beyan *sg*; ***~n zur Person*** kişisel bilgiler, kimlik (verileri)

angeben ⟨*unreg*, -ge-, *h*⟩ **1.** *v/t Grund, Namen* vermek; (*erklären*) bildirmek, beyan etmek; (*festlegen*) tespit etmek; **2.** *v/i Kartenspiel* dağıtmak; *Tennis usw* servis yapmak; yüksekten atmak; F ***~ mit*** ile böbürlenmek

Angeber *m* ⟨-s; -⟩ F kasıntı, böbürlenen; **~ei** *f* ⟨-; -en⟩ F gösteriş, çalım; **~in** *f* ⟨-; -nen⟩ kasıntı (kadın); ≗**isch** *adj* F

kasıntı(lı)
angeblich *adj u adv* sözde; **~ *ist er Maler*** sözde ressammış
angeboren *adj* irsi; MED doğuştan
Angebot *n* ⟨-s; -e⟩ öneri, teklif; ***günstige(s) ~*** fırsat, uygun fiyatla teklif; ***im ~*** ucuzlukta, ucuz satışta; ***verbindliches ~*** bağlayıcı teklif; ***~ und Nachfrage*** arz ve talep
angebracht *adj* yerinde, uygun; ***es für ~ halten zu gehen*** gitmeyi yerinde bulmak/uygun görmek
angebunden *adj* bağlı, bağlanmış
angegossen *adj* F: ***wie ~ passen*** (*od* ***sitzen***) ısmarlama gibi uymak
angeheiratet *adj* sıhrî/paralyans hısım, *evlenme yoluyla akraba*; ***~e Tante*** yenge; ***~er Onkel*** enişte
angeheitert *adj* çakırkeyif
angehen ⟨*unreg*, -ge-⟩ **1.** *v/i* ⟨*sn*⟩ *Licht* yanmaya başlamak; F (*anfangen*) başlamak; *Pflanze* tutmak; ***~ gegen*** *-e* karşı çıkmak; **2.** *v/t* ⟨*h*⟩: ***j-n ~*** b-ni ilgilendirmek; ⟨*sn*⟩ başlamak; ***das geht dich nichts an*** bu seni ilgilendirmez; ***was geht mich das an?*** (bundan) bana ne?; F ***j-n um etw ~*** b-nden bş-i istemek; **3.** *v/unp* ⟨*sn*⟩: ***es kann nicht ~, dass …*** -mesi olamaz (*od* kabul edilemez)
angehend *adj* yeni yetişen, meslek hayatının başında
angehör|en *v/i* ⟨*o* -ge-, *h*⟩ *-e* ait/mensup olmak; **2ige** *m, f* ⟨-n; -n⟩ aile mensubu, akraba; (*Mitglied*) üye, *-in/…* mensubu; ***die nächsten ~n*** en yakın akrabalar
Angeklagte *m, f* ⟨-n; -n⟩ JUR sanık
Angel[1] *f* ⟨-; -n⟩ menteşe; ***zwischen Tür und ~*** ayak üstü, kapı aralığında
Angel[2] *f* ⟨-; -n⟩ olta
Angelegenheit *f* ⟨-; -en⟩ iş, mesele, sorun; ***das ist m-e ~*** bu benim meselem; ***kümmere dich um deine ~en!*** sen kendi işine bak!
angelehnt *adj Tür usw* aralık
angelernt *adj Arbeiter* yarı kalifiye
Angel|gerät *n* mekanik olta; **~haken** *m* olta iğnesi/kancası
angeln ⟨*h*⟩ **1.** *v/i* avlanmak, balığa çıkmak (*oltayla*); (***nach***) *-i* yakalamaya çalışmak; **2.** *v/t* avlamak, tutmak (*oltayla*); F *fig* ***sich*** (*D*) **~** güçbela elde etmek
Angel|schein *m olta avcılığı izin belgesi*; **~schnur** *f* misina
angemessen *adj* uygun, yerinde, ölçülü
angenehm *adj* hoş; sevimli; ***das Angenehme mit dem Nützlichen verbinden*** hem ziyaret hem ticaret yapmak
angenommen **1.** *adj* farzedilen, varsayılan; **2.** *konj* faraza, diyelim ki
angepasst *adj* PSYCH konformist, F pısırık
angeregt **1.** *adj* heyecanlı; **2.** *adv*: ***~ durch*** *-in* teşvikiyle
angeschlagen **1.** *adj Geschirr* ucundan kırılmış; *fig* kırık, hafif hasta
angeschlossen *adj* EL devrede, takılı
angeschmutzt *adj* hafif kirlenmiş
angesehen *adj* itibarlı, saygın, hatırı sayılır
Angesicht *n* ⟨-s; -er, -e⟩ yüz, suret; ***von ~ zu ~*** yüz yüze
angesichts *präp G* … karşısında, *-e* göre
angespannt *adj* gergin
Angestellte *m, f* ⟨-n; -n⟩ sözleşmeli (personel); ÖKON ***die ~n*** elemanlar; sözleşmeli personel
Angestelltenversicherung *f* sözleşmeli personel sigortası
angestrengt *adj* yorgun, yorulmuş
angetan *adj* memnun, hoşnut; ***~ sein von*** *-den* memnun kalmak/olmak
angetrunken *adj* çakırkeyif, hafif içkili; ***in ~em Zustand*** alkollü olarak
angewandt *adj* uygulamalı, tatbikî
angewiesen *adj*: ***~ sein auf*** (*A*) *-in -e* ihtiyacı var/olmak
angewöhnen *v/t* ⟨*o* -ge-, *h*⟩: ***sich*** (*D*) ***~, etw zu tun*** bş yapmaya alışmak; ***sich*** (*D*) ***das Rauchen ~*** sigaraya alışmak
Angewohnheit *f* ⟨-; -en⟩ alışkanlık
angewurzelt *adj*: ***wie ~ dastehen*** kalakalmak; dikilip durmak
Angina [aŋ'giːna] *f* ⟨-; -nen⟩ MED anjin; **~ Pectoris** *f* ⟨-; *o pl*⟩ MED angina pectoris, göğüs ağrısı
angleichen ⟨-ge-, *h*⟩ **1.** *v/t* (***an*** *A -e*) uygun hale getirmek, yaklaştırmak; **2.** *v/r*: ***sich ~*** benzer hale gelmek
Angler *m* ⟨-s; -⟩, **~in** *f* ⟨-; -nen⟩ olta balıkçısı, oltacı
angliedern *v/t* ⟨-ge-, *h*⟩ (***an*** *A -e*) bağlamak
Anglistik [aŋ'glɪstɪk] *f* ⟨-; *o pl*⟩ İngiliz filolojisi

Anglizismus [aŋgli-] *m* ⟨-; -men⟩ *İngilizce'den alınma kelime*
anglotzen *v/t* ⟨-ge-, *h*⟩ F *-e* bön bön bakmak
Angora [aŋ'goːra] *n* ⟨-s; *o pl*⟩, **~wolle** *f* angora (yünü)
angreifbar *adj* saldırıya açık
angreifen *v/t* ⟨*unreg*, -ge-, *h*⟩ saldırmak; *Gesundheit* etkilemek; *Vorräte -e* dokunmak; CHEM aşındırmak; JUR ***tätlich ~*** fiili tecavüzde bulunmak
Angreifer *m* ⟨-s; -⟩, **~in** *f* ⟨-; -nen⟩ saldır(g)an
angrenzend *adj* komşu, sınırdaş (***an*** *A -e*)
Angriff *m* ⟨-s; -e⟩ saldırı; ***etw in ~ nehmen*** bş-e girişmek; JUR ***tätlicher ~*** fiili tecavüz; ***zum ~ übergehen*** saldırıya geçmek
Angriffs|fläche *f fig* (***j-m***) ***e-e ~ bieten*** (b-nin) boy hedefi olmak, (b-ne) açık vermek; **~krieg** *m* POL saldırma; **≗lustig** *adj* saldırgan(ca)
Angst *f* ⟨-; ⸗e⟩ korku; ***~ vor*** *D -den* korku, … korkusu; (***um*** için) endişe; ***~ haben*** (***vor*** *D -den*) korkmak; ***j-m ~ einjagen*** (*od* ***machen***) b-ni korkutmak, ürkütmek; *stärker* b-nin içine korku salmak; ***um j-n ~ haben*** biri için endişelenmek, b-ni merak etmek; F ***es mit der ~*** (***zu tun***) ***bekommen*** korkmaya başlamak
Angst|gegner *m* ürkütücü rakip; **~hase** *m* F korkak tavşan
ängstigen *v/t* ⟨*h*⟩ korkutmak, endişeye düşürmek; ***sich ~*** (***vor*** *D -den*) korkmak, korku duymak; (***um*** için) endişelenmek
Angstkäufe *pl* ÖKON panik alışlar
ängstlich *adj* korkak; (*schüchtern*) utangaç; (*besorgt*) endişeli; **≗keit** *f* ⟨-; *o pl*⟩ ürkeklik, çekingenlik, korkaklık
Angst|neurose *f* korku nevrozu; **≗voll** *adj* korkulu; **~zustand** *m* korku (durumu)
angucken *v/t* ⟨-ge-, *h*⟩ F *-e* bakmak
angurten → ***anschnallen***
Anh. *Abk für* ***Anhang*** ek
anhaben *v/t* ⟨*unreg*, -ge-, *h*⟩ *Kleidung* giymiş olmak; *Licht* açmış (*od* açık bırakmış) olmak; ***j-m nichts ~ können*** b-ne hiçbir zararı dokunamamak, b-ne hiçbir şey diyememek
anhaften *v/i* ⟨-ge-, *h*⟩ yapışmak, takılmak; *fig -i* üstünden atamamak
anhalten ⟨*unreg*, -ge-, *h*⟩ **1.** *v/t* durdurmak; ***den Atem ~*** nefesini tutmak; **2.** *v/i* durmak; (*andauern*) sürmek, devam etmek
anhaltend *adj* sürekli, devamlı
Anhalter *m* ⟨-s; -⟩, **~in** *f* ⟨-; -nen⟩ otostopçu; ***per ~ fahren*** otostop yapmak
Anhaltspunkt *m* ipucu, dayanak
anhand *präp* (*G*) vasıtasıyla, sayesinde
Anhang *m* ⟨-s; ⸗e⟩ *Buch* ek; (*Angehörige*) eş dost, aile; *abw -in* takımı taklavatı
anhängen[1] ⟨-ge-, *h*⟩ **1.** *v/t -in* arkasına takmak; (***an*** *A*) AUTO, BAHN *-e* takmak, bağlamak; F ***j-m etw ~*** b-ne bş-i kakalamak, sokuşturmak; ***j-m e-n Mord ~*** bir cinayeti b-nin üstüne yıkmak; **2.** *v/r*: ***sich ~*** (***an*** *A -e*) takılmak, eklenmek; F *fig* ***sich ~ an*** *-e* katılmak, *abw -in* peşine takılmak
anhängen[2] *v/i* ⟨*unreg*, -ge-, *h*⟩ *fig* ***j-m ~*** b-nin taraftarı olmak
Anhänger *m* ⟨-s; -⟩ (*Schmuck≗*) pandantif; (*Koffer≗*) isim etiketi; AUTO römork; **~kupplung** *f* çekme kancası
Anhänger[2] *m* ⟨-s; -⟩, **~in** *f* ⟨-; -nen⟩ taraftar; **~schaft** *f* ⟨-; *o pl*⟩ taraftarlar *pl*
anhängig *adj* JUR görülmekte (*od* rüyet halinde) olan; ***e-e Klage ~ machen*** (***gegen*** *-e* karşı) dava açmak
anhänglich *adj* sadık
Anhängsel *n* ⟨-s; -⟩ ek, takı
anhauchen *v/t* ⟨-ge-, *h*⟩ hohlamak
anhauen *v/t* ⟨-ge-, *h*⟩ F: ***j-n ~*** (***um***) b-nden (bş-i) istemek (*borç*)
anhäuf|en *v/t* ⟨-ge-, *h*⟩ yığmak; ***sich ~*** yığılmak, birikmek; **≗ung** *f* ⟨-; -en⟩ birikme; (*Haufen*) küme, yığıntı
anheben *v/t* ⟨*unreg*, -ge-, *h*⟩ kaldırmak; *Preis* artırmak
anheften *v/t* ⟨-ge-, *h*⟩ (***an*** *A -e*) eklemek, iğnelemek, ataşlamak
anheim: ***j-m etw ~ stellen*** bş-i b-nin takdirine sunmak/bırakmak
anheizen *v/t* ⟨-ge-, *h*⟩ *Ofen* tutuşturmak; F ÖKON canlandırmak
anheuern ⟨-ge-, *h*⟩ **1.** *v/t* tayfa yazmak; **2.** *v/i* tayfa yazılmak
Anhieb *m*: ***auf ~*** derhal, ilk hamlede
anhimmeln *v/t* ⟨-ge-, *h*⟩ F *-in* hayranı olmak, *-e* tapmak
Anhöhe *f* ⟨-; -n⟩ yükselti, tepe
anhören ⟨-ge-, *h*⟩ **1.** *v/t* (*a* ***sich etw ~***)

dinlemek; ***mit ~*** *-e* söyleneni dinlemek; ***j-n bis zu Ende ~*** b-ni sonuna kadar dinlemek; **2.** *v/r:* ***sich gut*** *usw* **~** kulağa hoş *vs* gelmek; F ***das hört sich gut an!*** bu iyi haber!

Anhörung *f* ⟨-; -en⟩ POL, JUR dinle(n)me

Anilinfarbe *f* anilin boya

animalisch *adj* hayvansı; *abw* vahşice, hayvanca

Animateur [anima'tøːɐ] *m* ⟨-s; -e⟩ animatör

animieren *v/t* ⟨*o ge-, h*⟩ *-e* teşvik etmek, özendirmek

Animosität *f* ⟨-; -en⟩ düşmanlık

Anis *m* ⟨-(es); -e⟩ anason

Ank. *Abk für* ***Ankunft*** *f* varış

ankämpfen *v/i* ⟨-ge-, *h*⟩: **~ *gegen*** *-e* karşı mücadele etmek

Ankauf *m* ⟨-s; ⸚e⟩ satın alma

ankaufen *v/t* ⟨-ge-, *h*⟩ satın almak

Anker *m* ⟨-s; -⟩ MAR çapa, demir; ***vor ~ gehen*** demir atmak; EL dinamo/motor göbeği, rotor

anketten *v/t* ⟨-ge-, *h*⟩ (***an*** *A -e*) zincirlemek

Anklage *f* ⟨-; -n⟩ şikâyet; JUR iddia (*makamı vs*); **~ *erheben*** (***wegen***) *-den* dolayı dava açmak (*savcılık*); ***unter ~ stehen*** sanık olmak

Anklagebank *f* JUR sanık sandalyesi

anklagen *v/t* ⟨-ge-, *h*⟩ (*G od* ***wegen*** *-le*) suçlamak

anklagend *adv* şikayetle, yakınarak

Ankläger *m* ⟨-s; -⟩ JUR iddia makamı

Anklageschrift *f* JUR iddianame

anklammern ⟨-ge-, *h*⟩ **1.** *v/t* (***an*** *A -e*) iliştirmek, mandallamak, ataşlamak; TECH zımbalamak; **2.** *v/r:* ***sich ~*** *fig* yapışmak, (sıkı sıkı) sarılmak

Anklang *m*: **~ *finden*** (***bei*** *-de*) yankı uyandırmak

ankleben *v/t* ⟨-ge-, *h*⟩ (***an*** *A -e*) yapıştırmak

Ankleidekabine *f* soyunma kabini

ankleiden *v/t* ⟨-ge-, *h*⟩ giydirmek; ***sich ~*** giyinmek

Ankleideraum *m* soyunma odası

anklicken *v/t* ⟨-ge-, *h*⟩ EDV tıkla(t)mak

anklopfen *v/i* ⟨-ge-, *h*⟩ kapıyı çalmak; **~ *bei*** *-in* kapısını çalmak

anknüpfen ⟨-ge-, *h*⟩ **1.** *v/t Gespräche* girişmek; *Beziehungen* kurmak; (***an*** *A -e*) bağlamak; **2.** *v/i:* **~ *an*** (*A*) *-den* devam etmek

Anknüpfungspunkt *m* bağlantı noktası

ankommen *v/i* ⟨*unreg*, -ge-, *sn*⟩ (***um ... Uhr*** saat *-de;* ***in*** *D -e*) varmak, gelmek; **~ *auf*** (*A*) *-e* bağlı olmak; ***es auf etw ~ lassen*** bş-i göze almak; ***es drauf ~ lassen*** işi oluruna bırakmak, F **~** (***bei***) yankı uyandırmak; ***damit kommt er bei mir nicht an*** bununla beni etkileyemez; **~ *gegen*** *ile* başa çıkabilmek; ***nicht ~ gegen*** *-e* ayak uyduramamak, *ile* baş edememek; *ile* başa çıkamamak; **3.** *v/unp:* **~ *auf*** (*A*) önemli olmak; ***es kommt*** (***ganz***) ***darauf an*** önemli olan (şu)

ankoppeln *v/t* ⟨-ge-, *h*⟩ (***an*** *A -e*) bağlamak, takmak (*römork vs*)

ankreiden *v/t* ⟨-ge-, *h*⟩ F: ***j-m etw ~*** bş-i b-nin üstüne atmak

ankreuzen *v/t* ⟨-ge-, *h*⟩ işaretlemek (*x-le*), *-e* çarpı koymak

ankündig|en ⟨-ge-, *h*⟩ **1.** *v/t* bildirmek; **2.** *v/r:* ***sich ~*** bildirmek, haber vermek (*geleceğini*); **&ung** *f* ⟨-; -en⟩ bildiri; resmî tebliğ

Ankunft *f* ⟨-; *o pl*⟩ varış

Ankunftszeit *f* varış saati

ankurbeln *v/t* ⟨-ge-, *h*⟩ *fig* canlandırmak, hareketlendirmek

Anl. *Abk für* ***Anlage(n pl)*** *f* ek, ilave

anlächeln *v/t* ⟨-ge-, *h*⟩ *-e* gülümsemek

anlachen *v/t* ⟨-ge-, *h*⟩ *-e* gülmek, gülerek bakmak; ***sich*** (*D*) ***j-n ~*** *abw* tavlamak

Anlage *f* ⟨-; -n⟩ (*Anordnung*) düzen(leme); (*Einrichtung*) tesisat; (*Fabrik&*) tesis; (*Grün&*) bahçe, park, yeşil saha; (*Sport&*) spor tesisi; (*Stereo&*) müzik seti; EDV bilgisayar sistemi; (*Entwurf*) plot, şema; (*Geld&*) yatırım; *zu e-m Brief* ek; (*Talent*) (***zu*** *-e*) yetenek, kabiliyet; ***in der ~: ...*** ek(i): ... ; ***in der ~ senden wir Ihnen ...*** size ilişikte ... gönderiyoruz; **~n** *pl* sabit kıymetler; ***sanitäre ~n*** banyo-tuvalet

anlagebedingt *adj* sebebi ırsi/kalıt(ım)sal olan

Anlage|berater(in *f*) *m* yatırım danışmanı; **~kapital** *n* sabit sermaye; **~papiere** *pl* yatırım senetleri; **~vermögen** *n* sabit varlıklar *pl*

Anlass *m* ⟨-es; ⸚e⟩ vesile; (*Gelegenheit*) fırsat; (*Ursache*) neden, sebep; ***aus ~***

(*G*) dolayısıyla, vesilesiyle; **~ geben zu** -*e* fırsat vermek; **ohne jeden ~** hiçbir sebep olmadan; **etw zum ~ nehmen zu** *inf* bş-i -mek için fırsat bilmek (*od* vesile etmek)

anlassen ⟨*unreg*, -ge-, *h*⟩ **1.** *v/t Kleidung* üstünden çıkarmamak; *Licht* kapamamak; *Motor* işletmek; **2.** *v/r*: **sich gut ~** iyi başlamak

Anlasser *m* ⟨-s; -⟩ AUTO marş (motoru)

anlässlich *präp G* … dolayısıyla, vesilesiyle

anlasten *v/t* ⟨-ge-, *h*⟩: **j-m etw ~** b-ni bş-le suçlamak

Anlauf *m* ⟨-s; ⸚e⟩ SPORT hız alma; TECH çalış(tır)ma, işle(t)me; **(e-n) ~ nehmen** hız almak; *fig* **beim ersten ~** ilk hamlede

anlaufen ⟨*unreg*, -ge-⟩ **1.** *v/i* ⟨*sn*⟩ *fig* harekete geçmek, başlamak; (*beschlagen*) buğulanmak; *Kosten usw* tahakkuk etmek; **~ lassen** başlatmak; çalıştırmak, işletmek; **2.** *v/t*: ⟨*h*⟩ *Hafen* -*e* varmak; **angelaufen kommen** koşarak gelmek

Anlauf|schwierigkeiten *pl* başlangıç güçlükleri; **~stelle** *f* ilk başvurulacak yer; **~zeit** *f* başlangıç (dönemi), ilk zamanlar *pl*

Anlaut *m* ⟨-s; -e⟩ GR kelime başı ses

anlegen ⟨-ge- *h*⟩ **1.** *v/t* (**an** *A*) *Leiter* -*e* dayamak; *Geld* (**in** *D* -*e*) yatırmak; **j-m e-n Verband ~** b-ne sargı yapmak; *Garten* düzenlemek; *Akte* açmak; *Vorräte* depolamak; *Kapital* (**für** için) yatırmak; **es ~ auf** (*A*) -*i* göze almak; **2.** *v/i* MAR yanaşmak; **im Hafen** (*od* **am Kai**) **~** limana (*od* rıhtıma) yanaşmak; **~ auf** (*A*) -*e* tüfeği doğrultmak; **3.** *v/r*: **sich ~ mit** ile dalaşmak

Anleger *m* ⟨-s; -⟩ ÖKON yatırımcı

Anlegestelle *f* MAR iskele

anlehnen ⟨-ge-, *h*⟩ **1.** *v/t* (**an** *A* -*e*) dayamak, yaslamak; *Tür usw* aralamak, **2.** *v/r* **sich ~ an** (*A*) -*e* sırtını vermek/dayamak

Anlehnung *f* ⟨-; -en⟩: **in ~ an** (*A*) -*e* dayan(ıl)arak

Anleihe *f* ⟨-; -n⟩ ÖKON borçlanma, istikraz; *Papier* tahvil, bono

Anleitung *f* talimat; TECH kullanım kılavuzu

anlernen *v/t* ⟨-ge-, *h*⟩ -*e* işi öğretmek

anliegen *v/i* ⟨*unreg*, -ge-, *h*⟩ *Brief* ekli olmak; (**an** *D* -*in* üstüne) oturmak

Anliegen *n* ⟨-s; -⟩ (*Bitte*) rica, istek, arzu; *e-s Textes* mesaj; **ein nationales ~** milli bir dava/mesele

anliegend *adj* dar, -*in* üstüne oturan; *Grundstück* bitişik; **~ senden wir Ihnen** size ilişikte/ekte gönderiyoruz

Anlieger *m* ⟨-s; -⟩ sokak *vs* sakini; **~ frei** sokak sakinlerine serbest («*taşıt giremez*» *levhasına ek olarak*)

Anlieger|staat *m* POL … kıyısı devletleri; **~verkehr** *m sokak sakinleri trafiği*

anlocken *v/t* ⟨-ge-, *h*⟩ çekmek, -*in* iştahını kabartmak

Anmache *f* ⟨-; *o pl*⟩ F sarkıntılık, taciz (*sözlü*); sataşma

anmachen *v/t* ⟨-ge-, *h*⟩ F *Licht* açmak; *Salat* hazırlamak; (**an** *D* -*e*) bağlamak; **j-n ~** b-ne asılmak, (*j-m sehr gefallen*) b-nin hoşuna gitmek

anmalen *v/t* ⟨-ge-, *h*⟩ boyamak; F **sich ~** boyanmak, makyaj yapmak

anmaßen *v/t* ⟨-ge-, *h*⟩: **sich** (*D*) **etw ~** küstahlık etmek

anmaßend *adj* küstah(ça)

Anmeldeformular *n* başvuru formu

anmelden ⟨-ge-, *h*⟩ **1.** *v/t Waren* beyan etmek; *Rechte, Forderungen* iddia etmek; TEL bağlatmak, açtırmak; **j-n in der Schule** (**zu e-m Kurs** *usw*) **~** b-ni okula (kursa *vs*) yazdırmak; **den Fernseher** (**das Radio**) **~** televizyonun (radyonun) vergi bildirimini yapmak; **2.** *v/r*: **sich ~** *zur Teilnahme* başvurmak (*katılım için*); *beim Arzt usw* (**bei** -*den*) randevu almak; **sich polizeilich ~** ikametgâh bildirimini yapmak

Anmeldung *f* ⟨-; -en⟩ başvuru; (*Eintragung*) kayıt, tescil; (**polizeiliche**) **~** ikametgâh bildirimi

anmerken *v/t* ⟨-ge-, *h*⟩ (*anstreichen*) işaretlemek (*metinde*); (*äußern*) belirtmek; **lass dir nichts ~!** hiç belli etme!; **j-m s-e Verlegenheit ~** b-nin sıkıntısını sezmek; **sich** (*D*) **nichts ~ lassen** halini belli etmemek, renk vermemek

Anmerkung *f* ⟨-; -en⟩ (*Fußnote*) dipnot; *erklärende* not, açıklayıcı not; (**über** *A* üzerine) değini, not

annähen *v/t* ⟨-ge-, *h*⟩ (**an** *A* -*e*) dikmek, tutturmak

annähernd **1.** *adj* yaklaşık, takribi; **2.** *adv* yaklaşık olarak; **nicht ~** hiç … değil *vs*, katiyyen

Annäherung *f* ⟨-; -en⟩ yaklaşma; *wis-*

senschaftlich yaklaşım
Annäherungsversuche *pl ilişki kurma çabaları*
Annahme *f* ⟨-; -n⟩ kabul, alma; (*Vermutung*) sanı, tahmin; ***ich habe Grund zu der ~, dass …*** -diğini farzetmek durumundayım
Annahme|stelle *f* kabul noktası; alım istasyonu; **~verweigerung** *f* POST *gönderiyi teslim almaktan kaçınma*
Annalen *pl* yıllıklar, salnameler (*tarih*)
annehmbar *adj* (**für** için) kabul edilebilir, *Preis usw* makul
annehmen ⟨*unreg*, -ge-, *h*⟩ **1.** *v/t* kabul etmek; (*vermuten*) sanmak, zannetmek; (*schätzen*) tahmin etmek; *Aussehen, Form* almak, kazanmak; ***nehmen wir an*** (*od* ***angenommen***), ***er stirbt*** diyelim ki o öldü; **2.** *v/r* ***sich ~*** (*G -e*) sahip çıkmak
Annehmlichkeit *f* ⟨-; -en⟩ *-in* hoş tarafı
annektieren *v/t* ⟨*o* ge-, *h*⟩ POL ilhak etmek
Annonce [a'nɔŋsə] *f* ⟨-; -n⟩ (gazete) ilan(ı)
annoncieren [anõ'siːrən] ⟨*o* ge-, *h*⟩ **1.** *v/t* ilan etmek; *-in* reklamını yapmak; **2.** *v/i* ilan vermek
annullieren *v/t* ⟨*o* ge-, *h*⟩ ÖKON iptal etmek, feshetmek
Anode *f* ⟨-; -n⟩ EL anot
anöden *v/t* ⟨-ge-, *h*⟩ F: ***j-n ~*** b-ne çok sıkıcı gelmek
anomal *adj* anormal, kuraldışı
Anomalie *f* ⟨-; -n⟩ anormallik, kuraldışılık
anonym [ano'nyːm] *adj* adsız, anonim; **²ität** *f* ⟨-; *o pl*⟩ adsızlık, anonimlik
Anorak *m* ⟨-s; -s⟩ anorak
anordnen *v/t* ⟨-ge-, *h*⟩ sıralamak, düzenlemek; (*befehlen*) emretmek
Anordnung *f* ⟨-; -en⟩ sıra, düzen; yönerge, emir; ***~en treffen*** talimat(lar) vermek
anorganisch *adj* anorganik
anormal *adj* anormal
anpacken ⟨-ge-, *h*⟩ *v/t* F *fig* … için kolları sıvamak
anpass|en ⟨-ge-, *h*⟩ **1.** *v/t* (*D od* **an** *A -e*) uydurmak, uyarlamak, ÖKON, TECH *a* ayarlamak; *Anzug usw* (üstüne) uydurmak; **2.** *v/r*: ***sich*** (*D od* **an** *A -e*) **~** uymak, uyum sağlamak; **²ung** *f* ⟨-; -en⟩ (**an** *A -e*) uyum, uyarlama
anpassungsfähig *adj* uyma imkânı/yeteneği olan, uyumlu; **²keit** *f* ⟨-; *o pl*⟩ uyma yeteneği, uyumluluk
Anpassungsschwierigkeiten *pl* uyum güçlükleri
anpeilen *v/t* ⟨-ge-, *h*⟩ LUFTF, MAR hizalamak, *-in* kertesini bulmak; *fig* gözüne kestirmek
anpfeifen *v/t* ⟨*unreg*, -ge-, *h*⟩ SPORT oyunu başlatmak (*düdükle*)
Anpfiff *m* ⟨-s; -e⟩ SPORT başla(t)ma düdüğü; F ***e-n ~ kriegen*** zılgıt yemek
anpflanzen *v/t* ⟨-ge-, *h*⟩ dikmek (*bitki*)
anpöbeln *v/t* ⟨-ge-, *h*⟩ *ile* kaba konuşmak, *-i* rahatsız etmek
Anprob|e *f* ⟨-; -n⟩ prova; **²ieren** *v/t* ⟨*o* ge-, *h*⟩ *Kleidung* prova etmek, denemek
anpumpen *v/t* ⟨-ge-, *h*⟩ F: ***j-n ~*** (**um**) b-nden (…) borç istemek
Anrainer *m -in* kenarında bulunan (*ev, ülke vs*)
Anraten *n* tavsiye; ***auf ~ des Arztes*** hekim(in) tavsiyesi üzerine
anrechnen *v/t* ⟨-ge-, *h*⟩ hesaba geçirmek, hesaplamak; ***etw als Fehler ~*** bş-i hata sayarak not kırmak (*Schule*); ***j-m etw hoch ~*** b-nin bş-ini çok takdir etmek (*davranış vs*)
Anrecht *n* ⟨-s; -e⟩: ***ein ~ haben auf*** (*A*) *-e* hakkı olmak
Anrede *f* ⟨-; -n⟩ hitap
anreden *v/t* ⟨-ge-, *h*⟩ *-e* hitap etmek
anregen *v/t* ⟨-ge-, *h*⟩ (*beleben*) canlandırmak; (*vorschlagen*) önermek; ***j-n zum Nachdenken ~*** b-ni düşünmeye teşvik etmek (*od* çağırmak)
anregend **1.** *adj* canlandırıcı; **2.** *adv*: ***~ wirken*** uyarıcı etki yapmak
Anregung *f* ⟨-; -en⟩ özendirme, teşvik; (*Vorschlag*) öneri, teklif; ***auf ~ von*** (*od G*) *-in* önerisi üzerine
anreichern ⟨-ge-, *h*⟩ **1.** *v/t* CHEM, TECH zenginleştirmek; **2.** *v/r*: ***sich ~*** zenginleşmek; *-in* oranı artmak
Anreise *f* ⟨-; -n⟩ varış, geliş
anreisen *v/i* ⟨-ge-, *sn*⟩ varmak, gelmek
anreißen *v/t* ⟨*unreg*, -ge-, *h*⟩ *fig* açmak (*konu*)
Anreiz *m* ⟨-es; -e⟩ teşvik, çekicilik
Anrichte *f* ⟨-; -n⟩ büfe (*mobilya*)
anrichten *v/t* ⟨-ge-, *h*⟩ *Speisen* hazırlamak; *Unheil, Schaden -e* sebep olmak; ***es ist angerichtet!*** sofra hazır!

anrüchig *adj* şöhreti kötü
Anruf *m* ⟨-s; -e⟩ TEL telefon; **~beantworter** *m* ⟨-s; -⟩ telesekreter
anrufen *v/t u v/i* ⟨*unreg*, -ge-, *h*⟩ (-*e*) telefon etmek; *fig* (**um Hilfe**) b-ni (yardıma) çağırmak; **bei j-m ~** b-ne telefon etmek
Anrufer *m* ⟨-s; -⟩, **~in** *f* ⟨-; -nen⟩ telefon eden
anrühren *v/t* ⟨-ge-, *h*⟩ -*e* dokunmak; *Farbe* karıştırmak
Ansage *f* ⟨-; -n⟩ ilan, bildiri; anons
ansagen *v/t* ⟨-ge-, *h*⟩ bildirmek; F *fig* **Sparen ist angesagt!** şimdi tasarruf zamanıdır!
Ansager *m* ⟨-s; -⟩, **~in** *f* ⟨-; -nen⟩ spiker, sunucu
ansammeln *v/t* ⟨-ge-, *h*⟩ (*a* **sich ~**) toplaşmak, toplanmak, birikmek
Ansammlung *f* ⟨-; -en⟩ topluluk; kalabalık
ansässig *adj* (**in** *D* -*de*) yerleşmiş, oturan; **~ werden** yerleşmek
Ansatz *m* ⟨-es; ⸚e⟩ TECH kabarık, taban, ayarlama, hazırlama; ANAT başlangıç; *fig* yaklaşım; **im ~ richtig** yaklaşım olarak doğru; MATH tertip; ÖKON tahsisat; **~punkt** *m* hareket noktası (*konu*)
anschaffen *v/t* ⟨-ge-, *h*⟩: **sich** (*D*) **etw ~** (kendine) bş-i (satın) almak
Anschaffung *f* ⟨-; -en⟩ satın alma, alım; *Gegenstand satın alınan eşya*
Anschaffungskosten *pl* alış maliyeti
anschalten *v/t* ⟨-ge-, *h*⟩ *Licht*, *Radio* açmak
anschauen *v/t* ⟨-ge-, *h*⟩ → **ansehen**
anschaulich *adj* gözle görülür, canlı, somut
Anschauung *f* ⟨-; -en⟩ görüş, anlayış
Anschauungs|material *n* somut malzeme (*derste gösterilen*); **~unterricht** *m somut malzemeyle yapılan ders*
Anschein *m* ⟨-s; *o pl*⟩: **den ~ erwecken** … izlenimini uyandırmak; **allem ~ nach** görünüşe göre
anscheinend *adv* görünürde, anlaşılan
anschicken *v/r* ⟨-ge-, *h*⟩: **sich ~ zu** *inf* -meye girişmek, yeltenmek
anschieben *v/t* ⟨*unreg*, -ge-, *h*⟩ itmek (*arabayı çalıştırmak için*)
anschl. *Abk* → **anschließend**
Anschlag *m* ⟨-s; ⸚e⟩ (*Plakat*) afiş, ilan; (*Bekanntmachung*) duyuru; (*Überfall*) saldırı, baskın; MUS tuşlara vuruş; TECH stop, durdurucu; ÖKON değer biçme; **e-n ~ auf j-n verüben** b-ne suikast/saldırı yapmak; **bis zum ~ aufdrehen** sonuna kadar açmak
Anschlagbrett *n* ilan tahtası
anschlagen ⟨*unreg*, -ge-⟩ **1.** *v/t* ⟨*h*⟩ (ucundan *vs*) kırmak; *Plakat* (**an** *A* -*e*) çakmak, asmak; *Taste* -*e* vurmak, basmak; *Ton* çıkarmak; **2.** *v/i* ⟨*sn*⟩ (**an** *A* -*e*) çarpmak; ⟨*h*⟩ (*wirken*) (**bei** -*de*) etkisini göstermek (*ilaç vs*)
anschleichen *v/r* ⟨*unreg*, -ge-, *h*⟩: **sich ~** gizlice yaklaşmak
anschleppen *v/t* ⟨-ge-, *h*⟩ sürükleyip getirmek
anschließen ⟨*unreg*, -ge- *h*⟩ **1.** *v/t* (*hinzufügen*) eklemek; EL (**an** *A* -*e*) bağlamak, TECH *a* takmak; **2.** *v/r*: **sich ~** (**an** *A* -*e*) bitişik olmak; *fig* -*i* izlemek; **sich j-m ~** b-ne katılmak, *fig* b-nin tarafını tutmak; **sich j-s Meinung ~** (b-nin) düşüncesine katılmak; **sich an j-n ~** (b-le) arkadaşlık kurmak; **an den Vortrag schloss sich e-e Diskussion an** konferansı bir tartışma izledi; **3.** *v/i* (-*in* üstüne) oturmak (*giyecek*)
anschließend **1.** *adj* bitişik; *zeitlich* ondan sonraki; **2.** *adv* (ondan) sonra, (-*in*) arkasından; **~ an die Vorstellung** gösteriden (hemen) sonra
Anschluss *m* ⟨-es; ⸚e⟩ TECH bağlantı; BAHN aktarma; *fig* (**an** -*e*) yakınlık; **~ bekommen** TEL bağlantı kurabilmek; **~ finden** (**bei** *D od* **an** *A* -*le*) ilişki/irtibat kurmak; BAHN **~ haben** (**nach**) -*in* (-*e*) aktarması var/olmak; **im ~ an** (*A*) dolayısıyla; *zeitlich* -*den* sonra; **~ suchen** ilişki kurmaya çalışmak; **den ~ verpassen** treni kaçırmak; **~dose** *f* EL buat, saptırma kutusu; **~flug** *m* aktarmalı uçuş; **~zug** *m* aktarma treni
anschmiegen *v/r* ⟨-ge-, *h*⟩: **sich ~ an** (*A*) -*e* sokulmak
anschnallen ⟨-ge-, *h*⟩ **1.** *v/t* (kemerle) bağlamak; **2.** *v/r*: **sich ~** LUFTF, AUTO (emniyet) kemeri(ni) takmak/bağlamak
Anschnall|gurt *m* emniyet kemeri; **~pflicht** *f* ⟨-; *o pl*⟩ AUTO kemer takma zorunluluğu
anschnauzen *v/t* ⟨-ge-, *h*⟩ F: **j-n ~** b-ne hırlamak, terslenmek
anschneiden *v/t* ⟨-ge-, *h*⟩ (ucundan) kesmek, çentmek; *Kurve*, *Ball* kesmek;

fig Thema açmak; ***ein anderes Thema ~*** başka bir konu açmak (*od* konuya geçmek)
anschreiben ⟨*unreg*, -ge-, *h*⟩ *v/t* yazmak (*karatahtaya, veresiye listesine*); ***j-n ~*** b-ne yazmak
Anschreiben *n* ⟨-s; -⟩ *Büro* yazı, mektup
anschreien *v/t* ⟨-ge-, *h*⟩ azarlamak, *-e* bağırmak
Anschrift *f* ⟨-; -en⟩ adres
Anschriftenliste *f* adres listesi
Anschuldigung *f* ⟨-; -en⟩ suçlama
anschwärzen *v/t* ⟨-ge-, *h*⟩ F (***bei*** *-e* karşı) kötülemek, karalamak, *-e* kara çalmak
anschwellen *v/i* ⟨*unreg*, -ge-, *sn*⟩ şişmek
anschwemmen *v/t* ⟨-ge-, *h*⟩ (sürükleyip) getirmek (*nehir, deniz vs*)
ansehen **1.** *v/t* ⟨*unreg*, -ge-, *h*⟩ *-e* bakmak; **2.** *v/i* ***sich*** (*D*) ***etw ~*** (bş-e) bakmak; ***sich*** (*D*) ***e-n Film ~*** bir film seyretmek; ***etw mit ~*** bşe şahit olmak; ***man sieht es ihr an, dass …*** ona bakınca -diği hemen belli oluyor
Ansehen *n* ⟨-s; *o pl*⟩ saygınlık, itibar; ***an ~ verlieren*** saygınlığından kaybetmek; ***ohne ~ der Person*** her kim olursa olsun; ***von hohem ~*** muteber, saygın
ansehnlich *adj* (*beträchtlich*) oldukça büyük, hatırı sayılır
ansetzen ⟨-ge-, *h*⟩ **1.** *v/t Mischung* hazırlamak; (*anfügen*) (***an*** *A -e*) eklemek, yamamak; *Termin* belirlemek, koymak; *Knospen* çıkarmak; *Früchte* vermek; ***Fett ~*** yağ bağlamak; ***j-n ~ auf*** (*A*) b-ni b-ne takip ettirmek; ***zur Landung ~*** inişe geçmek; **2.** *v/r*: ***sich ~*** bağlamak (*kir, pas vb*)
Ansicht *f* ⟨-; -en⟩ (*Anblick*) manzara, *a* TECH görünüş; (*Meinung*) (***über*** *A* hakkında) görüş; ***meiner ~ nach*** bence; ***der ~ sein, dass*** -diği kanısında olmak; ***zur ~*** ÖKON örnek olarak
Ansichtskarte *f* (resimli) kartpostal
Ansichtssache *f*: ***das ist ~*** bu görüş meselesi
ansiedeln ⟨-ge-, *h*⟩ **1.** *v/t -e* yerleştirmek; **2.** *v/r*: ***sich ~*** (***in*** *D -e*) yerleşmek; ÖKON (*-de*) kurulmak; ***in London angesiedelt*** Londra'da kurulu, (merkezi) Londra'da olan
Ansiedlung *f* ⟨-; -en⟩ yerleşim, koloni
anspannen *v/t* ⟨-ge-, *h*⟩ koşmak (*atı arabaya*); (***an*** *A -e*) *Seil* germek; *fig* toplamak (*dikkatini vs*)
Anspannung *f* ⟨-; -en⟩ gerginlik, heyecan
anspielen ⟨-ge-, *h*⟩ **1.** *v/i fig*: ***~ auf*** (*A*) *-i* ima etmek; **2.** *v/t*: ***j-n ~*** b-ni oyuna sokmak
Anspielung *f* ⟨-; -en⟩ ima; *boshaft* kinaye
anspornen *v/t* ⟨-ge-, *h*⟩ *a fig* gayrete getirmek
Ansprache *f* ⟨-; -n⟩ söylev, konuşma; ***e-e ~ halten*** konuşma yapmak
ansprechen ⟨*unreg*, -ge-, *h*⟩ **1.** *v/t* (***wegen*** hakkında) konuşmak; (***j-n*** b-ne, ***auf*** *A -den*) bahsetmek; **2.** *v/i* (*gefallen*) *-in* hoşuna gitmek; hoşa gitmek, beğenilmek; (*reagieren*) *a* TECH iyi sonuç alınmak
ansprechend *adj* çekici
Ansprechpartner(in *f*) *m* muhatap
anspringen ⟨*unreg*, -ge-⟩ **1.** *v/i* ⟨*sn*⟩ *Motor* çalışmak, almak; **2.** *v/t* ⟨*h*⟩ *-in* üstüne sıçramak
Anspruch *m* ⟨-s; ⸚e⟩ (***auf*** *A* üzerinde) hak; ***~ haben auf*** üzerinde hakkı olmak; ***hohe Ansprüche stellen an j-n*** *-in* b-nden büyük beklentileri olmak; ***in ~ nehmen*** *-den* faydalanmak (*haktan vs*); ***j-n in ~ nehmen*** b-ni yormak
anspruchslos *adj* kanaatkâr; (*schlicht*) sade; *Roman usw* basit, iddiasız; **⁓igkeit** *f* ⟨-; *o pl*⟩ iddiasızlık, alçakgönüllülük
anspruchsvoll *adj* iddialı; (*wählerisch*) titiz; *Buch* iddialı
anspucken *v/t* ⟨-ge-, *h*⟩ *-e* tükürmek
anstacheln *v/t* ⟨-ge-, *h*⟩ kışkırtmak
Anstalt *f* ⟨-; -en⟩ kurum, kuruluş; (*Heil⁓*) hastane; ***j-n in e-e ~ einweisen*** b-ni psikiyatri kliniğine yatırmak/sevketmek
Anstalten *pl*: ***~ machen zu gehen*** gitmeye kalkmak
Anstand *m* ⟨-s; *o pl*⟩ edep, terbiye; (*Benehmen*) görgü
anständig *adj* terbiyeli; (*aufrichtig*) dürüst; F adamakıllı; ***e-e ~e Arbeit*** doğru dürüst bir iş
anstandshalber *adv* ayıp olmasın diye
anstandslos *adv* tereddütsüz; (*ungehindert*) kolaylıkla
anstarren *v/t* ⟨-ge-, *h*⟩ *-e* dik dik bak-

mak, gözünü dikmek

anstatt 1. *präp G* yerine; **2.** *konj*: **~ zu arbeiten** çalışmaktansa, çalışmak yerine

anstauen ⟨-ge-, *h*⟩ **1.** *v/t* biriktirmek (*önüne set çekip*); **2.** *v/r*: **sich ~** birikmek; yığışmak

anstecken ⟨-ge-, *h*⟩ MED **1.** *v/t*: **j-n ~ (mit** *-i*) b-ne bulaştırmak; iliştirmek/takmak; (*anzünden*) tutuşturmak, yakmak; **2.** *v/r*: **sich ~ (bei** *-den*) kapmak (*hastalığı vs*); **ich habe mich bei ihm (mit Schnupfen) angesteckt** (nezleyi) ondan kaptım

ansteckend *adj* MED bulaşıcı

Anstecknadel *f* (toplu)iğne; (*Abzeichen*) rozet

Ansteckung *f* MED bulaşma, sirayet

Ansteckungsgefahr *f* bulaşıcılık, bulaşma tehlikesi

anstehen *v/i* ⟨*unreg*, -ge-, *h*⟩ (**nach** için) kuyrukta beklemek; ÖKON, JUR **zur Entscheidung ~** karara kalmak

ansteigen *v/i* ⟨*unreg*, -ge-, *sn*⟩ yükselmek

anstelle *präp* (*G a* **~ von** *-in/…*) yerine

anstellen ⟨-ge-, *h*⟩ **1.** *v/t* (*einstellen*) işe almak; *Radio, Heizung* açmak; *Motor* işletmek; *Leiter* (**an** *A -e*) dikmek, dayamak; F **j-n zu etw ~** b-ne bş-i yaptırmak; **Nachforschungen ~** araştırma, soruşturma yapmak; **2.** *v/r*: **sich ~** sıraya girmek; F (**als ob** -miş gibi) yapmak; **sich bei etw ungeschickt ~** bş-de beceriksizlik göstermek

Anstellung *f* ⟨-; -en⟩ iş, görev

ansteuern *v/t* ⟨-ge-, *h*⟩ LUFTF, MAR *-e* yönelmek

Anstieg *m* ⟨-s; -e⟩ yükselme, yükseliş, çıkış

anstiften *v/t* ⟨-ge-, *h*⟩: **j-n ~ zu** b-ni bş-e kışkırtmak

anstimmen *v/t* ⟨-ge-, *h*⟩ MUS: **ein Lied ~** bir şarkı söylemeye başlamak

Anstoß *m* ⟨-es; ⸚e⟩ *Fußball* başlama vuruşu; (*Anregung*) neden, sebep; F (kadeh) tokuşturma; **den ~ geben zu** *-e* ilk hareketi kazandırmak; **~ erregen (bei** *-i*) kızdırmak; **~ nehmen an** (*D*) *-i* ayıplamak;*-e* kızmak

anstoßen ⟨*unreg*, -ge-⟩ **1.** *v/t* ⟨*h*⟩ dürtmek, itmek, *-e* vurmak; **sich** (*D*) **den Kopf ~** (**an** *D*) başını (*-e*) çarpmak; **2.** *v/i* ⟨*sn*⟩ (**an** *D -e*) çarpmak; ⟨*h*⟩ (**auf** *A -e*) (kadeh) tokuşturmak; *Fußball* başlama vuruşu yapmak

anstößig *adj* ayıp, yüz kızartıcı

anstrahlen *v/t* ⟨-ge-, *h*⟩: **mit Scheinwerfern ~** projektörle aydınlatmak; F *fig* **j-n ~** (b-nin yüzüne) gülümseyerek bakmak

anstreben *v/t* ⟨-ge-, *h*⟩ hedeflemek, hedef almak

anstreichen *v/t* ⟨*unreg*, -ge-, *h*⟩ *-in* kenarını çizmek; *Fehler* işaretlemek; **rot ~** kırmızı(ya) boyamak

anstreng|en ⟨-ge-, *h*⟩ **1.** *v/t u v/i* yormak; **2.** *v/r*: **sich ~** çabalamak, didinmek; **~end** *adj* yorucu, zahmetli; **&ung** *f* ⟨-; -en⟩ çaba, zahmet

Anstrich *m* ⟨-s; -e⟩ boya, badana; *fig* görünüş, hava

Ansturm *m* ⟨-s; ⸚e⟩ MIL saldırı, hücum; ÖKON (**auf** *A -e*) *a* üşüşme

anstürmen *v/i* ⟨-ge-, *sn*⟩: **~ gegen** *-e* saldırmak, akın etmek

Antagonismus *m* ⟨-; -men⟩ karşıtlık

antarktisch *adj* antarktik

antasten *v/t* ⟨-ge-, *h*⟩ *-e* dokunmak

Anteil *m* ⟨-s; -e⟩ (**an** *D -de*) pay, hisse; *fig* **er hatte keinen ~ am Erfolg** onun başarıda payı yoktu; **~ nehmen an j-s Freude** b-nin sevincini paylaşmak

anteilig *adj u adv* payına göre, orantılı olarak

Anteilnahme *f* ⟨-; *o pl*⟩ (**an** *D -e*) ilgi; (*Mitgefühl*) paylaşma; **s-e ~ ausdrücken** başsağlığı dilemek

Antenne *f* ⟨-; -n⟩ anten

Anthologie *f* ⟨-; -n⟩ antoloji, seçki

Anti…, anti… *in Zssgn* anti…; karşı

Anti|alkoholiker(in *f*) *m* alkol düşmanı, yeşilaycı; **~babypille** *f* doğum kontrol hapı; **~biotikum** [-'bĭoː-] *n* ⟨-s; -ka⟩ MED antibiyotik; **&biotisch** *adj* antibiyotik; **~blockiersystem** *n* AUTO antiblokaj sistemi; **~depressivum** *n* ⟨-s; -va⟩ MED antidepresif (ilaç); **~faschist(in** *f*) *m* antifaşist; **~gen** *n* ⟨-s; -e⟩ MED antijen; **~haftbeschichtung** *f* teflon®

antik *adj* antika

Antike *f* ⟨-; *o pl*⟩ Eskiçağ

Antiken *pl* antik eserler

Antikörper *m* MED antikor

Antilope *f* ⟨-; -n⟩ ZOOL antilop

Antioxidantien *pl* oksit giderici *sg*; (*Rostschutzmittel*) pas önleyici *sg*

Antipathie *f* ⟨-; -n⟩ antipati
Antiquariat [-kva'ria:t] *n* ⟨-s; -e⟩ sahaf (dükkanı)
antiquarisch [-'kva:rɪʃ] *adj u adv* eski kitap *vs*
antiquiert [-kv-] *adj* eskimiş, köhne
Antiquität [-kv-] *f* ⟨-; -en⟩ antika
Antiquitäten|händler(in *f*) *m* antikacı; **~laden** antikacı (dükkanı)
antisemit|isch *adj* antisemitist(çe); **²ismus** *m* antisemitizm
antiseptisch *adj* antiseptik
antistatisch *adj* antistatik
Antivirusprogramm *n* EDV virüs programı
Antrag *m* ⟨-s; ⸚e⟩ dilekçe; JUR (***auf*** *A* için) talep, istem; ***er machte ihr e-n ~*** ona evlenme(yi) teklif etti; ***e-n ~ stellen auf*** … için dilekçe vermek
Antragsformular *n* dilekçe formu/formüleri
Antragsteller *m* ⟨-s; -⟩, **~in** *f* ⟨-; -nen⟩ dilekçe sahibi
antreffen *v/t* ⟨*unreg*, -ge-, *h*⟩ *-e* rastlamak
antreiben *v/t* ⟨*unreg*, -ge-, *h*⟩ TECH işletmek; *v/i* sürüklenip gelmek (*akıntıyla*); *fig* gayrete getirmek
antreten ⟨*unreg*, -ge-⟩ **1.** *v/t* ⟨*h*⟩ *Amt -e* başlamak, *-e* girmek; *Erbe* mirastan *faydalanmaya başlamak*; *Reise -e* çıkmak; *Motorrad* çalıştırmak (pedalla); ***e-e Strafe ~*** bir cezayı çekmeye başlamak; **2.** *v/i* ⟨*sn*⟩ (*sich aufstellen*) dizilmek; (*sich einfinden*) gelmek; SPORT (***bei*** *-de*) ***~ gegen*** *-e* karşı oyuna çıkmak, yarışmak
Antrieb *m* ⟨-s; -e⟩ TECH tahrik, çekiş; *fig* heves, atılım; ***aus eigenem ~*** kendi hevesiyle
Antriebs|kraft *f* itici güç; **~schwäche** *f* istek yetersizliği
antrinken *v/t* ⟨-ge-, *h*⟩ F içmeye başlamak
Antritt *m* ⟨-s; *o pl*⟩: ***bei ~ s-r Reise*** yolculuğunun baş(langıc)ında, yola çıkarken
antun *v/t* ⟨*unreg*, -ge-, *h*⟩: ***j-m etw ~*** b-ne bş yapmak; ***es j-m ~*** b-nin hoşuna gitmek
Antwort *f* ⟨-; -en⟩ (***auf*** *A -e*) cevap
antworten *v/i* ⟨*h*⟩: ***j-m auf*** (*A*) ***etw ~*** b-ne bş-e cevap vermek
anvertrauen ⟨*o* -ge-, *h*⟩: ***j-m etw ~*** b-ne bş-i emanet etmek; ***sich j-m ~*** b-ne bir sırrını açmak; kendini b-nin eline teslim etmek
anwachsen *v/i* ⟨*unreg*, -ge-, *sn*⟩ tutmak, kök salmak; *fig* (***auf*** *A*) çoğalarak (…) olmak
Anwalt *m* ⟨-s; ⸚e⟩, **Anwältin** *f* ⟨-; -nen⟩ JUR avukat
Anwaltschaft *f* ⟨-; -en⟩ avukatlık
Anwalts|honorar *n* avukat ücreti; **~kammer** *f* baro; **~kosten** *pl* avukat masrafları
anwärmen *v/t* ⟨-ge-, *h*⟩ ısıtmak
Anwärter(in *f*) *m* (***auf*** *A -e*) aday, … adayı
Anwartschaft *f* ⟨-; -en⟩ (***auf*** *A -e*) adaylık; … adaylığı
Anwartschaftsrechte *pl* JUR beklenen haklar *pl*
anweisen *v/t* ⟨*unreg*, -ge-, *h*⟩ *-e* talimat vermek; (*zuweisen*) göstermek, belirlemek; *Geld* havale etmek
Anweisung *f* ⟨-; -en⟩ talimat, yönerge, direktif; (*Zuweisung*) tayin, belirleme; *Betrag* havale
anwendbar *adj* (***auf*** *A -e*) uygulanabilir; *amtlich* uygulanacak
anwenden *v/t* ⟨*unreg*, -ge-, *h*⟩ (***auf*** *A -e*) uygulamak; (*gebrauchen*) kullanmak; ***falsch ~*** yanlış uygulamak
Anwender *m* ⟨-s; -⟩ EDV kullanıcı
Anwendung *f* ⟨-; -en⟩ (***auf*** *A -e*) MED tatbik, uygula(n)ma; kullanış
Anwendungs|beispiel *n* kullanım örneği; **~programm** *n* EDV kullanıcı yazılımı; **~vorschrift** *f* kullanma talimatı
anwerb|en *v/t* ⟨*unreg*, -ge-, *h*⟩ almak (*işe, askere vb*); **²ung** *f* ⟨-; -en⟩ işe alma; MIL celp
Anwesen *n* ⟨-s; -⟩ mülk
anwesend *adj* hazır, bulunan; ***nicht ~ sein*** hazır bulunmamak; (yoklamada) olmamak
Anwesenheit *f* ⟨-; *o pl*⟩ bulunma, huzur; ***in ~ von*** (*od G*) *-in* yanında/huzurunda
Anwesenheitsliste *f* yoklama listesi
Anwohner *m* ⟨-s; -⟩, **~in** *f* ⟨-; -nen⟩ cadde/sokak sakini, *-de* oturan
Anzahl *f* ⟨-; *o pl*⟩ sayı, miktar
anzahl|en *v/t* ⟨-ge-, *h*⟩ (***für*** için) kaparo vermek, ön ödeme yapmak
Anzahlung *f* ⟨-; -en⟩ kaparo; peşinat

Anzeichen *n* ⟨-s; -⟩ iz; belirti; ***alle ~ sprechen dafür, dass …*** bütün belirtiler gösteriyor ki …
Anzeige *f* ⟨-; -n⟩ (*Inserat*) ilan; *bes* ÖKON bildirim, beyan; JUR ihbar, suç duyurusu; ***e-e ~ aufgeben*** ilan vermek
anzeigen *v/t* ⟨-ge-, *h*⟩ göstermek; (*deuten auf*) *-e* işaret etmek; ***j-n ~*** b-ni ihbar etmek; ***j-m etw ~*** b-ne bş-i bildirmek
Anzeigenblatt *n* ilan gazetesi
Anzeiger *m* ⟨-s; -⟩ gazete (*sadece bazı gazete adlarında*); TECH gösterge
Anzeigetafel *f* ilan tahtası
anzetteln *v/t* ⟨-ge-, *h*⟩ *fig* hazırlamak (*gizlice*)
anziehen ⟨*unreg*, -ge-, *h*⟩ **1.** *v/t Kleidung* giymek; *Schraube* sıkıştırmak; *Bremse* çekmek; PHYS çekmek; *fig* cezbetmek, çekmek; ***j-n ~*** b-ni giydirmek; ***sich*** (*D*) ***etw ~*** (üstüne/sırtına) bş giymek; **2.** *v/r*: ***sich ~*** giyinmek; **3.** *v/i Preise* yükselmek
anziehend *adj* çekici, cazip
Anziehungskraft *f* PHYS çekim (kuvveti); *fig* çekicilik, albeni
Anzug *m* ⟨-s; ⸚e⟩ (takım) elbise
anzüglich *adj* iğneli, iğneleyici
anzünden *v/t* ⟨-ge-, *h*⟩ *Kerze* yakmak; *Haus* ateşe vermek, kundaklamak; ***sich*** (*D*) ***e-e Zigarre ~*** bir puro yakmak
Anzünder *m* ⟨-s; -⟩ TECH çakmak
anzweifeln *v/t* ⟨-ge-, *h*⟩ şüpheyle karşılamak, *-den* şüphe etmek
Aorta [a'ɔrta] *f* ⟨-; -ten⟩ ANAT aort
apart *adj* cazip; apart (otel)
Apartheid *f* ⟨-; *o pl*⟩ Apartheid; **~politik** *f* Apartheid politikası
apathisch *adj* tepkisiz, hissiz
Apartment *n* ⟨-s; -s⟩ apartman dairesi (*öz. tek kişilik*)
Aperitif *m* ⟨-s; -s, *a* -e⟩ aperitif
Apfel *m* ⟨-s; ⸚⟩ elma; **~baum** *m* elma ağacı; **~kuchen** *m* elmalı pasta/kek; **~saft** *m* elma suyu
Apfelsine *f* ⟨-; -n⟩ portakal
Apfelstrudel *m* elmalı ştrudel
Apokalypse *f* ⟨-; -n⟩ kıyamet (günü)
Apostroph [-f] *m* ⟨-s; -e⟩ kesme işareti
Apotheke *f* ⟨-; -n⟩ eczane
apothekenpflichtig *adj* yalnız eczanede satılabilen (*ilaç*)
Apotheker *m* ⟨-s; -⟩, **~in** *f* ⟨-; -nen⟩ eczacı

App. *Abk* → ***Apparat***
Apparat *m* ⟨-s; -e⟩ cihaz; (*Gerät*) alet; radyo; TV televizyon; FOTO fotoğraf makinesi; TEL telefon; ***am ~!*** TEL benim!; ***am ~ bleiben*** (telefondan) ayrılmamak
Appartement [apart(ə)'mã:] *n* ⟨-s; -s⟩ → ***Apartment***
Appell *m* ⟨-s; -e⟩ (***an*** *A -e*) çağrı
appellieren *v/i* ⟨*o ge-*, *h*⟩ (***an*** *A -e*) seslenmek
Appartement *n* ⟨-s; -s⟩ → ***Apartment***
Appetit *m* ⟨-s; *o pl*⟩ (***auf*** *A -e*) iştah; ***~ haben auf etw*** *-in* canı bş-i çekmek; ***guten ~!*** afiyet olsun!
appetit|anregend *adj* iştah açıcı; **~lich** *adj* çekici, nefis (görünen); **2losigkeit** *f* ⟨-; *o pl*⟩ iştahsızlık; **2zügler** *m* ⟨-s; -⟩ iştah kesici
applaudieren *v/i* ⟨*o* ge-, *h*⟩ alkışlamak
Applaus *m* ⟨-es⟩ alkış(lama)
apportieren *v/t* ⟨*o* ge-, *h*⟩ aport etmek
appretieren *v/t* ⟨*o* ge-, *h*⟩ aprelemek
Appretur *f* ⟨-; -en⟩ TECH apre(leme)
Aprikose *f* ⟨-; -n⟩ kayısı
approbiert *adj* meslek ehliyetini almış (*hekim, eczacı*)
April *m* ⟨-; -e⟩ nisan; ***im ~*** nisanda; ***j-n in den ~ schicken*** b-ne 1 nisan (şakası) yapmak; **~scherz** *m* 1 nisan şakası
apropos *adv* [apro'po:] söz …den açılmışken
Aquaplaning [akva'pla:nıŋ] *n* ⟨-(s)⟩ (ıslak zeminde) kayma
Aquarell *n* ⟨-s; -e⟩ suluboya (resim); **~farbe** *f* suluboya
Aquarium *n* ⟨-s; -rien⟩ akvaryum
Äquator *m* ⟨-s; *o pl*⟩ ekvator
äquivalent [-v-] *adj* eşdeğer
Äquivalent [-v-] *n* ⟨-s; -e⟩ eşdeğer, *-in* karşılığı
Ära *f* ⟨-; Ären⟩ çağ, devir
Arab|er *m* ⟨-s; -⟩, **~erin** *f* ⟨-; -nen⟩ Arap; **~ien** *n* ⟨-s; *o pl*⟩ Arabistan; **2isch** *adj* Arap, Arabistan *subst*, Arapça; **~isch** *n* Arapça
Arbeit *f* ⟨-; -en⟩ iş, (*Vorgang*) çalışma; (*Fleiß*) emek; ÖKON, POL faaliyet; (*Berufstätigkeit*) iş; (*Diplom2*) çalışma, tez; (*Hand2*) iş; ***~ haben*** *-in* işi olmak; ***bei der ~*** işte; ***geistige ~*** kafa işi, zihin çalışması; ***die ~ niederlegen*** işi bırakmak; ***sich an die ~ machen*** işe girişmek, işe koyulmak; ***Tag der ~*** işçi bayramı (1 mayıs); ***zur ~ gehen/fahren*** işe

gitmek; ***künstlerische ~*** sanat çalışması; ***wissenschaftliche ~*** bilimsel çalışma

arbeiten ⟨*h*⟩ **1.** *v/i* (***an*** *D* üzerinde; ***bei*** *-de*) çalışmak; ÖKON *a* iş yapmak; TECH işlemek; **(*geschäftlich*)** ***~ mit*** ile çalışmak, iş yapmak; **2.** *v/t* yapmak, çalışmak; **3.** *v/r*: ***sich ~ durch*** *-in* üstesinden gelmek

Arbeiter *m* ⟨-s; -⟩ işçi; *pl* ***~ und Unternehmer*** işçiler ve işadamları; **~in** *f* ⟨-; -nen⟩ işçi

Arbeiterpartei *f* işçi partisi

Arbeitgeber *m* ⟨-s; -⟩ işveren; **~anteil** *m* işveren payı; **~verband** *m* işveren birliği

Arbeitnehmer *m* ⟨-s; -⟩, **~in** *f* ⟨-; -nen⟩ işalan, işçi; **~anteil** *m* işalan payı

Arbeits|ablauf *m* iş akımı; **~amt** *n* çalışma dairesi; **~bedingungen** *pl* çalışma şartları *pl*; **~beschaffungsmaßnahme** *f* istihdam yaratma önlemi; **~beschaffungsprogramm** *n* istihdam yaratma programı; **~bescheinigung** *f* çalışma belgesi; **~einkommen** *n* iş geliri; **~erlaubnis** *f* çalışma izni; **♀fähig** *adj* çalışabilir; POL ***~e Mehrheit*** yeterli çoğunluk; **~gang** *m* TECH işlem, ameliye; **~gebiet** *n* çalışma alanı; ÖKON işkolu; sektör; **~gemeinschaft** *f* işbirliği; **~grundlage** *f* çalışmanın temeli (*od* ön şartları); **~gericht** *n* iş mahkemesi; **♀intensiv** *adj* işi çok, yorucu; ÖKON işyoğun; **~kampf** *m* iş uyuşmazlığı; **~kleidung** *f* iş giyimi *pl*; **~klima** *n* çalışma ortamı; **~kraft** *f* (*Fähigkeit*) çalışma gücü; *Person* işgücü; işçi; ***Arbeitskräfte*** *pl* işçiler; işgücü *sg*; **~lohn** *m* ücret

arbeitslos *adj* işsiz

Arbeitslose *m*, *f* ⟨-n; -n⟩ işsiz; ***die Arbeitslosen*** *pl* işsizler *pl*

Arbeitslosen|geld *n* işsizlik tazminatı; **~hilfe** *f* işsizlik yardımı; **~versicherung** *f* işsizlik sigortası

Arbeitslosigkeit *f* ⟨-; *o pl*⟩ işsizlik

Arbeits|markt *m* iş piyasası; ***die Lage auf dem ~*** iş piyasasındaki durum; **~minister(in** *f*) *m* çalışma bakanı; **~nachweis** *m* çalışma belgesi; **~niederlegung** *f* ⟨-; -en⟩ grev, işi bırakma; **~pause** *f* ara dinlenmesi; **~platz** *m* *Ort* *-in* çalıştığı yer; (*Stelle*) iş, kadro; ***freie Arbeitsplätze*** açık işler; ***Schaffung von Arbeitsplätzen*** iş temini, istihdam yaratma; **~prozess** *m* çalışma süreci; **~recht** *n* iş hukuku; **~speicher** *m* EDV çalışma alanı, bellek; **~stunde** *f* çalışma saati; **~suche** *f* iş arama; ***auf ~ sein*** iş aramak(ta olmak); **♀süchtig** *adj* çalışma delisi; **~tag** *m* işgünü; **~teilig** *adv* işbölümü yaparak; **~teilung** *f* işbölümü; **♀unfähig** *adj* çalışamaz, *ständig* iş göremez; **~unfall** *m* iş kazası; **~verhältnis** *n* iş ilişkisi; **~vermittlung** *f* iş temini/bulma; **~vertrag** *m* çalışma sözleşmesi; **~weise** *f* çalışma tarzı; **~zeit** *f* çalışma saatleri *pl*; çalışma zamanı; *Dauer* çalışma süresi; ***gleitende ~*** esnek çalışma saatleri; **~zeitverkürzung** *f* çalışma saatlerinin azaltılması, iş süresini kısaltma; **~zimmer** *n* çalışma odası

Archäolo|ge *m* ⟨-n; -n⟩ arkeolog; **~gie** *f* ⟨-; *o pl*⟩ arkeoloji; **~gin** *f* ⟨-; -nen⟩ arkeolog (kadın); **♀gisch** *adj* arkeolojik

Archipel *m* ⟨-s; -e⟩ adalar *pl*, takımada

Architekt *m* ⟨-en; -en⟩, **~in** *f* ⟨-; -nen⟩ mimar

architektonisch *adj* mimarî

Architektur *f* ⟨-; *o pl*⟩ mimarlık, mimari

Archiv [ar'çi:f] *n* ⟨-s; -e⟩ arşiv; **♀ieren** *v/t* [-vi:rən] arşivlemek

arg *adj u adv* kötü, berbat; ***mein ärgster Feind*** en kötü düşmanım; ***im ♀en liegen*** ihmal edilmiş olmak

Argentin|ien *n* Arjantin; **~ier** *m* ⟨-s; -⟩, **~ierin** *f* ⟨-; -nen⟩ Arjantinli; **♀isch** *adj* Arjantin(li) *subst*

Ärger *m* ⟨-s; *o pl*⟩ kızgınlık; (*Unannehmlichkeiten*) dert; ***j-m ~ machen*** b-nin başına iş açmak

ärgerlich *adj* (**über** *A -e*) kızgın; (*störend*) sinir (bozucu)

ärgern ⟨*h*⟩ **1.** *v/t* kızdırmak; **2.** *v/r*: ***sich ~*** (**über** *A -e*) kızmak

Ärgernis *n* ⟨-ses; -se⟩: ***~ erregen*** rezalet çıkarmak; JUR ***öffentliches ~*** kamu huzurunu bozucu suç

arglistig *adj* hilekâr; JUR ***~e Täuschung*** hile, aldatma

arglos *adj* saf, dürüst

Argument *n* ⟨-s; -e⟩ argüman, sebep, delil; **~ation** [-'t͡sio:n] *f* ⟨-; -en⟩ akıl yürütme; **♀ieren** *v/i* ⟨*o ge-*, *h*⟩ akıl yürütmek

argwöhnisch *adj* (**gegen** *-e* karşı) şüpheci, güvensiz

a. Rh. *Abk für* ***am Rhein*** Ren (nehri)

kıyısında
Arie ['a:rĭə] *f* ⟨-; -n⟩ MUS arya
arm *adj* (***an** D* bakımından) fakir, yoksul
Arm *m* ⟨-s; -e⟩ kol; *fig* ***j-n auf den ~ nehmen*** b-ni makaraya almak; *fig* ***j-m unter die ~e greifen*** (***mit***) b-ne (ile) destek olmak
Armaturen *pl Bad usw* armatürler; AUTO göstergeler; **~brett** *n* AUTO gösterge tablosu
Armband *n* ⟨-s; ⸚er⟩ bilezik; **~uhr** *f* kol saati
Armee *f* ⟨-; -n⟩ ordu
Ärmel *m* ⟨-s; -⟩ elbise kolu, yen; ***ohne ~*** kolsuz (*giyecek*); F ***etw aus dem ~ schütteln*** bş-i kolayca halledivermek
Ärmelkanal *m* Manş Denizi
Armen|ien *n* Ermenistan; **~ier** *m* ⟨-s; -⟩, **~ierin** *f* ⟨-; -nen⟩ Ermeni; **2isch** Ermeni(stan) *subst*; Ermenice; **~isch** *n* Ermenice
ärmlich *adj* yoksul, sefil; *Kleidung* eski püskü; ***in ~en Verhältnissen leben*** fakirlik içinde yaşamak
Armreif(en) *m* bilezik
armselig *adj* zavallı
Armut *f* ⟨-; *o pl*⟩ yoksulluk, fakirlik (***an** D* bakımından)
Armuts|grenze *f* fakirlik sınırı; ***an*** (***unter***) ***der ~ liegen*** fakirlik sınırında (sınırının altında) olmak; **~zeugnis** *n* fakir ilmühaberi; ***j-m*** (***sich***) ***ein ~ ausstellen*** b-nin (kendinin) iflasını/zavallılığını göstermek
Aroma *n* ⟨-s; -men⟩ aroma; (*Duft*) hoş koku; **~therapie** *f* MED aroma tedavisi
aromatisch *adj* hoş kokulu
aromatisieren *v/t* ⟨*o* ge-, *h*⟩ kokulandırmak, aromatize etmek
arrangieren [arã'ʒi:rən] ⟨*o* ge-, *h*⟩ **1.** *v/t* ayarlamak, bulmak; **2.** *v/r*: ***sich ~*** (***mit*** *-le*) uyuşmak, uzlaşmak
arrogant *adj* kibirli, burnu büyük
Arsch *m* ⟨-es; ⸚e⟩ V kıç, göt; V ***j-m in den ~ kriechen*** b-nin kıçını yalamak; V ***leck mich am ~!*** bokumu ye!; V **~loch** *n* göt herif, eşek herif
Arsen *n* ⟨-s; *o pl*⟩ CHEM arsenik
Art *f* ⟨-; -en⟩ (*~ und Weise*) usul; (*Sorte*) çeşit; (*Wesen*) karakter, tabiat; BIOL tür; ***es ist nicht s-e ~ zu*** *inf* -mek onun yapacağı iş değil; ***~ und Weise*** usul, yol, tarz; ***s-e ~ zu sprechen*** konuşuşu, konuşma tarzı; ***auf die(se) ~*** bu suretle, böyle; ***aller ~*** her türlü/çeşit; GASTR ***nach ~ des Hauses*** lokantamız usulü; *scherzh* ***e-e ~ Dichter*** bir tür (*abw* bir garip) şair; *fig* ***aus der ~ schlagen*** beklenenden farklı gelişmek, *Kind* başkasına çekmek
Art. *Abk* → ***Artikel***
Artenreichtum *m* ÖKOL tür zenginliği
Arterie [-ĭə] *f* ⟨-; -n⟩ ANAT atardamar; arter (*Verkehr*)
Arteriosklerose *f* ⟨-; -n⟩ MED damar sertliği, arteriyoskleroz
artgerecht *adj* ÖKOL: ***~e Tierhaltung*** *türün tabiî ihtiyaçlarına uygun hayvancılık*
Arthritis *f* MED mafsal iltihabı, artrit
artig *adj* uslu
Artikel *m* ⟨-s; -⟩ GR tanımlık; JUR madde (*mad.*); ÖKON mal
artikulieren ⟨*o* ge-, *h*⟩ **1.** *v/t* dile getirmek; **2.** *v/r*: ***sich ~*** meramını/derdini (iyi) anlatmak
Artischocke *f* ⟨-; -n⟩ enginar
Arznei *f* ⟨-; -en⟩, **~mittel** *n* (***gegen*** *-e* karşı) ilaç; **~mittelabhängigkeit** *f* ilaç bağımlılığı; **~mittelmissbrauch** *m ilaçların kötüye kullanılması*; **~pflanze** *f* şifalı bitki; **~schrank** *m* ecza dolabı
Arzt *m* ⟨-es; ⸚e⟩ hekim, tabip, F doktor; ***zum ~ gehen*** doktora gitmek
Arzthelferin *f* ⟨-; -nen⟩ muayenehane asistanı (kadın)
Ärztin *f* ⟨-; -nen⟩ hekim, tabip (kadın)
ärztlich *adj* tıbbî; ***~ behandeln*** tıbbî tedavi altında bulundurmak; ***~es Attest*** hekim raporu
Asche *f* ⟨-; *o pl*⟩ kül *pl*
Aschenbecher *m* küllük, kül tablası
Aschenbrödel, **Aschenputtel** *n* Külkedisi
Aschermittwoch *m Paskalyadan önceki perhiz döneminin ilk çarşamba*, Perhiz Çarşambası
aschfahl *adj* kül gibi (*yüz*)
aschgrau *adj* külrengi
ASCII-Code *m* EDV ASCII kodu
Ascorbinsäure *f* CHEM askorbik asit
Aserbaidschan *n* Azerbaycan; **~er** *m* ⟨-s; -⟩ Azerî, Azerbaycanlı; **2isch** Azerbaycan(lı) *subst*, Azerî; **~isch** *n* Azerîce
Asiat|e [a'zĭa:t-] *m* ⟨-n, -n⟩, **~in** *f* ⟨-; -nen⟩ Asyalı; **2isch** Asya(lı) *subst*
Asien ['a:zĭən] *n* Asya

Asket *m* ⟨-en; -en⟩, **~in** *f* ⟨-; -nen⟩ zühdî, *her günahtan sakınan*; **2isch** *adj* zühdîce

asozial *adj* toplumdışı

Aspekt *m* ⟨-s; -e⟩ yön, bakış açısı; GR görünüş

Asphalt [-f-] *m* ⟨-s; -e⟩ asfalt; **2ieren** *v/t* ⟨*o ge-*, *h*⟩asfaltlamak

Ass *n* ⟨-ses; -se⟩ as, *Karte a* birli

Assessor *m* ⟨-s; -en⟩, **~in** *f* ⟨-; -nen⟩ yüksek memur adayı

Assistent *m* ⟨-en; -en⟩, **~in** *f* ⟨-; -nen⟩ yardımcı; asistan

Assistenzarzt *m* asistan hekim

assistieren *v/i* ⟨*o* ge-, *h*⟩ (**bei** *-de*) asistanlık etmek

Assoziation [asotsĭa'tsĭo:n] *f* ⟨-; -en⟩ çağrışım

assoziieren [asotsi'i:rən] *v/t* ⟨*o* ge-, *h*⟩ çağrıştırmak

Ast *m* ⟨-es; ⸗e⟩ dal; F ***auf dem absteigenden ~ sein*** *-in* işleri *vs* kötüye gitmek

ästhetisch *adj* estetik

Asthma *n* ⟨-s; *o pl*⟩ MED astım; **~tiker** *m* ⟨-s; -⟩, **~tikerin** *f* ⟨-; -nen⟩ astımlı

Astrolog|e *m* ⟨-n; -n⟩, **~in** *f* ⟨-; -nen⟩ astrolog, HIST müneccim

Astrologie *f* ⟨-; *o pl*⟩ astroloji

Astronaut *m* ⟨-en; -en⟩ astronot

Astronomie *f* ⟨-; *o pl*⟩ astronomi

astronomisch *adj a* F *fig* astronomik

Astrophysik *f* astrofizik

ASU ['a:zu:] *f* → ***Abgasuntersuchung***

Asyl *n* ⟨-s; *o pl*⟩ POL (siyasî) iltica, sığınma; ***um*** (***politisches***) ***~ bitten*** iltica talebinde bulunmak

Asylant *m* ⟨-en; -en⟩ mülteci

Asylanten(wohn)heim *n* mülteci yurdu

Asylantin *f* ⟨-; -nen⟩ sığınmacı (kadın)

Asyl|antrag *m* iltica dilekçesi; ***e-n ~ stellen*** iltica dilekçesi vermek; **~bewerber(in** *f*) *m* iltica dilekçesi sahibi, F ilticacı; **~recht** *n* mülteci hukuku

asymmetrisch *adj* asimetrik

Atelier [atəli'e:] *n* ⟨-s; -s⟩ atölye

Atem *m* ⟨-s; *o pl*⟩ soluk, nefes; ***außer ~ sein*** soluğu kesilmek; (***tief***) ***~ holen*** derin nefes almak; ***das verschlug mir den ~*** bundan boğulacak gibi oldum; ***j-n in ~ halten*** b-ne nefes aldırmamak; **2beraubend** *adj* soluk kesici; **~beschwerden** *pl* solunum rahatsızlıkları; **2los** *adj* tıknefes; **~pause** *f* F soluklanma, ara; **~wege** *pl* solunum yolları; **~zug** *m* nefes (alış); *fig* ***im gleichen ~*** aynı anda

Atheismus *m* ⟨-; *o pl*⟩ ateizm, ateistlik

Atheist [ate'ɪst] *m* ⟨-en; -en⟩, **~in** *f* ⟨-; -nen⟩ ateist; **2isch** *adj* ateist(çe)

Äther ['ɛ:tɐ] *m* ⟨-s; -⟩ lokmanruhu

Äthiopi|en *n* Etiyopya; **~er** *m* ⟨-s; -⟩ Etiyopyalı; **2sch** Etiyopya(lı) *subst*

Athlet *m* ⟨-en; -en⟩, **~in** *f* ⟨-; -nen⟩ atlet (*sporcu*); **2isch** *adj* atletik

atlantisch *adj*: ***der Atlantische Ozean*** Atlas Okyanusu, Atlantik

Atlas *m* ⟨-; -se, Atlanten⟩ atlas

atmen *v/i u v/t* ⟨*h*⟩ solunmak, nefes almak

Atmosphär|e [atmɔ'sfɛ:rə] *f* ⟨-; -n⟩ *a fig* atmosfer, hava; **2isch** [-'sfɛ:rɪʃ] *adj* EL atmosferik

Atmung *f* ⟨-; *o pl*⟩ solunum; ***künstliche ~*** sunî solunum

Atoll *n* atol, mercan adası

Atom *n* ⟨-s; -e⟩ atom; **2ar** *adj* nükleer; **~bombe** *f* atom bombası; **~energie** *f* nükleer enerji; **~explosion** *f* nükleer patlama; **~forschung** *f* atom araştırmaları; **~gegner(in** *f*) *m* atom santrali karşıtı; **~kern** *m* atom çekirdeği; **~kraft** *f* ⟨-; *o pl*⟩ atom enerjisi; **~kraftwerk** *n* atom santrali; **~krieg** *m* atom savaşı; **~macht** *f* atom gücü (*devlet*); **~müll** *m* atom atıkları; **~physik** *f* atom fiziği; **~reaktor** *m* atom reaktörü; **~spaltung** *f* atomun parçalanması; **~test** *m* atom testi

Atomwaffen *pl* atom silahları *pl*; **2frei** *adj* atom silahlarından arındırılmış; **~gegner(in** *f*) *m* atom silahları karşıtı

ätsch *int* oh olsun!, nasılmış?

Attaché [ata'ʃe:] *m* ⟨-s; -s⟩ POL ataşe

Attacke *f* ⟨-; -n⟩ saldırı, SPORT *a* atak

attackieren *v/t u v/i* ⟨*o* ge-, *h*⟩ *-e* saldırmak

Attentat *n* ⟨-s; -e⟩ suikast; ***ein ~ auf j-n verüben*** b-ne suikast yapmak

Attentäter *m* ⟨-s; -⟩, **~in** *f* ⟨-; -nen⟩ suikastçı

Attest *n* ⟨-s; -e⟩ rapor; ***ärztliches ~*** hekim raporu

Attraktion [-'tsĭo:n] *f* ⟨-; -en⟩ çekim, cazibe

attraktiv [-f] *adj* çekici, alımlı

Attrappe *f* ⟨-; -n⟩ göstermelik, sahte *adj*

ätzend *adj* yakıcı (*asit vs*); F **echt ~** berbat!
au *int* ay!, vay!; **~ ja!** oo tabii!
AU *f* ⟨-; -s⟩ → **Abgasuntersuchung**
Aubergine [obɛr'ʒiːnə] *f* ⟨-; -n⟩ BOT patlıcan
auch *adv* da, de, dahi; **ich ~** ben de; **ich ~ nicht** ben de değil *vs*; (*sogar*) **ohne ~ nur zu fragen** sormadan etmeden; *zugestehend* **wenn ~** -se bile; **so sehr ich es ~ bedaure** ne kadar üzülsem de; *verallgemeinernd* **wann ~ (immer)** (her) ne zaman olursa olsun; **wer es ~ (immer) sei** (her) kim olursa olsun; **was er ~ (immer) sagt** (her) ne derse desin; *verstärkend* **so schlimm ist es ~ wieder nicht!** o kadar fena da değil yani!
Audienz [au̯'di̯ɛnts] *f* ⟨-; -en⟩ huzura kabul; **~ bei** *-in* huzuruna kabul
audiovisuell [au̯di̯o-] *adj* görsel-işitsel
Auditorium [-i̯ʊm] *n* ⟨-s; -rien⟩: **~ maximum** en büyük konferans salonu (*üniversite*); (*Zuhörerschaft*) dinleyiciler *pl*
auf 1. *präp* (*D*) üstünde, üzerinde; **~ dem Tisch** masa(nın) üstünde; **~ e-r Party** bir eğlentide; **~ Seite 10** sayfa 10'da; **2.** *präp* (*A*) *räumlich* üstüne, üzerine; **~ den Tisch** masa(nın) üstüne; **~ e-e Party gehen** bir eğlentiye gitmek; **geh ~ dein Zimmer!** odana çekil!; *fig* **~ Besuch kommen** görmeye/ziyarete gelmek; **~ Reisen gehen** yolculuğa çıkmak; *zeitlich* **~ ein paar Tage** birkaç günlüğüne; **es geht ~ 9 (Uhr)** (saat) 9'a geliyor; F **~ e-e Tasse Kaffee** kahveye, kahve içmeye; **~ morgen verschieben** yarına ertelemek; F **~ bald!** yakında görüşmek üzere!; **~ diese Weise** böylece; **~ Deutsch** Almanca (olarak); **~ meine Bitte (hin)** ricam üzerine; **von 80 Tonnen ~ 100 erhöhen** 80 tondan 100'e çıkarmak; **~ die Sekunde genau** saniyesi saniyesine (tam/kesin); **3.** *adv*: **~ und ab gehen** bir aşağı bir yukarı dolaşmak; **~ sein** F yatmamış olmak; *Laden* açık olmak; **ich war die ganze Nacht ~** bütün gece uyumadım; **Augen ~!** aç gözünü!; **4.** *int* F **~ (gehts)!** haydi!
Auf *n*: **das ~ und Ab des Lebens** hayatın çıkışları-inişleri
aufarbeiten *v/t* ⟨-ge-, *h*⟩ *Rückstände* tamamlamak, bitirmek; *Möbel usw* restore etmek; *fig* düşünerek *vs* üstesinden gelmek, hazmetmek
aufatmen *v/i* ⟨-ge-, *h*⟩ *fig* ferahlamak
Aufbau *m* ⟨-s; *o pl*⟩ *Gebäude* (üst) yapı; *Unternehmen* kuruluş, organizasyon; *Drama* kompozisyon; *fig* **im ~ (begriffen) sein** kuruluş halinde olmak
aufbauen 1. *v/t* ⟨-ge-, *h*⟩ *Gebäude* yapmak, inşa etmek; *Unternehmen* kurmak; **wieder ~** yeniden kurmak (*felaketten vs sonra*); **sich** (*D*) **e-e Existenz ~** işini kurmak; **s-e Theorie ~ auf** teorisini *-e* dayandırmak; **2.** *v/r*: **sich ~** dikilmek
aufbauschen *v/t* ⟨-ge-, *h*⟩ şişirmek
aufbegehren *v/i* ⟨*o* -ge-, *h*⟩ ayaklanmak
aufbekommen *v/t* ⟨*unreg*, *o* -ge-, *h*⟩ *Tür* açmayı başarmak; *Knoten* çözmek
aufbereiten *v/t* ⟨*o* -ge-, *h*⟩ TECH işlemek
aufbessern *v/t* ⟨-ge-, *h*⟩ *Gehalt* artırmak
aufbewahr|en *v/t* ⟨*o* ge-, *h*⟩ emanete almak, saklamak; **2ung** *f* ⟨-; *o pl*⟩ (**sichere ~**) muhafaza; **j-m etw zur ~ geben** bş-i b-ne emanet etmek
aufbieten *v/t* ⟨*unreg*, -ge-, *h*⟩ askıya çıkarmak (*duyuru*); MIL silah altına almak
aufblähen ⟨-ge-, *h*⟩ **1.** *v/t* şişirmek; **2.** *v/r*: **sich ~** şişmek
aufblasbar *adj* şişirme, şişirilebilir
aufblasen *v/t* ⟨-ge-, *h*⟩ şişirmek
aufbleiben *v/i* ⟨*unreg*, -ge-, *sn*⟩ yatmamak, (gece) uyanık kalmak
aufblicken *v/i* ⟨-ge-, *h*⟩: **zu j-m ~** b-ne hayranlıkla bakmak
aufblitzen *v/i* ⟨-ge-, *sn*⟩ çakmak, parlamak, parlayıvermek
aufblühen *v/i* ⟨-ge-, *sn*⟩ açmak (*çiçek*); *fig* açılmak, serpilmek
aufbohren *v/t* ⟨-ge-, *h*⟩ (delerek/matkapla) açmak
aufbrauchen *v/t* ⟨-ge-, *h*⟩ (kullanıp) bitirmek
aufbrausen *v/i* ⟨-ge-, *sn*⟩ köpürmek, küplere binmek
aufbrausend *adj* öfkeli, fevrî
aufbrechen ⟨*unreg*, -ge⟩ **1.** *v/t* ⟨*h*⟩ kırmak, açmak; **2.** *v/i* ⟨*sn*⟩ (**nach** *-e*) hareket etmek
aufbringen *v/t* ⟨*unreg*, -ge-, *h*⟩ ortaya koymak
Aufbruch *m* ⟨-s; ⸚e⟩ yola çıkış; (**nach** *-e*) hareket

aufbrühen *v/t* ⟨-ge-, *h*⟩ (kaynar suyla) yapmak (*çay vs*)

aufbürden *v/t* ⟨-ge-, *h*⟩: ***j-m etw ~*** bş-i b-nin sırtına yüklemek

aufdecken ⟨-ge-, *h*⟩ **1.** *v/t* açmak; keşfetmek; ***das Bett ~*** yatağı açmak; **2.** *v/i* sofra kurmak

aufdrängen ⟨-ge-, *h*⟩ **1.** *v/t*: ***j-m etw ~*** b-ne bş-i dayatmak; **2.** *v/r*: ***sich ~*** rahatsız etmek, musallat olmak

aufdrehen ⟨-ge-, *h*⟩ **1.** *v/t* (çevirip) açmak; *Schraube usw* gevşetmek; F *-in* sesini (iyice) açmak; **2.** *v/i* F coşup taşmak

aufdringlich *adj* sırnaşık, usandırıcı

Aufdruck *m* ⟨-s; -e⟩ *-in üstüne basılı yazı vs*; **2en** *v/t* ⟨-ge-, *h*⟩ (*-in* üstüne) basmak (*yazı vs*)

aufeinander *adv*: ***~ abgestimmte Farben*** birbir(ler)ine uyan renkler; ***~ angewiesen sein*** *-in* birbir(ler)ine ihtiyacı var/olmak; ***~ folgen*** art arda gelmek; ***~ legen*** üst üste koymak; ***an drei ~ folgenden Tagen*** art arda üç gün içinde; ***~ prallen*** çarpışmak; ***~ stoßen*** çakışmak, üst üste gelmek; ***~ treffen*** rastlaşmak, bir araya gelmek

Aufenthalt *m* ⟨-s; -e⟩ kalış, ikamet; BAHN mola; LUFTF ara iniş; ***ohne ~*** mola vermeden; ***wir hatten zwei Stunden ~ in …*** …'de iki saat bekledik

Aufenthalts|erlaubnis *f* JUR ikamet izni, F oturum; **~genehmigung** *f* JUR *oturma izni türlerinin genel adı*; **~ort** *m* JUR ikametgâh; **~raum** *m Hotel* lobi; **~recht** *n* (*Anspruch*) ikamet hakkı; (*Gesetzgebung*) ikamet hukuku

auferlegen *v/t* ⟨*o* -ge-, *h*⟩ yüklemek (*şart vs*); ***sich*** (*D*) ***keinen Zwang ~*** zora girmemek

aufessen *v/t* ⟨*unreg*, -ge-, *h*⟩ (yiyip) bitirmek

auffahren **1.** *v/i* ⟨*unreg*, -ge-, *sn*⟩ AUTO (***auf*** *A -e*) (arkadan) çarpmak; F bindirmek; **2.** *v/t* ⟨*h*⟩ arabayla getirmek; F ikram etmek (*bol bol*)

Auffahrt *f* ⟨-; -en⟩ araç girişi; otoyol girişi

Auffahrunfall *m* AUTO arkadan çarpma

auffallen *v/i* ⟨-ge-, *sn*⟩ *-in* gözüne çarpmak, dikkatini çekmek

auf|fallend, **~fällig** *adj* göze çarpan, *a negativ* dikkati çeken

auffangen *v/t* ⟨*unreg*, -ge-, *h*⟩ yakalamak, tutmak

auffassen *v/t* ⟨-ge-, *h*⟩ ipe dizmek; almak (*ilmik*); anlamak, yor(umla)mak; ***etw als Scherz ~*** bş-i şakaya yormak

Auffassung *f* ⟨-; -en⟩ (*Meinung*) görüş, kanı; (*Deutung*) anlayış; ***nach meiner ~*** bence, bana göre; ***die ~ vertreten, dass*** -diği görüşünde olmak

Auffassungsgabe *f* ⟨-; *o pl*⟩ kavrayış, anlayış (yeteneği)

auffindbar *adj* bulunabilir

auffinden *v/t* ⟨*unreg*, -ge-, *h*⟩ (arayıp) bulmak

aufflackern *v/i* ⟨-ge-, *sn*⟩ alevlenmek, ışımak

aufflammen *v/i* ⟨-ge-, *sn*⟩ alevlenmek, tutuşmak

auffliegen *v/i* ⟨*unreg*, -ge-, *sn*⟩ *Vögel* havalanıp uçmak; *Sache* havaya uçmak, patlamak; *Tür* açılıvermek; F su yüzüne çıkmak; ***~ lassen*** ihbar etmek

auffordern *v/t* ⟨-ge-, *h*⟩: ***j-n ~, etw zu tun*** (*anordnen*) b-ni -mesi için uyarmak; (*bitten*) b-nden -mesini rica etmek; ***e-e Dame*** (***zum Tanz***) ***~*** bir hanımı dansa kaldırmak

Aufforderung *f* ⟨-; -en⟩ istek, rica, çağrı; JUR talep

aufforsten *v/t* ⟨-ge-, *h*⟩ ağaçlandırmak (*orman haline getirmek*)

auffressen *v/t* ⟨*unreg*, -ge-, *h*⟩ yiyip bitirmek (*Tier*); F ***die Arbeit frisst mich auf*** bu iş beni yiyip bitiriyor

auffrischen **1.** *v/t* ⟨-ge-, *h*⟩ *Wissen* tazelemek; **2.** *v/i* serinlemek (*hava vs*)

Auffrischungskurs *m bilgi tazeleme kursu*

aufführen ⟨-ge-, *h*⟩ **1.** *v/t* THEA oynamak; ***namentlich ~*** adıyla belirtmek; ***einzeln ~*** tek tek belirtmek; **2.** *v/r* F: ***sich … ~*** … davranmak

Aufführung *f* ⟨-; -en⟩ THEA *usw* seans

Aufführungsrechte *pl* sahneleme hakları *pl*

auffüllen *v/t* ⟨-ge-, *h*⟩ (*-in* üstünü) doldurmak

Aufgabe *f* ⟨-; -n⟩ ödev; (*Auftrag*) iş; (*Pflicht*) görev; ÖKON postalama; (*Geschäfts*2) tasfiye; MATH problem; ***es ist nicht meine ~ zu*** -mek benim üstüme vazife değil; ***es sich*** (*D*) ***zur ~ machen zu …*** -meyi görev edinmek

aufgabeln *v/t* ⟨-ge-, *h*⟩ *neg* F araklamak (*kız vs*)

Aufgabenbereich *m* görev alanı; ***nicht***

in j-s ~ fallen b-nin görev alanı içinde olmamak
Aufgang *m* ⟨-s; ⸚e⟩ merdiven(ler); ASTR doğma, doğuş
aufgeben ⟨*unreg*, -ge-, *h*⟩ **1.** *v/t Brief usw* postalamak, *Telegramm* çekmek; *Gepäck* yollamak; *Anzeige* vermek; *Beruf*, *Hoffnung* bırakmak, terk etmek; ***das Rauchen ~*** sigarayı bırakmak; **2.** *v/i* vazgeçmek, pes etmek; F ***gib's auf!*** vazgeç!, uğraşma!
aufgeblasen *adj* F kibirli, tafralı
Aufgebot *n* ⟨-s; -e⟩ askı (*evlenme için*); silah altına alma; ***das ~ bestellen*** evlenmek için başvurmak; ***mit starkem ~ erscheinen*** takviye edilmiş olarak çıkagelmek
aufgebracht *adj* (***über*** *-e*) öfkeli
aufgedonnert *adj* F takıp takıştırmış
aufgedreht *adj* F taşkın, canlı; → ***aufdrehen***
aufgehen *v/i* ⟨*unreg*, -ge-, *sn*⟩ (*sich öffnen*) açılmak; *Knoten* çözülmek; *Sonne usw* doğmak; MATH *-in* çözümü var/olmak; ***~ in*** … şeklinde çözülmek; ***jetzt geht mir die Bedeutung s-r Worte auf*** onun ne demek istediğini şimdi anlıyorum; ***in Flammen ~*** alev almak
aufgehoben *adj*: ***du bist hier gut ~*** burası senin için iyi bir yer
aufgeklärt *adj* aydınlatılmış, aydınlığa kavuş(turul)muş
aufgekratzt *adj* F taşkın, canlı
aufgelegt *adj*: ***zu etw ~ sein*** *-in* bş-e gönlü olmak; ***gut*** (***schlecht***) ***~*** *-in* keyfi yerinde olmak (olmamak)
aufgelöst *adj* çözülmüş; (*sehr aufgeregt*) heyecandan eli ayağı tutmaz halde
aufgeräumt *adj* derli toplu
aufgeregt *adj* heyecanlı (*kişi*)
aufgeschlossen *adj fig* geniş görüşlü; (***für*** *A -e*) açık; **⸗heit** *f* ⟨-; *o pl*⟩ açık fikirlilik
aufgeschmissen *adj* F: ***~ sein*** hapı yutmuş olmak
aufgeschossen *adj*: ***hoch ~*** boy atmış
aufgesetzt *adj* yapmacıklı
aufgestaut *adj* (akamayıp) birikmiş, yığılıp kalmış
aufgeweckt *adj* uyanık, cingöz
aufgießen *v/t* ⟨*unreg*, -ge-, *h*⟩: ***etw ~*** *-in* üzerine dökmek; *Tee usw* kaynar su dökerek hazırlamak
aufgliedern *v/t* ⟨-ge-, *h*⟩ (***nach*** *-e* göre) bölümlere ayırmak
aufgreifen *v/t* ⟨*unreg*, -ge-, *h*⟩ *Person* yakalamak; *Gedanken* benimsemek
aufgrund *präp* (*G*) *-e* binaen; … dolayısıyla, *negativ* (*-in*) yüzünden
aufhaben ⟨*unreg*, -ge-, *h*⟩ F **1.** *v/t Hut usw -in* başında olmak; **2.** *v/i Geschäft usw* açık olmak
aufhalsen *v/t* ⟨-ge-, *h*⟩ F: ***j-m etw ~*** bş-i b-nin başına bela etmek
aufhalten ⟨*unreg*, -ge-, *h*⟩ **1.** *v/t Tür* açık tutmak; *Dieb*, *Entwicklung* durdurmak, *-e* engel olmak; ***ich will Sie nicht länger ~*** sizi daha fazla tutmayayım; **2.** *v/r*: ***sich ~*** (***bei j-m*** b-nin yanında) kalmak, bulunmak; ***sich ~ mit*** ile oyalanmak, vakit kaybetmek
aufhängen ⟨-ge-, *h*⟩ **1.** *v/t* (***an*** *D -e*) asmak; ***j-n ~*** b-ni asmak, idam etmek; **2.** *v/r*: ***sich ~*** kendini asmak
Aufhänger *m* ⟨-s; -⟩ halka, askı; F (*Anlass*) vesile; ***~*** (***für e-n Artikel*** *usw*) (bir makale *vs* için) çarpıcı bir giriş
aufhäufen *v/t* ⟨-ge-, *h*⟩ birikmek, yığılmak
aufheben *v/t* ⟨*unreg*, -ge-, *h*⟩ (yerden) kaldırmak; (*aufbewahren*) saklamak; (*abschaffen*) iptal etmek; *Sitzung* tatil etmek; ***ein Verbot ~*** bir yasağı kaldırmak
Aufheben *n* ⟨-s; *o pl*⟩: ***viel ~(s) machen*** (***von*** *-e*) fazla önem vermek, (*-i*) şişirmek
Aufhebung *f* ⟨-; -en⟩ (yürürlükten) kaldır(ıl)ma; iptal; fesih
aufheitern ⟨-ge-, *h*⟩ **1.** *v/t*: ***j-n ~*** neşelendirmek; **2.** *v/r*: ***sich ~*** neşelenmek; *Wetter* açmak
Aufheiterungen *pl* yer yer açık hava
aufhellen ⟨-ge-, *h*⟩ **1.** *v/t -in* rengini açmak; **2.** *v/r*: ***sich ~*** açılmak
aufhetzen *v/t* ⟨-ge-, *h*⟩: ***j-n ~*** (***zu etw***) b-ni (bş-e) kışkırtmak; ***j-n ~ gegen*** b-ni b-ne karşı kışkırtmak
aufholen *v/t* ⟨-ge-, *h*⟩ *-e* yetişmek; arayı kapatmak; *Zeit* (farkı) kapatmak; *Rückstand* telafi etmek
aufhören *v/i* ⟨-ge-, *h*⟩ bitmek; kes(il)mek; ***hör auf!*** yetişir!; yapma!; ***sie hörte nicht auf zu reden*** lafı bırakmıyordu; F ***ohne aufzuhören*** durmadan, durup dinlenmeden
aufkaufen *v/t* ⟨-ge-, *h*⟩ satın almak, devralmak

aufklappen ⟨-ge-⟩ *v/t* ⟨*h*⟩ *v/i* ⟨*sn*⟩ (katlayıp) açmak

aufklaren *v/i* ⟨-ge-, *h*⟩ *Wetter* açmak; *Wasser* durulmak

aufklären ⟨-ge-, *h*⟩ **1.** *v/t Angelegenheit* aydınlatmak; *Missverständnis* düzeltmek; ***j-n ~*** (***über*** *A* hakkında) b-ne bilgi vermek, *Kinder* cinsellik eğitimi vermek; **2.** *v/r*: ***sich ~*** çözülmek, aydınlığa kavuşmak

Aufklärung *f* ⟨-; -en⟩ aydınlat(ıl)ma, çözüm; ***~ verlangen*** açıklama istemek; HIST Aydınlanma (çağı); (***sexuelle***) ***~*** cinsel eğitim

Aufklärungsquote *f* çözüm/aydınlatılma oranı (*suç olayları*)

aufkleb|en *v/t* ⟨-ge-, *h*⟩: ***etw ~*** (***auf*** *A -in* üzerine) bş yapıştırmak; **≗er** *m* ⟨-s; -⟩ çıkartma, yapışkan etiket

aufknöpfen *v/t* ⟨-ge-, *h*⟩ *-in* düğmelerini çözmek

aufkochen *v/t* ⟨-ge-, *h*⟩: ***~ lassen*** bir taşım kaynatmak

aufkommen *v/i* ⟨*unreg*, -ge-, *sn*⟩: ***Zweifel ~ lassen*** şüphe uyandırmak; ***nicht ~ lassen*** *-e* meydan bırakmamak; ***~ für*** (*bezahlen*) *-i* ödemek, *-in* masrafını karşılamak; *Schaden -i* karşılamak, tazmin etmek; ***~ gegen*** ile başedebilmek; ***niemanden neben sich ~ lassen*** yanında kimseye hak tanımamak

Aufkommen *n* ⟨-s; *o pl*⟩ meydana gelme; ÖKON hasılat, verim

aufkratzen *v/t* ⟨-ge-, *h*⟩: ***sich*** (*D*) ***etw ~*** bir yerini (kaşıyarak) yara etmek, dikene *vs* takıp yırtmak

aufkreuzen *v/i* ⟨-ge-, *sn*⟩ F boy göstermek, çıkagelmek

Aufl. *Abk für* ***Auflage*** *f* baskı

aufladen ⟨*unreg*, -ge-, *h*⟩ **1.** *v/t* (***auf*** *A* üzerine) yüklemek; *Batterie* doldurmak, şarj etmek; F ***j-m*** (***sich***) ***etw ~*** b-ne (kendine) bş-i yük etmek; **2.** *v/r*: ***sich ~*** EL yüklenmek

Auflage *f* ⟨-; -n⟩ *Buch* baskı; *Zeitung* tiraj; TECH mesnet; (*Verpflichtung*) yükümlülük; ***j-m etw zur ~ machen*** b-ni bş-le yükümlü kılmak

auflassen *v/t* ⟨*unreg*, -ge-, *h*⟩ F *Tür usw* açık bırakmak; *Hut* çıkarmamak; JUR *Besitz* devretmek

auflauern *v/i* ⟨-ge-, *h*⟩: ***j-m ~*** b-ni (pusuda *vs*) beklemek

Auflauf *m* ⟨-s; ⸚e⟩ GASTR graten, sufle; (*Menschen*≗) kalabalık, hengâme

auflaufen *v/i* ⟨-ge-, *sn*⟩ MAR karaya oturmak; ***j-n ~ lassen*** b-ni terslemek, refüze etmek

aufleben *v/i* ⟨-ge-, *sn*⟩ (***wieder***) ***~*** (yeniden) canlanmak; ***er lebte förmlich auf*** yeniden doğmuş gibi oldu

auflegen ⟨-ge-, *h*⟩ **1.** *v/t Kassette usw* koymak; **2.** *v/i* TEL telefonu kapatmak; ÖKON tanzim etmek, ihraç etmek

auflehnen *v/r*: ***sich ~*** (***gegen***) (*-e*) isyan etmek, (*-e* karşı) ayaklanmak

auflesen *v/t* ⟨*unreg*, -ge-, *h*⟩ F: ***j-n ~*** b-ni bulup getirmek

aufleuchten *v/i* ⟨-ge-, *h*⟩ parlamak, ışımak

auflisten *v/t* ⟨-ge-, *h*⟩ sıralamak, *-in* listesini çıkarmak

auflockern *v/t* ⟨-ge-, *h*⟩ gevşetmek, havalandırmak; hafifletmek, eğlenceli hale getirmek (*ders vs*)

auflös|en **1.** *v/t* ⟨-ge-, *h*⟩ *Tablette* eritmek; *Konto*, *Firma*, *Parlament* kapatmak; *Vertrag* feshetmek; *Rätsel* çözmek; **2.** *v/r*: ***sich ~*** çözülmek; ***sich in nichts ~*** ortadan kaybolmak; **≗ung** *f* ⟨-; -en⟩ kapatma; fesih; iptal, çözüm

aufmach|en ⟨-ge-, *h*⟩ **1.** *v/t* açmak; **2.** *v/i* F: ***j-m ~*** b-ne kapıyı açmak; **3.** *v/r*: ***sich ~*** (***nach*** *-e* doğru) yola çıkmak; **≗ung** *f* ⟨-; -en⟩ görünüş, dekor

Aufmarsch *m* ⟨-s; ⸚e⟩ MIL yürüyüş, yürüme; **≗ieren** *v/i* ⟨*sn*⟩ yürümek

aufmerksam *adj* dikkatli; (*zuvorkommend*) nazik; ***j-n ~ machen auf*** (*A*) b-nin dikkatini *-e* çekmek; ***~ werden auf*** (*A*) *-in* farkına varmak; **≗keit** *f* ⟨-; *o pl*⟩ dikkat, uyanıklık; (*Höflichkeit*) nezaket; ***~ erregen*** ilgi uyandırmak; dikkati çekmek; ***~ schenken*** *-i* dikkate almak

aufmöbeln *v/t* ⟨-ge-, *h*⟩ F *-in* keyfini yerine getirmek

aufmunter|n *v/t* ⟨-ge-, *h*⟩ (*ermuntern*) canlandırmak; (*aufheitern*) neşelendirmek; **≗ung** *f* ⟨-; -en⟩ canlandırma; neşelendirme

aufmüpfig *adj* F küstah, isyankâr

Aufnahme *f* ⟨-; -n⟩ *Tätigkeit -e* başlama; (*Unterbringung*) *-e* yerleş(tir)me, *Asylanten* kabul edilme, alınma; *Kredit* istikraz; (*Empfang*) kabul; *auf Band*, *Schallplatte* kayıt; FOTO foto(ğraf), poz; ***~ in*** *Verein* derneğe üye kabul edil-

me; ~ ***finden*** (***bei*** *-den*) kabul görmek; ***e-e ~ machen von*** *-in* resmini/filmini çekmek; *-i* filme/banda almak
aufnahmefähig *adj* (***für*** *-i*) dinleyecek/anlayacak durumda; **2keit** *f* ⟨-; *o pl*⟩ zihin açıklığı
Aufnahme|gebühr *f* kayıt ücreti; **~leiter(in** *f*) *m* FILM set amiri; **~prüfung** *f* giriş sınavı
aufnehmen *v/t* ⟨*unreg*, -ge-, *h*⟩ *Tätigkeit -e* başlamak; (*unterbringen*) yerleştirmek, *Asylanten* kabul etmek; *Kredit* istikraz etmek; (*empfangen*) karşılamak, kabul etmek; FOTO resim çekmek; *auf Band usw* kaydetmek; ***etw übel ~*** bş-i kötü karşılamak; ***in sich ~*** aklına yazmak; ***in e-n Verein ~*** derneğe kabul etmek; ***j-n bei sich ~*** b-ni yanına almak; ***wieder ~*** yeniden ele almak; *Prozess* yeniden görmek
aufopfern *v/t* ⟨-ge-, *h*⟩: ***sich ~*** kendini feda etmek
aufpäppeln *v/t* ⟨-ge-, *h*⟩ F pışpışlamak
aufpassen *v/i* ⟨-ge-, *h*⟩ dikkat etmek; ***~ auf*** (*A*) *-e* göz kulak olmak, bakmak; ***pass auf!*** dikkat (et)!; F ***pass gut auf dich auf!*** kendine iyi bak!
Aufpreis *m* ⟨-es; -e⟩ zam; ***gegen ~*** ekstra ücret karşılığı
aufpumpen *v/t* ⟨-ge-, *h*⟩ şişirmek (*lastik vs*)
aufputschen ⟨-ge-, *h*⟩ **1.** *v/t* F uyarmak, kamçılamak; **2.** *v/r*: ***sich ~*** yorgunluğunu bastırmak
Aufputschmittel *n* F uyarıcı madde (*ilaç vs*)
aufraffen ⟨-ge-, *h*⟩ **1.** *v/t* kaldırmak, sıvamak (*etek vs*); **2.** *v/r*: ***sich ~*** gayrete gelmek; ***sich ~, etw zu tun*** bş-i yapmaya gayretlenmek
aufragen *v/i* ⟨-ge-, *h*⟩ yükselmek, (*-in* içinden) sivrilip çıkmak
aufräumen *v/t* ⟨-ge-, *h*⟩ toplamak, düzene koymak
aufrechnen *v/t* ⟨-ge-, *h*⟩: ***etw ~*** (***gegen*** *-den*) bş-i (hesaplayıp) düşmek
aufrecht *adj* dik; ***~ sitzen*** dik oturmak; **~erhalten** *v/t* ⟨*unreg*, *h*⟩ korumak, ayakta tutmak; **2erhaltung** *f* ⟨-; *o pl*⟩ koru(n)ma
aufregen ⟨-ge- *h*⟩ **1.** *v/t* heyecanlandırmak; (*beunruhigen*) telaşlandırmak; (*ärgern*) kızdırmak; **2.** *v/r*: ***sich ~*** (***über*** *A -e*) heyecanlanmak, kızmak
aufregend *adj* heyecanlı; heyecan verici, dramatik
Aufregung *f* ⟨-; -en⟩ heyecan; (*Aufruhr*) telaş; ***nur keine ~!*** hiç telaş etme(yin)!
aufreiben ⟨*unreg*, -ge-, *h*⟩ **1.** *v/t Haut* tahriş etmek; *fig* yıpratmak; **2.** *v/r*: ***sich ~*** yıpranmak
aufreibend *adj* yıpratıcı
aufreihen **1.** *v/t* ⟨-ge-, *h*⟩ dizmek; **2.** *v/r* ***sich ~*** dizilmek
aufreißen ⟨*unreg*, -ge-⟩ **1.** *v/t* ⟨*h*⟩ (yırtıp) koparmak; *Tür* hızla açmak; **2.** *v/i* ⟨*sn*⟩ yırtılmak
aufrichten ⟨-ge-, *h*⟩ **1.** *v/t* dikmek, doğrultmak; (*trösten*) teselli etmek, cesaretlendirmek; **2.** *v/r*: ***sich ~*** doğrulmak, dikilmek; ***sich ~ an*** *D -e* sarılmak, *-de*(*n*) teselli bulmak
aufrichtig *adj* samimi; (*herzlich*) içten; (*korrekt*) dürüst; ***es tut mir ~ Leid*** emin ol(un) üzüldüm; **2keit** *f* ⟨-; *o pl*⟩ samimiyet; içtenlik; dürüstlük
aufrollen *v/t* ⟨-ge-, *h*⟩ (*aufwickeln*) *Kabel* açmak, (makaradan) boşaltmak; *Teppich* yaymak; *-in* rulosunu/katlarını açmak; rulo yapmak, sarmak; dürmek; *fig* (***wieder***) ~ yeniden ele almak
aufrücken *v/i* ⟨-ge-, *sn*⟩ (***zu*** *-e*) ilerlemek; birbirine yanaşmak, sıkışmak
Aufruf *m* ⟨-s; -e⟩ *öffentlicher* (***zu*** *-e*) çağrı
aufrufen *v/i* ⟨*unreg*, -ge-, *h*⟩: ***zu*** *-e* çağırmak
Aufruhr [-ruːɐ] *m* ⟨-s; -e⟩ JUR karışıklık, kargaşa
aufrühren *v/t* ⟨-ge-, *h*⟩ karıştırmak, bulandırmak
aufrührerisch *adj* karışıklık çıkaran
aufrüst|en *v/t u v/i* ⟨-ge-, *h*⟩ MIL: ***wieder ~*** yeniden silahlanmak; EDV terfi ettirmek (*bilgisayarı*); **2ung** *f* ⟨-; -en⟩ MIL silahlanma
aufsässig *adj* isyankâr
Aufsatz *m* ⟨-es; ⸚e⟩ (*Abhandlung*) makale; *Schule* kompozisyon; TECH başlık
aufsaugen *v/t* ⟨-ge-, *h*⟩ emmek, içine çekmek
aufscheuchen *v/t* ⟨-ge-, *h*⟩ kovalamak, kışkışlamak
aufschichten *v/t* ⟨-ge-, *h*⟩ istif etmek, kat kat dizmek
aufschieben ⟨*unreg*, -ge-, *h*⟩ *fig* (***auf*** *A*, ***bis*** *-e*) ertelemek

Aufschlag *m* ⟨-s; ⸚e⟩ (***auf*** *-e*) zam
aufschlagen ⟨-ge-⟩: ***auf den*** (*od* ***dem***) ***Boden ~*** yere çarpmak; ***Seite 10 ~*** 10'uncu sayfayı açmak; ***sich*** (*D*) ***das Knie ~*** dizini (çarpıp) yarmak; ***s-n Wohnsitz in X ~*** X'e yerleşmek
aufschließen ⟨*unreg*, -ge-, *h*⟩ **1.** *v/t* açmak (*anahtarla*); **2.** *v/i* (birbirine) yanaşmak; ***~ zu*** *-e* ilerlemek
Aufschluss *m* ⟨-es; ⸚e⟩: ***j-m ~ geben*** (***über*** hakkında) b-ne fikir vermek
aufschlüsseln *v/t* ⟨-ge-, *h*⟩ deşifre etmek
aufschlussreich *adj* öğretici, aydınlatıcı
aufschneiden ⟨*unreg*, -ge-, *h*⟩ **1.** *v/t* MED (kesip) açmak; **2.** *v/i* F böbürlenmek
Aufschnitt *m* ⟨-s; *o pl*⟩ *dilimlenmiş soğuk et veya sucuk*
aufschnüren *v/t* ⟨-ge-, *h*⟩ çözmek, *-in* bağını çözmek
aufschrauben *v/t* ⟨-ge-, *h*⟩ *Deckel* (çevirip) açmak; *-in* vidalarını gevşetmek; ***auf etw ~*** bş-in üstüne vidalamak
aufschrecken ⟨-ge-⟩ **1.** *v/t* ⟨*h*⟩: ***j-n ~ aus*** b-ni ürkütmek, yerinden sıçratmak; **2.** *v/i* ⟨*sn*⟩: ***aus dem Schlaf ~*** korkutup uyanmak
Aufschrei *m* ⟨-s; -e⟩ çığlık
aufschreiben ⟨*unreg*, -ge-, *h*⟩ yazmak, kaydetmek, not etmek
aufschreien *v/i* ⟨*unreg*, -ge-, *h*⟩ (***vor*** *-den*) çığlık atmak
Aufschrift *f* ⟨-; -en⟩ (*Etikett*) etiket; (*Inschrift*) yazı (*bş-in üstünde*)
Aufschub *m* ⟨-s; ⸚e⟩ ÖKON, JUR tehir, tecil, temdit, erteleme; ***keinen ~ dulden*** ertelenmeye tahammülü yok/olmamak
aufschürfen *v/t* ⟨-ge-, *h*⟩ sıyırtmak; ***sich*** (*D*) ***das Knie ~*** dizini sıyırtmak
aufschwatzen *v/t* ⟨-ge-, *h*⟩ F: ***j-m etw ~*** b-ne bş-i kakalamak (*gevezelikle*)
aufschwingen *v/r*: ***sich ~*** ⟨*unreg*, -ge-, *h*⟩ havalanmak, yükselmek
Aufschwung *m* ⟨-s; *o pl*⟩ ÖKON kalkınma
Aufsehen *n* ⟨-s; *o pl*⟩: ***~ erregen*** heyecan uyandırmak; *stärker* sansasyon yaratmak; ***~ erregend*** sansasyonel
Aufseher *m* ⟨-s; -⟩, **~in** *f* ⟨-; -nen⟩ gözcü, gardiyan
aufsetzen ⟨-ge-, *h*⟩ **1.** *v/t Hut* giymek; *Brille* takmak; *Vertrag* kaleme almak; **2.** *v/r*: ***sich ~*** (***im Bett***) (yatakta) doğrulup oturmak
Aufsicht *f* ⟨-; -en⟩ üstten görünüş; (*Überwachung*) denetim, kontrol; JUR murakabe; ***die ~ haben*** (*od* ***führen***) (***über*** *-i*) denetleyenler; ***unter ärztlicher ~*** hekim kontrolü altında; ***ohne ~*** denetimsiz
Aufsichts|beamte *m* kontrol memuru, murakıp; **~behörde** *f* tetkik mercii; **~rat** *m* ÖKON denetleme kurulu, murakabe heyeti
aufsitzen *v/i* ⟨*unreg*, -ge-, *sn*⟩ *Pferd, Fahrrad* binmek; ***j-n ~ lassen*** *fig* b-ni ortada bırakmak
aufspannen *v/t* ⟨-ge-, *h*⟩ *Schirm* açmak
aufsperren *v/t* ⟨-ge-, *h*⟩ açmak (*anahtarla*)
aufspielen ⟨-ge-, *h*⟩ **1.** *v/t u v/i* çalmak, söylemek; **2.** *v/r*: ***sich ~ als …*** kendini … gibi göstermek, …-lik taslamak
aufspringen *v/i* ⟨*unreg*, -ge-, *sn*⟩ (yerinden) sıçramak; ***~ auf*** *-e* atlamak, binmek
Aufstand *m* ⟨-s; ⸚e⟩ ayaklanma, isyan
aufständisch *adj* isyancı, isyankâr
aufstauen *v/t* ⟨-ge-, *h*⟩ biriktirmek (*bş-in önünü tıkayıp*)
aufstecken *v/t* ⟨-ge-, *h*⟩ tutturmak, iğnelemek; (*aufgeben*) *-den* caymak
aufstehen *v/i* ⟨*unreg*, -ge-, *sn*⟩ (ayağa, yataktan) kalkmak; (*offen sein*) açık durmak
aufsteigen *v/i* ⟨*unreg*, -ge-, *sn*⟩ yükselmek; LUFTF kalkmak; ***~ auf*** *-e* binmek (*ata vs*); ***in mir stieg der Verdacht auf, dass*** içimde -diği şüphesi belirdi
Aufsteiger *m* ⟨-s; -⟩ F *abw sozial* sınıf atlayan; *beruflich* ilerleyen
aufstell|en ⟨-ge-, *h*⟩ **1.** *v/t* koymak, dikmek; *Wachen* koymak; *Rekord* kırmak; *Kandidaten* göstermek; *Liste* düzenlemek, yapmak; **2.** *v/r* MIL: ***sich ~*** (***vor*** karşısında) mevzi almak; ***sich hintereinander ~*** art arda dizilmek; **≈ung** *f* ⟨-; -en⟩ ÖKON: ***~ e-r Bilanz*** bilanço dökümü
Aufstieg *m* ⟨-s; -e⟩ *a* LUFTF yükselme; *fig* terfi; ***den ~ schaffen*** yükselmeyi başarmak; **~schancen** *pl* terfi olanakları
aufstocken *v/t* ⟨-ge-, *h*⟩ ARCH *-e* kat çıkmak; *Haushalt usw -e* ek yapmak

aufstöhnen *v/i* ⟨-ge-, *h*⟩ inlemek
aufstoßen ⟨*unreg*, -ge-, *h*⟩ **1.** *v/t* iterek açmak; **2.** *v/i* geğirmek; F ***j-m* ~** b-nin gözüne batmak, *stärker* b-nin midesini bulandırmak
Aufstrich *m* ⟨-s; -e⟩ *ekmeğe sürülecek karışım*
aufstützen ⟨-ge-, *h*⟩ **1.** *v/t* (***auf*** *A* *-e*) dayamak, **2.** *v/r*: ***sich* ~** (***auf*** *A* *-e*) dayanmak
aufsuchen *v/t* ⟨-ge-, *h*⟩ *Arzt -e* gitmek
auftakeln *v/t* ⟨-ge-, *h*⟩ F: ***sich* ~** süslenip püslenmek
Auftakt *m fig* (***zu*** *-e*) giriş, başlangıç
auftanken *v/t u v/i* ⟨-ge-, *h*⟩ AUTO depoyu doldurmak
auftauchen *v/i* ⟨-ge-, *sn*⟩ (*erscheinen*) ortaya çıkmak
auftauen ⟨-ge-⟩ **1.** *v/t* ⟨*h*⟩ *Tiefkühlkost* (*-in* buzunu) çöz(dür)mek; **2.** *v/i* ⟨*sn*⟩ erimek, çözülmek; *fig unp -in* çekingenliği geçmek
aufteilen *v/t* ⟨-ge-, *h*⟩ bölmek; (*verteilen*) (***unter*** *D* arasında) dağıtmak, paylaştırmak
auftischen *v/t* ⟨-ge-, *h*⟩ sofraya/masaya koymak
Auftrag *m* ⟨-s; ⸚e⟩ ÖKON sipariş, talep; ***etw in* ~ *geben*** bş-i sipariş etmek; ***im* ~ *von*** *-in*/… adına; ***im* ~ *von …*** (*od G*) ***handeln*** *-in* talimatıyla davranmak
auftragen ⟨*unreg*, -ge-, *h*⟩ **1.** *v/t* sürmek, yaymak; ***j-m etw* ~** b-ni bş-le görevlendirmek; ***j-m* ~, *etw zu tun*** b-ni bş-i yapmakla görevlendirmek; **2.** *v/i* şişman göstermek; ***dick* ~** bol keseden atmak
Auftraggeber *m* ⟨-s; -⟩, **~in** *f* ⟨-; -nen⟩ sipariş/talimat veren, müşteri
Auftrags|bestätigung *f* sipariş teyidi; **⁓gemäß** *adv* ÖKON siparişe/talimata uygun; **~lage** *f* ÖKON sipariş durumu
auftreffen *v/i* ⟨*unreg*, -ge-, *sn*⟩ (***auf*** *-e*) çarpmak
auftreiben *v/t* ⟨*unreg*, -ge-, *h*⟩ F bulup buluşturmak
auftreten *v/i* ⟨*unreg*, -ge-, *sn*⟩ *-e* ayak basmak; ***als Vermittler* ~** arabuluculuğa soyunmak; ***zum ersten Mal* ~** ilk defa sahneye çıkmak
Auftreten *n* ⟨-s; *o pl*⟩ (*Vorkommen*) belirme, ortaya çıkma; *gewandtes, sicheres usw* tavır
Auftrieb *m* ⟨-s; *o pl*⟩: (***neuen***) **~ *verleihen*** (yeniden) hız vermek
Auftritt *m* ⟨-s; -e⟩ sahneye çıkış; F kavga, tartışma, takışma
auftrumpfen *v/i* ⟨-ge-, *h*⟩: **~ *gegen*** *-e* dayılanmak; ***mit e-m Rekord* ~** rekoruyla caka satmak
auftun *v/r* ⟨*unreg*, -ge-, *h*⟩: ***sich* ~** açılmak, meydana çıkmak
auftürmen *v/t* ⟨-ge-, *h*⟩ yükselmek, tepe gibi yığılmak
aufwachen *v/i* ⟨-ge-, *sn*⟩ uyanmak
aufwachsen *v/i* ⟨*unreg*, -ge-, *sn*⟩ büyümek, yetişmek
Aufwand *m* ⟨-s; *o pl*⟩ harcama, (*Geld*⁓) masraf; **~ *an*** *D* … harcaması; ***der ganze* ~ *war umsonst*** bütün çabalar/masraf boşuna oldu; ***e-n großen* ~ *an Energie erfordern*** çok enerji harcanmasını gerektirmek; ***e-n großen* ~ *treiben*** büyük çaba harcamak, büyük masrafa girmek
aufwändig → ***aufwendig***
aufwärmen ⟨-ge-, *h*⟩ **1.** *v/t* ısıtmak; **2.** *v/r*: ***sich* ~** ısınmak
aufwärts *adv* yukarı(ya) (doğru); ***mit dem Geschäft geht es* ~** iş iyiye gidiyor; **⁓entwicklung** *f* yükselme (eğilimi), gelişme, ilerleme
aufwecken *v/t* ⟨-ge-, *h*⟩ uyandırmak
aufweichen ⟨-ge-⟩ **1.** *v/t* ⟨*h*⟩ (ıslatıp) yumuşatmak; **2.** *v/i* ⟨*sn*⟩ (ıslanıp) yumuşamak
aufweisen *v/t* ⟨*unreg*, -ge-, *h*⟩: ***große Mängel* ~** *-in* büyük hataları var/olmak
aufwend|en *v/t* ⟨*unreg*, -ge-, *h*⟩ (***für*** *-e*) harcamak; (***viel***) ***Mühe* ~** çok zahmete girmek; **~ig** *adj* (*kosten~*) masraflı; (*zeit~*) çok zaman alan; **⁓ungen** *pl* masraf(lar *pl*)
aufwerfen *v/t* ⟨*unreg*, -ge-, *h*⟩ ortaya atmak
aufwert|en *v/t* ⟨-ge-, *h*⟩ ÖKON revalüe etmek; *fig -in* değerini yükseltmek/arttırmak; **⁓ung** *f* ⟨-; -en⟩ ÖKON revalüasyon; *fig -in* değerini yükseltme
aufwickeln *v/t* ⟨-ge-, *h*⟩ sarmak, yumak/rulo yapmak; F makaraya almak
Aufwind *m* ⟨-s; -e⟩ LUFTF yükselen hava akımı; ÖKON ***im* ~** canlanma halinde
aufwirbeln *v/t* ⟨-ge-, *h*⟩ *fig*: ***viel Staub* ~** çok gürültü koparmak
aufwischen *v/t* ⟨-ge-, *h*⟩ (bezle) silmek
aufwühlen *v/t* ⟨-ge-, *h*⟩ karıştırmak, bulandırmak; ***j-n* ~** b-ni altüst etmek
aufzähl|en *v/t* ⟨-ge-, *h*⟩ (birer birer) say-

mak; **≈ung** *f* ⟨-; -en⟩ sayma, sıralama
aufzeichn|en *v/t* ⟨-ge-, *h*⟩ *-in* resmini çizmek; (*aufschreiben*) not etmek, yazmak; TECH (***auf** -e*) kaydetmek, yazmak; **≈ung** *f* ⟨-; -en⟩ *Rundfunk*, TV kayıt; ***sich*** (*D*) ***~en machen*** (***über*** üzerine) not(lar) almak
aufzeigen *v/t* ⟨-ge-, *h*⟩ göstermek, kanıtlamak
aufziehen ⟨*unreg*, -ge-⟩ **1.** *v/t* ⟨*h*⟩ kurmak; (*öffnen*) (çekip) açmak; ***andere Saiten ~*** aşağıdan almak; ***j-n ~*** b-ni işletmek; ***Spielzeug zum Aufziehen*** kurmalı oyuncak; **2.** *v/i* ⟨*sn*⟩ *Wind* çıkmak
Aufzug *m* ⟨-s; ⸚e⟩ asansör; *fig abw* kılık, kıyafet
aufzwingen *v/t* ⟨*unreg*, -ge-, *h*⟩: ***j-m etw ~*** b-ne bşi dayatmak
Augapfel *m* ANAT göz yuvarlağı; ***etw wie s-n ~ hüten*** bş-i gözünün bebeği gibi korumak
Auge *n* ⟨-s; -n⟩ ANAT göz; ***~ um ~!*** göze göz, dişe diş!; F ***blaues ~*** morarmış göz; ***ein ~ haben auf*** *-in* gözü *-in* üstünde olmak; ***ein ~ zudrücken*** (***bei** -e*) göz yummak; ***etw im ~ haben*** kastetmek; ***im ~ behalten*** *-den* gözünü ayırmamak ***ins ~ fallen*** göze çarpmak; ***ins ~ fassen*** *-e* girişmek; ***mit bloßem ~*** çıplak gözle; ***so weit das ~ reicht*** göz alabildiğine; F ***das kann leicht ins ~ gehen*** bu iş çok kazalı/tehlikeli; ***j-m etw vor ~n führen*** b-ne bş-i göstermek, açıklamak; ***mit e-m blauen ~ davonkommen*** gözünün morardığıyla kalmak; ***sich*** (*D*) ***etw vor ~n halten*** *-i* göz önünde bulundurmak; ***nicht aus den ~n lassen*** gözünü *-den* ayırmamak; F ***er wird ~n machen!*** çok şaşıracak!; ***j-m die ~n öffnen*** b-nin gözünü açmak; ***j-m in die ~n sehen*** b-ne karşı alnı açık olmak; ***ich traute meinen ~n kaum*** gözlerime inanasım gelmedi; ***aus den ~n verlieren*** *-i* gözden kaybetmek; ***die ~n verschließen vor*** *-i* görmek istememek; ***unter vier ~n*** baş başa
Augen|arzt *m*, **~ärztin** *f* göz doktoru
Augenblick *m* ⟨-s; -e⟩ an; (*e-n*) ***~!*** bir dakika!; ***im letzten ~*** son anda; **≈lich 1.** *adj* (*gegenwärtig*) şu anki; **2.** *adv* (*vorübergehend*) şimdilik; (*sofort*) derhal
Augen|braue *f* kaş; **~brauenstift** *m* kaş kalemi; **~farbe** *f* göz rengi; **~heilkunde** *f* göz hekimliği, oftalmoloji; **~höhe** *f*: ***in ~*** göz hizasında; **~klinik** *f* göz kliniği; **~leiden** *n* göz hastalığı; **~licht** *n* ⟨-s; *o pl*⟩ *-in* gözünün feri; **~lid** *n* gözkapağı; **~maß** *n* ⟨-es⟩ göz kararı; ***ein gutes ~ haben*** *-in* gözü yanılmamak; **~merk** *n*: ***sein ~ richten auf*** dikkatini *-e* çevirmek; **~operation** *f* göz ameliyatı; **~salbe** *f* göz merhemi
Augenschein *m* ⟨-s; *o pl*⟩: ***dem ~ nach*** görüldüğü kadarıyla/gibi; ***in ~ nehmen*** gözlemek, kendi görerek değerlendirmek; **≈lich** *adj* görülen, gözlenen
Augen|tropfen *pl* MED göz damlası *sg*; **~wischerei** *f* ⟨-; -en⟩ F gözbağcılık, göz boyama; **~zeuge** *m* görgü şahidi; **~zeugenbericht** *m* görgü şahidinin ifadesi; **~zwinkern** *n* ⟨-s; *o pl*⟩ göz kırpma; ***mit e-m ~*** göz kırparak
August *m* ⟨-s; -e⟩ ağustos; ***im ~*** ağustosta
Auktion [-ˈt͡sĭoːn] *f* ⟨-; -en⟩ açık artırma, mezat
Auktionshaus *n* müzayede şirketi/binası
Aula *f* ⟨-; -s, Aulen⟩ *Schule* konferans salonu
Aupair(mädchen) [oːˈpɛːɐ-, oːˈpɛːr-] *n* au-pair, *bir yabancı ülkenin dilini öğrenmek için bir aile yanında yaşayıp çalışan kız/delikanlı*
aus 1. *präp* (*D*) -den; içinden; sebebiyle, yüzünden; ***~ dem Deutschen*** Almanca'dan; ***~ dem Fenster*** pencereden; ***~ dem 19. Jh.*** 19. yüzyıldan; ***~ der Flasche*** şişeden; ***er ist ~ Berlin*** o Berlinli; ***~ ganz Spanien*** bütün İspanya'dan; ***~ ihm wurde ein guter Arzt*** o iyi bir hekim oldu; ***~ Metall*** metalden; F ***mit ihm ist es ~*** onun işi bitti; onun hayatı söndü; ***~ auf*** *-in* gözü *-de* olmak; ***A ist auf B's Geld ~*** A'nın gözü B'nin parasında; **2.** *adv*: ***von … ~*** …-den (hareketle); *-e* kalırsa; ***von hier ~*** buradan; ***von Natur ~*** doğuştan, yaratılıştan; ***von mir ~*** benden yana fark etmez; ***von sich ~*** kendiliğinden; ***ein – aus*** *Gerät, Licht* açık - kapalı; ***die Schule ist ~*** okul bitti; ***damit ist es*** (***jetzt***) ***~!*** bu iş burada biter!; ***~ der Mode*** modası geçmiş, demode; ***bei j-m ein und ~ gehen*** b-nin evine girip çıkmak; ***ich weiß nicht mehr ein noch ~*** ne yapacağımı şaşırdım
Aus *n* ⟨-; *o pl*⟩ son; SPORT (***im***) ***~*** aut(ta);

der Ball ging ins ~ top auta çıktı
ausarbeit|en *v/t* ⟨-ge-, *h*⟩ *Plan* hazırlamak; (*vervollkommnen*) tamamlamak; *Schriftliches* kaleme almak; **2ung** *f* ⟨-; -en⟩ verziyon; son şekil/biçim
ausarten *v/i* ⟨-ge-, *sn*⟩ (***in*** *-e*) dönüşmek, bozulup … olmak
ausatmen ⟨-ge-, *h*⟩ **1.** *v/i* nefes vermek; **2.** *v/t Luft* çıkarmak
ausbaden *v/t* ⟨-ge-, *h*⟩ F: ***etw ~ müssen*** bş-in içinden çıkmak zorunda kalmak
ausbalancieren *v/t* ⟨*o* ge-, *h*⟩ dengeye getirmek, dengelemek
Ausbau *m* ⟨-s; *o pl*⟩ (*Erweiterung*) genişlet(il)me; *Entfernung* büyü(t)me; **2en** *v/t* ⟨-ge-, *h*⟩ ARCH genişletmek, *Dachgeschoss usw* büyütmek; TECH sökmek; ***s-n Vorsprung ~*** avantajını ilerletmek; **2fähig** *adj* geliş(tiril)meye elverişli; ***~e Stellung*** ilerisi açık kadro
ausbedingen *v/t* ⟨*unreg*, *o* -ge-, *h*⟩: ***sich ~, dass …*** … şartını koşmak
ausbesser|n *v/t* ⟨-ge-, *h*⟩ tamir etmek; **2ung** *f* ⟨-; -en⟩ onarım, tamir
ausbeut|en *v/t* ⟨-ge-, *h*⟩ *Bergbau* işletmek; **~erisch** *adj* sömürürcesine; **2ung** *f* ⟨-; *o pl*⟩ (sonuna kadar) değerlendirme; *abw* sömürü
ausbild|en ⟨-ge-, *h*⟩ **1.** *v/t -e* biçim vermek; ***j-n zum Sänger ~*** b-ni şarkıcı olarak eğitmek; **2.** *v/r*: ***sich ~*** (***lassen***) ***zu*** … eğitimi görmek; **2ung** *f* ⟨-; -en⟩ eğitim, öğrenim
Ausbildungs|defizit *n* eğitim eksikliği; **~zeit** *f* eğitim süresi
ausblasen *v/t* ⟨-ge-, *h*⟩ (üfleyip) söndürmek
ausbleiben *v/i* ⟨*unreg*, -ge-, *sn*⟩ olmamak, gerçekleşmemek; MED ***ihre Periode blieb aus*** regl olmadı; ***es konnte nicht ~, dass*** bir -mesi eksikti, o da oldu; (***nicht***) ***lange ~*** eve geç dön(me)mek
ausbleichen *v/i* ⟨*unreg*, -ge-, *sn*⟩ ağartmak, *-in* rengini açmak
ausblenden *v/t* ⟨-ge-, *h*⟩ saklamak, atlamak (*bilgi*)
Ausblick *m* ⟨-s; -e⟩ (***auf*** *A*) *Zukunft -e* bakış; *Landschaft* (…) manzara(sı)
ausbooten *v/t* ⟨-ge-, *h*⟩ F devre dışı bırakmak
ausbrechen ⟨*unreg*, -ge-⟩ **1.** *v/t* ⟨*h*⟩ (kırıp) çıkarmak; **2.** *v/i* ⟨*sn*⟩ *Feuer, Krankheit, Krieg* başlamak; *Vulkan* püskürmek; (***aus*** *-den*) kaçmak; F ***aus der Gesellschaft ~*** toplum dışı olmak; ***ihm brach der Schweiß aus*** onun teri boşandı; ***in Gelächter ~*** kahkaha atmak; ***in Beifall ~*** şiddetle alkışlamak; ***in Tränen ~*** (birden) ağlamaya başlamak
ausbreit|en ⟨-ge-, *h*⟩ **1.** *v/t* yaymak, sermek; **2.** *v/r*: ***sich ~*** *-e* yayılmak; *fig* ortalığı boş bulmak; **2ung** *f* ⟨-; *o pl*⟩ dağılış, yayılış
ausbrennen *v/i* ⟨*unreg*, -ge-, *sn*⟩ mesleğini kanıksamak, şevkini kaybetmek
Ausbruch *m* ⟨-s; ⸚e⟩ *Feuer, Krankheit, Krieg* çıkma; *Vulkan* püskürme; ***~ aus dem Gefängnis*** hapishaneden kaçma/firar; ***zum ~ kommen*** birdenbire başlamak
ausbrüten *v/t* ⟨-ge-, *h*⟩ F yumurtlamak
ausbuchen *v/t* ⟨-ge-, *h*⟩ ÖKON borçlandırmak, borç/zimmet kaydetmek
ausbürgern *v/t* ⟨-ge-, *h*⟩ vatandaşlıktan çıkarmak
ausbürsten *v/t* ⟨-ge-, *h*⟩ fırçalamak
auschecken [-tʃɛkən] *v/i* ⟨-ge-, *h*⟩ *Hotel* çıkış (işlemi) yaptırmak
Ausdauer *f* ⟨-; *o pl*⟩ sebat, dayanıklılık
ausdauernd *adj* sebatkâr; AGR çok yıllık (*bitki*)
ausdehn|en *v/t* ⟨-ge-, *h*⟩ esnetmek, uzatmak; ***sich ~*** TECH genleşmek; **2ung** *f* ⟨-; en⟩ yayılım; (***auf*** *A -e*) genelle(n)me
ausdenken *v/t* ⟨*unreg*, -ge-, *h*⟩ düşünmek, tasarlamak, tasavvur etmek; F ***nicht auszudenken*** akla hayale sığmaz
ausdiskutieren *v/t* ⟨*o* -ge-, *h*⟩ iyice (sonuna kadar) tartışmak
ausdrehen *v/t* ⟨-ge-, *h*⟩ *Gas* kesmek, kapatmak; *Licht a* söndürmek
Ausdruck[1] *m* ⟨-s; ⸚e⟩ ifade; ***idiomatischer ~*** deyim; ***juristischer ~*** hukuk terimi; ***zum ~ bringen*** ifade etmek, dile getirmek
Ausdruck[2] *m* ⟨-s; -e⟩ EDV yazıcı çıkışı
ausdrucken *v/t* ⟨-ge-, *h*⟩ basmak, yazıcıdan bastırmak
ausdrück|en ⟨-ge-, *h*⟩ **1.** *v/t Zigarette* söndürmek; (*äußern*) ifade etmek, anlatmak; ***ich weiß nicht, wie ich es ~ soll*** nasıl söyleyeceğimi bilemiyorum; ***anders ausgedrückt*** başka bir ifadeyle/deyişle; **2.** *v/r*: ***sich ~*** kendini ifade

etmek; **~lich** 1. *adj* sarih, açık; 2. *adv* sarahaten, sarih olarak, açıkça
Ausdruckskraft *f* ⟨-; *o pl*⟩ ifade yeteneği
ausdrucks|los *adj* ifadesiz; **~voll** *adj* (derin) ifadeli; **2weise** *f* ifade (biçimi)
auseinander *adv* birbirinden ayrı; ***~ brechen*** kırıp ayırmak; ***~ bringen*** birbirinden ayırmak; ***~ fallen*** ayrılmak, düşmek; ***~ gehen*** *Gruppe* ayrılmak; *Menge* dağılmak; *Meinungen* (**über** *A -de*) ayrılmak; ***~ halten*** (*unterscheiden*) ayırt etmek; ***sich ~ leben*** *-in* hayatları ayrılmak; ***~ nehmen*** sökmek; ***~ setzen*** (*erklären*) (*D* b-ne) açıklamak, anlatmak; ***sich ~ setzen*** *mit etw* ile hesaplaşmak; *mit j-m a* ile tartışmak
Auseinandersetzung *f* ⟨-; -en⟩ (*Streit*) tartışma, hesaplaşma; MIL ***kriegerische ~*** (silahlı) çatışma
ausfahren ⟨*unreg*, -ge-⟩ 1. *v/t* ⟨*h*⟩ TECH çıkarmak, uzatmak, sürmek; 2. *v/i* ⟨*sn*⟩ gitmek, uzaklaşmak (*arabayla*)
Ausfahrt *f* ⟨-; -en⟩ AUTO çıkış; ***~ freihalten!*** oto çıkışı – lütfen park etmeyin!
Ausfall *m* ⟨-s; ⸚e⟩ hizmet dışı kalma; (*Absage*) iptal; TECH arıza, kesilme, hata; ÖKON üretim açığı
ausfallen *v/i* ⟨*unreg*, -ge-, *sn*⟩ *Haare* dökülmek; (*nicht stattfinden*) iptal edilmek, yapılmamak; TECH kesilmek, bozulmak; ***~ lassen*** iptal etmek; ***gut*** (***schlecht***) ~ iyi (fena) çıkmak
aus|fallend, **~fällig** *adj* saldırgan(ca), mütecaviz
Ausfall(s)erscheinung *f* MED *bir organın çalışmamasının yol açtığı belirti*
ausfechten *v/t* ⟨*unreg*, -ge-, *h*⟩ (mücadeleyle) kazanmak, elde etmek
ausfertig|en *v/t* ⟨-ge-, *h*⟩ hazırlamak (*evrak*); **2ung** *f* ⟨-; -en⟩ nüsha, suret; ***in doppelter*** (***dreifacher***) ~ iki (üç) nüsha olarak
ausfindig *adj*: ***~ machen*** arayıp bulmak; (*aufspüren*) izlemek
ausflippen *v/i* ⟨-ge-, *sn*⟩ F kendinden geçmek; (*verrückt werden*) aklını kaybetmek
Ausflucht *f* ⟨-; ⸚e⟩: ***Ausflüchte machen*** bahane (*od* kaçamak) aramak
ausfließen *v/i* ⟨*unreg*, -ge-, *sn*⟩ akıp gitmek
Ausflug *m* ⟨-s; ⸚e⟩ gezi (*yakın çevrede*); ***e-n ~ machen*** geziye çıkmak
Ausfluss *m* ⟨-es; ⸚e⟩ TECH akış, boşalma; MED akıntı
ausfragen *v/t* ⟨-ge-, *h*⟩ (**über** *-i*) soruşturmak
ausfressen *v/t* ⟨*unreg*, -ge-, *h*⟩ F halt yemek; ***was hat er ausgefressen?*** ne iş karıştırmış?
Ausfuhr *f* ⟨-; -en⟩ ÖKON ihracat
ausführbar *adj* uygulanabilir; ÖKON ihracı mümkün
ausführen *v/t* ⟨-ge-, *h*⟩ ÖKON ihraç etmek; *Plan* uygulamak; ***Reparaturen ~*** tamir işleri yapmak
Ausfuhr|genehmigung *f* ÖKON ihraç izni; **~handel** *m* ihracat; **~land** *n* ihracatçı ülke
ausführlich 1. *adj* ayrıntılı; 2. *adv* ayrıntılı olarak; ***~ beschreiben*** ayrıntılı olarak tasvir etmek
Ausfuhr|quote *f* ihracat oranı; **~sperre** *f* ihraç yasağı
Ausführung *f* ⟨-; -en⟩ *Plan* gerçekleştirme, uygulama; (*Typ*) model, versiyon; (*Qualität*) kalite
Ausfuhrzoll *m* ÖKON ihracat gümrüğü
ausfüllen *v/t* ⟨-ge-, *h*⟩ *Formular* doldurmak; ***ihre Arbeit füllt sie nicht aus*** işi onu (manen) tatmin etmiyor
Ausgabe *f* ⟨-; -n⟩ (*Zahlung*) ödeme; (*Edition*) yayın; (*Verteilung*) dağıtım; ***Ausgaben*** *pl* masraf *sg*; **~kurs** *m* ÖKON ihraç/emisyon fiyatı; **~stelle** *f* dağıtım yeri
Ausgang *m* çıkış (kapısı); (*Ergebnis*) sonuç, netice; ***Unfall mit tödlichem ~*** ölüme yol açan kaza; (*Beginn*) ***es nahm s-n ~ von*** *-in* başlangıcı … ile oldu; ***~ haben*** MIL (günlük) izinde olmak
Ausgangs|punkt *m* çıkış noktası; **~sprache** *f* kaynak dil (*çeviride*)
ausgeben *v/t* ⟨*unreg*, -ge-, *h*⟩ *Geld* (**für** için) harcamak; F ***e-n*** (*od* ***e-e Runde***) ~ herkese bş ısmarlamak (*içecek vs*); ***~ für*** (*od* ***als***) bş gibi göstermek, bş diye satmak; 2. *v/r*: ***sich ~*** (***für, als***) kendine bş süsü vermek
ausgebeult *adj* ütüsüz, dizleri çıkmış (*pantalon*)
ausgebildet *adj* eğitilmiş; (*qualifiziert*) vasıflı, kalifiye, uzman
ausgebrannt *adj Haus* yanmış; *Person* hevesi sönmüş
ausgebucht *adj* ful, dolu, tamamen

rezerve
ausgedehnt *adj* geniş (çaplı), yaygın
ausgedient *adj* ömrünü tamamlamış
ausgefallen *adj* acayip, tuhaf
ausgefeilt *adj* inceden inceye hazırlanmış
ausgehen *v/i* ⟨*unreg*, -ge-, *sn*⟩ (dışarıya) çıkmak; (*enden*) sonuçlanmak; *Geld* bitmek, kalmamak; ***er ist ausgegangen*** o (dışarıya) çıktı; ***auf Abenteuer ~*** maceraya atılmak; ***gut ~*** *-in* sonu iyi gelmek; ***leer ~*** *-in* eli boş kalmak; ***straffrei ~*** cezasız kalmak; ***ich gehe davon aus, dass …*** ben -diğinden hareket ediyorum; F ***ihm ging die Puste aus*** onun nefesi tükendi; ***ihm ging das Geld aus*** onun parası kalmadı; ***~ von*** *-den* hareket etmek, yola çıkmak
ausgehend *adj* sonuna yaklaşan, bitmekte olan; ***im ~en 19. Jh.*** 19. yüzyılın sonuna doğru
Ausgehverbot *n* MIL çıkma yasağı; ***~ bekommen*** (b-ne) çıkma yasağı konmak
ausgeklügelt *adj* akıllıca tasarlanmış
ausgekocht *adj* F anasının gözü
ausgelassen *adj*: ***~ sein*** eğlenmek, cümbüş yapmak
ausgelastet: ***voll ~ sein*** ÖKON, TECH tam kapasiteyle çalışmak
ausgelaugt *adj* F posası çıkmış, bitkin
ausgemacht: ***e-e ~e Sache*** kesin bir iş/şey
ausgemergelt *adj* zayıf, sıska, kadidi çıkmış
ausgenommen **1.** *konj*: ***~, wenn/dass*** -mesi hariç/dışında; **2.** *präp N*: ***~ Anwesende*** söz(üm) meclisten dışarı
ausgeprägt *adj* kuvvetli, belirgin; ***~es Pflichtgefühl*** kuvvetli (bir) görev duygusu
ausgepumpt *adj* F yorgun, bitkin
ausgerechnet *adv* F: ***~ das*** bir bu eksikti; ***~ heute*** tam da bugün
ausgeschlossen *adj* olmaz, olanaksız; ***sich ~ fühlen*** kendini dışlanmış hissetmek; ***das ist ~!*** bu imkansız, söz konusu değil!; ***jeder Zweifel ist ~*** hiçbir şüpheye yer yok
ausgeschnitten (***tief***) dekolte
ausgesprochen *adj* tastamam, tam anlamıyla; ***das war ~es Pech*** bu tamamen şanssızlıktı
ausgestorben *adj* soyu tükenmiş; ***wie ~*** in cin top atıyor
ausgesucht *adj* seçme, nadide; ***~e Qualität*** en iyi kalite
ausgewachsen [-ks-] *adj* büyük, yetişmiş (*çocuk*); F kamburu çıkmış
ausgewogen *adj* dengeli
ausgezeichnet *adj* kusursuz, olağanüstü; ***das passt mir ~*** benim için gayet uygun
ausgiebig **1.** *adj* bol; **2.** *adv* bol bol, doyasıya
ausgießen *v/t* ⟨*unreg*, -ge-, *h*⟩ dökmek; *Gefäß* boşaltmak
Ausgleich *m* ⟨-s; -e⟩: ***als ~ für*** *-in* yerine, *-i* telafi için; ***zum ~*** *-i* dengelemek üzere
ausgleichen ⟨*unreg*, -ge-, *h*⟩ **1.** *v/t Verlust* gidermek, telafi etmek; ÖKON denkleştirmek, bakiyeyi ödemek; ***~de Gerechtigkeit*** tavizi adalet; **2.** *v/i* arabulucuk etmek
Ausgleichs|tor *n*, **~treffer** *m* beraberlik golü, beraberlik puanı
ausgrab|en *v/t* ⟨*unreg*, -ge-, *h*⟩ (kazıp) çıkarmak; **2ung** *f* ⟨-; -en⟩ kazı; F aranıp bulunma
ausgrenzen *v/t* ⟨-ge-, *h*⟩ dışlamak
aushaken ⟨-ge-, *h*⟩ **1.** *v/t* kancasından çıkmak; **2.** *v/unp* F: ***es hakte bei ihm aus*** onda kontak attı
aushalten ⟨*unreg*, -ge-, h⟩ **1.** *v/t -e* dayanmak; **2.** *v/i -e* katlanmak, dayanmak
aushandeln *v/t* ⟨-ge-, *h*⟩ (pazarlıkla) kararlaştırmak
aushändigen *v/t* ⟨-ge-, *h*⟩ teslim etmek
Aushang *m* ⟨-s; ⸚e⟩ ilan
aushängen *v/t* ⟨-ge-, *h*⟩ (dışarıya) asmak; *asarak ilan etmek*
Aushängeschild *n* tabela, levha; ***j-n als ~ benutzen*** b-ni reklam olarak kullanmak
ausharren *v/i* ⟨-ge-, *h*⟩ sebat etmek
aushecken *v/t* ⟨-ge-, *h*⟩ F tasarlamak (*kötü bir şey*)
ausheilen *v/i* ⟨-ge-, *sn*⟩ *Wunde* iyileşmek
aushelfen *v/i* ⟨*unreg*, -ge-, *h*⟩ (**mit** *-le*) b-ne yardım etmek (*geçici bir sıkıntıda*)
Aushilfe *f* ⟨-; -n⟩ (geçici) yardım; ***zur ~ bei j-m arbeiten*** b-nin yanında geçici olarak çalışmak
Aushilfskraft *f* geçici eleman
aushilfsweise *adv* geçici olarak, *-in* yerine

ausholen *v/i* ⟨-ge-, *h*⟩ (**weit**) lafa başından başlamak
aushorchen *v/t* ⟨-ge-, *h*⟩: ***j-n*** **~** (**über** … konusunda) b-nin ağzını aramak
auskennen *v/r* ⟨*unreg*, -ge-, *h*⟩: ***sich*** **~** ***mit*** (*od* ***in*** *D*) *-i* iyi bilmek
ausklammern *v/t* ⟨-ge-, *h*⟩ *Möglichkeit* dışarıda bırakmak
Ausklang *m* ⟨-s; *o pl*⟩ bitiş, son
auskleiden *v/t* ⟨-ge-, *h*⟩ TECH kaplamak
ausklingen *v/i* ⟨*unreg*, -ge-, *sn*⟩ (**in** *-le*) sona ermek
ausklinken *v/t* ⟨-ge-, *h*⟩ TECH ayırmak
ausknipsen *v/t* ⟨-ge-, *h*⟩ F *Licht* söndürmek
ausknobeln *v/t* ⟨-ge-, *h*⟩ F: ***etw*** **~** kurayla kararlaştırmak; *fig* arayıp bulmak
auskommen *v/i* ⟨*unreg*, -ge-, *sn*⟩: **~ *mit*** ile geçinmek; ***mit s-m Geld*** **~** parasıyla idare etmek; ***mit j-m*** **~** b-le (iyi) geçinmek
Auskommen *n* ⟨-s; *o pl*⟩ geçim, gelir; geçinme; ***sein*** **~ *haben*** geliri (iyi) olmak; ***mit ihr ist kein*** **~** onunla geçinmek mümkün değil
auskosten *v/t* ⟨-ge-, *h*⟩ tadını çıkarmak
auskühlen ⟨-ge-⟩ **1.** *v/t* ⟨*h*⟩ *Speise* soğutmak; **2.** *v/i* ⟨*sn*⟩ soğumak
auskundschaften *v/t* ⟨-ge-, *h*⟩ araştırmak, soruşturmak
Auskunft *f* ⟨-; ⸚e⟩ (***über*** *A* hakkında) bilgi; TEL danışma; ***Auskünfte einholen*** bilgi toplamak
Auskunfts|büro *n* danışma bürosu; **~schalter** *m* danışma gişesi
auskuppeln *v/i* ⟨-ge-, *h*⟩ çözmek, ayırmak (*römork*)
auslachen *v/t* ⟨-ge-, *h*⟩ (***wegen*** yüzünden) *-e* gülmek
ausladen *v/t* ⟨*unreg*, -ge-, *h*⟩ boşaltmak; *-in* yükünü indirmek; ***j-n wieder*** **~** *-e* yapılan daveti iptal etmek
Auslage *f* ⟨-; -n⟩ vitrin; masraf (*başka biri yerine yapılan*); **~*n*** *pl* masraflar *pl*
Ausland *n* ⟨-s; *o pl*⟩: ***das*** **~** dış ülkeler *pl*, yurtdışı; ***aus dem*** **~** yurtdışından; ***im*** **~** yurtdışında; ***ins*** **~** yurtdışına; ***die Reaktion des*** **~*s*** dış ülkelerin tepkisi
Ausländer *m* ⟨-s; -⟩, **~in** *f* ⟨-; -nen⟩ yabancı
ausländerfeindlich *adj* yabancı düşmanı; **⁀keit** *f* yabancı düşmanlığı
ausländerfreundlich *adj* yabancı dostu
ausländisch *adj* yabancı, ecnebi; **~*e Besucher*** yabancı ziyaretçiler
Auslands|aufenthalt *m* yurtdışı ikameti; **~auftrag** *m* ÖKON yurtdışı siparişi; **~flug** *m* yurtdışı uçuş; **~gespräch** *n* TEL uluslararası (telefon) konuşma(sı); **~korrespondent(in** *f*) *m* yurtdışı muhabiri; **~krankenschein** *m* uluslararası sağlık sigortası belgesi; **~markt** *m* dış piyasa; **~reise** *f* yurtdışı gezisi; **~schutzbrief** *m* yurtdışı sigortası; **~tournee** *f* yurtdışı turnesi; **~verschuldung** *f* ÖKON dış borçlanma
auslassen ⟨*unreg*, -ge-, *h*⟩ **1.** *v/t* salmak, dışarı(ya) bırakmak; (*überspringen*) atlamak, eksik etmek; uzatmak (*giyecek*); ***s-n Ärger an j-m*** **~** öfkesini b-nden çıkarmak; **2.** *v/r*: ***sich*** **~** (***über***) *-i* çekiştirmek; b-ne yüklenmek
auslast|en *v/t* ⟨-ge-, *h*⟩ *-den* yararlanmak; *-in* kapasitesini kullanmak; ***ausgelastet*** tam kapasiteyle çalışan; **⁀ung** *f* ⟨-; *o pl*⟩ (tam) yararlanma, kapasiteyi kullanma
Auslauf *m* ⟨-s; ⸚e⟩ TECH çıkış, boşal(t)ma; (*Bewegungsfreiheit*) hareket serbestliği
auslaufen *v/i* ⟨*unreg*, -ge-, *sn*⟩ *Flüssigkeit* akmak, *a Gefäß* sızmak, damlamak; *Vertrag* sona ermek, bitmek; MAR limandan ayrılmak, hareket etmek
Ausläufer ⟨-s; -⟩ uzantı; BOT yan filiz
Auslaufmodell *n* ÖKON *üretimi kesilen model*; seri sonu
ausleben *v/r* ⟨-ge-, *h*⟩: ***sich*** **~** hayatını yaşamak; kendini gerçekleştirmek
auslegen *v/t* ⟨-ge-, *h*⟩ masraf yapmak (*başkası hesabına*); sermek, yaymak, döşemek; TECH (***auf*** …) şartlarına göre yapmak; ***mit Teppich*** **~** *-e* halı döşemek; ***falsch*** **~** yanlış yorumlamak, ters anlamak
Auslegung *f* ⟨-; -en⟩ yorum
ausleiern *v/t* ⟨-ge-, *h*⟩: ***sich*** **~** bollaşmak; TECH yalama olmak
ausleihen *v/t* ⟨*unreg*, -ge-, *h*⟩ ödünç/borç vermek; ödünç/borç almak; ***sich*** (*D*) ***etw*** **~ *von j-m*** b-nden bş-i ödünç/borç almak
auslernen *v/i* ⟨-ge-, *h*⟩ öğrenmeyi bitirmek
Auslese *f* ⟨-; -n⟩ seçim, seçme; ayıkla(n)ma; ***natürliche*** **~** doğal ayıklanma
auslesen[1] *v/t* ⟨*unreg*, -ge-, *h*⟩ TECH ele-

mek, ayıklamak
auslesen[2] *v/t* ⟨*unreg*, -ge-, *h*⟩ okuyup bitirmek
ausliefern *v/t* ⟨-ge-, *h*⟩ ÖKON teslim etmek; *Häftling* iade etmek; ***j-m ausgeliefert sein*** b-nin eline düşmüş olmak
Auslieferung *f* ⟨-; *-en*⟩ *Waren* teslim; **~slager** *n* gönderme deposu; **~svertrag** *m* JUR suçluların iadesi sözleşmesi
ausliegen *v/i* ⟨*unreg*, -ge-, *h*⟩ sergide olmak (*mal, örnekler vs*)
auslöschen *v/t* ⟨-ge-, *h*⟩ *Licht* söndürmek; *fig* yok etmek
auslosen *v/t* ⟨-ge-, *h*⟩ kurayla saptamak
auslös|en *v/t* ⟨-ge-, *h*⟩ TECH işletmek, çalıştırmak; *Alarm, Krieg* başlatmak; *Gefühl, Reaktion* meydana getirmek, *-e* yolaçmak; *Begeisterung* uyandırmak; **2er** *m* ⟨-s; -⟩ FOTO deklanşör; **2ung** *f* ⟨-; -en⟩ ÖKON çözme (*rehin*)
Auslosung *f* ⟨-; *-en*⟩ kura, ad çekme
ausmachen *v/t* ⟨-ge-, *h*⟩ *Licht, Zigarette* söndürmek; *Radio* kapatmak; *Termin* kararlaştırmak; ***macht es Ihnen etwas aus, wenn …?*** -menin sizce bir sakıncası var mı?; ***es macht mir nichts aus*** bence sakıncası yok; *gleichgültig* fark etmez
ausmalen *v/t* ⟨-ge-, *h*⟩ boyamak, renklendirmek; *fig* tasvir etmek, ballandıra ballandıra anlatmak; ***sich*** (*D*) ***etw ~*** bş-i tasavvur etmek, gözünün önünde canlandırmak
Ausmaß *n* ⟨-es; -e⟩ *fig* ölçü, miktar; ***das ~ des Schadens*** zararın büyüklüğü; ***~e*** *pl* büyüklük, boyut *sg*; ***gewaltige ~e annehmen*** dev boyutlara ulaşmak
ausmerzen *v/t* ⟨-ge-, *h*⟩ *Fehler* çıkarmak, atmak
ausmessen *v/t* ⟨*unreg*, -ge-, *h*⟩ ölçmek
Ausnahme *f* ⟨-; -n⟩ istisna; ***e-e ~ bilden*** bir istisna oluşturmak; ***bei j-m e-e ~ machen*** b-ne bir istisna yapmak; ***mit ~ von*** (*od G*) … hariç (olmak üzere), *-den* başka; **~zustand** *m* olağanüstü hal, sıkıyönetim; ***den ~ verhängen*** (***über*** *-de*) sıkıyönetim ilan etmek
ausnahmslos *adv* istisnasız
ausnahmsweise *adv* istisnai olarak
ausnehmen *v/t* ⟨*unreg*, -ge-, *h*⟩ *-in* içini çıkarmak; *Fisch* ayıklamak; (*nicht berücksichtigen*) ayrı tutmak, hesaba katmamak; F ***j-n ~*** yolmak, kazıklamak
ausnutzen *v/t* ⟨-ge-, *h*⟩ yararlanmak; *-den* faydalanmak
auspacken *v/t* ⟨-ge-, *h*⟩ *Geschenk* paketi *vs* açmak; *a v/i* (paketten) çıkarmak; *fig* gerçeği ortaya dökmek
auspfeifen *v/t* ⟨*unreg*, -ge-, *h*⟩ ıslıklamak
ausplaudern *v/t* ⟨-ge-, *h*⟩ ağzından kaçırmak
ausprobieren *v/t* ⟨*o* ge-, *h*⟩ denemek, tecrübe etmek
Auspuff *m* ⟨-s; -e⟩ AUTO egzoz; **~gase** *pl* egzoz gazı *sg*; **~rohr** *n* egzoz borusu; **~topf** *m* susturucu
ausquartieren *v/t* ⟨*o* -ge-, *h*⟩ çıkarmak (*b-ni kaldığı yerden*)
ausquetschen *v/t* ⟨-ge-, *h*⟩ F: ***j-n ~*** b-ni sıkıştırmak, b-nin ağzından laf almak
ausradieren *v/t* ⟨*o* ge-, *h*⟩ (silgiyle) silmek; *fig -in* kökünü kazımak
ausrangieren *v/t* ⟨*o* ge-, *h*⟩ hurdaya çıkarmak
ausrasten *v/i* ⟨-ge-, *sn*⟩ TECH yerinden çıkmak (*dişli*); F fıttırmak, zıvanadan çıkmak
ausrauben *v/t* ⟨-ge-, *h*⟩ soymak, yağmalamak
ausräumen *v/t* ⟨-ge-, *h*⟩ boşaltmak, tahliye etmek; *Schwierigkeit, Missverständnis* ortadan kaldırmak
ausrechnen *v/t* ⟨-ge-, *h*⟩ hesaplamak, *Summe a* toplamak; (***sich*** *D*) ***etw ~*** göz önünde bulundurmak
Ausrede *f* ⟨-; -n⟩ mazeret; (***faule***) **~** (tutarsız) bahane
ausreden ⟨-ge-, *h*⟩ **1.** *v/i* sözünü bitirmek; ***~ lassen*** *-in* sözünü kesmemek; **2.** *v/t*: ***j-m etw ~*** b-ni bş-den vazgeçirmek
ausreich|en *v/i* ⟨-ge-, *h*⟩: ***~ für*** … için yetmek, *-e* kâfi gelmek; **~end** *adj* yeterli, kâfi; *Schulnote* orta
Ausreise *f* ⟨-; -n⟩ (sınırdan) çıkış; ***bei der ~*** yurtdışına çıkışta; ***j-m die ~ verweigern*** b-nin yurtdışına çıkışını engellemek; **~erlaubnis** *f* çıkış izni
ausreisen *v/i* ⟨-ge-, *sn*⟩ ülke dışına çıkmak
Ausreisevisum *n* çıkış vizesi
ausreißen ⟨*unreg*, -ge-⟩ **1.** *v/t* ⟨*h*⟩ yolmak, çekip koparmak, sökmek; **2.** *v/i* ⟨*sn*⟩ F kirişi kırmak; ***vor j-m ~*** b-nden kaçmak
ausrichten *v/t* ⟨-ge-, *h*⟩ düzeltmek; *Fest, Hochzeit* yapmak; ***j-m etw ~*** haber ver-

mek, bildirmek; ***kann ich ihr von dir etw ~?*** ona senden bir haber ileteyim mi?; ***richte ihr e-n Gruß*** **(*von mir*)** ***aus*** ona (benden) selam söyle; ***~ nach*** -*e* yöneltmek, çevirmek; ***sich ~*** -*e* yönelmek; ***sein Verhalten ~ nach*** davranışını -*e* göre yönlendirmek; ***A wird*** **(*bei B*)** ***nichts ~*** **(*können*)** A (B'den/B karşısında) hiçbir şey elde edemeyecek

ausrollen ⟨-ge-, *h*⟩ *v/t* yuvarlamak

ausrotten *v/t* ⟨-ge-, *h*⟩ *Tier-, Pflanzenart* yok etmek, -*in* kökünü kazımak

ausrücken ⟨-ge-⟩ **1.** *v/i* ⟨*sn*⟩ yola çıkmak; **2.** *v/t* ⟨*h*⟩ sola çıkıntı yapmak (*yazıda*)

Ausruf *m* ⟨-s; -e⟩ bağırtı, seslenme; (*Bekanntmachung*) sözlü duyuru

ausrufen *v/t* ⟨*unreg*, -ge-, *h*⟩ bağırarak söylemek; *Republik* ilan etmek; ***j-n ~ lassen*** b-ni anons ettirmek; ***j-n zum König ~*** b-ni kral yapmak, b-ni tahta çıkarmak

Ausrufungszeichen *n* ünlem işareti

ausruhen *v/i u v/r* ⟨-ge-, *h*⟩ **(*sich*) ~** dinlenmek, istirahat etmek

ausrüst|en *v/t* ⟨-ge-, *h*⟩ **(*mit*** -*le*) donatmak, teçhiz etmek; **≗ung** *f* ⟨-; -*en*⟩ donanım, teçhizat, ekipman

ausrutschen *v/i* ⟨-ge-, *sn*⟩ **(*auf*** *D* -*in* üstünde) kayıp düşmek

Ausrutscher *m* ⟨-s; -⟩ F -*i* ağzından kaçırma; (*Fauxpas*) pot

Aussage *f* ⟨-; -n⟩ (*Sinn*) anlam; *Werbung* mesaj; GR, JUR ifade; ***die ~ verweigern*** ifade vermeyi reddetmek; ***hier steht ~ gegen ~*** burada çelişen iki ifade sözkonusu; ***nach Ihrer ~*** sizin ifadenize göre

aussagen ⟨-ge-, *h*⟩ **1.** *v/t* **(*dass*** -diğini) ifade etmek; **2.** *v/i* JUR **(*für*** -*in* lehine, ***gegen*** -*in* aleyhine) ifade vermek

aussaugen *v/t* ⟨-ge-, *h*⟩: ***j-n*** **(*bis aufs Blut*) ~** b-nin kanını emmek

ausschab|en *v/t* ⟨-ge-, *h*⟩ MED kürtaj etmek; **≗ung** *f* ⟨-; -en⟩ MED kürtaj

ausschachten *v/t* ⟨-ge-, *h*⟩ hafriyat yapmak; *Loch* kuyu açmak; *Fundament* temel kazmak

ausschalten *v/t* ⟨-ge-, *h*⟩ *Strom* kesmek; *Gerät* kapamak; *fig* ekarte etmek

Ausschau *f*: ***~ halten nach*** -*i* gözlemek, aramak

ausschauen *v/i* ⟨-ge-, *h*⟩: ***~ nach*** dört bir yana bakmak

ausscheiden ⟨*unreg*, -ge-⟩ **1.** *v/t* ⟨*h*⟩ (*aussondern*) seçip ayırmak, çıkarmak; MED salgılamak; **2.** *v/i* ⟨*sn*⟩ (*nicht in Frage kommen*) sözkonusu olmamak; SPORT elenmek; *aus Amt* -*den* çekilmek; *aus Firma* -*den* ayrılmak

Ausscheidung *f* ⟨-; -en⟩ salgı, ifrazat; at(ıl)ma, çıkar(ıl)ma, ele(n)me

ausschlafen **1.** *v/i* ⟨*unreg*, -ge-, *h*⟩ uykusunu almak; **2.** *v/t* → ***Rausch***

ausschenken *v/t* ⟨-ge-, *h*⟩ *Getränke* ikram etmek; *alkoholische Getränke* satmak

ausscheren *v/i* ⟨-ge-, *sn*⟩ savrulmak (*uzun araç usw*); ***aus der Reihe*** *usw* **~** sıradan *usw* çıkmak

ausschlachten *v/t* ⟨-ge-, *h*⟩ F söküp parçalarını değerlendirmek (*hurda*)

Ausschlag *m* ⟨-s; ⸚e⟩ MED döküntü, mayasıl; ***e-n ~ bekommen*** isilik olmak, mayasılı çıkmak; *fig* ***den ~ geben*** (*entscheidend sein*) sonucu belirlemek; (*schwerer wiegen*) ağır basmak

ausschlagen ⟨*unreg*, -ge-, *h*⟩ **1.** *v/i Zeiger* vurmak; *Pferd* çifte atmak; BOT sürgün vermek, filizlenmek; **2.** *v/t Zähne* kırıp çıkarmak; *fig* reddetmek, tepmek (*fırsat*)

ausschlaggebend *adj* etkili, son sözü söyleyen; ***von ~er Bedeutung für*** … bakımından canalıcı önemi var/olan

ausschließen ⟨*unreg*, -ge-, *h*⟩ **1.** *v/t* **(*aus*** -*den*) ihraç etmek, çıkarmak; *Möglichkeit* dışarıda bırakmak; (*nicht berücksichtigen*) göz önüne almamak; ***zeitweilig ~*** JUR geçici olarak ihraç etmek; ***die Öffentlichkeit ~*** oturumu umuma/kamuya kapamak; **2.** *v/r*: ***sich ~*** **(*von*)** kendini -*in* dışında tutmak; dışarıda kalmak (*anahtarı içeride unutup*); (*nicht in Frage kommen*) söz konusu olmamak

ausschließlich *adj* sadece, salt, münhasıran

Ausschluss *m* ⟨-es; ⸚e⟩ **(*aus*** -*den*) çıkar(ıl)ma, ihraç; hariç tut(ul)ma; ele(n)me; ***unter ~ der Öffentlichkeit*** kamuya kapalı olarak, kapalı oturumda; ***zeitweiliger ~*** JUR geçici ihraç

ausschmücken *v/t* ⟨-ge-, *h*⟩ süslemek; *fig* ballandırmak, telleyip duvaklamak

ausschneiden *v/t* ⟨*unreg*, -ge-, *h*⟩ (kesip) çıkarmak; *Gutschein* kesmek

Ausschnitt *m* ⟨-s; -e⟩ *Kleid* dekolte; (*Zeitungs*≗) kupür, kesik; ***mit tiefem ~*** dekolte; (***aus** -den*) kesit, parça, *Text* pasaj, alıntı; FILM fragman
ausschöpfen *v/t* ⟨-ge-, *h*⟩ boşaltmak (*su*); tüketmek; *fig* her yönüyle ele almak
ausschreiben *v/t* ⟨*unreg*, -ge-, *h*⟩ *Scheck* (***j-m*** b-ne) yazmak; *Stelle* … için ilan vermek; ÖKON *Wettbewerb* ihaleye koymak, teklife sunmak; *Projekt* yarışmaya açmak; ***Wahlen ~*** seçim kararı almak
Ausschreibung *f* ⟨-; -en⟩ ÖKON ihale; ilan; (*Stellen*≗) eleman arama ilanı; ***EU-weite ~en*** AB çapında ihaleler
Ausschreitungen *pl* kargaşalık *sg*
Ausschuss *m* ⟨-es; ⸚e⟩ kurul, heyet, komisyon; ÖKON, TECH ıskarta, fire; ***in e-m ~ sein*** bir kurulda (üye) olmak; **~mitglied** *n* kurul/komisyon üyesi; **~sitzung** *f* kurul/komisyon toplantısı
ausschütten ⟨-ge-, *h*⟩ **1.** *v/t* dökmek, akıtmak; *Gewinn* dağıtmak; ***j-m sein Herz ~*** b-ne kalbini açmak; **2.** *v/r*: ***sich*** (***vor Lachen***) **~** katıla katıla gülmek
ausschweifend *adj* sefih(çe)
Ausschweifungen *pl* sefahat *pl*
ausschweigen *v/r* ⟨*unreg*, -ge-, *h*⟩: ***sich ~ über*** … üzerine hiçbir şey söylememek
ausschwitzen *v/t* ⟨-ge-, *h*⟩ *Krankheit* terleyerek atmak
aussehen *v/i* ⟨*unreg*, -ge-, *h*⟩ görünmek, görünüşü … olmak; ***gut ~*** *Mann* yakışıklı olmak, *Frau* güzel olmak, *gesundheitlich* iyi/sağlıklı görünmek; ***schlecht*** (***krank***) **~** hasta görünmek; ***wie sieht er aus?*** görünüşü nasıl?; F ***A sah vielleicht aus!*** A ne güzeldi ama!; A neye benziyordu öyle! ***so siehst du aus!*** olmaz öyle şey!; F ***es sieht nach Regen aus*** yağmur yağacağa benziyor; ***damit es nach etw aussieht*** bir şeye benzesin diye
Aussehen *n* ⟨-s; *o pl*⟩ görünüş
außen *adv* dışarıda; ***nach ~*** dışarıya; ***von ~*** dışarıdan; *fig* görünüşte, dışa doğru; F ***A bleibt ~ vor*** A işin içine sokulmuyor
Außenbezirke *pl* varoşlar, dış mahalleler *pl*
aussenden *v/t* ⟨*unreg*, -ge-, *h*⟩ göndermek (*sinyal*)
Außendienst *m* dış hizmet; **~mitarbeiter(in** *f*) *m* dış hizmette çalışan eleman
Außen|handel *m* dış ticaret; **~minister(in** *f*) *m* dışişleri bakanı; **~ministerium** *n* dışişleri bakanlığı; **~politik** *f* dış politika; ≗**politisch** *adj* dış politikayla ilgili; ***~e Debatte*** dış politika tartışması; **~seite** *f* dış (taraf, yüz); **~seiter** *m* ⟨-s; -⟩ *-in* dışında kalmış kimse; **~spiegel** *m* AUTO dış dikiz aynası; **~stände** *pl* ÖKON ödenmemiş alacaklar, alacak hesapları *pl*; **~stelle** *f* şube; **~welt** *f* dış dünya; ≗**wirtschaftlich** ÖKON dış ekonomik
außer **1.** *präp* (*D*) (*abgesehen von*) *-in* dışında, *-den* başka; (*zusätzlich zu*) *-e* ek olarak, ilaveten; ***alle ~ dir*** senden başka herkes/hepsi; ***~ sich geraten*** deliye dönmek; ***~ sich sein*** (***vor** -den*) aklını oynatacak gibi olmak; **2.** *konj* **~** (***wenn***) -mesi/-diği hariç; ***~ dass*** meğer ki
außer|beruflich *adj* meslek dışı; **~betrieblich** *adj* işletme dışı
außerdem *adv* bundan başka
äußere *adj* dış, haricî; ***keine ~n Verletzungen*** haricî yaralanma yok; ***~ Angelegenheiten*** dış işler; POL *a* dışişleri
Äußere *n* ⟨-n; *o pl*⟩ dış görünüş; ***auf sein ~s achten*** (dış) görünüşüne dikkat etmek
außerehelich *adj* evlilik dışı
außergerichtlich *adj* mahkeme dışı; ***~er Vergleich*** mahkeme dışı uzlaşma
außergewöhnlich *adj* olağanüstü; *Leistung* fevkalade
außerhalb **1.** *präp G -in* dışında; **2.** *adv* şehir dışında
außerirdisch *adj* yeryüzü dışı(ndan gelen)
äußerlich *adj* dış, dıştan; ***~ betrachtet*** dıştan bakıldığında; ***nur zur ~en Anwendung*** sadece haricen kullanılır; ≗**keit** *f* ⟨-; -en⟩ yüzeysellik; ***bloße ~en*** sırf yüzeysel şeyler
äußern ⟨*h*⟩ **1.** *v/t* belirtmek, ortaya koymak; **2.** *v/r*: ***sich ~*** (***über** A*, ***zu*** hakkında) düşüncesini söylemek
außerordentlich *adj u adv* olağanüstü
außer|parlamentarisch *adj* parlamento dışı; **~planmäßig** *adj* tarife dışı (*ek sefer vs*); olağanüstü (*toplantı vs*); **~sinnlich** *adj* doğaüstü; ***~e Wahrnehmung*** gaipten haber (alma)
äußerst **1.** *adj* azamî, en son; ***von ~er***

Wichtigkeit son derece(de) önemli; **2.** *adv* özellikle, son derece(de)
Äußerste *n* ⟨-n; *o pl*⟩: ***sein ~s tun*** elinden her geleni yapmak; ***bis zum ~n gehen*** (*-in*) sonuna kadar gitmek
außerstande *adj*: ***~ sein zu*** *inf* -ecek halde olmamak
Äußerung *f* ⟨-; -en⟩ söz, ifade
aussetzen ⟨-ge-, *h*⟩ **1.** *v/t Kind, Tier* terk etmek, bırakmak; *Belohnung, Preis* koymak; ÖKON durdurmak; ***etw auszusetzen haben an*** (*D*) *-e* itiraz etmek, karşı çıkmak; JUR ***die Strafe zur Bewährung ~*** cezayı tecil edilmek; ***sich Kritik ~*** eleştirilmekten kaçınmamak; **2.** *v/i* durmak; *Motor* stop etmek; ***ohne auszusetzen*** durmadan, ara vermeden; (***e-e Runde***) ***~*** (bir tur) beklemek (*oyunda*)
Aussicht *f* ⟨-; -en⟩ manzara; *fig* ümit, şans; ***ein Zimmer mit ~ auf das Meer*** deniz manzaralı/denizi gören bir oda; ***gute ~en auf Erfolg haben*** *-in* başarı şansı yüksek olmak
aussichtslos *adj* ümitsiz, şanssız (*durum*); ***eine ~e Sache*** ümitsiz bir iş; ***e-n ~en Kampf führen*** ümitsiz bir savaş vermek
Aussichtspunkt *m* manzaralı yer
aussichtsreich *adj* ümit verici
Aussiedler(**in** *f*) *m* göçmen; *bir Doğu Avrupa ülkesinden Almanya'ya göçen Alman kökenli*
aussöhn|en ⟨-ge-, *h*⟩ **1.** *v/t* (***mit*** b-le) barıştırmak; **2.** *v/r*: ***sich ~*** barışmak; **ᛟung** *f* ⟨-; -en⟩ barışma
aussortieren *v/t* ⟨*o* -ge-, *h*⟩ ayıklamak; ayıklayıp atmak
ausspannen ⟨-ge-, *h*⟩ **1.** *v/t* germek; (*ausbreiten*) sermek, yaymak; *Arme* açmak; F ***j-m die Freundin ~*** b-nin kız arkadaşını ayartmak; **2.** *v/i* dinlenmek
aussparen *v/t* ⟨-ge-, *h*⟩ dışarıda bırakmak, *-in* içine katmamak
aussperr|en *v/t* ⟨-ge-, *h*⟩: ***aus*** *-e* almamak, *-in* dışında bırakmak; ÖKON lokavt etmek; **ᛟung** *f* ⟨-; -en⟩ lokavt
ausspielen ⟨-ge-, *h*⟩ **1.** *v/t Karte* oyuna sürmek; ***A gegen B ~*** A'yı B'ye karşı kullanmak; **2.** *v/i*: ***er hat ausgespielt*** son kozunu oynadı
ausspionieren *v/t* ⟨*o* -ge-, *h*⟩ (gizlice) gözlemek, kolaçan etmek
Aussprache *f* ⟨-; -n⟩ telaffuz, söyleniş; (*Unterredung*) konuşma, görüşme, *zwanglos* sohbet
aussprechen ⟨*unreg*, -ge-, *h*⟩ **1.** *v/t* söylemek; telaffuz etmek; JUR *Urteil* vermek; **2.** *v/i* sözünü bitirmek; **2.** *v/r*: ***sich ~ bei j-m*** b-ne derdini dökmek (*od* kalbini açmak); ***sich ~ für*** (***gegen***) lehinde (aleyhinde) konuşmak; ***sich ~ mit*** *-le* dertleşmek; *-le* bir konuyu konuşup halletmek
Ausspruch *m* ⟨-s; ¨-e⟩ vecize, özdeyiş
ausspucken *v/t u v/i* ⟨-ge-, *h*⟩ tükürüp atmak, tükürmek
ausspülen *v/t* ⟨-ge-, *h*⟩ çalkalamak, yıkamak
ausstaffieren *v/t* ⟨*o* -ge-, *h*⟩ F donatmak, giydirip kuşatmak
Ausstand *m* ⟨-s; ¨-e⟩ ÖKON grev; ***in den ~ treten*** greve başlamak
ausstatt|en *v/t* ⟨-ge-, *h*⟩ (***mit*** *-le*) donatmak; **ᛟung** *f* ⟨-; -en⟩ donatım; *e-r Wohnung* mobilya
ausstechen *v/t* ⟨-ge-, *h*⟩ oymak; oyarak çıkarmak; ***j-n*** b-ni gölgede bırakmak, b-ne üstün gelmek
ausstehen ⟨*unreg*, -ge-, *h*⟩ **1.** *v/t*: ***ich kann ihn*** (***sie, es***) ***nicht ~*** bence o katlanılmaz biri (bir şey); ***es ist noch nicht ausgestanden*** henüz atlatmış değiliz; **2.** *v/i* henüz gelmemiş olmak, beklenmek; ***s-e Antwort steht noch aus*** cevabını daha bekliyoruz
aussteigen *v/i* ⟨*unreg*, -ge-, *sn*⟩ (***aus*** *-den*) *Fahrzeug* inmek, *Arbeit, Geschäft* ayrılmak, *Vorhaben* caymak; *işini bırakıp alışılmışın dışında bir hayat sürmeye başlamak*
Aussteiger *m* ⟨-s; -⟩, **~in** *f* ⟨-; -nen⟩ *kendi toplumunun dışında yaşamayı seçen*
ausstell|en *v/t* ⟨-ge-, *h*⟩ *Kunstwerk* sergilemek; *Pass, Rechnung* (***auf j-s Namen*** b-nin adına) düzenlemek, *Scheck* yazmak; **ᛟer** *m* ⟨-s; -⟩ (*Messe*ᛟ) sergiye katılan; **ᛟung** *f* ⟨-; -en⟩ düzenleme; (*Kunst*ᛟ) sergi; (*Messe*) fuar
Ausstellungs|datum *n* *-in* düzenlendiği tarih; **~gelände** *n* fuar parkı; **~halle** *f* sergi salonu; **~raum** *m* sergi salonu; **~stück** *n* sergilenen parça
aussterben *v/i* ⟨-ge-, *sn*⟩ *-in* soyu tükenmek
Aussteuer *f* ⟨-; -n⟩ çeyiz
aussteuern *v/t* ⟨-ge-, *h*⟩ EL ayarlamak (*kayıtta vs*)

Ausstieg *m* ⟨-s; -e⟩ iniş, iniş kapısı; (***aus*** *-den*) ayrılma
Ausstoß *m* ⟨-es; ⸚e⟩ ÖKON (toplam) üretim; ÖKOL atıklar *pl*, emisyon
ausstoßen *v/t* ⟨*unreg*, -ge-, *h*⟩ TECH *Rauch* çıkarmak; ÖKON üretmek; ***j-n*** **~** (***aus*** *-den*) b-ni dışarıya atmak, dışlamak; ***j-n aus der Gesellschaft*** **~** b-ni toplum dışına itmek
ausstrahl|en *v/t* ⟨-ge-, *h*⟩ yaymak; *Freude a* saçmak; **2ung** *f* ⟨-; -en⟩ PHYS ışınım, radyasyon; (*Charisma*) karizma
ausstrecken *v/t* ⟨-ge-, *h*⟩: ***sich*** **~** uzanmak
ausstreichen *v/t* ⟨*unreg*, -ge-, *h*⟩ karalamak, (çizip) iptal etmek
ausströmen ⟨-ge-⟩ **1.** *v/i* ⟨*sn*⟩ (***aus*** *-den*) *Flüssigkeit* akmak, fışkırmak; *Gas u fig* yayılmak, dağılmak; **2.** *v/t* ⟨*h*⟩ akıtmak, yaymak, dağıtmak
aussuchen *v/t* ⟨-ge-, *h*⟩: (***sich*** *D*) ***etw*** **~** (kendine) bş-i seçmek, ayırmak
Austausch *m* ⟨-s; *o pl*⟩ değiştirme, takas; (*Waren*2) değiş tokuş; (*Schüler*) değişim; ***im*** **~** ***für*** ile değiştirilerek; **2bar** *adj* değiştirilebilir, yerine benzeri konabilir; **~** ***mit, gegen*** *-in* aynısı, benzeri, eşi
austauschen *v/t* ⟨-ge-, *h*⟩ (***gegen***) *-in* yerine koymak, *ile* değiştirmek
Austauschmotor *m* yeni motor (*eskisinin yerine konan*)
austeilen *v/t* ⟨-ge-, *h*⟩ (***an*** *A -e*; ***unter*** *A* arasında) dağıtmak
Auster *f* ⟨-; -n⟩ ZOOL istiridye
austoben *v/r* ⟨-ge-, *h*⟩: ***sich*** **~** tepinip zıplamak, kurtlarını dökmek
austragen ⟨*unreg*, -ge-, *h*⟩ **1.** *v/t Briefe* dağıtmak; *Streit* sonuca bağlamak; *Wettkampf* yapmak; MED *Baby normal doğuma kadar karnında taşımak*; ***die Sache*** **~** F işi halletmek, bir çözüme ulaştırmak; **2.** *v/r*: ***sich*** **~** (***lassen***) *aus Liste* kaydını sil(dir)mek
Austragungsort *m* SPORT karşılaşma/müsabaka yeri
Austral|ien [-ĭən] *n* Avustralya; **~ier** *m* ⟨-s; -⟩, **~ierin** *f* ⟨-; -nen⟩ Avustralyalı; **2isch** *adj* Avustralya(lı) *subst*
austreiben ⟨*unreg*, -ge-, *h*⟩ **1.** *v/t* sürmek, uzaklaştırmak, atmak; ***j-m etw*** **~** b-ni bş-den zorla vazgeçirmek; **2.** *v/i* BOT ürmek, filizlenmek, çiçeklenmek
austreten *v/i* ⟨*unreg*, -ge-, *sn*⟩ (ayakla basıp) söndürmek; F tuvalete gitmek, dışarıya çıkmak; **~** ***aus*** *Verein* çıkmak, istifa etmek; ***e-n Weg*** **~** bir yeri gide gele yol etmek
austricksen *v/t* ⟨-ge-, *h*⟩ F (*lösen*) hileyle çözmek; ***j-n*** **~** b-ni aldatmak
austrinken *v/t* ⟨*unreg*, -ge-, *h*⟩ içip bitirmek
Austritt *m* ⟨-s; -e⟩ (***aus*** *-den*) çıkma, çıkış
austrocknen *v/t* ⟨-ge-, *h*⟩ ⟨*sn*⟩ kurutmak
austüfteln *v/t* ⟨-ge-, *h*⟩ F geliştirmek (*buluş vs*)
ausüb|en *v/t* ⟨-ge-, *h*⟩ *Beruf, Tätigkeit* takip etmek; yapmak, uygulamak; **2ung** *f* ⟨-; *o pl*⟩: ***in*** **~** ***s-r Pflicht*** görevini yerine getirirken
Ausverkauf *m* ⟨-s; ⸚e⟩ ÖKON tasfiye satışı; (*Schlussverkauf*) mevsim sonu satışı, ucuz satış; ***im*** **~** ***kaufen*** ucuzluktan almak
ausverkauft *adj* tükenmiş
auswachsen ⟨*unreg*, -ge-⟩ **1.** *v/t* ⟨*h*⟩ *-i* giyemez olmak (*üstüne küçüldüğü için*); **2.** *v/i* ⟨*sn*⟩ BOT son boyuna ulaşmak; **3.** *v/r* ⟨*h*⟩: ***sich*** **~** (***zu***) büyümek (ve … olmak)
Auswahl *f* ⟨-; *o pl*⟩ seçme, ayırma, seçme parçalar; ***e-e*** **~** ***treffen*** bir seçme yapmak; ÖKON ***… in großer*** **~** çeşit çeşit; ***… zur*** **~** seçmece …, içlerinden seçilmek üzere …
auswählen *v/t* ⟨-ge-, *h*⟩ seçmek, ayırmak
Auswander|er *m* ⟨-s; -⟩, **~in** *f* ⟨-; -nen⟩ göçmen
auswandern *v/i* ⟨-ge-, *sn*⟩ (***nach*** *-e*) göç etmek, göç edip gitmek
Auswanderung *f* göç (*bir ülkeden dışarıya*)
auswärtig *adj* dış, dışarıda(n)
auswärts *adv* dışarıda, şehir dışında; **~** ***essen*** yemeği dışarıda yemek; **~** ***spielen*** deplasmanda oynamak; **~** ***wohnen*** şehir dışında oturmak
auswaschen *v/t* ⟨*unreg*, -ge-, *h*⟩ yıkamak, *Fleck* yıkayıp çıkarmak
Auswechsel|bank *f* SPORT yedekler *pl*; **2bar** *adj* (***gegen*** *-le*) değiştirilebilir; **~spieler(in** *f*) *m* yedek oyuncu
auswechseln *v/t* ⟨-ge-, *h*⟩ (***gegen*** *-le*) değiştirmek; (*erneuern*) yenilemek

Auswechslung *f* ⟨-; -en⟩ değiştirme
Ausweg *m* ⟨-s; -e⟩ çıkış yolu; ***aus** -den* kurtuluş, *-in* çaresi; ***als letzter ~*** son çare olarak; **≗los** *adj* çaresiz, çözümsüz; **~losigkeit** *f* ⟨-; *o pl*⟩ çaresizlik
ausweichen *v/i* ⟨*unreg*, *-ge-*, *sn*⟩ yol vermek/açmak; *fig* ***j-m ~*** b-nden kaç(ın)mak; ***e-r Frage ~*** cevap vermekten kaçmak; ***j-s Blicken ~*** b-nden bakışlarını kaçırmak; ***~ auf** …* yoluna/seçeneğine başvurmak
ausweichend *adj* kaçamaklı
Ausweich|manöver *n* AUTO *tehlikeden kaçma manevrası*; **~möglichkeit** *f* seçenek (*zorunlu bir durum için*)
ausweinen *v/r* ⟨-ge-, *h*⟩: ***sich ~ (bei j-m*** b-ne gidip) doya doya ağlamak
Ausweis *m* ⟨-es; -e⟩ kimlik (belgesi)
ausweisen ⟨*unreg*, *-ge-*, *h*⟩ **1.** *v/t* (***aus*** *-den*) sınırdışı etmek; ***j-n ~ als*** b-nin … olduğunu göstermek/belgelemek; ***sich als Experten ~*** kendinin uzman olduğunu belgelemek; **2.** *v/r*: ***sich ~*** kimliğini ispat etmek
Ausweis|kontrolle *f* kimlik kontrolü; **~papiere** *pl* kimlik belgesi *sg*
Ausweisung *f* ⟨-; -en⟩ (***aus*** *-den*) sınırdışı etme/edilme
ausweiten *v/t* ⟨-ge-, *h*⟩: ***sich ~ (auf** -e*) yayılmak
auswendig *adv* ezbere, ezberden; ***etw in- und ~ kennen*** bş-in girdisini çıktısını (iyi) bilmek
auswert|en *v/t* ⟨-ge-, *h*⟩ değerlendirmek; (*ausnützen*) kullanmak, yararlanmak; **≗ung** *f* ⟨-; -en⟩ değerlendirme; (*Feststellung*) tespit; (*Schätzung*) takdir
auswickeln *v/t* ⟨-ge-, *h*⟩ açmak, çıkarmak
auswirk|en *v/r* ⟨-ge-, *h*⟩: ***sich ~ auf*** (*A*) … üzerinde etkili olmak; ***sich positiv (negativ) ~ auf*** *-i* olumlu (olumsuz) etkilemek; **≗ung** *f* ⟨-; -en⟩ (***auf*** … üzerinde) etkisi
auswischen *v/t* ⟨-ge-, *h*⟩: F ***j-m eins ~*** b-ne kötü bir oyun oynamak
Auswuchs [-ks] *m* ⟨-es; ⸗e⟩ MED büyüme, ur; *fig* aşırılık, taşkınlık
Auswuchten *n* AUTO balans ayarı
Auswurf *m* ⟨-s; *o pl*⟩ MED balgam, (*-in* tükürdüğü) kan
auszahlen ⟨-ge-, *h*⟩ **1.** *v/t* ödemek; ***j-n ~*** b-ne ücretini vermek; **2.** *v/r*: ***sich ~*** *fig* (zahmete *vs*) değmek
auszählen *v/t* ⟨-ge-, *h*⟩ saymak, sayarak saptamak
Auszahlung *f* ⟨-; -en⟩ ödeme, tediye
auszeichnen ⟨-ge-, *h*⟩ **1.** *v/t* etiketlemek; ***mit e-m Preis ~*** ödüllendirmek, ÖKON *-e* fiyat koymak; (***mit e-m Orden***) ***~*** (bir nişanla) taltif etmek; **2.** *v/r*: ***sich ~*** temayüz etmek, öne çıkmak
Auszeichnung *f* ⟨-; -en⟩ taltif, takdir, nişan; ***mit ~ bestehen*** *Prüfung* takdirle kazanmak; ÖKON fiyat koyma
ausziehbar *adj* açılır (*masa vs*)
ausziehen ⟨*unreg*, *-ge-*⟩ **1.** *v/t* ⟨*h*⟩ ***j-n ~*** b-ni soymak, b-nin üstündekileri çıkarmak; **2.** *v/r* ⟨*h*⟩: ***sich ~*** soyunmak; **3.** *v/i* ⟨*sn*⟩ (evden) çıkmak, taşınmak
Auszieh|platte *f çekilip açılan tabla*; **~tisch** *m* (çekilip) açılan masa
Auszubildende *m*, *f* ⟨-n, -n⟩ *çıraklık eğitimi gören genç*
Auszug *m* ⟨-s; ⸗e⟩ (evden) çıkma, taşınma; (*Ausschnitt*) (***aus*** *-den*) pasaj, alıntı; CHEM hulasa; (*Konto*≗) dekont, hesap hulasası
auszugsweise *adv* kısmen, bölüm bölüm; ***etw ~ vorlesen*** bş-in bazı bölümlerini okumak
auszupfen *v/t* ⟨-ge-, *h*⟩ ditmek, yolmak
autark *adj* ÖKON ticarî olarak bağımsız
Autarkie *f* ⟨-; -n⟩ kendine yeterlik
authentisch *adj* otantik
Auto *n* ⟨-s; -s⟩ otomobil, araba; ***~ fahren*** araba kullanmak; ***mit dem ~ fahren*** arabayla gitmek; **~apotheke** *f* ilkyardım çantası; **~atlas** *m* karayolları atlası
Autobahn *f* otoyol; **~abfahrt** *f* otoyol çıkışı; **~auffahrt** *f* otoyol girişi; **~ausfahrt** *f* otoyol çıkışı; **~dreieck** *n* otoyol kavşağı (*üç yönlü*); **~gebühr** *f* otoyol ücreti; **~kreuz** *n* otoyol kavşağı (*dört yönlü*); **~raststätte** *f* otoyol dinlenme tesisi; **~zubringer** *m* ⟨-s; -⟩ otoyol bağlantısı
Autobiografie *f* otobiyografi
Auto|bombe *f* oto bombası; **~bus** *m* otobüs; **~fähre** *f* araba vapuru, feribot
Autodidakt *m* ⟨-en; -en⟩, **~in** *f* ⟨-; -nen⟩ otodidakt
Auto|diebstahl *m* araba hırsızlığı; **~fahrer(in** *f*) *m* şoför, sürücü
autogen *adj* MED endojen; ***~es Training*** *kendi kendine gevşeme*

Autogramm *n* ⟨-s; -e⟩ imza
Auto|händler *m* otomobil tüccarı, oto galerici(si); **~industrie** *f* otomobil sanayii; **~karte** *f* yol haritası; **~kino** *n* açık sinema (*arabalılar için*)
Automat *m* ⟨-en; -en⟩ otomat; (*Verkaufs*⁀) satış otomatı; (*Spiel*⁀) kumar/oyun makinası
Automatik *f* ⟨-; -en⟩ AUTO otomatik vites; **~gurt** *m* otomatik emniyet kemeri
Automat|ion *f* ⟨-; *o pl*⟩ otomasyon; **⁀isch** *adj* otomatik; **⁀isieren** *v/t* ⟨*o ge-, h*⟩ otomatikleştirmek, otomatize etmek
Automechaniker *m* araba/oto(mobil) tamircisi
Automobilklub *m* otomobil kulübü
autonom *adj* özerk
Autonomie *f* ⟨-; -n⟩ özerklik
Autonummer *f* plaka (numarası)
Autopsie *f* ⟨-; -n⟩ MED otopsi
Autor *m* ⟨-s; -en⟩ yazar
Autoradio *n* araba radyosu
Autoreifen *m* lastik
Autoreisezug *m* araba treni
Autorin *f* ⟨-; -nen⟩ (kadın) yazar
autorisieren *v/t* ⟨*o ge-, h*⟩ (*ermächtigen*) *-e* yetki vermek; (*bestätigen*) *-i* onaylamak
autoritär *adj* otoriter
Autorität *f* ⟨-; -en⟩ (***auf dem Gebiet...*** ... sahasında) otorite
Auto|schlüssel *m* araba anahtarı; **~skooter** [-'sku:tər] *m* ⟨-s; -⟩ çarpışan arabalar *pl*; **~stopp** *m* otostop; **~ *machen*** otostop yapmak; **~straße** *f* ekspres yol
Autosuggestion *f* kendine telkin
Auto|telefon *n* araç telefonu; **~unfall** *m* araba kazası; **~verleih** *m*, **~vermietung** *f* araba kiralama (servisi); **~waschanlage** *f* araba yıkama (tesisi); **~werkstatt** *f* oto tamirhanesi
Avantgard|e [avã'gard(ə)] *f* ⟨-; -n⟩ avangart, öncü; **⁀istisch** *adj* avangart(ça), öncü
Aversion [avɛr'zĭo:n] *f* ⟨-; -en⟩ (***gegen*** *-e* karşı) tepki, soğukluk
Avitaminose *f* ⟨-; -n⟩ MED vitamin eksikliği
Avocado *f* ⟨-; -s⟩ BOT avokado
Axt [akst] *f* ⟨-; ⸚e⟩ balta; nacak
Az. *Abk für* ***Aktenzeichen*** dosya no.
Azalee [at͜sa'le:ə] *f* ⟨-; -n⟩ açalya, açelya

B

b, B [be:] *n* ⟨-; -⟩ **1.** b, B; **2.** MUS *b-Dur* si bemol, *b-Moll* bemol
Baby ['be:bi] *n* ⟨-s; -s⟩ bebek; **~ausstattung** *f* bebe(k) malzemesi; **~nahrung** *f* bebek maması; **~sitter** *m* ⟨-s; -⟩ babysitter; **~tragetasche** *f* port bebe; **~zelle** *f* EL orta boy pil
Bach *m* ⟨-s; ⸚e⟩ dere; akarsu; **~forelle** *f* tatlısu alabalığı; **~stelze** *f* kuyruksallayan (kuşu)
backbord *adv* MAR iskele tarafında
Backbord *n* ⟨-s; -e⟩ MAR iskele (tarafı)
Backe *f* ⟨-; -n⟩ yanak; F (*Gesäßbacke*) kaba et; TECH çene; fren takozu
backen ⟨bäckt *od* backt, buk *od* backte, gebacken, *h*⟩ **1.** *v/t* (fırında) pişirmek, kızartmak; **2.** *v/i* (fırında) pişmek
Backen|bart *m* favori (*sakal*); **~knochen** *m* elmacık kemiği; **~zahn** *m* azıdişi
Bäcker *m* ⟨-s; -⟩ fırıncı; ekmekçi; **~ei** *f* ⟨-; -en⟩ ekmekçi dükkanı; fırın
Back|form *f* pasta kalıbı; **~hefe** *f* kek mayası; **~ofen** *m* fırın; **~pulver** *n* kabartma tozu
Back-up *n* ['bɛkʌp] ⟨-s; -s⟩ EDV yedekleme
Backwaren *pl* hamur işi; börek çörek
Bad *n* ⟨-s; ⸚er⟩ banyo; *im Freien* plaj; açık yüzme havuzu; ***ein ~ nehmen*** banyo yapmak; *fig* **~ *in der Menge*** kalabalıkla haşır neşir olmak
Bade|anstalt *f* hamam; umumî banyo; **~anzug** *m* mayo; **~hose** *f* deniz şortu; **~kappe** *f* başlık; bone; **~mantel** *m* bornoz; **~matte** *f* plaj yaygısı; **~meister** *m* yüzme öğretmeni; havuz sorumlusu; hamamcı
baden *v/i* ⟨*h*⟩ **1.** banyo yapmak, *im Freien* yüzmek; **~ *gehen*** yüzmeye git-

B

mek; F *fig* suya düşmek; **2.** *v/r:* ***sich ~*** banyo yapmak, yıkanmak

Bade|ort *m* plaj; (*Kurbad*) kaplıca; **~sachen** *pl* plaj eşyaları *pl*; **~schuhe** *pl* banyo/plaj terliği *sg*; **~strand** *m* plaj; **~tuch** *n* banyo havlusu; **~wanne** *f* küvet; **~zimmer** *n* banyo

baff *adj* F ***~ sein*** afallamak

BAföG *n* ⟨-(s)⟩ *meslek eğitimini teşvik kanunu; yüksek öğrenim kredisi*

Bagage [ba'ga:ʒə] *f* (*Gesindel*) güruh

Bagatelle *f* ⟨-; -n⟩ küçük suç/hasar

bagatellisieren *v/t* ⟨*o* ge-, *h*⟩ (olduğundan) küçük/zararsız göstermek

Bagatellschaden *m* küçük hasar

Bagger *m* ⟨-s; -⟩ TECH ekskavatör/kepçe; **~see** *m* (sunî) gölet

Bahn[1] *f* ⟨-; -en⟩ (*Weg*) yol, pist; (*Fahrspur*) şerit; SPORT *a* kulvar; (*Eis*≈) pist; ASTR (*Flug*≈, *Umlauf*≈) yörünge; *Stoff* en; *fig* ***sich ~ brechen*** bş-in üstesinden gelmek; sözünü geçirmek; *fig* ***auf die schiefe ~ geraten*** yoldan çıkmak; ***~ frei!*** yol serbest!

Bahn[2] *f* ⟨-; -en⟩ demiryolu; (*Zug*) tren; ***mit der ~*** trenle; ÖKON demiryolu ile; ***j-n zur ~ bringen*** b-ni istasyondan yolcu etmek; **~anschluss** *m* demiryolu bağlantısı; (*Straßen*≈) tramvay; (*Bahnhof*) istasyon

bahnbrechend *adj* çığır açan/açıcı

bahnen *v/t* ⟨*h*⟩ yol açmak; ***sich*** (*D*) ***e-n Weg ~*** (***durch***) (*-in* arasından) k-ne yol açmak

Bahn|fahrt *f* tren yolculuğu; **~hof** *m* tren istasyonu; ***auf dem ~*** istasyonda; **~hofsvorsteher** *m* istasyon şefi; **~linie** *f* demiryolu hattı; **~polizei** *f* gar polisi; **~steig** *m* ⟨-s; -e⟩ yolcu peronu; **~übergang** *m* hemzemin geçit

Baisse *f* ⟨-; -n⟩ ÖKON fiyat düşüklüğü, ayı eğilimi

Bakter|ie [-rĭə] *f* ⟨-; -n⟩ bakteri; **≈iell** *adj* bakteriyel

Balance [ba'lã:s(ə)] *f* ⟨-; -n⟩ denge

balancieren [balã'si:rən] ⟨*o* ge-⟩ **1.** *v/t* ⟨*h*⟩ dengelemek; terazilemek **2.** *v/i* ⟨*sn*⟩ dengede olmak; terazilenmek

bald *adv* yakında; F (*beinahe*) az daha/kalsın; ***~ darauf*** (bunun) hemen ardından; ***so ~ wie möglich*** olabildiği kadar çabuk; F ***bis ~!*** görüşmek üzere!; **~ig** *adj* yakın (zamandaki)

Balken *m* ⟨-s; -⟩ kiriş; direk

Balkon [bal'kɔŋ, bal'kõ:] *m* ⟨-s; -s *od* -e⟩ balkon; **~tür** *f* balkon kapısı

Ball[1] *m* ⟨-s; ¨-e⟩ top; F *fig* ***am ~ bleiben*** *-in* peşini bırakmamak

Ball[2] (*Veranstaltung*) balo

Ballast *m* ⟨-s; *o pl*⟩ safra; **~stoffe** *pl* MED selüloz *sg*

ballen ⟨*h*⟩: **1.** *v/t* ***die Faust ~*** yumruk sıkmak; **2.** *v/r:* ***sich ~*** topaklaşmak; sıkışmak

Ballen *m* ⟨-s; -⟩ ANAT başparmak kökü; AGR, ÖKON balya

ballern *v/i* ⟨*h*⟩ F gümbürdetmek; patlatmak

Ballett *n* ⟨-s; -e⟩ bale; **~schule** *f* bale kursu/okulu; **~tänzer** *m* bale sanatçısı; **~tänzerin** *f a* balerin

Ballon [ba'lɔŋ, ba'lõ:] *m* ⟨-s; -s⟩ balon; (*Korbflasche*) damacana

Ballungs|gebiet *n*, **~raum** *m* yoğun nüfuslu bölge, gelişmiş yöre

Ballwechsel *m* paslaşma

Balsam *m* ⟨-s; -e⟩ merhem

Balt|e *m* ⟨-en; -en⟩, **~in** *f* ⟨-; -nen⟩ *Baltık kıyısı halkından olan*; **≈isch** *adj* Baltık *subst*

Bambus *m* ⟨- *od* -ses; -se⟩ bambu; **~sprossen** *pl* bambu filizi *sg*

Bammel *m* ⟨-s; *o pl*⟩ F korku; ***~ haben*** (***vor*** *-den*) korkmak

banal *adj* alelade, sıradan

Banalität *f* ⟨-; -en⟩ aleladelik; bayağılık; *alelade/bayağı şey*

Banane *f* ⟨-; -n⟩ muz

Bananenstecker *m* EL banan fiş

Band[1] [bɛnt] *m* ⟨-s; ¨-e⟩ BUCH cilt; *fig* ***das spricht Bände*** bu çok şey ifade ediyor

Band[2] [bɛnt] *n* ⟨-s; ¨-er⟩ şerit/bant; (*Farb*≈) daktilo/yazıcı şeridi; (*Fließ*≈) imalat bandı; (*Klebe*≈) (yapışkan) bant; (*Maß*≈) ölçme şeridi; şerit ölçek; mezura; (*Ton*≈) teyp; (*Schmuck*≈) kurdele; ANAT bağ; kordon; *fig* ***am laufenden ~*** durmadan; sürekli olarak; ***auf ~ aufnehmen*** banda almak/kaydetmek

Band[3] [bɛnt] *f* ⟨-; -s⟩ MUS bando; müzik grubu

Bandag|e [ban'da:ʒə] *f* ⟨-; -n⟩ sargı/bandaj; **≈ieren** [banda'ʒi:rən] *v/t* ⟨*o* ge-, *h*⟩ bandajlamak/sargılamak

Bandaufnahme *f* bant kaydı

Bandbreite *f* EL bant/kuşak genişliği; *fig* çeşit(lilik), yelpaze, mozaik

Bande *f* ⟨-; -n⟩ (*Verbrecher*2) çete
Bänder|riss *m* MED bağ kopması; **~zerrung** *f* bağ esnemesi
bändigen *v/t* ⟨*h*⟩ zaptürapt altına almak
Bandscheibe *f* ANAT disk
Bandscheibenvorfall *m* disk kayması
Bange *f* ⟨-; *o pl*⟩: **(*nur*) *keine* ~!** korkma(yın)!; ***j-m* ~ *machen*** (*b-nin*) yüreğine korku salmak
bangen ⟨*h*⟩ **1.** *v/i* **~ *um*** *-in* üstüne titremek; ***um j-s Leben* ~** b-nin hayatından endişe etmek; **2.** *v/unp*: ***j-m bangt* (*es*) *vor etw*** (*-den*) korkmak; ürküntü duymak
Bank[1] *f* ⟨-; ⸚e⟩ (*Sitz*2) bank; (*Schul*2) sıra; ***auf die lange* ~ *schieben*** (işi) sallamak; sürüncemede bırakmak; F ***durch die* ~** tamamen, istisnasız, baştan başa
Bank[2] *f* ⟨-; -en⟩ ÖKON banka; ***Geld auf der* ~ *haben*** bankada parası olmak; **~angestellte** *m, f* banka memuru; **~anweisung** *f* banka ödeme emri; **~direktor** *m*, **~direktorin** *f* banka müdürü; **~diskont** *m* banka iskontosu; **~einlage** *f* banka mevduatı
Banker ['bɛŋkɐ] *m* ⟨-s; -⟩, **~in** *f* ⟨-; -nen⟩ bankacı; banker
Bankfach[1] *n* ⟨-s; -⟩ (*Fachgebiet*) bankacılık
Bankfach[2] *n* ⟨-s; ⸚er ⟩ (*Schließfach*) kiralık kasa
bankfähig bankaca geçerli; kırdırılabilir
Bank|geheimnis *n* banka sırrı, **~geschäft** *n* banka işlemi; bankacılık; **~guthaben** *n* banka mevduatı
Bankier [baŋ'kie:] *m* ⟨-s; -s⟩ banker/bankacı
Bank|kauffrau *f* bankacı (*kadın*); **~kaufmann** *m* bankacı (*erkek*); **~konto** *n* banka hesabı; **~leitzahl** *f* banka kodu; **~note** *f* banknot
Bankomat *m* ⟨-en; -en⟩ bankamatik; otomatik para veznesi
bankrott *adj* müflis; iflas etmiş; **~ *sein*** iflasta olmak; iflas etmiş olmak
Bankrott *m* ⟨-s; -e⟩ iflas; **~ *gehen*** *od* ***machen*** iflas etmek; F batmak; **~erklärung** *f* iflas beyanı; *fig* âcizlik belgesi
Bank|schließfach *n* banka kasası; **~überfall** *m* banka soygunu; **~überweisung** *f* banka havalesi; **~verbindung** *f* banka hesabı; **~wesen** *n* ⟨-s; *o pl*⟩ bankacılık
Banner *n* ⟨-s; -⟩ flama
Bannkreis *m fig* etki alanı
bar *adj* (*rein*) safi/katıksız; (*ohne*) **~ *jeglicher Vernunft*** hiç akıl kârı/işi değil; ÖKON **(*in*) ~ *bezahlen*** nakit ödemek; ***gegen* ~** peşin olarak; **~ *ohne Abzug*** kesintisiz peşin; net olarak; **~*er Unsinn*** düpedüz saçma; **~*es Geld*** nakit para
Bar *f* ⟨-; -s⟩ bar; gece kulübü; ***an der* ~** barda, bankoda
Bär *m* ⟨-en; -en⟩ ZOOL ayı; *fig* ***j-m e-n* ~*en aufbinden*** b-ni işletmek; ASTR ***der Große* ~** Büyükayı; ***der Kleine* ~** Küçükayı
Baracke *f* ⟨-; -n⟩ baraka
Barauszahlung *f* nakit ödeme
barbarisch *adj* barbar; *adv* barbarca
Barbestand *m* nakit/kasa mevcudu
Bardame *f* konsomatris
Bärenhunger *m* F: ***e-n* ~ *haben*** kurt gibi aç olmak
barfuß *adj u adv* yal(ı)nayak
barfüßig *adj* yal(ı)nayak
Bargeld *n* nakit para; **~automat** *m* bankamatik; otomatik para veznesi; **2los** *adj* ciro/çek ile; gayri nakdî
Barhocker *m* bar sandalyesi
Bariton *m* ⟨-s; -e⟩ MUS bariton
Barkauf *m* nakit alım
Barkeeper [-ki:pə] *m* ⟨-s; -⟩ barmen
Bar|kredit *m* nakdî kredi; **~mittel** *pl* likit fonlar
Barock *n, m* ⟨-s; *o pl*⟩ Barok (çağı)
Barometer *n* ⟨-s; -⟩ barometre
Barpreis *m* peşin fiyat; efektif fiyat
Barren *m* ⟨-s; -⟩ *Gold usw* külçe; SPORT barparalel
Barriere [ba'rĭe:rə] *f* ⟨-; -n⟩ bariyer, engel
Barrikade *f* ⟨-; -n⟩ barikat; ***auf die* ~*n gehen*** **(*für*** için) kavgayı göze almak; bayrak açmak
barsch *adj* sert, haşin
Barsch *m* ⟨-s; -e⟩ levrek; çırçır; hani
Bar|schaft *f* ⟨-; *o pl*⟩ F cepteki para; **~scheck** *m* ÖKON para çeki
Bart *m* ⟨-s; ⸚e⟩ sakal; ***sich*** **(*D*)** ***e-n* ~ *wachsen lassen*** sakal bırakmak
bärtig *adj* sakallı
Bar|vermögen *n* nakit aktif; para varlığı; **~zahlung** *f* nakit/peşin ödeme; ***gegen* ~** peşin (ödemeyle); **~zahlungspreis** *m* peşin ödeme fiyatı

B

Basar [-ˈzaːɐ] *m* ⟨-s; -e⟩ *orientalisch* kapalıçarşı; (*Weihnachts*♀ *usw*) kermes
basieren *v/i* ⟨*o* ge-, *h*⟩ ~ **auf** (*D*) -e dayanmak
Basilikum *n* ⟨-s; *o pl*⟩ BOT fesleğen
Basis *f* ⟨-; -sen⟩ (*Grundlage*) temel; POL taban; **an der** ~ tabanda; **~demokratie** *f* katılımcı demokrasi
Basislager *n* ana depo
Basketball [ˈba(ː)skətbal] *m* SPORT basketbol
Bass *m* ⟨-es; ⸚e⟩ MUS bas; *Stimme* pes; bas; **~geige** *f* kontr(a)bas; **~gitarre** *f* bas gitar; **~ist** *m* ⟨-en; -en⟩ MUS bas; (*Bassspieler*) basçı; basist; **~regler** *m* *Radio usw* bas ayarı
Bassin [baˈsɛ̃ː] *n* ⟨-s; -s⟩ havuz
Bast *m* ⟨-s; -e⟩ *ağaç kabuğu elyafı*
basta *int* F yeter!; **und damit ~!** yeter artık!
Bastard *m* ⟨-s; -e⟩ BIOL kırma; melez; *Schimpfwort* piç(kurusu)
Bastelarbeit *f* elişi; hobi
basteln ⟨*h*⟩ **1.** *v/t* (kendi) yapmak; **2.** *v/i* *amatörce el işleri, marangozluk vs yapmak*; ~ **an** (*D*) (-*in*) üzerinde çalışmak
Bastion [basˈtioːn] *f* ⟨-en; -en⟩ burç
Bataillon [batalˈjoːn] *n* ⟨-s; -s⟩ tabur
Batik *f* ⟨-; -en⟩ batik; ♀**en** *v/t u v/i* ⟨*h*⟩ batik yapmak
Batterie *f* ⟨-; -n⟩ EL pil; batarya; AUTO akü(mülatör); ♀**betrieben** *adj* pilli/akülü, **~ladegerät** *n* şarj cihazı
Bau[1] *m* ⟨-s; -ten⟩ *Vorgang* inşaat/yapım; (*Gebäude*) bina/yapı; (*Haus*♀) ev/konut inşaatı; (*Körper*♀) vücut yapısı; **im ~** inşa halinde; **~arbeiten** *pl* inşaat; *Straße* yapım çalışmaları
Bau[2] *m* ⟨-s; -e⟩ (*Tierhöhle*) in
Bau|amt *n* imar dairesi; **~arbeiter** *m* inşaat/yapı işçisi; amele; **~art** *f* TECH tip; model
Bauch *m* ⟨-s; ⸚e⟩ karın; **sich** (*D*) **vor Lachen den ~ halten** katıla katıla gülmek; *fig* **aus dem ~** rasgele; **~landung** *f*: **e-e ~ machen** şapa oturmak; **~schmerzen** *pl* karın ağrısı *sg*; **~speicheldrüse** *f* pankreas (bezi); **~tanz** *m* göbek dansı; oryantal dans; **~tänzerin** *f* oryantal dansöz; **~weh** *n* ⟨-s; *o pl*⟩ karın ağrısı
Baudenkmal *n* mimarî anıt
bauen **1.** *v/t* ⟨*h*⟩ (*errichten*) yapmak; kurmak; inşa etmek; (*herstellen*) yapmak; imal etmek; üretmek; TECH monte etmek; (*verursachen*) **e-n Unfall ~** kaza yapmak; **2.** *v/i fig* ~ **auf** *A* -e güvenmek
Bauer *m* ⟨-n; -n⟩ (*Landwirt*) çiftçi; *abw* köylü; *Schach* piyon
Bäuer|in *f* ⟨-; -nen⟩ çiftçi kadın; köylü kadın; ♀**lich** *adj* köylü *subst*; köylü usulü/kökenli; *çiftçilikle ilgili*
Bauern|brot *n* köy ekmeği; **~hof** *m* çiftlik; **~möbel** *pl* rustikal mobilya *sg*; **~schläue** köylü kurnazlığı
Bau|erwartungsland *n imarı beklenen arazi*; ♀**fällig** *adj* yıkılmaya yüz tutmuş, harap; tamire muhtaç; **~firma** *f* inşaat şirketi; **~gelände** *f* inşaat sahası; şantiye (arazisi); **~genehmigung** *f* inşaat ruhsatı; **~genossenschaft** *f* yapı kooperatifi; **~gerüst** *n* inşaat iskelesi; **~gewerbe** *n* inşaat sektörü; **~grund** *m*, **~grundstück** *n* (imar izinli) arsa; **~ingenieur** *m* inşaat mühendisi; **~jahr** *n* üretim/imal yılı; **~ 1986** 1986 model(i); **~kasten** *m* modül; yapıtaşı; **~kastensystem** *n* TECH modül sistemi; modüler sistem
Bauklotz *m*: F *fig* **Bauklötze staunen** ağzı bir karış açık kalmak
Bauland *n* ⟨-s; *o pl*⟩ (imar izinli) arazi
Baum *m* ⟨-s; ⸚e⟩ ağaç; **auf dem ~** ağaçta; **im ~** ağaçta, dalların arasında
Bau|markt *m* yapı market(i); **~maschinen** *pl* iş/inşaat makinaları; **~material** *n* yapı/inşaat malzemesi; **~meister** *m* mimar
baumeln *v/i* ⟨*h*⟩ ~ **an** *D* -den sallanmak/sarkmak; **mit den Beinen ~** bacaklarını sarkıtmak; F (*hängen*) sallanmak/sarkmak
Baum|grenze *f* ağaç sınırı; **~schere** *f* budama makası; **~stamm** *m* (ağaç) gövde(si); *gefällter* tomruk; **~sterben** *n* ⟨-s; *o pl*⟩ *asitli yağmurdan ağaçların ölmesi*; **~stumpf** *m* çotuk, (sökülmemiş) ağaç kütüğü
Baumwolle *f* pamuk
Bau|plan *m* TECH teknik plan; **~platz** *m* arsa; **~projekt** *n* inşaat/yapı projesi; ♀**reif** *adj* inşaata hazır; **~sparkasse** *f* *yapı tasarruf sandığı*; **~stein** *m* *Material* taş; tuğla; briket; *Spielzeug* küp; (*Komponente*) *a* EDV bileşen; birim; *fig* yapıtaşı; **~stelle** *f* şantiye; inşaat yeri; *Straße* yolda çalışma; **~stil** *m* mimarî üslup; **~stopp** *m*: **e-n ~ verhängen** inşaat ya-

sağı koymak/getirmek; **~substanz** *f* binanın dayanıklığı; **~techniker** *m* inşaat teknisyeni; **~teil** *n* parça; **~ten** *pl* binalar; THEA *usw* dekor *sg*; **~träger** *m* inşaat sahibi; **~unternehmer** *m* müteahhit, inşaat müteahhidi; **~vorhaben** *n* inşaat/yapı projesi; **~weise** *f* inşaat tarzı; **~werk** *n* bina; mimarî eser

Bay|er *m* ⟨-n; -n⟩, **~erin** *f* ⟨-; -nen⟩ Bavyeralı; **2(e)risch** *adj* Bavyera(lı) *subst*; ***auf Bay(e)risch*** Bavyera lehçesiyle; **~ern** *n* Bavyera

Bazillenträger *m*, **~in** *f* portör/taşıyıcı

Bazillus *m* ⟨-; -en⟩ basil; F mikrop

Bd. *Abk für* **Band** *m* cilt

Bde. *Abk für* **Bände** *f/pl* ciltler

beabsichtigen *v/t* ⟨*h*⟩ *-e* niyet etmek; *-i* tasarlamak; **~, *etw zu tun*** bş-i yapmaya niyet etmek

beachten *v/t* ⟨*h*⟩ *-e* dikkat etmek; *Anweisungen, Regeln -e* uymak; *-e* itaat/riayet etmek; ***bitte zu ~*** *-e* dikkat edilmesi rica olunur; ***nicht ~*** *-e* uymamak; *-e* itaat/riayet etmemek; (*ignorieren*) tanımamak; F *-e* kulak asmamak; *Ratschläge* aldırmamak

beachtenswert *adj* dikkate değer

beacht|lich *adj* (*beträchtlich*) hatırı sayılır; önemli; (*bemerkenswert*) dikkate değer; **2ung** *f* ⟨-; *o pl*⟩ dikkat(e alma); *-e* riayet/uyma

Beamte *m* ⟨-n; -n⟩ (*Staats2*) devlet memuru; (*Polizei2*) polis memuru; (*Zoll2*) gümrük memuru

Beamtenlaufbahn *f* memurluk kariyeri

Beamtin *f* (kadın) memur, memure

beängstigend *adj* ürkütücü

beanspruch|en *v/t* ⟨*o* -ge-, *h*⟩ *Recht, Eigentum usw* hak iddia etmek; (*erfordern*) *Aufmerksamkeit, Hilfe* gerektirmek; *Zeit, Raum* almak; TECH zorlamak; ***j-n ganz ~*** b-ni çok yormak; tamamen meşgul etmek; **2ung** *f* ⟨-; -en⟩ TECH, *nervliche* zorla(n)ma

beanstand|en *v/t* ⟨*o* -ge-, *h*⟩ *Ware usw* kusurlu bulmak; (*Einwand erheben*) *-e* itiraz etmek; **2ung** *f* ⟨-; -en⟩ şikâyet

beantragen *v/t* ⟨*o* -ge-, *h*⟩ (**bei *j-m***) *-den* (dilekçeyle) talep etmek

beantwort|en *v/t* ⟨*o* -ge-, *h*⟩ cevaplamak; **2ung** *f* ⟨-; -en⟩ cevap(lama); ***in ~*** (*G -e*) cevaben

bearbeit|en *v/t* ⟨*o* -ge-, *h*⟩ *Sachgebiet usw* işlemek; *Boden a* sürmek; *Antrag usw -e* bakmak; *-in* işlem(ler)ini yapmak; *für Bühne usw -e* uyarlamak; MUS *için* düzenlemek; *Buch, Text* (***neu***) **~** (yeniden) baskıya hazırlamak; **2ung** *f* ⟨-; -en⟩ işlem; *Boden* toprağın işlenişi/sürülüşü; *Antrag usw* işlem; *Text* baskıya hazırlanış; THEA *usw* uyarlama; MUS düzenleme; **2ungsgebühr** *f* işlem harcı; *Bank* muamele ücreti

beatmen *v/t* ⟨*o* -ge-, *h*⟩: ***j-n*** (***künstlich***) **~** b-ne sunî solunum yap(tır)mak

beaufsichtig|en *v/t* ⟨*o* -ge-, *h*⟩ denetlemek; teftiş etmek; *Kind -e* bakmak; **2ung** *f* ⟨-; -en⟩ denetim; gözetim; kontrol

beauftrag|en *v/t* ⟨*o* -ge-, *h*⟩ görevlendirmek; *Künstler usw -e* sipariş vermek; ***j-n ~, etw zu tun*** b-ni bş yapmakla görevlendirmek; *formell* b-ne bş-i yapması için direktif vermek; ***j-n mit e-m Fall ~*** b-ni bir olayla ilgili olarak görevlendirmek

Beauftragte *m, f* ⟨-n; -n⟩ görevli

bebauen *v/t* ⟨*o* -ge-, *h*⟩ AGR işlemek, ekmek; ARCH *-e* inşaat yapmak

beben *v/i* ⟨*h*⟩ *fig* (**vor** *D*) *-in* heyecanından titremek

Beben *n* ⟨-s; -⟩ titreme; (*Erdbeben*) deprem, zelzele

bebildern *v/t* ⟨*o* -ge-, *h*⟩ resimle(ndir)mek

Becher *m* ⟨-s; -⟩ bardak; kupa

bechern *v/i* ⟨*h*⟩ F kafayı çekmek

Becken *n* ⟨-s; -⟩ (*Schwimm2*) havuz; (*Spül2*) eviye; ANAT leğen; **~bruch** *m* MED leğen/pelvis kırığı

bedacht *adj*: **~ *sein auf*** (*A*) *-i* göz ardı etmemek; *-e* özen göstermek

bedächtig *adj* (*überlegt, umsichtig*) ağırbaşlı; dikkatli; (*langsam*) ağır; yavaş

bedanken *v/r* ⟨*o* -ge-, *h*⟩: ***sich ~*** teşekkür etmek (***bei j-m*** b-ne; ***für etw*** bş için)

Bedarf *m* ⟨-s; *o pl*⟩ ihtiyaç (**an** *D -e*); ÖKON talep; ***bei ~*** ihtiyaç halinde; (***je***) ***nach ~*** ihtiyaca göre; F ***mein ~ ist gedeckt*** benim ihtiyacım görüldü

Bedarfs|artikel *pl* ihtiyaç malzemeleri; **~fall** *m*: ***im ~*** ihtiyaç halinde; **~güter** *pl* tüketim malları; **~haltestelle** *f* geçici durak

bedauerlich *adj* acınacak; üzücü; **~er-**

weise *adv* maalesef; ne yazık ki
bedauern **1.** *v/t* ⟨*o* -ge-, *h*⟩: ***j-n ~*** b-ne acımak; ***etw ~*** bş-den üzüntü duymak; ***ich bedaure sehr, dass …*** …diği için çok üzgünüm; **2.** *v/i* ***bedaure!*** maalesef (olmaz)!
Bedauern *n* ⟨-s; *o pl*⟩ üzüntü; esef (***über*** *A -den*); ***zu meinem*** (***großen***) ***~*** (büyük) üzüntü duymama rağmen; çok üzülerek (belirtiyorum ki)
bedauernswert *adj* (*Mitleid erregend*) acınası; acınacak
bedeck|en **1.** *v/t* ⟨*o* -ge-, *h*⟩ örtmek; **2.** *v/r*: ***sich ~*** örtünmek; *Himmel* kapanmak; bulutlanmak
bedeckt *adj Himmel* kapalı; bulutlu; *fig* ***sich ~ halten*** renk vermemek
bedenken *v/t* ⟨*unreg*, *o* -ge-, *h*⟩ *-i* düşünmek; hesaba katmak
Bedenk|en *pl* (*Zweifel*) kuşku *sg*; tereddüt *sg*; çekince *sg*; *moralische* endişe(ler *pl*); (*Einwände*) itiraz *sg*; ***keine ~ haben*** (***wegen***) *-de* çekincesi olmamak; *-de* sakınca görmemek; **2enlos** *adj* düşüncesiz, saygısız; *adv* (*ohne zu zögern*) çekinmeden; (*blindlings*) *körlemesine*; **2lich** *adj* (*zweifelhaft*) kuşkulu; (*ernst*) ciddî; (*kritisch*) kritik; **~zeit** *f* ⟨-; *o pl*⟩ (b-ne düşünmesi için verilen) süre; ***ich gebe dir bis morgen ~*** sana yarına kadar düşünme fırsatı veriyorum
bedeuten *v/t* ⟨*o* -ge-, *h*⟩ … anlamına gelmek; *-i* ifade etmek; ***was soll das*** (***denn***) ***~?*** bu da ne demek oluyor?; (*zu verstehen geben*) ***j-m ~, dass …*** b-ne …diğini/…mesini ima etmek
bedeutend **1.** *adj* önemli; (*beträchtlich*) hayli; epey; önemli; (*angesehen*) ünlü; saygın; hatırı sayılır; **2.** *adv* gayet
Bedeutung *f* ⟨-; -en⟩ anlam; mana; (*Wichtigkeit*) önem, değer; ***von ~*** önemli; **2slos** *adj* önemsiz; (*ohne Sinn*) anlamsız; **2svoll** *adj* önemli; *viel sagend* manidar; anlamlı
bedienen ⟨*o* -ge-, *h*⟩ **1.** *v/t*: ***j-n ~*** b-ne hizmet etmek; *Kunden -e* bakmak; *scherzh* ***ich bin bedient!*** ben payımı aldım!; F burama geldi!; TECH kullanmak; işletmek; **2.** *v/r*: ***sich ~*** kendine servis yapmak; (yiyeceklerden) almak; ***~ Sie sich!*** buyurun (alın)!; ***sich*** (*D*) ***e-r Sache*** *od* ***j-s ~*** bş-i *od* b-ni kullanmak
Bedienung *f* ⟨-; -en⟩ servis; TECH kullanım; (*Kellner/in*) garson; ***~, zahlen bitte!*** hesap, lütfen!
Bedienungs|anleitung *f* kullanım kılavuzu; **~knopf** *m* kumanda düğmesi; **~komfort** *m* kullanma rahatlığı
bedingen *v/t* ⟨*o* -ge-, *h*⟩ (*bewirken*) *-i* belirlemek; *-e* yol açmak; (*erfordern*) gerektirmek
bedingt **1.** *adj*: ***~ durch*** ile belirlenen/belirlenmiş; **2.** *adv* (*mit Einschränkungen*) kısıtlı olarak
Bedingung *f* ⟨-; -en⟩ koşul; şart; (***es***) ***zur ~ machen, dass …*** *-in* -mesini şart koşmak; ***unter der ~, dass*** -in -mesi koşuluyla/şartıyla; ***~en stellen*** şartlar koşmak; ÖKON ***zu günstigen ~en*** uygun/ehven şartlarla
bedingungslos *adj*, *adv Gehorsam usw* kayıtsız şartsız
bedrängen *v/t* ⟨*o* -ge-, *h*⟩: ***j-n ~ mit*** *Bitten, Fragen usw* b-nin üstüne varmak; b-ni sıkıştırmak; *Gegner* zorlamak; b-ne nefes aldırmamak; (*bedrücken*) bunaltmak
bedroh|en *v/t* ⟨*o* -ge-, *h*⟩ tehdit etmek; ZOOL ***~te Arten*** nesli tükenmekte olan türler; **~lich** *adj* tehdit edici
Bedrohung *f* ⟨-; -en⟩ tehdit
bedrucken *v/t* ⟨*o* -ge-, *h*⟩ *Papier, Stoff* basmak
bedrücken *v/t* ⟨*o* -ge-, *h*⟩ sıkmak; bunaltmak
bedrückend *adj* bunaltıcı
bedürfen ⟨bedarf, bedurfte, bedurft, *h*⟩ **1.** *v/i*: ***der Ruhe ~*** dinlenmeye ihtiyacı olmak; ***j-s Hilfe ~*** b-nin yardımına ihtiyacı olmak; **2.** *v/unp*: ***es bedarf weiterer Beweise*** başka delilere ihtiyaç var(dır)
Bedürfnis *n* ⟨-ses; -se⟩ (**nach**) *-e* ihtiyaç; … ihtiyacı
bedürftig *adj* muhtaç; **2keit** *f* ⟨-; *o pl*⟩ muhtaç olma (durumu)
Beefsteak ['bi:fste:k] *n* ⟨-s; -s⟩ biftek; ***deutsches ~*** (kızartma) köfte
beehren *v/t* ⟨*o* -ge-, *h*⟩ şereflendirmek
beeid|en, **~igen** *v/t* ⟨*o* -ge-, *h*⟩ *-e* yemin ettirmek; **~igt** *adj* JUR yeminli
beeilen ⟨*o* -ge-, *h*⟩: **sich ~** acele etmek; ***beeil dich!*** acele et!, çabuk ol!
beeindrucken *v/t* ⟨*o* -ge-, *h*⟩ etkilemek, *-in* üzerinde etki uyandırmak
beeinfluss|en *v/t* ⟨*o* -ge-, *h*⟩ etkilemek;

nachteilig etkisi altına almak; **≈ung** *f* ⟨-; -en⟩ etkileme, yönlendirme
beeinträchtig|en *v/t* ⟨*o* -ge-, *h*⟩ olumsuz etkilemek; hasar meydana getirmek; **≈ung** *f* ⟨-; -en⟩ (*Behinderung*) aksatma; (*Minderung*) azaltma
beend|en *v/t* ⟨*o* -ge-, *h*⟩ bitirmek; EDV *Programm* kapatmak; **≈igung** *f* ⟨-; *o pl*⟩ *Gespräch* -*i* bitirme; -*e* son verme
beengen *v/t* ⟨*o* -ge-, *h*⟩ daraltmak, sıkmak; ***beengt wohnen*** F (bir evde) sıkış sıkış oturmak
beerben *v/t* ⟨*o* -ge-, *h*⟩: ***j-n*** ~ b-nin mirasçısı olmak
beerdig|en *v/t* ⟨*o* -ge-, *h*⟩ gömmek; defnetmek; **≈ung** *f* ⟨-; -en⟩ cenaze (töreni); **≈ungsinstitut** *n* cenaze (işleri) servisi
Beere *f* ⟨-; -n⟩ meyve tanesi (*çilek, dut vs*); (*Wein*≈) üzüm tanesi
Beerenauslese *f son ürün üzüm şarabı*
Beet *n* ⟨-s; -e⟩ tarh
befähig|en *v/t* ⟨*o* -ge-, *h*⟩ ***j-n*** ~ ***für*** (***zu***) b-ni … için yeterli hale getirmek; ***j-n dazu*** ~, ***etw zu tun*** b-ni bş yapacak hale getirmek
befähig|t [-ıçt] *adj*: ***zu etw*** ~ bş-e/bş için yeterli; **≈ung** *f* ⟨-; -en⟩ (*Qualifikation*) (***zu***) bş-e/bş için yeterlik; (*Können*) beceri; **≈ungsnachweis** *m* yeterlik belgesi
befahr|bar *adj* araç geçebilir; trafiğe elverişli; MAR sefere elverişli; **~en 1.** *v/t* ⟨*unreg, o* -ge-, *h*⟩: *Straße* (taşıtla, yolu) kullanmak; (taşıtla) -*den* geçmek; **2.** *adj*: ***stark*** ~ trafiği yoğun (*yol vs*)
befallen *v/t* ⟨*unreg, o* -ge-, *h*⟩: BOT (*Schädlinge*) ***etw*** ~ bş-e musallat olmak, dadanmak; MED (*Krankheit*) ***j-n*** ~ b-ni yakalamak; ~ ***werden von Angst*** *usw* korkuya *vs* kapılmak
befangen *adj* (*scheu*) tutuk; çekingen; (*verlegen*) mahcup; (*parteiisch*) *a* JUR taraflı; ***in einem Irrtum*** ~ ***sein*** bir hata içinde olmak; **≈heit** *f* ⟨-; *o pl*⟩ (*Verlegenheit*) mahcubiyet; tutukluk; JUR tarafsız olmama; JUR ***wegen*** ~ hakimin tarafsız olmadığı gerekçesiyle
befassen ⟨*o* -ge-, *h*⟩: ***sich*** ~ ***mit*** ile ilgilenmek
Befehl *m* ⟨-s; -e⟩ emir, komut; ***auf*** ~ ***von*** (*od G*) -*in* emri üzerine; (***den***) ~ ***haben zu*** -me emri(ni) almış olmak; ***den*** ~ ***haben*** (***über*** *A*) (-*e*) komuta yetkisini haiz olmak
befehlen 1. *v/t* ⟨befiehlt, befahl, befohlen, *h*⟩ (***j-m etw*** ~ b-ne bş yapmasını) emretmek; **2.** *v/i* ~ (***über*** *A*) -*e* komuta etmek
Befehls|form *f* GR emir kipi; **~haber** *m* ⟨-s; -⟩ komutan; **~verweigerung** *f* emre itaatsizlik; **~zeile** *f* EDV komut satırı
befestig|en *v/t* ⟨*o* -ge-, *h*⟩ ***etw*** ~ bş-i takmak; tutturmak; tesbit/monte etmek; ***ein Regal an der Wand*** ~ duvara bir raf asmak; *Ufer, Straße* stabilize etmek; MIL tahkim etmek
Befestigung *f* ⟨-; -en⟩ (*Festmachen*) montaj; tesbit; (*Material*) tesbit vidası *vs*
befind|en ⟨*unreg, o* ge- *h*⟩ **1.** *v/t* ***etw für gut*** *usw* ~ bş-i iyi *vs* bulmak; **2.** *v/r*: ***sich*** ~ -*de* bulunmak; olmak; ***sich im Irrtum*** ~ hata içinde olmak; **3.** *v/i* JUR (*entscheiden*) hüküm vermek (***über*** *A* hakkında)
Befinden *n* ⟨-s; *o pl*⟩ sağlık durum(u); ***j-n nach dem*** ~ ***fragen*** b-ne hal hatır sormak
befindlich *adj*: ***alle im Haus*** ~***en Möbel*** evde bulunan bütün eşya
beflecken *v/t* ⟨*o* -ge-, *h*⟩ *fig* lekelemek
beflügeln *v/t* ⟨*o* -ge-, *h*⟩ (*anspornen*) -*e* şevk vermek; ***j-s Fantasie*** ~ b-nin hayalgücünü canlandırmak
befolgen *v/t* ⟨*o* -ge-, *h*⟩ *Rat* dinlemek; yerine getirmek; *Vorschrift* -*e* uymak; riayet etmek
befördern *v/t* ⟨*o* -ge-, *h*⟩ nakletmek; ÖKON ulaştırmak; sevketmek; *im Rang usw* (***zu*** -*e*) terfi ettirmek
Beförderung *f* taşıma; ÖKON sevk; terfi; **~smittel** *n* taşıt; taşıma/ulaşım aracı
befrag|en *v/t* ⟨*o* -ge-, *h*⟩ (***über*** *A* -*e* -*i*) sormak; (bş hakkında) soruşturma yapmak; *interviewen b-le* mülakat yapmak; (*konsultieren*) (***wegen*** *D* … hakkında) -*in* bilgisini almak; **≈ung** *f* ⟨-; -en⟩ *Zeugen* bir şahidin dinlenmesi; (*Umfrage*) anket; yoklama; soruşturma
befrei|en 1. *v/t* ⟨*o* -ge-, *h*⟩ (*retten*) kurtarmak; *Pflichten* (***von*** -*den*) muaf tutmak; **2.** *v/r*: ***sich*** ~ (***aus, von*** -*den*) kendini kurtarmak; kurtulmak; **≈ung** *f* ~ (***aus, von*** -*den*) kurtarma; kurtuluş; *Pflichten, Steuern* ~ ***von*** -*den* muafiyet -*den* muafiyet; … muafiyeti
Befreiungsbewegung *f* kurtuluş/

bağımsızlık hareketi

befremden *v/t* ⟨*o* -ge-, *h*⟩ yadırgatmak; -*e* ters gelmek; ***etw befremdet j-n*** bş b-ni yadırgatıyor; bş b-ne ters geliyor

befreund|en *v/r* ⟨*o* -ge-, *h*⟩: ***sich mit j-m ~*** b-le dostluk/arkadaşlık kurmak; **~et** *adj*: **(*miteinander*) *~ sein*** (birbiriyle) dost/arkadaş olmak

befrieden *v/t* ⟨*o* -ge-, *h*⟩ POL barışa kavuşturmak

befriedig|en *v/t* ⟨*o* -ge-, *h*⟩ **1.** tatmin etmek *v/t*; doyurmak; ***schwer zu ~*** tatmini güç; **2.** *v/r*: ***sich* (*selbst*) *~*** (*onanieren*) kendi kendini tatmin etmek; **~end** *adj* tatmin edici; tatminkâr; doyurucu; *Schulnote* orta

befriedig|t *adj* tatmin olmuş; *adv* tatmin olmuş bir şekilde; **≈ung** *f* ⟨-; *o pl*⟩ tatmin; doyum; (*Zufriedenheit*) hoşnutluk; memnuniyet

befrist|en *v/t* ⟨*o* -ge-, *h*⟩: ***auf e-n Monat ~*** bir ayla kısıtlamak; **~et** (***auf*** *A*) (…) süreli; (-ile) kısıtlı; **≈ung** *f* ⟨-; -en⟩ kısıtlama

befrucht|en *v/t* ⟨*o* -ge-, *h*⟩ BIOL döllemek; ***künstlich ~*** sunî yoldan döllemek; **≈ung** *f* ⟨-; -en⟩ BIOL sunî dölle(n)me; ***künstliche ~*** sunî tohumlama/dölle(n)me

Befugnis *f* ⟨-; -se⟩ yetki; ***keine ~ haben zu*** (+ *inf*) -meye yetkisi olmamak

befugt *adj*: ***zu etw ~ sein*** bş-e yetkili olmak

Befund *m* ⟨-s; -e⟩ MED bulgu; ***ohne ~*** bulgu yok, negatif bulgu; F temiz

befürcht|en *v/t* ⟨*o* -ge-, *h*⟩ *den* korkmak; endişe etmek; (*vermuten*) *-den* kuşku duymak; ***es ist zu ~, dass …*** *-in* -mesinden korkulur; **≈ung** *f* ⟨-; -en⟩ korku; endişe; kuşku

befürwort|en *v/t* ⟨*o* -ge-, *h*⟩ uygun bulmak; onamak; (*unterstützen*) desteklemek; **≈er** *m* ⟨-s; -⟩, **≈erin** *f* ⟨-; -nen⟩ destekleyici; uygun bulan; **≈ung** *f* onay; tasvip

begab|t *adj* yetenekli; hünerli; ***~ für*** … yeteneği olan, *-e* yetenekli; **≈ung** *f* ⟨-; -en⟩ yetenek; kabiliyet

Begattung *f* ⟨-; -en⟩ ZOOL çiftleşme

begeben **1.** *v/r* ⟨*unreg*, *o* ge-, *h*⟩: ***sich ~ nach*** (*od* ***zu***) *-e* gitmek; yönelmek; ***sich in ärztliche Behandlung ~*** hekim kontrolüne girmek; ***sich an die Arbeit ~*** işe girişmek; ***sich auf die Reise ~*** yolculuğa çıkmak; **2.** *v/t Wertpapiere* tedavüle çıkarmak; **≈heit** *f* ⟨-; -en⟩ olay; olgu

begegn|en *v/i* ⟨*o* -ge-, *sn*⟩ (*treffen*) ***j-m ~*** b-ne rastlamak; *Schwierigkeiten usw* ile karşılaşmak rastlamak; ***j-m freundlich*** *usw* ***~*** b-ne dostça *vs* davranmak; **≈ung** *f* ⟨-; -en⟩ raslantı, SPORT *a* karşılaşma

begeh|bar *adj* içine girilebilen (*Schrank usw*); **~en** *v/t* ⟨*unreg*, *o* -ge-, *h*⟩ *Geburtstag* kutlamak; *Verbrechen* işlemek; *Fehler, Dummheit* etmek; yapmak; (*besichtigen*) *-i* gezmek; ***Selbstmord ~*** intihar etmek

begehren *v/t* ⟨*o* -ge-, *h*⟩ *sexuell* arzulamak; ÖKON (***sehr***) ***begehrt*** çok talep duyulan

Begehren *n* ⟨-s; *o pl*⟩ arzu, istek; ***~ nach*** *-e* … arzusu/isteği

begehrenswert *adj* arzulanan; çekici

begeistern ⟨*o* -ge-, *h*⟩ **1.** *v/t* coşturmak; ***j-n ~*** (***für***) b-nin (*-e* karşı) coşkusunu uyandırmak; **2.** *v/i* ***~ durch*** bş-le coşturmak; **3.** *v/r*: ***sich ~ für*** bşe çok ilgi duymak

begeistert **1.** *adj* (***von***) (*-e*) hayran; ***~er Anhänger*** (*G od* ***von*** *-in*) coşkulu taraftarı; **2.** *adv* coşkuyla; hayranlıkla

Begeisterung *f* ⟨-; *o pl*⟩ (***für*** *-e* karşı) coşku; hayranlık; heyecan

begierig *adj* (***auf*** *A*, ***nach*** *-e*) çok istekli; ***ich bin ~ zu*** (+ *inf* -mek için) yanıp tutuşuyorum

Beginn *m* ⟨-s; *o pl*⟩ başlangıç; başlama; ***zu ~*** baş(langıç)ta; *-in* başında

beginnen ⟨begann, begonnen, *h*⟩ **1.** *v/t* *-e* başlamak; **2.** *v/i* başlamak

beglaubigen *v/t* ⟨*o* -ge-, *h*⟩ onaylamak

beglaubigt *adj* onaylı; tasdikli

Beglaubigung *f* ⟨-; -en⟩ onay; tasdik; *Diplomat* itimatname

begleichen *v/t* ⟨*unreg*, *o* -ge-, *h*⟩ ÖKON (hesabı/faturayı/açığı) ödemek; kapatmak

begleiten *v/t* ⟨*o* -ge-, *h*⟩ *-e* eşlik etmek; MUS ***~ auf*** *D* ile eşlik etmek; ***j-n nach Hause ~*** b-ni (evine kadar) götürmek

Begleit|er *m* ⟨-s; -⟩, **~erin** *f* ⟨-; -nen⟩ *e-r Person* refakatçi; *e-r Gruppe* rehber; MUS *-e* eşlik eden; **~erscheinung** *f* MED araz; **~person** *f* refakatçi; **~schein** *m* ÖKON *zollamtlicher* gümrük irsal belgesi; **~umstände** *pl* *-in* yan görünümleri; **~ung** *f* ⟨-; -en⟩ *a* MUS eşlik, refakat; katılma; ***in ~ von*** (*od G*) … eşliğinde; ***ohne ~*** yalnız olarak

beglück|en *v/t* ⟨*o* -ge-, *h*⟩ ***j-n ~*** b-ni mutlu etmek; **~wünschen** *v/t* ⟨*o* -ge-, *h*⟩ (***zu*** *-den* dolayı) kutlamak, tebrik etmek

begnad|et *adj* (üstün) yetenekli; **~igen** *v/t* ⟨*o* -ge-, *h*⟩ bağışlamak; *a* POL affetmek; **2igung** *f* ⟨-; -en⟩ bağışlama; *a* POL af

begnügen *v/r* ⟨*o* -ge-, *h*⟩: ***sich ~ mit*** ile yetinmek; (*auskommen*) ile idare etmek

begraben *v/t* ⟨*unreg*, *o* -ge-, *h*⟩ gömmek; *s-e Pläne usw -den* vazgeçmek; ***e-n Streit ~*** bir kavgayı geçmişe gömmek

Begräbnis *n* ⟨-ses; -se⟩ gömme; defin (töreni)

begradigen *v/t* ⟨*o* -ge-, *h*⟩ *Fluss usw* doğrultmak, ıslah etmek

begreif|en *v/t* ⟨*unreg*, *o* -ge-, *h*⟩ kavramak; ***schnell ~*** F (hemen) çakmak; ***das begreife ich nicht!*** buna aklım ermiyor!; **~lich** *adj* kavranabilir; anlaşılır; ***j-m etw ~ machen*** b-ne bş-i (iyice) açıklamak

begrenzen *v/t* ⟨*o* -ge-, *h*⟩ *fig* sınırlamak; (***auf*** *A -le*); daraltmak

Begrenztheit *f* ⟨-; *o pl*⟩ sınırlılık; kısıtlılık

Begrenzung *f* ⟨-; -en⟩ (***auf*** *A*) (*-in -le*) sınırlı olması; (*Grenze*) sınır(lama)

Begriff *m* ⟨-s; -e⟩ (*Vorstellung*) düşünce; (*Ausdruck*) kavram; ***im ~ sein zu …*** -mek üzere olmak; ***sich*** (*D*) ***e-n ~ machen von*** … hakkında bir fikir edinmek; F ***schwer von ~*** kavrayışı kıt

begriffen *adj*: ***im Aufbruch ~ sein*** yola çıkmak üzere olmak

Begriffsbestimmung *f* tanım

begriffsstutzig *adj* kavrayışı kıt

begründ|en *v/t* ⟨*o* -ge-, *h*⟩ *fig* gerekçelemek; *için* gerekçe göstermek; **~et** *adj* (*gerechtfertigt*) haklı; bir gerekçesi olan; ***~er Verdacht*** JUR haklı şüphe; **2ung** *f* ⟨-; -en⟩ gerekçe(leme); ***mit der ~, dass … -in*** -diği gerekçesiyle; ***ohne jede ~*** hiçbir gerekçe göster(il)meden

begrüß|en *v/t* ⟨*o* -ge-, *h*⟩ selamlamak; (*willkommen heißen*); *-e* «hoş geldin(iz)» demek; (*gutheißen*) *-i* olumlu/memnuniyetle karşılamak; *-e* sıcak bakmak; **2ung** *f* ⟨-; -en⟩ selamlama; **2ungsworte** *pl* açış/karşılama konuşması *sg*

begünstig|en *v/t* ⟨*o* -ge-, *h*⟩ tercih etmek; JUR *Täter -in* işini kolaylaştırmak; **2te** *m*, *f* ⟨-n; -n⟩ ÖKON, JUR lehdar; **2ung** *f* ⟨-; -en⟩ prim, özel ödeme; kolaylık; (*Bevorzugung*) iltimas

begutachten *v/t* ⟨*o* -ge-, *h*⟩ bş hakkında rapor vermek; F (*betrachten*) bş-e alıcı gözüyle bakmak; ***~ lassen*** *-e* hakkında rapor almak

begütert *adj* zengin; servet sahibi; varlıklı

behaart *adj* kıllı

behäbig *adj* rahatına düşkün; ağırkanlı; *Gestalt* şişmanca

behaftet *adj*: ***~ sein mit*** *Fehler -in* bir hatası/yanlışı olmak/var; *Makel -in* bir kusuru olmak/var; *Krankheit -in* bir hastalığı olmak/var

behagen *v/unp* ⟨*o* -ge-, *h*⟩: ***etw behagt mir nicht*** *-den* hoşlanmıyorum, *-den* rahatsız oluyorum

behaglich **1.** *adj* (*gemütlich*) rahat; atmosferi sıcak; (*bequem*) rahat; konforlu; **2.** *adv* (*genießerisch*) tadı çıkararak; **2keit** *f* ⟨-; *o pl*⟩ rahat; huzur; konfor

behalten *v/t* ⟨*unreg*, *o* -ge-, *h*⟩ tutmak, bulundurmak; (*sich merken*) hatırında/aklında tutmak; ***Recht ~*** haklı çıkmak; *Nahrung* ***bei sich*** (*D*) ***~*** çıkarmamak; ***für sich ~*** kendine saklamak

Behälter *m* ⟨-s; -⟩ kap; konteyner

behände *adj* eliçabuk; kıvrak

behand|eln *v/t* ⟨*o* -ge-, *h*⟩ ele almak; *-e* davranmak; muamele etmek; MED *-i* tedavi etmek; *a* TECH işlemek; **2lung** *f* ⟨-; -en⟩ muamele; davranış; tedavi; ***ambulante*** (***stationäre***) ***~*** ayakta (yatakta) tedavi; ***in*** (***ärztlicher***) ***~ sein*** tedavi görmek

beharr|en *v/i* ⟨*o* ge-, *h*⟩ ***auf etw*** (*D*) ***~*** bş-de ısrar etmek; F ***darauf ~, dass …*** *-in* -mesinde ısrar etmek; direnmek; **~lich** *adj* ısrarlı; sebatlı; **2lichkeit** *f* ⟨-; *o pl*⟩ sebat

behaupt|en ⟨*o* ge-, *h*⟩ **1.** *v/t* iddia etmek; ileri sürmek; savunmak; F ***steif und fest ~, dass …*** ısrarla -diğini iddia etmek; (*verteidigen*) korumak **2.** *v/r*: ***sich ~*** direnmek; dayanmak; ÖKON *Kurse*, *Preise* durumunu korumak; **2ung** *f* ⟨-; -en⟩ iddia; sav

B

Behausung *f* ⟨-; -en⟩ barınak; *kalacak yer*
beheben *v/t* ⟨*unreg*, *o* -ge-, *h*⟩ *Schaden* gidermek, (ortadan) kaldırmak
beheimatet *adj*: **~ sein in** (*D*) *-in* anavatanı … olmak
beheiz|bar *adj* ısıtmalı; **~en** *v/t* ⟨*o* -ge-, *h*⟩ ısıtmak (*soba ile vs*)
Behelf *m* ⟨-s; -e⟩ (*Provisorium*) geçici tedbir
behelfen *v/r* ⟨*unreg*, *o* -ge-, *h*⟩: ***sich mit etw ~*** ile başının çaresine bakmak
behelfsmäßig **1.** *adj* (*provisorisch*) geçici; **2.** *adv* idareten; geçici olarak
behelligen *v/t* ⟨*o* -ge-, *h*⟩: ***j-n mit etw ~*** bş-le b-nin başını ağrıtmak
behende [-h-] *adj* → ***behände***
beherbergen *v/t* ⟨*o* ge-, *h*⟩ *a fig* barındırmak
beherrsch|en ⟨*o* ge-, *h*⟩ **1.** *v/t a* POL *-e* hakim olmak; *-i* yönetmek; *Sprache* iyi bilmek; ***sein Handwerk ~*** sanatının ustası olmak; **2.** *v/r*: ***sich ~*** kendine hakim olmak; **~end** *adj -e* hakim; **2ung** *f* ⟨-; *o pl*⟩ *e-r Situation -e* hakimiyet; *-in* kontrolü; ***s-e ~ verlieren*** soğukkanlılığını kaybetmek
beherzigen *v/t* ⟨*o* ge-, *h*⟩ *-e* dinlemek, kulak vermek (*Rat usw*)
beherzt *adj* (*mutig*, *entschlossen*) cesur; kararlı; (*unerschrocken*) yılmaz
behilflich *adj*: ***j-m ~ sein*** (**bei** *-de*) b-ne yardımcı olmak
behindern *v/t* ⟨*o* ge-, *h*⟩ (**bei**) *Sicht*, *Verkehr* engellemek; SPORT *Gegner* markaja almak
behinder|t *adj* engelli; özürlü; ***geistig ~*** zihin özürlü; **2te** *m*, *f* ⟨-n; -n⟩ özürlü; *neg!* sakat; **~tengerecht** *adj* özürlülere uygun; **2ung** *f* ⟨-; -en⟩ özür; engel
Behörd|e *f* ⟨-; -n⟩ makam, daire; ***die ~n*** *pl* resmî makamlar; **2lich** *adj* resmî
behüten *v/t* ⟨*o* ge-, *h*⟩ (**vor** *D -den*) korumak; sakınmak
behutsam **1.** *adj* (*vorsichtig*) dikkatli; özenli; **2.** *adv* (*rücksichtsvoll*) incitmeden; dikkatle; özenle
bei *präp*: ***~ e-r Tasse Tee*** bir çay içerken; ***~ meiner Ankunft*** ben geldiğimde/gelince; ***~ Müller*** *Adresse* Müller eliyle; ***~ München*** Münih yakınlarında; ***~ Nacht*** gece(leyin); ***~ Regen*** yağmur yağarsa/yağarken; ***~ schönem Wetter*** güzel havada; ***~ s-r Geburt*** (***Hochzeit***) onun doğumunda (düğününde); ***~ Tag*** gündüz(ün); ***~ uns*** bizde; bizim ailede (köyde *vs*); ***~ weitem*** büyük farkla; ***arbeiten ~*** *-de* çalışmak (… *şirketinde*); F ***er ist nicht ganz ~ sich*** o tam kendinde değil; ***ich habe kein Geld ~ mir*** yanımda para yok; ***~m Arbeiten*** iş başında; ***~m Gemüseladen*** manavda; ***~ so vielen Problemen*** bu kadar çok sorun karşısında/varken
beibehalten *v/t* ⟨*unreg*, *o* -ge-, *h*⟩ korumak; değiştirmemek
Beiblatt *n* ek (*sayfa*, *gazete*)
beibringen *v/t* ⟨*unreg*, -ge-, *h*⟩ (*lehren*) öğretmek; (*mitteilen*) ***j-m etw schonend ~*** b-ne bş-i uygun bir dille söylemek; *Niederlage -i* yenmek; *Wunde -i* yaralamak; *Zeugen*, *Bescheinigung -i* göstermek
beichten ⟨*h*⟩ **1.** *v/i* günah çıkarmak; **2.** *v/t* (***j-m***) ***etw ~*** (b-ne) bş-i itiraf etmek
beide **1.** *adj* (her) iki; ***meine ~n Brüder*** benim iki kardeşim; **2.** *pron*: ***alle ~*** ikisi de; her ikisi; ***~ Male*** her iki sefer(de); ***wir ~*** biz ikimiz; ikimiz de; ***keiner von ~n*** ne biri, ne öbürü
beider|lei *adj*: ***~ Geschlechts*** kadınlı erkekli; **~seitig** *adj* karşılıklı; **~seits** **1.** *adv* karşılıklı olarak, her iki tarafta(n); **2.** *präp* (*G*) *-in* her iki tarafında
beieinander *adv* yan yana; bir arada; ***dicht, nahe ~*** iyice yan yana; birbirine (çok) yakın; F ***du hast wohl nicht alle ~!*** senin aklın başında değil galiba!; F ***gut*** (***schlecht***) ***~ sein*** kendini iyi (kötü) hissetmek
Beifahrer *m şoför yanında oturan kişi*, yol arkadaşı; muavin; *Autorennen* kopilot; **~sitz** *m* sağ ön koltuk
Beifall *m* ⟨-s; *o pl*⟩ alkış; ***~ ernten*** alkış toplamak; ***~ klatschen*** (*-i*) alkışlamak
beifügen *v/t* ⟨-ge-, *h*⟩ (*dazulegen*, *hinzufügen*) eklemek
beige [beːʃ, ˈbeːʒə] *adj* bej
beigeben ⟨*unreg*, -ge-, *h*⟩ **1.** *v/t* (*hinzufügen*) eklemek; katmak; **2.** *v/i* F: ***klein ~*** söz dinlemek
Beigeschmack *m* ⟨-s; *o pl*⟩ (**von**) tat; … tadı; ***e-n bitteren ~ haben*** *fig* acı bir tat bırakmak
Beihilfe *f* ⟨-; *o pl*⟩ JUR ek yardım; para yardımı; JUR (***j-m***) ***~ leisten*** (b-ne) yataklık etmek
beikommen *v/i* ⟨*unreg*, -ge-, *sn*⟩: ***j-m ~***

b-ne denk olmak; diş geçirebilmek; ***e-r Sache ~*** bş-in üstesinden gelmek

Beil *n* ⟨-s; -e⟩ (küçük) balta; (*Hack*♀) satır

Beilage *f Zeitung* ilave, ek; GASTR garnitür

beiläufig *adv* yanısıra; antrparantez; ***ich möchte ~ erwähnen*** yanısıra şunu belirteyim: …

beileg|en *v/t* ⟨-ge-, *h*⟩ *e-m Brief -e* eklemek; *-e* ilave etmek; *Streit* yatıştırmak; **♀ung** *f* ⟨-; *o pl*⟩ yatıştırma, uzlaştırma

Beileid *n* ⟨-s; *o pl*⟩: ***j-m sein ~ aussprechen*** b-ne taziyelerini bildirmek; F b-ne «başın(ız) sağ olsun» demek; **(*mein*) *herzliches ~!*** başın(ız) sağ olsun!

Beileidsbrief *m* başsağlığı mektubu

beiliegen *v/i* ⟨*unreg*, -ge-, *h*⟩ *e-m Brief usw -in* ilişiğinde bulunmak

beil. *Abk* → ***beiliegend***

beiliegend *adj* (*adv*) ilişikte(ki); ekte(ki); ***~ übersenden wir Ihnen …*** size ekte/ilişikte sunuyoruz

beim (= ***bei dem***) *präp*: ***~ Bäcker*** fırıncıda; ***~ Sprechen*** konuşurken

beimessen *v/t* ⟨*unreg*, -ge-, *h*⟩: ***Bedeutung ~*** önem vermek

beimischen *v/t* ⟨-ge-, *h*⟩: ***etw ~*** *-e* bş-i katmak; karıştırmak

Bein *n* ⟨-s; -e⟩ bacak; (*Stuhl*♀, *Tisch*♀) ayak; (*Hosen*♀) paça; ***j-m ein ~ stellen*** b-ne çelme takmak; ***sich*** (*D*) ***die ~e vertreten*** (biraz) yürüyüş yapmak; ***sich auf die ~e machen*** yola koyulmak; kalkmak; F ***j-m ~e machen*** b-ni sıkıştırmak; işe koşmak; ***wieder auf den ~en sein*** tekrar ayağa kalkmak; *fig* ***auf eigenen ~en stehen*** kendi geçimini kendi kazanmak

beinah(e) *adv* hemen hemen, neredeyse; ***~ etw tun*** bş-i neredeyse yapmak, yapacak gibi olmak

Beinahezusammenstoß *m kıl payı önlenen çarpışma*

Bein|bruch *m* bacak kırılması; F *fig* ***das ist kein ~!*** kıyamet kopmadı ya!; **~freiheit** *f* ⟨-; *o pl*⟩ *bei Sitzen* diz serbestliği

beinhalten [bə'|ɪn-] *v/t* ⟨*o* -ge-, *h*⟩ içermek

Beinprothese *f* bacak protezi; F takma bacak

beipflichten *v/i* ⟨-ge-, *h*⟩: ***j-m in etw*** (*D*) ***~*** bş-de b-ile mutabık olmak; b-nin fikrini paylaşmak

Beirat *m* ⟨-s; -räte⟩ komisyon; yarkurul

beirren [bə'|ɪr-] *v/t* ⟨*o* ge-, *h*⟩: ***sie lässt sich nicht ~*** *o* şaşmıyor; aklını çeldirmiyor

Beisammensein *n* ⟨-s; *o pl*⟩: ***geselliges ~*** neşeli toplantı

Beisein *n*: ***im ~ von j-m*** (*od G*) biri varken; b-nin yanında

beiseite *adv* bir yana; ***~ lassen*** bir yana bırakmak; ***~ legen*** (*weglegen*) bir kenara koymak; (*sparen*) arttırmak; biriktirmek; ***~ schaffen*** (*verstecken*) saklamak; (*ermorden*) F temizlemek; *Bedenken* ***~ schieben*** bertaraf etmek

beisetz|en *v/t* ⟨-ge-, *h*⟩ defnetmek; **♀ung** *f* ⟨-; -en⟩ defin (töreni)

Beispiel *n* ⟨-s; -e⟩ örnek; **(*wie*) *zum ~*** mesela; örneğin; sözgelimi; ***mit gutem ~ vorangehen*** (iyi) örnek olmak; ***sich*** (*D*) ***ein ~ an j-m*** **(*etw*)** ***nehmen*** b-ni (b-şi) örnek almak/edinmek; **♀haft** *adj* örnek olacak nitelikte/değerde; **♀los** *adj* eşsiz, emsalsiz; eşi görülmemiş

beispielsweise *adv* örnek olarak

beißen ⟨biss, gebissen, *h*⟩ **1.** *v/t* ısırmak; (***in*** *A -i*) ısırmak; dişlemek; F *scherzh* ***er wird dich schon nicht ~!*** o adam yemez ya!; (*kauen*) çiğnemek; F ***nichts zu ~ haben*** (*hungern müssen*) yiyecek bir lokması olmamak/yok; (*stechen*) *Insekten* sokmak; **2.** *v/i* ısırmak; *Insekten* sokmak; *Fische* vurmak; **3.** *v/unp* F (*jucken*) dalamak; kaşındırmak; **4.** *v/r*: ***sich auf die Zunge ~*** dilini ısırmak; *Farben* ***sich ~*** sırıtmak

beißend *adj* keskin

beistehen *v/i* ⟨*unreg*, -ge-, *h*⟩ (***j-m*** *-e*) yardım etmek, destek olmak

beisteuern *v/t* ⟨-ge-, *h*⟩ (***zu*** *-e*) katkıda bulunmak

Beitrag *m* ⟨-s; ⸚e⟩ katkı; (*Mitglieds*♀) aidat; ödenti; (*Mitwirkung*) katkı; katılım; ***e-n ~ leisten*** bir katkıda bulunmak

beitragen *v/t u v/i* ⟨*unreg*, -ge-, *h*⟩ (***zu*** *-e*) katılmak, katkıda bulunmak; *-in* (*-de*) katkısı/payı olmak/var

beitrags|frei *adj* aidattan muaf; **~pflichtig** *adj* aidata tabi

beitreten *v/i* ⟨*unreg*, -ge-, *sn*⟩ katılmak, girmek, üye olmak

Beitritt *m* ⟨-s; -e⟩ giriş; katılma

Beitrittserklärung *f* katılma bildirgesi

B

Beiwagen *m Motorrad* sepet
beiwohnen *v/i* ⟨-ge-, *h*⟩ *Fest -e* şahit olmak; *-i* izlemek, (*-de*) hazır bulunmak
Beiz|e *f* ⟨-; -n⟩ *für Holz* suboyası; GASTR sos; **≈en** *v/t* ⟨*h*⟩ *Holz* (suboyasıyla) boyamak; *Stoff* mordanlamak; GASTR sosa yatırmak
bejah|en *v/t* ⟨*o* ge-, *h*⟩ *Frage -e* olumlu cevap vermek; F *-e* «evet» demek; *fig* (*befürworten*) onaylamak; **~end** *adj Antwort* olumlu; (*konstruktiv*) yapıcı; **≈ung** *f* ⟨-; -en⟩ olumlu cevap; GR olumlu (biçim); *fig* olumlama
bejammern *v/t* ⟨*o* ge-, *h*⟩ *sein Schicksal usw -den* (yanıp) yakınmak
bekämpfen *v/t* ⟨*o* -ge-, *h*⟩ (*-le*, *-e* karşı) savaşmak; *Feuer* söndürmeye çalışmak
bekannt *adj* bilinen; *berühmt* ünlü; meşhur; *vertraut* tanıdık; **~ geben** duyurmak; ilan etmek; **~ machen** (resmen) duyurmak; ilan etmek; ***j-n mit j-m* ~ *machen*** b-ni b-ile tanıştırmak; **~ *werden*** duyulmak; öğrenilmek; tanınmak; ***das ist mir* ~** onu/orasını biliyorum; ***dafür* ~ *sein, dass …*** -mesiyle tanınmak
Bekannte *m*, *f* ⟨-n; -n⟩ tanıdık; tanış; *allg* arkadaş
Bekannt|enkreis *m* tanıdık/ahbap çevresi; **~gabe** *f* ⟨-; *o pl*⟩ ilan; duyuru; **≈lich** *adv* bilindiği gibi/üzere; **≈machung** *f* ⟨-; -en⟩ resmî duyuru/ilan; **≈schaft** *f* ⟨-; -en⟩ tanışma; malumat; tanıdıklar; ***j-s* ~ *machen*** b-le tanışmak
bekennen *v/r* ⟨*unreg*, *o* -ge-, *h*⟩: ***sich schuldig* ~** JUR suçunu itiraf etmek, kabul etmek; ***sich zu j-m* ~** b-nden yana çıkmak; ***sich zu*** *e-r Tat* **~** *-in* sorumluluğunu üstlenmek
Bekennerbrief *m bir şiddet eylemini üstlenme bildirisi*
Bekenntnis *n* ⟨-ses; -se⟩ iman; inanç; inanış; (*Konfession*) mezhep
beklagen ⟨*o* -ge-, *h*⟩ **1.** *v/t -e* yanmak; (acı) bir kaybı olmak; **2.** *v/r*: ***sich* ~** (***über*** *A -i*) şikâyet etmek; **~swert** *adj* acınacak, acınası
Beklagte *m*, *f* ⟨-n; -n⟩ JUR davalı
beklauen *v/t* ⟨*o* ge-, *h*⟩ F: ***j-n* ~** b-nin *-i* araklamak
bekleben *v/t* ⟨*o* -ge-, *h*⟩ ***etw* ~** (***mit***) bş-in üstüne *-i* yapıştırmak
bekleckern ⟨*o* ge-, *h*⟩ **1.** *v/t* kirletmek; **2.** *v/r*: ***sich* ~ *mit …*** bş-i yüzüne gözüne bulaştırmak
bekleid|en *v/t* ⟨*o* ge-, *h*⟩ (***j-n mit*** b-ne bş-i) giydirmek; *Amt*, *Stellung -nin* bir makamı/konumu olmak/var; **~et** *adj* (***mit etw***) **~ *sein*** (üstüne bş) giymiş olmak; **≈ung** *f* ⟨-;-en⟩ giyim; **≈ungsindustrie** *f* giyim/konfeksiyon sanayii
beklemmend *adj Gefühl*, *Schweigen* yürek burucu
bekloppt, **beknackt** *adj* F manyak
bekommen ⟨*unreg*, *o* -ge-, *h*⟩ **1.** *v/t* ⟨*h*⟩ almak, MED *-e* yakalanmak; *Zug usw -e* yetişmek; ***sie bekommt ein Kind*** onun çocuğu olacak; ***Hunger* ~** acıkmak; ***Durst* ~** susamak; ***etw geschenkt* ~** bş-i hediye (olarak) almak; *im Geschäft* ***was* ~ *Sie?*** ne arzu edersiniz?; ***wo* ~ *man …?*** … nerede bulunur? **2.** *v/i* ⟨*sn*⟩: ***j-m*** (***gut***) **~** b-e iyi gelmek; ***j-m nicht*** (*od* ***schlecht***) **~** b-e iyi gelmemek; dokunmak; ***wohl bekomms!*** afiyet olsun!, sağlığın(ız)a!
bekräftig|en *v/t* ⟨*o* ge-, *h*⟩ teyit etmek; **≈ung** *f* ⟨-; -en⟩ teyit; destek(leme)
bekriegen *v/t* ⟨*o* ge-, *h*⟩ *v/r*: ***sich* ~** birbiriyle didişmek, birbiriyle mücadele etmek
bekritteln *v/t* ⟨*o* ge-, *h*⟩ *abw* kötülemek; (haksız yere) eleştirmek
bekümmer|n *v/t* ⟨*o* ge-, *h*⟩; (*traurig machen*) üzmek; (*Sorgen machen*) *-e* üzüntü vermek
bekümmert *adj* (*traurig*) üzgün; (*besorgt*) endişeli
bekunden *v/t* ⟨*o* ge-, *h*⟩ (*zeigen*) göstermek; JUR (*bezeugen*) … hakkında şahitlik etmek
belächeln *v/t* ⟨*o* ge-, *h*⟩ istihzayla karşılamak; *-e* gülmek
beladen *v/t* ⟨*unreg*, *o* -ge-, *h*⟩ yüklemek
Belag *m* ⟨-s; ⸚e⟩ (*Schicht*) tabaka; (*Fußboden≈*) yer döşemesi; (*Straßen≈*) kaplama; (*Brems≈*) (fren) balata(sı); (*Zungen≈*) pas; (*Zahn≈*) plak, tartar; (*Brot≈*) ekmek üzerine sürülen tereyağı *vs*, konan peynir *vs*
belagern *v/t* ⟨*o* ge-, *h*⟩ kuşatmak; *fig -in* önünde/etrafında bekleşmek
Belagerung *f* ⟨-; -en⟩ kuşatma
Belang *m* ⟨-s; -e⟩ ***von* ~** (***für*** … bakımından) önemli; ***ohne* ~** önemsiz; *pl* **~e** (*Interessen*) çıkarlar
belangen *v/t* ⟨*o* ge-, *h*⟩: ***strafrechtlich* ~** kovuşturmaya tabi tutmak

B

belanglos *adj* önemsiz; **≈igkeit** *f* ⟨-; -en⟩ (*Unwichtigkeit*) önemsiz/ilgisiz bir şey; (*Geschwätz*) geyik muhabbeti

belassen *v/t* ⟨*unreg, o* -ge-, *h*⟩: ***etw an s-m Platz ~*** yerinde bırakmak; ***es dabei ~*** bş-i *o* noktada bırakmak

belastbar *adj* yük *veya* sıkıntı kaldırır; TECH (***bis zu***) (…e kadar) dayanıklı; *fig* dayanıklı; **≈keit** *f* ⟨-; *o pl*⟩ dayanıklılık; TECH yükleme kapasitesi; ***bis zur Grenze der ~*** *-in* dayanabileceği/kaldırabileceği kadar

belasten *v/t* ⟨*o* -ge-, *h*⟩ EL, TECH yüklemek; PSYCH, *a Beziehung usw* sıkıntıya/zora sokmak; JUR suçlamak; ÖKON ***j-s Konto*** (***mit e-m Betrag***) ***~*** b-nin hesabına (bir meblağı) borç kaydetmek; ÖKOL *mit Schadstoffen -e* zarar vermek

belästig|en *v/t* ⟨*o* -ge-, *h*⟩ rahatsız etmek (***mit*** *-le*); *sexuell* taciz etmek; *-e* sarkıntılık etmek; **≈ung** *f* ⟨-; -en⟩: ***sexuelle ~*** (*besonders am Arbeitsplatz*) cinsel taciz; sarkıntılık

Belastung *f* ⟨-; -en⟩ EL, TECH yükle(n)me; *psychische* külfet; yük; sıkıntı; TECH ***zulässige ~*** izin verilen yük(leme); ***er ist zu einer ~ geworden*** *o* yük olmaya başladı; ÖKON *finanziell* yükümlülük; borç

Belastungs|material *n* JUR suç delilleri *pl*; **~zeuge** *m* JUR kamu şahidi

belaufen *v/r* ⟨*unreg, o* -ge-, *h*⟩: ***sich ~ auf*** (*A*) *-e* baliğ olmak

belauschen *v/t* ⟨*o* ge-, *h*⟩ *absichtlich* gizlice dinlemek; *unabsichtlich* kulak misafiri olmak

beleb|en *v/t* ⟨*o* -ge-, *h*⟩ canlandırmak; (*anregen*) hareketlendirmek; **~end** *adj* (*anregend*) uyarıcı; canlandırıcı

belebt *adj Straße* kalabalık; işlek

Beleg *m* ⟨-s; -e⟩ (*Quittung*) kasa fişi; makbuz; (*Beweis*) belge; (*Quelle*) kaynak

belegen *v/t* ⟨*o* -ge-, *h*⟩ kaplamak; *Platz* tutmak; (*beweisen*) belgelemek; Kurs *usw -e* yazılmak; kaydolmak; ***den ersten Platz ~*** ilk sırayı almak; GASTR ***mit Käse*** *usw* ***~*** *-in üstüne peynir vs koymak*; ***mit e-r Strafe*** (***Steuer*** *usw*) ***~*** *-e* ceza (vergi *vs*) koymak/getirmek

Belegschaft *f* ⟨-; -en⟩ çalışanlar *pl*, personel

belegt meşgul; *Platz* tutulmuş; *Hotel* dolu; *Stimme* boğuk; kısık; *Zunge* paslı; ***~es Brot*** dilim sandöviç; ***das ist nirgends ~*** (*nachgewiesen, dokumentiert*) bunun hiçbir yerde kaydı/belgesi yok

belehr|en *v/t* ⟨*o* ge-, *h*⟩ (***über*** *A* bş hakkında) bilgilendirmek; ***j-n e-s Besseren ~*** b-ne dersini vermek; b-ne bş-in doğrusunu öğretmek; **~end** **1.** *adj* öğretici; **2.** *adv* ders verir gibi; **≈ung** *f* ⟨-; -en⟩ uyarı; (*Rechtsmittel~*) *-e* kanunî haklarını bildirme

beleidigen *v/t* ⟨*o* -ge-, *h*⟩ incitmek; kırmak; *stärker -e* hakaret etmek; sövmek; ***ich wollte Sie nicht ~!*** sizi incitmek istemezdim!; **~d** *adj* kırıcı; incitici; hakaretamiz

beleidig|t *adj* (*gekränkt*) kırgın; incinmiş; gücenik; **≈ung** *f* ⟨-; -en⟩ incitme, kırma; hakaret

belesen *adj* çok okumuş; bilgili

beleucht|en *v/t* ⟨*o* -ge-, *h*⟩ ışıklandırmak; aydınlatmak; **≈ung** *f* ⟨-; -en⟩ ışıklandırma, aydınlatma; ışık

Belgi|en *n* Belçika; **~er** *m* ⟨-s; -⟩, **~erin** *f* ⟨-; -nen⟩ Belçikalı; **≈sch** *adj* Belçika(lı) *subst*

belicht|en *v/t* ⟨*o* -ge-, *h*⟩ FOTO pozlamak; **≈ung** *f* ⟨-; -en⟩ pozlama

Belichtungs|automatik *f* ⟨-; -en⟩ FOTO otomatik pozomotre; **~messer** *m* ⟨-s; -⟩ pozometre; **~zeit** *f* poz süresi

Belieb|en *n* ⟨-s; *o pl*⟩: ***nach ~*** isteğe göre; **≈ig** **1.** *adj* herhangi bir; lalettayin; ***jeder Beliebige*** herhangi (bir); **2.** *adv* isteğe göre; istendiği gibi/kadar

beliebt *adj* (***bei*** tarafından) sevilen; ÖKON *Ware* (*häufig benutzt*) sevilen; tercih edilen; revaçta; ***sich ~ machen*** (***bei*** *-e*) k-ni sevdirmek; **≈heit** *f* ⟨-; *o pl*⟩ rağbet; popülerlik; **≈heitsgrad** *m* ⟨-; *o pl*⟩ rağbet derecesi

beliefern *v/t* ⟨*o* -ge-, *h*⟩ *-e* mal vermek; ***mit etw ~*** *-e* … vermek/sevketmek

bellen *v/i* ⟨*h*⟩ havlamak

Belletrist|ik *f* ⟨-; *o pl*⟩ edebiyat, yazın; **≈isch** *adj* edebî, yazınsal

belohn|en *v/t* ⟨*o* -ge-, *h*⟩ ödüllendirmek; **≈ung** *f* ⟨-; -en⟩ ödül; ***zur ~*** ödül olarak

belüft|en *v/t* ⟨*o* ge-, *h*⟩ havalandırmak; **≈ung** *f* ⟨-; *o pl*⟩ havalandırma; **≈ungsanlage** *f* havalandırma tesisatı

belügen **1.** *v/t* ⟨*unreg, o* -ge-, *h*⟩: ***j-n ~*** b-ne yalan söylemek; **2.** *v/r*: ***sich***

B

selbst ~ (kendi) kendini kandırmak/aldatmak
belustig|en *v/t* ⟨*o* ge-, *h*⟩ eğlendirmek; **2ung** *f* ⟨-; -en⟩ eğlence; eğlendirme
bemächtigen *v/r* ⟨*o* ge-, *h*⟩: ***sich j-s*** (***e-r Sache***) ~ b-ni (bş-i) ele geçirmek
bemalen *v/t* ⟨*o* ge-, *h*⟩ boyamak; resimle(ndir)mek
bemängeln *v/t* ⟨*o* -ge-, *h*⟩ *-de* kusur bulmak; ***daran ist nichts zu ~*** bunda bulunacak bir kusur yok
bemannt *adj* insanlı (*uzay aracı*)
bemerk|bar *adj* fark edilebilir; ***sich ~ machen*** *Person* kendini belli etmek; *Sache* kendini göstermek; **~en** *v/t* ⟨*o* -ge-, *h*⟩ *-in* farkına varmak; *-e* dikkat etmek; (*äußern*) ifade etmek; **~enswert** *adj* (***wegen*** *-den* dolayı) kayda değer; **2ung** *f* ⟨-; -en⟩ (***über*** *A* hakkında) ifade; söz; demeç; not
bemessen *adj* ölçülmüş; ölçülü; ***knapp ~*** kıt; dar
bemitleiden *v/t* ⟨*o* -ge-, *h*⟩ *-e* acımak; merhamet duymak; **~swert** *adj* acıklı; acınacak durumda
bemüh|en ⟨*o* ge-, *h*⟩ *v/r*: (*sich anstrengen*) ***sich ~*** (***zu*** *inf*) (…meye) gayret etmek; ***sich ~ um j-n*** b-le ilgilenmek; ***sich ~ um etw*** bş-i elde etmeye çalışmak; ***bitte ~ Sie sich nicht!*** lütfen zahmet etmeyin(iz)!; **2ung** *f* ⟨-; -en⟩ çaba; gayret
benachbart *adj Haus usw* bitişik; *Stadt* komşu
benachrichtig|en *v/t* ⟨*o* ge-, *h*⟩ (***von etw*** bş-den) haberdar etmek; **2ung** *f* ⟨-; -en⟩ haber (verme); ihbar
benachteilig|en *v/t* ⟨*o* -ge-, *h*⟩ *-i* zarara sokmak; *-e* haksızlık etmek; *besonders sozial* mağdur etmek; (***sozial***) ***benachteiligt*** sosyal bakımdan dezavantajlı; **2ung** *f* ⟨-; -en⟩ zarara sokma; haksızlık; mağduriyet
benebelt *adj* F *fig* kafası dumanlı
Benefizkonzert *n* (***zugunsten*** *G*) … yararına konser
benehmen *v/r* ⟨*unreg*, *o* -ge-, *h*⟩: (***gegenüber*** *-e* karşı) davranmak; hareket etmek; ***sich gut ~*** iyi davranmak; ***sich schlecht ~*** kötü (terbiyesizce) davranmak; ***benimm dich!*** kendine gel!
Benehmen *n* ⟨-s; *o pl*⟩ davranış; tutum; tavır; (*Manieren*) görgü; terbiye
beneiden *v/t* ⟨*o* -ge-, *h*⟩ *-e* imrenmek; *-e* gıpta etmek; ***j-n um etw ~*** b-nden bş-i kıskanmak; b-ne bş için gıpta etmek
beneidenswert *adj* imrenilecek
Beneluxstaaten *m/pl* Benelüks devletleri
benenn|en *v/t* ⟨*unreg*, *o* -ge-, *h*⟩ (*Namen geben*) adlandırmak; (*Namen angeben*) *-in* adını vermek; ***j-n als Zeugen*** *usw* ~ b-ni şahit *vs* göstermek; **2ung** *f* ⟨-; -en⟩ ***~ e-s Zeugen*** b-nin şahit gösterilmesi; (*Name, Bezeichnung*) ad(landırma), isim
benommen *adj* mahmur; sersemlemiş; F leyla; **2heit** *f* ⟨-; *o pl*⟩ mahmurluk; sersemlik
benoten *v/t* ⟨*o* -ge-, *h*⟩ *-e* not vermek
benötigen *v/t* ⟨*o* -ge-, *h*⟩ *-e* ihtiyacı olmak/var
benutz|en *v/t* ⟨*o* -ge-, *h*⟩ kullanmak; *-den* faydalanmak; *Verkehrsmittel ile* gitmek; **2er** *m* ⟨-s; -⟩ kullanıcı; **~erfreundlich** *adj* kullanması kolay; **2erin** *f* ⟨-; -nen⟩ kullanıcı (kadın); **2eroberfläche** *f* EDV kullanıcı platformu; **2ung** *f* ⟨-; *o pl*⟩ kullanma; yararlanma; **~ungsgebühr** *f* AUTO geçiş ücreti
Benzin *n* ⟨-s; -e⟩ CHEM benzin; **~gutschein** *m* benzin kuponu; **~kanister** *m* bidon; **~preis** *m* benzin fiyatı; **~tank** *m* benzin deposu; **~verbrauch** *m* benzin sarfiyatı
Benzol *n* ⟨-s; -e⟩ CHEM benzol
beobacht|en *v/t* ⟨*o* -ge-, *h*⟩ *a* MED gözlemlemek; *Polizei* gözetlemek; **2er** *m* ⟨-s; -⟩, **2erin** *f* ⟨-; -nen⟩ MIL, POL gözlemci; (*Zuschauer*) seyirci; izleyici
Beobachtung *f* ⟨-; -en⟩ gözlem; gözetim; ***unter ~ stehen*** gözlem altında olmak; **~sgabe** *f* gözlem yeteneği
beordern *v/t* ⟨*o* -ge-, *h*⟩ ***j-n ~ nach*** (*od* ***zu***) b-ni (emirle) bir yere çağırmak/göndermek
bepacken *v/t* ⟨*o* -ge-, *h*⟩ *-i* yüklemek
bepflanzen *v/t* ⟨*o* ge-, *h*⟩ (***mit***) *-e* (bş-i) dikmek/ekmek
bequem [-kv-] *adj* rahat; (*faul*) tembel; rahatını seven; ***es sich*** (*D*) ***~ machen*** rahatça oturmak/yatmak
bequem|en [-kv-] *v/r* ⟨*o* -ge-, *h*⟩: ***sich ~*** (***etw zu tun***) tenezzül edip …mek; ***sich zu e-r Antwort ~*** tenezzül edip cevap vermek; **2lichkeit** [-kv-] *f* ⟨-; -en⟩ *abw* (*Trägheit*) tembellik; üşengeçlik
berappen *v/t* ⟨*o* -ge-, *h*⟩ F (*zahlen*) sö-

külmek, uçlanmak
beraten ⟨*unreg*, *o* -ge-, *h*⟩ **1.** *v/t*: ***j-n ~*** (***bei*** bir konuda) b-ne öğüt vermek; ***etw ~*** bş-i tartışmak; görüşmek; ***sich ~ lassen von*** b-ne danışmak; ***Sie wären gut*** (***schlecht***) ***~, wenn…*** -seniz iyi edersiniz (etmezsiniz); **2.** *v/r*: ***sich mit j-m über etw*** (*A*) ***~*** b-ne bş-i danışmak; b-yle bş-i görüşmek
Berat|er *m* ⟨-s; -⟩, **ℒerin** *f* ⟨-; -nen⟩ danışman, müşavir; **ℒung** *f* ⟨-; -en⟩ (***über*** *A* … konusunda) danışma; (*Besprechung*) görüşme; **ℒungsstelle** *f* danışma merkezi
berauben *v/t* ⟨*o* -ge-, *h*⟩ soymak; (*G*) *-i -in* elinden almak; *fig* ***j-n seiner Freiheit ~*** b-nin özgürlüğünü elinden almak; *fig* ***j-n seiner Hoffnung ~*** b-nin ümidini kırmak
berauschen ⟨*o* ge-, *h*⟩ **1.** *v/t* sarhoş etmek; **2.** *v/r*: ***sich ~ an*** *-den* coşmak
berauschend *adj a fig* başdöndürücü; *fig* ***nicht gerade ~*** ahım şahım değil
berechenbar *adj Kosten usw* hesaplanabilir; *fig* ne yapacağı belli olan
berechnen *v/t* ⟨*o* -ge-, *h*⟩ hesaplamak; (*schätzen*) (***auf*** *A* … olarak) tahmin etmek; ***j-m 100 Mark für etw ~*** b-ne bş için 100 marklık bir hesap çıkarmak
berechnend *adj* art niyetli
Berechnung *f* ⟨-; -en⟩ hesaplama; tahmin; *fig abw* ***aus ~*** art niyetle
berechtigen ⟨*o* -ge-, *h*⟩ **1.** *v/t* (***zu*** … için); *-e* yetki vermek; **2.** *v/i*: ***zu der Annahme*** (***Hoffnung***) ***~, dass …*** *-e* -mesi sanısını (ümidini) uyandırmak
berechtig|t *adj Person* ***zu etw ~ sein*** bş-e yetkili olmak; (*rechtmäßig, legitim*) yasal; kanuni; (*begründet*) haklı; **ℒung** *f* ⟨-; *o pl*⟩ (***zu*** *-e*) hak; yetki; … hakkı/yetkisi
bereden ⟨*o* -ge-, *h*⟩ **1.** *v/t* ***etw ~*** bş-i konuşmak/görüşmek; ***j-n ~ etw zu tun*** b-ni bş-i yapmaya ikna etmek; **2.** *v/r*: ***sich ~*** (*sich beraten*) (birbirleriyle) görüşmek/konuşmak
beredt [bəˈreːt] *adj fig* güzel konuşan; F ağzı laf yapan
Bereich *m* ⟨-s; -e⟩ bölge; *fig a* alan, saha; ***im ~ des Möglichen liegen*** mümkün olanın sınırlarını aşmamak; ***im persönlichen ~*** kişisel alanda; ***im sozialen ~*** sosyal alanda
bereichern *o* -ge-, *h*⟩ **1.** *v/t* zenginleştirmek; **2.** *v/r*: ***sich ~ an*** (*D*) *od* ***auf Kosten*** (*G*) b-nin sırtından zenginleşmek
Bereifung *f* ⟨-; -en⟩ tekerlek takma; tekerlekler
bereinigen *v/t* ⟨*o* -ge-, *h*⟩ *Missverständnis, Streit* açıklığa kavuşturmak
bereisen *v/t* ⟨*o* -ge-, *h*⟩ *Land, Gegend* gezmek
bereit *adj präd* (***zu*** *-e*) hazır; ***sich ~ erklären*** (*od* ***finden***) ***zu*** -meye hazır olduğunu belirtmek; ***bist du ~?*** var mısın?; hazır mısın?
bereiten *v/t* ⟨*o* -ge-, *h*⟩ *Speise, Getränk* (*zubereiten*) hazırlamak; yapmak; *Schwierigkeiten* çıkarmak; yaratmak
bereit|halten ⟨*unreg*, -ge-, *h*⟩ *v/t*: ***etw ~*** b-şi (hazır) bulundurmak; **~liegen** *v/i* ⟨*unreg*, -ge-, *h*⟩ (hazır) bulunmak; **~machen** *v/r* ⟨*o* -ge-, *h*⟩: ***sich ~*** hazırlanmak
bereits *adv* (*schon*) daha şimdiden; ***er will ~ gehen*** hemen gitmek istiyor; ***es war ~ Abend*** akşam olmuştu bile; daha … bile
Bereitschaft *f* ⟨-; *o pl*⟩ (*Bereitwilligkeit*) nöbet(çilik), hazır olma, gönüllülük; (*Polizeieinheit usw*) teyakkuz; ***in ~ sein*** (*bereit sein*) nöbette/hazır olmak; (***sich***) ***in ~ halten*** nöbette/hazır beklemek
Bereitschafts|arzt *m* nöbetçi hekim; **~dienst** *m* nöbetçi … servisi; ***~ haben*** nöbetçi olmak; **~polizei** *f Almanya'da toplum olaylarıyla ilgili özel polis gücü*
bereit|stehen *v/i* ⟨*unreg*, -ge-, *h*, *südd, österr, schweiz sn*⟩ MIL emre hazır olmak; (*verfügbar sein*) el altında olmak; hazır bulunmak; **~stellen** *v/t* ⟨*o* -ge-, *h*⟩ hazır bulundurmak; **~willig** *adj* hazır, gönüllü
bereuen *v/t* ⟨*o* -ge-, *h*⟩ *-den* pişman olmak; ***~, etw getan zu haben*** bş-i yapmış olmaktan pişman olmak
Berg *m* ⟨-s; -e⟩ dağ; *fig* ***~e versetzen*** dağları devirmek; ***~e von*** F yığınla …; dağ gibi …; ***die Haare standen mir zu ~e*** tüylerim diken diken oldu; ***mit etw nicht hinterm ~ halten*** bir gerçeği saklamamak; ***über den ~ sein*** düze çıkmak; rahata ermek
bergab *adv*: ***~ gehen*** (***fahren***) yokuş aşağı gitmek
Bergarbeiter *m* maden işçisi
bergauf *adv*: ***~ gehen*** (***fahren***) yokuş yukarı gitmek; *fig* ***es geht wieder ~***

B

işler düzeliyor; önümüz açıldı
Bergbau *m* ⟨-s; *o pl*⟩ madencilik
bergen *v/t* ⟨birgt, barg, geborgen, *h*⟩ (tehlikeden) kurtarmak; *Leichen, Güter* çıkarmak (*aus Trümmern usw*); ***e-e gewisse Gefahr* (*in sich*) ~** (*enthalten*) bş-in belli bir tehlikesi olmak/var
Berg|führer(in *f*) *m* dağ rehberi; **~hütte** *f* dağ kulübesi; **2ig** *adj* dağlık; engebeli; **~land** *n* dağlık arazi; **~schuh** *m* dağcı ayakkabısı; **~spitze** *f* zirve; **~steigen** *n* ⟨-s; *o pl*⟩ dağcılık; (dağa) tırmanma; **~steiger(in *f*)** *m* dağcı; **~tour** *f*, **~wandern** *n* ⟨-s; *o pl*⟩ dağ yürüyüşü
Bergung *f* ⟨-; -en⟩ *Verunglückte usw* kurtarma
Bergungs|arbeiten *pl* kurtarma çalışmaları; **~dienst** *m* kurtarma servisi; **~mannschaft** *f* kurtarma ekibi
Berg|wacht *f* ⟨-; *o pl*⟩ *dağcı kurtarma servisi*; **~werk** *n* maden (ocağı)
Bericht *m* ⟨-s; -e⟩ (***über*** *A* hakkında) rapor; (***j-m***) **~ *erstatten*** (b-ne) rapor vermek; (*Beschreibung*) haber
berichten ⟨*o* -ge-, *h*⟩ **1.** *v/t* bildirmek; ***j-m etw* ~** b-ne bş hakkında bilgi vermek; (*erzählen*) anlatmak; **2.** *v/i Presse* haber vermek; ***über etw* ~** bş hakkında rapor vermek
Berichterstatt|er *m* ⟨-s; -⟩, **~erin** *f* ⟨-; -nen⟩ (*Presse2*) muhabir; (*auswärtiger* ~) yurtdışı muhabiri; **~ung** *f* ⟨-; -en⟩ haber verme; *Presse* inceleme-haber
berichtig|en ⟨*o* -ge-, *h*⟩ **1.** *v/t* düzeltmek; tashih etmek; **2.** *v/r*: ***sich* ~** (kendi) hatasını düzeltmek; **~ung** *f* ⟨-; -en⟩ düzeltme; tashih
berieseln *v/t* ⟨*o* -ge-, *h*⟩ *Feld, Garten* (yağmurlama *-le*) sulamak; *fig mit Musik fonda devamlı müzik çalmak*
Bermudas *pl* bermuda şort *sg*
berüchtigt *adj* (***wegen*** *-den* dolayı) adı çıkmış; dile düşmüş
berücksichtig|en *v/t* ⟨*o* -ge-, *h*⟩ dikkate almak; göz önüne almak; **2ung** *f* ⟨-; *o pl*⟩: ***unter* ~ *von*** (*od G*) *-i* göz önünde tutarak
Beruf *m* ⟨-s; -e⟩ meslek; iş; *Handwerk* zanaat; sanat; ***was sind Sie von* ~?** mesleğiniz ne?; ***von* ~ …** … mesleğinde; profesyonel …
berufen[1] ⟨*unreg, o* -ge-, *h*⟩ **1.** *v/t*: ***j-n* ~** (***zu***) b-ni (ile) görevlendirmek; **2.** *v/r*: ***sich* ~ *auf*** (*A*) *-e* atıfta bulunmak; ***darf ich mich auf Sie* ~?** sizin adınızı verebilir miyim?
berufen[2] *adj*: ***sich zu etw* ~ *fühlen*** kendini bş için görevli hissetmek
beruflich **1.** *adj a Ausbildung usw* mesleki; **2.** *adv*: **~ *unterwegs*** iş yolculuğunda; ***was machen Sie* ~?** ne iş yapıyorsunuz?; **~ *erfolgreich sein*** mesleğinde başarılı olmak
Berufs|anfänger(in *f*) *m mesleğe yeni başlayan*; **~ausbildung** *f* meslek eğitimi; **~aussichten** *pl* iş imkanları; **~berater(in *f*)** *m* meslek danışmanı; **~beratung** *f* meslekî danışma; **~erfahrung** *f* meslek tecrübesi/deneyimi; **~fachschule** *f* meslek okulu/lisesi; **~geheimnis** *n* meslek sırrı; **~kleidung** *f* iş elbisesi; **~krankheit** *f* meslek hastalığı; **~leben** *n* ⟨-s; *o pl*⟩ meslek/iş hayatı; ***im* ~ *stehen*** iş/çalışma hayatına atılmış olmak; ***ins* ~ *zurückkehren*** iş/çalışma hayatına dönmek; **~risiko** *n* meslek riski; **~schule** *f* meslek okulu/lisesi; **~soldat(in *f*)** *m* profesyonel asker
berufstätig *adj* (bir işte) çalışan
Berufs|tätige *m, f* bir işte çalışan (kimse); **~verbot** *n* meslekten men (cezası); **~verkehr** *m* iş trafiği
Berufung *f* ⟨-; -en⟩ (*Ernennung*) (***zu*** *-e*) ata(n)ma; ***unter* ~ *auf*** (*A*) *-e* atıfla; JUR ***in die* ~ *gehen*, ~ *einlegen*** (***gegen*** *-e* karşı) temyize gitmek; *-i* temyiz etmek
Berufungs|instanz *f* JUR üst merci; **~gericht** *n* JUR istinaf mahkemesi; **~verfahren** *n* JUR istinaf davası
beruhen *v/i* ⟨*o* -ge-, *h*⟩: **~ *auf*** (*D*) *-e* dayanmak; ***etw auf sich* ~ *lassen*** bş-i olduğu gibi/yerde bırakmak
beruhig|en [bəˈruːɪg(ə)n] ⟨*o* -ge-, *h*⟩ **1.** *v/t* yatıştırmak; *Gewissen* rahatlatmak; *Nerven* sakinleştirmek; **2.** *v/r*: ***sich* ~** yatışmak; sakinleşmek; **~ *Sie sich doch!*** lütfen sakin olun!; **~d** [bəˈruːɪg(ə)nt] *adj* rahatlatıcı; MED yatıştırıcı; **2ung** [bəˈruːɪgʊŋ] *f* ⟨-; -en⟩; yatıştırma, teskin; *Lage* (durumun) yatışma(sı); ***sie braucht etw zur* ~** onu sakinleştirecek bş lazım; ***zu deiner* ~** için rahat etsin diye
Beruhigungs|mittel *n* MED müsekkin; yatıştırıcı ilaç; **~spritze** *f* MED yatıştırıcı iğne/enjeksiyon
berühmt *adj* ünlü (***wegen, für*** *-le*); F *fig* ***das ist nicht gerade* ~!** bu hiç de alım

şahım (bir şey) değil!; **℞heit** *f* ⟨-; -en⟩ ün, şan, şöhret; *Person*: ünlü kişi

berühr|en **1.** *v/t* ⟨*o* -ge-, *h*⟩ -*e* değmek; *seelisch*: *a* -*e* dokunmak; *betreffen*: ilgilendirmek; *fig* ***j-n unangenehm ~*** bş-den rahatsız olmak; **2.** *v/r*: ***sich ~*** (*birbirine*) dokunmak; *Meinungen, Interessen usw* birleşmek, buluşmak; **℞ung** *f* ⟨-; -en⟩ temas; değme; dokun(uş)ma; ***in ~ kommen*** temas kurmak (***mit*** -*le*)

Berührungspunkt *m* (*Kontakt*) ortak nokta

bes. *Abk für* **besonders** özellikle

besagen *v/t* ⟨*o* -ge-, *h*⟩ (*bedeuten*) ifade etmek, … anlamına gelmek; ***das besagt*** (***noch***) ***gar nichts!*** bu (daha) hiçbir şey ifade etmez

besamen *m* ⟨*o* -ge-, *h*⟩ BIOL, BOT döllemek

besänftigen *v/t* ⟨*o* -ge-, *h*⟩ (*beruhigen*) yatıştırmak, sakinleştirmek

Besatzung *f* ⟨-; -en⟩ LUFTF, MAR mürettebat; işgal kuvvetleri *pl*

Besatzungs|macht *f* MIL işgal gücü; **~streitkräfte** *pl* işgal kuvvetleri

besaufen *v/r* ⟨*unreg, o* -ge-, *h*⟩: F ***sich ~*** kafayı çekmek

beschädig|en *v/t* ⟨*o* -ge-, *h*⟩ -*e* ziyan vermek; **℞ung** *f* ⟨-; -en⟩ (*G* -*e*) ziyan/zarar (verme)

beschaffen[1] **1.** *v/t* ⟨*o* -ge-, *h*⟩: ***j-m etw ~*** b-ne bş-i tedarik/temin etmek; **2.** *v/r*: ***sich*** (*D*) ***etw ~*** bş-i edinmek

beschaffen[2] *adj*: ***so ~, dass …*** -ecek nitelikte

Beschaffenheit *f* ⟨-; *o pl*⟩ (*Eigenschaft, Qualität*) nitelik, özellik; (*Zustand*) durum; (*Art*) tür, cins, çeşit

Beschaffungskriminalität *f uyuşturucu temini için işlenen suçlar*

beschäftigen ⟨*o* -ge-, *h*⟩ **1.** *v/t* (zu tun geben) meşgul etmek; (*arbeiten lassen*) çalıştırmak; istihdam etmek; **2.** *v/r*: ***sich ~ mit*** ile uğraşmak; meşgul olmak

beschäftigt *adj*: ***~ mit*** ile meşgul; ***~ damit, etw zu tun*** bş yapmakla meşgul; ***~ bei …*** … yanında çalışmakta

Beschäftigte *m, f* ⟨-n; -n⟩ çalışan (kişi)

Beschäftigung *f* ⟨-; -en⟩ (*Tätigkeit*) uğraşı; çalışma; *mit Problemen* (-*le*) uğraşma; (*Anstellung*) iş; ***sie muss ~ haben*** ona bir iş lazım; ***ohne ~*** işsiz; **~stherapie** *f* meşguliyetle tedavi

beschäm|en *v/t* ⟨*o* -ge-, *h*⟩ utandırmak; **~end** *adj* utandırıcı

beschämt *adj* (***über*** *A* -*den*) mahcup

beschatten *v/t* ⟨*o* -ge-, *h*⟩ (*verfolgen*) (gizlice) takip etmek

beschaulich *adj* rahat, huzur içinde

Bescheid *m* ⟨-s; -e⟩ cevap; haber; bilgi; ***~ bekommen*** haber almak; ***j-m ~ geben*** b-ne haber vermek (***über*** *A* … hakkında); F ***j-m gehörig ~ sagen*** b-ne zılgıt çekmek; ***~ wissen*** (***mit, in*** *D od* ***über*** *A* … hakkında) bilgisi olmak; (-*i*) (iyi) bilmek

bescheiden[1] ⟨*unreg, o* -ge-, *h*⟩ **1.** *v/t* vermek, bahşetmek; *Antrag* ***abschlägig ~*** -*e* red cevabı vermek; **2.** *v/r*: ***sich ~*** (*sich begnügen*); (***mit*** -*le*) yetinmek; kanaat etmek

bescheiden[2] *adj* mütevazı, alçakgönüllü

Bescheidenheit *f* ⟨-; *o pl*⟩ tevazu, alçakgönüllülük

bescheinen *v/t* ⟨beschien, beschienen, *h*⟩ *Sonne* vurmak; ***von der Sonne beschienen*** üstüne güneş vuran

bescheinig|en *v/t* ⟨*o* -ge-, *h*⟩ onaylamak, belgelemek; ***j-m etw ~*** b-ne bş hakkında belge vermek; ***den Empfang ~*** (*G od* ***von*** -*i*) tesellüm etmek (*resmen*); -*in* alındığını onaylamak; ***hiermit wird bescheinigt, dass*** -*in* -diğini bildirir onaydır; **℞ung** *f* ⟨-; -en⟩ (*Schein*) belge; onay; (*Quittung*) makbuz

bescheißen *v/t* ⟨*unreg, o* -ge-, *h*⟩ P (***um etw*** bş için) faka bastırmak, aldatmak

beschenken *v/t* ⟨*o* -ge-, *h*⟩: ***j-n ~*** b-ne hediye vermek; ***j-n mit etw ~*** b-ne bş-i hediye etmek; ***reich ~*** hediyelere boğmak

bescher|en *v/t* ⟨*o* ge-, *h*⟩: ***j-m etw ~*** b-ne bş-i hediye etmek; **℞ung** *f* ⟨-; -en⟩ hediyeleşme (*Noel'de*); *scherzh* ***das ist ja e-e schöne ~!*** al başına belayı!

beschichten *v/t* ⟨*o* -ge-, *h*⟩ TECH kaplamak

beschicken *v/t* ⟨*o* -ge-, *h*⟩ *Maschine* doldurmak; *Messe* -*e* katılmak

beschießen *v/t* ⟨*unreg, o* -ge-, *h*⟩ *mit Artillerie* ateşe tutmak

beschilder|n *v/t* ⟨*o* -ge-, *h*⟩ *Straßen* -*e* levhalar yerleştirmek; **℞ung** *f* ⟨-; -en⟩ (*Schilder*) levhalar *pl*, yol işaretleri *pl*

beschimpfen *v/t* ⟨*o* -ge-, *h*⟩ -*e* küfretmek; -*e* hakaret etmek

Beschiss *m* ⟨-es⟩ P (*Betrug*) kazık(lama); kazık atma; **2en** P *adj* berbat

Beschlag *m* ⟨-s; -schläge⟩ (*Tür2 usw*) *metal parçalar*; (*Schicht, Überzug*) kaplama; ***in ~ nehmen, mit ~ belegen*** *Plätze usw* tutmak, ayırmak; (***j-n*** b-ni) lafa tutmak, esir almak

beschlagen ⟨unreg, *o* -ge-⟩ **1.** *v/t* ⟨*h*⟩ TECH *-in* üstüne metal (parçalar) çakmak; *Pferd* nallamak; **2.** *v/i* ⟨*sn*⟩ *Fenster, Spiegel usw* buğulanmak; **3.** *v/r* ⟨*h*⟩: ***sich ~*** *Fenster, Spiegel* buğulanmak

Beschlagnahme *f* ⟨-; -n⟩ elkoyma; müsadere

beschlagnahmen *v/t* ⟨*o* -ge-, *h*⟩ müsadere etmek; *-e* elkoymak

beschleunig|en **1.** *v/t* ⟨*o* -ge-, *h*⟩ hızlandırmak; ***s-e Schritte ~*** adımlarını sıklaştırmak; ***das Tempo ~*** hızlanmak, hızını arttırmak; **2.** *v/r*: ***sich ~*** hızlanmak; **2ung** *f* ⟨-; -en⟩ ivme, F hızlanma; **2ungsvermögen** *n* AUTO ivme

beschließen *v/t* ⟨*unreg, o* -ge-, *h*⟩ karar vermek (***zu tun*** yapmaya); (beenden) bitirmek

beschlossen *adj* kararlaştırılmış

Beschluss *m* ⟨-es; ⸚e⟩ karar; ***e-n ~ fassen*** karar vermek/almak

beschlussfähig *adj*: **(*nicht*) *~ sein*** (karar için) yeterli çoğunluğa sahip olmamak; **2keit** *f* karar yetersayısı

beschmieren *v/t* ⟨*o* -ge-, *h*⟩ (*bestreichen*) *-in üstüne -i* sürmek; (*beschmutzen*) kirletmek; *abw* (*bekritzeln*) karalamak

beschmutzen *v/t* ⟨*o* -ge-, *h*⟩ (***mit***) kirletmek; *fig* lekelemek

beschneid|en *v/t* ⟨*unreg, o* -ge-, *h*⟩; *Hecke* budamak; *Fingernägel* kesmek; *fig* (*kürzen*) *Freiheit usw* kısmak, kısıtlamak; REL sünnet etmek; **2ung** *f* ⟨-; -en⟩ budama, kesme; *fig* kısıtlama; sünnet

beschnüffeln *v/t* ⟨*o* -ge-, *h*⟩ koklamak; F *fig* gizlice araştırmak, *-e* burnunu sokmak

beschnuppern *v/t* ⟨*o* -ge-, *h*⟩ *Hund usw* koklamak; F *fig* ***sich*** (***gegenseitig***) ***~*** birbirini tartmak, birbirini tanımaya çalışmak

beschönigen *v/t* ⟨*o* -ge-, *h*⟩ olduğundan güzel göstermek

beschränk|en ⟨*o* -ge-, *h*⟩ **1.** *v/t* kısıtlamak (***auf*** *A* ile; ***darauf, zu tun*** yapmakla); **2.** *v/r*: ***sich ~ auf*** (*A*) ile yetinmek, ile kısıtlı kalmak

beschränkt *adj* sınırlı; (*einfältig*) dar kafalı, yeteneksiz; **2heit** *f* ⟨-; *o pl*⟩ *der Mittel* kısıtlılık, darlık; (*Engstirnigkeit*) dargörüşlülük, darkafalılık

Beschränkung *f* ⟨-; -en⟩ (***auf*** *A -le*) kısıtlama, kısıtlılık

beschreib|en *v/t* ⟨*unreg, o* -ge-, *h*⟩ tasvir/tarif etmek; *Papier* -in üstüne yazı yazmak; (*schildern*) tasvir etmek; MATH *Kurve* çizmek; ***nicht zu ~*** tasvire sığmaz; **2ung** *f* ⟨-; -en⟩ tarif; tasvir; TECH kullanma kılavuzu; ***das spottet jeder ~*** bunun tasviri mümkün değil

beschreiten *v/t* ⟨*unreg, o* -ge-, *h*⟩: *fig* ***neue Wege ~*** yeni bir yol izlemek

beschriften *v/t* ⟨*o* -ge-, *h*⟩ *Umschlag -in* üstünü yazmak; *Ware* etiketlemek

beschuldigen *v/t* ⟨*o* -ge-, *h*⟩ suçlamak (*G -le*), ***j-n*** (***e-r Sache*** *G*) ***~*** b-ni (bş-le) suçlamak; JUR *a* (*-i -le*) itham etmek

Beschuldigte *m, f* ⟨-n; -n⟩ suçlanan, sanık (*dava açılmadan önce*)

Beschuldigung *f* ⟨-; -en⟩ suçlama; JUR *a* itham

beschummeln *v/t u v/i* ⟨*o* -ge-, *h*⟩ F: ***j-n ~*** b-ne hile yapmak; ***um etw ~*** bş-i hileyle almak

Beschuss *m* ⟨-es⟩ ateş (yağdırma); ***unter ~ geraten*** ateşe tutulmak; *fig* yoğun eleştiriye uğramak

beschützen *v/t* ⟨*o* -ge-, *h*⟩ (***vor*** *D*, ***gegen*** *-den*) korumak

Beschützer *m* ⟨-s; -⟩, **~in** *f* ⟨-; -nen⟩ koruyucu, hami

beschwatzen *v/t* ⟨*o* -ge-, *h*⟩ ***j-n ~ etw zu tun*** b-nin -mesi için ağzından girip burnundan çıkmak

Beschwerde *f* ⟨-; -n⟩ (***über*** *A* ... hakkında) şikâyet; JUR (***gegen*** *-e* karşı) dava; (*-e*) itiraz; **~n** *pl* MED (***mit*** *-den*) şikâyet *sg*, (Schmerzen) ağrı; sancı *sg*

beschweren[1] *v/t* ⟨*o* -ge-, *h*⟩: ***etw ~*** (*schwerer machen*) ağırlaştırmak

beschweren[2] *v/r* ⟨*o* -ge-, *h*⟩: ***sich*** (***bei j-m über etw*** b-ne bş-den) ***~*** şikâyet etmek

beschwerlich *adj* (*anstrengend, mühsam*) yorucu, zahmetli

beschwichtigen *v/t* ⟨*o* -ge-, *h*⟩ susturmak, sakinleştirmek; yatıştırmak (*a* POL)

Beschwichtigungspolitik *f* yatıştırma politikası
beschwindeln *v/t* ⟨*o* -ge-, *h*⟩ *-i* aldatmak, kandırmak
beschwingt *adj Melodie* oynak, neşeli
beschwipst *adj* F çakırkeyif
beschwör|en *v/t* ⟨*unreg*, *o* -ge-, *h*⟩: ***etw ~*** bş-e yemin etmek; ***j-n ~*** (*inständig bitten*) b-ne yalvarmak; *Geister* çağırmak; *Schlangen* oynatmak; **2ung** *f* ⟨-; -en⟩ (*Bitte*) yalvarış
besehen *v/t* ⟨*unreg*, *o* -ge-, *h*⟩ (*betrachten*) gözden geçirmek
beseitig|en *v/t* ⟨*o* -ge-, *h*⟩ yok etmek; *Abfall a* (ortadan) kaldırmak; *Missstand*, *Fehler* gidermek; ***j-n ~*** (*töten*) b-ni ortadan kaldırmak; **2ung** *f* ⟨-; *o pl*⟩ yok etme; ortadan kaldırma; tasfiye
Besen *m* ⟨-s;-⟩ süpürge; *fig* ***neue ~ kehren gut*** işin başında herkes iyi çalışır; F *fig* ***ich fresse e-n ~, wenn …*** -se kellemi keserim; **~stiel** *m* süpürge sapı
besessen *adj* tutkun; kötü ruhların etkisi altında; meczup; ***~ sein von*** *Idee usw* bş-in delisi olmak; (*rasend*) ***wie ~*** çılgıncasına
besetzen *v/t* ⟨*o* -ge-, *h*⟩ *Sitzplatz*, *Stelle* tutmak; *Land* almak, işgal etmek; THEA *Rolle* dağıtmak; *-de*/*-i* oynamak; *Kleid* (***mit*** *-le*) süslemek; *Haus* işgal etmek; THEA ***eine Rolle neu ~*** bir rolün oyuncusunu değiştirmek
besetzt *adj* meşgul, *a* TEL, *Toilette*, *Platz* sahibi var; *Bus*, *Zug* dolu
Besetztzeichen *n* TEL meşgul sesi
Besetzung *f* ⟨-; -en⟩ *e-s Postens -in* bir kadroya atanması/tayini; *Haus*, MIL işgal; THEA rol dağılımı
besichtig|en *v/t* ⟨*o* -ge-, *h*⟩ *-i* gezmek; *prüfend* incelemek, yoklamak; ***zu ~*** gezilebilir, görülebilir; **2ung** *f* ⟨-; -en⟩ *Sehenswürdigkeit* ziyaret, gezme, görme
besiedeln *v/t* ⟨*o* -ge-, *h*⟩ (*sich ansiedeln*) *-e* yerleşmek; (*bevölkern*) *-e* insan yerleştirmek; (*kolonisieren*) *-i* iskân etmek
besiegen *v/t* ⟨*o* -ge-, *h*⟩ yenmek, mağlup etmek
besiegeln *v/t* ⟨*o* -ge-, *h*⟩ mühürlemek
besinnen *v/r* ⟨*unreg*, *o* -ge-, *h*⟩: ***sich ~*** (*überlegen*) (iyice) düşünmek; ***sich ~ auf*** (*A*) *-i* hatırlamak; ***sich e-s Besseren ~*** *-in* aklına daha iyi bir fikir gelmek; ***ohne sich zu ~*** (iyice) düşünmeden
Besinnung *f* ⟨-; *o pl*⟩ bilinç; düşünce; hatırlama; ***die ~ verlieren*** kendinden geçmek; bilincini yitirmek; ***j-n zur ~ bringen*** b-nin aklını başına getirmek; ***wieder zur ~ kommen*** ayılmak, kendine gelmek
besinnungslos *adj* bilinçsiz, baygın
Besitz *m* ⟨-es⟩ mal; sahiplik; (*Eigentum*) mülkiyet; JUR zilyetlik; ***~ ergreifen von*** *-i* ele geçirmek; ***in ~ nehmen*** *-e* sahiplenmek; *-e* sahip çıkmak; ***im ~ sein von etw*** (*od G*) bş-in sahibi olmak
besitzanzeigend *adj* GR iyelik *subst*
besitzen *v/t* ⟨*unreg*, *o* -ge-, *h*⟩ *-e* sahip olmak, *-in* sahibi olmak
Besitzer *m* ⟨-s; -⟩ sahip; ***den ~ wechseln*** el/sahibini değiştirmek
Besitzergreifung *f* ⟨-; *o pl*⟩ (**von**) *-in* ele geçirilmesi; *gewaltsam* JUR gasp
Besitzerin *f* ⟨-; -nen⟩ sahip (kadın), *veraltend* sahibe
besitzlos *adj* malsız-mülksüz
Besitztum *n* ⟨-s; -tümer⟩ malvarlığı
besoffen *adj* F körkütük sarhoş
Besoldung *f* ⟨-; -en⟩ *Beamte*, *Soldaten* maaş
besondere, **~r**, **~s** *adj* (*zusätzlich*) ayrı; (*bestimmt*) bel(ir)li; özel; (*außergewöhnlich*) kuraldışı, müstesna; (*getrennt*) ayrı; *hervorragend* olağanüstü ***im Besonderen*** özelde; ***nichts Besonderes*** gayet normal
Besonderheit *f* ⟨-; -en⟩ özellik
besonders *adv* (*sehr*) özellikle, bilhassa; (*gesondert*) ayrıca; ***nicht ~*** şöyle böyle; ***mir geht es nicht ~*** pek iyi değilim
besonnen *adj* ağırbaşlı, düşünceli
besorgen *v/t* ⟨*o* -ge-, *h*⟩: ***j-m etw ~*** b-ne bş-i temin/tedarik etmek; ***sich*** (*D*) ***etw ~*** k-ne bş-i temin/tedarik etmek; *Haushalt -e* bakmak; *-i* halletmek; F ***wird besorgt!*** başüstüne!
Besorgnis *f* ⟨-; -se⟩ endişe; ***~ erregend*** *adj* endişe verici
besorgt *adj* (**um** için) endişeli
Besorgung *f* ⟨-; -en⟩ (*Beschaffung*) temin, tedarik; (*Einkauf*) alışveriş; ***~en machen*** alışveriş yapmak
bespannen *v/t* ⟨*o* -ge-, *h*⟩ *mit Stoff* kumaş(la) kaplamak; *Saiten -e* tel takmak
bespielen *v/t* ⟨*o* -ge-, *h*⟩: ***eine Kassette ~*** kaset doldurmak; (***mit*** *-i*) kasete almak

bespielt *adj Kassette usw* dolu

bespitzeln *v/t* ⟨*o* -ge-, *h*⟩: ***j-n ~*** b-ni ispiyonlamak

besprech|en *v/t* ⟨*unreg, o* -ge-, *h*⟩ karşılıklı konuşmak; bir konuyu görüşmek; *Buch usw* tanıtmak; *Kassette -e* konuşmak; **2ung** *f* ⟨-; -en⟩ görüşme, müzakere; *Text* tanıtma yazısı; ***sie ist in e-r ~*** kendisi bir görüşmede; **2ungsexemplar** *n* tanıtma nüshası

bespritzen *v/t* ⟨*o* -ge-, *h*⟩ *-in* üstüne fışkırtmak; (*beschmutzen*) lekelemek

bespucken *v/t* ⟨*o* -ge-, *h*⟩ *-in* üstüne tükürmek

besser 1. *adj* (**als** *-den*) daha iyi; ***~ werden*** iyileşmek, düzelmek; ***er ist ~ dran als ich*** onun durumu ben(imkin)den iyi; ***es geht ihr heute ~*** *o* bugün daha iyi; ***es ist ~, wir fragen ihn*** ona soralım daha iyi; ***ich weiß*** (***kann***) ***es ~*** ben daha iyisini biliyorum (yapabilirim); ***immer ~*** hep daha iyi(ye); ***oder ~ gesagt*** veya başka bir ifadeyle; ***um so ~*** bir *o* kadar daha iyi; **2.** *adv* (*lieber*) ***das sollte er ~ nicht tun*** *o* bunu yapmasa daha iyi olur; ***es geht*** (***wirtschaftlich***) ***~*** işler düzeliyor, işler iyiye gidiyor; ***lass das ~ bleiben*** yapmasan daha iyi olur

Besser|gestellte *pl*: ***die ~n*** mali durumu iyi olanlar *pl*; **~verdienende** *pl*: ***die ~n*** yüksek kazançlılar *pl*

bessern ⟨*h*⟩ **1.** *v/t* düzeltmek, geliştirmek; **2.** *v/r*: ***sich ~*** düzelmek, iyileşmek

Besserung *f* ⟨-; *o pl*⟩ düzelme, iyileşme; MED ***auf dem Wege der ~*** iyileşme yolunda; ***gute ~!*** geçmiş olsun!

Besserwisser *m* ⟨-s; -⟩, **~in** *f* ⟨-; -nen⟩ ukala

Bestand *m* ⟨-s; ¨-e⟩ varlık; (*Vorrat*) mevcut; ***~ an*** *D -in* mevcudu; ***~ haben*** devam etmek, sürmek

beständig *adj* devamlı, sürekli; kararlı; (*stabil*) sabit; (*widerstandsfähig*) (***gegen*** *-e*) dayanıklı; **2keit** *f* ⟨-; *o pl*⟩ (*Dauer*) sebat, kararlılık, vefa; *gegen Hitze usw* (*-e*) dayanıklılık

Bestandsaufnahme *f* ⟨-; -n⟩ (*Inventur*) döküm, envanter; ***e-e ~ machen*** döküm/envanter yapmak/çıkarmak; *fig* durumu saptamak

Bestandteil *m* ⟨-s; -e⟩ *-in* bileşen(i); parça; ***fester ~*** (*G*) *-in* ayrılmaz parçası

bestärken *v/t* ⟨*o* ge-, *h*⟩ (**in** *D -de*) desteklemek

bestätigen ⟨*o* -ge-, *h*⟩ **1.** *v/t* onaylamak, teyit etmek; (*bescheinigen*) belgelemek; *Empfang -in* alındığını bildirmek; **2.** *v/r*: ***sich ~*** doğru çıkmak

Bestätigung *f* ⟨-; -en⟩ onay; belge

bestatt|en *v/t* ⟨*o* -ge-, *h*⟩ defnetmek; **2ung** *f* ⟨-; -en⟩ defin; **2ungsinstitut** *n* cenaze (işleri) servisi

bestäub|en *v/t* ⟨*o* -ge-, *h*⟩ *mit Mehl usw -i -in* üstüne serpmek; BOT tozlamak; **2ung** *f* ⟨-; -en⟩ BOT tozlaşma

bestaunen *v/t* ⟨*o* -ge-, *h*⟩ *-e* hayran kalmak

beste, ~r, ~s *adj* en iyi; ***mein bester Freund*** en iyi arkadaşım; ***am besten*** en iyisi; ***am besten wissen*** en iyisini bilmek; ***am besten, wir besuchen sie*** en iyisi, biz ona gidelim; ***welches gefällt dir am besten?*** en çok hangisini beğeniyorsun?; ***mit bestem Dank*** en derin teşekkürlerim(iz)ile

Beste *n*: ***es ist das ~*** (*od* ***am besten ist es***), ***Sie nehmen den Bus*** en iyisi (*od* iyisi mi) siz otobüsle gidin; ***das ~ machen aus*** *-den* en iyi sonucu çıkarmak; (***nur***) ***zu deinem ~n*** (sadece) senin iyiliğin/çıkarın için; ***ich will nur dein ~s*** ben sadece senin iyiliğini istiyorum; ***sein ~s tun*** (*od* ***geben***) elinden geleni yapmak; ***etw zum ~n geben*** (*erzählen, vortragen*) anlatmak, söylemek; ***j-n zum ~n halten*** alaya almak

bestech|en *v/t* ⟨*unreg, h*⟩ *-e* rüşvet vermek; ***sich ~ lassen*** rüşvet yemek; *fig* ***etw besticht*** (***durch*** *-le*) kendini insana benimsetiyor; **~end** *adj* çarpıcı, gözalıcı; **~lich** *adj* rüşvetçi, F yiyici; **2lichkeit** *f* ⟨-; *o pl*⟩ rüşvetçilik, F yiyicilik; **2ung** *f* ⟨-; -en⟩ rüşvet (alma/verme); **2ungsaffäre** *f* rüşvet skandalı; **2ungsgeld** *n* rüşvet (*alınan para*); **2ungsversuch** *m* rüşvet verme girişimi

Besteck *n* ⟨-s; -e⟩ çatal-bıçak takımı

bestehen ⟨*unreg, o* -ge-, *h*⟩ **1.** *v/t Probe* başarmak; *Prüfung* geçmek; *Prüfung* ***nicht ~*** kaybetmek, *-de(n)* kalmak; *fig* ***die Probe ~*** denemeyi kazanmak; **2.** *v/i* var olmak, bulunmak; ***~ auf*** (*D*) *-de* ısrar etmek; ***~ aus*** *-den* oluşmak, ibaret olmak; ***~ bleiben*** sürmek, baki olmak; ***~ in*** *D -in* özü … olmak; (*beharren*) ***darauf ~, dass …*** -mekte ısrar etmek, -mekte direnmek/diretmek

Bestehen *n* ⟨-s; *o pl*⟩ varlık, var oluş; ***seit ~ der Firma*** şirket var olalı beri; *Prüfung* başarma, kazanma; (*Beharren*) (***auf*** *D -de*) ısrar, direnme, diretme

bestehend *adj* (*existierend*) mevcut; varolan; halihazırdaki; ***~ aus*** *-den* oluşan, ibaret

bestehlen *v/t* ⟨*unreg, o -ge-, h*⟩: ***j-n ~*** b-nin bş-ini çalmak

besteig|en *v/t* ⟨*unreg, o -ge-, h*⟩ *Berg -e* çıkmak; tırmanmak; *Fahrzeug, Pferd -e* binmek; *Thron -e* çıkmak; **✓ung** *f* ⟨-; -en⟩ çıkış, tırmanma

Bestellbuch *n* sipariş defteri

bestellen *v/t* ⟨*o -ge-, h*⟩ *Waren, Speisen* sipariş etmek; *Zimmer, Karten* ayırtmak; *Taxi* çağırmak; ***j-n (zu sich D) ~*** b-ni yanına çağırmak; ***j-m e-e Nachricht ~*** b-ne bir haber iletmek; ***kann ich etw ~?*** bir mesaj/not bırakmak ister misin(iz)?; AGR *Feld, Garten* ekmek, işlemek; ***es ist schlecht um sie bestellt*** onun durumu kötü; F *fig* ***er hat nicht viel zu ~*** (***bei*** *-in* yanında) onun hiç sözü geçmiyor

Bestell|formular *n*, **~schein** *m* sipariş formu; **~karte** *f* sipariş kartı; **~nummer** *f* sipariş numarası

Bestellung *f* ⟨-; -en⟩ sipariş; yer (oda, bilet *vs*) ayır(t)ma; ***auf ~ (gemacht)*** ısmarlama, sipariş üzerine (yapılmış); ***e-e ~ aufgeben*** ısmarlamak, sipariş vermek; *Feld usw* işleme

bestenfalls *adv* olsa olsa

bestens *adv* mükemmel; en iyi şekilde; ***das hat sich ~ bewährt*** bu kendini gayet güzel kabul ettirdi; (***ich***) ***danke ~!*** çok (çok) teşekkür (ederim)!

besteuer|n *v/t* ⟨*o -ge-, h*⟩ vergile(ndir)mek; **✓ung** *f* ⟨-; *o pl*⟩ vergilendir(il)me

bestialisch *adj* F hayvanca

Bestie *f* ⟨-; -n⟩ *Tier* (vahşî) hayvan; *fig Mensch* gaddar (insan)

bestimmen ⟨*o ge-, h*⟩ **1.** *v/t* (*festlegen, festsetzen*) belirlemek; saptamak; tayin etmek; (*vorsehen*) (***für*** için) öngörmek; ***j-n zu s-m Nachfolger ~*** b-ni (kendine) ardıl tayin etmek; (*anordnen*) *-in* sözü geçmek; ***er hat dabei nichts zu ~*** onun bu konuda hiç sözü geçmez; (*ermitteln*) *Begriff* tanımlamak, elde etmek; **2.** *v/i* (*verfügen*); ***~ über*** (*A*) hakkında söz sahibi olmak

bestimmend canalıcı

bestimmt 1. *adj* (*gewiss*) belirli; *Worte* kesin, kararlı; ***etw ✓es*** belirli/kesin bir şey; ***nichts ✓es*** belirli/kesin bir şey değil/yok; ***~ sein für*** için ayrılmış/tahsis edilmiş olmak; **2.** *adv* (*gewiss, sicher*) elbet; mutlaka; kesin; kesinlikle; ***ich weiß ~, dass*** *-in*-diğini/-eceğini kesin biliyorum; ***ganz ~*** muhakkak, kesin; ***ich kann es nicht ~ sagen*** kesin bir şey diyemem

Bestimmtheit *f* ⟨-; *o pl*⟩ (*Entschiedenheit*) kesinlik; kararlılık; ***mit ~*** kesin olarak/biçimde; kesinlikle

Bestimmung *f* ⟨-; -en⟩ (*Vorschrift*) hüküm, kural; yönerge, talimat; ***etw s-r ~*** (*D*) ***übergeben*** *Gebäude usw* hizmete açmak; (*Berufung*) misyon; **~sort** *m* varma yeri; *-in* gideceği yer

Best|leistung *f* SPORT en iyi derece; ***persönliche ~*** ferdî en iyi derece; **~marke** *f* SPORT (*Rekord*) rekor derecesi

bestmöglich *adj* mümkün olan en iyi

Best.-Nr. *Abk* → ***Bestellnummer***

bestraf|en *v/t* ⟨*o -ge-, h*⟩ (***wegen*** *-den* dolayı, ***für*** için) cezalandırmak; JUR ***j-n ~ mit*** b-ne … cezası vermek; **✓ung** *f* ⟨-; -en⟩ cezalandır(ıl)ma

bestrahl|en *v/t* ⟨*o -ge-, h*⟩ (*hell erleuchten*) aydınlatmak, ışığa boğmak; MED *-e* radyoterapi (*od* ışın tedavisi) uygulamak; **✓ung** *f* ⟨-; -en⟩ (*Sonnen✓ usw*) ışınım; F (*-e*) güneşin *vs* vurması; MED radyoterapi, ışın/şua tedavisi

bestrebt *adj*: ***~ sein, etw zu tun*** bş-i yapmaya gayretli olmak

bestreiken *v/t* ⟨*o -ge-, h*⟩ *-de* grev yapmak

bestreikt *adj* grevde (*fabrika vs*)

bestreiten *v/t* ⟨*unreg, o -ge-, h*⟩ inkâr etmek; reddetmek; (*finanzieren*) *Kosten, Ausgaben* karşılamak; *durchführen, ausführen* uygulamak, yürütmek, götürmek; ***~, dass … (~, etw getan zu haben*** -in) -diğini reddetmek; (*streitig machen*) ***j-m ein Recht ~*** b-nin bir hakkını reddetmek/inkâr etmek; ***sie bestritt die Unterhaltung ganz allein*** herkesi tek o eğlendirdi

bestreuen *v/t* ⟨*o -ge-, h*⟩: ***mit Sand ~*** *-in* üstüne kum serpmek; ***mit Zucker ~*** *-in* üstüne şeker ekmek/serpmek

Bestseller *m* ⟨-s; -⟩ bestseller; en çok satan *adj*

bestürmen *v/t* ⟨*o* ge-, *h*⟩ *fig* (*bedrängen*) *mit Fragen, Bitten* -*e* soru (rica *vs*) yağdırmak

bestürz|t *adj* (**über** *A* -*den* dolayı) şaşkın; **2ung** *f* ⟨-; *o pl*⟩ şaşkınlık; dehşet; endişe

Besuch *m* ⟨-s; -e⟩ (*G*, **bei, in** *D* -*i*) ziyaret; *Schule* (*G* -*e*) devam, gitme; *Veranstaltung* (*G* -*e*) katılma; (*Besucher*) ziyaretçi, konuk; *kurzer* (**bei** -*e*) uğrama; **auf ~, zu ~** misafir olarak, **sie hat ~** onun misafiri var/geldi; **j-m e-n ~ abstatten** b-ni ziyaret etmek

besuchen *v/t* ⟨*o* -ge-, *h*⟩ -*e* gitmek; -*i* görmeye gitmek; *förmlich* -*i* ziyaret etmek; *kurz* -*e* uğramak; *Ort* gidip görmek; *Schule* -*e* gitmek, devam etmek; *Veranstaltung* -*e* gitmek, -*e* katılmak; **gut besucht** ziyaretçisi/müşterisi bol

Besucher *m* ⟨-s; -⟩ **~in** *f* ⟨-; -nen⟩ ziyaretçi; misafir, konuk; (*Zuschauer*) seyirci, izleyici

Besuchszeit *f* ziyaret saat(ler)i

betasten *v/t* ⟨*o* -ge-, *h*⟩ yoklamak, ellemek

betätig|en *v/t* ⟨*o* -ge-, *h*⟩ **1.** TECH işletmek; kullanmak; *Bremse* fren yapmak; **2.** *v/r*: **sich ~** (**in** *D* -*de*) etkin olmak; **sich ~ als** … olarak etkin olmak; **sich politisch ~** politik etkinlikte bulunmak; **sich sportlich ~** spor yapmak; **2ung** *f* ⟨-; -en⟩ TECH (*Bedienen*) kullan(ıl)ma; **körperliche ~** bedensel etkinlik

Betätigungsfeld *n* etkinlik alanı

betäub|en ⟨*o* -ge-, *h*⟩ **1.** *v/t* MED *örtlich* uyuşturmak, (-*e*) lokal anestezi yapmak; *durch Schlag* uyuşturmak; *fig Schmerz* dindirmek; **wie betäubt** uyuşmuş gibi; **2.** *v/r*: **sich ~** (**mit, durch**) kendini uyuşturmak; **2ung** *f* ⟨-; -en⟩ uyuşturma; MED **örtliche ~** lokal anestezi; (*Benommenheit*) mahmurluk; **2ungsmittel** *n* uyuşturucu (madde)

Bete *f* ⟨-n; *o pl*⟩ BOT **Rote ~** pancar

beteiligen ⟨*o* -ge-, *h*⟩ **1.** *v/t*: **j-n ~** (**an** *D*) b-nin (-*e*) katılmasını sağlamak; **beteiligt sein an** (*D*) *Unfall, Verbrechen* -*e* karışmak; **j-n am Gewinn ~** b-ne kârdan pay vermek; **2.** *v/r*: (*Beitrag leisten*) -*e* katkıda bulunmak; **sich an den Kosten ~** masraf(lar)a katılmak

Beteiligte *m, f* ⟨-n; -n⟩ (*mitwirkende Person*) -*de* katkısı olan; -*e* emeği geçen; (*Unfall*2) kazaya karışan; (*Prozess*2) taraf (*taraflardan her biri*)

Beteiligung *f* ⟨-; -en⟩ (**an** *D* -*e*) katılım; -*e* karışma; -*i* paylaşma

beten ⟨*h*⟩ **1.** *v/i* (**um** için) dua etmek; şükran duası(nı) okumak; **zu Gott ~** Allah'a dua etmek; **2.** *v/t Gebet* okumak, söylemek

beteuern *v/t* ⟨*o* -ge-, *h*⟩: **s-e Unschuld ~** suçsuz olduğunu temin etmek

betiteln *v/t* ⟨*o* ge-, *h*⟩ *Buch usw* -*e* başlık koymak; F *abw* **j-n** (**mit, als**) **Trottel ~** b-ne salak demek

Beton [be'tɔŋ, be'to:n, be'tõ:] *m* ⟨-s; -s⟩ beton

betonen *v/t* ⟨*o* -ge-, *h*⟩ vurgulamak

betonieren *v/t* ⟨*o* ge-, *h*⟩ -*e* beton dökmek

Betonklotz [-'to:n-, -'tɔŋ-] *m abw* (*Bau aus Beton*) beton(arme) blok

betont *adv fig*: **~ lässig** umursamazlığını belli ederek

Betonung *f* ⟨-; -en⟩ *a fig* vurgu, -*in* üstüne basma

Betr. *Abk für* **Betreff** *m*, **betrifft** konu, özet; *Korrespondenz* konu, özü

Betracht *m*: **in ~ ziehen** -*i* göz önüne (*od* dikkate) almak; -*e* itibar etmek; (**nicht**) **in ~ kommen** söz konusu ol(ma)mak; **außer ~ lassen** -*den* sarfınazar etmek

betrachten *v/t* ⟨*o* ge-, *h*⟩ -*e* bakmak, *fig a* görmek; … saymak; **j-n als Freund** *usw* **~** b-ni arkadaş *vs* saymak (*od* olarak görmek); (*beurteilen*) **so betrachtet** böyle bak(ıl)ınca; bu açıdan

Betrachter *m* ⟨-s; -⟩, **~in** *f* ⟨-; -nen⟩ gözlemci, izleyici

beträchtlich *adj* hayli; hatırı sayılır

Betrachtung *f* ⟨-; -en⟩: (*Anschauen*) seyir; bakış; (*Überlegung*) düşünce; fikir; **bei näherer ~** (daha) yakından incelendiğinde; **~en anstellen über** (*A*) bş hakkında düşüncelere varmak

Betrag *m* ⟨-s; ⸚e⟩ ÖKON (*Geld*2) tutar, meblağ; **~** (**dankend**) **erhalten** meblağ teşekkürlerimizle tahsil edilmiştir

betragen **1.** *v/i* ⟨*unreg*, *o* -ge-, *h*⟩ tutmak; etmek (*miktar, meblağ*); **2.** *v/r*: **sich ~** (*benehmen*) davranmak

Betragen *n* ⟨-s; *o pl*⟩ davranış, hal ve gidiş

betrauen *v/t* ⟨*o* -ge-, *h*⟩ (**mit** -*le*) (güvenerek) görevlendirmek

betrauern *v/t* ⟨*o* -ge-, *h*⟩ *Person* … için

yas tutmak; *-in* yasını tutmak (*a Verlust*)
Betreff *m* ⟨-s; -e⟩ im Briefkopf: özü (***Betr.***)
betreffen *v/t* ⟨*unreg, o* -ge-, *h*⟩ (angehen) ilgilendirmek; ***was … betrifft*** *-e* gelince
betreffend *adj* (*ile*) ilgili; *-e* ilişkin; ***die ~en Personen*** ilgili kişiler
betreiben *v/t* ⟨*unreg, o* -ge-, *h*⟩ *Geschäft*, TECH işletmek; *Unternehmen* çalıştırmak; *Hobby*, *Sport* (*-le*) uğraşmak, meşgul olmak
Betreiben *n* ⟨-s; *o pl*⟩: ***auf ~ von*** (*od G*) *-in* girişimi üzerine
Betreiber *m* ⟨-s; -⟩, **~in** *f* ⟨-; -nen⟩ ÖKON işletmeci; işletici; çalıştıran
betreten[1] *v/t* ⟨*unreg, o* -ge-, *h*⟩ *-e* (ayak) basmak, *-e* adım atmak; *Rasen a* çiğnemek; *Raum -e* girmek
betreten[2] *adj u adv* (*verlegen*) mahcup, *abw* sus pus
Betreten *n* ⟨-s; *o pl*⟩: ***~ (des Rasens) verboten!*** (çimenlere) basmak yasaktır!
betreu|en *v/t* ⟨*o* ge-, *h*⟩ *Kranke usw -e* bakmak; *Kinder -e* göz kulak olmak; *Schüler*, *Klienten -e* rehberlik/danışmanlık etmek; *Projekt* yürütmek, yönetmek; **⁀er** *m* ⟨-s; -⟩, **⁀erin** *f* ⟨-; -nen⟩ *einer Gruppe usw* danışman, yönetici; **⁀ung** *f* ⟨-; *o pl*⟩ *einer Gruppe usw -e* danışmanlık, rehberlik; (*ärztliche ~*) hekim kontrolü
Betrieb *m* ⟨-s; -e⟩ *Firma* işletme, işyeri; (*Betreiben*) işletme, çalıştırma; *in Straßen*, *Geschäften* çalışma, faaliyet; ***öffentliche ~e*** kamu işletmeleri; ***in ~ sein*** (***setzen***) hizmette olmak (hizmete açmak); ***außer ~*** hizmet dışı; F bozuk; ***außer ~ setzen*** devreden çıkarmak, devre dışı bırakmak; ***im Geschäft war viel ~*** dükkanda çok gelen giden vardı
betrieblich *adj* işletmeye dair, işletme içi; ***~e Altersversorgung*** *işletme içi emeklilik sigortası*; ***~e Mitbestimmung*** yönetime katılma
Betriebs|anleitung *f* çalıştırma talimatı, kullanma kılavuzu; **~ausflug** *m* personel gezisi **~ausgaben** *pl* işletme masrafları; genel giderler; **⁀eigen** *adj* işletme malı, işletmeye ait; **⁀fähig** *adj* işler durumda; **~ferien** *pl* işletme tatili *sg*; **⁀fremd** *adj* işletme dışından; **⁀intern** *adj* işletme içi; **~kapital** *n* işletme sermayesi; çalışan sermaye; **~klima** *n* iş yeri çalışma ortamı; **~kosten** *pl* işletme maliyeti *sg*; **~leitung** *f* işletme (müdürlüğü); **~rat**[1] *m* işçi temsilciliği; **~rat**[2] *m*, **~rätin** *f* işçi temsilcisi; **⁀sicher** *adj* emniyetli, işlemesi güvenli; **~sicherheit** *f* işletme güveni/güvenliği; **~stilllegung** *f* işletmenin kapatılması; **~störung** *f* işletme arızası/bozukluğu; **~system** *n* EDV işletim sistemi; **~unfall** *m* iş kazası; **~vereinbarung** *f* işletme anlaşması; **~verfassung** *f* işletme yönetmeliği; **~versammlung** *f* işletme kadrosu toplantısı; **~wirt(in** *f*) *m* işletmeci; **~wirtschaft** *f* ⟨-; *o pl*⟩ işletmecilik (bilimi); **~zugehörigkeit** *f* işletme mensubu olma; ***nach zehnjähriger ~*** işletmede onuncu yılını doldurduktan sonra
betrinken *v/r* ⟨*unreg, o* -ge-, *h*⟩: ***sich ~*** sarhoş olmak
betroffen *adj* şaşkın; üzgün; (*berührt*) (***von*** *-den*) etkilenmiş; mağdur; ***die ~en Personen*** (*-le*) ilgili kişiler; (*-den*) etkilenen kişiler; **⁀heit** *f* (***über*** *A -den* dolayı) sarsılma, şaşkınlık
betrüb|en *v/t* ⟨*o* -ge-, *h*⟩ üzmek; **~lich** *adj* üzücü
betrübt *adj* (***über*** *A -den*) üzgün, (*-e*) üzülmüş
Betrug *m* ⟨-s; *o pl*⟩ *a* JUR hilekârlık, dolandırıcılık; (*Täuschung*) kandırma, aldatma, yanıltma
betrügen **1.** *v/t* ⟨*unreg, o* -ge-, *h*⟩ kandırmak; (*täuschen*) yanıltmak; JUR dolandırmak; *Ehepartner* (***mit*** *-le*) aldatmak; ***j-n um etw ~*** b-ni aldatıp bş-i elinden almak; **2.** *v/r*: ***sich*** (***selbst***) ***~*** (kendi) kendini aldatmak
Betrüger *m* ⟨-s; -⟩, **~in** *f* ⟨-; -nen⟩ dolandırıcı, hilekâr; düzenbaz; **~ei** *f* ⟨-; -en⟩ (*fortwährendes Betrügen*) düzenbazlık, hilekarlık; **⁀isch** *adj* düzenbazca, hileli
betrunken *adj* sarhoş
Betrunkene *m*, *f* ⟨-n; -n⟩ sarhoş
Bett *n* ⟨-s; -en⟩ yatak; ***am ~*** yatağın kenarında; ***die ~en beziehen*** çarşaf değiştirmek; ***j-n zu*** (*od* ***ins***) ***~ bringen*** b-ni (uykuya) yatırmak; ***ins ~ gehen*** (yatağa) yatmak; F ***mit j-m ins ~ gehen*** (*Sex haben*) b-le yatmak; ***das Bett hüten müssen*** yorgan döşek yatmak
Bett|bezug *m* yorgan kılıfı, nevresim;

B

~couch *f* çekyat; **~decke** *f wollen* battaniye; *gesteppt* yorgan; *Tagesdecke* yatak örtüsü

bettelarm *adj* çok fakir

betteln *v/i* ⟨*o* -ge-, *h*⟩ (**um** bş) dilenmek

bettlägerig *adj* yatağa düşmüş, *länger* yatalak

Bett|laken *n* yatak çarşafı; **~lektüre** *f* uykudan önce okunacak hafif kitap *vs*

Bettler *m* ⟨-s; -⟩, **~in** *f* ⟨-; -nen⟩ dilenci

Bett|ruhe *f* yatak istirahati; ***j-m ~ verordnen*** b-ne yatak istirahati vermek; **~tuch** *n* (yatak) çarşaf(ı); **~wäsche** *f* yatak çamaşırı

betucht *adj* F tuzukuru

betupfen *v/t* ⟨*o* -ge-, *h*⟩ MED *-e* kompres yapmak

beugen ⟨*h*⟩ **1.** *v/t Kopf* eğmek; *Recht, Gesetz* çiğnemek; LING *Verb* çekmek; **2.** *v/r*: ***sich aus dem Fenster ~*** pencereden sarkmak; ***sich ~*** (*nachgeben*) boyun eğmek

Beugung *f* ⟨-; -en⟩ LING *Verb* çekim; (*Rechts2*) kanunsuzluk

Beule *f* ⟨-; -n⟩ şiş, şiş(kin)lik; *im Blech* çökük (*hasar*)

beunruhig|en **1.** *v/t* ⟨*o* -ge-, *h*⟩ meraklandırmak; huzursuz etmek; *stärker* endişelendirmek; telaşlandırmak; **2.** *v/r*: ***sich ~*** (***über*** *A*, ***wegen***) *-i* merak etmek; *-den* endişelenmek; **2ung** *f* ⟨-; -en⟩ merak, huzursuzluk, endişe

beurkund|en *v/t* ⟨*o* -ge-, *h*⟩ belgelemek; *Geburt usw* kaydetmek; **2ung** *f* ⟨-; -en⟩ belgele(n)me

beurlauben *v/t* ⟨*o* ge-, *h*⟩ (*Urlaub geben*) *-e* izin vermek; *von einem Amt -e* geçici olarak işten el çektirmek; *-e* zorunlu izin vermek

beurteil|en *v/t* ⟨*o* -ge-, *h*⟩ (**nach** *-e* göre) karar vermek; *irgendwie* değerlendirmek; ***das kann ich nicht ~!*** (işin) orasını bilemem!; ***falsch ~*** yanlış değerlendirmek; **2ung** *f* ⟨-; -en⟩ karar/not (verme); değerlendirme

Beute *f* ⟨-; *o pl*⟩ ganimet, yağma; (*Jagd2*) av (*avlanan hayvanlar*)

Beutel *m* ⟨-s; -⟩ torba; *a bei Tieren* kese

beuteln *v/t* ⟨*h*⟩ F *fig -e* (çile) çektirmek

bevölker|n *v/t* ⟨*o* -ge-, *h*⟩ iskân etmek; (*bewohnen*) oturmak, sakin olmak; *fig* ***die Straßen*** *usw* **~** (akın akın) sokakları doldurmak; ***dicht*** (***dünn***) ***bevölkert*** yoğun (az) nüfuslu; **2ung** *f* ⟨-; -en⟩ nüfus, ahali; (*Volk*) halk

Bevölkerungs|dichte *f* nüfus yoğunluğu; **~explosion** *f* nüfus patlaması; **~politik** *f* nüfus politikası; **~rückgang** *m* nüfus artışında(ki) gerileme; **~schicht** *f* (toplum) kesim(i)

bevollmächtig|en *v/t* ⟨*o* -ge-, *h*⟩ yetkili kılmak; ***j-n*** (***zu etw***) **~** b-ne (bş için) yetki/vekalet vermek; ***~ zu tun*** yapmaya yetkili kılmak; JUR *-i* vekil tayin etmek; **2te** *m, f* JUR vekil; ÖKON vekil, yetkili; **2ung** *f* ⟨-; -en⟩ yetki verme; (*Vollmacht*) *a* JUR vekalet(name)

bevor konj …-meden önce; ***nicht ~*** -meden önce değil

bevormunden *v/t* ⟨*o* -ge-, *h*⟩: ***j-n ~*** b-ni vesayet altına almak

bevorsteh|en *v/i* ⟨*unreg*, -ge-, *h*⟩ yakında söz konusu olmak; *Gefahr* yaklaşmak; ***j-m ~*** b-ni (yakın gelecekte) beklemek; **~end** *adj* yakın gelecekteki

bevorzugen *v/t* ⟨*o* -ge-, *h*⟩ (**vor** *-e*) tercih etmek, yeğlemek; (*begünstigen*) *-den* üstün tutmak

bevorzugt **1.** *adj* tercih edilen; (*Lieblings…*) gözde; sevilen; (*privilegiert*) ***~e Behandlung*** özel muamele; **2.** *adv* ***~ behandelt werden*** özel muamele görmek

Bevorzugung *f* ⟨-; *o pl*⟩ tercih; üstün tut(ul)ma; özel muamele

bewach|en *v/t* ⟨*o* -ge-, *h*⟩ gözetlemek; göz altında tutmak; **2er** *m* ⟨-s; -⟩ bekçi, gözcü; koruma(cı)

bewachsen *adj* (**mit**) üstünde … yetişen

Bewachung *f* ⟨-; *o pl*⟩ bekçilik; göz altında bulundurma; koruma

bewaffn|en ⟨*o* -ge-, *h*⟩ *v/t* silahlandırmak; *v/r*: ***sich ~*** silahlanmak; **~et** *adj* silahlı (**mit** *-le*); **2ung** *f* ⟨-; -en⟩ (*das Bewaffnen*) silahlan(dır)ma; (*Waffen*) silah ve teçhizat

bewahren *v/t* ⟨*o* -ge-, *h*⟩ (*erhalten*) korumak; ***die Fassung ~*** metanetini korumak; (*schützen*) (**vor** *D -den*) korumak

bewahrheiten *v/r* ⟨*o* -ge-, *h*⟩: ***sich ~*** doğru çıkmak

bewähr|en *v/r* ⟨*o* -ge-, *h*⟩: *Sache* iyiliğini *vs* kanıtlamak; ***sich ~ als …*** … olduğunu göstermek (*od* ispat etmek) (*olumlu*); ***sich nicht ~*** başarısız kalmak; beklenenі ver(e)memek

bewährt *adj Person* deneyimli, tecrübe-

B

li; *Sache* denenmiş
Bewährung *f* ⟨-; -en⟩ JUR (cezanın) tecil(i); ***drei Monate Gefängnis mit ~*** tecilen üç ay hapis; ***die Strafe wurde zur ~ ausgesetzt*** ceza tecil edildi
Bewährungs|frist *f* JUR tecil süresi; **~helfer(in** *f*) *m tecil gözetim görevlisi*; **~probe** *f* deneme, sınav
bewaldet *adj* ormanlık, orman(lar)la kaplı
bewältigen *v/t* ⟨*o* -ge-, *h*⟩ *Schwierigkeit* aşmak, yenmek; *-in* üstesinden gelmek; *Arbeit* halletmek; *Essen*, *Strecke* bitirmek
bewandert *adj*: ***in etw*** (*D*) (***gut***) ***~ sein*** bş-de (geniş/derin) bilgi sahibi olmak
Bewandtnis *f* ⟨-; -se⟩: ***damit hat es folgende ~*** bu konuda durum şu(dur)
bewässer|n *v/t* ⟨*o* -ge-, *h*⟩ sulamak; **≗ung** *f* ⟨-; -en⟩ sulama
bewegen[1] ⟨*o* -ge-, *h*⟩ **1.** *v/t* hareket ettirmek; *fig* ***etw ~*** harekete geçirmek; *innerlich* ***sag mir, was dich bewegt!*** söyle, senin kafanı kurcalayan ne?; **2.** *v/r*: ***sich ~*** hareket etmek; ***die Preise ~ sich zwischen … und …*** fiyatlar … ile … arasında değişiyor/oynuyor
bewegen[2] *v/t* ⟨bewog, bewogen, *h*⟩: (*veranlassen*) ***j-n zu etw ~*** b-ne bş-i yaptırmak
bewegend *adj fig* etkileyici
Beweggrund *m* sebep, neden; motif
beweglich *adj* hareketli; *körperlich, geistig* hareketli, esnek, dinamik; *Feiertag* belli bir tarihe bağlı olmayan; TECH ***~e Teile*** hareketli parçalar; JUR ***~er Besitz*** taşınır mallar
bewegt *adj Meer* dalgalı; *Stimme* titrek; boğuk; *Leben* olaylarla dolu; hareketli
Bewegung *f* ⟨-; -en⟩ hareket; *körperliche* dolaşma, gezme, hareket; ***keine ~!*** kıpırdama(yın)!; ***in ~ setzen*** harekete geçirmek/getirmek; ***sich in ~ setzen*** harekete geçmek; *fig* ***in e-e Sache ~ bringen*** bş-e hareket getirmek; (*Gemüts≗*, *Rührung*) duygulanma
Bewegungs|freiheit *f* ⟨-; *o pl*⟩ *fig* hareket serbestliği; **≗los** *adj u adv* hareketsiz; **~ therapie** *f* hareketle tedavi; **≗unfähig** *adj* hareketsiz, hareket edemez halde
Beweis *m* ⟨-es; -e⟩ kanıt, ispat; ***~ für*** *-in* ispatı; JUR ***~e*** *pl* deliller; ***als ~, zum ~*** (***für*** *-e*/*-in*) delil(i) olarak; ***den ~ für etw erbringen*** (*od* ***liefern***) bş-in delilini getirmek; ***als ~ seiner Zuneigung*** hayranlığının ispatı olarak; **~aufnahme** *f* ⟨-; *o pl*⟩ JUR delillerin ikamesi
beweisbar *adj* ispatı mümkün
beweisen *v/t* ⟨*unreg*, *o* -ge-, *h*⟩ kanıtlamak, ispatlamak; *Interesse usw* göstermek; ***j-m etw ~*** b-ne bş-i göstermek (*od* ispat etmek)
Beweis|führung *f* ⟨-; *o pl*⟩ JUR ispat, kanıtlama; **~kraft** *f* ⟨-; *o pl*⟩ ispat kudreti; **≗kräftig** *adj* delil niteliğinde; **~material** *n* deliller *pl*; **~stück** *n* ispat/kanıt belgesi; JUR delil (*nesne*)
bewenden *v/i*: ***es dabei ~ lassen*** bş-i yeterli görüp geçmek
bewerben *v/r* ⟨*unreg*, *o* -ge-, *h*⟩: (***bei*** *-e*; ***um*** … için) ***sich ~*** başvurmak; *um Preis*, *Titel -e* aday olmak
Bewerber *m* ⟨-s; -⟩, **~in** *f* ⟨-; -nen⟩ başvuran; aday
Bewerbung *f* ⟨-; -en⟩ (***um*** için) başvuru, müracaat; (*~sschreiben*) başvuru/müracaat (dilekçesi)
Bewerbungs|gespräch *n* görüşme (*işe giriş için*); **~schreiben** *n* başvuru yazısı/dilekçesi; yazılı başvuru; **~unterlagen** *pl* başvuru belgeleri
bewerkstelligen *v/t* ⟨*o* -ge-, *h*⟩; (*zustande bringen*, *erreichen*) gerçekleştirmek
bewert|en *v/t* ⟨*o* -ge-, *h*⟩ *Person*, *Leistung* (***nach*** *-e* göre) değerlendirmek; ***zu hoch*** (***niedrig***) ***~*** olduğundan iyi (kötü) değerlendirmek; **≗ung** *f* ⟨-; -en⟩ değerlendir(il)me
bewillig|en *v/t* ⟨*o* -ge-, *h*⟩ *Mittel usw* vermek, tahsis etmek, onaylamak; ***j-m etw ~*** b-ne bşi uygun görmek; **≗ung** *f* ⟨-; -en⟩ (*Erlaubnis*) izin, onay
bewirken *v/t* ⟨*o* -ge-, *h*⟩ (*verursachen*) *-e* yol açmak; *-e* sebep olmak; (*zustande bringen*) meydana getirmek; oluşturmak; ***das Gegenteil ~*** ters sonuç vermek
bewirten *v/t* ⟨*o* -ge-, *h*⟩: ***j-n mit etw ~*** b-ni bş-le ağırlamak; b-ne bş ikram etmek
bewirtschaften *v/t* ⟨*o* -ge-, *h*⟩ *Hof, Gaststätte usw* işletmek; AGR *Land*, *Boden* işlemek, ekmek
bewohn|bar *adj* oturulur durumda (*ev vs*); **~en** *v/t* ⟨*o* -ge-, *h*⟩ *-de* oturmak, ikamet etmek; **≗er** *m* ⟨-s; -⟩, **≗erin** *f* ⟨-; -nen⟩ *-de* oturan; … sakini

B

bewölken *v/r* ⟨*o* -ge-, *h*⟩: ***sich ~*** bulutlanmak, *völlig* bulut(lar)la kaplanmak
bewölkt *adj* bulutlu, völlig: kapalı
Bewölkung *f* ⟨-; *o pl*⟩ bulutlanma; **~sauflockerung** *f* bulutların dağılması; **~szunahme** *f* bulutlanma
Bewunder|er *m* ⟨-s; -⟩, **~in** *f* ⟨-; -nen⟩ hayran
bewundern *v/t* ⟨*o* -ge-, *h*⟩ (***wegen*** *-den* dolayı *-e*) hayran olmak; *-i* çok beğenmek
bewundernswert *adj* takdire değer
Bewunderung *f* ⟨-; *o pl*⟩ hayranlık, takdir
bewusst **1.** *adj* bilinçli; ***j-m etw ~ machen*** b-şi b-nin kafasına sokmak; ***sich*** (*D*) ***e-r Sache ~ sein*** *-in* bilincinde olmak; ***sich*** (*D*) ***e-r Sache ~ werden*** bş-in farkına/bilincine varmak; **2.** *adv* bilinçle, bilinçli olarak; *absichtlich* bilerek, isteyerek, mahsus
bewusstlos *adj* baygın; ***~ werden*** bilincini kaybetmek; bayılmak; **≈igkeit** *f* ⟨-; *o pl*⟩ baygınlık
Bewusstsein *n* ⟨-s; *o pl*⟩ bilinç, şuur; ***bei ~*** bilinci açık; ***das ~ verlieren*** bilincini yitirmek; ***ohne ~ sein*** baygın olmak; ***das ~ wiedererlangen*** ayılmak; bilincine kavuşmak; *fig* ***j-m etw zum ~ bringen*** b-nin bş-e dikkatini çekmek; ***etw kommt j-m zum ~*** biri bş-in farkına/bilincine varıyor
bezahlen *v/t* ⟨*o* -ge-, *h*⟩ *Rechnung, Schuld* ödemek; *Ware a fig -in* bedelini ödemek; ***j-n ~*** b-nin ücretini ödemek; ***etw teuer ~*** bş-in bedelini pahalı ödemek; ***sich bezahlt machen*** masrafını kurtarmak/çıkarmak; *im Restaurant* ***bitte ~!*** hesap lütfen!
Bezahlung *f* ⟨-; *o pl*⟩ ödeme; ***nur gegen ~*** ücretlidir; F bedava değil
bezähmen ⟨*o* -ge-, *h*⟩ **1.** *v/t Neugier* yenmek; **2.** *v/r*: ***sich ~*** kendine hakim olmak
bezeichn|en *v/t* ⟨*o* -ge-, *h*⟩ (*beschreiben*) tarif etmek; (*angeben*) belirtmek; (*benennen*) adlandırmak; nitelemek; ***j-n als Lügner ~*** b-ni yalancı olarak nitelemek, b-ne yalancı demek; **~end** *adj* (***für*** için) tipik; **~enderweise** *adv* anlamlı olarak
Bezeichnung *f* ⟨-; *o pl*⟩ (*Markierung*) işaretleme; (*Angabe*) niteleme, sıfat; (*Name*) ad, isim; (*Benennung*) adlandırma; (*Zeichen*) işaret
bezeugen *v/t* ⟨*o* -ge-, *h*⟩ JUR şahitlik/tanıklık etmek; *fig* onaylamak
bezichtigen *v/t* ⟨*o* -ge-, *h*⟩ suçlamak
beziehbar girilebilir, oturulabilir (*ev vs*)
beziehen ⟨*unreg, o* -ge-, *h*⟩ **1.** *v/t Bett -e* temiz çarşaf geçirmek; *Wohnung -e* taşınmak, girmek; ***Posten ~*** yerini almak, yerine kurulmak; *Gehalt* almak; *Zeitung* (abone olarak) düzenli almak; *Waren, Informationen* almak; ***etw ~ auf*** (*A*) bş-le bş arasında bağlantı kurmak; ***etw auf sich ~*** bş-e/bş-den alınmak; **2.** *v/r*: ***sich ~*** *Himmel* bulutlanmak; ***sich auf j-n ~*** b-nin adını vermek; b-ne gönderme yapmak; b-ne atıfta bulunmak
Beziehung *f* ⟨-; -en⟩ (***zu*** *-le*) ilişki; bağlantı; *sexuelle* (cinsel) ilişki; ***e-e feste ~ haben*** b-nin sürekli (*evliliğe benzer*) ilişkisi olmak; ***freundschaftliche ~*** dostça ilişki; ***diplomatische ~en*** *pl* diplomatik ilişkiler; ***gute ~en haben*** *-in* torpili/dayısı olmak/var; ***seine ~en spielen lassen*** torpil işletmek; (*inneres Verhältnis*) ***sie hat keine ~ zum Sport*** onun sporla hiç alışverişi yok; (*Zusammenhang*) ***in keiner ~ stehen zu*** ile hiç(bir) bağıntısı olmamak/yok; ***in dieser*** (***jeder***) ***~*** bu (her) bakımdan; ***in gewisser ~*** belli bir oranda; ***in mancher ~*** bazı bakımlardan
Beziehungskiste *f* F *fig, abw* ilişki
beziehungsweise *konj* veya, daha doğrusu; (*oder vielmehr*) veya daha çok; (*respektive*) veya duruma göre; ***mit dem Auto ~ mit der Bahn*** arabayla veya trenle
beziffern ⟨*o* -ge-, *h*⟩ *v/t* (*nummerieren*) numarala(ndır)mak; *Umsatz, Schaden* (***auf*** *A* … olarak) tahmin etmek
Bezirk *m* ⟨-s; -e⟩ bölge; (*Regierungs≈*) il; (*Stadt≈*) semt; (*Gemeinde≈*) bucak
Bezug[1] *m* ⟨-s; ⸚e⟩ kaplama; (*Kissen≈, Kopfkissen≈*) kılıf
Bezug[2]: *pl* **Bezüge** (*Gehalt*) maaş, gelir
Bezug[3] *m* ⟨-s; *o pl*⟩ *Waren* ***bei ~ von …*** *-in* alınması halinde; ***mit ~ auf*** (*A*) *-e* atıfla; ***in ~ auf*** (*A*) *-e* dair; ile ilgili olarak; ***~ nehmen auf*** (*A*) *-e* dayanmak; *-e* gönderme yapmak; **~squelle** *f* ⟨-; -n⟩ *G -in* satın alındığı yer
bezüglich **1.** *adj* (*G*) … hakkında, *-e* dair; ***das darauf ~e Schreiben*** (bu konuyla) ilgili yazı; **2.** *präp* (*G*) ***~ Ihres***

Schreibens vom … … tarihli yazınızla ilgili olarak

Bezug|nahme *f*: ***unter ~ auf*** (*A*) *-e* atıfla, ile ilgili olarak; **~sperson** *f* PSYCH *çocuğun/gencin örnek aldığı yetişkin*; **~spunkt** *m* nirengi noktası

bezwecken *v/t* ⟨*o* -ge-, *h*⟩ ***etw ~*** (***mit*** *-le*) bş-i amaçlamak

bezweifeln *v/t* ⟨*o* -ge-, *h*⟩ *-den* kuşku duymak; *-i* kuşkuyla karşılamak

bezwingen ⟨*unreg*, *o* -ge-, *h*⟩ **1.** *v/t* (*unterdrücken*) bastırmak; (*bewältigen*) *-in* üstesinden gelmek; **2.** *v/r*: ***sich ~*** (*sich beherrschen*) kendine hakim olmak

BGB [beːgeːˈbeː] *n Abk für* → ***bürgerliches Gesetzbuch***

BH [beːˈhaː] *Abk für* ***Büstenhalter*** *m* sutyen

Bhf. *Abk für* ***Bahnhof*** *m* istasyon

Bibel *f* ⟨-; -n⟩ İncil

bibelfest *adj* İncil'i iyi bilen

Biber *m* ⟨-s; -⟩ kunduz; *Stoff* pazen

Bibliografie, **Bibliographie** [-ˈfiː] *f* ⟨-; -n⟩ bibliyografya; (*Quellenangabe*) kaynakça

Bibliothek *f* ⟨-; -en⟩ kütüphane

Bibliothekar *m* ⟨-s; -e⟩, **~in** *f* ⟨-; -nen⟩ kütüphaneci

bieder *adj* (*rechtschaffen*) dürüst; (*einfältig, treuherzig*) safdil

biegen ⟨bog, gebogen⟩ **1.** *v/t* ⟨*h*⟩ bükmek; eğmek; kıvırmak; **2.** *v/i* ⟨*sn*⟩: ***nach links*** (***rechts***) ***~*** sola (sağa) sapmak; ***um die Ecke ~*** köşeden dönmek

Biegen *n* ⟨-s; *o pl*⟩: ***auf ~ oder Brechen*** ne pahasına olursa olsun

biegsam *adj* esnek; kıvrılabilir; bükülebilir; **ℒkeit** *f* ⟨-; *o pl*⟩ *körperliche* esneklik

Biegung *f* ⟨-; -en⟩ *Weg, Fluss* dönemeç; kıvrım; *Straße* viraj; ***e-e ~ machen*** kıvrılmak; dirsek yapmak

Biene *f* ⟨-; -n⟩ ZOOL arı; F (*Mädchen*) fıstık, yavru

Bienen|schwarm *m* oğul; **~stich** *m* arı sokması; bademli kek; **~wachs** *n* balmumu; **~zucht** *f* arıcılık

Bier *n* ⟨-s; -e⟩ bira; ***helles ~*** sarı bira; ***dunkles ~*** siyah bira; ***~ vom Fass*** fıçı bira(sı); F *fig* ***das ist nicht mein ~!*** bu beni ırgalamaz!; **~brauerei** *f* bira fabrikası; **~deckel** *m* bira altlığı; **~dose** *f* bira kutusu; **~fass** *n* bira fıçısı; **~flasche** *f* bira şişesi; **~krug** *m* bira maşrapası; **~zelt** *n büyük eğlence çadırı*

Biest *n* ⟨-s; -er⟩ *a* F *fig* hınzır; hayvan, domuz (*yergi anlamında*)

bieten ⟨bot, geboten, *h*⟩ **1.** *v/t Programm, Leistung* sunmak; ***j-m etw ~*** b-ne bş teklif etmek, arzetmek; (*zeigen*) ***j-m Geld für etw ~*** b-ne bş için para teklif etmek; ***das lasse ich mir nicht ~*** bunu kendime söyletmem/yaptırmam; **2.** *v/i* ÖKON *bei Versteigerungen* ***wer bietet mehr?*** arttıran var mı?; **3.** *v/r*: ***sich ~*** ortaya çıkmak (*fırsat*)

Bigamie *f* ⟨-; -n⟩ çifte evlilik

Bikini *m* ⟨-s; -s⟩ bikini

Bilanz *f* ⟨-; -en⟩ ÖKON bilanço; ***negative*** (***positive***) ***~*** (olumsuz) olumlu bilanço; ***die ~ frisieren*** bilanço üzerinde oynamak; (*Aufstellung*) döküm; cetvel; *fig* (*Überblick*) ***~ ziehen*** bilanço çıkarmak, döküm yapmak

bilateral *adj* iki taraflı

Bilanz|jahr *n* bilanço yılı; **~posten** *m* bilanço kalemi

Bild *n* ⟨-s; -er⟩ resim; (*Foto*) fotoğraf; TV görüntü; ***das ~ flimmert*** görüntü karlı; (*Abℒ, Spiegelℒ*) yansıma; görüntü; (*Anblick*) manzara; tablo; ***ein ~ des Jammers*** bir sefalet tablosu; (*Vorstellung, Eindruck*) hayal; ***im ~e sein*** (***über*** *A* … hakkında) bilgisi olmak/var; *sprachlich* imge; imaj; ***auf dem ~*** resimde; ***sich*** (*D*) ***ein ~ machen von*** … hakkında bir fikir edinmek; **~ausfall** *m* TV görüntü kesilmesi; **~band** *m* ⟨-s; ⸚e⟩ fotoğraf kitabı

bilden ⟨*h*⟩ **1.** *v/t* (*formen*) biçimlendirmek; oluşturmak; ***e-n Kreis ~*** çember/daire şeklinde dizilmek; ***e-e Regierung ~*** hükümet kurmak; ***e-n Satz ~*** cümle kurmak; ***sich*** (*D*) ***e-e Meinung ~ über*** (*A*) … hakkında bir kanıya varmak; (*hervorbringen*) ***Blasen ~*** kabarcıklar yapmak; (*darstellen*) ***e-e Ausnahme ~*** istisna oluşturmak; ***e-e Gefahr ~*** tehlike oluşturmak; (*gestalten*) *-e* biçim vermek; *fig* ***den Charakter ~*** *-in* kişiliğini olgunlaştırmak; (*gründen*) ***e-n Verein ~*** dernek kurmak; **2.** *v/i* bilgi ve kültürünü genişletmek; ***Reisen bildet*** gezmek görgüyü arttırır; **3.** *v/r*: ***sich ~*** bilgi edinmek; ufkunu genişletmek

bildend *adj*: ***~e Künste*** plastik sanatlar

Bilderbuch *n* resimli kitap

B

Bildersprache *f* görsel dil
Bildfläche *f* F: ***auf der ~ erscheinen*** çıkagelmek; belirmek; ***von der ~ verschwinden*** ortadan kaybolmak
Bildhauer *m* ⟨-s; -⟩ heykeltraş
bildhübsch *adj* resim/biblo gibi (güzel)
bildlich *adj* görsel, somut; *Ausdruck* imgesel; ***~er Ausdruck*** teşbih; benzetme
Bildnis *n* ⟨-ses; -se⟩ portre
Bild|punkt *m* EDV (*Pixel*) piksel; **~qualität** *f* FOTO, TV görüntü kalitesi; **~redakteur(in** *f*) *m* fotoğraf redaktörü; **~röhre** *f* TV televizyon tüpü
Bildschirm *m* ekran; ***am ~ arbeiten*** bilgisayarda çalışmak; **~arbeit** *f bilgisayar başında çalışma*; **~schoner** *m* ekran koruyucusu; **~text** *m* teletekst
Bild|störung *f* TV görüntü bozukluğu; **~telefon** *n* ekranlı telefon
Bildung *f* ⟨-; *o pl*⟩ eğitim, öğrenim; bilgi ve kültür; ***~ haben*** kültürlü olmak; ***etw für seine ~ tun*** kültürünü arttırmak; ***Mangel an ~*** kültürsüzlük; (*Entstehung*) ***die ~ von Blasen*** kabarcık(ların) oluşması; (*Schaffung*) ***die ~ e-r Regierung*** hükümetin kurulması; ***die ~ neuer Wörter*** LING yeni kelimelerin türetilmesi
Bildungs|grad *m* kültür düzeyi; **~politik** *f* kültür politikası; **℘politisch** *adj* kültür politikasına ilişkin; **~weg** *m*: ***auf dem zweiten ~*** akşam okulu yoluyla (*lise bitirme*)
Bildzuschrift *f auf Zeitungsannoncen* fotoğraflı cevap
Billard ['bıljart] *n* ⟨-s; -e⟩ bilardo; **~kugel** *f* bilardo topu
Billiarde [-lĭ-] *f* ⟨-; -n⟩ bin trilyon (*10^{15}*)
billig 1. *adj a abw* ucuz; ***~er Schmuck*** ucuz/ harcıalem ziynet; *fig Ausrede* sudan; *Trick* ucuz; **2.** *adv*: ***~ abzugeben*** *in Anzeigen* uygun fiyatla; *fig* ***~ davonkommen*** ucuz atlatmak
billigen *v/t* ⟨*h*⟩ doğru/haklı bulmak; onaylamak
Billig|flug *m* ucuz uçuş; **~lohn** *m* düşük ücret; **~ware** *f* ucuz mal
Billigung *f* ⟨-; *o pl*⟩ onay(lama)
Bimsstein *m* ponzataşı, süngertaşı
binär *adj* ikili; iki tabanlı (sayı sistemi)
Binde *f* ⟨-; -n⟩ MED sargı, bandaj; (*Armschlinge*) askı; (*Damen℘*) kadın bağı; **~gewebe** *n* ANAT bağdoku; **~glied** *n* bağlantı (parçası); **~hautentzündung** *f* MED konjunktivit; **~mittel** *n* TECH bağlayıcı; tutkal
binden *v/t* ⟨band, gebunden, *h*⟩ (***an*** *A -e; a fig -i*) *a* CHEM, TECH bağlamak; *Blumenstrauß* yapmak; *Buch* ciltlemek; GASTR *Soßen*, *Suppen* koyulaştırmak; *fig* (*j-n verpflichten*) bağlamak; **2.** *v/i Zement* donmak; sertleşmek; **3.** *v/r*: ***sich ~*** bağlanmak
Bindestrich *m* tire, kısa çizgi; ***mit ~ schreiben*** tireyle yazmak
Bindewort *n* ⟨-s; -wörter⟩ LING bağlaç
Bindfaden *m* sicim; ip
Bindung *f* ⟨-; -en⟩ *fig* (***an*** *A*) bağ; *fig* (*Beziehung*) ***e-e neue ~ eingehen*** yeni bir ilişkiye girmek; (*Verpflichtung*) yükümlülük
binnen *präp* (*D od G*) ***~ drei Tagen*** (***e-s Jahres***) üç gün (bir yıl) içinde; ***~ kurzem*** kısa zamanda
Binnen|gewässer *n* iç sular; **~hafen** *m* iç liman; **~handel** *m* iç ticaret; **~land** *n açık denize kıyısı olmayan ülke*; **~markt** *m* iç pazar; *EU* tek pazar; **~meer** *n* iç deniz
Bio|chemie ['bi:o-] *f* biyokimya; **~gas** *n* biyogaz; **~genetik** *f* biyogenetik
Biograf|ie [-'fi:] *f* ⟨-; -n⟩ biyografi, hayat hikâyesi; **℘isch** *adj* biyografik
Bioladen *m* F *doğal ürünler dükkanı*
Biologie *f* ⟨-; *o pl*⟩ biyoloji
biologisch 1. *adj* biyolojik; ***~er Anbau*** *doğal yöntemlerle tarım*; **2.** *adv*: ***~ abbaubar*** biyolojik yokedilebilir
Biomasse *f* ⟨-; *o pl*⟩ BIOL biyokütle
Biophysik *f* biyofizik
Biorhythmus *m* biyoritm
Biotop *n* ⟨-s; -e⟩ biyotop
Birke *f* ⟨-; -n⟩ kayın (ağacı)
Birne *f* ⟨-; -n⟩ armut; EL ampul; F (*Kopf*) kafa
bis 1. *präp zeitlich -e* kadar, *-e* dek/değin; ***~ heute*** bugüne dek; ***~ jetzt*** şimdiye dek; ***~ in die Nacht*** gece oluncaya kadar; gece yarısına kadar; ***~ morgen!*** yarın görüşürüz; ***~*** (***spätestens***) ***Freitag*** (en geç) cumaya kadar; ***von Montag ~ Freitag*** pazartesi-cuma (arası); ***~ auf weiteres*** yeni bir …e kadar; bir dahaki sefere kadar; F ***~ dann, ~ bald, ~ morgen!*** sonra/yakında/yarın görüşmek üzere! F ***ich bin ~ 10 Uhr zurück*** saat 10'a kadar dönerim; *räumlich* ***~***

Berlin Berlin'e kadar; *~ **hierher*** buraya kadar; ***von Anfang ~ Ende*** baştan sona (kadar); ***wie weit ist es ~ zum Bahnhof?*** gara daha ne kadar var?; ***~ zum Ende** -in* sonuna kadar; *vor Zahlen* ***5 ~ 10 Tage*** beş on gün, 5 ila 10 gün; ***von 9 ~ 5*** 9'dan 5'e kadar; ***~ 5000 Euro*** 5000 euroya kadar; ***Kinder ~ 12 Jahre*** 12 yaşın altındaki çocuklar; ***~ zu 8 Personen*** en çok 8 kişi; ***auf den letzten Teil*** (*einschließlich*) son bölüme varıncaya kadar; ***~ auf*** (*A*) (*außer*) *-in* dışında; hariç; ***alle ~ auf einen*** biri hariç hepsi; **2.** *konj* -inceye kadar; -ene kadar

bisexuell *adj* biseksüel

bisher *adv* şimdiye kadar; ***wie ~*** eskiden olduğu gibi

bisherig 1. *adj* şimdiye kadarki; ***die ~en Ergebnisse*** şimdiye kadarki sonuçlar; **2.** *adv* şimdiye kadar

Biskuit [bɪs'kviːt, 'bɪskvɪt] *m* ⟨-; -s⟩ bisküvi

bislang *adv* şimdiye kadar

Biss *m* ⟨-es; -e⟩ ısırık; ısırma; F (*großer Einsatz*) ***die Mannschaft spielte mit ~*** takım canını dişine takarak oynadı

bisschen 1. *adj*: ***ein ~*** biraz, bir parça; **2.** *adv*: ***ein ~*** biraz; ***ein ~ viel*** birazcık fazla; ***kein ~*** biraz (+ *olumsuzluk*)

Bissen *m* ⟨-s; -⟩ *abgebissenes Stück* lokma; F ***mir blieb der ~ im Hals(e) stecken*** lokmam boğazımda kaldı; F (*kleiner Imbiss*) ***lass uns noch schnell e-n ~ essen, bevor wir aufbrechen*** yola çıkmadan önce çabucak iki lokma yiyelim

bissig *adj Hund* ısırgan; *Bemerkung* keskin, iğneleyici; *Person* atılgan, yaman; ***Vorsicht, ~er Hund!*** dikkat, ısırgan köpek (var)

Bisswunde *f* ısırık

Bit *n* ⟨-(s); -(s)⟩ EDV bit

bitte *adv* lütfen; *Wunsch, Aufforderung* ***~, gib mir die Zeitung*** bana gazeteyi verir misin?; ***~ zahlen!*** hesabı alır mısın(ız)?, hesap lütfen!; ***~ nicht!*** lütfen yapma(yın); ***~ nicht stören!*** lütfen rahatsız etme(yin)!; ***~ (schön)!*** (*keine Ursache*) rica ederim, bir şey değil; *beim Überreichen* buyrun; *im Laden* **(*was darf es sein*) *~?*** buyurun (ne arzu edersiniz)?; **(*wie*) *~?*** efendim?; F ***na ~!*** gördün mü?, demedim mi?, buyur işte!

Bitte *f* ⟨-; -n⟩ rica; ***auf j-s ~*** b-nin ricası üzerine; ***ich habe e-e ~ (an dich)*** senden bir ricam var

bitten *v/t* ⟨bat, gebeten, *h*⟩: ***j-n um etw ~*** b-nden bşi rica etmek; ***j-n um e-n Gefallen ~*** b-nden bir ricada bulunmak; ***j-n um Erlaubnis ~*** b-nden izin istemek; ***j-n ~ etw zu tun*** b-nden bş-i yapmasını rica etmek; ***j-n zu sich*** (*D*) ***~*** b-ni (ricayla) yanına çağırmak; ***j-n zu Tisch ~*** b-ni sofraya buyur etmek; ***ich muss doch sehr ~!*** *entrüstet* çok rica ederim!

bitter 1. *adj* acı *a fig*; *Kälte* şiddetli, sert; ***das ist ~!*** bu kolay yutulur lokma değil!; ***e-e ~e Enttäuschung*** acı bir hayal kırıklığı; ***~e Not leiden*** zaruret içinde olmak; ***es ist mein ~er Ernst*** ben (bu konuda) gayet ciddiyim; **2.** *adv*: (*sehr*) ***etw ~ bereuen*** fena halde pişman olmak; ***etw ~ nötig haben*** bş-e fena halde ihtiyacı olmak

bitter|böse *adj* zehir zemberek; **~ernst** *adj* gayet ciddî; **~kalt** *adj* soğuk mu soğuk

Bitt|gesuch *n*, **~schrift** *f* dilekçe; **~steller** *m* ⟨-s; -⟩, **~in** *f* ⟨-; -nen⟩ dilek(çe) sahibi

bizarr *adj* garip, acayip

Blackout ['blɛk|aʊt] *n*, *m* ⟨-s, -s⟩ *anlık bilinç kararması*; ***da hatte ich ein(en) ~*** F *o anda bende film koptu*

blähen ['blɛːən] ⟨*h*⟩ *v/i* MED gaz yapmak; *v/r*: ***sich ~*** *Segel usw* kabarmak, şişmek

Blähungen ['blɛːʊŋ-] *pl* MED gaz *sg*

blam|abel *adj* utandırıcı, mahcup edici; rezil(ane); **&age** [bla'maːʒə] *f* ⟨-; -n⟩ ayıp; rezalet; **~ieren** ⟨*o* -ge-, *h*⟩ **1.** *v/t* rezil etmek; **2.** *v/r*: ***sich ~*** rezil olmak

blank *adj* (*~ geputzt*) tertemiz (silinmiş); (*bloß, unbedeckt*) *Haut* çıplak; ***~er Unsinn*** düpedüz saçmalık; F ***(völlig) ~ sein*** (*pleite sein*) *-in* cebinde beş parası olmamak/yok

Blankoscheck *m* açık çek; **~vollmacht** *f* sonsuz vekalet

Blase *f* ⟨-; -n⟩ (*Luft&*) kabarcık; ANAT mesane; idrar torbası; (*Haut&*) su toplanması, kabarcık; *Farbe usw* ***~n werfen, ~n ziehen*** kabarmak; kabarcık yapmak

blasen *v/t u v/i* ⟨bläst, blies, geblasen, *h*⟩ üflemek; üfürmek; *Glas* üflemek; *Ins-*

trument çalmak; *fig* ***Trübsal ~*** *-in* keyfi/morali bozuk olmak; *fig* ***j-m den Marsch ~*** b-ne haddini bildirmek

Blasenentzündung *f* MED sistit

Blas|instrument *n* MUS nefesli çalgı; **~kapelle** *f* bando; mızıka

Blasphemie [-f-] *f* ⟨-; -n⟩ REL küfür

blass *adj* solgun, soluk; ***vor Neid ~ sein*** kıskançlıktan kudurmak; *fig* (*farblos, nichts sagend*) renksiz, soluk; (*rein, pur*) ***~er Neid*** safi kıskançlık; ***~ werden*** sararmak; solmak

Blässe *f* ⟨-; *o pl*⟩ solgunluk

Blatt *n* ⟨-s; ¨-er⟩ BOT yaprak; (*Papier*≈) kağıt; ***100 ~ Papier*** 100 yaprak kağıt; (*Zeitung*) gazete; dergi; *fig* ***kein ~ vor den Mund nehmen*** ağzına geleni söylemek; ***das steht auf e-m anderen ~*** *o* ayrı/başka konu/mesele; F *fig* ***ein unbeschriebenes ~*** sütten çıkma ak kaşık; ***vom ~ spielen*** notadan çalmak (*Musikstück*); ***ein gutes ~ haben*** (*Spielkarten*) *-in* eli iyi olmak; F *fig* ***das ~ hat sich gewendet*** iş/durum değişti

Blättchen *n* ⟨-s; -⟩ sigara kağıdı

blättern *v/i* ⟨*h*⟩: ***~ in*** (*D*) *-in* sayfalarını çevirmek; EDV sayfa sayfa bakmak

Blätterteig *m* milföy hamuru

Blattsalat *m yaprağı salata olan bitki*

blau *adj* mavi; F *fig* (körkütük) sarhoş; ***~es Auge*** morarmış göz; ***~er Fleck*** morartı; çürük; F ***~er Brief*** (*Kündigung*) işten çıkarılma yazısı; **~äugig** *adj* mavi gözlü; (*naiv*) safdil

Blau|helm *m* (*UNO-Soldat*) (BM) Barış Gücü askeri; **~kraut** *n südd, österr* kırmızılahana; **~licht** *n*: ***mit ~*** siren çala çala; cankurtaran düdüğüyle

blaumachen *v/i* ⟨-ge-, *h*⟩ F işi kırmak

Blau|pause *f* ozalit (kopya); **~säure** *f* siyanidrik asit

Blazer ['ble:zɐ] *m* ⟨-s; -⟩ blazer

Blech *n* ⟨-s; -e⟩ teneke; madenî levha; **~büchse** *f*, **~dose** *f* teneke kutu

blechen *v/t u v/i* ⟨*h*⟩ F uçlanmak

blechern *adj*; (*aus Blech*) teneke(den); *Klang* madenî; F tın tın

Blech|instrument *n* MUS *pirinçten yapılma nefesli çalgı*; **~schaden** *m* AUTO kaporta hasarı

Blei *n* ⟨s; -e⟩ kurşun; ***aus ~*** kurşun(dan); *fig* (***schwer***) ***wie ~*** kurşun gibi ağır

bleiben *v/i* ⟨blieb, geblieben, *sn*⟩ (*sich aufhalten*) kalmak; ***im Bett ~*** yataktan çıkmamak; ***zu Hause ~*** evde oturmak; TEL ***~ Sie am Apparat!*** hattan ayrılmayın!; ***bei der Wahrheit ~*** doğru(yu) söylemek; ***um bei der Wahrheit zu ~*** eğri oturalım, doğru konuşalım; ***gesund ~*** sağlıklı kalmak, sağlığını korumak; ***für sich ~*** insan içine çıkmamak; ***das bleibt unter uns!*** bu aramızda kalsın!; ***~ Sie*** (***doch***) ***sitzen!*** (ne olur) kalkmayın!; ***ich bleibe dabei, dass*** -diğinde ısrar ediyorum; ***~ lassen*** *-i* (olduğu gibi) bırakmak; (*aufhören mit*) *-i* bırakmak; ***lass das ~!*** bırak!, yapma!

bleibend *adj* kalıcı, devamlı; ***~er Schaden*** kalıcı hasar/ziyan

bleich *adj* (***vor*** *-den*) sapsarı; ***~ werden*** (*-in* yüzü) sararmak

bleichen *v/t* ⟨*h*⟩ *Haare -in* rengini açmak; *Wäsche* ağartmak

blei|frei *adj Benzin* kurşunsuz; **~haltig** *adj* kurşunlu

Bleistift *m* kurşunkalem; **~spitzer** *m* kalemtıraş; kurşunkalem açacağı

Blende *f* ⟨-; -n⟩ (*Sonnen*≈) güneşlik; FOTO parasoley; (*Objektivöffnung*) FOTO diyafram; (***bei***) ***~ 8*** diyafram 8'de

blenden *v/t* ⟨*h*⟩ (göz) kamaştırmak; *-in* gözünü almak; köreltmek; *fig* (*beeindrucken*) *-in* gözlerini kamaştırmak; *fig* (*täuschen*) *-in* gözünü boyamak

blendend *adj* göz kamaştırıcı *a fig*; *Leistung* harika; *Aussehen* şahane; ***~ aussehen*** çok güzel/yakışıklı olmak; ***sich ~ amüsieren*** çok eğlenmek

blendfrei *adj* parlamasız

Blick *m* **1.** ⟨-s; -e⟩ (***auf*** *A -e*) bakış; ***flüchtiger ~*** kaçamak bakış; ***auf den ersten ~*** ilk bakışta; ***mit einem ~*** bir bakışta; ***e-n ~ werfen auf*** *-e* bir göz atmak; **2.** ⟨-s; *o pl*⟩ (*Aussicht*) manzara; ***mit ~ auf*** (*A*) … manzaralı; *-e* bakan; **3.** ⟨-s; *o pl*⟩ (*Urteilsvermögen*) ***e-n ~ für etw haben*** *-den* anlamak

blicken *v/i* ⟨*h*⟩ (***auf*** *A -e*) bakmak, *-e* göz atmak; ***um sich ~*** bakınmak, etrafına bakmak; ***sich*** (***bei j-m***) ***~ lassen*** *-e* (kısaca) uğramak; F ***das lässt tief ~!*** bu her şeyi ortaya koyuyor!

Blick|fang *m b-nin dikkatini çekmesi istenen şey*; **~feld** *n* görüş alanı; **~kontakt** *m* bakışma, göz teması; **~punkt** *m*: *fig* ***im ~ der Öffentlichkeit stehen*** kamuoyunun dikkati *-in* üstüne çevrilmiş olmak; (*Gesichtspunkt*) bakış açısı, nokta-i nazar; **~winkel** *m Optik* görüş açısı; *fig* bakış açısı

blind 1. *adj* kör, âmâ; ***auf e-m Auge ~*** bir gözü kör; *fig* **~ *gegen, für*** *-e* karşı kör; **~ *vor*** *-den* kör; Spiegel: kör; donuk; **~*er Alarm*** yanlış alarm; **~*er Passagier*** kaçak yolcu; **2.** *adv*: ***j-m ~ vertrauen*** b-ne körükörüne güvenmek

Blinddarm *m* ANAT körbarsak; **~entzündung** *f* MED apandisit; **~operation** *f* MED apandisit ameliyatı

Blinde *m, f* ⟨-n; -n⟩ kör, âmâ

Blinden|hund *m kör rehberi köpek*; **~schrift** *f* Braille alfabesi

Blindgänger *m* ⟨-s; -⟩ MIL kör bomba; F *fig* (*Versager*) beceriksiz, başarısız

Blindheit *f* ⟨-; *o pl*⟩ âmalık, *a fig* körlük

blindlings *adv* körlemesine

Blindschleiche *f* babaköş

blinken *v/i* ⟨*h*⟩ (*funkeln*) parıldamak; *Sterne* parlamak; AUTO sinyal vermek

Blinker *m* ⟨-s; -⟩ AUTO sinyal (lambası)

Blinklicht *n* sinyal (ışığı)

blinzeln *v/i* ⟨*h*⟩ göz kırpmak

Blitz *m* ⟨-es; -e⟩ şimşek, yıldırım; FOTO flaş; ***wie vom ~ getroffen*** yıldırım çarpmış gibi; **&en** ⟨*h*⟩ **1.** *v/i* parıldamak (***vor*** *D -den*); ***es blitzt*** şimşek çakıyor; **2.** *v/t*: ***geblitzt werden*** AUTO radar kontrolüne yakalanmak; **~ableiter** *m* paratoner, yıldırımlık; **~aufnahme** *f* FOTO flaşlı çekim; **~besuch** *m* anî ziyaret

blitzblank *adj* F pırıl pırıl

Blitz|gerät *n* flaş; **~licht** *n* FOTO flaş (ışığı); ***mit ~ fotografieren*** flaşla (fotoğraf/resim) çekmek

blitz|sauber *adj* F tertemiz, pırıl pırıl; **~schnell** *adj u adv* şimşek/yıldırım gibi

Blitzschlag *m* yıldırım çarpması

Block *m* **1.** ⟨-s; ¨-e⟩ blok; (*Schreib&*) bloknot; **2.** ⟨-s; -s⟩ (*Häuser&*) blok

Blockade *f* ⟨-; -n⟩ POL, ÖKON abluka; MED blokaj

Blockbuchstabe *m*: ***in ~n*** kitap harfleriyle

Blockflöte *f* blok flüt

blockfrei *adj* POL bloksuz

Blockhaus *n* kütük ev

blockieren ⟨*o* ge-, *h*⟩ **1.** *v/t* bloke etmek; **2.** *v/i* kilitlenmek

Blockschrift *f* kitap harfleri

blöd *adj* aptal, alık; *Sache* saçma, aptalca; F (*dumm, ungeschickt*) ***sich blöde anstellen*** ahmaklık etmek; ***was für e-e blöde Frage*** ne aptalca bir soru; ***es ist zu blöd, dass …*** *-in* -mesi ne büyük terslik

blödeln *v/i* ⟨*h*⟩ saçmasapan konuşmak (*eğlenmek için*)

Blödsinn *m* ⟨-s; *o pl*⟩ F *abw* (*Unsinn*) saçma(lık), zırva; (*Unfug*) eşeklik; **&ig** *adj* F (*unsinnig*) saçma, ahmakça

blond *adj* sarışın; **~ieren** *v/t* ⟨*o* ge-, *h*⟩ sarartmak, oksijenlemek (*saç*)

Blondine *f* ⟨-; -n⟩ *neg!* sarışın (kadın)

bloß 1. *adj*: (*nackt*) ***mit ~en Füßen*** yal(ı)nayak; (*nichts anderes als*) ***~es Gerede*** safi gevezelik/dedikodu; **2.** *adv* sadece, yalnızca; ***wenn ich ~ daran denke*** daha aklıma gelirken (ürperiyorum *vs*); *verstärkend* ***was hat sie sich ~ dabei gedacht?*** o ne düşündü de böyle yaptı ki?

Blöße *f* ⟨-; -n⟩ (*Nacktheit*) çıplaklık; *fig* ayıp, kusur; ***sich*** (*D*) ***e-e ~ geben*** ek yerini göstermek, açık vermek

bloßlegen *v/t* ⟨-ge-, *h*⟩ *fig* (*aufdecken*) ortaya koymak, açığa vurmak

bloßstellen *v/t* ⟨-ge-, *h*⟩ (*blamieren*) rezil etmek

Blouson [blu'zõː] *n, m* ⟨-s; -s⟩ mont, bluzon

Bluff [blʊf, blœf] *m* ⟨-s; -s⟩ blöf

bluffen ['blʊf(ə)n, 'blœf(ə)n] *v/i* ⟨*h*⟩ *-e* blöf yapmak

blühen ['blyːən] *v/i* ⟨*h*⟩ *Blume* açmak; *besonders Bäume* çiçek açmak; *fig* gelişmek; ***wer weiß, was uns noch blüht!*** kim bilir, başımıza daha neler gelecek?

blühend ['blyːənt] *adj* BOT çiçek açan; *Geschäft, Handel* iyi giden, F tıkırında, (*sehr lebhaft*) ***e-e ~e Fantasie haben*** *-in* hayali çok geniş olmak

Blume *f* ⟨-; -n⟩ çiçek; *fig* ***j-m etw durch die ~ sagen*** bş-i ima yoluyla söylemek; *Wein* buke; *Bier* köpük

Blumen|kohl *m* karnabahar; **~strauß** *m* buket; **~topf** *m* saksı; **~vase** *f* vazo

Bluse *f* ⟨-; -n⟩ bluz

Blut *n* ⟨-s; *o pl*⟩ kan; ***~ spenden*** kan vermek, kan bağışlamak; ***~ vergießen*** kan dökmek; ***die Musik liegt ihr im ~*** müzik onun iliğine işlemiş

Blut|alkohol *m* kandaki alkol miktarı; **~bad** *n* katliam, kırım; **~bank** *f* ⟨-;

-en⟩ kan bankası; **≈befleckt** *adj*, **≈beschmiert** *adj* kanlı, kan lekeli; **~bild** *n* MED kan formülü/sayımı; **~blase** *f* kan kabarcığı, kan toplanması
Blutdruck *m* tansiyon; ***j-m den ~ messen*** b-nin tansiyonunu ölçmek; ***zu hohen ~ haben*** *-in* tansiyonu yüksek olmak; ***zu niedrigen ~ haben*** *-in* tansiyonu düşük olmak; **≈senkend** *adj* tansiyon düşürücü
Blüte *f* ⟨-; -n⟩ çiçek; F sahte banknot
Blutegel *m* sülük
bluten *v/i* ⟨*h*⟩ kanamak, (***aus*** *-den*) kan gelmek; F *fig* (*viel zahlen*) ***schwer ~ müssen*** epey paradan çıkmak
Blüten|blatt *n* taçyaprağı; **~honig** *m* çiçek balı; **≈weiß** *adj* bembeyaz
Bluter *m* ⟨-s; -⟩ MED hemofil
Blut|erguss *m* ⟨-es; -≈e⟩ kan çürüğü; **~fleck** *m* kan lekesi; **~hochdruck** *m* (yüksek) tansiyon; **~gefäß** *n* kan damarı; **~gerinnsel** *n* ⟨-s; -⟩ kan pıhtısı; **~gruppe** *f* kan grubu; ***welche ~ haben Sie?*** kan grubunuz nedir?
blutig *adj* (*blutbefleckt*) kanlı; kan lekeli; GASTR *Steak* kanlı; *verstärkend* ***ein ~er Anfänger*** acemi çaylak
Blut|konserve *f* kan konservesi; **~körperchen** *n* kan hücresi; ***rotes ~*** alyuvar, eritrosit; ***weißes ~*** akyuvar, lökosit; **~kreislauf** *m* (kan) dolaşım(ı); **~orange** *f* kan portakalı; **~plasma** *n* plazma; **~probe** *f* kan tahlili; JUR alkol muayenesi; *entnommene* kan örneği; ***j-m e-e ~ entnehmen*** b-nden kan (örneği) almak; **~rache** *f* kan davası; **~sauger** *m* vampir (*hayvan*); *fig abw* kan emici; **~spender** *m* kan bağışlayan
blutstillend *adj*: ***~es Mittel*** kanama dindirici (ilaç)
Blutstropfen *m* kan damlası
Blutsturz *m* hemoraji, *-in* ağzından kan gelmesi F
blutsverwandt *adj* (***mit*** *-le*) kan bağıyla akraba; **≈schaft** kan akrabalığı
blutüberströmt *adj* kan(lar) içinde
Blutübertragung *f* kan nakli
Blutung *f* ⟨-; -en⟩ kanama; (*Menstruation*) aybaşı (kanaması)
Blut|vergießen *n* ⟨-s; *o pl*⟩ kan dökme; **~vergiftung** *f* kan zehirlenmesi; **~verlust** *m* kan kaybı; **~wäsche** *f* MED hemodiyaliz; **~wurst** *f kanla yapılan sucuk*; **~zucker** *m* MED kan şekeri; **~zuckerspiegel** *m* MED kandaki şeker miktarı
BLZ [be|ɛl'tsɛt] *Abk für* ***Bankleitzahl*** *f* banka kodu
Bö *f* ⟨-; -en⟩ bora
Bob *m* ⟨-s; -s⟩ bob kızağı
Bock *m* ⟨-s; ≈e⟩ *bazı hayvanların erkeği*; (*Widder*) koç; (*Ziegen≈*) erkeç, teke; F *fig* ***sturer ~*** dikkafalı; F SPORT eşek
bockig *adj* inatçı
Bockshorn *n* F: ***sich nicht ins ~ jagen lassen*** korkuya/telaşa kapılmamak
Boden *m* **1.** ⟨-s; ≈⟩ yer, zemin; toprak; ***auf fruchtbaren ~ fallen*** elverişli bir ortam bulmak; (*Erde*, *Erdreich*) ***etw aus dem ~ stampfen*** (kısa zamanda) yoktan var etmek; (*Besitz*) ***eigenen Grund und ~ haben*** ev bark sahibi olmak; (*Erd≈*, *Fuß≈*) taban; döşeme; ***am ~, auf dem ~*** yerde; F *fig* ***er war*** (***völlig***) ***am ~ zerstört*** *o* (tamamen) mahvolmuş bir haldeydi; F *fig* ***festen ~ unter den Füßen haben*** işini düzene koymuş olmak; (*Gefäß≈*, *Meeres≈*) dip; (*Dach≈*) tavan arası; (*Torten≈*) (hazır) tart hamuru; **2.** ⟨-s; -⟩ POL (*Gebiet*) toprak(lar); (*Grundlage*, *Basis*) temel; ***auf dem ~ der Demokratie*** demokrasi temelinde
Boden|belastung *f* ÖKOL toprak kirlenmesi; **~frost** *m* don (*toprak yüzeyinde*); **~haftung** *f* AUTO yol tutma
bodenlos *adj* (*ohne Boden*, *tief*) dipsiz; dibi görülmeyen; F (*unerhört*) duyulmadık
Boden|personal *n* LUFTF yer personeli; **~reform** *f* toprak reformu; **~schätze** *pl* yeraltı zenginlikleri
bodenständig *adj Brauchtum*, *Bevölkerung* yerli; *bir yerin özbeöz yerlisi*; *Handwerk*, *Industrie* yerli, tipik, karakteristik
Boden|station *f Raumfahrt* yer üssü; **~streitkräfte** *pl* MIL kara kuvvetleri
Body ['bɔdi] *m* ⟨-s; -s⟩ *Kleidung* body; **~building** [-bıldıŋ] *n* ⟨-(s)⟩ SPORT vücut geliştirme
Bogen *m* ⟨-s; -, Bögen⟩ eğri, dönemeç; ARCH kemer; EL ark; (*Papier≈*) yaprak; *Geige*, SPORT yay; F *fig* ***im hohen ~ hinausfliegen*** *-in* pasaportu eline verilmek; F *fig* ***e-n großen ~ machen um*** *-in* gözüne hiç görünmemek; *fig* ***den ~ überspannen*** fazla ileri gitmek

Bohne *f* ⟨-; -n⟩ fasulye; ***grüne ~n*** *pl* taze fasulye *sg*; ***weiße ~n*** *pl* kuru fasulye *sg*; F ***nicht die ~!*** nah şu kadar bile değil!

Bohnen|kaffee *m* çekirdek kahve; **~kraut** *n* kekik; **~stange** *f* fasulye sırığı; F *fig Person* sırık gibi (kimse); **~stroh** *n* F: ***dumm wie ~*** alık, ahmak

bohren ⟨*h*⟩ **1.** *v/t*: ***ein Loch ~*** *-i* delmek, (***in*** *A -e*) delik açmak; *Zahnarzt* oymak; **2.** *v/i* (***nach***) *-i* sondajla aramak

bohrend *adj fig Schmerz, Blick* keskin; *Frage*: ısrarlı; *Zweifel* iç burkucu

Bohr|er *m* ⟨-s; -⟩ TECH matkap (ucu); **~insel** *f* sondaj adası; **~loch** *n* matkapla açılmış delik, sondaj kuyusu; **~maschine** *f* matkap; **~turm** *m* sondaj kulesi; **~ung** *f* ⟨-; -en⟩ (*Bohren*) delme; sondaj; (*Bohrstelle*) delik, sondaj kuyusu

Boje *f* ⟨-; -n⟩ şamandıra

Boiler ['bɔylɐ] *m* ⟨-s; -⟩ termosifon

Boje ['bo:jə] ⟨-; -n⟩ şamandıra

Bolzen *m* ⟨-s; -⟩ TECH cıvata

bombardieren *v/t* ⟨*o* ge-, *h*⟩ bombalamak; *fig* ***j-n mit Fragen ~*** b-ni soru yağmuruna tutmak

bombastisch *adj* tumturaklı, şatafatlı

Bombe *f* ⟨-; -n⟩ bomba

Bomben|alarm *m* bomba alarmı; **~anschlag** *m* (***auf*** *A -e*) bombalı saldırı; **~drohung** *f* bomba tehdidi; **~erfolg** *m* F bomba gibi başarı; **~geschäft** *n* F kıyak iş

bombensicher *adj*: ***ein ~er Keller*** bombardımana dayanıklı bodrum; *fig*: ***e-e ~er Plan*** kusursuz bir plan

Bombenstimmung *f* F: ***es herrschte e-e ~*** çok neşeli bir hava vardı

Bombenterror *m* bombalı terör

Bomber *m* ⟨-s; -⟩ (*~flugzeug*) bombardıman uçağı; SPORT golcü

Bon [bɔŋ, bõ:] *m* ⟨-s; -s⟩ kupon; (*Quittung*) makbuz; (*Kassen*2) kasa fişi

Bonbon [bɔŋ'bɔŋ; bõ'bõ:; 'bɔŋbɔŋ] *m, n* ⟨-s; -s⟩ şeker(leme)

Bonmot [bõ'mo:] *n* ⟨-s; -s⟩ nükte

Bonus *m* ⟨-, -ses; , -, -se, -ni⟩ prim; ikramiye

Bonze *m* ⟨-n; -n⟩ *abw* ilerigelenler *pl*

Boom [bu:m] ⟨-s; -s⟩ furya, patlama

boomen ['bu:mən] *v/i* ⟨*h*⟩ *-in* furyası olmak/var; patlama geçirmek/yaşamak

Boot *n* ⟨-s; -e⟩ tekne, kayık, sandal; ***~ fahren*** tekneyle gitmek; F *fig* ***wir sitzen alle im gleichen ~*** hepimiz aynı zor durumdayız

booten ['bu:tn] *v/i* ⟨*h*⟩ EDV boot etmek

Boots|fahrt *f* gemi gezisi; **~verleih** *m* sandal/kayık kiralama (servisi)

Bord[1] *n* ⟨-s; -e⟩ raf

Bord[2] *m* ⟨-s; -e⟩: ***an ~*** gemide; uçakta; ***an ~ gehen*** uçağa binmek; gemiye binmek; ***von ~ gehen*** gemiden inmek; uçaktan inmek

Bord|buch *n* MAR seyir defteri; gemi jurnali; **~computer** *m* taşıt bilgisayarı; **~funk** *m* MAR, LUFTF (gemi/uçak) telsiz(i); **~karte** *f* LUFTF biniş kartı

Bordstein *m* (kaldırım) kenar taşı

borgen *v/t* ⟨*h*⟩: ***sich*** (*D*) ***etw ~*** (***von*** *-den*) bş-i ödünç almak; ***j-m etw ~*** b-ne bş-i ödünç vermek

borniert *adj* bağnaz

Börse *f* ⟨-; -n⟩ borsa; ***an der ~*** borsada

Börsen|bericht *m* borsa bülteni; **~geschäft** *n* borsa işlemi, borsada alım satım; **~krach** *m* F borsa krizi **~kurs** *m* borsa kuru; **~makler(in** *f*) *m* borsacı, borsa simsarı; **~notierung** *f* borsa notasyonu/kaydı

Borte *f* ⟨-; -n⟩ bordür, su

bösartig *adj* kötü huylu, kötü yürekli; MED *Tumor* habis, kötü huylu

Böschung *f* ⟨-; -en⟩ yamaç, iniş, set

böse 1. *adj* kötü; (*unartig*) yaramaz, haylaz; (*gemein*) adi, aşağılık; ***~r Blick*** nazar; ***jenseits von gut und ~ sein*** gerçeklerle ilgisiz (*od* hayata yabancı) olmak; *Überraschung, Verletzung* fena, çirkin; ***e-e ~ Erfahrung machen*** kötü bir tecrübe geçirmek; F (*ärgerlich, wütend*) ***auf j-n ~ sein*** b-ne kızmak, b-ne kızgın olmak; F (*ungezogen, unartig*) ***ein ~s Kind*** yaramaz/arsız bir çocuk; **2.** *adv* fena halde, kötü; ***er meint es nicht ~*** öyle söylüyor ama niyeti kötü değil

bos|haft *adj* huysuz, kötü niyetli; muzip; **2heit** *f* ⟨-; *o pl*⟩ kötülük, fenalık; yaramazlık, muziplik

böswillig *adj* kötü niyetli, art niyetli, JUR *a* kasıtlı

Böse *n* ⟨-n; -n⟩: ***im Guten wie im ~n*** iyi ve kötü günlerde; ***nichts ~s ahnend*** iyi niyetle; aklına kötü bir şey getirmeden

Bösewicht *m* ⟨-s; -e(r)⟩ kötü (kimse)

bosnisch *adj* Boşnak, Bosnalı

Boss *m* ⟨-es; -e⟩ F patron; *e-r Bande* elebaşı, reis

B

Botanik *f* ⟨-; *o pl*⟩ botanik; **~er** *m* ⟨-s; -⟩, **~erin** *f* ⟨-; -nen⟩ botanikçi
botanisch *adj* botanik; ***~er Garten*** botanik bahçesi
Bote *m* ⟨-n; -n⟩ ulak, haberci; kurye
Botschaft *f* ⟨-; -en⟩ mesaj; ileti; POL elçilik; (*~sgebäude*) elçilik (binası); **~er** *m* ⟨-s; -⟩, **~erin** *f* ⟨-; -nen⟩ elçi
Bouillon [bʊl'jɔŋ, bu'jõ:] *f* ⟨-; -s⟩ et suyu, buyyon
Boulevard [bulə'va:r] *m* ⟨-s; -s⟩ bulvar; **~blatt** *n* bulvar gazetesi; **~presse** *f* boyalı basın; **~stück** *n* THEA bulvar piyesi; **~theater** *n* bulvar tiyatrosu; **~zeitung** *f* bulvar gazetesi
Boutique [bu'ti:k] *f* ⟨-; -n⟩ butik
Bowle ['bo:lə] *f* ⟨-; -n⟩ *Getränk* bol
Bowling ['bo:lɪŋ] *n* ⟨-s; -s⟩ bovling
Box *f* ⟨-; -en⟩ (*Pferde*2, *Garagen*2) bölme; *für Rennautos*, (*Lautsprecher*2) boks, baks; (*Behälter*) kutu
Boxen *n* ⟨-s; *o pl*⟩ boks (sporu)
Boxer *m* ⟨-s; -⟩ boksör; *Hunderasse* bokser; **~shorts** *pl* bokser şort *sg*
Box|kampf *m* boks maçı; **~ring** *m* ring
Brachland *n* işlenmeyen arazi; nadasa bırakılmış arazi
brachliegen *v/i* ⟨*unreg*, -ge-, *h*⟩ *Feld* işlenmemek; *fig Talent* heder olmak
Boykott [bɔʏ'kɔt] *m* ⟨-s; -s, -e⟩ boykot; **2ieren** *v/t* ⟨*o* ge-, *h*⟩ boykot etmek
Branche ['brã:ʃə] *f* ⟨-; -n⟩ işkolu, sektör; F (*Fachgebiet*) bilimdalı, F branş
Branchen|verzeichnis *n* meslekler rehberi; **2üblich** *adj* işkolunda alışılagelmiş
Brand *m* ⟨-s; ⸗e⟩ yangın; ***in ~ geraten*** alev almak; ***in ~ stecken*** ateşe vermek; kundaklamak; **~blase** *f* yanık kabarcığı; **~bombe** *f* yangın bombası; **~stifter** *m* ⟨-s; -⟩ kundakçı; **~stiftung** *f* kundaklama; **~wunde** *f* yanık; *durch Verbrühen* haşlanma
brandaktuell *adj* gayet güncel
Brand|anschlag *m* (***auf*** *A -i*) kundaklama; kundakçılık; **~katastrophe** *f* yangın felaketi
brandneu *adj* yepyeni, F gıcır gıcır
Brandung *f* ⟨-; *o pl*⟩ *dalgaların kırılması*
Brandy ['brɛndi] *m* kanyak, brendi
Brand|ursache *f* yangın sebebi; **~wunde** *f* yanık (yarası); **~zeichen** *n* dağ (*damga*)
Branntwein *m* kanyak, brendi
Brasilian|er *m* ⟨-s; -⟩, **~erin** *f* ⟨-; -nen⟩ Brezilyalı; **2isch** *adj* Brezilya(lı) *subst*
Brasilien *n* Brezilya
braten *v/t* ⟨brät, briet, gebraten, *h*⟩ kızartmak; *auf dem Rost* ızgara yapmak, *in der Pfanne* yağda kızartmak; *am Spieß* şişte kızartmak; F ***in der Sonne ~*** *güneş banyosunda kavrulmak*
Braten *m* ⟨s; -⟩ kızartma; ***kalter ~*** söğüş (kızartma); F *fig* ***den ~ riechen*** *-in* kokusunu almak; **~fett** *n kızartılan etten çıkan yağ*; **~saft** *m kızartılan etten çıkan su*; **~soße** *f* kızartma sosu
bratfertig *adj* kızartılmaya hazır
Brat|fett *n* kızartmalık (katı) yağ; **~fisch** *m gebratener* kızar(tıl)mış balık; *zum Braten* kızartmalık piliç; **~kartoffeln** *pl soğanla kızartılmış patates sg*; **~pfanne** *f* tava; **~röhre** *f* fırın
Bratsche *f* ⟨-; -n⟩ MUS viyola
Bratwurst *f* ızgara(da) sosis
Brauch *m* ⟨-s; ⸗e⟩ (*Sitte*) gelenek; (*Gewohnheit*) âdet, uygulama
brauchbar *adj* işe yarar, faydalı
brauchen ⟨*h*⟩ **1.** *v/t* ⟨brauchte, gebraucht⟩ (*nötig haben*) (*-e*) gerekmek, lazım olmak; *-in -e* ihtiyacı olmak; (*erfordern*) gerekli olmak; *Zeit* almak; (ge~) kullanmak; ***wie lange wird er*** (***noch***) ***~?*** *-in* işi (daha) ne kadar sürecek?; **2.** *mit inf und „zu"* ⟨brauchte, brauchen⟩ ***du brauchst es nur zu sagen*** sadece söylemen yeter; ***ihr braucht es nicht zu tun*** yapmanız gerekmiyor (*od* lazım değil); ***er hätte nicht zu kommen ~*** gelmesine gerek yoktu
Brauchtum *n* ⟨-s; *o pl*⟩ gelenek
Braue *f* ⟨-; -n⟩ kaş
brauen *v/t* ⟨*h*⟩ *Bier* yapmak
Brauerei *f* ⟨-; -en⟩ bira imalathanesi/fabrikası
braun *adj* kahverengi; (*sonnen~*) güneş yanığı; ***~ gebrannt*** güneşte yanmış; ***~ werden*** *von der Sonne* güneşte yanmak
Braunbär *m* bozayı
bräunen ⟨*h*⟩ **1.** *v/t* yakmak, esmerleştirmek; **2.** *v/i u v/r*: ***sich ~*** güneşte yanmak
Braunkohle *f* linyit (kömürü)
bräunlich *adj* kahverengimsi, esmer
Bräunungscreme *f* bronzlaştırıcı krem
Brause *f* ⟨-; -n⟩ gazoz; (*Dusche*) duş

brausen *v/i* ⟨*h*⟩ *Wind, Wellen* kükremek; *Meer, Brandung* köpürmek; ***~der Beifall*** coşkun/şiddetli alkış

Brausetablette *f* efervesan tablet, suda köpüren tablet

Braut *f* ⟨-; ⸚e⟩ gelin; (*Verlobte*) nişanlı; F (*Mädchen*) dalga, manita

Bräutigam *m* ⟨-s; -e⟩ damat; (*Verlobter*) nişanlı (erkek)

Braut|jungfer *f* nedime (*geline eşlik eden*); **~kleid** *n* gelinlik; **~paar** *n* gelinle damat; *Verlobte* nişanlılar *pl*; **~preis** *m* başlık (parası)

brav [-f] *adj* (*artig*) uslu; (*ehrlich*) dürüst; ***sei(d) ~!*** uslu dur(un)!; ***er ist ein ~er Mann*** o dürüst bir adam; *abw* (*hausbacken*) ***ein ~es Mädchen*** silik/sıkıcı bir kız

bravo [-v-] *int* bravo, aferin

Bravour [bra'vuːr] *f* ⟨-; *o pl*⟩: ***mit ~*** ustaca, ustalıkla, cesaretle

bravourös [bravu'røːs] *adj* ustalık isteyen

Bravourstück *n* MUS ustalık isteyen parça; (*Glanzstück*) şaheser

BRD [beː|ɛr'deː] *Abk für* ***Bundesrepublik Deutschland*** *f* Almanya Federal Cumhuriyeti

Brechdurchfall *m* MED kolerin

Brecheisen *n* küskü, levye

brechen ⟨bricht, brach, gebrochen⟩ **1.** *v/t* ⟨*h*⟩ kırmak; ***sich*** (*D*) ***den Arm ~*** (kendi) kolunu kırmak; *j-s Widerstand, Willen* kırmak; SPORT *Rekord* kırmak; PHYS *Strahlen* kırmak; **2.** *v/i* ⟨*sn*⟩ kırılmak; ⟨*h*⟩ (*er~*) kusmak; *fig* ***mit j-m ~*** b-yle ilişkiyi kesmek

Brechmittel *n* MED kusturucu; F ***er ist das reinste ~*** iğrenç herifin teki(dir)

Brechreiz *m* MED mide bulantısı

Brechstange *f* küskü, levye

Brechung *f* ⟨-; -en⟩ PHYS kırılma

Brei *m* ⟨-s; -e⟩ lapa; *aus Kartoffeln, Erbsen* püre; *fig* ***um den (heißen) ~ herumreden*** *hassas konuya girmeden konuşmak*

breit *adj* enli; *bei Maßangaben* ***drei Meter ~*** eni/genişliği üç metre; *von größerer Ausdehnung* geniş; ***e-e ~e Straße*** geniş bir sokak; ***sich ~ machen*** *Angst -e* yayılmak; *-i* kaplamak; *Person* F ***sich ~ machen*** postu sermek; F (*reichhaltig*) ***ein ~ gefächertes Angebot*** geniş kapsamlı bir arz; ***lang und ~*** uzun uzadıya; ***eine ~e Öffentlichkeit*** geniş bir kamuoyu

breitbeinig *adv*: ***~ dastehen*** apul apul durmak

Breite *f* ⟨-; -n⟩ en; genişlik; ASTR, GEOGR enlem

breiten *v/t* ⟨*h*⟩: ***~ über*** (*A*) *-e* yaymak

Breiten|grad *m* enlem derecesi; **~kreis** *m* enlem dairesi; **~sport** *m* kitle sporu

breitschlagen *v/t* ⟨-ge-, *h*⟩ F: ***j-n zu etw ~*** b-nin ağzından girip burnundan çıkmak (*ve ikna etmek*); ***sich zu etw ~ lassen*** (bol sözle) bş-e ikna olmak

breitschult(e)rig *adj* geniş omuzlu

Breitseite *f* *e-s Tisches usw* uzun kenar; *fig -in* zayıf tarafı

breittreten *v/t* ⟨*unreg*, -ge-, *h*⟩ (gereksiz) ayrıntıya girmek; (konuyu) fazla uzatmak; F ***etw überall ~*** bş-i elâleme yaymak

Bremsbelag *m* AUTO fren balatası

Bremse[1] *f* ⟨-; -n⟩ TECH fren

Bremse[2] *f* ⟨-; -n⟩ ZOOL atsineği

bremsen ⟨*h*⟩ **1.** *v/t* frenlemek, durdurmak; *fig* (*verlangsamen, beschränken*) *Entwicklung, Produktion* frenlemek; dizginlemek; F (*zurückhalten*) ***j-n ~*** b-ni frenlemek; **2.** *v/i* fren yapmak

Brems|flüssigkeit *f* AUTO fren yağı; **~kraftverstärker** *m* AUTO servo fren; **~leuchte** *f*, **~licht** *n* AUTO stop/fren lambası; **~pedal** *n* fren (pedalı); **~scheibe** *f* AUTO fren diski; **~spur** *f* fren izi; **~trommel** *f* fren kampanası; **~ung** *f* ⟨-; -en⟩ fren(leme); **~vorrichtung** *f* fren (düzeni); **~weg** *m* fren mesafesi

brennbar *adj* yanabilir; tutuşur, alev alır

brennen ⟨brannte, gebrannt, *h*⟩ **1.** *v/i* yanmak; ***es brennt!*** yangın var!; F *fig* ***wo brennts denn?*** mesele nedir?; *fig* *Sonne* yakmak; *Gewürze, Rauch* yakmak; BOT *Nessel* dalamak; *Augen, Haut, Wunde* yanmak; *fig* ***vor Ungeduld ~*** sabırsızlıktan çatlamak; ***darauf ~, etw zu tun*** bş yapmak için yanıp tutuşmak; **2.** *v/t* *Licht, Lampe* yakmak; *Ton, Ziegel, Porzellan* pişirmek; *Kalk* söndürmek; *Schnaps* yapmak, imbikten çekmek

brennend *adj* *Kerze, Lampe, Zigarette* yanan, yanmakta olan; *fig* *Durst, Schmerz* yakıcı; (*sehr wichtig*) çok önemli, sıcak; ***~e Frage*** acil sorun; F *fig* (*sehr*) ***sich ~ für etw interessieren***

bş-i çok merak etmek

Brenner *m* ⟨-s; -⟩ TECH (*Schweiß*ℒ) oksijenli kesici; *Herd* bek; (*Gas*ℒ, *Öl*ℒ) brülör; (*Schnaps*ℒ) *rakı yapan kimse*

Brenn|holz *n* yakacak odun; **~material** *n* yakacak; **~nessel** *f* BOT ısırgan (otu); **~ofen** *m* fırın (*kireç, çömlek vs için*); **~punkt** *m* odak (noktası); ***im ~ des Interesses stehen*** ilgi merkezi olmak; **~spiegel** *m* içbükey ayna; **~stoff** *m* yakıt; **~weite** *f* odak uzaklığı

brenzlig *adj* kritik, tehlikeli

Brett *n* ⟨-s; -er⟩ tahta; ***schwarzes ~*** ilan tahtası; F *fig* ***ein ~ vor dem Kopf haben*** kavrayamamak; (*Regal*ℒ) raf; (*Dame*ℒ, *Schach*ℒ) tabla; SPORT tramplen; **~er** *pl* (*Skier*) kayaklar *pl*; **~er** *pl* (*Bühne*) sahne *sg*; **~spiel** *n dama, satranç gibi oyun*

Brezel *f* ⟨-; -n⟩ *Art* simit

Brief *m* ⟨-s; -e⟩ mektup; **~bogen** *m* ⟨-s; -⟩ mektup kağıdı; **~freund(in** *f*) *m* mektup arkadaşı; **~geheimnis** *n* haberleşmenin gizliliği; **~kasten** *m* mektup kutusu; *für Beschwerden* şikâyet kutusu; *in der Zeitung* okur mektupları (sütunu); **~kastenfirma** *f* paravan firma; **~kopf** *m* antet; ℒ**lich** *adj* (*adv*) mektup (ile); **~marke** *f* posta pulu

Brief|markensammlung *f* pul koleksiyonu; **~öffner** *m* mektup açacağı; **~papier** *n* mektup kağıdı; **~tasche** *f* cüzdan; **~träger(in** *f*) *m* posta dağıtıcısı; F postacı; **~umschlag** *m* mektup zarfı; **~waage** *f* mektup terazisi; **~wahl** *f* mektupla seçim; **~wechsel** *m* mektuplaşma, yazışma

brillant [-l'jant] *adj* parlak, mükemmel

Brillant [-l'jant] *m* ⟨-en; -en⟩ pırlanta

Brille *f* ⟨-; -n⟩ gözlük; (Schutzℒ) koruma gözlüğü

Brillen|etui *n* gözlük kılıfı/kutusu; **~fassung** *f*, **~gestell** *n* gözlük çerçevesi; **~träger(in** *f*) *m* gözlüklü (kişi); ***~ sein*** gözlük kullanmak

bringen *v/t* ⟨brachte, gebracht, *h*⟩ getirmek; (*fort~, hin~*) götürmek; *Gewinn usw* getirmek; (*darbieten*) *Theaterstück* sahnelemek; sergilemek, ortaya koymak; *Zeitungsartikel*, *Nachricht* yayınlamak; ***Opfer ~*** fedakârlıkta bulunmak; ***nach Hause ~*** eve getirmek; ***das bringt Ärger*** bu dert çıkaracak; (*schaffen, erreichen*) ***es weit ~*** (hayatta) başarı kazanmak; ***es bis zum Major usw ~*** binbaşılığa *vs* kadar yükselmek; ***das bringts*** (***auch***) ***nicht!*** bunun (da) bir faydası olmaz/yok!; ***etw an sich ~*** bş-i ele geçirmek; ***j-n auf e-e Idee ~*** b-nin aklına bir fikir getirmek; ***etw mit sich*** (*D*) ***~*** bş-i de beraberinde getirmek; ***j-n um etw ~*** b-ni bş-den etmek; ***j-n dazu ~, etw zu tun*** b-nin bşi yapmasını sağlamak; ***j-n zum Lachen ~*** b-ni güldürmek; ***j-n wieder zu sich ~*** b-ni kendine getirmek

brisant *adj Thema* sıcak, nazik, kritik

Brisanz *f* ⟨-; *o pl*⟩ *Thema* sıcaklık, naziklik

Brise *f* ⟨-; -n⟩ meltem

Brit|e *m* ⟨-n; -n⟩, **~in** *f* ⟨-; -nen⟩ Britanyalı; ℒ**isch** *adj* Britanya(lı)

bröckeln 1. *v/i* ⟨*sn*⟩ (*zerfallen*) ufalanmak; ***das Gestein bröckelt*** kaya ufalanıyor; (*sich ablösen*) ***der Putz bröckelt von der Wand*** duvarın sıvası dökülüyor; **2.** *v/t* ⟨*h*⟩: ***Brot in die Soße ~*** *-in* suyuna ekmek doğramak

Brocken *m* ⟨-s; -⟩ parça; (*Klumpen*) topak; (*Bissen*) lokma; (*Stück*) *fig* ***ein paar ~*** *e-r Sprache* birkaç kelime, bir parça; F ***ein harter ~*** güç bir sorun; çetin ceviz

brodeln *v/i* ⟨*h*⟩ kaynamak; *fig* ***es brodelt unter den Arbeitern*** işçiler (içten içe) kaynıyor

Brokkoli *m* ⟨-s; -s⟩ brokoli

Brombeere *f* böğürtlen

bronchial [brɔn'çia:l-] *adj* bronş *subst*

Bronchi|en ['brɔnçiən] *pl* bronşlar; **~tis** *f* ⟨-; -tiden⟩ bronşit

Bronze ['brõ:sə] *f* ⟨-; -n⟩ bronz; **~medaille** *f* bronz madalya; **~zeit** *f* bronz çağı

Brosche *f* ⟨-; -n⟩ broş; elmaslı iğne

Broschüre *f* ⟨-; -n⟩ broşür

Brot *n* ⟨-s; -e⟩ ekmek; (*~laib*) somun; *fig* (*Lebensunterhalt*) ***sein ~ verdienen*** ekmeğini kazanmak; ***das ist ein hartes*** (*od* ***schweres***) ***~*** ekmek aslanın ağzında; **~aufstrich** *m ekmeğe sürülen her şey*; **~belag** *m ekmek üstüne veya arasına konan her şey*

Brötchen *n* ⟨-s; -⟩ küçük ekmek; **~geber(in** *f*) *m* F *scherzh* velinimet

Brot|kasten *m* ekmek kutusu; **~korb** *m* ekmek sepeti; ℒ**los** *adj* (*kein Geld einbringend*) ***~e Tätigkeit*** para getirmeyen iş; **~messer** *n* ekmek bıçağı; **~neid**

m (*-in* kazancından dolayı) kıskançlık; **~zeit** *f* ⟨-; -en⟩ *südd* (*Pause*) yemek arası/molası; (*Imbiss*) ara öğün, (soğuk) öğle yemeği

BRT *Abk für* ***Bruttoregistertonne*** *f* brüt tonaj

Bruch *m* ⟨-s; ⸚e⟩ (*Knochen*≈) kırık; ***zu ~ gehen*** kırılmak; *ein Auto usw* ***zu ~ fahren*** çarpmak; *fig* (*Eid*≈, *Friedens*≈) bozma; (*Gesetzes*≈) çiğneme; riayetsizlik; ***~ mit der Vergangenheit*** geçmişten kopma; MED (*Unterleibs*≈) fıtık; *e-s Abkommens*: bozma, tanımama

Bruchbude *f* F köhne/salaş (ev)

brüchig *adj* (*zerbrechlich*) kırılgan; (*spröde*) gevrek

Bruchlandung *f* LUFTF düşüp parçalanma

Bruch|rechnen *n*, **~rechnung** *f* MATH kesir hesabı; **~stelle** *f* MED kırık; **~strich** *m* MATH kesir çizgisi; **~stück** *n a fig* fragman, parça, kırıntı

bruchstückhaft *adj u adv* bölük pörçük

Bruchteil *m* küçük parça; ***im ~ e-r Sekunde*** göz açıp kapayıncaya kadar

Bruchzahl *f* MATH kesirli sayı

Brücke *f* ⟨-; -n⟩ köprü; (*Teppich*) yolluk; seccade; *fig* ***alle ~n hinter sich*** (*D*) ***abbrechen*** gemileri yakmak

Brückenpfeiler *m* köprü payandası

Bruder *m* ⟨-s; ⸚⟩ erkek kardeş; *a* REL birader; F ***unter Brüdern*** (*ohne Übervorteilung*) kardeşçe; kardeş kardeş

brüderlich *adj u adv* kardeşçe; **≈keit** *f* ⟨-; *o pl*⟩ kardeşlik

Brudermord *m* kardeş katli

Brühe ['bryːə] *f* ⟨-; -n⟩ F (*verschmutztes Wasser*) kirli su; F *abw* (*dünner Tee usw*) imam efendinin abdest suyu; F (*Schweiß*) ter

brüh|en ['bryːən] *v/t* ⟨*h*⟩ (*auf~*) *Kaffee, Tee* pişirmek, haşlamak; *Tomaten, Gemüse -in* üstünden kaynar su dökmek; **~heiß** *adj* (*sehr heiß*) çok sıcak; **~warm** F **1.** *adj Neuigkeit* taze; **2.** *adv*: ***etw ~ weitererzählen*** bş-i sıcağı sıcağına anlatmak; **≈würfel** *m* çorba tableti

brüllen ⟨*h*⟩ **1.** *v/i* (***vor*** *D -den*) böğürmek; bağırmak; ***vor Schmerzen ~*** acıdan/ağrıdan haykırmak; **2.** *v/r*: ***sich heiser ~*** *-in* bağırmaktan sesi kısılmak

brüllend *adj*: ***~es Gelächter*** kahkaha tufanı

brummen *v/i* ⟨*h*⟩ *Bär* homurdanmak; *fig* (***über*** *A* hakkında) homurdanmak; (*summen*) *Insekt* dızlamak; *Flugzeug, Motor* gürlemek; F *fig* ***mir brummt der Kopf*** kafam uğulduyor

Brummer *m* ⟨-s; -⟩ (*Fliege*) (dızlayan) sinek; F (büyük) kamyon

Brummi *m* ⟨-s; -s⟩ F (büyük) kamyon

brummig *adj* canı sıkkın, somurtkan; homurdanan

Brummschädel *m* F (*Kopfschmerzen*) baş ağrısı; *fig* (*Kater*) akşamdan kalmalık

brünett *adj* kumral

Brunft *f* ⟨-; ⸚e⟩ ZOOL kızgınlık

Brunnen *m* ⟨-s; -⟩ çeşme; (*Quelle*) kaynak; (*Spring*≈) fıskiyeli havuz; **~kresse** *f* BOT suteresi

Brunst *f* ⟨-; ⸚e⟩ ZOOL kızgınlık

brünstig *adj* ZOOL kızgın

brüskieren *v/t* ⟨*o* ge-, *h*⟩ terslemek, *-e* kaba davranmak

Brust *f* ⟨-; ⸚e⟩ göğüs; *weibliche*: göğüsler *pl*; *Schwimmen* ***100 m ~*** 100 m kurbağalama; F ***e-n zur ~ nehmen*** alkol almak; F ***sich*** (*D*) ***j-n zur ~ nehmen*** b-ni bağrına basmak; ***e-m Kind die ~ geben*** bir çocuğu/bebeği emzirmek

Brust|bein *n* ANAT göğüs kemiği; **~beutel** *m boyuna asılan para kesesi*; **~bild** *n* portre; **~drüse** *f* ANAT meme bezi; **~fell** *n* ANAT diyafram; **~fellentzündung** *f* MED zatülcenp, satlıcan; **~kasten** *m*, **~korb** *m* göğüs kafesi; **~krebs** *m* MED göğüs kanseri; **~schwimmen** *n* kurbağalama; **~stück** *n* göğüs (eti); **~tasche** *f* göğüs cebi

brüst|en *v/r* ⟨*h*⟩: ***sich ~*** (***mit*** *-le*) övünmek; **≈ung** *f* ⟨-; -en⟩ *Balkon, Brücke* korkuluk; (*Fenster*≈) parmaklık

Brustwarze *f* ANAT meme başı

Brut *f* ⟨-; -en⟩ (*Brüten*) kuluçka; *Jungtiere* yavru(lar); F *abw* (*Gesindel*) … takımı, … güruhu; **~apparat** *m* kuluçka makinası

brutal *adj* vahşî; merhametsiz; **≈ität** *f* ⟨-; -en⟩ vahşîlik; vahşet

brüten ⟨*h*⟩ *v/i Vögel* kuluçkaya yatmak; *fig* (*grübeln*) ***über etw*** (*D*) ***~*** bş üzerine düşünüp durmak

brütend *adj fig*: ***~e Hitze*** bunaltıcı sıcak

Brut|kasten *m* kuvöz; **~reaktor** *m* PHYS sürjeneratör reaktör; **~stätte** *f* üreme yeri; *fig* beşik, yuva

brutto *adv* ÖKON brüt

B

Brutto|einkommen *n* brüt gelir; **~inlandsprodukt (BIP)** *n* gayri safi yurtiçi hasıla (GSYİH)
bsd. *Abk für* ***besonders*** özellikle
BSE [be:|ɛs'e:] *n Abk für* ***Rinderwahnsinn*** F delidana (hastalığı)
Bub *m* ⟨-en; -en⟩ oğlan
Bube *m* ⟨-n; -n⟩ *Kartenspiel* vale
Bubi *m* ⟨-s; -s⟩ F *abw* ufaklık
Buch *n* ⟨-s; ⸚er⟩ kitap; ***reden wie ein ~*** kitap gibi konuşmak; *fig* ***wie er (sie, es) im ~e steht*** tipik, tam (anlamıyla) …; ÖKON ***~ führen über*** *(A) -in* muhasebesini tutmak; *(Dreh*♀*)* senaryo
Buch|besprechung *f* kitap tanıtma (yazısı); **~binder(in** *f***)** *m* ⟨-s; -⟩ ciltçi, mücellit; **~club** *m* kitap kulübü; **~druck** *m* ⟨-s; *o pl*⟩ tipo (baskı); **~druckerei** *f* **1.** ⟨-; -en⟩ matbaa, basımevi; **2.** ⟨-; *o pl*⟩ *Gewerbe* matbaacılık
Buche *f* ⟨-; -n⟩ kayın, akgürgen
buchen ⟨h⟩ **1.** *v/t Flug, Reise, Zimmer* … için rezervasyon yaptırmak; *-in* bilet(ini) almak; *-de* yer ayırtmak; **2.** *v/i*: ***haben Sie gebucht?*** rezervasyon yaptırdınız mı?; ÖKON *(ver~)* kayda geçirmek; *fig* ***etw als Erfolg ~*** bş-i başarı hanesine yazmak
Bücher|bord *n* kitap rafı; **~ei** *f* ⟨-; -en⟩ kitaplık, kütüphane; **~freund(in** *f***)** *m* kitapsever, kitap dostu; **~gutschein** *m* kitap (hediye) çeki; **~narr** *m* kitap delisi **~regal** *n* kitap rafı; kitaplık; **~revision** *f* ÖKON muhasebe denetimi; **~wurm** *m scherzh* kitap kurdu
Buchfink *m* ispinoz (kuşu)
Buch|führung *f* ⟨-; *o pl*⟩ defter tutma; **~halter(in** *f***)** *m* muhasebeci; **~haltung** *f* ⟨-; *o pl*⟩ muhasebe; **~handel** *m* kitapçılık; **~händler(in** *f***)** *m* kitapçı; **~handlung** *f* kitabevi, kitapçı (dükkânı); **~messe** *f* kitap fuarı; **~prüfer(in** *f***)** *m* ÖKON hesap kontrolörü; muhasebe denetçisi; **~prüfung** *f* ÖKON muhasebe denetimi
Buchsbaum *m* BOT şimşir (ağacı)
Buchse ['bʊksə] *f* ⟨-; -n⟩ TECH yuva; EL priz
Büchse ['bʏksə] *f* ⟨-; -n⟩ (teneke) kutu; *(Gewehr)* tüfek, filinta
Buch|stabe *m* ⟨-n; -n⟩ harf; ***großer (kleiner) ~*** büyük (küçük) harf; **♀stabieren** *v/t* ⟨*o* ge-, *h*⟩ harf harf söylemek; kodlamak; **♀stäblich** *adj* harfi harfine; tam anlamıyla
Bucht *f* ⟨-; -en⟩ körfez, *kleine* koy
Buchung *f* ⟨-; -en⟩ kayıt, rezervasyon; *Buchhaltung* tescil
Buchungsbestätigung *f* teyit
Buchweizen *m* BOT karabuğday
Buckel *m* ⟨-s; -⟩ MED kambur; *Katze* ***e-n ~ machen*** kamburunu çıkarmak; F ***rutsch mir den ~ runter*** git işine!; *(kleiner Hügel)* tepecik
bucklig *adj* MED kambur; F engebeli
bücken *v/r* ⟨*h*⟩: ***sich ~*** (öne doğru) eğilmek; bükülmek, kıvrılmak
Bückling *m* ⟨-s; -e⟩ *tütsülenmiş ringa*
buddeln *v/t u v/i* ⟨*h*⟩ F eşelemek
Buddhismus [bʊ'dɪsmʊs] *m* ⟨-; *o pl*⟩ Budizm
Buddhist *m* ⟨-en; -en⟩, **~in** *f* ⟨-; -nen⟩ Budist; **♀isch** *adj* Budist *subst*; Budistçe
Bude *f* ⟨-; -n⟩ *(Verkaufs*♀*)* kulübe, *auf Jahrmarkt usw* baraka, satış yeri/standı; F pansiyon, küçük oda; F ***Leben in die ~ bringen*** *-e* canlılık getirmek
Budget [bʏ'dʒe:] *n* ⟨-s; -s⟩ bütçe; ***etw im ~ vorsehen*** bş-e bütçede yer ayırmak
Büffel *m* ⟨-s; -⟩ manda
büffeln *v/t u v/i* ⟨*h*⟩ F ineklemek
Büfett *n* ⟨-s; -s⟩ büfe; *(Verkaufstheke)* tezgâh; ***kaltes ~*** soğuk büfe
Bug *m* ⟨-s; -e, Büge⟩ LUFTF burun
Bügel *m* ⟨-s; -⟩ TECH yay; *(Metall*♀*)* mandal; *(Kleider*♀*)* askı; *(Brillen*♀*)* sap; **~brett** *n* ütü tahtası; **~eisen** *n* ütü; **~falte** *f* ütü çizgisi; **♀frei** *adj* buruşmaz, ütü istemez; **~maschine** *f* ütü presi
bügeln ⟨*h*⟩ **1.** *v/t (auf~)* ütülemek; **2.** *v/i* ütü yapmak
Buggy ['bagi] *m* ⟨-s; -s⟩ baston araba
bugsieren *v/t* ⟨*o* ge-, *h*⟩ F *fig* itelemek
buh *int* yuh
buhlen *v/i* ⟨*h*⟩ *abw* ***um etw ~*** bş için yalvar yakar olmak
buhen *v/i* ⟨*h*⟩ yuhalamak
Buhmann *m* ⟨-s; -männer⟩ öcü
Bühne *f* ⟨-; -n⟩ sahne; F *fig* ***etw über die ~ bringen*** *(erfolgreich durchführen)* bş-i yoluna koymak; işi bitirmek; F *fig* ***glatt über die ~ gehen*** *(verlaufen)* yolunda gitmek; ***von der politischen usw ~ abtreten*** siyaset sahnesinden *vs* çekilmek; *(Theater)* ***zur ~ gehen*** tiyatroculuğu seçmek; TECH *(Plattform)*

platform

Bühnen|anweisung *f* reji talimatı; **~beleuchtung** *f* sahne ışıklandırması; **~bild** *n* sahne dekoru; **~fassung** *f* sahne düzenlemesi; **~rechte** *pl* sahneleme hakları; **2reif** *adj* gösteriye hazır; **~stück** *n* oyun, piyes; **2wirksam** *adj* sahnede etkileyici

Buhrufe *pl* yuh(a)lamalar

Bulette *f* ⟨-; -n⟩ GASTR *regional* köfte

Bulgar|e *m* ⟨-n, -n⟩, **~in** *f* ⟨-; -nen⟩ Bulgar; **~ien** *n* Bulgaristan; **2isch** *adj* Bulgar(istan) *subst*; **~isch** *n* Bulgarca

Bullauge *n* MAR lomboz

Bulldogge *f* ZOOL buldog (köpeği)

Bulle *m* ⟨-n; -n⟩ ZOOL boğa; F *abw* çam yarması; F (*Polizist*) aynasız

Bulletin [bʏl'tɛ̃ː] *n* ⟨-s; -s⟩ bülten

bullig *adj Person* iriyarı; F ***~e Hitze*** kavurucu sıcak

bum *int* bum

Bumerang *m* ⟨-s; -e, -s⟩ bumerang

Bummel *m* ⟨-s; -⟩ F gezinti, gezme; ***e-n ~ machen*** gezinti yapmak; **~ei** *f* ⟨-; *o pl*⟩ F *abw* (*Trödeln*) üşengeçlik, tembellik; (*Faulenzen*) aylaklık

bummeln *v/i* ⟨*h*, *sn*⟩ F gezmek; ***~ gehen*** gezintiye çıkmak; ⟨*h*⟩ (*trödeln*) oyalanmak; F *abw* (*faulenzen*) aylaklık etmek, boş gezmek

Bummel|streik *m* işi yavaşlatma grevi; **~zug** *m* F (her yerde duran) posta treni

Bums *m* ⟨-es; -e⟩ F güm

bumsen **1.** *v/i* ⟨*h*⟩ F (*pochen*) ***an die Tür ~*** kapıyı yumruklamak; ⟨*sn*⟩ F (*prallen, stoßen*) ***mit dem Kopf an den Schrank ~*** başını dolaba çarpmak; ⟨*h*⟩ P *sexuell* ***mit j-m ~*** b-le düzüşmek; **2.** *v/unp* ⟨*h*⟩ ***es bumste*** *bei Zusammenstoß* bir çarpma sesi geldi, bir çarpışma oldu

Bund[1] *n* ⟨-s; -e⟩ (*Bündel*) demet, deste; *Radieschen usw* bağ

Bund[2] *m* ⟨-s; ⸚e⟩ *a* POL birlik; federasyon; POL ***der ~*** Federal Devlet (*Almanya*); F ***beim ~*** askerde

Bund[3] *m* ⟨-s; ⸚e⟩ *an Hose, Rock* bel kuşağı

Bündchen *n* ⟨-s; -⟩ *am Ärmel* lastik

Bündel *n* ⟨-s; -⟩ *a fig* demet, tomar

bündel|n *v/t* ⟨*h*⟩ bağlamak, destelemek; **~weise** deste deste, bohça bohça

Bundes... *in Zssgn* (Alman) Federal ...; **~bahn** *f* ... Demiryolları *pl*; **~bank** *f* ... Merkez Bankası; **~behörde** *f* ... makam/daire; **~bürger(in** *f*) *m Federal Almanya vatandaşı*; **2deutsch** *adj* Federal Alman *subst*; **~ebene** *f*: ***auf ~*** federal düzeyde; **~gebiet** *n Almanya toprakları*; **~genosse** *m*, **~genossin** *f* müttefik; **~gerichtshof** *m Almanya'da en üst mahkeme*; **~kabinett** *n* ... hükümet/kabine; **~kanzler(in** *f*) *m* Federal Almanya *od* Avusturya şansölyesi/başbakanı; **~kartellamt** *n* ... Anti-tröst Dairesi; **~kriminalamt** *n* ... Kriminal Dairesi; **~land** *n* (federal) eyalet; ***die neuen Bundesländer*** *Doğu ve Batı Almanya'nın birleşmesiyle Federal Cumhuriyet'e yeni katılan eyaletler*; **~liga** *f* SPORT ... Lig; ***erste*** (***zweite***) ***~*** Birinci (İkinci) Lig; **~minister(in** *f*) *m* (***für***) ... bakanı; **~post** *f* ... Posta (idaresi); **~präsident(in** *f*) *m* Almanya *od* Avusturya cumhurbaşkanı; **~presseamt** *n* ... Basın Dairesi; **~rat** *m* ... Eyaletler Meclisi; **~regierung** *f* ... hükümeti; **~republik** *f* ... cumhuriyet; ***die ~ Deutschland*** Almanya Federal Cumhuriyeti; **~staat** *m* federe devlet; **~straße** *f* devlet yolu; **~tag** *m* ... Parlamentosu; **~tagswahl** *f* genel seçim; **~verfassungsgericht** *n* ... Mahkemesi; **~wehr** *f* ⟨-; *o pl*⟩ ... Silahlı Kuvvetleri

bundesweit *adj* Almanya çapında

bündig *adv*: ***kurz und ~*** kısa ve öz

Bündnis *n* ⟨-ses; -se⟩ pakt, anlaşma, birlik; **2frei** *adj* POL bloksuz; **~grüne** *pl*: ***die ~n*** *Partei* Birlik-Yeşiller (partisi); **~partner** *m* müttefik

Bundweite *f* bel ölçüsü/çevresi

Bungalow ['bʊŋgalo] *m* ⟨-s; -s⟩ bungalov

Bunsenbrenner *m* CHEM bunzen beki

bunt *adj* (*farbig*) renkli; (*mehrfarbig*) çok renkli; (*farbenfroh*) rengârenk, renkli; (*abwechslungsreich*) çeşitli, değişik; ***ein ~es Durcheinander*** karmakarışık bir ...; F ***jetzt wird es mir aber zu ~*** ama burama geldi artık

Buntspecht *m* alaca ağaçkakan

Buntstift *m* boya kalemi

Bürde *f* ⟨-; -n⟩ *a fig* yük

Burg *f* ⟨-; -en⟩ hisar, kale

Bürge *m* ⟨-n; -n⟩ *a* JUR kefil

bürgen *v/i* ⟨*h*⟩: ***für j-n ~*** JUR b-ne kefil olmak; ***für etw ~*** bş-e kefil olmak; bş-i garanti etmek

B

Bürger *m* ⟨-s; -⟩, **~in** *f* ⟨-; -nen⟩ yurttaş, vatandaş; *e-r Stadt od Gemeinde* hemşe(h)ri; **~initiative** *f* vatandaş girişimi; **~krieg** *m* iç savaş

bürgerlich *adj* (*zum Bürgertum gehörend*) burjuva, kentsoylu *subst*; (*staats~*) ***~es Gesetzbuch*** medenî kanun; *abw* (küçük) burjuva *subst*

Bürgerliche *m, f* ⟨-n; -n⟩ burjuva, kentsoylu

Bürger|meister(in *f*) *m* belediye başkanı; **⌒nah** *adj* vatandaşa yakın; **~pflicht** *f* vatandaşlık görevi; **~recht** *n meist pl* vatandaşlık hakkı; **~rechtler(in** *f*) *m* vatandaşlık hakları savunucusu; **~rechtsbewegung** *f* vatandaşlık hakları hareketi; **~steig** *m* (yaya) kaldırım(ı)

Bürgschaft *f* ⟨-; -en⟩ JUR kefalet; ***e-e ~ übernehmen*** *-e* kefil olmak

Burgunder *m* ⟨-s; -⟩ Burgund şarabı

Büro *n* ⟨-s; -s⟩ büro; ofis; yazıhane; **~angestellte** *m, f* büro elemanı; **~arbeit** *f* büro işi; **~bedarf** *m* kırtasiye, büro malzemesi; **~gebäude** *n* büro binası; işhanı; **~kauffrau** *f*, **~kaufmann** *m ticaret uzmanı büro elemanı*; **~klammer** *f* ataş

Bürokra|t *m* ⟨-en; -en⟩ bürokrat; **~tie** *f* ⟨-; -n⟩ bürokrasi; **⌒tisch** *adj* bürokratik, bürokratça; **~tismus** *m* ⟨-; *o pl*⟩ *abw* bürokrasi, kırtasiyecilik

Büro|schluss *m* ⟨-es⟩ büro kapanış saati, paydos; ***nach ~*** paydostan sonra; **~stunden** *pl* yazıhane/büro (çalışma) saatleri; **~tätigkeit** *f* ⟨-; *o pl*⟩ büro işi

Bursche *m* ⟨-n; -n⟩ (*Junge*) delikanlı; F (*Kerl*) herif; F ***ein toller ~*** kıyak delikanlı

burschikos *adj* genç/yeniyetme işi

Bürste *f* ⟨-; -n⟩ fırça

bürsten *v/t* ⟨*h*⟩ fırçalamak; ***sich*** (*D*) ***die Haare ~*** fırçayla taramak

Bus *m* ⟨-ses; -se⟩ otobüs; (*Klein⌒*) minibüs; ***mit dem ~ fahren*** otobüsle gitmek; **~bahnhof** *m* otogar

Busch *m* ⟨-es; ⸚e⟩ çalı; çalılık, fundalık; F *fig* ***bei j-m auf den ~ klopfen*** b-nin nabzına bakmak; ***mit etw hinterm ~ halten*** bş-i gizlemek; ***etw ist im ~!*** bir şeyler dönüyor

Büschel *n* ⟨-s; -⟩ demet, deste; (*Haar⌒*) tutam, perçem

buschig *adj* çalı gibi; pek sık

Busen *m* ⟨-s; -⟩ göğüsler *pl*; koyun, bağır

Bus|fahrer(in *f*) *m* otobüs şoförü; **~fahrt** *f* otobüs yolculuğu/seferi; **~haltestelle** *f* otobüs durağı

Business-Class ['bıznıskla:s] *f* LUFTF business class

Buslinie *f* otobüs hattı; ***die ~ 8*** 8 numaralı otobüs

Bussard *m* ⟨-s; -e⟩ şahin

Buße *f* ⟨-; -n⟩ kefaret; (*Reue*) pişmanlık; (*Geld⌒*) (para) ceza(sı); ***zu e-r ~ von 1000 Euro verurteilt werden*** 1000 öro para cezasına mahkum olmak

büßen *v/t u v/i* ⟨*h*⟩: **~ (*für*)** *-in* cezasını çekmek; ***das sollst du mir ~!*** bunu sana ödeteceğim!

Bußgeld *n* JUR para cezası; **~bescheid** *m* para cezası bildirimi

Buß- und Bettag *m* Kefaret ve Dua Günü

Büste *f* ⟨-; -n⟩ büst; (*Brust*) göğüs

Büstenhalter *m* sutyen

Busverbindung *f* otobüs bağlantısı

Butt *m* ⟨-s; -e⟩ kalkan (balığı)

Büttenrede *f* karnaval nutku

Butter *f* ⟨-; *o pl*⟩ tereyağı; ***etw mit ~ bestreichen*** bş-in üstüne tereyağı sürmek; F *fig* (***es ist***) ***alles in ~*** her şey tıkırında; **~berg** *m AB'de ihtiyacı aşan tereyağı stoku*; **~blume** *f* düğünçiçeği, sunergisi, altıncık, hindiba

Butterbrot *n* (tere)yağlı ekmek; **~papier** *n* yağlı kağıt

Butter|creme *f* pasta kreması; **~dose** *f* tereyağı kabı; **~messer** *n* tereyağı bıçağı; **~milch** *f yağı alınmış süt*

buttern ⟨*h*⟩ **1.** *v/t Kuchenform usw* yağlamak; **2.** *v/i* (*Butter herstellen*) tereyağı çıkarmak/yapmak

butterweich *adj* (*sehr weich*) yumuşak, yumuşacık; *Birne usw* ağızda eriyen

Button ['bat(ə)n] *m* MODE rozet; EDV buton

b. w. *Abk für* ***bitte wenden*** lütfen (sayfayı) çevirin

Bypass ['baıpas] *m* ⟨-es; ⸚e⟩ bypass

Byte [baıt] *n* ⟨-(s); -(s)⟩ EDV bayt, byte

byzantinisch *adj* Bizans *subst*

bzw. *Abk für* → ***beziehungsweise***

C

C *Abk für* **Celcius** santigrat
c, C [tseː] *n* ⟨-; -⟩ **1.** c, C; **2.** MUS do
ca. ['ts̮ɪrka] *Abk für* **circa** aşağı yukarı, yaklaşık
CAD/CAM ['kɛtkɛm] *n* ⟨-; *o pl*⟩ EDV bilgisayar destekli tasarım / bilgisayar destekli üretim, CAD/CAM
Café [ka'feː] *n* ⟨-s; -s⟩ kahve(hane); (*Konditorei*) pastane
Cafeteria [-'riːa] *f* ⟨-; -s *od* -ien⟩ kafeterya
Callgirl ['koːlgœrl] *n* ⟨-s;-s⟩ telekız
campen ['kɛmp(ə)n] *v/i* ⟨*h*⟩ kamp yapmak
Camper ['kɛmpɐ] *m* ⟨-s; -⟩ kampçı
Camping ['kɛmpɪŋ] *n* ⟨-s; *o pl*⟩ kamping; **~ausrüstung** *f* kamp teçhizatı/donanımı; **~bus** *m* kamping minibüsü; **~platz** *m* kamping (yeri)
canceln ['kɛnsəln] *v/t* ⟨*h*⟩ EDV iptal etmek
Caravan ['ka(ː)ravan] *m* ⟨-s; -s⟩ karavan
Carsharing [kaːrʃɛːrɪŋ] *n* ⟨-s; *o pl*⟩ devre-araba, devre-oto
Cartoon [kar'tuːn] *m* karikatür
Casting ['kaːstɪŋ] *n* ⟨-s;-s⟩ FILM kadro
CB-Funk [tseː'beː-] *m* amatör telsiz
CD [tseːdeː] *f* ⟨-; -s⟩ kompakt disk, CD [sɪːdɪː]; **~-ROM** [tseːdeː'rɔm] *f* ⟨-; -s⟩ CD-ROM [sɪːdɪː'rom]; **~-Player** [tseː'deː-] *m* diskçalar
Cello ['tʃɛlo] *n* ⟨-s; -s⟩ violonsel
Celsius ['ts̮ɛlzĭʊs] *n*: **5 Grad ~** beş derece santigrat
Cent *m* sent (*1/100 öro*)
Champagner [ʃam'panjər] *m* ⟨-s; -⟩ şampanya
Champignon ['ʃampɪnjɔŋ] *m* ⟨-s; -s⟩ BOT şampinyon (mantarı)
Champion ['tʃ̮ɛmpĭən] *m* ⟨-s; -s⟩ şampiyon
Chance ['ʃãːsə] *f* ⟨-; -n⟩ şans; ***die ~n stehen gleich*** (***3 zu 1***) şansımız eşit (üçe bir)
Chancengleichheit *f* fırsat eşitliği
Chanson [ʃã'sõː] *n* ⟨-s; -s⟩ şanson
Chaos ['kaːɔs] *n* ⟨-; *o pl*⟩ kaos; *fig* kargaşa
chaotisch [ka'oːtɪʃ] *adj* karmakarışık
Charakter [ka-] *m* ⟨-s; -e⟩ karakter; (*Eigenart*) özellik, nitelik; **≈isieren** *v/t* ⟨*o* ge-, *h*⟩ karakterize etmek; ***~ als*** … olarak nitelemek; **≈istisch** *adj* (***für etw*** bş için) tipik, karakteristik; **≈los** *adj* (*schwach*) karaktersiz; (*nichts sagend*) silik; **~losigkeit** *f* ⟨-; *o pl*⟩ karaktersizlik; **~rolle** *f* karakter rolü; **~schwäche** *f* karakter zayıflığı; **~stärke** *f* karakter gücü; **~zug** *m* nitelik
Charge ['ʃarʒə] *f* ⟨-; -n⟩; THEA ufak rol; TECH seri
Charisma ['çaːrɪsma] *n* ⟨-s; -men *od* -mata⟩ karizma; **≈tisch** [çarɪs'maːtɪʃ] *adj* karizmatik
charmant [ʃar'mant] *adj* çekici, tatlı dilli
Charme [ʃarm] *m* ⟨-s; *o pl*⟩ çekicilik
Charta ['karta] *f* ⟨-; -s⟩ bildirge, karta
Charter|flug ['tʃa-] *m* çarter uçuşu; **~maschine** *f* çarter uçağı
chartern ['tʃa-] *v/t* ⟨*h*⟩ kiralamak (*Flugzeug, Schiff usw*)
Chassis [ʃa'siː] *n* ⟨-; -⟩ TECH şasi
Chauffeur [ʃɔ'føːr] *m* ⟨-s; -e⟩, **~in** *f* ⟨-; -nen⟩ (özel) şoför
Chauvi ['ʃoːvi] *m* ⟨-s; -s⟩ F şoven (erkek); **~nismus** [ʃovi'nɪsmʊs] *m* ⟨-; *o pl*⟩ şovenizm; **~nist** *m* ⟨-en; -en⟩ şoven; **≈nistisch** *adj* şovence
checken ['tʃɛk(ə)n] *v/t* ⟨*h*⟩ (*kontrollieren*) gözden geçirmek; F ***etw ~*** (*begreifen*) kavramak
Check-up ['tʃɛk|ap] *m* ⟨-s; -s⟩ MED çekap, check-up
Chef [ʃɛf] *m* ⟨-s; -s⟩ *Regierung usw* başkan; *Vorgesetzte*(*r*) şef, müdür; **~arzt** *m*, **~ärztin** *f* başhekim; **~in** *f* ⟨-; -nen⟩; patron (*kadın*); F (*Frau des Chefs*) patronun karısı; **~redakteur(in** *f*) *m* yazı işleri müdürü; **~sekretärin** *f* müdür sekreteri (*kadın*)
Chemie [çe'mɪː] *f* ⟨-; *o pl*⟩ kimya; **~faser** *f* sentetik elyaf
Chemikalie [çeːmi'kaːliə] *f* kimyasal madde
Chemiker ['çeːmikɐ] *m* ⟨-s; -⟩, **~in** *f* ⟨-; -nen⟩ kimyacı, kimyager
chemisch ['çeːmiʃ] **1.** *adj* kimyasal, kimyevî; ***~e Reinigung*** kuru temizleme; **2.** *adv*: ***~ reinigen lassen*** (kuru) temizlemeye vermek
Chemotherapie [çemotera'piː] *f* kemo-

C

terapi
Chiffr|e ['ʃifrə] *f* ⟨-; -n⟩ *in Anzeigen* rumuz; ***Zuschriften unter ~ ...*** cevaplar ... rumuzu altında; **ℒieren** [ʃɪ'fri:rən] *v/t* ⟨*o* ge-, *h*⟩ şifrelemek
Chile ['çi:le],['tʃi:le] *n* şili; **~ne** *m* ⟨-n, -n⟩, **~nin** *f* ⟨-; -nen⟩ şilili; **ℒnisch** *adj* Şili(li)
Chili ['tʃi:li] *m* ⟨-s; -s⟩ kırmızıbiber
China ['çi:na] *n* Çin
Chines|e [çi-, ki-] *m* ⟨-n; -n⟩, **~in** *f* ⟨-; -nen⟩ Çinli; **ℒisch** *adj* Çin(li); **~isch** [çi-, ki-] *n* Çince
Chip [tʃɪp] *m* ⟨-s; -s⟩ *Spielmarke* marka; EDV çip, yonga; (*Kartoffel*ℒ) çips; **~karte** *f* çip kartı
Chirurg [çi'rʊrk] *m* ⟨-en; -en⟩ operatör, cerrah; **~ie** *f* ⟨-; *o pl*⟩ cerrahlık; **~in** *f* ⟨-; -nen⟩ operatör (kadın); **ℒisch** *adj* cerrahi
Chlor [klo:r] *n* ⟨-s; *o pl*⟩ CHEM klor; **ℒen** *v/t* ⟨*h*⟩ klorlamak
Chlorophyll [kloro'fʏl] *n* ⟨-s; *o pl*⟩ BOT klorofil
Cholera [ko'lera] *f* ⟨-; *o pl*⟩ MED kolera
cholerisch [ko'le:rɪʃ] *adj* hırçın
Cholesterin [kolɛste'ri:n] *n* ⟨-s; *o pl*⟩ MED kolesterin; **~spiegel** *m* MED kolesterin miktarı
Chor [ko:r] *m* ⟨-s; ⸚e⟩ koro; ***im ~*** hep birden
Choral [ko'ra:l] *m* ⟨-s; -räle⟩ koral, kilise ilahisi
Choreographie [koreogra'fi:] *f* ⟨-; -n⟩ THEA koreografi
Christ [krɪst] *m* ⟨-en; -en⟩ Hristiyan; **~baum** *m* ⟨-s; -bäume⟩ Noel ağacı; **~entum** *n* ⟨-s; *o pl*⟩ Hristiyanlık; **~in** *f* ⟨-; -nen⟩ Hristiyan (kadın); **~kind** *n* ⟨-s; *o pl*⟩; Çocuk İsa; **ℒlich** *adj* Hristiyan
Chrom [kro:m] *n* ⟨-s; *o pl*⟩ CHEM krom
Chromosom [kromo'zo:m] *n* ⟨-s; -en⟩ BIOL kromozom
Chronik ['kro:nɪk] *f* ⟨-; -en⟩ *adj* tarih, kronik
chronisch ['kro:nɪʃ] *adj* MED kronik
Chronist *m* ⟨-en; -en⟩, **~in** *f* ⟨-; -nen⟩ vakanüvis
chronologisch *adj* kronolojik
ciao! [tʃau] F eyvallah!
circa ['tsɪrka] *adv* aşağı yukarı, yaklaşık (olarak)
City ['sɪti] *f* ⟨-; -s⟩ şehir merkezi
clever ['klɛvər] *adj* akıllı, kurnaz, işbilir
Clique ['klɪkə] *f* ⟨-; -n⟩ F grup, klik
Clou [klu:] *m* ⟨-s; -s⟩; (*Höhepunkt*) doruk noktası; (*Pointe*) espri, püf noktası
Co. *Abk für* ***Kompagnon*** *m* ortak(lar)
Cockpit ['kɔkpɪt] *n* ⟨-s, -s⟩ LUFTF pilot kabini, kokpit; MAR *yatlarda dümenci yeri*
Cocktail ['kɔkte:l] *m* ⟨-s; -s⟩ kokteyl
Code [ko:t] *m* ⟨-s; -s⟩ kod, kot
codier|en [ko'di:rən] *v/t* ⟨*o* ge-, *h*⟩ kodlamak; **ℒung** *f* ⟨-; -en⟩ EDV kod(lama)
Collage [kɔ'la:ʒə] *f* ⟨-; -n⟩ kolaj
Comeback ['kambɛk] *n* ⟨-(s); -s⟩ dönüş
Comic ['kɔmɪk] *m* ⟨-s; -s⟩ çizgi-roman, resimli roman
Compact Disk ['kɔmpaktdɪsk] *f* ⟨-; -s⟩ kompakt disk
Computer [kɔm'pju:tər] *m* ⟨-s; -⟩ bilgisayar, kompüter; **~ausdruck** *m* bilgisayar çıkışı; **ℒgesteuert** *adj* bilgisayar güdümlü, bilgisayarlı; **ℒgestützt** *adj* bilgisayar destekli; **~grafik** *f* bilgisayarlı grafik; **ℒisieren** *v/t* ⟨*o* ge-, *h*⟩ bilgisayara geçirmek; **~simulation** *f* bilgisayar simülasyonu; **~spiel** *n* bilgisayar oyunu; **~tomographie** *f* bilgisayarlı tomografi; **~virus** *m* bilgisayar virüsü
Container [kɔn'te:nɐ] *m* ⟨-s; -⟩ kap; *Spedition* konteyner
Controlling [kɔn'trəʊlɪŋ] *n* ⟨-s; *o pl*⟩ sevk ve idare
cool [ku:l] *adj* F (*ruhig*) serinkanlı; (*prima*) harika
Copyright ['kɔpirait] *n* ⟨-s; -s⟩ telif hakkı
Couch [kautʃ] *f* ⟨-; -es⟩ divan
Countdown ['kaunt'daun] *m,n* ⟨-(s); -s⟩ geri(ye) sayma
Coup [ku:] *m* ⟨-s; -s⟩ darbe
Coupé [ku'pe:] *n* ⟨-s; -s⟩ AUTO kupe
Coupon [ku'põ:] *m* ⟨-s; -s⟩ kupon
couragiert [kura'ʒi:rt] *adj* F cesur, yürekli
Court [kɔ:rt] *m* ⟨-s; -s⟩ *Tennis* kort
Cousin [ku'zɛ̃:] *m* ⟨-s; -s⟩ amca (dayı, hala, teyze) oğlu, kuzen
Cousine [ku'zi:nə] *f* ⟨-; -n⟩ amca (dayı, hala, teyze) kızı, kuzin
Creme ['kre:m(ə)] *f* ⟨-; -s⟩ *Kosmetik* krem; GASTR krema
CT [tse:'te:] *f* ⟨-; -s⟩ *Abk* → ***Computertomographie***
Cup [kap] *m* ⟨-s; -s⟩ SPORT kupa

Curry ['kœri] *n* ⟨-s; -s⟩ köri (*Gewürz*)
Cursor ['kø:ʁsɐ] *m* ⟨-s; -⟩ EDV imleç
Cutter ['katɐ] *m* ⟨-s; -⟩, **~in** *f* ⟨-; -nen⟩ FILM, TV montajcı
Cyberspace ['saibəspe:s] *m* ⟨-; -s⟩ EDV sanal uzay

D

D

d, D [de:] *n* ⟨-; -⟩ **1.** d, D; **2.** MUS re
da 1. *adv räumlich* (*dort*) şurada, (*hier*) burada; ***~ bin ich*** işte buradayım; ***~ draußen*** dışarıda; ***~ drüben*** şu tarafta; ***~ entlang*** şuradan; ***~ haben wirs!*** tamam/oldu (başardık)!; ***ich bin gleich ~*** hemen dönüyorum/geliyorum; ***von ~ aus*** buradan itibaren; **2.** *zeitlich* bu anda, o esnada; ***von ~ an*** (*od* ***ab***) bu andan itibaren; **3.** ***~ bin ich Ihrer Meinung*** bu konuda sizinle aynı fikirdeyim; ***was gibts denn ~ zu lachen?*** bunda gülünecek ne var?; **4.** ***~ sein*** (*vorhanden*) var; hazır; ***der*** (***die, das***) ***~*** şu; ***dafür ist es ~*** bu işe yarar, bu iş için var; ***~*** (***hast du***)***!*** (al) işte; ***~ ist …, ~ sind …*** … geldi(ler); ***~ kommt er*** (*od* ***sie***) işte (o) geliyor; ***geistig voll ~ sein*** aklı tamamen yerinde olmak; ***ist noch Kaffee ~?*** daha kahve var mı?; ***nichts ~!*** sakın ha!, ne gezer?; **4.** *konj begründend* -diği için
dabei *adv* yanında, hazır; yakınında; aynı anda; dahil; ***warst du ~?*** orada mıydın?, oraya gittin mi?; F *fig* ***ich bin ~*** (*mache mit*) ben (de) varım, katılıyorum; ***es kommt nichts ~ heraus*** bundan bir sonuç/şey çıkmaz; ***ich dachte mir nichts ~*** aklıma hiç (kötü, sakıncalı) bir şey gelmedi; (*obwohl*) ***du lachst, ~ ist es gar nicht witzig*** gülüyorsun, halbuki/oysa iş hiç de eğlenceli değil; ***er ist ~*** (***, zu …***) o şu an … ile meşgul, -mek üzere; ***es ist nichts ~*** bunun bir zorluğu yok; bunun bir zararı yok; ***was ist schon ~*** ne olmuş yani?; ***lassen wir es ~*** öyle bırakalım, kalsın!
dabeihaben *v/t* ⟨*unreg*, -ge-, *h*⟩: ***ich hab' keinen Schirm dabei*** şemsiyem yanımda değil; ***ich hab' kein Geld dabei*** yanımda para yok
dabeistehen *v/i* ⟨*unreg*, -ge-, *h*⟩ *-in* başında durmak
dableiben *v/i* ⟨*unreg*, -ge-, *sn*⟩ kalmak
Dach *n* ⟨-s; Dächer⟩; çatı, dam; ***kein ~ über dem Kopf haben*** *-in* başını sokacak yeri olmamak; ***etw unter ~ und Fach bringen*** bş-i yoluna koymak; F *fig* ***eins aufs ~ kriegen*** zılgıt yemek; **~antenne** *f* çatı anteni; **~boden** *m* tavanarası; **~decker** *m* ⟨-s; -⟩ çatı kaplamacısı; **~fenster** *n* çatı penceresi; **~garten** *m* asma bahçe; **~gepäckträger** *m* portbagaj; **~geschoss** *n*, *österr* **~geschoß** *n* çatı katı; **~gesellschaft** *f* ÖKON holding, şemsiye şirket; **~kammer** *f* çatı odası; **~luke** *f* çatı penceresi; **~rinne** *f* çatı oluğu; **~terrasse** *f* çatı terası; **~verband** *m* federasyon; çatı örgütü
Dachs [daks] *m* ⟨-es; -e⟩ ZOOL porsuk
Dachschaden *m* F *fig*: ***du hast wohl e-n ~*** senin bir tahtan eksik galiba
Dachziegel *m* kiremit
Dackel *m* ⟨-s; -⟩ (*Hunderasse*) dakel
dadurch *adv* (*auf diese Weise*) böylelikle, bu suretle; ***alle ~ verursachten Schäden*** bu yoldan meydana gelmiş bütün hasar; (*deswegen*) ***sie verschlief und kam ~ zu spät*** uyanamamış, onun için gecikmiş; ***~, dass es regnete*** yağmur yağdığı için
dafür *adv* bunun için; buna/ona karşılık; *bei Abstimmung* kabul eden; ***~ sein, etw zu tun*** bş -mekten yana olmak; ***die Mehrheit ist ~*** çoğunluk lehte, çoğunluk bundan yana; ***~ wird sie bezahlt*** bu onun görevi; ***er wurde ~ bestraft, dass er gelogen hat*** yalan söylediği için cezalandırıldı; ***sie arbeiten langsam, aber ~ sorgfältig*** yavaş, ama buna karşılık temiz çalışıyorlar; ***er kann nichts ~*** elinden bir şey gelmez; kabahat onda değil; ***~ sorgen, dass*** *-in* -mesini sağlamak
Dafürhalten *n* ⟨-s; *o pl*⟩: ***nach meinem ~*** benim kanaatimce/kanımca
dagegen *adv* buna/ona karşı; *bei Ab-*

stimmung red(deden); (*im Vergleich*) … ise, -(y)se, oysa; (*andererseits*) buna karşılık; diğer yandan; ***haben Sie etw ~, wenn ich rauche?*** sigara içmemde sizce bir sakınca var mı?; ***wenn Sie nichts ~ haben*** sizce bir mahzuru/sakıncası yoksa; ***~ hilft Wärme*** buna sıcak tutmak iyi gelir

dagegenhalten *v/i* ⟨*unreg*, -ge-, *h*⟩ *-e* karşı ileri sürmek

daheim *adv* evde; yurtta; ülkede

daher ['da:he:ɐ, da'he:ɐ] *adv örtlich* oradan; *Ursache* bundan (dolayı); ***~ kommt es, dass*** bunun içindir ki …

dahergelaufen [da'he:ɐ-] *adj* F: ***jeder ~e Kerl*** her önüne gelen

dahin *adv* ***bis ~*** *räumlich* oraya kadar; *zeitlich* o zamana kadar; ***sich ~(gehend) äußern, dass*** -diği yolunda/şeklinde açıklama yapmak; (*so weit*) ***es (j-n) ~ bringen, dass*** işi (b-ni) -ecek hale getirmek; *adj* ***es ist ~*** (*vergangen*) geçti, bitti; (*weg*) *Geld usw* uçtu gitti, yok oldu

dahinsagen *v/t* ⟨-ge-, *h*⟩: ***etw nur so ~*** (kolayca) söyleyivermek

dahinsiechen *v/i* ⟨-ge-, *sn*⟩ (hastalıktan) eriyip gitmek

dahinten *adv* arkada, arka tarafta

dahinter *adv örtlich* arkasın(d)a, arka tarafın(d)a; ***sich gewaltig ~ klemmen*** bütün gücüyle işe girişmek; ***~ kommen*** *-in* sebebini bulmak, kavramak; ***ich werde schon noch ~ kommen*** ben bunun içyüzünü nasıl olsa öğrenirim; ***~ stecken*** *-in* sebebi olmak; ***es steckt nichts ~*** *-in* altında bir şey yok (*od* gizli bir tarafı yok)

dahinvegetieren [-v-] *v/i* ⟨*o* -ge-, *h*⟩ kıt kanaat yaşamak

Dahlie ['da:liə] *f* ⟨-; *-n*⟩ BOT dalya/yıldız (çiçeği)

dalassen *v/t* ⟨*unreg*, -ge-, *h*⟩ bırakmak

daliegen *v/i* ⟨*unreg*, -ge-, *h*⟩ (dura)durmak

dalli *adv*: F ***~, ~!*** haydi!, çabuk!

damalig **1.** *adj* o zamanki; **2.** *adv* o zaman(lar)

Damast *m* ⟨-s; -e⟩ damasko

Dame *f* ⟨-; -n⟩ bayan, hanımefendi; (*Tanzpartnerin*) dam; *Karte* kız; *Schach* vezir; *Spiel* dama; ***meine ~n und Herren!*** Bayanlar, Baylar!; (*Toilette*) »***Damen***« bayan(lar)

Damen|bekleidung *f* kadın giyimi; **~binde** *f* (hijyenik) kadın bağı; **~fahrrad** *n* kız bisikleti; **~friseur** *m* (kadın) kuaför(ü); **ꝰhaft** *adj* hanım hanım(cık); **~mannschaft** *f* bayan(lar) takımı; **~mode** *f* kadın modası; **~toilette** *f* kadın(lar) tuvaleti; **~unterwäsche** *f* kadın (iç) çamaşırı; **~wahl** *f* dam seçme

damit **1.** *adv* bununla, onunla; ***was will er ~ sagen?*** bununla ne demek istiyor? ***ich bin ~ fertig*** bunu bitirdim; ***wie steht es ~?*** *-den* ne haber?; ***~ einverstanden sein*** *-e* razı olmak; **2.** *konj* -sin diye, *-in* -mesi için; ***pass gut auf, ~ nichts passiert*** dikkat et de bir kaza çıkmasın

dämlich *adj* F salak

Damm *m* ⟨-s; ⸚e⟩ set; (*Stau*ꝰ) baraj, bent; F ***nicht auf dem ~ sein*** sağlığı pek iyi olmamak

Dammbruch *m* set yıkılması

dämm(e)rig *adj* loş

dämmern ⟨*h*⟩ **1.** *v/unp*: ***es dämmert*** gün ağarıyor, hava kararıyor; F (***bei***) ***j-m dämmert es*** yavaş yavaş kavrıyor/hatırlıyor; **2.** *v/i*: ***vor sich hin ~*** uyuklamak

Dämmerung *f* ⟨-; -en⟩ (*Abend*ꝰ) alacakaranlık; (*Morgen*ꝰ) şafak

Dämmung *f* ⟨-; -en⟩ TECH yalıtım, izolasyon

Dämon *m* ⟨-s; -en⟩ dev, cin, iblis; **ꝰisch** *adj* şeytanî

Dampf *m* ⟨-s; ⸚e⟩ buhar; (*Beschlag*) buğu; F *fig* ***~ ablassen*** boşalmak, deşarj olmak; F ***j-m ~ machen*** b-ni (bş-i yapması için) sıkıştırmak; F ***~ dahinter machen*** bş-i zorlamak; **~antrieb** *m*: ***mit ~*** buharlı; **~bügeleisen** *n* buharlı ütü

dampfen *v/i* buharlaşmak; *Suppe usw -in* buharı tütmek

dämpfen *v/t* ⟨*h*⟩ buğulamak; *Schall* azaltmak; *Stimme* boğmak, kısmak; *Licht usw* yumuşatmak; *Kleidungsstück* buharla ütülemek; *Stimmung* öldürmek; *Kosten* düşürmek; *Konjunktur* frenlemek

Dampfer *m* ⟨-s; -⟩ vapur, buharlı gemi; *fig* ***da bist du auf dem falschen ~*** yanlış iz üzerindesin; **~fahrt** *f* vapur yolculuğu/gezisi

Dämpfer *m* ⟨-s; -⟩ MUS *Klavier* piyano yastığı, kısmaç; F *fig* ***e-n ~ bekommen***

bir ihtar almak
Dampf|kessel *m* buhar kazanı; **~kochtopf** *m* düdüklü/basınçlı tencere
Damwild *n* alageyik
Däne *m* ⟨-es; -n⟩ Danimarkalı
Dänemark *n* Danimarka
Dän|in *f* ⟨-; -nen⟩ Danimarkalı (kadın); **²isch** *adj* Danimarka(lı); **~isch** *n* Danca
danach *adv* bundan/ondan sonra; *räumlich* oraya; (*später*) (daha) sonra; (*entsprechend*) ona/buna göre; ***mir ist nicht ~*** bunu canım istemiyor; ***ich fragte sie ~*** ona onu/bunu sordum
daneben *adv* onun/bunun yanın(d)a; (*gleichzeitig*) yanı sıra; (*außerdem*) ayrıca, (*im Vergleich*) bunun/onun yanında; (*am Ziel vorbei*) ***~!*** karavana!
danebenbenehmen *v/r* ⟨*unreg*, *o* -ge-, *h*⟩: F ***sich ~*** ayıp etmek
daneben|gehen *v/i* ⟨*unreg*, -ge-, *sn*⟩ *Schuss usw* ıska geçmek; **~greifen** *v/i* ⟨*unreg*, -ge-, *h*⟩ *beim Fangen usw* (elinden) kaçırmak, tutamamak; MUS yanlış (nota) çalmak; F yanılmak
dank *präp* (*D od G -in*) sayesinde
Dank *m* ⟨-s; *o pl*⟩ teşekkür; ***Gott sei ~*** Allah'a şükür!; ***vielen ~!*** çok teşekkürler!, çok sağ ol(un)!; ***herzlichen ~*** candan teşekkürler; ***j-m ~ schulden*** b-ne teşekkür/şükran borçlu olmak; (*Lohn*) ***das ist der (ganze) ~!*** (iyiliğin) karşılığı işte bu!; ***als ~, zum ~*** teşekkür olarak
dankbar *adj* (***j-m für etw*** b-ne bş için) müteşekkir; (*lohnend*) verimli, kârlı; F *Material* dayanıklı; **²keit** *f* minnettarlık, şükran; ***aus ~ für*** *-e*/*-ne* minnettarlıktan
danke: ***~ (schön)*** (çok) teşekkür ederim, sağ ol(un); F mersi; ***(nein) ~*** hayır, (teşekkür ederim) istemem
danken 1. *v/i* ⟨*h*⟩ (***j-m für etw*** b-ne bş için) teşekkür etmek; ***nichts zu ~!*** bir şey değil; rica ederim!; F ***na, ich danke!*** istemem senin olsun!; (*ablehnen*) reddetmek; **2.** *v/t*: ***j-m etw ~*** bş-i b-ne borçlu olmak
Dankesbrief *m* teşekkür mektubu
Dankeschön *n* ⟨-s; *o pl*⟩ teşekkür (etme)
Dankesworte *pl* teşekkür sözleri
Dankschreiben *n* teşekkür mektubu
dann *adv zeitlich* sonra; bunun üzerine; ***was passierte ~?*** sonra ne oldu?; F ***bis ~!*** görüşürüz!; ***nur ~, wenn …*** sadece -se/olursa; F ***~ eben nicht!*** öyleyse yok/olmaz; F ***und ~ …*** ayrıca …, bundan başka …
daran *adv*: (*an etwas*) ***halt dich ~ fest!*** şuna/şuraya tutun!; ***im Anschluss ~*** (bunun) (hemen) ardından; ***es ist etw (nichts) ~*** bunda bir gerçek payı var (yok); ***~ ist kein wahres Wort*** (bunun) bir kelimesi bile doğru değil; ***~ stirbt man nicht*** (bundan) dünya yıkılmaz; ***das Schönste ~*** (bunun) en güzel tarafı; ***du tust gut ~ zu gehen*** gitsen iyi olur, gitmekle iyi edersin; ***~ befestigen*** *-e* iliştirmek, takmak; ***~ denken*** *-i* unutmamak; ***~ glauben*** *-e* inanmak; ***~ glauben müssen*** *fig* telef olmak; alta gitmek; ***~ leiden*** *-e* tutulmuş olmak; *-den* çekmek; ***~ sterben*** *-den* ölmek
darangehen *v/i* ⟨*unreg*, -ge-, *sn*⟩: ***~ etw zu tun*** bş-i yapmaya girişmek
daransetzen *v/t* ⟨-ge-, *h*⟩: ***alles ~ um zu*** (+ *inf*) -mek için her çareye/yola başvurmak
darauf *adv räumlich* bunun/onun üstün(d)e; *zeitlich* bunun üzerine; ***am Tag ~*** ertesi gün; ***zwei Jahre ~*** iki yıl sonra; ***~ stolz sein*** *-den* gurur duymak; ***sich ~ freuen*** *-i* (sevinçle) beklemek; ***sie ging direkt ~ zu*** o tam *-e* doğru yürüdü; ***bald ~*** (bunun üstünden) çok geçmeden, bir süre sonra; ***~ wollen wir trinken!*** bunun şerefine içelim!
daraufhin *adv* bundan sonra; bunun üzerine; buna karşılık; ***etw ~ prüfen, ob*** bş-in -ip -mediğini kontrol etmek
daraus *adv*: ***~ lernen*** bundan ders almak; ***~ vorlesen*** bundan bir parça okumak; ***ich mache mir nichts ~*** bunu dert etmem/etmiyorum; ***mach dir nichts ~!*** bunu kafana takma!; ***was ist ~ geworden?*** o iş ne oldu?; ***wer hat ~ getrunken?*** bundan kim içti?
darben *v/i* ⟨*h*⟩ büyük zaruret içinde yaşamak
darbiet|en *v/t* (*a v/r*) ⟨*unreg*, -ge-, *h*⟩ (***sich***) ***~*** sahnele(n)mek; **²ung** *f* ⟨-; -en⟩ gösteri; THEA oyun
darin *adv räumlich* bunun/onun içinde; bu bakımdan; ***was ist ~?*** bunun içinde ne var?; ***~ irren Sie sich!*** bunda yanılıyorsunuz!; ***~ liegt der Unterschied*** fark burada; ***gut ~ sein*** *-de* başarılı ol-

mak; **~ ist sie sehr gut** o bu işin ustasıdır

darleg|en *v/t* ⟨-ge-, *h*⟩: **j-m etw ~** b-ne bş-i anlatmak/açıklamak; **≈ung** *f* ⟨-; -en⟩ açıklama, izah

Darlehen [-leː(ə)n] *n* ⟨-s; -⟩ ÖKON kredi; **ein ~ aufnehmen** kredi almak

Darlehens|geber(in *f*) *m* kredi veren; **~nehmer(in** *f*) *m* kredi alan; **~vertrag** *m* kredi sözleşmesi; **~zins** *m* kredi faizi

Darm *m* ⟨-s; ¨-e⟩ basak; **~flora** *f* barsak bakterileri; **~grippe** *f* MED barsak gribi; **~krebs** *m* MED barsak kanseri; **~spiegelung** *f* proktoskopi; **~verschluss** *m* MED barsak düğümlenmesi

Darreichungsform *f* (bir ilacın) ticarî şekli

darstellen *v/t* ⟨-ge-, *h*⟩ sunmak, göstermek, anlatmak, canlandırmak; tanımlamak; tasvir etmek; *Rolle* oynamak; çizmek; teşkil etmek; **e-e Belastung ~** bir yük teşkil etmek; MATH **~de Geometrie** tasarı geometri

Darsteller *m* ⟨-s; -⟩ oyuncu, aktör; **~in** *f* ⟨-; -nen⟩ (kadın) oyuncu, aktris

Darstellung *f* ⟨-; -en⟩ gösteri, sunu; anlatı; tasvir; açıklama; resmetme; canlandırma

darüber *adv örtlich* bunu/onun üstün (*od* üstünde); üstelik, daha fazla; (*über A*) … hakkında, -e dair; *zeitlich* **~ werden Jahre vergehen** üstünden yıllar geçecek; **das Zimmer ~** bunun üstündeki oda; **ich bin ~ eingeschlafen** bu sırada uyuyakalmışım; **~ hinaus** bundan başka; **ich freue mich ~** buna seviniyorum, bundan memnunum; **ich muss ~ nachdenken** bunu (iyice) düşünmem lazım

darum *adv* etrafında, çevresinde; bu yüzden; **ich bat sie ~** bunu (yapmasını) ondan rica ettim; **~ geht es (nicht)** bu sözkonusu (değil)

darunter *adv* bunun/onun altın(d)a; arasında; dahil olmak üzere; **was verstehst du ~?** bundan ne anlıyorsun?; **die Unterschrift ~ setzen** -*in* altına imza(sını) atmak; **minus 20 Grad und ~** eksi 20 ve daha düşük dereceler(de); F **~ tut er es nicht** bu işi daha azına yapmaz; **es waren auch Kinder ~** aralarında çocuklar da vardı

Darwinismus *m* ⟨-; *o pl*⟩ Darwinizm

das 1. *art* (*D* dem, *A* das, *G* des) belirli tanımlık (yansız); **~ Pferd, Haus, Ufer** (belirli) at, ev, kıyı; **2.** *dem pron* (*G* dessen) **~ hier** şu(radaki); **~ ist es ja (gerade)!** (işte) mesele de (asıl) o ya!; **3.** *rel pron* (*G* dessen) **das Buch, ~ ich lese** benim okuduğum kitap

Dasein *n* ⟨-s; *o pl*⟩ varlık

Daseinsberechtigung *f* varlık gerekçesi

dasitzen *v/i* ⟨*unreg*, -ge-, *h*⟩: **nur so ~** boş (boş) oturmak

dasjenige *dem pron* bu, şu

dass *konj* ki; (*damit*) öyle ki; **es sei denn, ~** ola ki …; F **~ ich es bloß nicht vergesse** aman unutmayayım; **ohne ~** -meden/-meksizin; **nicht ~ ich wüsste** bildiğim kadarıyla … değil/yok; **so ~** → **sodass** öyle ki

dastehen *v/i* ⟨*unreg*, -ge-, *h*⟩ orada durmak; *geschrieben* yazılı olmak; **mittellos ~** beş parasız kalakalmak; **steif ~** kazık gibi dikilmek, baston yutmuş gibi durmak, F **wie stehe ich jetzt da!** ben ne yaparım şimdi!

Datei *f* ⟨-; -en⟩ EDV dosya

Daten *pl* bilgiler, veriler *pl*; **~austausch** *m* veri alışverişi; **~bank** *f* ⟨-; -en⟩ EDV veri tabanı; **~bestand** *m* eldeki veriler *pl*; **~eingabe** *f* EDV veri girişi; **~fernübertragung** *f* EDV veri aktarımı; **~missbrauch** *m* verilerin kötüye kullanılması; **~netz** *n* veri ağı; **~schutz** *m* veri koruma; **~technik** *f* bilgisayar mühendisliği; **~träger** *m* veri ortamı; **~übermittlung** *f*, **~übertragung** *f* veri aktarımı; **~verarbeitung** *f* bilgi işlem

datieren *v/t* ⟨*o* ge-, *h*⟩ -*e* tarih koymak/atmak; ⟨*o* ge-, *h*⟩ *v/i*: **der Brief datiert vom …** mektup … tarihli, mektup … tarihini taşıyor

Dativ [-f] *m* ⟨-s; -e⟩ GR -e hali, yönelme hali; **~objekt** *n* -e hali tümleci

Dattel *f* ⟨-; -*n*⟩ BOT hurma; **~palme** *f* hurma ağacı

Datum *n* ⟨-s; -ten⟩ tarih; **ohne ~** tarihsiz; **welches ~ haben wir heute?** bugün ayın kaçı?

Datums|angabe *f* tarih (belirtilmesi); **ohne ~** tarihsiz; **~grenze** *f* tarih sınırı; **~stempel** *m* tarih kaşesi/damgası

Dauer *f* ⟨-; *o pl*⟩ süre; (*Fort≈*) süreklilik; **auf die ~** uzun vadede, sürgit; **für die ~ von** -lik bir süre için; **von ~ sein** uzun sürmek; **~arbeitslosigkeit** *f* sürekli işsizlik; **~auftrag** *m* ÖKON sürekli ödeme emri; **~brenner** *m* F *fig Film, Thema usw güncelliğini (sürekli) koruyan bş*; **≈haft** *adj* kalıcı, sürekli; uzun ömürlü; dayanıklı; sabit, solmaz; **~karte** *f* abonman kartı; **~lauf** *m* mukavemet koşusu

dauern *v/i* ⟨*h*⟩ sürmek, zaman almak; ***wie lange dauert es (noch)?*** (daha) ne kadar sürecek?; ***es dauert nicht lange*** fazla/uzun sürmez

dauernd *adj* devamlı/sürekli; ***~er Wohnsitz*** sürekli ikametgah; *adv (ständig)* devamlı/sürekli (olarak); ***~ etw tun*** -ip durmak; ***er kommt ~ zu spät*** o hep/devamlı/sürekli geç kalıyor

Dauer|regen *m* sürekli yağmur; **~stellung** *f* sürekli kadro; **~welle** *f* perma, mizanpli; ***sich*** *(D)* ***e-e ~ machen lassen*** mizanpli yaptırmak; **~zustand** *m* sürekli durum

Daumen *m* ⟨-s; -⟩ başparmak; ***j-m den ~ halten*** bir kimse için şans/başarı dilemek; F ***~ drehen*** tembellik etmek, boş durmak

Daunen *pl* (ince) kuştüyü *sg*; **~decke** *f* kuştüyü yorgan

davon *adv räumlich* bundan/ondan, buradan/oradan; ***nicht weit ~ (entfernt)*** ondan/oradan uzak(ta) değil; ***hast du schon ~ gehört?*** bunu duydun mu?, bundan haberin var mı?; ***genug ~!*** bu kadar(ı) yeter! ***auf und ~*** kalkıp gitti, yallah!; ***genug (mehr) ~*** bu yeter (yetmez); ***drei ~*** *-den/-in* üçü, *-den* üç tane; ***etw (nichts) ~ haben*** bş-in b-ne faydası ol(ma)mak; ***das kommt ~!*** işte sonu böyle olur!

davon|fliegen *v/i* ⟨*unreg*, -ge-, *sn*⟩ uçup gitmek; **~jagen** *v/t* ⟨-ge-, *h*⟩ kov(ala)mak; **~kommen** *v/i* ⟨*unreg*, -ge-, *sn*⟩ kurtulmak; yakayı/paçayı kurtarmak; **~laufen** *v/i* ⟨*unreg*, -ge-, *sn*⟩ kaçıp kurtulmak; **~machen** *v/r* ⟨-ge-, *h*⟩: F ***sich ~*** sıvışmak, çekip gitmek; **~tragen** *v/t* ⟨*unreg*, -ge-, *h*⟩ *(wegtragen)* götürmek; ***Verletzungen ~*** yaralanmak, *-i* yaralarla atlatmak; ***den Sieg ~*** zaferi kazanmak

davor *adv örtlich* onun/bunun önün(d)e; *zeitlich* ondan önce; ***sich ~ fürchten*** -den korkmak

DAX® [daks] *m Abk für* ***Deutscher Aktienindex*** Alman Hisse Senetleri Endeksi

dazu *adv (dafür)* ona, buna; onun/bunun için; *(außerdem)* ayrıca; ***~ habe ich keine Lust*** buna hiç hevesim yok; ***~ ist es da*** o zaten bu iş için; ***~ kommen (, es zu tun)*** (onu yapmaya) fırsatı olmak; ***~ wird es nicht kommen*** iş o noktaya varmayacak; ***noch ~*** üstelik

dazugehör|en *v/i* ⟨gehörte dazu, dazugehört, *h*⟩ *-e* ait olmak, *-in* bir parçası olmak; **~ig** *adj* buna ait, bunun parçası olan

dazukommen *v/i* ⟨*unreg*, -ge-, *sn*⟩ katılmak; *Sache* ilave edilmek; ***er kam gerade dazu, als ...*** -ken o geldi/katıldı; *fig* ***dazu kommt, dass ...*** üstelik ...

dazulernen *v/t*, *v/i* ⟨-ge-, *h*⟩ (yeni bir şey daha) öğrenmek, bilgisini arttırmak

dazutun *v/t* ⟨*unreg*, -ge-, *h*⟩ F eklemek, katmak; ***ohne mein Dazutun*** benim katkım olmadan

dazwischen *adv räumlich* onun/bunun arasın(d)a, *zeitlich* bu arada; *(darunter)* aralarında, içlerinde; **~fahren** *v/i* ⟨*unreg*, -ge-, *sn*⟩ *(eingreifen)* araya girmek; lafa/söze karışmak; **~kommen** *v/i* ⟨*unreg*, -ge-, *sn*⟩: ***es ist etwas dazwischengekommen*** araya bir şey/iş girdi, bir aksilik çıktı; **~reden** *v/i* ⟨-ge-, *h*⟩ (***j-m*** b-nin) sözünü kesmek, biri konuşurken araya girmek; **~treten** *v/i* ⟨*unreg*, -ge-, *sn*⟩ (iki kişinin) arasına girmek

DDR [de(:)de(:)'|ɛr] *f* ⟨-; *o pl*⟩ HIST ***die ~*** Alman Demokratik Cumhuriyeti, F Doğu Almanya

Deal [di:l] *m* ⟨-s; -s⟩ F iş, ticaret; **≈en** ['di:lən] ⟨*h*⟩ uyuşturucu ticareti yapmak; **~er** ['di:lər] *m* ⟨-s; -⟩ *(Drogen≈)* uyuşturucu satıcısı

Debakel *n* ⟨-s; -⟩ yıkılış, çöküş

Debatte *f* ⟨-; -n⟩ görüşme, tartışma; ***(nicht) zur ~ stehen*** söz konusu ol(ma)mak

debattieren *v/t u v/i* ⟨*o* ge-, *h*⟩: ***über etw*** *(A)* ***~*** bş-i görüşmek, tartışmak

Debet *n* ⟨-s; -s⟩ ÖKON borç, zimmet; **~saldo** borçlu bakiye

debil debil

Debüt [de'by:] *n* ⟨-s; -s⟩ (***als*** olarak) ilk çıkış; ***sein ~ geben*** ilk konserini *vs* vermek

dechiffrieren [deʃɪ'fri:rən] *v/t* ⟨*o* ge-, *h*⟩

deşifre etmek
Deck *n* ⟨-s; -s⟩ güverte; ***an/auf ~*** güvertede
Deckadresse *f* göstermelik adres
Deckblatt *n* kapak (sayfası), düzeltme etiketi
Decke *f* ⟨-; -n⟩; örtü; (*Woll*≥) battaniye; (*Stepp*≥) yorgan; (*Zimmer*≥) tavan; F *fig* ***unter einer ~ stecken*** (**mit** b-le) işbirliği yapmak (*gizlice*); F (***vor Freude***) ***an die ~ springen*** (sevinçten) havalara uçmak; F (***vor Wut***) ***an die ~ gehen*** (öfkeden) küplere binmek; F ***mir fällt die ~ auf den Kopf*** bunaldım, beni hafakanlar basıyor
Deckel *m* ⟨-s; -⟩ kapak; (*Buch*≥) kap; F ***j-m eins auf den ~ geben*** b-ne haddini bildirmek
decken ⟨*h*⟩ **1.** *v/t Bedarf* karşılamak; gidermek; *Scheck* karşılamak; *Dach* aktarmak; ***den Tisch ~*** sofrayı kurmak; ***j-n ~*** (*schützen*) b-ne arka çıkmak; ***die Kosten ~*** masrafları karşılamak; ***die Nachfrage ~*** talebe cevap vermek; **2.** *v/i Farbe* örtmek, kapatmak; **3.** *v/r*: ***sich ~*** (**mit** *-le*) aynı olmak, örtüşmek
Deckenbeleuchtung *f* tavan ışıkları
Deckfarbe *f* kapatıcı suluboya
Deck|mantel *m fig* ***unter dem ~*** (*G*) … kisvesi altında; **~name** *m* takma ad, mahlas
Deckung *f* ⟨-; *o pl*⟩ ÖKON güvence, teminat; karşılık; ***in ~ gehen*** (**vor** *D -den*) saklanmak, sipere sığınmak
deckungsgleich *adj* MATH, *fig* çakışan
Decoder [de'ko:dɐ] *m* ⟨-s; -s⟩ TV dekoder
defekt *adj* bozuk
Defekt *m* ⟨-s; -e⟩ bozukluk; arıza
defensiv [-f] *adj* savunucu
Defensive [-və] *f* ⟨-; *-n*⟩ savunma; SPORT defans
defilieren *v/i* ⟨*o* ge-, *sn*⟩ defileye çıkmak; geçitten geçmek
definieren *v/t* ⟨*o* ge-, *h*⟩ tanımlamak, tarif etmek
Definition [-'tsi̯o:n] *f* ⟨-; -en⟩ tanım, tarif
definitiv [-f] kesin; ***es steht ~ fest, dass …*** -diği/-eceği kesin belli (oldu)
Defizit *n* ⟨-s; -e⟩ ÖKON açık
Deflation *f* ⟨-; -en⟩ ÖKON deflasyon
deformieren *v/t* ⟨*o* ge-, *h*⟩ TECH deforme etmek, (*-in* biçimini) bozmak
deftig *adj* F, *Mahlzeit* kuvvetli; *Witz, Ausdruck* açık saçık, kaba saba
Degene|ration [-'tsi̯o:n] *f* ⟨-; -en⟩ yozlaşma; **≥rieren** *v/i* ⟨*o* ge-, *sn*⟩ yozlaşmak, dejenere olmak; **≥riert** yoz, dejenere
degradieren *v/t* ⟨*o* ge-, *h*⟩ MIL *-in* rütbesini indirmek; *fig* küçük düşürmek, alçaltmak
dehn|bar *adj* esnek; ***ein ~er Begriff*** esnek bir kavram; **~en** *v/t* ⟨*h*⟩ genişletmek, uzatmak; **≥ung** *f* ⟨-; -en⟩ *Stoff* esneme; LING *Vokale* uzama
dehydrieren dehidrojenize etmek
Deich *m* ⟨-s; -e⟩ set, bent; **~bruch** *m* set/bent yarılması
dein *poss pron* senin; *Briefschluss* ***~e Claudia*** Dostun Claudia; **~er** *pers pron* ***wir werden ~ gedenken*** seni yadedeceğiz/anacağız; **~esgleichen** *indef pron* senin gibiler(i) *pl*; **~etwegen** *adv* senin yüzünden; senin için
deinig *adj*: ***die ≥en*** seninkiler
Dekade *f* ⟨-; -n⟩ onyıl
dekadent *adj* yoz(laşmış), mütereddi
Dekadenz *f* ⟨-; *o pl*⟩ yozlaşma, tereddi
Dekan *m* ⟨-s; -e⟩ dekan; **~at** *n* ⟨-s; -e⟩ dekanlık
deklamieren *v/t u v/i* ⟨*o* ge-, *h*⟩ inşat etmek, okumak
deklarieren *v/t* ⟨*o* ge-, *h*⟩ ÖKON deklare etmek, bildirmek
deklassieren *v/t* ⟨*o* ge-, *h*⟩ SPORT *fig* küme düşürmek
Deklination *f* ⟨-; -en⟩ LING isim çekimi; ASTR yükselim; PHYS sapma
deklinieren *v/t* ⟨*o* ge-, *h*⟩ çekmek
Dekolleté [dekɔl'te:] *n* ⟨-s; -s⟩ dekolte; ***tiefes ~*** derin dekolte
dekontaminieren *v/t* zehirsiz/radyasyonsuz hale getirmek
Dekor *m, n* ⟨-s; -s⟩ desen; THEA dekor; **~ateur** [dekora'tø:ɐ] *m* ⟨-s; -e⟩, **~ateurin** *f* ⟨-; -nen⟩ dekoratör; **~ation** [-'tsi̯o:n] *f* ⟨-; -en⟩ dekor(asyon) süs(leme); (*Schaufenster*≥) vitrin (düzenlemesi); THEA sahne dekoru; **≥ativ** [-f] *adj* dekoratif, süsleyici; **≥ieren** *v/t* ⟨*o* ge-, *h*⟩ süslemek; *Schaufenster* düzenlemek
Delegation [-'tsi̯o:n] *f* ⟨-; -en⟩ delegasyon
delegier|en *v/t* ⟨*o* ge-, *h*⟩ delege yollamak; başkasına aktarmak (*bir işi*); **≥te**

m, f ⟨-n; -n⟩ delege
delikat *adj* (*köstlich*) lezzetli, nefis; (*heikel*) müşkil, nazik, hassas; **ᘔesse** *f* ⟨-; -n⟩ *nefis yiyecek*; **ᘔessenladen** *m* mezeci dükkânı
Delikt *n* ⟨-s; -e⟩ JUR suç
Delinquent *m* ⟨-en; -en⟩, **~in** *f* ⟨-; -nen⟩ suçlu
Delirium *n* sayıklama, sabuklama, hezeyan
Delle *f* ⟨-; -n⟩ çökük, çukur
Delphin[1] [-f-] *m* ⟨-s; -e⟩ yunus
Delphin[2] [-f-] *n* ⟨-s; *o pl*⟩, **~schwimmen** *n* ⟨-s; *o pl*⟩ kelebek (yüzme)
Delta *n* ⟨-s; -s⟩ delta
dem *D sg, n* → **der 1.**, **das**; **der, ~ ich das sagte** bunu söylediğim kimse; **nach ~, was ich gehört habe** benim duyduğuma göre; **wie ~ auch sei** her neyse
Demago|ge *m* ⟨-n; -n⟩ demagog; **~gie** *f* ⟨-; -n⟩ demagoji; **~gin** *f* ⟨-; -nen⟩ demagog (kadın); **ᘔgisch** *adj* demagogça, demagojik
demaskieren *v/t* ⟨*o* ge-, *h*⟩ *-in* maskesini indirmek
Dementi *n* ⟨-s; -s⟩ yalanlama, tekzip
dementieren *v/t* ⟨*o* ge-, *h*⟩ yalanlamak
dem|entsprechend *adv* buna göre, buna uygun olarak; **~gegenüber** *adv* buna karşı(lık), bunun karşısında; **~gemäß** *adv* buna göre; **~nach** *adv* buna göre; bu durumda; **~nächst** *adv* (pek) yakında
Demo *f* ⟨-; -s⟩ F gösteri; göster(il)me
Demokrat *m* ⟨-en; -en⟩ demokrat; **~ie** *f* ⟨-; -n⟩ demokrasi; **~in** *f* ⟨-; -nen⟩ demokrat (kadın); **ᘔisch** *adj* demokratik; **ᘔisieren** *v/t* ⟨*o* ge-, *h*⟩ demokratlaştırmak, demokrasiye döndürmek
demolieren *v/t* ⟨*o* ge-, *h*⟩ *-e* zarar vermek, *-i* bozmak; altüst etmek, tahrip etmek; yıkmak, harap etmek
Demonstrant *m* ⟨-en; -en⟩, **~in** *f* ⟨-; -nen⟩ POL yürüyüşe katılan, gösterici
Demonstration [-'tsi̯o:n] *f* ⟨-; -en⟩ POL gösteri yürüyüşü, yürüyüş, miting; **e-e ~ veranstalten** bir yürüyüş yapmak/düzenlemek; **e-e ~ der Macht** bir güç/gövde gösterisi
Demonstrations|recht gösteri yürüyüşü hakkı; **~verbot** gösteri yasağı
demonstrativ [-f] *adv* göstere göstere, inadına ; **ᘔpronomen** *n* işaret zamiri
demonstrieren ⟨*o* ge-, *h*⟩ **1.** *v/t* göstermek; **2.** *v/i* gösteri (yürüyüşü) yapmak
Demon|tage [demɔn'ta:ʒə] *f* ⟨-; -n⟩ TECH sök(ül)me; **ᘔieren** *v/t* ⟨*o* ge-, *h*⟩ demonte etmek, sökmek
demoralisieren *v/t* ⟨*o* ge-, *h*⟩ *-in* ahlakını bozmak; *-in* cesaretini kırmak, moralini bozmak
Demoskopie *f* ⟨-; *-n*⟩ demoskopi
demütigen *v/t* ⟨*h*⟩ aşağılamak, *-in* onurunu/haysiyetini kırmak
Denkanstoß *m*: **j-m e-n ~ geben** b-ni düşünmeye sevketmek
Denkart *f* zihniyet, düşünüş (biçimi)
denkbar 1. *adj* düşünülebilir; **2.** *adv* düşünüleceği gibi/üzere; **~ einfach** gayet basit/kolay; **die ~ beste Methode** akla gelen en iyi usul
denken *v/t u v/i* ⟨dachte, gedacht, *h*⟩ (**an** *A*, **über** *A -i* hakkında) düşünmek; **das kann ich mir ~** tahmin ederim; **das habe ich mir gedacht** böyle (olacağını) düşünmüştüm; **denk daran zu …** -meyi unutma; **j-m zu ~ geben** b-ni düşündürmek; **solange ich ~ kann** aklım ereli (beri); **ich dachte mir nichts dabei** aklıma kötü bir şey gelmedi; **daran ist nicht zu ~** dünyada olmaz; **ich denke nicht daran!** aklımın ucundan bile geçmez!; F **denkste!** sana öyle geliyor!, nerde (o bolluk)?
Denker *m* ⟨-s; -⟩, **~in** *f* ⟨-; -nen⟩ düşünür
denkfaul *adj* tembel kafalı
Denkfehler *m* mantık/düşünce hatası
Denkmal *n* ⟨-s; -mäler⟩ anıt; **j-m ein ~ setzen** b-nin anıtını dikmek; **~schutz** *m* anıt koruma (çalışmaları); **unter ~ stehen** koruma altında olmak
Denk|muster *n* düşünce kalıbı; **~prozess** *m* düşünce süreci; **~weise** *f* düşünüş (biçimi); **~zettel** *m* ders, ibret; **j-m e-n ~ verpassen** b-nin aklını başına getirmek
denn 1. *konj begründend* çünkü; (*als*) *-den* daha; **mehr ~ je** her zamankinden daha fazla; **es sei ~** ola ki, velev ki; **2.** *adv* **wieso ~?** (ama) niye ki?; **was ist ~?** ne var (yine)?; **wo warst du ~?** nerelerdeydin?
dennoch *konj* buna rağmen; bununla birlikte
Denunz|iant *m* ⟨-en; -en⟩, **~iantin** *f* ⟨-; -nen⟩ muhbir, jurnalci; **ᘔieren** *v/t* ⟨*o* ge-, *h*⟩ ihbar etmek, jurnallemek
Deo *n* ⟨-s; -s⟩ F, **~dorant** *n* ⟨-s; -e, -s⟩

deodoran
deplatziert *adj* yersiz
Depo|nie *f* ⟨-; -n⟩ çöplük; ardiye; **≗nieren** *v/t* ⟨*o* ge-, *h*⟩ (depoya) yatırmak
Depor|tation [-ˈtsi̯oːn] *f* ⟨-; -en⟩ tehcir, sürgün; **≗tieren** *v/t* ⟨*o* ge-, *h*⟩ tehcir etmek, sürmek (*kitle halinde*)
Depot [deˈpoː] *n* ⟨-s; -s⟩ depo
Depression [-ˈsi̯oːn] *f* ⟨-; -en⟩ çöküntü; ÖKON çökme
depressiv [-f] *adj* depresif; çökük
deprimier|en *v/t* ⟨*o* ge-, *h*⟩ *-in* moralini bozmak; **~end** moral bozucu; **~t** *adj* morali bozuk, karamsar
der **1.** *art* (*D* dem, *A* den, *G* des) belirli tanımlık (eril); ***~ Baum, Fisch, Wagen*** (belirli) ağaç, balık, araba; **2.** *dem pron* (*G* dessen): ***~ hier*** şu(radaki); **3.** *rel pron* (*G* dessen): ***der Tisch, ~ den du siehst*** senin gördüğün masa
derart *adv* böylesine; **~ig** *adj* öyle; ***e-e ~e Kälte*** öyle bir soğuk; ***nichts ≗es*** öyle (hiç)bir şey yok/değil
derb *adj* kaba; *Leder* sert; **≗heit** *f* ⟨-; -en⟩ kabalık
Deregulierung *f* ⟨-; *o pl*⟩ düzenlemenin kaldırılması
derentwegen *adv* onun için/yüzünden, onlar için/yüzünden
dergleichen *dem pron* böyle, öyle; ***~ Fragen*** (b)öyle sorular; (b)öyle bir şey; ***und ~ mehr*** ve bunun gibi (daha birçokları); ***nichts ~*** hiç öyle değil
Derivat *n* ⟨-s; -e⟩ CHEM türev
derjenige *dem pron* o, ki …
Dermatolog|e *m* ⟨-n; -n⟩, **~in** *f* ⟨-; -nen⟩ MED cildiyeci, dermatolog
derselbe *dem pron* aynısı, kendisi
derzeit *adv* o/şu sıra; **~ig** *adj* o zamanki, şimdiki
Desert|eur [dezɛrˈtøːr] *m* ⟨-s; -e⟩ asker kaçağı; **≗ieren** *v/i* ⟨*o* ge-, *sn*⟩ askerden kaçmak
desgleichen *adv u konj* böyle, bunun gibi
deshalb *adv u konj* bundan dolayı, onun için; o sebepten, o nedenle
Design [diˈzai̯n] *n* ⟨-s; -s⟩ dizayn; ÖKON, TECH taslak, model, tasarım; **~er** [diˈzai̯nɐ] *m* ⟨-s; -⟩, **~erin** *f* ⟨-; -nen⟩ desinatör, tasarımcı, modelist, teknik ressam
designiert *adj* göreve gelen/getirilen; ***der ~e Präsident*** yeni seçilen başkan
desillusionieren [-zi̯o-] *v/t* ⟨*o* ge-, *h*⟩ *-in* (tatlı) hayallerini bozmak/yıkmak
Desinfektionsmittel [-ˈtsi̯oːns-] *n* MED dezenfektan
desinfizieren *v/t* ⟨*o* ge-, *h*⟩ dezenfekte etmek
Desinteress|e *n* ⟨-s; *o pl*⟩ (**an** *D -e* karşı) ilgisizlik; **≗iert** *adj* ilgisiz
Desktop-Publishing [ˈdɛsktɔpablɪʃɪŋ] *n* ⟨-(s)⟩ masaüstü yayıncılığı
desolat *adj* darmadağın
Desorganisation *f* organizasyon bozukluğu
desorientiert *adj* yönünü şaşırmış, F şaşkın
Despot *m* ⟨-en; -en⟩ despot
despotisch *adj* despot(ik *adj*) *subst*
dessen *G sg* → **der 1.**; *poss pron* ***mein Bruder und ~ Frau*** kardeşim ve karısı
Dessert [dɛˈseːɐ] *n* ⟨-s; -s⟩ tatlı, soğukluk
destillieren *v/t, v/i* ⟨*o* ge-, *h*⟩ damıtmak, imbikten çekmek
desto **1.** *adv*: ***~ besser!*** (bir o kadar) daha iyi; **2.** *konj*: ***je …, ~ besser*** ne kadar -se o kadar (daha) iyi
destruktiv [-f] *adj* yıkıcı, bozucu, tahripkâr
deswegen *adv u konj* → ***deshalb***
Detail [deˈtai̯] *n* ⟨-s; -s⟩ ayrıntı, detay
detailliert [detaˈjiːɐt] **1.** *adj* ayrıntılı, detaylı; **2.** *adv* inceden inceye, ayrıntılı/detaylı olarak
Detektiv [dedɛkˈtiːf] *m* ⟨-s; -e⟩, **~in** *f* ⟨-; -nen⟩ detektif, hafiye; **~büro** *n* detektif bürosu; **~roman** *m* polis romanı
Detektor [-ˈtektoɐ] *m* ⟨-s, -en⟩ detektör
Deton|ation [-ˈtsi̯oːn] *f* ⟨-; -en⟩ patlama; **≗ieren** *v/i* ⟨*o* ge-, *sn*⟩ patlamak
deuten ⟨*h*⟩ *v/t* yorumlamak; ***falsch ~*** yanlış yorumlamak; ***~ auf*** (*A*) *-e* işaret etmek
deutlich *adj* açık seçik, belirgin; ***~er Fortschritt*** hissedilir bir ilerleme; F ***~ werden*** açıkça söylemek; **≗keit** *f* ⟨-; *o pl*⟩: ***in aller ~*** bütün açıklığıyla
deutsch *adj* Alman(ca) *adj/subst*; Almanya *subst*
Deutsch *n* ⟨-s; *o pl*⟩ Almanca; ***er kann gut ~*** iyi Almanca bilir; ***auf ~*** Almanca (olarak)
Deutschamerikaner(in *f*) *m* Alman kökenli Amerikalı
Deutschland *n* Almanya; ***Bundesre-***

publik *f* ~ (BRD) Almanya Federal Cumhuriyeti
Deutschlehrer(in *f*) *m* Almanca öğretmeni
deutschsprachig *adj* Almanca (konuşan)
Deutschunterricht *m* Almanca dersi
Devise [-v-] *f* ⟨-; -n⟩ parola; ilke
Devisen [-v-] *pl* ÖKON döviz *sg*; kambiyo *sg*; **~bestimmungen** *pl* kambiyo hükümleri; **~geschäft** *n* kambiyo işlemi, dövizli işlem; **~händler(in** *f*) *m* sarraf, döviz tüccarı; **~kurs** *m* döviz kuru; **~makler(in** *f*) *m* döviz komisyoncusu
Dezember *m* ⟨-; -⟩ aralık (ayı); ***im*** ~ aralıkta, aralık ayında
dezent *adj Musik usw* hafif; *Kleidung* zarif, ölçülü
dezentralisieren *v/t* ⟨*o* ge-, *h*⟩ merkez dışına kaydırma
Dezernat *n* ⟨-s; -e⟩ şube
dezimal *adj* MATH; **2bruch** *m* ondalık kesir; **2stelle** *f* ondalık basamağı; **2system** *n* ondalık sistem; **2zahl** *f* ondalık sayı
dezimieren *v/t* ⟨*o* -ge-, *h*⟩ *-in* sayısını (çok) azaltmak, F *-i* tırpanlamak
DGB [de:ge:'be:] *m Abk für* ***Deutscher Gewerkschaftsbund*** Alman Sendikalar Birliği
d.h. *Abk für* ***das heißt*** yani; demek ki
Dia *n* ⟨-s; -s⟩ diya(pozitif), slayt
Diabetes *m* MED diyabet, şeker (hastalığı)
Diabetiker *m* ⟨-s; -⟩, **~in** *f* ⟨-; -nen⟩ diyabetik, şeker hastası, şekerli
Diafilm *m* diya/slayt filmi
Diagnose *f* ⟨-; -n⟩ tanı, teşhis
diagnostizieren ⟨*o* ge-, *h*⟩ **1.** *v/t* teşhis etmek; **2.** *v/i* teşhis koymak
diagonal *adj* köşegenleme, verev, çapraz
Diagonale *f* ⟨-; -n⟩ köşegen
Diagramm *n* ⟨-s; -e⟩ diyagram
Diakon *m* ⟨-s *od* -en; -e⟩ REL diyakoz
Dialekt *m* ⟨-s; -e⟩ diyalekt, lehçe
Dialektik *f* ⟨-; *o pl*⟩ diyalektik
Dialog *m* ⟨-s; -e⟩ diyalog; ***e-n ~ führen*** diyalogta bulunmak
Dialyse [-'ly:-] *f* ⟨-; -n⟩ MED diyaliz
Diamant *m* ⟨-en; -en⟩ elmas
Dia|projektor *m* diya/slayt göstericisi; **~rahmen** *m* diya/slayt çerçevesi
Diät *f* ⟨-; -en⟩ perhiz; ***e-e ~ machen*** perhiz yapmak
Diäten *pl* milletvekili maaşı *sg*
Diätkost *f* diyet/rejim yemeği
dich **1.** *pers pron* seni; ***für ~*** senin için, sana; **2.** *refl pron* kendini; kendine
dicht **1.** *adj Haar, Gewebe, Wald* sık, gür; *Nebel, Verkehr usw* yoğun; *Fenster* sıkı; F ***er ist nicht ganz ~*** onun biraz aklından zoru var; **2.** *adv* ~ ***an*** *D* (*od* ***bei***) yanı başında; ~ ***besiedelt*** yoğun nüfuslu; ~ ***bevölkert*** yoğun nüfuslu, nüfusu yoğun
Dichte *f* ⟨-; *o pl*⟩ TECH yoğunluk
dichten[1] *v/t* ⟨*h*⟩ TECH contalamak
dichten[2] ⟨*h*⟩ **1.** *v/t* yazmak; **2.** *v/i* şiir yazmak
Dichter *m* ⟨-s; -⟩ şair; yazar
dichthalten *v/i* ⟨*unreg*, -ge-, *h*⟩ F (kimseye) sızdırmamak
Dichtkunst *f* ⟨-; *o pl*⟩ edebiyat
dichtmachen ⟨-ge-, *h*⟩ *v/t u v/i* F kapatmak, paydos etmek; ***den Laden ~*** dükkanı tamamen kapatmak/bırakmak
Dichtung[1] *f* ⟨-; -en⟩ TECH conta
Dichtung[2] *f* ⟨-; -en⟩ edebiyat, yazın; (*Vers2*) manzume, şiir
Dichtungs|ring *m* TECH salmastra bileziği/halkası; **~scheibe** *f* conta
dick **1.** *adj* kalın; *Person* şişman; *Bauch* iri; ***5 cm ~*** 5 cm kalınlığında; ***es macht ~*** şişmanlatır; *fig* ***mit j-m durch ~ und dünn gehen*** b-le b-nin arasından su sızmamak; ***e-e ~e Backe*** şiş(miş) bir yanak; F ***sie sind ~e Freunde*** onlar çok iyi dost; ***~es Lob ernten*** bol övgü toplamak; **2.** *adv* ***sich ~ anziehen*** sıkı giyinmek; F ***~ mit j-m befreundet sein*** b-le sıkı fıkı ahbap/dost olmak; F ***ich habe es ~, alles allein zu machen*** her şeyi yalnız başıma yapmaktan bıktım
Dickdarm *m* ANAT kalın barsak
Dicke[1] *f* ⟨-; *o pl*⟩ TECH kalınlık
Dicke[2] *m, f* ⟨-n; -n⟩ F şişman (kadın/adam), *abw* şişko
dickfellig *adj* F vurdumduymaz
dickflüssig *adj* koyu, yoğun
Dickicht *n* ⟨-s; -e⟩ sık çalı/orman; *fig* içinden çıkılmaz bir iş
Dick|kopf *m* F kalın kafalı; **2köpfig** *adj* dikkafalı, bildiğini okuyan
Dickmilch *f* süt ekşisi, *bir tür yoğurt*
Dickwanst *m* F şiş göbek(li)
Didaktik *f* ⟨-; *o pl*⟩ didaktik

D

didaktisch *adj* didaktik, öğretici
die **1.** *art* (*D* der, *A* die, *G* der) belirli tanımlık (dişil); **~ *Blume, Hose, Wolke*** (belirli) çiçek, pantalon, bulut; **2.** *dem pron* (*G* deren) **~ *hier*** şu(radaki); **3.** *rel pron* (*G* deren); ***die Zeitung, ~ ich lese*** benim okuduğum gazete
Dieb *m* ⟨-s; -e⟩, **~in** *f* ⟨-; -nen⟩ hırsız
Diebstahl *m* ⟨-s; ⸚e⟩ hırsızlık; ***einfacher (schwerer) ~*** hafif (ağır) hırsızlık; ***e-n ~ begehen*** hırsızlık yapmak; **ⳃsicher** hırsızlığa karşı emniyetli; **~versicherung** *f* hırsızlık sigortası
Diele *f* ⟨-; -n⟩ (*Brett*) tahta, döşeme tahtası; (*Vorraum*) sofa, antre, hol
dienen *v/i* ⟨*h*⟩ (***j-m*** b-ne, ***als*** olarak) hizmet etmek; yaramak; ***damit ist mir nicht gedient*** bunun bana bir faydası olmaz/yok; ***das dient e-m guten Zweck*** bu iyi bir amaca hizmet ediyor; ***wozu soll das ~?*** bu ne işe yarar?
Dienst *m* ⟨-es; -e⟩ hizmet; servis; görev; iş; ***~ haben*** görevli olmak; ***der ~ habende Arzt*** nöbetçi hekim; ***im ~*** görevde; ***~ tuend*** görevli; nöbetçi; ***außer ~*** görev/hizmet dışı(nda); emekli; ***den ~ antreten*** göreve başlamak; ***j-m e-n guten (schlechten) ~ erweisen*** b-ne iyilik (kötülük) etmiş olmak; ***j-m gute ~e leisten*** b-nin çok işine yaramak; ***den ~ quittieren*** istifa etmek; ***öffentlicher ~*** kamu hizmeti/görevi
Dienstag *m* ⟨-s; -e⟩ salı; (***am***) **~** salı günü
dienstags salı günü/günleri
Dienst|alter *n* kıdem; **~älteste** *m, f* en kıdemli (kimse); **~antritt** *m* göreve başlama; **ⳃbar** *adj* işe yarar; ***sich (D) etw ~ machen*** bş-i kullanmak, işine yarar hale getirmek; **ⳃbereit** *adj* hizmete hazır; *Apotheke* nöbetçi; **ⳃfrei** izinli; **~geheimnis** *n* görev sırrı; **~grad** *m* rütbe; **~jahre** *pl* hizmet yıl(lar)ı; **~leistung** *f* hizmet (verme)
Dienstleistungs|betrieb *m* hizmet işletmesi; **~gewerbe** *n*, **~sektor** *m* hizmet sektörü
dienstlich **1.** *adj* resmî; görevli; **2.** *adv* görevle, görevli olarak
Dienst|mädchen *n* hizmetçi kız; **~marke** *f* polis madalyonu; **~reise** *f* iş/görev gezisi; **~schluss** *m* paydos; **~stelle** *f* şube, daire; **~vorschrift** *f* hizmet talimatı; **~wagen** *m* hizmet/makam arabası; **~weg** *m* resmî yol; **~wohnung** *f* lojman; **~zeit** *f* çalışma saatleri *pl*; (*~jahre*) görev süresi
Diesel *m* ⟨-; -⟩ dizel; *Kraftstoff* mazot
diese, ~r, ~s *dem pron* (*hier*) bu; (*dort*) şu, o; **diese** *pl* bunlar
dies|jährig *adj* bu yılki; **~mal** *adv* bu kere/defa; **~seitig** *adj* bu taraftaki, beriki; **~seits** *präp* (*G -in*) berisinde
Dietrich *m* ⟨-s; -e⟩ (*Schlüssel*) maymuncuk
diffamieren *v/t* ⟨*o* ge-, *h*⟩ karalamak, rezil etmek
Differential [-ˈt̮si̯a:l] *n*: **~getriebe** *n* AUTO dif(e)ransiyel; **~rechnung** *f* MATH diferansiyel hesap
Differenz *f* ⟨-; -en⟩ fark; **ⳃieren** *v/i* ⟨*o* -ge-, *h*⟩ (***zwischen*** *D -le -i*) birbirinden ayırmak
differieren *v/i* ⟨*o* ge-, *h*⟩; (***um*** … kadar) farklı olmak/çıkmak
diffus *adj* OPTIK yumuşak; vuzuhsuz
digital *adj* dijital; **ⳃanzeige** *f* dijital gösterge; **~isieren** *v/t* ⟨*o* ge-, *h*⟩ dijitalleştirmek; **ⳃuhr** *f* dijital saat
Diktat *n* ⟨-s; -e⟩ dikte; ***ein ~ schreiben*** dikte ödevi yapmak; *fig* emir
Diktator *m* ⟨-s; -en⟩ diktatör; **ⳃisch** *adj* diktatörce
Diktatur *f* ⟨-; -en⟩ dikta(törlük)
diktier|en *v/t,v/i* ⟨*h*⟩: ***j-m e-n Brief ~*** b-ne bir mektup yazdırmak, dikte etmek; **ⳃgerät** *n* diktafon
Dilemma *n* ⟨-s; -s, -ta⟩ ikilem
Dilettant *m* ⟨-en; -en⟩, **~in** *f* ⟨-; -nen⟩ hevesli (acemi); **ⳃisch** *adj* acemice, amatörce
Dill *m* ⟨-s; -e⟩ BOT dereotu
Dimension [-ˈzi̯o:n] *f* ⟨-; -en⟩ MATH *fig* boyut
Dimmer *m* ⟨-s; -⟩ dimmer
DIN [di:n] *Abk für* ***Deutsches Institut für Normung*** Alman Standardizasyon Enstitüsü; **~-A4-Blatt** *n* (DIN) A4('lük) kâğıt; F dosya kâğıdı
Ding *n* ⟨-s; -e⟩ şey; *pl* ***~e*** işler *pl*; ***guter ~e sein*** keyfi yerinde olmak; ***vor allen ~en*** her şeyden önce; F ***ein ~ drehen*** (gizli) bir iş çevirmek; ***der Stand der ~e*** (şu/o anki) durum; ***das geht nicht mit rechten ~en zu*** bu işin içinde bir iş (*od* bit yeniği) var
dingfest *adj*: ***j-n ~ machen*** b-ni yakalamak
Dings ⟨-; *o pl*⟩, **~bums** ⟨-; *o pl*⟩, **~da** ⟨-;

o pl⟩ *n* F zamazingo, şey; **der ~** *m*, **die ~** *f Person* şey
Dinosaurier *m* ⟨-s; -⟩ dinozor
Diode *f* ⟨-; *-n*⟩ EL diyot
Dioxid *n* CHEM dioksit
Diözese *f* ⟨-; *-n*⟩ REL piskoposluk ruhanî dairesi
Diphtherie [-f-] *f* ⟨-; -n⟩ MED difteri
Diphthong [dɪfˈtɔŋ] *m* ⟨-s; -e⟩ PHON çiftses
Dipl. *Abk für* **Diplom** *n* diploma
Dipl.-Ing. *Abk für* **Diplom-Ingenieur** *m* Yüksek Mühendis (Yük. Müh.)
Diplom *n* ⟨-s; -e⟩ diploma
Diplom… *in Zssgn, besonders Berufe* yüksek …; **~arbeit** *f* diploma çalışması, tez
Diplomat *m* ⟨-en; -en⟩ diplomat; **~enkoffer** *m* evrak çantası; **~ie** *f* ⟨-; *o pl*⟩ diplomasi; **~in** *f* ⟨-; -nen⟩ diplomat (kadın); **ꝸisch** *adj* diplomatik
dir *pers pron* sana; **~ (*selbst*)** kendine; ***mit ~*** seninle; ***von ~*** senden
direkt **1.** *adj* dolaysız, doğru, direkt; ***~e Informationen*** doğrudan bilgi/haber; ***~e Steuern*** dolaysız/vasıtasız vergiler; **2.** *adv* (*geradewegs*) doğrudan doğruya; *fig* (*genau, sofort*) aynen, hemen; *Rundfunk*, TV canlı olarak; ***~ vor dir*** hemen senden önce, hemen senin önünde; ***etw liegt ~ nach Süden*** bş tam güneye bakıyor; ***~ gegenüber*** (***von***) *-in* tam karşısında
Direktflug *m* direkt/aktarmasız uçuş
Direktion [-ˈtsi̯oːn] *f* ⟨-; -en⟩ (*Leitung*) müdürlük, yönetim, idare; (*leitende Personen*) yöneticiler, idareciler
Direktor *m* ⟨-s; -en⟩ müdür; **~in** *f* ⟨-; -nen⟩ *a* müdire; **~at** *n* müdürlük, idare
Direkt|übertragung *f Rundfunk*, TV canlı yayın; **~verkauf** *m* ⟨-s; *o pl*⟩ aracısız satış; **~wahl** *f* doğrudan seçim; **~werbung** *f* doğrudan tanıtım
Dirigent *m* ⟨-en; -en⟩, **~in** *f* ⟨-; -nen⟩ MUS orkestra şefi
dirigieren *v/t u v/i* ⟨*o* ge-, *h*⟩ *a* MUS yönetmek
Dirndl *n* ⟨-s; -⟩, **~kleid** *n Bavyera ve Avusturya'da yerel bayan elbisesi*
Disharmonie *f* ⟨-; -n⟩ uyumsuzluk, F çatlak ses
Diskette *f* ⟨-; -n⟩ EDV disket
Diskettenlaufwerk *n* disket sürücü(sü)
Diskjockey *m* MUS disk jokey
Disko *f* ⟨-; -s⟩ F disko
Diskont *m* ⟨-s; -e⟩ ÖKON iskonto; **ꝸieren** *v/t* ⟨*o* ge-, *h*⟩ *-den* iskontoyu düşmek; **~satz** *m* iskonto haddi
Diskothek *f* ⟨-; -en⟩ diskotek
Diskrepanz *f* ⟨-; -en⟩ kopukluk, uçurum
diskret *adj* gizli, tedbirli; *Person* ağzı sıkı, ketum; **ꝸion** [-ˈtsi̯oːn] *f* ⟨-; *o pl*⟩ gizlilik
diskriminier|en *v/t* ⟨*o* -ge-, *h*⟩ *-e* karşı ayrımcılık yapmak; **ꝸung** *f* (*G -e* karşı) ayrımcılık
Diskus *m* ⟨-(ses); -se *od* -ken⟩ SPORT disk; **~werfen** *n* ⟨-s; *o pl*⟩ SPORT disk atma
Diskussion [-ˈsi̯oːn] *f* ⟨-; -en⟩ (***um*** üzerinde) tartışma
Diskussions|leiter *m* tartışma yöneticisi; **~teilnehmer(in** *f*) *m* tartışmacı; **~veranstaltung** *f* tartışma programı, panel
diskutabel tartışılır, tartışmaya açık
diskutieren *v/t u v/i* ⟨*o* -ge-, *h*⟩ (***über*** üzerinde) tartışmak
dispensieren *v/t* ⟨*o* ge-, *h*⟩: **~ *von*** *-den* muaf tutmak
Display [ˈdɪspleː] *n* ⟨-s; -s⟩ EDV gösterge, display
disponieren *v/i* ⟨*o* ge-, *h*⟩ (***über*** *A* üzerinde) tasarrufta bulunmak, F *-i* ayarlamak
disponiert *adj* hazır, elverişli
Disposition [-ˈtsi̯oːn] *f* ⟨-; -en⟩ düzenleme, plan; MED (bir hastalığa) yatkınlık; ***zur ~ stehen*** (gereğinde kullanılmaya) hazır beklemek
Dispositionskredit *m* ÖKON ferdî ihtiyaç kredisi
Disqualifi|kation [-kva-] *f* ⟨-; -en⟩ diskalifiye; ele(n)me, yarışma dışı kalma; **ꝸzieren** *v/t* ⟨*o* -ge-, *h*⟩ diskalifiye etmek
Dissertation [-ˈtsi̯oːn] *f* ⟨-; -en⟩ doktora tezi
Dissident *m* ⟨-en; -en⟩, **~in** *f* ⟨-; -nen⟩ rejim karşıtı
Dissonanz *f* ⟨-; -en⟩ MUS disonans
Distanz *f* ⟨-; *o pl*⟩ mesafe, ara; ***~ gegenüber*** *-e* (karşı) mesafe; **ꝸieren** *v/r* ⟨*o* -ge-, *h*⟩: ***sich ~ von*** *-den* uzak durmak; **ꝸiert** *adj u adv* mesafeli
Distel *f* ⟨-; *-n*⟩ BOT devedikeni
Distrikt *m* ⟨-s; -e⟩ ilçe, semt
Disziplin *f* ⟨-; -en⟩ *a Fach, Sportart* di-

siplin; **≈arisch** *adj* disiplin *subst*; **~arstrafe** *f* disiplin cezası; **≈iert** *adj* disiplinli; **≈los** *adj* disiplinsiz

dito *adv* F yukarıdaki gibi, -"-

Diva [-v-] *f* ⟨-; -s, -ven⟩ diva

diverse [-v-] *adj pl* çeşitli, muhtelif

diversifizieren [-v-] *v/t u v/i* ⟨*o* ge-, *h*⟩ ÖKON çeşitlendirmek

Divi|dende [-v-] *f* ⟨-; -n⟩ ÖKON kâr payı, temettü; **≈dieren** [-v-] *v/t* ⟨*o* -ge-, *h*⟩ MATH (***durch*** *-e*) bölmek; **~sion** [divi'zĭo:n] *f* ⟨-; -en⟩ MATH bölme; MIL tümen

d.J. *Abk für* ***dieses Jahres*** bu yılın

DJ *Abk für* ***Diskjockey*** *m* disk jokey

DJH *n Abk für* ***Deutsches Jugendherbergswerk*** Alman Gençlik Hostelleri Teşkilatı

DM [de:'|ɛm] *Abk für* ***Deutsche Mark*** *f* Alman Markı

DNA, **DNS** [de|ɛn'|ɛs] *f* BIOL *Abk für* ***Desoxyribonukleinsäure*** dezoksiribonükleik asit, DNS

doch **1.** *konj* fakat; **2.** *adv* fakat; (*positive Antwort auf negative Frage*) ***kommst du nicht*** (***mit***) ***? – ~!*** sen gelmiyor musun? – evet/yok geliyorum; ***du weißt es doch!*** biliyorsun ya!; ***also ~!*** demek gene de oluyor!; ***also ~ noch*** nihayet; ***das ist ~ Peter!*** ama bu Peter!, Peter değil mi bu!; ***ja ~!*** *als Antwort* elbette; **nicht ~!** sakın ha!, hiç olur mu!; ***kommen Sie ~ herein!*** buyrun girin!; ***wenn … ~*** keşke …!

Dock *n* ⟨-s; -s⟩ dok, tersane havuzu

Docht *m* ⟨-s; -e⟩ fitil (*lamba, mum vs*)

Dogge *f* ⟨-; -n⟩ dok (köpeği)

Dogma *n* ⟨-s; -men⟩ dogma; **≈tisch** *adj* dogmatik

Doktor [-to:ɐ, -tɐ] *m* ⟨-; -en ⟩ doktor; F ***s-n ~ machen*** doktorasını yapmak; **~and** *m* ⟨-en; -en⟩, **~andin** *f* ⟨-; -nen⟩ doktora öğrencisi; **~arbeit** *f* doktora tezi; **~vater** *m* doktorayı yöneten profesör; **~würde** *f* doktor unvanı

Doktrin *f* ⟨-; -en⟩ doktrin

Dokument *n* ⟨-s; -e⟩ belge, doküman; ***~e gegen Zahlung*** ödeme karşılığı belgeler

Dokumen|tar… belgesel …; **~tarfilm** *m* belgesel film; **≈tarisch** *adj* belgeli, belgelenmiş; **~tation** [-'t͜sĭo:n] *f* ⟨-; -en⟩ belgeleme, dokümantasyon; **≈tieren** *v/t* ⟨*o* ge-, *h*⟩ belgelemek

Dolde *f* ⟨-; -n⟩ BOT sayvan, şemsiye

Dollar *m* ⟨-; -s⟩ dolar

dolmetschen *v/i u v/t* ⟨*h*⟩ (**in** *A -e*) tercüme etmek, çevirmek

Dolmetscher *m* ⟨-s; -⟩, **~in** *f* ⟨-; -nen⟩ tercüman, dilmaç; **~institut** *n* tercümanlık (yüksek)okulu

Dom *m* ⟨-s; -e⟩ katedral

Domäne *f* ⟨-; -n⟩ saha, uzmanlık alanı

domestizieren *v/t* ⟨*o* ge-, *h*⟩ evcilleştirmek

dominant *adj* başat, baskın

dominier|en *v/t*, *v/i* ⟨*o* ge-, *h*⟩ *-e* hakim olmak; **~end** *adj* hakim

Domizil [-t͜s-] *n* ⟨-s; -e⟩ konut

Donner *m* ⟨-s; -⟩ gökgürültüsü; ***wie vom ~ gerührt stehen bleiben*** donakalmak, kalakalmak

donnern *v/i* ⟨*h*⟩ gürüldemek; ***es donnert*** gök gürlüyor

Donnerstag *m* ⟨-s; -e⟩ perşembe; (**am**) **~** perşembe (günü)

donnerstags perşembe günü/günleri

Donnerwetter *n* ⟨-s; -⟩ gökgürültüsü; *int* ***~!*** hayret!

doof *adj* F salak(ça)

dopen *v/t* ⟨*h*⟩ doping yapmak; ***gedopt sein*** dopingli olmak

Doping *n* ⟨-s; -s⟩ doping; **~kontrolle** *f* doping kontrolü

Doppel *n* ⟨-s; -⟩ kopya, eş; SPORT çift, duble; **~agent**(**in** *f*) *m* çifte ajan; **~besteuerung** *f* çift vergileme; **~bett** *n* iki kişilik yatak; **~decker** *m Bus* çift katlı otobüs; **~gänger**(**in** *f*) *m b-nin tıpatıp benzeri*; **~haus** *n* ikiz evler *pl*; **~kinn** *n* çift çene; **~klick** *m* EDV çift tıklama; **~moral** *f* çifte standart(lılık); **~name** *m* çifte soyadı; **~punkt** *m* iki nokta; **≈seitig** *adj* çift taraflı; *Anzeige* iki sayfalık; **~sieg** *m* çifte zafer; **≈sinnig** *adj* iki anlamlı; **~spiel** *n* ikili oyun

doppelt *adj u adv* çift(e), duble; ***~ so viel*** (***wie*** *-in*) iki katı/misli; ***in ~er Ausfertigung*** iki/çift nüsha halinde

Doppelverdiener *pl her biri para kazanan karı-koca*

Doppelzimmer *n* iki yataklı oda

Dorf *n* ⟨-s; ⸗er⟩ köy; **~bewohner**(**in** *f*) *m* köylü

dörflich *adj* köy(lü), kırsal

Dorn *m* ⟨-s; -en⟩ BOT diken; TECH pim; *fig* ***j-m ein ~ im Auge sein*** b-ne batmak, huzursuzluk vermek

Dornröschen *n* ⟨-s; *o pl*⟩ »Ormanda Uyuyan Güzel« (masalı)
dörren *v/t* ⟨*h*⟩ kurutmak
Dörr|fleisch *n südd* kurutulmuş et; **~obst** *n* kuru(tulmuş) meyva
Dorsch *m* ⟨-es; -e⟩ morina (balığı)
dort *adv* orada; **~ drüben** orada ilerde; **~her (von) ~ her** oradan; **~hin** oraya
Dose *f* ⟨-; -n⟩ kutu; (*Steck*≗) priz; **~nbier** *n* kutu bira(sı); **~nfleisch** *n* konserve et; **~nöffner** *m* konserve açacağı
dosieren *v/t* ⟨*o* ge-, *h*⟩ dozlamak; *-in* dozunu ayarlamak
Dosierung *f* ⟨-; -en⟩ dozaj
Dosis *f* ⟨-; Dosen⟩ doz
dotieren *v/t* ⟨*o* ge-, *h*⟩ **(mit)** *-e* (… tutarında) gelir bağlamak; ***e-e gut dotierte Stelle*** kazancı iyi bir kadro; ***ein mit 100 000 DM dotiertes Turnier*** 100 000 DM ödüllü bir turnuva
Dotter *m*, *n* ⟨-s; -⟩ yumurta sarısı
doubeln ['du:bl(ə)n] ⟨*h*⟩ **1.** *v/t -in* dublörlüğünü yapmak; **2.** *v/i* dublörlük yapmak
Double ['du:b(ə)l] *n* ⟨-s; -s⟩ *Film* dublör
Download ['daunlo:d] *m* ⟨-s; -s⟩ EDV download, indirme
Down-Syndrom ['daunzyndro:m] *n* ⟨-s; *o pl*⟩ MED Down sendromu
Doz. *Abk für* ***Dozent*** *m* öğretim üyesi
dozieren *v/t u v/i* ⟨*o* ge-, *h*⟩ ders vermek; *fig scherzh* ahkam kesmek
dpa [depe'|a:] *Abk für* ***Deutsche Presseagentur*** Alman Basın Ajansı
Dr. *Abk für* ***Doktor*** *m* doktor (Dr.); **~ jur.** *Abk für* ***Doktor der Rechte*** hukuk doktoru; **~ med.** *Abk für* ***Doktor der Medizin*** tıp doktoru; **~ phil.** *Abk für* ***Doktor der Philosophie*** felsefe doktoru; **~ rer. nat.** *Abk für* ***Doktor der Naturwissenschaften*** doğabilimleri doktoru; **~ theol.** *Abk für* ***Doktor der Theologie*** ilahiyat doktoru
Drache *m* ⟨-n; -n⟩ ejder(ha)
Drachen *m* ⟨-s; -⟩ (*Papier*≗) uçurtma; ***e-n ~ steigen lassen*** uçurtma uçur(t)mak; F *abw* eli maşalı (kadın)
Dragée [dra'ʒe:] *n* ⟨-s; -s⟩ draje
Draht *m* ⟨-s; ⸗e⟩ tel; F ***auf ~ sein*** enerji dolu olmak, formunda olmak; **≗los** *adj* telsiz; **~seilakt** *m* ip cambazlığı; **~seilbahn** *f* teleferik; **~zaun** *m* tel çit; **~zieher** *m* kışkırtıcı
Drama *n* ⟨-s; -men⟩ dram; tiyatro oyunu; **≗tisch** *adj* dramatik, heyecanlı; tiyatroyla ilgili; **≗tisieren** *v/t* ⟨*o* ge-, *h*⟩ sahneye uyarlamak; dramatize etmek; **~turg** *m* ⟨-en; -en⟩ dramaturg; **~turgie** *f* ⟨-; -n⟩ dramaturgi; **~turgin** *f* ⟨-; -nen⟩ dramaturg
dran *adv* F → ***daran***; ***ich bin ~*** sıra bende; ***er ist arm ~*** onun durumu kötü; ***spät ~ sein*** geç kalmak; ***an der Sache ist was ~*** bunda bir iş var; ***du weißt nie, wie du mit ihr ~ bist*** onun gözünde ne değerin olduğunu hiç anlayamazsın; **~bleiben** *v/i* ⟨*unreg*, -ge-, *sn*⟩ F: **~ an** (*D*) *-den* ayrılmamak
Drang *m* ⟨-s; *o pl*⟩ **(nach** *-e***)** özlem; arzu
Drängelei *f* ⟨-; -en⟩ F itişme, itişip kakışma
drängeln [-ŋl(ə)n] *v/t u v/i* ⟨*h*⟩ it(ele)mek, itişmek; AUTO burnunu sokmak
drängen ⟨*h*⟩ **1.** *v/t -de* ısrar etmek; ***zu tun ~*** -mesi için sıkıştırmak; **2.** *v/i* ite kaka ilerlemek; ***auf e-e Entscheidung*** *usw* **~** bir karar *vs* için üstelemek; **3.** *v/r*: ***sich ~*** acil olmak; ***die Zeit drängt*** vakit darlaşıyor/azalıyor; ***sich ~ um*** *-in* etrafına toplaşmak; ***sich zur Tür*** *usw* **~** kapıya *vs* yığışmak
drankommen *v/i* ⟨*unreg*, -ge-, *sn*⟩ F *-in* sırası gelmek; ***ich komme*** **(*als nächster*)** **~** sıra (bundan sonra) bende; *Schule* söz almak; tahtaya kalkmak
drankriegen *v/t* ⟨-ge-, *h*⟩ F *-in* -mesini sağlamak
drannehmen *v/t* ⟨*unreg*, -ge-, *h*⟩ F *Schule -e* soru sormak
drastisch *adj* şiddetli; *Ausdruck* açık; *Maßnahme* kesin; *Wirkung* etkili
drauf F *adv* → ***darauf***: **~ *und dran sein, etw zu tun*** bş-i yapmak üzere olmak; ***gut ~ sein*** *-in* keyfi yerinde olmak
Draufgänger *m* ⟨-s; -⟩ atılgan, fütursuz; **≗isch** *adj* (*adv*) atılgan(lıkla), fütursuz(ca)
draufgehen *v/i* ⟨*unreg*, -ge-, *sn*⟩ F bitmek, harcanmak; telef olmak, ölmek
draufkommen *v/i* ⟨*unreg*, -ge-, *sn*⟩ F: ***j-m ~*** *-in* foyasını meydana çıkarmak; ***ich komm nicht drauf*** aklıma gelmiyor
draufkriegen *v/t* ⟨-ge-, *h*⟩ F ***eins ~*** boyunun ölçüsünü almak, dayak yemek
drauflegen *v/t* ⟨-ge-, *h*⟩ F; *fig Geld* (paranın) üstünü tamamlamak
drauflos F *adv* üstüne üstüne; **~gehen** *v/i* ⟨*unreg*, -ge-, *sn*⟩ F üstüne yürümek;

D

~reden *v/i* ⟨-ge-, *h*⟩ F habire konuşmak
draufmachen *v/t* ⟨-ge-, *h*⟩: F ***e-n ~*** kurtlarını dökmek
draufzahlen ⟨-ge-, *h*⟩ F **1.** *v/t* (*zusätzlich bezahlen*) üstüne para ödemek; **2.** *v/i* (*Verluste haben*) (kaybı) cepten ödemek
draus *adv* F → ***daraus***
draußen *adv* dışarıda; açıkta, açık havada; ***da ~*** şurada dışarıda
Dreck *m* ⟨-s; *o pl*⟩ F kir, *stärker* pislik; *fig* çöp; *fig* ***j-n*** (***etw***) ***in den ~ ziehen*** b-ne (bş-e) kara çalmak; ***j-n wie*** (***den letzten***) ***~ behandeln*** aşağılamak, b-ne kötü davranmak; F *fig* ***er hat*** (***viel***) ***~ am Stecken*** onun çok kirli işleri var; P ***er kümmert sich e-n ~ darum*** ona vız geliyor (tırıs gidiyor); P ***das geht dich e-n ~ an!*** bu seni nah şu kadar ilgilendirmez
dreckig *adj* kirli, pis; *adv* P ***es geht ihr ~*** onun hali berbat
Dreck|sau *f*, **~schwein** *n* P pis domuz
Dreckskerl *m* P pis herif
Dreh *m* ⟨-s; -e⟩ F ***den richtigen ~ heraushaben*** *-in* püf noktasını bulmak; ***um den ~*** bu sıralarda
Dreh|arbeiten *pl* TV, FILM çekim çalışmaları; **~bank** *f* TECH torna tezgâhı; **~buch** *n* senaryo
drehen ['dreːən] ⟨*h*⟩ **1.** *v/t* döndürmek; *Film* çevirmek; *Zigarette* sarmak; **2.** *v/r*: ***sich ~*** dönmek; ***worum dreht es sich*** (***eigentlich***)***?*** ne oluyor, mesele ne?; ***darum dreht es sich*** (***nicht***) sözkonusu budur (bu değildir)
Dreh|kran *m* döner vinç; **~kreuz** *n* turnike; **~moment** *n* TECH tork; **~orgel** *f* laterna; **~pause** *f* çekim arası; **~punkt** *m* TECH dönme merkezi; **~scheibe** *f* BAHN döner platform; (*Töpferscheibe*) torna aynası; *fig* gelişmelerin *vs* odağı; **~strom** *m* EL trifaze akım; **~stuhl** *m* döner sandalye; **~tür** *f* döner kapı; **~ung** ['dreːʊŋ] *f* dönme; devir, dönüş; **~zahl** *f* TECH dönme/devir sayısı; **~zahlmesser** AUTO devir göstergesi
drei *adj*: F ***sie kann nicht bis ~ zählen*** elifi görse mertek sanır
drei *adj* üç; **2bettzimmer** *n* üç yataklı oda; **~dimensional** *adj* üç boyutlu; **2eck** *n* ⟨-s; -e⟩ üçgen; **~eckig** *adj* üç köşeli, üçgen (biçiminde)
Drei|ecksverhältnis *n* ⟨-ses; -se⟩ üçlü ilişki; **~einigkeit** *f* ⟨-; *o pl*⟩ üç birlik (öğretisi)
dreifach *adj* üç kat(ı); üç misli; ***die ~e Menge*** *-in* üç katı; ***in ~er Ausfertigung*** üç nüsha halinde/olarak
drei|jährig *adj* (*drei Jahre alt*) üç yaşında; (*drei Jahre lang*) üç yıllık; **~mal** *adv* üç kere/defa
Dreimeterbrett *n* üç metre trampleni
dreinblicken *v/i* ⟨-ge-, *h*⟩ F ***nachdenklich ~*** düşünceli düşünceli bakmak
Drei|rad *n* üç tekerlekli bisiklet; **~satz** *m* ⟨-es⟩ MATH üçlü kuralı
drei|silbig *adj* üç heceli; **~spurig** *adj* *Straße* üç şeritli
dreißig *adj* otuz
Dreißig *f* ⟨-; *o pl*⟩ otuz; ***sie ist Ende*** (***Mitte***) ***~*** o otuzlarının ortalarında (sonlarında)
Dreißigerjahre *pl* otuzlu yıllar, otuzlar
dreißigste *adj* otuzuncu
dreist *adj* F küstah
drei|stellig *adj* MATH üç basamaklı/haneli; **~stufig** *adj* üç kademeli; **~tägig** *adj* üç günlük; **~teilig** *adj* üç parçalı/bölümlük; **~viertel** *adj* dörtte üç(lük); ***~ voll*** dörtte üç dolu; ***es ist ~ zwei*** saat biri çeyrek geçiyor
Dreiviertelstunde *f* kırk beş dakika
dreiwöchig *adj* üç haftalık
dreizehn *adj* on üç; **~te** *adj* on üçüncü
dreschen ⟨drischt, drosch, gedroschen, *h*⟩ AGR **1.** *v/t* harman etmek; **2.** *v/i* harman yapmak
dressieren *v/t* ⟨*o* ge-, *h*⟩ terbiye etmek (*Tier*)
Dressing *n* ⟨-s; -s⟩ GASTR salata sosu
Dressman ['drɛsmən] *m* ⟨-s; -men⟩ erkek model
Dressur *f* ⟨-; -en⟩ hayvan terbiyesi
driften *v/i* ⟨*sn*⟩ MAR sürüklenmek
Drill *m* ⟨-s; *o pl*⟩ MIL (ağır) talim
drillen *v/t* ⟨*h*⟩ MIL talim ettirmek; TECH delmek
Drilling *m* ⟨-s; -e⟩ üçüz
drin *adv* F → ***darin***; (*möglich*) ***es ist noch alles ~*** henüz her şey mümkün
dringen *v/i* ⟨drang, gedrungen, *h*⟩: ***~ auf*** *A* *-de* direnmek/diretmek; ***darauf ~, dass*** *-de* ısrar etmek; ⟨*sn*⟩: ***~ aus*** *-den* çıkmak, dışarıya sızmak; *Geräusch* gelmek; ***~ durch*** *-i* delip geçmek, *-in* içine işlemek; ***~ in*** *A* *-in* içine girmek, *-e* sızmak; ***an die Öffentlich-***

keit ~ kamuoyuna sızmak
dringend *adv* acil, ivedi; (*wichtig*) önemli; *Verdacht*, *Rat*, *Grund* kuvvetli, güçlü, sağlam; **~ brauchen** *-in -e* acele ihtiyacı olmak; **~ empfehlen** ısrarla tavsiye etmek; **~ notwendig** acilen gerekli/gereken
Dringlichkeit *f* ⟨-; *o pl*⟩ ivedilik
drinnen *adv* içeride, *-in* içinde
drinstecken *v/i* ⟨-ge-, *h*⟩ F *-in* içinde takılı/sokulu olmak; **da steckt viel Arbeit drin** buna çok emek verilmiş
dritt: **zu ~** üç kişi, üçü birden
dritte, **~r**, **~s** *adj* üçüncü; **die Dritte Welt** Üçüncü Dünya
Drittel *n* ⟨-s; -⟩ üçte bir
drittens *adv* üçüncü olarak, üçüncüsü
drittklassig *adj* üçüncü sınıf
Drittland *adj* POL üçüncü ülke
DRK [deː|ɛr'kaː] *n Abk für* **Deutsches Rotes Kreuz** Alman Kızılhaçı
Droge *f* ⟨-; -n⟩ hap; (*Rauschgift*) narkotik/uyuşturucu madde
drogenabhängig *adj* uyuşturucu bağımlısı
Drogen|abhängige *m*, *f* ⟨-n; -n⟩ uyuşturucu bağımlısı (kişi); **~abhängigkeit** *f* uyuşturucu bağımlılığı; **~beratungsstelle** *f* uyuşturucu danışma merkezi; **~handel** *m* uyuşturucu ticareti/kaçakçılığı; **~händler(in** *f*) *m* uyuşturucu satıcısı; **~konsum** *m* uyuşturucu tüketimi; **~missbrauch** *m* uyuşturucu suiistimali; **~rausch** *m* uyuşturucu sarhoşluğu, trip; **~sucht** *f* uyuşturucu bağımlılığı; **≈süchtig** uyuşturucu bağımlısı; **~szene** *f* uyuşturucu kullanılan çevre
Drogerie *f* ⟨-; -n⟩ ıtriyat mağazası
Drohbrief *m* tehdit mektubu
drohen *v/i* ⟨*h*⟩ (**j-m** b-ni) tehdit etmek, korkutmak
drohend *adj*: **~e Gefahr** kapıdaki tehlike
dröhnen *v/i* ⟨*h*⟩ *Motor*, *Stimme usw* gürlemek; (*widerhallen*) uğuldamak
Drohung *f* ⟨-; -en⟩ tehdit
Dromedar *n* ⟨-s; -e⟩ (tek hörgüçlü) deve, hecin devesi
Drossel *f* ⟨-; -n⟩ ZOOL ardıçkuşu; TECH boğaz
drosseln *v/t* ⟨*h*⟩: *Geschwindigkeit* azaltmak; *Motor* yavaşlatmak; *Gas*, *Heizung* kısmak
drüben *adv* şurada, karşıda
drüber *adv* F → **darüber**
Druck[1] *m* ⟨-s; *o pl*⟩ baskı, tazyik; TECH basınç, tazyik; **~ auf j-n ausüben** b-ne baskı uygulamak; F **im ~ sein** *-in* başı sıkışık olmak
Druck[2] *m* ⟨-s; -e⟩ basım, baskı; **in ~ gehen** baskıya girmek
Druck|abfall *m* basınç düşmesi; **~anstieg** *m* basınç yükselmesi; **~ausgleich** *m* basınç denkleşmesi
druckempfindlich *adj* dokunmaya karşı hassas
drucken *v/t* ⟨*h*⟩ basmak, yayınlamak
drücken ⟨*h*⟩ **1.** *v/t* basmak; sıkmak *Preis*, *Leistung* düşürmek; *Preis a* kırmak; *Niveau* çıtayı indirmek; *Rekord* zorlamak; **j-n ~** b-ni kucaklamak; **j-m die Hand ~** b-nin elini sıkmak; **2.** *v/i Schuh* vurmak; *Magen -in* midesi sıkışmak; *Sorgen* ezmek; **auf e-n Knopf** *usw* **~** bir düğmeye vs basmak; **auf die Stimmung ~** *-in* neşesini kırmak; **3.** *v/r*: F **sich ~ vor** *D -den* kaytarmak; *aus Angst* ortalıktan kaybolmak, sıvışmak
drückend *adj Hitze* bunaltıcı
Drucker[1] *m* ⟨-s; -⟩, **~in** *f* ⟨-; -nen⟩ matbaacı
Drucker[2] *m* ⟨-s; -⟩ EDV yazıcı, printer
Drücker *m* ⟨-s; -⟩ *Tür* kapı kolu; *Gewehr* tetik; F **auf den letzten ~** son anda, yumurta kapıya dayanınca
Druckerei *f* ⟨-; -en⟩ matbaa, basımevi
Druck|fehler *m* baskı hatası; **≈fertig** *adj* baskıya hazır; **~knopf** *m* TECH düğme; çıtçıt; **~luft** *f* basınçlı hava; **~luftbremse** *f* havalı fren; **~maschine** *f* matbaa/baskı makinası; **~messer** *m* TECH manometre; **~mittel** *n* baskı aracı; **~sache** *f Post* matbua; **~schrift** *f* kitap harfleri *pl*; **~stelle** *f* ezik; **~verband** *m* MED kompresyon sargısı; **~welle** *f* basınç dalgası
drum *adv* F → **darum**; **das ganze Drum und Dran** bütün teferruat; **mit allem Drum und Dran** her bir şeyiyle beraber
drunter *adv* F → **darunter**
Drüse *f* ⟨-; -n⟩ MED bez, salgı bezi
Dschungel ['dʒʊŋ(ə)l] *m* ⟨-s; -⟩ cengel, balta girmemiş orman
dt. *Abk für* **deutsch** Alman(ca)
DTP *n* ⟨-s; *o pl*⟩ *Abk* → **Desktop-Publishing**

Dtzd. *Abk für* ***Dutzend*** *n* düzine

du *pers pron* sen

Dübel *m* ⟨-s; -⟩ TECH dübel

ducken *v/r* ⟨*h*⟩: ***sich ~*** başını eğmek, sinmek

Dudelsack *m* MUS gayda

Duell *n* ⟨-s; -e⟩ düello

Duett [du'ɛt] *n* ⟨-s; -e⟩ MUS düet; ikili

Duft *m* ⟨-s; ⸚e⟩ (güzel) koku, rayiha; **~note** *f* (*-in*) kendine özgü koku(su); **~stoff** *m* koku maddesi

duften *v/i* ⟨*h*⟩ (***nach*** bş) kokmak

duftend *adj* güzel kokulu

duftig *adj* hafif

dulden *v/t* ⟨*h*⟩ (*zulassen*) hoşgörmek; (*hinnehmen*) *-e* göz yummak; *-i* kabullenmek

Duldung *f* ⟨-; *o pl*⟩ hoşgörü, müsamaha; JUR istisnaî oturma izni

dumm *adj* aptal; (*unwissend*) cahil; *Handlung* can sıkıcı; ***sich ~ stellen*** bir şeyden haberi yokmuş gibi yapmak; ***ich lasse mich nicht für ~ verkaufen*** ben kendimi aptal yerine koydurmam

Dumme *m, f*: ***der, die ~ sein*** enayilik etmek, okkanın altına giden olmak

Dumm|heit *f* ⟨-; -en⟩ aptallık; terslik; ***was für eine ~!*** ne aptallık; (***mach***) ***keine ~en!*** bir delilik etme!; **~kopf** *m* sersem, ahmak; enayi

dumpf *adj* boğuk; *Gefühl usw* bulanık

Dumping ['dampɪŋ] *n* ⟨-s; *o pl*⟩ ÖKON damping; **~preis** *m* damping fiyatı

Düne *f* ⟨-; -n⟩ kumul, kum tepesi

Dung *m* ⟨-s; *o pl*⟩ gübre

düngen *v/t u v/i* ⟨*h*⟩ gübrelemek

Dünger *m* ⟨-s; -⟩ gübre

dunkel *adj Farbe* koyu; karanlık; ***j-n im Dunkeln lassen*** b-ni aydınlatmamak; F *fig* ***im Dunkeln tappen*** el yordamıyla hareket etmek; **~blau** *adj* lacivert; **~blond** *adj* kumral; **~haarig** *adj* koyu renk saçlı; **~häutig** *adj* esmer; **≈heit** *f* ⟨-; *o pl*⟩ karanlık; **≈kammer** *f* FOTO karanlık oda; **~rot** *adj* koyu kırmızı; **≈ziffer** *f* belirsiz rakam

dünn *adj* ince; *Kaffee usw* hafif, koyu olmayan; *Tee* açık; ***~ besiedelt*** az nüfuslu; ***~ gesät*** F seyrek

Dünn|darm *m* ince barsak; **≈flüssig** *adj* sulu, koyu olmayan; **≈häutig** *adj fig* hassas/duyarlı

Dunst *m* ⟨-s; ⸚e⟩ (*leichter Nebel*) hafif sis, pus; (*Dampf*) buhar; (*Qualm*) duman; F *fig* ***er hat keinen*** (***blassen***) ***~ davon*** bu işten hiç anlamaz

Dunstabzugshaube *f* davlumbaz

dünsten *v/t* ⟨*h*⟩ buğuda pişirmek, buğulamak

Dunstglocke *f* (şehrin üstündeki) sis örtüsü

dunstig *adj* puslu

Dunstschleier *m* pus

Duplikat *n* ⟨-s; -e⟩ suret, kopya

durch 1. *präp* (*A*) sayesinde; ortasından, içinden; (*quer* ~) karşıdan karşıya; (*mittels*) ile, sayesinde; ***~ Zufall*** tesadüfen, raslantıya; MATH ***4*** (***geteilt***) ***~ 2*** 4 bölü 2; **2.** *adv* ***es ist 5 Uhr ~*** saat beşi geçiyor; ***das ganze Jahr ~*** bütün yıl (boyunca); ***~ und ~*** baştan başa, tamamen, hepten

durchackern *v/t* ⟨-ge-, *h*⟩ F çalışıp bitirmek

durcharbeiten ⟨-ge-, *h*⟩ **1.** *v/i* ara vermeden çalışmak; **2.** *v/t* çalışarak geçirmek; ***die Nacht ~*** sabaha kadar çalışmak; **3.** *v/r*: ***sich ~*** (***durch***) *fig Buch usw* çalışıp (*-in*) üstesinden gelmek

durchatmen *v/i* ⟨-ge-, *h*⟩ (***tief***) ***~*** derin nefes almak

durchaus *adv* gayet; ***~ möglich!*** pekalâ mümkün/olabilir!; ***~ nicht*** kesinlikle (değil)

durchbeißen ⟨*unreg*, -ge-, *h*⟩ **1.** *v/t*: ***etw ~*** ısırarak koparmak; **2.** *v/r* F: ***sich ~*** *-e* diş geçirmek

durchblättern *v/t* ⟨-ge-, *h*⟩ karıştırmak (*Buch*)

Durchblick *m* F *fig*: ***keinen ~ haben*** *-in* bilgisi/kavrayışı kıt olmak; ***sich*** (*D*) ***den nötigen ~ verschaffen*** gereken bilgiyi edinmek

durchblicken *v/i* ⟨-ge-, *h*⟩ bş-in arasından bakmak; ***~ lassen*** anlamasını sağlamak; ***ich blicke*** (***da***) ***nicht durch*** (durumu) kavrayamadım

durchbluten *v/t* ⟨*o* ge-, *h*⟩ kanla beslemek (*bir organı*)

Durchblutung *f* ANAT kan dolaşımı (*bir organdaki*)

durchblutungsfördernd *adj* MED dolaşımı güçlendirici

Durchblutungsstörung *f* MED dolaşım bozukluğu

durchbohren *v/t* ⟨*o* ge-, *h*⟩ delmek, delip geçmek; delik açmak, sıra sıra delmek; ***mit Blicken ~*** tehdit edici gözler-

le bakmak
durchbrechen[1] ⟨*unreg*, -ge-⟩ **1.** *v/t* ⟨*h*⟩ kırmak, yarmak; **2.** *v/i* ⟨*sn*⟩ kırılmak, yarılmak; *Geschwür* açılmak
durchbrechen[2] *v/t* ⟨*unreg*, *o* -ge-, *h*⟩ *Regel* bozmak
durchbrennen *v/i* ⟨*unreg*, -ge-, *sn*⟩ *Sicherung* yanmak, atmak; *Reaktor* yanıp erimek; F kaçmak
durchbringen **1.** *v/t* ⟨*unreg*, -ge-, *h*⟩ *Kranken* kurtarmak; *Familie* geçindirmek; **2.** *v/r*: ***sich ~*** (azla) geçinmek; idare etmek
Durchbruch *m* ⟨-s; ⸚e⟩ atılım, başarı, çıkış; ***zum ~ kommen*** atılım yapmak
durchchecken ⟨-ge-, *h*⟩ iyice kontrol etmek
durch|dacht *adj Plan, Antwort* iyice düşünülmüş; **~denken** *v/t* ⟨*unreg*, *o* -ge-, *h*⟩ iyice düşünmek
durchdrängen *v/r* ⟨-ge-, *h*⟩: ***sich ~*** ite kaka kendine yol açmak
durchdrehen ⟨-ge-, *h*⟩ **1.** *v/i* ⟨*a sn*⟩ F *nervlich* çok sinirlenmek; *stärker* aklını kaçırmak; *Räder* patinaj yapmak; **2.** *v/t Fleisch* kıymak, makinadan geçirmek
durchdringen **1.** *v/t* ⟨*unreg*, *o* -ge-, *h*⟩ *Flüssigkeit -in* içine geçmek; ***j-n ~*** … duygusuyla dolu olmak; **2.** *v/i* ⟨*unreg*, -ge-, *sn*⟩ *Stimme -e* (kadar) ulaşmak; *Nachricht* (***bis***) ***zu j-m ~*** b-ne (kadar) ulaşmak; ***~ mit -i*** kabul ettirmek, *-e* sözünü geçirmek
durchdringend *adj* keskin, etkili; *Stimme* tiz
durchdrücken *v/t* ⟨-ge-, *h*⟩ *Knie* iyice germek; F → ***durchsetzen***
durchdrungen *adj* **von** *-le* (dop)dolu olmak
durcheinander *adv*: ***~ bringen*** şaşırtmak, *-in* aklını karıştırmak; ***~ geraten*** (birbirine) karışmak; birbirine girmek; ***~ reden*** (hep) bir ağızdan konuşmak; ***~ sein*** şaşırmış olmak; *Dinge* karmakarışık olmak
Durcheinander *n* ⟨-s; *o pl*⟩ karışıklık, dağınık(lık), kargaşa
durchfahren **1.** *v/i* ⟨*unreg*, -ge-, *sn*⟩ (durmadan) geçmek; ***~ bis*** *-e* kadar mola vermeden gitmek; **2.** *v/t* ⟨*unreg*, *o* -ge-, *h*⟩ (bir yeri) geçmek (*arabayla*)
Durchfahrt *f* geçiş; geçit; ***~ verboten!*** geçiş yasaktır!
Durchfall *m* MED ishal
durchfallen *v/i* ⟨*unreg*, -ge-, *sn*⟩ başaramamak; *Prüfling* sınıfta kalmak; F çakmak; *Stück* başarısız olmak; ***j-n ~ lassen*** b-ni (sınavda) bırakmak
Durchfallquote *f* (sınavda) başarısızlık oranı
durchfeiern *v/i* ⟨-ge-, *h*⟩ F *Nacht, Tag* (sadece) eğlenerek geçirmek
durchfinden *v/i u v/r* ⟨*unreg*, -ge-, *h*⟩ (***sich***) **~** (karışık bir durumla) başa çıkabilmek; ***sich nicht mehr ~*** (karışık bir durumla) başa çıkamaz olmak
durchfliegen ⟨*unreg*⟩ **1.** *v/i* ⟨-ge-, *sn*⟩ aktarmasız uçakla gitmek; **2.** *v/t* ⟨*o* ge-, *h*⟩ *Gebiet* (bir yeri uçakla) geçmek; *Buch usw* (aceleyle) gözden geçirmek
durchfließen *v/t* ⟨*unreg*, -ge-, *sn*⟩ (bir yeri akarak) geçmek
durchfragen *v/r* ⟨-ge-, *h*⟩: ***sich ~*** (***nach, zu*** *-in* yolunu) sora sora bulmak
Durchfuhr *f* ⟨-; -en⟩ ÖKON transit
durchführbar *adj* uygulanabilir, gerçekleştirilebilir
durchführen ⟨-ge-, *h*⟩ **1.** *v/t* uygulamak, yerine getirmek; **2.** *v/i Straße* ***~ durch*** bir yerden geçmek
Durchführung *f* ⟨-; -en⟩ uygula(n)ma
durchfüttern *v/t* ⟨-ge-, *h*⟩ F (kendi yanında) beslemek
Durchgang *m* ⟨-s; ⸚e⟩ geçme, geçit; ÖKON geçiş, geçit, pasaj; ***~ verboten!*** geçiş yasaktır!; ***den ~ versperren*** geçidi kapa(t)mak
durchgeben *v/t* ⟨*unreg*, -ge-, *h*⟩: ***telefonisch*** (***im Radio***) **~** telefonla (radyodan) vermek (*haberi*)
durchgebraten *adj* iyi pişmiş (*biftek vs*)
durchgehen ⟨*unreg*, -ge-, *sn*⟩ *Antrag* kabul edilmek, onaylanmak; ***etw ~ lassen*** kabul etmek, onaylamak; F *fig* ***j-m etw ~ lassen*** (b-nin bir kaprisini vs) kabullenmek; ***der Weg geht durch*** yol (yarıda kesilmeden) devam ediyor; F ***mit j-m ~*** b-yle kaçmak; ***ihm gingen die Nerven durch*** onun sinirleri bozuldu
durchgehend **1.** *adj* (*ununterbrochen*) sürekli; ***~er Zug*** aktarmasız/direkt tren; **2.** *adv* ***~ geöffnet*** devamlı açık; ***~er Einlass*** devamlı giriş
durchgreifen *v/i* ⟨*unreg*, -ge-, *h*⟩ etkili ve sert önlemler almak
durchgreifend *adj Maßnahme* etkili

D

durchhalten *v/t* ⟨*unreg*, -ge-, *h*⟩ *-e* dayanmak, *-e* katlanmak
Durchhaltevermögen *n* ⟨-s; *o pl*⟩ dayanma gücü, dayanıklılık
durchhängen *v/i* ⟨*unreg*, -ge-, *h*⟩ *Decke usw* bel vermek; F (*schlapp sein*) halsiz/uyuşuk olmak
Durchhänger *m* ⟨-s; -⟩: F ***e-n ~ haben*** *-in* uyuşukluğu üstünde olmak
durchkämmen *v/t* ⟨-ge-, *h*⟩ *Haare, Wolle* (iyice) taramak; (*durchsuchen*) *Gelände* **~** (***nach***) aramak, taramak
durchkämpfen ⟨-ge-, *h*⟩ **1.** *v/r*: ***sich ~*** savaşa savaşa kurtulmak; **2.** *v/t Sache* mücadeleyle elde etmek
durchkauen *v/t* ⟨-ge-, *h*⟩ F *fig*: ***etw ~*** bş-i ısıtıp ısıtıp (ortaya) sürmek
durchkommen *v/i* ⟨*unreg*, -ge-, *sn*⟩ geçmek; TEL *-i* çıkarabilmek; *Sonne* çıkmak; *Kranker* kurtulmak; *Prüfung* geçmek; ***~ mit*** *Lüge usw* ile yakayı kurtarmak; (*auskommen*) geçinip gitmek
durchkreuzen *v/t* ⟨*o* ge-, *h*⟩ *Pläne* bozmak, baltalamak
Durchlass *m* ⟨-es; ⸚e⟩ geçit, ara kapı; **2en** *v/t* ⟨*unreg*, -ge-, *h*⟩ geçirmek, bırakmak
durchlässig *adj* (*undicht*) geçirgen
Durchlauf *m* ⟨-s; ⸚e⟩ aşama; SPORT tur
durchlaufen *v/i* ⟨*unreg*, -ge-, *sn*⟩ *-den* geçmek; *Maschine* programını bitirmek
Durchlauferhitzer *m* şofben
durchleben *v/t* ⟨*o* ge-, *h*⟩ (*-i* bilinçli olarak) yaşamak; *fig* ***etw noch einmal ~*** bş-i bir daha aklından geçirmek
durchlesen *v/t* ⟨*unreg*, -ge-, *h*⟩ baştan başa okumak
durchleuchten **1.** *v/t* ⟨*untr*, *o* ge-, *h*⟩ MED *-in* röntgenini çekmek; *fig* (*prüfen*) incelemek; **2.** *v/i* ⟨-ge-, *h*⟩ *-in* içinden/arasından parlamak
durchlöchern *v/t* ⟨*o* ge-, *h*⟩ delmek, delik deşik etmek; *fig Gesetz usw* delmek
durchmachen ⟨-ge-, *h*⟩ *v/t Ausbildung usw* yapmak, görmek; (*erleiden*) çekmek; ***er hat viel durchgemacht*** o (hayatta) çok çekti; F (*durchfeiern*) ***die Nacht ~*** sabaha kadar eğlenmek
Durchmesser *m* ⟨-s; -⟩ çap
durchmogeln *v/r* ⟨-ge-, *h*⟩: F ***sich ~*** yolunu bulmak, gemisini yürütmek
durchqueren *v/t* ⟨*o* ge-, *h*⟩ katetmek, (arasından *vs*) geçmek
durchrasen *v/i* ⟨-ge-, *sn*⟩ *-den* (büyük) hızla geçmek
durchrechnen *v/t* ⟨-ge-, *h*⟩ *-in* hesabını kitabını yapmak
Durchreiche *f* ⟨-; -n⟩ servis penceresi
Durchreise *f*: ***ich bin nur auf der ~*** sadece yolcuyum (buralı değilim); **~visum** *n* transit vizesi
durchringen *v/r* ⟨*unreg*, -ge-, *h*⟩: ***sich*** (***dazu***) ***~ etw zu tun*** (kendisiyle mücadele ettikten sonra) bş-i yapmaya karar vermek
durchrosten *v/i* ⟨-ge-, *sn*⟩ paslanarak delinmek
durchrutschen *v/t* ⟨-ge-, *sn*⟩ F arada kaynamak
Durchsage *f* ⟨-; -n⟩ (sözlü) duyuru, anons
durchsagen *v/t* ⟨-ge-, *h*⟩ anons etmek
durchsägen *v/t* ⟨-ge-, *h*⟩ (testereyle) kesip ayırmak
durchschauen *v/t*: ***etw ~*** bş-in iç yüzünü anlamak; ***j-n ~*** b-nin içini okumak
durch|scheinen *v/i* ⟨*unreg*, -ge-, *h*⟩ *-in* içinden/arasından görünmek; **~scheinend** *adj* saydam, şeffaf, transparan; **~scheuern** ⟨-ge-, *h*⟩ sürterek aşındırmak, sürterek yara etmek; **~schlafen** *v/i* ⟨*unreg*, -ge-, *h*⟩ deliksiz uyumak
Durchschlag *m* ⟨-s; ⸚e⟩ kopya (*Schreibmaschine*); **2en** ⟨*unreg*, -ge-⟩ **1.** *v/t* ⟨*h*⟩ vurarak ikiye ayırmak; *Wand* kırarak *-in* arkasına geçmek; **2.** *v/i* ⟨*sn*⟩ *Flüssigkeit* ıslatarak *-in* arkasına geçmek; ⟨*h*⟩ *fig* (*Wirkung zeigen*) etkili olmak; **3.** *v/r* ⟨*h*⟩: ***sich ~*** işini bilmek, yolunu bulmak; ***sich mühsam*** (*bzw* ***allein***) **~** hayatını güçlükle (*od* yalnız başına) kazanmak; **2end** *adj Erfolg* kesin; *Argument* ikna edici; **~papier** *n* karbon kâğıdı
Durchschlagskraft *f* ⟨-; *o pl*⟩ *fig* ikna gücü
durchschlängeln *v/r* ⟨-ge-, *h*⟩: ***sich ~*** kıvrıla kıvrıla ilerlemek
durchschleusen *v/t* ⟨-ge-, *h*⟩ MAR kanal havuzundan geçirmek; *fig* ***j-n ~*** b-ni gizlice geçirmek
durchschlüpfen *v/i* ⟨-ge-, *sn*⟩ aradan kaçıvermek
durchschmoren *v/i* ⟨-ge-, *sn*⟩ F EL yanmak (*sigorta, kablo vs*)
durchschneiden **1.** *v/t* ⟨*unreg*, -ge-, *h*⟩ keserek bölmek; **2.** *v/t* ⟨*unreg*, *o* -ge-, *h*⟩

keserek geçmek
Durchschnitt *m* ⟨-s; -e⟩ ortalama; ***im ~*** ortalama olarak; ***im ~ ... betragen*** (***verdienen*** *usw*) ortalama ... yekûn tutmak (kazanmak *vs*); ***über*** (***unter***) ***... ~*** ortalamanın ... üstünde (altında)
Durchschnitts... *in Zssgn Einkommen, Temperatur usw* ortalama, vasat; sıradan
durchschnittlich **1.** *adj* ortalama; (*mittelmäßig*) sıradan; **2.** *adv* ortalama olarak; ***sie verdient ~ 3000 DM*** onun ortalama kazancı 3000 DM
Durchschrift *f* (*mit Kohlepapier*) kopya
durchschwimmen *v/t* ⟨*unreg*, *o* ge-, *h*⟩ yüzerek geçmek
durchschwitzen *v/t* ⟨-ge-, *h*⟩ terleyerek ıslatmak
durchsehen *v/t* ⟨*unreg*, -ge-, *h*⟩ gözden geçirmek; (*prüfen*) incelemek
durchsetzen ⟨-ge-, *h*⟩ **1.** *v/t* kabul ettirmek; ***es ~, dass*** *-in* -mesini kabul ettirmek; ***s-n Kopf*** (*od* ***Willen***) ***~*** aklındakini (*od* iradesini) kabul ettirmek; muradına ermek; **2.** *v/r*: ***sich ~*** (***gegen***) *-e* karşı kendini kabul ettirmek; başarmak, başarılı olmak; ***sich ~ können*** (***bei j-m*** b-ne) kendini kabul ettirmek
Durchsetzungsvermögen *n* ⟨-s; *o pl*⟩: ***~ haben*** *-in* sözünü geçirme yeteneği olmak
Durchsicht *f* ⟨-; *o pl*⟩ gözden geçir(il)me; ***nach ~ der Akten*** dosyaların gözden geçirilmesinden sonra
durchsichtig *adj* saydam, şeffaf; *Bluse usw* içi görünen, şeffaf, transparan
durchsickern *v/i* ⟨-ge-, *sn*⟩ sızarak geçmek; F *Informationen* dışarıya sızmak
durchspielen *v/t* ⟨-ge-, *h*⟩ *Möglichkeit* bir ihtimali ele alıp iyice düşünmek
durchsprechen *v/t* ⟨-ge-, *h*⟩ görüşmek, tartışmak
durchstarten *v/i* ⟨-ge-, *sn*⟩ LUFTF kalkışa geçmek
durchstecken *v/t* ⟨-ge-, *h*⟩ sokarak geçirmek
durchstehen *v/t* ⟨*unreg*, -ge-, *h*⟩ *-in* altından kalkmak
durchstellen *v/t* ⟨-ge-, *h*⟩ TEL ***ein Gespräch ~*** b-ni b-ne bağlamak
durchstöbern *v/t* ⟨-ge-, *h*⟩ F (***nach*** için) arayıp taramak
durchstoßen *v/i* ⟨*unreg*, -ge-, *sn*⟩ vurarak geçmek
durchstreichen *v/t* ⟨*unreg*, -ge-, *h*⟩ *-in* üstünü çizmek/karalamak
durchsuch|en *v/t* ⟨*o* ge-, *h*⟩: iyice aramak, arayıp taramak (*bir yeri*); ***nach etw ~*** bir yerde bş-i aramak; **2ung** *f* ⟨-; -en⟩ arama; **2ungsbefehl** *m* JUR arama emri
durchtrainiert *adj* (iyi) antrenmanlı
durchtrieben *adj* F anasının gözü
durchwachsen [-ks-] *adj Fleisch* yağlı; F bir iyi bir kötü, karışık, hem öyle hem böyle
Durchwahl *f* ⟨-; *o pl*⟩ TEL direkt hat
durchwählen *v/i* ⟨-ge-, *h*⟩ TEL direkt hattan aramak
Durchwahlnummer *f* direkt numara
durchweg *adv* baştan başa/sona, tamamen
durchwühlen *v/t* ⟨*o* ge-, *h*⟩ (***nach*** için) *-in* altını üstüne getirmek
durchwursteln [-ʃt-] *v/r* ⟨-ge-, *h*⟩ F: ***sich ~*** idare edip gitmek
durchziehen ⟨*unreg*, -ge-⟩ **1.** *v/t* ⟨*h*⟩ *Faden -in* içinden çekip geçirmek; gerçekleştirmek; **2.** *v/i* ⟨*sn*⟩ geçmek, boydan boya katetmek
Durchzug *m* ⟨-s; ⸚e⟩ geçiş; (*Luftzug*) cereyan, kurander
dürfen ⟨*h*⟩ **1.** *v/aux* ⟨darf, durfte, dürfen⟩ ***etw tun ~*** *-in* bş-i yapmaya izni olmak; ***das hättest du nicht tun ~!*** bunu yapmamalıydın!; ***dürfte ich ...? ...*** (yap)abilir miyim acaba?; ***das dürfte genügen*** bu (kadar) yeter herhalde; ***was darf es sein?*** ne arzu edersiniz?; **2.** *v/i u v/t* ⟨darf, durfte, gedurft⟩ ***darf ich?*** müsaade eder misin(iz)?; ***er darf*** (***es***) yapabilir
dürftig *adj* yoksul, yetersiz; (*spärlich*) az
dürr *adj* kuru; *Boden* kurak; (*mager*) cılız, sıska
Dürre *f* ⟨-; -n⟩ kuraklık; çoraklık; **~schäden** *pl* kuraklık hasarı
Durst *m* ⟨-es⟩ (***nach*** *-e*) susama, susuzluk; ***~ haben*** susamış olmak
durst|ig *adj* susuz; susamış; **~löschend** *adj* susuzluk giderici; **2strecke** *f* darlık içinde geçen zaman
Dusch|bad *n*; **~e** *f* ⟨-; -n⟩ duş; ***e-e ~ nehmen***, **2en** *v/r u v/i* ⟨*h*⟩ duş yapmak/almak; **~gel** *n* duş jölesi; **~kabine** *f* duş kabini; **~raum** *m* duş(lar); **~vorhang** *m* duş perdesi
Düse *f* ⟨-; -n⟩ TECH meme, püskürteç, jet

Düsen|flugzeug *n* jet (uçağı); **~jäger** *m* MIL tepkili savaş uçağı; **~triebwerk** jet motoru
düster *adj* karanlık, bulanık; (*trostlos*) kasvetli, hüzünlü, sıkıntılı
Duty-free-Shop [dju:ti'fri:ʃɔp] *m* ⟨-s; -s⟩ gümrüksüz satış mağazası, free shop
Dutzend *n* ⟨-s; -e⟩ düzine; ***ein ~ Eier*** bir düzine yumurta; **&weise** *adv* düzinelerce, düzine düzine
duz|en *v/t* ⟨*h*⟩ (***j-n*** b-ne) sen diye hitap etmek; **&freund** *m* senlibenli dost
Dynamik [dy'na:mɪk] *f* ⟨-; *o pl*⟩ dinamik
dynamisch [dy-] *adj* dinamik; *Rente* endekslenmiş, endeksli
dynamisieren *v/t* ⟨*o* -ge-, *h*⟩ harekete geçirmek; dinamikleştirmek
Dynamit [dyna'mi:t] *n* ⟨-s; *o pl*⟩ dinamit
Dynamo [dy'na:mo] *m* ⟨-s; -s⟩ dinamo
Dynastie [dynas'ti:] *f* ⟨-; -n⟩ hanedan
Dystonie *f* ⟨-; -n⟩ MED kas tonusu bozukluğu

E

e, E [e:] *n* ⟨-; -⟩ **1.** e, E; **2.** MUS mi
e.V. [e'fau̯] *Abk für* ***eingetragener Verein*** tescilli dernek
Ebbe *f* ⟨-; -n⟩ cezir; ***~ und Flut*** met ve cezir, gelgit
eben *adj* (*flach*) düz, yayvan; (*gerade ~*) demin; ***~ erst*** daha demin; (*genau*) (***das ist es ja***) ***~!*** işte mesele (zaten) o ya!; ***~ nicht!*** değil/yok tabii!, ne münasebet!; ***~ noch*** (*mit Mühe*) zar zor; (*nun einmal*) ***sie ist ~ besser als ich*** ne yapalım ki o benden daha iyi; ***so ist es ~!*** (ne yapalım,) durum bu!
Ebenbild *n -in* tıpkısı
ebenbürtig *adj*: ***j-m ~ sein*** b-le aynı asalette/değerde olmak
eben|der(selbe), **~die(selbe)**, **~das(selbe)** **1.** *dem pron* (sözü edilenin) ta kendisi; **2.** *adj* aynı
Ebene *f* ⟨-; -n⟩ GEOGR ova; MATH düzlem; *fig* düzey, düzlem; ***auf politischer ~*** politik düzeyde/düzlemde
ebenerdig *adj* düzayak
ebenfalls *adv* aynen, keza; bilmukabele; ***danke, ~!*** teşekkür ederim, sana da/size de!
ebenmäßig *adj Gesichtszüge* düzgün
ebenso *adv* aynen, keza; ***~ viel(e)*** bir o kadar (çok); ***~ wenig(e)*** bir o kadar (az)
Eber *m* ⟨-s; -⟩ ZOOL erkek domuz
Eberesche *f* BOT kuşüvezi
ebnen *v/t* ⟨*h*⟩ düzlemek, düzeltmek
EC [e:'tse:] *Abk* → ***Euroscheck m***
Echo *n* ⟨-s; -s⟩ eko, yansı(ma); *fig* (***auf*** *A -e*) tepki
echt *adj* öz, asıl; (*wahr*) gerçek, hakikî; (*rein*) saf, halis; (*wirklich*) gerçek; *Farbe* sabit, solmaz; *Dokument* sağlam, güvenilir; **&heit** *f* ⟨-; *o pl*⟩ doğruluk; sabitlik; gerçek, saflık
Eck *n* ⟨-s; -en⟩ *süddt, österr* köşe
Eck|ball *m* korner, köşe atışı; **~daten** *pl* ana/temel veriler
Ecke *f* ⟨-; -n⟩ köşe; ***an der ~*** köşede; *fig* ***an allen ~n und Enden*** *-in* her bir yanı/tarafı; F ***j-n um die ~ bringen*** b-ni temize havale etmek
Eckhaus *n* köşedeki ev
eckig *adj Kinn* köşeli
Eck|lohn *m* esas ücret; **~pfeiler** *m* ARCH köşe direği; **~stoß** *m* SPORT köşe vuruşu; **~zahn** *m* köpekdişi
edel *adj* soylu, asil; *Mineralien* değerli
Edel|metall *n* soy metal; **~stahl** *m* paslanmaz çelik; **~stein** *m* değerli taş; *geschnittener* mücevher; **~weiß** *n* ⟨-s; -e⟩ BOT aslanpençesi
EDV [e:de'fau̯] *f* ⟨-; *o pl*⟩ *Abk für* ***Elektronische Datenverarbeitung*** elektronik bilgi işlem; **~-Anlage** *f* bilgi işlem tesisi, bilgisayar
Efeu *m* ⟨-s⟩ BOT sarmaşık
Eff-eff *n* F: ***etw aus dem ~ können*** bş-in daniskasını bilmek
Effekt *m* ⟨-s; -e⟩ etki
effektiv [-f] **1.** *adj* (*wirksam*) etkili; efektif; **2.** *adv* gerçekten; basbayağı
effektvoll *adj* çok etkili
effizient [ɛfi'tsi̯ɛnt] *adj* (*wirtschaftlich*) etkin; (*wirksam*) etkili

Effizienz *f* ⟨-⟩ etkililik, etkinlik
egal *adj* F: **~ ob (warum, wer** *usw* niçin, kim *vs* yaptı,) önemli değil; ***das ist ~*** fark etmez; ***das ist mir ~*** bana göre hava hoş
Egel *m* ⟨-s; -⟩ ZOOL sülük
Ego|ismus [ego'ɪsmʊs] *m* ⟨-; -men⟩ bencillik; **~ist** [ego'ɪst] *m* ⟨-en; -en⟩, **~istin** *f* ⟨-; -nen⟩ bencil; **ℒistisch** *adj* bencil, bencilce; **ℒzentrisch** *adj* benmerkezci, egosantrik
eh [eː] *adv* (*sowieso*) zaten, nasıl olsa; ***seit ~ und je*** evvelden beri
ehe ['eːə] *konj* -meden önce; ***nicht ~*** -den önce değil
Ehe ['eːə] *f* ⟨-; -n⟩ evlilik
eheähnlich *adj*: ***~e Gemeinschaft*** evlilik benzeri beraberlik; ***in e-m ~en Verhältnis leben*** karı-koca gibi yaşamak
Ehe|beratung *f* evlilik danışma hizmeti/bürosu; **~bruch** *m* zina; **~frau** *f* eş, karı; evli kadın; **~krach** *m* karı-koca kavgası; **~leute** *pl* eşler; karı-koca; **ℒlich** *adj* evlilikle ilgili; *Kind* meşru, nesebi sahih; **~mann** *m* eş, koca; evli erkek; **~paar** *n* evli çift; **~ring** *m* nikah yüzüğü; **~scheidung** *f* boşa(n)ma; **~schließung** *f* evlen(dir)me; **~vermittlungsinstitut** *n* eş bulma bürosu
ehemalig *adj* önceki, eski
ehemals *adv* eskiden, vaktiyle
eher ['eːɐ] *adv* (*früher*) daha erken, daha önce; (*lieber, vielmehr*) -mektense; tercihan; ***je ~, desto besser*** ne kadar erken olursa o kadar iyi
ehest *adv*: ***am ~en*** en büyük ihtimalle, en kolayı; ***er kann uns am ~en helfen*** bize etse etse o yardım eder
Ehevertrag *m* evlilik sözleşmesi
Ehre *f* ⟨-; -n⟩ şeref, onur; ***zu ~n von*** (*od G*) *-in* onuruna
Ehr|furcht *f* ⟨-; *o pl*⟩ (**vor** *D -e* (karşı)) derin saygı; *stärker* huşu; **ℒfürchtig** *adj* saygılı
Ehrgeiz *m* hırs, ihtiras; **ℒig** *adj* hırslı, ihtiraslı
ehren *v/t* ⟨*h*⟩ *-e* saygı göstermek; (*achten*) övmek, takdir etmek
Ehrenamt *n* fahrî görev; **ℒlich 1.** *adj* fahrî; **2.** *adv* fahrî olarak
Ehren|bürger *m* fahrî hemşehri; **~doktor** *m* şeref doktoru; **~gast** *m* şeref misafiri; **~platz** *m* baş köşe, şeref mevkii; **~sache** *f* şeref meselesi; **~wort** *n* ⟨-s; -e⟩ şeref sözü; **~!** şeref sözü veriyorum
Ehrgefühl *n* ⟨-s; *o pl*⟩ şeref (duygusu), namus
ehrlich *adj* dürüst, doğru; (*offen*) açık (kalpli); *Kampf* dürüst; **ℒkeit** *f* ⟨-; *o pl*⟩ dürüstlük
Ehrung *f* ⟨-; -en⟩ saygı (gösterisi)
Ei *n* ⟨-s; -er⟩ yumurta; **~er** *pl* V taşaklar *pl*; ***wie ein ~ dem anderen gleichen*** F hık demiş burnundan düşmüş gibi olmak; F ***wie aus dem ~ gepellt*** iki dirhem bir çekirdek; ***j-n wie ein rohes ~ behandeln*** bş-e çok büyük özen göstermek
EIB *f* ⟨-; *o pl*⟩ *Abk für* **Europäische Investitionsbank** Avrupa Yatırım Bankası
Eibe *f* ⟨-; -n⟩ BOT porsukağacı
Eiche *f* ⟨-; -n⟩ meşe
Eichel *f* ⟨-; -n⟩ BOT meşe palamudu; ANAT kamışbaşı, glans
eichen *v/t* ⟨*h*⟩ TECH *Maße, Gewichte* ayarlamak (*resmen*)
Eid *m* ⟨-s; -e⟩ ant, yemin
Eidechse *f* ⟨-; -n⟩ kertenkele
eidesstattlich *adj*: ***~e Erklärung*** JUR yemin yerine geçer açıklama
eidg. *Abk für* **eidgenössisch** konfedere (*İsviçre*)
Eidgenoss|e *m* ⟨-n; -n⟩, **~in** *f* ⟨-; -nen⟩ *İsviçre vatandaşı*
Eidotter *m, n* yumurta sarısı
Eier|becher *m* yumurta hokkası; **~kocher** *m* yumurta pişirici; **~nudeln** *pl* yumurtalı makarna; **~speise** *f* yumurta yemeği; **~stock** *m* ANAT yumurtalık
Eifer *m* ⟨-s; *o pl*⟩ çaba, gayret
Eifer|sucht *f* ⟨-; *o pl*⟩ kıskançlık; **ℒsüchtig** *adj* (**auf** *A -e* karşı) kıskanç
eifrig *adj* gayretli, çalışkan
Eigelb *n* yumurta sarısı
eigen *adj* kendi; (*~tümlich*) kendine özgü/has; (*übergenau*) titiz; *staats~ usw* devlete *vs* ait; **sich** (*D*) ***etw zu ~ machen*** bş-i benimsemek, bş-i kendine maletmek
Eigenart *f* ⟨-; -en⟩ özellik
eigenartig *adj* acayip; **~erweise** *adv* garip bir şekilde, gariptir ki …
Eigen|bedarf *m* kişisel ihtiyaç; **~brötler** *m* ⟨-s; -⟩ *yalnız olmayı seven kimse*; **~finanzierung** *f kendi imkanlarıyla finansman*; **~gewicht** *n* TECH boş ağırlık; **ℒhändig** *adj* kendi eliyle; **~heim** *n* ken-

di evi; **~initiative** *f -in* kendi girişimi; **~kapital** *n* ÖKON özsermaye; **~leben** *n* ⟨-s; *o pl*⟩; *fig* ***ein ~ entwickeln*** öz dinamiğini geliştirmek; **~liebe** *f* öz sevgisi; **~lob** *n* kendini övme; ***~ stinkt*** bırak(ın) da başkaları övsün!; **≈mächtig** *adj* keyfi, izinsiz; F kendi başına buyruk; **~name** *m* özel isim; **~nutz** *m* avantaj, çıkar; **≈nützig** *adj* çıkarcı

eigens *adv* sırf, yalnızca; özellikle

Eigenschaft *f* ⟨-; -en⟩ nitelik, özellik; ***in s-r ~ als …*** … sıfatıyla

Eigenschaftswort *n* ⟨-s; ⸚er⟩ LING sıfat

Eigensinn *m* ⟨-s; *o pl*⟩ dikkafalılık, inatçılık; **≈ig** *adj* dikkafalı, inatçı

eigenständig *adj* bağımsız, müstakil

eigentlich **1.** *adj* gerçek, asıl; kesin; ***im ~en Sinne*** asıl anlamıyla; **2.** *adv* gerçekten; aslında; ***was wollen Sie ~?*** siz ne istiyorsunuz ki?

Eigentor *n -in* kendi kalesine gol

Eigentum *n* ⟨-s; *o pl*⟩ mülk(iyet)

Eigentümer *m* ⟨-s; -⟩, **~in** *f* ⟨-; -nen⟩ mal sahibi, malik

eigentümlich *adj* tuhaf; acayip; **≈keit** *f* ⟨-; -en⟩ acayiplik, tuhaflık

Eigentumswohnung *f b-nin kendi mülkü olan daire*

eigenwillig *adj Person* inatçı, kaprisli; *Stil* özgün, kendine özgü

eignen *v/r* ⟨*h*⟩: ***sich ~ für*** *-e* yaramak, *-e* uymak

Eigner *m* ⟨-s; -⟩, **~in** *f* ⟨-; -nen⟩ sahip

Eignung *f* ⟨-; *o pl*⟩ uygunluk, yeterlik, ehliyet

Eignungsprüfung *f* yeterlik sınavı

eigtl. *Abk* → ***eigentlich***

Eil|bote *m* ***durch ~n*** özel ulak ile; **~brief** *m* ekspres mektup

Eile *f* ⟨-; *o pl*⟩ acele; ***in ~ sein*** *-in* acelesi olmak

eilen *v/i* ⟨*sn*⟩ acele etmek; ⟨*h*⟩ *Brief, Angelegenheit* acil olmak, ivedi olmak; ***Eilt!*** Acil! İvedi(likle)!

eilig *adj* hızlı; (*dringend*) acil, ivedi; ***es ~ haben*** *-in* acelesi olmak

Eil|tempo *n*: ***im ~*** hızla, süratle; **~zug** *m veraltet sadece büyücek istasyonlarda duran tren*

Eilzustellung *f* POST özel ulak, ekspres

Eimer *m* ⟨-s; -⟩ kova; F ***etw ist im ~*** bş berbat oldu

ein **1.** *adj u unbestimmter Artikel* bir; ***~ Mal*** bir kere/defa; ***~ für alle Mal*** bir kere ve kesin olarak; ***~ bis zwei Tage*** bir iki gün; **2.** *adv* ***~ – aus*** açık – kapalı; **3.** *indef pron* (*jemand, etwas*) ***der ~e oder*** (***der***) ***andere*** biri olmazsa/değilse öbürü; (*jemand, etwas*) ***~s von beiden*** ikisinden biri

einander *pron* birbiri

einarbeiten ⟨-ge-, *h*⟩ **1.** *v/t*: ***etw ~ in*** (*A*) *-e* bş-i eklemek; ***j-n ~*** b-ni işe alıştırmak; **2.** *v/r*: ***sich ~*** kendini alıştırmak; işin içine girmek

einäschern *v/t* ⟨-ge-, *h*⟩ *Leiche* (cenazeyi) yakmak

einatmen *v/t* ⟨-ge-, *h*⟩ soluk/nefes almak

Einbahnstraße *f* tek yönlü sokak/cadde

Einbau *m* ⟨-s; -ten⟩ takma, montaj; iç düzen; **~…** *Möbel vs* gömme …

einbauen *v/t* ⟨-ge-, *h*⟩ (***in*** *A -e*) takmak; yerleştirmek; *Möbel* takmak, kurmak

Einbauküche *f* ⟨-; -n⟩ komple/gömme mutfak

einbehalten *v/t* ⟨*unreg, o* -ge-, *h*⟩ alıkoymak

einberuf|en *v/t* ⟨*unreg, o* -ge-, *h*⟩ askere almak, silah altına almak; *Versammlung* toplamak; **≈ung** *f* ⟨-; -en⟩ MIL celp; **≈ungsbescheid** *m* MIL celp(name)

Einbettzimmer *n* tek kişilik oda

einbeziehen *v/t* ⟨*unreg, o* -ge-, *h*⟩ (***in*** *A -e*) dahil etmek, (*-de*) göz önünde tutmak

einbiegen *v/i* ⟨*unreg*, -ge-, *sn*⟩ sapmak; (***nach***) ***rechts ~*** sağa sapmak

einbilden *v/r* ⟨-ge-, *h*⟩: ***sich*** (*D*) ***etw ~*** hayal etmek, kurmak; ***sich*** (*D*) ***etw ~*** (***auf*** *A -den*) gurura kapılmak; ***darauf kannst du dir etw ~*** bundan gurur duyabilirsin

Einbildung *f* ⟨-; *o pl*⟩ hayal, düş; kuruntu; (*Dünkel*) kibir, gurur

Einbildungskraft *f* ⟨-; *o pl*⟩ hayal gücü, muhayyile

einbinden *v/t* ⟨*unreg*, -ge-, *h*⟩ *Buch* ciltlemek; ***~*** (***in*** *A -e*) etmek

einbläuen *v/t* ⟨-ge-, *h*⟩: ***j-m etw ~*** bş-i b-nin kafasına iyice yazdırmak

einblenden ⟨-ge-, *h*⟩ *v/t* FILM, TV ekranda *vs* göstermek; *v/r*: ***sich ~ in*** (*A*) programa (görüntüyle/sesle) katılmak

Einblick *m* ⟨-s; -e⟩ (***in etw*** *A* bş hakkında) bilgi; *-i* iyice anlama; ***~ haben*** (***in*** *A*

-*i*) görme fırsatına sahip olmak
einbrechen *v/i* ⟨*unreg*, -ge- *sn*⟩ (kırarak) girmek; ***bei uns wurde eingebrochen*** bizim eve hırsız girmiş; (***ins Eis***) **~** (kırılan buzun içine) düşmek; *Kälte, Nacht* bas(tır)mak
Einbrecher *m* ⟨-s; -⟩, **~in** *f* ⟨-; -nen⟩ (kırarak giren) hırsız
einbringen ⟨*unreg*, -ge-, *h*⟩ **1.** *v/t Ernte* kaldırmak; *Lob, Kritik* getirmek; ***nichts* ~** kurtarmamak, kâr getirmemek; JUR *Klage* dava açmak; **2.** *v/r*: ***sich* ~** kendini koymak/vermek
einbrocken *v/t* ⟨-ge-, *h*⟩: ***sich*** (*D*) ***etw* ~** (kendi) başına iş açmak
Einbruch *m* ⟨-s; ⸚e⟩ ev soyma, hırsızlık; ÖKON (*Kurs*⁓) kur/fiyat düşüşü; ***bei ~ der Dunkelheit*** karanlığın basmasıyla; **⁓sicher** *adj* hırsızlığa karşı emniyetli
einbürger|n ⟨-ge-, *h*⟩ **1.** *v/t* vatandaşlığa almak; **2.** *v/r*: ***sich* ~** yaygınlaşmak; **⁓ung** *f* ⟨-; -en⟩ vatandaşlığa al(ın)ma
Einbuße *f* ⟨-; -n⟩ kayıp; **~ *an*** (*D*) … kaybı
einbüßen ⟨-ge-, *h*⟩ *v/t* **1.** kaybetmek, yitirmek; **2.** ***an*** (*D*) ***etw* ~** bş-inden kaybetmek
einchecken [aɪnˈtʃɛkən] ⟨-ge-, *h*⟩ LUFTF **1.** *v/t Gepäck* teslim etmek, vermek; **2.** *v/i* bilet işlemini yaptırmak; *im Hotel -e* kaydolmak
eincremen ⟨-ge-, *h*⟩ **1.** *v/t -e* krem sürmek; **2.** *v/r*: ***sich* ~** krem sürünmek
eindämmen *v/t* ⟨-ge-, *h*⟩ *Fluss, a fig* sınırlamak, kısıtlamak
eindecken ⟨-ge-, *h*⟩ **1.** *v/t*: ***j-n* ~ *mit*** b-ne (bol bol) bş-i sağlamak; **2.** *v/r*: ***sich mit etw* ~** bş-i tedarik etmek, stok etmek
eindeutig *adj* açık, belli
eindeutschen *v/t* ⟨-ge-, *h*⟩ Almancalaştırmak
eindicken *v/t* ⟨-ge-, *h*⟩ koyulaştırmak
eindimensional *adj* tek boyutlu
eindring|en *v/i* ⟨*unreg*, -ge-, *sn*⟩ *Wasser, Keime* (***in*** *A -e*) girmek; *gewaltsam -e* zorla girmek; MIL istila etmek, *-e* girmek; **~lich** *adj* acil, zorunlu
Eindruck *m* ⟨-s; ⸚e⟩ izlenim, etki; ***auf j-n ~ machen*** b-ni etkilemek; ***e-n schlechten ~ machen*** (***auf*** *A -in*) üzerinde kötü bir izlenim yapmak; ***den ~ erwecken, als ob …*** sanki -miş izlenimini uyandırmak; ***ich habe den ~, dass …*** bana öyle geliyor ki …
eindrucksvoll *adj* etkili; (*imposant*) heybetli
einebnen *v/t* ⟨-ge-, *h*⟩ düzeltmek, düzle(ştir)mek
eineiig *adj*: ***~e Zwillinge*** tek yumurta ikizleri
einengen *v/t* ⟨-ge-, *h*⟩ daraltmak, kısıtlamak
Einer *m* ⟨-s; -⟩ MATH bir basamaklı sayı; MAR tek çifte kayık
einerlei *adj präd* hepsi bir; ***das ist mir ~!*** benim için farketmez!
Einerlei *n* ⟨-s; *o pl*⟩: ***das tägliche* ~** gündelik hayatın tekdüzeliği
eine, **~r**, **~s** *pron* biri
einerseits *adv* bir yandan/taraftan
einfach **1.** *adj* basit, yalınkat; (*leicht*) kolay; (*schlicht*) sade; ***~e Fahrkarte*** (yalnız) gidiş bileti; **2.** *adv* ***ich musste*** (***ganz***) **~ *lachen*** gülmeden edemedim
Einfachheit *f* ⟨-; *o pl*⟩: ***der ~ halber*** kolaylık olsun diye
einfädeln ⟨-ge-, *h*⟩ **1.** *v/t* (ipliği) delikten geçirmek; *fig* (ince bir plan kurarak) ayarlamak/düzenlemek; **2.** *v/r*: AUTO ***sich* ~** (***in*** *A*) (hareket halindeki şeride) girmek
einfahren ⟨*unreg*, -ge-⟩ **1.** *v/t* ⟨*h*⟩ AUTO (yeni) motoru alıştırmak; **2.** *v/i* ⟨*sn*⟩ *Zug* (istasyona) girmek
Einfahrt *f* ⟨-; -en⟩ taşıt girişi; **~ *freihalten!*** girişe park yapmayın!; ***Vorsicht bei der ~!*** tren perona girerken dikkat!
Einfall *m* ⟨-s; ⸚e⟩ *akla gelen şey*; fikir; MIL akın, istila
einfallen *v/i* ⟨*unreg*, -ge-, *sn*⟩ *-e* akın etmek; (*einstürzen*) çökmek; MUS (koroya) katılmak; **~ *in*** MIL *-e* girmek; ***ihm fiel ein, dass*** aklına -diği/-eceği geldi; ***mir fällt nichts ein*** aklıma bir fikir gelmiyor; ***dabei fällt mir ein*** bu bana şunu hatırlatıyor; ***was fällt dir ein?*** sana ne oluyor?, sen ne karışıyorsun?
einfalls|los *adj* tekdüze, sıkıcı; **~reich** *adj* yeniliklerle dolu
Einfallswinkel *m* PHYS düşüş açısı
einfältig *adj* saf, naif
Einfaltspinsel *m* ⟨-s; -⟩ F saftirik
Einfamilienhaus *n* (tek konutluk) müstakil ev
einfangen *v/t* ⟨*unreg*, -ge-, *h*⟩ *fig Stimmung* yakalamak
einfarbig, *österr* **einfärbig** *adj* tek renkli; *Stoff* düz renk(li)

einfassen *v/t* ⟨-ge-, *h*⟩ (*einsäumen*) kıvırmak (*Stoff*); *Brillenglas* çerçevelemek
einfetten *v/t* ⟨-ge-, *h*⟩ *Haut* yağlamak, kremlemek
einfinden *v/r* ⟨*unreg*, -ge-, *h*⟩: ***sich ~*** toplanmak

E

einfließen *v/i* ⟨*unreg*, -ge-, *sn*⟩: ***in*** (*A*) ***etw ~*** bş-in içine akmak/dökülmek; bş-e katılmak; ***etw ~ lassen*** (*andeuten*) bş-i ima etmek, bş-i sözüne katmak
einflößen *v/t* ⟨-ge-, *h*⟩ içirmek; ***j-m etw ~*** b-ne bş-i telkin etmek; *fig* ***j-m Angst*** (***Bewunderung***) ***~*** b-nde korku (hayranlık) uyandırmak
Einflugschneise *f* LUFTF iniş güzergâhı
Einfluss *m* ⟨-es; ⸚e⟩ (***auf*** *A* üzerinde) etki, nüfuz; ***~ haben auf*** (*A*) *-in* üzerinde etkisi olmak; ***~bereich*** *m* etki alanı; ***⸗reich*** *adj* sözü geçer, nüfuzlu
einförmig *adj* tek tip; monoton, tekdüze, yeknesak
einfrieren ⟨*unreg*, -ge-⟩ **1.** *v/t Lebensmittel* (derin) dondurmak; *Löhne usw* dondurmak **2.** *v/i* ⟨*sn*⟩ *Rohr* donmak; *Schiff* buza saplanıp kalmak; *fig* bloke edilmek, dondurulmak
einfühlen *v/r* ⟨-ge-, *h*⟩: ***sich ~ in*** (*A*) ***j-n*** b-nin duygularını paylaşmak
einfühlsam *adj* halden anlayan
Einfühlungsvermögen *n* ⟨-s; *o pl*⟩ empati
Einfuhr *f* ⟨-; -en⟩ ÖKON ithal(at); ***~beschränkungen*** *pl* ithalat kısıtlamaları; ***~bestimmungen*** *pl* ithalat mevzuatı; ***~genehmigung*** *f* ithal izni; ***~land*** *n* ithalatçı ülke; ***~verbot*** *n* ithal yasağı; ***~zoll*** *m* ithalat gümrük resmi
einführen *v/t* ⟨-ge-, *h*⟩ (***in*** *A -e*) sokmak; ÖKON ithal etmek; ***j-n ~*** (***in*** *A*) b-ne (*-i*) öğretmek; ***j-n ~*** (***bei***) b-ni (b-le) tanıştırmak
Einführung *f* ⟨-; -en⟩ (***in*** *A -e*) giriş
Einführungs|angebot *n* tanıtım teklifi; ***~preis*** *m* tanıtım fiyatı
einfüllen *v/t* ⟨-ge-, *h*⟩ ***in*** (*A*) *-e* doldurmak
Eingabe *f* ⟨-; -n⟩ EDV giriş; ***~daten*** *pl* girilen bilgiler/veriler
Eingang *m* ⟨-s; ⸚e⟩ giriş
Eingangs|datum *n* (evrak) giriş tarihi; ***~stempel*** *m* giriş damgası
eingängig *adj Melodie* akılda kolay kalan
eingeben *v/t* ⟨*unreg*, -ge-, *h*⟩ (***in*** *A -e*) *Daten, Text* vermek
eingebildet *adj* hayali; (*überheblich*) burnu havada; (***auf*** *A -den*) fazlasıyla mağrur
Eingeborene *m, f* ⟨-n; -n⟩ yerli (*özellikle eski kolonilerde*)
Eingebung *f* ⟨-; -en⟩ ilham, esin
eingehen ⟨*unreg*, -ge-, *sn*⟩ **1.** *v/i Post, Waren* gelmek, alınmak; *Pflanze, Tier* ölmek; *Stoff* çekmek; ***~ auf*** (*A*) *-e* yanaşmak, razı olmak; *Einzelheiten -e* girmek, inmek; ***~ in*** (*A*) *-e* geçmek; ***bei j-m ein- und ausgehen*** b-nin evine girip çıkmak; **2.** *v/t Vertrag usw* yapmak, akdetmek; *Risiko, Wette -e* girmek
eingehend *adj* ayrıntılı, etraflı
Eingemachte *n* ⟨-n; *o pl*⟩ turşu, konserve
eingemeinden *v/t* ⟨*o* -ge-, *h*⟩ (*Dorf in Stadt*) (***in*** *A -le*) birleştirmek
eingenommen *adj* hayran; ***von sich*** (*D*) ***~ sein*** kendinden (fazla) memnun olmak
eingeschrieben *adj Brief* taahhütlü
eingespielt *adj*: (***gut***) ***aufeinander ~ sein*** birbiriyle (çok) uyumlu olmak
Eingeständnis *n* ⟨-ses; -se⟩ itiraf
eingestehen *v/t* ⟨*unreg*, *o* -ge-, *h*⟩ itiraf etmek
eingestellt *adj*: ***~ auf*** (*A*) *-e* ayarlı/ayarlanmış; ***sozial*** *usw* ***~*** sosyal *vs* eğilimli
Eingeweide *pl* iç organlar
Eingeweihte *m, f* ⟨-n; -n⟩ sırdaş, *-den* çok iyi anlayan
eingewöhnen ⟨*o* -ge-, *h*⟩ *v/r*: ***sich ~*** (***in*** *A -e*) alışmak
eingipsen *v/t* ⟨-ge-, *h*⟩ MED alçıya almak
eingleisig **1.** *adj* tek raylı; **2.** *adv fig* dar bir görüş açısından
eingliedern ⟨-ge-, *h*⟩ **1.** *v/t* (***in*** *A -le*) bütünleştirmek; **2.** *v/r*: ***sich ~*** (***in*** *A -e*) entegre olmak, *-in* içinde yerini bulmak
Eingliederung *f* ⟨-; *o pl*⟩ bütünleş(tir)me, kaynaş(tır)ma
eingraben ⟨*unreg*, -ge-, *h*⟩ **1.** *v/t Pfahl* dikmek, çakmak; *Leiche usw* gömmek; **2.** *v/r*: ***sich ~*** (***in*** *A -e*) gömülmek
eingravieren [-v-] *v/t* ⟨*o* -ge- *h*⟩ (***in*** *A -e*) kazımak
eingreifen *v/i* ⟨*unreg*, -ge-, *h*⟩ (***in*** *A -e*) müdahale etmek; ***in die Debatte ~*** tartışmaya katılmak/karışmak; ***in j-s***

Leben ~ b-nin hayatına girmek

Eingreiftruppe *f* ⟨-; -n⟩ MIL çevik kuvvet

Eingriff *m* ⟨-s; -e⟩ MED, JUR (***in*** *A -e*) müdahale

eingruppieren *v/i* ⟨*o* -ge- *h*⟩ (***in*** *A* halinde/olarak) gruplandırmak

einhacken *v/i* ⟨-ge-, *h*⟩: *fig* ***auf j-n ~*** b-nin başının etini yemek

einhaken ⟨-ge-, *h*⟩ **1.** *v/t* TECH çengellemek; **2.** *v/i* (***bei*** -de) söze karışmak; **3.** *v/r*: ***sich ~*** (***bei j-m*** b-nin) koluna girmek

Einhalt *m*: ***e-r Sache*** (*D*) ***~ gebieten*** bş-e dur demek

einhalten *v/t* ⟨*unreg*, -ge-, *h*⟩ *Verpflichtung usw* yerine getirmek, *-e* uymak

einhandeln *v/t* ⟨-ge-, *h*⟩: ***sich*** (*D*) ***etw ~*** (kendi) başına bir iş (bela vs) açmak

einhängen ⟨-ge-, *h*⟩ **1.** *v/i* ⟨-ge-, *h*⟩ (telefonu) kapatmak; **2.** *v/r*: ***sich bei j-m ~*** b-nin koluna girmek

einheimisch *adj* yerli

Einheimische *m*, *f* ⟨-n; -n⟩ yerli (*kişi*)

einheimsen *v/t* ⟨-ge-, *h*⟩ F iç etmek, *-in* üstüne oturmak

einheiraten *v/i* ⟨-ge-, *h*⟩ ***~ in*** (*A*) *-e* içgüveyi girmek

Einheit *f* ⟨-; -en⟩ birim; MIL birlik; (*Ganzes*) bütünlük; **~lich** *adj* birörnek; birlikte; tek tip

Einheits|preis *m* tek fiyat; **~wert** *m* ÖKON birim değeri, standart değer

einheizen *v/i* ⟨-ge-, *h*⟩ F *fig*: ***j-m ~*** b-ni azarlamak

einhellig *adj* aynı fikirde; hep aynı

einhergehen *v/i* ⟨*unreg*, -ge-, *sn*⟩: ***~ mit*** bş-le birlikte görünmek

einholen *v/t* ⟨-ge-, *h*⟩ arayı kapatmak, *-e* yetişmek; *Zeitverlust* telafi etmek; *Auskünfte*, *Erlaubnis* (***über*** *A* hakkında) almak; *Rat* (***bei*** *-in*) fikrini sormak

einhüllen *v/t* ⟨-ge-, *h*⟩ (***in*** *A -e*) sarınmak/bürünmek

einig *adj*: (***sich*** *D*) ***~ sein*** (***mit j-m über*** *A* b-yle … hakkında) aynı fikirde olmak; (***sich*** *D*) ***~ werden*** (***mit j-m über*** *A* b-yle … hakkında) anlaşmak, uzlaşmak

einige *indef pron* (*sg*) birkaç; bazı; (*sg*) ***vor ~er Zeit*** (epey) bir zaman önce; ***~ davon*** bunlardan/bunların birkaçı; ***~s Aufsehen erregen*** bir hayli heyecan uyandırmak

einigen ⟨*h*⟩ **1.** *v/t* birleştirmek; **2.** *v/r*: ***sich ~*** (***über/auf*** *A -de*) uzlaşmak

einigermaßen *adv* şöyle böyle; oldukça

einiges *indef pron* bazısı; bazı şeyler; (*viel*) epeyce; ***Plan hat ~ für sich*** planın üstün yönleri var

Einigkeit *f* ⟨-; *o pl*⟩ uzlaşma; birlik

Einigung *f* ⟨-; -en⟩ (*Ver~*) birlik; birleşme, uyuşma; ***es wurde keine ~ erzielt*** (***über*** *A* hakkında) uyuşma sağlanamadı

einjagen *v/t* ⟨-ge-, *h*⟩: ***j-m Angst*** (***e-n Schreck***) ***~*** b-nin içine korku salmak

einjährig *adj* (*ein Jahr alt*) bir yaşında, bir yıllık; (*ein Jahr lang*) bir yıllık; ***~e Tätigkeit*** bir yıllık çalışma/iş

einkalkulieren *v/t* ⟨*o* ge-, *h*⟩ hesaba katmak

Einkauf *m* ⟨-s; ¨-e⟩ alışveriş; ÖKON satınalma

einkaufen ⟨-ge-, *h*⟩ **1.** *v/t* (satın) almak; **2.** *v/i* alışveriş yapmak; ***~*** (***gehen***) alışverişe çıkmak

Einkäufer(in *f*) *m* ÖKON mübayaacı

Einkaufs|bummel *m*: ***e-n ~ machen*** çarşı-pazar dolaşmak; **~korb** *m* alışveriş sepeti; **~liste** *f* alışveriş pusulası; **~preis** *m* ÖKON alış fiyatı; **~zettel** *m* alışveriş pusulası

ein|kehren *v/i* ⟨-ge-, *sn*⟩ (***in*** *D -de*) *Hotel* konaklamak; *Restaurant usw* mola vermek; **~klagen** *v/t* ⟨-ge-, *h*⟩: ***etw ~*** bş-i talep etmek; **~kleiden** ⟨-ge-, *h*⟩ **1.** *v/t*: ***j-n ~*** b-ni giydirmek; **2.** *v/r*: ***sich*** (*D*) (***neu***) ***~*** kendine (yeni) giyim düzmek; **~klemmen** *v/t* ⟨-ge-, *h*⟩: (***sich*** *D*) ***den Finger ~*** (***in*** *A -e*) parmağını sıkıştırmak/kıstırmak; **~kochen** ⟨-ge-, *h*⟩ **1.** *v/t -in* turşusunu/konservesini yapmak; **2.** *v/i Wasser usw* (kaynayarak) suyunu kaybetmek

Einkommen *n* ⟨-s; -⟩ gelir

Einkommen(s)steuer *f* gelir vergisi; **~erklärung** *f* gelir vergisi beyanı; *Bogen* gelir vergisi beyannamesi

einkreisen *v/t* ⟨-ge-, *h*⟩ çembere almak; kuşatmak, *-in* etrafını çevirmek/sarmak

Einkünfte *pl* gelir *sg*

einlad|en *v/t* ⟨*unreg*, -ge-, *h*⟩ (***zu*** *-e*) davet etmek; *Waren* yüklemek; **~ung** *f* ⟨-; -en⟩ davet(iye), çağrı

Einlage *f* ⟨-; -n⟩ BANK mevduat; (*Schuh~*) taban; (*Slip~*) pad; (*Suppen~*)

çorbaya konan et vs; ÖKON yatırım, pay; THEA ara oyun
Einlass *m* ⟨-es⟩ giriş; **~ ab 19 Uhr** kapılar 19'da açılır
einlassen ⟨*unreg*, -ge-, *h*⟩ **1.** *v/t* içeri almak, içeri bırakmak; **ein Bad ~** küveti doldurmak; **2.** *v/r*: **sich ~ auf** (*A*) *-e* kapılmak, yanaşmak; *-i* kabul etmek; **sich mit j-m ~** b-le (kritik bir) ilişkiye girmek
einlaufen *v/i* ⟨*unreg*, -ge-, *sn*⟩ girmek, varmak; MAR (limana) girmek; *aufs Spielfeld* (sahaya) çıkmak; **Badewasser ~ lassen** banyo küvetini doldurmak; *Stoff* çekmek
ein|leben ⟨-ge-, *h*⟩ *v/r*: **sich ~** (**in** *A -e*) alışmak; **~legen** *v/t* ⟨-ge-, *h*⟩ **e-e Diskette ~** disket koymak; **e-e Pause ~** ara/mola vermek; **in Essig ~** sirkeye yatırmak
Einlegesohle *f* (ayakkabı içine konan) taban
einleiten *v/t* ⟨-ge-, *h*⟩ *Maßnahmen* almak; *Reformen* yapmak; JUR **ein Verfahren ~** (**gegen** hakkında/aleyhinde) dava açmak; MED *Geburt* çabuklaştırmak; *Schadstoffe* **~ in** (*A*) *-e* akıtmak/dökmek
Einleitung *f* ⟨-; -en⟩ giriş, başlangıç; JUR dava açma/açılması; *Schadstoffe* akıt(ıl)ma, dök(ül)me
einlenken *v/i* ⟨-ge-, *h*⟩ *fig* razı olmak, taviz vermek
einlesen *v/t* ⟨*unreg*, -ge-, *h*⟩ EDV okumak
einleuchten *v/i* ⟨-ge-, *h*⟩: **j-m ~** b-nin aklına yatmak
einleuchtend *adj* (*überzeugend*) inandırıcı
einliefer|n *v/t* ⟨-ge-, *h*⟩: **j-n ins Krankenhaus** (**Gefängnis**) **~** b-ni hastaneye (hapishaneye) sevketmek; (yerine) teslim etmek; **&ung** *f* ⟨-; -en⟩ (**in** *A -e*) sevk; teslim; **&ungsschein** *m* posta alındısı
einloggen *v/t* ⟨-ge-, *h*⟩ EDV *ins Netz* login yapmak
einlösen *v/t* ⟨-ge-, *h*⟩ *Versprechen* tutmak, yerine getirmek; *Scheck* bozdurmak
einmachen *v/t* ⟨-ge-, *h*⟩ *-in* konservesini/turşusunu/reçelini yapmak
einmal *adv* bir kere/defa; **~ im Jahr** yılda bir (kere/defa); (*zukünftig*) bir gün, günün birinde; **auf ~** (*plötzlich*) birdenbire; (*gleichzeitig*) aynı zamanda da; **wenn du ~ groß bist** büyüdüğün zaman; **es ist nun ~ so** ne yapalım ki bu böyle; **lasst ihn doch ~ reden!** bırakın da konuşsun bir (kere)!; **noch ~** bir kez/kere daha; **noch ~ so …** (**wie**) **…** (gibi) bir kere/tane daha; **es war ~** vaktiyle; bir varmış bir yokmuş; **haben Sie schon ~ ?** siz hiç -diniz mi?; **es schon ~ getan haben** bir kere yapmış bulunmak; **schon ~ dort gewesen sein** oraya daha önce gitmiş olmak; **erst ~** ilk önce, en başta; **nicht ~** bile (değil/yok)
einmalig *adj* yalnız; eşsiz; *Zahlung usw* bir kerelik, bir defaya mahsus; **e-e ~e Chance** eşsiz bir fırsat
Einmaleins *n* çarpım tablosu
Einmarsch *m* MIL girme
einmieten *v/r* ⟨-ge-, *h*⟩: **sich ~** oda kiralamak
einmisch|en *v/r* ⟨-ge-, *h*⟩: **sich ~** (**in** *A -e*) karışmak; **&ung** *f* ⟨-; -en⟩ (*-in* işine *vs*) karışma; POL (*-in* iç işlerine) karışma
einmotorig *adj* tek motorlu
einmünden *v/i* ⟨-ge-, *sn*⟩ *Fluss* dökülmek; *Straße* açılmak; *fig Gespräch* varmak, gelmek
einmütig *adj* hemfikir, hep beraber
Einnahme *f* ⟨-; -n⟩ gelir; MED (ilaç) alma; MIL zapt, alınma; **~n** *pl* gelir(ler)
einnehmen *v/t* ⟨*unreg*, -ge-, *h*⟩ *Arznei*, *Platz* almak; MIL zaptetmek, almak; *Mahlzeit* yemek; *verdienen* kazanmak; *fig* **j-n** (**für sich**) **~** b-ne (kendini) sevdirmek
einnehmend *adj* *Wesen* alımlı, çekici, sempatik
einnicken *v/i* ⟨-ge-, *sn*⟩ uyuyakalmak
einnisten *v/r* ⟨-ge-, *h*⟩: *fig* **sich ~** (**in** *A -e*) yuvalanmak
Einöde *f* ⟨-; -n⟩ çöl, ıssız arazi
einordnen ⟨-ge-, *h*⟩ **1.** *v/t* (**nach** *D -e* göre) sınıflandırmak; (**in, unter** *A* bir gruba/sınıfa) sokmak; **2.** *v/r*: **sich ~** AUTO şerite geçmek/girmek; **sich links ~** sol şerite girmek
einpacken *v/t* ⟨-ge-, *h*⟩ **1.** *v/t* paketlemek; sarmak; **2.** *v/i* F **da können wir ~!** biz bununla boy ölçüşemeyiz!
einparken *v/t*, *v/i* ⟨-ge-, *h*⟩ park etmek
einpferchen *v/t* ⟨-ge-, *h*⟩ *Tiere*, *Men-*

schen toplamak/tıkıştırmak (*dar bir yere*)
einpflanzen *v/t* ⟨-ge-, *h*⟩ AGR dikmek; MED aktarmak, transplante etmek
einplanen *v/t* ⟨-ge-, *h*⟩ hesaba katmak
einprägen ⟨-ge-, *h*⟩ **1.** *v/t* TECH (**in** *A -e*) (damgayla) yazmak; ***j-m etw*** ~ b-ne bş-i ezberletmek; ***sich*** (*D*) ***etw*** ~ bş-i ezberlemek, bş-i aklına yazmak; **2.** *v/r*: ***sich j-m*** ~ b-nin aklında kalmak
einprogrammieren *v/t* ⟨*o* ge-, *h*⟩ programlamak
einquartieren ⟨*o* ge-, *h*⟩ **1.** *v/t* (**bei** *-in* yanına) yerleştirmek (*zum Übernachten*); **2.** *v/r*: ***sich*** ~ **bei** *-in* yanına yerleşmek
einrahmen *v/t* ⟨-ge-, *h*⟩ çerçevelemek
einrasten *v/i* ⟨-ge-, *sn*⟩ TECH ~ **in** (*A*) *-e* oturmak, F tık etmek
einräumen *v/t* ⟨-ge-, *h*⟩ *Zimmer, Schrank* yerleştirmek; (*zugestehen*) ***j-m e-e Frist*** ~ b-ne bir mühlet tanımak/vermek
einreden ⟨-ge-, *h*⟩ **1.** *v/t*: ***j-m etw*** ~ b-ne bş-i telkin etmek; **2.** *v/i*: ***auf j-n*** ~ b-ni iknaya çalışmak
einreiben *v/t u v/r* ⟨*unreg*, -ge-, *h*⟩: (***sich***) ~ ***mit*** … sürünmek
einreichen *v/t* ⟨-ge-, *h*⟩ sunmak, vermek, ibraz etmek; JUR ***e-e Klage*** ~ (**bei** *-e*) dava dilekçesi vermek; ***die Scheidung*** ~ boşanma davası açmak
einreihen ⟨-ge-, *h*⟩ **1.** *v/t* ~ (**in, unter** *A -e*) dahil etmek, sokmak, katmak; **2.** *v/r*: ***sich*** ~ (**in** *A -e*) girmek
Einreise *f* ⟨-; -n⟩ giriş (*in ein Land*); **~erlaubnis** *f* giriş izni
einreisen *v/i* ⟨-ge-, *sn*⟩ (**in** *A*, **nach** *-e*) girmek, giriş yapmak
Einreisevisum *n* giriş vizesi
einreißen ⟨*unreg*, -ge-⟩ **1.** *v/t* ⟨*h*⟩ *Gebäude* yıkmak; **2.** *v/i* ⟨*sn*⟩ yırtmak; *Unsitte usw* yaygınlaşmak
einrenken 1. *v/t* ⟨-ge-, *h*⟩ MED (çıkığı) yerleştirmek, takmak; **2.** *v/r*: F *fig* ***sich*** ~ yoluna girmek
einricht|en ⟨-ge-, *h*⟩ **1.** *v/t Zimmer usw* döşemek; *Küche, Büro usw* donatmak; (*gründen*) kurmak; (*ermöglichen*) halletmek, yoluna koymak; ***es so*** ~, ***dass*** … *-i* -ecek şekilde ayarlamak; ***wenn du es*** ~ ***kannst*** sen bir çaresini bulursan/yapabilirsen; **2.** *v/r*: ***sich*** (***neu***) ~ kendine (yeni bir) ev döşemek; ***sich*** ~ ***auf*** (*A*) *-e* hazırlıklı olmak; **2ung** *f* ⟨-; -en⟩ mefruşat, döşem, mobilya; donatım; TECH tesisat, tertibat, tesis; *öffentliche* kurum, kurulu; ***die sanitären*** **~en** *tuvalet, banyo vs mekanlar*
einritzen *v/i* ⟨-ge-, *h*⟩ (**in** *A -e*) kazımak
einrosten *v/i* ⟨-ge-, *sn*⟩ paslanmak, pas tutmak
einrücken ⟨-ge-⟩ **1.** *v/t* ⟨*h*⟩ *Zeile* içeriden başlatmak; **2.** *v/i* ⟨*sn*⟩: MIL (*einmarschieren*) ~ **in** (*A*) *-e* girmek
eins *adj* bir; SPORT ~ ***zu zwei*** iki – bir; **um** ~ (saat) birde; ~ ***nach dem andern!*** sıra(sıy)la!, teker teker!
Eins *f* ⟨-; -en⟩ *Zahl* bir; *Note* ***e-e*** ~ ***schreiben*** (yazılı sınavda) *en iyi notu* almak
einsacken ⟨-ge-⟩ **1.** *v/t* ⟨*h*⟩ F (*nehmen*) iç etmek, bş-in üstüne oturmak; **2.** *v/i* ⟨*sn*⟩ (*einsinken*) çökmek, oturmak
einsam *adj Person* kimsesiz, yapayalnız; *Haus, Gegend usw* tenha, ıssız, kuytu; **2keit** *f* ⟨-; *o pl*⟩ yalnızlık; ıssızlık
einsammeln *v/t* ⟨-ge-, *h*⟩ toplamak
Einsatz *m* ⟨-es; ⸚e⟩ (*eingesetztes Stück*) (*-in* içine konan) parça; (*Spiel2, Wett2*) sürülen para; ***den*** ~ ***verdoppeln*** *-in* çift katını sürmek; (*Engagement*) angajman; ***mit vollem*** ~ canla başla; ***unter*** ~ ***s-s Lebens*** canını ortaya koyarak; (*Gebrauch*) kullan(ıl)ma; ***im*** ~ hizmette; ***zum*** ~ ***kommen*** kullanılmak, hizmete girmek; ***im*** ~ ***stehen*** MIL görev başında olmak; **~befehl** *m* MIL hizmet emri; **2bereit** *adj* göreve hazır; **~kommando** *n* özel görev ekibi/timi; **~leiter(in** *f*) *m* ekip başkanı, tim kumandanı
einscannen ['aınskɛnən] *v/t* ⟨-ge-, *h*⟩ EDV taramak
einschalten ⟨-ge-, *h*⟩ **1.** *v/t* (şalteri *vs*) açmak; *fig* ***e-e Pause*** ~ ara vermek; **2.** *v/r*: *in Diskussion usw* ***sich*** ~ (**in** *A -e*) katılmak/karışmak
Einschaltquote *f* ⟨-; -n⟩ TV izlenme oranı, reyting
einschätz|en *v/t* ⟨-ge-, *h*⟩ *Kosten usw* tahmin etmek; (*beurteilen*) değerlendirmek; **2ung** *f* ⟨-; -en⟩ *a* tahmin, değerlendirme; ***nach meiner*** ~ benim tahminimce
einschenken *v/t* ⟨-ge-, *h*⟩ (kadehe içki) koymak
einschicken *v/t* ⟨-ge-, *h*⟩ (**an** *A -e*) gön-

dermek
einschieben *v/t* ⟨*unreg*, -ge-, *h*⟩ (**in** *A* *-in* içine) sokmak/itmek
einschlafen *v/i* ⟨*unreg*, -ge-, *sn*⟩ uykuya dalmak, uyuyakalmak, uyumak
einschläfern *v/t* ⟨-ge-, *h*⟩: MED ***j-n*** **~** b-ne ötanazi yapmak/uygulamak; *Tier* uyutmak
Einschlag *m* ⟨-s; ⸗e⟩ (*Geschoss*♀, *Blitz*♀) düşme; *fig* ağız, şive; ***mit südländischem*** **~** güneyli ağzıyla/şivesiyle
einschlagen ⟨*unreg*, -ge-, *h*⟩ **1.** *v/t Nagel* çakmak; (*zerbrechen*) kırmak; (*einwickeln*) sarmak, bürümek; *Weg, Richtung -den* gitmek, *-e* sapmak; *Rad* çevirmek; ***e-e Laufbahn*** **~** bir kariyere girmek; **2.** *v/i Blitz, Geschoss* (şiddetle) düşmek; *fig* başarı kazanmak
einschlägig *adj* ilgili
einschleichen *v/r* ⟨*unreg*, -ge-, *h*⟩: ***sich*** **~** (**in** *A* *-in* arasına) karışmak/kaçmak; ***sich in j-s Vertrauen*** **~** b-nin güvenini (haksız yere) elde etmek
einschleppen *v/t* ⟨-ge-, *h*⟩ *Krankheit* (**in** *A*, **nach** *-e*) getirmek, yaymak, bulaştırmak
einschleusen *v/t* ⟨-ge-, *h*⟩ *fig* (**in** *A* *-e*) (gizlice) almak/sokmak
einschließen *v/t* ⟨*unreg*, -ge-, *h*⟩ (*a v/r*: ***sich*** **~**) (b-ni/kendini bir yere) kilitlemek; MIL (*umzingeln*) kuşatmak, çevirmek; (*umfassen*) (**in** *A* *-le*) çevirmek
einschließlich *präp* (*G*) dahil; *nachgestellt* dahil olmak üzere; ***bis Seite 7*** **~** 7. sayfaya kadar (dahil)
einschmeicheln *v/r* ⟨-ge-, *h*⟩: ***sich*** **~** (***bei j-m*** b-ne) yaranmaya çalışmak
einschmuggeln ⟨-ge-, *h*⟩ **1.** *v/t* kaçak sokmak; **2.** *v/r*: F ***sich*** **~** (**in** *A* *-e*) gizlice girmek
einschnappen *v/i* ⟨-ge-, *sn*⟩ (*einrasten*) oturmak; F *fig* ***eingeschnappt sein*** dargın/küs(kün) olmak
einschneiden *v/t* ⟨*unreg*, -ge-, *h*⟩ (**in** *A* *-i*) çentmek
einschneidend *adj* esaslı, kökten; (*weitreichend*) geniş kapsamlı
einschneien *v/t*: ***eingeschneit sein*** *-in* yolu kardan kapanmış olmak
Einschnitt *m* (*Kerbe*) çentik; *fig* dönüm noktası
einschränken ⟨-ge-, *h*⟩ **1.** *v/t* (***auf*** *A* *-le*) kısıtlamak, sınırlamak; *Rauchen usw* azaltmak; **2.** *v/r*: ***sich*** **~** idareli gitmek
Einschränkung *f* ⟨-; -en⟩ kısıt(lama), azaltma, kesme; (*Begrenzung*) sınırlama; ***ohne*** **~** kısıtsız, çekincesiz, kayıtsız şartsız
Einschreibebrief *m* taahhütlü mektup
einschreiben ⟨*unreg*, -ge-, *h*⟩ **1.** *v/t* ***e-n Brief*** **~** ***lassen*** bir mektubu taahhütlü göndermek; **2.** *v/r*: ***sich*** **~** (**für** *-e*, için) kaydolmak
Einschreiben *n* ⟨-s; -⟩ taahhütlü (mektup)
Einschreibung *f* ⟨-; -en⟩ kayıt, kaydolma
einschreiten *v/i* ⟨*unreg*, -ge-, *sn*⟩ ***gegen etw*** **~** bş-e karşı harekete geçmek
Einschub *m* ⟨-s; ⸗e⟩ (araya giren) ek
einschüchtern *v/t* ⟨-ge-, *h*⟩ sindirmek; *-e* gözdağı vermek
einschulen *v/t* ⟨-ge-, *h*⟩ *Kind* okula başlatmak
Einschuss *m* ⟨-es; ⸗e⟩ *Wunde* mermi yarası
einschweißen *v/t* ⟨-ge-, *h*⟩: ***in Folie eingeschweißt*** kapalı plastik ambalajlı
einsehen *v/t* ⟨*unreg*, -ge-, *h*⟩ *Zweck, Fehler usw* görmek, anlamak
einseifen *v/t* ⟨-ge-, *h*⟩ sabunlamak; F *fig* (*betrügen*) ***j-n*** **~** kazıklamak
einseitig *adj* tek yanlı/taraflı; *fig* ***etw*** **~** ***darstellen*** (***beurteilen***) bş-i tek yanlı göstermek (değerlendirmek); MED **~*e Ernährung*** tek yanlı beslenme
einsenden *v/t* ⟨*unreg*, -ge-, *h*⟩ göndermek (*mit der Post*)
Einsender(**in** *f*) *m* gönderen; *an Zeitungen* yazı gönderen
Einsendeschluss *m* gönderme süresi sonu, son postalama tarihi
einsetzen ⟨-ge-, *h*⟩ **1.** *v/t* (*-in* içine) koymak, yerleştirmek; (*ernennen*) *-e* atamak; *Mittel* kullanmak; *Geld* yatırmak; *Leben* tehlikeye atmak; ***j-n*** **~** (***in, bei***) b-ni (*-de*, b-nin yanında) görevlendirmek; ***j-n als Erben*** **~** b-ni mirasçı tayin etmek; ***sein Leben*** **~** hayatını ortaya koymak; **2.** *v/r*: ***sich*** **~** çaba göstermek, angaje olmak; ***sich für j-n, etw*** **~** *-i* desteklemek; **3.** *v/i Regen usw* başlamak
Einsicht *f* ⟨-; -en⟩ (*Erkenntnis*) idrak, kavrama; (*Verständnis*) anlayış; ***zur*** **~** ***kommen*** *-in* aklı (nihayet) *-e* ermek; ♀**ig** *adj* anlayışlı; akıllı
Einsiedler *m* ⟨-s; -⟩ münzevi

einsilbig *adj fig Person* sesi çıkmaz, lafı kıt
einsinken *v/i* ⟨*unreg*, -ge-, *sn*⟩ **~ in** (*A*) *-in* içine çökmek
einsitzen *v/i* ⟨*unreg*, -ge-, *h*⟩ JUR mahpus olmak
Einsitzer *m* ⟨-s; -⟩ tek kişilik (*uçak vs*)
einsortieren *v/t* ⟨*o* ge-, *h*⟩: **~ in** (*A*) yerine koymak, *-e* yerleştirmek
einspannen *v/t* ⟨-ge-, *h*⟩ *Pferde* koşmak; ***ein Blatt Papier ~*** bir kağıt takmak (*in die Schreibmaschine*); F ***j-n ~*** (***für***) b-ni bş-e/b işe koşmak
einsparen *v/t* ⟨-ge-, *h*⟩ *-den* tasarruf etmek
einspeisen *v/t* ⟨-ge-, *h*⟩ TECH beslemek; (***in*** *A -e*) aktarmak
einsperren *v/t* ⟨-ge-, *h*⟩ kilitlemek, kilit altına almak
einsprachig *adj* tek dilli
einspringen *v/i* ⟨*unreg*, -ge-, *sn*⟩ ***für j-n ~*** b-nin yerine geçmek, b-nin işini üstlenmek
Einspruch *m* ⟨-s; ⸗e⟩ *a* JUR (***gegen*** *-e*) itiraz; protesto; ***~ erheben*** (***gegen*** *-e*) itiraz etmek
Einspruchs|frist F itiraz süresi/mühleti; **~recht** *n* JUR itiraz hakkı
einspurig *adj* AUTO tek şeritli
einst *adv* (*früher*) bir zamanlar; (*künftig*) günün birinde
Einstand *m* ⟨-s; *o pl*⟩ (*Beginn*) başlangıç; ***s-n ~ geben*** (***feiern***) işe girişi kutlamak
einstecken *v/t* ⟨-ge-, *h*⟩ **~** (***in*** *A -e*) sokmak; *fig Gewinn* elde etmek; *fig Beleidigung* toplamak
einsteigen *v/i* ⟨*unreg*, -ge-, *sn*⟩ (***in*** *A -e*) binmek; *fig -e* katılmak; ***bitte ~!*** lütfen binin!
einstellen ⟨-ge-, *h*⟩ **1.** *v/t Arbeitskräfte* işe almak; (*aufgeben*) bırakmak, durdurmak; (*beenden*) bitirmek; *Rekord* kırmak; JUR *Klage, Verfahren* düşürmek, ... hakkında takipsizlik kararı vermek; TECH (*regulieren*) (***auf*** *A -e*) ayarlamak; **2.** *v/r*: ***sich ~ auf j-n, etw*** *-e* uymak; *-e* hazır olmak
einstellig *adj Zahl* bir basamaklı
Einstellung *f* ⟨-; -en⟩ (*Haltung*) (***zu*** *-e* karşı) tavır, tutum; *Arbeitskräfte* işe al(ın)ma; (*Beendigung*) durdur(ul)ma, son ver(il)me; TECH ayar, ayarla(n)ma; JUR ***~ des Verfahrens*** davanın düşmesi
Einstellungsgespräch *n* mülakat, işe al(ın)ma görüşmesi
Einstieg *m* ⟨-s; -e⟩ (***in*** *A -e*) biniş; *fig* (***in*** *A -e*) giriş
einstig *adj* bir zamanki, eski
einstimmen ⟨-ge-, *h*⟩ **1.** *v/i*: ***in ein Lied*** (***das Gelächter***) **~** bir şarkıya (gülmeye) başlamak; **2.** *v/t*: ***j-n ~*** (***auf*** *A -in*) havasına sokmak; **3.** *v/r*: ***sich ~*** (***auf*** *A -in*) havasına girmek
einstimmig *adj* bir ağızdan, oybirliğiyle alınmış; hemfikir; **⁀keit** *f* ⟨-; *o pl*⟩ oybirliği
einstöckig *adj* tek katlı (*Gebäude*)
einstudieren *v/t* ⟨*o* -ge-, *h*⟩ THEA *Stück, Rolle -e* çalışmak
einstuf|en *v/t* ⟨-ge-, *h*⟩ derecelendirmek; **⁀ung** *f* ⟨-; -en⟩ derecelendirme
einstündig *adj* bir saatlik
einstürmen *v/i* ⟨-ge-, *sn*⟩: **~ auf** (*A*) *-e* saldırmak; *fig* (***mit Fragen***) ***auf j-n ~*** b-ni soru yağmuruna tutmak
Einsturz *m* ⟨-es; ⸗e⟩ çökme, yıkılma
einstürzen *v/i* ⟨-ge-, *sn*⟩ çökmek
einstweilen *adv* (*vorläufig*) geçici olarak, şimdilik; (*inzwischen*) bu arada
einstweilig *adj*: JUR ***~e Verfügung*** ihtiyati tedbir
eintägig **1.** *adj* bir günlük; **2.** *adv* günübirliğine
Eintagsfliege *f* ZOOL tatarcık (sineği); *fig* saman alevi
eintauchen ⟨-ge-⟩ **1.** *v/t* ⟨*h*⟩ (***in*** *A -e*) daldırmak/batırmak; **2.** *v/i* ⟨*sn*⟩ (***in*** *A -e*) dalmak/batmak
eintauschen *v/t* ⟨-ge-, *h*⟩ (***gegen*** *-le*) değiştirmek; bozdurmak (*Geld*)
einteilen *v/t* ⟨-ge-, *h*⟩ (***in*** *A -e*) bölmek; *Zeit* ayırmak, düzenlemek; ***j-n ~*** (***für, zu***) b-ne bir işi vermek
Einteilung *f* ⟨-; -en⟩ bölüm(leme); düzenleme
eintönig *adj* tekdüze; **⁀keit** *f* ⟨-; *o pl*⟩ tekdüzelik
Eintopf *m* ⟨-s; ⸗e⟩ türlü (yemeği)
Eintrag *m* ⟨-s; ⸗e⟩ kayıt; ÖKON tescil
eintragen ⟨*unreg*, -ge-, *h*⟩ **1.** *v/t* (***in*** *A -e*) yazmak, kaydetmek; *amtlich* tescil etmek; (*einbringen*) ***j-m etw ~*** b-ne bş-i (*Einkommen*) getirmek/bırakmak; **2.** *v/r*: ***sich ~*** yazılmak
einträglich *adj* kazançlı, kârlı
Eintragung *f* ⟨-; -en⟩ kayıt
eintreffen *v/i* ⟨*unreg*, -ge-, *sn*⟩ gelmek,

varmak; (*geschehen*) vuku bulmak; gerçekleşmek

eintreten ⟨*unreg*, -ge-⟩ **1.** *v/i* ⟨*sn*⟩ girmek; (*geschehen*) vuku bulmak, meydana gelmek; **~ für** *-e* arka çıkmak; **~ in** *Verein -e* üye olmak, *-e* girmek; **bitte, treten Sie ein!** buyurun girin!; **2.** *v/t* ⟨*h*⟩ *Tür* tekmeleyerek çökertmek

Eintritt *m* ⟨-s; -e⟩ (*Zutritt*) giriş; (*Gebühr*) giriş ücreti; **~ frei!** giriş ücretsizdir!; **~ verboten!** giriş yasaktır!

Eintritts|karte *f* (giriş) bilet(i); **~preis** *m* giriş fiyatı

eintrocknen *v/i* ⟨-ge-, *sn*⟩ kurumak

eintrudeln *v/i* ⟨-ge-, *sn*⟩ *f* (nihayet) boy göstermek

einüben *v/t* ⟨-ge-, *h*⟩ *-e* çalışmak, *-in* alıştırmasını yapmak

Einvernehmen *n* ⟨-s; *o pl*⟩ mutabakat; **in gegenseitigem ~** karşılıklı mutabakat içinde, uzlaşarak

einverstanden *adj*: **~ sein** (**mit** *-i*) kabul etmek; **~!** kabul!, tamam!

Einverständnis *n* ⟨-ses⟩ uyuşma; (**zu** *-e*) rıza; **sein ~ erklären** (**zu** *-e*) onayını vermek, rızasını bildirmek

Einwand ⟨-s; ⸗e⟩ (**gegen** *-e*) itiraz

Einwander|er *m* ⟨-s; -⟩, **~in** *f* ⟨-; -nen⟩ göçmen

einwander|n *v/i* ⟨-ge-, *sn*⟩ **~** (**in** *A -e*) göçmek; **≈ung** *f* ⟨-; -en⟩ göç; **≈ungsland** *n göçmen alan ülke*

einwandfrei **1.** *adj* mükemmel, kusursuz; **2.** *adv* **~ arbeiten** düzgün/hatasız çalışmak; **es steht ~ fest** kesin biçimde saptanmış bulunuyor

einwärts *adv* içe(riye) doğru

einwechseln *v/t* ⟨-ge-, *h*⟩ *Geld usw* (**in** *A*, **gegen** karşılığında) boz(dur)mak, (*-e*) tahvil etmek; SPORT **j-n ~** (yedek oyuncuyu) oyuna sokmak

Einweg... tek kullanımlık ...; **~flasche** *f* tek kullanımlık şişe

einweichen *v/t* ⟨-ge-, *h*⟩ ısla(t)mak (yumuşaması için)

einweih|en *v/t* ⟨-ge-, *h*⟩ *Gebäude usw* (törenle) açmak; **j-n ~** (**in** *A*) b-ne (*-i*) çıtlatmak/açmak; **≈ung** *f* ⟨-; -en⟩ açılış töreni

einweisen *v/t* ⟨*unreg*, -ge-, *h*⟩: **j-n in ein Krankenhaus ~** b-ni hastaneye sevketmek/yatırmak; *Arbeit* **j-n ~ in** (*A*) b-ne *-i* öğretmek

Einweisung *f* ⟨-; -en⟩: **~ ins Krankenhaus** hastaneye sevk/yatır(ıl)ma

einwend|en *v/t* ⟨*unreg*, -ge-, *h*⟩: **~, dass ...** ... diye itiraz etmek; **≈ung** *f* (**gegen** *-e*) karşı çıkma, itiraz (etme)

einwerfen *v/t* ⟨*unreg*, -ge-, *h*⟩ *Brief* posta kutusuna atmak; *Münze* atmak

einwickel|n *v/t* ⟨-ge-, *h*⟩ (**in** *A -e*) sarmak; **≈papier** *n* ambalaj kağıdı

einwillig|en *v/i* ⟨-ge-, *h*⟩ (**in** *A -e*) rıza göstermek; **≈ung** *f* ⟨-; -en⟩ (**zu** *-i*) onaylama

einwirk|en *v/i* ⟨-ge-, *h*⟩ **auf etw ~** CHEM, *a fig* bş-e etki etmek; **auf j-n ~** b-ni etkilemek; **≈ung** *f* ⟨-; -en⟩ (**auf** *A -e*) etki

Einwohner *m* ⟨-s; -⟩, **~in** *f* ⟨-; -nen⟩ *bir yerde oturan*, sakin; nüfus; **~meldeamt** *n* ikamet kayıt dairesi

Einwurf *m* ⟨-s; ⸗e⟩ *Münzen, Briefe bş-i bş-in içine atma*; *içine bş-in atılacağı yarık vs*; (*Bemerkung*) söze karışma, laf atma

Einzahl *f* ⟨-; *o pl*⟩ GR tekil

einzahl|en *v/t* ⟨-ge-, *h*⟩ *Geld* (**auf ein Konto**) (hesaba) yatırmak; **≈ung** *f* ⟨-; -en⟩ ödeme; **≈ungsbeleg** *m* ödeme makbuzu

einzeichnen *v/t* ⟨-ge-, *h*⟩ (**in** *D, A*, **auf** *D -e*) çizmek/işaretlemek

Einzel *n Tennis* tekli; **~bett** *n* tek (kişilik) yatak; **~exemplar** *n* tek nüsha/örnek; **~fall** *m* tekil durum; **~gänger** *m* ⟨-s; -⟩, **~gängerin** *f* ⟨-; -nen⟩ tek başına davranan; **~haft** *f* JUR hücre hapsi; **~handel** *m* perakende ticaret; **~handelsgeschäft** *n* perakendeci (dükkanı); **~händler(in** *f*) *m* perakendeci; **~heit** *f* ayrıntı; **~kind** *n* tek çocuk; **~stück** *n* tek parça; eşsiz bir parça; **~teil** *n* TECH küçük parça

Einzeller *m* BIOL tek hücreli

einzeln *adj* tek, tek başına, yalnız; *Schuh usw* teki; **2.** *adv* **~ eintreten** teker teker girmek; **~ angeben** ayrı ayrı belirtmek

Einzelne *m, f* birey; **im ~n** ayrıntılı olarak; tek tek ele alındığında; **jeder ~** *-in/-den* her biri

Einzelzimmer *n* tek yataklı oda; **~zuschlag** *m* tek yataklı oda zammı

einziehen ⟨*unreg*, -ge-⟩ **1.** *v/t* ⟨*h*⟩ içeri/geri çekmek; *Geld* tahsil etmek; *Wand usw* çekmek; MIL silah altına almak; (*aus dem Verkehr ziehen*) *-den* kaldırmak; *Faden -den* geçirmek; (*beschlag-*

nahmen) -*e* el koymak; *Führerschein* elinden almak; ***den Kopf ~*** sinmek; **2.** *v/i* ⟨*sn*⟩ *in Haus usw -e* taşınmak; *Flüssigkeit* girmek; ***ins Parlament ~*** parlamentoya girmek

einzig **1.** *adj* tek, yegâne; (*einzeln*) tek; ***kein ~er ...*** tek bir ... bile (değil); ***das Einzige*** tek şey; ***der Einzige*** biricik, yegane; **2.** *adv* ***~ und allein*** sadece ve sadece; ***das ~ Richtige*** tek doğru

einzigartig *adj* eşsiz, benzersiz

Einzimmerapartment *n* tek odalı daire

Einzug *m* ⟨-s; ⸚e⟩ (***in*** *A -e*) girme, giriş; *in e-e Wohnung* taşınma/girme

Einzugs|ermächtigung *f* BANK tahsil yetkisi; **~gebiet** *n e-r Stadt bir şehrin yakın çevresi*

einzwängen *v/t* ⟨-ge-, *h*⟩ sık(ıştır)mak

Eis *n* ⟨-es⟩ buz; (*Speise*≈) dondurma; ***~ laufen*** paten kaymak; *fig* ***das ~ ist gebrochen*** buzlar çözüldü; *fig* ***etw auf ~ legen*** bş-i dondurmak

Eis|bahn *f* buz pisti; **~bär** *m* kutup ayısı; **~becher** *m* kup; **~berg** *m* buzdağı, aysberg; **~beutel** *m* MED buz torbası; **~blumen** *pl camdaki buz kristalleri*

Eischnee *m çırpılmış yumurta akı*

Eisdiele *f* dondurmacı (dükkanı)

Eisen *n* ⟨-s; -⟩ demir; *fig* ***ein heißes ~*** nazik konu; *fig* ***mehrere ~ im Feuer haben*** birkaç ata birden oynamak; *fig* ***zum alten ~ gehören*** eski toprak olmak

Eisen|bahn *f* demiryolu, demiryolları; **~erz** *n* demir cevheri; **~hut** *m* ⟨-s; *o pl*⟩ BOT itboğan; **~mangel** *m* MED demir yetersizliği

eisern *adj* demir(den); *Nerven* çelik gibi

Eis|fach *f* buzluk; **≈frei** *adj* buzu çözülmüş; **≈gekühlt** *adj* soğutulmuş; **~glätte** *f* buzlanma; **≈ig** *adj* buz gibi; **~heiligen** *m/pl*: ***die ~*** mayıs ortasındaki üç soğuk gün; **~hockey** *n* buz hokeyi; **≈kalt** *adj u adv* çok soğuk, buz gibi; **~kaffee** *m* dondurmalı kahve; **~kunstlauf** *m* ⟨-s; *o pl*⟩ artistik buz pateni

Eisprung *m* BIOL ovülasyon

Eis|schrank *m* buz dolabı; **~tee** *m* buzlu çay; **~verkäufer** *m* dondurmacı; **~würfel** *m* buz kübü; **~zapfen** *m buzdan sarkıt*; **~zeit** *f* ⟨-; *o pl*⟩ buzul çağı

eitel *adj* kendini beğenmiş, kibirli; **≈keit** *f* ⟨-; *o pl*⟩ kendini beğenmişlik, kibir, kurum

Eiter *m* ⟨-s; *o pl*⟩ MED cerahat, irin

Eiterbläschen *n* apse

eitern *v/i* ⟨*h*⟩ irin toplamak, cerahatlanmak

eitrig *adj* MED irinli, cerahatlı

Eiweiß *n* ⟨-es; -e⟩ yumurta akı; BIOL protein; **≈arm** *adj* az proteinli; **~bedarf** *m* protein ihtiyacı; **~mangel** *m* protein eksikliği

eiweißreich *adj* bol proteinli

Eizelle *f* yumurta hücresi

Ejakulation [ejakula't͜sĭo̯n] *f* ⟨-; -en⟩ BIOL atım

Ekel *m* ⟨-s; *o pl*⟩ (***vor*** *D -den*) iğrenme, tiksinti; F *Mensch* iğrenç (herif vs); ***~ empfinden*** tiksinti duymak; ***~ erregend*** tiksinti uyandıran

ekelhaft, **ekelig** *adj* iğrenç

ekeln *v/r* ⟨*h*⟩: ***ich ekle mich davor*** bundan iğreniyorum

Eklat [e'kla:] *m* ⟨-s; -s⟩ patırtı, skandal

eklatant *adj* dikkat çekici

Ekstase [-st-] *f* ⟨-; -n⟩ cezbe, vecd; ***in ~ geraten*** (***über*** *A -den*) vecde gelmek

Ekzem [ɛk't͜seːm] *n* ⟨-s; -e⟩ MED ekzema, mayasıl

Elan *m* ⟨-s; *o pl*⟩ coşku(nluk)

elastisch *adj* esnek; elastik(î)

Elastizität *f* ⟨-; *o pl*⟩ esneklik, elastikiyet

Elch *m* ⟨-s; -e⟩ büyük kuzey geyiği

Elefant *m* ⟨-en; -en⟩ fil; **~enhochzeit** *f* ÖKON *dev kuruluşların birleşmesi*, fillerin düğünü

elegant *adj* zarif, şık, ince

Eleganz *f* ⟨-; *o pl*⟩ zariflik, şıklık

Elektriker *m* ⟨-s; -⟩, **~in** *f* ⟨-; -nen⟩ elektrikçi

elektrisch **1.** *adj* elektrikli; **2.** *adv*: ***~ geladen*** elektrik yüklü; elektrikli; *fig Stimmung* elektrikli, gergin

elektrisieren *v/t* ⟨*o* ge-, *h*⟩ *fig* elektriklendirmek, gerginleştirmek

Elektrizität *f* ⟨-; *o pl*⟩ elektrik

Elektrizitätswerk *n* elektrik santralı

Elektro|auto *n* elektrikli otomobil/araba; **~chemie** *f* elektrokimya

Elektrode *f* ⟨-; -n⟩ elektrot; ***negative ~*** negatif elektrot, katot; ***positive ~*** pozitif elektrot, anot

Elektro|gerät *n* elektrikli alet/araç; **~herd** *m* elektrik ocağı; **~kardiogramm** *n* MED elektrokardiyogram, EKG; **~lyse** [-'ly:zə] *f* ⟨-; -n⟩ elektroliz;

~motor *m* elektrik motoru
Elektron ['eːlɛktrɔn, e'lɛkt-] *n* ⟨-s; -en⟩ elektron
Elektronenmikroskop *n* elektron mikroskobu
Elektronik *f* ⟨-; *o pl*⟩ elektronik
elektronisch *adj* elektronik
Elektro|ofen *m* elektrik sobası; **~rasierer** *m* elektrikli traş makinası; **~schock** *m* MED elektroşok; **~smog** *m* elektrosmog; **~technik** *f* elektroteknik; **~techniker(in** *f*) *m* elektrik teknisyeni; **2technisch** *adj* elektroteknik
Element *n* ⟨-s; -e⟩ unsur, öğe; CHEM eleman
elementar *adj* temel; **2teilchen** *n* EL elemanter parçacık
elend *adj* sefil; perişan; ***sich ~ fühlen*** kendini berbat hissetmek
Elend *n* ⟨-s; *o pl*⟩ sefalet; felaket
Elendsviertel *n* sefalet mahallesi
elf *adj* on bir
Elfenbein *n* ⟨-s; *o pl*⟩ fildişi; **~küste** *f Land* Fildişi Sahili
Elfmeter *m Fußball* penaltı; **~schießen** *n* penaltı atmak/çekmek
elfte *adj* on birinci
eliminieren *v/t* ⟨*o* ge-, *h*⟩ elemek, elimine etmek
elitär *adj* seçkinci, eliter
Elite *f* ⟨-; -n⟩ seçkinler, elit
Ellbogen *m* ⟨-s; -⟩ ANAT dirsek; **~gesellschaft** *f* azılı rekabet toplumu
Ellipse *f* ⟨-; -n⟩ MATH elips
elliptisch *adj* MATH eliptik
Elsass *n* ⟨-; *o pl*⟩ Alsace, Alsas
Elsässer *m* ⟨-s; -⟩, **~in** *f* ⟨-; -nen⟩ Alsacelı, Alsaslı
elterlich *adj ana-babaya ilişkin*
Eltern *pl* anne-baba; PSYCH ana-baba; **2los** *adj* öksüz ve yetim; **~teil** *m ana-babadan her biri*
EM *f* ⟨-; -s⟩ *Abk für* ***Europameisterschaft*** Avrupa Şampiyonası
E-Mail ['iːmeːl] *f* ⟨-; -s⟩ e-mail, e-posta
Email [e'mai; e'maːj] *n* ⟨-s; -s⟩ emaye
Emanze *f* ⟨-; -n⟩ *f aşırı feminist* (*kadın*)
Emanzipa|tion [-'tsi̯oːn] *f* ⟨-; *o pl*⟩ özgürleşme; kadın özgürlüğü/özgürleşmesi; **2torisch** *adj* özgürleşmeci
emanzipieren *v/r* ⟨*o* ge-, *h*⟩: ***sich ~*** *besonders Frauen* özgürleşmek
emanzipiert *adj* özgürlüğünü kazanmış
Embargo *n* ⟨-s; -s⟩ ambargo
Emblem [ɛm'bleːm] *n* ⟨-s; -e⟩ amblem
Embolie *f* ⟨-; -n⟩ MED amboli
Embryo ['ɛmbryo] *m* ⟨-s; -s, -nen⟩ cenin, embriyon
emeritiert *adj Professor* emekli
Emigrant *m* ⟨-en; -en⟩, **~in** *f* ⟨-; -nen⟩ göçmen, sürgün
Emigration [-'tsi̯oːn] *f* ⟨-; -en⟩ göç, sürgün
emigrieren *v/i* ⟨*o* ge-, *sn*⟩ göçmek, göç etmek
Emission [-'si̯oːn] *f* ⟨-; -en⟩ PHYS yayım, salma; ÖKON ihraç, emisyon
Emissionswerte *pl* emisyon değeri *sg*
Emmentaler (Käse) *m* Emmental usulü (peynir)
Emotion [-'tsi̯oːn] *f* ⟨-; -en⟩ coşku; **2al** *adj* coşkusal
Empfang *m* ⟨-s; ⸚e⟩ kabul; *Hotel* resepsiyon; *Radio* dinle(n)me, çekiş; (*Erhalt*) al(ın)ma, tesellüm; ***den ~*** (*G*) ***bestätigen*** *-in* alındığını onaylamak; ***in ~ nehmen*** teslim almak
empfangen *v/t* ⟨*unreg*, *o* ge-, *h*⟩ almak; karşılamak
Empfänger *m* ⟨-s; -⟩, **~in** *f* ⟨-; -nen⟩ POST alıcı; *nur m* RADIO *usw* alıcı
empfänglich *adj* (**für** *-e*) yatkın
Empfängnis *f* ⟨-; *o pl*⟩ gebe/hamile kalma; **2verhütend** *adj* gebelik önleyici; **~verhütung** *f* gebeliği önleme; doğum kontrolü
Empfangs|antenne *f* alıcı anteni; **~bescheinigung** *f* alındı belgesi; **~dame** *f* karşılama görevlisi (bayan); **~halle** *f* resepsiyon salonu
empfehl|en ⟨empfiehlt, empfahl, empfohlen, *h*⟩ **1.** *v/t* tavsiye etmek; **2.** *v/unp*: ***es empfiehlt sich zu*** (+ *inf*) -mesi tavsiye olunur; **~enswert** *adj* elverişli, tavsiyeye değer; **2ung** *f* ⟨-; -en⟩ tavsiye; ***auf j-s ~*** b-nin tavsiyesi üzerine
Empfehlungsschreiben *n* tavsiye mektubu
empfinden *v/t* ⟨*unreg*, *o* -ge-, *h*⟩ duymak, hissetmek; ***etw als lästig ~*** bş-den rahatsız olmak
empfindlich *adj* (***gegen*** *-e* karşı) *a* TECH, MED hassas, duyarlı; nazik, ince; alıngan; duyarlı, içli; *Kälte*, *Strafe* sert, şiddetli; ***~ reagieren*** (***auf*** *A -e*) duyarlı/hassas tepki göstermek; ***~e Stelle*** ağrıyan yer, *fig* hassas nokta, bamteli; **2keit** *f* ⟨-; *o pl*⟩ duyarlık, hassasiyet; alın-

ganlık

empfindsam *adj* duyarlı, hisli; duygusal; **≈keit** *f* ⟨-; *o pl*⟩ duyarlılık

Empfindung *f* ⟨-; -en⟩ (*Wahrnehmung*) algı(lama), his(setme); (*Gefühl*) duygu, his

empirisch *adj* ampirik

empor [ɛm'poːɐ] *adv* yukarı(ya)

empör|t *adj* (**über** *A -e*) öfkelenmiş, kızgın; **≈ung** *f* ⟨-; *o pl*⟩ öfke, kızgınlık

Empore *f* ⟨-; -n⟩ *Kirche usw* galeri

empören ⟨*o* -ge-, *h*⟩ **1.** *v/t* **1** ***j-n* ~** öfkelendirmek; **2.** *v/r*: ***sich* ~** (**über** *-e*) öfkelenmek; ***sich* ~** (**gegen** *-e* karşı) ayaklanmak

empörend *adj* öfke uyandırıcı

Emulsion [-'zĭoːn] *f* ⟨-; -en⟩ eriyik, emülsiyon

E-Musik *f* ⟨-; *o pl*⟩ *Abk für* ***ernste Musik*** klasik müzik

Ende *n* ⟨-s; -n⟩ son; ***am* ~** son(un)da; **~ *Mai*** mayıs sonu(nda); ***zu* ~** bitti; geçti; ***zu* ~ *gehen*** sona ermek; ***etw zu* ~ *tun*** bş-i sona erdirmek; ***er ist* ~ *zwanzig*** yirmilerinin sonunda; **(*am*) ~ *der Achtzigerjahre*** seksenli yılların sonunda; F ***ein ganzes* ~** (***bis***) (*-e* kadar) epeyce bir yol/süre

enden *v/i* ⟨*h*⟩ bitmek, sona ermek; **~ *als* …** olarak son bulmak

End|effekt *m*: ***im* ~** son tahlilde; **~ergebnis** *n* kesin sonuç

endgültig **1.** *adj* nihaî, kesin, son; **2.** *adv* ***das steht* ~ *fest*** bu (artık) kesin

Endivie [ɛn'diːvĭə] *f* ⟨-; -n⟩ BOT hindiba

Endlager *n* NUCL nihaî stok alanı

end|lich *adj* MATH sonlu; *adv* nihayet, sonunda; **~los** *adj* sonsuz; ebedi

End|phase *f* son evre/aşama; **~produkt** *n* son ürün; **~resultat** *n* sonuç; **~runde** *f* SPORT son tur; **~stand** *m* SPORT son durum; **~station** *f* son durak; **~verbraucher** *m* son tüketici; **~ziel** *n* son hedef

Energie *f* ⟨-; -n⟩ enerji; **~ *sparen*** (***verschwenden***) enerji tasarruf etmek (boşa harcamak); **≈bewusst** *adj* enerji bilinçli; **~bündel** *n fig çok enerjik kimse*; **≈geladen** *adj* enerji dolu; **≈los** *adj* enerjisiz, güçsüz; **~quelle** *f* enerji kaynağı; **~verbrauch** *m* sarfiyat, enerji sarfiyatı; **~versorgung** *f* enerji temini

energisch *adj* enerjik, güçlü, canlı

eng **1.** *adj* dar; sıkı; *Kontakt* yakın; (*beengt*) daraş, sıkışık; **2.** *adv*: **~ *befreundet sein mit*** *-in* yakın arkadaşı olmak; ***das darf man nicht so* ~ *sehen!*** bunu o kadar katı görmemek lazım!

Engagement [ãgaʒ(ə)'mãː] *n* ⟨-s; -s⟩ angajman

engagieren [ãga'ʒiːrən] ⟨*o* -ge-, *h*⟩ **1.** *v/t Künstler* angaje etmek, *Band usw* kiralamak; **2.** *v/r*: ***sich* ~ *für*** *-e* bağlanmak, *-e* angaje olmak

engagiert *adj* angaje, bağlı

Enge *f* ⟨-; *o pl*⟩ darlık; ***in die* ~ *treiben*** sıkıntıya sokmak, köşeye sıkıştırmak

Engel *m* ⟨-s; -⟩ melek

Engelsgeduld *f* ⟨-; *o pl*⟩: ***mit* ~** Eyüp Sultan sabrıyla

engherzig *adj* katı yürekli

Eng|land *n* İngiltere; **~länder** *m* ⟨-s; -⟩; **~länderin** *f* ⟨-; -nen⟩ İngiliz; **≈lisch** *adj* İngiliz(ce); İngiltere; **(*gut*) ~ *sprechen*** (iyi) İngilizce konuşmak; **~lisch** *n* İngilizce

Engpass *m fig* darboğaz

engstirnig *adj* dargörüşlü, darkafalı; **≈keit** *f* ⟨-; *o pl*⟩ darkafalılık

Enkel ['ɛŋk(ə)l] *m* ⟨-s; -⟩, **~in** *f* ⟨-; -nen⟩ torun

enorm *adj* olağanüstü; (*riesig*) devasa

Ensemble [ã'sãːb(ə)l] *n* ⟨-s; -s⟩ THEA, MUS topluluk; grup

entarten *v/i* ⟨*o* -ge-, *sn*⟩ yozlaşmak, dejenere olmak

entbehr|en *v/t* ⟨*o* -ge-, *h*⟩: ***etw* ~ *können*** bş-siz edebilmek; ***etw nicht* ~ *können*** bş-siz edememek; **~lich** *adj* (ihtiyaçtan) fazla, gereksiz, vazgeçilebilir; **≈ung** *f* ⟨-; -en⟩ yokluk, mahrumiyet

entbind|en ⟨*unreg*, *o* -ge-, *h*⟩ **1.** *v/t* **~ *von*** *-den* affetmek, *-den* muaf kılmak/tutmak; MED *Frau* doğurtmak; **2.** *v/i* doğurmak, dünyaya getirmek; **≈ung** *f* ⟨-; -en⟩ (***von*** *-den*) muaflık/muafiyet; MED doğum; **≈ungsstation** *f* doğum servisi

entblößen *v/t* ⟨*o* ge-, *h*⟩ soymak, açmak

entbrennen *v/i* ⟨*unreg*, *o* ge-, *sn*⟩ *Kampf*, *Streit* çıkmak, alevlenmek

entdeck|en *v/t* ⟨*o* ge-, *h*⟩ keşfetmek; **≈er** *m* ⟨-s; -⟩ kâşif; **≈ung** *f* ⟨-; -en⟩ keşif; **≈ungsreise** *f* keşif yolculuğu

Ente *f* ⟨-; -n⟩ ZOOL ördek; (*Zeitungs≈*) uydurma haber, balon; döşövo (*Auto*); *fig* ***lahme* ~** mıymıntı

enteign|en *v/t* ⟨*o* ge-, *h*⟩ kamulaştırmak; ***j-n* ~** b-nin varlığını elinden almak; ≈**ung** *f* ⟨-; -en⟩ kamulaştırma, istimlak

enteisen *v/t* ⟨*o* ge-, *h*⟩ TECH *-in* buzunu gidermek

enterben *v/t* ⟨*o* ge-, *h*⟩ mirastan mahrum etmek

entern *v/t* ⟨*o* ge-, *h*⟩ *-e* rampa etmek

Entertainer ['ɛntɐteːnɐ] *m* ⟨-s; -⟩ eğlence programı sunucusu

entfachen *v/t* ⟨*o* ge-, *h*⟩ alevlendirmek

entfallen *v/i* ⟨*unreg*, *o* ge-, *sn*⟩ (*wegfallen*) kaldırılmak, çıkarılmak; ***auf j-n ~*** b-nin payına düşmek; ***es ist mir ~*** hatırlamıyorum, unuttum

entfalten ⟨*o* ge-, *h*⟩ **1.** *v/t* (*öffnen*) (*-in* katlarını) açmak; *Pracht* ortaya sermek; **2.** *v/r*: ***sich ~*** *Blüte* açmak; *Person* k-ni geliştirmek, açılmak, serpilmek

entfärben *v/t* ⟨*o* ge-, *h*⟩ CHEM, TECH ağartmak, *-in* boyasını gidermek

entfernen ⟨*o* ge-, *h*⟩ **1.** *v/t* uzaklaştırmak; **2.** *v/r*: ***sich ~*** uzaklaşmak

entfernt *adj* uzak; ***10 km ~*** 10 km uzak(lık)ta; *fig* ***weit davon ~ sein zu*** (+ *inf*) -mekten (fersah fersah) uzak(ta) olmak; ***nicht im ≈esten*** bir damlacık bile … değil/yok

Entfernung *f* ⟨-; -en⟩ (*Abstand*) uzaklık, mesafe; ***in e-r ~ von*** … uzaklığında; ***aus der ~*** uzaktan; (*Beseitigung*) giderme; uzaklaştırılma, ihraç; **~smesser** *m* ⟨-s; -⟩ FOTO telemetre

entfesseln *v/t* ⟨*o* ge-, *h*⟩ *Krieg usw* çıkarmak

entflamm|bar *adj* tutuşabilir; **~en** ⟨*o* ge-⟩ **1.** *v/t* ⟨*h*⟩ TECH tutuşturmak; **2.** *v/i* ⟨*sn*⟩ *fig* ***~ für*** için şevke getirmek

entfremden ⟨*o* ge-, *h*⟩ **1.** *v/t* yabancılaştırmak; yadırgatmak; ***etw s-m Zweck ~*** bş-i amacından başka işe kullanmak; **2.** *v/r*: ***sich*** (***j-m***) ***~*** (b-ne) yabancılaşmak

Entfremdung *f* ⟨-; -en⟩ *zwischen Menschen* yabancılaşma

Entfroster *m* ⟨-s; -⟩ TECH buz çözücü

entführ|en *v/t* ⟨*o* ge-, *h*⟩ (zorla) kaçırmak; ≈**er** *m* ⟨-s; -⟩ bş-i/b-ni kaçıran (*zorla*); ≈**ung** *f* ⟨-; -en⟩ kaçırma

entgegen *präp* (*D*), *a adv* *-e* karşı, *-e* aykırı olarak; *-in* doğrultusunda; ***~ allen Erwartungen*** bütün beklentilerin tersine/aksine

entgegenbringen *v/t* ⟨*unreg*, -ge-, *h*⟩: ***Interesse ~*** *-e* ilgi göstermek

entgegengehen *v/i* ⟨*unreg*, -ge-, *sn*⟩: ***j-m ~*** b-ni (yürüyerek) karşılamak; ***dem Ende ~*** sonuna yaklaşmak

entgegengesetzt *adj* *-e* tam karşı/karşıt

entgegenhalten *v/t* ⟨*unreg*, -ge-, *h*⟩: ***j-m etw ~*** b-ne bş-le karşılık vermek

entgegenkommen *v/i* ⟨*unreg*, -ge-, *sn*⟩: ***j-m ~*** b-ni karşılamaya gelmek; *fig* b-ne kolaylık göstermek; *fig* ***j-m*** (***auf halbem Wege***) ***~*** b-le yarı yolda buluşmak, b-ne (pazarlıkta) yaklaşmak

Entgegenkommen *n* ⟨-s; *o pl*⟩ kolaylık

entgegenkommend *adj* kolaylık gösteren/gösterir

entgegenlaufen *v/i* ⟨*unreg*, -ge-, *sn*⟩ (*D -i*) (koşarak) karşılamak

Entgegen|nahme *f* ⟨-; *o pl*⟩ teslim (alma), tesellüm; ≈**nehmen** *v/t* ⟨*unreg*, -ge-, *h*⟩ almak, kabul etmek

entgegensehen *v/i* ⟨*unreg*, -ge-, *h*⟩ *-in* yolunu gözlemek; ***e-r Sache*** (*D*) ***freudig ~*** bş-i sevinçle beklemek

entgegensetzen *v/t* ⟨-ge-, *h*⟩ *Widerstand -le* karşılık vermek

entgegenstehen *v/i* ⟨*unreg*, -ge-, *h*⟩: ***e-r Sache*** (*D*) ***~*** bş-le karşı karşıya olmak

entgegentreten *v/i* ⟨*unreg*, -ge-, *sn*⟩: ***j-m*** (***e-r Sache***) ***~*** b-nin (bş-in) karşısına çıkmak

entgegn|en *v/t* ⟨*o* -ge-, *h*⟩ (***auf*** *A -e*; ***dass …*** … diye) karşılık/cevap vermek; ≈**ung** *f* ⟨-; -en⟩ (***auf*** *A -e*) cevap

entgehen *v/i* ⟨*unreg*, *o* -ge-, *sn*⟩ (*D -den*) kaçmak, kurtulmak; ***sich*** (*D*) ***etw ~ lassen*** bş-i (elden) kaçırmak

Entgelt *n* ⟨-s; -e⟩ bedel, karşılık; (*Honorar*) ücret

entgiften *v/t* ⟨*o* -ge-, *h*⟩ *-in* zehirini almak

entgleis|en *v/i* ⟨*o* -ge-, *sn*⟩ *Zug* raydan çıkmak; *fig* yolunu şaşırmak, sapıtmak; münasebetsizlik etmek; ≈**ung** *f* ⟨-; -en⟩ raydan çıkma; *fig* (büyük) gaf

entgleiten *v/i* ⟨*unreg*, *o* -ge-, *sn*⟩: ***j-m ~*** b-nin elinden kaymak/kaçmak

enthaaren *v/t* ⟨*o* -ge-, *h*⟩ *-in* kıllarını almak

Enthaarungsmittel *n* ağda, epilasyon kremi *vs*

enthalten ⟨*unreg*, *o* ge-, *h*⟩ **1.** *v/t* içermek, kapsamak; **2.** *v/r*: ***sich*** (***der Stimme***) ***~*** çekimser kalmak; **3.** *p/p*: ***~ sein***

(**in** *D -in* içinde) olmak/bulunmak
enthaltsam *adj* dünya zevklerinden uzak
Enthaltung *f* ⟨-; -en⟩ çekimser (oy)
enthärten *v/t* ⟨*o* ge-, *h*⟩ *Wasser -in* sertliğini gidermek
enthüll|en *v/t* ⟨*o* ge-, *h*⟩ *Denkmal usw* açış törenini yapmak; *fig* ortaya çıkarmak; **≈ung** *f* ⟨-; -en⟩ açılış; *fig* ortaya çıkarma
Enthusiasmus [ɛntuˈzĭasmʊs] *m* ⟨-; *o pl*⟩ heyecan, coşku
Enthusiast *m* ⟨-en; -en⟩, **~in** *f* ⟨-; -nen⟩ coşkulu kimse; **≈isch** *adj* coşkun, heyecanlı
entkalken *v/t* ⟨*o* -ge-, *h*⟩ *-in* kirecini gidermek
entkernen *v/t* ⟨*o* -ge-, *h*⟩ *-in* çekirdeğini çıkarmak
entkleiden ⟨*o* -ge-, *h*⟩ **1.** *v/t -in* elbiselerini çıkarmak; **2.** *v/r*: ***sich ~*** (kendi) elbiselerini çıkarmak
entkoffeiniert *adj* kafeinsiz
entkommen *v/i* ⟨*unreg, o* -ge-, *sn*⟩ (*D -den*) kurtulmak; *e-r Gefahr -i* atlatmak; (***aus*** *-den*) kaçmak
Entkommen *n* ⟨-s; *o pl*⟩ kurtuluş, kaçış; ***es gab kein ~*** kurtuluş yoktu
entkorken *v/t* ⟨*o* -ge-, *h*⟩ *-in* mantarını çıkarmak
entkräften *v/t* ⟨*o* -ge-, *h*⟩ kuvvetten düşürmek; *fig Aussage* çürütmek
entlad|en *v/t* ⟨*unreg, o* -ge-, *h*⟩ boşaltmak, indirmek; EL boşalmak (*a v/r*); **≈ung** *f* ⟨-; -en⟩ boşalt(ıl)ma, indir(il)me; boşalma
entlang *präp* (*A*) *u adv* boyunca; ***hier ~, bitte!*** buradan, lütfen!
entlanggehen *v/t, v/i* ⟨*unreg*, -ge-, *sn*⟩: ***etw*** (*A*) ***~, ~ an etw*** (*D*) … boyunca (yürüyerek) gitmek
entlarven [-f-] *v/t* ⟨*o* -ge-, *h*⟩ *-in* maskesini düşürmek, *-in* foyasını meydana çıkarmak
entlass|en *v/t* ⟨*unreg, o* -ge-, *h*⟩ işten çıkarmak; *Patienten* (***aus*** *-den*) taburcu etmek; *Häftling* serbest bırakmak; ***j-n fristlos ~*** b-ni derhal işten çıkarmak; **≈ung** *f* ⟨-; -en⟩ işten çıkar(ıl)ma; taburcu etme/edilme; salıver(il)me; **≈ungsgesuch** *n* istifa dilekçesi
entlast|en *v/t* ⟨*o* -ge-, *h*⟩ *-in* yükünü hafifletmek; *Gewissen, Verkehr* rahatlatmak; JUR aklamak, ibra etmek; **≈ung** *f* ⟨-; *o pl*⟩ rahatlama; JUR aklama, ibra; **≈ungszeuge** *m* savunma şahidi
entlaufen *v/i* ⟨*unreg, o* -ge-, *sn*⟩ (*D -den*) kaçmak
entledigen *v/r*: ⟨*o* -ge-, *h*⟩: ***sich e-r Sache*** (*G*) **~** bş-i başından atmak
entlegen *adj* ıssız, sapa
entlehnen *v/t* ⟨*o* -ge-, *h*⟩ (***aus, von*** *-den*) almak, aktarmak
entleihen *v/t* ⟨*unreg, o* -ge-, *h*⟩ (*D*, ***aus, von*** *-den*) ödünç almak
entlocken *v/t* ⟨*o* -ge-, *h*⟩: ***j-m ein Geheimnis ~*** b-nin ağzından bir sır almak
entlohnen *v/t* ⟨*o* -ge-, *h*⟩ *-ne* ücret vermek
entlüft|en *v/t* ⟨*o* -ge-, *h*⟩ havalandırmak; **≈ung** *f* ⟨-; -en⟩ havalandırma
entmachten *v/t* ⟨*o* -ge-, *h*⟩ *-in* elinden iktidarı almak
entmilitarisieren *v/t* ⟨*o* -ge-, *h*⟩ askerden arındırmak
entmündig|en *v/t* ⟨*o* -ge-, *h*⟩ JUR hacir altına almak; **≈ung** *f* ⟨-; -en⟩ JUR hacir
entmutig|en *v/t* ⟨*o* -ge-, *h*⟩ *-in* cesaretini kırmak; **~end** *adj* cesaret kırıcı
entnehmen *v/t* ⟨*unreg, o* -ge-, *h*⟩: ***etw ~ aus*** (*od D -den*) almak/çıkarmak
entnerven *v/t* ⟨*o* -ge-, *h*⟩ *-in* sinirini bozmak
entpuppen *v/r* ⟨*o* -ge-, *h*⟩: ***sich ~ als*** … olarak ortaya çıkmak
entreißen *v/t* ⟨*unreg, o* -ge-, *h*⟩: ***j-m etw ~*** bş-i b-nin elinden (zorla) almak
entrinnen *v/i* ⟨*unreg, o* -ge-, *sn*⟩: ***j-m, e-r Sache ~*** bş-den kaç(abil)mek, kurtulmak
entrümpeln *v/t* ⟨*o* -ge-, *h*⟩ (bir evi eski eşyayı çıkararak) boşaltmak
entrüst|en ⟨*o* -ge-, *h*⟩ **1.** *v/t* kızdırmak, hiddetlendirmek; **2.** *v/r*: ***sich ~*** (***über*** *A -e*) öfkelenmek; **~et** *adj* kızgın, öfkeli; **≈ung** *f* ⟨-; *o pl*⟩ hiddet, öfke, kızgınlık
entsaft|en *v/t* ⟨*o* -ge-, *h*⟩ *-in* suyunu çıkarmak; **≈er** *m* ⟨-s; -⟩ *meyva suyu çıkarma tenceresi/aleti*
entschädig|en *v/t* ⟨*o* -ge-, *h*⟩ (*-in*; ***für*** …) zararını ödemek; **≈ung** *f* ⟨-; -en⟩ tazminat
entschärfen *v/t* ⟨*o* -ge-, *h*⟩ etkisiz hale getirmek; *Lage* yumuşatmak
entscheiden ⟨*unreg, o* -ge-, *h*⟩ **1.** *v/t* kararlaştırmak; *endgültig* hüküm vermek, karara bağlamak; **2.** *v/i* (***über*** *A*

hakkında) karar vermek; **3.** *v/r*: **sich ~** (**für** lehte; **gegen** aleyhte; **zu tun** yapmaya) karar vermek
entscheid|end *adj* (**für** için) sonucu belirleyen, kesin; (*kritisch*) canalıcı, kritik; **2ung** *f* ⟨-; -en⟩ (**über** *A* hakkında) karar; **e-e ~ treffen** (**fällen**) bir karar vermek
entschieden **1.** *adj Ton, Haltung* kararlı; *Ablehnung* kesin; **2.** *adv* kararlılıkla/kesinlikle, kararlı/kesin (bir) biçimde/şekilde; **2heit** *f* ⟨-; *o pl*⟩ kararlılık, kesinlik; **mit** (**aller**) **~** (gayet) kararlı/kesin biçimde
entschlacken *v/t* ⟨*o* -ge-, *h*⟩ TECH *-i* cüruftan temizlemek; MED vücudu zehirlerden arındırmak
entschließ|en *v/r* ⟨*unreg*, *o* -ge-, *h*⟩: **sich ~** (**zu, für** *-e*; **zu tun** yapmaya) karar vermek, azmetmek; **sich anders ~** karar değiştirmek; **2ung** *f* ⟨-; -en⟩ karar
entschlossen *adj*: (**fest**) **~ sein** (kesin) kararlı olmak; **kurz ~** ani bir kararla; **2heit** *f* ⟨-; *o pl*⟩ azim, kararlılık
Entschluss *m* ⟨-es; ⸚e⟩ karar; **e-n ~ fassen** bir karar almak
entschlüsseln *v/t* ⟨*o* -ge-, *h*⟩ deşifre etmek, *-in* şifresini vs çözmek
entschuldbar *adj* affedilir, mazur görülür
entschuldigen ⟨*o* -ge-, *h*⟩ **1.** *v/t* affetmek, mazur görmek, kusura bakmamak; **~ Sie die Störung!** rahatsız ettiğim(iz) için kusura bakmayın!; **das ist nicht zu ~** bu affedilir bir şey değil; **2.** *v/r*: **sich ~** (**bei j-m** b-nden; **für etw** bş için) özür dilemek; **3.** *v/i*: **~ Sie!** *beim Vorbeigehen* müsaade eder misiniz?; affedersiniz!, pardon!
Entschuldigung *f* ⟨-; -en⟩ özür (dileme); (*~sgrund*) mazeret; **j-n um ~ bitten** (**wegen** *-den* dolayı) b-nden özür dilemek; **~!** pardon!, affedersiniz!
entsenden *v/t* ⟨*unreg*, *o* -ge-, *h*⟩ sevketmek, göndermek
entsetz|en ⟨*o* -ge-, *h*⟩ **1.** *v/t* ⟨*h*⟩ korkutmak, ürpertmek, şok etmek; **2.** *v/r*: **sich ~** (**über** karşısında) dehşete uğramak; **2en** *n* ⟨-s; *o pl*⟩ dehşet, korku; **~lich** *adj* müthiş, dehşet verici
entsorg|en *v/t* ⟨*o* -ge-, *h*⟩ *çöp toplamak ve yok etmek*; **2ung** *f* ⟨-; -en⟩ *çöp alınması ve yok edilmesi*
entspann|en *v/r* ⟨*o* -ge-, *h*⟩: **sich ~** gevşetmek, gevşek bırakmak; *Lage* gerginliği azaltmak; **2ung** *f* ⟨-; -en⟩ POL yumuşama; gevşeme; **2ungspolitik** *f* yumuşama/detant politikası; **2ungsübung** *f* gevşeme alıştırması/egzersizi
entspiegelt *adj Brille refleks giderici kaplamalı*
entspr. *Abk für* **entsprechend**
entsprechen *v/i* ⟨*unreg*, *o* -ge-, *h*⟩ *-e* uymak, uygun düşmek; *Anforderungen usw -i* karşılamak
entsprechend **1.** *adj* uygun, paralel; **2.** *-e* uygun (olarak); **~ gilt ...** buna uygun/paralel olarak ... geçerlidir; **den Umständen ~** (söz konusu) duruma göre
Entsprechung *f* ⟨-; -en⟩ karşılık
entspringen *v/i* ⟨*unreg*, *o* -ge-, *sn*⟩ *Fluss* (**in** *D -den*) çıkmak, kaynamak; (**aus** *-den*) oluşmak, kaynaklanmak
entstammen *v/i* ⟨*o* -ge-, *sn*⟩ (*D*) ... kökenli olmak, *-den* ileri gelmek
entsteh|en *v/i* ⟨*unreg*, *o* -ge-, *sn*⟩ (**aus** *-den*) oluşmak; meydana gelmek; *allmählich* gelişmek, ortaya çıkmak; **2ung** *f* ⟨-; *o pl*⟩ oluşma, oluşum, doğuş; **2ungsgeschichte** *f -in oluşumunun tarihi*
entsteinen *v/t* ⟨*o* -ge-, *h*⟩ *-in* çekirdeğini çıkarmak
entstellen *v/t* ⟨*o* -ge-, *h*⟩ (olduğundan) başka göstermek; bozmak
entstören *v/t* ⟨*o* -ge-, *h*⟩ EL *-in* parazitini kesmek
entstört *adj* EL parazitsiz
enttarnen *v/t* ⟨*o* -ge-, *h*⟩ deşifre etmek, *-in* casus olduğunu anlamak
enttäusch|en *v/t* ⟨*o* -ge-, *h*⟩ hayalkırıklığına uğratmak; **ich bin enttäuscht von ...** ... beni hayal kırıklığına uğrattı; **2ung** *f* ⟨-; -en⟩ hayalkırıklığı
entvölkert *adj* ıssız(laşmış)
entwachsen *v/i* ⟨*unreg*, *o* -ge-, *sn*⟩: **e-r Sache** (*D*) **~** bş-den bağımsızlaşmak
entwarnen *v/i* ⟨*o* -ge-, *h*⟩ *-e* tehlikenin geçtiğini haber vermek
entwässern *v/t* ⟨*o* -ge-, *h*⟩ kurutmak, drene etmek, *-in* suyunu almak
Entwässerungsanlage *f* drenaj (tesisi)
entweder ['ɛntveːdɐ, ɛnt'veː-] *konj*: **~ ... oder** ya ... ya (da)
entweichen *v/i* ⟨*unreg*, *o* -ge-, *sn*⟩ (**aus** *-den*) uçup gitmek

entwenden *v/t* ⟨*o* -ge-, *h*⟩: ***j-m etw ~*** b-nin bş-ini çalmak
entwerfen *v/t* ⟨*unreg*, *o* -ge-, *h*⟩ tasar(ım)lamak; *-in* taslağını yapmak
entwert|en *v/t* ⟨*o* -ge-, *h*⟩ *Fahrschein usw* damgalayarak *vs* iptal etmek; *Währung* devalüe etmek; **2ung** *f* ⟨-; -en⟩ iptal (etme); ÖKON (*Geld*2) devalüasyon
entwickeln **1.** *v/t* ⟨*o* -ge-, *h*⟩ geliştirmek; FOTO banyo etmek; **2.** *v/r*: ***sich ~*** gelişmek
Entwicklung *f* ⟨-; -en⟩ gelişme; geliştirme, gelişim
Entwicklungs|geschichte *f* tarihçe; **~helfer(in** *f*) *m kalkınma yardımı görevlisi*; **~hilfe** *f kalkınma yardımı*; **~land** *n* kalkınmakta olan ülke; **~politik** *f* kalkınmakta olan ülkeler politikası; **~stufe** *f* gelişim aşaması
entwirren *v/t* ⟨*o* -ge-, *h*⟩ çöz(ümle)mek
entwischen *v/i* ⟨*o* -ge-, *sn*⟩ *~ -in* elinden kaçıp gitmek
entwöhnen *v/t* ⟨*o* -ge-, *h*⟩ memeden/sütten kesmek; (bir alışkanlıktan) vazgeçirmek
Entwöhnung *f* ⟨-; -en⟩ *Säugling* memeden kes(il)me; MED kötü alışkanlık tedavisi
entwürdigend *adj* onur/haysiyet kırıcı
Entwurf *m* taslak, tasarı, müsvedde, plan; tasarım; (*Skizze*) taslak, kroki
entwurzeln *v/t* ⟨*o* -ge-, *h*⟩ köklemek, kökünden sökmek
entzieh|en ⟨*unreg*, *o* -ge-, *h*⟩ **1.** *v/t*: ***j-m etw ~*** b-nin bş-ini (elinden) almak; **2.** *v/r*: ***sich ~*** (*D*) *-den* uzak kalmak/olmak; **2ung** *f* ⟨-; -en⟩, **2ungskur** *f* uyuşturucu bağımlılığı tedavisi
entziffern *v/t* ⟨*o* -ge-, *h*⟩ *Handschrift* sökmek, okumak, deşifre etmek
Entzück|en *n* ⟨-s; *o pl*⟩ büyük sevinç, haz; **2end** *adj* büyüleyici; (*niedlich*) şirin
entzückt *adj* (***über*** *A*, ***von*** *-den*) büyülenmiş, hayran
Entzug *m* ⟨-s; *o pl*⟩ *Führerschein usw* ıskat; MED *-den* kesilme
Entzugserscheinungen *pl* MED *-den* kesilme sendromu (*uyuşturucu vs*)
entzünd|en ⟨*o* -ge-, *h*⟩ **1.** *v/t* tutuşturmak; **2.** *v/r*: ***sich ~*** alev almak, tutuşmak; MED iltihaplanmak; *fig* ***sich ~*** (***an*** *D -den*) alevlenmek; **~et** *adj* MED ihtihaplı; **~lich** *adj* MED iltihap eğilimli; **2ung** *f* ⟨-; -en⟩ MED iltihap(lanma); **~ungshemmend** *adj* MED iltihap giderici
entzwei *adj präd* ikiye ayrılmış/bölünmüş, iki parça; **~brechen** ⟨*unreg*, -ge-⟩ **1.** *v/t* ⟨*h*⟩ ikiye kırmak; **2.** *v/i* ⟨*sn*⟩ ikiye kırılmak
entzweien ⟨*o* -ge-, *h*⟩ **1.** *v/t Freunde* birbirinden ayırmak; **2.** *v/r*: ***sich ~*** (***mit*** ile) küsüşmek/bozuşmak
entzweigehen *v/i* ⟨*unreg*, *trennb*⟩ küsüşmek, bozuşmak
Enzian *m* ⟨-s; -e⟩ BOT centiyane
Enzyklo|pädie *f* ansiklopedi; **2pädisch** *adj* ansiklopedik
Enzym *n* ⟨-s; -e⟩ enzim
Epidemie *f* ⟨-; -n⟩ salgın (hastalık)
Epik *f* ⟨-; *o pl*⟩ epik tür, anlatı türü
Epilep|sie *f* ⟨-; -n⟩ MED sara, epilepsi; **~tiker** *m* ⟨-s; -⟩, **~tikerin** *f* ⟨-; -nen⟩ saralı, epileptik; **2tisch** *adj Anfall* epileptik
Epilog *m* ⟨-s; -e⟩ sondeyiş, epilog
episch *adj* epik, anlatısal
Episode *f* ⟨-; -n⟩ yan olay, epizot
Epoche *f* ⟨-; -n⟩ çağ, aşama, dönem
Epos *n* ⟨-; Epen⟩ destan, epos
er *pers pron* o (*eril*); ***~ selbst*** (o) kendisi
Erachten *n*: ***meines ~s*** benim fikrimce
erarbeiten *v/t u v/r* ⟨*o* -ge-, *h*⟩: ***sich*** (*D*) ***etw ~*** bş-i (çalışarak) elde etmek
erb. *Abk für* ***erbaut*** *-in* inşa edildiği tarihi
erbärmlich *adj* acınacak halde; sefil; orta, vasat
erbarmungslos *adj* acımasız, merhametsiz
erbau|en ⟨*o* -ge-, *h*⟩ **1.** *v/t* inşa etmek; *fig* ***von etw nicht erbaut sein*** bş-den hiç hoşlanmamak; **2.** *v/r*: *fig* ***sich ~ an*** (*D*) ile kültürünü arttırmak; **2er** *m* ⟨-s; -⟩ inşa eden; mimar
Erbauung *f* ⟨-; *o pl*⟩ *fig kültür arttırma*
erbberechtigt *adj* mirasta hak sahibi
Erbe[1] *m* ⟨-n; -n⟩ mirasçı, vâris; ***j-n zum ~n einsetzen*** b-ni mirasçısı yapmak
Erbe[2] *n* ⟨-s; *o pl*⟩ miras
erben *v/t* ⟨*h*⟩ miras (olarak) almak
erbetteln *v/t* ⟨*o* -ge-, *h*⟩: ***sich*** (*D*) ***etw ~ von*** *-den* bş-i yalvararak koparmak
erbeuten *v/t* ⟨*o* -ge-, *h*⟩ ganimet olarak götürmek
Erb|folge *f gesetzliche* irsî intikal; **~folger** *m* ⟨-s; -⟩, **~folgerin** *f* ⟨-; -nen⟩ mi-

rasçı, varis; **~gut** *n* BIOL genetik malzeme

erbittert *adj Kampf usw* amansız, kıyasıya; *Person* (**über** *A -e*) çok içerlemiş

E

Erbkrankheit *f* irsi hastalık

erblassen *v/i* ⟨*o* -ge-, *sn*⟩ sararmak, *-in* benzi atmak

Erblasser *m* ⟨-s; -⟩, **~in** *f* ⟨-; -nen⟩ JUR muris

erblich *adj* irsi, kalıtsal

erblicken *v/t* ⟨*o* -ge-, *h*⟩ görmek, görüp farkına varmak

erblind|en *v/i* ⟨*o* -ge-, *sn*⟩ kör olmak; ***auf e-m Auge ~*** *-in* bir gözü kör olmak; **2ung** *f* ⟨-; *o pl*⟩ körleşme, kör olma

Erb|masse *f* JUR miras(a konu olan varlık); **~stück** *n* aile yadigarı; **~teil** *n* miras payı

erbrechen ⟨*unreg, o* -ge-, *h*⟩ *v/t, v/i, v/r* kusmak

Erbrechen *n* ⟨-s; *o pl*⟩ kusma; *fig* ***bis zum ~*** bıktıracak kadar

Erbrecht *n* JUR miras hukuku

erbringen *v/t* ⟨*unreg, o* -ge-, *h*⟩ *Beweis, Geld* getirmek

Erbschaft *f* ⟨-; -en⟩ miras; ***e-e ~ machen*** mirasa konmak

Erbschaftssteuer *f* veraset vergisi

Erbschein *m* veraset ilamı

Erbschleicher *m* ⟨-s; -⟩, **~in** *f* ⟨-; -nen⟩ *haksız mirasa konmaya çalışan*

Erbse *f* ⟨-; -n⟩ bezelye

Erd|achse *f* dünya ekseni; **~atmosphäre** *f* atmosfer; **~beben** *n* ⟨-s; -⟩ deprem; **~beere** *f* çilek; **~boden** *m* ⟨-s; *o pl*⟩ yer, zemin, toprak; ***dem ~ gleichmachen*** yerle bir etmek

Erde *f* ⟨-; *o pl*⟩ (*Welt*) dünya; (*Erdreich*) toprak; (*Boden*) yer

erden *v/t* ⟨*h*⟩ EL topraklamak

erdenklich *adj* akla gel(ebil)ir

Erd|gas *n* doğal gaz; **~geschichte** *f* yeryüzü tarihi; **~geschoss** *n, österr* **~geschoß** *n* zemin/giriş katı; **2ig** *adj* topraklı, topraksı; **~kunde** *f* ⟨-; *o pl*⟩ coğrafya; **~nuss** *f* yerfıstığı; **~nussbutter** *f* yerfıstığı ezmesi; **~oberfläche** *f* yeryüzü, dünya yüzeyi; **~öl** *n* petrol; ***~ exportierende Länder*** petrol ihraç eden ülkeler

erdrosseln *v/t* ⟨*o* -ge-, *h*⟩ (boğazını sıkarak) öldürmek

erdrücken *v/t* ⟨*o* -ge-, *h*⟩ ezerek öldürmek; *fig* ezmek

erdrückend *adj fig* bunaltıcı, ezici

Erd|rutsch *m* ⟨-s; -e⟩ toprak kayması; POL oy kayması; **~schicht** *f* toprak tabakası; **~stoß** *m* sarsıntı, yer sarsıntısı; **~teil** *m* GEOGR kıta

erdulden *v/t* ⟨*o* -ge-, *h*⟩ çekmek, *-e* katlanmak; ***~ müssen*** kabullenmek

Erdumfang *m* dünya çevresi

Erdumlaufbahn *f* dünya yörüngesi

Erdung *f* ⟨-; -en⟩ EL topraklama, toprak hattı

ereignen *v/r* ⟨*o* -ge-, *h*⟩: ***sich ~*** olmak, vukubulmak

Ereignis *n* ⟨-ses; -se⟩ olay; **2los** *adj* olaysız; **2reich** *adj* olaylı, olaylarla dolu

Eremit *m* ⟨-en; -en⟩, **~in** *f* ⟨-; -nen⟩ münzevi, keşiş

ererbt *adj* miras (olarak elde edilmiş), *-den* kalma

erfahren[1] ⟨*unreg, o* -ge-, *h*⟩ **1.** *v/t* öğrenmek, haber almak; görüp geçirmek, yaşamak; **2.** *v/i*: ***~ von*** *-den* haberdar olmak

erfahren[2] *adj* (**in** *D -de*) tecrübeli

Erfahrenheit *f* ⟨-; *o pl*⟩ tecrübe(lilik)

Erfahrung *f* ⟨-; -en⟩ tecrübe, deneyim; ***aus*** (***eigener***) ***~*** *-in* kendi tecrübesinden; ***in ~ bringen*** (sorup) öğrenmek; ***die ~ machen, dass …*** -diği tecrübesini geçirmek

Erfahrungs|austausch *m* tecrübe alışverişi; **2gemäß** *adv* tecrübe(ler)in gösterdiği üzere

erfassen *v/t* ⟨*o* -ge-, *h*⟩ kavramak, anlamak; (*statistisch*) kaydetmek, saptamak; kapsamak; *Daten* toplamak, derlemek; *Text* yazmak, işlemek

Erfassung *f* ⟨-; -en⟩ *von Daten usw* sapta(n)ma

erfind|en *v/t* ⟨*unreg, o* -ge-, *h*⟩ icat etmek; **2er** *m* ⟨-s; -⟩, **2erin** *f* ⟨-; -nen⟩ mucit; **2ergeist** *m* ⟨-s; *o pl*⟩ mucit ruhu; **~erisch** *adj* yaratıcı, üretici; **2ung** *f* ⟨-; -en⟩ icat; **2ungsgabe** *f* icat yeteneği

Erfolg *m* ⟨-s; -e⟩ başarı; sonuç; ***~ haben*** başarılı olmak; ***~ versprechend*** umut verici

erfolgen *v/i* ⟨*o* -ge-, *sn*⟩ gerçekleşmek, yapılmak

erfolglos *adj* başarısız; (*vergeblich*) boş yere; **2igkeit** *f* ⟨-; *o pl*⟩ başarısızlık

erfolgreich *adj* başarılı

Erfolgs|aussichten *pl* başarı ümidi/

ümitleri; **~autor(in** *f*) *m* başarılı yazar; **~beteiligung** *f* kârdan hisse; **~chance** *f* başarı ihtimali; **~erlebnis** *n* olumlu deneyim; **~kurs** *m* başarı çizgisi; **~quote** *f* başarı oranı

erforderlich *adj* gerekli, lüzumlu; ***unbedingt ~*** mutlaka gerekli

erfordern *v/t* ⟨*o* -ge-, *h*⟩ gerektirmek

Erfordernis *n* ⟨-ses; -se⟩ gerek, zaruret

erforsch|en *v/t* ⟨*o* ge-, *h*⟩ araştırmak, incelemek; **²er** *m* ⟨-s; -⟩, **²erin** *f* ⟨-; -nen⟩ araştırmacı; **²ung** *f* ⟨-; -en⟩ araştır(ıl)ma; incele(n)me

erfragen *v/t* ⟨*o* -ge-, *h*⟩ sorarak öğrenmek

erfreuen ⟨*o* -ge-, *h*⟩ **1.** *v/t* sevindirmek; **2.** *v/r*: ***sich ~ an*** (*D*) *-den* sevinç duymak

erfreulich *adj* memnun edici, sevindirici

erfrier|en *v/i* ⟨*unreg*, *o* -ge-, *sn*⟩ donarak ölmek; (*Pflanzen*) donmak; **²ung** *f* ⟨-; -en⟩ soğuk yanığı

erfrisch|en ⟨*o* -ge-, *h*⟩ **1.** *v/t* serinletmek; **2.** *v/r*: ***sich ~*** serinlemek; **~end** *adj* serinletici; *fig* tazelik getiren, iç açıcı; **²ung** *f* ⟨-; -en⟩ serinleme, canlanma

Erfrischungs|getränk *n* meşrubat, soğuk içecek; **~raum** *m* kafeterya; **~tuch** *n* kolonyalı mendil

erfüll|en ⟨*o* -ge-, *h*⟩ **1.** *v/t* (***mit*** *-le*) doldurmak; *Wunsch*, *Pflicht*, *Bedingung* yerine getirmek; *Versprechen* (sözünü) tutmak; *Zweck -e* yaramak; *Erwartung* karşılamak; **2.** *v/r*: ***sich ~*** gerçekleşmek; **²ung** *f* ⟨-; -en⟩ gerçekleşme, ifa; ***in ~ gehen*** gerçekleşmek, hakikat olmak

Erfüllungsort *m* ÖKON ifa yeri

erfunden *adj* icat edilmiş; (*unwahr*) uydurulmuş

ergänz|en ⟨*o* -ge-, *h*⟩ **1.** *v/t* tamamlamak; **2.** *v/r*: ***sich ~*** birini tamamlamak; **~end** *adj* ek; **²ung** *f* ⟨-; -en⟩ tamamlama, ek, ilave

ergeben[1] ⟨*unreg*, *o* -ge-, *h*⟩ **1.** *v/t* etmek, tutmak (*Betrag*); **2.** *v/r*: ***sich ~*** teslim olmak; *Schwierigkeiten*, *Folgen* çıkmak; ***sich ~ aus*** *-in* sonucu olmak; ***sich ~ in*** *-i* kabullenmek

ergeben[2] *adj* (*resignierend*) kabullenmiş, teslim olmuş

Ergebenheit *f* ⟨-; *o pl*⟩ derinden bağlılık

Ergebnis *n* ⟨-ses; -se⟩ sonuç; **²los** *adj* sonuçsuz

ergehen ⟨*unreg*, *o* -ge-⟩ **1.** *v/i* ⟨*sn*⟩ JUR *Urteil* çıkmak; ***wie ist es dir ergangen?*** işlerin nasıl oldu?; ***so erging es mir auch*** bana da öyle oldu; ***etw über sich ~ lassen*** bş-e katlanmak, bş-e sabırla dayanmak **2.** *v/r* ⟨*h*⟩: ***sich ~*** (***über*** *A*, ***in*** *D* üzerine) ahkam kesmek; ***sich in Vorwürfen ~*** habire ithamda bulunmak

ergiebig *adj* bereketli, kârlı; verimli

ergrauen *v/i* ⟨*o* -ge-, *sn*⟩ *-in* saçı kırlaşmak

ergreifen *v/t* ⟨*unreg*, *o* -ge-, *h*⟩ yakalamak, tutmak; *Gelegenheit* değerlendirmek; *Maßnahme* almak; *Beruf* edinmek; *fig -i* çok etkilemek; ***die Flucht ~*** kaçmak; ***das Wort ~*** söz almak, söze girişmek

ergreifend *adj* duygulandırıcı

Ergriffenheit *f* ⟨-; *o pl*⟩ duygulanma, içten sarsılma

ergründen *v/t* ⟨*o* -ge-, *h*⟩ *Geheimnis -in* sırrına varmak

Erguss *m* ⟨-es; ¨-e⟩ MED (*Samen²*) atım; *fig* taşıp dökülen söz *vs*

erhaben *adj* (*erhöht*) kabarık, yükseltilmiş; *fig Gedanke*, *Tat* yüce, üstün; ***~ sein über*** (*A*) *-in* üstünde olmak

Erhalt *f* ⟨-s; *o pl*⟩ (teslim) alma (*mektup vs*)

erhalten[1] *v/t* ⟨*unreg*, *o* -ge-, *h*⟩ almak; (*bewahren*) korumak, muhafaza etmek; (*unterstützen*) bakmak, desteklemek; ***j-n am Leben ~*** b-ni hayatta tutmak

erhalten[2] *adj*: ***gut ~*** iyi korunmuş

erhältlich *adj* temin edilebilir; ***schwer ~*** zor bulunur

Erhaltung *f* ⟨-; *o pl*⟩ (*Bewahrung*) koruma

erhängen *v/r* ⟨*o* -ge-, *h*⟩: ***sich ~*** kendini asmak

erhärten *v/t* ⟨*o* -ge-, *h*⟩ *Behauptung* kuvvetlendirmek

erheben ⟨*unreg*, *h*⟩ **1.** *v/t* çıkarmak, yükseltmek; **2.** *v/r*: ***sich ~*** ayağa kalkmak; *Volk* (***gegen*** *-e* karşı) ayaklanmak; *Ansprüche* (***auf*** *A -den*) taleplerde bulunmak; *Steuern* koymak; *Daten* toplamak

erheblich *adj* önemli ölçüde, hatırı

E

sayılır derecede

Erhebung *f* ⟨-; -en⟩ *im Gelände* yükselti; (*Rebellion*) isyan, ayaklanma; *von Steuern* vergilendirme, vergi tarhı; *von Daten* derleme

erheiter|n *v/t* ⟨*o* -ge-, *h*⟩ neşelendirmek; **≈ung** *f* ⟨-; *o pl*⟩ sevinç, neşe

erhellen ⟨*o* -ge-, *h*⟩ **1.** *v/t Problem* aydınlatmak; **2.** *v/r*: ***sich ~*** *Himmel* aydınlanmak

erhitzen ⟨*o* -ge-, *h*⟩ **1.** *v/t* ısıtmak, kızdırmak; **2.** *v/r*: ***sich ~*** ısınmak, kız(ış)mak

erhöh|en *v/t u v/r* ⟨*o* -ge-, *h*⟩ (***auf*** *A -e*; ***um*** …) yükseltmek; ***sich ~*** *Zahl* yükselmek; **≈ung** *f* ⟨-; -en⟩ yükseliş; artış, zam

erholen *v/r* ⟨*o* -ge-, *h*⟩: ***sich ~*** (*genesen*) iyileşmek; (***von*** *-in* hastalığı) geçmek; (*entspannen*) dinlenmek

erholsam *adj* dinlendirici

Erholung *f* ⟨-; *o pl*⟩ dinlenme

erholungs|bedürftig *adj dinlenmeye ihtiyacı olan*; **≈gebiet** *n* tatil yöresi; **≈urlaub** *m* dinlenme tatili; **≈zentrum** *n* rekreasyon merkezi

Erika *f* ⟨-; -s, -ken⟩ BOT süpürgeotu

erinner|n ⟨*o* -ge-, *h*⟩ **1.** *v/t* (***an*** *A*; *-i -e*) hatırlatmak; **2.** *v/r*: ***sich ~*** (***an*** *A -i*) hatırlamak; **≈ung** *f* ⟨-; -en⟩ (***an*** *A -i*) hatırlama, hatıra, anı; ***zur ~ an*** (*A*) *-in* anısına; ***j-n/etw noch gut in ~ haben*** b-ni/bş-i hâlâ iyi hatırlıyor olmak

Erinnerungs|stück *n* hatıra, yadigar; **~vermögen** *n* hafıza, zihin

erkalten *v/i* ⟨*o* -ge-, *sn*⟩ soğumak

erkält|en *v/r* ⟨*o* -ge-, *h*⟩: ***sich ~*** (kendini) üşütmek; ***stark erkältet sein*** fena halde üşütmüş olmak; **≈ung** *f* ⟨-; -en⟩ üşütme, soğukalgınlığı

erkämpfen *v/t* ⟨*o* -ge-, *h*⟩ *Sieg* savaşarak elde etmek; ***sich*** (*D*) ***etw hart ~ müssen*** bş-i çetin mücadelelerle kazanmak

erkaufen *v/t* ⟨*o* -ge-, *h*⟩ *durch Bestechung* rüşvetle elde etmek; ***etw teuer ~ müssen*** bş-in bedelini ağır ödemek

erkennbar *adj* (*wieder~*) tanınabilir; algılanabilir

erkennen ⟨*unreg*, *o* -ge-, *h*⟩ **1.** *v/t* tanımak (***an*** *D -den*); seçmek, iyice görmek; (*einsehen*) anlamak; ***sich zu ~ geben*** (kendinin) kim olduğunu söylemek; ***~ lassen*** belli etmek; **2.** *v/i* JUR ***auf Freispruch ~*** beraat kararı vermek; JUR ***j-n für schuldig ~*** b-ni suçlu bulmak

erkenntlich *adj* görülebilir, anlaşılabilir; ***sich*** (***j-m***) ***~ zeigen*** *-e* minnettarlığını belirtmek

Erkenntnis *f* ⟨-; -se⟩ bilgi; ***neueste ~se*** en yeni bilgiler; ***zu der ~ gelangen, dass*** … -diği sonucuna varmak

Erkennung *f* ⟨-; *o pl*⟩ tanıma, teşhis

Erkennungszeichen *n* işaret, karakteristik, belirti

Erker *m* ⟨-s; -⟩ ARCH cumba

erklärbar *adj* açıklanabilir

erklären ⟨*o* -ge-, *h*⟩ **1.** *v/t* açıklamak; (*verkünden*) bildirmek, beyan etmek; (***offiziell***) ***für … ~*** *-i* resmen … olarak ilan etmek; **2.** *v/r*: ***sich ~ für*** (***gegen***) *-den* yana (*-e* karşı) olduğunu belirtmek; ***sich einverstanden ~*** (***mit***) *-i* kabul ettiğini belirtmek

erklärend *adj* açıklayıcı

erklärt *adj* açıklanmış, beyan edilmiş

Erklärung *f* ⟨-; -en⟩ açıklama; bildirim; ***e-e ~ abgeben*** bir açıklama yapmak

erklettern *v/t* ⟨*o* -ge-, *h*⟩ *-in* üstüne tırmanıp çıkmak

erklingen *v/i* ⟨*unreg*, *o* -ge-, *sn*⟩ duyulmak

erkrank|en *v/i* ⟨*o* -ge-, *sn*⟩ (***an*** *D -den*) hastalanmak; **≈ung** *f* ⟨-; -en⟩ hastalanma

erkunden *v/t* ⟨*o* -ge-, *h*⟩ keşfetmek, gözlemek, sorarak öğrenmek

erkundigen *v/r* ⟨*o* -ge-, *h*⟩ ***sich ~*** (***nach*** *-i*) sormak, danışmak; (***über*** *A* hakkında) bilgi edinmek; ***sich*** (***bei j-m***) ***nach dem Weg ~*** (b-ne) yolu sormak

Erkundigung *f* ⟨-; -en⟩: ***~en einziehen*** (***über*** *A* hakkında) bilgi toplamak

erlangen *v/t* ⟨*o* -ge-, *h*⟩ *Gewissheit* elde etmek, *-e* ulaşmak

Erlass *m* ⟨-es; -e⟩ (*Anordnung*) genelge, kararname; *e-r Strafe usw* bağışla(n)ma, affetme, affedilme

erlassen *v/t* ⟨*unreg*, *o* -ge-, *h*⟩ *Verordnung*, *Gesetz* çıkarmak; ***j-m etw ~*** b-ne bşi bağışlamak, b-nin borcunu silmek

erlauben ⟨*o* -ge-, *h*⟩ **1.** *v/t -e* izin vermek; ***~ Sie mal!*** müsaade eder misiniz!; **2.** ***sich*** (*D*) ***etw ~*** kendine bir hak vs tanımak; ***sie kann sich das ~*** onun buna gücü vs yeter

Erlaubnis *f* ⟨-; *o pl*⟩ izin, müsaade

erläuter|n *v/t* ⟨*o* -ge-, *h*⟩ açıklamak, izah etmek; yorumlamak; **2ung** *f* ⟨-; -en⟩ açıklama; yorum
Erle *f* ⟨-; -n⟩ BOT kızılağaç
erleben *v/t* ⟨*o* -ge-, *h*⟩ yaşamak; *Schlimmes* geçirmek; görmek; ***das werden wir nicht mehr ~*** biz o günleri artık göremeyeceğiz
Erlebnis *n* ⟨-ses; -se⟩ yaşantı; (*Abenteuer*) macera; **2reich** *adj* maceralı, olaylı
erledigen ⟨*o* -ge-, *h*⟩ **1.** *v/t* tamamlamak, yapmak, sonuçlandırmak; *Angelegenheit, Problem* halletmek, çözmek; F ***j-n ~*** b-ni bitirmek; *fig* (*töten*) temizlemek; **2.** *v/r*: ***sich ~*** *Angelegenheit* hallolmak
erledigt *adj* halledilmiş; ***das wäre ~!*** bu iş böylece bitti!; F ***er ist für mich ~!*** benim onunla işim kalmadı!
Erledigung *f* ⟨-; -en⟩ alışveriş; iş
erleichtern *v/t* ⟨*o* -ge-, *h*⟩ kolaylaştırmak
erleichtert *adj*: ***~ sein*** *-in* içi rahat etmek, ferahlamak
Erleichterung *f* ⟨-; *o pl*⟩ hafifleme, kolaylık; (***über*** *A -den*) ferahlık
erleiden *v/t* ⟨*unreg, o* -ge-, *h*⟩ çekmek; *-den* çekmek
erlernen *v/t* ⟨*o* -ge-, *h*⟩ (iyice) öğrenmek
erlesen *adj* seçme
erleucht|en *v/t* ⟨*o* -ge-, *h*⟩ *fig* aydınlatmak, *-e* ışık tutmak; **2ung** *f* ⟨-; -en⟩ aydınlatma; *fig* (*Idee*) anî bir fikir; REL nirvana
Erliegen *n* ⟨-s; *o pl*⟩: ***zum ~ bringen*** durdurmak; ***zum ~ kommen*** durmak
erliegen *v/i* ⟨*unreg, o* -ge-, *sn*⟩ *-e* yenik düşmek; *e-r Krankheit -den* ölmek
erlogen *adj* yalan, uyduruk, uydurulmuş
Erlös *m* ⟨-es; -e⟩ hasılat, kâr
erloschen *adj Feuer, Vulkan* sönmüş
erlöschen *v/i* ⟨erlischt, erlosch, erloschen, *sn*⟩ *Licht, Vulkan* sönmek; *Vertrag* sona erme
erlösen *v/t* ⟨*o* -ge-, *h*⟩: ***j-n ~*** (**von**) b-ni (*-den*) kurtarmak; REL halas etmek; ÖKON (satarak) gerçekleştirmek
Erlösung *f* ⟨-; -en⟩ kurtuluş; rahatlama; REL halas
ermächtig|en *v/t* ⟨*o* -ge-, *h*⟩: ***j-n zu etw ~*** b-ne bş için yetki vermek, b-ni bş-e yetkili kılmak; **2ung** *f* ⟨-; -en⟩ yetkili kılma/olma; (*Befugnis*) yetki
ermahn|en *v/t* ⟨*o* -ge-, *h*⟩ *-e* ihtar etmek; (*warnen*) uyarmak; **2ung** *f* ⟨-; -en⟩ (*Warnung*) uyarı
Ermangelung *f* ⟨-; *o pl*⟩: ***in ~*** *G -in* bulunmadığı durumda
ermäßig|en *v/t* ⟨*o* -ge-, *h*⟩ indirmek, azaltmak; **2ung** *f* ⟨-; -en⟩ indirim, tenzilat, iskonto
Ermessen *n* ⟨-s; *o pl*⟩: ***in j-s ~ liegen*** b-nin takdirine bağlı olmak; ***nach menschlichem ~*** insan aklının erdiği kadarıyla; **~sfrage** *f* takdir konusu; **~sspielraum** *m* takdir payı
ermitteln ⟨*o* -ge-, *h*⟩ **1.** *v/t* bulmak, meydana çıkarmak; (*bestimmen*) belirlemek; **2.** *v/i* JUR araştırmak, soruşturmak
Ermittler *m* ⟨-s; -⟩, **~in** *f* ⟨-; -nen⟩ soruşturmayı yürüten
Ermittlung *f* ⟨-; -en⟩ JUR ***~en*** *pl* soruşturma, tahkikat; ***~en anstellen*** (**über** *A* hakkında) soruşturma yapmak
Ermittlungs|ausschuss *m* soruşturma komisyonu; **~richter(in** *f*) *m* soruşturma hakimi; **~verfahren** *n* JUR hazırlık soruşturması
ermöglichen *v/t* ⟨*o* -ge-, *h*⟩ mümkün kılmak; ***j-m ~, etw zu tun*** b-ne bş-i yapma imkanı vermek
ermord|en *v/t* ⟨*o* -ge-, *h*⟩ katletmek; **2ung** *f* ⟨-; -en⟩ katil, öldür(ül)me
ermüd|en *v/i* ⟨*o* -ge-, *sn*⟩ *a* TECH yorulmak; **~end** *adj* yorucu
Ermüdung *f* ⟨-; *o pl*⟩ yorgunluk; TECH malzeme yorgunluğu
ermunter|n *v/t* ⟨*o* -ge-, *h*⟩ (**zu** *-e*) yüreklendirmek, cesaret vermek; **2ung** *f* ⟨-; -en⟩ yüreklendirme, cesaret verme
ermutig|en *v/t* ⟨*o* -ge-, *h*⟩ → ***ermuntern***; **~end** *adj* cesaret verici; **2ung** *f* ⟨-; -en⟩ → ***Ermunterung***
ernähren ⟨*o* -ge-, *h*⟩ **1.** *v/t* beslemek; *Familie -e* bakmak, *-i* geçindirmek; **2.** *v/r*: ***sich ~ von*** ile geçinmek
Ernähr|er *m* ⟨-s; -⟩ *ailenin geçimini üstlenen kişi*; **~ung** *f* ⟨-; *o pl*⟩ besleme, besin; beslenme (biçimi); **~ungsweise** *f* beslenme biçimi
ernenn|en *v/t* ⟨*unreg, o* -ge-, *h*⟩: ***j-n zu etw ~*** b-ni bş-e atamak, tayin etmek; **2ung** *f* ⟨-; -en⟩ (**zu** *-e*, olarak) ata(n)ma
erneuer|bar *adj Energien, Rohstoffe* yenilenen; **~n** ⟨*o* -ge-, *h*⟩ **1.** *v/t* yenilemek;

E

2. *v/r*: ***sich ~*** yenilenmek, kendini yenilemek; **≈ung** *f* ⟨-; -en⟩ yenile(n)me

erneut **1.** *adj* yeni, bir dahaki; **2.** *adv* yeniden

erniedrig|en ⟨*o* -ge-, *h*⟩ **1.** *v/t* aşağılamak; **2.** *v/r*: ***sich ~*** alçalmak; **~end** *adj* aşağılayıcı; **≈ung** *f* ⟨-; -en⟩ aşağılama

ernst **1.** *adv* ciddî (olarak), cidden; ***j-n (etw) ~ nehmen*** b-ni (b-şi) ciddiye almak; ***es ~ meinen (mit)*** b-nin (hakkında) ciddî niyetleri olmak; **2.** *adj* ciddî

Ernst *m* ⟨-es⟩ ciddiyet; ***ist das dein ~?*** ciddî misin?; ***~ machen mit*** *-i* ciddiye almak, *-e* ciddiyetle girişmek; ***der ~ der Lage*** durumun ciddiyeti/ciddîliği

ernsthaft *adj* ciddî

Ernstfall *m* MIL, *a fig*: ***im ~*** ciddî bir durumda

ernstlich *adv*: ***~ krank sein*** *-in* ciddî bir hastalığı olmak

Ernte *f* ⟨-; -n⟩ AGR (alınan) ürün; (*Getreide≈*) hasat

ernten *v/t*, *v/i* ⟨*h*⟩ *Getreide* (hasat) kaldırmak; *Obst*, *a fig* (ürün) almak

Erntezeit *f* hasat zamanı

ernüchter|n *v/t* ⟨*o* -ge-, *h*⟩: ***j-n ~*** b-ni ayıltmak; *fig -in* aklını başına getirmek; **≈ung** *f* ⟨-; -en⟩ *fig* ayıl(t)ma

Eroberer *m* ⟨-s; -⟩ fatih, fetheden; **≈n** *v/t* ⟨*o* -ge-, *h*⟩ fethetmek; **~ung** *f* ⟨-; -en⟩ fetih

eröffnen ⟨*o* -ge-, *h*⟩: **1.** *v/t* açmak; *feierlich -in* açılışını yapmak; *fig* ***j-m etw ~*** b-ne bş-i açmak; **2.** *v/r*: ***sich ~*** *Aussichten*, *Möglichkeiten* belirmek, ortaya çıkmak

Eröffnungskurs *m Börse* açılış fiyatı

erörter|n *v/t* ⟨*o* -ge-, *h*⟩ görüşmek, tartışmak; **≈ung** *f* ⟨-; -en⟩ tartışma, görüşme

Erosion [-'zĭo:n] *f* ⟨-; -en⟩ erozyon

erotisch *adj* erotik

erpicht *adj*: ***~ auf*** (*A*) *-e* (çok) hevesli

erpress|en *v/t* ⟨*o* -ge-, *h*⟩ *-e* şantaj yapmak; *Geständnis* (**von** *-den*) şantajla almak; **≈er** *m* ⟨-s; -⟩, **≈erin** *f* ⟨-; -nen⟩ şantajcı; **≈ung** *f* ⟨-; -en⟩ şantaj

erprob|en *v/t* ⟨*o* -ge-, *h*⟩ denemek, test etmek; **~t** *adj*: ***~es Mittel*** denenmiş ilaç; **≈ung** *f* ⟨-; -en⟩ dene(n)me, sına(n)ma

erraten *v/t* ⟨*unreg*, *o* -ge-, *h*⟩ tahmin etmek

errechnen *v/t* ⟨*o* -ge-, *h*⟩ hesaplayıp çıkarmak, hesaplamak

erregbar *adj* çabuk heyecanlanan, alıngan; (*reizbar*) sinirli

erreg|en ⟨*o* -ge-, *h*⟩ **1.** *v/t* heyecanlandırmak, kışkırtmak; (*ärgern*) sinirlendirmek; (*sexuell*) tahrik etmek; *Gefühle* uyandırmak; (*verursachen*) *-e* yol açmak; **2.** *v/r*: ***sich ~*** (***über*** *A -e*) kızmak; **~end** *adj* heyecan verici, etkileyici; **~er** *m* ⟨-s; -⟩ MED mikrop

erregt *adj* (*verärgert*) kızgın, öfkeli

Erregung *f* ⟨-; -en⟩ *-e* yol açma; heyecanlan(dırıl)ma, tahrik

erreichbar *adj* ulaşılabilir

erreichen *v/t* ⟨*o* -ge-, *h*⟩ *-e* ulaşmak; *Zug -e* yetişmek; elde etmek; ***etwas ~*** bir sonuç elde etmek; ***telefonisch zu ~ sein*** telefonla ulaşılabilir olmak

erricht|en *v/t* ⟨*o* -ge-, *h*⟩ yapmak, inşa etmek, dikmek; *fig* kurmak, tesis etmek; **≈ung** *f* ⟨-; *o pl*⟩ inşa, yap(ıl)ma, dik(il)me; *fig* kurma, kuruluş

erringen *v/t* ⟨*unreg*, *o* -ge-, *h*⟩ elde etmek; *Erfolg* kazanmak

erröten *v/i* ⟨*o* -ge-, *sn*⟩ (**vor** *D -den*) kızarmak

Errungenschaft *f* ⟨-; -en⟩ kazanım; (*Erwerbung*) *yeni alınan bir şey*

Ersatz *m* ⟨-es⟩ yedek; *b-nin/bş-in yerine geçen*; (*Ausgleich*) telafi, denkleştirme; (*Schaden≈*) tazminat; ***j-m ~ leisten für*** b-ne *-i* tazmin etmek; **~bank** SPORT yedek oyuncular *pl*; **~dienst** *m* sivil hizmet (*statt Wehrdienst*); **~mann** *m* ⟨-s; -leute⟩ yedek eleman; **~spieler(in** *f*) *m* SPORT yedek oyuncu; **~teil** *n* TECH yedek parça; **≈weise** *adv* yedek olarak, *-in* yerine geçmek üzere

ersaufen *v/i* F ⟨*unreg*, *o* -ge-, *sn*⟩ (suda) boğulmak

erschaff|en *v/t* ⟨*unreg*, *o* -ge-, *h*⟩ yaratmak; **≈ung** *f* ⟨-; *o pl*⟩ yarat(ıl)ış

erschallen *v/t* ⟨*o* -ge-, *h*⟩ *Gelächter* çınlamak

erscheinen ⟨*unreg*, *o* -ge-, *sn*⟩ görünmek, (ortaya) çıkmak, belirmek; *Buch* yayımlanmak; JUR ***vor Gericht ~*** mahkemeye gelmek; ***es erscheint (mir) ratsam*** o bana makul görünüyor

Erscheinen *n* ⟨-s; *o pl*⟩ *Buch* yayın, çıkış; *Person* belirme, (çıka)gelme

Erscheinung *f* ⟨-; -en⟩ görüntü, görünüm; (*Natur≈*) olay; MED (*Symptom*) belirti, semptom, araz; ***in ~ treten*** belirmek, ortaya çıkmak

Erscheinungs|bild *n* görünüm; **~jahr** *n* yayın yılı; **~ort** *m* yayın yeri

erschießen *v/t* ⟨*unreg*, *o* -ge-, *h*⟩ (kurşunlayarak) öldürmek

erschlaffen *v/i* ⟨*o* -ge-, *sn*⟩ gevşemek

erschlagen[1] *v/t* ⟨*unreg*, *o* -ge-, *h*⟩ (darbeyle) öldürmek

erschlagen[2] *adj* F (*erschöpft*) bitkin

erschließ|en *v/t* ⟨*unreg*, *o* -ge-, *h*⟩ *Bauland* imara açmak, *-in* altyapısını getirmek; *Markt* açmak, kazanmak; ***für den Tourismus* ~** *-i* turizme açmak; **2ung** *f* ⟨-; *o pl*⟩ kalkın(dır)ma, imar, açma, kazanma; **2ungskosten** *pl* altyapı giderleri

erschöpf|en *v/t* ⟨*o* -ge-, *h*⟩ tüketmek, bitirmek; **~end** *adj körperlich* yorucu; *fig* (*gründlich*) tamamen, esaslı, tüketici

erschöpf|t *adj* tükenmiş; ***meine Geduld ist* ~** sabrım tükendi; **2ung** *f* ⟨-; *o pl*⟩ bitkinlik

erschreck|en **1.** *v/t* ⟨*o* -ge-, *h*⟩ korkutmak, ürkütmek; **2.** *v/i* ⟨*unreg*, *o* -ge-, *sn*⟩ (***über*** *A -den*) korkmak, ürkmek; **~end** **1.** *adj* korkutucu, ürkütücü; *Anblick* korkunç; **2.** *adv*: ***~ wenige*** gayet az (sayıda)

erschütter|n *v/t* ⟨*o* -ge-, *h*⟩ sarsmak; **~nd** *adj* sarsan, sarsıcı; **2ung** *f* ⟨-; -en⟩ sarsıntı, sarsılma; TECH titreşim

erschwer|en *v/t* ⟨*o* -ge-, *h*⟩ zorlaştırmak; **~end** **1.** *adj*: JUR ***~e Umstände*** *pl* ağırlaştırıcı sebepler; **2.** *adv*: ***das kommt ~ hinzu*** bu, durumu daha da ağırlaştırıyor

erschwinglich *adj* bütçeye uygun; *Preise* ödenebilir, keseye uygun; ***das ist für uns nicht* ~** bu bütçemize uygun değil

ersehen *v/t* ⟨*unreg*, *o* -ge-, *h*⟩ (***aus*** *-den*) görmek, anlamak, sonuç çıkarmak

ersetzbar *adj* telafisi mümkün; yeri doldurulabilir, değiştirilebilir

ersetzen *v/t* ⟨*o* -ge-, *h*⟩: ***A durch B* ~** A'nın yerine B'yi koymak; ***den Schaden*** (***Verlust***) **~** zararı (ziyanı) karşılamak

ersichtlich *adj* belli, açık, anlaşılan; ***ohne ~en Grund*** anlaşılır bir neden olmaksızın; ***daraus wird ~, dass*** buradan görülüyor ki, …

ersparen *v/t* ⟨*o* -ge-, *h*⟩ biriktirmek; ***j-m etw* ~** b-ni bş-den kurtarmak

Ersparnis *f* ⟨-; -se⟩ tasarruf; ***~ an Zeit*** zaman tasarrufu; **~se** *pl* tasarruflar *pl*

erst *adv* ilkin; (*anfangs*) ilk önce; henüz, daha; ancak; ***~ jetzt*** (***gestern***) daha şimdi (dün); ***~ nächste Woche*** ancak gelecek hafta(ya); ***es ist ~ neun Uhr*** henüz saat dokuz; ***eben ~*** daha şimdi; ***~ recht*** inadına; ***~ recht nicht*** inadına … değil

erstarren *v/i* ⟨*o* -ge-, *sn*⟩ CHEM katılaşmak; *vor Kälte* kaskatı kesilmek; *fig* ***vor Schreck ~*** korkudan donakalmak

Erst|geborene *m*, *f* ilk doğan çocuk; **~genannte** *m*, *f* (yukarıda) ilk sözü edilen

erstatten *v/t* ⟨*o* -ge-, *h*⟩ *Geld* geri ödemek; ***Anzeige ~ gegen*** hakkında şikayette (*od* suç duyurusunda) bulunmak; ***Bericht ~*** rapor vermek

Erstattung *f* ⟨-; -en⟩ geri ödeme, tazmin(at)

erstaunen ⟨*o* -ge-⟩ **1.** *v/t* ⟨*h*⟩ şaşırtmak, hayrete düşürmek; **2.** *v/i* ⟨*sn*⟩ (***über*** *A -e*) şaşmak, hayret etmek

Erstaunen *n* ⟨-s; *o pl*⟩ şaşkınlık, hayret

erstaunlich *adj* hayret verici; **~erweise** *adv* şaşırtıcı biçimde

erstaunt **1.** *adj* (***über*** *A -e*) şaş(ır)mış, şaş(ır)an; **2.** *adv* şaşarak

Erstausgabe *f* birinci baskı/basım

erstbeste, **~r**, **~s** *adj* ilk (önüne çıkan)

erste, **~r**, **~s** *adj* birinci, ilk; ***fürs Erste*** şimdilik; ***als Erste(r, s)*** ilk olarak, birinci olarak; ***das erste Mal*** ilk defa; ***zum ersten Mal*** ilk olarak; ***im Ersten*** F birinci televizyon kanalında

erstechen *v/t* ⟨*unreg*, *o* -ge-, *h*⟩ bıçaklayarak öldürmek

ersteigern *v/t* ⟨*o* -ge-, *h*⟩ mezattan almak

Ersteigung *f* ⟨-; -en⟩ (*G -e*) tırmanış, *-in* tepesine çıkma

erstellen *v/t* ⟨*o* -ge-, *h*⟩ *Gebäude* yapmak, inşa etmek; *Plan* yapmak, tasarlamak; *Bilanz*, *Liste* çıkarmak, düzenlemek

erstens *adv* ilkin, ilk önce

Erstere, **~r**, **~s** *subst* birinci(si)

ersticken ⟨*o* ge-⟩ **1.** *v/t* ⟨*h*⟩ (havasızlıktan) boğmak; **2.** *v/i* ⟨*sn*⟩ (havasızlıktan) boğulmak; *fig* ***in Arbeit ~*** işten başını alamamak

erstickend *adj* boğucu

Erstickung *f* ⟨-; *o pl*⟩ (havasızlıktan)

E

boğulma; **~sanfall** *m* nefes darlığı (krizi)
erstklassig *adj* birinci mevki; birinci kalite
Erstkommunion *f* REL komünyon
erstmalig *adj* ilk
erstmals *adv* ilk olarak
erstrahlen *v/i* ⟨*o* -ge-, *sn*⟩ ışımak, ışık saçmak
erstrangig *adj* birinci derecede
erstreben *v/t* ⟨*o* -ge-, *h*⟩ amaçlamak, hedef almak
erstrebenswert *adj* özenmeye değer
erstrecken *v/r* ⟨*o* -ge-, *h*⟩: ***sich ~*** uzanmak, yayılmak; ***sich ~ über*** *-i* kaplamak, kapsamak
erstürmen *v/t* ⟨*o* -ge-, *h*⟩ MIL (saldırarak) ele geçirmek
ersuchen *v/t* ⟨*o* -ge-, *h*⟩: ***j-n ~ etw zu tun*** b-nden bş-i yapmasını dilemek, ***j-n um etw ~*** b-nden bş-i dilemek
Ersuchen *n* ⟨-s; -⟩ dilekçe; ***auf ~ von*** *-in* dilekçesi/ricası üzerine
ertappen *v/t* ⟨*o* -ge-, *h*⟩ (suçüstü) yakalamak
erteilen *v/t* ⟨*o* -ge-, *h*⟩ *Auskunft* bilgi vermek; *Lob -i* övmek; ÖKON *Auftrag*, *Lizenz* vermek; ***j-m das Wort ~*** sözü b-ne vermek
ertönen *v/i* ⟨*o* -ge-, *sn*⟩ *-in* sesi çıkmak/duyulmak
Ertrag *m* ⟨-s; ⸚e⟩ ürün, verim, randıman; gelir, getiri, kâr
ertragen *v/t* ⟨*unreg*, *o* -ge-, *h*⟩ çekmek, *-e* dayanmak, *-e* katlanmak; ***nicht zu ~*** dayanılacak gibi değil
erträglich *adj* katlanılabilir, çekilir
ertragreich *adj* verimli, (bol) randımanlı
Ertrags|lage *f* kâr durumu; **~steigerung** *f* getiri/verim artışı
ertränken ⟨*o* -ge-, *h*⟩ **1.** *v/t* suda boğmak; **2.** *v/r*: ***sich ~*** (suda boğularak) intihar etmek
erträumen *v/t* ⟨*o* -ge-, *h*⟩: ***sich*** (*D*) ***etw ~*** (ancak) rüyasında gör(ebil)mek
ertrinken *v/i* ⟨*unreg*, *o* -ge-, *sn*⟩ (suda) boğularak ölmek; *fig in Arbeit usw* işten nefes alamamak
erübrigen ⟨*o* -ge-, *h*⟩ **1.** *v/t*: ***für j-n Zeit ~*** b-ne vakit ayırmak; **2.** *v/r*: ***sich ~*** gereksiz olmak
eruieren *v/t* ⟨*o* ge-, *h*⟩ (araştırarak) ortaya çıkarmak
Eruption [-ˈtsi̯oːn] *f* ⟨-; -en⟩ yanardağ patlaması
Erw. *Abk* → ***Erwachsene***
erwachen *v/i* ⟨*o* -ge-, *sn*⟩ uyanmak
erwachsen [-ks-] *adj* yetişkin, büyümüş
Erwachsene [-ks-] *m*, *f* yetişkin
Erwachsenenbildung *f* yetişkin eğitimi, yetişkinlere yönelik eğitim
erwäg|en *v/t* ⟨*unreg*, *o* -ge-, *h*⟩ (***zu tun*** *-i* yapmayı) düşünüp taşınmak; **2ung** *f* ⟨-; -en⟩ düşünce; düşünüp taşınma; ***in 2 ziehen*** göz önüne getirmek; *-in* üzerinde düşünmek
erwähn|en *v/t* ⟨*o* -ge-, *h*⟩ anmak, zikretmek; *-den* söz etmek; **~enswert** *adj* anılmaya değer; **2ung** *f* ⟨-; -en⟩ söz etme, anma
erwärmen ⟨*o* -ge-, *h*⟩ **1.** *v/t* ısıtmak; *fig* ***j-n für etw ~*** b-ni bş-e ısındırmak; **2.** *v/r*: ***sich ~*** ısınmak; *fig* ***sich für etw ~*** *-e* ısınmak
erwarten *v/t* ⟨*o* -ge-, *h*⟩ beklemek; ***ein Kind ~*** bebek beklemek; ***ich kann es kaum ~*** (***zu*** + *inf*) (-meyi) sabırsızlıkla bekliyorum; ***das war zu ~*** bunun böyle olacağı belliydi; ***wider 2*** beklenenin tersine/aksine
Erwartung *f* ⟨-; -en⟩ beklenti; **2sgemäß** *adv* beklendiği gibi/üzere; **2svoll** *adj* merakla, sabırsızlıkla
erwecken *v/t* ⟨*o* -ge-, *h*⟩ *Verdacht*, *Gefühle* uyandırmak; *fig* ***wieder zum Leben ~*** yeniden hayata döndürmek
erwehren *v/r* ⟨*o* -ge-, *h*⟩: ***sich e-r Sache*** (*G*) **~** bş-e karşı koyabilmek
erweichen ⟨*o* -ge-, *h*⟩ **1.** *v/t* yumuşatmak; **2.** *v/r fig*: ***sich*** (***nicht***) ***~ lassen*** (çabalara rağmen) yumuşamamak
erweisen ⟨*unreg*, *o* -ge-, *h*⟩ **1.** *v/t Dienst*, *Gefallen* göstermek, yapmak; **2.** *v/r*: ***sich als notwendig*** (***wirksam***) **~** -in zorunlu (etkili) olduğu ortaya çıkmak
erweiter|n ⟨*o* -ge-, *h*⟩ **1.** *v/t Straße* genişletmek; *Macht* arttırmak; ÖKON büyütmek; **2.** *v/r*: ***sich ~ Straße*** genişlemek; **2ung** *f* ⟨-; -en⟩ genişletme; arttırma
Erwerb *m* ⟨-s; -e⟩ kazanma, edinme; satın alma; gelir, kazanç; **2en** *v/t* ⟨*unreg*, *o* -ge-, *h*⟩ edinmek, kazanmak; (satın) almak
erwerbs|fähig *adj* çalışıp geçimini sağlayabilen; ***im ~en Alter*** çalışacak yaşta; **~los** *adj*, **2lose** *m*, *f* işsiz; **~tätig** *adj* çalışan, kazanç sağlayan; **2tätigkeit** *f* iş,

çalışma; **~unfähig** *adj* çalışmaya engel özürü olan
Erwerbszweig *m* işkolu
erwider|n *v/t* ⟨*o* -ge-, *h*⟩ (**auf** *A -e*) cevap vermek; *Gruß, Besuch* karşılık vermek; **ⓈⓈung** *f* ⟨-; -en⟩ cevap; karşılık
erwiesen *adj* kanıtlanmış, ispatlanmış; **~ermaßen** *adv* kanıtlanmış olduğu üzere
erwirken *v/t* ⟨*o* -ge-, *h*⟩ sağlamak
erwirtschaften *v/t* ⟨*o* -ge-, *h*⟩ sağlamak, elde etmek
erwischen *v/t* ⟨*o* -ge-, *h*⟩ yakalamak; F *fig* ***ihn hat's erwischt!*** şifayı buldu/kaptı
erwünscht *adj* istenen; istenir, makbul
erwürgen *v/t* ⟨*o* -ge-, *h*⟩ boğazlamak, boğarak öldürmek
erz..., **Erz...** *in Zssgn* baş ...; *abw* azılı
Erz *n* ⟨-es; -e⟩ maden filizi
erzählen ⟨*o* -ge-, *h*⟩ **1.** *v/t* anlatmak; **2.** *v/i*: ***~ von*** (*od* ***über***) *-den* söz etmek, bahsetmek
Erzähler *m* ⟨-s; -⟩, **~in** *f* ⟨-; -nen⟩ anlatıcı
Erzählung *f* ⟨-; -en⟩ hikaye, anlatı
Erz|bischof *m* başpiskopos; **~bistum** *n*, **~diözese** *f* başpiskoposluk; **~engel** *m* başmelek
erzeugen *v/t* ⟨*o* -ge-, *h*⟩ üretmek; yaratmak, doğurmak, meydana getirmek
Erzeuger *m* ⟨-s; -⟩ (*Vater*) baba; ÖKON üretici; **~land** *n* üretici ülke
Erzeugnis *n* ⟨-ses; -se⟩ ürün
Erzeugung *f* ⟨-; *o pl*⟩ üretim
erziehbar *adj* eğitilebilir; ***ein schwer ~es Kind*** eğitilmesi güç bir çocuk
erziehen *v/t* ⟨*unreg*, *o* -ge-, *h*⟩ yetiştirmek, büyütmek; *geistig* eğitmek
Erzieher *m* ⟨-s; -⟩, **~in** *f* ⟨-; -nen⟩ eğitici, pedagog; **Ⓢisch** *adj* eğitimsel, pedagojik
Erziehung *f* ⟨-; *o pl*⟩ büyütme, yetiştirme; *geistige* eğitim
Erziehungs|berechtigte *m*, *f* veli; **~wissenschaft** *f* ⟨-; *o pl*⟩ pedagoji
erzielen *v/t* ⟨*o* -ge-, *h*⟩ *Ergebnis, Erfolg usw* elde etmek; sağlamak
erzittern *v/i* ⟨*o* -ge-, *sn*⟩ titremek
erzkonservativ *adj* koyu tutucu
Erzrivale *m* ezeli rakip
erzürnen *v/t* ⟨*o* -ge-, *h*⟩ öfkelendirmek, gazaba getirmek, darıltmak
erzürnt *adj* öfkeli, dargın
erzwingen *v/t* ⟨*unreg*, *o* -ge-, *h*⟩ zorla elde etmek/sağlamak; ***sich nicht ~ lassen*** zorla olmamak
es *pers pron* o (*yansız*); onu; ***~ gibt*** var; ***~ gibt nicht/kein*** yok; ***ich bin ~*** benim; ***ich bin ~ nicht*** ben değilim
Esche *f* ⟨-; -n⟩ BOT dişbudak
Esel *m* ⟨-s; -⟩ eşek; *fig Person* ***du ~!*** seni eşek seni!
Eselsbrücke *f* hafıza desteği
Eselsohr *n fig kitap sayfasının bükülmüş köşesi*
Eska|lation [-'tsi̯oːn] *f* ⟨-; -en⟩ *fig* tırmanma; **Ⓢlieren** *v/i* ⟨*o* ge-, *h*⟩ tırmanmak
Eskapade *f* ⟨-; -n⟩ kaçamak
Eskimo *m* ⟨-s; -s⟩ Eskimo
Eskor|te *f* ⟨-; -n⟩ muhafız kıtası; **Ⓢtieren** *v/t* ⟨*o* ge-, *h*⟩ *-e* eşlik etmek
Esoterik *f* ⟨-; *o pl*⟩ gizbilim
Espe *f* ⟨-; -n⟩ BOT akkavak, tellikavak
Espresso [ɛs'prɛso] *m* ⟨-(s); -s⟩ espreso, İtalyan kahvesi
Essay ['ɛse] *m o n* ⟨-s; -s⟩ LIT deneme
essbar *adj* yenilir; *Pilz usw* yenebilir
essen ⟨isst, aß, gegessen, *h*⟩ **1.** *v/t* yemek; **2.** *v/i* yemek yemek; ***zu Mittag*** (***Abend***) ***~*** öğle (akşam) yemeği yemek; ***zu ~ geben*** yedirmek; (***chinesisch***) ***~ gehen*** (Çin lokantasında) yemeğe gitmek
Essen *n* ⟨-s; -⟩ *Mahlzeit* yemek, öğün; *Gericht* yemek; ***beim ~*** yemekte; ***ein ~ geben*** ziyafet vermek/çekmek; ***j-n zum ~ einladen*** b-ni yemeğe davet etmek
Essensmarke *f* yemek kuponu
Essenszeit *f* yemek zamanı, öğün
Essenz *f* ⟨-; -en⟩ (*Wesen*) öz; (*Duftstoff*) esans
essenziell *adj* öze ilişkin, esas
Essig *m* ⟨-s; -e⟩ sirke; **~gurke** *f* hıyar/salatalık turşusu
Ess|kastanie *f* kestane; **~löffel** *m* yemek/çorba kaşığı; **~stäbchen** *pl* yemek çubuğu *sg*; **~tisch** *m* yemek masası, sofra; **~zimmer** *n* yemek odası
Est|e *m* ⟨-n; -n⟩, **~in** *f* ⟨-; -nen⟩ Estonyalı; **~land** *n* Estonya; **~länder** *m* ⟨-s; -⟩ Estonyalı; **Ⓢnisch** *adj* Estonya *subst*, Estonca; **~nisch** *n* Estonca
Estragon *m* ⟨-s; *o pl*⟩ BOT tarhun
Estrich *m* ⟨-s, -e⟩ şap
etablieren *v/r* ⟨*o* ge-, *h*⟩: ***sich ~ als ...*** ... olarak kuruluşunu tamamlamak

E

Etablissement [etablıs(ə)'mãː] *n* ⟨-s; -s⟩ müessese; *Lokal* eğlence yeri
Etage [e'taːʒə] *f* ⟨-; -n⟩ kat; ***auf der ersten ~*** birinci katta
Etagen|bett [e'taːʒənbɛt] *n* ranza; **~wohnung** *f* apartman dairesi
Etappe *f* ⟨-; -n⟩ aşama, merhale; tur
Etat [e'taː] *m* ⟨-s; -s⟩ bütçe
etc. *Abk für* ***et cetera*** *adv* vs (*ve saire*), vd (*ve diğerleri*)
etepetete [eːtəpe'teːtə] *adj* F nanemolla
Eth|ik *f* ⟨-; *o pl*⟩ etik, ahlak; **≈isch** *adj* etik, ahlaki
ethnisch *adj* etnik
Ethno|loge *m* ⟨-n; -n⟩ etnolog; **~logie** *f* ⟨-; -n⟩ etnoloji; **~login** *f* ⟨-; -nen⟩ etnolog
Ethos *n* ⟨-; *o pl*⟩ ahlak, zihniyet
Etikett *n* (-s; -e, -s) etiket
Etikette *f* ⟨-; -n⟩ teşrifat, protokol
Etikettenschwindel *m* F *dış görünüşle aldatma*
etikettieren *v/t* ⟨*o* ge-, *h*⟩ etiketlemek
etliche *indef pron* epeyce, birçok
Etui [ɛt'viː, e'tyiː] *n* ⟨-s; -s⟩ kutu, kılıf; tabaka
etwa *adv* aşağı yukarı, yaklaşık
etwaig ['ɛtvaıɡ, ɛt'vaːıɡ] *adj* olası, muhtemel
etwas **1.** *indef pron* bir şey; ***~ anderes*** başka bir şey; ***so ~*** öyle bir şey; **2.** *adv* biraz, bir parça; ***das ist ~ besser*** bu biraz daha iyi
Etwas *n* ⟨-; -⟩: F ***das gewisse ~ haben*** *-in* belli bir çekiciliği var/olmak
Etymolo|gie *f* ⟨-; -n⟩ etimoloji; **≈gisch** *adj* etimolojik
EU [eː'uː] *f Abk für* ***Europäische Union*** AB (*Avrupa Birliği*); ***~-Beitritt*** *m* AB'ye katılma
euch **1.** *pers pron* size; sizi; ***mit ~*** sizinle; ***von ~*** sizden; **2.** *refl pron* kendinizi; kendinize
euer ['ɔyɐ] *poss pron* sizin; ***der*** (***die***, ***das***) ***eure*** sizinki
EuGH *Abk* → ***Europäischer Gerichtshof***
Eukalyptus *m* ⟨-; -, -ten⟩ okaliptüs
Eule *f* ⟨-; -n⟩ ZOOL baykuş; ***~n nach Athen tragen*** tereciye tere satmak
Euphorie [ɔyfo'riː] *f* ⟨-; -n⟩ sevinç, coşku
euphorisch [-f-] *adj* coşkun, coşkulu
Eurasien *n* Avrasya
eurerseits *adv* sizin tarafınızda(n)
euretwegen *adv* sizin yüzünüzden; sizin için
Euro *m* ⟨-s; -⟩ öro, euro (*europäische Währungseinheit*); ***die Einführung des ~*** öro uygulaması
Euro|cent *m* ⟨-s; -⟩ (öro)sent; **~city** *m* ⟨-s; -s⟩ BAHN *Avrupa ekspresi*; **~norm** *f* Avrupa standardı
Europa *n* ⟨-s; *o pl*⟩ Avrupa; **~cup** *m* Avrupa Kupası; **~parlament** *n* ⟨-s; *o pl*⟩ Avrupa Parlamentosu; **~politik** *f* Avrupa politikası; **~rat** *m* ⟨-s; *o pl*⟩ Avrupa Konseyi; **~straße** *f* Avrupa yolu, E …; **~wahl** *f* Avrupa (parlamentosu) seçimi
Europäer *m* ⟨-s; -⟩, **~in** *f* ⟨-; -nen⟩ Avrupalı
europäisch *adj* Avrupa *subst*; ***≈e Investitionsbank*** Avrupa Yatırım Bankası; ***≈e Kommission*** AB Komisyonu; ***≈e Union*** Avrupa Birliği; ***≈e*** (***Wirtschafts- und***) ***Währungsunion*** Avrupa (Ekonomi ve) Para Birliği; ***≈e Zentralbank*** Avrupa Merkez Bankası; ***≈er Binnenmarkt*** Avrupa tek/iç pazarı; ***≈er Gerichtshof*** Avrupa Birliği Adalet Divanı; ***≈er Rechnungshof*** Avrupa Sayıştayı; ***≈er Wirtschaftsraum*** Avrupa Ekonomi Bölgesi; ***≈es Währungsinstitut*** Avrupa Para Enstitüsü; ***≈es Währungssystem*** Avrupa Para Sistemi
Europol *f* ⟨-; *o pl*⟩ Avrupa Polisi
Euroscheck *m* öroçek
ev. *Abk für* ***evangelisch*** Protestan
evakuier|en [eva-] *v/t* ⟨*o* ge-, *h*⟩ MIL tahliye etmek, boşaltmak; **≈ung** *f* ⟨-; -en⟩ boşalt(ıl)ma
evangelisch [evaŋ'geː-] *adj* REL Protestan
Evangelium [evaŋ'geːlĭʊm] *n* ⟨-s; -lien⟩ İncil
Eventualität [evɛntŭali'tɛːt] *f* ⟨-; -en⟩ ihtimal, (özel bir) durum
eventuell [evɛn'tŭɛl] **1.** muhtemel, olası; **2.** *adv* duruma göre, icabında, belki
Evolution [evolu'tsĭoːn] *f* ⟨-; -en⟩ evrim
evtl. *Abk* → ***eventuell***
EWI *Abk* → ***Europäisches Währungsinstitut***
ewig **1.** *adj* ebedi; F sonsuz, sürekli; **2.** *adv* ***auf ~*** daima, ilelebet; **≈keit** *f* ⟨-; -en⟩ ebediyet, sonsuzluk; F ***e-e ~*** epey

zaman(dır)
EWR *Abk* → ***Europäischer Wirtschaftsraum***
EWS *Abk* → ***Europäisches Währungssystem***
EWU, **EWWU** *Abk* → ***Europäische (Wirtschafts- und) Währungsunion***
exakt *adj* doğru, kesin, kusursuz; **2heit** *f* ⟨-; *o pl*⟩ doğruluk, kesinlik, kusursuzluk
Examen *n* ⟨-s; -⟩ sınav, mezuniyet sınavı
exeku|tieren *v/t* ⟨*o* ge-, *h*⟩ icra/infaz etmek; idam etmek; **2tion** *f* ⟨-; -en⟩ icra, infaz; idam; **2tive** *f* ⟨-; -n⟩ POL yürütme (gücü)
Exemplar [-plaːɐ] *n* ⟨-s; -e⟩ nüsha; adet; örnek; **2isch 1.** *adj* (**für** *-e*) tipik örnek (niteliğinde); **2.** *adv* örnek olarak; ibret olsun diye
exerzieren *v/i* ⟨*o* ge-, *h*⟩ MIL talim etmek/yapmak
Exhibitio|nismus *m* ⟨-; *o pl*⟩ teşhircilik; **~nist** *m* ⟨-en; -en⟩ teşhirci
Exil *n* ⟨-s; -e⟩ sürgün: ***ins ~ gehen*** sürgüne gitmek; **~regierung** *f* sürgün hükümeti
existent *adj* mevcut
Existenz *f* ⟨-; -en⟩ varlık; PHIL varoluş; geçinme, hayatını sürdürme; ***sich*** (*D*) ***e-e ~ aufbauen*** bir hayat kurmak
existenziell [-ˈt̮si̯ɛl] *adj* varoluşsal; hayati
Existenz|kampf *m* hayat mücadelesi; **~minimum** *n* asgari geçim haddi
existieren *v/i* ⟨*o* ge-, *h*⟩ (var) olmak; ***~ von*** ile yaşamak
ex(kl). *Abk für* ***exklusive*** hariç
exklusiv [-ˈziːf] *adj* müstesna, çok özel; **2bericht** *m* yalnız … için yazılan röportaj *vs*
exklusive [-ˈziːvə] hariç
Exkursion [-ˈzi̯oːn] *f* ⟨-; -en⟩ gezi
exmatrikulieren ⟨*o* ge-, *h*⟩ **1.** *v/t -in* kaydını silmek; **2.** *v/r*: ***sich ~*** (kendi) kaydını sildirmek
Exodus *m* ⟨-; -se⟩ göç
exotisch *adj* egzotik
Expander *m* ⟨-s; -⟩ SPORT ekspander, yay
expandieren *v/i* ⟨*o* ge-, *h*⟩ *Staat* yayılmak; ÖKON genişlemek
Expansion [-ˈzi̯oːn] *f* ⟨-; -en⟩ yayılma, genişleme
Expedition [-ˈt̮si̯oːn] *f* ⟨-; -en⟩ araştırma/keşif gezisi
Experiment *n* ⟨-s; -e⟩ deney; **2ell** *adj* deneysel; **2ieren** *v/i* ⟨*o* ge-, *h*⟩ deney yapmak
Expert|e *m* ⟨-es; -n⟩, **~in** *f* ⟨-; -nen⟩ (**für** *-de*) uzman
Expertise *f* ⟨-; -n⟩ (*Gutachten*) ekspertiz, rapor
Ex(pl). *Abk* → ***Exemplar***
explodieren *v/i* ⟨*o* ge-, *sn*⟩ patlamak
Explosion [-ˈzi̯oːn] *f* ⟨-; -en⟩ patlama
Explosionsgefahr *f* patlama tehlikesi
explosiv [-f-] *adj* patlayıcı
Exponat *n* ⟨-s; -e⟩ sergilenen parça
exponiert *adj* tehlikeye açık
Export *m* ⟨-s; -e⟩ ÖKON ihraç, ihracat, dışsatım; **~abteilung** *f* ihracat bölümü; **~eur** *m* ⟨-s; -e⟩ ihracatçı; **~handel** *m* ihracat (ticareti); **2ieren** *v/t* ⟨*o* ge-, *h*⟩ ihraç etmek; **~land** *n* ihracatçı ülke; **~überschuss** *m* ihracat fazlası
express *adv*: ***~ schicken*** ekspres olarak (*od* özel ulakla) yollamak
Expressionis|mus *m* ⟨-; *o pl*⟩ ekspresyonizm; **2tisch** *adj* ekspresyonist(çe)
extern *adj* dış(tan)
extra *adv* ayrıca, ayrı olarak; özellikle; F bilerek, kasten; ***~ für dich*** sırf senin için; **2blatt** *n* özel sayı
Extrakt *m* ⟨-s; -e⟩ öz, hulasa, ekstre
extravagant [-v-] *adj* sıradışı, egzantrik
extrem *adj* son derece(de), fevkalade; aşırı
Extrem *n* ⟨-s; -e⟩ aşırı uç; ***von e-m ~ ins andere fallen*** ifrattan tefrite düşmek; **~ismus** *m* ⟨-; *o pl*⟩ aşırılık, uç eğilim; **~ist** *m* ⟨-en; -en⟩, **~istin** *f* ⟨-; -nen⟩ aşırı (giden kişi); **2istisch** *adj* aşırı, uç
extrovertiert *adj Mensch* dışadönük
Exzentrik *f* ⟨-; *o pl*⟩ *fig* egzantriklik
exzentrisch *adj fig* egzantrik
Eyeliner [ˈailainər] *m* ⟨-es; -e⟩ rimel
EZB *Abk* → ***Europäische Zentralbank***

F

F

f, F [ɛf] *n* ⟨-; -⟩ **1.** f, F; **2.** MUS fa
Fa. *Abk für* **Firma** *f* firma, şirket
Fabel *f* ⟨-; -n⟩ fabl, hayvan hikâyesi
fabelhaft *adj* eşsiz, şahane
Fabrik *f* ⟨-; -en⟩ fabrika; **~anlage** *f* fabrika (tesisi); **~ant** *m* ⟨-en; -en⟩, **~in** *f* ⟨-; -nen⟩ fabrikatör; **~at** *n* ⟨-s; -e⟩ (*Marke*) marka; (*Erzeugnis*) ürün
Fabrikation [-'tsĭoːn] *f* ⟨-; -en⟩ üretim, fabrikasyon
Fabrikations|nummer *f* (imalat) seri numarası; **~programm** *n* imalat programı
fabrikneu *adj* yepyeni
Fabrikware *f* fabrika ürünü
fabrizieren *v/t* ⟨*o* ge-, *h*⟩ üretmek, imal etmek; ortaya koymak, yaratmak
Facette [fa'sɛtə] *f* ⟨-; -n⟩ façeta; *fig* cephe; yüz
Fach *n* ⟨-s; ⸗er⟩ (*Schrank*≗) *usw* göz, bölme; *in Wand, Kasten usw* çekmece, bölme; (*Schul*≗) ders; (*Studien*≗) bilimdalı; ***er ist vom ~*** o işinin ustasıdır
Fach|arbeit *f* kalifiye iş; **~arbeiter(in *f*)** *m* kalifiye/uzman işçi; **~arzt** *m*, **~ärztin** *f* uzman/mütehassıs hekim; **~ausbildung** *f* ihtisas; uzmanlık eğitimi; **~buch** *n* meslek kitabı; **~frau** *f* uzman (kadın); **~gebiet** *n* uzmanlık alanı; (*Branche*) branş, işkolu
fachgerecht *adj* usulüne uygun; profesyonelce
Fach|geschäft *n* ihtisas mağazası; **~hochschule** *f* meslek yüksekokulu; **~idiot** [-|idĭoːt] *m* F *abw yalnız kendi mesleğinden anlayan*; **~jargon** *m* uzmanlık/meslek dili; **~kenntnisse** *pl* uzmanlık bilgisi *sg*; **~kräfte** *pl* uzman elemanlar *pl*; **≗kundig** *adj* uzman(ca); **~leute** *pl* uzmanlar *pl*
fachlich *adj* meslekî
Fach|literatur *f* literatür; **~mann** *m* ⟨-s; -leute⟩ uzman; **≗männisch** *adj* uzmanca, *-in* ehli olarak; **~personal** *n* uzman personel; **~richtung** *f* branş; bilimdalı; **~schule** *f* meslek okulu
fachsimpeln *v/i* ⟨gefachsimpelt, *h*⟩ akademik konuşmak
Fach|sprache *f* uzmanlık/meslek dili; **~studium** *n* meslek (yüksek) öğrenimi; **~verband** *m* ihtisas birliği; **~werkhaus** *n* ahşap karkas ev; **~wörterbuch** *n* uzmanlık/meslek (dili) sözlüğü; **~zeitschrift** *f* uzmanlık/meslek dergisi
Fackel *f* ⟨-; -n⟩ meşale; **~zug** *m* fener alayı
fade *adj Essen* yavan, tatsız; (*langweilig*) cansıkıcı
Faden *m* ⟨-s; ⸗en⟩ iplik; ***den ~ verlieren*** (ne) söyleyeceğini şaşırmak; **≗scheinig** *adj* yıpranmış; *fig* içyüzü kolaylıkla anlaşılan
fähig ['fɛːɪç] *adj* becerikli; (***zu tun*** yapmaya) yetenekli; **≗keit** *f* ⟨-; -en⟩ yetenek, beceri
fahl *adj* solgun, soluk
fahnd|en *v/i* ⟨*h*⟩ (***nach*** *-i*) aramak; **≗ung** *f* ⟨-; -en⟩ arama (*durch die Polizei*); **≗ungsaktion** *f* arama-tarama
Fahne *f* ⟨-; -n⟩ bayrak; F ***e-e ~ haben*** ağzı (içki *usw*) kokmak
Fahr|ausweis *m* bilet; **~bahn** *f* araba yolu; (*Spur*) şerit; **≗bar** *adj* seyyar; **~bereitschaft** *f nöbetçi şoför ve araba*
Fähre *f* ⟨-; -n⟩ feribot; yolcu gemisi
Fahreigenschaften *pl* sürüş özellikleri (*arabanın*)
fahren ⟨fährt, fuhr, gefahren⟩ **1.** *v/i* ⟨*sn*⟩ (arabayla *usw*) gitmek; (*ab~*) hareket etmek, kalkmak; gitmek, yürümek; ***über e-e Brücke ~*** köprüden geçmek; *fig* **gut (schlecht) *~ bei*** bş-le iyi (kötü) etmek; ***es* (*der Gedanke*) *fuhr mir durch den Kopf*** (düşünce) bir an aklımdan geçti; ***was ist in ihn gefahren?*** ona birdenbire ne oldu böyle?; **2.** *v/t* ⟨*h*⟩ *Auto usw* kullanmak, sürmek; ***j-n* (*etw*) (*hin*)~** b-ni (bş-i) götürmek (*arabayla*)
Fahrer *m* ⟨-s; -⟩, **~in** *f* ⟨-; -nen⟩ şoför, sürücü; **~flucht** *f* ⟨-; *o pl*⟩ *kazadan sonra şoförün kaçması*; ***~ begehen*** kazadan sonra kaçmak; **~sitz** *m* şoför koltuğu
Fahr|gast *m* yolcu, *Taxi* müşteri; **~geld** *n* bilet parası; **~gemeinschaft** *f* birlikte yolculuk; **~gestell** *n* AUTO şasi; **~karte** *f* bilet; **~kartenschalter** *m* bilet gişesi; **~komfort** *m* sürüş konforu
fahrlässig *adj* JUR ihmalli, kusurlu; ***~e Tötung*** ölüme sebebiyet; ***grob ~*** ağır ihmalli/kusurlu

Fahr|lehrer(in *f*) *m* sürücü kursu öğretmeni; **~plan** *m* sefer tarifesi; **2planmäßig** *adj* tarifeye uygun; **~praxis** *f* trafik tecrübesi; **~preis** *m* yol ücreti; **~prüfung** *f* sürücü belgesi sınavı; **~rad** *n* bisiklet; → ***Rad...***

Fahr|schein *m* bilet; **~schule** *f* sürücü/şoför kursu; **~schüler(in** *f*) *m* şoför adayı; **~spur** *f Verkehr* şerit; **~stuhl** *m* asansör; **~stunde** *f* sürücü dersi

Fahrt *f* ⟨-; -en⟩ gitme; (*Reise*) yolculuk; (*planmäßig*) sefer; (*Geschwindigkeit*) hız; ***auf der ~ nach …*** …'e giden/giderken; … yolculuğunda(ki); ***gute ~!*** iyi yolculuklar!; F ***in ~ kommen*** hızını almak; F ***in voller ~*** tam gaz

Fährte *f* ⟨-; -n⟩ iz, yol

Fahrtenschreiber *m* ⟨-s; -⟩ AUTO takograf

fahrtüchtig *adj Wagen* trafiğe çıkabilir; *Person* araç kullanabilir

Fahrtunterbrechung *f* mola

Fahr|verbot *n* trafiğe (*od* araç kullanma) çıkma yasağı; **~verhalten** *n* AUTO yol tutuş; **~weise** *f* araba kullanış; **~werk** *n* LUFTF iniş takım(lar)ı

Fahrzeug *n* ⟨-s; -e⟩ araç, taşıt; → ***Kfz-…***; **~halter(in** *f*) *m* araç/taşıt sahibi; **~papiere** *pl* taşıt belgeleri *pl*

Faible ['fɛːbəl] *n* ⟨-s; -s⟩: ***ein ~ für etw haben*** bş-e (karşı) zaafı olmak

fair [fɛːr] *adj* centilmence; hakça; adil

Fairness ['fɛːrnɛs] *f* ⟨-; *o pl*⟩ centilmenlik

Faksimile *n* ⟨-s; -s⟩ tıpkıbasım, faksimile

faktisch 1. *adj* fiilî; **2.** *adv* fiilen

Faktor [-toːɐ] *m* ⟨-s; -en⟩ etken

Faktum *n* ⟨-s; Fakten⟩ olgu

Fakultät *f* ⟨-; -en⟩ fakülte

fakultativ [-f] *adj* seçimli(k)

Falke *m* ⟨-n; -n⟩ ZOOL doğan, şahin

Fall *m* ⟨-s; ⸚e⟩ (*Sturz*) düşme, düşüş; (*Situation*) durum; (*Problem*) iş, mesele; (*Ereignis*) olay; ***auf jeden ~*** her durumda, her halükârda; ***auf keinen ~*** asla, hiçbir suretle; ***für den ~, dass …*** -mesi durumunda; ***im ~(e), dass …*** -diği takdirde; ***gesetzt den ~, dass*** farz edelim ki …

Falle *f* ⟨-; -n⟩ tuzak

fallen *v/i* ⟨fällt, fiel, gefallen, *sn*⟩ düşmek; *Regen* yağmak; MIL şehit olmak, savaşta ölmek; ***ihr Name fiel auch*** onun adı da geçti; ***die Entscheidung ist noch nicht gefallen*** karar daha verilmedi; ***~ lassen*** bırakmak, düşürmek; *-den* vazgeçmek

fällen *v/t* ⟨*h*⟩ *Baum* kesmek; JUR ***ein Urteil ~*** hüküm vermek; ***e-e Entscheidung ~*** karar vermek

fällig *adj* süresi dolmuş; zamanı gelmiş; (*Geld*) ödenmesi gerekli

falls *konj* eğer, şayet; ***~ nicht*** eğer (ol)mazsa/değilse

Fallstudie *f* vaka etüdü/araştırması

falsch 1. *adj* (*unwahr*) yanlış; (*unecht*) sahte; (*gefälscht*) taklit; *Zähne* takma; **2.** *adv* yanlış; ***~ verbunden!*** TEL yanlış numara!

Falschaussage *f* JUR asılsız beyan

Falscheid *m* JUR yalan yemin

fälschen *v/t* ⟨*h*⟩ *-in* sahtesini yapmak; ***Geld ~*** sahte para basmak

Fälscher *m* ⟨-s; -⟩, **~in** *f* ⟨-; -nen⟩ kalpazan; sahtekâr

Falsch|fahrer *m ters şeritten giden şoför/araç*; **~geld** *n* sahte/kalp para; **~heit** *f* ⟨-; *o pl*⟩ ikiyüzlülük; riya(kârlık)

Fallschirm *m* paraşüt; **~jäger(in** *f*) *m* MIL paraşütçü; **~springen** *n* ⟨-s; *o pl*⟩ paraşütle atlama; paraşütçülük; **~springer(in** *f*) *m* paraşütçü

fälschlich *adj* yanlış; **~erweise** *adv* yanlışlıkla

Falsch|meldung *f* yalan haber; **~spieler** *m* hilekâr (oyuncu)

Fälschung *f* ⟨-; -en⟩ sahte, taklit

Falt… *in Zssgn* katlanabilir/portatif …

Falt|bett *n* sahra yatağı; **~blatt** *n* broşür, folder

Falte *f* ⟨-; -n⟩ kıvrım, büklüm; (*Knitter2*, *Runzel*) buruşuk; (*Rock2*) pli; (*Bügel2*) ütü çizgisi

falten *v/t* ⟨*h*⟩ katlamak

Faltenrock *m* pilili etek

faltig *adj* buruşuk, kıvrımlı

Falter *m* ⟨-s; -⟩ pervane; kelebek

Fam. *Abk für* ***Familie*** *f* aile

familiär [fami'liɛːɐ] *adj* samimi, senli-benli, teklifsiz; ***~e Gründe*** ailevî sebepler

Familie [-ĭə] *f* ⟨-; -n⟩ aile; BOT, ZOOL familya; ***e-e ~ gründen*** yuva kurmak

Familien|angehörige *m, f* aileden (kimse); *pl* aile bireyleri/efradı *pl*; **~angelegenheit** *f* aile içi konu; **~anschluss** *m* aile hayatına katılma (*aus*

Sicht des Gastes); **~betrieb** *m* aile işletmesi; **~fest** *n* aile eğlencesi/toplantısı; **~gericht** *n* JUR asliye hukuk mahkemesi; **~kreis** *m* aile çevresi; **~leben** *n* aile hayatı; **~mitglied** *n* aileden (kimse); **~name** *m* soyadı; **~packung** *f* aile boyu (*ambalaj*); **~planung** *f* aile planlaması; **~stand** *m* medenî hal; **~vater** *m* aile babası; **~verhältnisse** *pl* aile durumu/şartları; **~zuwachs** *m yeni doğan çocuk*

F

Fan [fɛn] *m* ⟨-s; -s⟩ hayran; fan
Fanati|ker *m* ⟨-s; -⟩ bağnaz, fanatik; **♀sch** *adj* fanatik; *Anhänger* koyu; **~smus** *m* ⟨-; *o pl*⟩ fanatizm, bağnazlık
Fang *m* ⟨-s; ⸚e⟩ tutma, yakalama; av
fangen ⟨fängt, fing, gefangen, *h*⟩ **1.** *v/t* yakalamak, tutmak; **2.** *v/r*: ***sich ~*** k-ni top(ar)lamak, toparlanmak
Fangen *n* ⟨-s; *o pl*⟩: ***~ spielen*** kovalamaca oynamak
Fangfrage *f* tuzaklı soru
Fangopackung *f* MED yakı
Fanklub *m* fan club
Fantasie *f* ⟨-; -n⟩ (*Vorstellung*) muhayyile, imgelem; (*Vorstellungskraft*) hayal gücü; (*Trugbild*) hayal; ***nur in s-r ~*** sadece onun hayalinde; ***schmutzige ~n*** kirli düşünceler; **♀los** *adj Person* hayal gücü kıt; *Sache* zevksiz
fantasieren *v/i* ⟨*o* ge-, *h*⟩ hayal görmek; (*von -i*) hayal etmek; MED sayıklamak
fantasievoll *adj* hayali kuvvetli, yaratıcı
Fantast *m* ⟨-en; -en⟩; **~erei** *f* ⟨-; -en⟩ hayalperestlik; **~in** *f* ⟨-; -nen⟩ hayalperest (kadın); **♀isch** *adj* düşsel, hayali; F harika
Farb|aufnahme *f* renkli çekim; **~band** *n* daktilo şeridi; **~druck** *m* renkli baskı/basım
Farbe *f* ⟨-; -n⟩ renk; (*Farbstoff*) boya; ***welche ~ hat …?*** … ne renk?; ***in ~*** renkli; ***~ bekennen*** seçimini yapmak
farbecht *adj* solmaz, boyası çıkmaz
Färbemittel *n* boya (maddesi)
färben ⟨*h*⟩ **1.** *v/t* boyamak; *fig* renklendirmek; ***gefärbt*** boyalı; **2.** *v/r*: ***sich rot ~*** kırmızıya boyanmak
farben|blind *adj* renkkörü; **~froh** *adj* rengârenk; **♀lehre** *f* renkbilim; **~prächtig** *adj* rengarenk; **♀spiel** *n* renk cümbüşü
Färber *m* ⟨-s; -⟩, **~in** *f* ⟨-; -nen⟩ boyacı; **~ei** *f* ⟨-; -en⟩ boyahane
Farb|filter *m* renkli filtre; **~fernsehen** *n* renkli televizyon; **~fernseher** *m* renkli televizyon (cihazı); **~film** *m* renkli film; **~foto** *n* renkli fotoğraf
farbig *adj* renkli; **♀e** *m, f* ⟨-es; -n⟩ *neg!* beyaz ırktan olmayan
Farbkopierer *m* renkli fotokopi makinası
farblich *adj* renkle ilgili
farblos *adj* renksiz
Farb|skala *f* renk yelpazesi; **~stift** *m* boya kalemi; **~stoff** *m* boya (maddesi); TECH renklendirici; **~ton** *m* renk tonu
Färbung *f* ⟨-; -en⟩ ton
Farbzusammenstellung *f* renk uyumu
Farce ['farsə] *f* ⟨-; -n⟩ maskaralık; komedi
Farm *f* ⟨-; -en⟩ çiftlik; **~er** *m* ⟨-s; -⟩, **~erin** *f* ⟨-; -nen⟩ çiftçi
Farn *m* ⟨-s; -e⟩ eğrelti(otu); **~kraut** *n* BOT eğrelti(otu)
Fasan *m* ⟨-s; -e⟩ sülün
faschiert *adj österr* kıyma(lı)
Fasching *m* ⟨-s; -e, -s⟩ Karnaval, Faşing
Faschismus *m* ⟨-; *o pl*⟩ faşizm
Faschist *m* ⟨-en; -en⟩, **~in** *f* ⟨-; -nen⟩ faşist; **♀isch** *adj* faşist(çe)
faseln *v/i* ⟨*h*⟩ F zırvalamak
Faser *f* ⟨-; -n⟩ lif; elyaf
faserig *adj* lifli; tel tel
fasern *v/i* ⟨*h*⟩ tel tel dağılmak
Faserplatte *f* elyaf levha
Fass *n* ⟨-es; ⸚er⟩ fıçı; ***Bier vom ~*** fıçı birası
Fassade *f* ⟨-; -n⟩ ön taraf, cephe
Fassadenreiniger *m* cephe temizleyici
fassbar *adj* anlaşılır; ***schwer ~*** güç/zor anlaşılır
Fassbier *n* ⟨-s; -e⟩ fıçı birası
fassen ⟨*h*⟩ **1.** *v/t* tutmak, kavramak; *Verbrecher* yakalamak; almak, alabilmek; *Schmuck* oturtmak, çerçevelemek; kavramak, anlamak; (*glauben*) *-in* aklı almak; ***Mut ~*** cesarete gelmek; **2.** *v/r*: ***sich ~*** kendini toparlamak; ***sich kurz ~*** sözünü kısa tutmak; ***nicht zu ~*** inanılır gibi değil; **3.** *v/i*: ***~ nach*** *-e* (tutmak için) elini uzatmak
Fassung *f* ⟨-; -en⟩ *Schmuck* yuva(sı) (*elmas usw*); (*Brillen♀*) çerçeve; EL duy; (*Version*) verziyon; *seelische* (iç) huzur(u); ***die ~ bewahren*** soğukkanlılığını korumak; ***die ~ verlieren*** tepesi atmak; ***aus der ~ bringen*** *-in* sinir-

lerini altüst etmek

Fassungskraft *f* ⟨-; *o pl*⟩ kavrayış, anlayış

fassungslos *adj* şaşkın; **⁀igkeit** *f* ⟨-; *o pl*⟩ şaşkınlık

Fassungsvermögen *n* ⟨-s; *o pl*⟩ kapasite, hacim

fast *adv mit Adjektiven* hemen hemen; *mit Verben* az kalsın; **~ nie (nichts)** hemen hemen hiç (yok gibi)

fasten *v/i* ⟨*h*⟩ perhiz yapmak; oruç tutmak; perhizde/oruçlu olmak

Fasten *n* ⟨-s; *o pl*⟩ MED perhiz; REL oruç; **~brechen** *n* oruç/perhiz açma; *Islam* iftar; **~kur** *f* perhiz kürü

Fastnacht *f* ⟨-; *o pl*⟩ Karnaval, Faşing

Faszination [-'tsi̯o:n] *f* ⟨-; *o pl*⟩ sihir, büyü; büyüle(n)me

faszinieren *v/t* ⟨*o* ge-, *h*⟩ büyülemek

fatal *adj* uğursuz; (*verhängnisvoll*) feci, felaket

fauchen *v/i* ⟨*h*⟩ pıhlamak; tıslamak

faul *adj Lebensmittel* bozuk, çürük, kokmuş; tembel; F şüpheli; **~e Ausrede** sudan mazeret

Fäule *f* ⟨-; *o pl*⟩ AGR çürük

faulen *v/i* ⟨*sn*⟩ bozulmak; çürümek, kokuşmak

faulenzen *v/i* ⟨*h*⟩ tembellik etmek

Faulenzer *m* ⟨-s; -⟩, **~in** *f* ⟨-; -nen⟩ tembellik eden (kimse); aylak

Faulheit *f* ⟨-; *o pl*⟩ tembellik; üşengeçlik

faulig *adj* çürümeye yüz tutmuş

Fäulnis *f* ⟨-; *o pl*⟩ MED çürük; çürüme

Faulpelz *m* ⟨-es; -e⟩ F miskin

Fauna *f* ⟨-; Faunen⟩ fauna

Faust *f* ⟨-; ⸚e⟩ yumruk; ***auf eigene ~*** kendi başına; ***mit der ~ auf den Tisch schlagen*** yumruğu masaya indirmek

Fäustchen *n* ⟨-s; -⟩: ***sich*** (*D*) ***ins ~ lachen*** içten içe gülmek; bıyık altından gülmek

faustdick *adj*: F ***~e Lüge*** kuyruklu yalan; ***er hat es ~ hinter den Ohren*** o içinden pazarlıklıdır

faustgroß *adj* yumruk kadar

Fausthandschuh *m torba biçiminde eldiven*

Faustregel *f* pratik kural

Faustschlag *m* yumruk (darbesi)

favorisieren [-v-] *v/t* ⟨*o* ge-, *h*⟩ gözde tutmak

Favorit [-v-] *m* ⟨-en; -en⟩ favori

Fax *n* ⟨-; -e⟩ faks; **⁀en** *v/t* ⟨*h*⟩ fakslamak

Faxen *pl*: ***~ machen*** soytarılık yapmak

Faxgerät *n* faks (cihazı)

Fazit *n* ⟨-s; -s⟩ sonuç; ***das ~ ziehen aus*** *-den* (gereken) sonucu çıkarmak

FC [ɛf'tse:] *Abk für* ***Fußballclub*** *m* futbol kulübü

Februar ['fe:brua:ɐ] *m* ⟨-; -e⟩ şubat (ayı); ***im ~*** şubatta, şubat ayında

fechten *v/i* ⟨ficht, focht, gefochten, *h*⟩ eskrim yapmak; *fig* savaşmak

Fechten *n* ⟨-s; *o pl*⟩ SPORT eskrim

Feder *f* ⟨-; -n⟩ tüy (*Vogel*); TECH yay, zemberek; *veraltend* mürekkepli kalem; F ***noch in den ~n liegen*** hâlâ yatakta olmak; **~ball** *m* badminton; **~bett** *n* kuştüyü yorgan; **⁀führend** *adj* sorumlu; söz sahibi; **~gewicht** *n* tüy sıklet; **~halter** *m* mürekkepli kalem; **~leicht** *adj* tüy gibi, çok hafif

federn *v/i* ⟨*h*⟩ yaylanmak, esnemek; ***gut gefedert*** iyi/rahat süspansiyonlu

federnd *adj* esnek, elastikî; yaylı

Federschmuck *m* sorguç

Federung *f* ⟨-; -en⟩ TECH yay tertibatı; AUTO süspansiyon

Federzeichnung *f* karakalem

Fee *f* ⟨-; -n⟩ peri

fegen *v/t* ⟨*h*⟩ süpürmek; ***Schnee ~*** kar kürümek

Fehde *f* ⟨-; -n⟩ kan davası

fehl *adv*: ***~ am Platze*** yersiz, yeri/sırası değil

Fehl... *in Zssgn* yanlış, hatalı, bozuk *vs*

Fehlanzeige *f*: F ***~!*** ne gezer!

fehlbar *adj* yanılır; **⁀keit** *f* ⟨-; *o pl*⟩ yanılırlık

Fehl|besetzung *f rolünde yetersiz oyuncu*; **~betrag** *m* açık (*hesapta*); **~bezeichnung** *f* yanlış ad(landırma); **~diagnose** *f* MED yanlış teşhis; **~einschätzung** *f* yanlış tahmin

fehlen *v/i* ⟨*h*⟩ noksan/eksik olmak; yok olmak; *in der Schule* gelmemiş olmak; ***ihm fehlt*** (***es an*** *D*) onun *-i* yok; ***du fehlst uns*** senin yokluğunu çekiyoruz; ***was dir fehlt, ist ...*** sende gerekli olan ...; ***was fehlt Ihnen?*** ne derdiniz var?; ***weit gefehlt!*** hiç ilgisi yok!

Fehlen *n* ⟨-s; *o pl*⟩ (hazır) bulunmama; (*Mangel*) eksik(lik), noksan(lık)

Fehl|entscheidung *f* yanlış karar; **~entwicklung** *f* bozuk gelişme; **~geburt** *f* çocuk düşürme; **~konstruktion** *f* hatalı yapım; **~schlag** *m fig*

başarısızlık; **~zündung** *f* AUTO ateşleme hatası
Fehler *m* ⟨-s; -⟩ hata, kusur, yanlış; (*Mangel*) eksiklik; TECH *a* bozukluk; ***e-n ~ machen*** hata yapmak; ***dein*** (***eigener***) ***~!*** senin (kendi) hatan!
fehler|frei *adj* hatasız, kusursuz; **~haft** *adj* hatalı, yanlış; TECH kusurlu
Fehler|quelle *f* TECH hata kaynağı; **~quote** *f* hata oranı; **~verzeichnis** *n* yanlış-doğru cetveli
fehlgeleitet *adj* aile terbiyesi almamış
Fehlgriff *m* hata; yanlış iş(lem)
Fehlleistung *f* PSYCH: ***freudsche ~*** Freudvari yanılgı
fehlschlagen *v/i* ⟨-ge-, *sn*⟩ başarısız olmak/kalmak
Fehlstart *m* fodepar
Fehlzeit *f* devamsızlık
Feier *f* ⟨-; -n⟩ tören; kutlama; **~abend** *m* paydos; ***~ machen*** paydos etmek; ***jetzt ist aber ~!*** ama yeter artık!
feierlich *adj* vakur, heybetli; (*festlich*) törensi; **≗keit** *f* ⟨-; -en⟩ kutlama, resmî tören
feiern ⟨*h*⟩ **1.** *v/i* bayram yapmak; eğlenmek; **2.** *v/t* kutlamak
Feiertag *m* bayram günü; resmî tatil günü
feig, **feige** *adj* korkak, ödlek, yüreksiz
Feige *f* ⟨-; -n⟩ BOT incir
Feig|heit *f* ⟨-; *o pl*⟩ korkaklık, ödleklik; **~ling** *m* ⟨-s; -e⟩ ödlek
Feile *f* ⟨-; -n⟩ törpü, eğe
feilen *v/t u v/i* törpülemek, eğelemek
feilschen *v/i* ⟨*h*⟩ (***um*** … için) pazarlık etmek
fein *adj* ince, narin; *Qualität* mükemmel; *Gehör usw* hassas; (*zart*) nazik; (*vornehm*) kibar; (*elegant*) zarif, F (*prima*) şahane; ***~er Unterschied*** ince fark; ***sie ist ~ heraus*** işin içinden iyi sıyrıldı; ***sich ~ machen*** şıklanmak; ***nur vom ≗sten*** her şeyin en alâsından
Fein|abstimmung *f* TECH *u fig* ince ayar; **~arbeit** *f* ince iş
Feind *m* ⟨-s; -e⟩, **~in** *f* ⟨-, -nen⟩ düşman; ***sich*** (*D*) ***~e machen*** düşman kazanmak; ***sich*** (*D*) ***j-n zum ~ machen*** b-ni kendine düşman etmek; **≗lich** *adj* düşman(ca); **~schaft** *f* ⟨-; -en⟩ düşmanlık (durumu); **≗selig** *adj* (***gegen*** *-e* karşı) düşmanca; **~seligkeit** *f* ⟨-; -en⟩ düşmanlık (tutumu)
feinfühlig *adj* ince ruhlu; (*taktvoll*) ince düşünceli
Fein|gefühl *n* ⟨-s; *o pl*⟩ duyarlık; incelik; **~gehalt** *m* ayar (*Gold*); **~gold** *n* saf altın; **~heit**: **~en** *pl* (*Einzelheiten*) (ince) ayrıntılar; **~kostgeschäft** *n* mezeci dükkanı
feinmaschig *adj* ince ilmikli
Feinmechanik *f* ince mekanik; **~er** *m* ince tesviyeci
Feinschmecker *m* ⟨-s; -⟩ gurme, ağzının tadını bilen
Feinwäsche *f* narin çamaşır
Feld *n* ⟨-s; -er⟩ tarla; alan, saha, arazi; *Schachspiel usw* kare; ***auf dem ~*** MIL *Krieg* muharebede; *Manöver* tatbikatta; ***das ~ räumen*** minderi terketmek
Feld|arbeit *f* AGR tarla işi; **~forschung** *f* saha araştırması; **~lager** *n* açık ordugâh; **~salat** *m* BOT kuzugevreği; **~stecher** *m* ⟨-s; -⟩ el dürbünü, sahra dürbünü; **~zug** *m* MIL sefer
Feld-Wald-und-Wiesen… *in Zssgn* F sıradan …
Feldwebel *m* ⟨-s; -⟩ başçavuş
Feldweg *m* tarla yolu
Feige *f* ⟨-; -n⟩ TECH jant
Fell *n* ⟨-s; -e⟩ post, kürk; *abgezogen* deri; ***ein dickes ~ haben*** vurdumduymaz olmak; ***s-e ~e davonschwimmen sehen*** hayalkırıklığına uğramak
Fels *m* ⟨-en; -en⟩, **~en** *m* ⟨-s; -⟩ kaya; **~block** *m* kaya (kütlesi)
felsenfest *adj*: ***ich bin ~ davon überzeugt*** bundan adım gibi eminim
Felsenküste *f* kayalık kıyı; GEOGR yalıyar
felsig *adj* kayalık
Fels|spalte *f* kaya yarığı; **~wand** *f* yar; sarp kaya
feminin *adj* kadınsı, efemine; GR dişil
Feminismus *m* ⟨-; *o pl*⟩ feminizm
Feminist|in *f* ⟨-; -nen⟩ feminist; **≗isch** *adj* feminist
Fenchel *m* ⟨-s; *o pl*⟩ BOT rezene
Fenster *n* ⟨-s; -⟩ pencere; ***das Geld zum ~ hinauswerfen*** parayı sokağa atmak; F ***er ist weg vom ~*** onun artık esamisi okunmuyor
Fenster|bank *f*, **~brett** *n* pencere tablası/eşiği; **~laden** *m* pancur; **~leder** *n* güderi; **~platz** *m* cam kenarı; **~scheibe** *f* pencere camı
Ferien [-ĭən] *pl* tatil *sg*; ***die großen ~*** yaz

tatili
Ferien|haus *n* tatil evi; **~ort** *m* tatil yeri; **~wohnung** *f* tatil evi, yazlık
Ferkel *n* ⟨-s; -⟩ domuz yavrusu; *fig* pis (*kişi*)
fermentieren *v/t* ⟨*o* ge-, *h*⟩ mayala(ndır)mak
fern 1. *adj* uzak; ***der Ferne Osten*** Uzakdoğu; **2.** *adv* uzak(ta); ***von ~*** uzaktan; ***es liegt mir ~ zu*** -mek aklımın ucundan bile geçmez; ***~ halten*** *v/t* uzak tutmak; **~ab** *adv* uzak
Fern|auslöser *m* tel/telsiz deklanşör; **~bedienung** *f* uzaktan kumanda aleti, TV F kumanda
fernbleiben *v/i* ⟨-ge-, sn⟩: ***von etw*** (*D*) ***~*** bş-den uzak durmak
Fern|bleiben *n* ⟨-s; *o pl*⟩ devamsızlık; gelmeme; **~brille** *f* uzak gözlüğü
Ferne *f* ⟨-; *o pl*⟩ uzak; ***aus der ~*** uzaktan; (*von weit her*) uzaklardan; ***in der ~*** uzaklarda
ferner *adv* ayrıca, buna ilaveten; F ***er erschien unter ~ liefen*** o silik kaldı
fernerhin *adv* bundan sonra da
Fern|fahrer *m* uzun yol şoförü; **~flug** *m* uzak/uzun uçuş; **~gespräch** *n* TEL şehirlerarası konuşma; **~gesteuert** *adj* uzaktan kumandalı; *Rakete* güdümlü; **~glas** *n* dürbün; **~heizung** *f* merkezi kalorifer sistemi; **~kurs** *m* açık öğretim kursu; **~laster** *m* AUTO uzunyol kamyonu; F tır; **~leitung** *f* EL (enerji) nakil hattı; **~lenkung** *f* uzaktan kumanda; **~licht** *n* AUTO uzun (huzmeli) far
Fernmelde|amt *n veraltet* telefon idaresi; **~technik** *f* ⟨-; *o pl*⟩ telekomünikasyon teknolojisi
Fernost *m* ⟨*o art*⟩ Uzakdoğu
fernöstlich *adj* Uzakdoğu
Fern|rohr *n* teleskop; **~schreiben** *n* teleks
Fernseh… *in Zssgn* televizyon …
Fernseh|ansager(in *f*) *m* televizyon sunucusu; **~diskussion** *f* televizyon paneli
fernsehen *v/i* ⟨-ge-, *h*⟩ televizyon seyretmek
Fernsehen *n* ⟨-s; *o pl*⟩ televizyon; ***im ~*** televizyonda; ***im ~ bringen*** (*od* ***übertragen***) televizyona çıkarmak
Fernseh|er *m* ⟨-s; -⟩, **~gerät** *n* televizyon (cihazı); **~programm** *n* televizyon programı; televizyon kanalı; **~publikum** *n* televizyon izleyicileri *pl*; **~schirm** *m* (televizyon) ekran(ı); **~sender** *m* televizyon istasyonu/kanalı; televizyon vericisi; **~sendung** *f* televizyon yayını; **~übertragung** *f* televizyon yayını; **~zuschauer(in** *f*) *m* televizyon seyircisi/izleyicisi
Fernsicht *f* geniş manzara
Fernsprech… *in Zssgn veraltend* telefon
fernsteuern *v/t* ⟨-ge-, *h*⟩ *-e* uzaktan kumanda etmek
Fern|steuerung *f* uzaktan kumanda; **~straße** *f* karayolu; **~transport** *m* şehirlerarası nakliyat; **~unterricht** *m* mektupla öğretim; **~verkehr** *m* şehirlerarası ulaşım/trafik; **~ziel** *n* uzun vadeli hedef
Ferse *f* ⟨-; -n⟩ topuk
fertig *adj* (*bereit*) hazır; (*beendet*) bitmiş, tamam; ***Achtung, ~, los!*** dikkat: bir - iki - üç!; F ***ich bin fix und ~*** (öldüm) bittim!; ***~ bringen*** başarmak, becermek; ***~ machen*** bitirmek; hazırlamak; F pek fena azarlamak; ***(mit etw) ~ sein*** *-i* bitirmiş olmak; ***~ stellen*** hazır etmek; ***mit etw ~ werden*** *-in* üstesinden gelmek; ***sich ~ machen*** hazırlanmak
Fertig|bauweise *f* TECH prefabrike inşaat; **~erzeugnis** *n* mamul mal; işlenmiş ürün; **~gericht** *n* hazır yemek; **~haus** *n* prefabrik ev; **~keit** *f* ⟨-; -en⟩ beceri, ustalık; **~montage** *f* hazır montaj; **~stellung** *f* ⟨-; *o pl*⟩ bitir(il)me, hazırla(n)ma; **~teil** *n* hazır/işlenmiş parça; **~waren** *pl* işlenmiş mallar
fesch *adj* F şık; neşeli
fesseln *v/t* ⟨*h*⟩ bağlamak, zincire vurmak; *fig* büyülemek
fesselnd *adj* sürükleyici
fest 1. *adj* (*hart*) sert; (*nicht flüssig*) katı; (*robust*) sağlam; (*~gelegt*) sabit, fiks; *Schlag* şiddetli; *Freund*(*in*) devamlı; ***~er Wohnsitz*** JUR sürekli ikametgâh; **2.** *adv*: ***~ schlafen*** derin uyumak; ***~ werden*** katılaşmak; ***~ angestellt*** sürekli/sabit kadroda; ***ich bin ~ davon überzeugt, dass …*** ben kesin eminim ki, …
Fest *n* ⟨-s; -e⟩ bayram; şenlik, eğlenti, parti; kutlama; ***ein ~ feiern*** eğlenti/parti yapmak; bayram yapmak; **~akt** *m* kutlama töreni; **~aufführung** *f* festival gösterisi

F

festbinden *v/t* ⟨*unreg*, -ge-, *h*⟩ (**an** *D -e*) sıkıca bağlamak
Festessen *n* şölen, yemek ziyafeti
Festgeld *n* BANK vadeli mevduat, repo
fest|gelegt *adj*, **~gesetzt** *adj* belirli; saptanmış; kesin; **~fahren** *v/r* ⟨*unreg*, -ge-, *h*⟩: ***sich* ~** takılıp kalmak; çıkmaza girmek; **~fressen** *v/r* ⟨*unreg*, -ge-, *h*⟩: ***sich* ~** TECH sıkışmak; kaynamak; **~halten** ⟨*unreg*, -ge-, *h*⟩ **1.** *v/t* tutmak; alıkoymak, bırakmamak; ***e-n Gedanken* ~** bir düşünceyi saptamak; ***etw schriftlich* ~** bş-i yazıya dökmek/geçirmek; **2.** *v/r*: ***sich* ~ an** (*D*) *-e* tutunmak; *-den* tutmak
festigen ⟨*h*⟩ **1.** *v/t* pekiştirmek; **2.** *v/r*: ***sich* ~** güçlenmek, pekişmek
Festiger *m* ⟨-s; -⟩ saç spreyi
Festigkeit *f* ⟨-; *o pl*⟩ katılık; sağlamlık
Festigung *f* ⟨-; -en⟩ pekiştirme; stabilizasyon
fest|klammern *v/r* ⟨-ge-, *h*⟩: ***sich* ~** (**an** *D -e*) sıkı sıkı sarılmak; **~kleben** ⟨-ge-, *h*⟩ **1.** *v/t* (**an** *D -e*) sıkıca yapıştırmak; **2.** *v/i* (**an** *D -e*) sıkıca yapışmış/yapışık olmak; **~klemmen** ⟨-ge-, *h*⟩ **1.** *v/t* (**in** *D -e*) sıkıştırmak/takmak; *v/i* (**in** *D -e*) sıkışmış/takılı olmak
Festkurs *m* ÖKON sabit kur
Festland *n* kara
festlegen ⟨-ge-, *h*⟩ **1.** *v/t* saptamak; **2.** *v/r*: ***sich* ~** (**auf** *A -e*) kendini bağlamak, bağlanmak
festlich **1.** *adj* şen, neşeli; (*feierlich*) törensi; **2.** *adv* bayram gibi; törenle
Festlichkeit *f* ⟨-; -en⟩ tören havası; tören; kutlama
festmachen *v/t* ⟨-ge-, *h*⟩ (**an** *D -e*) bağlamak, sabitleştirmek; (*vereinbaren*) kararlaştırmak
festnageln *v/t* ⟨-ge-, *h*⟩: **~ auf** (*A*) *-den* kesin … sözü almak
Fest|nahme *f* ⟨-; -n⟩ tutukla(n)ma, göz altına al(ın)ma; **2nehmen** *v/t* ⟨*unreg*, -ge-, *h*⟩ tutuklamak, göz altına almak
Fest|platte *f* EDV sabit disk; **~preis** *m* sabit fiyat; **~rede** *f* tören konuşması; nutuk; **~saal** *m* tören salonu; **~schrift** *f* armağan (kitabı)
fest|setzen ⟨-ge-, *h*⟩ **1.** *v/t* belirlemek; **2.** *v/r*: ***sich* ~** (**in** *D -e*) oturmak/yerleşmek; **~sitzen** *v/i* ⟨*unreg*, -ge-, *h*⟩ F MAR *-e* bağlı/demirli kalmak
Festspeicher *m* EDV sabit bellek
Festspiele *pl* festival
feststehen *v/i* ⟨*unreg*, -ge-, *h*⟩ kesin(leşmiş) olmak
feststehend *adj* *Tatsache* kesinleşmiş; *Regel*, *Redensart* yerleşmiş
feststell|en *v/t* ⟨-ge-, *h*⟩ ortaya çıkarmak, saptamak; (*wahrnehmen*) algılamak, görmek, *-in* farkına varmak; TECH tesbit etmek, sabitleştirmek; **2ung** *f* ⟨-; -en⟩ (*Ermittlung*) araştırma, tesbit; (*Erkenntnis*) saptama; ***er machte die* ~, *dass* …** (o) -diğini saptadı
Festtag *m* bayram günü
Festung *f* ⟨-; -en⟩ kale
festverzinslich *adj* ÖKON sabit faizli
Festwoche *f* festival haftası
Festzelt *n* parti çadırı
festziehen *v/t* ⟨*unreg*, -ge-, *h*⟩ çekerek sık(ılaştır)mak
Festzug *m* tören alayı, kortej
Fetisch *m* ⟨-s; -e⟩ fetiş; **~ismus** *m* ⟨-; *o pl*⟩ fetişizm; **~ist** *m* ⟨-en; -en⟩, **~istin** *f* ⟨-; -nen⟩ fetişist
fett *adj* yağlı; *fig* şişman; **~ *essen*** yağlı yemek; **~ *gedruckt*** siyah/bold basılmış; F **~ *machen*** şişmanlatmak; kilo aldırmak
Fett *n* ⟨-s; -e⟩ (katı) yağ; (*Braten*2) kızartmalık yağ; TECH gres yağı; **~ *ansetzen*** yağ bağlamak; şişmanlamak; F ***sein* ~ *weghaben*** azar işitmek; zılgıt yemek
fettarm *adj* az yağlı
Fettdruck *m* siyah/bold baskı
fetten ⟨*h*⟩ **1.** *v/t* yağlamak; **2.** *v/i* yağlanmak
Fett|fleck *m* yağ lekesi; **~gehalt** *m* ⟨-s; -e⟩ yağ miktarı; **~gewebe** *n* yağ dokusu
fetthaltig *adj* yağlı, yağ içeren
fettig *adj* yağlı yağ lekeli
Fettleber *f* MED karaciğer yağlanması
Fettnäpfchen *n*: F (***bei j-m***) ***ins* ~ *treten*** b-ne karşı pot kırmak
Fett|sucht *f* ⟨-; *o pl*⟩ MED şişmanlık; **~wanst** *m* F şiş göbek
Fetus *m* ⟨-(ses); -se⟩ ANAT cenin
Fetwa *f* REL, POL fetva
Fetzen *m* ⟨-s; -⟩ paçavra; kağıt *usw* parçası; ***ein* ~ *Papier*** bir parçacık kağıt; F ***dass die* ~ *fliegen*** *şiddetli kavga etmek, dövüşmek*
fetzig *adj* F *Musik usw* kıvrak; canlı
feucht *adj* ıslak, yaş; *Luft* nemli
Feuchtbiotop *n* sulak alan

feuchtfröhlich *adj* F çakırkeyf
Feuchtigkeit *f* ⟨-; *o pl*⟩ ıslaklık; *Luft usw* nem, rutubet
Feuchtigkeits|creme *f* nemlendirici krem; **~gehalt** *m* nem miktarı
feudal *adj* F *fig* görkemli, birinci sınıf
Feuer *n* ⟨-s; -⟩ ateş; (*Brand*) yangın; **~ *fangen*** alev almak, tutuşmak; ***haben Sie ~?*** ateşiniz var mı?; ***durchs ~ gehen für*** … için kendini ateşe (bile) atmak; ***mit dem ~ spielen*** ateşle oynamak; ***~ und Flamme sein für*** -*e* can atmak
Feuer|alarm *m* yangın alarmı; **~bestattung** *f ölüyü yakma*; **~eifer** *m* ateşli heves; **ⓢfest** *adj* ateşe dayanıklı; **~gefahr** *f* yangın tehlikesi; **ⓢgefährlich** *adj* yanıcı, kolay tutuşur; **~gefecht** *n* MIL (sıcak) çatışma; **~leiter** *f* itfaiye merdiveni; **~löscher** *m* ⟨-s; -⟩ yangın söndürücüsü; **~melder** *m* ⟨-s; -⟩ yangın muhbiri; **~probe** *f* ateşle imtihan; **ⓢrot** *adj* kıpkırmızı, ateş kırmızısı; **~schlucker** *m* ateşbaz; **~schutz** *m yangına karşı koruma*; MIL ateşle himaye; **~stein** *m* çakmaktaşı; **~stelle** *f* ocak (*açık*); **~teufel** *m* F kundakçı; **~treppe** *f* yangın merdiveni; **~versicherung** *f* yangın sigortası; **~waffe** *f* ateşli silah; **~wehr** *f* ⟨-; -en⟩ itfaiye; **~wehrmann** *m* ⟨-s; ⸚er, -leute⟩ itfaiye eri, F itfaiyeci; **~werk** *n* ⟨-s; -e⟩ havaî fişek eğlencesi; **~werkskörper** *m* havaî fişek; **~zeug** *n* ⟨-s; -e⟩ çakmak
feuern ⟨*h*⟩ **1.** *v/t* F (*werfen*) atmak; (*entlassen*) işten atmak, kovmak; **2.** *v/i* (***auf*** *A -e*) ateş etmek
Feuilleton [fœjə'tõː] *n* ⟨-s; -s⟩ kültür sayfası (*gazetede*); **~ist** [fœjəto'nɪst] *m* ⟨-en; -en⟩, **~istin** *f* ⟨-; -nen⟩ kültür sayfası yazarı
feurig *adj* ateşli; ateş/kor gibi
FH [ɛf'haː] *Abk für* ***Fachhochschule*** *f* meslek yüksekokulu
Fiasko *n* ⟨-s; -s⟩ fiyasko
Fibel *f* ⟨-; -n⟩ alfabe (kitabı)
Fichte *f* ⟨-; -n⟩ BOT ladin (ağacı)
Fichtenholz *n* ladin odunu/tahtası
ficken ⟨*h*⟩**1.** *v/t* V sikmek; **2.** *v/i* V sikişmek
Fieber *n* ⟨-s; *o pl*⟩ MED ateş; **~ *haben*** -*in* ateşi olmak; ***j-m*** (*od* ***j-s***) **~ *messen*** -*in* ateşini ölçmek; **~anfall** *m* ateş nöbeti; **ⓢfrei** *adj* MED ateşsiz; **ⓢhaft** *adj* hummalı; **~mittel** *n* ateş düşürücü
fiebern *v/i* ⟨*h*⟩ -*in* ateşi olmak; *fig* (**vor** *D -den*) gergin olmak; **~ *nach*** … için yanıp tutuşmak
fiebersenkend *adj* MED ateş düşürücü
Fieber|tabelle *f* ateş çizelgesi; **~thermometer** *n* termometre; F derece
fies *adj* F kötü, aşağılık; **ⓢling** *m* ⟨-s; -e⟩ F kötü/aşağılık (kişi)
Figur *f* ⟨-; -en⟩ figür; şekil; endam; ***e-e gute*** (***schlechte***) **~ *machen*** iyi (kötü) bir izlenim bırakmak; ***komische*** **~** garip/acayip biri
figurieren *v/i* ⟨*o* ge-, *h*⟩: **~ *als*** … rolünü oynamak
figürlich *adj* temsili, mecazi; *Kunst* figüratif
Fiktion [-'tsĭoːn] *f* ⟨-; -en⟩ uydurma; kurgu
fiktiv [-f] *adj* kurgusal; *abw* hayalî
Filet [fi'leː] *n* ⟨-s; -s⟩ GASTR fileto; **~steak** *n*, **~stück** *n* bonfile
Filiale *f* ⟨-; -n⟩ şube
Filialleiter(in *f*) *m* şube müdürü
Filigran *n* ⟨-s; -e⟩ telkârі; filigran
Film *m* ⟨-s; -e⟩ FOTO film; ***e-n ~ einlegen*** film takmak; ***e-n ~ drehen*** (***über*** *A* üzerine) bir film çevirmek/çekmek; **~aufnahme** *f* film çekimi (çalışması); film kaydı
Filmemacher(in *f*) *m* senarist rejisör
filmen *v/t* ⟨*h*⟩ filme almak
Film|festspiele *pl* film festivali/şenliği; **~industrie** *f* film endüstrisi
filmisch *adj* sinema diline uygun
Film|kamera *f* (film) kamera(sı); **~kritik** *f* film eleştirisi; **~preis** *m* film/sinema ödülü; **~produzent(in** *f*) *m* film/sinema yapımcısı; **~schauspieler(in** *f*) *m* sinema sanatçısı; **~vorstellung** *f* film gösterimi; **~star** *m* film/sinema yıldızı; **~theater** *n* sinema (salonu); **~verleih** *m* film dağıtım şirketi; **~vorschau** *f* (bir filmin) ara parçaları, fragman
Filter *m*, TECH *a n* ⟨-s; -⟩ filtre; **~anlage** *f* filtre/süzme tesisi; **~einsatz** *m* filtre kartuşu; **~kaffee** *m* süzme kahve
filtern *v/t* ⟨*h*⟩ süzmek, filtreden geçirmek
Filterpapier *n* filtre kağıdı
Filterzigarette *f* filtreli sigara
filtrieren *v/t* ⟨*o* ge-, *h*⟩ filtre etmek, süzmek
Filz *m* ⟨-es; -e⟩ keçe; F iltimasçılık

filzen ⟨*h*⟩ **1.** *v/t* F *-in* üzerini aramak; **2.** *v/i* keçeleşmek
Filzhut *m* fötr şapka
filzig *adj* keçeleşmiş; keçemsi; F pinti
Filzlaus *f* kasık biti; F kasıkbiti
Filzpantoffel *m* kalçın
Filzstift *m* keçeli kalem
Fimmel *m* ⟨-s; -⟩: F ***e-n ~ haben für** -in* hastası olmak
Finale *n* ⟨-s; -⟩ final
Finanzamt *n* vergi dairesi
Finanzen *pl* maliye *sg*; malî durum *sg*
Finanzgeschäft *n* malî iş; finans işi
finanziell *adj* malî, parasal, finansal
finanzieren *v/t* ⟨*o* ge-, *h*⟩ finanse etmek
Finanzierung *f* ⟨-; -en⟩ finansman
Finanzierungsgesellschaft *f* finansman kurumu
finanzkräftig *adj* malî yönden güçlü
Finanz|lage *f* finansal durum; **~minister(in** *f*) *m* maliye bakanı
finanzschwach *adj* malî yönden zayıf
Finanz|spritze *f* F malî destek; **~wesen** *n* ⟨-s; *o pl*⟩ maliye
finden ⟨fand, gefunden, *h*⟩ **1.** *v/t* bulmak; düşünmek; ***gut ~*** beğenmek; ***wie ~ Sie das Buch?*** kitabı nasıl buldunuz?; ***ich finde es gut*** (***, dass ...***) (-mesini/-diğini) iyi buluyorum/karşıladım; ***ein Ende ~*** son bulmak; **2.** *v/i*: ***~ Sie*** (***nicht***)***?*** siz de öyle düşün(mü)yor musunuz?; ***zu sich*** (*D*) ***selbst ~*** kendi kişiliğini bulmak; **3.** *v/r*: ***das wird sich ~*** her şey düzelecek
Finder *m* ⟨-s; -⟩, **~in** *f* ⟨-; -nen⟩ (kayıp eşyayı) bulan; **~lohn** *m bulana verilen ödül*
Finesse *f* ⟨-; -n⟩ incelik; ustalık; kurnazlık
Finger [-ŋɐ] *m* ⟨-s; -⟩ parmak; ***sich*** (*D*) ***die ~ verbrennen*** (***bei***) *-in -den* ağzı yanmak; ***lass die ~ davon!*** bu işten uzak dur!; ***j-m auf die ~ sehen*** *-in* gözü b-nin üstünde olmak; ***j-n um den kleinen ~ wickeln*** b-ni parmağında oynatmak; ***keinen ~ rühren*** istifini bozmamak; **~abdruck** *m* parmak izi
fingerfertig *adj* hünerli; eliçabuk, eline çabuk; **~keit** *f* ⟨-; *o pl*⟩ hüner; elçabukluğu
Fingerhut *m* yüksük; BOT yüksükotu
fingern ⟨*h*⟩ **1.** *v/i* ***~ an*** (*D*) *-i* kurcalamak; **2.** *v/t* F çekip çıkarmak; *fig* yoluna koymak
Finger|nagel *m* el tırnağı; **~ring** *m* yüzük; **~spitze** *f* parmak ucu; **~spitzengefühl** *n* ⟨-s; *o pl*⟩ *fig* duyarlık, incelik; **~übung** *f* parmak eksersizi/alıştırması
fingieren [-ŋ'giː-] *v/t* ⟨*o* ge-, *h*⟩ uydurmak; yalandan göstermek
Finish ['fɪnɪʃ] *n* ⟨-s; -s⟩ TECH finiş
Fink *m* ⟨-en; -en⟩ ispinoz
Finn|e *m* ⟨-es; -n⟩, **~in** *f* ⟨-; -nen⟩ Finli; **²isch** *adj* Fin(landiya), Finli *subst*; **~isch** *n* Fince; **~land** *n* Finlandiya
finster *adj* karanlık; (*Miene*) korkutucu, haşin; (*fragwürdig*) şüpheli, esrarlı; ***es sieht ~ aus!*** durum çok karanlık
Finsternis *f* ⟨-; *o pl*⟩ (zifirî) karanlık
Firma *f* ⟨-; -men⟩ ÖKON firma, şirket
Firmen|inhaber(in *f*) *m* firma sahibi; **~logo** *n* firma logosu; **~name** *m* firma adı; ticaret unvanı; **~stempel** *m* firma mührü/kaşesi; **~verzeichnis** *n* firmalar rehberi/listesi; **~wagen** *m* firma arabası; **~zeichen** *n* firma amblemi
First *m* ⟨-s; -e⟩ (*Dach²*) mahya
Fisch *m* ⟨-s; -e⟩ balık; F ***ein großer*** (*od* ***dicker***) ***~*** kodaman; F ***kleine ~e*** gariban
fischen 1. *v/t* ⟨*h*⟩ (balık) tutmak; tutup çıkarmak; **2.** *v/i* balığa çıkmak, avlanmak
Fischer *m* ⟨-s; -⟩ balıkçı; **~boot** *n* balıkçı teknesi; **~dorf** *n* balıkçı köyü
Fischerei *f* ⟨-; *o pl*⟩ balıkçılık; **~hafen** *m* balıkçı limanı
Fisch|fang *m* ⟨-s; *o pl*⟩ balık tutma; **~filet** *n* balık filetosu; **~gericht** *n* balık yemeği; **~geschäft** *n* balıkçı (dükkanı); **~grätenmuster** *n* balıksırtı (deseni); **~händler(in** *f*) *m* balıkçı; **~industrie** *f* balıkçılık endüstrisi; **~kutter** *m* balıkçı teknesi; **~markt** *m* balık pazarı; **~otter** *m* susamuru; **~reiher** *m* balıkçıl (kuşu); **~stäbchen** *n* balık köftesi (*donmuş*); **~sterben** *n* balık telefatı; **~vergiftung** *f* MED balıktan zehirlenme
Fistel *f* ⟨-; -n⟩ MED fistül, akarca
fit *adj* zinde, canlı, sağlıklı, formunda; ***sich ~ halten*** formunda kalmak
Fitness *f* ⟨-; *o pl*⟩ fitnes(s); **~studio** *n* fitness center
Fittich *m*: ***j-n unter s-e ~e nehmen*** b-nin üstüne (kol) kanat germek
fix *adj* (*fest*) sabit; (*flink*) çevik, tez; (*aufgeweckt*) zekî, uyanık
fixen *v/i* ⟨*h*⟩ F şırınga vurmak

Fixer *m* ⟨-s; -⟩, **~in** *f* ⟨-; -nen⟩ F uyuşturucu bağımlısı
fixieren *v/t* ⟨*o* ge-, *h*⟩ sabitleştirmek; *-e* gözünü dikmek; ***schriftlich ~*** yazıya geçirmek; ***fixiert sein auf*** aklını *-e* takmış olmak
Fixier|mittel *n* tesbit ilacı; **~ung** *f* ⟨-; -en⟩ tesbit (banyosu); saplantı
Fixum *n* ⟨-s; Fixa⟩ ÖKON kesin ücret
Fjord [fjɔrt] *m* ⟨-s; -e⟩ fiyort
FKK [ɛfka:ˈka:] *Abk für* ***Freikörperkultur*** *f* çıplaklık kültürü; **~-Strand** *m* çıplaklar plajı
flach *adj* düz, yassı; (*eben*) düzgün, pürüzsüz; (*niedrig*) alçak; *Absatz* alçak, basık; *Wasser* sığ; *fig* (*oberflächlich*) yüzeysel, sığ
Flachdach *n* düz çatı
Fläche *f* ⟨-; -n⟩ (*Ober*ℒ) yüzey; (*Ebene*) düzlem; (*Gebiet*) (düz) arazi
Flächen|ausdehnung *f* yüzölçümü; **~brand** *m* geniş kapsamlı yangın; **ℒdeckend** *adj* geniş kapsamlı; **~inhalt** *m* MATH yüzölçümü; **~maß** *n* yüzey ölçüsü
flachfallen *v/i* ⟨-ge-, *sn*⟩ F gerçekleşmemek; suya düşmek
Flachheit *f* ⟨-; *o pl*⟩ yassılık
Flachland *n* düz arazi, ova
Flachs [flaks] *m* ⟨-es⟩ BOT keten; F ***ohne ~!*** yalan/şaka yok/değil!
flackern *v/i* ⟨*h*⟩ titreyerek yanmak
Fladen *m* ⟨-s; -⟩, **~brot** *n* pide
Flagge *f* ⟨-; -n⟩ bandıra, bayrak
Flair [flɛ:ɐ] *n* ⟨-s; *o pl*⟩ atmosfer, hava; albeni, çekicilik
Flakon [flaˈkõ:] *n*, *m* ⟨-s; -s⟩ flakon
flambieren *v/t* ⟨*o* ge-, *h*⟩ GASTR *yanan alkolle servis yapmak*
Flame *m* ⟨-es; -n⟩ Flaman
Flamingo [-ŋg-] *m* ⟨-s; -s⟩ flamingo
flämisch *adj* Flaman; ℒ *n* Flamanca
Flamme *f* ⟨-; -n⟩ alev
flammend *adj* alevli, alev saçan
Flanell *m* ⟨-s; -e⟩ flanel, pazen
Flanke *f* ⟨-; -n⟩ yan taraf; ANAT böğür döş
flanken *v/i* ⟨*h*⟩ SPORT ortalamak
flankieren *v/t* ⟨*o* ge-, *h*⟩ *-in* yanından gitmek; -e yandan saldırmak; *-i* yandan korumak; ***~de Maßnahmen*** destekleyici tedbirler
Flansch *m* ⟨-s; -e⟩ TECH flanş
flapsig *adj* ham, kaba, özensiz
Fläschchen *n* ⟨-s; -⟩ küçük şişe; flakon; (*Baby*ℒ) biberon
Flasche *f* ⟨-; -n⟩ şişe; (*Säuglings*ℒ) biberon; F *Person* … müsveddesi
Flaschen|bier *n* şişe birası; **~öffner** *m* şişe açacağı; **~pfand** *n* (şişe) depozito(su); **~zug** *m* TECH palanga
flatterhaft *adj* havai, hercai
flattern *v/i* ⟨*sn*⟩ uçuşmak; ⟨*h*⟩ TECH yalpa yapmak, MED ⟨*h*⟩ *-in* çarpıntısı olmak
flau *adj* dermansız; bitkin; ÖKON durgun
flauschig *adj* yumuşak tüylü
Flausen *pl* F şaklabanlık
Flaute *f* ⟨-; -n⟩ MAR rüzgârın kesilmesi; ÖKON durgunluk
Flechte *f* ⟨-; -n⟩ BOT liken, taşyosunu; MED liken (hastalığı)
flechten *v/t* ⟨flicht, flocht, geflochten, *h*⟩ (sepet) örmek
Fleck *m* ⟨-s; -e, -en⟩ leke; (*Punkt*) nokta; (*Stelle*) yer; (*Flicken*) yama; ***blauer ~*** bere, çürük, morartı; ***am falschen ~*** yerini şaşırmış; ***nicht vom ~ kommen*** yerinde saymak; ***sich nicht vom ~ rühren*** yerinden kıpırda(ya)mamak
Flecken|entferner *m* ⟨-s; -⟩ leke çıkarıcı; **ℒlos** *adj* lekesiz
fleckig *adj* lekeli
Fleckchen *n* ⟨-s; -⟩: ***ein schönes ~ (Erde)*** güzel bir köşe (*od* yer)
Fledermaus *f* yarasa
Flegel *m* ⟨-s; -⟩ kaba/yontulmamış (kimse); **ℒhaft** *adj* kabasaba, yontulmamış
flehen [ˈfle:ən] *v/i* ⟨*h*⟩ ***~ um etw*** bş için yalvarmak
Fleisch *n* ⟨-es⟩ et; (*Körper*) beden; ***das eigene ~ und Blut*** *-in* öz çocuğu/çocukları; ***j-m in ~ und Blut übergehen*** b-nin damarlarına işlemek; F ***sich ins eigene ~ schneiden*** bindiği dalı kesmek; ***~ fressend*** BOT, ZOOL etobur, et yiyen, etçil; **~brühe** *f* ⟨-; -n⟩ etsuyu
Fleischer *m* ⟨-s; -⟩ kasap; **~ei** *f* ⟨-; -en⟩ kasap dükkanı
Fleisch|fresser *m* etobur; **~gericht** *n* et yemeği; etli yemek
fleischig *adj* etli
Fleisch|konserven *pl* et konservesi *sg*; **~kloß** *m* köfte
fleischlos *adj* etsiz (*yemek*)
Fleisch|tomate *f* iri domates; **~vergiftung** *f* MED etten zehirlenme; **~waren**

pl et mamulleri; **~wolf** *m* kıyma makinası; **~wunde** *f* hafif yara; **~wurst** *f sucuk çeşidi*
Fleiß *m* ⟨-es⟩ çaba, gayret; çalışkanlık; ***ohne ~ kein Preis*** emeksiz yemek olmaz
fleißig **1.** *adj* hamarat, gayretli, çalışkan; ***~ sein*** (*od* ***arbeiten***) çok çalışmak; **2.** *adv* F habire
flektieren *v/t* ⟨*o* ge-, *h*⟩ LING çekmek
fletschen *v/t* ⟨*h*⟩: ***die Zähne ~*** dişlerini göstermek
flexibel *adj* esnek, oynak
Flexibilität *f* ⟨-; *o pl*⟩ esneklik
Flexion [-'ksĭo:n] *f* ⟨-; -en⟩ LING çekim
flicken *v/t* ⟨*h*⟩ yamamak, onarmak; *notdürftig* derme çatma kurmak
Flickzeug *n tamir için gereken şeyler*
Flieder *m* ⟨-s; -⟩ BOT leylak
Fliege *f* ⟨-; -n⟩ ZOOL sinek; (*Krawatte*) papyon; ***er tut keiner ~ was zuleide*** o karıncayı (bile) incitmez; ***zwei ~n mit einer Klappe schlagen*** bir taşla iki kuş vurmak
fliegen ⟨flog, geflogen⟩ **1.** *v/t* ⟨*h*⟩ uçak *vs* kullanmak; uçakla götürmek; ⟨*h/sn*⟩ *Strecke* uçarak geçmek; **2.** *v/i* ⟨*sn*⟩ uçmak; ***aus der Schule ~*** okuldan atılmak; ***in die Luft ~*** havaya uçmak
fliegend *adj*: ***~er Händler*** işportacı; seyyar satıcı
Fliegen|fänger *m* sinek kağıdı; **~gewicht** *n* ⟨-s; *o pl*⟩ sinek sıklet; **~klatsche** *f* sineklik
Flieger *m* ⟨-s; -⟩ MIL pilot; F (*Flugzeug*) uçak; **~alarm** *m* hava saldırısı alarmı; **~angriff** *m* hava saldırısı; **~horst** *m* hava üssü
fliehen ['fli:ən] ⟨floh, geflohen⟩ **1.** *v/t* ⟨*h*⟩ *-den* uzak durmak; **2.** (***vor*** *D -den*) kaçmak
Fliehkraft *f* PHYS merkezkaç kuvveti
Fliese *f* ⟨-; -n⟩ fayans, döşeme taşı
fliesen *v/t* ⟨*h*⟩ *-e* (fayans *vs*) döşemek
Fliesen|boden *m* fayans döşeme; **~leger** *m* ⟨-s; -⟩ fayans döşeyici
Fließband *n* sürekli iş bandı, akarbant; (*Förderband*) taşıma bandı, konveyör; **~arbeiter(in** *f*) *m* bant işçisi; **~fertigung** *f* seri imalat
fließen *v/i* ⟨floss, geflossen, *sn*⟩ akmak, (***in*** *A -e*) dökülmek; *Blut* dolaşmak
fließend **1.** *adj* akıcı; ***~es Wasser*** akar su; **2.** *adv*: ***sie spricht ~ Deutsch*** su gibi Almanca konuşuyor
Fließheck *n* AUTO hatch back
flimmern *v/i* ⟨*h*⟩ titrek yanmak, titreşmek; TV karlanmak
flink *adj* çevik, atik
Flinte *f* ⟨-; -n⟩ av tüfeği, filinta; F ***die ~ ins Korn werfen*** yelkenleri suya indirmek
Flirt [flø:ɐt] *m* ⟨-s; -s⟩ flört
flirten ['flø:ɐt(ə)n] *v/i* ⟨*h*⟩ flört etmek; süzüşmek
Flittchen *n* ⟨-s; -⟩ F hafifmeşrep kız/kadın
Flitter *m* ⟨-s; *o pl*⟩ *pırıltılı sahte mücevher*; pul; payet
Flitterwochen *pl* balayı *sg*
flitzen *v/i* ⟨*sn*⟩ F ok gibi gitmek
Flitzer *m* ⟨-s; -⟩ F *hızlı, küçük otomobil*
floaten ['floʊtən] **1.** *v/t* ⟨*h*⟩ ÖKON dalgalanmaya bırakmak; **2.** *v/i* ⟨*h*⟩ ÖKON dalgalanmak
Flocke *f* ⟨-; -n⟩ (*Schnee*♀) lapa, kar tanesi
flockig *adj* CHEM topaklaşmış
Floh [flo:] *m* ⟨-s; ⸚e⟩ ZOOL pire; F ***j-m e-n ~ ins Ohr setzen*** b-nin aklına bş sokmak; **~markt** *m* bitpazarı
Flor[1] [flo:r] *m* ⟨-s; *o pl*⟩ (bir bitkinin üstündeki) çiçekler; çiçek bolluğu; çiçeklenme; çiçek açma
Flor[2] *m* ⟨-s; -e⟩ krep; tül; yas tülü; hav
Flora ['flo:ra] *f* ⟨-; -ren⟩ …in bitkileri; flora
floral [flo'ra:l] *adj* çiçek desenli
florieren *v/i* ⟨*o* ge-, *h*⟩ *Ort* gelişmek, mamur olmak; *Geschäft* iyi işlemek
Floskel *f* ⟨-; -n⟩ boş söz; **♀haft** *adj* basmakalıp; klişe(leşmiş)
Floß *n* ⟨-es; ⸚e⟩ sal
Flosse *f* ⟨-; -n⟩ yüzgeç; *Robbe* yüzgeç-ayak; (*Schwimm*♀) palet; F (*Hand*) el
flößen **1.** *v/t* ⟨*h*⟩ salla (karşıya) geçirmek; **2.** *v/i* ⟨*h*⟩ salla (karşıya) geçmek
Flöte *f* ⟨-; -n⟩ MUS flüt; (*Block*♀) blok flüt
flöten *v/t u v/i* MUS; F *fig* ***~ gehen*** kaybolmak; çarçur olmak
Flötist *m* ⟨-en; -en⟩, **~in** *f* ⟨-; -nen⟩ flütçü
flott *adj Tempo* hareketli, faal; (*schick*) zarif, hoş; (*intakt*) işler halde; MAR yüzer
Flotte *f* ⟨-; -n⟩ MAR filo; (*Marine*) donanma
Flottenstützpunkt *m* MIL deniz üssü

flottmachen *v/t* ⟨-ge-, *h*⟩ MAR (yeniden) yüzdürmek; işler hale getirmek
Fluch *m* ⟨-s; ⸚e⟩ lanet; (*Schimpfwort*) küfür
fluchen *v/i* ⟨*h*⟩ (***auf*** *A -e*) küfretmek, *-i* lanetlemek
Flucht *f* ⟨-; -en⟩ (***vor*** *D -den*) kaçış; (*erfolgreiche*) (***aus*** *-den*) kaçma, firar; ***auf der ~ sein*** (***vor*** *-den*) kaçıyor olmak
fluchtartig *adv* kaçarcasına
flüchten ⟨*sn*⟩ **1.** *v/i*: ***~ aus*** *-den* kaçmak (*bir yerden*); ***~ vor*** *-den* kaçmak (*bir şeyden*); (*entkommen*) kaçıp kurtulmak; **2.** *v/r*: ***sich ~ in*** (*A*) *-e* sığınmak; ***sich in Ausreden ~*** bin bir bahane bulmak
Fluchthelfer(in *f*) *m b-nin kaçmasına yardım eden*
flüchtig *adj Gefangener usw* kaçak, firari; (*oberflächlich*) üstünkörü; (*nachlässig*) gelişigüzel, dikkatsiz; (*vergänglich*) gelip geçici; ***j-n ~ kennen*** b-le kısa bir tanışıklığı olmak/var; ***~e Bekanntschaft*** kısa bir tanışıklık; ***~er Blick*** şöyle bir bakış; ***~er Eindruck*** yüzeysel izlenim
Flüchtigkeitsfehler *m* dikkatsizlik hatası
Flüchtling *m* ⟨-s; -e⟩ kaçak, firari; POL mülteci, sığınmacı
Flucht|versuch *m* firar/kaçma denemesi; **~wagen** *m kaçarken kullanılan araba*; **~weg** *m kaçağın izlediği yol*; imdat çıkışı
Flug *m* ⟨-s; ⸚e⟩ uçuş; (***wie***) ***im ~(e)*** hızlı, uçarcasına
Flug|bahn *f* LUFTF rota; **~begleiter(in** *f*) *m* kabin görevlisi; **⁓bereit** *adj* uçuşa hazır; **~betrieb** *m* uçuş/hava trafiği; **~blatt** *n* el ilanı; **~dauer** *f* uçuş süresi
Flügel *m* ⟨-s; -⟩ kanat; MUS kuyruklu piyano; **~mutter** *f* TECH kelebek somun; **~schraube** *f* TECH kelebek cıvata; **~tür** *f* çift kanatlı kapı
Fluggast *m* (uçak) yolcu(su); **~abfertigung** *f* yolcu işlemleri
Flug|gesellschaft *f* havayolları (şirketi); **~hafen** *m* havalimanı; **~kapitän** *m* (kaptan) pilot; **~körper** *m* MIL uçan cisim; **~lehrer(in** *f*) *m* uçuş öğretmeni; **~linie** *f* havayolları (şirketi); **~lotse** *m* hava trafik görevlisi; **~passagier** *m* uçak yolcusu; **~plan** *m* uçuş tarifesi; **~platz** *m* havaalanı; **~preis** *m* uçak fiyatı; **~reise** *f* uçak yolculuğu; **~schreiber** *m* seyir kayıt aleti, kara kutu; **~sicherung** *f* uçuş güvenliği; **~strecke** *f* uçuş mesafesi; rota; **~steig** *m* ⟨-s; -e⟩ çıkış kapısı; **~stunde** *f* uçuş saati; ***sechs ~n entfernt*** uçakla altı saat uzak(ta); **~tarife** *m/pl* uçuş tarifeleri
flugtauglich *adj* uçuşa elverişli
Flug|ticket *n* uçak bileti; **~überwachung** *f* uçuş denetimi/kontrolü; **~verbindung** *f* uçak bağlantısı; **~verkehr** *m* hava trafiği; **~zeit** *f* uçuş süresi
Flugzeug *n* ⟨-s; -e⟩ uçak; **~absturz** *m* uçak düşmesi; **~bau** *m* uçak yapımı; **~besatzung** *f* uçak mürettebatı; **~entführer** *m* hava korsanı; **~entführung** *f* uçak kaçırma; **~träger** *m* uçak gemisi; **~unglück** *n* uçak kazası
Flugziel *n* uçuş hedefi
fluktu|ieren *v/i* ⟨*o* ge-, *h*⟩ inip çıkmak; MED oynamak; **⁓ation** ⟨-; -en⟩ iniş çıkış, dalgalanma
flunkern *v/i* ⟨*h*⟩ F kıtır atmak
Fluor *n* ⟨-s; *o pl*⟩ flor
fluoreszierend *adj* floresan
Flur[1] [fluːɐ] *m* ⟨-s; -e⟩ (*Diele*) sofa, hol, antre; (*Gang*) koridor
Flur[2] [fluːɐ] *f* ⟨-; -en⟩: ***allein auf weiter ~*** orta yerde tek başına
Fluss *m* ⟨-es; ⸚e⟩ nehir, ırmak; (*das Fließen*) akış, akma; **⁓abwärts** *adv -in* aktığı yönde; **~arm** *m* nehir kolu; **⁓aufwärts** *adv -in* geldiği yönde; **~bett** *n* nehir yatağı
Flüsschen *n* ⟨-s; -⟩ dere, çay
Flussdiagramm *n* akış diyagramı
flüssig *adj* sıvı, likit; (*geschmolzen*) erimiş; *Stil, Schrift usw* akıcı; ***~ machen*** *v/t* ⟨-ge-, *h*⟩ ÖKON paraya çevirmek
Flüssiggas *n* sıvı(laştırılmış) gaz
Flüssigkeit *f* ⟨-; -en⟩ *Stoff* sıvı; *Zustand* akışkanlık, akıcılık
Fluss|krebs *m* kerevit, tatlısu istakozu; **~lauf** *m* nehir boyu/yatağı; **~mündung** *f* nehir ağzı; **~pferd** *n* F hipopotam
flüstern *v/i u v/t* ⟨*h*⟩ fısıldamak
Flüsterpropaganda *f* kulaktan kulağa (propaganda)
Flut *f* ⟨-; -en⟩ met, suların kabarması; *fig* akın; (*Hochwasser*) sel; ***es ist ~*** deniz yükseliyor; **~katastrophe** *f* sel/taşkın felaketi; **~licht** *n* EL projektör ışığı; **~welle** *f* met dalgası
Föderalis|mus *m* ⟨-; *o pl*⟩ federalizm;

ⓢtisch *adj* federalist
Föderation [-ˈt͡si̯oːn] *f* ⟨-; -en⟩ federasyon
Fohlen *n* ⟨-s; -⟩ tay
Föhn *m* ⟨-s; -e⟩ *Wind* lodos (*nördlich der Alpen*); (*Haartrockner*) fön
föhnen *v/t* ⟨*h*⟩: ***sich das Haar*** (*od* ***die Haare***) ~ saçını (fönle) kurutmak
Föhre *f* ⟨-; -n⟩ BOT karaçam; sarıçam
Fokus *m* ⟨-; -se⟩ odak
fokussieren *v/t* ⟨*o* ge-, *h*⟩ odaklamak
folg. *Abk* → ***folgend***(*e usw*)
Folge *f* ⟨-; -n⟩ (*Ergebnis*) sonuç; (*Wirkung*) etki; (*Aufeinander*ⓢ) (birbirini) izleme; (*Reihen*ⓢ) sıra, diziliş; bölüm (*Fernsehserie usw*); (*Fortsetzung*) *-in* devamı, arkası; ***als ~ davon*** bunun sonucu olarak; ***zur ~ haben*** *-e* yol açmak; ***die ~n tragen*** *-in* sonuçlarına katlanmak; ***~kosten*** *pl* munzam masraflar
folgen *v/i* ⟨*sn*⟩ (*D -i*) izlemek, takip etmek; ⟨*h*⟩ F (*gehorchen*) *-e* itaat etmek, *-in* sözünü dinlemek; ***~ auf*** (*A*) *-i* izlemek; *-in* arkasından gelmek; ***j-s Beispiel ~*** b-nin örnek olduğu yolu izlemek; ***können Sie mir ~?*** anlatabiliyor muyum?, beni izleyebiliyor musunuz?; ***hieraus folgt, dass*** bundan şu (sonuç) çıkar: …; ***wie folgt*** şöyle, aşağıdaki gibi
folgend *adj*: ***am ~en Tage*** bunu izleyen gün(de); bundan sonraki gün(de); ***im*** ***ⓢen*** aşağıda; ***es handelt sich um ⓢes*** söz konusu olan şu(dur)
folgendermaßen *adv* şöyle, şu suretle
folgenschwer *adj* ciddi sonuçlar doğuran
folgerichtig *adj* tutarlı
folgern *v/t* ⟨*h*⟩ (***aus*** *-den*) (sonuç) çıkarmak
Folgerung *f* ⟨-; -en⟩ çıkarım; ***e-e ~ ziehen*** bir çıkarımda bulunmak
Folge|satz *m* MATH gerekçe; ***~schäden*** *pl* MED, JUR dolaylı zarar; ***~zeit*** *f*: ***in der ~*** *-i* izleyen zaman/süre içinde, *-i* müteakiben
folglich *konj* bu böyle olunca, demek ki
folgsam *adj* itaatli, söz dinler
Folie [-li̯ə] *f* ⟨-; -n⟩ folyo; (*Metall*ⓢ) ince metal yaprak; (*Plastik*ⓢ) plastik tabaka, F naylon
Folienkartoffeln *pl* kumpir *sg*
Folklore *f* ⟨-; *o pl*⟩ halkbilimi, folklor; ***~abend*** *m* folklor gecesi
folkloristisch *adj* folklorik
Follikel *m* ⟨-s; -⟩ folikül
Folter *f* ⟨-; -n⟩ işkence; ***j-n auf die ~ spannen*** *-i* meraktan çatlatmak
foltern *v/t* ⟨*h*⟩ *-e* işkence yapmak
Folterung *f* ⟨-; -en⟩ işkence
Fond [fõː] *m* ⟨-s; -s⟩ (*Hintergrund*) fon; AUTO arka koltuk; GASTR sos
Fonds [fõː] *m* ⟨-s; -s⟩ ÖKON fon
Fondue [fõˈdyː] *n* ⟨-s; -s⟩ fondü
fönen → ***föhnen***
Fontäne *f* ⟨-; -n⟩ fıskiye
forcieren [-ˈsiː-] *v/t* ⟨*o* ge-, *h*⟩ çabuklaştırmak; yoğunlaştırmak
Förder|anlage *f* konveyör; taşıyıcı sistemi; ***~band*** *n* taşıma bandı
Förder|er *m* ⟨-s; -⟩, ***~in*** *f* ⟨-; -nen⟩ hami
förderlich *adj* faydalı; yarayışlı
Fördermenge *f Bergbau* çıkarılan miktar; üretim miktarı
fordern *v/t* ⟨*h*⟩ talep etmek; *Menschenleben usw -e* mal olmak; ***zu viel*** (***von j-m***) ***~*** (b-ne) fazla yüklenmek; (b-nden) çok büyük beklentileri olmak/var; ***sie ist voll gefordert*** onun kendini tamamen işe vermesi gerekiyor
fördern *v/t* ⟨*h*⟩ teşvik etmek; (*unterstützen*) desteklemek; *Bergbau* çıkarmak
Förderpreis *m* teşvik ödülü, mansiyon
Forderung *f* ⟨-; -en⟩ talep, ÖKON *a* alacak; (*Anspruch*) hak talebi; JUR ***~en stellen*** taleplerde bulunmak
Förderung *f* ⟨-; -en⟩ teşvik, destekleme; *Bergbau* çıkarma
Forelle *f* ⟨-; -n⟩ ZOOL alabalık
Form *f* ⟨-; -en⟩ biçim, şekil; SPORT form; TECH kalıp; ***aktive*** (***passive***) ***~*** etkin (edilgin) çatı; ***die ~ wahren*** zevahiri kurtarmak; ***in ~ von*** (*od G*) … biçiminde/şeklinde; ***in*** (***guter***) ***~*** formunda; ***in ~ bleiben*** formunu korumak
formal *adj* biçimsel, şekli
Formaldehyd *m* ⟨-s; *o pl*⟩ CHEM formaldehit
Formalien [-li̯ə] *pl* biçimsel hususlar *pl*; formaliteler *pl*; işlemler *pl*
Formalität *f* ⟨-; -en⟩ formalite, işlem
Format *n* ⟨-s; -e⟩ boy, boyut, büyüklük; EDV format; *fig* çap, önem
Formation [-ˈt͡si̯oːn] *f* ⟨-; -en⟩ nizam, dizi; biçimlenme, oluşum; GEOL oluş(uk); MIL teşekkül
Formblatt *n* form(üler)
Formel *f* ⟨-; -n⟩ formül

formell *adj* resmî, şeklen doğru
formen ⟨*h*⟩ **1.** *v/t -e* biçim vermek; **2.** *v/r*: ***sich ~*** TECH biçim almak; biçimlenmek
Form|fehler *m* JUR usul hatası; **~gebung** *f* ⟨-; -en⟩ biçimlendirme; **~gestaltung** *f* TECH tasarım; dizayn
formieren *v/r* ⟨*o* ge-, *h*⟩: ***sich ~*** dizilmek; sıralanmak
förmlich 1. *adj* teşrifata uygun; resmî; **2.** *adv* düpedüz
formlos *adj belli bir biçimi olmayan*; *formüler gerektirmeyen (dilekçe)*
Formsache *f* formalite (meselesi/sorunu)
formschön *adj* TECH dizaynı güzel
Formular *n* ⟨-s; -e⟩ formüler, form dilekçe
formulier|en *v/t* ⟨*o* ge-, *h*⟩ dile getirmek; **2ung** *f* ⟨-; -en⟩ dile getirme; (*Ausdruck*) ifade
formvollendet *adj* son biçimini almış
forschen *v/i* ⟨*h*⟩ araştırmak, incelemek; ***~ nach*** *-i* aramak
Forsch|er *m* ⟨-s; -⟩, **~erin** *f* ⟨-; -nen⟩ araştırmacı; **~ung** *f* ⟨-; -en⟩ araştırma, inceleme
Forschungs|auftrag *m* araştırma görevi; **~gebiet** *n* araştırma alanı; **~reise** *f* araştırma gezisi; keşif yolculuğu; **~reisende** *m*, *f* araştırmacı gezgin; kâşif; **~zentrum** *n* araştırma merkezi
Förster *m* ⟨-s; -⟩, **~in** *f* ⟨-; -nen⟩ ormancı, orman memuru
Forstwirtschaft *f* ⟨-; *o pl*⟩ ormancılık
fort *adv* (*davon*) uzağa, uzakta; (*weg*) gitmiş, yok; (*verschwunden*) kayıp
Fortbestand *m* ⟨-s; *o pl*⟩ ayakta kalma, (kendi) varlığını sürdürme, beka
fortbestehen *v/i* ⟨*unreg*, *o* -ge-, *h*⟩ sürüp gitmek; ayakta kalmak
fortbeweg|en ⟨*o* -ge-, *h*⟩ **1.** *v/t* götürmek; *-in* yerini değiştirmek; **2.** *v/r*: ***sich ~*** yer değiştirmek; **2ung** *f* hareket
Fortbildung *f* meslek geliştirme/ilerletme
fortbleiben *v/i* ⟨*unreg*, -ge-, *sn*⟩ gelmemek; dönmemek
fortdauern *v/i* ⟨-ge-, *h*⟩ sürmek
fortfahren ⟨*unreg*, -ge-⟩ **1.** *v/i* ⟨*sn*⟩ hareket etmek, yola çıkmak; ⟨*h*⟩ ***~*** (***mit*** *-e*; ***etw zu tun*** *-i* yapmaya) devam etmek; **2.** *v/t* (arabayla) götürmek
fortfliegen *v/i* ⟨*unreg*, -ge-, *sn*⟩ uçup gitmek
fortführ|en *v/t* ⟨-ge-, *h*⟩ devam ettirmek, sürdürmek; **2ung** *f* ⟨-; *o pl*⟩ devam; sürdürme
Fortgang *m* ⟨-s; *o pl*⟩ devam; gelişme; ayrılış, gidiş
fortgehen *v/i* ⟨*unreg*, -ge-, *sn*⟩ gitmek, ayrılmak
fortgeschritten *adj* ilerlemiş, ileri; ***Kurs für 2e*** ileri kurs
fortgesetzt *adj* devamlı; sürekli; *adv* daima; sürekli (olarak)
fortlaufen *v/i* ⟨*unreg*, -ge-, *sn*⟩: ***vor j-m ~*** b-nden kaçmak
fortlaufend *adj* sürekli, devamlı
fortpflanz|en *v/r* ⟨-ge-, *h*⟩: ***sich ~*** BIOL üremek; *fig* çoğalmak; **2ung** *f* ⟨-; -en⟩ BIOL üreme
fortschreiten *v/i* ⟨*unreg*, -ge-⟩ ilerlemek, gelişmek
Fortschritt *m* ilerleme; ***~e machen*** ilerleme göstermek; **2lich** *adj* ilerici
fortsetzen ⟨-ge-, *h*⟩ **1.** *v/t -e* devam etmek, *-i* sürdürmek; **2.** *v/r*: ***sich ~*** devam etmek
Fortsetzung *f* ⟨-; -en⟩ devam (etme), sür(dür)me; ***~ folgt*** devamı/arkası var
Fortsetzungsroman *m* tefrika roman
Fortzahlung *f* ödemenin devamı
Forum *n* ⟨-s; Foren, Fora⟩ forum
fossil *adj* fosil(leşmiş)
Fossil *n* ⟨-s; -ien⟩ fosil
Foto *n* ⟨-s; -s⟩ F foto(ğraf); ***auf dem ~*** fotoğrafta; **~album** *n* fotoğraf albümü; **~apparat** *m* fotoğraf makinesi; **~ausrüstung** *f* fotoğraf teçhizatı; **~finish** *n* fotofiniş
fotogen *adj* fotojenik
Fotograf *m* ⟨-en; -en⟩ fotoğrafçı; **~ie** *f* ⟨-; -n⟩ fotoğraf; fotoğraf sanatı; **2ieren** *v/t* ⟨*o* ge-, *h*⟩ *-in* resmini çekmek; **~in** *f* ⟨-; -nen⟩ fotoğrafçı; **2isch** *adj* fotoğraf yoluyla
Fotokopie *f* fotokopi; **2ren** *v/t* ⟨*o* ge-, *h*⟩ *-in* fotokopisini çekmek
Foto|labor *n* fotoğraf laboratuarı; **~modell** *n* fotomodel; **~montage** *f* fotomontaj; **~reportage** *f* resimli röportaj; fotoröportaj; **~satz** *m* fotodizgi; **~zelle** *f* EL elektronik göz
Fötus *m* ⟨-ses; -se⟩ cenin
Foul [faʊl] *n* ⟨-s; -s⟩ faul
foulen ['faʊlən] *v/i* ⟨*h*⟩ *-e* faul yapmak
Foyer [foa'jeː] *n* ⟨-s; -s⟩ fuaye
Fr. *Abk* → ***Frau***

F

Fracht *f* ⟨-; -en⟩ yük; LUFTF, MAR *a* kargo; **~brief** *m* taşıma senedi, konşimento
Frachter *m* ⟨-; -s⟩ yük gemisi, şilep
Fracht|flugzeug *n* nakliye/kargo uçağı; **2frei** *adj* taşıma ücreti ödenmiş; **~kosten** *pl* ÖKON navlun, taşıma maliyeti; **~verkehr** *m* nakliyecilik
Frack *m* ⟨-s; ⸗e⟩ frak
Frage *f* ⟨-; -n⟩ soru; ***e-e ~ stellen*** soru sormak; ***e-e ~ der Zeit*** zamanla (kesin) olacak bir iş; ***das kommt gar nicht in ~*** bu asla söz konusu değil; ***ohne ~*** şüphesiz; gayet tabii
Fragebogen *m* anket kâğıdı/formu
fragen *v/t u v/i* ⟨*h*⟩ (***j-n*** *b-ne*, ***nach*** *-i*) sormak; ***j-n nach dem Weg*** (***der Zeit***) b-ne yolu (saati) sormak; ***sich ~*** kendine sormak, şaşmak
Fragestellung *f meselenin konusu*
Fragezeichen *n* soru işareti
fraglich *adj* kuşkulu; (*betreffend*) sözü edilen
fraglos *adv* şüphesiz, kuşkusuz
Fragment *n* ⟨-s; -e⟩ fragman, parça; kalıntı
fragwürdig *adj* kuşku uyandıran
Fraktion [-ˈtsio:n] *f* ⟨-; -en⟩ POL meclis grubu; CHEM kesim(leme)
fraktionslos *adj* grup dışı
Fraktions|vorsitzende *m, f* POL meclis grup başkanı; **~zwang** *m* grup kararına uyma zorunluluğu
Fraktur [-ˈtu:ɐ] *f* ⟨-; -en⟩ MED kırık; Gotik yazı
Franke *m* ⟨-n; -n⟩ Frank (*Franken eyaleti halkından*)
Franken *m* ⟨-s; -⟩ frank (*para birimi*)
frankieren *v/t* ⟨*o* ge-, *h*⟩ pullamak, *-e* pul yapıştırmak
frankiert *adj* pulu yapıştırılmış; ***der Brief ist nicht ausreichend ~*** mektuba yeterli pul yapıştırılmamıştır
Fränkin *f* ⟨-; -nen⟩ Frank (*Franken eyaleti halkından kadın*)
Frankreich *n* Fransa
Franzose *m* ⟨-es; -n⟩ Fransız
Französin *f* ⟨-; -nen⟩ Fransız
französisch *adj* Fransa *subst*; Fransız
Französisch *n* Fransızca
frappieren *v/t* ⟨*o* ge-, *h*⟩: ***frappierend*** şaşırtıcı; sürpriz
Fräse *f* ⟨-; -n⟩ freze; AGR çapa makinası
fräsen **1.** *v/t* TECH freze etmek; **2.** *v/i* TECH freze yapmak
Fraß ⟨-es⟩ F *kötü yemek*, zıkkım
Fratze *f* ⟨-; -n⟩ surat; ***~n schneiden*** yüzünü gözünü oynatmak; F pis surat
Frau *f* ⟨-; -en⟩ kadın; (*Ehe2*) eş, karı; ***meine ~*** eşim; ***Frau X*** *europäisch* Bayan X, *türkisch* X Hanım; ***wie geht es Ihrer ~?*** eşiniz/hanımınız nasıl?
Frauen|arzt *m*, **~ärztin** *f* kadın doktoru; **~beauftragte** *f, m* kadın (sorunları) görevlisi; **~bewegung** *f* ⟨-; *o pl*⟩ kadın hareketi; **2feindlich** *adj* kadın düşmanı, kadınlara karşı; **~haus** *n* kadın (sığınma) evi; **~held** *m* kazanova; **~klinik** *f* kadın kliniği; **~rechte** *pl* kadın hakları *pl*; **~rechtler** *m* ⟨-s; -⟩, **~rechtlerin** *f* ⟨-; -nen⟩ kadın hakları savunucusu (*kadın*); **~zeitschrift** *f* kadın dergisi
Fräulein *n* ⟨-s; -⟩ matmazel, küçükhanım; ***~ X*** *europäisch* Bayan X, *türkisch* X Hanım
fraulich *adj* kadınca, kadına özgü
frech *adj* küstah, saygısız, yüzsüz; *Lüge usw* edepsizce; (*kess*) fettan
Frechheit *f* ⟨-; -en⟩ küstahlık, yüzsüzlük; *Bemerkung* saygısızlık, edepsizlik; F ***so e-e ~!*** ne terbiyesizlik!
Fregatte *f* ⟨-; -n⟩ fırkata
frei **1.** *adj* (**von** *-den*) özgür, serbest; *Beruf* bağımsız, serbest (çalışan); (*nicht besetzt*) boş, serbest; (*~mütig*) gönüllü; ***ist dieser Platz noch ~?*** burası serbest mi?; ***Zimmer ~!*** kiralık oda bulunur; ***Eintritt ~*** giriş serbesttir; ***ein ~er Tag*** boş bir gün; ***~e Stelle*** açık iş/kadro; ***im Freien*** dışarıda, açıkhavada; **2.** *adv*: ***~ sprechen*** serbest/rahat konuşmak; ÖKON ***~ Haus*** ev teslimi; ***~ finanziert*** özel girişimle finanse edilen; ***~ laufende Hühner*** *kümes dışında dolaşabilen tavuklar*
Freibad *n* açık yüzme havuzu
freibekommen *v/t* ⟨*unreg*, *o* -ge-, *h*⟩: ***den Freitag ~*** cuma günü izinli olmak; ***j-n/etw ~*** *v/t -in* serbest kalmasını sağlamak
Freiberuf|ler(in *f*) *m* ⟨-s; -⟩ serbest meslek sahibi; **2lich** *adj* serbest (çalışan); ***~ tätig sein*** serbest (meslekte) çalışmak
Freibetrag *m* (vergiden) muaf meblağ
freibleibend *adj u adv* ÖKON bağlayıcı değil/olmayan
Frei|brief *m*: ***~ für*** … izni, … rahatlığı;

~exemplar *n* parasız örnek/nüsha; **~fahrschein** *m* ücretsiz bilet; **~flug** *m* ücretsiz uçuş; **~gabe** *f* ⟨-; *o pl*⟩ serbest bırak(ıl)ma; ÖKON dalgalanmaya bırak(ıl)ma

freigeben *v/t* ⟨*unreg*, -ge-, *h*⟩ serbest bırakmak; ÖKON *Wechselkurs* dalgalanmaya bırakmak

freigebig *adj* cömert

Freigepäck *n* (ücretsiz) bagaj hakkı

freihaben *v/i* ⟨-ge-, *h*⟩ F izinli olmak

Freihafen *m* serbest liman

freihalten *v/t* ⟨*unreg*, -ge-, *h*⟩ *Platz* açık tutmak; ***j-n ~*** *-in* (lokantada) hesabını üstlenmek

Freihandel *m* ⟨-s; *o pl*⟩ serbest ticaret

Freihandels|abkommen *n* serbest ticaret anlaşması; **~zone** *f* serbest ticaret bölgesi

freihändig *adj u adv* elini dayamadan

Freiheit *f* ⟨-; -en⟩ hürriyet, serbesti, özgürlük; ***sich die ~ nehmen zu*** -meye cüret etmek; ***sich ~en erlauben gegenüber j-m*** b-ne karşı (çok) ileri gitmek

freiheitlich *adj* özgürlüksever, liberal

Freiheits|beraubung *f* JUR hürriyetten mahrum etme (suçu); **~bewegung** *f* bağımsızlık hareketi; **~entzug** *m* hürriyetten men; **~kämpfer(in** *f*) *m* bağımsızlık savaşçısı; **~krieg** *m* bağımsızlık savaşı; **~strafe** *f* JUR hürriyetten men cezası; ***zu e-r ~ von 5 Jahren verurteilt werden*** 5 yıl hapis cezasına çarptırılmak

freiheraus *adv* dobra dobra

Freikarte *f* ücretsiz bilet

freikommen *v/i* ⟨*unreg*, -ge-, *sn*⟩ JUR salıverilmek, serbest bırakılmak

Freilandgemüse *n* serada yetiştirilmemiş sebze

freilass|en *v/t* ⟨-ge-, *h*⟩ (serbest) bırakmak, salıvermek; ***gegen Kaution ~*** JUR kefaletle salıvermek; **℞ung** *f* ⟨-; -en⟩ serbest bırak(ıl)ma

freilegen *v/t* ⟨-ge-, *h*⟩ açmak, ortaya çıkarmak

freilich *adv* elbette, tabii

Freilicht... *in Zssgn* açıkhava …

freiliegen *v/i* ⟨*unreg*, -ge-, *h*⟩ açık/serbest duruyor olmak

Freiluft... *in Zssgn* açıkhava …

freimachen ⟨-ge-, *h*⟩ **1.** *v/t* (*beim Arzt*) açmak; ***den Oberkörper ~*** belden yukarısını soyunmak; *Brief usw* pul yapıştırmak **2.** *v/r*: ***sich ~*** (***von***) *-i* başından atmak

freimütig *adj* içten, açık sözlü

freinehmen *v/t* ⟨*unreg*, -ge-, *h*⟩ tatil almak

freischaffend *adj* serbest çalışan

freischwimmen *v/r* ⟨*unreg*, -ge-, *h*⟩: ***sich ~*** *fig* kendi başına hareket etmeyi öğrenmek

freisetzen *v/t* ⟨-ge-, *h*⟩ CHEM açığa çıkarmak; ***j-n ~*** (*entlassen*) işten çıkarmak

frei|sprechen *v/t* ⟨*unreg*, -ge-, *h*⟩ JUR (***von*** *-den*) beraat ettirmek; **℞spruch** *m* JUR beraat et(tir)me

Freistaat *m* cumhuriyet (*Bavyera, Saksonya, Thüringen eyaletleri için*)

freistehen *v/i* ⟨*unreg*, -ge-, *h*⟩: ***es steht Ihnen frei zu*** (+ *inf*) -mekte serbestsiniz

freistell|en *v/t* ⟨-ge-, *h*⟩: ***j-n ~*** (***von***) b-ni (*-den*) muaf tutmak; ***j-m etw ~*** bş-i b-nin seçimine bırakmak; **℞ung** *f* ⟨-; -en⟩ (***von***) *-den* muaflık

Freistil *m* ⟨-s; *o pl*⟩ serbest stil

Freitag *m* ⟨-s; -e⟩ cuma; ***am ~*** cuma günü

freitags *adv* cuma (günü); cumaları; cuma günleri; **℞predigt** *f* cuma vaazı

Freiumschlag *m* pulu yapıştırılmış zarf

Freiverkehr *m* ÖKON açık/serbest piyasa; serbest/köşebaşı işlemler; ***im ~*** borsa dışında; köşebaşında

Freiverkehrsbörse *f* ÖKON serbest piyasa işlemleri borsası

freiweg *adv* F pat diye

freiwillig **1.** *adj* gönüllü; **2.** *adv*: ***sich ~ melden*** (***zu*** *-e*) gönüllü olarak başvurmak

Freiwillige *m, f* ⟨-es; -n⟩ gönüllü

Freizeichen *n* TEL çevir sesi/sinyali

Freizeit *f* ⟨-; *o pl*⟩ boş zaman(lar); **~beschäftigung** *f* boş zaman uğraşı; **~kleidung** *f* ev giyimi

Freizone *f* serbest bölge

freizügig *adj* ÖKON serbest, *belli bir yere bağlı olmayan*; özgürlükçü; serbestlik tanıyan; **℞keit** *f* ⟨-; *o pl*⟩ ÖKON serbest dolaşım

fremd *adj* yabancı; (*ausländisch*) ecnebi, dış ülke(ler); (*unbekannt*) bilinmeyen; ***ich bin auch ~ hier*** ben de buranın yabancısıyım

fremdartig *adj* yabancı, alışılmadık, garip, yadırgatıcı
Fremde[1] *f* ⟨-; *o pl*⟩ gurbet; ***in der ~ leben*** gurbette yaşamak
Fremde[2] *m, f* ⟨-n; -n⟩ yabancı, el; (*Ausländer*) ecnebi; (*Tourist*) turist
Fremden|führer(in *f*) *m* (turist) rehber(i); **~hass** *m* yabancı düşmanlığı; **~verkehr** *m* turizm; **~verkehrsbüro** *n* turizm danışma bürosu; **~zimmer** *n*, ***~ zu vermieten*** (yabancıya) kiralık oda
Fremdfinanzierung *f* dış finansman
fremdgehen *v/i* ⟨-ge-, *sn*⟩ F eşini aldatmak
Fremd|herrschaft *f* yabancı egemenliği/hakimiyeti; **~kapital** *n* yabancı/dış sermaye; **~körper** *m* MED yabancı cisim; *fig* uyum sağlayamamış eleman; **≗ländisch** *adj* yabancı; ecnebi; **~ling** *m* ⟨-s; -e⟩ yaban, yadırgı; **~sprache** *f* yabancı dil
Fremdsprachen|korrespondent(in *f*) *m*, **~sekretär(in** *f*) *m* yabancı dil bilen büro elemanı; **~unterricht** *m* yabancı dil dersi
fremdsprach|ig, **~lich** *adj* yabancı dil(de)
Fremdwort *n* yabancı kelime
frequentieren *v/t* ⟨*o* ge-, *h*⟩ *-in* müdavimi olmak
Frequenz *f* ⟨-; -en⟩ frekans; sıklık; **~bereich** *m* EL frekans alanı
Fresse *f* ⟨-; -n⟩ V (*Mund*) gaga; (*Gesicht*) surat
fressen ⟨frißt, fraß, gefressen, *h*⟩ *v/t u v/t Tier* yemek; F *Mensch* tıkınmak; hayvan gibi yemek
Freude *f* ⟨-; -n⟩ sevinç, neşe; (*Vergnügen*) eğlence, zevk; ***~ über*** (*A*) … sevinci; ***vor ~*** sevinçten; ***~ haben an*** (*D*) *-den* zevk duymak, *-i* zevkle yapmak; ***~ bereiten*** *-i* sevindirmek
Freuden|schrei *m* sevinç çığlığı; **~tränen** *pl* sevinç gözyaşları *pl*
freudestrahlend *adj* sevinç içinde
freudig *adj* neşeli, şen; *Ereignis, Erwartung* mutlu, sevindirici
freudlos *adj* neşesiz; üzüntülü
freuen ⟨*h*⟩ **1.** *v/i*: ***es freut mich, dass …*** -diği beni sevindirdi; **2.** *v/r*: ***sich ~*** sevinmek; ***ich freue mich über*** (*A*) -diğine sevindim; ***ich freue mich auf*** (*A*) -eceğine seviniyorum
Freund *m* ⟨-s; -e⟩ arkadaş, dost; *e-s Mädchens, e-r Frau* erkek arkadaş
Freundeskreis *m* arkadaş/dost çevresi
Freundin *f* ⟨-; -nen⟩ arkadaş; *e-s Jungen* kız arkadaş; *e-s Mannes* kadın/hanım arkadaş
freundlich *adj* dostça, arkadaşça; sevimli; *Farben usw* neşeli; ***~e Grüße*** (***an*** *D -e*) selamlarımı söyle(yin)!; → ***Gruß***; ***bitte seien Sie so ~ und …*** rica etsem lütfen -r misiniz?; ***sehr ~!*** çok naziksin(iz)!; **~erweise** *adv* nezaketen; **≗keit** *f* ⟨-; -en⟩ dostça davranış, nezaket, içtenlik
Freundschaft *f* ⟨-; -en⟩ arkadaşlık, dostluk; ***~ schließen*** dostluk kurmak; **≗lich** *adj* dostça, arkadaşça
Freundschafts|besuch *m* dostluk ziyareti; **~dienst** *m* dostun dosta yardımı; ***j-m e-n ~ erweisen*** bn-e bir dostluk hizmeti göstermek; **~spiel** *n* dostluk maçı
Frevel [-f-] *m* ⟨-s; -⟩ kötülük; günah; **≗haft** *adj* kötü; günah
Friede *m* ⟨-ns; -n⟩, **~n** *m* ⟨-s; -⟩ barış; huzur; ***im ~*** barışta; ***lass mich in ~!*** beni rahat bırak!; ***~ schließen*** barışmak
Friedens|bruch *m* JUR barışın bozulması; **~gespräche** *pl* barış görüşmeleri *pl*; **~konferenz** *f* barış toplantısı/konferansı; **~truppe** *f* barış gücü; **~vertrag** *m* barış sözleşmesi
Friedhof *m* mezarlık, kabristan
friedlich *adj* huzurlu, sakin
friedliebend *adj* barışsever
frieren *v/i* ⟨fror, gefroren, *h*⟩ *Person* üşümek; *Wasser* donmak
frigide *adj* frijit
Frikadelle *f* ⟨-; -n⟩ köfte (*yağda kızarmış*)
Frikassee [-'se:] *n* ⟨-s; -s⟩ yahni
frisch **1.** *adj* taze; *Wäsche, Luft* temiz; ***auf frischer ~ ertappen*** *-i* suçüstü yakalamak; **2.** *adv*: ***~ gestrichen*** yeni boyanmış; ***~ verheiratet*** yeni evli; ***sich ~ machen*** elini yüzünü yıkamak
Frische *f* ⟨-; *o pl*⟩ tazelik
Frisch|fleisch *n* taze et; **~haltepackung** *f* tazeliği koruyucu ambalaj
Friseur [fri'zø:ɐ] *m* ⟨-s; -e⟩, **~in** *f* ⟨-; -nen⟩ kuaför; (*Herren≗*) *a* berber; **~salon** *m* kuaför salonu
frisieren ⟨*o* ge-, *h*⟩ **1.** *v/t -in* saçını yapmak; F *Konten usw* iyi göstermek, *-de* rötuş yapmak; AUTO gücünü arttırmak;

2. *v/r*: ***sich ~*** (kendi) saçını düzeltmek/yapmak
Frisiersalon *m* kuaför salonu
Frist *f* ⟨-; -en⟩ *Zeitraum* süre, mehil; *Zeitpunkt* (son) gün, vade; *Aufschub* uzatma, temdit; ***e-e ~ setzen*** süre koymak; ***e-e ~ einhalten*** süreye uymak
frist|gemäß, **~gerecht** *adj u adv* süresi içinde(ki); **~los** *adj u adv* ihbarsız, (ihbar) süresiz
Fristverlängerung *f* süreyi uzatma; temdit
Frisur *f* ⟨-; -en⟩ saç biçimi
Fritteuse [fri'tøːzə] *f* ⟨-; -n⟩ fritöz
frittieren *v/t* ⟨*o* ge-, *h*⟩ kızartmak (*yağda*)
frivol [-v-] *adj* açık saçık, hoppa; *stärker* edepsiz, ahlaksız
froh *adj* (***über*** *A -e*) memnun; (*fröhlich*) neşeli, şen; (*glücklich*) mutlu
fröhlich *adj* neşeli, mutlu; (*lustig*) şen; **≗keit** *f* ⟨-; *o pl*⟩ neşe, sevinç, gönül ferahlığı
Frohnatur *f* ⟨-; -en⟩ şen tabiatlı (kimse)
fromm *adj* dindar, dini bütün; ***ein ~er Wunsch*** olmayacak dua
Frömmigkeit *f* ⟨-; *o pl*⟩ dindarlık
Fronleichnam *m* ⟨-s; *o pl*⟩ *Katolik yortusu*
Front *f* ⟨-; -en⟩ ön taraf, ön cephe; MIL cephe, savaş hattı; ***an der ~*** cephede
frontal *adv* cepheden
Frontal|angriff *m* cephe saldırısı; **~zusammenstoß** *m* AUTO önden çarpışma
Front|antrieb *m* AUTO önden çekiş; **~kämpfer** *m* muharip; **~lader** *m* ⟨-s; -⟩ TECH kepçeli kamyon/traktör; **~wechsel** *m* cephe değiştirme; çark(etme)
Frosch *m* ⟨-s; ⸚e⟩ ZOOL kurbağa; F ***sei kein ~!*** nazlanma!; oyunbozanlık etme!; **~mann** *m* balıkadam
Frost *m* ⟨-s; ⸚e⟩ don (*eisige Kälte*); **≗beständig** *adj* dona/donmaya dayanıklı
frösteln 1. *v/i* ⟨*h*⟩ soğuktan titremek; **2.** *v/unp* hafif don yapmak
frostfrei *adj* buzsuz
Frostgrenze *f* don sınırı
frostig *adj* ayazlı; çok soğuk
Frostschutzmittel *n* antifriz
Frottee, *österr* **Frotté** [frɔ'teː] *m, n* ⟨-(s); -s⟩ havlu kumaşı
frottieren *v/t* ⟨*o* ge-, *h*⟩ ov(uştur)mak; *-e* friksiyon yapmak
Frottier|handschuh *m* masaj eldiveni; kese; **~tuch** *m* havlu
Frucht *f* ⟨-; ⸚e⟩ meyva; ***Früchte tragen*** meyva vermek
fruchtbar *adj* verimli; **≗keit** *f* ⟨-; *o pl*⟩ verimlilik, bereket
Frucht|bonbon *m, n* meyvalı şeker(leme); **~eis** *n* meyvalı dondurma
fruchten *v/i* ⟨*h*⟩: ***nichts ~*** hiçbir sonuç vermemek
Fruchtfleisch *n meyvanın eti*
fruchtlos *adj* verimsiz
Frucht|presse *f* meyva sıkacağı; **~saft** *m* meyva suyu; **~wasser** *n* cenin/dölüt sıvısı; **~zucker** *m* früktoz
früh [fryː] *adj u adv* erken; ***zu ~ kommen*** (fazla) erken gelmek; ***heute*** (***morgen***) ***~*** bu (yarın) sabah; ***~ genug*** yeterince erken, gecikmeden
Frühaufsteher *m* ⟨-s; -⟩, **~in** *f* ⟨-; -nen⟩ erkenci, erken kalkan
Frühe *f* ⟨-; *o pl*⟩: ***in aller ~*** sabah erkenden
früher 1. *adj* (*ehemalig*) eski; (*vorherig*) önceki; **2.** *adv* önceleri, eskiden; ***~ oder später*** er (veya) geç; ***~*** (***einmal***) bir zamanlar; ***wie ~*** eskisi gibi
Früherkennung *f* MED erken teşhis
frühestens *adv* en erken
Frühgeburt *f* erken doğum; (*Kind*) erken doğan çocuk
Frühgemüse *n* turfanda sebze
Frühgeschichte *f -in ilk dönem tarihi*
Frühjahr *n* ⟨-s; -e⟩ ilkbahar
Frühjahrs|mode *f* (ilk)bahar modası; **~müdigkeit** *f* bahar yorgunluğu
Frühkartoffeln *pl* taze patates *sg*
Frühling *m* ⟨-s; -e⟩ ilkbahar
Frühlings|zwiebel *f* yeşil soğan; **≗haft** *adj* (ilk)baharımsı; (ilk)bahara özgü; **~rolle** *f Çin usulü sebzeli börek*
frühmorgens *adv* sabah erken(den)
frühreif *Kind* erken gelişmiş
Frühschicht *f* sabah vardiyası
Frühsommer *m* yaz başı
Frühstadium *n* ilk safha/evre
Frühstück *n* ⟨-s; -e⟩ kahvaltı; ***zum ~*** kahvaltıda; **≗en** ⟨*h*⟩ **1.** *v/i* kahvaltı etmek; **2.** *v/t*: ***etw ~*** kahvaltıda bş yemek
Frühstücks|büfett *n* GASTR kahvaltı büfesi; **~pause** *f* kahvaltı molası/arası
Frühzeit *f* erken/ilk dönem
frühzeitig *adj u adv* erken
Frust *m* ⟨-s; *o pl*⟩ F bezginlik; yılgınlık;

~ration [-'tsi̯oːn] *f* ⟨-; -en⟩ bezginlik; yılgınlık; **≈rieren** ⟨*o* ge-, *h*⟩ bezdirmek; yıldırmak; **≈riert** bezgin, küskün

frz. *Abk* → ***französisch***

Fuchs [-ks] *m* ⟨-es; ⸚e⟩ ZOOL tilki

Fuchsie ['fʊksi̯ə] *f* ⟨-; -n⟩ BOT küpe(çiçeği)

fuchsteufelswild [-ks] *adj* F (öfkeden) kanı beynine sıçramış (bir halde)

Fuchtel *f* ⟨-; *o pl*⟩: F ***unter j-s ~ stehen*** b-nin tahakkümü/boyunduruğu altında olmak

fuchteln *v/i* ⟨*h*⟩: ***mit etw ~*** bş-i sallayıp durmak; ***mit den Händen ~*** elini kolunu sallamak

Fug: ***mit ~ und Recht*** haklı olarak

Fuge[1] *f* ⟨-; -n⟩ MUS füg

Fuge[2] *f* ⟨-; -n⟩ TECH derz

fügen ⟨*h*⟩ **1.** *v/t* TECH birleştirmek; **2.** *v/r*: ***sich ~*** (***in*** *A -i*) kabullenmek

fühlbar *adj fig* farkedilir; (*beträchtlich*) hatırı sayılır, hayli

fühlen ⟨*h*⟩ **1.** *v/t* hissetmek, duymak; **2.** *v/r*: ***sich krank*** *usw* **~** kendini hasta *vs* hissetmek

Fühl|er *m* ⟨-s; -⟩ duyarga; F anten; TECH sensor; **~ung** *f* ⟨-; *o pl*⟩: ***~ aufnehmen mit*** ile temasa geçmek; ile temas kurmak; ***~ haben mit*** ile temasta olmak; ***die ~ verlieren*** (***mit***) *-i* gözden kaybetmek

Fuhre *f* ⟨-; -n⟩ araba dolusu

führen ⟨*h*⟩ **1.** *v/t -e* yol göstermek; (*herum~*) dolaştırmak, gezdirmek, *-e* mihmandarlık etmek; (*geleiten*) *-e* eşlik etmek; (*bringen*) götürmek; *Betrieb, Haushalt usw* işletmek, yönetmek; *Waren* satmak, bulundurmak; *Buch, Konto* tutmak; *Gespräch usw* yapmak, yönetmek; ***j-n ~ durch*** b-ne *-i* göstermek/gezdirmek; **2.** *v/i* (***zu*** *-e*) *Straße* çıkmak; ***das führt zu nichts*** bu (hiç)bir sonuç vermez

führend *adj* ileri/önde gelen, önemli; baştaki

Führer *m* ⟨-s; -⟩, **~in** *f* ⟨-; -nen⟩ kılavuz; POL önder, lider; SPORT lider; (*Fremden≈*) rehber; (*Leiter*) şef, başkan; (*Reise≈*) kılavuz (kitap); ***~ des Fahrzeugs*** aracın sürücüsü

führerlos *adj* sürücüsüz; LUFTF pilotsuz

Führerschein *m* sürücü belgesi, F ehliyet; ***den ~ machen*** ehliyet almak; **~entzug** ehliyete elkonması

Führung ⟨-; -en⟩ *f* yönetim; *Unternehmen a* sevk ve idare; ⟨-; *o pl*⟩ (iyi) hal; *Museum usw* (***durch*** *-i*) rehberle gezme; ***unter der ~ von*** … yönetiminde/önderliğinde; ***die ~ übernehmen*** yönetimi teslim almak; ***in ~ gehen*** başa geçmek (*im Rennen*); ***in ~ liegen*** başı çekmek (*im Rennen*)

Führungs|kraft *f* ÖKON yönetici eleman; **~spitze** *f* yönetimin başı(ndakiler); **~stil** *m* yönetim tarzı; **~zeugnis** *n* iyi hal kağıdı

Fuhrunternehmen *n* nakliye şirketi

Fuhrunternehmer *m* nakliyeci

Fuhrwerk *n* öküz/at (yük) arabası

Fülle *f* ⟨-; *o pl*⟩ bolluk; şişmanlık; ***in ~*** bol (bol)

füllen **1.** *v/t* ⟨*h*⟩ doldurmak; *Flüssigkeit a* (***in*** *A -e*) boşaltmak, aktarmak; **2.** *v/r*: ***sich ~*** (***mit*** *-le*) dolmak

Füll|er *m* ⟨-s; -⟩ F, **~federhalter** *m* dolmakalem

Füllung *f* ⟨-; -en⟩ dolgu; (*-in*) iç(i)

fummeln *v/i* ⟨*h*⟩ F (***an*** *D -i*) kurcalamak; ***nach etw ~*** bş-i (el yordamıyla) aramak

Fund *m* ⟨-s; -e⟩ bulma; ***e-n ~ machen*** (değerli) bş-i bulmak

Fundament *n* ⟨-s; -e⟩ temel

fundamental *adj* temel; **≈ismus** *m* ⟨-; *o pl*⟩ fundamentalizm; köktencilik

Fund|büro *n* kayıp eşya bürosu; **~gegenstand** *m* bulunmuş eşya; **~grube** *f fig* zengin kaynak, hazine

fundieren *v/t* ⟨*o* ge-, *h*⟩ temellendirmek; ÖKON konsolide etmek; sağlamlaştırmak

fundiert *adj* bir temele dayanan, esaslı; ÖKON konsolide

fündig *adj*: ***~ werden*** (aranan bş-i) bulmak

Fund|ort *m* ⟨-s; -e⟩ *-in* bulunduğu yer; **~sache** *f* bulunmuş eşya

Fundus *m* ⟨-; -⟩ mevcut, varlık; (***von, an***) *-in* (bilgi, tecrübe *vs*) birikimi

fünf *adj* beş; **~fach** *adj u adv* beş misli, beş kat; **~jährig** **1.** *adj* beş yıllık; **2.** *adv* beş yılda bir

Fünfling *m* ⟨-s; -e⟩ beşiz

Fünfsternehotel *n* beş yıldızlı otel

Fünftagewoche *f beş işgünlük hafta*

fünf|te *adj* beşinci; **≈tel** *n* ⟨-s; -⟩ beşte (bir *usw*); **~tens** *adv* beşincisi, beşinci olarak; **~zehn** *adj* on beş; **~zig** *adj* elli

fungieren [-ŋ'giː-] *v/i* ⟨*o* ge-, *h*⟩: ~ ***als*** … olarak iş/görev yapmak; *-in* fonksiyonu … olmak
Funk *m* ⟨-s; *o pl*⟩ radyo; telsiz; ***über*** ~ radyodan; telsizle; **~amateur(in** *f*) *m* amatör radyocu/telsizci
Funke *m* ⟨-es; -n⟩ kıvılcım; anî fikir
funkeln *v/i* ⟨*h*⟩ parıldamak; *Sterne* (titreyerek) parıldamak
funkelnagelneu *adj* F yepyeni, gıcır gıcır
funken ⟨*h*⟩ **1.** *v/t* telsizle bildirmek; **2.** *v/unp*: ***zwischen uns hat es sofort gefunkt*** birbirimizi hemen çekici bulduk
funkentstört *adj* parazit yalıtımı yapılmış
Funker *m* ⟨-s; -⟩ telsizci
Funk|gerät *n* telsiz cihazı; **~haus** *n* radyoevi; **~meldung** *f* telsiz haberi; **~signal** *n* radyo/telsiz sinyali; **~spruch** *m* radyo duyurusu; **~station** *f* telsiz istasyonu; **~stille** *f telsiz haberleşmesinin kesikliği*; F ***zwischen uns herrscht*** ~ selamı sabahı kestik; **~streife(nwagen** *m*) *f* telsizli (polis) devriye arabası; **~taxi** *n* telsizli taksi; **~technik** *f* radyo/telsiz mühendisliği/teknolojisi; **~telegramm** *n* telsiz telgraf; **~verbindung** *f* telsiz bağlantısı; **~verkehr** *m* telsiz trafiği/haberleşmesi
Funktion [-'tsi̯oːn] *f* ⟨-; -en⟩ işlev, fonksiyon; **≗al** *adj* işlevsel, fonksiyonel; **~alität** *f* ⟨-; *o pl*⟩ işlevsellik
Funktionär *m* ⟨-s; -e⟩, **~in** *f* ⟨-; -nen⟩ partici; sendikacı
funktionell *adj* işlevsel; fonksiyonel
funktionieren *v/i* ⟨*o* ge-, *h*⟩ işlemek
funktionsfähig *adj* işler halde/durumda
Funktionsstörung *f* MED fonksiyonel bozukluk
für *präp* (*A*) için; -e; (*zugunsten*) -in lehine; (*anstatt*) *-in* yerine; ~ ***immer*** daima, ebediyen; ~ ***mich*** *Meinung, Geschmack* bana göre/kalırsa; ~ ***10 DM*** on marka; ***an und ~ sich*** aslında; aslına bakılırsa; ***jeder ~ sich*** herkes kendisi için (*od* kendi hesabına); ***Tag ~ Tag*** günden güne; ***Wort ~ Wort*** kelimesi kelimesine; ***was ~ …?*** ne gibi/tür bir …?; ***das Für und Wider*** lehte ve aleyhte görüşler *pl*; olumlu ve olumsuz yanlar *pl*; ***~s Erste*** şimdilik
Furche *f* ⟨-; -n⟩ iz; TECH oluk
Furcht *f* ⟨-; *o pl*⟩ (***vor*** *D -den*) korku; ***aus ~ vor*** … korkusundan; ~ ***erregend*** korku verici, müthiş
furchtbar **1.** *adj* korkunç; **2.** *adv* F müthiş, korkunç, felaket
fürchten ⟨*h*⟩ **1.** *v/t -den* korkmak; ***ich fürchte, …*** korkarım …; **2.** *v/r*: ***sich*** ~ (***vor*** *D -den*) korkmak
fürchterlich → ***furchtbar***
furcht|los *adj* korkusuz, yürekli; **~sam** *adj* korkak, sıkılgan, çekingen
füreinander *adv* birbiri için
Furie ['fuːri̯ə] *f* ⟨-; -n⟩ intikam tanrıçası; *fig* şirret kadın
Furnier *n* ⟨-s; -e⟩ (ahşap) kaplama
furnieren *v/t* ⟨*o* ge-, *h*⟩ *-e* kaplama yapmak
Furore: ~ ***machen*** büyük bir başarıyla dikkatleri üstüne çekmek
Fürsorge *f* ⟨-; *o pl*⟩ (***für*** *-e*) şefkat; (*-i*) esirgeme; ***ärztliche*** ~ hekim kontrolü; ***öffentliche*** ~ sosyal yardım
fürsorglich **1.** *adj* şefkatli; **2.** *adv* şefkatle
Fürsprache *f* ⟨-; *o pl*⟩ (***für j-n, bei j-m*** biri için, bir nezdinde) tavassut
Fürst *m* ⟨-en; -en⟩ prens, bey; **~entum** *n* ⟨-s; ⸚er⟩ prenslik, beylik; **~in** *f* ⟨-; -nen⟩ prenses; **≗lich** *adj* prens *subst*, prensçe; ***j-n ~ bewirten*** b-ni krallar gibi ağırlamak
Furt *f* ⟨-; -en⟩ geçit, nehir geçidi
Furunkel *m* ⟨-s; -⟩ MED kan çıbanı
Furz *m* ⟨-es; ⸚e⟩ F yel, V osuruk; **≗en** *v/i* ⟨*h*⟩ F yelle(n)mek, V osurmak
Fusion [fu'zi̯oːn] *f* ⟨-; -en⟩ CHEM füzyon; kaynaşım; ÖKON füzyon; birleşme; **≗ieren** *v/i* ⟨*o* ge-, *h*⟩ birleşmek
Fuß *m* ⟨-es; ⸚e⟩ ayak; ***zu*** ~ yürüyerek; yayan; yaya (olarak); ***zu ~ erreichbar*** yürüyerek gidilebilir (uzaklıkta); ***zu ~ gehen*** yürüyerek gitmek; ***gut zu ~ sein*** yürüyüşü iyi olmak; ***auf eigenen Füßen stehen*** kendi ekmeğini kazanmak; ~ ***fassen*** tutunmak, yerleşmek; ***auf freiem*** ~ serbest (bırakılmış); F ***kalte Füße bekommen*** yüzgeri etmek; ***am ~ des Berges*** dağın eteğinde; **~abdruck** *m* ayak izi; **~abstreifer** *m* ⟨-s; -⟩ kapı paspası; **~bad** *n* ayak banyosu
Fußball *m* futbol (topu); **~er** *m* ⟨-s; -⟩ F topçu; **~länderspiel** *n* futbol milli maçı; **~platz** *m* futbol sahası; **~spiel** *n* futbol maçı; **~spieler(in** *f*) *m* futbolcu; **~ver-**

band *m* futbol federasyonu; **~weltmeister** *m* dünya futbol şampiyonu
Fußboden *m* zemin, taban; (*Belag*) taban kaplaması; **~heizung** *f* zeminden ısıtma
Fußbremse *f* AUTO ayak freni
Fußgänger *m* ⟨-s; -⟩, **~in** *f* ⟨-; -nen⟩ yaya; **~ampel** *f* ışıklı yaya geçidi; **~überweg** *m* yaya geçidi; **~unterführung** *f* yaya alt geçidi; **~zone** *f* yaya bölgesi
Fuß|gelenk *n* ayak bileği; **~marsch** *m* yürüyüş; **~note** *f* dipnotu; **~pflege** *f* pedikür; ayak bakımı; **~pfleger(in** *f*) *m* pedikürcü; **~pilz** *m* MED ayak mantarı; **~sohle** *f* (ayak) taban(ı); **~spur** *f* ayak izi; (*Fährte*) hayvan izi; **~stapfen** *pl*: ***in j-s ~ treten*** b-nin izinden gitmek; **~tritt** *m* tekme; **~weg** *m* yaya yolu; ***e-e Stunde ~*** yaya(n) bir saat
futsch *adj* F: ***~ sein*** güme gitmek; berbat olmak
Futter¹ *n* ⟨-s; *o pl*⟩ yiyecek; (*Tier*≈) yem
Futter² *n* ⟨-s; -⟩ astar
Futteral *n* ⟨-s; -e⟩ muhafaza, kutu, kap; (*Hülle*) kılıf, zarf
futtern *v/i* ⟨*h*⟩ yemek
füttern *v/t* ⟨*h*⟩ **1.** *Tiere* beslemek; **2.** *Kleid usw* astarlamak
Futternapf *m* yemlik
Futur [-'tuːɐ] *n* ⟨-s; *o pl*⟩ GR gelecek zaman
Futur|ismus *m* ⟨-; *o pl*⟩ fütürizm; **≈istisch** *adj* fütürist(çe); **~ologe** *m* ⟨-n; -n⟩ fütürolog; **~ologie** *f* ⟨-; *o pl*⟩ fütüroloji; **~ologin** *f* ⟨-; -nen⟩ fütürolog (kadın)

G

g, G [geː] *n* ⟨-; -⟩ **1.** g, G; **2.** MUS sol
Gabe *f* ⟨-; -n⟩ (***an A -e***) sunu/kurban/hediye; yetenek, Allah vergisi
Gabel *f* ⟨-; -n⟩ çatal; AGR yaba; MUS diyapozon
gabeln *v/r*: ***sich ~*** ⟨*h*⟩ ikiye ayrılmak, çatallanmak
Gabelstapler *m* ⟨-s; -⟩ TECH forklift
Gabelung *f* ⟨-; -en⟩ *-in* çatallandığı yer, *-in* çatalı
gackern *v/i* ⟨*h*⟩ gıdaklamak
gaffen *v/i* ⟨*h*⟩ ağzı açık bakmak
Gag [gɛk] *m* ⟨-s; -s⟩ gülünçlük; (gülünç) tuluat
Gage ['gaːʒə] *f* ⟨-; -n⟩ *Künstler* ücret
gähnen *v/i* ⟨*h*⟩ esnemek; ***gähnend leer*** bomboş; ıpıssız
Gala *f* ⟨-; *o pl*⟩ gala kıyafeti; **~abend** *m* gala gecesi
galant *adj* galan
Galerie *f* ⟨-; -n⟩ galeri
Galgen *m* ⟨-s; -⟩ darağacı, idam sehpası; **~frist** *f* son mühlet; **~humor** *m* acı mizah
Galionsfigur [-'lioːns-] *f* gemiaslanı; *fig* ileri gelen (*kimse*)
gälisch *adj* Galler(le ilgili)
Galle *f* ⟨-; -n⟩ ANAT safra kesesi; MED safra; ***mir kam die ~ hoch*** küplere bindim
Gallen|blase *f* ANAT safra kesesi; **~kolik** *f* safra kesesi sancısı; **~stein** *m* MED safra taşı
gallertartig *adj* jölemsi
galoppieren *v/i* ⟨*o* ge-, *sn*⟩ dörtnal(a) koşmak
Gameboy® ['geːmbɔʏ] *m* ⟨-s; -s⟩ gameboy
Gammaglobulin *n* ⟨-s; *o pl*⟩ MED gamaglobülin
gammelig *adj* F kokmuş bozulmuş; pis (giyimli) sefil(ce)
gammeln *v/i* ⟨*h*⟩ F haylazlık etmek, serserilik etmek
Gammler *m* ⟨-s; -⟩, **~in** *f* ⟨-; -nen⟩ F aylak; berduş
Gämse *f* ⟨-; -n⟩ dağ keçisi
gang *adj*: ***~ und gäbe sein*** çok yaygın olmak
Gang *m* ⟨-s; ⸚e⟩ gidiş, yürüme; (*~art*) yürüyüş; (*Durch*≈) geçit, pasaj; (*Flur*) koridor; AUTO vites; (*Verlauf*) seyir; *Essen* kap (*çeşit*); ***etw in ~ bringen*** bş-i çalıştırmak, işletmek; ***in ~ kommen*** işlemek, çalışmak; ***im ~(e) sein*** işler halde olmak, işlemekte olmak; ***in vollem ~(e)*** harıl harıl işlemekte
Gangart *f* yürüyüş (biçimi)
gängeln *v/t* ⟨*h*⟩ F: ***j-n ~*** b-ni çocuk yeri-

ne koymak

gängig *adj* geçerli; ÖKON piyasada satılan

Gangschaltung *f* vites (düzeneği)

Gangway ['gɛŋweː] *f* ⟨-; -s⟩ MAR iskele

Ganove [-və] *m* ⟨-n; -n⟩ dolandırıcı, sahtekâr

Gans *f* ⟨-; ¨e⟩ ZOOL kaz; *abw* ***dumme ~*** salak karı

Gänse|blümchen *n* ⟨-s; -⟩ BOT çayır papatyası, koyungözü; **~braten** *m* kaz kızartması; **~füßchen** *pl* F tırnak (işareti); **~haut** *f* ⟨-; *o pl*⟩: ***e-e ~ bekommen*** tüyleri ürpermek; ***dabei kriege ich e-e ~*** o zaman tüylerim ürperiyor; **~marsch** *m*: ***im ~ gehen*** sıra sıra (yürümek)

ganz **1.** *adj* bütün; eksiksiz; tam; ***die ~e Zeit*** hiç durmadan; ***den ~en Tag*** bütün gün; ***in der ~en Welt*** bütün dünyada; ***sein ~es Geld*** bütün parası; **2.** *adv* tamamen, büsbütün; (*sehr*) çok; (*ziemlich*) oldukça; (*genau*) kesin, aynen; ***~ allein*** tamamen tek başına; ***~ und gar*** tamamıyla, büsbütün; ***~ und gar nicht*** kesinlikle, asla; ***~ wie du willst*** nasıl istersen; ***nicht ~*** tam öyle değil

Ganze *n* ⟨-n; *o pl*⟩ *-in* bütünü, tamamı; ***das ~*** (*alles*) *-in* tamamı, hepsi; ***aufs ~ gehen*** *-in* hepsini istemek; ***im ~n*** hepsi birden, toptan; ***im*** (***Großen und***) ***~n*** genelde

Ganzheit *f* ⟨-; *o pl*⟩ bütünlük; **≈lich** *adj* bütünsel; *adv* bütün olarak

Ganzheits|medizin *f* bütünsel tıp; **~methode** *f* bütün kelime yöntemi

ganzjährig *adv* bütün yıl; ***~ geöffnet*** bütün yıl açık

gänzlich *adv* büsbütün, tamamen

ganztägig *adv*: ***~ geöffnet*** bütün gün açık

Ganztags|beschäftigung *f* tam gün çalış(tır)ma; **~schule** *f* tam günlük okul

gar[1] [gaːɐ] *adj* GASTR pişmiş

gar[2] [gaːɐ] *adv*: ***~ nicht*** hiç, asla; ***~ nichts*** hiçbir şey; ***~ nicht so schlecht*** (***viel*** *usw*) hiç de o kadar kötü (çok *vs*) değil; ***~ keiner*** hiç kimse

Garage [-ʒə] *f* ⟨-; -n⟩ garaj

Garantie *f* ⟨-; -n⟩ garanti; güvence

garantieren *v/t u v/i* ⟨*o* ge-, *h*⟩ (***für etw*** *-i*) garanti etmek

Garantieschein *m* garanti belgesi

Garderobe *f* ⟨-; -n⟩ gardrop; THEA vestiyer; *im Haus* portmanto

Garderoben|frau *f* vestiyerci kadın; **~ständer** *m* elbise askılığı, portmanto

Gardine *f* ⟨-; -n⟩ tül perde

gären *v/i* ⟨gor *od* gärte, gegoren *od* gegärt, *h*⟩ mayalanmak; içten içe kaynamak

Garn *n* ⟨-s; -e⟩ iplik

Garnele *f* ⟨-; -n⟩ (iri) karides

garnieren *v/t* ⟨*o* ge-, *h*⟩ süslemek

Garnison *f* ⟨-; -en⟩ garnizon

Garnitur [-'tuːɐ] *f* ⟨-; -en⟩ garnitür, set; *Möbel* takım; ***zur ersten ~ gehören*** en iyilerden olmak

Garten *m* ⟨-s; ¨en⟩ bahçe; **~arbeit** *f* bahçede işi; **~bau** *m* ⟨-s; *o pl*⟩ bahçecilik; **~fest** *n* bahçe partisi; **~geräte** *pl* bahçıvan aletleri; **~haus** *n* bahçe kulübesi; **~lokal** *n* bahçeli lokanta; **~möbel** *pl* bahçe mobilyaları; **~schere** *f* bahçe makası; **~stadt** *f* bahçeli evler semti; **~zaun** *m* çit; bahçe parmaklığı; **~zwerg** *m bahçe süsü cüce heykelciği*

Gärtner *m* ⟨-s; -⟩ bahçıvan; **~ei** *f* ⟨-; -en⟩ bostan, *Betrieb* bahçecilik işletmesi; **~in** *f* ⟨-; -nen⟩ bahçıvan (kadın)

Gärungsprozess *m* mayalanma (süreci)

Gas *n* ⟨-es; -e⟩ gaz; ***~ geben*** AUTO gaz vermek, F gaza basmak; **≈beheizt** *adj* gaz(la) ısıtmalı; **~flasche** *f* gaz tüpü; **≈förmig** *adj* gaz biçiminde; **~hahn** *m* gaz musluğu; **~heizung** *f* gazla ısıtma, gazlı kalorifer; **~herd** *m* gazlı ocak; **~kammer** *f* gaz odası; **~leitung** *f* gaz borusu; **~maske** *f* gaz maskesi; **~pedal** *n* AUTO gaz pedalı

Gasse *f* ⟨-; -n⟩ sokak

Gast *m* ⟨-s; ¨e⟩ misafir, konuk; (*Besucher*) ziyaretçi; (*Kunde*) müşteri; **~arbeiter(in *f*)** *m neg!* konuk işçi, yabancı işçi; **~dozent(in *f*)** *m* misafir/konuk öğretim üyesi

Gäste|buch *n* özel defter, konuk defteri; **~haus** *n* misafirhane; **~zimmer** *n* misafir yatak odası

Gastfamilie *f* (öğrenciyi) misafir eden aile

gastfreund|lich *adj* konuksever; **≈schaft** *f* ⟨-; *o pl*⟩ konukseverlik

Gastgeber *m* ⟨-s; -⟩ ev sahibi; **~in** *f* ⟨-; -nen⟩ *a* ev sahibesi

Gast|haus *n*, **~hof** *m* lokanta; **~hörer** *m*,

~hörerin *f* misafir/konuk öğrenci
gastieren *v/i* ⟨*o* ge-, *h*⟩ *Zirkus* gösteri sunmak; *Künstler* konser *vs* vermek
Gast|land *n* ev sahibi ülke; **2lich** *adj* misafirperver; **~professor(in** *f*) *m* misafir profesör; **~recht** *n*: **~ *genießen*** *misafir haklarından faydalanmak*
Gastritis *f* ⟨-; Gastritiden⟩ MED gastrit
Gastronomie *f* ⟨-; *o pl*⟩ lokantacılık, gastronomi
Gast|spiel *n* THEA *misafir grubun gösterisi*; **~stätte** *f* lokanta; **~stättengewerbe** *n* lokantacılık; **~stube** *f* lokanta salonu; **~vorlesung** *f*, **~vortrag** *m misafir konuşmacının konferansı*
Gastwirt|(in *f*) *m* lokantacı; **~schaft** *f* lokanta
Gas|vergiftung *f* gaz zehirlenmesi; **~werk** *n* gazhane; **~zähler** *m* gaz sayacı
Gatt|e *m* ⟨-n; -n⟩ (*Ehemann*) eş; **~in** *f* ⟨-; -nen⟩ (*Ehefrau*) eş
Gattung *f* ⟨-; -en⟩ (*Art*) cins, tür; (*Klasse*) sınıf, (*Sorte*) çeşit
Gattungs|begriff *m* üst kavram; **~name** *m* cins isim
GAU [gau] *m* ⟨-s; -s⟩ PHYS olabilecek en büyük kaza
Gaukler *m* ⟨-s; -⟩ hokkabaz; soytarı maskara
Gaul *m* ⟨-s; ⸚e⟩ beygir
Gaumen *m* ⟨-s; -⟩ ANAT damak
Gauner *m* ⟨-s; -⟩ dolandırıcı, sahtekâr
Gazelle *f* ⟨-; -n⟩ ceylan; ahu
geachtet *adj* sayılan
geartet *adj* … niteliğinde; ***er ist so ~, dass …*** o -ecek nitelikte(dir); ***anders ~ sein*** başka türlü olmak
geb. *Abk für* ***geboren*** doğumlu
Gebäck *n* ⟨-s; -e⟩ hamur işi; kurabiye, çörek
geballt *adj* sıkılmış (yumruk *usw*); toplu
gebannt *adj u adv* gerilim içinde
Gebärde *f* ⟨-; -n⟩ jest; el-kol hareketi
gebärden ⟨*o* ge-, *h*⟩ *v/r*: ***sich ~*** hareket etmek; … davranmak
Gebärden|spiel *n* jestlerle (*od* mimikle) ifade; **~sprache** *f* hareket dili; sağır-dilsiz alfabesi
Gebaren *n* ⟨-s; *o pl*⟩ tavır; → ***Geschäftsgebaren***
gebären ⟨gebiert *od* gebärt, gebar, geboren, *h*⟩ **1.** *v/t* doğurmak; **2.** *v/i* doğum yapmak
Gebärmutter *f* ⟨-; ⸚er⟩ ANAT rahim; **~krebs** *m* MED rahim kanseri
Gebäude *n* ⟨-s; -⟩ bina; **~komplex** *m* HIST külliye
Gebell *n* ⟨-s; *o pl*⟩ havlama
geben ⟨gibt, gab, gegeben, *h*⟩ **1.** *v/t* vermek; (*reichen*) uzatmak; (*er~*) etmek, sonuç vermek; ***~ Sie mir bitte Frau X*** bana X Hanım'ı bağlar mısınız?; F ***es j-m ~*** b-ne ağzının payını vermek; ***das gibt keinen Sinn*** bunun (bir) anlamı yok; ***er gab keinen Ton von sich*** hiç ses çıkarmadı; **2.** *v/i* (*Kartenspiel*) dağıtmak, vermek; ***viel ~ auf*** *-e* çok değer vermek; **3.** *v/unp*: ***es gibt*** var; ***es gibt nicht*** yok; ***was gibt es?*** ne var?; (*zum Essen*) yiyecek ne var? öğleye *vs* ne var?; ***was gibt's Neues?*** ne haber?, n'aber?; ***das gibt es nicht*** olamaz; *verbietend* olmaz öyle şey; ***es gibt Regen*** yağmur yağacak; **4.** *v/r*: ***sich ~*** (*nachlassen*) yatışmak; (*gut werden*) düzelmek, iyileşmek; F ***das wird sich alles ~*** bunların hepsi yola girer
Gebet *n* ⟨-s; -e⟩ dua
Gebetskette *f* ⟨-; -n⟩ tespih
Gebiet *n* ⟨-s; -e⟩ alan, saha; bölge; ***er ist Fachmann auf dem ~ …*** o … alanında uzman
Gebiets|anspruch *m* toprak talebi; **~leiter** *m* ÖKON bölge müdürü/yöneticisi
gebietsweise *adv* yer yer; ***~ Regen*** yer yer yağmurlu
Gebilde *n* ⟨-s; -⟩ oluşum; nesne
gebildet *adj* kültürlü
Gebirge *n* ⟨-s; -⟩ dağlar *pl*
gebirgig *adj* dağlık
Gebirgskette *f* sıradağlar *pl*
Gebiss *n* ⟨-es; -e⟩ dişler *pl*; *künstliches* takma dişler *pl*; **~abdruck** *m* diş kalıbı
Gebläse *n* ⟨-s; -⟩ TECH aspiratör; vantilatör
geblümt *adj* çiçekli, çiçek işlemeli; *Stoff* empirme
gebogen *adj* eğik, kavisli
gebongt *adj* F: ***ist ~!*** tamam!, oldu!
geboren *adj* doğmuş; doğumlu; ***sie ist eine ~e Deutsche*** o doğuştan Alman; ***er ist der ~e Geschäftsmann*** o doğuştan işadamı; ***~e Schmidt*** kızlık soyadı Schmidt; ***ich bin am … ~*** ben … tarihinde doğdum
geborgen *adj* masun; korunmuş; **2heit** *f* ⟨-; *o pl*⟩ şefkat; esirgeme

Gebot *n* ⟨-s; -e⟩ emir; *Auktion usw* fiyat teklifi
Gebr. *Abk für* ***Gebrüder*** *pl* biraderler
Gebrauch *m* ⟨-s; ⸚e⟩ kullan(ıl)ma; kullanım; ***~ machen von*** *-i* kullanmak; *-den* faydalanmak/yararlanmak
gebrauchen *v/t* ⟨gebrauchte, gebraucht, *h*⟩ kullanmak; ***gut zu ~ sein*** işe yarar olmak; F ***er ist zu nichts zu ~*** o hiçbir işe yaramaz; ***ich könnte … ~*** *-e* ihtiyacım var/olabilir
gebräuchlich *adj* yaygın, kullanımda olan; (*üblich*) alışılmış; ***allgemein ~*** yaygın; alışılmış
Gebrauchs|anweisung *f* kullanma kılavuzu; **~artikel** *m* kullanım/tüketim eşyası; **⁀fertig** *adj* (kullanılmaya) hazır; **~güter** *pl* kullanım/tüketim malları; **~wert** *m* kullanım değeri
gebraucht *adj* kullanılmış, ikinci el; **⁀wagen** *m* AUTO kullanılmış araba
gebräunt *adj* (güneşten) yanmış/bronzlaşmış; kızarmış
Gebrechen *n* ⟨-s; -⟩ sakatlık; hastalık; düşkünlük
gebrechlich *adj* zayıf, hastalıklı; düşkün; **⁀keit** *f* ⟨-; *o pl*⟩ düşkünlük
gebrochen *adj* kırık; ***er spricht nur ~ Englisch*** kırık dökük bir İngilizce konuşur
Gebrüder *pl* biraderler
Gebrüll *n* ⟨-s; *o pl*⟩ kükreme, bağırış
Gebühr [gəˈbyːɐ] *f* ⟨-; -en⟩ ücret; harç, masraf; (*Post⁀*) posta gideri; ***ermäßigte ~*** indirilmiş ücret
gebühren *v/i* ⟨*o* ge-, *h*⟩: ***j-m ~*** b-ne yakışmak
gebührend *adj* gereken, usule uygun; (*angemessen*) layıkıyla
Gebühren|einheit *f* TEL telefon birimi, kontör atışı; **~erhöhung** *f* harçlara zam; **⁀frei** *adj* harçsız, ücretsiz; POST gideri alıcıya ait; **~ordnung** *f* harçlar yönetmeliği; **⁀pflichtig** *adj* ücrete tabi, ücretli; ***~e Straße*** paralı yol; ***~e Verwarnung*** JUR para cezalı uyarı
gebündelt *adj* demetlenmiş; birleş(tiril)miş
gebunden *adj* bağlı; bağlanmış; ***vertraglich ~*** sözleşmeyle bağlı; ***sich ~ fühlen an*** kendini *-e* bağlı hissetmek
Geburt *f* ⟨-; -en⟩ doğum; ***von ~ an*** doğuştan
Geburten|kontrolle *f* ⟨-; *o pl*⟩, **~regelung** *f* ⟨-; *o pl*⟩ doğum kontrolü; **~rückgang** *m* doğum oranında azalma; **~schwach** *adj* alçak doğum oranlı; **~stark** *adj* yüksek doğum oranlı; **~überschuss** *m* doğum fazlası; **~ziffer** *f* doğum oranı
gebürtig *adj*: ***sie ist ~e Deutsche*** o doğuştan Alman
Geburts|anzeige *f* doğum ilanı; **~datum** *n* doğum tarihi; **~fehler** *m* doğuştan … bozukluğu; **~haus** *n -in* doğduğu ev; (*Einrichtung*) doğumevi; **~helfer** *m doğumda yardımcı olan erkek tabip vs*; **~helferin** *f doğumda yardımcı olan kadın tabip*, *ebe vs*; **~hilfe** *f doğumda yardım*; ebelik; **~jahr** *n* doğum yılı; **~jahrgang** *m* tevellüt; doğum yılı … olanlar; **~land** *n -in* doğduğu ülke; **~ort** *m* doğum yeri
Geburtstag *m* doğum günü; ***sie hat heute ~*** bugün onun doğum günü; ***ich gratuliere dir zum ~!*** doğum günün kutlu olsun!
Geburtstags|feier *f* doğum günü kutlaması/partisi; **~kind** *n doğum günü olan kişi*
Geburtsurkunde *f* doğum belgesi
Gebüsch *n* ⟨-s; -e⟩ çalılık
gedacht *adj*: ***~ als*** … … olarak düşünülmüş/düşünülen
Gedächtnis *n* ⟨-ses; -se⟩ hafıza, bellek; ***aus dem ~*** ezbere, akıldan; ***zum ~ an*** (*A*) *-in* anısına/hatırasına; ***im ~ behalten*** hatırında/aklında tutmak; **~hilfe** *f* (*-i* hatırlamak için) ipucu; **~lücke** *f* (hafızada) kopukluk; **~störung** *f* hafıza bozukluğu; **~training** *n* hafıza cimnastiği
gedämpft *adj* kısık, sönük, hafif; dizginlenmiş; ***~er Optimismus*** çekingen iyimserlik
Gedanke *m* ⟨-n; -n⟩ düşünce, fikir; ***in ~n*** düşüncelere dalmış; ***sich*** (*D*) ***~n machen über*** (*A*) … hakkında düşünmek; (*besorgt*) *-i* merak etmek, *-den* endişelenmek; ***j-s ~n lesen*** b-nin aklından geçenleri okumak; ***j-n auf andere ~n bringen*** b-nin aklını başka şeylere çelmek
Gedanken|austausch *m* fikir alışverişi; **~blitz** *m* F anî fikir; **~freiheit** *f* ⟨-; *o pl*⟩ düşünce/fikir özgürlüğü
Gedankengang *m* düşünüş; akıl yürütme

Gedankenleser *m*, **~in** *f* -*in* aklından geçenleri okuyan
gedankenlos *adj* düşüncesiz; **2igkeit** *f* ⟨-; *o pl*⟩ düşüncesizlik
Gedanken|sprung *m* başka konuya atlama; **~strich** *m* kısa çizgi (işareti); **~übertragung** *f* telepati
Gedeck *n* ⟨-s; -e⟩ GASTR servis; ***ein ~ mehr auflegen*** bir tabak/servis daha açmak
gedeihen *v/i* ⟨gedieh, gediehen, *sn*⟩ gelişmek; (*wachsen*) büyümek; (*blühen*) yetişmek
gedenken ⟨*unreg*, *o* -ge-, *h*⟩ **1.** *v/t*: ***~ etw zu tun*** -*in* bş-i yapmaya niyeti olmak; **2.** *v/i* (*G -i*) anmak (*ehrend*)
Gedenken *n* ⟨-s; *o pl*⟩ ***zum ~ an*** -*in* hatırasına/anısına
Gedenk|feier *f* anma töreni; **~gottesdienst** *m* anma ayini; **~minute** *f* (bir dakikalık) saygı duruşu; ***e-e ~ einlegen*** (***für*** için) saygı duruşuna geçmek; **~stätte** *f* anma yeri; **~tafel** *f* anma levhası
Gedicht *n* ⟨-s; -e⟩ şiir; ***das Kleid ist ein ~*** bu elbise şiir gibi; **~sammlung** *f* şiir derlemesi/antolojisi
gediegen *adj* saf; esaslı; seçkin; ÖKON iyi işlenmiş
Gedränge *n* ⟨-s; *o pl*⟩ kalabalık, izdiham
Gedrängel *n* ⟨-s; *o pl*⟩ F itiş kakış
gedrängt *adj* sıkışık; ***~ voll*** tıka basa dolu; özlü yoğun
gedrechselt *adj* torna işi
gedruckt *adj* basılı; F ***lügen wie ~*** habire yalan söylemek; uydurup durmak
gedrückt *adj* ÖKON; ***die Stimmung war ~*** hava neşesizdi
gedrungen *adj* tıknaz; bodur
Geduld *f* ⟨-; *o pl*⟩ sabır; ***~ haben mit*** -*e* sabır göstermek
gedulden ⟨*o* ge-, *h*⟩ *v/r*: ***sich ~*** sabretmek; ***~ Sie sich bitte einen Augenblick!*** lütfen, bir saniye bekler misiniz?
geduldig *adj* sabırlı
Gedulds|faden *m* sabır; ***j-m reißt der ~*** b-nin sabrı taşıyor; **~probe** *f* sabır işi
geehrt *adj* değerli; *in Briefen* ***sehr ~er Herr N.!*** sayın N. Bey
geeignet *adj adj* -*e* yarar, elverişli; (*befähigt*) yetkili, ehil; (*passend*) uygun, uyan; ***er ist nicht dafür ~*** o … için elverişli değil; ***im ~en Augenblick*** uygun bir anda
Gefahr [gəˈfaːɐ] *f* ⟨-; -en⟩ tehlike; (*Bedrohung*) sakınca, tehdit; ***auf eigene ~*** rizikoyu kendi üstlenerek; ***außer ~*** tehlikesiz, emniyette; ***sich in ~ begeben*** kendini tehlikeye atmak; tehlikeye girmek; ***~ laufen zu …*** -me tehlikesine atılmak
gefährd|en *v/t* ⟨*o* ge-, *h*⟩ tehlikeye/rizikoya sokmak; **2ung** *f* ⟨-; -en⟩ -*i* tehlikeye atma
Gefahren|herd *m* tehlike kaynağı; **~zone** *f* tehlikeli bölge
Gefahrguttransport *m* ÖKOL tehlikeli madde nakliyatı
gefährlich *adj* tehlikeli; rizikolu
gefahrlos *adj* tehlikesiz
Gefährt|e *m* ⟨-n; -n⟩, **~in** *f* ⟨-; -nen⟩ yoldaş, eş, arkadaş
gefahrvoll *adj* tehlikeli
Gefälle *n* ⟨-s; -⟩ eğim, meyil; *fig* seviye farkı
gefallen[1] *v/i* ⟨*unreg*, *o* ge-, *h*⟩ -*in* hoşuna gitmek; ***es gefällt mir nicht*** hoşuma gitmiyor; ***wie gefällt dir …?*** … hoşuna gidiyor mu?; ***sich*** (*D*) ***etw ~ lassen*** -*i* kabul etmek
gefallen[2] *adj* MIL kayıp; şehit
Gefallen[1] *m* ⟨-s; -⟩ iyilik, hizmet; ***j-n um e-n ~ bitten*** b-nden bir hizmet rica etmek; ***j-m e-n ~ tun*** b-ne bir iyilik yapmak
Gefallen[2] *n* ⟨-s; *o pl*⟩: ***~ finden*** *an* -*den* hoşlanmak, -*i* beğenmek
gefällig *adj* (*angenehm*) hoş, zarif; (*entgegenkommend*) nazik, yardımsever; ***j-m ~ sein*** b-ne iyilikte bulunmak, lütufkâr davranmak; **2keit** *f* ⟨-; -en⟩ yardımseverlik, küçük iyilik; (*Gefallen*) hatır, hoşluk; ***etw aus ~ tun*** bş-i hatır için yapmak
gefälligst: ***komm ~!*** *adv* F gelsene (artık) yahu!
gefälscht *adj* sahte, taklit
gefangen *adj* MIL esir, tutsak; ***~ halten*** esir tutmak; ***~ nehmen*** MIL *u fig* esir almak
Gefangene *m*, *f* ⟨-n; -n⟩ tutuklu; (*Kriegs2*) esir, tutsak
Gefangenenlager *n* MIL esir kampı
Gefangen|nahme *f* ⟨-; *o pl*⟩ MIL esir alma; **~schaft** *f* ⟨-; *o pl*⟩ esirlik, esaret, tutsaklık
Gefängnis *n* ⟨-ses; -se⟩ cezaevi; F hapis-

hane; ***ins ~ kommen*** hapse girmek; **~direktor** *m* cezaevi müdürü; **~strafe** *f* hapis cezası; **~wärter** *m* gardiyan; **~zelle** *f* cezaevi hücresi

Gefasel *n* ⟨-s; *o pl*⟩ F zırva; laf kalabalığı

Gefäß *n* ⟨-es; -e⟩ kap, vazo; ANAT damar; **2erweiternd** *adj* MED damar açıcı/genişletici

gefasst *adj* sakin, kararlı; ***~ auf*** (*A*) … için hazırlıklı

Gefecht *n* ⟨-s; -e⟩ MIL çatışma; ***außer ~ setzen*** çarpışma dışı bırakmak

gefiedert *adj* (kuş gibi) tüylü

Geflecht *n* ⟨-s; -e⟩ örgü; *fig* (karmaşık) sistem

gefleckt *adj* benekli

Geflügel *n* ⟨-s; *o pl*⟩ kümes hayvanları *pl*; GASTR kanatlılar; **~salat** *m* tavuk salatası

geflügelt *adj*: ***~es Wort*** mesel; meşhur söz

Geflüster *n* ⟨-s; *o pl*⟩ fısıltı; fısılda(ş)ma

Gefolgschaft *f* ⟨-; -en⟩ maiyet

gefräßig *adj* obur

Gefrier|anlage *f* buzhane; dondurma tesisi; **2en** *v/i* ⟨*unreg*, *o* -ge-, *sn*⟩ donmak; **~fach** *n* (*im Kühlschrank*) buzluk; **~fleisch** *n* dondurulmuş et; **2getrocknet** *adj* şoklamayla kurutulmuş; **~punkt** *m* donma noktası; **~schrank** *m* derin dondurucu dolap; **~schutzmittel** *n* TECH antifriz; **~truhe** *f* derin dondurucu (sandık)

Gefüge *n* ⟨-s; -⟩ sistem; dizge

Gefühl *n* ⟨-s; -e⟩ his, duygu; (*Gespür*) sezgi; (*Gemütsbewegung*) heyecan; ***ich habe das ~, dass …*** -diğini hissediyorum, -diği izlenimindeyim

gefühllos *adj* MED uyuşuk, duygusuz; (*herzlos*) duyarsız, katı; **2igkeit** *f* ⟨-; *o pl*⟩ hissizlik; uyuşmuşluk; duygusuzluk, katılık

gefühls|arm *adj* duyguca yoksul; **2ausbruch** *m* (anî) hararetlenme; **~betont** *adj* duygusal; **2leben** *n* duygu/his dünyası; **~mäßig** *adj* duygusal

gefühlvoll *adj* duygulu, hassas; (*rührselig*) dokunaklı, içli

gefüllt *adj* dolu; doldurulmuş

gegeben *adj* mevcut; var olan; ***etw als ~ voraussetzen*** bş-in (mevcut) olduğunu farzetmek/varsaymak; ***unter den ~en Umständen*** mevcut şartlar altında

gegebenenfalls *adv* gerektiğinde

Gegebenheit *f* ⟨-; -en⟩ olgu

gegen *präp* (*A*) *-e* karşı; (*zuungunsten*) *-in* aleyhin(d)e; (*ungefähr*) yaklaşık; (*für*) karşılığında; (*verglichen mit*) *-e* oranla; ***~ bar*** nakit karşılığında; ÖKON ***~ Bezahlung*** ödeme karşılığında; ***~ Osten*** doğuya doğru; ***~ zehn*** (***Uhr***) (saat) ona doğru

Gegen|angebot *n* karşı teklif; karşı icap; **~anzeige** *f* MED kontrendikasyon; **~argument** *n* karşı gerekçe; **~beispiel** *n* karşı örnek; **~besuch** *m* iadei ziyaret; **~beweis** *m* karşı kanıt; ***den ~ antreten*** karşı tarafın delil(ler)ini çürütmeye girişmek

Gegend *f* ⟨-; -en⟩ bölge; (*Landschaft*) yöre, dolay; (*Nähe*, *Wohn2*) yakın(lar), semt

Gegen|darstellung *f* karşı beyan; tekzip; **~demonstration** *f* karşı yürüyüş/gösteri

gegeneinander *adv* birbirine karşı

Gegen|einladung *f* karşı davet; **~fahrbahn** *f* AUTO karşı şerit; **~frage** *f* karşı soru; **~gewicht** *n* karşı ağırlık; ***ein ~ bilden zu*** *-i* denklemek; **~gift** *n* panzehir; antidot; **~klage** *f* JUR mukabil dava; **~leistung** *f* karşılık, bedel; ***als ~ für*** *-in* karşılığı olarak

Gegenlicht *n* ters ışık; **~aufnahme** *f* ters ışıkta çekim; **~blende** *f* parasoley

Gegen|maßnahme *f* karşı önlem/tedbir; ***~n ergreifen gegen*** *-e* karşı önlem(ler) almak; **~mittel** *n* panzehir, çare; **~partei** *f* karşı taraf; POL muhalefet; **~probe** *f*: ***die ~ machen*** karşıt oyları da saymak; (değişik bir kaynaktan) *-in* doğruluğunu saptamak; **~richtung** *f* ters/karşı yön

Gegen|satz *m* tezat, karşıtlık; ***im ~ zu*** *-in* tersine/aksine; (*im Widerspruch*) ile çelişkili olarak; **2sätzlich** *adj* çelişkili, çelişkin

Gegenschlag *m* karşı darbe/vuruş; ***zum ~ ausholen*** karşı vuruşa geçmek

Gegenseite *f* karşı taraf

gegenseitig *adj* karşılıklı; ***~es Interesse*** karşılıklı çıkar/ilgi; ***sich*** (*D*) ***~ helfen*** yardımlaşmak; **2keit** *f* ⟨-; *o pl*⟩: ***auf ~ beruhen*** karşılıklılık esasına dayalı olmak

Gegen|spieler(in *f*) *m* rakip; antagonist; **~sprechanlage** *f* düofon; **~stand** *m* nesne; konu; **2ständlich** *adj* somut,

G

figüratif; **&standslos** *adj* haksız; yersiz; gereksiz; **~stimme** *f* karşı görüş belirtilmesi; karşı oy; **~strömung** *f* ters akıntı; karşı akım; **~stück** *n* (**zu**) *-in* karşılığı; **~teil** *n* karşılık, ters; **im ~** tam tersine; **&teilig** *adj* karşıt; çelişkili; **~tor** *n* karşı gol; **~treffer** *m* karşı sayı

gegenüber **1.** *präp* (*D*) *-in* karşısında; (*im Vergleich zu*) *-e* oranla; ***er war mir ~ sehr höflich*** o bana karşı çok nazikti; **2.** *adv* karşıda

Gegenüber *n* ⟨-s; -⟩ muhatap; karşıdaki (kimse)

gegenüberliegen *v/i* ⟨*unreg*, -ge-, *h*⟩ karşıda olmak

gegenübersehen *v/r* ⟨*unreg*, -ge-, *h*⟩: ***sich ~*** kendini *ile* karşı karşıya görmek

gegenüberstehen *v/i* ⟨*unreg*, -ge-, *h*⟩: *-in* karşısında bulunmak; *ile* karşı karşıya gelmek/durmak

gegenüberstell|en *v/t* ⟨-ge-, *h*⟩ *D -in* karşısına koymak/çıkarmak; *-le* karşılaştırmak; JUR *ile* yüzleştirmek; **&ung** *f* karşılaştır(ıl)ma; JUR yüzleştir(il)me

gegenübertreten *v/i* ⟨*unreg*, -ge-, *sn*⟩ (*D*) *-in* karşısına çıkmak

Gegen|verkehr *m* karşıdan gelen araçlar; **~vorschlag** *m* karşı teklif/öneri

Gegenwart *f* ⟨-; *o pl*⟩ şimdiki zaman; (*Anwesenheit*) mevcudiyet; ***in ~*** *G -in* yanında

gegenwärtig **1.** *adj* günümüz *subst*, şimdiki; halihazırdaki; **2.** *adv* günümüzde; halen

Gegenwarts|literatur *f* günümüz edebiyatı; **&nah** *adj* günümüze yakın; **~probleme** *pl* günümüz sorunları

Gegen|wehr *f* ⟨-; *o pl*⟩ dayanma, karşı koyma; **~wert** *m* bedel; **~wind** *m karşıdan esen rüzgâr*; **~wirkung** *f* karşı etki

gegenzeichnen *v/t u v/i* ⟨-ge-, *h*⟩ *ikinci imzayı atmak*

Gegenzug *m*: ***im ~ zu*** *-e* karşılık olarak

gegliedert *adj* bölümlenmiş; ***fein*** *usw* **~** narin

Gegner *m* ⟨-s; -⟩, **~in** *f* ⟨-; -nen⟩ karşıt; (*Rivale*) rakip; **&isch** *adj* muhalif, karşıt

gegr. *Abk für* ***gegründet*** kuruluş(u)

Gehabe *n* ⟨-s; *o pl*⟩ kurum; tafra

Gehalt[1] *m* ⟨-s; -e⟩ içerik; kapsam; ***~ an Öl*** (*-in* içerdiği) yağ miktarı

Gehalt[2] *n* ⟨-s; ¨-er⟩ maaş, aylık

gehaltlos *adj* değersiz, önemsiz, hafif

Gehalts|abrechnung *f* maaş bordrosu; **~abzug** *m* maaş kesintisi, stopaj; **~anspruch** *m* maaş hakkı; maaş talebi; **~empfänger(in** *f*) *m* maaş alan; maaşlı; **~erhöhung** *f* maaş artışı; **~forderung** *f* maaş talebi; **~gruppe** *f* bordro grubu; **~konto** *n* maaş hesabı; **~kürzung** *f* maaş kesintisi; **~liste** *f* maaş bordrosu; **~stufe** *f* barem; maaş derecesi; **~zahlung** *f* maaş ödemesi; **~zulage** *f* maaş zammı

gehaltvoll *adj* dolgun özlü, zengin; besleyici

gehässig *adj* kinci, garazkâr; **&keit** *f* ⟨-; -en⟩ nefret, garaz

Gehäuse *n* ⟨-s; -⟩ TECH kılıf, kutu; BOT (*Kern&*) çekirdek yatağı, kabuk

gehbehindert *adj* yürüme özürlü

Gehege *n* ⟨-s; -⟩ ağıl, çevrik; ***j-m ins ~ kommen*** b-nin işine karışmak

geheim *adj* gizli; ***~ halten*** (**vor** *D -den*) gizli tutmak

Geheim|akte *f* gizli dosya; **~dienst** *m* gizli servis; **~fach** *n* gizli bölme; **~haltung** *f* ⟨-; *o pl*⟩ gizlilik

Geheimnis *n* ⟨-ses; -se⟩ sır, giz; (*Rätselhaftes*) esrar, gizem; **&voll** *adj* esrarengiz

Geheim|nummer *f* TEL *rehberde yayınlanmayan numara*; **~polizist** *m* polis hafiyesi; **~sache** *f* MIL gizli dosya

gehemmt *adj* tutuk

gehen ['geːən] ⟨ging, gegangen, *sn*⟩ **1.** *v/i* gitmek; (*weg&*) ayrılmak; (*funktionieren*) işlemek, çalışmak; *Ware* sat(ıl)mak; (*dauern*) sürmek; ***zu Fuß ~*** yürümek; ***einkaufen*** (***schwimmen***) **~** alışverişe (yüzmeye) gitmek; ***an die Arbeit ~*** işe girişmek; ***auf die*** (*od* ***zur***) ***Bank*** (***Post***) **~** bankaya (postaneye) gitmek; ***~ wir!*** gidelim!; ***~ in*** (*A*) (*passen*) *-e* uymak, *-e* sığmak; ***~ nach*** (*urteilen*) *-e* göre hareket etmek; ***das geht zu weit*** bu kadarı fazla (oluyor); BAHN ***über München ~*** Münih üzerinden gitmek; ***das Gedicht geht so: …*** şiir şöyle: …; ***die Fenster ~ nach Westen*** pencereler batıya bakıyor; ***in die Industrie*** (***Universität***) **~** endüstriye (üniversiteye) geçmek; ***in die Politik ~*** politikaya/siyasete atılmak; ***sich ~ lassen*** kendine hakim olamamak; kendini koyuvermek; boşvermek; ***vor sich ~*** gerçekleşmek; olup bitmek; ***wenn es nach ihr ginge*** ona kalsa(ydı); ***wie ~ die***

Geschäfte? işler nasıl (gidiyor)?; **2.** *v/unp*: ***wie geht es dir (Ihnen)?*** nasılsın(ız)?; ***es geht mir gut*** iyiyim; ***es geht*** şöyle böyle; (*es ist möglich*) olur; ***das geht nicht*** olmaz; ***es geht nichts über …*** …-in üstüne hiçbir şey yok; ***worum geht es?*** sorun/konu nedir?; ***es sich (D) gut ~ lassen*** keyfine bakmak

geheuer [gə'hɔyɐ] *adj*: ***nicht (ganz) ~*** tekin değil; netameli; ***er (die Sache) ist mir nicht ~*** o (bu iş) bana tekin gelmiyor

Geheul *n* ⟨-s; *o pl*⟩ F uluma; zırlama

Gehilf|e *m* ⟨-n; -n⟩, **~in** *f* ⟨-; -nen⟩ yardımcı; kalfa

Gehirn *n* ⟨-s; -e⟩ beyin; **~blutung** *f* beyin kanaması; **~erschütterung** *f* MED beyin sarsıntısı; **~hautentzündung** *f* menenjit; **~schlag** *m* MED beyin kanaması; **~tumor** *m* beyin tümörü/uru; **~wäsche** *f* beyin yıkama; ***j-n e-r ~ unterziehen*** b-nin beynini yıkamak

gehoben: ***für ~e Ansprüche*** müşkülpesentler için; zor beğenenler için; ***in ~er Stimmung*** neşeli; şen

Gehöft *n* ⟨-s; -e⟩ çiftlik

Gehör [-'høːɐ] *n* ⟨-s; *o pl*⟩ işitme (duyusu), kulak; ***nach dem ~*** işittiği gibi; notasız; ***sich (D) ~ verschaffen*** sesini duyurmak

gehorchen *v/i* ⟨gehorcht, *h*⟩ söz dinlemek, itaat etmek

gehören ⟨gehört, *h*⟩ **1.** *v/i* (*D od* ***zu*** *-e*) ait olmak; ***gehört dir das?*** bu senin mi?; ***das gehört nicht hierher*** bu başka konu; bunun yeri burası değil **2.** *v/r*: ***sich ~*** uymak, yakışık almak; ***das gehört sich nicht!*** yakışık almaz!

gehörig *adj* layık olduğu gibi; ***~ zu*** *-e* ait; ***(nicht) zur Sache ~*** konuyla ilgisi ol(may)an; ***j-m e-n ~en Schrecken einjagen*** b-nin ödünü koparmak/patlatmak

gehörlos *adj* işitme özürlü, sağır

Gehörlose *m*, *f* işitme özürlü

gehorsam *adj* itaatli, söz dinler; **2** *m* ⟨-s; *o pl*⟩ itaat, söz dinleme

Geh|steig *m* ⟨-s; -e⟩ yaya kaldırımı; **~versuch** *m* yürüme denemesi; *Kleinkind* sıralama; **~weg** *m* yaya yolu; *süddt* yaya kaldırımı

Geier ['gaiɐ] *m* ⟨-s; -⟩ akbaba

Geige *f* ⟨-; -n⟩ MUS keman

Geiger *m* ⟨-s; -⟩, **~in** *f* ⟨-; -nen⟩ kemancı

Geigerzähler *m* Geiger sayacı

geil *adj* V şehvetli; ***~ sein auf*** *-e* bitmek; F ***(echt) ~*** harika; o biçim

Geisel *f* ⟨-; -n⟩ rehine; ***j-n als ~ nehmen*** b-ni rehine almak; **~drama** *n* rehin alma olayı; **~nahme** *f* ⟨-; -n⟩ rehin alma; **~nehmer** *m* ⟨-s; -⟩ rehineci

Geist *m* ⟨-s; -er⟩ zihin; PHIL *a* tin; (*Seele*) ruh; (*Sinn*) anlam; (*Verstand*) akıl; (*Witz*) espri, nükte; (*Gespenst*) hortlak, hayal(et); ***der Heilige ~*** Kutsal Ruh; ***den ~ aufgeben*** ölmek; *fig* bozulmak; F ***j-m auf den ~ gehen*** b-nin sinirine dokunmak

Geister|bahn *f* korku tüneli; **~fahrer(in** *f*) *m* AUTO *ters yönde giden şoför*; **~beschwörung** *f* ruh çağırma; **~stadt** *f* hayalet şehir

geistes|abwesend *adj* (zihnen) dalgın; **2blitz** *m* akla aniden gelen fikir; **2gegenwart** *f* ani karar verme gücü; **~gegenwärtig** *adv* soğukkanlı; uyanık; cevval; **2geschichte** *f* ⟨-; *o pl*⟩ düşünce tarihi; **~gestört** *adj* aklı bozuk; **~krank** *adj* akıl hastası; **2kranke** *m*, *f* ⟨-n; -n⟩ ruh hastası; **2krankheit** *f* akıl hastalığı; **~verwandt** *adj* ruh akrabalığı olan; **2wissenschaften** *pl* insan bilimleri; **2zustand** *m* ⟨-s; *o pl*⟩ aklî durum

geistig **1.** *adj* zihinsel, düşünsel; PHIL tinsel; ***~e Getränke*** *pl* ispirtolu/alkollü içkiler; **2.** *adv*: ***~ behindert*** zihin özürlü

geistlich *adj* dini, dinsel; (*kirchlich*) ruhani

Geistliche *m* ⟨-es; -n⟩ rahip, din adamı; *christlich* papaz; *islamisch* imam, hoca; ***die ~n*** *pl* din adamları, ruhban sınıfı *sg*

geist|los *adj* sıkıcı; **~reich** *adj* akıllı, esprili; **~tötend** *adj* çok sıkıcı; ruhsuz

Geiz *m* ⟨-es⟩ cimrilik; **2en** *v/i* ⟨*h*⟩: ***mit etw ~*** bş-de cimrilik etmek; **~hals** *m* cimri, hasis; **2ig** *adj* cimri

Gejammer *n* ⟨-s; *o pl*⟩ F ağlayıp yalvarma

Gekicher *n* ⟨-s; *o pl*⟩ F kikirde(ş)me

Geklapper *n* ⟨-s; *o pl*⟩ F tangırtı; takırtı

Geklimper *n* ⟨-s; *o pl*⟩ F tıngırtı

geknickt *adj* F süngüsü düşük

gekonnt *adj* ustaca

gekränkt *adj* kırgın

Gekreisch *n* ⟨-s; *o pl*⟩ çığlık, yaygara

Gekritzel *n* ⟨-s; *o pl*⟩ karalama; eciş bücüş yazı

gekünstelt *adj* yapmacıklı
gekürzt *adj* kısaltılmış
Gel *n* ⟨-s; -e⟩ CHEM jöle
Gelächter *n* ⟨-; -⟩ kahkahalar *pl*
geladen MIL dolu; F ***auf j-n ~ sein*** b-ne çok kızgın olmak
Gelände *n* ⟨-s; -⟩ arazi, toprak; (*Bau*≈) arsa; **~fahrzeug** *n* arazi arabası; **≈gängig** *adj* AUTO arazi vitesli
Geländer *n* ⟨-s; -⟩ (*Treppen*≈) tırabzan, korkuluk
gelangen *v/i* ⟨gelangt, *sn*⟩: ***~ an, in*** (*A*) *od* ***nach*** *-e* ulaşmak, *-e* varmak; ***zu etw ~*** bş-e erişmek, bş-i elde etmek; ***in den Besitz ~ von*** (*od G*) *-in* mülkiyetine geçmek; ***in j-s Hände ~*** b-nin eline geçmek
gelangweilt *adj* canı sıkılmış
gelassen **1.** *adj* soğukkanlı, sakin; **2.** *adv* F istifini bozmadan; **≈heit** *f* ⟨-; *o pl*⟩ sakinlik; serinkanlılık
Gelatine [ʒela'tiːnə] *f* ⟨-; -n⟩ jelatin
geläufig *adj* akıcı; hatasız; ***das ist mir ~*** bunu biliyorum
gelaunt *adj*: ***gut*** (***schlecht***) ***~ sein*** keyifli (keyifsiz) olmak
gelb *adj* sarı
Gelb *n* ⟨-s; -⟩ sarı; ***bei ~ über die Kreuzung fahren*** sarı yanarken kavşağı geçmek; ***die ~en Seiten*** sarı sayfalar
gelblich *adj* sarımtırak
Gelbsucht *f* ⟨-; *o pl*⟩ MED sarılık
Geld *n* ⟨-s; -er⟩ para; ***das geht ins ~*** bu pahalıya maloluyor; ***zu ~ machen*** paraya çevirmek
Geld|anlage *f* para yatırımı; **~automat** *m* bankamatik, otomatik para veznesi; **~betrag** *m* meblağ; para bedeli/meblağı; **~beutel** *m*, **~börse** *f* cüzdan; **~geber** *m* ⟨-s; -⟩ finanse eden; **≈gierig** *adj* para düşkünü; **~institut** *n* banka; **~mittel** *pl* paralar, fonlar *pl*; **~schein** *m* banknot, kağıt para; **~schrank** *m* kasa; **~strafe** *f* para cezası; ***j-n mit e-r ~ belegen*** b-ne para cezası vermek; **~stück** *n* madeni para; **~umtausch** *m* döviz boz(dur)ma, kambiyo; **~verdienen** *n* ⟨-s; *o pl*⟩ para kazanma; **~verlegenheit** *f* para sıkıntısı; **~wäsche** *f* F (kirli) para aklama; **~wechsel** *m* para bozma; **~wechsler** *m* ⟨-s; -⟩ para bozma otomatı
Gelee [ʒe'leː] *n* ⟨-s; -s⟩ jöle
gelegen: ***es kommt mir sehr ~*** benim çok işime geliyor
Gelegenheit *f* ⟨-; -en⟩ (*Anlass*) vesile; (*günstige*) fırsat, şans; ***bei ~*** fırsat düşerse; ***die ~ nutzen*** (*od* ***beim Schopf packen***) fırsattan faydalanmak; fırsatı değerlendirmek; ***die ~ verpassen*** fırsatı kaçırmak
Gelegenheits|arbeit *f* geçici çalışma/iş; **~kauf** *m* fırsat alım
gelegentlich **1.** *adj* ara sıra olan; **2.** *adv* ara sıra; (*bei Gelegenheit*) fırsat olursa
Gelehrte *m, f* ⟨-n; -n⟩ alim; bilgin
Gelenk *n* ⟨-s; -e⟩ ANAT, TECH eklem; **~entzündung** *f* MED mafsal iltihabı; artrit
gelenkig *adj* çevik; TECH eklemli; **≈keit** *f* ⟨-; *o pl*⟩ çeviklik
Gelenkrheumatismus *m* MED mafsal romatizması
gelernt *adj* okulundan yetişmiş; *Arbeiter* kalifiye, usta
geliebt *adj* sevgili; sevilen
Geliebte *m, f* ⟨-n; -n⟩ sevgili
gelinde *adv*: ***~ gesagt*** en hafif deyimiyle
gelingen ⟨gelang, gelungen, *sn*⟩ başarıyla sonuçlanmak; ***es gelang mir, etw zu tun*** bş yapmayı başardım/becerdim
Gelingen *n* ⟨-s; *o pl*⟩: ***gutes ~!*** başarılar!
gelten ⟨gilt, galt, gegolten, *h*⟩ **1.** *v/i* geçerli olmak; *Gesetz usw* yürürlükte olmak; ***~ als …*** … olarak sayılmak, … olarak geçerli olmak; ***~ lassen*** kabul etmek; geçerli saymak
geltend *adj* geçerli; ***~ machen*** (*Anspruch*) ileri sürmek, (***bei***) *-den* talepte bulunmak; ***s-n Einfluss*** (***bei j-m***) ***~ machen*** b-ne karşı nüfuzunu kullanmak
Geltung *f* ⟨-; *o pl*⟩ (*Ansehen*) değer, önem, prestij; (*Gewicht*) ağırlık; ***sich*** (*D*) ***~ verschaffen*** sözünü dinletmek kendini saydırmak; ***zur ~ bringen*** *-i* geçerli kılmak; *-i* yürürlüğe koymak; ***zur ~ kommen*** önem kazanmak, ön plana geçmek
Geltungsbedürf|nis *n* kendini ispat ihtiyacı; **≈tig** *adj* kendini ispat ihtiyacında
gelungen *adj* başarılı
gemacht *adj* yapılmış; ***ein ~er Mann*** olgun/erkek adam
Gemälde *n* ⟨-s; -⟩ tablo, resim; **~ausstellung** *f* resim sergisi; **~galerie** *f* re-

sim galerisi
gemäß *präp* (*D*) *-e* göre
gemäßigt *adj* ılımlı; *Klima usw* ılıman, mutedil
Gemecker *n* ⟨-s; *o pl*⟩ F mızmızlanma
gemein *adj abw* adi; ***das ~e Volk*** sıradan halk; ayaktakımı; ***etw ~ haben*** (***mit** -le*) ortak bir yanı olmak
Gemeinde *f* ⟨-; -n⟩ POL belde, köy; REL cemaat; **~bezirk** *m* belde sınırları içi; belde toprakları; **~rat** *m* belde/köy meclisi; *Person* belde/köy meclisi üyesi; **~steuern** *pl* yerel vergi; belediye vergisi; **~zentrum** *n belde yönetim binası*
gemeingefährlich *adj toplum için tehlikeli*
Gemeingut *n* ⟨-s; *o pl*⟩ ortak mal
Gemeinheit *f* ⟨-; -en⟩: ***so e-e ~!*** ne adilik/alçaklık!
gemeinnützig *adj* kamu yararına çalışan
Gemeinplatz *m* basmakalıp/beylik (söz)
gemeinsam **1.** *adj* birlikte, ortak; (*gegenseitig*) karşılıklı; **2.** *adv*: ***etw ~ tun*** bş-i birlikte/ortaklaşa yapmak; **≈keit** *f* ⟨-; -en⟩ ortaklık, ortak yön; beraberlik, uyum
Gemeinschaft *f* ⟨-; -en⟩ topluluk
Gemeinschafts|arbeit *f* ortak çalışma; imece; **~erziehung** *f* ortak eğitim (*Mädchen und Jungen*); **~produktion** *f* ortak yapım
gemeinverständlich *adj* herkesçe anlaşılır
Gemeinwesen *n* belde, köy
Gemeinwohl *n* toplumun yararı
gemessen *adj* ölçülü; sakin, ağırbaşlı; ***~ an** D -e* oranla
Gemetzel *n* ⟨-s; -⟩ katliam, kırım
Gemisch *n* ⟨-s; -e⟩ karışım
gemischt *adj* karışık; karma
gemischtwirtschaftlich *adj* ÖKON karma ekonomi(ye ilişkin)
Gemse → ***Gämse***
Gemüse *n* ⟨-s; -⟩ sebze; **~anbau** *m* sebzecilik; **~garten** *m* sebze bahçesi; bostan; **~händler(in** *f*) *m* manav; **~konserve** *f* sebze konservesi; **~laden** *m* manav (dükkanı)
Gemüt *n* ⟨-s; -er⟩ ruh, his, duygu; (*Herz*) gönül; (*Gemütsart*) huy, mizaç; F ***sich*** (*D*) ***etw zu ~e führen*** bş-i tadına vararak yemek/okumak *vs*; ***die ~er bewegen*** duyguları harekete geçirmek
gemütlich *adj Atmosphäre* rahat, ferah; *Mensch* kalender, tasasız; ***mach es dir ~*** rahatına bak; **≈keit** *f* ⟨-; *o pl*⟩ rahat, huzur
Gemüts|art *f* mizaç, huy; **≈krank** *adj* depresif; melankolik; **~krankheit** *f* depresyon; çöküntü; melankoli; **~mensch** *m* kalender (kimse); F vurdumduymaz; **~ruhe** *f* F: ***in aller ~*** hiç heyecanlanmadan; **~verfassung** *f*, **~zustand** *m* ruhsal durum
Gen *n* ⟨-s; -e⟩ BIOL gen
genau **1.** *adj* tam, doğru, kesin; (*sorgfältig*) özenli; (*streng*) titiz; **≈eres** ayrıntılı bilgi; **2.** *adv*: ***~ um 10 Uhr*** saat tam 10'da; ***~ der …*** tam işte bu …; ***~ genommen*** *adv* doğrusu, aslına bakılırsa; ***es ~ nehmen*** (***mit etw***) konuya ciddi yaklaşmak; ***~ zuhören*** iyi/doğru dinlemek
Genauigkeit *f* ⟨-; *o pl*⟩ doğruluk, titizlik; kesinlik
Genbank *f* BIOL gen bankası
Genealogie *f* ⟨-; *o pl*⟩ soybilim
genehmig|en *v/t* ⟨genehmigt, *h*⟩ müsaade etmek, *-e* izin vermek; *amtlich* onaylamak; **≈ung** *f* ⟨-; -en⟩ izin, müsaade; ruhsat(name); **~ungspflichtig** *adj* ruhsata/onaya tabi
geneigt *adj* hazır, eğilimli; eğimli
General *m* ⟨-s; -e, ⸚e⟩ MIL general
General|bevollmächtigte *m*, *f* ⟨-n; -n⟩ JUR, ÖKON genel yetkili; **~konsul(in** *f*) *m* başkonsolos; **~sekretär(in** *f*) *m* genel sekreter; **~staatsanwalt** *m* başsavcı; **~stab** *m* MIL kurmay; **~überholung** *f* TECH rodaj; revizyon; **~versammlung** *f* ÖKON genel kurul (toplantısı); büyük kongre, kurultay
Generation [-'tsĭo:n] *f* ⟨-; -en⟩ kuşak, nesil
Generationenvertrag *m* POL kuşaklar sözleşmesi
Generationskonflikt [-'tsĭo:ns-] *m* kuşaklar arası anlaşmazlık, nesiller çatışması
Generator *m* ⟨-s; -en⟩ EL jeneratör
generell *adj* genel
genes|en *v/i* ⟨genas, genesen, *sn*⟩ iyileşmek; (***von** -i*) atlatmak; **≈ung** *f* ⟨-; *o pl*⟩ iyileşme, nekahet
Genet|ik *f* ⟨-; *o pl*⟩ genetik (bilimi); **≈isch** *adj* genetik

Genforschung *f* genetik araştırmalar(ı) *pl*
genial [-'nĭa:l] *adj* dâhiyane; *Person* becerikli, yaratıcı; **≈ität** *f* ⟨-; *o pl*⟩ yaratıcılık, dâhilik
Genick *n* ⟨-s; -e⟩ ense (kökü); boyun; ***sich*** (*D*) ***das ~ brechen*** (kendi) boynunu kırmak
Genie [ʒe'ni:] *n* ⟨-s; -s⟩ dâhi
genieren [ʒe-] *v/r* ⟨*o* ge-, *h*⟩: ***sich ~*** (***zu tun*** yapmaya) sıkılmak, utanmak
genießbar *adj* yenir; içilir
genießen *v/t* ⟨genoss, genossen, *h*⟩ *-in* tadını çıkarmak; ***j-s Vertrauen ~*** b-nin güvenine mazhar olmak
Genießer *m* ⟨-s; -⟩ keyif ehli
Genitalien [-lĭən] *pl* cinsel organlar
Genitiv [-f] *m* ⟨-s; -e⟩ GR *-in* hali
Genius [-ĭʊs] *m* ⟨-; *o pl*⟩ deha, dâhilik
Genmanipulation *f* gen manipülasyonu
genormt *adj* standart
Genosse *m* ⟨-n; -n⟩ POL yoldaş
Genossenschaft *f* ⟨-; -en⟩ ÖKON kooperatif; **≈lich** *adj* ÖKON kooperatif *subst*
Genre [ʒã:r] *n* ⟨-s; -s⟩ janr
Gentech|nik *f* gen mühendisliği; **≈nisch** *adv*: ***~ verändert/manipuliert*** gen teknolojisiyle değiştirilmiş/manipüle edilmiş; **~nologie** *f* gen teknolojisi
genug *adj u adv* yeter, kâfi; ***mehr als ~*** haddinden fazla; ***ich habe ~ davon!*** yeter!; bundan bıktım!
Genüge *f*: ***zur ~*** yeteri kadar, yeterince
genügen *v/i* ⟨genügt, *h*⟩ yetmek, yeterli olmak; ***das genügt*** bu kadar yeter
genügend *adj* yeterli; yetecek kadar; *Zeit a* bol
genügsam *adj* kanaatkâr, azla yetinen; (*bescheiden*) alçakgönüllü; **≈keit** *f* ⟨-; *o pl*⟩ kanaatkârlık; yetingenlik
Genugtuung *f* ⟨-; *o pl*⟩ (***über*** *A -den*) hoşnutluk
Genuss *m* ⟨-es; ⸚e⟩ zevk, haz; *von Nahrung* yeme, içme; ***ein ~*** gerçek bir zevk/haz; ***in den ~ e-r Sache kommen*** (iyi) bş-den faydalanır olmak; **~mittel** *n* keyif verici maddeler *pl*; **≈süchtig** *adj* zevk düşkünü
geöffnet *adj Laden usw* açık
Geograph *m* ⟨-en; -en⟩ coğrafyacı; **~ie** *f* ⟨-; *o pl*⟩ coğrafya; **~in** *f* ⟨-; -nen⟩ coğrafyacı (kadın); **≈isch** *adj* coğrafî
Geolog|e *m* ⟨-es; -n⟩ jeolog; **~ie** *f* ⟨-; *o pl*⟩ jeoloji; **~in** *f* ⟨-; -nen⟩ jeolog (kadın); **≈isch** *adj* jeolojik
Geometr|ie *f* ⟨-; -n⟩ geometri; **≈isch** *adj* geometrik
Geophysik *f* jeofizik
Geopolit|ik *f* jeopolitik; **≈isch** *adj* jeopolitik
Georg|ien *n* Gürcistan; **~ier** *m* ⟨-s; -⟩, **~ierin** *f* ⟨-; -nen⟩ Gürcü; **≈isch** *adj* Gürcü(ce); Gürcistan *subst*; **~isch** *n* Gürcüce
Gepäck *n* ⟨-s; *o pl*⟩ bagaj; yolcu eşyası; **~abfertigung** *f* LUFTF bagaj kaydı; kayıt gişesi; **~ablage** *f* bagaj yeri; **~aufbewahrung** *f* emanet (gişesi); **~ausgabe** *f* LUFTF bagaj teslim yeri/gişesi; **~netz** *n* BAHN çanta rafı/filesi; **~schein** *m* bagaj pusulası; **~schließfach** *n* bagaj (emanet) dolabı; **~stück** *n* parça bagaj; **~träger** *m* ham(m)al; *Fahrrad* bagaj sepeti, AUTO üst bagaj; **~wagen** *m* BAHN bagaj arabası
gepanzert *adj* zırhlı
Gepard *m* ⟨-s; -e⟩ gepar; çita
gepfeffert *adj* F tuzlu; kazık
gepflegt *adj* bakımlı; *Kleidung* temiz, zarif
Gepflogenheit *f* ⟨-; -en⟩ alışkanlık, âdet
Geplapper *n* ⟨-s; *o pl*⟩ F gevezelik
Geplauder *n* ⟨-s; *o pl*⟩ laflama
Gepolter *n* ⟨-s; *o pl*⟩ patırtı
Gepräge *n* ⟨-s; *o pl*⟩ damga; iz
gequält *adj* zoraki; isteksiz
Gequassel *n* ⟨-s; *o pl*⟩ dırdır
Gequatsche *n* ⟨-s; *o pl*⟩ F zırva(lama)
gerade **1.** *adj* düz, doğru; *Zahl* çift; (*direkt*) doğrudan; *Haltung* dik; **2.** *adv* tam; ***nicht ~*** hiç de … değil; ***das ist es ja ~!*** işte mesele de bu ya!; ***~ deshalb*** işte asıl o yüzden; ***~ rechtzeitig*** tam zamanında; ***warum ~ ich?*** ama neden ben?; ***da wir ~ von … sprechen*** söz tam *-den* açılmışken
Gerade *f* ⟨-n; -n⟩ MATH doğru (çizgi); ***linke*** (***rechte***) ***~*** sol (sağ) kroşe
geradeaus *adv* dümdüz, dosdoğru
geradebiegen *v/t* ⟨*unreg*, -ge-, *h*⟩ F düzeltmek; (tekrar) yoluna koymak
geradeheraus *adv* dosdoğru; harbi(ce)
gerädert *adj* F: (***wie***) ***~*** turşu gibi
geradestehen *v/i* ⟨*unreg*, -ge-, *h*⟩ (***für*** *-in*) sorumluluğunu üstlenmek

geradewegs *adv* doğruca
geradezu *adv* adeta
geradlinig *adj* düz hareketli; *fig* açık yürekli; mert
gerammelt *adj* F: **~ *voll*** (***von*** *-le*) tıka basa dolu
Gerangel *n* ⟨-s; *o pl*⟩ F (***um*** için) kapışma/itişme
Geranie *f* ⟨-; -n⟩ sardunya
Gerät *n* ⟨-s; -e⟩ (*Vorrichtung*) cihaz, aygıt; (*Werkzeug*) alet; (*~schaften*) teçhizat, donatım, ekipman
geraten[1] *v/i* ⟨geriet, geraten, *sn*⟩: (***gut***) ~ sonu(cu) (iyi) olmak; **~ *an*** (*A*) *-e* çatmak; ***in Schwierigkeiten*** ~ zor duruma girmek düşmek; ***in e-n Sturm*** ~ fırtınaya yakalanmak
geraten[2] *adj* tavsiye edilen; makul
Geräteschuppen *m* alet deposu
Geräteturnen *n* aletli cimnastik
Geratewohl *n*: ***aufs*** ~ gelişigüzel, uluorta
Geratter *n* ⟨-s; *o pl*⟩ takırtı
geräumig *adj* geniş
Geräusch *n* ⟨-s; -e⟩ gürültü
geräusch|arm *adj* az gürültülü; **≈kulisse** *f* ses etkileri; *arka plandaki sesler*; **~los** *adj* gürültüsüz, sessiz; **≈pegel** *m* gürültü seviyesi; **~voll** *adj* gürültülü
gerb|en *v/t* ⟨*h*⟩ tabaklamak; **≈er** *m* ⟨-s; -⟩ tabak; sepici; **≈erei** *f* ⟨-; -en⟩ tabakhane; **≈säure** *f* mazı tuzu; tanen
gerecht *adj* adil, haklı; uygun; ***j-m*** (***e-r Sache*** (*D*)) **~ *werden*** *-in* hakkını vermek, *-i* layığıyla yapmak
gerechterweise *adv* adil olmak gerekirse, hakçası
gerechtfertigt *adj* gerekçeli; haklı
Gerechtigkeit *f* ⟨-; *o pl*⟩ adalet
Gerechtigkeitssinn *m* adalet duygusu, hakkaniyet
Gerede *n* ⟨-s; *o pl*⟩ gevezelik; (*Klatsch*) dedikodu, söylenti; ***ins*** **~ *kommen*** herkesin ağzına düşmek
geregelt *adj* düzenli; düzenlenmiş
gereizt *adj* sinirli, hiddetli; **≈heit** *f* ⟨-; *o pl*⟩ sinirlilik, hiddet
Gericht[1] *n* ⟨-s; -e⟩ (sıcak) yemek
Gericht[2] *n* ⟨-s; -e⟩ mahkeme; ***vor*** **~ *stehen*** mahkemelik olmak; ***vor*** **~ *stellen*** *-i* mahkemeye vermek; ***vor*** **~ *gehen*** dava konusu yapmak; ***das Jüngste*** ~ kıyamet/mahşer (günü)
gerichtlich *adj* adli, mahkemeyle ilgili
Gerichts|barkeit *f* ⟨-; *o pl*⟩ yargı; **~beschluss** *m* mahkeme (ara) kararı; **~hof** *m* mahkeme (dairesi); **~kosten** *pl* mahkeme masrafları *pl*; **~medizin** *f* adli tıp; **~referendar(in** *f*) *m* stajyer avukat/hakim/savcı; adli stajyer; **~stand** *m* yetkili mahkeme (yeri); **~urteil** *n* mahkeme kararı; **~verfahren** *n* dava; yargılama, muhakeme; **~verhandlung** *f* duruşma, celse; **~vollzieher(in** *f*) *m* icra memuru; **~weg** *m*: ***auf dem*** ~ mahkeme yoluyla
gering *adj* ufak, hafif; (*unbedeutend*) önemsiz; (*niedrig*) alçak; **~ *achten*** *-e* değer vermemek; *-i* hor görmek, aşağılamak; ***kein ≈erer als...*** … *-in* ta kendisi; **~fügig** *adj* önemsiz, pek ufak; *Betrag, Vergehen* cüzi
geringschätz|ig *adj* aşağılayıcı; **≈ung** *f* ⟨-; *o pl*⟩ (***für*** *-i*) aşağılama
geringst *adj* en ufak; ***nicht im ≈en*** asla, hiçbir suretle
gerinnen *v/i* ⟨gerann, geronnen, *sn*⟩ koyulaşmak, pıhtılaşmak; *Milch* kesilmek
Gerinnsel *n* ⟨-s; -⟩ MED pıhtı
Gerippe *n* ⟨-s; -⟩ iskelet; TECH şasi; MAR kaburga, çerçeve
gerippt *adj* çubuk desenli
gerissen *adj* kurnaz, iş bitirici
germanisch *adj* germen/cermen
Germanist *m* ⟨-en; -en⟩ Alman filolojisi uzmanı
Germanistik *f* ⟨-; *o pl*⟩ Alman filolojisi
Germanistin *f* ⟨-; -nen⟩ Alman filolojisi uzmanı (kadın)
gern, gerne *adv* seve seve, memnuniyetle; **~ *essen*** (***trinken***) (yenecek/içilecek bş-i) sevmek; **~ *haben*** sevmek, *-den* hoşlanmak; ***etw*** (***sehr***) **~ *tun*** seve seve yapmak; ***ich möchte*** ~ isterdim; ***ich hätte*** **~ *e-e Tasse Tee*** bir fincan çay alabilir miyim?; ***er sieht es nicht*** **~, *dass...*** -mesinden hoşlanmıyor; F ***du kannst mich*** **~ *haben!*** sana mı soracaktım?; **~ *geschehen!*** bir şey değil!
Geröll *n* ⟨-s; -e⟩ çakıl; kayşat
Gerste *f* ⟨-; -n⟩ BOT arpa
Gerstenkorn *n* MED arpacık
gertenschlank *adj* dal gibi (narin)
Geruch *m* ⟨-s; ⸚e⟩ koku; (*Gestank*) pis koku; (*Duft*) güzel koku; **≈los** *adj* kokusuz
Geruchs|nerv *m* koku siniri; **~sinn** *m* ⟨-s; *o pl*⟩ koklama (duyusu)

Gerücht *n* ⟨-s; -e⟩ söylenti; ***es geht das ~, dass …*** (ortalıkta) … söylentisi dolaşıyor
geruhen *v/t* ⟨*o* ge-, *h*⟩: ***etw zu tun ~*** bş-i yapmaya tenezzül etmek
gerührt *adj* üzülmüş, müteessir; duygulanmış
Gerümpel *n* ⟨-s; *o pl*⟩ pılıpırtı, eski eşya
Gerundium *n* ⟨-s; -dien⟩ GR ulaç, bağ fiil
Gerüst *n* ⟨-s; -e⟩ (*Bau*≗) iskele
ges. gesch. *Abk für* ***gesetzlich geschützt*** her hakkı mahfuzdur
Ges. *Abk* → ***Gesellschaft***
gesalzen *adj* tuzlu; tuzlanmış; F kazık
gesammelt *adj* konsantre; dinlenmiş; ***~e Werke von*** *-in* toplu eserleri
gesamt *adj* bütün, *-in* tümü, *-in* hepsi
Gesamt|ansicht *f* genel görünüş; **~auflage** *f* toplam baskı (sayısı); **~ausgabe** *f* ÖKON toplam harcama(lar); (*Buch*) *-in* toplu eserleri *pl*, külliyat; **~betrag** *m* toplam meblağ/yekûn; genel toplam; **~eindruck** *m* genel izlenim; **~heit** *f* ⟨-; *o pl*⟩ bütün; **~hochschule** *f* (Universität + Fachhochschule) *toplu yüksekokul*; **~kosten** *pl* toplam maliyet; **~note** *f* genel not; **~schule** *f toplu ilk ve ortaöğretim okulu*
Gesandte *m*, *f* ⟨-n; -n⟩ elçi
Gesang *m* ⟨-s; ⸚e⟩ şarkı söyleme, şan; (*Lied*) şarkı; **~buch** *n* şarkılar/ilahiler kitabı; **~verein** *m* koro (derneği)
Gesäß *n* ⟨-es; -e⟩ ANAT makat; F kaba (et), kıç
gesch. *Abk für* ***geschieden*** boşanmış
Geschäft *n* ⟨-s; -e⟩ iş, ticaret; işyeri (*eigenes*); (*Laden*) mağaza; *Büro* iş(lemler); ***ein gutes*** (***schlechtes***) ***~*** iyi/kârlı (kötü) bir iş; ***mit j-m ~e machen, mit j-m ins ~ kommen*** b-le bir iş yapmak; ***gut im ~ sein*** *-in* iş(ler)i iyi gitmek; ***sie versteht ihr ~!*** işini bilmek
geschäftehalber → ***geschäftlich***
Geschäftemacher(in *f*) *m* vurguncu, fırsatçı
geschäftig *adj* çalışkan, gayretli; **≗keit** *f* ⟨-; *o pl*⟩ gayret, etkinlik; canlılık, hareket
geschäftlich **1.** *adj* iş(le ilgili), ticarî; **2.** *adv* iş gereği/için; ***~ zu tun haben mit*** *-in* ile iş ilişkisi olmak/var; ***er ist ~ verhindert*** onun bir işi çıktı; o bir iş sebebiyle gelemiyor *usw*

Geschäfts|abschluss *m* iş bağlama; **~bedingungen** *pl* iş koşulları; **~bereich** *m* iş/çalışma alanı; faaliyet sektörü; **~beziehungen** *pl* (***zu*** *-le*) iş ilişkileri; **~brief** *m* iş mektubu; **~essen** *n* iş yemeği; **≗fähig** *adj* ehil; **~fähigkeit** *f* ⟨-; *o pl*⟩ (ticarî) ehliyet; **~frau** *f* iş kadını; **~freund** *m* iş arkadaşı; **≗führend** *adj* yöneten; **~führer(in** *f*) *m* sorumlu müdür; **~führung** *f* (genel) müdürlük; **~gebaren** *n* iş/ticaret ahlakı; **~inhaber(in** *f*) *m* dükkan sahibi; **~jahr** *n* faaliyet yılı, malî yıl; **~kosten** *pl* masraf(lar); ***auf ~*** iş masraflarına geçirilmek üzere; **~lage** *f* iş durumu; **~leitung** *f* iş yönetimi; **~mann** *m* ⟨-s; -leute⟩ işadamı; **≗mäßig** *adj* düzenli, sistemli; **~ordnung** *f*: ***zur ~*** usul hakkında; **~partner** *m* ortak, iş ortağı; **~räume** *pl* büro; **~reise** *f* iş yolculuğu; **~reisende** *m*, *f* iş yolculuğu yapan
geschäftsschädig|end *adj* işe zararlı; **≗ung** *f* JUR işin uğradığı zarar
Geschäfts|schluss *m* (işyeri/dükkan) kapanış saati; **~sinn** *m* ticaret anlayışı; iş ruhu; **~sitz** *m* işyeri merkezi; **~stelle** *f* yazı işleri (müdürlüğü); **~straße** *f* alışveriş caddesi; **~träger** *m* POL işgüder, maslahatgüzar; **≗tüchtig** *adj* verimli, işe yarar; **≗unfähig** *adj* JUR ehliyetsiz; **~unfähigkeit** *f* ⟨-; *o pl*⟩ JUR (ticarî) ehliyetsizlik; **~verbindung** *f* iş ilişkisi; **~verkehr** *m* ticarî işlemler; **~viertel** *n* iş semti; çarşı; **~wert** *m* işleyen teşebbüs değeri; **~zeit** *f* çalışma/iş zamanları *pl*; **~zweig** *m* iş dalı, işkolu
geschehen [gə'ʃeːən] *v/i* ⟨geschieht, geschah, geschehen, *sn*⟩ olmak, cereyan etmek, vuku bulmak; (*getan werden*) yapılmak, gerçekleşmek; ***was soll damit ~?*** bu ne olacak/yapılacak?; ***es muss etw ~!*** bir şey(ler) olmalı/yapılmalı!; ***es geschieht ihm recht*** bunu hak etti
Geschehen [gə'ʃeːən] *n* ⟨-s; *o pl*⟩ olaylar *pl*, olup bitenler *pl*
gescheit *adj* akıllı, zeki
Geschenk *n* ⟨-s; -e⟩ hediye, armağan; ***j-m etw zum ~ machen*** b-ne bş-i hediye etmek; **~artikel** *m* hediyelik eşya; **~gutschein** *m* hediye çeki; **~packung** *f* hediye paketi
Geschichte *f* ⟨-; -n⟩ (*Erzählung*) hikâye; *Wissenschaft* tarih; *fig* iş, olay, so-

run; ***die ~ der Neuzeit*** Yeniçağ tarihi; ***~ machen*** tarihe damgasını basmak; ***in die ~ eingehen*** tarihe geçmek

geschichtlich *adj* tarihsel

Geschichtsforscher (in *f*) *m* tarihçi

Geschick[1] *n* ⟨-s; -e⟩ kader, kısmet; akıbet

Geschick[2] *n* ⟨-s; *o pl*⟩ yetenek, beceri

Geschicklichkeit *f* ⟨-; *o pl*⟩ beceri, hüner; çeviklik

geschickt *adj* yetenekli; (*gewandt*) becerikli; (*schlau*) kurnaz, uyanık

geschieden *adj* boşanmış

Geschirr [gəˈʃɪr] *n* ⟨-s; -e⟩ (*Porzellan2*) sofra takımı; (*Küchen2*) mutfak takımı; *schmutziges* bulaşık; ***~ spülen*** bulaşık yıkamak; **~spüler** *m* ⟨-s; -⟩ bulaşık makinesi

geschlagen: ***sich ~ geben*** yenilgiyi kabul etmek; F ***zwei ~e Stunden*** (***lang***) tam iki koca saat (boyunca)

Geschlecht *n* ⟨-s; -er⟩ soy; cinsiyet; (*Abstammung*) sülale, soy; GR cins; **2lich** *adj* cinsel

Geschlechts|krankheit *f* MED cinsel hastalık; **~organ** *n* cinsel organ; **~reife** *f* buluğ; **~umwandlung** *f* cinsiyet değiştirme; **~verkehr** *m* cinsel birleşme

geschliffen *adj* perdahlanmış, cilalı

geschlossen *adj* kapalı; ***~ hinter j-m stehen*** hep beraber b-ni desteklemek; ***~ stimmen für*** oybirliğiyle *-e* karar vermek; ***~e Gesellschaft*** özel toplantı/parti; ***~e Veranstaltung*** kapalı toplantı

Geschmack *m* ⟨-s; ⸚e⟩ tat, lezzet; *fig* zevk; ***~ finden an*** *D -den* zevk duymak; ***das ist nicht nach meinem ~*** bu bana göre bir şey değil; **2lich** *adj* tatla/zevkle ilgili; **2los** *adj* tatsız; *fig* densiz; **~losigkeit** *f* ⟨-; *o pl*⟩ densizlik

Geschmacks|richtung *f* tat; **~sache** *f* zevk meselesi; **~sinn** *m* ⟨-s; *o pl*⟩ tat duyusu; **~verirrung** *f* zevksizlik; **~verstärker** *m* tat kuvvetlendirici

geschmackvoll *adj* zevkli, zarif

geschmeidig *adj* esnek; yay gibi; yumuşak

Geschöpf *n* ⟨-s; -e⟩ yaratık

Geschoss *n*, *österr* **Geschoß** *n* ⟨-es; -e⟩ mermi, kurşun, füze; (*Stockwerk*) kat

Geschrei *n* ⟨-s; *o pl*⟩ çığlık; (*Angst2*) feryat; *Baby* ağlama; *fig* (*Aufhebens*) yaygara

geschützt *adj* korunmuş; korunaklı

Geschwafel *n* ⟨-s; *o pl*⟩ F palavra; zırva

Geschwätz *n* ⟨-es⟩ çene çalma, (*Klatsch*) gevezelik; *fig* (*Unsinn*) saçmalık; **2ig** *adj* geveze, boşboğaz; **~igkeit** *f* ⟨-; *o pl*⟩ gevezelik

geschweige *konj*: **~** (***denn***) kaldı ki

Geschwindigkeit *f* ⟨-; -en⟩ çabukluk; PHYS hız, sürat; ***mit e-r ~ von …*** süratinde, …lik bir hızla

Geschwindigkeits|beschränkung *f* ⟨-; -en⟩ sürat tahdidi, hız kısıtlaması; **~überschreitung** *f* ⟨-; -en⟩ aşırı hız

Geschwister *pl* (erkek ve kız) kardeşler

geschwollen *adj* MED şişkin, şişik, kabarmış; *fig* tumturaklı, süslü

Geschworene *m*, *f* ⟨-es; -n⟩ JUR jüri üyesi; ***die ~n*** *pl* jüri *sg*

Geschwulst *f* ⟨-; ⸚e⟩ MED yumru, ur, tümör, şiş(kinlik)

geschwungen *adj* kıvrımlı, kavisli

Geschwür [gəˈʃvyːɐ] *n* ⟨-s; -e⟩ MED yara, ülser

Geselle *m* ⟨-es; -n⟩ *Handwerker* kalfa

gesellen *v/r* ⟨gesellt, *h*⟩: ***sich zu j-m ~*** b-nin yanına katılmak

Gesellenbrief *m* kalfalık belgesi

gesellig *adj Person* hoşsohbet; ***~es Beisammensein*** neşeli toplantı; **2keit** *f* ⟨-; *o pl*⟩ muhabbet; hoşsohbetlik; eğlence; cümbüş

Gesellschaft *f* ⟨-; -en⟩ toplum; (*Verein*) dernek, cemiyet, kurum; (*Firma*) şirket; (*Umgang*) çevre, ortam; (*Abend2 usw*) suare, akşam toplantısı; ***j-m ~ leisten*** b-ne eşlik etmek; ***in s-r ~*** onun eşliğinde/yanında

Gesellschafter *m* ⟨-s; -⟩, **~in** *f* ⟨-; -nen⟩ ÖKON ortak

gesellschaftlich *adj* toplumsal, sosyal

gesellschafts|fähig *adj* toplumca kabul edilir; **2kritik** *f* toplum eleştirisi; **~kritisch** *adj* toplumu eleştiren; **2ordnung** *f* toplum düzeni; **2politik** *f* sosyal politika; **2recht** *n* ⟨-s; *o pl*⟩ şirketler hukuku; **2reise** *f* grup gezisi; **2schicht** *f* toplum katmanı; **2spiel** *n* grup oyunu; **2system** *n* toplum sistemi

Gesetz *n* ⟨-es; -e⟩ kanun, yasa; ***nach dem ~*** kanuna göre; ***vor dem ~*** kanun karşısında; **~buch** *n* kanun; kanun kitabı; **~entwurf** *m* kanun tasarısı

Gesetzes|kraft *f*: ***~ erhalten*** kanun kuvveti kazanmak; **~vorlage** *f* kanun tasarısı

Gesetzgeb|er *m* ⟨-s; -⟩ yasa koyucu; **~ung** *f* ⟨-; *o pl*⟩ yasama
gesetzlich **1.** *adj* kanunî, yasal; (*legal*) *a* meşru, legal; **2.** *adv*: **~ *geschützt*** yasalarca korunan; *Patent usw* müseccel, tescilli
Gesetzlosigkeit *f* ⟨-; *o pl*⟩ kanunsuzluk
gesetzmäßig *adj* JUR kanunî, kanuna uygun; kurallı
gesetzwidrig *adj* kanuna aykırı, yasadışı; **℞keit** *f* ⟨-; -en⟩ kanunsuzluk
Gesicht *n* ⟨-s; -er⟩ yüz, çehre; ***zu ~ bekommen*** *-in* yüzünü görmek; *kurz -e* göz atmak; ***aus dem ~ verlieren*** gözden kaybetmek; ***das ~ verlieren*** (***wahren***) itibarını/saygınlığını kaybetmek (korumak); ***das ~ verziehen*** yüzünü ekşitmek, surat asmak; ***ein langes ~ machen*** surat(ını) asmak; ***j-m etw ins ~ sagen*** bş-i b-nin yüzüne (karşı) söylemek; ***j-m wie aus dem ~ geschnitten sein*** b-ne tıpatıp benzemek; ***sein wahres ~ zeigen*** gerçek yüzünü göstermek
Gesichts|ausdruck *m* görünüş, yüz ifadesi; **~creme** *f* yüz kremi; **~farbe** *f* yüz rengi; beniz; **~feld** *n* görüş alanı; **~maske** *f* maske; **~punkt** *m* görüş açısı, ***von diesem ~ aus*** (***gesehen***) bu bakımdan; bu açıdan (bakılınca); **~wasser** *n* yüz losyonu; **~züge** *pl* yüz hatları
Gesindel *n* ⟨-s; *o pl*⟩ ayaktakımı, serseri güruh
gesinnt *adj* (*eingestellt*) düşüncesinde, zihniyetinde, görüşünde; ***j-m feindlich ~ sein*** b-ne düşmanlık beslemek
Gesinnung *f* ⟨-; -en⟩ zihniyet; (*Haltung*) tutum, tavır
Gesinnungswandel *m* zihniyet değişikliği
gesittet *adj* ahlaklı, edepli
Gesöff *n* ⟨-s; -e⟩ F (tadı kötü) içecek
gesondert *adj* ayrı
gespalten *adj* yarılmış, bölünmüş, ayrılmış
gespannt *adj Aufmerksamkeit* meraklı; *Beziehungen, Situation usw* gergin; ***~ sein auf*** (*A*) *-i* merakla beklemek; ***~ sein, ob*** (-ceğini) merak etmek; **℞heit** *f* ⟨-; *o pl*⟩ gerginlik; gerilim
Gespenst *n* ⟨-s; -er⟩ hayalet, ruh, hortlak; **℞isch** *adj* F hortlak/hayalet gibi; tüyler ürpertici
Gespött *n* ⟨-s; *o pl*⟩: ***j-n zum ~ machen*** b-ni alay konusu yapmak
Gespräch *n* ⟨-s; -e⟩ konuşma, görüşme; ***das ~ bringen auf*** sözü *-e* getirmek; ***im ~ sein*** söz konusu olmak; ***ins ~ kommen*** (***mit*** *-le*) diyaloğa girmek
gesprächig *adj* konuşkan; dilbaz
Gesprächs|partner(in *f*) *m* muhatap; **~runde** *f* konuşmaya katılanlar *pl*; **~stoff** *m* konuş(ul)acak şey; konu
gespreizt *adj* açılmış; ayrık
Gespür [gəˈʃpyːɐ] *n* ⟨-s; *o pl*⟩ sezgi
gest. *Abk* → ***gestorben***
gestaffelt *adj* dereceli; kademeli
Gestalt *f* ⟨-; -en⟩ biçim; (*Figur*) figür; (*Person*) kişi; ***in ~ von*** … biçiminde/kılığında; (***feste***) ***~ annehmen*** (kesin) biçim almak
gestalten ⟨gestaltet, *h*⟩ **1.** *v/t* biçimlendirmek; *Fest usw* düzenlemek; (*entwerfen*) tasarlamak; **2.** *v/r*: ***sich ~*** biçimlenmek; ortaya çıkmak
Gestalter *m* ⟨-s; -⟩, **~in** *f* ⟨-; -nen⟩ biçimlendiren (kimse); tasarımcı; **℞isch** *adj biçimlendirme/tasarım ile ilgili*
Gestaltung *f* ⟨-; *o pl*⟩ düzenleme, tasarım; (*Raum℞*) iç düzenleme
geständig *adj* itiraf etmiş
Geständnis *n* ⟨-ses; -se⟩ itiraf; ***ein ~ ablegen*** itirafta bulunmak
Gestank *m* ⟨-s; *o pl*⟩ pis koku
gestatten *v/t* ⟨gestattet, *h*⟩: ***j-m etw ~*** b-ne bş için izin vermek
Geste *f* ⟨-; -n⟩ jest
gestehen *v/t u v/i* ⟨*unreg*, gestanden, *h*⟩: ***etw ~*** bş-i itiraf etmek; ***~ etw getan zu haben*** bş yaptığını itiraf etmek; ***~, dass*** -diğini itiraf etmek
Gestell *n* ⟨-s; -e⟩ sehpa; çerçeve; şasi
gestellt *adj* FOTO *poz verilerek çekilmiş*
gestern *adv* dün; ***~ Abend*** dün akşam; F ***sie ist nicht von ~*** o dünkü çocuk değil
Gestik *f* ⟨-; *o pl*⟩ jestler *pl*; el hareketleri *pl*
gestikulieren *v/i* ⟨*o* ge-, *h*⟩ el hareketleri yapmak
Gestirn *n* ⟨-s; -e⟩ yıldız; takımyıldız
gestochen *adv*: ***wie ~*** gayet net; ***~ scharf*** gayet net (biçimde); bütün netliğiyle
gestorben *adj* ölmüş; ölümü, ölüm tarihi (*auf Grabstein*)
gestört *adj* TECH arızalı
Gestotter *n* ⟨-s; *o pl*⟩ (sürekli) kekeleme
gestreift *adj* çizgili, yol yol

gestrichen **1.** *adj*: ***drei ~e Teelöffel*** **(*voll*)** üç silme tatlı kaşığı (dolusu); → ***frisch***; **2.** *adv* **~ *voll*** ağzına kadar (*od* silme) dolu

gestrig *adj* dünkü

Gestrüpp *n* ⟨-s; -e⟩ çalılık

Gesuch *n* ⟨-s; -e⟩ (***um*** için) dilekçe

gesund *adj* sağlıklı; *Kost a* şifalı, sağlığa faydalı; *fig a* esen, sağ salim; **~ *sein*** sağlıklı olmak, iyi olmak; **(*wieder*) ~ *werden*** sağlığına kavuşmak, iyileşmek; **~ *und munter*** turp gibi; ***~er Menschenverstand*** sağduyu

gesunden *v/i* ⟨gesundet, *sn*⟩ iyileşmek

Gesundheit *f* ⟨-; *o pl*⟩ sağlık; ***auf j-s ~ trinken*** b-nin sağlığına içmek; **~!** *beim Niesen* çok yaşa!

gesundheitlich **1.** *adj* sağlık *subst*; ***sein ~er Zustand*** onun sağlık durumu; ***aus ~en Gründen*** sağlık nedenleriyle; **2.** *adv*: **~ *geht es ihm gut*** *-in* sağlık durumu iyi

Gesundheits|amt *n* Sağlık Dairesi; **~apostel** *m* sağlık delisi; **≗bewusst** *adj* sağlığının bilincinde; **≗fördernd** *adj* sağlığa faydalı; **~pflege** *f* sağlık bakımı; **~politik** *f* sağlık politikası; **≗schädlich** *adj* sağlığa zararlı; sağlıksız; **~wesen** *n* ⟨-s; *o pl*⟩ sağlık sistemi; **~zeugnis** *n* sağlam raporu; **~zustand** *m* sağlık durumu

gesundschrumpfen ⟨-ge-, *h*⟩ ÖKON **1.** *v/t* küçülterek düzeltmek **2.** *v/r*: ***sich ~*** küçülerek düzelmek

Gesundung *f* ⟨-; *o pl*⟩ iyileşme; sağlığa kavuşma

geteilt *adj* bölünmüş; ***~er Meinung sein*** farklı/ayrı düşüncede olmak

Getöse *n* ⟨-s; *o pl*⟩ gürültü; patırtı; F curcuna

Getränk *n* ⟨-s; -e⟩ içecek, meşrubat

Getränke|automat *m* içecek otomatı; **~karte** *f* içecek listesi

getrauen *v/r* ⟨getraut, *h*⟩ → ***trauen*** 3

Getreide *n* ⟨-s; -⟩ tahıl; **~anbau** *m* ⟨-s; *o pl*⟩ tahıl ekimi/tarımı; **~arten** *pl* tahıl çeşitleri; **~ernte** *f* hasat; tahıl ürünü; **~land** *n* tahıl ekilen arazi; tahıl üreticisi ülke; **~silo** *m* tahıl silosu

getrennt **1.** *adj* ayrı; ***~e Kasse machen*** F Alman usulü yapmak; ***mit ~er Post*** ayrı postayla; **2.** *adv*: **~ *leben*** ayrı yaşamak; **~ *zahlen*** ayrı ayrı ödemek

getreu *adj* sadık

Getriebe *n* ⟨-s; -⟩ AUTO vites kutusu, şanzıman; **~öl** *n* şanzıman yağı; **~schaden** *m* şanzıman hasarı

getrost *adj* endişesiz; rahat

Getto *n* ⟨-s; -s⟩ getto

Getue *n* ⟨-s; *o pl*⟩ yapmacık; (***um*** *-de*) aşırı çabalama, gayretkeşlik

Getümmel *n* ⟨-s; -⟩ kargaşa, karışıklık, patırtı

geübt *adj* tecrübeli

Gew. *Abk für* ***Gewicht*** *n* ağırlık

Gewächs [-ks] *n* ⟨-es; -e⟩ bitki; ÖKON bitkisel ürün; MED yumru, şiş

gewachsen [-ks-] *adj*: ***j-m ~ sein*** b-yle boy ölçüşecek durumda olmak; ***e-r Sache*** (*D*) **~ *sein*** bş-in hakkından gelebilmek

Gewächshaus [-ks-] *n* sera, limonluk

gewagt *adj* cüretkâr, cesur

gewählt *adj* seçilmiş; seçimle işbaşına gelmiş; seçkin(ce)

Gewähr [gəˈvɛːɐ] *f* ⟨-; *o pl*⟩ garanti; ***für etw ~ leisten*** bş için güvence/garanti vermek; ***ohne ~*** güvence verilmeksizin

gewähren *v/t* ⟨gewährt, *h*⟩ onaylamak, yerine getirmek; ***j-n ~ lassen*** b-ni rahat bırakmak, b-nin işine karışmamak

gewährleisten *v/t* ⟨gewährleistet, *h*⟩ sağlamak; *-e* garanti vermek

Gewahrsam *m* ⟨-s; *o pl*⟩: ***etw in ~ nehmen*** bş-i koruma altına almak; ***j-n in ~ nehmen*** b-ni gözaltına almak

Gewalt *f* ⟨-; -en⟩ zor, kuvvet, cebir; (*Macht*) kuvvet, güç; (*Beherrschung*) (***über*** *A -e*) hakimiyet; ***mit ~*** zorla, zor kullanarak; ***höhere ~*** zorunlu neden; **~ *anwenden*** (kaba) kuvvet kullanmak; ***die gesetzgebende ~*** yasama kuvveti; ***etw in s-e ~ bringen*** bş-i tahakkümü altına almak; ***etw*** **(*sich*)** ***in der ~ haben*** bş-e (kendine) hakim olmak; ***die ~ verlieren über*** (*A*) *-e* hakimiyetini kaybetmek; **~akt** *m* büyük çaba; **~anwendung** *f* kuvvet kullanma

gewaltbereit *adj* şiddet eğilimli; **≗schaft** *f* şiddet eğilimi

Gewaltenteilung *f* kuvvetlerin ayrılığı (ilkesi)

gewaltfrei *adj* şiddetten arınmış

Gewaltherr|schaft *f* zorbalık; despotizm; istibdat; **~scher(in** *f*) *m* zorba; despot

gewaltig *adj* zorlu, şiddetli, kuvvetli; muazzam, olağanüstü

gewaltlos *adj* barışçı yollarla, zor kullanmadan; **≈igkeit** *f* ⟨-; *o pl*⟩ zor kullanmama, şiddetsizlik
Gewaltmaßnahme *f* zorlayıcı tedbir/önlem
gewaltsam **1.** *adj* şiddetle, zorbaca; **2.** *adv* şiddet kullanarak; zorla; **~ *öffnen*** zorla açmak
gewalttätig *adj* zorba; **≈keit** *f* ⟨-; -en⟩ (kaba) kuvvet kullanma; zorbalık; şiddet eğilimi
Gewaltverbrech|en *n* cebir kullanma (suçu); **~er** *m* cebir kullanma suçlusu
G
Gewand *n* ⟨-s; ⁼er⟩ (törenlik) elbise
gewappnet *adj* (**für** için) tedbirini almış; *-e* hazırlıklı
Gewässer *n* ⟨-s; -⟩ su; **~** *pl* sular; **~schutz** *m* doğal suları koruma (önlemleri)
Gewebe *n* ⟨-s; -⟩ doku; **~probe** *f* MED doku örneği
Gewehr [gə'veːɐ] *n* ⟨-s; -e⟩ tüfek; (*Flinte*) çifte, av tüfeği; **~kolben** *m* tüfek dipçiği
Geweih *n* ⟨-s; -e⟩ geyik boynuzu
Gewerbe *n* ⟨-s; -⟩ iş, ticaret, zanaat; **~freiheit** *f* ticaret serbestisi; **~schein** *m* (işyeri) işletme ruhsatı; **~steuer** *f* işletme gelirleri vergisi; ticarî kazançlar vergisi; **≈treibend** *adj* ticaretle meşgul/uğraşan; **~treibende** *m*, *f* ⟨-n; -n⟩ zanaatçı; esnaf; **~zweig** *m* işkolu
gewerblich *adj* ticarî
gewerbsmäßig *adj* meslekî, profesyonel
Gewerkschaft *f* ⟨-; -en⟩ sendika; **~(l)er** *m* ⟨-s; -⟩, **~(l)erin** *f* ⟨-; -nen⟩ sendikacı
gewerkschaftlich **1.** *adj* sendikal; **2.** *adv*: **~ *organisiert*** sendikalaşmış
Gewerkschaftsbund *m* sendikalar konfederasyonu
Gewicht *n* ⟨-s; -e⟩ ağırlık; (*Bedeutung*) *a* önem; **~ *legen auf*** (*A*) *-e* ağırlık/önem vermek; (***nicht***) ***ins* ~ *fallen*** önem taşımamak
Gewichtheben *n* ⟨-s; *o pl*⟩ SPORT halter
Gewichts|klasse *f* ağırlık sınıfı; **~verlust** *m* fire
gewillt *adj*: (***nicht***) **~ *sein, etw zu tun*** bş yapmaya istekli ol(ma)mak
Gewinde *n* ⟨-s; -⟩ TECH yiv
Gewinn *m* ⟨-s; -e⟩ kazanç, kâr; (*Lotterie≈*) ikramiye; ***mit* ~** kârla, kârlı; **~ *bringend*** kâr getiren/getirici; **~ *ziehen aus*** *-den* faydalanmak
Gewinn|anteil *m* kâr payı; **~beteiligung** *f* kâra katılım; **~chance** *f* kazanma fırsatı
gewinnen *v/t u v/i* ⟨gewann, gewonnen, *h*⟩ kazanmak; *Bergbau* (**aus** *-den*) elde etmek; ***an Bedeutung* ~** önem kazanmak; ***Höhe* ~** LUFTF irtifa kazanmak; ***j-n für etw* ~** b-ni bş için elde etmek
gewinnend *adj Lächeln* alımlı, çekici, cazip
Gewinn|er *m* ⟨-s; -⟩, **~erin** *f* ⟨-; -nen⟩ kazanan; SPORT galip; **~los** *n* (ikramiye) kazanan bilet; **~maximierung** *f* ÖKON kâr maksimizasyonu; **~spanne** *f* kâr; **~sucht** *f* ⟨-; *o pl*⟩ kâr hırsı; **~-und-Verlust-Rechnung** *f* kâr ve zarar hesabı
Gewinnung *f* ⟨-; *o pl*⟩ *Erz* çıkar(ıl)ma; *Daten* (veri) toplama
Gewinnzahl *f* kazanan numara
gewiss **1.** *adj* şüphesiz, kesin; ***ein* ~*er Herr N.*** Bay N. diye biri; ***in* ~*em Sinne*** (belli) bir anlamda; ***ich bin mir meiner Sache* ~** ben kendi davamdan eminim; **2.** *adv* elbette, kuşkusuz
Gewissen *n* ⟨-s; -⟩ vicdan; ***auf dem* ~ *haben*** *-in* mahvına sebep olmak; ***j-m ins* ~ *reden*** b-nin vicdanına hitap etmek
gewissenhaft *adj* vicdanlı, insaflı; dürüst; **≈igkeit** *f* ⟨-; *o pl*⟩ vicdanlılık, insaf; dürüstlük
gewissenlos *adj* vicdansız, insafsız; **≈igkeit** *f* ⟨-; *o pl*⟩ vicdansızlık, insafsızlık
Gewissens|bisse *pl* vicdan azabı *sg*; **~frage** *f* vicdan meselesi; **~gründe** *pl* vicdanî sebepler
gewissermaßen *adv* (belli) bir ölçüde
Gewissheit *f* ⟨-; *o pl*⟩ kesinlik; ***zur* ~ *werden*** kesinlik kazanmak
Gewitter *n* ⟨-s; -⟩ fırtına, kasırga
gewittrig *adj* fırtınalı
gewitzt *adj* F kurnaz; açıkgöz
gewöhnen *v/t u v/r* ⟨gewöhnt, *h*⟩: ***sich*** (***j-n***) **~ *an*** (*A*) kendisini (b-ni) *-e* alıştırmak; ***sich daran* ~ *etw zu tun*** bş yapmaya alışmak
Gewohnheit *f* ⟨-; -en⟩ alışkanlık; ***aus* ~** alışkanlıkla; ***sich*** (*D*) ***etw zur* ~ *machen*** bş-i alışkanlık edinmek
gewohnheitsmäßig *adj* alışılagelen, alışılmış
Gewohnheits|recht *n* JUR örf ve âdet

hukuku; F *alışkanlıktan doğan hak*; **~sache** *f* alışkanlık/alışma meselesi
gewöhnlich *adj* olağan, günlük, sıradan; (*unfein*) kaba, bayağı; ***wie ~*** alışıldığı gibi/üzere; her zamanki gibi
gewohnt *adj* alışkın; ***etw ~ sein*** bş-e alışkın olmak
Gewöhnung *f* ⟨-; *o pl*⟩ (***an*** *A -e*) alışma; alışkanlık
gewölbt *adj* ARCH kubbeli; şişkin, bombeli
Gewühl *n* ⟨-s; *o pl*⟩ kaynaşma, kalabalık
Gewürz *n* ⟨-es; -e⟩ baharat; **~gurke** *f* hıyar turşusu; **~nelke** *f* karanfil (baharı)
gez. *Abk für* ***gezeichnet*** imza
gezahnt, **gezähnt** *adj* BOT testere dişli
Gezeiten *pl* gelgit, met-cezir
Gezeter *n* ⟨-s; *o pl*⟩ yaygara
gezielt *adv* özellikle
geziert *adj* yapmacıklı; nazlı
Gezwitscher *n* ⟨-s; *o pl*⟩ cıvıldama; ötüşme
gezwungen *adj* zoraki; zorlama; **~ermaßen** *adv*: ***~ etw tun*** bş-i ister istemez yapmak
GG *Abk für* ***Grundgesetz*** *n* anayasa
Gicht *f* ⟨-; *o pl*⟩ MED gut/damla hastalığı; **~knoten** *m* gut uru
Giebel *m* ⟨-s; -⟩ ARCH kalkan duvarı
Gier [giːɐ] *f* ⟨-; *o pl*⟩ hırs, açgözlülük; **≈ig** *adj* (***nach*** *-e*) açgözlü, doymaz
gießen ⟨goss, gegossen, *h*⟩ **1.** *v/t* dökmek; *Blumen* sulamak; **2.** *v/unp*: ***es gießt in Strömen*** bardaktan boşanırcasına yağıyor
Gießkanne *f* bahçe kovası
Gift *n* ⟨-s; -e⟩ zehir; F ***darauf kannst du ~ nehmen!*** bunu (nah) şuraya yaz!; **~gas** *n* zehirli gaz; **≈ig** *adj* zehirli; MED zehirleyici; **~müll** *m* zehirli atıklar; **~pilz** *m* zehirli mantar; **~schlange** *f* zehirli yılan; **~stoff** *m* zehirli madde
Gigant *m* ⟨-en; -en⟩ dev; **≈isch** *adj* dev gibi
Ginster *m* ⟨-s; -⟩ BOT katırtırnağı
Gipfel *m* ⟨-s; -⟩ zirve, doruk, tepe; F ***das ist*** (***doch***) ***der ~!*** bu kadarı da fazla!; **~konferenz** *f* zirve toplantısı
gipfeln *v/i* ⟨gegipfelt, *h*⟩ (***in*** *D -le*) en yüksek noktaya ulaşmak
Gipfeltreffen *n* zirve toplantısı
Gips *m* ⟨-es; -e⟩ alçı; **~abdruck** *m* alçı kalıp; **~bein** *n* F alçılı bacak; **~verband** *m* alçı sargısı
Giraffe *f* ⟨-; -n⟩ zürafa
Giro|bank ['ʒiːro-] *f* ⟨-; -en⟩ ÖKON ciro/takas bankası; **~konto** *n* cari hesap
Gischt *m* ⟨-s; -e⟩ *u f* ⟨-; -en⟩ dalga serpintisi
Gitarre *f* ⟨-; -n⟩ MUS gitar
Gitarrist *m* ⟨-en; -en⟩, **~in** *f* ⟨-; -nen⟩ gitarist
Gitter *n* ⟨-s; -⟩ parmaklık; F ***hinter ~n sitzen*** içerde/kodeste yatmak
Gitterbett *n* parmaklıklı yatak
Glacéhandschuhe [gla'seː-] *pl*: ***j-n mit ~n anfassen*** b-ne karşı çok dikkatli davranmak
Gladiole [gla'dĭoːlə] *f* ⟨-; -n⟩ BOT glayöl
Glanz *m* ⟨-es⟩ parlaklık; (*Pracht*) görkem, ihtişam
glänzen *v/i* ⟨geglänzt, *h*⟩ parlamak; (*funkeln*) pırıldamak
glänzend *adj* parlak; görkemli
Glanzleistung *f* parlak başarı
glanzlos *adj* mat; donuk; sönük
Glanz|nummer *f en sevilen numara*; **~papier** *n* kuşe kağıt; **≈voll** *adj* parlak; pırıl pırıl; **~zeit** *f* parlak dönem
Glas *n* ⟨-es; ⸚er⟩ cam; (*Trink≈*) bardak; ***drei ~ Wein*** üç bardak şarap
Glascontainer *m* şişe kumbarası
Glaser *m* ⟨-s; -⟩ camcı; **~ei** *f* ⟨-; -en⟩ camcı (dükkanı)
gläsern *adj* cam(dan); şeffaf, saydam
Glasfiber *f* cam elyafı
Glashütte *f* TECH cam fabrikası
glasieren *v/t* ⟨*o* ge-, *h*⟩ TECH sırlamak; şerbetlemek; GASTR glase etmek
glasig *adj* şeffaf; hareketsiz
glasklar *adj* cam gibi; *fig* apaçık
Glas|körper *m* MED camsı cisim; **~malerei** *f* cam resmi; **~scheibe** *f* (pencere) cam(ı); **~scherben** *pl* cam kırıkları
Glasur [-'zuːɐ] *f* ⟨-; -en⟩ TECH sır
Glaswolle *f* camyünü
glatt *adj* düzgün, pürüzsüz; (*schlüpfrig*) kaygan; *fig* Sieg net; F ***~ ablehnen*** (***leugnen***) düpedüz reddetmek (inkâr etmek); ***~ gehen*** iyi gitmek, yolunda olmak; ***~ rasiert*** sinekkaydı tıraş (olmuş); ***~e Absage*** kesin red; ***das ist ~er Wahnsinn*** bu çılgınlığın dik alâsı
Glätte *f* ⟨-; *o pl*⟩ pürüzsüzlük; kayganlık
Glatteis *n* (yolda) buzlanma; ***es herrscht ~*** yollar buz kaplı; ***j-n aufs ~ führen*** b-ni kandırmak/aldatmak

glätten ⟨*h*⟩ **1.** *v/t* düzeltmek; **2.** *v/r*: ***sich ~*** düzelmek
glattstellen *v/t* ⟨-ge-, *h*⟩ ÖKON eşitlemek, kapamak, gerçekleştirmek
Glatze *f* ⟨-; -n⟩ kel, başın saçsız kısmı; ***e-e ~ haben*** saçsız/kel olmak
glatzköpfig *adj* dazlak
Glaube *m* ⟨-ns⟩ (***an*** *A -e*) inanç; ***~n schenken*** *-e* inanmak; *-e* kanmak
glauben *v/t u v/i* ⟨*h*⟩ *-e* inanmak; (*meinen*) düşünmek, sanmak; ***~ an*** (*A*) *-e* inanmak; iman etmek; ***es ist nicht zu ~!*** inanılır gibi değil!; F ***er*** (***sie, es***) ***hat dran ~ müssen*** bu onun hayatına maloldu
Glaubens|bekenntnis *n* kelime-i şahadet; **~freiheit** *f* ⟨-; *o pl*⟩ inanç özgürlüğü; **~gemeinschaft** *f* (dini) cemaat; **~genosse** *m* din kardeşi; **~krieg** *m* din savaşı; **~lehre** *f* dogma, akide
glaubhaft *adj* inandırıcı, ikna edici; ***etw ~ machen*** JUR bş hakkında kanaat uyandırmak; inanılır biçimde ortaya koymak
gläubig *adj* dindar
Gläubiger *m* ⟨-s; -⟩ ÖKON alacaklı
glaubwürdig *adj* güvenilir, inanılabilir
gleich 1. *adj* aynı; *Rechte, Lohn* eşit; ***alle ~ behandeln*** hepsine/herkese eşit davranmak; (***sich*** *D*) ***~ bleiben*** aynı kalmak; ***~ bleibend*** sabit, değişmez; ***~ lautend*** aslına uygun; ***das ist mir ~*** benim için (hepsi) bir; ***ganz ~ wann*** *usw* ne zaman *usw* (olursa) fark etmez; ***auf die ~e Art*** aynı şekilde; ***zur ~en Zeit*** aynı zamanda; ***das Gleiche tun*** aynısı yapmak; **2.** *adv* aynen; (*sofort*) hemen, derhal; ***~ groß*** (***alt***) aynı büyüklükte (yaşta); ***~ nach*** (***neben***) hemen sonra (yanında); ***~ gegenüber*** tam karşı(sın)da; ***es ist ~ fünf*** saat beşe geliyor; ***~ darauf*** hemen ardından; hemen bunun üzerine; ***bis ~!*** yakında görüşmek üzere!
gleich|altrig *adj* yaşıt; **~artig** *adj* aynı tür(den); aynı nitelikte/evsafta; **~bedeutend** *adj* (***mit*** *-le*) eş anlamlı, aynı anlamda(ki); **ℒbehandlung** *f* eşit muamele; **~berechtigt** *adj* eşit haklara sahip; **ℒberechtigung** *f* ⟨-; *o pl*⟩ hak eşitliği
gleichen *v/t* ⟨glich, geglichen, *h*⟩ *-e* benzemek
gleichermaßen *adv* aynen; aynı şekilde/suretle; keza; eşit ölçü(ler)de
gleichfalls *adv* bilmukabele, keza; ***danke, ~!*** ben de teşekkür ederim!
gleichgesinnt *adj* aynı zihniyette(ki)
Gleichgewicht *n* ⟨-s; *o pl*⟩ denge; ***das ~ verlieren*** (***halten***) dengeyi kaybetmek (korumak); ***j-n aus dem ~ bringen*** b-nin dengesini bozmak
gleichgültig *adj* (***gegen*** *-e* (karşı)) ilgisiz; (*leichtfertig*) kayıtsız, vurdumduymaz; ***das ist mir ~*** benim için fark etmez; **ℒkeit** *f* ⟨-; *o pl*⟩ ilgisizlik, gamsızlık, aldırmazlık
Gleichheit *f* ⟨-; *o pl*⟩ eşitlik
Gleichheits|grundsatz *m*, **~prinzip** *n* (yasa önünde) eşitlik ilkesi
gleichkommen *v/i* ⟨*unreg*, -ge-, *sn*⟩: ***e-r Sache ~*** bş-e denk düşmek; ***j-m*** (***an*** *D -de*) ***~*** b-le eşit olmak
Gleichmacherei *f* ⟨-; *o pl*⟩ *abw* birörnekleştirme
gleich|mäßig *adj* (*regelmäßig*) düzenli; (*bleibend*) sabit; *Verteilung* eşit (biçimde); **~namig** *adj* aynı addaki; *Person* F *-in* adaşı
Gleichnis *n* ⟨-ses; -se⟩ benzetme; mesel, kıssa
gleich|rangig *adj* eşdeğer, muadil; eş(it) önemde/değerde; **~seitig** *adj* eşkenar; **~setzen**, **~stellen** *v/t* ⟨-ge-, *h*⟩ eşit kılmak
Gleichstrom *m* EL doğru akım
gleichtun *v/t* ⟨*unreg*, -ge-, *h*⟩: ***es j-m ~*** (***an od in*** *-de*) b-ne yetişmek
Gleichung *f* ⟨-; -en⟩ MATH denklem
gleich|wertig *adj* eşdeğer(li), aynı değerde; **~zeitig 1.** *adj* eşzamanlı; **2.** *adv* aynı zamanda, aynı anda; **~ziehen** *v/i* ⟨*unreg*, -ge-, *h*⟩ (***mit*** *-le*) arayı kapa(t)mak
Gleis *n* ⟨-es; -e⟩ BAHN hat; peron
gleiten *v/i* ⟨glitt, geglitten, *sn*⟩ kaymak; F süzülmek; ***~de Arbeitszeit*** esnek çalışma saatleri
Gleit|flug *m* süzülme (uçuşu); **~flugzeug** *n* planör; **~klausel** *f* ÖKON kayganlık kaydı; eşel mobil kaydı; endeksleme planı; **~schirm** *m* spor paraşütü; **~zeit** *f* ⟨-; *o pl*⟩ *esnek çalışma saatleri pl*
Gletscher *m* ⟨-s; -⟩ buzul; **~spalte** *f* buzul yarığı
Glied *n* ⟨-s; -er⟩ ANAT organ, uzuv; *männliches* cinsel organ, penis; (*Verbindungsℒ*) bağlantı (parçası)

gliedern ⟨*h*⟩ **1.** *v/t* (**in** *A -e*) ayırmak; bölümlemek, sınıfla(ndır)mak; **2.** *v/r*: ***sich ~ in*** *-e* ayrılmak; … bölümleri olmak
Gliederschmerz *m* kemik ağrısı; kol ve bacak ağrısı
Gliederung *f* ⟨-; -en⟩ bölümleme; plan
Gliedmaßen *pl* kollar ve bacaklar; uzantılar
Glimmer *m* ⟨-s; -⟩ pırıltı; mika
Glimmstängel *m* F sigara; puro
glimpflich **1.** *adj* insaflı, ılımlı, az; **2.** *adv* ***~ davonkommen*** ucuz kurtulmak
glitschig *adj* kaygan, kaypak
glitzern *v/i* ⟨*h*⟩ pırıldamak
global *adj* küresel
Globalisierung *f* küreselleşme
Globetrotter *m* ⟨-s; -⟩, **~in** *f* ⟨-;-nen⟩ dünya gezgini
Globus *m* ⟨-(ses); Globen⟩ (yer)küre
Glocke *f* ⟨-; -n⟩ çan; F *fig* ***etw an die große ~ hängen*** bş-in yaygarasını koparmak
Glocken|blume *f* çançiçeği; boruçiçeği; **~spiel** *n* çan müziği; **~turm** *m* çan kulesi
glorreich *adj* muhteşem
Glossar *n* ⟨-s; -e⟩ kelime listesi; sözlük
Glosse *f* ⟨-; -n⟩ derkenar; not; (kısa) yorum/eleştiri; ***s-e ~n machen über*** … üzerine alaycı sözler etmek
Glotzaugen *pl* F patlak göz *sg*
Glotze *f* ⟨-; -n⟩ F aptal/enayi kutusu
glotzen *v/i* ⟨*h*⟩ F bön bön bakmak
Glück *n* ⟨-s; *o pl*⟩ şans, talih; (*Gefühl*) mutluluk; ***~ bringen*** şans/uğur getirmek; ***~ haben*** şanslı olmak; ***auf gut ~*** şansa; hasbelkader; ***viel ~*** bol şans!, F uğurlu olsun!; ***zum ~*** iyi ki
glücken başarıyla sonuçlanmak
glücklich *adj* mutlu; ***~er Zufall*** mutlu bir rastlantı
glücklicherweise *adv* hamdolsun, bereket versin
Glücks|bringer *m* ⟨-s; -⟩ *uğur getiren bş veya muska*; **~fall** *m* şans işi; iyi bir rastlantı; **~kind** *n* şanslı (*Person*), F şans çocuğu; **~klee** *m* dört yapraklı yonca; **~pfennig** *m* uğur parası; **~pilz** *m* şanslı insan; **~sache** *f* şans işi/meselesi; **~spiel** *n* talih oyunu; kumar; **~spieler** *m abw* kumarbaz; **~strähne** *f*: ***e-e ~ haben*** şansı iyi/yaver gitmek; **~tag** *m* şanslı gün, mutlu gün
glückstrahlend *adj* mutluluk saçan; yüzünden mutluluk okunan
Glückstreffer *m* (şans sonucu) tam isabet
Glückwunsch *m* tebrik, kutlama; ***herzlichen ~!*** tebrikler!; ***herzlichen ~ zum Geburtstag!*** doğum gününü(üz) kutlu olsun!
Glühbirne *f* EL ampul
glühen ['gly:ən] *v/i* ⟨*h*⟩ kızarmak, yanmak
glühend ['gly:ənt] *adj* kızgın; ateşli, tutkulu
Glühwein *m* sıcak şarap (*baharatlı*)
Glühwürmchen *n* ⟨-s; -⟩ ateş böceği
Glyzerin *n* ⟨-s; *o pl*⟩ gliserin
GmbH [ge:ɛmbe:'ha:] *Abk für* ***Gesellschaft mit beschränkter Haftung*** *f* limited şirket (ltd. şti.)
Gnade *f* ⟨-; *o pl*⟩ merhamet, af
Gnaden|frist *f* (infaz) erteleme; atıfet müddeti; **~gesuch** *n* JUR af dilekçesi; **2los** *adj* merhametsiz, acımasız
gnädig *adj* lütufkâr; merhametli; ***~e Frau*** hanımefendi, sayın bayan
Gold *n* ⟨-s; *o pl*⟩ altın; **~barren** *m* ⟨-s; -⟩ külçe altın; **2en** *adj* altın(dan); **~fisch** *m* kırmızı balık; **2gelb** *adj* altın sarısı; **~grube** *f fig* altın madeni
goldig *adj* F tatlı, şeker; (*toll*) harika
Gold|krone *f* MED altın kaplama/kron; **~medaille** *f* altın madalya; **~mine** *f Bergbau* altın madeni; **~münze** *f* altın para/sikke; **~plombe** *f* altın dolgu/inley; **~preis** *m* altın fiyatı
goldrichtig *adj u adv* F tamamen doğru; ***sie ist ~*** o çok sempatik(tir)
Gold|schmied *m* kuyumcu; **~stück** *n* altın para; F ***du bist ein richtiges ~!*** aslansın sen!; **~waage** *f* hassas terazi; ***jedes Wort auf die ~ legen*** her kelimeyi mihenge vurmak
Golf[1] *m* ⟨-s; -e⟩ GEOGR körfez
Golf[2] *n* ⟨-s; *o pl*⟩ SPORT golf; **~platz** *m* golf sahası; **~schläger** *m* golf sopası; **~spieler(in** *f*) *m* golf oyuncusu
Golfstrom *m* Golf Stream; Golfstrim
Gondel *f* ⟨-; -n⟩ gondol; (*Lift2*) kabin
gönnen *v/t* ⟨*h*⟩: ***j-m etw ~*** bş-i b-nden esirgememek, kıskanmamak; ***j-m etw nicht ~*** b-ne bş-i çok görmek; ***sich*** (*D*) ***etw ~*** k-ne bş-i bahşetmek
gönnerhaft *adj* koruyucu, lütufkâr
Gorilla *m* ⟨-s; -s⟩ ZOOL *a* F *fig* goril

G

Gosse *f* ⟨-; -n⟩ suyolu; *fig* sefalet
Gotik *f* ⟨-; *o pl*⟩ Gotik üslubu/dönemi
gotisch *adj* Gotik
Gott *m* ⟨-es; ⸚er⟩ Allah, Tanrı; *Mythologie* tanrı, ilah; ***leider ~es*** maalesef; (ne) yazık ki; ***~ behüte!, ~ bewahre!*** Allah korusun/muhafaza!; ***großer ~!, lieber ~!*** Allahım!; Yarabbim!; ***um ~es Willen!*** Allah aşkına
Gottesdienst *m* REL ayin, ibadet
Gotteslästerung *f* ⟨-; -en⟩ REL (Allah'a) küfür
Gottheit *f* ⟨-; -en⟩ tanrı, ilah
Göttin *f* ⟨-; -nen⟩ Tanrıça
göttlich *adj* ilahî; mükemmel
gottlos *adj* allahsız
gottserbärmlich *adj* F içler acısı, perişan
gottverdammt *adj* P kahrolası
gottverlassen *adj* F ıssız; kuş uçmaz kervan geçmez
Gottvertrauen *n* tevekkül
Gouverneur [guvɛr'nøːr] *m* ⟨-s; -e⟩ vali
Grab *n* ⟨-s; ⸚er⟩ mezar, kabir
graben ⟨gräbt, grub, gegraben, *h*⟩ kazmak; ***~ nach*** *-i* aramak için yeri kazmak; ***sich in j-s Gedächtnis ~*** b-nin hafızasına (iyice) yerleşmek
Graben *m* ⟨-s; ⸚⟩ hendek; (*Straßen*≈) şarampol; MIL siper
Grab|mal *n* anıtmezar; *Islam* türbe; (*Ehrenmal*) anıt; **~stein** *m* mezar taşı
Grad *m* ⟨-s; -e⟩ derece; MIL rütbe; ***15 ~ Kälte*** eksi 15 derece; ***bis zu e-m gewissen ~*** belli bir dereceye kadar; ***im höchsten ~e*** en üst derecede
graduell [gra'dŭɛl] *adj* tedrici; az
Graduierte [gradu'iːrtə] *m*, *f* ⟨-n; -n⟩ yüksekokul mezunu
Graf *m* ⟨-en; -en⟩ kont
Graffiti *pl* duvar yazıları/resimleri
Grafik *f* ⟨-; -en⟩ grafik; (*Druck*) *a* özgün baskı; TECH *usw* çizim, şema, diyagram
Grafiker *m* ⟨-s; -⟩, **~in** *f* ⟨-; -nen⟩ grafiker, grafik sanatçısı
Grafikkarte *f* EDV ekran kartı
Gräfin *f* ⟨-; -nen⟩ kontes
grafisch *adj* grafik, çizimsel
Grafit *m* ⟨-s; -e⟩ grafit
Grafschaft *f* ⟨-; -en⟩ kontluk
Gramm *n* ⟨-s; -⟩ gram; ***100 ~*** 100 gram
Grammatik *f* ⟨-; -en⟩ dilbilgisi; **≈alisch** *adj* dilbilgisel; dilbilgisine uygun
grammatisch *adj* dilbigisel, gramatik
Granatapfel *m* nar
Granat|e *f* ⟨-; -n⟩ MIL obüs; **~splitter** *m* obüs parçası
grandios [-'dĭoːs] *adj* F olağanüstü; muazzam
Granit *m* ⟨-s; -e⟩ granit
Grapefruit ['greːpfruːt] *f* ⟨-; -s⟩ greyfrut
Grapholog|e [-f-] *m* ⟨-n; -n⟩ grafolog; **~ie** *f* ⟨-; *o pl*⟩ grafoloji; **~in** *f* ⟨-; -nen⟩ grafolog (kadın); **≈isch** *adj* grafolojik
grapschen *v/i* ⟨*h*⟩ *abw -i* ellemek, *-e* el atmak
Gras *n* ⟨-es; ⸚er⟩ ot; F ***ins ~ beißen*** tahtalıköyü boylamak; ***über etw ~ wachsen lassen*** (kötü) bş-in unutulmasını beklemek
grasbedeckt *adj* ot/çim kaplı
grasen *v/i* ⟨*h*⟩ otlamak
grasgrün *adj* (açık ve parlak) yeşil
Grashalm *m* ot sapı
Grashüpfer *m* çekirge
grassieren *v/i* ⟨*o* ge-, *h*⟩ *abw* moda olmak; hüküm sürmek, kol gezmek
grässlich *adj* korkunç, iğrenç
Grat *m* ⟨-s; -e⟩ TECH çapak; dağ sırtı
Gräte *f* ⟨-; -n⟩ kılçık
Gratifikation [-'t̮sĭoːn] *f* ⟨-; -en⟩ ikramiye
gratis *adv* parasız, ücretsiz; **≈probe** *f* parasız örnek, eşantiyon
Grätsche *f* ⟨-; -n⟩ açık/gergin atlama
grätschen *v/t u v/i* ⟨*h*⟩ açık/gergin atlamak
Gratulant *m* ⟨-en; -en⟩, **~in** *f* ⟨-; -nen⟩ kutlamacı
Gratulation [-'t̮sĭoːn] *f* ⟨-; -en⟩ (***zu*** *-i*) kutlama, tebrik
gratulieren *v/i* ⟨*o* ge-, *h*⟩ kutlamak, tebrik etmek; ***j-m zum Geburtstag ~*** b-nin doğum gününü kutlamak
Gratwanderung *f fig* denge oyunu
grau *adj* gri, boz, külrengi; ***der ~e Alltag*** günlük hayatın monotonluğu (*od* tekdüzeliği); ***~ meliert*** *adj* kırçıl
Gräuel *m* ⟨-s; -⟩ dehşet; nefret; ***er*** (***es***) ***ist mir ein ~*** ondan nefret ediyorum; **~tat** *f* gaddarlık, vahşet
grauen *v/i* ⟨*h*⟩: ***mir graut*** (*od* ***es graut mir***) ***vor etw*** (olacak) bş-den ödüm kopuyor
Grauen *n* ⟨-s; -⟩ (***vor*** *-den*) dehşet
grauen|haft, **~voll** *adj* müthiş; tüyler ürpertici

grauhaarig *adj* kır saçlı
graulen ⟨*h*⟩ F **1.** *v/t*: ***j-n aus dem Haus ~*** (b-ni) evden kaçırmak (*kaçmasını sağlamak*); **2.** *v/r*: ***sich ~*** (***vor*** *-den*) dehşet duymak
gräulich *adj* grimsi
Graupel *f* ⟨-; -n⟩ ebebulguru
grausam *adj* zalim, gaddar, acımasız; **２keit** *f* ⟨-; -en⟩ zulüm, gaddarlık
Grausen *n* ⟨-s; *o pl*⟩ dehşet
Grauzone *f yasal niteliği belli olmayan alan*, gri kesim
Graveur [gra'vøːr] *m* ⟨-s; -e⟩ hakkâk; gravürcü
gravieren [-v-] *v/t* ⟨*o* ge-, *h*⟩ kazımak; *-in* gravürünü yapmak
gravierend [-v-] *adj* ağır, şiddetli
Gravitation [gravita'tsi̯oːn] *f* ⟨-; *o pl*⟩ yerçekimi
graziös [-'tsi̯øːs] *adj* zarif, latif
greifbar *adj*: ***in ~er Nähe, ~ nahe*** elle tutulur uzaklıkta; ***~e Formen annehmen*** somut bir biçim almak
greifen ⟨griff, gegriffen, *h*⟩ **1.** *v/t* tutmak, yakalamak, kavramak; **2.** *v/i*: ***~ nach*** *-e* uzanmak
Greifvogel *m* yırtıcı kuş
Greifzange *f* pens(e)
Greis *m* ⟨-es; -e⟩ ihtiyar; **~in** *f* ⟨-; -nen⟩ ihtiyar kadın
grell *adj Licht usw* göz kamaştırıcı; *Farbe* cart
Gremium [-mi̯ʊm] *n* ⟨-s; -mien⟩ kurul; heyet
Grenz|bereich *m fig* ortak alan (*iki konu arasında*); **~bewohner(in** *f*) *m* sınır bölgesi sakini
Grenze *f* ⟨-; -n⟩ sınır; kısıtlama, limit; ***die ~ ziehen bei*** sınırı *-den* geçirmek; ***sich in ~n halten*** sınırlı kalmak; az olmak; ***~n setzen*** sınır koymak
grenzen *v/i* ⟨*h*⟩ (**an** *A -e*) sınırı olmak, *fig* varmak
grenzenlos *adj* sınırsız; sonsuz
Grenz|fall *m* sınır durum; **~formalitäten** *pl* pasaport ve gümrük işlemleri; **~gänger(in** *f*) *m* sık sık sınır geçen; pasavan sahibi; **~gebiet** *n* sınır bölgesi; ÖKON marjinal alan; **~konflikt** *m* sınır anlaşmazlığı; **~kosten** *pl* ÖKON marjinal maliyet *sg*; **~linie** *f* sınır çizgisi; **~posten** *m* sınır nöbetçisi/karakolu; **~schutz** *m* sınır koruması; sınır koruma kuvveti; **~stein** *m* sınır taşı/işareti; **~übergang** *m* sınır kapısı; **２überschreitend** *adj* sınır ötesi; **~verkehr** *m* sınır trafiği; **~wert** *m* sınır değer; **~zwischenfall** *m* sınırda (askeri) çatışma
Greuel, **~tat** → ***Gräuel***, ***~tat***
Griech|e *m* ⟨-es; -n⟩ Yunanlı; **~enland** *n* Yunanistan; **~in** *f* ⟨-; -nen⟩ Yunanlı (kadın); **２isch** *adj* Yunan *subst*, Rum *subst*; Yunanca, Rumca; ***~-orthodox*** Rum Ortodoks; ***~-römisch*** Rum Katolik; **~isch** *n* Yunanca, Rumca
griesgrämig *adj* F somurtkan, suratsız
Grieß *m* ⟨-es; -e⟩ GASTR irmik; **~brei** *m* irmik lapası
Griff *m* ⟨-s; -e⟩ tutma, tutuş; (*Tür*２) kol; (*Messer*２) sap; ***im ~ haben*** duruma hakim bulunmak; ***in den ~ bekommen*** *-e/* duruma hakim hale gelmek
griffbereit *adj* el altında, hazır
Griffel *m* ⟨-s; -⟩ karakalem
griffig *adj* kolay tutulur, ele gelen; pütürlü; akılda kolay kalan
Grill *m* ⟨-s; -s⟩ ızgara, cızbız
Grille *f* ⟨-; -n⟩ ağustosböceği; F tuhaf düşünce, kaçıklık
grillen *v/t* ⟨*h*⟩ ızgara yapmak
Grill|fest *n*, **~party** *f* ızgara partisi
Grimasse *f* ⟨-; -n⟩ yüz buruşturma, surat ekşitme; ***~n schneiden*** yüz buruşturmak, surat ekşitmek
Grinsen *n* ⟨-s; *o pl*⟩ sırıtma, alaycı gülüş
grinsen *v/i* ⟨*h*⟩ (**über** *A -e*) sırıtmak; *höhnisch* alaycı alaycı gülmek
grippal *adj*: ***~er Infekt*** gribal durum
Grippe *f* ⟨-; -n⟩ MED grip; **~epidemie** *f* grip salgını; **~impfung** *f* grip aşısı; **２krank** *adj* gripli; **~virus** *n* grip virüsü; **~welle** *f* grip dalgası
grob 1. *adj* kaba; *Fehler usw* ağır, büyük; (*groß*) iri; *Fläche* pürüzlü; ***~e Skizze*** müsvedde, karalama; F ***wir sind aus dem Gröbsten heraus*** artık düze çıktık; **2.** *adv*: ***~ gemahlen*** iri çekilmiş; ***~ geschätzt*** kaba bir tahminle; **２heit** *f* ⟨-; -en⟩ kabalık, görgüsüzlük; **２ian** *m* ⟨-s; -e⟩ kaba/yontulmamış adam; **~körnig** *adj* iri taneli; **~maschig** *adj* iri ilmekli/delikli
grölen *v/t u v/i* ⟨*h*⟩ çirkin sesle bağırmak
Groll *m* ⟨-s; *o pl*⟩ garaz, kin; kuyruk acısı; **２en** *v/i* ⟨*h*⟩: ***j-m ~*** (**wegen**) b-ne (*-den* dolayı) kin beslemek
Groschenroman *m* F *hafif, ucuz roman*
groß *adj* büyük; *Teile* iri; *Mensch* uzun

G

boylu; ~ ***angelegt*** büyük çapta(ki); F ~ ***in etw sein*** bş-de usta olmak; ***wie ~ ist es?*** ne büyüklükte/boyda?; ***wie ~ bist du?*** boyun kaç?; ***~e Ferien*** yaz tatili; ***~e Worte*** büyük laflar/sözler; ***Groß und Klein*** genci(yle) yaşlısı(yla); ***im Großen*** (***und***) ***Ganzen*** bütün olarak, esas itibarıyla

Groß|abnehmer *m* ÖKON büyük (ölçekli) alıcı; **~aktionär(in** *f*) *m* baş hissedar; **~angriff** *m* MIL büyük/genel taarruz; **2artig** *adj* muazzam, parlak, F olağanüstü; **~aufnahme** *f* FILM yakın çekim; **~auftrag** *m* ÖKON büyük ölçekli sipariş; **~betrieb** *m* büyük ölçekli işletme; **~britannien** *n* Büyük Britanya; **~buchstabe** *m* büyük harf

Größe *f* ⟨-; -n⟩ büyüklük; (*Körper2*) boy; (*Kleidungs2*) beden; (*Schuh2*) numara; *Person* büyük kişilik; *-in* büyükleri(nden); ***welche ~ haben Sie?*** kaç beden/numara giyiyorsunuz?

Groß|einkauf *m* ÖKON toptan alım; **~einsatz** *m* geniş çaplı operasyon; **~eltern** *pl* dede-nine; büyükanne ve büyükbaba

Größenordnung *f* çap, mertebe; ***in e-r ~ von*** … mertebesinde

großenteils *adv* büyük kısmıyla

Größenwahn *m* megalomani, büyüklük budalalığı; **2sinnig** *adj* büyüklük budalası; megaloman

Groß|fahndung *f* geniş çaplı arama; **~familie** *f* büyük aile; **~format** *n* büyük boy/ebat

Großgrundbesitz *m* ağalık; **~er(in** *f*) *m* büyük arazi sahibi; *Mann* ağa

Groß|handel *m* ÖKON toptan ticaret; **~handelspreis** *m* ÖKON toptancı fiyatı; **~händler** *m* ÖKON toptancı; **~handlung** *f* ÖKON toptancılık; **~kapital** *n* büyük sermaye; **2kotzig** *adj* F görmemiş; palavracı; **~macht** *f* POL süper güç, büyük devlet; **~maul** *n* F yüksekten atan; **~mut** *f* ⟨-; *o pl*⟩ büyüklük, kerem; cömertlik; **2mütig** *adj* cömert; kerim

Groß|mutter *f* nine, büyükanne, *mütterlicherseits* anneanne, *väterlicherseits* babaanne, **~neffe** *m* (*männlich*) kardeş torunu; **~nichte** *f* (*weiblich*) kardeş torunu; **~onkel** *m* büyük dayı/amca; **~projekt** *n* megaproje

Großraum *m*: ***der ~ München*** Münih ve çevresi; **~büro** *n geniş mekanlı, bölmesiz büro*; **~wagen** *m kompartımansız yolcu vagonu*

Großrechner *m* bilgisayar merkezi

groß|schreiben *v/t* ⟨*unreg*, -ge- *h*⟩ *-in* baş harfini büyük yazmak; **~sprecherisch** *adj* büyük söz eden; **~spurig** *adj* kibirli

Groß|stadt *f* büyükşehir; **~städter(in** *f*) *m* büyükşehirli; **~städtisch** *adj* büyükşehir *subst*; **~tante** *f* annenin/babanın teyzesi/halası

größtenteils *adv* çoğunlukla, büyük ölçüde

großtun ⟨*unreg*, -ge-, *h*⟩ **1.** *v/i* çalım satmak, büyüklük taslamak; **2.** *v/r*: ***sich mit etw ~*** bş-le övünmek/böbürlenmek

Großunternehm|en *n* ÖKON büyük ölçekli işletme; **~er(in** *f*) *m* büyük girişimci

Groß|vater *m* büyükbaba, dede; **~verdiener(in** *f*) *m* yüksek kazançlı; **~wetterlage** *f* (bölgenin) hava durumu; POL genel hava/durum

großziehen *v/t* ⟨*unreg*, -ge-, *h*⟩ büyütmek, yetiştirmek

großzügig *adj* cömert; *Haus usw* geniş; *Planung usw* geniş kapsamlı; **2keit** *f* ⟨-; *o pl*⟩ cömertlik; *Raum* genişlik

grotesk *adj* tuhaf; gülünç

Grotte *f* ⟨-; -n⟩ mağara, oyuk

Groupie ['gru:pi:] *n* ⟨-s; -s⟩ hayran (kadın)

Grübchen *n* ⟨-s; -⟩ gamze

Grube *f* ⟨-; -n⟩ çukur, hendek; *Bergbau* ocak, kuyu

grübeln *v/i* ⟨*h*⟩ (***über*** *A*, *D* hakkında) düşünüp durmak, dertlenmek

Gruben|arbeiter *m* maden işçisi; **~unglück** *n* maden kazası

Grübler *m* ⟨-s; -⟩ ağırbaşlı/düşünceli (kişi)

Gruft *f* ⟨-; ¨e⟩ (*Gewölbe*) tonoz, kemer; (*Grab*) yeraltı mezar odası

Gruftie *m* ⟨-s; -s⟩ P moruk

grün *adj* yeşil; POL *a* çevreci; ***~e Versicherungskarte*** AUTO *uluslararası sigorta belgesi*; ***~ und blau schlagen*** döve döve morartmak; ***~er Salat*** yeşil salata; F ***~er Junge*** acemi çaylak; ***~es Licht geben*** (***für*** *-e*) yeşil ışık yakmak; ***auf keinen ~en Zweig kommen*** belini doğrultamamak; ***die Grünen*** *pl* Yeşiller

Grünanlage *f* yeşil alan

Grund *m* ⟨-s; ¨e⟩ (*Ursache*) sebep, neden; (*Boden*) zemin, temel, yer; AGR *a* toprak, arazi; *Gewässer* dip; ***~ und Boden*** mülk, emlak; ***aus diesem ~(e)*** bu sebepten; ***von ~ auf*** temelden; ***im ~e (genommen)*** aslında, (aslına bakılırsa); ***auf ~ laufen*** MAR karaya oturmak; ***auf den ~ gehen (kommen)*** *-in* derinine inmek; ***sich in ~ und Boden schämen*** utancından yerin dibine geçmek; ***aus gutem ~*** haklı bir sebeple; ***allen ~ haben zu*** -mekte (yerden göğe kadar) haklı olmak

Grund|ausbildung *f* MIL temel eğitim; **~bedeutung** *f -in* asıl anlamı; **~bedingung** *f* temel şart; **~begriffe** *pl* temel kavramlar; **~besitz** *m* arazi mülkiyeti, mülk; **~besitzer(in** *f*) *m* arazi/toprak sahibi; **~bestandteil** *m* temel bileşen

Grundbuch *n* tapu; **~amt** *n* tapu dairesi; **~auszug** *m* tapu senedi

gründ|en ⟨*h*⟩ **1.** *v/t* kurmak; **2.** *v/r*: ***sich ~ auf*** (*A*) *-e* dayanmak; **≈er** *m* ⟨-s; -⟩, **≈erin** *f* ⟨-; -nen⟩ kurucu

grundfalsch *adj* temelden yanlış

Grund|farbe *f* ana renk; **~fläche** *f* taban; **~gebühr** *f* maktu/temel/taban ücret; **~gedanke** *m* ana fikir, temel düşünce; **~gehalt** *n* ⟨-s; ⸚er⟩ aslî maaş; **~gesetz** *n* anayasa

grundier|en *v/t* ⟨*o* ge-, *h*⟩ *Malen* astarlamak; **≈farbe** *f* astar (boyası)

Grund|kapital *n* ana sermaye; **~kenntnisse** *pl* temel bilgiler *pl*; **~kurs** *m* temel kurs; **~lage** *f fig* temel; ***jeder ~ entbehren*** hiçbir temele dayanmamak; **~lagenforschung** *f* kuramsal/teorik bilim araştırmaları *pl*; **≈legend** *adj* köklü, temelli

gründlich *adj* esaslı, köklü; titiz, özenle

Grundlinie *f* MATH taban

grundlos *fig* **1.** *adj* esassız, temelsiz; **2.** *adv* nedensizce, yersizce

Grundmauer *f* temel duvarı

Grundnahrungsmittel *n* temel besin maddesi

Gründonnerstag *m* REL *Paskalya'dan önceki Perşembe*

Grund|prinzip *n* temel ilke; **~rechenart** *f*: ***die vier ~en*** dört (temel) işlem; **~recht** *n* temel hak; **~regel** *f* ana/temel kural; **~riss** *m* ARCH yatay kesit, kroki; **~satz** *m* ilke; ***es sich*** (*D*) ***zum ~ machen zu*** -meyi kendine ilke edinmek

grundsätzlich **1.** *adj* ilkeli; **2.** *adv* ilke olarak, prensip itibarıyla

Grundschule *f* ilkokul; ilköğretim okulu; **~schüler(in** *f*) *m* ilkokul öğrencisi; ilköğretim okulu öğrencisi; **~stein** *m* ARCH temel; ***den ~ legen zu*** *-in* temelini atmak; **~stock** *m* ⟨-s; *o pl*⟩ sermaye; **~stoff** *m* CHEM element; ana madde; hammadde; **~stoffindustrie** *f* ana sanayi; **~stück** *n* arazi; (*Bauplatz*) arsa; **~stücksmakler(in** *f*) *m* emlak komisyoncusu; **~studium** *n* temel öğrenim; **~umsatz** *m* MED bazal metabolizma

Gründung *f* ⟨-; -en⟩ kur(ul)ma, kuruluş

grund|verkehrt *adj* temelden yanlış/ters; **~verschieden** *adj* tamamen/temelden farklı

Grundwasser *n* ⟨-s; *o pl*⟩ taban suyu *sg*, yeraltı suları *pl*; **~spiegel** *m* taban suyu seviyesi

Grundwortschatz *m* temel kelime haznesi

Grundzug *m*: ***in s-n Grundzügen schildern*** *-i* ana hatlarıyla anlatmak/canlandırmak

Grün|fläche *f* yeşil alan; **~futter** *n* AGR taze ot; **~gürtel** *m* yeşil kuşak; **~kohl** *m* yeşillahana, lastarya; **≈lich** *adj* yeşilimtırak; **~span** *m* ⟨-s; *o pl*⟩ yeşil küf (*auf Kupfer*)

Gruppe *f* ⟨-; -n⟩ grup, topluluk, küme; ÖKON şirketler grubu

Gruppen|arbeit *f* grup/ekip/küme çalışması; **~dynamik** *f* grup dinamiği; **~reise** *f* grup gezisi; **≈weise** *adv* grup olarak; grup grup

gruppieren ⟨*o* ge-, *h*⟩ **1.** *v/t*: ***neu ~*** yeni(den) gruplandırmak; **2.** *v/r*: ***sich ~ (um -in)*** etrafında toplanmak

Gruppierung *f* ⟨-; -en⟩ gruplandırma; gruplaşma

Grusel|film *m* korku filmi; **~geschichte** *f* korkutucu hikaye; **≈ig** *adj* tüyler ürpertici, korkutucu

gruseln *v/t u v/i* ⟨*h*⟩ dehşet duymak

Gruß *m* ⟨-es; ⸚e⟩ selam; ***viele Grüße an*** (*A*) *-e* çok selam!; ***mit freundlichen Grüßen*** *Geschäftsbrief* saygı ile, saygılarımızla; ***herzliche Grüße*** candan selamlarımla, en iyi dileklerimle

grüßen ⟨*h*⟩ *v/t* selamlamak; ***j-n ~ lassen*** b-ne selam söylemek; F ***grüß dich!*** selam!

gucken ['gʊk(ə)n] *v/i* ⟨*h*⟩ bakmak

Guckloch *n* gözetleme deliği

Guerillakrieg [ge'rılja-] *m* gerilla savaşı
Gulasch *n u m* ⟨-s; -e, -s⟩ gulaş (çorbası)
gültig *adj* geçer(li); **≗keit** *f* ⟨-; *o pl*⟩ geçerlik; ***s-e ~ verlieren*** geçerliğini kaybetmek; **≗keitsdauer** *f* geçerlik süresi
Gummi[1] *m u n* ⟨-s; -(s)⟩ lastik
Gummi[2] *n* ⟨-s; -s⟩ bel lastiği; lastik bant
Gummi[3] *m* ⟨-s; -s⟩ (*Radier≗*) (lastik) silgi; F (*Kondom*) lastik, kaput
gummi|artig *adj* lastik gibi; **≗band** *n* bel lastiği; (*Gummizug*) lastik bant; **≗bärchen** *n ayı biçiminde, lastik kıvamında şekerleme*; **≗baum** *m* BOT kauçuk ağacı; **≗handschuh** *m* lastik eldiven
gummieren *v/t* ⟨*o* ge-, *h*⟩ TECH zamklamak
Gummi|knüppel *m* lastik cop; **~stiefel** *m* lastik çizme; **~strumpf** *m* varis çorabı, lastik çorap; **~zug** *m* lastik şerit
Gunst *f* ⟨-; *o pl*⟩: ***zu j-s ~en*** b-nin lehine
günstig *adj* (**für** *-e*) elverişli, uygun; ***~e Gelegenheit*** fırsat; ***im ~sten Fall*** en iyi durumda
Günstling *m* ⟨-s; -e⟩ kayırılan/iltimaslı
Günstlingswirtschaft *f* ⟨-; *o pl*⟩ kayırma(cılık), iltimas(çılık)
Gurgel *f* ⟨-; -n⟩ gırtlak; boğaz; **~mittel** *n* gargara ilacı
gurgeln *v/i* ⟨*h*⟩ gargara etmek; ≗ *n* gargara
Gurke *f* ⟨-; -n⟩ salatalık, hıyar; (*Gewürz≗*) hıyar turşusu
Gurt *m* ⟨-s; -e⟩ kemer, kuşak, kayış
Gürtel *m* ⟨-s; -⟩ kemer; ***den ~ enger schnallen*** kemeri sıkmak
Gürtel|linie *f*: ***unter der ~*** belden aşağı; **~reifen** *m* AUTO radyal lastik; **~rose** *f* ⟨-; *o pl*⟩ MED bel zonası; **~schnalle** *f* kemer tokası; **~tier** *n* tatu
Gurt|muffel *m* AUTO F *emniyet kemeri takmayan*; **~pflicht** *f* AUTO kemer takma zorunluluğu
Guru *m* ⟨-s; -s⟩ REL, *fig* guru
GUS [ge:|u:'|ɛs] *Abk für* ***Gemeinschaft Unabhängiger Staaten*** *f* Bağımsız Devletler Topluluğu (BDT)
Guss *m* ⟨-es; ¨-e⟩ döküm; (*Regen≗*) sağanak; (*Zucker≗*) şekerli krema
Guss|beton *m* dökme beton, **~eisen** *n* dökme demir, pik; **≗eisern** *adj* dökme demir(den); **~form** *f* döküm kalıbı
gut **1.** *adj* iyi; *Wetter a* güzel; ***~ aussehend*** çekici, *Mann* yakışıklı; ***~ bezahlt*** *adj* parası iyi; iyi maaşlı (*Arbeit*); ***~ gebaut*** iri yapılı; ***~ gehen*** yolunda gitmek, başarıyla sonuçlanmak; ***~ gelaunt*** keyfi yerinde, neşeli; ***~ gemeint*** iyi niyetle söylenmiş/yapılmış; ***~ situiert*** hali vakti yerinde; ***~ tun*** iyi gelmek; ***ganz ~*** fena değil; ***also ~!*** peki öyleyse!; ***schon ~ !*** önemi yok!; (***wieder***) ***~ werden*** tekrar düzelmek; ***~e Reise!*** iyi yolculuklar!; ***sei bitte so ~ und hilf mir*** bana yardım eder misin lütfen?; ***mir ist nicht ~!*** ben iyi değilim!; ***in etw ~ sein*** bş-de iyi olmak; ***wozu soll das ~ sein?*** bu da nesi?; bu neye yarar ki?; ***lass*** (***mal*** *od* ***es***) ***~ sein!*** bırak, üstüne varma!; ***so ~ wie nichts*** hiçbir şey dense yeri(dir); ***~ zwei Stunden*** rahat iki saat; iki saatten fazla; ***sich im ≗en trennen*** kavgasız ayrılmak; **2.** *adv* iyi; ***mir geht es ~*** iyiyim; ***du hast es ~*** senin işin iş; ***es ist ~ möglich*** gayet mümkün; ***es gefällt mir ~*** hoşuma gidiyor/gitti; ***~ gemacht!*** iyi oldu!, aferin!; ***machs ~!*** hoşça kal!
Gut *n* ⟨-s; ¨-er⟩ ÖKON mal; (*Besitz*) mülk; (*Land≗*) çiftlik
Gutachten *n* ⟨-s; -⟩ (bilirkişi) rapor(u); (*Zeugnis*) referans, belge
Gutachter *m* ⟨-s; -⟩, **~in** *f* ⟨-; -nen⟩ uzman; JUR bilirkişi
gutartig *adj* uslu, iyi huylu; MED iyi huylu, selim
gutbürgerlich *adj*: ***~e Küche*** GASTR *sade ve doyurucu yemekler*
Gutdünken *n* ⟨-s; *o pl*⟩: ***nach s-m ~*** o nasıl doğru bulursa öyle
Gute *n* ⟨-n; *o pl*⟩ iyi; ***alles ~!*** bol şans!; ***~s tun*** iyi bir şey yapmak
Güte *f* ⟨-; *o pl*⟩ iyilik, yardımseverlik; ÖKON kalite, sınıf; F ***meine ~!*** aman Allahım!
Güteklasse *f* ÖKON kalite sınıfı
Gutenachtkuss *m* iyi geceler öpücüğü
Güter *pl* mal *sg*
Güter|bahnhof *m* mal istasyonu; **~gemeinschaft** *f* JUR mal ortaklığı; **~trennung** *f* JUR mal ayrılığı; **~verkehr** *m* yük taşımacılığı; **~wagen** *m* BAHN yük vagonu; **~zug** *m* yük treni
Gütezeichen *n* kalite işareti
gutgläubig *adj* her şeye inanan, saf; **~keit** *f* ⟨-; *o pl*⟩ kolay inanırlık, saflık
Guthaben *n* ⟨-s; -⟩ alacak (hesabı); mevduat; **~saldo** *n* alacak bakiyesi
gutheißen *v/t* ⟨*unreg*, -ge-, *h*⟩ olumlu

karşılamak
gutherzig *adj* iyi kalpli/yürekli
gütig *adj* iyi, hoşgörülü, yardımsever
gütlich *adv*: ***sich ~ einigen*** (barış içinde) uzlaşmak
gutmütig *adj* uysal, iyi huylu
Gutschein *m* kupon
gutschreiben *v/t* ⟨*unreg*, -ge-, *h*⟩: ***j-m etw ~*** b-nin hesabına alacak yazmak
Gutschrift *f* alacak dekontu, kredi
Gutshof *m* (büyük) çiftlik
guttural *adj* gırtlaksı
gutwillig *adj* iyi niyetli; gönüllü; **≈keit** *f* ⟨-; *o pl*⟩ iyi niyet; gönüllülük
Gymnasialbildung [gymna'zĭa:l-] *f* lise eğitimi
Gymnasiast [gymna'zĭast] *m* ⟨-en; -en⟩, **~in** *f* ⟨-; -nen⟩ liseli
Gymnasium [gym'na:zĭʊm] *n* ⟨-s; -ien⟩ lise; ***humanistisches ~*** *insan bilimleri ağırlıklı lise*
Gymnastik [gy-] *f* ⟨-; *o pl*⟩ jimnastik; **~anzug** *m* cimnastik elbisesi
gymnastisch *adj* jimnastik(le ilgili)
Gynäkolog|e *m* ⟨-es; -n⟩ MED jinekolog, kadın hastalıkları uzmanı; **~ie** *f* ⟨-; *o pl*⟩ jinekoloji; **~in** *f* ⟨-; -nen⟩ MED jinekolog (kadın); **≈isch** *adj* jinekolojik

H

H

h, **H** [ha:] *n* ⟨-; -⟩ **1.** h, H; **2.** MUS si
Haar *n* ⟨-s; -e⟩ saç; *einzelnes* kıl; ***sich*** (*D*) ***die ~e kämmen*** saçlarını taramak; ***sich*** (*D*) ***die ~e schneiden lassen*** saçlarını kestirmek; ***aufs ~*** tıpatıp, aynısı!; ***kein gutes ~ an j-m lassen*** b-ni yerden yere vurmak; ***um ein ~*** az kaldı, neredeyse; ***um kein ~ besser*** zerre kadar daha iyi değil; ***sich in die ~e geraten*** saç saça baş başa olmak; ***das ist an den ~en herbeigezogen*** tut kelin perçeminden
Haar|ansatz *m saçın başladığı çizgi*; **~ausfall** *m* saç dökülmesi; **~bürste** *f* saç fırçası
haaren *v/i* ⟨*h*⟩ *Tiere -in* tüyü dökülmek
Haarentfern|er *m* ⟨-s; -⟩, **~ungsmittel** *n* ağda
Haaresbreite *f*: ***um ~*** kılpayı
Haar|farbe *f* saç rengi; **~färbemittel** *n* saç boyası; **~festiger** *m* ⟨-s; -⟩ fiksatör
Haargefäß *n* ANAT kılcal damar
haargenau *adv* F tastamam; (***stimmt***) ***~!*** aynen (öyle)!
haarig *adj* F çetin; müşkil; F yaş; ...**haarig** *in Zssgn* ... saçlı
haarklein *adv* bütün ayrıntılarıyla
Haar|nadel *f* saç iğnesi, firkete; **~nadelkurve** *f* u virajı; **~öl** *n* saç yağı; **~pflege** *f* saç bakımı; **≈scharf** *adj* gayet kesin; *adv* kıl payı; **~schleife** *f* kurdele; fiyonk; **~schnitt** *m* saç kesme; saç (biçimi); **~schuppen** *pl* saç kepeği; **~spalterei** *f* ⟨-; -en⟩ kılı kırk yarma; **~spange** *f* saç tokası; **~spitzen** *pl* saç uçları; **~spray** *m*, *n* saç spreyi; **~strähne** *f* perçem, lüle; **≈sträubend** *adj* tüyler ürpertici; **~teil** *n* ek saç; **~trockner** *m* fön, saç kurutma makinesi; **~wäsche** *f* saç yıkama; **~waschmittel** *n* şampuan; **~wasser** *n* saç losyonu
Haarwuchs *m*: ***starken ~ haben*** saçları gür olmak; **~mittel** *n* saç besleyici losyon
Hab *n*: (***all sein***) ***~ und Gut*** (onun bütün) varı yoğu/varlığı
Habe *f* ⟨-; *o pl*⟩ varlık, servet
haben ⟨hat, hatte, gehabt, *h*⟩ **1.** *v/t -e* sahip olmak; ***haben Sie ...*** -iniz var mı?; ***ich habe keine Zeit*** zamanım/vaktim yok; ***was hast du?*** ne(yi)n var?; ***etw ~ wollen*** bş-i (elde etmek) istemek; (***noch***) ***zu ~ sein*** (daha) serbest olmak; ***woher hast du das?*** bunu nereden aldın/buldun?; ***was hast du gegen ihn?*** onunla alıp veremediğin ne(dir)?; ***was habe ich davon*** (***, wenn ...***)***?*** (-rsem) bunun bana ne faydası olur? **2.** *v/aux* ***hast du meinen Bruder gesehen?*** kardeşimi gördün mü?; ***hast du gerufen?*** sen mi çağırdın?
Haben *n* ⟨s; -⟩ ÖKON alacak; ***Soll und ~*** borç ve alacak; **~seite** *f* alacak tarafı; **~zinsen** *pl* alacaklı faizi *sg*
Habgier *f* ⟨-; *o pl*⟩ hırs, açgözlülük; **≈ig** *adj* açgözlü, hırslı

habhaft *adj*: ***~ werden*** (*G*) *-i* ele geçirmek
Habicht *m* ⟨-s; -e⟩ atmaca, doğan
Habilitation *f* ⟨-; -en⟩ profesörlük tezi
habilitieren *v/r* ⟨*o* ge-, *h*⟩: ***sich ~*** profesör unvanını almak
Habitat *n* ⟨-s; -e⟩ çevre (*Lebensraum eines Tieres*)
Habseligkeiten *pl* eşya(lar); F pılı pırtı *sg*
Hab|sucht *f* ⟨-; *o pl*⟩ tamah(kârlık); açgözlülük; **⁀süchtig** *adj* tamahkâr; açgözlü
Hackbraten *m* rosto; köfte
Hackbrett *n* kıyma tahtası; MUS santur
Hacke *f* ⟨-; -n⟩ AGR çapa; topuk; ökçe
hacken ⟨*h*⟩ *v/t* yarmak; AGR çapalamak; (***nach*** *-i*) gagalamak
Hacker ['hakər, 'hɛkər] *m* ⟨-s; -⟩ F EDV hacker
Hackfleisch *n* kıyma
Hackordnung *f* hiyerarşi
Häcksel *m*, *n* ⟨-s; *o pl*⟩ AGR kesmik; yonga; kıyılmış yem
hadern *v/i* ⟨*h*⟩ (***mit*** ile) cebelleşmek, çekişmek
Hafen *m* ⟨-s; ⸚⟩ liman; ***in den ~ einlaufen*** limana girmek; **~anlagen** *pl* liman tesisleri; **~arbeiter** *m* liman işçisi; **~einfahrt** *f* liman girişi; **~gebühren** *pl* liman resmi *sg*; **~polizei** *f* liman zabıtası; **~rundfahrt** *f* liman turu; **~stadt** *f* liman kenti; **~viertel** *n* tersane semti
Hafer *m* ⟨-s; -⟩ yulaf; **~brei** *m* yulaf lapası; **~flocken** *pl* yulaf ezmesi *sg*; **~schleim** *m* (sulu) yulaf lapası
Haft *f* ⟨-; *o pl*⟩ JUR tutukluluk; hapis cezası; ***in ~ nehmen*** tutuklamak; **~anstalt** *f* cezaevi/tutukevi
haftbar *adj* (***für*** *-den*) sorumlu; ***j-n ~ machen für*** b-ni *-den* sorumlu tutmak
Haftbefehl *m* (***gegen*** hakkında) tutuklama emri
haften[1] *v/i* ⟨*h*⟩ (*kleben*) (***an*** *D -e*) yapışmak; yapışık kalmak
haften[2] *v/i* ⟨*h*⟩ (***für*** *-den*) sorumlu olmak
Haftfähigkeit *f* ⟨-; *o pl*⟩ **1.** yapışkanlık; **2.** JUR *hapsedilmeye engel durumu olmama*
Häftling *m* ⟨-s; -e⟩ tutuklu
Haftpflicht *f* malî sorumluluk/mesuliyet; **⁀ig** *adj* malî sorumlu; **~versicherung** *f* malî mesuliyet sigortası
Haftrichter(in *f*) *m* tutuklama hakimi
Haftstrafe *f* hapis cezası
Haftung[1] *f* ⟨-; *o pl*⟩ TECH yapışma; adhezyon
Haftung[2] *f* ⟨-; -en⟩ sorumluluk/mesuliyet; ***mit beschränkter ~*** sınırlı sorumlu; ***Gesellschaft mit beschränkter ~*** limitet şirket; ***~ übernehmen*** (***für*** *-in*) sorumluluğunu üstlenmek
Haftvermögen *n* ⟨-s; *o pl*⟩ yapışkanlık
Hagebutte *f* ⟨-; -n⟩ kuşburnu
Hagel *m* ⟨-s; *o pl*⟩ dolu, *fig a* yağmur; **~korn** *n* dolu tanesi
hageln *v/unp* ⟨*h*⟩ dolu yağmak
Hagelschauer *m* dolu sağanağı
hager *adj* sıska
Hahn *m* ⟨-s; ⸚e⟩ ZOOL horoz; (*Wasser⁀*) musluk
Hähnchen *n* ⟨-s; -⟩ piliç
Hahnenkamm *m* BOT horozibiği
Hai *m* ⟨-s; -e⟩, **~fisch** *m* ZOOL köpekbalığı
Häkchen *n* ⟨-s; -⟩ küçük çengel; *Zeichen* kontrol işareti
häkeln ⟨*h*⟩ **1.** *v/t* (tığla) örmek; **2.** *v/i* dantel örmek; tığ işi yapmak
Häkelnadel *f* tığ
Haken *m* ⟨-s; -⟩ çengel; (*Kleider⁀*) elbise askısı; *fig* engel, takıntı
halb **1.** *adj* yarım; ***e-e ~e Stunde*** yarım saat; ***ein ~es Pfund*** iki yüz elli gram; ***zum ~en Preis*** yarı fiyatına; ***j-m auf ~em Wege entgegenkommen*** b-ni yarı yolda (karşılamak); **2.** *adv* ***~ drei*** (***Uhr***) (saat) iki buçuk; yarı (yarıya); ***~ gar*** az pişmiş; ***~ tot*** yarı ölü; ***~ verhungert*** (açlıktan) yarı ölü; ***~ voll*** yarı dolu; ***~ so viel*** bşin yarısı kadar; F ***mit j-m halbe-halbe machen*** b-yle yarı yarıya bölüşmek; ***nur die ~e Wahrheit*** gerçeğin sadece bir tarafı/yanı; ***e-e ~e Sache*** yarım bir iş
halbamtlich *adj* yarı resmi
Halbblut *n* melez, yarıkan
Halbbruder *m* üvey kardeş
halbdunkel *adj* loş; alacakaranlık
Halbdunkel *n* loşluk; alacakaranlık
Halbe *f* ⟨-n; -n⟩ *Bier* yarım litre bira
…halben, **…halber** *in Zssgn* … sebebiyle, nedeniyle
Halbfabrikat *n* yarı mamul
halbfertig *adj* ÖKON yarı işlenmiş
halbfett *adj* yarım yağlı; yarım siyah (harf)
Halbfinale *n* yarı final

Halb|gott *m* yarıtanrı; **~göttin** *f* yarıtanrıça
halbherzig *adv* yarım gönülle; yarım ağızla
halbieren *v/t* ⟨*o* ge-, *h*⟩ ikiye bölmek
Halbinsel *f* yarımada
Halbjahr *n* yarıyıl
halb|jährig *adj* altı aylık; **~jährlich 1.** *adj* altı ayda bir olan; **2.** *adv* yılda iki kere, altı ayda bir
Halb|kreis *m* yarım daire; **~kugel** *f* yarımküre; **~leiter** *m* EL yarı iletken; **~mast** *adv*: ***~ flaggen*** bayrağı yarıya çekmek; **~mond** *m* hilal, yarımay; ***Roter ~*** Kızılay
halbnackt *adj* yarı çıplak
halboffiziell *adj* yarı resmi
Halbpension *f* yarım pansiyon
halbrund *adj* yarım yuvarlak
Halb|schlaf *m* tavşan uykusu; **~schuh** *m* iskarpin; **~schwergewicht** *n* yarı ağır sıklet; **~schwester** *f* üvey kızkardeş
halbseitig *adj* yarım sayfalık; MED ***~e Lähmung*** tek taraflı felç
Halbstarke *m* ⟨-n; -n⟩ F yeni yetme (*Jüngling*)
halb|stündig *adj* yarım saatlik; **~stündlich** *adv* yarım saatte bir; **~tägig** *adj* yarım günlük
halbtags *adv*: ***~ arbeiten*** yarım gün çalışmak; **≈arbeit** *f*, **≈beschäftigung** *f* yarım günlük iş; **≈kraft** *f yarım gün çalışan eleman*
Halbton *m* MUS yarım ses
halbtrocken *adj Sekt, Wein* dömisek
Halbwahrheit *f* ⟨-; -en⟩ gerçeğin yarısı
Halbwaise *f ohne Mutter* öksüz; *ohne Vater* yetim
Halbwertszeit *f* yarılanma süresi
Halbwüchsige *m, f* ⟨-n; -n⟩ yeniyetme
Halbzeit *f* SPORT: ***erste*** (***zweite***) **~** birinci (ikinci) devre/yarı; (*~pause*) haftaym; devre arası
Halde *f* ⟨-; -n⟩ yokuş, bayır, tepe; BERGBAU yığın; ÖKON stoklar *pl*; ***auf ~ legen*** yığmak; ***auf ~ liegen*** yığılı durmak
Hälfte *f* ⟨-; -n⟩ yarı; ***zur ~*** yarı yarıya
Halfter[1] *n* ⟨-s; -⟩, *a f* ⟨-; -n⟩ tabanca kılıfı
Halfter[2] *m, n* ⟨-s; -⟩ yular
Halle *f* ⟨-; -n⟩ hal; *Haus* hol, sofa; (*Sport≈*) salon; (*Hotel≈*) lobi; TECH, LUFTF hangar
Hallen|fußball *m* salon futbolu; **~(schwimm)bad** *n* kapalı yüzme havuzu; **~turnier** *n* salon turnuvası
hallo *int* TEL alo!; **~** (***, Sie***)***!*** hey (, siz)!
Halluzination [-ˈt͡si̯oːn] *f* ⟨-; -en⟩ halüsinasyon
halluzinatorisch *adj* halüsinasyon benzeri
Halluzinogen *n* ⟨-s; -e⟩ MED halüsinasyon yaratıcı
Halm *m* ⟨-s; -e⟩ BOT (*Gras≈*) sap; (*Getreide≈*) başak sapı; (*Stroh≈*) kamış (çubuk)
Halogen|lampe *f* iyotlu lamba; **~scheinwerfer** *m* AUTO halojen far
Hals *m* ⟨-es; ¨-e⟩ MED boyun; (*Kehle*) boğaz, gırtlak; ***aus vollem ~(e) lachen*** kahkahalarla gülmek; ***j-m um den ~ fallen*** b-nin boynuna sarılmak/atılmak; ***sich*** (*D*) ***vom ~ schaffen*** başından savmak; ***es hängt mir zum ~(e)*** (***he***)***raus*** bundan bıktım usandım artık; ***~ über Kopf*** alelacele
Hals|band *n* kolye; (*Hunde≈*) tasma; **≈brecherisch** *adv* F kelle koltukta; **~entzündung** *f* MED boğaz iltihabı; **~kette** *f* kolye
Hals-Nasen-Ohren|-Arzt *m*, **~-Ärztin** *f* kulak-burun-boğaz hekimi
Hals|schlagader *f* şah damarı; **~schmerzen** *pl*: ***~haben*** *-in* boğazı ağrımak; **≈starrig** *adj* inatçı, dikkafalı; **~tuch** *n* boyun atkısı; ***~- und Beinbruch!*** *int* F başarılar!; haydi hayırlısı!; **~weite** *f* yaka numarası; **~wirbel** *m* boyun omuru
halt[1] *int* stop!, MIL dur!
halt[2] *adv* → ***eben*** işte; ne yapalım; aynen
Halt *m* ⟨-s; -e, -s⟩ durma; (*Stütze*) destek, dayanak; (*Zwischen≈*) mola; *fig innerer* (iç) destek; ***~ machen*** durmak; ***vor nichts ~ machen*** hiçbir şeyden çekinmemek
haltbar *adj* dayanıklı; *Farben* solmaz, sabit; *Argument* tutarlı; ***~ bis …*** son kullanma tarihi: …; ***~ machen*** dayanıklı hale getirmek; konserve etmek; ***~ sein*** dayanıklı olmak; ***begrenzt ~*** dayanıklılığı sınırlı; **≈keit** *f* ⟨-; *o pl*⟩ dayanıklılık; *fig* tutarlılık; **≈keitsdatum** *n* son kullanma tarihi
Haltegriff *m* tutamak
halten ⟨hält, hielt, gehalten, *h*⟩ **1.** *v/t* tutmak; *Tier* beslemek; *Rede* yapmak; *Vortrag* vermek; ***~ für*** *-i* … saymak; *irr-*

tümlich -i … sanmak; ***sich ~ für*** kendini … sanmak; ***nach Süden ~*** güney yönünü tut(tur)mak; ***mehr nach links ~*** biraz daha sola doğru gitmek; ***viel (wenig) ~ von*** *-e* çok (az) önem vermek; ***er war nicht zu ~*** o tutulacak gibi değildi; **2.** *v/r:* ***sich ~*** sürmek, devam etmek; *Essen* bozulmamak; *Richtung, Zustand* korumak, muhafaza etmek; ***sich ~ an*** *(A) -e* bel bağlamak; **3.** *v/i* sürüp gitmek, sürmek; *(an~)* durmak; *Eis* taşımak, kaldırmak; *Seil* çekmek; ***~ zu j-m*** b-ni tutmak

Halten *n* ⟨-s; *o pl*⟩ duruş; ***zum ~ bringen*** durdurmak

H

Halter *m* ⟨-s; -⟩ *(Eigentümer)* malsahibi; *für Geräte* işletici

Halterung *f* ⟨-; -en⟩ TECH askı

Halte|schild *n* dur levhası; **~signal** *n* dur sinyali; **~stelle** *f* durak; **~verbot** *n* (***absolutes***) **~** durma yasağı; ***eingeschränktes ~*** bekleme yasağı; ***hier ist ~*** burada durmak yasak

haltlos *adj (unbegründet)* temelsiz

Haltung *f* ⟨-; -en⟩ *(Körper~)* duruş; *(Tier~)* bulundurma, besleme; (***gegenüber*** karşısında) tutum; ***~ bewahren*** tavrını korumak; ***~ zeigen*** tavrını göstermek/belirtmek

Halunke *m* ⟨-n; -n⟩ alçak, rezil

Hamam *n (türkisches Bad)* hamam

Hamburger[1] *adj* Hamburg(lu) *subst*

Hamburger[2] *m* ⟨-s; -⟩, **~in** *f* ⟨-; -nen⟩ *Person* Hamburglu

Hamburger[3] *m* ⟨-s; -⟩ GASTR hamburger

Häme *f* ⟨-; *o pl*⟩: F ***voller ~***, **hämisch** *adj* kötü niyetli, alaycı

Hammel *m* ⟨-s; -⟩ ZOOL *(männlich)* (iğdiş) koyun ; **~braten** *m* koyun kızartması; **~fleisch** *n* koyun eti; **~keule** *f* koyun budu

Hammer *m* ⟨-s; ⸚⟩ çekiç; ***unter den ~ kommen*** mezada düşmek; F ***das ist ein ~!*** bu ne ağır bir darbe!

hämmern ⟨*h*⟩ **1.** *v/i* vurmak, dövmek; ***~ auf*** (klavyeyi) dövmek; ***~ gegen*** *-i* yumruklamak, dövmek; **2.** *v/t* TECH dövmek

Hammerwerfen *n* ⟨-s; *o pl*⟩ SPORT çekiç atma

Hämoglobin *n* ⟨-s; *o pl*⟩ hemoglobin

Hämophile *m* ⟨-n; -n⟩ MED hemofil

Hämorrhoiden *pl* MED hemoroit *sg*, basur *sg*

Hamster *m* ⟨-s; -⟩ ZOOL dağ sıçanı

hamstern *v/t u v/i* ⟨*h*⟩ istifçilik etmek

Hand *f* ⟨-; ⸚e⟩ el; ***j-s rechte ~*** b-nin sağ kolu; (***mit***) ***~ anlegen*** b-ne bir el vermek, b-ne yardım etmek; ***sich*** *(D)* ***die ~ geben*** tokalaşmak; ***j-m freie ~ lassen*** b-ne (çok, tam *usw*) yetki vermek; ***j-m die ~ schütteln*** b-nin elini sıkmak; ***~ in ~ gehen*** (***mit***) birbirinden ayrıl(a)mamak; ***an die ~ nehmen*** ele almak; ***aus der ~ legen*** vazgeçmek, elden çıkarmak; ***aus erster*** (***zweiter***) ***~*** ilk (ikinci) elden; ***eine ~ voll*** bir avuç (dolusu); ***j-m in die Hände fallen*** b-nin eline geçmek; ***es liegt in s-r ~*** bu (iş) onun elinde; ***unter der ~*** el altından; ***von, mit der ~*** el ile; ***von der ~ in den Mund leben*** eliyle getirmek, ağzıyla götürmek; ***von der ~ weisen*** inkâr etmek; ***zu Händen*** (***von***) *iş mektubunun adres kısmında mektubun yöneldiği kişi*; ***zur ~*** elde; ***Hände hoch!*** eller yukarı! ***Hände weg!*** çek elini!

Handarbeit *f* el işi

Handball *m* ⟨-s; *o pl*⟩ hentbol; **~er** *m* ⟨-s; -⟩, **~erin** *f* ⟨-; -nen⟩ F hentbolcü; **~spieler(in** *f*) *m* hentbolcü

handbetätigt *adj* TECH el(le) kumandalı, manüel

Hand|bewegung *f* el hareketi; **~bohrmaschine** *f* el matkabı; **~breit** *f* ⟨-; -⟩ *yaklaşık 10 cm uzunluk*; **~bremse** *f* AUTO el freni; **~buch** *n* el kitabı, kılavuz

Händchen *n* ⟨-s; -⟩ F: ***~ halten*** el ele tutuşmak

Handcreme *f* el kremi

Handel *m* ⟨-s; *o pl*⟩ ticaret, iş; *(~sverkehr)* ticarî işlemler *pl*; *(Markt)* pazar; ***~ treiben*** ÖKON ticaret yapmak; ***im ~ sein*** piyasada bulunmak; ***in den ~ bringen*** (***kommen***) piyasaya sürmek (çıkmak)

handeln ⟨*h*⟩ **1.** *v/i* iş yapmak, ticaret yapmak; *(feilschen)* (***um*** için) pazarlık etmek; *(sich verhalten)* davranmak; *(aktiv werden)* harekete geçmek; ***mit j-m ~*** ÖKON b-le ticaret yapmak; ***mit Waren ~*** ÖKON bir malın ticaretini yapmak; ***~ von*** bahsetmek, söz etmek; **2.** *v/unp*: ***es handelt sich um …*** … söz konusu(dur)

Handeln *n* ⟨-s; *o pl*⟩: ***gemeinsames*** (***rasches***) ***~*** ortak (çabuk) davranma

Handels|abkommen *n* ticaret anlaşması; **~attaché** *m* ticaret ataşesi; **~barriere** *f* ticarî engel; **~beschränkungen** *pl* ticarî kısıtlamalar; **~beziehungen** *pl* ticarî ilişkiler

Handelsbilanz *f*: ***aktive/passive ~*** ticarî aktif/pasif bilanço; **~defizit** *n* ticaret açığı; **~überschuss** *m* ticaret bilançosu fazlası

handelseinig *adj*: ***~ werden*** pazarlıkta uyuşmak

Handels|embargo *n* ticarî ambargo; **~gesellschaft** *f* şirket; ***offene ~*** kollektif şirket; **~flotte** *f* ticaret filosu; **~genossenschaft** *f* ticaret kooperatifi; **~kammer** *f* ticaret odası; **~klasse** *f* kalite (*1. Klasse usw*); **~korrespondenz** *f* ticarî yazışma/haberleşme; **~niederlassung** *f* ticarî yerleşim (merkezi); **~partner** *m* ticarî ortak; **~schranke** *f* ticarî kısıtlama; **~spanne** *f alış ve satış fiyatı farkı*; **~recht** *n* ticaret hukuku; **~register** *n* ticaret sicili; ***ins ~ eintragen (lassen)*** ticaret siciline kaydet(tir)mek; **~reisende** *m, f* ⟨-n; -n⟩ seyyar tüccar; **~schiff** *n* ticaret gemisi; **~schifffahrt** *f* ticarî gemicilik; **~schule** *f* ticaret okulu/lisesi

handelsüblich *adj* ticarî âdetlere uygun, ticarette alışılagelmiş

Handels|verkehr *m* ticaret; ticarî işlemler *pl*; **~vertrag** *m* ticarî sözleşme; **~vertreter** *m* ticarî mümessil; **~vertretung** *f* acentelik, ticarî temsilcilik; **~volumen** *n* ticaret/işlem hacmi; **~ware** *f* ticarî mal, ürün; **~zweig** *m* ticaret dalı

hände|ringend *adv* yalvar yakar; çaresizlik içinde; **&schütteln** *n* ⟨-s; *o pl*⟩ toka(laşma)

handfest *adj* esaslı; ciddî; kuvvetli; besleyici

Handfeuer|löscher *m* el yangın söndürücüsü; **~waffe** *f* taşınabilir ateşli silah

Hand|fläche *f* el ayası; **&gearbeitet** *adj* el işi, elle yapılmış; **~gelenk** *n* bilek; F ***aus dem ~*** kolaylıkla, bir çırpıda; **&gemalt** *adj* elle resimlendirilmiş/boyanmış; **~gepäck** *n* LUFTF el bagajı; **&geschrieben** *adj* elle yazılmış; el yazısı; **&gestrickt** *adj* el örgüsü; F uyduruk, derme çatma; **&gewebt** *adj* elde dokunmuş; **~granate** *f* ⟨-; -n⟩ el bombası

handgreiflich *adj*: ***~ werden*** dövüşe başlamak; **&keiten** *pl* tartaklama; dövüş(me)

Handgriff *m* tutamak, sap; tutuş; ***mit wenigen ~en*** bir çırpıda

Handhabe *f* ⟨-; -n⟩: ***er hat keinerlei ~*** onun elinden (buna karşı) hiçbir şey gelmez

handhab|en *v/t* ⟨handhabte, gehandhabt, *h*⟩ kullanmak; *-e* muamele etmek; *Maschine* işletmek, çalıştırmak; **&ung** *f* ⟨-; -en⟩ kullan(ıl)ış

Handheld ['hɛnthɛlt] *n, m* EDV elüstü

Handicap ['hɛndikɛp] *n* ⟨-s; -s⟩ handikap, dezavantaj

Handkuss *m*: ***j-m e-n ~ geben*** b-nin elini öpmek; F ***mit ~*** seve seve, minnetle

Händler *m* ⟨-s; -⟩, **~in** *f* ⟨-; -nen⟩ satıcı; tüccar; **~rabatt** *m* satıcı indirimi

Handlesekunst *f* ⟨-; *o pl*⟩ el falı

handlich *adj* kullanışlı

Handlung *f* ⟨-; -en⟩ *Film usw* olay, hikaye, konu; (*Tat*) eylem, davranış

Handlungs|bedarf *m*: ***es besteht (kein) ~*** harekete geçme gereği vardır (yoktur); **~bevollmächtigte** *m, f* ticarî vekil; **&fähig** *adj* POL tepki gösterebilen; JUR fiil ehliyeti olan; **~fähigkeit** *f* ⟨-; *o pl*⟩ JUR fiil ehliyeti; medenî hakları kullanma ehliyeti; **~freiheit** *f*: ***j-m ~ geben*** b-ne hareket serbestliği tanımak; **~spielraum** *m* hareket alanı; inisiyatif; **~vollmacht** *f* ticarî vekâlet/yetki; **~weise** *f* davranış biçimi

Handout ['hɛntaʊt] *n* ⟨-s; -s⟩ (dağıtılan) not/teksir

Hand|pflege *f* el bakımı; **~puppe** *f* el kuklası; **~rücken** *m* elin tersi; **~schellen** *pl* kelepçe *sg*; ***j-m ~ anlegen*** b-ne kelepçe vurmak; **~schlag** *m* ⟨-s; *o pl*⟩ toka, el sık(ış)ma; ***etw durch*** (*od* ***per***) ***~ bekräftigen*** bş-i el sıkışarak teyit etmek

Handschrift *f* el yazısı, (*Manuskript*) el yazması, yazma; **&lich 1.** *adj* elle yazılı; **2.** *adv* el yazısıyla

Handschuh *m* eldiven; **~fach** *n* AUTO torpido gözü

Hand|spiegel *m* cep aynası; **~stand** *m* amut; amuda kalkma; **~standüberschlag** *m* amuttan perende; **~steuerung** *f* manüel; **~umdrehen** *n*: ***im ~*** kaşla göz arası; **~tasche** *f* el çantası; **~tuch** *n* havlu

Handwerk *n* ⟨-s; -e⟩ zanaat; ***j-m das ~ legen*** b-nin (kötü) işlerine son vermek;

er versteht sein ~ o işinin ustası; **~er** *m* ⟨-s; -⟩, **~erin** *f* ⟨-; -nen⟩ zanaatçı; F usta; **≗lich** *adj*: ***~er Beruf*** zanaat mesleği

Handwerks|kammer *f* esnaf ve zanaatkâr odası; **~meister** *m* usta

Handwurzel *f* ANAT el bileği

Handy ['hɛndi] *n* ⟨-s; -s⟩ F cep telefonu

Hand|zeichen *n* el işareti; paraf; **~zettel** *m* el ilanı

Hanf *m* ⟨-s; *o pl*⟩ kenevir

Hang *m* ⟨-s; ⸗e⟩ bayır, sırt; *fig* (***zu*** *-e*) eğilim, düşkünlük

Hänge|brücke *f* ARCH asma köprü; **~matte** *f* hamak

hängen 1. *v/i* ⟨hing, gehangen, *h*⟩ (***an*** *Wand -de, Decke -den*) asılı durmak/olmak; ***~ an*** (*D*) *-e* çok bağlı olmak; -siz edememek; ***~ bleiben*** asılı kalmak; takıl(ıp kal)mak; ***sie blieb mit dem Rock an e-m Nagel ~*** eteği bir çiviye takıldı; F ***im Gedächtnis ~ bleiben*** hafızada kalmak; ***~ lassen*** asılı bırakmak; F ***j-n ~ lassen*** b-ni yüzüstü bırakmak; ***sich ~ lassen*** kendini koy(u)vermek; **2.** *v/t* ⟨*h*⟩ asmak; ***sich ~ an*** *-e* girişmek

Hängen *n* ⟨-s; *o pl*⟩: F ***mit ~ und Würgen*** güç bela, zar zor

Hängeschrank *m* asma dolap

Hansa, **Hanse** *f* ⟨-; *o pl*⟩ HIST Hansa birliği

hanseatisch *adj* Hansa (birliğine ait)

Hänselei *f* ⟨-; -en⟩ F alay, takılma, kızdırma

hänseln *v/t* ⟨*h*⟩ *-e* takılmak/sataşmak

Hansestadt *f* Hansa (birliği) şehri

Hantel *f* ⟨-; -n⟩ halter

hantieren *v/i* ⟨*o* ge-, *h*⟩ (harıl harıl) iş yapmak; ***~ mit etw*** bş-le çalışmak, bş-i kullanmak; ***~ an etw*** bş üzerinde çalışmak

hapern *v/unp* ⟨*h*⟩ F eksik/hatalı olmak; yürümemek; ***es hapert mit*** (*od* ***bei***) ***den Finanzen*** para işleri yolunda gitmiyor

Häppchen *n* ⟨-s; -⟩ lokma(cık)

Happen *m* ⟨-s; -⟩ lokma; ***e-n ~ essen*** bir lokma bir şey yemek

happig *adj* F *Preis* kazık

Hardware ['ha:dvɛ:ɐ] *f* ⟨-;-s⟩ EDV donanım

Harfe *f* ⟨-; -n⟩ MUS arp

Harfenist *m* ⟨-en; -en⟩, **~in** *f* ⟨-; -nen⟩ arpçı

harmlos *adj* zararsız

Harmon|ie *f* ⟨-; -n⟩ uyum, ahenk; **≗ieren** *v/i* ⟨*o* ge-, *h*⟩ uymak, bağdaşmak; **≗isch** *adj* uyumlu; **≗isieren** *v/t* ⟨*o* ge-, *h*⟩ uydurmak, bağdaştırmak

Harn *m* ⟨-s; -e⟩ idrar, F sidik; **~blase** *f* mesane, sidik torbası; **~grieß** *m* MED mesane kumu; **~leiter** *m*, **~röhre** *f* idrar yolu; **~probe** *f* MED idrar nümunesi; **~säure** *f* MED ürik asit; **≗treibend** *adj* idrar söktürücü; **~untersuchung** *f* idrar muayenesi

Harpun|e ⟨-; -n⟩ zıpkın; **≗ieren** *v/t* ⟨*o* ge-, *h*⟩ zıpkınlamak

harren *v/i* ⟨*h*⟩: ***auf*** *-i* beklemek

hart 1. *adj* sert, katı; (*schwierig*) ağır; ***er ist ~ im Nehmen*** yılmak bilmez; ***sie blieb ~*** yumuşamadı; ***das war ~ für sie*** bu ona ağır geldi; ***~e Getränke*** sert içkiler; ***~e Währung*** sağlam döviz; ***~es Ei*** hazırlop yumurta; **2.** *adv* sert, ağır; ***~ arbeiten*** ağır çalışmak; ağır iş yapmak; ***~ gefroren*** (donarak) katılaşmış; ***~ gekocht*** katı pişmiş; *Ei* hazırlop

Härte *f* ⟨-; -n⟩ sertlik; *fig* ağır şartlar *pl*; **~fall** *m* zaruret hali

härten ⟨*h*⟩ **1.** *v/t* sertleştirmek; katılaştırmak; dondurmak; **2.** *v/i* sertleşmek, katılaşmak; donmak

Hartgeld *n* metal para

hartgesotten *adj* merhametsiz

Hartgummi *n*, *m* ebonit, sertkauçuk

hartherzig *adj* duygusuz, katı yürekli

hartnäckig *adj* dikkafalı, inatçı; (*beharrlich*) sebatkâr; *Krankheit* süreğen

Harz *n* ⟨-es; -e⟩ reçine

haschen[1] *v/i* ⟨*h*⟩ F esrar içmek

haschen[2] ⟨*h*⟩ **1.** *v/t* kovalamak; **2.** *v/i*: ***nach*** *-in* peşinde olmak

Hasch(isch) *n* ⟨-s; *o pl*⟩ F esrar

Hase *m* ⟨-n; -n⟩ tavşan; ***alter ~*** *-in* kurdu

Haselnuss *f* fındık

Hasen|braten *m* tavşan kızartması; **~fuß** *m* F korkak (tavşan); tabansız; **~scharte** *f* MED tavşan dudağı, yarık dudak

haspeln *v/t* ⟨*h*⟩ TECH makarayla kaldırmak; *Garn* çile yapmak

Hass *m* ⟨-es⟩ (***auf*** *A*, ***gegen*** *-e*, *-e* karşı) nefret; *bleibend* kin; ***aus ~*** nefretten; ***e-n ~ haben auf*** *-e* kin beslemek

hassen *v/t* ⟨*h*⟩ *-den* nefret etmek

hasserfüllt *adj* kin/nefret dolu

hässlich *adj* çirkin; *fig a* kötü, berbat

Hassliebe *f sevgiyle nefretin yan yana olması duygusu*
Hast *f* ⟨-; *o pl*⟩ acele; **≈en** *v/i* ⟨*sn*⟩ acele etmek; **≈ig 1.** *adj* aceleci, telaşlı; **2.** *adv* acele (içinde), alelacele; ***nicht so ~!*** yavaş (yavaş)!; acele etme!
hätscheln *v/t* ⟨*h*⟩ okşamak; nazlı alıştırmak, şımartmak
Haube *f* ⟨-; -n⟩ AUTO kaput, motor kapağı
Hauch *m* ⟨-s; *o pl*⟩ soluk, nefes; hohlama; esinti; eser, zerre, nebze
hauchdünn *adj* incecik; zar gibi (ince); ***~er Sieg*** kılpayı zafer
hauchen *v/i* ⟨*h*⟩ hohlamak
hauen ⟨haut, hieb *od* haute, gehaut *od* F gehauen, *h*⟩ **1.** *v/t* F pataklamak; **2.** *v/i* (***nach** -e*) vurmak; **3.** *v/r*: ***sich ~*** dövüşmek
Haufen *m* ⟨-s; -⟩ *a fig* yığın; ***ein ~*** bir sürü; F ***j-n über den ~ rennen*** (*od* ***fahren***) b-ni ezmek/çiğnemek; ***etw über den ~ fahren*** bş-i heder etmek; ***e-n ~ Geld ausgeben*** (***verdienen***) bir yığın para harcamak (kazanmak); ***e-n ~ Geld kosten*** dünyanın parası etmek/olmak
häufen *v/r* ⟨*h*⟩: ***sich ~*** artmak
häufig 1. *adj* sık; **2.** *adv* sık sık
Häufung *f* ⟨-; -en⟩ yığılma, yığışma
Haupt *n* ⟨-s; ¨-er⟩ baş; (*Ober≈*) baş(kan), lider
Haupt|aktionär(in *f*) *m* ana hissedar; **≈amtlich** *adv* asıl görevi olarak; **~angeklagte** *m, f* ⟨-n; -n⟩ asıl/esas sanık; **~anschluss** *m* TEL (dış) hat; **~anteil** *m* başlıca hisse; aslan payı; **~attraktion** *f* büyük atraksiyon; baş numara; **~bahnhof** *m* (merkez) gar; **≈beruflich** *adj* asıl işi olarak; **~beschäftigung** *f* esas iş; **~bestandteil** *m* ana bileşen; esas kısım; **~buch** *n* ÖKON ana/büyük defter; defterikebir; **~darsteller(in** *f*) *m* baş rol oyuncusu; **~einfahrt** *f* ana giriş (kapısı); **~eingang** *m* ana giriş; **~erbe** *m* esas/baş mirasçı; **~fach** *n* anabilim dalı; **~feldwebel** *m* MIL kıta başçavuşu; **~figur** *f* baş kişi, kahraman; **~gebäude** *n* merkez bina; **~gericht** *n* GASTR baş yemek; **~geschäft** *n* iş merkezi; merkez
Hauptgeschäfts|führer *m* baş yönetici; **~stelle** *f* merkez şube; **~straße** *f* çarşı caddesi; **~zeit** *f* ana mesai saatleri *pl*
Haupt|gewinn *m* büyük ikramiye; **~grund** *m* temel neden; **~hahn** *m* TECH ana musluk; vana; **~kasse** *f* ana vezne; **~last** *f*: ***die ~ tragen*** asıl yükü taşımak
Häuptling *m* ⟨-s; -e⟩ F reis; elebaşı
Haupt|mahlzeit *f* esas öğün; **~merkmal** *n* en belirgin özellik; **~niederlassung** *f* ÖKON merkez; işletme/şirket merkezi; **~person** *f* en önemli kişi; **~postamt** *n* merkez postanesi; **~quartier** *n* karargâh; **~reisezeit** *f* yüksek sezon; **~rolle** *f* baş rol; ***die ~ spielen*** başrolü oynamak; **~sache** *f* en önemli şey (*od* nokta); **≈sächlich** *adj u adv* başlıca; **~saison** *f* yüksek sezon; **~satz** *m* ana/temel cümle; **~schalter** *m* EL (ana) şalter; **~schlüssel** *m* paspartu, tavşan anahtarı; **~schuldige** *m, f* JUR asli fail; **~schule** *f ortaokul benzeri okul türü*; **~sendezeit** *f* TV ana program kuşağı; **~sitz** *m* ÖKON şirket merkezi; **~sorge** *f* baş/temel endişe; **~stadt** *f* başkent; **~straße** *f* ana cadde; **~täter(in** *f*) *m* JUR asli fail; **~thema** *n* ana tema; **~treffer** *m* F büyük ikramiye(lerden biri); **~unterschied** *m* temel fark; **~verfahren** *n* JUR son soruşturma; **~verhandlung** *f* JUR duruşma; **~verkehrsstraße** *f* ana yol; **~verkehrszeit** *f* iş trafiği (saatleri); **~versammlung** *f* genel kurul; **~vertreter** *m* baş temsilci; **~verwaltung** *f* merkez idaresi/yönetimi; **~wohnsitz** *m* resmi ikamet adresi; **~wort** *n* GR isim; **~zeuge** *m*, **~zeugin** *f* esas şahit; **~ziel** *n* baş/ana hedef
Haus *n* ⟨-es; ¨-er⟩ ev; (*Gebäude*) bina; ***aus gutem ~(e) sein*** kökeni iyi olmak; ***außer ~*** GASTR paket servisi; ***ins ~ stehen*** söz konusu olmak; beklenmek; ***nach ~e kommen*** eve gelmek; ***von ~(e) aus*** doğuştan; ezelden; ***zu ~e*** evde
Haus|angestellte *m, f* ev hizmetçisi; **~apotheke** *f* ecza dolabı; **~arbeit** *f* ev işi; **~arrest** *m*: ***j-n unter ~ stellen*** b-ni konut hapsine almak; **~arzt** *m*, **~ärztin** *f* aile doktoru/hekimi; **~aufgaben** *pl* ev ödevi *sg*; **~bar** *f* kokteyl dolabı; **~bau** *m* ⟨-s; *o pl*⟩ ev/konut inşaatı; **~besetzer(in** *f*) *m* bina işgalcisi; **~besetzung** *f* bina işgali; **~besitzer(in** *f*) *m* ev/bina/daire sahibi; **~besuch** *m* ev ziyareti; **~bewohner(in** *f*) *m* ev/bina sakini; **~boot** *n* konut-tekne; **~eigentümer(in** *f*) *m* JUR ev/bina sahibi
hausen *v/i* ⟨*h*⟩ F barınmak; (***übel***) ~

H

oturduğu evi berbat etmek
Häuserblock *m* ada, blok
Haus|flur *m* hol, antre; **~frau** *f* ev kadını; **~friedensbruch** *m* ⟨-s; *o pl*⟩ JUR konut dokunulmazlığını ihlal; **~gebrauch** *m* özel kullanım; aile/ev içi kullanımı; **2gemacht** *adj* evde yapılmış, ev işi; **~gemeinschaft** *f* ev/apartman sakinleri; apartman komşuluğu
Haushalt *m* ⟨-s; -e⟩ ev idaresi; ÖKON, POL bütçe; ***die öffentlichen ~e*** kamu bütçeleri; ***im ~ helfen*** ev iş(ler)inde yardım etmek; ***(j-m) den ~ führen*** (b-nin) ev işlerini görmek
haushalten *v/i* ⟨*unreg*, -ge-, *h*⟩: ***~ mit*** *-i* idareli kullanmak
Haushälter|in *f* ⟨-; -nen⟩ *b-nin ev işlerini gören kadın*; **2isch** *adj* idareli, tutumlu
Haushalts|defizit *n* bütçe açığı; **~führung** *f* ⟨-; *o pl*⟩ bütçe idaresi/yönetimi; bütçe davranışı; **~geld** *n* ev harçlığı; **~gerät** *n* ev aleti; **~jahr** *n* bütçe yılı; mali yıl; **~mittel** *pl* POL ödenekler *pl*; bütçe fonları *pl*; **~packung** *f* aile boyu; büyük ambalaj; **~plan** *m* bütçe (tahmini); **~waren** *pl* ev/mutfak eşyaları *pl*
Hausherr *m* (*Gastgeber*) ev sahibi; **~in** *f* ⟨-; -nen⟩ *a* ev sahibesi
haushoch *adj*: ***haushoher Sieg*** dev gibi zafer; ***~ gewinnen*** büyük farkla kazanmak; ***j-m ~ überlegen sein*** b-nden kat kat üstün olmak
hausieren *v/i* ⟨*o* ge-, *h*⟩: ***mit etw ~ (gehen)*** bş-le eşik aşındırmak
Hausierer *m* ⟨-s; -⟩, **~in** *f* ⟨-; -nen⟩ seyyar satıcı
Hauslehrer(in *f*) *m* özel öğretmen
häuslich *adj* evcil; evine bağlı
Hausmacherart *f*: ***nach ~*** ev usulü
Haus|mädchen *n* hizmetçi kız; **~mann** *m evinde ev kadını gibi çalışan adam*; **~marke** *f -in* kendi markası; **~meister(in** *f*) *m* kapıcı, apartman sorumlusu; **~mittel** *n* ev ilacı; **~müll** *m* ev çöpü; **~nummer** *f* kapı numarası; **~ordnung** *f* iç tüzük; bina yönetmeliği; **~post** *f* iç posta; **~rat** *m* ⟨-s; *o pl*⟩ ev eşyası; **~ratversicherung** *f* ev eşyası sigortası; **~schlüssel** *m* sokak kapısı anahtarı; **~schuh** *m* terlik
Hausse ['(h)o:s(ə)] *f* ⟨-; -n⟩ ÖKON canlanma
Haussuch|ung *f* ⟨-; -en⟩ JUR evde arama; **~ungsbefehl** *m* ev arama emri
Haus|telefon *n* dahili telefon; **~tier** *n* evcil hayvan; ev hayvanı; **~tür** *f* sokak kapısı; **~verwalter(in** *f*) *m* bina/apartman yöneticisi; **~verwaltung** *f* bina yönetimi; **~wirt(in** *f*) *m* pansiyoncu; **~wirtschaft** *f* ⟨-; *o pl*⟩ ev idaresi; **~wirtschaftslehre** *f* ev ekonomisi; **~zelt** *n* ev-çadır
Haut *f* ⟨-; ¨-e⟩ deri; (*Teint*) cilt, ten; F ***e-e dicke ~ haben*** vurdumduymaz olmak; F ***s-e (eigene) ~ retten*** (kendi) canını kurtarmak; ***sich*** (*D*) ***s-r ~ wehren*** kendini savunmak; ***bis auf die ~ durchnässt*** sırılsıklam ıslanmış; ***ich möchte nicht in s-r ~ stecken*** onun yerinde olmak istemezdim; ***das geht e-m unter die ~*** bu insanın içine işliyor
Haut|abschürfung *f* MED sıyrıntı; **~arzt** *m*, **~ärztin** *f* cilt doktoru; **~ausschlag** *m* MED isilik, egzema; ***e-n ~ bekommen*** isilik/egzema çıkarmak; **~creme** *f* cilt kremi
häuten ⟨*h*⟩ **1.** *v/t -in* derisini yüzmek; **2.** *v/r*: ***sich ~*** *-in* derisi soyulmak; *Tier* gömlek değiştirmek
hauteng *adj* vücuda oturan, pek dar
Hautfarbe *f* cilt rengi
hautfarben *adj* ten rengi
Hautkrankheit *f* cilt hastalığı
Hautkrebs *m* MED cilt kanseri
hautnah *adj* çok yakın
Haut|pflege *f* cilt bakımı; **~pilz** *m* MED cilt/deri mantarı; **~transplantation** *f* cilt/deri nakli
Häutung *f* ⟨-; -en⟩ soyulma
Hautunreinheit *f* cilt bozukluğu
Hbf. *Abk* → ***Hauptbahnhof***
H-Bombe ['ha:-] *f* MIL hidrojen bombası
Hearing ['hi:rıŋ] *n* ⟨-s; -s⟩ POL (*im Parlament*) soruşturma
Hebamme *f* ⟨-; -en⟩ ebe
Hebe|baum *m* TECH manivela; **~bühne** *f* AUTO hidrolik kaldırıcı, kaldırma sahanlığı
Hebel *m* ⟨-s; -⟩ kaldıraç, manivela, kol; ***alle ~ in Bewegung setzen*** her çareye başvurmak; ***am längeren ~ sitzen*** avantajlı olmak; **~arm** *m* PHYS kaldıraç kolu; **~kraft** *f*, **~moment** *n* PHYS kaldıraç kuvveti; **~wirkung** *f* kaldıraç etkisi
heben ⟨hob, gehoben, *h*⟩ **1.** *v/t* çekmek, çıkarmak; *Last* kaldırmak; *fig* geliştir-

mek, yükseltmek; **2.** *v/r*: ***sich ~*** *Vorhang* yükselmek, kalkmak
Hebräisch *n* İbranice; ≈ *adj* İbranice
hecheln *v/i* ⟨*h*⟩ sık sık nefes almak
Hecht *m* ⟨-s; -e⟩ ZOOL turnabalığı
hechten *v/i* ⟨*h*⟩ kaplan atlaması yapmak
Hechtsprung *m* kaplan atlaması
Heck *n* ⟨-s; -e, -s⟩ MAR kıç; LUFTF kuyruk; AUTO arka
Heckantrieb *m* arkadan çekiş
Hecke *f* ⟨-; -n⟩ çit
Hecken|rose *f* yabangülü; **~schere** *f* çit makası; **~schütze** *m pusudan ateş eden suikastçı*
Heck|klappe *f* bagaj kapağı; **~licht** *n* LUFTF kuyruk ışığı; **~scheibe** *f* AUTO arka cam; **~scheibenheizung** *f* AUTO arka cam ısıtıcısı; **~scheibenwischer** *m* arka cam sileceği
Hedon|ismus *m* ⟨-; *o pl*⟩ hedonizm; **~ist** *m* ⟨-en; -en⟩, **~istin** *f* ⟨-; -nen⟩ hedonist; **≈istisch** *adj* hedonist(çe)
Heer *n* ⟨-s; -e⟩ MIL ordu; *fig a* sürü
Hefe *f* ⟨-; -n⟩ maya; **~teig** *m* ekşi hamur
Heft *n* ⟨-s; -e⟩ (*Schreib≈*) defter; (*Büchlein*) kitapçık; *Zeitschrift* sayı; (*Lieferung*) fasikül
heften ⟨*h*⟩ **1.** *v/t* (**an** *A -e*) iliştirmek, tutturmak; *Saum usw* teyellemek; *Buch* dikmek; **2.** *v/r*: ***sich an j-s Fersen ~*** b-nin peşinden ayrılmamak
Hefter *m* ⟨-s; -⟩ *Gerät* tel zımba; (*Mappe*) dosya
heftig *adj* güçlü, sert; *Regen* şiddetli; **≈keit** *f* ⟨-; *o pl*⟩ şiddet, sertlik
Heft|klammer *f* zımba teli; ataş, tel raptiye; **~maschine** *f* TECH tel dikiş makinası
Heftpflaster *n* flaster
Hegemonie *f* ⟨-; -n⟩ hegemonya
hegen *v/t* ⟨*h*⟩: ***~ und pflegen*** (özenle) bakmak; *-in* üzerine titremek
Hehl *m*: ***kein(en) ~ machen aus*** *-i* hiç gizlememek
Hehler *m* ⟨-s; -⟩ *çalıntı mal alıp satan*; **~ei** *f* ⟨-; -en⟩ *çalıntı mal ticareti*
Heide[1] *m* ⟨-n; -n⟩ pagan; *abw* gâvur, kâfir
Heide[2] *f* ⟨-; -n⟩ funda(lık); (*~pflanze*) süpürgeotu
Heidelbeere BOT yaban mersini
Heiden|... F *in Zssgn* felaket; dehşet; **~angst** *f*: F ***e-e ~ haben*** çok korkmak; **~geld** *n*: F ***ein ~*** çok para; **~lärm** *m*: F ***ein ~*** çok gürültü; **~spaß** *m*: F ***e-n ~ haben*** çılgınca eğlenmek; **~tum** *n* ⟨-s; *o pl*⟩ paganlık
Heidin *f* ⟨-; -nen⟩ pagan (kadın); *abw gâvur*, kâfir (kadın)
heidnisch *adj* pagan(ca)
heikel *adj* müşkil, nazik, zor; *Person* titiz
heil *adj Person* sağ-salim; *Körperteil* sağlığı yerinde; *Sache* sağlam, kırılmamış; ***e-e ~e Welt*** masun bir dünya
Heil|anstalt *f* sanatoryum; *psychiatrische* akıl hastanesi; **~bad** *n* kaplıca; **≈bar** *adj* iyileştirilebilir; **~barkeit** *f* ⟨-; *o pl*⟩ tedavi edilebilirlik
Heilbutt *m* ⟨-s; -e⟩ büyük dilbalığı
heilen ⟨*h*⟩ **1.** *v/t* ⟨*h*⟩ iyileştirmek, tedavi etmek; ***j-n ~ von etw*** b-ni bş-den kurtarmak; **2.** *v/i* ⟨*sn*⟩ iyileşmek
heilend *adj* şifalı
Heilerde *f* şifalı toprak
heilfroh *adj*: F ***~ sein*** çok memnun/rahatlamış olmak
Heilgymnastik *f* fizyoterapi
heilig *adj* kutsal, mübarek, mukaddes; ***der ≈e Abend***, **Heiligabend** *m* Noel Akşamı
heiligen *v/t* ⟨*h*⟩ meşru/mubah kılmak; kutsal saymak
Heiligtum *n* ⟨-s; -¨er⟩ kutsal yer/şey; tapınak; F ***das ist sein ~!*** o buna laf dokundurtmaz!
Heil|klima *n* şifalı iklim; **~kraft** *f* iyileştirici etki, şifa; **≈kräftig** *adj* şifalı; **~kraut** *n* şifalı ot; **~kunde** *f* ⟨-; *o pl*⟩ tıp, hekimlik
heillos *adj*: ***ein ~es Durcheinander anrichten*** karmakarışık etmek
Heil|methode *f* tedavi yöntemi/usulü; **~mittel** *n* ilaç, çare; MED *a* deva; **~pflanze** *f* şifalı bitki; **~praktiker(in** *f*) *m doğal tedavi uzmanı*; **~quelle** *f* kaplıca, içmeler *pl*; **≈sam** *adj* şifalı; *fig* hayırlı
Heilsarmee *f* Selamet Ordusu
Heil|schlaf *m* MED hibernasyon; **~serum** *n* MED antitoksik serum
Heilung *f* ⟨-; -en⟩ tedavi, şifa; *Wunde* iyileşme
Heilungs|aussichten *pl* iyileşme ihtimali *sg*; **~prozess** *m* iyileşme (süreci)
Heil|verfahren *n* tedavi yöntemi/usulü; **~wirkung** *f* iyileştirici etki
heim *adv* eve (*kendi evine*)

H

Heim *n* ⟨-s; -e⟩ (*Zuhause*) yuva; (*Wohn***≈**) yurt; **~arbeit** *f evde yapılan iş*; **~arbeiter(in** *f*) *m evinde dışarıya iş yapan*

Heimat *f* ⟨-; *o pl*⟩ yurt, vatan; memleket; BOT anayurt; ***in der*** (***meiner***) **~** memlekette

Heimat|anschrift *f* memleket adresi; **~hafen** *m* sicil limanı, bağlama limanı; **~kunde** *f* ⟨-; *o pl*⟩ hayat bilgisi (dersi); **~land** *n* anavatan, memleket; **≈lich** *adj* memleket(e ilişkin); **≈los** *adj* vatansız; **~ort** *m -in memleketi olan köy, kasaba*; **~stadt** *f -in memleketi olan şehir*; **~vertriebene** *m*, *f yurdundan kovulmuş göçmen*

heimbegleiten *v/t* ⟨*o* -ge- *h*⟩: ***j-n*** **~** b-ni evine bırakmak

heimbringen *v/t* ⟨*unreg*, -ge-, *h*⟩: ***j-n*** **~** eve getirmek (*od* götürmek)

heimfahren *v/i* ⟨*unreg*, -ge-, *sn*⟩ eve gitmek (*araçla*)

Heimfahrt *f* eve dönüş (*araçla*)

heimfinden *v/i* ⟨*unreg*, -ge-, *h*⟩ ev(in)in yolunu bulmak

heimgehen *v/i* ⟨*unreg*, -ge-, *sn*⟩ ev(in)e gitmek

heimisch *adj* yerli; ***sich*** **~** ***fühlen*** kendini yurdunda/evinde hissetmek; **~** ***sein*** (***in*** *D* bir yer) *-in* anavatanı olmak

Heimkehr [-keːɐ] *f* ⟨-; *o pl*⟩ evine/yurduna dönüş; **≈en** *v/i* ⟨-ge-, *sn*⟩ eve dönmek; **~er** *m* ⟨-s; -⟩, **~erin** *f* ⟨-; -nen⟩ evine/yurduna dönen (kimse)

Heimkind *n yurtta yetişen çocuk*

Heimkino *n* evde film gösterisi; televizyon

heimkommen *v/i* ⟨*unreg*, -ge-, *sn*⟩ eve (*od* evine) gelmek/dönmek

Heimleiter(in *f*) *m* yurt müdürü

heimlich 1. *adj* gizli; **2.** *adv* gizlice, gizliden gizliye; **~** ***tun*** (***mit*** hakkında) esrarengiz tavırlar takınmak; **≈keit** *f* ⟨-; -en⟩ gizlilik; **~en** *pl abw* gizli saklı işler *pl*; **≈tuerei** *f* ⟨-; *o pl*⟩ *abw* esrarengiz tavırlar takınma

Heim|niederlage *f kendi sahasında yenilgi*; **~orgel** *f* MUS (küçük) elektronik org

Heimreis|e *f* dönüş yolculuğu; **≈en** *v/i* ⟨-ge-, *sn*⟩ dönüş yolculuğu yapmak

Heim|sieg *m kendi sahasında galibiyet*; **~spiel** *n* kendi sahasında maç

heimsuch|en *v/t* ⟨-ge-, *h*⟩: ***heimgesucht von …*** … felaketinin vurduğu; **≈ung** *f* ⟨-; -en⟩ felaket(e uğrama)

Heimtrainer ['haɪmtrɛːnər] *m* cimnastik aleti, hometrainer

Heimtück|e *f* ⟨-; *o pl*⟩ kalleşlik; hainlik; **≈isch** *adj a Krankheit* sinsi; *Mord usw* haince, kalleşçe

heimwärts *adv* eve doğru

Heim|weg *m* dönüş yolu; **~weh** *n* ⟨-s; *o pl*⟩ memleket hasreti; özlem; **~** ***haben nach*** *-in* hasretini çekmek

Heimwerker *m* ⟨-s; -⟩, **~in** *f* ⟨-; -nen⟩ *usta gerektiren işleri evinde kendi yapan*

heimzahlen *v/t* ⟨-ge-, *h*⟩ ***j-m etw*** **~** b-nden bş-in acısını çıkarmak

Heirat *f* ⟨-; -en⟩ evlenme, nikâh; **≈en** *v/t u v/i* ⟨*h*⟩ (***j-n*** *-le*) evlenmek

Heirats|annonce *f* eş arama ilanı; **~antrag** *m* evlenme teklifi; ***j-m e-n*** **~** ***machen*** b-ne evlenme teklif etmek; **≈fähig** *adj*: ***im*** **~*en Alter*** evlenecek yaşta; **~schwindler** *m* evlenme vaadiyle dolandırıcılık yapan; **~urkunde** *f* evlilik belgesi; **~vermittlung** *f* eş bulma (bürosu)

heiser *adj* kısık, boğuk; ***sich*** **~** ***schreien*** bağırmaktan sesi kısılmak; **≈keit** *f* ⟨-; *o pl*⟩ kısıklık, boğukluk

heiß *adj* sıcak; **~*er Tip*** (güncel) tavsiye; ***etw*** **~** ***ersehnen*** bş-i çok özlemek; ***etw*** **~** ***machen*** bş-i ısıtmak/kızdırmak; ***es ist*** **~** hava çok sıcak; ***mir ist*** **~** piştim; **~** ***begehrt*** çok tutulan; **~** ***ersehnt*** büyük hasretle beklenen; **~** ***geliebt*** çok sevgili; **~** ***umkämpft*** uğrunda amansızca savaşılan; **~** ***umstritten*** çok tartışılan

heißblütig *adj* ateşli, tutkulu

heißen ⟨hieß, geheißen, *h*⟩ *-in* adı/ismi … olmak; (*bedeuten*) … anlamına gelmek; ***j-n willkommen*** **~** b-ne hoşgeldin(iz) demek; ***wie*** **~** ***Sie?*** adınız ne?; ***wie heißt das?*** buna ne denir?; ***was heißt das?, was soll das*** **~*?*** bu da ne demek oluyor?; ***was heißt … auf Türkisch?*** …-in Türkçesi nedir?; ***es heißt, dass*** -diği söyleniyor; ***das heißt*** yani, bu demektir ki; ***jetzt heißt es handeln!*** şimdi harekete geçme zamanı!

Heißhunger *m*: **~** ***haben*** (***nach***) *-in* canı birden … çekmek

heißlaufen *v/r* ⟨*h*⟩: ***sich*** **~** TECH kız(ış)mak

Heißluftpistole *f* TECH ısı tabancası

heiter *adj* şen; *Film usw* eğlenceli; METEO açık, bulutsuz; *fig* ***aus ~em Himmel*** damdan düşer gibi

Heiterkeit *f* ⟨-; *o pl*⟩ neşe, şenlik; (*Belustigung*) eğlence; ***~ erregen*** gülüşmelere yol açmak

Heiz|anlage *f* kalorifer tesisatı; **⁲bar** *adj* ısıtılan; ısıtılabilir; **~decke** *f* elektrikli battaniye

heizen *v/i u v/t* ⟨*h*⟩ ısıtmak

Heizer *m* ⟨-s; -⟩ MAR, BAHN ateşçi

Heiz|gas *n* TECH gaz yakıt; **~kessel** *m* kalorifer kazanı; **~kissen** *n* elektrikli minder; **~körper** *m* radyatör; **~kosten** *pl* ısıtma/kalorifer masrafları; **~kraftwerk** *n* termoelektrik santralı; **~lüfter** *m* elektrikli soba; **~material** *n* yakıt; **~öl** *n* kalorifer yakıtı, mazot; **~ung** *f* ⟨-; -en⟩ ısıtma (tesisatı), kalorifer

Heizungs|anlage *f* kalorifer tesisatı; **~monteur** *m* kalorifer tesisatçısı

Hektar *n*, *m* ⟨-s; -e⟩ hektar

Hektik *f* ⟨-; *o pl*⟩ telaş

hektisch *adj* telaşlı

Hektoliter *m*, *n* hektolitre

Held *m* ⟨-en; -en⟩ kahraman; **⁲enhaft** *adj* kahramanca; **~in** *f* ⟨-; -nen⟩ kadın kahraman

helfen *v/i* ⟨hilft, half, geholfen, *h*⟩ yardım etmek; ***j-m aus der*** (***in die***) ***Jacke ~*** b-nin ceketini çıkarmasına/giymesine yardım etmek; ***j-m bei etw ~*** b-ne bş-de yardım etmek; ***~ gegen*** *Medikament -e* iyi gelmek; ***er weiß sich zu ~*** işini biliyor; ***es hilft nichts*** hiçbir çare yok

Helfer *m* ⟨-s; -⟩, **~in** *f* ⟨-; -nen⟩ yardımcı

Helfershelfer *m* suç ortağı, yardakçı

Helium *n* ⟨-s; *o pl*⟩ CHEM helyum

hell *adj Licht* aydınlık; *Farbe* açık; *Kleid* açık renkli; *Klang* ince, tiz; *Bier* sarı; *fig* (*intelligent*) uyanık, zeki; ***~ begeistert*** çok coşkulu, büyük coşkuyla; ***es wird schon ~*** ortalık aydınlanıyor bile

hell|blau *adj* açık mavi; **~blond** *adj* sarışın

Helle *n* ⟨-n; -n⟩: F ***zwei ~!*** iki sarı bira!

hellgrün *adj* açık yeşil

hellhörig *adj Haus* çok ses geçiren; ***das machte sie ~*** bu onun gözünü açtı

Helligkeit *f* ⟨-; *o pl*⟩ aydınlık

helllicht *adj*: ***am ~en Tage*** güpegündüz

hellrot *adj* açık kırmızı

hellsehen *v/i* ⟨-ge-, *h*⟩ geleceği görmek; kehanette bulunmak

Hellsehen *n* ⟨-s; *o pl*⟩ kehanet

Hellseher(in *f*) *m* kâhin; falcı

hellseherisch *adj* kâhince

hellwach *adj* upuyanık

Helm *m* ⟨-s; -e⟩ miğfer; (*Fahrrad⁲*) *a* kask

Hemd *n* ⟨-s; -en⟩ gömlek; (*Unter⁲*) fanila, iç gömleği; **~bluse** *f* gömlek-bluz

Hemisphäre *f* ⟨-; -n⟩ yarıküre

hemmen *v/t* ⟨*h*⟩ *Bewegung* durdurmak; engel olmak

Hemmnis *n* ⟨-ses; -se⟩ engel; sakınca

Hemmung *f* ⟨-; -en⟩ PSYCH tutukluk; *moralische* tereddüt, çekingenlik; ***~en haben*** sıkılgan olmak; çekinmek

hemmungslos *adj abw* çekinmek bilmeyen; **⁲igkeit** *f* ⟨-; *o pl*⟩ fütursuzluk; saygısızlık

Hendl ['hɛndl] *n* ⟨-s; -n⟩ *südd*, *österr* piliç; kızarmış piliç

Hengst *m* ⟨-s; -e⟩ aygır

Henkel *m* ⟨-s; -⟩ kulp, sap

henken *v/t* ⟨*h*⟩ asmak, idam etmek

Henna *n* ⟨-; *o pl*⟩ kına

Henne *f* ⟨-; -n⟩ tavuk

Hepatitis *f* ⟨-; -titiden⟩ MED hepatit

her *adv zeitlich* şimdiye; *Richtung* bu yöne; ***das ist lange ~*** epeyce zaman oldu/geçti; ***wie lange ist es ~?*** ne kadar (zaman) oldu?; ***von … ~*** *-den* (bu tarafa); ***von weit ~*** uzaktan; ***vom Technischen ~*** teknik açıdan (bakınca)

herab [hɛ'rap] *adv*: ***von oben ~*** yukarıdan aşağı(ya)

herablass|en [hɛ'rap-] ⟨*unreg*, -ge-, *h*⟩ **1.** *v/t* aşağı(ya) indirmek/bırakmak; **2.** *v/r*: ***sich ~ zu antworten*** cevap vermeye tenezzül etmek; **~end** *adj* kibirli

herabsehen *v/i* ⟨*unreg*, -ge-, *h*⟩: *fig* ***~sehen auf*** (*A*) *-e* tepeden bakmak, *-i* hor görmek

herabsetz|en *v/t* ⟨-ge-, *h*⟩ indirmek; *fig* azaltmak; ***zu herabgesetzten Preisen*** indirimli fiyatlara; **~end** *adj* aşağılayıcı; **⁲ung** *f* ⟨-; -en⟩ indirim; (*Beleidigung*) aşağılama

herabsteigen *v/i* ⟨*unreg*, -ge-, *sn*⟩ inmek

heran [hɛ'ran] *adv* buraya; bu tarafa

heranbilden [hɛ'ran-] **1.** *v/t* (***zu*** …) yetiştirmek; **2.** *v/r*: ***sich ~*** (***zu***) kendini yetiştirmek (ve … olmak)

heranführen *v/t* ⟨-ge-, *h*⟩: ***j-n an etw***

H

(*A*) ~ b-ni bş-e alıştırmak, ısındırmak
herangehen *v/i* ⟨*unreg*, -ge-, *sn*⟩ *-e* yaklaşmak, *-e* girişmek
heranholen *v/t* ⟨-ge-, *h*⟩ yaklaştırmak; yakına almak; teleobjektifle yakınlaştırmak
herankommen *v/i* ⟨*unreg*, -ge-, *sn*⟩ *-e* ulaşmak; *-i* ele geçirmek; ***er*** (***es***) ***kommt nicht an … heran*** … ile boy ölçüşemez; ***an j-n*** ~ b-ne ulaşmak, b-le görüşebilmek; ***etw*** (*od* ***es***) ***an sich*** ~ ***lassen*** bş yapmayıp işin gelişmesini beklemek
heranmachen *v/r* ⟨-ge-, *h*⟩ F: ***sich an j-n*** ~ b-ne yanaşmak, asılmak
heranreichen *v/i* ⟨-ge-, *h*⟩ ~ ***an*** (*D*) *-e* yetişmek; ile boy ölçüşebilmek
heranreifen *v/i* ⟨-ge-, *sn*⟩: ~ ***zu*** olgunlaşarak … olmak
heranrücken *v/i* ⟨-ge-, *sn*⟩: ***an j-n*** ~ b-nin yanına yaklaşmak; b-ne sokulmak
herantreten *v/i* ⟨*unreg*, -ge-, sn⟩ yakına gelmek
heranwachsen *v/i* ⟨*unreg*, -ge-, *sn*⟩: ~ ***zu*** büyüyerek … olmak
Heranwachsende *m*, *f* ⟨-n; -n⟩ genç; yeni yetişenler *pl*
heranwagen *v/r* ⟨-ge-, *h*⟩: ***sich*** ~ (***an*** *A* *-e*) yaklaşmaya cesaret etmek
heranziehen ⟨*unreg*, -ge-⟩ **1.** *v/t* ⟨*h*⟩: ***etw*** ~ (***an*** *A*) bş-i *-in* yanına çekmek; ***j-n*** ~ (***zu***) b-ne (için) başvurmak; ***e-n Fachmann*** ~ bir ustaya/uzmana başvurmak
herauf [hɛˈrauf] *adv* yukarı(ya); (***hier***) ~ buraya, yukarı(ya)
heraufbeschwören [hɛˈrauf-] *v/t* ⟨*unreg*, *o* -ge-, *h*⟩ *-e* yol açmak, *-e* neden olmak
heraufkommen *v/i* ⟨*unreg*, -ge-, *sn*⟩ yukarı çıkmak
heraufsetzen *v/t* ⟨-ge-, *h*⟩ yükseltmek, çıkarmak
heraufsteigen *v/t* ⟨*unreg*, -ge-, *sn*⟩ (yukarıya) çıkmak
heraufziehen ⟨*unreg*, -ge-⟩ **1.** *v/t* ⟨*h*⟩ yukarı(ya) çekmek; **2.** *v/i* ⟨*sn*⟩ *Sturm* çıkmak
heraus [hɛˈraus] *adv* dışarıya; ~ ***aus*** *-den* dışarıya; ~ ***damit!*** saklama, söyle!; çıkar!
herausarbeiten [hɛˈraus-] ⟨-ge-, *h*⟩ **1.** *v/t* ele almak, vurgulamak; **2.** *v/r*: ***sich*** ~ ***aus*** çabalayarak *-den* kurtulmak
herausbekommen *v/t* ⟨*unreg*, *o* -ge-, *h*⟩ çıkarmak; *fig -in* sırrını çözmek; ***zehn Mark*** ~ on Mark geri almak
herausbringen *v/t* ⟨*unreg*, -ge-, *h*⟩ çıkarmak; (*veröffentlichen*) *a* yayınlamak; piyasaya sürmek/çıkarmak; THEA sahneye koymak; *fig* ortaya çıkarmak; ***groß*** ~ *-i* ortaya sürmek; ***sie brachte kein Wort heraus*** gık bile diyemedi
herausfahren ⟨*unreg*, -ge-⟩ **1.** *v/i* ⟨*sn*⟩ (***aus*** *-den*) (arabayla) çıkmak; *-in* ağzından kaçmak; **2.** *v/t* ⟨*h*⟩ (arabayla) dağıtmak; (araba kullanarak) elde etmek
herausfallen *v/i* ⟨*unreg*, -ge-, *sn*⟩ yerinden çıkıp düşmek
herausfiltern *v/t* ⟨-ge-, *h*⟩ süzerek ayırmak
herausfinden *v/t* ⟨*unreg*, -ge-, *h*⟩ bulmak; *fig* ortaya çıkarmak
Herausforderer *m* ⟨-s; -⟩ rakip; meydan okuyan
herausforder|n ⟨-ge-, *h*⟩ **1.** *v/t* (***zu*** *-e*; ***zu tun*** yapmaya) çağırmak; (*provozieren*) kışkırtmak; **2.** *v/t -e* meydan okumak; **≈nd** *adj* meydan okuyan; kışkırtan; **~ung** *f* ⟨-; -en⟩ çağrı; tahrik, kışkırtma; meydan okuma
Herausgabe *f* ⟨-; *o pl*⟩ teslim; yayın(lama)
herausgeb|en ⟨*unreg*, -ge-, *h*⟩ **1.** *v/t* geri vermek; teslim etmek; *Buch* yayımlamak; *Vorschriften* çıkarmak; **2.** *v/i*: ***können Sie*** (***mir***) ***auf 100 Mark*** ~**?** 100 markın üstünü verebilir misiniz?; **≈er(in** *f*) *m* yayımcı, editör
herausgehen *v/i* ⟨*unreg*, -ge-, *sn*⟩ (***aus*** *-den*) dışarı(ya) çıkmak; ***aus sich*** (*D*) ~ açılmak
herausgreifen *v/t* ⟨*unreg*, -ge-, *h*⟩ çekip almak
heraushaben *v/t* ⟨*unreg*, -ge-, *h*⟩ F kavramış olmak; ***er hat es heraus*** o bu işi kıvırdı
heraushalten *v/t* ⟨*unreg*, -ge-, *h*⟩ F dışarıda tutmak
herausheben *v/t* ⟨*unreg*, -ge-, *h*⟩ (***aus*** *-in* içinden) çıkararak belirtmek, vurgulamak
heraushelfen *v/i* ⟨*unreg*, -ge-, *h*⟩: ***j-m aus etw*** ~ b-ne yardım ederek bş-den kurtarmak
herausholen *v/t* ⟨-ge-, *h*⟩ çıkarmak;

das Letzte aus sich *(D)* ~ gücünü sonuna kadar ortaya koymak
heraushören *v/t* ⟨-ge-, *h*⟩ (***aus*** *-den*) bş-i çıkarmak
herauskehren *v/t* ⟨-ge-, *h*⟩ F … olmakla hava atmak
herauskommen *v/i* ⟨*unreg*, -ge-, *sn*⟩ ortaya çıkmak; yayımlanmak; piyasaya çıkmak; ***groß*** ~ büyük başarı olmak; ***es kommt nichts dabei heraus*** bundan (hiç)bir sonuç çıkmaz
herauskristallisieren *v/r* ⟨*o* -ge-, *h*⟩: ***sich*** ~ (***aus*** *-den*) belirmek
herauslassen *v/t* ⟨*unreg*, -ge-, *h*⟩ ağzından baklayı çıkarmak; (***aus*** *-den*) indirmek
herauslaufen *v/i* ⟨*unreg*, -ge-, *sn*⟩ (***aus*** *-den* dışarıya) koşmak/akmak
herauslocken *v/t* ⟨-ge-, *h*⟩: ***j-n*** ~ (***aus*** *-den*) b-ni dışarıya çıkması için ayartmak; ***etw aus j-m*** ~ b-nden bş koparmak; *Geheimnis* b-nin ağzından laf almak
herausnehmen *v/t* ⟨*unreg*, -ge-, *h*⟩: ***sich*** *(D)* ***Freiheiten*** ~ (***gegenüber*** *-e* karşı) laubali davranmak
herausplatzen *v/i* ⟨-ge-, *sn*⟩ F patlamak; ~ ***mit etw*** kendini tutamayıp bş-i söyle(yiver)mek
herausputzen ⟨-ge-, *h*⟩ F **1.** *v/t* süsleyip püslemek; **2.** *v/r*: ***sich*** ~ süslenip püslenmek
herausrag|en *v/i* ⟨-ge-, *h*⟩ (***aus*** *-in* içinden) sivrilmek; **~end** *adj* göze batan
herausreden *v/r* ⟨-ge-, *h*⟩: ***sich*** ~ (***aus*** *-den*) kendini temize çıkarmak
herausreißen *v/t* ⟨*unreg*, -ge-, *h*⟩ yırtıp ayırmak/çıkarmak; telafi etmek; ***j-n aus etw*** ~ b-ni bş-in içinden çekip almak
herausrücken *v/i* ⟨-ge-, *sn*⟩ F: ~ ***mit*** *-i* sökülmek; ***mit der Sprache*** ~ (susmayı bırakıp) konuşmak
herausrutschen *v/i* ⟨-ge-, *sn*⟩ F: ***das ist mir einfach so herausgerutscht*** ağzımdan öyle kaçıverdi
herausschinden *v/t* ⟨*unreg*, -ge-, *h*⟩ (***aus*** *-i* sonuna kadar kullanarak) elde etmek
herausschlagen *v/t* ⟨*unreg*, -ge-, *h*⟩ kırarak (ortaya) çıkarmak; F kazanmak; elde etmek; ***Geld*** ~ ***aus*** *-den* para vurmak; ***möglichst viel*** ~ mümkün olduğu kadar çok faydalanmak
herausschneiden *v/t* ⟨*unreg*, -ge-, *h*⟩ (***aus*** *-den*) kesip çıkarmak
herausspringen *v/i* ⟨*unreg*, -ge-, *sn*⟩ (***aus*** *-den*) atlayarak çıkmak; F (***bei*** *-de*) *-in* avantası olmak; ***was springt für dich dabei heraus?*** bunda senin avantan ne?
herausstellen ⟨-ge-, *h*⟩ **1.** *v/t* vurgulamak; ***groß*** ~ abartarak ortaya koymak; **2.** *v/r*: ***sich*** ~ ***als …*** *-in* … olduğu ortaya çıkmak
herausstrecken *v/t* ⟨-ge-, *h*⟩ (***aus*** *-den*) dışarı çıkarmak, uzatmak
herausstreichen *v/t* ⟨*unreg*, -ge-, *h*⟩ (***aus*** *-den*) çıkarmak; övmek
heraussuchen *v/t* ⟨-ge-, *h*⟩ (***aus*** *-den*) bulup çıkarmak; seçmek
herb *adj* kekremsi; *Wein* sert; *Enttäuschung, Verlust* acı
herbeiführen [hɛɐ'bai̯-] *v/t* ⟨-ge-, *h*⟩ MED *-e* yol açmak
herbeischaffen *v/t* ⟨-ge-, *h*⟩ getirmek
herbeisehnen *v/t* ⟨-ge-, *h*⟩ özlemek
herbemühen ⟨*h*⟩ **1.** *v/t*: ***j-n*** ~ b-ne *-den* gelmesini rica etmek; **2.** *v/r*: ***sich*** ~ zahmet edip gelmek
Herberge *f* ⟨-; -n⟩ han; (*Jugend*2) hostel
Herbergs|mutter hostel müdiresi; **~vater** *m* hostel müdürü
herbeten *v/t* ⟨-ge-, *h*⟩ (ezbere) söyle(yiver)mek
herbitten *v/t* ⟨*unreg*, -ge-, *h*⟩: ***j-n*** ~ b-ne gelmesini rica etmek
herbringen *v/t* ⟨*unreg*, -ge-, *h*⟩ getirmek
Herbst *m* ⟨-s; -e⟩ sonbahar, güz; ***im*** ~ sonbaharda, güzün; **~ferien** *pl Schule* sonbahar tatili; **2lich** *adj* sonbahar *subst*; **~zeitlose** *f* ⟨-; -n⟩ güzçiğdemi
Herd *m* ⟨-s; -e⟩ ocak; MED merkez, yuva
Herde *f* ⟨-; -n⟩ sürü
herein [hɛ'rai̯n] *adv* içeriye; ***von draußen*** ~ dışarıdan içeriye; ~***!*** gir(in)!
hereinbekommen [hɛ'rai̯n-] *v/t* ⟨*unreg*, *o* -ge-, *h*⟩ F ÖKON (yeni mal) sağlamak
hereinbitten *v/t* ⟨*unreg*, -ge-, *h*⟩ (içeriye) buyur etmek
hereinbrechen *v/i* ⟨*unreg*, -ge-, *sn*⟩: ~ ***über j-n*** b-nin başına gelmek
hereinbringen *v/t* ⟨*unreg*, -ge-, *h*⟩ (içeriye) getirmek
hereinfallen *v/i* ⟨*unreg*, -ge-, *sn*⟩ F: ~ ***auf*** *-e* aldanmak; ~ ***mit*** *-de* yanılmak
hereinführen *v/t* ⟨-ge-, *h*⟩: ***j-n*** ~ b-ni içeri(ye) almak

hereinholen *v/t* ⟨-ge-, *h*⟩ içeri(ye) getirmek; ÖKON telafi etmek
hereinkommen *v/i* ⟨*unreg*, -ge-, *sn*⟩ içeri(ye) girmek
hereinlassen *v/t* ⟨*unreg*, -ge-, *h*⟩ içeri(ye) bırakmak/almak
hereinlegen *v/t* ⟨-ge-, *h*⟩ *fig* aldatmak, kandırmak
hereinplatzen *v/i* ⟨-ge-, *sn*⟩ F: *~ in -e* pat diye dalıvermek
hereinschauen *v/i* ⟨-ge-, *h*⟩ F (***bei j-m*** b-ne) uğramak
hereinschneien *v/i* ⟨-ge-, *sn*⟩ F (***bei j-m*** b-ne) çıkagelmek
herfahren ⟨*unreg*, -ge-⟩ **1.** *v/i* ⟨*sn*⟩: ***hinter j-m ~*** b-nin arkasından gitmek (*araçla*); **2.** *v/t* ⟨*h*⟩ ***j-n ~*** b-ni getirmek (*araçla*)
Herfahrt *f*: ***auf der ~*** gelirken (*araçla*)
herfallen *v/i* ⟨*unreg*, -ge-, *sn*⟩ ***~ über*** (*A*) *-in* üzerine atılmak; F *fig* ağır eleştirmek
herfinden *v/i* ⟨*unreg*, -ge-, *h*⟩ (bir yerden) bulmak
herführen *v/t* ⟨-ge-, *h*⟩: ***j-n ~*** b-ni (buraya) yöneltmek, getirmek; ***was führt Sie her?*** gelişinizin sebebi ne?; *scherzh* sizi hangi rüzgâr bu tarafa attı?
hergeben *v/t* ⟨*unreg*, -ge-, *h*⟩: ***etw wieder ~*** bş çıkarıp vermek, iade etmek
herhaben *v/t* ⟨*unreg*, -ge-, *h*⟩ F (bir yerden) almış/bulmuş olmak; ***wo hast du das her?*** bunu nereden aldın/buldun?
herhalten *v/i* ⟨*unreg*, -ge-, *h*⟩: F ***~ müssen*** (***als***) … yerine konmak; … niyetine kullanılmak
herholen *v/t* ⟨-ge-, *h*⟩ getirmek; ***weit hergeholt!*** nereden nereye!
Hergang *m* ⟨-s; *o pl*⟩: ***j-m den ~ schildern*** b-ne *-in* cereyan tarzını anlatmak
hergeben ⟨*unreg*, -ge-, *h*⟩ **1.** *v/t* geri vermek, elden çıkarmak; **2.** *v/r*: ***sich ~ zu*** *-e* yanaşmak, *-i* yapmaya hazır olmak
Hering *m* ⟨-s; -e⟩ ZOOL ringa (balığı); çadır kazığı; ***wie die ~e*** balık istifi
herkommen *v/i* ⟨*unreg*, -ge-, *sn*⟩ (***von*** *-den*) gelmek; *fig a* ileri gelmek; ***wo kommen Sie her?*** nerelisiniz?
herkömmlich *adj* geleneksel
Herkunft *f* ⟨-; *o pl*⟩ köken; *Person a* asıl, soy; kök
Herkunftsland *n -in* geldiği ülke
herlaufen *v/i* ⟨*unreg*, -ge-, *sn*⟩ koşup gelmek; ***hinter j-m ~*** b-nin ardından koşmak; ***jeder Hergelaufene*** her önüne gelen
herleiten *v/t* ⟨-ge-, *h*⟩: ***sich ~ von*** *-den* türemek
hermetisch *adj* sıkı sıkıya
hernehmen *v/t* ⟨*unreg*, -ge-, *h*⟩ (bulup) almak
Heroin *n* ⟨-s; *o pl*⟩ eroin; beyaz zehir; **&süchtig** *adj* eroin bağımlısı; **~süchtige** *m*, *f* ⟨-n; -n⟩ eroin bağımlısı
heroisch *adj* kahraman(ca)
Heroismus *m* ⟨-; *o pl*⟩ kahramanlık
Heros *m* ⟨-; Heroen [he'roːən]⟩ kahraman
Herpes *m* MED herpes, uçuk, zona
Herr *m* ⟨-n; -en⟩ bay, bey; (*Gebieter*) efendi; (*Tierbesitzer*) sahip; REL Mevla; ***~ Bach*** Bay Bach; ***~ der Lage*** duruma hakim; ***meine ~en!*** F hayret!; fesüphanallah!; ***sein eigener ~ sein*** kendi kendisinin patronu olmak; ***e-r Sache*** (*G*) ***~ werden*** bş-e hakim olmak
Herren|ausstatter *m* ⟨-s; -⟩ erkek giyim mağazası; **~bekleidung** *f* erkek giyim eşyası; **~fahrrad** *n* erkek bisikleti; **~friseur** *m* erkek berberi/kuaförü; **~konfektion** *f* erkek konfeksiyonu; **&los** *adj* sahipsiz; terk(edilmiş); **~mode** *f* erkek modası; **~schneider** *m* erkek terzisi; **~toilette** *f* erkekler tuvaleti
Herrgott *m* ⟨-s; *o pl*⟩: F ***~*** (***noch mal***)***!*** illallah (be)!
Herrgottsfrühe *f*: ***in aller ~*** sabah sabah; P karga bok yemeden
Herrin *f* ⟨-; -nen⟩ hanım(efendi); (*Tierbesitzerin*) sahip, sahibe
herrichten *v/t* ⟨-ge-, *h*⟩ hazırlamak; (***wieder***) ***~*** restore etmek
herrisch *adj* amirane; sert
herrlich *adj* şahane, harika, enfes, F süper
Herrschaft *f* ⟨-; -en⟩ egemenlik; POL iktidar; ***die ~ verlieren über*** (*A*) *-e* hakimiyetini kaybetmek; ***die ~en*** hanım(lar) ve bey(ler)
herrschaftlich *adj* şahane, beylere layık/ilişkin
herrsch|en *v/i* ⟨*h*⟩ (***über*** *A -e*) hakim olmak; **~end** *adj* hakim, egemen; (*regierend*) iktidardaki
Herrscher *m* ⟨-s; -⟩ hükümdar; **~haus** *n* hanedan; **~in** *f* ⟨-; -nen⟩ hükümdar
Herrsch|sucht *f* ⟨-; *o pl*⟩ F buyurganlık; **&süchtig** *adj* F buyurgan

herrühren *v/i* ⟨-ge-, *h*⟩: ~ **von** -*den* ileri gelmek, kaynaklanmak
hersehen *v/i* ⟨*unreg*, -ge-, *h*⟩ (buraya) bakmak
herstellen *v/t* ⟨-ge-, *h*⟩ yapmak, üretmek; *fig* kurmak, sağlamak
Hersteller *m* ⟨-s; -⟩ imalatçı; **~firma** *f* imalatçı şirket; **~in** *f* ⟨-; -nen⟩ imalatçı (kadın)
Herstellung *f* ⟨-; *o pl*⟩ yapım, üretim; *fig* hazırlama, kurma
Herstellungs|kosten *pl* imalat giderleri; **~land** *n* imalatçı ülke; **~verfahren** *n* imalat yöntemi
Hertz *n* ⟨-; -⟩ hertz
herüber [hɛ'ry:bɐ] *adv*: **hier ~!** bu tarafa!
herüberkommen [hɛ'ry:bɐ-] *v/i* ⟨*unreg*, -ge-, *sn*⟩ bu tarafa gelmek
herum [hɛ'rʊm] *adv*: **um 5 Uhr ~** saat 5 sıralarında; (**irgendwo**) **hier ~** bura(lar)da bir yerde; **anders ~** öbür türlü; öbür tarafa; **falsch ~** ters/yanlış (tarafa); **rechts ~** sağa dön(ünce *usw*); **so ~** o/bu/şu tarafa
herumärgern [hɛ'rʊm-] *v/r* ⟨-ge-, *h*⟩: **sich ~** (**mit** -*e*) kızıp/sinirlenip durmak
herumdrehen ⟨-ge-, *h*⟩ **1.** *v/t* çevirmek; **~ an** -*i* (kurcalayıp) çevirmek; **2.** *v/r*: **sich ~** dönmek
herumdrücken *v/r* ⟨-ge-, *h*⟩: **sich ~** F başıboş gezmek; (**um** -*den*) kaçmak/sıyrılmak
herumfahren ⟨*unreg*, -ge-⟩ **1.** *v/i* ⟨*sn*⟩: **um etw ~** bş-in etrafını dolaşmak (*araçla*); **2.** *v/t* ⟨*h*⟩ dolaştırmak
herumfragen *v/i* ⟨-ge-, *h*⟩ (sorup) soruşturmak
herumführen ⟨-ge-, *h*⟩ **1.** *v/t* ⟨-ge-, *h*⟩: **j-n** (**in der Stadt**) **~** b-ni (şehirde) dolaştırmak; **2.** *v/i*: **um ~** -*in* çevresinden dolaşmak
herumfuhrwerken *v/i* ⟨-ge-, *h*⟩ F -*i* kurcalayıp durmak
herumgehen *v/i* ⟨*unreg*, -ge-, *sn*⟩: **um ~**-*in* etrafından dolaşmak; **im Park ~** parkta dolaşmak; **j-m im Kopf ~** b-nin kafasını kurcalamak
herumhängen *v/i* ⟨*unreg*, -ge-, *h*⟩ F (**mit etw** bş-le) aylaklık etmek
herumkommandieren *v/t* ⟨*o* -ge-, *h*⟩: **j-n ~** b-ne emirler yağdırmak
herumkommen *v/i* ⟨*unreg*, -ge-, *sn*⟩ dolaşmak; (**um** -*den*) *fig* kaçınmak, kurtulmak, F sıyrılmak; **sie ist weit herumgekommen** o görmüş geçirmiş biri(dir)
herumkriegen *v/t* ⟨-ge-, *h*⟩ F: **j-n ~** ikna etmek, kandırmak
herumlaufen *v/i* ⟨*unreg*, -ge-, *sn*⟩: **frei ~** elini kolunu sallaya sallaya dolaşmak
herumliegen *v/i* ⟨*unreg*, -ge-, *h*⟩ F ortalığa dağılmış olmak
herumlungern *v/i* ⟨-ge-, *h*⟩ boş durmak, tembel tembel oturmak
herumreichen ⟨-ge-, *h*⟩ **1.** *v/t* elden ele dolaştırmak, geçirmek; **2.** *v/i* (**um etw**) **~** (bş-in etrafını) kuşatmak
herumreiten *v/i* ⟨*unreg*, -ge-, *sn*⟩ F: **~ auf** -*i* diline dolamak
herumschlagen *v/r* ⟨*unreg*, -ge-, *h*⟩: **sich mit j-m ~** b-le uğraşıp durmak; **sich mit etw ~** bş-den başı ağrımak
herumschnüffeln *v/i* ⟨-ge-, *h*⟩ F ispiyonluk etmek; -*e* burnunu sokmak
herumsprechen *v/r* ⟨*unreg*, -ge-, *h*⟩: **sich ~** ağızdan ağıza dolaşmak, yayılmak
herumstehen *v/i* ⟨*unreg*, -ge-, *h*⟩ (ortalıkta) dikilip durmak
herumstoßen *v/t* ⟨*unreg*, -ge-, *h*⟩ F: **j-n ~** b-ni oradan oraya itmek
herumtragen *v/t* ⟨*unreg*, -ge-, *h*⟩: **mit sich** (*D*) **~** (yanında) taşıyıp durmak; *fig* bir derdi *vs* olmak
herumtrampeln *v/i* ⟨-ge-, *h*⟩: **~ auf** (*D*) -*i* çiğneyip tekmelemek
herumtreib|en *v/r* ⟨*unreg*, -ge-, *h*⟩ F: **sich ~** sürtmek; avarelik etmek; **2er** *m* ⟨-s; -⟩, **2erin** *f* serseri; aylak
herumzeigen *v/t* ⟨-ge-, *h*⟩ -*i* herkese göstermek
herunter [hɛ'rʊntɐ] *adv*: **die Treppe ~** merdivenden aşağı(ya); **er ist mit den Nerven ganz herunter** onun sinirleri çok bozuk
herunterfallen [hɛ'rʊntɐ-] *v/i* ⟨*unreg*, -ge-, *sn*⟩ (aşağıya) düşmek
heruntergehen *v/i* ⟨*unreg*, -ge-, *sn*⟩ LUFTF **mit der Geschwindigkeit ~** hız(ın)ı kesmek; **mit den Preisen ~** fiyatları düşürmek
heruntergekommen *adj* perişan, düşkün; (*schäbig*) sefil, berbat
herunterhandeln *v/t* ⟨-ge-, *h*⟩ (**um**) fiyatı (… lira) düşürtmek
herunterholen *v/t* ⟨-ge-, *h*⟩ (aşağıya) indirmek; F düşürmek

H

herunterklappen *v/t* ⟨-ge-, *h*⟩ açılmak
herunterkommen *v/i* ⟨*unreg*, -ge-, *sn*⟩ aşağı(ya) inmek; *fig sozial* düşkünleşmek; ***die Treppe ~*** merdivenden inmek
herunterladen *v/t* ⟨-ge-, *h*⟩ EDV indirmek
heruntermachen *v/t* ⟨-ge-, *h*⟩ F yerden yere çalmak
herunterputzen *v/t* ⟨-ge-, *h*⟩ F: ***j-n ~*** b-ne zılgıt çekmek
herunterrasseln *v/t* ⟨-ge-, *h*⟩ F bülbül gibi okumak/söylemek
herunterschalten *v/i* ⟨-ge-, *h*⟩ vites düşürmek; ***in den ersten Gang ~*** birinci vitese (*od* bire) almak/takmak
herunterschrauben *v/t* ⟨-ge-, *h*⟩ *fig* çıtayı indirmek
herunterspielen *v/t* ⟨-ge-, *h*⟩ F *fig* önemsiz göstermek
herunterwirtschaften *v/t* ⟨-ge-, *h*⟩: F ***etw ~*** iflasa götürmek
hervor [hɛɐ'foːɐ] *adv* öne; ileriye; beriye; ***hinter … ~*** *-in* arkasından (bu tarafa); ***unter … ~*** *-in* altından (bu tarafa)
hervorbringen [hɛɐ'foːɐ-] *v/t* ⟨*unreg*, -ge-, *h*⟩ ortaya koymak, çıkarmak, yaratmak
hervorgehen *v/i* ⟨*unreg*, -ge-, *sn*⟩ *fig*: ***~ aus*** *-in* sonucu olmak, *-den* ortaya çıkmak; ***daraus geht hervor, dass*** bundan -diği anlaşılıyor; ***als Sieger ~*** *-i* galip olarak bitirmek; ***aus der Ehe gingen drei Kinder hervor*** evlilikten üç çocuk meydana gelmiştir
hervorheben *v/t* ⟨*unreg*, -ge-, *h*⟩ *fig* vurgulamak, belirtmek
hervorholen *v/t* ⟨-ge-, *h*⟩ ***etw ~*** (***aus*** *-den*) bş-i çıkarmak
hervorragen *v/i* ⟨-ge-, *h*⟩ öne çıkmak; sivrilmek; (***unter*** *-in* altından) çıkmak, gözükmek
hervorragend *adj*, *fig* olağanüstü
hervorrufen *v/t* ⟨*unreg*, -ge-, *h*⟩ *fig -e* sebep olmak, yol açmak; *Problem usw a* yaratmak
hervorstechen *v/i* ⟨*unreg*, -ge-, *h*⟩ (***aus*** *-in* içinden) göze çarpmak
hervorstechend *adj*, *fig* gözalıcı, çarpıcı
hervortreten *v/i* ⟨*unreg*, -ge-, *sn*⟩ (***aus*** *-in* içinden) belirmek; ***etw ~ lassen*** *-i* belirtmek
hervortun *v/r* ⟨*unreg*, -ge-, *h*⟩: ***sich ~*** (***als, durch*** olarak, *-le*) kendini göstermek
herwagen *v/r* ⟨-ge-, *h*⟩: ***sich ~*** gelmeye cesaret etmek
Herweg *m*: ***auf dem ~*** gelirken
Herz *n* ⟨-ens; -en⟩ ANAT yürek, kalp (*a fig*); *Kartenspiel, Farbe* kupalar *pl*, *Karte* kupa; ***leichten ~ens*** gönül rahatlığıyla; ***schweren ~ens*** *-in* içine sinmeden; F ***j-m das ~ brechen*** b-nin dünyasını karartmak; ***sich*** (*D*) ***ein ~ fassen*** cesaretini toplamak; ***j-m etw ans ~ legen*** b-ne bş-i tavsiye etmek; ***etw auf dem ~en haben*** bir derdi olmak; ***ins ~ schließen*** *-i* bağrına basmak; ***mit ganzem ~en*** bütün kalbiyle; ***es nicht übers ~ bringen zu*** -meye yüreği dayanmamak; ***von ~en gern*** canü gönülden; ***von ~en kommend*** *-in* içinden gelerek; ***sich*** (*D*) ***etw zu ~en nehmen*** bş-i fazla ciddiye almak; ***sie sind ein ~ und eine Seele*** onların içtikleri su ayrı gitmez; **~anfall** *m* MED kalp krizi; **~beschwerden** *pl*: ***~ haben*** *-in* kalbinden şikâyeti olmak/var; **~chirurg** *m* kalp cerrahı
herzeigen *v/t* ⟨-ge-, *h*⟩ F göstermek; ***zeig*** (***mal***) ***her!*** göster hele!
herzen *v/t* ⟨*h*⟩ bağrına basmak, kucaklamak, okşamak, öpmek
Herzens|lust *f*: ***nach ~*** *-in* gönlünce; **~wunsch** *m* en içten dilek
herz|ergreifend *adj* etkileyici, dokunaklı; **~erfrischend** *adj* cana can katan
Herz|fehler *m* MED kalp bozukluğu; **~flimmern** *n* ⟨-s; *o pl*⟩ MED kalp çarpıntısı
herzförmig *adj* yürek biçimli
herzhaft *adj* yoğun, güçlü; *Essen* kuvvetli; *tatlı değil, tuzlu (yiyecek)*
herziehen ⟨*unreg*, -ge-, *h*⟩ **1.** *v/t*: ***hinter sich*** (*D*) ***~*** çekip getirmek; **2.** *v/i*: ***~ über*** *-i* çekiştirmek
herzig *adj* sevimli, tatlı, şirin
Herz|infarkt *m* MED kalp enfarktüsü; **~kammer** *f* kalp odacığı; **~katheter** *m* MED kalp sondası; **~klappe** *f* kalp kapakçığı; **~klappenfehler** *m* MED kalp kapakçığı hatası; **~klopfen** *n* ⟨-s; *o pl*⟩: ***er hatte ~*** (***vor*** *D -den*) kalbi gümbür gümbür atıyordu; **ᐧkrank** *adj* kalbi hasta, kalp hastası; **~kranke** *m, f* kalp hastası; **~kranzgefäß** *n* koroner (damar); **~leiden** *n* kalp hastalığı

herzlich **1.** *adj* candan, içten; *Empfang, Lächeln a* sıcak, dostça; **2.** *adv*: **~ *gern*** memnuniyetle; ***~e Grüße, mit ~en Grüßen*** (***an*** -*e*) candan selamlar(la); **℗keit** *f* ⟨-; *o pl*⟩ samimiyet; yakınlık, sıcak ilgi

herzlos *adj* duygusuz, acımasız; **℗igkeit** *f* ⟨-; *o pl*⟩ sevgisizlik

Herzmassage *f* MED kalp masajı

Herzog *m* ⟨-s; ⸚e⟩ dük; **~in** *f* ⟨-; -nen⟩ düşes

Herz|operation *f* kalp ameliyatı; **~rhythmusstörung** *f* kalp ritmi bozukluğu; **~schlag** *m* kalp atışı; MED kalp sıkışması; **~schrittmacher** *m* MED kalp pili; **~schwäche** *f* kalp zayıflığı; **~spezialist** *m* kalp uzmanı; kardiyolog; **~stillstand** *m* kalp durması/sektesi; **~transplantation** *f*, **~verpflanzung** *f* MED kalp nakli; **~versagen** *n* MED kalp yetersizliği; **℗zerreißend** *adj* yürek parçalayan, içler acısı

Hess|e *m* ⟨-s; *o pl*⟩, **~in** *f* ⟨-; -nen⟩ Hesyalı; **℗isch** *adj* Hesya(lı) *subst*

hetero|gen *adj* heterojen; **~sexuell** *adj* heteroseksüel; **℗sexuelle** *m*, *f* ⟨-n; -n⟩ heteroseksüel

Hetze *f* ⟨-; -n⟩ (***gegen*** -*e* karşı) kışkırtma; F telaş

hetzen ⟨*h*⟩ **1.** *v/t* kovalamak; ***e-n Hund usw ~ auf*** köpeği vs -*in* üstüne salmak; **2.** *v/r*: ***sich ~*** telaş etmek; **3.** *v/i* (***gegen*** -*e* karşı) -*i* kışkırtmak

Hetzjagd *f* sürek/sürgün avı; *fig* kışkırtma (kampanyası)

Heu *n* ⟨-s; *o pl*⟩ kuru ot; **~boden** *m* kuru ot ambarı

Heuchelei *f* ⟨-; -en⟩ ikiyüzlülük

heucheln ⟨*h*⟩ **1.** *v/t* … numarası yapmak; **2.** *v/i* ikiyüzlülük yapmak

Heuchler *m* ⟨-s; -⟩, **~in** *f* ⟨-; -nen⟩ ikiyüzlü; **℗isch** *adj* riyakârca, ikiyüzlü

heuen *v/i* ⟨*h*⟩ ot biçip kurutmak

heuer *adv* bu yıl

heuern *v/t* ⟨*h*⟩ MAR kiralamak

Heuernte *f* ot hasadı

Heugabel *f* yaba

heulen *v/i* ⟨*h*⟩ ulumak; F *abw* (*weinen*) feryat etmek, ağlamak; AUTO gürültü/uğultu çıkarmak; *Sirene* çalmak; F ***es ist zum ℗*** kahredici bir durum

Heu|schnupfen *m* MED saman nezlesi; **~schrecke** *f* çekirge

heute *adv* bugün; **~ *Abend*** bu akşam; **~ *in acht Tagen*** haftaya bugün; **~ *vor acht Tagen*** bir hafta önce bugün; ***von ~ auf morgen*** bir günden öbürüne; *subst* ***das Heute*** bugün; günümüz; bugünkü gün

heutig *adj* bugünkü; (*gegenwärtig*) günümüz(deki); ***bis auf den ~en Tag*** bugüne kadar

heutzutage *adv* bugün, günümüzde

Hexe *f* ⟨-; -n⟩ cadı; ***alte ~*** acuze karı

Hexen|kessel *m fig* cadı kazanı; **~schuss** *m* MED lumbago

Hexerei *f* ⟨-; -en⟩: ***das ist keine ~!*** bu işte bir sihirbazlık (filan) yok!

Hieb *m* ⟨-s; -e⟩ darbe, vuruş; (*Faust℗*) *a* yumruk (darbesi); **~e** *pl* dayak *sg*, dövme *sg*

hieb- und stichfest *adj* su götürmez

hier [hiːɐ] *adv* burada; **~ *drinnen*** (***draußen, oben***) burada içeride (dışarıda, yukarıda); **~ *entlang!*** bu yoldan; **~ *und da*** şurada burada; ***von ~ an*** (*od* ***ab***) buradan itibaren; bundan böyle; ***~, bitte!*** işte, buyur(un)!

hieran *adv*: **~ *kann man sehen, dass*** buradan/bundan görülebilir ki, …; **~ *ist kein wahres Wort*** bunun bir kelimesi bile doğru değil; **~ *schließt sich … an*** buraya … ekleniyor

Hierarchie *f* ⟨-; -n⟩ hiyerarşi

hieraus *adv* buradan; bundan

hierbei *adv* burada; bunda

hierdurch *adv* buradan (geçerek); bu sayede; bununla

hierfür *adv* bunun için

hierher *adv* buraya; bis **~** buraya kadar; *fig* ***das gehört nicht ~*** bunun konuyla ilgisi yok; bunun yeri burası değil

hierin *adv* burada; bunun içinde

hiermit *adv* bununla; işbu … ile

hiernach *adv* bundan sonra; buna göre

Hieroglyphe [hĭeroˈglyːfə] *f* ⟨-; -n⟩ hiyeroglif

hierüber *adv* bunun üzerine/üzerinde

hierum *adv*: **~ *geht es nicht*** söz konusu olan bu değil

hierunter *adv* bunun altına/altında; **~ *fällt …*** … (de) bu konuya girer

hiervon *adv* bundan; buradan

hierzu *adv* buna; buraya; im ***Gegensatz ~*** bunun aksine/tersine

hierzulande *adv* bu memlekette/ülkede

hiesig *adj* buralı; buradaki

hieven *v/t* ⟨*h*⟩ kaldırıp yüklemek

Hi-Fi ['haɪfiː] *Abk für* ***High Fidelity*** hi-fi; **~-Anlage** *f* müzik seti
high [haɪ] *adj*: ***~ sein*** *-in* kafası dumanlı olmak
Hightech [hai'tɛk] *n* ⟨-(s)⟩ *a f* ⟨-; *o pl*⟩ yüksek teknoloji
Hilfe *f* ⟨-; -n⟩ (***für*** *-e*) yardım; (*Unterstützung*) *a* ÖKON destek(leme); ***ärztliche ~*** tıbbi yardım; ***erste ~*** ilkyardım; ***j-m erste ~ leisten*** b-ne ilkyardımda bulunmak; ***um ~ rufen*** imdat çağırmak; ***~!*** imdat!; ***j-m zu ~ kommen*** b-nin yardımına koşmak; *a fig* b-nin imdadına yetişmek; ***zu ~ nehmen*** *-den* faydalanmak; ***ohne ~*** yardım görmeden; ***~ suchend*** yardım/imdat bekleyen
Hilfe|leistung *f* yardım (etme); **~ruf** *m* yardım isteme, imdat çağırma; **~stellung** *f* ⟨-; *o pl*⟩ destek(leme)
hilflos *adj* çaresiz, zavallı; **≈igkeit** *f* ⟨-; *o pl*⟩ çaresizlik
hilfreich *adj* yardımcı; faydalı
Hilfs|aktion *f* yardım kampanyası; **~arbeiter(in** *f*) *m* yardımcı işçi; *am Bau* amele
hilfsbedürftig *adj* yardıma muhtaç; **≈keit** *f* ⟨-; *o pl*⟩ yardıma muhtaçlık
hilfsbereit *adj* yardıma hazır; **≈schaft** *f* yardımseverlik
Hilfs|fonds *m* yardım sandığı/fonu; **~kraft** *f* yardımcı eleman, asistan; **~mittel** *n* çare, araç; **~motor** *m* EL yardımcı motor; **~organisation** *f* yardım kuruluşu, hayır kurumu; **~verb** *n* GR yardımcı fiil; **~werk** *n* yardım kuruluşu
Himbeere *f* ⟨-; -n⟩ ahududu
Himbeer|saft *m* ahududu suyu; **~strauch** *m* ahududu (çalısı)
Himmel *m* ⟨-s; -⟩ gök; REL cennet; REL Allah; ***am ~*** gökte; ***im ~*** cennette; ***um ~s willen*** Allah aşkına; ***unter freiem ~*** açıkhavada; (***ach,***) ***du lieber ~!*** bak sen şu işe!
Himmelbett *n* kubbeli yatak
himmelblau *adj* gök mavisi
Himmelfahrt *f* ⟨-; *o pl*⟩ REL Miraç günü, *christlich* Uruç günü; ***Mariä ~*** Urucu Meryem
Himmelfahrts|kommando *n* intihar komandosu; **~tag** *m*: ***am ~*** Miraç günü(nde)
Himmelschlüssel *m* BOT çuhaçiçeği
Himmels|körper *m* gök cismi; **~richtung** *f* (*Nord, Süd usw*) yön
himmelweit *adj* çok büyük; fersah fersah; dağlar kadar; ***es ist ein ~er Unterschied zwischen …*** ile … arasında yerden göğe kadar fark var
himmlisch *adj* semavî, göksel; *fig* nefis, muhteşem
hin **1.** *adv zeitlich* o zamana; *räumlich* öteye; ***nichts wie ~!*** hemen, doğru -(y)e; ***bis ~ zu*** *-e* varana kadar; ***noch lange ~*** daha uzun süre; ***auf s-e Bitte*** (***s-n Rat***) ***~*** onun ricası (tavsiyesi) üzerine; ***~ und her*** sağa sola; ***~ und her gerissen sein zwischen*** ile … arasında kararsız kalmak; ***~ und wieder*** ara sıra; ***~ und zurück*** gidiş dönüş; ***Anstand ~, Anstand her*** edep ahlak bir yana; **2.** *adj* F (*kaputt*) bozuk *od* kırık olmak; ***~ sein*** (b-nin) işi bitik olmak; (*hingerissen*) (***ganz***) ***~ sein*** (***von*** *-e*) hayran olmak
hinarbeiten *v/i* ⟨-ge-, *h*⟩: ***~ auf*** (*A*) … için (*od* … doğrultusunda) çalışmak
hinauf *adv* yukarı(ya); ***den Berg ~*** yokuş yukarı
hinaufgehen ⟨*unreg*, -ge-, *sn*⟩ yukarı(ya) çıkmak; ***die Treppe ~*** merdivenden/merdiveni çıkmak; ***mit dem Preis ~*** fiyatı yükseltmek
hinauftragen *v/t* ⟨-ge-, *h*⟩ yukarı(ya) taşımak
hinaus *adv* dışarı(ya); ***~ aus*** *-den* dışarı(ya); ***er wohnt nach vorn*** (***hinten***) ***~*** onun odası/dairesi öne (arkaya) bakıyor; ***~*** (***mit dir*** *od* ***euch***)*!* çık(ın) dışarı!; ***über etw ~ sein*** bş-i aşmış olmak; ***auf Jahre ~*** yıllar boyunca
hinausbegleiten *v/t* ⟨*o* -ge-, *h*⟩: ***j-n ~*** (***aus***) b-ni (*-den*) dışarıya çıkarmak
hinausekeln *v/t* ⟨-ge-, *h*⟩: F ***j-n ~*** (***aus***) b-ni (*-den*) kaçırmak
hinausfliegen *v/i* ⟨*unreg*, -ge-, *sn*⟩ çıkmak; F kovulmak
hinausgehen *v/i* ⟨*unreg*, -ge-, *sn*⟩ çıkmak; ***~ über*** (*A*) *-i* aşmak; ***~ auf*** *A Fenster usw -e* bakmak
hinauslaufen *v/i* ⟨*unreg*, -ge-, *sn*⟩ koşarak çıkmak; ***~ auf*** *A -le* sonuçlanmak, *-e* varmak
hinausschieben *v/t* ⟨*unreg*, -ge-, *h*⟩ ertelemek, tehir etmek
hinauswachsen *v/i* ⟨*unreg*, -ge-, *sn*⟩: ***~ über*** *-i* aşmak/geçmek
hinauswagen *v/r* ⟨-ge-, *h*⟩: ***sich ~*** (***aus*** *-den*) çıkmaya cesaret etmek

hinauswerfen *v/t* ⟨*unreg*, -ge-, *h*⟩ (**aus** *-den*) dışarı(ya) atmak; (*verschwenden*) saçıp savurmak; (*entlassen*) kovmak, atmak

hinauswollen *v/i* ⟨*unreg*, -ge-, *h*⟩: çıkmak istemek; ***hoch*** **~** *-in* gözü yukarıda/yüksekte olmak; **~** ***auf*** *A* sözü *-e* getirmek istemek

hinausziehen ⟨*unreg*, -ge-⟩ **1.** *v/t* ⟨*h*⟩ (**aus** *-in* içinden) çekip çıkarmak; ***etw*** **~** bş-i uzatmak/geciktirmek; **2.** *v/i* ⟨*sn*⟩ şehir (ülke) dışına gitmek; **3.** *v/r* ⟨*h*⟩: ***sich*** **~** uzamak; gecikmek

hinauszögern *v/t* ⟨-ge-, *h*⟩: (***sich*** **~**) uzamak; gecikmek

hinbiegen *v/t* ⟨*unreg*, -ge-, *h*⟩ F: ***etw*** **~** bş-i yoluna koymak

Hinblick *m*: ***im*** **~** ***auf*** (*A*) bakımından, hakkında

hinbringen *v/t* ⟨*unreg*, -ge-, *h*⟩ götürmek, yerine bırakmak

hinderlich *adj*: **~** ***sein*** engel(leyici) olmak

hindern *v/t* ⟨*h*⟩: ***j-n an etw*** (*D*) **~** b-nin bş-ini engellemek

Hindernis *n* ⟨-ses; -se⟩ engel; ***auf*** **~*se*** ***stoßen*** engellerle karşılaşmak

hindeuten *v/i* ⟨-ge-, *h*⟩: **~** ***auf*** *-e* işaret etmek; *-in* belirtisi olmak

Hindu *m* ⟨-(s); -(s)⟩ Hindu

Hinduismus *m* ⟨-; *o pl*⟩ Hinduizm

hindurch *adv* boyunca; ***die Nacht*** **~** gece boyunca; sabaha kadar; ***das ganze Jahr*** **~** bütün yıl boyunca

hinein *adv* içeri(ye); ***bis tief in die Nacht*** **~** gecenin geç saatlerine kadar

hineinbekommen *v/t* ⟨*unreg*, *o* -ge-, *h*⟩ (**in** *A*) *-e* sokabilmek

hineindenken *v/r* ⟨*unreg*, -ge-, *h*⟩: ***sich in j-n*** **~** kendini b-nin yerine koyarak düşünmek

hineingehen *v/i* ⟨*unreg*, -ge-, *sn*⟩ (**in** *A -e*) girmek; (*hineinpassen*) sığmak

hineinknien *v/r* ⟨-ge-, *h*⟩ F: ***sich*** **~** (**in** *A -e*) bütün gayretiyle sarılmak

hineinleben *v/i* ⟨-ge-, *h*⟩: ***in den Tag*** **~** günü gününe yaşamak

hineinpassen *v/i* ⟨-ge-, *h*⟩ (**in** *-e od -in* içine) uymak, sığmak; *fig -e* yakışmak

hineinreden *v/i* ⟨-ge-, *h*⟩: ***j-m*** (***in s-e Angelegenheiten***) **~** b-ne (b-nin işlerine) karışmak

hineinstecken *v/t* ⟨-ge-, *h*⟩ F (**in**) *-e* sokmak

hineinsteigern *v/r* ⟨-ge-, *h*⟩: ***sich*** **~** ***in*** *A* gittikçe coşarak *-e* girmek

hineinziehen ⟨*unreg*, -ge-⟩ **1.** *v/t* ⟨*h*⟩ (**in** *A*) *-in* içine çekmek; ***j-n in e-e Sache*** **~** b-ni bir işe bulaştırmak/karıştırmak; **2.** *v/i* ⟨*sn*⟩ (**in** *A*) *-e* taşınmak

hinfahren ⟨*unreg*, -ge-⟩ **1.** *v/t* ⟨*h*⟩ götürmek/bırakmak (*araçla*); **2.** *v/i* ⟨*sn*⟩ gitmek (*araçla*)

Hinfahrt *f*: ***auf der*** **~** giderken (*araçla*); gidiş yolculuğunda

hinfallen *v/i* ⟨*unreg*, -ge-, *sn*⟩ (yere) düşmek

hinfällig *adj* geçersiz; ***etw*** **~** ***machen*** bş-i gereksiz kılmak

Hinflug *m*: ***auf dem*** **~** giderken (*uçakla*)

hinführen ⟨-ge-, *h*⟩ **1.** *v/t -i* (belli bir yere) götürmek; **2.** *v/i* (*Weg*) gitmek, varmak; ***wo soll das*** (***noch***) **~?** bunun sonu nereye varır (böyle)?

Hingabe *f*: ***mit*** **~** kendini vererek; kendinden geçercesine

hingeben ⟨*unreg*, -ge-, *h*⟩ *v/r*: ***sich*** **~** kendini vermek; ***sich j-m*** **~** b-ne teslim olmak; ***sich Hoffnungen*** (***Illusionen***) **~** ümitlere (hayallere) kapılmak

hingebungsvoll **1.** *adj* fedakâr, özverili; **2.** *adv* fedakârlıkla, özveriyle; kendinden geçercesine

hingegen *konj* ise

hingehen *v/i* ⟨*unreg*, -ge-, *sn*⟩ gitmek; ***wo gehst du hin?*** nereye gidiyorsun?

hingehören *v/i* ⟨hingehört, *h*⟩: ***wo gehört das hin?*** bunun yeri neresi?

hingeraten *v/i* ⟨*unreg*, sn⟩: ***irgendwo*** **~** bir yere karışmak/kaymak; ***wo ist es*** **~?** nereye gitti/karıştı?

hingerissen *adj* (**von** *-e*) hayran

hinhalten *v/t* ⟨*unreg*, -ge-, *h*⟩: ***j-n*** **~** b-ni oyalamak

Hinhaltetaktik *f* oyalamaca; oyalama taktiği

hinhauen ⟨*unreg*, -ge-, *h*⟩ F **1.** *v/t* yazıvermek, atıvermek, bırakıvermek; **2.** *v/i*: ***das haut nicht hin*** bu olmaz/yürümez; **3.** *v/r*: ***sich*** **~** kendini yatağa atıvermek

hinhören *v/i* ⟨-ge-, *h*⟩ dinlemek, *-e* kulak vermek

hinken *v/i* ⟨*h*⟩ topallamak, *fig* aksamak; ***der Vergleich hinkt*** teşbihte hata var

hinkommen *v/i* ⟨*unreg*, -ge-, *sn*⟩ gitmek, gelmek, ulaşmak; ***wo kämen wir denn hin, wenn …*** -se, halimiz

H

ne olur?; F ***wo kommt das hin?*** bunun yeri neresi?; F (***mit*** *-le*) idare etmek

hinkriegen *v/t* ⟨-ge-, *h*⟩: F ***etw*** **~** bş-i becermek; F ***j-n wieder*** **~** b-ni (gene) ayağa kaldırmak

hinlangen *v/i* ⟨-ge-, *h*⟩ F (***bei*** *-e*) balıklama atlamak

hinlänglich *adj* yeterli

hinlegen ⟨-ge-, *h*⟩ **1.** *v/t -i -e* uzatmak, koymak; F ***sie haben ein tolles Spiel hingelegt*** harika bir oyun çıkardılar; **2.** *v/r*: ***sich irgendwo*** **~** *-e* uzanmak

hinnehmen *v/t* ⟨*unreg*, -ge-, *h*⟩ (*ertragen*) *-e* katlanmak; (*akzeptieren*) *-i* kabullenmek

hinreichend *adj* yeterli, kâfi

Hinreise *f*: ***auf der*** **~** giderken, gidiş yolculuğunda

hinreißen *v/t* ⟨*unreg*, -ge-, *h*⟩ alıp götürmek; *fig* kendinden geçirmek, hayran bırakmak; ***sich*** **~** ***lassen*** (***von etw*** bş-e) kapılmak, kendini kaptırmak

hinreißend *adj* eşsiz, olağanüstü

hinricht|en *v/t* ⟨-ge-, *h*⟩ idam etmek; **2ung** *f* ⟨-; -en⟩ idam

hinsehen *v/i* ⟨*unreg*, -ge-, *h*⟩ bakmak; ***bei näherem Hinsehen*** yakından bakınca

hinsetzen ⟨-ge-, *h*⟩ **1.** *v/t* oturtmak, koymak; **2.** *v/r*: ***sich*** **~** oturmak

Hinsicht *f* görüş açısı; ***in dieser*** (***in jeder***) **~** bu (her) bakımdan; ***in gewisser*** **~** bir bakıma; ***in mancher*** (***vieler***) **~** bazı (birçok) bakım(lar)dan; ***in politischer*** **~** politik/siyasî açıdan

hinsichtlich *präp* (*G*) … bakımından, açısından

hinstellen ⟨-ge-, *h*⟩ **1.** *v/t* dikmek/koymak; (*abstellen*) *-e* bırakmak; ***j-n*** (***etw***) **~ *als*** b-ni (bş-i) … olarak göstermek; **2.** *v/r*: ***sich*** **~** (belli bir yere) dikilmek/durmak; (***vor j-n*** b-nin karşısına/önüne) dikilmek; ***sich*** **~ *als*** kendine … süsü vermek

hintan|setzen, **~stellen** *v/t* ⟨-ge-, *h*⟩ arkaya/sona bırakmak

hinten *adv* arkada; ***nach*** **~** arkaya; ***von*** **~** arkadan

hinter *präp Lage* (*D*) *-in* arkasında; *Richtung* (*A*) *-in* arkasına; ***etw*** **~ *sich bringen*** bş-i halletmek; **~ *etw kommen*** bş-in içyüzünü keşfetmek; ***er hat schon viel*** **~ *sich*** o çok görüp geçirmiş biri; **~ *j-m stehen*** b-ni desteklemek; ***sich*** **~ *j-n stellen*** b-ne arka çıkmak; **~ *j-m*** (***etw***) ***her sein*** b-nin (bş-in) peşinde olmak

Hinterausgang *m* arka kapı/çıkış

Hinterbein *n*: F ***sich auf die*** **~*e stellen*** savunmaya geçmek

Hinterbliebene *pl* hayatta kalanlar; JUR *ölenin geride kalan yakınları*

hinterbringen *v/t* ⟨*unreg*, *o* -ge-, *h*⟩ laf taşımak

Hinterdeck *n* MAR kıç güvertesi

hintere *adj* arka; ***am*** **~*n Ende*** arka uçta, en geride

hintereinander *adv* arka arkaya; ***dreimal*** **~** üst üste üç kere; **~ *gehen*** arka arkaya yürümek; **~ *schalten*** EL seri (olarak) bağlamak

Hintereingang *m* arka kapı/giriş

hinterfragen *v/t* ⟨*o* -ge-, *h*⟩ *-i* sorgulamak

Hintergedanke *m* art düşünce; *negativ* art niyet

hintergehen *v/t* ⟨*unreg*, *o* -ge-, *h*⟩ aldatmak

Hintergrund *m* arka plan, fon; ***in den*** **~ *drängen*** unutturmak; ***sich im*** **~ *halten*** arka planda kalmak

hintergründig *adj* esrarengiz; anlaşılması güç

Hinter|halt *m* ⟨-s; -e⟩ pusu; ***aus dem*** **~ *angreifen*** pusuya düşürmek; ***etw im*** **~ *haben*** *-in* gizli bir (kötü) niyeti olmak; **2hältig** *adj* sinsi; kötü niyetli

Hinterhand *f* ⟨-; *o pl*⟩ *Karten* son el; (***noch***) ***etw in der*** **~ *haben*** *-in* son bir kozu daha olmak

hinterher *adv zeitlich* sonra(dan); F ***j-m*** **~ *sein*** *-in* peşini bırakmamak; **~ *sein, dass*** -meden rahat vermemek

Hinterhof *m* arka avlu

Hinterkopf *m* başın arkası; F ***etw im*** **~ *haben*** *-in* (başka) bir bildiği olmak

Hinterland *n* ⟨-s; *o pl*⟩ hinterlant

hinterlass|en *v/t* ⟨*unreg*, *h*⟩ (geriye) bırakmak; *adj* terkedilmiş; bırakılmış; **2enschaft** *f* ⟨-; -en⟩ miras; **2ung** *f*: ***unter*** **~ *von*** (*od G*) *-i* (rehin) bırakmak suretiyle

hinterleg|en *v/t* ⟨*h*⟩ (***bei*** *-e*) rehin bırakmak, yatırmak; **2ung** *f*: ***gegen*** **~ *von*** (*od G*) depozito olarak … karşılığı(nda)

hinterlistig *adj* hileci; sinsi

Hintermann *m* ⟨-s; ¨-er⟩: ***mein*** *usw* **~** benim *vs* arkamdaki (AUTO araç); *fig* perde arkasındaki

Hintern *m* ⟨-s; -⟩ F kıç, popo, kaba

Hinterrad *n* arka tekerlek; **~antrieb** *m* arkadan çekiş

hinterrücks *adv* arkadan, kalleşçe

Hinterseite *f* arka taraf/yüz

Hintersitz *m* arka koltuk

hinterste *adj* en arka/geri; ***am ~n Ende*** en arkada/geride

Hinterteil *n* F → ***Hintern***

Hintertreffen *n*: ***ins ~ geraten*** dezavantajlı duruma düşmek

Hintertreppe *f* arka merdiven

Hintertür *f* arka kapı

hinterziehen *v/t* ⟨*unreg, o* -ge-, *h*⟩ *Steuer* kaçırmak

Hinterzimmer *n* arka oda

hintun *v/t* ⟨*unreg*, -ge-, *h*⟩ koymak (*belirli bir yere*); F ***ich weiß nicht, wo ich es ~ soll*** onu nereye oturtacağımı bilemiyorum

hinüber *adv* karşıya; öteye

Hin und Her *n*: ***nach langem ~*** uzun tartışmalardan vs sonra

Hin- und Rück|fahrkarte *f* gidiş-dönüş bileti; **~fahrt** *f* gidiş-dönüş (yolculuğu); **~flug** *m* gidiş-dönüş uçuşu

hinunter *adv* aşağı(ya)

hinuntergehen *v/i u v/t* ⟨*unreg*, -ge-, *sn*⟩ aşağıya inmek/gitmek; ***die Treppe ~*** merdivenden/merdiveni inmek

hinunterspülen *v/t* ⟨-ge-, *h*⟩ yutmak (*içecek ile*)

hinunterstürzen ⟨-ge-⟩ **1.** *v/t* ⟨*h*⟩ devirmek, yıkmak, düşürmek; F *Getränk* devirmek; **2.** *v/i* ⟨*sn*⟩ devrilmek; yıkılmak; düşmek

hinwagen *v/r* ⟨-ge-, *h*⟩: ***sich ~*** gitmeye cesaret etmek (*bir yere*)

hinweg *adv* öteye; uzağa; ***~ über*** *-in* çok ötesine; ***über j-n*** (*od* ***j-s Kopf***) ***~*** b-ne hiç sormadan; ***darüber ist er ~*** bunu çok gerilerde bıraktı

Hinweg *m* gidiş (yolu)

hinweggehen *v/i* ⟨*unreg*, -ge-, *sn*⟩: ***~ über*** (*A*) *-e* aldırmamak

hinweghelfen *v/t* ⟨*unreg*, -ge-, *h*⟩: ***j-m über etw*** (*A*) ***~*** b-nin bş-i atlatmasına yardım etmek

hinwegkommen *v/i* ⟨*unreg*, -ge-, *sn*⟩ ***über*** (*A*) *-i* aşmak; ***nicht ~*** (***können***) ***über*** (*A*) sineye çekememek

hinwegsehen *v/i* ⟨*unreg*, -ge-, *h*⟩: ***~ über*** (*A*) *-e* göz yummak, *-i* görmezden gelmek

hinwegsetzen *v/r* ⟨-ge-, *h*⟩: ***sich ~ über*** (*A*) *-e* aldırmamak

Hinweis *m* ⟨-es; -e⟩ bilgi, ima; (*Anzeichen*) işaret, ipucu; ***sachdienliche ~e*** *-in* aydınlatılmasına yardımcı olacak ipuçları

hinweisen ⟨*unreg*, -ge-, *h*⟩ **1.** *v/t*: ***j-n ~ auf*** (*A*) b-nin dikkatini *-e* çekmek; **2.** *v/i*: ***~ auf*** (*A*) göstermek; *fig* belirtmek; (*anspielen*) *-e* ima etmek; ***darauf ~, dass*** -diğine işaret etmek

Hinweis|schild *n*, **~tafel** *f* işaret levhası

hinwollen *v/i* ⟨*unreg*, -ge-, *h*⟩: F ***wo willst du hin?*** nereye gitmek istiyorsun?

hinwerfen *v/t* ⟨*unreg*, -ge-, *h*⟩ F *Job* (işten) çıkmak

hinziehen ⟨*unreg*, -ge-⟩ **1.** *v/r* ⟨*h*⟩: ***sich ~*** (***bis zu*** *-e* kadar) *räumlich* uzanmak; *zeitlich* uzamak, sürmek; **2.** *v/t* ⟨*h*⟩ (***zu*** *-e* doğru) çekmek; ***sich hingezogen fühlen zu*** *-in* cazibesine kapılmak

hinzufügen *v/t* ⟨-ge-, *h*⟩ (***zu*** *-e*) eklemek

Hinzufügung *f* ⟨-; *o pl*⟩: ***unter ~ von*** (*od G*) … eklenerek/katılarak

hinzukommen *v/i* ⟨*unreg*, -ge-, *sn*⟩ (üstüne) eklenmek; ***hinzu kommt, dass*** ayrıca şu da var ki …, şunu da ilave etmek gerekir ki …

hinzuziehen *v/t* ⟨*unreg*, -ge-, *h*⟩ *Experten -e* danışmak

Hiobsbotschaft *f* felaket haberi, kara haber

Hirn *n* ⟨-s; -e⟩ ANAT beyin *a fig*; **~gespinst** *n*: ***ein reines ~*** safi kuruntu

Hirnhaut *f* beyin zarı; **~entzündung** *f* MED menenjit

hirnlos *adj* F beyinsiz(ce)

hirnrissig *adj* F deli saçması

Hirntod *m* MED beyin ölümü

hirnverbrannt *adj* F deli saçması

Hirsch *m* ⟨-es; -e⟩ geyik; **~braten** *m* geyik kızartması; **~kalb** *n* geyik yavrusu; **~kuh** *f* dişi geyik

Hirse *f* ⟨-; -n⟩ BOT darı

Hirte *m* ⟨-n; -n⟩ çoban

Hirtenbrief *m piskoposluk bildirgesi*

Hisbollah **1.** *f* ⟨-; *o pl*⟩ POL Hizbullah; **2.** *m* ⟨-s; -s⟩ POL Hizbullah milisi

hissen *v/t* ⟨*h*⟩ *Flagge* çekmek; *Segel* açmak

H

Historiker *m* ⟨-s; -⟩, **~in** *f* ⟨-; -nen⟩ tarihçi
historisch *adj* tarihi, tarihsel
Hit *m* ⟨-(s); -s⟩ MUS F hit
Hitze *f* ⟨-; *o pl*⟩ (yüksek) sıcaklık
hitze|beständig *adj* ısıya dayanıklı; **~empfindlich** *adj* ısıya duyarlı; ısıdan etkilenen; **~frei** *adj*: ***die Kinder haben ~*** çocukların okulu sıcaktan tatil oldu
Hitzewelle *f* aşırı sıcaklar *pl*; sıcak (hava) dalgası
hitzig *adj* kızgın; *Debatte* ateşli, hararetli
Hitz|kopf *m* çabuk kızan; **≈köpfig** *adj* ateşli
Hitzschlag *m* MED güneş çarpması
HIV [haː|iː'fau̯] *n* ⟨-(s); -(s)⟩ MED HIV; **~-Infektion** *f* HIV enfeksiyonu; **~-negativ** *adj* HIV negatif; **~-positiv** *adj* HIV pozitif; **~-Test** *m* HIV testi
H-Milch ['haː-] *f* uzun ömürlü süt
Hobby ['hɔbi] *n* ⟨-s; -s⟩ merak, uğraş, hobi
Hobel *m* ⟨-s; -⟩ rende; planya
hobeln *v/t* (*a v/i*) ⟨*h*⟩ rendelemek; planyadan geçirmek
hoch **1.** *adj* yüksek; *Baum, Haus* büyük; *Strafe* ağır; *Gast* önemli, büyük; *Alter* ilerli; *Schnee* çok; ***in hohem Maße*** üst derecede; ***das ist mir zu ~*** bunu ben anlayamam, bu beni aşar; **2.** *adv*: ***3000 Meter ~ fliegen*** 3.000 metre yükseklikte uçmak; ***~ angesehen*** çok saygın/sayılan; ***~ begabt*** üstün yetenekli; ***~ bezahlt*** yüksek maaşlı/ücretli; ***~ dotiert*** yüksek maaşlı; meblağı yüksek; ***~ empfindlich*** çok hassas; ***~ entwickelt*** TECH çok gelişmiş; ***~ gewinnen*** (***verlieren***) çok kazanmak (kaybetmek); ***~ oben*** ta yukarıda; ***~ qualifiziert*** yüksek nitelikli; ***~ spielen*** yüksek oynamak; ***~ soll … leben!*** yaşasın … !; MATH ***fünf ~ zwei*** beş üzeri iki
Hoch *n* ⟨-s; -s⟩ METEO yüksek (basınç)
Hochachtung *f* (***vor*** *D -e*) (derin) saygı; ***alle ~!*** bravo doğrusu!, helal olsun!
hochachtungsvoll *adv Brief* Saygılarım(ız)la
Hochadel *m* yüksek aristokrasi
hochaktuell *adj* gayet güncel
hocharbeiten *v/r* ⟨-ge-, *h*⟩: ***sich ~*** çalışarak yükselmek
Hochbau *m* ⟨-s; *o pl*⟩: ***Hoch- und Tiefbau*** yerüstü ve yeraltı inşaatı
hochbetagt *adj* çok yaşlı
Hochbetrieb *m* ⟨-s; *o pl*⟩ hummalı faaliyet
hochbringen *v/t* ⟨*unreg*, -ge-, *h*⟩ yukarıya çıkarmak/getirmek; F *Kranke* ayağa kaldırmak; ***e-e Firma wieder ~*** bir şirketi yeniden canlandırmak
Hochburg *f* POL *-in* kalesi
Hochdeutsch *n* Yüksek (*od* Standart) Almanca
Hochdruck *m* ⟨-s; *o pl*⟩ METEO, PHYS yüksek basınç; ***mit ~ arbeiten*** büyük gerilim altında çalışmak; **~gebiet** *n* METEO yüksek basınç alanı
Hochebene *f* yayla
hocherfreut *adj* (**über** *-den*) çok memnun
Hoch|form *f* ⟨-; *o pl*⟩: ***in ~*** tam formunda; **~format** *n* dikey boyut; **~frequenz** *f* EL yüksek frekans; **~gebirge** *n* yüksek dağlar *pl*
hochgehen ⟨*unreg*, -ge-, *sn*⟩ *v/i* (yukarıya) çıkmak; yükselmek; F küplere binmek; F patlamak, havaya uçmak; F ***etw ~ lassen*** (bombalı saldırıyla) yerle bir etmek; ***jn ~ lassen*** b-ni ele vermek
Hochgenuss *m* büyük/özel zevk
hochgeschlossen *adj* kapalı yakalı
hochgestellt *adj* yüksek (rütbeli/önemde)
hochgestochen *adj* F tumturaklı; kurumlu; iddialı
hochgewachsen *adj* uzun boylu
Hochglanz *m* ince perdah; **~papier** *n* kuşe kağıt
hochgradig *adj* TECH yüksek derecede; F alabildiğine
Hochhaus *n çok katlı bina*, gökdelen
hochheben *v/t* ⟨*unreg*, -ge-, *h*⟩ (yükseğe) kaldırmak
hochjubeln *v/t* ⟨-ge-, *h*⟩ F göklere çıkarmak
hochkarätig *adj* yüksek ayarlı
hochklappen *v/t* ⟨-ge-, *h*⟩ (katlayıp) kaldırmak
hochkommen *v/i* ⟨*unreg*, -ge-, *sn*⟩ (***wieder ~***) toparlanıp kalkmak; ***j-m ~*** F b-nin midesi bulanmak; ***wenn es hochkommt*** en iyi (*od* kötü) ihtimalle, olsa olsa
Hochkonjunktur *f* ÖKON yüksek konjonktür
Hochland *n* yayla, *yüksek arazi*
hochleben *v/i* ⟨-ge-, *h*⟩: ***~ lassen*** -e

«yaşa!» diye bağırmak
Hochleistung *f* yüksek verim
Hochleistungssport *m* profesyonel spor
hochmodern *adj* ultramodern
Hochmut *m* kibir
hochmütig *adj* kibirli
hochnäsig *adj* burnu büyük
hochnehmen *v/t* ⟨*unreg*, -ge-, *h*⟩ kucağa almak; F ***j-n*** ~ b-le dalga geçmek
Hochofen *m* TECH yüksek fırın
hochprozentig *adj Schnaps* (alkol) derecesi yüksek; *Lösung* yüksek dereceli
hochrechn|en *v/t* ⟨-ge-, *h*⟩ (tahminî olarak) hesaplamak; **²ung** *f* tahmin (hesabı)
Hochsaison *f* yüksek sezon
hochschaukeln *v/r* ⟨-ge-, *h*⟩: F ***sich*** (***gegenseitig***) ~ birbir(ler)ini kışkırtmak
Hochschul|abschluss *m* yüksekokul mezuniyeti; **~absolvent(in** *f*) *m* yüksekokul mezunu; **~ausbildung** *f* yüksek öğrenim; **~diplom** *n* yüksekokul diploması; **~e** *f* yüksekokul, üniversite; **~lehrer(in** *f*) *m* profesör; **~reife** *f* lise mezuniyeti, *olgunluk sınavını vermiş olma*
Hochsee|fischerei *f* açıkdeniz balıkçılığı; **~jacht** *f* açıkdeniz yatı
Hochsitz *m* avcı kulübesi
Hochsommer *m* yaz ortası; ***im*** ~ yaz ortasında
Hochspannung *f* yüksek gerilim/voltaj; **~skabel** *n* yüksek gerilim kablosu
hochspielen *v/t* ⟨-ge-, *h*⟩ *fig* şişirmek
Hochsprach|e *f* standart/ölçünlü dil; **²lich** *adj* standart/ölçünlü dildeki
Hochsprung *m* ⟨-s; *o pl*⟩ yüksek atlama
höchst 1. *adj* en yüksek; *fig a* yüce; (*äußerst*) aşırı; **2.** *adv* gayet, son derece(de), aşırı
Höchstalter *n* azamî yaş
hochstapeln *v/i* ⟨-ge-, *h*⟩ kendini olduğundan zengin (bilgili) göstermek
Hochstapler *m* ⟨-s; -⟩, **~in** *f* ⟨-; -nen⟩ sahtekâr, dolandırıcı
Höchstbelastung *f* TECH azamî yük/yüküm
Höchstbetrag *m* azamî bedel; tavan fiyat
höchstens *adv* en çok, olsa olsa
Höchst|form *f*: ***in*** ~ SPORT en iyi formunda; **~geschwindigkeit** *f* azamî hız; ***zulässige*** ~ izin verilen azamî hız; **~leistung** *f* TECH azamî randıman/performans; **~maß** *n* (***an*** *D -in*) en yüksek derece(si), maksimum; ***ein*** ~ ***an Sicherheit*** azamî emniyet; **²persönlich** *adv* bizzat kendisi; **~preis** *m* tavan/azamî fiyat, en yüksek fiyat; ***zum*** ~ en yüksek fiyattan; **~stand** *m* en yüksek düzey; ***e-n*** ~ ***erreichen*** en yüksek noktasına varmak; **~strafe** *f* en yüksek ceza
höchstwahrscheinlich *adv* en büyük ihtimalle, olsa olsa
Hochtouren: ***auf*** ~ ***bringen*** hızlı çalıştırmak; ***auf*** ~ ***laufen*** bütün hızıyla ilerlemek
hochtrabend *adj* yüksekten atan
Hoch- und Tiefbau *m* ⟨-s; *o pl*⟩ yerüstü ve yeraltı inşaatı
hochverdient *adj* gayet hakkedilmiş
Hochverrat *m* vatana ihanet
hochverzinslich *adj* yüksek faizli
Hochwasser *n* ⟨-s; -⟩ *yüksek su düzeyi* (*Fluss*, *Meer*); (*Überschwemmung*) sel baskını, taşkın; **~gefahr** *f* taşkın tehlikesi; **~katastrophe** *f* sel felaketi
hochwertig *adj* çok değerli, üstün nitelikli
Hochzeit *f* ⟨-; -en⟩ düğün; ~ ***haben***, ~ ***feiern*** düğün yapmak; *-in* düğünü olmak
Hochzeits|kleid *n* düğün elbisesi; **~nacht** *f* düğün gecesi; **~reise** *f* balayı gezisi; ***auf*** ~ balayında; **~tag** *m* düğün günü; (*Jahrestag*) evlenme yıldönümü
hochziehen 1. *v/t* ⟨*unreg*, -ge-, *h*⟩ LUFTF yükseltmek; *Nase* burnunu çekmek; **2.** *v/r* F: ***sich*** ~ ***an*** bş-den moral bulmak/almak
Hocke *f* ⟨-; -n⟩ ekin demeti; ***in die*** ~ ***gehen*** çömelmek
hocken *v/i* ⟨*h*⟩ çömelmek, F çömelip oturmak; ***über s-n Büchern*** ~ oturup habire kitap okumak
Hocker *m* ⟨-s; -⟩ tabure
Höcker *m* ⟨-s; -⟩ hörgüç; çıkıntı; kambur
Hockey ['hɔki, 'hɔke] *n* ⟨-s; *o pl*⟩ hokey; **~schläger** *m* hokey raketi; **~spieler(in** *f*) *m* hokeyci
Hoden *m* ⟨-s; -⟩ ANAT haya, testis; V taşak
Hof *m* ⟨-s; ⸚e⟩ avlu; AGR çiftlik; (*Innen²*) iç avlu; (*Fürsten²*) saray; ***bei*** ~ sarayda; ***j-m den*** ~ ***machen*** b-ne kur yapmak

Hofdame *f adelig* nedime
hoffen *v/i u v/t* ⟨*h*⟩ (**auf** *A -i*) ümit etmek, ummak; *zuversichtlich -e* güvenmek; ***das Beste*** **~** en iyisini ümit etmek; ***ich hoffe es*** umarım; ***ich hoffe nicht, ich will es nicht*** **~** umarım olmaz
hoffentlich *adv* F *adv* umarım, inşallah; **~ *nicht!*** inşallah/umarım değildir/olmaz!
Hoffnung *f* ⟨-; -en⟩ umut, ümit; (**auf** *A*) … ümidi; ***die*** **~ *aufgeben*** ümidini kaybetmek; ***es besteht keine*** **~** (bir) ümit yok; ***in der*** **~ *zu*** -mek ümidiyle; ***j-m*** **~*en machen*** b-ne ümit vermek; ***sich*** (*D*) **~*en machen*** ümitlenmek
hoffnungs|los *adj* ümitsiz; **2losigkeit** *f* ⟨-; *o pl*⟩ ümitsizlik; **2schimmer** *m* ümit pırıltısı/ışığı; **2träger(in** *f*) *m* ümit -(s)i; **~voll** *adj* ümitli; ümit verici
höflich *adj* kibar, nazik; **2keit** *f* ⟨-; *o pl*⟩ nezaket; **2keitsbesuch** *m* nezaket ziyareti
Höhe ['hø:ə] *f* ⟨-; -n⟩ yükseklik; rakım; (*An*2) tepe; (*Gipfel*) zirve, doruk; *e-r Summe, Strafe usw* miktar; (*Niveau*) düzey; (*Ausmaß*) boyut, ölçü; LUFTF irtifa; ***an*** **~ *verlieren*** irtifa kaybetmek; ***ich bin nicht ganz auf der*** **~** pek formumda değilim; ***auf gleicher*** **~ *mit*** ile aynı düzeyde; ***in e-r*** **~ *von …*** … yükseklikte/irtifada
Hoheit *f* ⟨-; -en⟩ POL egemenlik; *Titel* ***Seine/Ihre*** **~** Zatı Şahaneleri
Hoheits|gebiet *n* egemenlik sahası; **~gewässer** *pl* kara suları; **~zeichen** *n* egemenlik arması
Höhen|flosse *f* LUFTF stabilizatör; **~flug** *m* yüksek uçuş; **~krankheit** *f* irtifa hastalığı; **~lage** *f* rakım; **~luft** *f* ⟨-; *o pl*⟩ dağ havası; **~messer** *m* LUFTF altimetre; **~sonne** *f* MED ultraviyole lambası; **~unterschied** *m* yükseklik/rakım farkı
Höhepunkt *m* zirve; en üst derece; **~ *des Abends*** akşamın en önemli olayı; ***auf dem*** **~** zirvede
höher ['hø:ɐ] *adj u adv* daha yüksek; yüksekçe; **~*er Dienst*** yüksek memuriyet; ***in*** **~*em Maße*** (oldukça) büyük ölçüde
hohl *adj* oyuk; boş, kof
Höhle *f* ⟨-; -n⟩ mağara, in
Höhlenforsch|er *m* mağarabilimci; **~ung** *f* mağarabilim
Hohl|kehle *f* TECH mafer; lamba; oluk; **~körper** *m* MATH boş cisim; **~kreuz** *n* MED lordoz; **~maß** *n* hacım ölçüsü; **~raum** *m* boşluk, boş mekân
Hohn *m* ⟨-s; *o pl*⟩ alay, hor görme, küçümseme; ***das ist der reine*** (*od* ***blanke***) **~** buna insanla alay etmek denir
höhnen *v/i* ⟨*h*⟩ (**über** *A -le*) alay etmek
höhnisch *adj* alaycı, küçümseyici
Hokuspokus *m* ⟨-; *o pl*⟩ hokus pokus
Holdinggesellschaft *f* ÖKON holding
holen *v/t* ⟨*h*⟩ gidip almak; *Polizei, ans Telefon* çağırmak; **~ *lassen*** yollayıp aldırtmak; ***sich*** (*D*) (***e-n Schnupfen***) **~** (nezleye) yakalanmak; ***sich*** (*D*) ***Rat*** **~** akıl danışmak
Holland *n* Hollanda
Holländer *m* ⟨-s; -⟩, **~in** *f* ⟨-; -nen⟩ Hollandalı
holländisch *adj* Hollanda(lı) *subst*
Hölle *f* ⟨-; -n⟩ cehennem; ***in die*** **~ *kommen*** cehenneme gitmek
Höllen|angst *f*: F ***e-e*** **~ *haben*** (**vor** *-den*) öcü gibi korkmak; **~lärm** *m* cehennemi gürültü; **~qual** *f*: F **~*en ausstehen*** cehennem ıstırabı çekmek; **~tempo** *n* F: ***mit e-m*** **~** cehennem hızıyla
höllisch *adj* cehennemi; *fig* son derece(de); F **~ *aufpassen*** çok dikkat etmek; **~ *wehtun*** çok acı/ağrı vermek/çekmek
Holm *m* ⟨-s; -e⟩ TECH kiriş
Holocaust [holo'ko:st] *m* ⟨-(s); -s⟩ Yahudi soykırımı
Hologramm *n* ⟨-s; -e⟩ hologram
holperig *adj* inişli yokuşlu; eğri büğrü; *Straße* kasisli
holpern *v/i* ⟨*sn*⟩ sarsıla sarsıla gitmek; ⟨*h*⟩ sarsılmak; *fig* tökezlemek; aksamak; su gibi okuyamamak
Holunder *m* ⟨-s; -⟩ BOT mürver (ağacı)
Holz *n* ⟨-es; ⸚er⟩ odun; (*Nutz*2) tahta, kereste; ***aus*** **~** tahtadan, ahşap; **~ *verarbeitend*** ağaç işleyen; **~bauweise** *f* ahşap inşaat/yapı (tarzı); **~bearbeitung** *f* ağaç işleri/işlemeciliği; **~bläser** *m* MUS ahşap nefesli saz
hölzern *adj* tahtadan, ahşap; *fig* hantal, sakar, beceriksiz
Holzfäller *m* ⟨-s; -⟩ oduncu
Holzfaser *f* odunlifi; **~platte** *f* odunlifi levhası
holzfrei *adj* selülozsuz

Holzhaus *n* ahşap ev/bina
holzig *adj* odunsu
Holz|kohle *f* odunkömürü; **~schnitt** *m* ıstampa, ağaç gravür; **~weg** *m fig*: ***auf dem ~ sein*** yanlış yolda olmak; **~wolle** *f* ambalaj talaşı; **~wurm** *m* ağaç kurdu
Homepage [ho:mpe:dʒ] *f* EDV ana sayfa
Homo *m* ⟨-s; -s⟩ F homo
homogen *adj* homojen
Homonym *n* ⟨-s; -e⟩ eşsesli, sesteş
Homöopathie [homøopa'ti:] *f* ⟨-; *o pl*⟩ homepati
homöopathisch *adj* homepatik
Homosex|ualität *f* eşcinsellik, homoseksüalite; **2uell** *adj* eşcinsel; **~uelle** *m, f* ⟨-n; -n⟩ eşcinsel
Honig *m* ⟨-s; -e⟩ bal; **~kuchen** *m* ballı kek; **~lecken** *n*: F ***das war kein ~!*** hiç de kolay olmadı!; **~melone** *f* kavun
honigsüß *adj* bal gibi (tatlı); *fig* vıcık vıcık
Honorar *n* ⟨-s; -e⟩ (*von Freiberuflern*) ücret
Honoratioren [-'tsĭo:rən] *pl* eşraf, ileri-gelenler
honorieren *v/t* ⟨*o* ge-, *h*⟩ ***j-n ~*** b-ne ücret ödemek; ***etw ~*** bş-i takdir etmek; bş-in değerini bilmek
honoris causa [ho'no:rıs 'kauza] *nur in* ***Doktor*** (***Professor***) ~ fahrî doktor (profesör)
Hooligan ['hu:ligɛn] *m* ⟨-s;-s⟩ SPORT hooligan, fedai
Hopfen *m* ⟨-s; *o pl*⟩ BOT şerbetçiotu
hopp *int* hop!; ha(y)di!
hoppeln *v/i* ⟨*sn*⟩ hoplayarak gitmek
hoppla *int* hey!; hop!; pardon!
hopsen *v/i* ⟨*sn*⟩ F sıçrayarak dans etmek
Hopser *m* ⟨-s; -⟩ F sıçrayış
hörbar *adj* işitilebilir, duyulabilir
Hörbehinderte *m, f* ⟨-n; -n⟩ işitme engelli
horchen *v/i* ⟨*h*⟩ (***auf*** *A -e*) kulak vermek; *heimlich -e* kulak kabartmak
Horcher *m* ⟨-s; -⟩ kulak kabartan, kulağı delik *adj*
hören ⟨*h*⟩ işitmek, duymak; (*an~*) dinlemek; *Radio, Musik* dinlemek; *gehorchen* (söz) dinlemek; ***er hört schwer*** ağır işitiyor; ***~ auf*** *A -in* sözünü dinlemek; ***ich lasse von mir ~*** ben sana/size haber veririm; ***von j-m ~*** b-nden haber almak; ***sie will nichts davon ~*** bunun lafını duymak bile istemiyor; ***hör(t) mal!*** dinle(yin) hele! *erklärend* bak(ın)!; ***nun*** (*od* ***also***) ***hör(t) mal!*** *Einwand* bir dakika, bir dur(un) bakalım
Hörensagen *n* ⟨-s; *o pl*⟩: ***vom ~*** kulaktan kulağa
Hörer[1] *m* ⟨-s; -⟩, **~in** *f* ⟨-; -nen⟩ dinleyici; *Universität* ders izleyen
Hörer[2] *m* ⟨-s; -⟩ TEL ahize; ***den ~ auflegen*** ahizeyi/telefonu kapatmak
Hörerschaft *f* ⟨-; -en⟩ dinleyiciler *pl*
Hör|fehler *m* MED işitme arızası; **~funk** *m* radyo; **~gerät** *n* işitme cihazı
hörig *adj* ***j-m ~ sein*** b-ne (cinsel yönden) bağımlı olmak
Horizont *m* ⟨-s; -e⟩ ufuk; ***am ~*** ufukta; ***s-n ~ erweitern*** ufkunu genişletmek; **2al** *adj* yatay
Hormon *n* ⟨-s; -e⟩ hormon
Hörmuschel *f* TEL kulaklık
Horn *n* ⟨-s; ⸗er⟩ boynuz; MUS korno
Hornhaut *f* nasır; *Auge* saydam tabaka, kornea
Hornisse *f* ⟨-; -n⟩ eşekarısı
Hornist(in *f*) *m* MUS kornocu; borucu; borazan(cı)
Horoskop *n* ⟨-s; -e⟩ yıldız falı; ***j-m das ~ stellen*** b-nin yıldız falına bakmak
Horror [-ro:ɐ] *m* ⟨-s; *o pl*⟩ (***vor*** *D -den*) dehşet; **~film** *m* korku filmi
Hör|saal *m* dersane, amfi; **~spiel** *n* radyo oyunu; **~sturz** *m* MED (anî) sağırlık; **~weite** *f* ⟨-; *o pl*⟩: ***in*** (***außer***) ***~*** seslenilebilir uzaklıkta (değil)
Hort *m* ⟨-s; -e⟩ kreş
horten *v/t* ⟨*h*⟩ stok etmek
Hortensie [-zĭə] *f* ⟨-; -n⟩ BOT ortanca
Hör|test *m* işitme testi; **~vermögen** *n* ⟨-s; *o pl*⟩ işitme yeteneği
Höschen *n* ⟨-s; -⟩ (*Slip*) külot
Hose *f* ⟨-; -n⟩ pantolon
Hosen|anzug *m* pantalon-ceket; **~bein** *n* paça; **~rock** *m* pantolon-etek; **~schlitz** *m* pantolon (ön) yırtmacı; **~tasche** *f* pantalon cebi; **~träger** *pl* pantolon askısı *sg*
hospitieren *v/i* ⟨*o* ge-, *h*⟩ (***bei***) misafir/stajyer olarak (*-in*) dersini dinlemek
Hostess *f* ⟨-; -en⟩ hostes (*auf Kongress usw*)
Hostie ['hɔstĭə] *f* ⟨-; -n⟩ REL kutsal ekmek (*ayinde*)

Hotdog *m* ⟨-s; -s⟩ GASTR sosisli sandviç
Hotel *n* ⟨-s; -s⟩ otel; **~ *garni*** otel-pansiyon; **~direktor** *m* otel müdürü; **~gewerbe** *n* otelcilik; **~verzeichnis** *n* oteller rehberi; **~zimmer** *n* otel odası
Hotelier [hotɛ'lie:] *m* ⟨-s; -s⟩ otelci
Hotline ['hɔtlaɪn] *f* ⟨-; -s⟩ TEL iletişim hattı, hotline
HP *Abk für* ***Halbpension*** *f* yarım pansiyon
Hr. *Abk für* ***Herr*** bay, bey
Hrn. *Abk für* ***Herrn …*** … Bey'e, … Bey'i
Hrsg. *Abk für* ***Herausgeber(in f)m*** yayımcı, editör
Hubraum *m* AUTO silindir hacmi
hübsch *adj* güzel, sevimli, şirin; *Geschenk usw* zarif
Hubschrauber *m* ⟨-s; -⟩ helikopter; **~landeplatz** *m* helikopter (iniş) pisti
huckepack *adv* F sırtta
Huckepackverkehr *m* sırtüstü ulaşımı
hudeln *v/i* ⟨*h*⟩ F kötü çalışmak
Huf *m* ⟨-s; -e⟩ toynak; tırnak; ayak
Hufeisen *n* nal; **~form** *f*: ***in ~*** nal şeklinde(ki); **2förmig** *adj* nal şeklinde(ki)
Huflattich *m* BOT aslanpençesi
Hüft|e *f* ⟨-; -n⟩ ANAT kalça; **~gelenk** *n* kalça eklemi; **2hoch** *adj u adv* bele kadar (gelen); **~knochen** *m* kalça kemiği
Hügel *m* ⟨-s; -⟩ tepe, küçük dağ; **2ig** *adj* dağlık, inişli yokuşlu
Huhn *n* ⟨-s; ⸗er⟩ tavuk
Hühnchen *n* ⟨-s; -⟩ piliç; F ***ein ~ zu rupfen haben mit*** b-yle görülecek bir hesabı olmak
Hühner|auge *n* MED nasır; **~augenpflaster** *n* nasır flasteri; **~brühe** *f* tavuk suyu; **~brust** *f* tavuk göğsü; MED huni biçimi göğüs; **~ei** *n* tavuk yumurtası; **~farm** *f* tavuk çiftliği; **~futter** *n* tavuk yemi; **~leiter** *f* tünek merdiveni; *fig* dar merdiven; **~stall** *m* tavuk kümesi; **~zucht** *f* tavukçuluk
huldig|en *v/i* ⟨*h*⟩: ***j-m ~*** b-ne biat etmek; *fig* b-ne kur yapmak; **2ung** *f* ⟨-; -en⟩ (***an*** *A -e*) biat
Hülle *f* ⟨-; -n⟩ kılıf, zarf; (*Schutz2*) örtü, (*Buch2*, *Platten2*) kap; ***in ~ und Fülle*** bol bol
hüllen *v/t* ⟨*h*⟩: ***sich in Schweigen ~*** sükut perdesine bürünmek; **~los** *adj* örtüsüz; çıplak
Hülse *f* ⟨-; -n⟩ BOT kapçık; TECH manşon, kovan
Hülsenfrüchte *pl* baklagiller
human *adj* insanca, insana yakışan; **2ismus** *m* ⟨-; *o pl*⟩ hümanizm(a); insancıllık; **2ist** *m* ⟨-en; -en⟩, **2istin** *f* ⟨-; -nen⟩ hümanist; **~itär** *adj* insancıl, insanlıkla ilgili; **2ität** *f* ⟨-; *o pl*⟩ insanlık; **2medizin** *f* beşerî tıp
Hummel *f* ⟨-; -n⟩ yabanarısı
Hummer *m* ⟨-s; -⟩ ıstakoz
Humor [-'mo:ɐ] *m* ⟨-s; *o pl*⟩ mizah; espri; ***den ~ behalten*** neşesini korumak; ***etw mit ~ nehmen*** bş-i eğlenceli tarafından almak; **~eske** *f* ⟨-; -n⟩ mizah hikayesi; **~ist** *m* ⟨-en; -en⟩, **~istin** *f* ⟨-; -nen⟩ mizahçı; **2istisch** *adj* mizah *subst*, mizahî; **2los** *adj* şakadan anlamaz; esprisiz; **2voll** *adj* espri sahibi
humpeln *v/i* topallamak
Humus *m* ⟨-; *o pl*⟩ humus; **~schicht** *f* humus tabakası
Hund *m* ⟨-s; -e⟩ köpek; F ***auf den ~ gekommen*** iflas etmek; F ***vor die ~e gehen*** sefil olmak
hundeelend *adj* F berbat, rezil; ***mir ist ~*** (benim) halim berbat
Hunde|hütte *f* köpek kulübesi; **~kuchen** *m* köpek bisküisi; **~leben** *n* F sefalet; rezillik; **~leine** *f* köpek kayışı
hundemüde *adj* F turşu gibi
hundert *adj* yüz (*100*); ***einige*** (*od* ***ein paar***) **2 *Leute*** birkaç yüz kişi; ***zu 2en*** yüzlercesi birden
Hunderter *m* ⟨-s; -⟩ MATH yüzler (hanesi/basamağı); F yüzlük
hundertfach *adj u adv* yüz kat(ı)
Hundertjahrfeier *f* yüzüncü yıl şenliği
hundertjährig *adj* yüz yıllık; yüz yaşında
hundertmal *adv* yüz kere/defa
Hundertmarkschein *m* yüz mark(lık banknot)
Hundertmeterlauf *m* yüz metre koşusu
hundertprozentig *adj* yüzde yüz(lük)
hundertst *adj* yüzüncü
hundertstel *adj* yüzde bir
Hundertstel *n* ⟨-s; -⟩ yüzde bir
hunderttausend *adj* yüz bin
Hundstage *pl* eyyamı bahur
Hündin *f* ⟨-; -nen⟩ dişi köpek
Hüne *m* ⟨-n; -n⟩ çamyarması
Hünengrab *n* dolmen
hünenhaft *adj* iri yarı, kapı gibi
Hunger *m* ⟨-s; *o pl*⟩ açlık; ***ich habe ~***

karnım acıktı; ~ ***leiden*** açlık çekmek
Hungerlohn *m* çok düşük ücret
hungern ⟨*h*⟩ *v/r* aç kalmak, açlık çekmek; ***sich zu Tode*** ~ ölesiye perhiz yapmak; perhizden ölmek
hungernd *adj* aç; açlık çeken
Hungersnot *f* kıtlık
Hunger|streik *m* açlık grevi; **~tod** *m* ⟨-s; *o pl*⟩ açlıktan ölüm; acından ölme; **~tuch** *n* F: ***am ~ nagen*** *-in* açlıktan nefesi kokmak
hungrig *adj* aç; ~ ***sein*** aç/acıkmış olmak; *-in* karnı aç/acıkmış olmak; ***das macht ~*** bu insanın iştahını açıyor
Hunn|e *m* ⟨-n; -n⟩, **~in** *f* ⟨-; -nen⟩ Hun
Hupe *f* ⟨-; -n⟩ AUTO korna, klakson
hupen *v/i* ⟨*h*⟩ korna çalmak
hüpfen *v/i* ⟨*sn*⟩ sıçramak; *Ball usw* zıplamak
Hupverbot *n* klakson yasağı
Hürde *f* ⟨-; -n⟩ engel; ***e-e ~ nehmen*** bir engel(i) aşmak
Hürden|lauf *m* engelli koşu; **~läufer(in** *f*) *m* engelli koşucu
Hure *f* ⟨-; -n⟩ F orospu
hurra *int* hurra!; yaşasın!
Hurrikan ['hʊrikaːn] *m* ⟨-s; -e⟩ hortum(lu fırtına)
husch *int* kış!; fırt!; vın!
huschen *v/i* ⟨*sn*⟩ sessizce gitmek
hüsteln *v/i* ⟨*h*⟩ hafifçe öksürmek
husten *v/i* ⟨*h*⟩ öksürmek; F ***ich huste darauf!*** istemem, olmaz olsun! F ***dem werde ich was ~!*** ben ona ağzının payını veririm!
Husten *m* ⟨-s; *o pl*⟩ öksürük; ~ ***haben*** *-in* öksürüğü olmak; **~anfall** *m* öksürük nöbeti; **~bonbon** *m u n* öksürük pastili; **~mittel** *n* öksürük ilacı; **~reiz** *m* gıcık; **~saft** *m* öksürük şurubu
Hut[1] *m* ⟨-s; ⸗e⟩ şapka; F ***ein alter ~*** eski (bir) hikâye; ***den ~ abnehmen*** (*od* ***ziehen***) ***vor j-m*** b-ne şapkayı çıkarmak; ***alles unter einen ~ bringen*** hepsini (bir başlık altında) toparlamak; F ***damit habe ich nichts am ~*** (benim) bununla hiçbir ilgim yok
Hut[2]: ***auf der ~ sein*** tetikte olmak
Hüter *m* ⟨-s; -⟩ koruyucu; bekçi; ***der ~ des Gesetzes*** kanunun bekçisi
Hutkrempe *f* şapka kenarı
Hüttenindustrie *f* maden endüstrisi
Hyäne *f* ⟨-; -n⟩ sırtlan
Hyazinthe *f* ⟨-; -n⟩ sümbül
Hydrant *m* ⟨-en; -en⟩ yangın musluğu
Hydrat *n* ⟨-s; -e⟩ CHEM hidrat
hydraulisch *adj* hidrolik
Hydrodynamik *f* hidrodinamik
Hydrolyse *f* ⟨-; -n⟩ CHEM hidroliz
Hygien|e *f* ⟨-; *o pl*⟩ [hy'gǐeːnə] hijyen; hıfzıssıhha; **&isch** [hy'gǐeːnɪʃ] hijyenik
Hyperbel *f* ⟨-; -n⟩ MATH hiperbol; *fig* abartma
Hyperlink ['haɪpərlɪŋk] *n* ⟨-s; -s⟩ EDV hiperlink
hypermodern [hyːpɐ-] *adj* ultramodern
Hypertonie *f* ⟨-; -n⟩ MED yüksek tansiyon, hipertansiyon
hypnotisch *adj* hipnotize
Hypochond|er [hypo'xɔndɐ] *m* ⟨-s; -⟩ hipokondriyak, F hastalık hastası; **&risch** *adj* hipokondrik
Hypothek *f* ⟨-; -en⟩ ÖKON ipotek; ***e-e ~ aufnehmen*** (***auf*** *A -i*) ipotek ederek kredi almak; ***mit e-r ~ belasten*** ipotek altına sokmak/almak; ipotek etmek; **&arisch** *adj u adv* ipotekle
Hypotheken|bank *f* ipotek bankası; **&frei** *adj* ipoteksiz; **~gläubiger(in** *f*) *m* ipotekli alacaklı; **~pfandbrief** *m* ipotekli borç/rehin senedi; **~schuldner(in** *f*) *m* ipotekli borçlu
Hypothe|se *f* ⟨-; -n⟩ varsayım, hipotez; **&tisch** *adj* varsayımsal
Hypotonie *f* ⟨-; -n⟩ MED düşük tansiyon; hipotansiyon
Hyste|rie *f* ⟨-; *o pl*⟩ histeri; **&risch** *adj* histerik

I

i, I [iː] *n* ⟨-; -⟩ i, İ; ***i wo!*** ne gezer!; yok canım!
i. A. *Abk für* ***im Auftrag*** … adına; *-e* vekâleten
iberisch *adj* İberya(lı), İberik *subst*
ICE [itse'|eː] *Abk* → ***Intercity-Express***
ich *pers pron* ben; ***~ selbst*** (ben) kendim; ***~ bin's*** ben'im
Ich *n* ⟨-(s); -(s)⟩ PSYCH ben(lik); ***zweites ~*** ikinci benlik
ichbezogen *adj* benmerkezci
Ichform *f* ⟨-; -⟩: ***in der ~*** birinci (tekil) şahıs ağzından
ideal [ide'aːl] *adj* ideal
Ideal [ide'aːl] *n* ⟨-s; -e⟩ ülkü, ideal
Idealfall *m* ideal durum; ***im ~*** ideal olarak
idealisieren *v/t* ⟨*o* ge-, *h*⟩ idealize etmek
Idealismus *m* ⟨-; *o pl*⟩ idealizm
Idealist *m* ⟨-en; -en⟩, **~in** *f* ⟨-; -nen⟩ idealist
idealistisch *adj* idealist(çe)
Idee *f* ⟨-; -n⟩ fikir; ***gute ~!*** iyi fikir/akıl!; ***ich kam auf die ~ zu*** aklıma -mek geldi
ideell [ide'ɛl] *adj* MATH varsayımsal; ***~er Wert*** manevi değer
ideen|arm, **~los** *adj* buluştan/yenilikten yoksun; **~reich** *adj* yenilik dolu
identifizierbar *adj* teşhis edilebilir
identifizieren ⟨*o* ge-, *h*⟩ **1.** *v/t -in* kimliğini belirlemek, *-i* teşhis etmek; **2.** *v/r*: ***sich ~ mit*** *-i* benimsemek; kendini … ile özdeşleştirmek
identisch *adj* aynı, özdeş
Identität *f* ⟨-; *o pl*⟩ özdeşlik, kimlik
Identitäts|krise *f* kimlik bunalımı; **~nachweis** *m* kimlik ispatı
Ideolog|e *m* ⟨-n; -n⟩ ideolog; **~ie** *f* ⟨-; -n⟩ ideoloji; **Ⓢisch** *adj* ideolojik
Idiom [i'di̯oːm] *n* ⟨-s; -e⟩ dil; deyim, tabir
Idiomatik *f* ⟨-; *o pl*⟩ dil özellikleri; deyimbilim
idiomatisch *adj* deyim(sel), mecazi
Idiot [i'di̯oːt] *m* ⟨-en; -en⟩ alık, bunak, aptal; **Ⓢisch** *adj* alık, aptal
Idol *n* ⟨-s; -e⟩ put; *fig* ilah
Idyll [i'dʏl] *n* ⟨-s; -e⟩, **~e** [i'dʏlə] *f* ⟨-; -n⟩ idil; **Ⓢisch** *adj Ort usw* şirin, huzur dolu
IG *Abk* → ***Industriegewerkschaft***
Igel *m* ⟨-s; -⟩ ZOOL kirpi
Iglu *m* ⟨-s; -s⟩ iglu, Eskimo evi
ignorant *adj* vurdumduymaz(ca)
Ignorant *m* ⟨-en; -en⟩, **~in** *f* ⟨-; -nen⟩ vurdumduymaz
Ignoranz *f* ⟨-; *o pl*⟩ vurdumduymazlık
ignorieren *v/t* ⟨*o* ge-, *h*⟩ görmezlikten (*od* görmezden) gelmek
ihm *pers pron* → ***er***; ona; ***ich glaube (es) ~*** onun bu sözüne vs inanırım; ***ein Freund von ~*** onun bir arkadaşı
ihn *pers pron* → ***er***; onu
ihnen *pers pron* → ***sie***; onlara; ***ich habe es ~ gesagt*** onlara söyledim; ***ein Freund von ~*** onların bir arkadaşı
ihr [iːɐ] *pos pron* → ***sie***; ona, onun; *pl* onların; ***der (die, das) ihr(ig)e*** onunki
Ihr [iːɐ] *pos pron* → ***Sie***; sizin (*Höflichkeitsform*); ***Ihr(ig)e*** sizinki
ihrerseits *adv* onun tarafından; ***Ihrerseits*** sizin tarafınızdan (*Höflichkeitsform*)
ihresgleichen *indef pron* (onun) eşi/eşiti/benzeri, (onun) kadar
Ihresgleichen *Höflichkeitsform* (sizin) eşiniz/eşitiniz/benzeriniz; (sizin) kadar
ihretwegen *adv* onun için; onlar için
Ihretwegen *adv Höflichkeitsform* sizin için; sizin yüzünüzden
Ikone *f* ⟨-; -n⟩ ikona
illegal *adj* yasadışı, illegal
illegitim [-tiːm] *adj* haksız(ca); gayrimeşru
Illusion [-'zi̯oːn] *f* ⟨-; -en⟩ yanılsama; kuruntu, hayal; ***sich ~en hingeben*** hayal(ler)e kapılmak; ***darüber mache ich mir keine ~en*** bu konuda hiç hayale kapılmıyorum
illusorisch *adj* yanıltıcı, aldatıcı
Illustr|ation [-'tsi̯oːn] *f* ⟨-; -en⟩ resim(leme); **Ⓢieren** *v/t* ⟨*o* ge-, *h*⟩ resimlemek
Illustrierte *f* ⟨-n; -n⟩ magazin (dergisi)
im (***= in dem***) *präp*: ***~ Bett*** yatakta; ***~ Kino*** sinemada
IM [iː'ɛm] *m* ⟨-s; -s⟩ *Abk für* ***inoffizieller Mitarbeiter*** POL gayriresmî eleman
Image ['ɪmɪtʃ, 'ɪmɪdʒ] *n* ⟨-; -s⟩ imge, görüntü, imaj; **~pflege** *f* ⟨-; *o pl*⟩ *-in imajını düzeltme veya koruma çabası*
imaginär *adj* tasarımsal
Imam *m Islam* imam
Imbiss *m* ⟨-es; -e⟩ hafif yemek; büfe ye-

meği, fast food; büfe; **~halle** *f*, **~stube** *f* büfe
Imitation [-'tsĭo:n] *f* ⟨-; -en⟩ taklit; *Schmuck a* imitasyon
imitieren *v/t* ⟨*o* ge-, *h*⟩ taklit etmek
Imker *m* ⟨-s; -⟩ arıcı
immanent *adj* içkin
Immatrikul|ation *f* ⟨-; -en⟩ *Universität* derse yazılma, kayıt; **≈ieren** *v/t* ⟨*o* ge-*h*⟩: ***sich ~ lassen*** (***an*** *D -e*) kaydını yaptırmak
immens *adj* sonsuz, sınırsız
immer *adv* daima; her zaman; ***~ mehr*** gittikçe, gitgide; ***noch ~*** hâlâ; ***noch ~ nicht*** hâlâ değil/yok; ***~ wenn*** (her) ne zaman; -dikçe; ***~ wieder*** sık sık, defalarca; ***~ besser*** gittikçe (daha) iyi; ***wann*** (***auch***) ~ (her) ne zaman olursa olsun; ***was*** (***auch***) ~ (her) ne olursa olsun; ***wer*** (***auch***) ~ (her) kim olursa olsun; ***wie*** (***auch***) ~ (her) nasıl olursa olsun; her neyse; ***wo*** (***auch***) ~ (her) nerede olursa olsun
immergrün *adj* yaprağını dökmeyen
immerhin *adv* hiç değilse, en azından; bir yerde, nihayet
immerwährend *adj* sürekli, hiç bitmeyen
Immigrant *m* ⟨-en; -en⟩, **~in** *f* ⟨-; -nen⟩ göçmen, mülteci
Immigration *f* ⟨-; -en⟩ göç
immigrieren *v/i* ⟨*o* ge-, *sn*⟩ göç etmek
Immission [-'sĭo:n] *f* ⟨-; -en⟩ gürültü/kirlenme etkisi
Immobilien [-ĭən] *pl* gayrimenkul *sg*, taşınmaz mal(lar); **~makler(in** *f*) *m* emlak komisyoncusu; **~markt** *m* gayrimenkul piyasası
immun *adj* (***gegen*** *-e* karşı) bağışık; **~isieren** *v/t* ⟨*o* ge-⟩ (***gegen*** *-e* karşı) bağışıklık kazandırmak; **≈ität** *f* ⟨-; *o pl*⟩ MED bağışıklık; POL dokunulmazlık; **≈körper** *m* MED bağışıklık maddesi, amboseptör; **≈ologie** *f* ⟨-; *o pl*⟩ imünoloji; **≈schwäche** *f* MED bağışıklık yetersizliği; **≈system** *n* bağışıklık sistemi
Imperativ [-ti:f] *m* ⟨-s; -e⟩ GR emir kipi
Imperfekt *n* ⟨-s; -e⟩ GR geçmiş zaman
Imperia|lismus [-ĭa-] *m* ⟨-; *o pl*⟩ emperyalizm; **~list** *m* ⟨-en; -en⟩ emperyalist; **≈listisch** *adj* emperyalist
Imperium [-ĭʊm] *n* ⟨-s; -rien⟩ imparatorluk
Impfaktion *f* MED aşı kampanyası
impfen *v/t* ⟨*h*⟩ MED (***gegen*** *-e* karşı) *-e* aşı yapmak, *-i* aşılamak; ***sich ~ lassen*** (***gegen*** *-e* karşı) aşı olmak
Impf|pass *m*, **~schein** *m* aşı karnesi; **~stoff** *m* aşı (maddesi); **~ung** *f* ⟨-; -en⟩ aşı (yapma), aşılama
Implantat *n* ⟨-s; -e⟩ *Organ* nakledilen organ; *künstliches*: takma (organ)
implantieren *v/t* ⟨*o* ge-, *h*⟩ MED … nakli yapmak
implizieren *v/t* ⟨*o* ge-, *h*⟩ … anlamına gelmek
imponier|en *v/i* ⟨*o* ge-, *h*⟩: ***j-m ~*** b-ni etkilemek; **~end** *adj* etkileyici; çalımlı; **≈gehabe** *n* F çalım (satma)
Import *m* ⟨-s; -e⟩ ithal; ithal malı; ithalat *pl*; **~beschränkungen** *pl* ithalat kısıtlamaları
Importeur [ɪmpɔr'tø:r] *m* ⟨-s; -e⟩ ithalatçı (*öz* şirket)
importieren *v/t* ⟨*o* ge-, *h*⟩ ithal etmek
imposant *adj* etkileyici, heybetli
impotent *adj* MED iktidarsız
Impotenz *f* ⟨-; *o pl*⟩ MED (cinsel) iktidarsızlık
imprägnieren *v/t* ⟨*o* ge-, *h*⟩ su geçirmez hale getirme
Impression [-'sĭo:n] *f* ⟨-; -en⟩ izlenim, intiba
Impressionismus [-sĭo-] *m* ⟨-; *o pl*⟩ empresyonizm
Impressionist *m* ⟨-en; -en⟩ empresyonist; **≈isch** *adj* empresyonist *subst*
Impressum *n* ⟨-s; -sen⟩ BUCH künye
Improvisation [-v-] *f* ⟨-; -en⟩ doğaçlama, emprovizasyon
improvisieren [-v-] ⟨*o* ge-, *h*⟩ **1.** *v/t* hemen uyduruvermek; **2.** *v/i* doğaçlama yapmak
Impuls *m* ⟨-es; -e⟩ içtepi; (*Anstoß*) *a* itiş, teşvik; ***e-m ~ folgend*** içinden *vs* gelen sese uyarak; ***neue ~e geben*** yeni fikirler aşılamak
impulsiv [-'zi:f] *adj* içtepisel; fevri
Impulskauf *m* ÖKON anî (satın)alım
imstande *adj*: ***~ sein, etw zu tun*** bş-i yapacak durumda olmak
in[1] *präp räumlich wo?* (*D*) *-in* içinde, *-in* içerisinde, -de; *wohin?* (*A*) *-in* içine; ***warst du schon mal in …?*** sen hiç … gittin mi?; *zeitlich* (*D*) -de; *Art und Weise* (*D*) ile, -de; ***im Mai*** mayısta; mayıs ayında; ***~ dieser Woche*** bu hafta

(içinde); ~ ***diesem Alter*** (***Augenblick***) bu yaşta (anda); ~ ***Behandlung sein*** tedavi altında olmak/bulunmak; ***gut*** ~ ***Chemie*** kimyası iyi; ~ ***Eile*** aceleyle

in² *adj*: F ~ ***sein*** moda olmak; in olmak

inaktiv *adj* CHEM inaktif

inakzeptabel *adj* kabul edil(e)mez

Inangriffnahme *f* ⟨-; -n⟩ başlama; ele alma

Inanspruchnahme *f* ⟨-; -n⟩ (**von**) *-in* kullanılması; (*-den*) faydalanma; zorlanma, efor

Inbegriff *m* ⟨-s; -e⟩ timsal; F *-in* ta kendisi

inbegriffen *adj* dahil

Inbesitznahme *f* ⟨-; -n⟩ ele geçir(il)me, sahiplen(il)me

Inbetriebnahme *f* ⟨-; -n⟩ hizmete al(ın)ma; ***bei*** ~ ***der Anlage*** tesis hizmete alınırken

indem *konj* -erek; ***er entkam,*** ~ ***er aus dem Fenster sprang*** pencereden atlayarak kaçtı

Inder *m* ⟨-s; -⟩, **~in** *f* ⟨-; -nen⟩ Hintli

Index *m* ⟨-es; -e, -dizes⟩ dizin; ÖKON endeks

indessen *adv* bu arada; fakat, gene de; ne de olsa

Indianer [ɪn'di̯a:nɐ] *m* ⟨-s; -⟩, **~in** *f* ⟨-; -nen⟩ kızılderili

indianisch *adj* Kızılderili(ce)

Indien ['ɪndi̯ən] *n* ⟨-s; *o pl*⟩ Hindistan

Indikation [-'t͜si̯o:n] *f* ⟨-; -en⟩ MED endikasyon

Indikativ [-f] *m* ⟨-s; -e⟩ GR bildirme kip(ler)i

indirekt *adj* dolaylı; **~*e Steuern*** dolaylı/vasıtalı vergiler

indisch *adj* Hint(li) *subst*

indiskret *adj* sır saklamaz; saygısız; **≈ion** *f* ⟨-; -en⟩ (sırrı) açığa vurma

indiskutabel *adj* tartışılmaz

indisponiert *adj* rahatsız

individualisieren [-v-] *v/t* ⟨*o* ge-, *h*⟩ bireyselleştirmek

Individualismus [-v-] *m* ⟨-; *o pl*⟩ bireycilik

Individualist [-v-] *m* ⟨-en; -en⟩, **~in** *f* ⟨-; -nen⟩ *harcıalem şeyleri sevmeyen kimse*

Individualität [-v-] *f* ⟨-; *o pl*⟩ bireysellik

individuell [-vi'dŭɛl] *adj* bireysel

Individuum [ɪndi'vi:duʊm] *n* ⟨-s; -duen [-dŭən]⟩ birey, fert

Indiz *n* ⟨-es; -zien [-tsi̯ən]⟩ gösterge, belirti, işaret; ipucu

Indizienbeweis(e) *m(pl)* JUR emarelere dayalı delil(ler)

indo|europäisch Hint-Avrupa; **~germanisch** *adj* indogermen

Indonesien *n* [ɪndo'ne:zi̯ən] Endonezya

Indonesier *m* ⟨-s; -⟩, **~in** *f* ⟨-; -nen⟩ Endonezyalı

indonesisch *adj* Endonezya(lı) *subst*

Indossament *n* ⟨-s; -e⟩ ÖKON ciro

Induktion [-'t͜si̯o:n] *f* ⟨-; -en⟩ PHIL tümevarım; PHYS endüksiyon, indükleme

industrialisier|en *v/t* ⟨*o* ge-, *h*⟩ sanayileştirmek; **≈ung** *f* ⟨-; *o pl*⟩ sanayileş(tir)me

Industrie *f* ⟨-; -n⟩ sanayi, endüstri; **~anlage** *f* sanayi tesisi; **~arbeiter(in** *f*) *m* sanayi işçisi

industriell *adj* sınai, endüstriyel

Industrielle *m*, *f* ⟨-n; -n⟩ sanayici

Industrie|gebiet *n* sanayi bölgesi; **~gelände** *n* sanayi arazisi; **~gesellschaft** *f* sanayi toplumu, endüstriyel toplum; **~gewerkschaft** *f* sanayi sendikası; **~kaufmann** *m* sanayi taciri; **~macht** *f* POL büyük sanayi devleti; **~spionage** *f* sanayi casusluğu; **~- und Handelskammer** *f* sanayi ve ticaret odası; **~verband** *m* sanayi işverenleri birliği; **~zweig** *m* sanayi dalı

induzieren *v/t* ⟨*o* ge-, *h*⟩ PHIL tümevarmak; PHYS indüklemek

ineinander *adv* birbiri içine/içinde; iç içe; ~ ***fließen*** iç içe geçmek; birleşmek; ~ ***greifen*** TECH uymak, girmek, takılmak; iç içe geçmek; ~ ***verliebt*** birbirine âşık

infam *adj* alçakça, rezilce

infantil *adj* çocuksu; çocukça

Infarkt *m* ⟨-s; -e⟩ MED enfarktüs

Infekt *m* ⟨-s; -e⟩ enfeksiyon, bulaşıcı hastalık

Infektion [-'t͜si̯o:n] *f* ⟨-; -en⟩ MED bulaşma; **~sgefahr** *f* enfeksiyon/bulaşma tehlikesi; **~sherd** *m* enfeksiyon kaynağı; **~skrankheit** *f* bulaşıcı hastalık

Inferno *n* ⟨-s; *o pl*⟩ cehennem

infiltrieren *v/t* ⟨*o* ge-, *h*⟩ (*-e/-in* içine) sızmak

Infinitesimalrechnung *f* infinitezimal hesabı

Infinitiv [-ti:f] *m* ⟨-s; -e⟩ GR mastar

infizieren ⟨*o* ge-, *h*⟩ **1.** *v/t* *-e* bulaştırmak, geçirmek (*Krankheit*); **2.** *v/r*: ***sich ~ bei*** (***mit*** *-i*) *-den* kapmak

in flagranti *adv*: ***~ ertappen*** suçüstü yakalamak

Inflation [-ˈt̮si̯oːn] *f* ⟨-; -en⟩ ÖKON enflasyon; **≈är** *adj* enflasyonist

Inflationsrate *f* enflasyon oranı

Info *n* ⟨-s; -s⟩ F → ***Information***

infolge *präp* *-in* sonucu olarak; **~dessen** *adv* bundan dolayı, bu nedenle

Informatik *f* ⟨-; *o pl*⟩ bilişim (bilimi); **~er** *m* ⟨-s; -⟩, **~erin** *f* ⟨-; -nen⟩ bilişimci, bilgisayar bilimcisi

Information [-ˈt̮si̯oːn] *f* ⟨-; -en⟩ bilgi; danışma; bilgilen(dir)me; haber alma; ***die neuesten ~en*** *pl* en son bilgiler; ***zu Ihrer ~*** bilginize sunulur

Informations|blatt *n* bilgi(lendirme) broşürü; **~büro** *n* danışma bürosu; **~fluss** *m* ⟨-es⟩ bilgi akışı; **~material** *n* enformasyon malzemesi; **~schalter** *m* danışma gişesi; **~stand** *m* bilgi(lendirme) standı

informativ [-ˈtiːf] *adj* bilgi verici

informieren ⟨*o* ge-, *h*⟩ **1.** *v/t* bilgilendirmek, *-e* bilgi vermek; ***falsch ~*** yanlış bilgi vermek; **2.** ***sich ~*** (***über*** *A* hakkında) bilgi almak/edinmek

informiert *adj*: ***~e Kreise*** iyi haber alan çevreler

Infostand *m* F → ***Informationsstand***

infrage *adv*: ***~ kommen*** söz konusu olmak; ***~ stellen*** (*hinterfragen*) sorgulamak; (*gefährden*) tehlikeye atmak

infrarot *adj* PHYS kızılötesi, enfraruj

Infrastruktur *f* altyapı

Infusion [-ˈzi̯oːn] *f* ⟨-; -en⟩ enfüzyon

Ingebrauchnahme *f* ⟨-; *o pl*⟩ kullan(ıl)maya başlama; ***vor ~*** ilk kullanımdan önce

Ingenieur [ɪnʒeˈni̯øːɐ] *m* ⟨-s; -e⟩, **~in** *f* ⟨-; -nen⟩ mühendis

Ingwer [ˈɪŋvɐ] *m* ⟨-s; *o pl*⟩ zencefil

Inh. *Abk* → ***Inhaber(in)***

Inhaber *m* ⟨-s; -⟩, **~in** *f* ⟨-; -nen⟩ sahip, malik; ÖKON sahip/hamil/zilyet; *e-r Wohnung* kiracı; *e-s Ladens* dükkân sahibi; *e-s Amtes usw* makam *usw* sahibi

Inhaber|aktie *f* hamiline yazılı hisse senedi; **~scheck** *m* hamiline yazılı çek

inhaftieren *v/t* ⟨*o* ge-, *h*⟩ tutuklamak

Inhaftierung *f* ⟨-; -en⟩ tutukla(n)ma; tutukluluk

Inhalation *f* ⟨-; -en⟩ (nefesle) içine çekme; buğu (tedavisi), inhalasyon

Inhalationsapparat *m* inhalasyon cihazı

inhalieren **1.** *v/t* ⟨*o* ge-, *h*⟩ içine çekmek; **2.** *v/i* ⟨*o* ge-, *h*⟩ buğu/inhalasyon yapmak

Inhalt *m* ⟨-s; -e⟩ içerik; *Buch* içindekiler *pl*; (*Raum≈*) kapasite

inhaltlich *adv* içerik(sel) olarak

Inhalts|angabe *f* özet; **~erklärung** *f* ÖKON deklarasyon, bildirim; **≈los** *adj* kof, içi boş; **≈reich** *adj* (içeriği) zengin, doyurucu; **~verzeichnis** *n Buch* içindekiler (listesi)

Initiative [-t̮si̯aˈtiːvə] *f* ⟨-; -n⟩ girişim; (*Kontrolle*) insiyatif; ***die ~ ergreifen*** girişimde bulunmak; ***aus eigener ~*** kendi girişimiyle

Initiator [-ˈt̮si̯aːtoːɐ] *m* ⟨-s; -en⟩, **~in** *f* ⟨-; -nen⟩ girişimci

Injektion [-ˈt̮si̯oːn] *f* ⟨-; -en⟩ enjeksiyon, şırınga

Injektions|nadel *f* şırınga iğnesi; **~spritze** *f* şırınga

injizieren *v/t* ⟨*o* ge-, *h*⟩ şırınga/enjekte etmek

Inkasso *n* ⟨-s; -s⟩ ÖKON tahsil; **~vollmacht** *f* tahsil yetkisi

inkl. *Abk* → ***inklusive***

inklusive [-və] *präp* (*G*) … dahil

Inklusivpreis *m her şeyin dahil olduğu fiyat*

Inkognito *n* ⟨-s; -s⟩ tebdili kıyafet

inkompatibel *adj* EDV uyumsuz

inkompetent *adj* yetersiz

inkonsequent *adj* tutarsız

Inkonsequenz *f* tutarsızlık

Inkrafttreten *n* ⟨-s; *o pl*⟩ kesinleşme; yürürlüğe girme; ***bei ~*** *-in* yürürlüğe girmesiyle

Inkubationszeit [-ˈt̮si̯oːns-] *f* MED kuluçka dönemi

Inland *n* ⟨-s; *o pl*⟩ yurt/ülke içi; ***im In- und Ausland*** yurt içinde ve dışında

Inländer *m* ⟨-s; -⟩, **~in** *f* ⟨-; -nen⟩ yerli; (ülkenin) kendi vatandaşı

Inlandflug *m* yurtiçi uçuş, iç hat uçuşu

inländisch *adj* yerli, ülke içi

Inlands|absatz *m* ÖKON iç satışlar *pl*; **~markt** *m* iç piyasa

Inlineskates [ˈɪnlaɪnskeːts] *pl* SPORT paten *sg*

innehaben *v/t* ⟨*unreg*, -ge-, *h*⟩ *-in* sahibi

olmak

innehalten *v/i* ⟨*unreg*, -ge-, *h*⟩ duraklamak

innen *adv* içeride; ***nach ~*** içeriye (doğru)

Innen|ansicht *f* iç görünüş; **~architekt(in** *f*) *m* iç mimar; **~architektur** *f* iç mimari; **~aufnahme** *f* iç mekan çekimi; **~ausstattung** *f* (iç) dekorasyon; **~dienst** *m* iç hizmet; **~einrichtung** *f* döşeme, mefruşat *pl*; **~hof** *m* (iç) avlu; **~leben** *n* ⟨-s; *o pl*⟩ iç hayat; ruh hayatı; *fig* mekanizma, iç donanım; **~minister(in** *f*) *m* içişleri bakanı; **~ministerium** *n* içişleri bakanlığı; **~politik** *f* iç politika; (*innere Angelegenheiten*) iç işleri *pl*; **2politisch** *adj* iç politika; **~ (*gesehen*)** iç politika bakımından; **~raum** *m* iç mekan; **~seite** *f*: ***auf der ~*** *-in* iç tarafında; **~stadt** *f* şehir merkezi; ***in der ~ von Istanbul*** İstanbul'un merkezinde; **~tasche** *f* iç cep; **~temperatur** *f* … içi sıcaklığı

inner *adj* iç,ÖKON, MED *a* dahili; ***~er Halt*** manevi dayanak; **~betrieblich** *adj* işletme içi; **~deutsch** *adj iki Almanya arası 1990'a kadar*

Innere *n* ⟨-n; *o pl*⟩ iç; ***im ~n*** içeride; (*Inland*) yurtiçinde

Innereien *pl* sakatat

innerhalb **1.** *präp* (*G*) içinde, içerisinde, zarfında; ***~ der Familie*** aile içinde/arasında; ***~ weniger Tage*** birkaç gün içinde/zarfında; **2.** *adv* ***~ von*** … içinde

innerlich *adj* içten; MED dahili; **~ (*anzuwenden*)** dahili olarak kullanılır

innerparteilich *adj* parti içi

innerst *adj* en iç(ten)

innerstaatlich *adj* devlet içi

innerstädtisch *adj* şehir içi

Innerste *n* ⟨-n; *o pl*⟩ öz

innewohnen *v/i* ⟨-ge-, *h*⟩ *-in* özüne dahil olmak

innig *adj* içten; gönülden

Innovation [-va'tsio:n] *f* ⟨-; -en⟩ yenilik

innovationsfreudig *adj* yeniliksever

Innovationsschub *m* atılım

innovativ *adj* yenilikçi, ileri

inoffiziell *adj* gayriresmi

in puncto *präp* (*N*) … konusunda

ins (***= in das***) *präp*: ***~ Bett*** yatağa; ***~ Kino*** sinemaya

Insass|e *m* ⟨-n; -n⟩ AUTO *usw bir taşıtın içinde bulunan kişi*; *Anstalt usw* bina sakini; mahpus; **~enversicherung** *f* AUTO yolcu kaza sigortası; **~in** *f* ⟨-; -nen⟩ *bir taşıtın içinde bulunan kadın*; bina sakini; mahpus

Inschrift *f* ⟨-; -en⟩ yazıt, kitabe

Insekt *n* ⟨-s; -en⟩ ZOOL böcek

Insekten|schutzmittel *n* haşarat/böcek ilacı; **~stich** *m* böcek sokması

Insektizid *n* ⟨-s; -e⟩ insektisid; F böcek ilacı

Insel *f* ⟨-; -n⟩ ada; **~bewohner(in** *f*) *m* adalı; **~gruppe** *f* takımada; **~staat** *m* ada devleti; **~volk** *n* ada halkı; **~welt** *f* adalar topluluğu

Inser|at *n* ⟨-s; -e⟩ gazete ilanı; **~ent** *m* ⟨-en; -en⟩ ilan veren; **2ieren** *v/t u v/i* ⟨*o* ge-, *h*⟩ ilan vermek

insgeheim *adv* gizlice

insgesamt *adv* topluca, hepsi birden

Insider ['ɪnsaidɐ] *m* ⟨-s; -⟩, **~in** *f* ⟨-;-nen⟩ *-in* içinde olan

insofern **1.** *adv* bu bakımdan; **2.** *konj* (***als***) -diği ölçüde

insolvent *adj* ÖKON âciz

Insolvenz *f* acizlik, ödeyemezlik durumu

Inspekteur [-'tø:ɐ] *m* ⟨-s; -e⟩, **~in** *f* ⟨-; -nen⟩ müfettiş, denetçi

Inspektion [-'tsio:n] *f* ⟨-; -en⟩ denetleme, teftiş; AUTO *a* periyodik bakım

Inspektor *m* ⟨-s; -en⟩, **~in** *f* ⟨-; -nen⟩ müfettiş; (*Polizei2 usw*) *üst düzeyde memur*

Inspir|ation [-'tsio:n] *f* ⟨-; -en⟩ ilham, esin; **2ieren** *v/t* ⟨*o* ge-, *h*⟩: ***j-n zu etw ~*** b-ne bş için ilham vermek; ***sich ~ lassen*** (***von***) *-den* ilham almak

inspizieren *v/t* ⟨*o* ge-, *h*⟩ teftiş etmek, denetlemek; AUTO bakımdan geçirmek

Installateur [-'tø:ɐ] *m* ⟨-s; -e⟩ tesisatçı

installieren ⟨*h*⟩ **1.** *v/t* ⟨*o* ge-, *h*⟩ kurmak (*a* EDV), tesis etmek; **2.** *v/r*: ***sich ~*** kurulmak, yerleşmek

instand *adv*: ***~ halten*** iyi durumda tutmak, korumak; TECH *-in* bakımını yapmak; ***~ setzen*** onarmak

Instandhaltung *f* ⟨-; *o pl*⟩ teknik bakım

inständig *adj*: ***j-n ~ um etw bitten*** b-nden bş-i ısrarla rica etmek

Instandsetzung *f* ⟨-; *o pl*⟩ onarım, tamir

Instantgetränk *n* hazır içecek

Instanz [ɪn'stants] *f* ⟨-; -en⟩ yetkili makam, merci; JUR mahkeme kademesi;

höhere ~en JUR üst dereceli mahkemeler

Instinkt *m* ⟨-s; -e⟩ içgüdü; **≗iv** [-'ti:f] *adv* içgüdüsel

Institut *n* ⟨-s; -e⟩ enstitü

Institution [-'t͜sĭo:n] *f* ⟨-; -en⟩ kurum, kuruluş; **≗alisieren** [-t͜sĭo-] *v/t* ⟨*o* ge-, *h*⟩ kurumlaştırmak; **≗ell** *adj* kurumsal

instruieren *v/t* ⟨*o* ge-, *h*⟩ MIL *-e* talimat vermek; (**über** *A -i*) *-e* öğretmek

Instruktion *f* ⟨-; -en⟩ talimat, direktif

instruktiv [-'ti:f] *adj* öğretici, ibret verici

Instrument *n* ⟨-s; -e⟩ enstrüman, araç, alet

Instrumentalmusik *f* enstrümantal müzik

Instrumentarium *n* ⟨-s; -rien⟩ (bütün) çareler/araçlar pl

instrumentieren *v/t* ⟨*o* ge-, *h*⟩ MUS orkestraya uygulamak

Insuffizienz [-t͜sĭɛnts] *f* ⟨-; -en⟩ MED yetersizlik

Insulin *n* ⟨-s; *o pl*⟩ ensülin

inszenier|en *v/t* ⟨*o* ge-, *h*⟩ sahnelemek, sahneye koymak; **≗ung** *f* ⟨-; -en⟩ sahneleme

intakt *adj* işler halde

Intarsien *pl* kakma

integer *adj* dürüst, kusursuz

integral *adj* bütün, tamam, eksiksiz

Integralrechnung *f* entegral hesabı

Integration [-'t͜sĭo:n] *f* ⟨-; -en⟩ bütünleşme, entegrasyon

integrieren *v/t* ⟨*o* ge-, *h*⟩: ***sich ~*** (**in** *-le*) bütünleşmek, (*-e*) entegre olmak

integriert *adj* entegre

Integrität *f* ⟨-; *o pl*⟩ dürüstlük, kusursuzluk

intellektuell *adj* entellektüel, zihinsel

Intellektuelle *m, f* ⟨-n; -n⟩ aydın, entellektüel

intelligent *adj* zekî

Intelligenz *f* ⟨-; *o pl*⟩ zekâ; **~quotient** *m* zekâ puanı; **~test** *m* zekâ testi

Intendant *m* ⟨-en; -en⟩, **~in** *f* ⟨-; -nen⟩ tiyatro/radyo yöneticisi

Intensität *f* ⟨-; *o pl*⟩ yoğunluk

intensiv [-'zi:f] *adj* yoğun; **~ieren** [-'vi:-] *v/t* ⟨*o* ge-, *h*⟩ yoğunlaştırmak; **≗kurs** *m* yoğun kurs; **≗station** *f* MED yoğun bakım servisi

interaktiv *adj* EDV interaktif, etkileşimli

Intercity-Express *m* (**ICE**) *yüksek hızlı tren*; **~Zug** *m* (**IC**) *bir ekspres tren türü*

interessant *adj* ilginç, enteresan

Interesse [ɪntə'rɛsə] *n* ⟨-s; -n⟩ (***an j-m/etw*** *D -e*) ilgi; (***an etw***) çıkar; **~n** *pl* meraklar, uğraşlar; ***~ haben an*** (*od* ***für***) → ***interessieren***; ***~ zeigen*** ilgi göstermek; ***es liegt in deinem eigenen ~*** bu senin kendi çıkarına; ***j-s ~n vertreten*** (*od* ***wahrnehmen***) b-nin çıkarlarını savunmak (od korumak); ***es besteht kein ~ an*** ÖKON *-e* talep yok

interessehalber *adv* meraktan; ilgi sebebiyle

interesselos *adj* ilgisiz, ilgi göstermeyen

Interessengebiet *n* ilgi alanı

Interessengemeinschaft *f* çıkar birliği; ÖKON tüccarlar birliği

Interessent *m* ⟨-en; -en⟩, **~in** *f* ⟨-; -nen⟩ ilgi duyan, ilgilenen

interessieren ⟨*o* ge-, *h*⟩ **1.** *v/t -in* (**für** *-e*) ilgisini uyandırmak; **2.** *v/r*: ***sich ~ für*** *-e* ilgi duymak, ile ilgilenmek; ***es wird dich ~ zu hören, dass*** -diğini duymak senin ilgini çekecek; ***wen interessiert das schon?*** kimi ilgilendirir ki?

interessiert **1.** *adj* (**an** *-le*) ilgili; **2.** *adv* ilgiyle; ilgilenerek

Interface ['ɪntərfe:s] *n* ⟨-; -s [-fe:səs]⟩ EDV arayüz

Interimsregierung *f* geçici hükümet

interkonfessionell *adj* mezheplerarası

Interkontinentalflug *m* kıtalararası uçuş

Intermezzo *n* ⟨-s; -s, -zi⟩ MUS intermezzo, aranağme

intern *adj* iç, dahilî

Internat *n* ⟨-s; -e⟩ yatılı okul

international *adj* uluslararası, milletlerarası; **~isieren** *v/t* ⟨*o* ge-, *h*⟩ uluslararasılaştırmak

Internet *n* ⟨-s; -s⟩ EDV internet; **~-Café** *n* internet kahvesi, internet kafe; **~server** [-zø:rvɐ] *m* EDV internet serveri; **~surfer(in** *f*) [-zø:rfɐ] *m* EDV internet sörfçüsü

internieren *v/t* ⟨*o* ge-, *h*⟩ gözaltına almak; MED tecrit etmek

Internist *m* ⟨-en; -en⟩, **~in** *f* ⟨-; -nen⟩ MED dahiliye (*od* iç hastalıkları) uzmanı

Interpret *m* ⟨-en; -en⟩ yorumcu, icracı; **~ation** *f* ⟨-; -en⟩ yorum, icra; **≗ieren** ⟨*o* ge- *h*⟩ yorumlamak; **~in** *f* ⟨-; -nen⟩ yorumcu, icracı (kadın)

Interpunktion [-'tsi̯oːn] *f* ⟨-; *o pl*⟩ noktalama
Interpunktionszeichen *n* noktalama işareti
Intervall [-v-] *n* ⟨-s; -e⟩ ara, fasıla
intervenieren [-v-] *v/i* ⟨*o* ge- *h*⟩ müdahale etmek; araya girmek
Intervention [-v-] *f* ⟨-; -en⟩ müdahale; MIL *a* harekât
Interview [-vjuː] *n* ⟨-s; -s⟩ görüşme, mülakat, röportaj; **~en** [-'vjuːən] *v/t* ⟨*o* ge- *h*⟩ ile görüşme yapmak
intim *adj* içli dışlı, çok yakın; mahrem, kişisel; **~ität** *f* ⟨-; -en⟩ samimiyet, içli-dışlılık; **~sphäre** *f* ⟨-; *o pl*⟩ mahrem alan
intolerant *adj* (***gegenüber** -e* karşı) hoşgörüsüz
Intoleranz *f* hoşgörüsüzlük
Intonation [-'tsi̯oːn] *f* ⟨-; -en⟩ MUS tonlama
Intranet *n* ⟨-s; -s⟩ EDV intranet
intransitiv [-tiːf] *adj* GR geçişsiz
intravenös [-ve'nøːs] *adj* MED damardan
Intrigant *m* ⟨-en; -en⟩, **~in** *f* ⟨-; -nen⟩ entrikacı
Intrige *f* ⟨-; -n⟩ entrika
intrigieren *v/i* ⟨*o* ge-, *h*⟩ entrika yapmak
introvertiert *adj* içedönük
Intuition [-'tsi̯oːn] *f* ⟨-; -en⟩ sezgi
intuitiv **1.** *adj* sezgisel; **2.** *adv* sezgiyle
Invalide [-v-] *m* ⟨-n; -n⟩ malul, sakat
Invaliden|rente [-v-] *f* maluliyet maaşı; **~versicherung** *f* maluliyet sigortası
Invalidin [-v-] *f* ⟨-; -nen⟩ malul
Invalidität [-v-] *f* ⟨-; *o pl*⟩ maluliyet
Invasion [ɪnva'zi̯oːn] *f* ⟨-; -en⟩ işgal
Inventar [-v-] *n* ⟨-s; -e⟩ demirbaş (eşya), mal varlığı; (*Verzeichnis*) envanter, demirbaş defteri
Inventur [ɪnvɛn'tuːɐ] *f* ⟨-; -en⟩ ÖKON envanter, demirbaş hesabı; ***~ machen*** envanter yapmak
investieren [-v-] ⟨*o* ge-, *h*⟩ ÖKON **1.** *v/t* yatırmak; **2.** *v/i* (**in** *A -e*) yatırım yapmak
Investition [-'tsi̯oːn] *f* ⟨-; -en⟩ yatırım
Investitions|anreiz [-v-] *m* yatırım teşviki; **~güter** *pl* yatırım/sermaye malları
Investment|fonds [-v-] *m* yatırım fonu/fonları; **~gesellschaft** *f* yatırım ortaklığı
Investor *m* ⟨-s; -en ⟩, **~in** *f* ⟨-; -nen⟩ ÖKON yatırımcı
inwendig *adj* F iç; iç taraftan; ***in- und auswendig kennen*** su gibi bilmek
inwie|fern *konj* ne bakımdan; niçin; **~weit** *konj* ne ölçüde/derecede
Inzahlungnahme *f* ⟨-; *o pl*⟩ takas alma
Inzest *m* ⟨-s; -e⟩ ensest
inzwischen *adv* o arada; (*jetzt*) şu sırada
Ion ['i̯oːn] *n* ⟨-s; -en⟩ iyon
ionisieren *v/t* ⟨*o* ge- *h*⟩ iyonlamak, iyonize etmek
i-Punkt ['iː-] *m*: ***bis auf den ~*** noktasına virgülüne kadar
Irak *m* ⟨-s; *o pl*⟩ Irak; **~er** *m* ⟨-s; -⟩, **~erin** *f* ⟨-; -nen⟩ Iraklı; **~isch** *adj* Irak(lı) *subst*
Iran *m* ⟨-s; *o pl*⟩ İran; **~er** *m* ⟨-s; -⟩, **~erin** *f* ⟨-; -nen⟩ İranlı; **~isch** *adj* İran(lı) *subst*
irdisch *adj* dünyevî
Ire *m* ⟨-n; -n⟩ İrlandalı
irgend *adv* herhangi; ***~ so ein Ding*** şöyle bir şey
irgend|ein *indef pron* herhangi bir; ***auf ~e Weise*** herhangi bir şekilde/biçimde; **~etwas** herhangi bir şey; **~jemand** herhangi biri; **~wann** *adv unbestimmt* bir ara; *beliebig* herhangi bir zaman; **~welche** *indef pron* herhangi (… ler); **~wie** *adv* şöyle ya da böyle, (herhangi) bir şekilde; **~wo** *adv* herhangi bir yerde, bir yerlerde; **~woher** *adv* herhangi bir yerden, bir yerlerden; **~wohin** *adv* herhangi bir yere, bir yerlere
Irin *f* ⟨-; -nen⟩ İrlandalı (kadın)
Iris *f* ⟨-; -⟩ BOT süsen; ANAT iris
irisch *adj* İrlanda(lı) *subst*; ***~e Republik*** İrlanda Cumhuriyeti
Irland *n* İrlanda
Iron|ie *f* ⟨-; -n⟩ alay; **~isch** *adj* alaycı, alaylı; **~isieren** *v/t* ⟨*o* ge-, *h*⟩: ***etw ~*** bş-i alaya almak
irrational *adj* akıldışı; irrasyonel
irre *adj* deli, çılgın; F (*toll*) harika, müthiş
Irre *m*, *f* ⟨-n; -n⟩ deli, delirmiş; ***wie ein ~r*** deli gibi
irreal *adj* gerçek dışı; gerçekçilikten uzak
irreführen *v/t* ⟨-ge-, *h*⟩ *fig* yanlış yola götürmek, yanıltmak
irreführend *adj* yanıltıcı
irregulär *adj* düzenli/kurallı olmayan
irrelevant *adj* önemli/anlamlı olmayan

irremachen *v/t* ⟨-ge-, *h*⟩ *-in* aklını karıştırmak, *-i* şaşkına çevirmek
irren **1.** *v/i* ⟨*h*⟩ yanılmak; **2.** *v/i* ⟨*sn*⟩ yolunu şaşırmak; yanılgıya düşmek; **3.** *v/r* ⟨*h*⟩: ***sich in etw ~*** *-de* (*od* … konusunda) yanılmak; ***wenn ich mich nicht irre*** yanılmıyorsam
Irren|anstalt *m*, **~haus** *n* F tımarhane
irreparabel *adj* tamiri imkansız
Irr|fahrt *f fig* yanlış yol(larda bocalama); **~garten** *m* labirent; *labirent gibi düzenlenmiş bahçe*; **~glaube** *m* yanlış inanç
irritieren *v/t* ⟨*o* ge-, *h*⟩ (*ärgern*) kızdırmak, MED (*reizen*) tahriş etmek; (*verwirren*) aklını karıştırmak; (*stören*) rahatsız etmek
Irrsinn *m* ⟨-s; *o pl*⟩ çılgınlık
Irrtum *m* ⟨-s; ⸗er⟩ yanılgı, hata, yanlış; ***da muss ein ~ vorliegen!*** bu işte bir yanlışlık olmalı!; ***im ~ sein*** yanılgıda olmak; ***Irrtümer vorbehalten!*** hata ve eksiklikler mahfuzdur!
irrtümlich **1.** *adj* yanlış; **2.** *adv*, **~erweise** yanlışlıkla, hatalı olarak, sehven
Ischias ['ɪʃi̯as, 'ɪsçi̯as] *m*, *n*, MED *f* ⟨-; *o pl*⟩ siyatik; **~nerv** *m* siyatik siniri
ISDN [i|ɛs|de'|ɛn] *f* ⟨-; *o pl*⟩ TEL *Abk für* ***Integrated Services Digital Network*** ISDN
Islam *m* ⟨-s; *o pl*⟩ İslam(iyet), Müslümanlık
islamisch *adj* İslam, Müslüman *subst*; İslamî
Island *n* İzlanda
Isländ|er *m* ⟨-s; -⟩, **~erin** *f* ⟨-; -nen⟩ İzlandalı; **&isch** *adj* İzlanda(lı) *subst*; İzlandaca; **~isch** *n* İzlandaca
Isolation [-'tsi̯oːn] *f* ⟨-; -en⟩ yalıtım, tecrit, izolasyon
Isolier|band *n* ⟨-s; ⸗er⟩ EL izolebant; **&en** ⟨*o* ge-, *h*⟩ **1.** *v/t* ayırmak, tecrit etmek; **2.** *v/r*: ***sich ~*** (kendi) kabuğuna çekilmek; **~haft** *f* JUR tecrit hapsi; **~schicht** *f* yalıtım tabakası; **~station** *f* MED karantina, tecrit koğuşu; **~ung** *f* ⟨-; -en⟩ → ***Isolation***
Isotop *n* ⟨-s; -e⟩ izotop
Israel ['ɪsraɛl] *n* ⟨-s; *o pl*⟩ İsrail
Israeli *m* ⟨-; -⟩ İsrailli
israelisch *adj* İsrail(li) *subst*
Ist-Bestand *m* ÖKON efektifler *pl*
Italien *n* İtalya; **~er** *m* ⟨-s; -⟩, **~erin** *f* ⟨-; -nen⟩ İtalyan; **&isch** *adj* İtalya(n) *subst*; İtalyanca; **~isch** *n* İtalyanca
i-Tüpfelchen *n* ⟨-s; -⟩ *fig*: (*i-Punkt*) ***bis aufs ~*** (***genau***) noktasına virgülüne kadar (tam)
i. V. *Abk für* ***in Vertretung*** *-e* vekâleten, … yerine (y.)

J

j, J [jɔt] *n* ⟨-; -⟩ j, J
ja *adv* evet; **~?** olur mu?; tamam mı?; ***du kommst doch, ~?*** sen geliyorsun değil mi?; ***~ doch!, aber ~!*** ama tabii!; ***~ sagen*** (***zu***) *-e* evet/olur demek; ***ich glaube ~!*** sanırım öyle!; ***da ist er ~!*** geldi/burada işte!; ***ich sagte es Ihnen ~*** size söylemiştim ya; ***ich bin ~*** (***schließlich***) ***…*** ben de nihayet …; ***tut es ~ nicht!*** sakın yapmayın!; ***sei ~ vorsichtig!*** aman dikkatli ol!; ***~, weißt du nicht?*** peki sen bilmiyor musun?; ***ich würde es ~ gern tun, aber …*** ben yapmak isterim tabii, ama …
Ja *n* ⟨-(s); -(s)⟩: ***mit ~ oder Nein antworten*** evet veya hayır diye cevap vermek
Jacht *f* ⟨-; -en⟩ MAR yat
Jacke *f* ⟨-; -n⟩ ceket; (*Strick&*) hırka
Jacketkrone *f* MED caket kron, kaplama
Jackett [ʒa-, ʃa-] *n* ⟨-s; -s⟩ ceket
Jade *m* ⟨-(s)⟩ *u f* ⟨-; *o pl*⟩ yeşim (taşı)
Jagd *f* ⟨-; -en⟩ av; ***auf die ~ gehen*** ava gitmek/çıkmak; ***~ machen auf*** (*A*) … avına çıkmak; *-i* kovalamak, *-in* peşine düşmek; ***~ nach*** *-in* peşinde koşmak
Jagd|beute *f* av (*avlanan hayvanlar*); **~bomber** *m* avcı bombardıman uçağı; **~flieger** *m* avcı (uçağı) pilotu; **~flugzeug** *n* avcı uçağı; **~hund** *m* av köpeği; **~hütte** *f* avcı kulübesi; **~revier** *n* avlanma bölgesi; **~schein** *m* avlanma ruhsatı; **~zeit** *f* av mevsimi
jagen **1.** *v/t* ⟨*h*⟩ avlamak; *fig* (verfolgen)

kovalamak, *-in* peşine düşmek; ***aus dem Haus*** *usw* **~** *-i* evden *vs* kovmak; **2.** *v/i* ⟨*sn*⟩ *fig* (*rasen*) hızla gitmek/geçmek

Jäger *m* ⟨-s; -⟩, **~in** *f* ⟨-; -nen⟩ avcı

Jaguar [ˈjaːgŭaːɐ] *m* ⟨-s; -e⟩ ZOOL jaguar

jäh *adj* ani; sarp; ***ein ~es Erwachen*** sıçrayarak uyanış

Jahr *n* ⟨-s; -e⟩ yıl, sene; *Alter* yaş; ***ein halbes ~*** altı ay; ***ein zwei ~e altes Kind/Auto*** iki yaşında bir çocuk/araba; ***mit 18 ~en, im Alter von 18 ~en*** on sekiz yaşında; ***alle ~e*** her yıl; ***~ für ~*** her yıl; yıldan yıla; ***im ~e 1993*** 1993 yılında; ***in diesem*** (***im nächsten***) **~** bu (gelecek) yıl; ***heute vor einem ~*** bir yıl önce bugün; ***seit ~en*** (***nicht***) yıllardan beri (… değil); ***von ~ zu ~*** yıldan yıla; ***im Lauf der ~e*** yıllar geçtikçe/boyunca

jahraus *adv*: ***~, jahrein*** daima, sürgit

Jahrbuch *n* yıllık

jahrelang **1.** *adj* yıllarca süren; **2.** *adv* yıllarca

jähren: ***heute jährt sich …*** bugün *-in* yıldönümü

Jahres|abonnement *n* yıllık abone; **~abrechnung** *f* yıllık hesap(laşma); **~abschluss** *m* ÖKON yıllık bilanço; **~ausgleich** *m Steuer* yıllık (vergi) denkleştirim(i); **~beginn** *m* yıl/sene başı; ***zum*** (*od* ***am***) **~** yıl(ın) başında/başına; **~bericht** *m* yıllık rapor; **~bilanz** *f* ÖKON yıllık bilanço; **~einkommen** *n* yıllık gelir; **~ende** *n* yıl/sene sonu; ***zum ~, am ~*** yıl(ın) sonunda/sonuna; **~etat** *m* yıllık bütçe; **~gehalt** *n* yıllık maaş; **~hauptversammlung** *f* ÖKON yıllık genel kurul; **~tag** *m* yıldönümü; **~umsatz** *m* ÖKON yıllık satışlar *pl*, yıllık işlem miktarı; **~urlaub** *m* yıllık izin; **~zahl** *f* tarih, yıl; **~zeit** *f* mevsim; **&zeitlich** *adj* mevsimlik; mevsime bağlı

Jahrgang *m Person* yaş grubu, tevellüt; *Wein bağbozumu yılı*; ***er ist ~ 1941*** o 1941 doğumlu

Jahrhundert *n* ⟨-s; -e⟩ yüzyıl, asır

jahrhunderte|alt *adj* asırlık; yüzyıllık; **~lang** *adv* yüzyıllar boyunca

Jahrhundert|feier *f* yüzüncü yıl kutlaması; **~wende** *f* yüzyıl başı

jährlich **1.** *adj* yıllık, senelik; **2.** *adv* her yıl, yıldan yıla

Jahr|markt *m* panayır; **~tausend** *n* ⟨-s; -e⟩ binyıl; **~zehnt** *n* ⟨-s; -e⟩ onyıl

jahrzehntelang *adv* onyıllarca; ***~e Forschungsarbeit*** onyıllarca süren araştırmalar

Jähzorn *m* hiddet; ***im ~*** hiddetlenerek, hiddetle içinde; **&ig** *adj* çabuk hiddetlenen

Jalousie [ʒaluˈziː] *f* ⟨-; -n⟩ pancur, jaluzi

Jammer *m* ⟨-s; *o pl*⟩ felaket, acı; F ***es ist ein ~, dass*** çok yazık ki …

jämmerlich **1.** *adj* sefil, berbat, perişan; *Anblick a* acıklı, hazin; ***mir war ~ zumute*** kendimi perişan hissediyordum; **2.** *adv*: ***~ versagen*** F fena çuvallamak

jammern *v/i* ⟨*h*⟩ (***über*** *A -e*) inleyip yakınmak

jammerschade *adj* F: ***es ist ~, dass*** ne yazık ki …

Janitscharen *pl* Yeniçeriler, … *in Zssgn* Yeniçeri … *subst*

Januar *m* ⟨-; -e⟩ ocak (ayı); ***im ~*** ocakta, ocak ayında

Japan *n* Japonya; **~er** *m* ⟨-s; -⟩, **~erin** *f* ⟨-; -nen⟩ Japon(yalı); **&isch** *adj* Japon(ya) *subst*; Japonca; **~isch** *n* Japonca

Jargon [ʒarˈgõː] *m* ⟨-s; -s⟩ meslek *vs* dili

Jasager *m* ⟨-s; -⟩ *abw* evetefendimci

Jasmin *m* ⟨-s; -e⟩ BOT yasemin

Jastimme *f* evet oyu

jäten *v/t*, *v/i* ⟨*h*⟩ (ot) yolmak

jauchzen *v/i* ⟨*h*⟩ sevinçle haykırmak

jaulen *v/i* ⟨*h*⟩ ulumak

jawohl *adv* MIL başüstüne

Jazz [dʒɛs] *m* ⟨-; *o pl*⟩ caz; **~band** *f*, **~kapelle** *f* caz grubu; **~sänger(in** *f*) *m* caz şarkıcısı

je **1.** *adv* hep, hiç, genelde; beher(i), -(ş)er; ***der beste Film, den ich ~ gesehen habe*** şimdiye kadar gördüğüm en iyi film; ***~ zwei*** (***Kilo***) ikişer (kilo); ***drei Euro ~ Kilo*** kilo başına üç öro; ***~ nach Größe*** (***Geschmack***) boya (zevke) göre; ***~ nachdem*** duruma göre; **2.** *konj*: ***~ …, desto …*** ne kadar … o kadar …; ***~ länger, ~ lieber*** ne kadar uzun sürerse o kadar iyi; ***~ nachdem, wie …*** … nasılsa ona göre

Jeans [ˈdʒiːns] *pl od f* ⟨-; -⟩ blucin; kot; **~anzug** *m* blucin takım(ı); **~jacke** *f* blucin ceket(i)

jede, **~r**, **~s** *indef pron* (*~ insgesamt*) her; (*~ beliebige*) herhangi bir; (*~ einzelne*) her bir; (*von zweien*) her iki; (***zu***) ***jeder***

Zeit her zaman; ***bei jedem Wetter*** her havada; ***jeder weiß*** (***das***) (bunu) herkes bilir; ***du kannst jeden fragen*** herkese sorabilirsin; ***jeder von uns*** (***euch***) her birimiz (biriniz); ***jeder, der*** her kim …; ***jeden zweiten Tag*** gün aşırı; ***jeden Augenblick*** her an; ***jedes Mal*** her seferinde (*od* defasında); ***jedes Mal wenn*** ne zaman … ise

jedenfalls *adv* bu bir yana; en azından, hiç değilse

jedermann *indef pron* herkes; herhangi bir kimse; ***das ist nicht ~s Sache*** bu herkese göre bir iş değil

jederzeit *adv* her an; ne zaman olursa olsun

jedoch *konj* bununla birlikte, fakat

jeher ['je:he:ɐ] *adv*: ***von ~*** ezelden beri

jein *adv* F hem evet hem hayır

jemals *adv* herhangi bir zaman, hiç

jemand *indef pron* biri, bir kimse; ***ist ~ hier?*** burada kimse var mı?; ***~ anders*** başka biri; ***sonst noch ~?*** başka biri var mı?

Jemen *m* Yemen

jene, **~r**, **~s** *dem pron* o; öteki, ilerideki; *önce anılan iki şeyden ilki*, adı geçen; ***seit jenem Tag*** o gün bu gündür

Jene, **~r**, **~s** *dem pron önce anılan iki kişiden ilki*

jenseitig *adj* öbür dünyaya ilişkin

jenseits **1.** *präp* (*G*) *-in* ötesinde; *-in* dışında, üzerinde; **2.** *adv*: ***~ von*** *-in* ötesinde; *-in* dışında, üzerinde

Jenseits *n* ⟨-; *o pl*⟩ öbür dünya, ahiret; F ***j-n ins ~ befördern*** b-ni öbür dünyaya yollamak

Jerusalem *n* Kudüs

Jesus *m*, ***~ Christus*** (Hazreti) İsa, İsa Peygamber

Jet [dʒɛt] *m* ⟨-(s); -s⟩ LUFTF jet; **~lag** [dʒɛtlæg] *m* ⟨-s;-s⟩ LUFTF *zaman farkı şikayetleri*; **~set** *m* ⟨-s; -s⟩ yüksek sosyete

jetten ['dʒɛt(ə)n] *v/i* ⟨*sn*⟩ F uçakla gitmek

jetzig *adj* şimdiki

jetzt *adv* şimdi; ***bis ~*** şimdiye kadar; ***eben ~*** biraz önce, demin; ***erst ~*** ancak şimdi; ***~ gleich*** hemen (şimdi); ***für ~*** şimdilik; ***noch ~*** hâlâ; ***von ~ an*** bundan böyle, bu andan itibaren

Jetzt *n* ⟨-; *o pl*⟩ şimdi; bugün, günümüz

jeweilig *adj* her bir, o anki

jeweils *adv* (*je*) beher; her defa(sında)

Jh. *Abk für* ***Jahrhundert*** *n* yüzyıl

Jiddisch *n* Yidiş

Job [dʒɔp] *m* ⟨-s; -s⟩ F iş; **≈ben** ['dʒɔb(ə)n] *v/i* ⟨*h*⟩ F çalışmak; **~killer** *m* F *işyeri/kadro yok eden yenilik, tedbir vs*; **~sharing** ['dʒɔbʃɛərɪŋ] *n* ⟨-; *o pl*⟩ F iş/kadro paylaşma

Jochbein *n* ANAT elmacık kemiği

Jockey ['dʒɔke, 'dʒɔki] *m* ⟨-s; -s⟩ jokey

Jod *n* ⟨-s; *o pl*⟩ CHEM iyot

jodeln *v/i* ⟨*h*⟩ *çok tiz ve pes hecelerle dağlı şarkısı söylemek*

jodhaltig *adj* iyotlu

jodieren *v/t* ⟨*o* ge-, *h*⟩ CHEM iyotlamak

Jod|salbe *f* iyotlu merhem; **~salz** *n* iyotlu tuz; **~tablette** *f* iyot tableti; **~tinktur** *f* tentürdiyot

Joga → ***Yoga***

jogg|en ['dʒɔg(ə)n] *v/i* ⟨*h*⟩ jogging yapmak; **≈er** ['dʒɔgɐ] *m* ⟨-s; -⟩, **≈erin** *f* ⟨-; -nen⟩ joggingci; **≈ing** ['dʒɔgɪŋ] *n* jogging, hafif koşu

Joghurt ['jo:gʊrt] *m*, *n* ⟨-; -⟩ yoğurt

Johannisbeere *f* frenküzümü

Joint [dʒɔʏnt] *m* ⟨-s; -s⟩ çiftkağıtlı (sigara)

Joker ['jo:kɐ, 'dʒo:kɐ] *m* ⟨-s; -s⟩ joker

Jongl|eur [ʒõ'glø:ɐ] *m* ⟨-s; -e⟩ jonglör; **≈ieren** [ʒõ'gli:rən] *v/t*, *v/i* ⟨*o* ge- *h*⟩ (***mit***) *-i* havada atıp tutmak

Jordan|ien *n* Ürdün; **~ier** [-nĭər] *m* ⟨-s; -⟩, **~ierin** *f* ⟨-; -nen⟩ Ürdünlü; **≈isch** *adj* Ürdün(lü) *subst*

Joule [dʒu:l] *n* ⟨-(s); -⟩ jul

Journal|ismus [ʒʊrna'lɪsmus] *m* ⟨-; *o pl*⟩ gazetecilik; **~ist** [ʒʊrna'lɪst] *m* ⟨-en; -en⟩, **~istin** *f* ⟨-; -nen⟩ gazeteci; **≈istisch** *adj* gazeteci(lik) *subst*; gazete *subst*

Joystick ['dʒɔʏstɪk] *m* ⟨-s;-s⟩ EDV oyun çubuğu

Jubel *m* ⟨-s; *o pl*⟩ büyük sevinç, sevinç taşkınlığı

jubeln *v/i* ⟨*h*⟩ coşkuyla kutlamak

Jubilar *m* ⟨-s; -e⟩, **~in** *f* ⟨-; -nen⟩ jübilesi yapılan

Jubiläum *n* ⟨-s; -läen⟩ jübile; (*Jahrestag*) yıldönümü şenliği

jucken *v/i u v/t* ⟨*h*⟩ kaşınmak; ***es juckt mich am Arm*** (*od* ***mein Arm juckt***) (benim) kolum kaşınıyor

Juckreiz *m* kaşıntı

Jude *m* ⟨-n; -n⟩ Yahudi, Musevi

Judentum *n* ⟨-s; *o pl*⟩ Yahudilik, Musevilik
Jüdin *f* ⟨-; -nen⟩ Yahudi (kadın)
jüdisch *adj* Yahudi *subst*
Judo ['ju:do] *n* ⟨-(s)⟩ judo
Jugend *f* ⟨-; *o pl*⟩ (ilk)gençlik; *Mädchen* gençkızlık; *Jungen* delikanlılık; (*Jugendliche*) gençler *pl*; **~amt** *n* gençlik dairesi; **~arbeitslosigkeit** *f gençler arasındaki işsizlik*; **~arrest** *m* JUR ıslahevinde hapis; **~buch** *n ilkgençlik kitabı*; **≈frei** *adj* çocuklara serbest; **≈gefährdend** *adj* muzır; **~gericht** *n* gençlik mahkemesi; **~herberge** *f* gençlik yurdu, hostel; **~kriminalität** *f gençler arasındaki suçluluk*
jugendlich *adj* genç, ilkgençlik çağında
Jugendliche *m*, *f* ⟨-n; -n⟩ delikanlı, genç kız; ***für ~ unter 18 Jahren nicht zugelassen*** 18 yaşından küçüklere yasaktır
Jugendlichkeit *f* ⟨-; *o pl*⟩ gençlik, tazelik
Jugend|liebe *f* gençlik aşkı; **~mannschaft** *f* genç(ler) takımı; **~meister(in** *f*) *m* gençler şampiyonu; **~richter(in** *f*) *m* gençlik (mahkemesi) hakimi; **~schutz** *m* gençliğin korunması (*Vorschriften usw*); **~stil** *m* Art Nouveau, arnuvo; **~strafanstalt** *f* gençlik cezaevi, ıslahevi; **~zeit** *f* ⟨-; *o pl*⟩ gençlik çağı; **~zentrum** *n* gençlik merkezi
Jugoslaw|e *m* ⟨-n; -n⟩ Yugoslav; **~ien** *n* Yugoslavya; **~in** *f* ⟨-; -nen⟩ Yugoslav (kadın); **≈isch** Yugoslav(ya) *subst*
Juli *m* ⟨-; -s⟩ temmuz (ayı); ***im ~*** temmuzda, temmuz ayında
Jumbojet ['jʊmbodʒɛt] *m* ⟨-; -s⟩ LUFTF jumbo uçağı
jung *adj* genç/yeni; *Gemüse* taze, yeşil); ***~ heiraten*** (***sterben***) genç (yaşta) evlenmek (ölmek); ***~ verheiratet*** yeni evli; ***≈ und Alt*** genci yaşlısı(yla); ***von ~ auf*** küçük yaştan; ***~er Mann*** genç adam, delikanlı; ***~es Mädchen*** genç kız; ***~es Unternehmen*** genç şirket
Junge[1] *m* ⟨-n; -n⟩ erkek/oğlan çocuk; *älter* delikanlı
Junge[2] *n* ⟨-n; -n⟩ ZOOL yavru; ***~ bekommen*** (*od* ***werfen***) yavrulamak
jungenhaft *adj oğlan çocuk tavırlı*
jünger ['jʏŋɐ] *adj* daha genç/yeni; *Kind, Geschwister* (*-den* daha) küçük; ***sie sieht ~ aus als sie ist*** o olduğundan genç gösteriyor; ***ein Foto ~en Datums*** yakın zamanda çekilmiş bir fotoğraf
Jünger ['jʏŋɐ] *m* ⟨-s; -⟩ mürit, çömez; (*Apostel*) havari
Jungfer *f* ⟨-; -n⟩: *veraltend* ***alte ~*** yaşlı bakire
Jungfern|fahrt *f Schiff* ilk sefer; **~flug** *m Flugzeug* ilk uçuş; **~häutchen** *n* kızlık zarı
Jung|frau *f* bakire; **~geselle** *m* bekâr erkek; **~gesellin** *f* ⟨-; -nen⟩ bekâr bayan
Jüngling *m* ⟨-s; -e⟩ delikanlı
jüngst *adj* en genç/yeni; *Ereignis* en son; ***in ~er Zeit*** geçenlerde; ***der Jüngste Tag*** kıyamet/mahşer günü
Jüngste *m*, *f* en genç; *Kind, Geschwister* en küçük
Jung|steinzeit *f* ⟨-; *o pl*⟩ cilalı taş devri; **~unternehmer(in** *f*) *m* genç girişimci
Juni *m* ⟨-; -s⟩ haziran (ayı); ***im ~*** haziranda, haziran ayında
junior *adj* mahdum, yunyor; ***Herr X ~*** (***jun., jr.***) Genç Bay X
Junior *m* ⟨-s; -en [ju'nĭo:rən]⟩ F genç (sporcu *vs*); ÖKON junior; **~chef** *m* junior şef; **~partner** *m* junior ortak
jur. *Abk* → ***juristisch***
Jura: ***~ studieren*** hukuk okumak
Jurist *m* ⟨-en; -en⟩, **~in** *f* ⟨-; -nen⟩ hukukçu; **≈isch** hukukî; ***~e Person*** tüzel kişi
Jury [ʒy'ri:] *f* ⟨-; -s⟩ jüri
justierbar *adj* ayarlanabilir; ayarlı
justieren *v/t* ⟨*o* ge-, *h*⟩ ayarlamak
Justitiar [-'tsĭa:ɐ] *m* ⟨-s; -e⟩, **~in** *f* ⟨-; -nen⟩ hukuk danışmanı/müşaviri
Justiz *f* ⟨-; *o pl*⟩ adliye; hukuk; **~beamte** *m*, **~beamtin** *f* adliye memuru; **~behörde** *f* adliye dairesi; **~gewalt** *f* yargı kuvveti; **~irrtum** *m* adli hata; **~minister(in** *f*) *m* adalet bakanı; **~ministerium** *n* adalet bakanlığı; **~verwaltung** *f* adalet örgütü
Jute *f* ⟨-; *o pl*⟩ jüt
Juwel *n* ⟨-s; -en⟩: ***~en*** mücevherler, mücevherat
Juwelier *m* ⟨-s; -e⟩ kuyumcu; **~geschäft** *n* kuyumcu (dükkanı)
Jux *m* ⟨-es; -e⟩ F şaka; eğlence

J

K

k, **K** [kaː] *n* ⟨-; -⟩ k, K

Kabarett [kaba'rɛt, -'reː, 'kabarɛt, -re] *n* ⟨-s; -s, -e⟩ kabare; **~ist** *m* ⟨-en; -en⟩, **~istin** *f* ⟨-; -nen⟩ kabare sanatçısı; **&istisch** *adj* kabare türünde; kabarevari

Kabel *n* ⟨-s; -⟩ kablo; **~anschluss** *m* TV kablolu televizyon bağlantısı; **~ haben** kablolu televizyonu olmak; **~fernsehen** *n* kapalı devre televizyon; kablolu televizyon

Kabeljau *m* ⟨-s; -e, -s⟩ ZOOL morina (balığı)

Kabel|kanal *m* TV kablolu yayın kanalı; **~netz** *n* kablo ağı/şebekesi

Kabine *f* ⟨-; -n⟩ kabin; *Schiff* kamara; SPORT soyunma odası; TEL kulübe

Kabinenbahn *f* teleferik

Kabinett *n* ⟨-s; -e⟩ POL kabine

Kabinetts|beschluss *m* bakanlar kurulu kararı; **~bildung** *f* hükümet(in) kurulması; **~sitzung** *f* bakanlar kurulu toplantısı; kabine/hükümet toplantısı; **~umbildung** *f* bakanlar kurulu değişikliği

Kabrio, **~lett** *n* ⟨-s; -s⟩ AUTO kabriyole; F (üstü) açık araba

Kachel *f* ⟨-; -n⟩ fayans, çini

kacheln *v/t* ⟨*h*⟩ fayans döşemek

Kachelofen *m* çini soba

Kadaver [-vɐ] *m* ⟨-s; -⟩ kadavra, leş

Kadenz *f* ⟨-; -en⟩ MUS kadans

Kadett *m* ⟨-en; -en⟩ MAR, MIL askerî öğrenci

Kadmium *n* ⟨-s; *o pl*⟩ CHEM kadmiyum

Käfer *m* ⟨-s; -⟩ ZOOL böcek; F AUTO kaplumbağa

Kaff *n* F ücra köy

Kaffee *m* ⟨-s; *o pl*⟩ kahve; ***~ kochen*** kahve pişirmek; ***~ mit*** (***ohne***) ***Milch*** sütlü (sade) kahve; **~automat** *m* kahve otomatı; **~fahrt** *f gümrüksüz alışveriş imkânı sağlayan kısa otobüs/vapur gezisi*; **~filter** *m* kahve filtresi; **~haus** *n* kahve(hane); **~kanne** *f* kahvedanlık; **~klatsch** *m* F kadın kadına toplantı; **~löffel** *m* tatlı kaşığı; **~maschine** *f* kahve makinesi; **~mühle** *f* kahve değirmeni; **~pause** *f* kahve molası; **~sahne** *f* kahve kreması; **~service** *n* kahve takımı; **~tasse** *f* kahve fincanı; **~weißer** *m* ⟨-s; -⟩ toz krema

Käfig *m* ⟨-s; -e⟩ kafes

kahl *adj* saçsız, kel; *Landschaft* ağaçsız; *Wand* çıplak; ***~ geschoren*** saçı/kılı dibinden kesilmiş

kahlköpfig *adj* dazlak

Kahlschlag *m* traşlama, ormansızlaştırma; açıklık

Kahn *m* ⟨-s; ⸗e⟩ kayık; mavna; **~fahrt** *f* kayık gezisi

Kai *m* ⟨-s; -s⟩ rıhtım; **~mauer** *f* rıhtım duvarı

Kairo *n* Kahire

Kaiser *m* ⟨-s; -⟩ imparator; **~in** *f* ⟨-; -nen⟩ imparatoriçe; **&lich** *adj* imparator(luk) *subst*; **~reich** *n* imparatorluk; **~schnitt** *m* MED sezaryen (ameliyat)

Kajak *m* ⟨-s; -s⟩ kano

Kajüte *f* ⟨-; -n⟩ MAR kamara, kabin

Kakadu *m* ⟨-s; -s⟩ kakatuva (kuşu)

Kakao [ka'kau̯] *m* ⟨-s; -s⟩ kakao; **~pulver** *n* (toz) kakao

Kakerlak *m* ⟨-s *od* -en; -en⟩ ZOOL hamamböceği

Kaktee *f* ⟨-; -n⟩, **Kaktus** *m* ⟨-; -teen ⟩ BOT kaktüs

Kalb *n* ⟨-s; ⸗er⟩ ZOOL dana; **~fleisch** *n* dana eti

kalben *v/i* ⟨*h*⟩ buzağılamak

Kalbs|braten *m* dana (eti) kızartması; **~hachse**, **~haxe** *f* dana paçası; **~leber** *f* dana (kara)ciğeri; **~schnitzel** *n* dana şnitseli

Kaleidoskop *n* ⟨-s; -e⟩ kalaydoskop

Kalender *m* ⟨-s; -⟩ takvim; **~jahr** *n* takvim yılı

Kali *n* ⟨-s; -s⟩ CHEM potasyum

Kaliber *n* ⟨-s; -⟩ çap, kalibre; *fig* tür, cins

Kalium *n* ⟨-s; *o pl*⟩ CHEM potasyum

Kalk *m* ⟨-s; -e⟩ kireç; **~dünger** *m* kireç gübresi

kalken *v/t* ⟨*h*⟩ badanalamak; AGR kireçlemek

Kalkstein *m* kireç taşı, kalker

Kalkül *n* ⟨-s; -e⟩: ***etw ins ~ ziehen*** bş-i hesaba katmak

Kalkulation [-'t͜sĭoːn] *f* ⟨-; -en⟩ hesaplama; (*Kostenberechnung*) fiyat tahmini

Kalkulationsprogramm *n* EDV hesaplama/muhasebe yazılımı

kalkulieren *v/t u v/i* ⟨*o* ge-, *h*⟩ hesaplamak; ***falsch ~*** yanlış hesaplamak; hesapta hata yapmak

Kalorie *f* ⟨-; -n⟩ kalori

kalorien|arm *adj* düşük kalorili …, kalorisi düşük; **≈bedarf** *m* kalori ihtiyacı; **≈gehalt** *m* (*-in* içerdiği) kalori; **~reich** *adj* yüksek kalorili …, kalorisi yüksek

kalt **1.** *adj* soğuk; ***mir ist ~*** üşüdüm; ***~e Platte*** meze tabağı; ***≈er Krieg*** soğuk savaş; **2.** *adv* ***~ bleiben*** F soğuk davranmak; ***die Getränke ~ stellen*** içeceği soğumaya bırakmak

Kaltblut *n* ⟨-; *o pl*⟩ kadana

Kaltblüt|er *m* ⟨-s; -⟩ soğuk kanlı hayvan; **≈ig** **1.** *adj* ZOOL soğuk kanlı; soğukkanlı, serinkanlı; **2.** *adv* soğukkanlılıkla, kılı kıpırdamadan; **~igkeit** *f* ⟨-; *o pl*⟩ soğukkanlılık

Kälte *f* ⟨-; *o pl*⟩ soğukluk; ***es ist 10 Grad ~*** 10 derece soğuk var; ***bei dieser ~*** bu soğukta; **≈beständig** *adj* soğuğa dayanıklı; **~einbruch** *m* soğukların bastırması; **~periode** *f*, **~welle** *f* soğuk (hava) dalgası

Kalt|front *f* soğuk hava cephesi; **~luft** *f* soğuk hava; ***polare ~*** kutuptan gelen soğuk hava; **≈machen** *v/t* ⟨-ge-, *h*⟩ F: ***j-n ~*** b-ni haklamak; **~miete** *f* net kira (*ısıtma ve masraflar hariç*); **~start** *m* EDV reset; **≈stellen** *v/t* ⟨-ge-, *h*⟩ F *-i* kızağa almak

Kalzium *n* ⟨-s; *o pl*⟩ kalsiyum

Kambodscha *n* Kamboçya

Kamel *n* ⟨-s; -e⟩ ZOOL deve; F ahmak; **~haar** *n* deve kılı

Kamelie *f* ⟨-; -n⟩ BOT kamelya

Kamera *f* ⟨-; -s⟩ kamera, fotoğraf (*od* film çekme) makinesi

Kamerad *m* ⟨-en; -en⟩, **~in** *f* ⟨-; -nen⟩ arkadaş, F dost; **~schaft** *f* ⟨-; *o pl*⟩ arkadaşlık, dostluk; **≈schaftlich** *adj u adv* arkadaşça, dostça

Kamera|führung *f* FILM kamera kullanımı; **~mann** *m* ⟨-s; ≃er, -leute⟩ kameraman; **≈scheu** kameradan çekinen

Kamille *f* ⟨-; -n⟩ BOT papatya

Kamillentee *m* papatya çayı

Kamin *m* ⟨-s; -e⟩ baca; *offener* şömine, ocak; **~kehrer(in** *f*)*m* baca temizleyicisi; **~sims** *m*, *n* şömine rafı

Kamm *m* ⟨-s; ≃e⟩ tarak; (*Gebirgs≈*) dağ sırtı; ZOOL *a* ibik; ***alle über einen ~ scheren*** hepsini/herkesi bir kefeye koymak

kämmen *v/t* taramak; *v/r* ⟨*h*⟩: ***sich ~*** taranmak

Kammer *f* ⟨-; -n⟩ küçük oda; *Parlament* meclis, kamara; JUR daire, hukuk dairesi; **~musik** *f* oda müziği

Kammgarn *n* yün ipliği

Kampagne [-'panjə] *f* ⟨-; -n⟩ kampanya

Kampf *m* ⟨-s; ≃e⟩ boğuşma, çatışma; (*Box≈*) döğüş (*od* dövüş), maç; (*Krieg*) savaş; (*Schlacht*) (**um** için; ***gegen*** *-e* karşı) çarpışma, muharebe, *fig* mücadele; ***j-m den ~ ansagen*** b-ne meydan okumak; b-ne hodri meydan demek; **~ansage** *f* (**an** *D*) *-e* meydan okuma; **≈bereit** *adj* savaşa/mücadeleye hazır

kämpfen ⟨*h*⟩ **1.** *v/i* (**um** için) savaşmak; (**mit** ile; ***gegen*** *-e* karşı) boğuşmak; ***~ gegen*** *-e* karşı döğüşmek; ***mit Schwierigkeiten zu ~ haben*** güçlüklerle karşılaşmak; ***sie kämpfte mit den Tränen*** gözyaşlarını bastırmaya çalışıyordu **2.** *v/r*: ***sich nach oben ~*** (*-le*) mücadele ederek yükselmek

Kampfer *m* ⟨-s; *o pl*⟩ BOT kâfur

Kämpfer *m* ⟨-s; -⟩ dövüşçü; (*Boxer*) boksör; *fig* savaşçı, mücadeleci (**für** için); **≈isch** *adj* savaşkan

Kampf|flugzeug *n* savaş uçağı; **~geist** *m*: ***~ zeigen*** mücadele ruhu ortaya koymak; **~handlung** *f* MIL çatışma; **~kraft** *f* savaşma gücü; **≈los** *adj u adv*: ***~ gewinnen*** mücadelesiz kazanmak; **≈lustig** *adj* mücadeleci; savaşkan; **~richter** *m* SPORT hakem; **~sport** *m* dövüş sporu; **≈unfähig** *adj* saf dışı; ***j-n ~ machen*** b-ni saf dışı etmek

kampieren *v/i* ⟨*o* ge-, *h*⟩ kamp yapmak

Kanada *n* Kanada

Kanadier[1] *m* ⟨-s; -⟩ Kanadalı

Kanadier[2] *m* ⟨-s; -⟩ kano, bot

Kanadierin *f* ⟨-; -nen⟩ Kanadalı (kadın)

kanadisch *adj* Kanada(lı) *subst*

Kanal *m* ⟨-s; ≃e⟩ *Radio*, TV, *fig* kanal; *künstlicher a* su yolu; *natürlicher* boğaz; (*Abwasser≈*) lağım; **~isation** [-'t͜sɪ̯o:n] *f* ⟨-; -en⟩ kanalizasyon, lağım sistemi; **≈isieren** *v/t* ⟨*o* ge-, *h*⟩ kanalizasyona bağlamak; *fig* kanalize etmek; **~küste** *f* Manş (Denizi) kıyısı; **~tunnel** *m* GEOGR Manş Tüneli

Kanarienvogel [-'na:rĭən-] *m* kanarya (kuşu)

kanarisch *adj*: ***die ≈en Inseln*** Kanarya Adaları

Kandidat *m* ⟨-en; -en⟩, **~in** *f* ⟨-; -nen⟩ aday; **~ur** *f* ⟨-; -en⟩ adaylık
kandidieren *v/i* ⟨*o* ge-, *h*⟩ aday olmak; ***~ für das Amt*** (*G*) … görevi için adaylığını koymak
kandiert *adj* şekerlenmiş
Kandiszucker *m* nöbet şekeri
Känguru *n* ⟨-s; -s⟩ kanguru
Kaninchen *n* ⟨-s; -⟩ adatavşanı
Kanister *m* ⟨-s; -⟩ bidon
Kännchen *n* ⟨-s; -⟩ küçük çaydanlık/kahvedenlik; ***ein ~ Kaffee, bitte!*** bir kahvedenlik (= 2 *fincan*) kahve, lütfen!
Kanne *f* ⟨-; -n⟩ güğüm; (*Kaffee-, Tee*≈) çaydanlık, kahvedenlik; (*Gieß*≈) bahçe kovası
Kanone *f* ⟨-; -n⟩ MIL top; F (*Revolver*) tabanca; F SPORT as
kanonisch *adj*: ***~es Recht*** dinî/dinsel hukuk
Kante *f* ⟨-; -n⟩ kenar; F ***etw auf die hohe ~ legen*** bş-i biriktirmek; bş-i bir kenara ayırmak
kanten *v/t* ⟨*h*⟩ yontmak
kantig *adj* keskin kenarlı, çıkıntılı; *Gesicht* çıkık kemikli; *Kinn* köşeli
Kantine *f* ⟨-; -n⟩ kantin
Kanton *m* ⟨-s; -e⟩ POL kanton
Kanu *n* ⟨-s; -s⟩ kano
Kanüle *f* ⟨-; -n⟩ MED kalın şırınga, kanül
Kanzel *f* ⟨-; -n⟩ REL kürsü; LUFTF pilot kabini; ***auf der ~*** kürsüde
Kanzlei *f* ⟨-; -en⟩ ofis, (*Rechtsanwalts*≈) yazıhane
Kanzler *m* ⟨-s; -⟩ POL şansölye, başbakan; **~amt** *n* şansölyelik (görevi); şansölyelik (dairesi); **~kandidat(in** *f*) *m* şansölye adayı
Kap *n* ⟨-s; -s⟩ GEOGR burun
Kap. *Abk für* ***Kapitel*** *n* bölüm
Kapazität *f* ⟨-; -en⟩ kapasite, güç; ÖKON üretim gücü; ***~ auf dem Gebiet*** (*G*) … alanında otorite
Kapazitäts|auslastung *f* kapasite kullanımı; **~erweiterung** *f* kapasiteyi genişletme
Kapell|e *f* ⟨-; -n⟩ REL şapel; MUS bando, orkestra; **~meister** *m* bando şefi
kapieren ⟨*o* ge-, *h*⟩ F **1.** *v/t* kavramak; **2.** *v/i* anlamak; ***kapiert?*** anladın mı?
Kapital *n* ⟨-s; -e, -ien⟩ sermaye, kapital; ***~ schlagen aus*** *-den* (insafsızca) faydalanmak; **~anlage** *f* (sermaye) yatırım(ı); **~anleger(in** *f*) *m* yatırımcı; **~aufwand** *m* sermaye gideri; **~bildung** *f* sermaye birikimi/oluşumu/oluşturma; **~einkommen** *n* sermaye geliri; **~erhöhung** *f* sermaye arttırımı; **~ertrag** *m* sermaye geliri; **~ertragssteuer** *f* sermaye gelirleri vergisi; **~flucht** *f* sermaye kaçışı; **~geber(in** *f*) *m* finanse eden; sermayedar; **~gesellschaft** *f* sermaye şirketi; **~hilfe** *f* sermaye/finansman yardımı; **≈intensiv** *adj* sermaye yoğun; **≈isieren** *v/t* ⟨*o* ge-, *h*⟩ sermayelendirmek; **~ismus** *m* ⟨-; *o pl*⟩ kapitalizm; **~ist** *m* ⟨-en; -en⟩, **~istin** *f* ⟨-; -nen⟩ kapitalist; **≈istisch** *adj* kapitalist; **≈kräftig** *adj* sermayece güçlü; **~markt** *m* sermaye piyasası; **~verbrechen** *n* ağır suç
Kapitän *m* ⟨-s; -e⟩ kaptan
Kapitel *n* ⟨-s; -⟩ bölüm, *fig* konu, mesele; ***ein ~ für sich*** başlı başına bir konu
Kapitell *n* ⟨-s; -e⟩ ARCH sütun başlığı
Kapitul|ation [-'tsi̯oːn] *f* ⟨-; -en⟩ teslim olma, boyun eğme; **≈ieren** *v/i* ⟨*o* ge-, *h*⟩ (***vor*** *D -e*) teslim olmak, boyun eğmek; *fig a* pes etmek
Kaplan *m* ⟨-s; -äne⟩ (Katolik) papaz yardımcısı
Kappe *f* ⟨-; -n⟩ takke; (*Verschluss*) kapak
kappen *v/t* ⟨*h*⟩ kesmek; (*-in* ucunu) kesmek/kırmak
Käppi *n* ⟨-s; -s⟩ MIL bere
Kapsel *f* ⟨-; -n⟩ ANAT, BOT, MED kapsül; *Raumfahrt a* (uzay) modül(ü)
kaputt *adj* F (*Glas usw*) kırık; (*Ehe usw*) yıkılmış; (*außer Betrieb*) bozuk, hizmet dışı; (*erschöpft*) bitkin; **~gehen** F *v/i* ⟨*unreg*, -ge-, *sn*⟩ bozulmak, kırılmak; *Ehe -in* yuvası yıkılmak; **~fahren** F *v/t* ⟨*unreg*, -ge-, *h*⟩ (arabayı kullanarak) bozmak/çarpmak; **~lachen** F *v/r* ⟨-ge-, *h*⟩: ***sich ~*** gülmekten kırılmak; **~machen 1.** *v/t* ⟨-ge-, *h*⟩ F kırmak, bozmak; *fig a* mahvetmek; **2.** *v/r*: ***sich ~*** (***mit*** *-le*) kendini harap etmek
Kapuze *f* ⟨-; -n⟩ kukuleta, kapuşon
Karaffe *f* ⟨-; -n⟩ sürahi
Karambolage [-'laːʒə] *f* ⟨-; -n⟩ AUTO çarpışma, karambol
Karamell *n* ⟨-s; *o pl*⟩ karamel(a)
Karat *n* ⟨-s; -e⟩ kırat; *Gold* ayar
Karate *n* ⟨-; *o pl*⟩ karate; **~kämpfer(in** *f*) *m* karateci; **~schlag** *m* karate vuruşu
...karätig *adj in Zssgn* ***18-~es Gold*** 18 ayar/karatlık altın; ***hoch~*** *a fig* çok

K

değerli, üstün

Karawane *f* ⟨-; -n⟩ kervan

Kardinal *m* ⟨-s; ⁓e⟩ REL kardinal; **~zahl** *f* asıl sayı

Kardiologe *m* ⟨-n; -n⟩ MED kardiyolog, kalp uzmanı

Karenzzeit *f* ÖKON ücretsiz/getirisiz/tazminatsız süre

Karfreitag *m* REL Çarmıh Cuması (*Paskalyadan önceki, İsa'nın çarmıha gerildiği cuma*)

karg, **kärglich** *adj* fakir; *Essen, Leben* sade; *Boden, Landschaft* verimsiz, kısır

kariert *adj* kareli

Karies [-ĭɛs] *f* ⟨-; *o pl*⟩ MED diş çürüğü

kariös *adj* MED çürük

Karikatur *f* ⟨-; -en⟩ karikatür; **~ist** *m* ⟨-en; -en⟩, **~istin** *f* ⟨-; -nen⟩ karikatürist

karikieren *v/t* ⟨*o* ge-, *h*⟩ karikatürize etmek

karitativ [karita'ti:f] *adj muhtaçlara yardıma ilişkin*

Karmin *n* ⟨-s; *o pl*⟩ kırmız; **Ձrot** *adj* kırmızı

Karneval [-val] *m* ⟨-s; -e, -s⟩ karnaval

Karo *n* ⟨-s; -s⟩ kare, satranç; *Kartenspiel, Farbe* karolar *pl*, *Karte* karo

Karosserie *f* ⟨-; -n⟩ AUTO karoser(i)

Karotin *n* ⟨-s; *o pl*⟩ karoten

Karotte *f* ⟨-; -n⟩ havuç

Karpfen *m* ⟨-s; -⟩ sazan (balığı)

Karre *f* ⟨-; -n⟩, **Karren** *m* ⟨-s; -⟩ araba; (*Schub*Ձ) el arabası; F (*altes Auto*) külüstür (araba)

Karriere [-'rĭe:rə] *f* ⟨-; -n⟩ kariyer; **~ *machen*** kariyer yapmak, yükselmek; **~frau** *f mesleğinde yükselen kadın*

Karsamstag *m Paskalya'dan önceki cumartesi*

Karte *f* ⟨-; -n⟩ kart; (*Eintritts-, Fahr*Ձ) bilet; (*Speise*Ձ) yemek listesi; (*Wein*Ձ) şarap listesi; SPORT ***die gelbe*** (***rote***) **~** sarı (kırmızı) kart; ***gute ~n haben*** (*-in*) başarı ihtimali yüksek olmak

Kartei *f* ⟨-; -en⟩ kartotek; **~ *führen*** (***über*** üzerine) kartotek tutmak; *-i* fişlemek; **~karte** *f* fiş; **~kasten** *m* fiş kutusu

Kartell *n* ⟨-s; -e⟩ ÖKON kartel, tröst; **~amt** *n* kartel dairesi; **~gesetz** *n* kartel (*od* anti tröst) yasası

Karten|haus *n* MAR harita dairesi; iskambil kağıdından ev; **~leger(in** *f*) *m* (iskambil falı açan) falcı; **~spiel** *n* iskambil oyunu; (*Karten*) deste; **~telefon** *n* kartlı telefon; **~verkauf** *m* bilet satışı; *Stelle* bilet gişesi; **~vorverkauf** *m* bilet ön satışı; *Stelle* bilet (ön) satış gişesi

Kartoffel *f* ⟨-; -n⟩ patates; **~brei** *m* patates lapası; **~chips** *pl* çips; **~kloß** *m*, **~knödel** *m* patates köftesi; **~puffer** *m* patates mücveri; **~püree** *n* patates püresi; **~salat** *m* patates salatası; **~suppe** *f* patates çorbası

Kartograph *m* ⟨-en; -en⟩ haritacı

Kartographie [-'fi:] *f* ⟨-; *o pl*⟩ haritacılık

Karton [-'tɔŋ, -'tõ, -'to:n] *m* ⟨-s; -s⟩ (*Pappe*) karton, mukavva; (*Schachtel*) mukavva kutu, koli

Karussell *n* ⟨-s; -s, -e⟩ atlıkarınca; **~ *fahren*** atlıkarıncaya binmek

Karwoche *f* Yas Haftası (*Paskalya'dan önceki hafta*)

Karzinom *n* ⟨-s; -e⟩ MED karsinom; kanserli doku/ur

Kasachstan *n* Kazakistan

kaschieren *v/t* ⟨*o* ge-, *h*⟩ (kusur) örtmek

Kaschmir *m* ⟨-s; -e⟩ kaşmir

Käse *m* ⟨-s; -⟩ peynir; **~glocke** *f* peynir fanusu; **~kuchen** *m*, **~torte** *f* peynir turtası; **~platte** *f* peynir tabağı; **~stange** *f* peynirli çubuk; (üstü) peynirli sandviç

käsig *adj* pıhtılaşmış; F kireç gibi

Kaserne *f* ⟨-; -n⟩ kışla

Kasino *n* ⟨-s; -s⟩ (*Spiel*Ձ) gazino; (*Speiseraum*) kafeterya; MIL orduevi

Kassageschäft *n* ÖKON peşin/spot işlem

Kasse *f* ⟨-; -n⟩ kasa; (*Registrier*Ձ) yazar kasa; *Bank* vezne; THEA *usw* bilet gişesi; *Kartenspiel* kasa; (*Kranken*Ձ) hastalık sigortası kurumu; ***gut*** (***knapp***) ***bei ~ sein*** F parası bol (kıt) olmak; ***j-n zur ~ bitten*** b-ni para ödemeye zorlamak; **~ *machen*** hesap çıkarmak; döküm yapmak; ***getrennte ~ machen*** F Alman usulü yapmak

Kassen|abschluss *m* kasa sayımı; vezne bilançosu; **~anweisung** *f* kasa ödeme emri; **~arzt** *m*, **~ärztin** *f* (anlaşmalı) sigorta doktoru; **~bestand** *m* kasa mevcudu; **~bon** *m* kasa fişi; **~erfolg** *m iyi satılan mal*; **~patient** *m* sigorta hastası; **~schlager** *m* F *iyi satılan mal*; **~sturz** *m*: **~ *machen*** ihbarsız kasa denetimi yapmak; **~zettel** *m* kasa fişi

Kasserolle *f* ⟨-; -n⟩ tencere
Kassette *f* ⟨-; -n⟩ (*Audio*≈, *Video*≈) kaset; kartuş; (*Geld*≈) para kutusu; (*Schmuck*≈) kasa, kutu
Kassetten|deck *n* teyp dek, dek teyp; **~rekorder** *m* kasetli teyp; kasetli ses kayıt cihazı
kassieren ⟨*o* ge-, *h*⟩ **1.** *v/t Geld* almak; F (*verdienen*) (para) yapmak; JUR iptal etmek; **2.** *v/i* F ***kräftig ~*** (***bei*** *-de*) parayı toplamak; ***darf ich ~?*** hesabı alabilir miyim?
Kassierer *m* ⟨-s; -⟩, **~in** *f* ⟨-; -nen⟩ kasadar, kasiyer; BANK *a* veznedar
Kastagnette [kastan'jɛtə] *f* ⟨-; -n⟩ kastanyet
Kastanie [-nĭə] *f* ⟨-; -n⟩ kestane
kastanienbraun *adj* kestane (rengi)
Kästchen *n* ⟨-s; -⟩ küçük kutu/sandık; kare, kutu(cuk)
Kaste *f* ⟨-; -n⟩ kast
kasteien *v/r*: ***sich ~*** ⟨*h*⟩ REL riyazet etmek; kendini cezalandırmak, kendine eziyet etmek
Kasten *m* ⟨-s; ⸚⟩ kutu (*a* F *Fernseher, Gebäude*); (*Behälter, Kiste*) kasa; F ***er hat was auf dem ~*** onun kafası çalışır
Kastenwesen *n* ⟨-s; *o pl*⟩ kast sistemi
Kastr|ation *f* ⟨-; -en⟩ iğdiş/hadım etme; **≈ieren** *v/t* ⟨*o* ge-, *h*⟩ iğdiş/hadım etmek
Kasus *m* ⟨-; -⟩ ismin hali
Kat *m* ⟨-s; -s⟩ F AUTO → ***Katalysator***
Katakomben *pl* katakomp(lar)
Katalog *m* ⟨-s; -e⟩ katalog; **~preis** *m* liste fiyatı; **≈isieren** *v/t* ⟨*o* ge-, *h*⟩ kataloglamak
Katalysator *m* ⟨-s; -en⟩ CHEM katalizatör; AUTO katalitik konverter, katalizatör; **~auto** *n* katalizatörlü otomobil
katapultieren *v/t* ⟨*o* ge-, *h*⟩ (mancınıkla vs) fırlatmak
katastrophal [katastro'fa:l] *adj* dehşetli, yıkıcı
Katastrophe [katas'tro:fə] *f* ⟨-; -n⟩ afet, felaket; (*Unfall*) facia
Katastrophen|alarm *m* afet alarmı; **~einsatz** *m* afet yardım çalışması; **~fall** *m*: ***im ~*** afet durumunda; **~gebiet** *n* afet bölgesi; **~schutz** *m afet önleme kurumu/tedbirleri*
Katechismus *m* ⟨-; -men⟩ ilmihal
Kategorie *f* ⟨-; -n⟩ kategori
kategorisch *adj* kategorik; kesin; ***~ ablehnen*** kesin (biçimde) reddetmek

Kater *m* ⟨-s; -⟩ ZOOL erkek kedi; F *fig* mahmurluk (*alkolden*)
kath. *Abk für* ***katholisch*** Katolik
Kathedrale *f* ⟨-; -n⟩ katedral
Katheter *m* ⟨-s; -⟩ MED sonda
Katholik *m* ⟨-en; -en⟩, **~in** *f* ⟨-; -nen⟩ Katolik
katholisch *adj* Katolik
Kätzchen *n* ⟨-s; -⟩ kedi yavrusu, yavru kedi
Katze *f* ⟨-; -n⟩ kedi; F ***das war für die Katz*** bu boşa gitti (*od* heder oldu)
Katzen|auge *n* (*Mineral*) kedigözü; (*Reflektor*) reflektör, F kedigözü; **~jammer** *m* keyifsizlik; F *scherzh* (***moralischen***) ***~ haben*** vicdan azabı duymak; **~sprung** *m*: ***bis zum Bahnhof ist es nur ein ~*** istasyon sadece üç adımlık (*od* bir taş atımı) yerde
Kauderwelsch *n* ⟨-; *o pl*⟩ anlamsız sözler, tarzanca, çetrefil dil
kauen *v/t u v/i* ⟨*h*⟩ çiğnemek
kauern *v/i u v/r* ⟨*h*⟩ çömelmek, büzülüp çökmek
Kauf *m* ⟨-s; ⸚e⟩ satın alma, alım; ***günstiger ~*** kârlı alışveriş; ***zum ~ anbieten*** satılığa çıkarmak; ***etw in ~ nehmen*** bş-i göze almak; **~anreiz** *m* alım teşviki
kaufen *v/t* ⟨*h*⟩ (satın) almak; F (*bestechen*) satın almak
Käufer *m* ⟨-s; -⟩, **~in** *f* ⟨-; -nen⟩ alıcı; müşteri
Kauf|frau *f* kadın tacir; **~halle** *f* süpermarket; **~haus** *n* büyükmağaza; **~kraft** *f* ÖKON satın alma gücü; **≈kräftig** *adj* satın alma gücü yüksek
käuflich *adj* satılık, satın alınabilir; (*bestechlich*) rüşvetçi, yiyici; ***~ erwerben*** satın almak
Kauf|mann *m* ⟨-s; -leute⟩ tacir, tüccar; (*Krämer*) bakkal; **≈männisch** *adj* ticarî; ***~e Angestellte*** ticarî eleman; **~preis** *m* alış fiyatı; **~vertrag** *m* satış sözleşmesi; **~zwang** *m* satın alma zorunluluğu/mecburiyeti
Kaugummi *m*, *a n* sakız, ciklet
Kaulquappe *f* ⟨-; -n⟩ iribaş, cemile
kaum *adv* hemen hemen … değil; ***~ zu glauben*** pek inanılmaz; ***~ warst du gegangen, als …*** sen gider gitmez …
kausal *adj* nedensel; **≈ität** *f* ⟨-; -en⟩ nedensellik; **≈zusammenhang** *m* nedensellik ilişkisi; sebep sonuç ilişkisi
Kaution [-'t͜sĭo:n] *f* ⟨-; -en⟩ ÖKON, JUR

K

depozito; kefalet; ~ ***stellen*** ÖKON, JUR kefalet temin etmek; ***gegen*** ~ JUR kefalet karşılığı; ***gegen*** ~ ***freilassen*** JUR kefaletle salıvermek

Kautschuk *m* ⟨-s; -e⟩ kauçuk

Kauz *m* ⟨-es; ⸚e⟩ alaca baykuş; kukumav (kuşu); F (***komischer***) ~ garip bir kimse

Kavalier [kava'liːɐ] *m* ⟨-s; -e⟩ centilmen

Kavaliersdelikt [-v-] *n hoşgörülür suç/cürüm*

Kavallerie [-v-] *f* ⟨-; -n⟩ süvari (sınıfı)

Kavallerist [-v-] *m* ⟨-en; -en⟩ süvari (askeri)

Kaviar [-v-] *m* ⟨-s; -e⟩ havyar

KB *n* EDV *Abk für* ***Kilobyte*** kilobayt

keck *adj* gözüpek, atak, işveli, şuh

Kegel *m* ⟨-s; -⟩ MATH, TECH koni; **~bahn** *f* bovling; **≈förmig** *adj* konik; mahruti; **~klub** *m* bovling klübü

kegeln *v/i* ⟨*h*⟩ bovling oynamak

Kehle *f* ⟨-; -n⟩ ANAT boğaz; F ***etw in die falsche*** ~ ***bekommen*** bş-i yanlış anlayıp kırılmak

Kehlkopf *m* gırtlak; **~entzündung** *f* MED larenjit; **~krebs** *m* MED gırtlak kanseri

Kehllaut *m* gırtlaksı (ses)

Kehre *f* ⟨-; -n⟩ (keskin) viraj, dönemeç

kehren *v/t* ⟨*h*⟩ süpürmek; ***etw nach oben*** (***außen***) ~ bş-i altüst (tersyüz) etmek; ***in sich gekehrt*** içine dönük; ***j-m den Rücken*** ~ b-ne sırt çevirmek

Kehricht *m, n* ⟨-s; *o pl*⟩ süprüntü; F ***das geht dich e-n feuchten*** ~ ***an*** bu seni zerre kadar ilgilendirmez

Kehrseite *f* ters taraf, *-in* arka yüzü; ***die*** ~ ***der Medaille*** *fig* madalyonun öteki yüzü

kehrtmachen *v/i* ⟨-ge-, *h*⟩ geri dönmek

keifen *v/i* ⟨*h*⟩ hırlamak, dırdır etmek

Keil *m* ⟨-s; -e⟩ kıskı, kama, takoz; (*Zwickel*) kumaş yama; **~absatz** *m* uzun ökçe; **≈förmig** *adj* kama şeklinde; **~riemen** *m* AUTO pervane kayışı; **~schrift** *f* çivi yazısı

Keim *m* ⟨-s; -e⟩ BIOL, MED tohum; BOT filiz, sürgün (*Trieb*); ***im*** ~ ***ersticken*** *fig* büyümeden ezmek; **≈en** *v/i* ⟨*h*⟩ çimlenmek; *fig* filizlenmek, boy göstermek; **≈frei** *adj* mikropsuz, sterilize; ~ ***machen*** sterilize etmek; **~zelle** *f* üreme hücresi; *fig* çekirdek

kein *indef pron* **1.** *adjektivisch* **~(*e*)** hiçbir; ***er hat*** ~ ***Auto*** onun (hiçbir) arabası yok; ***er ist*** ~ ***Kind mehr*** o artık çocuk değil; **2.** *substantivisch* **~*e*, ~*er*, ~(*e*)*s*** *Person* hiç kimse; *Sache* hiçbir şey; ***~er von beiden*** ikisinden hiçbiri; ***~er von uns*** hiçbirimiz

keines|falls *adv* asla, ne olursa olsun (+ *Verneinung*); **~wegs** *adv* hiç, hiçbir şekilde, asla (+ *Verneinung*)

keinmal *adv* hiçbir sefer(inde)

Keks *m* ⟨-; -e⟩ bisküvi

Kelch *m* ⟨-s; -e⟩ (ayaklı) kupa; BOT çanak; **~blatt** *n* BOT çanakyaprağı

Keller *m* ⟨-s; -⟩ bodrum; *bewohnt* bodrum katı; **~geschoss**, *österr* **~geschoß** *n* bodrum katı; **~wohnung** *f* bodrum dairesi

Kellner *m* ⟨-s; -⟩, **~in** *f* ⟨-; -nen⟩ garson

Kelte *m* ⟨-n; -n⟩ Kelt

keltern *v/t* ⟨*h*⟩ (*-in*) sıkıp suyunu çıkarmak

Kelt|in *f* ⟨-; -nen⟩ Kelt (kadın); **≈isch** *adj* Kelt(çe) *subst*

Kemalismus *m* Atatürkçülük, Kemalizm

kennen *v/t* ⟨kannte, gekannt, *h*⟩ tanımak; ***er kennt nichts als s-e Arbeit*** (onun) gözü işinden başka bir şey görmez; ***kein Erbarmen*** ~ merhamet nedir bilmemek; ~ ***lernen*** *-le* tanışmak; *-i* tanımak; ***als ich ihn kennen lernte*** onunla ilk tanıştığımda; ***j-n näher*** ~ ***lernen*** b-ni yakından tanımak

Kenner *m* ⟨-s; -⟩, **~in** *f* ⟨-; -nen⟩ (*G*) (*-in*) uzmanı/erbabı/ehli

kenntlich *adj*: ~ ***machen*** işaretlemek

Kenntnis *f* ⟨-; -se⟩ bilgi (*G od* ***von*** hakkında); ~ ***nehmen von etw*** bş hakkında bilgi edinmek; ***das entzieht sich meiner*** ~ bu benim bilgim dışında; ***j-n in*** ~ ***setzen von etw*** b-ne bş-i bildirmek; **~nahme** *f*: ***zu Ihrer*** ~ bilginize sunulur; **~se** *pl* (*Wissen*) bilgi *sg*, malumat *sg* (*G od* ***in*** *D* hakkında); ***gute*** ~ ***haben in*** hakkında iyi bilgi sahibi olmak

Kennung *f* ⟨-; -en⟩ EDV şifre

Kennwort *n* MIL parola

Kennzeichen *n* (ayırt edici) özellik, işaret; AUTO plaka

kennzeichnen *v/t* ⟨ge-, *h*⟩ işaret etmek; (*charakteristisch sein für*) karakterize etmek

kennzeichnend *adj* (***für*** için) karakteristik/tipik

Kennziffer *f* ÖKON rasyo; tasnif/referans numarası

kentern *v/i* ⟨sn⟩ alabora olmak

Keramik *f* ⟨-; -en⟩ seramik; seramik eşya; **~er** *m* ⟨-s; -⟩, **~erin** *f* ⟨-; -nen⟩ seramikçi

Kerbe *f* ⟨-; -n⟩ çentik, kertik

Kerbel *m* ⟨-s; *o pl*⟩ BOT frenkmaydanozu

Kerbholz *n* F: ***etw auf dem ~ haben*** bir kabahati vs olmak/var

Kerl *m* ⟨-s; -e⟩ F herif; ***armer ~*** zavallı adam; ***ein anständiger ~*** beyefendi bir adam

Kern *m* ⟨-s; -e⟩ (*a Atom*≈) çekirdek; (*Nuss*≈) iç; TECH göbek, iç; ***der ~ der Sache*** işin özü; **~energie** *f* nükleer enerji; **~explosion** *f* nükleer patlama; **~familie** *f* çekirdek aile; **~forschung** *f* nükleer araştırmalar *pl*; **~frage** *f* canalıcı soru; **~fusion** *f* nükleer füzyon; **~gehäuse** *n* BOT çekirdek yatağı; **≈gesund** *adj* turp gibi (sağlıklı); **≈ig** *adj* F kuvvetli; özlü; **~kraft** *f* nükleer enerji, atom enerjisi; **~kraftgegner(in** *f*) *m* nükleer enerji karşıtı; **~kraftwerk** *n* nükleer santral; **≈los** *adj* BOT çekirdeksiz; **~obst** *n çekirdeği sert meyvalar*; **~physik** *f* atom fiziği; **~physiker(in** *f*) *m* atom fizikçisi; **~reaktor** *m* nükleer reaktör; **~seife** *f* saf sabun; **~spaltung** *f* atomun parçalanması, nükleer fisyon; **~stück** *n* öz; **~technik** *f* nükleer enerji teknolojisi; **~waffe** *f* nükleer silah; **~zeit** *f esnek çalışma saatleri uygulayan işyerinde herkes için ortak olan zaman dilimi*

Kerosin [-z-] *n* ⟨-s; *o pl*⟩ kerozin; uçak benzini

Kerze *f* ⟨-; -n⟩ mum; AUTO buji

kerzen|gerade *adv* dimdik; baston yutmuş gibi; **≈halter** *m* şamdan; mumluk; **≈licht** *n*: ***bei ~*** mum ışığında

kess *adj* F *güzel ve küstah*

Kessel *m* ⟨-s; -⟩ (*Tee*≈) çaydanlık; (*Dampf*≈) kazan

Ketchup ['kɛtʃap] *m*, *n* ⟨-(s); -s⟩ keçap

Kette *f* ⟨-; -n⟩ zincir; *fig* sıra, dizi; (*Hals*≈) kolye, gerdanlık; ***j-n an die ~ legen*** b-ni zincire vurmak; ***e-e ~ bilden*** bir sıra/zincir oluşturmak

ketten *v/t* ⟨*h*⟩ (***an*** *A -e*) zincirlemek, bağlamak

Ketten|fahrzeug *n* paletli taşıt; **~karussell** *n* dönme dolap; **~raucher(in** *f*) *m* sigara tiryakisi; **~reaktion** *f* zincirleme reaksiyon

ketzerisch *adj* zındık(ça)

keuchen *v/i* ⟨*h*⟩ nefes nefese kalmak

Keuchhusten *m* MED boğmaca

Keule *f* ⟨-; -n⟩ topuz; GASTR but; ***chemische ~*** kimyasal cop, şiddetli zehir

keusch *adj* iffetli

Keyboard ['kiːbɔːd] *n* ⟨-s; -s⟩: MUS elektronik org, keyboard; EDV klavye

Kfm. *Abk für* ***Kaufmann*** *m* tüccar, tacir

Kfz [kaː|ɛf'tsɛt] *Abk für* ***Kraftfahrzeug*** *n* motorlu taşıt; **~-Brief** *m* taşıt mülkiyet belgesi; **~-Schein** *m* taşıt trafik ruhsatı; **~-Steuer** *f* motorlu taşıt(lar) vergisi; **~-Werkstatt** *f* oto tamir atölyesi

KG [ka'geː] *Abk* → ***Kommanditgesellschaft***

Kibbuz *m* ⟨-; -e⟩ kibuts

Kichererbse *f* nohut

kichern *v/i* ⟨*h*⟩ kıkırdamak; *spöttisch* kıs kıs gülmek

kicken *v/t u v/i* ⟨*h*⟩ (ayakla topa) vurmak

Kid *n* ⟨-s; -s⟩ keçi (geyik *vs*) yavrusu; F çocuk, genç

Kiebitz *m* ⟨-es; -e⟩ kızkuşu; F seyirci (*beim Glücksspiel*)

Kiefer[1] *m* ⟨-s; -⟩ ANAT çene (kemiği)

Kiefer[2] *f* ⟨-; -n⟩ BOT karaçam

Kiefernzapfen *m* BOT kozalak

Kieferorthopäde *m* MED çene ortopedisti

Kiel *m* ⟨-s; -e⟩ MAR omurga; **≈oben** *adv* MAR alabora; **~raum** *m* MAR sintine

Kieme *f* ⟨-; -n⟩ solungaç

Kies *m* ⟨-es⟩ iri kum; çakıl; F (*Geld*) mangır, arpa

Kiesel *m*, **~stein** *m* ⟨-s; -⟩ çakıltaşı; **~erde** *f* CHEM silis(li toprak); **~säure** *f* CHEM silisik asit

Kies|grube *f* çakıl ocağı; **~weg** *m* çakıltaşlı yol

kiffen *v/i* ⟨*h*⟩ F esrarlı sigara içmek

killen *v/t* ⟨*h*⟩ F (hunharca) öldürmek

Killer *m* ⟨-s; -⟩, **~in** *f* ⟨-; -nen⟩ kiralık katil

Kilo *n* ⟨-s; -⟩ kilo; **~byte** ['kiːlobaɪt] *n* EDV kilobyte; kilobayt; **~gramm** *n* kilogram; **~hertz** *n* EL kilohertz; **~joule** ['kiːlodʒaʊl] *n* kilojul; **~meter** *m* kilometer; **~volt** *n* kilovolt; **~watt** *n* kilovat; **~wattstunde** *f* kilovat saat

K

Kind *n* ⟨-s; -er⟩ çocuk; *kleines* bebek; ***ein ~ bekommen*** *-in* çocuğu olmak; çocuk doğurmak; ***von ~ auf*** çocuk yaştan beri/itibaren; **~bettfieber** *n* MED lohusalık humması, albastı
Kinder|arbeit *f* çocuk işçi çalıştırma; **~arzt** *m*, **~ärztin** *f* çocuk doktoru; **~betreuung** *f* çocukla ilgilenme; **~bett(chen)** *n* bebek/çocuk yatağı; **~buch** *n* çocuk kitabı; **~ermäßigung** *f* çocuk indirimi; **~fahrkarte** *f* çocuk bileti; **~freibetrag** *m çocuk başına vergi muafiyeti*
kinderfreundlich *adj* çocukları seven; *Wohnung* çocuklar için uygun
Kinder|garten *m* (çocuk) yuva(sı), anaokulu; **~gärtnerin** *f* ⟨-; -nen⟩ yuva öğretmeni; **~geld** *n* çocuk ödeneği; **~heim** *n* çocuk yurdu; **~hort** *m* kreş, yuva; **~kanal** *m* TV çocuk kanalı; **~krankheit** *f a fig* çocukluk hastalığı; **~krippe** *f* kreş; **~lähmung** *f* MED çocuk felci
kinder|leicht *adj* çok kolay, işten bile değil; **~lieb** *adj* çocuk seven; **~los** *adj* çocuksuz
Kinder|mädchen *n* çocuk bakıcısı (kız); **~pflege** *f* çocuk bakımı; **&reich** *adj* çok çocuklu; ***~e Familie*** çok çocuklu aile; **~schuh** çocuk ayakkabısı: ***noch in den ~en stecken*** *-in* daha gelişmeye ihtiyacı olmak/var; **~sendung** *f* çocuk programı; **~sicherung** *f* çocuk kilidi; **~sitz** *m* AUTO çocuk koltuğu; **~spiel** *n*: ***ein ~*** *fig* çocuk oyuncağı; **~spielplatz** *m* çocuk bahçesi; **~stube** *f fig* aile terbiyesi; **~tagesstätte** *f* çocuk yuvası; **~wagen** *m* çocuk arabası; **~zimmer** *n* çocuk odası
Kindes|alter *n* çocukluk (çağı), *frühes* bebeklik; **~beine** *pl*: ***von ~n an*** çocukluktan beri; **~misshandlung** *f* çocuğa eziyet; **~tötung** *f* JUR çocuk katli
kindgerecht *adj* çocuğa uygun
Kinetik *f* ⟨-; *o pl*⟩ kinematik
kinetisch *adj* kinetik
Kind|heit *f* ⟨-; *o pl*⟩ çocukluk, *frühe* bebeklik; ***von ~ an*** çocukluktan beri; **&isch** *adj* çocuksu; **&lich** *adj* çocukça
Kinn *n* ⟨-s; -e⟩ çene; **~haken** *m* çeneye vuruş; (*Aufwärtshaken*) aparküt; **~lade** *f* ⟨-; -n⟩ (alt/üst) çene
Kino *n* ⟨-s; -s⟩ sinema; ***ins ~ gehen*** sinemaya gitmek; **~gänger** *m* ⟨-s; -⟩, **~gängerin** *f* ⟨-; -nen⟩ sinema meraklısı; **~vorstellung** *f* film gösterimi
Kiosk ['ki:ɔsk, kĭɔsk] *m* ⟨-s; -e⟩ satış kulübesi
Kippe *f* ⟨-; -n⟩ (*Müll&*) çöp yığını, çöplük; F (*Zigarettenstummel*) izmarit; ***es steht auf der ~*** durumu tehlikede
kippen **1.** *v/i* ⟨*sn*⟩ devrilmek; **2.** *v/t* ⟨*h*⟩ devirmek; *Fenster* çekip açmak; *Wasser* boca etmek, boşaltmak
Kippfenster *n* kanada penceresi
Kirche *f* ⟨-; -n⟩ kilise; ***in der ~*** kilisede; ***in die ~ gehen*** kiliseye gitmek
Kirchen|chor *m* kilise korosu; **~gemeinde** *f* kilise cemaati; **~lied** *n* ilahi; **~rat** *m* (Protestan) kilise konseyi; **~steuer** *f* kilise vergisi
kirchlich *adj* kiliseyle ilgili, ruhani; ***sich ~ trauen lassen, ~ heiraten*** kilise nikâhıyla evlenmek
Kirchturm *m* kilise kulesi
Kirgisien *n* Kırgızistan
Kirsch|e *f* ⟨-; -n⟩ BOT kiraz; (*Sauer&*) vişne; **~kuchen** *m* vişneli kek; **&rot** *adj* açık vişneçürüğü; **~torte** *f* vişneli turta; **~wasser** *n* vişne/kiraz rakısı
Kissen *n* ⟨-s; -⟩ minder; (*Kopf&*) yastık; **~bezug** *m* yastık kılıfı
Kiste *f* ⟨-; -n⟩ kutu; sandık, kasa
Kitsch *m* ⟨-s; *o pl*⟩ zevksizlik; değersiz şey (*Ware*); **&ig** *adj* değersiz, adi, bayağı
Kitt *m* ⟨-s; -e⟩ macun; F ***der ganze ~*** bütün olay/hikâye
Kittchen *n* ⟨-s; -⟩ F: ***im ~*** hapiste
Kittel *m* ⟨-s; -⟩ gömlek; iş önlüğü
kitten *v/t* ⟨*h*⟩ macunlamak; yapıştırmak; tamir etmek
Kitz *n* ⟨-es; -e⟩ keçi (geyik) yavrusu
kitz|eln ⟨*h*⟩ **1.** *v/i* gıdıklanmak; **2.** *v/t* gıdıklamak; **~lig** *adj* kolay gıdıklanan; *fig* (*Frage*) dikkat gerektiren, nazik
Kiwi[1] *m* ⟨-s; -s⟩ kivi (kuşu)
Kiwi[2] *f* ⟨-; -s⟩ BOT kivi
Kl. *Abk für* **Klasse** *f* sınıf, kategori
klaffend *adj* aralık kalan, iyi kapanmayan; ayrık, açık
Klacks *m* ⟨-es; -e⟩ F: ***das ist ein ~*** kolay/azıcık bir şey
kläffen *v/i* ⟨*h*⟩ F havlamak; ürümek
Klage *f* ⟨-; -n⟩ (***über*** *-den*) şikâyet yakınma; JUR dava; ***~ führen über*** ... hakkında dava açmak; JUR ***~ auf*** ... davası; ***~ erheben*** (***gegen***) (*-e* karşı) dava açmak; ***e-e ~ abweisen*** bir davayı reddetmek; **~grund** *m* JUR dava sebebi

klagen *v/i* ⟨*h*⟩ (***über*** *A -den*; ***bei*** *-e*) *a* MED şikâyet etmek; JUR (***gegen*** *-in* aleyhine; ***auf*** *A*, ***wegen*** *-den* dolayı) dava açmak; ***ohne zu ~*** şikâyet etmeden; ***ich kann nicht ~*** fena değil; idare eder

Kläger *m* ⟨-s; -⟩, **~in** *f* ⟨-; -nen⟩ JUR davacı

Klage|schrift *f* JUR dava dilekçesi; **~weg** *m* JUR: ***auf dem ~*** şikâyetle

kläglich *adj* acıklı, hazin, perişan

klaglos *adv* yakınmadan; F gık demeden

Klamauk *m* ⟨-s; *o pl*⟩ F gürültü patırtı; THEA *usw* kaba komedi, maskaralık

klamm *adj* (*feuchtkalt*) ıslak ve soğuk; (*erstarrt*) ***~*** (***vor Kälte***) (soğuktan) uyuşmuş

Klammer *f* ⟨-; -n⟩ (*Büro*≈) *ataş*; (*Heft*≈) zımba teli; (*Wäsche*≈) mandal; (*Haar*≈) saç iğnesi; (*Zahn*≈) tel; TECH kenet, çengel; MATH, BUCH parantez, ayraç; ***~ auf*** (***zu***) parantezi aç (kapa); ***in ~n setzen*** parantez içine almak

klammern ⟨*h*⟩ **1.** *v/t* kenetlemek (*a* MED), tutturmak (***an*** *A -e*); **2.** *v/r*: ***sich ~ an*** (*A*) *-e* yapışmak

klammheimlich *adv* F gizlice

Klamotte *f* ⟨-; -n⟩ F pılı pırtı

Klang *m* ⟨-s; ⸚e⟩ ses, seda; (*Ton*) ton; **~farbe** *f* tını; ≈**los** *adj* sessiz; ≈**voll** *adj* gür, tınlayan; *fig* ünlü, şanlı

Klappbett *n* açılır kapanır karyola

Klappe *f* ⟨-; -n⟩ *Umschlag*, *Tasche* kapak; ANAT kapakçık; TECH supap; ***eine große ~ haben*** laf ebesi olmak, büyük laf etmek; ***halt die ~!*** F kapa çeneni!

klappen ⟨*h*⟩ **1.** *v/t* katlamak; **2.** *v/i fig* (işler) yolunda gitmek; ***~ wie am Schnürchen*** tıkır tıkır yürümek; ***es klappt nicht*** olmuyor; olmaz, yürümez

Klappentext *m* kapak metni

Klappenventil *n* TECH kapakçıklı supap

klappern *v/i* ⟨*h*⟩ (***mit etw*** bş-le) tıkırdamak; ***er klapperte vor Kälte mit den Zähnen*** (onun) soğuktan dişleri takırdıyordu

Klapperschlange *f* çıngıraklı yılan

Klapp|fenster *n* vasistas; **~messer** *n* sustalı çakı; **~rad** *n* katlanır bisiklet

klapprig *adj* hurda, sarsak; *Möbel* çürük, köhne

Klapp|sitz *m* açılır kapanır iskemle; **~stuhl** *m* açılır kapanır sandalye; **~tisch** *m* açılır kapanır masa; portatif masa

Klaps *m* ⟨-es; -e⟩ şamar, hafif tokat

Klapsmühle *f* F tımarhane

klar *adj* açık, belli; ***es ist ~, dass*** -diği apaçık; ***ist dir ~, dass …?*** …-diğinin farkında mısın?; (***na***) ***~!*** elbette; ***alles ~?*** tamam mı?; ***~ sehen*** F anlamak; ***~ werden***: ***sich*** (*D*) ***~ werden über etw*** bş üzerine bir fikre/karara varmak; ***es wurde mir klar, dass*** anladım ki, …; ***~e Verhältnisse schaffen*** duruma açıklık getirmek

Kläranlage *f* arıtma tesisi

klären ⟨*h*⟩ **1.** *v/t* TECH arıtmak; *fig* temizlemek, aydınlatmak; **2.** *v/r*: ***sich ~*** *Flüssigkeit* durulmak; *Sache* açıklığa kavuşmak

klargehen *v/i* ⟨*unreg*, -ge-, *sn*⟩ F yolunda/tamam olmak; halledilmek

Klarheit *f* ⟨-; *o pl*⟩: ***sich ~ verschaffen über etw*** bş-i iyice anlamak

Klarinette *f* ⟨-; -n⟩ klarnet

klarkommen *v/i* ⟨*unreg*, -ge-, *sn*⟩ F: ***mit j-m ~*** b-le anlaşabilmek/geçinmek; ***kommst du damit klar?*** bunun üstesinden gelebilir misin?

klarmachen ⟨-ge-, *h*⟩ **1.** *v/t*: ***j-m etw ~*** b-ne bşi açıklamak, anlatmak; **2.** *v/r*: ***sich ~, dass*** -diğini iyice aklına yazma

Klarsicht|folie *f* şeffaf folyo; **~packung** *f* şeffaf ambalaj

klar|stellen *v/t* ⟨-ge-, *h*⟩ *-i* aydınlatmak, açıklığa kavuşturmak; ≈**text** *m*: ***im ~*** açıkçası, «Türkçesi»

Klärung *f* ⟨-; -en⟩ durul(t)ma; açıklığa kavuş(tur)ma

Klasse *f* ⟨-; -n⟩ sınıf; ***erste*** (***zweite***) ***~*** BAHN *usw* birinci (ikinci) mevki; (***ganz große***) ***~*** F mükemmel, harika; ***nach ~n ordnen*** sınıflandırmak

Klassen|arbeit *f* yazılı (sınav); **~bewusstsein** *n* sınıf bilinci; **~gesellschaft** *f* sınıflı toplum; **~kamerad(in** *f*) *m* sınıf arkadaşı; **~kampf** *m* sınıf mücadelesi; **~lehrer(in** *f*) *m* sınıf öğretmeni; ≈**los** *adj* sınıfsız; **~lotterie** *f* dönemli piyango (*abonman usulü*); **~sprecher(in** *f*) *m* sınıf sözcüsü; **~treffen** *n* sınıf toplantısı; **~unterschied** *m* sınıf farkı; **~zimmer** *n* dersane; sınıf

klassifizier|en *v/t* ⟨*o* -ge-, *h*⟩ sınıflandırmak; ≈**ung** *f* ⟨-; -en⟩ sınıflandır(ıl)ma

Klassik *f* ⟨-; *o pl*⟩ klasisizm; antik çağ;

K

eskiçağ; **~er** *m* ⟨-s; -⟩ klasik
klassisch *adj* klasik; antik, eskiçağ(la ilgili)
Klassizismus *m* ⟨-; *o pl*⟩ klasisizm
klassizistisch *adj* klasisist
Klatsch *m* ⟨-s; *o pl*⟩ F *fig* dedikodu; **~base** *f* F dedikoducu (kadın)
klatschen ⟨*h*⟩ **1.** *v/t*: ***Beifall ~*** alkışlamak; **2.** *v/i Beifall* alkışlamak; F *fig* dedikodu yapmak (***über*** *A* hakkında); ***in die Hände ~*** el çırpmak, alkışlamak
Klatsch|kolumnist (**in** *f*) *m* F dedikodu yazarı; **~maul** *n* F dedikoducu
klatschnass *adj* F sırılsıklam
Klaue *f* ⟨-; -n⟩ pençe; ***in j-s ~n geraten*** b-nin pençesine düşmek; F kötü elyazısı
klauen *v/t* ⟨*h*⟩ F aşırmak, araklamak
Klausel *f* ⟨-; -n⟩ JUR koşul, özel hüküm
Klaustrophobie *f* ⟨-; *o pl*⟩ klostrofobi
Klausur *f* ⟨-; -en⟩ yazılı sınav; kapalı toplantı; **~tagung** *f* (kamuoyuna) kapalı kongre/toplantı
Klavier [-'viːɐ] *n* ⟨-s; -e⟩ MUS piyano; **~spieler(in** *f*) *m* piyanist; ***~ spielen*** (***können***) piyano çalmak (çalmayı bilmek)
Klebe|band *n* ⟨-s; ⸚er⟩ yapışkan bant, seloteyp®; **~folie** *f* yapışkan folyo
kleben ⟨*h*⟩ **1.** *v/t* yapıştırmak; F ***j-m e-e ~*** b-ne bir tokat *vs* yapıştırmak; **2.** *v/i* (***an*** *D -e*) yapışmak; (*klebrig sein*) yapışkan olmak; ***~ bleiben*** (***an*** *D -e*) yapışıp kalmak; F ***~ bleiben*** (***in*** *D -de*) sınıfta kalmak
Klebestreifen *m* yapışkan bant
klebrig *adj* yapışkan
Klebstoff *m* yapıştırıcı; (*Kleister*) tutkal
kleckern ⟨*h*⟩ F **1.** *v/i* dökmek, akıtmak, damlatmak; leke yapmak/bırakmak; **2.** *v/t*: ***etw ~ auf*** *-in* üstüne bş-i dökmek
Klecks *m* ⟨-es; -e⟩ F leke
klecksen *v/i* ⟨*h*⟩ F dökmek, akıtmak, damlatmak; leke yapmak/bırakmak
Klee *m* ⟨-s; *o pl*⟩ BOT yonca; **~blatt** *n fig* ayrılmaz üçlü; *a Kreuzung* yoncayaprağı; ***vierblättriges ~*** dört yapraklı yonca
Kleid *n* ⟨-s; -er⟩ elbise, giysi; ***~er*** *pl* (*Kleidung*) giyim
kleiden ⟨*h*⟩ **1.** *v/t*: ***etw in Worte ~*** bş-i kelimelere dökmek; ***j-n*** (***gut***) ***~*** b-ne yakışmak; **2.** *v/r*: ***sich ~ in*** *-e* bürünmek
Kleider|bügel *m* elbise askısı; **~bürste** *f* elbise fırçası; **~haken** *m* duvar askısı; **~schrank** *m* elbise dolabı; **~ständer** *m* elbise sehpası; **~stoff** *m* kumaş
kleidsam *adj* (*Kleidung*) yakışan, gösterişli
Kleidung *f* ⟨-; -en⟩ giyim; kıyafet
Kleidungsstück *n* giyim eşyası
Kleie *f* ⟨-; -n⟩ kepek
klein **1.** *adj a Finger, Zehe* küçük; ***~ kariert*** *adj* küçük kareli; piyedöpul; ***von ~ auf*** küçüklükten beri; ***bis ins* ⁓*ste*** en ince ayrıntısına kadar; **2.** *adv* F: ***ein*** (***ganz***) ***~ wenig*** azıcık; ***~ anfangen*** küçükten başlamak; ***~ schneiden*** doğramak
Klein|anzeige *f* küçük ilan; **~arbeit** *f* ince/teferruatlı iş; **~betrieb** *m* küçük işletme; **~bildkamera** *f* FOTO 35 mm'lik fotoğraf makinası; **~buchstabe** *m* küçük harf; **⁓bürgerlich** *adj* küçük burjuva(ca); **~bus** *m* minibüs; **~familie** *f* küçük aile; **~format** *n*: ***im ~*** küçük boyutlu; **~gedruckte** *n*: ***das ~*** *küçük harflerle yazılmış, çoğu müşterilerin farkına varmadan kabul ettiği şartlar*; **~geld** *n* ufak/bozuk para; ***er hat das nötige ~*** (onun) tuzu kuru
Kleinigkeit *f* ⟨-; -en⟩ önemsiz şey; *scherzh Geschenk* çamsakızı çoban armağanı; ***das ist e-e ~*** bu önemsiz bir şey; ***e-e ~ essen*** ufak bir şey(ler) yemek
Kleinindustrie *f* küçük sanayi
kleinkariert *adj* F dargörüşlü
Klein|kind *n* küçük çocuk; **~kram** *m* pılı pırtı; **~krieg** *m*: ***e-n ~ führen mit*** ile didişme
kleinkriegen *v/t* ⟨-ge-, *h*⟩ F: ***j-n ~*** b-nin burnunu sürtmek
kleinlaut *adj* süklüm püklüm, hık mık
kleinlich *adj* (*engstirnig*) dar fikirli, katı; F kıl; (*geizig*) cimri; *Gedanken* katı; **⁓keit** *f* ⟨-; *o pl*⟩ dar fikirlilik; cimrilik; katılık
kleinschreiben *v/t* ⟨*unreg*, -ge-, *h*⟩ F küçük harfle yazmak (*kelimenin baş harfini*)
Klein|stadt *f* küçük şehir, kasaba; **⁓städtisch** *adj* taşra(lı), kasaba(lı) *subst*
kleinstmöglich *adj* mümkün olan en küçük/az
Kleinwagen *m* küçük otomobil
Kleister *m* ⟨-s; -⟩ zamk, kola

Klematis *f* ⟨-; -⟩ BOT filbahri
Klemme *f* ⟨-; -n⟩ TECH mengene, kıskaç; EL klemens bağlantısı; (*Haar*♀) firkete; ***in der ~ sitzen*** F *fig* sıkıntı içinde olmak; ***j-m aus der ~ helfen*** b-ne zor gününde yardım etmek
klemmen ⟨*h*⟩ **1.** *v/t*: ***sich*** (*D*) ***etw unter den Arm ~*** bşi kolunun altına sıkıştırmak; ***sich*** (*D*) ***den Finger*** (***in der Tür***) **~** parmağını (kapıya) sıkıştırmak; ***wo klemmt's?*** mesele ne(dir)? **2.** *v/i* sıkışmak, takılmak; **3.** *v/r* F: ***sich hinter etw*** (***j-n***) **~** bş-in/b-nin peşine düşmek
Klempner *m* ⟨-s; -⟩ (sıhhi) tesisatçı
Kleptomanie *f* ⟨-; *o pl*⟩ kleptomani
klerikal *adj* klerikal; ruhanî; kilise *subst*
Kleriker *m* ⟨-s; -⟩ kilise mensubu
Klerus *m* ⟨-; *o pl*⟩ ruhban (sınıfı)
Klette *f* ⟨-; -n⟩ BOT pıtrak
klettern *v/i* ⟨*sn*⟩ tırmanmak; ***auf e-n Baum ~*** ağaca çıkmak
Kletterpflanze *f* sarmaşık
Kletterrose *f* sarmaşık gülü
Klettverschluss® *m* cırt(lı bağlantı)
klicken *v/i* ⟨*h*⟩ tıklamak; tık etmek
Klient [kli'ɛnt] *m* ⟨-en; -en⟩, **~in** *f* ⟨-; -nen⟩ müvekkil
Klima *n* ⟨-s; -s⟩ iklim; *fig a* atmosfer, hava; **~anlage** *f* klima cihazı; ***mit ~*** klimalı, klimatize edilmiş; **~katastrophe** *f çevre kirlenmesi sonucu iklimin değişmesi felaketi*; **♀tisch** *adj* iklimsel, iklime ilişkin; **♀tisiert** *adj* klimalı, klimatize; **~veränderung** *f* iklim değişikliği; **~wechsel** *m* tebdil(i)hava, hava değişikliği
klimpern *v/i* ⟨*h*⟩ **~** (***mit*** *-i*) tıngırdatmak; **~ *auf*** (*Instrument*) *-i* (acemice) çalmak
Klinge *f* ⟨-; -n⟩ bıçak ağzı
Klingel *f* ⟨-; -n⟩ zil; **~knopf** *m* zil düğmesi; ***auf den ~ drücken*** zile basmak
klingeln *v/i* ⟨*h*⟩ zil çalmak; ***es hat geklingelt*** zil çaldı
Klingelzeichen *n* zil (sesi/işareti)
klingen *v/i* ⟨klang, geklungen, *h*⟩ ses vermek, tınlamak; *Glocke, Metall* çalmak, çınlamak; *Glas* şıngırdamak; ***das klingt gut*** *Ton* bu kulağa hoş geliyor; *Nachricht* bu haber iyi
Klinik *f* ⟨-; -en⟩, **~um** *n* ⟨-s; -ka, -ken⟩ klinik
klinisch *adj* klinik
Klinke *f* ⟨-; -n⟩ (kapı) mandal(ı)
Klinker *m* ⟨-s; -⟩ ARCH Hollanda tuğlası
klipp *adv*: **~ *und klar*** açık açık
Klippe *f* ⟨-; -n⟩ uçurum; *Fels* sarp kayalık; *fig* engel
klirren *v/i* ⟨*h*⟩ *Fenster, Teller* zangırdamak; *Schlüssel* şıngırdamak; *Kette* takır tukur etmek; **~ *mit*** bş-i tıngırdatmak
Klischee *n* ⟨-s; -s⟩ BUCH klişe; *fig* basmakalıp söz, klişe; **~vorstellung** *f* beylik fikir
Klitoris *f* ⟨-; -⟩ ANAT klitoris
klitschig *adj* nemli; yapış yapış
klitzeklein *adj* F küçücük; minnacık
Klo *n* ⟨-s; -s⟩ F yüznumara, hela
Kloake *f* ⟨-; -n⟩ lağım
klobig *adj* iri, cüsseli; *Schuhe* ağır, hantal, *scherz* çocuk mezarı gibi
klonen *v/t* ⟨*h*⟩ *a* ÖKOL klonlamak
klönen *v/i* ⟨*h*⟩ F kaynatmak; sohbet etmek
Klopapier *n* F tuvalet kağıdı
klopfen ⟨*h*⟩ **1.** *v/i* vurmak (***an*** *A -e*); *Herz* çarpmak, *stärker* zonklamak (***vor*** *D -den*); ***es klopft*** kapı çalınıyor; ***j-m auf die Schulter ~*** b-nin omzuna vurmak; **2.** *v/t Teppich* dövmek; *Nagel* (***in*** *A -e*) çakmak
klöppel|n *v/i* ⟨*h*⟩ kopanaki danteli örmek; **♀spitze** *f* kopanaki danteli
Klops *m* ⟨-es; -e⟩ GASTR köfte
Klosett *n* ⟨-s; -s⟩ tuvalet, klozet
Kloß *m* ⟨-es; ⸚e⟩ GASTR hamur köftesi, lokma; ***e-n ~ in der Kehle haben*** *fig* b-nin boğazında düğümlenmek
Kloster *n* ⟨-s; ⸚⟩ manastır (*Mönche*); kadınlar manastırı (*Nonnen*); ***ins ~ gehen*** manastıra çekilmek; **~bruder** *m* manastır rahibi; **~frau** *f* manastır rahibesi
Klotz *m* ⟨-es; ⸚e⟩ F yontulmamış (herif); çirkin beton bina
klotzig *adj* hantal; kaba
Klub ⟨-s; -s⟩ kulüp
Kluft[1] *f* ⟨-; ⸚e⟩ kaya yarığı; uçurum
Kluft[2] *f* ⟨-; -en⟩ F giyim; kılık
klug **1.** *adj* akıllı, zekî; ***ein ~er Rat*** akıllıca bir tavsiye; ***wirst du daraus ~?*** bunu anlayabildin mi?; **2.** *adv*: ***du hättest klüger daran getan zu*** -seydin daha akıllıca bir iş olurdu; **~erweise** *adv*: **~ *hat er geschwiegen*** akıllılık edip ses çıkarmadı
Klugheit *f* ⟨-; *o pl*⟩ akıllılık, zekâ
Klumpen *m* ⟨-s; -⟩ topak, külçe

Klumpfuß *m* topal, ayağı sakat
klumpig *adj* pıhtılı
Klunker *pl* F cafcaflı takı
Klüver *m* ⟨-s; -⟩ MAR flok
knabbern *v/t u v/i* ⟨*h*⟩ (**an** *D -i*) kemirmek, yemek; F ***ich hatte lange daran zu ~*** bu beni uzun zaman uğraştırdı
Knabe *m* ⟨-n; -n⟩ oğlan
knabenhaft *adj* oğlansı
knacken *v/t* ⟨*h*⟩ *Nüsse, Safe* kırmak; *Auto* zorla girmek; *Schloss* kırıp açmak; F çözmek; *-in* şifresini çözmek
knackig *adj* kütür kütür; F fıstık gibi
Knacklaut *m* hemze
Knacks *m* ⟨-es; -e⟩ çatırtı; F ***ihre Ehe hat e-n ~*** evliliği zarar gördü
Knall *m* ⟨-s; -e⟩ patlama; F ***e-n ~ haben*** kafadan çatlak olmak; F ***~ und Fall*** birdenbire; **~bonbon** *m, n* patlangaç; **~effekt** *m* şaşırtıcı etki
knallen 1. *v/i* ⟨*h*⟩ patlamak; ⟨*sn*⟩ F: ***~ an*** (*A*) (*od* **gegen**) *-e* çarpmak; **2.** *v/t* ⟨*h*⟩ F (*werfen*) fırlatmak; F ***j-m e-e ~*** b-ne tokat/yumruk atmak
Knallgas *n* CHEM patlayıcı gaz
knallhart *adj* F katı, acımasız; ***~ fragen*** gözünü kırpmadan sormak
knallig *adj* F *Farbe* cart, çok parlak, göz alıcı; ***~ bunt*** alaca bulaca; allı güllü
Knallkörper *m* patlangaç
knallrot *adj* kıpkırmızı
knapp 1. *adj Kleidung* dar, sıkı, kısa; (*beschränkt*) kısıtlı; *Sieg* az farkla; az, kısa (*Worte*); ***~ werden*** azalmak, kıtlaşmak; ***~(e) zwei Stunden*** neredeyse tam iki saat; ***~e Mehrheit*** az (farklı) bir çoğunluk; ***mit ~er Not*** güç bela; **2.** *adv* F: ***~ bei Kasse sein*** parası kıt olmak; ***~ halten*** (***mit***) *-e* çok az harçlık *vs* vermek; ***e-e Prüfung ~ bestehen*** bir sınavı kıl farkıyla kazanmak; ***meine Zeit ist ~ bemessen*** vaktim kıt
Knappheit *f* ⟨-; *o pl*⟩ (**an** *D* bakımından) darlık, kıtlık
Knast *m* ⟨-s; ⸚e, -e⟩ F: ***im ~ sitzen*** hapiste yatmak
Knäuel *m, n* ⟨-s; -⟩ yumak
Knauf *m* ⟨-s; ⸚e⟩ tokmak; ARCH sütun başlığı; kabza
knauserig *adj* F cimri, pinti
Knautschzone *f* AUTO tampon bölümler *pl*
Knebel *m* ⟨-s; -⟩ (b-ni susturmak için ağıza sokulan) tıkaç
knebeln *v/t* ⟨*h*⟩ *-in* ağzını tıkamak
Knecht *m* ⟨-s; -e⟩ (*Diener*) uşak, yamak; (*Landarbeiter*) yanaşma; (*Sklave*) köle
kneifen ⟨kniff, gekniffen, *h*⟩ **1.** *v/t* çimdiklemek; ***j-n in den Arm ~*** b-nin kolunu çimdiklemek; **2.** *v/i Kleidung* sıkmak; F *fig* sıvışmak (***vor*** *D -den*)
Kneifzange *f* kerpeten
Kneipe *f* ⟨-; -n⟩ meyhane
Kneipenbummel *m*: ***e-n ~ machen*** meyhane meyhane dolaşmak
Kneippkur *f* MED Kneipp kürü
Knete *f* ⟨-; *o pl*⟩ F → ***Knetmasse***; F (*Geld*) mangır
kneten *v/t* ⟨*h*⟩ yoğurmak
Knetmasse *f* oyun hamuru, plastilin
Knick *m* ⟨-s; -e⟩ (*Falte*) büküm, katlama yeri; (*Eselsohr*) eşekkulağı; *Draht* kıvrım; *Kurve* keskin viraj
knicken 1. *v/t* ⟨*h*⟩ eğmek, bükmek, kıvırmak; *Papier* katlamak; (*brechen*) kırmak; **2.** *v/i* ⟨*sn*⟩ eğilmek, bükülmek, kıvrılmak; (*brechen*) kırılmak
knickerig *adj* F cimri
Knicks *m* ⟨-es; -e⟩ diz kırma
knicksen *v/i* ⟨*h*⟩ (***vor j-m*** b-nin önünde) diz kırmak
Knie *n* ⟨-s; - ⟩ ANAT diz; ***in die ~ gehen*** diz çökmek; ***etw übers ~ brechen*** bş-i aceleye getirmek; F ***weiche ~ bekommen*** (*-in*) dizleri titremeye başlamak; TECH dirsek; **~beuge** *f* ⟨-; -n⟩ diz bükme; ***e-e ~ machen*** çömelmek; **~fall** *m* (saygıyla) diz çökme; **≈frei** *adj* dize kadar; dizleri örtmeyen; **~gelenk** *n* diz mafsalı; **~kehle** *f* dizin iç tarafı; **≈lang** *adj* dize kadar (inen)
knien ['kniː(ə)n] ⟨*h*⟩ **1.** *v/i* diz çökmek; **2.** *v/r* F: ***sich ~ in*** *-e* girişmek
Knie|scheibe *f* dizkapağı (kemiği); **~schützer** *m* dizlik; **~strumpf** *m* spor çorabı
knifflig *adj* F müşkül, içinden çıkılması zor, ustalık isteyen
knipsen ⟨*h*⟩ **1.** *v/t -in* fotoğrafını çekmek; *Fahrkarte* zımbalamak, delmek; **2.** *v/i* F fotoğraf çekmek
Knirps *m* ⟨-es; -e⟩ bacaksız
knirschen *v/i* ⟨*h*⟩ gıcırdamak; ***mit den Zähnen ~*** dişlerini gıcırdatmak
knistern *v/i* ⟨*h*⟩ çıtırdamak
knitterfrei *adj* buruşmaz
knittern *v/i* ⟨*h*⟩ buruşmak
knobeln *v/i* ⟨*h*⟩ (**um** için) zar atmak; (**an**

için) kafa patlatmak

Knoblauch *m* ⟨-s; *o pl*⟩ BOT sarmısak; **~zehe** *f* sarmısak dişi

Knöchel *m* ⟨-s; -⟩ ANAT ayak bileği kemiği; *Finger* parmak boğumu; **~bruch** *m* MED ayak bileği (kemiği) kırığı/kırılması; **≈lang** *adj* topuklara/topuğa kadar (inen)

Knochen *m* ⟨-s; -⟩ kemik; **~arbeit** *f* (vücutça) ağır iş/çalışma; **~bruch** *m* MED kemik kırılması; **~gerüst** *n* iskelet; **≈hart** *adj* F çok sert; **~krebs** *m* MED kemik kanseri

knöchern *adj* kemik(ten)

Knödel *m* ⟨-s; -⟩ GASTR hamur *vs* köftesi

Knolle *f* ⟨-; -*n*⟩ BOT yumru kök

Knollenblätterpilz *m* amanita (mantarı)

Knollennase *f* F yuvarlak/yumru burun

knollig *adj* BOT yumru (biçimli)

Knopf *m* ⟨-s; ¨-e⟩ düğme; ***auf e-n ~ drükken*** bir düğmeye basmak; **~druck** *m*: ***auf*** (*od* ***per***) **~** (bir) düğmeye basarak

knöpfen *v/t* ⟨*h*⟩ iliklemek; düğmelemek

Knopfloch *n* ilik

Knopfzelle *f* EL düğme pil

Knorpel *m* ⟨-s; -⟩ kıkırdak; **≈ig** *adj* kıkırdaksı; kıkırdaklı

Knospe *f* ⟨-; -n⟩ BOT tomurcuk

knospen *v/i* ⟨*h*⟩ tomurcuklanmak

knoten *v/t* ⟨*h*⟩ düğümlemek, *-e* düğüm atmak

Knoten *m* ⟨-s; -⟩ düğüm

Knotenpunkt *m* düğüm noktası

Know-how [nou'hau] *n* ⟨-(s)⟩ know-how

Knüller *m* ⟨-s; -⟩ F *Buch*, *Film* heyecan yaratan, çok satan; *Presse* bomba etkisi yapan, şok (Nachricht *usw*)

knüpfen *v/t* ⟨*h*⟩ *Teppich* dokumak; ***~ an*** *-e* bağlamak

Knüppel *m* ⟨-s; -⟩ sopa; (*Polizei≈*) cop; **~schaltung** *f* AUTO yerden vites

knurren *v/i* ⟨*h*⟩ hırlamak; *Magen* guruldamak; (*murren*) (***über*** *A -e*) homurdanmak

knusprig *adj Braten*, *Gebäck* kıtır kıtır, çıtır çıtır

knutschen *v/i* ⟨*h*⟩ F (***mit*** *-le*) (yumulup) öpüşmek

Knutschfleck *m* F öpüş izi

k. o. [ka:'|o:] *adj präd*: ***~ schlagen*** nakavt etmek; F ***total ~ sein*** bitkin olmak

koalieren *v/i* ⟨*o* ge- *h*⟩ POL (***mit*** *-le*) koalisyon etmek/kurmak

Koalition [-'tsi̯o:n] *f* ⟨-; -en⟩ POL koalisyon

Koalitions|partner *m* koalisyon ortağı; **~regierung** *f* koalisyon hükümeti

Kobalt *m* ⟨-s; *o pl*⟩ kobalt; **≈blau** *adj* çividi; çivit/kobalt mavisi

Kobold *m* ⟨-s; -e⟩ cüce cin

Koch *m* ⟨-s; ¨-e⟩ aşçı; **~buch** *n* yemek kitabı

kochen ⟨*h*⟩ **1.** *v/i* pişmek; kaynamak (*Flüssigkeit*); *fig* kudurmak (***vor Wut*** öfkeden); **2.** *v/t Fleisch*, *Gemüse* pişirmek; *Eier*, *Wasser* haşlamak; *Kaffee*, *Tee* yapmak; ***gut ~*** iyi yemek pişirmek; ***leicht ~, auf kleiner Flamme ~*** hafif/kısık ateşte pişirmek

Kochen *n* ⟨-s; *o pl*⟩: ***etw zum ~ bringen*** bş-i kaynatmak; ***j-n zum ~ bringen*** b-nin tepesinin tasını attırmak

kochend *adj*, ***~ heiß*** kaynar, haşlak

Kocher *m* ⟨-s; -⟩ (tekli) ocak

Kochgelegenheit *f yemek pişirme imkânı* (*Herd*, *Küche*)

Köchin *f* ⟨-; -nen⟩ aşçı (kadın)

Koch|kunst *f* mutfak sanatı; **~kurs(us)** *m* yemek pişirme kursu; **~löffel** *m* tahta kaşık; **~nische** *f* yemek pişirme köşesi; **~platte** *f elektrikli ocak tablası*; **~rezept** *n* yemek reçetesi/tarifi; **~salz** *n* sofra tuzu; CHEM sodyum klorür; **~salzlösung** *f* MED tuz eriyiği; **~topf** *m* tencere

Kode [ko:t] *m* ⟨-s; -s⟩ EDV → ***Code***

Köder *m* ⟨-s; -⟩ yem

ködern *v/t* ⟨*h*⟩ *fig* (*ile*) kandırmak

Koeffizient [ko|ɛfi'tsi̯ɛnt] *m* ⟨-en; -en⟩ MATH katsayı

Koexistenz *f* ⟨-; *o pl*⟩ bir arada yaşama

Koffein *n* ⟨-s; *o pl*⟩ kafein; **≈frei** *adj* kafeinsiz

Koffer *m* ⟨-s; -⟩ bavul; ***~ packen*** bavul toplamak; F ***die ~ packen*** çekip gitmek; **~anhänger** *m* bagaj römorku; **~kuli** *m* ⟨-s; -s⟩ BAHN valiz/yük arabası; **~radio** *n* EL radyosu; **~raum** *m* AUTO bagaj

Kognak ['kɔnjak] *m* ⟨-s; -s⟩ konyak

Kohl *m* ⟨-s; -e⟩ BOT lahana

Kohle *f* ⟨-; -n⟩ kömür; ***glühende ~*** kor, köz

Kohlen *pl* F (*Geld*) mangır

Kohlenberg|bau *m* kömür madenciliği; **~werk** *n* kömür madeni

Kohlen|dioxid *n* CHEM karbon dioksit;

~hydrat karbonhidrat; **~monoxid** *n* CHEM karbon monoksit; **~säure** *f* karbonik asit; ***ohne~*** (*Mineralwasser*) karbonatsız; ***mit ~***, **2säurehaltig** *adj* karbonatlı; **~stoff** *m* CHEM karbon; **~wasserstoff** *m* CHEM hidrokarbür

Kohle|papier *n* karbon kağıdı; **~stift** *m* kömür kalem; **~tablette** *f* ishal tableti; **~vorkommen** *n* kömür madeni; **~zeichnung** *f* karakalem (çizim/resim)

Kohlkopf *m* BOT baş lahana

Kohlmeise *f* baştankara (kuşu)

kohlrabenschwarz *adj* kapkara

Kohl|rabi *m* ⟨-; -⟩ BOT alabaş; **~rübe** *f* BOT şalgam lahanası; **~weißling** *m* ⟨-s; -e⟩ lahana kelebeği

Koitus *m* ⟨-; -⟩ cinsel birleşme

Koje *f* ⟨-; -*n*⟩ MAR kamara

Kokain *n* ⟨-s; *o pl*⟩ kokain

kokett *adj* fettan, cilveli; **~ieren** *v/i* ⟨*o* ge-, *h*⟩ (***mit j-m*** b-yle) cilveleşmek; ***mit etw ~*** bş-i kullanarak dikkati çekmeye çalışmak

Kokke *f* MED kok (bakterisi)

Kokos|faser *f* hindistancevizi elyafı; **~fett** *n* hindistancevizi yağı; **~milch** *f* hindistancevizi sütü; **~nuss** *f* BOT hindistancevizi; **~palme** *f* hindistancevizi ağacı

Koks *m* ⟨-es; -e⟩ **1.** kok (kömürü); **2.** F (*Kokain*) kokain

koksen *v/i* ⟨*h*⟩ kokain çekmek

Kolben *m* ⟨-s; -⟩ TECH itenek, piston; *Gewehr* dipçik

Kolibakterie *f* MED koli basili

Kolibri *m* ⟨-s; -s⟩ kolibri, sinekkuşu

Kolik *f* ⟨-; -en⟩ MED kolik, sancı

Kollaborateur [kɔlabora'tøːʁ] *m* ⟨-s; -e⟩ işbirlikçi

Kollaps *m* ⟨-es; -e⟩ MED: ***e-n ~ erleiden*** kollapsüs geçirmek; F yığılıp kalmak

Kollege *m* ⟨-n; -n⟩ (*Berufs*2) meslektaş; (*Arbeits*2) iş(yeri) arkadaşı

kollegial *adj*: ***sich ~ verhalten*** (***gegenüber*** *-e*) samimi davranmak

Kollegin *f* ⟨-; -nen⟩ meslektaş (kadın); iş(yeri) arkadaşı (kadın)

Kollegium *n* ⟨-s; -ien⟩ *bir okulun öğretmen kadrosu*

Kollektion [-'t͜sĭoːn] *f* ⟨-; -en⟩ ÖKON mal çeşitleri *pl*

kollektiv [-f] *adj* ortak(laşa)

Kollektiv [-f] *n* ⟨-s; -e⟩ topluluk, grup, birlik

kollektivieren [-v-] *v/t* ⟨*o* ge-, *h*⟩ kollektifleştirmek

kollidieren *v/i* ⟨*o* ge-, *sn*⟩ (***mit*** *-le*) çarpışmak; ⟨*o* ge-, *h*⟩ *fig a* çatışmak

Kollier [kɔ'lĭeː] *n* ⟨-s; -s⟩ kolye

Kollision *f* ⟨-; -en⟩ çarpışma, *fig a* çatışma

Kolloquium *n* ⟨-s; -ien⟩ kolokyum

Kölner *m* ⟨-s; -⟩, **~in** *f* ⟨-; -nen⟩ Kölnlü *subst*; ***der ~ Dom*** Köln Katedrali

Kölnischwasser *n* ⟨-s; *o pl*⟩ kolonya, losyon

Kolon|ialismus *m* ⟨-; *o pl*⟩ kolonyalizm, sömürgecilik; **~ie** *f* ⟨-; -n⟩ koloni, sömürge; **~isation** *f* ⟨-; -en⟩ kolonizasyon, sömürgeleştirme; **2isieren** *v/t* ⟨*o* ge-, *h*⟩ kolonileştirmek, sömürgeleştirmek; **~ist** *m* ⟨-en; -en⟩ sömürgeci

Kolonnade *f* ⟨-; -*n*⟩ ARCH revak, kemeraltı

Kolonne *f* ⟨-; -n⟩ sütun; *Fahrzeuge* konvoy, kafile

kolorieren *v/t* ⟨*o* ge-, *h*⟩ (boyayla) renklendirmek

Koloss *m* ⟨-es; -e⟩ dev heykel; **2al** *adj* kocaman, muazzam, heyula gibi

Kolumne *f* ⟨-; -n⟩ sütun (*Zeitung*)

Kolumnist *m* ⟨-en; -en⟩, **~in** *f* ⟨-; -nen⟩ köşe yazarı

Koma *n* ⟨-s; -s, -ta⟩ MED koma, bitkisel hayat

Kombi *m* ⟨-; -s⟩ AUTO steyşın

Kombin|ation [-'t͜sĭoːn] *f* ⟨-; -en⟩ bağlantı, birleşim, *a Kleidung* kombinasyon; **2ieren** ⟨*o* ge-, *h*⟩ **1.** *v/t* (***mit*** *-le*) birleştirmek; **2.** *v/i*: ***gut ~*** iyi bağlantı kurmak; iyi düşünmek

Komfort [-'foːʁ] *m* ⟨-s; *o pl*⟩ rahatlık, elverişlilik; (*Luxus*) lüks, konfor; **2abel** *adj Sessel* rahat, konforlu; *Wohnung* rahat, kullanışlı

komisch *adj* gülünç; (*merkwürdig*) acayip; ***~, dass … -in*** -mesi garip

komischerweise *adv* gariptir ki, …

Komitee *n* ⟨-s; -s⟩ komite, heyet

Komma *n* ⟨-s; -s⟩ virgül; ***zwei ~ vier*** iki virgül dört

Kommandant *m* ⟨-en; -en⟩ MIL kumandan, komutan

Kommandeur [-'døːʁ] *m* ⟨-s; -e⟩ MIL birlik komutanı

kommandieren ⟨*o* ge-, *h*⟩ F *-e* emretmek; ***j-n ~ zu*** b-ni *-e* (görevle) göndermek; ***~der General*** korgeneral

Kommanditgesellschaft *f* ÖKON (adi) komandit şirket
Kommanditist *m* ⟨-en; -en⟩, **~in** *f* ⟨-; -nen⟩ ÖKON komanditer
Kommando *n* ⟨-s; -s⟩ (*Befehl*) komut, emir; MIL komuta yetkisi; ***auf ~*** emir üzerine; ***das ~ führen*** komuta etmek; **~brücke** *f* MAR kaptan köprüsü/köşkü; **~einheit** özel görev birliği
kommen *v/i* ⟨kam, gekommen, *sn*⟩ gelmek; (*an~*) *a* varmak; (*gelangen*) ulaşmak (***bis*** -e); ***angelaufen ~*** koşup gelmek; ***~ auf*** (*A*) (*sich erinnern*) *-i* anımsamak, *-i* düşünmek; (*herausfinden*) bulmak, anlamak; ***hinter etw ~*** bş-i ortaya çıkarmak; ***j-n ~ sehen*** b-nin geldiğini görmek; ***~ lassen*** getirtmek; göndermek; ***etw ~ lassen*** sipariş etmek; ***um etw ~*** bş-i kaybetmek; ***~ von*** *-den* ileri gelmek; ***weit ~*** *-e* kadar gelmek; ***wieder zu sich*** (*D*) ***~*** tekrar kendi(si)ne gelmek, ayılmak; ***wohin kommt …?*** … nereye konacak?; ***mir kam der Gedanke*** aklıma şu (düşünce) geldi; ***ihr kamen die Tränen*** (onun) gözleri yaşardı; ***er kommt nach s-r Mutter*** (o) annesine çekmiş/benziyor; ***was ist über dich gekommen?*** sana ne oldu?; ***zu etw ~*** bş-i kazanmak, edinmek
kommend *adj*: ***~e Woche*** gelecek/önümüzdeki hafta; ***in den ~en Jahren*** ilerki/önümüzdeki yıllarda
Kommentar *m* ⟨-s; -e⟩ (***zu*** *-e*) yorum; ***kein ~!*** yorum yok!; **ᴥlos** *adv* yorum yapmadan
Kommentator *m* ⟨-s; -en⟩, **~in** *f* ⟨-; -nen⟩ yorumcu
kommentieren *v/t* ⟨*o* ge-, *h*⟩ yorumlamak
Kommerz *m* ⟨-es⟩ ticaret; **ᴥialisieren** *v/t* ⟨*o* ge-, *h*⟩ ticarîleştirmek; **ᴥiell** *adj* ticarî
Kommiliton|e *m* ⟨-n; -n⟩, **~in** *f* ⟨-; -nen⟩ arkadaş (*Hochschüler*)
Kommissar *m* ⟨-s; -e⟩, **~in** *f* ⟨-; -nen⟩ *Polizei* komiser
kommissarisch **1.** *adj* geçici; **2.** *adv* geçici olarak; yetkiyle
Kommission [-'sĭo:n] *f* ⟨-; -en⟩ ÖKON komisyon; konsinye; (*Rat*) komisyon, kurul, encümen; ***in ~*** komisyon/konsinye olarak
Kommissionär *m* ⟨-s; -e⟩, **~in** *f* ⟨-; -nen⟩ ÖKON komisyoncu, simsar
Kommode *f* ⟨-; -n⟩ şifoniyer
Kommodore *m* ⟨-s; -n, -s⟩ MAR komodor
kommunal *adj* yerel; belediye ile ilgili; **ᴥabgaben** *pl* yerel yönetim vergileri; **ᴥbeamte** *m*, **ᴥbeamtin** *f* yerel yönetim memuru; **ᴥpolitik** *f* yerel politika; **ᴥverwaltung** yerel yönetim; belediye; **ᴥwahlen** *pl* yerel seçimler
Kommune *f* ⟨-; -n⟩ (*Gemeinde*) belediye; (*Wohngemeinschaft*) komün
Kommunikation [-'tsĭo:n] *f* ⟨-; -en⟩ iletişim; haberleşme
Kommunikations|mittel *n* iletişim/haberleşme araçları; **~schwierigkeiten**: ***~ haben*** iletişim güçlüğü çekmek; **~wissenschaft** *f* iletişimbilim
kommunikativ [-f] *adj* iletişimsel
Kommunion [-'nĭo:n] *f* ⟨-; -en⟩ komünyon
Kommuniqué [kɔmyni'ke:] *n* ⟨-s; -s⟩ (resmi) bildiri; komünike
Kommun|ismus *m* ⟨-; *o pl*⟩ komünizm; **~ist** *m* ⟨-en; -en⟩, **~istin** *f* ⟨-; -nen⟩, **ᴥistisch** *adj* komünist
kommunizieren *v/i* ⟨*o* ge-, *h*⟩ bağlantılı olmak; iletişim kurmak; komünyona gitmek
kommutieren *v/t* ⟨*o* ge-, *h*⟩ EL dönüştürmek
Komödiant *m* ⟨-en; -en⟩, **~in** *f* ⟨-; -nen⟩ komedyen
Komödie [-dĭə] *f* ⟨-; -n⟩ güldürü, komedya; *fig* maskaralık, komedi
Kompagnon [kɔmpan'jõ:] *m* ⟨-s; -s⟩ ÖKON ortak
kompakt *adj* kompakt
Kompaktanlage *f* MUS mini müzik seti
Kompanie *f* ⟨-; -n⟩ MIL bölük
Komparativ [-f] *m* ⟨-s; -e⟩ (sıfatlarda) karşılaştırma derecesi
Kompars|e *m* ⟨-n; -n⟩, **~in** *f* ⟨-; -nen⟩ figüran
Kompass *m* ⟨-es; -e⟩ pusula
kompatib|el *adj* uyumlu; **ᴥilität** *f* ⟨-; -en⟩ uyumluluk
Kompens|ation [-'tsĭo:n] *f* ⟨-; -en⟩ denkleş(tir)me; telafi; ÖKON değiş-tokuş, takas; **~ationsgeschäft** *n* takas işlemi; **ᴥieren** *v/t* ⟨*o* ge-, *h*⟩ telafi etmek; dengelemek; takas etmek
kompetent *adj* (*zuständig*) (***für*** *-den*) sorumlu; (*befähigt*) yetkili; (*sachver-*

K

ständig) (**in** *D -de*) uzman, *-in* ehli

Kompetenz *f* ⟨-; -en⟩ yetki; ehliyet; ***in j-s ~ fallen*** b-nin yetkisine/sorumluluğuna karışmak; ***s-e ~en überschreiten*** yetkilerini aşmak; **~bereich** *m* yetki/sorumluluk alanı

kompilieren *v/t* ⟨*o* ge-, *h*⟩ derleyip toplamak

Komplementärfarbe *f* zıt/karşıt renk

komplett *adj* tam, komple

komplex *adj* karmaşık, kompleks

Komplex *m* ⟨-es; -e⟩ kompleks, karmaşa; ARCH külliye

Komplikation [-'tsi̯oːn] *f* ⟨-; -en⟩ güçlük; komplikasyon

Kompliment *n* ⟨-s; -e⟩ iltifat, kompliman; ***j-m ein ~ machen*** b-ne iltifat etmek (***wegen*** *-den* dolayı)

Komplize *m* ⟨-n; -n⟩ suç ortağı

komplizieren *v/t* ⟨*o* ge-, *h*⟩ güçleştirmek; çetrefilleştirmek

kompliziert *adj* güç; çetrefil; karışık; MED (*Knochenbruch*) açık yaralı

Komplott *n* ⟨-s; -e⟩ komplo, (gizli) tertip; ***ein ~ schmieden gegen*** *-e* komplo kurmak

Komponente *f* ⟨-; -n⟩ bileşen; eleman

kompo|nieren *v/t u v/i* ⟨*o* ge-, *h*⟩ bestelemek; **≈nist** *m* ⟨-en; -en⟩, **≈nistin** *f* ⟨-; -nen⟩ besteci

Komposition [-'tsi̯oːn] *f* ⟨-; -en⟩ beste; kompozisyon

Kompositum *n* ⟨-s; -ta⟩ GR bileşik (isim)

Kompost *m* ⟨-s; -e⟩ komposto (gübre); **≈ieren** *v/t* ⟨*o* ge-, *h*⟩ kompostolamak

Kompott *n* ⟨-s; -e⟩ komposto

Kompresse *f* ⟨-; -n⟩ MED kompres

Kompression *f* ⟨-; -en⟩ sıkıştırma

Kompressor *m* ⟨-s; -en ⟩ TECH kompresör

komprimieren *v/t* ⟨*o* ge-, *h*⟩ *Daten* sıkıştırmak; komprime etmek

Kompromiss *m* ⟨-es; -e⟩ uzlaşma; ***e-n ~ schließen*** (**über** *A* … hakkında) bir uzlaşmaya varmak; **≈los** *adj* ödünsüz, tavizsiz; **~lösung** *f* uzlaşmacı çözüm; **~vorschlag** *m* uzlaşma teklifi/önerisi; ***e-n ~ machen*** uzlaşma önerisi yapmak/getirmek

kompromittieren *v/t* ⟨*o* ge-, *h*⟩: ***sich ~*** b-nin (*od* kendinin) namına leke sürmek

Kondensat *n* ⟨-s; -e⟩ damıtık; **~ion** *f* ⟨-; -en⟩ yoğuşma; **~or** *m* ⟨-s; -en ⟩ TECH, EL kondansatör

kondensieren *v/t u v/i* ⟨*o* ge-, *h*⟩ yoğuşmak

Kondens|milch *f* (suyu alınarak) yoğunlaştırılmış süt; **~wasser** *n* damıtık/damıtılmış su; terleme

Kondition [-'tsi̯oːn] *f* ⟨-; -en⟩ (*Ausdauer*) kondisyon; *pl* ÖKON koşul, şart

Konditional *m* ⟨-s; -e⟩ GR şart kipi; **~satz** şart cümlesi

Konditions|schwäche *f* kondisyon düşüklüğü; **~training** *n* kondisyon antrenmanı

Konditor *m* ⟨-s; -en ⟩ pastacı

Konditorei *f* ⟨-; -en⟩ pastane

Kondom *n*, *m* ⟨-s; -e⟩ prezervatif, F kaput

Konfekt *n* ⟨-s; -e⟩ şekerlemeler *pl*

Konfektions|anzug [-'tsi̯oːns-] *m* hazır elbise; **~größe** *f* beden (numarası)

Konferenz *f* ⟨-; -en⟩ toplantı; *selten* konferans; **~raum** *m* konferans salonu

konferieren *v/i* ⟨*o* ge-, *h*⟩ (**über** üzerine) toplanıp görüşmek

Konfession [-'si̯oːn] *f* ⟨-; -en⟩ mezhep; ***welcher ~ gehören Sie an?*** hangi mezheptensiniz?; **≈ell** *adj* mezhebî, mezhepsel; **≈slos** *adj belli bir mezhebe bağlı olmayan*

Konfetti *n* ⟨-(s)⟩ konfeti

Konfirmand *m* ⟨-en; -en ⟩, **~in** *f* ⟨-; -nen⟩ → ***Konfirmation*** *törenine aday veya bu törenden yeni geçmiş genç*

Konfirmation [-'tsi̯oːn] *f* ⟨-; -en⟩ *Protestan kilisesinde gencin cemaate kabulü töreni*

konfiszieren *v/t* ⟨*o* ge-, *h*⟩ JUR el koymak, toplatmak

Konfitüre *f* ⟨-; -n⟩ reçel

Konflikt *m* ⟨-s; -e⟩ ihtilaf, anlaşmazlık; ***in ~ geraten*** (***mit*** *-le*) ihtilafa düşmek; **≈scheu** *adj* ürkek; ihtilaftan kaçınan

Konföderation [-'tsi̯oːn] *f* ⟨-; -en⟩ konfederasyon

konform *adj*: ***mit j-m ~ gehen*** (**in** *-de*) b-le aynı fikirde olmak

Konformist *m* ⟨-en; -en⟩, **~in** *f* ⟨-; -nen⟩ konformist, uymacı; **≈isch** *adj* konformist(çe)

Konfront|ation [-'tsi̯oːn] *f* ⟨-; -en⟩ yüzleşme; karşı karşıya kalma; **≈ieren** *v/t* ⟨*o* ge-, *h*⟩ (***mit*** *-le*) yüzleştirmek, karşı karşıya getirmek

konfus *adj* karışık, karmakarışık; **≈ion** *f*

K

⟨-; -en⟩ karışıklık; akıl karışıklığı

Konglomerat *n* ⟨-s; -e⟩ konglomera, çakılkaya

Kongress *m* ⟨-es; -e⟩ kongre

kongruent *adj* MATH eşit

Kongruenz *f* ⟨-; -en⟩ MATH eşitlik, çakışma

König *m* ⟨-s; -e⟩ kral; **~in** *f* ⟨-; -nen⟩ kraliçe; **2lich** *adj* krala ait; kral(iyet) *subst*; F ***sich ~ amüsieren*** krallar gibi eğlenmek; **~reich** *n* krallık

Königshaus *n* hanedan

Konjug|ation [-'tsi̯o:n] *f* LING ⟨-; -en⟩ fiil çekimi; **2ieren** *v/t* ⟨*o* ge-, *h*⟩ GR çekmek (*fiil*)

Konjunktion [-'tsi̯o:n] *f* ⟨-; -en⟩ LING bağlaç

Konjunktiv [-f] *m* ⟨-s; -e⟩ isteme kipi

Konjunktur *f* ⟨-; -en⟩ ÖKON konjonktür; **~abschwächung** *f* konjonktürün zayıflaması, resesyon; **~aufschwung** *m* devresel genişleme; **2bedingt** *adj* devresel; konjonktüre bağlı; **~schwankungen** devresel/ekonomik dalgalanma; **~spritze** *f* F ekonomik doping; **~verlauf** *m* konjonktür seyri, ekonomik seyir

konkav [-f] *adj* içbükey, konkav

konkret *adj* somut; **~isieren** *v/t* ⟨*o* ge-, *h*⟩ somutlaştırmak

Konkurrent *m* ⟨-en; -en⟩, **~in** *f* ⟨-; -nen⟩ rakip

Konkurrenz *f* ⟨-; -en⟩ rekabet; yarışma (*Wettkampf*); ***j-m ~ machen*** b-ne rakip çıkmak; ***die ~ ausschalten*** rakibi saf dışı bırakmak; **2fähig** *adj* rekabet edecek düzeyde; **~geschäft** *n* rekabetli iş; **~kampf** *m* kıyasıya rekabet; **2los** *adj* rakipsiz

konkurrieren *v/i* ⟨*o* ge-, *h*⟩ (***mit*** ile; ***um*** için) rekabet etmek

Konkurs *m* ⟨-es; -e⟩ ÖKON iflas; ***in ~ gehen, ~ machen*** iflas etmek, batmak; **~antrag** *m* iflas talebi/dilekçesi; **~erklärung** *f* iflas beyanı/ilanı; **~masse** *f* iflas masası; **~verfahren** *n*: ***das ~ eröffnen*** iflas davası açmak; **~verwalter** *m* iflas masası memuru, sendik

können ⟨*h*⟩ **1.** *v/aux* ⟨kann, konnte, können⟩ ***etw tun ~*** bş-i yapabilmek; (*dürfen*) *a -in* bş-i yapmaya izni olmak; ***kann ich …? …*** -ebilir miyim?; **2.** *v/t u v/i* ⟨kann, konnte, gekonnt⟩ *-i* (yap)-abilmek; ***e-e Sprache ~*** bir dili bilmek; ***ich kann nicht mehr*** (*erschöpft*) artık yapamayacağım, ben artık bittim; (*satt*) artık yiyemeyeceğim, doydum; ***ich kann nichts für …*** *-de* benim bir kabahatim yok; ***mit j-m gut ~*** b-le iyi geçin(ebil)mek/anlaş(abil)mek

Können *n* ⟨-s; *o pl*⟩ yetenek, beceri

Könner *m* ⟨-s; -⟩, **~in** *f* ⟨-; -nen⟩ (***auf dem Gebiet*** *G* … alanında) uzman, ehil

konsequent *adj* (*folgerichtig*) tutarlı; (*beständig*) kararlı; ***~ bleiben*** tutarlı davranmak

Konsequenz *f* ⟨-; -en⟩ tutarlılık, kararlılık; (*Folge*) sonuç; ***die ~en ziehen aus*** *-in* gereklerini yerine getirmek

konservativ [-f] *adj* tutucu, muhafazakâr

Konservative *m, f* ⟨-n; -n⟩ POL tutucu, muhafazakâr

Konservator [-v-] *m* ⟨-s; -en ⟩, **~in** *f* ⟨-; -nen⟩ *anıtların ve sanat eserlerinin korunmasıyla ilgili memur*

Konservatorium [-v-] *n* ⟨-s; -rien⟩ konservatuar

Konserve [-və] *f* ⟨-; -n⟩ konserve; **~n** *pl* konserve besinler

Konserven|büchse *f*, **~dose** *f* konserve kutusu

konservieren [-v-] *v/t* ⟨*o* ge-, *h*⟩ konserve etmek, korumak

Konservierung *f* konserve etme

Konservierungs|mittel *n*, **~stoff** *m* koruyucu (madde)

Konsistenz *f* ⟨-; -en⟩ kıvam

Konsole *f* ⟨-; -n⟩ konsol

konsolidieren ⟨*o* ge-, *h*⟩ **1.** *v/t* sağlamlaştırmak; ÖKON konsolide etmek; **2.** *v/r*: ***sich ~*** sağlamlaşmak

Konsonant *m* ⟨-en; -en⟩ ünsüz

konsonantisch *adj* ünsüz

Konsortium [-tsi̯ʊm] *n* ⟨-s; -tien⟩ ÖKON konsorsiyum

Konspiration [-'tsi̯o:n] *f* ⟨-; -en⟩ komplo; komploculuk

konspirativ [-f] *adj* komplo *subst*; komplocu

konspirieren *v/i* ⟨*o* ge-, *h*⟩ komplo kurmak

konstant *adj* sabit, değişmez, kararlı

Konstante *f* ⟨-; *-n*⟩ sabit değer

Konstellation [-'tsi̯o:n] *f* ⟨-; -en⟩ konum

konstituieren *v/t* ⟨*o* ge-, *h*⟩: ***sich ~ als***

K

… … olarak kurulmak
Konstitution [-ˈtsi̯oːn] *f* ⟨-; -en⟩ MED bünye; **≈ell** *adj* anayasal; meşruti
konstruieren *v/t* ⟨*o* ge-, *h*⟩ kurmak, düzenlemek; (*entwerfen*) tasarlamak
Konstruk|teur [-ˈtøːɐ] *m* ⟨-s; -e⟩, **~teurin** *f* ⟨-; -nen⟩ tasarımcı, yapımcı; **~tion** [-ˈtsi̯oːn] *f* ⟨-; -en⟩ yapı; konstrüksiyon; (*Entwurf*) tasarı(m); **~tionsfehler** *m* tasarım/dizayn hatası; **≈tiv** [-f] *adj* yapıcı; TECH konstrüksiyona ilişkin
Konsul *m* ⟨-s; -n⟩ konsolos; **~at** *n* ⟨-s; -e⟩ konsolosluk
Konsult|ation *f* ⟨-; -en⟩ danışma; (*Ärzte*) konsültasyon; **≈ieren** *v/t* ⟨*o* ge-, *h*⟩ *-e* danışmak
Konsum *m* ⟨-s; *o pl*⟩ tüketim; **~artikel** *m* tüketim maddesi; **~denken** tüketim zihniyeti; **~ent** *m* ⟨-en; -en⟩, **~entin** *f* ⟨-; -nen⟩ tüketici; **~gesellschaft** *f* tüketim toplumu; **~güter** *pl* tüketim malları
konsumieren *v/t* ⟨*o* ge-, *h*⟩ tüketmek
Kontakt *m* ⟨-s; -e⟩ *a* EL kontakt; ***mit j-m ~ aufnehmen*** b-yle ilişki/temas kurmak; ***mit j-m in ~ stehen*** b-yle ilişkide/temasta bulunmak; **≈arm** *adj*: ***er ist ~*** o ilişki kurmakta güçlük çeker; **≈freudig** *adj* girgin; **~gift** *n etkisini temasla gösteren zehir*; **~linsen** *pl* kontakt lensler; **~person** *f* MED *hastayla teması olan, portör olabilecek kimse*
Kontamin|ation *f* ⟨-; -en⟩ bulaşma (*radyoaktiviteyle*); **≈ieren** *v/t* ⟨*o* ge-, *h*⟩ radyoaktiviteyle kirletmek
Konter *m* ⟨-s; -⟩ SPORT karşı hücum, kontratak
kontern *v/i* ⟨*h*⟩ *-e* (şiddetle) karşı çıkmak; *-e*/*-in* cevabını vermek
Kontext *m* ⟨-s; -e⟩ bağlam
Kontinent *m* ⟨-s; -e⟩ kıta
kontinental *adj* kıta *subst*; **≈europa** *n* Kıta Avrupası; **≈klima** *n* kara iklimi
Kontingent *n* ⟨-s; -e⟩ kontenjan; ÖKON kota, kontenjan
kontinuierlich *adj* sürekli, kesintisiz
Kontinuität *f* ⟨-; *o pl*⟩ süreklilik
Konto *n* ⟨-s; -ten⟩ ÖKON banka hesabı, hesap; ***ein ~ haben bei*** (*-in*) *-de* hesabı olmak/var; **~auszug** *m* dekont, hesap hulasası; **~führungsgebühr** *f* hesap işlem ücreti; **~inhaber(in** *f*) *m* hesap sahibi; **~nummer** *f* hesap numarası
Kontorist *m* ⟨-en; -en⟩, **~in** *f* ⟨-; -nen⟩ muhasip
Kontostand *m* hesap durumu/bakiyesi; ***wie ist der ~?*** hesap durumu nasıl?; ***Ihr ~ beläuft sich auf …*** hesap bakiyeniz … tutarında
kontra *präp* JUR karşı; **2.** *adv* ***sie ist immer ~*** (***eingestellt***) o hep karşı çıkar (*od* karşı düşünceyi savunur)
Kontra *n* ⟨-s; -s⟩: ***~ geben*** sert biçimde karşı çıkmak; ***das Pro und ~*** lehte ve aleyhte olan (görüşler *pl*)
Kontrabass *m* MUS kontr(a)bas
Kontrahent *m* ⟨-en; -en⟩ karşıt, rakip; JUR (*Vertrag*) taraf
Kontraindikation [-tsi̯oːn] *f* MED kontr(a)endikasyon
Kontraktion [-ˈtsi̯oːn] *f* ⟨-; -en⟩ kasılma
Kontrapunkt *m* ⟨-s; *o pl*⟩ MUS kontrpuan
konträr *adj* (taban tabana) zıt/karşıt
Kontrast *m* ⟨-s; -e⟩ kontrast; karşıtlık, tezat; ***e-n ~ bilden*** (***zu*** *-le*) tezat oluşturmak; **≈arm** *adj* kontrastı zayıf; **≈ieren** *v/i* ⟨*o* ge-, *h*⟩ (***mit*** *-le*) tezat oluşturmak; **~mittel** *n* MED kontrast maddesi; **≈reich** *adj* çok kontrastlı
Kontrolle *f* ⟨-; -n⟩ (*Überwachung*) denetleme; (*Beherrschung*) hakimiyet; (*Aufsicht*) gözetim, denetim; (*Prüfung*) yoklama, muayene, *Gepäck* kontrol; ***~ über*** TECH *-in* kontrolü; ***unter*** (***außer***) ***~ sein*** kontrol altında ol(ma)mak; ***unter ärztlicher ~*** hekim kontrolünde; ***er verlor die ~ über den Wagen*** araca hakimiyetini kaybetti
Kontrolleur [-ˈløːɐ] *m* ⟨-s; -e⟩, **~in** *f* ⟨-; -nen⟩ kontrolör; müfettiş
kontrollieren *v/t* ⟨*o* ge-, *h*⟩ denetlemek, yoklamak, muayene etmek, kontrol etmek; kontrol altında bulundurmak, *-e* hakim olmak
Kontroverse [-v-] *f* ⟨-; -n⟩ tartışma, çekişme
Kontur *f* ⟨-; -en⟩ kontur, dış çizgiler
Konvention [-ˈtsi̯oːn] *f* ⟨-; -en⟩ gelenek; sözleşme
Konventionalstrafe [-v-] *f* cezaî şart
konventionell [-v-] *adj* geleneksel, konvansiyonel
konvergieren *v/i* ⟨*o* ge-, *h*⟩ MATH *bir noktaya yaklaşmak*
Konversation [-ˈtsi̯oːn] *f* ⟨-; -en⟩ konuşma, sohbet
Konversationslexikon [-ˈtsi̯oːns-] *n* ansiklopedi

konvertier|bar [-v-] *adj* dönüştürülebilir; *Währung* konvertibl; **~en** [-v-] ⟨*o* ge-⟩ **1.** *v/t* ⟨*o* ge-, *h*⟩ ÖKON, EDV **~ *in, zu*** -*e* dönüştürmek, çevirmek; **2.** ⟨*sn od h*⟩ ***er ist*** (*od* ***hat***) ***konvertiert*** o din/mezhep değiştirdi; **&ung** [-v-] *f* ⟨-; -en⟩ EDV dönüştürüm

Konvertit [-v-] *m* ⟨-en; -en⟩, **~in** *f* ⟨-; -nen⟩ dönme

konvex [-v-] *adj* MATH dışbükey, konveks

Konvoi [kɔnvɔ-] *m* ⟨-s; -s⟩ konvoy

Konzentrat *n* ⟨-s; -e⟩ CHEM konsantre

Konzentration [-'t͜sĭo:n] *f* ⟨-; -en⟩ yoğunlaşma; toplaşma; konsantrasyon

Konzentrations|fähigkeit [-'t͜sĭo:ns-] *f dikkati bir noktada toplama yeteneği*, konsantrasyon; **~lager** *n* toplama kampı; **~schwäche** *f* dikkat dağınıklığı

konzentrieren ⟨*o* ge-, *h*⟩ **1.** *v/t* (***auf*** *A -e*) toplamak; **2.** *v/r*: ***sich ~*** -*e* dikkatini toplamak, -*e* konsantre olmak, -*e* yoğunlaşmak

konzentriert **1.** *adj*: ***in ~er Form*** yoğun biçimde; **2.** *adv*: ***~ arbeiten an*** … üzerinde yoğun olarak çalışmak

konzentrisch *adj* eşmerkezli

Konzept *n* ⟨-s; -e⟩ taslak; düzen, tasarım; ***j-n aus dem ~ bringen*** b-nin aklını karıştırmak; F ***das passte ihr nicht ins ~*** bu onun işine gelmedi; **~ion** [-'t͜sĭo:n] *f* ⟨-; -en⟩ **1.** (*Entwurf*) tasarım; **2.** MED hamile kalma

Konzern *m* ⟨-s; -e⟩ ÖKON şirketler grubu/topluluğu

Konzert *n* ⟨-s; -e⟩ konser; MUS konçerto; ***ins ~ gehen*** konsere gitmek; **~agentur** *f* organizasyon bürosu

konzertiert *adj*: ***~e Aktion*** *işveren, sendika ve devlet işbirliğiyle hazırlanmış uygulama*

Konzession [-'sĭo:n] *f* ⟨-; -en⟩ (*Genehmigung*) ruhsat, imtiyaz; (*Zugeständnis*) (*D od* ***an*** *A -e*) ödün, taviz

Konzil *n* ⟨-s; -e⟩ REL konsil

konzipieren *v/t* ⟨*o* ge-, *h*⟩ tasarlamak, geliştirmek; ***konzipiert für*** TECH için geliştirilmiş

Kooper|ation [ko|opera't͜sĭo:n] *f* ⟨-; -en⟩ işbirliği; **&ativ** *adj* işbirliği yapan, ortak; **&ieren** *v/i* ⟨*o* ge-, *h*⟩ ortak çalışmak, işbirliği yapmak

Koordinate [ko|ordi'na:tə] *f* ⟨-; -n⟩ MATH koordinat

Koordin|ation [ko|ordina't͜sĭo:n] *f* ⟨-; -en⟩ koordinasyon, eşgüdüm; **&ieren** [ko|ɔrdi'ni:rən] *v/t* ⟨*o* ge-, *h*⟩ koordine etmek, eşgüdümlemek

Kopf *m* ⟨-s; ⸗e⟩ baş, kafa; (*~ende*) başucu; ***~ stehen*** F -*in* altı üstüne gelmek; -*in* aklı başından gitmek; ***~ an ~*** başa baş; ***~ hoch!*** cesaret!, yılmak yok!; topla kendini!; ***von ~ bis Fuß*** tepeden tırnağa; ***über j-s ~ hinweg*** b-ni kaale almadan; ***pro ~*** kişi başına; ***sie ist nicht auf den ~ gefallen*** o hiç de aptal değil; ***den ~ hinhalten*** (***für***) -*e* arka çıkmak; -*in* suçunu üstüne almak; ***j-m zu ~ steigen*** b-nin başına vurmak; ***j-n vor den ~ stoßen*** b-ni (şiddetle) reddetmek; (*Verstand*) kafa, akıl; ***etw im ~ rechnen*** bş-i kafadan hesaplamak; F ***das hältst du ja im ~ nicht aus!*** bunu insanın aklı almıyor!; ***e-n kühlen*** (*od* ***klaren***) ***~ bewahren*** serinkanlılığını kaybetmemek; ***sich*** (*D*) ***etw durch den ~ gehen lassen*** bş-i düşünüp taşınmak; ***er hat nur Fußball im ~*** onun aklı sadece futbolda; ***sich*** (*D*) ***etw in den ~ setzen*** bş-i aklına koymak; ***j-m den ~ verdrehen*** b-nin aklını başından almak; ***den ~ verlieren*** telaşa kapılmak; ***sich*** (*D*) ***den ~ zerbrechen*** (***über*** *A* üzerinde) kafa patlatmak; **~-an-Kopf-Rennen** *n* başa baş yarış; **~arbeit** *f* kafa işi; **~bahnhof** *m* hatbaşı istasyonu; **~ball** *m* kafa pası

Köpfchen *n* ⟨-s; -⟩ *fig* akıl; pratik zekâ; ***~ haben*** -*in* kafası çalışmak

köpfen *v/t* ⟨*h*⟩ -*in* başını/tepesini kesmek; *scherzh* açıp içmek

Kopf|ende *n* başucu; **~haut** *f* kafa derisi; **~hörer** *m* kulaklık; **~kissen** *n* yastık; baş yastığı; **&lastig** *adj* havaleli, ön tarafı ağır; *fig* fazla akılcı; **&los** *adj fig* düşüncesiz, şaşkın; **~nicken** *n* (evet anlamında) baş sallama; **~rechnen** *n* kafa hesabı; **~salat** *m* yeşil salata; **~schmerzen** *pl* baş ağrısı *sg*; **~schmerztablette** *f* baş ağrısı hapı; **&schüttelnd** *adv* (hayır anlamında) başını sallayarak; **~sprung** *m* balıklama atlayış; **~stand** *m* amuda kalkma; **~steinpflaster** *n viereckige Steine* paket taş döşeli yol; *unregelmäßige Steine* Arnavut kaldırımı; **~steuer** *f* baş vergisi; **~stimme** *f* MUS baş sesi, dik ses; **~stütze** *f* AUTO koltuk başlığı; **~tuch** *n* baş örtüsü, eşarp; **&über** *adv* baş aşağı; **~verletzung** *f* baştan yara(lanma); **~weh** *n* ⟨-s; *o pl*⟩ MED baş ağrısı; ~ ***haben*** *-in* başı ağrımak; **~zeile** *f* EDV başlık; **~zerbrechen** *n* ⟨-s; *o pl*⟩: ***j-m ~ machen*** b-nin başını ağrıtmak, b-ne dert olmak

Kopie *f* ⟨-; -n⟩ kopya

kopieren *v/t* ⟨*o* ge-, *h*⟩ kopya etmek; kopyalamak

Kopier|er *m*, **~gerät** *n* fotokopi makinesi

Kopilot *m* LUFTF ikinci pilot

Koppel *f* ⟨-; -n⟩ otlak; ***e-e ~*** *birbirine bağlı bir grup hayvan*

koppeln *v/t* ⟨*h*⟩ (**an** *A*, **mit** *-e*) bağlamak

Kopplung *f* ⟨-; -en⟩ bağlama (*taşıtları birbirine*)

Koralle *f* ⟨-; -n⟩ mercan

Korallenbank *f* mercan kayalığı

Koran *m* ⟨-s; *o pl*⟩ *Islam* Kuran; **~kurs** *m in der Türkei*, **~schule** *f* kuran kursu

Korb *m* ⟨-s; =e⟩ sepet; ***ein ~ (voll) Äpfel*** bir sepet (dolusu) elma; ***j-m e-n ~ geben*** *fig* b-nin bir teklifini geri çevirmek (*Tanz, Ehe*); **~ball** *m* ⟨-s; *o pl*⟩ basketbol; **~blüter** *m* ⟨-s; -⟩ BOT bileşikgiller; **~möbel** *n, meist pl* hasır mobilya; **~sessel** *m* hasır koltuk; **~sofa** *n* hasır kanape; **~stuhl** *m* hasır sandalye

Kord *m* ⟨-s; -e⟩ kordon; fitilli kadife

Kordel *f* ⟨-; -n⟩ kurdele, kaytan, kordon

Kordhose *f* (fitilli) kadife pantalon

Kordon [kɔr'dõː] *m* ⟨-s; -s⟩ kordon

Kordsamt *m* fitilli kadife

Korea *n* Kore; **~ner** *m*, **~in** Koreli; **⁀nisch** *adj* Kore(li) *subst*

Korinthe *f* ⟨-; -n⟩ kuşüzümü

Kork *m aus Korkeiche* mantar

Korken *m* ⟨-s; -⟩ şişe mantarı, mantar tıpa; **~zieher** *m* tirbuşon, mantar açacağı

Korn[1] *n* ⟨-s; =er⟩ (*Sand⁀*) tane, kum tanesi; (*Samen⁀*) tohum, tohum tanesi; (*Getreide*) tahıl, hububat

Korn[2] *m* ⟨-s; -⟩ F tahıl rakısı

Kornblume *f* peygamberçiçeği

Kornelkirsche *f* BOT kızılcık

Körnchen *n* ⟨-s; -⟩: ***ein ~ Wahrheit*** bir zerre gerçek (payı)

körnig *adj* tane(cik)li; *Reis* pilavlık; *adj in Zssgn*: granüle …

Kornkammer *f* tahıl ambarı

Körper *m* ⟨-s; -⟩ beden; vücut; PHYS cisim; ***~ und Geist*** beden ve zihin/akıl; ***am ganzen ~*** (*-in*) bütün vücudunda/vücuduyla; **~bau** *m* ⟨-s; *o pl*⟩ vücut yapısı, bünye, fizik; **~behinderte** *m, f* ⟨-n; -n⟩ bedensel özürlü, sakat; **~behinderung** *f* bedensel özür; sakatlık

Körperchen *n* ⟨-s; -⟩ (*Blut⁀*) alyuvar; akyuvar

körpereigen *adj* vücuda ait

Körper|geruch *m* vücut kokusu; **~gewicht** *n* ağırlık, vücut ağırlığı; **~größe** *f* boy uzunluğu, boy; **~kraft** *f* beden kuvveti

körperlich *adj* bedensel; ***~e Arbeit*** bedenen çalışma

Körper|pflege *f* vücut bakımı; **~schaft** *f* ⟨-; -en⟩ birlik, kurum; **~schaftssteuer** *f* kurumlar vergisi; **~sprache** *f* beden dili; **~teil** *m* organ; **~verletzung** *f* JUR müessir fiil, yaralama; ***schwere ~*** ağır yaralama

Korps [koːɐ] *n* ⟨-s; -⟩ kolordu; diplomatik erkân

korpulent *adj* şişman(ca)

Korpus *n* ⟨-; -pora⟩ örneklem

korrekt *adj* doğru, hatasız

Korrektor *m* ⟨-s; -en ⟩, **~in** *f* ⟨-; -nen ⟩ tashihçi, düzeltmen

Korrektur *f* ⟨-; -en⟩ tashih, düzelti; ***~ lesen*** tashih/düzeltme yapmak; **~zeichen** *n* tashih/düzelti işareti

Korrespondent *m* ⟨-en; -en⟩, **~in** *f* ⟨-; -nen ⟩ muhabir

Korrespondenz *f* ⟨-; -en⟩ yazışma

korrespondieren *v/i* ⟨*o* ge-, *h*⟩ (**mit** *-le*) yazışmak

Korridor *m* ⟨-s; -e⟩ (*Gang*) koridor; (*Diele*) hol

korrigieren *v/t* ⟨*o* ge-, *h*⟩ (*-in* hatasını) düzeltmek, tashih etmek

Korrosion [-'zĭoːn] *f* ⟨-; -en⟩ korozyon; *Eisen* pas(lanma)

korrosions|beständig *adj* korozyona dayanıklı; **⁀schutz** *m* korozyon önleyici

korrumpieren *v/t* ⟨*o* ge-, *h*⟩ *-e* rüşvet yedirmek; *-in* ahlakını bozmak

korrupt *adj* rüşvet yiyici, rüşvetçi; **⁀ion** [-'t͜sĭoːn] *f* ⟨-; -en⟩ rüşvet(çilik)

Korsett *n* ⟨-s; -e⟩ korse

Korsika *n* ⟨-s; *o pl*⟩ Korsika (adası)

korsisch *adj* Korsika(lı) *subst*

Kortison *n* ⟨-s; *o pl*⟩ kortizon

Koryphäe [kory'fɛːə] *f* ⟨-; -n⟩ (… alanında) otorite

koscher *adj*: ***das ist mir nicht ganz ~*** bence bunda bir bit yeniği var

Kosename *m* takma isim (*şirinleştirici*)
Kosinus *m* ⟨-; -, -se⟩ MATH kosinüs
Kosmetik *f* ⟨-; *o pl*⟩ kozmetik, güzellik bakımı; **~erin** *f* ⟨-; -nen⟩ güzellik uzmanı; **~koffer** *m* makyaj çantası; **~salon** *m* güzellik salonu
kosmetisch *adj* kozmetik, güzelleştirici
kosmisch *adj* kozmik; uzayla ilgili
Kosmonaut *m* ⟨-en; -en⟩, **~in** *f* ⟨-; -nen⟩ kozmonot
Kosmopolit *m* ⟨-en; -en⟩, **~in** *f* ⟨-; -nen⟩ dünya vatandaşı
kosmopolitisch *adj* kozmopolit
Kosmos *m* ⟨-; *o pl*⟩ evren, kâinat
Kost *f* ⟨-; *o pl*⟩ yiyecek, besin, gıda; (*Verpflegung*) besle(n)me; ***fleischlose* ~** etsiz besin; (***freie***) ***~ und Logis*** (ücretsiz) yemek ve yatacak yer
kostbar *adj* değerli, kıymetli; (*teuer*) pahalı; ***jede Minute ist ~*** her dakikanın kıymeti var; **℞keit** *f* ⟨-; -en⟩ değerli şey
kosten[1] *v/t* ⟨*h*⟩ (*probieren*) *-in* tadına bakmak, *-i* denemek
kosten[2] *v/t* ⟨*h*⟩ *-in* fiyatı … olmak; ***was*** (*od* ***wie viel***) ***kostet …?*** …-in fiyatı ne kadar?; … kaça?; *-e* mal olmak; ***es hat mich viel Mühe gekostet*** bu bana çok zahmete mal oldu; ***es kostete ihn das Leben*** bu onun hayatına mal oldu; ***koste es, was es wolle*** her ne pahasına olursa olsun; F ***das kostet Nerven!*** bu insanda sinir bırakmıyor
Kosten *pl* maliyet *sg*; (*Gebühren*) masraflar, harçlar; ***auf ~ von*** (*od G*) *-in* hesabına; ***auf s-e ~ kommen*** zahmetinin karşılığını almak; ***~ senkend*** maliyet düşürücü; ***~ sparend*** maliyetten tasarruflu; ***~ sparende Vorschläge*** maliyetten tasarruf edecek teklifler; ***die ~*** *G* (*od* ***von***) ***tragen*** *-in* maliyetini üstlenmek; **~aufwand** *m*: ***mit e-m ~ von …*** … tutarında bir masrafla; **~beteiligung** *f* masrafa katılma; katılım payı; **~dämpfung** *f* ⟨-; -en⟩ maliyeti düşürme
kostendeckend *adj* maliyeti karşılayıcı
Kosten|erstattung *f* masraf tazmini; **~explosion** *f* maliyet patlaması; **~faktor** *m* maliyet faktörü
kosten|günstig *adj* maliyeti düşük; **~intensiv** *adj* maliyeti yoğun; **~los** *adj u adv* parasız, bedava, ücretsiz; **~pflichtig** *adj masrafları karşılama yükümlülüğü getiren*
Kosten|punkt *m* F: ***~?*** kaça çıkar/patlar?; **~rechnung** *f* ÖKON maliyet muhasebesi; **~senkung** *f* maliyet düşürme; **~steigerung** *f* maliyet artışı; **~voranschlag** *m* maliyet tahmini; ***e-n ~ einholen*** maliyet tahmini almak
Kostgeld *n* yeme içme parası, pansiyon
köstlich 1. *adj* nefis, enfes; **2.** *adv*: ***sich ~ amüsieren*** şahane eğlenmek
Kostprobe *f* örnek; tadımlık
kostspielig *adj* (çok) masraflı
Kostüm *n* ⟨-s; -e⟩ kostüm; (*Damen*℞) tayyör; **~fest** *n* kostümlü eğlence; **℞ieren** *v/r* ⟨*o* ge-, *h*⟩: ***sich ~*** (***als***) … kılığına girmek; **~verleih** *m ödünç kostüm veren kuruluş*
K.-o.-System [kaːˈ|oː-] *n* SPORT nakaut sistemi
Kot *m* ⟨-s; *o pl*⟩ dışkı; *von Tieren a* ters; çamur
Kotelett [kɔˈtlɛt, ˈkɔtlɛt] *n* ⟨-s; -s⟩ pirzola
Koteletten *pl* (*Bart*) favori(ler)
Kotflügel *m* AUTO çamurluk
kotzen *v/i* ⟨*h*⟩ P kusmak
Krabbe *f* ⟨-; -n⟩ karides, *größere* pavurya, çağanoz
krabbeln 1. *v/t* ⟨*h*⟩ kaşındırmak, dalamak; **2.** *v/i* ⟨*sn*⟩ *Baby* emeklemek, *Käfer* yürümek, tırmanmak
Krach *m* ⟨-s; ⸚e⟩ (*Lärm*) gürültü; (*Knall, Schlag*) gümbürtü, patırtı; (*Streit*) kavga, çatışma; ***mit j-m ~ haben*** b-le kavgalı olmak; ***~ machen*** gürültü etmek
krachen 1. *v/i* ⟨*sn*⟩ çarpmak (***gegen*** *-e*); ⟨*h*⟩ *Schuss* çınlamak, ötmek; **2.** *v/r* ⟨*h*⟩ F: ***sich ~*** (ile) şiddetli kavga etmek
krächzen *v/i u v/t* ⟨*h*⟩ *Person* boğuk boğuk konuşmak
kraft *präp* (*G*) JUR … dolayısıyla; *-e* dayanarak
Kraft *f* ⟨-; ⸚e⟩ kuvvet, kudret; ***mit aller ~*** olan kuvvetiyle; ***das geht über meine ~*** buna benim gücüm yetmiyor; ***~ schöpfen*** (***aus***) (*-den*) kuvvet bulmak/almak; PHYS kuvvet; POL güç; JUR yürürlük; geçerlik; ***in ~ sein*** yürürlükte olmak; ***in ~ setzen*** yürürlüğe koymak; ***in ~ treten*** yürürlüğe girmek; ***außer ~ setzen*** yürürlükten kaldırmak, geçersiz kılmak; ***außer ~ treten*** yürürlükten kalkmak
Kraft|akt *m büyük çaba isteyen iş*; **~aufwand** *m* kuvvet harcama; **~brühe** *f*

kuvvetli etsuyu çorbası
Kräfte|verfall *m* güçten düşme; elden ayaktan düşme; **~verschleiß** *m* yıpranma
Kraftfahrer(in *f*) *m* şoför, sürücü
Kraftfahrzeug *n* motorlu taşıt, araç; → *a* ***Kfz-...***; **~mechaniker** *m* otomobil tamircisi
Kraft|feld *n* kuvvet alanı; **~futter** *n* AGR *besin değeri yüksek yem*
kräftig *adj* güçlü, kuvvetli; *Schlag* şiddetli; *Essen* besleyici; *Farbe* parlak; ***~ gebaut*** iri (yapılı); **~en** *v/t* ⟨*h*⟩ kuvvetlendirmek; **2ungsmittel** *n* MED tonik, kuvvet ilacı
kraft|los *adj* zayıf, güçsüz; **2probe** *f* kuvvet gösterisi; **2protz** *m* F kuvvet budalası; **2stoff** *m* AUTO (akar)yakıt; **2verkehr** *m* motorlu taşıt trafiği; **~voll** *adj* kuvvetli, dinç; **2wagen** *m* motorlu taşıt; **2werk** *n* enerji santralı
K
Kragen *m* ⟨-s; -⟩ yaka; **~weite** *f* yaka numarası; ***welche ~ haben Sie?*** yaka numaranız kaç?; F ***das ist genau meine ~!*** bu tam benim gönlüme göre!
Krähe ['krɛːə] *f* ⟨-; -n⟩ karga
krähen ['krɛːən] *v/i* ⟨*h*⟩ *Hahn, Krähe usw* ötmek
Krähenfüße *pl* (*Gekritzel*) kargacık burgacık yazı *sg*; (*Augenfältchen*) *göz kenarlarındaki kırışıklıklar*
Krake *m* ⟨-n; -n⟩ ahtapot
krakeelen *v/i* ⟨*h*⟩ F kavga gürültü etmek, çıngar çıkarmak
krak(e)lig *adj* F kargacık burgacık
Krall|e *f* ⟨-; -n⟩ pençe; **2en 1.** *v/t* pençelemek; *-e* pençe atmak; **2.** *v/r*: ***sich ~ an*** (*A*) *-e* sıkı sıkı yapışmak
Kram *m* ⟨-s; *o pl*⟩ F pılı pırtı, çerçöp; (*Sache*) iş, uğraş; ***j-m nicht in den ~ passen*** b-nin işine gelmemek
kramen ⟨*h*⟩ **1.** *v/i* F aramak, karıştırmak; ***in Erinnerungen ~*** hatıraları deşelemek; **2.** *v/t* ***etw ~ aus*** bş-in içinden bulup çıkarmak
Krampf *m* ⟨-s; ⸚e⟩ MED kramp; ***e-n ~ bekommen*** (*-in*) bir yerine kramp girmek; F ***das ist doch alles ~*** bütün bu iş zorlama; **~ader** *f* MED varis; **2artig** *adj* kasılmalı, konvülsif; **2haft** *adj* MED konvülsif; ***sich ~ festhalten an*** (*D*) *-e* sıkı sıkı sarılmak (*çaresizlik içinde*); **2lösend** *adj* kramp giderici; MED antispazmodik
Kran *m* ⟨-s; ⸚e⟩ TECH vinç; **~führer** *m* vinç operatörü
Kranich *m* ⟨-s; -e⟩ turna
krank *adj* hasta; ***~ werden*** hastalanmak, hasta olmak; ***sich ~ fühlen*** kendini hasta hissetmek
kränkeln *v/i* ⟨*h*⟩ hastalanıp durmak
kränken *v/t* ⟨*h*⟩ üzmek, incitmek
Kranken|besuch *m*: ***~e machen*** hasta ziyaret(ler)i yapmak; *Arzt* hastaların evine gitmek; **~geld** *n* hastalık parası (*sigorta*); **~geschichte** *f* hastalığın seyri; **~gymnastik** *f* fizyoterapi; **~gymnastin** *f* fizyoterapist
Krankenhaus *n* hastane; ***im ~ liegen*** hastanede kalmak/yatmak; **~aufenthalt** *m* hastanede kalma/yatma (süresi); **~einweisung** *f* hastaneye kaldır(ıl)ma/yatır(ıl)ma; **~kosten** hastane masrafları
Kranken|kasse *f* hastalık sigortası; **~pflege** *f* hasta bakımı; **~pfleger** *m* hastabakıcı; **~pflegerin** *f* hemşire; **~schein** *m* hastalık sigortası belgesi; **~schwester** *f* hemşire; **~stand** *m hasta raporlu olma durumu*; **2versichert** *adj* hastalık sigortalı; **~versicherung** *f* hastalık sigortası (kurumu); **~wagen** *m* ambülans, cankurtaran (arabası)
krankfeiern *v/i* ⟨-ge-, *h*⟩ F *ciddî bir hastalığı olmadan rapor alarak işe gitmemek*
krankhaft *adj* hastalıklı, patolojik; (*übertrieben*) hastalık derecesinde, anormal, takıntılı
Krankheit *f* ⟨-; -en⟩ hastalık
Krankheits|bild *n* sendrom; **~erreger** *m* hastalık mikrobu
kranklachen *v/r*: ***sich ~*** ⟨-ge-, *h*⟩ F gülmekten kırılmak
kränklich *adj* hastalıklı; marazlı
krankmeld|en: ***sich ~*** (*Schule*) hasta olduğunu bildirmek; **2ung** *f* hastalık bildirimi
krankschreiben *v/t* ⟨-ge-, *h*⟩: ***j-n ~*** b-ne hasta raporu vermek
Kränkung *f* ⟨-; -en⟩ incitme, kırma
Kranz *m* ⟨-es; ⸚e⟩ çelenk; ***e-n ~ niederlegen*** çelenk bırakmak
Kranzgefäß *n* koroner damar
Krapfen *m* ⟨-s; -⟩ GASTR lalanga
krass *adj Beispiel* görülmemiş; *Lüge* apaçık; *Übertreibung* kaba, görgüsüz; (*Außenseiter*) sıradışı

Krater *m* ⟨-s; -⟩ krater
kratzen ⟨*h*⟩ **1.** *v/t* tırmalamak, kaşımak; (*schaben*) kazımak; **2.** *v/i* kaşımak; **3.** *v/r*: ***sich ~*** kaşınmak; ***sich am Kinn ~*** çenesini kaşımak
Kratzer *m* ⟨-s; -⟩ F sıyrık
kratzfest *adj* sıyrılmaz, çizilmez
kratzig *adj* dalayan, kaşındıran
Kratzwunde *f* sıyrık (yarası)
kraulen[1] *v/t* ⟨*h*⟩ *parmak uçlarıyla kaşıyarak okşamak*
kraulen[2] *v/i* kravl yüzmek
kraus *adj* kıvırcık; karmakarışık
Krause *f* ⟨-; -n⟩ farbala, fırfır, büzgü
kräuseln ⟨*h*⟩ **1.** *v/t* kıvırmak; büzmek; *Haar* ondüle etmek; **2.** *v/r*: ***sich ~*** kıvrılmak; büzülmek
kraushaarig *adj* kıvırcık saçlı
Kraut *n* ⟨-s; ⸗er⟩ BOT ot, yeşillik; GASTR lahana
Kräuter|butter *f tuzlu, otlu tereyağ*; **~tee** *m* ot çayı
Krawall *m* ⟨-s; -e⟩ kavga, kargaşa; F (*Lärm*) gürültü, şamata; ***~ machen*** (*od* ***schlagen***) kargaşa çıkarmak
Krawatte *f* ⟨-; -n⟩ kravat
Krawattennadel *f* kravat iğnesi
Kreation [-'tsi̯oːn] *f* ⟨-; -en⟩ kreasyon, yaratı
kreativ *adj* yaratıcı
Kreativität *f* ⟨-; *o pl*⟩ yaratıcılık
Kreatur *f* ⟨-; -en⟩ yaratık
Krebs *m* ⟨-es; -e⟩ ZOOL yengeç; MED kanser; ASTR ***ich bin*** (***ein***) ***~*** ben yengeç burcundanım; ***~ erregend, ~ erzeugend*** *adj* kanserojen, kanser yapan; **⸗artig** *adj* kanserimsi; **~forschung** *f* kanser araştırmaları *pl*; **~früherkennung** *f* kanser erken teşhisi; **~geschwür** *n* kanserli ur/tümör; **⸗krank** kanserli, kanser hastası; **~kranke** *m, f* ⟨-n; -n⟩ kanser hastası, kanserli (hasta); **~krankheit** *f*, **~leiden** *n* kanser (hastalığı); **~untersuchung** *f* kanser muayenesi; **~vorsorge** *f* kanser koruyucu hekimliği; **~zelle** *f* kanser hücresi
Kredit *m* ⟨-s; -e⟩ ÖKON kredi, borç; ***auf ~ kaufen*** krediyle (satın) almak; ***e-n ~ aufnehmen*** kredi almak; ***e-n ~ überziehen*** kredi haddini/limitini aşmak; **~aufnahme** *f* kredi alma; **~brief** *m* kredi mektubu; **~geber(in** *f*) *m* kredi veren, alacaklı; **~hai** *m* F *abw* tefeci
kreditieren *v/t* ⟨*o* ge-, *h*⟩: ***j-m etw ~*** b-ne bir miktar kredi açmak *od* avans vermek
Kredit|institut *n* kredi kurumu; **~karte** *f* kredi kartı; **~kauf** *m* kredili alım; **~nehmer(in** *f*) *m* kredi alan, borçlu; **~rahmen** *m* kredi kapsamı/haddi; **~spritze** *f* kredi dopingi; **⸗würdig** *adj* itibarlı, güvenilir, kredi sahibi
Kreide *f* ⟨-; -n⟩ tebeşir; F ***bei j-m in der ~ stehen*** b-ne borçlu olmak; **~zeichnung** *f* pastel resim; **~zeit** *f* ⟨-; *o pl*⟩ kretase (dönemi)
kreieren [kre'iːrən] *v/t* ⟨*o* ge-, *h*⟩ yaratmak
Kreis *m* ⟨-es; -e⟩ daire; POL ilçe; EL devre; ***sich im ~ drehen*** dönüp dolaşıp aynı yere gelmek; ***im ~e der Familie*** aile içinde; ***weite ~e der Bevölkerung*** geniş halk çevreleri/kesimleri; **~abschnitt** *m* MATH daire parçası, segman; **~ausschnitt** *m* MATH daire kesmesi, sektör; **~bahn** *f* ASTR yörünge
kreischen *v/i* ⟨*h*⟩ çığlık(lar) atmak
Kreisdiagramm *n* dairesel grafik
Kreisel *m* ⟨-s; -⟩ topaç, fırıldak; F *Verkehr* göbek
kreisen **1.** *v/i* ⟨*sn*⟩ *Flugzeug* daire(ler) çizerek uçmak; ***~ um*** *Satellit -in* çevresinde dönmek; *Gedanken -le* ilgili olmak; ***etw ~ lassen*** bş-i elden ele geçirmek; **2.** *v/t* ⟨*h*⟩: ***die Arme ~*** kollarını çevirerek sallamak
Kreisfläche *f* MATH daire yüzölçümü
kreisförmig *adj* daire şeklinde
Kreislauf *m* ÖKON dolanım, dairesel akım; (*Blut*) dolaşım; **~störungen** *pl* MED dolaşım bozukluğu *sg*; **~versagen** *n* MED dolaşım yetersizliği
kreisrund *adj* daire gibi yuvarlak
Kreissäge *f* daire testere
Kreißsaal *m* MED doğum odası
Kreis|stadt ilçe merkezi; **~verkehr** *m* döner kavşak (trafiği), F göbek
Krematorium *n* ⟨-s; -rien⟩ krematoryum
krepieren *v/i* ⟨*o* ge-, *sn*⟩ patlamak; F gebermek
Krepp *m* ⟨-s; -s⟩ krep; pütürlü *adj*
Kresse *f* ⟨-; -n⟩ BOT tere
Kreta *n* ⟨-s; *o pl*⟩ Girit
Kreter *m* ⟨-s; -⟩, **~in** *f* ⟨-; -nen⟩ Giritli
kretisch *adj* Girit(li) *subst*
kreuz *adv*: ***~ und quer*** bir oraya bir buraya

Kreuz *n* ⟨-es; -e⟩ REL haç, çarmıh; MATH çarpı; ANAT sağrı kemiği; *Kartenspiel, Farbe* sinekler, ispatiler *pl*, *Karte* sinek, ispati; MUS diyez; ***mir tut das ~ weh*** belim ağrıyor; F ***j-n aufs ~ legen*** b-ni aldatıp zarara sokmak

kreuzen **1.** *v/t* *Arme* kavuşturmak; *Züchtung* melezlemek; **2.** *v/i* MAR volta vurmak; **2.** *v/r*: ***sich ~*** kesişmek; *Interessen* çatışmak; ***ihre Blicke kreuzten sich*** bakışları karşılaştı

Kreuzer *m* ⟨-s; -⟩ MAR *uzun yolculuğa elverişli gemi*; MIL kruvazör

Kreuzfahrer *m* HIST Haçlı (askeri)

Kreuzfahrt *f* MAR *turistik uzun deniz yolculuğu*

Kreuzfeuer *n*: ***ins ~ der öffentlichen Meinung*** (*od* ***der Kritik***) ***geraten*** kamuoyunda şiddetli eleştirilere uğramak

Kreuzgang *m* ARCH revak

kreuzig|en *v/t* ⟨*h*⟩ çarmıha germek; **&ung** *f* ⟨-; -en⟩ çarmıha germe; İsa'nın çarmıha gerilmesi

Kreuzotter *f* engerek yılanı

Kreuzritter *m* Haçlı şövalyesi

Kreuzschmerzen *pl* bel ağrısı *sg*

Kreuzung *f* ⟨-; -en⟩ dörtyol ağzı, kavşak; BIOL melez, kırma; *fig* melezleme

Kreuzverhör *n* JUR çaprazlama sorgu; ***ins ~ nehmen*** sorguya çekmek

kreuzweise *adv* çaprazlama, çaprazlamasına

Kreuzworträtsel *n* çapraz bulmaca

Kreuzzug *m* Haçlı seferi; ***e-n ~ unternehmen*** (***gegen*** *-e* karşı) Haçlı seferine çıkmak

kribbelig *adj* F sabırsız, huzursuz, sinirli

kribbeln *v/i* ⟨*h*⟩ F karıncalanmaya yol açmak

Kricket *n* ⟨-s; *o pl*⟩ kriket

kriechen *v/i* ⟨kroch, gekrochen, *sn*⟩ sürünmek; *fig* ***vor j-m ~*** b-ne yaltaklanmak

Kriech|spur *f* AUTO tırmanma şeridi; **~tempo** *n* çok düşük hız

Krieg *m* ⟨-s; -e⟩ savaş; ***Kalter ~*** soğuk savaş; ***im ~ mit*** ile savaş halinde; ***~ führen*** (***gegen*** *-e* karşı) savaşmak; ***~ führend*** savaşan

kriegen *v/t* ⟨*h*⟩ almak; (*fangen*) yakalamak, ele geçirmek

Krieger *m* ⟨-s; -⟩ savaşçı; **~denkmal** *n* savaş anıtı; **~in** *f* ⟨-; -nen⟩ savaşçı (kadın); **&isch** *adj* savaşçı, kavgacı; askeri, savaş *subst*

Kriegführung *f* ⟨-; *o pl*⟩ savaşma

Kriegs|ausbruch *m*: ***bei ~*** savaş çıktığında; **~berichterstatter(in** *f*) *m* savaş muhabiri; **~dienst** *m* seferberlik görevi; (*Wehrdienst*) askerlik hizmeti; **~dienstverweigerer** *m* ⟨-s; -⟩ *silah altında askerlik görevini reddeden*; **~dienstverweigerung** *f silah altında askerlik görevini reddetme*; **~ende** *n*: ***bei ~*** savaş bittiğinde; **~entschädigungen** *pl* savaş tazminatı *sg*; **~erklärung** *f* savaş ilanı; **~fall** *m*: ***im ~*** savaş halinde; **~freiwillige** *m* savaş gönüllüsü; **~fuß** *m*: ***auf ~ stehen mit*** *-le* kanlı bıçaklı olmak; **~gebiet** *n* savaş sahası/bölgesi; **~gefangene** *m*, *f* savaş esiri/tutsağı; **~gefangenschaft** *f*: savaş esirliği; ***in ~ geraten*** savaşta esir düşmek; **~gegner(in** *f*) *m* savaşan taraf; (*Feind*) düşman; **~gericht** *n* divanı harp; askerî mahkeme; ***j-n vor ein ~ stellen*** b-ni askerî mahkemeye vermek; **~recht** *n* ⟨-s; *o pl*⟩ sıkıyönetim, olağanüstü hal; **~schauplatz** *m* savaş alanı; **~schiff** *n* savaş gemisi; **~schuld(frage)** *f* savaşın sorumluluğu sorunu (*özellikle II. Dünya Savaşı*); **~tanz** *m* savaş dansı; **~verbrechen** *n* savaş suçu; **~verbrecher** *m* savaş suçlusu; **~verbrecherprozess** *m* savaş suçluları davası; **~zeit** *f*: ***in ~en*** *pl* savaş zamanında; **~zustand** *m*: ***im ~*** savaş halinde

Krimi *m* ⟨-s; -s⟩ polisiye (*film vs*)

Kriminal|beamte *m*, **~beamtin** *f* (sivil) polis memuru; **~fall** *m* suç olayı; **~film** *m* polisiye film; **~ist** *m* ⟨-en; -en⟩, **~istin** *f* ⟨-; -nen⟩ suç masası memuru; kriminalistik uzmanı, ceza hukuku uzmanı; **~ität** *f* ⟨-; *o pl*⟩ suçluluk; suç (işleme) oranı; ***ansteigende ~*** artan suçluluk; **~kommissar(in** *f*) *m* kriminal komiser; **~polizei** *f* sivil polis; **~roman** *m* polisiye roman

kriminell *adj* yasadışı

Kriminelle *m*, *f* ⟨-n; -n⟩ suç işleyen, suçlu, *stärker* cani

Kripo F *Abk* → **Kriminalpolizei**

Krippe *f* ⟨-; -n⟩ AGR yemlik; *İsa'nın doğumunu canlandıran ahır sahnesi*; kreş

Krise *f* ⟨-; -n⟩ bunalım, kriz; ***in e-e ~ geraten*** krize/bunalıma girmek

kriseln *v/unp* ⟨*h*⟩: ***es kriselt in ihrer Ehe*** onun evliliği tehlike geçiriyor
krisen|anfällig *adj* kriz tehlikesi içinde; **~fest** *adj* krize dayanıklı; **2gebiet** *n* kriz bölgesi; **~geschüttelt** *adj* kriz(ler)le sarsılmış; **2herd** *m* bunalım/kriz merkezi; **2management** *n* kriz yönetimi; **2situation** *f* kriz durumu; **2sitzung** *f* kriz toplantısı; **2stab** *m* kriz komitesi; **2zeit** *f* kriz dönemi
Kristall **1.** *m* ⟨-s; -e⟩ kristal, billur **2.** *n* ⟨-s; *o pl*⟩ kristal, billur, kesme cam
kristallen *adj* kristal, billurî
Kristallisation *f* ⟨-; -en⟩ kristalizasyon, billurlaşma
kristallisieren *v/i* ⟨*o* ge-, *h*⟩ kristalleşmek, billurlaşmak
kristallklar *adj* (dup)duru, billur gibi
Kriterium *n* ⟨-s; -rien⟩ (**für** için/*-in*) ölçüt
Kritik *f* ⟨-; -en⟩ (**an** *D -in*) eleştirme, eleştiri, tenkit; THEA, MUS değerlendirme, eleştiri; ***gute ~en*** iyi eleştiriler; ***~ üben an*** (*D*) *-i* eleştirmek; **~er** *m* ⟨-s; -⟩, **~erin** *f* ⟨-; -nen⟩ eleştirmen; **2los** *adj* eleştirmeden, eleştirisiz
kritisch *adj* (**gegenüber** *-e* karşı) eleştirici, seçici; *Lage* kritik
kritisieren *v/t* ⟨*o* ge-, *h*⟩ eleştirmek, tenkit etmek
kritzeln *v/t u v/i* ⟨*h*⟩ çiziktirmek, karalamak
Kroat|e *m* ⟨-n; -n⟩ Hırvat; **~ien** *n* Hırvatistan; **~in** *f* ⟨-; -nen⟩ Hırvat (kadın); **2isch** *adj* Hırvat(istan/ça) *subst*; **~isch** *n* Hırvatça
Krocket *n* ⟨-s; *o pl*⟩ kroket
Krokant *m* ⟨-s; *o pl*⟩ bademli/fıstıklı karamela
Krokette *f* ⟨-; -n⟩ patates/balık köftesi
Kroko *n* ⟨-(s); -s⟩ F → ***Krokodilleder***
Krokodil *n* ⟨-s; -e⟩ timsah
Krokodilleder *n* krokodil, timsah derisi
Krokus *m* ⟨-; -(se)⟩ BOT safran
Krone *f* ⟨-; -n⟩ taç; TECH başlık; MED (*Zahn2*) kaplama, k(u)ron
krönen *v/t* ⟨*h*⟩ *-e* taç giydirmek; ***j-n zum König ~*** b-ne kraliyet tacı takmak; ***von Erfolg gekrönt*** parlak başarılı
Kron|juwelen *pl* taç mücevherleri; **~leuchter** *m* (çok kollu) avize; **~prinz** *m* veliaht; **~prinzessin** *f* prenses veliaht; veliaht karısı
Krönung *f* ⟨-; -en⟩ taç giy(dir)me; *fig* en yüksek nokta, zirve; ***die ~ s-r Laufbahn*** (onun) kariyerinin zirvesi
Kronzeug|e *m*, **~in** *f pişmanlık yasası vs uyarınca iddianame doğrultusunda şahitlik yapan sanık*
Kropf *m* ⟨-s; ⸚e⟩ MED guatr
kross *adj* gevrek
Kröte *f* ⟨-; -n⟩ ZOOL kara kurbağası
Kröten *pl* F mangır *sg*
Krücke *f* ⟨-; -n⟩ koltuk değneği; ***mit ~n gehen*** koltuk değneğiyle yürümek
Krug *m* ⟨-s; ⸚e⟩ testi; (*Bier2*) maşrapa
Krümel *m* ⟨-s; -⟩ kırıntı
krümelig *adj* kolayca ufalanan
krümeln ⟨*h*⟩ **1.** *v/t* ufala(n)mak; **2.** *v/i* ufalanmak
krumm **1.** *adj* eğri; çarpık; F hileli, sahtekârca, yalan dolan; F ***etw ~ nehmen*** bş-e alınmak; ***~e Haltung*** eğri duruş; ***~e Sache, ~e Tour*** yaş iş; ***ein ~es Ding drehen*** pis bir iş çevirmek; **2.** *adv*: ***~ gewachsen*** eğri (olarak yetişmiş)
krümmen *v/r* ⟨*h*⟩: ***sich ~ vor*** (*D*) *-den* kıvranmak, iki büklüm olmak
krummlachen *v/r* ⟨-ge-, *h*⟩ F: ***sich ~*** katıla katıla gülmek
Krümmung *f* ⟨-; -en⟩ eğri; eğrilme, bükülme; *Straße* dönemeç, kıvrılma
Krüppel *m* ⟨-s; -⟩ *abw* sakat; ***zum ~ machen*** sakat bırakmak; ***zum ~ werden*** sakat kalmak
Kruste *f* ⟨-; -n⟩ kabuk
Krustentiere *n* ZOOL kabuklular
Krypta *f* ⟨-; -ten⟩ ARCH kripta
Kto. *Abk für* ***Konto*** *n* hesap
Kuba *n* ⟨-s; *o pl*⟩ Küba; **~ner** *m* ⟨-s; -⟩, **~nerin** *f* ⟨-; -nen⟩ Kübalı; **2nisch** *adj* Küba(lı) *subst*
Kübel *m* ⟨-s; -⟩ kova, tekne
Kubik|meter *m*, *n* metreküp; **~wurzel** *f* MATH küp kök; **~zahl** *f* küp sayı
kubisch *adj* kübik
Kubismus *m* ⟨-; *o pl*⟩ kübizm
Küche *f* ⟨-; -n⟩ mutfak; (*Speisen*) yemekler; ***kalte*** (***warme***) ***~*** soğuk (sıcak) büfe; ***die türkische ~*** Türk mutfağı, Türk yemekleri
Kuchen *m* ⟨-s; -⟩ pasta
Küchen|benutzung *f*: ***mit ~*** *mutfağı kullanma imkânıyla* (*kiralık oda vb*); **~chef** *m* şef aşçı; **~einrichtung** *f* mutfak mobilyası/dekorasyonu
Kuchenform *f* pasta kalıbı
Kuchengabel *f* pasta çatalı
Küchen|gerät *n* mutfak aleti; **~hilfe** *f*

mutfakta yardımcı (kişi); **~personal** *n* mutfak personeli; **~schrank** *m* mutfak dolabı

Kuchen|teig *m* kek hamuru; **~teller** *m* tatlı/pasta tabağı

Küchen|tisch *m* mutfak masası; **~waage** *f* mutfak terazisi; **~zettel** *m* (yapılacak) yemek listesi

Kuckuck *m* ⟨-s; -e⟩ guguk (kuşu); *scherzh* haciz pusulası

Kuckucksuhr *f* guguklu saat

Kufe *f* ⟨-; -n⟩ LUFTF kızak

Kugel *f* ⟨-; -n⟩ top, küre; (*Gewehr2 usw*) mermi; **2förmig** *adj* küre biçiminde, top gibi, yuvarlak; **~gelenk** *n* ANAT küre biçimli eklem, TECH bilyeli mafsal; **~hagel** *m* kurşun/mermi yağmuru; **~lager** *n* TECH bilyeli yatak

kugeln ⟨*h*⟩ **1.** *v/t* yuvarlamak; **2.** *v/i* yuvarlanmak; **3.** *v/r*: ***sich ~*** yuvarlanmak

kugelrund *adj* yusyuvarlak

Kugelschreiber *m* ⟨-s; -⟩ tükenmez (kalem); **~mine** *f* tükenmez (kalem) içi

kugelsicher *adj* kurşun geçirmez

Kugelstoßen *n* ⟨-s; *o pl*⟩ SPORT gülle atma

Kuh *f* ⟨-; ¨e⟩ inek

kühl *adj* serin; soğukça; ***es wird ~*** hava serinliyor; ***mir wird ~*** biraz üşüyorum; (***j-m gegenüber***) ***~ bleiben*** (b-ne karşı) soğukça davranmak

Kühl|anlage *f* soğutma tesisatı; **~apparat** *m* soğutma cihazı; **~container** *m* ⟨-s; -⟩ soğutmalı/frigorifik konteyner

Kühle *f* ⟨-; *o pl*⟩ serinlik

kühlen **1.** *v/t* ⟨*h*⟩ soğutmak; **2.** *v/t u v/i* -*e* serinlik vermek, -*i* serinletmek

Kühler *m* ⟨-s; -⟩ AUTO radyatör; **~haube** *f* motor kapağı, kaput

Kühl|mittel *n* soğutucu madde; **~raum** *m* soğuk hava deposu; **~schrank** *m* buzdolabı; **~tasche** *f* termos çanta; **~truhe** *f* derin dondurucu; **~ung** *f* ⟨-; -en⟩ TECH soğutma; TECH soğutucu; serinleme; **~wagen** *m* BAHN soğutmalı/frigorifik vagon; **~wasser** *n* soğutma suyu, AUTO radyatör suyu

Kuhmilch *f* inek sütü

Kuhstall *m* inek ahırı

kühn *adj* cüretli

Küken *n* ⟨-s; -⟩ civciv; *größer* piliç

kulant *adj* ÖKON cömert(çe), hatır sayan (*Händler usw*)

Kuli *m* ⟨-s; -s⟩ F tükenmez (kalem)

kulinarisch *adj mutfak sanatına ilişkin*; gurme(ce)

Kulissen *pl* THEA kulis *sg*; (*Dekorationsstücke*) dekor *sg*; ***hinter den ~*** *a fig* perde arkasında

kulminieren *v/i* ⟨*o* ge-, *h*⟩: ***~ in*** ile en yüksek noktasına ulaşmak

Kult *m* ⟨-s; -e⟩ kült, tap(ın)ma; ***e-n ~ treiben*** (***mit*** -*i*) kült haline getirmek; **~figur** *f* idol; **~handlung** *f* tapınma (davranışı)

Kultur *f* ⟨-; -en⟩ *a* MED kültür; AGR tarım; **~abkommen** *n* kültür anlaşması; **~angebot** *n* kültürel olanaklar *pl*; **~austausch** *m* kültür alışverişi; **~banause** *m* F kültüre ilgisiz (kişi); **~beutel** *m* tuvalet çantası

kulturell *adj* kültürel

Kultur|erbe *n* kültür mirası; **~geschichte** *f* kültür/uygarlık tarihi; **2geschichtlich** *adj* kültür tarihine ilişkin; **~gut** *n* kültür varlığı; **~kanal** *m* TV eğitim kanalı; **~landschaft** *f tarım yapılan topraklar*; kültür ortamı; **~leben** *n* kültür hayatı; **2los** *adj* kültürsüz; **~pflanze** *f* tarımsal bitki; **~politik** *f* kültür politikası; **2politisch** *adj* kültür politikasına ilişkin; **~programm** *n* kültürel program; **~revolution** *f* kültür devrimi; **~schock** *m* kültür şoku

Kultus|minister(in *f*) *m* kültür bakanı; **~ministerium** *n* kültür bakanlığı

Kümmel *m* ⟨-s; -⟩ (*Kreuz2*) kimyon; (*schwarzer ~*) çöreğotu; (*echter ~*) Karaman kimyonu

Kummer *m* ⟨-s; *o pl*⟩ dert, sıkıntı; ***~ haben*** -*in* bir derdi olmak; ***j-m viel ~ machen*** (b-nin) başına çok dert açmak

kümmerlich *adj* cılız; zavallıca

kümmern **1.** *v/r* ⟨*h*⟩: ***sich ~ um j-n*** (***etw***) b-yle (bş-le) ilgilenmek; (*sich Gedanken machen*) -*e* ilgi duymak, -*e* meraklı olmak: ***kümmere dich um deine eigenen Angelegenheiten!*** sen kendi işine bak!; **2.** *v/t* ilgilendirmek; ***was kümmert mich …*** -*den* bana ne?

Kumpel *m* ⟨-s; -⟩ *Bergbau* madenci; F (*Freund*) ahbap, dost; **2haft** *adj* teklifsiz

kündbar *adj Vertrag* feshedilebilir, bozulabilir; ***er ist nicht ~*** (onun) iş sözleşmesi feshedilemez/bozulamaz

Kunde *m* ⟨-n; -n⟩ müşteri

Kunden|beratung *f* müşteri danışma

hizmeti/servisi; **~datei** *f* EDV müşteri(ler) dosyası; **~dienst** *m* müşteriye hizmet; müşteri servisi; **~fang** *m* ⟨-s; *o pl*⟩: ***auf ~ ausgehen*** müşteri avına çıkmak; **~gespräch** *n* müşteriyle görüşme; **~kartei** *f* müşteri kartoteği/fişleri; **~kreditbank** *f* kredi finansmanı bankası; **~nummer** *f* müşteri numarası; **~werbung** *f* reklam(cılık)

Kundgebung *f* ⟨-; -en⟩ miting

kundig *adj* bilgili, haberli

kündigen ⟨*h*⟩ **1.** *v/t Vertrag* feshetmek; *Abonnement* kesmek, iptal etmek; ***j-m ~*** b-ne çıkış vermek; b-ni işten çıkarmak; ***seine Stellung ~*** görevinden istifa etmek; ***die Wohnung ~*** kira kontratını feshetmek; **2.** *v/i* feshi ihbar etmek

Kündigung *f* ⟨-; -en⟩ fesih; iptal; çıkış, işten çıkarma

Kündigungs|frist *f* feshi ihbar süresi; istifa süresi; **~grund** *m* fesih/istifa sebebi; **~schreiben** *n* fesih yazısı; istifa dilekçesi; **~schutz** *m ihbarsız işten çıkarmaya karşı güvence*

Kund|in *f* ⟨-; -nen⟩ müşteri (kadın); **~schaft** *f* ⟨-; *o pl*⟩ müşteri(ler)

künftig **1.** *adj* gelecek(teki); ***~e Generationen*** gelecek kuşaklar; **2.** *adv* gelecekte, bundan böyle

Kunst *f* ⟨-; ⸚e⟩ sanat; (*Fertigkeit*) beceri, ustalık, hüner; ***die bildenden Künste*** plastik sanatlar; ***die schönen Künste*** güzel sanatlar; ***die ~ des Schreibens*** yazma sanatı; ***ärztliche ~*** hekimlik sanatı; F ***das ist keine ~!*** bu marifet değil ki!

Kunst|akademie *f* sanat akademisi; **~ausstellung** *f* sanat sergisi; **~denkmal** *n* sanat anıtı, koruma altında sanat eseri; **~dünger** *m* suni gübre; **~eisbahn** *f* suni buz pisti; **~erzieher(in** *f*) *m* sanat eğitimcisi/pedagoğu; **~erziehung** *f* sanat eğitimi; **~faser** *f* suni elyaf *pl*; **~fehler** *m* MED doktor/meslek hatası; **²fertig** *adj* hünerli, becerili; **~flieger** *m* hava akrobatı; **~flug** *m* akrobasi uçuşu; **~galerie** *f* sanat galerisi; **~gegenstand** *m* sanat ürünü; **²gerecht** *adj* sanat kurallarına uygun; **~geschichte** *f* sanat tarihi; **~gewerbe** *n*, **~handwerk** *n* el sanatı; uygulamalı güzel sanatlar *pl*; **~händler(in** *f*) *m sanat ürünleri tüccarı* (*galerici, antikacı vs*); **~handlung** *f* galeri, antikacı dükkanı *vs*; **~herz** *n* MED sunî kalp; **~historiker(in** *f*) *m* sanat tarihçisi; **~hochschule** *f* sanat yüksekokulu; **~honig** *m* suni bal; **~kritiker(in** *f*) *m* sanat eleştirmeni; **~leder** *n* sunî deri

Künstler *m* ⟨-s; -⟩, **~in** *f* ⟨-; -nen⟩ sanatçı; **²isch** *adj* sanatsal

künstlich *adj* yapay, yapma; (*unecht*) sahte, taklit, yapmacıklı; *Zähne* takma; *Diamant* sentetik, sunî; ***~ ernähren*** sunî yoldan beslemek

Kunst|maler(in *f*) *m* ressam; **~pause** *f*: ***e-e ~ machen*** sözüne etkileyici bir ara vermek; **~sammler(in** *f*) *m* sanat (eserleri) koleksiyoncusu; **~sammlung** *f* sanat (eserleri) koleksiyonu; **~schätze** *pl* sanat hazinesi *sg*; **~stoff** *m* sentetik madde, plastik; **~stopfen** *n* örücülük; **~stück** *n* marifet; **~student(in** *f*) *m* sanat (akademisi *vb*) öğrencisi; **²verständig** *adj* sanattan anlayan; **~verständnis** *n* sanattan anlama; **²voll** *adj* sanatkârane, ustalıklı; **~werk** *n* sanat eseri

K

kunterbunt *adv* rengârenk; ***~ durcheinander*** çeşit çeşit

Kupfer *n* ⟨-s; *o pl*⟩ bakır; **~blech** *n* bakır levha; **~draht** *m* bakır tel; **²haltig** *adj* bakırlı

kupfern *adj* bakır(dan)

Kupferstich *m* gravür (*bakır kalıptan*)

Kupon [ku'põː] *m* ⟨-s; -s⟩ kupon

Kuppe *f* ⟨-; -n⟩ (kubbemsi) tepe, kümbet; (*Finger²*) parmak ucu

Kuppel *f* ⟨-; *-n*⟩ kubbe

Kuppelei *f* ⟨-; -en⟩ JUR fuhşiyata tahrik

kuppelförmig *adj* kubbemsi, kubbe biçimli

kuppeln ⟨*h*⟩ **1.** *v/t* bağlamak; TECH (***an*** *A -e*) bağlamak; **2.** *v/i* AUTO debriyajı harekete geçirmek

Kuppler *m* ⟨-s; -⟩, **~in** *f* ⟨-; -nen⟩ JUR fuhşiyata tahrik eden (kişi), V pezevenk

Kupplung *f* ⟨-; -en⟩ bağlantı; TECH kavrama; AUTO debriyaj, kavrama; ***die ~ treten*** debriyaja basmak; ***die ~ loslassen*** debriyajı bırakmak; **~spedal** *n* debriyaj pedalı; **~scheibe** *f* debriyaj diski; **~stecker** *m* EL jak fiş

Kur *f* ⟨-; -en⟩ tedavi; kür (*in Kurort*); ***zur ~ fahren*** küre gitmek; **~aufenthalt** *m* kürde bulunma; **~bad** *n* kaplıca

Kür *f* ⟨-; -en⟩ SPORT seçimlik yarışma

Kurator *m* ⟨-s; -en⟩, **~in** *f* ⟨-; -nen⟩ (*Vormund*) kayyım, vasi; (*Aufsichtsrat*) murakıp; *e-r Stiftung* vakıf yöneticisi; **~ium** *n* ⟨-s; -rien⟩ denetim kurulu, murakabe/mütevelli heyeti

Kurbel *f* ⟨-; -n⟩ kol; **~welle** *f* AUTO krank mili

kurbeln ⟨*h*⟩ **1.** *v/i bir kolu çevirmek*; **2.** *v/t bş-i bir kolu çevirerek hareket ettirmek*; ***in die Höhe ~*** *-i* bir kolu çevirerek kaldırmak

Kürbis *m* ⟨-ses; -se⟩ BOT kabak; **~kern** *m* kabak çekirdeği

Kurd|e *m* ⟨-n; -n⟩, **~in** *f* ⟨-; -nen⟩ Kürt; **≗isch** *adj* Kürt *subst*; **~isch** Kürtçe

Kurfürst(in *f*) *m* elektör

Kur|gast *m* kaplıca misafiri; **~haus** *n* kaplıca oteli; **~hotel** *n* kaplıca oteli

Kurier [ku'riːɐ] *m* ⟨-s; -e⟩ kurye, (özel) ulak

kurieren *v/t* ⟨*o* ge-, *h*⟩ (**von** *-den*) *a fig* MED iyileştirmek; kurtarmak

kurios [-'rioːs] *adj* yadırgatıcı, garip, acayip; **≗ität** *f* ⟨-; -en⟩ garabet, acayiplik

Kur|ort *m* kaplıca yeri; **~pfuscher(in** *f*) *m* şarlatan (hekim)

Kurs *m* ⟨-es; -e⟩ **1.** POL istikamet; (*Wechsel≗*) (döviz) kur(u); (*Börsen≗*) kur, fiyat; ***zum ~ von*** *-lik* kur üzerinden; (***bei j-m***) ***hoch im ~ stehen*** (b-nden) rağbet görmek; **2** LUFTF, MAR rota; ***~ nehmen auf*** *-e* rota tutmak; **3.** (*Unterricht*) kurs; ***e-n ~ für Englisch besuchen*** İngilizce kursuna gitmek/katılmak; **~änderung** *f* LUFTF, MAR rota değişikliği; ÖKON kur değişikliği; **~abfall** *m* fiyatlarda/kurlarda düşme; **~anstieg** *m* fiyatlarda/kurlarda yükselme; **~bericht** *m* ÖKON borsa haberi/raporu; **~buch** *n* tren tarifesi; **~einbruch** *m* ÖKON (borsada) ani düşüş; **~gewinn** *m* kur farkı kârı; *Börse* piyasa kârı

kursieren *v/i* ⟨*o* ge-, *h*⟩ *Gerücht* dolaşmak

Kursindex *m* ÖKON borsa endeksi

kursiv [-'ziːf] *adj* italik; ***~ drucken*** *-i* italik dizmek/basmak

Kurs|korrektur *f* rotada düzeltme; ***e-e ~ vornehmen*** rotayı düzeltmek; **~leiter(in** *f*) *m* kurs öğretmeni; **~notierung** *f* ÖKON kotasyon; **~rückgang** *m* ÖKON kurlarda düşme; **~schwankung** *f* ÖKON kurlarda/fiyatlarda dalgalanma

Kursus *m* ⟨-; -se⟩ kurs

Kurs|verlust *m* ÖKON kur/kambiyo kaybı; **~wagen** *m* BAHN direkt vagon; **~wechsel** *m* rota değişikliği; **~wert** *m* ÖKON piyasa/kambiyo değeri; **~zettel** *m* ÖKON kur listesi

Kurtaxe *f* ⟨-; -n⟩ kaplıca vergisi

Kurve [-və] *f* ⟨-; -n⟩ eğri; (*Straßen≗*) viraj

kurvenreich *adj* çok virajlı

kurz **1.** *adj* kısa; *zeitlich a* az süren; ***~e Hose*** şort, kısa pantolon; ***den Kürzeren ziehen*** alta gitmek; ***in kürzester Zeit*** en kısa zamanda; ***binnen ~em*** kısa zamanda; (***bis***) ***vor ~em*** birkaç gün öncesi(ne kadar); (***erst***) ***seit ~em*** kısa bir süreden beri(dir); zararlı çıkmak; **2.** *adv*: ***~ vor …, ~ vorher/zuvor*** *-den* kısa bir zaman önce; ***~ nach …,*** *-den* kısa bir zaman sonra; ***~ darauf*** (bunun) ardından, (bundan) biraz sonra; ***über ~ oder lang*** er ya da geç; ***~ vor uns*** bizden hemen önce; ***~ entschlossen*** ani bir kararla; ***~ fortgehen*** şöyle bir çıkmak; ***~ geschnitten*** kısa kesilmiş; ***sich ~ fassen*** kısa kesmek, sözünü uzatmamak; ***~ gesagt*** kısacası; ***~ nacheinander*** hemen art arda; ***~ und bündig*** kısa ve öz; ***zu ~ kommen*** payını alamamak; ***kürzer treten*** F daha idareli olmak

Kurzarbeit *f* kısa(ltılmış) mesai

kurzarbeiten *v/i* ⟨-ge-, *h*⟩ kısa mesai yapmak

Kurzarbeiter(in *f*) *m* kısa mesai işçisi

kurzärm(e)lig *adj* kısa kollu

kurzatmig *adj* tıknefes

Kurzbiografie *f* kısa biyografi, kısa hayat hikâyesi; (*kurze Autobiografie*) kısa özgeçmiş

Kürze *f* ⟨-; *o pl*⟩ kısalık; ***in ~*** *zeitlich* yakında

Kürzel *n* ⟨-s; -⟩ *Stenografie usw* kısaltma

kürzen *v/t* ⟨*h*⟩ *Kleid usw* (**um …**) kısaltmak, küçültmek; *Buch* kısaltmak, özetlemek; *Ausgaben* kesmek, azaltmak

kurzerhand *adv* uzun boylu düşünmeden

Kurzfassung *f* (*Film usw*) kısa biçim

Kurzform *f* kısaltma (*kelime*)

kurzfristig **1.** *adj* kısa süreli/vadeli; **2.** *adv* kısa sürede/vadede; kısa bir süre için

Kurzgeschichte *f* kısa hikâye

kurzlebig *adj* kısa ömürlü; (*vergänglich*) gelip geçici
kürzlich *adv* geçenlerde
Kurz|meldung *f* kısa haber; **~nachrichten** *pl* kısa haberler, haber özetleri; **~parkzone** *f* kısa süreli park alanı; **~schluss** *m* EL kısa devre, kontak; ***e-n ~ verursachen in*** *-de* kısa devre yapmak; kontağı attırmak; **~schlusshandlung** *f* fevrî davranış; ***e-e ~ begehen*** fevrî davranmak; **~schrift** *f* steno(grafi); ***in ~*** stenoyla (yazılmış)
kurzsichtig *adj* miyop, *fig* basiretsiz, ileriyi göremeyen
Kurzstreck|e *f* kısa mesafe; **~enläufer(in** *f*) *m* kısa mesafe koşucusu; **~enrakete** *f* kısa menzilli füze
Kürzung *f* ⟨-; -en⟩ kesme, azaltma
Kurz|urlaub *m* kısa izin/tatil; **~waren** *pl* tuhafiye; **~welle** *f* EL kısa dalga; ***auf ~*** kısa dalgada(n); **~zeitgedächtnis** *n* kısa vadeli hafıza; **²zeitig** *adj* kısa süreli
kuschelig *adj* F *dokunması hoşa giden* (*weich, warm*); sıcak/rahat atmosferli
kuscheln *v/r* ⟨*h*⟩: ***sich ~*** (***an*** *A*) *-e* sokulmak; ***~ in*** *A -e* sarılmak, bürünmek
Kuscheltier *n bezden oyuncak hayvan*
kuschen *v/i* ⟨*h*⟩ *Hund* itaat edip yere yatmak; F (***vor j-m***) **~** b-ne boyun eğmek; b-nden korkmak
Kusine *f* ⟨-; -n⟩ amca/dayı/hala/teyze kızı, kuzin
Kuss *m* ⟨-es; ⸚e⟩ öpüş, öpme; **²echt** *adj* öpüşmede bulaşmayan (*ruj*)
küssen ⟨*h*⟩ **1.** *v/t* öpmek; **2.** *v/r*: ***sich ~*** öpüşmek
Küste *f* ⟨-; -n⟩ sahil, kıyı
Küsten|bewohner(in *f*) *m* kıyı halkından (kişi); **~gewässer** *pl* kara suları; **~schifffahrt** *f* kabotaj; **~schutz** *m* sahil koruma; **~straße** *f* sahil yolu
Kutsche *f* ⟨-; -n⟩ payton; yaylı
Kutter *m* ⟨-s; -⟩ MAR kotra; balıkçı teknesi
Kuvert [ku'veːɐ] *n* ⟨-s; -s⟩ zarf
Kuwait *n* ⟨-s; *o pl*⟩ Kuveyt; **~er** *m* ⟨-s; -⟩, **~erin** *f* ⟨-; -nen⟩ Kuveyt(li); **²isch** *adj* Kuveyt(li) *subst*
Kybernetik *f* ⟨-; *o pl*⟩ sibernetik
Kybernetiker *m* ⟨-s; -⟩, **~erin** *f* ⟨-; -nen⟩ sibernetikçi
kybernetisch *adj* sibernetik
kyrillisch *adj* kiril yazılı/yazısıyla
KZ [ka'tset] *n* ⟨-(s); -(s)⟩ *Abk für* ***Konzentrationslager*** (Nazi) toplama kampı

L

l, L [ɛl] *n* ⟨-; -⟩ l, L
labern *v/i* ⟨*h*⟩ F gevezelik etmek
labil *adj* kararsız, istikrarsız
Labor [la'boːɐ] *n* ⟨-s; -s, -e⟩ laboratuvar; **~ant** *m* ⟨-en; -en⟩, **~antin** *f* ⟨-; -nen⟩ laborant; **~befund** *m* laboratu(v)ar bulgusu
laborieren *v/i* ⟨*o* ge-, *h*⟩: ***~ an etw*** (*D*) bş-i çekmek, bş-e katlanmak
Laborversuch *m* laboratu(v)ar deneyi
Labyrinth *n* ⟨-s; -e⟩ labirent
Lache *f* ⟨-; -n⟩ su birikintisi
lächeln *v/i* ⟨*h*⟩ (***über*** *A -e*) gülümsemek
Lächeln *n* ⟨-s; *o pl*⟩ gülümseme, gülücük
lachen *v/i* ⟨*h*⟩ (***über*** *A -e*) gülmek; ***sie hat nichts zu ~*** onun işi zor (*od* derdi büyük); ***es wäre ja gelacht, wenn …*** -se/olsa asıl ona şaşmalı; ***wer zuletzt lacht, lacht am besten*** son gülen iyi güler
Lachen *n* ⟨-s; *o pl*⟩ gülme, gülüş; ***j-n zum ~ bringen*** b-ni güldürmek; F ***das ist nicht zum ~*** durum ciddi; bunda gülecek bir şey yok
lachend **1.** *adj* gülen; ***der ~e Dritte*** *iki kişinin anlaşmazlığından çıkarı olan üçüncü kişi*; **2.** *adv* gülerek
Lacher *m* ⟨-s; -⟩: ***er hat die ~ auf s-r Seite*** (tartışmada) dinleyenleri güldürerek kendi tarafına çekiyor; F (*Lachen*) gülüş, kahkaha
Lacherfolg *m güldürme başarısı*
lächerlich *adj* gülünç; ***~ machen*** herkesin alay konusu etmek; ***sich ~ machen*** kendini alay konusu etmek; *fig* ***sich ~ vorkommen*** kendi kendine gülünç gelmek; ***für e-e ~e Summe*** *fig* (*gering*)

gülünç bir para karşılığı
lachhaft *adj abw* gülünç
Lachs [laks] *m* ⟨-es; -e⟩ som(on) (balığı)
lachs|farben, **~rosa** [laks-] *adj* yavruağzı, somon (rengi)
Lack *m* ⟨-s; -e⟩ vernik, cila; AUTO boya (*Nagel*&) oje; **&ieren** *v/t* ⟨*o* ge-, *h*⟩ verniklemek, cilalamak; AUTO boyamak; ***sich*** (*D*) ***die Nägel ~*** tırnaklarına oje sürmek; **~ierer** *m* ⟨-s; -⟩ TECH boya ustası; **~schuh** *m* rugan ayakkabı
Ladefläche *f* yükleme alanı
Ladegerät *n* EL şarj aleti
laden[1] *v/t* ⟨lädt, lud, geladen, *h*⟩ *a* EDV yüklemek; EL şarj etmek, doldurmak
laden[2] *v/t* ⟨lädt, lud, geladen, *h*⟩ (*ein~*) davet etmek; (*vor~*) JUR celp etmek
Laden *m* ⟨-s; ⸚⟩ dükkan, mağaza; F (*Betrieb, Verein*) kuruluş, dernek *vs*; (*Fenster*&) panjur; **~dieb(in** *f*) *m* dükkan hırsızı; **~diebstahl** *m* dükkan hırsızlığı; **~hüter** *m* satılamayan mal; **~inhaber(in** *f*) *m* dükkan sahibi; **~kasse** *f* dükkan kasası; **~kette** *f* mağazalar zinciri; **~preis** *m* perakende fiyat(ı); **~schluss** *m* ⟨-es⟩ dükkan kapanış saatleri *pl*; ***nach ~*** dükkanlar kapandıktan sonra; **~straße** *f* dükkanların bulunduğu cadde, alışveriş caddesi; **~tisch** *m* (dükkan) tezgâh(ı)
Lade|rampe *f* yükleme rampası; **~raum** *m* (yükleme) ambar(ı); MAR gemi ambarı
lädieren *v/t* ⟨*o* ge-, *h*⟩ (*beschädigen*) hasara uğratmak; (*verletzen*) yaralamak; *fig Image, Ruf* zedelemek
Ladung *f* ⟨-; -en⟩ LUFTF kargo; MAR navlun; AUTO yük; EL yük(lenme); *e-s Gewehrs usw* dolum
Lage *f* ⟨-; -n⟩ durum, hal; (*Platz*) konum, yer; (*Schicht*) kat, tabaka; ***in der ~ sein zu*** (yap)mak durumda olmak; ***in schöner*** (***ruhiger***) ***~*** güzel (sakin) bir semtte; ***politische ~*** siyasi/politik durum
Lager *n* ⟨-s; -⟩ kamp; *fig* (*Partei*) parti(ler); (*Vorratsraum*) kiler, *e-s Geschäfts* depo; (*Lagerhaus*) depo; *Zoll* antrepo; (*Vorrat*) stok; ***etw auf ~ haben*** depoda bulundurmak; **~arbeiter(in** *f*) *m* depo işçisi; **~bestand** *m* stok, depo mevcudu; **~bier** *n hafif bir bira çeşidi*; **~feuer** *n* kamp ateşi; **~gebühr** *f* depo(lama) ücreti, ardiye harcı; **~haltung** *f* depoda tutma; **~haltungskosten** *pl* depolama maliyeti *sg*; **~haus** *n* depo, ambar; **~ist** *m* ⟨-en; -en⟩, **~istin** *f* ⟨-; -nen⟩ ardiyeci; ambar memuru; antrepocu; **~leiter(in** *f*) *m* depo/antrepo müdürü
lagern ⟨*h*⟩ **1.** *v/i* kamp yapmak; depoda bulunmak; **2.** *v/t* depo etmek, depolamak; ***kühl ~*** serin yerde saklamak
Lagerraum *m* depo(lama yeri)
Lagerung *f* ⟨-; *o pl*⟩ depola(n)ma, stokla(n)ma
Lageskizze *f* kroki
Lagune *f* ⟨-; -n⟩ denizkulağı, lagün
lahm *m adj* MED felçli, aksak, kötürüm; F (*steif*) bitkin, mecalsiz; F *Ausrede* sudan; *Film* iç bayıltıcı; ***~ legen*** *Wirtschaft, Verkehr* felce uğratmak
lähm|en *v/t* ⟨*h*⟩ felç etmek; *fig* dondurmak; ***wie gelähmt sein vor*** (*D*) … karşısında *-in* eli ayağı tutulmak; **&ung** *f* ⟨-; -en⟩ MED, *fig* felç
Laib *m* ⟨-s; -e⟩ somun (*Brot*)
Laich *m* ⟨-s; -e⟩ balık yumurtası (*suda*); **&en** *v/i* ⟨*h*⟩ yumurtlamak (*Fisch*)
Laie *m* ⟨-n; -n⟩ uzman olmayan, amatör
laienhaft *adj* amatör, acemi
Laken *n* ⟨-s; -⟩ çarşaf
Lakritze *f* ⟨-; -n⟩ meyankökü özü (şekerlemesi)
lallen *v/t u v/i* ⟨*h*⟩ *-in* dili karışmak
Lama *n* ⟨-s; -s⟩ ZOOL lama
Lamelle *f* ⟨-; -n⟩ BOT, TECH lamel
Lametta *n* ⟨-s; *o pl*⟩ gelin teli
Lamm *n* ⟨-s; ⸚er⟩ kuzu; **~braten** *m* kuzu kızartması; **~fell** *n* kuzu derisi; **~fleisch** *n* kuzu eti; **~keule** *f* kuzu budu; **~kotelett** *n* kuzu pirzolası
Lampe *f* ⟨-; -n⟩ lamba; (*Glüh*&) ampul
Lampen|fieber *n* sahne heyecanı; **~schirm** *m* abajur
Lampion ['lampĭɔŋ] *m* ⟨-s; -s⟩ kağıt fener
Land *n* ⟨-es; ⸚er⟩ (*Fest*&) kara; (*Staat*) ülke, (*Bundes*&) (federe) eyalet; (*Boden*) yer, toprak; (*~besitz*) mülk, arazi; ***an ~ gehen*** karaya çıkmak; ***auf dem ~*** taşrada, şehir dışında; ***aufs ~ fahren*** şehir dışına çıkmak; ***außer ~es gehen*** yurtdışına çıkmak; F ***e-n Job an ~ ziehen*** bir iş yakalamak; **~arbeiter(in** *f*) *m* tarım işçisi; **~arzt** *m*, **~ärztin** *f* kasaba hekimi; **~besitz** *m* toprak mülkiyeti; ÖKON arazi zilyetliği; **~bevölkerung** *f* kırsal nüfus

Lande|anflug *m* LUFTF inişe geçiş, alçalma uçuşu; **~bahn** *f* iniş pisti; **~erlaubnis** *f* iniş izni; **~fähre** *f* RAUMF iniş modülü
landeinwärts *adv* ülke içinde, dahili
landen 1. *v/i* ⟨*sn*⟩ (yere) inmek, (karaya) çıkmak; ***auf dem 4. Platz ~*** SPORT 4. sıraya düşmek; F *fig* ***damit kannst du bei ihr nicht ~*** onu bununla tavlayamazsın; ***~ in*** *fig -e* düşmek; **2.** *v/t* ⟨*h*⟩ *fig Erfolg* kazanmak, elde etmek
Landenge *f* ⟨-; -n⟩ GEOGR kıstak, berzah
Lande|piste *f* LUFTF iniş pisti; **~platz** *m* iniş alanı (*helikopter*)
Ländereien *pl* büyük çiftlik/arazi
Länder|spiel *n* millî maç; **~vorwahl** *f* TEL ülke kodu
Landes|farben *pl* millî renkler; **~grenze** *f* ülke sınırı; **~innere** *n* ⟨-n; *o pl*⟩ ülke içi, yurtiçi; **~regierung** *f* ülke hükümeti; eyalet hükümeti; **~sprache** *f* millî dil; **~tracht** *f* millî/yöresel kıyafet; **~verrat** *m* (vatana) ihanet; **~verteidigung** *f* millî savunma; **~währung** *f* millî para; **≈weit** *adj u adv* ülke çapında
Landeverbot *n* LUFTF: ***~ erhalten*** *-in* inişi yasaklanmak
Land|flucht *f* köyden şehre göç; **~friedensbruch** *m* JUR toplum barışını bozma; **~gericht** *n* JUR eyalet mahkemesi; ceza mahkemesi; **~gewinnung** *f* (denizden) toprak kazan(ıl)ma(sı); **~haus** *n*; çiftlik (tarzı) ev/villa; **~karte** *f* harita; **≈läufig** *adj* yaygın; **~leben** *n* köy/taşra hayatı
ländlich *adj* kırsal; (*bäurisch*) köy *subst*
Land|luft *f* kır havası; **~plage** *f fig* salgın, felaket (*geniş çaplı*); **~rat** *m*, **Landrätin** *f* kaymakam; **~ratsamt** *n* kaymakamlık (makamı); **~schaft** *f* ⟨-; -en⟩ *schöne* manzara; *Malerei a* peyzaj; arazi; (*Gegend*) yöre, bölge
Landschafts|gärtner(in *f*) *m* çevre düzenlemecisi; **~maler(in** *f*) *m* peyzaj ressamı; **~pflege** *f* peyzaj düzenlemesi; **~schutzgebiet** *n* doğal sit alanı
Landsitz *m* malikâne
Lands|mann *m* ⟨-s; -leute⟩, **~männin** *f* ⟨-; -nen⟩ hemşeri, yurttaş
Land|straße *f* karayolu; şose; **~streitkräfte** *pl* kara kuvvetleri; **~tag** *m* *Deutschland* eyalet parlamentosu
Landung *f* ⟨-; -en⟩ karaya çıkma; LUFTF iniş; ***zur ~ ansetzen*** inişe geçmek
Landungs|brücke *f*, **~steg** *m* MAR iskele
Land|vermessung *f* kadastro; **~weg** *m*: ***auf dem ~*** kara yolu ile; **~wein** *m* hafif (yerli) şarap; **~wirt(in** *f*) *m* çiftçi; **~wirtschaft** *f* çiftçilik; tarım, ziraat; **≈wirtschaftlich** *adj* tarımsal, ziraî; **~wirtschaftsminister(in** *f*) *m* tarım bakanı; **~wirtschaftsministerium** *n* tarım bakanlığı; **~zunge** *f* GEOGR burun, dil
lang 1. *adj* uzun; F *Person* uzun boylu; ***seit ~em*** çoktan beri; ***vor ~er Zeit*** çok önce(leri); **2.** *adv* ***drei Jahre ~*** üç yıldır; ***einige Zeit ~*** bir süredir; ***den ganzen Tag ~*** bütün gün boyunca; ***j-m zeigen, wo's ~ geht*** *fig* b-ne dersini vermek; ***über kurz oder ~*** er ya da geç; **~ärm(e)lig** *adj Kleidung* uzun kollu; **~atmig** *adj* sıkıcı; **~beinig** *adj* F uzun bacaklı
lange *adv* uzun (süre); ***es dauert nicht ~*** çok sürmez; ***es ist schon ~ her*** (***, seit***) -(y)eli epey zaman oldu; ***ich bleibe nicht ~ fort*** gidişim pek uzun sürmeyecek; (***noch***) ***nicht ~ her*** (daha) çok olmadı; ***noch ~ hin*** daha uzun süre; ***wie ~ noch?*** daha ne kadar (sürecek)?
Länge *f* ⟨-; -n⟩ uzunluk; GEOGR boylam; ***der ~ nach*** boylamasına; ***in die ~ ziehen*** *-i* (fazla) uzatmak; ***sich in die ~ ziehen*** (fazla) uzamak, sürmek; ***von 5 m ~*** 5 metre boyunda/uzunluğunda
langen *v/i* ⟨*h*⟩ F (*greifen*) (***nach*** *-e*) uzanmak; *genügen* yetmek
Längen|grad *m* GEOGR boylam derecesi; **~kreis** *m* GEOGR meridyen dairesi; **~maß** *n* uzunluk ölçüsü
längerfristig ['lɛŋɐ-] **1.** *adj* uzun(ca) vadeli/süreli; **2.** *adv* uzunca bir süre için
Langeweile *f* ⟨-; *o pl*⟩ can sıkıntısı; ***~ haben*** *-in* canı sıkılmak
lang|fristig *adj* uzun süreli/vadeli; ***~*** (***gesehen***) uzun vadede, uzun vadeli olarak bakıldığında; **≈haar…** *in Zssgen*, **~haarig** *adj* uzun tüylü; **~jährig** *adj*: ***~e Erfahrung*** uzun yıllara dayanan tecrübe; **≈lauf** *m* ⟨-s; *o pl*⟩ *düz arazide kayak yürüyüşü*; **≈läufer(in** *f*) *m* → ***Langlauf*** *yapan kayakçı*; **~lebig** uzun ömürlü; ÖKON dayanıklı; ***~e Gebrauchsgüter*** *pl* dayanıklı tüketim maddeleri; **≈lebigkeit** *f* ⟨-; *o pl*⟩ uzun ömürlülük, dayanıklılık
länglich *adj* uzunca, ince uzun

längs 1. *präp* boyunca; **2.** *adv* boylamasına
Längsachse *f* boy ekseni
langsam 1. *adj a geistig* yavaş; ***~er fahren*** (daha) yavaş gitmek; ***~er treten*** F *fig* kendini yormamak; ***~er werden*** yavaşlamak; **2.** *adv* yavaş (yavaş) ~, ***aber sicher*** yavaş, ama sebatla; F ***es wurde ~ Zeit!*** *-in* artık zamanı gelmişti
Längsschnitt *m* boyuna/boylamasına kesit
längst *adv* çoktan beri; ***am ~en*** en uzun (süreli); ***~ nicht so gut*** (***groß*** *usw*) ***wie ...*** ... kadar iyi (büyük *vs*) dünyada değil; ***~ vorbei*** (***vergessen***) çoktan bitti/geçti (unutuldu/kapandı); ***ich weiß es ~*** çoktan biliyorum; ***er sollte ~ da sein:*** *-in* çoktan gelmiş olması gerekirdi
langstielig *adj* BOT uzun saplı
Langstrecke *f* uzun yol/mesafe
Langstrecken|lauf *m* uzun mesafe koşusu; **~läufer(in** *f*) *m* uzun mesafe koşucusu
Languste [laŋ'gʊstə] *f* ⟨-; -n⟩ GASTR (makassız) istakoz, langust
langweil|en ⟨ge-, *h*⟩ **1.** *v/t* *-in* canını sıkmak; **2.** *v/r:* ***sich ~*** canı sıkılmak; **2er** *m* ⟨-s; -⟩, **2erin** *f* ⟨-; -nen⟩ (can) sıkıcı (kimse); **~ig** *adj* (can) sıkıcı, silik
Langwelle *f* EL uzun dalga
Langwellensender *m* uzun dalga vericisi/istasyonu
langwierig *adj* uzun süren, çok zaman alan
Langzeit|arbeitslosigkeit *f* uzun süreli işsizlik; **~gedächtnis** *n* uzun süreli hafıza
lapidar [-'daːɐ] *adj* (kısa ve) özlü
Lappalie [la'paːlĭə] *f* ⟨-; -n⟩ değersiz (şey), önemsiz (iş), fasafiso
Lappe *m* ⟨-n; -n⟩ Lapon(yalı)
Lappen *m* ⟨-s; -⟩ bez, kumaş parçası; (*Fetzen*) paçavra; (*Staub*2) toz bezi; ANAT, BOT lop; F ***j-m durch die ~ gehen*** b-nin elinden kaçmak
läppern F: ***es läppert sich*** yavaş yavaş birikiyor
lappig *adj* F gevşek; gülünç, kıytırık
Lappin *f* ⟨-; -nen⟩ Lapon(yalı) (kadın)
läppisch *adj* F gülünç, kıytırık
Laptop ['lɛp-] *m* ⟨-s; -s⟩ dizüstü
Lärm *m* ⟨-s; *o pl*⟩ gürültü; ***~ machen*** gürültü yapmak; ***~ machen um*** *fig* (*Aufheben*) için/uğruna yaygara/patırtı yapmak; **~bekämpfung** *f* ⟨-; *o pl*⟩ gürültüyle mücadele; **~belästigung** *f* gürültü kirlenmesi; gürültüden rahatsız olma; **2empfindlich** *adj* gürültüye (karşı) hassas
lärmen *v/i* ⟨*h*⟩ gürültü/patırtı yapmak
lärmend *adj* gürültülü, gürültü yapan
Lärmpegel *m* gürültü/uğultu seviyesi
Lärmschutz *m* gürültüye karşı koru(n)ma; **~wall** *m gürültü kesen set*; **~wand** *f gürültü kesen duvar*
Larve [-fə] *f* ⟨-; -n⟩ ZOOL kurtçuk, larva
lasch *adj* F (*schlaff*) gevşek; *fig Disziplin* gevşek, lapacı
Lasche *f* ⟨-; -n⟩ *am Schuh* dil
Las|e *m* ⟨-n; -n⟩, **~in** *f* ⟨-; -nen⟩ Laz; **2isch** *adj* Laz(ca) *subst*; **~isch(e)** *n* Lazca
Laser ['leːzɐ] *m* ⟨-s; -⟩ lazer; **~drucker** *m* EDV lazer(li) yazıcı; **~strahl** *m* lazer ışını; **~technik** *f* lazer teknolojisi; **~waffen** *pl* lazerli silahlar
lassen ⟨*h*⟩ **1.** *v/t* ⟨lässt, ließ, gelassen⟩ bırakmak; ***j-m etw ~*** (*über~*) b-ne bş-i bırakmak, devretmek; ***j-n allein ~*** b-ni yalnız bırakmak; ***j-n*** (***etw***) ***zu Hause ~*** b-ni (bş-i) evde bırakmak; F ***das muss man ihr ~!*** *fig* onun bu konuda hakkını yememeli!; ***lass alles so, wie*** (***wo***) ***es ist*** her şeyi olduğu gibi (yerde) bırak; ***er kann das Rauchen nicht ~*** o sigarayı bırakamıyor; ***lass das!*** (*unter~*) bırak!; dokunma!; ***j-n in Ruhe ~*** b-ni rahat bırakmak; ***lass mich in Ruhe!*** beni rahat/yalnız bırak!; **2.** *v/aux* ⟨lässt, ließ, lassen⟩ (*veran~*) *-in -i* yapmasını sağlamak; (*zu~*) *-in -i* yapmasına izin vermek; ***j-n etw tun ~*** b-ne bş-i yaptırmak; ***den Arzt kommen ~*** doktor(u) çağırmak/getirtmek; ***es lässt sich machen*** yapılabilir; ***j-n grüßen ~*** b-ne selam söylemek; ***kommen ~*** getirtmek; göndermek
lässig *adj* kayıtsız, laubali; (*nachlässig*) özensiz, ihmalkâr; **2keit** *f* ⟨-; *o pl*⟩ kayıtsızlık, özensizlik
Last *f* ⟨-; -en⟩ yük; (*Bürde*) yüküm(lülük); (*Gewicht*) ağırlık; ***die ~ der Beweise*** JUR ispat yükü; ***j-m zur ~ fallen*** b-ne yük olmak; ***j-m etw zur ~ legen*** b-ni bş-le suçlamak; **~en** ÖKON *meist pl* yük(üm), borçlar; ***zu ~en von ...*** ... tarafından ödenmek üzere
Lastauto *n* kamyon

lasten *v/i* ⟨*h*⟩: **~ auf** (*D*) *-in* yükü *-in* üzerinde olmak
Lasten|aufzug *m* yük asansörü; **~ausgleich** *m Nazi dönemi zararlarının giderilmesi için konmuş vergi*
Laster[1] *m* ⟨-s; -⟩ F kamyon
Laster[2] *n* ⟨-s; -⟩ kötü huy, kusur
lästern *v/i* ⟨*h*⟩: **~ über** (*A*) *-i* kötülemek, *-in* dedikodusunu yapmak
lästig *adj* usandırıcı, rahatsız edici; (***j-m***) **~ *sein*** b-nin canını sıkmak
Last-Minute-Flug [la:st'minit-] *m* son dakika uçuşu
Lastschrift *f* ÖKON borç kaydı
Lastwagen *m* kamyon; **~fahrer** *m* kamyon sürücüsü
Lasur *f* ⟨-; -en⟩ suboyası
Latein *n* Latince; ***ich bin mit meinem ~ am Ende!*** benden pes!; bundan sonrasını ben de bilemiyorum
Lateinamerikan|er(**in** *f*) *m* Latin Amerikalı; **&isch** *adj* Latin Amerika(lı) *subst*
lateinisch *adj* Latin(ce) *subst*
Latenzzeit *f* MED kuluçka devresi/dönemi
Laterne *f* ⟨-; -n⟩ fener, lamba
Latinum *n* ⟨-s; *o pl*⟩: ***großes*** (***kleines***) **~** *büyük* (*küçük*) *Latince öğrenimi/sınavı*
Latsche *f* ⟨-; -n⟩ BOT bodur çam
latschen F *v/i* ⟨*sn*⟩ ayak sürüyerek yürümek; **~ auf** (*A*) *-in* orta yerine basmak
Latschen *m* ⟨-s; -⟩ F terlik; ***aus den ~ kippen*** zıvanadan çıkmak
Latte *f* ⟨-; -n⟩ (*Brett*) lata, dilme; SPORT çıta; F *fig* ***e-e ganze ~ von …*** koca bir liste dolusu …
Lätzchen *n* ⟨-s; -⟩ çocuk önlüğü
Latzhose *f göğüslüklü pantalon*
lau *adj* (*lauwarm*) ılık
Laub *n* ⟨-s; *o pl*⟩ yaprak(lar); **~baum** *m* düz yapraklı ağaç
Laube *f* ⟨-; -n⟩ (*Gartenlaube*) kameriye
Laub|frosch *m* yeşilbağa; **~säge** *f* kıl testere; **~wald** *m düz yapraklı ağaçlardan oluşan orman*; **~werk** *n* ⟨-s; *o pl*⟩ *bir ağacın yaprakları*
Lauch *m* ⟨-s; -e⟩ pırasa
Lauer ['lauɐ] *f*: ***auf der ~ liegen*** pusuya yatmak
lauern *v/i* ⟨*h*⟩ pusuda beklemek; **~ *auf*** (*A*) *-i* sabırsızlıkla beklemek
lauernd *adj Blick* sinsi(ce)

Lauf *m* ⟨-s; ⸚e⟩ SPORT koşu; (*Verlauf*) gidiş, akış; (*Gewehr&*) namlu; *fig* ***s-n Gefühlen*** (***Tränen***) ***freien ~ lassen*** duygularını dizginlememek (gözyaşlarını koyuvermek); ***den Dingen ihren ~ lassen*** işi olayların akışına bırakmak; ***im ~ der Zeit*** zamanla, zaman geçtikçe
Laufbahn *f* kariyer
laufen ⟨läuft, lief, gelaufen, *sn*⟩ **1.** *v/i* koşmak; (*zu Fuß gehen*) yürümek (*a* ÖKON); (*fließen*) akmak; TECH (*funktionieren*) işlemek, çalışmak; *Film* gösterilmek, oynamak; *fig* yolunda olmak; F (*verlaufen*) olmak, olup bitmek; ÖKON, JUR (*gültig sein*) geçerli olmak; ***der Mietvertrag läuft 5 Jahre auf j-s Namen ~*** kira sözleşmesi 5 yıl süreyle b-nin adına geçerli; ***j-n ~ lassen*** b-ni serbest bırakmak; *straffrei* cezasız salıvermek; F ***meine Nase läuft*** burnum akıyor; ***wie ist es gelaufen?*** nasıl oldu?; ***da läuft nichts!*** bir şey olduğu yok!; **2.** *v/t Straße* yürümek; ***sich*** (*D*) ***Blasen ~*** ⟨*h*⟩ *-in* ayakları yürümekten su toplamak
laufend **1.** *adj* (*dauernd*) devamlı; (*jetzig*) içinde bulunulan; ÖKON cari; ***~e Kosten*** *pl* ÖKON cari harcamalar; ***mit ~em Motor*** motoru kapatmadan; ***~er Meter*** ÖKON metre (*uzun bir maldan kesilen*); ***auf dem &en sein*** yenilikleri izlemek; **2.** *adv* sürekli olarak; (*immer*) daima; (*regelmäßig*) düzenli
Läufer *m* ⟨-s; -⟩ koşucu; (*Teppich*) uzun ince halı, yolluk; *Schach* fil; **~in** *f* ⟨-; -nen⟩ koşucu (kadın)
Lauffeuer *n*: ***sich verbreiten wie ein ~*** yıldırım hızıyla yayılmak
läufig *adj* ZOOL kızgın
Lauf|kundschaft *f* ara sıra gelen müşteriler *pl*; **~masche** *f* kaçık (*Strümpfe*); **~pass** *m* F: ***j-m den ~ geben*** b-ne pasaportunu eline vermek; b-ni sepetlemek; **~schritt** *m*: ***im ~*** koşar adım(la); **~stall** *m küçük çocuk için oynama kafesi*; **~steg** *m* podyum; **~werk** *n* EDV sürücü; **~zeit** *f Vertrag* vade, müddet; *Kassette* uzunluk, süre; **~zettel** *m* işlem kayıt pusulası
Lauge *f* ⟨-; -n⟩ CHEM eriyik; (*Seifen&*) sabunlu su
Laune *f* ⟨-; -n⟩ mizaç, huy, heves; ***gute*** (***schlechte***) ***~ haben*** keyfi iyi (kötü) olmak

laun|enhaft, **~isch** *adj* kaprisli, kararsız; (*mürrisch*) keyifsiz
Laus *f* ⟨-; ⸚e⟩ bit
Lauschangriff *m* ⟨-s; -e⟩ *şüpheli kişilerin telefonunun dinlenmesi*; «telekulak» operasyonu
lauschen *v/i* ⟨*h*⟩ *heimlich* (gizlice) dinlemek, *-e* kulak kabartmak
lausen *v/t* ⟨*h*⟩ F *fig*: ***mich laust der Affe!*** bu işe şaştım kaldım!
lausig F **1.** *adj* (*schlecht*) kötü, adi; *Kälte* berbat; **2.** *adv*: ***es ist ~ kalt*** hava felaket soğuk
laut[1] **1.** *adj* yüksek sesli; *Straße, Kinder* gürültülü; **2.** *adv* yüksek sesle; ***~ und deutlich*** çekinmeden ve açık seçik (*fikrini söylemek*); ***~ vorlesen*** yüksek sesle okumak; (***sprich***) ***~er, bitte!*** daha yüksek sesle (konuş), lütfen!
laut[2] *präp -e* göre, bş gereğince
Laut *m* ⟨-s; -e⟩ ses, seda, gürültü; LING ses; *fig* ***sie gab keinen ~ von sich*** o hiç ses çıkarmadı
Laute *f* ⟨-; -n⟩ MUS lavta
lauten *v/i* ⟨*h*⟩ *Text* şöyle (*od* aşağıdaki gibi) olmak; *Name* olmak; ***das Urteil lautete auf Freispruch*** JUR karar beraat şeklindeydi
läuten *v/i u v/t* ⟨*h*⟩ çalmak; ***es läutet*** (kapı/zil) çalıyor
lauter *adv* sadece, safî, sırf; ***aus ~ Bosheit*** sırf kötülük olsun diye; ***das sind ~ Lügen*** bunlar yalandan başka bir şey değil
lauthals *adv*: ***~ lachen*** kah kah gülmek
lautlos **1.** *adj* sessiz, sedasız; sakin; **2.** *adv* sessizce
Lautschrift *f* fonetik yazı
Lautsprecher *m* (h)oparlör; **~anlage** *f* oparlör sistemi; **~box** *f* kolon
lautstark *adj* yüksek sesli; sesini duyuran
Lautstärke *f* ses şiddeti; EL *a* ses ayarı; **~regler** *m* ses ayar kontrolü
lauwarm *adj* ılık
Lava [-v-] *f* ⟨-; -ven⟩ GEOL lava
Lavendel [-v-] *m* ⟨-; -n⟩ lavanta
Lawine *f* ⟨-; -n⟩ çığ
Lawinengefahr *f* çığ tehlikesi
lawinensicher *adj* çığ tehlikesi olmayan
Layout ['le:|aut] *n* ⟨-s; -s⟩ sayfa düzeni, mizanpaj; **~er** *m* ⟨-s; -⟩, **~erin** *f* ⟨-;-nen⟩ mizanpajcı
Lazarett [-ts-] *n* ⟨-s; -e⟩ askerî hastane
LCD-Anzeige [ɛltse'de:-] *f* likit kristalli (*od* LCD) gösterge
Lean Management [li:nmɛnidʒ'mɛnt] *n* ince yönetim
leas|en ['li:zən] *v/t* ⟨*h*⟩ leasing yoluyla kiralamak, leasing yapmak; **2ing** *n* ⟨-s; -s⟩ leasing, finansal kiralama
leben ⟨*h*⟩ yaşamak; (*am Leben sein*) hayatta/sağ olmak; (*wohnen*) oturmak; ***~ für*** için yaşamak; ***~ von*** ile geçinmek
Leben *n* ⟨-s; -⟩ hayat, yaşam; ***am ~ bleiben*** hayatta kalmak; (*überleben*) sağ kalmak; ***am ~ sein*** hayatta olmak; ***sich*** (*D*) ***das ~ nehmen*** canına kıymak, hayatına son vermek; ***ums ~ kommen*** hayatını kaybetmek, ölmek; ***um sein ~ laufen*** (***kämpfen***) hayatını kurtarmak için kaçmak (savaşmak); ***das tägliche ~*** günlük hayat; ***mein ~ lang*** hayatım/ömrüm boyunca; ***ich tanze für mein ~ gern*** dans etmeye bayılırım; ***ins ~ rufen*** gerçekleştirmek, hayata geçirmek; ***er steht im öffentlichen ~*** kamuoyunun gözü onun üstünde; F ***nie im ~!*** hayatta/dünyada olmaz!; ***~ bringen in*** (*A*) *-e* canlılık getirmek
lebend *adj* diri
lebendig *adj* canlı; *fig* dinç, neşeli; **2keit** *f* ⟨-; *o pl*⟩ canlılık
Lebens|abend *m* yaşlılık, hayatın son demleri *pl*; **~abschnitt** *m* hayatın bölümü/çağı; **~alter** *n* yaş; **~anschauung** *f* hayat görüşü; **~art** *f* yaşama tarzı; **~auffassung** *f* hayat anlayışı; **~aufgabe** *f* hayatın amacı; **~bedingungen** *pl* hayat şartları; **2bedrohlich** *adj* hayati tehlike içeren; **~bereich** *m* yaşama alanı; **~dauer** *f* ömür; TECH *a* dayanıklılık; **~erfahrung** *f* hayat tecrübesi; **~erwartung** *f* ortalama ömür; **2fähig** *adj* MED yaşama gücüne sahip, *fig* yaşayabilir; **~form** *f* (*Lebensweise*) yaşam(a) biçimi; **~freude** *f* yaşama sevinci; **~gefahr** *f* ⟨-; *o pl*⟩ hayatî tehlike, ölüm tehlikesi; ***unter ~*** ölüm tehlikesi altında; ***er schwebte in ~*** *-in* hayatı tehlikedeydi, MED hayati tehlike içindeydi; **2gefährlich** *adj* hayatî tehlike içeren; *Krankheit* çok ciddi; *Verletzung* ağır; **~gefährte(in** *f*) *m* hayat arkadaşı, eş; **2groß** *adj* gerçek boyda; **~größe** *f*: ***in ~*** gerçek büyüklüğünde; **~haltung** *f* hayat standardı; **~haltungsindex** *m* geçim en-

deksi; **~haltungskosten** *pl* geçim masrafları; **~jahr** *n* yaş

lebens|lang, **~länglich** *adj u adv* ömür boyu; ***~e Freiheitsstrafe*** JUR müebbet hapis cezası; F ***er hat ~ bekommen*** ona müebbet hapis verdiler

Lebens|lauf *m* biyografi, yaşamöyküsü; *eigener* otobiyografi, özgeçmiş; **ꝸlustig** *adj* hayata bağlı; ***~ sein*** hayatın tadını çıkarmak

Lebensmittel *pl* yiyecek *sg*; gıda maddeleri; *Waren a* bakkaliye *sg*; **~abteilung** *f* gıda bölümü; **~geschäft** *n* gıda pazarı, market, bakkal (dükkanı); **~händler(in** *f*) *m* marketçi, bakkal; **~industrie** *f* besin endüstrisi; **~vergiftung** *f* MED besin zehirlenmesi

lebens|müde *adj* hayata küskün, hayattan bezgin; **~notwendig** *adj* yaşamak için zorunlu

Lebens|qualität *f* ⟨-; *o pl*⟩ hayat standardı; **~raum** *m* yaşama ortamı; **~retter(in** *f*) *m* can kurtaran/kurtarıcı; **~standard** *m* hayat standardı; **~stellung** *f ömür boyu sürecek kadro/mevki*; **~unterhalt** *m* geçim (kaynağı); ***s-n ~ verdienen*** (***als/mit*** … olarak/ile) hayatını kazanmak; **~versicherung** *f* hayat sigortası; **~wandel** *m* hayat tarzı (*ahlak bakımından*); **~weise** *f* yaşam(a) biçimi/tarzı; **~weisheit** *f* hikmet, bilgelik; (*Spruch*) vecize, özdeyiş; **~werk** *n -in* hayatının eseri; **ꝸwert** *adj* yaşamaya değer; **ꝸwichtig** *adj* hayati önem taşıyan; **~wille** *m* yaşama iradesi; **~zeichen** *n* hayat belirtisi; **~zeit** *f* ömür; ***auf ~*** ömür boyu; **~ziel** *n -in* hayattaki hedefi

Leber *f* ⟨-; -n⟩ ANAT karaciğer; GASTR ciğer; **~fleck** *m* ben; **~knödel** *m* ciğerli köfte; **~krankheit** *f* karaciğer hastalığı; **~krebs** *m* MED karaciğer kanseri; **~pastete** *f* ciğer ezmesi; **~tran** *m* balıkyağı; **~wurst** *f* ciğerli sucuk; **~zirrhose** *f* MED karaciğer sirozu

Lebewesen *n* ⟨-s; -⟩ canlı (varlık)

Lebewohl *n*: ***~ sagen*** hoşçakal demek, veda etmek

lebhaft **1.** *adj* canlı; *Verkehr* hareketli, hızlı; **2.** *adv*: ***das kann ich mir ~ vorstellen*** bunu gözümün önüne pek güzel getirebiliyorum

Lebkuchen *m baharlı bir Noel çöreği*

leblos *adj* cansız, ölü

Lebzeiten *pl*: ***zu s-n ~*** (onun) sağlığında

lechzen *v/i* ⟨*h*⟩: ***~ nach*** *-e* susamış olmak

leck *adj* delik, yarık, çatlak

Leck *n* ⟨-s; -e⟩ yarık, sızıntı yeri, geminin su aldığı yer

lecken[1] *v/i* ⟨*h*⟩ sızıntı yapmak

lecken[2] *v/t u v/i* ⟨*h*⟩ (***an*** *D -i*) yalamak

lecker *adj* nefis, enfes

Leckerbissen *m* lezzetli yiyecek; *fig* nefis bir şey

Leckerei *f* ⟨-; -en⟩ *Süßigkeit* tatlı, şekerleme *vs*

led. *Abk für* ***ledig*** bekâr

Leder *n* ⟨-s; -⟩ deri, meşin; **~fett** *n* TECH vidala yağı; **~gürtel** *m* deri kemer; **~hose** *f* deri pantalon; **~jacke** *f* deri ceket

ledern *adj* deri(den)

Lederwaren *pl* deri eşya(lar)

ledig *adj* bekâr

lediglich *adv* yalnızca

Lee *f* ⟨-; *o pl*⟩ MAR rüzgaraltı, boca; ***nach ~*** rüzgaraltına

leer [leːɐ] **1.** *adj* boş; (*unbewohnt a*) açık, münhal; *Batterie* bitmiş; F ***~es Gerede*** boş gevezelik; **2.** *adv*: ***~ laufen*** TECH boşta çalışmak; ***~ laufen lassen*** (akıtıp) boşaltmak; ***~ stehen*** *Wohnung* boş durmak

Leere *f* ⟨-; *o pl*⟩ boşluk; ***ins ~ gehen*** boşa çıkmak; ***ins ~ starren*** boş boş bakmak

leeren **1.** *v/t* ⟨*h*⟩ boşaltmak; **2.** *v/r* ⟨*h*⟩: ***sich ~*** boşalmak

Leer|gewicht *n* boş ağırlık; **~gut** *n* ⟨-s; *o pl*⟩ boş ambalaj (*Pfandgefäße*), şişe *vs* boşları *pl*; **~lauf** *m* TECH rölanti; boş vites; *fig* boşa işleme/çalışma; **~packung** *f* ÖKON boş ambalaj; **~taste** *f* ara tuşu; **~ung** *f* ⟨-; -en⟩ *Briefkasten* boşalt(ıl)ma

legal *adj* meşru, yasal; **~isieren** *v/t* ⟨*o* ge-, *h*⟩ yasallaştırmak; **ꝸisierung** *f* ⟨-; -en⟩ yasallaş(tır)ma; **ꝸität** *f* ⟨-; *o pl*⟩ yasallık; ***außerhalb der ~*** yasadışı

Legasthenie *f* ⟨-; *o pl*⟩ legasteni

Legat[1] *m* ⟨-en; -en⟩ (*päpstl. Gesandter*) lega

Legat[2] *n* ⟨-s; -e⟩ JUR vasiyet

legen ⟨*h*⟩ **1.** *v/t* koymak, yatırmak; *Eier* yumurtlamak; ***er legte die Entscheidung in meine Hände*** kararı bana bıraktı; *Haare* bigudiye sarmak; ***Karten ~*** (*wahrsagen*) iskambil falı açmak; **2.** *v/r*: ***sich ~*** yatmak, uzanmak; *fig*

yatışmak; *Schmerz* geçmek
legendär *adj* efsanevî
Legende *f* ⟨-; -n⟩ efsane, söylence
leger [le'ʒɛːɐ] *adj* rahat, teklifsiz
Leggings ['lɛgɪŋs] *pl* leggings
legier|en *v/t* ⟨*o* ge-, *h*⟩ TECH alaşım yapmak; *Suppe* koyulaştırmak; **2ung** *f* ⟨-; -en⟩ TECH alaşım
Legislative [-v-] *f* ⟨-; -n⟩ POL yasama (gücü/organı)
Legislaturperiode *f* yasama dönemi
legitim *adj* yasal, kanuni; **2ation** *f* ⟨-; -en⟩ gerekçe(lendirme); (*Berechtigung*) hak tanıma; onay (belgesi)
legitimieren ⟨*o* ge-, *h*⟩ **1.** *v/t* gerekçelendirmek; (*berechtigen*) haklı kılmak; **2.** *v/r*: ***sich ~*** kimliğini ispat etmek
Leguan *m* ⟨-s; -e⟩ kabarcıklı iguana
Lehm *m* ⟨-s; -e⟩ kil; **~boden** *m* killi toprak; **2ig** *adj* killi, balçık gibi
Lehne *f* ⟨-; -n⟩ (*Rücken2*) arkalık; (*Arm2*) kolluk, kol desteği
lehnen **1.** *v/t* ⟨*h*⟩ yaslamak, dayamak; **2.** *v/i u v/r* ⟨*h*⟩ (***an, gegen*** *A -e*) dayanmak, yaslanmak; ***sich aus dem Fenster ~*** pencereden sarkmak
Lehn|sessel *m*, **~stuhl** *m* rahat koltuk
Lehnwort *n* ⟨-s; ¨er⟩ ödünç kelime (*özümlenmiş yabancı kelime*)
Lehr|amt *n* öğretmenlik; **~anstalt** *f* öğretim kurumu; **~auftrag** *m* öğretim görevi; **~beauftragte** *m, f* ⟨-n; -n⟩ öğretim görevlisi; **~buch** *n* ders kitabı
Lehre *f* ⟨-; -n⟩ (*Wissenschaft*) bilim; (*Theorie*) kuram; REL, POL öğreti, doktrin; *e-r Geschichte* ders; *Ausbildung* çıraklık (eğitimi); ***in der ~ sein*** çıraklık eğitimi görmek (***bei*** *-de*); ***e-e ~ ziehen aus*** *-den* (k-ne) bir ders çıkarmak; ***das wird ihm e-e ~ sein*** bu ona bir ders olur
lehren *v/t* ⟨*h*⟩ (*-e*) öğretmek; (*zeigen*) (*-e*) göstermek
Lehrer *m* ⟨-s; -⟩ öğretmen, *Gymnasium* F hoca; *Universität* öğretim üyesi, F hoca; **~ausbildung** *f* öğretmen eğitimi/yetiştirme; **~beruf** *m* öğretmenlik (mesleği); **~fortbildung** *f öğretmenler için meslekte ilerleme programı*; **~in** *f* ⟨-; -nen⟩ öğretmen (kadın); **~kollegium** *n bir okulun öğretmenleri*; **~konferenz** *f* öğretmenler kurulu; **~mangel** *m* ⟨-s; *o pl*⟩ öğretmen açığı; **~zimmer** *n* öğretmenler odası
Lehr|fach *n* ders (*okullarda okutulan*); **~gang** *m* kurs; **~geld** *n*: ***ich habe ~ zahlen müssen*** bu bana pahalı bir ders oldu; **~jahre** *pl* çıraklık yılları; **~ling** *m* ⟨-s; -e⟩ çırak; **~methode** *f* öğretim metodu/yöntemi; **~mittel** *pl* ders araçları; **~plan** *m* müfredat (programı); **2reich** *adj* öğretici, eğitici; **~stelle** *f* (çıraklık) eğitim yeri; **~stuhl** *m Universität* kürsü; **~veranstaltung** *f Universität* ders; **~vertrag** çıraklık sözleşmesi; **~werkstatt** *f çırak yetiştirilen atölye*; **~zeit** *f* çıraklık devresi/ dönemi
Leib *m* ⟨-s; -er⟩ beden, vücut; ***etw am eigenen ~ erfahren*** bş b-nin kendi başından geçmek; ***bei lebendigem ~(e)*** diri diri; ***mit ~ und Seele*** bütün varlığı ile
Leibes|kräfte *pl*: ***aus ~n*** bütün gücüyle; **~übungen** *pl* beden eğitimi (hareketleri); **~visitation** [-t͡sĭoːn] *f* ⟨-; -en⟩ *-in* üstünü arama
Leibgericht *n -in* en çok sevdiği yemek
leiblich *adj*: ***für das ~e Wohl sorgen*** iyi yiyecek içecek tedarik etmek; (*blutsverwandt*) ***~er Bruder*** (***~e Schwester***) öz (kız) kardeş
Leib|rente *f* ömür boyu emeklilik; **~schmerzen** *pl* karın ağrısı/sancısı *sg*; **~wache** *f* özel koruma; **~wächter** *m* koruma (görevlisi)
Leiche *f* ⟨-; -n⟩ ceset, ölü; ***über ~n gehen*** fütursuzca davranmak; F ***nur über meine ~!*** ölürüm de buna izin vermem!
leichenblass *adj* sapsarı, solgun, kül gibi
Leichen|halle *f*, **~(schau)haus** *n* morg; **~starre** *f* MED ceset katılaşması; **~wagen** *m* cenaze arabası
Leichnam *m* ⟨-s; -e⟩ cenaze, ceset
leicht **1.** *adj* hafif; (*einfach*) kolay, basit; (*geringfügig*) cüzî, az; ***etw auf die ~e Schulter nehmen*** bş-i hafife almak; **2.** *adv* ***~ bekleidet*** hafif giyimli; ***~ gekränkt*** hafif kırgın; ***das ist ~ gesagt*** söylemesi kolay; ***es geht ~ kaputt*** kolayca kırılabilir; ***es fällt mir*** (***nicht***) ***~*** (***zu*** -mek) bana kolay (zor) geliyor; ***j-m etw ~ machen*** b-ne bş-i kolaylaştırmak; ***sich*** (*D*) ***das Leben ~ machen*** hayatı kolay tarafından almak; ***du machst es dir zu leicht!*** (işin) kolay(ı-n)a kaçıyorsun!; ***~ möglich*** pekalâ olabilir; ***~ nehmen*** hafife almak; *Krank-*

heit önemsemememek; ***nimms ~!*** boş ver, aldırma!; F ***sich ~ tun*** kolaya kaçmak; ***~ verständlich*** kolay anlaşılır

Leicht|athlet *m* atlet; **~athletik** *f* atletizm; **~athletin** *f* atlet (kadın); **~bauweise** *f* hafif inşaat; **~benzin** *n* leke benzini; **≈fertig** *adj* gayri ciddi; (*unbedacht*) düşüncesiz; (*fahrlässig*) dikkatsiz; **~fertigkeit** *f* ⟨-; *o pl*⟩ ciddiyetsizlik; (*Unbedachtheit*) düşüncesizlik; **≈füßig** *adj* ayağına çabuk; **~gewicht** *n* ⟨-s; *o pl*⟩ hafif sıklet; **≈gläubig** *adj* her şeye inanan, saf; **~gläubigkeit** *f* ⟨-; *o pl*⟩ saflık; **≈lebig** *adj* kaygısız, tasasız; **~metall** *n* hafif metal; **~sinn** *m* ⟨-s; *o pl*⟩ düşüncesizlik, dikkatsizlik; *stärker*: pervasızlık; **≈sinnig** *adj* düşüncesiz, dikkatsiz; pervasız; **~verletzte** *m*, *f* ⟨-n; -n⟩ hafif yaralı

leid *adj präd*: ***ich bin es ~*** (***etw zu tun***) (bş-i yapmaktan) bıktım

Leid *n* ⟨-s; *o pl*⟩ acı, keder, elem; (*Schmerz*) ağrı; ***j-m sein ~ klagen*** b-ne dert yanmak; (*Unrecht*) kötülük; ***j-m ein ~ zufügen*** b-ne bir kötülük yapmak; ***ihr ist kein ~ geschehen*** ona bir kötülük yapılmadı; ***es tut mir ~*** üzgünüm (***um*** için; ***wegen*** *-den* dolayı; ***dass ich zu spät komme*** geç kaldığım için); *iron* ***das wird dir noch ~ tun!*** pişman olacaksın!; F ***tut mir ~!*** pardon!

leiden ⟨litt, gelitten, *h*⟩ **1.** *v/i* (***an*** *D*, ***unter*** *D -den*) (acı) çekmek; ***Hunger ~*** açlık çekmek; **2.** *v/t*: ***j-n gut ~ können*** b-ni çok sevmek, b-nden hoşlanmak; ***ich kann ihn nicht ~*** ben onu pek sevmem, *stärker*: ben onu hiç sevmem

Leiden *n* ⟨-s; -⟩ acı, ıstırap; MED hastalık, (*Gebrechen*) şikâyet, sakatlık

Leidenschaft *f* ⟨-; -en⟩ tutku, hırs; **≈lich** *adj* tutkulu, ateşli; (*heftig*) şiddetli, hiddetli; ***ich esse ~ gern Pizza*** pizaya bayılırım

Leidensgenoss|e *m*, **~in** *f* dert yoldaşı

Leidens|geschichte *f fig* çile; REL ***die ~*** (***Christi***) *İsa'ya yapılan eziyetlerin hikâyesi*; **~miene** *f* ıstırap ifadesi (*yüzde*); **~weg** *m* çile, meşakkat

leider *adv* maalesef; ***~ ja*** (***nein***) maalesef evet (hayır)

leidgeprüft *adj* acı çekmiş, çilekeş

leidig *adj* nahoş, sıkıcı

Leidtragende *m*, *f* ⟨-n; -n⟩: ***er ist der ~ dabei*** bu işten asıl zarar gören o; ***die ~n*** *-in* ceremesini çekenler

Leidwesen *n*: ***zu meinem ~*** çok üzülmeme rağmen

Leih|arbeiter(**in** *f*) *m kendi kuruluşunun başka bir kuruluşa ödünç verdiği işçi*; **~bibliothek** *f*, **~bücherei** *f* ödünç kitap veren kütüphane

leihen *v/t* ⟨lieh, geliehen, *h*⟩: ***j-m etw ~*** b-ne bş-i ödünç vermek; ***sich*** (*D*) ***etw ~*** (***bei, von*** *-den*) bş-i ödünç almak

Leih|frist *f* ödünç verme süresi, kiralama süresi; **~gabe** *f* emanet, *ödünç verilen şey*; **~gebühr** *f Auto* kiralama ücreti; *Buch* ödünç verme ücreti; **~haus** *n* (rehin karşılığı) borç veren kuruluş; **~wagen** *m* AUTO kiralık araba; ***sich*** (*D*) ***e-n ~ nehmen*** araba kiralamak

leihweise *adv* ödünç olarak

Leim *m* ⟨-s; -e⟩ tutkal, çiriş; F ***aus dem ~ gehen*** dökülmek; F *fig* ***j-m auf den ~ gehen*** b-nin tuzağına düşmek

leimen *v/t* ⟨*h*⟩ tutkallamak; F *fig* ***j-n ~*** b-ni yutmak (*hileyle kaybettirmek*)

Leimfarbe *f* tutkallı boya

Lein *m* ⟨-s; -e⟩ BOT keten (bitkisi)

Leine *f* ⟨-; -n⟩ ip; (*Hunde*≈) tasma

Leinen *n* ⟨-s; -⟩ keten (bezi/kumaş); ***in ~ gebunden*** bez ciltli; **~kleid** *n* keten elbise

Leinsamen *m* keten tohumu

Leinwand *f Kino* (beyaz) perde; *Malerei* tu(v)al

leise **1.** *adj* sessiz, sakin; *Stimme* yavaş, alçak, hafif; ***sei***(***d***) ***~!*** yavaş/sessiz ol(un)!; *fig* zayıf, narin, cılız; ***ich habe nicht die leiseste Ahnung*** en ufak bir fikrim bile yok; ***das Radio leiser stellen*** radyonun sesini kısmak; **2.** *adv* alçak sesle; ***~ sagen*** *a* fısıldamak

Leiste *f* ⟨-; -n⟩ ANAT kasık; (*Latte*) çıta; ARCH pervaz

leisten *v/t* ⟨*h*⟩ yapmak, çalışmak; (*vollbringen*) başarmak, *-in* üstesinden gelmek; *Dienst*, *Hilfe* (hizmette/yardımda) bulunmak; *Eid* (yemin) etmek, (ant) içmek; ***Ersatz ~*** tazminatta bulunmak; ***Zahlungen ~*** ödemelerde bulunmak; ***gute Arbeit ~*** iyi iş yapmak; ***sich*** (*D*) ***etw ~*** (*gönnen*) *-e* bş-i bahşetmek; ***ich kann es mir*** (***nicht***) ***~*** buna gücüm yeter (yetmez); ***er darf sich keinen Fehler mehr ~*** artık bir hata daha yapamaz

Leistenbruch *m* MED kasık fıtığı

Leistung *f* ⟨-; -en⟩ çalışma, işleme; *besondere*: başarı; PHYS güç; TECH *a* verim, çıktı, randıman; (*Dienst*≈) servis; (*Sozial*≈) yardım, ödeme; F *iron* ***e-e Leistung!*** aman ne marifet!; ***schulische ~en*** *gute*: okul başarıları; *neutral*: okul/ders durumu; → ***vermögenswirksam***

leistungs|berechtigt *adj* ÖKON ödemeye hak kazanmış; **~bezogen** *adj* randımana bağlı; **≈bilanz** *f* ÖKON carî işlemler bilançosu; **≈denken** *n verimi gözeten zihniyet*; **≈druck** *m* ⟨-s; *o pl*⟩ *verim gösterme baskısı*; **≈empfänger(in** *f*) *m* yardım/ödeme alan; **~fähig** *adj* etkin; TECH randımanlı, verimli; **≈fähigkeit** *f* ⟨-; *o pl*⟩ güç; TECH verimlilik, randıman; **~gerecht** *adj u adv* verime uygun/paralel; **≈gesellschaft** *f* başarı ve rekabet toplumu; **≈kontrolle** *f* başarı denetimi, sınav; **≈prinzip** *n* başarıya göre ilkesi; **~schwach** *adj* TECH gücü yetersiz; **≈sport** *m* profesyonel spor; **≈sportler(in** *f*) *m* profesyonel sporcu; **≈stand** *m* performans/verim düzeyi; **~stark** *adj* TECH güçlü; **~steigernd** *adj* performans/verim arttırıcı; **≈steigerung** *f* performans/verim artışı; **≈wettbewerb** *m* ÖKON etkinlikte rekabet

Leitartikel *m* başyazı

Leitbild *n* örnek, ideal

leiten *v/t* ⟨*h*⟩ yönetmek; *Sitzung -e* başkanlık etmek; TV *a* sunmak; PHYS iletmek

leitend *adj* yöneten, yönetici; PHYS iletken; ***~e Stellung*** yönetici mevki; ***~er Angestellter*** yetkili eleman

Leiter[1] *f* ⟨-; -n⟩ (ayaklı) merdiven

Leiter[2] *m* ⟨-s; -⟩ *Amt*, *Firma* müdür, yönetici; FILM, THEA, MUS yönetmen; *Sitzung* başkan; PHYS iletken; **~in** *f* ⟨-; -nen⟩ müdire, müdür (kadın)

Leitplanke *f* AUTO bariyer (*yol kenarı*)

Leitung *f* ⟨-; -en⟩ ÖKON yönetim, sevk ve idare; *Hauptbüro* merkez; *Verwaltung* yönetim; (*Vorsitz*) başkanlık; *e-r Veranstaltung* organizasyon; *künstlerische* yönetmenlik; (*Wasser*≈) boru, hat; EL hat, kablo; TEL ***die ~ ist besetzt*** hat meşgul; F *fig* ***e-e lange ~ haben*** *-in* jetonu geç düşmek; ***unter der ~ von*** *-in* yönetiminde/yönetmenliğinde

Leitungs|mast *m* elektrik direği; **~netz** *n* şebeke; **~rohr** *n* nakil borusu; **~schnur** *f* EL kablo; **~wasser** *n* şehir suyu

Leit|währung *f* ÖKON anahtar para; **~zins** *m* ÖKON güdümlü faiz (oranı/haddi)

Lektion [lɛk'tsio:n] *f* ⟨-; -en⟩ ders; ***j-m e-e ~ erteilen*** *fig* b-ne bir ders vermek

Lektor *m* ⟨-s; -en ⟩, **~in** *f* ⟨-; -nen⟩ *Universität* okutman; *Verlag* editör, redaktör, sonokuyucu

Lektüre *f* ⟨-; -n⟩ *okunacak şey*

Lende *f* ⟨-; -n⟩ ANAT bel; GASTR fileto

Lenden|gegend *f* bel (bölgesi); **~schurz** *m* önlük, peştemal; **~wirbel** *m* bel omuru

lenkbar *adj* TECH yöne(l)tilebilir; *Kind usw* yönlendirmesi kolay

lenken *v/t* ⟨*h*⟩ yönetmek, AUTO *a* sürmek, kullanmak; *fig* yöneltmek, çevirmek; *Aufmerksamkeit* (***auf*** *A -in* üzerine) çekmek

Lenkrad *n* AUTO direksiyon (simidi), F dümen; **~schaltung** *f* direksiyondan vites; **~schloss** *n* direksiyon kilidi

Lenkung *f* ⟨-; -en⟩ yönlendirme; AUTO yöneltme, kullanma; ÖKON güdüm, kontrol

Leopard [leo-] *m* ⟨-en; -en⟩ leopar

Lepra *f* ⟨-; *o pl*⟩ MED cüzam; **~kranke** *m*, *f* ⟨-n; -n⟩ cüzamlı

lern|bar *adj* öğrenil(ebil)ir; **~behindert** *adj* öğrenme engelli; **≈eifer** *m* öğrenme aşkı

lernen *v/t u v/i* ⟨*h*⟩ öğrenmek; *für die Schule* (ders) çalışmak; ***kochen ~*** yemek pişirmeyi öğrenmek; ***schwimmen ~*** yüzme öğrenmek; F ***er lernt Schlosser*** tesviyecilik eğitimi görüyor; ***aus s-n Fehlern ~*** hatalardan ders almak; *fig* ***j-n*** (***etw***) ***schätzen ~*** b-nin (bş-in) kıymetini anlamak

lernfähig *adj* öğrenme yetenekli

Lern|programm *n* EDV öğrenme programı/yazılımı; **~prozess** *m* öğrenme süreci; **~schwester** *f* MED stajyer hemşire; **~software** *f* EDV öğrenme programı/yazılımı; **~spiel** *n* öğretici oyun; **~stoff** *m* ders(in) konusu

Lesart *f* versiyon (*Text*)

lesbar *adj* okunaklı, okunur

Lesbe *f neg!* → ***Lesbierin***

Lesbierin *f* ⟨-; -nen⟩ lesbiyen, F sevici

lesbisch *adj* lesbiyen, sevici

Lese *f* ⟨-; -n⟩ (*Wein*≈) bağbozumu

Lese|brille *f* okuma gözlüğü; **~buch** *n* okuma kitabı; **&geschützt** *adj* EDV okuma korumalı; **~lampe** *f* okuma lambası

lesen *v/t u v/i* ⟨liest, las, gelesen, *h*⟩ okumak; ***das liest sich wie ...*** ... gibi okunuyor; ***etw in j-s Gesicht ~*** bş-i b-nin yüzünden okumak; ***~ über*** (*A*) ... hakkında bş okumak; *Universität* ... dersi vermek

lesenswert *adj* oku(n)maya değer

Leser *m* ⟨-s; -⟩ okuyucu; okur

Leseratte *f* F kitap kurdu

Leser|brief *m* okur mektubu; **~kreis** *m* okur çevresi; ***e-n großen ~ haben*** *-in* geniş bir okur çevresi olmak/var

leserlich *adj* okunaklı, kolay okunur

Lese|stoff *m* okuma parçası/parçaları, okunacak şey; **~zeichen** *n kitapta kalınan yere konan kurdele vs, osm* mim

Lesung *f* ⟨-; -en⟩ *Parlament* görüşme; (*Autoren&*) okuma günü

Letharg|ie *f* ⟨-; *o pl*⟩ uyuşukluk, atalet; **&isch** *adj* uyuşuk, atıl

Lett|e *m* ⟨-n; -n⟩, **~in** *f* ⟨-; -nen⟩ Letonyalı; **&isch** *adj* Letonya(lı) *subst*; **~isch** Letonca; **~land** *n* ⟨-s; *o pl*⟩ Letonya

Letzt *nur in*: ***zu guter ~*** neyse ki sonunda

letzte *adj* en son, sonuncu; (*neueste*) en yeni; ***als Letzter ankommen*** sona kalmak; ***Letzter sein*** sonuncu olmak; ***das ist das Letzte!*** bu kadarı da fazla; (*äußerst*) ***bis ins Letzte*** sonuna kadar

Letztere(r, **~s)**: ***der*** (***die, das***) **~** en son (sözü edilen)

letztgenannt *adj* en son (sözü edilen)

letzt|jährig *adj* son/geçen yılki; **~lich** *adj* (*doch*) nihayet, sonunda; aslında; **~mals** *adv* son kere; **~willig** *adj* JUR ***~e Verfügung*** vasiyet(name)

Leuchte *f* ⟨-; -n⟩ lamba; F *fig* ***keine ~ sein*** iyi olmamak

leuchten *v/i* ⟨*h*⟩ parlamak; *schwächer*: parıldamak

leuchtend *adj* ışıklı, aydın; *Farbe usw* parlak

Leuchter *m* ⟨-s; -⟩ şamdan, avize

Leucht|farbe *f* floresan boya; **~kraft** *f* ⟨-; *o pl*⟩ aydınlatma (kuvveti), parlaklık; **~reklame** *f* ışıklı reklam; **~röhre** *f* floresan (lamba); **~stoffröhre** *f* floresan lamba; **~turm** *m* deniz feneri

leugnen ⟨*h*⟩ **1.** *v/t* inkâr etmek; ***~ etw getan zu haben*** bş-i yaptığını inkâr etmek; **2.** *v/i* (her şeyi) inkâr etmek

Leukämie *f* ⟨-; -n⟩ MED lösemi, kan kanseri

Leute *pl* insanlar; ***viele ~*** çok kişi; birçokları; ***etw unter die ~ bringen*** herkese anlatmak

Leviten [-v-] *pl*: ***j-m die ~ lesen*** b-ni iyice azarlamak

Levkoje *f* ⟨-; -n⟩ BOT şebboy

lexikalisch *adj* kelime olarak, sözcüksel

Lexikographie [-'fiː] *f* ⟨-; *o pl*⟩ sözlükbilim

Lexikon *n* ⟨-s; -ka⟩ ansiklopedi; (*Wörterbuch*) sözlük

lfd. Nr. *Abk für* ***laufende Nummer*** sıra numarası (*sr. no.*)

Lfrg. *Abk für* ***Lieferung*** *f* teslim(at)

Libanes|e *m* ⟨-n; -n⟩, **~in** *f* ⟨-; -nen⟩ Lübnanlı; **&isch** *adj* Lübnan(lı) *subst*

Libanon *m*: ***der ~*** Lübnan

Libelle *f* ⟨-; -n⟩ ZOOL kızböceği; TECH suterazisi

liberal *adj* liberal; özgürlükçü

Liberale *m*, *f* ⟨-n; -n⟩ liberal

liberalisieren *v/t* ⟨*o* ge-, *h*⟩ liberalleştirmek

Liberalismus *m* ⟨-; *o pl*⟩ liberalizm

Liberalität *f* ⟨-; *o pl*⟩ liberallik

Libero *m* ⟨-s; -s⟩ SPORT libero

Libido *f* ⟨-; *o pl*⟩ PSYCH libido

Liby|en *n* Libya; **~er** *m* ⟨-s; -⟩, **~erin** *f* ⟨-; -nen⟩ Libyalı; **&sch** *adj* Libya(lı) *subst*

licht *adj* (*hell*) aydınlık; *Wald* seyrek ağaçlı; TECH: ***~e Höhe*** net yükseklik

Licht *n* ⟨-s; -er⟩ ışık; (*Helle*) aydınlık, parlaklık; ***ans ~ kommen*** gün ışığına çıkmak; ***etw ans ~ bringen*** gün ışığına çıkarmak; F ***j-n hinters ~ führen*** b-ni kandırmak; (*Beleuchtung, Lampe*) ***~ machen*** ışığı açmak; ***mir geht ein ~ auf*** şimdi anladım/uyandım; **~anlage** *f* ışıklandırma (tesisatı); **~bild** *n* (vesikalık) fotoğraf; (*Dia*) diya, slayt; **~blick** *m fig* umut ışığı; **&durchlässig** *adj* şeffaf, ışık geçiren; **&empfindlich** *adj a* FOTO ışığa (karşı) duyarlı/hassas; **~filter** *n u m* FOTO filtre; **~geschwindigkeit** *f*: ***mit ~*** ışık hızıyla; **~hupe** *f*: ***die ~ betätigen*** AUTO selektör yapmak; **~maschine** *f* AUTO dinamo; **~orgel** *f* ışık oyunu/oyunları; **~quelle** *f* ışık kaynağı; **~schalter** *m* ışık düğmesi/anahtarı; **~schutzfaktor** *m* (güneşten) koruma

L

faktörü; **2scheu** *adj* ışıktan kaçan (*hayvan*); *fig* karanlık amaçlı; **~strahl** *m* ışık ışını; ışık huzmesi; **2undurchlässig** *adj* ışık geçirmeyen

Lichtung *f* ⟨-; -en⟩ açıklık, açma (*ormanda*)

Lid *n* ⟨-s; -er⟩ gözkapağı; **~schatten** *m* far

lieb *adj* sevgili; (*liebenswert*) sevimli; (*nett, freundlich*) hoş, sempatik; *Kind* uslu; *in Briefen*: ***~e Emine*** sevgili Emine; ***Lieber Herr X*** Sevgili X Bey; ***~ gewinnen*** *-den* hoşlanmak, *-i* sevmeye başlamak; ***~ haben*** *-i* (çok) sevmek; **~äugeln** *v/i* ⟨ge-, *h*⟩: ***~ mit etw*** *bş-i yapmayı/almayı çok aklından geçirmek*

Liebe *f* ⟨-; *o pl*⟩ (***zu*** *-e*) aşk, sevgi; ***aus ~ zu …*** aşkından; ***~ auf den ersten Blick*** bir bakışta (duyulan) aşk

Liebe *m, f* sevgilim; dostum; ***mein ~r!*** ahbap! (*uyararak*)

liebebedürftig *adj*: ***~ sein*** sevgiye muhtaç olmak

lieben ⟨*h*⟩ **1.** *v/t* sevmek; (*verliebt sein*) *-e* âşık olmak; **2.** *v/r*: ***sich ~*** bb-ni sevmek; (*sexuell*) (*-le*) sevişmek

liebenswert *adj* canayakın, sevimli

liebenswürdig *adj* sevimli, nazik; **2keit** *f* ⟨-; *o pl*⟩ nezaket, iltifat

lieber *adv* tercihan, daha çok; ***~ haben*** daha çok sevmek, yeğlemek, tercih etmek; ***ich möchte ~ (nicht) …*** -meyi (-memeyi) tercih ederim; ***du solltest ~ (nicht) …*** -(me)sen daha iyi olur

Liebes|affäre *f* gönül macerası; aşk skandalı; **~brief** *m* aşk mektubu; **~entzug** *m* sevgiden mahrum etme; **~erklärung** *f* ilanı aşk; ***(j-m) e-e ~ machen*** (b-ne) ilanı aşk etmek; **~kummer** *m* ⟨-s; *o pl*⟩ karasevda; ***~ haben*** karasevdaya düşmek; **~leben** *n* cinsel hayat; **~lied** *n* aşk şarkısı; **~müh(e)** *f*: ***das ist verlorene ~!*** bu boşuna zahmet!; **~paar** *n* sevgililer *pl*, iki sevgili; sevişen çift; **~roman** *m* aşk romanı

liebevoll *adj* sevgiyle, şefkatle

Liebhaber *m* ⟨-s; -⟩ sevgili, âşık; *-in* meraklısı; **~ei** *f* ⟨-; -en⟩ hobi; merak; **~preis** *m ancak meraklıların ödeyeceği yüksek fiyat*; **~stück** *n meraklısının değer verdiği parça*; **~wert** *m bş-in meraklısı için taşıdığı değer*

liebkosen *v/t* ⟨ge-, *h*⟩ okşamak, sevmek

lieblich *adj* sevimli, zarif, hoş; *Wein* hafif tatlı

Liebling *m* ⟨-s; -e⟩ sevgili; (*Günstling*) gözde; *Anrede*: sevgilim, F tatlım

Lieblings… *in Zssgen* en sevilen …; **~schüler(in** *f*) *m -in* en sevdiği öğrencisi; **~thema** *n* en sevilen konu

lieblos *adj* sevgisiz, şefkatsiz, katıyürekli; *Essen* ***~ zubereitet*** özensizce hazırlanmış

liebste, **~r**, **~s** **1.** *adj* (*bevorzugt*) en sevgili, *-in* en sevdiği; **2.** *adv*: ***am liebsten*** en çok (*severek*); ***am liebsten spiele ich Dame*** en çok dama oynamayı severim; ***es wäre mir am liebsten, wenn …*** bana göre en iyisi -mek olur

Liebste *m, f*: ***mein ~r, meine ~*** canım, sevgilim

Lied *n* ⟨-s; -er⟩ şarkı; (*türk. Volkslied*) türkü; ***ich kann ein ~ davon singen*** sen/siz onu asıl bana sor/sorun

Lieder|buch *n* şarkı(lar) kitabı; **~macher(in** *f*) *m* bestekâr şarkıcı

Lieferant *m* ⟨-en; -en⟩, **~in** *f* ⟨-; -nen⟩ ÖKON mal teslim eden (firma/kişi)

lieferbar *adj* bulunur, mevcut; teslim edilir, servisi yapılır; ***sofort (nicht) ~*** mevcudu var (yok)

Lieferfrist *f* teslim süresi

liefern *v/t* ⟨*h*⟩ teslim etmek; ***j-m etw ~*** b-ne bş-i göndermek/götürmek; F ***er ist geliefert!*** onun işi bitik!; ***sich*** (*D*) ***e-n harten Kampf ~*** bb-le çetin bir mücadele vermek

Liefer|schein *m* irsaliye, teslim belgesi, sevk pusulası; **~termin** *m* teslim tarihi; **~ung** *f* ⟨-; -en⟩ teslim, sevk; (*Versorgung*) temin; ***zahlbar bei ~*** mal tesliminde ödeme; **~wagen** *m* kamyonet, panel, servis arabası; **~zeit** *f* teslim süresi

Liege *f* ⟨-; -n⟩ divan; (*Camping2*) şezlong

liegen *v/i* ⟨lag, gelegen, *h, sn*⟩ *-de* yatmak; (*gelegen sein*) olmak, bulunmak; ***~ bleiben*** yatıp kalmak, kalk(a)mamak; *Tasche usw -de* unutulmak; ***~ lassen*** unutmak, bırakmak; ***j-n links ~ lassen*** b-ne yüz vermemek, b-ni önemsememek; ***es liegt nicht an ihr (, wenn)*** (-se) bunun sorumlusu o değil; ***(krank) im Bett ~*** yatakta (hasta) yatmak; ***es lag Schnee*** yerde kar vardı, her yer karla kaplıydı; ***wie die Dinge ~*** durum gösteriyor ki; F ***damit liegst***

du richtig! bunda haklısın!; ***nach Osten*** (***der Straße***) ~ doğuya (caddeye) bakmak; ***es liegt daran, dass ...*** *-in* -mesi bu sebepten; ***es*** (***er***) ***liegt mir nicht*** *-den* hoşlanmıyorum; ***mir liegt viel*** (***wenig***) ***daran*** benim için çok şey ifade ediyor (pek bir şey ifade etmiyor)

Liege|sitz *m* AUTO yatar koltuk; **~stuhl** *m* şezlong; **~stütz** *m* ⟨-es; -e⟩ şınav; ***e-n ~ machen*** şınav çekmek; **~wagen** *m* BAHN kuşetli vagon; **~wiese** *f* yatılıp güneşlenilen çayır

Lift *m* ⟨-s; -e, -s⟩ asansör; **~boy** *m* ⟨-s; -s⟩ (asansöre bakan) komi

liften *v/t* ⟨*h*⟩ MED: ***sich*** (*D*) (***das Gesicht***) ***~ lassen*** (estetik ameliyatla) yüzünü çektirmek

Liga *f* ⟨-; -gen⟩ birlik; SPORT lig

liieren [li'iːʁt] *v/r* ⟨*o* ge-, *h*⟩: ***sich ~*** *-le* ilişkiye girmek (*öz kadın - erkek*); ***mit j-m liiert sein*** b-le beraber olmak/yaşamak

Likör [li'køːɐ] *m* ⟨-s; -e⟩ likör

lila *adj* leylak rengi; (*dunkel~*) mor

Lilie ['liːlĭə] *f* ⟨-; -n⟩ BOT zambak

Limonade *f* ⟨-; -n⟩ limonata; meyvalı gazoz

Limousine [-mu-] *f* ⟨-; -n⟩ AUTO limuzin

Linde *f* ⟨-; -n⟩ BOT ıhlamur

Lindenblütentee *m* ıhlamur (çayı)

linder|n *v/t* ⟨*h*⟩ *Not* hafifletmek, *Schmerzen a* dindirmek; **≗ung** *f* ⟨-; *o pl*⟩ hafifle(t)me, din(dir)me; rahatlama

Lineal *n* ⟨-s; -e⟩ cetvel

linear *adj* ÖKON, MATH doğrusal, lineer

Linguist *m* ⟨-en; -en⟩ dilbilimci; **~ik** *f* ⟨-; *o pl*⟩ dilbilim; **~in** *f* ⟨-; -nen⟩ dilbilimci (kadın)

Linie ['liːnĭə] *f* ⟨-; -n⟩ çizgi; hat; ***auf seine ~ achten*** kilosuna dikkat etmek; ***mit der ~ 2 fahren*** 2 numaraya binmek; ***auf der ganzen ~*** baştan başa, boydan boya; ***in erster ~*** her şeyden önce, ilk başta

Linien|bus *m* tarifeli/hatlı otobüs; **~flug** *m* tarifeli uçuş; **~maschine** *f* LUFTF tarifeli uçak; **~netz** *n* hat şebekesi; ***das ~ der U-Bahn*** metro şebekesi; **~richter(in** *f*) *m* yan hakem(i); **~taxi** *n* dolmuş; **≗treu** *adj* parti *vs* çizgisine sadık; **~verkehr** *m* tarifeli ulaşım

linke *adj a* POL sol; F ***~ Tour*** dürüst olmayan yol; ***auf der ~n Seite*** solda, sol tarafta/yanda; ***~r Hand sehen Sie ...*** sol kolda -i görüyorsunuz; F ***ein ganz ~r Typ*** üçkağıtçının teki

Linke *m, f* ⟨-n; -n⟩ POL solcu; *f* sol(culuk)

linken *v/t* ⟨*h*⟩ F aldatmak, kandırmak

linkisch *adj* çolpa, beceriksiz, sakar

links *adv* solda; *Kleidung* tersyüz; ***auf ~ drehen*** tersyüz etmek; ***nach ~*** sola; ***von ~*** soldan; ***~ von*** *-in* solunda; ***~ von mir*** (benim) solumda; ***~ abbiegen*** sola sapmak; POL ***~ stehen*** sol görüşlü olmak; F *fig* ***das mache ich mit ~*** bu benim için işten bile değil; ***~ liegen lassen*** *-e* yüz vermemek, *-i* önemsememek

Links|abbieger *m* ⟨-s; -⟩ sola dönen araç; **~extremismus** *m* POL aşırı sol(culuk); **~extremist(in** *f*) *m* aşırı solcu; **≗extremistisch** *adj* aşırı sol

linksherum *adv* TECH soldan dönüşlü; ***~ anziehen*** *-in* tersyüz edip giymek

Linkskurve *f* sol viraj

Linksradikal|e *m, f* ⟨-n; -n⟩ radikal solcu; **~ismus** *m* sol radikalizm

Linoleum [-leʊm] *n* ⟨-s; *o pl*⟩ F muşamba

Linse *f* ⟨-; -n⟩ BOT mercimek; (*Optik*) mercek; (*Kontakt≗*) lens

Lippe *f* ⟨-; -n⟩ dudak

Lippen|blütler *m* ⟨-s; -⟩ BOT ballıbabagiller; **~laut** *m* LING dudaksı (ses); **~pflegestift** *m* dudak merhemi (*ruj biçiminde*); **~stift** *m* ruj, dudak boyası

Liquidation [-kv-] *f* ⟨-; -en⟩ ÖKON tasfiye; (*Rechnung*) fatura

liquidieren [-kv-] *v/t* ⟨*o* ge-, *h*⟩ *Firma*, POL tasfiye etmek; *Betrag* paraya çevirmek, hesabı görmek; ***j-n ~*** b-ni ortadan kaldırmak

lispeln *v/i* ⟨ge-, *h*⟩ peltek konuşmak; (*flüstern*) fısıldamak

List *f* ⟨-; -en⟩ hile; ***zu e-r ~ greifen*** bir hileye başvurmak; (*Listigkeit*) kurnazlık, şeytanlık

Liste *f* ⟨-; -n⟩ liste; ***j-n auf die ~ setzen*** b-ni listeye koymak; F *fig* ***schwarze ~*** kara liste

Listenpreis *m* ÖKON liste/katalog fiyatı

listig *adj Person* hilekâr, kurnaz; *Sache* aldatıcı

Litauen *n* Litvanya

Liter *m, n* ⟨-s; -⟩ litre

literarisch *adj* edebî, yazınsal

Literat *m* ⟨-en; -en⟩, **~in** *f* ⟨-; -nen⟩ edebiyatçı
Literatur *f* ⟨-; -en⟩ edebiyat, yazın; **~angaben** *pl* kaynakça *sg*; **~geschichte** *f* edebiyat tarihi; **~kritiker(in** *f*) *m* edebiyat eleştirmeni; **~preis** *m* edebiyat ödülü; **~wissenschaft** *f* edebiyat bilimi, yazınbilim
literweise *adv* litreyle, litre litre
Litfaßsäule *f* ilan/reklam sütunu
Lithographie *f* ⟨-; -n⟩ taşbaskı(sı), litografi
live [laɪf] *adj u adv Musik* canlı
Livesendung *f* canlı yayın
Lizenz *f* ⟨-; -en⟩ lisans; ***in ~ von …*** … lisansıyla; **~inhaber(in** *f*) *m -in* patent (yayın *vs*) haklarının sahibi; **~vertrag** *m* lisans sözleşmesi
LKW ['ɛlka:ve:] *m* ⟨-; -s⟩ (*Lastkraftwagen*) kamyon; **~-Fahrer** *m* kamyon şoförü
Lob *n* ⟨-s; *o pl*⟩ övgü
loben *v/t* ⟨*h*⟩ (***für, wegen*** *-den* dolayı) övmek
lobenswert *adj* övgüye değer, övülesi
Lobby ['lɔbi] *f* ⟨-; -s⟩ lobi
Loch *n* ⟨-s; ⸚er⟩ delik; *im Reifen* patlak; ***ein ~ reißen in*** *-de* bir gedik açmak; ***ein ~ im Haushalt stopfen*** bütçedeki bir açığı kapamak; F *fig* (*Behausung*) izbe; **&en** *v/t* ⟨*h*⟩ *Papier, Karte* delmek
Locher *m* ⟨-s; -⟩ TECH (delikli) zımba
löcherig *adj* delikli, delik deşik
Lochkarte *f* EDV delikli kart
Lochzange *f* BAHN kontrolör zımbası
Locke *f* ⟨-; -n⟩ saç lülesi, bukle
locken[1] *v/r* ⟨*h*⟩: ***sich ~*** kıvrılmak; lüle lüle olmak
locken[2] *v/t* ⟨*h*⟩ cezbetmek, çekmek, *fig* ayartmak, baştan çıkarmak; ***~des Angebot*** cazip teklif/fiyat
Lockenwickler *m* ⟨-s; -⟩ bigudi
locker *adj* gevşek; *fig* (*lässig*) rahat, teklifsiz; ***es geht bei ihnen sehr ~ zu*** onlar çok rahat, teklifsiz insanlar; F ***das schafft sie ~*** o bu işi haydi haydi başarır
Lockerheit *f* ⟨-; *o pl*⟩ gevşeklik; *fig* rahatlık, teklifsizlik
lockerlassen ⟨*unreg*, -ge-, *h*⟩ F: ***nicht ~*** *-den* vazgeçmemek; üstelemek, dayatmak
lockermachen ⟨-ge-, *h*⟩ F: ***er hat viel Geld lockergemacht*** çok para kopardı
lockern ⟨*h*⟩ **1.** *v/t* gevşetmek; **2.** *v/r*: ***sich ~*** gevşemek, rahatlamak
Lockerungsübung *f* gevşeme/yumuşatma alıştırması
lockig *adj Haare* kıvırcık
Lockmittel *n* tuzak yemi
Lockvogel *m* pırlak; **~werbung** *f düşük fiyatla müşteri çekme amaçlı reklam*
Lodenmantel *m* çuha manto/palto
lodern *v/i* ⟨*h*⟩ alevlenmek
Löffel *m* ⟨-s; -⟩ kaşık; ***zwei ~ (voll) Zucker*** iki kaşık (dolusu) şeker; F ***schreib dir das hinter die ~!*** bunu aklına iyice yaz!
Löffelbiskuit *m* kedi dili (bisküvisi)
löffeln *v/t* ⟨ge-, *h*⟩ kaşıklamak
Logarith|mentafel *f* MATH logaritma cetveli; **~mus** *m* ⟨-; -men⟩ MATH logaritma
Logbuch *n* MAR seyir defteri
Loge ['lo:ʒə] *f* ⟨-; -n⟩ THEA loca; (*Freimauer&*) lonca
Logik *f* ⟨-; *o pl*⟩ mantık
logisch *adj* mantıklı, mantıki; F (***das ist doch***) ***~!*** gayet tabii!; **&erweise** *adv* mantıklı/mantıki olarak
Logo *m, n* ⟨-s; -s⟩ amblem
Logopäd|e *m* ⟨-n; -n⟩ logopedist; **~ie** *f* ⟨-; *o pl*⟩ logopedi; **~in** *f* ⟨-; -nen⟩ logopedist (kadın)
Lohn *m* ⟨-s; ⸚e⟩ ücret; *fig* ödül, mükâfat; **~ausfall** *m* ücret kaybı; **~ausgleich** *m* ücret denkleştirmesi; ***bei vollem ~*** ücretten kesinti yapılmadan; **~buchhalter(in** *f*) *m* muhasip; **~empfänger(in** *f*) *m* ücret alan, ücretli
lohnen ⟨*h*⟩ **1.** *v/r*: ***sich ~*** *-e* değmek; ***es*** (***die Mühe***) ***lohnt sich*** buna (zahmete) değer; ***das Buch*** (***der Film***) ***lohnt sich*** kitap okunmaya (film seyredilmeye) değer; **2.** *v/t*: ***j-m etw schlecht ~*** b-ne hakkettiği bş-i vermemek; ***die Mühe*** (***e-n Besuch***) ***~*** zahmete (bir gitmeye) değer
lohnend *adj* (yap)maya değer; *fig* kazançlı, kârlı
Lohn|erhöhung *f* ücret artışı; **~forderung** *f* ücret talebi; **~fortzahlung** *f ücret ödemesinin devamı*; **~gruppe** *f* ücret sınıfı; **&intensiv** *adj* ücret-yoğun; **~kosten** *pl* ücretlerin maliyeti *sg*; işçilik maliyeti *sg*; **~kürzung** *f* ücret azaltımı; **~nebenkosten** *pl* dolaylı işçilik maliyeti *sg*; **~-Preis-Spirale** *f* ücret-fiyat hele-

zonu; **~runde** *f* ücret pazarlığı; **~steuer** *f* ücret vergisi; **~steuerjahresausgleich** *m* ⟨-s; -e⟩ yıllık ücret vergisi denkleştirimi; **~steuerkarte** *f* ücret vergisi kartı; **~stopp** *m* ücretlerin dondurulması; **~tarif** *m* ücret tarifesi

Loipe ['lɔypə] *f* ⟨-; -n⟩ *skiyle kar yürüyüşü pisti*

Lok *f* ⟨-; -s⟩ BAHN F lokomotif

lokal *adj* yerel

Lokal *n* ⟨-s; -e⟩ (*Gaststätte*) lokanta, restoran; (*Vereins*≈) lokal

Lokal|anästhesie *f* lokal anestezi; **~blatt** *n* yerel gazete; **~fernsehen** *n* yerel televizyon

lokalisieren *v/t* ⟨*o* ge-, *h*⟩ MED (***auf*** *A*) *-in* yerini (… olarak) saptamak; lokalize etmek

Lokal|kolorit *n* yerel atmosfer; **~presse** *f* yerel basın; **~termin** *m* JUR (yerinde) keşif; **~verbot** *n -e* girme yasağı

Lokführer *m* F makinist

Lokomotiv|e [-v-] *f* ⟨-; -n⟩ lokomotif; **~führer** *m* makinist

Lombard|kredit *m* lombart kredisi, teminatlı kredi; **~satz** *m* lombart haddi

Lorbeer *m* ⟨-s; -en⟩ BOT defne; *pl fig* ün; ***sich auf s-n ~en ausruhen*** meşhur olduktan sonra tembelleşmek; **~blatt** *n* GASTR defne yaprağı

los **1.** *adj* (*ab*, *fort*) ayrılmış, kopmuş; *Hund* serbest; ***~ sein*** -den kurtulmuş olmak; ***was ist ~?*** ne oldu?, F ne var?; (*geschieht*) (burada) ne(ler) oluyor?; ***hier ist nicht viel ~*** burada pek bir şey olmuyor/yok; F ***da ist was ~!*** hareket/hayat işte orada; ***mit ihm ist nicht viel ~*** ondan pek hayır yok; **2.** *adv* F ***also ~!*** haydi, gidelim!

Los *n* ⟨-es; -e⟩ kura; *fig* kader, talih; (*Lotterie*≈) piyango bileti; (*Schicksal*) kader; ***das große ~*** büyük ikramiye; ***ein ~ ziehen*** kura çekmek; ***ein schweres ~*** kötü kader

losbinden *v/t* ⟨*unreg*, -ge-, *h*⟩ *-in* bağ(lar)ını çözmek

losbrechen ⟨*unreg*, -ge-⟩ **1.** *v/t* ⟨*h*⟩ koparmak, kırıp ayırmak; **2.** *v/i* ⟨*sn*⟩ *Sturm* çıkmak; *Gelächter* boşanmak

löschen[1] *v/t* ⟨*h*⟩ *Feuer* söndürmek; *Durst* gidermek; *Aufnahme*, *Daten* silmek; *Kalk* söndürmek

löschen[2] *v/t* ⟨*h*⟩ MAR boşaltmak

Lösch|fahrzeug *n* itfaiye/söndürme aracı; **~gerät** *n* yangın söndürücü(sü); **~papier** *n* kurutma kağıdı; **~taste** *f* silme tuşu

lose *adj* gevşek; (*unverpackt*) açık; (*gelöst*) çözük; (*leichtfertig*) hafifmeşrep

loseisen F ⟨-ge-, *h*⟩ **1.** *v/t*: ***j-n ~*** (***von*** *D*) b-ni (*-den*) çekip almak; **2.** *v/r*: ***sich ~*** (***von*** *D -den*) yakayı kurtarmak

Lösegeld *n* fidye, kurtulmalık

losen *v/i* ⟨*h*⟩ (***um*** için) kura çekmek

lösen ⟨*h*⟩ **1.** *v/t Knoten*, *Rätsel*, *Problem* çözmek; (*lockern*) gevşetmek; *Bremse* salmak; (*ab*~) çıkarmak; *Karte* (satın) almak; (*auf*~) *a* CHEM eritmek; **2.** *v/r*: ***sich ~*** çözülmek; *fig* (***von*** *-den*) kurtulmak; gevşemek; CHEM erimek

los|fahren *v/i* ⟨*unreg*, -ge-, *sn*⟩ yola çıkmak; ayrılmak; **~gehen** *v/i* ⟨*unreg*, -ge-, *sn*⟩ ayrılmak, gitmek; (*beginnen*) başlamak; *Schuss* ateşlenmek, patlamak; ***auf j-n ~*** b-nin üstüne yürümek; ***ich gehe jetzt los*** ben şimdi gidiyorum; **~heulen** *v/i* ⟨-ge-, *h*⟩ F hüngürdemeye başlamak; **~kommen** *v/i* ⟨*unreg*, -ge-, *sn*⟩ (***von*** *-den*) kurtulmak; **~lassen** *v/t* ⟨*unreg*, -ge-, *h*⟩ bırakmak, salmak, salıvermek; ***den Hund ~ auf*** (*A*) köpeği *-in* üzerine salmak; F *fig* ***j-n auf die Menschheit ~*** tecrübesiz birine önemli bir görev vermek; ***die Idee lässt mich nicht*** (***mehr***) ***los*** bu fikir (artık) bana rahat vermiyor; **~legen** *v/i* ⟨-ge-, *h*⟩ F hemen -meye koyulmak

löslich *adj* CHEM çözünür, çözülür

los|machen ⟨-ge-, *h*⟩ **1.** *v/t* çözmek; *-in* düğümünü çözmek; *Segel* fora etmek; **2.** *v/r*: ***sich ~*** (***von*** *D -den*) kurtulmak, kendini kurtarmak; **~rasen** *v/i* ⟨-ge-, *sn*⟩ *çılgınca bir hızla arabayla yola çıkmak*; **~reißen** *v/r* ⟨*unreg*, -ge-, *h*⟩: ***sich ~*** (***von*** *-den*) çekip koparmak; zorla ayırmak; **~rennen** *v/i* ⟨*unreg*, -ge-, *sn*⟩ hızla koşmaya başlamak; **~sagen** *v/r* ⟨-ge-, *h*⟩: ***sich ~ von*** (*D*) *-den* ayrılmak, *-e* sırt çevirmek; **~schießen** *v/i* ⟨*unreg*, -ge-, *h*⟩ F (*losrennen*) hızla koşmaya başlamak; (*reden*) ***schieß los!*** durma, söyle!; **~schlagen** *v/i* ⟨*unreg*, -ge-, *h*⟩ MIL çarpışmaya başlamak; **~schnallen** *v/r* ⟨-ge-, *h*⟩: ***sich ~*** (kendi) emniyet kemerini çözmek; **~schrauben** *v/t* ⟨-ge-, *h*⟩ çevirerek açmak; *-in* vidasını sökmek; **~steuern** *v/i* ⟨-ge-, *sn*⟩ (***auf*** *A*) dosdoğru *-in* üstüne gitmek

Losung *f* ⟨-; -en⟩ MIL parola; POL düstur, şiar

Lösung *f* ⟨-; -en⟩ çözüm; CHEM çözelti, solüsyon; **~smittel** *n* CHEM çözücü (madde); **~swort** *n bulmacanın çözümü olan kelime*

los|werden *v/t* ⟨*unreg*, -ge-, *sn*⟩ *-den* kurtulmak; ***ich werde das Gefühl nicht los, dass …*** -diği duygusunu üstümden atamıyorum; ***das musste ich mal ~!*** bunu söylemeden edemedim; *Geld* harcamak; (*verlieren*) kaybetmek; **~ziehen** *v/i* ⟨*unreg*, -ge-, *sn*⟩ yola çıkmak; *fig* ***~ gegen*** (*A*) ile mücadeleye çıkmak

Lot *n* ⟨-s; -e⟩ MATH dikey; ***im ~ sein*** doğru dürüst olmak; ***etw wieder ins ~ bringen*** bş-i tekrar yoluna koymak; (*Blei*≈) şakül; (*Lötmetall*) lehim

löten *v/t* ⟨*h*⟩ lehimlemek

Lotion [lo'tsio:n] *f* ⟨-; -en⟩ losyon

Lötkolben *m* havya

Lotse *m* ⟨-n; -n⟩ MAR kılavuz

lotsen *v/t* ⟨*h*⟩ MAR *e* kılavuzluk etmek; F *fig* ***j-n ~*** (***durch, in*** *A*) b-ne *-in* yol(unu) göstermek; **≈dienst** *m* MAR kılavuz istasyonu; AUTO kılavuzluk hizmeti

Lotterie *f* ⟨-; -n⟩ piyango; **~gewinn** *m* ikramiye; **~los** *n* piyango bileti; **~spiel** *n* piyango (bileti alma); *fig* şans işi

Lotto *n* ⟨-s; -s⟩ loto; (***im***) ***~ spielen*** loto oynamak; **~annahmestelle** *f* loto bayii; **~schein** *m* loto kuponu; **~ziehung** *f* loto çekilişi

Löwe *m* ⟨-n; -n⟩ aslan; ***er ist*** (***ein***) ***~*** o aslan burcundan, onun burcu aslan

Löwen|anteil *m* aslan payı; **~mähne** *f* aslan yelesi; **~maul** *n* ⟨-s; *o pl*⟩ BOT aslanağzı; **~zahn** *m* ⟨-s; *o pl*⟩ BOT kara hindiba

Löwin *f* ⟨-; -nen⟩ (dişi) aslan; aslan burcundan olan (kadın)

loyal [loa'ja:l] *adj* sadık; **≈ität** *f* ⟨-; -en⟩ sadakat

ltd. *Abk für* ***leitend*** baş- (*yönetmen vs*)

Luchs [lʊks] *m* ⟨-es; -e⟩ vaşak

Lücke *f* ⟨-; -n⟩ boşluk, eksiklik

Lücken|büßer *m* ⟨-s; -⟩ *bir eksikliği gideren*; **≈haft** *adj* eksik(li), noksan; **≈los** *adj fig* eksiksiz, tam

Luft *f* ⟨-; ¨-e⟩ hava; ***an der frischen ~*** açık havada; ***an die frische ~ gehen*** dışarıya çıkmak; ***die ~ ablassen aus*** *-in* havasını boşaltmak; (***frische***) ***~ schöpfen*** (temiz) hava almak; (***tief***) ***~ holen*** (derin) nefes almak; *fig* ***sich in ~ auflösen*** sırra kadem basmak; ***j-n wie ~ behandeln*** b-ni görmezden gelmek; (***völlig***) ***aus der ~ gegriffen sein*** tamamen hayal mahsulü olmak; F ***mir blieb die ~ weg*** *vor Schreck* yüreğim ağzıma geldi; F *fig* ***in die ~ gehen*** küplere binmek; *fig* ***in der ~ hängen*** henüz kesinleşmemiş olmak; ***sich*** (*D*) ***~ machen*** bağırıp *vs* rahatlamak; ***in die ~ fliegen*** havaya uçmak; ***in die ~ sprengen*** havaya uçurmak

Luft|abwehr *f* uçaksavar; **~angriff** *m* hava saldırısı; **~aufnahme** *f* havadan çekilmiş fotoğraf; **~ballon** *m* balon; **~blase** *f* hava kabarcığı; **~brücke** *f* hava köprüsü; **≈dicht** *adj* hava geçirmez/kaçırmaz; **≈durchlässig** *adj* hava geçiren; **~druck** *m* PHYS, TECH hava basıncı

lüften *v/t* ⟨*h*⟩ havalandırmak; hava vermek; *Geheimnis* açığa vurmak, ifşa etmek

Lüfter *m* ⟨-s; -⟩ TECH aspiratör, vantilatör

Luftfahrt *f* ⟨-; *o pl*⟩ havacılık; **~gesellschaft** *f* havayolu; **~industrie** *f* uçak sanayii

Luft|fahrzeug *n* hava taşıtı; **~feuchtigkeit** *f* hava rutubeti; **~filter** *n*, *m* TECH hava filtresi; **~fracht** *f* (uçak) kargo(su); **~frachtbrief** *m* hava irsaliyesi; **≈gekühlt** *adj* hava soğutmalı; **≈getrocknet** *adj Wurst usw* havada kurutulmuş; **~gewehr** *n* hava tüfeği; **~hoheit** *f* ⟨-; *o pl*⟩ hava hükümranlığı

luftig *adj* havalı; *Plätzchen* havadar; *Kleid* ince

Luft|kammer *f* TECH hava odacığı; **~kissenfahrzeug** *n* hava yastıklı taşıt, hoverkraft; **≈krank** *adj* uçak tutmuş; **~krankheit** *f* ⟨-; *o pl*⟩ uçak tutması; **~kurort** *m* güzel havalı dinlenme ve tedavi yeri; **~landetruppen** *pl* paraşütçü birlikleri; **≈leer** *adj*: ***~er Raum*** boşluk, havasız yer; **~linie** *f*: ***50 km ~*** kuş uçuşu 50 km; **~loch** *n* hava(landırma) deliği; LUFTF hava boşluğu; **~mangel** *m* ⟨-s; *o pl*⟩ MED oksijen yetersizliği; **~matratze** *f* şişirme yatak; **~pirat** *m* hava korsanı; **~post** *f* uçak postası; ***per ~*** uçak ile; **~postbrief** *m* uçak (postası) mektubu; **~pumpe** *f* hava pompası; **~raum** *m* hava sahası; **~rettungsdienst** *m uçakla/*

helikopterle kurtarma servisi; **~röhre** *f* ANAT nefes borusu; **~sack** *m* ZOOL hava kesesi; **~schraube** *f* LUFTF pervane

Luftschutz|raum *m* sığınak; **~übung** *f* sivil savunma tatbikatı

Luft|spiegelung *f* serap; **~streitkräfte** *pl* hava kuvvetleri; **~strom** *m*, **~strömung** *f* hava akımı; **~stützpunkt** *m* MIL hava üssü; **~temperatur** *f* hava sıcaklığı; **~transport** *m* hava taşımacılığı

Lüftung *f* ⟨-; -en⟩ havalandırma

Luft|veränderung *f* hava değişimi; **~verkehr** *m* hava trafiği; **~verkehrsgesellschaft** *f* havayolu (şirketi); **~verschmutzung** *f* hava kirlenmesi/kirliliği; **~waffe** *f* MIL hava kuvvetleri *pl*; **~weg** *m*: ***auf dem ~*** hava yoluyla; **~wege** *pl* ANAT solunum sistemi *sg*; **~widerstand** *m* LUFTF, TECH hava direnci; **~zufuhr** *f* hava girişi; **~zug** *m* (hava) cereyan(ı), kurander

Lüge *f* ⟨-; -n⟩ yalan

lügen ⟨log, gelogen, *h*⟩ **1.** *v/i* yalan söylemek; **2.** *v/t*: ***das ist gelogen*** bu yalan

Lügendetektor *m* yalan makinası

Lügengeschichte *f* yalan/asılsız hikâye

Lügner *m* ⟨-s; -⟩, **~in** *f* ⟨-; -nen⟩ yalancı

Luke *f* ⟨-; -n⟩ lombar; (*Dach*2) çatı deliği

lukrativ [-f] *adj* kârlı

Lümmel *m* ⟨-s; -⟩ kaba, utanmaz (kişi)

lumpen *v/t* ⟨*h*⟩ F: ***sich nicht ~ lassen*** bonkörlük etmek

Lumpen *m* ⟨-s; -⟩ paçavra

Lunchpaket [lanʃpa'ke:t] *n* öğle yemeği paketi

Lunge *f* ⟨-; -n⟩ akciğer; *fig* ***die grüne ~ e-r Stadt*** (*Grünanlage*) bir şehrin akciğerleri (*od* nefes aldığı yer)

Lungen|entzündung *f* MED zatürree; **~flügel** *m* ANAT akciğer kanadı; **2krank** *adj* akciğer hastası; **~krebs** *m* MED akciğer kanseri; **~tuberkulose** *f* akciğer veremi

lungern *v/i* ⟨*h*⟩ boş durmak, tembel tembel oturmak

Lupe *f* ⟨-; -n⟩ büyüteç; *fig* ***unter die ~ nehmen*** daha yakından incelemek

lupenrein *adj Diamant* saf, kusursuz; F *fig* (*Erklärung usw*) hiç açık vermeyen

Lupine *f* ⟨-; -n⟩ BOT acıbakla

Lust *f* ⟨-; *o pl*⟩ (*Verlangen*) istek; (*Interesse*) ilgi; (*sexuelle Begierde*) (cinsel) arzu; ***~ haben auf*** (*A -in*) *-i* canı istemek; ***~ etw zu tun*** *-in* bş yapmayı canı istemek; ***hättest du ~ auszugehen?*** dışarı çıkmak ister miydin?; ***ich habe keine ~*** canım istemiyor, neşem yok; ***j-m die ~ nehmen an*** (*D*) b-nin neşesini kaçırmak; ***er hat die Lust verloren*** (**an** *D*) (…) hevesi kaçtı; (*Vergnügen*) keyif, zevk; ***etw mit ~ und Liebe tun*** bş-i zevk alarak ve sevgiyle yapmak

lustbetont *adj* (*Verhalten*) keyif yanı ağır basan; (*Person*) zevke düşkün

Lüsterklemme EL klemens bağlantısı

Lustgefühl *n* zevk (duygusu), keyif

lustig *adj* eğlenceli; (*fröhlich*) neşeli; ***er ist sehr ~*** o çok neşeli bir insan; ***es war sehr ~*** çok eğlenceliydi; ***sich ~ machen über*** (*A*) ile alay etmek

Lüstling *m* ⟨-s; -e⟩ şehvet düşkünü

lustlos *adj* neşesiz, keyifsiz

Lust|molch *m* F şehvet düşkünü; **~mord** *m* şehvet cinayeti; **~objekt** *n şehvet nesnesi*; **~spiel** *n* komedi

lutschen ⟨*h*⟩ **1.** *v/i* (**an** *D*) *-i* emmek; **2.** *v/t* ağızda eritmek

Lutscher *m* ⟨-s; -⟩ horozşekeri

Luv|seite [lu:f-] *f* rüzgâr tarafı, orsa; **2wärts** *adv* MAR rüzgârüstüne

luxuriös *adj* lüks

Luxus *m* ⟨-s; *o pl*⟩ lüks; **~artikel** *m* lüks eşya/mal; **~ausführung** *f* lüks model; **~hotel** *n* lüks otel; **~restaurant** *n* lüks lokanta; **~wagen** *m* lüks araba

Lymph|drüse *f* ANAT lenf bezi; **~e** *f* ⟨-; -n⟩ BIOL lenf, akkan; *Impfstoff* aşı maddesi; **~gefäß** *n* lenf damarı; **~knoten** *m* lenf boğumu

lynchen ['lynç(ə)n] *v/t* ⟨*h*⟩ linç etmek

Lyrik *f* ⟨-; *o pl*⟩ şiir; lirik şiir

Lyriker *m* ⟨-s; -⟩, **~in** *f* ⟨-; -nen⟩ şair

lyrisch *adj* lirik, şiirsel

L

M

m, **M** [ɛm] *n* ⟨-; -⟩ m, M
Machart *f* ⟨-; -en⟩ (*-in*) yapılış biçimi
machbar *adj* yapılabilir
machen **1.** *v/t* ⟨*h*⟩ (*tun*) yapmak; (*herstellen*) imal etmek; (*verursachen*) *-e* yol açmak; *Essen* hazırlamak; (*in Ordnung bringen*) düzeltmek; (*reparieren*) tamir etmek; (*ausmachen*, *betragen*) etmek; *Prüfung -e* girmek, (*bestehen*) kazanmak; *Reise*, *Ausflug -e* çıkmak, gitmek; ***etw* ~ *aus*** (*D*) bş-i bş yapmak; ***j-n zum Abteilungsleiter* ~** b-ni bölüm şefi yapmak; ***gut gemacht!*** iyi yaptın(ız)!, iyi oldu!; ***Hausaufgaben* ~** ev ödevi yapmak; ***da*(*gegen*) *kann man nichts* ~** yapılacak bir şey yok; ***mach, was du willst!*** istediğini yap!; (***nun***) ***mach mal*** (*od* ***schon***)*!* haydi; ***machs gut!*** hoşça kal, eyvallah; (***das***) ***macht nichts*** fark etmez; ***mach dir nichts d*(*a*)*raus!*** buna aldırış etme; ***was*** (*od* ***wie viel***) ***macht das?*** bunun fiyatı ne kadar?; ***sich etw* ~ *aus*** (*für wichtig halten*) bş-i önemsemek; (*mögen*) bş-den hoşlanmak; ***sich nichts* ~ *aus*** (*für unwichtig halten*) bş-i önemsememek; (*nicht mögen*) bş-den hoşlanmamak; **2.** *v/r*: ***sich* ~** gelişmek, olmak; F ***wie macht sich der Neue?*** yeni adam nasıl?; ***sich an die Arbeit* ~** işe girişmek; ***sich an etw* ~** bş-e girişmek; **3.** *v/i* F ***mach, dass du fortkommst!*** toz olmaya bak!; ***das lässt sich machen*** bu mümkün, yapıl(abil)ir
Machenschaften *pl* karanlık işler, entrika(lar)
Macher *m* ⟨-s; -⟩, **~erin** *f* ⟨-; -nen⟩ yapan, yapıcı
Macho ['matʃo] *m* ⟨-s; -s⟩ F maço
Macht *f* ⟨-; ⸚e⟩ kuvvet, güç; kudret; ***an der* ~ *sein*** iktidarda bulunmak; ***an die* ~ *kommen*** (*od* ***gelangen***) iktidara geçmek/gelmek; ***es steht nicht in meiner* ~** benim elimde (olan bir şey) değil; ***mit aller* ~** bütün kuvvetiyle; **~apparat** *m* iktidar organları *pl*; **~befugnis** *f* yetki; **~ergreifung** *f Nazilerin 1933'te iktidara gelişi*; **ᛋgierig** *adj* iktidar hırslı; **~haber** *m* ⟨-s; -⟩ iktidar sahibi; zorba, müstebit
mächtig **1.** *adj* kuvvetli, güçlü; (*bedeutend*) önemli; (*riesig*) devasa; **2.** *adv* F pek, son derece; F ***~ gewachsen sein*** olağanüstü büyümüş olmak
Macht|kampf *m* iktidar mücadelesi; **ᛋlos** *adj* güçsüz, elinden bir şey gelmeyen; **~missbrauch** *m* gücü/iktidarı kötüye kullanma; **~politik** *f* tahakküm politikası; **~übernahme** *f* iktidarı ele alma; **~wechsel** *m* iktidar değişikliği
Macke *f* ⟨-; -n⟩ F: ***e-e* ~ *haben*** *Gerät -in* bir kusuru olmak/var; *Person -in* aklından zoru olmak
Mädchen ⟨-s; -⟩ kız; (*Dienst*ᛋ) hizmetçi kız; **~ *für alles*** her işi üzerine alan kimse; **ᛋhaft** *adj* gençkız gibi; **~name** *m e-r Frau* kızlık soyadı
Made *f* ⟨-; -n⟩ kurtçuk; F ***wie die* ~ *im Speck leben*** bir eli yağda bir eli balda olmak
madig *adj* F: ***j-m etw* ~ *machen*** b-ni bş-den soğutmak/tiksindirmek
Madonna *f* ⟨-; -en⟩ Meryem Ana, Madonna
Mafi|a *f* ⟨-; -s⟩ mafya; **~oso** *m* ⟨-(s); -si⟩ mafya mensubu
Magazin *n* ⟨-s; -e⟩ dergi, magazin; *e-r Waffe* şarjör
Magen *m* ⟨-s; ⸚⟩ mide; *Bauch* karın; F ***j-m schwer im* ~ *liegen*** *fig -i* hazmedememek; ***sich*** (*D*) ***den* ~ *verderben*** midesini bozmak; **~beschwerden** *pl*: **~ *haben*** (*-in*) midesinden şikâyeti olmak/var; **~-Darm-Infektion** *f* MED gastroanterit; **~geschwür** *n* MED mide ülseri; **ᛋkrank** *adj*: **~ *sein*** midesinden hasta olmak; **~krebs** *m* MED mide kanseri; **~leiden** *n* mide hastalığı; **~säure** *f* MED mide asidi; **~schleimhautentzündung** *f* gastrit; **~schmerzen** *pl* mide ağrısı *sg*; **~verstimmung** *f* mide fesadı
mager *adj Körper*(*teil*) zayıf, çelimsiz; *Käse*, *Fleisch* yağsız, az yağlı; *fig Gewinn*, *Ernte* kıt; **ᛋmilch** *f* yağsız (az yağlı) süt; **ᛋsucht** *f* ⟨-; *o pl*⟩ MED anoreksi
Mag|ie *f* ⟨-; *o pl*⟩ sihir, büyü; **~ier** [-gĭɐ] *m* ⟨-s; -⟩ sihirbaz, büyücü; **ᛋisch** *adj* sihirli, büyülü
Magister *m* ⟨-s; -⟩: **~ *Artium*** master/lisansüstü (derecesi) (*insan bilimlerinde*)
Magnesium *n* ⟨-s; *o pl*⟩ CHEM magnezyum
Magnet *m* ⟨-en; -en⟩ mıknatıs; **~band** *n*

M

〈-s; ⸚er〉 manyetik bant, teyp bandı; **⁀isch** *adj* manyetik, mıknatıslı; **⁀isieren** *v/t* 〈*o* ge-, *h*〉 mıknatıslamak; *Behandlung* manyetize etmek; **~ismus** *m* 〈-; *o pl*〉 manyetizm(a); **~karte** *f* mıknatıslı kart; **~platte** *f* manyetik disk; **~streifen** *m* manyetik şerit

Magnolie [-lĭə] *f* 〈-; -n〉 manolya

Mahagoni [maha-] *n* 〈-s; *o pl*〉 maun

Mähdrescher *m* biçerdöver

mähen *v/t* 〈*h*〉 biçmek (*ekin, ot*)

mahlen *v/t* 〈mahlte, gemahlen, *h*〉 övütmek; *Kaffee a* çekmek; ***gemahlener Pfeffer*** toz/çekilmiş karabiber

Mahlzeit *f* 〈-; -en〉 yemek, öğün; ***~!*** F afiyet olsun

Mähmaschine *f* biçme makinası

Mahn|bescheid *m* uyarı yazısı; **⁀en** *v/t* 〈*h*〉 uyarmak, ihtar etmek; **~gebühr** *f* ihtar ücreti; **~mal** *n hatırlatarak uyarma amacı taşıyan anıt*; **~schreiben** *n* 〈-s; -〉 ÖKON ihtarname; **~ung** *f* 〈-; -en〉 ihtar, uyarma; *Brief* ihtarname; **~wache** *f susma eylemli protesto yürüyüşü*

Mai *m* 〈-s; -e〉 mayıs; ***im ~*** mayısta; ***der Erste ~*** Bir Mayıs; **~baum** *m köylerde bahar şenliklerinde dikilen süslü direk*; **~feier** *f* 1 Mayıs işçi bayramı töreni; **~glöckchen** *n* 〈-s; -〉 BOT müge (çiçeği); **~käfer** *m* mayısböceği

Mail|box ['meːlbɔks] *f* 〈-; -en〉 EDV e-posta kutusu; **~ing** ['meːlıŋ] *n* 〈-(s)〉 *postayla reklam dağıtımı*

Mais *m* 〈-es; -〉 mısır; **~(keim)öl** *n* mısırözü yağı; **~kolben** *m* mısır koçanı; **~mehl** *n* mısır unu

Maisonette [mɛzɔ'nɛt] *f* 〈-; -s〉 dupleks, tripleks (daire)

majestätisch *adj* heybetli; görkemli

Major [ma'joːɐ] *m* 〈-s; -e〉 MIL binbaşı

Majoran *m* 〈-s; -e〉 mercanköşk

makaber *adj* kara, *ölümü çağrıştıran*

Makel *m* 〈-s; -〉 kusur; **⁀los** *adj* kusursuz

mäkeln *v/i* 〈*h*〉: ***~ an*** (*D*) *-den* memnunsuzluğunu belirtmek

Make-up [meːk'|ap] *n* 〈-s; -s〉 makyaj

Makkaroni *pl* düdük makarnası *sg*

Makler *m* 〈-s; -〉 komisyoncu, simsar; (*Immobilien⁀*) emlakçı; (*Börsen⁀*) borsa komisyoncusu; **~gebühr** *f* komisyon (ücreti); simsarlık

Makrele *f* 〈-; -n〉 palamut (balığı)

Makro *m* 〈-s; -s〉 EDV makro

Makrone *f* 〈-; -n〉 bademli çörek

mal *adv* MATH çarpı, kere; F → ***einmal***; ***12 ~ 5 ist*** (***gleich***) ***60*** 12 kere 5 60 eder (*od* eşit 60); ***ein 7 Meter ~ 4 Meter großes Zimmer*** 7 çarpı 4 (*od* 7'ye 4) metre büyüklüğünde bir oda

Mal[1] *n* 〈-s; -e〉 kez, kere, defa; ***ein anderes ~*** başka bir sefer; ***ein für alle ~*** ilk ve son kez olarak; ***mit e-m ~*** ansızın, birdenbire; ***zum ersten*** (***letzten***) ***~*** ilk (son) defa olarak

Mal[2] *n* 〈-s; -e〉 (*Zeichen*) işaret; (*Mutter⁀*) ben

Malaria *f* 〈-; *o pl*〉 MED sıtma

mal|en *v/t* 〈*h*〉 (*streichen*) boyamak; (***ein Bild***) ***~*** resim yapmak; ***etw/j-n ~*** b-nin/bş-in resmini yapmak; **⁀er** *m* 〈-s; -〉 boyacı, badanacı; (*Kunst⁀*) ressam; **⁀erei** *f* 〈-; -en〉 ressamlık; (*Bild*) resim; **⁀erin** *f* 〈-; -nen〉 ressam (kadýn); **~erisch** *adj fig* pitoresk; rengârenk

malnehmen *v/t* 〈*unreg*, -ge-, *h*〉 MATH çarpmak

Malta *n* Malta

Malve ['malvə] *f* 〈-; -n〉 BOT ebegümeci

Malz *n* 〈-es〉 malt; **~bier** *n* malt birası

Mama *f* 〈-; -s〉 anne; anneciğim (*Anrede*)

Mammographie *f* 〈-; -n〉 MED mamografi

man *indef pron* insan, kişi, herkes; ***~ hat mir gesagt*** duydum ki; ***~ sagt, dass*** söylenir ki; ***wie schreibt ~ das?*** bu nasıl yazılır?

Manag|ement ['mɛnıdʒmənt] *n* 〈-s; -s〉 yönetim, idare; ÖKON işletme yönetimi; **⁀en** *v/t* 〈*h*〉 yönetmek, idare etmek; (*zustande bringen*) başarmak; F becermek; **~er** *m* 〈-s; -〉, **~erin** *f* 〈-; -nen〉 müdür, yönetmen, idareci; *e-s Sportlers od Künstlers* menecer; **~erkrankheit** *f* stres hastalığı

manch *indef pron*: ***~ eine***(***r***) bazısı, kimisi; ***so ~e*** (***~er, ~es***) bir nice

manch|e *adj* bazı, kimi; *pl* bazıları, kimileri; **~erlei** *adj* çeşit çeşit; **~mal** *adv* bazen, kimi zaman

Mandant *m* 〈-en; -en〉, **~in** *f* 〈-; -nen〉 JUR müvekkil

Mandarine *f* 〈-; -n〉 mandalin(a)

Mandat *n* 〈-s; -e〉 JUR vekâlet; POL milletvekilliği; ***sein ~ niederlegen*** milletvekilliğinden istifa etmek

Mandel *f* 〈-; -n〉 BOT badem; ANAT bademcik; **~entzündung** *f* MED bademcik iltihabı

Mandoline *f* ⟨-; -n⟩ MUS mandolin
Manege [ma'ne:ʒə] *f* ⟨-; -n⟩ manej
Mangel *m* ⟨-s; ⸚⟩ (*Fehlen*) eksik(lik), noksan; (*Knappheit*) kıtlık, darlık; TECH hata; ***aus ~ an ...*** ... yetersizliğinden; **~beruf** *m* rağbet görmeyen meslek; **~erscheinung** *f* MED yetersizlik semptomu; **2haft** *adj* yetersiz, eksik, kusurlu
Mängelhaftung *f* ÖKON kusurlardan sorumluluk
mangeln[1] *v/i* ⟨*h*⟩: ***es mangelt ihm an ...*** (*D*) onda ... eksik; ***~des Selbstvertrauen*** kendine güvensizlik
mangeln[2] *v/t* ⟨*h*⟩ *Wäsche* cendereden geçirmek
Mängelrüge *f* JUR ayıpların ihbarı
mangels *präp* ... yetersizliğinden, ... bulunmadığı için
Mangelware *f* nadir mal
Mango ['maŋo] *f* ⟨-; -s⟩ mango
Manie *f* ⟨-; -n⟩ mani
Manieren [ma'ni:rən] *pl* davranış töresi *sg*; *gute* görgü *sg*, terbiye *sg*
Manifest *n* ⟨-s; -e⟩ POL manifesto, bildirge; **2ieren** *v/t* ⟨*o* ge-, *h*⟩ belirtmek, açıklamak
Maniküre *f* ⟨-; -n⟩ manikür; **2en** *v/t u v/i* ⟨*o* ge-, *h*⟩ *-e* manikür yapmak
Manipul|ation *f* ⟨-; -en⟩ yönlendir(il)me; kullanış, yönelt(il)me; **2ieren** *v/t* ⟨*o* ge-, *h*⟩ (*beeinflussen*) yönlendirmek, manipüle etmek, kurcalamak; (*lenken*) yöneltmek, *-e* (*handhaben*) kullanmak; ***manipulierte Wahl*** şaibeli, hile karıştırılmış seçim
manisch *adj* manik; **~-depressiv** *adj* manik depresif
Manko *n* ⟨-s; -s⟩ ÖKON (*Fehlbetrag*) açık, eksik, noksan; *fig* dezavantaj
Mann *m* ⟨-s; ⸚er⟩ erkek; (*Ehe2*) koca; ***mein ~*** eşim, kocam
Männchen *n* ⟨-s; -⟩ ZOOL erkek (hayvan)
Mannequin ['manəkɛ̃] *n* ⟨-s; -s⟩ manken (*kadın*)
männerfeindlich *adj* erkek düşmanı
mannigfaltig *adj* çok çeşitli
männlich *adj* BIOL erkek; GR eril; *Eigenschaften* erkekçe, yiğitçe; **2keit** *f* ⟨-; *o pl*⟩ erkeklik
Mannschaft *f* ⟨-; -en⟩ SPORT takım; LUFTF mürettebat; MAR tayfa
Mannschafts|aufstellung *f* takım düzme; **~führer(in** *f*) *m* takım başkanı; **~geist** *m* ⟨-s; *o pl*⟩ takım ruhu; **~kapitän** *m* takım kaptanı; **~sport** *m* takım sporu; **~wagen** *m* ekip arabası; **~wertung** *f* takım değerlendirmesi; **~wettbewerb** *m* takım yarışması
Manometer *n* ⟨-s; -⟩ TECH manometre
Manöver [ma'nø:vɐ] *n* ⟨-s; -⟩ manevra; MIL tatbikat
manövrier|en [-v-] *v/i* ⟨*o* ge-, *h*⟩ manevra yapmak; **~unfähig** *adj* manevra yapamayacak halde (*gemi*)
Mansarde *f* ⟨-; -n⟩ çatı odası
manschen *v/i* ⟨*h*⟩ F bulamak, karıştırmak
Manschette *f* ⟨-; -n⟩ kolluk, manşet
Manschettenknopf *m* kol düğmesi
Mantel *m* ⟨-s; ⸚⟩ palto, pardesü; (*Damen2*) manto
Manteltarif *m* ÖKON toplu sözleşme şartları/koşulları; **~vertrag** *m* toplu sözleşme
manuell *adj* manüel, elle (yapılan)
Manuskript *n* ⟨-s; -e⟩ yazma, el yazması; (*Notizen*) not(lar)
Mappe *f* ⟨-; -n⟩ (*Aktentasche*) evrak çantası; (*Aktendeckel*) dosya
Marathon *m* ⟨-s; -s⟩ maraton
Märchen *n* ⟨-s; -⟩ masal; **~buch** *n* masal kitabı; **2haft** *adj* F masallardaki gibi; **~land** masal diyarı; **~welt** *f* masal dünyası
Marder *m* ⟨-s; -⟩ sansar
Margarine *f* ⟨-; -⟩ margarin
Marienkäfer [ma'ri:ən-] *m* hanımböceği
Marihuana [mari'hŭa:na] *n* ⟨-s; *o pl*⟩ marihuana, F ot
Marinade *f* ⟨-; -n⟩ salamura
Marine *f* ⟨-; -n⟩ MIL deniz kuvvetleri; **~stützpunkt** *m* deniz üssü
marinieren *v/t* ⟨*o* ge-, *h*⟩ salamuraya yatırmak
Marionette *f* ⟨-; -n⟩ kukla
Marionetten|regierung *f* kukla hükümet; **~spiel** *n* kukla tiyatrosu
maritim *adj* deniz(cilik) *subst*
Mark[1] *f* ⟨-; -⟩ mark, Alman markı
Mark[2] *n* ⟨-s; *o pl*⟩ (*Knochen2*) ilik; (*Frucht2*) *meyvanın etli kısmı*
Marke *f* ⟨-; -n⟩ marka; (*Brief2*) pul; (*Erkennungs2*) simge; (*Zeichen*) işaret
Marken|artikel *m* marka malı; **~bewusstsein** *n* *markalı mallara eğilim*; **~erzeugnis** *n* markalı ürün; **~image**

M

n marka imajı; **~treue** *f* markaya bağlılık; **~zeichen** *n* alameti farika
Marketing *n* ⟨-s; *o pl*⟩ ÖKON pazarlama, marketing
markier|en *v/t* ⟨*o* ge-, *h*⟩ (*kenntlich machen*) işaretlemek, markalamak; (*anzeigen*) ima etmek; *fig* … rolü yapmak; **≈ung** *f* ⟨-; -en⟩ işaret; ima
Markise *f* ⟨-; -n⟩ markiz (*tente*)
Markt *m* ⟨-s; ⸗e⟩ pazar, çarşı; (*~platz*) pazar yeri; ***auf dem ~*** piyasada; ***auf den ~ bringen*** piyasaya (satışa) çıkarmak; **~analyse** *f* piyasa analizi; **~anteil** *m* piyasa payı; **≈beherrschend** *adj* piyasaya hakim; **~bericht** *m* piyasa raporu/bülteni; **~forschung** *f* piyasa araştırması, marketing; **~führer** *m* piyasaya hakim şirket/mal; **~halle** *f* hal (*toptancılık*); **~lücke** *f* piyasa boşluğu; **~platz** *m* pazar yeri; **~studie** *f* piyasa araştırması; **~tag** *m* semt pazarı günü; **~wert** *m* ⟨-s; *o pl*⟩ rayiç, sürüm değeri; **~wirtschaft** *f* ⟨-; *o pl*⟩: (***freie***) ***~*** (serbest) piyasa ekonomisi; ***soziale ~*** sosyal piyasa ekonomisi
Marmelade *f* ⟨-; -n⟩ marmelat
Marmor *m* ⟨-s; -e⟩ mermer
Marokkan|er *m* ⟨-s; -⟩, **~erin** *f* ⟨-; -nen⟩ Faslı; **≈isch** *adj* Fas(lı) *subst*
Marokko *n* ⟨-s; *o pl*⟩ Fas
Marone *f* ⟨-; -n⟩ kestane
Marotte *f* ⟨-; -n⟩ garip merak
marsch *int* marş!
Marsch *m* ⟨-s; ⸗e⟩ yürüyüş; MUS marş; **~flugkörper** *m* MIL güdümlü füze (*ABD*); **≈ieren** *v/i* ⟨*o* ge-, *sn*⟩ yürümek; **~ordnung** *f* MIL yürüyüş nizamı; **~route** *f* MIL yürüyüş güzergâhı; *fig dışına çıkılmaması beklenen kurallar*
Martinshorn *n* siren
Märtyrer *m* ⟨-s; -⟩ şehit; ***sich zum ~ machen*** kahraman olmak için ölmek
Martyrium *n* ⟨-s; -rien⟩ şehitlik
Marx|ismus *m* ⟨-; *o pl*⟩ POL marksizm; **~ist** *m* ⟨-en; -en⟩ marksist; **≈istisch** *adj* marksist *subst*
März *m* ⟨-; -e⟩ mart; ***im ~*** martta
Marzipan *n* ⟨-s; -e⟩ badem ezmesi
Masche *f* ⟨-; -n⟩ (*Strick≈*) ilmik; (*Netz≈*) ağ gözü; F *fig* hile, tertip
Maschendraht *m* tel örgü; kümes *vs* teli
Maschine *f* ⟨-; -n⟩ makina; F (*Motor*) motor; (*Flugzeug*) uçak; (*Schreib≈*) ***mit der ~ schreiben*** makinayla/daktilo(yla) yazmak; (*Näh≈*) (dikiş) makina(sı); (*Wasch≈*) (çamaşır) makina(sı)
maschinell **1.** *adj* mekanik; **2.** *adv* makina ile yapılan; ***~ bearbeiten*** EDV elektronik olarak işlem görmek; ***~ hergestellt*** el değmeden imal edilmiş
Maschinen|bau *m* ⟨-s; *o pl*⟩ makina mühendisliği; **~bauingenieur** *m* makina mühendisi; **~gewehr** *n* makinalı tüfek, mitralyöz; **~pistole** *f* makinalı tabanca; **~raum** *m* makina dairesi; **~schaden** *m* makina/motor arızası; **~schlosser** *m* tesviyeci; **≈waschbar** *adj* makinada yıkanabilir
Maschin|erie *f* ⟨-; -n⟩ makinalar sistemi; mekanizma (*büyük*); **~ist** *m* ⟨-en; -en⟩ BAHN makinist
Masern *pl* MED kızamık *sg*
Maserung *f* ⟨-; -en⟩ damar, (ahşap) desen(i)
Maske *f* ⟨-; -n⟩ maske; THEA makyaj; ***die ~ fallen lassen*** maskesini indirmek, gerçek yüzünü göstermek; ***in der ~*** maskeli
Masken|ball *m* maskeli balo; **~bildner** *m* ⟨-s; -⟩, **~bildnerin** *f* ⟨-; -nen⟩ makyajcı; **≈haft** *adj* kaskatı (*yüz*)
Maskerade *f* ⟨-; -n⟩ maskeli eğlence; kılık değiştirme
mask|ieren ⟨*o* ge-, *h*⟩ *v/t* maskelemek; *fig* örtmek; **~iert** *adj* maskeli; **≈ierung** *f* ⟨-; -en⟩ maske(leme)
Maskottchen *n* ⟨-s; -⟩ maskot (*takı*)
maskulin *adj* erkeksi; GR eril; **≈um** *n* ⟨-s; -na⟩ LING eril biçim
Masoch|ismus *m* ⟨-; *o pl*⟩ mazoşizm; **~ist** *m* ⟨-en; -en⟩, **~istin** *f* ⟨-; -nen⟩ mazoşist; **≈istisch** *adj* mazoşist *subst*; mazoşistçe
Maß[1] *n* ⟨-es; -e⟩ (*~einheit*) ölçü, birim; (*~stab*) ölçek; ***~ halten*** ölçülü davranmak (***in, mit*** *D -de*) ***bei j-m ~ nehmen*** b-nin ölçüsünü almak; *fig* ***das ~ überschreiten*** ölçüyü aşmak; ***nach ~*** (***gemacht***) ısmarlama (yapılmış); ***~e*** *e-s Raumes usw* ölçü, boyut; ***~e und Gewichte*** uzunluk ve ağırlık ölçüleri; ***in dem ~e, wie …*** (*-in*) -diği ölçüde; ***in gewissem ~e*** bir dereceye kadar; ***in höchstem ~e*** en üst derecede; ***in zunehmendem ~e*** (gittikçe) artan derecede; ***in ~en*** azar azar, ölçülü olarak; ***über alle ~en*** ölçüye sığmaz; ***in hohem***

M

~(e) üst derecede
Maß² [mas] *f* ⟨-; -⟩, *süddt*, *österr a* ⟨-; -en⟩: ***eine ~ Bier*** bir litre bira
Massage [ma'sa:ʒə] *f* ⟨-; -n⟩ masaj; **~salon** *m* masaj salonu
Massaker *n* ⟨-s; -⟩ katliam, (soy)kırım
massakrieren *v/t* ⟨*o* ge-, *h*⟩ katliama uğratmak
Maß|anzug *m* ısmarlama (takım) elbise; **~arbeit** *f* ısmarlama iş/çalışma; **~band** *n* ⟨-s; -̈er⟩ mezura, mezür
Masse *f* ⟨-; -n⟩ yığın; (*Substanz*) madde, kütle; (*Menschen*≗) kitle; F ***e-e ~ Geld*** bir yığın para; ***die*** (***breite***) **~** geniş kitle; POL ***die ~n*** *pl* kitleler
Maßeinheit *f* ölçü birimi
Massen|abfertigung *f sıradan muamele*; **~absatz** *m* toptan satış; **~andrang** *m* izdiham, yığışma; **~arbeitslosigkeit** *f* kitlesel işsizlik; **~artikel** *m seri imalat ürünü*; **~entlassungen** *pl* kitlesel/toptan işten çıkarmalar; **~flucht** *f* kitlesel göç; **~grab** *n* kitle mezarı; **~güter** *pl seri imalat ürünleri*; ≗**haft** *adv* bol bol, kütle halinde; **~karambolage** *f* AUTO zincirleme kaza; **~medien** *pl* medya *koll*; kitle iletişim araçları; **~mord** *m* katliam; **~mörder** *m* katliamcı; **~produktion** *f* seri imalat/üretim; **~sport** *m* kitle sporu; **~tierhaltung** *f büyük çaplı hayvancılık*; **~tourismus** *m* kitle turizmi; **~veranstaltung** *f bir kitlenin katıldığı gösteri*; **~verkehrsmittel** *n* toplu taşıma aracı; **~vernichtungswaffen** *pl* kitle silahları; ≗**weise** bol bol, kitle halinde
Masseur [ma'sø:ɐ] *m* ⟨-s; -e⟩ masajcı, masör; **~in** *f* ⟨-; -nen⟩ masajcı (kadın), masöz
Maß|gabe *f*: ***nach ~*** *G* … oranında, *-e* göre; ≗**gebend** *adj* yetkili; esas olan; ***das ist*** (***für mich***) ***nicht ~*** benim için asıl önemli olan bu değil; ≗**geblich** *adj* (*verbindlich*) bağlayıcı, ilgili; (*beträchtlich*) önemli (ölçüde); ≗**gerecht** *adj* ölçüye uygun; ≗**geschneidert** *adj* ısmarlama (*Anzug*)
massieren *v/t* ⟨*o* ge-, *h*⟩ ovmak
massig **1.** *adj* iri yapılı; **2.** F çok, bol
mäßig *adj* (*maßvoll*) ölçülü, ılımlı; (*durchschnittlich*) orta, vasat; ***ein ~er Schüler*** vasat bir öğrenci; (*dürftig*) yetersiz; *adv* şöyle böyle
mäßig|en ⟨*h*⟩ **1.** *v/t* azaltmak, yatıştırmak; **2.** *v/r*: ***sich ~*** ölçüyü aşmamak; (*nachlassen*) hafiflemek, yatışmak; ≗**ung** *f* ⟨-; *o pl*⟩ kendine hakim olma; yatışma
massiv [ma'si:f] *adj* masif; *Gold* som; *fig* ağır, şiddetli; F ***~ werden*** kabalaşmak, bastırmak
Maßkrug *m* ⟨-s; -̈e⟩ *süddt*, *österr bir litrelik bira maşrapası*
maßlos *adj* aşırı; ***~ übertrieben*** aşırı abartılı
Maßnahme *f* ⟨-; -n⟩ önlem, tedbir
Maßnahmenkatalog *m* önlem paketi
maßregeln *v/t* ⟨*untr*, -ge-, *h*⟩ (*strafen*) cezalandırmak
Maßschneider (**in** *f*) *m* terzi (*ısmarlama iş yapan*)
Maßstab *m Plan*, *Karte* ölçek; (*Kriterium*) ölçüt; ***im ~ 1:50.000*** 1:50.000 ölçeğinde; ***im verkleinerten*** (***vergrößerten***) **~** küçültülmüş (büyütülmüş) olarak; ***hohe Maßstäbe anlegen*** (***an*** *A -e*) yüksek standartlar uygulamak; F *-e* çıtayı yüksek tutmak
maßvoll *adj* ölçülü, sakınımlı
Mast *m* ⟨-s; -e⟩ direk
mästen ⟨*h*⟩ **1.** *v/t* semirtmek; **2.** *v/r*: ***sich ~*** (***an*** *D -den*) tıkınmak
masturbieren *v/i* ⟨*o* ge-, *h*⟩ kendi k-ni tatmin etmek; mastürbasyon yapmak
Match [mɛtʃ] *n* ⟨-s; -s, -e⟩ maç; **~ball** *m* karar sayısı/puanı
Material *n* ⟨-s; -ien⟩ gereç, malzeme, materyal; (*Ausrüstung*) donatım; (*Arbeits*≗) *üzerinde çalışılan malzeme*; **~fehler** *m* malzemede kusur
Materialismus *m* ⟨-; *o pl*⟩ maddiyatçılık; PHIL maddecilik, materyalizm
Materie [-ĭə] *f* ⟨-; -n⟩ madde; (*Thema*) konu
materiell *adj* maddî
Mathematik *f* ⟨-; *o pl*⟩ matematik; **~er** *m* ⟨-s; -⟩, **~in** *f* ⟨-; -nen⟩ matematikçi
mathematisch *adj* matematiksel
Matinee *f* ⟨-; -n⟩ THEA matine
Matjeshering *m* ringa balığı salamurası
Matratze *f* ⟨-; -n⟩ döşek, şilte
Matrize *f* ⟨-; -n⟩ matris; TECH dişi kalıp; şablon
Matrose *m* ⟨-n; -n⟩ MAR gemici; MIL deniz eri
Matsch *m* ⟨-s; *o pl*⟩ çamur, balçık; ≗**ig** *adj* çamurlu; *Frucht* ezik
matt *adj* (*schwach*) bitkin, zayıf; *Farbe* mat, donuk; *Foto* mat; *Glas*, *Glühbirne*

M

buzlu; *Schach* mat
Matte *f* ⟨-; -n⟩ minder
mattieren *v/t* ⟨*o* ge-, *h*⟩ *Glas* buzlandırma, matlaştırma
Mattigkeit *f* ⟨-; *o pl*⟩ bitkinlik, halsizlik
Mattscheibe *f* FOTO, F TV ekran; F *fig* **~ haben** aklı tam başında olmamak (*aus Schlaftrunkenkeit usw*)
Mätzchen *pl* F (*Unsinn*) saçmalık *sg*; **keine ~!** numara yapma!
Mauer *f* ⟨-; -n⟩ duvar; HIST **die (Berliner) ~** Berlin (Utanç) Duvarı
mauern ⟨*h*⟩ **1.** *v/i* duvar örmek; SPORT *kaleyi bütün oyuncularla korumak*; **2.** *v/t* yapmak, inşa etmek (*duvar örerek*)
Mauerwerk *n* ⟨-s; *o pl*⟩ duvar(lar)
Maul *n* ⟨-s; ⸗er⟩ ağız (*hayvanlarda*); F **halts ~!** kapa çeneni/gaganı!
Maulbeere *f* dut
maulen *v/i* ⟨*h*⟩ F ters ters konuşmak
Maul|esel *m* bardo; **~held** *m* F farfara, koca ağızlı (kişi); **~korb** *m*: **j-m e-n ~ anlegen** *-i* serbestçe konuşturmamak; **~tier** *n* katır; **~- und Klauenseuche** *f* şap hastalığı; **~wurf** *m* ⟨-s; ⸗e⟩ köstebek
Maure *m* ⟨-n; -n⟩ HIST Mağripli, Mağribî, Berberî
Maurer *m* ⟨-s; -⟩ duvarcı; **~meister** *m* duvarcı ustası
Maur|in *f* ⟨-; -nen⟩ HIST Mağripli, Mağribî, Berberî (kadın); **⁀isch** *adj* Mağribî, Berberî
Maus *f* ⟨-; ⸗e⟩ ZOOL fare; EDV fare; F **graue ~** gösterişsiz/silik (kadın); **~bewegung** *f* EDV fare hareketi
Mausefalle *f* fare kapanı; **in der ~ sitzen** kapana kısılmış olmak
mausern *v/i u v/r*: (**sich**) **~** *Vogel* tülemek; *fig* serpilmek, güzelleşmek
mausetot *adj* F ölü, ölmüş
Mausklick *m* EDV fare tıklaması
Mausoleum *n* ⟨-s; -leen⟩ mozole, anıt mezar; *İslam* türbe
Maut *f* ⟨-; -en⟩: **~gebühr** *f* yol geçiş ücreti; **~stelle** *f* yol gişesi; **~straße** *f* ücretli yol
maximal **1.** *adj* azamî, maksimum; **2.** *adv* en (çok)
Maxime *f* ⟨-; -n⟩ düstur, şiar, ilke
maximier|en *v/t* ⟨*o* ge-, *h*⟩ arttırmak, fazlalaştırmak; **⁀ung** *f* ⟨-; -en⟩ arttırma, fazlalaştırma
Maximum *n* ⟨-s; -ma⟩ maksimum
Mayonnaise [majɔˈnɛːzə] *f* ⟨-; -n⟩ mayonez
Mäzen *m* ⟨-s; -e⟩ bilgin ve sanatçıları koruyan kimse, mesen
MB *n* EDV *Abk für* **Megabyte** megabayt
MdB *Abk für* **Mitglied des Bundestages** federal parlamento milletvekili
MdL *Abk für* **Mitglied des Landtages** eyalet parlamentosu milletvekili
Mechan|ik *f* ⟨-; -en⟩ PHYS mekanik; TECH mekanizma; **~iker** *m* ⟨-s; -⟩, **~ikerin** *f* ⟨-; -nen⟩ teknisyen; **⁀isch** *adj* mekanik; otomatik; **⁀isieren** *v/t* ⟨*o* ge-, *h*⟩ mekanize etmek; **~isierung** *f* ⟨-; -en⟩ mekanizasyon; **~ismus** *m* ⟨-; -men⟩ mekanizma, düzenek
meckern *v/i* ⟨*h*⟩ F dırdır etmek; (**über** *A -den*) şikâyet etmek
Medaille [meˈdaljə] *f* ⟨-; -n⟩ madalya
Medaillengewinner(in *f*) *m* SPORT ilk üçe giren, madalya kazanan
Medaillon [meda(l)ˈjõː] *n* ⟨-s; -s⟩ madalyon
Medien *pl* medya *sg*; basın-yayın *sg*; **~ereignis** *n* medya olayı; **~forschung** *f* medya araştırmaları; basın-yayın bilimi; **~landschaft** *f* medya ortamı; **⁀wirksam** *adj* medyada etkili
Medikament *n* ⟨-s; -e⟩ (**gegen** *-e* karşı) ilaç; **⁀ös** *adv* ilaçla
Medit|ation *f* ⟨-; -en⟩ meditasyon; *Sufismus* zikr; **⁀ieren** *v/i* ⟨*o* ge-, *h*⟩ meditasyon yapmak; zikretmek, zikre varmak; **~ über** *A* … üzerine derin derin düşünmek
Medizin *f* ⟨-; -en⟩ tıp, hekimlik; (*Arznei*) ilaç; **Doktor der ~** tıp doktoru; **~er** *m* ⟨-s; -⟩, **~erin** *f* ⟨-; -nen⟩ (*Student*) tıp öğrencisi; (*Arzt*) hekim, tabip; **⁀isch** *adj* tıbbî; ***~-technische Assistentin*** tıbbî laboratuvar asistanı
Medresse *f* medrese
Meer *n* ⟨-s; -e⟩ deniz; **das offene ~** açık deniz; **~blick** *m* ⟨-s; *o pl*⟩ deniz manzarası; **~enge** *f* boğaz
Meeres|biologie *f* su biyolojisi; **~boden** *m* deniz dibi; **~früchte** *pl* deniz ürünleri; **~grund** *m* ⟨-s; *o pl*⟩ deniz dibi; **~nutzung** *f* ÖKOL deniz kullanımı; **~spiegel** *m* ⟨-s; *o pl*⟩ deniz seviyesi; ***… Meter über dem ~ liegen*** … metre rakımlı olmak; ***Höhe über dem ~*** rakım
Meer|rettich *m* BOT karaturp, yabanturpu; **~salz** *n* deniz tuzu; **~schweinchen**

n hintdomuzu, kobay

Megabyte [-baɪt] *n* EDV megabayt

Megafon *n* ⟨-s; -e⟩ megafon

Megahertz *n* megahertz

Mehl *n* ⟨-s; -e⟩ un; **≈ig** *adj Obst* kepeklenmiş; **~speise** *f* hamur işi; *österr (Süßspeise)* tatlı, kek

mehr **1.** *indef pron* daha; fazla; çok; ***~ als*** -*den* (daha); **2.** *adj* ***~ und ~*** (*od* ***immer ~***) ***Leute*** gittikçe daha çok insan; ***noch ~*** daha (da) fazla; **3.** *adv* ***es ist kein … ~ da …*** kalmadı; ***nie ~*** bir daha asla; ***um so ~*** (***als***) (-diği için) daha da çok; ***ich kann nicht ~ warten*** artık/daha bekleyemem; ***immer ~*** gittikçe, gitgide; ***nicht ~*** artık değil (*od* yok)

Mehr|arbeit *f* ⟨-; *o pl*⟩ ek çalışma, fazla iş; **~aufwand** *m* (***an*** *D* -*de*) ek gider/masraf; **~ausgaben** *pl* ek harcama *sg*; **≈bändig** *adj* (birden) çok ciltli(k); **~bedarf** *m* ek ihtiyaç; **~belastung** *f* ek/fazla yük; **~betrag** *m* fazla/artan miktar; (*Zuschlag*) zam; **~bettzimmer** *n birden çok yataklı oda*; **≈deutig** *adj* çok anlamlı; F lastikli; **~einnahmen** *pl* gelir fazlası *sg*; ek tahsilat *koll*

mehren ⟨*h*⟩ **1.** *v/t* çoğaltmak; **2.** *v/r*: ***sich ~*** üremek, çoğalmak

mehrere *adj u indef pron* birçok; muhtelif

mehrfach **1.** *adj* (*wiederholt*) mükerrer, müteaddit; ***~er deutscher Meister*** birkaç kere Almanya şampiyonu olan; **2.** *adv* (*wiederholt*) tekrar tekrar; ***er ist ~ vorbestraft*** onun birkaç sabıkası var; **≈steckdose** *f* üçlü *vs* priz

Mehr|familienhaus *n birden çok konutlu bina*; **≈farbig** *adj* çok renkli; **~heit** *f* ⟨-; -en⟩ çoğunluk; **≈heitlich** *adj u adv* çoğunluklu (olarak)

Mehrheits|beschluss *m* çoğunluk kararı; **~beteiligung** *f* ÖKON çoğunluklu katılım; **~wahlrecht** *n* mutlak seçim sistemi, çoğunluk sistemi

Mehrkosten *pl* ek masraf(lar)

mehrmals *adv* birkaç kere/defa

Mehr|parteiensystem *n* çok partili sistem; **≈sprachig** *adj* iki *vs* dilli/dilde; **≈stellig** *adj Zahl birden çok haneli*; **≈stimmig** *adj* çoksesli; **≈stöckig** *adj* çok katlı; **≈tägig** *adj* günler (… gün) süren; **~weg…** *in Zssgn* ÖKOL dönüşümlü; **~wegverpackung** *f* ÖKOL dönüşümlü ambalaj

Mehrwertsteuer *f* (**MWSt**) katma değer vergisi (KDV); **~satz** *m* katma değer vergisi oranı

Mehr|zahl *f* ⟨-; *o pl*⟩ çoğunluk; GR çoğul; **~zweckhalle** *f* çok amaçlı salon

meiden *v/t* ⟨mied, gemieden, *h*⟩ -*den* kaçınmak, uzak durmak

Meile *f* ⟨-; -n⟩ mil

meilenweit *adv* fersah fersah

mein *pos pron* ***~e, ~er, ~es*** (benim) -im

Meineid *m* JUR yalan yere yemin; ***e-n ~ leisten*** yalan yere yemin etmek

meinen *v/t u v/i* ⟨*h*⟩ (*glauben, e-r Ansicht sein*) düşünmek, sanmak; (*sagen wollen*) demek istemek; (*beabsichtigen, sprechen von*) kastetmek; (*sagen*) söylemek; ***~ Sie*** (***wirklich***)***?*** (gerçekten) öyle mi düşünüyorsunuz?; ***wie ~ Sie das?*** bununla neyi kastediyorsunuz?; ***sie ~ es gut mit ihm/ihr*** onun hakkında iyi düşünüyorlar (*od* iyi niyetleri var); ***ich habe es nicht so gemeint*** öyle demek istememiştim; ***wie ~ Sie?*** (ne demiştiniz) efendim?

meinerseits *adv* benim açımdan, bence; ***ganz ~*** tamamen katılıyorum; ben de (memnun oldum) (*tanışmada*)

meinetwegen *adv* (*von mir aus*) (benim için) fark etmez; F bana ne!; (*für mich*) benim için; (*wegen mir*) benim yüzümden; (*zum Beispiel*) mesela

Meinung *f* ⟨-; -en⟩ düşünce, fikir; kanı, kanaat; ***~ über etw*** (*A*) bş hakkında(ki) görüş; ***e-e schlechte ~ haben von*** (*D* -*in*) kötü olduğunu düşünmek; ***meiner ~ nach*** bence; ***der ~ sein, dass*** (-*in*) -diği fikrinde olmak; ***s-e ~ ändern*** fikrini değiştirmek; ***ich bin Ihrer*** (***anderer***) ***~*** ben sizinle aynı (sizden farklı) düşünüyorum

Meinungs|äußerung *f* düşünceyi ifade; **~austausch** *m* düşünce (*od* görüş) alışverişi; ***~ über etw*** (*A*) bş hakkında düşünce alışverişi; **≈bildend** *adj* kamuoyu oluşturucu; **~bildung** *f bir görüşün oluş(turul)ması*; ***öffentliche ~*** kamuoyu oluşturma; **~forscher(in** *f*) *m* kamuoyu araştırmacısı; **~forschung** *f* kamuoyu araştırması; **~forschungsinstitut** *n* kamuoyu araştırma enstitüsü; **~freiheit** *f* ⟨-; *o pl*⟩ düşünce özgürlüğü; **~umfrage** *f* anket; **~umschwung** *m* görüş değişikliği; **~verschiedenheit** *f* düşünce (*od* görüş) ayrılığı

M

Meise *f* ⟨-; -n⟩ iskete (kuşu)
meist **1.** *adj* çoğu, ekser; ***das ~e*** (***davon*** bş-in) çoğu; ***die ~en*** (***von ihnen*** onların) çoğu; ***die ~en Leute*** insanların çoğu; ***die ~e Zeit*** zamanın çoğu; **2.** *adv* genellikle, çoğunlukla; ***am ~en*** en çok, ekseriya; **2begünstigungsklausel** *f* ÖKON imtiyazlı ticaret hükmü; POL en çok gözetilen ülke kaydı; **~bietend** *adj* en çok arttıran, en yüksek teklifi veren; ***~ verkaufen*** en çok arttırana satmak; **2bietende** *m*, *f* ⟨-n; -n⟩ en yüksek teklifi yapan
meistens *adv* genellikle, ekseriya, çoğunlukla
Meister *m* ⟨-s; -⟩ (Handwerks2) usta; (Künstler, Könner) üstat; SPORT şampiyon, rekortmen; **~brief** *m* ustalık diploması; **2haft** **1.** *adj* olağanüstü (güzel), kusursuz; **2.** *adv* ustaca, kusursuzca; **~in** *f* ⟨-; -nen⟩ usta (kadın); **~leistung** *f* ustalık; yüksek performans
meistern *v/t* ⟨*h*⟩ başarmak
Meister|prüfung *f* ustalık sınavı; **~schaft** *f* ⟨-; -en⟩ (*Können*) ustalık; SPORT şampiyona; **~stück** *n* ustalık sınavı ödevi; ustalık; yüksek performans; **~werk** *n* şaheser, başyapıt
Melanchol|ie [-ko-] *f* ⟨-; -n⟩ melankoli, karasevda; **2isch** *adj* melankolik, karasevdalı
Melanom *n* ⟨-s; -e⟩ MED melanom
Melde|behörde *f* nüfus dairesi; **~bescheinigung** *f* ikamet/konut belgesi
melden ⟨*h*⟩ **1.** *v/t* (***j-m etw*** b-ne bş-i) bildirmek; (***j-n bei*** b-ne b-ni) ihbar etmek; *Presse, Funk -in* haberini vermek; **2.** *v/r*: (*erscheinen*) ***sich ~*** (***bei j-m*** b-ne) geldiğini bildirmek; (*polizeilich anmelden*) (***bei*** *-e*) ikametgâh kaydı yaptırmak; TEL cevap vermek; *freiwillig* (***für, zu*** *-e*) gönüllü yazılmak
Melde|pflicht *f* ikametgâh kaydı yükümlülüğü; MED bildirme yükümlülüğü; **2pflichtig** *adj* kaydolma yükümlülüğü olan; MED bildirilmesi zorunlu (*Krankheit*); **~zettel** *m* bildirim/kayıt formu
Meldung *f* ⟨-; -en⟩ *Medien* haber; (*Mitteilung*) rapor; *amtlich* duyuru, ilam; (*polizeiliche Anmeldung*) ikamet(gâh) kaydı; EDV mesaj
melken *v/t* ⟨melkte *od* molk, gemelkt *od* gemolken, *h*⟩ sağmak

Melkmaschine *f* süt sağma makinası
Melod|ie *f* ⟨-; -n⟩ melodi, nağme; **2iös** *adj* melodik, ahenkli; **2isch** melodik, melodiye ilişkin
Melodrama *n* ⟨-s; -en⟩ F melodram; **2tisch** *adj* F melodramatik
Melone *f* ⟨-; -n⟩ (*Wasser2*) karpuz; (*Zucker2*) kavun
Membran *f* ⟨-; -en⟩ TECH zar
Memoiren [memo'a:rən] *pl schriftlich* anılar, hatıralar
Memorandum *n* ⟨-s; -den, -da⟩ muhtıra, memorandum
Menge *f* ⟨-; -n⟩ küme, yığın; (*Anzahl*) miktar, nicelik; (*Menschen2*) kalabalık; ***e-e ~ Geld*** çok para
Mengen|angabe *f* miktar bildirimi; **~lehre** *f* ⟨-; *o pl*⟩ MATH kümeler teorisi; **~rabatt** *m* ÖKON miktar indirimi
Meniskus *m* ⟨-; -ken⟩ menisküs
Mensa *f* ⟨-; -s, -sen⟩ yemekhane (*üniversitede*)
Mensch *m* ⟨-en; -en⟩ insan, adam; *einzelner a* şahıs, kişi; ***der ~*** *als Gattung* insan(oğlu); ***kein ~*** hiç kimse
Menschen|affe *m* ZOOL insanımsı (maymun); **~gedenken** *n*: ***seit ~*** ezelden beri; **~handel** *m* insan ticareti; **~kenner(in** *f*) *m* insan sarrafı; **~kenntnis** *f* ⟨-; *o pl*⟩ insan sarraflığı; ***~ haben*** insan sarrafı olmak; **~leben** *n* insan ömrü/hayatı; ***~ sind nicht zu beklagen*** can kaybı yok(tur); **2leer** *adj* ıssız, tenha; **~menge** *f* kalabalık; **2möglich** *adj* bir insanın elinden gelen; **~rechte** *pl* insan hakları; **2scheu** *adj* insandan kaçan, tor; **~seele** *f*: ***keine ~ war da*** hiç kimse(cik/ler) yoktu; **2unwürdig** *adj* insan onuruna yakışmayan; **2verachtend** *adj* insan onurunu hiçe sayan; **~verstand** *m*: ***gesunder ~*** sağduyu; **~würde** *f* insan(lık) onuru/haysiyeti
Menschheit *f* ⟨-; *o pl*⟩: ***die ~*** insanlık, beşeriyet
menschlich *adj* (*den Menschen betreffend*) insanî; beşerî; (*human*) insanca, insancıl; **2keit** *f* ⟨-; *o pl*⟩ insaniyet, insan(cıl)lık
Menstru|ation [-'tsi̯o:n] *f* ⟨-; -en⟩ MED aybaşı, âdet; **2ieren** *v/i* ⟨*o* ge-, *h*⟩ âdet görmek
Mentalität *f* ⟨-; -en⟩ zihniyet
Menthol *n* ⟨-s; *o pl*⟩ CHEM: ***mit ~*** mentollü

M

Menü *n* ⟨-s; -s⟩ *a* EDV menü
Merkblatt *n* broşür
merken *v/t* ⟨*h*⟩ (*wahrnehmen*) *-in* farkına varmak; (*spüren*) hissetmek, duymak; (*entdecken*) anlamak; ***sich*** (*D*) ***etw*~** aklında tutmak, bellemek, aklına yazmak
merklich *adj* (*wahrnehmbar*) görülebilir; (*deutlich*) göze çarpan, belli; (*beträchtlich*) hatırı sayılır (derecede)
Merkmal *n* ⟨-s; -e⟩ özellik; nitelik; (*Zeichen*) işaret, belirti, karakteristik
merkwürdig *adj* tuhaf, garip; göze çarpan; **~erweise** *adv* tuhaftır ki
messbar *adj* ölçülebilir
Messbecher *m* dereceli kap
Messe *f* ⟨-; -n⟩ ÖKON fuar; (*Ausstellung*) sergi; (*Jahrmarkt*) panayır; REL ayin; **~ausweis** *m* fuar pasosu; **~besucher** *m* fuar ziyaretçisi; **~gelände** *n* fuar parkı; **~halle** *f* fuar hali
messen ⟨misst, maß, gemessen, *h*⟩ **1.** *v/t* ölçmek; ***gemessen an*** (*D*) *-e* oranla; **2.** *v/r*: ***sich nicht mit j-m ~ können*** bir kimse ile boy ölçüşememek
Messe|neuheit *f* fuar yeniliği; **~pavillon** *m* fuar pavyonu
Messer *n* ⟨-s; -⟩ bıçak; ***auf des ~s Schneide stehen*** *fig* henüz kesinleşmemiş olmak; **≈scharf** *adj* bıçak gibi keskin; ***~er Verstand*** keskin zekâ; **~spitze** *f* bıçak ucu; **~stecherei** *f* ⟨-; -en⟩ bıçaklı dövüş; **~stich** *m* bıçak darbesi
Messe|stadt *f* fuar şehri; **~stand** *m* fuar reyonu/standı
Mess|gerät *n* ölçme aleti; **~glas** *n* ölçü bardağı/kabı
Messing *n* ⟨-s; *o pl*⟩ *Metall* pirinç, sarı
Messinstrument *n* ölçü aleti
Messung *f* ⟨-; -en⟩ ölç(ül)me; (*Ablesung*) oku(n)ma
Metall *n* ⟨-s; -e⟩ maden, metal; ***~ verarbeitend*** maden işleyen; **~arbeiter** *m* metal işçisi; **~industrie** *f* metal endüstrisi; **≈isch** *adj* madenî, metal(ik); **~urgie** *f* ⟨-; *o pl*⟩ metalürji; **≈urgisch** *adj* metalürjik; **~verarbeitung** *f* metal işleme; **~waren** *pl* madeni eşyalar
Metamorphose [-f-] *f* ⟨-; -n⟩ başkalaşım
Metapher [me'tafɐ] *f* ⟨-; -n⟩ eğretileme
Metaphys|ik *f* metafizik; **≈isch** *adj* metafizik
Metastase *f* ⟨-; -n⟩ MED metastaz
Meteorit [mete'o:ʀ] *m* ⟨-s; -e⟩ meteorit, göktaşı
Meteorolog|e *m* ⟨-n; -n⟩ meteorolog; **~ie** *f* ⟨-; *o pl*⟩ meteoroloji; **~in** *f* ⟨-; -nen⟩ meteorolog (kadın); **≈isch** *adj* meteorolojik
Meter *m*, *a n* ⟨-s; -⟩ metre; **~maß** *n* metre cetveli; **~ware** *f metre hesabıyla satılan mal (kumaş vs)*
Methadon *n* ⟨-s; *o pl*⟩ MED *tedavide eroini ikame için kullanılan bir ilaç*
Method|e *f* ⟨-; -n⟩ yöntem, metot, usul; **≈isch** *adj* yöntemli, düzenli
Metier [me'tĭe:] *n* ⟨-s; -s⟩ zanaat, uzmanlık alanı
metrisch *adj* metrik
Metropole *f* ⟨-; -n⟩ büyükşehir
Metzger *m* ⟨-s; -⟩ kasap
Metzgerei *f* ⟨-; -en⟩ kasap (dükkânı)
Meute *f* ⟨-; -n⟩ köpek sürüsü; F *fig* güruh
Meuterei *f* ⟨-; -en⟩ isyan
meutern *v/i* ⟨*h*⟩ F isyan etmek, karışıklık çıkarmak
meuternd *adj* isyan halinde, karışıklık çıkaran
Mexikan|er *m* ⟨-s; -⟩, **~erin** *f* ⟨-; -nen⟩ Meksikalı; **≈isch** *adj* Meksika(lı) *subst*
Mexiko *n* ⟨-s; *o pl*⟩ Meksika
MEZ [ɛme:'t͡sɛt] *Abk für* ***Mitteleuropäische Zeit*** Orta Avrupa Saati
mfg [ɛm|ɛf'ge:] *Abk für* ***mit freundlichen Grüßen*** saygılarım(ız)la
miauen *v/i* ⟨*h*⟩ miyavlamak
mich 1. *pers pron* beni; ***für ~*** benim için, bana; **2.** *refl pron* kendimi
mick(e)rig *adj* F *Sache* kıtipiyoz; (*kränklich*) marazlı, hastalıklı
Miederwaren *pl sutyen, korse, jartiyer vs*
Mief *m* ⟨-s; *o pl*⟩ F havasızlık, pis koku
Miene *f* ⟨-; -n⟩ yüz (ifadesi), davranış, tavır; ***gute ~ zum bösen Spiel machen*** içine atıp bş-e katlanmak; ***ohne e-e ~ zu verziehen*** içinden geçeni hiç belli etmeden
Mienenspiel *n* mimik(ler)
mies F *adj u adv* berbat; ***~e Laune haben*** (*-in*) keyfi çok bozuk olmak
Miesmuschel *f* karakabuk midyesi
Miete *f* ⟨-; -n⟩ kira; ***zur ~ wohnen*** kirada/kirayla oturmak
Mieteinnahme *f* kira geliri
mieten *v/t* ⟨*h*⟩ kiralamak, tutmak

M

Mieter *m* ⟨-s; -⟩, **~in** *f* ⟨-; -nen⟩ kiracı; **~schutz** *m* kiracının korunması
mietfrei *adj* kira ödemeden
Miet|gebühr *f* kira harcı; **~kauf** *m kiralayarak satın alma sistemi*; **~preis** *m* kira bedeli
Mietshaus *n* apartman
Miet|verhältnis *n* kira ilişkisi; **~vertrag** *m* kira sözleşmesi/kontratı; **~wagen** *m* kira arabası; **~wohnung** *f* kiralık apartman dairesi
Migräne *f* ⟨-; -n⟩ MED migren
Mikrobe *f* ⟨-; -n⟩ mikrop
Mikro|chip *m* mikroçip; **~fiche** [-fɪʃ] *n*, *m* mikrofiş; **~film** *m* mikrofilm; **~fon** *n* ⟨-s; -e⟩ mikrofon; **~organismus** *m* mikroorganizma; **~prozessor** *m* ⟨-s; -en⟩ EDV mikroişlemci
Mikroskop *n* ⟨-s; -e⟩ mikroskop; **2isch** *adj* (*a* ~ ***klein***) mikroskopik
Mikrowelle *f*, **~nherd** *m* mikro dalgalı fırın, mikrodalga
Milbe *f* ⟨-;-n⟩ uyuz böceği
Milch *f* ⟨-; *o pl*⟩ süt; ***dicke*** (*od* ***saure***) ~ *ekşitilmiş süt*; **~flasche** *f* süt şişesi; **~glas** *n* TECH buzlu cam; **~kaffee** *m* sütlü kahve; **~kanne** *f* süt güğümü; **~mixgetränk** *n* meyveli (*od* dondurmalı) süt; **~produkte** *pl* süt ürünleri; **~pulver** *n* süt tozu; **~reis** *m* sütlaç; *ungekocht* kalın pirinç; **~shake** [mɪlçʃe:k] *m* ⟨-s; -s⟩ meyveli (*od* dondurmalı) süt; **~straße** *f* ASTR samanyolu; **~zahn** *m* sütdişi, kuzudişi
mild *adj* yumuşak; *Klima* ılıman; *Strafe* hafif; *Essen* acısız; *Farbe* pastel; *Licht* loş
milde *adv*: ~ ***ausgedrückt*** en hafif deyimiyle
Milde *f* ⟨-; *o pl*⟩ iyilik, yumuşaklık; ~ ***walten lassen*** merhametli davranmak
mildern *v/t* ⟨*h*⟩ yumuşatmak; hafiflemek; *Schmerzen* yatıştırmak; *Wirkung* azaltmak
mildernd *adj*: **~*e Umstände*** JUR hafifletici sebepler *pl*
Milderungsgrund *m* JUR hafifletme gerekçesi, hafifletici sebep
Milieu [mi'li̯ø:] *n* ⟨-s; -s⟩ (*Umwelt*) çevre; (*Herkunft*) ortam, muhit; **2bedingt** *adj* ortama bağlı; **2geschädigt** *adj* ortamının kurbanı
militant *adj* militan
Militär *n* ⟨-s; *o pl*⟩ silahlı kuvvetler *pl*; (*Heer*) ordu; **~dienst** *m* askerlik hizmeti; **~diktatur** *f* askerî diktatörlük
militärisch *adj* askerî
Militar|ismus *m* ⟨-; *o pl*⟩ militarizm; **~ist** *m* ⟨-en; -en⟩ militarist; **2istisch** *adj* militarist
Militär|kapelle *f* askerî mızıka/bando; **~polizei** *f* askerî zabıta; **~putsch** *m* askerî darbe; **~regierung** *f* askerî hükümet
Milliardär *m* ⟨-s; -e⟩; **~in** *f* ⟨-; -nen⟩ milyarder
Milliarde *f* ⟨-; -n⟩ milyar
Millimeter *m*, *a n* milimetre; **~arbeit** *f* milimetrik iş/çalışma, ince iş
Million [-'li̯o:n] *f* ⟨-; -en⟩ milyon; **~är** *m* ⟨-s; -e⟩, **~ärin** *f* ⟨-; -nen⟩ milyoner; **~engeschäft** *n* milyonluk iş; **~enstadt** *f* milyonluk şehir
Milz *f* ⟨-; -en⟩ dalak
Mime *m* ⟨-n; -n⟩ aktör
mimen *v/t* ⟨*h*⟩ oynamak, canlandırmak; **~ik** *f* ⟨-; *o pl*⟩ mimik, yüz/vücut ifadesi; **2isch** *adj* mimiğe ilişkin
Mimose *f* ⟨-; -n⟩ BOT mimoza; *fig* çıtkırıldım, nanemolla
Min. *Abk für* ***Minute*** *f* dakika
Mina'rett *n* ⟨-s; -e⟩ minare
minder **1.** *adv*: ***nicht*** ~ bir o kadar; **2.** *adj* aşağı, düşük; **~bemittelt** *adj* F imkanları kısıtlı; **2einnahme** *f* gelir kaybı; **2heit** *f* ⟨-; -en⟩ azınlık; **2heitsregierung** *f* azınlık hükümeti; **~jährig** *adj* küçük, reşit olmayan; **2jährige** *m*, *f* ⟨-n; -n⟩ reşit olmayan; **2jährigkeit** *f* ⟨-; *o pl*⟩ reşit olmama
mindern ⟨*h*⟩ *v/t* (*beeinträchtigen*) olumsuz etkilemek
minderwertig *adj* düşük değerli; **2keit** *f* ⟨-; *o pl*⟩ *a* ÖKON kalite/değer düşüklüğü; **2keitskomplex** *m* aşağılık kompleksi
mindest *adj* en az, asgari; ***das Mindeste*** en az şey; ***nicht im 2en*** asla, katiyen; **2alter** *n* asgari yaş; **2betrag** *m* asgari bedel; **~ens** *adv* hiç değilse, en azından; **2gebot** *n* asgari teklif; **2lohn** *m* asgari ücret; **2maß** *n* minimum, asgari ölçü; ***auf ein ~ herabsetzen*** en aza indirmek; **2umtausch** *m* bozdurulması zorunlu asgari döviz
Mine *f* ⟨-; -n⟩ *Bergbau* maden (ocağı); MIL mayın; *Bleistift*, *Kugelschreiber* iç
Minen|feld *n* MIL mayınlı saha; **~leger** *m*

⟨-s; -⟩ MAR, MIL mayın dökücü gemi

Mineral *n* ⟨-s; -e, -ien⟩ maden, mineral; **~ogie** *f* ⟨-; *o pl*⟩ mineraloji, mineralbilim; **~öl** *n* petrol; **~ölsteuer** *f* akaryakıt vergisi; **~wasser** *n* maden suyu, *mit Kohlensäure* soda

Miniatur [miniaˈtuːɐ] *f* ⟨-; -en⟩ minyatür; **2isieren** *v/t* ⟨*o* ge-, *h*⟩ minyatürleştirmek

Mini|golf *n* minigolf; **~golfanlage** *f* minigolf tesisi; **~kleid** *n* mini etekli elbise; **2mal** *adj* en az, minimal; **2mum** *n* ⟨-s; -ma⟩ minimum; **~rock** *m* mini etek

Minister *m* ⟨-s; -⟩ bakan; **~ialbeamte** *m* bakanlık memuru (*üst düzey*); **~in** *f* ⟨-; -nen⟩ bakan; **~ium** *n* ⟨-s; -rien⟩ bakanlık; **~präsident(in** *f*) *m* başbakan; *Deutschland* eyalet başbakanı; **~rat** *m* bakanlar kurulu

minus **1.** *präp* MATH eksi; **2.** *adv* ***10 Grad ~*** eksi 10 derece, sıfırın altında 10 derece

Minus *n* ⟨-; *o pl*⟩ eksik miktar; *Konto* borç; *fig* eksi (puan); ***~ machen*** zarar etmek; ***im ~ sein*** borçlu olmak, ekside olmak; **~betrag** *m* zarar; eksik miktar; **~pol** *m* EL eksi uç, nötr; **~punkt** *m fig* (*Nachteil*) dezavantaj; *in e-m Punktesystem* eksi puan; **~zeichen** *n* MATH eksi işareti

Minute *f* ⟨-; -n⟩ dakika; ***auf die ~ pünktlich*** dakikası dakikasına; ***in letzter ~*** son dakikada

Minutenzeiger *m* yelkovan

Mio. *Abk für* ***Million****(en pl*) *f* milyon

mir *pers pron* bana; **~ (*selbst*)** kendime; ***mit ~*** benimle; ***von ~*** benden

Mirabelle *f* ⟨-; -n⟩ küçük sarı erik

Misch|batterie *f* (*Waschbeckenarmatur*) musluk bataryası; **~brot** *n karma undan yapılmış ekmek*; **~ehe** *f* karma evlilik

mischen ⟨*h*⟩ **1.** *v/t* karıştırmak; *Tabak, Tee* harman etmek; ***die Karten ~*** kâğıtları karıştırmak; **2.** *v/r fig*: ***sich ~ unter*** (*A*) *-in* arasına karışmak; ***sich in ein Gespräch ~*** lafa karışmak

Misch|gemüse *n* türlü; **~ling** *m* ⟨-s; -e⟩ BIOL kırma, melez; (*Mensch*) melez; **~masch** *m* ⟨-s; -e⟩ F karman çorman *adj*; **~maschine** *f* TECH karıştırma makinası; **~pult** *n Rundfunk*, TV seslendirme/yönetim/montaj masası; **~ung** *f* ⟨-; -en⟩ karışım; *Tabak, Tee* harman; *Pralinen usw* çeşit, tür; **~wald** *m* karma orman

miserabel *adj* berbat, pek fena

Misere *f* ⟨-; -n⟩ berbat durum

miss|achten *v/t* ⟨*o* -ge-, *h*⟩ hiçe saymak; (*nicht beachten*) *-e* riayet etmemek; **2achtung** *f* hor görme; riayetsizlik; **2bildung** *f* ⟨-; -en⟩ oluşum bozukluğu; **~billigen** *v/t* ⟨*o* -ge-, *h*⟩ hoş görmemek, kınamak, ayıplamak; **2billigung** *f* ⟨-; *o pl*⟩ kınama; **2brauch** *m* kötüye kullanma, suiistimal; **~brauchen** *v/t* ⟨*o* -ge-, *h*⟩ kötüye kullanmak; (*vergewaltigen*) (*-nin*) ırzına geçmek; (*falsch anwenden*) yanlış kullanmak; **~deuten** *v/t* ⟨*o* -ge-, *h*⟩ yanlış anlamak; **2deutung** *f* yanlış yorum; **2erfolg** *m* başarısızlık; **2ernte** *f* kötü hasat; **~fallen** *v/i* ⟨*unreg*, *o* -ge-, *h*⟩: ***es missfiel ihr*** hoşuna gitmedi; **2fallen** *n* ⟨-s; *o pl*⟩ beğenmeyiş; ***j-s ~ erregen*** biri tarafından beğenilmeyip reddedilmek; **~gebildet** *adj* bozuk oluşmuş; **2geburt** *f* bozuk doğmuş çocuk/yavru; **2geschick** *n* aksilik; **~glücken** *v/i* ⟨*o* -ge-, *sn*⟩ başarılamamak; **~gönnen** *v/t* ⟨*o* -ge-, *h*⟩ çok görmek; **2griff** *m* yanılgı, hata; **2gunst** *f* çekememezlik, kıskançlık; **~günstig** *adj* kıskanç; **~handeln** *v/t* ⟨*o* -ge-, *h*⟩ *-e* kötü muamele etmek, *-i* hırpalamak; *Frau, Kind* dövmek; **2handlung** *f* eziyet, kötü davranma, fena muamele; JUR müessir fiil

Mission [-ˈsi̯oːn] *f* ⟨-; -en⟩ misyon, görev; *Christentum* misyonerlik; **~ar** *m* ⟨-s; -e⟩, **~arin** *f* ⟨-; -nen⟩ misyoner; **2ieren** ⟨*o* ge-, *h*⟩ **1.** *v/i* misyonerlik yapmak; **2.** *v/t christlich* hristiyanlaştırmak

Miss|kredit *m*: ***in ~ bringen*** *-in* adını lekelemek; ***in ~ geraten*** *-in* adı lekelenmek; **2lich** *adj* nahoş, can sıkıcı; **2lingen** *v/i* ⟨misslang, misslungen, *sn*⟩ başaramamak, F becerememek; **~management** *n* kötü yönetim; **2mutig** *adj* keyifsiz, suratı asık; **2raten** **1.** *v/i* ⟨*unreg*, *o* -ge-, *sn*⟩: ***j-m ~*** bş-i başaramamak; **2.** *adj Kind* hayırsız çıkmış; **~stand** *m* kötü durum; ***Missstände abschaffen*** bozuklukları düzeltmek

misstrau|en *v/i* ⟨*o* -ge-, *h*⟩ güvenmemek, *-den* şüphe etmek; **2en** *n* ⟨-s; *o pl*⟩ güvensizlik; ***j-s ~ erregen*** b-ni kuşkuya/şüpheye düşürmek; **2ensantrag** *m* POL güvenoyu önergesi; **2ensvotum**

M

n POL güvensizlik oyu; **~isch** *adj* (***gegen***) *-den* kuşkulu, şüpheli

Missverhältnis *n* oransızlık; ***in e-m ~ stehen zu*** (*D*) *-e* karşı oransız olmak

miss|verständlich *adj* yanlış anlamalara meydan veren; **⁀verständnis** *n* ⟨-ses; -se⟩ yanlış anlama, anlaşmazlık; **~verstehen** *v/t* ⟨*unreg, o* -ge-, *h*⟩ yanlış anlamak

Misswirtschaft *f* kötü idare

Mist *m* ⟨-s; *o pl*⟩ AGR (*Tierkot*) gübre; F (*Unsinn*) terslik, saçmalık

Mistel *f* ⟨-; -n⟩ BOT ökseotu

Mist|gabel *f* gübre yabası; **~käfer** *m* bokböceği

mit 1. *präp* (*D*) ile (birlikte); ***~ Absicht*** kasten, kasıtlı olarak; ***~ Gewalt*** zorla, zor kullanarak; ***~ 20 Jahren*** 20 yaşında(yken); ***~ 100 Stundenkilometern*** saatte 100 kilometre ile; ***was ist ~ ihr?*** (onun) nesi var?; ***wie stehts ~ dir?*** senin durumun ne?; **2.** *adv* ***~ der Grund dafür, dass*** sebeplerden biri; ***~ der Beste*** en iyilerden biri; ***~ dabei sein*** katılanların arasında olmak

Mitangeklagte *m, f* (diğer) sanık

Mitarbeit *f* ⟨-; *o pl*⟩ işbirliği, (***bei*** *-de*) (*Hilfe*) yardım; ***unter ~ von*** (*od G*) *-in* işbirliği/katılımı ile; **⁀en** *v/i* ⟨-ge-, *h*⟩: ***~ an*** (*D*) *-e* katılmak; ***~ bei*** (*D*) *-de* çalışmak; **~er(in *f*)** *m* iş arkadaşı; (*Beschäftigter*) eleman; *Projekt* (proje) görevli(si); ***freier ~*** serbest çalışan (*yazar*); **~erstab** *m* personel, kadro

mitbekommen *v/t* ⟨*unreg, o* -ge-, *h*⟩ F (*verstehen*) anlamak, izleyebilmek; (*aufschnappen*) kapmak

mitbenutzen *v/t* ⟨*o* -ge-, *h*⟩ birlikte/beraber kullanmak, paylaşmak

mitbestimm|en *v/t* ⟨*o* -ge-, *h*⟩ karar sürecine (*od* yönetime) katılmak; **⁀ung** *f* ⟨-; *o pl*⟩ yönetime katılma

Mitbewerber(in *f*) *m* (*Konkurrent*) rakip

mitbring|en *v/t* ⟨*unreg*, -ge-, *h*⟩ birlikte getirmek; *fig* (*Fähigkeiten*) *-e* sahip olmak; ***j-m etw ~*** b-ne bş getirmek; **⁀sel** *n* ⟨-s; -⟩ küçük hediye; *von der Reise* andaç, hatıra

Mitbürger(in *f*) *m* hemşeri, yurttaş

Miteigentümer(in *f*) *m* müşterek mal sahibi

miteinander *adv* birbir(ler)iyle, birlikte; (*zusammen*) beraber

Mit|erbe *m*, **~erbin** *f* mirasa ortak olan *adj*, diğer mirasçı

miterleben *v/t* ⟨*o* -ge-, *h*⟩ tanık olmak

Mitesser *m* ⟨-s; -⟩ MED komedon

mitfahr|en *v/i* ⟨*unreg*, -ge-, *sn*⟩: ***mit j-m ~*** b-nin aracında birlikte gitmek; **⁀erzentrale** *f aynı yere gidecek yolcuları ve şoförleri buluşturan acenta*; **⁀gelegenheit** *f b-nin arabasında yolculuk imkânı*

mitfühl|en *v/i* ⟨-ge-, *h*⟩: ***mit j-m ~*** (*-in*) duygusunu paylaşmak, (*-in*) halinden anlamak; **~end** duygudaş, halden anlar

mitführen *v/t* ⟨-ge-, *h*⟩ yanında bulundurmak

mitgeben *v/t* ⟨*unreg*, -ge-, *h*⟩: ***j-m etw ~*** b-ne bş-i götürmek üzere vermek

Mitgefühl *n* ⟨-s; *o pl*⟩ dert ortaklığı; ***sein ~ aussprechen*** *im Trauerfall* başsağlığı dilemek

mitgehen *v/i* ⟨*unreg*, -ge-, *sn*⟩: ***mit j-m ~*** b-le beraber gitmek; F ***etw ~ lassen*** bş-i yürütmek; ***~ mit*** (*D*) ile coşmak

Mitgift *f* ⟨-; -en⟩ çeyiz, drahoma

Mitglied *n* üye, aza; **~erversammlung** *f* kongre; **~sausweis** *m* üyelik kartı; **~sbeitrag** *m* üyelik ödentisi/aidatı; **~schaft** *f* ⟨-; -en⟩ üyelik; **~staat** *m* üye devlet

mithaben *v/t* ⟨*unreg*, -ge-, *h*⟩: ***ich habe kein Geld mit*** üzerimde/yanımda param yok

mithalten *v/i* ⟨*unreg*, -ge-, *h*⟩ *fig*: ***~ mit*** (*D*) *-e* ayak uydurmak

Mitherausgeber(in *f*) *m* koeditör, diğer yayıncı, birlikte yayınlayan

mithilfe *präp* (**von** *-in*) yardımıyla; *fig a* sayesinde

Mithilfe *f* yardım

mithören *v/t* ⟨-ge-, *h*⟩ (*belauschen*) *-e* kulak kabartmak, *-i* gizlice dinlemek; *zufällig -e* kulak misafiri olmak

Mitinhaber(in *f*) *m* ortak (sahip)

mitkommen *v/i* ⟨*unreg*, -ge-, *sn*⟩ (***mit j-m*** b-yle) beraber gitmek (*od* gelmek); *fig* (*Schritt halten*) *-i* izle(yebil)mek

mit|laufen *v/i* ⟨*unreg*, -ge-, *sn*⟩ (*-in*) yanı sıra yürü(tül)mek; **⁀läufer(in *f*)** *m* etkin olmayan üye/yandaş

Mitleid *n* ⟨-s; *o pl*⟩ acıma, merhamet; ***~ haben mit*** *-e* acımak; ***aus ~ für*** *-e* merhametten

Mitleidenschaft *f* etkilenme, zarar görme; ***in ~ gezogen werden durch*** (*A*) *-den* etkilenmek, zarar görmek

M

mitleidig *adj* merhametli, şefkatli
mitleidslos *adj* merhametsiz, acımasız
mitmachen ⟨-ge-, *h*⟩ **1.** *v/i* katılmak; ***da mache ich nicht mit*** ben bu işte yokum; **2.** *v/t -e* katılmak; (*erleben*) görüp geçirmek; (*erleiden*) (Schmerzen) çekmek; ***die Mode ~*** modayı izlemek; F ***j-s Arbeit ~*** *-in* işini de üstlenmek
mitmischen *v/i* ⟨-ge-, *h*⟩ F: ***~ bei*** *-de* etkin olmak
mitnehmen *v/t* ⟨*unreg*, -ge-, *h*⟩ beraberinde götürmek; ***j-n*** (***im Auto***) ***~*** b-ni arabasına almak; *fig* (*lernen*) ***~ aus*** *-den* öğrenmek; F *fig* ***j-n*** (***sehr***) ***~*** b-ni çok yormak/zorlamak
mitreden *v/t* ⟨-ge-, *h*⟩: ***etw mitzureden haben*** (***bei***) *-de* söz sahibi olmak
Mitreisende *m, f* yol arkadaşı, yolcu
mitreißen *v/t* ⟨*unreg*, -ge-, *h*⟩ sürükleyip götürmek; *fig* coşturmak
mitreißend *adj Rede, Musik usw* heyecan verici, büyüleyici, sürükleyici
mitschleppen *v/t* ⟨-ge-, *h*⟩ çekip getirmek/götürmek
mitschneiden *v/t* ⟨*unreg*, -ge-, *h*⟩ *Radio*, TV (banda) kaydetmek/almak
mitschreiben ⟨*unreg*, -ge-, *h*⟩ **1.** *v/t* not etmek, yazmak; **2.** *v/i* not almak/tutmak
Mitschuld *f* ⟨-; *o pl*⟩ suç ortaklığı; **≗ig** *adj*: ***~ sein*** suç ortağı olmak
Mitschüler(**in** *f*) *m* (okul) arkadaş(ı)
mitschwingen *v/i* ⟨*unreg*, -ge-, *h*⟩ birlikte titreşmek; *fig* ***in diesen Worten schwingt … mit*** bu sözlerin ardında bir … hissediliyor
mitsingen *v/t od v/i* ⟨*unreg*, -ge-, *h*⟩ şarkıya katılmak
mitspielen *v/i* ⟨-ge-, *h*⟩ SPORT, THEA oyuna katılmak; F *fig* (***bei***) *-e* katılmak; F ***j-m übel ~*** (b-nin) hakkından gelmek
Mitspracherecht *n* ⟨-s; *o pl*⟩: ***ein ~ haben bei*** *-de* söz sahibi olmak
Mitstreiter(**in** *f*) *m* mücadele arkadaşı
Mittag *m* ⟨-s; -e⟩ öğle; ***heute ~*** bugün öğleyin; ***zu ~ essen*** öğle yemeği yemek; **~essen** *n* öğle yemeği; ***was gibt es zum ~?*** öğleye (*od* öğle yemeğinde) ne var?
mittags *adv* öğleyin; ***12 Uhr ~*** öğlen saat 12'de
Mittags|hitze *f* öğle sıcağı; **~pause** *f* öğle tatili/paydosu; **~ruhe** *f* öğle istirahati; **~schlaf** *m* öğle uykusu; **~zeit** *f* öğle zamanı
Mittäter(**in** *f*) *m* JUR müşterek fail
Mitte *f* ⟨-; -n⟩ orta, POL *a* merkez; (*Mittelpunkt*) merkez; ***die goldene ~*** orta yol; ***~ Juli*** temmuz(un) ortası(nda); ***~ dreißig*** 35 yaşlarında; F ***ab durch die ~!*** haydi yallah!
mitteil|en ⟨-ge-, *h*⟩ **1.** *v/t* ***j-m etw ~*** b-ne bş-i bildirmek; **2.** *v/r*: ***sich j-m ~*** b-ne açılmak; **~sam** *adj* (*gesprächig*) konuşkan; **≗ung** *f* ⟨-; -en⟩ bildiri; (*Bekanntmachung*) duyuru
mittel 1. *adj* orta; ortalama; **2.** *adv* F (*mäßig*) orta karar, vasat
Mittel *n* ⟨-s; -⟩ araç, vasıta; çare; (*Maßnahme*) önlem, tedbir; (*Heil≗*) (***gegen*** *-e* karşı) ilaç; ***~ zum Zweck sein*** hedefe götüren araç olmak; ***als letztes ~*** son çare olarak; ***ihm ist jedes ~ recht*** ona her yol mubah; **~** *pl* malî olanaklar, kaynak *sg*; ***aus öffentlichen ~n*** kamu kaynakları kullanılarak
Mittelalter *n* ortaçağ; **≗lich** *adj* ortaçağ *subst*
mittelbar *adj* dolaylı
Mittelding *n*: ***ein ~ zwischen … und …*** … ile … arası bir şey
mitteleuropäisch *adj*: ***~e Zeit*** Orta Avrupa Saati (ile/itibarıyla)
Mittel|feld *n* ⟨-s; *o pl*⟩ orta saha; **~finger** *m* ortaparmak; **≗fristig** *adj* orta vadeli; **~gebirge** *n yüksekliği 2000 m'den az sıradağlar*; **≗groß** *adj* orta boylu
Mittelklasse *f* ÖKON orta kalite sınıfı; ***Hotel der gehobenen ~*** kaliteli otel; **~hotel** *n* iyi otel; **~wagen** *m* orta boy araba
Mittellinie *f* SPORT orta çizgi; MATH kenarortay
mittellos *adj* parasız, yoksul
Mittel|maß *n* ⟨-es⟩ ortalama değer; **≗mäßig** *adj* orta (derecede); *adv* şöyle böyle; (*durchschnittlich*) ortalama; **~mäßigkeit** vasatlık
Mittelmeer *n* Akdeniz; **~klima** *n* Akdeniz iklimi; **~länder** *pl* Akdeniz ülkeleri; **~raum** *m* Akdeniz bölgesi
Mittel|ohrentzündung *f* ortakulak iltihabı; **~punkt** *m* orta nokta, merkez
mittels *präp* vasıtasıyla, yardımıyla
Mittel|stand *m* ⟨-s; *o pl*⟩ POL orta tabaka; ***gehobener ~*** orta-üst tabaka; **≗ständisch** *adj* orta ölçekli; ***~e(s) Unternehmen*** orta ölçekli işletme; ***~e***

Wirtschaft orta ölçekli ekonomi
Mittelstrecke *f* orta menzil/mesafe
Mittelstrecken|flugzeug *n* orta menzilli uçak; **~läufer(in** *f*) *m* orta mesafe koşucusu
Mittel|streifen *m* AUTO orta şerit; **~stufe** *f* orta kademe; **~stürmer(in** *f*) *m* santrfor; **~weg** *m fig* orta(lama) yol; ***e-n ~ einschlagen*** bir orta yol tutturmak; **~welle** *f Radio* orta dalga; **~wert** *m* ÖKON, MATH ortalama değer
mitten *adv*: **~ in** (**auf, unter** *D*) *-in* ortasında; **~ in** (**auf, unter** *A*) *-in* ortasına; **~ durch** (*A*) *-in* tam ortasından; **~drin** *adv* F *-in* orta yerinde; **~durch** *adv* *-in* orta yerinden
Mitternacht *f* ⟨-; *o pl*⟩ geceyarısı; ***um ~*** geceyarısı(nda)
Mittler *m* ⟨-s; -⟩ aracı, arabulucu
mittlere *adj* orta, merkezî; (*durchschnittlich*) ortalama; ***der Mittlere Osten*** Ortadoğu; ***~n Alters*** orta yaşlı
mittlerweile *adv* bu arada
Mittsommer *m* yaz dönümü
Mittwoch *m* ⟨-s; -e⟩ çarşamba; (**am**) **~** çarşamba (günü)
mittwochs çarşambaları, çarşamba günleri
mitunter *adv* arasıra, bazen
mitverantwort|lich *adj* (**für** *-den*) ortaklaşa/müştereken sorumlu; **♀ung** *f* ortaklaşa sorumluluk
mitverdienen *v/i* ⟨*o* -ge-, *h*⟩ aile bütçesine katkıda bulunmak
Mitverfasser(in *f*) *m* ortak yazar
Mitverschulden *n* ⟨-s; *o pl*⟩ JUR kabahatte pay, suça iştirak
mitwirk|en *v/i* ⟨-ge-, *h*⟩ (**bei, an** *-e*) katılmak, yardım etmek; **♀ende** *m, f* ⟨-n; -n⟩ MUS, THEA oyuncu; ***die Mitwirkenden*** *pl* THEA oynayanlar; **♀ung** *f* ⟨-; *o pl*⟩ (**bei** *-de*) katılma, iştirak, yardım
Mitwisser *m* ⟨-s; -⟩, **~in** *f* ⟨-; -nen⟩ JUR bir sırdan haberi olan *adj*
Mix *m* ⟨-; -e⟩ karışım, miksaj; **♀en** *v/t* ⟨*h*⟩ karıştırmak; **~er** *m* ⟨-s; -⟩ (*Bar♀*) barmen; (*Gerät*) blender; TV bileştirici; **~gerät** *n* blender; **~getränk** *n* karışık içecek; *alkoholisches* kokteyl; **~tur** *f* ⟨-; -en⟩ ilaç karışımı, mikstür
Mob *m* ⟨-s; *o pl*⟩ ayaktakımı
mobb|en *v/i* ⟨*h*⟩ *bir iş arkadaşını toplu-ca ve sürekli rahatsız etmek*; **♀ing** *n* ⟨-s; *o pl*⟩ işyeri terörü
möbl. *Abk für* ***möbliert*** mobilyalı
Möbel *pl* mobilya *sg*, möble *sg*; **~geschäft** *n* mobilya mağazası; **~politur** *f* mobilya cilası; **~spedition** *f* eşya nakliyatı/nakliyatçılığı; **~stück** *n* mobilya; **~wagen** *m* eşya nakil arabası
mobil *adj* seyyar, hareketli
Mobiliar *n* ⟨-s; *o pl*⟩ mobilya, möble(ler)
Mobile *n* ⟨-s; -s⟩ dönence
Mobil|funk *m* TEL mobil telefon (sistemi); **♀isieren** *v/t* ⟨*o* ge-, *h*⟩ seferber etmek, harekete geçirmek; **~ität** *f* ⟨-; *o pl*⟩ hareketlilik; ***berufliche ~*** iş alanında esneklik; **♀machen** MIL seferber etmek; **~machung** *f* ⟨-; -en⟩ MIL seferberlik
möblieren *v/t* ⟨*o* ge-, *h*⟩ döşemek (*mobilya*)
möbliert mobilyalı
Möchtegern... *in Zssgn* … budalası
modal *adj* LING kipsel
Mode *f* ⟨-; -n⟩ moda; ***aus der ~ kommen*** (*-in*) modası geçmek; ***in ~*** (***kommen***) moda (olmak); ***mit der ~ gehen*** modaya uymak; **~artikel** *m* moda eşya/aksesuar; **♀bewusst** *adj* modayı bilen; **~farbe** *f* moda renk; **~geschäft** *n* butik; **~journal** *n* moda dergisi
Modell *n* ⟨-s; -e⟩ model, örnek; ***j-m ~ stehen*** modellik etmek; **~bauer** *m* ⟨-s; -⟩ TECH model yapımcısı; **♀ieren** *v/t* ⟨*o* ge-, *h*⟩ biçimlendirmek; **~kleid** *n* elbise modeli, model
Modem *n* ⟨-s; -s⟩ EDV modem
Modenschau *f* defile
Moder *m* ⟨-s; *o pl*⟩ küf(lenme), küf kokusu
Mode|rator *m* ⟨-s; -en⟩, **~ratorin** *f* ⟨-; -nen⟩ TV yönetici, sunucu; **♀rieren** *v/t* ⟨*o* ge-, *h*⟩ TV yönetmek, sunmak
mod(e)rig *adj* küflü, küf kokulu
modern[1] *v/i* ⟨*h*⟩ küflenmek, çürümek
modern[2] *adj* modern, çağdaş; (*zeitgenössisch*) çağcıl; (*modisch*) moda, modaya uygun; (*auf dem neuesten Stand*) güncel, çağdaş
Moderne *f* ⟨-; *o pl*⟩ modern çağ
modernisieren *v/t* ⟨*o* ge-, *h*⟩ modernize etmek; (*auf den neuesten Stand bringen*) güncelleştirmek
Mode|salon *m* moda mağazası; **~schmuck** *m* (ucuz) moda süs; **~schöpfer(in** *f*) *m* modacı; **~wort** *n* ⟨-s; ⸚er⟩ moda kelime

M

Mode|zeichner(in *f*) *m* moda desinatörü; **~zeitschrift** *f* moda dergisi

modifizier|en *v/t* ⟨*o* ge-, *h*⟩ değiştirmek (*küçük değişikliklerle*); **≈ung** *f* ⟨-; -en⟩ değiştirme

modisch *adj* modaya uygun

Modul *n* ⟨-s; -n⟩ TECH modül; **≈ieren** *v/t* ⟨*o* ge-, *h*⟩ değiştirmek; **~technik** *f* modüler sistem

Modus *m* ⟨-; -di⟩ (*Art und Weise*) tarz, biçim; GR kip

Mofa *n* ⟨-s; -s⟩ motorlu bisiklet

mogel|n *v/i* ⟨*h*⟩ F oyunda aldatmak; hile yapmak; **≈packung** *f* aldatıcı ambalaj

mögen ⟨mag, mochte, gemocht, *h*⟩ **1.** *v/t* (*wollen*) istemek, arzu etmek; (*gerne haben*) sevmek, beğenmek; ***sie mag ihn*** (***nicht***) onu sev(mi)yor; ***lieber ~*** tercih etmek; ***nicht ~*** *-den* hoşlanmamak; ***was möchten Sie?*** ne arzu edersiniz?; ***ich möchte, dass du es weißt*** bilmeni isterim; **2.** *v/aux* ⟨mag, mochte, mögen⟩: ***ich möge lieber bleiben*** kalsam daha iyi olur; ***es mag sein*** (***, dass***) olabilir, belki

möglich *adj* mümkün, olabilir, olanaklı; ***alle ~en …*** her çeşit …; ***alles ≈e*** elinden gelen; ***so bald wie ~*** olabildiğince çabuk; **~erweise** *adv* belki, muhtemelen, olabilir ki

Möglichkeit *f* ⟨-; -en⟩ olanak, imkân; ihtimal; (*Gelegenheit*) fırsat; (*Aussicht*) şans; ***nach ~*** olanaklar ölçüsünde, imkân dairesinde; ***ich sehe keine ~ zu …*** imkânı göremiyorum; ***ist das die ~!*** hiç olur mu böyle şey!

möglichst *adv* mümkün olduğu kadar; ***~ bald*** bir an önce; ***sein ≈es tun*** elinden geleni yapmak

Mohammedaner *m* ⟨-s; -⟩, **~in** *f* ⟨-; -nen⟩ *neg!* Müslüman

Mohn *m* ⟨-s; -e⟩ haşhaş

Möhre *f* ⟨-; -n⟩, **Mohrrübe** *f* havuç

Mokka *m* ⟨-s; -s⟩ Türk kahvesi

Moldau *f* Moldav

Moldawien Moldavya

Mole *f* ⟨-; -en⟩ rıhtım, dalgakıran

Molekül *n* ⟨-s; -e⟩ molekül

molekular *adj* moleküler

Molke *f* ⟨-; *o pl*⟩ *kesilmiş sütün suyu*

Molkerei *f* ⟨-; -en⟩ süthane, süt fabrikası

mollig *adj* F (*gemütlich*) rahat; (*rundlich*) tombul

Molotowcocktail ['mo:lotɔfkɔkte:l] *m* molotof kokteyli

Moment *m* ⟨-s; -e⟩ an; (***e-n***) ***~ bitte!*** bir dakika lütfen!; ***in dem ~*** tam o anda; ***jeden ~*** her an

momentan **1.** *adj* (*vorübergehend*) geçici; (*gegenwärtig*) şu anki; **2.** *adv* şimdilik, geçici olarak

Monarch *m* ⟨-en; -en⟩ hükümdar, kıral, imparator; **~ie** *f* ⟨-; -n⟩ monarşi; **~in** *f* ⟨-; -nen⟩ kıraliçe, imparatoriçe; **~ist** *m* ⟨-en; -en⟩, **~istin** *f* ⟨-; -nen⟩ monarşist, kralcı; **≈istisch** *adj* monarşist(çe)

Monat *m* ⟨-s; -e⟩ ay; ***pro ~*** ay başına, aylık; ***zweimal im ~*** ayda iki kez; F ***sie ist im dritten ~*** o üç aylık hamile

monat|elang *adv* aylarca; **~lich** *adj u adv* (her) ayda bir, aylık

Monats|binde *f* kadın bağı; **~einkommen** *n* aylık gelir/kazanç; **~gehalt** *n* aylık, maaş; **~karte** *f* aylık kart; **~rate** *f* aylık taksit

Mönch *m* ⟨-s; -e⟩ keşiş

Mond *m* ⟨-s; -e⟩ ay; F ***auf*** (*od* ***hinter***) ***dem ~ leben*** dünyadan haberi olmamak

mondän *adj* monden

Mond|aufgang *m* ayın doğuşu; **~finsternis** *f* ay tutulması; **~landschaft** *f* ay yüzeyi; **~schein** *m* ⟨-s; *o pl*⟩ ay ışığı

monetär *adj* parasal

Moneten *pl* F mangırlar

Mongol|e *m* ⟨-n; -n⟩ Moğol; **~ei** *f* Moğolistan; **~in** *f* ⟨-; -nen⟩ Moğol (kadın); **≈isch** *adj* Moğol *subst*; **~isch** Moğolca

Mongolismus *m neg!* → ***Down-Syndrom***

Monitor *m* ⟨-s; -e⟩ ekran, monitör

mono *adj* mono

monogam *adj* monogam, tekeşli

Monogramm *n* ⟨-s; -e⟩ paraf

Monolog *m* ⟨-s; -e⟩ monolog

Monopol *n* ⟨-s; -e⟩ ÖKON tekel, monopol; **≈isieren** *v/t* ⟨*o* ge-, *h*⟩ tekel altına almak, tekelleştirmek

monoton *adj* monoton, tekdüze

Monotonie *f* ⟨-; -n⟩ monotoni, tekdüzelik

Monster *n* ⟨-s; -⟩ canavar; **~film** *m* dev film

monströs *adj* devasa, azman, biçimsiz

Monstrum *n* ⟨-s; -ren⟩ canavar

Monsun *m* ⟨-s; -e⟩ muson

Montag *m* pazartesi; (***am***) ***~*** pazartesi (günü)

montags pazartesileri, pazartesi günleri

Montage [mɔnˈtaːʒə] *f* ⟨-; -n⟩ TECH (*Zusammenbau*) montaj; ***auf ~ sein*** montaj işine çıkmış olmak; **~band** *n* ⟨-s; ⸚er⟩ montaj bandı; **~halle** *f* montaj hali

Montanindustrie *f* madencilik ve demir-çelik sanayii

Mont|eur [-ˈtøːɐ] *m* ⟨-s; -e⟩ TECH montör, montajcı; *bes* LUFTF, AUTO teknisyen; **ˆieren** *v/t* ⟨*o* ge-, *h*⟩ (*zusammensetzen*) monte etmek; (*anbringen*) takmak; *Anlage* kurmak

Montur *f* ⟨-; -en⟩ F iş kıyafeti

Monument *n* ⟨-s; -e⟩ anıt, abide; ***~ für*** (*A*) … anıtı/abidesi; **ˆal** *adj* anıtsal

Moor *n* ⟨-s; -e⟩ batakçayır, cılgıt

Moos *n* ⟨-es; -e⟩ BOT yosun; F mangır

Moped *n* ⟨-s; -s⟩ küçük motosiklet

Mops *m* ⟨-es; Möpse⟩ mops (köpeği)

Moral *f* ⟨-; *o pl*⟩ (*Sittlichkeit*) ahlak; *e-r Geschichte* ders, ibret; MIL maneviyat; ***doppelte ~*** çifte standart(lılık); ***~ predigen*** ahlak dersi vermek; **~apostel** *m abw* ahlak hocası; **ˆisch** *adj* ahlaki, törel; (*seelisch*) manevî

Morast *m* ⟨-s; -e⟩ batak zemin

Morchel *f* ⟨-; -n⟩ BOT kuzumantarı

Mord *m* ⟨-s; -e⟩ cinayet; ***e-n ~ begehen*** cinayet işlemek; **~anklage** *f* cinayet suçlaması; ***unter ~ stehen*** cinayet sanığı olmak; **~anschlag** *m* suikast; ***e-n ~ auf j-n verüben*** b-ne suikast yapmak

morden ⟨*h*⟩ **1.** *v/i* cinayet işlemek; **2.** *v/t* katletmek, öldürmek

Mörder *m* ⟨-s; -⟩, **~in** *f* ⟨-; -nen⟩ katil, cani; **ˆisch** *adj* dehşetli

Mord|fall *m* cinayet olayı; **~kommission** *f* cinayet masası; **~prozess** *m* JUR cinayet davası

Mords|angst *f* F büyük korku, dehşet; ***e-e ~ haben*** ödü kopmak; **~ding** *n* dehşet bir şey; **~glück** *n* inanılmaz şans; **~kerl** *m* harika adam, çamyarması; **~krach** *m* patırtı; **ˆmäßig** F *adj u adv* harika, olağanüstü, felaket

Mord|verdacht *m* cinayet zannı; ***unter ~ stehen*** cinayet zannı altında olmak; **~versuch** *m* cinayet teşebbüsü; **~waffe** *f* cinayet aleti

morgen *adv* yarın; ***~ Abend*** yarın akşam; ***~ früh*** yarın sabah; ***~ Mittag*** yarın öğle(n); ***~ in e-r Woche*** haftaya yarın; ***~ um diese Zeit*** yarın bu saatte

Morgen *m* ⟨-s; -⟩ sabah; ***am*** (***frühen***) ***~*** sabah erkenden; ***am nächsten ~*** ertesi sabah(ta); ***gestern ~*** dün sabah; ***heute ~*** bu sabah; **~grauen** *n* gün ağarması, şafak; ***beim*** (*od* ***im***) ***~*** gün ağarırken; **~gymnastik** *f* sabah cimnastiği; **~muffel** *m* sabahları keyifsiz olan kimse; **~rot** *n* ⟨-s; *o pl*⟩ sabah kızıllığı; *fig* doğuş

morgens *adv* sabahleyin; ***von ~ bis abends*** sabahtan akşama kadar

Morgenzeitung *f* sabah gazetesi

morgig *adj* yarınki; ***der ~e Tag*** yarın *subst*; ***die ~en Ereignisse*** yarınki olaylar

Mormon|e *m* ⟨-n; -n⟩ **~in** *f* ⟨-; -nen⟩ Mormon

Morphium *n* ⟨-s; *o pl*⟩ morfin

morsch *adj* çürük; ***~ werden*** çürümek

Morsealphabet *n* ⟨-s; *o pl*⟩ mors alfabesi

morsen *v/t u v/i* ⟨*h*⟩ mors alfabesiyle bildirmek

Mörser *m* ⟨-s; -⟩ havan

Morsezeichen *n* mors işareti

Mörtel *m* ⟨-s; -⟩ harç (*Hausbau*)

Mosaik *n* ⟨-s; -en⟩ mozaik

Moschee *f* ⟨-; -n⟩ cami; *kleine* mescit

Moschus *m* ⟨-; *o pl*⟩ misk

Moskito *m* ⟨-s; -s⟩ sivrisinek; **~netz** *n* cibinlik

Moslem *m* ⟨-s; -s⟩ Müslüman

Most *m* ⟨-s; -e⟩ şıra

Mostrich *m* ⟨-s; *o pl*⟩ hardal

Motel *n* ⟨-s; -s⟩ motel

Motiv [-f] *n* ⟨-s; -e⟩ güdü; MUS, FOTO motif

Motivation [-v-] *f* ⟨-; -en⟩ dürtü; motivasyon

motivieren [-v-] *v/t* ⟨*o* ge-, *h*⟩ *-in* sebeplerini göstermek; (*anregen*) isteklendirmek, teşvik etmek

Motor *m* ⟨-s; -en⟩ motor; **~boot** *n* motor(bot), motorlu tekne; **~haube** *f* kaput, motor kapağı; **ˆisch** *adj* MED motorik; **ˆisieren** *v/t* ⟨*o* ge-, *h*⟩ MIL motorize/mekanize etmek; **~leistung** *f* motor gücü; **~öl** *n* motor yağı; **~rad** *n* motosiklet; ***~ fahren*** motosiklet kullanmak, motosikletle gitmek, motosiklete binmek; **~radfahrer**(**in** *f*) *m* motosikletli; **~roller** *m* skuter, küçük motosiklet; **~säge** *f* hızar; **~schaden** *m* motor arı-

M

zası/bozukluğu
Motte *f* ⟨-; -n⟩ güve
Motten|kugel *f* naftalin tableti; **~pulver** *n* güve ilacı, naftalin
Motto *n* ⟨-s; -s⟩ (*Wahlspruch*) parola; (*Maxime*) ilke
motzen *v/i* ⟨*h*⟩ F (**über** *A*) dırdır etmek; (*-den*) şikâyet etmek
Mountainbike ['maʊntənbaɪk] *n* ⟨-s; -s⟩ dağ bisikleti
Mousepad ['maʊspɛt] *m* ⟨-s; -s⟩ mousepad
Möwe *f* ⟨-; -n⟩ martı
Mrd. *Abk für* **Milliarde** *f* milyar
Mücke *f* ⟨-; -n⟩ sivrisinek; ***aus e-r ~ e-n Elefanten machen*** pireyi deve yapmak
Mückenstich *m* sivrisinek sokması
Mucks *m* ⟨-es; -e⟩ F: ***keinen ~ sagen*** gık çıkarmamak; **≈mäuschenstill** *adj* F: ***es war ~*** çıt çıkmıyordu
müd|e *adj* uykulu; yorgun; (*erschöpft*) bitkin; ***~ sein*** (*-in*) uykusu gelmek; **≈igkeit** *f* ⟨-; *o pl*⟩ yorgunluk; bitkinlik
Muffel *m* ⟨-s; -⟩ F asık suratlı kişi
...muffel *in Zssgn -den* hoşlanmayan, ... kaçkını
muffig *adj Luft* ağır, pis kokan; *fig* (*spießig*) darkafalı; (*mürrisch*) hırçın, ters
Mühe ['my:ə] *f* ⟨-; -n⟩ zahmet, külfet; (*Anstrengung*) uğraşı; (*Schwierigkeiten*) sıkıntı, zorluk; (***nicht***) ***der ~ wert*** zahmete değer (değmez); ***j-m ~ machen*** b-ne zahmet vermek; ***sich*** (*D*) ***~ geben*** çok uğraşmak; ***sich*** (*D*) ***die*** (***vergebliche***) ***~ sparen*** (boşuna) uğraşmamak; ***mit Müh und Not*** güç bela, ucu ucuna; **≈los** *adv* zahmetsiz, kolayca; **≈voll** *adj* zahmetli, külfetli
Mühle ⟨-; -n⟩ değirmen; (*~spiel*) dokuztaş, onikitaş
mühsam *adv* yorucu, zahmetli
Mulatt|e *m* ⟨-n; -n⟩, **~in** *f* ⟨-; -nen⟩ melez
Mulde *f* ⟨-; -n⟩ hamur teknesi; çukur(luk)
Mull *m* ⟨-s; -e⟩ ince muslin, MED gaz bezi
Müll *m* ⟨-s; *o pl*⟩ (*Haus≈*) çöp, süprüntü, (*Industrie≈*) sanayi atıkları *pl*; **~abfuhr** *f* çöplerin kaldırılması; (*~auto*) çöpçü; **~berg** *m* ÖKOL çöp yığını; **~beseitigung** *f çöpün yok edilmesi*; **~beutel** *m* çöp torbası
Mullbinde *f* MED gaz bezi
Müll|container *m* çöp konteyneri/kumbarası; **~deponie** *f* mezbele, çöplük; **~eimer** *m* çöp tenekesi; **~entsorgung** *f çöpün çevreye zarar vermeyecek biçimde yok edilmesi*; **~fahrer** *m* çöpçü; **~halde** *f* çöplük; **~haufen** *m* çöp yığını; **~kippe** *f* çöplük (*resmi olmayan*); **~mann** *m* çöpçü; **~schlucker** *m* ⟨-s; -⟩ çöp bacası; **~tonne** *f* çöp tenekesi; **~trennung** *f* çöplerin ayrılması; **~verbrennungsanlage** *f* çöp yakma tesisi; **~verwertungsanlage** *f* çöp değerlendirme tesisi; **~wagen** *m* çöp arabası/kamyonu
mulmig *adj* F (*gefährlich*) ürkütücü; endişeli; ***mir ist ganz ~ zumute*** içimde bir korku var
Multi *m* ⟨-s; -s⟩ ÖKON F çokuluslu (şirket); **≈kulturell** çokkültürlü; **≈lateral** *adj* ÖKON, POL çokyanlı; **~media...** [mʊlti'me:dĭa-] *in Zssgn* mültimedya; **~millionär(in** *f*) *m* mültimilyoner; **≈national** *adj* çokuluslu
Multipli|kation *f* ⟨-; -en⟩ MATH çarpma; **≈zieren** *v/t* ⟨*o* ge-, *h*⟩ (**mit** *-le*) çarpmak
Mumie [-ĭə] *f* ⟨-; -n⟩ mumya
Mumm *m* ⟨-s; *o pl*⟩ F cesaret
Mumps *m* ⟨-; *o pl*⟩ MED kabakulak
Mund *m* ⟨-s; ¨-er⟩ ağız; ***den ~ voll nehmen*** (yüksekten) atıp tutmak; ***halt den ~!*** sus!; F ***j-m über den ~ fahren*** b-ni kabaca susturmak; ***nicht auf den ~ gefallen sein*** çenesi kuvvetli (*od* hazırcevap) olmak; **~art** *f* şive; **~dusche** *f* ağız duşu
mündelsicher *adj* ÖKON birinci derecede sağlam
münden *v/i* ⟨*sn*⟩: *Fluss* **~ in** (*A*) *-e* dökülmek; *Straße -e* çıkmak
Mundgeruch *m* ağız kokusu
mündig *adj Bürger* reşit; olgun; ***~ werden*** JUR rüştünü kazanmak
mündlich *adj* sözlü; ***~e Überlieferung*** sözlü aktarma (geleneği); ***alles Weitere ~*** bütün diğer hususlar sözlü olarak halledilmek üzere
Mund|pflege *f* ağız bakımı; **~schutz** *m* MED ağız maskesi; **~stück** *n* ağızlık
M-und-S-Reifen [ɛmʊnt'|ɛs-] *m* AUTO yaz ve kış lastiği
mundtot *adj*: ***j-n ~ machen*** b-ni ağzını açamaz hale getirmek
Mündung *f* ⟨-; -en⟩ *Fluss, Straße, Feuerwaffe* ağız
Mund|wasser *n* ⟨-s; ¨-⟩ gargara suyu; F **~werk** ⟨-s; *o pl*⟩: ***ein gutes ~ haben***

ağzı çelikli olmak; çenesi kuvvetli olmak; ***ein loses ~*** çenesi düşük; **~winkel** *m* dudakların birleştiği nokta; **~-zu-~-Beatmung** *f* MED (ağız ağıza) sunî solunum, F hayat öpücüğü

Munition [-'tsĭo:n] *f* ⟨-; *o pl*⟩ cephane

munkeln *v/i* ⟨*h*⟩: ***man munkelt, dass …*** -diği söylentisi dolaşıyor

Münster *n* ⟨-s; -⟩ katedral

munter *adj* (*wach*) uyanık; (*lebhaft*) canlı; (*fröhlich*) neşeli; **2macher** *m* ⟨-s; -⟩ F uyarıcı (*Getränk*)

Münzautomat *m* para veya jetonlu otomat

Münze *f* ⟨-; -n⟩ madenî para, sikke; (*Gedenk2*) madalya; ***etw für bare ~ nehmen*** bş-e olduğu gibi inanmak

Münz|einwurf *m* (*Schlitz*) atma yeri (*jeton, para*); **~fernsprecher** *m* TEL kumbaralı telefon; **~sammlung** *f* para/sikke koleksiyonu; **~tankstelle** *f* para at(ıl)arak çalışan benzin istasyonu; **~wechsler** *m* ⟨-s; -⟩ para boz(dur)ma makinası

mürbe *adj* gevrek, kırılgan; *fig* ***j-n ~ machen*** b-nin burnunu sürtmek

Mürbeteig *m* poğaça hamuru

Mure *f* ⟨-; -n⟩ GEOL taş çığı

murksen *v/i* ⟨*h*⟩ F (işi) şişirmek

Murmel *f* ⟨-; -n⟩ misket, bilya

murmeln *v/t u v/i* ⟨*h*⟩ fısıldamak, mırıldanmak

Murmeltier *n* dağsıçanı, marmot; ***schlafen wie ein ~*** uzun ve derin uyumak

murren *v/i* ⟨*h*⟩ (***über*** *A -e*) homurdanmak, söylenmek

mürrisch *adj* asık suratlı, somurtkan

Mus *n* ⟨-es; -e⟩ ezme, püre

Muschel *f* ⟨-; -n⟩ ZOOL midye; istiridye; (*~schale*) midye kabuğu; **2förmig** *adj* istiridye biçimli

Museum *n* ⟨-s; -seen⟩ müze

Musical ['mju:zıkəl] *n* ⟨-s;-s⟩ müzikal

Musik *f* ⟨-; -en⟩ müzik, musiki; **2alisch** *adj* müzikal, müziksel; müzikten anlar; ***~e Untermalung*** müzik eşliği; **~alität** *f* ⟨-; *o pl*⟩ müzik yeteneği; **~anlage** *f* müzik seti; **~begleitung** *f* müzik eşliği; **~box** *f* ⟨-; -en⟩ müzik kutusu; **~er** *m* ⟨-s; -⟩, **~erin** *f* ⟨-; -nen⟩ müzisyen; **~hochschule** *f* konservatuar; **~instrument** *n* çalgı, enstrüman; **~kapelle** *f* bando; **~kassette** *f* müzik kaseti; **~stück** *n* parça; **~unterricht** *m* müzik dersi; **~wissenschaft** *f* ⟨-; *o pl*⟩ müzikoloji

musisch *adj Person*, *Begabung* sanata yatkın, sanatçı ruhlu

musizieren *v/i* ⟨*o* ge-, *h*⟩ müzik yapmak

Muskat *m* ⟨-s; -e⟩, **~nuss** *f* hintcevizi

Muskel *m* ⟨-s; -n⟩ adale, kas; **~faser** *f* kas lifi; **~kater** *m* kas tutulması; F et kırıklığı; **~paket** *n kasları gösterişli kimse*; F **~protz** *m kaslarıyla gösteriş yapan*; **~zerrung** *f* MED kas esnemesi

Muskulatur *f* ⟨-; -en⟩ kaslar *pl*

muskulös *adj* adaleli

Muslim *m* ⟨-s; -s⟩, **~in** *f* ⟨-; -nen⟩, **2isch** Müslüman

Muss *n*: ***es ist ein ~*** (*-in* yapılması) şart(tır)

Muße *f* ⟨-; *o pl*⟩ keyifli (*od* kedersiz) an; (*Freizeit*) boş zaman

müssen ⟨*h*⟩ **1.** *v/aux* ⟨muss, musste, müssen⟩ -mek zorunda olmak, -meye mecbur olmak, *-in* -mesi gerekmek; *unwillkürlich* -meden edememek; ***du musst den Film sehen!*** filmi mutlaka görmelisin!; ***sie muss krank sein*** hasta olsa gerek; ***du musst es nicht tun*** yapmana gerek yok, yapmasan da olur; ***das müsstest du*** (***doch***) ***wissen*** bunu bilmen gerekirdi; ***sie müsste zu Hause sein*** evde olabilir; ***du hättest ihm helfen ~*** ona yardım etmen gerekirdi; **2.** *v/i* ⟨muss, musste, gemusst⟩ ***ich muss!*** başka çarem yok!; ***ich muss nach Hause*** eve gitmem lazım/gerek(iyor)

Mussheirat *f* zoraki evlilik

müßig *adj* (*untätig*) işsiz, boş; (*unnütz*) boşuna, zararsız; **2gänger** *m* ⟨-s; -⟩, **2gängerin** *f* ⟨-; -nen⟩ aylak

Muster *n* ⟨-s; -⟩ (*Vorlage*) örnek, nüsha; (*Probestück*) numune, örnek; (*Vorbild*) örnek; **~beispiel** *n* (***für*** *A* için) örnek durum/vaka; **~betrieb** *m* örnek (tarım) işletme(si) ; **~exemplar** *n* ÖKON numune, mal örneği; *Zeitschrift* örnek sayı; **2gültig**, **2haft 1.** *adj* kusursuz; **2.** *adv*: ***sich ~ benehmen*** mükemmel davranış göstermek; **~haus** *n* örnek ev; **~kollektion** *f* ÖKON örnek/numune koleksiyonu

mustern *v/t* ⟨*h*⟩ *neugierig -i* merakla süzmek; *abschätzend -i* tepeden tırnağa süzmek; MIL yoklamak, teftiş etmek

M

Musterung *f* ⟨-; -en⟩ askerî yoklama
Mut *m* ⟨-s; *o pl*⟩ cesaret, yiğitlik; ***~ fassen*** cesaretini toplamak; ***den ~ verlieren*** cesaretini kaybetmek; ***j-m ~ machen*** b-ne cesaret vermek; ***j-m den ~ nehmen*** b-nin cesaretini kırmak
Mut|ation [-ˈtsi̯oːn] *f* ⟨-; -en⟩ mutasyon, sıçrama; **⁓ieren** *v/i* ⟨*o* ge-, *h*⟩ mutasyonla değişmek
mutig *adj* cesur, yürekli
mutlos *adj* yüreksiz, ümitsiz; **⁓igkeit** *f* ⟨-; *o pl*⟩ cesaretsizlik
mutmaßlich *adj* JUR zanlı *subst*
Mutprobe *f* cesaret gösterme denemesi
Mutter[1] *f* ⟨-; ⸚⟩ anne; ***werdende ~*** müstakbel anne
Mutter[2] *f* ⟨-; -n⟩ TECH somun
Mütterberatungsstelle *f anneler için danışma merkezi*
Mutter|boden *m* humuslu toprak; **~gesellschaft** *f* ÖKON ana şirket; **~leib** *m* ⟨-s; *o pl*⟩ rahim, ana karnı
mütterlich *adj* ana gibi; ana ile ilgili; *scherzh* anaç; **~erseits** *adv* ana tarafından (*akraba*)
Mutter|liebe *f* ana sevgisi; **~mal** *n* ben; **~milch** *f* ana sütü; **~mund** *m* ⟨-s; *o pl*⟩ uterus boynu; **~schaft** *f* ⟨-; *o pl*⟩ annelik, analık (durumu), lohusalık; **~schaftsurlaub** *m* doğum izni; **~schutz** *m* JUR *hamileler ve lohusalarla ilgili iş hukuku güvenceleri*; **⁓seelenallein** *adj präd* yapayalnız; **~sprache** *f* anadili; **~sprachler(in** *f*) *m* anadili konuşan; **~tag** *m* Anneler Günü
Mutti *f* ⟨-; -s⟩ F anneciğim (*hitap*)
mutwillig *adj* kasıtlı
Mütze *f* ⟨-; -n⟩ kasket
MWSt. *Abk* → ***Mehrwertsteuer***
mysteriös *adj* esrarengiz, esrarlı
Mystik [ˈmʏ-] *f* ⟨-; *o pl*⟩ tasavvuf, mistisizm; **~er** *m* ⟨-s; -⟩; **~erin** *f* ⟨-; -nen⟩ mutasavvıf, mistik
mystisch *adj Symbol, Lehre usw* tasavvufî, mistik; (*geheimnisvoll*) esrarengiz
Myth|e *f* ⟨-; -n⟩ efsane, mit(os); **⁓isch** *adj* efsanevi, mitolojik
Mytholog|ie *f* ⟨-; -n⟩ mitoloji; **⁓isch** *adj* mitolojik
Mythos *m* efsane, mit(os)

N

n, N [ɛn] *n* ⟨-; -⟩ n, N
N *Abk für* ***Norden*** *m* kuzey
na *int* F: ***~ also!*** eh, gördün mü?; nihayet!; ***~ ja*** eh; ***~ und?*** ne olmuş yani?; ***~, so was!*** bak şu işe!
Nabel *m* ⟨-s; -⟩ ANAT göbek; **~schnur** *f* göbek bağı
nach 1. *präp* (*D*) *örtlich -den* sonra; (*hinter*) *-in* arkasında; *zeitlich* sonra; (*gemäß*) *-e* göre, uyarınca; ***~ deutschem Recht*** Alman hukukuna göre; ***e-r ~ dem anderen*** sırayla, birbiri ardınca; ***zehn ~ drei*** üçü on geçiyor; ***wenn es ~ mir ginge*** bana sorsalar; ***~ j-m fragen*** *b-ni* sormak; **2.** *adv*: ***~ und ~*** gitgide, gittikçe; ***~ wie vor*** eskisi gibi
nachäffen *v/t* ⟨-ge-, *h*⟩ F *-i* taklit etmek
nachahm|en *v/t* ⟨-ge-, *h*⟩ *-in* aynısını yapmak; (*parodieren*) taklit etmek (*alaya alarak*); **⁓ung** *f* ⟨-; -en⟩ taklit
Nachbar *m* ⟨-n; -n⟩, **~in** *f* ⟨-; -nen⟩ komşu; **~schaft** *f* ⟨-; *o pl*⟩ komşuluk; yakın, semt; (*Nachbarn*) komşular *pl*
Nach|beben *n* artçı deprem/sarsıntı; **~behandlung** *f* … sonrası tedavisi
nach|bessern *v/t* ⟨-ge-, *h*⟩ sonradan düzeltmek/onarmak; **~bestellen** *v/t* ⟨*o* -ge-, *h*⟩ ilave sipariş vermek; sonradan ısmarlamak; **⁓bestellung** *f* (*G* -e) ilave/sonradan sipariş; **~bilden** *v/t* ⟨-ge-, *h*⟩ *-in* benzerini yapmak; **⁓bildung** *f* ⟨-; -en⟩ kopya, suret; *genaue -in* tam benzeri; (*Attrappe*) taklit
nachdem *konj* -dikten sonra; ***je ~*** duruma göre
nachdenk|en *v/i* ⟨*unreg*, -ge-, *h*⟩ düşünmek; ***~ über*** (*A*) düşünüp taşınmak; ***Zeit zum Nachdenken*** düşünme süresi; **~lich** *adj* düşünceli; ***es macht einen ~*** insanı düşündürüyor
Nachdruck[1] *m* ⟨-s; *o pl*⟩: ***mit ~*** önemle, vurgulayarak; ***~ legen auf*** (*A*) *-i* vurgulamak

Nachdruck[2] *m* ⟨-s; -e⟩ tıpkıbasım; **~ *verboten!*** kopyası yasaktır

nachdrucken *v/t* ⟨-ge-, *h*⟩ yeniden basmak

nachdrücklich **1.** *adj* önemli; *Forderung* kuvvetli; **2.** *adv*: **~ *raten* (*empfehlen*)** *-i -e* önemle tavsiye etmek (salık vermek)

nacheifern *v/i* ⟨-ge-, *h*⟩: ***j-m* ~** b-ne yetişmeye gayret etmek

nacheinander *adv* arka arkaya, *zeitlich* art arda

Nach|erzählung *f* aktararak anlatma; **~folge** *f* ⟨-; *o pl*⟩ yerine geçme, haleflik; ***j-s* ~ *antreten*** b-nin yerini almak; **≗folgen** *v/i* ⟨-ge-, *sn*⟩: ***j-m* ~** b-nin yerine geçmek; b-ni izlemek; **~folger** *m* ⟨-s; -⟩ halef, ardıl; **~forderung** *f* müteakip/munzam talep; **≗forschen** *v/i* ⟨-ge-, *h*⟩ araştırmak, bilgi toplamak; **~forschung** *f* ⟨-; -en⟩ araştırma; **≗*en anstellen* (*über* *A*** hakkında) soruşturma yapmak; **~frage** *f* ⟨-; -n⟩ ÖKON talep (***nach*** *-e*); **≗fragen** *v/i* ⟨-ge-, *h*⟩ (***wegen***) *-i* tekrar sormak, soruşturmak; **≗fühlen** *v/t* ⟨-ge-, *h*⟩: ***das kann ich dir* ~** duygularını anlıyorum; **≗füllen** *v/t* ⟨-ge-, *h*⟩ (yeniden) doldurmak; **~füllpackung** *f* büyük/ekonomik ambalaj

nach|geben *v/i* ⟨*unreg*, -ge-, *h*⟩ dayanamamak, eğilmek; *fig* boyun eğmek; *Preise* inmek, düşmek; **≗gebühr** *f* POST taksa; **≗geburt** *f* MED eten, son; **~gehen** *v/i* ⟨*unreg*, -ge-, *sn*⟩ *-i* izlemek, *-in* ardından gitmek (*a fig*); *e-m Vorfall -i* araştırmak; ***meine Uhr geht* (*zwei Minuten*) ~** saatim (iki dakika) geri kalıyor; **≗geschmack** *m* ⟨-s; *o pl*⟩ *-den* (ağızda) kalan tad

nachgiebig *adj Person* yumuşak huylu, uysal; *Material* esnek, gevşek; **≗keit** *f* ⟨-; *o pl*⟩ uysallık, yumuşaklık; esneklik, gevşeklik

nach|haken *v/i* ⟨-ge-, *h*⟩ bir daha (*od* ısrarla) sormak; **~haltig** *adj* devamlı, sürekli; **~ *beeinflussen*** (*-in* üzerinde) kalıcı bir etki bırakmak; **~helfen** *v/i* ⟨*unreg*, -ge-, *h*⟩: ***e-r Sache* ~** bş-in gerçekleşmesi için katkıda bulunmak

nachher *adv* daha sonra; ***bis* ~!** sonra görüşürüz

Nachhilfe *f* → **~*unterricht***; **~lehrer(in** *f*) *m* özel öğretmen/hoca; **~unterricht** *m* özel ders (*okul başarısını yükseltici*)

Nachhinein *adv*: ***im* ~** sonradan, arkadan

nachhinken *v/i* ⟨-ge-, *sn*⟩ *fig* geri(de) kalmak

Nachholbedarf *m* telafi ihtiyacı

nachholen *v/t* ⟨-ge-, *h*⟩ sonradan yapmak, telafi etmek

Nachkomme *m* ⟨-n; -n⟩ evlat; ***ohne* ~*n sterben*** evlat bırakmadan ölmek

nachkommen *v/i* ⟨*unreg*, -ge-, *sn*⟩ izlemek, daha sonra gelmek; *e-m Wunsch -i* yerine getirmek

Nachkommenschaft *f* JUR füru

Nachkömmling *m* ⟨-s; -e⟩ evlat; geç kalan kimse

Nachkriegs|... *in Zssgn* savaş sonrası ... (*öz II. Dünya Savaşı*); **~zeit** *f* ⟨-; *o pl*⟩ savaş sonrası dönemi

Nachlass *m* ⟨-es; ⸚sse⟩ ÖKON (***auf*** *A -de/-den*) indirim, tenzilat; JUR tereke, kalıt

nachlassen ⟨*unreg*, -ge-, *h*⟩ **1.** *v/i* hafiflemek, azalmak; *Interesse* pek kalmamak; *Schmerz* yatışmak; *Wirkung* geçmek; *Regen* dinmek; **2.** *v/t*: ***j-m Euro 100* (*vom Preis*) ~** b-ne (fiyatta) 100 euro indirim yapmak

Nachlassgericht *n* JUR tereke mahkemesi

nachlässig *adj* ihmalci, kayıtsız; **≗keit** *f* ⟨-; *o pl*⟩ ihmal(cilik), özensizlik

Nachlassverwalter *m* JUR tereke infaz memuru

nach|laufen *v/i* ⟨*unreg*, -ge-, *sn*⟩ ardından koşmak; **~lesen** *v/t* ⟨*unreg*, -ge-, *h*⟩ (konuşulan bş-i) kitapta bulup okumak; **~liefern** *v/t* ⟨-ge-, *h*⟩ sonradan teslim etmek; **~lösen** *v/t* ⟨-ge-, *h*⟩ (bileti) trende *vs* almak

nachm. *Abk* → ***nachmittags***

nach|machen *v/t* ⟨-ge-, *h*⟩ *-i* taklit/kopya etmek; (*fälschen*) *-in* sahtesini yapmak; **~messen** *v/t* ⟨*unreg*, -ge-, *h*⟩ ölçüp denetlemek

Nachmittag *m* öğle sonrası; ***am* ~** öğleden sonra; ***am späten* ~** akşam üzeri; ***heute* ~** bugün öğleden sonra

nachmittags *adv* öğleden sonra(ları); **≗vorstellung** *f* THEA (öğleden sonra) matine(si)

Nach|nahme *f* ⟨-; -n⟩: ***etw als* (*od* *per*) ~ *schicken*** bşi ödemeli (olarak) yollamak; **~sendung** *f* ödemeli gönderi; **~name** *m* soyadı; **≗plappern** *v/t* ⟨-ge-,

N

h〉 F papağan gibi tekrarlamak; **~porto** *n* taksa; **≗prüfen** *v/t* 〈-ge-, *h*〉 (yeniden) gözden geçirmek; **≗prüfbar** *adj* denetlenebilir; **~prüfung** *f* 〈-; -en〉 denetleme, sınama; *Schule* bütünleme (sınavı); **≗rechnen** *v/t* 〈-ge-, *h*〉 yeniden hesaplamak; **~rede** *f*: ***üble ~*** iftira, lekeleme; **≗reisen** *v/i* 〈-ge-, *sn*〉 *-in ardından gittiği yere yola çıkmak*

Nachricht *f* 〈-; -en〉 haber; mesaj; ***~en*** *pl* RADIO, TV haberler; ***e-e gute*** (***schlechte***) ***~*** iyi (kötü) bir haber

Nachrichten|agentur *f* haber ajansı; **~dienst** *m* RADIO, TV haber merkezi; MIL haberalma örgütü; **~satellit** *m* haberleşme uydusu; **~sperre** *f* POL haber yasağı; **~technik** *f* telekomünikasyon teknolojisi

nach|rücken *v/i* 〈-ge-, *sn*〉 safları doldurmak; MIL takviye olarak gelmek; **≗ruf** *m* 〈-s; -e〉 (***auf*** *A*) (bir ölü hakkında) anma yazısı/konuşması; **~rüsten** 〈-ge-, *h*〉 TECH … hale getirmek; (sonradan) … ile donatmak; *Computer* terfi ettirmek

nachsagen *v/t* 〈-ge-, *h*〉: ***j-m Schlechtes ~*** b-nin ardından kötü konuşmak; ***man sagt ihm nach, dass er …*** onun hakkında diyorlar ki …

Nachsaison *f* sezon sonrası

nach|schauen *v/i* 〈-ge-, *h*〉 *-i* yoklamak, gözden geçirmek; **~schenken** *v/t u v/i* 〈-ge-, *h*〉: ***j-m*** (***etw***) ***~*** (b-nin) bardağını (yeniden) doldurmak; **~schicken** *v/t* 〈-ge-, *h*〉 gittiği yere göndermek; **~schlagen** 〈*unreg*, -ge-, *h*〉 **1.** *v/t Wort usw* arayıp bulmak; ***im Lexikon ~*** sözlüğe bakmak; **2.** *v/i* F *fig*: ***j-m ~*** b-ne benzemek/çekmek

Nach|schlagewerk *n* başvuru eseri; **~schlüssel** *m sonradan yapılmış anahtar*; (*Dietrich*) maymuncuk; **~schrift** *f* (yazılı) ek; *bş-in yazıya dökülmüş biçimi*; **~schub** *m* 〈-s; *o pl*〉 takviye, ikmal, ikmal malzemesi

nachsehen 〈*unreg*, -ge-, *h*〉: ***j-m*** (***etw*** *D*) ***~*** b-nin arkasından bakmak; (*nach etw sehen*) ***~ ob …*** *-i* -ip -mediğine bakmak; ***j-m etw ~*** b-nin bş-ini hoşgörmek

Nachsehen *n*: F ***das ~ haben*** yaya kalmak

Nachsendeantrag *m postayı başka bir adrese gönderme dilekçesi*

nachsenden *v/t* 〈*meist unreg*, -ge-, *h*〉 *-in* gittiği yere (*od* arkasından) göndermek

Nachsicht *f*: ***~ üben*** hoşgörülü davranmak; **≗ig** *adj* hoşgörülü

Nachsilbe *f* LING sonek

nach|sinnen *v/i* 〈-ge-, *h*〉 (*-i*) derin derin düşünmek; **~sitzen** *v/i* 〈*unreg*, -ge-, *h*〉: ***~ müssen*** cezaya kalmak (*okulda*); **≗sorge** *f* 〈-; *o pl*〉 MED *taburcu edildikten sonraki tedavi*; **≗speise** *f* tatlı, soğukluk (*yemekten sonra*); **≗spiel** *n fig -in* devamı/arkası; ***die Sache wird ein ~ haben*** iş bu kadarla kapanmayacak; **~spielen** *v/i* 〈-ge-, *h*〉: SPORT ***~ lassen*** kesintileri oynatmak; **~spionieren** *v/i* 〈-ge-, *h*〉: ***j-m ~*** b-nin arkasından gözetlemek; **~sprechen** *v/i u v/t* 〈-ge-, *h*〉 tekrarlamak (*b-nin söyledikleri*)

nächst **1.** *adj örtlich, Angehörige* en yakın; ***aus ~er Entfernung*** çok kısa mesafeden; *zeitlich, Reihenfolge* bir sonraki; ***in den ~en Tagen*** (***Jahren***) önümüzdeki günlerde (yıllarda); ***in ~er Zeit*** yakın zamanda; ***was kommt als ≗es?*** sonra ne var/geliyor?; ***der Nächste, bitte!*** sıradaki, lütfen!; **2.** *adv*: ***fürs ~e*** şimdilik

nächstbeste *adj* (*beliebig*) herhangi bir, (*-in*) ilk önüne çıkan; *in Qualität* bir sonraki

Nächstbeste *m, f, n* herhangi biri; herhangi bir şey

nach|stehen *v/i* 〈*unreg*, -ge-, *h*〉: ***j-m in nichts ~*** b-nden hiçbir şeyde geri olmamak; **~stehend** **1.** *adj* aşağıdaki, aşağıda yazılı; **2.** *adv* aşağıda; **~stellen** 〈-ge-, *h*〉 **1.** *v/t Uhr* geri almak; *Gerät* yeniden ayarlamak; **2.** *v/i*: ***j-m ~*** b-ni takip etmek

Nächstenliebe *f* 〈-; *o pl*〉 insan sevgisi

nächstliegend *adj fig*: ***das Nächstliegende*** en akla yakın *adj*

Nacht *f* 〈-; ⸚e〉 gece; ***in der*** (*od* ***bei***) ***~*** gece (vakti); ***gute ~!*** iyi geceler!; ***bis spät*** (*od* ***tief***) ***in die ~*** gecenin geç saatlerine kadar; **~arbeit** *f* 〈-; *o pl*〉 gece işi; **≗blind** *adj* gecekörlüğü hastası; **~creme** *f* gece kremi; **~dienst** *m* gece nöbeti; ***~ haben*** gece nöbeti olmak

Nachteil *m* 〈-s; -e〉 sakınca; dezavantaj; ***im ~ sein*** (***gegenüber*** *-e* karşı) dezavantajlı olmak; ***zum ~ von*** *-in* zararına (olmak üzere); **≗ig** *adj* (***für*** için) sakıncalı, zararlı

nächtelang **1.** *adj*, *Diskussionen usw* sabahlara kadar süren; **2.** *adv* sabahlara kadar

Nacht|fahrverbot *n gece trafiğe çıkma yasağı*; **~flug** *m* gece uçuşu; **~flugverbot** *n* gece uçuşu yasağı; **~frost** *m* gece ayazı; **~hemd** *n* gecelik; *für Männer* gecelik entari

Nachtigall *f* ⟨-; -en⟩ bülbül

Nachtisch *m* ⟨-s; -e⟩ tatlı, soğukluk (*yemekten sonra*)

Nacht|klub *m* gece kulübü; **~leben** *n* ⟨-s; *o pl*⟩ gece hayatı

nächtlich *adj* gece (olan); gecede(ki); geceye özgü

Nacht|lokal *n* gece kulübü; **~portier** *m* gececi kapıcı; **~quartier** *n* gecelenen yer

nach|tragen ⟨*unreg*, -ge-, *h*⟩: ***j-m etw ~*** *fig* b-nin bir kötülüğünü unutmamak; *schriftlich* sonradan eklemek; **~tragend** *adj* bağışlamaz; *stärker* kinci; **~träglich** *adv*: ***~ herzlichen Glückwunsch!*** geçmiş ... kutlu olsun!; **~trauern** *v/i* ⟨-ge-, *h*⟩: ***j-m*** **(*e-r Sache*)** ~ b-ne (bş-e) hâlâ üzülmek/yanmak

Nachtruhe *f* gece istirahati, uyku

nachts *adv* gece(leyin); geceleri

Nacht|schicht *f* gece vardiyası; ***~ haben*** gece vardiyasında çalışmak; **~schwärmer** *m fig* gece kuşu; **~schwester** *f* gece hemşiresi; **~speicherofen** *m ucuz gece elektriğiyle çalışan soba*; **~strom** *m* EL *ucuz tarifeli elektrik*; **~tisch** *m* komodin; **~tischlampe** *f* gece lambası; **~topf** *m* lazımlık; **~tresor** *m bankanın gece para bırakılabilen kutusu*; **~-und-Nebel-Aktion** *f* geceyarısı operasyonu; **~wächter** *m* gece bekçisi; F *abw* dikkatsiz *adj*; intikali zayıf *adj*; **~zug** *m* gece treni

Nach|untersuchung *f* tedavi sonrası muayene; **~weis** *m* ⟨-es; -e⟩ (**für** *-in*) ispat(ı), kanıt(ı)/delil(i); **Ƨweisen** *v/t* ⟨*unreg*, -ge-, *h*⟩ kanıtlamak, ispat etmek; **Ƨweislich** *adv* kanıtlanmış, kesin; **~welt** *f* ⟨-; *o pl*⟩ gelecek kuşaklar *pl*; **~wirkung** *f* dolaylı sonuç; ***~en*** *pl a* yan/dolaylı etkiler; **~wort** *n* ⟨-s; -e⟩ sondeyiş, epilog; **~wuchs** *m* ⟨-es⟩ çocuk(-lar); F genç kuşak

nach|zahlen *v/t u v/i* ⟨-ge-, *h*⟩ ek ödeme yapmak, üstüne ödemek; **~zählen** *v/t* ⟨-ge-, *h*⟩ tekrar saymak; *Wechselgeld* (paranın üstünü) saymak; **Ƨzahlung** *f* ek ödeme; **~ziehen** ⟨*unreg*, -ge-⟩ **1.** *v/t* ⟨*h*⟩ *Fuß* sürümek; TECH *Mutter* (sonradan) sıkıştırmak; ***die Lippen ~*** rujunu tazelemek; **2.** *v/i* ⟨*sn*⟩ *-i* izlemek; (*-in*) ardından gitmek; ⟨*h*⟩ *fig -in* ardından fiyat yükseltmek; **Ƨzügler** *m* geç kalan kimse; *Kind* tekne kazıntısı

Nacken *m* ⟨-s; -⟩ ense; **~stütze** *f* koltuk başlığı; **~wirbel** *m* ANAT ense omuru

nackt *adj* çıplak; *Malerei*, FOTO nü; *Füße*, *Wand* çıplak; ***völlig ~*** çırılçıplak; ***sich ~ ausziehen*** tamamen soyunmak; ***~ baden*** çıplak yüzmek; ***j-n ~ malen*** b-nin çıplak resmini yapmak; ***~e Tatsachen*** sadece gerçekler/olgular; ***die ~e Wahrheit*** gerçeğin ta kendisi; ***das ~e Leben retten*** sadece canını kurtarabilmek; **Ƨbaden** *n* ⟨-s; *o pl*⟩ çıplak yüzme; **Ƨbadestrand** *m* çıplaklar plajı

Nadel *f* ⟨-; -n⟩ *a* BOT iğne; (*Steck*Ƨ) topluiğne, (*Haar*Ƨ) firkete, toka; (*Brosche*) broş; **~baum** *m* iğneyapraklı (ağaç); **~wald** *m* iğneyapraklı ağaç ormanı

Nagel *m* ⟨-s; ⸚⟩ ANAT tırnak; TECH çivi; *fig* ***etw an den ~ hängen*** sürdürmemek, (yarım) bırakmak; ***den ~ auf den Kopf treffen*** tam üstüne basmak, cuk oturtmak; ***er ist ein ~ zu meinem Sarg*** erken ölürsem ondan bilin!; **~bett** *n* ANAT tırnak dibi; **~feile** *f* tırnak törpüsü; **~lack** *m* oje; **~lackentferner** *m* aseton

nageln *v/t* ⟨*h*⟩ (**an** *A*, **auf** *A*) *-e* çivilemek

nagelneu *adj* yepyeni, pırıl pırıl

Nagelschere *f* tırnak makası

nagen *v/t u v/i* ⟨*h*⟩: ~ **an** (*D*) *-i* kemirmek

nah *adj* yakın (**bei** *-e*); ***der Nahe Osten*** Yakındoğu

Nahaufnahme *f* FOTO yakın çekim

Nahbereich *m* yakın bölge; ***der ~ von München*** Münih'in yakın çevresi

nahe ['na:ə]: ***j-m ~ gehen*** *-i* çok etkilemek; ***~ gelegen*** yakın(lar)da; ***j-m ~ kommen*** b-ne yaklaşmak; ***j-m etw ~ legen*** b-ni bş-e ikna etmek; bş-i b-nin aklına yatırmak; ***~ liegen*** akla yakın olmak; *stärker* apaçık ortada olmak; ***~ liegend*** akla yakın; (bes)belli; ***~ stehen*** *fig*: ***j-m ~*** b-ne yakın olmak; ***j-m zu ~ treten*** b-ni incitmek; ***~ verwandt*** yakın akraba; ***den Tränen ~*** gözleri dolu dolu;

N

ich war ~ daran, ihn zu ohrfeigen onu az kalsın tokatlayacaktım; ***in ~r Zukunft*** yakın gelecekte

Nähe ['nɛːə] *f* ⟨-; *o pl*⟩ yakınlık; (*Umgebung*) yakın çevre, yöre; ***in der ~ des Bahnhofs*** istasyon yakın(lar)ında; ***ganz in der ~*** çok yakında; ***in deiner ~*** (senin) yakınında

nahen ['naːən] *v/i* yaklaşmak

nähen ['nɛːən] ⟨*h*⟩ **1.** *v/i* dikiş dikmek; **2.** *v/t* dikmek

näher ['nɛːɐ] **1.** *komp* → ***nahe***; **2.** *adj* (oldukça) yakın; ***die ~e Umgebung*** yakın çevre; *Angaben* (daha) ayrıntılı; ***bei ~er Betrachtung*** yakından bakıldığında; **3.** *adv* (**an** *D*, **bei** *-e*) yakın(ca), yakından; *fig* ***j-m etw ~ bringen*** b-ne bş-i tanıtmak, tavsiye etmek; ***~ kommen*** yaklaşmak, yakınlaşmak; ***j-m ~ kommen*** b-ne yakınlaşmak; ***ich kenne ihn ~*** onu yakından tanırım; ***sich mit e-r Sache ~ befassen*** bir konuyla yakından ilgilenmek

Nähere *n* ⟨-n; *o pl*⟩ *-in* ayrıntıları *pl*, bş üzerine daha geniş bilgi *sg*; ***ich weiß nichts ~s*** ayrıntılı bilgim yok

Naherholungsgebiet *n bir büyükşehir yakınındaki dinlenme bölgesi*

nähern *v/r* ⟨*h*⟩: **sich ~** (*D -e*) yaklaşmak, yakınlaşmak

nahezu *adv* hemen hemen, neredeyse

N

Näh|maschine *f* dikiş makinası; **~nadel** *f* dikiş iğnesi

Nährboden *m für Bakterien* üreme ortamı; *fig* uygun ortam/zemin

nähren ⟨*h*⟩ *v/r*: ***sich ~ von*** ile beslenmek

nahrhaft *adj* besleyici

Nährstoff *m* besleyici madde, besin maddesi

Nahrung *f* ⟨-; *o pl*⟩ besin

Nahrungs|aufnahme *f* beslenme; **~kette** *f* beslenme zinciri; **~mangel** *m* beslenme yetersizliği; **~mittel** *pl* besin *sg*, besin maddesi *pl*

Nährwert *m* besin değeri

Nähseide *f* ibrişim

Naht *f* ⟨-; ⸚e⟩ dikiş; MED dikiş (yeri); F ***aus allen Nähten platzen*** tıka basa dolu olmak; **2los** *adj* dikişsiz; *adv* ***~ braun*** her tarafı bronz(laşmış)

Nahverkehrszug *m yakın mesafe treni*

Nähzeug *n* dikiş takımı

Nahziel *n* yakın hedef

naiv [na'iːf] *adj* çocuksu, saf; naif

Naivität *f* ⟨-; *o pl*⟩ saflık

Name *m* ⟨-ns; -n⟩ ad, isim; ***wie ist Ihr ~?*** adınız/isminiz nedir?; ***im ~n von*** (*od G*) …/*-in* adına; ***sich*** (*D*) ***e-n ~n machen*** isim yapmak

Namenliste *f* isim/ad listesi

namenlos *adj* adsız, meçhul, anonim

namens **1.** *adv* adında; **2.** *präp* (*G*) … adına

Namens|schild *n* isim plaketi; **~tag** *m* isim günü; **~vetter** *m* adaş; **~zug** *m* imza

namentlich *adj u adv* ismen, ad/isim okunarak

namhaft *adj* (*beträchtlich*) gayet büyük, hatırı sayılır; (*berühmt*) tanınmış, isim sahibi

nämlich *adv* (*das heißt*) yani, demek ki; *begründend* biliyorsun(uz), çünkü

nanu *int* aa!, hayret!, bu da nereden çıktı?

Nappa *n* ⟨-(s); -s⟩, **~leder** *n* napa (derisi)

Narbe *f* ⟨-; -n⟩ yara izi; *fig* ***~n hinterlassen*** iz bırakmadan geçmemek

narbig *adj* yara izi olan

Narkose *f* ⟨-; -n⟩ MED narkoz; **~facharzt** *m* anestezi uzman hekimi

Narkoti|kum *n* ⟨-s; -ka⟩ narkotik madde; **2sieren** *v/t* ⟨*o* -ge-, *h*⟩ *-e* narkoz vermek, uyuşturmak

Narr *m* ⟨-en; -en⟩ kaçık, deli; ***j-n zum ~en halten*** b-ni budala/aptal yerine koymak

Narren|freiheit *f deliye tanınan özgürlük*; **2sicher** *adj* kesin emniyetli, *yanlış kullanılması imkansız*

Narzisse *f* ⟨-; -n⟩ BOT nergis, zerrin, fulya, kardelen

Narziss|mus *m* ⟨-; *o pl*⟩ PSYCH narsisizm; **2tisch** *adj* narsis(çe)

nasal *adj* LING genizsi (*ses*); **~ieren** *v/t* ⟨*o* -ge-, *h*⟩ genizsileş(tir)mek

naschen *v/i u v/t* ⟨*h*⟩ (**an** *D*, **von** *-i*) (gizlice) atıştırmak

naschhaft *adj gizlice atıştırmaya düşkün*

Nase *f* ⟨-; -n⟩ burun; ***ich habe die ~ voll*** (**von** *-den*) bana gına geldi, bıktım; ***s-e ~ in alles (hinein)stecken*** her şeye/işe burnunu sokmak; F ***auf die ~ fallen*** boyunun ölçüsünü almak; F ***pro ~ einen Euro*** adam/kişi başına bir öro; ***j-m etw vor der ~ wegschnappen*** bş-i

b-den önce davranıp kapıvermek
Nasen|bluten *n* ⟨-s; *o pl*⟩ burun kanaması; **~loch** *n* burun deliği; **~schleimhaut** *f* burun mukozası; **~spitze** *f* burun ucu; **~spray** *m*, *n* burun spreyi; **~tropfen** *pl* burun damlası *sg*
Nashorn *n* gergedan
nass *adj* yaş, ıslak; ***durch und durch ~, ~ bis auf die Haut, triefend ~*** sırılsıklam, iliklerine kadar ıslanmış
Nässe *f* ⟨-; *o pl*⟩ ıslaklık, yaşlık
nässen ⟨*h*⟩ **1.** *v/t* ıslatmak; **2.** *v/i Wunde* cerahat yapmak
nasskalt *adj* soğuk ve yağışlı
Nassrasur *f* sabunla traş
Nation [-ˈtsĭoːn] *f* ⟨-; -en⟩ millet, ulus
national [-tsĭo-] *adj* millî, ulusal; ülke çapında
National|feiertag *m* millî bayram; **~flagge** *f* millî bayrak; **~gericht** *n* GASTR millî yemek; **~hymne** *f* millî marş; **~ismus** *m* ⟨-; *o pl*⟩ milliyetçilik; **~ist(in** *f*) *m* milliyetçi; **²istisch** *adj* milliyetçi; **~ität** *f* ⟨-; -en⟩ uyruk, tabiyet; ***welcher ~ sind Sie?*** uyruğunuz/tabiyetiniz nedir?; **~mannschaft** *f* SPORT millî takım; **~park** *m* millî park; **~sozialismus** *m* nasyonal sosyalizm; **~sozialist(in** *f*) *m* nasyonal sosyalist; **²sozialistisch** *adj* nasyonal sosyalist(çe); **~spieler(in** *f*) *m* SPORT millî oyuncu; **~tracht** *f* millî kıyafet
Natrium *n* ⟨-s; *o pl*⟩ sodyum
Natron *n* ⟨-s; *o pl*⟩ sodyum bikarbonat, F karbonat
Natter *f* ⟨-; -n⟩ karayılan, engerek (yılanı)
Natur *f* ⟨-; *o pl*⟩ tabiat, doğa; ***von ~ (aus)*** doğuştan, doğal olarak
Naturalien [-lĭən] *pl*: ***in ~ zahlen*** (*-in*) bedelini mal olarak ödemek
naturalistisch *adj* natüralist(çe)
Naturell *n* ⟨-s; -e⟩ (*-in*) yaradılış(ı), natura(sı)
Natur|ereignis *n*, **~erscheinung** *f* tabiat olayı; **~forscher(in** *f*) *m* tabiat araştırmacısı; **~freund(in** *f*) *m* tabiatsever; **²gemäß** *adj* tabii ki, tabiatıyla, doğal olarak; **~geschichte** *f* tabiat tarihi; **~gesetz** *n* tabiat kanunu, doğa yasası; **~gewalt** *f meist pl* tabiat(ın) güçleri *pl*; **~heilkunde** *f* doğal tıp; **~katastrophe** *f* doğal afet
natürlich **1.** *adj* doğal, tabiî; **2.** *adv* tabii, doğal olarak, tabiatıyla; **²keit** *f* ⟨-; *o pl*⟩ tabiîlik, doğallık
Natur|park *m* doğal park; **~produkt** *n* tabiî/doğal ürün; **~schutz** *m* doğa(yı) koruma; ***unter ~*** doğal koruma altında; **~schützer(in** *f*) *m* oğa korumacı; **~schutzgebiet** *n* doğal sit alanı; **~talent** *n* doğuştan yetenekli; **~wissenschaft** *f* tabiat bilimi, doğabilim; **~wissenschaftler(in** *f*) *m* tabiat bilimcisi; doğabilimci; **²wissenschaftlich** *adj* doğabilimsel
Navig|ation [navigaˈtsĭoːn] *f* ⟨-; *o pl*⟩ MAR seyir; navigasyon; **²ieren** ⟨*o* -ge-, *h*⟩ rota belirlemek
Nazi *m* ⟨-s; -s⟩ *abw* nasyonal sosyalist; **~smus** *m* ⟨-; *o pl*⟩ nasyonal sosyalizm; **²stisch** *adj* nasyonal sosyalist(çe)
n. Chr. *Abk für* ***nach Christus*** Milattan/İsa'dan Sonra (MS/İS)
Nebel *m* ⟨-s; -⟩ sis, duman; (*Dunst*) pus; **²haft** *adj fig* sisler içinde; **~scheinwerfer** *m* sis farı; **~schlussleuchte** *f* arka sis lambası
neben *präp* **1.** (*A*) *-in* yanına; (*D -in*) yanında; ***direkt ~*** hemen yanın(d)a; **2.** (*D*) *außer -in* yanı sıra, *-in* dışında; (*verglichen mit*) *-le* karşılaştırılınca; ***~ anderen Dingen*** diğer şeylerin yanında; **~amtlich** *adj* yan görev olarak; **~an** *adv* bitişikte
Neben|anschluss *m* TEL ek hat; **~apparat** *m* TEL dahilî telefon; **~ausgaben** *pl* yan/tali giderler; **~bedeutung** *f* yan anlam
nebenbei *adv* yanı sıra, ek olarak; (*beiläufig*) söz arasında, bu arada; ***~ bemerkt*** antrparantez
Nebenberuf *m* ikinci/yan meslek; **²lich** *adv* ikinci/yan meslek olarak
Neben|beschäftigung *f* ikinci iş, yan geçim kaynağı; **~buhler** *m* ⟨-s; -⟩ rakip âşık
nebeneinander *adv* yan yana; ***~ bestehen*** bir arada var olmak (*od* yaşamak); ***~ stellen*** yan yana koymak; (*vergleichen*) karşılaştırmak
Neben|einander *n* ⟨-s; *o pl*⟩ beraberlik, biraradalık; **~einkünfte** *pl*, **~einnahmen** *pl* yan/ek gelir *sg*; **~erscheinung** *f* MED yan belirti; **~fach** *n* yan bilim dalı; ***als ~ studieren*** *-i* yan bilim dalı olarak okumak; **~fluss** *m* (bir ırmağın) yan kol(u); **~gebäude** *n* yan bina, müş-

N

temilat; (*Anbau*) ek/yan bina; **~geräusch** *n* (yan) gürültü (*dikkati dağıtan*); **~haus** *n* bitişik ev; **≈her** *adv* yanısıra; **~höhle** *f* MED sinüs; **~kosten** *pl* ek maliyet *sg*, ek masraflar *pl*; **~mann** *m* (*-in*) yan(ın)da oturan (kişi); **~produkt** *n* yan ürün; **~rolle** *f* THEA yardımcı rol; *fig* önemsiz rol; **~sache** *f* önemsiz şey; **≈sächlich** *adj* önemsiz; **~satz** *m* yan cümle, cümlecik; **≈stehend** *adj*, *adv* yanda, yan sütunda; **~stelle** *f* TEL ek hat; **~straße** *f* yan sokak; (*Landstraße*) tali yol; **~tisch** *m* yan masa; **~verdienst** *m* ek kazanç; **~wirkung** *f* yan etki; **~zimmer** *n* bitişik oda

neblig *adj* sisli, puslu

Necessaire [nesɛ'sɛːr] *n* ⟨-s; -s⟩ temizlik çantası

neck|en *v/t* ⟨*h*⟩ b-ne takılmak, b-ni şakaya almak; **~isch** *adj* takılmayı seven, şakacı

Neffe *m* ⟨-n; -n⟩ (erkek) yeğen

Negation [-'t͡sio:n] *f* ⟨-; -en⟩ olumsuzlama, yadsıma

negativ [-f] *adj* olumsuz, negatif

Negativ [-f] *n* ⟨-s; -e⟩ FOTO negatif

Neger ⟨-s; -⟩ *m*, **~in** *f* ⟨-; -nen⟩ *f neg!* zenci

negieren *v/t* ⟨*o* -ge-, *h*⟩ olumsuzlamak, yadsımak

Negligee [negli'ʒeː] *n* ⟨-s; -s⟩ gecelik, sabahlık (*kadın için*)

nehmen *v/t* ⟨nimmt, nahm, genommen, *h*⟩ almak ***j-m*** (*a* ***sich***) ***etw ~*** b-nden bş-i almak; ***etw zu sich*** (*D*) **~** birşeyler yemek, F birşeyler atıştırmak; ***sich*** (*D*) ***e-n Tag frei ~*** bir gün izin almak; ***an die Hand ~*** eline almak, elinden tutmak; ***es sich*** (*D*) ***nicht ~ lassen zu*** -meyi kimseye bırakmamak; *fig* ***auf sich ~*** üstüne almak, üstlenmek

Neid *m* ⟨-s; *o pl*⟩ kıskanma, kıskançlık; ***blass*** (*od* ***gelb, grün***) ***vor ~ sein*** kıskançlıktan kudurmak

neid|en *v/t* ⟨*h*⟩: ***j-m etw ~*** b-nin bş-ini kıskanmak, çekememek; **~isch** *adj* (***auf*** *A* *-e* karşı) kıskanç; **~los 1.** *adj* kıskanmayan; **2.** *adv* kıskanmadan

Neige *f* ⟨-; -n⟩: ***zur ~ gehen*** *Vorräte* bitmek üzere olmak

neigen ⟨*h*⟩ **1.** *v/t* eğmek; **~ *zu*** MED *-e* eğilim göstermek; ***ich neige zu der Ansicht, dass …*** -diğini düşünmek eğilimindeyim; **2.** *v/r*: ***sich ~*** (***vor*** *D* *-in* önünde) eğilmek

nein *adv* hayır, F *a* yok

Nein *n* ⟨-(s); -(s)⟩: ***mit*** (***e-m***) ***~ antworten*** hayır cevabı vermek

Nektar *m* ⟨-s; -e⟩ nektar

Nektarine *f* ⟨-; -n⟩ BOT tüysüz şeftali

Nelke *f* ⟨-; -n⟩ (*a Gewürz≈*) karanfil

nennen ⟨nannte, genannt, *h*⟩ **1.** *v/t* *-e* isim vermek; (*erwähnen*) söylemek, bildirmek; ***man nennt ihn*** (***sie, es***) ona … diyorlar; **2.** *v/r*: ***sich ~*** kendisini … olarak tanıtmak

nennenswert *adj* kayda değer

Nenner *m* ⟨-s; -⟩ MATH payda; ***etw auf e-n gemeinsamen ~ bringen*** bir konuda asgarî müşterekleri (*od* ortak paydayı) bulmak

Nennwert *m* ÖKON nominal değer; ***zum ~*** nominal değer üzerinden

Neo|faschismus *m* neofaşizm; **~faschist(in *f*)** *m* neofaşist; **≈faschistisch** *adj* neofaşist(çe)

Neon *n* ⟨-s; *o pl*⟩ neon; **~licht** *n* fl(u)oresan ışığı; **~leuchte** *f* neon tüpü, fl(u)oresan lamba; **~reklame** *f* neon reklam

Nepp *m* ⟨-s; *o pl*⟩ F kazık; **≈en** *v/t* ⟨*h*⟩ F kazıklamak; **~lokal** *n* F kazıkçı lokal/restoran

Nerv [-f] *m* ⟨-s; -en⟩ sinir; ***j-m auf die ~en fallen*** (*od* ***gehen***) b-nin sinirine dokunmak; ***die ~en behalten*** (***verlieren***) sinirlerine hakim olmak (olamamak); **≈en** *v/t* ⟨*h*⟩ F sinirlendirmek

Nerven|arzt [-f] *m* nörolog, sinir hastalıkları uzmanı; **≈aufreibend** *adj* sinir yıpratıcı; **~belastung** *f* sinir gerginliği; **~bündel** *n* F sinir küpü; **~entzündung** *f* sinir iltihabı; **~gas** *n* MIL sinir gazı; **~kitzel** *m* ⟨-s; *o pl*⟩ büyük heyecan; **~klinik** *f* nöroloji kliniği; **≈krank** *adj* sinir hastası; **~krieg** *m fig* sinir harbi; **~sache** *f* F sinir meselesi; ***das ist reine ~!*** bu safi sinir meselesi!; **~säge** *f* F baş belası; **~schmerz** *m* nevralji; **≈stark** *adj* sinirleri kuvvetli, metin; **~system** *n* sinir sistemi; **~zusammenbruch** *m* sinir krizi

nervlich [-f] *adj* sinirsel

nerv|ös [-f] *adj* sinirli, asabî; **≈osität** *f* ⟨-; *o pl*⟩ sinirlilik, asabîlik; gerilim; **~tötend** *adj* F sinir bozucu

Nerz *m* ⟨-es; -e⟩ ZOOL vizon; **~mantel** *m* vizon manto

Nessel *f* ⟨-; *-n*⟩ BOT ısırgan (otu); F ***sich in die ~n setzen*** (kendi) başına dert açmak; **~fieber** *n* MED ürtiker, kurdeşen

Nest *n* ⟨-s; -er⟩ yuva; F *abw* cansız kasaba, küçük köy; **~häkchen** *n ailenin en küçük çocuğu*; **~wärme** *f fig* yuva sıcaklığı

nett *adj* kibar; *Person a* sevimli, cana yakın; *a Sache* hoş; ***das ist sehr ~ von Ihnen*** çok naziksiniz; ***so ~ sein und etw*** (*od* ***etw zu***) ***tun*** kibarlık gösterip bş yapmak

netto *adv* ÖKON net; **≈einkommen** *n* net gelir; **≈gewicht** *n* net ağırlık; **≈lohn** *m* net ücret

Netz *n* ⟨-es; -e⟩ ağ; BAHN, EL şebeke; EDV net; **~anschluss** *m* EL şebeke bağlantısı; **~ausfall** *m* EL genel elektrik kesilmesi; **~haut** *f* ANAT ağtabaka; **~kabel** *n* EL cereyan kablosu; **~karte** *f* BAHN şebeke kartı; **~schalter** *m* EL şalter; **~stecker** *m* EL cereyan fişi; **~teil** *n* EL trafo; **~werk** *n* şebeke; EDV ağ, net

neu **1.** *adj* yeni; (*frisch, erneut*) *a* taze; (*~zeitlich*) çağdaş, modern; ***das ist mir ~!*** bunu ilk defa duyuyorum!; ***von ~em*** yeniden, tekrar; ***seit ~(est)em*** (pek) kısa bir süreden beri; ***viel ≈es*** birçok yenilik/haber; ***was gibt es ≈es?*** ne var ne yok?; ***~este Mode*** (en) son moda; **2.** *adv* yeni(den); ***~ anfangen*** yeniden başlamak; ***~ eröffnen*** yeni açmak; ***~ gestalten*** yeni(den) biçim vermek

Neu|ankömmling *m* yeni gelen (kişi); **~anschaffung** *f* yeni alınan (şey); **≈artig** *adj* yeni tür(de); **~auflage** *f* BUCH yeni baskı; *fig* ikinci baskı; **~ausgabe** *f* yeni yayım/edisyon; **~bau** *m* yeni bina; **~bauwohnung** *f yeni bir binadaki daire*; **~bearbeitung** *f* yeni biçim(lendirme); THEA yeniden sahneleniş; **~bildung** *f* yeni oluşum; LING yeni kelime; **~druck** *m* tıpkıbasım; **~einstellung** *f* yeni işe alma; **~entdeckung** *f* yeni keşif

neuerdings *adv* son zamanlarda

Neuerer *m* ⟨-s; -⟩ yenilikçi

Neuerscheinung *f* yeni yayın

Neuerung *f* ⟨-; -en⟩ yenilik

neuestens *adv* son zamanlarda

Neu|fassung *f* yeni biçim/versiyon; **≈gebacken** *adj* F *fig* çiçeği burnunda; **≈geboren** *adj* yeni doğmuş; *fig* ***ich fühle mich wie ~*** kendimi yeniden doğmuş gibi hissediyorum; **~gestaltung** *f* TECH yeniden düzenleme

Neugier *f* merak; **≈ig** *adj* (***auf*** *A -e*) meraklı; ***ich bin ~, ob …*** -diğini merak ediyorum

Neu|griechisch *n* Yeni Yunanca; **~heit** *f* ⟨-; -en⟩ yenilik; **~igkeit** *f* ⟨-; -en⟩ haber, havadis; **~jahr** *n* yılbaşı; ***Prost ~!*** nice yıllara!; **~jahrstag** *m* Yılbaşı (günü); **~land** *n* yeni arazi; ***das ist ~ für mich*** ben bu işin henüz yabancısıyım; **≈lich** *adv* geçenlerde; **~ling** *m* ⟨-s; -e⟩ (***in*** *D*, ***auf e-m Gebiet*** *-de*, … alanında) yeni (kişi); **≈modisch** *adj abw* yeni moda; **~mond** *m* yeniay

neun *adj* dokuz; **~hundert** *adj* dokuz yüz; **~jährig** *adj* dokuz yıllık; dokuz yaşında; **~malklug** *adj abw* ukala (dümbeleği)

neunt *adj*: ***zu ~*** dokuzu bir arada, dokuz kişi olarak

neunte *adj* dokuzuncu

Neuntel *n* ⟨-s; -⟩ dokuzda bir

neuntens *adv* dokuzuncu olarak

neun|zehn *adj* on dokuz; **~zig** *adj* doksan; **≈ziger** *m* ⟨-s; -⟩, **≈zigerin** *f* ⟨-; -nen⟩ doksan yaşında *adj*, doksanlık *adj*; **≈zigerjahre** doksanlı yıllar, doksanlar

Neuordnung *f* yeni düzen(leme)

Neuorientierung *f* yeni yöneliş

Neural|gie *f* ⟨-; -n⟩ MED nevralji; **≈gisch** *adj* MED nevraljik; ***~er Punkt*** *fig* hassas nokta

Neu|regelung *f* yeni düzenleme; **~reiche** *m*, *f* ⟨-n; -n⟩: ***die ~n*** yeni zenginler, sonradan görmeler

Neurolo|ge *m* ⟨-n; -n⟩, **~gin** *f* ⟨-; -nen⟩ nörolog

Neurose *f* ⟨-; -n⟩ nevroz

neurotisch *adj* nevrotik

Neuschnee *m* taze kar

Neusee|land *n* Yeni Zelanda; **~länder** *m* ⟨-s; -⟩ , **~länderin** *f* ⟨-; -nen⟩ Yeni Zelandalı; **≈ländisch** *adj* Yeni Zelanda(lı) *subst*

neutral *adj* nötr; tarafsız, yansız; **~isieren** *v/t* ⟨*o* -ge-, *h*⟩ nötrleştirmek; **≈ität** *f* ⟨-; *o pl*⟩ tarafsızlık; nötrlük

Neutrum *n* ⟨-s; -tra⟩ LING yansız

Neu|verfilmung *f* yeni çevirim; **~wahl** *f* yeniden seçim; erken seçim; **≈wertig** *adj* yeni; gibi; **~zeit** *f* ⟨-; *o pl*⟩ Yeniçağ

N

neuzeitlich *adj* Yeniçağ *subst*
nicht *adv* değil; ***es gibt ~, es ist ~ vorhanden*** yok; ***ich weiß*** (***es***) ~ bilmiyorum; ~ (***ein***)***mal …*** bile değil; ~ ***mehr*** artık değil (*od* yok); ~ ***wahr?*** değil mi?; ~ ***so … wie*** kadar/gibi … değil; ~ ***besser*** (***als***) (*-den*) daha iyi değil; ***ich*** (***auch***) ~ ben (de) değil; (***bitte***) ~***!*** (lütfen) (yap)ma *veya* olmasın!
Nicht|achtung *f* saygısızlık; riayetsizlik; **~beachtung** *f* riayetsizlik
Nichte *f* ⟨-; -n⟩ (kız) yeğen
Nicht|einhaltung *f* yerine getirmeme; **~einmischung** *f* POL (*-in*) iç işlerine karışmama; **2existent** *adj* yok, namevcut
nichtig *adj* JUR geçersiz, hükümsüz
Nichtraucher|(**in** *f*) *m* sigara içmeyen *adj*; **~abteil** *n* BAHN sigara içilmeyen kompartıman; **~zone** *f* sigara içilmeyen alan
nichts *indef pron* hiçbir şey (değil); ~ ***ahnend*** hiçbir şeyden habersiz; ~ ***sagend*** önemsiz, boş; ~ (***anderes***) ***als*** *-den* başka bir şey değil; ~ ***da!*** çek elini!, sakın ha!; ***mir ~, dir ~*** durup dururken; ***so gut wie ~*** yok denecek kadar az; ***weiter ~?*** hepsi bu kadar mı?; F ***wie ~*** çabucak, kolayca
Nichts *n* ⟨-; *o pl*⟩ hiç(lik); ***aus dem ~*** hiçten/yoktan (*belirmek vs*); ***ein ~*** solda sıfır
Nichtschwimmer|(**in** *f*) *m* yüzme bilmeyen *adj*; **~becken** *n* yüzme bilmeyenler havuzu
nichtsdesto|trotz *adv* F, **~weniger** *adv* gene de, buna rağmen
Nichts|könner(**in** *f*) *m* F beceriksiz; **~tuer**(**in** *f*) *m* tembel, aylak
Nicht|zahlung *f* ÖKON ödememe; **~zutreffende** *n*: ***~s streichen*** uygun olmayanı çiziniz
Nickel *n* ⟨-s; *o pl*⟩ nikel; **~brille** *f* nikel çerçeveli gözlük
nicken *v/i* ⟨*h*⟩ (evet diye) başını sallamak
nie *adv* asla, hiçbir zaman; ~ ***und nimmer*** katiyen, asla; ~ ***wieder*** bir daha asla; ***fast ~*** hemen hemen hiç; ***noch ~*** daha hiç
nieder **1.** *adj* alçak, aşağı; **2.** *adv*: ~ ***mit*** kahrolsun …; **~brennen** ⟨*unreg*, -ge-, *h*⟩ **1.** *v/t* yakıp kül etmek; **2.** *v/i* yanıp kül olmak; *Kerze* yanıp bitmek; **~brüllen** *v/t* ⟨-ge-, *h*⟩: ***j-n ~*** yuhalayıp susturmak; **~drücken** *v/t* ⟨-ge-, *h*⟩ aşağıya doğru bastırmak; *fig* (*-in*) keyfini/moralini bozmak
Nieder|frequenz *f* EL düşük/alçak frekans; **~gang** *m* ⟨-s; *o pl*⟩ çöküş, yıkılış; **2geschlagen** *adj* yılgın, cesareti kırık; **~lage** *f* ⟨-; -n⟩ yenilgi, mağlubiyet; ***e-e ~ erleiden*** yenilgiye uğramak
Niederlande *pl* Hollanda *sg*
Niederländ|er *m* ⟨-s; -⟩, **~erin** *f* ⟨-; -nen⟩ Hollandalı; **2isch** *adj* Hollanda *subst*; **~isch** *n* Hollandaca
niederlass|en *v/r* ⟨*unreg*, -ge-, *h*⟩: ***sich ~*** *-e* yerleşmek; ÖKON şube açmak (***als*** olarak); **2ung** *f* ⟨-; -en⟩ müessese, kurum; (*Filiale*) şube
nieder|legen ⟨-ge-, *h*⟩ **1.** *v/t* (*a Waffen, Amt*) bırakmak; ***etw schriftlich ~*** yazıya geçirmek; **2.** *v/r*: ***sich ~*** *-e* uzanmak, *-e* yatmak; **~machen** *v/t* ⟨-ge-, *h*⟩ kırmak, katletmek; yerden yere vurmak; **~reißen** *v/t* ⟨*unreg*, -ge-, *h*⟩ yıkmak; yerle bir etmek
Niederschlag *m* METEO yağış; *radioaktiv* serpinti
niederschlagen **1.** *v/t* ⟨*unreg*, -ge-, *h*⟩ yere sermek; *Aufstand* bastırmak; JUR *Verfahren* durdurmak, bozmak; **2.** *v/r*: ***sich ~*** yağmak; *fig* (***in*** *D -e*) yansımak
niederschlags|arm *adj* az yağışlı; **~reich** *adj* bol yağışlı
niederschmettern *v/t* ⟨-ge-, *h*⟩: ***j-n ~*** b-nin moralini bozmak
Niederschrift *f* ⟨-; -en⟩ kayıt, yazılı biçim
niederstrecken *v/t* ⟨-ge-, *h*⟩ yere sermek
Niedertracht *f* ⟨-; *o pl*⟩ alçaklık, aşağılık
niederwerfen *v/r* ⟨*unreg*, -ge-, *h*⟩: ***sich vor j-m ~*** b-nin önünde yere kapanmak
niedlich *adj* şirin
niedrig **1.** *adj* (*a fig*) alçak; *Strafe* hafif; **2.** *adv*: ~ ***fliegen*** alçaktan uçmak; ~ ***halten*** düşük tutmak
niemals *adv* asla, hiçbir zaman
niemand *indef pron* hiç kimse; ~ ***anders*** (***als*** *-in*) ta kendisi; ~ ***von ihnen*** onlardan hiçbiri
Niemand *m* ⟨-s; *o pl*⟩ *abw* solda sıfır; **~sland** *n* ⟨-s; *o pl*⟩ insansız bölge
Niere *f* ⟨-; -n⟩ ANAT, GASTR böbrek
Nieren|beckenentzündung *f* piyelit;

N

~spender(in *f*) *m* böbrek bağışlayan (kişi); **~stein** *m* MED böbrek taşı
nieseln *v/i* ⟨*h*⟩ çiselemek
Nieselregen *m* çisenti
niesen *v/i* ⟨*h*⟩ hapşırmak, aksırmak
Niete[1] *f* ⟨-; -n⟩ TECH perçin
Niete[2] *f* ⟨-; -n⟩ *Los* boş; ***e-e ~ ziehen*** boş çekmek; F *Person* beceriksiz
Nihil|ismus *m* ⟨-; *o pl*⟩ nihilizm; **~ist** *m* ⟨-en; -en⟩ , **~istin** *f* ⟨-; -nen⟩ nihilist
Nikolaustag *m* Aziz Nikolaus günü (*6 aralık*)
Nikotin *n* ⟨-s; *o pl*⟩ CHEM nikotin; **²arm** *adj* nikotini az; **²frei** *adj* nikotinsiz
Nilpferd *n* hipopotam, suaygırı
Nimmerwiedersehen *n*: ***auf ~*** gidiş o gidiş
Nippel *m* ⟨-s; -⟩ TECH nipel
nippen *v/i* ⟨*h*⟩ (***an*** *D -den*) bir yudum almak; F bir fırt çekmek
nirgends *adv* hiçbir yerde
nirgendwo *adv* hiçbir yerde
nirgendwohin *adv* hiçbir yere
Nische *f* ⟨-; -n⟩ duvar oyuğu, niş, girinti, oyma(lık)
nisten *v/i* ⟨*h*⟩ yuva yapmak
Nitrat *n* ⟨-s; -e⟩ CHEM nitrat
Nitroglyzerin *n* CHEM nitrogliserin
Niveau [ni'vo:] *n* ⟨-s; -s⟩ düzey, seviye; *fig a* standart; ***~ haben*** (belli bir) seviyesi olmak/var; ***das ist unter meinem ~*** bu benim seviyemin altında; **²los** *adj* seviyesiz, düzeysiz
NO *Abk für* ***Nordosten*** *m* kuzeydoğu
nobel *adj* asil, soylu; F (*großzügig*) bonkör; F (*vornehm*) kibar; **²hotel** *n* seçkin otel, birinci sınıf otel
Nobelpreis *m* Nobel Ödülü; **~träger(in** *f*) *m* Nobel Ödülü sahibi
noch **1.** *adv* daha, henüz; ***~ besser*** (***schlimmer***) daha (da) iyi (kötü); ***~ ein(er)*** bir … daha; ***~ (ein)mal*** bir (kere) daha; ***~ gestern*** daha dün; ***immer ~*** hâlâ; ***~ nicht(s)*** daha değil (hiçbir şey); ***~ nie*** daha hiç (değil); ***~ zwei Stunden*** iki saat daha; ***er hat nur ~ 10 Mark*** (***Minuten***) onun artık sadece 10 markı (dakikası) var/kaldı; ***(sonst) ~ etwas?*** (daha) başka?; ***sonst ~ Fragen?*** başka soru var mı?; ***ich möchte ~ etwas*** (***Tee***) biraz daha (çay) istiyorum; **2.** *konj* ***weder … ~ …*** ne … ne (de) …
noch|malig *adj* bir dahaki, tekrar edilen; **~mals** *adv* bir (kere) daha
Nomad|e *m* ⟨-n; -n⟩, **~in** *f* ⟨-; -nen⟩ göçebe
Nominal|einkommen *n* nominal gelir; **~wert** *m* nominal değer
Nominativ [-f] *m* ⟨-s; -e⟩ GR yalın hal
nominell *adj* itibarî, nominal
nominieren *v/t* ⟨*o* -ge-, *h*⟩ aday göstermek
Nonne *f* ⟨-; -n⟩ rahibe
Nonnenkloster *n* rahibe manastırı
Nonsens *m* ⟨-(es)⟩ anlamsız *adj*; saçma(lık)
nonstop [nɔn'stɔp] *adv* aralıksız, nonstop; **²flug** *m* nonstop uçuş
Nordamerika *n* ⟨-s; *o pl*⟩ Kuzey Amerika
norddeutsch *adj* Kuzey Almanya(lı) *subst*; **²e** *m*, *f* ⟨-n; -n⟩ Kuzey Almanyalı; **²land** *n* Kuzey Almanya
Norden *m* ⟨-s; *o pl*⟩ kuzey; *nördlicher Landesteil -in* kuzeyi; ***nach ~*** kuzeye (doğru)
Nordeuropa *n* Kuzey Avrupa
Nordeuropä|er (**in** *f*) *m* Kuzey Avrupalı; **²isch** *adj* Kuzey Avrupa(lı) *subst*
nördlich **1.** *adj* kuzey(deki); **2.** *adv*: ***~ von*** *-in* kuzeyinde
Nord|licht *n* kuzey ışıkları *pl*; F Kuzey Almanyalı; **²östlich** **1.** *adj* kuzeydoğu(daki); **2.** *adv*: ***~ von*** *-in* kuzeydoğusunda; **~osten** *m* kuzeydoğu; **~pol** *m* ⟨-s; *o pl*⟩ Kuzey Kutbu; **~see** *f* Kuzey Denizi; **²wärts** *adv* kuzey yönünde; **~west(en)** *m* kuzeybatı; **²westlich** **1.** *adj* kuzeybatı(daki); **2.** *adv*: ***~ von*** *-in* kuzeybatısında
Nörg|elei *f* ⟨-; -en⟩ dırdır, mızmızlanma; **²eln** *v/i* ⟨*h*⟩ (***an*** *D -e*) dırdır etmek, mızmızlanmak; **~ler** *m* ⟨-s; -⟩, **~lerin** *f* ⟨-; -nen⟩ mızmız, dırdırcı
Norm *f* ⟨-; -en⟩ standart, norm
normal *adj* normal; F ***nicht ganz ~*** kafaca pek normal değil
Normal *n* ⟨-s; *o pl*⟩ AUTO F normal (benzin); **~benzin** *n* normal benzin; **²erweise** *adv* normal olarak; **~fall** *m* normal durum; ***im ~*** normal olarak, normalde; **²isieren** *v/r*: ***sich ~*** ⟨*o* -ge-, *h*⟩ normale dönmek; **~verbraucher** *m* normal tüketici; *fig a* ***Otto ~*** sokaktaki adam; **~zustand** *m* normal durum
norm|en, **~ieren** *v/t* ⟨*o* -ge-, *h*⟩ standartlaştırmak, standardize etmek
Norweg|en *n* Norveç; **~er** *m* ⟨-s; -⟩, **~er-**

N

in *f* ⟨-; -nen⟩ Norveçli; **ᘔisch** *adj* Norveç(li); **~isch** *n* Norveççe
Nostalgie *f* ⟨-; *o pl*⟩ nostalji
nostalgisch *adj* nostaljik
Not *f* ⟨-; ⸚e⟩ darlık, zaruret; (*Mangel a*) kıtlık; (*Elend, Leid*) sefalet; (*~fall*) acil durum; ***in ~ sein*** *-in* başı dertte/belada olmak; ***zur ~*** gerekirse, ihtiyaç halinde; ***~ leidend*** sıkıntı çeken, yoksul
Notar *m* ⟨-s; -e⟩ noter; **~iat** *n* ⟨-s; -e⟩ noterlik; **ᘔiell** *adv* noterden, noterce; **~in** *f* ⟨-; -nen⟩ noter (kadın)
Not|arzt *m*, **~ärztin** *f* acil hekim; **~arztwagen** *m* cankurtaran arabası, ambülans; **~aufnahme** *f* MED *im Krankenhaus* acil (servisi); **~ausgang** *m* imdat/tehlike çıkışı; **~behelf** *m* geçici tedbir; **~bremse** *f* imdat freni; **~dienst** *m*: ***~ haben*** nöbetçi olmak; ***Apotheke mit ~*** nöbetçi eczane
notdürftig **1.** *adj* (*spärlich*) pek az, yetersiz, kıt; (*provisorisch*) geçici, eğreti, derme çatma; **2.** *adv*: ***~ reparieren*** idareten tamir etmek
Notebook ['noʊtbʊk] *n* ⟨-s;-s⟩ EDV notebook
Note *f* ⟨-; -n⟩ MUS, POL nota; (*Bank*ᘔ) banknot; (*Schul*ᘔ) not
Notenbank *f* emisyon bankası; merkez bankası
Notfall *m* acil durum; ***für den ~*** acil durumlar için
notfalls *adv* gerekirse
notgedrungen ister istemez; zorla
notier|en ⟨*o* -ge-, *h*⟩ **1.** *v/t* not etmek; **2.** *v/i* ÖKON (***mit*** *-le*) kote etmek; *-den* işlem görmek; **ᘔung** *f* ⟨-; -en⟩ ÖKON kota(syon)
nötig *adj* gerekli; ***~ haben*** *-e* lazım/gerekli olmak
nötigen *v/t* ⟨*h*⟩ zorlamak
Nötigung *f* ⟨-; *o pl*⟩ JUR zorlama
Notiz *f* ⟨-; -en⟩ not; ***sich*** (*D*) ***~en machen*** *not almak*; ***keine ~ nehmen von*** *-i* dikkate almamak, *-e* aldırmamak; **~block** *m* ⟨-s; -s⟩ bloknot; **~buch** *n* not defteri
Not|lage *f* sıkıntılı/zor durum; (*plötzlicher Notfall*) acil durum; **~lager** *n* barınak; **ᘔlanden** *v/i* ⟨*untr*, -ge-, *sn*⟩ LUFTF zorunlu iniş yapmak; **~landung** *f* LUFTF zorunlu iniş; **~lösung** *f* geçici çözüm; **~lüge** *f* zorunlu yalan; **~maßnahme** *f* acil tedbir/önlem
notorisch *adj* uslanmaz, mahut, azılı
Notruf *m* TEL imdat telefonu; **~nummer** *f* imdat numarası; **~säule** *f* imdat telefonu; **~signal** *n* imdat/tehlike işareti
Not|sitz *m* yedek koltuk; **~stand** *m* POL olağanüstü durum/hal; ***den nationalen ~ ausrufen*** ülke çapında olağanüstü hal ilan etmek; **~standsgebiet** *n* olağanüstü hal bölgesi; *bei Katastrophen* afet bölgesi; **~stromaggregat** *n* jeneratör; **~verband** *m* MED ilkyardım sargısı; ***j-m e-n ~ anlegen*** b-nin bş-ini sar(gıla)mak; **~wehr** *f* ⟨-; *o pl*⟩ meşru müdafaa; ***aus*** (*od* ***in***) ***~*** meşru müdafaa halinde
notwendig *adj* zorunlu, mecburî; **ᘔkeit** *f* ⟨-; -en⟩ zorunluluk, mecburiyet
Nougat ['nu:gat] *m*, *n* ⟨-s; -s⟩ nuga
Novelle [-v-] *f* ⟨-; -n⟩ (uzun) hikâye; POL kanun değişikliği
November [-v-] *m* ⟨-s; -⟩ kasım (ayı); ***im ~*** kasımda, kasım ayında
Novize [-v-] *m* ⟨-n; -n⟩ rahip adayı
Nr. *Abk für* ***Nummer*** *f* numara (*no.*)
Nu *m*: ***im ~*** bir anda, çabucak
Nuance ['nyã:sə] *f* ⟨-; -n⟩ nüans, ince fark
nüchtern *adj* ayık; (*sachlich*) soğukkanlı, gerçekçi; ***wieder ~ werden*** ayılmak; ***auf ~en Magen*** aç karına
Nudel *f* ⟨-; -n⟩ makarna, erişte
nuklear [nukle'a:ɐ] *adj* nükleer; **ᘔmedizin** *f* ⟨-; *o pl*⟩ nükleer tıp; **ᘔwaffe** *f* nükleer silah
null *adj* sıfır; ***~ Fehler*** hatasız, sıfır yanlış; ***~ Grad*** sıfır derece; ***gleich ~ sein*** *Chancen usw* neredeyse sıfır olmak; F ***er hat ~ Ahnung*** (***davon***) bu konuda bilgisi sıfır; **~achtfünfzehn** *adj* F harcıâlem
Null|diät *f* sıfır kalori perhizi; **~lösung** *f* atom silahlarını sıfıra indirme; **~punkt** *m* EL, TECH: ***auf dem ~*** sıfır noktasında; **~runde** *f ücret artışı getirmeyen toplu sözleşme*; **~tarif** *m*: ***zum ~*** ücretsiz; **~wachstum** *n* ÖKON sıfır büyüme
Nummer *f* ⟨-; -n⟩ numara; *Zeitung* sayı; *Größe* numara, boy; F ***auf ~ Sicher gehen*** işi sağlama bağlamak
Nummern|konto *n* numara hesabı, şifreli hesap; **~schild** *n* AUTO plaka
nummerieren *v/t* ⟨*o* -ge-, *h*⟩ numarala(ndır)mak
nun *adv* şu anda; (*also, na*) evet şimdi, ee?; ***von ~ an*** bundan böyle; ***was ~?***

şimdi ne olacak?

nur *adv* sadece, yalnızca; (*bloß*) *a* ancak; (*nichts als*) sırf; *~ einmal* bir kerecik; *~ für Erwachsene* sadece yetişkinler (için); *~ noch* artık sadece; *~ so* (*zum Spaß*) sadece (şaka olsun diye) öyle; *er tut ~ so* o sırf/sadece öyle görünüyor; *nicht ~ ..., sondern auch ...* sade(ce) ... değil (üstelik) ...; *warte ~!* bekle hele!

nuscheln *v/i* ⟨*h*⟩ anlaşılmayacak şekilde konuşmak

Nuss *f* ⟨-; ⸗e⟩ (*Hasel*Ձ) fındık; (*Wal*Ձ) ceviz; **~baum** *m* BOT ceviz ağacı; *Möbel* ceviz; **~knacker** *m* ⟨-s; -⟩ fındıkkıran; **~schale** *f* ceviz/fındık kabuğu

Nutte *f* ⟨-; -n⟩ F fahişe, sokak kadını, V orospu

Nutzanwendung *f* ibret, ders

nutz|bar *adj*: *~ machen* faydalanılır hale getirmek; **Ձbarkeit** *f* ⟨-; *o pl*⟩ kullanılırlık, fayda; **~bringend** *adj* faydalı, verimli

nütze *adj*: *zu nichts ~ sein* hiç(bir) işe yaramamak; hiç kimseye faydası dokunmamak

Nutzeffekt *m* TECH verimlilik, randıman

Nutzen *m* ⟨-s; *o pl*⟩ yarar, fayda; (*Gewinn*) kazanç, kâr; (*Vorteil*) avantaj; *~ ziehen aus -den* yarar sağlamak

nutzen, **nützen** ⟨*h*⟩ **1.** *v/i*: *j-m ~ b-ne* yaramak; *es nützt nichts (... zu tun)* (... yapmak) bir fayda getirmez; **2.** *v/t* kullanmak; *Gelegenheit -den* yararlanmak

Nutzfläche *f* AGR tarımsal alan

Nutzlast *f* saf yük

Nutzleistung *f* faydalı/gerçek güç

nützlich *adj* yararlı, faydalı; (*vorteilhaft*) avantajlı; *sich ~ machen* yardıma koşmak

nutzlos *adj* yararsız, faydasız, boş; *es ist ~, etw zu tun* -mek fayda getirmez

Nutznießer *m* ⟨-s; -⟩, **~in** *f* ⟨-; -nen⟩ yararlanan *adj*; JUR intifa hakkı sahibi

Nutzpflanze *f* faydalı bitki

Nutzung *f* ⟨-; -en⟩ yararlanma, faydalanma; (*Verwendung*) kullanım, kullanma; **~srecht** *n* intifa hakkı

Nylon® ['naılɔn] ⟨-s; *o pl*⟩ naylon; **~strümpfe** *pl* naylon çorap *sg*

Nymphomanin [nymfo-] *f* ⟨-; -nen⟩ MED nemfoman

O

o, **O** [oː] *n* ⟨-; -⟩ o, O

o *int* *o ja!* aa tabii!

o. *Abk* → *oben*

O *Abk für* *Osten* *m* doğu

o.Ä. *Abk für* *oder Ähnlich(e, es)* ve benzer(ler)i (vb)

Oase *f* ⟨-; -n⟩ vaha; *fig* cennet

OB *Abk* → *Oberbürgermeister*

ob *konj* -ip -mediği; *als ~* sanki (... gibi), -mişçesine, güya; *so tun als ~* -miş gibi yapmak; F *(na) und ~!* hem de nasıl!; *~ er wohl geht?* gidiyor mu acaba?

Obacht *f* ⟨-; *o pl*⟩: *~ geben auf* (*A*) *-e* dikkat etmek; *(gib) ~!* dikkat (et)!

Obdach *n* ⟨-s; *o pl*⟩ barınacak yer; **Ձlos** *adj* evsiz barksız; *~ werden* evsiz (barksız) kalmak; **~lose** *m*, *f* ⟨-n; -n⟩ evsiz barksız (kişi); **~losenheim** *n* evsiz barksızlar yurdu

Obdu|ktion [-'tsi̯oːn] *f* ⟨-; -en⟩ MED otopsi; **Ձzieren** *v/t* ⟨*o* -ge-, *h*⟩ otopsi yapmak

O-Beine *pl* F yay bacak *sg*

O-beinig *adj* F yay bacaklı

oben *adv* yukarı; (*in der Höhe*) yukarıda; (*~auf*) en üstte; *an Gegenstand -in* en yukarısında; (*an der Oberfläche*) yüzeyde, üzerinde; *im Haus* yukarıda, üst katta; *da ~* şurada yukarıda; *links ~* yukarıda solda; *nach ~* yukarıya, *im Haus* üst kata; *siehe ~* yukarıya bak; *von ~* yukarıdan; *fig* tepeden inme; *von ~ bis unten* baştan aşağıya, *Person* tepeden tırnağa; *von ~ herab* *fig* tepeden bakarak; tepeden inme; *~ erwähnt* yukarıda anılan; *~ genannt* yukarıda adı geçen; F *~ ohne* üstsüz

obendrein *adv* üstelik, üstüne üstlük

Ober *m* ⟨-s; -⟩ (şef) garson

Ober|arm *m* üst kol; **~arzt** *m*, **~ärztin** *f* servis şefi tabip; **~befehlshaber** *m* MIL başkomutan; **~begriff** *m* üst kav-

ram; **~bekleidung** *f* üst giyim; **~bürgermeister(in** *f)* *m* büyükşehir belediye başkanı; **~deck** *n* MAR üst güverte
obere *adj* yukarı, üst; *fig a* yüksek, üst
Oberfläche *f* yüzey; ***an die ~ kommen*** su yüzüne çıkmak
oberflächlich **1.** *adj* yüzeysel; ***~e Bekanntschaft*** şöyle bir tanışıklık; **2.** *adv*: ***~ betrachtet*** yüzeysel olarak bakılınca; **≗keit** *f* ⟨-; -⟩ yüzeysellik, sığlık
Ober|geschoss *n*, *österr* **~geschoß** *n* (üst) kat; **~grenze** *f* üst sınır, azamî had
oberhalb *präp* (*G*) *-in* yukarısında
Ober|hand *f*: ***die ~ gewinnen*** (***über*** *A -e* karşı) üstünlük sağlamak; **~haupt** *n* başkan, lider; **~haus** *n* Lordlar Kamarası (*İngiltere*); **~hemd** *n* gömlek, frenkgömleği; **~herrschaft** *f* egemenlik
Oberin *f* ⟨-; -nen⟩ REL başrahibe
oberirdisch *adj* yeryüzünde, toprak üstünde; EL havaî
Ober|kellner *m* şef garson; **~kiefer** *m* üst çene; **~körper** *m* üst gövde, F belden yukarısı; **~landesgericht** *n* eyalet üst mahkemesi; **~leitung** *f* üst düzey yönetimi; EL hava hattı; **~lippe** *f* üst dudak; **~schenkel** *m* uyluk; **~schicht** *f der Gesellschaft* üst tabaka; **~schwester** *f* başhemşire; **~seite** *f* üst taraf
Oberst *m* ⟨-en; -e⟩ MIL albay
Ober|staatsanwalt *m* başsavcı; **~studiendirektor(in** *f)* *m* lise müdürü; **~stufe** *f* ⟨-; -⟩ lise(nin son üç sınıfı)
oberste *adj* en yukarıdaki; (*höchste*) en yüksek; *fig* en yüksek derecede, şef, ilk
Oberteil *n* üst kısım
obgleich *konj* -diği halde, *-in* -mesine rağmen
Obhut *f* ⟨-; *o pl*⟩: ***in s-e ~ nehmen*** himayesi altına almak
obig *adj* yukarıdaki, yukarıda adı geçen
Objekt *n* ⟨-s; -e⟩ (*Immobilie*) emlak; FOTO konu; GR nesne; **≗iv** [-f] *adj* nesnel; (*unparteiisch*) *a* tarafsız, objektif
Objektiv [-f] *n* ⟨-s; -e⟩ FOTO objektif
objektivieren [-v-] *v/t* ⟨*o* ge-, *h*⟩ nesneleştirmek
Objektivität [-v-] *f* ⟨-; *o pl*⟩ nesnellik; tarafsızlık
Obligation [-'tsi̯oːn] *f* ⟨-; -en⟩ ÖKON tahvil, borçlanma senedi
obligatorisch *adj* zorunlu
Oboe *f* ⟨-; -n⟩ obua
Observatorium [-v-] *n* ⟨-s; -rien⟩ rasathane
observieren [-v-] *v/t* ⟨*o* ge-, *h*⟩ *Verdächtige* gözlemek
obskur *adj* karanlık, şüpheli
Obst *n* ⟨-s; *o pl*⟩ meyva; **~baum** *m* meyva ağacı; **~garten** *m* meyva bahçesi; **~händler(in** *f)* *m* manav; **~kuchen** *m* meyvalı kek/pasta; **~plantage** *f* meyva plantasyonu; **~saft** *m* meyva suyu; **~salat** *m* meyva salatası
obszön *adj* müstehcen; **≗ität** *f* ⟨-; -en⟩ müstehcenlik; müstehcen şey
obwohl *konj* -diği halde; *-in* -mesine rağmen
Ochs|e ['ɔksə] *m* ⟨-n; -n⟩ ZOOL öküz; F *fig* budala; **~enschwanzsuppe** *f* öküz kuyruğu çorbası
ocker *adj* toprak rengi
Ocker *m* ⟨-s; -⟩ toprak boyası
od. *Abk für* ***oder*** veya
öde *adj* ıssız, çorak; *fig* (*langweilig, eintönig*) sıkıcı, monoton
Ödem *n* ⟨-s; -e⟩ MED ödem
oder *konj* veya; ***~ so*** ya da şöyle; ***~ vielmehr*** daha doğrusu; ***sie kommt doch, ~?*** o geliyor, öyle değil mi?; ***du kennst ihn ja nicht, ~ doch?*** sen onu tanımıyorsun ki, yoksa tanıyor musun?; ***entweder … ~*** ya … ya (da); ***~ aber*** ya da
Ofen *m* ⟨-s; ⸚⟩ soba; (*Back*≗) fırın; TECH ocak; F ***jetzt ist der ~ aus!*** olan oldu!; F ***heißer ~*** canavar gibi (*oto vs*); **~heizung** *f* soba(lı ısıtma); **~rohr** *n* soba borusu
offen **1.** *adj* açık; (*ehrlich*) açıkyürekli; ***~e Rechnung*** açık hesap; ***~e Stelle*** münhal iş/kadro; ***~er Wein*** açık (satılan) şarap; ***die ~e See*** açık deniz; ***zu j-m ~ sein*** b-le açık konuşmak; **2.** *adv*: ***~ bleiben*** açık/ortada kalmak; ***~ gesagt*** açıkçası; ***~ halten*** açık tutmak; ***~ s-e Meinung sagen*** fikrini açıkça söylemek; ***~ lassen*** açık bırakmak; ***j-m ~ stehen*** *fig* b-ne açık olmak; *Rechnung* ödenmemiş olmak; ***es steht Ihnen ~ zu*** (yap)ıp (yap)mamakta serbestsiniz
offenbar *adv* (*anscheinend*) görünüşe bakılırsa; (*offensichtlich*) açıkça
offenbaren *v/t* ⟨ge-, *h*⟩ açığa vurmak; vahyetmek
Offenbarung *f* ⟨-; -en⟩ vahiy; **~seid** *m* JUR yeminli varlık beyanı
Offenheit *f* ⟨-; *o pl*⟩ açıklık, içtenlik

offenherzig *adj* açıkyürekli, dürüst; *Kleid scherzh* açık yakalı, dekolte
offenkundig *adj* apaçık, aşikâr
offensichtlich *adv* apaçık, açıkça
offensiv [-f] *adj* saldırgan
Offensive [-və] *f* ⟨-; -n⟩ saldırı, hücum; ***die ~ ergreifen*** saldırıya geçmek
öffentlich 1. *adj* kamusal; ***~e Mittel*** kamu imkanları/bütçesi; ***~e Verkehrsmittel*** *pl* kamu ulaşım araçları; ***~er Dienst*** kamu hizmeti; **2.** *adv*: ***~ auftreten*** alenen ortaya çıkmak; **ℒkeit** *f* ⟨-; *o pl*⟩ kamu(oyu); ***an die ~ bringen*** kamuoyuna duyurmak; ***in aller ~*** alenen, herkesin gözü önünde; **~-rechtlich** *adj* kamusal (*kuruluş vs*)
Offerte *f* ⟨-; -n⟩ ÖKON teklif
offiziell *adj* resmî
Offizier *m* ⟨-s; -e⟩ MIL subay
offiziös *adj* yarı resmî
offline ['ɔflaın] *adj* EDV off-line
öffnen 1. *v/t* açmak; **2.** *v/r*: ***sich ~*** ⟨*h*⟩ açılmak
Öffner *m* ⟨-s; -⟩ açacak
Öffnung *f* ⟨-; -en⟩ aç(ıl)ma; (*Loch*) açıklık, delik; **~szeiten** *pl* açılış saatleri
Offsetdruck *m* ofset baskı
oft *adv* sık sık, çok defa
öfter *adv*: ***des Öfteren*** sık sık
oh *int* aa!
OHG *Abk für* ***Offene Handelsgesellschaft*** *f* kollektif şirket (kol. şt.)
Ohm *n* ⟨-(s); -⟩ EL ohm; ***ℒsches Gesetz*** Ohm kanunu
ohne 1. *präp* (*A*) -siz; **2.** *konj* -meden, -meksizin; ***~ mich!*** beni saymayın!, ben yokum!; ***~ ein Wort (zu sagen)*** tek kelime söylemeden
ohnehin *adv* nasıl olsa, zaten
Ohn|macht *f* ⟨-; -en⟩ baygınlık; (*Hilflosigkeit*) aciz; ***in ~ fallen*** bayılmak, kendinden geçmek; **ℒmächtig** *adj* baygın; aciz; ***~ werden*** bayılmak, kendinden geçmek
Ohr *n* ⟨-s; -en⟩ kulak; F ***j-n übers ~ hauen*** b-ni aldatmak/kandırmak; ***bis über die ~en verliebt (verschuldet)*** çok kötü âşık olmuş (borçlanmış) durumda; ***viel um die ~en haben*** işi başından aşkın olmak
Ohren|arzt *m*, **~ärztin** *f* kulak doktoru; **ℒbetäubend** *adj* kulakları sağır edici; **~schmalz** *n* MED kulak yağı; **~schmerzen** *pl* kulak ağrısı *sg*; **~zeuge** *m* kulak şahidi; **~schützer** *pl* kulaklık *sg*; **~sessel** *m* bejar koltuk
Ohr|feige *f* ⟨-; -n⟩ tokat; **ℒfeigen** *v/t* ⟨*h*⟩: ***j-n ~*** b-ni tokatlamak; **~hörer** *pl* kulaklık *sg*; **~läppchen** *n* ⟨-s; -⟩ kulak memesi; **~ring** *m* küpe; **~wurm** *m* ZOOL kulağakaçan; F *akla takılan melodi*
okkult *adj* gizli; doğaüstü
Öko|bewegung *f* ekolojik hareket; **~bilanz** *f* ekolojik bilanço; **~laden** *m* doğal ürünler mağazası
Ökolog|e *m* ⟨-n; -n⟩ çevrebilimci, ekolog; **~ie** *f* ⟨-; *o pl*⟩ çevrebilim, ekoloji; **~in** *f* ⟨-; -nen⟩ çevrebilimci, ekolog; **ℒisch** *adj* çevre(bilim)sel, ekolojik
Ökonom *m* ⟨-en; -en⟩ iktisatçı; **~ie** *f* ⟨-; -n⟩ iktisat, ekonomi; (*Sparsamkeit*) iktisat, tasarruf; **~in** *f* ⟨-; -nen⟩ iktisatçı (kadın); **ℒisch** *adj* ekonomik, iktisatlı
Ökosystem *n* ekosistem, ekolojik sistem
Okraschote *f* ⟨-; -n⟩ bamya
Oktan *n* ⟨-s; *o pl*⟩ CHEM oktan; **~zahl** *f* AUTO oktan (sayısı)
Oktave [-və] *f* ⟨-; -n⟩ MUS oktav
Oktober *m* ⟨-s; -⟩ ekim (ayı); ***im ~*** ekimde, ekim ayında
okulieren *v/t* ⟨*o* ge-, *h*⟩ AGR -*e* gözaşısı yapmak
Ökumene *f* ⟨-; *o pl*⟩ *bütün kiliselerin birliği*
ökumenisch *adj Hristiyanlık'ın birliğine ilişkin*
Öl *n* ⟨-s; -e⟩ yağ; (*Erd*ℒ) petrol; **~druck** *m* TECH yağ basıncı
Oldtimer ['o:ltaimɐ] *m* ⟨-s; -⟩ oldtimer; F *Person* eski toprak
Oleander *m* ⟨-s; -⟩ BOT zakkum
ölen *v/t* ⟨*h*⟩ yağlamak
Öl|farbe *f* yağlıboya; **~feld** *n* petrol üretim sahası; **~filter** *m*, *n* AUTO yağ filtresi; **~förderland** *n* petrol üreten ülke; **~förderung** *f* petrol üretimi; **~gemälde** *n* yağlıboya tablo; **~gewinnung** *f* (sıvı) yağ üretimi; **ℒhaltig** *adj* yağlı; **~heizung** *f* mazotlu kalorifer; **ℒig** *adj* yağlı
oliv [-f] *adj* zeytin yeşili, zeytunî
Olive [-və] *f* ⟨-; -n⟩ zeytin
Oliven|baum *m* zeytin ağacı; **~öl** *n* zeytinyağı
Öl|kanne *f* yağdanlık; **~krise** *f* petrol krizi; **~kuchen** *m* TECH yağ küspesi; **~lampe** *f* gaz(yağı) lambası; **~leitung** *f* petrol borusu; **~malerei** *f* yağlıboya

resim; **~messstab** *m* AUTO yağ ölçme çubuğu; **~ofen** *m* gaz(yağı)/mazot sobası; **~pest** *f* petrolle kirlenme; **~quelle** *f* petrol kuyusu; **~sardine** *f* (kutu) sardalya(sı); **~stand** *m* AUTO yağ durumu; **~standsanzeiger** *m* AUTO yağ göstergesi; **~tank** *m* yağ deposu; **~tanker** *m* petrol tankeri; **~teppich** *m* petrol tabakası; **~ung** *f* TECH yağlama; **~vorkommen** *n* petrol kaynakları *pl*; **~wanne** *f* AUTO karter; **~wechsel** *m* AUTO yağ değiştirme

Olymp *m* ⟨-s; *o pl*⟩ GEOGR Olympos (dağı)

Olympia... *in Zssgn* Olimpiyat …

Olympiade *f* ⟨-; -n⟩ Olimpiyat; *Spiele* Olimpiyat Oyunları *pl*

olympisch *adj* olimpik; **≈e Spiele** Olimpiyat Oyunları

Oma *f* ⟨-; -s⟩ F nine, büyükanne; *mütterlicherseits* anneanne; *väterlicherseits* babaanne

Omelett [ɔm(ə)'lɛt] *n* ⟨-s; -e *od* -s⟩, **~e** *f* ⟨-; -n⟩ omlet

Omen *n* ⟨-s; -⟩ alamet

ominös *adj* (*unheilvoll*) uğursuz; (*zweifelhaft*) şüpheli

Omnibus *m* otobüs

onanieren *v/i* ⟨*o* ge-, *h*⟩ mastürbasyon yapmak

ondulieren *v/t* ⟨*o* ge-, *h*⟩ ondüle etmek

Onkel *m* ⟨-s; -⟩ *väterlicherseits* amca; *mütterlicherseits* dayı; *angeheiratet* enişte

O

online ['ɔnlaɪn] *adv* EDV on-line

Opa *m* ⟨-s; -s⟩ F dede, büyükbaba

Openair…, Open-Air… ['oʊpn 'ɛə-] açıkhava …; ***Open-Air-Festival*** *n* ⟨-s; -s⟩ açıkhava festivali

Oper *f* ⟨-; -n⟩ MUS opera

operabel *adj* MED ameliyatı mümkün

Operation [-'tsi̯oːn] *f* ⟨-; -en⟩ MED ameliyat; MIL harekât, operasyon

Operationsbasis *f* MIL harekât üssü; **~narbe** *f* ameliyat izi; **~saal** *m* MED ameliyathane; **~schwester** *f* MED ameliyat hemşiresi; **~tisch** *m* ameliyat masası

operativ [-f] **1.** *adj* MED ***~er Eingriff*** cerrahî müdahale; **2.** *adv* MIL, ÖKON yöntemsel; ***etw ~ entfernen*** *-i* ameliyatla almak

Operette *f* ⟨-; -n⟩ operet

operieren ⟨*o* ge-, *h*⟩ **1.** *v/t* MED ***j-n ~*** (***wegen*** *-den*) ameliyat etmek; ***sich ~ lassen*** ameliyat olmak; ***am Magen operiert werden*** mide ameliyatı olmak, midesinden ameliyat olmak; **2.** *v/i* MED ameliyat yapmak; MIL harekâtta/operasyonda bulunmak; (*vorgehen*) hareket etmek, davranmak

Opern|arie *f* arya; **~führer** *m* opera kılavuzu; **~glas** *n* tiyatro dürbünü; **~haus** *n* opera (*kuruluş, bina*); **~sänger(in** *f*) *m* opera şarkıcısı

Opfer *n* ⟨-s; -⟩ kurban; ***~ bringen*** fedakârlıklar yapmak; ***zum ~ fallen*** *-in* kurbanı olmak

opfern *v/t* ⟨*h*⟩ kurban etmek; *sein Leben* vermek, feda etmek

opferbereit *adj* fedakâr; **≈schaft** *f* fedakârlık

Opferfest *n İslam* Kurban Bayramı

Opfergabe *f* kurban (sunma)

Opium *n* ⟨-s; *o pl*⟩ afyon

Opponent *m* ⟨-en; -en⟩, **~in** *f* ⟨-; -nen⟩ muhalif

opponieren *v/i* ⟨*o* ge-, *h*⟩ (***gegen*** *-e*) muhalefet etmek

Opposition [-'tsi̯oːn] *f* ⟨-; -en⟩ (***gegen*** *-e*) muhalefet; **≈ell** *adj* muhalif

Oppositions|führer *m* POL muhalefet lideri; **~partei** *f* muhalefet partisi

opportunistisch *adj* oportünist(çe)

Optativ *m* ⟨-s; -e⟩ GR dilek kipi

Optik *f* ⟨-; -en⟩ optik; dış görünüş; FOTO objektif, optik sistem; *fig* ***nur der ~ wegen*** sırf görünüşü kurtarmak için

Optiker *m* ⟨-s; -⟩, **~in** *f* ⟨-; -nen⟩ optiker, F gözlükçü

optimal *adj* en iyi, optimal

optimieren *v/t* ⟨*o* ge-, *h*⟩ optimize etmek

Optimismus *m* ⟨-; *o pl*⟩ iyimserlik

Optimist *m* ⟨-en; -en⟩, **~in** *f* ⟨-; -nen⟩ iyimser; **≈isch** *adj* iyimser

Optimum *n* ⟨-s; -ma⟩ optimum

Option [-'tsi̯oːn] *f* ⟨-; -en⟩ seçenek; ÖKON opsiyon, tercih

optisch *adj* optik

Opus *n* ⟨-; Opera⟩: MUS ***~ 8*** opus 8

Orakel *n* ⟨-s; -⟩ kehanet; kehanet yeri

oral *adj, adv* ağızdan, oral

orange [o'rãːʒ(ə), o'raŋʒ(ə)] *adj* turuncu, kavuniçi, portakal rengi

Orange [o'rãːʒə, o'raŋʒə] *f* ⟨-; -n⟩ portakal

Orangensaft *m* portakal suyu

Orang-Utan [oraŋ'u:tan] *m* ⟨-s; -s⟩ ZOOL orangutan
Oratorium *n* ⟨-s; -rien⟩ MUS oratoryo
Orchester [ɔr'kɛstɐ] *n* ⟨-s; -⟩ orkestra
Orchidee [-'de:(ə)] *f* ⟨-; -n⟩ BOT orkide
Orden *m* ⟨-s; -⟩ REL tarikat; (*Auszeichnung*) nişan, madalya
Ordensschwester *f* REL tarikat rahibesi
ordentlich **1.** *adj Person, Zimmer, Haushalt* düzenli, derli toplu, düzgün; (*richtig, sorgfältig*) doğru, özenli; (*gründlich*) esaslı; (*anständig*) terbiyeli; *Leute* namuslu; *Mitglied* olağan, tam; *Gericht* adlî; (*beachtlich*) hatırı sayılır; F (*tüchtig, kräftig*) adamakıllı, esaslı; **2.** *adv* ***s-e Sache ~ machen*** işini iyi yapmak; ***sich ~ benehmen*** (***anziehen***) terbiyeli davranmak (giyinmek)
Order *f* ⟨-; -s⟩ ÖKON sipariş (emri)
ordern *v/t* ⟨*h*⟩ sipariş etmek
Ordinalzahl *f* MATH sıra sayısı
ordinär *adj* kaba, adi
ordnen *v/t* ⟨*h*⟩ düzenlemek; (*aufreihen*) sıraya koymak; *Akten* dosyalamak; *Angelegenheiten* halletmek, çözmek
Ordner *m* ⟨-s; -⟩ *bei Veranstaltungen* güvenlik görevlisi; *für Akten,* EDV klasör
Ordnung *f* ⟨-; *o pl*⟩ düzen; (*Ordentlichkeit*) düzenlilik, intizam; (*Vorschriften*) yönetmelik; (*An***2**) düzenleme, sıralama; (*System*) sistem, düzen; (*Rang*) derece, takım; ***in ~*** peki, iyi, tamam; TECH (iyi) işler durumda; ***in ~ bringen*** *-i* düzene sokmak, yoluna koymak; *Zimmer* toplamak; (*reparieren*) tamir etmek; F ***er ist in ~*** o temizdir/sağlamdır; ***es ist in ~*** tamam, mesele yok; (***in***) ***~ halten*** düzenli tutmak; ***etw ist nicht in ~*** (***mit*** *-de*) bir terslik var
ordnungs|gemäß **1.** *adj* nizamî; **2.** *adv* usulünce; **~halber** *adv* usulen; **~liebend** *adj* düzensever
Ordnungsstrafe *f* disiplin cezası
ordnungswidrig *adj* nizama aykırı
Organ *n* ⟨-s; -e⟩ ANAT organ; (*Zeitung*) *-in* organı; ***ausführendes ~*** yürütme organı; **~bank** *f* ⟨-; -en⟩ MED organ bankası; **~empfänger(in** *f*) *m* MED organ alıcısı; **~erkrankung** *f* organik hastalık; **~handel** *m* organ ticareti
Organisation [-'tsio:n] *f* ⟨-; -en⟩ organizasyon, düzenleme; örgüt, kuruluş
Organisationstalent *n*: ***er hat*** (*od* ***ist ein***) ***~*** onda organizasyon becerisi var
Organisator *m* ⟨-s; -en⟩, **~in** *f* ⟨-; -nen⟩ organizatör, düzenleyen; **2isch** *adj* organizasyonla ilgili
organisch *adj* organik
organisieren ⟨*o* ge-, *h*⟩ **1.** *v/t* organize etmek, düzenlemek; F (*beschaffen*) bulup buluşturmak; **2.** *v/r*: ***sich ~*** örgütlenmek; *gewerkschaftlich* sendikalaşmak
Organismus *m* ⟨-; -men⟩ organizma
Organist *m* ⟨-en; -en⟩ orgçu, organist
Organ|spende *f* organ bağışı; **~spender(in** *f*) *m* MED organ bağışlayan; **~verpflanzung** *f* MED organ nakli
Orgasmus *m* ⟨-; -men⟩ orgazm
Orgel *f* ⟨-; -n⟩ MUS org
Orgie [-ĭə] *f* ⟨-; -n⟩ (sefahat) âlem(i)
Orient ['o:riɛnt] *m* ⟨-s; *o pl*⟩ Doğu, Şark; ***der Vordere ~*** Yakındoğu
Oriental|e [oriɛn-] *m* ⟨-n; -n⟩, **~in** *f* ⟨-; -nen⟩ Doğulu, Şarklı
orientalisch *adj* Doğu(lu) *subst*
orientieren [oriɛn-] *v/r* ⟨*o* ge-, *h*⟩: ***sich ~*** (***nach, an*** *D -e* göre) yönünü belirlemek; ***~*** (***über*** *A* hakkında) bilgilendirmek
Orientierung *f* ⟨-; *o pl*⟩: ***die ~ verlieren*** yönünü kaybetmek, F pusulayı şaşırmak
Orientierungs|punkt *m* nirengi noktası; **~stufe** *f yöneliş sınıfları, 5.+6. ders yılı*; **~sinn** *m* ⟨-s; *o pl*⟩ yön hissi
Original *n* ⟨-s; -e⟩ orijinal, *-in* aslı, özgün *adj*; F *Person* kendine özgü, orijinal *adj*; **~fassung** *f -in* özgün biçimi; **2getreu** *adj* aslına uygun; **~kopie** *f* FILM *usw* orijinal kopya; **~verpackung** *f* orijinal ambalaj
originell *adj* orijinal; (*witzig*) nüktedan, espritüel
Orkan *m* ⟨-s; -e⟩ kasırga; **2artig** *adj Sturm* şiddetli, sert; *Applaus* alkış tufanı *subst*
Ornament *n* ⟨-s; -e⟩ süs(leme), tezyinat
Ort[1] *m* ⟨-s; -e⟩ yer; (*~schaft*) yerleşim merkezi, belde; (*Stelle, Fleck*) nokta; (*Schauplatz*) sahne
Ort[2] *n* ⟨-s; ⸚er⟩: ***vor ~*** *olayın geçtiği yerde*
orten *v/t* ⟨*h*⟩ MAR *-in* mevkiini tayin etmek
orthodox *adj* REL Ortodoks *subst*; *fig* köktenci, ortodoks
Orthograph|ie [-'fi:] *f* ⟨-; -n⟩ imla, yazım; **2isch** *adv*: ***~ richtig*** imla kural-

larına uygun
Orthopäd|e *m* ⟨-n; -n⟩ MED ortopedist; **~ie** *f* ⟨-; *o pl*⟩ ortopedi; **~in** *f* ⟨-; -nen⟩ ortopedist (kadın); **ⓢisch** *adj* ortopedik
örtlich *adj* yerel; MED lokal; *adv* **~ begrenzen** (**auf** *A*) *-in* yerini (*-le*) kısıtlamak
Ortsangabe *f* yer belirtme
ortsansässig *adj bir yerin sakini*
Ortschaft *f* ⟨-; -en⟩ → **Ort**[1]: **geschlossene ~** meskûn yer/belde
Orts|gespräch *n* TEL şehir içi telefon görüşmesi; **~kenntnis** *f*: **~ besitzen** bir yeri bilmek; **ⓢkundig** *adj* bir yeri iyi bilen; **~name** *m* yer adı; **~schild** *n* yer adı levhası; **~sinn** *m* yön hissi; **~tarif** *m* TEL şehir içi konuşma tarifesi; **~teil** *m* mahalle; **ⓢüblich** *adj bir yer için mutat*; **~wechsel** *m* tebdili mekan; **~zeit** *f* yerel/mahallî saat
Ortung *f* ⟨-; -en⟩ MAR mevki tayini
Öse *f* ⟨-; -n⟩ kopça gözü, ilik, delik
öS *Abk für* **Österreichischer Schilling** *m* Avusturya şilini
Ostblock *m* ⟨-s; *o pl*⟩ HIST *neg!* Doğu Bloğu
ostdeutsch *adj* Doğu Alman(ya) *subst*; **ⓢe** *m*, *f* ⟨-n; -n⟩ Doğu Almanyalı
Osten *m* ⟨-s; *o pl*⟩ doğu; **der Ferne ~** Uzakdoğu; **der Mittlere ~** Ortadoğu; **der Nahe ~** Yakındoğu; **nach ~en** doğuya (doğru)
Osteoporose *f* ⟨-; -n⟩ MED osteoporoz; F kemik erimesi
Oster|ei *n* Paskalya yumurtası; **~hase** *m* Paskalya tavşanı
Ostern *n* ⟨-; -⟩ *christlich* Paskalya; *jüdisch* Hamursuz; **zu ~n** Paskalya'da; **frohe ~n!** Paskalyanız kutlu olsun!
österr. *Abk für* **österreichisch** Avusturya(lı)
Österreich *n* Avusturya; **~er** *m* ⟨-s; -⟩, **~erin** *f* ⟨-; -nen⟩ Avusturyalı; **ⓢisch** *adj* Avusturya(lı) *subst*
Osteuropa *n* Doğu Avrupa
osteuropäisch *adj* Doğu Avrupa(lı) *subst*
östlich **1.** *adj* doğu; **2.** *adv*: **~ von** *-in* doğusunda
Östrogen *n* ⟨-s; -e⟩ BIOL östrojen
Ostsee *f* Baltık Denizi
ostwärts *adv* doğuya (doğru)
Ostwind *m* gündoğusu (rüzgârı)
OSZE *f* POL *Abk für* **Organisation für Sicherheit und Zusammenarbeit in Europa** Avrupa Güvenliği ve İşbirliği Teşkilatı (AGİT)
Oszillograph *m* ⟨-en; -en⟩ osilograf
Otter[1] *m* ⟨-s; -⟩ ZOOL su samuru
Otter[2] *f* ⟨-; -n⟩ ZOOL engerek yılanı
out [aʊt] *adj* demode
outen ['aʊtən] *v/t* ⟨*h*⟩: **j-n** (**sich**) **~ als** b-nin (k-nin) … olduğunu açığa vurmak
outsourcen ['aʊtsoːɐsən] *v/t u v/i* ⟨*h*⟩ ÖKON dışarıya iş vermek
Ouvertüre [uvɛr'tyːrə] *f* ⟨-; -n⟩ MUS (**zu** …) uvertür(ü)
oval [-v-] *adj* oval, beyzi, elips biçiminde
Oval [-v-] *n* ⟨-s; -e⟩ oval/beyzi biçim
Ovation [ova'tsi̯oːn] *f* ⟨-; -en⟩ alkış (*coşkulu*)
Overheadprojektor ['oːvəhɛdpro'jɛktor] *m* tepegöz
Ovulation [ovula'tsi̯oːn] *f* ⟨-; -en⟩ BIOL ovülasyon
Oxidation *f* ⟨-; -en⟩ CHEM oksitlenme
oxidieren *v/i* ⟨*o* ge-, *h*⟩ oksitlenmek
Ozean *m* ⟨-s; -e⟩ okyanus; **ⓢisch** *adj* okyanus *subst*
Ozon *n* ⟨-s; *o pl*⟩ ozon; **~alarm** *m* ÖKOL ozon alarmı; **~loch** *n* ozon deliği; **~schicht** *f* ⟨-; *o pl*⟩ ozon tabakası

P

p, P [peː] *n* ⟨-; -⟩ p, P
p. A(dr). *Abk für* **per Adresse** eliyle (el.)
paar *indef pron*: **ein ~** birkaç, biraz
Paar *n* ⟨-s; -e⟩ çift; (*Ehe*ⓢ) evli çift; (*Liebes*ⓢ) iki sevgili; **ein ~** (**neue**) **Schuhe** bir çift (yeni) ayakkabı
paaren *v/r* ⟨*h*⟩: **sich ~** çiftleşmek
paarmal: **ein ~** birkaç kez
paarweise *adv* çifter çifter
Paarlauf *n* *Eiskunstlauf* ikili gösteri

P

Paarung *f* ⟨-; -en⟩ çiftleşme; SPORT eşleşme

Pacht *f* ⟨-; -en⟩ icar, kira; (*~zins*) icar/kira bedeli; **ᘊen** *v/t* ⟨*h*⟩ kiralamak, icar tutmak

Pächter *m* ⟨-s; -⟩, **~in** *f* ⟨-; -nen⟩ icarcı, kiracı

Pachtvertrag *m* icar mukavelesi, kira sözleşmesi

Pack[1] *m* ⟨-s; -e *od* ⸗e⟩ (*Haufen*) yığın; (*Bündel*) deste, paket

Pack[2] *n* ⟨-s; *o pl*⟩ *abw* ayaktakımı, güruh

Päckchen *n* ⟨-s; -⟩ POST küçük paket; (*Packung*) paket

Packeis *n* (sabit) buz örtüsü

packen *v/t* ⟨*h*⟩ (*a v/i*) paketlemek; *Koffer* toplamak; *Paket* sarmak, paket etmek; *fig* (*mitreißen*) etkilemek, sürüklemek; F ***es ~*** (*weggehen, aufbrechen*) (çekip) gitmek; *Prüfung* başarmak; (*ergreifen*) (***an*** *D -den*) yakalamak, tutmak

Packen *m* ⟨-s; -⟩ yığın; deste, paket

packend *adj* sürükleyici

Pack|er *m* ⟨-s; -⟩, **~erin** *f* ⟨-; -nen⟩ ambalajcı, paketlemeci; **~papier** *n* ambalaj/paket kağıdı; **~ung** *f* ⟨-; -en⟩ paket; (*Verpackung*) ambalaj(lama); MED, *Kosmetik* kompres; **~ungsbeilage** *f* prospektüs, broşür

Pädagog|e *m* ⟨-n; -n⟩, **~in** *f* ⟨-; -nen⟩ eğitimci, pedagog; **~ik** *f* ⟨-; *o pl*⟩ pedagoji; **ᘊisch** *adj* pedagojik; eğitimsel

Paddel *n* ⟨-s; -⟩ padıl; **~boot** *n* padılbot

paffen F **1.** *v/i* ⟨*h*⟩ ağzından duman savurmak (*içine çekmeden*); **2.** *v/t* ⟨*h*⟩ *Zigarette usw* içmek

Page ['pa:ʒə] *m* ⟨-n; -n⟩ *Hotel* komi

pah *int* pöh!

Paket *n* ⟨-s; -e⟩ paket, koli; **~annahme** *f* paket kabul gişesi; **~ausgabe** *f* paket teslim gişesi; **~karte** *f* koli gönderi formu; **~post** *f* paket postası; **~schalter** *m* paket gişesi; **~zustellung** *f* paket tebligatı

Pakistan *n* Pakistan; **~er** *m* ⟨-s; -⟩, **~erin** *f* ⟨-; -nen⟩ Pakistanlı; **~i** *m* ⟨-(s); -(s)⟩, **~** *f* ⟨-; -(s)⟩ Pakistanlı; **ᘊisch** *adj* Pakistan(lı) *adj*

Pakt *m* ⟨-s; -e⟩ pakt, antlaşma

Palast *m* ⟨-s; Paläste⟩ saray

Palästin|a *n* ⟨-s; *o pl*⟩ Filistin; **~enser** *m* ⟨-s; -⟩, **~enserin** *f* ⟨-; -nen⟩ Filistinli; **ᘊensisch** *adj* Filistin(li) *adj*

Palatschinke *f* ⟨-; -n⟩ GASTR krep

Palaver [-v-] *n* ⟨-s; -⟩ F (boş) laf

Palette *f* ⟨-; -n⟩ *zum Transportieren und Stapeln* palet; (*Vielfalt*) yelpaze

Palisade *f* ⟨-; -n⟩ duvar, *aus Latten* set

Palme *f* ⟨-; -n⟩ palmiye (ağacı); F ***j-n auf die ~ bringen*** b-nin tepesinin tasını attırmak

Pampelmuse *f* ⟨-; -n⟩ greyfrut

Pamphlet [pam'fle:t] *n* ⟨-s; -e⟩ *kışkırtıcı politik yazı*

pampig *adj* F (*breiig*) lapamsı; (*frech, unfreundlich*) kaba, küstah

panier|en *v/t* ⟨*o* ge-, *h*⟩ pane etmek; **ᘊmehl** *n* galeta unu

Panik *f* ⟨-; -en⟩ panik; ***in ~*** panik içinde, paniğe kapılmış; ***in ~ geraten*** (***versetzen***) paniğe kapılmak (sokmak); **~mache** *f* ⟨-; *o pl*⟩ *abw* panik yaratma

panisch *adj*: ***~e Angst haben*** (***vor*** *D -den*) dehşete kapılmış olmak

Panne *f* ⟨-; -n⟩ arıza, bozukluk; (*Reifen*ᘊ) patlak

Pannen|dienst *m*, **~hilfe** *f* AUTO arıza servisi

Panorama *n* ⟨-s; -men⟩ panorama

panschen ⟨*h*⟩ *v/t Wein usw* sulandırmak, *-e* su katmak

Panther *m* ⟨-s; -⟩ panter, leopar

Pantoffel *m* ⟨-s; -n⟩ terlik; F ***unter dem ~ stehen*** kılıbık olmak; **~held** *m* F kılıbık (koca)

Pantomime[1] *f* ⟨-; -n⟩ pantomim

Pantomime[2] *m* ⟨-n; -n⟩ pantomimci

Panzer *m* ⟨-s; -⟩ MIL tank; (*Schutzhülle*) zırh; ZOOL kabuk; **~abwehr** *f* MIL tanksavar; **~glas** *n* kurşun geçirmez cam; **~schrank** *m* zırhlı kasa

Papa *m* ⟨-s; -s⟩ baba(cığım)

Papagei *m* ⟨-s *od* -en; -en⟩ papağan

Papier *n* ⟨-s; -e⟩ kâğıt; ***~e*** *pl* kâğıtlar, belgeler; **~geld** *n* ⟨-s; *o pl*⟩ kâğıt para; **~korb** *m* kâğıt/çöp sepeti; **~krieg** *m* F bürokrasi, kırtasiyecilik; **~serviette** *f* kâğıt peçete; **~taschentuch** *n* kâğıt mendil; **~tüte** *f* kesekâğıdı

Pappbecher *m* kâğıt bardak

Pappe *f* ⟨-; -n⟩ karton, *stärker* mukavva; F ***nicht von ~*** az buz değil

Pappel *f* ⟨-; -n⟩ kavak

pappen ⟨*h*⟩ **1.** *v/i* (*kleben, haften bleiben*) yapışmak, yapışıp kalmak; **2.** *v/t* (*ankleben*) yapıştırmak

Pappenstiel *m* F: ***das ist kein ~*** bu iş

P

oyuncak değil
Papp|karton *m* karton kutu; **~maché** [papma'ʃeː] *n* ⟨-s; -s⟩ pap(ye)maşe; **~teller** *m* kâğıt tabak
Paprika *m* ⟨-s; -(s)⟩ *Gewürz* kırmızıbiber; *Schote* biber; **~schote** *f* dolmalık biber
Papst *m* ⟨-s; ⸚e⟩ Papa
päpstlich *adj* Papa(lık) *adj*
Parabel *f* ⟨-; -n⟩ MATH parabol; (*Gleichnis*) mesel
Parabolantenne *f* TV parabol anten
Parade *f* ⟨-; -n⟩ MIL *usw* tören geçişi, resmigeçit; **~beispiel** *n* (uygun) örnek
Paradies *n* ⟨-es; -e⟩ cennet; **2isch** *adj* cennet *subst*, cennet gibi
paradox *adj* çelişkili, F garip
Paraffin *n* ⟨-s; -e⟩ CHEM parafin
Paragraph [-f] *m* ⟨-en; -en⟩ JUR madde (md); (*Absatz*) paragraf
parallel *adj* (**mit, zu** *-e*) paralel, koşut
Parallele *f* ⟨-; -n⟩ (**zu** *-e*) paralel(lik), koşutluk; benzerlik
Parallelogramm *n* ⟨-s; -e⟩ MATH paralelkenar
Parameter *m* MATH *usw* parametre, değişken
paramilitärisch *adj* paramiliter
Paranoia [-'noya] *f* ⟨-; *o pl*⟩ MED paranoya
paranoid *adj* paranoyak
Paranuss *f* Brezilya cevizi
paraphieren *v/t* ⟨*o* ge-, *h*⟩ imzalamak, paraf(e) etmek
Parapsychologie *f* parapsikoloji
Parasit *m* ⟨-en; -en⟩ asalak, parazit
parat *adj* hazır, el altında
Pärchen *n* ⟨-s; -⟩ (*Liebespaar*) iki sevgili; *Tiere* hayvan çifti
pardon [par'dõː] *int* pardon!; affedersin(iz)!
Parfüm *n* ⟨-s; -e, -s⟩ parfüm; **~erie** *f* ⟨-; -n⟩ parfümeri; **2ieren** *v/r*: **sich ~** ⟨*o* ge-, *h*⟩ parfüm sürünmek
Pariser *m* ⟨-s; -⟩ Parisli; F (*Kondom*) kaput, lastik; **~in** *f* ⟨-; -nen⟩ Parisli (kadın)
Parität *f* ⟨-; *o pl*⟩ (*zahlenmäßige Gleichheit*, *Gleichstellung*) eşitlik, denge; (*Währungs2*) parite
paritätisch *adj eşit katılımlı*
Park *m* ⟨-s; -s⟩ park; **~anlage(n** *pl*) *f* park(lar), bahçe(ler); **~bank** *f* park sırası; **~deck** *n* otopark katı
parken ⟨*h*⟩ **1.** *v/i* park etmek/yapmak; ***schräg ~*** eğrilemesine park etmek; **2.** *v/t* AUTO park etmek; ***in zweiter Reihe ~*** ikinci sıraya park etmek; ***~de Autos*** park etmiş arabalar; ***2 verboten!*** park etmek yasaktır
Parkett *n* ⟨-s; -e⟩ parke; THEA birinci, ön sıralar *pl*; **~(fuß)boden** *m* parke döşeme
Park|gebühr *f* park ücreti; **~haus** *n* katlı otopark; **~kralle** *f tekerlek kilitleyici pençe*; **~lücke** *f* (boş) park yeri; **~möglichkeit** *f* park imkânı; **~platz** *m* otopark (alanı); (*Parklücke*) park yeri; **~scheibe** *f park süresi göstergesi*; **~schein** *m* (oto)park bileti; **~sünder** *m* yanlış park eden; **~uhr** *f* park saati; **~verbot** *n* park yasağı; ***hier ist ~*** burada park yasağı var; ***im ~ stehen*** yanlış park etmiş olmak; **~wächter** *m* park bekçisi; AUTO otopark bekçisi
Parlament *n* ⟨-s; -e⟩ parlamento; **~arier** [-rĭɐ] *m* ⟨-s; -⟩, **~arierin** *f* ⟨-; -nen⟩ parlamenter; **2arisch** *adj* parlamenter
Parlamentswahlen *f/pl* genel seçim(ler)
Parmesan *m* ⟨-s; *o pl*⟩ Parma peyniri
Parodie *f* ⟨-; -n⟩ (**auf** *A -in*) parodi(si); **2ren** *v/t* ⟨*o* ge-, *h*⟩ parodilemek, *-e* (alaylı) nazire yapmak
Parodontose *f* ⟨-; -n⟩ MED parodontoz
Parole *f* ⟨-; -n⟩ parola; POL slogan
Partei *f* ⟨-; -en⟩ POL parti; taraf; ***j-s ~ ergreifen*** b-nin tarafını tutmak; ***die ~ wechseln*** karşı tarafa geçmek; **~buch** parti üyelik belgesi; **~chef(in** *f*) *m* parti başkanı; **~ freund(in** *f*) *m aynı partinin üyesi*; **2isch** *adj* taraflı; **2lich** *adj* POL partizanca; **2los** *adj* POL bağımsız; **~mitglied** *n* POL parti üyesi; **~nahme** *f* ⟨-; -n⟩ (**für** *-den*) taraf çıkma; **~programm** *n* POL parti programı; **~tag** *m* POL parti kongresi/kurultayı; **2übergreifend** *adj* partilerüstü; **~vorsitzende** *m*, *f* parti başkanı; **~zugehörigkeit** *f* POL parti üyeliği
Parterre [-'tɛr(ə)] *n* ⟨-s; -s⟩ zemin/giriş katı
Partie *f* ⟨-; -n⟩ *Spiel* parti, oyun; (*Teil*) parça, bölüm; ÖKON lot, parti; ***e-e gute ~ machen*** paralı bir karı/koca bulmak
partiell [par'tsĭɛl] *adj* kısmî
Partikel[1] *f* ⟨-; -n⟩ GR kelimecik (*çekimsiz*)
Partikel[2] *n* ⟨-s; -⟩ parçacık, zerre

Partisan *m* ⟨-s, -en; -en⟩, **~in** *f* ⟨-; -nen⟩ çeteci
Partitur *f* ⟨-; -en⟩ MUS partisyon
Partizip *n* ⟨-s; -ien⟩ GR ortaç
Partner *m* ⟨-s; -⟩, **~in** *f* ⟨-; -nen⟩ ortak, partner; (*Lebens*≈) eş; **~land** *n* ortak/partner ülke; **~schaft** *f* ⟨-; -en⟩ hayat arkadaşlığı; ortaklık; **~stadt** *f* kardeş kent
Party ['paːɐti] *f* ⟨-; -s⟩ parti, eğlence, toplantı; ***auf e-e ~ gehen*** bir partiye gitmek; **~muffel** *m* F eğlence toplantılarını sevmeyen; **~raum** *m* eğlence salonu; **~service** *m* büfe servisi
Parzelle *f* ⟨-; -n⟩ parsel
parzellieren *v/t* ⟨*o* ge-, *h*⟩ parsellemek
Pascha *m* ⟨-s; -s⟩ paşa; F *abw kadından hizmet bekleyen egoist erkek*
Pass *m* ⟨-es; ≈e⟩ (*Reise*≈) pasaport; *Sport* pas; (*Gebirgs*≈) geçit, bel
passabel *adj* yeterli, orta karar
Passage [-ʒə] *f* ⟨-; -n⟩ pasaj, geçit, geçiş; denizaşırı yolculuk
Passagier [-'ʒiːɐ] *m* ⟨-s; -e⟩, **~in** *f* ⟨-; -nen⟩ yolcu
Passant *m* ⟨-en; -en⟩, *f* ⟨-; -nen⟩ yaya; **~en** *pl* yoldan geçenler
Passat(wind) *m* ⟨-s; -e⟩ Alize rüzgarı
Passbild *n* vesikalık resim/fotoğraf
passen *v/i* ⟨*h*⟩ (*D*, ***auf*** *A*, ***für, zu*** *-e*) uymak; (*zusagen, genehm sein*) (***j-m*** b-ne) uygun gelmek; *Kartenspiel* pas geçmek; ***~ zu*** (*farblich -in* rengi) *-e* uymak; ***sie ~ gut zueinander*** birbirlerine iyi uyuyorlar; ***passt es Ihnen morgen?*** sizce yarın uygun mu?; ***das passt mir gar nicht*** bu hiç de işime gelmiyor; ***das passt (nicht) zu ihr*** bu onun yapacağı iş (değil); F ***das könnte dir so ~!*** böylesi senin işine gelir!; (*aufgeben*) *Kartenspiel u fig* ***ich passe!*** benden paso!
passend *adj* uyan, uygun; F ***haben Sie es ~?*** paranız bozuk mu?; ***bei ~er Gelegenheit*** uygun bir fırsatta, sırası gelince
Passfoto *n* ⟨-s; -s⟩ vesikalık resim
passierbar *adj* geçilebilir
passieren **1.** *v/i* ⟨*o* ge-, *sn*⟩ olmak, cereyan etmek, vukubulmak; ***j-n ~ lassen*** b-nin geçmesine izin vermek; ***was ist passiert?*** ne oldu?; **2.** *v/t* ⟨*o* ge-, *h*⟩ *Grenze usw* geçmek; *durch Sieb -den* geçirmek
Passierschein *m* geçiş belgesi, pasavan
Passion [-'sĭoːn] *f* ⟨-; -en⟩ (*Leidenschaft*) tutku; *Christi* İsa'nın çileleri
passioniert *adj* ateşli, *-e* tutkuyla bağlı
passiv [-f] *adj* edilgin, pasif; ***~er Wortschatz*** pasif kelime haznesi
Passiv [-f] *n* ⟨-s; -e⟩ GR edilgen çatı
Passiva [-v-] *pl* ÖKON pasifler
Passivität [-v-] *f* ⟨-; *o pl*⟩ edilginlik, pasiflik
Passivrauchen [-f-] *n* MED *başkalarının içtiği tütünün dumanından etkilenme*
Pass|kontrolle *f* pasaport kontrolü; **~stelle** *f* pasaport şubesi
Passstraße *f* dağ geçidi
Passwort *n* EDV şifre
Paste *f* ⟨-; -n⟩ macun, TECH *a* pasta
Pastell *n* ⟨-s; -e⟩ pastel; **~farben** *pl* pastel boyası; pastel/uçuk renkler
Pastete *f* ⟨-; -n⟩ poğaça; (*Blätterteig*≈) börek
pasteurisieren [pastøri'ziːrən] *v/t* ⟨*o* ge-, *h*⟩ pastörize etmek
Pastille *f* ⟨-; -n⟩ MED pastil
Pastor *m* ⟨-s; -en⟩, **~in** *f* ⟨-; -nen⟩ papaz (*protestan*)
Pate *m* ⟨-n; -n⟩ vaftiz babası; ***~ stehen bei*** *-in* oluşmasına katkıda bulunmak
Patenkind *n* vaftiz evladı
Patenonkel *m* vaftiz babası
Patenschaft *f* ⟨-; -en⟩ himaye; ***die ~ übernehmen für*** *-i* himayesine almak
patent *adj* F iyi ve pratik; işbilir ve sempatik
Patent *n* ⟨-s; -e⟩ patent, ihtira; ***zum ~ anmelden*** *-in* patenti için başvurmak; **~amt** *n* patent dairesi
Patentante *f* vaftiz annesi
Patent|anwalt *m* patent avukatı; **≈ieren** *v/t* ⟨*o* ge-, *h*⟩ patent tahsis etmek, F patent vermek; ***etw ~ lassen*** patent tahsis ettirmek, F *-in* patentini almak; **~inhaber(in** *f*) *m* patent sahibi; **~lösung** *f* F, **~rezept** *n* F kesin çözüm/reçete
Pater *m* ⟨-s; -, Patres⟩ papaz (*katolik*)
pathetisch *adj* patetik, hamasî, tumturaklı, heybetli (*ifade*)
Patho|loge *m* ⟨-n; -n⟩ patolog; **~logie** *f* ⟨-; *o pl*⟩ patoloji; **≈logisch** *adj* patolojik
Pathos *n* ⟨-; *o pl*⟩ tumturak, heybet
Patient [pa'tsĭɛnt] *m* ⟨-en; -en⟩ hasta (kişi); müşteri (*hekimin*); **~enkartei** *f* hasta fişi; **~in** *f* ⟨-; -nen⟩ hasta (kadın)

Patin *f* ⟨-; -nen⟩ vaftiz annesi

Patina *f* ⟨-; *o pl*⟩ pas, küf

Patriarch *m* ⟨-en; -en⟩ Patrik

patriarchalisch *adj* ataerkil

Patriot *m* ⟨-en; -en⟩, **~in** *f* ⟨-; -nen⟩ yurtsever; **2isch** *adj* yurtsever(ce); **~ismus** *m* ⟨-; *o pl*⟩ yurtseverlik

Patron *m* ⟨-s; -e⟩ pir

Patrone *f* ⟨-; -n⟩ kartuş; *Gewehr* fişek

Patrouille [pa'trʊljə] *f* ⟨-; -n⟩ devriye

patrouillieren [patrʊl'ji:rən] *v/i* ⟨*o* ge-, *h*⟩ devriye gezmek

patsch *int* şap!

Patsche *f* ⟨-; -n⟩ F: ***in der ~ sitzen*** müşkül durumda olmak; ***j-m aus der ~ helfen*** b-ni müşkül bir durumdan kurtarmak

patzen *v/i* ⟨*h*⟩ F falso/hata etmek

Patzer *m* ⟨-s; -⟩ F hata

patzig *adj* F ters (*cevap vs*)

Pauke *f* ⟨-; -n⟩ davul; F *fig* ***auf die ~ hauen*** felekten bir gün çalmak; yerden yere çalmak; böbürlenmek; F *fig* ***mit ~n und Trompeten durchfallen*** büyük bir başarısızlığa uğramak

pauken *v/i u v/t* ⟨*h*⟩ F (*lernen*) ineklemek

pausbäckig *adj* tombul yanaklı

pauschal **1.** *adj* *Summe* götürü; *Urteil* toptan; **2.** *adv* (*undifferenziert*) genelleyerek, genellemeyle

Pauschal|e *f* ⟨-; -n⟩ götürü (ücret); **~gebühr** *f* maktu harç; **~reise** *f* birleşik tur/gezi; **~urlaub** *m kombine fiyatlı tatil*; **~urteil** *n* toptan yargı, genelleme

Pause *f* ⟨-; -n⟩ ara, mola; *in Rede usw* duraklama; *Schule* teneffüs; THEA perde arası; SPORT devre arası; *Kino* ara, antrakt

pausen *v/t* ⟨*h*⟩ *veraltend* kopya etmek

pausenlos **1.** *adj* aralıksız; **2.** durmadan, ara vermeden, kesintisiz

Pausenzeichen *n* *Radio* ara müziği; MUS sus işareti

pausieren *v/i* ⟨*o* ge-, *h*⟩ *-e* ara vermek

Pauspapier *n* yağlı kağıt, aydinger kağıdı

Pavian [-v-] *m* ⟨-s; -e⟩ şebek

Pavillon ['pavɪljɔŋ] *m* ⟨-s; -s⟩ pavyon; küçük köşk

Pay-TV ['pe:ti:vi:] *n ücretli televizyon kanalı*

Pazifismus *m* ⟨-; *o pl*⟩ pasifizm

Pazifist *m* ⟨-en; -en⟩, **~in** *f* ⟨-; -nen⟩ pasifist; **2isch** *adj* pasifist

PC [pe:'tse:] *m* ⟨-; -⟩ *Abk für* ***Personalcomputer*** kişisel bilgisayar

PC-Arbeitsplatz [pe'tse:-] *m bilgisayar başında yapılan görev*

Peanuts ['pi:nats] *pl scherzh* ufak tefek şeyler, teferruat, çerez *sg*

Pech[1] *n* ⟨-s; *o pl*⟩ talihsizlik, şansızlık; ***~ haben*** (***bei, mit*** *-de*) talihi yaver gitmemiş olmak

Pech[2] *n* ⟨-s; *o pl*⟩ zift

pechschwarz *adj* F kapkara

Pech|strähne *f* talihsizlik dönemi; **~vogel** *m* F *işi hep ters giden*

Pedal *n* ⟨-s; -e⟩ pedal

Pedant *m* ⟨-en; -en⟩ titiz, müşkülpesent; **~erie** *f* ⟨-; *o pl*⟩ titizlik, müşkülpesentlik; **2isch** *adj* titiz, kılı kırk yaran

Pediküre *f* ⟨-; -n⟩ (*Fußpflege*) pedikür

Pegel *m* ⟨-s; -⟩ (*Wasserstand*) su düzeyi; *Lautstärke usw* ses yüksekliği

Pegelstand *m von Wasser* su düzeyi

peilen ⟨*h*⟩ *Standort, Richtung* kerteriz etmek, *Wassertiefe* iskandil etmek; *fig* ***die Lage ~*** F manzarayı çakmak

Peilgerät *n* radyo detektörü

Pein *f* ⟨-; *o pl*⟩ eziyet, ıstırap

peinigen *v/t* ⟨*h*⟩ *-e* eziyet etmek, ıstırap vermek

peinlich *adj* nahoş, utandırıcı; *Schweigen, Situation a* sıkıntılı; ***es war mir ~*** çok utandım; ***j-n ~ berühren*** b-ni mahcup etmek; ***~ genau*** gayet dakik/titiz; **2keit** *f* ⟨-; -en⟩ *Eigenschaft* titizlik; *Äußerung, Sache* ayıp, falso, pot

Peitsche *f* ⟨-; -n⟩ kamçı, kırbaç

peitschen **1.** *v/i* ⟨*sn*⟩: ***gegen etw ~*** *Regen usw -i* kamçılamak, kırbaçlamak; *Schüsse* yağmak; **2.** *v/t* ⟨*h*⟩ kamçılamak, kırbaçlamak

Peking *n* ⟨-s; *o pl*⟩ Pekin

Pelle *f* ⟨-; -n⟩ kabuk, zar

pellen ⟨*h*⟩ **1.** *v/t* *Kartoffeln, Eier* soymak; **2.** *v/r*: ***sich ~*** *Haut* soyulmak

Pelikan *m* ⟨-s; -e⟩ pelikan (kuşu)

Pellkartoffel *f* haşlanmış patates (*kabuğuyla*)

Pelz *m* ⟨-es; -e⟩ kürk; *unbearbeitet* post, deri; **2gefüttert** *adj* kürk astarlı; **~geschäft** *n* kürkçü dükkanı; **2ig** *adj Zunge* kuru ve tatsız; **~mantel** *m* kürk manto/palto

Pendel *n* ⟨-s; -⟩ pandül, sarkaç

Pendelbus *m* mekik otobüsü

pendeln *v/i* ⟨*sn*⟩: ***zwischen X und Y ~*** X ile Y arasında gidip gelmek

Pendel|tür *f* çarpma kapı; **~verkehr** *m* mekik seferleri (*yakın iki istasyon arasında*); (*Berufsverkehr*) iş trafiği

Pendler *m* ⟨-s; -⟩, **~in** *f* ⟨-; -nen⟩ *başka bir yerdeki işine gidip gelen*

penetrant *adj Geruch* keskin; *Person* usandırıcı, sırnaşık

peng *int* bum!, güm!

penibel *adj* aşırı titiz

Penis *m* ⟨-; -se⟩ ANAT penis

Penizillin *n* ⟨-s; -e⟩ MED penisilin

pennen *v/i* ⟨*h*⟩ F (*schlafen*) uyumak; ***du hast gepennt!*** (*nicht aufgepasst*) sen uyuyorsun!; aklın neredeydi?

Penner *m* ⟨-s; -⟩, **~in** *f* ⟨-; -nen⟩ F (*Stadtstreicher*) berduş; (*langsamer Mensch*) mıymıntı

Pension [-'zi̯oːn] *f* ⟨-; -en⟩ (*Ruhegeld*) emekli maaşı (*memur*); (*Hotel*) pansiyon; ***in ~*** emekli; ***in ~ gehen*** emekliye ayrılmak

Pensionär *m* ⟨-s; -e⟩, **~in** *f* ⟨-; -nen⟩ emekli (memur)

pension|ieren [pɛnzi̯o'niːrən] *v/t* ⟨*o* ge-, *h*⟩ emekliye ayırmak; ***sich ~ lassen*** (kendi isteğiyle) emekli olmak; **~iert** *adj* emekli; **&ierung** *f* ⟨-; -en⟩ emeklilik; emekli olma; **&ierungsalter** *n* emeklilik yaşı

pensionsberechtigt *adj* emeklilik hakkı kazanmış

Pensionsgast *m* pansiyon müşterisi, pansiyoner

Pensum *n* ⟨-s; -sen⟩ ödev

Penthouse ['pɛnthaʊs] *n* ⟨-; -s⟩ çatı katı

Pep *m* ⟨-(s)⟩ kıvraklık, canlılık

Peperoni *f* ⟨-; -⟩ sivribiber

per *präp* (*pro*) … başına; (*durch, mit*) ile, yoluyla, eliyle; ***~ Fax*** faksla; ***wir sind ~ du*** senli benliyiz

perfekt *adj* tam, mükemmel, yetkin; F ***etw ~ machen*** bş-i karara bağlamak; ***sie spricht ~ Englisch*** mükemmel İngilizce konuşur

Perfekt *n* ⟨-s; -e⟩ GR *Almancada yaşantı geçmiş zamanı*

Perfektion [-'t͜si̯oːn] *f* ⟨-; *o pl*⟩ mükemmellik; **&ieren** [-t͜si̯o-] *v/t* ⟨*o* ge-, *h*⟩ mükemmelleştirmek; **~ist** *m* ⟨-en; -en⟩, **~istin** *f* ⟨-, -nen⟩ (aşırı) müşkülpesent

perforieren *v/t* ⟨*o* ge-, *h*⟩ delmek, zımbalamak

Pergament *n* ⟨-s; -e⟩ parşömen; **~papier** *n* parşömen kağıdı

Period|e *f* ⟨-; -n⟩ devir, dönem; *der Frau* aybaşı, regl; **&isch** *adj* periyodik; *Zeitschrift usw* süreli yayın

Peripherie [-f-] *f* ⟨-; -n⟩ (*Randzone*) kenar/dış mahalleler *pl*; EDV periferi; ***an der ~ von -in*** çevresinde/kenarında

Perle *f* ⟨-; -n⟩ inci; (*Glas&*) boncuk; (*Schweiß&*) damla

perlen *v/i* ⟨*h*⟩ *Sekt usw* köpürmek, pırıldamak

Perlenkette *f* inci gerdanlık

Perlmuschel *f* istiridye

Perlmutt *n* ⟨-s; *o pl*⟩ sedef

perplex *adj* F şaşkın

Perser *m* ⟨-s; -⟩, **~in** *f* ⟨-; -nen⟩ İranlı; **~teppich** *m* İran halısı

Persianer *m* ⟨-s; -⟩, **~mantel** *m* astrakan (manto)

persisch *adj* İran(lı) *subst*; Fars(ça) *subst*

Persisch *n* Farsça

Person *f* ⟨-; -en⟩ kişi, şahıs; THEA *usw a* karakter, rol; ***pro ~*** kişi başı(na); ***ein Tisch für drei ~en*** üç kişilik bir masa; ***erste** usw **~*** GR birinci *vs* (tekil/çoğul) şahıs

Personal *n* ⟨-s; *o pl*⟩ personel, kadro; ***zu wenig ~ haben*** kadrosu eksik olmak; **~abbau** *m* personel azaltma; **~abteilung** *f* personel servisi; **~akte** *f* personel dosyası; **~ausweis** *m* kimlik (kartı/cüzdanı); **~büro** *n* personel bürosu; **(in** *f*) *m* personel şefi; **~computer** *m* kişisel bilgisayar, PC

Personalien [-li̯ən] *pl* kimlik *sg*, kimlik bilgileri *pl*; ***j-s ~ aufnehmen*** b-nin kimliğini tesbit etmek

Personal|kosten *pl* personel giderleri; **~mangel** *m* personel eksikliği; **~politik** *f* personel politikası; **~pronomen** *n* GR şahıs zamiri; **~vertretung** *f* personel temsilciliği

personell: ***~e Veränderungen*** *f/pl* personel değişikliği *sg*

Personen|beschreibung *f* eşkal; **~kraftwagen** *m* binek otomobili; **~kreis** *m* çevre, sözkonusu kişiler; **~kult** *m* kişinin putlaştırılması; **~schaden** *m* yaralanma, ölüm; **~verkehr** *m* yolcu trafiği; **~wagen** *m* BAHN yolcu vagonu; AUTO binek otomobili; **~zug** *m* yolcu treni

personifizieren *v/t* ⟨*o* ge-, *h*⟩ kişileştirmek
persönlich *adj* kişisel, şahsi; **≈keit** *f* ⟨-; -en⟩ kişilik, şahsiyet
Perspektive [-v-] *f* ⟨-; -n⟩ *Malerei*, ARCH perspektif; bakış açısı; *fig* ümit
perspektivisch [-v-] *adj* perspektif; ***etw ~ sehen*** (***zeichnen***) bş-i perspektif olarak görmek (çizmek)
Peru *n* ⟨-s; *o pl*⟩ Peru; **~aner** *m* ⟨-s; -⟩, **~anerin** *f* ⟨-; -nen⟩ Perulu; **≈anisch** *adj* Peru(lu) *subst*
Perücke *f* ⟨-; -n⟩ peruk(a), takma saç
pervers [-v-] *adj* sapık; **≈ität** *f* ⟨-; -en⟩ sapıklık
Pessar *n* ⟨-s; -e⟩ MED spiral
Pessimismus *m* ⟨-; *o pl*⟩ kötümserlik, karamsarlık, pesimizm
Pessimist *m* ⟨-en; -en⟩, **~in** *f* ⟨-; -nen⟩ kötümser; **≈isch** *adj* kötümser
Pest *f* ⟨-; *o pl*⟩ MED salgın hastalık, veba
Pestizid *n* ⟨-s; -e⟩ AGR tarım ilacı
Petersilie [-lĭə] *f* ⟨-; -n⟩ maydanoz
Petroleum [pe'troːleʊm] *n* ⟨-s; *o pl*⟩ gaz(yağı)
petzen *v/i* ⟨*h*⟩ F gammazlamak
Pf. *Abk für* ***Pfennig*** fenik
Pfad *m* ⟨-s; -e⟩ patika, keçiyolu; EDV path; **~finder(in** *f*) *m* izci
Pfahl *m* ⟨-s; Pfähle⟩ ARCH kazık; **~bau** *m* *kazıklar üzerine kurulu bina*
Pfand *n* ⟨-s; ¨-er⟩ ÖKON rehin; (*Bürgschaft*) kefalet; (*Flaschen≈ usw*) depozito; ***~ zahlen*** depozito ödemek; **~brief** *m* ÖKON (rehinli/ipotekli) borç senedi
pfändbar *adj* haczi mümkün
pfänden *v/t* ⟨*h*⟩ JUR ***etw ~*** bşi haczetmek, bşe haciz koymak
Pfand|flasche *f* depozitolu şişe; **~haus** *n* rehin(ci) dükkânı; **~leiher(in** *f*) *m* rehinci; **~schein** *m* rehin makbuzu/senedi
Pfändung *f* ⟨-; -en⟩ JUR haciz
Pfanne *f* ⟨-; -n⟩ tava; F *fig* ***j-n in die ~ hauen*** b-ne dersini vermek
Pfannkuchen *m* krep
Pfarr|amt *n* papazlık (makamı/cemaati); **~er** *m* ⟨-s; -⟩ papaz; **~erin** *f* ⟨-; -nen⟩ kadın papaz (*protestan*); **~ei** *f* ⟨-; -en⟩ papazlık (makamı/cemaati); **~gemeinde** *f* cemaat; **~haus** *n* papaz evi; **~kirche** *f* bölge kilisesi
Pfau *m* ⟨-s; -e⟩ tavus(kuşu); **~enauge** *n* BIOL tavus benekli kelebek
Pfd. *Abk für* ***Pfund*** yarım kilo, libre
Pfeffer *m* ⟨-s; -⟩ karabiber; **~minz** *n* ⟨-es; -e⟩ *Bonbon* nane şekeri; ⟨-; *o pl*⟩ *Geschmack* nane; **~minze** *f* BOT nane
pfeffern *v/t* ⟨*h*⟩ *-e* karabiber ekmek
Pfefferstreuer *m* ⟨-s; -⟩ karabiberlik
Pfeife *f* ⟨-; -n⟩ düdük; ıslık; (*Tabaks≈*) pipo
pfeifen *v/i u v/t* ⟨pfiff, gepfiffen, *h*⟩ düdük çalmak; ıslık çalmak; F ***~ auf*** (*A*) *-i* iplememek
Pfeil *m* ⟨-s; -e⟩ ok
Pfeiler *m* ⟨-s; -⟩ sütun, kolon, direk; (*Brücken≈*) payanda
pfeil|förmig *adj* ok biçiminde; **≈spitze** *f* ok ucu
Pfennig *m* ⟨-s; -e⟩ fenik; *fig* kuruş, metelik; **~absatz** *m* *Damenschuh* sivri topuk
Pferch *m* ⟨-s; -e⟩ ağıl
pferchen *v/t* ⟨*h*⟩ *fig* (**in** *A -e*) tıkıştırmak
Pferd *n* ⟨-s; -e⟩ at; ***zu ~e*** at sırtında
Pferde|fuß F *fig*: ***die Sache hat e-n ~*** bu işte bir bit yeniği var; **~koppel** *f* at otlağı; **~rennbahn** *f* at yarışı parkuru; **~rennen** *n* at yarışı; **~schwanz** *m* *Frisur* atkuyruğu; **~stall** *m* at ahırı; **~stärke** *f* beygir gücü; **~zucht** *f* at yetiştiriciliği
Pfiff *m* ⟨-s; -e⟩ düdük sesi; ıslık; ***mit ~*** esprisi olan
Pfifferling *m* ⟨-s; -e⟩ horozmantarı; F ***keinen ~ wert*** beş para etmez
pfiffig *adj* *Person* açıkgöz, zeki; *Idee* akıllıca
Pfingst|en *n* ⟨-; -⟩ REL Pantekot (yortusu); **~montag** *m* *Pantekot haftasının pazartesi günü*; **~rose** *f* BOT şakayık
Pfirsich *m* ⟨-s; -e⟩ şeftali
Pflanze *f* ⟨-; -n⟩ bitki; ***~n fressend*** ZOOL ot yiyen, otobur
pflanzen *v/t* ⟨*h*⟩ dikmek
Pflanzen|fett *n* bitkisel yağ, vejetalin; **~kunde** *f* bitkibilim; **~öl** *n* bitkisel yağ; **~schutzmittel** *n* bitki koruma ilacı
pflanzlich *adj* bitkisel
Pflaster *n* ⟨-s; -⟩ MED (yapışkan) plaster; (*Straßen≈*) kaldırım; F *fig* ***ein teures ~*** pahalı bir şehir *usw*; F *fig* ***ein heißes*** (***gefährliches***) ***~*** civcivli (tehlikeli) bir şehir *vs*; **~maler** *m* kaldırım ressamı; **≈n** *v/t* ⟨*h*⟩ (yolu/caddeyi) kaplamak; **~stein** *m* kaldırım taşı
Pflaume *f* ⟨-; -n⟩ erik; (*Back≈*) erik ku-

rusu; F (*Versager*) beceriksiz
Pflaumenmus *n* erik ezmesi
Pflege *f* ⟨-; *o pl*⟩ bakım; *von Beziehungen* geliştir(il)me; ***in ~ nehmen*** *-in* bakımını üstlenmek
pflegebedürftig *adj* bakıma muhtaç
Pflege|eltern *pl* koruyucu anne-baba; **~fall** *m* bakıma muhtaç kişi; **~heim** *n* bakım yurdu; **~kind** *n koruyucu anne-babaya verilmiş çocuk*; **2leicht** *adj* bakımı kolay, dertsiz
pflegen ⟨*h*⟩ **1.** *v/t -e* bakmak; *Haut a* korumak; *fig Beziehungen* geliştirmek; *Brauch usw* sürdürmek, yaşatmak; ***sie pflegte zu sagen*** o hep … derdi; **2.** *v/r*: ***sich ~*** kendine (iyi) bakmak
Pflegepersonal *n* MED bakım personeli
Pfleger *m* ⟨-s; -⟩, **~in** *f* ⟨-; -nen⟩ MED (hasta)bakıcı; (*Tier2*) hayvan bakıcısı/bekçisi
Pflegeversicherung *f* bakım sigortası
pfleglich *adj*: ***etw ~ behandeln*** bş-e iyi bakmak
Pflicht *f* ⟨-; -en⟩ görev; **2bewusst** *adj* görevinin bilincinde, işine bağlı; **~bewusstsein** *n* görev bilinci; **~fach** *n* zorunlu ders; **~gefühl** *n* görev duygusu; **~teil** *m*, *n* JUR mahfuz hisse; **~übung** *f* SPORT zorunlu idman; ***e-e reine ~*** adet yerini bulsun diye; **~versicherung** *f* yasal/zorunlu sigorta; **~verteidiger(in** *f*) *m* JUR *mahkemece atanan savunma avukatı*
Pflock *m* ⟨-s; Pflöcke⟩ kazık
Pflug *m* ⟨-s; Pflüge⟩ *einfach* saban; *schwerer* pulluk
pflügen *v/t u v/i* ⟨*h*⟩ (tarla) sürmek
pflücken *v/t* ⟨*h*⟩ koparmak, toplamak
Pforte *f* ⟨-; -n⟩ (cümle) kapı(sı)
Pförtner *m* ⟨-s; -⟩ kapıcı
Pfosten *m* ⟨-s; -⟩ direk
Pfote *f* ⟨-; -n⟩ pençe, ön ayak
Pfropf *m* ⟨-s; -e⟩ *boruda tıkanma yaratan şey*; MED (*Blut2*) pıhtı
pfropfen *v/t* ⟨*h*⟩ AGR *Obstbäume* aşılamak (*kalem aşısıyla*)
Pfropfen *m* ⟨-s; -⟩ tıkaç; tapa; MED tampon
pfui *int* pöf!; yuh!
Pfund *n* ⟨-s; -e⟩ yarım kilo, libre; ***10 ~*** on libre; **2weise** *adv* yarım kilo halinde; F çok
Pfusch *m* ⟨-s; *o pl*⟩ F baştan savma iş, kötü iş; **2en** *v/i* ⟨*h*⟩ F üstünkörü iş yapmak; **~er** *m* ⟨-s; -⟩, **~erin** *f* ⟨-; -nen⟩ F üstünkörü iş yapan (kişi)
Pfütze *f* ⟨-; -n⟩ su birikintisi, gölcük
Phallussymbol [f-] *n* fallik sembol
Phänomen [f-] *n* ⟨-s; -e⟩ fenomen, görüngü; **2al** *adj* görüngüsel; F akıllara durgunluk verici
Phantasie [f-] *f usw* → ***Fantasie*** *usw*
Phantom [f-] *n* ⟨-s; -e⟩ hayal
Phantombild [f-] *n e-s Verbrechers* robot resim
Pharmaindustrie [f-] *f* ilaç sanayii
pharmazeutisch [f-] *adj* eczacılık *subst*
Pharmazie [f-] *f* ⟨-; *o pl*⟩ eczacılık (bilimi)
Phase [f-] *f* ⟨-; -n⟩ evre, aşama; EL faz
Philharmo|nie [f-] *f* ⟨-; -n⟩ *Gebäude* konser salonu; **~niker** *m* ⟨-s, -⟩ *meist pl* filarmoni orkestrası
Phillipinen [f-] *pl* Filipinler
Philolo|ge [f-] *m* ⟨-n; -n⟩ filolog; **~gie** *f* ⟨-; -n⟩ filoloji; **~gin** *f* ⟨-, -nen⟩ filolog (kadın); **2gisch** *adj* filolojik
Philosoph [filo'zo:f] *m* ⟨-en; -en⟩ düşünür, filozof; **~ie** *f* ⟨-; -n⟩ felsefe; **2ieren** *v/i* ⟨*o* ge-, *h*⟩ (***über*** *A* hakkında) felsefe yapmak; **2isch** *adj* felsefi
phlegmatisch [f-] *adj* ağırkanlı
pH-neutral [pe'ha:-] *adj* CHEM pH derecesi nötr
Phonet|ik [f-] *f* fonetik; **2isch** *adj* fonetik
Phosphat [fɔs'fa:t] *n* ⟨-s; -e⟩ CHEM fosfat; **2frei** *adj* CHEM fosfatsız
Phosphor ['fɔsfoːɐ] *m* ⟨-s; *o pl*⟩ CHEM fosfor; **2eszieren** *v/i* ⟨*o* ge-, *h*⟩ fosforlanmak
Photo(…) [f-] *usw* → ***Foto***(…) *usw*
Phrase [f-] *f* ⟨-; -n⟩ *abw* kalıpsöz, klişe (söz)
pH-Wert [pe'ha:-] *m* CHEM pH derecesi
Physik [f-] *f* ⟨-; *o pl*⟩ fizik; **2alisch** *adj* fiziksel, fiziki; **~er** *m* ⟨-s; -⟩, **~erin** *f* ⟨-; -nen⟩ fizikçi
Physio|gnomie [f-] *f* ⟨-; -n⟩ fizyonomi; **~logie** *f* ⟨-; *o pl*⟩ fizyoloji; **2logisch** *adj* fizyolojik; **~therapeut(in** *f*) *m* MED fizyoterapist; **~therapie** *f* fizyoterapi
physisch [f-] *adj* bedensel, bedeni
Pianist *m* ⟨-en; -en⟩, **~in** *f* ⟨-; -nen⟩ piyanist
Piano *n* ⟨-s; -s, Piani⟩ (*Klavier*) piyano
Pickel[1] *m* ⟨-s; -⟩ (*Spitzhacke*) kazma
Pickel[2] *m* ⟨-s; -⟩ MED sivilce

pickelig *adj* sivilceli
picken *v/t u v/i* ⟨*h*⟩ *Vogel* (**nach** *-i*) gagalamak
Picknick *n* ⟨-s; -s⟩ piknik; **ˇen** *v/i* ⟨*h*⟩ piknik yapmak
pieken *v/t u v/i* ⟨*h*⟩ F (*stechen*) batırmak
piekfein *adj* F çok şık/kibar
Piep *m* ⟨-es; -e⟩ cik/düt (sesi); F ***er sagte keinen ~ mehr*** (onun) gıkı çıkmaz oldu
piepen *v/i* ⟨*h*⟩ *Vogel* cik cik etmek; EL ötmek, sinyal vermek; F ***bei dir piepts wohl?*** sen aklını mı kaçırdın?
piepsen *v/i* tiz sesle konuşmak
Pier *f* ⟨-; -s⟩ MAR rıhtım; iskele
Piercing [pɪəsɪŋ] *n* ⟨-s; *o pl*⟩ delme (*küpe*)
Pietät [pĭe'tɛːt] *f* ⟨-; *o pl*⟩ saygı (*Toten, Trauernden gegenüber*)
Pigment *n* ⟨-s; -e⟩ pigment
Pik *n* ⟨-s; -s⟩ *Kartenspiel* maça
pikant *adj* baharatlı, acılı
Pike *f* ⟨-; -n⟩ F *fig*: ***etw von der ~ auf lernen*** çekirdekten yetişmek
pikiert *adj* (**über** *A* *-e*) içerlemiş
Pikkolo *m* ⟨-s; -s⟩ *Sekt* küçük şişe köpüklü şarap; **~flöte** *f* MUS pikolo flüt
Piktogramm *n* ⟨-s; -e⟩ piktogram
Pilger *m* ⟨-s; -⟩ hacı
Pilgerfahrt *f* REL hac, ziyaret
pilgern *v/i* ⟨*sn*⟩ hacca gitmek; F (*hingehen*) *-e* yollanmak
Pille *f* ⟨-; -n⟩ MED hap; *fig* ***e-e bittere ~*** acı ilaç; F ***die ~ nehmen*** doğum kontrol hapı kullanmak; F ***die ~ danach*** *cinsel birleşmeden sonra kullanılacak doğum kontrol hapı*; **~nknick** *m* F *doğum kontrol hapının yaygınlaşmasıyla nüfus artışında ani düşme*
Pilot *m* ⟨-en; -en⟩, **~in** *f* ⟨-; -nen⟩ LUFTF pilot; **~film** *m* TV deneme filmi (*dizi*); **~projekt** *n* pilot proje
Pils *n* ⟨-; -⟩, **~ener** *n* ⟨-s; -⟩ Pilsen birası
Pilz *m* ⟨-es; -e⟩ BOT, MED mantar; F *fig* ***wie ~e aus dem Boden schießen*** mantar gibi yerden bitmek; **~vergiftung** *f* mantar zehirlenmesi
PIN-Code *m* ⟨-s; -s⟩ kişisel şifre
pingelig *adj* F (aşırı) titiz, P kıl
Pinguin ['pɪŋguiːn] *m* ⟨-s; -e⟩ penguen
Pinie ['piːnĭə] *f* ⟨-; -n⟩ BOT fıstıkçamı
Pinienkern *m* çamfıstığı
pinkeln *v/i* ⟨*h*⟩ F işemek; ***~ gehen*** F çişe gitmek
Pinnwand *f* ilan tahtası
Pinsel *m* ⟨-s; -⟩ (boya) fırça(sı)
pinseln *v/t* (*a v/i*) ⟨*h*⟩ *-in* (fırçayla) resmini yapmak; *-i* (fırçayla) boyamak
Pinzette *f* ⟨-; -n⟩ cımbız
Pionier [-'niːɐ] *m* ⟨-s; -e⟩ öncü; **~arbeit** *f* ⟨-; *o pl*⟩: ***~ leisten für*** *-e* öncülük etmek
Pipeline ['paɪplaɪn] *f* ⟨-; -s⟩ boru hattı
Pipette *f* ⟨-; -n⟩ MED, CHEM pipet
Pirat *m* ⟨-en; -en⟩ korsan
Pirouette [pi'rŭɛtə] *f* ⟨-; -n⟩ piruet, çark
Pisse *f* ⟨-; *o pl*⟩ P sidik
pissen *v/i* ⟨*h*⟩ P işemek
Piste *f* ⟨-; -n⟩ LUFTF pist
Pistazie [pɪs'taːtsĭə] *f* ⟨-; -n⟩ şamfıstığı, antepfıstığı
Pistole *f* ⟨-; -n⟩ tabanca
Pizza [-t͜s-] *f* ⟨-; -s⟩ GASTR pizza, pide
Pizzeria [-t͜s-] *f* ⟨-; -s⟩ pizzacı
PKW ['peːkaːveː, peːkaː'veː] *m* ⟨-; -s⟩ *Abk für* **Personenkraftwagen** *m* binek otomobili
Pl. *Abk für* **Platz** *m* meydan
Placebo [pla't͜seːbo] *n* ⟨-s; -s⟩ MED plasebo
Plackerei *f* ⟨-; -en⟩ F didinme, eşek gibi çalışma
plädieren *v/i* ⟨*o* ge-, *h*⟩ (**auf** *A*, **für** *-in* lehinde) konuşmak, savunma yapmak
Plädoyer [plɛdoa'jeː] *n* ⟨-s; -s⟩ JUR son savunma (konuşması)
Plage *f* ⟨-; -n⟩ (*Insektenˇ usw*) istila; (*Ärgernis*) bela, musibet
plagen ⟨*h*⟩ **1.** *v/t* rahatsız etmek; (*belästigen*) *-in* başına bela olmak; *stärker -e* eziyet etmek; **2.** *v/r*: ***sich ~*** zahmet çekmek, yorulmak (**mit** *-den*)
Plagi|at *n* ⟨-s; -e⟩ çalıntı, intihal; **ˇieren** *v/i* ⟨*o* ge-, *h*⟩ çalıntı/intihal yapmak (*başkasının eserinden*)
Plakat *n* ⟨-s; -e⟩ afiş, duvar ilanı; *aus Pappe* pankart; **ˇieren** *v/i u v/t* ⟨*o* ge-, *h*⟩ afişlemek; **ˇiv** [-f] *adj* çarpıcı
Plakette *f* ⟨-; -n⟩ (*Abzeichen*) plaket
Plan *m* ⟨-s; ¨-e⟩ plan; (*Absicht*) niyet; (*Stadtˇ*) şehir planı/haritası; *fig* ***Pläne schmieden*** plan(lar) kurmak
Plane *f* ⟨-; -n⟩ branda
planen *v/t* ⟨*h*⟩ planlamak
Planer *m* ⟨-s; -⟩ planlamacı
Planet *m* ⟨-en; -en⟩ gezegen
Planetarium *n* ⟨-s; -rien⟩ *Gebäude* planetaryum
planieren *v/t* ⟨*o* ge-, *h*⟩ düzlemek
Planierraupe *f* TECH greyder

Planke *f* ⟨-; -n⟩ tahta, kereste
Plankton *n* ⟨-s; *o pl*⟩ plankton
plan|los *adj* plansız; (*ziellos*) amaçsız; **~mäßig 1.** *adj Ankunft usw* tarifeye göre; **2.** *adv* plan uyarınca; **2quadrat** *n* ⟨-s; -e⟩ *haritanın bölümlendiği karelerden her biri*
Planschbecken *n* eğlence havuzu
planschen *v/i* ⟨*h*⟩ suyla oynamak
Planstelle *f* kadro (*açık veya dolu*)
Plantage [plan'ta:ʒə] *f* ⟨-; -n⟩ plantasyon
Plan|ung *f* ⟨-; -en⟩ *Projekt* planla(n)ma; **~ungsstadium** *n*: ***im ~*** planlama safhasında; **~wirtschaft** *f* planlı ekonomi
Plappermaul *n* F boşboğaz, geveze
plappern *v/i* (*a v/i*) ⟨*h*⟩ F *Kind usw* bıcır bıcır konuşmak; *abw* düşünmeden konuşmak
plärren *v/i* ⟨*h*⟩ (*laut reden, lärmen*) patırtı etmek; (*laut weinen*) hüngürdemek
Plasma *n* ⟨-s; -men⟩ plazma
Plastik[1] *f* ⟨-; -en⟩ (*Skulptur*) heykel
Plastik[2] *n* ⟨-s; *o pl*⟩ plastik; F naylon; **~becher** *m* plastik bardak; **~folie** *f* plastik folyo; F naylon; **~geld** *n* F plastik para; **~tüte** *f* plastik torba
plastisch *adj* plastik; (*dreidimensional*) üç boyutlu; *fig* canlı; MED ***~e Chirurgie*** plastik cerrahi
Plateau [pla'to:] *n* ⟨-s; -s⟩ GEOGR plato, yayla
Platin *n* ⟨-s; *o pl*⟩ platin
platonisch *adj Liebe* platonik
platsch *int* şap!; cump!
platschen *v/i* F: ***~ gegen*** *Regen usw* çarpmak; ***~ auf*** (*A*) *-e* şaklamak; ***ins Wasser ~*** suya cump diye düşmek
plätschern *v/i* ⟨*h*⟩ *Wasser* şıpırdamak; *im Wasser* suyla oynamak
platt *adj* (*flach*) yassı; (*eben*) düz; *fig* basmakalıp, bayat; F *fig* şaşkın, afallamış; ***~ drücken*** yassıltmak, bastırıp düzeltmek; F ***ich habe e-n 2en*** lastiğim patladı (*od* inmiş)
Platt *n* ⟨-s; *o pl*⟩, **~deutsch(e)** *n Kuzey Almanya diyalekti/dili*
Platte *f* ⟨-; -n⟩ levha; (*Stein*) döşeme/kaldırım taşı; (*Paneel*) pano; (*Schall2*) plak; (*Teller*) tabak; F (*Glatze*) kabak kafa; ***kalte ~*** soğuk meze tabağı
Platten|laufwerk *n* EDV sabit disk; **~spieler** *m* pikap (*plak çalan*); **~teller** *m* tabla (*pikapta*)
Platt|form *f* platform; *fig* tartışma ortamı; **~fuß** *m* MED düztaban (ayak); F AUTO patlak lastik
Plattitüde *f* ⟨-; -n⟩ (*abgedroschene Redewendung*) klişe, beylik laf
Platz *m* ⟨-es; ⸗e⟩ (*Ort, Stelle*) yer; (*Lage*) durum, konum, mevki; (*Bau2*) inşaat alanı; *öffentlicher* meydan, alan; (*Sitz2*) koltuk, (oturacak) yer; SPORT ***auf ~ drei*** üçüncü (derecede); ***ist dieser ~ noch frei?*** burası boş mu?; ***~ machen für*** *-e* yer açmak; (*vorbeilassen*) *-e* yol vermek; ***~ nehmen*** *-e* oturmak; ***~ raubend*** fazla yer tutan; ***~ sparen*** yerden kazanmak; ***~ sparend*** az yer tutan
Platz|angst *f* PSYCH F (*Klaustrophobie*) klostrofobi; **~anweiser(in** *f*) *m* teşrifatçı, yer gösterici
Plätzchen *n* ⟨-s; -⟩ yer (küçük, rahat), köşe; (*Gebäck*) kurabiye
platzen *v/i* ⟨*sn*⟩ patlamak; *fig* (**vor** *-den*) patlamak; (*reißen*) çatlamak, yarılmak; *fig Plan* suya düşmek; ÖKON *Wechsel* karşılıksız çıkmak; F ***vor Neugier ~*** meraktan çatlamak; F *fig* ***ins Zimmer ~*** odaya dalmak
platzieren ⟨*o* ge-, *h*⟩ **1.** *v/t* (*hinstellen*) yerleştirmek; *Inserat* (*anbringen, einpassen*) koymak; **2.** *v/r*: ***sich als Dritter ~*** derecelemede üçüncü olmak
Platz|karte *f* BAHN yer kuponu; **~mangel** *m* yersizlik, yer darlığı; **~patrone** *f* kurusıkı fişek; **~regen** *m* sağanak; **~verweis** *m* SPORT ***e-n ~ erhalten*** sahadan çıkarılma cezası almak; **~wunde** *f* MED açık yara, yırtık
Plauderei *f* ⟨-; -en⟩ sohbet, çene çalma
plaudern *v/i* ⟨*h*⟩ (**mit** *-le*) sohbet etmek, çene çalmak
Play-back ['pleıbæk] *n* ⟨-; -s⟩ TV play-back; ***~ singen*** play-back okumak/söylemek; ***~ spielen*** play-back çalmak
Playboy ['pleıbɔı] *m* ⟨-s; -s⟩ hovarda
pleite *adj* F parasız, meteliksiz; ***~ sein*** meteliksiz olmak; ***völlig ~ sein*** beş parasız olmak
Pleite *f* ⟨-; -n⟩ F ÖKON iflas; *fig* fiyasko; ***~ gehen*** sıfırı tüketmek; ***~ machen*** iflas etmek, top atmak
Plenum *n* ⟨-s; Plenen⟩ genel meclis toplantısı
Pleuelstange *f* TECH biyel (kolu)

P

Plissee *n* ⟨-s; -s⟩ plise; **~rock** *m* plise etek
Plomb|e *f* ⟨-; -n⟩ kurşun mühür; (*Zahn*♀) (amalgam) dolgu; **♀ieren** *v/t* ⟨*o* ge-, *h*⟩ kurşunla mühürlemek; *-e* dolgu yapmak
plötzlich **1.** *adj* ani; **2.** *adv* aniden, ansızın, birdenbire
plump *adj* (*unbeholfen*) hantal, sakar; **♀heit** *f* ⟨-; *o pl*⟩ *körperliche* hantallık, sakarlık; *fig* (*plumpe Bemerkung usw*) çam devirme
plumps *int* cump!; **~en** *v/i* ⟨*sn*⟩ F cump diye düşmek; **♀klo** *n* F hela (*çok basit*)
Plunder *m* ⟨-s; *o pl*⟩ F pılı pırtı, çerçöp
Plünderer ⟨-s; -⟩ yağmacı, talancı
plünder|n *v/i u v/t* ⟨*h*⟩ yağma etmek; F *Konto*, *Kühlschrank* boşaltmak, *-de* bir şey bırakmamak; **♀ung** *f* ⟨-; -en⟩ yağma, talan
Plural *m* ⟨-s; -e⟩ GR çoğul; ***im ~*** *-in* çoğulu
Pluralismus *m* ⟨-; *o pl*⟩ POL çoğulculuk
pluralistisch *adj* POL çoğulcu
plus **1.** *präp* MATH artı; ***~ minus e-e Stunde*** aşağı yukarı bir saat; ***~ minus null abschneiden*** *-in* kârı ve zararı eşit olmak; **2.** *adv*: ***10 Grad ~*** artı on derece
Plus *n* ⟨-; -⟩ kazanç, kâr; ***im ~ sein*** kârda olmak; ***~ machen*** kâr yapmak; **~betrag** *m* fazla miktar, kazanç
Plüsch *m* ⟨-s; -e⟩ pelüş
Plüschtier *n* pelüş hayvan (*oyuncak*)
Pluspol *m* EL artı kutup, faz
Pluspunkt *m fig* (*Vorteil*, *Vorzug*) avantaj; *in Punktesystem* artı puan
Plusquamperfekt *n* ⟨-s; -e⟩ GR *Almancada önceleme geçmiş zamanı*
Plutonium *n* ⟨-s; *o pl*⟩ NUKL plütonyum
PLZ *Abk für* ***Postleitzahl*** *f* posta kodu
Po *m* ⟨-s; -s⟩ F popo, kıç
Pöbel *m* ⟨-s; *o pl*⟩ *abw* avam, ayaktakımı; **~haft** *adj abw* avam (gibi)
pochen *v/i* ⟨*h*⟩ (*klopfen*) (***an*** *A*, ***gegen*** *-e*) vurmak; *Herz* çarpmak, küt küt atmak; zonklamak; ***~ auf sein Recht*** hakkını almak için dayatmak
pochieren [pɔˈʃiːrən] *v/t* ⟨*o* ge-, *h*⟩ *Ei* kaynar suda pişirmek
Pocken *pl* MED çiçek *sg*; **~impfung** *f* MED çiçek aşısı; **~narbe** *f* çiçek bozuğu
Podest *n* ⟨-s; -e⟩ podyum, platform
Podium *n* ⟨-s; -dien⟩ seki, sahanlık
Podiumsdiskussion *f* panel (*tartışma*)
Poesie [poeˈziː] *f* ⟨-; *o pl*⟩ şiir (sanatı)
Poet [poˈeːt] *m* ⟨-en; -en⟩, **~in** *f* ⟨-; -nen⟩ şair; **♀isch** *adj* şairane
Pogrom *n* ⟨-s; -e⟩ katliam, soykırım
Pointe [ˈpoɛ̃ːtə] *f* ⟨-; -n⟩ *Geschichte* ana fikir, can alıcı nokta; (*Witz*) espri, nükte
pointiert [poɛ̃ˈtiːrt] *adj* iyi ve etkileyici (*ifade*)
Pokal *m* ⟨-s; -e⟩ SPORT kupa; **~endspiel** *n* kupa finali; **~sieger** *m* kupa galibi; **~spiel** *n* kupa maçı
Pökelfleisch *n* tuzlanmış et
pökeln *v/t* ⟨*h*⟩ tuzlamak
Poker *n* ⟨-s; *o pl*⟩ poker
pokern *v/i* ⟨*h*⟩ poker oynamak; *fig* ***um etw ~*** bş için büyük riske girmek
Pol *m* ⟨-s; -e⟩ GEOGR, EL kutup; *fig* ***der ruhende ~*** sükunetini (hiç) bozmayan
polar *adj* kutup *subst*; **♀gebiet** *n* kutup bölgesi; **~isieren** ⟨*o* ge-, *h*⟩ **1.** *v/t Licht* polarize etmek, polarmak; **2.** *v/r*: ***sich ~*** *Meinungen usw* kutuplaşmak; **♀kreis** *m*: ***nördlicher*** (*od* ***südlicher***) ***~*** Kuzey (*od* Güney) Kutup Dairesi; **♀stern** *m* Kutup Yıldızı
Pole *m* ⟨-n; -n⟩ Polonyalı
Polemik *f* ⟨-; -en⟩ polemik
polemi|sch *adj* tartışmalı, *Person* kavgacı; **~sieren** *v/i* ⟨*o* ge-, *h*⟩ (***gegen*** *-e* karşı) polemiğe girmek
Polen *n* Polonya
Police [poˈliːsə] *f* ⟨-; -n⟩ poliçe
Polier *m* ⟨-s; -e⟩ ustabaşı, işçibaşı
polieren *v/t* ⟨*o* ge-, *h*⟩ (cilalayıp) parlatmak
Poliklinik *f* poliklinik
Polin *f* ⟨-; -nen⟩ Polonyalı (kadın)
Politesse *f* ⟨-; -n⟩ polis memuresi
Politik *f* ⟨-; *o pl*⟩ politika, siyaset; **~er** *m* ⟨-s; -⟩, **~erin** *f* ⟨-; -nen⟩ politikacı
politisch *adj* politik, siyasî; ***sie ist ~ tätig*** aktif politikayla uğraşıyor; ***~ interessiert sein*** politikayla ilgilenmek; ***~ korrekt*** siyaseten doğru
politisier|en ⟨*o* ge-, *h*⟩ **1.** *v/i* politikadan bahsetmek; **2.** *v/t* politize etmek; **♀ung** *f* ⟨-; *o pl*⟩ politikleşme, politize etme/olma
Politologie *f* ⟨-; *o pl*⟩ siyasal bilgiler, politoloji
Politur [-ˈtuːɐ] *f* ⟨-; -en⟩ cila
Polizei *f* ⟨-; -en⟩ polis; ***die ~ rufen*** polis çağırmak; **~aufgebot** *n* polis operasyo-

nu; **~auto** *n* polis arabası; **~beamte** *m*, **~beamtin** *f* polis memuru; **~funk** *m* polis telsizi; **~kontrolle** *f* polis kontrolü; **2lich** *adj* polis *subst*; polisçe, polis tarafından; **~präsident** *m* emniyet müdürü; **~präsidium** *n* emniyet müdürlüğü; **~revier** *n* polis karakolu; (*~bezirk*) karakol bölgesi; **~schutz** *m* polis koruması; **~staat** *m* polis devleti; **~streife** *f* polis devriyesi; **~stunde** *f* kapanma saati (*lokanta vs*); **~wache** *f* polis karakolu

Polizist *m* ⟨-en; -en⟩ polis (memuru); **~in** *f* ⟨-; -nen⟩ polis (memuresi), kadın polis

Pollen *m* ⟨-s; -⟩ BOT polen, çiçektozu

polnisch *adj* Polonya(lı) *subst*

Polnisch *n* Lehçe

Polo *n* ⟨-s; -s⟩ polo (oyunu)

Polohemd *n* polo (*od* lakost®) gömlek

Polster *n* ⟨-s; -⟩ yün, kıtık, yumuşak dolgu; (*Kissen*) minder; **~garnitur** *f*, **~möbel** *pl yumuşak dolgulu mobilya*

polstern *v/t* ⟨*h*⟩ kıtıkla doldurmak; (*wattieren*) *-e* pamuk/yün koymak koymak; F *fig* ***gut gepolstert*** (*dick*) tombul

Polsterung *f* ⟨-; -en⟩ kıtıkla doldurma; yumuşak altlık

Polterabend *m düğünden bir gece önceki eğlence*

poltern *v/i* ⟨*h*⟩ patırtı etmek; kızıp bağırmak

Polyamid *n* ⟨-s; -e⟩ naylon®

polygam *adj* poligam, çokeşli

polyglott *adj* çok dilli, çok dil bilen

Polyp *m* ⟨-en; -en⟩ ZOOL MED polip

polyphon [-f-] *adj* MUS çoksesli, polifonik

Pomade *f* ⟨-; -n⟩ pomat

Pommes frites [pɔm'frɪt] *pl* patates kızartması *sg*, pomfrit

Pomp *m* ⟨-s; *o pl*⟩ debdebe, şaşaa; **2ös** *adj* debdebeli, şaşaalı

Pony[1] ['pɔni] *n* ⟨-s; -s⟩ *Pferd* midilli

Pony[2] ['pɔni] *m* ⟨-s; -s⟩ *Frisur* kâkül

Pool ['pu:l] *m* ⟨-s; -s⟩ ÖKON ortak fon

Popcorn [-k-] *n* ⟨-s; *o pl*⟩ patlamış mısır

popelig *adj* F (*mickrig*) ufak, çelimsiz

Popeline [-'li:n(ə)] *m* ⟨-s; -⟩, *f* ⟨-; -⟩ poplin

Popmusik *f* pop müzik/müziği

Popo *m* ⟨-s; -s⟩ F popo, kıç, kaide

populär *adj* sevilen, popüler

Popularität *f* ⟨-; *o pl*⟩ popülarite

Pore *f* ⟨-; -n⟩ gözenek

Porno *m* ⟨-s; -s⟩: **~film** *m* porno film, muzır film; **~graphie** [-gra'fi:] *f* ⟨-; *o pl*⟩ pornografi; **2graphisch** *adj* pornografik

porös *adj* gözenekli

Porree *m* ⟨-s; -s⟩ BOT pırasa

Portal *n* ⟨-s; -e⟩ cümle kapısı

Portemonnaie [pɔrtmɔ'ne:] *n* ⟨-s; -s⟩ cüzdan

Portier [pɔr'tĭe:] *m* ⟨-s; -s⟩ kapıcı

Portion [-'tsĭo:n] *f* ⟨-; -en⟩ pay, hisse, miktar, parça; *bei Tisch* porsiyon; kahvedenlik, çaydanlık (*iki fincanlık*)

Porto *n* ⟨-s; -s, -ti⟩ posta ücreti/parası; **2frei** *adj* posta ücretsiz

Porträt [pɔ'rtrɛ:] *n* ⟨-s; -s⟩ portre; **2ieren** *v/t* ⟨*o ge-, h*⟩ *-in* portresini yapmak; *fig* tasvir etmek

Portugal *n* Portekiz

Portugies|e *m* ⟨-n; -n⟩, **~in** *f* ⟨-; -nen⟩ Portekizli; **2isch** *adj* Portekiz(li) *subst*, **~isch** *n* Portekizce

Portwein *m* Porto şarabı

Porzellan *n* ⟨-s; -e⟩ porselen

Posaune *f* ⟨-; -n⟩ trombon

Pose *f* ⟨-; -n⟩ poz, duruş

posieren *v/i* ⟨*o* ge-, *h*⟩ (***als*** olarak) poz vermek

Position [-'tsĭo:n] *f* ⟨-; -en⟩ durum, konum; (*Standpunkt*) tavır; ***~ beziehen*** tavır almak

positiv [-f] *adj u adv* olumlu, pozitif

Post *f* ⟨-; *o pl*⟩ posta; (*~sachen*) mektuplar *pl*, posta; (*~amt*) postane; ***mit der ~*** postayla; **~agentur** *f* posta acentalığı; **~amt** *n* postane; **~anschrift** *f* mektup adresi; **~anweisung** *f* posta havalesi; **~beamte** *m*, **~beamtin** *f* posta(ne) memuru; **~bote** *m*, **~botin** *f* posta müvezzii/dağıtıcısı; F postacı

Posten *m* ⟨-s; -⟩ görev, memuriyet; (*Wache*) nöbetçi; (*Rechnungs2*) kalem; *Waren* parti; MIL ***~ stehen*** nöbet tutmak

Poster ['po:stər] *n* ⟨-s; -⟩ poster

Post|fach *n* posta kutusu (P.K.); **~giroamt** [-'ʒi:-] *n* posta çeki idaresi

posthum *adj -in* vefatından sonra

postieren ⟨*o* ge-, *h*⟩ **1.** *v/t* yerleştirmek, dikmek, koymak; **2.** *v/r*: ***sich ~*** *-e* yerleşmek, dikilmek

Post|karte *f* posta kartı; **2lagernd** *adv*

P

postrestant; **~leitzahl** *f* posta kodu
postmodern *adj* postmodern
Post|scheck *m* posta çeki; **~sendung** *f* posta gönderisi; **~sparbuch** *n* posta tasarruf cüzdanı; **~stempel** *m* posta damgası; **~weg** *m*: ***auf dem ~*** postada; **≗wendend** *adv* alır almaz ilk postayla; hemen; **~wertzeichen** *n* posta pulu; **~wurfsendung** *f* postayla (her eve) dağıtım; **~zustellung** *f* posta tebliği
potent *adj Liebhaber* iktidarlı; (*finanzkräftig*) malî gücü olan
Potenz *f* ⟨-; -en⟩ *sexuelle* (cinsel) iktidar; MATH kuvvet; *fig* (*Leistungsfähigkeit*) yeterlik, performans
Potenzial *n* ⟨-s; -e⟩ potansiyel, gizilgüç
potenziell *adj* potansiyel
potenzieren *v/t* ⟨*o* ge-, *h*⟩ **1.** *v/t* MATH *-in* kuvvetini almak; **2.** *v/r*: ***sich ~*** (*sich steigern*) katlanmak
Potpourri ['pɔtpuri] *n* ⟨-s; -s⟩ MUS potpuri
Pracht *f* ⟨-; *o pl*⟩ görkem, ihtişam; **~exemplar** *n* F olağanüstü bir parça/örnek; **~kerl** *m* F harika bir adam/delikanlı; **~straße** *f lüks alışveriş caddesi*
prächtig *adj* görkemli, ihtişamlı; F *fig* fevkalade güzel, şahane
prädestinieren *v/t* ⟨*o* ge-, *h*⟩ (önceden) belirlemek
Prädikat *n* ⟨-s; -e⟩ (*Zensur*) not, derece; GR yüklem
Präfix *n* ⟨-es; -e⟩ GR önek
prägen *v/t* ⟨*h*⟩: ***Münzen ~*** (madenî) para basmak; *fig* ***j-n ~*** b-nin kişiliğini belirlemek
pragmatisch *adj* pragmatik
prägnant *adj* çarpıcı, özlü (*Ausdruck*)
Prägung *f* ⟨-; -en⟩ TECH kabartma baskı; *fig* (*Art*) mizaç
prähistorisch *adj* tarih öncesi
prahlen *v/i* ⟨*h*⟩ (***mit etw*** *-le*) övünmek, gösteriş yapmak
Prahler *m* ⟨-s; -⟩ gösterişçi, övüngen; **~ei** *f* ⟨-; *o pl*⟩ gösteriş, övüngenlik; **≗isch** *adj* övüngen, yüksekten atan; (*prunkend*) caka satan
Praktik|ant *m* ⟨-en; -en⟩, **~antin** *f* ⟨-; -nen⟩ stajyer; **~en** *pl* uygulamalar; **~er** *m* ⟨-s; -⟩, **~erin** *f* ⟨-; -nen⟩ pratik(çi); **~um** *n* ⟨-s; -ka⟩ staj
praktisch **1.** *adj* pratik; (*nützlich*) *a* kullanışlı; ***~er Arzt*** pratisyen hekim; **2.** *adv* uygulamada, pratikte
praktizieren *v/i* ⟨*o* ge-, *h*⟩ JUR, MED (avukatlık/hekimlik) yapmak, icra etmek; ***~der Arzt*** kendi muayenehanesinde çalışan hekim; ***~der Katholik*** dinî gereklerini yerine getiren Katolik
Prälat *m* ⟨-en; -en⟩ *yüksek rütbeli Katolik ruhanî reis*
Praline *f* ⟨-; -n⟩ fondan, çikolatalı şekerleme
prall *adj Brieftasche* şişkin, dolu; *Busen* iri, dolgun; *Sonne* yakıcı, kızgın; ***~ gefüllt sein mit*** ile tıka basa dolu olmak
prallen *v/i* ⟨*sn*⟩: ***~ auf*** (*A*) *od* ***gegen*** *-e* çarpmak
Präludium *n* ⟨-s; -dien⟩ prelüt
Prämie [-ĭə] *f* ⟨-; -n⟩ (*Versicherungs≗*) prim; (*Preis*) ikramiye
prämieren, **prämiieren** [-'mi:rən] *v/t* ⟨*o* ge-, *h*⟩ *-e* ödül/prim vermek
Pranger *m* ⟨-s; -⟩: ***j-n an den ~ stellen*** *fig* b-ni alenen eleştirmek
Präparat *n* ⟨-s; -e⟩ müstahzar
präparieren *v/t* ⟨*o* ge-, *h*⟩ hazırlamak; BIOL, MED tahnit etmek
Präposition [-'ts̮ĭo:n] *f* ⟨-; -en⟩ GR edat
Prärie *f* ⟨-; -n⟩ preri, *geniş düzlük*
Präsens *n* ⟨-; Präsentia⟩ GR *Almancada şimdiki ve geniş zaman*
Präsent *n* ⟨-s; -e⟩ hediye
Präsentation [-'ts̮ĭo:n] *f* ⟨-; -en⟩ prezantasyon, sunum
präsentieren *v/t* ⟨*o* ge-, *h*⟩ sunmak; ***j-n*** (***etw/sich***) ***~ als*** (*vorstellen als*) b-ni (bş-i/kendini) … olarak tanıtmak
Präsenz *f* ⟨-; *o pl*⟩ varlık, mevcudiyet
Präsid|ent *m* ⟨-en; -en⟩, **~entin** *f* ⟨-; -nen⟩ başkan; POL *a* cumhurbaşkanı; **~entschaft** *f* ⟨-; -en⟩ başkanlık; **~ium** *n* ⟨-s; -dien⟩ başkanlık, genel müdürlük; (*Polizei≗*) emniyet merkezi/müdürlüğü
prasseln *v/i* ⟨*h*⟩ *Regen* tıpırdamak; *Feuer* çatırtılarla yanmak
Präteritum *n* ⟨-s; -ta⟩ GR *Almancada hikâyeleme geçmiş zamanı*
präventiv [-f] *adj* koruyucu, önleyici
Praxis *f* ⟨-; -xen⟩ pratik, uygulama; *Erfahrung* pratik, deneyim, tecrübe; (*~räume*) MED muayenehane; ***in der ~*** uygulamada, pratikte; ***etw in die ~ umsetzen*** bş-i uygulamaya/hayata geçirmek; **≗bezogen** *adj* pratiğe/uygulamaya yönelik; **≗nah** *adj* hayata yakın
Präzedenzfall *m* emsal (olay/durum); ***e-n ~ schaffen*** emsal yaratmak

präzis *adj* net, kesin, belirgin
präzisieren *v/t* ⟨*o* ge-, *h*⟩ netleştirmek
Präzision *f* ⟨-; *o pl*⟩ kesinlik, netlik, hassasiyet
predigen **1.** *v/i* ⟨*h*⟩ vaaz vermek; **2.** *v/t* vaaz etmek; *-den* ısrarla ve tekrar tekrar söz etmek
Predigt *f* ⟨-; -en⟩ vaaz
Preis *m* ⟨-es; -e⟩ fiyat, bedel; ödül; ***zum ~ von*** *-in* fiyatı: …; ***um jeden ~*** her ne bahasına olursa olsun; ***um keinen ~*** (bedeli ne olursa olsun,) kesinlikle; ***unter ~ verkaufen*** maliyetin altında satmak; ***der Große ~ von …*** Büyük … Ödülü
Preis|änderung *f* fiyat değişikliği; ***~en vorbehalten*** fiyatlarda değişiklik saklıdır; **~anstieg** *m* fiyat artışı; **~aufschlag** *m* zam; **~ausschreiben** *n* (ödüllü) yarışma; **⁀bewusst** *adj* fiyatların bilincinde; **~bindung** *f* tek fiyat uygulaması
Preiselbeere *f* kırmızı yabanmersini, gaskanaka
Preisempfehlung *f* tavsiye edilen fiyat
preisen *v/t* ⟨pries, gepriesen, *h*⟩ övmek, methetmek
Preis|erhöhung *f* fiyat artışı; **~ermäßigung** *f* fiyat indirimi, tenzilat; **~frage** *f* (*Preisaufgabe*) ödüllü bilmece/soru; (*Geldfrage*) fiyat meselesi; **⁀gekrönt** *adj* ödül almış; *Film usw* ödül kazanmış, ödüllü; **~gericht** *n* ödül jürisi; **⁀günstig** *adj* uygun fiyatlı, ehven; **~klasse** *f*, **~lage** *f* fiyat kategorisi; ***in welcher ~?*** *-in* fiyatı ne mertebede?
preislich *adv* fiyatça, fiyat bakımından
Preis|liste *f* fiyat listesi; **~nachlass** *m* fiyatta indirim; **~niveau** *n* fiyat düzeyi; **~rätsel** *n* ödüllü bilmece/bulmaca; **~richter(in** *f*) *m* jüri üyesi; **~schild** *n* fiyat etiketi; **~schwankung** *f* fiyat dalgalanması; **~senkung** *f* ucuzla(t)ma; **~steigerung** *f* pahalılaş(tır)ma; **~stopp** *m* fiyatları dondurma; **~träger(in** *f*) *m* ödül sahibi; **~unterschied** *m* fiyat farkı; **~vergleich** *m* fiyatları karşılaştırma; **~verleihung** *f* ödül töreni
preiswert *adj* uygun fiyatlı, ehven
prekär *adj* nazik, müşkül
prellen *v/t* ⟨*h*⟩ *fig* dolandırmak; ***j-n ~ um etw*** b-ni dolandırıp bş-ini almak; ***sich*** (*D*) ***etw ~*** MED bş-ini incitmek
Prellung *f* ⟨-; -en⟩ MED ezik, incime, burkulma
Premiere [pre'mi̯eːrə] *f* ⟨-; -n⟩ THEA *usw* ilk gösterim, prömiyer
Premierminister(in *f*) [prə'mi̯eː-] *m* başbakan
preschen *v/i* ⟨*sn*⟩: ***nach vorne ~*** hızla ilerlemek
Presse[1] *f* ⟨-; -n⟩ TECH basım makinesi, pres; (*Saft⁀*) sıkacak
Presse[2] *f* ⟨-; *o pl*⟩ basın; **~agentur** *f* basın ajansı; **~ausweis** *m* basın kartı; **~bericht** *m* (basındaki) haber; **~erklärung** *f* basın bülteni, demeç; **~fotograf(in** *f*) *m* foto muhabiri; **~freiheit** *f* basın özgürlüğü; **~konferenz** *f* basın toplantısı; **~meldung** *f* haber
pressen *v/t* ⟨*h*⟩ (*drücken*) (***gegen, an, in, auf*** *-e*) basmak; (*zusammen~, aus~*) sıkmak
Presse|referent(in *f*) *m* basın danışmanı; **~sprecher(in** *f*) *m* basın sözcüsü; **~vertreter(in** *f*) *m* basın temsilcisi
pressieren *v/unp* ⟨*o* ge-, *h*⟩ acil olmak (*iş*); daralmak (*zaman*)
Pressluft *f* ⟨-; *o pl*⟩ basınçlı/sıkıştırılmış hava; **~bohrer** *m* basınçlı hava matkabı; **~hammer** *m* basınçlı hava çekici
Pressung *f* TECH (*das Pressen*) basım, baskı (*CD*)
Prestige [prɛs'tiːʒə] *n* ⟨-s; *o pl*⟩ saygınlık, itibar, prestij; **~verlust** *m* prestij kaybı
Preuß|e *m* ⟨-n; -n⟩ Prusyalı; **~en** Prusya; **⁀isch** *adj* Prusya(lı) *subst*
prick|eln ⟨*h*⟩ **1.** *v/i* (*stechen, kitzeln*) dalamak, karıncalandırmak; gıdıklamak; **2.** *v/unp*: ***mir prickelt es auf der Haut*** -im karıncalanıyor; **⁀eln** *n* ⟨-s; *o pl*⟩ karıncalanma; *fig* heyecan; **~elnd** *adj fig* (*aufregend*) heyecan verici
Priester *m* ⟨-s; -⟩ rahip, papaz; **~amt** *n* rahiplik (görevi); **~in** *f* ⟨-; -nen⟩ kadın rahip; **~weihe** *f b-ne rahiplik rütbesinin verilmesi*
prima *adj u adv* F şahane, süper
primär **1.** *adj* birincil; **2.** *adv* öncelikle
Primaten *pl* ZOOL primatlar
Primel *f* ⟨-; -n⟩ BOT çuhaçiçeği
primitiv [-f] *adj* ilkel; **⁀ität** *f* ⟨-; *o pl*⟩ ilkellik
Primzahl *f* MATH asal sayı
Printer ⟨-; -⟩ EDV yazıcı, printer
Prinz *m* ⟨-en; -en⟩ prens; **~essin** *f* ⟨-;

-nen⟩ prenses

Prinzip *n* ⟨-s; -ien⟩ prensip, ilke; ***aus (im)*** ~ ilke olarak, aslında; **⁲iell** [-'pĭɛl] *adj* ilkesel

Priorität *f* ⟨-; -en⟩ (***über*** *A*, ***vor*** *D -e* göre) öncelik; ***~en setzen*** nelere öncelik verileceğini belirlemek

Prise *f* ⟨-; -n⟩ *Salz usw* çimdik, tutam

Prisma *n* ⟨-s; -men⟩ prizma

Pritsche *f* ⟨-; -n⟩ *zum Liegen* kerevet, peyke

privat [-v-] *adj* özel; (*persönlich*) *a* kişisel, şahsi; ***~ versichert*** özel (hastalık) sigortalı; F ***ich bin ~ versichert*** kendim ödüyorum; ***j-n ~ sprechen*** b-le özel görüşmek

Privat|adresse [-v-] *f* ev adresi; **~angelegenheit** *f* özel iş; **~besitz** *m* özel mülk; ***in ~*** özel mülkiyet altında, F şahıs malı; **~detektiv(in** *f*) *m* özel detektif; **~eigentum** *n* özel mülk; **~fernsehen** *n* özel televizyon; **~gespräch** *n* TEL özel görüşme

privatisier|en [-v-] *v/t* ⟨*o* ge-, *h*⟩ ÖKON özelleştirmek; **⁲ung** *f* ⟨-; -en⟩ özelleştirme

Privat|klinik [-v-] *f* özel klinik; **~leben** *n* özel hayat; **~patient(in** *f*) *m* özel sigortalı hasta; **~person** *f* sade vatandaş; **~quartier** *n* özel geceleme imkanı; **~sache** *f* şahsi konu; ***das ist meine ~!*** bu benim özel meselem; **~schule** *f* özel okul; **~unterricht** *m* özel ders; **~wirtschaft** *f* özel sektör

Privileg [-v-] *n* ⟨-s; -ien⟩ imtiyaz, ayrıcalık

privilegieren [-v-] *v/t* ⟨*o* ge-, *h*⟩ *-e* imtiyaz vermek/tanımak

pro *präp* için, beher, … başına; ***2 Euro ~ Stück*** tanesi iki euro

Pro *n*: ***das ~ und Kontra*** lehte ve aleyhte olan (görüşler *pl*)

Probe *f* ⟨-; -n⟩ (*Erprobung*) deneme, test; (*Muster, Beispiel*) örnek, numune, eşantiyon; THEA prova; ***auf ~*** denemek üzere; ***auf die ~ stellen*** *-i* denemek, *-i* test etmek; ***~ fahren*** deneme sürüşü yapmak; **~alarm** *m* deneme alarmı; **~aufnahme** *f* FILM, TV, MUS deneme çekimi/kaydı; **~exemplar** *n* eşantiyon, deneme kopyası; **~fahrt** *f* deneme/test sürüşü; **~lauf** *m* TECH deneme, test

proben *v/i u v/t* ⟨*h*⟩ THEA prova etmek

probeweise *adv* denemek üzere; *Person a* denenmek üzere

Probezeit *f* deneme süresi

probieren *v/t* ⟨*o* ge-, *h*⟩ denemek; (*kosten*) *a -in* tadına bakmak; F ***es bei j-m ~*** b-ne yanaşmak

Problem *n* ⟨-s; -e⟩ sorun, mesele, problem; ***vor e-m ~ stehen*** bir sorunla karşı karşıya olmak

Problemat|ik *f* ⟨-; *o pl*⟩ sorunsal; **⁲isch** *adj* sorunlu; **⁲isieren** *v/i u v/t* ⟨*o* ge-, *h*⟩ sorun haline getirmek; sorun olarak ortaya atmak

Problem|fall *m* sorun olan durum; **⁲los** **1.** *adj* sorunsuz; **2.** *adv verlaufen* sorun çık(ar)madan

Produkt *n* ⟨-s; -e⟩ ürün, mamul; **~haftung** *f* JUR üretici sorumluluğu

Produktion [-'tsĭo:n] *f* ⟨-; -en⟩ üretim; ***in ~ gehen*** *-in* üretimi başlamak

Produktions|ausfall *m* üretim kaybı; **~kosten** *pl* üretim maliyeti *sg*; **~menge** *f* üretim miktarı, çıktı hacmi; **~mittel** *pl* üretim araçları; **~rückgang** *m* üretimde gerileme; **~steigerung** *f* üretim artışı

produktiv [-f] *adj* verimli, üretken; **⁲ität** *f* ⟨-; *o pl*⟩ verim(lilik), üretkenlik

Produktpalette *f* ürün yelpazesi

Produzent *m* ⟨-en; -en⟩, **~in** *f* ⟨-; -nen⟩ üretici, imalatçı; MUS, FILM, TV yapımcı

produzieren ⟨*o* ge-, *h*⟩ **1.** *v/t* üretmek, imal etmek; **2.** *v/r*: F ***sich ~*** gösteriş yapmak

profan *adj* (*gewöhnlich*) alelade, gündelik

professionell *adj* profesyonel

Professor [-so:ɐ] *m* ⟨-s; -en⟩, **~in** *f* ⟨-; -nen⟩ profesör; ***~ für Mathematik*** matematik profesörü

Professur [-'su:ɐ] *f* ⟨-; -en⟩ profesörlük (kadrosu)

Profi *m* ⟨-s; -s⟩ F profesyonel; **~-Fußballer** *m* profesyonel futbolcu

Profil *n* ⟨-s; -e⟩ profil; (*Reifen⁲*) (lastik) tırtıl(ı); *fig* (*Ausstrahlung*) ***an ~ gewinnen*** kişilik kazanmak; **⁲ieren** *v/r* ⟨*o* ge-, *h*⟩: ***sich ~*** kendini göstermek, ortaya çıkmak; **⁲iert** *adj Persönlichkeit usw* kendine özgü

Profit *m* ⟨-s; -e⟩ kâr; ***~ machen*** kâr etmek; **⁲abel** *adj* kârlı; **⁲ieren** *v/i* ⟨*o* ge-, *h*⟩ (***von, bei*** *-den, -de*) kâr etmek; fayda sağlamak

profund *adj* esaslı, derin, sağlam

Prognose *f* ⟨-; -n⟩ tahmin; MED prognoz
Programm *n* ⟨-s; -e⟩ program; TV (*Kanal*) *a* kanal; EDV yazılım, program; **~änderung** *f* program değişikliği; **~atisch** *adj Rede usw* hedefler belirleyen; **~gesteuert** *adj* program kumandalı; **~heft** *n* program dergisi
programmier|bar *adj* programlanabilir; **~en** *v/t* ⟨*o* ge-, *h*⟩ programlamak; ***programmiert sein auf** -e* programlanmış olmak; **~er** *m* ⟨-s; -⟩, **~erin** *f* ⟨-; -nen⟩ yazılımcı; **~sprache** *f* yazılım dili; **~ung** *f* ⟨-; -en⟩ programlama
Programm|punkt *m* programın maddesi; **~steuerung** *f* TECH, EDV program kumandası; **~vorschau** *f* gelecek günün *vs* programı; **~zeitschrift** *f* program dergisi
Progression [-'sĭo:n] *f* ⟨-; -en⟩ ilerleme
progressiv [-f] *adj* ilerleyen; ilerici
Projekt *n* ⟨-s; -e⟩ proje; **~dauer** *f* proje(nin) ömrü; **~gebunden** projeye bağlı
Projektion *f* ⟨-; -en⟩ projeksiyon
Projektleiter(in *f*) *m* proje yöneticisi
Projektor [-to:ɐ] *m* ⟨-s; -en⟩ projektör, gösterici
projizieren ⟨*o* ge-, *h*⟩ (***auf** A -e*) yansıtma
Proklam|ation *f* ⟨-; -en⟩ ilan; **~ieren** *v/t* ⟨*o* ge-, *h*⟩ ilan etmek
Pro-Kopf-|Einkommen *n* kişi başına gelir; **~Verbrauch** *m* kişi başına tüketim
Prokur|a *f* ⟨-; -ren⟩ ticarî vekalet; **~ist** *m* ⟨-en; -en⟩, **~istin** *f* ⟨-; -nen⟩ ticarî vekil
Proletar|iat *n* ⟨-s; -e⟩ proletarya, emekçi sınıfı; **~isch** *adj* proleter, emekçi *subst*
Prolog *m* ⟨-s; -e ⟩ öndeyiş, prolog
Promenade *f* ⟨-; -n⟩ gezinti, piyasa; kordon boyu
Promille *n* ⟨-(s); -⟩ binde, bin üzerinden; **~grenze** *f* alkol sınırı (*kanda*)
prominent *adj* tanınmış, önde gelen
Prominenz *f* ⟨-; *o pl*⟩ ileri gelenler *pl*
Promotion *f* ⟨-; -en⟩ doktora payesi
promovieren *v/i* ⟨*o* ge-, *h*⟩ doktora yapmak; ***in Geschichte ~*** tarih doktorası yapmak
prompt *adj u adv* tez, çabuk, anî
Pronomen *n* ⟨-s; -, -mina⟩ GR zamir
Propaganda *f* ⟨-; *o pl*⟩ propaganda; ÖKON (*Werbung*) reklam
propagandistisch *adj*: ***für ~e Zwecke*** propaganda amacıyla
propagieren *v/t* ⟨*o* ge-, *h*⟩ savunmak
Propan(gas) *n* ⟨-s; *o pl*⟩ propan (gazı)
Propeller *m* ⟨-s; -⟩ pervane
Prophet [-f-] *m* ⟨-en; -en⟩ peygamber; **~isch** *adj* peygamberce, kâhince
prophezei|en [-f-] *v/t* ⟨*o* ge-, *h*⟩ önceden haber vermek; **~ung** *f* ⟨-; -en⟩ kehanet
prophylaktisch [-f-] *adj* MED önleyici
Prophylaxe [-f-] *f* ⟨-; -n⟩ MED önleyici tedbir(ler)
Proportion [-'tsĭo:n] *f* ⟨-; -en⟩ oran(tı); **~al** *adj* (***zu** -le*) (doğru) orantılı
Proporz *m* ⟨-es; -e⟩ POL nisbî temsil
Prosa *f* ⟨-; *o pl*⟩ düzyazı, nesir
prosit *int*: ***~ Neujahr!*** nice yıllara!
Prospekt *m* ⟨-s; -e⟩ broşür
prost *int* şerefe!
Prostata *f* ⟨-; -tae⟩ ANAT prostat
prostituieren *v/r* ⟨*o* ge-, *h*⟩: ***sich ~*** kendini satmak, fahişelik yapmak
Prostituierte *f* ⟨-n; -n⟩ hayat kadını, F fahişe
protegieren [-'ʒi:] *v/t* ⟨*o* ge-, *h*⟩ himaye etmek; ***von j-m protegiert werden*** b-nin himayesi altında olmak
Protein *n* ⟨-s; -e⟩ protein
Protektion [-tsĭo-] *f* ⟨-; -en⟩ himaye
protektionistisch [-tsĭo-] *adj* ÖKON himayeci
Protest *m* ⟨-s; -e⟩ protesto; ***aus ~*** (***gegen** -e*) protesto olarak
Protestant *m* ⟨-en; -en⟩, **~in** *f* ⟨-; -nen⟩ Protestan; **~isch** *adj* Protestan
protestieren *v/i* ⟨*o* ge-, *h*⟩ (***gegen** -i*) protesto etmek
Protest|kundgebung *f* protesto mitingi; **~marsch** *m* protesto yürüyüşü
Prothese *f* ⟨-; -n⟩ MED protez, F takma organ; F takma diş(ler)
Protokoll *n* ⟨-s; -e⟩ zabıt, tutanak; (*Diplomatie*) protokol; ***~ führen*** zabıt tutmak; ***zu ~ geben*** JUR zapta geçirilmek üzere belirtmek; ***ein ~ aufnehmen*** *Polizei usw* zabıt tutmak
Protokoll|ant *m* ⟨-en; -en⟩ , **~antin** *f* ⟨-; -nen⟩ zabıt tutan; **~führer(in** *f*) *m* yazman, kâtip; JUR zabıt kâtibi
protokollieren *v/t* ⟨*o* ge-, *h*⟩ *-i* zapta geçirmek
Proton *n* ⟨-s; -en ⟩ proton
Prototyp *m* prototip
protz|en *v/i* ⟨*h*⟩ F şişinmek, çalım sat-

mak; **~ig** *adj* F çalımlı

Proviant [-v-] *m* ⟨-s; -e⟩ erzak; (*Reise*≈) kumanya, yolluk

Provider [pro'vaɪdɐ] *m* ⟨-s; -⟩ EDV, *Internet* sunucu

Provinz [-v-] *f* ⟨-; -en⟩ il, vilayet; *fig abw* taşra; ≈**iell** *adj* taşra(lı) *subst*; **~ler** *m* ⟨-s; -⟩, **~lerin** *f* ⟨-; -nen⟩ *abw* taşralı, dışarlıklı

Provision [provi'zi̯o:n] *f* ⟨-; -en⟩ ÖKON komisyon; ***auf ~(sbasis)*** komisyonla, konsinye olarak

provisorisch [-v-] *adj* geçici, eğreti

Provisorium [-v-] *n* ⟨-s; -rien⟩ geçici tedbir *usw*; MED geçici dolgu/protez

Provo|kation [provoka'tsi̯o:n] *f* ⟨-; -en⟩ kışkırtma, provokasyon; ≈**zieren** *v/t* ⟨*o* ge-, *h*⟩ tahrik etmek, kışkırtmak

Prozedur *f* ⟨-; -en⟩ işlem, prosedür

Prozent *n* ⟨-s; -e⟩ yüzde; F ***~e*** *pl* indirim *sg*

...prozentig *in Zssgn* yüzde ...lik

Prozentsatz *m* yüzde oranı; yüzde ...'lik

prozentual **1.** *adj* yüzdeli, yüzde üzerinden; **2.** *adv* ***~ am Gewinn beteiligt sein*** kârdan yüzde almak

Prozess *m* ⟨-es; -e⟩ (*Vorgang*) süreç; JUR (*Rechtsstreit*) dava; (*Straf*≈) yargılama; ***j-m den ~ machen*** b-ni dava etmek; ***e-n ~ gewinnen*** (***verlieren***) bir davayı kazanmak (kaybetmek); *fig* ***kurzen ~ machen*** (***mit*** *-i*) halledivermek

P

prozessieren *v/i* ⟨*o* ge-, *h*⟩: ***gegen j-n ~*** b-ne karşı dava açmış olmak

Prozession [-'si̯o:n] *f* ⟨-; -en⟩ dinsel alay

Prozesskosten *pl* mahkeme masrafları

Prozessor [pro'tsɛso:ɐ] *m* ⟨-s; -en ⟩ EDV işlemci

prüde *adj* aşırı erdemli/iffetli

prüfen *v/t* ⟨*h*⟩ sınamak; *Schüler* imtihan etmek, sınavdan geçirmek; (*nach~*) kontrol etmek, gözden geçirmek; (*über~*) denetlemek, muayene etmek, yoklamak; (*erproben*) test etmek; *Vorschlag usw* incelemek, düşünmek; ***~der Blick*** inceleyen bakış

Prüfer *m* ⟨-s; -⟩, **~in** *f* ⟨-; -nen⟩ *sınav yapan*; *bes* TECH kontrolör, denetçi

Prüfling *m* ⟨-s; -e⟩ sınava giren aday

Prüfung *f* ⟨-; -en⟩ sınav; test; yoklama, denetim ***mündliche*** (***schriftliche***) ***~*** sözlü (yazılı) sınav

Prüfungs|angst *f* sınav heyecanı/korkusu; **~arbeit** *f* mezuniyet ödevi/çalışması; **~aufgabe** *f* sınav sorusu

Prügel *m* ⟨-s; -⟩ (*Knüppel*) sopa; F *pl* dayak; ***~ bekommen*** dayak yemek; **~ei** *f* ⟨-; -en⟩ kavga, dövüş; **~knabe** *m* şamar oğlanı

prügeln ⟨*h*⟩ **1.** *v/t* dövmek, *-e* dayak atmak; **2.** *v/r*: ***sich ~*** dövüşmek

Prunk *m* ⟨-s; *o pl*⟩ debdebe, şaşaa; **~stück** *n e-r Sammlung* şaheser, gözde; ≈**voll** *adj* debdebeli, şaşaalı

prusten *v/i* ⟨*h*⟩ püskürtmek

PS **1.** [pe:'|ɛs] *Abk für* ***Pferdestärke*** *f* beygir gücü (*BG*); **2.** [pe'|ɛs] *Abk für* ***Postskriptum*** *n* not (*öz mektup sonunda*)

Pseudonym [psɔydo'ny:m] *n* ⟨-s; -e⟩ takma ad

pst *int* (*still*) pıst!; (*hallo*) hişşt!

Psyche ['psy:çə] *f* ⟨-; -n⟩ ruh

Psychiat|er ['psy:çi'atɐ] *m* ⟨-s; -⟩ psikiyatrist; **~rie** *f* ⟨-; *o pl*⟩ MED psikiyatri; ≈**risch** *adj* psikiyatrik

psychisch ['psy:çɪʃ] *adj* ruhi, ruhsal, psişik; ***~e Erkrankung*** ruhi rahatsızlık

Psycho|analyse ['psyço|analy:zə] *f* ⟨-; *o pl*⟩ psikanaliz; **~analytiker(in** *f*) *m* psikanalist

Psycholog|e [psyçlo:gə] *m* ⟨-n; -n⟩ psikolog; **~ie** *f* ⟨-; *o pl*⟩ psikoloji; **~in** *f* ⟨-; -nen⟩ psikolog (kadın); ≈**isch** *adj* psikolojik

Psychopath [psyçopa:t] *m* ⟨-en; -en⟩, **~in** *f* ⟨-; -nen⟩ psikopat; ≈**isch** *adj* psikopat(ça)

Psycho|se [psyço:zə] *f* ⟨-; -n⟩ psikoz; ≈**somatisch** *adj* psikosomatik; **~terror** *m* psikolojik/manevî terör; **~therapeut(in** *f*) *m* psikoterapist; ≈**therapeutisch** *adj* psikoterapi *subst*; **~therapie** *f* psikoterapi

pubert|är *adj* ergenlik *subst*; *abw* olgunluktan uzak; ≈**ät** *f* ⟨-; *o pl*⟩ ergenlik

Public Relations ['pablık rı'leıʃənz] *f/pl* halkla ilişkiler

publik *adj*: ***~ sein*** (*od* ***werden***) (kamuoyunca) tanınmak; ***~ machen*** (kamuoyuna) tanıtmak; ifşa etmek

Publikation [-'tsi̯o:n] *f* ⟨-; -en⟩ yayın

Publikum *n* ⟨-s; *o pl*⟩ izlerçevre; *Buch, Zeitung* okurlar *pl*; TV, THEA *usw* seyirciler *pl*, izleyiciler *pl*; *Rundfunk* dinle-

yiciler *pl*; *Lokal usw* müşteriler *pl*; (*Öffentlichkeit*) kamuoyu
Publikums|erfolg *m* sahne *vs* başarısı; **~geschmack** *m* seyircilerin *vs* zevki; **~liebling** *m* kamuoyunun sevgilisi
Publizistik *f* ⟨-; *o pl*⟩ gazetecilik (bilimi)
publizieren *v/t* ⟨*o* ge-, *h*⟩ yayımlamak
Pudding *m* ⟨-s; -e⟩ muhallebi, puding
Pudel *m* ⟨-s; -⟩ kaniş (köpeği)
pudelnass *adj* F sırılsıklam
pudelwohl *adj*: F ***sich ~ fühlen*** hayatından memnun olmak
Puder *m*, F *n* ⟨-s; -⟩ pudra; **~dose** *f* pudra kutusu
pudern *v/t u v/r*: ⟨*h*⟩: ***sich*** (*D*) (***das Gesicht***) ~ yüzünü pudralamak
Puderzucker *m* pudra şekeri
Puff *m*, *n* ⟨-s; -s⟩ F genelev
Puffer *m* ⟨-s; -⟩ BAHN *usw* tampon; *fig* (*Abstand*) pay; (*Kartoffel*≈) patates köftesi
Pufferzone *f* tampon bölge
Puffmais *m* patlamış mısır
puh *int* oh!, hah!
Pulli *m* ⟨-s; -s⟩ F, **Pullover** *m* ⟨-s; -⟩ kazak
Pullunder *m* ⟨-s; -⟩ süveter
Puls *m* ⟨-es; -e⟩ nabız; (*~zahl*) nabız (sayısı); ***j-m den ~ fühlen*** b-nin nabzına bakmak; **~ader** *f* ANAT atardamar; ***sich*** (*D*) ***die ~n aufschneiden*** bilek damarlarını kesmek; **≈ieren** *v/i* ⟨*o* ge-, *h*⟩ *-in* nabzı atmak; ***~des Leben*** civcivli hayat; **~schlag** *m* nabız (atışı)
Pult *n* ⟨-s; -e⟩ kürsü
Pulver [-fɐ, -vɐ] *n* ⟨-s; -⟩ toz (madde); (*Schieß*≈) barut; F *fig* arpa, metelik; **~fass** *n* barut fıçısı; **~kaffee** *m* toz kahve, neskafe®; **~schnee** *m* tozan
Puma *m* ⟨-s; -s⟩ puma
pummelig *adj* F tombul
Pump *m* ⟨-s; *o pl*⟩ F: ***auf ~*** veresiye, borçlanarak
Pumpe *f* ⟨-; -n⟩ pompa
pumpen *v/t* ⟨*h*⟩ pompalamak (*a v/i*); F (*verleihen*) borç vermek; ***sich*** (*D*) ***etw ~*** (***bei, von*** *-den*) borç almak
Pumps [pœmps] *m* ⟨-; -⟩ *Schuh* iskarpin
Punk [paŋk] *m* ⟨-(s)⟩ pank
Punker ['paŋkɐ] *m* ⟨-s; -⟩, **~in** *f* ⟨-; -nen⟩ pankçı
Punkt *m* ⟨-s; -e⟩ nokta; (*Tupfen*) benek; (*Spiel*) puan; *Liste* madde; ***~ für ~*** madde madde; ***um ~ zehn*** (***Uhr***) saat tam onda; *fig* ***bis zu e-m gewissen ~*** belli bir raddeye/noktaya kadar; ***in vielen ~en*** birçok hususta; *fig* ***der springende ~*** canalıcı nokta; *fig* ***die Sache auf den ~ bringen*** işin özüne inmek; ***wunder ~*** bamteli
punkten ⟨*o* ge-, *h*⟩ SPORT **1.** *v/t* puanla(ndır)mak; **2.** *v/i* puan toplamak
punktieren *v/t* ⟨*o* ge-, *h*⟩ MED *-e* ponksiyon yapmak
pünktlich **1.** *adj* dakik, zamanında; ***~ sein*** vaktinde gelmek; **2.** *adv*: ***~ um 10*** (***Uhr***) tam (saat) onda; **≈keit** *f* ⟨-; *o pl*⟩ dakiklik
Punkt|richter(in *f*) *m* puantör; **~sieg** *m* puan hesabıyla galibiyet
Punsch *m* ⟨-s; -e⟩ punç
Pupille *f* ⟨-; -n⟩ gözbebeği
Puppe *f* ⟨-; -n⟩ *Spielzeug* bebek; (*Marionette*) kukla; ZOOL koza
Puppen|stube *f* oyuncak bebek evi; **~wagen** *m* oyuncak bebek arabası
pur *adj* saf, temiz, duru, halis; *Whisky* sek
Püree *n* ⟨-s; -s⟩ püre
pürieren *v/t* ⟨*o* ge-, *h*⟩ püre etmek
puritanisch *adj* püriten
Purpur *m* ⟨-s; *o pl*⟩ *Farbton* erguvan rengi, firfir
Purzelbaum *m* perende, takla
purzeln *v/i* ⟨*sn*⟩ F tepetakla düşmek
Puste *f* ⟨-; *o pl*⟩ F: ***außer ~ sein*** nefesi kesilmek
Pustel *f* ⟨-; -n⟩ MED kabarcık, çıban
pusten *v/i* ⟨*h*⟩ F üflemek
Pute *f* ⟨-; -n⟩ (dişi) hindi
Puter *m* ⟨-s; -⟩ (baba)hindi
Putsch *m* ⟨-es; -e⟩ (hükümet) darbe(si)
putschen *v/i* ⟨*h*⟩ darbe yapmak
Putz *m* ⟨-es⟩ ARCH sıva; ***unter ~*** EL sıvaaltı; F ***auf den ~ hauen*** (*feiern*) vur patlasın çal oynasın yapmak; (*angeben*) böbürlenmek
putzen **1.** *v/t* ⟨*h*⟩ temizlemek; *Metall a* parlatmak, *Schuhe* boyamak; (*wischen*) silmek; ***sich*** (*D*) ***die Nase ~*** burnunu silmek; ***Zähne ~*** dişlerini fırçalamak; **2.** *v/i* temizlik yapmak; ***~ gehen*** *als Putzfrau* temizliğe gitmek; **3.** *v/r*: ***sich ~*** *Tier* yalanıp temizlenmek
Putzfrau *f* temizlikçi kadın
putzig *adj* F şirin
Putz|lappen *m* yer bezi; **~mittel** *n* temizlik maddesi; parlatıcı

P

putzmunter *adj Kinder* uykusu olmayan, keyifli
Putzzeug *n* temizlik malzemesi
Puzzle ['pazəl] *n* ⟨-s; -s⟩ yapboz (oyunu)
PVC [peːfaʊ'tseː] *n* ⟨-s; *o pl*⟩ *Abk für* ***Polyvinylchlorid*** polivinilklorit (PVC)
Pygmäe [pyg'mɛːə] *m* ⟨-n; -n⟩ Pigme
Pyjama [py'dʒaːma] *m* ⟨-s; -s⟩ pijama
Pyramide *f* ⟨-; -n⟩ piramit
Pyrenäen *pl*: ***die ~*** Pireneler, Pirene Dağları
Python *f* ⟨-; -s⟩ piton (yılanı)

Q

q, **Q** [kuː] *n* ⟨-; -⟩
Quacksalber ['kvakzalbɐ] *m* ⟨-s; -⟩ şarlatan (hekim)
Quaddel ['kvadəl] *f* ⟨-; -n⟩ MED kabartı
Quader ['kvaːdɐ] *m* ⟨-s; -⟩ (*Steinblock*) kesme taş; MATH dikdörtgenler prizması
Quadrant *m* ⟨-en; -en⟩ MATH dörtlük
Quadrat *n* ⟨-s; -e⟩ kare; **⁓isch** *adj* kare (şeklinde); **~meter** *m*, *a n* metrekare; **~meterpreis** *m* metrekare fiyatı
quadrieren *v/t* ⟨*o* ge-, *h*⟩ *-in* karesini almak
quaken *v/i* ⟨*h*⟩ *Ente* vak vak etmek; *Frosch* vıraklamak
quäken *v/i* ⟨*h*⟩ *Lautsprecher, Stimme* ötmek; *Baby* viyaklamak
Qual *f* ⟨-; -en⟩ eziyet; ***ich hatte die ~ der Wahl*** bana seçmek zor geldi
quälen ⟨*h*⟩ **1.** *v/t -e* işkence etmek, *-e* eziyet etmek; *fig -i* sıkboğaz etmek, *-in* başını ağrıtmak **2.** *v/r*: ***sich ~*** kendine eziyet etmek
Quälerei *f* ⟨-; -en⟩ eziyet(li iş); eziyet (etme)
Quälgeist *m* ⟨-es; -er⟩ F *durmadan rahatsız eden kimse*
Qualifikation [kvalifika'tsi̯oːn] *f* ⟨-; -en⟩ nitelik (kazanma)
qualifizieren *v/r* ⟨*o* ge-, *h*⟩: ***sich ~ für*** *-e* yeterlik kazanmak; ***j-n ~ als*** b-ne … yeterliği vermek
qualifiziert *adj* uzman, vasıflı, kalifiye
Qualität *f* ⟨-; -en⟩ nitelik; *gute* kalite
qualitativ [kvalita'tiːf] *adj* niteliksel, nitel
Qualitäts|arbeit *f* üstün işçilik; **~erzeugnis** *n* kaliteli ürün; **~kontrolle** *f* kalite kontrol(ü); **~management** *n* kalite yönetimi; **~ware** *f* kaliteli mal
Qualm *m* ⟨-s; *o pl*⟩ koyu duman
qualmen *v/i* ⟨*h*⟩ duman çıkarmak, tütmek; F fosur fosur sigara içmek
qualvoll *adj* eziyet içinde
Quäntchen *n* ⟨-s; -⟩ zerre(cik); ***ein ~ Hoffnung*** bir nebze ümit
Quantentheorie *f* kuvantum teorisi
Quantität *f* ⟨-; -en⟩ nicelik, miktar
quantitativ *adj* niceliksel, nicel
Quantum *n* ⟨-s; -ten⟩ (*Anteil, Portion*) (***an*** *D -de*) *-in* payı
Quarantäne [karan'tɛːnə] *f* ⟨-; -n⟩ karantina; ***unter ~ stellen*** karantinaya almak
Quark *m* ⟨-s; *o pl*⟩ lor peyniri; F (*Unsinn*) gazoz ağacı
Quartal *n* ⟨-s; -e⟩ çeyrekyıl
Quartett *n* ⟨-s; -e⟩ MUS kuartet; dörtlü (grup)
Quartier [kvar'tiːɐ] *n* ⟨-s; -e⟩ *geceleyecek yer*; ***~ nehmen*** (***bei*** *-e*) inmek
Quarz *m* ⟨-es; -e⟩ kuvars; **~uhr** *f* kuvars(lı) saat
quasi *adv* adeta, bir tür, tabir caizse
quasseln *v/i u v/t* ⟨*h*⟩ F gevezelik etmek, konuşup durmak
Quaste *f* ⟨-; -n⟩ (*Troddel*) püskül; (*Pinsel*) badana fırçası
Quatsch *m* ⟨-es⟩ F saçma(lık); ***~ machen*** aptallık etmek; gırgır geçmek; ***~ reden*** aptalca konuşmak
quatschen *v/i* ⟨*h*⟩ F saçmalamak; (*plaudern*) gevezelik etmek
Quatschkopf *m* F (*Schwätzer*) geveze; (*Dummkopf*) ahmak
Quecksilber *n* cıva
Quelldatei *f* EDV kaynak dosya
Quelle *f* ⟨-; -n⟩ pınar, kaynak; (*Öl⁓*) kuyu; F *fig* ***an der ~ sitzen*** suyun başını tutmuş olmak; ***etw aus sicherer ~ wissen*** emin bir kaynaktan bilmek
quellen **1.** *v/t* ⟨quellt, quellte, gequellt,

h⟩ *Erbsen* suya yatırmak; **2.** *v/i* ⟨quillt, quoll, gequollen, *sn*⟩ şişmek, su çekmek; (***aus*** *-den*) fışkırmak, kaynamak
Quellen|angabe *f* kaynak (gösterme); **~studium** *n* kaynakları inceleme
Quell|gebiet *n nehrin kaynaklandığı bölge*; **~wasser** *n* kaynak/memba suyu
quengelig *adj Kind* mızmız
quengeln *v/i* ⟨*h*⟩ *Kind* mızırdanmak; (*nörgeln*) vırvır/dırdır etmek
quer ['kveːɐ] *adv* aykırı, çapraz(lamasına), enine; (*diagonal*) verev, köşegenlemesine; (*rechtwinklig*) diklemesine; ***~ durch, ~ über*** (*A od D -in*) bir ucundan öbür ucuna; ***~ legen***: F ***sich ~ legen*** terslik çıkarmak
Quer|achse *f* enlemesine eksen; **~balken** *m* travers, kiriş; **~denker(in** *f*) *m* aykırı düşünen
Quere *f*: ***j-m in die ~ kommen*** ile çatışmak, b-nin işini bozmak
Quer|flöte *f* travers flüt; **~format** *n* yatay boyut; **~kopf** *m* F dikkafalı; **~schiff** *n* ARCH çapraz nef/sahın; **~schläger** *m sekerek yanlamasına giden mermi*
Querschnitt *m* (ara)kesit; **&(s)gelähmt** *adj* MED paraplejik (felçli); **~(s)lähmung** *f* parapleji (felci)
Quer|straße *f bir caddeyi kesen cadde*; ***zweite ~ rechts*** sağdan ikinci cadde(ye); **~summe** *f* MATH *bir sayının basamaklarının toplamı*
Querulant *m* ⟨-en; -en⟩ ters, kavgacı
Querverbindung *f* enine/çapraz bağlantı
quetsch|en ⟨*h*⟩ **1.** *v/t* (***in*** *A -e*) sıkıştırmak; ***sich*** (*D*) ***die Hand in der Tür ~*** elini kapıya sıkıştırmak; **2.** *v/r*: ***sich ~*** MED bir yerini ezmek; ***sich ~ in*** (*A*) *-e* sıkışmak; **&ung** *f* ⟨-; -en⟩ MED ez(il)me, çürük, bere
quicklebendig *adj* F canlı, dipdiri
quietsch|en *v/i* ⟨*h*⟩ (***vor*** *D -den*) ciyklemek; *Bremsen, Reifen* cayırdamak; *Tür, Bett usw* gıcırdamak; **~vergnügt** *adj* F keyiften dört köşe
quieken *v/i* ⟨*h*⟩ viyaklamak
Quintessenz *f* ⟨-; -en⟩ öz, cevher; can alıcı nokta
Quintett *n* ⟨-s; -e⟩ *Musikstück* kentet, kuintet; (*fünf Leute*) beşli
Quirl [kv-] *m* ⟨-s; -e⟩ çırpacak, mikser; **&en** *v/t* ⟨*h*⟩ çırpmak, karıştırmak; **&ig** *adj* ele avuca sığmaz
quitt *adj*: ***mit j-m ~ sein*** b-le ödeşmiş olmak
Quitte *f* ⟨-; -n⟩ ayva
quittieren v/t ⟨*o* ge-, *h*⟩ alındılamak; ***j-m etw ~*** b-ne bş-in makbuzunu vermek; *fig* ***etw mit e-m Lächeln ~*** bş-i bir gülümsemeyle karşılamak; ***den Dienst ~*** görevi bırakmak
Quittung *f* ⟨-; -en⟩ alındı, makbuz; ***gegen ~*** makbuz karşılığı
Quiz [kvɪs] *n* ⟨-; -⟩ yarışma programı; **~frage** *f* ödüllü soru; **~master** [-maːstɐ] *m* yarışma sunucusu
Quote *f* ⟨-; -n⟩ kota; pay; (*Rate*) oran
Quotenregelung *f* kota düzenlemesi
Quotient [kvo'tsi̯ɛnt] *m* ⟨-en; -en⟩ MATH bölüm, bölme (işlemi) sonucu

R

R

r, R [ɛr] *n* ⟨-; -⟩ r, R
r. *Abk für* ***rechts*** sağ(da)
® *Zeichen für* ***eingetragenes Warenzeichen*** tescilli marka
RA *Abk für* ***Rechtsanwalt*** avukat (Av.)
Rabatt *m* ⟨-s; -e⟩ ÖKON (***auf*** *A -de*) indirim
Rabbi *m* ⟨-(s); -s⟩, **~ner** *m* ⟨-s; -⟩ REL haham
Rabe *m* ⟨-n; -n⟩ karga
Raben|mutter *f a scherzh* hain ana; **&schwarz** *adj* kapkara; **~vater** *m a scherzh* hain baba
rabiat *adj* zorba(ca); öfkeli
Rache *f* ⟨-; *o pl*⟩ öç, intikam; ***aus ~ für*** (*A*) *-in* öcünü almak için; ***~ schwören*** *-in* öcünü almaya ant içmek
Rachen *m* ⟨-s; -⟩ ANAT gırtlak, boğaz; *Raubtier* hayvan ağzı
rächen ⟨*h*⟩ **1.** *v/t -in* öcünü almak; **2.** *v/r*: ***sich ~*** öç almak; ***sich an j-m ~ für*** *A* b-nden bş-in öcünü/intikamını almak

Rächer *m* ⟨-s; -⟩, **≗in** *f* ⟨-; -nen⟩ intikam alan
Rachi|tis *f* ⟨-; *o pl*⟩ MED raşitizm; **≗tisch** *adj* raşitik
rachsüchtig *adj* kinci, intikamcı
Rad *n* ⟨-s; ¨er⟩ teker(lek); (*Fahr≗*) bisiklet; **~ fahren** bisiklete binmek; F **unter die Räder kommen** gürültüye gitmek
Radar *m, n* ⟨-s; *o pl*⟩ radar; **~falle** *f* F *radar tuzağı*; **~gerät** *n* radar cihazı; **~kontrolle** *f* radarla sürat kontrolü; **~schirm** *m* radar ekranı
Radau *m* ⟨-s; *o pl*⟩ F gürültü patırtı, şamata
radebrechen *v/t, v/i* ⟨radebricht, radebrechte, geradebrecht, *h*⟩ F çat pat konuşmak
radeln *v/i* ⟨*sn*⟩ F bisiklete binmek
Rädelsführer *m* elebaşı, çete reisi
Radfahrer(in *f*) *m* bisikletli, bisikletçi
radier|en *v/t, v/i* ⟨*o* ge-, *h*⟩ silmek; **≗gummi** *m* (lastik) silgi; **≗ung** *f* ⟨-; -en⟩ gravür
Radieschen [ra'di:sçən] *n* ⟨-s; -⟩ BOT (kırmızı) turp
radikal *adj* köklü, kökten
Radikale *m, f* ⟨-n; -n⟩ köktenci
radikal|isieren *v/t* ⟨*o* ge-, *h*⟩ radikalleştirmek; **≗ismus** *m* ⟨-; *o pl*⟩ köktencilik; **≗kur** *f* kökten çözüm; F kazıyıp atma
Radio *n* ⟨-s; -s⟩ radyo; **im ~** radyoda; **~ hören** radyo dinlemek
radioaktiv [-f] *adj* PHYS radyoaktif; **≗ität** *f* ⟨-; *o pl*⟩ radyoaktivite
Radio|apparat *m*, **~gerät** *n* radyo (alıcısı); **~logie** *f* ⟨-; -n⟩ MED radyoloji; **~rekorder** *m* radyolu kasetçalar; **~sender** *m* radyo vericisi/istasyonu; **~sendung** *f* radyo yayını; **~wecker** *m* radyolu çalarsaat
Radius *m* ⟨-; -dien⟩ yarıçap
Radkappe *f* jant kapağı
Radler[1] *n* F *bira ve gazoz karışımı*
Radler[2] *m*, **~in** *f* bisikletli, bisikletçi
Radlerhose *f* şort
Rad|rennen *n* bisiklet yarışı; **~sport** *m* bisiklet sporu; **~tour** *f* bisiklet turu; **~wanderung** *f* bisiklet gezintisi; **~weg** *m* bisiklet yolu
raffen ⟨*h*⟩ *v/t Kleid, Vorhang* büzmek; F (*verstehen*) çak(azla)mak; **etw an sich ~** bş-i ele geçirmek
Raffgier *f* (mülkiyet) hırs(ı), açgözlülük
Raffinerie *f* ⟨-; -n⟩ CHEM rafineri
Raffinesse [-'nɛsə] *f* ⟨-; -n⟩ (*Schläue*) kurnazlık; (*Eleganz*) incelik
raffiniert *adj* (*schlau*) kurnaz, açıkgöz; rafine
Rage ['ra:ʒə] *f* ⟨-; *o pl*⟩ öfke; **j-n in ~ bringen** b-ni (çok) öfkelendirmek
ragen *v/i* ⟨*h*⟩: **~ aus** *-den* sivrilmek, *-den* yükselmek; *horizontal -den* çıkmak; **~ über** (*A*) *-in* üstünden yükselmek
Ragout [ra'gu:] *n* ⟨-s; -s⟩ GASTR yahni, ragu
Rahm *m* ⟨-s; *o pl*⟩ krema
rahmen *v/t* ⟨*h*⟩ çerçevelemek
Rahmen *m* ⟨-s; -⟩ çerçeve; (*Gefüge*) iskelet, yapı; (*Hintergrund*) fon, arka plan; (*Bereich*) alan, kapsam; **aus dem ~ fallen** dikkati çekmek, sıradışı olmak; **den ~ sprengen** *-in* kapsamını aşmak; **im ~ des Möglichen** mümkün olanın sınırları içinde
Rahmen|abkommen *n bes* POL çerçeve an(t)laşması; **~bedingungen** genel şartlar *pl*; **~handlung** *f* ana olay (*romanda*); **~programm** *n* çerçeve program
Rakete *f* ⟨-; -n⟩ roket, MIL *a* füze
Raketen|abschussbasis *f* MIL füze rampası; **~abwehrsystem** *n* füzesavar sistemi; **~stützpunkt** *m* MIL füze üssü
Raki *m* rakı
Rallye ['rali], ['rɛli] *f* ⟨-; -s⟩, *schweiz n* ⟨-s; -s⟩ ral(l)i
RAM [ram] *n* ⟨-s; -s⟩ EDV RAM
Ramadan *m* Ramazan (ayı)
rammen *v/t* ⟨*h*⟩ *-e* toslamak, çarpmak
Rampe *f* ⟨-; -n⟩ rampa; THEA sahne kenarı; **~nlicht** *n fig*: **im ~ stehen** kamuoyunun dikkati *-in* üstünde olmak
ramponieren *v/t* ⟨*o* ge-; *h*⟩ F zedelemek, *-e* hasar vermek
Ramsch *m* ⟨-es⟩ değersiz, hurda, tapon (mal)
ran… *in Zssgn* buraya; bu tarafa (*heran*)
Rand *m* ⟨-s; ¨er⟩ kenar; *Seite a* marj; *See, Straße a* kıyı; *Glas a* ağız; *Brille* çerçeve; **am ~(e) des Ruins** (**Krieges** *usw*) yıkıma (savaşa *usw*) ramak kala
Randa|le *f* ⟨-; *o pl*⟩ F kargaşa; **≗lieren** *v/i* ⟨*o* ge-; *h*⟩ kargaşa çıkarmak; **~lierer** *m* ⟨-s; -⟩ kargaşacı, gürültücü; sokak serserisi, holigan
Rand|bemerkung *f* çıkma, kenar notu; *fig* dokunma, iğneleme; **~gebiet** *n Stadt* varoşlar *pl*; **~gruppe** *f* marjinal

R

grup; **≈los** *adj Brille* çerçevesiz; **~streifen** *m* AUTO banket; **≈voll** *adj* ağzına kadar (*od* lebalep) dolu

Rang *m* ⟨-s; ⸚e⟩ MIL rütbe; *Stellung* konum, sınıf; ***erster ~*** THEA protokol yeri; ***ersten ~es*** birinci sınıf, birinci dereceden; ***j-m den ~ ablaufen*** b-nden üstün çıkmak; ***Ränge*** *pl Stadion* sıra(lar *pl*)

rangieren [raŋ'ʒiːrən] ⟨*o* ge-, *h*⟩ **1.** *v/i* … sırada olmak, … sırayı almak; **2.** *v/t* AUTO, BAHN *-le* manevra yapmak; ***~ vor*** (*D*) *-den* daha üstün olmak

Rang|liste *f* derecelendirme; **~ordnung** *f* hiyerarşi, aşama sırası

ranhalten *v/r* ⟨*unreg*, -ge-, *h*⟩ F: ***sich ~*** gayret etmek, sebat göstermek

ranken *v/i u v/r* ⟨*h*⟩ *Pflanze* **(*sich*) ~** sarılmak; *fig Gerücht, Sage* ***sich ~ um*** *-in* söylentisi/efsanesi olmak

ran|lassen *v/t* ⟨*unreg*, -ge-, *h*⟩ F: ***j-n ~ an*** (*A*) b-ni *-in* yanına yaklaştırmak; **~machen** *v/r* ⟨-ge-, *h*⟩ F: ***sich an j-n ~*** b-ne yanaşmak; **~nehmen** *v/t* ⟨*unreg*, -ge-, *h*⟩ F: ***j-n ~*** b-ni derse kaldırmak; b-nden daha çok verim istemek

ranzig *adj* bozulmuş, acılaşmış (*yağ*)

Rap [rɛp] *m* ⟨-(s); -s⟩ MUS rap, rep

rapide **1.** *adj* hızlı; **2.** *adv* hızla

Raps *m* ⟨-es; -e⟩ BOT kolza; **~öl** *n* kolza yağı

rar *adj* seyrek, ender; **≈ität** *f* ⟨-; -en⟩ *Sache* garip şey; (*Seltenheit*) ender şey

rasant F *adj Tempo* (çılgın gibi) hızlı

rasch *adj* hızlı, çabuk; (*sofortig*) acil, ivedi

rascheln *v/i* ⟨*h*⟩ hışırdamak

Rasen *m* ⟨-s; -⟩ çim(en)

rasen *v/i* ⟨*sn*⟩ F hızla gitmek, delice araba sürmek; ⟨*h*⟩ *Sturm* şiddetle sürmek; ***~ vor Begeisterung*** coşkudan çılgına dönmek; ***~ vor Wut*** öfkeden köpürmek

rasend *adj Tempo* çok hızlı, deli gibi; *wütend* öfkeli, hiddetli; *Schmerz* şiddetli; *Beifall* yeri göğü sarsan; ***~ machen*** çıldırtmak

Rasenmäher *m* ⟨-s; -⟩ çim biçme makinası

Raser *m* ⟨-s; -⟩ F *deli gibi araba kullanan*; **~ei** *f* ⟨-; -en⟩ F (*schnelles Fahren*) *deli gibi araba kullanma*; (*Wut*) öfke çılgınlığı; ***j-n zur ~ bringen*** b-ni öfkeden çıldırtmak

Rasier|apparat *m* tıraş makinesi; ***elektrischer ~*** elektrikli tıraş makinesi; **~creme** *f* tıraş kremi

rasieren ⟨*o* ge-, *h*⟩ **1.** *v/t* tıraş etmek; **2.** *v/r*: ***sich ~*** tıraş olmak

Rasier|er *m* ⟨-s; -⟩ tıraş makinesi; **~klinge** *f* tıraş bıçağı, jilet; **~messer** *n* ustura; **~pinsel** *m* tıraş fırçası; **~schaum** *m* tıraş köpüğü; **~wasser** *n* tıraş losyonu

Räson [rɛ'zɔŋ] *f* ⟨-; *o pl*⟩: ***j-n zur ~ bringen*** b-nin aklını başına getirmek

raspeln *v/t* ⟨*h*⟩ rendelemek

Rasse *f* ⟨-; -n⟩ ırk; ZOOL cins, tür

Rassel *f* ⟨-; -n⟩ çıngırak, kaynana zırıltısı

rasseln *v/i* ⟨*sn*⟩ çıngırdamak; F *fig* ***durch die Prüfung ~*** sınavda çakmak

Rassen|diskriminierung *f* ırk ayırımcılığı; **~hass** *m* ırkçı nefret; **~trennung** *f* ırk ayırımı

Rassismus *m* ⟨-; *o pl*⟩ ırkçılık

Rassist *m* ⟨-en; -en⟩, **~in** *f* ⟨-; -nen⟩ ırkçı; **≈isch** *adj* ırkçı, ırkçılıkla ilgili

Rast *f* ⟨-; -en⟩ mola; (*Pause a*) ara; **(*e-e*) *~ machen*** mola vermek

rasten *v/i* ⟨*h*⟩ mola vermek

Raster *n* ⟨-s; -⟩ TV *usw fig* şema

rastlos *adj* dur durak bilmeyen, huzursuz

Rast|platz *m* dinlenme yeri; AUTO mola yeri; **~stätte** *f* AUTO dinlenme tesisi

Rasur *f* ⟨-; -en⟩ tıraş

Rat[1] *m* ⟨-s; Ratschläge⟩ öğüt; ***j-m e-n ~ geben*** b-ne akıl/öğüt vermek; ***j-n um ~ fragen*** b-ne akıl danışmak

Rat[2] *m* ⟨-s; ⸚e⟩ POL meclis, konsey, şûra; (*Ratsmitglied*) meclis üyesi

Rate *f* ⟨-; -n⟩ ÖKON taksit; (*Geburten≈ usw*) oran; ***auf ~n*** taksitle; ***in ~n bezahlen*** taksit taksit ödemek

raten *v/t u v/i* ⟨rät, riet, geraten, *h*⟩ öğütlemek, tavsiye etmek; (*er~*) tahmin etmek, bilmek; *Rätsel* çözmek; ***j-m zu etw ~*** b-ne bş-i tavsiye etmek; ***rate mal!*** bil bakalım!, tahmin et!

Raten|kauf *m* taksitli alım; **~zahlung** *f* taksitli ödeme; taksit ödemesi

Ratespiel *n* bilmece (oyunu)

Ratgeber *m* ⟨-s; -⟩ danışman; (*Buch*) kılavuz (kitap)

Rathaus *n* belediye binası

ratifizier|en *v/t* ⟨*o* ge-, *h*⟩ onaylamak; **≈ung** *f* ⟨-; -en⟩ onayla(n)ma

Ration [ra'tsi̯oːn] *f* ⟨-; -en⟩ pay, tayın

rational [ratsi̯o'naːl] *adj* akılcı; **~isieren** *v/t* ⟨*o* ge-, *h*⟩ rasyonalize etmek; **≈isie-**

rung *f* ⟨-; -en⟩ rasyonalizasyon; **≈ismus** *m* ⟨-; *o pl*⟩ rasyonalizm, akılcılık
ration|ell [ratsio'nɛl] *adj* rasyonel, etkin; (*sparsam*) ölçülü, hesaplı; **~ieren** [-'niːrən] *v/t* ⟨*o* ge-, *h*⟩ tayına/vesikaya bağlamak
ratlos *adj* çaresiz, şaşkın; **≈igkeit** *f* ⟨-; *o pl*⟩ çaresizlik
ratsam *adj* tavsiye edilir; yerinde
Ratschlag *m* ⟨-s; ¨-e⟩ öğüt, tavsiye
Rätsel *n* ⟨-s; -⟩ bilmece; (*Geheimnis*) muamma, sır; *fig* ***vor e-m ~ stehen*** bir bilmeceyle karşı karşıya olmak; **≈haft** *adj* akıl ermez, gizemli
rätseln *v/i* ⟨*h*⟩: ***~ über*** (*A*) *-in* sırrını çözmeye çalışmak
Rätselraten *n* ⟨-s; *o pl*⟩ bilmece çözme
Rattan *n* ⟨-s; *o pl*⟩ bambu (mobilya)
Ratte *f* ⟨-; -n⟩ sıçan
rattern *v/i* takırdamak
rau *adj* pürüzlü; *Klima* sert; *Stimme* kısık, boğuk; *Hände usw* çatlak, yarık; *Hals* iltihaplı
Raub *m* ⟨-s; *o pl*⟩ gasp, soygun; (*Beute*) ganimet, çalıntı mal; **~bau** *m* ⟨-s; *o pl*⟩ talan, yağma, sömürme; ***~ treiben an*** (*D*) *-i* talan etmek; **~druck** *m* ⟨-s; -e⟩ korsan baskı
rauben *v/t* ⟨*h*⟩ soymak; ***j-m etw ~*** b-nin bş-ini gasbetmek; *fig* b-nin bş-ini elinden almak
Räuber *m* ⟨-s; -⟩ haydut, eşkıya
Raub|kopie *f Film, CD usw* korsan kopya; **~mord** *m* gasp cinayeti; **~tier** *n* yırtıcı hayvan; **~überfall** *m* soygun; *a* yol kesme
Rauch *m* ⟨-s; *o pl*⟩ duman
rauchen ⟨*h*⟩ **1.** *v/t Tabak* içmek; F ***e-e ~*** bir sigara içmek; **2.** *v/i* sigara *vs* kullanmak; *Schornstein, Brandherd* tütmek; ***Rauchen verboten!*** sigara içmek yasaktır!
Raucher *m* ⟨-s; -⟩ sigara içen
Räucheraal *m* tütsülenmiş/füme yılan balığı
Raucher|abteil *m* sigara içilen kompartıman; **~husten** *m* MED sigara öksürüğü; **~in** *f* ⟨-; -nen⟩ sigara içen (kadın)
räuchern *v/t* ⟨*h*⟩ tütsülemek
Räucherstäbchen *n* tütsü/buhur çubuğu
rauchig *adj fig Stimme* puslu, pusarık
Rauch|verbot *n* sigara içme yasağı; ***hier ist ~*** burada sigara içme yasağı vardır; **~vergiftung** *f* duman zehirlenmesi; **~wolke** *f* duman bulutu
Raufasertapete *f talaşlı duvar kağıdı*
Raufbold *m* ⟨-s; -e⟩ kavgacı, belalı
raufen ⟨*h*⟩ **1.** *v/t*: ***sich*** (*D*) ***die Haare ~*** saçını başını yolmak; **2.** *v/i u v/r*: (***sich***) ***~*** (***mit*** ile, ***um*** için/uğruna) dövüşmek, kavga etmek, boğuşmak
Rauferei *f* ⟨-; -en⟩ kavga, dövüşme
rauflustig *adj* kavgacı, bela arayan
rauh *adj* → ***rau***
Raum *m* ⟨-s; ¨-e⟩ mekân; (*Zimmer*) oda, salon; (*Platz*) yer; (*Gebiet*) alan; (*Welt≈*) uzay; ***im ~ München*** Münih ve yöresinde; **~anzug** *m* uzay elbisesi
räumen *v/t* ⟨*h*⟩ *Wohnung* boşaltmak; *Hotelzimmer a* terk etmek; ***s-e Sachen ~ in*** (*A*) eşyalarını *-e* koymak/kaldırmak
Raum|fähre *f* uzay mekiği; **~fahrt** *f* ⟨-; *o pl*⟩ uzay yolculuğu; uzay bilimi (*Wissenschaft*); **~fahrtzentrum** *n* uzay merkezi; **~flug** *m* uzay uçuşu; **~inhalt** *m* hacim, istiap; **~kapsel** *f* uzay kapsülü
räumlich *adj* mekanca, mekansal; üç boyutlu
Raum|schiff *n bemannt* uzay gemisi; **~sonde** *f* uzay aracı; **~station** *f* uzay istasyonu
Räumung *f* ⟨-; -en⟩ boşaltma, *bes* ÖKON, JUR tahliye, tasfiye
Räumungs|klage *f* JUR tahliye davası; **~verkauf** *m* ÖKON tasfiye satışı
Raupe *f* ⟨-; -n⟩ tırtıl
Raureif *m* kırağı, kırç
raus *int* F (çık) dışarı!
Rausch *m* ⟨-s; ¨-e⟩ sarhoşluk, kendinden geçme; ***e-n ~ haben*** sarhoş olmak; ***s-n ~ ausschlafen*** uyuyup ayılmak
rauschen **1.** *v/i* ⟨*h*⟩ *Wind* hışırdamak; *Wasser* şırıldamak; *Bach* uğuldamak; TECH, EL hışırtı/parazit yapmak; **2.** ⟨*sn*⟩ F *fig* hızla geçip gitmek
Rauschen *n* ⟨-s; *o pl*⟩ hışırtı, şırıltı, uğultu; EL hışırtı, parazit
rauschend *adj Applaus* şiddetli
Rauschgift *n* uyuşturucu (madde); **~handel** *m* uyuşturucu ticareti; **~händler(in** *f*)*m* uyuşturucu satıcısı; **~sucht** *f* uyuşturucu bağımlılığı; **≈süchtig** *adj* uyuşturucu bağımlısı; **~süchtige** *m, f* uyuşturucu bağımlısı
raus|fliegen ⟨*unreg*, -ge-, *h*⟩ F kapı dışarı edilmek; **~geben** ⟨*unreg*, -ge-,

R

h⟩ F çıkarıp vermek; *Geld* üstünü vermek; **~kriegen** ⟨-ge-, *h*⟩ F (*erfahren*) öğrenmek, ortaya çıkarmak
räuspern *v/r* ⟨*h*⟩: ***sich ~*** hafifçe öksürmek, genzini temizlemek
raus|schmeißen *v/t* ⟨*unreg*, -ge-, *h*⟩ F dışarı atmak; **≈schmeißer** *m* ⟨-s; -⟩ F *Bar* goril, bodigart; **≈schmiss** *m* ⟨-es; -e⟩ F dışarı at(ıl)ma
Raute *f* ⟨-; -n⟩ eşkenar dörtgen
Rave [reːv] *m* ⟨-(s); -s⟩ *organize kitle eğlentisi*
Razzia ['ratsi̯a] *f* ⟨-; -zien⟩ (***auf*** *A*, ***in*** *D* *-e*) baskın, arama tarama, *Verkehr* çevirme
rd. *Abk für* ***rund*** yaklaşık/yuvarlak (olarak)
Reagenzglas *n* tüp
reagieren *v/i* ⟨*o* ge-, *h*⟩ (***auf*** *A* *-e*) tepki göstermek
Reaktion [re|ak'tsi̯oːn] *f* ⟨-; -en⟩ (***auf*** *A* *-e*) tepki
reaktionär [-tsi̯o'nɛːr] *adj* POL gerici
Reaktionär [-tsi̯o'nɛːr] *m* ⟨-s; -e⟩, **~in** *f* ⟨-; -nen⟩ gerici
Reaktions|fähigkeit [-'tsi̯oːns-] *f* ⟨-; *o pl*⟩, **~vermögen** *n* ⟨-; *o pl*⟩ tepki yeteneği
reaktivieren *v/t* ⟨*o* ge-, *h*⟩ yeniden etkin hale getirmek, reaktive etmek
Reaktor *m* ⟨-s; -en⟩ PHYS reaktör; **~kern** *m* reaktör çekirdeği; **~sicherheit** *f* reaktör güvenliği
real [re'aːl] *adj* gerçek, reel; (*konkret*) somut; **≈einkommen** *n* reel gelir
realisieren *v/t* ⟨*o* ge-, *h*⟩ gerçekleştirmek; kavramak
Real|ismus *m* ⟨-; *o pl*⟩ gerçekçilik; **~ist** *m* ⟨-en; -en⟩, **~istin** *f* ⟨-; -nen⟩ gerçekçi; **≈istisch** *adj* gerçekçi; **~ität** *f* ⟨-; -en⟩ gerçek(lik), realite
Realschule *f* *Art* ortaokul (*5.-10. sınıf*)
Rebell *m* ⟨-en; -en⟩ asi; **≈ieren** *v/i* ⟨*o* ge-, *h*⟩ (***gegen*** *-e*) isyan etmek; **~ion** [-'li̯oːn] *f* ⟨-; -en⟩ isyan
rebellisch *adj* asi(ce)
Rebstock *m* BOT asma kütüğü
rechen *v/t* *Laub usw* tırmıklamak
Rechen *m* ⟨-s; -⟩ tırmık; bahçıvan tarağı
Rechen|anlage *f* bilgisayar (tesisi); **~aufgabe** *f* matematik ödevi; **~fehler** *m* hesap hatası; **~maschine** *f* hesap makinesi
Rechenschaft *f* ⟨-; *o pl*⟩: (***j-m***) ***~ ablegen*** (***über*** *A* *-e* hakkında) hesap/rapor vermek; ***j-m ~ schuldig sein*** b-ne hesap verecek olmak; ***zur ~ ziehen*** *-den* hesap sormak; **~sbericht** *m* (çalışma *vs*) rapor(u)
Rechenschieber *m* hesap cetveli
Rechenzentrum *n* bilgisayar merkezi
Recherch|e [re'ʃɛrʃə] *f* ⟨-; -n⟩ araştırma; **≈ieren** *v/t u v/i* ⟨*o* ge-, *h*⟩ araştırmak
rechnen ⟨*h*⟩ **1.** *v/t* hesaplamak; (*veranschlagen*) tahmin ve takdir etmek; ***j-n ~ zu*** b-ni *-den* saymak; **2.** *v/i* hesap etmek; ***~ mit*** (*erwarten*) beklemek; (*bauen auf*) *-e* güvenmek
Rechner *m* ⟨-s; -⟩ hesap makinesi; EDV bilgisayar; **≈gesteuert** *adj* bilgisayar güdümlü
Rechnung *f* ⟨-; -en⟩ hesaplama, hesap; ÖKON fatura; ***die ~, bitte!*** hesap lütfen!; ***auf ~*** fatura karşılığı; ***das geht auf meine ~*** hesap benden; F *fig* ***auf s-e ~ kommen*** alacağını almak
Rechnungs|betrag *m* fatura bedeli; **~hof** *m* sayıştay; **~prüfer(in** *f*) *m* muhasebe denetçisi; **~prüfung** *f* muhasebe denetimi; **~wesen** *n* ⟨-s; *o pl*⟩ muhasebe(cilik)
recht **1.** *adj a* POL sağ; (*richtig*) doğru; ***auf der ~en Seite*** sağ tarafta; ***mir ist es ~*** bence uygun; F bana göre hava hoş; **2.** *adv* haklı/doğru olarak; (*ziemlich*) oldukça, pek, çok; ***ich weiß nicht ~*** pek bilmiyorum; ***erst ~*** inadına; ***es j-m ~ machen*** b-ne yaranabilmek; ***du kommst gerade ~*** tam zamanında geldin
Recht *n* ⟨-s; -e⟩ hak; (*Anspruch*) (***auf*** *A* *-e*) hak; (*Gesetzgebung*) hukuk; (*Gerechtigkeit*) adalet; ***~ haben*** haklı olmak; ***~ sprechen*** bir davaya bakmak; ***gleiches ~*** eşit hak; ***im ~ sein*** haklı olmak; ***ein ~ haben auf*** (*A*) *-e* hakkı olmak; ***alle ~e vorbehalten*** bütün hakları saklıdır/mahfuzdur; ***j-m ~ geben*** b-ne hak vermek; ***mit ~, zu ~*** haklı olarak; ***von ~s wegen*** kanuna göre; F aslında
Rechte[1] *f* ⟨-n; -n⟩ sağ el
Rechte[2] *f* ⟨-n; *o pl*⟩ POL sağ kanat
Rechte[3] *m*, *f* ⟨-n; -n⟩ POL sağcı
Rechteck *n* ⟨-s; -e⟩ dikdörtgen; **≈ig** *adj* dikdörtgen biçiminde
rechtfertig|en ⟨*h*⟩ **1.** *v/t* doğrulamak,

R

haklı çıkarmak; **2.** *v/r:* ***sich ~*** kendini savunmak; haklı çıkmak; **≈ung** *f* ⟨-; -en⟩ haklı çık(ar)ma

rechthaberisch *adj* inatçı, daima kendisini haklı gören

rechtlich *adj* kanunî, yasal, hukukî

rechtlos *adj* hiçbir hakkı olmayan

rechtmäßig *adj* yasal, meşru; *Anspruch, Besitzer* kanunî; **≈keit** *f* ⟨-; *o pl*⟩ yasallık, meşruluk

rechts *adv* sağda; ***nach ~*** sağa; ***~ abbiegen*** sağa sapmak; ***~ fahren*** sağdan gitmek; ***~ von** -in* sağında; POL ***~ stehen*** sağcı (*od* sağ kanattan) olmak

Rechts|abbieger *m* ⟨-s; -⟩ AUTO sağa sapan *adj*; **~anspruch** *m* (***auf*** *A* üzerinde) yasal hak; **~anwalt** *m* avukat; **~behelf** *m* JUR itiraz; **~berater(in** *f*) *m* hukuk danışmanı; **~bruch** *m* kanunsuzluk

rechtschaffen *adj* dürüst

Rechtschreib|fehler *m* imla yanlışı; **~ung** *f* imla, yazım

rechtsextrem *adj* aşırı sağ; **≈ismus** *m* POL aşırı sağ(cılık); **≈ist(in** *f*) *m* aşırı sağcı; **~istisch** *adj* aşırı sağ(cı)

Rechts|fall *m* hukukî olay, dava; **~frage** *f* hukukî sorun; **~grundsatz** *m* hukuk ilkesi; **≈gültig** *adj* hukuken geçerli

Rechtshänder *m* ⟨-s; -⟩, **~in** *f* ⟨-; -nen⟩ sağ elini kullanan; ***~ sein*** sağ elini kullanmak

rechtskräftig *adj* JUR yürürlükte, geçerli

Rechtskurve *f* sağ viraj

Rechts|lage *f* hukukî durum; **~mittel** *n* JUR kanun yolu, itiraz; ***ein ~ einlegen*** bir kanun yoluna başvurmak

Rechtspartei *f* sağ parti

Rechtspflege *f* ⟨-; *o pl*⟩ yargı, adliye

Rechtsprechung *f* ⟨-; *o pl*⟩ yargı, içtihat

rechts|radikal *adj* POL kökten/radikal sağcı; **≈radikale** *m, f* radikal sağcı; **≈radikalismus** *m* sağ radikalizm/köktencilik; **≈ruck** *m* sağ oylarda patlama

Rechtsschutz *m* hukukî himaye; **~versicherung** *f* hukukî yardım sigortası

Rechtsstaat *m* hukuk devleti; **≈lich** *adj* hukuk devleti ilkesine uygun; **~lichkeit** *f* ⟨-; *o pl*⟩ hukuk devleti ilkesi

Rechts|streit *m* dava, hukukî ihtilaf; **~weg** *m* yargı yolu; ***auf dem ~*** yargı yoluyla, yasal yoldan; ***den ~ beschreiten*** yasa yoluna başvurmak

rechtswidrig *adj* hukuka aykırı, gayri meşru, haksız

recht|wink(e)lig *adj* dikaçılı; dört köşeli; **~zeitig 1.** *adj* zamanında; (*pünktlich*) dakik; **2.** *adv* zamanında; (*pünktlich*) tam vaktinde

Reck *n* ⟨-s; -e⟩ SPORT barfiks

recken *v/t* ⟨*h*⟩ *Hals* uzatmak; *Arm, Bein* germek

Recorder → ***Rekorder***

recyc|eln [ri'saıkəln] *v/t* ⟨*o* ge-, *h*⟩ yeniden işlemek, dönüştürmek; **≈ling** [ri'saıklıŋ] *n* ⟨-s; *o pl*⟩ yeniden işleme; **≈lingpapier** *n* yeniden işlenmiş kağıt, dönüşümlü kağıt

Redakteur [-'tø:r] *m* ⟨-s; -e⟩, **~in** *f* ⟨-; -nen⟩ redaktör

Redaktion [-'tsĭo:n] *f* ⟨-; -en⟩ yazı işleri (kurulu *vs*), redaksiyon

Rede *f* ⟨-; -n⟩ konuşma, söz, nutuk; ***zur ~ stellen*** (***wegen*** *-den* dolayı) b-ni sorguya çekmek; ***nicht der ~ wert*** (sözünü etmeye) değmez, önemsiz

reden *v/i u v/t* ⟨*h*⟩ (***mit*** *-le*) konuşmak; *feierlich* (***über*** *A* hakkında) konuşma yapmak; (***nicht***) ***mit sich*** (*D*) ***~ lassen*** söz dinle(me)mek; ***du hast gut ~!*** (senin için) söylemesi kolay!; ***j-n zum Reden bringen*** b-ni konuşturmak

Redensart *f* deyim

Redeverbot *n* konuşma yasağı

Redewendung *f* GR deyim

redigieren *v/t* ⟨*o* ge-, *h*⟩ düzeltmek, baskıya hazırlamak, redakte etmek

Redner *m* ⟨-s; -⟩, **~in** *f* ⟨-; -nen⟩ konuşmacı; hatip

Rednerpult *n* konuşmacı kürsüsü

reduzieren ⟨*o* ge-, *h*⟩ **1.** *v/t* (***auf*** *A -e*) indirmek, indirgemek; **2.** *v/r:* ***sich ~*** inmek, düşmek

Reeder *m* ⟨-s; -⟩ armatör; **~ei** *f* ⟨-; -en⟩ gemicilik işletmesi

reell *adj Preis* makul; *Chance* gerçek; *Firma* sağlam

Referat *n* ⟨-s; -e⟩ rapor; (*Vortrag*) *a* konuşma, bildiri; *im Unterricht* seminer tezi, bildiri; (*Dienststelle*) şube, bölüm; ***ein ~ halten*** bir bildiri sunmak

Referendar *m* ⟨-s; -e⟩, **~in** *f* ⟨-; -nen⟩ JUR, *fürs Lehramt* stajyer

Referendum *n* ⟨-s; -den *od* -da⟩ referandum, halk oylaması

Referent *m* ⟨-en; -en⟩, **~in** *f* ⟨-; -nen⟩ (*Vortragender*) konuşmacı; (*Abtei-*

lungsleiter) şube müdürü; (*Berater*) ***persönlicher ~ von*** *-in* özel danışmanı

Referenz *f* ⟨-; -en⟩ tavsiye, referans; *Person* danışılacak kişi; ***~en*** *pl* diplomalar, belgeler

referieren *v/t u v/i* ⟨*o* ge-, *h*⟩ (***über*** *A* hakkında) bildiri sunmak, konuşma yapmak

reflektieren ⟨*o* ge-, *h*⟩ *v/t Licht* yansıtmak

Reflektor *m* ⟨-s; -en⟩ reflektör

Reflex *m* ⟨-es; -e⟩ refleks, tepki; PSYCH tepke; **~bewegung** *f* refleks hareketi

reflexiv [-f] *adj* GR dönüşlü; **2pronomen** *n* GR dönüşlü zamir

Reform *f* ⟨-; -en⟩ reform; **~ation** [-'tsi̯oːn] *f* ⟨-; -en⟩ *a* HIST REL reform; **2bedürftig** *adj* reforma ihtiyacı olan; **~er** *m* ⟨-s; -⟩, **~erin** *f* ⟨-; -nen⟩ reformcu

Reformhaus *n doğal besin dükkanı*

reformieren *v/t* ⟨*o* ge-, *h*⟩ yeniden düzenlemek, reforme etmek

Reformkost *f* doğal besin

Reformpolitik *f* reform politikası

Refrain [rə'frɛ̃ː] *m* ⟨-s; -s⟩ nakarat, bağlantı

Regal *n* ⟨-s; -e⟩ raf, sergen; **~wand** *f bütün duvarı kaplayan raf*

Regatta *f* ⟨-; -ten⟩ tekne yarışı

rege *adj* (*lebhaft*) canlı; ***geistig ~*** zihnen canlı; ***~n Anteil nehmen an*** (*D*) *-i* sıcak ilgiyle paylaşmak

Regel *f* ⟨-; -n⟩ kural; *der Frau* regl, aybaşı; ***in der ~*** genellikle; ***die ~ sein*** olağan olmak; **~blutung** *f* MED aybaşı kanaması; **~fall** *m*: ***im ~*** genelde

regelmäßig *adj* düzenli, kurallı; **2keit** *f* ⟨-; *o pl*⟩ düzenlilik, kurallılık

regeln ⟨*h*⟩ **1.** *v/t* düzenlemek, düzeltmek; TECH *a* ayarlamak; *Angelegenheit usw* halletmek; **2.** *v/r*: ***sich ~*** düzenlenmek, düzene girmek

regelrecht **1.** *adj* usulüne uygun; **2.** (*wirklich*) düpedüz, baya(ğı)

Regelung *f* ⟨-; -en⟩ düzenleme; ayar(lama); (*Steuerung*) TECH kontrol

regelwidrig *adj* kuraldışı; kurala aykırı; **2keit** *f* kuraldışılık; usulsüzlük

regen ⟨*h*⟩ **1.** *v/t* hareket ettirmek; **2.** *v/r*: ***sich ~*** hareket etmek, kımıldamak, uyanmak

Regen *m* ⟨-s; -⟩ yağmur; ÖKOL ***saurer ~*** asitli yağmur; ***bei ~*** yağmurda, yağmurlu havada; yağmur yağınca/yağarken

Regenbogen *m* gökkuşağı; **~presse** *f* boyalı basın

Regener|ation *f* ⟨-; -en⟩ yenilenme, gençleşme; **~ationsfähigkeit** *f* k-ni yenileme yeteneği; **2ieren** *v/t u v/r* ⟨*o* ge-, *h*⟩ (***sich***) **~** (k-ni) yenilemek

Regen|fälle *pl* yağışlar; **~guss** *m* sağanak; **~mantel** *m* yağmurluk; **~rinne** *f* yağmur oluğu; **~schauer** *m* sağanak; **~schirm** *m* şemsiye

Regent *m* ⟨-en; -en⟩, **~in** *f* ⟨-; -nen⟩ *yönetim başındaki prens veya vekili*

Regen|tag *m* yağmurlu gün; **~tropfen** *m* yağmur damlası; **~wald** *m* tropik orman; **~wasser** *n* yağmur suyu; **~wetter** *n* yağmurlu hava; **~wolke** *f* yağmur bulutu; **~wurm** *m* yersolucanı; **~zeit** *f* yağmur dönemi

Reggae ['rɛgeː] *m* ⟨-(s)⟩ MUS reggae (müziği)

Regie [re'ʒiː] *f* ⟨-; *o pl*⟩ THEA, FILM reji, yönetim; ***~ führen*** (***bei***) (*-i*) yönetmek; ***unter der ~ von*** *-in* yönetiminde; ***in eigener ~*** kendi yönetiminde; **~anweisung** *f oyun yazarının sahneleme notu*; **~assistent(in** *f*) *m* reji asistanı

regier|en ⟨*o* ge-, *h*⟩ **1.** *v/i* hüküm sürmek, iktidarda bulunmak; **2.** *v/t* yönetmek; **2ung** *f* ⟨-; -en⟩ hükümet; yönetim; *e-s Monarchen* hükümdarlık, saltanat; ***an der ~ sein*** itidarda olmak; ***an die ~ kommen*** itidara geçmek

Regierungs|bezirk *m* il, vilayet; **~bildung** *f* hükümetin kurulması; **~chef(in** *f*) *m* hükümet başkanı; **~erklärung** *f* hükümet protokolü; **2fähig** *adj* hükümeti kurabilecek (nitelikte); **~krise** *f* hükümet bunalımı; **~partei** *f* iktidar partisi; **~sitz** *m* hükümet merkezi; **~sprecher(in** *f*) *m* hükümet sözcüsü; **~umbildung** *f* hükümet değişikliği; **~wechsel** *m* hükümet değişikliği

Regime [re'ʒiːm] *n* ⟨-s; -⟩ POL rejim; **~kritiker(in** *f*) *m* rejim karşıtı

Regiment *n* ⟨-s; -e⟩ POL egemenlik; MIL alay

Region [re'gi̯oːn] *f* ⟨-; -en⟩ bölge

regional *adj* bölgesel, yöresel; **2bahn** *f*, **2express** *m* BAHN *yakın ulaşım treni*; **2verwaltung** *f* bölgesel yönetim

Regisseur [reʒɪ'søːr] *m* ⟨-s; -e⟩, **~in** *f* ⟨-; -nen⟩ rejisör, yönetmen

Register *n* ⟨-s; -⟩ *in Büchern* dizin, endeks

registrier|en *v/t* ⟨*o* ge-, *h*⟩ kaydetmek; tescil etmek; ***sich ~ lassen*** kaydolmak; **ℒkasse** *f* yazar kasa; **ℒung** *f* ⟨-; -en⟩ kayıt, kaydolma
Regler *m* ⟨-s; -⟩ TECH regülatör
reglos *adj* kıpırtısız
regnen *v/unp* ⟨*h*⟩ (yağmur) yağmak; ***es regnet in Strömen*** (yağmur) bardaktan boşanırcasına yağıyor
regnerisch *adj* yağmurlu
Regress *m* ⟨-es; -e⟩ ÖKON, JUR tazminat talebi; (asıl borçluya) başvuru; **~anspruch** *m* başvuru/müracaat hakkı; **ℒpflichtig** *adj* tazminle yükümlü
regulär *adj* düzenli, nizamî; (*üblich*) olağan, normal
regulier|bar *adj* ayarlanabilir, düzenlenebilir; (*steuerbar*) yönetilebilir, kontrol edilebilir; **~en** *v/t* ⟨*o* ge-, *h*⟩ düzenlemek, ayarlamak; (*steuern*) yönetmek, kontrol etmek
Regung *f* ⟨-; -en⟩ hareket, kımıltı; (*Gefühls*ℒ) duygu, heyecan; (*Eingebung*) esin, ilham
regungslos *adj* hareketsiz, cansız
Reh [reː] *n* ⟨-s; -e⟩ karaca
Rehabilitation *f* ⟨-; -en⟩ JUR, *fig* iadei itibar; MED rehabilitasyon
Rehabilitationszentrum *n* MED rehabilitasyon merkezi
rehabilitieren ⟨*o* ge-, *h*⟩ **1.** *v/t* MED rehabilite etmek, JUR *-in* itibarını iade etmek; **2.** *v/r*: ***sich ~*** JUR itibarını yeniden kazanmak
Reh|bock *m* ⟨-s; ⸚e⟩ erkek karaca; **~braten** *m* karaca kızartması; **~keule** *f* karaca budu; **~rücken** *m* karaca sırtı
Reib|e *f* ⟨-; -n⟩, **~eisen** *n* törpü
reiben ⟨rieb, gerieben, *h*⟩ **1.** *v/t* ov(uştur)mak; rendelemek; ***sich die Augen (Hände) ~*** gözlerini (ellerini) ovuşturmak; **2.** *v/r*: ***sich ~*** sürtünmek
Reib|ereien *pl* sürtüşme *sg*; **~fläche** *f kibrit kutusunun ilaçlı yüzeyi*
Reibung *f* ⟨-; -en⟩ TECH sürtünme, *fig* pürüz, nahoş durum; **ℒslos 1.** *adj* sorunsuz, dertsiz; **2.** *adv* ***~ funktionieren*** tıkır tıkır işlemek/yürümek; **~sverlust** *m* TECH sürtünme kaybı
reich *adj* (***an*** *D* bakımından) zengin; *Ernte*, *Vorräte* bol, bereketli; ***~e Auswahl*** bol çeşitler *pl*
Reich *n* ⟨-s; -e⟩ imparatorluk, ülke, devlet; HIST ***das Dritte ~*** Nazi Almanyası; BOT, ZOOL âlem; *fig* ~ (*G*) … dünyası; REL ***das ~ Gottes*** ebediyet
reichen ⟨*h*⟩ **1.** *v/t*: ***j-m etw ~*** b-ne bş-i uzatmak; **2.** *v/i* (*aus*~) yetmek, yeterli olmak; ***~ bis*** *-e* yetişmek, *-e* kadar uzanmak; ***das reicht*** bu (kadarı) yeter; ***mir reichts!*** burama geldi!, artık yeter!
reichhaltig *adj* zengin
reichlich 1. *adj* bol; *Zeit*, *Geld* fazlasıyla; **2.** *adv* (*ziemlich*) oldukça; (*großzügig*) bol bol, cömertçe; F (*ziemlich*) ***~ spät*** hayli geç
Reichtum *m* ⟨-s; ⸚er⟩ servet, zenginlik
Reichweite *f* er(iş)im; LUFTF, MIL, *Funk* menzil; ***in (außer) j-s ~*** b-nin menzili içinde (dışında)
reif *adj* ergin, olgun
Reif[1] *m* ⟨-s; *o pl*⟩ kırağı; *Frost* don
Reif[2] *m* ⟨-s; -e⟩ (*Arm*ℒ) bilezik
Reife *f* ⟨-; *o pl*⟩ erginlik, olgunluk; ***mittlere ~*** *Art* ortaokul mezuniyeti
reifen *v/i* ⟨*sn*⟩ ermek, olgunlaşmak; olgunlaşıp (***zu etw*** bş) olmak
Reifen *m* ⟨-s; -⟩ AUTO *usw* (dış) lastik, tekerlek; *Spielgerät*, *a* SPORT hulahop, halka; **~druck** *m* lastik hava basıncı, F lastiğin havası; **~panne** *f* lastik patlaması; **~wechsel** *m* lastik değiştirme
reiflich *adj* iyice, esaslı; ***nach ~er Überlegung*** iyice düşündükten sonra
Reihe [ˈraɪə] *f* ⟨-; -n⟩ dizi, sıra; (*Anzahl*) dizi; (*Serie*) seri; ***der ~ nach*** sırayla; ***ich bin an der ~*** sıra bende; F ***aus der ~ tanzen*** sıradışı olmak
Reihen|folge *f* sıralanış, sıra; **~haus** *n* sıraev(ler *pl*); **~untersuchung** *f* MED muayene kampanyası; **ℒweise** *adv* F *fig* düzinelerce
Reim *m* ⟨-s; -e⟩ LIT kafiye, uyak
reimen ⟨*h*⟩ **1.** *v/t u v/i* (*Verse machen*) manzume yazmak; **2.** *v/r*: ***sich ~ (auf*** *-le*) kafiyeli olmak
rein 1. *adj* saf, katıksız, arı; (*sauber*) temiz; *Gewissen* masum, rahat; *Wahrheit* tam, gerçek; ***~ machen*** temizlemek; ***etw ins Reine bringen*** bş-i açıklığa kavuşturmak; ***mit j-m ins Reine kommen*** bile olan anlaşmazlığı gidermek; ***mit sich*** (*D*) ***im Reinen sein*** içi rahat olmak; ***ins Reine schreiben*** temize çekmek; **2.** (*nichts als*) sadece, yalnız, ancak, sırf
Rein|erlös *m*, **~ertrag** *m* net kâr/getiri
Reinfall *m* F flop; (*Enttäuschung*) ha-

yalkırıklığı; **≈en** *v/i* ⟨-ge-, *h*⟩ F *fig*: ***auf j-n (etw) ~*** b-ne (bş-e) aldanmak
Reingewinn *m* safi/net kâr
reinhängen *v/r* ⟨-ge-, *h*⟩ F: (*engagieren*) ***sich in etw*** (*A*) (***voll***) ~ bş-e (bütün gücüyle) girişmek
reinhauen *v/i* ⟨*unreg*, -ge-, *h*⟩ F *beim Essen* yumulmak; ***j-m e-e ~*** b-ne bir tane geçirmek
Reinheit *f* ⟨-; *o pl*⟩ (*Sauberkeit*) temizlik; (*Klarheit*) berraklık
reinig|en *v/t* ⟨*h*⟩ temizlemek; *Luft* arıtmak; *chemisch -e* kuru temizleme yapmak; **≈ung** *f* ⟨-; -en⟩ temizleme; arıtma; *chemische* kuru temizleme; *Firma* (kuru) temizleyici; ***in der ~*** temizleyicide; ***in die ~ bringen*** temizleyiciye vermek; **≈ungsmilch** *f* temizleme sütü; **≈ungsmittel** *n* temizleme (madde), deterjan
Reinkarnation [re|ınkarna'tsĭo:n] *f* hulul, reenkarnasyon, yeniden diriliş
reinlegen *v/t* ⟨-ge-, *h*⟩ F *fig*: ***j-n ~*** b-ni aldatmak
reinlich *adj* temiz(liği seven), titiz; **≈keit** *f* ⟨-; *o pl*⟩ temizlik, titizlik
Reis *m* ⟨-es⟩ pirinç; *gekochter* pilav
Reisbrei *m* pirinç lapası
Reismehl *n* pirinç unu
Reise *f* ⟨-; -n⟩ gezi, yolculuk, seyahat; MAR *a* sefer; (*Rund≈*) tur; ***e-e ~ machen*** bir seyahat etmek; ***gute ~!*** iyi yolculuklar!; ***auf ~n sein*** geziye çıkmış olmak; **~andenken** *n* hatıra, andaç; **~apotheke** *f yolcunun yanındaki ilaçları*; **~begleiter(in** *f*) *m* yol arkadaşı/refakatçisi; **~bekanntschaft** *f yolculukta tanışılan kimse*; **~beschreibung** *f* gezi yazısı; **~büro** *n* seyahat acentası; **~bus** *m* şehirlerarası otobüs; **≈fertig** *adj* yolculuğa hazır; **~fieber** *n*: ***sie hat ~*** onu yol(culuk) heyecanı sarmış; **~führer** *m Person* turist rehberi; *Buch* yol rehberi; **~gepäck** *n* yol bagajı; **~gepäckversicherung** *f* bagaj sigortası; **~gesellschaft** *f* (*~gruppe*) turist kafilesi; (*~veranstalter*) seyahat şirketi; **~gruppe** *f* turist kafilesi; **~kosten** *pl* yol masrafları, seyahat giderleri; **~land** *n gezilen ülke*; **~leiter(in** *f*) *m* kafile başkanı; **~lektüre** *f yolda okunacak şey*
reiselustig *adj* yolculuğu seven
reisen *v/i* ⟨*sn*⟩ (***nach*** *-e*) yolculuğa çıkmak; ***durch Frankreich ~*** Fransa'yı gezmek; ***ins Ausland ~*** yurtdışı gezisi yapmak; ***zu j-m ~*** uzaktaki b-nin yanına gitmek
Reisen *n* ⟨-s; *o pl*⟩ yolculuk, gezme
Reisende *m, f* ⟨-n; -n⟩ turist; (*Fahrgast*) yolcu
Reise|pass *m* pasaport; **~prospekt** *m* seyahat broşürü; **~route** *f* gezi güzergâhı; **~rücktrittsversicherung** *f geziden vazgeçme hali için tazminat sigortası*; **~ruf** *m bir yolcuya yapılan acil duyuru*; **~scheck** *m* seyahat çeki; **~spesen** *pl* yol giderleri, seyahat masrafları; **~tasche** *f* yolcu çantası, valiz; **~unterlagen** *pl* seyahat belgeleri; **~veranstalter** *m* seyahat şirketi; tur operatörü; **~verkehr** *m* tatil trafiği; **~wecker** *m portatif çalar saat*; **~wetterbericht** *m tatil için hava raporu*; **~zeit** *f* gezi mevsimi; **~ziel** *n* gidilecek/varılacak yer
Reisfeld *n* pirinç tarlası
Reisig *n* ⟨-s; *o pl*⟩ çalı çırpı
Reißaus *n*: ***~ nehmen*** kirişi kırmak
Reißbrett *n* çizim masası
reißen ⟨riss, gerissen⟩ **1.** *v/t* ⟨*h*⟩ ayırmak, bölmek, koparmak; ***etw an sich ~*** bş-i ele geçirmek, bş-in üstüne oturmak; ***j-m etw aus der Hand ~*** b-nin elinden bş-i çekip almak; ***in Stücke ~*** parçalamak; **2.** *v/i* ⟨*sn*⟩ çekmek; ⟨*h*⟩: ***~ an*** (*D*) çek(iştir)ip kurtulmaya çalışmak; **3.** *v/r* ⟨*h*⟩: ***sich ~ um*** *-i* kapışmak, (için) savaşmak
reißend *adj Fluss* deli, şiddetli; ***~en Absatz finden*** peynir ekmek gibi satılmak
Reißer *m* ⟨-s; -⟩ F *Film usw* revaç gören, izlenilen (film); çok okunan (kitap); **≈isch** *adj Schlagzeile* sansasyonel; *Farben, Werbung* çekici, etkileyici
reißfest *adj* kopmaz; yırtılmaz
Reiß|nagel *m* raptiye; **~verschluss** *m* fermuar; ***den ~ aufmachen*** fermuarı açmak; ***den ~ zumachen*** fermuarı kapamak/çekmek; **~wolf** *m kağıt ve kumaş parçalama makinası*; **~zwecke** *f* ⟨-; -n⟩ raptiye
reiten ⟨ritt, geritten⟩ **1.** *v/i* ⟨*sn*⟩ atla gelmek/gitmek; **2.** *v/t* ⟨*h*⟩ *-e* binmek
Reiter *m* ⟨-s; -⟩, **~in** *f* ⟨-; -nen⟩ atlı, binici; süvari
Reit|lehrer(in *f*) *m* binicilik öğretmeni; **~pferd** *n* binek atı; **~schule** *f* binicilik kursu; **~sport** *m* binicilik sporu; **~stall** *m* binek ahırı; **~turnier** *n* binicilik tur-

nuvası; **~unterricht** *m* binicilik dersi

Reiz *m* ⟨-es; -e⟩ çekicilik; gıdıkla(n)ma; MED, PSYCH dürtü, uyarı; ***den ~ verlieren*** (***für*** için) çekiciliğini kaybetmek

reizbar *adj* aşırı duyarlı, çabuk kızan, sinirli; **≈keit** *f* ⟨-; *o pl*⟩ sinirlilik

reizen *v/t* ⟨*h*⟩ tahrik etmek; MED tahriş etmek; (*ärgern*) kızdırmak, sinirlendirmek; *besonders Tier* azdırmak; *-in* üzerine salmak; (*herausfordern*) kamçılamak, tahrik etmek; (*anziehen*) çekmek, cezbetmek; (*locken*) *-i* ayartmak

reizend *adj* çekici, alımlı; (*hübsch*) sevimli, hoş

Reiz|gas *n* göz yaşartıcı gaz; **~klima** *n* *bünyeyi uyaran iklim*; **≈los** *adj* çekici olmayan, yavan, tatsız; **~schwelle** *f* uyarılma eşiği; **~thema** *n* tartışmalı (*od* nazik, hassas) konu; **~ung** *f* ⟨-; -en⟩ *a* MED tahriş; tahrik; **≈voll** *adj* ilginç, çekici; **~wäsche** *f* seksi çamaşır; **~wort** *n* tahrik edici söz

rekapitulieren *v/t* ⟨*o* ge-, *h*⟩ baştan gözden geçirmek

rekeln ⟨*h*⟩: ***sich ~*** gerinmek

Reklamation *f* ⟨-; -en⟩ ÖKON şikâyet

Reklame *f* ⟨-; -n⟩ (*Werbung*) reklam; (*Anzeige*) reklam, ilan; ***~ machen für*** *-in* reklamını yapmak

reklamieren *v/i u v/t* ⟨*o* ge-, *h*⟩ şikâyet etmek

rekonstruieren *v/t* ⟨*o* ge-, *h*⟩ *ilk haliyle yeniden kurmak*; *-in nasıl cereyan ettiğini ortaya çıkarmak*

Rekonstruktion *f* ⟨-; -en⟩ yeniden kur(ul)ma; canlandırma

Rekord *m* ⟨-s; -e⟩ rekor; ***e-n ~ aufstellen*** (***halten***) rekor kırmak (korumak); **~geschwindigkeit** *f* rekor hız; **~halter(in** *f*) *m* rekortmen; **~zeit** *f* rekor süre

Rekorder *m* ⟨-s; -⟩ teyp

Rekrut *m* ⟨-en; -en⟩ MIL acemi er

rekrutieren *v/t* ⟨*o* ge-, *h*⟩ MIL, *fig* (*a v/r*: ***sich***) ***aus*** *-den* toplanıp gelmek

Rektor *m* ⟨-s; -en⟩, **~in** *f* ⟨-; -nen⟩ *Schule* müdür; *Hochschule* rektör; **~at** *n* ⟨-s; -e⟩ müdürlük; rektörlük

Rel. *Abk für* ***Religion*** *f* din

Relais [rəˈlɛː] *n* ⟨-; - [rəˈlɛːs]⟩ EL röle

Relation [-ˈtsi̯oːn] *f* ⟨-; -en⟩ MATH orantı; ***in ~ zu*** ile orantılı olarak

relativ [-f] **1.** *adj* göreceli, nispî, bağıl; **2.** *adv* nispeten; **~ieren** [-v-] *v/t -in* önemini azaltmak; **≈ität** [-v-] *f* ⟨-; *o pl*⟩ bağıllık, rölativite; **≈itätstheorie** *f* rölativite teorisi/kuramı

Relativ|pronomen [-f] GR tamlama zamiri; **~satz** *m* tamlama cümlesi

relevant [-v-] *adj* (***für*** için) önemli, anlamlı

Relief [reˈli̯ɛf] *n* ⟨-s; -s, -e⟩ kabartma, rölyef

Religion [-ˈgi̯oːn] *f* ⟨-; -en⟩ din

Religions|freiheit *f* din hürriyeti; **~gemeinschaft** *f* dinî cemaat; **~krieg** *m* din/inanç savaşı; **~lehrer(in** *f*) *m* din dersi öğretmeni; **~unterricht** *m* din dersi; **~zugehörigkeit** *f* dinî mensubiyet, dinsel kimlik

religiös *adj* dinsel, dinî; *Person* dindar

Relikt *n* ⟨-s; -e⟩ kalıntı

Reling *f* ⟨-; -s⟩ MAR küpeşte, güverte parmaklığı

Reliquie [reˈliːkvi̯ə] *f* ⟨-; -n⟩ REL kutsal emanet

Remake [ˈriːmeːk] *n* ⟨-s; -s⟩ FILM yeniden çekim

rempeln *v/t* ⟨*h*⟩ *-e* kasten çarpmak, *-i* itip kakmak

Ren *n* ⟨-s; -s⟩ ren geyiği

Renaissance [rənɛˈsãːs] *f* ⟨-; -n⟩ Rönesans, *fig a* yeniden doğuş

Rendezvous [rãdeˈvuː] *n* ⟨-; -⟩ randevu, buluşma

Rendite *f* ⟨-; -n⟩ ÖKON kazanç, gelir, verim

renitent *adj* inatçı

Rennbahn *f* yarış pisti/parkuru

rennen *v/i* ⟨rannte, gerannt, *sn*⟩ (hızla) koşmak; ***gegen etw ~*** bş-e karşı yarışmak; ***um die Wette ~*** yarışmak

Rennen *n* ⟨-s; -⟩ yarış; (*Einzel≈*) koşu; ***das ~ machen*** (başarı) kazanmak

Renner *m* ⟨-s; -⟩ F çok satan/sevilen *adj*

Renn|fahrer *m Auto* araba yarışçısı; *Rad* bisiklet yarışçısı; **~pferd** *n* yarış atı; **~rad** *n* yarış bisikleti; **~strecke** *f* yarış pisti; **~wagen** *m* yarış arabası

Renommee *n* şöhret, ün

renommiert *adj* (***wegen*** *-le*) ünlü, şöhretli

renovier|en [-v-] *v/t* ⟨*o* ge-, *h*⟩ yenileştirmek, onarmak; *Innenraum* badana etmek, boyamak; **≈ung** *f* ⟨-; -en⟩ tamir, badana-boya işleri

rentab|el *adj* kârlı; **≈ilität** *f* ⟨-; *o pl*⟩ kârlılık

Rente *f* ⟨-; -n⟩ emeklilik (*işçiler ve söz-*

leşmeli personel); **in ~ gehen** emekli olmak

Renten|alter *n* emeklilik yaşı; **~empfänger(in** *f*) *m* emekli/malul maaşı alan; **~markt** *m* ÖKON sabit faizli bono piyasası; **~versicherung** *f* emeklilik sigortası

rentieren *v/r*: ⟨*o* ge-, *h*⟩: **sich ~** *-e* değmek

Rentner *m* ⟨-s; -⟩, **~in** *f* ⟨-; -nen⟩ emekli

reorganisieren *v/t* ⟨*o* ge-, *h*⟩ reorganize etmek, yeniden düzenlemek

Rep. *Abk für* ***Republik*** *f* cumhuriyet

reparabel *adj* tamiri mümkün

Reparatur *f* ⟨-; -en⟩ tamir, onarım; ***zur ~ geben*** tamire vermek; **≗anfällig** *adj* çok tamir çıkaran, çabuk bozulan; **~arbeiten** *pl* tamir çalışmaları; **≗bedürftig** *adj* tamire muhtaç; **~kosten** *pl* tamir masrafları; **~werkstatt** *f* tamir atölyesi

reparieren *v/t* ⟨*o* ge-, *h*⟩ tamir etmek, onarmak

Repertoire [repɛr'toaːr] *n* ⟨-s; -s⟩ repertuar

Reportage [repɔr'taːʒə] *f* ⟨-; -en⟩ röportaj

Reporter *m* ⟨-s; -⟩, **~in** *f* ⟨-; -nen⟩ muhabir, röportajcı

Repräsent|ant *m* ⟨-en; -en⟩, **~antin** *f* ⟨-; -nen⟩ temsilci; **~ation** [-'tsi̯oːn] *f* ⟨-; *o pl*⟩ temsil; sunum; **≗ativ** [-f] *adj* (**für** hakkında) fikir verebilecek nitelikte; (*würdig*) röprezentatif; **≗ieren** *v/t* ⟨*o* ge-, *h*⟩ temsil etmek

Repressalie [reprɛ'saːli̯ə] *f* ⟨-; -n⟩ misilleme, karşılık; *abw* zorlama tedbiri

reprivatisier|en [-v-] *v/t* ⟨*o* ge-, *h*⟩ ÖKON yeniden özelleştirmek; **≗ung** *f* ⟨-; -en⟩ yeniden özelleştirme

Reproduktion [-'tsi̯oːn] *f* ⟨-; -en⟩ çoğaltma, kopya, röproduksiyon

reproduzieren *v/t* ⟨*o* ge-, *h*⟩ çoğaltmak, *-in* kopyasını yapmak, *-i* yeniden oluşturmak

Reptil *n* ⟨-s; -ien⟩ ZOOL sürüngen

Republik *f* ⟨-; -en⟩ cumhuriyet

Republikaner *m* ⟨-s; -⟩, **~in** *f* ⟨-; -nen⟩ cumhuriyetçi; *BRD* ***die ~*** *aşırı sağcı bir parti*

republikanisch *adj* cumhuriyet(çi)

Requiem ['reːkvi̯ɛm] *n* ⟨-s; -s⟩ MUS rekiyem

Requisit [-kv-] *n* ⟨-s; -en⟩ F THEA sahne malzemesi

Reservat [-v-] *n* ⟨-s; -e⟩ (*Wild≗*) doğal koruma bölgesi; (*Indianer≗*) Kızılderili arazisi

Reserve [-v-] *f* ⟨-; -n⟩ yedek; ***stille ~n*** ÖKON gizli ihtiyatlar *pl*; (*Zurückhaltung*) çekince; **~bank** *f* ⟨-; ⸗e⟩ *Sport* yedek oyuncular *pl*; **~kanister** *m* AUTO yedek bidon; **~rad** *n* AUTO istepne, yedek lastik

reservieren [-v-] *v/t* ⟨*o* ge-, *h*⟩ ayırmak, rezerve/tahsis etmek; ***j-m e-n Platz ~*** b-ne bir yer ayırmak

reserviert [-v-] *adj* rezerve, tutulmuş; *fig* mesafeli, çekingen

Reservierung [-v-] *f* ⟨-; -en⟩ yer ayır(t)ma

Reservoir [rezɛr'voaːr] *n* ⟨-s; -e⟩ su deposu; *fig* yedekler

Residenz *f* ⟨-; -en⟩ saray, konak; konut; başşehir

residieren *v/i* ⟨*o* ge-, *h*⟩ konutu (*bir yerde*) olmak

Resign|ation *f* ⟨-; *o pl*⟩ teslimiyet, yılma; vazgeçme; **≗ieren** *v/i* ⟨*o* ge-; *h*⟩ yılmak, teslim olmak, vazgeçmek; **≗iert** *adj* yılmış, yılgın

resistent *adj* BIOL, MED (***gegen*** *-e*) dirençli

resolut *adj* cabbar, işbilir

Resolution [-'tsi̯oːn] *f* ⟨-; -en⟩ karar

Resonanz *f* ⟨-; -en⟩ PHYS, MUS rezonans; *fig* (*Echo*) (***auf*** *A -in*) yankısı

resorbieren *v/t* ⟨*o* ge-, *h*⟩ soğurmak, massetmek

resozialisieren *v/t* ⟨*o* ge-; *h*⟩ topluma (yeniden) kazandırmak

Respekt *m* ⟨-s; *o pl*⟩ (**vor** *D -e*) saygı; ***~!*** helal olsun!, bravo!; **≗abel** *adj* saygıdeğer; **≗ieren** *v/t* ⟨*o* ge-, *h*⟩ saymak, *-e* saygı göstermek; *Regeln usw -e* uymak; **≗los** *adj* saygısız; **~losigkeit** *f* saygısızlık; **≗voll** *adj* saygılı

Ressentiment [rɛsãti'mãː] *n* ⟨-s; -s⟩ önyargı, olumsuz duygu

Ressort [rɛ'soːr] *n* ⟨-s; -s⟩ şube; (*Zuständigkeit*) yetki alanı

Rest *m* ⟨-s; -e⟩ artık, kalıntı; kalan (miktar), bakiye; ***das gab ihm den ~*** bu ona son darbeyi indirdi; ***~e*** *pl a* ÖKON kalıntılar, artıklar

Restaurant [rɛsto'rãː] *n* ⟨-s; -s⟩ lokanta, restoran

restaurieren *v/t* ⟨*o* ge-, *h*⟩ restore etmek

Rest|bestand *m* ÖKON bakiye; **~betrag** *m* bakiye miktar; **2lich** *adj* (geri) kalan, sair; **2los** *adv* tamamen, bütünüyle; ***~ ausverkauft sein*** yok satmış olmak; F ***~ zufrieden sein*** *-den* gayet memnun olmak; **~posten** *m* ÖKON seri sonu malı; **~risiko** *n* hesaplanamayan riziko; **~strafe** *f* JUR kalan ceza; **~urlaub** *m* kullanılmamış izin

Result|at *n* ⟨-s; -e⟩ sonuç; **2ieren** *v/i* ⟨*o* ge-, *h*⟩ (**aus** *-in*) sonucu olmak

Resüm|ee *n* ⟨-s; -s⟩ özet; **2ieren** *v/t* ⟨*o* ge-; *h*⟩ özetlemek, toparlamak

Retorte *f* ⟨-; -n⟩ deney tüpü; *fig* ***aus der ~*** (*künstlich*) sunî, sentetik

Retortenbaby *n* tüp bebeği

Retrospektive [-v-] *f* ⟨-; -n⟩ toplu bakış, retrospektif

retten ⟨*h*⟩ **1.** *v/t* (**aus, vor** *D -den*) kurtarmak; ***j-m das Leben ~*** b-nin hayatını kurtarmak; ***etw ist nicht mehr zu ~*** bş artık iflah olmaz; **2.** *v/r*: ***sich ~*** (**aus, vor** *-den*) kurtulmak, kendini kurtarmak

Retter *m* ⟨-s; -⟩, **~in** *f* ⟨-; -nen⟩ kurtarıcı

Rettich *m* ⟨-s; -e⟩ beyazturp

Rettung *f* ⟨-; -en⟩ (**aus, vor** *D -den*) kurtuluş, kurtar(ıl)ma; ***das war s-e ~*** onu bu kurtardı; *fig* ***letzte ~*** son çare

Rettungs|aktion *f* kurtarma çalışmaları *pl*; **~boot** *n* cankurtaran sandalı, filika; **~dienst** *m* kurtarma servisi; **2los** *adj*: ***~ verloren*** (***verliebt***) iflah olmaz (derecede âşık); **~mannschaft** *f* kurtarma ekibi; **~ring** *m* cankurtaran simidi

reuen *v/t* ⟨*h*⟩: ***s-e Tat*** (***das Geld***) ***reute ihn*** yaptığı şeyden (kazandığı paradan) pişmanlık duyuyor

Revanch|e [re'vã:s(ə)] *f* ⟨-; -n⟩ rövanş; **2ieren** [revã'ʃi:rən] *v/r* ⟨*o* ge-, *h*⟩: ***sich ~ für etw*** *positiv* bş-in karşılığını vermek; *negativ* bş-in öcünü almak

Revers [re'vɛ:r] *m, n* ⟨-; -⟩ *Jacke* yaka

revidieren [-v-] *v/t* ⟨*o* ge-, *h*⟩ *Urteil* yeniden gözden geçirmek

Revier [re'vi:ɐ] *n* ⟨-s; -e⟩ bölge, çevre; ZOOL, *fig* alan; F polis karakolu

Revision [revi'zĭo:n] *f* ⟨-; -en⟩ ÖKON denetim; JUR temyiz; (*Änderung*) düzeltme; ***~ einlegen, in die ~ gehen*** temyize gitmek

Revolt|e [-v-] *f* ⟨-; -n⟩ ayaklanma, isyan; **2ieren** *v/i* ⟨*o* ge-, *h*⟩ ayaklanmak, isyan etmek

Revolution [revolu'tsĭo:n] *f* ⟨-; -en⟩ devrim

revolutionär [-tsĭo'nɛ:r] *adj* devrimci

Revolutionär *m* ⟨-s; -e⟩, **~in** *f* ⟨-; -nen⟩ devrimci

revolutionieren [-tsĭo'ni:rən] *v/t* ⟨*o* ge-, *h*⟩ kökten değiştirmek, *-de* devrim yapmak

Revolver [re'vɔlvər] *m* ⟨-s; -⟩ tabanca, F altıpatlar

Revue [rə'vy:] *f* ⟨-; -n⟩ magazin (*dergi*); THEA revü; *fig* ***etw ~ passieren lassen*** bş-i gözünün önünden geçirmek

rezen|sieren *v/t* ⟨*o* ge-, *h*⟩ tanıtmak (*Buch usw*); **2sion** [-'zĭo:n] *f* ⟨-; -en⟩ tanıtma yazısı

Rezept *n* ⟨-s; -e⟩ MED reçete; (*Koch2*) yemek tarifi; **2frei** *adj* reçetesiz (satılır)

Rezeption [-'tsĭo:n] *f* ⟨-; -en⟩ resepsiyon

rezeptpflichtig *adj* reçete ile satılır

Rezession [-'tsĭo:n] *f* ⟨-; -en⟩ ÖKON ekonomik durgunluk, resesyon

rezitieren *v/t u v/i* ⟨*o* ge-, *h*⟩ inşat etmek; *Koran* tecvit üzere okumak

R-Gespräch *n* TEL ödemeli telefon görüşmesi

Rhabarber *m* ⟨-s; *o pl*⟩ BOT ravent, ışkın

Rhapsodie *f* ⟨-; -n⟩ MUS rapsodi

Rhein *m*: ***der ~*** Ren (nehri)

Rheinland *n*: ***das ~*** Renanya (bölgesi)

Rheinland-Pfalz *n Bundesland* Renanya-Palatina (eyaleti)

Rhesus|affe *m* rhesus maymunu; **~faktor** *m* ⟨-s; *o pl*⟩ MED Rh(esus) faktörü

Rhetorik *f* ⟨-; *o pl*⟩ hitabet, retorik

rhetorisch *adj* retorik

Rheuma *n* ⟨-s; *o pl*⟩ MED romatizma; **2tisch** *adj* MED romatizma(lı); **~tismus** *m* ⟨-; -men⟩ romatizma

Rhinozeros *n* ⟨-(ses); -se⟩ gergedan

Rhododendron *n* ⟨-s; -dren⟩ BOT kumar

rhythm|isch ['rʏtmɪʃ] *adj* ritmik, ritimli; **2us** ['rʏtmʊs] *m* ⟨-; -men⟩ rit(i)m

richten ⟨*h*⟩ **1.** *v/t* düzenlemek, yoluna koymak; hazırlamak; *Zimmer* toplamak; *Haar* yapmak; ***~ an*** (*A*) *Frage -e* yöneltmek; ***~ auf*** (*A*) *Waffe, Kamera -e* doğrultmak; **2.** *v/r*: ***sich ~ nach*** *-e* göre hareket etmek; *-i* örnek almak; *Mode, Beispiel* izlemek; (*abhängen von*) *-e* bağlı olmak; ***ich richte mich ganz nach dir*** ben sana göre hareket edeceğim; onu sana bırakıyorum

Richter *m* ⟨-s; -⟩, **~in** *f* ⟨-; -nen⟩ JUR hakim, yargıç; hakem; **2lich** *adj* yargıçlıkla ilgili, hakim …, adli

Richtfest *n çatı kurulunca yapılan eğlence*

Richtgeschwindigkeit *f* AUTO (önerilen) standart hız

richtig **1.** *adj* doğru; (*korrekt a*) kusursuz; *echt, typisch, wahr, wirklich* gerçek; **2.** *adv*: **~ nett** (**böse**) gerçekten sevimli (kızgın); ***etw ~ machen*** bşi doğru/düzgün yapmak; ***meine Uhr geht ~*** saatim doğru gidiyor; **~ *stellen*** düzeltmek; ***es für ~ halten zu*** (+ *inf*) -meyi doğru bulmak; **3.** *subst* ***der, die Richtige*** doğru(su); ***das ist genau das Richtige*** (**für** için) en doğrusu bu; ***nichts Richtiges gelernt haben*** doğru dürüst bir meslek öğrenmemiş olmak; ***an den Richtigen*** (***die Richtige***) ***geraten*** doğru insana çatmak; F ***sechs Richtige*** (***im Lotto***) ***haben*** (Loto'da) banko tutturmak

richtiggehend **1.** *adj* (*wirklich*) gerçek; **2.** *adv* gerçekten

Richtigkeit *f* ⟨-; *o pl*⟩ düzgünlük, doğruluk, gerçek

Richt|linien *pl* ana hatlar, yönetmelik *sg*; **~preis** *m* ÖKON tesbit edilen fiyat; **~schnur** *f* perese, çırpı ipi; *fig* düstur, kural

Richtung *f* ⟨-; -en⟩ istikamet, yön; ***in ~ auf*** (*A*) … yönünde; ***aus*** (***nach***) ***allen ~en*** her yönden; ***in entgegengesetzter ~*** ters/karşı yönde; (*Tendenz*) F *fig* ***die ~ stimmt*** gidiş doğru

Richtungs|änderung *f*, **~wechsel** *m* POL yön değişikliği

richtungweisend *adj fig* yol gösterici, öncülük eden

Richtwert *m* standart değer

riechen ⟨roch, gerochen, *h*⟩ **1.** *v/t -in* kokusunu almak; **2.** *v/i* (**nach** bş) kokmak; (**an** *D -i*) koklamak; F ***j-n nicht ~ können*** b-nden zerre kadar hazzetmemek

Riecher *m* ⟨-s; -⟩ F: ***e-n guten ~ haben*** (**für** … konusunda) *-in* antenleri iyi çalışmak

Riegel *m* ⟨-s; -⟩ sürgü; *Schokolade* kalıp; *fig* ***e-r Sache*** (*D*) ***e-n ~ vorschieben*** gidişe bir dur demek

Riemen *m* ⟨-s; -⟩ *a* TECH kayış; (*Gürtel*) kemer; MAR kürek

Riese *m* ⟨-n; -n⟩ dev

rieseln *v/i* ⟨*sn*⟩ *Sand usw* ince ince akmak; *Schnee* serpiştirmek

Riesen|erfolg *m* muazzam başarı; **2groß** *adj* → ***riesig***; **~hunger** *m*: ***~ haben*** kurt gibi acıkmış olmak; **~rad** *n* dönmedolap

riesig **1.** *adj* kocaman, çok büyük, dev gibi; **2.** *adv* çok, müthiş

Riff *n* ⟨-s; -e⟩ resif, sığ kayalar zinciri

rigoros *adj* (*streng*) sert, acımasız(ca)

Rille *f* ⟨-; -n⟩ yiv, oluk

Rind *n* ⟨-s; -er⟩ sığır; sığır eti

Rinde *f* ⟨-; -n⟩ kabuk

Rinder|braten *m* sığır rostosu/kızartması; **~filet** *n* bonfile; **~wahnsinn** *m* delidana hastalığı; **~zucht** *f* sığırcılık

Rind|fleisch *n* sığır eti; **~(s)leder** *n* sığır derisi; **~vieh** *n* F öküz (herif)

Ring *m* ⟨-s; -e⟩ halka, çember; (*Finger2*) yüzük; *bes fig* daire; AUTO çevreyolu; *Buslinie* ring seferi; SPORT ring

Ringbuch *n* halkalı klasör; **~einlage** *f* klasör içi

ringeln **1.** *v/t* ⟨*h*⟩ (**um** *-e*) sarmak, sarmalamak; **2.** *v/r* ⟨*h*⟩: ***sich ~*** kıvrılmak, sarılmak

Ringelnatter *f* ZOOL suyılanı

ringen ⟨rang, gerungen, *h*⟩ **1.** *v/i* (**mit** *-le*) güreşmek; *fig* (**um** için) uğraşmak, savaşmak, pençeleşmek; ***nach Atem ~*** soluk/nefes alamamak, soluğu kesilmek; **2.** *v/t Hände* ovuşturmak

Ringer *m* güreşçi, pehlivan

Ring|finger *m* yüzükparmağı; **2förmig** *adj* halka biçiminde; **~kampf** *m* güreş; **~richter** *m* ring hakemi; **~straße** *f şehir merkezini çevreleyen ana cadde*

ringsum *adv* çepeçevre

Rinne *f* ⟨-; -n⟩ (*Fahr2*) tekerlek oluğu/yolu; (*Dach2*) oluk

rinnen *v/i* ⟨rann, geronnen, *sn*⟩ akmak, damlamak, sızmak; (*strömen*) oluk oluk akmak

Rinnstein *m* suyolu, kaldırım oluğu

Rippe *f* ⟨-; -n⟩ ANAT kaburga; TECH dilim

Rippenfell *n* ANAT göğüs zarı; **~entzündung** *f* MED plörezi, zatülcenp

Risiko *n* ⟨-s; -s *od* -ken⟩ riziko, risk; ***ein*** (***kein***) ***~ eingehen*** bir rizikoya gir(me)mek, bir riske atıl(ma)mak; ***auf eigenes ~*** kendi riskini göze olarak

risiko|frei *adj* rizikosuz; **~freudig** *adj*

R

riski seven, gözüpek; **≈gruppe** *f* riskli grup; **~reich** *adj* yüksek rizikolu
riskant *adj* tehlikeli, riskli, rizikolu
riskieren *v/t* ⟨*o* ge-, *h*⟩ göze almak
Riss *m* ⟨-es; -e⟩ yırtık; (*Sprung*) çatlak; *in der Haut* çatlak, yarık; *fig* ayrılık, bozuşma; **≈ig** *adj* yırtık pırtık; *Haut usw* yarık; (*brüchig*) çatlak
Ritt *m* ⟨-s; -e⟩ binme, biniş, atlı gezinti
Ritu|al *n* ⟨-s; -e, -lien⟩ tören (usulü), ritüel; **≈ell** *adj* ritüel
ritzen *v/t* ⟨*h*⟩ çizmek, kazımak
Rival|e [-v-] *m* ⟨-n; -n⟩, **~in** *f* ⟨-; -nen⟩ rakip
rival|isieren [-v-] *v/i* ⟨*o* ge-, *h*⟩ rekabet etmek, yarışmak; **~ität** *f* ⟨-; -en⟩ rekabet, yarışma
Rizinusöl *n* hintyağı
rk. *Abk für* ***römisch-katholisch*** Romen Katolik
Robbe *f* ⟨-; -n⟩ fok, ayıbalığı
Robe *f* ⟨-; -n⟩ cüppe
Roboter *m* ⟨-s; -⟩ robot
robust *adj* güçlü, kuvvetli, dinç; (*strapazierfähig*) dayanıklı
röcheln *v/i* ⟨*h*⟩ hırıldamak
Rochen *m* ⟨-s; -⟩ vatoz (balığı)
Rock[1] *m* ⟨-s; =e⟩ etek; *früher* ceket
Rock[2] [rɔk] *m* ⟨-(s)⟩ MUS rock/rok (müziği); **~band** [-bɛnt] *f* rok grubu
Rocker *m* ⟨-s; -⟩ F rokçu
Rockmusik *f* rok müziği
Rodelbahn *f* kızak pisti
rodeln *v/i* kızak(la) kaymak
roden *v/t* ⟨*h*⟩ *Land* (tarla) açmak
Rodler *m* ⟨-s; -⟩, **~in** *f* ⟨-; -nen⟩ kızakçı
Rodung *f* ⟨-; -en⟩ açma, ağaç kökleme
Roggen *m* ⟨-s; -⟩ çavdar; **~brot** *n* çavdar ekmeği
roh *adj* çiğ; (*unbearbeitet*) ham, işlenmemiş; *Handlung* kaba, gaddar; ***mit ~er Gewalt*** kaba kuvvetle
Roh|bau *m* ⟨-s; -ten⟩ ARCH kaba inşaat; **~bilanz** *f* ÖKON kaba bilanço; **~faser** *f* ham elyaf *pl*; **~fassung** *f* taslak; **~gewinn** *m* ÖKON gayrisafi kâr; **~kost** *f* *çiğ bitkisel yiyecek*; **~ling** *m* ⟨-s; -e⟩ F kaba (insan); TECH işlenmemiş parça; EDV boş CD; **~material** *n* ham malzeme; **~öl** *n* ham petrol; **~produkt** *n* ham ürün
Rohr *n* ⟨-s; -e⟩ BOT kamış, saz; TECH boru; **~bruch** *m* boru patlaması
Röhrchen *n* ince/küçük boru/tüp; ***j-n ins ~ blasen lassen*** b-ne alkol muayenesi uygulamak
Röhre *f* ⟨-; -n⟩ tüp; (*Leitungs≈, Luft≈, Speise≈*) boru; (*Bild≈*) televizyon tüpü
Rohr|kolben *m* BOT sukamışı; **~leitung** *f* boru hattı; **~zange** *f* TECH boru anahtarı; **~zucker** *m* şekerkamışı şekeri
Roh|seide *f* ham ipek, bürümcük; **~stahl** *m* ham çelik
Rohstoff *m* hammadde; **≈arm** *adj* hammadde bakımından fakir; **≈reich** *adj* hammadde bakımından zengin
Rohzustand *m* ham/işlenmemiş hal
Rollbahn *f* LUFTF (bağlantı) pist(i)
Rolle *f* ⟨-; -n⟩ makara, rulo; (*Rädchen*) küçük tekerlek; THEA rol; ***das spielt keine ~*** fark etmez, ziyanı yok; ***aus der ~ fallen*** ters davranmak, fena hareket etmek
rollen 1. *v/i* ⟨*sn*⟩ yuvarlanmak; **2.** *v/t* ⟨*h*⟩ yuvarlamak
Rollenbesetzung *f* rol dağılımı
Rollenlager *n* TECH rulmanlı yatak
Rollen|spiel *n bir olayı oyun gibi canlandırma*; **~tausch** *m* rol değiştokuşu; **~verteilung** *f* rol dağılımı
Roller *m* ⟨-s; -⟩ AUTO trotinet
Roll|feld *n* LUFTF pist; **~film** *m* FOTO makaralı film; **~kragenpullover** *m* balıkçı yaka(lı) kazak; **~laden** *m* (makaralı) kepenk; panjur
Rollo *n* ⟨-s; -s⟩ → ***Rollladen***
Roll|schuh *m* paten; ***~ laufen*** paten kaymak; **~stuhl** *m* tekerlekli sandalye; **~stuhlfahrer(in** *f*) *m* tekerlekli sandalye kullanan; **~treppe** *f* yürüyen merdiven
Rom *n* Roma
Roman *m* ⟨-s; -e⟩ roman; **~schriftsteller(in** *f*) *m* romancı
Roman|ik *f* ⟨-; *o pl*⟩ Roman üslubu/sanatı; **≈isch** *adj* Roman *subst*; **~ist** *m* ⟨-en; -en⟩ Latin filoloğu
Romantik *f* ⟨-; *o pl*⟩ romantizm
romantisch *adj* romantik
Romanze *f* ⟨-; -n⟩ romans
Röm|er *m* ⟨-s; -⟩ Romalı; (*Glas*) ayaklı şarap kadehi; **≈isch** *adj* Roma(lı) *subst*
röntgen *v/t* ⟨*h*⟩ MED *-in* röntgenini çekmek
Röntgen|apparat *m* röntgen cihazı; **~arzt** *m* radyolog, F röntgenci; **~aufnahme** *f* röntgen filmi; **~behandlung** *f* röntgen tedavisi; **~bestrahlung** *f* rönt-

gen uygulaması; **~bild** *n f* röntgen filmi; **~schirm** *m* röntgen ekranı; **~strahlen** *pl* röntgen/x ışınları; **~untersuchung** *f* röntgen muayenesi

rosa, **~rot** *adj* pembe

rosé [ro'ze:] *adj* açık pembe, gülkurusu

Rose *f* ⟨-; -n⟩ gül; MED yılancık

Rosé [ro'ze:] *m* ⟨-s; -s⟩ pembe/roze şarap

Rosen|kohl *m* Brüksel lahanası; **~kranz** *m* REL tespih; **~montag** *m Karnaval pazartesisi*; **~stock** *m* gül (bitkisi); **~strauß** *m* gül demeti; **~wasser** *n* gülsuyu

rosig *adj a fig* tozpembe

Rosine *f* ⟨-; -n⟩ kuru üzüm

Rosmarin *m* ⟨-s; *o pl*⟩ BOT biberiye

Ross *n* ⟨-es; -e *od* Rösser⟩ at

Rost[1] *m* ⟨-s; -e⟩ parmaklık; (*Brat*≗) ızgara

Rost[2] *m* ⟨-s; *o pl*⟩ pas

rosten *v/i* ⟨sn *od h*⟩ paslanmak, pas tutmak; ***nicht ~d*** paslanmaz

rösten *v/t* ⟨*h*⟩ *Kaffee* kavurmak; *Brot* kızartmak; *Fleisch* ızgarada pişirmek; *Kartoffeln* yağda kızartmak

Rost|fleck *m* pas lekesi; **≗frei** *adj* paslanmaz; **≗ig** *adj* paslı, paslanmış

Röstkartoffeln *pl haşlanıp rendelenip tavada kızartılmış patates*

Rostschutzmittel *n pas önleyici madde*

rot *adj* kırmızı; ***das Rote Kreuz*** Kızılhaç; ***das Rote Meer*** Kızıldeniz; ***~ glühend*** *adj* kor halinde/gibi; ***~ werden*** kızarmak; ***in den ~en Zahlen stehen*** borç içinde olmak

Rot *n* ⟨-s; -⟩ kırmızı; ***die Ampel steht auf ~*** kırmızı yanıyor

Rotation [-'tsi̯o:n] *f* ⟨-; -en⟩ rotasyon, dönüşüm, münavebe

rot|blond *adj* kızıla çalan sarışın; **~braun** *adj* kızıl kahverengi; *Pferd* doru

Rot|buche *f* kayın, karagürgen; **~dorn** *m* ⟨-s; -e⟩ kırmızı çiçekli akdiken

Röte *f* ⟨-; *o pl*⟩ kızıllık, kırmızılık; (*Scham*≗) yüz kızarması

Röteln *pl* MED kızamık *sg*

röten ⟨*h*⟩ *v/r*: ***sich ~*** kızarmak

rothaarig *adj* kızıl saçlı

rotieren *v/i* ⟨*o* ge-, *h*⟩ dönmek (*ekseni etrafında*)

Rotkäppchen *n* Kırmızı Başlıklı Kız

Rotkehlchen *n* kızılgerdan (kuşu)

Rotkohl *m* kırmızılahana

rötlich *adj* kırmızımsı, kızılımsı

Rot|stift *m* kırmızı kalem; *fig* ***den ~ ansetzen bei*** *-de* kesinti/kısıntı yapmak; **~wein** *m* kırmızı şarap; **~wild** *n geyik cinsleri*

rotzfrech *adj* F terbiyesiz, utanmaz

Rouge [ru:ʒ] *n* ⟨-s; -s [ru:ʒ]⟩ allık, ruj

Roulade [ru'la:də] *f* ⟨-; -n⟩ et sarması

Roulett [ru'lɛt] *n* ⟨-s; -s⟩ rulet

Route ['ru:tə] *f* ⟨-; -n⟩ yol, güzergâh

Routine [ru'ti:nə] *f* ⟨-; *o pl*⟩ rutin; (*Erfahrung*) pratik, tecrübe; **~kontrolle** *f* mutat kontrol; **~sache** *f* rutin iş/şey

routiniert *adj* tecrübeli, pratik sahibi

Rowdy ['raudi] *m* ⟨-s; -s⟩ kavgacı, serseri; **~tum** *n* ⟨-s; *o pl*⟩ kavgacılık

rubbeln *v/i*, *v/t* sürtmek; kazımak

Rübe *f* ⟨-; -n⟩ BOT şalgam; ***gelbe ~*** havuç; ***rote ~*** pancar

rüberkommen *v/i* ⟨*unreg*, -ge-, *sn*⟩ F yankı uyandırmak

Rubin *m* ⟨-s; -e⟩ yakut

Rubrik *f* ⟨-; -en⟩ (*Kategorie*) sınıf, kategori; (*Spalte*) sütun

Ruck *m* ⟨-s; -e⟩ anî çekiş, silkme, sarsma, hareket; *fig* POL kayma; ***in einem ~*** anî bir hareketle; ***sich*** (*D*) ***e-n ~ geben*** silkinmek

Rückansicht *f* arkadan görünüş

Rückantwort *f* cevap; **~karte** *f* cevaplı posta kartı

ruckartig *adj* sarsıntılı, anî

rück|bezüglich *adj* GR dönüşlü; **≗blende** *f* (***auf*** *A -e*) geri dönüş (*Film usw*); **≗blick** *m* (***auf*** *A -i*) yeniden gözden geçirme; **~datieren** *v/t* ⟨*o* ge-, *h*⟩ *-e* eski tarih atmak

rücken **1.** *v/t* ⟨*h*⟩ itmek; **2.** *v/i* ⟨*sn*⟩ ilerlemek, kımıldamak; yol/yer vermek; ***näher ~*** sıkışmak, yaklaşmak; *zeitlich* yaklaşmak

Rücken *m* ⟨-s; -⟩ sırt, arka; ***hinter j-s ~*** b-nin arkasından; ***j-m in den ~ fallen*** b-ne kalleşlik etmek; **~deckung** *f fig* arka (çıkma), destek; **~lehne** *f* arkalık (*Sessel usw*); **~mark** *n* ANAT omurilik; **~muskulatur** *f* sırt kasları *pl*; **~schmerzen** *pl* sırt ağrısı *sg*; **~schwimmen** *n* sırtüstü yüzme; **~wind** *m arkadan esen rüzgâr*; **~wirbel** *m* ANAT sırt omuru

rückerstatt|en *v/t* ⟨*o* ge-, *h*⟩ iade etmek, geri vermek; **≗ung** *f* iade

Rückfahr|karte *f* gidiş-dönüş bileti;

R

~scheinwerfer *m* AUTO geri farı
Rückfahrt *f* dönüş (yolculuğu); ***auf der ~*** dönüşte
Rück|fall *m* MED depreşme, nüksetme; JUR suçun tekrarı; **⁀fällig** *adj*: ***~ werden*** JUR yeniden suç işlemek; **~flug** *m* dönüş (uçuşu); **~frage** *f daha geniş bilgi isteme*; (karşı) soru
rückfragen *v/i* ⟨rückgefragt, *h*⟩ (***bei -e***) yeniden sormak
Rück|gabe *f* iade, geri verme; **~gang** *m* gerileme, azalma, düşüş; **⁀gängig** *adj*: ***~ machen*** geri almak, iptal etmek; **~grat** *n* ⟨-s; -e⟩ ANAT omurga, belkemiği; **⁀gratlos** *adj fig* kişiliksiz, silik; **~halt** *m* destek, arka; **⁀haltlos** *adj* çekintisiz; ***j-m ~ vertrauen*** b-ne tamamen güvenmek; **~kauf** *m* geri alma, iştira; **~kaufsrecht** *n* iştira hakkı; **~kehr** *f* ⟨-; *o pl*⟩ (geri) dönüş; **~kopplung** *f* EL geriiletim; **~lagen** *pl* ihtiyatlar, rezervler, yedekler; **~lauf** *m* geri sarma; geri(ye) akış; **⁀läufig** *adj* gerileyen, azalan; ***~e Tendenz*** azalma eğilimi; **~licht** *n* AUTO arka lambası
rücklings *adv* gerisin geriye, geri geri
Rück|marsch *m* dönüş yürüyüşü; MIL çekilme; **~porto** *n* POST *cevap/iade için posta ücreti*
Rückreise *f* dönüş (yolculuğu); **~verkehr** *m* (izinden) dönüş trafiği; **~welle** *f* yoğun dönüş trafiği
Rückruf *m* ÖKON (*Ware*) geri çağırma; TEL telefonla cevap
Rucksack *m* sırt çantası; **~tourismus** *m* sırt çantası turizmi; **~tourist(in** *f*) *m* sırt çantalı turist
Rückschlag *m* tepme; *fig* yeniden kötüleşme
Rückschluss *m*: ***Rückschlüsse ziehen aus*** *-den* … sonucunu çıkarmak
Rückschritt *m* gerileme, geri adım; **⁀lich** *adj* gerici
Rück|seite *f* arka yüz/sayfa; **~sendung** *f* geri gönderme
Rücksicht *f* ⟨-; *o pl*⟩ saygı, (ince) düşünce; ***aus ~ auf*** (*A*) *-i* düşünerek, *-i* gözeterek; ***~ nehmen auf*** (*A*) *-e* dikkat etmek; ***ohne ~ auf*** *-i* kaale almadan; **~nahme** *f* ⟨-; *o pl*⟩ (***auf*** *-i*) gözetme
rücksichtslos *adj* (***gegen*** *-e* karşı) saygısız, düşüncesiz; (*skrupellos*) acımasız, insafsız; *fahren usw* pervasızca, gözükara; **⁀igkeit** *f* ⟨-; *o pl*⟩ saygısızlık
rücksichtsvoll *adj* (***gegen*** *-e* karşı) saygılı, dikkatli
Rück|sitz *m* AUTO arka koltuk; **~spiegel** *m* AUTO dikiz aynası; **~spiel** *n* rövanş maçı; **~sprache** *f* ⟨-; -n⟩ görüş alma, danışma; ***mit j-m ~ nehmen*** (*od* ***halten***) b-le görüşmek; **~stand** *m* CHEM artıklar *pl*, kalıntı; ***ich bin mit der Arbeit im ~*** işi geciktirdim; **⁀ständig** *adj fig* geri (kafalı); *Land* geri kalmış; ***~e Miete*** (vaktinde) ödenmemiş kira; **~stau** *m* tıkanma, tıkanıklık; **~stoß** *m* tepme; **~strahler** *m* AUTO reflektör; **~taste** *f* geri tuşu
Rücktritt *m* istifa; *vom Vertrag* cayma, çekilme; ***s-n ~ erklären*** istifasını açıklamak; **~sgesuch** *n* istifa dilekçesi; **~srecht** *n* vazgeçme hakkı
rückübersetz|en *v/t* (***in*** *-e*) *tekrar kaynak dile çevirmek*; **⁀ung** *f* geri çeviri
rückvergüt|en *v/t* ⟨*o* ge-, *h*⟩ geri ödemek; **⁀ung** *f* geri ödeme
rückversicher|n *v/t u v/r*: ***sich ~*** (*sich vergewissern*) *-den* emin olmak, -i sağlama bağlamak; *Versicherung* reasürans yapmak; **⁀ung** *f* emniyet; reasürans
rückwärts *adv* geriye (doğru); ***~ gehen*** (*od* ***fahren***) geri geri gitmek (araçla); **⁀gang** *m* AUTO geri vites
Rückweg *m* dönüş yolu; ***den ~ antreten*** dönüş yoluna çıkmak
ruckweise *adv* ite kaka, kesik kesik
rückwirkend *adv*: ***etw gilt ~ ab*** bş *-den* itibaren geriye dönük olarak geçerli
Rück|wirkung *f* (***auf*** *A -e*) geri etki; JUR makable şümul; **~zahlung** *f* geri ödeme, itfa; **~zieher** *m* ⟨-s; -⟩ vazgeçme, geri alma; F ***e-n ~ machen*** yüzgeri etmek; **~zug** *m* (geri) çekilme
Rüde *m* ⟨-n; -n⟩ erkek köpek (*od* kurt/tilki/sansar)
Rudel *n* ⟨-s; -⟩ sürü
Ruder *n* ⟨-s; -⟩ MAR (*Steuer⁀*) dümen; LUFTF (*Seiten⁀*) yan dümen; (*Riemen*) kürek; ***am ~*** dümen başında; **~boot** *n* kayık
rudern 1. *v/i* ⟨*h od sn*⟩ kürek çekmek; elini kolunu sallamak; **2.** *v/t* ⟨*h*⟩ *kürek çekerek götürmek*
Ruder|regatta *f* kürek yarışı; **~sport** *m* kürek sporu
Ruf *m* ⟨-s; -e⟩ ses; (*Schrei*) bağırış; (*Ansehen*) ün, şöhret, saygınlık

R

rufen *v/i u v/t* ⟨rief, gerufen, *h*⟩ seslenmek, çağırmak, bağırmak; **~ nach** *-e* seslenmek; **~ lassen** çağırtmak, getirtmek; **um Hilfe ~** yardım istemek, imdat diye bağırmak
Rüffel *m* ⟨-s; -⟩ F azar, paylama
Ruf|mord *m* itibar zedeleme; **~name** *m b-nin önadları içinden hitap için kullanılanı*; **~nummer** *f* telefon numarası; **~umleitung** *f* telefon yönlendirimi; **~weite** *f*: **in (außer) ~** ses erimi içinde (dışında)
Rugby ['ragbi] *n* ⟨-(s)⟩ rugbi
Rüge *f* ⟨-; -n⟩ uyarma, azar(lama)
rügen *v/t* ⟨*h*⟩ uyarmak, azarlamak
Ruhe ['ruːə] *f* ⟨-; *o pl*⟩ (*Stille*) sessizlik, sükûnet; (*Schweigen*) suskunluk; (*Erholung*) dinlenme; (*Stillstand*), PHYS hareketsizlik; (*Frieden*) barış; (*Gemüts*≈) sakinlik; **zur ~ kommen** huzur bulmak, dinlenmek; **in aller ~ überlegen** sakin sakin düşünmek; **j-n in ~ lassen** b-ni rahat bırakmak; **lass mich in ~!** beni rahat/yalnız bırak!; **etw in ~ tun** bş-i sakin sakin yapmak; **die ~ behalten** soğukkanlılığını kaybetmemek; **sich zur ~ setzen** emekli olmak; **~, bitte!** lütfen sakin ol(un)! gürültü etme(yin) lütfen!
ruhebedürftig *adj* dinlenme ihtiyacında
Ruhegehalt *n* emekli maaşı (*memurlar*)
ruhelos *adj* huzursuz; kıpırdak; **≈igkeit** *f* ⟨-; *o pl*⟩ huzursuzluk, gerginlik
ruhen *v/i* ⟨*h*⟩ çalışmamak, işlememek; (**auf** *D -e*) dayanmak, yaslanmak
Ruhepause *f* dinlenme molası, istirahat
Ruheraum *m* dinlenme odası
Ruhestand *m* emeklilik; **im ~** emekli; **in den ~ treten** emekli olmak; **in den ~ versetzen** emekliye ayırmak; **vorzeitiger ~** erken emeklilik
Ruhestellung *f* TECH hareketsizlik konumu
Ruhestör|er *m* ⟨-s; -⟩, **~erin** *f* ⟨-; -nen⟩ huzuru bozan, rahatsızlık veren; **~ung** *f* huzuru bozma, rahatsızlık; **öffentliche ~** JUR kamu huzurunu bozma
Ruhetag *m* dinlenme günü; *Lokal* kapalı gün; **Montag ~** pazartesi(leri) kapalı
ruhig ['ruːɪç] **1.** *adj* sakin; (*leise, schweigsam*) *a* sessiz, gürültüsüz; (*Mensch*) *a* soğukkanlı; (*unbewegt*) hareketsiz; TECH pürüzsüz, sarsıntısız; **~ bleiben** soğukkanlılığını korumak, sessiz kalmak; **keine ~e Minute haben** başını taşıyacak vakti olmamak; **2.** *adv*: **~ verlaufen** sakin geçmek; F **tu das ~!** -mene bak!
Ruhm *m* ⟨-s; *o pl*⟩ ün, şöhret; *bes* POL şan
rühmen ⟨*h*⟩ **1.** *v/t* övmek; **2.** *v/r*: **sich ~** övünmek
Ruhr *f* ⟨-; -en⟩ MED dizanteri
Rührbesen *m* çırpacak
Rühreier *pl* sahanda yumurta *sg*
rühren ⟨*h*⟩ **1.** *v/t* karıştırmak; *fig innerlich -e* dokunmak, *-i* duygulandırmak; **er hat keinen Finger gerührt** parmağını bile oynatmadı; **zu Tränen ~** *-in* gözlerini yaşartmak; **das rührt mich gar nicht** bu beni hiç ilgilendirmez; **2.** *v/r*: **sich ~** kımılda(n)mak, hareket etmek
rührend *adj* etkili, etkileyici; (*Mitleid erregend*) acıklı, dokunaklı
Ruhrgebiet *n* Ruhr Havzası
rührselig *adj abw* duygusal
Rührung *f* ⟨-; *o pl*⟩ duygulanma, acıma
Ruin *m* ⟨-s; *o pl*⟩ yıkım, yıkılış, felaket; **vor dem ~ stehen** uçurumun kenarında olmak
Ruine *f* ⟨-; -n⟩ harabe; yıkıntı
ruinieren *v/t* ⟨*o* ge-, *h*⟩ harap etmek, yıkmak, mahvetmek
rülpsen *v/i* ⟨*h*⟩ geğirmek
Rülpser *m* ⟨-s; -⟩ geğirme, geğirti
Rum *m* ⟨-s; -s⟩ rom
Rumän|e *m* ⟨-n; -n⟩ Rumen; **~ien** *n* Romanya; **~in** *f* ⟨-; -nen⟩ Rumen (kadını); **≈isch** *adj* Rumen(ce) *subst*, Romanyalı *subst*; **~isch** *n* Rumence
Rummel *m* ⟨-s; *o pl*⟩ F (*Geschäftigkeit*) telaş, koşuşma; (*Reklame*≈) F şamatalı propaganda; **großen ~ machen um …** hakkında büyük yaygara koparmak; **~platz** *m* F lunapark
rumoren *v/i* ⟨*h*⟩ F gürültü yapmak; *Bauch fig* guruldamak
Rumpelkammer *f* sandık odası
rumpeln *v/i* F paldır küldür gitmek
Rumpf *m* ⟨-es; ≈e⟩ ANAT beden, *a* LUFTF gövde; MAR *a* tekne
rümpfen *v/t* ⟨*h*⟩: **die Nase ~** (**über** *A -e*) burun kıvırmak
rund **1.** *adj* yuvarlak; *fig* mükemmel; ~

gerechnet F yuvarlak hesap; ***~e 1000 Euro*** F yaklaşık 1000 euro; ***Gespräche am ~en Tisch*** yuvarlak masa görüşmeleri; **2.** *adv* (*ungefähr*) aşağı yukarı; ***~ um** -in* çevresinde

Rundblick *m* panorama

Runde *f* ⟨-; -n⟩ dolaşma, tur; *Boxen* raunt; ***die ~ machen*** *Nachricht usw* (ağızdan ağıza) dolaşmak; ***gerade so über die ~n kommen*** F ancak gündeliği doğrultmak

runden *v/r* ⟨*h*⟩: ***sich ~*** berraklık kazanmak

runderneuern *v/t Altreifen* kaplamak

Rund|fahrt *f* tur, gezi; **~flug** *m* tur (*uçakla vs*)

Rundfunk *m* radyo (ve) televizyon; *veraltend* radyo; ***im ~*** radyoda; ***im ~ übertragen*** (*od* ***senden***) radyodan yayımlamak; **~anstalt** *f* radyo-televizyon kurumu; **~gebühren** *pl* radyo-televizyon vergisi; **~hörer(in** *f*) *m* radyo dinleyicisi; **~programm** *n* radyo-televizyon programı; **~sender** *m* radyo-televizyon istasyonu; **~sprecher(in** *f*) *m* spiker; **~station** *f* radyo istasyonu

Rundgang *m* gezinti, yürüyüş, tur

rundlich *adj* toplu, şişmanca

Rundreise *f* gezi turu

Rundschreiben *n* sirküler, genelge

Rundung *f* ⟨-; -en⟩ yuvarlaklık, kavis

rundweg *adv* açıkça, doğrudan doğruya

Rune *f* ⟨-; -n⟩ run (harfi)

runter... *in Zssgn* F → ***herunter...***

runterhauen *v/t* ⟨-ge-, *h*⟩ F: ***j-m e-e ~*** b-ne bir tane indirmek

Runzel *f* ⟨-; -n⟩ (*Haut*) kırışık(lık)

runz(e)lig *adj* kırışık, buruşuk

runzeln *v/t* ⟨*h*⟩: ***die Stirn ~*** (***über*** *A -e*) kaşlarını çatmak

Rüpel *m* ⟨-s; -⟩ kaba adam, P hırbo; **≗haft** *adj* kaba(ca)

rupfen *v/t* ⟨*h*⟩ yolmak; F ***mit j-m ein Hühnchen ~ zu haben*** b-le görülecek bir hesabı olmak

ruppig *adj* kaba, terbiyesiz; pejmürde

Rüsche *f* ⟨-; -n⟩ kırma, rüş

Ruß *m* ⟨-es⟩ is, kurum

Russe *m* ⟨-n; -n⟩ Rus

Rüssel *m* ⟨-s; -⟩ *Elefant* hortum; *Schwein* burun

rußen *v/i* ⟨*h*⟩ tütmek, is çıkmak

rußig *adj* isli, kurumlu

Russ|in *f* ⟨-nen; -⟩ Rus (kadın); **≗isch** *adj* Rus(ya) ...; **~isch** *n* Rusça; **~land** *n* Rusya

rüsten ⟨*h*⟩ **1.** *v/i* MIL silahlanmak; **2.** *v/r*: ***sich ~*** hazırlanmak (***zu, für*** ... için, *-e*); silahlanmak (***gegen*** *-e* karşı)

Rüster *f* ⟨-; -n⟩ BOT karaağaç

rüstig ['rʏstɪç] *adj* dinç, canlı, hareketli

rustikal *adj* rustikal, köy üslubunda

Rüstung *f* ⟨-; -en⟩ MIL silahlanma; (*Ritter*≗) zırh

Rüstungs|ausgaben *pl* silahlanma harcamaları; **~industrie** *f* silah sanayii; **~stopp** *m silahlanmanın durdurulması*; **~wettlauf** *m* silahlanma yarışı

Rute *f* ⟨-; -n⟩ kamçı

Rutsch *m* ⟨-s; -e⟩ F: ***in einem ~*** bir çırpıda; F ***guten ~*** (***ins Neue Jahr***)***!*** iyi yıllar!; **~bahn** *f* kaydırak

Rutsch|e *f* ⟨-; -n⟩ kaydırak; TECH eğik düzlem; **≗en** *v/i* ⟨*sn*⟩ kaymak; *Auto usw* patinaj yapmak; **≗ig** *adj* kaygan

rütteln ⟨*h*⟩ **1.** *v/t* çalkalamak, sallamak; **2.** *v/i* sarsmak; ***an der Tür ~*** kapıyı sarsalamak; ***daran ist nicht zu ~!*** bu tartışma götürmez!

S

s, S [ɛs] *n* ⟨-; -⟩ s, S

S *Abk für* **1.** ***Süden*** *m* güney; **2.** ***Schilling*** *m* şilin

s. *Abk für* ***siehe*** bakınız (bkz., bak.)

S. *Abk für* ***Seite*** *f* sayfa (s.)

Saal *m* ⟨-s; Säle⟩ salon

Saat *f* ⟨-; -en⟩ tohum; ekme; ekin; *fig* (kötü) sonuçlar; **~gut** *n* ⟨-s; *o pl*⟩ tohumluk

Sabotage [-'taːʒə] *f* ⟨-; -n⟩ sabotaj; *fig* baltalama; **~akt** *m* sabotaj eylemi

Saboteur *m* ⟨-s; -e⟩ sabotajcı

sabotieren *v/t* ⟨*o* ge-, *h*⟩ sabote etmek, baltalamak

Sach|bearbeiter *m* ⟨-s; -⟩ (**für** *-le*) görevli memur (*büroda*); **~beschädigung** *f* mal tahribatı; **≗bezogen** *adj* (tamamen) konuya yönelik; **~buch** *n* meslek/danışma kitabı; **≗dienlich** *adj*: ***~e Hinweise*** *pl* olayı aydınlatmaya yarar bilgi *sg*

Sache *f* ⟨-; -n⟩ şey, nesne; (*Angelegenheit*) iş, konu; (*Streitfrage*) sorun; (*Anliegen*) amaç, gaye; JUR dava; ***bei der ~ bleiben*** konudan ayrılmamak; ***für e-e gute ~ kämpfen*** iyi bir amaç için mücadele etmek; ***s-e ~ gut machen*** işini iyi yapmak; ***in eigener ~*** *-in* kendisiyle ilgili olarak; ***das ist s-e ~!*** bu onun bileceği iş!; ***zur ~ kommen*** konuya/sadede gelmek; ***nicht zur ~ gehören*** *-in* konuyla ilgisi olmamak; ***~n*** *pl* eşyalar; (*Kleidung*) elbiseler; *abw* pılıpırtı *sg*; F ***mit 100 ~n*** (saatte) 100 kilometreyle

Sachgebiet *n* uzmanlık alanı

sach|gemäß, **~gerecht** *adj* usulüne uygun

Sachkapital *n* aynî sermaye

Sachkenntnis *f* uzmanlık, bilgi

sachkundig *adj*: ***sich ~ machen*** gerekli bilgiyi edinmek

Sachlage *f* ⟨-; *o pl*⟩ durum, keyfiyet

Sachleistung *f* JUR aynî eda

sachlich 1. *adj* (*nüchtern*) gerçekçi; (*unparteiisch*) nesnel, tarafsız; *Gründe* pratik, teknik; **2.** *adv*: ***~ richtig*** içerikçe doğru; **≗lichkeit** *f* ⟨-; *o pl*⟩ TECH nesnellik, objektiflik; ARCH işlevsellik

Sachregister *n* konu dizini

Sachschaden *m* maddî hasar

Sachse *m* ⟨-n; -n⟩, **Sächsin** *f* ⟨-; -nen⟩ Saksonyalı

sächsisch *adj* Saksonya(lı) *subst*

Sachspende *f* eşya bağışı, aynî yardım

sacht(e) 1. *adj* yumuşak, nazik; **2.** yavaş yavaş, hafifçe

Sach|verhalt *m* ⟨-s; -e⟩ durum, (konuyla ilgili) olgular *pl*; **~verstand** *m* uzmanlık, bilgi; **~verständige** *m*, *f* ⟨-n; -n⟩ uzman, eksper; JUR bilirkişi; **~walter** *m* ⟨-s; -⟩ JUR tasfiye hakemi; savunucu; **~wert** *m* aynî değer; malın kendi değeri; **~zwang** *m* olayların/ortamın zorlaması

Sack *m* ⟨-s; ≃e⟩ çuval, torba; V (*Hoden*) torba

Sackgasse *f* çıkmaz sokak; *fig* çıkmaz, kördüğüm

Sad|ismus *m* ⟨-; *o pl*⟩ sadizm; **~ist** *m* ⟨-en; -en⟩, **~istin** *f* ⟨-; -nen⟩ sadist; **≗istisch** *adj* sadist

säen *v/t u v/i* ⟨*h*⟩ ekmek (*tohum*)

Safari *f* ⟨-; -s⟩ *Afrika'da turistik sefer*

Safe [seːf] *m* ⟨-s; -s⟩ (çelik) kasa

Safran *m* ⟨-s; -e⟩ safran

Saft *m* ⟨-s; ≃e⟩ (öz)su; **≗ig** *adj* sulu, diri, canlı; *Witz* kaba; *Wiese* gür; *Preis* tuzlu; **~presse** *f* meyva sıkacağı

Sage *f* ⟨-; -n⟩ söylence, efsane

Säge *f* ⟨-; -n⟩ TECH testere; **~fisch** *m* testere balığı; **~mehl** *n* toz talaş

sagen *v/i u v/t* ⟨*h*⟩ söylemek; ***die Wahrheit ~*** gerçeği söylemek; ***er lässt dir ~*** sana söylememi istedi; ***~ wir*** diyelim (ki); ***man sagt, er sei*** diyorlar ki o; ***er lässt sich nichts ~*** hiç söz dinlemez; ***das hat nichts zu ~*** bu bir şey ifade etmez; ***etw*** (***nichts***) ***zu ~ haben bei*** *-in* bş-de sözü geç(me)mek; ***~ wollen mit*** … ile demek istemek; ***das sagt mir nichts*** bu benim için hiçbir anlam ifade etmiyor; ***unter uns gesagt*** söz aramızda (kalsın); ***sage und schreibe*** tastamam

sägen *v/t u v/i* ⟨*h*⟩ (testereyle) kesmek/biçmek

sagenhaft *adj* efsanevî; F *fig* şahane, inanılmaz, olağanüstü

Säge|späne *pl* talaş *sg*; **~werk** *n* hızar, kereste fabrikası

Sahne *f* ⟨-; *o pl*⟩ krema; kaymak; **~bonbon** *m*, *n* kremalı şekerleme; **~torte** *f* kremalı turta

sahnig *adj* kaymaklı, kremalı; kaymak gibi

Saison [zɛˈzõː] *f* ⟨-; -s⟩ sezon, mevsim; **≗abhängig** *adj*, **≗bedingt** *adj* sezona/mevsime bağlı; **≗bereinigt** *adj* ÖKON mevsim ayarlı, mevsime göre arındırılmış

Saite *f* ⟨-; -n⟩ tel, yay

Saiteninstrument *n* yaylı çalgı

Sakko *n* ⟨-s; -s⟩ erkek ceket

sakral *adj* dinî, dinsel

Sakrament *n* ⟨-s; -e⟩ *kilisede önemli bir tören; İsa'ya atfedilen kutsal edim*; **~!** *int* vay canına!

Sakrileg *n* ⟨-s; -e⟩ REL küfür, günah

Sakristei *f* ⟨-; -en⟩ kilise levazım odası

Säkularismus *m* ⟨-; *o pl*⟩ din ve devlet işlerinin ayrılığı, *etwa*: laisizm

Salamander *m* ⟨-s; -⟩ semender

Salami *f* ⟨-; -(s)⟩ salam
Salat *m* ⟨-s; -e⟩ BOT yeşilsalata, marul *vs*; GASTR salata; ***da haben wir den ~!*** gel çık işin içinden!
Salat|besteck *n* salata servis kaşığı-çatalı; **~kopf** *m* baş salata; **~öl** *n* salatalık yağ; **~soße** *f* salata sosu
Salbe *f* ⟨-; -n⟩ merhem
Salbei *m* ⟨-s; -⟩ adaçayı
salben *v/t* ⟨*h*⟩ merhemle ovmak; kutsamak
Saldo *m* ⟨-s; -den, -di, -s⟩ ÖKON bakiye; **~übertrag** *m* ⟨-s; ⸚e⟩ bakiye devri
Saline *f* ⟨-; *-n*⟩ tuzla
Salmiak [zal'mĭak] *m* ⟨-s; *o pl*⟩ CHEM amonyak, nışadır
Salmonellen *pl* salmonel (bakterisi) *sg*; **~vergiftung** *f* MED salmonel zehirlenmesi
Salon [za'lõ:] *m* ⟨-s; -s⟩ salon
salonfähig [za'lɔŋ-, za'lo:n-] *adj*: ***nicht ~*** el içine çık(arıl)maz
salopp *adj* özensiz, sallapati
Salpeter *m* ⟨-s; *o pl*⟩ CHEM güherçile; **~säure** *f* CHEM nitrik asit, F kezzap
Salsa *m* ⟨-; *o pl*⟩ MUS, **~musik** *f* MUS salsa (müziği)
Salto *m* ⟨-s; -s, -ti⟩ perende
Salve [-v-] *f* ⟨-; *-n*⟩ MIL salvo
Salz *n* ⟨-es; -e⟩ tuz; **2arm** *adj* az tuzlu
Salzbergwerk *m* tuz madeni
salzen *v/t* ⟨salzte, gesalzen, *h*⟩ tuzlamak
Salz|hering *m* ringa salamurası; **2haltig** *adj* tuzlu, tuz içeren; **2ig** *adj* tuzlu; **~kartoffeln** *pl* haşlama patates (*soyulmuş*); **2los** *adj* tuzsuz; **~säure** *f* CHEM tuzruhu, hidroklorik asit; **~stange** *f* tuzlu çubuk, batonsale; **~streuer** *m* tuzluk; **~wasser** *n* tuzlu su
Samen *m* ⟨-s; -⟩ BOT tohum; MED sperma; **~bank** *f* ⟨-; -en⟩ MED sperma bankası; **~erguss** *m* boşalma; **~flüssigkeit** *f* meni; **~kapsel** *f* BOT tohum kapçığı; **~korn** *n* BOT tohum tanesi; **~spender** *m* sperma veren
Sammel|aktion *f* (para/eşya) toplama kampanyası; **~band** *m* ⟨-s; ⸚e⟩ derleme (*Buch*); **~becken** *n* sarnıç; *fig -in* buluştuğu yer; **~begriff** *m* üst kavram; **~bestellung** *f* toplu sipariş; **~büchse** *f para toplama kumbarası*; **~fahrschein** *m* grup bileti; **~konto** *n* ana/kollektif hesap; **~mappe** *f* klasör
sammeln ⟨*h*⟩ **1.** *v/t* toplamak; (*anhäufen*) yığmak, biriktirmek; **2.** *v/r*: ***sich ~*** toplanmak; *fig* kendini toplamak
Sammel|platz *m* toplanma yeri; **~punkt** *m* toplanma yeri; odak (noktası)
Sammelsurium *n* ⟨-s; -rien⟩ *fig* parça bohçası
Sammler *m* ⟨-s; -⟩, **~in** *f* ⟨-; -nen⟩ kolleksiyoncu; **~wert** *m* kolleksiyon değeri
Sammlung *f* ⟨-; -en⟩ kolleksiyon
Samstag *m* cumartesi; **(*am*) ~** cumartesi günü
samstags cumartesi günleri
samt *präp* … *-le* birlikte, … dahil
Samt *m* ⟨-s; -e⟩ kadife
sämtlich *adj*: **~*e pl*** (*alle*) bütün; (*Werke usw*) *a* toplu
Sanatorium *n* ⟨-s; -rien⟩ sanatoryum
Sand *m* ⟨-s; -e⟩ kum; (*~fläche*) kumluk, kumsal; ***wie ~ am Meer*** denizde kum (gibi); ***im ~(e) verlaufen*** unutulup gitmek
Sandale *f* ⟨-; -n⟩ sandal (*ayakkabı*)
Sandalette *f* ⟨-; -n⟩ sandalet
Sand|bahn *f* kumlu pist; **~bank** *f* ⟨-; ⸚e⟩ kumla, F kumluk; **~dorn** *m* ⟨-s; -e⟩ BOT yaban iğdesi; **2ig** *adj* kumlu; **~kasten** *m* kum havuzu; **~männchen** *n çocukların gözüne uyku getiren kumu serpen masal figürü*; **~korn** *n* kum tanesi; **~stein** *m* kumtaşı; **~strand** *m* kumsal; **~sturm** *m* kum fırtınası; **~uhr** *f* kum saati
sanft **1.** *adj* nazik; (*mild*) yumuşak; *Tod* sakin, kolay; **2.** *adv*: ***ruhe ~*** nur içinde yat; **~mütig** *adj* uysal, yumuşak huylu
Sänger *m* ⟨-s; -⟩, **~in** *f* ⟨-; -nen⟩ şarkıcı
sanier|en ⟨*o* ge-, *h*⟩ **1.** *v/t* ARCH *Stadtteil, Haus* sıhhîleştirmek; *Umwelt* (yeniden) canlandırmak; ÖKON yeniden sermayelendirmek; **2.** *v/r*: ***sich ~*** ÖKON F ihya olmak; **2ung** *f* ⟨-; -en⟩ sıhhîleştirme; canlandır(ıl)ma; yeniden sermayelendir(il)me; **2ungsgebiet** *n* sıhhîleştirme bölgesi
sanitär *adj* sıhhî; **~*e Anlagen*** *pl* sıhhî tessisat *koll*
Sanitäter *m* ⟨-s; -⟩, **~in** *f* ⟨-; -nen⟩ sağlık memuru; sıhhiyeci
Sanitätswagen *m* ambülans, cankurtaran (arabası)
Sankt Aziz
Sanktion [-'t͜sĭo:n] *f* ⟨-; -en⟩ yaptırım; tasdik, onaylama; **2ieren** [-t͜sĭo:-] *v/t* ⟨*o* ge-, *h*⟩ cezalandırmak; *positiv* onaylamak

S

Sardelle *f* ⟨-; -n⟩ hamsi, sardalya
Saphir ['za:fɪr] *m* ⟨-s; -e⟩ safir; pikap iğnesi; **~nadel** *f* pikap iğnesi
Sardine *f* ⟨-; -n⟩ hamsi, sardalya
Sarg *m* ⟨-s; ¨-e⟩ tabut
Sarkas|mus *m* ⟨-; *o pl*⟩ istihza, sarkazm; **2tisch** *adj* iğneleyici, müstehzî
Sarkophag [-f-] *m* ⟨-s; -e⟩ lahit, sanduka
Satan *m* ⟨-s; -e⟩ şeytan; **2isch** *adj* şeytanî
Satellit *m* ⟨-en; -en⟩ uydu, peyk
Satelliten|bild *n* uydu resmi; **~fernsehen** *n* uydu televizyonu; **~foto** *n* uydu fotoğrafı; **~schüssel** *f* uydu anteni; **~staat** *m* uydu devlet; **~stadt** *f* uydu kent; **~übertragung** *f* uydudan naklen yayın
Satin [za'tɛ̃:] *m* ⟨-s; -s⟩ saten
Satir|e *f* ⟨-; -n⟩ (***auf*** *A -e*) hiciv, taşlama; **~iker** *m* ⟨-s; -⟩ hicivci; **2isch** *adj* hicivli, alaylı
satt *adj* tok; ***ich bin ~*** tokum, karnım doydu; ***sich ~ essen*** (***an*** *D -le*) karnını doyurmak; ***etw*** (***j-n***) ***~ haben*** (***bekommen***) bş-den (b-nden) usanmak/bıkmak, *-e* bş-den (b-nden) gına gelmek
Sattel *m* ⟨-s; ¨-⟩ eyer; *Esel* semer; **2fest** *adj* (***in*** *-de*) *-in* yeri sağlam olmak
satteln *v/t* ⟨*h*⟩ eyerlemek; *-e* eyer/semer vurmak
Sattel|schlepper *m* AUTO çekici (kamyon); **~tasche** *f* heybe; **~zeug** *n* eyer/semer takımı
sättig|en ⟨*h*⟩ **1.** *v/t Neugier* gidermek; CHEM, ÖKON *Markt* doyurmak; **2.** *v/i Essen* doyurucu olmak; **2ung** *f* ⟨-; *o pl*⟩ *a* CHEM doy(ur)ma
Satz *m* ⟨-es; ¨-e⟩ GR cümle, tümce; (*Sprung*) sıçrayış, atlama; *Volleyball usw* set; *Briefmarken, Geschirr usw* takım; ÖKON oran; MUS bölüm
Satz|aussage *f* GR yüklem; **~bau** *m* ⟨-s; *o pl*⟩ cümle yapısı; **~gefüge** *n* bağlı cümleler *pl*; **~gegenstand** *m* GR özne; **~lehre** *f* GR cümlebilgisi, sentaks; **~teil** *m* GR cümle ögesi
Satzung *f* ⟨-; -en⟩ tüzük, yönetmelik
satzungsgemäß *adj* tüzüğe uygun
Satzzeichen *n* GR noktalama işareti
Sau *f* ⟨-; ¨-e⟩ ZOOL dişi domuz; F *fig* pasaklı, sünepe; F ***unter aller ~*** berbat mı berbat
sauber *adj* temiz; (*ordentlich*) düzenli, düzgün; (*anständig*) dürüst; *scherzh* terbiyeli, nazik, ince; ***~ machen*** temizlik yapmak; ***etw ~ machen*** bş-i temizlemek; **~keit** *f* ⟨-; *o pl*⟩ temizlik; düzen; dürüstlük
säuber|n *v/t* ⟨*h*⟩ temizlemek; ***~ von*** *-den* temizlemek, arındırmak; **2ung** *f* ⟨-; -en⟩, **2ungsaktion** *f* POL temizleme harekâtı, temizlik
Saubohne *f* bakla
Saudi- *m* ⟨-s; -s⟩, **~Araber(in** *f*) *m* Suudi Arabistanlı; **~Arabien** *n* Suudi Arabistan; **2arabisch** *adj* Suudi (Arabistan) *subst*
saudumm *adj* F ahmak
sauer *adj* ekşi; CHEM asitli; *Gurke* turşu; (*wütend*) (***auf*** *A -e*) kızgın, öfkeli; ***~ werden*** ekşimek, bozulmak; *fig* bozulmak, kızmak; ***~ verdientes Geld*** F didinerek kazanılmış para; ***~ reagieren auf*** *-e* sert tepki göstermek; ***saurer Regen*** asitli yağmur
Sauer|ampfer *m* ⟨-s; *o pl*⟩ BOT kuzukulağı, ekşioğlak; **~kirsche** *f* vişne; **~kraut** *n* lahana salamurası
säuerlich *adj* ekşimsi, kekre
Sauermilch *f* süt kesiği
säuern *v/t* ⟨*h*⟩ ekşitmek
Sauerstoff *m* ⟨-s; *o pl*⟩ CHEM oksijen; **~flasche** *f* oksijen tüpü; **~mangel** *m* oksijen yetersizliği; **~maske** *f* MED oksijen maskesi; **~zelt** *n* oksijen çadırı
Sauerteig *m* mayalık hamur
saufen *v/t u v/i* ⟨säuft, soff, gesoffen, *h*⟩ *Tier* içmek; F *Mensch* çok içmek, F kafayı çekmek
Säufer *m* ⟨-s; -⟩ F ayyaş, içkici; **~ei** *f* ⟨-; -en⟩ F ayyaşlık; F içki içme
saugen *v/i u v/t* ⟨sog *od* saugte, gesogen *od* gesaugt, *h*⟩ (***an etw*** *-i*) emmek
säugen *v/t* ⟨*h*⟩ *a* ZOOL emzirmek; *-e* meme vermek
Säugetier *n* memeli (hayvan)
saugfähig *adj* emici
Säugling *m* ⟨-s; -e⟩ bebek
Säuglings|alter *n*: ***im ~*** bebeklik çağında; **~nahrung** *f* bebek maması; **~pflege** *f* bebek bakımı; **~schwester** *f* bebek hemşiresi; **~sterblichkeit** *f* bebek ölümleri *pl*
saukalt *adj* F zehir gibi soğuk
Säule *f* ⟨-; -n⟩ sütun; (*Pfeiler*) direk
Säulendiagramm *n* çubuklu grafik

Säulengang *m* kemeraltı, revak

Saum *m* ⟨-s; ⸗e⟩ etek (ucu); (*Naht*) kenar, kıvrım

säumen *v/t* ⟨*h*⟩ *-in* kenarını bastırmak/dikmek; (*umranden*) *-i* kıvırmak, *-e* kenar geçirmek; ***die Straßen ~*** yolun iki tarafına dizilmek

säumig *adj* ihmalci; ÖKON gecikmeli

Sauna *f* ⟨-; -nen⟩ Fin hamamı, sauna; ***in die ~ gehen*** saunaya gitmek

Säure *f* ⟨-; -n⟩ CHEM asit

säure|beständig, **~fest** *adj* asite dayanıklı

Sauregurkenzeit *f* F ÖKON kesat zaman

säure|haltig *adj* asitli; **~löslich** *adj* asitte çözülen

Saurier [-ri̯ɐ] *m* ⟨-s; -⟩ dinozor (türü hayvan)

Saus ***in ~ und Braus leben*** har vurup harman savurmak

säuseln *v/i* ⟨*h*⟩ vızıldamak; fısıldamak; *scherzh* tatlı tatlı konuşmak

sausen *v/i* ⟨*sn*⟩ **1.** F vız/vın diye geçmek; **2.** ⟨*h*⟩ vızlamak, hışırdamak; ***~ lassen*** F asmak, *-e* boşvermek; sepetlemek

Saustall *m* domuz ağılı; *fig* mezbele

Saxophon [-f-] *n* ⟨-s; -e⟩ saksofon

S-Bahn ['ɛs-] *f* banliyö treni; *Linie* banliyö hattı; **~hof** *m* banliyö istasyonu

SC *Abk für* ***Sportclub*** *m* spor kulübü

scannen ['skɛnən] *v/t* ⟨*h*⟩ EDV taramak

Scanner ['skɛnɐ] *m* ⟨-s; -⟩ EDV tarayıcı

Schabe *f* ⟨-; -n⟩ ZOOL hamamböceği

schaben *v/t* ⟨*h*⟩ (***von*** *-den*) kazımak

Schabernack *m* ⟨-s; -e⟩ muziplik, şaka

schäbig *adj* yırtık pırtık, eski püskü, pejmürde; *fig* cimri; *fig* darkafalı

Schablone *f* ⟨-; -n⟩ *a* TECH şablon, kalıp

schablonenhaft *adj fig* basmakalıp

Schach *n* ⟨-s; -s⟩ satranç; ***~!*** şah!; ***~ und matt!*** şahmat!; ***in ~ halten*** *fig -i* denetim altında tutmak; **~brett** *n* satranç tahtası; **~computer** *m* satranç bilgisayarı; **~figur** *f* satranç taşı; **⸗matt** *adj* şahmat; *fig* yorgun, bitkin; F haşat; **~partie** *f* (bir el) satranç (oyunu)

Schacht *m* ⟨-s; ⸗e⟩ boşluk, çukur; *Bergbau* kuyu

Schachtel *f* ⟨-; -n⟩ kutu; (*Papp⸗*) *a* koli; ***~ Zigaretten*** (bir) paket sigara

Schach|turnier *n* satranç turnuvası; **~zug** *m* taş sürme, hamle; *fig* ustaca hamle

schade *präd adj*: ***es ist ~*** çok yazık; ***wie ~!*** ne yazık!; ***zu ~ für*** *-e od* için fazla iyi

Schädel *m* ⟨-s; -⟩ ANAT kafatası; **~basisbruch** *m* kafa tabanı kırığı; **~bruch** *m* MED kafatası çatlaması/yarılması; **~dach** *n* tepe

schaden *v/i* ⟨*h*⟩ zarar vermek; ***der Gesundheit ~*** sağlığa dokunmak; ***das schadet nichts*** bunun bir zararı yok/olmaz; ***es könnte ihm nicht ~*** ona iyi gelir, -se iyi olur

Schaden *m* ⟨-s; ⸗⟩ (***an*** *D -e*) zarar; *bes* TECH arıza, bozukluk; (*Nachteil*) dezavantaj; ÖKON hasar; ***~ nehmen*** hasar görmek; ***j-m ~ zufügen*** b-ne zarar vermek, b-ne kötülük etmek

Schadenersatz *m* tazminat; ***~ leisten*** zararı tazmin etmek; ***auf ~ (ver)klagen*** *-e* karşı tazminat davası açmak; **~klage** *f* tazminat davası; **⸗pflichtig** *adj* tazminatla yükümlü

Schadenfreiheitsrabatt *m* AUTO hasarsızlık indirimi

Schadenfreude *f başkalarının uğradığı zarara sevinme*; ***~ empfinden über*** (*A*) *-e* oh olsun demek; ***voller ~*** hınzırca

schadenfroh *adv* hınzırca

Schadens|fall *m* hasar olayı/hali; **~regulierung** *f* hasar tesviyesi; **~versicherung** *f* hasar sigortası

schadhaft *adj* bozuk; (*mangelhaft*) kusurlu; *Haus* yıpranmış, harap; *Rohr* delik, çatlak; *Zähne* çürümüş

schädig|en *v/t* ⟨*h*⟩ *-e* hasar/zarar vermek; **⸗ung** *f* ⟨-; -en⟩ zarar verme/görme

schädlich *adj* zararlı, *-e* dokunur; (*gesundheits~*) sağlığa zararlı; **⸗keit** *f* ⟨-; *o pl*⟩ zarar(lılık)

Schädling *m* ⟨-s; -e⟩ ZOOL zararlı; **~sbekämpfung** *f* ⟨-; *o pl*⟩ zararlılarla mücadele; **~sbekämpfungsmittel** *n* zararlılarla mücadele ilacı; F böcek ilacı

schadlos *adj* zararsız, ziyansız; ***j-n*** (***sich***) ***~ halten an*** (*D*) zararını *-den* çıkarmak

Schadstoff *m* zararlı madde; (*Umwelt⸗*) kirletici; **⸗arm** *adj* AUTO düşük emisyonlu; **~ausstoß** *m* ÖKOL emisyon; **~belastung** *f* ÖKOL kirletme, kirlenme; **⸗frei** *adj* AUTO emisyonsuz

Schaf *n* ⟨-s; -e⟩ koyun; ***schwarzes ~*** *-in* yüz karası; **~bock** *m* ⟨-s; ⸗e⟩ koç

Schäfer *m* ⟨-s; -⟩ çoban; **~hund** *m* çoban köpeği

schaffen ⟨*h*⟩ **1.** *v/t* ⟨schuf, geschaffen⟩ (*er~*) yaratmak; ⟨schaffte, geschafft⟩ (*bewirken, bereiten*) *-e* yol açmak, *-e* sebep olmak; (*bewältigen*) *-in* üstesinden gelmek; (*bringen*) götürmek; ***es ~*** *-i* başarmak, becermek; *-de* başarılı olmak; ***ich habe damit nichts zu ~*** benim bununla hiçbir ilişkim yok; ***ich bin geschafft!*** öldüm!, bittim!; ***das wäre geschafft*** başardık sayılır; **2.** *v/i* ⟨schaffte, geschafft⟩: ***j-m zu ~ machen*** b-ni (çok) üzmek; ***sich zu ~ machen an*** (*D*) *unbefugt -i* kurcalamak

Schaffens|drang *m* sanat ateşi, yaratma tutkusu; **~kraft** *f* ⟨-; *o pl*⟩ yaratma gücü

Schaffner *m* ⟨-s; -⟩, **~in** *f* ⟨-; -nen⟩ biletçi; (*Zug*~) kondüktör

Schaf|herde *f* koyun sürüsü; **~pelz** *m*: ***Wolf im ~*** iki yüzlü, sureti haktan görünen; **~skäse** *m weich* beyaz peynir; *hart* kaşar (peyniri); *allg* koyun peyniri

Schaft *m* ⟨-s; ¨-e⟩ TECH şaft, mil; **~stiefel** *m* uzun konçlu çizme

Schaf|wolle *f* koyun yünü; **~zucht** *f* koyunculuk

Schah [ʃaː] *m* ⟨-s; -s⟩ şah

Schakal *m* ⟨-s; -e⟩ çakal

schäkern *v/i* ⟨*h*⟩ *-le* şakalaşmak; *-le* cilveleşmek (*erkekle kadın*)

schal *adj Getränk* yavan, bayat

Schal *m* ⟨-s; -s, -e⟩ şal; (*Woll*~) yün boyun atkısı

Schale *f* ⟨-; -n⟩ kâse, çanak; (*Eier*~, *Nuss*~ *usw*) kabuk

schälen ⟨*h*⟩ **1.** *v/t* (*-in* kabuğunu) soymak; **2.** *v/r*: ***sich ~*** *Haut* soyulmak

Schall *m* ⟨-s; -e, ¨-e⟩ ses; **~dämmung** *f* ses yalıtımı/izolasyonu; **~dämpfend** *adj* ses geçirmeyen; **~dämpfer** *m* susturucu; **~dicht** *adj* ses geçirmez; **~en** *v/i* ⟨*h*⟩ yankılanmak; çınlamak; **~end** *adj*: ***~es Gelächter*** kahkaha; **~geschwindigkeit** *f* ses hızı; ***mit doppelter ~*** ses hızının iki katıyla; **~mauer** *f* ⟨-; *o pl*⟩ ses duvarı; **~platte** *f* plak; **~schluckend** *adj* sesi yutan; **~welle** *f* ses dalgası

Schaltautomatik *f* otomatik vites

schalten ⟨*h*⟩ **1.** *v/i* EL, TECH (***auf*** *A -e*) çevirmek; AUTO vitese almak, vites değiştirmek; ***in den dritten Gang ~*** üçüncü vitese almak; F *fig* anlamak, F çakmak; **2.** *v/t* TECH (şalteri) çevirmek/kaldırmak; EL (*Verbindung herstellen*) devreyi kapatmak, F açmak

Schalter *m* ⟨-s; -⟩ *Bank* vezne; *Post usw* gişe; LUFTF masa; EL şalter; **~beamte** *m* gişe memuru; **~schluss** *m* ⟨-es⟩ gişe/vezne kapanış saati; **~stunden** *pl* gişe/vezne saatleri

Schalt|hebel *m* AUTO vites kolu; **~jahr** *n* artık yıl; **~kreis** *m* EL devre; **~pult** *n* kumanda kürsüsü; **~tag** *m 29 şubat günü*; **~tafel** *f* EL kumanda panosu; **~uhr** *f* timer, otomatik; **~ung** *f* ⟨-; -en⟩ AUTO vites değiştirme; EL devre, bağlanma

Scham *f* ⟨-; *o pl*⟩ utanma, ar; **~bein** *n* kasık/çatı kemiği

schämen *v/r* ⟨*h*⟩: ***sich ~*** (*G*, ***wegen*** *-den*) utanmak; ***du solltest dich*** (***was***) ***~!*** utan!, ayıp (ettin)!

Scham|gefühl *n* ar, utanma duygusu; **~haare** *pl* edep yeri kılları; **~haft** *adj* utangaç; **~lippen** *pl* dudak *sg* (*vajina*); **~los** *adj* utanmaz, arsız; (*unanständig*) edepsiz; **~losigkeit** *f* ⟨-; *o pl*⟩ arsızlık; edepsizlik; **~rot** *adj* ***~ werden*** *-in* (utançtan) yüzü kızarmak

Schande *f* ⟨-; *o pl*⟩ ayıp, rezalet; ***j-m ~ machen*** b-nin yüzkarası olmak; b-ni çok utandırmak

schänden *v/t* ⟨*h*⟩ lekelemek, kirletmek; *-in* ırzına geçmek

Schandfleck *m Anblick* mezbelelik; *fig* yüzkarası

schändlich *adj* rezil(ce), namussuz(ca), kepaze

Schandtat *f* namussuzluk

Schankstube *f* içki verilen mekân (*lokantada vs*)

Schanze *f* ⟨-; *-n*⟩ istihkam; (*Ski*~) atlama seddi

Schanzentisch *m* atlama platformu

Schar *f* ⟨-; -en⟩ sürü; küme, öbek, takım

scharen *v/r* ⟨*h*⟩: ***sich ~*** (***um*** *-in* etrafına *od* etrafında) toplanmak, toplaşmak

scharf **1.** *adj* keskin; *Foto* net; (*deutlich*) açık(-seçik); *Hund* ısırgan, saldırgan; *Munition* hakiki; GASTR acı; (*erregt*) heyecanlı, ateşli; (*aufreizend*) kışkırtıcı, iç gıdıklayıcı; ***~ sein auf*** (*A*) *-e* can atmak; *besonders sexuell -e* göz koymuş olmak; F ***~e Sachen*** *pl* sert içkiler; ***~er Protest*** şiddetli protesto; ***~es Tempo*** yüksek hız; **2.** *adv*: ***~ bremsen*** AUTO keskin fren yapmak; ***~ einstellen*** FOTO (***auf*** *A -e*)

S

netlemek; **~ *nachdenken*** iyice düşünmek

Schärfe *f* ⟨-; *o pl*⟩ keskinlik; sertlik; acılık

schärfen *v/t* ⟨*h*⟩ bilemek, keskinleştirmek

Schärfentiefe *f* FOTO netlik derinliği/alanı

scharfkantig *adj* keskin kenarlı

scharfmachen *v/t* ⟨-ge-, *h*⟩ F: ***j-n* ~** b-ni kızıştırmak, kışkırtmak

Scharfschütze *m* (keskin) nişancı

scharfsichtig *adj* basiretli

Scharlach *m* ⟨-s; *o pl*⟩ MED kızıl (hastalığı); **≈rot** *adj* erguvanî

Scharlatan *m* ⟨-s; -e⟩ F şarlatan

Scharnier [-ˈniːɐ] *n* ⟨-s; -e⟩ TECH reze, menteşe

Schärpe *f* ⟨-; -n⟩ eşarp, atkı; *an der Taille* kuşak

scharren *v/i* ⟨*h*⟩ (***mit den Füßen*** ayaklarıyla) yeri eşelemek

Scharte *f* ⟨-; -n⟩ kertik, çentik

Schaschlik *m*, *n* ⟨-s; -s⟩ şiş kebabı

Schatten *m* ⟨-s; -⟩ gölge; (*schattiger Platz*) gölge(lik); ***im* ~** gölgede

Schatten|dasein *n*: ***ein* ~ *führen*** dikkati çekmeden yaşayıp gitmek; **~kabinett** *n* POL gölge kabine; **~seite** *f* olumsuz taraf; **~spiel** *n* gölge oyunu (*Karagöz vs*)

schattieren *v/t* ⟨*o* ge-, *h*⟩ gölgele(ndir)mek (*Bild*)

Schattierung *f* ⟨-; -en⟩ nüans, ince fark; (*Hintergrund*) fon

schattig *adj* gölge, gölgeli(k)

Schatz *m* ⟨-es; ⸚e⟩ hazine, gömü; *fig* bir tanem, canım

schätzen *v/t* ⟨*h*⟩ tahmin etmek; *Wert* (***auf*** *A* olarak) *-e* değer biçmek; (*zu* ~ *wissen*) takdir etmek; (*hoch*~) *-e* saygı duymak; F (*vermuten*) sanmak; ***grob geschätzt*** kaba bir tahminle

Schätz|preis *m* takdir fiyatı; **~ung** *f* ⟨-; -en⟩ tahmin; takdir; **≈ungsweise** *adv* tahminen; **~wert** *m* takdir/tahmin değeri

Schau *f* ⟨-; -en⟩ *a* TV gösteri, şov; (*Ausstellung*) sergi; ***zur* ~ *stellen*** sergilemek, göstermek; F ***e-e* ~ *abziehen*** tantana yapmak; F ***j-m die* ~ *stehlen*** b-ni arka plana atmak

Schaubild *n* diyagram

Schauder *m* ⟨-s; -⟩ ürperti, titreme; **≈haft** *adj* tüyler ürpertici, dehşetli

schaudern *v/i* ⟨*h*⟩ (***vor*** *D -den*) ürpermek, titremek

schauen *v/i* ⟨*h*⟩ bakmak (***auf*** *A -e*)

Schauer *m* ⟨-s; -⟩ (*Regen≈*) sağanak; (*Schauder*) ürperme, titreme

schauerartig *adj*: **~*e Regenfälle*** sağanak halinde yağış(lar)

schauerlich *adj* dehşetli, korkunç

Schauermärchen *n* F öcü masalı

Schaufel *f* ⟨-; -n⟩ kürek; (*Kehr≈*) faraş

schaufeln *v/t* ⟨*h*⟩ küremek; (*graben*) kazmak

Schaufenster *n* vitrin; **~bummel** *m* ***e-n* ~ *machen*** gezip vitrin(lere) bakma, çarşı gezmesi; **~dekoration** *f* vitrin dekorasyonu/süsü

Schaukasten *m* vitrin (*in Ausstellung*)

Schaukel *f* ⟨-; -n⟩ salıncak

schaukeln ⟨*h*⟩ **1.** *v/i* sallanmak; **2.** *v/t* sallamak; F ***wir werden die Sache*** (*od* ***das Kind***) ***schon* ~** kolay, biz o işi hallederiz

Schaukelstuhl *m* salıncaklı sandalye

Schaulaufen *n* artistik buz pateni gösterisi

Schaulustige *m*, *f*, *pl* seyirciler *pl* (*bir kazada*)

Schaum *m* ⟨-s; ⸚e⟩ köpük; ***zu* ~ *schlagen*** çırparak köpürtmek; **~bad** *n* banyo köpüğü/şampuanı

schäumen *v/i* ⟨*h*⟩ köpürmek

Schaum|gummi *m* ⟨-s; -⟩ (p)lastik sünger; **≈ig** *adj* köpüklü; **~löscher** *m* köpüklü yangın söndürücü; **~schläger** *m Küche* çırpacak; *fig* tafracı, farfaracı; **~schlägerei** *f* ⟨-; *o pl*⟩ afra-tafra; **~stoff** *m* TECH köpük, F stiropor; **~wein** *m* köpüklü/köpüren şarap; F şampanya

Schau|packung *f* ÖKON *vitrine konan boş ambalaj*; **~platz** *m* olayın geçtiği yer; sahne; **~prozess** *m* JUR *propaganda amaçlı açık dava*

schaurig *adj* (*unheimlich*) tüyler ürpertici, müthiş; (*grässlich*) korkunç, iğrenç

Schauspiel *n* THEA oyun; *fig* seyir, büyük gösteri; **~er** *m* oyuncu, aktör; **~erei** *f* ⟨-; *o pl*⟩ *abw* tiyatro, maskaralık; **~erin** *f* ⟨-; -nen⟩ kadın oyuncu, aktris; **≈erisch** *adj u adv* tiyatro sanatı yönünden; **~schule** *f* tiyatro okulu, konservatuar

Schausteller *m* ⟨-s; -⟩ *panayır satıcısı/gösericisi*

S

Scheck *m* ⟨-s; -s⟩ (**über** *A* -lik) çek; **~betrug** *m* çek sahtekârlığı; **~betrüger(in** *f*) *m* çek sahtekârı; **~buch** *n* çek defteri/karnesi; **~gebühr** *f* çek ücreti; **~heft** *n* çek defteri; AUTO periyodik bakım karnesi; **~karte** *f* çek kartı

scheffeln *v/t* ⟨*h*⟩ *Geld* yükünü tutmak, malı götürmek

Scheibe *f* ⟨-; -n⟩ disk; (*Brot*≗) dilim; (*Fenster*≗) cam; (*Schieß*≗) hedef (disk)

Scheiben|bremse *f* AUTO disk(li) fren; **~waschanlage** *f* AUTO cam yıkayıcısı; **~wischer** *m* AUTO cam sileceği, silecek

Scheich *m* ⟨-s; -s, -e⟩ şeyh

Scheide *f* ⟨-; -n⟩ kın; ANAT vajina

scheiden ⟨schied, geschieden⟩ **1.** *v/t* ⟨*h*⟩ *Ehe* JUR boşamak (*evliliği*); ***sich ~ lassen*** (**von** *-den*) boşanmak; **2.** *v/i* ⟨*sn*⟩: ***~ aus*** *Amt -den* çekilmek, *-den* ayrılmak; ***hier ~ sich die Geister*** bu konuda düşünceler/görüşler ayrılıyor

Scheide|wand *f* bölme (duvarı); **~weg** *m* yol ayrımı; ***am ~ stehen*** bir yol ayrımına gelmek

Scheidung *f* ⟨-; -en⟩ boşa(n)ma; ***die ~ einreichen*** boşanma davası açmak

Scheidungs|grund *m* boşanma sebebi; **~klage** *f* boşanma davası

Schein[1] *m* ⟨-s; -e⟩ (*Bescheinigung*) belge; (*Formular*) form (dilekçe); (*Geld*≗) banknot

Schein[2] *m* ⟨-s; *o pl*⟩ (*Licht*≗) ışık; *fig* (dış) görünüş; ***etw*** (**nur**) ***zum ~ tun*** bşi (sırf) göstermelik olarak yapmak; ***dem ~ nach*** (***zu urteilen***) görünüşe bakılırsa; ***den ~ wahren*** zevahiri kurtarmak; ***der ~ trügt*** görünüşe aldanmamalı

scheinbar *adj u adv* görünüşte

scheinen *v/i* ⟨schien, geschienen, *h*⟩ ışık vermek, parıldamak; ***j-m ~ wie*** b-ne … gibi gelmek/görünmek; ***wie es scheint*** göründüğü kadarıyla; ***er scheint nicht zu wollen*** istemez görünüyor

Scheinfirma *f* paravan (*od* F naylon) firma

scheinheilig **1.** *adj* ikiyüzlü, sahte (dindar); **2.** *adv* F ***~ tun*** ikiyüzlü davranmak

Scheinwerfer *m* ⟨-s; -⟩ projektör, ışıldak; AUTO far; THEA spot; **~licht** *n* projektör ışığı

Scheiß… *in Zssgn* P lanet …, P bok …

Scheiße *f* P ⟨-; *o pl*⟩ bok, pislik

scheißen P *v/i* ⟨schiss, geschissen, *h*⟩ sıçmak

Scheitel *m* ⟨-s; -⟩ saç ayrığı; **~punkt** *m* MATH tepe noktası

scheitern *v/i* ⟨*sn*⟩ boşa çıkmak, başarmamak

Schelle *f* ⟨-; -n⟩ çıngırak; TECH bilezik

Schellfisch *m* mezgit (balığı)

Schelm *m* ⟨-s; -e⟩ şakacı, kerata

Schema *n* ⟨-s; -s, -ta⟩ şema, örnek; ***nach ~*** F basmakalıp

schematisch *adj Arbeit* şematik; *fig* mekanik, monoton

schematisieren *v/t* ⟨*o* ge-, *h*⟩ şematize etmek, şemayla göstermek

Schemel *m* ⟨-s; -⟩ tabure

schemenhaft *adj* gölge/hayalet gibi, belli belirsiz

Schenke *f* ⟨-; -n⟩ meyhane, taverna

Schenkel *m* ⟨-s; -⟩ (*Ober*≗) but, uyluk; (*Unter*≗) baldır; MATH kol (*açıda*)

schenken *v/t* ⟨*h*⟩ *-e* hediye etmek (**zu** için); JUR bağışlamak, hibe etmek

Schenkung *f* ⟨-; -en⟩ JUR bağışlama, hibe; **~ssteuer** *f* intikal vergisi; **~surkunde** *f* bağışlama senedi

scheppern *v/i* ⟨*h*⟩ F şangırdamak, zıngırdamak

Scherbe *f* ⟨-; -n⟩ cam *vs* kırığı

Schere *f* ⟨-; -n⟩ makas

Scherenschnitt *m* siluet (*kağıt işi*)

scheren[1] *v/t* ⟨schor, geschoren, *h*⟩ *Schaf* kırkmak; *Haar* kesmek; *Hecke* budamak

scheren[2] *v/r* ⟨*h*⟩: F ***sich nicht ~ um …*** *-i* takmamak; ***scher dich zum Teufel!*** cehenneme kadar yolun var!

Scherereien *pl* üzüntü, zahmet, dert

Scherz *m* ⟨-es; -e⟩ şaka; (**s-n**) ***~ treiben mit*** ile dalga(sını) geçmek; ***im*** (***zum***) ***~*** şakadan, şaka olsun diye; ***~ beiseite*** şaka bir yana

scherzen *v/i* ⟨*h*⟩ (**über** *A -e*) takılmak, şaka yapmak; ***damit ist nicht zu ~*** bu işin şakası yok

scherzhaft **1.** *adj* şakacı, eğlendirici; **2.** *adv*: ***~ gemeint*** şaka olarak söylenmiş

scheu *adj* çekingen, tutuk, utangaç; (*ängstlich*) ürkek, korkak

Scheu *f* ⟨-; *o pl*⟩ çekingenlik, utangaçlık, ürkeklik

scheuen ⟨*h*⟩ **1.** *v/i* (**vor** *-den*) çekinmek, kaçınmak; **2.** *v/t*: ***keine Kosten*** (***Mühe***) ***~*** hiçbir masraftan (zahmetten) kaçınmamak; **3.** *v/r*: ***sich ~, etw zu tun*** bş-i yapmaktan çekinmek

Scheuerlappen *m* yer bezi

scheuern ⟨*h*⟩ **1.** *v/t* silmek, ovmak; F ***j-m e-e ~*** b-ne bir tane yapıştırmak; **2.** *v/i* (***an*** *D -e*) sürtmek

Scheuklappe *f* atgözlüğü

Scheune *f* ⟨-; -n⟩ çiftlik ambarı, samanlık

Scheusal *n* ⟨-s; -e⟩ F gulyabani; iğrenç *adj*

scheußlich *adj* berbat; *Verbrechen* iğrenç, menfur

Schicht *f* ⟨-; -en⟩ tabaka, katman; (*Farb*≈) kat; (*Arbeits*≈) vardiya, posta; (*Gesellschafts*≈) kesim, tabaka; ***~ arbeiten*** vardiya usulü çalışmak; **~arbeit** *f* ⟨-; *o pl*⟩ vardiya işi; **~arbeiter(in** *f*) *m* vardiya işçisi

schichten *v/t* ⟨*h*⟩ istif etmek, yığmak

Schicht|unterricht *m* çifte tedrisat; **~wechsel** *m* vardiya değişimi; **≈weise** *adv* kat kat; *arbeiten* vardiya usulü(yle)

schick *adj* şık, zarif

Schick *m* ⟨-s; *o pl*⟩ şıklık, zarafet, zariflik

schicken *v/t* ⟨*h*⟩ göndermek; (***nach, zu*** *-i*) getirtmek, çağırmak; ***sich ~*** yakışık almak, uygun olmak

Schickeria *f* ⟨-; *o pl*⟩ F züppeler *pl*, jet sosyete

Schicksal *n* ⟨-s; -e⟩ kader, yazgı; (*Los*) talih, kısmet; ***das ~ herausfordern*** kadere meydan okumak

schicksalhaft *adj* ***für*** *-in* kaderini belirleyen

Schicksals|gefährte *m*, **~gefährtin** *f*, **~genosse** *m*, **~genossin** *f* kader arkadaşı

Schicksalsschlag *m* kaderin darbesi

Schiebedach *n* AUTO açılır tavan; **~fenster** *n* sürgülü pencere

schieben *v/t* ⟨schob, geschoben, *h*⟩ itmek, sürmek; (***in*** *A -e*) sokmak; ***etw ~ auf*** *A* suçu *-in* üstüne atmak; F ***~ mit*** (*-in*) karaborsasını (*od* kaçak olarak ticaretini) yapmak

Schieber *m* ⟨-s; -⟩ TECH sürgü, sürme; F karaborsacı, kaçak mal satıcısı

Schiebetür *f* sürme kapı

Schiebung *f* ⟨-; -en⟩ ÖKON karaborsa, vurgun; SPORT şike; iltimas, hileli iş

Schieds|gericht *n* hakem mahkemesi; hakem kurulu; **~richter** *m* hakem kurulu üyesi; SPORT hakem; **~spruch** *m* hakem (kurulu) kararı; **~verfahren** *n* tahkim usulü

schief **1.** *adj* eğri; (*schräg*) çarpık; *Turm usw* yatık; *fig Bild, Vergleich* hatalı; **2.** *adv* ters; ***~ gehen*** ters gitmek, yürümemek; ***j-n ~ ansehen*** b-ne yan bakmak

Schiefer *m* ⟨-s; -⟩ kayağantaş, arduvaz; **~dach** *n arduvaz örtülü dam*; **~platte** *f*, **~tafel** *f* arduvaz levha; yazı tahtası

schieflachen *v/r* ⟨-ge-, *h*⟩ F: ***sich ~*** gülmekten katılmak

schielen *v/i* ⟨*h*⟩ *-in* gözü şaşı olmak; şaşı bakmak; ***~ auf*** bir gözü *-in* bir gözü *-de* olmak

Schienbein *n* ANAT kaval kemiği, tibya

Schiene *f* ⟨-; -n⟩ BAHN *usw* ray; MED süyek, kırık tahtası

schienen *v/t* ⟨*h*⟩ MED süyeğe (*od* kırık tahtasına) koymak

Schienen|netz *n* demiryolu şebekesi; **~verkehr** *m* demiryolu ulaşımı/trafiği

Schierling *m* ⟨-s; -e⟩ BOT baldıran

Schieß|befehl *m* atış emri; vur emri; **~bude** *f* atış barakası

schießen ⟨schoss, geschossen⟩ **1.** *v/i* ⟨*h*⟩ (***auf*** *A -e*) ateş etmek, kurşun sıkmak; ⟨*sn*⟩ (***aus*** *-den*) bitmek, yetişmek; **2.** *v/t* ⟨*h*⟩ *Tor* atmak; *Tier* vurmak; ***ein Gedanke schoss mir durch den Kopf*** birden aklımdan bir fikir geçti

Schieß|erei *f* ⟨-; -en⟩ silahlı çatışma; **~pulver** *n* barut; **~scheibe** *f* hedef levhası, nişan(gâh); **~stand** *m* atış yeri, poligon

Schiff *n* ⟨-s; -e⟩ MAR gemi; ARCH nef, sahın; **≈bar** *adj* gemiciliğe elverişli; **~bau** *m* ⟨-s; *o pl*⟩ gemi yapımı; **~bruch** *m* deniz kazası; ***~ erleiden*** karaya oturmak; *fig* baştankara etmek; ***~ erleiden mit*** *-de* çuvallamak; **~brüchige** *m, f* ⟨-n; -n⟩ kazazede

schiffen *v/i* ⟨*h*⟩ P (*urinieren*) işemek; ***es schifft*** P yağmur yağıyor

Schiffer *m* ⟨-s; -⟩ F gemici; **~klavier** *n* akordeon; **~knoten** *m* gemici düğümü

Schifffahrt *f* ⟨-; *o pl*⟩ gemicilik, denizcilik

Schifffahrts|linie *f* denizcilik şirketi; **~weg** *m* deniz trafiği güzergâhı

Schiffs|arzt *m* gemi hekimi; **~besatzung** *f* gemi personeli

Schiffschaukel *f* kayık salıncak

Schiffs|ladung *f* gemi yükü; (*Fracht-*

gut) navlun; **~reise** *f* gemi yolculuğu; **~schraube** *f* uskur; **~verkehr** *m* seyrüsefer; gemicilik; **~werft** *f* tersane

Schiit [ʃi'i:t] *m* ⟨-en; -en⟩, **~in** *f* ⟨-; -nen⟩ Şii, **2isch** *adj* Şii *subst*

Schikane *f* ⟨-; -n⟩ eziyet, müşkilat; ***aus reiner ~*** sırf eziyet olsun diye; F ***mit allen ~n*** her türlü konforu/teferruatı haiz

schikan|ieren *v/t* ⟨*o* ge-, *h*⟩ *-e* zorluk çıkarmak, *-e* eziyet etmek; **~ös** *adj* kötü, eziyetçi

Schild *n* ⟨-s; -er⟩ levha; AUTO plaka; (*Namens2, Firmen2*) tabela, plaket; ***etw im ~e führen*** *-in* bir art niyeti olmak

Schilddrüse *f* ANAT kalkanbezi, tiroit

schilder|n *v/t* ⟨*h*⟩ anlatmak; *anschaulich* tasvir etmek; **2ung** *f* ⟨-; -en⟩ anlatım, tasvir; *sachliche* rapor

Schildbürger *m masal şehri Schilda halkından olan, «Karatepeli»*; **~streich** *m* ahmaklık; saçma tedbir

Schildkröte *f* kaplumbağa; (*Land2*) *a* kara kaplumbağası

Schilf *n* ⟨-s; -e⟩ kamış(lık), saz(lık); **~matte** *f* hasır; **~rohr** *n* BOT kamış (sapı)

schill|ern *v/i* ⟨*h*⟩ pırıldamak, harelenmek; **~ernd** *adj* yanardöner; *fig* güvenilmez

Schilling *m* ⟨-s; -e⟩ şilin

Schimmel[1] *m* ⟨-s; -⟩ ZOOL kır at

Schimmel[2] *m* ⟨-s; *o pl*⟩ küf; **2ig** *adj* küflü; **2n** *v/i* ⟨*h*⟩ küflenmek, küf tutmak; **~pilz** *m* küf mantarı

Schimmer *m* ⟨-s; -⟩ (hafif) ışık, pırıltı; *fig a* iz, eser, miktar; F ***keinen*** (***blassen***) ***~ haben*** (***von*** *-den*) *-in* zerre kadar haberi olmamak

schimmern *v/i* ⟨*h*⟩ pırıldamak, ışımak

schimmlig *adj* küflü

Schimpanse *m* ⟨-n; -n⟩ şempanze

schimpf|en ⟨*h*⟩ **1.** *v/i* (***auf*** *A*, ***über*** *A -e*) kızmak, ağzına geleni söylemek; *heftiger* küfretmek, sövmek; ***mit j-m ~*** b-ni paylamak, azarlamak; **2.** *v/t*: ***j-n ~*** b-ni paylamak, azarlamak; **2wort** *n* ⟨-s; ⸚er, -e⟩ küfür, sövgü

Schindel *f* ⟨-; -n⟩ (çatı) padavra(sı)

schinden *v/r* ⟨schund *od* schindete, geschunden, *h*⟩: ***sich ~*** köle gibi çalışmak; ***Eindruck ~*** (***wollen***) izlenim bırakmak (istemek); ***Zeit ~*** zaman kazanmaya çalışmak

Schinder *m* ⟨-s; -⟩ angaryacı; **~ei** *f* ⟨-; -en⟩ yorucu iş, angarya

Schindluder *n* F: ***~ treiben mit*** *-i* tepe tepe kullanmak; *-e* kötü davranmak

Schinken *m* ⟨-s; -⟩ jambon, pastırma; F tuğla (gibi) kitap

Schirm *m* ⟨-s; -e⟩ (*Regen2*) şemsiye; (*Sonnen2*) güneş şemsiyesi; (*Fernseh2*) ekran; (*Schutz2*) siperlik, paravana; (*Lampen2*) abajur; (*Glocke*) lamba karpuzu; **~herr(in** *f*) *m* hami, koruyucu; **~herrschaft** *f* himaye, koruma; ***unter der ~ von*** *-in* himayesinde, *-in* desteği altında; **~mütze** *f* kasket; **~ständer** *m* şemsiyelik

Schiss *m* ⟨-es; -e⟩ P sıçma; P bok; ***~ haben*** *-in* ödü kopmak; ***~ bekommen*** *-in* ödü bokuna karışmak

schizophren [-f-] *adj* şizofren; **2ie** *f* ⟨-; -n⟩ şizofreni

Schlacht *f* ⟨-; -en⟩ (meydan) savaş(ı); ***e-e ~ liefern*** savaşmak; (*sich prügeln*) dövüşmek

schlachten *v/t* ⟨*h*⟩ *Tier* kesmek

Schlachtenbummler *m fig tuttuğu takımın deplasman maçına giden seyirci*

Schlächter *m* ⟨-s; -⟩ kasap; *fig katliam yapan cani*; **~ei** *f* ⟨-; -en⟩ kasap (dükkanı); *fig* katliam, kırım

Schlacht|feld *n* MIL savaş alanı; *fig* karışıklık, dağınıklık; **~hof** *m* mezbaha; **~plan** *m fig* eylem/çalışma planı; **~schiff** *n* savaş gemisi; **~ung** *f* ⟨-; -en⟩ kesim; **~vieh** *n* kesimlik hayvan

Schlacke *f* ⟨-; *-n*⟩ cüruf, maden köpüğü; MED fazlalık

schlackern *v/i* ⟨*h*⟩ F sallanmak, titremek; F ***mit den Ohren ~*** hayretten hayrete düşmek

Schlaf *m* ⟨-s; *o pl*⟩ uyku; ***e-n leichten*** (***festen***) ***~ haben*** *-in* uykusu hafif (derin) olmak; **~anzug** *m* pijama; **~couch** *f* çekyat

Schläfe *f* ⟨-; -n⟩ ANAT şakak

schlafen *v/i* ⟨schläft, schlief, geschlafen *h*⟩ uyumak, uykuda olmak; ***~ gehen, sich ~ legen*** yatmaya gitmek, yatmak; ***mit j-m ~*** b-le yatmak/sevişmek

schlaff *adj* gevşek; *Haut, Muskeln* sarkık, pörsük; (*kraftlos*) cansız, güçsüz; (*weich*) yumuşak; **2heit** *f* ⟨-; *o pl*⟩ F gevşeklik, pörsüklük

Schlaf|gelegenheit *f* yatacak yer; **~krankheit** *f* uyku hastalığı; **~lied** *n*

S

ninni; 2**los** *adj* uykusuz; **~losigkeit** *f* ⟨-; *o pl*⟩ *a* MED uykusuzluk; **~mittel** *n* MED uyku ilacı; **~mütze** *f* F uykucu

schläfrig *adj* uykulu

Schlaf|saal *m* yatakhane; **~sack** *m* uyku tulumu; **~stadt** *f fig yalnız konutların bulunduğu uydu şehir*; **~störungen** *pl* uyuma bozuklukları; **~tablette** *f* MED uyku hapı; **~trunk** *m* F uyku şurubu; *fig* içki; 2**trunken** *adj* mahmur, uyku sersemi; **~wagen** *m* BAHN yataklı vagon; 2**wandeln** *v/i* ⟨ge-, *h od sn*⟩ uyku(sun)da gezmek; **~wandler** *m* ⟨-s; -⟩ uyurgezer; **~zimmer** *n* yatak odası; **~zimmerblick** *m b-le yatma isteğini belli eden bakış*

Schlag *m* ⟨-s; ⸗e⟩ vuruş, darbe; (*Ohrfeige*) tokat; (*Faust*2) yumruk; MED inme, felç; (*Uhr*2) çalma; (*Blitz*2) düşme; *Tennis* smaç; EL çarpma; *Herz, Puls* atış; ***j-m e-n ~ versetzen*** b-ne bir darbe indirmek; ***das war ein ~ für ihn*** bu ona bir darbe oldu; ***~ auf ~*** durmadan, arka arkaya; ***auf einen ~*** birdenbire; ***mich trifft der ~!*** bu da mı başıma gelecekti?; ***Leute s-s ~es*** onun ayarı insanlar

Schlag|abtausch *m* (şiddetli) tartışma; **~ader** *f* ANAT şahdamarı; **~anfall** *m* MED inme, beyin kanaması; 2**artig 1.** *adj* anî; **2.** *adv* anîden, birdenbire, ansızın; **~baum** *m* bariyer (*inip kalkabilen*); **~bohrer** *m* TECH darbeli matkap; **~bolzen** *m* MIL ateşleme iğnesi

Schläge *pl* dayak *sg*

schlagen ⟨schlägt, schlug, geschlagen⟩ **1.** *v/t* ⟨*h*⟩ *-e* vurmak; *wiederholt* dövmek; *Eier* çırpmak; (*besiegen*) yenmek; *Nagel* (**in** *A -e*) çakmak; ***sich ~*** (***um*** için/uğruna) çarpışmak, dövüşmek; ***sich geschlagen geben*** pes etmek; **2.** *v/i* ⟨*h*⟩ *Herz, Puls* çarpmak, atmak; *Uhr* çalmak; ***nach j-m ~*** b-ne vurmaya çalışmak; *fig* b-ne çekmek/benzemek; ***um sich ~*** sağa sola saldırmak; ⟨*sn*⟩ ***mit dem Kopf ~ an*** (*A*) (*od* ***gegen***) kafasını *-e* vurmak; ***die Nachricht ist mir auf den Magen geschlagen*** bu haber benim içime oturdu; **3.** *v/r* ⟨*h*⟩: ***sich gut ~*** (mücadelede) iyi sonuç almak; ***sich auf j-s Seite ~*** b-nin tarafına geçmek

Schlager *m* ⟨-s; -⟩ MUS pop şarkısı; (*Erfolgs*2) sevilen/tutulan şarkı; ÖKON rağbet gören mal, F çok satan mal

Schläger *m* ⟨-s; -⟩ (*Tennis*2) raket; (*Golf*2) (golf) sopa(sı); *Person* kavgacı; **~ei** *f* ⟨-; -en⟩ çatışma, çarpışma, dövüş

schlagfertig *adj* hazırcevap; ***~e Antwort*** hazırcevaplık

Schlag|instrument *n* MUS vuruşlu çalgı; **~kraft** *f* ⟨-; *o pl*⟩ güç, hissedilirlik; MIL vurucu güç; 2**kräftig** *adj* güçlü, vurucu; **~loch** *n* yol çukuru; **~sahne** *f* dövülmüş krema; kremşanti; **~seite** *f* MAR yan yatma; ***~ haben*** yan yatmak; F *Person* yalpalamak; **~stock** *m* cop, sopa; **~wort** *n* ⟨-s; -e⟩ parola, slogan; indeks maddesi; **~wortkatalog** *m* indeks, fihrist; **~zeile** *f* manşet; ***~n machen*** manşet olmak

Schlagzeug *n* MUS bateri; **~er** *m* ⟨-s; -⟩ MUS baterist

schlaksig *adj uzun boylu, çolpa (genç)*

Schlamassel *m, n* ⟨-s; -⟩ F karışıklık, çuvallama

Schlamm *m* ⟨-s; -e, ⸗e⟩ çamur; **~bad** *n* MED çamur banyosu; 2**ig** *adj* çamurlu; **~packung** *f* MED çamur yakısı

Schlamp|e *f* ⟨-; -n⟩ P pasaklı karı, sürtük; 2**en** *v/i* ⟨*h*⟩ F şişirme/üstünkörü iş görmek; **~er** *m* ⟨-s; -⟩ F şişirmeci; **~erei** *f* ⟨-; -en⟩ F şişirme iş, düzensizlik; 2**ig** *adj* pasaklı; *Arbeit* şişirme

Schlange *f* ⟨-; -n⟩ ZOOL yılan; (*Menschen*2, *Auto*2) kuyruk; ***falsche ~*** hain *adj*; ***~ stehen*** (***nach, um*** için) kuyrukta beklemek

schlängeln *v/r* ⟨*h*⟩: ***sich ~*** *Fluss, Weg usw* dolanmak; ***sich ~ durch** -den* kıvrıla kıvrıla geçmek

Schlangen|biss *m* yılan sokması; **~gift** *n* yılan zehiri; **~haut** *f*, **~leder** *n* yılan derisi; **~linie** *f* kıvrım; ***in ~n fahren*** (arabayla) yalpalamak

schlank *adj* ince (boylu); ***~ machen*** *Kleid -i* ince göstermek; ***auf die ~e Linie achten*** kilosuna dikkat etmek

Schlankheitskur *f*: ***e-e ~ machen*** zayıflama kürü/perhizi yapmak

schlapp *adj* gevşek, ölgün

Schlappe *f* ⟨-; -n⟩ başarısızlık, hezimet

schlappmachen *v/i* ⟨-ge-, *h*⟩ F yelkenleri suya indirmek

Schlappschwanz *m* F sünepe

Schlaraffenland *n* ⟨-s; *o pl*⟩ *masalda tembeller ülkesi*

schlau *adj* (*klug*) akıllı, zeki; (*listig*) kurnaz, açıkgöz; ***ich werde nicht ~ daraus***

S

ben bu işi anlamadım

Schlauberger *m* ⟨-s; -⟩ F açıkgöz, uyanık

Schlauch *m* ⟨-s; ⸗e⟩ hortum; tulum, kırba; ***auf dem ~ stehen*** F *-in* jetonu geç düşmek; **~boot** *n* şişirme bot

schlauchen ⟨*h*⟩ *v/t* F: ***j-n ~*** *-in* pestilini çıkarmak

Schlaufe *f* ⟨-; -n⟩ ilmik, fiyonk

schlecht *adj* kötü, fena; *Qualität, Leistung a* adi; ***~ sein in etw*** *-in* bş-i kötü olmak; ***mir ist ~*** fenalaştım, fenayım; ***mir wird ~*** fenalaşıyorum; ***~ (krank) aussehen*** fena (hasta) görünmek; ***sich ~ fühlen*** kendini kötü hissetmek; ***~ gelaunt*** *-in* keyfi bozuk; ***j-n ~ machen*** b-ni karalamak, kötülemek; ***~ werden*** *Fleisch usw* bozulmak; ***es geht ihm ~*** durumu kötü/bozuk; ***~ reden von*** hakkında kötü konuşmak; ***es steht ~ um ihn*** durumu kötüye gidiyor; ***~ daran sein*** *-in* işi zor olmak; ***heute geht es ~*** bugün (durum) kötü; ***~e Laune*** keyifsizlik; ***~e Zeiten*** zor zaman(lar)

schlechthin *adv* genel olarak, toptan, bütünüyle

Schlechtwetter|front *f* kötü hava cephesi; **~periode** *f* kötü hava dönemi

schlecken ⟨*h*⟩ *v/t* yalamak

Schlehe [ˈʃleːə] *f* ⟨-; -n⟩ BOT çalıdikeni; karadiken; yaban eriği

schleich|en *v/i* ⟨schlich, geschlichen, *sn*⟩ sürünmek; sessizce yaklaşmak, yavaşça sokulmak; ***schleich dich!*** yaylan!; **~end** *adj* yavaş yavaş, hissetirmeden; **⁀handel** *m* karaborsa, kaçak ticaret; **⁀weg** *m* arka/gizli yol, kestirme; ***auf ~en*** (*heimlich*) gizliden gizliye; (*unerlaubt*) kaçak, gizli saklı; **⁀werbung** *f* örtülü/kamufle reklam; ***für etw ~ machen*** bş-in örtülü reklamını yapmak

Schleier *m* ⟨-s; -⟩ örtü, perde; (*Dunst*) pus, ince sis; **~eule** *f* peçelibaykuş

schleierhaft *adj*: ***das ist mir (völlig) ~*** bu benim için (tamamen) bir muamma

Schleife *f* ⟨-; *-n*⟩ ilmik, fiyonk; EDV rutin

schleifen 1. *v/t* ⟨schliff, geschliffen, *h*⟩ (*schärfen*) bile(ğile)mek; (*glätten*) zımparalamak; *Böden* sistire yapmak; *Edelstein, Glas* kesmek, yontmak; (*schleppen*) sürü(kle)mek; **2.** *v/i* (***am Boden*** yerde) sürünmek; (*reiben*) (***an*** *D -e*) sürt(ün)mek; ***die Kupplung ~ lassen*** AUTO debriyajı sürtmek

Schleif|maschine *f* zımpara/sistire makinası; **~mittel** *n*, **~papier** *n* zımpara kağıdı; **~stein** *m* bileği taşı

Schleim *m* ⟨-s; -e⟩ sümük, balgam; MED *a* mukus; **~haut** *f* MED mukoza; **⁀ig** *adj* sümüksü; *fig* sümük gibi, sırnaşık; **⁀lösend** *adj* MED balgam sökücü, ekspektoran

schlemmen *v/i* ⟨*h*⟩ (tadını çıkararak) doyasıya yemek

Schlemmer *m* ⟨-s; -⟩ gurme; **~ei** *f* ⟨-; *o pl*⟩ zevkle yiyip içme; **~lokal** *n* gurme lokantası

schlendern *v/i* ⟨*sn*⟩ gezmek, dolaşmak (*yavaş yavaş*)

Schleppe *f* ⟨-; -n⟩ kuyruk (*an Kleid*)

schleppen ⟨*h*⟩ **1.** *v/t* sürüklemek; MAR, AUTO (yedekte) çekmek; **2.** *v/r*: ***sich ~*** *Person* güçlükle ilerlemek; *Sache* uzayıp gitmek, uzamak, uzun sürmek

schleppend *adj* (*träge*) ağır, yavaş; (*ermüdend*) usandırıcı, yorucu; *Redeweise* ağır

Schlepper *m* ⟨-s; -⟩ AUTO çekici; MAR yedekçi gemisi, römorkör; F (*Kundenwerber*) çığırtkan; **~bande** *f kaçak göçmen getiren şebeke*

Schlepp|lift *m* teleski; **~netz** *n* trol (ağı); **~tau** *n* F: ***j-n ins ~ nehmen*** b-ni çekip getirmek/götürmek; *abw* b-ne yardım etmek, yol göstermek; **~zug** *m* MAR römorkör kafilesi

Schleuder *f* ⟨-; -n⟩ (*Trocken⁀*) santrifüjlü kurutucu

schleudern ⟨*h*⟩ **1.** *v/t* fırlatmak, atmak, savurmak; *Wäsche* (santrifüjle)sıkmak; **2.** *v/i* ⟨*a sn*⟩ AUTO savrulmak; ***ins Schleudern kommen*** savrulmaya başlamak

Schleuder|preis *m* damping fiyatı; **~sitz** *m* LUFTF fırlar koltuk; **~ware** *f* damping malı

schleunigst *adv* derhal, bir an önce, F çabucak

Schleuse *f* ⟨-; -n⟩ savak; (*Kanal⁀*) yükseltme havuzu

schleusen *v/t* ⟨*h*⟩ MAR (kanaldan) geçirmek; *fig* F ***j-n ~ (durch*** *-den*) (gizlice) geçirmek

Schliche *pl*: ***j-m auf die ~ kommen*** b-nin hilesini anlamak

schlicht 1. *adj* sade, süssüz, basit; **2.**

S

adv: **~ (und einfach)** düpedüz, basbayağı
schlichten ⟨*h*⟩ **1.** *v/t Streit* uzlaştırmak, yatıştırmak; **2.** *v/i* (**zwischen** *D* arasında) arabuluculuk yapmak
Schlichter *m* ⟨-s; -⟩, **~in** *f* ⟨-; -nen⟩ arabulucu
Schlichtheit *f* ⟨-; *o pl*⟩ sadelik, gösterişsizlik
Schlichtung *f* ⟨-; *o pl*⟩ uzlaştırma, arabulma
schließen ⟨schloss, geschlossen, *h*⟩ **1.** *v/i* kapanmak; **2.** *v/t* kapa(t)mak; (*beenden*) bitirmek; **~ aus** *-den* anlam/sonuç çıkarmak; **von sich auf andere ~** kendinden pay biçmek; **nach ... zu ~** *-e* göre
Schließfach *n* BAHN *kilitli bagaj dolabı*; (*Bank*~) banka kasası; (*Postfach*) posta kutusu
schließlich *adv* en son(unda); (*am Ende*) sonunda, nihayet; (*immerhin*) ne de olsa
Schließmuskel *m* MED büzgen, muassıra
Schliff *m* ⟨-s; -e⟩ (*Glätte*) perdah(lama); *Kristall* kesme; *Diamant* tıraş (etme); **den letzten ~ geben** *-in* son rötuşlarını yapmak
schlimm *adj* kötü, fena; (*furchtbar*) berbat; **es sieht ~ aus** *-in* hali berbat; **das ist nicht** (*od* **halb so**) **~** pek (o kadar) vahim değil; **um so ~er** daha da kötü (ya!); **das Schlimme daran** işin kötüsü; **auf das Schlimmste gefasst sein** en kötüsüne hazır olmak
schlimmstenfalls *adv* kötüsü gelirse, en kötü durumda
Schlinge *f* ⟨-; -n⟩ ilmik; MED askı; **den Arm in der ~ tragen** *-in* kolu askıda olmak
Schlingel *m* ⟨-s; -⟩ madrabaz, üçkağıtçı; kerata
schlingen ⟨schlang, geschlungen, *h*⟩ **1.** *v/t* (**um** *-e*) sarmak, dolamak; **2.** *v/r*: **sich ~ um** *-e* sarılmak, dolanmak
schlingern *v/i* ⟨*h*⟩ MAR yalpalamak
Schlingpflanze *f* sarmaşık (türü bitki)
Schlips *m* ⟨-es; -e⟩ kravat, boyunbağı
Schlitten *m* ⟨-s; -⟩ kızak
schlittern *v/i* ⟨*sn*⟩ kaymak; (*rutschen*) *-in* ayağı kaymak
Schlittschuh *m* paten; **~ laufen** paten kaymak; **~läufer(in** *f*) *m* paten kayan; patenci
Schlitz *m* ⟨-es; -e⟩ yarık; (*Hosen*~) yırtmaç; (*Einwurf*~) delik, para atma deliği
Schloss *n* ⟨-es; ¨-er⟩ kilit; (*Bau*) saray, şato; **ins ~ fallen** (*Tür*) aniden kapanmak; **hinter ~ und Riegel sitzen** hapiste yatmak
Schlosser *m* ⟨-s; -⟩ tesviyeci
Schloss|park *m* şato bahçesi; **~ruine** *f* şato harabesi
schlottern *v/i* ⟨*h*⟩ (**vor** *D -den*) titremek; F *Hose usw -in* üstünden dökülmek
Schlucht *f* ⟨-; -en⟩ dağ geçidi, boğaz
schluchzen *v/i* ⟨*h*⟩ hıçkırmak; hıçkırarak ağlamak
Schluchzer *m* ⟨-s; -⟩ hıçkırık
Schluck *m* ⟨-s; -e⟩ yudum; *kleiner* F fırt
Schluckauf *m* ⟨-s; *o pl*⟩: **e-n ~ haben** *-i* hıçkırık tutmak
schlucken ⟨*h*⟩ **1.** *v/t* yutmak; F (*glauben*) yutmak, yemek; *Tadel* sineye çekmek; *Schall* emmek, yutmak; F *Benzin* çok yakmak; **2.** *v/i* yutmak
Schlucker *m* ⟨-s; -⟩: **armer ~** zavallı, garip
Schluckimpfung *f* MED ağızdan aşı
schlummern *v/i* ⟨*h*⟩ (hafif) uyumak, biraz kestirmek
schlummernd *adj* tavşan uykusunda
Schlund *m* ⟨-es; ¨-e⟩ gırtlak (*Tiere*); ağız, kuyu
schlüpfen *v/i* ⟨*sn*⟩ (**in** *A -e*) girivermek; (**aus** *-den*) çıkıvermek; ZOOL (yumurtadan) çıkmak
Schlüpfer *m* ⟨-s; -⟩ külot
Schlupfloch *n* (gizli) çıkış deliği; *fig* saklanılan yer
schlüpfrig *adj* kaygan; *fig* güvenilmez, kaypak
Schlupfwinkel *m* saklanılan yer, haydut yatağı
schlurfen *v/i* ⟨*sn*⟩ ayak sürümek
schlürfen *v/t u v/i* ⟨*h*⟩ höpürdetmek
Schluss *m* ⟨-es; ¨-e⟩ son; (*Ab*~) *a* bitim, kapanış; (*~folgerung*) çıkarım, sonuç; **~ machen** bitirmek; (*sich trennen*) ayrılmak; **~ machen mit** *-i* bitirmek; **am ~** son(un)da; **zum ~** son olarak; (**ganz**) **bis zum ~** (iyice) sonuna kadar; **~ für heute!** bugünlük bu kadar!
Schluss|akt *m* THEA son perde; *fig* son safha, karar safhası; **~bemerkung** *f* ka-

S

panış sözleri *pl*; **~bilanz** *f* ÖKON (yıllık) kapanış bilançosu

Schlüssel *m* ⟨-s; -⟩ (***für, zu*** *-in*) anahtar(ı); **~bein** *n* ANAT köprücük kemiği; **~blume** *f* çuhaçiçeği; **~bund** *m, n* ⟨-s; -e⟩ anahtarlar *pl*; **~dienst** *m* çilingir servisi; **~erlebnis** *n -in* hayatını değiştiren yaşantı; **~figur** *f* anahtar kişi; **~kind** *n annesi-babası ev dışında çalıştığı için boynunda anahtar taşıyan çocuk*; **~industrie** *f* ana sanayi (dalları *pl*); **~loch** *n* anahtar deliği; **~stellung** *f* kilit mevkii/konumu; **~wort** *n* ⟨-s; ¨-er⟩ kilit şifresi

Schluss|feier *f* veda partisi, … sonu eğlentisi; **~folgerung** *f* sonuç, çıkarım

schlüssig *adj Beweis usw* inandırıcı, kesin; ***sich ~ werden*** (***über*** *A* hakkında) karara varmak

Schluss|kurs *m* ÖKON kapanış kuru/fiyatı; **~licht** *n* AUTO *usw* arka lamba; ***das ~ bilden*** sonuncu olmak; **~notierung** *f* ÖKON kapanış kaydı; **~pfiff** *m* bitiş düdüğü; **~phase** *f* son aşama; **~satz** *m* MUS son bölüm; **~strich** *m*: ***e-n ~ unter etw ziehen*** bş-e kesin bir son vermek; **~verkauf** *m* ÖKON mevsim sonu satışı; **~wort** *n* ⟨-s; -e⟩ kapanış sözleri *pl*

schmackhaft *adj* lezzetli; ***j-m etw ~ machen*** b-nin bş-e iştahını kabartmak

schmal *adj* dar; *Hüfte* ince

schmälern *v/t* ⟨*h*⟩ *Verdienst* azaltmak, değerinden düşürmek

Schmal|film *m* 16 milimetrelik film; **~spurbahn** *f dar hatlı demiryolu*

Schmalz[1] *n* ⟨-es; -e⟩ eritilmiş (hayvanî) yağ

Schmalz[2] *m* ⟨-es⟩ F abartılı duygusallık

schmalzig *adj* F duygusallığı abartılı

schmarotzen *v/i* ⟨*h*⟩ F (***bei*** *-den*) otlakçılık etmek, geçinmek

Schmarotzer *m* ⟨-s; -⟩ BOT, ZOOL parazit, asalak; *fig a* F otlakçı, bedavacı

schmatzen *v/i* ⟨*h*⟩ şapırdatarak yemek

schmecken ⟨*h*⟩ **1.** *v/t -in* tadına bakmak; **2.** *v/i*: ***~ nach …*** … tadında olmak; ***gut*** (***schlecht***) ***~*** *-in* tadı iyi (kötü) olmak; ***sich*** (*D*) ***etw ~ lassen*** bş-i afiyetle yemek; (***wie***) ***schmeckt dir …?*** *-in* tadı nasıl?; ***es schmeckt säuerlich*** ekşimsi bir tadı var; ***es schmeckt nach nichts*** tadı hiç yok

Schmeichel|ei *f* ⟨-; -en⟩ gönül okşama, *abw* pohpohlama; **⁀haft** *adj* gönül okşayıcı, *abw* pohpohlayıcı

schmeicheln *v/i* ⟨*h*⟩ *-in* gönlünü okşamak, *-e* iltifat etmek; *abw -e* yağ yapmak; ***sich geschmeichelt fühlen*** iltifat görmek

Schmeichler *m* ⟨-s; -⟩, **~in** *f* ⟨-; -nen⟩ dalkavuk, yüze gülen, yağcı; **⁀isch** *adj* yaltakçı, yılışkan

schmeißen ⟨schmiss, geschmissen, *h*⟩ F **1.** *v/t* fırlatıp atmak; ***den Laden ~*** işi çekip çevirmek; **2.** *v/i* ***mit Geld um sich ~*** parayı har vurup harman savurmak

Schmeißfliege *f* ZOOL mavisinek

schmelzen ⟨schmilzt, schmolz, geschmolzen⟩ **1.** *v/i* ⟨*sn*⟩ erimek; *Schnee a* çözülmek; **2.** *v/t* ⟨*h*⟩ eritmek; *Metall a* ergitmek

Schmelz|käse *m* eritme peynir(i); **~punkt** *m* ergime noktası; **~tiegel** *m* pota; **~wasser** *n* kar suyu

Schmerz *m* ⟨-es; -en⟩ acı; *anhaltender* ağrı; *stechender* sancı; *fig* keder, üzüntü; ***~en haben*** ağrı/sancı çekmek

schmerzen ⟨*h*⟩ **1.** *v/i* acımak; ağrımak; sancımak; **2.** *v/t* ağrıtmak, acıtmak; *bes fig -e* acı vermek/çektirmek

Schmerzens|geld *n* manevî tazminat; **~schrei** *m* acı çığlığı

schmerz|frei *adj* ağrısız, sancısız; **⁀grenze** *f* katlanırlık sınırı; **~haft** *adj* ağrılı, *fig* zahmetli; **~lich** *adj* üzücü, acıklı; ***j-n ~ berühren*** b-ne acı vermek (*manevi*); **~lindernd** *adj*: ***~es Mittel*** ağrı hafifletici ilaç; **~los** *adj* ağrısız, acısız; **~mittel** *n* ağrı kesici ilaç; zahmetsiz; **⁀stillend** *adj* ağrı kesici; **~tablette** *f* ağrı kesici tablet; **~therapie** *f* MED ağrı tedavisi

Schmetterball *m* smaç

Schmetterling *m* ⟨-s; -e⟩ ZOOL kelebek

schmettern ⟨*h*⟩ **1.** *v/t* yere atmak/çarpmak; (yüksek sesle) söylemek/çalmak (*Lied*); **2.** *v/i Trompete* cayırdamak; *Vogel* şakımak

Schmied *m* ⟨-s; -e⟩ demirci

Schmiedeeis|en *n* ⟨-s; *o pl*⟩ dövme demir; **⁀ern** *adj* dövme demir(den)

schmieden *v/t* ⟨*h*⟩ dövmek (*Eisen*); *Pläne* kurmak, tasarlamak

schmiegen *v/r* ⟨*h*⟩: ***sich ~ an*** (*A*) *-e* yapışmak, *-e* (tıpatıp) oturmak; ***sich an j-n ~*** *-e* sokulmak

Schmiere[1] *f* ⟨-; -n⟩ TECH gres yağı

Schmiere[2] *f* F: ***~ stehen*** erkete durmak

S

schmieren *v/t* ⟨*h*⟩ TECH yağlamak; *Butter usw* (***auf*** *A -e*) sürmek; (*unsauber schreiben*) karalamak, çiziktirmek; F ***j-n*** **~** b-ne rüşvet vermek/yedirmek; F ***wie geschmiert*** yağ gibi, tıkır tıkır; ***j-m e-e*** **~** b-ne bir tane yapıştırmak

Schmier|erei *f* ⟨-; -en⟩ karalama; *an der Wand* duvar yazısı; **~fett** *n* TECH gres yağı; **~fink** *m* F *kirli veya yazısı kötü çocuk*; **~geld** *n* rüşvet (parası)

schmierig *adj* yağlı; (*schmutzig*) pis, kirli; (*unanständig*) açık saçık; F (*kriecherisch*) yağcı, sırnaşık

Schmier|mittel *n* TECH yağlayıcı madde; **~öl** *n* TECH (sıvı) yağ (*yağlayıcı*); **~seife** *f* arapsabunu

Schmink|e *f* ⟨-; -n⟩ düzgün, fondöten; makyaj; **2en** ⟨*h*⟩ *v/r*: ***sich*** **~** makyaj yapmak; ***sich*** (*D*) ***die Lippen*** **~** dudaklarına ruj sürmek

schmirgeln *v/t* ⟨*h*⟩ zımparalamak

Schmirgelpapier *n* zımpara kağıdı

schmollen *v/i* ⟨*h*⟩ *-e* gücenmek, *-e* surat asmak

Schmorbraten *m* GASTR sote; *buğuda pişmiş parça et*

schmoren ⟨*h*⟩ **1.** *v/t* yağda hafif kızartıp az suyla pişirmek; **2.** *v/i* az suyla pişmek; ***in der Sonne*** **~** güneşte pişmek; ***j-n*** (***in s-m eigenen Saft***) **~ *lassen*** b-ni inadına bekletmek

Schmuck ⟨-s; *o pl*⟩ süs, ziynet, takı; (*Zierde*) süs(leme), dekor(asyon), tezyinat

schmücken *v/t* ⟨*h*⟩ süslemek

schmucklos *adj* (*schlicht*) sade, gösterişsiz

Schmuckstück *n* süs, takı; *fig* değerli şey, müstesna parça

schmudd(e)lig *adj* F pis, kirli

Schmuggel *m* ⟨-s; *o pl*⟩ kaçakçılık

schmuggeln ⟨*h*⟩ **1.** *v/t* kaçırmak, kaçak sokmak; **2.** *v/i* kaçakçılık yapmak

Schmuggelware *f* kaçak mal

Schmuggler *m* ⟨-s; -⟩, **~in** *f* ⟨-; -nen⟩ kaçakçı

schmunzeln *v/i* ⟨*h*⟩ (***über*** *A -e*) bıyık altından gülmek, gülümsemek

schmusen *v/i* ⟨*h*⟩ F (***mit*** *-i*) okşayıp sevmek; *Liebespaar* öpüşüp koklaşmak

Schmutz *m* ⟨-es⟩ kir; *stärker* pislik; **~fink** *m* F pis, kaşar; **~fleck** *m* leke

schmutzig *adj* kirli; *stärker* pis; **~ *machen*** kirletmek; ***sich*** **~ *machen*** üstünü (*od* bir yerini) kirletmek; **~ *werden*** kirlenmek, pislenmek

Schnabel *m* ⟨-s; ⸚⟩ ZOOL gaga; F ***halt den*** **~*!*** kapa çeneni!

Schnalle *f* ⟨-; -n⟩ toka

schnallen *v/t* ⟨*h*⟩ tokalamak; F ***ich schnalle das nicht!*** bunu aklım basmıyor

schnalzen *v/i* ⟨*h*⟩: ***mit der Zunge*** **~** dilini şaklatmak; ***mit den Fingern*** **~** parmak şaklatmak

schnapp|en ⟨*h*⟩ **1.** *v/i*: **~ *nach*** (ağzıyla) -i kapmaya çalışmak; ***nach Luft*** **~** soluk alamamak; **2.** *v/t* F (*fangen*) enselemek; **2schloss** *n* yaylı kilit; **2schuss** *m* FOTO enstantane; ***e-n*** **~ *machen von j-m*** b-nin habersiz resmini çekmek

Schnaps *m* ⟨-es; ⸚e⟩ rakı, (sert) içki; **~brennerei** *f* taktirhane; **~glas** *n* içki kadehi; **~idee** *f* F saçma/delice fikir

schnarchen *v/i* ⟨*h*⟩ horlamak, horuldamak

schnarren *v/i* ⟨*h*⟩ gıcırdamak, zırıldamak

schnattern *v/i* ⟨*h*⟩ takırdamak; F ötüp durmak

schnauben *v/i* ⟨*h*⟩: ***vor Wut*** **~** öfkesi burnundan çıkmak

schnaufen *v/i* ⟨*h*⟩ nefes nefese kalmak; nefes almak

Schnauzbart *m* bıyık

Schnauze *f* ⟨-; -n⟩ ZOOL ağız ve burun; F LUFTF, AUTO burun; V (*Mund*) çene, gaga; V ***die*** **~ *halten*** çenesini kapamak

Schnauzer *m* ⟨-s; -⟩ bıyık

schnäuzen *v/r* ⟨*h*⟩: ***sich*** **~** sümkürmek, sümkürerek burun silmek

Schnecke *f* ⟨-; -n⟩ ZOOL salyangoz; (*Nackt2*) sümüklüböcek; *Form* helezon; ***j-n zur*** **~ *machen*** b-ne giydirmek

Schnecken|haus *n* salyangoz kabuğu; **~tempo** *n*: ***im*** **~** kaplumbağa hızıyla

Schnee *m* ⟨-s; *o pl*⟩ kar; **~ball** *m* kartopu; **~ballschlacht** *f* kartopu oyunu; **~ballsystem** *n* ⟨-s; *o pl*⟩ ÖKON zincirleme satış sistemi; **2bedeckt** *adj* karlı, karla kaplı; **~besen** *m* çırpacak; **~brille** *f* kar gözlüğü; **~fall** *m* kar yağışı; **~flocke** *f* kar lapası/tanesi; **~gestöber** *n* ⟨-s; -⟩ kar fırtınası; **~glätte** *f* karlanma (*yolda*); **~glöckchen** *n* ⟨-s; -⟩ BOT kardelen; **~grenze** *f* kar sınırı; **~ketten** *pl* AUTO kar zinciri *sg*; **~mann** *m* kardanadam; **~matsch** *m* *erimekte olan kar*;

~pflug *m* TECH kar kürüme aracı; **~regen** *m* sulusepken, karla karışık yağmur; **~schaufel** *f* kar küreği; **~sturm** *m* tipi; **~verhältnisse** *pl kar yağması hali*; **~wehe** *f* ⟨-; -n⟩ kar yığıntısı, kürtün; **≗weiß** *adj* kar beyazı

Schneidbrenner *m* ⟨-s; -⟩ TECH oksijenli kesici

Schneide *f* ⟨-; -n⟩ ağız (*bıçak vs*)

schneiden ⟨schnitt, geschnitten, *h*⟩ **1.** *v/t u v/i* kesmek; ***in Stücke ~*** doğramak; ***e-n Film*** filmin kurgusunu/montajını yapmak; **2.** *v/r*: ***sich ~*** bir yerini kesmek; F ***da hat er sich aber geschnitten!*** hava(sını) alır!

Schneider[1] *m* ⟨-s; -⟩, **~in** *f* ⟨-; -nen⟩ terzi

Schneider[2]: ***aus dem ~ sein*** düze çıkmış olmak

Schneidezahn *m* kesici diş

schneidig *adj* cesur, atılgan

schneien *v/unp* ⟨*h*⟩: ***es schneit*** kar yağıyor

Schneise *f* ⟨-; -n⟩ (*Wald≗*) ağaçsız orman yolu; LUFTF koridor

schnell 1. *adj* hızlı, süratli; *Handeln, Antwort a* acele; **2.** *adv* çabuk, hızla; ***es geht ~*** uzun sürmez, çabuk olur; (***mach***) ***~!*** acele et!; ***auf dem ~sten Wege*** F en çabuk yoldan; ***~ wirkend*** *adj* etkisi hızlı

Schnellboot *n* sürat motoru; MIL hücumbot

schnellen 1. *v/i* ⟨*sn*⟩ fırlamak, yükselmek; **2.** *v/t* ⟨*h*⟩ fırlatmak; *Finger* şıkırdatmak

Schnell|feuerwaffe *f* otomatik ateşli silah; **~gaststätte** *f* fast food lokantası; **~gericht** *n* GASTR çabuk (hazırlanan) yemek, alaminüt; **~hefter** *m* telli dosya; **~igkeit** *f* ⟨-; *o pl*⟩ çabukluk; *Tempo* hız, sürat; **~imbiss(stube** *f*) *m* büfe (*sandviç vs*); **~kochtopf** *m* basınçlı (*od* F düdüklü) tencere; **~kurs** *m* yoğun/hızlı kurs; **≗lebig** *adj* temposu hızlı (*dönem vs*); **~reinigung** *f* ekspres kuru temizleme; **~straße** *f* AUTO çift yönlü karayolu; **~verfahren** *n* JUR *ivedilikle görülen dava*; ***im ~*** ivedilikle; **~zug** *m* ekspres

schneuzen → ***schnäuzen***

schniefen *v/i* ⟨*h*⟩ F burun çekmek

Schnippchen *n*: ***j-m ein ~ schlagen*** b-ne (zararsız) bir oyun oynamak

schnippeln *v/t, v/i* ⟨*h*⟩ doğramak; (***an*** *-i*) kesip/doğrayıp durmak

schnippen ⟨*h*⟩ **1.** *v/i* (***mit den Fingern***) ~ parmak şıkırdatmak; **2.** *v/t* fiskeleyerek atmak

schnippisch *adj* saygısız(ca), biraz küstah(ça)

Schnipsel *m, n* ⟨-s; -⟩ kırpıntı

Schnitt *m* ⟨-s; -e⟩ kesim; (*Durch≗*) ortalama; ***im ~*** ortalama olarak; F ***s-n ~ machen*** *-den* iyi para kırmak

Schnittblumen *pl* vazo çiçekleri

Schnitte *f* ⟨-; -n⟩ dilim; (*belegte*) yağlı ekmek (*üstü peynirli vs*)

Schnitt|käse *m* sert peynir (*kaşar vs*); **~lauch** *m* BOT soğancık; **~muster** *n* (biçki) patron(u); **~punkt** *m* kesişme noktası; **~stelle** *f* EDV arabirim, arayüz; **~wunde** *f* kesik/bıçak yarası; **~zeichnung** *f* TECH kesit (çizimi)

Schnitzarbeit *f* oyma işi

Schnitzel *n* ⟨-s; -⟩ GASTR kotlet; (*Wiener ~*) şnitsel

schnitzen *v/t* ⟨*h*⟩ *Holz* oymak

Schnitzerei *f* ⟨-; -en⟩ oymacılık; oyma işi

schnodd(e)rig *adj* F saygısız(ca), küstah(ça)

Schnorchel *m* ⟨-s; -⟩ şnorkel

schnorcheln *v/i* ⟨*h*⟩ şnorkelle dalmak

Schnörkel *m* ⟨-s; -⟩ süs kıvrımı (*yazıda*); ***ohne ~*** sade, süssüz

schnorren ⟨*h*⟩ **1.** *v/t* F (***bei*** *-den*) otlanmak; **2.** *v/i* F otlakçılık yapmak

Schnorrer *m* ⟨-s; -⟩, **~in** *f* ⟨-; -nen⟩ F otlakçı

schnuck(e)lig *adj* F şirin, tatlı, tonton

schnüffeln *v/i* ⟨*h*⟩ (***an*** *D -i*) koklamak; F *fig* her tarafı aramak, her yeri karıştırmak

Schnüffler *m* ⟨-s; -⟩ F burnunu her yere sokan; *abw* (*Detektiv*) hafiye, detektif

Schnuller *m* ⟨-s; -⟩ emzik (*bebek*)

Schnulze *f* ⟨-; -n⟩ *aşırı duygusal şarkı/film*

schnulzig *adj* acılı, gözyaşı dolu

Schnupfen *m* ⟨-s; -⟩ MED nezle; ***e-n ~ haben*** nezle olmak; ***e-n ~ bekommen*** nezleye yakalanmak

Schnupftabak *m* enfiye

schnuppern *v/t u v/i* ⟨*h*⟩ (***an*** *D -i*) koklamak

Schnupperkurs *m* deneme dersi

Schnur [ʃnuːɐ] *f* ⟨-; ¨-e⟩ ip, sicim; EL kordon

S

Schnürchen *n*: ***wie am ~*** saat gibi, tıkır tıkır
schnüren *v/t* ⟨*h*⟩ iple bağlamak
schnurgerade *adv* dosdoğru, dümdüz
schnurlos *adj* EL, TEL kordonsuz
Schnurrbart *m* bıyık
schnurren *v/i* ⟨*h*⟩ *Katze* mırıldamak; *Motor* gırıldamak
Schnür|schuh *m* bağ(cık)lı ayakkabı; **~senkel** *m* ⟨-s; -⟩ ayakkabı bağ(cığ)ı
schnurstracks *adv* (*direkt*) doğrudan doğruya; (*sofort*) hemen
Schock *m* ⟨-s; -s⟩ şok; ***unter ~ stehen*** şok geçiriyor olmak
schock|en F **~ieren** *v/t* ⟨*o* ge-, *h*⟩ şaşırtmak, şoke etmek; ***geschockt/schockiert sein*** şoke olmak
schockierend *adj* şoke edici
Schocktherapie *f* MED şok tedavisi
Schokolade *f* ⟨-; -n⟩ çikolata
Schokoladeneis *n* çikolatalı dondurma
Schokoriegel *m* çikolatalı gofret/çubuk
Scholle *f* ⟨-; -n⟩ (*Erd*♀) kesek; (*Eis*♀) buz kütlesi; ZOOL yaldızlı pisibalığı
schon *adv* artık, çoktan, … bile; (*jemals*) hiç; (*sogar ~*) hatta, … bile; *in Fragen* acaba; ***~ damals*** daha o zamanlar; ***~ immer*** şimdiye kadar hep; ***~ oft*** şimdiye kadar sık sık; ***~ wieder*** şimdi gene; ***~ 1968*** daha 1968'de; ***~ der Gedanke …*** … düşüncesi bile; ***hast*** (***bist***) ***du ~ einmal …?*** sen hiç … mi?; ***ich warte ~ seit 20 Minuten*** tam 20 dakikadır burada bekliyorum; ***ich kenne sie ~, aber*** onu tanımasına tanıyorum, ama …; ***er macht das ~*** o bunu yapar; ***~ deswegen*** daha bunun için bile; ***~ gut!*** tamam tamam!, zararı yok!; ***na, wenn ~!*** öyleyse ne olmuş?; ***was macht das ~?*** ne çıkar yani?
schön **1.** *adj* güzel; *gut, angenehm, nett* iyi, hoş; (***na,***) ***~*** pekalâ; ***e-s ~en Tages*** günlerden bir gün; ***~ wär's!*** ner(e)de o bolluk?; F ***das wäre ja noch ~er!*** F hiç olur mu öyle şey?; **2.** *adv*: ***~ warm*** (***kühl***) güzel sıcak (serin); ***ganz ~ teuer*** (***schnell***) bir hayli pahalı (hızlı); ***j-n ganz ~ erschrecken*** (***überraschen***) b-ni adamakıllı korkutmak (şaşırtmak)
Schonbezug *m* kılıf, tozluk
schonen ⟨*h*⟩ **1.** *v/t* korumak, dikkatli kullanmak; *j-n, j-s Leben* b-nin hayatını bağışlamak; **2.** *v/r*: ***sich ~*** gücünü idareli kullanmak, kendine dikkat etmek
schonend **1.** *adj* özenli, nazik; *Mittel usw* yumuşak; **2.** *adv*: ***~ umgehen mit*** *-i* dikkatli kullanmak
Schoner *m* ⟨-s; -⟩ MAR uskuna, golet
schöngeistig *adj* entellektüel, düşünsel
Schönheit *f* ⟨-; -en⟩ güzellik
Schönheits|chirurgie *f* MED estetik cerrahi(si); **~fehler** *m* küçük kusur, zevke keder; **~königin** *f* güzellik kraliçesi; **~operation** *f* estetik ameliyatı; **~pflege** *f* güzellik bakımı; **~reparaturen** *f/pl kiralık dairede* boya ve badana işleri; **~salon** *m* güzellik salonu; **~wettbewerb** *m* güzellik yarışması
Schonkost *f* perhiz yemeği/yiyeceği
schönmachen ⟨-ge-, *h*⟩: ***sich ~*** süslenmek (*Frau*)
Schonung *f* ⟨-; -en⟩ bakım; (*Ruhe*) dinlenme; (*Erhaltung*) koruma, saklama; (*Bäume*) fidanlık, koru
schonungslos *adj* acımasız
Schonwaschgang *m* sentetik yıkama programı (*çamaşır makinası*)
Schönwetter|lage *f* iyi hava dalgası; **~periode** *f* iyi hava dönemi
Schonzeit *f* av yasağı mevsimi
schöpfen *v/t* ⟨*h*⟩ almak (*kepçeyle sudan vs*); *fig* sağlamak, temin etmek; *Wasser* su çekmek/almak; (***frische***) ***Luft ~*** (temiz) hava almak; ***Verdacht ~ schöpfen*** şüphelenmek
Schöpfer *m* ⟨-s; -⟩ (*Gott*) Yaradan; *a* yaratan, yaratıcı; **♀isch** *adj* yaratıcı
Schöpf|kelle *f*, **~löffel** *m* kepçe
Schöpfung *f* ⟨-; -en⟩ yarat(ıl)ış
Schöpfungsgeschichte *f* REL tekvin, yaratılış efsanesi
Schorf *m* ⟨-s; -e⟩ MED yara kabuğu
Schornstein *m* baca; **~feger** *m* ⟨-s; -⟩ baca temizleyicisi
Schoß *m* ⟨-es; ⸚e⟩ kucak; (*Mutterleib*) karın
Schote *f* ⟨-; -n⟩ BOT tohum kabuğu, kapçık, F bezelye *vs* kabuğu
Schotte *m* ⟨-n; -n⟩ İskoçyalı
Schotten *pl Stoffmuster* ekose *adj*
Schotter *m* ⟨-s; -⟩ kırma taş; (kaba) çakıl
Schott|in *f* ⟨-; -nen⟩ İskoçyalı (kadın); **♀isch** *adj* İskoçya(lı) *subst*; *Waren* İskoç, Skoç; **~land** *n* İskoçya

S

schraffieren *v/t* ⟨*o* ge-, *h*⟩ taramak (*çizim*)
schräg 1. *adj* eğik, eğri, (yana) yatık, eğimli; *Linie usw* verev, çapraz; **2.** *adv*: ~ ***gegenüber*** çarazlama karşısında
Schräge *f* ⟨-; -*n*⟩ eğim; eğik yüzey (*dam vs*)
Schrägstrich *m* GR eğik çizgi (/)
Schramme *f* ⟨-; -n⟩ yırtık, sıyrık, çizik
schrammen *v/t* ⟨*h*⟩ hafif yaralamak, sıyırmak
Schrank *m* ⟨-s; ⸚e⟩ dolap; (*Wand*♀) gömme dolap
Schranke *f* ⟨-; -n⟩ engel, bariyer; (Einschränkung) kısıtlama, sınır, had; BAHN (hemzemin) geçit; ***~n setzen*** kısıtlamalar koymak; **(*sich*) *in ~n halten*** sınırlı kalmak; ***j-n in s-e ~n weisen*** b-ne haddini bildirmek
schrankenlos *adj* sınırsız, kısıt(lama)sız
Schrankenwärter *m* BAHN geçit bekçisi
Schrank|koffer *m* gard(ı)rop valiz; **~wand** *f* duvardan duvara dolap
Schraube *f* ⟨-; -n⟩ *spitz* vida; *mit Mutter* cıvata; F ***bei ihm ist e-e ~ locker*** onun bir tahtası eksik
schrauben *v/t* ⟨*h*⟩ vidalamak
Schrauben|schlüssel *m* TECH somun anahtarı; **~zieher** *m* ⟨-s; -⟩ TECH tornavida
Schraub|stock *m* ⟨-s; ⸚e⟩ mengene; **~verschluss** *m* vidalı kapak
Schrebergarten *m şehir yakınında dizi dizi kurulmuş küçük bahçelerden her biri*
Schreck *m* ⟨-s; -e⟩ korku; ***ach du ~!*** hay aksi şeytan!
schrecken *v/t* ⟨*h*⟩ korkutmak; ***das schreckt mich nicht*** ben bundan korkmam
Schrecken *m* ⟨-s; -⟩ dehşet; ***die ~ des Krieges*** savaşın dehşeti; ***in ~ versetzen*** dehşet içinde bırakmak; ***mit dem ~ davonkommen*** bir korku geçirip kurtulmak
Schreckens|herrschaft *f* korku/dehşet rejimi; **~nachricht** *f* dehşetli/kara haber; **~tat** *f* hunharlık
Schreckgespenst *n* hortlak
schreck|haft *adj* ürkek, korkak, tavşan yürekli; **~lich 1.** *adj* korkunç; *stärker* dehşet verici, dehşetli; *Mord usw a* menfur, canavarca; **2.** *adv* F dehşet
Schreckschuss *m* havaya ateş
Schrecksekunde *f* dehşet ânı
Schrei *m* ⟨-s; -e⟩ bağırma; *lauter* haykırış; feryat; (*Angst*♀) çığlık; ***der letzte ~*** son moda *adj*
Schreib|arbeit *f* yazı işi; **~block** *m* bloknot; **~büro** *n* daktilo bürosu
schreiben *v/t u v/i* ⟨schrieb, geschrieben, *h*⟩ (***j-m*** b-ne; ***über*** *A* hakkında) yazmak; (*tippen*) daktilo etmek; ***sich mit j-m ~*** b-le yazışmak; ***wie schreibt man …?*** …nasıl yazılır? ***e-e Arbeit ~*** ödev/tez yazmak
Schreiben *n* ⟨-s; -⟩ (*Brief*) yazı
schreib|faul *adj* (mektup) yazmaya üşenen; **♀fehler** *m* imla yanlışı; **♀gerät** *n yazı gereci* (*kalem, tebeşir vs*); **~geschützt** *adj* EDV yazma korumalı; **♀kraft** *f* daktilo(graf); **♀maschine** *f* daktilo, yazı makinesi; ***mit der ~ geschrieben*** daktilo edilmiş
Schreibtisch *m* yazı masası
Schreibung *f* ⟨-; -en⟩ yazılış
Schreibwaren *pl* kırtasiye *sg*; **~geschäft** *n* kırtasiyeci (dükkanı)
Schreibweise *f* yazılış
schreien *v/i u v/t* ⟨schrie, geschrien, *h*⟩ (***um, nach*** için, diye) bağırmak; *lauter* haykırmak; *kreischend* çığlık atmak, feryat etmek; ***~ vor Schmerz*** (***Angst***) acıdan (korkudan) bağırmak; ***es war zum Schreien*** çok komikti, çok güldük
schreiend *adj Farben* cart, frapan, göze batan; *Unrecht* apaçık
Schreihals *m* F yaygaracı
Schrein *m* ⟨-s; -e⟩ sandık (*kutsal bş için*)
Schreiner *m* ⟨-s; -⟩ marangoz, doğramacı, dülger
schreiten *v/i* ⟨schritt, geschritten, *sn*⟩ yürümek (*mit großen Schritten*); *fig* ***zu etw ~*** bş-e girişmek; ***zur Tat ~*** harekete/eyleme geçmek
Schrift *f* ⟨-; -en⟩ yazı; **~en** *pl* (*Werke*) eserler (*kitaplar*); ***die Heilige ~*** Kutsal Kitap
Schrift|art *f Druck* yazı çeşidi/tipi, karakter; **~deutsch** *n* Alman yazı dili; **~führer(in** *f*) *m* zabıt kâtibi; **~führerin** *f a* zabıt kâtibesi
schriftlich 1. *adj* yazılı; ***~e Prüfung*** yazılı sınav; **2.** *adv* yazılı olarak; F ***das kann ich dir ~ geben!*** bu kesin böyle!

S

Schrift|probe *f* yazı örneği; **~satz** *m* JUR yazılı açıklama/beyan; **~sprache** *f* yazı dili; **~steller** *m* ⟨-s; -⟩, **~stellerin** *f* ⟨-; -nen⟩ yazar; **≗stellerisch** *adj* yazarlıkla ilgili; **~stück** *n* belge, vesika; **~verkehr** *m*, **~wechsel** *m* yazışma

schrill *adj* tiz (sesli); keskin, kulak tırmalayıcı

Schritt *m* ⟨-s; -e⟩ adım; ***~e unternehmen*** adımlar atmak; ***~ halten mit*** *-e* ayak uydurmak; ***~ für ~*** adım adım; ***den ersten ~ tun*** ilk adımı atmak; ***wir sind keinen ~ weitergekommen*** bir arpa boyu ilerleyemedik

Schrittmacher *m* ⟨-s; -⟩ *fig örnek alınan kişi*; MED kalp pili

schrittweise *adv* adım adım, gittikçe

schroff *adj* (*steil*) sarp, dik, yalçın; (*zerklüftet*) uçurumlu, yarıklı; *fig* sert, katı, sevimsiz; (*krass*) keskin, aşırı

schröpfen *v/t* ⟨*h*⟩ MED şişe çekmek; F ***j-n ~*** b-ni sağmak

Schrot *m*, *n* ⟨-s; -e⟩ (*Getreide*) yarma, kırma; (*Gewehr≗*) saçma; **~flinte** *f* av tüfeği; **~korn** *n* saçma tanesi; yarma tanesi

Schrott *m* ⟨-s; *o pl*⟩ hurda; F ***zu ~ fahren*** (arabayı) kazada hurda etmek; **~händler(in** *f*) *m* hurdacı; **~platz** *m* hurdalık (*yer*); **≗reif** *adj* hurdalık, külüstür; **~wert** *m* hurda değeri

schrubben *v/t* ⟨*h*⟩ ovmak, fırçayla temizlemek, silmek

Schrubber *m* ⟨-s; -⟩ yer/tahta bezi

schrullig *adj* F acayip, antika, kaçık

schrumpfen *v/i* ⟨*sn*⟩ büzülmek, çekmek, küçülmek

Schub *m* ⟨-s; ⸚e⟩ PHYS itme, itiş; MED evre, safha; (*Anfall*) nöbet, kriz; **~fach** *n* çekmece; **~kraft** *f* PHYS itme gücü; **~lade** *f* ⟨-; -n⟩ çekmece

S

Schubs *m* ⟨-es; -e⟩ F (dirsek) vuruş(u)

schubsen *v/t* ⟨*h*⟩ F iteklemek

schubweise *adv* nöbetler halinde

schüchtern *adj* çekingen, utangaç; **≗heit** *f* ⟨-; *o pl*⟩ çekingenlik, utangaçlık

Schuft *m* ⟨-s; -e⟩ alçak (*od* adî, namussuz) herif

schuft|en *v/i* ⟨*h*⟩ F eşek gibi çalışmak; **≗erei** *f* ⟨-; *o pl*⟩ eşek gibi çalışma

Schuh *m* ⟨-s; -e⟩ ayakkabı, pabuç; ***j-m etw in die ~e schieben*** bş-i b-nin üstüne atmak; ***wo drückt dich der ~?*** ne sıkıntın var?

Schuh|bürste *f* ayakkabı fırçası; **~creme** *f* ayakkabı boyası; **~geschäft** *n* ayakkabı mağazası; **~größe** *f* ayakkabı numarası; ***welche ~ haben Sie?*** kaç numara ayakkabı giyiyorsunuz?; **~löffel** *m* ayakkabı çekeceği; **~macher** *m* kunduracı, ayakkabıcı; **~putzer** *m* ⟨-s; -⟩ ayakkabı boyacısı; **~sohle** *f* taban; *Ersatz* pençe; **~spanner** *m* kalıp

Schukostecker *m* EL topraklı fiş

Schul|abgänger *m* ⟨-s; -⟩ mezun (*ilk ve orta okullar*); **~abschluss** *m* mezuniyet; **~alter** *n* okul çağı/yaşı; **~anfänger(in** *f*) *m* okula başlayan; **~arbeiten** *pl*, **~aufgaben** *pl* ödev(ler); **~ausflug** *m* okul gezisi; **~bank** *f*: ***die ~ drücken*** dirsek çürütmek; **~behörde** *f eğitim-öğretim dairesi/bakanlığı*; **~beispiel** *n* (***für*** *-e*) tipik örnek; **~besuch** *m* okula gitme, öğrenim; **~bildung** *f* ⟨-; *o pl*⟩ eğitim, öğrenim (*ilk ve orta*)

Schuld *f* ⟨-; -en⟩ suç; JUR *a* cürüm; (*~gefühl*) suçluluk (duygusu); ***die ~ auf sich nehmen*** suçu (kendi) üzerine almak; ***j-m die ~*** (***an etw***) ***geben*** (bş-de) suçu b-ne yüklemek; ***es ist*** (***nicht***) ***deine ~*** suç senin (değil); (***tief***) ***in j-s ~ stehen*** *fig* b-ne (çok şey) borçlu olmak

schuldbewusst *adj*: ***~e Miene*** suçlu bakışlar *pl*

schulden *v/t* ⟨*h*⟩: ***j-m etw ~*** b-ne bş(-i) borçlu olmak

Schulden *pl* (*Geldschuld*) borç *sg*; ***~ haben*** (***bei*** *-e*) *-in* borcu olmak; ***~ machen*** (***bei j-m***) borca girmek, (b-ne borçlanmak); **~berg** *m* borç yığını; **≗frei** *adj* borçsuz; *Grundbesitz* ipoteksiz; **~tilgung** *f* borç ödeme(si), itfa

Schuld|frage *f* sorumluluk meselesi/konusu; **~gefühl** *n* suçluluk duygusu

schuldhaft *adj* JUR hatalı

Schuldienst *m* ⟨-s; *o pl*⟩: ***im ~ sein*** öğretmenlik yapmak

schuldig *adj bes* JUR (***an D*** -de) suçlu; (*verantwortlich*) *-den* sorumlu; ***j-n für ~ befinden*** b-ni bş-de suçlu bulmak, b-ni bş-den sorumlu tutmak; ***j-n ~ sprechen*** b-ni mahkum etmek; ***sich ~ bekennen*** suçunu kabul/ikrar etmek; ***j-m etw ~ sein ~*** b-ne bş-i borçlu olmak

Schuldige *m*, *f* ⟨-n; -n⟩ JUR suçlu; (*Verantwortliche*) sorumlu

Schuldigkeit *f* ⟨-; *o pl*⟩ görev, yükümlülük

schuldlos *adj* (**an** *D -de*) suçsuz, masum
Schuld|ner *m* ⟨-s; -⟩ borçlu; **~schein** *m* borç senedi; **~spruch** *m* JUR mahkumiyet kararı; **~verschreibung** *f* ÖKON tahvil; **~zuweisung** *f* ⟨-; -en⟩ suçlama, itham
Schule *f* ⟨-; -n⟩ okul; (*Strömung*) *a* ekol, akım; ***höhere ~*** ortaokul ve lise; ***auf*** (*od* ***in***) ***der ~*** okulda; ***in die*** (*od* ***zur***) ***~ gehen*** okula gitmek; ***in die ~ kommen*** okula başlamak; ***die ~ fängt an um*** okul *-de* başlıyor
schulen *v/t* ⟨*h*⟩: ***geschult*** *Person* yetiştirilmiş, kurs görmüş; *Blick usw* tecrübeli
Schüler *m* ⟨-s; -⟩ öğrenci; **~austausch** *m* öğrenci değişimi; **~in** *f* ⟨-; -nen⟩ (kız) öğrenci; **~zeitung** *f* okul gazetesi
Schul|fach *n* ders; **~ferien** *pl* okul tatili *sg*; **♀frei** *adj* tatil; ***~ haben*** *-in* okulu olmamak; ***heute ist ~*** bugün okul(lar) tatil; **~funk** *m* radyo/televizyon eğitim programı; **~gelände** *n* okul bahçesi/arazisi; **~geld** *n* ⟨-s; *o pl*⟩ okul parası; **~heft** *n* okul defteri; **~hof** *m* okul bahçesi
schulisch *adj*: ***~e Leistungen*** okul başarısı
Schul|jahr *n* ders yılı; **~junge** *m* okul çocuğu (*Junge*); **~kamerad(in** *f*) *m* okul arkadaşı; **~kenntnisse** *pl* ders bilgileri; **~klasse** *f* sınıf (*çocuk grubu*); **~leiter** *m* okul müdürü, **~leiterin** *f* okul müdiresi; **~mädchen** *n* okul çocuğu (*kız*); **~medizin** *f üniversite kökenli tıp*; **~ordnung** *f* okul yönetmeliği; **~pflicht** *f* zorunlu eğitim; **♀pflichtig** *adj*: ***~es Kind*** okul çağındaki çocuk; **~ranzen** *m* okul (sırt) çantası; **~rat** *m* müfettiş (*ilk/orta öğretimde*); **~sprecher(in** *f*) *m* öğrenci temsilcisi; **~stunde** *f* ders saati (*45 dakika*); **~tasche** *f* okul çantası
Schulter *f* ⟨-; -n⟩ omuz; ***~ an ~*** omuz om(u)za; ***j-m auf die ~ klopfen*** b-nin omzuna vurmak (*onaylayarak*); ***mit den ~n zucken*** omuz silkmek; **~blatt** *n* ANAT kürek kemiği; **♀frei** *adj* omuzları açık (giysi); (*trägerlos*) askısız; **♀lang** *adj Haar* omuza kadar (inen); **~tasche** *f* omuzdan askılı çanta
Schul|ung *f* ⟨-; -en⟩ eğitim; *gezielt* kurs; **~weg** *m* okul yolu; **~wesen** *n* ⟨-s; *o pl*⟩ okul sistemi, tedrisat; **~zeugnis** *n* (okul) karne(si)
schummeln *v/i* ⟨*h*⟩ F hile yapmak
schumm(e)rig *adj* F loş, yarı karanlık
Schund *m* ⟨-s; *o pl*⟩ değersiz şeyler *pl*; çerçöp, süprüntü, döküntü; **~roman** *m abw* popüler roman
schunkeln *v/i* ⟨*h*⟩ *kol kola girerek müzik eşliğinde sağa sola sallanmak*
Schuppe *f* ⟨-; -n⟩ *Fisch, Schlange* pul; **~n** *pl Kopfhaut* kepek *sg*
schuppen ⟨*h*⟩ **1.** *v/t* pulunu ayıklamak; **2.** *v/r*: ***sich ~*** (*Schuppen bilden*) pul bağlamak, pullanmak; (pul pul) dökülmek
Schuppen *m* ⟨-s; -⟩ *klein* kulübe; *groß* hangar; F (*Diskothek*) disko
schuppig *adj* pullu; *Kopfhaut* kepekli
schüren *v/t* ⟨*h*⟩ yakmak, alevlendirmek; *fig* canlandırmak
schürf|en *v/i* ⟨*h*⟩ (**nach** *-i*) aramak (*Erz*); *fig -in* derinine inmek; **♀wunde** *f* sıyrık (yarası)
Schurke *m* ⟨-n; -n⟩ F alçak, hergele
Schurwolle *f* yeni yün
Schurz *m* ⟨-es; -e⟩ peştemal
Schürze *f* ⟨-; -n⟩ önlük, göğüslük
Schürzenjäger *m* F çapkın; P zampara
Schuss *m* ⟨-es; ⸚e⟩ *Waffe* atış; (*Spritzer*) tutam, yudum, az miktar, F sıkım; *beim Skifahren* şos, frensiz iniş; P (*Droge*) atım, sıkım; ***ein ~ ins Schwarze*** tam isabet; F ***weit vom ~*** kenarda köşede, *-den* çok uzak(ta); ***e-e Cola mit ~*** *alkol katılmış kola*; ***~ fahren*** frensiz inmek; ***gut in ~ sein*** formunda (*od* iyi durumda) olmak; ***in ~ bringen*** iyice tamir etmek; ***in ~ halten*** bakımlı halde tutmak
Schüssel *f* ⟨-; -n⟩ (büyük) tas; (*Servier♀*) çanak, kâse; (*Parabolantenne*) çanak anten
schusselig *adj* F beceriksiz, çolpa
Schuss|linie *f*: ***in die ~ geraten*** ateş hattına düşmek; **~verletzung** *f* (ateşli silahla) yara(lanma); **~waffe** *f* ateşli silah; **~wechsel** *m* müsadere; **~weite** *f*: ***außer ~*** menzil dışı(nda); **~wunde** *f* kurşun/mermi yarası
Schuster *m* ⟨-s; -⟩ kundura tamircisi
Schutt *m* ⟨-s; *o pl*⟩ moloz, döküntü; ***in ~ und Asche liegen*** yanmış yıkılmış (*od* yerle bir olmuş) olmak
Schüttelfrost *m* MED titreme nöbeti
schütteln *v/t* ⟨*h*⟩ silkelemek, sallamak;

S

den Kopf ~ («hayır» anlamında) başını sallamak

schütten *v/t* ⟨*h*⟩ dökmek, boşaltmak

schütter *adj Haar* seyrek, az, dökülmüş

Schutz *m* ⟨-es⟩ (***gegen, vor*** *D -e* karşı, *-den*) koruma; (*Zuflucht*) *-e* sığınma; *Vorsichtsmaßnahme* (*-e* karşı) önlem, emniyet; (*Deckung*) sığınak, siper; ***~ suchen*** (***vor*** *-den*, ***bei*** *-e*) sığınmak; ***j-n in ~ nehmen*** b-ne arka çıkmak, kol kanat germek

Schutz|anzug *m* koruyucu elbise; **~brief** *m* AUTO yol yardım sigortası (belgesi); **~brille** *f* koruyucu gözlük

Schütze *m* ⟨-n; -n⟩ nişancı; (*Tor*≈) golcü; ASTR yay burcu

schützen ⟨*h*⟩ **1.** *v/t* (***gegen, vor*** *D -e* karşı, *-den*) korumak; (*sichern*) muhafaza etmek, saklamak; **2.** *v/r*: ***sich ~*** (***vor*** *-den*) korunmak

Schutz|engel *m* koruyucu melek; **~gewahrsam** *m* JUR koruma hapsi

Schützengraben *m* MIL avcı siperi

Schutz|gebiet *n* koloni, himaye bölgesi; (*Natur*≈) sit alanı; **~geld** *n* haraç; **~gelderpressung** *f* haraç alma, haraççılık; **~heilige** *m*, *f* (koruyucu) pir; **~helm** *m* kask, miğfer; **~hülle** *f* TECH muhafaza; **~impfung** *f* MED koruyucu aşı; **~kleidung** *f* koruyucu elbise

Schützling *m* ⟨-s; -e⟩ koruma altındaki, korunan kişi

schutzlos *adj* korumasız; (*wehrlos*) savunmasız

Schutz|macht *f* himaye eden (devlet); **~marke** *f*: ***eingetragene ~*** tescilli marka; **~maske** *f* koruyucu maske; **~maßnahme** *f* koruma önlemi; **~schild** *m* kalkan; **~umschlag** *m Buch* gömlek; **~vorrichtung** *f* koruma tertibatı; **~zoll** *m* himaye gümrüğü

schwabb(e)lig *adj* pörsük, sarsak

Schwab|e *m* ⟨-n; -n⟩ Suebyalı; **~en** *n* ⟨-s; *o pl*⟩ Suebya

Schwäb|in *f* ⟨-; -nen⟩ Suebyalı (kadın); **≈isch** *adj* Suebya(lı) *subst*

schwach *adj* güçsüz; *Leistung, Augen, Gesundheit* zayıf; *Ton, Hoffnung, Erinnerung* cılız, soluk; (*zart*) nazik, narin, hassas, ince; ***schwächer werden*** güçsüzleşmek; zayıflamak; (*nachlassen*) azalmak; ***~ besucht*** ziyaretçisi/müşterisi az

Schwäche *f* ⟨-; -n⟩ zayıflık, zafiyet; *fig* zaaf; *besonders im Alter* elden ayaktan düşme; (*Nachteil, Mangel*) kusur, eksik, noksan, zayıf taraf; ***e-e ~ haben für*** *-e* zaafı olmak; **~anfall** *m* (ani) halsizlik, dermansızlık; **~gefühl** *n* halsizlik, dermansızlık (hissi)

schwächen *v/t* ⟨*h*⟩ zayıflatmak, zayıf düşürmek; (*vermindern*) azaltmak

Schwachheit *f* ⟨-; *o pl*⟩ → ***Schwäche***

Schwachkopf *m* F kafasız, ahmak

schwäch|lich *adj* zayıf, cılız, çelimsiz; (*zart*) nazik, narin, hassas, ince; **≈ling** *m* ⟨-s; -e⟩ zayıf, güçsüz

schwach|sichtig *adj* MED görme zayıflığı olan; **~sinnig** *adj* MED geri zekâlı; F *abw* aptal, salak

Schwach|stelle *f* zayıf nokta; **~strom** *m* ⟨-s; *o pl*⟩ EL alçak gerilim, düşük voltaj

Schwächung *f* ⟨-; -en⟩ zayıf düş(ür)me

Schwaden *m* ⟨-s; -⟩ *yoğun duman, gaz, sis vs bulutu*

schwafeln *v/i* ⟨*h*⟩ F saçmalamak, abuk sabuk konuşmak

Schwager *m* ⟨-s; ⸚⟩ (*Ehemann der Schwester*) enişte; (*Bruder des Ehemanns*) kayınbirader; (*Ehemänner von Schwestern*) bacanak

Schwägerin *f* ⟨-; -nen⟩ (*Ehefrau des Bruders*) yenge; (*Ehefrauen von Brüdern*) elti; (*Schwester des Ehemanns*) görümce; (*Schwester der Ehefrau*) baldız

Schwalbe *f* ⟨-; -n⟩ ZOOL kırlangıç; (*Fußball*) artistik düşüş

Schwall *m* ⟨-s; -e⟩ akın, büyük dalga; *bes fig a* tufan

Schwamm *m* ⟨-s; ⸚e⟩ *a* ZOOL sünger; BOT mantar; (*Haus*≈) ev süngeri, tahta mantarı; F ***~ drüber!*** bunun üstüne sünger çekelim!

schwammig *adj* sünger gibi; *Gesicht usw* şişkin; (*vage*) belirsiz, bulanık, lastikli

Schwan *m* ⟨-s; ⸚e⟩ kuğu

schwanen *v/unp* ⟨*h*⟩: ***ihr schwante nichts Gutes*** kötü bir şey olacağını hissediyordu

schwanger [ˈʃvaŋɐ] *adj* hamile, F gebe; ***im vierten Monat ~*** dört aylık hamile

schwängern *v/t* ⟨*h*⟩ hamile/gebe bırakmak

Schwangerschaft *f* ⟨-; -en⟩ hamilelik, gebelik

Schwangerschafts|abbruch *m* çocuk aldırma; **~gymnastik** *f* doğuma hazırlık cimnastiği; **~streifen** *pl* gebelik testi şeridi *sg*; **~test** *m* gebelik testi

schwanken *v/i* **1.** ⟨*h*⟩ sallanmak, yalpalamak; *Preise* oynamak; *Temperaturen* dalgalanmak; *fig* **~ zwischen** (*D*) … **und …** (*unentschieden sein*) … *-le* … arasında kararsız kalmak; *Preise -le* … arasında değişmek; **2.** ⟨*sn*⟩ (*wanken, torkeln*) sendelemek

Schwankung *f* ⟨-; -en⟩ değişme, dalgalanma, oynama

Schwanz *m* ⟨-es; ⸚e⟩ ZOOL, LUFTF, ASTR kuyruk; P (*Penis*) kamış

schwänzen *v/i* ⟨*h*⟩ F: ***die Schule ~*** okulu kırmak

Schwarm *m* ⟨-s; ⸚e⟩ ZOOL sürü, oğul; (*Menschen*≗) kalabalık, (*Idol*) gözde; ***du bist ihr ~*** o kız sana tapıyor

schwärmen *v/i* ⟨*h*⟩ *Bienen usw* oğul vermek; ***~ für etw*** bş-e bayılmak; (*sich wünschen*) *-in* hayalini kurmak; ***~ für j-n*** b-ne hayran olmak; (*verliebt sein*) b-ne âşık olmak, F b-ne vurgun olmak; ***~ von*** (*erzählen*) *-den* hayranlıkla bahsetmek; ***ins Schwärmen geraten*** (**von** *-i*) övmeye başlamak

Schwärmer *m* ⟨-s; -⟩ *abw* hayalci, idealist; hayran; **~ei** *f* ⟨-; -en⟩ *abw* hayal(cilik), ham hayal

schwarz **1.** *adj* siyah; *fig* kara; ***~ auf weiß*** yazılı olarak; ***~ sehen*** *-i* kötü görmek, *-de* kötümser olmak; ***mir wurde ~ vor*** (**den**) ***Augen*** bana fenalık geldi; F ***sich ~ ärgern*** çok kızmak; ***da kann er warten, bis er ~ wird*** beklesin, ağaç olsun; ***der ~e Markt*** kara piyasa; ***~e Zahlen schreiben*** ÖKON pozitif bilançoyla çalışmak; ***~er Humor*** kara mizah; ***~es Brett*** ilan tahtası; **2.** *adv* yasal olmayan, kanunsuz, yasak; (*auf dem Schwarzmarkt*) karaborsada(n)

Schwarzarbeit *f* ⟨-; *o pl*⟩ kaçak iş/çalışma; ≗**en** *v/i* ⟨-ge-, *h*⟩ kaçak çalışmak; **~er(in** *f*) *m* kaçak işçi

Schwarzbrot *n* kepekli çavdar ekmeği

Schwarze[1] *m, f* ⟨-n; -n⟩ siyahî, zenci; ***die ~n*** *pl* siyahîler, zenciler

Schwarze[2] *n*: ***ins ~ treffen*** tam üstüne basmak, cuk oturtmak, iyi tutturmak

Schwärze *f* ⟨-; *o pl*⟩ siyahlık, karartı; (*Drucker*≗) matbaa mürekkebi

schwärzen *v/t* ⟨*h*⟩ karartmak, siyahlaştırmak

schwarz|fahren *v/i* ⟨*unreg*, -ge-, *sn*⟩ biletsiz yolculuk yapmak, F kaçak gitmek; ≗**fahrer(in** *f*) *m* biletsiz yolcu; **~geld** *n* kara para; **~haarig** *adj* siyah saçlı

Schwarz|handel *m* karaborsa; F el altı ticareti; ***im ~*** karaborsada; F el altından; **~händler(in** *f*) *m* karaborsacı; **~hörer(in** *f*) *m ruhsatsız radyo dinleyicisi*

schwärzlich *adj* siyahımsı

Schwarzmarkt *m* karaborsa; **~preis** *m* karaborsa fiyatı

schwarzseh|en *v/i* ⟨*unreg*, -ge-, *h*⟩ TV *ruhsatsız televizyon seyretmek*; ≗**er(in** *f*) *m* kötümser, geleceği kötü gören; TV *ruhsatsız televizyon seyircisi*

Schwarzwald *m* Karaorman

schwarz-weiß siyah-beyaz; ***Schwarz-Weiß-Film*** *m* siyah-beyaz film

schwätzen *v/i* ⟨*h*⟩ sohbet etmek; havadan sudan konuşmak; ***dummes Zeug ~*** aptal aptal konuşmak

Schwätzer *m* ⟨-s; -⟩, **~in** *f* ⟨-; -nen⟩ F geveze, boşboğaz

schwatzhaft *adj* geveze

Schwebe *f*: ***in der ~ sein*** JUR askıda olmak; **~bahn** *f Lasten* varagele; *Personen* teleferik; **~balken** *m* SPORT denge kalası

schweben *v/i* ⟨*sn*⟩ askıda olmak; *Vogel* süzülerek uçmak; (*gleiten*) süzülmek; ***in Gefahr ~*** tehlikede olmak

schwebend *adj* JUR *Verfahren* askıda

Schwed|e *m* ⟨-n; -n⟩ İsveçli; **~en** *n* İsveç; **~in** *f* ⟨-; -nen⟩ İsveçli (kadın); ≗**isch** *adj* İsveç(li) *subst*; **~isch** *n* İsveççe *subst*

Schwefel *m* ⟨-s; *o pl*⟩ kükürt, CHEM *a* sülfür; **~dioxid** *n* kükürt dioksit; ≗**haltig** *adj* kükürtlü

schwefeln *v/t* ⟨*h*⟩ CHEM, TECH kükürtlemek

Schwefelsäure *f* CHEM sülfürik asit

Schweif *m* ⟨-s; -e⟩ kuyruk (*uzun, kabarık*); kuyrukluyıldız kuyruğu

schweifen *v/i* ⟨*sn*⟩ dolaşmak, gez(ele)mek

Schweige|geld *n* sus payı; **~marsch** *m* sessiz yürüyüş; **~minute** *f* saygı duruşu

schweigen *v/i* ⟨schwieg, geschwiegen, *h*⟩ susmak; ***~ über*** *-in* sözünü etmemek; ***ganz zu ~ von*** … şöyle dursun

S

Schweigen *n* ⟨-s; *o pl*⟩ susma, sessizlik
schweigend *adj* ses çıkarmayan, sessiz, suskun
Schweigepflicht *f* sır saklama yükümlülüğü
schweigsam *adj* az konuşan, suskun; (*verschwiegen*) ketum; **²keit** *f* ⟨-; *o pl*⟩ suskunluk; ketumiyet
Schwein *n* ⟨-s; -e⟩ ZOOL domuz; F *abw* (*schmutziger Kerl*) pis herif, (*Lump*) adî/ahlaksız herif; F **~ *haben*** *-in* talihi yaver gitmek; şanslı olmak
Schweine|braten *m* domuz kızartması; **~fleisch** *n* domuz eti; **~hund** *m* V teres, hıyar; ***den inneren ~ überwinden*** *benliğindeki kötü unsuru yenebilmek*; **~kotelett** *n* domuz pirzolası
Schweinerei *f* ⟨-; -en⟩ pislik; (*Gemeinheit*) adîlik; (*Schande*) rezalet; (*Unanständigkeit*) ayıp
Schweine|stall *m* domuz ağılı; *fig* mezbele; **~zucht** *f* domuz yetiştiriciliği
schweinisch *adj fig* çok pis; *Witz usw* yakası açılmadık
Schweins|haxe *f* ⟨-; -n⟩ domuz paçası (yemeği); **~leder** *n* domuz derisi
Schweiß *m* ⟨-es; -e⟩ ter
Schweißbrenner *m* TECH oksijenli kesici/hamlaç
Schweißdrüse *f* ter bezi
schweißen *v/t* ⟨*h*⟩ TECH kaynak etmek
Schweißer *m* ⟨-s; -⟩, **~in** *f* ⟨-; -nen⟩ TECH kaynakçı
Schweiß|füße *pl çok terleyen ayaklar*; **²gebadet** *adj* kan ter içinde; **~geruch** *m* ter kokusu
Schweißnaht *f* kaynak eki/dikişi
Schweißperle *f* ter damlası/boncuğu
Schweißstelle *f* TECH kaynak yeri
Schweiz *f* İsviçre
Schweizer 1. *m* ⟨-s; -⟩ İsviçreli; **2.** *adj* İsviçre *subst*; **~deutsch** *n* İsviçre Almancası; **~in** *f* ⟨-; -nen⟩ İsviçreli (kadın); **²isch** *adj* İsviçre(li) *subst*
schwelen *v/i* ⟨*h*⟩ için için yanmak
schwelgen *v/i* ⟨*h*⟩: **~ *in*** (*D*) … içinde kendinden geçmek
Schwelle *f* ⟨-; -n⟩ eşik; BAHN travers
schwellen *v/i* ⟨schwillt, schwoll, geschwollen, *sn*⟩ şişmek
Schwellen|angst *f* karar korkusu/ürküntüsü; **~land** *n* eşik ülke, gelişmekte olan ülke
Schwellung *f* ⟨-; -en⟩ şişme, şişkinlik
Schwenk|arm *m* TECH sallantılı kol; **²bar** *adj* döner, salıncaklı, hareketli
Schwemme *f* ⟨-; -n⟩ ÖKON (***an*** *D -de*, bakımından) aşırı mal arzı
schwemmen *v/t* ⟨*h*⟩: ***an Land geschwemmt werden*** sahile sürüklenmek/atılmak
schwenken *v/t* ⟨*h*⟩ *Fahne usw* sallamak
schwer 1. *adj* ağır; (*schwierig*) zor, güç; çetin; *Zigarre* sert; *Krankheit a* ciddî; (*heftig*) şiddetli; **~ *beladen*** yükü ağır, çok yüklü; **~ *beleidigt*** fena halde gücenmiş; **~ *erziehbar*** eğitimi güç, sorunlu; **~ *fallen*** ağır/zor gelmek (*D -e*); ***es ~ haben*** zorluk(lar) içinde olmak; ***es fällt ihr ~ zu …*** … yapmak ona çok ağır/zor geliyor; **~ *machen*: *j-m etw ~ machen*** b-ne bş-de zorluk çıkarmak; ***j-m das Leben ~ machen*** b-ne hayatı zehir etmek; **~ *nehmen*** zor tarafından almak, önemsemek; ***sich ~ tun mit*** *-de* zorlanmak; **~ *bewaffnet*** tepeden tırnağa silahlı; **~ *verdaulich*** sindirimi/hazmı zor, ağır; **~ *verletzt*** ağır yaralı; **~ *verständlich*** zor anlaşılır; ***100 Gramm ~ sein*** 100 gram ağırlığında olmak, 100 gram çekmek/gelmek; **~ *zu bekommen*** F temini güç; **~ *zu sagen*** söylemesi güç; **~ *zu verstehen*** anlaşılması güç; **~*e Zeiten*** sıkıntılı dönem *sg*; **~*en Herzens*** üzüle üzüle; **2.** *adv*: **~ *arbeiten*** ağır çalışmak
Schwerarbeit *f* ağır iş
schwerbehindert MED ağır sakat/malul
Schwerbehinderte *m, f* MED ağır (derecede) özürlü
Schwere *f* ⟨-; *o pl*⟩ ağırlık; *fig* ciddiyet
schwerelos *adj* ağırlıksız; **²igkeit** *f* ⟨-; *o pl*⟩ ağırlıksızlık
schwerfällig *adj* hantal, ağırkanlı, sakar; **²keit** hantallık
schwerhörig *adj* ağır işiten; **²keit** *f* işitme özürü
Schwer|industrie *f* ağır sanayi; **~kraft** *f* ⟨-; *o pl*⟩ PHYS yerçekimi; **~metall** *n* ağır metal; **²mütig** *adj* melankolik, efkârlı; **~punkt** *m* PHYS ağırlık noktası; **~*e bilden*** öncelikleri saptamak; **~punktstreik** *m* ÖKON *belli yöre ve işletmelerde yapılan grev*
schwerreich *adj* F Karun gibi zengin
Schwert *n* ⟨-s; -er⟩ kılıç; **~fisch** *m* kılıç(balığı); **~lilie** *f* süsen; mavi zambak

Schwer|verbrecher *m* ağır suç işleyen; F cani; **~verletzte** *m*, *f* ağır yaralı

schwerwiegend *adj* ciddî, çok önemli

Schwester *f* ⟨-; -n⟩ (kız) kardeş, *dial* bacı, *ältere* abla; (*Kranken*Ƨ) hemşire; (*Ordens*Ƨ) rahibe

Schwieger|eltern *pl* kayınval(i)de (ile) kayınpeder; **~mutter** *f* kayınval(i)de, F kaynana; **~sohn** *m* damat; **~tochter** *f* gelin; **~vater** *m* kayınpeder, F kaynata

Schwiele *f* ⟨-; -n⟩ nasır

schwielig *adj* nasırlı

schwierig *adj* zor, güç; Ƨ**keit** *f* ⟨-; -en⟩ zorluk, güçlük; ***(j-m)* ~en machen** (b-ne) güçlük çıkarmak; ***in ~en geraten*** zora düşmek; ***~en haben, etw zu tun*** bş-i yapmakta güçlük/zorluk çekmek

Schwimm|bad *n* yüzme havuzu (tesisi); **~becken** *n* yüzme havuzu

schwimmen *v/i* ⟨schwamm, geschwommen, *sn*⟩ yüzmek; ***~ gehen*** yüzmeye gitmek

Schwimmer[1] *m* ⟨-s; -⟩, **~in** *f* ⟨-; -nen⟩ yüzücü

Schwimmer[2] *m* ⟨-s; -⟩ TECH şamandıra

Schwimm|flügel *pl* şişirme kolluk *sg*; **~halle** *f* kapalı yüzme havuzu; **~verein** *m* yüzme kulübü; **~weste** *f* cankurtaran yeleği

Schwindel *m* ⟨-; *o pl*⟩ baş dönmesi, göz kararması; *fig* hile, sahtekârlık, dolandırıcılık; ***~ erregend*** başdöndürücü; **~anfall** *m* MED anî baş dönmesi, fenalaşma; **~firma** *f* paravan şirket, F naylon şirket

schwindelfrei *adj*: ***~ sein*** yüksek yerden başı dönmemek

schwindeln *v/i* ⟨*h*⟩ yalan söylemek, F palavra atmak

schwinden *v/i* ⟨schwand, geschwunden, *sn*⟩ *Einfluss, Macht usw* azalmak, (yavaş yavaş) kaybolmak

Schwindler *m* ⟨-s; -⟩, **~in** *f* ⟨-; -nen⟩ dolandırıcı, F üçkâğıtçı; (*Lügner*) yalancı

schwindlig *adj*: ***mir ist ~*** başım dönüyor

schwingen *v/t* ⟨schwang, geschwungen, *h*⟩ *Fahne usw* sallamak

Schwingung *f* ⟨-; -en⟩ titreşim; ***etw in ~en versetzen*** bş-i titreşime geçirmek

schwingungsfrei *adj* titreşimsiz

Schwips *m* ⟨-es; -e⟩ F: ***e-n ~ haben*** çakırkeyif olmak

schwirren *v/i* ⟨*sn*⟩ vızlamak; *besonders Insekt* vızıldamak; ⟨*h*⟩ ***mir schwirrt der Kopf*** beynim dönüyor

schwitzen *v/i* ⟨*h*⟩ *a* TECH (***vor*** *D -den*) terlemek; ***ins Schwitzen kommen*** zorlanmak, zora koşulmak

schwören *v/t u v/i* ⟨schwor, geschworen, *h*⟩ (***bei*** üzerine) yemin etmek

schwul *adj* eşcinsel (*erkek*)

schwül *adj* boğucu, bunaltıcı, sıcak ve nemli (hava)

Schwule *m* ⟨-n; -n⟩ *neg!* eşcinsel; F nonoş

Schwüle *f* ⟨-; *o pl*⟩ boğucu hava, bunaltıcı sıcak

schwülstig *adj* tumturaklı, tantanalı, aşırı süslü

Schwund *m* ⟨-es⟩ ÖKON fire; TECH MED EL kayıp

Schwung *m* ⟨-s; ⸚e⟩ atılım, hamle; *fig* şevk, coşku, canlılık; (*Energie*) güç, enerji; ***in ~ bringen*** harekete geçirmek; *Person* coşturmak; ***in ~ kommen*** harekete gelmek; *Person* coşmak

schwung|haft *adj* ÖKON gelişen, canlı; **~los** *adj* ölü, ölgün, durgun; **~voll 1.** *adj* canlı, enerjik; *Melodie* hareketli, kıvrak; **2.** *adv* şevkle, canlı canlı

Schwur *m* ⟨-s; ⸚e⟩ yemin, ant; **~gericht** *n* JUR jürili mahmeke (*ağır ceza*)

sechs [zɛks] *adj* altı; Ƨ**erpack** *m* altılı paket; **~fach** *adj u adv* altı misli/kat

Sechstagerennen [zɛks-] *n altı günlük bisiklet yarışı*

sechste ['zɛkstə] *adj* altıncı

sechstel *n* ⟨-s; -⟩ altıda bir

sechzehn ['zɛçt͜se(ː)n] *adj* on altı; **~zig** *adj* altmış

Sechziger: ***die Sechzigerjahre*** altmışlar, altmışlı yıllar

secondhand ['sɛkənd'hɛnt] *adv* ikinci el, elden düşme; Ƨ**shop** [-ʃɔp] *m* kullanılmış eşya dükkanı

Sediment *n* ⟨-s; -e⟩ tortu, çökelti

See[1] *m* ⟨-s; -n ['zeː(ə)n]⟩ göl

See[2] *f* ⟨-; *o pl*⟩ deniz; ***an die ~ fahren*** denize gitmek; ***auf hoher ~*** açık denizde; ***in ~ stechen*** denize açılmak

See|bad *n* plaj; **~beben** *n* ⟨-s; -⟩ deniz (dibi) depremi; **~blick** *m* deniz (*od* göl) manzarası; **~fahrt** *f* ⟨-; -en⟩ denizcilik, seyrüsefer; (*Seereise*) deniz yolculuğu

seefest *adj*: ***(nicht) ~ sein*** denize dayanıklı ol(ma)mak

S

See|fisch *m* deniz balığı; **~fracht** *f* navlun, deniz yükü; **~frachtbrief** *m* konşimento; **~gang** *m* ⟨-s; *o pl*⟩ dalgalar *pl*; ***hoher ~*** dalgalı deniz; **~gras** *n* denizsazı; **~hafen** *m* deniz limanı; **~handel** *m* deniz ticareti; **~hund** *m* fok, ayıbalığı; **~igel** *m* denizkestanesi; **~karte** *f* deniz haritası; **2klar** *adj* (denize) açılmaya hazır; **2krank** *adj* deniz tutmuş; **~krankheit** *f* ⟨-; *o pl*⟩ deniz tutması; **~lachs** *m bir morina türü*

Seele *f* ⟨-; -n⟩ ruh; ***e-e gute (treue) ~*** iyi (sadık) bir can yoldaşı; ***keine ~*** kimsecikler (*yok vs*); ***sich** (D) **etw von der ~ reden*** içini döküp ferahlamak

Seelen|leben *n* ⟨-s; *o pl*⟩ ruh hayatı, psikoloji; **2los** *adj* ruhsuz, duygusuz; **~massage** *f* F *scherzh* gönül okşama; **~qual** *f* vicdan azabı; **~ruhe** *f* iç huzuru; **2ruhig** *adv* iç huzuruyla; **2verwandt** *adj*: ***~ sein*** *-in* ruh akrabalığı olmak

seelisch *adj* ruhi, ruhsal; (*Gemüts...*) duygusal; ***~e Belastung*** JUR manevî güçlük

Seelöwe *m* denizaslanı

Seelsorg|e *f* ⟨-; *o pl*⟩ rahiplik; **2er** *m* ⟨-s; -⟩ rahip

See|luft *f* ⟨-; *o pl*⟩ deniz havası; **~macht** *f* deniz gücü; **~mann** *m* ⟨-s; -leute⟩ gemici, denizci; **~meile** *f* deniz mili; **~not** *f* ⟨-; *o pl*⟩ batma tehlikesi; **~not(rettungs)dienst** *m* deniz kurtarma servisi; **~pferdchen** *n* denizatı; **~räuber** *m* korsan; **~reise** *f* deniz yolculuğu; **~rose** *f* nilüfer, su zambağı; **~schifffahrt** *f* açık deniz gemiciliği; **~schlacht** *f* deniz savaşı; **~stern** *m* denizyıldızı; **~streitkräfte** *pl* deniz kuvvetleri; **~tang** *m* BOT denizyosunu; **2tüchtig** *adj* denize elverişli (*durum*); (*hochseetüchtig*) açık denize dayanıklı; **~weg** *m* deniz yolu; ***auf dem ~*** deniz yoluyla; **~zunge** *f* dil(-balığı)

Segel *n* ⟨-s; -⟩ yelken; **~boot** *n* yelkenli (tekne); **~fliegen** *n* planörcülük; **~flieger(in** *f*) *m* planörcü; **~flug** *m* planör uçuşu; **~flugzeug** *n* planör; **2klar** *adj* harekete hazır; **~klub** *m* yelkencilik kulübü

segeln *v/i* ⟨*h u sn*⟩ yelkenliyle gitmek, yelken açmak

Segel|schiff *n* yelkenli gemi; **~sport** *m* yelken sporu; **~tuch** *n* ⟨-s; -e⟩ yelkenbezi

Segen *m* ⟨-s; -⟩ kutsama, takdis; hayır; *fig* onay(lama); ***s-n ~ geben*** (***zu*** *-e*) onayını/olurunu vermek

Segler *m* ⟨-s; -⟩, **~in** *f* ⟨-; -nen⟩ yelkenci

segn|en *v/t* ⟨*h*⟩ takdis etmek, kutsamak; **2ung** *f* ⟨-; -en⟩ takdis, kutsama

sehbehindert *adj* görme özürlü

sehen [ˈzeːən] ⟨sieht, sah, gesehen, *h*⟩ **1.** *v/t* görmek; *Sendung, Spiel* izlemek, seyretmek; (*bemerken*) fark etmek; ***ich habe es kommen ~*** böyle olacağı belliydi; ***ich kann ihn (sie, es) nicht mehr ~!*** bana ondan (bundan) gına geldi!; ***sich ~ lassen*** (*kommen*) *-e* uğramak; ***sich gezwungen ~ zu*** -mek zorunda kalmak; ***sie (es) kann sich ~ lassen*** *-in* bir kusuru olmamak; ***wie ich die Dinge sehe*** benim görüşüme göre; ***siehst du*** *erklärend* görüyorsun; *vorwurfsvoll* gördün mü; **2.** *v/i* (*hin~*) bakmak; ***~ nach*** (*sich kümmern um*) *-e* bakmak; (*suchen*) aramak; ***siehe oben (unten, Seite ...)*** yukarıya (aşağıya, sayfa *-e*) bak(ınız)

sehenswert *adj* gör(ül)meye değer

Sehenswürdigkeit *f* ⟨-; -en⟩ gör(ül)meye değer yer

Seh|fehler *m* görme kusuru; **~kraft** *f* ⟨-; *o pl*⟩ görme kuvveti; F göz(ler)

Sehne *f* ⟨-; -n⟩ ANAT (kas) kiriş(i); (*Bogen2*) (yay) kiriş(i)

sehnen *v/r* ⟨*h*⟩: ***sich ~*** (***nach*** *-i*) özlemek; *stärker -in* hasretini çekmek, *-e* hasret kalmak; ***sich danach ~ zu*** -meyi çok arzulamak

Sehnenzerrung *f* MED kiriş zorlanması

Sehnerv *m* görme siniri

sehnlichst *adj Wunsch* en büyük/içten

Sehnsucht *f* ⟨-; ⸚e⟩ (***nach*** *-e*) hasret, özlem; ***~ haben (nach)*** → ***sehnen***

sehnsüchtig *adj* hasret dolu, *stärker* sabırsız

sehr [zeːɐ] *adv* çok, şiddetli; *mit Verb* pek, fazlasıyla

Seh|schärfe *f* görme netliği, göz keskinliği; **~schwäche** *f* görme zayıflığı; **~störung** *f* görme bozukluğu; **~test** *m* göz testi

seicht *adj* sığ; *fig a* yüzeysel

Seide *f* ⟨-; -n⟩ ipek

seiden *adj* ipek(ten), ipekli

Seiden|papier *n* pelür/ince kağıt; **~raupe** *f* ipekböceği tırtılı; **~strümpfe** *pl* ipek çorap *sg*

seidig *adj* ipeksi, ipek gibi
Seife *f* ⟨-; -n⟩ sabun
seifen *v/t* ⟨*h*⟩ sabunlamak
Seifen|blase *f* sabun köpüğünden balon; **~lauge** *f* sabunlu su; **~oper** *f abw* TV pembe dizi; **~schale** *f* sabunluk; **~schaum** *m* sabun köpüğü
Seil *n* ⟨-s; -e⟩ ip, halat; **~bahn** *f* teleferik
sein[1] *poss pron* onun; **~e, ~er, ~(e)s** onun, **der, die, das Seine** onunki; **die Seinen** onunkiler; **jedem das Seine** herkesin meşrebine göre; **das Seine tun** üstüne düşeni yapmak
sein[2] *v/i* ⟨ist, war, gewesen, *sn*⟩ olmak (*ekfiil*); (*bestehen, existieren*) *a* var olmak, mevcut olmak; **er ist aus Rom** o Romalı(dır); **lass das ~!** (bırak,) yapma!, kes!; **muss(te) das ~?** şart mı(ydı) bu?; **was soll das ~?** bu da nesi?; **es sei denn, dass** yeter ki …, ola ki …; **nun, wie ist's?** ee, şimdi ne oluyor?
Sein *n* ⟨-s; *o pl*⟩ olma(k); PHIL varlık, varoluş
seinerseits *adv* onun/kendi tarafından
seinerzeit *adv* vaktiyle, o zaman(lar)
seinesgleichen *indef pron* F *-in* eşi, emsali, benzeri
seinetwegen *adv* (*für ihn*) onun için/uğruna; (*wegen ihm*) onun yüzünden
Seismograph [-f] *m* ⟨-n; -n⟩ depremyazar, sismograf
seit **1.** *präp D -den* beri, *-den* bu yana, -dir; **~ drei Jahren** üç yıldan beri, üç yıldır; **~ kurzem** kısa bir süreden beri; **~ langem** çoktan beri; **2.** *konj* -eli (beri), -diğinden beri
seitdem **1.** *adv* o zamandır, o zamandan beri; **2.** *konj* -eli (beri), -diğinden beri
Seite *f* ⟨-; -n⟩ taraf, yan; (*Buch*≈) sayfa; *fig* **auf der einen (anderen) ~** bir (öbür) taraftan; **auf der linken ~** sol tarafta; **auf j-s ~ sein** b-nin tarafında(n) olmak; **etw auf die ~ legen** para biriktirmek/arttırmak; **j-m zur ~ stehen** b-ne destek olmak; **j-n auf s-e ~ bringen (ziehen)** b-ni kendi tarafına almak (çekmek); **starke (schwache) ~** kuvvetli (zayıf) taraf; **von dieser ~ betrachtet** bu taraftan bakınca
Seiten|ansicht *f* yan görünüş; **~blick** *m* yandan bakış; **~eingang** *m* yan giriş (kapısı); **~flügel** *m* ARCH yan bina; **~hieb** *m fig* (**auf** *A -e*, **gegen** *-e* karşı) taşlama, alaylı ima; F taş atma
seitens *präp G -in* tarafından
Seiten|schiff *n* ARCH yan nef/sahın; **~sprung** *m* F kaçamak, F hovardalık; **~stechen** *n* ⟨-s; *o pl*⟩: **~ haben** böğür sancısı; **~straße** *f* yan sokak; **~streifen** *m* emniyet şeridi, banket; **~tasche** *f* yan cep; ≈**verkehrt** *adj* ters, sağı soluna gelmiş; **~wechsel** *m* taraf değiştirme; **~wind** *m* yandan gelen rüzgâr; **~zahl** *f* sayfa numarası
seither [-'heːɐ] *adv* o zamandan beri
seit|lich *adj* yanda(n), yan; **~wärts** *adv* yan tarafa, yana doğru
Sek. *Abk für* **Sekunde** *f* saniye (sn)
Sekretär *m* ⟨-s; -e⟩ kâtip, sekreter; (*Schreibtisch*) sekreter, yazı masası
Sekretariat *n* ⟨-s; -e⟩ sekreterlik, *Behörden* kalem (odası)
Sekretärin *f* ⟨-; -nen⟩ sekreter hanım
Sekt *m* ⟨-s; -e⟩ köpüklü şarap, F şampanya
Sekte *f* ⟨-; -n⟩ tarikat
Sektglas *n* şampanya kadehi
Sektierer *m* ⟨-s; -⟩, **~in** *f* ⟨-; -nen⟩ sekter, bağnaz; ≈**isch** *adj* sekter(ce), bağnaz(ca)
Sektion [-'t̮si̯oːn] *f* ⟨-; -en⟩ seksiyon; MED teşrih
Sektor *m* ⟨-s; -en⟩ sektör
sekundär *adj* ikincil, tali
Sekunde *f* ⟨-; -n⟩ saniye; **auf die ~ pünktlich** F saniyesi saniyesine
Sekundenzeiger *m* saniye göstergesi
selb *adj*: **zur ~en Zeit** aynı anda/zamanda
selbe *adj* aynı
selber *pron* kendi(si), bizzat
selbst **1.** *pron* **ich (du** *usw***) ~** ben kendim (sen kendin *vs*); (*ohne Hilfe*) **etw ~ tun** bş-i tek başına yapmak; **mach es ~** kendin yap; **von ~** kendiliğinden; **~ ernannt** sözümona, düzmece; **~ gebacken** evde pişirilmiş (*fırında*); **~ gemacht** *adj* kendi eliyle yapılmış, evde yapılmış; **2.** *adv* bile
Selbst *n* ⟨-; *o pl*⟩ benlik, nefis
Selbst|achtung *f* özsaygısı, izzetinefis; **~anklage** *f* kendini suçlama, suçlanma; **~auslöser** *m* FOTO otomatik deklanşör; **~bedienung** *f* selfservis; **mit ~** selfservis
Selbstbedienungs|laden *m* market; **~restaurant** *n* selfservis lokanta(sı)
Selbst|befriedigung *f* (kendi) kendini

S

tatmin, mastürbasyon; **~beherrschung** *f* kendine/nefsine hakim olma; ***die ~ verlieren*** kendini kaybetmek, kendine hakim olamamak; **~bestätigung** *f kendi değerini ispat*; **~bestimmung** *f* ⟨-; *o pl*⟩ kendi kaderini belirleme; **~bestimmungsrecht** *n* kendi kaderini belirleme hakkı; **~beteiligung** *f* katılım payı; **~betrug** *m* (kendi) kendini aldatma; **2bewusst** *adj* kendine güvenen, özgüven sahibi; **~bewusstsein** *n* özgüven; **~darstellung** *f* kendini anlatma; **~disziplin** *f* şahsî disiplin; **~einschätzung** *f* kendini değerlendirme; **~erhaltungstrieb** *m* varlığını koruma içgüdüsü; **~erkenntnis** *f* kendinin farkında olma

selbst|gefällig, **~gerecht** *adj* kendini beğenmiş

Selbstgespräch *n*: ***~e führen*** kendi kendine konuşmak

selbstherrlich *adj* başına buyruk

Selbsthilfe *f* ⟨-; *o pl*⟩ kendi kendine yardım; **~gruppe** *f* kendi kendine yardım grubu

Selbstkostenpreis *m* ÖKON: ***zum~*** maliyet fiyatına

selbstklebend *adj* kendiliğinden yapışan

Selbst|kritik *f* özeleştiri; **2kritisch** *adj* özeleştirili; **~laut** *m* GR ünlü; **2los** *adj* özverili; **~medikation** *f* ⟨-; -en⟩ MED *kendi ilacını kendi belirleme*; **~mitleid** *n* acınma, kendine acıma; **~mord** *m* intihar; **~mörder(in** *f*) *m* intihar eden; **2mörderisch** *adj* intihar eder gibi; *Geschwindigkeit* yıldırım gibi; **~mordversuch** *m* intihar girişimi; **2sicher** *adj* kendinden emin; **~sicherheit** *f* özgüven, kendine güvenme

selbstständig **1.** *adj* bağımsız; *beruflich a* serbest, müstakil; ***sich ~ machen*** kendi işini kurmak; **2.** *adv* kendi başına; ***~ denken*** serbest/özgür düşünmek

Selbstständig|e *m*, *f* ⟨-n; -n⟩ serbest meslek sahibi; **~keit** *f* ⟨-; *o pl*⟩ bağımsızlık; serbest çalışma

Selbst|sucht *f* ⟨-; *o pl*⟩ bencillik, egoizm; **2süchtig** *adj* bencil(ce), egoist(çe); **2tätig** *adj* otomatik; **~täuschung** *f* (kendi) kendini kandırma; **~überschätzung** *f* kendinden fazla emin olma; **~unterricht** *m* kendi kendine öğrenme; **~verlag** *m*: ***im ~*** *-in* kendi yayını; **~verpfleger** *m* ⟨-s; -⟩ *yiyeceğini kendi getiren/sağlayan*; **~verpflegung** *f* ⟨-; *o pl*⟩ *yiyeceğini kendi getirme/sağlamma*; **2verschuldet** *adj* (kendi) hatasından dolayı; **~versorger** *m* ⟨-s; -⟩ *kendi tükettiğini üreten*; F kendi kendine yeten; **~versorgung** *f kendi tükettiğini üretme*

selbstverständlich **1.** *adj* kendiliğinden anlaşılan, açık, tabii; ***das ist ~*** bu açıklama gerektirmez; **2.** *adv* tabii, kuşkusuz, elbette; ***etw als ~ betrachten*** bş-i tabii (olarak) görmek; **2keit** *f* ⟨-; -en⟩ tabiilik, açıklık

Selbst|verständnis *n* kendini kavrayış/değerlendirme; **~verteidigung** *f* kendini savunma; **~vertrauen** *n* özgüven; **~verwaltung** *f* özyönetim, özerklik, otonomi; **~verwirklichung** *f* kendini gerçekleştirme; **~wertgefühl** *n* ⟨-s; *o pl*⟩ özdeğer duygusu; **2zerstörerisch** *adj* kendini mahvеden; **2zufrieden** *adj* kendinden hoşnut, F (kendi) halinden memnun; **~zweck** *m* kendine yeten amaç

Seldschuken *pl* HIST Selçuklular

selektiv [-f] **1.** *adj* seçmeli; **2.** *adv* seç(il)erek

Selen *n* ⟨-s; *o pl*⟩ CHEM selen(yum)

selig *adj* REL takdis edilmiş, aziz; (*verstorben*) merhum, rahmetli; *fig* fazlasıyla mutlu

Sellerie *m* ⟨-s; -⟩, *österr f* ⟨-; -ien⟩ kereviz; (*Stauden*2) GASTR sapkerevizi

selten **1.** *adj* ender, nadir; ***~ sein*** az/ender bulunmak; **2.** *adv* ender/seyrek/nadir olarak; ***höchst ~*** F kırk yılda bir

Seltenheit *f* ⟨-; -en⟩ enderlik, seyreklik; ender *adj*

Selters *n* ⟨-; *o pl*⟩, **~wasser** *n* ⟨-s; ⸚⟩ maden suyu

seltsam *adj* acayip, garip, tuhaf, yadırgatıcı

seltsamerweise *adv* gariptir ki

Semantik *f* ⟨-; *o pl*⟩ anlambilim, semantik

semantisch *adj* anlamsal, anlambilimsel, semantik

Semester *n* ⟨-s; -⟩ sömestr(e), yarıyıl; **~ferien** *pl* sömestr(e)/yarıyıl tatili *sg*

Semikolon *n* ⟨-s; -s, -kola⟩ noktalı virgül

Seminar *n* ⟨-s; -e⟩ seminer

Semit *m* ⟨-en; -en⟩, **~in** *f* ⟨-; -nen⟩ Sami; **2isch** *adj* Sami *adj*

Semmel *f* ⟨-; -n⟩ küçük ekmek, sandviç; **~brösel** *pl* galeta unu *sg*

Senat *m* ⟨-s; -e⟩ senato

Senator *m* ⟨-s; -en⟩, **~in** *f* ⟨-; -nen⟩ senatör

Sende|bereich *m* yayın alanı; **~frequenz** *f* yayın frekansı

senden[1] *v/t* ⟨sandte, gesandt, *h*⟩ göndermek, yollamak

senden[2] *v/t* ⟨*h*⟩ *Radio*, TV yayınlamak

Sender *m* ⟨-s; -⟩ radyo/televizyon istasyonu; TECH (*Anlage*) verici

Sende|reihe *f* dizi yayın, yayın dizisi; **~schluss** *m* ⟨-es⟩ kapanış, yayın sonu; **~zeit** *f* yayın saati/kuşağı

Sendung *f* ⟨-; -en⟩ yayın, program; *Waren* mal gönderme, sevkiyat; POST gönderi; ***auf ~ sein*** yayında olmak

Senf *m* ⟨-s; -e⟩ hardal; **~gurke** *f hardal tohumlu salatalık turşusu*

sengen ⟨*h*⟩ *v/t* yakmak, dağlamak; ***~de Hitze*** yakıcı sıcak

senil *adj* bunak; **Ձität** *f* ⟨-; *o pl*⟩ bunaklık

senior ['ze:nĭɔʀ] *adj* senyor

Senior [ze:'nĭoːʀ] *m* ⟨-s; -en⟩ yaşlı (adam)

Seniorchef *m* ÖKON *iki şirket yöneticisinden yaşlı olanı*

Senioren *pl* yaşlılar; **~heim** huzurevi; **~pass** *m* yaşlı pasosu

Seniorin *m* ⟨-; -nen⟩ yaşlı (kadın)

Senke *f* ⟨-; -n⟩ çukurluk, çöküntü

senken ⟨*h*⟩ **1.** *v/t* batırmak, daldırmak; *Stimme* alçaltmak; *Kopf* eğmek; *Kosten, Preise* indirmek, düşürmek; **2.** *v/r*: ***sich ~*** batmak, dalmak; alçalmak, eğilmek, inmek, düşmek

Senkfüße *m/pl* MED düşük taban *sg*

senkrecht **1.** *adj* dikey, düşey; **2.** *adv*: ***~ nach oben*** dimdik yukarı(ya); ***~ nach unten*** dimdik aşağı(ya)

Senkrechtstarter *m* ⟨-s; -⟩ LUFTF *diklemesine havalanabilen uçak*; F birden başarıya ulaşan *adj*

Senkung *f* ⟨-; *o pl*⟩ bat(ır)ma; alçal(t)ma; eğ(il)me; in(dir)me, düş(ür)me, azal(t)ma

Sensation [-'tsĭo:n] *f* ⟨-; -en⟩ sansasyon

sensationell [-'tsĭo:n] *adj* sansasyonel, şok

Sensations|mache *f* ⟨-; *o pl*⟩ *abw* sansasyon(culuk); **~presse** *f* sansasyoncu basın

sensibel *adj* (**für** -*e* karşı) duyarlı

sensibili|sieren *v/t* ⟨*o* ge-, *h*⟩ duyarlı kılmak; **Ձtät** *f* ⟨-; *o pl*⟩ duyarlık

Sensor *m* ⟨-s; -en⟩ sensor

sentimental *adj* duygusal, duygu yüklü; **Ձität** *f* ⟨-; -en⟩ duygusallık, duygulu davranış

separat *adj* ayrı; **Ձismus** *m* ⟨-; *o pl*⟩ POL ayrılıkçılık

September *m* ⟨-s; -⟩ eylül (ayı); ***im ~*** eylülde, eylül ayında

Serail *m* saray (*doğu ülkelerinde*)

Serb|e *m* ⟨-n; -n⟩ Sırp; **~ien** *n* Sırbistan; **~in** *f* ⟨-; -nen⟩ Sırp (kadın); **Ձisch** *adj* Sırp *subst*, Sırbistan *subst*; **~isch** *n* Sırpça

Serie [-ĭe] *f* ⟨-; -n⟩ sıra, seri; TV dizi; (*Satz*) takım; ***in ~*** *bauen usw* seri halinde

seriell *adj* EDV seriyel

Serien|ausstattung *f* standart donanım; **Ձmäßig** *adj* standart; **~nummer** *f* seri numarası; **~wagen** *m* AUTO standart model

seriös *adj* ciddî; (*ehrlich*) dürüst, namuslu

Serpentine *f* ⟨-; -n⟩ yılankavî yol, u virajı

Serum *n* ⟨-s; -ren⟩ serum

Server ['zø:ɐvɐ] *m* EDV sunucu, server

Service[1] [zɛr'vi:s] *n* ⟨-(s); -⟩ takım, set

Service[2] ['zø:ɐvɪs] *m* ⟨-; -s⟩ (*Bedienung*) hizmet, servis, (*Kundendienst*) müşteri/tüketici servisi

servier|en [-v-] *v/t u v/i* ⟨*o* ge-, *h*⟩ servis yapmak; **Ձerin** *f* ⟨-; -nen⟩ servisçi, kadın garson; **Ձwagen** *m* servis masası (*tekerlekli*)

Serviette [-vĭ-] *f* ⟨-; -n⟩ peçete

Servo|bremse [-v-] *f* AUTO hidrolik fren; **~lenkung** *f* AUTO hidrolik direksiyon

Sesam *m* ⟨-s; *o pl*⟩ susam; ***~, öffne dich!*** açıl susam açıl!; **~kringel** *f* GASTR simit; **~paste** *f* tahin; **~samen** *m* susam tanesi

Sessel *m* ⟨-s; -⟩ koltuk; **~lift** *m* telesiyej

sesshaft *adj*: ***~ werden*** -*e* yerleşmek

Set *n*, *m* ⟨-; -s⟩ takım; (*Platzdeckchen*) servis peçetesi

Setup ['sɛt|ap] *m* ⟨-s; -s⟩ EDV setup

setzen ⟨*h*⟩ **1.** *v/t* koymak; *Person* oturtmak; **2.** *v/i*: ***~ über*** (*A*) -*den* atlamak, -*den* sıçramak; *Fluss* geçmek; *wetten* ***~ auf*** (*A*) -*e* oynamak, koymak; **3.**

v/r: ***sich ~*** *-e* oturmak; CHEM *usw* durulmak; ***sich ~ auf*** (*A*) *Pferd, Rad usw -e* binmek; ***sich ~ in*** (*A*) *Auto usw -e* oturmak, *-e* binmek, F *-e* atlamak; ***sich zu j-m ~*** b-nin yanına oturmak; ***~ Sie sich, bitte!*** oturun lütfen!

Setzer *m* ⟨-s; -⟩ dizgici, mürettip; **~ei** *f* ⟨-; -en⟩ mürettiphane

Setzling *m* ⟨-s; -e⟩ AGR fide, fidan; *üretmek için havuza konan balık*

Seuche *f* ⟨-; -n⟩ MED salgın

Seuchengefahr *f* salgın tehlikesi

seufzen *v/i* ⟨*h*⟩ inlemek, oflamak

Seufzer *m* ⟨-s; -⟩ inilti, sızıltı

Sex *m* ⟨-(es)⟩ F seks; → ***Sexualität***; ***~ haben*** (*od* ***machen***) seks yapmak

Sexismus *m* ⟨-; *o pl*⟩ cinsiyetçilik

sexistisch *adj* cinsiyetçi

Sexual|ität *f* ⟨-; *o pl*⟩ cinsellik, cinsiyet; **~kunde** *f* ⟨-; *o pl*⟩ cinsellik dersi; **~leben** *n* cinsel yaşam; **~täter** *m* cinsel suçlu; **~verbrechen** *n* cinsel suç

sexuell *adj* cinsel, cinsi; ***~e Belästigung*** (***am Arbeitsplatz***) (işyerinde) cinsel taciz; ***~e Nötigung*** cinsel zorlama; ***~er Missbrauch*** cinsel tecavüz

sexy *adj* seksi

sezieren *v/t* ⟨*o* ge-, *h*⟩ teşrih etmek

sFr *Abk für* ***Schweizer Franken*** *m* İsviçre Frangı

Shampoo ['ʃampu] *n* ⟨-s; -s⟩ şampuan

Sherry ['ʃɛrɪ] *m* ⟨-s; -s⟩ GASTR şeri (*tatlı İspanyol şarabı*)

Shop [ʃɔp] *m* ⟨-s; -s⟩ dükkan

Shorts [ʃɔrts] *pl* şort *sg*

Show [ʃoː, ʃoʊ] *f* ⟨-; -s⟩ şov; **~master** ['-maːstɐ] *m* ⟨-s; -⟩ TV sunucu

Sibir|ien *n* ⟨-s; *o pl*⟩ Sibirya; **~ier** *m* ⟨-s; -⟩, **~ierin** *f* ⟨-; -nen⟩ Sibiryalı; **℞isch** *adj* Sibirya(lı) *subst*

sich *refl pron* kendini/kendine *usw*; kendilerini/kendilerine *usw*; kendinizi/kendinize *usw*; ***~ ansehen*** *im Spiegel* kendine bakmak

Sichel *f* ⟨-; -n⟩ orak; *kräftiger* tahra

sicher **1.** *adj* (***vor*** *D -e* karşı) emin, güvenli; ***…~*** *in Zssgn* (*widerstandsfähig*) (***gegen*** *-e*) dayanıklı; *-e* dayanır; (*gewiss, überzeugt*) (***von*** *-den*) emin; (*zuverlässig*) güvenilir, sağlam; ***in ~em Abstand*** emniyet mesafesi bırakarak; ***ein ~es Auftreten haben*** kendine güvenli bir etki yapmak; ***der Erfolg ist ihm ~*** *-in* başaracağı kesin; (***sich*** *D*) ***~ sein*** emin olmak (***e-r Sache*** bş-den; ***dass*** -diğinden, -eceğinden); **2.** *adv fahren usw* emniyetli, güvenli; (*gewiss*) elbette, şüphesiz; (*wahrscheinlich*) herhalde; ***du bist ~*** sen herhalde -sin; ***du hast ~*** sende … vardır

sichergehen *v/i*: ***um sicherzugehen*** emin olmak için

Sicherheit *f* ⟨-; -en⟩ *körperliche*, MIL, TECH güvenlik, emniyet; POL teminat, güvence; (*Bürgschaft*) kefalet; (*Gewissheit*) kesinlik; (*Können*) ustalık, hüner; ***öffentliche ~*** kamu güvenliği; ***soziale*** (***innere***) ***~*** sosyal (iç) güvenlik; (***sich***) ***in ~ bringen*** (kendini) emniyete almak; ***in ~ sein*** emniyette olmak; ***mit ~*** kesin(likle); ***~ leisten*** ÖKON teminatta bulunmak

Sicherheits|glas *n* ⟨-es⟩ emniyet camı, F mikalı cam; **~beamte** *m*, **~beamtin** *f* güvenlik memuru; **~faktor** *m* güvenlik faktörü; **~gurt** *m* emniyet kemeri; **℞halber** *adv* emin olmak için; **~kontrolle** *f* güvenlik/emniyet kontrolü; **~kopie** *f* EDV yedek kopya; **~maßnahme** *f* emniyet/güvenlik tedbiri/önlemi; **~nadel** *f* çengelli iğne; **~risiko** *n* güvenlik rizikosu; **~schloss** *n* emniyet kilidi; **~ventil** *n* emniyet supabı

sicherlich *adv* elbette, şüphesiz

sichern ⟨*h*⟩ **1.** *v/t* emniyet/güvenlik altına almak; TECH *a* sağlamlaştırmak; (*schützen*) korumak; EDV safe etmek; ***sich*** (*D*) ***etw ~*** bş-i temin etmek, sağlama bağlamak; **2.** *v/r*: ***sich ~*** (***gegen, vor*** *D -den*) korunmak, *-e* karşı k-ni korumak

sicherstellen *v/t* ⟨-ge-, *h*⟩ garanti etmek; (*beschlagnahmen*) *-e* el koymak

Sicherung *f* ⟨-; -en⟩ garanti, teminat; JUR el koy(ul)ma; emniyete alma; TECH sağlamlaştır(ıl)ma; EL sigorta; EDV yedekleme, safe

Sicherungs|diskette *f* EDV yedek(leme) disketi; **~kasten** *m* EL sigorta kutusu; **~kopie** *f* EDV yedek kopya

Sicht *f* ⟨-; *o pl*⟩ görme, görüş; (*Aus℞*) (***auf*** *A* …) manzara(sı); ***in*** (***außer***) ***~*** görünürde (değil/yok); ***in ~ kommen*** görünmek, görülmek; ortaya çıkmak; ***auf lange ~*** uzun vadeli; ***aus s-r ~*** onun açısından, ona göre; (***fällig***) ***bei ~*** görüldüğünde ödenecektir

sichtbar *adj* görülebilen, görülür

sichten *v/t* ⟨*h*⟩ görmek, keşfetmek; *fig* ayırmak, ayıklamak, gözden geçirmek
Sichtfeld *n* ⟨-s; *o pl*⟩ görüş alanı
sichtlich *adv* gözle görülür
Sicht|schutz *m bir yere bakılmasını önleyen engel*; **~verhältnisse** *pl* ~ görüş şartları; **~vermerk** *m* vize; **~wechsel** *m* ÖKON görüldüğünde ödenir senet/poliçe; **~weite** *f* görüş uzaklığı; ***in*** (***außer***) ~ görüş uzaklığı içinde (dışında)
sickern *v/i* ⟨*sn*⟩ sızmak, sızıntı yapmak, damla damla akmak
sie *pers pron* o (*dişil*); *pl* onlar
Sie siz (*nezaket biçimi*)
Sieb *n* ⟨-s; -e⟩ *fein* elek, *grob* kalbur; (*Tee*≈) süzgeç
sieben[1] *v/t* ⟨*h*⟩ elekten/kalburdan geçirmek, *a fig* elemek
sieben[2] yedi
siebte yedinci
Siebtel *n* yedide bir
siebzehn on yedi
siebzig yetmiş
Siechtum *n* ⟨-s; *o pl*⟩ müzmin ağır hastalık
siedeln *v/i* ⟨*h*⟩ *-e* yerleşmek, *-i* yurt edinmek
sieden **1.** *v/t* ⟨*h*⟩ haşlamak, kaynatmak; **2.** *v/i* haşlanmak, kaynamak; ***~d heiß*** kaynar
Siedepunkt *m* ⟨-s; *o pl*⟩ kaynama noktası
Siedler *m* ⟨-s; -⟩, **~in** *f* ⟨-; -nen⟩ *-e* yeni yerleşen
Siedlung *f* ⟨-; -en⟩ yerleşme, yerleşim; ARCH iskan bölgesi; (*Gartenstadt*) bahçelievler; *mit Hochhäusern* site
Sieg *m* ⟨-s; -e⟩ zafer; SPORT *usw a* galibiyet; ***den ~ davontragen*** galibiyeti kapmak
Siegel *n* ⟨-s; -⟩ mühür; **~lack** *m* mühür mumu; ≈**n** *v/t* ⟨*h*⟩ mühürlemek; **~ring** *m* mühürlü yüzük
siegen *v/i* ⟨*h*⟩ yenmek, *-e* galip gelmek
Sieger *m* ⟨-s; -⟩ galip, muzaffer; **~ehrung** *f* SPORT madalya/kupa töreni; **~in** *f* ⟨-; -nen⟩ galip; **~mächte** *pl* POL galip devletler
sieges|bewusst, **~sicher** *adj* galibiyetten emin
siegreich *adj* galip, *Heer usw a* muzaffer
siezen *v/t* ⟨*h*⟩: ***j-n ~*** b-ne siz demek, b-le sizli bizli konuşmak

Signal *n* ⟨-s; -e⟩ işaret, sinyal
signalisieren *v/t* ⟨*o* ge-, *h*⟩ işaret etmek; (*andeuten*) sezdirmek
Signatur *f* ⟨-; -en⟩ imza (*tablo vs üstünde*); *Bibliothek* tasnif numarası; (*kurze Unterschrift*) paraf
signieren *v/t* ⟨*o* ge-, *h*⟩ imzalamak
Silbe *f* ⟨-; -*n*⟩ hece
Silbentrennung *f* heceleme
Silber *n* ⟨-s; *o pl*⟩ gümüş; **~besteck** *n* gümüş çatal-kaşık-bıçak (takımı); **~blick** *m* F şehlâlık; **~distel** *f* BOT gümüşdikeni; ≈**grau** *adj* gümüşî; **~hochzeit** *f* evliliğin gümüş yıldönümü (*25.*); **~medaille** *f* gümüş madalya; **~medaillengewinner(in** *f*) *m* gümüş madalya kazanan; **~münze** *f* gümüş para
silbern *adj* gümüş(ten)
Silhouette [zi'lŭɛtə] *f* ⟨-; -n⟩ siluet; *e-r Stadt a* ufuk çizgisi
Silikat *n* ⟨-s; -e⟩ silikat
Silikon *n* ⟨-s; -e⟩ silikon
Silizium *n* ⟨-s; *o pl*⟩ CHEM silisyum
Silo *m* ⟨-s; -s⟩ silo
Silvester [zɪl'vɛstɐ] *n* ⟨-s; -⟩, **~abend** *m* yılbaşı gecesi
simpel *adj* basit
Simul|ant *m* ⟨-en; -en⟩ MED simülan; F hastalık numarası yapan; *fig* ikiyüzlü; **~ator** *m* ⟨-s; -en ⟩ TECH, MIL simülatör; ≈**ieren** ⟨*o* ge-, *h*⟩ **1.** *v/t* (yapar) gibi görünmek, … numarası yapmak; *a* TECH simüle etmek; **2.** *v/i* hastaymış gibi yapmak
simultan *adj* anında, simültane, eşzamanlı; ≈**dolmetschen** *n* ⟨-s; *o pl*⟩ simültane çeviri/çevirmenlik; ≈**dolmetscher(in** *f*) *m* simültane çevirmen
Sinfonie *f* ⟨-; -n [-'ni:ən]⟩ senfoni; **~orchester** *n* senfoni orkestrası
sinfonisch *adj* senfonik
singen *v/t u v/i* ⟨sang, gesungen, *h*⟩ (şarkı *vs*) söylemek; ***richtig ~*** akortlu söylemek
Single[1] ['ziŋ(g)əl] *f* ⟨-; -s⟩ *Schallplatte* 45'lik plak; tekli CD
Single[2] ['ziŋ(g)l] *m* ⟨-; -s⟩ yalnız yaşayan, single; **~-Haushalt** *m* tek kişilik hane
Singular ['ziŋgula:ɐ] *m* ⟨-s; -e⟩ GR tekil; ***im ~*** *-in* tekili
Singvogel *m* ötücü kuş
sinken *v/i* ⟨sank, gesunken, *sn*⟩ (*untergehen*) batmak; (*niedriger werden*) al-

S

çalmak; *Preise* düşmek

Sinn *m* ⟨-s; -e⟩ duyu, his; (*Verstand*) anlayış; (*Bedeutung*) anlam; *e-r Sache* amaç, yarar; ***sechster ~*** altıncı his; ***im ~ haben*** *-in* aklında olmak; ***es hat keinen ~*** (***zu warten*** beklemenin) bir anlamı yok; ***damit habe ich nichts im ~*** bununla bir ilgim yok; ***j-m in den ~ kommen*** b-nin aklına gelmek

Sinnbild *n* simge, sembol; **2lich** *adj* simgesel, sembolik

sinnentstellend *adj* anlamı bozan

sinnen *v/i*: ***~ auf*** *-i* planlamak, düşünmek

Sinnes|organ *n* duyu organı; **~täuschung** *f* yanılsama, idrak hatası; **~wahrnehmung** *f* algı; **~wandel** *m* fikir değiştirme

sinngemäß *adj* JUR mealen (*harfiyen değil*)

sinnlich *adj* (*die Sinne betreffend*) duyusal; *Begierden usw* tensel, erotik; **2keit** *f* ⟨-; *o pl*⟩ erotizm

sinnlos **1.** *adj* manasız, saçma; (*zwecklos*) anlamsız; **2.** *adv* aptalca; ***~ betrunken*** körkütük sarhoş; ***~e Gewalt*** anlamsız şiddet; **2igkeit** *f* ⟨-; *o pl*⟩ baygınlık; anlamsızlık, saçmalık

sinnverwandt *adj*: ***~es Wort*** yakın anlamlı kelime

sinnvoll *adj* anlamlı; (*nützlich*) yararlı; (*vernünftig*) akla uygun, mantıklı

Sintflut *f* REL tufan

Sinti *pl*: ***~ und Roma*** Çingeneler

Sinus *m* ⟨-; -, -se⟩ MATH sinüs; **~kurve** *f* sinüs eğrisi

Sippe *f* ⟨-; -n⟩ sülale; *abw* akrabalar

Sippschaft *f* ⟨-; -en⟩ F güruh

Sirene *f* ⟨-; -n⟩ siren, canavar düdüğü

Sirup *m* ⟨-s; -e⟩ (*Getränk*) şurup; (*Brotaufstrich*) pekmez

Sitte *f* ⟨-; -n⟩ âdet; gelenek; ***~n pl*** ahlak *koll*; (*Benehmen*) görgü *koll*, terbiye *koll*

Sittenlehre *f* ahlak bilgisi

sitten|streng *adj* katı ahlaklı; **~widrig** *adj* ahlaka aykırı

Sittich *m* ⟨-s; -e⟩ muhabbetkuşu

sittlich *adj* ahlaki; (*anständig*) terbiyeli, edepli; **2keitsverbrechen** *n* ırza tecavüz suçu

Situation [-ˈt͡si̯oːn] *f* ⟨-; -en⟩ durum; (*Lage*) *a* konum

Sitz *m* ⟨-es; -e⟩ oturma, oturuş; (*Sessel*) koltuk; *e-s Kleides usw* vücuda oturuş; ***Firma mit ~ in Rom*** merkezi Roma'da olan şirket

Sitzblockade *f* POL oturma direnişi

Sitzecke *f Möbel* oturma grubu

sitzen *v/i* ⟨saß, gesessen, *h*⟩ *-de* oturmak; (*sich befinden*) bulunmak; (*stecken*) takılı/sokulu olmak; (*passen*) uymak, vücuda oturmak; F (*im Gefängnis*) yatmak; ***~ bleiben*** oturmaya devam etmek, kalmak; *Schule* sınıfta kalmak; ***~ bleiben auf*** (*D*) *-i* satamamak, … elinde kalmak; ***~ lassen*** *Freundin usw -i* yüzüstü bırakmak; ***das lasse ich nicht auf mir sitzen!*** ben bu lafın *vs* altında kalmam!

Sitz|gelegenheit *f* oturacak yer; **~ordnung** *f* oturma sırası/düzeni; **~platz** *m* oturacak yer; **~streik** *m* oturma grevi

Sitzung *f* ⟨-; -en⟩ toplantı; *Rat* oturum; *Psychiater usw* seans; JUR celse, duruşma

Sitzungs|bericht *m* toplantı raporu; **~periode** *f Parlament* dönem; **~protokoll** *n* toplantı *vs* tutanağı; **~saal** *m* toplantı (*od* JUR duruşma) salonu; **~zimmer** *n* toplantı odası

Sizilian|er *m* ⟨-s; -⟩, **~erin** *f* ⟨-; -nen⟩ Sicilyalı; **2isch** *adj* Sicilya(lı) *adj*

Sizilien *n* ⟨-s; *o pl*⟩ Sicilya

Skala [sk-] *f* ⟨-; -len, -s⟩ ölçek, cetvel; *fig* derece

Skalpell [sk-] *n* ⟨-s; -e⟩ MED neşter, bisturi

Skandal [sk-] *m* ⟨-s; -e⟩ rezalet, skandal; **~blatt** *n* paparazi gazetesi; **2ös** *adj* rezil, utanç verici; **~presse** *f* boyalı basın

Skandinav|ien [sk-] *n* ⟨-s; *o pl*⟩ İskandinavya; **~ier** *m* ⟨-s; -⟩, **~ierin** *f* ⟨-; -nen⟩ İskandinavyalı; **2isch** *adj* İskandinavya(lı) *subst*

Skateboard [ˈskeːtbɔːt] *n* ⟨-s; -s⟩ skateboard; F kaykay

Skelett [sk-] *n* ⟨-s; -e⟩ iskelet

Skepsis [sk-] *f* ⟨-; *o pl*⟩ kuşku, şüphe

Skep|tiker [sk-] *m* ⟨-s; -⟩ kuşkucu, şüpheci (kişi); **2tisch** *adj* kuşkucu, şüpheci

Ski [ʃiː] *m* ⟨-s; -er, -⟩ kayak; ***~ laufen*** (***fahren***) (kayak) kaymak; **~anzug** *m* kayak elbisesi; **~ausrüstung** *f* kayak takımı/teçhizatı; **~bob** *m* kızak; **~brille** *f* kayak gözlüğü; **~fahren** *n* kayak kayma; **~fahrer(in** *f*) *m* kayakçı; **~fliegen** *n*, **~flug** *m* kayakla uzun atlama; **~gebiet**

S

n kayak bölgesi; **~kurs** *m* kayak kursu; **~langlauf** *m* kayak yürüyüşü; **~laufen** *n* kayak kayma; **~läufer(in** *f)* *m* kayakçı; **~lehrer(in** *f)* *m* kayak öğretmeni; **~lift** *m* teleski

Skinhead ['skınhɛt] *m* ⟨-s; -s⟩ (*junger Neofaschist*) dazlak

Ski|piste [ʃiː-] *f* kayak pisti; **~springen** *n* kayakla atlama; **~springer(in** *f)* *m* kayakla atlayan; **~stiefel** *m* kayakçı botu; **~stock** *m* kayak değneği; **~urlaub** *m* kayak tatili; **~zirkus** *m* F *birçok teleskiden oluşan büyük kayak merkezi*

Skizze [sk-] *f* ⟨-; -n⟩ taslak, eskiz

Skizzenbuch *n* eskiz defteri

skizzenhaft *adj* kaba hatlarıyla, şematik olarak

skizzieren *v/t* ⟨*o* ge-, *h*⟩ *-in* taslağını çıkarmak; *fig* ana hatlarıyla anlatmak

Sklave ['sklaːvə] *m* ⟨-n; -n⟩ köle, esir

Sklavenhandel [-v-] *m* köle ticareti

Sklaverei [sklaːvə'rai̯, -f-] *f* ⟨-; *o pl*⟩ kölelik

Sklavin [-v-] *f* ⟨-; -nen⟩ köle (kadın), cariye

sklavisch ['sklaːvıʃ, -f-] *adj* köle gibi

Sklerose [sk-] *f* ⟨-; -n⟩ MED skleroz, katılaşma

Skonto [sk-] *m, n* ⟨-s; -s⟩ ÖKON iskonto

Skorpion [skɔr'pïoːn] *m* ⟨-s; -e⟩ akrep; ASTR Akrep burcu; (**ein**) **~ sein** Akrep burcundan olmak

Skrupel [sk-] *m* ⟨-s; -⟩ vicdan azabı; kuşku; **ᘔlos** *adj* vicdansız

Skulptur [sk-] *f* ⟨-; -en⟩ heykel

skurril [sk-] *adj* maskara gibi, soytarıca

Slalom *m* ⟨-s; -s⟩ slalom; **~läufer(in** *f)* *m* slalomcu

Slaw|e *m* ⟨-n; -n⟩, **~in** *f* ⟨-; -nen⟩ Slav; **ᘔisch** *adj* Slav *subst*

Slip *m* ⟨-s; -s⟩ slip, külot; **~einlage** *f* pad

Slowak|e *m* Slovak(yalı); **~ei** *f* Slovakya; **~in** *f* ⟨-; -nen⟩ Slovak(yalı) (kadın); **ᘔisch** Slovak(ya) *subst*; **~isch** *n* Slovakça

Slowen|e *m* ⟨-n; -n⟩ Sloven(yalı); **~ien** *n* Slovenya; **~in** *f* ⟨-; -nen⟩ Sloven(yalı) (kadın); **ᘔisch** *adj* Sloven(ya) *subst*; **~isch** *n* Slovence

Slum [slam] *m* ⟨-s; -s⟩ kenar mahalle(ler *pl*); gecekondu semt(ler)i

Smaragd [sm-] *m* ⟨-s; -e⟩ zümrüt; **ᘔgrün** *adj* zümrütî, zümrüt yeşili

Smog [smɔk] *m* ⟨-; -s⟩ smog; **~alarm** *m* smog alarmı

Smoking ['smoːkıŋ] *m* ⟨-s; -s⟩ smokin

Snob [sn-] *m* ⟨-s; -s⟩ züppe, snob; **~ismus** *m* ⟨-; *o pl*⟩ züppelik; **ᘔistisch** *adj* züppece, snob

so 1. *adv* öyle, böyle, şöyle; (*auf diese Weise*) bu/o şekilde, bu/o tarzda; (*damit, dadurch*) böylece, böylelikle, bu sayede; (*solch*) bu gibi; ***~ genannt*** … adı verilen; ***~ groß wie*** … kadar/gibi büyük; ***~ ein(e)*** böyle bir; ***~ ist es!*** tam öyle!; ***~ oder ~*** öyle veya böyle; ***~ sehr*** o kadar çok; ***~ viel wie möglich*** olabildiğince çok; ***doppelt ~ so viel*** (***wie*** -nin) iki katı; ***~ viel steht fest*** bu kadarı kesin; ***~ weit*** (*bis jetzt*) bu ana kadar; (*bis hier*) buraya kadar; ***~ weit sein*** hazır olmak; ***es ist ~ weit*** vakit tamam; ***~ wenig wie möglich*** mümkün olduğu kadar (*od* olabildiğince) az; ***und ~ weiter*** ve saire; ***oder ~ etwas*** ya da öyle bir şey; ***oder ~*** ya da buna benzer bir şey; **2.** *konj* (*deshalb, daher*) bu yüzden, bunun için; ***~ leid es mir tut*** maalesef ama; **3.** *int* ***~!*** işte!; harika! (*fertig*) tamam!; ***ach ~!*** ha!, demek öyle!; (***na***) ***~ was!***

SO *Abk für* **Südosten** *m* güneydoğu

s.o. *Abk für* **siehe oben** yukarıya bakınız (*yuk. bkz.*)

sobald *konj* (yap)ar (yap)maz

Socke *f* ⟨-; -n⟩ çorap, soket; F ***sich auf die ~n machen*** yolu tutmak; F ***von den ~n sein*** -in (hayretten) aklı durmak

Sockel *m* ⟨-s; -⟩ temel; *Statue, Möbel* kaide, taban

Soda *f* ⟨-; *o pl*⟩ *od n* ⟨-s; *o pl*⟩ soda

sodass öyle ki

Sodawasser *n* soda, maden sodası

Sodbrennen *n* ⟨-s; *o pl*⟩ MED mide yanması/ekşimesi

soeben *adv* demin, (bir)az önce

Sofa *n* ⟨-s; -s⟩ kanepe, divan, sedir

sofern *konj* eğer, şayet; *-in* -mesi şartıyla; ***~ nicht*** eğer/şayet (yap)mazsa

sofort *adv* hemen, derhal, dosdoğru; (***ab***) ***~ gültig*** ÖKON derhal geçerli (olmak üzere)

Sofortbildkamera *f* FOTO polaroid fotoğraf makinesi

Soforthilfe *f* acil yardım

sofortig *adj* acil, derhal yapılan

Sofortmaßnahme *f* acil önlem

Sofortprogramm *n* acil program

Software ['sɔftvɛːɐ] *f* ⟨-; -s⟩ EDV yazılım, program; **~anbieter** *m* EDV yazılımcı (firma); **~entwickler** *m* EDV yazılımcı; **~paket** *n* EDV yazılım paketi
sog. *Abk für* ***so genannt*** … adı verilen
Sog *m* ⟨-s; -e⟩ LUFTF, MAR girdap; *fig* cazibe
sogar [zo'gaːɐ] *adv* hatta, bile
Sohle *f* ⟨-; -n⟩ taban
Sohn *m* ⟨-s; ⸚e⟩ oğul
Soja|bohne *f* BOT soya fasulyesi; **~milch** *f soyadan yapılan süt benzeri içecek*; **~soße** *f* soya sosu
solange *konj* -dikçe, -diği sürece
Solar|batterie [zo'laːr-] *f* güneş pili; **~energie** *f* güneş enerjisi
Solarium *n* ⟨-s; -rien⟩ solaryum
Solarzelle *f* fotopil
solch *dem pron* böyle, bu(nun) gibi
Sold *m* ⟨-s; -e⟩ MIL asker maaşı
Soldat *m* ⟨-en; -en⟩ asker
solidarisch *adj* dayanışma içinde; ÖKON JUR müteselsil; ***sich ~ erklären mit*** *-i* desteklediğini açıklamak
solidarisieren *v/r* ⟨*o* ge-, *h*⟩: ***sich ~ mit*** *ile* dayanışmaya geçmek
Solidarität *f* ⟨-; *o pl*⟩ dayanışma
Solidaritätszuschlag *m* dayanışma vergisi (*Doğu Almanyanın kalkınması için*)
Solidarpakt *m* POL *emeklilik sigortası sistemi*
solide *adj* (*haltbar*) sağlam, dayanıklı; *Preise* makul; *Person* tutarlı, güvenilir
Solist *m* ⟨-en; -en⟩, **~in** *f* ⟨-; -nen⟩ solist
Soll *n* ⟨-; -⟩ ÖKON borç; (*Plan*≗) hedef; ***~ und Haben*** borç ve alacak; ***sein ~ erfüllen*** kendinden bekleneni yapmak
sollen ⟨*h*⟩ **1.** *v/aux* ⟨soll, sollte, sollen⟩ *geplant*, *bestimmt* -meli/-ecek olmak; *angeblich* -diği söylenmek; *verpflichtet* -mesi istenmek; ***soll ich …?*** (yap)ayım mı?; ***was soll ich …?*** ne (yap)ayım?; ***du solltest*** (***nicht***) (yap)(ma)malısın; ***er soll reich sein*** zenginmiş; **2.** *v/i* ⟨soll, sollte, gesollt⟩: ***was soll ich hier?*** benim burada işim ne?; ***was soll das?*** bu da ne demek oluyor?
Soll|leistung *f* TECH nominal verim; **~seite** *f* ÖKON borçlu taraf; **~wert** *m* TECH nominal değer; **~zinsen** *pl* ÖKON borç faizi *sg*
solo *adj* F tek başına, yalnız
Solo *n* ⟨-s; -s, -li⟩ solo
solvent [-v-] *adj* ödeme gücü olan
Solvenz [-v-] *f* ⟨-; -en⟩ ödeme gücü
somatisch *adj* MED somatik, bedeni
somit *adv* böylece, bunun sonucu olarak
Sommer *m* ⟨-s; -⟩ yaz; ***im ~*** yazın; **~anfang** *m* yaz baş(langıc)ı; **~fahrplan** *m* yaz tarifesi; **~ferien** *pl* yaz tatili *sg*; **~kleidung** *f* yazlık giyim; **≗lich** *adj* yaz *subst*; **~reifen** *m* AUTO normal/yazlık lastik; **~schlussverkauf** *m* yaz sonu satışları *pl*; **~spiele** *pl*: ***Olympische ~*** Yaz Olimpiyatları; **~sprosse** *f* çil; **≗sprossig** *adj* çilli; **~zeit** *f* ⟨-; *o pl*⟩ yaz (mevsimi); *vorverlegte* yaz saati (uygulaması)
Sonder|anfertigung *f* ısmarlama, sipariş üzerine (imalat); **~angebot** *n* özel indirim(li satış/mal); **~ausgabe** *f* BUCH özel sayı/baskı; **~n** olağanüstü harcama(lar)
sonderbar *adj* aca(y)ip, tuhaf
Sonder|beauftragte *m*, *f* özel görevli; **~fahrt** *f* tarife dışı sefer; **~fall** *m* özel durum, istisna
sonderlich *adv*: ***nicht ~*** pek (iyi *vs*) değil
Sonder|ling *m* ⟨-s; -e⟩ garip, eksantrik *adj*; **~müll** *m* zehirli çöp/atık
sondern *konj*: ***nicht du, ~ ich*** sen değil, ben; ***nicht nur teuer, ~ auch schlecht*** sadece pahalı değil, aynı zamanda kötü de
Sonder|nummer *f* özel/olağanüstü numara; **~preis** *m* özel fiyat; **~regelung** *f* özel uygulama; **~schule** *f öğrenme sorunlu çocuklar okulu*; **~zeichen** *n* EDV özel karakter; **~zug** *m* özel/ek tren; **~zulage** *f* özel zam
sondieren ⟨*o* ge-, *h*⟩ **1.** *v/t* MED sondalamak; **2.** *v/i* sondaj yapmak
Sonnabend *m* cumartesi
sonnabends *adv* cumartesileri, cumartesi günleri
Sonne *f* ⟨-; -n⟩ güneş
sonnen *v/r* ⟨*h*⟩: ***sich ~*** güneşlenmek
Sonnen|aufgang *m* güneşin doğuşu; ***bei ~*** şafakta; **~bad** *n* ***ein ~ nehmen*** güneşlenmek; **~bank** *f* solaryum bankı; **~blume** *f* BOT ayçiçeği; **~blumenkern** *m* ayçiçeği çekirdeği, F çekirdek; **~blumenöl** *n* (ay)çiçek yağı; **~brand** *m* güneş yanığı; ***e-n ~ haben*** güneşte yanmış olmak; **~brille** *f* güneş gözlüğü; **~creme**

S

f güneş kremi; **~deck** *n* MAR üst güverte, F güneşlenme güvertesi; **~energie** *f* güneş enerjisi; **~finsternis** *f* güneş tutulması; **~licht** *n* gün(eş) ışığı; ***bei ~*** gün(eş) ışığında; **~öl** *n* güneş yağı; **~schein** *m* güneş ışığı; **~schirm** *m* güneş şemsiyesi; **~schutzcreme** *f* güneş kremi; **~seite** *f* güneş alan taraf; *fig -in* hoş tarafı; **~stich** *m* MED güneş çarpması; ***e-n ~ haben*** *-i* güneş çarpmış olmak; **~strahl** *m* güneş ışını; **~system** *n* güneş sistemi; **~untergang** *m* güneşin batması, gurup; ***bei ~*** güneş batarken, gurup vakti; **≈verbrannt** *adj* güneşte yanmış; **~wende** *f* gündönümü

sonnig *adj* güneşli; *fig* neşeli, iç açıcı

Sonntag *m* pazar; (**am**) **~** pazar (günü)

sonntags *adv* pazarları, pazar günleri

Sonntagsdienst *m*: ***~ haben*** *-in* pazar nöbeti olmak/var

Sonntagsfahrer *m abw* tecrübesiz şoför

sonst *adv* (*außerdem*) ayrıca, başka; (*andernfalls*) yoksa, aksi takdirde; (*normalerweise*) genelde, her zaman; ***~ jemand*** F başka biri; ***~ nichts*** başka bir şey yok, hepsi bu; ***~ was*** F başka bir şey; ***~ wie*** F başka bir şekilde; ***~ wo*** F başka bir yerde; ***~ wohin*** başka bir yere; ***alles wie ~*** her şey eskisi gibi; ***nichts ist wie ~*** hiçbir şey eskisi gibi değil; ***wer ~?*** başka kim olacak?; ***~ noch etwas?*** başka bir eksik/arzunuz?

sonstig *adj* başka(ca), öbür, kalan

sooft [zo'|ɔft] *konj* -dikçe; ***~ du willst*** sen istedikçe, ne zaman istersen

Sopran *m* ⟨-s; -e⟩ MUS soprano (*ses*); **~istin** *f* ⟨-; -nen⟩ soprano (*şarkıcı*)

Sorge *f* ⟨-; -n⟩ merak; (*Kummer*) sıkıntı, kaygı, endişe; (*Ärger*) dert; (*Für≈*) bakım; ***finanzielle*** (***berufliche***) ***~n*** mali (meslekle ilgili) sıkıntılar; ***sich*** (*D*) ***~n machen*** (***um***) *-i* merak etmek; ***keine ~!*** merak etme(yin)!

sorgen ⟨*h*⟩ **1.** *v/i*: ***~ für*** *-e* bakmak; *-i* sağlamaya çalışmak; **2.** *v/r*: ***sich ~*** (***um*** için) endişelenmek

sorgenfrei *adj* kedersiz, tasasız, rahat

Sorgenkind *n* endişe konusu olan *adj* (*çocuk vs*)

Sorgerecht *n* ⟨-s; *o pl*⟩ (***für*** için) velayet hakkı

Sorg|falt *f* ⟨-; *o pl*⟩ titizlik, özen, dikkat; ***große ~ verwenden auf*** *-e* büyük özen göstermek; **≈fältig** *adj* özenli, dikkatli

sorglos *adj* dertsiz; (*nachlässig*) dikkatsiz, umuramaz; **≈igkeit** *f* ⟨-; *o pl*⟩ dikkatsizlik, umursamazlık

Sorte *f* ⟨-; -n⟩ **1.** tür, cins, çeşit; ÖKON (*Marke*) *a* marka; **2.** BANK ***~n*** dövizler

sortieren *v/t* ⟨*o* ge-, *h*⟩ (***nach*** *-e* göre) ayırmak, seçmek, ayıklamak; (*ordnen*) düzenlemek

Sortiment *n* ⟨-s; -e⟩: ***~ von*** … çeşitleri

Sortimentsbuchhandel *m* kitapçılık (*perakende*)

sosehr *konj* (***auch***) her ne kadar … -se de

Soße *f* ⟨-; -n⟩ sos, salça

Sound [zaʊnt] *m* ⟨-s; -s⟩ MUS *bir gruba vs özgü tını*; **~karte** *f* ⟨-; -n⟩ EDV ses kartı

sound|so *adv* F filan, falan; ***~ oft*** bilmemkaç kere; ***~ viel*** bilmemne kadar; ***~ viele*** bilmemkaç; ***Herr Soundso*** filan bey; **~sovielt** *adj* F bilmemkaçıncı; ***am ≈en*** ayın bilmemkaçında

Soundtrack ['zaʊntrɛk] *m* ⟨-s; -s⟩ FILM (orijinal) film müziği

Souterrain [zutɛ'rɛ̃ː] *n* ⟨-s; -s⟩ bodrum katı(ndaki konut)

Souvenir [zuvə'niːr] *n* ⟨-s; -s⟩ hediyelik eşya, yol hatırası

souverän [zuvə'rɛːn] *adj* POL egemen, bağımsız; *fig* üstün; soğukkanlı; **≈ität** *f* ⟨-; *o pl*⟩ egemenlik; *fig* soğukkanlılık, *-in* üstünde olma

so|viel *konj* -diği kadar(ıyla); ***~ ich weiß*** bildiğim kadarıyla; **~weit** *konj* -diği kadar(ıyla); **~wenig** *konj* ne kadar az da olsa; **~wie** *konj* ve ayrıca; *zeitlich* -diği anda; **~wieso** *adv* zaten, esasen, nasıl olsa

Sowjet [zɔ'vjɛt, 'zɔvjɛt] *m* ⟨-s; -s⟩ Sovyet; **≈isch** *adj* HIST Sovyet *subst*; **~union** *f* Sovyetler Birliği

sowohl *konj*: ***~ Lehrer als*** (***auch***) ***Schüler*** hem öğretmen hem (de) öğrenci

sozial *adj* sosyal, toplumsal

Sozial|abbau *m* ⟨-s; *o pl*⟩ POL *abw sosyal imkanların gittikçe kısılması*; **~abgaben** *pl* sosyal kesintiler; **~amt** *n* sosyal yardım dairesi; **~arbeit** *f* sosyal çalışmanlık; **~arbeiter(in** *f*) *m* sosyal çalışman

Sozialdemokrat *m* sosyal demokrat; **~ie** *f* sosyal demokrasi; **~in** *f* sosyal demokrat (kadın); **≈isch** *adj* sosyal de-

S

mokrat
Sozialeinrichtungen *pl* sosyal kuruluşlar
Sozialhilfe *f* sosyal yardım; ***von der ~ leben*** sosyal yardımla geçinmek
Sozial|ismus *m* ⟨-; *o pl*⟩ sosyalizm; **~ist** *m* ⟨-en; -en⟩, **~istin** *f* ⟨-; -nen⟩ sosyalist; **~istisch** *adj* sosyalist
sozialkritisch *adj* toplum eleştirisi yapan
Sozial|kunde *f* ⟨-; *o pl*⟩ sosyal bilgiler; **~leistungen** *pl* sosyal hizmetler; **~plan** *m büyük işçi çıkarımlarında gözetilen mağduriyet sırası*; **~politik** *f* sosyal politika; **≗politisch** *adj* sosyal politikaya ilişkin; **~produkt** *n* millî hasıla; **~staat** *m* sosyal devlet; **~versicherung** *f* sosyal sigorta; **~wohnung** *f* sosyal konut
Soziolog|e *m* ⟨-n; -n⟩ sosyolog, toplumbilimci; **~ie** *f* ⟨-; *o pl*⟩ sosyoloji, toplumbilim; **~in** *f* ⟨-; -nen⟩ sosyolog (kadın); **≗isch** *adj* sosyolojik, toplumbilimsel
Sozius *m* ⟨-; -se⟩ ÖKON ortak, hissedar; *sürücünün arkasında oturan*
sozusagen *adv* tabir caizse, nasıl demeli, bir tür
Spachtel *m* ⟨-s; -⟩ (ı)spatula
spachteln *v/t* ⟨*h*⟩ macun çekmek, spatulayla sürmek
Spaghetti [ʃpaˈgɛti] *pl* spagetti, çubuk makarna
spähen [ˈʃpɛːən] *v/i* ⟨*h*⟩ (***nach*** *-i*) gözlemek, *-in* yolunu gözlemek
Spalier [-ˈliːɐ] *n* ⟨-s; -e⟩ AGR ispalya; ***ein ~ bilden, ~ stehen*** iki geçeli dizilmek
Spalt *m* ⟨-s; -e⟩ (*Riss*) yarık, çatlak; (*Öffnung*) aralık, boşuk, gedik
spaltbar *adj* parçalanabilir; PHYS fisil
Spalte *f* ⟨-; -n⟩ **1.** → ***Spalt***; **2.** BUCH sütun
spalten ⟨spaltete, gespalten, *h*⟩ **1.** *v/t* yarmak, ayırmak; *Staat* bölmek; **2.** *v/r*: ***sich ~*** ayrılmak, bölünmek
Spaltung *f* ⟨-; -en⟩ yar(ıl)ma; PHYS fisyon; *fig* ayrılma, bozuşma; *Staat* bölünme
Span *m* ⟨-s; ⸚e⟩ yonga; ***Späne*** *pl* TECH talaş
Spanferkel *n* GASTR domuz çevirme(si)
Spange *f* ⟨-; -n⟩ toka, kopça
Span|ien *n* İspanya; **~ier** *m* ⟨-s; -⟩, **~ierin** *f* ⟨-; -nen⟩ İspanyol; **≗isch** *adj* İspanya *subst*; İspanyol *subst*; ***das kommt mir ~ vor!*** (*verdächtig*) bence bunda bir bityeniği var!; (*unverständlich*) hiç anlamıyorum; **~isch** *n* İspanyolca
Spann *m* ⟨-s; -e⟩ ağım, ayağın üst kısmı
Spanne *f* ⟨-; -n⟩ karış; ÖKON marj, aralık
spannen ⟨*h*⟩ **1.** *v/t* germek, sıkıştırmak; *Leine* çekmek; *Gewehr* horozu kaldırmak; *Bogen* germek, çekmek; **2.** *v/i* sıkmak, (çok) dar gelmek; **3.** *v/r*: ***sich ~*** gerilmek, çekilmek; ***sich ~ über*** *-in* üzerinde olmak (*Brücke*)
spannend *adj* sürükleyici, heyecanlı
Spannkraft *f* ⟨-; *o pl*⟩ TECH fren kuvveti; *fig* zindelik
Spannung *f* ⟨-; -en⟩ gerilim; EL *a* voltaj; *fig* gerginlik, heyecan; ***unter ~ (stehend)*** gerilim altında; ***mit*** (*od* ***voll***) ***~*** gerilim/heyecan içinde
spannungsgeladen *adj* gerilimli, gergin
Spannungs|messer *m* EL voltmetre; **~prüfer** *m* EL kontrol kalemi
Spannweite *f* ARCH kemer açıklığı
Spanplatte *f* yonga plakası; F sunta®
Sparbuch *n* tasarruf cüzdanı
Sparbüchse *f* (tasarruf) kumbara(sı)
sparen ⟨*h*⟩ **1.** *v/t* (*ein~*) tasarruf etmek; (*zusammen~*) biriktirmek; ***das hättest du dir ~ können!*** yapmasan daha iyi olurdu; **2.** *v/i* tutumlu olmak; ***~ für*** (*od* ***auf*** *A*) … için para biriktirmek
Sparer *m* ⟨-s; -⟩, **~in** *f* ⟨-; -nen⟩ tasarruf sahibi, para biriktiren
Spargel *m* ⟨-s;-⟩ BOT kuşkonmaz, asparagus
Spar|guthaben *n* tasarruf mevduatı; **~kasse** *f* tasarruf sandığı (*Bank*); **~konto** *n* tasarruf hesabı
spärlich *adj* az, seyrek, kıt; *Lohn, Wissen* yetersiz, az; *Besuch* ender, seyrek
Spar|maßnahme *f* tasarruf tedbiri; **~paket** *n* tasarruf (tedbirleri) paketi; **~prämie** *f* tasarruf primi; **~programm** *n* POL tasarruf programı; *Waschmaschine usw* ekonomik program
sparsam **1.** *adj* (***mit*** *-de*) tutumlu, idareli; **2.** *adv*: ***~ leben*** tutumlu/idareli yaşamak; ***~ umgehen mit*** *-i* idareli kullanmak; **≗keit** *f* ⟨-; *o pl*⟩ tutumluluk, idare
Spar|schwein *n* kumbara (*domuz şeklinde*); **~zins** *m* ÖKON tasarruf/mevduat faizi
spartanisch *adj*: ***~ leben*** çok sade yaşamak
Spaß *m* ⟨-es; ⸚e⟩ zevk, eğlence; (*Scherz*) şaka; ***aus*** (***nur zum***) ***~*** (sırf)

şaka olsun diye; ***es macht viel*** (***keinen***) ~ çok (hiç) zevk ver(m)iyor; ***j-m den ~ verderben*** b-nin neşesini kaçırmak/bozmak; ***er macht nur ~*** sadece şaka yapıyor; ***er macht keinen ~*** hiç de şaka yapmıyor; ***keinen ~ verstehen*** şakadan anlamamak; ***viel ~!*** iyi eğlenceler!

spaßen *v/i* ⟨*h*⟩ *-e* şaka yapmak, *ile* alay etmek; ***damit ist nicht zu ~!*** bunun şakası olmaz! ***er lässt nicht mit sich ~*** o şaka kaldırmaz

spaßig *adj* güldürücü, eğlendirici, zevkli

Spaß|verderber *m* ⟨-s; -⟩ oyunbozan; **~vogel** *m* muzip

Spast|iker *m* ⟨-s; -⟩ MED spastik; **&isch** *adj* spastik

spät *adj u adv* geç; ***du bist ~ dran!*** geç kaldın!; ***von früh bis ~*** sabahtan akşama (kadar); ***wie ~ ist es?*** saat kaç?; ***(fünf Minuten) zu ~ kommen*** (beş dakika) gecikmek (*od* geç kalmak); ***am ~en Nachmittag*** akşam üzeri; ***bis ~er!*** (sonra) görüşürüz!

Spatel *m* ⟨-s; -⟩ MED spatül, dilbasan

Spaten *m* ⟨-s; -⟩ kürek, bel küreği

Spätentwickler *m gelişmesi gecikmeli çocuk*

spätestens *adv* en geç

Spät|herbst *m* sonbahar/güz sonları; **~lese** *f geç ürün üzümden yapılma tatlı şarap*; **~schäden** *pl* MED *geç beliren hasar(lar)*; **~schicht** *f*: ***~ haben*** gece vardiyasında çalışmak

Spatz *m* ⟨-en, -es; -en⟩ ZOOL serçe

spazieren: ***~ fahren*** arabayla gezmek/dolaşmak; *-i* (arabayla) gezdirmek/dolaştırmak; ***~ gehen*** gezmek, dolaşmak

Spazier|fahrt *f* araba *vs* gezintisi; **~gang** *m* gezinti, dolaşma; ***e-n ~ machen*** gezinti/yürüyüş yapmak; **~gänger** *m* ⟨-s; -⟩, **~gängerin** *f* ⟨-; -nen⟩ gezinti/yürüyüş yapan; **~stock** *m* yürüyüş bastonu/değneği; **~weg** *m* gezinti yolu

Specht *m* ⟨-s; -e⟩ ZOOL ağaçkakan

Speck *m* ⟨-s; -e⟩ içyağı (*deri altı*); (*Frühstücks&*) jambon

speckig *adj* (*schmierig*) yağlı

Spediteur ['tøːɐ] *m* ⟨-s; -e⟩ nakliyeci

Spedition [ʃpedi'tsi̯oːn] *f* ⟨-; -en⟩ nakliyat firması, nakliye ambarı

Speditionskaufmann *m* nakliyeci tacir

Speer [ʃpeːɐ] *m* ⟨-s; -e⟩ mızrak, kargı; **~werfen** *n* cirit atma

Speiche *f* ⟨-; -n⟩ bisiklet/jant teli, tekerlek parmağı

Speichel *m* ⟨-s; *o pl*⟩ MED tükürük, salya

Speicher *m* ⟨-s; -⟩ ambar, ardiye; (*Wasser&*) depo, tank, hazne; (*Dachboden*) tavanarası; EDV bellek; **~adresse** *f* EDV bellek adresi; **~chip** *m* EDV bellek yongası; **~erweiterung** *f* EDV ilave bellek; **~funktion** *f* EDV bellek işlevi; **~kapazität** *f* EDV bellek kapasitesi; **~medium** *n* EDV bellek ortamı

speichern *v/t* ⟨*h*⟩ depolamak; EDV belleğe almak

Speicher|platz *m* EDV bellek yeri; **~schutz** *m* EDV bellek korunum(u); **~ung** *f* ⟨-; *o pl*⟩ EDV belleğe alma; **~zugriff** *m* ⟨-s; *o pl*⟩ EDV bellek erişimi

Speise *f* ⟨-; -n⟩ yiyecek; (*Gericht*) yemek; **~eis** *n* dondurma; **~kammer** *f* kiler; **~karte** *f* yemek listesi; **~leitung** *f* EL besleme hattı

speisen ⟨*h*⟩ **1.** *v/i* yemek yemek; **2.** *v/t a* EL, TECH beslemek

Speise|öl *n* yemeklik (sıvı) yağ; **~röhre** *f* ANAT yemek borusu; **~saal** *m* yemek salonu; **~wagen** *m* BAHN yemekli vagon, vagon restoran

Speisung *f* ⟨-; -en⟩ TECH besleme

Spektakel *m* ⟨-s; *o pl*⟩ şamata; skandal

Spektrum *n* ⟨-s; -tren⟩ tayf; *fig* yelpaze, mozaik

Spekulant *m* ⟨-en; -en⟩ spekülatör; *abw* vurguncu

Spekulation [-'tsi̯oːn] *f* ⟨-; -en⟩ spekülasyon; *abw* vurgun; ÖKON *a* riske girme; **~sgeschäft** *n* spekülatif işlemler

spekulieren *v/i* ⟨*o* ge-, *h*⟩ (***auf*** *A -e*, ***mit*** *-le*) borsada oynamak

Spelunke *f* ⟨-; -n⟩ F salaş meyhane; batakhane

spendabel *adj* F cömert, eliaçık

Spende *f* ⟨-; -n⟩ bağış, hibe; (*Beitrag*) yardım, katkı

spenden *v/t* ⟨*h*⟩ vermek, bağışlamak

Spenden|aktion *f* bağış kampanyası; **~konto** *n* bağış hesabı

Spender *m* ⟨-s; -⟩, **~in** *f* ⟨-; -nen⟩ bağışçı; (*Blut&*) kan veren

spendieren *v/t* ⟨*o* ge-, *h*⟩: ***j-m etw ~*** b-ne bş(-i) ısmarlamak

Spengler *m* ⟨-s; -⟩ (sıhhî) tesisatçı

Sperma *n* ⟨-s; -men⟩ sperm(a)

Sperre *f* ⟨-; -n⟩ (*Schranke*) engel, bariyer; (*Barrikade*) barikat; TECH kilit(leme), blokaj; ÖKON ambargo, yasak; PSYCH tutukluk, blokaj; ***e-e ~ verhängen über*** ÖKON *-e* ambargo uygulamak

sperren *v/t* ⟨*h*⟩ *Straße* (**für den Verkehr** trafiğe) kapa(t)mak; *Gas, Telefon* kesmek; *Konto* bloke etmek; *Scheck* durdurmak; ***~ in*** (*A*) *-e* kapatmak, kilitlemek; ***gesperrt gedruckt*** espase dizilmiş; ***sich ~*** (***gegen*** *-e* karşı) direnmek, ayak diremek

Sperr|frist *f* ÖKON bekleme süresi; *Versicherung* tazminatsız süre; **~gebiet** *n* yasak bölge; **~gepäck** *n* hacimli eşya/bagaj; **~holz** *n* ⟨-es⟩ kontrplak

sperrig *adj* battal, havaleli

Sperr|klausel *f* POL baraj (*oy oranında*); **~konto** *n* bloke hesap; **~müll** *m* havaleli çöp; **~stunde** *f* MIL *sokağa çıkma yasağının başlama saati; eğlence yerlerinin kapanma saati*

Sperrung *f* ⟨-; -en⟩ ÖKON blokaj

Spesen *pl* masraf(lar); yol harcamaları; **≳frei** *adj* masrafsız; **~konto** *n* masraf hesabı; **~rechnung** *f* masraf faturası

Spezial|ausbildung *f* özel eğitim; **~einheit** *f* özel tim/birlik; **~gebiet** *n* uzmanlık alanı; **~geschäft** *n uzmanlaşmış mağaza*

spezialisieren *v/r* ⟨*o* ge-, *h*⟩: ***sich ~*** (***auf*** *A -de*) uzmanlaşmak

Spezialisierung *f* ⟨-; *o pl*⟩ uzmanlık

Spezialist *m* ⟨-en; -en⟩, **~in** *f* ⟨-; -nen⟩ uzman

Spezialität *f* ⟨-; -en⟩ spesiyalite; **~enrestaurant** *n* spesiyal restoran

speziell *adj* özel, ayrı, belirli

Spezies [ˈʃpeːt͡siɛs, ˈsp-] *f* ⟨-; -⟩ tür (*Tier*)

spezifisch *adj* (**für**) *-e* özgü; ***~es Gewicht*** PHYS özgül ağırlık

spicken *v/t* ⟨*h*⟩ *parça etin içine yağ, sarmısak vb sokmak*; F ***gespickt mit Fehlern*** yanlışları olan

Spiegel *m* ⟨-s; -⟩ ayna; **~bild** *n* yansıma, (yansıyan) görüntü; *fig* kopya, suret; **~ei** *n* GASTR sahanda yumurta; **≳glatt** *adj Wasser* sütliman; *Straße* buz kaplı

spiegeln ⟨*h*⟩ **1.** *v/i* (*blenden*) göz almak, parıldamak; **2.** *v/t* yansıtmak; **3.** *v/r*: ***sich ~*** yansımak

Spiegel|reflexkamera *f* aynalı fotoğraf makinası; **~schrift** *f* ters yazı (*aynada okunan*); **~ung** *f* ⟨-; -en⟩ yansıma; *in der Luft* serap

Spiel *n* ⟨-s; -e⟩ oyun; (*Wett≳*) *a* maç, karşılaşma; (*Glücks≳*) kumar; ***auf dem ~ stehen*** tehlikede olmak; ***aufs ~ setzen*** ortaya koymak, tehlikeye atmak; ***leichtes ~ haben*** (***mit*** *-i*) parmağının ucunda oynatmak; ***ins ~ kommen*** söz konusu olmak; ***aus dem ~ lassen*** işe karıştırmamak; *-e* ilişmemek; ***mit j-m ein falsches ~ treiben*** b-ne kötü oyun oynamak

Spiel|art *f* çeşit, versiyon, varyant; BIOL alt türler; **~automat** *m* F kumar makinası; **~bank** *f* ⟨-; -en⟩ kumarhane

spiel|en *v/i u v/t* ⟨*h*⟩ (**um** *-e*) oynamak; (*darstellen*) *a* canlandırmak; ***Klavier*** *usw* **~** piyano *vs* çalmak; ***mit dem Gedanken ~ zu*** -meyi tasarlamak, kafasından geçirmek; ***s-e Beziehungen ~ lassen*** torpil kullanmak; **~end** *adv fig* kolayca

Spieler *m* ⟨-s; -⟩ oyuncu; *Glücksspiel* kumarbaz

Spielerei *f* ⟨-; -en⟩ gayri ciddî iş; oyuncak gibi şey; fantezi *adj*

Spielerin *f* ⟨-; -nen⟩ oyuncu/kumarbaz (kadın)

spielerisch *adj* oyun gibi/olarak, ciddiye almadan; ***mit ~er Leichtigkeit*** büyük kolaylıkla

Spiel|feld *n* oyun alanı; **~film** *m* (uzun metrajlı) film; **~halle** *f* kumar salonu; **~hölle** *f abw* kumarhane, kumar salonu; **~kamerad(in** *f*) *m* oyun arkadaşı; **~karte** *f* oyun kağıdı; **~kasino** *n* kumarhane; **~marke** *f* marka, fiş; **~plan** *m* THEA *usw* program; **~platz** *m* oyun alanı; **~raum** *m fig* hareket özgürlüğü; **~regel** *f* oyun kuralı; ***sich an die ~n halten*** oyunu kuralına göre oynamak; **~sachen** *pl* oyuncaklar; **~schuld** *f* kumar borcu; **~stand** *m* skor; **~uhr** *f* müzikli saat; **~verderber** *m* ⟨-s; -⟩ oyunbozan, F mızıkçı; **~waren** *pl* oyuncaklar, oyun eşyası (*dükkanda*); **~warengeschäft** *n* oyuncakçı (mağazası); **~zeit** *f* THEA, SPORT sezon; (*Dauer*) oyun süresi; *Film* filmin süresi; **~zeug** *n* oyuncak; **~zeugpistole** *f* oyuncak tabanca

Spieß *m* ⟨-es; -e⟩ (*Brat≳*) şiş; F ***den ~ umdrehen*** *-i* kendi silahıyla vurmak

Spießbürger(**in** *f*) *m* → ***Spießer***

spießbürgerlich *adj* F → ***spießig***

S

Spießer *m* ⟨-s; -⟩, **~in** *f* ⟨-; -nen⟩ *abw* dargörüşlü, küçük burjuva

spießig *adj abw* dargörüşlü, küçük burjuva

Spießruten: **~ *laufen*** *fig yürürken alaylara, düşmanlıklara maruz kalmak*

Spikes [ʃpaɪks] *pl Schuhe* kabara *sg*; *Autoreifen* çivi *sg*; **~reifen** *pl* çivili lastik

Spinat *m* ⟨-s; -e⟩ ıspanak

Spind *m u n* ⟨-s; -e⟩ dolap, asker dolabı

Spinne *f* ⟨-; -n⟩ örümcek

spinnen ⟨spann, gesponnen, *h*⟩ **1.** *v/t* örmek, eğirmek; *fig* kurmak, hayal etmek; **2.** *v/i* F *fig* çıldırmış olmak; (*Unsinn reden*) saçmalamak

Spinner *m* ⟨-s; -⟩, **~in** *f* ⟨-; -nen⟩ F *fig* çatlak, kaçık; **~ei** *f* ⟨-; -en⟩ iplikçilik; iplik fabrikası; F *fig* kaçıklık

Spinnwebe *f* ⟨-; -n⟩ örümcek ağı

Spion *m* ⟨-s; -e⟩ casus, ajan

Spionage [-'naːʒə] *f* ⟨-; *o pl*⟩ casusluk, ajanlık; **~abwehr** *f* karşı-casusluk; **~netz** *n*, **~ring** *m* casus şebekesi

spionieren *v/i* ⟨*o* ge-, *h*⟩ casusluk yapmak; F (*schnüffeln*) gizlice gözetlemek/dinlemek

Spionin *f* ⟨-; -nen⟩ casus/ajan (kadın)

Spiral|e *f* ⟨-; -n⟩ spiral, sarmal, helezon; MED spiral; **≗förmig** *adj* helezonî, sarmal

Spirituosen *pl* alkollü sert içkiler

Spiritismus *m* ⟨-; *o pl*⟩ ispritizma

Spiritist *m* ⟨-en; -en⟩, **~in** *f* ⟨-; -nen⟩ ispritizmacı; **≗isch** *adj* ispritizmayla ilgili

Spiritus *m* ⟨-; -se⟩ ispirto; **~kocher** *m* ispirto ocağı

spitz *adj* sivri (uçlu); *fig* iğneli, alaylı, anlamlı; *Winkel* dar; ***~e Zunge*** *fig* sivri dil

Spitzbogen *m* sivri kemer

Spitze *f* ⟨-; -n⟩ sivri uç, uç noktası; (*Baum≗, Berg≗, Turm≗*) tepe; (*Unternehmens≗*) üst düzey yöneticiler; (*Gewebe*) dantel; ***etw auf die ~ treiben*** bş-i son kertesine vardırmak; ***an der ~ liegen*** başı çekmek; ***sich an die ~ setzen*** başa geçmek; ***~!*** süper!, harika!

Spitzel *m* ⟨-s; -⟩ muhbir, jurnalci, casus, ajan

spitzen *v/t* ⟨*h*⟩ sivriltmek; *Bleistift* açmak; *Lippen* uzatmak; *Ohren* dikmek, kabartmak

Spitzen|gehalt *n* süper maaş; **~geschwindigkeit** *f* azami hız; **~kandidat(in** *f*) *m* başbakan adayı; **~klasse** *f* birinci/lüks sınıf (*Ware, Sportler usw*); **~leistung** *f* TECH, EL azami güç/verim; **~lohn** *m* tavan ücret; **~produkt** *n* TECH üstün ürün; **~reiter(in** *f*) *m fig* en başarılı *adj*; **~zeit** *f* en yoğun zaman (*trafik*); en kısa süre

Spitzer *m* ⟨-s; -⟩ kalemtıraş

spitzfindig *adj* kılı kırk yaran; **≗keit** *f* ⟨-; -en⟩: ***das sind ~en*** bunlar işin (*yersiz*) teferruatı

Spitzname *m* takma ad, lakap

spitzwink(e)lig *adj* MATH dik açılı

Spleen [ʃpliːn] *m* ⟨-s; -e, -s⟩ tutku, *abw* kaçıklık

Splitter *m* ⟨-s; -⟩ kıymık

splittern *v/i* ⟨*h*⟩ parçalanmak, ufalanmak

splitternackt *adj* F çırılçıplak, anadan doğma

Splitterpartei *f* çok küçük parti

Spoiler ['ʃpɔʏlər] *m* ⟨-s; -⟩ spoiler

sponsern *v/t* ⟨*h*⟩ desteklemek, *-e* sponsorluk etmek

Sponsor ['ʃpɔnzɐ, 'sp-] *m* ⟨-s; -en⟩, **~in** [-zoːrɪn] *f* ⟨-; -nen⟩ hami, sponsor

Sponsoring ['ʃpɔnzɔrɪŋ] *n* ⟨-s; *o pl*⟩ ÖKON sponsorluk

spontan *adj* kendiliğinden

sporadisch *adj* seyrek

Spore *f* ⟨-; -n⟩ BOT spor

Sport *m* ⟨-s; *o pl*⟩ spor; **~ *treiben*** spor yapmak

Sport|abzeichen *n* spor amblemi; **~anlage** *f* spor tesisi; **~art** *f* spor türü; **~artikel** *m* spor malzemesi; **~arzt** *m* spor hekimi; **≗begeistert** *adj* sporsever; **~fest** *n* spor bayramı; **~flieger(in** *f*) *m* spor pilotu; **~geschäft** *n* spor mağazası; **~halle** *f* spor salonu; **~kleidung** *f* spor giyimi; **~ler** *m* ⟨-s; -⟩, **~lerin** *f* ⟨-; -nen⟩ sporcu; **≗lich** *adj* sportif; *Aussehen* atletik; *Kleidung* gündelik, spor; ***sehr ~ sein*** çok spor yapmak; **~medizin** *f* spor hekimliği; **~platz** *m* spor sahası; **~reportage** *f* spor röportajı; **~reporter(in** *f*) *m* spor muhabiri; **~veranstaltung** *f* spor gösterisi/karşılaşması; **~verein** *m* spor kulübü; **~wagen** *m* AUTO spor araba; (*Kinder≗*) portatif çocuk arabası; **~zentrum** *n* spor merkezi

Spott *m* ⟨-s; *o pl*⟩ alay; *verächtlicher* hor görme

spottbillig *adj* F sudan ucuz
spotten *v/i* ⟨*h*⟩ (**über** *A -le*) alay etmek
Spötter *m* ⟨-s; -⟩, **~erin** *f* ⟨-; -nen⟩ alaycı
spöttisch *adj Worte* alaylı, iğneli; *Person* alaycı
Spottpreis *m*: **für e-n ~** yok pahasına
sprachbegab|t *adj* (yabancı) dile yetenekli; **2ung** *f* (yabancı) dil yeteneği
Sprache *f* ⟨-; -n⟩ dil; (*Sprechweise*) konuşma; **zur ~ bringen** (**kommen**) dile getirmek (gelmek)
Sprach|ebene *f* dil düzeyi; **~eigenheit** *f* dil özelliği
Sprachenschule *f* yabancı dil okulu/kursu
Sprach|fehler *m* MED dil/konuşma arızası; **~führer** *m* dil kılavuzu; **~gebrauch** *m* ⟨-s; *o pl*⟩: **im gewöhnlichen ~** gündelik dilde(ki anlamıyla); **~gefühl** *n* ⟨-s; *o pl*⟩ dil duygusu; **2gewandt** *adj* iyi konuşan; **~kenntnisse**: **gute deutsche ~ erwünscht** Almancası iyi olanlar tercih olunur; **2kundig** *adj ülkenin dilini bilen*; çok dil bilen; **~kurs** *m* dil kursu; **~labor** *n* dil laboratuarı; **~lehre** *f* dilbilgisi, gramer; **2lich** *adj* dilsel, dille ilgili; **2los** *adj* dili tutulmuş, dilsiz; **~reise** *f* dil öğrenme gezisi; **~rohr** *n* konuşma borusu, MAR pasaparola; *fig -in* sözcüsü; **~störung** *f* MED konuşma bozukluğu; **~unterricht** *m* dil dersi; **türkischer ~** Türkçe dersi
Sprachwissenschaft *f* dilbilim; **~ler(in** *f*) *m* dilbilimci; **2lich** *adj* dilbilimsel
Spray [ʃpreː] *m u n* ⟨-s; -s⟩ sprey; **2en** ⟨*h*⟩ püskürtmek (*spreyle*)
Sprech|anlage *f* düofon; **~blase** *f* balon (*çizgi-roman*); **~chor** *m*: **im ~ rufen** koro halinde seslenmek
sprechen ⟨spricht, sprach, gesprochen, *h*⟩ **1.** *v/i* (**mit** ile; **über** *A*, **von** hakkında) konuşmak; **j-n zum Sprechen bringen** b-ni konuşturmak; **~ für** *-in* lehine olmak; **vieles spricht dafür** (**dagegen**) bunu destekleyen (buna karşı) birçok sebep var; **auf ihn bin ich nicht gut zu ~** ondan söz etmeyi hiç istemiyorum; **2.** *v/t*: **j-n ~** b-le konuşmak, b-ne ulaşmak; **nicht zu ~ sein** meşgul olmak
Sprecher *m* ⟨-s; -⟩, **~in** *f* ⟨-; -nen⟩ konuşmacı; (*Ansager*) spiker; (*Wortführer*) sözcü
Sprechfunk *m* telsiz; **~gerät** *n* telsiz cihazı

Sprech|stunde *f* görüşme saat(ler)i; *Amt* açılış saatleri *pl*; MED muayene saatleri *pl*; **~zimmer** *n* muayene odası
spreizen *v/t* ⟨*h*⟩ yaymak, ayırmak, açmak
Spreizfuß *m* MED yayvan ayak
sprengen *v/t* ⟨*h*⟩ (**in die Luft**) havaya uçurmak; *Fels* parçalamak; *Wasser* serpmek; *Rasen* sulamak; *Versammlung* zorla dağıtmak
Spreng|kopf *m* MIL savaş başlığı; **~körper** *m* patlayıcı cisim, bomba; **~ladung** *f belli bir miktar patlayıcı madde*; **~satz** *m* tahrip kalıbı; **~stoff** *m* patlayıcı madde; **~ung** *f* ⟨-; -en⟩ patlatma, havaya uçurma
Sprich|wort *n* ⟨-s; ¨er⟩ atasözü; **2wörtlich** *adj* atasözü gibi bilinen; *fig* herkesin bildiği
sprießen *v/i* ⟨spross, gesprossen, *sn*⟩ topraktan çıkmak, bitmek, fışkırmak
Springbrunnen *m* fıskiye
springen *v/i* ⟨sprang, gesprungen, *sn*⟩ sıçramak, atlamak; *Ball* zıplamak; *Glas* çatlamak; (*zerspringen*) kırılmak; (*platzen*) patlamak; **in die Höhe** (**zur Seite**) **~** yukarıya (yana, yan tarafa) sıçramak
Springer *m* ⟨-s; -⟩ *Schach* at; ÖKON *ihtiyaca göre işe koşulan eleman*
Spring|flut *f* deniz baskını (*ani*); **~seil** *n* ip (*ip atlamak için*)
Sprint *m* ⟨-s; -s⟩ kısa mesafe koşusu
sprinten *v/i* koşmak; F depara kalkmak
Sprinter *m* ⟨-s; -⟩, **~in** *f* ⟨-; -nen⟩ kısa mesafe koşucusu
Sprit *m* ⟨-s; -e⟩ F (*Benzin*) benzin
Spritze *f* ⟨-; -n⟩ MED iğne; *Gerät* iğne, şırınga
spritzen **1.** *v/t* ⟨*h*⟩ (*versprühen*) püskürtmek; AUTO boyamak; *Rasen usw* sulamak; **j-m etw ~** b-ne bş iğnesi yapmak; **j-n nass ~** b-ni ıslatmak; **2.** *v/i* ⟨*sn*⟩ sıçramak; *Blut* fışkırmak
Spritzer *m* ⟨-s; -⟩ çamur *vs* lekesi; (*Schuss*) *bir sıkımlık içecek* (*katkısı*)
Spritzguss *m* TECH püskürtme döküm
spritzig *adj Wein* köpüren; F esprili, neşeli, canlı (*oyun, üslup*)
Spritz|pistole *f* TECH püskürtme tabancası; **~tour** *f* AUTO F: **e-e ~ machen** kısa bir tur atmak
spröde *adj* kırılgan; *fig abw* erkeklerden kaçan (*gençkız, kadın*)
Spross *m* ⟨-es; -e⟩ AGR filiz, sürgün; F

S

(oğlan) çocuk

Sprosse *f* ⟨-; -n⟩ basamak, parmak (*merdiven*)

Sprossen|fenster *n camları parmaklıklara oturtulmuş pencere*; **~wand** *f* SPORT yatay parmaklık

Sprössling *m* ⟨-s; -e⟩ F (oğlan) çocuk

Spruch *m* ⟨-s; ⸚e⟩ özdeyiş; (*Urteil*) karar; **~band** *n* ⟨-s; ⸚er⟩ pankart

spruchreif *adj* karar aşamasında, kesinleşmiş

Sprudel *m* ⟨-s; -⟩ soda, maden sodası

Sprühdose *f* sprey kutusu

sprühen ['ʃpry:ən] ⟨*h*⟩ **1.** *v/t* püskürtmek; **2.** *v/i Funken* çıkmak; **~ *vor*** (*D*) *Augen -den* parıldamak; ⟨*sn*⟩ (***irgendwohin***) *-e* sıçramak

Sprühregen *m* çisenti

Sprung *m* ⟨-s; ⸚e⟩ sıçrama, atlama; (*Riss*) çatlak, yarık; ***ein großer ~ nach vorn*** büyük bir hamle; F ***auf dem ~ sein zu*** bir acele -mek üzere olmak; ***j-m auf die Sprünge helfen*** küçük bir yardımla b-nin bş-i kendi yapmasını sağlamak

Sprung|brett *n* tramplen; **~feder** *f* yay

sprunghaft *adj* anî, fırlayıp düşen; *fig* maymun iştahlı; **2.** *adv*: **~ *ansteigen*** (birden) fırlamak

Sprung|latte *f* SPORT çıta; **~schanze** *f Ski* atlama pisti

Spucke *f* ⟨-; *o pl*⟩ F tükürük

spucken ⟨*h*⟩ **1.** *v/i* tükürmek; F (*sich übergeben*) kusmak; **2.** *v/t Blut* tükürmek, kusmak

Spuk ⟨-s; -e⟩ hayalet, hortlak; *fig* kâbus, karabasan

spuken *v/unp* ⟨*h*⟩ (**in** *D -de*) hortlaklar dolaşmak; ***hier spukt es*** burası tekin değil

Spule *f* ⟨-; -n⟩ makara, masura; EL bobin

Spüle *f* ⟨-; -n⟩ evye, bulaşık teknesi

spulen *v/t* ⟨*h*⟩ (makaraya) sarmak; (makaradan) boşaltmak

spülen *v/t u v/i* ⟨*h*⟩ (*aus~*) çalka(la)mak; *Toilette* sifonu çekmek; (***Geschirr*** bulaşık) yıkamak

Spül|maschine *f* bulaşık makinası; **~mittel** *n* bulaşık deterjanı; **~ung** *f* ⟨-; -en⟩ MED lavman; *WC* sifon; **~wasser** *n* bulaşık suyu

Spulwurm *m* MED barsak solucanı; askarit

Spur *f* ⟨-; -en⟩ iz; (*Fahr*♀) şerit; (*Tonband*♀) kanal; *fig* kalıntı, eser; ***e-e ~ aufnehmen*** bir iz keşfetmek; ***j-m auf der ~ sein*** b-nin peşinde olmak; ***keine ~ von …*** *-den* eser/iz yok; ***die ~ wechseln*** şerit değiştirmek

spürbar *adj* hissedilir

spüren *v/t* ⟨*h*⟩ hissetmek, duymak; (*ahnen*) *a* sezmek, sezinlemek; (*wahrnehmen*) algılamak; (*merken*) *-in* farkına varmak

spuren *v/i* ⟨*h*⟩ iz bırakmak (*karda*); F söz dinlemek

Spurenelement *n* BIOL *canlıya eser halinde gereken eleman*

Spürhund *m* zağar; F ispiyon

spurlos *adv* iz bırakmadan; ***nicht ~ an j-m vorübergehen*** b-ni etkilemeden geçmemek

Spurt *m* ⟨-s; -s⟩ *yarışta kısa süreli hızlanma*

spurten *v/i* yarışta hızlanmak; *fig* çok koşmak, terlemek

St. **1.** *Abk für* ***Sankt*** Aziz, Sen; **2.** *Abk für* ***Stück*** *n* tane, adet

Staat *m* ⟨-s; -en⟩ devlet; ***damit kannst du keinen ~ machen!*** bunu el içine çıkaramazsın!

Staatenbund *m* devletler birliği, konfederasyon

staatenlos *adj* vatansız, tabiyetsiz

Staatenlose *m, f* ⟨-n; -n⟩ vatansız, tabiyetsiz

staatlich **1.** *adj* devlet *subst*, kamusal, resmî; ***~e Mittel*** devlet/kamu imkanlarıyla; **2.** *adv*: ***~ gefördert*** devletçe teşvik gören; ***~ geprüft*** devlet sınavından geçmiş

Staats|akt *m* devlet töreni; **~aktion** *f*: F ***e-e ~ machen aus*** *-i* çok büyütmek; **~angehörige** *m, f* vatandaş, yurttaş; **~angehörigkeit** *f* ⟨-; -en⟩ uyruk, tabiyet, vatandaşlık; ***doppelte ~*** çifte vatandaşlık; **~anleihe** *f* ÖKON devlet tahvili; **~anwalt** *m*, **~anwältin** *f* savcı; **~anwaltschaft** *f* savcılık; **~beamte** *m*, **~beamtin** *f* devlet memuru; **~begräbnis** *n* resmî cenaze töreni; **~besuch** *m* resmî ziyaret; **~bürger(in** *f*) *m* yurttaş, vatandaş; ♀**bürgerlich** *adj*: ***~e Rechte*** vatandaşlık hakları; **~chef(in** *f*) *m* devlet başkanı; **~dienst** *m* devlet hizmeti; ♀**eigen** *adj* devlete ait, devlet *subst*; **~examen** *n* devlet sınavı; **~feiertag** *m* resmî tatil günü; **~feind** *m* devlet/millet düşmanı;

S

≈feindlich *adj* devleti yıkmaya yönelik; **~form** *f* devlet biçimi, rejim; **~gebiet** *n* egemenlik alanı (*devlet*); **~geheimnis** *n* F: ***das ist kein ~!*** bunda saklanacak ne var!; **~haushalt** *m* devlet bütçesi; **~kasse** *f* hazine; **~mann** *m* devlet adamı; **~minister(in** *f*) *m* devlet bakanı; **~ministerium** *n* devlet bakanlığı; **~oberhaupt** *n*, **~präsident(in** *f*) *m* devlet başkanı; **~schulden** *pl* devlet borçları; **~sekretär(in** *f*) *m* (bakanlık) müsteşar(ı); **~sicherheitsdienst** *m* devlet güvenlik servisi, F gizli servis; **~streich** *m* hükümet darbesi; **~trauer** *f* resmî yas; **~verbrechen** *n* devleti yıpratma suçu; **~vertrag** *m* devletlerarası antlaşma; **~wesen** *n* ⟨-s; *o pl*⟩ devlet (işleri); **~wissenschaft(en** *pl*) *f* siyasal bilimler, politoloji; **~zuschuss** *m* devlet teşviği (*malî*)

Stab *m* ⟨-s; ⸚e⟩ değnek, sırık; *fig* (üst düzey) kadro, MIL kurmay ...; (*Staffel≈*) bayrak çubuğu; (*Dirigenten≈*) şefin değneği

Stäbchen *pl* (*Ess≈*) çubuk *sg*

Stabhochsprung *m* sırıkla yüksek atlama

stabil *adj* istikrarlı; (*robust*) sağlam, dayanıklı; (*gesund*) zinde, sağlıklı

stabilisier|en ⟨*o* ge-, *h*⟩ **1.** *v/t* sağlamlaştırmak, stabilize etmek: **2.** *v/r*: ***sich ~*** istikrar kazanmak; **≈ung** *f* ⟨-; -en⟩ stabilizasyon; istikrar tedbirleri

Stabilität *f* ⟨-; *o pl*⟩ istikrar; sağlamlık

Stabreim *m kelime başı seslerinin benzeşmesi*, aliterasyon

Stabschef *m* kurmay başkanı

Stachel *m* ⟨-s; -n⟩ BOT, ZOOL diken; *Insekt* iğne; *Igel* ok

Stachelbeere *f* BOT bektaşiüzümü

Stacheldraht *m* dikenli tel

stachelig *adj* dikenli, iğneli; batan

Stachelschwein *n* oklukirpi

Stadion [ˈʃtaːdiɔn] *n* ⟨-s; -dien⟩ stadyum

Stadium [ˈʃtaːdiʊm] *n* ⟨-s; -dien⟩ evre, aşama, basamak

Stadt [ʃtat] *f* ⟨-; ⸚e⟩ şehir, kent; ***die ~ Berlin*** Berlin şehri; ***in der ~*** şehirde; ***in die ~ gehen*** (***fahren*** araçla) şehre inmek/gitmek

Stadt|autobahn *f* sehir/çevre otoyolu; **~bild** *n* şehrin manzarası; **≈bekannt** *adj* bütün şehrin bildiği/tanıdığı; **~bevölkerung** *f* şehir nüfusu; şehirliler *pl*; **~bezirk** *m* semt, **~bummel** *m* şehir gezintisi; ***e-n ~ machen*** şehri dolaşmak

Städtchen *n* ⟨-s; -⟩ küçük şehir; *kleiner* kasaba

Städte|bau *m* ⟨-s; *o pl*⟩ şehircilik; **~partnerschaft** *f* şehir kardeşliği; **~planung** *f* şehir planlaması

Städter *m* ⟨-s; -⟩, **~in** *f* ⟨-; -nen⟩ şehirli

Stadt|gebiet *n* belediye sınırları içi; **~gespräch** *n* şehiriçi telefon görüşmesi; *fig şehrin gündemindeki konu*

städtisch *adj* şehir *subst*, kentsel; *Person* şehirli *subst*; POL belediye *subst*

Stadt|mitte *f* şehir merkezi; **~plan** *m* şehir planı/haritası; **~rand** *m* şehrin/kentin dış mahalleleri *pl*; **~randsiedlung** *f* site, (yeni) yerleşim bölgesi; **~rat** *m Gremium* belediye meclisi; *Person* (**~rätin** *f*) belediye meclisi üyesi; **~rundfahrt** *f* şehir turu; **~sanierung** *f* ARCH şehir sıhhileştirmesi; **~staat** *m* şehir devleti; **~teil** *m* semt; **~tor** *n* şehir kapısı; **~verkehr** *m* şehir trafiği; **~verwaltung** *f* belediye; **~viertel** *n* mahalle; **~zentrum** *n* şehir merkezi

Staffel *f* ⟨-; -n⟩ bayrak yarışı (*od* takımı); LUFTF, MIL uçak bölüğü; **~lauf** *m* bayrak yarışı

staffeln *v/t* ⟨*h*⟩ *Steuern usw* kademelendirmek; *Arbeitszeit usw* (işi) posta posta yaptırmak

Staffelung *f* ⟨-; -en⟩ kademelen(dir)me

Stagn|ation *f* ⟨-; -en⟩ ÖKON durgunluk; **≈ieren** *v/i* ⟨*o* ge-, *h*⟩ durgunlaşmak

Stahl *m* ⟨-s; ⸚e⟩ çelik; **~arbeiter** *m* demir-çelik işçisi; **~bau** *m* çelik konstrüksiyon; **~beton** *m* betonarme; **≈blau** *adj* çelik mavisi; **~blech** *n* çelik saç

stählen ⟨*h*⟩ **1.** *v/t* TECH *-e* su vermek; **2.** *v/r*: ***sich ~*** *fig* çelikleşmek

stählern *adj* çelik(ten)

Stahl|gürtelreifen *m* çelik gövdeli radyal lastik; **≈hart** *adj* çelik gibi sert; **~helm** *m* çelik miğfer; **~kammer** *f* çelik kasa dairesi; **~rohrmöbel** *pl* çelik (boru) mobilya *sg*; **~werk** *n* çelikhane; **~wolle** *f* çelikyünü

Stall *m* ⟨-s; ⸚e⟩ ahır; (*Hühner≈*) kümes

Stamm *m* ⟨-s; ⸚e⟩ (*Baum≈*) gövde, *gefällt* tomruk; (*Volks≈*) kabile, boy; (*Geschlecht*) soy; *fig* (*Kern e-r Firma usw*) çekirdek; **~aktie** *f* ÖKON adî hisse senedi; **~aktionär(in** *f*) *m* ÖKON adî hissedar; **~baum** *m* soyağacı, şecere; **~buch** *n* ziyaretçi defteri; **~datei** *f* ana dosya

stammeln *v/t* ⟨*h*⟩ kekelemek; F kemküm etmek

stammen *v/i* ⟨*h*⟩: **~ aus (von)** *-den* gelmek, *-in* kökeni *-de* olmak; *zeitlich -den* kalmış olmak; **~** ***von*** *Künstler usw -in* (eseri *vs*) olmak

Stamm|gast *m* devamlı müşteri; **~halter** *m* F *scherzh* erkek çocuk; **~haus** *n* ÖKON ana şirket; **~kapital** *n* ÖKON ana sermaye; **~kneipe** *f* b-nin her zaman gittiği meyhane; **~kunde** *m*, **~kundin** *f* devamlı müşteri; **~lokal** *n* b-nin devamlı gittiği lokanta; **~personal** *n* ana/çekirdek kadro; **~platz** *m* b-nin her zaman oturduğu yer; **~tisch** *m birahanede vs* müdavimlerin masası; **~tischpolitiker** *m politikadan bahsetme heveslisi*; **~verzeichnis** *n* EDV ana/kök dizin; **~wähler(in** *f*) *m* sadık seçmen

stampfen **1.** *v/i* ⟨*sn*⟩ MAR baş-kıç yapmak; **2.** ⟨*h*⟩: ***mit dem Fuß ~*** ayağıyla yere vurmak

Stand *m* ⟨-s; ⸗e⟩ (*Halt*) duruş, durma; (*~platz*) durak; (*Verkaufs*≗) satış tezgâhı/standı; ASTR konum; (*Wasser*≗ *usw*) yükseklik, seviye; (termometrenin *vs* gösterdiği) değer; *fig* (*Niveau, Höhe*) düzey; (*soziale Stellung*) konum, mevki; (*Klasse*) sınıf, zümre; (*Beruf*) meslek; (*Sport*) skor, (*End*≗) sonuç; (*Lage*) durum; ***auf den neuesten ~ bringen*** güncelleştirmek; ***aus dem ~*** durup dururken, durduk yerden; hız almadan; ***der ~ der Dinge*** şu anki durum; ***der neueste ~ der Technik*** (***Wissenschaft***) tekniğin (bilimin) son vardığı nokta; ***e-n schweren ~ haben*** *-in* durumu çok zor olmak

Standard *m* ⟨-s; -s⟩ standart; **~brief** *m* POST standart mektup; **~format** *n* EDV standart format

standardisieren *v/t* ⟨*o* ge-, *h*⟩ standartlaştırmak, standardize etmek

Standardwerk *n* temel başvuru kitabı

Stand-by ['stɛnt'bai̯] *n* ⟨-(s); -s⟩ LUFTF bekleme listesi yolcusu; EL beklemede olma; **~-Ticket** *n* LUFTF rezervasyonsuz/stand-by bilet

Standbild *n* heykel; *Video* görüntü durdurma

Ständer *m* ⟨-s; -⟩ ARCH kiriş; (*Kleider*≗) portmanto; (*Zeitungs*≗) gazetelik

Standes|amt *n* nüfus/evlendirme dairesi; **≗amtlich** *adj*: ***~e Trauung*** medenî nikâh; **~beamte** *m*, **~beamtin** *f* evlendirme memuru; **≗gemäß** *adj* (yüksek) sosyal konumuna uygun; **~unterschied** *m* sosyal konum farkı

standfest *adj* TECH sağlam, devrilmez

Standfoto *n* FILM çalışma fotoğrafı

standhaft *adj* dayanıklı, metin; ***~ bleiben*** *-e* dayanmak; **≗igkeit** *f* ⟨-; *o pl*⟩ metanet; sağlamlık

ständig *adj* devamlı, değişmez; *Adresse* daimi; (*fest*) sabit; ***etw ~ tun*** bş-i sürekli yapmak

Standlicht *n* AUTO park lambası

Standort *m -in* bulunduğu yer; *Betrieb* kuruluş yeri; ***Ihr ~*** bulunduğunuz yer; **~debatte** *f* POL *endüstrinin kurulacağı yere ilişkin tartışmalar*; **~faktor** *m* ÖKON kuruluş yeri faktörü

Stand|pauke *f* F: ***j-m e-e ~ halten*** (***über*** hakkında) b-ni iyice azarlamak; **~platz** *m* stand; **~punkt** *m fig* görüş, tavır, bakış açısı; ***den ~ vertreten, auf dem ~ stehen*** (***, dass***) -diği görüşünü savunmak, -diği görüşünde olmak; **~spur** *f* AUTO emniyet şeridi; **~uhr** *f* boy saati

Stange *f* ⟨-; -n⟩ sırık; *kleiner* çubuk, sopa, değnek; (*Fahnen*≗) *a* direk, gönder; *Zigaretten* karton; ***Kleidung von der ~*** F harcıâlem giyim; ***bei der ~ bleiben*** *konzentriert* konu dışına çıkmamak; *beharrlich* sebat etmek; ***j-n bei der ~ halten*** b-nin *-e* devam etmesini sağlamak; ***j-m die ~ halten*** *-in* tarafını tutmak

Stängel *m* ⟨-s; -⟩ BOT sap, sapçık

Stangenbohne *f* sırık fasulyesi

stänkern *v/i* ⟨*h*⟩ F: ***~ gegen*** *-e* karşı fesat çıkarmak

Stanniol *n* ⟨-s; -e⟩ kalay yaprak

Stanze *f* ⟨-; -n⟩ TECH zımba

stanzen *v/t* ⟨*h*⟩ zımbalamak, zımbayla kesmek

Stapel *m* ⟨-s; -⟩ istif, küme; (*Haufen*) yığın; ***vom ~ lassen*** MAR denize indirmek (*kızaktan*); *fig* şaşırtıcı/kızdırıcı bş söylemek; ***vom ~ laufen*** MAR denize indirilmek; **~lauf** *m* MAR denize indirme

stapeln *v/t* ⟨*h*⟩ istiflemek, yığmak; ***sich ~*** yığılmak

stapfen *v/i* ⟨*sn*⟩ ağır adımlarla (*od* güçlükle) yürümek

Star[1] *m* ⟨-s; -e⟩ ZOOL sığırcık (kuşu); ***grauer ~*** MED katarakt; F perde

Star[2] [ʃt-, st-] *m* ⟨-s; -s⟩ (*Film*♀) yıldız, star; **~allüren** *pl* yıldız havaları; **~gast** *m* misafir yıldız

stark **1.** *adj* kuvvetli, güçlü; *Kaffee, Bier, Tabak* sert; *Raucher* azılı; *Regen, Erkältung* şiddetli; *Verkehr* yoğun, ağır; F (*toll*) süper, şahane; F ***sich ~ machen für*** bş için eyleme geçmek; ***das Buch ist 150 Seiten ~*** kitap 150 sayfa kalınlığında; **2.** *adv*: ***~ beeindruckt*** çok etkilenmiş; ***~ beschädigt*** çok hasarlı

Stärke *f* ⟨-; -n⟩ güç, kuvvet; (*Intensität*) şiddet, yoğunluk; (*Maß*) derece; (*Wäsche*♀) kola; (*~mehl*) nişasta; ***es ist nicht seine ~*** iyi bildiği bir iş değil

stärken ⟨*h*⟩ **1.** *v/t* güçlendirmek, kuvvetlendirmek; *Wäsche usw* kolalamak; **2.** *v/r*: ***sich ~*** yeyip/içip güçlenmek

stärkend *adj*: ***~es Mittel*** kuvvet ilacı, tonik

Starkstrom *m* ⟨-s; *o pl*⟩ yüksek gerilim/voltaj; **~leitung** *f* yüksek gerilim hattı

Stärkung *f* ⟨-; -en⟩ güçlendirme; (*Imbiss*) hafif yiyecek/içecek

Stärkungsmittel *n* kuvvet ilacı, tonik

starr *adj* kaskatı, gergin; (*unbeweglich*) hareketsiz; TECH rijit; *Gesicht a* donmuş; *Augen* donuk; ***~ vor Kälte*** (***Entsetzen***) soğuktan (dehşetten) donakalmak; ***~er Blick*** sabit bakış

starren *v/i* ⟨*h*⟩ (***auf*** *A -e*) dik dik bakmak, *-in* bakışı takılıp kalmak

starr|köpfig *adj* inatçı; F dikkafalı; **♀sinn** *m* ⟨-s; *o pl*⟩ inatçılık, F dikkafalılık

Start *m* ⟨-s; -s⟩ çıkış, başlangıç; SPORT start; LUFTF, *Rakete* kalkış; ***zum ~ freigeben*** SPORT start vermek; LUFTF kalkış izni vermek

Start|automatik *f* AUTO otomatik jikle; **~bahn** *f* LUFTF kalkış pisti; **♀bereit** *adj* başlamaya hazır; LUFTF kalkışa hazır

starten **1.** *v/i* ⟨*sn*⟩ (*abfahren*) yola çıkmak; (*beginnen*) başlamak; LUFTF kalkmak; **2.** *v/t* ⟨*h*⟩ başlatmak; harekete geçirmek; *Motor*, EDV çalıştırmak

Starter[1] *m* ⟨-s; -⟩, **~in** *f* ⟨-; -nen⟩ SPORT başlatma hakemi

Starter[2] *m* ⟨-s; -⟩ AUTO marş motoru; EL starter

Starterlaubnis *f* LUFTF kalkış izni

Starthilfe *f*: ***j-m ~ geben*** AUTO *-in* motoru çalıştırmasına yardım etmek; *-e* başlangıçta destek vermek; **~kabel** *n* AUTO akü takviye kablosu; F ara kablo

Start|kapital *n* başlangıç sermayesi; **~schuss** *m* başlama atışı; **~verbot** *n* LUFTF ***~ erhalten*** kalkış yasağı almak; **~zeichen** *n* başlama işareti

Stasi *f* ⟨-; *o pl*⟩ F *Abk* → ***Staatssicherheitsdienst*** *Eski Doğu Alman istihbarat servisi*

Statik *f* ⟨-; *o pl*⟩ ARCH statik; **~er** *m* ⟨-s; -⟩, **~erin** *f* ⟨-; -nen⟩ statik uzmanı

Station [-'tsi̯o:n] *f* ⟨-; -en⟩ istasyon, durak; (*Kranken*♀) koğuş, servis; ***~ machen*** yolculuğa ara vermek, konaklamak

stationär [ʃtatsi̯o'nɛ:ɐ] *adj* MED ***~e Behandlung*** yatak tedavisi; ***~er Patient*** yatan hasta (*hastanede*)

stationieren [-tsi̯o-] *v/t* ⟨*o* ge-, *h*⟩ *-e* yerleştirmek; MIL *-de* konuşlandırmak

Stations|arzt *m*, **~ärztin** *f* servis şefi hekim; **~schwester** *f* servis hemşiresi; **~vorsteher** *m* BAHN istasyon şefi

statisch *adj* statik, dural, durağan

Statist *m* ⟨-en; -en⟩ THEA, FILM figüran

Statistik *f* ⟨-; -en⟩ istatistik; **~er** *m* ⟨-s; -⟩, **~erin** *f* ⟨-; -nen⟩ istatistikçi

statistisch *adj* sayısal, istatistikî, istatistiksel

Stativ [-f] *n* ⟨-s; -e⟩ FOTO sehpa

statt *präp G -in* yerine; ***~ etw zu tun*** -mek yerine, -mektense

stattdessen (bunun) yerine

Statt *f*: ***an j-s ~*** b-nin yerine; ***an Kindes ~ annehmen*** çocuğu yerine bağrına basmak

Stätte *f* ⟨-; -n⟩ yer, mahal; *e-s Unglücks -e* sahne olan yer

statt|finden *v/i* ⟨*unreg*, -ge-, *h*⟩ meydana gelmek; (*geschehen*) olmak, cereyan etmek; *Veranstaltung* yapılmak; **~geben** *v/i* ⟨*unreg*, -ge-, *h*⟩ izin vermek; *Gesuch -i* kabul etmek; **~haft** *adj* yasal, izinli

stattlich *adj* endamlı, yakışıklı; *Summe* önemli, hatırı sayılır

Statue [-tŭə] *f* ⟨-; -n⟩ heykel

Statur *f* ⟨-; -en⟩ (vücut) yapı(sı); boy; F boy pos

Status *m* ⟨-; -⟩ *sozialer* konum, mevki,

statü; **~symbol** *n* statü sembolü; **~zeile** *f* EDV bilgi çizgisi/çubuğu
Statut *n* ⟨-s; -en⟩ tüzük, yönetmelik
Stau *m* ⟨-s; -s, -e⟩ AUTO trafik tıkanıklığı; (*Rück*♀) kuyruk; MED tıkanıklık
Staub *m* ⟨-s; -e, ⁼e⟩ toz; ***~ saugen*** (elektrik süpürgesiyle) *-i* süpürmek; ***~ wischen*** toz almak/silmek
Staub|allergie *f* MED toz allerjisi; **~beutel** *m* BOT başçık; TECH toz kesesi
Staubecken *n* su toplama bölgesi, su haznesi
stauben *v/i* ⟨*h*⟩ toz yapmak/çıkarmak, tozutmak
Staubfänger *m* ⟨-s; -⟩ *abw çok toz tutan süs eşyası*
Staubgefäß *n* BOT erkek organ
staubig *adj* tozlu, tozla kaplı
staubsaugen *v/i u v/t* ⟨ge-, *h*⟩ (elektrik süpürgesiyle) *-i* süpürmek
Staub|sauger *m* ⟨-s; -⟩ elektrik süpürgesi, elektrikli süpürge; **~tuch** *n* ⟨-s; ⁼er⟩ toz bezi
Staudamm *m* bent, baraj seti
Staude *f* ⟨-; -n⟩ *kökünden devamlı süren otsu bitki*
stauen ⟨*h*⟩ **1.** *v/t Fluss usw* biriktirmek, toplamak; **2.** *v/r*: ***sich ~*** MED, *Verkehr* tıkanmak
staunen *v/i* ⟨*h*⟩ (***über*** *A -e*) şaşmak, hayret etmek
Staunen *n* ⟨-s; *o pl*⟩ şaş(ır)ma, hayret
Stausee *m* baraj gölü
Stauung *f* ⟨-; -en⟩ tıkanma, toplanma, birikime
Steak [steːk] *n* ⟨-s; -s⟩ GASTR biftek
stechen ⟨sticht, stach, gestochen⟩ **1.** *v/t* ⟨*h*⟩ batırmak; *Tier* sokmak; ***etw (irgendwohin) ~*** bş-i *-e* batırmak; *Kartenspiel* ***das Ass sticht den König*** as papazdan üstündür; ***j-n (sich) irgendwohin ~*** b-nin (kendinin) bir yerine bş batırmak; **2.** *v/i* ⟨*sn*⟩ batmak; *Organ* sancımak; *Sonne* yakmak; ***j-m (sich) (irgendwohin) ~*** b-nin (kendinin) bir yerine batmak; *Schiff* ***in See ~*** denize açılmak; ***j-m in die Augen ~*** *-in* gözüne batmak
stechend *adj Blick* delici; *Schmerz, Geruch* keskin
Stech|karte *f* kontrol saati kartı; **~mücke** *f* sivrisinek; **~palme** *f* çobanpüskülü; dikenlidefne; **~uhr** *f* kontrol saati; **~zirkel** *m* çift iğneli pergel
Steckbrief *m* JUR gıyabî tutuklama müzekkeresi; ♀**lich** *adv* JUR: ***er wird ~ gesucht*** gıyabî tutuklama kararıyla aranıyor
Steckdose *f* EL priz
stecken ⟨*h*⟩ **1.** *v/t* sokmak; *irgendwohin* koymak; ***in*** *A -e* takmak; (*an~*) (***an*** *A -e*) iliştirmek, *-in* üstüne takmak; **2.** *v/i* F (*sich befinden*) kalmak, olmak; (*festsitzen*) sıkışıp kalmak; ***~ bleiben*** takılıp kalmak; ***tief in Schulden ~*** (gırtlağına kadar) borca batmış olmak; ***wo steckst du denn (so lange)?*** (bunca zaman) nerelerdeydin?; ***da steckt er dahinter*** bunda onun parmağı var
Steckenpferd *n fig* hobi, merak
Stecker *m* ⟨-s; -⟩ EL fiş
Steckkontakt *m* EL fiş ve priz
Steckling *m* ⟨-s; -e⟩ BOT fide
Steck|nadel *f* topluiğne; **~schlüssel** *m* TECH lokma anahtarı
Steg *m* ⟨-s; -e⟩ yaya köprüsü; (*Brett*) (enli) tahta, kalas
Stegreif *m*: ***aus dem ~*** hazırlanmadan, doğaçlama olarak, irticalen; ***aus dem ~ spielen*** *usw* doğaçlama çalmak *vs*
stehen [ˈʃteːən] ⟨stand, gestanden, *h*⟩ *v/i* durmak; (*sich befinden, sein*) bulunmak, olmak; (*aufrecht ~*) dik durmak; (*auf den Füßen ~*) ayakta durmak; ***~ bleiben*** durmak, durup kalmak; (*stagnieren*) duraklamak; ***~ lassen*** bırakmak; *Essen* dokunmamak; *Schirm* unutmak; ***das kann man so nicht ~ lassen*** bu böylece kabul edilemez; ***j-n ~ lassen*** b-ni bırakıp gitmek; ***alles ~ und liegen lassen*** her şeyi bırakıp gitmek; ***sich (D) e-n Bart ~ lassen*** sakal bırakmak; ***es steht ihr*** ona yakışıyor; ***wie (viel) steht es?*** durum kaç kaç?; ***hier steht, dass*** burada şöyle yazılı; ***wo steht das?*** kim demiş onu?; ***wie steht es mit …?*** *-e* ne dersin(iz)?, … (yap)alım mı?; ***das Programm steht*** program kesinleşti; F ***~ auf*** (*A*) *-in* meraklısı/hayranı olmak; ***gut (schlecht) mit j-m ~*** *-in* b-le arası iyi (kötü) olmak; ***unter Alkohol (Drogen) ~*** alkol (uyuşturucu) etkisinde olmak; ***zu j-m ~*** b-ne bağlı olmak, b-ni desteklemek; ***zu s-m Versprechen ~*** verdiği söze sadık olmak; ***wie stehst du dazu?*** bu konuda tavrın ne?
Stehen [ˈʃteːən] *n* ⟨-s; *o pl*⟩: ***im ~*** ayakta

stehend *adj* ayakta, dik; **~*e Redensart*** yerleşmiş deyim
Stehimbiss *m* GASTR büfe
Stehkragen *m* hakim yaka
Stehlampe *f* ayaklı lamba
stehlen ⟨stiehlt, stahl, gestohlen, *h*⟩ **1.** *v/t* çalmak; ***j-m die Zeit ~*** b-nin zamanını almak; **2.** *v/i* hırsızlık etmek
Steh|platz *m* THEA ayakta duracak yer (bileti); **~vermögen** *n* ⟨-s; *o pl*⟩ direnç, dayanıklılık
steif *adj* sert, katı
Steig|bügel *m* üzengi; **~eisen** *n* krampon, tırmanma demiri
steigen ⟨stieg, gestiegen, *sn*⟩ **1.** *v/i* (*sich begeben*) girmek; (*klettern*) tırmanmak, çıkmak; (*hoch~, zunehmen*) yükselmek; ***~ in, auf*** (*A*) *Fahrzeug -e* binmek; ***~ aus*** (*od* ***von***) *-den* inmek; ***e-e Party ~ lassen*** iyi bir eğlence yapmak; **2.** *v/t*: ***Treppen ~*** merdiven(den) çıkmak
Steigen *n* ⟨-s; *o pl*⟩: ***das ~ und Fallen*** iniş çıkış(lar); ***im ~ begriffen sein*** yükselme halinde olmak
steigend *adj* yükselen; **~*e Tendenz*** artma eğilimi
Steiger *m* ⟨-s; -⟩ *Bergbau* ustabaşı
steiger|n ⟨*h*⟩ **1.** *v/t* çoğaltmak, arttırmak; (*verstärken*) yükseltmek; ***seine Leistung ~*** verimini arttırmak; **2.** *v/i Auktion* (***auf*** *-e*) yükseltmek; **3.** *v/r*: ***sich ~*** çoğalmak, artmak; **2ung** *f* ⟨-; -en⟩ çoğal(t)ma, art(tır)ma; yüksel(t)me; GR derecelendirme
Steigung *f* ⟨-; -en⟩ eğim, meyil; (*Hang*) yokuş, bayır
steil *adj* sarp, dik; **~*e Karriere*** hızla yükselen kariyer; ***~ ansteigen*** birden/hızla yükselmek
Steil|hang *m* dik yamaç, yar; **~kurve** *f* eğimli viraj; **~küste** *f* falez, yalıyar; **~pass** *m Fußball* hava pası; **~wandzelt** *n* bungalo çadırı
Stein *m* ⟨-s; -e⟩ taş; BOT çekirdek; (*Edel2*) (değerli) taş; *Backgammon* pul; ***den ~ ins Rollen bringen*** *-i* harekete geçirmek; ***mir fällt ein ~ vom Herzen*** içime/yüreğime soğuk su serpildi
Steinadler *m* kayakartalı
steinalt *adj* Nuhu Nebi'den kalma
Steinbock *m* dağkeçisi; (***ein***) ***~ sein*** Oğlak burcundan olmak
Steinbruch *m* taş ocağı
Steinbutt *m* kalkan(balığı)
steinern *adj* taş(tan); *fig* taş gibi
Stein|gut *n* ⟨-s; -e⟩ seramik, çömlek; **2ig** *adj* taşlı, çakıllı; **~kohle** *f* taşkömürü; **~metz** *m* ⟨-en; -en⟩ taş ustası, mermerci; **~obst** *n sert çekirdekli meyvalar*; **~pilz** *m* BOT kuzumantarı; **2reich** *adj* F altın babası, acayip zengin; **~schlag** *m* gevşek şev; F taş düşmesi; **~zeit** *f* ⟨-; *o pl*⟩ Taş Devri
Steißbein *n* ANAT kuyruksokumu kemiği
Stelle *f* ⟨-; -n⟩ yer; (*Punkt*) nokta; (*Arbeits2*) işyeri; (*Behörde*) makam, merci; ***an anderer ~*** başka yerde; ***an dieser ~*** burada; ***an erster ~ stehen*** (***kommen***) ilk sırada olmak (gelmek); ***an ~ von*** (*od G*) *-in* yerine; ***an j-s ~*** b-nin yerin(d)e; ***an die ~ treten von*** (*od G*) *-in* yerine geçmek; ***auf der ~*** derhal; ***zur ~*** hazır; ***ich an deiner ~*** (senin) yerinde olsam; ***auf der ~ treten, nicht von der ~ kommen*** yerinde saymak, ilerleyememek
stellen ⟨*h*⟩ **1.** *v/t* koymak; *Antrag* vermek; *Uhr, Falle* kurmak; *leiser, niedriger* kısmak; *lauter, höher* açmak; *Frage* yöneltmek, sormak; *zur Verfügung -e* sağlamak; *Verbrecher usw* yakalamak; ***s-e Uhr ~ nach*** saatini *-e* göre ayarlamak; **2.** *v/r*: ***sich*** (***der Polizei***) ***~*** (polise) teslim olmak; *fig* ***gegen*** *-e* karşı çıkmak/gelmek; ***hinter*** *A fig -e* arka çıkmak; ***schlafend ~*** uyuyormuş gibi yapmak; ***stell dich dorthin!*** şurada dur!; ***auf sich selbst gestellt sein*** kendi başının çaresine bakmak
Stellen|angebot *n* iş teklifi; ***ich habe ein ~*** bir iş teklifi aldım; **~gesuch** *n* iş başvuru dilekçesi; **~markt** *m* iş piyasası; **~suche** *f*: ***ich bin auf ~*** iş arıyorum; **~vermittlung** *f* iş bulma (bürosu)
stellenweise *adv* yer yer, kısmen
Stellen|wechsel *m* iş(yerini) değiştirme; **~wert** *m* değer(lik); ***e-n hohen ~ haben*** büyük bir değer taşımak (*für j-n* için)
...stellig *in Zssgn* ... haneli (*sayı*)
Stellplatz *m* AUTO (özel) park yeri
Stellschraube *f* TECH ayar vidası
Stellung *f* ⟨-; -en⟩ (*Lage*) durum; *sozial* konum, mevki; (*Arbeitsplatz*) iş, pozisyon; MIL ***die ~ halten*** mevziini korumak; ***~ nehmen*** (***zu*** ... konusunda) tavır almak; ***~ nehmen für*** *-den* yana

çıkmak; **~ *nehmen gegen*** *-e* karşı çıkmak; **~nahme** *f* ⟨-; -n⟩ tavır, tutum, görüş

stellungslos *adj* işsiz, açıkta

Stellungs|suche *f* iş arama; ***auf ~ sein*** iş arıyor olmak; **~suchende** *m, f* ⟨-n; -n⟩ iş arayan; **~wechsel** *m* iş(yerini) değiştirme

stellv(ert). *Abk für* ***stellvertretend*** *-e* vekâleten, … yerine (… *y.*)

stellvertretend **1.** *adj* vekil, yardımcı; **2.** *adv* → ***stellv(ert).***

Stellvertret|er *m* ⟨-s; -⟩, **~erin** *f* ⟨-; -nen⟩ temsilci; vekil, yardımcı; **~ung** *f* ÖKON, JUR temsilcilik, vekâlet; ***j-s ~ übernehmen*** b-nin temsilciliğini üstlenmek

Stemmeisen *n* TECH keski, demir kalem

stemmen ⟨*h*⟩ **1.** *v/t Gewicht* kaldırmak **2.** *v/r:* ***sich ~ gegen*** *-e* karşı koymak/durmak; *fig -e* direnmek

Stempel *m* ⟨-s; -⟩ damga; (*Post*2) posta damgası; *Gold, Silber* ayar damgası; TECH piston; ARCH payanda, destek; **~kissen** *n* ıstampa

stempeln *v/t* ⟨*h*⟩ damgalamak; *Gold, Silber -e* ayar damgası vurmak; ***~ gehen*** işsizlik parası almak

Stempeluhr *f* kontrol saati

Stengel *m* → ***Stängel***

Steno|grafie *f* ⟨-; -n⟩ steno(grafi); **2grafieren** ⟨*o* ge-, *h*⟩ **1.** *v/i* steno yazmak; **2.** *v/t* stenoyla yazmak; **~gramm** *n* ⟨-s; -e⟩ stenogram, stenografik notlar *pl*; **~typistin** *f* ⟨-; -nen⟩ stenodaktilograf

Steppdecke *f* yorgan

Steppe *f* ⟨-; -n⟩ step, bozkır

steppen[1] *v/t* ⟨*h*⟩ *-e* kapitone çekmek

steppen[2] *v/i* ⟨*h*⟩ step dansı yapmak

Stepptanz *m* step dansı

Sterbe|fall *m* vefat, cenaze; **~hilfe** *f* ötanazi

sterben *v/i* ⟨stirbt, starb, gestorben, *sn*⟩ (***an*** *D -den*) ölmek; ***im Sterben liegen*** ölüm döşeğinde olmak/yatmak

sterbenskrank *adj* ölümcül hasta

Sterbens|wort *n*, **~wörtchen** *n*: ***kein ~ sagen*** tek kelime söylememek, ima bile etmemek

Sterbesakramente *pl ölmeden önceki dinî vecibeler*

sterblich *adj* ölümlü, fanî; ***gewöhnliche Sterbliche*** siz biz gibi fanîler; **2keit** *f* ⟨-; *o pl*⟩ ölümlülük; … ölümleri

Stereoanlage ['ʃteːreo-, 'st-] *f* (stereo) müzik seti

stereoskopisch *adj* üç boyutlu

steril *adj* steril; MED *a* kısır; *fig* düzenli ve soğuk; **2isation** *f* ⟨-; -en⟩ MED, TECH sterilizasyon; kısırlaştırma; **~isieren** *v/t* ⟨*o* ge-, *h*⟩ sterilize etmek; kısırlaştırmak; **2ität** *f* ⟨-; *o pl*⟩ sterillik, mikropsuzluk

Stern *m* ⟨-s; -e⟩ yıldız; **~bild** *n* ASTR takımyıldız; *des Tierkreises* burç

Sternenbanner *n* ABD bayrağı

Stern(en)himmel *m* (yıldızlı) gökkubbe

sternförmig *adj* (*zackig*) yıldız biçiminde; *varoşlardan merkeze doğru veya tersi*

sternhagelvoll *adj* F körkütük sarhoş

sternklar *adj* berrak, açık

Stern|schnuppe *f* ⟨-; -n⟩ akanyıldız, yıldız kayması; **~stunde** *f -in* yıldızının parladığı saat; **~warte** *f* ⟨-; -n⟩ rasathane

stetig *adj* devamlı, sürekli

stets *adv* daima, her zaman

Steuer[1] *n* ⟨-s; -⟩ AUTO direksiyon (simidi); MAR dümen, yeke; LUFTF kumanda

Steuer[2] *f* ⟨-; -n⟩ vergi; ***vor*** (***nach***) ***Abzug der ~n*** vergi öncesi (sonrası)

Steuer|abzug *m* vergi kesintisi; *an der Quelle* stopaj; **~aufkommen** *n* ⟨-s; -⟩ vergi gelirleri *pl*; **~ausgleich** *m* vergi denkleştirimi; **~befreiung** *f* vergi muafiyeti; **2begünstigt** *adj* vergi indirimli; **~belastung** *f* vergi yükü; **~berater(in** *f*) *m* vergi danışmanı; **~bescheid** *m* vergi bildirimi

Steuerbord *m* MAR sancak (tarafı)

steuerbord(s) *adv* MAR sancakta; sancağa

Steuer|delikt *n* vergi suçu; **~entlastung** *f* vergi yükünü azaltma; **~erhöhung** *f* vergi artışı; **~erklärung** *f* vergi beyanı/beyannamesi; **~erleichterung** *f* vergi kolaylığı; **~ermäßigung** *f* vergi indirimi; **~flucht** *f* vergiden kaç(ın)ma; **2frei** *adj* vergiden muaf; *Waren* gümrüksüz; **~freibetrag** *m* vergiden muaf meblağ; **~gelder** *pl* vergi gelirleri

Steuergerät *n* TECH kumanda cihazı

Steuer|hinterziehung *f* ⟨-; -en⟩ vergi kaçırma/kaçakçılığı; **~karte** *f* vergi karnesi; **~klasse** *f* vergi sınıfı; **2lich** *adj* vergi *subst*; ***aus ~en Gründen*** vergi se-

bepleriyle
Steuerknüppel *m* LUFTF kumanda kolu, levye
Steuermann *m* MAR dümenci
Steuermarke *f* vergi pulu
steuern ⟨*h*⟩ **1.** *v/t* yönetmek, kullanmak, sürmek; *Auto* sürmek; TECH *-e* kumanda etmek; *fig* yönlendirmek; **2.** *v/i* MAR dümende olmak
Steuer|oase *f*, **~paradies** *n* vergi cenneti; **≗pflichtig** *adj* vergiye tabi; *Zoll* gümrüğe tabi; **~politik** *f* vergi politikası; **~progression** *f* vergide oran artışı
Steuer|pult *n* TECH kumanda masası; **~rad** *n* MAR dümen çarkı; AUTO direksiyon simidi
steuer|rechtlich *adj u adv* vergi hukuku *subst*; **≗rückzahlung** *f* vergi iadesi; **≗satz** *m* vergi oranı; **≗senkung** *f* vergi indirimi
Steuerung *f* ⟨-; -en⟩ dümen/direksiyon tertibatı; EL, TECH kumanda; *fig* yönlendirme
Steuer|veranlagung *f* vergilendir(il)me; **~vorauszahlung** *f* vergi ön ödemesi; **~vorteil** *m* vergi avantajı; **~zahler(in** *f*) *m* vergi mükellefi/yükümlüsü, F vergi ödeyen
Steward ['stjuːɐt, 'ʃt-] *m* ⟨-s; -s⟩ LUFTF kabin görevlisi; MAR kamarot
Stewardess ['stjuːɐdɛs, 'ʃt-, -'dɛs] *f* ⟨-; -en⟩ LUFTF hostes
Stich *m* ⟨-s; -e⟩ (*Nadel≗*) batma; (*Insekten≗*) sokma; (*Messer≗*) darbe; *Nähen* dikiş; *Kartenspiel* el alma; (*Kupfer≗*) gravür; ***im ~ lassen*** ortada (*od* yarı yolda) bırakmak; (*verlassen*) terk etmek
Stichelei *f* ⟨-; -en⟩ iğneleme, laf sokma
sticheln *v/i* ⟨*h*⟩ (***gegen*** *-i*) iğnelemek
Stichflamme *f* birden parlayan alev, alev dili
stichhaltig *adj* inandırıcı, geçerli; (*unwiderlegbar*) inkâr edilemez; ***nicht ~ sein*** inandırıcı olmamak
Stichprobe *f* örnekleme; *Waren* rastgele örnek alma; ***e-e ~ machen*** rastgele kontrol etmek (*od* örnek almak)
Stich|tag *m* tespit edilen gün; son gün; **~wahl** *f son iki aday arasında seçim*
Stichwort *n* **1.** ⟨-s, -e⟩ THEA replikte son söz; ***~e*** *pl Notizen* (madde madde) notlar *pl*; ***das Wichtigste in ~en*** önemli gelişmelerden haber başlıkları; ***~ „Umwelt"*** «çevre» başlığı (altında *vs*); **2.** ⟨-s; ≃er⟩ *im Lexikon usw* madde(başı kelime); **≗artig** (*adv*) maddeler halinde(ki); **~verzeichnis** *n* konular dizini
Stichwunde *f* bıçak (şiş *vs*) yarası
sticken *v/t u v/i* ⟨*h*⟩ (nakış) işlemek
Sticker ['stɪkɐ] *m* ⟨-s; -⟩ yapıştırma, stiker
Stickerei *f* ⟨-; -en⟩ nakış, el işlemesi
stickig *adj* boğucu, havasız
Stickoxid *n* CHEM nitrik asit, kezzap
Stickstoff *m* ⟨-s; *o pl*⟩ CHEM azot, nitrojen; **≗haltig** *adj* azotlu
stiefeln *v/i* ⟨*sn*⟩ F yürümek
Stief… *in Zssgn Mutter usw* üvey …
Stiefel *m* ⟨-s; -⟩ çizme; **~ette** *f* ⟨-; -n⟩ bot
Stiefmütterchen *n* ⟨-s; -⟩ BOT hercaimenekşe
stiefmütterlich *adv*: ***~ behandeln*** *-e* üvey evlat muamelesi yapmak
Stieglitz *m* ⟨-es; -e⟩ saka (kuşu)
Stiel *m* ⟨-s; -e⟩ sap
Stielaugen F: ***~ machen*** istekle/açgözle bakmak
Stier *m* ⟨-s; -e⟩ ZOOL boğa; **~kampf** *m* boğa güreşi
Stift[1] *m* ⟨-s; -e⟩ kalem; (*Blei≗*) kurşunkalem; (*Kugelschreiber*) tükenmez kalem; (*Farb≗*) boya kalemi; TECH pim; (*Holz≗*) ağaç çivi, kama
Stift[2] *n* ⟨-s; -e⟩ vakıf
stiften *v/t* ⟨*h*⟩ (*spenden*) bağışlamak, hibe etmek; (*verursachen*) çıkarmak, *-e* yol açmak
Stifter *m* ⟨-s; -⟩, **~in** *f* ⟨-; -nen⟩ bağışçı; vakıf kuran
Stiftung *f* ⟨-; -en⟩ bağış; *Institution* vakıf
Stiftzahn *m* çivili (takma) diş
Stil [ʃtiːl, stiːl] *m* ⟨-s; -e⟩ stil, üslup, tarz; ***in großem ~*** geniş çapta; ***das ist schlechter ~*** bunun üslûbu iyi değil
Stil|blüte *f* gülünç ifade biçimi; **~bruch** *m* üslup kayması; **~ebene** *f* üslup düzeyi; **≗echt** *adj belli bir üsluba tam uyan*; **~gefühl** *n* üslup duygusu/endişesi
stilisieren *v/t* ⟨*o* ge-, *h*⟩ *abw* (***zu*** gibi) görmek/göstermek (*abartarak*); *Kunst* stilize etmek, üsluplaştırmak
Stilist *m* ⟨-en; -en⟩ üslupçu; **~ik** *f* ⟨-; *o pl*⟩ üslupbilgisi, biçembilim; **≗isch** *adj* üslup bakımından, biçembilimsel
still *adj* sessiz, sakin, suskun; (*unbewegt*) hareketsiz, durgun; ***sei(d) ~!*** sus(un)!; ***sich ~ verhalten*** sakin davranmak; (*körperlich*) tek/sakin durmak; ***~er***

S

Teilhaber ÖKON komanditer ortak

Stille *f* ⟨-; *o pl*⟩ sessizlik, sükûnet; suskunluk; ***in aller ~*** sessizce; (*heimlich*) gizlice, (yabancı) kimse olmadan

stillen *v/t* ⟨*h*⟩ *Baby* emzirmek; *Schmerz* kesmek; *Blutung* dindirmek; *Durst, Hunger, Neugier usw* gidermek

stillhalten *v/i* ⟨*unreg*, -ge-, *h*⟩ kımıldamamak, hareket etmemek

Stillleben *n Malerei* natürmort

stillleg|en *v/t* ⟨-ge-, *h*⟩ *Betrieb* kapamak; *Fahrzeug* trafikten çekmek; *Maschine* durdurmak; MED hareketsizleştirmek, kımıldamaz hale getirmek; **2ung** *f* ⟨-; -en⟩ kapa(n)ma

stillliegen *v/i* ⟨*unreg*, -ge-, *h*⟩ kapalı durmak (*işletme vs*)

stillos *adj* zevksiz, çirkin

stillschweigen *v/i* ⟨*unreg*, -ge-, *h*⟩ susmak

Stillschweigen *n* ⟨-s; *o pl*⟩ sükut, susma; (***strengstes***) ***~ bewahren*** (***über*** hakkında) (kesinlikle) bir şey söylememek

stillschweigend **1.** *adj* ayrıca belirtilmemiş, zımnî; **2.** *adv* ayrıca belirtmeden, zımnen

Stillstand *m* ⟨-s; *o pl*⟩ dur(akla)ma; *fig a* durgunluk, kesatlık; *Verhandlungen* tıkanıklık, çıkmaz; ***zum ~ bringen*** durdurmak; ***zum ~ kommen*** durmak

stillstehen *v/i* ⟨*unreg*, -ge-, *h*⟩ durmak, duraklamak, çıkmaza girmek

Stillzeit *f* emzirme zamanı

Stilmöbel *pl belli bir üsluba ait mobilya*, stil möble *sg*

stilvoll *adj* zevkli, uyumlu, zarif, şık

Stimmabgabe *f* oy kullanma/verme

Stimmband *n* ⟨-s; ⸚er⟩ ses teli

stimmberechtigt *adj* oy verme hakkına sahip

Stimmbildung *f* MUS ses eğitimi

Stimmbruch *m* ⟨-s; *o pl*⟩: ***im ~ sein*** *-in* sesi çatallaşmak (*Jüngling*)

Stimme *f* ⟨-; -n⟩ ses; *Wahl* oy, rey

stimmen ⟨*h*⟩ **1.** *v/i* doğru/gerçek olmak; *Wahl* (***für*** *-in* lehine; ***gegen*** *-in* aleyhine) oy kullanmak; ***es stimmt etw nicht*** (***damit*** bu işte; ***mit ihm*** onda) bir yanlışlık var; **2.** *v/t* MUS akort etmek; ***j-n traurig*** (***fröhlich***) ***~*** kederlendirmek (neşelendirmek)

Stimmen|fang *m* oy avcılığı; **~gleichheit** *f*: ***bei ~*** oyların eşit olması halinde; **~mehrheit** *f* oy çokluğu, çoğunluk

Stimmenthaltung *f* çekimser oy (kullanma)

Stimm|gabel *f* MUS diyapazon, sesçatalı; **2haft** *adj* GR ötümlü; **~lage** *f* MUS ses, rejistr; **2los** *adj* GR ötümsüz

Stimmrecht *n* oy hakkı

Stimmungs|barometer *n* F ortamın göstergesi; **~mache** *f* ⟨-; *o pl*⟩ F *abw* kamuoyunu yönlendirme

Stimmung *f* ⟨-; -en⟩ *fig* ruh hali; (*Atmosphäre*) atmosfer, hava; *allgemeine* genel hava, ortam; ***in guter*** (***gedrückter***) ***~ sein*** *-in* keyfi yerinde (bozuk) olmak; ***alle waren in ~*** herkes eğleniyordu; ***für ~ sorgen*** eğlendirmek

stimmungsvoll *adj* etkileyici

Stimmzettel *m* oy pusulası

Stimulans ['ʃtiː-, 'stiː-] *n* ⟨-; -lantia⟩ MED stimülans, uyarıcı

stimulieren *v/t* ⟨*o* ge-, *h*⟩ uyarmak, canlandırmak

Stinkbombe *f pis kokan bir maddeyle dolu ampul* (*oyuncak*)

stinken *v/i* ⟨stank, gestunken, *h*⟩ (***nach*** …) kokmak (*kötü*); F ***das*** (***er*** *usw*) ***stinkt mir*** bundan (ondan *vs*) bıktım

stink|faul *adj* F miskin; **~langweilig** *adj* F çok sıkıcı; **~reich** *adj* F çok zengin

Stinktier *n* ZOOL kokarca

Stinkwut *f* F: ***e-e ~ haben*** (***auf*** *-e*) çok öfkelenmek

Stipendiat [ʃtipɛn'diaːt] *m* ⟨-en; -en⟩, **~in** *f* ⟨-; -nen⟩ bursiyer

Stipendium [ʃti'pɛndiʊm] *n* ⟨-s; -dien⟩ burs

Stippvisite *f* kısa ziyaret, F şöyle bir uğrama

Stirn *f* ⟨-; -en⟩ alın; **~band** *n* ⟨-s; ⸚er⟩ alınlık, diyadem; **~höhle** *f* ANAT alın boşluğu; **~höhlenentzündung** *f* MED sinüzit; **~runzeln** *n* ⟨-s; *o pl*⟩ kaş çatma

stöbern *v/i* ⟨*h*⟩ F (***nach*** *-i*) aramak (*ortalığı karıştırarak*)

stochern *v/i* ⟨*h*⟩: ***im Essen ~*** yemeği karıştırıp durmak (*iştahsızca*); ***in den Zähnen ~*** dişlerini karıştırmak

Stock *m* ⟨-s; ⸚e⟩ sopa; (*~werk*) kat; ***im ersten ~*** birinci katta

stock|besoffen *adj* F körkütük sarhoş; **~dunkel** *adj* F zifirî karanlık

Stöckelschuh *m* (uzun) topuklu ayakkabı

stocken *v/i* ⟨*h*⟩ dur(ala)mak; (*unsicher*

S

werden) tereddüte düşmek; *Verkehr* durmak, tıkanmak

stockend 1. *adj Stimme* tutuk; **2.** *adv*: **~ *lesen* (*sprechen*)** dura dura okumak (konuşmak)

stockfinster *adj* F zifirî karanlık

Stockfisch *m* çiroz, kurutulmuş balık

stock|konservativ *adj* F *abw* alabildiğine tutucu; **~nüchtern** *adj* F tamamen ayık; **~sauer** *adj* F alabildiğine kızgın; **~steif** *adj* F baston yutmuş gibi; **~taub** *adj* F iyice sağır

Stockung *f* ⟨-; -en⟩ ÖKON durgunluk

Stockwerk *n* kat; ***im ersten ~*** birinci katta

Stoff *m* ⟨-s; -e⟩ madde, malzeme; (*Gewebe*) dokuma, bez; (*Tuch*) kumaş; F (*Rauschgift*) mal; F (*Sache*) nane; *fig* (*Thema*) konu; ***~ sammeln*** malzeme toplamak

Stoff|kreislauf *m* ÖKOL malzeme dönüşümü; **~muster** *n* kumaş deseni; (*Probe*) malzeme örneği; **~tier** *n* bez hayvan (*oyuncak*); **~wechsel** *m* MED metabolizma

stöhnen *v/i* ⟨*h*⟩ (***vor*** *D -den*) inlemek; *fig* (***über*** *A -den*) (yanıp) yakınmak

stoisch *adj* stoik

Stola [ʃt-, st-] *f* ⟨-; Stolen⟩ atkı, etol

Stollen *m* ⟨-s; -⟩ *Bergbau* tünel, galeri; *Kuchen* Noel keki; *am Schuh* krampon

stolpern *v/i* ⟨*sn*⟩ sendelemek, tökezlemek; ***~ über*** (*A*) *-e* ayağı takılmak

stolz *adj* (***auf*** *A -den* dolayı) gururlu; onurlu

Stolz *m* ⟨-es⟩ (***auf*** *A -den*) gurur; onur

stopfen 1. *v/t* ⟨*h*⟩ *Socken* tamir etmek; *Loch* örmek; (*pressen, doldurmak*) (***in*** *A -e*) tık(ıştır)mak, doldurmak; **2.** *v/i* MED *Durchfall* ishali kesmek; *Essen* peklik yapmak

Stopfgarn *n delik örmeye yarayan iplik*

stopp [ʃt-, st-] *int* dur(un)!, stop!

Stopp [ʃtɔp, stɔp] *m* ⟨-s; -s⟩ dur(dur)ma; (*Lohn*2, *Preis*2) dondur(ul)ma

Stoppel *f* ⟨-; -n⟩ ekin anızı; **~bart** *m* iki günlük sakal; **2ig** *adj* tıraşsız

stoppen 1. *v/i* ⟨*h*⟩ durmak; **2.** *v/t* durdurmak; *Zeit -in* zamanını ölçmek (*kronometreyle*)

Stopp|schild *n* AUTO dur levhası; **~taste** *f* durdurma düğmesi; **~uhr** *f* kronometre

Stöpsel *m* ⟨-s; -⟩ *Waschbecken usw* tapa, tıkaç

Störaktion *f* POL aksatma eylemi

störanfällig *adj* TECH EL çabuk arızalanan

Storch *m* ⟨-s; ≃e⟩ leylek

stören ⟨*h*⟩ **1.** *v/t* bozmak; (*belästigen*) rahatsız etmek; (*beeinträchtigen*) (olumsuz) etkilemek; *Versammlung* aksatmak; ***lassen Sie sich nicht ~*** rahatsız olmayın; ***darf ich Sie kurz ~?*** sizi bir saniye rahatsız edebilir miyim?; ***stört es Sie, wenn ich rauche?*** sigara içersem rahatsız olur musunuz?; **2.** *v/i* (*im Weg sein*) *-e* engel olmak, rahatsızlık vermek; (*lästig sein*) sataşmak, bela olmak; (*unangenehm sein*) nahoş olmak, F *-e* batmak; ***störe ich?*** rahatsız ediyor muyum?; ***„Bitte nicht ~!“*** lütfen rahatsız etmeyin(iz)!; **3.** *v/r*: ***sich ~ an*** (*D*) *-den* rahatsız olmak

störend *adj* rahatsız edici/eden

Störenfried *m* ⟨-s; -e⟩ huzur bozan *adj* (*devamlı*)

Stör|faktor *m* arıza sebebi; *fig -i* aksatan *adj*; **~fall** *m* TECH arıza (hali)

stornier|en *v/t* ⟨*o* ge-, *h*⟩ iptal etmek; *Buchung* iptal ettirmek; **2ung** *f* ⟨-; -en⟩ iptal; **2ungsgebühr** *f* iptal ücreti

Storno *n* ⟨-s; -ni⟩ iptal

störrisch *adj* inatçı, dikkafalı, F söz dinlemez

Störsender *m yayınları bozan korsan radyo vericisi*

Störung *f* ⟨-; -en⟩ arıza, bozukluk; rahatsızlık; MED bozukluk; *Radio* parazit; ***verzeihen Sie die ~!*** affedersiniz, rahatsız ediyorum!

störungsfrei *adj* TECH arızasız

Störungsstelle *f* arıza servisi

Stoß *m* ⟨-es; ≃e⟩ itiş; (*Fuß*2) tekme; (*Schlag*) darbe; (*Erschütterung*) sarsıntı, sars(ıl)ma; (*Stapel*) istif; ***j-m e-n ~ versetzen*** b-ne bir darbe indirmek; ***sich*** (*D*) (*od* ***s-m Herzen***) ***e-n ~ geben*** kendi içindeki direnci yenmek; **~dämpfer** *m* ⟨-s; -⟩ AUTO amortisör

stoßen ⟨stößt, stieß, gestoßen⟩ **1.** *v/t* ⟨*h*⟩ itmek; *mit dem Fuß* tekmelemek; ***von sich ~*** yanına yanaştırmamak; **2.** *v/r*: ***sich ~*** ⟨*h*⟩ çarpışmak, tokuşmak; ***sich ~*** (*D*) *-e* vurmak/çarpmak; *fig -de* kusur bulmak, *-den* rahatsız olmak; **3.** *v/i* ⟨*sn*⟩: ***mit dem Kopf ~ an*** (*A od* ***gegen***) *-e* başını çarpmak; (*entdecken*) ***~ auf***

S

(*A*) -*e* (birdenbire) rastlamak; *Schwierigkeiten usw ile* karşılaşmak; *Öl usw* bulmak, keşfetmek

Stoß|gebet *n anî tehlikede okunan kısa dua*; **~kraft** *f* ⟨-; *o pl*⟩ *Idee usw* etkileyicilik; **~stange** *f* AUTO tampon; **~verkehr** *m* yoğun trafik; **~zahn** *m* fırlak diş (*fil*, *domuz*); **~zeit** *f* yoğun iş zamanı; *Verkehr* iş trafiği

stottern **1.** *v/i* ⟨*h*⟩ kekelemek; **2.** *v/t* kekeleyerek söylemek

Str. *Abk für* ***Straße*** *f* cadde (Cad.); (*Neben*≈) sokak (Sok.)

Straf|anstalt *f* cezaevi; **~antrag** *m* kovuşturma talebi; F ceza talebi; **~anzeige** *f*: ***~ erstatten*** (***gegen*** -*e* karşı) suç duyurusunda bulunmak; **~arbeit** *f* ceza ödevi; **≈bar** *adj* cezayı gerektirir; ***~e Handlung*** suç, cezai fiil; ***sich ~ machen*** suç işlemek; **~befehl** *m* JUR ceza müzekkeresi

Strafe *f* ⟨-; -n⟩ ceza; (*Geld*≈) para cezası; ***20 Euro ~ zahlen müssen*** 20 Euro ceza ödemek zorunda kalmak; ***zur ~*** ceza olarak

strafen *v/t* ⟨*h*⟩ cezalandırmak

Straferlass *m* cezanın affı

straff *adj* gergin, dar; *fig* sıkı, katı; ***~ sitzen*** sıkıca oturmak (*Kleidung*)

straffällig *adj*: ***~ werden*** suç işlemek

straffen *v/t* ⟨*h*⟩ germek

straffrei *adv*: ***~ ausgehen*** cezasız kalmak; **≈heit** *f* ⟨-; *o pl*⟩ ceza muafiyeti

Straf|gebühr *f* ceza resmi; **~gefangene** *m*, *f* mahkûm, hükümlü; **~gesetz** *n* ceza yasası/ kanunu

sträflich **1.** *adj* (*unverzeihlich*) affedilmez; **2.** *adv*: ***~ vernachlässigen*** sorumsuzca ihmal etmek

Sträfling *m* ⟨-s; -e⟩ hükümlü

Straf|mandat *n* ceza müzekkeresi; **~maß** *n* JUR ceza miktarı; **≈mildernd** *adj* cezayı hafifletici; **≈mündig** *adj* cezaî ehliyeti olan; **~predigt** *f* F azar(lama), diskur; **~prozess** *m* ceza davası; **~prozessordnung** *f* ceza muhakemeleri usulü; **~raum** *m* ceza sahası; **~recht** *n* ⟨-s; *o pl*⟩ ceza hukuku; **≈rechtlich** *adj*: ***~ verfolgen*** (... hakkında) cezaî takibat yapmak; **~register** *n* adlî sicil; **~sache** *f* ceza davası; **~stoß** *m* ceza vuruşu; **~tat** *f* suç, cezaî fiil; *schwere* cürüm; **~verfahren** *n* ceza davası; **≈versetzen** *v/t* cezaen nakletmek; **~vollzug** *m* infaz; **~vollzugsbeamte** *m* ceza infaz memuru; **≈würdig** *adj* JUR cezayı hakkeden; **~zettel** *m* F ceza pusulası; **~zölle** *pl* POL ceza gümrüğü

Strahl *m* ⟨-s; -en⟩ ışın; (*Blitz*≈) şimşek; (*Wasser*≈) huzme

strahlen *v/i* ⟨*h*⟩ ışın yaymak; *Sonne* parlamak; *fig* (**vor** *D* -*den*) -*in* gözleri parlamak

Strahlen|belastung *f*, **~dosis** *f* MED radyasyon dozu; **~krankheit** *f* radyasyon hastalığı; **~schutz** *m* radyasyondan korunma; **≈verseucht** *adj* ÖKOL radyoaktif kirlenmeye uğramış, kontamine

Strahler *m* ⟨-s; -⟩ (*Lampe*) reflektörlü lamba; (*Heiz*≈) reflektörlü soba; (*Katzenauge*) reflektör, kedigözü

Strahltriebwerk *n* LUFTF jet motoru

Strahlung *f* ⟨-; -en⟩ radyasyon, ışınım

strahlungsarm *adj* EDV *Bildschirm* düşük radyasyonlu

Strahlungs|belastung *f* ÖKOL radyasyonla kirlenme; **~energie** *f* radyasyon enerjisi

Strähne *f* ⟨-; -n⟩ saç lülesi, perçem

strähnig *adj* perçem perçem

stramm *adj* gergin, sıkı

strammstehen *v/i* ⟨*unreg*, -ge-, *h*⟩ MIL hazırolda durmak

Strampelhöschen *n* bodi (*bebek*)

Strand *m* ⟨-s; ⸚e⟩ deniz (göl *vs*) kıyısı, sahil; (*Bade*≈) plaj; ***am ~*** sahilde; **~bad** *n* plaj

stranden *v/i* ⟨*sn*⟩ MAR karaya oturmak

Strand|kleidung *f* plaj giyimi; **~korb** *m* tenteli hasır koltuk; **~nähe** *f*: ***in ~*** sahile yakın; **~promenade** *f* ⟨-; -n⟩ plaj gezinti yeri

Strang *m* ⟨-s; ⸚e⟩ ip, kement; ANAT kiriş

strangulieren [ʃtraŋguˈliːrən] *v/t* ⟨*o* ge-, *h*⟩ (iple) boğmak

Strapaze *f* ⟨-; -n⟩ (büyük) zorluk, meşakkat

strapazier|en *v/t* ⟨*o* ge-, *h*⟩ zorlamak; (*ermüden*) yormak; *Nerven usw* yıpratmak; **~fähig** *adj* dayanıklı

strapaziös *adj* yorucu, meşakkatli; *nervlich* yıpratıcı

Straße *f* ⟨-; -n⟩ yol, karayolu; *e-r Stadt usw* cadde, (*Neben*≈) sokak; (*Meerenge*) boğaz; ***auf der ~*** yolda, sokakta; ***j-n auf die ~ setzen*** b-ni kapı dışarı etmek

Straßen|arbeiten *pl* yol çalışmaları;

~arbeiter *m* yol işçisi
Straßenbahn *f* tramvay; **~haltestelle** *f* tramvay durağı; **~linie** *f* tramvay hattı
Straßen|bau *m* ⟨-s; *o pl*⟩ yol inşaatı; **~belag** *m* yol kaplaması; **~beleuchtung** *f* sokak ışıklandırması (*od* F lambaları *pl*); **~benutzungsgebühr** *f* geçiş ücreti; **~café** *n* kaldırım kahvesi; **~fest** *n trafiğe kapanan bir caddede semt sakinlerinin eğlentisi*; **~glätte** *f* kaygan yol; **~graben** *m* şarampol; **~händler(in** *f*) *m* sokak satıcısı; **~junge** *m* sokak çocuğu; **~karte** *f* yol haritası; **~kehrer** *m* yol temizlik işçisi; **~kehrmaschine** *f* yol süpürme makinası; **~kreuzung** *f* kavşak, F dörtyol (üçyol *vs*) ağzı; **~lage** *f* AUTO yol tutuş; **~lärm** *m* yol gürültüsü; **~laterne** *f* sokak lambası; **~musikant** *m* sokak çalgıcısı; **~name** *m* sokak/cadde adı; **~netz** *n* karayolu ağı; **~rand** *m* yol kenarı; ***am ~*** yol kenarında; **~schild** *n* sokak levhası; **~sperre** *f* barikat; yolun kapatılması; **~tunnel** *m* karayolu tüneli; **~überführung** *f* üst geçit; **~unterführung** *f* alt geçit; **~verhältnisse** *pl* yol durumu; **~verkehrsordnung** *f* karayolları trafik tüzüğü; **~verzeichnis** *n* sokak adları dizini
Stratege *m* ⟨-n; -n⟩ strateji uzmanı
Strategie *f* ⟨-; -n⟩ strateji
strategisch *adj* stratejik
Stratosphäre [-f-] *f* ⟨-; *o pl*⟩ stratosfer
sträuben *v/r* ⟨*h*⟩: ***sich ~ gegen*** *-e* karşı koymak, direnmek
Strauch *m* ⟨-s; ⸚er⟩ çalı(lık)
straucheln *v/i* ⟨*sn*⟩ tökezlemek; *fig* yanlış yola sapmak
Strauß[1] *m* ⟨-es; ⸚e⟩ (*Blumen*♀) demet, buket
Strauß[2] *m* ⟨-es; -e⟩ ZOOL devekuşu
streb|en *v/i* ⟨*h*⟩: ***~ nach*** … için uğraşmak, çaba göstermek; **♀er** *m* ⟨-s; -⟩, **♀erin** *f* ⟨-; -nen⟩ *abw* gözü yüksekte *adj*; **~sam** *adj* gözü yüksekte
Strecke *f* ⟨-; -n⟩ uzaklık, yol; (*Route*) güzergâh; BAHN hat; (*Renn*♀) etap; (*Abschnitt, Fläche*) bölüm, parça; ***auf der ~ bleiben*** yarı yolda kalmak; ***j-n zur ~ bringen*** *Polizist* b-ni yakalamak
strecken ⟨*h*⟩ **1.** *v/t* uzatmak; **2.** *v/r*: ***sich ~*** uzanmak
Streckennetz *n* şebeke (*toplu ulaşımda*)
Streckverband *m* MED esnek sargı
Streetworker ['striːtwøːɐkɐ] *m* ⟨-s; -⟩ *uyuşturucu bağımlılarıyla ilgilenen sosyal çalışman*
Streich *m* ⟨-s; -e⟩ oyun, muziplik; ***j-m e-n (bösen) ~ spielen*** b-ne (kötü) bir oyun oynamak
streicheln *v/t* ⟨*h*⟩ okşamak
streichen ⟨strich, gestrichen, *h*⟩ **1.** *v/t* (*an~*) boyamak; (*schmieren*) (***auf*** *A -e*) sürmek; (*aus~*) *-in* üstünü çizmek, *-i* iptal etmek; ***j-n von der Liste ~*** b-ni listeden çıkarmak; **2.** *v/i*: ***mit der Hand ~ über*** (*A*) *-i* sıvazlamak
Streicher MUS yaylı çalgı sanatçısı
Streichholz *n* kibrit; **~schachtel** *f* kibrit kutusu
Streich|instrument *n* MUS yaylı çalgı/saz; **~orchester** *n* yaylı çalgılar orkestrası; **~quartett** *n* yaylı çalgılar dörtlüsü
Streichung *f* ⟨-; -en⟩ iptal etme (*od* edilme)
Streichwurst *f ekmeğe sürülen sucuk*
Streife *f* ⟨-; -n⟩ devriye; ***~ gehen*** devriye gezmek
streifen 1. *v/t* ⟨*h*⟩ (*berühren*) *-e* değmek, hafifçe dokunmak; *Auto* sıyırıp geçmek, *-e* sürtmek; *Kugel* sıyırmak; *Ring* (***von*** *-den*) sıyırıp çıkarmak; *Thema -e* (kısaca) değinmek; ***mit e-m Blick ~*** *-e* bir bakış fırlatmak; **2.** *v/i* ⟨*sn*⟩ amaçsızca gezmek; ***durch den Wald*** *usw* ormanı *vs* dolaşmak
Streifen *m* ⟨-s; -⟩ çizgi, çubuk; (*Papier*♀ *usw*) şerit
Streifenwagen *m* devriye arabası
Streif|licht *n* ışık huzmesi; *fig* (***auf*** *A -e*) kısaca ışık tutma; **~schuss** *m* sıyıran kurşun (yarası); **~zug** *m* gezi, dolaşma
Streik *m* ⟨-s; -s⟩ ÖKON grev; ***in den ~ treten*** greve girmek; ***wilder ~*** yasadışı grev; **~brecher** *m* ⟨-s; -⟩ grev kırıcı
streiken *v/i* ⟨*h*⟩ grev yapmak; *fig* bozulmak, işlememek
Streik|ende *m, f* ⟨-n; -n⟩ grevci, grev yapan; **~posten** *m* grev gözcüsü; **~recht** *n* ⟨-s; *o pl*⟩ grev hakkı
Streit *m* ⟨-s; -e⟩ (***über*** *A* hakkında, ***um*** için) kavga, çekişme; *handgreiflicher* dövüş, dalaşma; (*Diskussion*) tartışma; ***~ anfangen*** kavga çıkarmak; ***~ suchen*** kavga çıkarmaya çalışmak
streitbar *adj* kavgacı, tartışmayı seven
streiten *v/i* ⟨stritt, gestritten, *h*⟩ (*a* ***sich ~***) (***über*** *A* konusunda) kavga etmek,

tartışmak, çekişmek ; *handgreiflich* dövüşmek; ***darüber lässt sich ~*** bu tartışılır

Streit|erei *f* ⟨-; -en⟩ F anlaşmazlık, kavga; **~fall** *m* JUR anlaşmazlık, ihtilaf; **~frage** *f* tartışma/kavga konusu; **~gespräch** *n* (sözlü) tartışma; *tartışma biçimli öğretici nesir veya şiir*

streitig *adj*: ***j-m etw ~ machen*** b-nin … üzerindeki hakkını reddetmek

Streit|kräfte *pl* MIL silahlı kuvvetler; **~punkt** *m* anlaşmazlık konusu; **~sache** *f* JUR dava; **≈süchtig** *adj* kavgacı, F dalaşkan; **~wert** *m* JUR dava değeri

streng 1. *adj* sert, sıkı; *Kälte* şiddetli; *Strafe* ağır; (*unnachgiebig*) katı, acımasız; **2.** *adv*: ***sich ~ halten an -e*** sıkı sıkıya uymak; ***~ genommen*** aslına bakılırsa; ***~ verboten*** (***vertraulich***) kesinlikle yasak (gizli)

Strenge *f* ⟨-; *o pl*⟩ sertlik, katılık, sıkılık

strenggläubig *adj* çok dindar

Stress *m* ⟨-es; -e⟩ stres; ***im ~*** stres altında

stress|en *v/t* ⟨*h*⟩ strese sokmak; **~frei** *adj* stressiz; **~geplagt** *adj* stresten muzdarip; **~ig** *adj* stresli

streuen *v/t* ⟨*h*⟩ *a* PHYS dağıtmak, yaymak; *Sand* serpmek, *Salz a* ekmek; *Gehweg -e* kum atmak; *-e* tuz serpmek

streunen *v/i* ⟨*sn*⟩ başıboş dolaşmak (*hayvan*); ***~de Katze*** sokak kedisi

Strich *m* ⟨-s; -e⟩ (*Linie*) çizgi; (*Skalen≈*) kerte, derece; *fahişelik yapılan cadde/semt*; ***j-m e-n ~ durch die Rechnung machen*** b-nin planını bozmak; ***unter dem ~*** hesap kitap, sonuçta; F ***auf den ~ gehen*** sokakta fahişelik yapmak; ***gegen den ~*** (*-e*) aykırı

stricheln *v/t* ⟨*h*⟩ taraklamak (*seyrek çizgiler*); ***gestrichelte Linie*** kesik çizgi (*yol şeridi*)

Strich|er *m* F, **~junge** *m* F *eşcinsel erkek fahişe* (*sokakta iş bekleyen*)

Strichliste *f* kontrol listesi

Strichmädchen *n* F *fahişe genç kız* (*sokakta iş bekleyen*)

Strichmännchen *n basit çizgilerle çizilmiş insan figürü*

Strichpunkt *m* noktalı virgül

strichweise *adv Regen* yer yer

Strick *m* ⟨-s; -e⟩ sicim; *dicker* halat

stricken 1. *v/t* ⟨*h*⟩ örmek (*kazak vs*); **2.** *v/i* örgü örmek

Strick|jacke *f* hırka; **~leiter** *f* ip merdiven; **~maschine** *f* örgü makinası; *gewerbliche* trikotaj makinası; **~nadel** örgü şişi; **~waren** *pl* örme eşya, triko; **~wolle** *f* örgü yünü; **~zeug** *n* örgü malzemesi

striegeln *v/t* ⟨*h*⟩ kaşağılamak

Striemen *m* ⟨-s; -⟩ kamçı *vs* izi

strikt *adj* kesin; ***etw ~ ablehnen*** bş-i kesinkes reddetmek

Strip [ˈʃtrɪp, str-] *m* ⟨-s; -s⟩ F striptiz; flaster

Strippe *f* ⟨-; -n⟩ F: ***an der ~ hängen*** devamlı telefonla konuşmak

strippen [ˈʃtrɪp(ə)n, ˈstr-] *v/i* ⟨*h*⟩ F striptiz yapmak

Stripper ⟨-s; -⟩ *m*, **~in** *f* ⟨-; -nen⟩ F striptizci

strittig *adj* tartışmalı; ***~er Punkt*** tartışmalı nokta

Stroh *n* ⟨-s; *o pl*⟩ saman; (*Dach≈*) saz, dam otu; **≈blond** *adj* saman sarısı saçlı, samani; **~blume** *f* samandan yapılma çiçek (*süs*); **~dach** *n* saz dam; **~feuer** *n* saman alevi; **~halm** *m* saman çöpü; *Getränke* kamış, pipet; ***nach e-m ~ greifen, sich an e-n ~ klammern*** saman çöpünden medet ummak; **~hut** *m* hasır şapka; **~witwe**(**r** *m*) *f* F yaz bekârı

Strom *m* ⟨-s; ¨-e⟩ nehir, ırmak; *Strömung*, EL akım, cereyan; ***ein ~ von*** bir … seli; ***mit dem ~ schwimmen*** imama uymak; ***gegen den ~ schwimmen*** akıntıya karşı kürek çekmek; **≈ab, ≈abwärts** *adv* akıntı yönünde; **≈auf, ≈aufwärts** *adv* akıntının tersi yönde; **~ausfall** *m* elektrik kesintisi

strömen *v/i* ⟨*sn*⟩ akmak; *Regen* bardaktan boşanırcasına yağmak; *fig Menschen usw* akın etmek

Strom|erzeuger *m* elektrik üreticisi; **~erzeugung** *f* elektrik üretimi; **~kreis** *m* EL devre; **~leitung** *f* elektrik hattı; **≈linienförmig** *adj* aerodinamik; **~netz** *n* EL şebeke; **~schnelle** *f* ⟨-; -n⟩ ivinti yeri; F şiddetli akıntı; **~spannung** *f* EL gerilim; **~stärke** *f* EL akım şiddeti; **~stoß** *m* elektrik çarpması

Strömung *f* ⟨-; -en⟩ akıntı; *fig* akım, eğilim

Strom|verbrauch *m* EL sarfiyat; **~versorgung** *f* EL enerji temini; **~zähler** *m* EL sayaç, F saat

Strophe [-fə] *f* ⟨-; -n⟩ *Gedicht* kıta

strotzen *v/i* ⟨*h*⟩: ~ **von** (*od* **vor**) (*D*) ile dolup taşmak; *Gesundheit usw -den* sağlık *vs* fışkırmak

Strudel *m* ⟨-s; -⟩ girdap, anafor; ştrudel (*meyvalı yufka çöreği*); *fig* karışıklık, hercümerç

Struktur [ʃtr-, str-] *f* ⟨-; -en⟩ yapı, strüktür; **2ell** *adj* yapısal; ~ **bedingt** *-in* yapısından kaynaklanan; **~krise** *f* POL yapısal rahatsızlık; **2schwach** *adj* POL azgelişmiş (*bölge*); **~wandel** *m* POL yapısal değişiklik

Strumpf *m* ⟨-s; ⸚e⟩ çorap; **~hose** *f* külotlu çorap; **~maske** *f* çorap maske

struppig *adj* dağınık (saçlı); *Hund* kaba tüylü

Stube *f* ⟨-; -n⟩ oda

Stubenhocker *m* ⟨-s; -⟩ *abw* evden çıkmayan

stubenrein *adj* eve pislemeyen (*hayvan*)

Stuck *m* ⟨-s; *o pl*⟩ ARCH kartonpiyer

Stück *n* ⟨-s; -e⟩ parça; (*~zahl*) adet; (*Teil*) *a* kısım; *Zucker* tane; *Brot* lokma; THEA oyun; **ein ~ Land** bir parça arazi; **im** (*od* **am**) ~ *Käse* tek parça halinde, dilimlenmemiş; **2 Euro das ~** tanesi 2 Euro; **j-n ein ~ (Weges) begleiten** b-ne (yolda) bir süre eşlik etmek; **~ für ~** tane tane; parça parça; **wir sind ein gutes ~ weitergekommen** bir hayli ilerledik; **große ~e halten auf** *-e* çok değer vermek; **aus freien ~en** gönüllü olarak

Stückelung *f* ⟨-; -en⟩ ÖKON bölme

Stück|liste *f* TECH parça listesi; **~preis** *m* birim fiyatı; parça başına fiyat; **2weise** *adv* parça parça, tane tane; ÖKON parça başı; **~werk** *n* ⟨-s; *o pl*⟩ *fig* eksik iş; **~zahl** *f* adet, miktar, parça sayısı

S

Student *m* ⟨-en; -en⟩ öğrenci (*yüksekokul*); F üniversiteli

Studenten|ausweis *m* öğrenci kimliği; **~schaft** *f* ⟨-; -en⟩ (bütün) öğrenciler (*bir üniversitedeki vs*); **~wohnheim** *n* öğrenci yurdu

Studentin *f* ⟨-; -nen⟩ öğrenci, F üniversiteli (kadın)

Studie [-dĭə] *f* ⟨-; -n⟩ (**über** *A* hakkında) inceleme

Studien|abbrecher [-ĭən-] *m* ⟨-s; -⟩ *yüksek öğrenimi tamamlamayan*; **~abschluss** *m* yüksekokul mezuniyeti; **~aufenthalt** *m* öğrenim amaçlı ziyaret; **~beratung** *f* öğrenci danışmanlığı; **~bewerber(in** *f*) *m* üniversite adayı; **~direktor(in** *f*) *m* ortaokul müdürü; lise müdür yardımcısı; **~fach** *n* bilimdalı; **~gang** *m yüksek öğrenim türü* (*master vs*); **~gebühren** *pl* yüksekokul harçları; **~platz** *m üniversite adayının amaçladığı imkan*; **~rat** *m*, **~rätin** *f* lise öğretmeni; **~referendar(in** *f*) *m* stajyer öğretmen; **~reise** *f* inceleme gezisi

studieren **1.** *v/t* ⟨*o* ge-, *h*⟩ … öğrenimi görmek, F okumak; **2.** *v/i* öğrenim görmek, F üniversitede okumak, üniversiteye gitmek

Studio *n* ⟨-s; -s⟩ stüdyo

Studium *n* ⟨-s; -dien⟩ öğrenim, tahsil

Stufe *f* ⟨-; -n⟩ basamak; (*Niveau*) düzey; (*Stadium*) evre, aşama; **j-n auf eine ~ stellen mit** b-ni ile bir tutmak

Stufenbarren *m* SPORT asimetrik bar

stufenlos *adj* TECH kademesiz

stufenweise **1.** *adj* kademeli, tedricî; **2.** *adv* kademeli olarak, tedricen

Stuhl[1] *m* ⟨-s; ⸚e⟩ sandalye

Stuhl[2] *m*, **~gang** *m* ⟨-s; *o pl*⟩ MED büyük aptes; ~ **haben** büyük aptes bozmak

stülpen *v/t* ⟨*h*⟩ (**auf** *A -in* üstüne) koymak; (**über** *A -in* üstüne) geçirmek

stumm *adj* dilsiz; (*still*) sessiz

Stummel *m* ⟨-s; -⟩ (*Zahn2*) kırık diş kökü; (*Zigaretten2*) izmarit; (*Kerzen2*) mum artığı

Stummfilm *m* sessiz film

Stümper *m* ⟨-s; -⟩ sakar, acemi çaylak

stümperhaft *adj* acemice, şişirme

stumpf *adj* kör; **~sinnig** *adj* anlayışsız; F kalın kafalı; *Arbeit* tekdüze

Stumpf *m* ⟨-s; ⸚e⟩ (*Baum2*) kütük

Stunde *f* ⟨-; -n⟩ saat; (*Unterrichts2*) ders

stunden *v/t* ⟨*h*⟩: **j-m etw ~** b-nin bş-ini ertelemek

Stunden|geschwindigkeit *f* saatte ortalama hız; **~kilometer** *pl* saatte kilometre

stundenlang *adj u adv* saatlerce; **nach ~em Warten** saatlerce bekledikten sonra

Stunden|lohn *m* saat ücreti; **~plan** *m* ders programı; **2weise** *adj u adv* saat hesabı(yla); **~zeiger** *m* akrep

stündlich **1.** *adj u adv* saatte bir (gelen *vs*); **2.** *adv* her an, yakında (*gelebilir vs*)

Stundung *f* ⟨-; -en⟩ borç erteleme

Stunt ['stant] *m* ⟨-s; -s⟩ FILM dublör; **~man** ['-mɛn] *m* ⟨-s; -men⟩ (erkek) dublör; **~woman** ['-wʊmɛn] *f* ⟨-; -women⟩ (kadın) dublör

stupide *adj* ahmak(ça)

Stups *m* ⟨-es; -e⟩ hafifçe itme; **2en** *v/t* ⟨*h*⟩ F hafifçe itmek

Stupsnase *f* hokka burun

stur *adj* F dikkafalı; **2heit** *f* ⟨-; *o pl*⟩ F dikkafalılık

Sturm *m* ⟨-s; ⸚e⟩ fırtına, kasırga; *fig* akın; **~ auf** (*A*) ÖKON *-e* hücum, saldırı; ***~ laufen gegen*** *-i* şiddetle protesto etmek; **~angriff** *m* MIL hücum; **~bö** *f anî rüzgâr darbesi*

stürmen **1.** *v/t* ⟨*h*⟩ *-e* saldırmak, *-e* hücum etmek; **2.** *v/i* ⟨*h*⟩: ***es stürmt*** fırtına var

Stürmer *m* ⟨-s; -⟩ SPORT forvet

stürmisch *adj* fırtınalı, kasırgalı; *fig* heyecanlı, ateşli

Sturmwarnung *f* fırtına uyarısı

Sturz *m* ⟨-es; ⸚e⟩ düşme; *e-r Regierung usw* düşürülme, devrilme; **~bach** *m* sel

stürzen **1.** *v/i* ⟨*sn*⟩ düşmek; (*rennen*) koşmak, atılmak; **2.** *v/t* ⟨*h*⟩ düşürmek, devirmek; ***j-n ins Unglück ~*** b-ni felakete düşürmek; **3.** *v/r* ⟨*h*⟩: ***sich ~ aus*** kendini *-den* düşürmek; ***sich ~ auf*** *A -in* üstüne atılmak, çullanmak; ***sich in die Arbeit ~*** kendini işe vermek; ***sich in Unkosten ~*** büyük masrafa girmek

Sturzflug *m* pike (uçuşu)

Sturzhelm *m Motorrad* kask

Stute *f* ⟨-; *-n*⟩ kısrak

Stützbalken *m* ARCH destek, dikme

Stütze *f* ⟨-; -n⟩ destek, dayanak

stutzen ⟨*h*⟩ **1.** *v/t Baum* budamak; (*kürzen*) kısaltmak; **2.** *v/i* şüphelenmek, ne diyeceğini bilememek, şaşalamak

Stutzen *m* ⟨-s; -⟩ kısa namlulu tüfek; TECH kısa boru parçası, ek; bileklik

stützen ⟨*h*⟩ **1.** *v/t* desteklemek; **2.** *v/r*: ***sich ~ auf*** (*A*) *-e* dayanmak

stutzig *adj*: ***j-n ~ machen*** b-ni işkillendirmek/şaşırtmak

Stütz|mauer *f* istinat duvarı; **~pfeiler** *m* ARCH payanda, destek; **~punkt** *m* MIL üs; *fig* dayanak

Styropor® [ʃtyro'poːɐ] *n* ⟨-s; *o pl*⟩ stiropor

s. u. *Abk für* ***siehe unten*** aşağıya bakınız (aş. bkz.)

Subjekt *n* ⟨-s; -e⟩ özne; F aşağılık

subjektiv [-f] *adj* öznel, kişisel; **2ität** *f* ⟨-; *o pl*⟩ öznellik

Sub|kontinent *m bir kıtanın büyük bir parçası* (*Hindistan gibi*); **~kultur** *f* ⟨-; -en⟩ altkültür

Sublim|at *n* ⟨-s; -e⟩ CHEM süblime; **2ieren** *v/t* ⟨*o* ge-, *h*⟩ CHEM süblimleştirmek; PSYCH süblime etmek, yüceltmek

Substantiv [-tiːf] *n* ⟨-s; -e⟩ GR isim; **2ieren** [-v-] *v/t* ⟨*o* ge-, *h*⟩ GR isimleştirmek; **2isch** *adj adv* GR isim olarak (kullanılan)

Substanz [zʊp'stants] *f* ⟨-; -en⟩ cevher; madde; varlık; ***das geht an die ~*** bu insanı *vs* eritiyor; **2iell** *adj* temel, öze ilişkin

subtil *adj* ince, *alttan alta etkili olan*

subtrahieren [zʊptra'hiːrən] *v/t* ⟨*o* ge-, *h*⟩ MATH çıkarmak

subtropisch *adj* dönencealtı

Subunternehmer *m* taşeron

Subvention [zʊpvɛn'tsi̯oːn] *f* ⟨-; -en⟩ sübvansiyon; teşvik primi; **2ieren** *v/t* ⟨*o* ge-, *h*⟩ sübvansiyonla desteklemek

Such|aktion *f* arama girişimi/çalışmaları; **~dienst** *m* arama örgütü (*kayıp kişileri*)

Suche *f* ⟨-; *o pl*⟩ (**nach** *-i*) arama, arayış; ***auf der ~ nach*** *-i* ararken; ***auf der ~ sein nach*** *-i* aramakta olmak

suchen ⟨*h*⟩ *v/t* (*u v/i* **~ *nach***) aramak; ***gesucht …*** … aranıyor; (***mit j-m***) ***Streit ~*** *-in* canı (b-le) dalaşmak istemek; ***was hat er hier zu ~?*** o burada ne arıyor?; ***er hat hier nichts zu ~*** onun burada bir işi yok; ***nach Worten ~*** lafını toparlamaya çalışmak

Sucher *m* ⟨-s; -⟩ FOTO vizör

Such|funktion *f* EDV arama işlevi; **~gerät** *n* detektör; **~maschine** *f Internet* arama motoru

Sucht *f* ⟨-; ⸚e⟩ (***nach*** *-e*) bağımlılık; (*Besessenheit*) tutku

suchterzeugend *adj* MED bağımlılık yaratıcı

süchtig *adj* tiryaki; *stärker* (***nach*** *-e*) bağımlı; ***~ machen*** bağımlı kılmak; ***~ sein*** bağımlı olmak

Süchtige *m, f* ⟨-n; -n⟩ bağımlı, müptela

Suchtkranke *m, f* MED bağımlılık hastası

Suchtrupp *m* arama ekibi

Südafrika *n* ⟨-s; *o pl*⟩ Güney Afrika;

S

~ner(in *f*) *m* Güney Afrikalı; **≈nisch** *adj* Güney Afrika(lı) *subst*
Südamerika *n* ⟨-s; *o pl*⟩ Güney Amerika; **~ner(in** *f*) *m* Güney Amerikalı; **≈nisch** *adj* Güney Amerika(lı) *subst*
süddeutsch *adj* Güney Almanya(lı) *subst*; **≈e** *m*, *f* ⟨-n; -n⟩ Güney Almanyalı; **≈land** *n* Güney Almanya
Süden *m* ⟨-s; *o pl*⟩ güney; ***im ~ von*** (*od G*) *-in* güneyinde, *-den* (daha) güneyde; ***nach ~*** güneye (doğru)
Südeuropa *n* ⟨-s; *o pl*⟩ Güney Avrupa
Südeuropä|er(in *f*) *m* Güney Avrupalı; **≈isch** *adj* Güney Avrupa(lı) *subst*
Südfrüchte *pl sıcak iklim meyvaları*
Südländ|er *m* ⟨-s; -⟩, **~erin** *f* ⟨-; -nen⟩ güneyli; **≈isch** *adj* güney, sıcak iklim *subst*
südlich **1.** *adj* güney *subst*; **2.** *präp*: ***~ von*** (*od G*) *-in* güney kesiminde
Südosten *m* güneydoğu
Südosteuropa *n* Güneydoğu Avrupa
südöstlich **1.** *adj* güneydoğu *subst*; **2.** *präp*: ***~ von*** (*od G*) *-in* güneydoğu kesiminde
Südpol *m* ⟨-s; *o pl*⟩ Güney Kutbu
südwärts *adv* güneye doğru
Südwest|en *m* güneybatı; **≈lich** **1.** *adj* güneybatı *subst*; **2.** *präp*: ***~ von*** (*od G*) *-in* güneybatı kesiminde
Suff *m* ⟨-s; *o pl*⟩ F ayyaşlık; kafa çekme
süffisant *adj* kendini beğenmiş(çe)
suggerieren *v/t* ⟨*o* ge-, *h*⟩ telkin etmek
Suggestion *f* ⟨-; -en⟩ telkin
suggestiv [-f] *adj* telkin edici
Suggestivfrage *f* cevabı içinde soru
sühnen *v/t* ⟨*h*⟩ *-in* cezasını çekmek
Suite ['svi:t(ə)] *f* ⟨-; -n⟩ MUS süit; *Hotel a* daire
Sujet [zy'ʒe:] *n* ⟨-s; -s⟩ konu (*sanat eserinde*)
sukzessiv [-f] *adj* tedricî, dereceli
Sulfat *n* ⟨-s; -e⟩ CHEM sülfat
Sulfid *n* ⟨-s; -e⟩ CHEM sülfit
Sulfonamid *n* ⟨-s; -e⟩ sülfamit
Sultan *m* ⟨-s; -e⟩ sultan, padişah
Sultanine *f* ⟨-; -n⟩ çekirdeksiz kuru üzüm
Sülze *f* ⟨-; -n⟩ jöle(li et)
summarisch *adj* toplu, toplam; (*oberflächlich*) yüzeysel
Summe *f* ⟨-; -n⟩ tutar, meblağ
summen *v/i u v/t* ⟨*h*⟩ *Tier* vızıldamak; (*singen*) mırıldanmak
Summer *m* ⟨-s; -⟩ EL vızıldak
summieren *v/r* ⟨*o* ge-, *h*⟩: ***sich ~*** (***auf*** *A*, ***zu*** *-e*) çıkmak, baliğ olmak
Sumpf *m* ⟨-s; ⸚e⟩ batak(lık); **≈ig** *adj* batak(lık)
Sund *m* ⟨-s; -e⟩ boğaz (*Baltık Denizi'nde*)
Sünde *f* ⟨-; -n⟩ günah
Sünden|bock *m* ⟨-s; ⸚e⟩ günah keçisi; **~erlass** *m* günahların affı; **~fall** *m* REL ilk günah; **~register** *n b-nin işlediği günahların listesi*
Sünder *m* ⟨-s; -⟩, **~in** *f* ⟨-; -nen⟩ günahkâr
sündhaft *adj* F günahkâr; ***~ teuer*** ateş pahasına
sündigen *v/i* ⟨*h*⟩ (***gegen*** *-e*) karşı günah işlemek; F *scherzh* yeyip içmek
super *adj u int* F süper
Super *n* ⟨-s; *o pl*⟩ AUTO F süper; **~benzin** *n* AUTO süper benzin
Superlativ [-f] *m* ⟨-s; -e⟩ aşırı övgü; GR sıfatlarda üstünlük derecesi
Supermacht *f* süper devlet
Supermarkt *m* süpermarket
supermodern *adj* ultramodern
Suppe *f* ⟨-; -n⟩ çorba
Suppen|grün *n çorbalık maydanoz, kereviz, havuç, pırasa demeti*; **~huhn** *n* çorbalık tavuk; **~löffel** *m* çorba kaşığı; **~schüssel** *f* çorba servis kâsesi; **~teller** *m* çorba tabağı/kâsesi; **~würfel** *m* et/sebze suyu tableti
Surfbrett ['sɛ:f-] *m* sörf tahtası
surfen ['sø:ɐf(ə)n] *v/i* ⟨*h*⟩ *a im Internet* sörf yapmak
Surfer ['sø:ɐfɐ] *m* ⟨-s; -⟩, **~in** *f* ⟨-; -nen⟩ sörfçü
surrealistisch [zurea'lıstıʃ] *adj* gerçeküstü(cü), sürrealist(çe)
suspekt *adj* şüpheli
suspendieren *v/t* ⟨*o* ge-, *h*⟩ el çektirmek, açığa almak
Suspensorium *n* ⟨-s; -rien⟩ MED kasıkbağı, süspansuar; (*Armschlinge*) kol askısı
süß *adj* tatlı; *Kaffee* şekerli; *fig* şeker (gibi), şirin; **~en** *v/t* ⟨*h*⟩ tatlandırmak
Süßigkeiten *pl* tatlılar, şekerlemeler
süß|lich *adj* tatlımsı; *fig* itici derecede tatlı; **~sauer** *adj* mayhoş
Süß|speise *f* tatlı (*yemek çeşidi*); **~stoff** *m* tatlandırıcı; **~warengeschäft** *n* tatlıcı dükkanı; **~wasser** *n* ⟨-s; *o pl*⟩

tatlısu
SW *Abk für* **Südwesten** *m* güneybatı
Sweatshirt ['svɛtʃœrt] *n* ⟨-s; -s⟩ svetşört
Swimmingpool ['svɪmɪŋpu:l] *m* ⟨-s; -s⟩ yüzme havuzu
Symbiose *f* ⟨-; -n⟩ BIOL ortakyaşama
Symbol *n* ⟨-s; -e⟩ (*G*, **für** *-in*) simge, sembol; **~figur** *f* sembol; *scherzh* maskot
Symbol|ik *f* ⟨-; *o pl*⟩ semboller *pl*, sembolizm; **⁀isch** *adj* simgesel, sembolik; **⁀isieren** *v/t* ⟨*o* ge-, *h*⟩ simgelemek, sembolize etmek; **~leiste** *f* EDV sembol çubuğu
symmetrisch *adj* simetrik, bakışımlı
Sympath|ie *f* ⟨-; -n⟩ (**für** *-e*) sempati; (*Mitgefühl*) dert ortaklığı; ***~ empfinden für*** *-e* sempati duymak; **~iestreik** *m* ÖKON destekleme grevi; **~isant** *m* ⟨-en; -en⟩, **~isantin** *f* ⟨-; -nen⟩ sempatizan; **⁀isch** *adj* sempatik, canayakın; ***er ist mir ~*** ben onu severim; **⁀isieren** *v/i* ⟨*o* ge-, *h*⟩ ***mit*** *-in* sempatizanı olmak, *-e* yakınlık/sempati duymak
Symphonie [-f-] *f* ⟨-; -n⟩ MUS senfoni; **~orchester** *n* senfoni orkestrası
Symposium *n* ⟨-s; -sien⟩ sempozyum
Symptom *n* ⟨-s; -e⟩ belirti, semptom; **⁀atisch** *adj* (**für** için) semptomatik, tipik
Synagoge *f* ⟨-; -n⟩ sinagog, havra
synchron [zʏn'kro:n] *adj* senkron, eşzamanlı; **~isieren** *v/t* ⟨*o* ge-, *h*⟩ senkronize etmek; FILM *a* seslendirmek, *-in* dublajını yapmak
Syndikat *n* ⟨-s; -e⟩ (*Rechtsbeistand*) hukuk müşavirliği; (*Kartell*) kartel
Syndikus *m* ⟨-; -se⟩ hukuk müşaviri
Syndrom *n* ⟨-s; -e⟩ MED sendrom
Synode *f* ⟨-; -n⟩ kilise ruhanî meclisi
synonym *adj* eşanlamlı, anlamdaş
Synonym *n* ⟨-s; -e⟩ eşanlamlı, anlamdaş
syntaktisch *adj* EDV sentaktik, GR *a* sözdizimsel, cümlebilgisel
Syntax *f* ⟨-; -en⟩ EDV sentaks, GR *a* sözdizimi, cümlebilgisi
Synthese *f* ⟨-; *-n*⟩ sentez
Synthesizer ['zʏntəsaizɐ] *m* ⟨-s; -⟩ MUS sintesayzer
synthetisch *adj* sentetik
Syphilis ['zy:filɪs] *f* ⟨-; *o pl*⟩ MED frengi
Syr|er *m* ⟨-s; -⟩, **~erin** *f* ⟨-; -nen⟩ Suriyeli; **~ien** *n* Suriye; **⁀isch** *adj* Suriye(li) *subst*
System *n* ⟨-s; -e⟩ sistem, dizge; **~absturz** *m* EDV sistem kilitlenmesi; **~analyse** *f* sistem analizi; **~atik** *f* ⟨-; -en⟩ sistematik; **⁀atisch** *adj* sistematik, dizgesel; **~ausfall** *m* EDV sistem kilitlenmesi; **~datei** *f* EDV sistem dosyası; **~fehler** *m* EDV sistem hatası; **~kritiker(in** *f*) *m* düzen eleştiricisi; **~software** *f* EDV sistem yazılımı/programı; **~steuerung** *f* EDV kontrol masası
Szenario *n* ⟨-s; -s⟩ senaryo
Szene ['stse:nə] *f* ⟨-; -n⟩ sahne; ***sich in ~ setzen*** gösteriş yapmak; (***j-m***) ***e-e ~ machen*** (*-e*) fena halde çıkışmak
Szenenwechsel *m* sahne değişikliği
Szenerie *f* ⟨-; *-n*⟩ mizansen, dekor; (*Rundblick*) panorama

T

t, T [te:] *n* ⟨-; -⟩ t, T
Tabak *m* ⟨-s; -e⟩ tütün; **~laden** *m* tütüncü (dükkanı); **~waren** *pl tütün ürünleri ve malzemesi*
tabellarisch *adj Lebenslauf usw* maddeler halinde, çizelge biçiminde
Tabelle *f* ⟨-; -n⟩ çizelge
Tabellen|führer(in *f*) *m* liste başı; **~letzte** *m*, *f* liste sonuncusu; **~spitze** *f*: ***an der ~*** liste başı(nda)
Tablett *n* ⟨-s; -s, -e⟩ tabla, tepsi
Tablette *f* ⟨-; -n⟩ tablet, hap
tabu *adj* tabu
Tabu *n* ⟨-s; -s⟩ tabu
tabufrei *adj* tabusuz, tabulardan uzak
Tacho *m* ⟨-s; -s⟩ F, **~meter** *m*, *a n* ⟨-s; -⟩ AUTO hız göstergesi, F kilometre saati
Tadel *m* ⟨-s; -⟩ suç, kusur; *förmlich* kınama, tekdir; **⁀los** *adj* noksansız, kusursuz; *Leben usw* masum; (*ausgezeichnet*) mükemmel
tadeln *v/t* ⟨*h*⟩ (**wegen** *-den* dolayı) eleş-

T

tirmek, *-de* kusur bulmak; *förmlich* kınamak, *-e* ihtar (cezası) vermek

Tadschikistan *n* Tacikistan

Tafel *f* ⟨-; -n⟩ *Schule usw* (kara)tahta; (*Anschlag*≈) ilan tahtası; (*Schild*) levha; (*Gedenk*≈) plaket; (*Schokoladen*≈) kalıp; *Essen* sofra; ≈**fertig** *adj* hazır (*yemek*); **~geschirr** *n* sofra takımı

täfel|n *v/t* ⟨*h*⟩ tahtayla kaplamak, *-e* lambri döşemek; ≈**ung** *f* ⟨-; -en⟩ lambri

Tafel|wasser *n* içme suyu (*şişede*); **~wein** *m* sofra şarabı

Taft *m* ⟨-s; -e⟩ tafta

Tag[1] *m* ⟨-s; -e⟩ gün; ***am*** (*od* ***bei***) ~ gündüz(ün); ***am helllichten*** ~ güpegündüz; ***am nächsten*** ~ ertesi gün; ***am ~ zuvor*** bir önceki gün; ***den ganzen*** ~ bütün gün; ~ ***für*** ~ günbegün; ~ ***und Nacht*** gece gündüz; ***jeden zweiten*** ~ günaşırı; ***von e-m ~ auf den anderen*** bugünden yarına; ***welchen ~ haben wir heute?*** bugün (günlerden) ne?; ***alle zwei*** (***paar***) **~*e*** iki (birkaç) günde bir; ***unter ~e*** *Bergbau* yer altında; ***heute*** (***morgen***) ***in 14 ~en*** iki hafta (*od* 15 gün) sonra bugün (yarın); ***e-s ~es*** bir gün, günün birinde; ***guten ~!*** iyi günler!; *beim Vorstellen* merhaba!; ***j-m guten ~ sagen*** b-ne merhaba demek; ***an den ~ bringen*** (***kommen***) gün ışığına çıkarmak (çıkmak); ***an den ~ legen*** ortaya koymak, göstermek; F ***sie hat ihre ~e*** onun regli/aybaşısı var

Tag[2] [tɛːk] *m* ⟨-s; -s⟩ EDV tag, HTML komutu

Tagebau *m* ⟨-s; *o pl*⟩ *Bergbau* açık işletme

Tagebuch *n* günlük, günce, hatıra defteri; ~ ***führen*** günlük tutmak

tagein *adv*: **~, *tagaus*** her gün, devamlı

tagelang *adv* günlerce

Tagelöhner *m* ⟨-s; -⟩, **~in** *f* ⟨-; -nen⟩ gündelikçi

tagen *v/i* ⟨*h*⟩ toplanmak; JUR, *Parlament* oturumda olmak

Tages|anbruch *m*: ***bei*** ~ gün doğarken; **~ausflug** *m* günübirlik gezi; **~creme** *f* gündüz kremi; **~decke** *f* yatak örtüsü; **~einnahme(n** *pl*) *f* günlük gelir; **~gericht** *n* günün yemeği; **~fahrt** *f* günübirlik gezi (*taşıtla*); **~gespräch** *n* günün konusu; **~karte** *f* günlük bilet; GASTR günün menüsü; **~kasse** *f* THEA *usw* ***Karten an der ~ lösen*** biletler kapıdan almak; **~kurs** *m* günlük kur (*döviz*); **~leistung** *f* günlük verim/randıman; **~licht** *n* ⟨-s; *o pl*⟩ gün ışığı; ***ans ~ bringen*** (***kommen***) gün ışığına çıkarmak (çıkmak); ***bei*** ~ gün ışığında; **~lichtprojektor** *m* gün ışığı (diya *vs*) göstericisi; **~mutter** *f çalışan anne-babaların çocuklarına kendi evinde bakan kadın*; **~ordnung** *f* gündem; ***auf der ~ stehen*** gündemde olmak; **~presse** *f* günün gazeteleri; **~rückfahrkarte** *f* günlük gidiş-dönüş bileti; **~satz** *m hastane vs günlük temel ücreti; gelire göre saptanan para cezası birimi*; **~tour** *f* günlük tur; **~zeit** *f* günün saati (*sabah, öğle vs*); ***zu jeder*** ~ her saat(te); **~zeitung** *f* günlük gazete

tageweise *adj u adv* gün hesabıyla

tägl. *Abk* → ***täglich***

täglich 1. *adj* günlük, her günkü; **2.** *adv* her gün

tags *adv*: ~ ***darauf*** (***zuvor***) bir gün sonra (önce)

Tagschicht *f* gündüz vardiyası; ~ ***haben*** gündüz vardiyasında olmak

tagsüber *adv* gündüzün, gündüzleri

tagtäglich *adv* günbegün, gün sektirmeden

Tagtraum *m* hulya

Tagung *f* ⟨-; -en⟩ toplantı, kongre

Tagungs|bericht *m* kongre raporu; **~ort** *m* kongre yeri/beldesi

Taifun *m* ⟨-s; -e⟩ tayfun, tufan

Taille ['taljə] *f* ⟨-; -n⟩ bel; *am Kleid a* bel genişliği

tailliert [ta'jiːɐt] *adj Kleid* beli oyuk/oturan

Takt *m* ⟨-s; -e⟩ MUS usul, ölçü; *einzelner* mezür; AUTO zaman; (*Feingefühl*) incelik; ***aus dem ~ kommen*** tempoyu şaşırmak; ***den ~ halten*** MUS tempoya uymak; ***im 15-Minuten-Takt*** 15 dakikada bir

Taktgefühl *n* ⟨-s; *o pl*⟩ ince düşünce, çelebilik

taktieren *v/i* ⟨*o* ge-, *h*⟩ taktik davranmak

Taktik *f* ⟨-; -en⟩ *fig* taktik; **~er** *m* ⟨-s; -⟩, **~erin** *f* ⟨-; -nen⟩ taktikçi

taktisch *adj* taktik *subst*

taktlos *adj* densiz, düşüncesiz

Taktstock *m* MUS şef değneği

Taktstrich *m* MUS bar

taktvoll *adj* çelebi, ince düşünceli, takt

sahibi *subst*

Tal *n* ⟨-s; ⸗er⟩ vadi

Talent *n* ⟨-s; -e⟩ yetenek, kabiliyet; *Person* kabiliyetli (kişi); **~e** *pl* yetenekler; **≈iert** *adj* yetenekli

Talfahrt *f* bayır aşağı gidiş; ÖKON *Kurs* düşüş, *Konjunktur* gerileme

Talg *m* ⟨-s; -e⟩ içyağı, donyağı; **~drüse** *f* yağ bezi

Talisman *m* ⟨-s; -e⟩ tılsım, muska

Talk|master ['tɔːkmaːstər] *m* ⟨-s; -⟩ talkshow sunucusu; **~show** ['tɔːkʃoː] *f* talkshow

Talsohle *f* vadi tabanı; ÖKON düşüşün/gerilemenin sonu

Talsperre *f* bent, baraj

Tamburin [-riːn] *n* ⟨-s; -e⟩ MUS tef; gergef, kasnak

Tampon ['tampɔn, tam'poːn] *m* ⟨-s; -s⟩ tampon

Tandem *n* ⟨-s; -s⟩ ikili; (**~***fahrrad*) tandem

Tang *m* ⟨-s; -e⟩ BOT deniz yosunu

Tangente [taŋ'gɛntə] *f* ⟨-; -n⟩ MATH teğet

tangieren [taŋ'giːrən] *v/t* ⟨*o* ge-, *h*⟩ MATH *-e* teğet olmak; *fig* ilgilendirmek

Tango ['taŋgo] *m* ⟨-s; -s⟩ tango

Tank *m* ⟨-s; -s⟩ depo (*sıvılar için*)

tanken *v/i* ⟨*h*⟩ benzin *vs* almak/doldurmak

Tanker *m* ⟨-s; -⟩ MAR tanker

Tank|stelle *f* akaryakıt istasyonu, F benzin istasyonu, F benzinlik; **~wart** *m* ⟨-s; -e⟩ F benzinci

Tanne *f* ⟨-; -n⟩ çam (ağacı)

Tannen|baum *m* çam ağacı; **~nadel** *f* çam iğnesi; **~zapfen** *m* çam kozalağı

Tante *f* ⟨-; -n⟩ *mütterlicherseits* teyze; *väterlicherseits* hala; *angeheiratet* yenge; **~-Emma-Laden** *m* küçük bakkal dükkanı

Tantiemen [tan'tieːmən] *pl* kâr ikramiyesi *sg*; telif hakkı ücreti *sg*

Tanz *m* ⟨-es; ⸗e⟩ dans

tanzen *v/i* (*u v/t*) ⟨*h*⟩ dans etmek, oynamak

Tänzer *m* ⟨-s; -⟩ dans eden; (*Künstler*) dansçı; **~in** *f* ⟨-; -nen⟩ dans eden (kadın); (*Künstlerin*) dansçı (kadın); *orientalisch* dansöz

Tanz|fläche *f* dans pisti; **~kurs** *m* dans kursu; **~lokal** *n* dans lokali; **~musik** *f* dans müziği; **~orchester** *n* dans orkestrası; **~partner(in** *f*) *m* partöner

Tapete *f* ⟨-; -n⟩ duvar kağıdı

Tapetenwechsel *m* F *fig* değişiklik, yenilik

tapezieren *v/t* ⟨*o* ge-, *h*⟩ kağıt(la) kaplamak

tapfer *adj* cesur; (*mutig*) yürekli, korkusuz; **≈keit** *f* ⟨-; *o pl*⟩ cesaret; yüreklilik

tappen *v/i* ⟨*sn*⟩ paldır küldür yürümek; ⟨*h*⟩ el yordamıyla aranmak; ***im Dunkeln ~*** emin olmamak, sallantıda kalmak

Tara *f* ⟨-; -ren⟩ ÖKON dara

Tarif *m* ⟨-s; -e⟩ tarife; (*Lohn*≈) ücret tarifesi; **~abschluss** *m toplu sözleşme imzalanması*; **~autonomie** *f* ⟨-; -n⟩ toplu sözleşme özgürlüğü; **~erhöhung** *f* (standart) ücret artışı; **~konflikt** *m* toplu sözleşme anlaşmazlığı; **≈lich** *adj* toplu sözleşme gereği; **~lohn** *m* standart ücret; **~partner** *m* toplu sözleşme tarafı; **~runde** *f işkollarındaki toplu görüşmelerin tamamı*; **~verhandlungen** *pl* toplu görüşmeler; **~vertrag** *m* toplu sözleşme

tarnen *v/t* ⟨*h*⟩ kamufle etmek

Tarn|farbe *f* kamuflaj boyası; **~organisation** *f* paravan örgüt; **~ung** *f* ⟨-; -en⟩ kamuflaj

Tarot [taː'roː] *n, m* ⟨-s; -s⟩ taro(t)

Tasche *f* ⟨-; -n⟩ çanta; *an der Kleidung* cep; (*Hand*≈) el çantası; ***etw aus der eigenen ~ bezahlen*** bş-i kendi cebinden ödemek; ***den Gewinn in die eigene ~ stecken*** kârı cebe indirmek; ***den Auftrag haben wir in der ~!*** bu sipariş çantada keklik!; ***tief in die ~ greifen*** (***müssen***) bir hayli paradan çıkmak

Taschen|buch *n* cep kitabı; **~dieb** *m* yankesici; **~feuerzeug** *n* cep çakmağı; **~format** *n*: ***im ~*** cebe sığacak boyda; **~geld** *n* cep harçlığı; **~kalender** *m* cep takvimi; **~lampe** *f* el lambası/feneri; **~messer** *n* çakı; **~rechner** *m* elektronik (cep) hesap makinası; **~schirm** *m* katlanır şemsiye; **~tuch** *n* mendil; **~uhr** *f* cep saati; **~wörterbuch** *n* cep sözlüğü

Tasse *f* ⟨-; -n⟩ fincan

Tastatur *f* ⟨-; -en⟩ klavye

Taste *f* ⟨-; -n⟩ tuş; (*Druck*≈) *a* düğme

tasten ⟨*h*⟩ **1.** *v/t -e* dokunmak; **2.** *v/i* (***nach*** *-i*) el yordamıyla aramak; **3.** *v/r*: ***sich ~*** el yordamıyla ilerlemek *vs*

Tasten|instrument *n* MUS klavyeli çalgı;

~telefon *n* tuşlu telefon
Taster *m* ⟨-s; -⟩ EL tuş anahtar; TECH çap pergeli
Tastsinn *m* ⟨-s; *o pl*⟩ dokunma duyusu
Tat *f* ⟨-; -en⟩ hareket, iş; (*Handeln*) eylem, etkinlik; (*Straf*~) cezaî fiil; ***j-n auf frischer ~ ertappen*** b-ni suçüstü yakalamak; ***in der ~*** gerçekten
Tatar *n* ⟨-(s)⟩ *çiğ yenen baharatlı sığır kıyması*
Tatbestand *m* JUR olay, olayın unsurları
Tatendrang *m* girişim hevesi, cüret
tatenlos *adj* hareketsiz, seyirci
Täter *m* ⟨-s; -⟩, **~in** *f* ⟨-; -nen⟩ eyleyen; JUR suçlu, mücrim
tätig *adj* etkin; (*geschäftig*) meşgul; ***~ sein als*** … olarak çalışmak; ***~ sein bei*** *-de* çalışmak; ***~ werden*** harekete geçmek
Tätigkeit *f* ⟨-; -en⟩ etkinlik; (*Arbeit*) iş, çalışma; (*Beruf*) meslek; ***in ~*** etkin, faal
Tat|kraft *f* ⟨-; *o pl*⟩ azim, enerji; **~kräftig** *adj* enerjik, azimli
tätigen *v/t* ⟨*h*⟩ yapmak, yerine getirmek
tätlich *adj*: ***~ werden*** şiddete başvurmak; ***~ werden gegen*** *-e* saldırmak; **~keiten** *pl* saldırı *sg*
Tatort *m* JUR olay yeri
Tätowierung *f* ⟨-; -en⟩ dövme
Tatsache *f* olgu; ***j-n vor vollendete ~n stellen*** b-ne oldubitti/emrivaki yapmak; ***~ ist, dass*** ortadaki gerçek şu; ***den ~n ins Auge blicken*** gerçeklerden korkmamak
Tatsachenbericht *m* olay raporu
tatsächlich 1. *adj* gerçek, hakikî; **2.** *adv* gerçekten, hakikaten, F hakkaten
tätscheln *v/t* ⟨*h*⟩ okşamak, pışpışlamak
Tatze *f* ⟨-; -n⟩ ZOOL pençe
Tau[1] *n* ⟨-s; -e⟩ halat
Tau[2] *m* ⟨-s; *o pl*⟩ çiy, şebnem
taub *adj* sağır; ***auf einem Ohr*** *-in* bir kulağı sağır; *fig* ***~*** (***gegen, für*** *-e, -e* karşı) sağır; (*Finger usw*) hissiz, uyuşmuş
Taube *f* ⟨-; -n⟩ ZOOL, POL güvercin
Taub|heit *f* ⟨-; *o pl*⟩ sağırlık; hissizlik; **~stumm** *adj* sağır-dilsiz; **~stumme** *m, f* ⟨-n; -n⟩ sağır-dilsiz
tauchen 1. *v/i* ⟨*sn*⟩ dalmak (***nach*** *-e*); SPORT dalıcılık yapmak; **2.** *v/t* ⟨*h*⟩ (*ein~*) (***in*** *A -e*) daldırmak, batırmak
Taucher *m* ⟨-s; -⟩, **~in** *f* ⟨-; -nen⟩ dalgıç; SPORT dalıcı; **~anzug** *m* dalgıç elbisesi; **~ausrüstung** *f* dalgıç malzemeleri *pl*; **~brille** *f* dalgıç gözlüğü
Tauchsieder *m* ⟨-s; -⟩ EL ısıtaç
tauen 1. *v/i* ⟨*h/sn*⟩ erimek, çözülmek; **2.** *v/unp* ⟨*h*⟩: ***es taut*** kar eriyor, don çözülüyor; çiy yağıyor
Taufe *f* ⟨-; -n⟩ vaftiz
taufen *v/t* ⟨*h*⟩ vaftiz etmek; ***j-n auf den Namen Michael ~*** b-ne Michael adını vermek (*dinî törenle*)
Tauf|pate *m* vaftiz babası; **~patin** *f* vaftiz annesi; **~schein** *m* vaftiz belgesi
taugen *v/i* ⟨*h*⟩: ***nicht ~ zu*** (*od* ***für***) *-e* yaramamak; ***nichts ~*** hiçbir işe yaramamak
tauglich *adj* (***für, zu*** *-e*) elverişli, uygun; MIL askerliğe elverişli
taumeln *v/i* ⟨*sn*⟩ sallanmak, sendelemek
Tausch *m* ⟨-es; -e⟩ değiştirme, F takas, değiştokuş; ***im ~ gegen*** *-e* karşılık takas olarak
tauschen ⟨*h*⟩ **1.** *v/t* değiş(tir)mek, takas etmek (***gegen*** *-le*); (*wechseln*) değiştirmek; *Geld* bozdurmak; **2.** *v/i*: ***ich möchte nicht mit ihm ~*** onun yerinde olmak istemezdim
täuschen ⟨*h*⟩ **1.** *v/t* aldatmak; ***sich ~ lassen*** (***von*** *-e*) aldanmak; **2.** *v/i* aldatmak, aldatıcı olmak; **3.** *v/r*: ***sich ~*** yanılmak; ***sich in j-m ~*** birisi hakkında hayalkırıklığına uğramak (*od* yanılmak)
täuschend *adj Ähnlichkeit* şaşırtıcı
Tausch|geschäft *n* ÖKON takas/barter işlemi; F trampa, takas; **~handel** *m* ÖKON takas ticareti; **~objekt** *n* ÖKON takas birimi/kalemi
Täuschung *f* ⟨-; -en⟩ yanıltma, aldatma; JUR aldatma, dolandırma; (*Irrtum*) yanılma; ***optische ~*** göz aldanması
Täuschungs|manöver *n* şaşırtmaca, aldatmaca; **~versuch** *m* aldatma çabası/denemesi
tausend *adj* bin
Tausend *n* ⟨-s; -e⟩: ***zu ~en*** binlerce(si); ***~ und Abertausend*** binlerce
tausendfach *adj* bin kat
Tausendfüß(l)er *m* ⟨-s; -⟩ ZOOL kırkayak
tausendjährig *adj* bin yıllık
tausendmal *adv* bin kere/defa
tausendst *adj* bininci
Tausendste *m, f* ⟨-n; -n⟩ bininci
tausendstel *adj*: ***eine ~ Sekunde*** binde

bir saniye
Tausendstel *n* ⟨-s; -⟩ binde bir
Tauwetter *n erime/çözülme havası*; *fig* POL yumuşama
Tauziehen *n* ⟨-s; *o pl*⟩ halat çekme yarışı; *fig* ~ (**um** için) mücadele, çekişme
Taxameter *n*, *m* ⟨-s; -⟩ taksimetre
Taxator *m* ⟨-s; -en⟩ tahminci, istimator
Taxe *f* ⟨-; -n⟩ harç, resim
Taxi *n* ⟨-s; -s⟩ taksi; ~ ***fahren*** taksi şoförlüğü yapmak
taxieren *v/t* ⟨*o* ge-, *h*⟩ ÖKON JUR *-e* değer biçmek; F ***j-n*** ~ b-ni süzmek
Taxi|fahrer(in *f*) *m* taksi şoförü; **~stand** *m* taksi durağı
Teak ['ti:k] *n* ⟨-s; *o pl*⟩ tik (ağacı); **~holz** *n* tik
Team [ti:m] *n* ⟨-s;-s⟩ takım, ekip; **~arbeit** *f*, **~work** ['ti:mvøɐk] *n* ⟨-s; *o pl*⟩ takım çalışması
Technik *f* ⟨-; -en⟩ (*Wissenschaft*) teknoloji; (*Ingenieurwesen*) mühendislik; (*Verfahren, Ausstattung*) teknik
Techniker *m* ⟨-s; -⟩, **~in** *f* ⟨-; -nen⟩ teknisyen, tekniker
technisch *adj* teknik; (*technologisch*) teknolojik; ***~e Hochschule*** teknik yüksekokul
technisieren *v/t* ⟨*o* ge-, *h*⟩ modernleştirmek
Techno ['tɛkno] *n*, *m* ⟨-s; *o pl*⟩ MUS tekno
Technokrat *m* ⟨-en; -en⟩, **~in** *f* ⟨-; -nen⟩ teknokrat
Technologie *f* ⟨-; -n⟩ teknoloji; **~park** *m* teknopark; **~transfer** *m* teknoloji transferi
technologisch *adj* teknolojik
Teddybär [-i-] *m* tedi, oyuncak ayı (*bezden*)
Tee *m* ⟨-s; -s⟩ çay; **~beutel** *m* çay poşeti; **~-Ei** ['te:|ai] *n sallama çay yapmak için yumurta biçimli kapçık*; **~gebäck** *n* kurabiye; **~haus** *n* çayhane; **~kanne** *f* çaydanlık, demlik; **~kessel** *m* çaydanlık; **~löffel** *m* tatlı kaşığı
Teer [te:ɐ] *m* ⟨-s; -e⟩ katran
teeren *v/t* ⟨*h*⟩ katranlamak
Tee|service *n* çay takımı; **~sieb** *n* çay süzgeci; **~stube** *f* çay salonu; **~tasse** *f* çay fincanı
Teich *m* ⟨-s; -e⟩ havuz; gölcük, gölet
Teig *m* ⟨-s; -e⟩ hamur; **ᘎig** hamurumsu, hamurlu; **~waren** *pl* hamur işleri
Teil *m*, *n* ⟨-s; -e⟩ bölüm, kısım; (*An*ᘎ) pay, hisse; (*Bestand*ᘎ) parça, unsur, öğe; ***sein ~ beitragen*** katkıda bulunmak; ***zum ~*** kısmen; ***zum großen ~*** büyük ölçüde; ***zu gleichen ~en*** eşit paylarla
Teilansicht *f* kısmî görünüş
teilbar *adj* bölünür, bölünebilir
Teilbetrag *m* ara toplam; (*Rate*) taksit
Teilchen *n* ⟨-s; -⟩ *a* PHYS parçacık
teilen ⟨*h*⟩ *v/t* (**in** *A -e*; MATH **durch** *-e*) bölmek; (*j-s Ansicht, Schicksal usw*) paylaşmak; ***die Kosten ~*** masrafları paylaşmak; ***sich*** (*D*) ***etw ~*** bş-i bölüşmek/paylaşmak
Teilerfolg *m* kısmî başarı
teilhaben *v/i* ⟨*unreg*, -ge-, *h*⟩: ~ ***an*** *-e* katılmak, *-i* paylaşmak
Teil|haber *m* ⟨-s; -⟩ ÖKON ortak, hissedar; **~kaskoversicherung** *f* AUTO kısmî kasko sigortası; **~lieferung** *f* kısmen teslim
Teilnahme *f* ⟨-; *o pl*⟩ (**an** *D -e*) katılım, katılma; (*Interesse*) ilgi; (*Mitgefühl*) duygudaşlık; **ᘎberechtigt** *adj -e* katılmaya hakkı olan
teilnahms|los *adj* kayıtsız, ilgisiz; MED apatik; **ᘎlosigkeit** *f* ⟨-; *o pl*⟩ kayıtsızlık, ilgisizlik; MED apati; **~voll** *adj* (*interessiert*) ilgili; (*mitfühlend*) duygudaş
teilnehmen *v/i* ⟨*unreg*, -ge-, *h*⟩ (**an** *D*) *-e* katılmak
Teilnehmer *m* ⟨-s; -⟩, **~in** *f* ⟨-; -nen⟩ katılımcı, iştirakçi; SPORT yarışmacı
teils *adv* kısmen
Teil|strecke *f Reise, Rennen* etap; **~strich** *m* TECH taksimat çizgisi; **~stück** *n* parça, bölüm
Teilung *f* ⟨-; -en⟩ böl(ün)me
teilweise **1.** kısmî; **2.** *adv* kısmen
Teilzahlung *f* kısmî ödeme; (*Rate*) taksit; (*Ratenzahlung*) taksitle ödeme
Teilzeit *f* part time; ~ ***arbeiten*** part time çalışmak; **~arbeit** *f* part time iş/çalışma; **ᘎbeschäftigt** *adj* part time; **~beschäftigte** *m*, *f* part time çalışan; **~beschäftigung** *f* part time çalış(tır)ma/iş
Teint [tɛ̃:] *m* ⟨-s; -s⟩ ten, F beniz
Tel. *Abk für* ***Telefon*** telefon (*tel.*)
Telearbeit *f evde vs, telefon bağlantılı bilgisayarda yapılan iş*
Telefax *n* ⟨-; -e⟩ faks
Telefon ['te:lefo:n, tele'fo:n] *n* ⟨-s; -e⟩

T

telefon; ***am ~*** telefonda; ***ans ~ gehen*** telefona bakmak; **~anschluss** *m* telefon bağlantısı; **~apparat** *m* telefon (cihazı)

Telefonat *n* ⟨-s; -e⟩ telefon konuşması

Telefon|banking [teleˈfoːnbɛnkıŋ] *n* ⟨-s; *o pl*⟩ telefon bankacılığı; **~buch** *n* telefon rehberi; **~gebühr** *f* telefon ücreti; **~gespräch** *n* telefon konuşması/görüşmesi; **~hörer** *m* telefon ahizesi

telefon|ieren *v/i* ⟨*o* ge-, *h*⟩ telefon etmek; ***mit j-m ~*** b-le telefonlaşmak; ***sie telefoniert gerade*** kendisi (şu an) telefonda; **~isch 1.** *adj* telefon *subst*; **2.** *adv* telefonla

Telefon|karte *f* telefon kartı; **~netz** *n* telefon şebekesi; **~nummer** *f* telefon numarası; **~verbindung** *f* telefon bağlantısı; **~zelle** *f* telefon kulübesi; **~zentrale** *f* telefon santralı

telegrafisch *adj*: ***~e Überweisung*** telgraf havalesi

Telegramm *n* ⟨-s; -e⟩ telgraf, F tel; **~stil** *m* telgraf üslubu, kısa konuşma *vs*

Teleheimarbeit *f* → ***Telearbeit***

Telekommunikation *f* telekomünikasyon; **~sdienst** *m* telekomünikasyon hizmeti/kuruluşu

Teleobjektiv *n* teleobjektif; F tele

Telepathie *f* ⟨-; *o pl*⟩ telepati

telepathisch *adj* telepatik

Teleskop *n* ⟨-s; -e⟩ teleskop

Teller *m* ⟨-s; -⟩ tabak; TECH disk

Tempel *m* ⟨-s; -⟩ tapınak, mabet

Temperament *n* ⟨-s; -e⟩ yaradılış, mizaç, huy; (*Schwung*) şevk, canlılık; **2los** *adj* heyecansız, şevksiz; **2voll** *adj* canlı, sıcakkanlı, atılgan

Temperatur *f* ⟨-; -en⟩ sıcaklık; MED ateş; ***j-s ~ messen*** b-nin ateşini ölçmek; **~anstieg** *m* ateş yükselmesi; **~sturz** *m* anî ateş düşmesi

temperieren *v/t* ⟨*o* ge-, *h*⟩ uygun sıcaklığa getirmek

Tempo *n* ⟨-s; -s, -pi⟩ sürat, hız; MUS tempo; ***das ~ bestimmen*** (***durchhalten, steigern***) tempoyu belirlemek (korumak, yükseltmek); ***mit ~ …*** saatte … km hızla; **~limit** *n* ⟨-s; -s, -e⟩ AUTO hız kısıtlaması

Tempus *n* ⟨-, -pora⟩ GR zaman

Tendenz *f* ⟨-; -en⟩ (***zu*** *-e*) yönelme, eğilim

tendenziös [-ˈtsi̯øːs] *adj* taraflı

tendieren *v/i* ⟨*o* ge-, *h*⟩ (***zu*** *-e*; ***dazu, …*** -meye) eğilim göstermek

Tennis *n* ⟨-; *o pl*⟩ tenis; **~ball** *m* tenis topu; **~platz** *m* tenis kortu; **~schläger** *m* tenis raketi; **~spieler(in** *f*) *m* tenis oynayan, tenisçi; **~turnier** *n* tenis turnuvası

Tenor *m* ⟨-s; ⸚e⟩ MUS tenor

Tensid *n* ⟨-(s); -e⟩ CHEM yüzey aktif/etkin madde

Teppich *m* ⟨-s; -e⟩ halı; **~boden** *m* kaplama halı, F duvardan duvara halı; **~fliese** *f* halıfleks®; **~händler** *m* halıcı

Termin *m* ⟨-s; -e⟩ (*Geschäfts2, Arzt2*) iş (doktor) randevusu; (*vereinbarte Zeit*) tarih ve saat; (*letzter ~*) son (teslim) tarih(i); ***e-n ~ festsetzen*** bir gün/randevu kararlaştırmak; ***bis zu diesem ~*** bu tarihe kadar; ***sich*** (*D*) ***e-n ~ geben lassen*** (***bei*** *-den*) gün/randevu almak

Terminal [ˈtøːɐminəl] *n* ⟨-s; -s⟩ EDV, LUFTF terminal

Termin|druck *m*: ***unter ~ stehen*** zaman darlığı çekmek; **2gebunden** *adj* günlü, mühletli; **2gemäß** *adj u adv* gününde; **~kalender** *m* ajanda

Terminologie *f* ⟨-; -n⟩ terminoloji; (*Wissenschaft*) terimbilim

Terminplan *m* takvim

Termite *f* ⟨-; -n⟩ ZOOL termit

Terpentin *n, m* ⟨-s; *o pl*⟩ CHEM terebentin

Terrain *n* ⟨-s; -s⟩ toprak, arazi; (*Grundstück*) arsa

Terrasse *f* ⟨-; -n⟩ teras, taraça

terrassenförmig *adj* taraçalandırılmış

Terrassentür *f* teras kapısı

territorial [-ˈri̯aːl] *adj* toprak *subst*, egemenlik *subst*

Territorium *n* ⟨-s; -rien⟩ POL *bir devletin toprakları*; alan, saha, bölge

Terror *m* ⟨-s; *o pl*⟩ terör/şiddet; **~anschlag** *m* terör/şiddet eylemi; **2isieren** *v/t* ⟨*o* ge-, *h*⟩ terörize etmek, baskı altında tutmak; **~ismus** *m* ⟨-; *o pl*⟩ terörizm; **~ist** *m* ⟨-en; -en⟩, **~istin** *f* ⟨-; -nen⟩ terörist; **2istisch** *adj* terör *subst*; terörist(çe) *subst*

Terzett *n* ⟨-s; -e⟩ MUS üçlü (grup), trio

Tesafilm® *m* F seloteyp

Test *m* ⟨-s; -s, -e⟩ test

Testament *n* ⟨-s; -e⟩ vasiyet(name); REL Ahit; ***sein ~ machen*** vasiyetnamesini yapmak; ***Altes ~*** Eski Ahit, Tevrat;

T

***Neues* ~** Yeni Ahit, İncil; **2arisch** *adj* (*adv*) vasiyet gereği (olarak), vasiyetle ilgili (olarak)

Testaments|eröffnung *f* vasiyetnamenin açılması; **~vollstrecker** *m* ⟨-s; -⟩ vasiyetnameyi icra eden

Testbild *n* TV deneme görüntüsü

testen *v/t* ⟨*h*⟩ test etmek, denemek

Test|lauf *m* TECH deneme; **~pilot** *m* deneme pilotu; **~strecke** *f* deneme yolu/pisti

Tetanus *m* ⟨-; *o pl*⟩ MED tetanoz; **~(schutz)impfung** *f* MED tetanoz aşısı

teuer *adj* pahalı, değerli; ***wie* ~ *ist es?*** kaça?, (*-in* fiyatı) ne kadar?

Teuerung *f* ⟨-; -en⟩ pahalılaşma

Teuerungsrate *f* pahalılık oranı

Teufel *m* ⟨-s; -⟩ şeytan; ***j-n zum* ~ *jagen*** b-ni defetmek; ***der* ~ *war los*** kıyamet koptu; ***wer*** (***wo, was***) ***zum* ~ …?** Allah aşkına, kim (nerede, ne) …?

Teufelskerl *m* F yaman herif

Teufelskreis *m* kısır döngü

teuflisch *adj* şeytanî, şeytanca, şeytan gibi

Text *m* ⟨-s; -e⟩ metin; *unter Bild* resimaltı; (*Lied*2) şarkı sözü, güfte; THEA rol, replik; **~ausdruck** EDV metin çıkışı; **~baustein** *m* EDV metin elemanı; **~er** *m* ⟨-s; -⟩, **~erin** *f* ⟨-; -nen⟩ *Schlager* şarkı sözü yazarı; (*Werbe*2) metin yazarı

Textilien [-'tiːliən] *pl* dokuma, tekstil

Text|kritik *f* metin/edebiyat eleştirisi; **~verarbeitung** *f* ⟨-; -en⟩ metin/kelime işlem(i); **~verarbeitungssystem** *n* metin işlem sistemi (*od* işlemcisi)

tgl. *Abk* → ***täglich***

TH *Abk* → ***Technische Hochschule***

Thailand *n* Tayland

Theater [te'aːtɐ] *n* ⟨-s; -⟩ tiyatro; F *fig* ~ ***machen*** (***um***) bş-i çok büyütmek; **~abonnement** *n tiyatro abonman sistemi*; **~aufführung** *f* tiyatro gösterisi; **~besuch** *m* tiyatroya gitme; **~besucher(in** *f*) *m* tiyatro seyircisi; **~karte** *f* tiyatro bileti; **~kasse** *f* tiyatro gişesi; **~probe** *f* tiyatro provası; **~stück** *n* tiyatro oyunu; **~vorstellung** *f* tiyatro gösterisi

theatralisch *adj* tiyatro *subst*; *fig* yapmacıklı, teatral

Thema *n* ⟨-s; -men⟩ konu; (*Leitgedanke*) anafikir, tema; GR, MUS tema; ***beim* ~ *bleiben*** konudan ayrılmamak; ***das* ~ *wechseln*** konuyu değiştirmek

Thematik *f* ⟨-; -en⟩ tema, konu; MUS işleniş/işleyiş

Theolog|e *m* ⟨-n; -n⟩ teolog, ilahiyatçı; **~ie** *f* ⟨-; -n⟩ teoloji, ilahiyat; **~in** *f* ⟨-; -nen⟩ teolog/ilahiyatçı (kadın); **2isch** *adj* teolojik

Theoretiker *m* ⟨-s; -⟩, **~in** *f* ⟨-; -nen⟩ kuramcı, teorisyen

theoretisch *adj* kuramsal, teorik

theoretisieren *v/i* ⟨*o* ge-, *h*⟩ *abw* teoriye kaçmak

Theorie *f* ⟨-; -n⟩ kuram, teori; ***in der* ~** teoride

Therapeut *m* ⟨-en; -en⟩, **~in** *f* ⟨-; -nen⟩ terapist

therapeutisch *adj* terapi *subst*

Therapie *f* ⟨-; -n⟩ tedavi, terapi

Thermal|bad *n* ılıca/kaplıca (hamamı); *Ort* kaplıca beldesi; **~quelle** *f* kaplıca

Thermik *f* ⟨-; *o pl*⟩ termik

thermisch *adj* termik

Thermodynamik *f* termodinamik

Thermometer *n* ⟨-s; -⟩ termometre, F derece

thermonuklear *adj* termonükleer

Thermostat *m* ⟨-s, -en; -e(n)⟩ termostat

These *f* ⟨-; -n⟩ tez, sav, iddia

Thrombose *f* ⟨-; -n⟩ MED tromboz, pıhtı (oluşumu)

Thron *m* ⟨-s; -e⟩ taht

thronen *v/i* ⟨*h*⟩ tahtta oturmak; *fig* kurulup oturmak

Thronfolge *f* tahta çıkma sırası

Thronfolger *m* ⟨-s; -⟩, **~in** *f* ⟨-; -nen⟩ veliaht

Thunfisch *m* ton(balığı)

Thymian *m* ⟨-s; -e⟩ BOT kekik

Tibet *n* ⟨-s; *o pl*⟩ Tibet; **~er** *m* ⟨-s; -⟩, **~erin** *f* ⟨-; -nen⟩ Tibetli; **2isch** *adj* Tibet(li) *subst*; **~isch** *n* Tibetçe

Tick *m* ⟨-s; -s⟩ tik

ticken *v/i* ⟨*h*⟩ tıkırdamak, tiktak etmek

Ticket *n* ⟨-s; -s⟩ bilet

tief 1. *adj* derin; (*niedrig*) alçak; *Ton* pes, kalın; *Ausschnitt* açık; **2.** *adv*: ~ ***greifend*** derin etkileri olan; ~ ***liegend*** oyuk, çukur; ~ ***schürfend*** derin, esaslı; ~ ***in Gedanken*** dalgın dalgın; ~ ***schlafen*** derin uyumak; ***bis* ~ *in die Nacht*** gecenin geç saatlerine kadar

Tief *n* ⟨-s; -s⟩ METEO alçak basınç; PSYCH çöküntü, depresyon; ÖKON durgunluk

Tiefbau *m* ⟨-s; *o pl*⟩ ARCH yeraltı inşaatı;

T

~ingenieur *m* inşaat altyapı mühendisi

Tiefdruck *m* ⟨-s; *o pl*⟩ alçak basınç; BUCH tifdruk (baskı); **~gebiet** *n* METEO alçak basınç alanı

Tiefe *f* ⟨-; -n⟩ derinlik; **~n** *pl* MUS baslar

Tiefebene *f* ova

Tiefenpsychologie *f* bilinçaltı psikolojisi

Tiefenregler *m* bas ayarı

Tiefenschärfe *f* FOTO netlik derinliği

Tief|flug *m* alçak(tan) uçuş; **~gang** *m* ⟨-s; *o pl*⟩ MAR su çekimi; *fig* derin düşünce; **~garage** *f* bina altı garajı

tief|gefroren, **~gekühlt** *adj* derin dondurulmuş

Tiefkühl|fach *n* derin dondurucu gözü; **~kost** *f* donmuş yiyecek; **~schrank** *m* derin dondurucu (*dolap*); **~truhe** *f* derin dondurucu (*sandık*)

Tiefpunkt *m* çöküntü; ***e-n seelischen ~ haben*** ruhsal bir çöküntü geçirmek

Tiefschlag *m* *Boxen* belden aşağıya vuruş

tiefschwarz *adj* simsiyah, kapkara

Tiefsee *f* derin deniz

tiefsinnig *adj* derin anlamlı; *Person* derin düşünen

Tiefstand *m* ⟨-s; *o pl*⟩ en düşük seviye

Tiegel *m* ⟨-s; -⟩ pota

Tier *n* ⟨-s; -e⟩ hayvan; F ***großes*** (*od* ***hohes***) **~** kodaman; **~art** *f* hayvan türü; **~arzt** *m*, **~ärztin** *f* veteriner (hekim); **~handlung** *f* *ev hayvanları dükkanı*; **~heim** *n* hayvan bakım yurdu

tierisch *adj* hayvansal, hayvani; *fig* hayvani, gaddar; F korkunç, dehşet; ***~e Fette*** hayvansal yağlar

Tierklinik *f* hayvan hastanesi

Tierkreis *m* ⟨-es⟩ ASTR burçlar kuşağı, zodyak; **~zeichen** *n* burç

tierlieb *adj* hayvansever

Tiermedizin *f* ⟨-; *o pl*⟩ veteriner hekimlik; **~park** *m* hayvanat bahçesi; **~pfleger(in** *f*) *m* hayvan bakıcısı; **~quälerei** *f* ⟨-; -en⟩ hayvanlara eziyet; **~reich** *n* ⟨-s; *o pl*⟩ hayvanlar âlemi; **~schutz** *m* hayvan koruma; **~schützer(in** *f*) *m* hayvan korumacı; **~schutzverein** *m* hayvan koruma derneği; **~transport** *m* (kesimlik) hayvan nakliyatı; **~versuch** *m* MED *hayvan üzerinde deney*; **~versuchsgegner(in** *f*) *m* *hayvanlar üzerinde deney karşıtı*

Tiger *m* ⟨-s; -⟩ (erkek) kaplan; **~in** *f* ⟨-; -nen⟩ (dişi) kaplan

tilg|en *v/t* ⟨*h*⟩ yok etmek; ÖKON *Schuld* geri ödemek; *Anleihe* rehinden kurtarmak; **≈ung** *f* ⟨-; -en⟩ ÖKON geri ödeme; itfa; **≈ungsfonds** *m* itfa fonu

timen ['taımən] *v/t* ⟨*h*⟩: zamanlamak; ***gut*** (***schlecht***) ***getimt*** iyi (kötü) zamanlanmış

Timing ['taımıŋ] *n* ⟨-s; -s⟩ zamanlama

Tinktur *f* ⟨-; -en⟩ hulasa, ruh, tentür

Tinte *f* ⟨-; -n⟩ mürekkep; F ***in der ~ sitzen*** şapa oturmuş olmak

Tinten|fisch *m* mürekkepbalığı; **~klecks** *m* mürekkep lekesi; **~kuli** *m* mürekkepli tükenmez(kalem); **~strahldrucker** *m* EDV püskürtmeli yazıcı

Tipp *m* ⟨-s; -s⟩ ipucu; (*Rat*) öğüt, akıl; (*Andeutung*) ima; (*Wett≈*) tahmin; *an Polizei* ihbar

tippen ⟨*h*⟩ *v/i* F *Lotto*, *Toto* oynamak, kupon doldurmak; (*a v/t*) F (*schreiben*) daktilo etmek; **~ *an*** (*A*) *-e* hafifçe vurmak; **~ *auf*** (*A*) *-i* tahmin etmek

Tippfehler *m* F daktilo hatası

Tippschein *m* lotto/toto kuponu

tipptopp *adj u adv* F: ***~ sauber*** tertemiz, çiçek gibi

Tisch *m* ⟨-es; -e⟩ masa; ***am ~ sitzen*** masada oturmak; ***bei ~*** yemekte; ***den ~ decken*** (***abräumen***) sofrayı kurmak (kaldırmak); ***reinen ~ machen*** (***mit*** *-i*) hale yola koymak; ***unter den ~ fallen*** kaynamak, gürültüye gitmek

Tisch|decke *f* masa örtüsü; **≈fertig** *adj* hazır (*Essen*); **~gebet** *n*: ***das ~ sprechen*** sofra/yemek duasını okumak; **~karte** *f* yer kartı (*yemekte*); **~kopierer** *m* masaüstü fotokopi makinası

Tischler *m* ⟨-s; -⟩ marangoz

tischlern ⟨*h*⟩ **1.** *v/t* yapmak (*marangozluk ederek*); **2.** *v/i* marangozluk yapmak

Tisch|ordnung *f* oturma düzeni (*yemekte*); **~platte** *f* masa tahtası; **~rede** *f* yemek söylevi; **~tennis** *n* masa tenisi; **~tuch** *n* sofra örtüsü; *auf dem Boden* sofra bezi; **~wein** *m* sofra şarabı

Titan *n* ⟨-s; *o pl*⟩ CHEM titan

Titel *m* ⟨-s; -⟩ unvan, ad; başlık; **~bild** *n* kapak resmi; **~blatt** *n* kapak sayfası; **~geschichte** *f* kapak konusu; **~kampf** *m* SPORT unvan mücadelesi; **~melodie** *f* FILM jenerik müziği; **~rolle** *f* THEA *usw*

başrol; **~verteidiger** *m* birinciliği/unvanını koruyan *adj*

Toast[1] [to:st] *m* ⟨-s; -e, -s⟩ kızarmış ekmek

Toast[2] [to:st] *m*: ***einen ~ auf j-n ausbringen*** b-nin şerefine kadeh kaldırmak

toasten ['to:st(ə)n] *v/t* ⟨*h*⟩ *Brot* kızartmak

Toaster ['to:-] *m* ⟨-s; -⟩ ekmek kızartma makinası; *Imbissstube* tost makinası

toben *v/i* ⟨*h/sn*⟩ bağırıp tepinmek; *Kinder* gürültü yapmak

tobsüchtig *adj* kudurmuş, kuduz

Tobsuchtsanfall *m* F: ***e-n ~ bekommen*** kudurmak

Tochter *f* ⟨-; ⸚⟩ kız (evlat); **~gesellschaft** *f* ÖKON bağlı şirket (*bir ana şirkete*)

Tod *m* ⟨-es; -e⟩ ölüm, vefat; ***den ~ finden*** ölmek; ***j-n zu ~e erschrecken*** b-nin korkudan ödünü koparmak; ***j-n zu ~e langweilen*** b-ni cansıkıntısından öldürmek

todernst *adj* ciddî mi ciddî

Todes|ängste *pl*: ***~ ausstehen*** ölüm korkuları çekmek; **~anzeige** *f* ölüm/vefat ilanı; **~fall** *m* ölüm; **~gefahr** *f* ölüm tehlikesi; **~jahr** *n* ölüm yılı; **~kampf** *m* can çekişme; **~kandidat** *m* F ölüm mahkumu; *fig büyük bir tehlikeye atılan*; **~opfer** *n* ölü (*kaza, felaket vs*); **~stoß** *m* öldürücü darbe; **~strafe** *f* JUR ölüm cezası; **~tag** *m* ölüm günü; **~ursache** *f* ölüm sebebi; **~urteil** *n* ölüm fermanı; F idam kararı; F **~verachtung** *f*: ***mit ~*** ölüme meydan okuyarak; **~wunsch** *m* ölme isteği

Todfeind *m* can düşmanı

todkrank *adj* ölümcül hasta

tödlich 1. *adj Unfall* ölümle sonuçlanan; *Dosis, Gift* öldürücü; **2.** *adv*: ***~ beleidigt*** alabildiğine gücenmiş; ***~ verunglücken*** kazada ölmek; ***sich ~ langweilen*** cansıkıntısından patlamak

todmüde *adj* yorgunluktan ölmüş/bitmiş

todschick *adj* F: ***~ angezogen*** alabildiğine şık giyimli

todsicher F **1.** *adj*: ***e-e ~e Sache*** şaşmaz/yüzdeyüzlük bir iş; **2.** *adv*: ***er kommt ~*** yüzdeyüz gelir

Todsünde *f* REL büyük günah

Tohuwabohu *n* ⟨-(s); -s⟩ kargaşa

toi *int* F: ***~, ~, ~!*** nazar değmesin!, tu maşallah!; (*viel Glück*) bol şans!

Toilette [toa'lɛtə] *f* ⟨-; -n⟩ tualet; *öffentliche* umumî hela

Toiletten|artikel [toa'lɛtən-] *m* tualet malzemesi; **~frau** *f*, **~mann** *m* tualete bakan (kadın/adam); **~papier** *n* tualet kağıdı; **~tisch** *m* tualet masası

tolerant *adj* (***gegen*** *-e* karşı) hoşgörülü

Toleranz *f* ⟨-; *o pl*⟩ hoşgörü; TECH tolerans, pay; **~schwelle** *f* hoşgörü/tolerans sınırı

tolerieren *v/t* ⟨*o* ge-, *h*⟩ hoşgörmek

toll *adj* F enfes, harika, çılgın; ***e-e ~e Sache, ein ~es Ding*** harika bir şey; F ***ein ~er Kerl*** çılgın bir adam

tollen *v/i* bağırıp çağırmak, azmak

Tollkirsche *f* BOT güzelavratotu, beladon

tollkühn *adj* cüretkâr, deliduman

Tollpatsch *m* ⟨-s; -e⟩ beceriksiz, çolpa

Toll|wut *f* MED kuduz (hastalığı); **⁓wütig** *adj* kuduz(lu), kudurmuş

Tölpel *m* ⟨-s; -⟩ hantal, orman kibarı

Tomate *f* ⟨-; -n⟩ domates

Tomaten|mark *n* domates salçası; **~saft** *m* domates suyu

Tombola *f* ⟨-; -s⟩ tombala

Tomogramm *n* ⟨-s; -e⟩ MED tomografi

Tomographie [-f-] *f* ⟨-; -n⟩ MED tomografi

Ton[1] *m* ⟨-s; -e⟩ GEOL kil, balçık

Ton[2] *m* ⟨-s; ⸚e⟩ *a* TECH ses; (*Klang*) (ses) ton(u); (*Note*) nota; (*Betonung*) vurgu; (*Farb⁓*) (renk) ton(u); ***er hat keinen ~ gesagt*** ses çıkarmadı, gık demedi; ***e-n anderen ~ anschlagen*** ağız değiştirmek; ***sie gibt den ~ an*** hep onun dediği oluyor; ***~ in ~*** renkleri birbirine uygun

tonangebend *adj* belirleyici

Ton|arm *m* pikap kolu; **~art** *f* MUS anahtar, makam; **~aufnahme** *f* ses kaydı; **~ausfall** *m* sesin gitmesi

Tonband *n* ⟨-s; ⸚er⟩ ses bandı; ***auf ~ aufnehmen*** banda almak/kaydetmek; **~aufnahme** *f* ses/bant kaydı; **~gerät** *n* ses kayıt cihazı, teyp

tönen *v/t* ⟨*h*⟩ hafifçe boyamak; *dunkler* koyulaştırmak

Toner *m* ⟨-s; -⟩ BÜRO toner; **~kassette** *f* toner kaseti

Tonerde *f* killi toprak

Tonfall *m* ⟨-s; *o pl*⟩ (*Akzent*) şive, aksan; (*Art zu sprechen*) *-in* sesinin tonu

T

Ton|film *m* sesli film; **~frequenz** *f* ses frekansı; **~höhe** *f* PHYS ses yüksekliği/dikliği; F ses inceliği-kalınlığı
Tonikum *n* ⟨-s; -ka⟩ MED tonik
Ton|ingenieur *m* ses başyönetmeni, tonmayster; **~kopf** *m* okuma kafası; **~lage** *f* ses perdesi; **~leiter** *f* MUS gam
Tonnage [tɔ'na:ʒə] *f* ⟨-; -n⟩ MAR tonaj, tonilato
Tonne *f* ⟨-; -n⟩ **1.** fıçı; *(Regen*≗*) yağmur suyu biriktirme bidonu; (Müll*≗ *)* çöp bidonu; **2.** ton *(1000 kg)*
Ton|regler *m* ton ayarı; **~studio** *n* ses (kayıt) stüdyosu; **~techniker** *m* ses yönetmeni
Tönung *f* ⟨-; -en⟩ tonlama, nüanslama
Tonwaren *pl* seramik eşya
Top *n* ⟨-s; -s⟩ top *(bluz)*
Topf *m* ⟨-s; ⸚e⟩ *(Koch*≗*)* tencere; *(Blumen*≗*)* saksı; *(Nacht*≗*)* lazımlık
Töpfchen *n* ⟨-s; -⟩ *Kindersprache* lazımlık
Töpfer *m* ⟨-s; -⟩ seramikçi, *traditionell* çömlekçi; **~ei** *f* ⟨-; -en⟩ seramikçilik, çömlekçilik; seramik; **~in** *f* ⟨-; -nen⟩ seramikçi/çömlekçi (kadın); **~scheibe** *f* çömlekçi tornası; **~waren** *pl* seramik eşya
topfit *adj* demir gibi *(zinde)*
Topfpflanze *f* saksı bitkisi
Topographie [-'fi:] *f* ⟨-; -n⟩ topoğrafya
Topp *m* ⟨-s; -e(n), -s⟩ MAR cunda
Tor *n* ⟨-s; -e⟩ kapı, cümle kapısı; SPORT kale; *geschossenes* gol
Torbogen *m* kapı kemeri
Torchance *f* gol fırsatı
Torf *m* ⟨-s; *o pl*⟩ turba; **~mull** *m* kurutulmuş turba
Torhüter(in *f*) *m* F bekçi; SPORT kaleci
töricht *adj* deli(ce), akılsız(ca)
Torjäger(in *f*) *m* golcü
torkeln *v/i* ⟨*sn*⟩ sendelemek, yalpalamak
Torlinie *f* kale çizgisi
Tornado *m* ⟨-s; -s⟩ tornado
torpedieren *v/t* ⟨*o* ge-, *h*⟩ torpillemek; *fig* engellemek, baltalamak
Torpedo *m* ⟨-s; -s⟩ torpido, torpil
Tor|pfosten *m* SPORT kale direği; **~raum** *m* kale sahası
Torso *m* ⟨-s; -s, -si⟩ torso
Torschlusspanik *f* F *fig* treni kaçırma korkusu
Torschütze *m* SPORT golü atan
Torte *f* ⟨-; -n⟩ turta, (yaş) pasta
Tortur *f* ⟨-; -en⟩ eziyet, yorgunluk
Torwart *m* ⟨-s; -e⟩ SPORT kaleci
tosend *adj*: **~er Applaus** alkış tufanı
tot *adj* ölmüş, ölü; **~ umfallen** düşüp ölmek; **~er Winkel** AUTO *dikiz aynasının göstermediği açı*
total 1. *adj* bütün, komple, genel; **2.** *adv* büsbütün, tamamen, hepten
Total|ausfall *m* TECH tamamen devre dışı kalma; **~ausverkauf** *m* tahliye satışı
totalitär *adj* POL totaliter
Totalschaden *m* AUTO tam hasar
totarbeiten *v/r* ⟨-ge-, *h*⟩ ölesiye çalışmak
Tote *m, f* ⟨-n; -n⟩ ölü; *(Leiche)* ceset
töten *v/t* ⟨*h*⟩ öldürmek
toten|blass *adj*, **~bleich** *adj* beti benzi atmış, (ölü gibi) sapsarı; **≗kopf** *m* kurukafa; **≗schein** *m* ölüm bildirimi; **≗starre** *f* MED ölü katılığı; **~still** *adj* (üstüne) ölü toprağı serpilmiş gibi; **≗stille** *f* ölüm sessizliği
Tot|geburt *f* ölü doğum; *fig* ölü doğmuş *adj*; **≗lachen** *v/r* ⟨-ge-, *h*⟩ F gülmekten kırılmak/ölmek; **≗laufen** *v/r* ⟨*unreg*, -ge-, *h*⟩: ***sich ~*** başarısızlıkla sonuçlanmak
Toto *n, a m* ⟨-s; -s⟩ spor toto; **(*im*) *~ spielen*** spor toto oynamak; **~schein** *m* spor toto kuponu
Totschlag *m* ⟨-s; *o pl*⟩ JUR adam öldürme, katil
totschlagen *v/t* ⟨*unreg*, -ge-, *h*⟩ öldürmek; ***die Zeit ~*** vakit öldürmek
Totschläger *m* katil; *(Stock)* usturpa
totschweigen *v/t* ⟨*unreg*, -ge-, *h*⟩ örtbas etmek, geçiştirmek; ***j-n ~*** *-in* hiç adını anmamak
totstellen *v/r* ⟨-ge-, *h*⟩ F: ***sich ~*** ölmüş gibi yapmak
Tötung *f* ⟨-; -en⟩ JUR adam öldürme; *fahrlässige* taksirle adam öldürme, ölüme sebebiyet
Touch [tatʃ] *m* ⟨-s; -s⟩ hava, atmosfer, karakter
Touchscreen ['tatʃskri:n] *m* ⟨-s; -s⟩ EDV dokunmalı ekran
Toupet [tu'pe:] *n* ⟨-s, -s⟩ ilave saç
toupieren [tu-] *v/t* ⟨*o* ge-, *h*⟩ kabartmak *(Haare)*
Tour [tu:r] *f* ⟨-; -en⟩ tur; *(Ausflug)* gezi, gezinti; TECH devir; ***auf ~en bringen***

T

hızlandırmak; ***auf ~en kommen*** hızlanmak; ***krumme ~en*** çarpık/hileli işler
Tourismus [tu-] *m* ⟨-; *o pl*⟩ turizm
Tourist [tu-] *m* ⟨-en; -en⟩ turist
Touristenklasse [tu-] *f* LUFTF turistik mevki
Tourist|ik [tu-] *f* ⟨-; *o pl*⟩ turizm; **~in** *f* ⟨-; -nen⟩ turist (kadın); **≈isch** *adj* turistik
Tournee [tʊr'neː] *f* ⟨-; -s, -n⟩ turne; ***auf ~ gehen*** turneye çıkmak
Trab *m* ⟨-s; -e⟩ tırıs; ***j-n auf ~ bringen*** b-ni koşturmak, b-ne acele ettirmek; ***j-n in ~ halten*** b-ne nefes aldırmamak
Trabantenstadt *f* uydukent
Trabrennen *n* tırıs koşusu
Tracht *f* ⟨-; -en⟩ yerel kıyafet; (*Schwestern≈ usw*) üniforma; ***e-e*** (***gehörige***) ***~ Prügel*** bir araba dayak/sopa
trachten *v/i* ⟨*h*⟩: ***j-m nach dem Leben ~*** b-nin hayatına kastetmek
Trachtenanzug *m yerel takım elbise*
trächtig *adj* ZOOL yüklü, gebe
Trackball ['trɛkbal] *m* ⟨-s; -s⟩ EDV trackball
Tradition [-'tsi̯oːn] *f* ⟨-; -en⟩ gelenek
traditionell *adj* geleneksel
tragbar *adj* TECH portatif, taşınır; (*tolerierbar*) katlanılır, çekilir
Trage *f* ⟨-; -n⟩ sedye
träge *adj* âtıl, üşengeç; PHYS âtıl, eylemsiz
tragen ⟨trägt, trug, getragen, *h*⟩ **1.** *v/t* taşımak; *Kleidung* giymiş olmak; *Schmuck*, *Brille* takmış olmak; (*er~*) çekmek, *-e* katlanmak; ***zum Tragen kommen*** (*wirksam werden*) etkili olmak; (*angewandt werden*) kullanılmak, uygulanmak; **2.** *v/i Früchte* meyve vermek; (*tragfähig sein*) çekmek, kaldırmak, *-e* yeterli olmak; ***er hat schwer zu ~*** (***an***) … ona çok yük oluyor; … ona çok ağır geliyor; **3.** *v/r*: ÖKON ***sich ~*** (***selbst***) sermayesini kurtarmak, rantabl olmak; ***sich mit der Absicht*** (*od* ***dem Gedanken***) ***~ zu*** -me niyetinde (*od* düşüncesinde) olmak
tragend *adj* ARCH taşıyıcı; THEA başrol oynayan
Träger *m* ⟨-s; -⟩ taşıyıcı; (*Gepäck≈*) hamal; *am Kleid* askı; TECH destek; ARCH putrel; *fig e-s Namens* taşıyan; **≈los** *adj Kleid usw* askısız; **~rakete** *f* taşıyıcı füze
Trage|tasche *f* pazar çantası; plastik *vs* torba (*büyükçe*); *für Babys* portbebe; **~tüte** *f* poşet, plastik *usw* torba
tragfähig *adj* TECH taşıyabilen, *-e* dayanıklı; *fig* kabul edilir, işe yarar; **≈keit** *f* ⟨-; *o pl*⟩ taşıma kapasitesi, dayanıklılık
Tragfläche *f* LUFTF kanat
Trag|flächenboot *n*, **~flügelboot** *n* hidrofoil tekne
Trägheit *f* ⟨-; *o pl*⟩ tembellik, üşengeçlik; PHYS atalet
Tragik *f* ⟨-; *o pl*⟩ acıklı durum, trajedi
Tragikomik *f* trajikomedi
tragikomisch *adj* trajikomik
Tragikomödie *f* trajikomedi
tragisch *adj* trajik
Tragödie [-diə] *f* ⟨-; -n⟩ THEA trajedi
Tragweite *f* ⟨-; *o pl*⟩ MIL yaylım; *fig* önem, etki; ***von großer ~*** çok önemli (sonuçları olan)
Tragwerk *n* LUFTF kanatlar *pl*
Trailer ['trɛːlɐ] ⟨-*s*; -⟩ FILM *-in* ara parçaları *pl*; AUTO karavan (*römork*)
Trainer ['trɛːnɐ] *m* ⟨-s; -⟩, **~in** *f* ⟨-; -nen⟩ antrenör
trainieren [trɛ'niːrən] ⟨*o* ge-, *h*⟩ **1.** *v/i* antrenman yapmak; **2.** *v/t* çalıştırmak; *-e* antrenman yaptırmak; *-e* antrenörlük yapmak
Training ['trɛːnɪŋ] *n* ⟨-s; -s⟩ antrenman
Trainingsanzug *m* eşofman
Trakt *m* ⟨-s; -e⟩ (*Gebäude≈*) kanat
Traktor *m* ⟨-s; -en ⟩ TECH traktör
trällern *v/t*, *v/i* ⟨*h*⟩ şakımak; *scherzh* şarkı söylemek (*kendi kendine*)
Trampel *m*, *n* ⟨-s; -⟩ F hoyrat/çolpa *adj*
trampeln *v/i* ⟨*h*⟩ *-i* ezip/çiğneyip geçmek (*dikkatsizlikle*)
Trampelpfad *m* keçiyolu, patika
trampen ['trɛmpən] *v/i* ⟨*sn*⟩ otostop yapmak
Tramper ['trɛmpɐ] *m* ⟨-s; -⟩, **~in** *f* ⟨-; -nen⟩ otostopçu
Trampolin [-liːn] *n* ⟨-s; -e⟩ trambolin
Tran *m* ⟨-s; -e⟩ balıkyağı; F *fig* ***im ~*** mahmur, sarhoş
Trance ['trãːs(ə)] *f* ⟨-; -n ⟩ trans (hali)
tranchieren [trã'ʃiːrən]*v/t* ⟨*o* ge-, *h*⟩ *-i* dilimlemek (*Fleisch*)
Träne *f* ⟨-; -n⟩ gözyaşı
tränen *v/i* ⟨*h*⟩ yaşarmak (*göz*)
Tränen|gas *n* gözyaşı gazı; **~sack** *m* gözyaşı kesesi

T

Trank *m* ⟨-s; ⸚e⟩ MED içecek
tränken *v/t* ⟨*h*⟩ *-e* su vermek/içirmek; *Tuch usw* ıslatmak
Transaktion [-'tsi̯o:n] *f* ⟨-; -en⟩ işlem, faaliyet
transatlantisch *adj* transatlantik
Transfer *m* ⟨-s; -s⟩ transfer; **ꝰieren** *v/t* ⟨*o* ge-, *h*⟩ havale/transfer etmek
Transform|ator *m* ⟨-s; -en⟩ transformatör; **ꝰieren** *v/t* ⟨*o* ge-, *h*⟩ dönüştürmek
Transfusion [-'zi̯o:n] *f* ⟨-; -en⟩ MED kan nakli
Transistor *m* ⟨-s; -en⟩ EL transistör; **~radio** *n* transistörlü radyo
Transit *m* ⟨-s; -e⟩ transit; **~halle** *f* LUFTF transit hali
transitiv [-f] *adj* GR geçişli
Transit|raum *m* LUFTF transit salonu; **~passagier** *m*, **~reisende** *m*, *f* transit yolcu(su); **~strecke** *f* transit yolu; **~verkehr** *m* transit trafiği; **~visum** *n* transit vizesi
Transmission *f* ⟨-; -en⟩ TECH transmisyon, aktarma
transparent *adj* şeffaf, saydam; *Kleidung a* transparan
Transparent *n* ⟨-s; -e⟩ pankart
Transplantat *n* ⟨-s; -e⟩ MED aktarılan/aktarılacak organ; **~ion** [-'tsi̯o:n] *f* ⟨-; -en⟩ MED organ nakli/aktarımı
transplantieren *v/t* ⟨*o* ge-, *h*⟩ nakletmek, aktarmak
Transport *m* ⟨-s; -e⟩ taşıma; nakliyat, taşımacılık
transportabel *adj* TECH taşınabilir
Transport|band *n* ⟨-s; ⸚er⟩ TECH nakil bandı; **~er** *m* ⟨-s; -⟩ AUTO panel, kamyonet
transportfähig *adj Kranker* nakledilecek durumda
transportieren *v/t* ⟨*o* ge-, *h*⟩ nakletmek; (*tragen*) taşımak
Transport|kosten *pl* taşıma/nakliye masrafları; **~mittel** *n* taşıma aracı; **~schiff** *n* nakliye gemisi; **~unternehmen** *n* nakliyat/taşıma şirketi; **~unternehmer(in** *f*) *m* nakliyatçı, taşımacı; **~versicherung** *f* nakliye/taşımacılık sigortası; **~wesen** *n* ⟨-s; *o pl*⟩ nakliyat(çılık); taşımacılık
Transvestit [-v-] *m* ⟨-en; -en⟩ transseksüel, travesti
Trapez *n* ⟨-es; -e⟩ MATH yamuk; trapez
transzendental *adj* PHIL aşkın, transandantal
trassieren *v/t* ⟨*o* ge-, *h*⟩ TECH saptamak, işaretlemek (*güzergah*); ÖKON (**auf** *-e*) keşide etmek
Tratte *f* ⟨-; -n⟩ ÖKON poliçe
Traube *f* ⟨-; -n⟩ salkım; (*Weinꝰ*) üzüm salkımı; *einzelne Beere* üzüm (tanesi); *fig* küme, yığın
Trauben|saft *m* üzüm suyu; **~sirup** *m* pekmez; **~zucker** *m* glikoz
trauen ⟨*h*⟩ **1.** *v/t* evlendirmek, *-in* nikâhını kıymak; ***sich ~ lassen*** evlenmek, nikâh kıydırmak; **2.** *v/i* güvenmek, inanmak; ***ich traute meinen Ohren*** (***Augen***) ***nicht*** kulaklarıma (gözlerime) inanamadım; **3.** *v/r*: ***sich ~, etw zu tun*** bş yapmaya kalkışmak/cesaret etmek
Trauer *f* ⟨-; *o pl*⟩ (**um** için) yas, matem, (*-in*) yas(ı); ***in ~*** yaslı, matemde; **~fall** *m* ölüm, vefat; **~feier** *f* cenaze töreni; **~marsch** *m* cenaze marşı
trauern *v/i* ⟨*h*⟩ (**um** *-in*) yas(ını) tutmak
Trauer|spiel *n* F trajedi; **~weide** *f* BOT salkımsöğüt; **~zug** *m* cenaze alayı
Traum *m* ⟨-s; ⸚e⟩ rüya, düş
Trauma *n* ⟨-s; -men, -mata⟩ MED travma
traumatisch *adj* travmatik
Traum|beruf *m* ideal meslek/iş; **~bild** *n* ideal; (**~***szene*) rüya sahnesi; (*Trugbild*) hayal; **~deutung** *f* rüya yorumu/tabiri
träumen ⟨*h*⟩ **1.** *v/i* rüya/düş görmek; ***das hätte ich mir nicht ~ lassen*** rüyamda görsem inanmazdım; **2.** *v/t* (**von** *-i*) rüyasında görmek; *fig* hayal etmek, (*-in*) rüyası(nı) görmek
Träumer *m* ⟨-s; -⟩ hayalci
Traum|fabrik *f* Hollywood *vs*; **~frau** *f* F *-in* hayalindeki kadın; **ꝰhaft** *adj* (**schön**) rüya gibi güzel; **~haus** *n* F *-in* hayalindeki ev; **~mann** *m* F *-in* hayalindeki erkek; **~welt** *f* hayal dünyası
traurig *adj Person* (**über** *A*, **wegen** *-e*) üzgün; *Sache* üzücü, acıklı; ***~ stimmen*** *-e* üzüntü vermek; **ꝰkeit** *f* ⟨-; *o pl*⟩ üzüntü, keder, hüzün
Trau|ring *m* alyans, nikâh yüzüğü; **~schein** *m* evlenme belgesi; **~ung** *f* ⟨-; -en⟩ evlenme töreni, nikâh; **~zeuge** *m*, **~zeugin** *f* nikâh şahidi
Travellerscheck ['trɛvələrʃɛk] *m* seyahat çeki
Travestie *f* ⟨-; -n⟩ travesti
Treck *m* ⟨-s; -s⟩ kafile (*göçmen vs*)

trecken *v/i* ⟨*sn*⟩ çekmek, sürüklemek; *kafile halinde göç etmek*
Trecker *m* ⟨-s; -⟩ traktör
Trecking *n* ⟨-s; *o pl*⟩ trekking
Treff *m* ⟨-s; -s⟩ F buluşma (yeri)
treffen ⟨trifft, traf, getroffen, *h*⟩ **1.** *v/t -e* isabet ettirmek; (*j-m begegnen*) b-le karşılaşmak, b-ne rastlamak; (*betreffen*) ilgilendirmek, *nachteilig* etkilemek; *kränken* incitmek, kırmak; *Maßnahmen* almak; ***j-n am Arm*** b-ni kolundan vurmak; ***nicht ~*** ıskalamak, isabet ettirememek; ***das hat sie hart getroffen*** bu onu kötü vurdu; **2.** *v/i*: ***~ auf*** rastlamak, isabet etmek; **3.** *v/r*: ***sich mit j-m ~*** b-le buluşmak: ***das trifft sich gut*** (***schlecht***) bu iyi (kötü) bir tesadüf/raslantı
Treffen *n* ⟨-s; -⟩ buluşma, görüşme
treffend *adj Bemerkung usw* uygun, isabetli, yerinde
Treffer *m* ⟨-s; -⟩ isabet; (*Tor*) gol; (*Gewinn*) ikramiye
Treffpunkt *m* buluşma yeri
Treibeis *n* yüzer buz (kütlesi)
treiben ⟨trieb, getrieben⟩ **1.** *v/t* ⟨*h*⟩ sür(ükle)mek, harekete geçirmek, yürütmek; yapmak, F halt karıştırmak; TECH çalıştırmak, işletmek; (*j-n an~*) teşvik etmek, F *-e* gaz vermek; ***Blüten ~*** çiçek vermek; ***Sport ~*** spor yapmak; ***die Preise in die Höhe ~*** *-in* piyasasını yükseltmek; ***was hat ihn dazu getrieben?*** onu buna sürükleyen ne oldu?; ***was treibst du*** (***zurzeit***)***?*** (şu sıra) neler yapıyorsun?; ***es zu weit ~*** fazla ileri gitmek; ***~de Kraft*** itici güç; **2.** *v/i* ⟨*sn*⟩ *im Wasser* sürüklenmek; ***sich ~ lassen*** sürüklenip gitmek
Treiben *n* ⟨-s; *o pl*⟩ (*Tun*) çalışma, işler *pl*; (*Vorgänge*) olaylar *pl*; ***geschäftiges ~*** hayhuy, koşuşma
Treiber *m* ⟨-s; -⟩ *başkalarını işe koşan, sıkıştıran*; EDV sürücü
Treib|gas *n* itici gaz; **~haus** *n* sera; **~hauseffekt** *m* ⟨-s; *o pl*⟩ sera etkisi; **~holz** *n suların sürüklediği ağaç/tahta parçaları*; **~jagd** *f* sürek avı; **~riemen** *m* TECH tahrik kayışı; **~sand** *m rüzgârın sürüklediği kum*; **~stoff** *m* yakıt
Trend *m* ⟨-s; -s⟩ (***zu*** *-e*) eğilim, … trendi; **~wende** *f* POL eğilimde dönüş
trennbar *adj* ayrılabilir, bölünebilir
trennen ⟨*h*⟩ **1.** *v/t* ayırmak; (*teilen*) bölmek; (*getrennt halten*) ayrı tutmak; *Verbindung* kesmek; **2.** *v/r*: ***sich ~*** (birbirinden) ayrılmak; ***sich ~ von etw*** bş-e kıymak; ***sich ~ von j-m*** b-nden ayrılmak
Trennlinie *f* ara çizgi, ara hattı; fasıl
Trennschärfe *f Radio* ayırma kuvveti, selektivite
Trennung *f* ⟨-; -en⟩ ayırma, ayrılma; böl(ün)me; (*Diskriminierung*) ayırım; ***seit ihrer ~*** ayrılmalarından beri
Trennungsstrich *m* GR kısa çizgi, birleştirme çizgisi
Trennwand *f* bölme duvarı, ara duvar
treppauf *adv*: ***~, treppab*** (merdivenden) bir aşağı, bir yukarı
Tret|auto *n* pedallı araba; **~boot** *n* deniz bisikleti
Treppe *f* ⟨-; -n⟩ merdiven
Treppen|absatz *m* merdiven sahanlığı; **~geländer** *n* tırabzan; **~haus** *n* merdiven boşluğu; (*Flur*) merdiven dairesi
Tresen *m* ⟨-s; -⟩ banko, bar
Tresor *m* ⟨-s; -e⟩ (çelik) kasa; **~fach** *n* kiralık kasa; **~raum** *m* kasa dairesi
treten ⟨tritt, trat, getreten⟩ **1.** *v/i* ⟨*sn*⟩ (ayak) basmak; (adımlayarak) gitmek; ***~ auf*** (*A*) *-e* (*od -in* üstüne) basmak; ***~ in*** (*A*) *-e* girmek; ***ins Zimmer ~*** odaya girmek; ***zur Seite ~*** kenara çekilmek; ***bitte ~ Sie näher!*** lütfen yaklaşın!; **2.** *v/t* ⟨*h*⟩ tekmelemek; ***nach j-m ~*** b-ne tekme atmak
treu *adj* vefakâr; (*gesinnt*) sadık; (*ergeben*) (içten) bağlı; ***sich*** (*D*) (***s-n Grundsätzen***) ***~ bleiben*** k-ne (ilkelerine) sadık kalmak
Treue *f* ⟨-; *o pl*⟩ vefa, sadakat, bağlılık; *eheliche* sadakat; ***j-m die ~ halten*** b-ne sadık kalmak
Treueid *m* sadakat/bağlılık yemini
Treuhandanstalt *f* HIST *eski Doğu Alman devlet işletmelerini özelleştirme kurumu*
Treuhänder *m* ⟨-s; -⟩ yeddiemin
treuhänderisch *adv*: ***etw ~ verwalten*** bş-i yeddiemin olarak yönetmek
Treuhandgesellschaft *f* yeddiemin kuruluşu
treuherzig *adj* temiz yürekli, içten bağlı
treulos *adj* (***gegen*** *-e* karşı) sadakatsiz; **≈igkeit** *f* ⟨-; *o pl*⟩ sadakatsizlik
Triathlon *n*, *m* ⟨-s; -s⟩ SPORT triatlon
Tribunal *n* ⟨-s; -e⟩ mahkeme (*savaş suç-*

luları vs için)
Tribüne *f* ⟨-; -n⟩ (*Redner*≗) kürsü; (*Zuschauer*≗) tribün
Trichine *f* ⟨-; -n⟩ ZOOL trişin
Trichter *m* ⟨-s; -⟩ TECH huni; F ***auf den ~ kommen*** sonunda anlamak
trichterförmig *adj* huni biçimli
Trick *m* ⟨-s; -s⟩ hile; FILM *a* trük; **~aufnahme** *f* hileli çekim; **~betrüger(in** *f*) *m* üçkağıtçı; dolandırıcı; **~film** *m* canlandırma filmi; **≗reich** *adj* hilesi bol; **~skilaufen** *n* akrobasi kayakçılığı
Trieb *m* ⟨-s; -e⟩ BOT sürgün; içgüdü
Triebfeder *f* zemberek; *fig* güdü, itici güç
triebhaft *adj* içgüdüsel
Triebkraft *f* TECH hareket kuvveti; PSYCH dürtü, motivasyon
Trieb|täter *m*, **~verbrecher** *m* cinsel suçlu
Triebwagen *m* BAHN lokomotif
Triebwerk *n* LUFTF *usw* motor ve pervane; jet motoru; **~schaden** *m* motorda bozukluk
triefen *v/i* ⟨troff *od* triefte, getroffen *od* getrieft, *h*⟩ damlamak, akmak, sızmak
triftig *adj* önemli; *Grund a* inandırıcı
Trikot [tri'ko:] *n* ⟨-s; -s⟩ SPORT forma; (*Tanz*≗) (dansçı) mayo(su)
Triller *m* ⟨-s; -⟩ MUS sesi titretme, triy
trillern *v/t*, *v/i* ⟨*h*⟩ *Vogel* şakımak; MUS sesi titretmek
Trillion *f* ⟨-; -en⟩ trilyon
Trilogie *f* ⟨-; -n⟩ LIT, FILM üçleme
Trimm-dich-Pfad *m* (aletli) koşu yolu
trimmen *v/t* ⟨*h*⟩ *Tier* ***~ auf*** … olarak yetiştirmek; ***sich ~*** *spor yaparak zinde kalmak*
trinkbar *adj* içilir, içilebilir
trinken *v/t u v/i* ⟨trank, getrunken, *h*⟩ içmek; ***~ auf*** *A -e* (*od -in* sağlığına *vs*) içmek; ***etw zu ~*** içecek (bir şey)
Trinker *m* ⟨-s; -⟩, **~in** *f* ⟨-; -nen⟩ içkici, ayyaş
trinkfest *adj*: ***er ist ~*** sıkı içkicidir, alkolden etkilenmez
Trinkhalm *m* kamış (*içmek için*)
Trinkgeld *n* bahşiş; ***j-m ein*** (***e-e Mark***) ***~ geben*** b-ne (bir mark) bahşiş vermek
Trink|kur *f* içme kürü; **~spruch** *m kadeh kaldırırken söylenen söz*
Trinkwasser *n* ⟨-s; *o pl*⟩ içme suyu
Trio *n* ⟨-s; -s⟩ *a* MUS üçlü
trippeln *v/i* ⟨*sn*⟩ tıpış tıpış yürümek
Tripper *m* ⟨-s; -⟩ MED F belsoğukluğu
trist *adj* iç karartıcı
Tritt *m* ⟨-s; -e⟩ adım; (*Fuß*≗) tekme; ***j-m e-n ~ versetzen*** b-ne tekme atmak
Trittbrett *n* AUTO eşik; **~fahrer(in** *f*) *m fig* bedavacı, avantacı
Trittleiter *f* mutfak merdiveni
Triumph [tri'ʊmf] *m* ⟨-s; -e⟩ büyük başarı, zafer
triumph|al [triʊm'fa:l] *adj* mükemmel, fevkalade; **~ieren** [triʊm'fi:rən] *v/i* ⟨*o* ge-, *h*⟩ (***über*** *A -e*) galip gelmek
trivial [tri'vĭa:l] *adj* sıradan
Trivialliteratur *f* sıradan/hafif edebiyat
trocken 1. *adj* kuru; *Boden* kurak; *Wein* sek; **2.** *adv*: ***sich ~ rasieren*** (elektrikli) makinayla tıraş olmak
Trocken|haube *f* (saç) kurutma başlığı; **~heit** *f* ⟨-; *o pl*⟩ kuruluk; (*Dürre*) kuraklık
trockenlegen *v/t* ⟨-ge-, *h*⟩ *Sumpf* kurutmak, akaçlamak; *Baby -in* altını değiştirmek/almak
Trocken|milch *f* süttozu; **~rasierer** *m* (elektrikli) tıraş makinası; **~zeit** *f* kuraklık (dönemi)
trocknen ⟨*h*⟩ **1.** *v/t* kurutmak, kurulamak; **2.** *v/i* kurumak
Trockner *m* ⟨-s; -⟩ kurutucu, kurutma makinası
Troddel *f* ⟨-; -n⟩ püskül
Trödel *m* ⟨-s; *o pl*⟩ eski (eşya); **~laden** *m* eskici (dükkanı); **~markt** *m* bitpazarı
trödeln *v/i* ⟨*h*⟩ oyalanmak, avarelik etmek
Trödler *m* ⟨-s; -⟩, **~in** *f* ⟨-; -nen⟩ eskici, hurdacı; (*Bummler*) haylaz, avare
Trog *m* ⟨-s; ⸚e⟩ tekne, küvet
Trommel *f* ⟨-; -n⟩ davul, trampet; TECH silindir, kazan; **~fell** *n* ANAT kulak zarı
trommeln ⟨*h*⟩ **1.** *v/t*: ***~ auf*** (*D*) *-in* üstünde trampet çalmak; **2.** *v/i* davul çalmak
Trompete *f* ⟨-; -n⟩ trompet, boru
trompeten *v/t* (*v/i*) ⟨*h*⟩ trompet(le bş-i) çalmak
Trompeter *m* ⟨-s; -⟩ trompetçi, borucu
Tropen *pl* tropikal kuşak sg; **≗fest** *adj* MED tropik iklime dayanıklı; **~wald** *m* tropik orman
Tropf *m* ⟨-s; -e⟩ MED (serum) damlatıcı(sı); ***am ~ hängen*** serum şişesine bağlı olmak
Tröpfchen *n* ⟨-s; -⟩ damlacık
tröpfchenweise *adv* damla damla,

gıdım gıdım
tröpfeln *v/unp* ⟨*h*⟩: ***es tröpfelt*** çiseliyor
tropfen *v/i* ⟨*h*⟩ *Wasserhahn* damlamak
Tropfen *m* ⟨-s; -⟩ damla; (*Schweiß*≗) boncuk; ***ein edler*** (*od* ***guter***) **~** seçkin (*od* iyi) bir şarap; ***ein ~ auf den heißen Stein*** devede kulak (*yardım, iyilik vs*)
tropfenweise *adv* damla damla
Tropfinfusion *f* MED damlalıklı enfüzyon
tropfnass *adj* sırılsıklam (ıslak/yaş)
Tropfstein *m* damlataş; **~höhle** *f* damlataş mağarası
Trophäe [tro'fɛːə] *f* ⟨-; -n⟩ zafer/av hatırası (*şey*)
tropisch *adj* tropikal
Trosse *f* ⟨-; -n⟩ MAR palamar
Trost *m* ⟨-s; *o pl*⟩ avuntu, teselli; ***ein schwacher ~*** soğuk teselli
trösten ⟨*h*⟩ **1.** *v/t* avutmak, teselli etmek; **2.** *v/r*: ***sich ~*** avunmak, teselli olmak
tröstlich *adj* avutucu, teselli edici
trostlos *adj Situation usw* ümitsiz; *Aussichten usw* iç açıcı olmayan; *Gegend usw* kasvetli, ıssız, perişan
Trostlosigkeit *f* ⟨-; *o pl*⟩ kasvet, perişanlık
Trost|pflaster *n scherzh* teselli; **~preis** *m* teselli ödülü/ikramiyesi
Trott *m* ⟨-s; -e⟩ *Pferd* yorga; ***in e-n ~ verfallen*** tekdüzeliğe sapmak
Trottel *m* ⟨-s; -⟩ F aptal, eşekbaşı
trotz *präp* (*G*) *-e* rağmen
Trotz *m* ⟨-es⟩ inat; ***aus ~*** inadına
trotzdem *adv* buna rağmen
trotzen *v/i* ⟨*h*⟩ (*widerstehen*) direnmek; (*stur sein*) inatçılık etmek
trotzig *adj* inatçı
Trotzreaktion *f* inat davranışı/tepkisi
trübe *adj* bulutlu; *Wasser* bulanık; *Licht* sönük, loş; *Himmel, Farben* kapalı, donuk; *Stimmung, Tag* hüzünlü, kasvetli
Trubel *m* ⟨-s; *o pl*⟩ kargaşa, F hengâme
trüben *v/t* ⟨*h*⟩ *Glück, Freude* bozmak, gölgelemek
trübselig *adj* iç karartıcı; **≗keit** *f* ⟨-; *o pl*⟩ iç karartıcılık
Trübsinn *m* ⟨-s; *o pl*⟩ keder, elem
trübsinnig *adj* kederli, meyus
trudeln *v/i* ⟨*sn*⟩ döne döne düşmek
Trüffel *f* ⟨-; -n⟩ BOT yermantarı, domuzelması
Trug|bild *n* hayal, kuruntu; **~schluss** *m* yanlış çıkarım; PHIL safsata
trügen ⟨trog, getrogen, *h*⟩ yanıltmak, aldatmak
trügerisch *adj* yanıltıcı, aldatıcı, yalan(cı)
Truhe ['truːə] *f* ⟨-; -n⟩ sandık
Trümmer *pl* enkaz *sg*; yıkıntı *sg*, harabe *sg*; (*Schutt*) döküntü *sg*; (*Stücke*) parçalar
Trümmerhaufen *m* enkaz yığını
Trumpf *m* ⟨-s; ⸗e⟩ koz; ***~ sein*** koz olmak; *fig* ***s-n ~ ausspielen*** kozunu oynamak
Trunkenheit *f* ⟨-; *o pl*⟩ JUR sarhoşluk; ***~ am Steuer*** içkili araba kullanma
Trunksucht *f* ⟨-; *o pl*⟩ ayyaşlık, alkolizm
Trupp *m* ⟨-s; -s⟩ grup, takım; (*Such*≗) ekip; MIL müfreze, tim
Truppe *f* ⟨-; -n⟩ MIL (*Einheit*) birlik, kıta; THEA topluluk; ***~n*** *pl* MIL birlikler, kuvvetler
Truppen|abbau *m* birliklerin azaltılması; **~abzug** *m* birliklerin çekilmesi; **~transporter** *m* MAR, LUFTF birlik nakliye gemisi/uçağı; **~übungsplatz** *m* manevra sahası
Trust [trast] *m* ⟨-s; -e, -s⟩ ÖKON tröst
Truthahn *m* hindi
Tschech|e *m* ⟨-n; -n⟩ Çek; **~ei** *f* F, *neg!* Çekya; **~in** *f* ⟨-; -nen⟩ Çek (kadın); **≗isch** *adj* Çek *subst*; Çekçe; **~isch** *n* Çekçe; ***~e Republik*** Çek Cumhuriyeti
tschüs, **tschüss** *int* F hoşça kal, F eyvallah
T-Shirt ['tiːʃøːt] *n* ⟨-s; -s⟩ tişört
TU [te'|uː] *Abk für* ***Technische Universität*** *f* teknik üniversite
Tube *f* ⟨-; -n⟩ tüp
Tuberkulose *f* ⟨-; -n⟩ MED tüberküloz, F verem
Tuch *n* ⟨-s; ⸗er⟩ *fein* kumaş; *einfach* bez; (*Hals*≗, *Kopf*≗) eşarp; (*Staub*≗) toz bezi
Tuchfühlung *f* F: ***~ haben mit*** *-le* temasta olmak
tüchtig *adj* hamarat; (*geschickt*) becerikli; (*leistungsfähig*) çalışkan, verimli; F *fig* (*ordentlich*) adamakıllı; ***~ zulangen*** yemeğe saldırmak; ***~ essen*** çalakaşık yemek; **≗keit** *f* ⟨-; *o pl*⟩ (*Können*) yetenek, beceri, hüner, marifet; (*Fleiß*) çalışkanlık, verim
Tücke *f* ⟨-; -n⟩ hainlik; (gizli) hata; ***s-e ~n haben*** *-in* zayıf noktaları olmak
tückisch *adj* sinsi, kötü niyetli; *Krank-*

T

heit habis, kötü huylu; (*gefährlich*) hain, kalleş
tüfteln *v/i* ⟨*h*⟩: ~ (**an** *D* üzerinde) inceden inceye çalışmak, (*-i*) iyice geliştirmek
Tüftler *m* ⟨-s; -⟩, **~in** *f* ⟨-; -nen⟩ *kılı kırk yararak çalışan, buluşlar yapan*
Tugend *f* ⟨-; -en⟩ erdem, fazilet; **²haft** *adj* erdemli, faziletli
Tüll *m* ⟨-s; -e⟩ tül(bent), krep
Tulpe *f* ⟨-; -n⟩ BOT lale
tummeln *v/r* ⟨*h*⟩: ***sich*** ~ koşuşmak, cirit atmak
Tummelplatz *m abw* buluşma yeri
Tumor *m* ⟨-s; -en ⟩ MED tümör, ur
Tümpel *m* ⟨-s; -⟩ çamur birikintisi, (çamurlu) gölet
Tumult *m* ⟨-s; -e⟩ şamata, curcuna; (*Randale*) gürültü, karışıklık; (*Aufstand*) isyan, ayaklanma
tun *v/t u v/i* ⟨tat, getan, *h*⟩ yapmak, etmek; *Schritt* atmak; F (*legen usw*) *-e* koymak; (*beschäftigt sein*) meşgul olmak; F ***j-m etw*** ~ b-ne bş yapmak; ***dagegen müssen wir etw ~!*** buna (karşı) bir şey yapmamız lazım!; ***zu ~ haben*** işi olmak; ***ich weiß (nicht), was ich ~ soll*** (*od* ***muss***) ne yapacağımı bilmiyorum; ***so ~, als ob*** -miş gibi yapmak; ***er hat nichts damit zu ~*** onun bu işle hiç ilgisi yok
Tünche *f* ⟨-; -n⟩ (kireç) badana
tünchen *v/t* ⟨*h*⟩ badanalamak, kireçlemek
Tundra *f* ⟨-; -dren⟩ tundra
Tunesien *n* ⟨-s; *o pl*⟩ Tunus
Tunesier *m* ⟨-s; -⟩, **~in** *f* ⟨-; -nen⟩ Tunuslu
tunesisch *adj* Tunus(lu) *adj*
Tunke *f* ⟨-; -n⟩ sos, salça, yemeğin suyu
tunken *v/t* ⟨*h*⟩ batırmak, banmak (***in A*** *-e*)
Tunnel *m* ⟨-s; -⟩ tünel
tupfen *v/t* ⟨*h*⟩ MED tampon yapmak
Tupfer *m* ⟨-s; -⟩ MED tampon, F pamuk tıkaç
Tür *f* ⟨-; -en⟩ kapı; ***Tag der offenen ~*** *halka/müşteriye açık gün*; F ***vor die ~ setzen*** kovmak, kapının önüne koymak; *fig* ***vor der ~ stehen*** kapıya dayanmak
Turban *m* ⟨-s; -e⟩ HIST kavuk, sarık; *modisch* türban
Turbine *f* ⟨-; -n⟩ TECH türbin
Turbo *m* ⟨-s; -s⟩ AUTO turbo; **~lader** *m* ⟨-s;-⟩ turbo; **~motor** *m* turbo motor
Turbo-Prop-Maschine *f* LUFTF türbinli uçak (*pervaneli*)
turbulent *adj* hummalı, velveleli
Turbulenz *f* ⟨-; -en⟩ girdap; *fig* velvele, huzursuzluk
Türgriff *m* kapı kolu; (*Knopf*) kapı tokmağı/topuzu
Türke *m* ⟨-n; -n⟩ Türk
Türkei *f* Türkiye
türken *v/t* ⟨*h*⟩ F *-e* hile karıştırmak, *-de* sahtekârlık yapmak
Türkin *f* ⟨-; -nen⟩ Türk (kadın)
Türkis *m* ⟨-es; -e⟩ firuze, türkuaz
türkisch *adj* Türk(iye) *subst*
Türkisch *n* Türkçe
Türklingel *f* kapı zili
Türklinke *f* kapı kolu
Turkmen|e *m* ⟨-n; -n⟩ Türkmen; **~in** *f* Türkmen (kadın); **²isch** Türkmen(istan) *subst*; Türkmence; **~isch** *n* Türkmence; **~istan** *n* Türkmenistan
Turm *m* ⟨-s; ¨-e⟩ kule; (*Schach*) kale
türmen **1.** *v/r* ⟨*h*⟩: ***sich*** ~ üst üste yığılmak, toplanmak, birikmek; **2.** *v/i* ⟨*sn*⟩ F tüymek, sıvışmak
Turmspitze *f* kule ucu/külahı
Turmuhr *f* kule saati
Turnanzug *m* eşofman
turnen *v/i* ⟨*h*⟩ jimnastik/cimnastik yapmak
Turn|en *n* ⟨-s; *o pl*⟩ jimnastik, cimnastik; *Schulfach* beden eğitimi; **~er** *m* ⟨-s; -⟩, **~erin** *f* ⟨-; -nen⟩ jimnastikçi; **~gerät** *n* cimnastik aleti; **~halle** *f* spor salonu; **~hose** *f* jimnastik şortu
Turnier *n* ⟨-s; -e⟩ turnuva
Turnschuh *m* spor ayakkabısı
Tür|öffner *m* kapı otomatiği; **~pfosten** *m* kapı direği; **~rahmen** *m* kapı kasası; **~schild** *n* kapı(daki isim) levhası
turteln *v/i* ⟨*h*⟩ F *Verliebte* bıcırdaşmak
Turteltaube *f* ZOOL kumru
Tusch *m* ⟨-s; -e⟩ MUS fanfar
Tusche *f* ⟨-; -n⟩ çini mürekkebi; (*Wimpern²*) maskara
tuscheln *v/i* ⟨*h*⟩ fiskoslaşmak
tuschen *v/t* ⟨*h*⟩ *çini mürekkebiyle resim yapmak*; ***sich*** (*D*) ***die Wimpern ~*** kirpiklerini boyamak
Tuschkasten *m* suluboya kutusu
Tuschzeichnung *f kağıt üzerine siyah çini mürekkebiyle resim*
Tüte *f* ⟨-; -n⟩ torba, kesekağıdı; (*Eis²*)

külah
tuten *v/i* ⟨*h*⟩ F MUS boru çalmak; düdük/korna çalmak
Tutor *m* ⟨-s; -en ⟩, **~in** *f* ⟨-; -nen⟩ *fakültede ders veren ileri sömestre öğrencisi*
TÜV [tyf] *m* ⟨-; *o pl*⟩ teknik muayene; ***nicht durch den ~ kommen*** teknik muayeneye takılmak; **~-Plakette** *f* teknik muayene plaketi
Typ *m* ⟨-s; -en⟩ tip; TECH *a* model; F *Mann* adam, herif; F ***er ist*** (***nicht***) ***mein ~*** o benim tipim değil
Type *f* ⟨-; -n⟩ (daktilo) harf(i); *Person* garip biri
Typhus ['ty:fʊs] *m* ⟨-; *o pl*⟩ MED tifüs
typisch *adj* (***für*** için) tipik, karakteristik; ***das ist ~ für ihn!*** ondan zaten bu beklenirdi!
Typus *m* ⟨-; Typen⟩ tip
Tyrann *m* ⟨-en; -en⟩ zorba, zalim; **~ei** *f* ⟨-; -en⟩ zorbalık, zulüm; **≈isch** *adj* zalimce; **≈isieren** *v/t* ⟨*o* ge-, *h*⟩ *-e* zulmetmek, *-i* ezmek; *fig a* b-ne kabadayılık (*od* zorbalık) etmek

U

u, **U** [u:] *n* ⟨-; -⟩ u, U
u. *Abk für* ***und*** ve
u. a. *Abk für* ***unter anderem/anderen*** ezcümle, diğerlerinin yanısıra; ***und andere(s)*** ve diğerleri (vd)
U-Bahn *f* metro; **~hof** *m* metro durağı; **~netz** *n* metro şebekesi
übel *adj* fena; ***~ gelaunt*** keyfi bozuk/kaçık; ***~ riechend*** fena kokulu; F (***gar***) ***nicht ~*** hiç de fena değil; ***mir ist ~*** rahatsızım; ***mir wird ~*** fenalaşıyorum; ***j-m etw ~ nehmen*** b-ne bş-den dolayı küsmek/gücenmek
Übel *n* ⟨-s; -⟩ kötülük; ***das kleinere ~*** ehveni şer
Übelkeit *f* ⟨-; *o pl*⟩ bulantı
Übeltäter(in *f*) *m* suçlu; (*Mörder*) cani
üben ⟨*h*⟩ **1.** *v/i* alıştırma/idman yapmak; **2.** *v/t*: ***Klavier ~*** piyano çalışmak
über 1. *präp* (*D*) *Lage -in* üstünde; (*oberhalb*) yukarısında; (*A*) *Richtung -in* üstüne; (*quer ~*) üstünden/üzerinden geçerek; ***~ München nach Rom*** Münih üzerinden Roma'ya; ***~ Nacht*** gece (boyunca); ***~s Jahr*** yıl (boyunca); ***~ der Arbeit*** çalışırken; ***er ist ~ siebzig*** (***Jahre alt***) onun yaşı yetmişin üstünde; ***~ Geschäfte*** (***Politik***) ***reden*** işten (politikadan) bahsetmek; ***~ die Auskunft*** TEL istihbarattan; **2.** *adv*: ***~ und ~*** büsbütün, tamamen
überall *adv* her yerde; ***~ in*** (*D*) *-in* her yerinde; ***~ wo*** her nerede … -se
überallher *adv* her yerden
überallhin *adv* her yere
überaltert *adj* miadı dolmuş; personeli çok yaşlı (*işletme vs*)
Überangebot *n* ÖKON (***an*** *D* bakımından) arz fazlası
überängstlich *adj* fazla korkak/ürkek
überanstreng|en ⟨*o* -ge-, *h*⟩ **1.** *v/t* aşırı yormak/zorlamak; **2.** *v/r*: ***sich ~*** aşırı yorulmak/zorlanmak; **≈ung** *f* ⟨-; *o pl*⟩ aşırı yorulma/zorlanma
überarbeiten ⟨*o* -ge-, *h*⟩ **1.** *v/t Buch usw* gözden geçirmek; **2.** *v/r*: ***sich ~*** fazla çalışmak, sürmenaj olmak
überarbeitet *adj Buch usw* gözden geçirilmiş; *Person* fazla çalışmış
überaus *adv* son derece, gayet
überbacken *adj* üstü kızartılmış (*fırında*)
überbeanspruchen *v/t* ⟨*o* -ge-, *h*⟩ TECH aşırı yüklemek/yormak; ***j-n ~*** b-ni fazla yormak
Überbein *n* MED egzostoz, F kemik çıkıntısı
überbelegt *adj* kapasitesini aşmış
überbelicht|en *v/t* ⟨*o* -ge-, *h*⟩ FOTO fazla pozlamak; **~et** *adj* fazla pozlanmış, F açık çıkmış
überbesetzt *adj* kapasitesini aşmış
überbewerten *v/t* ⟨*o* -ge-, *h*⟩ *-e* fazla önem vermek
überbieten *v/t* ⟨*unreg*, *o* -ge-, *h*⟩ *Auktion* (***um*** …) *-in* üstüne çıkmak; *fig* bş-i geçmek; ***j-n ~*** b-ne üstün gelmek
Überbleibsel *n* ⟨-s; -⟩ kalıntı; *Mahlzeit* artık; ***~ aus dem Mittelalter*** Ortaçağ'dan kalma *adj*

überblenden *v/t* ⟨*o* -ge-, *h*⟩ FILM *-e* bindirme yapmak
Überblick *m* genel/toplu bakış; *-in* bütünü hakkında bilgi; **~ über** *A -e* genel bakış; **den ~ verlieren** *-in* içinden çıkamaz olmak
überblicken *v/t* ⟨*o* -ge-, *h*⟩ her yönüyle görmek; *Folgen, Risiko* bir bakışta kavramak
überbringen *v/t* ⟨*unreg, o* -ge-, *h*⟩ getirmek, teslim etmek
überbrücken *v/t* ⟨*o* -ge-, *h*⟩ atlatmak, aşmak; EL ara kablosuyla bağlamak
Überbrückungskredit *m* ÖKON *geçici bir darlığı atlatmak için alınan kredi*
überbuchen *v/t* ⟨*o* -ge-, *h*⟩ ÖKON fazla kaydetmek; LUFTF … için fazla bilet satmak
überdacht *adj* kapalı (*çatıyla örtülü*)
überdauern *v/t* ⟨*o* -ge-, *h*⟩ *-den* uzun sürmek, *-den* uzun ömürlü olmak
überdehnen *v/t* ⟨*o* -ge-, *h*⟩ fazla esnetmek
überdenken *v/t* ⟨*unreg, o* -ge-, *h*⟩ etraflıca düşünmek; *noch einmal* bir daha düşünmek
überdeutlich *adj* fazla belirgin
überdies *adv* üstelik, bundan başka
überdimension|al *adj* fazla büyük; **~iert** *adj* büyük boyutlu; fazla büyük
Überdosis *f* MED aşırı doz
überdrehen *v/t* ⟨*o* -ge-, *h*⟩ TECH fazla döndürmek (*vida vs*); *fig* azmak, yerinde duramaz olmak
Überdruck *m* ⟨-s; ⸚e⟩ PHYS, TECH aşırı basınç; **~kabine** *f* yüksek basınçlı kabin (*uçak*); **~ventil** *n* TECH basınç düşürme valfı
Überdruss *m* ⟨-es⟩ bıkkınlık
überdrüssig *adj*: **e-r Sache ~ sein** bş-den bıkmış olmak
überdurchschnittlich *adj* ortalamanın üstünde
Übereifer *m* gayretkeşlik
übereifrig *adj* gayretkeş
übereign|en *v/t* ⟨*o* -ge-, *h*⟩: **j-m etw ~** b-ne bş-i devretmek, JUR temlik etmek; **²ung** *f* ⟨-; -en⟩ JUR (**an** *-e*) temlik
übereilen *v/t* ⟨*o* -ge-, *h*⟩ aceleye getirmek; **nichts ~** hiçbir şeyi aceleye getirmemek
übereilt *adj* düşünmeden, aceleyle
übereinander *adv* üst üste; **~ schlagen** *Beine* bacak bacak üstüne atmak; **~ sprechen** birbiri üzerine/hakkında
übereinkommen ⟨*unreg*, -ge-, *sn*⟩ uzlaşmak, fikir birliğine varmak
Übereinkunft *f* ⟨-; ⸚e⟩ uzlaşma, fikir birliği
übereinstimm|en *v/i* ⟨-ge-, *h*⟩ *Angaben* birbirine uymak, birbiriyle çakışmak; *Farben usw* uymak; **mit j-m ~ (in** *D* hakkında) b-le aynı görüşte olmak; **²ung** *f* ⟨-; -en⟩ görüş birliği, bağdaşma; **in ~ mit** b-le aynı görüşte, bş-e uygun olarak
überempfindlich *adj* MED (**gegen** *-e* karşı) aşırı hassas
überernährt *adj* aşırı beslenmiş
überfahren *v/t* ⟨*unreg, o* -ge-, *h*⟩ (arabayla) ezmek; *Ampel* kırmızıda geçmek
Überfahrt *f* MAR karşı tarafa geçiş
Überfall *m* ⟨-s; ⸚e⟩ (**auf** *A -e*) baskın; (*Raub*) soygun; (*Invasion*) saldırı, istila
überfallen *v/t* ⟨*unreg, o* -ge-, *h*⟩ *-e* saldırmak, *-i* basmak; *auf der Straße -in* yolunu kesmek; MIL *-e* istila etmek
überfällig *adj* zamanı (çoktan) gelmiş; *Zahlung* vadesi dolmuş
Überfallkommando *n Polizei* baskın ekibi
überfliegen *v/t* ⟨*unreg, o* -ge-, *h*⟩ *-in* üzerinden uçmak; *fig -e* göz gezdirmek; F üstünkörü okumak
überfließen *v/i* ⟨*unreg*, -ge-, *sn*⟩ taşmak
überflügeln *v/t* ⟨*o* -ge-, *h*⟩ geçmek, geride bırakmak
Überfluss *m* ⟨-es⟩ bolluk; **~ an** (*D*) … bolluğu; **im ~** bol bol; **zu allem ~** üstelik; **~gesellschaft** *f* refah toplumu
überflüssig *adj* yersiz; (*unnötig*) fazla, gereksiz
überfluten *v/t* ⟨*o* -ge-, *h*⟩ sel/su basmak
überfordern *v/t* ⟨*o* -ge-, *h*⟩ *Kräfte, Geduld -e* fazla yüklenmek, *-i* fazla zorlamak; **j-n ~** b-nden çok şey beklemek
überfragt *adj* F: **da bin ich ~** ben o kadarını bilmiyorum (*cevap olarak*)
Überfremdung *f* ⟨-; -en⟩ yabancılaşma, yabancı etkisiyle bozulma
überführen *v/t* ⟨*o* -ge-, *h*⟩: **j-n e-r Schuld** (*G*) **~** b-nin bir suçu işlediğini ispat etmek; ⟨-ge-, *h*⟩ götürmek, nakletmek
Überführung *f* ⟨-; -en⟩ JUR suçun ispatı; nakil (*cenaze, fabrikadan araba*); (*Brücke*) üstgeçit

U

Überfülle *f* ⟨-; *o pl*⟩ bolluk
überfüllt *adj* tıka basa dolu
Überfunktion *f* MED aşırı faaliyet, fazla çalışma
Übergabe *f* ⟨-; -n⟩ *a* MIL teslim, devir
Übergang *m* ⟨-s; ⸚e⟩ geçme; *fig* geçiş
übergangslos *adv* doğruca, kesintisiz
Übergangs|lösung *f* geçici çözüm; **~regierung** *f* geçici hükümet; **~stadium** *n* geçiş safhası; **~zeit** *f* geçiş dönemi
übergeben ⟨*unreg*, *o* -ge-, *h*⟩ **1.** *v/t* teslim etmek; MIL bırakmak; **2.** *v/r*: ***sich ~*** kusmak
übergehen[1] *v/i* ⟨*unreg*, -ge-, *sn*⟩: ***~ auf*** (*A*) *Nachfolger usw* b-ne geçmek; ***in j-s Besitz ~*** (*A*) b-nin üzerine/mülkiyetine geçmek; ***~ zu*** *-e* geçmek
übergehen[2] *v/t* ⟨*unreg*, *o* -ge-, *h*⟩ (*überspringen*) atlamak; (*ignorieren*) *-e* boş vermek, aldırmamak; (*nicht berücksichtigen*) ihmal/gözardı etmek
übergeordnet *adj* (*wichtig*) (daha) önemli; ***j-m ~*** b-nin üstünde; ***e-r Sache ~*** bş-in bağlı olduğu
Übergepäck *n* LUFTF fazla bagaj
übergeschnappt *adj* F fıttırmış, oynatmış
Übergewicht *n* ⟨-s; *o pl*⟩ kilo fazlası; *fig* ağırlık, üstünlük; ***~ haben*** *-in* ağırlığı fazla olmak; ***das ~ haben*** (***über*** *A* *-den*) üstün olmak
überglücklich *adj* alabildiğine mutlu
übergreifen *v/i* ⟨*unreg*, -ge-, *h*⟩ *fig* (***auf*** *A -e*) sıçramak, yayılmak
übergreifend *adv* genel, *-i* aşan; → ***parteiübergreifend***
Übergriff *m* ⟨-s; -e⟩ (***auf*** *A -e*) tecavüz, saldırı
übergroß *adj* kocaman, devasa
Übergröße *f* çok büyük beden/numara (*Kleidung*)
überhaben *v/t* ⟨*unreg*, -ge-, *h*⟩ (*zu viel haben*) *-in* elinde fazla var/olmak; (*überdrüssig*) *-den* bıkmış olmak; *Kleidung* üst üste giymiş olmak
überhand *adv*: ***~ nehmen*** fazla artmak/sıklaşmak
Überhang *m* ⟨-s; ⸚e⟩ ARCH çıkıntı; ÖKON fazla(lık)
überhängen[1] *v/i* ⟨*unreg*, -ge-, *h*⟩ ARCH çıkıntı yapmak, sarkmak
überhängen[2] *v/t* ⟨-ge-, *h*⟩ sırtına/omuzuna almak (*Tasche usw*)
überhäufen *v/t* ⟨*o* -ge-, *h*⟩: ***~ mit*** *Arbeit, Geschenke -e* boğmak; … yağdırmak
überhaupt *adv* hiç; (*sowieso, eigentlich*) zaten, aslında; ***~ nicht(s)*** hiç(bir şey) değil
überheblich *adj* kibirli, kendini beğenmiş; **Ձkeit** *f* ⟨-; *o pl*⟩ kibir, kendini beğenmişlik, küstahlık
überhitzen *v/t* ⟨*o* -ge-, *h*⟩ aşırı ısıtmak/kızdırmak
überhitzt *adj* kız(ış)mış; *fig* fazla ateşli
überhöht *adj* aşırı, fazla yüksek
überholen *v/t* ⟨*o* -ge-, *h*⟩ (yetişip) geçmek; AUTO *a* sollamak; TECH *-i* revizyondan geçirmek
Überholmanöver *n* AUTO sollama
Überholspur *f* sollama şeridi
überholt *adj* eski(miş), köhne
Überholung *f* ⟨-; -en⟩ TECH revizyon
Überholverbot *n* sollama yasağı
überhören *v/t* ⟨*o* -ge-, *h*⟩ işitmemek, duymamak; *absichtlich* duymazdan gelmek
überirdisch *adj* doğaüstü
Überkapazität *f* kapasite fazlası
überkleben *v/t* ⟨*o* -ge-, *h*⟩: ***etw ~*** *-in* üstünü (bş yapıştırarak) kapatmak
überkochen *v/i* ⟨-ge-, *sn*⟩ taşmak (*kaynarken*)
überkommen *v/t* ⟨*unreg*, *o* -ge-, *h*⟩: ***j-n überkam etw*** b-nin içini bş sardı/aldı (*korku vs*)
überkonfessionell *adj* mezheplerüstü
überkronen *v/t* ⟨*o* -ge-, *h*⟩ MED *-in* üstüne kuron geçirmek
überladen[1] *v/t* ⟨*unreg*, *o* -ge-, *h*⟩ *a* EL *-i* aşırı yüklemek
überladen[2] *adj* aşırı yüklü; *mit Schmuck* fazla süslü
überlagern ⟨*o* -ge-, *h*⟩ **1.** *v/t* *-in* üstünü kaplamak/örtmek; **2.** *v/r*: ***sich ~*** örtüşmek; (*übereinstimmen*) çakışmak
Überlandbus *m* şehirlerarası otobüs
Überlänge *f* normali aşan uzunluk
überlappend *adj* üst üste binen, çakışan
überlassen *v/t* ⟨*unreg*, *o* -ge-, *h*⟩: ***j-m etw ~*** bş-i b-ne bırakmak/terketmek; ***j-n sich selbst*** (***s-m Schicksal***) ***~*** b-ni kendi başına (kaderiyle başbaşa) bırakmak
überlasten *v/t* ⟨*o* -ge-, *h*⟩ *a* EL, TECH aşırı yüklemek; *fig* fazla zorlamak
überlastet *adj* aşırı yüklü

U

Überlastung *f* ⟨-; -en⟩ *a* EL TECH aşırı yükle(n)me
überlaufen[1] *v/i* ⟨*unreg*, -ge-, *sn*⟩ taşmak; POL (***zu*** *-e*) geçmek; MIL *-in* tarafına geçmek
überlaufen[2] **1.** *v/i* ⟨*unreg*, *o* -ge-, *h*⟩: ***Angst überlief mich*** içimi korku sardı; **2.** *v/unp*: ***es überlief mich heiß und kalt*** tüylerim diken diken oldu
überlaufen[3] *adj* çok kalabalık
Überläufer *m* POL karşı tarafa kaçan; MIL kaçak
überleben ⟨*o* -ge-, *h*⟩ **1.** *v/i* sağ/hayatta kalmak; **2.** *v/t -den* uzun yaşamak; *fig -den* sağ çıkmak
Überlebende *m, f* ⟨-n; -n⟩ kurtulan, sağ kalan
Überlebenschance *f* sağ kalma ihtimali
überlebensgroß *adj* gerçek boyundan büyük
überlegen[1] *v/t u v/i* ⟨*o* -ge-, *h*⟩ (… hakkında) düşünmek; (*-i*) ölçüp biçmek; ***lassen Sie mich ~*** bir düşüneyim; ***ich habe es mir*** (***anders***) ***überlegt*** fikrimi değiştirdim
überlegen[2] *adj* (*D -den*; ***an*** *D -de*) üstün
Überlegenheit *f* ⟨-; *o pl*⟩ üstünlük
überlegt *adj* iyi düşünülmüş
Überlegung *f* ⟨-; -en⟩ düşünme, düşünüp taşınma; (*Gedanke*) düşünce; ***~en anstellen*** düşüncelere varmak
überleit|en *v/i* ⟨-ge-, *h*⟩ (***zu*** *-e*) götürmek, geçişi sağlamak (*konuya vs*); **♀ung** *f* ⟨-; -en⟩ geçiş
überliefern *v/t* ⟨*o* -ge-, *h*⟩ nakletmek, anlatmak
überliefert *adj* geleneksel, söylenegelmiş
Überlieferung *f* ⟨-; -en⟩ (*Brauch*) gelenek; (*Sage*) rivayet
überlisten *v/t* ⟨*o* -ge-, *h*⟩ aldatmak, F faka bastırmak
Übermacht *f* ⟨-; *o pl*⟩ üstünlük, ezici güç; ***in der ~ sein*** güç bakımından üstün olmak
übermächtig *adj* güç bakımından üstün; *fig Gefühl usw* karşı konmaz
übermalen *v/t* ⟨*o* -ge-, *h*⟩ *-in* üstünü (*boyayarak od resim yaparak*) kapamak
Über|maß *n* ⟨-es⟩ (***an*** *D -de*) aşırılık, fazlalık; **♀mäßig** *adj* aşırı, ölçüsüz
Übermensch *m* üstün insan
übermenschlich *adj* insanüstü
übermitt|eln *v/t* ⟨*o* -ge-, *h*⟩ iletmek; **♀lung** *f* ⟨-; -en⟩ gönderme, iletme
übermorgen *adv* öbürgün; yarından sonra
übermüd|et *adj* bitkin, aşırı yorgun; **♀ung** *f* ⟨-; -en⟩ bitkinlik, aşırı yorgunluk
Übermut *m* ⟨-s; *o pl*⟩ taşkınlık
übermütig *adj* taşkın; ***~ sein*** kendine fazla güvenmek
übernächst *adj* öbür; ***~e Woche*** bir sonraki hafta
übernachten *v/i* ⟨*o* -ge-, *h*⟩ gecelemek, geceyi geçirmek
Übernachtung *f* ⟨-; -en⟩ geceleme; ***~ und Frühstück*** yatak ve kahvaltı
Übernachtungsmöglichkeit *f* gecelenecek yer
übernächtigt *adj* uykusuz (kalmış)
Übernahme *f* ⟨-; -n⟩ kabul etme; kendi üzerine alma/geçirme; ÖKON devralma; POL ele geçirme (*yönetimi*); ***~angebot*** *n* ÖKON devralma teklifi
übernational *adj* uluslarüstü
übernatürlich *adj* doğaüstü
übernehmen **1.** *v/t* ⟨*unreg*, *o* -ge-, *h*⟩ devralmak; *Idee*, *Brauch*, *Namen* benimsemek; *Führung*, *Kosten*, *Risiko*, *Verantwortung* almak, üstlenmek; **2.** *v/r*: ***sich ~*** kaldıramayacağı yükün altına girmek
überordnen *v/t* ⟨-ge-, *h*⟩ (*A -i*, *D -den*) üstün tutmak
überparteilich *adj* partilerüstü
Überproduktion *f* ÖKON aşırı üretim
überprüf|en *v/t* ⟨*o* -ge-, *h*⟩ gözden geçirmek, kontrol etmek, incelemek; *bes* POL araştırmak; **♀ung** *f* ⟨-; -en⟩ kontrol, inceleme; araştırma
überquellen *v/i* ⟨*unreg*, -ge-, *sn*⟩ (***über*** *-den* dışarıya) taşmak
überqueren *v/t* ⟨*o* -ge-, *h*⟩ aşmak, *-in* karşı tarafına geçmek
überragen *v/t* ⟨*o* -ge-, *h*⟩ *-den* daha yüksek olmak
überragend *adj* üstün, göze çarpan, göz alıcı
überraschen *v/t* ⟨*o* -ge-, *h*⟩ şaşırtmak, *-e* sürpriz yapmak; ***j-n bei etw ~*** b-ni bş-de yakalamak
überraschend *adj* sürpriz
Überraschung *f* ⟨-; -en⟩ sürpriz
Überraschungs|moment *n* sürpriz un-

U

suru; **~sieg** *m* sürpriz zafer

überreagieren *v/i* ⟨*o* -ge-, *h*⟩ -*e* aşırı tepki göstermek

überred|en *v/t* ⟨*o* -ge-, *h*⟩: ***j-n zu etw ~*** b-ni bş-e ikna etmek; **²ung** *f* ⟨-; *o pl*⟩ ikna; **²ungskunst** *f* ikna kabiliyeti

überregional *adj Presse usw* bölgelerüstü

überreich *adj*: ***~ sein an*** … bakımından olağanüstü zengin olmak

überreich|en *v/t* ⟨*o* -ge-, *h*⟩ sunmak, takdim etmek; **²ung** *f* ⟨-; *o pl*⟩ takdim, sun(ul)ma

überreif *adj* fazlasıyla olgun

überreizt *adj* aşırı heyecanlı; (*nervös*) çok sinirli, gergin

Überrest *m* artık, kalıntı

Überrollbügel *m* AUTO (takla) koruma kafesi, rol bar

überrollen *v/t* ⟨*o* -ge-, *h*⟩ ezip geçmek

überrumpeln *v/t* ⟨*o* -ge-, *h*⟩ (*überraschen*) gafil avlamak; (*überstimmen*) bastırmak, susturmak

übersät *adj*: ***~ mit*** ile kaplı, üstüne … serpiştirilmiş

übersättig|en *v/t* ⟨*o* -ge-, *h*⟩ ÖKON *Markt* aşırı doyurmak; **²ung** *f* ⟨-; *o pl*⟩ ÖKON, CHEM aşırı doygunluk

übersäuer|n *v/t* ⟨*o* -ge-, *h*⟩ MED fazla ekşitmek; **²ung** *f* ⟨-; *o pl*⟩ MED asit fazlası

Überschall|geschwindigkeit *f* LUFTF süpersonik hız; ***mit ~ fliegen*** sesten hızlı uçmak; **~knall** *m süpersonik ses patlaması*

überschatten *v/t* ⟨*o* -ge-, *h*⟩ *fig* -*e* gölge düşürmek

überschätzen *v/t* ⟨*o* -ge-, *h*⟩ -*e* fazla değer vermek; bş-i (gözünde) fazla büyütmek, fazla önemsemek

überschaubar *adj* (*übersichtlich*) derlitoplu, göze gelir; (*abschätzbar*) kestirilebilir

überschnappen *v/i* ⟨-ge-, *sn*⟩ F fıttırmak, keçileri kaçırmak

überschneiden *v/r* ⟨*unreg*, *o* -ge-, *h*⟩: ***sich ~*** çakışmak, üst üste gelmek; *Linien* kesişmek

überschreiben *v/t* ⟨*unreg*, *o* -ge-, *h*⟩ *Besitz* temlik etmek, devretmek

überschreiten *v/t* ⟨*unreg*, *o* -ge-, *h*⟩ -*den* geçmek; *fig* aşmak

Überschrift *f* başlık; *Schlagzeile* manşet

Über|schuss *m* ⟨-es; ⸚e⟩ (***an*** *D* -*de*) fazlalık; **²schüssig** *adj* arta kalan, kullanılmamış; **~schussproduktion** *f* ÖKON üretim fazlası

überschütten *v/t* ⟨*o* -ge-, *h*⟩: ***j-n ~ mit*** b-ne … yağdırmak

Über|schwang *m* ⟨-s; *o pl*⟩ duygu taşkınlığı; **~schwänglich** *adj* aşırı duygusal/coşkulu

überschwemm|en *v/t* ⟨*o* -ge-, *h*⟩ su basmak; ÖKON ***den Markt mit etw*** piyasayı bş-e boğmak; **²ung** *f* ⟨-; -en⟩ sel/taşkın (felaketi); ÖKON aşırı arz, bş-e boğulma

Übersee: ***in*** (***nach***) **~** denizaşırı ülkelerde (ülkelere); **~handel** *m* denizaşırı ticaret; **²isch** *adj* denizaşırı

übersehbar *adj* → ***überschaubar***

übersehen *v/t* ⟨*unreg*, *o* -ge-, *h*⟩ gözden kaçırmak; (*ignorieren*) gözardı etmek; (*überblicken*) -*in* tamamını/sonunu görebilmek; (*abschätzen*) kestirebilmek

übersetzen[1] ⟨-ge-⟩ **1.** *v/i* ⟨*h od sn*⟩ karşı kıyıya geçmek; **2.** *v/t* ⟨*h*⟩ karşı kıyıya geçirmek

übersetzen[2] ⟨*o* -ge-, *h*⟩ **1.** *v/t* (***aus*** -*den*; ***in*** *A* -*e*) çevirmek; tercüme etmek; **2.** *v/i* çeviri/tercüme yapmak

Übersetzer *m* ⟨-s; -⟩, **~in** *f* ⟨-; -nen⟩ çevirmen, tercüman

Übersetzung *f* ⟨-; -en⟩ (***aus*** -*den*, ***in*** -*e*) çeviri, tercüme; TECH aktarma (oranı)

Übersetzungs|büro *n* çeviri bürosu; **~fehler** *m* çeviri/tercüme hatası; **~programm** *n*, **~software** *f* EDV çeviri yazılımı/programı

Übersicht *f* ⟨-; -en⟩ genel/toplu bakış; özet; **²lich** *adj* açık, belirgin, derlitoplu; **~lichkeit** *f* ⟨-; *o pl*⟩ derlitopluluk, belirginlik

Übersichtskarte *f* genel harita

übersiedeln *v/i* ⟨-ge-, *sn*⟩ (***nach*** -*e*) göçmek, yerleşmek

Übersied|ler *m* ⟨-s; -⟩, **~lerin** *f* ⟨-; -nen⟩ göçmen; **~lung** *f* ⟨-; -en⟩ göçme, taşınma

übersinnlich *adj* doğaüstü, deneyüstü

überspannen *v/t* ⟨*o* -ge-, *h*⟩ ARCH üstünü örtmek; *fig* abartmak

überspannt *adj* abartılı; (*verrückt*) kaçık, delibozuk; **²heit** *f* ⟨-; -en⟩ abartma; kaçıklık

überspielen *v/t* ⟨*o* -ge-, *h*⟩ kayıt etmek, almak, çekmek (*banda vs*); *fig* sezdirmemek, gizlemek

Ü

überspitzt *adj* abartılı
überspringen[1] *v/i* ⟨*unreg*, -ge-, *sn*⟩ EL sıçramak
überspringen[2] *v/t* ⟨*unreg*, *o* -ge-, *h*⟩ *-in* üstünden atlamak; (*auslassen*) geçmek, atlamak
überstaatlich *adj* devletlerüstü
überstehen[1] *v/t* ⟨*unreg*, *o* -ge-, *h*⟩ geçirmek, atlatmak; *-den* sağ kurtulmak; ***das Schlimmste ist überstanden*** en kötüsünü atlattık
überstehen[2] *v/i* ⟨*unreg*, -ge-, *h*⟩ çıkıntı yapmak
übersteigen *v/t* ⟨*unreg*, *o* -ge-, *h*⟩ aşmak, *-in* üstüne çıkmak
übersteuern *v/t* ⟨*o* -ge-, *h*⟩ AUTO savurtmak
überstimmen *v/t* ⟨*o* -ge-, *h*⟩ oy çokluğu ile yenmek; *fig* susturmak
überstrahlen *v/t* ⟨*o* -ge-, *h*⟩ aydınlatmak; *fig* gölgede bırakmak
überstreichen *v/t* ⟨*unreg*, *o* -ge-, *h*⟩: ***mit Farbe ~*** *-in* üstüne boya sürmek
überstreifen *v/t* ⟨-ge-, *h*⟩ sırtına geçirmek
Überstunden *pl* fazla mesai *sg*; ***~ machen*** fazla mesai yapmak; **~zuschlag** *m* fazla mesai zammı
überstürzen ⟨*o* -ge-, *h*⟩ **1.** *v/t* aceleye getirmek; **2.** *v/r*: ***sich ~*** *Ereignisse* birbirini kovalamak
überstürzt *adj* düşünmeden, aceleyle
übertariflich *adj* standart sözleşmeyi aşan
überteuert *adj* aşırı pahalı
übertönen *v/t* ⟨*o* -ge-, *h*⟩ bastırmak (*sesiyle*)
Übertrag *m* ⟨-s; ⸗e⟩ ÖKON hesap aktarımı; aktarılacak yekûn
übertragbar *adj* (***auf*** *A -e*) devredilebilir; MED bulaşıcı; ***nicht ~*** devredilmez
übertragen ⟨*unreg*, *o* -ge-, *h*⟩ **1.** *v/t* (*senden*) yayınlamak; TECH, *Bedeutung*, *Anwendung* (***auf*** *A -e*) aktarmak; *Krankheit* bulaştırmak; *Blut*, *Organ* nakletmek; JUR, ÖKON (***auf*** *A -e*) devretmek, temlik etmek; ***im ~en Sinne*** mecazî olarak; **2.** *v/r*: ***sich ~ auf*** *-e* uygulanabilmek, aktarılabilmek; MED *-e* geçmek, bulaşmak
Übertragung *f* ⟨-; -en⟩ *Rundfunk*, TV yayın; TECH, *Anwendung* aktarma, aktarım, nakil; JUR devir, temlik; MED bulaş(tır)ma
Übertragungsfehler *m* EDV aktarım hatası
übertreffen *v/t* ⟨*unreg*, *o* -ge-, *h*⟩ (***an*** *D*, ***in*** *D -de*) aşmak, *-e* üstün gelmek
übertreib|en *v/t u v/i* ⟨*unreg*, *o* -ge-, *h*⟩ abartmak, büyütmek; *Tätigkeit* aşırıya kaçmak; **2ung** *f* ⟨-; -en⟩ abartma, büyütme, aşırılık
übertreten[1] *v/i* ⟨*unreg*, -ge-, *sn*⟩ POL *usw* karşı tarafa geçmek; REL (***zu*** *-e*) … olmak (*din değiştirerek*)
übertreten[2] *v/t* ⟨*unreg*, *o* -ge-, *h*⟩ *Gesetz -e* karşı gelmek
Übertretung *f* ⟨-; -en⟩ ihlal, çiğneme
übertrieben *adj* abartılı
Übertritt *m* ⟨-s; -e⟩ POL *usw* karşı tarafa geçme; REL din değiştirme; ***~ zum Islam*** İslam dinine geçme
übertrumpfen *v/t* ⟨*o* -ge-, *h*⟩ *fig -e* üstün gelmek
übertünchen *v/t* ⟨*o* -ge-, *h*⟩ badana etmek
übervölkert *adj* aşırı yoğun nüfuslu
übervorteilen *v/t* ⟨*o* ge- *h*⟩ aldatmak, F kazıklamak (*alışverişte, sözleşmede*)
überwach|en *v/t* ⟨*o* -ge-, *h*⟩ gözetmek, denetlemek; *Polizei* gözetim altında tutmak; MED gözlem altında tutmak; **2ung** *f* ⟨-; -en⟩ gözetim, denetim; gözlem
überwältigen *v/t* ⟨*o* -ge-, *h*⟩ yenmek, altetmek; ***überwältigt sein von*** *-den* çok etkilenmek
überweis|en *v/t* ⟨*unreg*, *o* -ge-, *h*⟩ *Geld* (***auf ein Konto*** bir hesaba; ***j-m, an j-n*** b-ne) havale etmek; *Patienten* (***an*** *A -e*) sevketmek; **2ung** *f* ⟨-; -en⟩ *Geld* havale; (*Weiterleiten*) sevk; **2ungsformular** *n* havale formu; **2ungsschein** *m* MED sevk kağıdı
überwerfen[1] *v/t* ⟨*unreg*, -ge-, *h*⟩ giyivermek, sırtına atmak
überwerfen[2] *v/r* ⟨*unreg*, *o* -ge-, *h*⟩: ***sich ~*** (***mit*** *-le*) bozuşmak
überwiegen *v/i* ⟨*unreg*, *o* -ge-, *h*⟩ ağır basmak
überwiegend **1.** *adj* ağır basan; *Mehrheit* büyük; **2.** *adv* daha çok, ağırlıklı olarak
überwind|en ⟨*unreg*, *o* -ge-, *h*⟩ **1.** *v/t* *Angst*, *Krankheit usw* yenmek; **2.** *v/r*: ***sich ~*** duygularını bastırmak, kendini zorlamak; ***sich ~, etw zu tun*** kendini bş-i yapmaya zorlamak; **2ung** *f* ⟨-; *o*

U

pl⟩ aşma, yenme; (*Selbst*≈) zorlanma; ***es kostete mich*** ~ kendimi zorlamam gerekti

überwintern *v/i* ⟨*o* -ge-, *h*⟩ kışı geçirmek, kışlamak

überwuchern *v/t* ⟨*o* -ge-, *h*⟩ kaplamak (*bitki*)

Überzahl *f* ⟨-; *o pl*⟩: ***in der*** ~ ***sein*** çoğunlukta olmak, sayıca üstün olmak

überzählig *adj* (ihtiyaçtan) fazla

überzeichnen *v/t* ⟨*o* -ge-, *h*⟩ ÖKON fazla taahhüt etmek; abartarak canlandırmak/anlatmak

überzeugen ⟨*o* -ge-, *h*⟩ **1.** *v/t* (***j-n von*** b-ni *-e*) ikna etmek, inandırmak; **2.** *v/r*: ***sich*** ~ ***von*** (**, *dass***) (-diğinden) emin olmak; ***sich selbst*** ~ bizzat görüp kanaat getirmek

überzeugend *adj* ikna edici; ***wenig*** ~ pek ikna edici değil

überzeugt *adj* kani, ikna olmuş; *fest* inançlı; ~ ***sein*** *a* emin olmak

Überzeugung *f* ⟨-; -en⟩ kanaat, kanı; (*Glauben*) inanç; ***der*** ~ ***sein, dass*** -diği kanısında olmak; ***zu der*** ~ ***gelangen, dass*** -diği kanaatine varmak

Überzeugungskraft *f* ikna gücü

überziehen[1] *v/t* ⟨*unreg*, -ge-, *h*⟩ *-in* üzerine geçirmek

überziehen[2] *v/t* ⟨*unreg*, *o* -ge-, *h*⟩ *Konto* açığa çekmek, *-in* limitini aşmak

Überziehung *f* ⟨-; -en⟩ *Konto* açığa çekme, depasman; **~skredit** *m* açık kredi, depasman kredisi

Überzug *m* kılıf

üblich *adj* alışılmış, alışılagelen; ***es ist*** ~ âdet böyledir; ***wie*** ~ alışılageldiği üzere, her zamanki gibi

U-Boot *n* denizaltı (gemisi)

übrig *adj* geri kalan; ~ ***haben*** elinde fazla olmak; ~ ***sein*** geri kalmak, artmak; ~ ***bleiben*** (arta) kalmak; ***es bleibt mir nichts anderes*** ~ (***als zu***) bana (-mekten) başka bir şey kalmıyor; ~ ***lassen*** artık bırakmak, hepsini tüketmemek; ***viel zu wünschen*** ~ ***lassen*** çok eksiği var/olmak; ***nichts zu wünschen*** ~ ***lassen*** hiç eksiği yok/olmamak; ***das*** (*od* ***alles***) ***Übrige*** geri kalan (her şey); ***die Übrigen*** *pl* gerisi *sg*, ötekiler, diğerleri

übrigens *adv* ayrıca, bundan başka; sırası/aklıma gelmişken; F şey …

Übung *f* ⟨-; -en⟩ alıştırma, egzersiz; *körperlich a* idman; (*Erfahrung*) pratik, deneyim/tecrübe; ***in*** ~ idmanlı; ***aus der*** ~ idmansız

Übungs|buch *n* alıştırma kitabı; **~sache** *f* pratik/tecrübe meselesi

Ufer *n* ⟨-s; -⟩ sahil, kıyı; ***ans*** ~ kıyıya; ***über die*** ~ ***treten*** (yatağından) taşmak

uferlos *adj* uçsuz bucaksız, ***ins*** ≈***e gehen*** *-in* sonu gelmemek

Uferpromenade *f* kordon boyu; (*Spaziergang*) kıyıda gezinti

Uferstraße *f* sahil yolu

Ufo ['u:fo] *n* ⟨-s; -s⟩ ufo (*uçan daire*)

Uhr [u:ɐ] *f* ⟨-; -en⟩ saat; ***nach meiner*** ~ benim saatime göre; ***wie viel*** ~ ***ist es?*** saat kaç?; ***um vier*** ~ saat dörtte; ***rund um die*** ~ ***geöffnet*** 24 saat açık

Uhr|armband *n* saat kayışı; **~macher** *m* saatçi; **~werk** *n* saat mekanizması; **~zeiger** *m* saat ibresi; **~zeigersinn** *m*: ***im*** ~ saat yönünde, F sağa doğru; ***entgegen dem*** ~ saatin tersi yönünde; F sola doğru; **~zeit** *f* saat (ayarı)

Uhu ['u:hu] *m* ⟨-s; -s⟩ puhu (kuşu)

Ukrain|e *f* Ukrayna; **~er** *m* ⟨-s; -⟩, **~erin** *f* ⟨-; -nen⟩ Ukraynalı; ≈**isch** *adj* Ukrayna(lı) *subst*

UKW [u:ka:'ve:] çok kısa dalga, *a* FM; ***auf*** ~ *a* FM'de(n), FM kanalında(n)

Ulme *f* ⟨-; -n⟩ BOT karaağaç

Ultimatum *n* ⟨-s; -ten⟩ ültimatom; ***j-m ein*** ~ ***stellen*** b-ne ültimatom vermek

Ultra *m* ⟨-s; -s⟩ POL aşırı, köktenci

Ultrakurzwelle *f* EL, MED çok kısa dalga

ultrarot *adj* enfraruj, kızılötesi

Ultraschall *m* MED ultrason; **~aufnahme** *f* MED ultrasonografi; ~ ***machen*** *-in* ultrasonografisini çekmek; **~gerät** *n* MED ultrason cihazı; **~untersuchung** *f* MED ultrasonografi

ultraviolett *adj* ültraviyole, morötesi

um 1. *präp* (*A*) çevresinde, etrafında; ~ ***den Baum*** (***herum***) ağacın etrafında; ~ ***die Ecke*** köşeyi dönünce; (*bezüglich*) ***es steht schlecht*** ~ ***ihn*** onun durumu kötü; ***schade*** ~ ***sie!*** ona yazık!; ~ ***j-s Willen*** (b-nin) aşkına, uğruna, için; **2.** *adv zeitlich* ~ ***fünf*** (***Uhr*** saat) beşte; ~ ***Ostern*** (***herum***) Paskalya sıralarında; ~ ***10 % billiger*** % 10 (oranında) daha ucuz; (*ungefähr*) ***es kostet um 50 Euro*** (***herum***) fiyatı 50 öro kadar; ~ ***so mehr*** (***weniger***) (***als*** -diği için) bir o kadar daha çok (az); **2.** *adj vorbei* geçmiş, bitmiş; ***die Zeit ist ~*** süre doldu; **3.** *konj*: ***~ zu*** -mek için

umadressieren *v/t* ⟨*o* -ge-, *h*⟩ *-in* adresini değiştirmek

umarbeiten *v/t* ⟨-ge-, *h*⟩ düzeltmek, değiştirmek

Umarbeitung *f* ⟨-; -en⟩ düzeltme, değişiklik

umarm|en **1.** *v/t* ⟨*o* -ge-, *h*⟩ kucaklamak, *-e* sarılmak; **2.** *v/r*: ***sich ~*** kucaklaşmak, sarılmak; **≈ung** *f* ⟨-; -en⟩ kucaklaşma, sarılma

Umbau *m* ⟨-s; -e, -ten⟩ ARCH tadilat; THEA sahne değişikliği

umbauen **1.** *v/i* ⟨-ge-, *h*⟩ değişiklik yapmak (*binada, sahnede*); **2.** *v/t* **~ (*zu*)** değiştirmek, değiştirip … haline getirmek

umbenennen *v/t* ⟨*unreg*, *o* -ge-, *h*⟩ *-in* adını değiştirmek

umbesetzen *v/t* ⟨*o* -ge-, *h*⟩: ***e-e Stelle*** **(*Rolle*) ~** bir kadroyu (rolü) başkasına vermek

umbiegen *v/t* ⟨*unreg*, -ge-, *h*⟩ bükmek, kıvırmak

umbilden *v/t* ⟨-ge-, *h*⟩ yeniden kurmak (*hükümet vs*)

umblättern *v/i* ⟨-ge-, *h*⟩ sayfayı (*od* sayfaları) çevirmek

umbrechen *v/t* **1.** ⟨*unreg*, -ge-, *h*⟩ *Ast* büküp kırmak; **2.** ⟨*unreg*, *o* -ge-, *h*⟩ *Text* mizanpaj yapmak

umbringen ⟨*unreg*, -ge-, *h*⟩ **1.** *v/t* öldürmek; **2.** *v/r*: ***sich ~*** intihar etmek; F ***sich*** **(*fast*) ~ *für*** (*od* ***wegen***) için deli divane olmak

Umbruch *m* ⟨-s; ⸚e⟩ dönüşüm, devrim; BUCH mizanpaj

umbuch|en ⟨-ge-, *h*⟩ *v/t* değiştirmek (*kaydı, rezervasyonu vs*); **≈ung** *f* ⟨-; -en⟩ kayıt/rezervasyon değişikliği

umdenken *v/i* ⟨*unreg*, -ge-, *h*⟩ düşünüşünü (*od* F kafasını) değiştirmek

Umdenken *n* ⟨-s; *o pl*⟩ zihniyet değişikliği

umdisponieren *v/i* ⟨*o* -ge-, *h*⟩ planı değiştirmek, F yeniden ayarlamak

umdrehen ⟨-ge-, *h*⟩ **1.** *v/t* çevirmek, döndürmek; **2.** *v/r*: ***sich ~*** dönmek; ***sich nach j-m ~*** dönüp b-ne bakmak

Umdrehung *f* ⟨-; -en⟩ dönme; PHYS, TECH devir

umeinander *adv* birbiri etrafında; ***sich ~ kümmern*** birbiriyle ilgilenmek

Umerziehung *f* ⟨-; *o pl*⟩ eğitme, düzeltme (*zorla*)

umfahren[1] *v/t* ⟨*unreg*, -ge-, *h*⟩ arabayla devirmek (*od* çiğnemek)

umfahren[2] *v/t* ⟨*unreg*, *o* -ge-, *h*⟩ *-in* etrafını dolaşmak (*arabayla*)

umfallen *v/i* ⟨*unreg*, -ge-, *sn*⟩ yere düşmek, devrilmek; (*zusammenbrechen*) çökmek, yıkılmak; ***zum Umfallen müde*** yorgunluktan yıkılacak halde

Umfang *m* ⟨-s; ⸚e⟩ çevre, çember; (*Ausmaß*) ölçü, boyut, kapsam; ***in großem ~*** büyük ölçüde

umfangreich *adj* (geniş) kapsamlı; (*massig*) (geniş) hacimli

umfassen *v/t* ⟨*o* -ge-, *h*⟩ *fig* kapsamak; (*enthalten*) içermek

umfassend *adj* (geniş) kapsamlı; (*vollständig*) tam, eksiksiz

Umfeld *n* ⟨-s; -er⟩ çevre, ortam

umformen *v/t* ⟨-ge-, *h*⟩ EL doğrultmak

Umformer *m* ⟨-s; -⟩ EL doğrultucu, redresör

Umfrage *f* ⟨-; -n⟩ (*Meinungs≈*) anket, soruşturma

umfüllen *v/t* ⟨-ge-, *h*⟩ aktarmak, başka kaba doldurmak

umfunktionieren *v/t* ⟨*o* -ge-, *h*⟩: ***etw ~ in*** bş-i … haline getirmek (*işlevini değiştirerek*)

Umgang *m* ⟨-s; *o pl*⟩ ilişki; kullanma, haşır neşir olma; ***~ haben mit j-m*** b-le görüşüyor olmak; ***guten*** **(*schlechten*) *~ haben*** *-in* iyi (kötü) arkadaşları var/olmak; ***beim ~ mit*** *-i* kullanırken

umgänglich *adj* geçimli, cana yakın

Umgangs|formen *pl* görgü kuralları; **~sprache** *f* gündelik dil, konuşma dili; ***die türkische ~*** gündelik Türkçe; **≈sprachlich** *adj* gündelik dildeki

umgarnen *v/t* ⟨*o* -ge-, *h*⟩ *-e* çok güleryüzlü davranmak

umgeben[1] ⟨*unreg*, *o* -ge-, *h*⟩ **1.** *v/t* (***mit*** *-le*) *-in* etrafını/çevresini sarmak; **2.** *v/r* ***sich ~ mit*** *-i* etrafına toplamak

umgeben[2] *adj* (***von*** *-le*) çevrili

Umgebung *f* ⟨-; -en⟩ çevre (*Milieu*) ortam, muhit

umgehen[1] *v/i* ⟨*unreg*, -ge-, *sn*⟩: ***gut ~ können mit j-m*** *-e* nasıl davranılacağını iyi bilmek; *etw -in* nasıl kullanılacağını iyi bilmek

umgehen[2] *v/t* ⟨*unreg*, *o* -ge-, *h*⟩ *fig -den* kaçınmak/sakınmak, F *-e* yan çizmek

umgehend *adj* derhal, hemen
Umgehung *f* ⟨-; *o pl*⟩ *-den* kaçınma; JUR *kanun boşluklarından faydalanma*
Umgehungsstraße *f* çevre yolu
umgekehrt **1.** *adj* ters; ***im** ~**en Falle*** (bunun) tersi durumda; ***in** ~**er Reihenfolge*** sondan başa doğru; **2.** *adv -in* tersine
umgestalten *v/t* ⟨*o* -ge-, *h*⟩ TECH yeniden düzenlemek
umgraben *v/t* ⟨*unreg*, -ge-, *h*⟩ (kazarak) *-in* altını üstüne getirmek
umgrenzen *v/t* ⟨*o* -ge-, *h*⟩ çevirmek, *-in* sınırlarını çizmek
umgruppieren *v/t* ⟨*o* -ge-, *h*⟩ yeniden gruplandırmak
Umgruppierung *f* ⟨-; -en⟩ yeni gruplandırma
Umhang *m* ⟨-s; ¨-e⟩ atkı, pelerin
umhängen *v/t* ⟨-ge-, *h*⟩ *-in* yerini değiştirmek (*asılı bş-in*); ***sich*** (*D*) ***etw*** **~** (kendi) sırtına geçirmek, boynuna/omuzuna asmak
Umhängetasche *f* omuz çantası
umhauen *v/t* ⟨*unreg*, -ge-, *h*⟩ devirmek (*baltayla vs*); F ***j-n*** **~** b-ni mahvetmek, yere sermek
umher *adv* çepetraf, fırdolayı, oraya buraya
umhinkönnen *v/i* ⟨*unreg*, -ge-, *h*⟩: ***nicht*** **~** -meden edememek
umhören *v/r* ⟨*o* -ge-, *h*⟩: ***sich*** **~** sorup soruşturmak
umhüll|en *v/t* ⟨*o* -ge-, *h*⟩ (***mit*** *-e*) sarmak; **2ung** *f* ⟨-; -en⟩ ambalaj, örtü, kılıf
umkehr|en ⟨-ge-⟩ **1.** *v/i* ⟨*sn*⟩ geri dönmek; **2.** *v/t* ⟨*h*⟩ *Reihenfolge* ters(ine) çevirmek; **2ung** *f* ⟨-; -en⟩ ters(ine) çevirme
umkippen ⟨-ge-⟩ **1.** *v/t* ⟨*h*⟩ (*umstoßen*) devirmek; **2.** *v/i* ⟨*sn*⟩ devrilmek; F (*ohnmächtig werden*) bayılmak; *Gewässer -in* tabiî dengesi bozulmak
umklammern *v/t* ⟨*o* -ge-, *h*⟩ *-e* sıkı sıkı sarılmak
umklappen *v/t* ⟨-ge-, *h*⟩ çevirmek (*kapak gibi*)
Umkleidekabine *f Geschäft*, *Schwimmbad* kabin
umkleiden *v/r* ⟨-ge-, *h*⟩: ***sich*** **~** elbise değiştirmek
Umkleideraum *m* SPORT soyunma odası
umknicken *v/i* ⟨-ge-, *sn*⟩: (***mit dem Fuß***) **~** *-in* ayağı burkulmak
umkommen *v/i* ⟨*unreg*, -ge-, *sn*⟩ ölmek; F **~** ***vor*** (*D*) *-den* ölüyor olmak, öleyazmak
Umkreis *m* ⟨-es⟩: ***im*** **~** ***von*** çapında
umkreisen *v/t* ⟨*o* -ge-, *h*⟩ ASTR *-in* çevresinde dönmek
Umland *n* ⟨-s; *o pl*⟩ (yakın) çevre, *-in* yakınları
Umlauf *m* ⟨-s; ¨-e⟩ dönme, dolaşım; PHYS, TECH devir; (*Schreiben*) sirküler; ***im*** **~** ***sein*** tedavülde olmak; ***in*** **~** ***bringen*** tedavüle çıkarmak
Umlaufbahn *f* yörünge
umlaufen *v/i* ⟨*unreg*, -ge-, *sn*⟩ *-i* dolaşmak, *-in* etrafını dolaşmak
Umlaufkapital *n* ÖKON döner sermaye
Umlaut *m* ⟨-s; -e⟩ *Almanca'da ä, ö, ü, äu sesleri/harfleri*
umlegen *v/t* ⟨-ge-, *h*⟩ *Kosten* (***auf*** *A* arasında) dağıtmak, bölmek; *Hebel -in* konumunu değiştirmek; P (*töten*) gebertmek
umleit|en *v/t* ⟨-ge-, *h*⟩ çevirmek, aktarmak; **2ung** *f* ⟨-; -en⟩ aktarma (yolu), varyant; **2ungsschild** *n* aktarma levhası
umlernen *v/i* ⟨-ge-, *h*⟩ *yeni bir meslek öğrenmek*; düşünüşünü değiştirmek
umliegend *adj* çevredeki, etraftaki
ummelden *v/t* ⟨-ge-, *h*⟩: ***sich*** **~** oturum kaydını değiştirmek
ummodeln *v/t* ⟨-ge-, *h*⟩ dönüştürmek
umorganisieren *v/t* ⟨*o* -ge-, *h*⟩ yeniden düzenlemek
umpacken *v/t* ⟨-ge-, *h*⟩ yeniden paketlemek
umpflanzen *v/t* ⟨-ge-, *h*⟩ şaşırtmak (*bitki*)
umquartieren *v/t* ⟨*o* -ge-, *h*⟩ başka yere yerleştirmek (*geceleme için*)
umrand|en *v/t* ⟨*o* -ge-, *h*⟩ pervazlamak, kenarlamak; **2ung** *f* ⟨-; -en⟩ pervaz, kenar
umräumen *v/t* ⟨-ge-, *h*⟩ *Zimmer* yeniden yerleştirmek; *Sachen -in* yer(ler)ini değiştirmek
umrechn|en *v/t* ⟨-ge-, *h*⟩ (***in*** *A -e*) çevirmek (*başka bir birime*); **2ung** *f* ⟨-; -en⟩ çevirme; **2ungskurs** *m* döviz kuru
umreißen *v/t* ⟨*unreg*, -ge-, *h*⟩ devirmek, yere sermek
umringen *v/t* ⟨*o* -ge-, *h*⟩ sarmak, ortaya almak
Umriss *m* ⟨-es; -e⟩ çevre çizgisi, kontur;

fig taslak

umrühren *v/t* ⟨-ge-, *h*⟩ karıştırmak, çırpmak

umrüsten *v/t* ⟨-ge-, *h*⟩ TECH (***auf*** *A -e*) yeniden donatmak

Umsatz *m* ⟨-es; ⸗e⟩ ÖKON sermaye devri, iş hacmi; (*Absatz*) *a* satışlar *pl*; **~beteiligung** *f* satıştan hisse (*personel için*); **~rückgang** *m* satışlarda gerileme/azalma; **~steigerung** *f* satışları arttırma; devir miktarında artış; **~steuer** *f* satış vergisi

umschalten *v/t u v/i* ⟨-ge-, *h*⟩ şalteri/vitesi değiştirmek; **~ *auf*** (*A*) TECH *-e* takmak, almak, getirmek; *fig* yeni bir duruma uymak

Umschalttaste *f* büyük harf tuşu

umschichten *v/t* ⟨-ge-, *h*⟩ yeniden istiflemek; *fig* yeniden yapılandırmak

Umschichtung *f* ⟨-; -en⟩: ***soziale ~*** toplumda yapısal değişim

Umschlag *m* ⟨-s; ⸗e⟩ (*Brief*♀) zarf; (*Hülle*) kılıf; (*Buch*♀) ceket, şömiz; *an der Hose* duble; MED kompres; ÖKON aktarma; *fig* (anî) değişim, dönme

umschlagen ⟨*unreg*, -ge-⟩ **1.** *v/t* ⟨*h*⟩ *Baum* kesmek; *Ärmel, Kragen* kıvırmak; ÖKON aktarmak; **2.** *v/i* ⟨*sn*⟩ *Boot* alabora olmak; *fig* anîden değişmek/dönmek

Umschlag|hafen *m* aktarma limanı; **~platz** *m* MAR aktarma yeri

umschließen *v/t* ⟨*unreg, o* -ge-, *h*⟩ kuşatmak, sarmak; kucaklamak

umschnallen *v/t* ⟨-ge-, *h*⟩ kuşanmak

umschreiben[1] *v/t* ⟨*unreg*, -ge-, *h*⟩ başka yazıya çevirmek; (***auf*** *-e*) devretmek

umschreiben[2] *v/t* ⟨*unreg, o* -ge-, *h*⟩ dolaylamak, başka sözlerle anlatmak

Umschreibung[1] *f* ⟨-; -en⟩ yazı/kayıt değişikliği; ÖKON devir, temlik

Umschreibung[2] *f* ⟨-; -en⟩ dolaylama

Umschrift *f* ⟨-; -en⟩ çevriyazı, transkripsiyon

umschuld|en *v/t* ⟨-ge-, *h*⟩ tahvil etmek (*borcu*); *Firma usw -in* borcunu yenilemek; **♀ung** *f* ⟨-; -en⟩ ÖKON borç/kredi yenileme

umschulen *v/t* ⟨-ge-, *h*⟩ *beruflich* yeni meslek edindirmek

umschütten *v/t* ⟨-ge-, *h*⟩ (*verschütten*) dökmek, boşaltmak

umschwärmen *v/t* ⟨*o* -ge-, *h*⟩ *-in* etrafını almak/sarmak; *-i* taparcasına sevmek

Umschweife *pl*: ***ohne ~*** kısacası

umschwenken *v/i* ⟨-ge-, *sn*⟩ çark etmek, *-den* caymak

Umschwung *m* ⟨-s; ⸗e⟩ anî değişiklik, dönüşüm

umsegeln *v/t* ⟨*o* -ge-, *h*⟩ *-in* etrafını dolaşmak (*yelkenliyle*)

umsehen *v/r* ⟨*unreg*, -ge-, *h*⟩: ***sich ~*** bakınmak, etrafına bakmak; ***sich ~ nach*** … bakmak, aramak; (*zurückblicken*) (***nach*** *-e*) dönüp bakmak

umseitig *adv* (*adj*) arka sayfada(ki)

umsetzen *v/t* ⟨-ge-, *h*⟩ *-in* yerini değiştirmek; *Waren* satmak; *Geldwert* ciro etmek; ***etw ~ in*** *a* CHEM dönüştürmek; ***in die Praxis ~*** uygulamaya geçirmek; ***in die Tat ~*** gerçekleştirmek

Umsicht *f* ⟨-; *o pl*⟩ dikkat, özen

umsichtig *adj* dikkatli, özenli

umsiedeln *v/t* ⟨-ge-, *h*⟩ başka konuta/yere yerleştirmek

Umsiedler (**in** *f*) *m* göçmen; *bir Doğu Avrupa ülkesinden Almanya'ya göçen*

Umsiedlung *f* ⟨-; -en⟩ yeniden yerleş(tir)me

umsonst *adv* ücretsiz, parasız, F bedava; (*vergebens*) boşuna, F haybeye

umspannen *v/t* ⟨*o* -ge-, *h*⟩ sarmak, kucaklamak

Umspannwerk *n* transformatör, trafo

umspielen *v/t* ⟨*o* -ge-, *h*⟩ *-in* etrafında oynamak/dönmek

umspringen *v/i* ⟨*unreg*, -ge-, *sn*⟩: ***mit j-m grob ~*** b-ne kaba davranmak

Umstand *m* ⟨-s; ⸗e⟩ durum; (*Tatsache*) olgu; (*Einzelheit*) ayrıntı

Umstände *pl* şartlar; ***j-m keine ~ machen*** b-ne zahmet vermemek; ***sich keine ~ machen*** zahmet etmemek; ***unter ~n*** duruma göre; ***unter diesen*** (***keinen***) ***~n*** bu şartlar (hiçbir şart) altında; ***in anderen ~n sein*** bebek beklemek, hamile olmak

umständehalber *adv* şartların gereği olarak

umständlich *adj* (*ungeschickt*) sakar, hantal; (*kompliziert*) karışık, zahmetli; *Stil* çapraşık; ***das ist*** (***mir***) ***viel zu ~*** bu (benim için) fazla karışık/zahmetli

Umstandskleid *n* hamile elbisesi

Umstandskrämer *m* ⟨-s; -⟩, **~in** *f* ⟨-; -nen⟩ F titiz, müşkülpesent

Umstandswort *n* ⟨-s; ⸗er⟩ GR zarf

Umstehende *pl*: ***die ~n*** seyirci duranlar
umsteigen *v/i* ⟨*unreg*, -ge-, *sn*⟩ (***nach*** *-e*) aktarma yapmak; ***~ auf*** *-e* geçmek (*yeni sistem vs*)
umstellen[1] *v/t* ⟨*o* -ge-, *h*⟩ kuşatmak, çember içine almak
umstellen[2] ⟨-ge-, *h*⟩ **1.** *v/t* (***auf*** *A* *-e*) çevirmek; *-de* değişiklik yapmak; (*anpassen*) *-e* ayarlamak; (*platzieren*) yerini değiştirmek; (*strukturieren*) yeniden düzenlemek; *Uhr* ayarlamak; ***auf Computer ~*** bilgisayarlı sisteme geçirmek; **2.** *v/r*: ***sich ~ auf*** (*A*) kendini bş-e alıştırmak; (*anpassen*) *-e* alışmak, ayak uydurmak
Umstellung *f* ⟨-; -en⟩ değişiklik; ayar(lama); yeniden düzenle(n)me
umstimmen *v/t* ⟨-ge-, *h*⟩ (***j-n ~*** b-nin) fikrini değiştirmek
umstoßen *v/t* ⟨*unreg*, -ge-, *h*⟩ çarpıp devirmek; *fig* temelden değiştirmek
umstritten *adj* tartışmalı, çekişmeli
umstrukturier|en *v/t* ⟨*o* -ge-, *h*⟩ yeniden yapılandırmak; **2ung** *f* ⟨-; -en⟩ yapı değişikliği
umstülpen *v/t* ⟨-ge-, *h*⟩ tersyüz etmek
Umsturz *m* ⟨-es; ¨-e⟩ devrim, darbe
umstürzen ⟨-ge-⟩ **1.** *v/t* ⟨*h*⟩ devirmek; **2.** *v/i* ⟨*sn*⟩ devrilmek
Umstürzler *m* ⟨-s; -⟩, **~in** *f* ⟨-; -nen⟩ POL devrimci, darbeci
umstürzlerisch *adj* devrimci
Umsturzversuch *m* darbe/devrim girişimi
Umtausch *m* ⟨-s; -e⟩ para değiştirme, döviz bozdurma; *Ware* değiştirme
umtauschen *v/t* ⟨-ge-, *h*⟩ *Geld* (***gegen*** … karşılığı) bozdurmak; *gekaufte Ware* değiştirmek
Umtauschkurs *m* döviz kuru
umtopfen *v/t* ⟨-ge-, *h*⟩ *-in* saksısını değiştirmek
umtun *v/r* ⟨*unreg*, -ge-, *h*⟩: ***sich ~*** (***nach*** *-i*) soruşturmak, sorup öğrenmek
U-Musik *f* hafif müzik
Umverpackung *f* dış ambalaj
umwälzend *adj fig* kökten değiştiren
Umwälzpumpe *f* devridaim pompası
Umwälzung *f* ⟨-; -en⟩ köklü değişiklik, devrim
umwandeln *v/t* ⟨-ge-, *h*⟩ (***in*** *A* *-e*) *-e* çevirmek; *a* CHEM, EL, PHYS *-e* dönüştürmek; ***sie ist wie umgewandelt*** sanki bambaşka bir insan olmuş
Umwandl|er *m* ⟨-s; -⟩ dönüştürücü, konverter; **~ung** *f* ⟨-; -en⟩ dönüşüm, dönüştürme
Umweg *m* ⟨-s; -e⟩ dolambaç; ***e-n ~ machen*** dolambaçlı yoldan gitmek; *fig* ***auf ~en*** dolambaçlı olarak
Umwelt *f* ⟨-; *o pl*⟩ (doğal/tabiî) çevre; **2bedingt** *adj* çevresel; **2belastend** *adj* çevreyi kirleten; **~belastung** *f* çevreyi kirletme; **2bewusst** *adj* çevreci, çevre bilinci olan; **~bewusstsein** *n* çevre bilinci; **2freundlich** *adj* çevre dostu; **~forscher(in** *f*) *m* çevrebilimci; **~forschung** *f* ⟨-; *o pl*⟩ çevrebilim, ekoloji; **~gipfel** *m* çevre sorunları zirvesi; **~katastrophe** *f* çevre felaketi; **~krise** *f* çevre bunalımı; **~ministerium** *n* çevre bakanlığı; **~politik** *f* çevre politikası; **2politisch** *adj* çevre politikasıyla ilgili; **~schäden** *pl* çevreye (verilen) zararlar; **2schädlich** *adj* çevreye zararlı; **~schutz** *m* çevre koruma; **~schützer(in** *f*) *m* çevre korumacı, F çevreci; **~schutzpapier** *n* çevre dostu kağıt; **~verschmutzer(in** *f*) *m* çevreyi kirleten; **~verschmutzung** *f* ⟨-; -en⟩ çevre kirlenmesi; **~zerstörung** *f* çevrenin yokedilmesi
umwenden *v/r* ⟨*unreg*, -ge-, *h*⟩: ***sich ~*** arkaya dönmek
umwerben *v/t* ⟨*unreg*, *o* -ge-, *h*⟩ *-e* talip olmak
umwerfen *v/t* ⟨*unreg*, -ge-, *h*⟩ devirmek
umwerfend *adj*: ***~ komisch*** alabildiğine gülünç
umwickeln *v/t* ⟨*o* -ge-, *h*⟩ (***mit*** *-e*) sarmak
umziehen ⟨*unreg*, -ge-⟩ **1.** *v/i* ⟨*sn*⟩ taşınmak; **2.** *v/t* ⟨*h*⟩: ***j-n ~*** b-nin üstünü değiştirmek; ***sich ~*** üstünü değiştirmek
umzingeln *v/t* ⟨*o* -ge-, *h*⟩ kuşatmak
Umzug *m* ⟨-s; ¨-e⟩ taşınma; (*Festzug*) geçit alayı
Umzugsgut *n* taşınır eşya
unabänderlich *adj* değiştirilmez
unabhängig *adj* (***von*** *-den*) bağımsız; ***~ davon, ob*** *-e* bağlı olmaksızın
Unabhängige *m*, *f* ⟨-n; -n⟩ bağımsızlar *pl*
Unabhängigkeit *f* ⟨-; *o pl*⟩ bağımsızlık
unabkömmlich *adj*: ***er ist ~*** o yerinden ayrılamaz, onsuz edilemez
unablässig *adj* durmadan
unabsehbar *adj*: ***auf ~e Zeit*** belirsiz bir

süre için

unabsichtlich 1. *adj* kasıtsız, istemeyerek; **2.** *adv* ***etw ~ tun*** bş-i kazara yapmak

unabwendbar *adj* önü alınamaz

unachtsam *adj* dikkatsiz; **⁀keit** *f* ⟨-; *o pl*⟩ dikkatsizlik

unähnlich *adj -e* benzemeyen, *-den* farklı

unanfechtbar *adj* (*endgültig*) kesin; (*fundiert*) şüphe/itiraz götürmez

unangebracht *adj*: ***~ sein*** yersiz olmak

unangefochten 1. *adj* şüpheden uzak; herkesçe kabul edilen; **2.** *adv* itirazla karşılaşmadan

unangemeldet *adj* habersiz, F pat diye

unangemessen *adj* yersiz; orantısız

unangenehm *adj* cansıkıcı; (*peinlich*) nahoş

unangetastet *adj* dokunulmamış

unangreifbar *adj* itiraz kabul etmez

unannehmbar *adj* kabul edilemez

Unannehmlichkeiten *pl* rahatsızlık *sg*, güçlük *sg*, zorluk *sg*; ***j-m ~ bereiten*** b-nin başına iş/dert çıkarmak; ***er bekam ~*** *-in* başı derde girdi

unansehnlich *adj* göze hoş gelmeyen, çirkin

unanständig *adj* yakışıksız, *stärker* edepsiz, müstehcen

unantastbar *adj* dokunulmaz

unappetitlich *adj* tatsız, yavan; *fig a* tiksindirici, mide bulandırıcı

Unart *f* ⟨-; -en⟩ kötü alışkanlık, yakışıksız davranış

unartig *adj* arsız, yaramaz

unästhetisch *adj* estetik olmayan/dışı

unaufdringlich *adj* çekingen, alçakgönüllü

unauffällig *adj* göze çarpmayan

unauffindbar *adj* bulunamayan, kayıp

unaufgefordert *adv* talep edilmeden; (*ungerufen*) çağrılmadan

unaufhaltsam *adj* durdurulmaz

unaufhörlich *adj u adv* sürekli

unauflös|bar, ~lich *adj* CHEM, MATH çözülmez

unaufmerksam *adj* dikkatsiz; (*gedankenlos*) düşüncesiz, dalgın

unaufrichtig *adj* ikiyüzlü, dürüst/içten olmayan; **⁀keit** *f* ⟨-; *o pl*⟩ ikiyüzlülük, içtensizlik

unaufschiebbar *adj* ertelenmez

unausführbar *adj* uygulanmaz

unausgefüllt *adj Formular* doldurulmamış; (*leer*) boş, anlamsız (*hayat vs*)

unausgeglichen *adj* dengesiz, istikrarsız; **⁀heit** *f* ⟨-; *o pl*⟩ dengesizlik, istikrarsızlık

unausrottbar *adj* soyu tüketilmez

unausstehlich *adj* çekilmez, katlanılmaz

unausweichlich *adj* kaçınılmaz

unbändig *adj* ele avuca sığmaz; (*riesig*) büyük

unbarmherzig *adj* merhametsiz; **⁀keit** *f* ⟨-; *o pl*⟩ merhametsizlik

unbeabsichtigt *adj* yanlışlıkla, istemeyerek

unbeachtet *adj* hesaba katılmayan; ***~ bleiben*** dikkati çekmemeye devam etmek; ***~ lassen*** dikkate almamak

unbeanstandet *adj*: ***etw ~ lassen*** bş-e itiraz etmemek

unbeantwortet *adj* cevapsız

unbearbeitet *adj* işlenmemiş, ele alınmamış

unbebaut *adj Feld* işlenmemiş; *Grundstück* boş

unbedacht *adj* düşüncesizce

unbedarft *adj* F tecrübesiz, saf

unbedenklich *adj* sakıncasız, güvenilir

unbedeutend *adj* önemsiz; (*geringfügig*) *a* az, cüzî

unbedingt 1. *adj* mutlak, kesin; **2.** *adv* kesinlikle, mutlaka, muhakkak

unbefahrbar *adj* geçilmez, aşılmaz, geçit vermez

unbefangen *adj* (*unparteiisch*) tarafsız, önyargısız; (*ohne Hemmung*) serbest, tutuk olmayan; **⁀heit** *f* ⟨-; *o pl*⟩ *a* JUR tarafsızlık; serbestlik, rahatlık

unbefleckt *adj* (*sauber*) lekesiz; (*keusch*) iffetli

unbefriedigend *adj* yetersiz, tatmin etmeyen

unbefriedigt *adj* tatmin olmamış

unbefristet *adj* süresiz

unbefugt *adj* yetkisiz

Unbefugte *m, f* ⟨-n; -n⟩: ***Zutritt für ~ verboten!*** işi olmayan giremez!

unbegabt *adj* yeteneksiz, kabiliyetsiz

unbegreiflich *adj* anlaşılmaz, akıl almaz

unbegrenzt *adj* sınırsız

unbegründet *adj* temelsiz, gerekçesiz

Unbehagen *n* ⟨-s; *o pl*⟩ huzursuzluk, sıkıntı

unbehaglich *adj*: ***sich ~ fühlen*** huzursuzluk hissetmek
unbehandelt *adj* işlem görmemiş; *Stoff a* doğal, natür
unbehelligt *adj* rahatsız edilmeyen
unbeherrscht *adj Äußerung usw* kontrolsüz; *Person* kendine hakim olamayan
unbeholfen *adj* sakar, beceriksiz, hantal; **≈heit** *f* ⟨-; *o pl*⟩ sakarlık, beceriksizlik, hantallık
unbeirrbar *adj* (**in** *-den*) şaşmaz
unbeirrt *adj* kararlı
unbekannt *adj* bilinmeyen, meçhul; ***das war mir ~*** bunu bilmiyordum
unbekleidet *adj u adv* giyimsiz
unbekümmert *adj* pervasız; ***~ um*** *-e* aldırmayan, aldırış etmeyen
unbelastet *adj*: ***~ sein*** tasasız/dertsiz olmak; ÖKON borçsuz, ipoteksiz
unbelehrbar *adj* söz dinlemez, dikbaşlı
unbeleuchtet *adj* ışıklandırılmamış
unbeliebt *adj* (***bei*** tarafından) sevilmeyen; ***er ist überall ~*** onu kimse sevmez
Unbeliebtheit *f* ⟨-; *o pl*⟩ sevilmeme
unbemannt *adj* insansız (*uzay aracı vs*)
unbemerkt *adj* fark edilmeyen
unbemittelt *adj* parasız (*kimse*)
unbenutzt *adj* kullanılmamış
unbequem *adj Schuhe*, *Möbel* rahatsız; (*lästig*) cansıkıcı, ters
unberechenbar *adj* kestirilemez; (*Person*) F sağı solu belli olmayan
unberechtigt *adj* yetkisiz; (*ungerechtfertigt*) haksız, sebepsiz; **~erweise** *adv* yetkisiz olarak; haksızca, sebepsizce
unberücksichtigt *adj* hesaba katılmayan; ***etw ~ lassen*** bş-i hesaba katmamak
unberührt *adj* el değmemiş; ***~ bleiben von*** *-den* etkilenmemek
unbeschadet *präp* (*G*) *-e* rağmen
unbeschädigt *adj* hasarsız, sağlam
unbescheiden *adj* arsız, küstah; *Preis* çok yüksek, fahiş
unbescholten *adj* JUR sabıkasız
unbeschränkt *adj* sınırsız, sonsuz; *Macht usw a* mutlak, kesin
unbeschreiblich *adj* tasvire sığmaz
unbeschrieben *adj* üstü yazılmamış; ***~es Blatt*** *Person* suçsuz, geçmişi temiz
unbeschwert *adj*: ***~ von*** sırtında … yükü olmayan
unbesiegbar *adj* yenilmez
unbesiegt *adj* yenilmemiş, namağlup
unbesonnen *adj* düşüncesiz, hoppa
unbesorgt 1. *adj* (***wegen*** bakımından) endişesiz; ***seien Sie*** (***deswegen***) ***~!*** (onun için) endişelenmeyin!; **2.** *adv* endişesizce, rahat rahat
unbespielt *adj Tonband usw* boş
unbeständig *adj* kararsız, istikrarsız; **≈keit** *f* ⟨-; *o pl*⟩ istikrarsızlık
unbestätigt *adj* doğrulanmamış, onaylanmamış
unbestechlich *adj* rüşvet almaz, dürüst; *fig* şaşmaz, yanılmaz; **≈keit** *f* ⟨-; *o pl*⟩ dürüstlük
unbestimmt *adj* (*unsicher*) belirsiz, kesin olmayan; *Gefühl* bulanık; ***auf ~e Zeit*** süresiz, ikinci bir emre kadar
unbeteiligt *adj* (*nicht verwickelt*) (**an** *D -e*) karışmamış; (*gleichgültig*) *-e* kayıtsız
unbeträchtlich *adj* cüzî, az
unbeugsam *adj* itaatsiz, söz dinlemez
unbewacht *adj* koruyucusuz, bekçisiz; *Augenblick* boş
unbewaffnet *adj* silahsız
unbeweglich *adj* taşınmaz; (*bewegungslos*) hareketsiz; **≈keit** *f* ⟨-; *o pl*⟩ hareketsizlik
unbewohnbar *adj* (içinde) oturulmaz
unbewohnt *adj* ıssız; *Gebäude* (içinde) oturulmayan, boş
unbewusst *adj* bilinçsiz, bilmeden
unbezahlbar *adj* fiyatı ödenemez; *fig* paha biçilemez
unbezähmbar *adj* ehlîleşmez; *fig* uslanmaz
unbezwingbar *adj* yenilmez, altedilmez
unblutig 1. *adj* kansız; **2.** *adv* kan ak(ıtıl)madan/dök(ül)meden
unbrauchbar *adj* kullanılmaz, F işe yaramaz; ***etw ~ machen*** bş-i kullanılmaz hale getirmek; **≈keit** *f* ⟨-; *o pl*⟩ işe yaramazlık
unbürokratisch *adj* bürokratik olmayan
unchristlich *adj* Hristiyan(ca) olmayan
und *konj* ve; ile; … de; ***~ ob!*** hem de nasıl!; F ***na ~?*** n'olmuş yani?; ***~ so weiter*** (*od* ***fort***) ve saire, F falan filan; ***~ wenn*** (***auch***)***!*** olsun!, isterse!
undankbar *adj* (***gegen*** *-e* karşı) nankör; *Aufgabe* takdir edilmeyen; **≈keit** *f* ⟨-; *o pl*⟩ nankörlük
undatiert *adj* tarihsiz (*mektup vs*)

undefinierbar *adj* tarifsiz, acayip
undemokratisch *adj* demokratik olmayan
undenkbar *adj* düşünülemez
undeutlich *adj* muğlak, belirsiz
undicht *adj* sızıntılı, su/hava kaçıran
Unding *n* ⟨-s; *o pl*⟩: ***es ist ein ~*** bu olur şey değil, bu bir garabet
undiszipliniert *adj* disiplinsiz
undurch|dringlich *adj* içine girilmez; **~führbar** *adj* uygulanması imkansız; **~lässig** *adj* (su, hava *vs*) geçirmez/sızdırmaz; **~sichtig** *adj* saydam olmayan; *fig* akıl (sır) ermez, karanlık
uneben *adj* engebeli, düz olmayan; **≈heit** *f* ⟨-; -en⟩ *Oberfläche* pürüz; *Landschaft* tümsek, engebe
unecht *adj* sahte; (*künstlich*) suni, takma; (*imitiert*) taklit; F (*geziert*) yapmacıklı
unehelich *adj* evlilik dışı
unehrenhaft *adj* şerefsiz
unehrlich *adj* namussuz; şerefsiz
uneigennützig *adj* kendini düşünmeyen
uneingeschränkt *adj* kısıtsız
uneinheitlich *adj* bir örnek olmayan, farklı (farklı)
uneinig *adj*: (**sich**) ***~ sein*** (**über** *A -de*) kararsız olmak; aynı fikirde olmamak; **≈keit** *f* ⟨-; *o pl*⟩ anlaşmazlık
unempfänglich *adj* (**für** *-den*) kolay etkilenmez, *-e* kapalı/sağır
unempfindlich *adj* (***gegen*** *-e* karşı) duyarsız; (*haltbar*) dayanıklı; **≈keit** *f* ⟨-; *o pl*⟩ (***gegen*** *-e* karşı) duyarsızlık, dayanıklılık
unendlich 1. *adj* sonsuz, sınırsız; (*endlos*) bitmez, tükenmez, bitmek bilmeyen; **2.** *adv*: ***~ klein*** sonsuz küçük(lükte); ***~ viel*** sonsuz sayıda/miktarda
Unendlichkeit *f* ⟨-; *o pl*⟩ sonsuz(luk)
unentbehrlich *adj* (**für** için) vazgeçilmez
unentgeltlich *adj* ücretsiz, karşılıksız
unentrinnbar *adj* kurtuluşu olmayan
unentschieden *adj* kesinleşmemiş; ***~ enden*** SPORT berabere bitmek
Unentschieden *n* ⟨-s; -⟩ beraberlik
unentschlossen *adj* kararsız; **≈heit** *f* ⟨-; *o pl*⟩ kararsızlık
unentschuldbar *adj* affedilmez
unentschuldigt *adj* mazeretsiz; ***~es Fehlen*** *-e* mazeretsiz olarak gelmeme

U

unentwegt *adj* sebatkâr
unerbittlich *adj* acımasız, kıran kırana
unerfahren *adj* acemi, deneyimsiz; **≈heit** *f* ⟨-; *o pl*⟩ acemilik
unerforscht *adj* araştırılmamış
unerfreulich *adj* cansıkıcı, nahoş
unerfüllbar *adj* yerine getirilemez
unerfüllt *adj* yerine getirilmemiş
unerheblich *adj* (**für** için) bir şey ifade etmeyen; (*geringfügig*) önemsiz
unerhört *adj* F eşsiz, görülmemiş; ***~!*** olmaz böyle şey!, görülmüş şey değil!
unerkannt *adv* kim olduğu bilinmeden
unerklärlich *adj* açıklanamaz
unerlässlich *adj* vazgeçilmez, zorunlu
unerlaubt 1. *adj* (*unbefugt*) izinsiz; (*ungesetzlich*) yasadışı; **2.** izin almadan
unerledigt *adj* gereği yapılmamış; (*ungelöst*) halledilmemiş; ***~e Dinge*** yarım kalmış işler
unermesslich *adj* ölçüye sığmaz
unermüdlich *adj* yorulmak bilmez
unerquicklich *adj* iç açıcı olmayan
unerreichbar *adj* ulaşılamayan
unerreicht *adj* ulaşılamamış
unerschöpflich *adj* bitmez (tükenmez)
unerschrocken *adj* korkusuz, yılmaz
unerschütterlich *adj* sarsılmaz, şaşmaz
unerschwinglich *adj* *Preise* fahiş; ***für j-n ~ sein*** biri için fazla pahalı olmak
unersetzlich *adj* yeri doldurulamaz; *Schaden usw* giderilemez; *Verlust* geri getirilemez
unerträglich *adj* çekilmez, dayanılmaz
unerwähnt *adj*: ***etw ~ lassen*** bş-in sözünü etmemek, bş-i geçiştirmek
unerwartet *adj* beklenmedik
unerwidert *adj* cevapsız
unerwünscht *adj* istenmeyen
unfähig *adj* (***zu tun*** yapmaya) yeteneksiz, (yapmaktan) âciz; (*untauglich*) yetersiz; **≈keit** *f* ⟨-; *o pl*⟩ yeteneksizlik, aciz, yetersizlik
unfair *adj* centilmence olmayan
Unfall *m* ⟨-s; ⸚e⟩ kaza; **~arzt** *m*, **~ärztin** *f* ilkyardım hekimi; **~bericht** *m* kaza raporu; **~flucht** *f kazadan sonra şoförün kaçması*; **≈frei** *adj* kazasız (*geçen şoförlük süresi*; *kullanılmış araba*); **≈gefährdet** *adj* kaza tehlikesi olan; **~krankenhaus** *n* ilkyardım hastanesi; **~quote** *f*, **~rate** *f* kaza oranı; **~station** *f* ilkyardım servisi, acil servis; **~stelle** *f* kaza yeri; **~tod** *m* kazada ölüm; **≈trächtig** *adj* ka-

zalı; **~versicherung** *f* kaza sigortası; **~wagen** *m* çarpık araba (*kullanılmış*); kaza yardım aracı

unfass|bar, **~lich** *adj* akıl almaz

unfehlbar **1.** *adj* yanılmaz; **2.** *adv* kaçınılmaz biçimde; **&keit** *f* ⟨-; *o pl*⟩ hatasızlık

unfrankiert *adj* pulsuz

unfrei *adj* POST ücreti ödenmemiş

unfreiwillig *adj* istemeden, gönülsüz; *Humor* bilinçsiz

unfreundlich *adj* (**zu** *-e*) kaba, nezaketsiz; *Zimmer, Tag* kasvetli, sıkıcı; **&keit** *f* ⟨-; *o pl*⟩ kabalık, nezaketsizlik

Unfriede *m* ⟨-n; *o pl*⟩ uyuşmazlık

unfruchtbar *adj* kısır; *fig* verimsiz; **&keit** *f* ⟨-; *o pl*⟩ kısırlık; *fig* verimsizlik

Unfug *m* ⟨-s; *o pl*⟩ JUR kamu huzurunu bozucu hareket; F saçma, zırva; **~ treiben** saçmalamak, zırvalamak

Ungar *m* ⟨-n; -n⟩, **~in** *f* ⟨-; -nen⟩ Macar; **&isch** *adj* Macar(istan) *subst*; Macarca; **~isch** *n* Macarca

Ungarn *n* Macaristan

ungeachtet *präp G -e* bak(ıl)maksızın; (*trotz*) *-e* rağmen

ungeahnt *adj* akla gelmedik

ungebeten *adj* davetsiz

ungebildet *adj* eğitimsiz, cahil

ungeboren *adj* doğmamış

ungebräuchlich *adj* kullanılmayan, seyrek kullanılan (*kelime vs*)

ungebunden *adj* bağlı olmayan; *Buch* ciltsiz; *fig* rahat, resmiyetsiz

ungedeckt *adj Scheck usw* karşılıksız

Ungeduld *f* ⟨-; *o pl*⟩ sabırsızlık; **&ig** *adj* sabırsız

ungeeignet *adj* uygun olmayan, elverişsiz

ungefähr **1.** *adj* yaklaşık; *Vorstellung usw* kaba; **2.** *adv* yaklaşık olarak, kabaca, aşağı yukarı

ungefährlich *adj* tehlikesiz; (*sicher*) güvenilir, emin

ungehalten *adj* (**über** *-e*) kızgın

ungehemmt **1.** *adj* rahat, serbest; **2.** *adv* rahatça, çekinmeden

ungeheuer **1.** *adj* olağanüstü, muazzam; F harika, müthiş; **2.** *adv*: **~ reich** korkunç zengin

Ungeheuer *n* ⟨-s; -⟩ canavar

ungeheuerlich *adj* rezilce; akıl ermez

ungehindert *adv* serbestçe, F elini kolunu sallaya sallaya

ungehobelt *adj* yontulmamış

ungehorsam *adj* itaatsiz, asî

Ungehorsam *m* ⟨-s; *o pl*⟩ itaatsizlik, başkaldırı

ungeklärt *adj* aydınlatılamamış; **~e Abwässer** arıtılmamış atık sular

ungekündigt *adj*: **in ~er Stellung** iş sözleşmesi feshedilmemiş halde

ungekünstelt *adj* yapmacıksız

ungekürzt *adj Buch usw* kısaltılmamış

ungelegen *adj* uygunsuz; **j-m ~ kommen** b-ne zamansız gelmek

ungelenk *adj* çolpa, kaba saba

ungelernt *adj Arbeiter* vasıfsız

ungemein *adv* olağanüstü

ungemütlich *adj* rahatsız; *Person* kaba; **~ werden** kabalaşmak

ungenannt *adj* (adı) belirtilmemiş

ungenau *adj* kesin/dakik olmayan, belirsiz; **&igkeit** *f* ⟨-; -en⟩ kesinsizlik, belirsizlik

ungeniert ['ʊnʒeniːɐt, ʊnʒe'niːɐt] *adj* utanmaz, sıkılmaz

ungenießbar *adj Essen* yenmez; *Getränk* içilmez; F *Person* çekilmez

ungenügend *adj* yetersiz

ungenutzt *adj* faydalanılmamış; **e-e Gelegenheit ~ lassen** bir fırsattan faydalanmamak

ungepflegt *adj* bakımsız; *Person* pasaklı

ungerade *adj Zahl* tek

ungerecht *adj* haksız, adaletsiz

ungerechtfertigt *adj* haksız, gerekçesiz

Ungerechtigkeit *f* ⟨-; -en⟩ adaletsizlik

ungern **1.** *adv* (*widerwillig*) isteksizce, zorla; **2.** *int* hayır!, olmasa daha iyi olur!

ungerührt *adj* (**von** *-den*) etkilenmemiş

ungesagt *adj*: **~ bleiben** söylenmemiş olmak

ungesalzen *adj* tuzsuz, tuzlanmamış

ungeschehen *adj*: **~ machen** telafi etmek

Ungeschick *n* ⟨-s; *o pl*⟩, **~lichkeit** *f* ⟨-; *o pl*⟩ beceriksizlik

ungeschickt *adj* beceriksiz, hantal

ungeschlagen *adj* yenilmemiş

ungeschliffen *adj Edelstein* tıraşsız; *Messer* bilenmemiş; *fig Person* kaba

ungeschminkt *adj* makyajsız

ungeschoren *adj Tier* kırkılmamış; **j-n ~ lassen** b-ne ilişmemek; **~ davonkommen** F ucuz kurtulmak

U

ungesetzlich *adj* yasal olmayan, yasadışı, illegal, gayri meşru
ungestört *adj Ablauf* pürüzsüz, kesintisiz; rahatsız olmadan
ungestraft *adj* cezasız; **~ davonkommen** kurtulmak
ungestüm *adj* tezcanlı, deliduman
ungesund *adj* sağlıksız, sağlıklı olmayan
ungeteilt *adj* bölünmemiş, tam
ungetrübt *adj* bulanmamış; *fig -den* etkilenmemiş, haleldar olmamış
Ungetüm *n* ⟨-s; -e⟩ *büyük, hantal şey*
ungewaschen **1.** *adj* yıkanmamış; **2.** *adv* yıkanmadan
ungewiss *adj Person* emin olmayan; *Sache* kesin olmayan; ***j-n im Ungewissen lassen*** b-ni aydınlatmamak
Ungewissheit *f* ⟨-; *o pl*⟩ belirsizlik; ***in ~ schweben*** havada kalmak
ungewöhnlich *adj* alışılmamış, garip
ungewohnt *adj* yabancı, yadırganan; (*neu*) yeni; (*unüblich*) kullanılmayan
ungewollt *adj* gayri iradî, istemeden
Ungeziefer *n* ⟨-s; *o pl*⟩ haşarat, böcekler *pl*
ungezogen *adj* terbiyesiz; **2heit** *f* ⟨-; *o pl*⟩ terbiyesizlik
ungezügelt *adj* dizginsiz
ungezwungen *adj* teklifsiz, resmiyetten uzak
ungiftig *adj* zehirli olmayan
unglaublich *adj* inanılmaz, görülmedik
unglaubwürdig *adj Person* güvenilmez; inandırıcı olmayan
ungleich **1.** *adj* (*unähnlich*) benzer olmayan, farklı; *Chancen* eşit olmayan; **2.** *adv* çok, çok fazla; **2heit** *f* ⟨-; *o pl*⟩ eşitsizlik; (*Verschiedenheit*) farklılık
ungleichmäßig *adj* eşitsiz, eşit olmayan; (*unregelmäßig*) düzensiz
Unglück *n* ⟨-s; -e⟩ talihsizlik, uğursuzluk; (*Unfall*) kaza; *stärker* felaket; ***~ bringen*** uğursuzluk getirmek; ***zu allem ~*** ne talihsizlik ki
unglücklich *adj* mutsuz; (*bedauernswert*) talihsiz; *Sache* uğursuz
unglücklicherweise *adv* maalesef
unglückselig *adj* bedbaht, talihsiz
Unglücks|fall *m* (*Unfall*) kaza; *stärker* felaket; **~tag** *m* uğursuz gün; **~zahl** *f* uğursuz sayı
Ungnade *f* ⟨-; *o pl*⟩ gözden düşme; ***in ~ fallen*** (***bei***) *-in* gözünden düşmek

U

ungültig *adj* geçersiz; ***für ~ erklären*** geçersiz/hükümsüz saymak, iptal etmek
Ungunst *f* ⟨-; *o pl*⟩ aksilik; ***zu j-s ~en*** b-nin aleyhine
ungünstig *adj* elverişsiz; (*nachteilig*) zararlı
ungut *adj* kötü, nahoş; ***nichts für ~!*** ama gücenme(yin)!; ***~es Gefühl*** (***bei*** *-de*) nahoş bir his, huzursuzluk
unhaltbar *adj Behauptung* asılsız; *Zustände* hoşgörülemez
unhandlich *adj* taşınması zor, hantal
unharmonisch *adj* ahenksiz, armonisiz, uyumsuz
Unheil *n* ⟨-s; *o pl*⟩: ***~ anrichten*** kötülük yapmak, fesat çıkarmak; ***~ bringend*** *adj* uğursuz
unheilbar *adj* çaresiz, tedavi edilemez
unheilvoll *adj* tehlikeli, felakete götüren
unheimlich **1.** *adj* esrarengiz, tekin olmayan, ürkütücü; F *fig* harika, olağanüstü; **2.** *adv* F: ***~ viel(e)*** pek çok; ***~ gut*** müthiş iyi
unhöflich *adj* nazik olmayan; *stärker* kaba, terbiyesiz; **2keit** *f* ⟨-; *o pl*⟩ kabalık, terbiyesizlik
unhygienisch *adj* temiz/hijyenik olmayan, sağlığa zararlı
Uni *f* ⟨-; -s⟩ F üniversite
uni(farben) ['ʏni-, y'ni:-] *adj* düz (renkli)
Uniform *f* ⟨-; -en⟩ üniforma
uniformiert *adj* üniformalı
Unikum *n* ⟨-s; -ka⟩ kendine özgü *adj*, tek örnek; F orijinal, egzantrik *adj*
uninteressant *adj* ilginç olmayan, cansıkıcı
uninteressiert *adj* (***an*** *-e*) ilgisiz
Union [u'ni̯o:n] *f* ⟨-; -en⟩ birlik (*örgüt*)
universal [-v-] *adj* evrensel; genel
Universal|erbe [-v-] *m* tek mirasçı; **~mittel** *n* her derde deva, genel çözüm
universell [-v-] *adj* evrensel; (*vielseitig*) çok yönlü
Universität [-v-] *f* ⟨-; -en⟩ üniversite; ***auf*** *od* ***an der ~*** üniversitede; ***die ~ besuchen*** üniversitede okumak
Universum [-v-] *n* ⟨-s; *o pl*⟩ evren, kâinat
unkenntlich *adj* tanınmaz halde
Unkenntnis *f* ⟨-s; *o pl*⟩ bilmezlik, habersizlik; ***in ~*** (*G*) *-i* bilmeden; ***j-n in ~ lassen*** (***über etw***) b-ni (bş üzerine)

aydınlatmamak
unklar *adj* net/berrak olmayan; (*ungewiss*) belirsiz; (*verworren*) karışık, karanlık; ***im Unklaren sein*** (***über*** *A* hakkında) *-in* (net) bilgisi olmamak
unklug *adj* ihtiyatsız, düşüncesiz, akılsız
unkompliziert *adj* karışık olmayan, kolay
unkontrollierbar *adj* denetlenemez
unkontrolliert *adj* kontrolsüz, denetsiz
Unkosten *pl* harcamalar, masraflar
Unkraut *n* ⟨-s; ⸚er⟩ yabanî ot; **~vernichtung** *f* yabanî otların imhası; **~vernichtungsmittel** *n*, **~vertilgungsmittel** *n* ot ilacı, herbisit
unkritisch *adj* eleştirel olmayan, kabullenici
unkündbar *adj Stellung* sürekli; *Vertrag* feshedilemez; ***er ist ~*** o işten çıkarılamaz
unlängst *adv* yakın geçmişte
unlauter *adj* dürüst/içten olmayan; ÖKON ***~er Wettbewerb*** haksız rekabet
unleserlich *adj* okunaksız
unliebsam *adj* sevilmeyen; (*unangenehm*) nahoş
unlogisch *adj* mantıksız
unlösbar *adj* çözülemez, *fig* içinden çıkılamaz
unlöslich *adj* CHEM çözülmez
Unlust *f* ⟨-; *o pl*⟩: ***mit ~*** isteksiz, gönülsüz
unmännlich *adj* erkekliğe yakışmayan
unmäßig *adj* ölçüsüz, aşırı
Unmenge *f* ⟨-; -n⟩ çok büyük miktar/sayı
Unmensch *m* gaddar, canavar, vahşî; **2lich** *adj* insanlık dışı, gaddar; **~lichkeit** *f* ⟨-; *o pl*⟩ gaddarlık, barbarlık
unmerklich *adj* fark edilmez, hissedilmez
unmissverständlich *adj* yanlış anlamaya meydan vermeyen, açık
unmittelbar **1.** *adj* dolaysız; **2.** *adv*: ***~ bevorstehen*** kapıya dayanmış olmak; ***~ nach*** (***hinter*** *D -den*) hemen sonra
unmöbliert *adj* mobilyasız
unmodern *adj* modası geçmiş, eski moda; (*nicht modisch*) moda olmayan
unmöglich **1.** *adj* olanaksız, imkansız; ***2es leisten*** (***verlangen***) imkansızı başarmak (istemek); ***sich ~ machen*** büyük ayıp etmek; **2.** *adv*: ***ich kann es ~ tun*** yapmam mümkün değil
unmoralisch *adj* ahlaka aykırı
unmotiviert *adj* isteksiz, motive olmayan
unmündig *adj* reşit olmayan
unmusikalisch *adj* müzikten anlamaz
Unmut *m* ⟨-s; *o pl*⟩ (***über*** *-den*) hoşnutsuzluk
unnach|ahmlich *adj* taklit edilemez, eşsiz; **~giebig** *adj* boyun eğmez, dik başlı; **~sichtig** *adj* hoşgörüsüz, katı
unnahbar *adj* yanına yaklaşılmaz, mesafeli
unnatürlich *adj* doğal olmayan, gayritabii; (*geziert*) yapmacıklı
unnötig *adj* gereksiz, lüzumsuz
unnütz *adj* faydasız, yararsız
unordentlich *adj* düzensiz, pasaklı, tertipsiz; *Zimmer usw* dağınık
Unordnung *f* ⟨-; *o pl*⟩ dağınıklık, karışıklık; ***in ~ bringen*** dağıtmak
unorganisch *adj* organik olmayan, anorganik
unparteiisch *adj* tarafsız, taraf tutmayan
Unparteiische *m, f* ⟨-n; -n⟩ arabulucu, hakem
unpassend *adj* uymayan; (*unschicklich*) yakışıksız; (*unangebracht*) yersiz
unpassierbar *adj* geçilmez, geçit vermez
unpässlich *adj*: ***~ sein*** rahatsız/keyifsiz olmak; ***sich ~ fühlen*** kendini rahatsız/keyifsiz hissetmek; ***sie ist ~*** regli var
unpersönlich *adj* şahsî olmayan
unpolitisch *adj* siyasî/politik olmayan; (*unpolitisiert*) politize olmamış
unpraktisch *adj* kullanışsız, pratik olmayan; *Person* beceriksiz
unproblematisch *adj* sorunsuz
unproduktiv *adj* ÖKON verimsiz, âtıl
unpünktlich *adj* dakik olmayan; gecikmiş; **2keit** *f* ⟨-; *o pl*⟩ dakik olmama
unqualifiziert *adj* kalifiye/nitelikli olmayan
unrasiert *adj* tıraşsız
Unrat *m* ⟨-s; *o pl*⟩ çöp, süprüntü
unrationell *adj* rasyonel/akılcı olmayan
unrecht *adj* haksız; (*falsch*) yanlış; ***j-m ~ tun*** b-ne haksızlık yapmak
Unrecht *n* ⟨-s; *o pl*⟩ haksızlık; ***j-m ~ geben*** b-ni haksız bulmak; ***zu ~*** haksız yere; ***~ haben*** haksız olmak
unrechtmäßig *adj* haksız, kanunsuz
unreell *adj* dürüst/düzgün olmayan
unregelmäßig *adj* düzensiz, kuraldışı;

ℒkeit *f* 〈-; -en〉 düzensizlik, kuralsızlık
unreif *adj* ham, olmamış; *fig* toy, gelişmemiş
Unreife *f* 〈-; *o pl*〉 *fig* gelişmemişlik, toyluk
unrein *adj* kirli, saf olmayan; **ℒheit** *f* 〈-; -en〉 kir(lilik), saf olmama
unrentabel *adj* verimsiz, rantabl olmayan
unrichtig *adj* doğru olmayan, yanlış; **ℒkeit** *f* 〈-; -en〉 (*Fehler*) hata; (*Unwahrheit*) asılsız olma
Unruhe *f* 〈-; -n〉 hareket, huzursuzluk, kargaşa; (*Besorgnis*) endişe, kaygı; ***~en*** *pl* POL karışıklık *sg*; **~herd** *m* huzursuzluk odağı; **~stifter(in** *f*) *m* huzursuzluk çıkaran
unruhig *adj* hareketli; (*innerlich*) huzursuz; (*besorgt*) endişeli, kaygılı; *See* dalgalı, çalkantılı
uns **1.** *pers pron* bizi, bize; *einander* birbirimizi, birbirimize; ***ein Freund von ~*** bir arkadaşımız; **2.** *refl pron* kendimizi, kendimize
unsachgemäß *adj* gereğine uygun olmayan, acemice
unsachlich *adj* tarafsız/nesnel olmayan; ***~ werden*** nesnellikten ayrılmak
un|sagbar, **~säglich** *adj* (*unbeschreiblich*) tarifsiz; (*unermesslich*) hadsiz hesapsız
unsanft *adj* sert, kaba, özensiz
unsauber *adj* kirli, pis; *fig Geschäfte, Methoden* pis, yasadışı
unschädlich *adj* zararsız; ***~ machen*** *fig* b-ni etkisiz hale getirmek
unscharf *adj* net olmayan, flu
unschätzbar *adj* paha biçilmez
unscheinbar *adj* göze çarpmayan, sade
unschicklich *adj* yakışık almayan
unschlagbar *adj* altedilemez
unschlüssig *adj*: ***ich bin mir noch ~*** (***über*** *A -e*) daha kararımı veremedim
unschön *adj* çirkin; *fig* nahoş
Unschuld *f* 〈-; *o pl*〉 masumiyet, suçsuzluk; **ℒig** *adj* (***an*** *D -de*) suçsuz, masum
unselbstständig *adj* bağımlı, kendi başına hareket edemeyen; ***Einkünfte aus ~er Arbeit*** ÖKON ücretli işten elde edilen gelirler; **ℒkeit** *f* 〈-; *o pl*〉 bağımlılık
unser *poss pron* bizim; ***~e, ~er, ~es*** bizimki
unser|einer, **~eins**, **~esgleichen** *indef pron* F bizim gibiler *pl*
unseretwegen *adv* (*für uns*) bizim için; *negativ* bizim yüzümüzden
unserige *pos pron* (*f, pl a* unsrige): ***der*** (***die, das***) ***~*** bizimki; ***die Unsrigen*** bizimkiler
unseriös *adj* gayri ciddî
unsicher *adj* (*gefährlich*) güvenilmez, emniyetsiz; (*gefährdet*) tehlike altında; (*gehemmt*) güvensiz, sıkılgan; (*ungewiss*) güvenilir olmayan, belirsizlik; ***die Gegend ~ machen*** *scherzh* eğlenmeye çıkmak; ***j-n ~ machen*** şaşırtmak, tereddüde düşürmek
Unsicherheit *f* 〈-; *o pl*〉 emniyetsizlik; tehlike; güvensizlik; belirsizlik **~sfaktor** *m* tehlike sebebi/faktörü
unsichtbar *adj* (***für*** *-e*) görülmez, görünmez
Unsinn *m* 〈-s; *o pl*〉 saçmalık; ***~ machen*** saçmalamak; **ℒig** *adj* aptal; anlamsız; (*absurd*) saçma
Unsitte *f* kötü âdet; (*Missstand*) bela
unsittlich *adj* edepsiz, ahlaksız, ahlak dışı
unsolide *adj Arbeit usw* sağlam olmayan, güvenilmez; *Person a* hoppa, uçarı
unsozial *adj* sosyal olmayan; *Verhalten* toplumdışı
unsportlich *adj* sportmenliğe aykırı; *Person* spor yapmayan
unsterblich **1.** *adj* ölümsüz; **2.** *adv* F müthiş; ***~ verliebt*** (***in*** *A -e*) delicesine âşık; **ℒkeit** *f* 〈-; *o pl*〉 ölümsüzlük
unstet *adj* huzursuz, sebatsız
Unstimmigkeiten *pl* uyuşmazlık *sg*
unsympathisch *adj* sevimsiz, nahoş; ***er*** (***sie, es***) ***ist mir ~*** bana çok sevimsiz geliyor
untätig *adj* hareketsiz; (*müßig*) tembel; **ℒkeit** *f* 〈-; *o pl*〉 hareketsizlik; tembellik
untauglich *adj* (***für, zu*** için, *-e*) uygun olmayan; *Person* yetersiz, ehliyetsiz; MIL askerliğe elverişsiz, F çürük
unten *adv* aşağıda; *an Gegenstand -in* aşağısında; (*ganz ~*) *-in* dibinde; *im Haus* alt katta; ***da ~*** şurada aşağıda; ***links ~*** solda aşağıda; ***nach ~*** aşağıya, *im Haus* alt kata; ***siehe ~*** aşağıya bakınız; F ***er ist bei mir ~ durch*** o benim tamamen gözümden düştü; ***~ erwähnt, ~ genannt*** aşağıda zikredilen (*od* adı geçen)
unter *präp* (*D*) *Lage -in* altında; (*unter-*

U

halb) *-in* aşağısında; (*zwischen*) *-in* arasında; *präp* (*A*) *Richtung -in* altına; (*niedriger als*) *-in* aşağısına; (*zwischen*) *-in* arasına; ***~ anderem*** bunlar arasında, örneğin; ***~ uns*** (***gesagt***) aramızda kalsın; ***j-n ~ sich*** (*D*) ***haben*** b-ni emri altında bulundurmak; ***was versteht man ~ ...?*** ... denince ne anlaşılır?; ***~ der Hand verkaufen*** elaltından satmak

Unter|abteilung *f* alt bölüm; **~arm** *m* önkol; **~art** *f* alt tür

Unterbau[1] *m* ⟨-s; -ten⟩ altyapı

Unterbau[2] *m* ⟨-s; *o pl*⟩ temel, esas

unterbelicht|en *v/t* ⟨*o* -ge-, *h*⟩ FOTO *-e* az poz vermek; **~et** *adj -in* pozu az, F karanlık çekilmiş/çıkmış

unterbeschäftigt *adj* eksik istihdamlı, işi az

unterbesetzt *adj* eksik kadrolu

unterbewerten *v/t* ⟨*o* -ge-, *h*⟩ küçümsemek

unterbewusst *adj* bilinçaltı(ndaki)

Unterbewusstsein *n* ⟨-s; *o pl*⟩ bilinçaltı; ***im ~*** bilinçaltında

unterbezahlt *adj* az para alan

unterbieten *v/t* ⟨*unreg*, *o* -ge-, *h*⟩ *Angebot -den* düşük fiyat vermek; *Konkurrenz -den* ucuza satmak; *Rekord* (***um*** *-le*) kırmak

unterbinden *v/t* ⟨*unreg*, *o* -ge-, *h*⟩ durdurmak; (*verhindern*) önlemek, engellemek

unterbleiben *v/i* ⟨*unreg*, *o* -ge-, *sn*⟩ gerçekleşmemek, olmamak, yapılmamak

unterbrech|en *v/t* ⟨*unreg*, *o* -ge-, *h*⟩ *-e* ara vermek; TEL, *j-s Worte* kesmek; **≈ung** *f* ⟨-; -en⟩ ara verme, kesinti

unterbring|en *v/t* ⟨*unreg*, -ge-, *h*⟩ otele *vs* yerleştirmek; *Beschäftigung* (***in*** *D*, ***bei*** *-de*) işe yerleştirmek; ***ein Buch bei e-m Verlag ~*** bir kitaba yayınevi bulmak; **≈ung** *f* ⟨-; -en⟩ yerleş(tir)me

unterbuttern *v/t* ⟨-ge-, *h*⟩ F: ***j-n ~*** *-in* kaynayıp gitmesine yolaçmak

Unterdeck *n* MAR alt güverte

unterdrück|en *v/t* ⟨*o* -ge-, *h*⟩ *Gefühl* bastırmak; *Volk* ezmek, baskı altında tutmak; **≈er** *m* ⟨-s; -⟩, **~erin** *f* ⟨-; -nen⟩ zalim; **≈ung** *f* ⟨-; -en⟩ baskı, zulüm

untere *adj* (daha) aşağı/alçak

untereinander[1] *adv* alt alta

untereinander[2] *adv* (kendi) aralarında

unterentwickelt *adj* az gelişmiş

unterernährt *adj* yetersiz/az beslenmiş

Unterernährung *f* ⟨-; *o pl*⟩ yetersiz beslenme, kötü beslenme

Unterfangen *n* ⟨-s; *o pl*⟩ girişim

Unterführung *f* ⟨-; -en⟩ altgeçit

Unterfunktion *f* MED hipofonksiyon, az çalışma

Untergang *m* ⟨-s; ¨-e⟩ ASTR, MAR batış, batma; *fig Reich, Kultur usw a* yıkılış, çöküş

Untergebene *m*, *f* ⟨-n; -n⟩ *-in* emrindeki *adj*

untergehen *v/i* ⟨*unreg*, -ge-, *sn*⟩ batmak; çökmek, yıkılmak

untergeordnet *adj* bağlı; (*zweitrangig*) talî

Unter|geschoss *n*, *österr* **~geschoß** *n* giriş katı

Untergewicht *n* ⟨-s; *o pl*⟩ zayıflık, kilo eksikliği; ***~ haben*** zayıf olmak

untergliedern *v/t* ⟨*o* -ge-, *h*⟩ bölümlemek

untergraben *v/t* ⟨*unreg*, *o* -ge-, *h*⟩ *-in* altını oymak; *fig -i* delmek (*yasa vs*)

Untergrund *m* ⟨-s; ¨-e⟩ toprak/yer altı; POL yeraltı; ***in den ~ gehen*** yeraltına inmek; **~bahn** *f* metro; **~bewegung** *f* yeraltı mücadelesi; **~kämpfer(in** *f*) *m* yeraltı mücadelecisi

unterhalb *präp* (*G od* **von**) *-in* aşağısında, *-in* aşağı taraf(lar)ında

Unterhalt *m* ⟨-s; *o pl*⟩ geçim; JUR nafaka; ***~ zahlen*** nafaka ödemek

unterhalt|en ⟨*unreg*, *o* -ge-, *h*⟩ **1.** *v/t Publikum* eğlendirmek; *Familie* geçindirmek; *Beziehungen* sürdürmek; **2.** *v/r*: ***sich ~*** (***mit*** ile; ***über*** *A* hakkında) sohbet etmek, konuşmak; ***sich gut ~*** iyi eğlenmek; **~sam** *adj* eğlendirici, eğlenceli

Unterhalts|anspruch *m* JUR nafaka hakkı; **~beihilfe** *f* nafaka ek yardımı; **≈berechtigt** *adj* nafaka hakkı sahibi; **~kosten** *pl* geçim masrafları; **~pflicht** *f* nafaka yükümlülüğü; **≈pflichtig** *adj* nafaka yükümlüsü; **~zahlung** *f* nafaka ödemesi

Unterhaltung *f* ⟨-; -en⟩ konuşma, sohbet; (*Vergnügen*) eğlence

Unterhaltungs|branche *f*: ***in der ~*** eğlence sektöründe; **~elektronik** *f elektronik eğlence aletleri*; **~musik** *f* hafif müzik; **~wert** *m* ⟨-s; *o pl*⟩ *bir yerin eğlenme imkanları bakımından değeri*

U

Unterhändler *m* ⟨-s; -⟩, **~in** *f* ⟨-; -nen⟩ arabulucu
Unterhaus *n britisches* Avam Kamarası
Unterhemd *n* (*Damen*≈) gömlek; (*Herren*≈) fanila; *ohne Ärmel* atlet
Unterholz *n* ⟨-es⟩ çalılık, çopra (*ormanda*)
Unterhose *f* külot, don
unterirdisch *adj* yer altı, toprak altı
unterjochen *v/t* ⟨*o* -ge-, *h*⟩ boyunduruğa almak
unterjubeln *v/t* ⟨-ge-, *h*⟩ F: ***j-m etw ~*** b-ne bş-i sokuşturmak/kakalamak
Unterkiefer *m* altçene
Unterkleid *n* kombinezon, gömlek
unterkommen *v/i* ⟨*unreg*, -ge-, *sn*⟩ kalacak yer bulmak, *-e* yerleşmek; (*Arbeit finden*) iş bulmak
Unterkörper *m* belden aşağısı
unterkriegen *v/t* ⟨-ge-, *h*⟩ F: ***j-n ~*** b-ni altetmek
Unterkühlung *f* ⟨-; -en⟩ MED hipotermi, ısı kaybı
Unterkunft *f* ⟨-; ⸗e⟩ yatacak yer, konaklama; ***~ und Verpflegung*** yatak ve yemek
Unterlage *f* ⟨-; -n⟩ TECH alt destek, temel; (*Schreib*≈) altlık, sumen; ***~n*** *pl* belgeler; (*Angaben*) veriler, bilgiler
Unterlass *m* ⟨-es⟩: ***ohne ~*** durmadan
unterlassen *v/t* ⟨*unreg*, *o* -ge-, *h*⟩ ihmal etmek, yapmamak; (*aufhören mit*) *-i* bırakmak
Unterlassung *f* ⟨-; -en⟩ ihmal
Unterlassungsklage *f* JUR meni müdahale davası
unterlaufen ⟨*unreg*, *o* -ge-⟩ **1.** *v/t* ⟨*h*⟩ *Verbot* F delmek; **2.** *v/i* ⟨*sn*⟩: ***mir ist ein Fehler ~*** bir hata yaptım
unterlegen[1] *v/t* ⟨-ge-, *h*⟩ *-in* altına koymak
unterlegen[2] *adj* (*D -den*) aşağı, düşük
Unterlegene *m*, *f* ⟨-n; -n⟩ yenik, mağlup; (*Schwächere*) zayıf
Unterlegenheit *f* ⟨-; *o pl*⟩ aşağılık, zayıflık
Unterleib *m* karın altı
unterliegen *v/i* ⟨*unreg*, *o* -ge-, *sn*⟩ yenilmek, mağlup olmak, *-i* kaybetmek
Unterlippe *f* altdudak
Untermalung *f* ⟨-; -en⟩ fon (*rengi*, *müziği vs*)
untermauern *v/t* ⟨*o* -ge-, *h*⟩ *-in* altına duvar örmek; *fig* temellendirmek
untermengen *v/t* ⟨-ge-, *h*⟩ *-in* içine karıştırmak
Untermensch *m* alt insan (*Nazi dili*)
Untermiete *f* ⟨-; *o pl*⟩ *kiracı yanında kiracılık*; ***in*** (*od* ***zur***) ***~ wohnen*** (***bei*** yanında) pansiyoner olarak kalmak
Untermieter(**in** *f*) *m kiracının kiracısı*
unterminieren *v/t* ⟨*o* -ge-, *h*⟩ → ***untergraben***
unternehmen *v/t* ⟨*unreg*, *o* -ge-, *h*⟩ *Reise* yapmak; ***etw ~*** (***gegen*** *-e* karşı) bir şey yapmak, bir girişimde bulunmak
Unternehmen *n* ⟨-s; -⟩ (*Firma*) kuruluş; (*Vorhaben*) girişim, teşebbüs
Unternehmens|berater(**in** *f*) *m* piyasa müşaviri, işletmecilik danışmanı; **~beratung** *f* işletmecilik danışmanlığı; **~führung** *f* ⟨-; *o pl*⟩ şirket yönetimi
Unternehmer *m* ⟨-s; -⟩, **~in** *f* ⟨-; -nen⟩ girişimci; (*Arbeitgeber*) işveren; (*Industrielle*) sanayici
Unternehmertum *n* ⟨-s; *o pl*⟩: ***freies ~*** serbest girişimcilik
Unternehmungs|geist *m* girişim ruhu; **≈lustig** *adj* girişken; (*aktiv*) faal
Unteroffizier *m* MIL assubay
unterordn|en ⟨-ge-, *h*⟩ **1.** *v/t* tabi kılmak; **2.** *v/r*: ***sich j-m ~*** b-nin emri altına girmek; **≈ung** *f* ⟨-; -en⟩ emir altına alma/girme; BIOL alttakım
unterprivilegiert *adj* imtiyazsız, dezavantajlı
Unterredung *f* ⟨-; -en⟩ görüşme, konuşma
Unterricht *m* ⟨-s; *o pl*⟩ ders; (*Stunde*) ders saati; ***~ geben*** ders vermek
unterrichten ⟨*o* -ge-, *h*⟩ **1.** *v/t*: ***j-n ~*** b-ne ders vermek; ***etw ~*** … dersi vermek; (*informieren*) (***von, über*** *A -den*, hakkında) bilgi vermek; **2.** *v/i* ders vermek, öğretmenlik yapmak; **3.** *v/r*: ***sich ~*** (***über*** *A* hakkında) bilgi edinmek
Unterrichts|einheit *f* ünite; **~raum** *m* sınıf, derslik; **~stunde** *f* ders saati
Unterrichtung *f* ⟨-; *o pl*⟩ haber (verme), bilgilendirme; ***zu Ihrer ~*** bilgi edinmeniz için
Unterrock *m* jüpon
untersagen *v/t* ⟨*o* -ge-, *h*⟩ yasaklamak
Untersatz *m* ⟨-es; ⸗e⟩ *für Gläser* bardakaltı, çay tabağı; *für Blumentöpfe* saksı altlığı; F ***fahrbarer ~*** *scherzh* araba
unterschätzen *v/t* ⟨*o* -ge-, *h*⟩ *-e* değerinden az değer biçmek; *Können* kü-

çümsemek
unterscheiden ⟨*unreg, o -ge-, h*⟩ **1.** *v/t*: ***von*** *-den* ayırmak, ayrı tutmak; **2.** *v/i* (***zwischen*** *D* arasında) ayrım yapmak, fark gözetmek; **2.** *v/r*: ***sich ~*** (***von*** *-den*; ***durch*** *-le*) ayrılmak
Unterscheidung *f* ⟨-; -en⟩ ayırt etme, farklı olma
Unterscheidungsmerkmal *n* ayırıcı özellik
Unterschenkel *m* baldır
Unterschicht *f* alt tabaka
Unterschied *m* ⟨-s; -e⟩ ayrım, fark; ***e-n ~ machen*** (***zwischen A und B*** A ile B arasında) fark gözetmek; ***im ~ zu*** *-den* farklı olarak
unterschiedlich *adj* farklı; (*schwankend*) değişen
unterschlagen *v/t* ⟨*unreg, o -ge-, h*⟩ *Geld* zimmetine geçirmek; *Testament* yok etmek; *fig Fakten* gizlemek
Unterschlagung *f* ⟨-; -en⟩ zimmete para geçirme; yolsuzluk; gizleme
Unterschlupf *m* ⟨-s; -e⟩ F yatak (*gizlenme yeri*); (*Zufluchtsort*) sığınak, sığınacak yer
unterschlüpfen *v/i* ⟨-ge-, *sn*⟩ *-e* sığınmak; (***bei*** *-in*) yanında gizlenmek
unterschreiben *v/t u v/i* ⟨*unreg, o -ge-, h*⟩ imzalamak
Unterschrift *f* ⟨-; -en⟩ imza; (*Bild*⁓) altyazı; **~enmappe** *f* imza dosyası; **⁓sberechtigt** *adj* imzaya yetkili
unterschwellig *adj* alttan alta, sezdirmeden
Unterseeboot *n* denizaltı (gemisi)
Unterseite *f* alt taraf/yüz
untersetzt *adj* tıknaz, bodur
unterst *adj* en alt/aşağı, en dip
Unterstand *m* sundurma; MIL zeminlik
unterstehen ⟨*unreg, o -ge-, h*⟩ **1.** *v/i -in* emrinde bulunmak; **2.** *v/r*: ***sich ~, etw zu tun*** bş yapmaya kalkışmak; ***untersteh dich!*** haddini bil!, sakın ha!
unterstellen[1] ⟨-ge-, *h*⟩ **1.** *v/t unter Dach usw -in* altına koymak; (*unterbringen*) (***in*** *D -e*) yerleştirmek; (*dalassen*) (***bei*** *-de*) bırakmak; (*lagern*) depoya koymak; (*unterordnen*) *-i -in* emrine vermek; **2.** *v/r*: ***sich*** (***vor*** *D -den*) sığınmak
unterstellen[2] *v/t* ⟨*o -ge-, h*⟩ (*annehmen*) farz etmek, varsaymak; ***j-m etw ~*** b-ni bş-le suçlamak (*haksız yere*); ***j-m ~, dass er …*** b-nin -diğini iddia etmek
Unterstellung *f* ⟨-; -en⟩ haksız suçlama
unterstreichen *v/t* ⟨*unreg, o -ge-, h*⟩ *-in* altını çizmek; *fig* vurgulamak
Unterstufe *f* ⟨-; -n⟩ ortaokul
unterstütz|en *v/t* ⟨*o -ge-, h*⟩ desteklemek; *ideell a -e* arka çıkmak; **⁓ung** *f* ⟨-; -en⟩ destek(leme), yardım; ***~ beziehen*** destek almak
untersuch|en *v/t* ⟨*o -ge-, h*⟩ araştırmak; MED muayene etmek; JUR soruşturmak; CHEM analiz etmek; *Gepäck* aramak; **⁓ung** *f* ⟨-; -en⟩ araştırma; muayene; soruşturma; analiz
Untersuchungs|ausschuss *m* araştırma komisyonu; **~gefangene** *m, f* soruşturma tutuklusu; **~gefängnis** *n* tutukevi; **~haft** *f* soruşturma tutukluluğu; ***in ~ sein*** soruşturma hapsinde olmak; **~richter** *m* soruşturma hakimi
Untertan *m* ⟨-s, -en; -en⟩ tebaa, kul
Untertasse *f* tabak, fincan tabağı
untertauchen *v/i* ⟨-ge-, *sn*⟩ dalmak; *fig* ortadan kaybolmak
Unterteil *n, m* alt kısım, alt parça
unterteilen *v/t* ⟨*o -ge-, h*⟩ (***in*** *A -e*) böl(üştür)mek
Unterteilung *f* ⟨-; -en⟩ böl(üştür)me, bölümleme
Untertitel *m* alt başlık; FILM altyazı
Unterton *m fig* sez(dir)ilen duygu
untertreib|en *v/t u v/i* ⟨*unreg, o -ge-, h*⟩ olduğundan eksik göstermek; **⁓ung** *f* ⟨-; -en⟩ küçük gösterme
untertunneln *v/t* ⟨*o -ge-, h*⟩ *-in* altından tünel geçirmek
untervermieten *v/t* ⟨*o -ge-, h*⟩ kiraya vermek (*kiracı olarak*)
unterversichert *adj* eksik sigortalı
unterwandern *v/t* ⟨*o -ge-, h*⟩ sızmak (*bir örgütün içine*)
Unterwäsche *f* ⟨-; *o pl*⟩ iç çamaşırı
Unterwasser… *in Zssgn* su altı …
unterwegs *adv* yolda, gelirken/giderken; ***viel ~ sein*** sık sık yolda olmak
Unterwelt *f* ⟨-; *o pl*⟩ yeraltı dünyası
unterweis|en *v/t* ⟨*unreg, o -ge-, h*⟩: ***j-n ~ in etw*** *D* b-ne bş-i öğretmek; **⁓ung** *f* ⟨-; -en⟩ öğretme, ders
unterwerfen ⟨*unreg, o -ge-, h*⟩ **1.** *v/t* tabi kılmak, boyunduruğa almak; *e-r Prüfung* sınavdan geçirmek; **2.** *v/r*: ***sich ~*** *D -in* emri altına girmek
Unterwerfung *f* ⟨-; -en⟩ (***unter*** *-in*) emri altına alma/girme

unterwürfig *adj* köle gibi/ruhlu
unterzeichn|en *v/t u v/i* ⟨*o* -ge-, *h*⟩ imzalamak; **2ete** *m, f* ⟨-n; -n⟩ imzalayan, imza sahibi; **2ung** *f* ⟨-; -en⟩ imzalama
unterziehen[1] *v/t* ⟨*unreg*, -ge-, *h*⟩ *-in* altına giymek
unterziehen[2] ⟨*unreg, o* -ge-, *h*⟩ **1.** *v/t* tabi tutmak; **2.** *v/r*: ***sich e-r Operation ~*** ameliyat olmak; ***sich e-r Prüfung ~*** sınava girmek
untragbar *adj* portatif olmayan; *fig* katlanılmaz
untrennbar *adj* ayrılmaz, bölünmez
untreu *adj* sadakatsiz, vefasız
Untreue *f* ⟨-; *o pl*⟩ sadakatsizlik, vefasızlık
untröstlich *adj* teselli kabul etmeyen
untrüglich *adj* şaşmaz, kesin
Untugend *f* kötü alışkanlık; (*Laster*) kötü huy
untypisch *adj* tipik olmayan, atipik
unüberbrückbar *adj* bağdaşmaz
unüberlegt *adj* uluorta, düşünmeden
unübersehbar *adj* topluca görülemeyen, büyük
unübersichtlich *adj Kurve usw* sonu görünmeyen; (*verworren*) karışık
unüber|trefflich *adj* aşılmaz, daha iyisi bulunmaz; **~troffen** *adj* aşılmamış, en üstün
unüberwindlich *adj* başa çıkılmaz, aşılmaz
unumgänglich *adj* kaçınılmaz
unumschränkt *adj* sınırsız; (*absolut*) mutlak
unumstritten *adj* tartışmasız kabul edilen; şüphe götürmez
ununterbrochen *adj* kesintisiz; (*ständig*) sürekli
unveränderlich *adj* değişmez; MATH sabit
unverändert *adj* değişmemiş, sabit
unverantwortlich *adj* sorumsuz
unveräußerlich *adj* satılamaz, elden çıkarılamaz; JUR devredilemez
unverbesserlich *adj* akıllanmaz, düzelmez
unverbindlich *adj* ÖKON bağlayıcı olmayan; *Art usw* tarafsız; (*unengagiert*) bağlanmayan
unverbleit *adj* kurşunsuz (*benzin*)
unverblümt *adj* apaçık
unverbraucht *adj* harcanmamış, eskimemiş
unverdächtig *adj* şüphe çekmeyen
unverdaulich *adj* sindirimi güç
unverdient *adj* haksız, hak edilmemiş; **~ermaßen** *adv* haksız yere, hakketmeden, hakkı olmadan
unverdorben *adj* bozulmamış
unverdrossen *adj* yorulmak bilmez, neşeli
unverdünnt *adj* inceltilmemiş, sulandırılmamış
unvereinbar *adj* bağdaşmaz, uyuşmaz
unverfälscht *adj* hakikî, F su katılmamış
unverfänglich *adj* sinsi olmayan, tehlikesiz
unverfroren *adj* F edepsiz, küstah; **2heit** *f* ⟨-; *o pl*⟩ F küstahlık
unvergänglich *adj* kalıcı; **2keit** *f* ⟨-; *o pl*⟩ kalıcılık
unvergessen *adj* unutulmayan
unvergesslich *adj* unutulmaz
unvergleichlich *adj* eşsiz, kıyas kabul etmez
unverhältnismäßig *adv* oran(tı)sız; ***~ hoch*** aşırı yüksek
unverheiratet *adj* evlenmemiş, bekâr
unverhofft *adj* umulmadık; (*unerwartet*) beklenmeyen, beklenmedik
unverhohlen *adj* açıktan açığa, açık açık
unverkäuflich *adj* satılık olmayan; (*nicht nachgefragt*) satılamayan
unverkennbar *adj* aşikâr, açık, belli
unverletzlich *adj* yaralanmaz; JUR dokunulmaz
unverletzt *adj* yaralanmamış
unvermeidlich *adj* kaçınılmaz, çaresiz
unvermindert *adj* hiç azalmayan
unvermittelt *adj* birdenbire, anî
Unvermögen *n* ⟨-s; *o pl*⟩ yeteneksizlik
unvermögend *adj* yoksul, parasız
unvermutet *adj* ani, beklenmedik
Unvernunft *f* ⟨-; *o pl*⟩ akıldışılık
unvernünftig *adj* akıldışı, makul olmayan; (*töricht*) akılsız
unveröffentlicht *adj* yayınlanmamış
unverrichtet *adj*: ***~er Dinge*** *adv* istenen olmadan
unverschämt *adj* küstah, arsız, edepsiz; *Preis usw* korkunç fazla, fahiş; **2heit** *f* ⟨-; -en⟩ küstahlık, arsızlık, edepsizlik; *Bemerkung* küstahça/terbiyesizce söz; ***die ~ haben zu*** -mek küstahlığını göstermek

U

unverschuldet *adj* (*adv*) suçsuz (olarak)
unversehens *adv* beklenmedik bir anda
unversehrt *adj* yarasız, yaralanmamış; *Sache* sağlam
unversichert *adj* sigortasız
unversiegbar *adj* (suyu) bitmez tükenmez
unversöhnlich *adj* uzlaşmaz, barışmaz
unverstanden *adj* anlaşılmamış; ***sich ~ fühlen*** k-nin anlaşılmadığına inanmak
unverständlich *adj* (*undeutlich*) anlaşılmaz; *gedanklich* akıl almaz; ***es ist mir ~, warum*** niçin -diğine aklım ermiyor
unversteuert *adj* vergilendirilmemiş
unversucht *adj*: ***nichts ~ lassen*** her yola başvurmak
unverträglich *adj Person* geçimsiz; *Sache* bağdaşmaz; MED kontrendiken, F dokunan
unverwechselbar *adj* karıştırılamaz, kendine özgü
unverwundbar *adj* yaralanmaz, şerbetli
unverwüstlich *adj* çok sağlam, F evladiyelik
unverzagt *adj* korkusuz, yılmaz
unverzeihlich *adj* affedilmez, bağışlanmaz
unverzinslich *adj*: ***~es Darlehen*** faizsiz kredi
unverzüglich **1.** *adj* acil, çabuk; **2.** *adv* derhal, zaman geçirmeden
unvollendet *adj* bit(iril)memiş, tamamlanmamış
unvollkommen *adj* mükemmel olmayan, noksan; **~heit** *f* ⟨-; *o pl*⟩ noksanlık, kusurluluk
unvollständig *adj* tam olmayan, eksik
unvorbereitet *adj* hazırlıksız
unvoreingenommen *adj* önyargısız
unvorhergesehen *adj* önceden kestirilemeyen
unvorschriftsmäßig *adj* kurallara aykırı
unvorsichtig *adj* dikkatsiz, tedbirsiz; **~keit** *f* ⟨-; *o pl*⟩ dikkatsizlik, tedbirsizlik
unvorstellbar *adj* akıl almaz, anlaşılmaz; (*undenkbar*) düşünülemez
unvorteilhaft *adj* kazançsız, yararsız; *Kleid* yakışmayan
unwahr *adj* yanlış, yalan, gerçekdışı; **~heit** *f* ⟨-; -en⟩ gerçekdışı *adj*, yalan
unwahrscheinlich *adj* ihtimal dışı; F (*toll*) olağanüstü, müthiş
unwegsam *adj Gelände* yolu bozuk, ulaşılması zor
unweigerlich *adv* kaçınılmaz, kesin
unweit *präp* (*G*) *-in* yakınında
Unwesen *n* ⟨-s; *o pl*⟩: ***sein ~ treiben in*** *-de* düzeni bozmak
unwesentlich *adj* ilgisiz (*şey*); (*geringfügig*) önemsiz
Unwetter *n* ⟨-s; -⟩ fırtına, kötü hava
unwichtig *adj* önemsiz
unwiderlegbar *adj* su götürmez
unwiderruflich **1.** *adj* geri alınamaz, geri dönülemez; **2.** *adv*: ***es steht ~ fest, dass*** şurası son derecede kesin ki
unwiderstehlich *adj* karşı konulmaz, dayanılmaz, çok çekici
unwiederbringlich *adj* (bir daha) yerine konulamaz
Unwille *m* ⟨-ns⟩ kızgınlık, öfke
unwillig *adj* (**über** *A -e*) kızgın, öfkeli; (*widerwillig*) istemeyerek, gönülsüz
unwillkommen *adj* makbule geçmeyen, zamansız; (*unangenehm*) nahoş
unwillkürlich *adj* bilinçsizce; b-nin elinde olmayan; gayri iradî
unwirklich *adj* gerçek olmayan, hayalî
unwirksam *adj* etkisiz; JUR *usw* geçersiz, batıl
unwirsch *adj* haşin, katı; (*grob*) kaba
unwirtlich *adj* itici, sevimsiz
unwirtschaftlich *adj* ekonomik olmayan, kârsız
unwissend *adj* bilgisiz, cahil
Unwissenheit *f* ⟨-; *o pl*⟩ bilgisizlik, cehalet
unwissenschaftlich *adj* bilimsel olmayan, bilimdışı
unwissentlich *adv* bilmeden, farkına varmadan
unwohl *adj* rahatsız, hasta; (*besorgt*) endişeli
unwürdig *adj* (*G -e*) layık olmayan, yaraşmayan
Unzahl *f*: ***e-e ~ von*** bir alay/sürü
unzählig *adj* sayısız, çok sayıda
unzeitgemäß *adj* zamana uymayan, çağdışı
unzerbrechlich *adj* kırılmaz
unzerstörbar *adj* tahrip edilemez, bozulmaz
unzertrennlich *adj* ayrılmaz, bölünmez
unzivilisiert *adj* medenî olmayan

Unzucht *f* ⟨-; *o pl*⟩ JUR: ***gewerbsmäßige ~*** fuhuş
unzüchtig *adj* ahlaksız; *Literatur usw* müstehcen
unzufrieden *adj* (**mit** *-den*) memnunsuz, hoşnutsuz; **≗heit** *f* ⟨-; *o pl*⟩ hoşnutsuzluk
unzugänglich *adj* erişilmez, ulaşılmaz
unzulänglich *adj* yetersiz; (*mangelhaft*) kusurlu; **≗keit** *f* ⟨-; -en⟩ yetersizlik; kusur
unzulässig *adj* mubah olmayan; yasak
unzumutbar *adj -den* istenemez, beklenemez
unzurechnungsfähig *adj* JUR cezaî ehliyeti olmayan; **≗keit** *f* ⟨-; *o pl*⟩ cezaî ehliyeti olmama
unzureichend *adj* yetersiz, eksik
unzusammenhängend *adj* tutarsız
unzuständig *adj* JUR (**für** için) yetkili olmayan
unzutreffend *adj* isabetsiz, uygun olmayan; ***≗es bitte streichen!*** uygun olmayanı çiziniz
unzuverlässig *adj* güvenilmez, F *Person* ipiyle kuyuya inilmez
unzweckmäßig *adj* amaca uymayan
unzweifelhaft **1.** *adj* şüphe götürmeyen; **2.** *adv* şüphesiz
Update ['apdeɪt] *n* ⟨-s; -s⟩ güncelleme
üppig *adj Formen* dolgun; *Mahlzeit* çok zengin; *Vegetation* bereketli, çok bol
Urabstimmung ['uːɐ-] *f* ÖKON grev oylaması
uralt [uːɐ-] *adj* çok yaşlı/eski
Urahn ['uːɐ-] *m* ata
Uran *n* ⟨-s; *o pl*⟩ CHEM uranyum; **≗haltig** *adj* uranyum içeren
Uraufführung ['uːɐ-] *f* THEA ilk sahneleniş; FILM ilk gösterim
urbar ['uːɐ-] *adj*: ***~ machen*** yaşanır hale getirmek (*arazi*)
Ur|bevölkerung *f*, **~einwohner** ['uːɐ-] *pl* (asıl/ilk) yerliler
ureigen [uːɐ-] *adj*: ***in Ihrem ~sten Interesse*** tamamen sizin kendi çıkarınız için
Urenkel ['uːɐ-] *m* torunun oğlu; **~in** *f* torunun kızı
Urform ['uːɐ-] *f* ilk biçim
urgemütlich [uːɐ-] *adj* F alabildiğine rahat
Urgeschichte ['uːɐ-] *f* ⟨-; *o pl*⟩ tarihöncesi
urgeschichtlich [uːɐ-] *adj* tarihöncesine ait
Urgestein ['uːɐ-] *n* GEOL ilk kütle
Urgewalt ['uːɐ-] *f* büyük tabiat gücü (*rüzgâr vs*)
Urgroßeltern ['uːɐ-] *pl* nineyle dedenin annesi-babası
Urheber ['uːɐ-] *m* ⟨-s; -⟩ (*Täter*) asli suçlu; (*Werk*) eser sahibi
Urheberrecht ['uːɐ-] *n* (**an** *D -in*) patent/telif hakkı; **≗lich** *adv*: ***~ geschützt*** patent/telif hakları saklı
Urin *m* ⟨-s; -e⟩ idrar
urinieren *v/i* ⟨*o* ge-, *h*⟩ idrarını yapmak, F işemek
Urin|probe *f* MED idrar örneği; **~untersuchung** *f* idrar muayenesi
Urknall ['uːɐ-] *m* ⟨-s; *o pl*⟩ ilk patlama
urkomisch [uːɐ-] *adj* F çok matrak
Urkund|e ['uːɐ-] *f* ⟨-; -n⟩ belge; (*Zeugnis*, *Ehren≗*) diploma; **~enfälschung** *f* evrak sahtekârlığı; **≗lich** *adv* belgeye dayanarak; ***etw ~ belegen*** bş-i belgeleriyle ispat etmek
Urlaub ['uːɐ-] *m* ⟨-s; -e⟩ izin, tatil; ***im ~*** izinde, tatilde; ***in ~ gehen*** izne ayrılmak; tatile çıkmak; ***e-n Tag*** (***ein paar Tage***) ***~ nehmen*** bir gün (birkaç gün) izin almak
Urlauber *m* ⟨-s; -⟩, **~in** *f* ⟨-; -nen⟩ tatilci; **~strom** *m* tatilci akını
Urlaubs|anschrift *f b-nin izne gittiği yerdeki adresi*; **~anspruch** *m* izin hakkı; **~geld** *n* izin parası; **~ort** *m* tatil yeri; **~reise** *f* tatil yolculuğu; **~vertretung** *f Person* izinde yetkili vekil; **~tag** *m* izin günü; **~zeit** *f* izin süresi, tatil zamanı
Urmensch ['uːɐ-] *m* ilk(el) insan
Urne *f* ⟨-; -n⟩ kap, ayaklı vazo, kavanoz; (*Wahl≗*) seçim sandığı
Urologe *m* ⟨-n; -n⟩ ürolog
Urologie *f* ⟨-; *o pl*⟩ üroloji
urplötzlich [uːɐ-] **1.** *adj* çok anî; hiç beklenmeyen; **2.** *adv* durup dururken
Ursache ['uːɐ-] *f* ⟨-; -n⟩ (*G*, **für** *-e*) sebep, neden; (*Grund*) gerekçe; ***keine ~!*** bir şey değil!
ursächlich [uːɐ-] *adj* nedensel; ***~er Zusammenhang*** sebep-sonuç ilişkisi, nedensellik
Ursprung ['uːɐ-] *m* ⟨-s; ⸚e⟩ kaynak, köken; ***germanischen ~s*** Cermen kökenli

ursprünglich ['uːɐ-] *adj* orijinal, asıl; *adv* esasen
Ursprungsland ['uːɐ-] *n* ÖKON kaynak ülke, F *-in* geldiği ülke
Urteil *n* ⟨-s; -e⟩ yargı; JUR karar, hüküm; ***sich*** (*D*) ***ein ~ bilden*** (***über*** *A* hakkında) bir yargıya varmak
urteilen *v/i* ⟨*h*⟩ (***über*** hakkında) hüküm vermek
Urteils|begründung *f* JUR karar gerekçesi; **≈fähig** *adj* temyiz kudretini haiz
Urtext ['uːɐ-]*m* asıl (metin)
urtümlich [uːɐ-] *adj* tabiî, bozulmamış, el değmemiş
Ururenkel(in *f*) ['uːɐ-] *m* torunun torunu
Urgroßeltern ['uːɐ-] *pl ninenin/dedenin anne-babası*
Urwald ['uːɐ-] *m* balta girmemiş orman; (*Dschungel*) cengel, cangıl
urwüchsig [uːɐ-] *adj* (*natürlich*) tabiî; (*einfach*) sade
Urzeit ['uːɐ-] *f*: ***seit ~en*** çok eskilerden beri; ***vor ~en*** çok eski zamanlarda
Urzustand ['uːɐ-] *m* ilk/baştaki durum
Usbek|e *m* ⟨-n; -n⟩, **~in** *f* ⟨-; -nen⟩ Özbek; **≈isch** Özbek(istan) *subst*; Özbekçe; **~isch** *n* Özbekçe; **~istan** *n* Özbekistan
User ['juːzɐ] *m* ⟨-s; -⟩ EDV kullanıcı
usw. *Abk für* ***und so weiter*** ve saire (vs)
Utensilien *pl* alet-edevat *koll*
Uterus *m* ⟨-s; -ri⟩ ANAT rahim
Utopie *f* ⟨-; -n⟩ utopya, ütopi
utopisch *adj* utopik, ütopik

V

v, V [fau̯] *n* ⟨-; -⟩ v, V
v. *Abk für* ***von*** -den
Vagabund [v-] *m* ⟨-en; -en⟩ serseri; **≈ieren** *v/i* ⟨*o* -ge-, *h*⟩ serseri gibi dolaşmak, serserilik etmek
vage [v-] *adj* belirsiz, şüpheli
Vagina [v-] *f* ⟨-; -nen⟩ ANAT vajina
vakant [v-] *adj Arbeitsstelle* açık, münhal
Vakuum ['vaːkuʊm] *n* ⟨-s; -kua⟩ vakum, boşluk; **≈verpackt** *adj* vakum ambalajlı
Valuta [v-] *f* ⟨-; -ten⟩ ÖKON yabancı para; döviz
Vampir [vam'piːɐ] *m* ⟨-s; -e⟩ vampir
Vandalismus [v-] *m* ⟨-; *o pl*⟩ vandalizm
Vanille [va'nɪlə, va'nɪljə] *f* ⟨-; *o pl*⟩ BOT vanilya; **~zucker** *m* vanilyalı şeker
vari|abel [v-] *adj* değişken; **≈abilität** *f* ⟨-; *o pl*⟩ değişkenlik; **≈able** *f* ⟨-; -n⟩ MATH değişken; **≈ante** *f* ⟨-; -n⟩ (***zu*** *-in*) varyant(ı); **≈ation** *f* ⟨-; -en⟩ varyasyon, çeşit; MUS çeşitleme
Varieté [varie'teː] *n* ⟨-s; -s⟩ varyete/vodvil (tiyatrosu)
variieren [vari'iːrən] *v/i* ⟨*o* -ge-, *h*⟩ değişmek, çeşitlilik göstermek; *v/t* çeşitlemek
Vasall [v-] *m* ⟨-en; -en⟩ HIST vasal, tımarcı; **~enstaat** *m biçimsel olarak bağımsız, gerçekte başka bir devlete bağımlı devlet*
Vase [v-] *f* ⟨-; -n⟩ vazo
Vaseline [v-] *f* ⟨-; *o pl*⟩ vazelin
Vater [f-] *m* ⟨-s; ⸚⟩ baba, peder; **~figur** *f* PSYCH baba figürü; **~land** *n* ⟨-s; ⸚er⟩ yurt, vatan; **~landsliebe** *f* yurtseverlik, vatanseverlik
väterlich [f-] *adj* babacan; *geerbt* babadan kalma; **~erseits** *adv* baba tarafından; ***Onkel ~*** amca; ***Tante ~*** hala
Vaterschaft [f-] *f* ⟨-; *o pl*⟩ JUR babalık; **~sklage** *f* JUR babalık davası
Vaterunser [f-] *n* ⟨-s; -⟩ REL Rabbimiz Duası
Vati [f-] *m* ⟨-s; -s⟩ F *Kindersprache* baba(cığım)
Vatikan [vati'kaːn] *m* ⟨-s; *o pl*⟩ Vatikan
V-Ausschnitt ['faʊ-] *m* v yaka
v. Chr. *Abk für* ***vor Christus*** Milat'tan/İsa'dan Önce (MÖ/İÖ)
Veganer [ve'gaːnər] *m* ⟨-s; -⟩, **~in** *f* ⟨-; -nen⟩ *süt ve yumurtayı da reddeden vejetaryen*
Vegetar|ier [vege'taːrĭɐ] *m* ⟨-s; -⟩, **~ierin** *f* ⟨-; -nen⟩ vejetaryen, F etyemez; **≈isch** *adj* etsiz (yiyecek)
Vege|tation [vegeta'tsĭoːn] *f* ⟨-; -en⟩ bitki örtüsü; **≈tativ** [-'tiːf] *adj*: ***~es Ner-***

V

vensystem vejetatif sinir sistemi; **≈tieren** *v/i* ⟨*o* -ge-, *h*⟩ *fig* amaçsızca (*od* sefilce) yaşamak; F ot gibi yaşamak
Vehikel [ve'hiːkəl] *n* ⟨-s; -⟩ (amaca götüren) araç; F külüstür (araba)
Veilchen [f-] *n* ⟨-s; -⟩ BOT menekşe; F *fig* morartı, morgözlü
veilchenblau [f-] *adj* (menekşe) mor(u)
Vektor ['vɛktoːɐ] *m* ⟨-s; -en ⟩ MATH vektör
Velours [və'luːɐ] *m* ⟨-; -⟩ velur, kadife; **~leder** *n* kadife deri
Vene ['veːnə] *f* ⟨-; -n⟩ ven, toplardamar
Venenentzündung [v-] *f* MED ven iltihabı
Venezian|er [vene'tsi̯aːnər] *m* ⟨-s; -⟩, **~erin** *f* ⟨-; -nen⟩ Venedikli; **≈isch** *adj* Venedik *subst*
Venezolan|er [venetso'laːnər] *m* ⟨-s; -⟩, **~erin** *f* ⟨-; -nen⟩ Venezuelalı; **≈isch** *adj* Venezuela *subst*
venös [ve'nøːs] *adj* MED venöz
Ventil [vɛn'tiːl] *n* ⟨-s; -e⟩ valf, supap, kapakçık; *fig* çıkış (deliği)
Ventilation [vɛntila'tsi̯oːn] *f* ⟨-; -en⟩ havalandırma
Ventilator [venti'laːtoːɐ] *m* ⟨-s; -en⟩ vantilatör
verabreden [f-] ⟨*o* -ge-, *h*⟩ **1.** *v/t* kararlaştırmak; **2.** *v/r*: ***sich ~*** (***mit*** *-le*) sözleşmek, randevulaşmak
Verabredung *f* ⟨-; -en⟩ sözleşme, randevulaşma; (*Treffen*) buluşma
verabreichen *v/t* ⟨*o* -ge-, *h*⟩: ***j-m etw ~*** MED b-ne bş-i vermek (*ilaç vs*)
verabscheuen *v/t* ⟨*o* -ge-, *h*⟩ *-den* nefret etmek, tiksinmek
verabschied|en ⟨*o* -ge-, *h*⟩ **1.** *v/t* geçirmek, uğurlamak; (*entlassen*) işten çıkarmak, kovmak; *Gesetz* çıkarmak; **2.** *v/r*: ***sich ~*** (***von*** *-e*) veda etmek; *voneinander* vedalaşmak; **≈ung** *f* ⟨-; -en⟩ geçirme, uğurlama; *Gesetz* çıkar(ıl)ma
veracht|en *v/t* ⟨*o* -ge-, *h*⟩ hor görmek, aşağısamak; (*verschmähen*) küçümsemek; **~enswert** *adj* aşağılık, alçak
verächtlich *adj Worte* aşağılayıcı; *Haltung* aşağılık
Verachtung *f* ⟨-; *o pl*⟩ aşağılama; küçümseme
veralbern *v/t* ⟨*o* -ge-, *h*⟩ F: ***j-n ~*** b-le dalga geçmek
verallgemeiner|n *v/t* ⟨*o* -ge-, *h*⟩ genellemek; **≈ung** *f* ⟨-; -en⟩ genelleme
veraltet *adj* eskimiş, modası geçmiş
Veranda [v-] *f* ⟨-; -den⟩ veranda, camlı taraça
veränderlich *adj* değişken
verändern ⟨*o* -ge-, *h*⟩ **1.** *v/r*: ***sich ~*** değişmek; ***sich zu s-m Vorteil*** (***Nachteil***) ***~*** olumlu (olumsuz) yönde değişmek; **2.** *v/t* değiştirmek
veränder|t *adj*: ***sie ist ganz ~*** bambaşka biri oldu; **≈ung** *f* ⟨-; -en⟩ değiş(tir)me, değişim
verängstigt *adj* (gözü) korkmuş, yılmış
veranlagen *v/t* ⟨*o* -ge-, *h*⟩ vergilendirmek
veranlagt *adj* (***zu, für*** *-e*) yatkın; ***künstlerisch ~ sein*** *-in* sanat yeteneği olmak
Veranlagung *f* ⟨-; -en⟩ *charakterliche* yaradılış, huy; (*Neigung*) eğilim; (*Talent*) yetenek; vergilendirme
veranlass|en *v/t* ⟨*o* -ge-, *h*⟩ ***etw ~*** bş-e sebep olmak; bş-i yaptırmak; ***j-n zu etw ~*** b-nin bş-i yapmasını sağlamak; **≈ung** *f* ⟨-; -en⟩ (***zu*** için) sebep; ***auf ~ von*** (*od G*) *-in* emri/teşviki ile
veranschaulich|en *v/t* ⟨*o* -ge-, *h*⟩: ***sich*** (*D*) ***etw ~*** bş-i (somut olarak) gözünün önüne getirmek; **≈ung** *f* ⟨-; -en⟩: ***zur ~*** *-i* somutlaştırmak üzere
veranschlagen *v/t* ⟨*o* -ge-, *h*⟩ ÖKON (***auf*** *A* olarak) tahmin etmek, değer biçmek; ***zu hoch*** (***niedrig***) ***~*** çok yüksek (düşük) değer biçmek
veranstalten *v/t* ⟨*o* -ge-, *h*⟩ düzenlemek, tertip etmek
Veranstalter *m* ⟨-s; -⟩, **~in** *f* ⟨-; -nen⟩ düzenleyen; SPORT, THEA organizatör
Veranstaltung *f* ⟨-; -en⟩ toplantı, gösteri, şenlik *vs*; *kulturell* etkinlik; SPORT karşılaşma; *Vorgang* organizasyon; **~skalender** *m* (etkinlikler) program(ı)
verantworten *v/t* ⟨*o* -ge-, *h*⟩ *-in* sorumluluğunu üstlenmek; *v/r*: ***sich ~*** (***j-m gegenüber***) ***für etw ~*** (b-ne) bş-in hesabını vermek
verantwortlich *adj* sorumlu; ***j-n ~ machen für*** b-ni bş-den sorumlu tutmak; **≈keit** *f* sorumluluk
Verantwortung *f* ⟨-; *o pl*⟩ sorumluluk; ***auf eigene ~*** sorumluluğu kendine ait olmak üzere; ***j-n zur ~ ziehen*** b-nden hesap sormak
Verantwortungs|bewusstsein *n*, **~gefühl** *n* sorumluluk bilinci/duygusu; **≈los** *adj* sorumsuz; **≈voll** *adj* sorumlu-

V

luğ(un)un bilincinde
veräppeln *v/t* ⟨*o* -ge-, *h*⟩ F: ***j-n ~*** b-ni işletmek
verarbeiten *v/t* ⟨*o* -ge-, *h*⟩ işlemek; *fig* sindirmek, *-le* hesaplaşmak; ***etw ~ zu*** işleyerek … haline getirmek; ***~de Industrie*** imalat sanayii
Verarbeitung *f* ⟨-; -en⟩ (*Herstellung*) imalat, işleme; (*Qualität*) işçilik; *fig* sindir(il)me, hesaplaşma
verärgern *v/t* ⟨*o* -ge-, *h*⟩ kızdırmak, küstürmek
verarmen *v/i* ⟨*o* -ge-, *sn*⟩ fakirleşmek
verarmt *adj* fakirleşmiş
Verarmung *f* ⟨-; -en⟩ fakirleşme
verarschen *v/t* ⟨*o* -ge-, *h*⟩ V: ***j-n ~*** (*sich lustig machen*) b-le dalga geçmek; (*betrügen*) b-ni kazıklamak
verarzten *v/t* ⟨*o* -ge-, *h*⟩ F b-ni tedavi etmek
verästeln *v/r* ⟨*o* -ge-, *h*⟩: ***sich ~*** dallanmak; *fig* dallanıp budaklanmak
verausgaben *v/r* ⟨*o* -ge-, *h*⟩: ***sich ~*** bütün parasını harcamak, F sıfırı tüketmek; *fig* bitkin düşmek
veräußer|n *v/t* ⟨*o* -ge-, *h*⟩ elden çıkarmak, satmak; **℞ung** *f* ⟨-; -en⟩ elden çıkarma, satış; **℞ungsgewinn** *m* satıştan (elde edilen) kâr
Verb [vɛrp] *n* ⟨-s; -en⟩ GR fiil, eylem
verbal *adj* sözlü; *Fertigkeiten* sözel
verbalisieren *v/t* ⟨*o* ge-, *h*⟩ dile getirmek/dökmek (*sözlü olarak*)
Verband *m* ⟨-s; ⸚e⟩ MED sargı, pansuman; (*Vereinigung*) birlik
Verband(s)|kasten *m* ilkyardım kutusu; **~material** *n* sargı malzemesi; **~mull** *m* gaz bezi; **~zeug** *n* sargı malzemesi
verbann|en *v/t* ⟨*o* -ge-, *h*⟩ (**aus** *-den*) kovmak, *Land a* sürgün etmek; **℞ung** *f* ⟨-; -en⟩ kov(ul)ma, sürgün
verbarrikadieren *v/t u v/r* ⟨*o* -ge-, *h*⟩: ***sich ~*** etrafına barikat örmek
verbauen *v/t* ⟨*o* -ge-, *h*⟩ *Aussicht* kapatmak; (*im Bau verwenden*) kullanmak, harcamak; ***j-m*** (***sich***) ***den Weg ~*** b-nin (kendinin) önünü/yolunu kapatmak
verbeamten *v/t* ⟨*o* -ge-, *h*⟩: ***j-n ~*** memur kadrosuna almak
verbeißen ⟨*unreg, o* -ge-, *h*⟩ **1.** *v/t*: ***er konnte sich ein Lächeln nicht ~*** gülümsemeden edemedi; **2.** *v/r*: ***sich ~ in*** (*A*) *-e* aklını takmak
verbergen ⟨*unreg, o* -ge-, *h*⟩ **1.** *v/t* (**vor** *D -den*) gizlemek, saklamak; **2.** *v/r*: ***sich ~*** (**vor** *D -den*) gizlenmek, saklanmak
verbessern ⟨*o* -ge-, *h*⟩ **1.** *v/t* düzeltmek; **2.** *v/r*: ***sich ~*** yanlışını doğrultmak
Verbesserung *f* ⟨-; -en⟩ düzeltme; BUCH tashih
verbesserungsbedürftig *adj* düzeltilmeye muhtaç
Verbesserungsvorschlag *m* düzeltme önerisi
verbeug|en *v/r* ⟨*o* -ge-, *h*⟩: ***sich ~*** (**vor** *D -in* önünde) eğilmek; **℞ung** *f* ⟨-; -en⟩ eğilme, reverans; ***e-e ~ machen*** eğilmek
verbeulen *v/t* ⟨*o* -ge-, *h*⟩ yamultmak
verbiegen *v/t* ⟨*unreg, o* -ge-, *h*⟩ eğriltmek, bükmek
verbieten *v/t* ⟨*unreg, o* -ge-, *h*⟩ yasak etmek; *amtlich* yasaklamak
verbilligen *v/t* ⟨*o* -ge-, *h*⟩ ucuzlatmak
verbilligt *adj* ucuzlatılmış
verbinden *v/t* ⟨*unreg, o* -ge-, *h*⟩ (*kombinieren*) bağlantı kurmak, birleştirmek; (*assoziieren*) *-e -i* çağrıştırmak; TEL *-i -e* bağlamak; MED *Wunde* sarmak; ***j-n ~*** b-nin bir yerini sarmak; *a* TECH ***mit etw ~*** bş-le bağlamak; (*vereinen*) kaynaştırmak; ***j-m die Augen ~*** b-nin gözlerini bağlamak; ***mit e-r Tätigkeit verbunden sein*** bir işe gönülden bağlı olmak; ***ich verbinde Rom mit Regen*** Roma denince aklıma yağmur geliyor; ***ich verbinde Sie*** (**mit**) sizi (*-e*) bağlıyorum; ***falsch verbunden!*** yanlış numara!
verbindlich *adj* (**für** için) bağlayıcı, zorunlu; *gefällig* nazik, iyiliksever
Verbindlichkeiten *pl* ÖKON borçlar, yükümlülükler
Verbindung *f* ⟨-; -en⟩ bağlantı; (*Kombination*) kombinasyon; CHEM bileşim; ***sich in ~ setzen mit*** b-le temasa geçmek, bağlantı kurmak; ***in ~ stehen*** (***bleiben***) temas halinde olmak
Verbindungs|mann *m* aracı; **~stück** *n* TECH, EL bağlantı (parçası)
verbissen *adj* inatçı, hırslı; **℞heit** *f* ⟨-; *o pl*⟩ inat, hırs
verbitten *v/t* ⟨*unreg, o* -ge-, *h*⟩: ***sich*** (*D*) ***etw ~*** *-in* kesilmesini talep etmek (*kendine yönelik bir davranışın*); ***das verbitte ich mir!*** buna izin veremem!

V

verbitter|t *adj* küskün; **2ung** *f* ⟨-; *o pl*⟩ acı; dargınlık

verblassen *v/i* ⟨*o* -ge-, *sn*⟩ sararmak, solmak

Verbleib *m* ⟨-s; *o pl*⟩ *-in* kaldığı (*od* halen bulunduğu) yer

verbleiben *v/i* ⟨*unreg, o* -ge-, *sn*⟩ ***wir sind so verblieben, dass*** biz aramızda son şöyle kararlaştırmıştık …

verbleit *adj* AUTO kurşunlu

verblend|en *v/t* ⟨*o* -ge-, *h*⟩ ARCH kaplamak (*cephe vs*); *-in* gözünü kamaştırmak; **2ung** *f* ⟨-; -en⟩ ARCH kaplama

verblichen *adj* soluk; *scherzh* müteveffa

verblöden F **1.** *v/i* ⟨*o* -ge-, *sn*⟩ (***bei*** *-le*) aptallaşmak, bönleşmek; **2.** *v/t* ⟨*o* -ge-, *h*⟩ aptal etmek, ahmaklaştırmak

verblüffen *v/t* ⟨*o* -ge-, *h*⟩ hayrete düşürmek, şaşırtmak, F afallatmak

verblüffend *adj* şaşırtıcı

verblüfft *adj* şaşkın, F afallamış

Verblüffung *f* ⟨-; *o pl*⟩ hayret, şaşkınlık; ***zu meiner ~*** çok hayret ettiğim bir şey oldu ve …

verblühen *v/i* ⟨*o* -ge-, *sn*⟩ solmak, geçmek (*çiçek*)

verbluten *v/i* ⟨*o* -ge-, *sn*⟩ kan kaybından ölmek

verbohrt *adj* F inatçı, kafayı takmış

verborgen *adj* gizli; ***~ halten*** gizli tutmak; ***im 2en*** gizlice

Verbot *n* ⟨-s; -e⟩ yasak

verboten *adj* yasak(lanmış); ***Rauchen ~!*** sigara içmek yasak(tır)!

Verbotsschild *n* yasak levhası

Verbrauch *m* ⟨-s; *o pl*⟩ tüketim; ***~ an*** *D* … tüketimi

verbrauchen ⟨*o* -ge-, *h*⟩ **1.** *v/t* tüketmek, harcamak; **2.** *v/r*: ***sich ~*** tükenmek

Verbraucher *m* ⟨-s; -⟩, **~in** *f* ⟨-; -nen⟩ tüketici; **~markt** *m* tüketim malları mağazası; **~preise** *pl* tüketici fiyatları; **~schutz** *m* tüketiciyi koruma; **~steuer** *f* tüketim vergisi; **~zentrale** *f tüketiciyi koruma örgütü*

verbraucht *adj* tükenmiş, harcanmış; ***~e Luft*** ağır hava, havasızlık

Verbrechen *n* ⟨-s; -⟩ cürüm, (ağır) suç

Verbrecher *m* ⟨-s; -⟩, **~in** *f* ⟨-; -nen⟩ mücrim, suçlu; **2isch** *adj* kaatil gibi

verbreiten ⟨*o* -ge-, *h*⟩ **1.** *v/t* yaymak; **2.** *v/r*: ***sich ~*** yayılmak

verbreitern *v/t* ⟨*o* -ge-, *h*⟩ genişletmek

Verbreitung *f* ⟨-; *o pl*⟩ yay(ıl)ım, dağıt(ıl)ma

verbrennen ⟨*unreg, o* -ge-⟩ **1.** *v/t* ⟨*h*⟩ yakmak; **2.** *v/i* ⟨*sn*⟩ yanmak

Verbrennung *f* ⟨-; -en⟩ yak(ıl)ma; TECH yanma; (*Wunde*) yanık

verbrieft *adj* senetli

verbringen *v/t* ⟨*unreg, o* -ge-, *h*⟩ *Zeit* geçirmek

verbrühen ⟨*o* -ge-, *h*⟩ **1.** *v/t*: ***sich*** (*D*) ***die Hand*** elini haşlamak; **2.** *v/r*: ***sich ~*** yanmak, haşlanmak

verbuchen *v/t* ⟨*o* -ge-, *h*⟩ (deftere/hesaba) geçirmek, kaydetmek; *fig Erfolg usw* elde etmek

verbummeln *v/t* ⟨*o* -ge-, *h*⟩ F *Zeit* öldürmek; *Termin* unutmak, atlamak; *Überstunden -in* yerine izin kullanmak

Verbund *m* ⟨-s; -e⟩ birleşik, kombine *adj*

verbunden *adj*: ***mit ~en Augen*** gözleri bağlı (olarak); ***j-m ~ sein für*** … için teşekkür borçlu olmak; TEL ***sein mit*** *-e* bağlanmış olmak

Verbundenheit *f* ⟨-; *o pl*⟩ (***mit*** *-e*) (içten) bağlılık

verbünd|en *v/r* ⟨*o* -ge-, *h*⟩: ***sich ~*** (***mit*** *-le*) birleşmek, ittifak kurmak; **2ete** *m, f* ⟨-n; -n⟩ müttefik, bağlaşık

verbürgen *v/r* ⟨*o* -ge-, *h*⟩: ***sich ~ für*** garanti etmek

verbüßen *v/t* ⟨*o* -ge-, *h*⟩: ***e-e Strafe ~*** bir cezayı çekmek

verchromt [-k-] *adj* kromajlı, krome

Verdacht *m* ⟨-s; -e⟩ kuşku, şüphe; JUR zan; ***~ erregen*** şüphe uyandırmak; ***j-n im ~ haben*** (***etw getan zu haben***) b-nden (*od* b-nin bş-i yaptığından) şüphelenmek; ***in ~ kommen*** şüphe uyandırmak; ***~ schöpfen*** şüphelenmek; ***im ~ stehen, etw zu tun*** (***getan zu haben***) bş-i yapmakla suçlanmak

Verdachtsmoment *n* şüphe unsuru

verdächtig *adj* şüpheli

Verdächtige *m, f* ⟨-n; -n⟩ JUR şüpheli şahıs (*henüz sanık olmayan*)

verdächtig|en *v/t* ⟨*o* -ge-, *h*⟩ (*G -den*) şüphelenmek, (*G -i*) suçlamak; **2ung** *f* ⟨-; -en⟩ suçlama; (*Unterstellung*) isnat, iftira

verdammen *v/t* ⟨*o* -ge-, *h*⟩ lanetlemek; *fig* (***zu*** *-e*) mahkum etmek

verdammt F **1.** *adj* kahrolası, lanet(li); ***dazu ~ sein zu*** (ömür boyu) -meye mahkum olmak; **2.** *adv* çok, son derece; **3.** *int* kahrolası!, (Allah) kahretsin!

verdampfen *v/i* ⟨*o* -ge-, *sn*⟩ buharlaşmak

verdanken *v/t* ⟨*o* -ge-, *h*⟩: ***j-m* (*e-m Umstand* usw) *etw* ~** b-ne (bir duruma *vs*) bş-i borçlu olmak

verdau|en *v/t* ⟨*o* -ge-, *h*⟩ sindirmek, hazmetmek; **~lich** *adj*: ***leicht* ~** sindirimi kolay; ***schwer* ~** sindirimi zor; **≗ung** *f* ⟨-; *o pl*⟩ sindirim, hazım

Verdauungs|apparat *m* sindirim sistemi; **~störungen** *pl* sindirim güçlüğü *sg*, hazımsızlık *sg*; (*Verstopfung*) kabızlık *sg*, peklik *sg*

Verdeck *n* ⟨-s; -e⟩ AUTO açılır tavan

verdecken *v/t* ⟨*o* -ge-, *h*⟩ örtmek, kapatmak, *a* TECH gizlemek

verdeckt *adj*: ***~er Ermittler*** *soruşturmayı gizli olarak yürüten memur*

verdenken *v/t* ⟨*unreg*, *o* -ge-, *h*⟩: ***ich kann es ihm nicht* ~ (*, dass*)** ona (onun -mesine) gücenemem

verderben ⟨verdirbt, verdarb, verdorben⟩ **1.** *v/i* ⟨*sn*⟩ *Lebensmittel* bozulmak; **2.** *v/t* ⟨*h*⟩ bozmak; ***sich* (*D*) *die Augen* (*den Magen*) ~** gözünü (midesini) bozmak; ***j-m die Freude* ~** b-nin neşesini kaçırmak; ***es mit j-m* ~** b-le arasını bozmak

Verderben *n* ⟨-s; *o pl*⟩: ***in sein* ~ *rennen*** eceline susamış olmak

verderblich *adj*: ***~e Waren*** kısa ömürlü mallar

verdeutlichen *v/t* ⟨*o* -ge-, *h*⟩: ***j-m etw* ~** b-ne bş-i açıklamak

verdichten ⟨*o* -ge-, *h*⟩ **1.** *v/t* TECH, CHEM yoğunlaştırmak; **2.** *v/r*: ***sich* ~** yoğunlaşmak

verdicken *v/t* ⟨*o* -ge-, *h*⟩: ***sich* ~** koyul(aş)mak

Verdickungsmittel *n* ⟨-s; -⟩ kıvam artırıcı (madde)

verdienen ⟨*o* -ge-, *h*⟩ **1.** *v/t Geld* kazanmak; *Lob*, *Strafe* hakketmek; ***er hat es nicht besser verdient!*** müstahaktır!; **2.** *v/i*: ***gut* ~** iyi para kazanmak; ***sich* (*D*) *etw nebenbei* ~** biraz yan gelir sağlamak

Verdiener *m* ⟨-s; -⟩, **~in** *f* ⟨-; -nen⟩ para kazanan, evin geçimini sağlayan; ÖKON kazanç sahibi

Verdienst[1] *m* ⟨-es; -e⟩ kazanç; (*Lohn*) ücret; (*Gehalt*) aylık

Verdienst[2] *n* ⟨-es; -e⟩ yararlık, hizmet; ***es ist sein* ~, *dass*** onun sayesindedir ki …

Verdienstausfall *m* ⟨-s; ⸚e⟩ kazanç kaybı

verdient *adj Strafe usw -in* hakkettiği; ***sich* ~ *machen um*** *-e* hizmeti geçmek/dokunmak

verdientermaßen *adv* layıkıyla

verdonnern *v/t* ⟨*o* -ge-, *h*⟩ F: ***j-n* ~, *etw zu tun*** b-ni bş-i yapmaya zorlamak

verdopp|eln ⟨*o* -ge-, *h*⟩ **1.** *v/t* ikiye katlamak, ikilemek, çiftlemek; **2.** *v/r*: ***sich* ~** ikiye katlanmak; **≗(e)lung** *f* ⟨-; -en⟩ ikiye katla(n)ma

verdorben *adj Lebensmittel* bozuk, bozulmuş, kokmuş; *Magen* bozuk

verdorren *v/i* ⟨*o* -ge-, *sn*⟩ kurumak (*bitki*)

verdrahten *v/t* ⟨*o* -ge-, *h*⟩ EL *-in* kablo bağlantılarını yapmak

verdräng|en *v/t* ⟨*o* -ge-, *h*⟩ kovmak; PHYS taşırmak; PSYCH bastırmak; *bewusst* unutmaya çalışmak; ***j-n* ~ *vom ersten Platz*** b-ni birincilikten indirmek; ***j-n aus s-r Stellung* ~** b-ni yerinden etmek, b-nin yerini almak; **≗ung** *f* ⟨-; -en⟩ MAR maimahreç ton; PSYCH bilinçaltına itme, baskı

verdrehen *v/t* ⟨*o* -ge-, *h*⟩ (yanlış *od* çok fazla) çevirmek; *fig* çarpıtmak; *Augen* döndürmek; ***j-m den Kopf* ~** b-nin aklını başından almak

verdreht *adj* F şaşkın, kafası dağınık

verdreifachen ⟨*o* -ge-, *h*⟩ **1.** *v/t* üçe katlamak; **2.** *v/r*: ***sich* ~** üçe katlanmak

verdrossen *adj* canı sıkkın; (*überdrüssig*) bıkkın, bezgin; **≗heit** *f* ⟨-; *o pl*⟩ cansıkıntısı; bıkkınlık

Verdruss *m* ⟨-es⟩ öfke, kızgınlık

verdrücken ⟨*o* -ge-, *h*⟩ F **1.** *v/t* gövdeye indirmek; **2.** *v/r*: ***sich* ~** pır etmek

verdummen ⟨*o* -ge-, *h*⟩ **1.** *v/t* aptallaştırmak; **2.** *v/i* ⟨*sn*⟩ aptallaşmak

verdunk|eln *v/t* ⟨*o* -ge-, *h*⟩: ***sich* ~** kararmak; *Farben* koyul(aş)mak; **≗(e)lung** *f* ⟨-; -en⟩ JUR *delillerin yok edilmesi*; MIL karartma; **≗(e)lungsgefahr** *f* ⟨-; *o pl*⟩ JUR *delillerin yok edilmesi tehlikesi*

verdünn|en *v/t* ⟨*o* -ge-, *h*⟩ *mit Wasser* sulandırmak; *Farben* inceltmek; *Pflanzen* seyreltmek; **≗er** *m* ⟨-s; -⟩ CHEM inceltici, tiner

Verdünnung *f* ⟨-; -en⟩ inceltme, sulandırma; inceltici, tiner

verdunst|en *v/i* ⟨*o* -ge-, *sn*⟩ buharlaşmak; **2ung** *f* ⟨-; *o pl*⟩ buharlaşma

verdursten *v/i* ⟨*o* -ge-, *sn*⟩ susuzluktan ölmek

verdutzt *adj* şaşırmış, F afallamış

verebben *v/i* ⟨*o* -ge-, *sn*⟩ yavaş yavaş dinmek

veredeln *v/t* ⟨*o* -ge-, *h*⟩ asilleştirmek, kıymetlendirmek; *Baum* aşılamak; *Metall* arıtmak; AGR *Saat* ıslah etmek

verehr|en *v/t* ⟨*o* -ge-, *h*⟩ (*ehren*) *-e* saygı göstermek; (*bewundern*) *-e* hayran olmak; (*anbeten*) *-e* tapmak; **2er** *m* ⟨-s; -⟩, **2erin** *f* ⟨-; -nen⟩ hayran; **2ung** *f* ⟨-; *o pl*⟩ saygı; hayranlık; tap(ın)ma; **~ungswürdig** *adj* saygıdeğer, muhterem

vereidigen *v/t* ⟨*o* -ge-, *h*⟩ *-e* yemin ettirmek; JUR *Zeugen* yemin altına almak

vereidigt *adj* yeminli

Vereidiung *f* ⟨-; -en⟩ yemin (töreni); JUR yemin altına alma

Verein *m* ⟨-s; -e⟩ dernek; ***eingetragener* ~** tescilli dernek

vereinbar *adj* (***mit*** *-le*) bağdaşır; **~en** *v/t* ⟨*o* -ge-, *h*⟩ kararlaştırmak; **2keit** *f* ⟨-; *o pl*⟩ (***mit*** *-le*) bağdaşırlık

vereinbart *adj* kararlaştırılmış; ***zur* ~*en Zeit*** kararlaştırılan zamanda

Vereinbarung *f* ⟨-; -en⟩ uzlaşma, sözleşme, anlaşma; ***e-e* ~ *treffen*** bir karara/uzlaşmaya varmak; ***laut* ~** kararlaştırıldığı üzere; ***nach* ~** anlaşmaya göre

vereinen *v/t* → ***vereinigen***; ***mit vereinten Kräften*** kuvvet birliği ederek

vereinfach|en *v/t* ⟨*o* -ge-, *h*⟩ basitleştirmek, kolaylaştırmak; **2ung** *f* ⟨-; -en⟩ basitleştirme, kolaylaştırma

vereinheitlich|en *v/t* ⟨*o* -ge-, *h*⟩ standartlaştırmak; **2ung** *f* ⟨-; -en⟩ standartlaştırma

vereinigen **1.** *v/t* ⟨*o* -ge-, *h*⟩ (***zu*** halinde) birleştirmek; (*verbinden*) bağlamak; ***Vereinigte Staaten* (*von Amerika*)** (Amerika) Birleşik Devletler(i); **2.** *v/r*: ***sich* ~** birleşmek; bağlanmak

Vereinigung *f* ⟨-; -en⟩ birleşme; (*Bündnis*) birlik, ittifak

vereinnahmen *v/t* ⟨*o* -ge-, *h*⟩ F *fig* esir almak

vereinsam|en *v/i* ⟨*o* -ge-, *sn*⟩ yalnızlığa düşmek; **2ung** *f* ⟨-; *o pl*⟩ yalnızlık, kimsesizlik

Vereinshaus *n* dernek binası

Vereinskasse *f* dernek kasası

vereinzelt **1.** *adj* dağınık, tek tük; **2.** *adv*: **~ *Regen*** ara sıra yağmur

vereisen ⟨*o* -ge-⟩ **1.** *v/t* ⟨*h*⟩ MED dondurmak; **2.** *v/i* ⟨*sn*⟩ LUFTF, *Straße* buzlanmak

vereiteln *v/t* ⟨*o* -ge-, *h*⟩ önlemek; *Plan usw* boşa çıkarmak, F suya düşürmek

vereitert *adj* MED cerahatli, irinli

verelenden *v/i* ⟨*o* -ge-, *sn*⟩ sefalete düşmek

verenden *v/i* ⟨*o* -ge-, *sn*⟩ telef olmak, ölmek

vereng|en *v/t* ⟨*o* -ge-, *h*⟩: ***sich* ~** daralmak; **2ung** *f* ⟨-; -en⟩ daralma; *Stelle* boğaz

vererben ⟨*o* -ge-, *h*⟩ **1.** *v/t*: ***j-m etw* ~** b-ne bş-i miras bırakmak; MED b-ne bş-i geçirmek (*kalıtımla*); **2.** *v/r*: ***sich* ~** (***auf*** *A* *-e*) geçmek

vererb|t *adj* miras kalmış, kalıtımla geçmiş; **2ung** *f* ⟨-; *o pl*⟩ BIOL kalıtım, soyaçekim

verewigen *v/t* ⟨*o* -ge-, *h*⟩ ölümsüzleştirmek, sonsuzlaştırmak

verfahren ⟨*unreg*, *o* -ge-⟩ **1.** *v/i* ⟨*sn*⟩ hareket etmek, yol/yöntem izlemek; **~ *mit*** *-e* muamele etmek; **2.** *v/t* harcamak (*araba kullanarak*); **3.** *v/r*: ***sich* ~** ⟨*h*⟩ yolu şaşırmak, yolunu kaybetmek (*arabayla*)

Verfahren *n* ⟨-s; -⟩ yöntem, işlem; TECH teknik, metot; JUR usul; JUR dava; ***ein* ~ *einleiten*** (***gegen*** aleyhinde) dava açmak

Verfahrens|frage *f* JUR usul sorunu; **~technik** *f* kimya teknolojisi

Verfall *m* ⟨-s; *o pl*⟩ çürüme, bozulma; *Haus* harap olma; *Niedergang* çökme; ÖKON tahakkuk

verfallen[1] *v/i* ⟨*unreg*, *o* -ge-, *sn*⟩ çürümek, bozulmak; *fig* çökmek; *Haus* harap olmak; (*ablaufen*) *-in* süresi dolmak; *Kranker* eriyip gitmek; *e-m Laster -in* düşkünü olmak; ***auf*** (*A*) ***etw*** **~** *-in* aklına … gelmek (*garip bir fikir*)

verfallen[2] *adj* bozulmuş; harap; süresi dolmuş; ***j-m* ~ *sein*** b-ne müptela/düşkün olmak

Verfalls|datum *n* son kullanma tarihi; **~erscheinung** *f* çöküş belirtisi; **~tag** *m* ÖKON tahakkuk tarihi; vade sonu

verfälsch|en *v/t* ⟨*o* -ge-, *h*⟩ *-in* sahtesini

yapmak; *Bericht usw a* çarpıtmak, saptırmak; *Speisen usw -in* içine yabancı madde karıştırmak; **≈ung** *f* ⟨-; -en⟩ sahte(kârlık); çarpıtma

verfangen ⟨*unreg, o* -ge-, *h*⟩ **1.** *v/i* (**bei** *-i*) etkilemek; ***das verfängt bei mir nicht*** bu beni etkilemez, F bu bana sökmez; **2.** *v/r*: ***sich ~*** (**in** *D -e*) takılıp kalmak

verfänglich *adj* şüpheli, tehlikeli; (*peinlich*) yakışık almayan, talihsiz, ayıp

verfärben *v/r* ⟨*o* -ge-, *h*⟩: ***sich ~*** renk atmak; *a Person* beti benzi solmak

verfassen *v/t* ⟨*o* -ge-, *h*⟩ kaleme almak, yazmak

Verfasser *m* ⟨-s; -⟩, **~in** *f* ⟨-; -nen⟩ yazar

Verfassung *f* ⟨-; -en⟩ durum, *gesundheitlich* sağlık durumu; *seelisch* ruhsal durum; POL anayasa

Verfassungs|änderung *f* anayasa değişikliği; **~beschwerde** *f* anayasaya aykırılık davası; **~bruch** *m* anayasayı çiğneme; **≈feindlich** *adj* anayasayı ihlal eden; **~gericht** *n* anayasa mahkemesi; **~klage** *f* anayasaya aykırılık davası; **≈mäßig** *adj* anayasal; **~schutz** *m* anayasayı koruma örgütü (*BRD*); **≈widrig** *adj* anayasaya aykırı

verfaulen *v/i* ⟨*o* -ge-, *sn*⟩ çürümek, bozulmak

verfecht|en *v/t* ⟨*unreg, o* -ge-, *h*⟩ savunmak; **≈er** *m* ⟨-s; -⟩, **≈erin** *f* ⟨-; -nen⟩ savunucu

verfehlen *v/t* ⟨*o* -ge-, *h*⟩ (**um** farkıyla) kaçırmak, ıskalamak

verfehlt *adj* yanlış, yersiz

Verfehlung *f* ⟨-; -en⟩ kusur, kabahat

verfeinden *v/r* ⟨*o* -ge-, *h*⟩: ***sich mit j-m ~*** b-le düşman olmak

verfeindet *adj* araları bozuk, düşman

verfeiner|n ⟨*o* -ge-, *h*⟩ **1.** *v/t* inceltmek, geliştirmek; **2.** *v/r*: ***sich ~*** incelmek, gelişmek; **≈ung** *f* ⟨-; -en⟩ incelt(il)me, geliştir(il)me

Verfettung *f* ⟨-; -en⟩ MED yağlanma

verfeuern *v/t* ⟨*o* -ge-, *h*⟩ *Munition, Holz usw* yakmak

verfilm|en *v/t* ⟨*o* -ge-, *h*⟩ filme almak, sinemaya uyarlamak; **≈ung** *f* ⟨-; -en⟩ filme al(ın)ma; (*Film*) (romanın *vs*) filmi

verfilzen *v/i* ⟨*o* -ge-, *h*⟩ keçeleşmek

verfinstern *v/r* ⟨*o* -ge-, *h*⟩: ***sich ~*** kararmak

verflachen **1.** *v/i* ⟨*o* -ge-, *sn*⟩ *Gelände* yassılanmak, düzleşmek; *Gespräch* yüzeyselleşmek; **2.** *v/t* ⟨*h*⟩ yassıltmak, düzleştirmek

verflecht|en *v/t* ⟨*unreg, o* -ge-, *h*⟩: ***sich ~*** ÖKON bütünleşmek; **≈ung** *f* ⟨-; -en⟩ ÖKON bütünleşme, entegrasyon

verfliegen ⟨*unreg, o* -ge-⟩ **1.** *v/i* ⟨*sn*⟩ uçup gitmek; **2.** *v/r* ⟨*h*⟩: ***sich ~*** yolunu şaşırmak (*uçarken*)

verflixt *adj* F: ***~!*** hay aksi şeytan!

verflochten *adj* ÖKON bütünleşmiş, entegre

verflossen *adj Zeit* geçmiş; F ***mein ~er Mann*** eski eşim/kocam

verfluchen *v/t* ⟨*o* -ge-, *h*⟩ *-e* lanet etmek

verflucht *adj* → ***verdammt***

verflüchtigen *v/r* ⟨*o* -ge-, *h*⟩: ***sich ~*** buharlaşmak; *fig* kaybolmak

verflüssigen ⟨*o* -ge-, *h*⟩ **1.** *v/t* sıvılaştırmak; **2.** *v/r*: ***sich ~*** sıvılaşmak

verfolgen *v/t* ⟨*o* -ge-, *h*⟩ izlemek, takip etmek; (*jagen*) kovalamak, *-in* izini sürmek, peşine düşmek; POL *-e* zulmetmek; ***gerichtlich ~*** kovuşturmak

Verfolger *m* ⟨-s; -⟩, **~in** *f* ⟨-; -nen⟩ izleyen, takip eden, sürdüren; (*Verfechter*) takipçi, savunucu

Verfolgung *f* ⟨-; -en⟩ izleme, takip; kovalama; zulüm; ***gerichtliche ~*** mahkeme soruşturması

Verfolgungswahn *m* MED izlenme korkusu

verform|en *v/t* ⟨*o* -ge-, *h*⟩: ***sich ~*** yamulmak, deforme olmak; **≈ung** *f* ⟨-; -en⟩ yamulma, deformasyon

verfrachten *v/t* ⟨*o* -ge-, *h*⟩ taşımak, yüklemek; MAR yüklemek (*mal*); F ***j-n in ein Taxi*** (***ins Bett***) ***~*** b-ni bir taksiye (yatağa) atmak

verfremd|en *v/t* ⟨*o* -ge-, *h*⟩ yabancılaştırmak, dikkati çeker hale getirmek; **≈ung** *f* ⟨-; -en⟩ yabancılaştırma

verfressen *adj* F obur

verfroren *adj*: ***~ sein*** çabuk üşür olmak; çok üşümüş olmak

verfugen *v/t* ⟨*o* -ge-, *h*⟩ TECH *-in* derzlerini doldurmak

verfrüht *adj* zamansız, erken

verfügbar *adj* elde olan, mevcut, hazır (bulunan)

verfügen ⟨*o* -ge-, *h*⟩ **1.** *v/t* emretmek, karara bağlamak; ***testamentarisch ~*** vasiyet etmek; **2.** *v/i*: ***~ über*** (*A*) *-e* ta-

sarruf etmek; (*haben*) elinde bulundurmak; *j-n* b-ni istediği gibi kullanmak
Verfügung *f* ⟨-; -en⟩ kararname, emir; ***j-m zur ~ stehen*** b-nin emrinde olmak; ***j-m etw zur ~ stellen*** bş-i b-nin emrine vermek
Verfügungsgewalt *f* ⟨-; *o pl*⟩ (***über*** üzerinde) tasarruf yetkisi
verführen *v/t* ⟨*o* -ge-, *h*⟩ baştan çıkarmak, ayartmak; ***~ etw zu tun*** bş-i yapması için ayartmak
Verführer *m* ⟨-s; -⟩, **~in** *f* ⟨-; -nen⟩ baştan çıkaran, ayartan; **≈isch** *adj* ayartıcı; (*verlockend*) cazip, çekici
Verführung *f* ⟨-; -en⟩ ayartma, baştan çıkarma
Verführungskünste *pl* baştan çıkarıcılık *sg*
verfünffachen *v/t* ⟨*o* -ge-, *h*⟩: ***sich ~*** beşe katlanmak
verfüttern *v/t* ⟨*o* -ge-, *h*⟩ yedirmek (*hayvana*), vermek (*yem*)
Vergabe *f* ⟨-; -n⟩ tahsis etme; *Auftrag* verme; (*Verschreibung*) ihale
vergällen *v/t* ⟨*o* -ge-, *h*⟩ (*denaturieren*) yenmez/içilmez hale getirmek; *fig* zehir etmek
vergammeln F **1.** *v/i* ⟨*o* -ge-, *sn*⟩ bozulmak, küflenmek, kokmak; **2.** *v/t* ⟨*o* -ge-, *h*⟩ kendini koyuvermek, sefilleşmek
vergammelt *adj* F bozuk, kokmuş
vergangen *adj* geçmiş, geçen; ***im ~en Jahr*** geçen yıl
Vergangenheit *f* ⟨-; *o pl*⟩ geçmiş (zaman), mazi
Vergangenheitsbewältigung *f* geçmişle hesaplaşma
vergänglich *adj* geçici, fanî; (*sterblich*) ölümlü; **≈keit** *f* ⟨-; *o pl*⟩ geçicilik, fanîlik
vergasen *v/t* ⟨*o* -ge-, *h*⟩ CHEM gazlaştırmak; (*töten*) gazla zehirlemek
Vergaser *m* ⟨-s; -⟩ AUTO karbüratör
Vergasung *f* ⟨-; -en⟩ CHEM gazlaştırma; (*Tötung*) gazla zehirleme
vergeben ⟨*unreg*, *o* -ge-, *h*⟩ **1.** *v/t* vermek; ***e-n Preis ~*** bir ödül vermek; (*verzeihen*) ***j-m etw ~*** b-nin bş-ini bağışlamak, affetmek; **2.** *v/i*: ***j-m ~*** b-ni bağışlamak, affetmek
vergebens *adv* boşuna, boş yere
vergeblich **1.** *adj* yararsız, boş; **2.** *adv* boş yere
Vergebung *f* ⟨-; *o pl*⟩: ***j-n um ~ bitten*** b-nden af dilemek
vergegenwärtigen *v/t* ⟨*o* -ge-, *h*⟩: ***sich*** (*D*) ***etw ~*** bş-i gözlerinin önüne getirmek
vergehen ⟨*unreg*, *o* -ge-⟩ **1.** *v/i* ⟨*sn*⟩ *Zeit* geçmek; (*nachlassen*) *a* kaybolmak; ***~ vor*** (*D*) *-den* eriyip gitmek; ***wie die Zeit vergeht!*** zaman ne çabuk geçiyor!; **2.** *v/r* ⟨*h*⟩: ***sich ~ an*** (*D*) b-ne tecavüz etmek; (*vergewaltigen*) b-nin ırzına geçmek
Vergehen *n* ⟨-s; -⟩ JUR suç, kabahat
vergelten *v/t* ⟨*unreg*, *o* -ge-, *h*⟩: ***j-m etw ~*** b-ni bş-in karşılığını vermek/yapmak
Vergeltung *f* ⟨-; *o pl*⟩ misilleme; ***als ~ für*** *-e* misilleme olarak; ***~ üben an*** (*D*) *-e* misilleme yapmak
Vergeltungsmaßnahme *f* misilleme (önlemi)
vergesellschaften *v/t* ⟨*o* -ge-, *h*⟩ ÖKON kamulaştırmak
vergessen **1.** *v/t* ⟨vergisst, vergaß, vergessen, *h*⟩ unutmak; **2.** *v/r*: ***sich ~*** kendini kaybetmek; **≈heit** *f* ⟨-; *o pl*⟩: ***in ~ geraten*** unutulmak
vergesslich *adj* unutkan; **≈keit** *f* ⟨-; *o pl*⟩ unutkanlık
vergeud|en *v/t* ⟨*o* -ge-, *h*⟩ israf etmek, saçıp savurmak; **≈ung** *f* ⟨-; -en⟩ israf, savurganlık
vergewaltig|en *v/t* ⟨*o* -ge-, *h*⟩ *-e* tecavüz etmek; **≈ung** *f* ⟨-; -en⟩ tecavüz
vergewissern *v/r* ⟨*o* -ge-, *h*⟩: ***sich ~*** (*G* *-den*) emin olmak
vergießen *v/t* ⟨*unreg*, *o* -ge-, *h*⟩ (*verschütten*) dökmek; *Blut, Tränen a* akıtmak
vergift|en *v/t* ⟨*o* -ge-, *h*⟩ zehirlemek; **≈ung** *f* ⟨-; -en⟩ zehirle(n)me
vergilbt *adj* sararmış (*beyazken*)
Vergissmeinnicht *n* ⟨-s; -(e)⟩ BOT unutmabeni, mine
vergittern *v/t* ⟨*o* -ge-, *h*⟩ *-e* parmaklık takmak
verglasen *v/t* ⟨*o* -ge-, *h*⟩ *-e* cam takmak
Vergleich *m* ⟨-s; -e⟩ karşılaştırma; JUR uzlaşma; ***e-n ~ anstellen*** bir karşılaştırma yapmak; ***im ~*** (***zu*** *-le*) karşılaştırıldığında
vergleichbar *adj* *-e* benzer
vergleichen ⟨*unreg*, *o* -ge-, *h*⟩ **1.** *v/t* (***mit*** *-le*) karşılaştırmak; ***ist nicht zu ~ mit*** ile karşılaştırılamaz; ***verglichen mit*** ile karşılaştırıldığında; **2.** *v/r*: ***sich ~*** (*sich*

V

einigen) uzlaşmak; ***sich ~ mit*** kendini … ile karşılaştırmak
vergleichend *adj* karşılaştırmalı
Vergleichsverfahren *n* JUR (iflasta) adlî tasfiye, uzlaşma davası
vergleichsweise *adv* nispeten, görece
verglühen *v/i* ⟨*o* -ge-, *sn*⟩ kızışıp erimek
vergnügen *v/r* ⟨*o* -ge-, *h*⟩: ***sich ~*** eğlenmek
Vergnügen *n* ⟨-s; -⟩ sevinç, keyif; (*Spaß*) eğlence, zevk; ***mit ~*** seve seve, memnuniyetle; ***viel ~!*** iyi eğlenceler!; (***nur***) ***zum ~*** sırf eğlenmek için
vergnüglich *adj* eğlenceli
vergnügt *adj* neşeli, şen, keyifli
Vergnügung *f* ⟨-; -en⟩ eğlenme
Vergnügungs|park *m* lunapark; **~reise** *f* eğlence gezisi; **≈süchtig** *adj* eğlenceye düşkün; **~viertel** *n eğlence yerlerinin bulunduğu semt*
vergolden *v/t* ⟨*o* -ge-, *h*⟩ altın(la) kaplamak; *fig* nura boğmak
vergoldet *adj* altın kaplama(lı)
vergönnen *v/t* ⟨*o* -ge-, *h*⟩: ihsan etmek; ***es war ihr nicht vergönnt zu*** (+ *inf*) ona -mek kısmet olmadı
vergöttern *v/t* ⟨*o* -ge-, *h*⟩ ilahlaştırmak, -*e* tapmak
vergraben *v/t* ⟨*unreg, o* -ge-, *h*⟩ gömmek
vergraulen *v/t* ⟨*o* -ge-, *h*⟩ F kaçırmak (*rahatsız edip*)
vergreifen *v/r* ⟨*unreg, o* -ge-, *h*⟩: ***sich ~*** MUS yanlış (nota) çalmak; ***sich im Ton ~*** küstahlık etmek; ***sich ~ an j-m*** (*D*) b-ne el kaldırmak; (*vergewaltigen*) b-ne tecavüz etmek
vergriffen *adj Buch* tükenmiş
vergrößer|n ⟨*o* -ge-, *h*⟩ **1.** *v/t* büyütmek; (*vermehren*) çoğaltmak; FOTO büyültmek, tab etmek; **2.** *v/r*: ***sich ~*** büyümek, çoğalmak; **≈ung** *f* ⟨-; -en⟩ büyü(t)me, FOTO *a* büyütme; FOTO büyültme, tab
Vergrößerungsapparat *m* agrandizör
Vergrößerungsglas *n* büyüteç
Vergünstigung *f* ⟨-; -en⟩ imtiyaz, öncelik; *steuerliche* vergi indirimi
vergüt|en *v/t* ⟨*o* -ge-, *h*⟩: ***j-m etw ~*** b-ne (harcadığı parayı) ödemek; TECH islah etmek, *Stahl -e* su vermek; **≈ung** *f* ⟨-; -en⟩ ödeme; *Gehalt* maaş, aylık
verh. *Abk für* ***verheiratet*** evli
verhaft|en *v/t* ⟨*o* -ge-, *h*⟩ tutuklamak; **≈ung** *f* ⟨-; -en⟩ tutukla(n)ma
verhalten[1] *v/r* ⟨*unreg, o* -ge-, *h*⟩: ***sich ~*** davranmak; ***sich ruhig ~*** sakin davranmak
verhalten[2] *adj u adv* tutuk, çekingen
Verhalten *n* ⟨-s; *o pl*⟩ davranış, tutum, tavır
verhaltens|auffällig *adj* davranışıyla dikkati çeken (*olumsuz*); **≈forscher(in** *f*) *m* davranışbilimci; **≈forschung** *f* davranışbilim; **~gestört** *adj* davranış bozukluğu gösteren; **≈(maß)regeln** *pl* davranış kuralları; **≈muster** *n* davranış şeması; **≈therapie** *f* davranış tedavisi
Verhältnis *n* ⟨-ses; -se⟩ oran; (*Beziehung*) (***zu*** *-le*) ilişki; F (*Liebes≈*) (***mit*** *-le*) ilişki; (*Einstellung*) (***zu*** *-e*) yaklaşım; ***im ~ 1:10*** 1'e 10 oranında; ***ein gutes ~ zu j-m haben*** *-in* b-le iyi bir ilişkisi olmak; ***~se*** *pl* durum *sg*; koşullar; ***über s-e ~se leben*** ayağını yorganına göre uzatmamak; ***in guten ~sen leben*** iyi şartlar altında yaşamak
verhältnismäßig *adv* nispeten
Verhältniswahl *f* POL *nispî temsil sistemine göre seçim*
Verhältniswort *n* GR edat
verhandeln ⟨*o* -ge-, *h*⟩ **1.** *v/i* (***über etw*** bş hakkında) görüşmek; **2.** *v/t* görüşmek; JUR *Fall -e* bakmak
Verhandlung *f* ⟨-; -en⟩ görüşme, tartışma; JUR duruşma; *Strafrecht* yargılama; JUR ***zur ~ kommen*** görüşülmek
Verhandlungs|basis *f pazarlığa esas olacak fiyat*; **≈bereit** *adj* pazarlığa hazır; **~partner(in** *f*) *m* taraf (pazarlıkta); **~runde** *f* pazarlık raundu; **~tisch** *m* pazarlık masası
verhangen *adj Himmel* kapalı, çok bulutlu
verhängen *v/t* ⟨*o* -ge-, *h*⟩ (***mit*** *-le*) örtmek; ***e-e Strafe ~*** (***über*** *A -i*) cezaya çarptırmak
Verhängnis *n* ⟨-ses; -se⟩ kötü kader, mukadderat; (*Unheil*) felaket: ***j-m zum ~ werden*** b-nin başına bela getirmek
verhängnisvoll *adj* vahim
verharmlosen *v/t* ⟨*o* -ge-, *h*⟩ zararsız göstermeye çalışmak
verhärmt *adj* kasvetten çökmüş
verhärt|en *v/t u v/r* ⟨*o* -ge-, *h*⟩: ***sich ~*** sertleşmek, katılaşmak; **≈ung** *f* ⟨-; -en⟩ MED sertlik, katılık

verhaspeln *v/r* ⟨*o* -ge-, *h*⟩: ***sich ~*** F *-in* dili dolaşmak
verhasst *adj* sevilmeyen, nefret edilen
verhätscheln *v/t* ⟨*o* -ge-, *h*⟩ nazlı alıştırmak
verhauen *v/t* ⟨*o* -ge-, *h*⟩ F *-e* dayak atmak; *Schule* yüzüne gözüne bulaştırmak
verheddern *v/r* ⟨*o* -ge-, *h*⟩ F: ***sich ~*** eli ayağına dolaşmak
verheerend *adj* fecî, korkunç; ***~ wirken auf*** *-in* üzerindeki etkisi yıkıcı olmak
Verheerungen *pl*: ***~ anrichten*** tahribat yapmak
verhehlen *v/t* ⟨*o* -ge-, *h*⟩ gizlemek, saklamak
verheilen *v/i* ⟨*o* -ge-, *sn*⟩ *Wunde* iyileşmek
verheimlichen *v/t* ⟨*o* -ge-, *h*⟩ (*D od* ***vor*** *-den*) gizlemek, saklamak
verheiraten ⟨*o* -ge-, *h*⟩ **1.** *v/t* (**mit** *-le*) evlendirmek; **2.** *v/r*: ***sich ~*** evlenmek
verheiratet *adj* evli
verheißen *v/t* ⟨*unreg*, *o* -ge-, *h*⟩ vaat etmek
verheißungsvoll *adj* umut verici, geleceği parlak
verhelfen *v/i* ⟨*unreg*, *o* -ge-, *h*⟩: ***j-m zu etw ~*** b-ne bş-i elde etmesi için yardım etmek
verherrlichen *v/t* ⟨*o* -ge-, *h*⟩ ululamak; F göklere çıkarmak
Verherrlichung *f* ⟨-; -en⟩ ululama
verhexen *v/t* ⟨*o* -ge-, *h*⟩ F: ***es ist wie verhext!*** hay aksi şeytan!
verhindern *v/t* ⟨*o* -ge-, *h*⟩ önlemek, engellemek; ***~, dass j-d etw tut*** b-nin bş-i yapmasını engellemek
verhindert *adj*: ***sie ist ~*** (maalesef) gelemiyor; ***ein ~er Künstler*** *scherzh* keşfedilmemiş sanatçı
Verhinderung *f* ⟨-; -en⟩ engelle(n)me, önle(n)me
verhöhnen *v/t* ⟨*o* -ge-, *h*⟩ alaya almak, küçümsemek
Verhöhnung *f* ⟨-; -en⟩ alay, küçümseme
verhökern *v/t* ⟨*o* -ge-, *h*⟩ F okutmak (*satmak*)
Verhör *n* ⟨-s; -e⟩ JUR sorgula(n)ma
verhören ⟨*o* -ge-, *h*⟩ **1.** *v/t* sorguya çekmek, sorgulamak; **2.** *v/r*: ***sich ~*** yanlış duymak
verhundertfachen *v/t* ⟨*o* -ge-, *h*⟩ yüze katlamak, yüz katına yükseltmek
verhungern *v/i* ⟨*o* -ge-, *sn*⟩ açlıktan ölmek
verhüllen *v/t* ⟨*o* -ge-, *h*⟩ örtmek, gizlemek
verhüt|en *v/t* ⟨*o* -ge-, *h*⟩ *-den* korumak; **Ձung** *f* ⟨-; *o pl*⟩ önlem(e), tedbir (alma); MED gebelikten korunma; **Ձungsmittel** *n* MED gebelikten korunma aracı/ilacı
verinnerlichen *v/t* ⟨*o* -ge-, *h*⟩ özümsemek, kendine maletmek
verirr|en *v/r* ⟨*o* -ge-, *h*⟩: ***sich ~*** yolunu kaybetmek, kaybolmak; **Ձung** *f* ⟨-; -en⟩ doğru yoldan ayrılma
verjagen *v/t* ⟨*o* -ge-, *h*⟩ kovmak, sürüp atmak
verjähren *v/i* ⟨*o* -ge-, *sn*⟩ JUR zamanaşımına uğramak
verjähr|t *adj* zamanaşımına uğramış; **Ձung** *f* ⟨-; -en⟩ zamanaşımı, müruru zaman; **Ձungsfrist** *f* zamanaşımı süresi
verjubeln *v/t* ⟨*o* -ge-, *h*⟩ F saçıp savurmak
verjüngen ⟨*o* -ge-, *h*⟩ **1.** *v/t*: ***die Mannschaft ~*** takımı gençleştirmek; **2.** *v/r*: ***sich ~*** gençleşmek; TECH küçülmek; incelmek, daralmak (*ucuna doğru*)
Verjüngung *f* ⟨-; -en⟩ gençleş(tir)me; TECH daralma
verkabeln *v/t* ⟨*o* -ge-, *h*⟩ EL bağlamak, *-e* kablo bağlamak
verkalken *v/i* ⟨*o* -ge-, *h*⟩ F MED, TECH kireçlenmek; F ***er ist völlig verkalkt*** o hepten bunamış
verkalkulieren *v/r* ⟨*o* -ge-, *h*⟩: ***sich ~*** hesapta yanılmak
Verkalkung *f* ⟨-; -en⟩ F MED, TECH kireçlenme; F bunama
verkannt *adj* değeri bilinmeyen
verkanten *v/t* ⟨*o* -ge-, *h*⟩ kenarı üzerine dikmek
verkappt *adj* maskeli, kamufle
Verkauf *m* ⟨-s; ⸚e⟩ satış; ***zum ~ stehen*** satılık;
verkaufen ⟨*o* -ge-, *h*⟩ **1.** *v/t* satmak; ***zu ~*** satılık; **2.** *v/r*: ***sich*** (***gut***) ***~*** (iyi) satılmak, F iyi gitmek
Verkäufer *m* ⟨-s; -⟩, **~in** *f* ⟨-; -nen⟩ satıcı; *im Geschäft* tezgâhtar, satış elemanı
verkäuflich *adj* satılık; ***leicht*** (***schwer***) ***~*** kolay (zor) satılır
Verkaufs|leiter *m* satış müdürü; **~preis** *m* satış fiyatı; **~schlager** *m* F yok satan *adj*; **~stand** *m* stant, tezgâh; **~wert** *m* satış değeri
Verkehr *m* ⟨-s; *o pl*⟩ trafik; (*Verkehrswe-*

sen) ulaşım; *öffentlicher* kamu ulaşımı; (*Umgang*) görüşme, temas; (*Geschäfts*2) işlem(ler *pl*); (*Geschlechts*2) cinsel ilişki; ***aus dem ~ ziehen*** *Geld* tedavülden kaldırmak

verkehren ⟨*o* -ge-, *h*⟩ **1.** *v/i* (*a sn*) *Bus* işlemek; ***~ in*** *e-m Lokal -in* devamlı müşterisi olmak; ***bei j-m ~*** b-nin sık sık misafiri olmak; ***~ mit*** ile sık görüşmek, ile ilişkisi var/olmak; ***geschäftlich ~ mit*** ile iş ilişkisi var/olmak; **2.** *v/t*: ***ins Gegenteil ~*** tersine çevirmek

Verkehrs|ader *f* anayol; **~ampel** *f* trafik lambası; **~amt** *n* trafik dairesi (*plaka, ehliyet işleri*); **~aufkommen** *n* ⟨-s; *o pl*⟩ trafik yoğunluğu; **~behinderung** *f* trafiği tıkayan *adj*; **2beruhigt** *adj* ***~e Zone*** *araç trafiği kısıtlanmış bölge*; **~chaos** *n* trafik keşmekeşi; **~delikt** *n* trafik suçu; **~dichte** *f* trafik yoğunluğu; **~durchsage** *f Radio* trafik ve yol durumu haberi; **~erziehung** *f* trafik eğitimi; **~flugzeug** *n* yolcu uçağı; **2frei** *adj* taşıtlara kapalı; **~funk** *m* ⟨-s; *o pl*⟩ *trafik haberleri veren radyo istasyonu*

verkehrsgünstig *adv*: ***~ gelegen*** ulaşımı kolay (yerde)

Verkehrs|insel *f* röfüj, trafik adası; **~kontrolle** *f* trafik kontrolü; **~lage** *f* trafik ve yol durumu; **~meldung** *f* trafik ve yol durumu haberi; **~minister(in** *f*) *m* ulaştırma bakanı; **~ministerium** *n* ulaştırma bakanlığı; **~mittel** *n* taşıt, taşıma aracı; **~netz** *n* yol şebekesi; **~ordnung** *f* trafik tüzüğü; **~opfer** *n* trafik kurbanı; **~polizei** *f* trafik polisi; **~polizist(in** *f*) *m* trafik polisi; **~regel** *f* rafik kuralı; **2reich** *adj* trafiği yoğun; **~schild** *n* trafik levhası; **2sicher** *adj* emin, güvenli (*araç, yol, davranış vs*); **~sicherheit** *f* trafik güvenliği; AUTO yol güvenliği; **~stau** *m* trafik tıkanıklığı; **~sünder** *m* trafik suçlusu; **~teilnehmer(in** *f*) *m trafiğe katılan yaya, şoför veya yolcu*; **~unfall** *m* trafik kazası; **~verbindung** *f* trafik bağlantısı; **~wert** *m* ÖKON piyasa değeri, rayiç (değer); **~wesen** *n* ⟨-s; *o pl*⟩ ulaşım; MIL, *Ministerium* ulaştırma; **2widrig** *adj* trafik kurallarına aykırı; **~zeichen** *n* trafik işareti

verkehrt *adj u adv* (*falsch*) ters, yanlış; ***~ (herum)*** tepetaklak, başaşağı; *Pulli usw* tersyüz, (*Vorderteil nach hinten*) arkası önünde

verkennen *v/t* ⟨*unreg, o* -ge-, *h*⟩ yanlış anlamak, değerlendirememek

verkett|en *v/t* ⟨*o* -ge-, *h*⟩ zincirle bağlamak; **2ung** *f* ⟨-; -en⟩: ***~ unglücklicher Umstände*** zincirleme terslikler

verklagen *v/t* ⟨*o* -ge-, *h*⟩ JUR (***auf*** *A*, ***wegen*** için) dava etmek, (*-e* karşı) dava açmak

verklären *v/t* ⟨*o* -ge-, *h*⟩ nurlandırmak; *fig -in* yalnız olumlu yanlarını görmek/göstermek

verklärt *adj* nurlu

verkleid|en ⟨*o* -ge-, *h*⟩ **1.** *v/t* TECH kaplamak, kılıflamak; (*vertäfeln*) tahta/lambri kaplamak; **2.** *v/r*: ***sich ~*** kıyafet değiştirmek; ***sich ~ als*** … kılığına girmek; **2ung** *f* ⟨-; -en⟩ kıyafet; kaplama; örtme; kılıf(lama)

verkleiner|n *v/t* ⟨*o* -ge-, *h*⟩ küçültmek; **2ung** *f* ⟨-; -en⟩ küçültme; **2ungsform** *f* GR küçültme eki almış kelime

verklemmen *v/r* ⟨*o* -ge-, *h*⟩: ***sich ~*** sıkışmak

verklemmt *adj* sıkışmış, takılmış; *fig* (aşırı) tutuk

verknallen *v/r* ⟨*o* -ge-, *h*⟩ F: ***sich ~ (in j-n*** b-ne) abayı yakmak; ***verknallt sein in*** (*A*) b-ne abayı yakmış olmak

Verknappung *f* ⟨-; -en⟩ kıtlaşma, azalma

verkneifen *v/t* ⟨*unreg, o* -ge-, *h*⟩ F: ***sich*** (*D*) ***etw ~*** bş-i içine atmak, kendini tutmak; ***ich konnte mir ein Lächeln nicht ~*** gülümsememi bastıramadım

verkniffen **1.** *adj* asık suratlı; **2.** *adv* katı

verknoten *v/t* ⟨*o* -ge-, *h*⟩ düğümlemek

verknüpfen *v/t* ⟨*o* -ge-, *h*⟩ bağlamak, birleştirmek; ***verknüpft sein mit*** ile ilintili olmak

verkochen *v/i* ⟨*o* -ge-, *sn*⟩ *-in* kaynatıp suyunu gidermek

verkohlen **1.** *v/i* ⟨*o* -ge-, *sn*⟩ kömürleşmek; **2.** *v/t* ⟨*o* -ge-, *h*⟩ F: ***j-n ~*** b-le matrak geçmek

verkommen[1] *v/i* ⟨*unreg, o* -ge-, *sn*⟩ bozulmak, yozlaşmış

verkommen[2] *adj* bozulmuş, yoz(laşmış)

verkorken *v/t* ⟨*o* -ge-, *h*⟩ mantarlamak (*şişe*)

verkorksen F *v/t* ⟨*o* -ge-, *h*⟩: ***sich*** (*D*) ***den Magen ~*** mideyi bozmak; ***verkorkste Sache*** yaş iş

verkörpern *v/t* ⟨*o* -ge-, *h*⟩ canlandırmak
Verkörperung *f* ⟨-; -en⟩ *-in* canlandırılmış hali
verköstigen *v/t* ⟨*o* -ge-, *h*⟩ yedirip içirmek
verkrachen *v/r* ⟨*o* -ge-, *h*⟩ F: ***sich ~ (mit*** *-le*) kavga edip ayrılmak
verkracht *adj* F: ***mit j-m ~ sein*** b-le kavgalı olmak; ***~e Existenz*** hayatta başarısız kalmış *adj*
verkraften *v/t* ⟨*o* -ge-, *h*⟩ *-in* hakkından gelmek
verkrampfen *v/r* ⟨*o* -ge-, *h*⟩: ***sich ~*** kasılmak
verkriechen *v/r* ⟨*unreg*, *o* -ge-, *h*⟩: ***sich ~*** sinmek, saklanmak
verkrümeln *v/r* ⟨*o* -ge-, *h*⟩ F: ***sich ~*** sıvışmak
verkrümmt *adj* MED deforme, çarpık
Verkrümmung *f* ⟨-; -en⟩: ***~ der Wirbelsäule*** omurga çarpıklığı
verkrüppeln ⟨*o* -ge-⟩ **1.** *v/t* ⟨*o* -ge-, *h*⟩ sakat etmek; *Baum* kötü budamak; **2.** *v/i* ⟨*sn*⟩ sakat kalmak
verkrusten *v/i* ⟨*o* -ge-, *sn*⟩ kabuk bağlamak
verkühlen *v/r* ⟨*o* -ge-, *h*⟩: ***sich ~*** (kendini) üşütmek
verkümmern *v/i* ⟨*o* -ge-, *sn*⟩ dumura uğramak, cılızlaşmak
verkünd|en *v/t* ⟨*o* -ge-, *h*⟩ bildirmek; *besonders öffentlich* duyurmak, ilan etmek; **℘ung** *f* ⟨-; -en⟩ bildiri, duyuru; JUR tefhim
verkuppeln *v/t* ⟨*o* -ge-, *h*⟩ F: ***j-n ~ (an*** *-le*) *-in* arasını yapmak
verkürzen ⟨*o* -ge-, *h*⟩ **1.** *v/t* (***um*** …) kısaltmak; **2.** *v/i*: ***~ auf*** farkı *-e* indirmek
verladen *v/t* ⟨*unreg*, *o* -ge-, *h*⟩ yüklemek; F ***j-n ~*** b-ni aldatmak, kandırmak
Verlag *m* ⟨-s; -e⟩ yayınevi; *Getränke* dağıtım şirketi; ***erschienen im ~ XY*** XY yayınevinden çıkmış
verlagern ⟨*o* -ge-, *h*⟩ **1.** *v/i* (***auf*** *A -e*) kaydırmak; **2.** *v/r*: ***sich ~*** kaymak
Verlagerung *f* ⟨-; -en⟩ kayma
Verlags|buchhandel *m* yayıncılık; **~buchhändler(in** *f*) *m* yayıncı; **~kauffrau** *f yayınevi taciri* (*kadın*); **~kaufmann** *m yayınevi taciri* (*erkek*); **~programm** *n* yayın(evi) programı; **~wesen** *n* ⟨-s; *o pl*⟩ yayıncılık
verlangen ⟨*o* -ge-, *h*⟩ **1.** *v/t* istemek; (*beanspruchen*) talep etmek (*Recht*); (*erfordern*) gerektirmek; ***die Rechnung ~*** hesabı istemek; ***er verlangt viel*** onun talepleri yüksek; ***Sie werden am Telefon verlangt*** sizi telefondan istiyorlar; **2.** *v/i*: ***~ nach*** istemek, özlemek, arzulamak
Verlangen *n* ⟨-s; *o pl*⟩ (***nach*** *-e*) istek, arzu; talep; ***auf ~*** istek üzerine, istendiğinde
verlänger|n *v/t* ⟨*o* -ge-, *h*⟩ uzatmak; **℘ung** *f* ⟨-; -en⟩ uza(t)ma; SPORT ***es geht in die ~*** uzatmalar oynanacak; **℘ungsschnur** *f* EL ara/uzatma kablosu
verlangsamen *v/r*: ***sich ~*** ⟨*o* -ge-, *h*⟩ yavaşlamak
Verlass *m*: ***auf ihn ist ~*** ona güvenilir; ***auf ihn ist kein ~*** ona güvenilmez
verlassen[1] ⟨*unreg*, *o* -ge-, *h*⟩ **1.** *v/t* terk etmek, *-den* ayrılmak; *im Stich lassen* yarı yolda (*od* yüzüstü) bırakmak; **2.** *v/r*: ***sich ~ auf j-n*** (*A*) b-ne güvenmek
verlassen[2] *adj* terkedilmiş, metruk; *Person* yalnız, çaresiz
verlässlich *adj* güvenil(ebil)ir
Verlauf *m* ⟨-s; ⸚e⟩ gidiş, akış, gelişme ***im ~ von*** (*od G*) … sırasında, … sürecinde; ***im weiteren ~*** ileride
verlaufen ⟨*unreg*, *o* -ge-⟩ **1.** *v/i* ⟨*sn*⟩ *irgendwie* gitmek; (*ablaufen*) geçmek; (*enden*) sona ermek; **2.** *v/r*: ***sich ~*** ⟨*h*⟩ yolunu kaybetmek, kaybolmak
verlauten *v/i* ⟨*o* -ge-, *sn*⟩: ***~ lassen*** *-e -i* sızdırmak; ***wie verlautet*** bildirildiğine göre
verleben *v/t* ⟨*o* -ge-, *h*⟩ *Zeit usw* geçirmek
verlebt *adj gece hayatından çökmüş*
verlegen[1] *v/t* ⟨*o* -ge-, *h*⟩ *-in* yerini değiştirmek; *zeitlich* ertelemek, tehir etmek; *Brille usw* (yanlış) bir yere koymak; *Buch* yayımlamak; TECH döşemek; **2.** *v/r*: ***sich ~ auf*** *-e* başlamak (*bir değişiklik olarak*)
verlegen[2] *adj* sıkılgan, utangaç
Verlegenheit *f* ⟨-; *o pl*⟩ sıkılganlık, utangaçlık; *Lage* sıkıntı, kötü durum; ***j-n in ~ bringen*** b-ni mahcup etmek
Verlegenheits|lösung *f* idarei maslahat, geçici çözüm; **~pause** *f* kısa sessizlik (*sıkıcı bir durumda*)
Verleger *m* ⟨-s; -⟩, **~in** *f* ⟨-; -nen⟩ yayıncı
Verlegung *f* ⟨-; -en⟩ yer değiştirme; *zeitlich* erteleme, tehir; TECH döşe(n)me
verleiden *v/t* ⟨*o* -ge-, *h*⟩: ***j-m etw ~*** b-ni

bş-den soğutmak, *stärker* tiksindirmek
Verleih *m* ⟨-s; -e⟩ kiralama; (*Firma*) dağıtımcı (şirket)
verleihen *v/t* ⟨*unreg*, *o* -ge-, *h*⟩ ödünç vermek; *gegen Miete* kiraya vermek, kiralamak; *Titel, Preis* vermek
Verleih|er *m* ⟨-s; -⟩ kiraya veren; FILM dağıtımcı; **~ung** *f* ⟨-; -en⟩ ödül, unvan *vs* ver(il)me; (*Feier*) ödül töreni
verleiten *v/t* ⟨*o* -ge-, *h*⟩: ***j-n zu etw ~*** b-ni bş-e yöneltmek (*olumsuz*); ***sich ~ lassen*** (***zu*** *-e*) sapmak (*etki altında*)
verlernen *v/t* ⟨*o* -ge-, *h*⟩ (gene) unutmak (*öğrenilmiş bş-i*)
verlesen ⟨*unreg*, *o* -ge-, *h*⟩ **1.** *v/t* (yüksek sesle) okumak; **2.** *v/r*: ***sich ~*** yanlış okumak
verletz|bar, **~lich** *adj* yaralanabilir, duyarlı, hassas
verletz|en ⟨*o* -ge-, *h*⟩ **1.** *v/t* yaralamak; (*kränken*) incitmek, gücendirmek; *Gesetz usw* çiğnemek, ihlal etmek; **2.** *v/r*: ***sich ~*** yaralanmak; **~end** *adj* incitici
Verletzte *m*, *f* ⟨-n; -n⟩ yaralı
Verletz|ung *f* ⟨-; -en⟩ yaralanma; *fig* çiğneme, ihlal (etme); **ˇungsgefahr** *f* yaralanma tehlikesi
verleugn|en *v/t* ⟨*o* -ge-, *h*⟩ inkâr etmek; ***es lässt sich nicht ~, dass*** inkâr edilemez ki …; ***sich vor j-m ~ lassen*** b-ne kendisi için «yok» dedirtmek; **ˇung** *f* ⟨-; -en⟩ inkâr, yadsıma
verleumd|en *v/t* ⟨*o* -ge-, *h*⟩ JUR *-e* iftira etmek; **~erisch** *adj* iftira niteliğinde
Verleumdung *f* ⟨-; -en⟩ iftira; **~skampagne** *f* iftira kampanyası; **~sklage** *f* JUR iftira davası
verlieben *v/r*: ***sich ~*** ⟨*o* -ge-, *h*⟩ (***in*** *A -e*) âşık olmak, sevdalanmak, tutulmak
verliebt *adj* (***in*** *A -e*) âşık; *Blick usw* tutkun, sevdalı
verlieren ⟨verlor, verloren, *h*⟩ **1.** *v/t* kaybetmek; ***kein Wort darüber ~*** *-in* hiç lafını açmamak; F ***er hat hier nichts verloren!*** onun burada işi yok!; **2.** *v/i* (***gegen*** *-e* karşı) kaybetmek; ***an Wert ~*** değer kaybetmek; **3.** *v/r*: ***sich ~*** kaybolup gitmek
Verlierer *m* ⟨-s; -⟩, **~in** *f* ⟨-; -nen⟩ mağlup, yenilen; **~seite** *f*: ***auf der ~ sein*** kaybedenler arasında olmak
Verlies *n* ⟨-es; -e⟩ zindan
verloben *v/r*: ***sich ~*** ⟨*o* -ge-, *h*⟩ (***mit*** *-le*) nişanlanmak
verlobt *adj* (***mit*** *-le*) nişanlı
Verlobte *m*, *f* ⟨-n; -n⟩ nişanlı
Verlobung *f* ⟨-; -en⟩ nişan(lanma)
Verlobungs|anzeige *f* nişan ilanı; **~feier** *f* nişan töreni; **~ring** *m* nişan yüzüğü
verlock|en *v/t* ⟨*o* -ge-, *h*⟩ (***zu etw*** *-e*) imrendirmek, ayartmak; **~end** *adj* çekici, cazip; **ˇung** *f* ⟨-; -en⟩ ayartı, çekicilik
verlogen *adj* yalan; *Person, Moral* ikiyüzlü; **ˇheit** *f* ⟨-; *o pl*⟩ ikiyüzlülük
verloren *adj* kayıp, kaybolmuş; ***~ gehen*** kaybolmak; ***~e Eier*** çılbır; ***an ihm ist ein Lehrer verloren gegangen*** keşke öğretmen olsaymış!
verlos|en *v/t* ⟨*o* -ge-, *h*⟩ kura ile çekmek, çekilişe/piyangoya koymak; **ˇung** *f* ⟨-; -en⟩ piyango, çekiliş
verlöten *v/t* ⟨*o* -ge-, *h*⟩ TECH lehimlemek
Verlust *m* ⟨-s; -e⟩ kayıp, zarar; ***mit ~ arbeiten*** zararına çalışmak; ***~e*** *pl* MIL zayiat; **~geschäft** *n* zararına iş; **~meldung** *f* zarar bildirimi (*Steuer*); MIL zayiat haberi
vermachen *v/t* ⟨*o* -ge-, *h*⟩ miras (olarak) bırakmak
Vermächtnis *n* ⟨-ses; -se⟩ vasiyet
vermähl|en *v/r* ⟨*o* -ge-, *h*⟩: ***sich ~*** (***mit*** *-le*) nikâhlanmak; **ˇte** *m*, *f* ⟨-n; -n⟩: ***die ~n*** nikâhlılar; **ˇung** *f* ⟨-; -en⟩ nikâh
vermarkt|en *v/t* ⟨*o* -ge-, *h*⟩ pazarlamak; **ˇung** *f* ⟨-; -en⟩ pazarlama
vermasseln *v/t* ⟨*o* -ge-, *h*⟩ F: ***etw ~*** bş-i yüzüne gözüne bulaştırmak
vermehr|en ⟨*o* -ge-, *h*⟩ **1.** *v/t* çoğaltmak, (***um*** …) arttırmak; **2.** *v/r*: ***sich ~*** çoğalmak, (***um*** …) artmak; BIOL, ZOOL üremek; **ˇung** *f* ⟨-; -en⟩ artış, çoğalma; BIOL üreme
vermeidbar *adj* kaçınılabilir
vermeiden *v/t* ⟨*unreg*, *o* -ge-, *h*⟩ kaçınmak, çekinmek; ***es ~, etw zu tun*** bş yapmaktan kaçınmak
vermeintlich *adj*: ***der ~e Dieb*** *usw* hırsız *vs* sanılan kişi
vermengen *v/t* ⟨*o* -ge-, *h*⟩: karıştırmak, halletmek
vermenschlichen *v/t* ⟨*o* -ge-, *h*⟩ insanlaştırmak
Vermerk *m* ⟨-s; -e⟩ kayıt, not
vermerken *v/t* ⟨*o* -ge-, *h*⟩ *-e* not düşmek
vermessen[1] *v/t* ⟨*unreg*, *o* -ge-, *h*⟩ ölçmek; *amtlich -in* kadastrosunu çıkarmak

vermessen[2] *adj* haddini bilmez
Vermessenheit *f* ⟨-; *o pl*⟩ haddini bilmezlik
Vermessung *f* ⟨-; -en⟩ kadastro; **~singenieur** *m* kadastro mühendisi
vermiesen *v/t* ⟨*o* -ge-, *h*⟩ F: ***j-m etw ~*** b-ni bş-den soğutmak, *stärker* tiksindirmek
vermieten *v/t* ⟨*o* -ge-, *h*⟩ kiraya vermek, kiralamak; ***zu ~*** kiralık
Vermieter *m* ⟨-s; -⟩ kiralayan, ev sahibi; **~in** *f* ⟨-; -nen⟩ *a* ev sahibesi
Vermietung *f* ⟨-; -en⟩ kiralama, kiraya verme
verminen *v/t* ⟨*o* -ge-, *h*⟩ MIL mayınlamak
vermischen ⟨*o* -ge-, *h*⟩ **1.** *v/t* karıştırmak (***mit*** *-le*); **2.** *v/r*: ***sich ~*** karışmak
vermischt *adj* karışık; ***Vermischtes*** muhtelif (*haberler, konular vs*)
vermissen *v/t* ⟨*o* -ge-, *h*⟩ *-in* yokluğunu fark etmek; (*sehr ~*) özlemek
vermisst *adj* kayıp; ***j-n als ~ melden*** b-nin kayıp olduğunu bildirmek
Vermisste *m, f* ⟨-n; -n⟩ kayıp (*kişi*)
vermitteln ⟨*o* -ge-, *h*⟩ **1.** *v/t -e* aracılık etmek; F bş-i ayarlamak; *Eindruck usw* bırakmak; ***j-m etw ~*** b-ne bş-i bulmak, sağlamak; **2.** *v/i* (***zwischen*** *D* arasında) aracı olmak, *bei Streit* arabuluculuk yapmak
Vermittler *m* ⟨-s; -⟩ aracı, arabulucu; ÖKON aracı, komisyoncu
Vermittlung *f* ⟨-; -en⟩ aracılık, arabuluculuk; (*Herbeiführung*) sağlama; (*Beschaffung*) tedarik; *Stelle* acenta, büro; TEL santral; *Person* santral memuru; **~sgebühr** *f* ÖKON komisyon; **~sversuch** *m* arabuluculuk denemesi
vermodern *v/i* ⟨*o* -ge-, *sn*⟩ çürümek, kokuşmak
Vermögen *n* ⟨-s; -⟩ *materiell* varlık, servet; *Fähigkeit* yeti, yetenek; ***ein ~ kosten*** dünyanın parası olmak
vermögend *adj* varlıklı, F hali vakti yerinde
Vermögens|beratung *f* yatırım danışmanlığı; **~bildung** *f* BANK servet biriktirimi, ÖKON sermaye oluşturma; **~steuer** *f* varlık vergisi; **~verhältnisse** *pl* mali durum *sg*; **~verwalter(in** *f*) *m* portföy idarecisi; **~werte** *pl* varlıklar; **~wirksam** *adj*: ***~e Leistungen*** *ücretlilere tasarruf için verilen ek ödenti*

vermummen *v/r* ⟨*o* -ge-, *h*⟩: ***sich ~*** maske takmak; (*verkleiden*) kılık değiştirmek
vermurksen *v/t* ⟨*o* -ge-, *h*⟩ F: ***etw ~*** bş-i berbat etmek
vermut|en *v/t* ⟨*o* -ge-, *h*⟩ beklemek, tahmin etmek; **~lich** *adv* tahminen
Vermutung *f* ⟨-; -en⟩ tahmin; *bloße* kuruntu, vehim; ***die ~ liegt nahe, dass*** -diği tahmin edilebilir
vernachlässig|en *v/t* ⟨*o* -ge-, *h*⟩ ihmal etmek, savsaklamak, boşlamak; **≈ung** *f* ⟨-; -en⟩ ihmal, savsaklama
vernageln *v/t* ⟨*o* -ge-, *h*⟩: ***mit Brettern ~*** tahta perdeyle kapatmak
vernagelt *adj* F: ***ich war wie ~*** aklım almadı
vernähen *v/t* ⟨*o* -ge-, *h*⟩ dikmek, dikip kapatmak
vernarben *v/i* ⟨*o* -ge-, *sn*⟩ *Wunde* kapanmak, iyileşmek
vernarbt *adj* kapanmış
vernarrt *adj* F: ***~ sein in*** *-e* âşık olmak
vernehmbar *adj* duyulur
vernehmen *v/t* ⟨*unreg, o* -ge-, *h*⟩ duymak, işitmek; JUR dinlemek, *-in* ifadesini almak
Vernehmen *n*: ***dem ~ nach*** söylendiğine göre
vernehmlich *adj* açık seçik duyulur gibi
Vernehm|ung *f* ⟨-; -en⟩ dinleme, sorgu(lama), ifade alma; **≈ungsfähig** *adj* ifade verebilir
verneig|en *v/r* ⟨*o* -ge-, *h*⟩: ***sich ~*** (***vor*** *D -in* önünde) eğilmek; **≈ung** *f* ⟨-; -en⟩ (***vor*** *D -in* önünde) eğilme
verneín|en ⟨*o* -ge-, *h*⟩ **1.** *v/t* reddetmek; **2.** *v/i* hayır demek, olumsuz cevap vermek; **~end** *adj* menfî, olumsuz; **≈ung** *f* ⟨-; -en⟩ hayır cevabı; GR olumsuz(lama)
vernetzen *v/t* ⟨*o* -ge-, *h*⟩ ağlamak, ağla birleştirmek
Vernetzung *f* ⟨-; -en⟩ *a* EDV ağlama
vernicht|en *v/t* ⟨*o* -ge-, *h*⟩ yok etmek, ortadan kaldırmak; MIL *a* imha etmek; (*ausrotten*) *-in* kökünü kazımak; **~end** *adj Kritik* yıkıcı; *Niederlage* ezici; *Blick* öldürücü; ***j-n ~ schlagen*** *-i* hezimete uğratmak; **≈ung** *f* ⟨-; -en⟩ yok etme/olma, imha; **≈ungskrieg** *m* imha savaşı; **≈ungslager** *n* imha kampı; **≈ungspotential** *n* imha potansiyeli
vernickeln *v/t* ⟨*o* -ge-, *h*⟩ nikelajlamak
verniedlichen *v/t* ⟨*o* -ge-, *h*⟩ şirin gös-

termek

vernieten *v/t* ⟨*o* -ge-, *h*⟩ TECH perçinlemek

Vernissage [vɛrnɪˈsaːʒ(ə)] *f* ⟨-; -n⟩ sergi açılışı (*tören*)

Vernunft *f* ⟨-; *o pl*⟩ akıl; ***~ annehmen*** aklını başına devşirmek; *allmählich* akıllanmak; ***j-n zur ~ bringen*** b-nin aklını başına getirmek

vernünftig **1.** *adj* (*klug*) akıllı; (*einsichtig*) makul; (*logisch*) mantıklı; ***sei*** (***doch***) ***~!*** makul davran/düşün!; ***e-n ~en Beruf ergreifen*** aklıbaşında bir meslek edinmek; **2.** *adv*: ***~ reden*** makulce konuşmak

Vernunftmensch *m* mantık tipi

vernunftwidrig *adj* akıldışı, mantıksız

veröden **1.** *v/t* ⟨*o* -ge-, *h*⟩ MED sertleştirmek; **2.** *v/i* ⟨*sn*⟩ tenhalaşmak, ıssızlaşmak

veröffentlich|en *v/t* ⟨*o* -ge-, *h*⟩ yayınlamak; **Ձung** *f* ⟨-; -en⟩ yayın

verordn|en *v/t* ⟨*o* -ge-, *h*⟩ MED yazmak (*ilaç*), öngörmek (*tedavi*); *gesetzlich* emretmek; **Ձung** *f* ⟨-; -en⟩ kararname; ***ärztliche ~*** hekim tavsiyesi

verpachten *v/t* ⟨*o* -ge-, *h*⟩ (*D*, **an** *A -e*) kiraya/icara vermek

Verpächter *m* ⟨-s; -⟩, **~in** *f* ⟨-; -nen⟩ kiraya/icara veren

Verpachtung *f* ⟨-; -en⟩ kira(lama), icar

verpack|en *v/t* ⟨*o* -ge-, *h*⟩ paket etmek, paketlemek, TECH ambalajlamak; (*einwickeln*) kâğıda sarmak; **Ձung** *f* ⟨-; -en⟩ ambalaj(lama); **Ձungsabfall** *m* ambalaj atıkları *pl*; **Ձungsmaterial** ambalaj malzemesi

verpassen *v/t* ⟨*o* -ge-, *h*⟩ kaçırmak; F ***j-m e-e Uniform ~*** b-nin sırtına bir üniforma geçirmek

verpatzen *v/t* ⟨*o* -ge-, *h*⟩ F berbat etmek, bozmak

verpesten *v/t* ⟨*o* -ge-, *h*⟩ F: ***die Luft ~*** havayı kokutmak/kirletmek

verpetzen *v/t* ⟨*o* -ge-, *h*⟩ F: ***j-n ~*** b-ni gammazlamak

verpfänden *v/t* ⟨*o* -ge-, *h*⟩ rehne koymak

verpfeifen *v/t* ⟨*unreg*, *o* -ge-, *h*⟩ F ihbar etmek

verpflanz|en *v/t* ⟨*o* -ge-, *h*⟩ MED nakletmek; **Ձung** *f* ⟨-; -en⟩ organ/doku nakli

verpfleg|en *v/t* ⟨*o* -ge-, *h*⟩ beslemek, F yedirip içirmek; **Ձung** *f* ⟨-; -en⟩ iaşe, F yedirip içirme

verpflichten ⟨*o* -ge-, *h*⟩ **1.** *v/t Dienstleistende* tutmak; (*beauftragen*) ***j-n zu etw ~*** b-ni bş-le görevlendirmek (*od* yükümlü kılmak); *vertraglich* sözleşme altına almak; **2.** *v/r*: ***sich ~, etw zu tun*** bş-i yapmayı üstlenmek

verpflichtet *adj*: ***~ sein*** (***sich ~ fühlen***), ***etw zu tun*** bş-i yapmakla yükümlü olmak (hissetmek)

Verpflichtung *f* ⟨-; -en⟩ yükümlülük; (*Pflicht*) görev; ÖKON, JUR kefalet; yüküm, taahhüt

verpfuschen *v/t* ⟨*o* -ge-, *h*⟩ F berbat etmek, bozmak

verprügeln *v/t* ⟨*o* -ge-, *h*⟩ dövmek, F pataklamak

verplanen *v/t* ⟨*o* -ge-, *h*⟩ (*falsch planen*) yanlış planlamak; … için öngörmek

verplappern *v/r* ⟨*o* -ge-, *h*⟩ F: ***sich ~*** ağzından bir şey kaçırmak

verplempern *v/t* ⟨*o* -ge-, *h*⟩ F: çarçur etmek

verpönt *adj*: (***streng***) ***~ sein*** (gayet) ayıp sayılmak

verprassen *v/t* ⟨*o* -ge-, *h*⟩ F: yemek, harcayıp geçmek

verpuffen *v/i* ⟨*o* -ge-, *sn*⟩ CHEM parlamak; *fig* sönüp geçmek

verpulvern *v/t* ⟨*o* -ge-, *h*⟩ F: çarçur etmek

verputzen *v/t* ⟨*o* -ge-, *h*⟩ ARCH sıvamak, sıva etmek; F gövdeye indirmek

verqualmt *adj* dumandan göz gözü görmez

verquollen *adj* şişmiş, şişkin (*yüz*)

Verrat *m* ⟨-s; *o pl*⟩ (**an** *D -e*) ihanet; (*Landes*Ձ) vatana ihanet

verraten ⟨*unreg*, *o* -ge-, *h*⟩ **1.** *v/t* ele vermek, *-e* ihanet etmek; (*erklären*) açıklamak, F açık etmek; ***kannst du mir*** (***mal***) ***~, warum?*** söyler misin (hele), niçin …?; ***nicht ~!*** sen söyleme!, açık etme! **2.** *v/r*: ***sich ~*** kendini açığa vurmak

Verräter *m* ⟨-s; -⟩, **~in** *f* ⟨-; -nen⟩ hain, kalleş

verräterisch *adj* hain, kalleş

verräuchert *adj* dumanaltı

verrechnen ⟨*o* -ge-, *h*⟩ **1.** *v/t* hesaba geçirmek; (***mit*** *-e*) mahsup etmek; **2.** *v/r*: ***sich ~*** hesapta yanılmak; ***sich um e-en Euro verrechnet haben*** hesapta bir öro yanılmış olmak

Verrechnung *f* ⟨-; -en⟩ takas, mahsup; ***nur zur ~ Scheckvermerk*** hesaba geçirilecektir; **~skonto** *n* takas/kliring hesabı; **~sscheck** *m* çizgili çek (*hesaba geçirilmek üzere*)
verrecken *v/i* ⟨*o* -ge-, *sn*⟩ F gebermek
verregnet *adj* yağmurlu
verreiben *v/t* ⟨*unreg*, *o* -ge-, *h*⟩ *Salbe* ovarak yaymak
verreisen *v/i* ⟨*o* -ge-, *sn*⟩ seyahate çıkmak (***geschäftlich*** iş nedeniyle)
verreist *adj* seyahatte; ***geschäftlich ~*** iş seyahatinde
verreißen *v/t* ⟨*unreg*, *o* -ge-, *h*⟩ *Buch usw* kötü eleştirmek
verrenk|en *v/t u v/r* ⟨*o* -ge-, *h*⟩: ***sich*** (*D*) ***etw ~*** MED bir yerini burkmak; ***sich*** (*D*) ***den Hals ~*** başını/boynunu uzatmak; **2ung** *f* ⟨-; -en⟩ MED burk(ul)ma
verrennen *v/r* ⟨*unreg*, *o* -ge-, *h*⟩: ***sich ~*** (***in*** *A -e*) saplanıp kalmak (*fikre*)
verrichten *v/t* ⟨*o* -ge-, *h*⟩ yapmak, yerine getirmek
verriegeln *v/t* ⟨*o* -ge-, *h*⟩ sürgülemek
verringer|n ⟨*o* -ge-, *h*⟩ **1.** *v/t* azaltmak, eksiltmek, düşürmek; ***das Tempo ~*** hızı azaltmak; **2.** *v/r*: ***sich ~*** azalmak, eksilmek, düşmek; **2ung** *f* ⟨-; -en⟩ azal(tıl)ma, eksil(til)me, düş(ürül)me
verroh|en *v/i* ⟨*o* -ge-, *sn*⟩ kabalaşmak, hayvanlaşmak; **2ung** *f* ⟨-; -en⟩ kabalaşma, hayvanlaşma
verrosten *v/i* ⟨*o* -ge-, *sn*⟩ paslanmak
verrostet *adj* paslı, paslanmış
verrotten *v/i* ⟨*o* -ge-, *sn*⟩ çürümek; *fig* köhneleşmek
verrücken *v/t* ⟨*o* -ge-, *h*⟩ kaydırmak, *-in* yerini değiştirmek
verrückt *adj* deli, çılgın; ***~ nach*** … delisi; ***~ spielen*** *-e* bir haller olmak; ***wie ~*** deli gibi; ***~ werden*** delirmek, çıldırmak; ***j-n ~ machen*** b-ni delirtmek; ***ich werd' ~!*** aklımı kaçıracağım!
Verrückt|e *m*, *f* ⟨-n; -n⟩ deli, çılgın, kaçık; **2heit** *f* ⟨-; -en⟩ delilik, çılgınlık
Verruf *m*: ***in ~ bringen*** itibardan düşürmek; ***in ~ kommen*** itibarını kaybetmek
verrufen *adj* adı kötüye çıkmış
verrutschen *v/i* ⟨*o* -ge-, *sn*⟩ kaymak, yerinden oynamak
Vers [f-] *m* ⟨-es; -e⟩ mısra, dize
versachlichen *v/t* ⟨*o* -ge-, *h*⟩ somutlaştırmak
versagen ⟨*o* -ge-, *h*⟩ **1.** *v/i* başarısız kalmak; TECH *a* çalışmamak, işlememek; *Waffe* tutukluk yapmak; **2.** *v/t* ***j-m etw ~*** b-ne bş-i yasak etmek
Versagen *n* ⟨-s; *o pl*⟩ çalışmama, hata; ***menschliches ~*** insan hatası
Versager *m* ⟨-s; -s⟩, **~in** *f* ⟨-; -nen⟩ başarısız (kişi)
versalzen *v/t* ⟨*o* -ge-, *h*⟩ *-in* tuzunu fazla kaçırmak
versammeln ⟨*o* -ge-, *h*⟩ **1.** *v/t* toplamak, bir araya getirmek; **2.** *v/r*: ***sich ~*** toplanmak, buluşmak
Versammlung *f* ⟨-; -en⟩ toplantı, kurul, görüşme; *zufällig* topluluk
Versammlungs|freiheit *f* toplantı özgürlüğü; **~ort** *m* toplantı yeri; **~raum** *m* toplantı salonu
Versand *m* ⟨-s; *o pl*⟩ gönderme, sevk(iyat); (*Transport*) gönderi, gönderilen mal; **~abteilung** *f* sevkiyat bölümü; **2fertig** *adj* sevke hazır; **~geschäft** *n*, **~handel** *m katalogtan yapılan siparişi postayla gönderme esasına dayalı ticaret*; **~haus** *n postayla çalışan ticarethane*; **~hauskatalog** *m postayla sipariş kataloğu*; **~kosten** *pl* sevk masrafları; posta giderleri; **~papiere** *pl* sevk evrakı; **~schein** *m* sevk belgesi, irsal pusulası
versauen *v/t* ⟨*o* -ge-, *h*⟩ F: ***j-m etw ~*** b-nin bş-ini berbat etmek
versauern *v/i* ⟨*o* -ge-, *sn*⟩ ekşimek; F *-in* beyni körelmek
versaufen *v/t* ⟨*unreg*, *o* -ge-, *h*⟩ F içkiye harcamak
versäumen *v/t* ⟨*o* -ge-, *h*⟩: (***es***) ***~ zu*** -meyi ihmal etmek
Versäumnis *n* ⟨-ses; -se⟩ ihmal(kârlık); **~urteil** *n* JUR gıyabî karar
verschachern *v/t* ⟨*o* -ge-, *h*⟩ F okutmak, satmak
verschachtelt *adj* çapraşık (*cümle*)
verschaffen *v/t* ⟨*o* -ge-, *h*⟩: ***j-m etw ~*** b-ne bş-i sağlamak/bulmak; ***sich*** (*D*) ***etw ~*** elde etmek, edinmek, ele geçirmek
verschal|en *v/t* ⟨*o* -ge-, *h*⟩ ARCH *-e* kalıp yapmak; **2ung** *f* ⟨-; -en⟩ kalıp; tahta kaplama
verschandeln *v/t* ⟨*o* -ge-, *h*⟩ F rezil etmek
verschanzen *v/r* ⟨*o* -ge-, *h*⟩: ***sich ~ in*** *-e* saklanmak
verschämt *adj* utangaç, sıkılgan

verschärf|en ⟨*o* -ge-, *h*⟩ **1.** *v/t* (*verschlimmern*) kötüleştirmek, zorlaştırmak; *Kontrollen* sıkılaştırmak; (*erhöhen*) artırmak; **2.** *v/r*: **sich ~** (*schlimmer werden*) kötüleşmek, zorlaşmak; **≈ung** *f* ⟨-; -en⟩ kötüleşme, zorlaşma; *Gesetz* sertleş(tir)me

verscharren *v/t* ⟨*o* -ge-, *h*⟩ gömmek (*eşeleyerek*)

verschätzen *v/r* ⟨*o* -ge-, *h*⟩: **sich ~ (um)** tahminde … yanılmak

verschaukeln *v/t* ⟨*o* -ge-, *h*⟩ F: **j-n ~** b-ni aldatmak

verschenken *v/t* ⟨*o* -ge-, *h*⟩ hediye etmek

verscherzen *v/r* ⟨*o* -ge-, *h*⟩: **sich** (*D*) **etw ~** … kaybetmek (*b-nin güvenini vs, kendi kabahatiyle*)

verscheuchen *v/t* ⟨*o* -ge-, *h*⟩ ürkütmek, kaçırmak

verschicken *v/t* ⟨*o* -ge-, *h*⟩ yollamak, göndermek

verschiebbar *adj* kaydırılabilir, ertelenebilir

Verschiebebahnhof *m* manevra istasyonu

verschieb|en ⟨*unreg*, ge-, *h*⟩ **1.** *v/t* kaydırmak; *-in* yerini değiştirmek; *zeitlich* (**auf** *A -e*) ertelemek; **2.** *v/r*: **sich ~** *-in* yeri değişmek; (*verrutschen*) kaymak; *Termin -e* kalmak; **≈ung** *f* ⟨-; -en⟩ kay(dır)ma, ertele(n)me

verschieden *adj* çeşitli, muhtelif; (**von** *-den*) farklı, ayrı; **~ groß sein** farklı büyüklükte olmak; **~e** (+ *subst pl*) birçok; **≈es** çeşitli şeyler; **aus den ~sten Gründen** çok değişik sebeplerle

verschiedenartig *adj* çeşitli, türlü, değişik; **≈keit** *f* ⟨-; *o pl*⟩ farklılık, değişiklik

Verschiedenheit *f* ⟨-; -en⟩ fark(lılık)

verschiedentlich *adv* birçok kere(ler)

verschiff|en *v/t* ⟨*o* -ge-, *h*⟩ göndermek (*gemiyle*); **≈ung** *f* ⟨-; -en⟩ gönderme (*gemiyle*)

verschimmeln *v/i* ⟨*o* -ge-, *sn*⟩ küflenmek

verschlafen[1] ⟨*unreg*, *o* -ge-, *h*⟩ **1.** *v/i* uyuyup kalmak; **2.** *v/t* uyuyup kaçırmak

verschlafen[2] *adj* uykulu; *fig* mahmur, uyku sersemi; F miskin

Verschlafenheit *f* ⟨-; *o pl*⟩ mahmurluk, uyku sersemliği

Verschlag *m* ⟨-s; ≃e⟩ kulübe (*tahta*)

verschlagen[1] *v/t* ⟨*unreg*, *o* -ge-, *h*⟩: **j-m den Atem ~** b-nin soluğu kesilmek; **j-m die Sprache ~** b-nin dili tutulmak; **es hat ihn nach … ~** yolu *-e* düştü

verschlagen[2] *adj* kurnaz, açıkgöz, cin gibi

verschlampen F ⟨*o* -ge-⟩ **1.** *v/t* ⟨*h*⟩ kaybetmek (*dikkatsizlik, düzensizlikten*); **2.** *v/i* ⟨*sn*⟩ harap olmak, bakımsız kalmak

verschlechter|n ⟨*o* -ge-, *h*⟩ **1.** *v/t* bozmak, kötüleştirmek; **2.** *v/r*: **sich ~** kötüleşmek, bozulmak; **≈ung** *f* ⟨-; -en⟩ kötüleş(tiril)me, boz(ul)ma

verschleiern *v/t* ⟨*o* -ge-, *h*⟩ örtmek (*yüz*); *fig* gizlemek, örtbas etmek

Verschleiß *m* ⟨-es⟩ aşınma, yıpranma

verschleiß|en ⟨*unreg*, *o* -ge-, *h*⟩ **1.** *v/t* yıpratmak, eskitmek; **2.** *v/i u v/r*: **sich ~** aşınmak, yıpranmak; **≈erscheinung** *f* aşınma, yıpranma; **~frei** *adj* aşınmaz; **≈teil** *n* TECH aşınmaya tabi parça

verschleppen *v/t* ⟨*o* -ge-, *h*⟩ (*entführen*) kaçırmak; (*in die Länge ziehen*) uzatmak, geciktirmek; *Krankheit* ihmal etmek

Verschleppte *m, f* ⟨-n; -n⟩ kaçırılan (kişi)

verschleudern *v/t* ⟨*o* -ge-, *h*⟩ *Vermögen usw* israf etmek, F çarçur etmek; ÖKON maliyetin altında satmak

verschließen ⟨*unreg*, *o* -ge-, *h*⟩ **1.** *v/t* kapa(t)mak: (*absperren*) kilitlemek; *fig* **die Augen ~ vor** *D -i* görmezden gelmek; **2.** *v/r*: **sich ~** kapanmak; **sich j-s Argumenten ~** kendini b-nin açıklamaların kapamak

verschlimmern *v/t u v/r*: **sich ~** ⟨*o* -ge-, *h*⟩ → **verschlechtern**

verschlingen *v/t* ⟨*unreg*, *o* -ge-, *h*⟩ yutmak; *fig Geld* yemek

verschlossen *adj* kilitli, kapalı; *fig Person* içine kapalı; **hinter ~en Türen** kapalı kapılar ardında

verschlucken ⟨*o* -ge-, *h*⟩ **1.** *v/t* yutmak; **2.** *v/r*: **sich ~** (**an** *D -i*) genzine kaçırmak

Verschluss *m* ⟨-es; ≃e⟩ bağ, kapak, *ambalajı kapatmaya yarayan bş*; (*Schloss*) kilit; (*Deckel*) kapak; FOTO obtüratör; **unter ~** kilitli, kilit altında, mühürlü

verschlüsseln *v/t* ⟨*o* -ge-, *h*⟩ şifrelemek, kodlamak; **verschlüsselter Text**

şifreli metin
verschmähen *v/t* ⟨*o* -ge-, *h*⟩ hor görmek, küçümsemek
verschmerzen *v/t* ⟨*o* -ge-, *h*⟩ *-in* acısına katlanmak
verschmutz|en ⟨*o* -ge-⟩ **1.** *v/t* ⟨*h*⟩ pisletmek, *a Umwelt* kirletmek; **2.** *v/i* ⟨*sn*⟩ pislenmek, kirlenmek; **&ung** *f* ⟨-; -en⟩ pisletme/pislenme; kirlenme/kirletilme; *konkret a* kirlilik
verschnaufen *v/i* (*a v/r* ***sich*** **~**) ⟨*o* -ge-, *h*⟩ F nefes almak, soluklanmak
verschneiden *v/t* ⟨*unreg, o* -ge-, *h*⟩ *Baum* budamak; *Stoff* yanlış kesmek/biçmek
verschneit *adj* karlı, karla kaplı
Verschnitt *m* ⟨-s; -e⟩ harman (*içki, tütün*); (*Abfall*) fire
verschnörkelt *adj* süslü (*yazı*)
verschnupft *adj*: ***~ sein*** MED nezleli olmak; F *fig* b-ne dargın olmak
verschnüren *v/t* ⟨*o* -ge-, *h*⟩ bağlamak (*iple*)
verschollen *adj* kayıp; JUR öldüğü tahmin edilen (kişi)
verschonen *v/t* ⟨*o* -ge-, *h*⟩ *-e* kıyamamak; ***j-n mit etw ~*** b-ni bş-den kurtarmak, b-ni bş-le rahatsız etmemek
verschönen *v/t* ⟨*o* -ge-, *h*⟩: ***j-m den Tag ~*** b-nin gününe güzellik katmak
verschöner|n *v/t* ⟨*o* -ge-, *h*⟩ güzelleştirmek, süslemek; **&ung** *f* ⟨-; -en⟩ güzelleştirme
verschossen *adj* F: ***in j-n ~ sein*** b-ne abayı yakmış olmak
verschränken *v/t* ⟨*o* -ge-, *h*⟩: ***die Arme ~*** kollarını kavuşturmak; ***die Beine ~*** bacak bacak üstüne atmak
verschrauben *v/t* ⟨*o* -ge-, *h*⟩ vidalamak
verschreiben ⟨*unreg, h*⟩ **1.** *v/t* MED (***j-m*** *-e*; ***gegen*** *-e* karşı) ilaç yazmak; **2.** *v/r*: ***sich ~*** yanlış yazmak; ***sich e-r Sache ~*** kendini bir şeye adamak
verschreibungspflichtig *adj* MED reçeteyle satılan
verschrotten *v/t* ⟨*o* -ge-, *h*⟩ hurdaya çıkarmak
verschüchtert *adj* yılmış, pısmış, gözü korkmuş
verschulden ⟨*o* -ge-, *h*⟩ **1.** *v/t* *-e* sebep olmak (*olumsuz*); **2.** *v/r*: ***sich ~*** borçlanmak
Verschulden *n* ⟨-s; *o pl*⟩: ***ohne mein ~*** kusurum olmaksızın; ***uns trifft kein ~*** bizim suçumuz yok
verschuldet *adj* borçlu
Verschuldung *f* ⟨-; -en⟩ borçlanma, borçlar *pl*; ***öffentliche ~*** kamu borçları
verschütten *v/t* ⟨*o* -ge-, *h*⟩ *Flüssigkeit* dökmek; *Person* yıkıntı altında bırakmak
verschwägert *adj* sıhrî (*od* par alyans) akraba
verschweigen *v/t* ⟨*unreg, o* -ge-, *h*⟩ (*D* *-den*) gizlemek, saklamak; (*nicht merken lassen*) (*D -e*) belli etmemek
verschweißen *v/t* ⟨*o* -ge-, *h*⟩ kaynakla birleştirmek/kapatmak
verschwend|en *v/t* ⟨*o* -ge-, *h*⟩ israf etmek; **&er** *m* ⟨-s; -⟩, **&erin** *f* ⟨-; -nen⟩ savurgan, müsrif; **~erisch** *adj* savurgan, müsrif; (*üppig*) bol; *adv* ***~ umgehen mit*** *-i* bol bol harcamak; **&ung** *f* ⟨-; -en⟩ savurganlık, israf; **&ungssucht** *f* israfçılık, hovardalık
verschwiegen *adj* sır saklayan, ketum, F ağzı sıkı; (*verborgen*) saklı, gizli; **&heit** *f* ⟨-; *o pl*⟩ sır saklama, ketumiyet
verschwimmen *v/i* ⟨*unreg, o* -ge-, *sn*⟩ birbirine karışmak (*renkler, şekiller*)
verschwinden *v/i* ⟨*unreg, o* -ge-, *sn*⟩ yokolmak, gözden/ortadan kaybolmak; F ***verschwinde!*** defol!
Verschwinden *n* ⟨-s; *o pl*⟩ kaybolma, yok olma
verschwindend *adv*: ***~ gering*** yok denecek kadar az
verschwitzen *v/t* ⟨*o* -ge-, *h*⟩ terle ıslatmak/lekelemek; F ***etw ~*** bş-i unutup kaçırmak
verschwitzt *adj* terden ıslak/lekeli
verschwommen **1.** *adj* bulanık; *fig Begriff usw* belirsiz; *Erinnerung* sisli; **2.** *adv*: ***sich nur ~ erinnern*** hayal meyal hatırlamak
verschwör|en *v/r*: ***sich ~*** ⟨*unreg, o* -ge-, *h*⟩ komplo kurmak; **&er** *m* ⟨-s; -⟩ komplocu; **&ung** *f* ⟨-; -en⟩ komplo
verschwunden *adj* kayıp, yokolmuş
versehen ⟨*unreg, o* -ge-, *h*⟩ **1.** *v/t Amt, Haushalt* *-e* bakmak; ***~ mit*** ile donatmak; **2.** *v/r*: ***sich ~*** yanlış görmek; ***ehe man sich's versieht*** ne oluyor demeye kalmadan
Versehen *n* ⟨-s; -⟩ yanlışlık, hata; ***aus ~*** → ***versehentlich***
versehentlich *adv* yanlışlıkla, istemeyerek

versehrt *adj* yaralı
Versehrte *m, f* ⟨-n; -n⟩ sakat, malul
versenden *v/t* ⟨*unreg, o* -ge-, *h*⟩ → ***verschicken***
Versendung *f* ⟨-; -en⟩ gönderme, yolla(n)ma, sevk(iyat)
versengen *v/t* ⟨*o* -ge-, *h*⟩ (hafifçe) yakmak
versenk|en ⟨*o* -ge-, *h*⟩ **1.** *v/t* batırmak; TECH gömmek; **2.** *v/r*: ***sich ~*** dalmak (*derin düşüncelere*); **2ung** *f* ⟨-; -en⟩ batır(ıl)ma; göm(ül)me; THEA iner-çıkar taban; meditasyon; F ***in der ~ verschwinden*** unutulup gitmek
versessen *adj*: ***~ auf*** (*A*) *-e* düşkün, *-in* delisi/tutkunu
versetzen ⟨*o* -ge-, *h*⟩ **1.** *v/t -in* yerini değiştirmek; *dienstlich* (***in*** *A*, ***auf*** *A*, ***nach*** *-e*) atamak; *Schüler* (sınıf) geçirmek; *Schlag usw* indirmek, atmak; (*verpfänden*) rehin vermek; F ***j-n ~*** atlatmak; ***in die Lage ~ zu*** *-i* -ecek duruma getirmek; **2.** *v/r*: ***sich in j-s Lage ~*** kendini b-nin yerine koymak
Versetzung *f* ⟨-, -en⟩ ata(n)ma; *Schule* sınıf geç(ir)me; AGR şaşırtma; ***~ (in, auf) nach*** *-e* tayin, atanma
verseuch|en *v/t* ⟨*o* -ge-, *h*⟩: ***~ mit etw*** *Epidemie -e* bş-i bulaştırmak; *Radioaktivität -e* bş-i yaymak; *Gift -i* bş-le zehirlemek; (*verschmutzen*) *-i* bş-le kirletmek (*geniş kapsamlı olarak*); **2ung** *f* ⟨-; -en⟩ bulaşma, yayılma, zehirlenme, kirlenme (*geniş kapsamlı*)
Versicherer *m* ⟨-s; -⟩ sigortacı (şirket)
versichern ⟨*o* -ge-, *h*⟩ **1.** *v/t* ÖKON sigortalamak; (*behaupten*) temin etmek; **2.** *v/r*: ***sich ~*** kendini sigorta ettirmek; (*sicher gehen*) ***~*** (, ***dass*** -diğinden) emin olmak
Versicherte *m, f* ⟨-n; -n⟩ sigortalı; **~nkarte** *f* sağlık sigortası kartı
Versicherung *f* ⟨-; -en⟩ sigorta; *Gesellschaft* sigorta şirketi; temin etme
Versicherungs|agent *m* sigorta acentesi; **~anstalt** *f* sigorta şirketi/kurumu; **~betrug** *m* sigorta sahtekârlığı; **~gesellschaft** *f* sigorta şirketi/kurumu; **~karte** *f* sigorta kartı; **~nehmer** *m* ⟨-s; -⟩ sigorta edilen (kişi); **~nummer** *f* sigorta numarası; **~police** *f* sigorta poliçesi; **~prämie** *f* sigorta primi; **~schutz** *m* kuvertür, sigorta kapsamı; **~schein** *m* sigorta poliçesi; **~vertreter** *m* sigorta acentesi; **~wesen** *n* ⟨-s; *o pl*⟩ sigortacılık
versickern *v/i* ⟨*o* -ge-, *sn*⟩ sızmak
versiegeln *v/t* ⟨*o* -ge-, *h*⟩ mühürle kapatmak; *Fußboden -e* cam cila yapmak
versiegen *v/i* ⟨*o* -ge-, *sn*⟩ *-in* suyu çekilmek
versiert [v-] *adj* (**in** *-de*) tecrübeli, pişmiş
versilbern *v/t* ⟨*o* -ge-, *h*⟩ TECH gümüş(le) kaplamak; F ***etw ~*** okutmak, satmak
Version [vɛr'zĭo:n] *f* ⟨-; -en⟩ (*Fassung*) biçim; (*Auslegung*) yorum, anlatış; *Modell*, EDV versiyon
versklaven [-v(ə)n, -f(ə)n] *v/t* ⟨*o* -ge-, *h*⟩ köleleştirmek
verslumen [-slam-] *v/i* ⟨*o* -ge-, *sn*⟩ gecekondulaşmak
Versmaß *n* vezin, nazım ölçüsü
versnobt *adj* züppeleşmiş
versoffen *adj* F ayyaş
versöhn|en ⟨*o* -ge-, *h*⟩ **1.** *v/t* (***mit*** *-le*) barıştırmak; **2.** *v/r*: ***sich ~*** (***mit*** *-le*) barışmak; **~lich** *adj Person* geçimli; *Worte* yatıştırıcı, barıştırıcı; **2ung** *f* ⟨-; -en⟩ barışma
versorg|en *v/t* ⟨*o* -ge-, *h*⟩ (***mit*** *-i*) *-e* sağlamak, temin/tedarik etmek; *Familie*, *Wunde -e* bakmak; **2ung** *f* ⟨-; *o pl*⟩ sağlama, temin, tedarik; (*Unterhalt*) bakma, bakım; *emekli memur, malul, dul, yetim maaşı*
Versorgungs|betrieb *m* kamu hizmeti işletmesi; **~empfänger(in** *f*) *m devletten maaş alan emekli vs*; **~engpass** *m* arz (*od* iaşe) darboğazı; **~güter** *pl* iaşe malları; **~leitung** *f* besleme hattı; **~lücke** *f* arz boşluğu; **~schwierigkeiten** *pl* arz (*od* iaşe) sorunları
verspannen *v/t* ⟨*o* -ge-, *h*⟩ TECH germek
verspannt *adj* gergin
verspät|en *v/r* ⟨*o* -ge-, *h*⟩: ***sich ~*** geç kalmak; **~et** *adj* geç, gecikmeli; *Gratulation* gecikmiş
Verspätung *f* ⟨-; -en⟩ gecikme; ***bitte entschuldigen Sie meine ~*** geciktiğim için kusura bakmayın; ***20 Minuten ~ haben*** 20 dakika gecikmeli olmak
verspeisen *v/t* ⟨*o* -ge-, *h*⟩ yemek, tüketmek
versperren *v/t* ⟨*o* -ge-, *h*⟩: ***j-m die Sicht*** (***den Weg***) ***~*** b-nin görüşünü (yolunu) kapamak
verspielen *v/t* ⟨*o* -ge-, *h*⟩ *Geld usw* (ku-

V

marda) kaybetmek
verspotten *v/t* ⟨*o* -ge-, *h*⟩ *ile* alay etmek, eğlenmek
versprechen ⟨*unreg, o* -ge-, *h*⟩ **1.** *v/t* söz vermek, vaadetmek; ***sich*** (*D*) ***zu viel ~*** (***von*** *-den*) çok şey beklemek; **2.** *v/r*: ***sich ~*** *-in* dili sürçmek
Versprechen *n* ⟨-s; -⟩ söz, vaat
Versprecher *m* ⟨-s; -⟩ dil sürçmesi
Versprechung *f* ⟨-; -en⟩: ***j-m große ~en machen*** b-ne büyük vaatlerde bulunmak
ver|spritzen, ~sprühen *v/t* ⟨*o* -ge-, *h*⟩ püskürtmek
verstaatlich|en *v/t* ⟨*o* -ge-, *h*⟩ devletleştirmek; **≈ung** *f* ⟨-; -en⟩ devletleştirme
verstädter|n 1. *v/t* ⟨*o* -ge-, *h*⟩ şehirleştirmek; **2.** *v/i* ⟨*sn*⟩ şehirleşmek; **≈ung** *f* ⟨-; -en⟩ şehirleşme
Verstand *m* ⟨-s; *o pl*⟩ (*Vernunft*) akıl; (*Geist*) zihin; (*Intelligenz*) zekâ, F kafa; ***er ist nicht bei ~*** onun aklı başında değil; ***den ~ verlieren*** aklını kaçırmak; ***scharfer ~*** keskin zekâ
verstandesmäßig *adj* mantıkî, akılcı
Verstandesmensch *m* kafa insanı
verständig *adj* akla uygun; *Person* anlayışlı
verständigen ⟨*o* -ge-, *h*⟩ **1.** *v/t* haberdar etmek; *Arzt, Polizei* çağırmak; **2.** *v/r*: ***sich ~*** haberleşmek; (*sich einigen*) (***über*** *A -de*) anlaşmak
Verständigung *f* ⟨-; *o pl*⟩ haberleşme; (*Einigung*) anlaşma; **~sschwierigkeiten** *pl* anlaşma zorlukları
verständlich *adj* anlaşılır; (*hörbar*) duyulabilen; ***schwer*** (***leicht***) ***~*** anlaması zor (kolay); ***j-m etw ~ machen*** b-ne bş-i anlatmak/açıklamak; ***sich ~ machen*** derdini/meramını anlatmak
verständlicherweise *adv* gayet tabiî
Verständnis *n* ⟨-ses⟩ anlayış; (*Mitgefühl*) *a* halden anlama; (***viel***) ***~ haben*** (çok) anlayış göstermek; ***~ haben für*** *-e* karşı anlayışlı olmak; *Kunst usw -den* anlamak; **≈los** *adj* anlayışsız; *Blick usw* boş, anlamsız; **≈voll** *adj* anlayışlı, hoşgörülü
verstärk|en *v/t* ⟨*o* -ge-, *h*⟩ (*stabiler machen*) sağlamlaştırmak, pekiştirmek; (*kräftiger machen*) güçlendirmek, (*steigern*) arttırmak; **≈er** *m* ⟨-s; -⟩ amplifikatör; **≈ung** *f* ⟨-; -en⟩ sağlamlaştırma, pekiştirme; güçlendirme; arttırma; MIL takviye
verstauben *v/i* ⟨*o* -ge-, *sn*⟩ tozlanmak
verstaubt *adj* tozlu, tozlanmış; *fig* köhne
verstauch|en *v/t* ⟨*o* -ge-, *h*⟩: ***sich*** (*D*) ***etw ~*** MED bir yerini burkmak; **≈ung** *f* ⟨-; -en⟩ burkulma
verstauen *v/t* ⟨*o* -ge-, *h*⟩ istiflemek
Versteck *n* ⟨-s; -e⟩ saklanılan/ saklanacak yer; *von Verbrechern a* yatak
verstecken ⟨*o* -ge-, *h*⟩ **1.** *v/t* (***vor*** *D -den*) saklamak; **2.** *v/r*: ***sich ~*** (***vor*** *D -den*) saklanmak
versteckt *adj* gizli, saklı; ***sich ~ halten*** saklanmaya devam etmek; ***~e Kamera*** gizli kamera
verstehen ⟨*unreg, o* -ge-, *h*⟩ **1.** *v/t* anlamak, F çakmak; ***Spaß ~*** şakadan anlamak; ***etw falsch ~*** bş-i yanlış anlamak; ***was ~ Sie unter*** (*D*) ***… ?*** … denince ne anlıyorsunuz?; ***es ~ zu*** *-meyi* bilmek; ***davon versteht er gar nichts*** o bundan hiç anlamaz; ***zu ~ geben*** sezdirmek, ima etmek; **2.** *v/r*: ***sich ~*** anlaşmak; *akustisch a* anlayabilmek, duyabilmek; *einsehen* görmek, anlamak; *sich im Klaren sein -i* anlamış (*od -in* farkına varmış) olmak; ***sich*** (***gut***) ***~*** (iyi) anlaşmak (***mit*** *-le*); ***es versteht sich von selbst*** açıklamaya gerek yok; **3.** *v/i*: ***~ Sie*** *erklärend* anlıyorsunuz (değil mi?), *fragend* anlıyor musunuz?; ***ich verstehe!*** anlıyorum!
versteiger|n *v/t* ⟨*o* -ge-, *h*⟩ artırma ile satmak; **≈ung** *f* ⟨-; -en⟩ artırma, müzayede
verstellbar *adj* ayarlanır
verstell|en ⟨*o* -ge-, *h*⟩ **1.** *v/t* (*versperren*) kapatmak; (*umstellen*) yerini değiştirmek, başka yere koymak; *Stimme* değiştirmek, tanınmayacak hale getirmek; TECH ayar etmek, ayarlamak; (*falsch einstellen*) *-in* ayarını bozmak, *-i* yanlış ayarlamak; **2.** *v/r*: ***sich ~*** *fig* rol yapmak; *s-e Gefühle verbergen* duygularını gizlemek; **≈ung** *f* ⟨-; *o pl*⟩ *fig* rol (yapma)
versteuern *v/t* ⟨*o* -ge-, *h*⟩ *-in* vergisini ödemek; ***zu ~de Einkünfte*** vergiye tabi gelirler
verstimmen *v/t* ⟨*o* -ge-, *h*⟩ (*verärgern*) kızdırmak, *-in* canını sıkmak; MUS *-in* akordunu bozmak
verstimmt *adj* MUS arkortsuz; *Magen*

V

bozuk; (*verärgert*) kızgın, canı sıkkın
Verstimmung *f* ⟨-; -en⟩ bozukluk; cansıkıntısı
verstohlen *adj* gizli, kaçamak
verstopf|en *v/t* ⟨*o* -ge-, *h*⟩ tıkamak; **~end** *adj* peklik yapıcı
verstopft *adj* tıkalı, tıkanık; ***meine Nase ist ~*** burnum tıkalı; MED ***~ sein*** peklik çekmek
Verstopfung *f* ⟨-; -en⟩ tıkanıklık; MED peklik, kabızlık
verstorben *adj* merhum
Verstorbene *m, f* ⟨-n; -n⟩ merhum, rahmetli; ***die ~n*** *pl* ölenler, ölmüşler
verstört *adj* şaşkın, bunamış
Verstoß *m* ⟨-es; ⸚e⟩ (***gegen*** *-e*) karşı gelme, *-i* ihlal
verstoßen ⟨*unreg*, *h*⟩ **1.** *v/t* (***aus*** *-den*) kovmak; **2.** *v/i*: ***~ gegen*** *-e* karşı gelmek, *-i* ihlal etmek, *-i* çiğnemek
verstrahlt *adj* (yüksek) radyasyonlu
verstreb|en *v/t* ⟨*o* -ge-, *h*⟩ TECH desteklemek; **2ung** *f* ⟨-; -en⟩ TECH destek, payanda, kuşak
verstreichen ⟨*unreg*, *o* -ge-⟩ **1.** *v/i* ⟨*sn*⟩ *Zeit* geçmek; *Frist* dolmak; **2.** *v/t* ⟨*h*⟩ sürmek, yaymak
verstreuen *v/t* ⟨*o* -ge-, *h*⟩ saçmak, serpmek, dağıtmak
verstricken ⟨*o* -ge-, *h*⟩ **1.** *v/t*: ***j-n ~ in*** b-ni *-e* bulaştırmak; **2.** *v/r*: ***sich ~ in*** *-e* bulaşmak
verstümmel|n *v/t* ⟨*o* -ge-, *h*⟩ sakatlamak; *Text* anlaşılmaz hale getirmek, F kuşa benzetmek; **2ung** *f* ⟨-; -en⟩ sakatlama
verstummen *v/i* ⟨*o* -ge-, *sn*⟩ susmak, *-in* sesi kesilmek; *Geräusch usw* kesilmek
Versuch *m* ⟨-s; -e⟩ deneme; *Probe* prova, test; PHYS *usw* deney; ***e-n ~ machen mit*** ile bir deneme yapmak; CHEM, MED TECH ***~e anstellen*** deneyler yapmak
versuchen *v/t* ⟨*o* -ge-, *h*⟩ (*probieren*) denemek; (*kosten*) *-in* tadına bakmak; (*sich bemühen*) ***~ zu tun*** yapmaya çalışmak; ***es mit etw ~*** (bir de) *-i* denemek
Versuchs|bohrung *f* deneme sondajı; **~gelände** *n* deneme sahası; **~kaninchen** *n fig* kobay, deneme tahtası; **~person** *f* denek; **~projekt** *n* pilot proje; **~stadium** *n* deneme aşaması; **~tier** *n* deney hayvanı; **2weise** *adv* denemek için, deneme olarak; **~zwecke**: ***zu ~n*** deney/deneme amacıyla, test için
Versuchung *f* ⟨-; -en⟩ ayartma; REL *a* günaha saptırma; ***j-n in ~ führen*** b-ni ayartmak, doğru yoldan saptırmak; ***in ~ kommen*** (*od* ***sein***) ayartmaya kapılmak (*od* kapılmış olmak)
versumpfen *v/i* ⟨*o* -ge-, *sn*⟩ *Boden* bataklık hale gelmek; F ipin ucunu kaçırmak (*gece içip eğlenerek*)
versündigen *v/r* ⟨*o* -ge-, *h*⟩: ***sich ~*** (***an*** *-e*) karşı günah işlemek
versunken *adj fig*: ***~ in*** (*A*) *-e* dalmış
versüßen *v/t* ⟨*o* -ge-, *h*⟩ tatlandırmak
vertagen ⟨*o* -ge-, *h*⟩ **1.** *v/t* (***auf*** *A -e*) ertelemek, JUR *a* talik etmek; **2.** *v/r*: ***sich ~*** (***auf*** *A -e*) ertelemek (*toplantıyı*)
Vertagung *f* ⟨-; *o pl*⟩ ertele(n)me, sonraya bırak(ıl)ma, JUR talik
vertauschen *v/t* ⟨*o* -ge-, *h*⟩ (***gegen, mit*** *-le*) değiş tokuş etmek; *irrtümlich* karıştırmak
verteidig|en ⟨*o* -ge-, *h*⟩ **1.** *v/t* savunmak; **2.** *v/r*: ***sich ~*** kendini savunmak
Verteidiger *m* ⟨-s; -⟩, **~in** *f* ⟨-; -nen⟩ JUR savunma avukatı; *Fußball* defans oyuncusu
Verteidigung *f* ⟨-; -en⟩ savunma; defans
Verteidigungs|bereitschaft *f* MIL teyakkuz; **~bündnis** *n* savunma paktı; **~minister** *m* savunma bakanı; **~ministerium** *n* savunma bakanlığı; **~rede** *f* savunma konuşması; **~waffe** *f* savunma silahı
verteilen *v/t* ⟨*o* -ge-, *h*⟩ (***unter*** *A -e*, arasında) paylaştırmak; (*austeilen*) *-e* dağıtmak
Verteiler *m* ⟨-s; -⟩ ÖKON, AUTO distribütör; **~kasten** *m* EL tevzi kutusu; **~netz** *n* EL dağıtım şebekesi; ÖKON dağıtım ağı; **~schlüssel** *m* ÖKON dağıtım kodu; **~tafel** *f* EL tevzi tablosu
Verteilung *f* ⟨-; -en⟩ dağıtım, dağılım, tevzi(at)
verteuer|n ⟨*o* -ge-, *h*⟩ **1.** *v/t* pahalandırmak; **2.** *v/r*: ***sich ~*** pahalanmak; **2ung** *f* ⟨-; -en⟩ pahalanma
verteufeln *v/t* ⟨*o* -ge-, *h*⟩ kötülemek, F tu kaka etmek
vertief|en ⟨*o* -ge-, *h*⟩ **1.** *v/t* derinleştirmek; **2.** *v/r*: ***sich ~ in*** (*A*) *-e* (*od -in* derinlerine) dalmak; **2ung** *f* ⟨-; -en⟩ derinleştirme; *Stelle* çukur, oyuk; *fig* derinleşme
vertikal [v-] *adj* dikey, düşey
Vertikale [v-] *f* ⟨-; -n⟩ düşey

vertilg|en *v/t* ⟨*o* -ge-, *h*⟩ yok etmek, imha etmek; F *fig Essen* silip süpürmek; **2ung** *f* ⟨-; *o pl*⟩ yok etme, imha

vertippen *v/r* ⟨*o* -ge-, *h*⟩: ***sich ~*** yanlış yazmak (*daktilo vs*)

verton|en *v/t* ⟨*o* -ge-, *h*⟩ MUS *-in* müziğini yazmak; **2ung** *f* ⟨-; -en⟩ müzik uyarlaması

vertrackt *adj* F karışık, nahoş

Vertrag *m* ⟨-s; ⸚e⟩ sözleşme, akit, kontrat(o); POL an(t)laşma

vertragen ⟨*unreg, o* -ge-, *h*⟩ **1.** *v/t* kaldırmak, *-e* dayanmak; ***ich kann Alkohol nicht ~*** alkol(ü) kaldıramıyorum; ***er kann viel Spaß ~*** o epey şaka kaldırır; F ***ich könnte einen Kaffee ~*** bir kahveye hayır demem; **2.** *v/r*: ***sich*** (***gut***) ***~*** (***mit***) *-in* (ile) arası iyi olmak; ***sich wieder ~*** ile barışmak

vertraglich **1.** *adj* sözleşmeye uygun; **2.** *adv* sözleşme uyarınca

verträglich *adj* geçimli, uysal; *Essen* sindirimi kolay

Vertrags|abschluss *m*: ***bei ~*** sözleşme yapıldığında/akdedildiğinde; **~bedingungen** *pl* sözleşme şartları; **~bruch** *m* sözleşmenin ihlali; **2brüchig** *adj*: ***~ werden*** sözleşmeyi ihlal etmek

vertragschließend *adj* sözleşme yapan

Vertrags|entwurf *m* sözleşme taslağı; **2gemäß** *adv* sözleşme gereği; **~gemeinschaft** *f* sözleşmeli taraflar *pl*; **~händler** *m* yetkili bayi; **~partei** *f*, **~partner(in** *f*) *m* sözleşen taraf; **~punkt** *m* sözleşme maddesi; **~werkstatt** *f* yetkili (tamir) servis(i); **2widrig** *adj* sözleşmeye aykırı

vertrauen *v/i* ⟨*o* -ge-, *h*⟩ (*D*, ***auf*** *A -e*) inanmak, güvenmek

Vertrauen *n* ⟨-s; *o pl*⟩ güven, inanç; ***~ erweckend*** güven veren; (***wenig***) ***~ erweckend aussehen*** (pek) güven verici görün(me)mek; ***im ~*** (***gesagt***) aramızda kalsın; ***~ haben zu*** *-in -e* güveni var/olmak; ***j-n ins ~ ziehen*** *-e* açmak (*bir sırrı*)

Vertrauens|arzt *m*, **~ärztin** *f sağlık sigortasında denetleme görevi yapan hekim*; **~beweis** *m* güvenin göstergesi; **~bruch** *m* güveni kötüye kullanma; **~frage** *f*: ***die ~ stellen*** güvenoyu istemek; **~person** *f* güvenilir kişi (*güç bir görev için*); **~sache** *f* itimat meselesi; **2selig** *adj* körü körüne güvenen; **~stellung** *f* güvenilir kişilere verilen kadro; **2voll** *adj* güvenilir; güven dolu; **~votum** *n* güvenoyu; **2würdig** *adj* güven verici, güvene layık

vertraulich *adj* gizli, kişiye özel; (***plump***) ***~*** fazla samimi; **2keit** *f* ⟨-; -en⟩ gizlilik; samimiyet, teklifsizlik

verträumt *adj* hulyalı, dalgın

vertraut *adj* (*D -e*; ***mit*** *-e*) alışık, yatkın; ***~ sein mit*** ile tanışıklığı var/olmak; ***sich ~ machen mit*** *-i* öğrenmek

Vertraute *m, f* ⟨-n; -n⟩ sırdaş

Vertrautheit *f* ⟨-; *o pl*⟩ alışıklık, yatkınlık, tanışıklık

vertreib|en *v/t* ⟨*unreg, o* -ge-, *h*⟩ sürmek, kovmak; *Zeit* geçirmek; ÖKON satmak, dağıtmak; **2ung** *f* ⟨-; -en⟩ kov(ul)ma

vertretbar *adj* savunulur, makul, uygun

vertreten[1] *v/t* ⟨*unreg, o* -ge-, *h*⟩ temsil etmek; JUR *-e* vekâlet etmek; ***die Ansicht ~, dass*** -diği görüşünü savunmak; ***sich*** (*D*) ***den Fuß ~*** ayağını burkmak; F ***sich*** (*D*) ***die Beine ~*** şöyle bir yürümek

vertreten[2] *adj*: ***~ sein*** hazır/mevcut bulunmak; temsil edilmekte olmak

Vertreter *m* ⟨-s; -⟩, **~in** *f* ⟨-; -nen⟩ temsilci, vekil; ÖKON acenta, (ticari) mümessil

Vertretung *f* ⟨-; -en⟩ vekâlet, temsilcilik; *Person* temsilci, vekil; ***in ~*** *-e* vekâleten, … yerine; ***j-s ~ übernehmen*** *-in* vekâletini almak/üstlenmek

Vertrieb *m* ⟨-s; *o pl*⟩ ÖKON satış, pazarlama

Vertriebene *m, f* ⟨-n; -n⟩ (yurdundan) sürülen

Vertriebs|abteilung *f* satış/pazarlama bölümü; **~kosten** *pl* dağıtım/pazarlama maliyeti; **~leiter(in** *f*) *m* satış/pazarlama müdürü

vertrocknen *v/i* ⟨*o* -ge-, *sn*⟩ kurumak

vertrödeln *v/t* ⟨*o* -ge-, *h*⟩ F *Zeit* boşa harcamak

vertrösten *v/t* ⟨*o* -ge-, *h*⟩ (***auf*** *A* için) avutup bekletmek

vertun *v/t* ⟨*unreg, o* -ge-, *h*⟩ **1.** *v/t* boşa harcamak; **2.** *v/r*: ***sich ~*** yanılmak

vertuschen *v/t* ⟨*o* -ge-, *h*⟩ örtbas etmek

verübeln *v/t* ⟨*o* -ge-, *h*⟩: ***j-m etw ~*** b-ne bş-den dolayı gücenmek

verüben *v/t* ⟨*o* -ge-, *h*⟩ işlemek, yapmak (*suikast vs*)

verunglücken *v/i* ⟨*o* -ge-, *sn*⟩ kaza geçirmek; ***tödlich*** **~** kazada ölmek

Verunglückte *m, f* ⟨-n; -n⟩ kazazede

verunsichern *v/t* ⟨*o* -ge-, *h*⟩: ***j-n*** **~** F b-nin güvenini sarsmak

verunstalten *v/t* ⟨*o* -ge-, *h*⟩ çirkinleştirmek, bozmak

veruntreu|en *v/t* ⟨*o* -ge-, *h*⟩ *-i* zimmetine geçirmek; **Ձung** *f* ⟨-; -en⟩ yolsuzluk, zimmetine para geçirme

verursachen *v/t* ⟨*o* -ge-, *h*⟩ *-e* sebep olmak, yol açmak

Verursacher *m* ⟨-s; -⟩ sebep olan; ÖKOL kirleten

verurteilen *v/t* ⟨*o* -ge-, *h*⟩ yargılamak; JUR (***zu*** *-e*) mahkûm etmek

Verurteilte *m, f* ⟨*-n*; -n⟩ JUR mahkûm olan/edilen

Verurteilung *f* ⟨-; -en⟩ yargılama; JUR mahkûmiyet

vervielfältig|en *v/t* ⟨*o* -ge-, *h*⟩ çoğaltmak; *Papier* teksir etmek; **Ձung** *f* ⟨-; -en⟩ çoğal(t)ma; teksir

vervierfachen *v/t* ⟨*o* -ge-, *h*⟩ dört katına çıkarmak; ***sich*** **~** dört katına çıkmak

vervollkommn|en ⟨*o* -ge-, *h*⟩ **1.** *v/t* mükemmelleştirmek; **2.** *v/r*: ***sich*** **~** mükemmelleşmek; **Ձung** *f* ⟨-; -en⟩ mükemmelleş(tir)me

vervollständig|en *v/t* ⟨*o* -ge-, *h*⟩ tamamlamak; **Ձung** *f* ⟨-; -en⟩ tamamla(n)ma

verw. *Abk für* ***verwitwet*** dul

verwachsen *v/i* ⟨*unreg, o* -ge-, *sn*⟩ *fig*: **~ *mit*** ile iç içe geçmek, *-in* bir parçası haline gelmek

verwackelt *adj* FOTO titrek (çıkmış)

verwählen *v/r* ⟨*o* -ge-, *h*⟩ F: ***sich*** **~** yanlış numara çevirmek

verwahren ⟨*o* -ge-, *h*⟩ **1.** *v/t* saklamak, muhafaza etmek; **2.** *v/r*: ***sich*** **~ *gegen*** *-e* direnmek, *-e* itiraz etmek

verwahrlosen *v/i* ⟨*o* -ge-, *sn*⟩ bakımsız kalmak; **~ *lassen*** bakımsız bırakmak

verwahrlost *adj* bakımsız, sefil

Verwahrung *f* ⟨-; *o pl*⟩ muhafaza, emanet; ***in*** **~ *nehmen*** emanet almak; (***j-m***) ***etw in*** **~ *geben*** b-ne bş-i emanet etmek/vermek

verwaisen *v/i* ⟨*o* -ge-, *sn*⟩ öksüz kalmak

verwaist *adj* yetim, öksüz; *fig* terk edilmiş, boş, tenha

verwalten *v/t* ⟨*o* -ge-, *h*⟩ *Firma usw* yönetmek, idare etmek

Verwalter *m* ⟨-s; -⟩, **~in** *f* ⟨-; -nen⟩ yönetici, müdür

Verwaltung *f* ⟨-; -en⟩ yönetim, idare

Verwaltungs|angestellte *m, f* ⟨-n; -n⟩ yönetim görevlisi/memuru; **~apparat** *m* yönetim mekanizması; **~beamte** *m* idareci (*devlet memuru*); **~gericht** *n* JUR idare mahkemesi; **~kosten** *pl* idare masrafları; **~rat** *m* ÖKON yönetim kurulu, idare heyeti; **Ձtechnisch** *adj* idari; **~weg** *m*: ***auf dem*** **~(*e*)** idari yoldan

verwandeln ⟨*o* -ge-, *h*⟩ **1.** *v/t* değiştirmek; (*umwandeln*) **~ *in*** *A -e* çevirmek, dönüştürmek; **2.** *v/r*: ***sich*** **~** değişmek; ***sich*** **~ *in*** *A -e* dönüşmek

Verwandlung *f* ⟨-; -en⟩ değişme, dönüşme

verwandt *adj* akraba, hısım *subst*

Verwandte *m, f* ⟨-n; -n⟩ akraba, hısım; ***der*** (*od* ***die***) ***nächste*** **~** en yakın akraba

Verwandtschaft *f* ⟨-; *o pl*⟩ akrabalık; **Ձlich** *adj*: **~*e Beziehung*(*en*)** akrabalık ilişkisi (ilişkileri)

Verwandtschaftsgrad *m* akrabalık ilişkisi

verwarn|en *v/t* ⟨*o* -ge-, *h*⟩ uyarmak, ikaz etmek; *offiziell -e* uyarı cezası vermek; **Ձung** *f* ⟨-; -en⟩ uyarı/ikaz (cezası)

verwaschen *adj* ağarmış (*yıkanmaktan*); *fig* vuzuhsuz, lastikli (*ifade*)

verwechs|eln *v/t* ⟨*o* -ge-, *h*⟩ (***mit*** *-le*) karıştırmak (*yanlışlıkla*); **Ձ(e)lung** *f* ⟨-; -en⟩ karıştırma

verwegen *adj* cüretli, gözüpek

verwehen ⟨*o* -ge-, *h*⟩ **1.** *v/t Wind* savurmak; **2.** *v/i* savrulmak (*rüzgârla*)

verwehren *v/t* ⟨*o* -ge-, *h*⟩: ***j-m den Zutritt*** **~** (***zu***) b-nin (*-e*) girmesini engellemek

verweichlichen ⟨*o* -ge-⟩ **1.** *v/t* ⟨*h*⟩: ***j-n*** **~** hanımevladı etmek, zayıflatmak; **2.** *v/i* ⟨*sn*⟩ hanımevladı olmak, zayıflamak

verweichlicht *adj* hanımevladı; zayıf

verweiger|n *v/t* ⟨*o* -ge-, *h*⟩ reddetmek; *Befehl -e* uymamak, *-den* kaçınmak; **Ձung** *f* ⟨-; -en⟩ red(detme)

verweilen *v/i* ⟨*o* -ge-, *h*⟩ (***auf*** *-de*) oyalanmak; **~ *bei*** *-de* kalmak, *-e* zaman ayırmak

verweint *adj* ağlamaktan kızarmış/şişmiş

Verweis *m* ⟨-es; -e⟩ ihtar (cezası); ***j-m e-n*** **~ *erteilen*** (***wegen*** *-den* dolayı) b-ne ihtar (cezası) vermek; (***auf*** *A -e*)

V

gönderme
verweisen ⟨*unreg, o* -ge-, *h*⟩ **1.** *v/t*: ***j-n an** A* **~** b-ni *-e* havale etmek; ***j-n auf** A* b-nin dikkatini *-e* çekmek; *von der Schule* kovmak; *des Landes -den* sınırdışı etmek; **2.** *v/i*: **~ *auf*** *(A) -e* gönderme yapmak
verwelken *v/i* ⟨*o* -ge-, *sn*⟩ sararmak; *fig* solmak
verwendbar *adj* kullanılır; **℘keit** *f* ⟨-; *o pl*⟩ kullanılırlık
verwenden *v/t* ⟨*unreg, o* -ge-, *h*⟩ kullanmak; Zeit *usw* (**auf** *A -e*) harcamak
Verwendung *f* ⟨-; -en⟩ kullanım; ***ich habe dafür keine*** **~** bu işime yaramaz, buna ihtiyacım yok; **~ *finden*** (***bei** -de*) işe yara(t)mak, kullan(ıl)mak; **~smöglichkeit** *f* kullanım yeri/imkânı; **~szweck** *m* kullanım amacı
verwerf|en ⟨*unreg, o* -ge-, *h*⟩ **1.** *v/t* reddetmek, geri çevirmek; **2.** *v/r*: ***sich*** **~** yamulmak, eğrilmek; **℘ung** *f* ⟨-; -en⟩ ret, reddetme, reddedilme; fesih, iptal; GEOL fay
verwertbar *adj* değerlendirilir; **℘keit** *f* ⟨-; *o pl*⟩ değerlendirilirlik
verwert|en *v/t* ⟨*o* -ge-, *h*⟩ değerlendirmek, kullanmak; **℘ung** *f* ⟨-; -en⟩ ÖKON kullanma, *-den* faydalanma
verwes|en *v/i* ⟨*o* -ge-, *sn*⟩ çürümek; **℘ung** *f* ⟨-; *o pl*⟩ çürüme
verwetten *v/t* ⟨*o* -ge-, *h*⟩ bahiste kaybetmek
verwickeln *v/t* ⟨*o* -ge-, *h*⟩: ***j-n in etw*** **~** b-ni *-e* karıştırmak, bulaştırmak
verwickelt *adj* çapraşık, karmaşık; **~ *sein in*** *(A) -e* karışmış olmak; **~ *werden in*** *(A) -e* karış(tırıl)mak
Verwicklung *f* ⟨-; -en⟩ karışıklık; *-e* karış(tırıl)ma
verwildern *v/i* ⟨*o* -ge-, *sn*⟩ yabanileşmek
verwilder|t *adj* yabanîleşmiş; **℘ung** *f* ⟨-; *o pl*⟩ yabanîleşme
verwirken *v/t* ⟨*o* -ge-, *h*⟩ kaybetmek (*kendi hatasıyla*)
verwirklich|en ⟨*o* -ge-, *h*⟩ **1.** *v/t* gerçekleştirmek; **2.** *v/r*: ***sich*** **~** gerçekleşmek; *kendi benliğinin gereklerini yerine getirmek*; **℘ung** *f* ⟨-; -en⟩ gerçekleş(tir)me
verwirren *v/t* ⟨*o* -ge-, *h*⟩ *-in* aklını/kafasını karıştırmak
verwirrt *adj* aklı/kafası karışık
Verwirrung *f* ⟨-; -en⟩ kafa karışıklığı, karışıklık; ***es herrschte allgemeine*** **~** bir karışıklıktır gidiyordu
verwischen *v/t* ⟨*o* -ge-, *h*⟩ silerek bozmak; *Spuren* silmek
verwittern *v/i* ⟨*o* -ge-, *sn*⟩ aşınmak, dağılmak (*hava şartlarının etkisiyle*)
verwittert *adj* aşınmış (*hava şartlarının etkisiyle*); *fig Gesicht* yanık ve kırış kırış
verwitwet *adj* dul (kalmış)
verwöhnen *v/t* ⟨*o* -ge-, *h*⟩ şımartmak
verwöhnt *adj* şımarık, şımartılmış
verworren *adj* (karma)karışık; (*undeutlich*) çapraşık; **℘heit** *f* ⟨-; *o pl*⟩ karışıklık; çapraşıklık
verwundbar *adj* yaralanır, zayıf; **℘keit** *f* ⟨-; *o pl*⟩ yaralanırlık, zayıf nokta
verwunden *v/t* ⟨*o* -ge-, *h*⟩ yaralamak
verwunderlich *adj* şaşılacak, şaşırtıcı
verwundern ⟨*o* -ge-, *h*⟩ **1.** *v/t* şaşırtmak; **2.** *v/r*: ***sich*** **~** (***über** A -e*) şaşırmak
verwundert *adj*: ***j-n*** **~ *ansehen*** b-ne şaşkın şaşkın bakmak
Verwunderung *f* ⟨-; *o pl*⟩ şaşkınlık, hayret; ***zu meiner*** **~** hayretle (gördüm ki *vs*)
Verwundete *m, f* ⟨-n; -n⟩ yaralı
Verwundung *f* ⟨-; -en⟩ yarala(n)ma
verwurzelt *adj* kök salmış
verwünschen *v/t* ⟨*o* -ge-, *h*⟩ (***j-n** -e*) beddua/lanet etmek
verwünscht *adj* → ***verdammt***
Verwünschung *f* ⟨-; -en⟩ beddua, lanet(leme)
verwüst|en *v/t* ⟨*o* -ge-, *h*⟩ kırıp geçirmek, harap etmek; **℘ung** *f* ⟨-; -en⟩ tahribat, yıkım
verzagt *adj* cesareti kırılmış, ürkek
verzählen *v/r*: ***sich*** **~** ⟨*o* -ge-, *h*⟩ yanlış saymak
verzahnt *adj*: ***miteinander*** **~** (birbiriyle) iç içe geçmiş
verzapfen *v/t* ⟨*o* -ge-, *h*⟩ TECH kamayla tutturmak; F ***Unsinn*** **~** zırvalamak
verzaubern *v/t* ⟨*o* -ge-, *h*⟩ büyülemek; **~ *in*** *(A)* büyüyle *-e* çevirmek
verzehnfachen ⟨*o* -ge-, *h*⟩ **1.** *v/t* on katına çıkarmak; **2.** *v/r*: ***sich*** **~** on katına çıkmak
Verzehr *m* ⟨-s; *o pl*⟩ yeme, içme; **℘en** *v/t* ⟨*o* -ge-, *h*⟩ yiyip içmek, tüketmek
verzeichnen *v/t* ⟨*o* -ge-, *h*⟩ kaydetmek; *fig* (*erzielen*) elde etmek; (*erleiden*) çekmek; ***in e-r Liste*** **~** bir listeye almak;

V

Fortschritte sind nicht zu ~ ilerleme kaydedilmemiştir

Verzeichnis *n* ⟨-ses; -se⟩ liste, çizelge; *amtliches* kayıt; (*Register*) dizin

verzeihen ⟨*unreg*, *o* -ge-, *h*⟩ **1.** *v/t*: ***j-m etw ~*** b-nin bş-ini affetmek, bağışlamak; ***~ Sie bitte die Störung*** affedersiniz, rahatsız ediyorum; **2.** *v/i*: ***j-m ~*** b-ni affetmek; ***~ Sie bitte!*** affedersiniz!

verzeihlich *adj* bağışlanabilir, affedilir

Verzeihung *f* ⟨-; *o pl*⟩: ***j-n um ~ bitten*** b-nden özür dilemek; ***~!*** pardon!, affedersiniz!

verzerren ⟨*o* -ge-, *h*⟩ **1.** *v/t* çarpıtmak, bozmak; **2.** *v/r*: ***sich ~*** çarpılmak, bozulmak

Verzerrung *f* ⟨-; -en⟩ çarpılma, bozulma; MED fazla gerilme; TECH deformasyon

verzetteln ⟨*o* -ge-, *h*⟩ **1.** *v/t* dağıtmak, harcamak; **2.** *v/r*: ***sich ~*** (***in*** *D*, ***mit*** *-e*) dağılmak (*birçok işe birden başlayarak*)

Verzicht *m* ⟨-s; -e⟩ (***auf*** *A -den*) vazgeçme, JUR feragat

verzichten *v/i* ⟨*o* -ge-, *h*⟩: ***auf*** (*A*) *-den* vazgeçmek, JUR feragat etmek; ***zu j-s Gunsten ~*** b-nin lehine feragat etmek

Verzichterklärung *f* JUR feragatname

verziehen ⟨*unreg*, *o* -ge-⟩ **1.** *v/i* ⟨*sn*⟩ (***nach*** *-e*) taşınmak; **2.** *v/t* ⟨*h*⟩ *Kind* şımartmak; ***das Gesicht ~*** suratını buruşturmak; **3.** *v/r* ⟨*h*⟩: ***sich ~*** *Holz* eğrilmek, çarpılmak; *Gewitter usw* geçip gitmek; F (*verschwinden*) sıvışmak

verzier|en *v/t* ⟨*o* -ge-, *h*⟩ süslemek; **≈ung** *f* ⟨-; -en⟩ süs(leme), dekor

verzinken *v/t* ⟨*o* -ge-, *h*⟩ TECH galvanize etmek

verzinnen *v/t* ⟨*o* -ge-, *h*⟩ TECH kalaylamak

verzins|en ⟨*o* -ge-, *h*⟩ **1.** *v/t* faize bağlamak; *-in* faizini ödemek; **2.** *v/r*: ***sich ~*** faiz getirmek; **≈ung** *f* ⟨-; -en⟩ faiz; (*Zinssatz*) faiz oranı

verzöger|n ⟨*o* -ge-, *h*⟩ **1.** *v/t* yavaşlatmak, geciktirmek; (*verschleppen*) sürüncemede bırakmak; **2.** *v/r*: ***sich ~*** gecikmek, yavaşlamak; **≈ung** *f* ⟨-; -en⟩ gecik(tir)me, yavaşla(t)ma; **≈ungstaktik** *f* sürünceme taktiği

verzollen *v/t* ⟨*o* -ge-, *h*⟩ *-in* gümrüğünü ödemek; ***haben Sie etw zu ~?*** gümrüğe tabi bir şeyiniz var mı?

verzück|t *adj* hayran, vecd halinde; **≈ung** *f* ⟨-; -en⟩: ***in ~ geraten*** (***über*** *-e*) hayran kalmak

Verzug *m* ⟨-s; *o pl*⟩ gecikme; ***im ~ sein*** geç kalmış olmak; ***in ~ geraten*** gecikmek; ***ohne ~*** gecikmesiz

Verzugszinsen *pl* gecikme faizi *sg*

verzweifeln *v/i* ⟨*o* -ge-, *sn*⟩ (***an*** *D -den*) ümitsizliğe/yeise kapılmak

verzweifelt *adj* ümitsiz, yeis içinde

Verzweiflung *f* ⟨-; *o pl*⟩ ümitsizlik, yeis; ***j-n zur ~ bringen*** b-ni çileden çıkarmak

Verzweiflungstat *f yeis içinde yapılan eylem*

verzweigen *v/r* ⟨*o* -ge-, *h*⟩: ***sich ~*** ayrılmak, dallanmak

verzweigt *adj* dallanıp budaklanmış

Verzweigung ⟨-; -en⟩ dallanıp budaklanma; *Straße* sapak; EDV sapma

verzwickt *adj* F çapraşık, güç

Veteran [ve-] *m* ⟨-en; -en⟩ MIL gazi; *fig* emektar

Veterinär [ve-] *m* ⟨-s; -e⟩, **~in** *f* ⟨-; -nen⟩ veteriner (hekim)

Veto ['ve-] *n* ⟨-s; -s⟩: ***sein ~ einlegen*** (***gegen*** *-i*) veto etmek; **~recht** *n* ⟨-s; *o pl*⟩ veto hakkı

Vetter ['fɛtɐ] *m* ⟨-s; -n⟩ kuzen, amca (*od* dayı, hala, teyze) oğlu

Vetternwirtschaft *f* ⟨-; *o pl*⟩ iltimas(çılık), akraba kayırıcılığı

vgl. *Abk für* ***vergleiche*** karşılaştır(ınız) (*krş.*)

v. H. *Abk für* ***vom Hundert*** yüzde (%)

Vibration [vi-] *f* ⟨-; -en⟩ titreşim

vibrieren *v/i* ⟨*o* ge-, *h*⟩ titreşmek

Video ['vi-] *n* ⟨-s; -s⟩ video; ***auf ~*** videoda; ***auf ~ aufnehmen*** videoya almak; **~aufnahme** *f* video çekimi; **~aufzeichnung** *f* video kaydı; **~clip** *m* klip, video klibi; **~film** *m* video filmi; **~gerät** *n* video (cihazı); **~kamera** *f* video kamera(sı); **~kassette** *f* video kaseti; **~rekorder** *m* video (kayıt ve gösteri cihazı); **~spiel** *n* video oyunu; **~technik** *f* video teknolojisi; **~text** *m* teletekst; **~thek** *f* ⟨-; -en⟩ videotek

Vieh [fiː] *n* ⟨-s; *o pl*⟩ (büyükbaş) hayvan, (*Klein≈*) (küçükbaş) hayvan, davar; ***20 Stück ~*** 20 baş hayvan; **~bestand** *m* hayvan mevcudu; **~futter** *n* hayvan yemi; **~zucht** *f* hayvancılık; **~züchter(in** *f*) *m* hayvancı

viel [f-] *adj u adv* çok, F birsürü; **~e** *pl* birçok, F birsürü; ***das ~e Geld*** bütün bu para; ***~ besser*** çok daha iyi; ***~ teurer*** çok daha pahalı; ***~ zu viel*** çok çok fazla; ***~ zu wenig*** çok çok az; ***~ lieber*** tercihan; ***~ beschäftigt*** çok meşgul; ***~ diskutiert*** çok tartışılan, tartışmalı; ***~ gepriesen*** çok övülen; ***~ sagend*** anlamlı, düşündürücü; ***~ versprechend*** (çok) ümit verici
vieldeutig *adj* (birden) çok anlama gelen
Vieleck *n* ⟨-s; -e⟩ MATH çokgen
vielerlei *adj* çok çeşitli, türlü türlü
vielerorts *adv* çoğu yerde
vielfach **1.** *adj* katmerli; ***auf ~en Wunsch*** yoğun istek üzerine; **2.** *adv* çoğu defa, sık sık
Vielfalt *f* ⟨-; *o pl*⟩ (*G*, **von** bakımından) çeşitlilik
vielfältig *adj* çeşitli, çok
vielfarbig *adj* çok renkli, ala(ca)
Vielfraß *m* ⟨-es; -e⟩ F obur
vielleicht [fi'laiçt] *adv* belki
vielmals *adv*: ***(ich) danke (Ihnen) ~*** size çok çok teşekkür ederim; ***entschuldigen Sie ~*** çok özür dilerim
vielmehr *konj* daha ziyade, doğrusu
vielschichtig *adj* çok tabakalı; *fig* çok yönlü
vielseitig *adj* çok yönlü; ***er ist ~ interessiert*** onun çeşitli merakları var; ***auf ~en Wunsch*** genel istek üzerine
Vielseitigkeit *f* ⟨-; *o pl*⟩ çok yönlülük
vielsprachig *adj* çok dil bilen
vielstimmig *adj* MUS çoksesli
Vielvölkerstaat *m* çok milletli devlet
Vielzahl *f* ⟨-; *o pl*⟩ büyük sayı
vier [fiːɐ] *adj* dört; ***unter ~ Augen*** baş başa, yüz yüze; ***auf allen ~en*** dört ayak üzerinde; ***zu viert sein*** dört kişi olmak
Vier [fiːɐ] *f* ⟨-; -en⟩: ***e-e ~ bekommen*** dört almak (*zayıf not*)
Vierbeiner *m* ⟨-s; -⟩ F hayvan
vierbeinig *adj* dört ayaklı
vierblätt(e)rig *adj* dört yapraklı
Viereck *n* ⟨-s; -e⟩ dörtgen; (*Rechteck*) dikdörtgen; (*Quadrat*) kare
viereckig *adj* dörtköşeli; (*rechteckig*) dikdörtgen (şeklinde); (*quadratisch*) kare (şeklinde)
Vierer *m* ⟨-s; -⟩ dörtlü; **~bob** *m* dörtlü kızak
vierfach *adj* dört kat/misli; ***~e Ausfertigung*** dört nüsha
Vierfarbendruck *m* dört renkli baskı
vierhändig *adj u adv* MUS dört elle
vierhundert *adj* dört yüz
vierjährig *adj* dört yıllık; *Lebensalter* dört yaşında
Vierjährige *m, f* ⟨-n; -n⟩ dört yaşındaki *adj*
Vierkant *m, n* ⟨-s; -e⟩ TECH dörtköşe
Vierling *m* ⟨-s; -e⟩ dördüz
viermal *adv* dört kere/defa
viermotorig *adj* LUFTF dört motorlu
vierrädrig *adj* dört tekerlekli
vierseitig *adj* MATH dört kenarlı
Viersitzer *m* ⟨-s; -⟩ AUTO dört kişilik
vierspurig *adj Straße* dört şeritli
vierstellig *adj* MATH dört basamaklı
vierstimmig *adj* MUS: ***~ singen*** dört sesten söylemek
vierstöckig *adj* dört katlı
vierstündig *adj* dört saatlik
viert *adj*: ***sie waren zu ~*** dört kişiydiler
Viertaktmotor *m* dört zamanlı motor
vierte *adj* dördüncü
Viertel ['fɪrt(ə)l] *n* ⟨-s; -⟩ çeyrek; (*Stadt*2) semt, mahalle; ***~ vor** -e* çeyrek var; ***um ~ vor** -e* çeyrek kala; ***~ nach** -i* çeyrek geçiyor; ***um ~ nach** -i* çeyrek geçe
Viertel|finale ['fɪrt(ə)l-] *n* çeyrek final; **~jahr** *n* üç ay; **2jährlich** **1.** *adj* üç aylık; **2.** *adv* üç ayda bir; **~liter** *m, n* ⟨-s; -⟩ 250 gram
vierteln ['fɪrt(ə)ln] *v/t* ⟨*o* -ge-, *h*⟩ dörde (*od* dört parçaya) ayırmak
Viertel|note ['fɪrt(ə)l-] *f* çeyrek nota; **~pfund** *n* 125 gram; **~stunde** *f* çeyrek saat, F on beş dakika
viertens *adv* dördüncü olarak, dördüncüsü
Vierviertelaktakt [fiːɐ'fɪrt(ə)l-] *m* MUS dört dörtlük ölçü
vierzehn ['fɪr-] *adj* on dört; ***~ Tage** pl* iki hafta, F on beş gün; **~jährig** *adj* on dört yıllık; *Lebensalter* on dört yaşında; **~tägig** *adj* iki haftalık; **~te** *adj* on dördüncü
Vierzeiler *m* ⟨-s; -⟩ dörtlük (*şiir*)
vierzig ['fɪr-] *adj* kırk
Vierzig ['fɪr-] *f* ⟨-; -en⟩: ***sie ist Anfang (der) ~*** kırklarının başında
Vierziger ['fɪr-] *m* ⟨-s; -⟩, **~in** *f* ⟨-; -nen⟩ kırkında(ki) *adj*; **~jahre**: ***die ~*** (bin dokuz yüz *vs*) kırklı yıllar, kırklar
vierzigste *adj* kırkıncı

V

Vietnam [vĭɛt'nam] *n* ⟨-s; *o pl*⟩ Vietnam; **~ese** *m* ⟨-n; -n⟩, **~esin** *f* ⟨-; -nen⟩ Vietnamlı; **ㄹesisch** *adj* Vietnam(lı) *subst*

Villa [v-] *f* ⟨-; -len⟩ villa

Viola [v-] *f* ⟨-; Violen⟩ MUS viyola, alto

violett [v-] *adj* mor

Violine [v-] *f* ⟨-; -n⟩ MUS keman

Violoncello [vĭolɔn'tʃɛlo] *n* MUS viyolonsel

Virensuchprogramm [v-] *n* EDV virüs tarayıcı (program)

Virolog|ie [v-] *f* ⟨-; *o pl*⟩ viroloji; **ㄹisch** *adj* virolojik

virtuell [v-] *adj* sanal; EDV ***~e Realität*** sanal gerçek

virtuos [v-] *adj* (çok) ustaca

Virtuos|e [v-] *m* ⟨-n; -n⟩, **~in** *f* ⟨-; -nen⟩ virtüöz, (büyük) usta; **~ität** *f* ⟨-; *o pl*⟩ (büyük) ustalık

virulent [v-] *adj* hasta edici, zehirli

Virus [v-] *n*, *m* ⟨-; -ren⟩ MED, EDV virüs; **~infektion** *f* MED virüs enfeksiyonu

Visier [v-] *n* ⟨-s; -e⟩ *Helm* yüz siperi; *Waffe* nişangâh

Vision [vi'zĭo:n] *f* ⟨-; -en⟩ görü

visionär *adj* görü sahibi

Visite [v-] *f* ⟨-; -n⟩ MED vizite; ***~ machen*** viziteye çıkmak

Visitenkarte *f* kartvizit

visuell [vi'zŭɛl] *adj* görsel

Visum [v-] *n* ⟨-s; -sa, -sen⟩ vize

vital [v-] *adj* *Person* canlı, hayat dolu; *Sache* hayati önemde

Vitalität [v-] *f* ⟨-; *o pl*⟩ canlılık, enerji

Vitamin [v-] *n* ⟨-s; -e⟩ vitamin; **ㄹarm** *adj* az vitaminli; **~bedarf** *m* vitamin ihtiyacı; **~mangel** *m* vitamin eksikliği; **~präparat** *n* vitamin (ilacı); **ㄹreich** *adj* bol vitaminli

Vitrine [v-] *f* ⟨-; -n⟩ vitrin, camlı dolap

Vize… ['fi:tsə-] *in Zssgn Präsident usw* … yardımcısı, … vekili, ikinci …; **~meister(in** *f*) *m* ikinci (*derecelemede*)

Vogel [f-] *m* ⟨-s; ¨⟩ kuş; F ***e-n ~ haben*** bir tahtası eksik olmak; **~futter** *n* kuş yemi; **~käfig** *m* kuş kafesi

vögeln [f-] ⟨*o* -ge-, *h*⟩ V **1.** *v/t* düzmek; **2.** *v/i* düzüşmek

Vogel|nest [f-] *n* kuş yuvası; **~perspektive** *f* ⟨-; *o pl*⟩: ***aus der ~*** kuşbakışı; **~scheuche** *f* ⟨-; -n⟩ korkuluk; **~schutzgebiet** *n* kuş koruma alanı; **~-Strauß-Politik** *f* devekuşu politikası/stratejisi

Vokabel [v-] *f* ⟨-; -n⟩ (yabancı) kelime (*dil dersinde*); **~heft** *n* kelime defteri

Vokal [v-] *m* ⟨-s; -e⟩ LING ünlü

Volk [f-] *n* ⟨-s; ¨er⟩ halk; (*Leute*) ahali, insanlar *pl*

Völker|kunde [f-] *f* ⟨-; *o pl*⟩ etnoloji; **~mord** *m* soykırım; **~recht** *n* ⟨-s; *o pl*⟩ devletler hukuku; **ㄹrechtlich** *adj u adv* devletler hukukuna göre; **~verständigung** *f* millet arasında iletişim/diyalog; **~wanderung** *f* HIST Kavimler Göçü; *fig* kalabalık, akın akın insan

Volks|abstimmung [f-] *f* halk oylaması; referandum; **~aufstand** *m* halk ayaklanması; **~begehren** *n* referandum talebi (*halktan gelen*); **~entscheid** *m* referandum; **~fest** *n* halk şenliği; **~hochschule** *f* halk yüksek okulu, *Türkei* Halk Eğitim; **~kunde** *f* ⟨-; *o pl*⟩ halkbilim, folklor (araştırmaları); **~lied** *n* halk şarkısı, *türkisches* türkü; **~mund** *m*: ***im ~*** halk arasında; **~musik** *f* halk müziği

volksnah *adj* halka yakın, popüler

Volksrepublik *f* halk cumhuriyeti; **~sport** *m* kitle sporu; **~tanz** *m* halk oyunu/dansı; **~tracht** *f* yerel kıyafet; **~trauertag** *m* *Nazi kurbanlarını ve şehitleri anma günü*; **~tum** *n* ⟨-s; *o pl*⟩ *bir halkın özelliklerinin tamamı*; **ㄹtümlich** *adj* halka özgü, popüler; **~versammlung** *f ülkenin veya bir yerin seçmenlerinin tamamı*; miting; **~vertreter(in** *f*) *m* parlamenter; **~vertretung** *f* parlamento; *Türkei* Türkiye Büyük Millet Meclisi; **~wirt(in** *f*) *m* iktisatçı, ekonomist; **~wirtschaft** *f* (millî/sosyal) ekonomi; **~wirtschaftler(in** *f*) *m* iktisatçı, ekonomist; **~wirtschaftslehre** *f* makroekonomi; **~zählung** *f* nüfus sayımı

voll [f-] **1.** *adj* dolu; (*besetzt*) meşgul; F (*satt*) tok; F (*betrunken*) fitil gibi; *Haar* gür, sık; ***~er*** *ile* dolu; *Schmutz, Flecken usw a* ile kaplı; ***e-e ~e Stunde*** tam bir saat; ***mit ~er Lautstärke*** sesi sonuna kadar açılmış; ***~es Vertrauen*** tam güven; **2.** *adv* (*völlig*) bütünüyle, tamamen; *zahlen usw* tam (ücret ödemek *vs*); F (*direkt, genau*) tam, (dos)doğru; ***~ arbeiten*** tam gün çalışmak; ***~ besetzt*** oturacak yeri kalmamış; ***~ gepackt, ~ gepfropft, ~ gestopft*** *adj* F tıka basa dolu; ***(nicht) für ~ nehmen*** tam ciddiye al(ma)mak; ***~ füllen*** tamamen doldurmak; **~ machen** F *Kind* altına yapmak; **die Hosen ~ machen** donuna yapmak; **~ packen** (**mit** *-le*) tamamen doldurmak; **sich ~ saugen** (**mit** *-i*) emip şişmek; **~ schreiben** doldurmak (*yazarak*); **~ stopfen** tıka basa doldurmak; **~ tanken** (depoyu) tam/ful doldurmak; **bitte ~ tanken!** (depoyu) ful yapar mısınız?; **~ und ganz** baştan aşağı, büsbütün

vollautomatisch *adj* tam otomatik

Voll|bad *n* banyo küveti (*tam boy*); küvette yıkanma/banyo; **~bart** *m* sakal ve bıyık; **~beschäftigung** *f* tam istihdam; **~besitz** *m*: **im ~ seiner** (**ihrer**) **Kräfte** tamamen sağlam; **~blut** *n* ⟨-s; *o pl*⟩ safkan *adj*; **~bremsung** *f*: **e-e ~ machen** F freni köklemek

vollbringen *v/t* ⟨*unreg, o* -ge-, *h*⟩ başarmak, becermek; *Wunder* yaratmak

Volldampf *m*: **mit ~** tam yol

vollelektronisch *adj* tamamen elektronik

vollend|en *v/t* ⟨*o* -ge-, *h*⟩ tamamlamak, bitirmek; **~et** *adj* tamamlanmış, bitmiş; **~e Tatsachen schaffen** fiilî durum yaratmak

vollends *adv* tamamen, hepten

Vollendung *f* ⟨-; *o pl*⟩ tamamlama, bitirme

Volleyball ['vɔli-] *m* ⟨-s; *o pl*⟩ voleybol; **~spiel** *n* voleybol maçı

vollführen *v/t* ⟨*o* -ge-, *h*⟩ sahnelemek, sergilemek, gerçekleştirmek

Vollgas *n* AUTO: **mit ~** tam gaz(la); **~ geben** tam gaz vermek

völlig **1.** *adj* tam, bütün; *Unsinn usw* baştan aşağı; **2.** *adv* tamamıyla, büsbütün; **~ unmöglich** hiç olur şey değil

volljährig *adj*: **~ sein** reşit olmak/bulunmak; **~ werden** reşit olmak (*od* hale gelmek), JUR rüştünü ispat etmek; **2keit** *f* ⟨-; *o pl*⟩ JUR reşitlik

Vollkaskoversicherung *f* AUTO tam kasko sigorta(sı)

vollkommen **1.** *adj* mükemmel, kusursuz; **2.** *adv* tamamıyla, büsbütün; **2heit** *f* ⟨-; *o pl*⟩ mükemmellik, kusursuzluk

Vollkorn|brot *n* kepekli ekmek; **~gebäck** *n* kepekeli çörek; **~nudeln** *pl* kepekli makarna *sg*

Vollmacht *f* ⟨-; -en⟩ yetki; JUR vekâlet(name); **~ haben** yetkili olmak

Vollmilch *f* tam yağlı süt; **~schokolade** *f* sütlü çikolata

Vollmond *m* ⟨-s; *o pl*⟩ dolunay

vollmundig *adj tadı kuvvetli* (*şarap*)

Vollnarkose *f* tam narkoz

Vollpension *f* tam pansiyon

vollschlank *adj* balıketinde

vollständig **1.** *adj* bütün, eksiksiz; **2.** *adv* tamamen, hepten; **2keit** *f* ⟨-; *o pl*⟩ eksiksizlik

vollstreckbar *adj* JUR vacibülicra, vacibülifa

vollstreck|en *v/t* ⟨*o* ge-, *h*⟩ uygulamak; JUR infaz etmek; **2ung** *f* ⟨-; -en⟩ (*Zwangs2*) icra; JUR infaz; **2ungsbefehl** *m* JUR icra emri

vollsynthetisch *adj* tamamen sentetik

Volltreffer *m* tam isabet

volltrunken *adj* tamamen sarhoş

Vollversammlung *f* genel kurul

Vollwaise *f* öksüz ve yetim

Vollwaschmittel *n* çamaşır deterjanı (*her sıcaklık için*)

vollwertig *adj* eşdeğer, *değerce eksik olmayan*

Vollwert|ernährung *f değerinden kaybetmemiş ürünlerle beslenme*; **~gericht** *n değerinden kaybetmemiş ürünlerden yapılmış yemek*

vollzählig *adj* eksiksiz, tam (sayıda); **wir sind ~** herkes burada

vollziehen ⟨*unreg, o* -ge-, *h*⟩ **1.** *v/t* gerçekleştirmek, yerine getirmek; JUR icra etmek; **Trauung ~** nikâh kıymak; **2.** *v/r*: **sich ~** gerçekleşmek

Vollzug *m* ⟨-s; *o pl*⟩ JUR icra, ifa, tenfiz

Vollzugs|anstalt *f* cezaevi; **~beamte** *m* ⟨-n; -n⟩ infaz memuru

Volontär [v-] *m* ⟨-s; -e⟩, **~in** *f* ⟨-; -nen⟩ (gönüllü) stajyer (*öz basında*)

Volt [v-] *n* ⟨-, -s; -⟩ EL volt

Volumen [v-] *n* ⟨-s; -, -mina⟩ hacim

voluminös [v-] *adj* hacimli

von [f-] *präp* (*D*) *räumlich, zeitlich* -den; *bei Passiv* (*-in*) tarafından; (*über*) üzerine, hakkında; **~ Hamburg** Hamburg'tan; **~ morgen an** yarından itibaren; **ein Freund ~ mir** (benim) bir arkadaşım; **die Freunde ~ Handan** Handan'ın arkadaşları; **ein Brief** (**Geschenk**) **~ Ali** Ali'den bir mektup (hediye); **ein Buch** (**Bild**) **~ Orwell** (**Picasso**) Orwell'in (Picasso'nun) bir kitabı (resmi); **sie nahm ~ dem Kuchen** pastadan aldı; **der König** (**Bürgermeister**

V

usw) ~ … kıralı (belediye başkanı *vs*); ***ein Kind ~ 10 Jahren*** on yaşında bir çocuk; ***müde ~ der Arbeit*** çalışmaktan/işten yorulmuş; ***ich habe ~ ihm gehört*** adını/lafını işittim

voneinander *adv* birbir(ler)inden

vonseiten: ~ ***der Stadt*** şehirce

vonstatten *adv*: ~ ***gehen*** gerçekleşmek, olmak

vor [foːɐ] **1.** *präp* (*D*) *Lage -in* önünde, *weiter -in* ilerisinde; (*außerhalb*) *-in* dışında; *zeitlich, Reihenfolge -den* önce; (*in Gegenwart von*) karşısında, yanında; (*aufgrund von*) *-den* (dolayı); ~ ***allem*** her şeyden önce, özellikle; ~ ***Angst*** korkudan; ~ ***e-r Stunde*** bir saat önce; ***es ist 5 ~ 12*** (saat) on ikiye beş var; ***um 5 ~ 12*** on ikiye beş kala; ***etw ~ sich*** (*D*) ***haben*** bş-i daha yapacak *vs* olmak; **2.** *präp* (*A*) *Richtung -in* önüne, *weiter -in* ilerisine; (*außerhalb*) *-in* dışına; (*zu*) yanına, karşısına; ~ ***sich hin*** kendi kendine, kendi başına; **3.** *adv*: ~ ***und zurück*** ileri geri; ***Freiwillige ~!*** gönüllüler (bir adım) öne!

vorab ['foːɐ-] *adv* önceden, peşinen

Vorabend *m* arife; ***am ~*** *D -in* arifesinde

Vorahnung *f* önsezi

voran *adv* önden; ***mit dem Kopf ~*** balıklama

vorangehen *v/i* ⟨*unreg*, -ge-, *sn*⟩ önde gitmek; *zeitlich -den* önce gelmek

vorankommen *v/i* ⟨*unreg*, -ge-, *sn*⟩ ilerlemek; ***beruflich ~*** meslekte ilerlemek

Vorankündigung *f* (önceden) duyuru

Voranmeldung *f* (önceden) başvuru

Voranschlag *m* (maliyet *vs*) tahmin(i)

Voranzeige *f* (önceden) duyuru; *Film* fragman, gelecek program

Vorarbeit *f* hazırlık çalışması

vorarbeiten *v/i* ⟨-ge-, *h*⟩ önceden çalışmak (*ileride alınacak izin karşılığı*); hazırlık çalışması yapmak

Vorarbeiter(in *f*) *m* işçibaşı, formen

voraus ['foːraus] *adv*: ***j-m ~ sein*** b-nden ileri/üstün olmak

Voraus *adv*: ***im ~*** önceden, şimdiden

voraus|ahnen [fo'raus]*v/t* ⟨-ge-, *h*⟩ önceden sezmek; **~berechnen** *v/t* ⟨*o* -ge-, *h*⟩ önceden hesaplamak; **~bezahlen** *v/t* ⟨*o* -ge-, *h*⟩ peşin ödemek; **~fahren** *v/i* ⟨*unreg*, -ge-, *sn*⟩ önden gitmek (*arabayla*); **~gehen** *v/i* ⟨*unreg*, -ge-, *sn*⟩ önde(n) gitmek; ***e-r Sache ~*** bş-den önce olmak/gelmek; **~gesetzt** *konj*: **~, *dass*** *-in* -mesi şartıyla; **~haben** *v/t* ⟨*unreg*, -ge-, *h*⟩: ***etw*** (***vor***) ***j-m ~*** b-ne göre bir üstünlüğü olmak

Vorauskasse *f* ⟨-; *o pl*⟩ ÖKON peşin ödeme

vorausplanen *v/t*, *v/i* ⟨-ge-, *h*⟩ önceden planlamak

Voraus|sage *f* ⟨-; -n⟩ tahmin; *Wetter* hava tahmini; **&sagen** *v/t* ⟨-ge-, *h*⟩ tahmin etmek

vorausschauend *adj* ileriyi gören

vorausschicken *v/t* ⟨-ge-, *h*⟩ *Koffer usw* önceden göndermek; (*mitteilen*) önceden belirtmek

voraussehen *v/t* ⟨*unreg*, -ge-, *h*⟩ (*ahnen*) önceden sezmek; (*einschätzen*) önceden kestirmek; ***das war vorauszusehen*** bu önceden belliydi

voraussetz|en *v/t* ⟨-ge-, *h*⟩ şart koşmak; (*annehmen*) varsaymak, farz etmek; **&ung** *f* ⟨-; -en⟩ şart, koşul; ***unter der ~, dass*** *-in* -mesi şartıyla; ***die ~en erfüllen*** şartları yerine getirmek

Voraussicht *f* ⟨-; *o pl*⟩ öngörü, önsezi, tahmin; ***aller ~ nach*** büyük bir olasılıkla; **&lich 1.** *adj* beklenir, olası; **2.** *adv* beklendiği üzere, F belki; ***er kommt ~ morgen*** yarın gelmesi bekleniyor

Vorauszahlung *f* avans, ön ödeme

Vorbau *m* ⟨-s; -ten⟩ ARCH çıkıntı, balkon, cumba

vorbauen ⟨-ge-, *h*⟩ **1.** *v/t*: ***etw ~*** ARCH çıkıntı yapmak; **2.** *v/i* tedbir almak; tedbirli olmak

Vorbedeutung *f* ⟨-; -en⟩ belirti, emare; ***gute ~*** hayra alamet, uğur; ***schlimme ~*** uğursuzluk

Vorbedingung *f* ⟨-; -en⟩ ön şart/koşul

Vorbehalt *m* ⟨-s; -e⟩ çekince; ***unter dem ~, dass*** -mesi kaydıyla/koşuluyla; **&en** *v/t* ⟨*unreg*, *o* -ge-, *h*⟩ ***sich*** (*D*) (***das Recht***) ***~ zu*** -me hakkını saklı tutmak; **&los** *adj u adv* kayıtsız şartsız

vorbehandeln *v/t* ⟨*o* -ge-, *h*⟩ ön muameleden geçirmek

vorbei *adv*: ~ ***an*** *-in* yanından geçerek; **~!** karavana! ***5 Uhr ~*** saat 5'i geçti; ***der Tag ist ~*** gün bitti; ***es ist aus und ~*** geçti, bitti

vorbei|fahren *v/i* ⟨*unreg*, -ge-, *sn*⟩ (***an*** *-in* yanından) geçmek (*arabayla*); **~gehen** *v/i* ⟨*unreg*, -ge-, *sn*⟩ (***an*** *-in* yanından) geçmek (*yürüyerek*); *fig* geçmek,

V

geçip gitmek; (*nicht treffen*) ıskalamak; **~kommen** *v/i* ⟨*unreg*, -ge-, *sn*⟩ (**an etw** *-in* yanından) geçmek; *an e-m Hindernis -in* yanından geçebilmek; F (*besuchen*) (**bei j-m** *-e*) uğramak; **~lassen** *v/t* ⟨*unreg*, -ge-, *h*⟩ *-e* yol vermek/açmak (*geçmesi için*); **~marschieren** *v/i* ⟨*o* -ge-, *sn*⟩: **~ an** *-in* yanından yürüyüp geçmek; **~reden** *v/i* ⟨-ge-, *h*⟩: **aneinander ~** birbirinin söylediğini anlamamak; **am Thema ~** konudan sapmak (*konuşurken*); **~schießen** *v/i* ⟨*unreg*, -ge-, *h*⟩ (**am Tor**) **~** (kaleyi) ıskalamak; **~ziehen** *v/i* ⟨*unreg*, -ge-, *sn*⟩ (**an**) *-in* yanından geçip gitmek; *fig Zeit* geçmek

vorbelastet *adj* JUR sabıkalı; **erblich ~ sein** kalıtım bakımından sorunlu olmak

Vorbemerkung *f* ön açıklama

vorbereit|en ⟨*o* -ge-, *h*⟩ **1.** *v/t* hazırlamak; **2.** *v/r*: **sich ~** (**auf** *A -e*) hazırlanmak; **~end** *adj* hazırlık *subst*; **℗ung** *f* ⟨-; -en⟩ hazırlık; **~en treffen** (**für** *-e*) hazırlık yapmak; **in ~** hazırlanıyor

Vorbesprechung *f* ön görüşme

vorbestell|en *v/t* ⟨*o* -ge-, *h*⟩ *Waren* önceden sipariş etmek; *Tisch, Zimmer usw a* ayırtmak; **℗ung** *f* ⟨-; -en⟩ ön sipariş; rezervasyon

vorbestraft *adj*: **~ sein** sabıkalı olmak

vorbeug|en ⟨-ge-, *h*⟩ **1.** *v/i*: **e-r Sache** (*D*) **~** bş-in önüne geçmek; **2.** *v/r*: **sich ~** öne eğilmek; **~end** *adj* önleyici; MED *a* koruyucu; **℗ung** *f* ⟨-; *o pl*⟩ önleme, koruma

Vorbild *n* ⟨-s; -er⟩ model, örnek; (**j-m**) **ein ~ sein** (b-ne) örnek olmak; **sich** (*D*) **j-n zum ~ nehmen** b-ni örnek almak

vorbildlich *adj* örnek

Vorbildung *f* ⟨-; *o pl*⟩ *-in* eğitim durumu

Vorbote *m* ⟨-n; -n⟩ haberci, belirti, işaret

vorbringen *v/t* ⟨*unreg*, -ge-, *h*⟩ JUR ifade/beyan etmek

vorchristlich *adj* Hristiyanlık öncesi

Vordach *n* sundurma; *schmal* saçak

vordatieren *v/t* ⟨*o* -ge-, *h*⟩ *-e* ileri bir tarih atmak

Vordenker(in *f*) *m* ⟨-s; -⟩ öncü düşünür

vorder [f-] *adj* ön(deki)

Vorder|achse *f* ön dingil; **~ansicht** *f* önden görünüş; **~deck** *n* MAR ön güverte, baş kasarası; **~fuß** *m* ön ayak; **~grund** *m* ⟨-s; *o pl*⟩ ön plan; **in den ~ rücken** ön plana geçmek; **etw in den ~ stellen** bş-i ön plana almak; **℗gründig** *adj* (*oberflächlich*) yüzeysel; (*durchschaubar*) asıl amacı hemen belli olan; **~mann** *m*: **mein ~** önümdeki kişi/araba; **auf ~ bringen** disipline/düzene sokmak; iyi işler hale getirmek; **~rad** *n* ön tekerlek; **~radantrieb** *m* önden çekiş; **~seite** *f* ön taraf; *Münze* ön yüz; **~sitz** *m* ön koltuk

vorderst *adj* en ön(deki)

Vorder|teil *m, n* ön kısım; **~tür** *f* ön kapı; **~zahn** *m* ön diş

vordrängen *v/r*: **sich ~** ⟨-ge-, *h*⟩ öne geçmeye çalışmak

vordringen *v/i* ⟨*unreg*, -ge-, *sn*⟩ ilerlemek (*güçlükleri aşarak*); **~** (**bis**) **zu** *-e* (kadar) ilerle(yebil)mek

vordringlich **1.** *adj* özellikle ivedi/acil; **2.** *adv*: **~ behandeln** *-i* öncelikle ele almak

Vordruck *m* ⟨-s; -e⟩ form(üler), form dilekçe

vorehelich *adj* evlilik öncesi

voreilig *adj* aceleci, tez, atak; düşüncesiz; **~e Schlüsse ziehen** düşünmeden sonuç çıkarmak

voreinander *adv* birbiri önünde/önüne; karşılıklı; **Achtung ~** birbirine saygı; **sie haben Angst ~** birbirlerinden korkuyorlar

voreingenommen *adj* (**gegenüber** *-e* karşı) önyargılı, taraflı; **℗heit** *f* ⟨-; *o pl*⟩ önyargılılık

vorenthalten *v/t* ⟨*unreg*, *o* -ge-, *h*⟩: **j-m etw ~** b-ni bş-den mahrum bırakmak; b-nden bş-i gizlemek

Vorentscheidung *f* ön karar

vorerst *adv* şimdilik

Vorexamen *n* ön sınav

Vorfahr *m* ⟨-en; -en⟩ ata, cet

vorfahren *v/i* ⟨*unreg*, -ge-, *sn*⟩ (**vor** *-in* önüne) gelmek (*arabayla*)

Vorfahrt *f* ⟨-; *o pl*⟩ geçiş üstünlüğü; **~ haben** *-in* geçiş üstünlüğü var/olmak; **die ~ missachten** geçiş üstünlüğüne uymamak; **j-m die ~ nehmen** b-nin geçiş üstünlüğünü tanımamak; (**sich**) **die ~ erzwingen** zorla geçmek; **~ beachten!** yol ver!

vorfahrt(s)|berechtigt *adj* geçiş üstünlüğünü haiz; **℗schild** *n* yol ver levhası; **℗straße** *f* anayol

Vorfall *m* ⟨-s; ⸗e⟩ olay; MED prolaps

vorfallen *v/i* ⟨*unreg*, -ge-, *sn*⟩ olmak, meydana gelmek

Vorfeld *n* MIL ileri arazi; ***im ~*** ön aşamada

vorfinanzieren *v/t* ⟨*o* -ge-, *h*⟩ önceden finanse etmek

vorfinden *v/t* ⟨*unreg*, -ge-, *h*⟩ bulmak (*bir yere varınca*)

Vorfreude *f* dört gözle bekleme

vorfühlen *v/i* ⟨-ge-, *h*⟩: ***bei j-m ~*** b-nin nabzını yoklamak

vorführ|en *v/t* ⟨-ge-, *h*⟩ *Film* göstermek; *Gerät usw a* tanıtmak; JUR (***j-m*** *-in* huzuruna) çıkarmak; **ⵒung** *f* ⟨-; -en⟩ gösterim; tanıtma; **ⵒwagen** *m* AUTO *acentaca tanıtım arabası olarak kullanılmış araba*

Vorgabe *f* ⟨-; -n⟩ talimat; *Wettrennen* avans; **~zeit** *f* TECH *işin yapılması için verilen süre*

Vorgang *m* ⟨-s; ⸚e⟩ olay, oluşma; *im Büro* işlem; (*Akte*) dosya; BIOL, TECH süreç; ***den ~ schildern*** olayı anlatmak

Vorgänger *m* ⟨-s; -⟩, **~in** *f* ⟨-; -nen⟩ öncel, selef

Vorgarten *m* ön bahçe

Vorgebirge *n* burun

vorgeben *v/t* ⟨*unreg*, -ge-, *h*⟩ iddia etmek, bildirmek (*asılsız olarak*); *Wettrennen* avans vermek; *Arbeitsdauer* tanımak, vermek (*belli bir zaman*)

vorgefasst *adj* önceden oluşmuş (*yargı, görüş*)

vorgefertigt *adj* hazır, prefabrike

vorgehen *v/i* ⟨*unreg*, -ge-, *sn*⟩ (*geschehen*) olmak, vuku bulmak; (*handeln*) davranmak, hareket etmek; (*wichtiger sein*) *-in* öncelik taşımak; F (*früher gehen*) önden gitmek; *gerichtlich* (***gegen j-n*** b-ni) dava etmek; ***meine Uhr geht*** (***zwei Minuten***) ***vor*** saatim (iki dakika) ileri gidiyor; ***was geht hier vor?*** burada neler oluyor?

Vorgehen *n* ⟨-s; *o pl*⟩ hareket, yöntem, usul

Vorgeschmack *m* ⟨-s; *o pl*⟩ ilk tat, ilk fikir (***auf*** *A -e*, ***von*** *-in*)

Vorgesetzte *m, f* ⟨-n; -n⟩ b-nin üstü, amir, şef, müdür

vorgelagert *adj -in* önünde bulunan; ***~e Inseln*** kıyıya yakın adalar

Vorgeschicht|e *f* ⟨-; *o pl*⟩ tarih öncesi; *a* MED evveliyat; **ⵒlich** *adj* tarih öncesi *subst*

Vorgespräche *pl* ön görüşmeler

vorgestern *adv* önceki/evvelki gün

vorgestrig *adj* önceki günkü

vorgreifen *v/i* ⟨*unreg*, -ge-, *h*⟩ (*D -i*) beklemeden davranmak

vorhaben *v/t* ⟨*unreg*, -ge-, *h*⟩ tasarlamak, *-e* niyetlenek; ***haben Sie heute Abend etwas vor?*** bu akşam için bir planınız/programınız var mı?; ***was hat er jetzt wieder vor?*** gene kafasında ne (oyunlar) kuruyor?

Vorhaben *n* ⟨-s; -⟩ plan, program; ÖKON, TECH proje, tasarı

Vorhalle *f* hal, giriş holü

vorhalten ⟨*unreg*, -ge-, *h*⟩ **1.** *v/t*: ***j-m etw ~*** *fig* b-ni bş-le suçlamak; *stärker* bş-i b-nin başına kakmak; **2.** *v/i* sürmek, devam etmek

Vorhaltungen *pl* suçlama *sg*, başa kakma *sg*, takaza *sg*; ***j-m ~ machen*** b-ni bş-le suçlamak

Vorhand *f* ⟨-; *o pl*⟩ *Tennis* forhent

vorhanden *adj* (*verfügbar*) var, mevcut, (elde) hazır; ***~ sein*** var olmak, bulunmak; ***es ist nichts mehr ~*** artık hiçbir şey kalmadı

Vorhandensein *n* ⟨-s; *o pl*⟩ (var) olma, hazır bulunma, mevcudiyet

Vorhang *m* ⟨-s; ⸚e⟩ (kalın) perde

Vorhängeschloss *n* asma kilit

Vorhaut *f* ANAT sünnet derisi

vorher *adv* daha önce; ***am Abend ~*** bir önceki akşam

vorher|bestimmen *v/t* ⟨*o* -ge-, *h*⟩ önceden belirlemek; **~gehen** *v/i* ⟨*unreg*, -ge-, *sn*⟩ (***e-r Sache*** *-den* önce) olmak/gerçekleşmek

vorherig *adj* önceki

Vorherrschaft *f* ⟨-; *o pl*⟩ hakimiyet, üstünlük, egemenlik

vorherrsch|en *v/i* ⟨-ge-, *h*⟩ sık rastlanmak, hakim olmak; **~end** *adj* hakim, geçerli, genel

Vorhersage *f* ⟨-; -en⟩ tahmin; *Wetter* hava tahmini; **ⵒn** *v/t* ⟨-ge-, *h*⟩ tahmin etmek

vorhersehen *v/t* ⟨*unreg*, -ge-, *h*⟩ önceden görmek/anlamak, sezmek

vorhin *adv* az önce, demin, henüz

Vorhut *f* ⟨-; -en⟩ MIL öncü

vorig *adj* önceki; ***~e Woche*** geçen hafta

vorindustriell *adj* endüstrileşme öncesi

Vorjahr *n* (*letztes Jahr*) geçen yıl; *vorangegangenes* (*-den*) bir önceki yıl

vorjährig *adj* geçen/önceki yıl *subst*
Vorkämpfer(in *f***)** *m fig* öncü, bayraktar
vorkauen *v/t* ⟨-ge-, *h*⟩ F: ***j-m etw ~*** bş-i çiğneyip b-nin ağzına vermek
Vorkaufsrecht *n* önalım/rüçhan hakkı
Vorkehrungen *pl*: ***~ treffen*** (***gegen*** *-e* karşı) önlemler almak
Vorkenntnisse *pl* ön bilgi *sg* (**in** *D* konusunda)
vorknöpfen *v/t* ⟨-ge-, *h*⟩ F: ***sich*** (*D*) ***j-n ~*** b-ne diskur geçmek
vorkommen *v/i* ⟨*unreg*, -ge-, *sn*⟩ bulunmak; (*geschehen*) olmak, cereyan etmek; ***es kommt mir ... vor*** bana ... gibi geliyor; ***das darf nicht wieder ~!*** bir daha olmasın!
Vorkommen *n* ⟨-s; -⟩ *Bergbau* maden yatağı, varlık
Vorkommnis *n* ⟨-ses; -se⟩ olay, hadise; ***keine besonderen ~se*** vukuat yok
Vorkriegs... *in Zssgn* savaş öncesi ...
vorlad|en *v/t* ⟨*unreg*, -ge-, *h*⟩ JUR celp etmek; **2ung** *f* ⟨-; -en⟩ celp(name), çağırı
Vorlage *f* ⟨-; -n⟩ model; (*Muster*) örnek; (*Zeichen2*) kopya edilen model/örnek; (*Unterbreitung*) arz, ibraz; *Parlament* tasarı; *Fußball* ileri pas; ***etw als ~ benutzen*** bş-i örnek almak; ***gegen ~*** ibraz edildiğinde
vorlassen *v/t* ⟨*unreg*, -ge-, *h*⟩ (**bei** *-de*) b-ne yol vermek; *beim Schlangestehen* b-ne sırasını vermek
Vorlauf *m* ⟨-s; ⸚e⟩ SPORT ilk koşu; **~...** *in Zssgn* TECH iptidaî ...
Vorläufer *m* öncü, ilk biçim
vorläufig **1.** *adj* geçici; **2.** *adv* geçici olarak; F şimdilik
vorlaut *adj* çokbilmiş, ukala
Vorleben *n* ⟨-s; *o pl*⟩ *-in* geçmişi
vorlegen ⟨-ge-, *h*⟩ **1.** *v/t* sunmak; *Dokument* ibraz etmek; (*zeigen*) göstermek; ***ein schnelles Tempo ~*** depara geçmek; **2.** *v/r*: ***sich ~*** öne uzanmak
Vorleger *m* ⟨-s; -⟩ küçük halı, yaygı; (*Fußabtreter*) paspas
vorlehnen *v/r* ⟨-ge-, *h*⟩: ***sich ~*** öne eğilmek, sarkmak
Vorleistung *f* ⟨-; -en⟩ ÖKON avans, ön ödeme; POL taviz (*önceden verilen*)
vorlesen *v/t* ⟨*unreg*, -ge-, *h*⟩ (sesli) okumak (*birisine*)
Vorlesung *f* ⟨-; -en⟩ (**über** *A* üzerine; **vor** *D -e*) ders (*üniversitede*); ***e-e ~ halten*** ders vermek; ***~en hören*** derslere girmek
Vorlesungsverzeichnis *n* sömestre programı
vorletzte *adj* sondan ikinci; ***~ Nacht*** önceki gece
vorlieb *adv*: ***~ nehmen*** (***mit*** *-le*) yetinmek
Vorliebe *f* ⟨-; -n⟩ (**für** *-e*) eğilim, tutku; ***etw mit ~ tun*** bş yapmayı özellikle sevmek
vorliegen *v/i* ⟨*unreg*, -ge-, *h*⟩: ***es liegen ... vor*** bu konuda ... var/bulunuyor; ***was liegt gegen ihn vor?*** onun hakkındaki suçlama ne?; ***da muss ein Irrtum ~*** bunda bir yanlışlık (söz konusu) olmalı
vorliegend *adj* elde bulunan, sözkonusu
vorm. **1.** *Abk für* **vormals** eski(den), önceki adıyla; **2.** *Abk für* **vormittags** öğleden önceleri
vormachen *v/t* ⟨-ge-, *h*⟩ F: ***j-m etw ~*** b-ne kıtır atmak; F ***sich*** (*D*) (***selbst***) ***etw ~*** (kendi) kendini kandırmak
Vormachtstellung *f* ⟨-; *o pl*⟩ POL üstünlük, liderlik, öncülük
vormalig *adj* önceki, eski
vormals *adv* önce(leri), eskiden
Vormarsch *m*: ***im*** (*od* ***auf dem***) ***~*** ilerlemekte
vormerken *v/t* ⟨-ge-, *h*⟩: (**sich** *D*) ***etw ~*** bş-i not etmek (*ilerideki bş için*); ***j-n ~*** b-nin adını kaydetmek; ***sich ~ lassen*** adını yazdırmak
Vormieter(in *f***)** *m* önceki kiracı
Vormittag *m* ⟨-s; -e⟩ öğleden önce; ***heute ~*** bugün öğleden önce
vormittags *adv* öğleden önceleri
Vormund *m* ⟨-s; -e, ⸚er⟩ vasi; **~schaft** *f* ⟨-; -en⟩ vesayet
vorn *adv* önde; *zeitlich* baştan (itibaren); ***nach ~*** öne doğru; ***von ~*** önden (itibaren); ***j-n von ~(e) sehen*** b-ni önden görmek; ***noch einmal von ~(e)*** (***anfangen***) tekrar baştan (başlamak); ***von ~ bis hinten*** baştan sona
Vorname *m* ad, isim, ön/küçük ad
vornehm *adj* kibar; (*edel, adlig*) asil; F (*fein, teuer*) şık, zarif, F fantezi, lüks; ***~ tun*** kibarlık taslamak
vornehmen *v/t* ⟨*unreg*, -ge-, *h*⟩ uygulamak; *Änderungen usw* yapmak; ***sich*** (*D*) ***etw ~*** bş yapmaya karar vermek;

V

sich (*D*) ***fest vorgenommen haben zu*** yapmaya kesin kararlı olmak; ***sich*** (*D*) ***zu viel ~*** F boyundan büyük işe kalkışmak; ***sich*** (*D*) ***j-n ~*** b-nden hesap sormak, b-ni azarlamak/paylamak
vornherein *adv*: ***von ~*** baştan beri/itibaren
Vorort *m* ⟨-s; -e⟩ banliyö, varoş; **~(s)zug** *m* banliyö treni
Vorplatz *m* -*in* önündeki meydan
Vorposten *m* MIL ileri karakol
Vorprogramm *n Kino* gelecek program, fragmanlar *pl*
vorprogrammieren *v/t* ⟨*o* -ge-, *h*⟩ (önceden) programlamak; *fig* ***das war vorprogrammiert*** bunun böyle olacağı belliydi
Vorprüfung *f* ön sınav
Vorrang *m* ⟨-s; *o pl*⟩: ***~ haben vor*** (*D*) … karşısında (*od* -*e* göre) öncelik taşımak, -*den* önce gelmek
vorrangig *adj*: ***~ behandeln*** öncelikle ele almak
Vorrat *m* ⟨-s; ⸚e⟩ ÖKON stok; *Lebensmittel* erzak; *Rohstoffe* kaynaklar *pl*, rezervler *pl*; ***~ an D …*** stoku; ***e-n ~ anlegen*** stok yapmak; ***solange der ~ reicht*** satışımız stoklarımızla sınırlıdır
vorrätig *adj* (elde) hazır; ÖKON (depoda) mevcut; ***nicht*** (***mehr***) ***~*** mevcudu kalmamış
Vorratskammer *f* kiler
Vorraum *m* hol, sofa; *Büro* bekleme odası
vorrechnen *v/t* ⟨-ge-, *h*⟩: ***j-m etw ~*** b-nin gözü önünde hesaplamak; *fig* b-ni bş-le suçlamak
Vorrecht *n* imtiyaz, öncelik hakkı
Vorredner(in *f*) *m* önceki konuşmacı
Vorrichtung *f* ⟨-; -en⟩ TECH düzenek, mekanizma
vorrücken ⟨*o* -ge-, *h*⟩ **1.** *v/t* ileriye itmek; *Brettspiel* sürmek; **2.** *v/i* ⟨*sn*⟩ MIL, *Zeit* ilerlemek
Vorruhestand *m* erken emeklilik; ***im ~ sein*** erken emekli(ye ayrılmış) olmak
Vorrunde *f* SPORT ön tur, ilk raunt
vorsagen ⟨-ge-, *h*⟩ *v/t*: ***j-m etw ~*** b-ne (söyleyeceği) bş-i söylemek, (*zuflüstern*) fısıldamak; *v/i*: ***j-m ~*** b-ne kopya vermek (*sözlü*); suflörlük etmek
Vorsaison *f* ön sezon, sözon öncesi
Vorsatz *m* ⟨-es; ⸚e⟩ karar; (*Absicht*) niyet; JUR kasıt, taammüt
vorsätzlich *adj* isteyerek, bilerek, kasden; *bes* JUR taammüden
Vorschau *f* ⟨-; -en⟩ program duyurusu; FILM gelecek program
Vorschein *m* ⟨-s; *o pl*⟩: ***zum ~ bringen*** meydana çıkarmak; *fig* ortaya çıkarmak; ***zum ~ kommen*** görünmek, ortaya çıkmak
vorschieben *v/t* ⟨*unreg*, -ge-, *h*⟩ bahane etmek, mazeret göstermek
vorschießen *v/t* ⟨*unreg*, -ge-, *h*⟩ avans (olarak) vermek
Vorschlag *m* ⟨-s; ⸚e⟩ öneri, teklif; ***auf j-s ~*** b-nin önerisi üzerine; ***darf ich e-n ~ machen?*** bir teklifte bulunabilir miyim?
vorschlagen *v/t* ⟨*unreg*, -ge-, *h*⟩ önermek, teklif etmek; ***~, etw zu tun*** bş yapmayı önermek/teklif etmek
vorschnell *adj* acele, çabucak
vorschreiben *v/t* ⟨*unreg*, -ge-, *h*⟩ *fig* emretmek; ***ich lasse mir nichts ~*** ben kimseden emir almam; ***das Gesetz schreibt vor, dass*** kanun -*in* -mesini emrediyor
Vorschrift *f* ⟨-; -en⟩ kural, yönetmelik, tüzük; (*Anweisung*) talimat; ***nach ärztlicher ~*** hekim talimatına uygun olarak; ***Dienst nach ~*** yönetmeliğe uygun hizmet/görev
vorschrifts|mäßig *adj* (*adv*) kuralına uygun, doğru (olarak); **~widrig** *adj* (*adv*) kuralına aykırı, usulsüz (olarak)
Vorschub *m*: ***e-r Sache ~ leisten*** (olumsuz) bş-i desteklemek
Vorschulalter *n* okul öncesi yaşı (*5-6 yaş*)
Vorschule *f* ilkokul hazırlık sınıfı
vorschulisch *adj* okul öncesi *subst*
Vorschuss *m* ⟨-es; ⸚e⟩ (***auf*** *A -den*) avans
vorschützen *v/t* ⟨-ge-, *h*⟩ -*i* bahane olarak göstermek, bahane etmek
vorschweben *v/i* ⟨-ge-, *h*⟩: ***mir schwebt … vor*** ben şunu tasarlıyorum: …
vorsehen ⟨*unreg*, -ge-, *h*⟩ **1.** *v/t* öngörmek; ***das war nicht vorgesehen*** bu hesapta yoktu; ***j-n für e-n Posten ~*** bir iş için b-ni öngörmek; **2.** *v/r*: ***sich ~*** (***vor*** *D -den*) kendini sakınmak
Vorsehung *f* ⟨-; *o pl*⟩: ***die ~*** kader, alınyazısı
vorsetzen *v/t* ⟨-ge-, *h*⟩: ***j-m etw ~*** b-nin

önüne bş-i koymak

Vorsicht *f* ⟨-; *o pl*⟩ (*Sorgfalt*) özen; (*Wachsamkeit*) uyanıklık; ***~!*** dikkat (et)!, dikkatli ol!; ***~, Glas!*** dikkat - kırılacak eşya!; ***~, Stufe!*** basamağa dikkat!

vorsichtig *adj* dikkatli, özenli; ***~!*** yavaş!

vorsichtshalber *adv* ihtiyaten; F ne olur ne olmaz (diye)

Vorsichtsmaßnahme *f* ihtiyat tedbiri; ***~n treffen*** tedbir almak

Vorsilbe *f* GR önek, öntakı

vorsingen ⟨*unreg*, -ge-, *h*⟩ **1.** *v/t*: ***j-m etw ~*** b-ne şarkı söylemek; **2.** *v/i*: ***j-n ~ lassen*** b-ne şarkı söyletmek

vorsintflutlich *adj* F Nuh Nebi'den kalma

Vorsitz *m* ⟨-es⟩ başkanlık; ***den ~ haben*** başkanlık etmek; ***den ~ übernehmen*** başkanlığı devralmak; ***unter dem ~ von …*** (*-in*) başkanlığında

Vorsitzende *m*, *f* ⟨-n; -n⟩ başkan

Vorsorge *f* ⟨-; *o pl*⟩ tedbir, korunma; ***~ treffen*** (koruyucu) önlem almak

vorsorgen *v/i* ⟨-ge-, *h*⟩ (***für*** için) önceden bş yapmak

Vorsorgeuntersuchung *f* MED korunma muayenesi

vorsorglich **1.** *adj* ihtiyatî; **2.** *adv* her ihtimale karşı, ihtiyaten

Vorspann *m* ⟨-s; -e⟩ FILM jenerik

Vorspeise *f* meze, ordövr

Vorspiegelung *f* ⟨-; -en⟩: (***unter***) ***~ falscher Tatsachen*** yanlış olgular öne sürerek

Vorspiel *n* ⟨-s; -e⟩ MUS prelüd, uvertür, taksim, peşrev

vorsprechen *v/i* ⟨*unreg*, -ge-, *h*⟩ (***bei*** *-in* yanına) bş-i söylemek için çıkmak; THEA deneme rolüne çıkmak

vorspringen *v/i* ⟨*unreg*, -ge-, *sn*⟩ ARCH ileri çıkmak, çıkıntı oluşturmak

vorspringend *adj* çıkma(lı), çıkıntı(lı)

Vorsprung *m* ⟨-s; ⸚e⟩ ARCH çıkma, cumba; SPORT önde bulunma, ara (farkı); ***e-n ~ haben*** (***von 10 Metern*** 10 metre) ileride olmak

vorspulen *v/t* ileri(ye) sarmak

Vorstadt *f* banliyö, varoş

Vorstand *m* ⟨-s; ⸚e⟩ ÖKON yönetim (kurulu); *Person* başkan; ***im ~ sitzen*** yönetim kurulunda olmak

Vorstands|etage *f* yönetim katı; **~mitglied** *n* yönetim kurulu üyesi; **~sitzung** *f* yönetim kurulu toplantısı; **~vorsitzende** *m*, *f* ⟨-n; -n⟩ yönetim kurulu başkanı

vorstehen *v/i* ⟨*unreg*, -ge-, *h*⟩ çıkıntı yapmak; (*führen*) *D -in* başkanı olmak

vorstehend *adj*: ***~e Zähne*** fırlak dişler

Vorsteher *m* ⟨-s; -⟩, **~in** *f* ⟨-; -nen⟩ başkan, yönetici; (*Orts*≈) muhtar

vorstellbar *adj* düşünülür, tasarlanır

vorstellen ⟨-ge-, *h*⟩ **1.** *v/t Uhr* (***um*** …) ileri almak; *bedeuten* anlamını taşımak; ***j-n*** (*od* ***etw***) ***j-m ~*** b-ni (*od* bş-i) b-ne tanıtmak, takdim etmek; ***darf ich Ihnen Herrn X ~?*** sizi Bay X'le tanıştırabilir miyim?; ***sich*** (*D*) ***etw ~*** bş-i tasavvur etmek; ***stell dir vor!*** gözünün önüne bir getir!; ***so stelle ich mir … vor*** *-in* böyle olacağını düşünüyorum; **2.** *v/r*: ***sich ~*** kendini tanıtmak, takdim etmek; ***sich bei e-r Firma ~*** bir şirkete gidip görüşmek (*işe girmek için*)

Vorstellung *f* ⟨-; -en⟩ THEA gösteri; *Kino a* gösterim; (*Gedanke*) *usw* fikir, tasarı; (*Erwartung*) beklenti; *von j-m od etw* tanıtma, takdim; ***falsche ~*** yanlış tasavvur/beklenti; ***sich*** (*D*) ***e-e ~ machen*** (***von*** hakkında) bir fikir edinmek; ***das entspricht nicht meinen ~en*** bu benim düşündüğüm/tasarladığım gibi değil

Vorstellungsgespräch *n* mülakat

Vorstoß *m* ⟨-es; ⸚e⟩ MIL, SPORT ileri hareket

vorstoßen *v/i* ⟨*unreg*, -ge-, *sn*⟩ ileriye atılmak, hücuma geçmek; ***~ in, ~ zu*** *-e* dalmak

Vorstrafe *f* sabıka

Vostrafenregister *n* adlî dosya (*hükümlünün*)

vorstrecken *v/t* ⟨-ge-, *h*⟩ *Geld* avans vermek

Vorstufe *f* ilk basamak/kademe

vortasten *v/r* ⟨-ge-, *h*⟩: ***sich ~*** (***bis zu***) el yordamıyla (*-e* kadar) ilerlemek

vortäuschen *v/t* ⟨-ge-, *h*⟩: ***j-m etw ~*** b-ne karşı k-ne bş süsü vermek; F b-ne bş numarası yapmak; ***Interesse ~*** ilgileniyormuş gibi görünmek

Vorteil *m* ⟨-s; -e⟩ avantaj; (*Nutzen*) yarar, çıkar, kazanç; ***die Vor- und Nachteile*** *-in* olumlu ve olumsuz yanları, avantajı ve dezavantajı; ***im ~ sein*** (***gegenüber*** *-e* karşı) avantajlı olmak; ***auf s-n eige-***

nen ~ bedacht sein kendi avantajını düşünmek; ***~ ziehen aus*** *-den* kendi çıkarını sağlamak
vorteilhaft *adj* yararlı, kazançlı
Vortrag *m* ⟨-s; ⸗e⟩ konuşma; (*Vorlesung*) (***über*** *A* üzerine) konferans; ***e-n ~ halten*** (***vor*** *D -e*) konferans vermek; F ***j-m e-n ~ halten*** b-ne konferans çekmek; MUS yorum; (*Gedicht*⁀) okuma (*topluluğa*)
vortragen *v/t* ⟨*unreg*, -ge-, *h*⟩ (*äußern*) açıklamak, anlatmak, söylemek, bildirmek; MUS yorumlamak; *Gedicht* okumak
Vortragende *m, f* ⟨-n; -n⟩ konferansçı; MUS yorumcu
Vortragsreihe *f* dizi konferanslar
vortreten *v/i* ⟨*unreg*, -ge-, *sn*⟩ öne çıkmak; çıkıntı yapmak
Vortritt *m* ⟨-s; *o pl*⟩: ***den ~ haben*** (***vor*** *D -den*) önce gelmek; ***j-m den ~ lassen*** önceliği/sırayı b-ne bırakmak
vorüber *adv* → ***vorbei***
vorübergehen *v/i* ⟨*unreg*, -ge-, *sn*⟩ (gelip) geçmek, geçip gitmek
vorübergehend **1.** *adj* geçici; **2.** *adv* geçici olarak, F şimdilik
Vorübung *f* hazırlık talimi
Vorurteil *n* önyargı; ***~e haben gegen*** *-e* karşı önyargılı olmak
vorurteilslos *adj* önyargısız, yansız, tarafsız
Vorvergangenheit *f* GR öngeçmiş zaman (*-mişti vs*)
Vorverhandlung *f* hazırlık görüşmesi
Vorverkauf *m* ⟨-s; *o pl*⟩ THEA *usw* ön satış
Vorverkaufsstelle *f* ön satış gişesi
vorverlegen *v/t* ⟨*o* -ge-, *h*⟩ (***auf*** *A -e*) almak; (***um*** … …) öne almak
Vorverstärker *m* EL preampliflikatör
Vorvertrag *m* ön sözleşme
Vorwahl *f*, ***~nummer*** *f* TEL alan kodu
Vorwand *m* ⟨-s; ⸗e⟩ bahane; (*Ausrede*) (sudan) mazeret; ***unter dem ~ von*** (*od* ***dass***) (-diği) bahanesiyle/mazeretiyle
vorwärmen *v/t* ⟨-ge-, *h*⟩ önceden ısıtmak
Vorwarnung *f* uyarı, önceden haber
vorwärts *adv* ileri, ön(e doğru); ***~!*** haydi!, yürüyün!; ***~ gehen*** ilerlemek; *fig a* düzelmek; ***~ kommen*** ilerlemek; *fig a* (hayatta) başarı kazanmak
Vorwärtsgang *m* AUTO ileri vites
Vorwäsche *f* ⟨-; -n⟩ ön yıkama
vorweg *adv* ön(ce)den, baştan
Vorwegnahme *f* ⟨-; *o pl*⟩ önceleme, ileriye atıf
vorwegnehmen *v/t* ⟨*unreg*, -ge-, *h*⟩ *-i* öne almak; hemen/baştan söylemek; *Text* ileriye atıf yapmak
vorweihnachtlich *adj* Noel öncesi *subst* (*havasında vs*)
Vorweihnachtszeit *f* Noel öncesi
vorweisen *v/t* ⟨*unreg*, -ge-, *h*⟩ ortaya koymak, göstermek; ***etw ~ können*** *-in* gösterecek bş-i olmak
vorwerfen *v/t* ⟨*unreg*, -ge-, *h*⟩: ***j-m etw ~*** b-ni bş-den dolayı suçlamak, b-ne bş-den dolayı sitem etmek
vorwiegend *adv* özellikle, daha ziyade, esasen
Vorwort *n* ⟨-s; -e⟩ önsöz
Vorwurf *m* ⟨-s; ⸗e⟩ sitem; (*Anschuldigung*) suçlama, itham; ***j-m Vorwürfe machen*** b-ne sitem etmek; b-ne itham-da/suçlamalarda bulunmak
vorwurfsvoll *adj* sitemli, suçlayıcı
vorzählen *v/t* ⟨*o* -ge-, *h*⟩: ***j-m etw ~*** b-nin gözü önünde saymak
Vorzeichen *n fig* alamet, belirti
vorzeichnen *v/t* ⟨-ge-, *h*⟩: ***j-m etw ~*** *fig -nin* gideceği yolu göstermek
vorzeigbar *adj* el içine çıkar(ılır)
vorzeigen *v/t* ⟨-ge-, *h*⟩ göstermek, ibraz etmek
Vorzeit *f* eski zaman; ***der Mensch der ~*** eski zaman insanı; ***in grauer ~*** vaktin birinde
vorzeitig *adj* erken, zamanından önce; *negativ* zamansız
Vorzensur *f Schule* ders yılı içi notu; *Publikation* otosansür; ***e-r ~ unterziehen*** otosansürden geçirmek
vorziehen *v/t* ⟨*unreg*, -ge-, *h*⟩ *Vorhänge usw* çekmek; *fig* (*D -e*) öncelik vermek; *-e* tercih etmek
Vorzimmer *n* ön büro, sekreterlik; (*Wartezimmer*) bekleme odası; ***~dame*** *f* sekreter hanım
Vorzug *m* ⟨-s; ⸗e⟩ (*Vorteil*) avantaj; (*gute Eigenschaft*) üstünlük, meziyet; ***den ~ geben*** (*D*) *-e* öncelik tanımak
vorzüglich *adj* olağanüstü güzel, mükemmel, üstün
Vorzugsaktien *pl* imtiyazlı hisse senedi
Vorzugspreis *m* özel fiyat

vorzugsweise *adv* tercihan
votieren [v-] *v/i* ⟨*o* -ge-, *h*⟩ oy kullanmak
Votum [v-] *n* ⟨-s; -ten, -ta⟩ oy, rey
Voyeur [voɐ'jø:ɐ] *m* ⟨-s; -e⟩ F dikizci, röntgenci
VP *Abk für* ***Vollpension*** *f* tam pansiyon
vulgär [vʊl'gɛ:ɐ] *adj* kaba, bayağı, adî
Vulkan [v-] *m* ⟨-s, -e⟩ yanardağ, volkan; **~ausbruch** *m* yanardağ püskürmesi; **≗isch** *adj* volkanik; **≗isieren** *v/t* ⟨*o* -ge-, *h*⟩ TECH vülkanize etmek

W

w, W [ve:] *n* ⟨-; -⟩ w, W
W *Abk für* ***Westen*** *m* batı
Waage *f* ⟨-; -n⟩ terazi, tartı; *fig* ***sich*** (*D*) ***die ~ halten*** birbirine denk olmak; ***er ist*** (***e-e***) ***~*** o terazi burcundan
waagerecht *adj* yatay
Waagschale *f* kefe, terazinin gözü; ***in die ~ werfen*** kararı etkileyecek bir şey söylemek
wabb(e)lig *adj* peltemsi, bıngıl bıngıl
wabbeln *v/i* ⟨*h*⟩ bıngıldamak
Wabe *f* ⟨-; -n⟩ petek
Wabenhonig *m* petekli bal, gümeç balı
wach *adj* uyanık; ***~ liegen*** uyanık yatmak; ***~ werden*** uyanmak
Wachablösung *f* MIL nöbet değişimi
Wache *f* ⟨-; -n⟩ nöbet; *Person* nöbetçi; (*Polizei≗*) polis karakolu; ***~ haben*** *-in* nöbeti var/olmak; ***~ halten, ~ stehen***, F ***~ schieben*** nöbet tutmak
wachen *v/i* ⟨*h*⟩ (***über*** *A -e*) dikkat etmek, *-i* beklemek; ***darüber ~, dass*** -mesini kontrol etmek
Wachhund *m* bekçi köpeği
Wachmann *m* bekçi
Wacholder *m* ⟨-s; -⟩ BOT ardıç
Wachposten *m* MIL nöbetçi
wachrufen *v/t* ⟨*unreg*, -ge-, *h*⟩ *fig* uyandırmak; *Erinnerungen* canlandırmak
wachrütteln *v/t* ⟨-ge-, *h*⟩ ayıltmak, uyandırmak (***aus*** *-den*)
Wachs [vaks] *n* ⟨-es; -e⟩ mum, balmumu
wachsam ['vax-] *adj* dikkatli, gözü açık; ***~ sein*** tetikte olmak
Wachsamkeit *f* ⟨-; *o pl*⟩ uyanıklık
wachsen[1] ['vaks(ə)n] *v/i* ⟨wächst, wuchs, gewachsen, *sn*⟩ büyümek; *fig a* gelişmek, çoğalmak
wachsen[2] ['vaks(ə)n] *v/t* ⟨*h*⟩ balmumu cilası sürmek, cilalamak
Wachs|figurenkabinett ['vaks-] *n* balmumu heykelleri sergisi; **~kerze** *f* balmumu(ndan yapılmış) mum; **~tuch** *n* muşamba
Wachstum ['vakstu:m] *n* ⟨-s; *o pl*⟩ büyüme, ÖKON *a* kalkınma; *fig a* gelişme; (***noch***) ***im ~ begriffen*** henüz büyüme halinde
wachstums|fördernd ['vaks-] *adj* büyümeyi teşvik edici; **~hemmend** *adj* büyümeyi engelleyici; **≗industrie** *f* büyüyen sanayi (dalı); **≗rate** *f* büyüme oranı/hızı
Wächter *m* ⟨-s; -⟩ gardiyan; (*Nacht≗, Parkplatz≗*) bekçi
Wach(t)turm *m* nöbetçi kulesi
wackelig *adj* oynak, gevşek; *Zahn* sallanan
Wackelkontakt *m* EL temassızlık
wackeln *v/i* ⟨*h*⟩ sallanmak, oynamak; ***~ mit*** *besonders Körperteil -i* sallamak, oynatmak; ***mit den Hüften ~*** (kalça) kıvırmak
Wade *f* ⟨-; -n⟩ baldır
Wadenkrampf *m* baldır krampı
Waffe *f* ⟨-; -n⟩ silah
Waffel *f* ⟨-; -n⟩ gofret; **~eisen** *n* gofret aleti/makinası
Waffen|besitz *m* silah bulundurma; **~gewalt** *f*: ***mit ~*** silah zoruyla; **~handel** *m* silah ticareti; **~händler(in** *f*) *m* silah tüccarı; **~lager** *n* silah deposu; **~lieferung** *f* silah sevkiyatı; **~schein** *m* silah ruhsatı; **~schmuggel** *m* silah kaçakçılığı; **~stillstand** *m* mütareke; *zeitweiliger* ateşkes
wagemutig *adj* cüretkâr, gözüpek
wagen ⟨*h*⟩ **1.** *v/t -e* cüret/cesaret etmek; (*riskieren*) tehlikeye atmak; ***es ~, etw zu tun*** bşi yapmaya cüret/cesaret et-

mek; **2.** *v/r*: ***sich aus dem Haus ~*** evden çıkmaya cesaret etmek; ***sich ~ an*** *A -e* soyunmak

Wagen *m* ⟨-s; -⟩ araba; BAHN vagon; ***der Große ~*** ASTR Büyük Ayı

wägen *v/t* ⟨wog, gewogen, *h*⟩ tartmak, ölçmek

Wagenheber *m* ⟨-s; -⟩ kriko

Wagenladung *f* BAHN vagon yükü

Wagenpapiere *pl* araba kağıtları

Waggon [va'gɔŋ, va'gõ:, va'go:n] *m* ⟨-s; -s⟩ vagon; (*Güter*≈) yük vagonu

waghalsig *adj* kellesi koltuğunda

Wagnis *n* ⟨-ses; -se⟩ tehlikeli iş; (*Risiko*) risk

Wahl *f* ⟨-; -en⟩ tercih; *andere* seçenek; (*Auslese*) seçme; (*Abstimmung*) POL seçim; ***die ~ haben*** seçim yapma durumunda olmak; ***s-e ~ treffen*** seçimini yapmak; ***keine*** (***andere***) ***~ haben*** (başka) *-in* seçeneği yok/olmamak

wählbar *adj* seçilebilir

wahl|berechtigt *adj* oy hakkına sahip; **≈beteiligung** *f* seçime katılım (oranı); ***hohe*** (***niedrige***) ***~*** yüksek (düşük) katılım; **≈bezirk** *m* seçim bölgesi

wählen 1. *v/t* ⟨*h*⟩ seçmek, (*aus~*) seçip ayırmak; ***j-n in ein Amt ~*** b-ni bir göreve seçmek; **2.** *v/i* oy kullanmak; TEL numarayı çevirmek/tuşlamak

Wähler *m* ⟨-s; -⟩ seçmen

Wahlergebnis *n* seçim sonucu

Wählerin *f* ⟨-; nen⟩ seçmen (kadın)

Wählerinitiative *f parti olmayan seçmen birliği*

wählerisch *adj* titiz, müşkülpesent

Wahl|fach *n* seçmeli ders; **~gang** *m* (oylama) tur(u); ***im ersten ~*** birinci turda; **~heimat** *f* ikinci vatan; **~helfer(in *f*)** *m* seçim görevlisi; **~jahr** *n* seçim yılı; **~kabine** *f* oy verme kabini; **~kampf** *m* seçim kampanyası; **~kreis** *m* seçim bölgesi; **~liste** *f* seçim listesi; **~lokal** *n* sandık mahalli

wahllos *adj* gelişigüzel, rasgele

Wahl|niederlage *f* seçim yenilgisi; **~pflicht** *f* seçme zorunluluğu; **~plakat** *n* seçim afişi; **~programm** *n* seçim programı; **~recht** *n* ⟨-s; *o pl*⟩ seçme ve seçilme hakkı; ***aktives ~*** seçme hakkı; ***allgemeines ~*** genel seçimde seçme ve seçilme hakkı; ***passives ~*** seçilme hakkı; **~rede** *f* seçim konuşması; **~sieg** *m* seçim zaferi; **~spruch** *m* seçim sloganı; **~urne** *f* seçim sandığı; **~versammlung** *f* seçim mitingi; **≈weise** *adv* isteğe göre, seçimlik olarak; **~zettel** *m* oy pusulası

Wahn *m* ⟨-s; *o pl*⟩ vehim, kuruntu; (*Besessenheit*) düşkünlük, tutkunluk; **~sinn** *m* ⟨-s; *o pl*⟩ delilik, çılgınlık, cinnet; **≈sinnig 1.** *adj* çılgın, delirmiş, cinnet getirmiş; F *fig a* kaçık; *Angst, Schmerz usw* korkunç, çıldırtan; **2.** *adv* F *fig* (*sehr*) olağanüstü, çılgınca; ***~ verliebt*** delicesine âşık; **~sinnige** *m, f* ⟨-n; -n⟩ deli, çıldırmış; **~vorstellung** *f* kuruntu, sanrı; **≈witzig** *adj* çılgınca

wahr *adj* doğru; (*wirklich*) gerçek; (*echt*) hakikî, öz; F ***~ werden*** gerçekleşmek

wahren *v/t* ⟨*h*⟩ *Interessen, Rechte* korumak; ***den Schein ~*** durumu idare etmek, zevahiri kurtarmak

während 1. *präp* (*G*) esnasında, sırasında; **2.** *konj* (gel)-irken; *Gegensatz a* oysa, (gel)-diği halde

wahrhaben: ***nicht ~ wollen*** *-in gerçek olduğunu kabule yanaşmamak*

wahrhaft *adj* gerçek, hakikî; **~ig** *adv* gerçekten, hakikaten

Wahrheit *f* ⟨-; -en⟩ gerçek, hakikat, doğru; ***in ~*** gerçekte, aslında; F ***j-m mal die ~ sagen*** b-ne açık açık gerçeği söylemek

wahrheits|gemäß, **~getreu 1.** *adj* gerçeğe uygun/uyan; **2.** *adv* olduğu gibi

wahrnehmbar *adj* algılanır, farkedilir

wahrnehm|en *v/t* ⟨*unreg*, -ge-, *h*⟩ algılamak, idrak etmek; *Gelegenheit, Vorteil* değerlendirmek, kaçırmamak; *Interessen* korumak, gözetmek; **≈ung** *f* ⟨-; -en⟩ algı(lama), idrak; ***sinnliche ~*** duyusal algı; ***j-n mit der ~ s-r Geschäfte*** (***Interessen***) ***beauftragen*** b-ni işlerini (çıkarlarını) takiple görevlendirmek; **≈ungsvermögen** *n* ⟨-s; *o pl*⟩ idrak kabiliyeti, algı yetisi

wahrsagen ⟨ge-, *h*⟩ **1.** *v/t* söylemek, haber vermek (*bş-in olacağını*); **2.** *v/i* fal(a) bakmak; ***j-m ~*** b-nin falına bakmak

Wahrsager *m* ⟨-s; -⟩, **~in** *f* ⟨-; -nen⟩ falcı

wahrscheinlich 1. *adj* olası, muhtemel; **2.** *adv* belki, olasılıkla; **≈keit** *f* ⟨-; -en⟩ olasılık, ihtimal; ***aller ~ nach*** çok büyük olasılıkla

Wahrung *f* ⟨-; *o pl*⟩ koruma, ayakta tutma

Währung *f* ⟨-; -en⟩ para (sistemi)
Währungs|abkommen *n* para anlaşması; **~einheit** *f* para birimi; **~krise** *f* para krizi; **~politik** *f* para politikası; **~reform** *f* para reformu; **~schlange** *f* para yılanı; **~system** *n* para sistemi; **~union** *f* para birliği
Wahrzeichen *n* simge, sembol; (*Logo*) amblem
Waise *f* ⟨-; -n⟩ *mutterlos* öksüz, *vaterlos* yetim; **(*zur*) *~ werden*** öksüz/yetim kalmak
Waisen|haus *n* yetimhane, öksüzler yurdu; **~kind** *n* → ***Waise***; **~knabe** *m fig* acemi çaylak
Wal *m* ⟨-s; -e⟩ balina
Wald *m* ⟨-s; ⸚er⟩ orman; (*Macchia*) fundalık; (*Schonung*) koru; **~bestand** *m* orman varlığı; **~brand** *m* orman yangını; **~gebiet** *n*, **~gegend** *f* ormanlık bölge; **~horn** *n* ⟨-s; ⸚er⟩ MUS korno; **~lauf** *m* orman koşusu; **~meister** *m* BOT asperula (odorata); **~rand** *m*: ***am ~*** ormana bitişik; **⁀reich** *adj* çok ormanlı; **~schäden** *pl* orman tahribatı *sg* (*özellikle çevre kirliliğinden*); **~sterben** *n* ⟨-s; *o pl*⟩ ormanların ölmesi/yok olması
Walfang *m* ⟨-s; *o pl*⟩ balina avı
Walfisch *m* F balina (balığı)
Walis|er *m* ⟨-s; -⟩ Galli; ***die ~*** Galliler; **~erin** *f* ⟨-; -nen⟩ Galli (kadın); **⁀isch** *adj* Gal(li) *subst*; Galce; **~isch** *n* Galce
walken *v/t* ⟨*h*⟩ *Stoff* çırpmak, dövmek
Wall *m* ⟨-s; ⸚e⟩ set, bent
Wallach *m* ⟨-s; -e⟩ iğdiş at
wall|fahren *v/i* ⟨ge-, *sn*⟩ REL hacca (*od* ziyaret yerine) gitmek; **⁀fahrer(in *f*)** *m* hacı; **⁀fahrt** *f* ⟨-; -en⟩ hac, ziyaret; **⁀fahrtsort** *m* ⟨-s; -e⟩ hac/ziyaret yeri
Wallung *f* ⟨-; -en⟩ MED kan hücumu, konjestiyon; ***j-n in ~ bringen*** b-nin kanını beynine çıkarmak
Walnuss *f* ⟨-; ⸚e⟩ BOT ceviz
Walross *n* ⟨-es; -e⟩ ZOOL suaygırı
walten *v/i* ⟨*h*⟩: ***~ lassen*** *Gnade usw* göstermek; ***s-s Amtes ~*** görevini yapmak
Walze *f* ⟨-; -n⟩ merdane, silindir
walzen *v/t* ⟨*h*⟩ silindirle ezmek; *-in* üstünden silindir geçirmek
wälzen ⟨*h*⟩ **1.** *v/t* yuvarlamak; *Problem* düşünüp taşınmak; **2.** *v/r*: ***sich ~*** yuvarlanmak
Walzer *m* ⟨-s; -⟩ MUS vals
Walzmaschine *f* hadde (makinası)
Walzwerk *n* haddehane
Wand *f* ⟨-; ⸚e⟩ duvar; *fig a* set, bariyer; THEA ***j-n an die ~ spielen*** b-ni gölgede bırakmak; ***j-n an die ~ stellen*** b-ni kurşuna dizmek; ***in s-n vier Wänden*** kendi dört duvarı içinde
Wandbehang *m* duvar perdesi
Wandel *m* ⟨-s; *o pl*⟩ değişim, dönüşüm; ***sich im ~ befinden*** dönüşüm geçirmekte olmak
wandelbar *adj* değişken; (*unbeständig*) kararsız
wandeln *v/r* ⟨*h*⟩: ***sich ~*** değişmek
Wander|ausstellung *f* gezici sergi; **~bühne** *f* gezici tiyatro (grubu); **~düne** *f* GEOGR göçmen kumul; **~er** *m* ⟨-s; -⟩, **~in** *f* ⟨-; -nen⟩ yürüyüşçü, gezgin; **~karte** *f* yürüyüş(çü) haritası
wandern *v/i* ⟨*sn*⟩ yürüyüş yapmak, gezmek; (*umherstreifen*) dolanıp durmak; *fig Blick, Gedanken* dolaşmak
Wander|pokal *m*, **~preis** *m* çalenç, *her yıl yeni şampiyona devredilen kupa/ödül*; **~schaft** *f* ⟨-; *o pl*⟩: ***auf ~ sein* (*gehen*)** ülkeyi/dünyayı dolaşmaya çıkmak; **~schuhe** *pl* yürüyüşçü ayakkabısı *sg*; **~ung** *f* ⟨-; -en⟩ yürüyüş; **~weg** *m* yürüyüş yolu
Wandgemälde *n* duvar resmi
Wandkalender *m* duvar takvimi
wandlungsfähig *adj* değişme yeteneği olan
Wand|malerei *f* duvar resmi; **~schrank** *m* gömme dolap; *für Betten* yüklük; **~tafel** *f* yazı tahtası; **~teppich** *m* duvar halısı; **~uhr** *f* duvar saati
Wange *f* ⟨-; -n⟩ yanak
wankelmütig *adj* kararsız, sebatsız
wanken *v/i* ⟨*h*⟩ sallanmak; ***ins Wanken geraten*** sallanmaya/bocalamaya başlamak
wann *adv* ne zaman?; ***bis ~?*** ne zamana kadar?; ***seit ~?*** ne zamandan beri
Wanne *f* ⟨-; -n⟩ tekne, leğen; (*Bade⁀*) küvet
Wanze *f* ⟨-; -n⟩ ZOOL tahtakurusu; F (*Abhörgerät*) gizli dinleme cihazı
Wappen *n* ⟨-s; -⟩ arma; **~tier** *n arma üstündeki hayvan resmi*
wappnen *v/r* ⟨*h*⟩: ***sich ~* (*gegen*** *-e* karşı) hazırlıklı olmak
Ware *f* ⟨-; -n⟩ mal; (*Produkt*) ürün
Waren|angebot *n* mal çeşitleri *pl*; **~be-**

stand *m* stok mevcudu; **~haus** *n* mağaza; **~korb** *m* alışveriş sepeti; **~lager** *n* mal deposu, ardiye; **~probe** *f* mal örneği; **~sendung** *f* mal gönderimi; POST mal örneği (gönderimi); **~test** *m* ürün kontrolü; **~zeichen** *n* marka

warm **1.** *adj* ılık, sıcak; *Essen* sıcak; ***mir ist ~*** bana sıcak geldi; ben üşümüyorum; F ***ich kann mit ihm nicht ~ werden*** ben ona ısınamadım; ***~ halten*** sıcak tutmak; ***sich*** (*D*) ***j-n ~ halten*** b-le iyi ilişkileri korumak; ***~ stellen, ~ machen*** ısıtmak; **2.** *adv* F: ***die Wohnung kostet ~ …*** dairenin kirası ısıtma dahil …

Warmblüter *m* ⟨-s; -⟩ sıcakkanlı (hayvan)

Wärme *f* ⟨-; *o pl*⟩ sıcaklık; PHYS (*~energie*) ısı; **~behandlung** *f* TECH ısıl işlem; MED sıcak tedavisi; **2beständig** *adj* ısıya dayanıklı; **~grad** *m* sıcaklık derecesi

wärmen **1.** *v/t* ⟨*h*⟩ ısıtmak; ***sich*** (*D*) ***die Füße ~*** ayaklarını ısıtmak; **2.** *v/i*: ***Wolle wärmt*** yün sıcak tutar; **3.** *v/r*: ***sich ~*** ısınmak

Wärme|schutz *m* ısı yalıtımı/izolasyonu; **~technik** *f* ısı teknolojisi; **~verlust** *m* ısı kaybı

Wärmflasche *f* termofor, sıcak su torbası

Warmfront *f* METEO sıcak hava cephesi

Warmhalteplatte *f* ısıtaç (*yemeği sıcak tutan*)

warmherzig *adj* canayakın, sıcak yürekli

warmlaufen *v/i* ⟨*unreg*, -ge-, *sn*⟩ *Motor* ısınmak (*çalışarak*)

Warmluftfront *f* sıcak hava kütlesi

Warmmiete *f* yakıt dahil kira

Warmwasser|bereiter *m* şofben (*küçük*); **~heizung** *f* sıcaksulu kalorifer; **~speicher** *m* termosifon; *groß* sıcaksu deposu; **~versorgung** *f* sıcak su temini/tesisatı

Warn|blinkanlage *f* AUTO flaşör; **~dreieck** *n* AUTO ikaz üçgeni

warnen *v/t* ⟨*h*⟩ (***vor*** *D -e* karşı) uyarmak, ikaz etmek; ***j-n davor ~, etw zu tun*** b-ni bş-i yapmaması için uyarmak

Warn|schild *n* ikaz levhası/işareti; **~schuss** *m* ***e-n ~ abgeben*** havaya ateş etmek; **~signal** *n* ikaz sinyali; **~streik** *m* ÖKON uyarı grevi; **~ung** *f* ⟨-; -en⟩ uyarı, ikaz, ihtar; **~zeichen** *n* uyarı işareti

Warte *f*: ***von s-r ~ aus gesehen*** onun açısından bakınca

Warteliste *f* yedekler listesi; ***auf der ~ stehen*** yedekler listesinde olmak

warten[1] *v/i* ⟨*h*⟩ (***auf*** *A -i*) beklemek; ***darauf ~, dass j-d etw tut*** b-nin bş-i yapmasını beklemek; ***j-n ~ lassen*** b-ni bekletmek; ***lange auf sich ~ lassen*** çok bekletmek, gecikmek; ***na, warte!*** bekle görürsün!

warten[2] *v/t* ⟨*h*⟩ TECH *-in* bakımını yapmak

Warten *n* ⟨-s; *o pl*⟩: ***nach langem ~*** uzun beklemelerden sonra

Wärter *m* ⟨-s; -⟩, **~in** *f* ⟨-; -nen⟩ (*Wächter*) bekçi; (*Gefängnis2*) gardiyan; (*Tier2*) bakıcı

Warte|saal *m* bekleme salonu; **~schlange** *f* kuyruk, sıra; **~zeit** *f* bekleme (süresi); **~zimmer** *n* bekleme odası

Wartung *f* ⟨-; -en⟩ TECH (teknik) bakım

Wartungsanleitung *f* bakım kılavuzu

wartungsfrei *adj* bakım istemeyen

warum [va'rʊm] *adv* niçin, neden, niye

Warze *f* ⟨-; -n⟩ siğil

was **1.** *interr* ne; ***~?*** F (*wie bitte?*) efendim?; F (*nanu!*) yok ya(hu)!; F (*nicht wahr?*) değil mi?; F (*warum?*) niçin, ne demeye?; ***~ machen Sie?*** *gerade* ne yapıyorsunuz?; *beruflich* işiniz ne?; ***~ musste er auch lügen?*** niçin yalan söyledi ki?; **2.** *rel pron*: ***~ auch immer*** her ne -se; ***alles, ~ ich habe*** (***brauche***) benim neyim varsa (bana ne lazımsa) hepsi; ***ich weiß nicht, ~ ich tun*** (***sagen***) ***soll*** ne yapacağımı (söyleyeceğimi) bilmiyorum; …, ***was mich ärgerte*** …, ki beni kızdıran bu oldu; **3.** *pron* F: (*etwas*) ***das ist ~ anderes*** o başka (bir şey)

Wasch|anlage *f* oto yıkama (tesisi); **~anleitung** *f* yıkama talimatı; **~automat** *m* otomatik çamaşır makinası; **2bar** *adj* yıkanır; **~bär** *m* çamaşırcıayı; **~becken** *n* lavabo

Wäsche *f* ⟨-; *o pl*⟩ (*zu Waschendes*) kirli(ler), çamaşır; (*Waschen*) (çamaşır) yıkama; (*Bett2*) yatak takımı; (*Tisch2*) sofra takımı; (*Unter2*) iç çamaşırı; ***in der ~*** çamaşırda; *fig* ***schmutzige ~ waschen*** kirli çamaşırları ortaya dökmek; **~beutel** *m* kirli torbası

waschecht *adj Farben* solmaz; *fig* gerçek, hakikî, öz(beöz)
Wäsche|geschäft *n* beyaziş mağazası; **~klammer** *f* çamaşır mandalı; **~korb** *m* çamaşır sepeti; *für Schmutzwäsche* kirli sepeti; **~leine** *f* çamaşır ipi
waschen ⟨wäscht, wusch, gewaschen, *h*⟩ **1.** *v/t* yıkamak; F *fig Geld* aklamak; ***sich*** (*D*) ***das Haar*** saçını yıkamak; **2.** *v/r*: ***sich ~*** yıkanmak
Wäscherei *f* ⟨-; -en⟩ çamaşırhane; çamaşır yıkama salonu
Wäsche|schleuder *f* çamaşır sıkıcısı (*santrifüjlü*); **~ständer** *m* çamaşır askılığı; **~trockner** *m* çamaşır kurutucusu
Wasch|gang *m* su; **~gelegenheit** *f* elyüz yıkama imkânı; **~küche** *f* çamaşırlık; F boğucu hava; **~lappen** *m* sabunlanma bezi; **~lauge** *f* sabunlu/deterjanlı su; **~maschine** *f* çamaşır makinesi; **2maschinenfest** *adj* makinede yıkanabilir; **~mittel** *n*, **~pulver** *n* çamaşır tozu, deterjan; **~raum** *m* çamaşır yıkama odası; **~salon** *m* çamaşır yıkama salonu, çamaşır evi; **~schüssel** *f* tas, badya, (küçük) leğen; **~straße** *f* oto yıkama yolu
Waschung *f* ⟨-; -en⟩ REL abdest, aptes; MED lavman
Wasser *n* ⟨-s; ⸚⟩ su; ***~ abweisend*** su geçirmez; ***fließendes*** (***stehendes***) ***~*** akar (durgun) su; ***sich über ~ halten*** idare etmek, geçinebilmek
wasserarm *adj* kurak, suyu az
Wasser|aufbereitungsanlage *f* su temizleme tesisi; **~bad** *n* benmari; CHEM yıkama banyosu; **~ball** *m* sutopu; **~behälter** *m* su kabı; **~bett** *n* su yatağı; **~dampf** *m* su buharı; **2dicht** *adj* su geçirmez; MAR, TECH *a* su sızmaz/akmaz; **~fall** *m* çağlayan, şelale; ***reden wie ein ~*** makara gibi konuşmak; **~farbe** *f* suluboya; **2fest** *adj* suya dayanıklı; **~flasche** *f* su şişesi; **~flugzeug** *n* deniz uçağı; **~glas** *n* su bardağı; CHEM su camı; **~graben** *m* su hendeği; **~hahn** *m* musluk; **2haltig** *adj* CHEM su içeren; **~haushalt** *m* MED su dengesi
wässern *v/t* ⟨*h*⟩ ıslatmak, suya koymak; *Felder* sulamak
Wasser|kessel *m* kazan; **~klosett** *n* klozet, alafranga tuvalet; **~knappheit** *f* su darlığı, susuzluk; **~kraft** *f* su enerjisi; **~kraftwerk** *n* hidroelektrik santral; **~leitung** *f* su borusu; **~linie** *f* MAR su kesimi; **2löslich** *adj* suda eriyen; **~mangel** *m* ⟨-s; *o pl*⟩ su kıtlığı; susuzluk
Wassermann *m* ⟨-s; *o pl*⟩ sucu; ASTR ***er ist*** (***ein***) ***~*** o Kova burcundan
Wassermelone *f* karpuz
Wasser|pfeife *f* nargile; **~pflanze** *f* su bitkisi; **~ratte** *f* susıçanı; F *suya girmeyi çok seven*; **~rohr** *n* su borusu; **~schaden** *m* su hasarı; **~scheide** *f* GEOGR subölümü; **2scheu** *adj* suya girmeyi sevmeyen; **~schildkröte** *f* sukaplumbağası
Wasserschutz *m* su koruma; **~gebiet** *n* su koruma alanı; **~polizei** *f* su polisi
Wasser|ski *n* ⟨-s; *o pl*⟩: ***~ laufen*** su kayağı yapmak; **~spiegel** *m* su yüzü; **~sport** *m* su sporu; **~stand** *m* su seviyesi; **~standsanzeiger** *m* ⟨-s; -⟩ su seviye göstergesi
Wasserstoff *m* ⟨-s; *o pl*⟩ CHEM hidrojen; **2blond** *adj* F saçı oksijenli; **~bombe** *f* hidrojen bombası
Wasser|strahl *m* su huzmesi; **~straße** *f* deniz yolu; **~sucht** *f* ⟨-; *o pl*⟩ MED hidropsi, su inmesi; **~tier** *n* su hayvanı; **~tropfen** *m* su damlası; **~verbrauch** *m* su sarfiyatı; **~verschmutzung** *f* su kirlenmesi; **~versorgung** *f* su temini; **~vogel** *m* su kuşu; **~waage** *f* su terazisi; **~werfer** *m* püskürtücülü panzer; **~weg** *m* su yolu; ***auf dem ~*** nehirden, denizden; **~werk** *n* su dağıtım tesisi; **~zeichen** *n* filigran
wäss(e)rig *adj* sulu; ***j-m den Mund ~ machen*** (***nach*** *-le*) b-nin ağzını sulandırmak
waten *v/i* ⟨*sn*⟩ bata çıka (zorla) yürümek
watscheln *v/i* ⟨*sn*⟩ paytak paytak yürümek
Watt[1] *n* ⟨-s; -⟩ EL vat, watt
Watt[2] *n* ⟨-s; -en⟩ GEOGR *cezirde su üstünde kalan geniş arazi*, → ***Wattenmeer***
Watte *f* ⟨-; -n⟩ pamuk; *in Kleidung* vatka
Wattebausch *m* makyaj pamuğu; MED tampon
Wattenmeer *n Kuzey Denizi'nin kara ile yakın adalar arasındaki sığ kesimleri*
Wattestäbchen *n* pamuklu çubuk
wattieren *v/t* ⟨*o* ge-, *h*⟩ *-e* vatka geçirmek
weben *v/t u v/i* ⟨wob *od* webte, gewoben *od* gewebt, *h*⟩ dokumak

Weber *m* ⟨-s; -⟩ dokumacı; **~ei** *f* ⟨-; -en⟩ dokumacılık; dokuma fabrikası/atölyesi; **~in** *f* ⟨-; -nen⟩ dokumacı
Weberknecht *m örümcek türü* (*Opiliones*)
Webstuhl *m* dokuma tezgâhı
Wechsel [-ks-] *m* ⟨-s; -⟩ değiştirme; (*Geld*2) kambiyo; para bozma; (*Bank*2) senet, poliçe; ***im~*** münavebeli
Wechsel|bäder [-ks-] MED *art arda soğuk ve sıcak banyo*; **~geld** *n* (*Kleingeld*) bozuk para; (*Rückgeld*) paranın üstü; **2haft** *adj* değişken; **~jahre** *pl* menopoz *sg*; **~kurs** *m* kambiyo kuru
wechseln [-ks-] ⟨*h*⟩ **1.** *v/t* değiştirmek; *Geld* bozdurmak; **2.** *v/i* değişmek; (*verschieden sein*) farklı olmak
wechselnd [-ks-] *adj* sırayla, nöbetleşe
Wechselschulden [-ks-] *pl* ÖKON poliçe/senet borçları
wechselseitig [-ks-] *adj* karşılıklı; ***~e Abhängigkeit*** karşılıklı bağımlılık
Wechsel|strom [-ks-] *m* EL alternatif/dalgalı akım; **~stube** *f* kambiyo bürosu; **2weise** *adv* münavebeli/dönüşümlü olarak **~wirkung** *f* etkileşim
Weckdienst *m* uyandırma servisi
wecken *v/t* ⟨*h*⟩ uyandırmak; *fig Erinnerungen usw* canlandırmak
Wecker *m* ⟨-s; -⟩ çalar saat; F ***j-m auf den ~ gehen*** b-nin sinirine dokunmak
Weckruf *m* uyandırma sinyali
Wedel *m* ⟨-s; -⟩ BOT *eğreltiotu sapı ve yaprağı*
wedeln *v/i* ⟨*h*⟩: ***mit dem Schwanz ~*** *Hund* kuyruğunu sallamak
weder *konj* ***~ … noch …*** ne … ne (de) …
weg *adv* yok, gitmiş, uzağa/uzakta, kaybolmuş; ***~ damit!*** at(alım *usw*) gitsin!; ***weit ~*** çok uzak(ta); ***Finger ~!*** çek elini!, dokunma(yın)!; ***~ (hier)!*** git/gidin (buradan)!; F defol!; ***nichts wie ~*** gidelim buradan!
Weg *m* ⟨-s; -e⟩ yol; (*Straße*) cadde, sokak; (*Pfad*) keçiyolu; (*Fuß*2) yaya yolu; ***auf dem besten ~ sein zu*** bu gidişle kesin -ecek olmak; ***auf dem ~ der Besserung*** iyileşme yolunda; ***auf friedlichem (legalem) ~*** barışçıl (yasal) yoldan; ***sich auf den ~ machen*** yol(un)a düşmek, yola çıkmak; ***aus dem ~ räumen*** ortadan kaldırmak; ***etw in die ~e leiten*** bş-i yoluna koymak; ***im ~ stehen*** (*od* ***sein***) engel olmak; ***j-m aus dem ~ gehen*** b-nin yolundan çekilmek; b-ne bulaşmamaya çalışmak; ***s-e eigenen ~e gehen*** kendi yolundan gitmek
wegbekommen *v/t* ⟨*unreg*, *o* -ge-, *h*⟩ F çıkarmak, gidermek, yok etmek; *fig* çakazlamak
Wegbereiter *m* ⟨-s; -⟩: ***der ~ sein für*** *-in* hazırlayıcısı olmak
wegblasen *v/t* ⟨*unreg*, -ge-, *h*⟩: ***wie weggeblasen sein*** uçup gitmiş gibi olmak
wegbleiben *v/i* ⟨*unreg*, -ge-, *sn*⟩ uzak durmak, yaklaşmamak
wegbringen *v/t* ⟨*unreg*, -ge-, *h*⟩ götürmek
wegen *präp* (*G*, F *D*) *-den* dolayı; (*um … willen*) (*-in*) yüzünden; (*infolge*) (*-in*) sonucu
wegfahren ⟨*unreg*, -ge-⟩ **1.** *v/i* ⟨*sn*⟩ gitmek, ayrılmak (*arabayla*); **2.** *v/t* ⟨*h*⟩ götürmek (*arabayla*)
Wegfahrsperre *f*: AUTO ***elektronische ~*** elektronik blokaj
wegfallen *v/i* ⟨*unreg*, -ge-, *sn*⟩ kaldırılmak, (artık) yapılmamak; (*aufhören*) durmak, durdurulmak
weghaben *v/t* ⟨*unreg*, -ge-, *h*⟩ F: ***sein Teil ~*** payını almış olmak; ***etw ~ (in*** *-den*) iyi anlamak
Weggang *m* ⟨-s; *o pl*⟩ ayrılış, gidiş
weggeben *v/t* ⟨*unreg*, -ge-, *h*⟩ elden çıkarmak, başkasına vermek
weggehen *v/i* ⟨*unreg*, -ge-, *sn*⟩ gitmek, ayrılmak; *Fleck* çıkmak; *Ware* iyi satılmak
wegjagen *v/t* ⟨-ge-, *h*⟩ kov(ala)mak
wegkommen *v/i* ⟨*unreg*, -ge-, *sn*⟩ F kaçmak, sıvışmak; (*verloren gehen*) kaybolmak; ***gut ~*** iyi kurtulmak; (*sich retten*) paçayı iyi kurtarmak; ***mach, dass du wegkommst!*** çek git başımdan!, *schärfer* yıkıl karşımdan!; ***nicht ~ über*** *-in* acısını unutamamak
weglassen *v/t* ⟨*unreg*, -ge-, *h*⟩ bırakmak, göndermek; (*überspringen*) F atlamak
weglaufen *v/i* ⟨*unreg*, -ge-, *sn*⟩ koşup gitmek; (*fliehen*) ***j-m (e-r Sache*** *D*) ***~*** (*od* ***~ vor*** *D*) *-den* kaçmak
weglegen *v/t* ⟨-ge-, *h*⟩ bir kenara bırakmak
wegmüssen *v/i* ⟨*unreg*, -ge-, *h*⟩ F *-in* gitmesi gerekmek; ***ich muss jetzt weg*** şimdi gitmem gerek, *unbedingt*

şimdi gitmek zorundayım
wegnehmen *v/t* ⟨*unreg*, -ge-, *h*⟩ *Platz, Zeit* almak; (*stehlen*) çalmak; ***j-m etw ~*** b-nin elinden bş-i almak
wegrationalisieren *v/t* ⟨*o* ge-, *h*⟩ *rasyonalizyona giderek kaldırmak*
wegräumen *v/t* ⟨-ge-, *h*⟩ toparlayıp (*od* ortadan) kaldırmak
wegreißen *v/t* ⟨*unreg*, -ge-, *h*⟩ yıkmak
wegschaffen *v/t* ⟨-ge-, *h*⟩ alıp götürmek, çıkarmak
wegschicken *v/t* ⟨-ge-, *h*⟩ göndermek; baştan savmak
wegschnappen *v/t* ⟨-ge-, *h*⟩ F: ***(j-m) etw ~*** bş-i (b-nin burnunun dibinden) kapmak
wegsehen *v/i* ⟨*unreg*, -ge-, *h*⟩ görmezden gelmek
wegstecken *v/t* ⟨-ge-, *h*⟩ cebe atmak; ***viel ~ müssen*** çok (dert *vs*) çekmek
wegtreten *v/i* ⟨*unreg*, -ge-, *sn*⟩ çekilmek, çıkmak, uzaklaşmak
wegtun *v/t* ⟨*unreg*, -ge-, *h*⟩ F ortadan kaldırmak, çöpe atmak
Wegweiser *m* ⟨-s; -s⟩ yol işareti
wegwerf|en *v/t* ⟨*unreg*, -ge-, *h*⟩ kaldırıp atmak, ziyan etmek; **2flasche** *f* F kullanılıp atılan şişe; **2gesellschaft** *f* israf toplumu
wegwischen *v/t* ⟨-ge-, *h*⟩ silip temizlemek
wegziehen ⟨*unreg*, -ge-⟩ **1.** *v/i* ⟨*sn*⟩ ayrılmak, başka yere taşınmak; **2.** *v/t* ⟨*h*⟩ bir kenara çekmek
weh [veː] *adj* ağrıyan, acı veren; → ***wehtun***
wehe [ˈveːə] *int*: ***~ dir, wenn …*** (eğer) -se vay (senin) haline!
Wehe [ˈveːə] *f* MED doğum sancısı
wehen [ˈveːən] *v/i* ⟨*h*⟩ esmek; *Fahne* dalgalanmak
wehleidig *adj* her şeyden yakınan, mızmız, çıtkırıldım; *Stimme* ağlamaklı
Wehmut *f* ⟨-; *o pl*⟩ hüzün, keder
wehmütig *adj* hüzünlü, kederli
Wehr[1] *n* ⟨-s; -e⟩ savak, su bendi
Wehr[2] *f*: ***sich zur ~ setzen*** k-ni savunmak, savunmaya geçmek
Wehrdienst *m* ⟨-s; *o pl*⟩ askerlik hizmeti/görevi; ***s-n ~ ableisten*** askerliğini yapmak; **~verweigerer** *m* ⟨-s; -⟩ *askerlik görevini reddeden*
wehren *v/r* ⟨*h*⟩: ***sich ~*** k-ni savunmak; *fig* ***sich gegen etw ~*** bş-e karşı koymak; **2.** *v/i*: ***den Anfängen ~*** bş-e daha başından engel olmak
Wehrersatzdienst *m* ⟨-s; *o pl*⟩ *askerlik görevini reddedenlere yaptırılan sağlık vs hizmeti*
wehrlos *adj* savunmasız; *fig* çaresiz
Wehrmacht *f* ⟨-; *o pl*⟩ HIST *Nazi döneminde Alman ordusu*
Wehr|pflicht *f* ⟨-; *o pl*⟩ zorunlu askerlik hizmeti; **2pflichtig** *adj* askerlik yükümlüsü; **~pflichtige** *m* ⟨-n; -n⟩ askerlik yükümlüsü kişi
wehtun *v/i* ⟨*unreg*, -ge-, *h*⟩: ***j-m (sich D) ~*** b-nin (kendi) bir yerini acıtmak; *fig* ***j-m ~*** b-ni incitmek, yaralamak
Weibchen *n* ⟨-s; -⟩ ZOOL dişi
Weiberheld *m* kadın avcısı, kazanova
weiblich *adj* kadın *subst*, kadınca, kadınsı; *sexuell* dişi; GR dişil
weich *adj* yumuşak; (*zart*) nazik, duyarlı, ince; (*gar*) iyi pişmiş; ***~ (gekocht)*** *Ei* rafadan; ***~ werden*** yumuşamak
Weiche *f* ⟨-; -n⟩ BAHN makas
weichen *v/i* ⟨wich, gewichen, *sn*⟩ yol vermek (*D -e*), *-i -e* bırakmak; (*verschwinden*) bırakıp gitmek, F çekip gitmek; ***j-m nicht von der Seite ~*** b-nin yanından ayrılmamak
Weichkäse *m yumuşak, taze peynir çeşitleri*
Weich|macher *m* ⟨-s; -⟩ CHEM TECH yumuşatıcı; **~spüler** *m* ⟨-s; -⟩ çamaşır yumuşatıcı; **~teile** *pl* karın boşluğu (organları); **~tier** *n* ZOOL yumuşakça; **~zeichner** *m* yumuşak netleme filtresi
Weide[1] *f* ⟨-; -n⟩ BOT söğüt
Weide[2] *f* ⟨-; -n⟩ otlak, mera; ***auf der ~*** otlakta
Weideland *n* otluk arazi
weiden ⟨*h*⟩ **1.** *v/i* otlamak; **2.** *v/t*: ***~ lassen*** otlatmak; **3.** *v/r*: ***sich ~ an*** (*D*) *-e* bakmaya doyamamak
Weiden|baum *m* söğüt ağacı; **~kätzchen** *n* BOT söğüt tırtılsısı
weiger|n *v/r* ⟨*h*⟩: ***sich ~ zu*** -mekten kaçınmak; **2ung** *f* ⟨-; -en⟩ kaçınma, reddetme
Weihbischof *m* piskopos yardımcısı
Weihe [ˈvai̯ə] *f* ⟨-; -n⟩ REL takdis, kutsama (*törenle*); (*Einweihen*) açılış töreni
weihen ⟨*h*⟩ **1.** *v/t* takdis etmek; **2.** *v/r*: ***sich ~*** kendini adamak; ***dem Tode geweiht*** ölüme adanmış
Weiher [ˈvai̯ɐ] *m* ⟨-s; -⟩ küçük göl, gölet

Weihnachten *n* ⟨-; -⟩ Noel; ***zu ~*** Noel'de; ***frohe*** (*od* ***fröhliche***) ***~!*** mutlu (*oder* neşeli) Noeller!; *auf Karten* Noelin(iz) kutlu olsun!

weihnachtlich *adj* F Noel *subst*; Noel havasında

Weihnachts|abend *m* Noel Gecesi (*24 aralık*); **~baum** *m* Noel ağacı; **~feiertag** *m* Noel'in birinci günü (*25 aralık*); ***zweiter ~*** Noel'in ikinci günü (*26 aralık*); **~ferien** *pl* Noel tatili *sg*; **~fest** *n* Noel bayramı; **~geld** *n* Noel ikramiyesi (*13. maaş*); **~geschenk** *n* Noel hediyesi; **~lied** *n* Noel ilahisi; **~mann** *m* Noel Baba; **~markt** *m* Noel pazarı; **~tag** → ***~feiertag***

Weih|rauch *m* ⟨-s; *o pl*⟩ günlük, buhur, tütsü; **~wasser** *n* ⟨-s; *o pl*⟩ kutsal su

weil *konj* -diği için; -diğinden (dolayı)

Weilchen *n* ⟨-s; *o pl*⟩: ***ein ~*** birazcık

Weile *f* ⟨-; *o pl*⟩: ***e-e ~*** bir süre

Wein *m* ⟨-s; -e⟩ şarap; ***j-m reinen ~ einschenken*** b-ne işin doğrusunu anlatmak

Wein|bau *m* ⟨-s; *o pl*⟩ bağcılık; **~bauer** *m* bağcı; **~baugebiet** *n* bağcılık bölgesi; **~beere** *f* üzüm tanesi; **~berg** *m* bağ; **~bergschnecke** *f* bağsalyangozu; **~blatt** *n* asma yaprağı; **~brand** *m* ⟨-s; ⸚e⟩ kanyak, F konyak®

weinen *v/i* ⟨*h*⟩ ağlamak; ***j-n zum Weinen bringen*** b-ni ağlatmak

weinerlich *adj* ağlayan; *besonders Stimme* ağlamaklı

Wein|essig *m* üzüm sirkesi; **~fass** *n* şarap fıçısı; **~flasche** *f* şarap şişesi; **~gegend** *f* bağlık arazi; **~glas** *n* şarap bardağı/kadehi; **~gut** *n* bağ; **~händler(in** *f*) *m* şarap tüccarı; **~handlung** *f* şaraphane; **~karte** *f* şarap listesi; **~keller** *m* şarap mahzeni; (*Laden*) şaraphane; **~kelter** *f* üzüm cenderesi; **~kenner** *m* şarap erbabı

Weinkrampf *m* hıçkıra hıçkıra ağlama

Wein|lese *f* ⟨-; -n⟩ bağbozumu; **~probe** *f* degüstasyon; **Ꙏrot** *adj* bordo, şarabî; **~stock** *m* BOT bağ/asma kütüğü; **~stube** *f* taverna; **~traube** *f* üzüm (salkımı)

weise *adj* bilge

Weise[1] *m* ⟨-n; -n⟩ bilge

Weise[2] *f* ⟨-; -n⟩ yol, usul; MUS melodi; ***auf diese*** (***die gleiche***) ***~*** bu (aynı) şekilde; ***auf meine ~*** kendi usulümce; ***in keiner ~*** kesinlikle, hiçbir şekilde; ***Art und ~*** tarz

weisen *v/t* ⟨wies, gewiesen, *h*⟩ göstermek; ***j-m den Weg ~*** b-ne yolu göstermek; ***j-n von der Schule ~*** b-ni okuldan uzaklaştırmak; ***von sich*** (*D*) ***~*** kabul etmemek, üstüne almamak

Weisheit *f* ⟨-; -en⟩ bilgelik; ***mit s-r ~ am Ende*** cevherini tüketmiş olmak, artık bilememek

Weisheitsszahn *m* yirmi yaş dişi

weismachen *v/t* ⟨-ge-, *h*⟩: ***j-m ~, dass*** b-ni *-in* -diğine inandırmak, F b-ne *-in* -diğini yutturmak

weiß *adj* beyaz, ak

weissag|en *v/t* ⟨*h*⟩: ***~, dass*** *-in* -eceği kehanetinde bulunmak; **Ꙏer** *m* ⟨-s; -⟩, **Ꙏerin** *f* ⟨-; -nen⟩ kâhin; **Ꙏung** *f* ⟨-; -en⟩ kehanet

weißblond *adj* çok açık sarışın

Weißbrot *n* beyaz ekmek

Weißdorn *m* ⟨-s; -e⟩ BOT alıç

Weiße *m*, *f* ⟨-n; -n⟩ beyaz adam/kadın; ***die ~n*** *pl* beyazlar

weißen *v/t* ⟨*h*⟩ (beyaz) badana etmek

Weißglut *f* ⟨-; *o pl*⟩ F: ***j-n zur ~ bringen*** b-nin tepesinin tasını attırmak

weißhaarig *adj* beyaz/ak saçlı

Weiß|kohl *m*, **~kraut** *n* (beyaz) lahana

weißlich *adj* beyazımsı, beyazımtırak

Weißmacher *m* CHEM ağartıcı

Weißruss|e *m* ⟨-n; -n⟩ Beyaz Rus; **Ꙏisch** *adj* Beyaz Rus(ya) *subst*; **~land** *n* Beyaz Rusya

Weißwein *m* beyaz şarap

Weisung *f* ⟨-; -en⟩ emir, talimat

Weisungsbefugnis *f* emir yetkisi

weit 1. *adj* geniş; *Kleidung* bol; *Reise, Weg* uzun; ***im ~esten Sinne*** en geniş anlamıyla; **2.** *adv*: ***~ besser*** çok daha iyi; ***~ blickend*** uzağa bakan; ***~ gefehlt!*** F ne gezer!; ***ein ~ gehender Vorschlag*** çok kapsamlı bir teklif; ***~ gereist*** çok yerler gezmiş; ***~ hergeholt*** inandırıcı olmayan; ***das ist ~ hergeholt*** nereden nereye; ***es ~ bringen*** başarılı olmak; epey yol katetmek; ***ich bin so ~*** ben hazırım; ***~ reichend*** geniş çapta etkili; ***~ und breit*** görünürde, ortalıkta; ***~ verbreitet*** çok yaygın; ***~ weg*** (***von*** *-den*) çok uzakta/uzağa; ***zu ~ gehen*** fazla ileri gitmek; ***bei ~em nicht so gut*** hiç mi hiç o kadar iyi değil; ***von ~em*** çok uzaktan

weitab çok uzakta, çok sapa

weitaus *adv* çok daha (fazla)
Weitblick *m* ⟨-s; *o pl*⟩ uzakgörüşlülük
weitblickend *adj* uzakgörüşlü
Weite *n*: ***das ~ suchen*** kaçmak
weiten ⟨*h*⟩ **1.** *v/t* genişletmek, esnetmek; **2.** *v/r*: ***sich ~*** genişlemek; *Augen* büyümek
weiter *adv*: ***und so ~*** ve saire; ***nichts ~*** hepsi bu kadar
weiter|arbeiten *v/i* ⟨-ge-, *h*⟩ çalışmaya devam etmek; **~befördern** *v/t* ⟨*h*⟩ daha ileriye iletmek; *Rang* terfi ettirmek; **~bestehen** sürüp gitmek; ayakta kalmak
weiterbild|en *v/r* ⟨-ge-, *h*⟩: ***sich ~*** kendini geliştirmek; *schulisch, beruflich* bilgisini ilerletmek; **2ung** *f* ⟨-; *o pl*⟩ *berufliche* meslek ilerletme
weiterbringen *v/t* ⟨*unreg*, -ge-, *h*⟩ ileriye götürmek; ***das bringt mich*** (***uns***) ***nicht weiter*** böyle bir adım ileri gidemeyiz
weitere *adj* başka, öteki, diğer, sair; ***bis auf ~s*** şimdilik, ikinci bir emre *vs* kadar; ***ohne ~s*** kolaylıkla; ***alles Weitere*** gerisi
weiter|empfehlen *v/t* ⟨*unreg*, *o* ge-, *h*⟩ başkasına da tavsiye etmek; **~entwickeln** ⟨*o* ge-, *h*⟩ **1.** *v/t* daha da geliştirmek; **2.** *v/r*: ***sich ~*** daha da gelişmek; **~erzählen** *v/t* ⟨*o* ge-, *h*⟩ başkasına da anlatmak; **~fahren** *v/i* ⟨*unreg*, -ge-, *sn*⟩ yola devam etmek (*arabayla*); **~führen** *v/t* ⟨-ge-, *h*⟩ daha ileriye götürmek; **~geben** *v/t* ⟨*unreg*, -ge-, *h*⟩ iletmek, geçirmek; **~gehen** *v/i* ⟨*unreg*, -ge-, *sn*⟩ yola devam etmek, ilerlemek; (*dauern*) devam etmek, sürmek; ***das kann so nicht ~!*** bu (artık) böyle gidemez!
weiterhin *adv* (*außerdem*) ayrıca, bundan başka; ***etw ~ tun*** bş-i hâlâ yapmak
weiter|kämpfen *v/i* ⟨-ge-, *h*⟩ mücadeleye devam etmek; **~kommen** *v/i* ⟨*unreg*, -ge-, *sn*⟩ ilerlemek; **~laufen** *v/i* ⟨*unreg*, -ge-, *sn*⟩ *fig* devam etmek; **~leben** *v/i* ⟨-ge-, *h*⟩ yaşamaya devam etmek; hayatta olmak; **~machen** *v/t u v/i* ⟨-ge-, *h*⟩ bş-e devam etmek; **~sagen** *v/t* ⟨-ge-, *h*⟩ başkasına da söylemek; **~verarbeiten** *v/t* ⟨*o* ge-, *h*⟩ tekrar işlemek; ÖKON tamamlamak
Weiter|verarbeitung *f* ⟨-; *o pl*⟩ tekrar işle(n)me; **2verkauf** *m* ⟨-s; *o pl*⟩ (başkasına) satış
weitgehend **1.** *adj* geniş kapsamlı; **2.** *adv* geniş ölçüde
weither *adv* uzaktan, uzaklardan
weithin *adv* uzaklara kadar; geniş ölçüde
weitläufig **1.** *adj* geniş (bir alana yayılan); (*ausführlich*) ayrıntılı; **2.** *adv*: *-in* uzağından; ayrıntılı olarak; ***~ verwandt*** uzaktan akraba
weitschweifig *adj* fazla ayrıntılı
weitsichtig *adj* MED hipermetrop, *fig* ileri görüşlü; **2keit** *f* ⟨-; *o pl*⟩ hipermetropluk; *fig* ileri görüşlülük
Weit|springer(in *f*) *m* uzun atlamacı; **~sprung** *m* ⟨-s; *o pl*⟩ uzun atlama
weitverzweigt *adj* dallı budaklı
Weitwinkelobjektiv *n* FOTO genişaçı, geniş açı(lı objektif)
Weizen *m* ⟨-s; -⟩ BOT buğday; **~bier** *n* buğday birası; **~grütze** *f* bulgur
welch, **~e**, **~er**, **~es** **1.** *interr* hangi; ***welcher*** (***von beiden***)***?*** (ikisinden) hangisi? ***welch ein Anblick!*** ne manzara!; **2.** *rel pron* -en, -diği; ki …; **3.** *indef pron*: ***brauchen Sie welches?*** size -den (biraz) lazım mı?
welk *adj* solmuş; *Haut* gevşek, sarkık
welken *v/i* ⟨*sn*⟩ *Blumen* solmak
Wellblech *n* oluklu sac
Welle *f* ⟨-; -n⟩ dalga (*a* PHYS, *fig*); TECH, MIL dingil
wellen ⟨*h*⟩ **1.** *v/t* *Haar* sarmak; **2.** *v/r*: ***sich ~*** dalga dalga olmak
Wellen|bad *n* sunî dalgalı (yüzme) havuz(u); **~band** *n* EL frekans bandı, kuşak; **~bereich** *m* EL frekans alanı; **~brecher** *m* MAR dalgakıran; **2förmig** *adj* dalgalı; **~länge** *f* EL dalga boyu; F ***die gleiche ~ haben*** *-in* frekansları birbirine uymak; **~linie** *f* dalgalı çizgi; **~reiten** *n* dalga sörfü yapmak; **~sittich** *m* ⟨-s; -e⟩ ZOOL muhabbet kuşu
wellig *adj* dalgalı
Wellpappe *f* oluklu mukavva
Welpe *m* ⟨-n; -n⟩ köpek (kurt/tilki) yavrusu
Welt *f* ⟨-; -en⟩ dünya, evren; ***die große ~*** uçsuz bucaksız dünya; ***alle ~*** herkes; ***auf der ganzen ~*** bütün dünyada; ***das beste*** *usw* … ***der ~*** dünyanın en iyi *vs* -(s)i; ***was in aller ~ …?*** kuzum, ne …?; ***aus der ~ schaffen*** ortadan kaldırmak; ***zur ~ bringen*** dünyaya ge-

tirmek; ***zur ~ kommen*** dünyaya gelmek

Welt|all *n* ⟨-s; *o pl*⟩ kâinat, evren; **~anschauung** *f* dünya görüşü; **~ausstellung** *f* dünya fuarı; **~bank** *f* ⟨-; *o pl*⟩ Dünya Bankası; **2berühmt** *adj* dünyaca ünlü; **~bevölkerung** *f* dünya nüfusu; **2bewegend** *adj* önemli; **~bild** *n* dünyayı algılayış; **~bürger(in** *f*) *m* dünya vatandaşı

Weltenbummler(in *f*) *m* dünya gezgini

Welt|erfolg *m* dünya çapında başarı; **2fremd** *adj* dünyadan habersiz; kendi dünyasında yaşayan; **~frieden** *m* dünya barışı; **~geschichte** *f* ⟨-; *o pl*⟩ dünya tarihi; **~gesundheitsorganisation** *f* **(WHO)** Dünya Sağlık Örgütü (WHO); **~handel** *m* dünya ticareti; **~herrschaft** *f* ⟨-; *o pl*⟩ dünya egemenliği; **~karte** *f* dünya haritası; **~krieg** *m* dünya savaşı; ***der Zweite ~*** İkinci Dünya Savaşı; **~kugel** *f* yerküre, yer yuvarlağı; **~lage** *f* ⟨-; *o pl*⟩ uluslararası durum

weltlich *adj* dünyevi

Welt|literatur *f* ⟨-; *o pl*⟩ dünya edebiyatı; **~macht** *f* büyük devlet, süper güç; **~markt** *m* dünya piyasası; **2männisch** *adj* çelebi, centilmen; **~meer** *n* okyanus; **~meister(in** *f*) *m* dünya şampiyonu; **~meisterschaft** *f* dünya şampiyonası; **2offen** *adj* dünyaya açık; **~öffentlichkeit** *f* dünya kamuoyu; **~rangliste** *f* dünya sıralaması; **~raum** *m* ⟨-s; *o pl*⟩ uzay; **~reich** *n* imparatorluk; **~reise** *f* dünya gezisi/turu; **~reisende** *m, f* dünya turu yapan *adj*

Weltrekord *m* dünya rekoru; **~inhaber(in** *f*) *m*, **~ler(in** *f*) *m* dünya rekortmeni

Welt|religion *f dünya çapında yaygın din*; **~ruf** *m*: ***von ~*** dünyaca meşhur; **~sicherheitsrat** *m* Dünya Güvenlik Konseyi; **~sprache** *f* dünya dili, evrensel dil; **~stadt** *f* büyükşehir; **2städtisch** *adj* büyükşehir *subst*; **~untergang** *m* dünyanın sonu; **~uraufführung** *f* dünya galası; **~verbesserer** *m* ⟨-s; -⟩ dünyayı düzeltmeye kalkan *adj*; **~währungsfonds** *m* Dünya Para Fonu; **2weit** *adj* dünya çapında, evrensel; **~wirtschaft** *f* ⟨-; *o pl*⟩ dünya ekonomisi; **~wirtschaftskrise** *f* dünya ekonomik krizi; **~wunder** *n* dünya(nın 7) harikası

wem *pron* kime; ***von ~*** kimden

Wende *f* ⟨-; -n⟩ (*Änderung*) dönüşüm; *e-s Jahres, Jahrhunderts* son; **~kreis** *m* GEOGR dönence; AUTO dönüş çapı

Wendeltreppe *f* sarmal merdiven

wenden[1] ⟨*h*⟩ **1.** *v/t* çevirmek; döndürmek; **2.** *v/i* AUTO geri dönmek, U dönüşü yapmak; ***bitte ~*** lütfen sayfayı çevirin; **3.** *v/r*: ***sich zum Guten ~*** iyiye dönmek

wenden[2] *v/r* ⟨wandte, gewandt *h*⟩: ***sich an j-n ~*** (***um*** için) b-ne başvurmak; ***sich ~ gegen*** *-e* karşı çıkmak

Wendepunkt *m* dönüm noktası

wendig *adj Fahrzeug* hareketli, kolay sürülür; *Person* becerikli; *geistig* uyanık

Wendung *f* ⟨-; -en⟩ dönüş; GR deyim; ***e-e unerwartete ~ nehmen*** beklenmedik bir yola dökülmek

wenig **1.** *adj* az (sayıdaki); **2.** *indef pron u adv* az; ***~e pl*** birkaç; ***nur ~e*** sadece birkaç(ı); (***in***) ***~er als*** *-den* (daha) az; ***~er werden*** azalmak; ***am ~sten*** en az; ***~ begeistert*** pek hoşnut değil; ***~ bekannt*** az tanınan; ***er spricht ~*** az konuşur; (***nur***) ***ein*** (***klein***) ***~*** (sadece) (küçük) bir parça; ***nichts ~er als*** kesinlikle değil

wenigstens *adv* en azından, hiç değilse

wenn *konj Bedingung* eğer, şayet; *Zeit* -ince, -diği zaman; (***immer***) ***~*** -dikçe, ne zaman -se; ***~ … nicht*** eğer … değilse/olmazsa; ***~ auch*** her ne kadar … ise de; ***wie*** (*od* ***als***) ***~*** -miş gibi, -mişçesine; ***~ ich nur … wäre!*** keşke … olsaydım!; ***und ~ nun …?*** (peki) ya … ise?

Wenn *n*: ***ohne ~ und Aber*** hiç itirazsız, kayıtsız şartsız

wer **1.** *interr* kim; ***~ von euch?*** hanginiz?; **2.** *rel pron* her kim ki; ***~ auch*** (***immer***) (her) kim olursa olsun; **3.** *indef pron* F biri(si); *fragend* kimse; *verneinend* hiçbiri(si), hiç kimse

Werbe|abteilung *f* reklam servisi; **~agentur** *f* reklam ajansı; **~fachmann** *m* reklamcı; **~fernsehen** *n* televizyon reklamları *pl*; **~film** *m* reklam filmi; **~funk** *m* radyo reklamları *pl*; **~geschenk** *n* eşantiyon; **~grafik** *f* reklam grafiği; **~grafiker(in** *f*) *m* reklam grafikeri; **~kampagne** *f* reklam kampanyası; **~kosten** *pl* reklam masrafları; **~mittel** *pl* reklam araçları

werben ⟨wirbt, warb, geworben, *h*⟩ **1.** *v/i*: **~ für** *-in* reklamını yapmak; **2.** *v/t Mitglieder, Kunden usw* kazanmaya çalışmak; ***j-n* ~ für** b-ni *-e* kazanmak; **~ um** elde etmeye çalışmak

Werbe|slogan *m* ⟨-s; -s⟩ reklam sloganı; **~spot** *m* ⟨-s; -s⟩ reklam spotu

Werbung *f* ⟨-; *o pl*⟩ reklamcılık, promosyon, tanıtım; **~ machen für** *-in* reklamını yapmak

Werbungskosten *pl Steuer* meslek giderleri

Werdegang *m* ⟨-s; *o pl*⟩ *beruflicher* meslek hayatı

werden ⟨wird, wurde, geworden, *sn*⟩ **1.** *v/i* olmak; **blass ~** sararmak; **böse ~** kızmak; **es wird schon (wieder) ~!** düzelir (gene)!; **gesund ~** iyileşmek; **was soll nun ~?** ne olacak şimdi?; **was will er (einmal) ~?** (ileride) ne olmak istiyor? **wie sind die Fotos geworden?** resimler nasıl çıkmış?; **2.** *v/aux bei Passiv* ⟨wird, wurde, worden⟩: **geliebt ~** sevilmek; *bei Futur* **ich werde fahren** gideceğim; **es wird gleich regnen** hemen yağmur yağacak

Werden *n* ⟨-s; *o pl*⟩ oluşma, süreç; **im ~ sein** oluşmakta (*od* süreç halinde) olmak

werfen ⟨wirft, warf, geworfen, *h*⟩ **1.** *v/t* **(nach** *-e*) atmak; **Bomben ~** bomba atmak; **Schatten ~** yapmak; *fig* düşürmek; **2.** *v/i*: **mit etw (nach j-m) ~** (b-ne) bş atmak; **mit Geld um sich ~** para(ları) saçıp savurmak

Werft *f* ⟨-; -en⟩ tersane; LUFTF uçak fabrikası, uçak bakım atölyesi

Werk *n* ⟨-s; -e⟩ eser, yapıt; *gutes* hayır; TECH düzenek, mekanizma; (*Fabrik*) işletme, atölye; **am ~ sein** etkin olmak; *-in* sebebi olmak; **ans ~ gehen** işe başlamak

Werkbank *f* ⟨-; ⸗e⟩ TECH çalışma tezgâhı

Werken *n* ⟨-s; *o pl*⟩ elişi dersi

Werk|statt *f* ⟨-; ⸗en⟩ atölye; (*Reparatur*2) tamir(hane); **~stoff** *m* (katı) hammadde; **~tag** *m* iş/mesai günü; **2tags** *adv* iş/mesai günlerinde

werktätig *adj* çalışan

Werktätige *m, f* ⟨-n; -n⟩: **die ~n** çalışanlar; POL emekçiler

Werkzeug *n* ⟨-s; -e⟩ alet(ler); alet-edevat; **~kasten** *m* alet kutusu/sandığı; **~macher** *m* alet yapımcısı

Wermut *m* ⟨-s; *o pl*⟩ BOT pelin, tarhun; vermut

Wermutstropfen *m -in* acı tarafı

wert *adj* değer; **… ~ sein** … değerinde olmak; **das ist es (mir) nicht ~** (bence) buna değmez; **die Mühe (e-n Versuch) ~** zahmete (denemeye) değer; **nichts ~** değersiz, F para etmez; **viel ~** çok değerli; **sehenswert** gör(ül)meye değer

Wert *m* ⟨-s; -e⟩ değer, kıymet; (*Sinn, Nutzen*) önem, yarar; **~e** *pl* (*Daten*2) veriler, sayılar; … **im ~ von e-m Euro** bir euro değerinde …; **großen (wenig) ~ legen auf** (*A*) bşe büyük (az) önem vermek; **keinen (nicht viel) ~ legen auf** *A* hiç (çok) önem vermemek; **im ~ sinken (steigen)** *-in* değeri düşmek (yükselmek); **sich unter ~ verkaufen** değerinin altında satılmak

Wertangabe *f* değer bildirimi

Wertarbeit *f* yüksek işçilik

werten *v/t* ⟨*h*⟩ değer biçmek; *beurteilen* değerlendirmek; **als Erfolg ~** başarı saymak (*od* olarak değerlendirmek)

wertfrei 1. *adj* değer yargısı içermeyen; **2.** *adv* değerlendirme yapmadan

Wertgegenstand *m* değerli eşya

wertlos *adj* değersiz; **2igkeit** *f* ⟨-; *o pl*⟩ değersizlik

Wert|minderung *f* değer kaybı; **~papiere** *pl* ÖKON menkul değerler; **~sachen** *pl* değerli eşyalar (*ziynet vs*); **~schöpfung** *f* BANK değer artışı, safi hasıla; **~sendung** *f* POST değerli gönderi; **~steigerung** *f* ÖKON değer artışı/kazanma; **~stoff** *m* ÖKOL *dönüştürülebilir malzeme* (*ambalaj vs*)

Wertung *f* ⟨-; -en⟩ değer biçme, değerlendirme

wertvoll *adj* değerli, kıymetli

Wert|verlust *m* ÖKON değer kaybı; **~vorstellungen** *pl* (toplumsal) değerler; **~zeichen** *n* değerli kağıt (*banknot, çek, pul vs*); **~zuwachs** *m* ÖKON değer artışı

Wesen *n* ⟨-s; -⟩ varlık; (*Lebe*2) canlı (varlık); (*~skern*) öz, cevher; (*Natur*) tabiat, kişilik, karakter

Wesensart *f* ⟨-; *o pl*⟩ tabiat, karakter

wesensfremd *adj -in* özüne yabancı

Wesenszug *m* ayırıcı/temel özellik

wesentlich 1. *adj* temel, başlıca; *be-*

trächtlich önemli, esaslı; ***im Wesentlichen*** özünde, aslında; **2.** *adv*: **~ *besser*** çok daha iyi

weshalb **1.** *adv* niçin; **2.** *konj -in* niçin -diği

Wespe *f* ⟨-; -n⟩ yabanarısı; sarıcaarı

Wespenstich *m* (yaban)arı(sı) sokması

wessen *adv wer?* kimin; neyin; **~ *beschuldigt man ihn?*** neyle suçlanıyor?

westdeutsch *adj* Batı Alman(ya) *subst*

Westdeutsche *m*, *f* ⟨-n; -n⟩ Batı Almanyalı

Weste *f* ⟨-; -n⟩ yelek

Westen *m* ⟨-s; *o pl*⟩ batı; ***von*** **~** batıdan; ***nach*** **~** batıya (doğru)

Westentasche *f* F yelek cebi; ***etw wie s-e*** **~ *kennen*** b-şi avucunun içi gibi bilmek

Westeuro|pa *n* Batı Avrupa; **≈päisch** *adj* Batı Avrupa(lı) *subst*

West|fale *m* ⟨-n; -n⟩, **~fälin** *f* ⟨-; -nen⟩ Vestfalyalı; **≈fälisch** *adj* Vestfalya(lı) *subst*

westlich **1.** *adj* batı *subst*; (*abendländisch*) batı(lı); **2.** *präp*: **~ *von*** (*od G*) *-in* batı kesiminde

Westmächte *pl* Batılı güçler

westwärts *adv* batı yönünde, batıya doğru

Westwind *m* batı *rüzgârı*

Wettbewerb *m* ⟨-s; -e⟩ yarışma; *a* ÖKON rekabet; ***in*** **~ *stehen*** (***mit*** *-le*) rekabet halinde olmak

wettbewerbsfähig *adj* rekabet edebilen

Wettbüro *n* bahis bürosu

Wette *f* ⟨-; -n⟩ bahis; ***e-e*** **~ *schließen*** bahse gir(iş)mek; ***mit j-m um die*** **~ *laufen*** (*od* ***fahren***) b-le koşma (*od* araba) yarışı yapmak

Wetteifer *m* rekabet/yarışma ruhu

wetteifern *v/i* ⟨ge-, *h*⟩ (***mit*** ile, ***um*** için) yarışmak, boy ölçüşmek

wetten *v/i u v/t* ⟨*h*⟩ bahse girmek; ***mit j-m*** (***auf*** *A*, ***um***) ***10 Mark*** **~** b-le 10 mark(ın)a bahse girmek; F **~ *?*** iddiaya var mısın?

Wetter[1] *n* ⟨-s; -⟩ hava; ***bei diesem*** **~** bu/böyle havada

Wetter[2] *m* ⟨-s; -⟩, **~in** *f* ⟨-; -nen⟩ bahisçi

Wetter|aussichten *pl havanın nasıl olacağı*; **~bedingungen** *pl* hava şartları; **~bericht** *m* hava raporu; **~dienst** *m* meteoroloji servisi; **≈fest** *adj* hava etkilerine dayanıklı; **≈fühlig** *adj* havadan etkilenen; **~frosch** *m* F *scherzh* meteorolog; **~hahn** *m* yelkovan; **~karte** *f* meteoroloji haritası; **~lage** *f* hava durumu; **~leuchten** *n* ⟨-s; *o pl*⟩ *ufukta şimşek çakması*

wettern *v/i* ⟨*h*⟩ F (***gegen*** *-e*) kızıp bağırmak

Wetter|satellit *m* meteoroloji uydusu; **~seite** *f* yağmur alan taraf; **~station** *f* meteoroloji istasyonu; **~sturz** *m anî sıcaklık ve basınç düşmesi*; **~umschwung** *m anî hava değişmesi*; **~vorhersage** *f* hava tahmini; **≈wendisch** *adj* kararsız, fırıldak gibi

Wett|fahrt *f* yarış (*arabayla*); **~kampf** *m* yarış; **~kämpfer(in** *f*) *m* yarışçı; **~lauf** *m* koşu, yarış; **~ *mit der Zeit*** zamanla (*od* zamana karşı) yarış; **~läufer(in** *f*) *m* koşucu, yarışçı

wettmachen *v/t* ⟨-ge-, *h*⟩ gidermek, telafi etmek

Wett|rennen *n* koşu, yarış; *fig* F sidik yarışı; **~rüsten** *n* ⟨-s; *o pl*⟩ silahlanma yarışı; **~streit** *m* yarış

WEZ *Abk für* ***Westeuropäische Zeit*** Batı Avrupa Saati (ile)

Whirlpool ['wə:lpu:l] *m* jakuzi

Whisk(e)y ['vıski] *m* ⟨-s; -s⟩ viski

wichtig *adj* önemli; ***etw*** **~ *nehmen*** bş-i ciddiye almak; **~ *tun, sich*** **~ *machen*** kurum satmak

Wichtigkeit *f* ⟨-; *o pl*⟩ önem

Wichtigtuer *m* ⟨-s; -⟩ kasıntı(lı); **~ei** *f* ⟨-; *o pl*⟩ F kasılma, kasıntılık; **~in** *f* ⟨-; -nen⟩ kasıntı(lı) (kadın); **≈isch** *adj* kasıntılı

Wicke *f* ⟨-; -n⟩ BOT burçak

Wickel *m* ⟨-s; -⟩ MED sargı, kompres; **~kommode** *f* kundak masası

wickeln ⟨*h*⟩ **1.** *v/t* (*windeln*) *-in* bezini değiştirmek; *Baby, ganz* kundaklamak; **~** (***um*** *-e*, *-in* etrafına) sarmak; ***etw in Papier*** **~** bş-i kağıda sarmak; **2.** *v/r*: ***sich*** **~** (***um*** *-e*) sarılmak, dolanmak; ***sich in e-e Decke*** **~** bir battaniyeye sarınmak

Wickler *m* ⟨-s; -⟩ bigudi

Wicklung *f* ⟨-; -en⟩ TECH sarım

Widder *m* ⟨-s; -⟩ koç; ***er ist*** (***ein***) **~** o Koç burcundan

wider *präp* (*A*) **~ *Erwartungen*** beklenin tersine; **~ *Willen*** b-nin iradesine karşı

widerfahren *v/i* ⟨*unreg*, *o* -ge-, *sn*⟩ ol-

mak, *-in* başına gelmek; ***j-m Gerechtigkeit ~ lassen*** b-ne adil davranmak
Widerhaken *m* ters kanca
Widerhall *m* ⟨-s; -e⟩ yankı; ***keinen ~ finden*** yankı uyandırmamak
widerhallen *v/i* ⟨*o* -ge-, *h*⟩: (***von*** *-den*) yankılanmak
widerlegbar *adj* çürütülür
widerleg|en *v/t* ⟨*o* -ge-, *h*⟩ çürütmek, *-in* tersini kanıtlamak; **≗ung** *f* ⟨-; -en⟩ çürüt(ül)me, *-in* tersini kanıtlama
widerlich *adj* iğrenç, tiksindirici
widernatürlich *adj* gayri tabiî, doğa dışı
widerrechtlich *adj* gayri meşru, kanuna aykırı; ***~ betreten*** izinsiz girmek; ***sich*** (*D*) ***etw ~ aneignen*** hakkı olmadan sahiplenmek
Widerrede *f* itiraz; ***keine ~!*** itiraz yok!
Widerruf *m* geri alma, iptal; (***bis***) ***auf ~*** ikinci bir talimata kadar (*geçerli*)
widerrufen *v/t* ⟨*unreg*, *o* -ge-, *h*⟩ *Anordnung, Erlaubnis* iptal etmek; *Aussage, Geständnis* geri almak
widersetzen *v/r* ⟨*o* -ge-, *h*⟩: ***sich*** (***etw***) ***~*** (bş-e) karşı koymak, direnmek
widersinnig *adj* anlamsız, tutarsız
widerspenstig *adj* inatçı, dikkafalı, söz dinlemez; **≗keit** *f* ⟨-; *o pl*⟩ inatçılık, dikkafalılık
widerspiegeln ⟨-ge-, *h*⟩ **1.** *v/t* yansıtmak; **2.** *v/r*: ***sich ~*** (***in*** *D -de*) yansımak
widersprechen *v/i* ⟨*unreg*, *o* -ge-, *h*⟩ (***j-m*** b-ne) itiraz etmek, karşı gelmek; ***sich*** (*D*) ***~*** kendiyle çelişmek
Widerspruch *m* itiraz; çelişki; ***im ~ stehen zu*** ile çelişki içinde bulunmak
widersprüchlich *adj* çelişkili
widerspruchslos *adv* itirazsız
Widerstand *m* ⟨-s; ⸚e⟩ (***gegen*** *-e*) direnme, direniş, *a* EL direnç; ***~ leisten*** direnmek; ***auf*** (***heftigen***) ***~ stoßen*** (şiddetli) direnişle karşılaşmak
Widerstands|bewegung *f* direniş hareketi; **≗fähig** *adj* (***gegen*** *-e*) dayanıklı; **~fähigkeit** *f* ⟨-; *o pl*⟩ (***gegen*** *-e*) dayanıklılık; **~kämpfer(in** *f*) *m* direnişçi; **~kraft** *f* direnç, direnme gücü; **≗los** *adv* direnmeden
widerstehen *v/i* ⟨*unreg*, *o* -ge-, *h*⟩ dayanmak
widerstreb|en *v/i* ⟨*o* -ge-, *h*⟩: ***es widerstrebt mir, dies zu tun*** bunu yapmak bana çok ters geliyor; **~end** *adv* istemeyerek, gönülsüzce
widerwärtig *adj* iğrenç, tiksinti verici
Widerwille *m* (***gegen*** *-e* karşı) antipati; *Ekel* (*-den*) iğrenme, tiksinti
widerwillig *adj* isteksiz, gönülsüz
widmen 1. *v/t* ⟨*h*⟩ ithaf etmek, adamak; **2.** *v/r*: ***sich ~*** *-le* (yakından) ilgilenmek; *stärker -e* k-ni adamak, k-ni vakfetmek
Widmung *f* ⟨-; -en⟩ ithaf
widrig *adj* ters, aksi, elverişsiz
wie 1. *adv* nasıl; ***~ macht man das?*** bu nasıl yapılır?; ***~ ist er?*** o nasıl?; ***~ ist das Wetter?*** hava nasıl?; ***~ nennt man …?*** *-e* ne denir?; ***~ wäre*** (*od* ***ist, steht***) ***es mit …?*** *-e* ne dersin/dersiniz?; ***~ gesagt*** demiştim ya, söylediğim gibi; ***und ~!*** hem de nasıl!; **2.** *konj* gibi; ***stark ~ ein Bär*** ayı gibi kuvvetli; ***~ neu*** (***verrückt***) yeni (deli) gibi; ***~*** (***zum Beispiel***) (örneğin) … gibi; ***ich zeige dir, ~*** nasıl (…) sana göstereyim; ***~ viel*** ne kadar; ***~ viel kostet das?*** bu kaça?; ***~ viel Uhr?*** saat kaç?; ***~ viele*** *pl* kaç; ***ich hörte, ~ er es sagte*** onun söylediğini duydum; ***~*** (***auch***) ***immer, ~ dem auch sei*** (her) neyse
wieder *adv* gene, tekrar, yeniden, bir daha; ***~ aufbauen*** tekrar kurmak; ***~ aufbereiten*** geri kazanmak/döndürmek; PHYS yeniden işlemek; ***~ aufführen*** yeniden sahnelemek; ***~ aufleben lassen*** (tekrar) canlandırmak; ***~ aufnehmen*** *-e* yeniden başlamak; ***~ beleben*** diriltmek, canlandırmak; ***~ beschaffen*** tekrar temin etmek, yerine koymak; ***~ einführen*** tekrar yürürlüğe koymak; ÖKON yeniden ithal etmek; ***~ einsetzen*** (***in*** *-e*) tekrar yerleştirmek; ***~ entdecken*** yeniden keşfetmek/bulmak; ***~ erkennen*** (***an*** *D -den*) tanımak; ***~ erlangen*** yeniden elde etmek; ***~ eröffnen*** yeniden açmak; ***~ finden*** tekrar bulmak; *fig* yeniden kazanmak; ***~ gutmachen*** telafi/tazmin etmek; ***~ herstellen*** restore etmek; MED sağlığına kavuşturmak; ***~ sehen*** tekrar görmek; ***~ vereinigen*** tekrar birleşmek; ***~ verwenden*** tekrar kullanmak; ***~ verwerten*** tekrar değerlendirmek; ***~ wählen*** tekrar seçmek; TEL tekrar çevirmek; ***schon ~?*** gene mi?; ***ich bin gleich ~ da!*** hemen dönüyorum/geliyorum!
Wiederaufbau *m* ⟨-s; *o pl*⟩ tekrar yapma/inşa; ÖKON tekrar yapılan(dır)ma
Wiederaufbereitung ⟨-; -en⟩ geri ka-

zanma/döndürme; yeniden işleme; **~sanlage** *f* dönüştürme (*od* geri kazanma) tesisi
Wiederaufleben *n* ⟨-s; *o pl*⟩ tekrar canlanma
Wiederaufnahme *f* ⟨-; *o pl*⟩ tekrar başla(t)ma; **~verfahren** *n* JUR tekrar görülen dava
Wiederaufrüstung *f* ⟨-; *o pl*⟩ yeniden silahlanma
wiederbekommen *v/t* ⟨*unreg*, *o* ge-, *h*⟩ geri almak
Wiederbelebung *f* ⟨-; *o pl*⟩ hayata döndürme; **~sversuch** *m* hayata döndürme çabaları *pl*
wiederbringen *v/t* ⟨*unreg*, -ge-, *h*⟩ geri getirmek; (*zurückgeben*) geri vermek
Wieder|einführung *f* ⟨-; *o pl*⟩ tekrar yürürlüğe koyma; ÖKON tekrar ithal; **~eingliederung** *f* (*in* -*e*) tekrar uyum (sağlama); **~eintritt** *m* (*in* -*e*) tekrar girme; **~entdeckung** *f* tekrar keşif/bul(un)ma; **~ergreifung** *f* ⟨-; *o pl*⟩ tekrar yakala(n)ma, tekrar ele geçir(il)me; **~eröffnung** *f* yeniden açılış
Wiedergabe *f* ⟨-; *o pl*⟩ aktarma, verme (*ses*, *görüntü*); (*Rückgabe*) geri ver(il)me, iade; **~gerät** *n* monitör, gösterme/çalma cihazı
wiedergeben *v/t* ⟨*unreg*, -ge-, *h*⟩ (*zurückgeben*) geri vermek, iade etmek; (*schildern*) anlatmak; TECH, MUS aktarmak, vermek (*ses*, *görüntü*)
Wiedergeburt *f* REL yeniden doğuş; *fig a* rönesans
wiedergewinn|en *v/t* ⟨*unreg*, *o* -ge-, *h*⟩ TECH yeniden kazanmak, dönüştürmek; **2ung** *f* ⟨-; *o pl*⟩ TECH geri kazanım
Wiedergutmachung *f* ⟨-; -en⟩ POL tazminat
wiederhaben *v/t* ⟨*unreg*, -ge-, *h*⟩ F geri almak
Wiederherstellung *f* ⟨-; -en⟩ MED -*in* sağlığına kavuşması
wiederholbar *adj* tekrarı mümkün
wiederholen ⟨*o* ge-, *h*⟩ **1.** *v/t* tekrar etmek; **2.** *v/r*: **sich ~** tekrara düşmek, *fig Geschichte* tekerrür etmek
wiederholt *adv* tekrar tekrar
Wiederholung *f* ⟨-; -en⟩ tekrar(lama)
Wiederholungs|impfung *f* MED ikinci *vs* aşı; **~prüfung** *f Schule* bütünleme sınavı; *yeniden girilen sınav*; **~taste** *f* TEL tekrar tuşu
Wiederhören *n*: **auf ~!** TEL görüşmek üzere!
Wiederkehr *f* ⟨-; *o pl*⟩ dönme, dönüş; yeniden olma; **2en** *v/i* ⟨-ge-, *sn*⟩ geri dönmek; (*sich wiederholen*) tekrarlamak
wiederkommen *v/i* ⟨*unreg*, -ge-, *sn*⟩ gene gelmek; (*zurück*) dönmek
wiedersehen *v/r* ⟨*unreg*, -ge-, *h*⟩: **sich ~** tekrar görüşmek
Wiedersehen *n* ⟨-s; -⟩ (tekrar) görüşme; **auf ~!** allahaısmarladık!; güle güle!
wiederum *adv* tekrar, bir daha, yeniden; (*andererseits*) öte yandan
Wiedervereinigung *f* (yeniden) birleşme
Wiederverkaufswert *m* ⟨-s; *o pl*⟩ ÖKON perakende satış değeri; F *Gebrauchtwagen usw* -*in* piyasası
wiederverwend|bar *adj* yeniden kullanılır; **2ung** *f* ⟨-; -en⟩ tekrar kullanma
wiederverwert|bar *adj* dönüşümlü; (yeniden) değerlendirilebilir; **2ung** *f* ⟨-; -en⟩ yeniden değerlendirme, geri kazanım
Wiederwahl *f* ⟨-; *o pl*⟩ yeniden seç(il)me
Wiederzulassung *f* ⟨-; -en⟩ ruhsat yenileme
Wiege *f* ⟨-; -n⟩ beşik
wiegen[1] ⟨wog, gewogen, *h*⟩ **1.** *v/t* tartmak; **2.** *v/i* … ağırlığında olmak, … kilo gelmek; **3.** *v/r*: **sich ~** tartılmak
wiegen[2] *v/t* ⟨*h*⟩ sallamak, pışpışlamak
wiegen[3] *v/t u v/r* ⟨*h*⟩: ***j-n*** (**sich**) ***in Sicherheit ~*** b-ne (k-ne) aldatıcı bir güven duygusu vermek
Wiegenlied *n* ninni
wiehern ['viːɐn] *v/i* ⟨*h*⟩ kişnemek
Wien *n* Viyana
Wiese *f* ⟨-; -n⟩ çayır, çimen
Wiesel *n* ⟨-s; -⟩ ZOOL gelincik
wieso *adv* niye, niçin; *scharf* ne diye
wievielmal *interr* kaç kere
wievielte *adj*: ***zum ~n Mal?*** kaçıncı defa?; ***den Wievielten haben wir heute?*** bugün ayın kaçı?
Wikinger *m* ⟨-s; -⟩, **~in** *f* ⟨-; -nen⟩ Viking
wild *adj* vahşî, yabanî *fig* (*heftig*) şiddetli, zorlu; F ***ganz ~ sein auf*** *A* -*e* bitmek; ***~ lebend*** yaban *subst*, yabanî; ***~ wachsen*** kendiliğinden (*od* yabanî olarak) yetişmek; ***~ wachsend*** yabanî, kendi-

liğinden biten
Wild *n* ⟨-s; *o pl*⟩ av hayvanı; (**~braten**) geyik eti; **~bahn** *f*: ***in freier ~*** yabanî olarak, serbestçe; **~dieb** *m* ⟨-s; -e⟩ kaçak avcı; **~ente** *f* yabanördeği
Wilderer *m* ⟨-s; -⟩ kaçak avcı
wildfremd *adj* tamamen yabancı
Wild|gans *f* yabankazı; **~hüter** *m* av korucusu; **~katze** *f* yabankedisi; **~leder** *n* süet; (*Fensterleder*) güderi; **⁓ledern** *adj* süet(ten)
Wildnis *f* ⟨-; -se⟩ ıssız bölge, tenha yerler *pl*
Wild|schwein *n* yabandomuzu; **~wechsel** *m yabanî hayvan geçişi*; **~westfilm** *m* kovboy filmi
Wille *m* ⟨-ns⟩ irade, istenç; (*Absicht*) niyet, istek, kararlılık; ***böser ~*** kötü niyet; ***guter ~*** iyi niyet; ***letzter ~*** vasiyet; ***gegen meinen ~n*** ben istemeden, isteğime aykırı olarak; ***s-n ~n durchsetzen bei*** *-e* istediğini kabul ettirmek; ***j-m s-n ~n lassen*** b-ni hareketinde serbest bırakmak; ***ich kann mich beim besten ~n nicht erinnern*** ne kadar uğraşsam da hatırlayamıyorum
willen *präp*: ***um*** (*G*) ***… ~*** … uğruna/aşkına
willenlos *adj* iradesiz, zayıf
Willens|äußerung *f* rıza açıklaması; **~erklärung** *f* JUR irade/rıza beyanı; **~freiheit** *f* ⟨-; *o pl*⟩ irade özgürlüğü; **~kraft** *f* ⟨-; *o pl*⟩ irade gücü; **⁓stark** *adj* iradesi güçlü
willfährig *adj* uysal, uyumlu
willig *adj* uysal, itaatli
willkommen *adj* hoş; (***herzlich***) ***~!*** hoş geldin(iz)!; ***j-n ~ heißen*** b-ne hoşgeldin(iz) demek
Willkommen *n* ⟨-s; -⟩ karşılama
Willkür *f* ⟨-; *o pl*⟩: ***j-s ~ ausgeliefert sein*** b-nin keyfine tabi olmak; **~akt** *m* keyfi iş/eylem; **~herrschaft** *f* ⟨-; -⟩ keyfî idare, despotizm; **⁓lich** *adj* keyfî; *Auswahl usw a* rasgele
wimmeln *v/i* ⟨*h*⟩: ***~ von*** kayna(ş)mak; ***es wimmelt von Menschen*** insan kaynıyor
wimmern *v/i* ⟨*h*⟩ inlemek, sızlamak
Wimper *f* ⟨-; -n⟩ kirpik
Wimperntusche *f* rimel, maskara
Wind *m* ⟨-s; -e⟩ rüzgâr, yel; F ***~ bekommen von*** *-in* kokusunu almak; ***viel ~ machen*** (***um*** *-in*) çok yaygarasını koparmak; ***in den ~ reden*** havaya konuşmak
Windbeutel *m* GASTR beze; *fig* palavracı
Winde[1] *f* ⟨-; -n⟩ TECH çektirme, vinç, bocurgat, çıkrık
Winde[2] *f* ⟨-; -n⟩ BOT boruçiçeği, çitsarmaşığı
Windel *f* ⟨-; -n⟩ (*Ganzkörper⁓*) kundak (bezi); (*Unterkörper⁓*) alt bezi
windelweich *adj* F *fig*: ***j-n ~ schlagen*** b-ni eşek sudan gelesiye dövmek
winden *v/r* ⟨wand, gewunden, *h*⟩: ***sich ~*** (***vor*** *D -den*) kıvranmak
Windenergie *f* ⟨-; *o pl*⟩ ÖKOL rüzgâr enerjisi
Windeseile *f*: ***in ~*** yıldırım hızıyla
windgeschützt *adj* kuytu, rüzgâr almayan
Windhund *m* ZOOL tazı; F uçarı, güvenilmez *adj*
windig *adj* rüzgârlı
Wind|jacke *f* rüzgârlık, mont; **~kanal** *m* TECH rüzgâr tüneli; **~kraftanlage** *f* ÖKOL rüzgâr santralı; **~licht** *n* gemici feneri; *rüzgârda yanabilen şamdan vs*; **~mühle** *f* yeldeğirmeni; **~pocken** *pl* MED suçiçeği; **~richtung** *f* rüzgâr yönü; **⁓schief** *adj* F yampiri, çarpık; **~schutzscheibe** *f* AUTO ön cam; **~stärke** *f* rüzgâr kuvveti; **⁓still** *adj* durgun, sakin; **~stille** *f* durgunluk, sükunet; **~stoß** *m rüzgâr darbesi*; **~surfbrett** *n* sörf (tahtası); **~surfen** *n* ⟨-s; *o pl*⟩ sörf (sporu); **~surfer(in** *f*) *m* sörfçü
Windung *f* ⟨-; -en⟩ kıvrım; TECH yiv
Wink [vɪŋk] *m* ⟨-s; -e⟩ EL (*od* göz, baş) işareti; *fig* ima, üstü kapalı söz
Winkel [ˈvɪŋk(ə)l] *m* ⟨-s; -⟩ MATH açı; (*Ecke*) köşe; **~eisen** *n* TECH köşebent; **~halbierende** *f* ⟨-n; -n⟩ MATH açıortay; **~maß** *n* TECH gönye; **~messer** *m* ⟨-s; -⟩ MATH iletki
winken *v/i* ⟨winkte, *dial a* gewunken, *h*⟩ (***mit etw ~*** *-i*) sallamak; (*Zeichen geben*) işaret etmek; ***j-n herwinken*** b-ni işaretle çağırmak; ***e-m Taxi ~*** taksiye el etmek
Winter *m* ⟨-s; -⟩ kış; ***im ~*** kışın; **~anfang** *m* kış baş(langıc)ı; **~ausrüstung** *f* kışlık donanım; **~fahrplan** *m* kış tarifesi, kış seferleri; **⁓fest** *adj* BOT soğuğa dayanıklı; ***~ machen*** *-in* kışlık bakımını yapmak; **~garten** *m* limonluk, kışbahçesi; **~kurort** *m* SPORT kış sporları mer-

kezi; **≈lich** *adj* kış *subst*, kışlık; **~reifen** *m* AUTO kar lastiği; **~schlaf** *m*: *~ **halten*** kış uykusuna yatmak; **~schlussverkauf** *m* kış sonu satışları *pl*; **~spiele**: ***Olympische ~*** *pl* kış olimpiyatları; **~sport** *m* kış sporu; **~urlaub** *m* kış izni/tatili

Winzer *m* ⟨-s; -⟩ bağcı, üzüm üreticisi

winzig *adj* minicik, ufacık

Winzling *m* ⟨-s; -e⟩ F küçücük *adj*

Wipfel *m* ⟨-s; -⟩ ağaç tepesi

Wippe *f* ⟨-; -n⟩ tahterevalli

wippen *v/i* ⟨*h*⟩ sallanmak, inip çıkmak

wir *pers pron* biz; ***~ drei*** biz üçümüz; F ***~ sinds!*** biziz!

Wirbel *m* ⟨-s; -⟩ ANAT omur; *fig* telaş; ***e-n ziemlichen ~ verursachen*** ortalığı telaşa vermek

wirbellos *adj* ZOOL omurgasız

Wirbelsäule *f* ANAT omurga, belkemiği

Wirbelsturm *m* kasırga, siklon

wirbeln *v/i* ⟨*sn*⟩ (hızla) dönmek; *Blätter* uçuşmak; *Wasser* girdap yapmak

Wirbeltier *n* ZOOL omurgalı (hayvan)

wirken *v/i* ⟨*h*⟩ çalışmak, faaliyet göstermek; (*aussehen*) görünmek; ***anregend ~*** (***auf*** *A*) *-in* (… üzerinde) uyarıcı etkisi var/olmak; ***~ gegen*** *-e* karşı etkili olmak; ***überzeugend ~*** inandırıcı bir izlenim bırakmak

Wirken *n* ⟨-s; *o pl*⟩ etkinlik; MED etkisini göstermek; TECH örmek

wirklich *adj* gerçek; (*echt*) sahici, hakikî, öz; ***~?*** sahi mi?; **≈keit** *f* ⟨-; *o pl*⟩ gerçeklik, hakikat; ***in ~*** gerçekte

wirklichkeits|fremd *adj* gerçekten uzak, hayata yabancı; **~getreu** *adj* gerçeğe sadık (*resim vs*)

wirksam *adj* etkili; geçerli; ***~ gegen*** *-e* karşı etkili; ***~ werden*** yürürlüğe girmek; **≈keit** *f* ⟨-; *o pl*⟩ etkililik

Wirkstoff *m* ⟨-s; -e⟩ etkin/aktif madde

Wirkung *f* ⟨-; -en⟩ (***auf*** *-e*, üzerinde) etki; ***mit ~ vom …*** … (tarihi) itibarıyla; ***mit sofortiger ~*** hemen geçerli olmak üzere; ***~ erzielen*** sonuç elde etmek; ***s-e ~ tun*** etkisini göstermek; ***s-e ~ verfehlen*** etkisiz kalmak

Wirkungs|bereich *m* etkinlik alanı; **~grad** *m* TECH verimlilik, randıman; **~kraft** *f* ⟨-; *o pl*⟩ etkili güç, etkililik; **~kreis** *m* etkinlik alanı; **≈los** *adj* etkisiz, sonuç getirmeyen; ***~ bleiben*** etkisiz/sonuçsuz kalmak; **≈voll** *adj* etkili; **~weise** *f* MED etki biçimi

wirr *adj* (kafası) karışık; *Haar* dağınık

Wirr|en *pl* karışıklık(lar *pl*); **~warr** *m* ⟨-s; *o pl*⟩ karışıklık, keşmekeş

Wirsing *m* ⟨-s; *o pl*⟩, **~kohl** *m* BOT Milano lahanası

Wirt *m* ⟨-s; -e⟩ ev sahibi; *Beruf* lokantacı; **~in** *f* ⟨-; -nen⟩ *a* ev sahibesi; lokantacı (kadın)

Wirtschaft *f* ⟨-; -en⟩ iktisat, ekonomi; (*Geschäftswelt*) iş dünyası; (*Wirtshaus*) birahane, lokanta

wirtschaften *v/i* ⟨*h*⟩: ***schlecht ~*** idaresiz davranmak; ***sparsam ~*** (***mit*** *-i*) idareli/iktisatlı kullanmak

Wirtschaft|erin *f* ⟨-; -nen⟩ ev işlerine bakan (*od* kahya) kadın; **~ler** *m* ⟨-s; -⟩, **~lerin** *f* ⟨-; -nen⟩ iktisatçı

wirtschaftlich *adj* iktisadî, ekonomik; (*sparsam*) idareli, iktisatlı, ekonomik

Wirtschafts|abkommen *n* ekonomik anlaşma; **~aufschwung** *m* ekonomik canlanma; **~asylant(in** *f*) *m abw* → ***~flüchtling***; **~berater(in** *f*) *m* iktisat danışmanı; **~beziehungen** *pl* ekonomik/ticari ilişkiler; **~flüchtling** *m ekonomik sebeplerle iltica eden*, ekonomik sığınmacı; **~geld** *n* ev/mutfak harçlığı; **~gipfel** *m* ekonomik zirve toplantısı; **~hilfe** *f* ekonomik yardım; **~krise** *f* ekonomik bunalım; **~macht** *f* ekonomik güç; **~minister(in** *f*) *m* ekonomi bakanı; **~ministerium** *n* ekonomi bakanlığı; **~politik** *f* ekonomi politikası; **≈politisch** *adj* ekonomik, ekonomi politikasına ilişkin; **~prüfer(in** *f*) *m* ekonomik denetim uzmanı; **~raum** *m*: ***Europäischer ~*** Avrupa Ekonomik Alanı; **~reform** *f* ekonomik reform; **~standort** *m* yerleşme (bölgesi) (*öz. endüstri*); **~system** *n* ekonomik sistem/düzen; **~teil** *m Zeitung* ekonomi sayfası/bölümü; **~- und Währungsunion** *f* ekonomi ve para birliği; **~wachstum** *n* ekonomik büyüme/kalkınma; **~wissenschaft** *f* ekonomi/iktisat (bilimi); **~wissenschaftler(in** *f*) *m* ekonomi/iktisat (uzmanı); **~wunder** *n* ekonomi mucizesi; **~zweig** *m* işkolu, sektör

Wirtshaus *n* birahane, meyhane

Wirtsleute *pl* lokantacı *vs* karı-koca

Wirtstier *n* BIOL *asalak taşıyan hayvan*

wischen *v/t* silmek

Wischer *m* ⟨-s; -⟩ AUTO silecek

Wischerblatt *n* silecek lastiği
Wischtuch *n* bez (*silmek için*)
wispern *v/t u v/i* ⟨*h*⟩ fısıldamak
Wissbegier(de) *f* öğrenme isteği/merakı
wissbegierig *adj* (öğrenmeye) meraklı
wissen *v/t u v/i* ⟨weiß, wusste, gewusst, *h*⟩ bilmek; (**von** *-den*) haberi olmak; ***ich möchte ~*** bir bilsem; ***ich will davon*** (*od* ***von ihm*** *usw*) ***nichts ~*** ben o defteri kapattım; ***man kann nie ~*** bilemezsin; ***weder ein noch aus ~*** bir çıkar yol bulamamak; ***soviel ich weiß*** bildiğim kadarıyla; ***weißt du*** biliyor musun; ***weißt du noch?*** hatırlıyor musun?; ***woher weißt du das?*** bunu nereden biliyorsun?
Wissen *n* ⟨-s; *o pl*⟩ bilgi; *praktisches a* teknik ustalık/beceri; ***meines ~s*** bildiğime göre, bildiğim kadarıyla
Wissenschaft *f* ⟨-; -en⟩ bilim; **~ler** *m* ⟨-s; -⟩, **~lerin** *f* ⟨-; -nen⟩ bilimci; *veraltend* bilim adamı, âlim, bilgin; **2lich** *adj* bilimsel, ilmî
Wissens|durst *m* bilgi açlığı/susuzluğu; **~gebiet** *n* bilim alanı; **~lücke** *f* bilgi eksiği; **~stand** *m* bilgi düzeyi; **2wert** *adj* öğren(il)meye değer; ***Wissenswertes*** yararlı bilgiler *pl*; ***alles Wissenswerte*** (***über*** *A*) (hakkında/ile ilgili) bilinmesi gereken her şey
wissentlich **1.** *adj* bilinçli, kasıtlı; **2.** *adv* bile bile, bilinçli/kasıtlı olarak
wittern *v/t* ⟨*h*⟩ *-in* kokusunu almak
Witterung *f* ⟨-; -en⟩ hava (durumu); ***bei jeder ~*** her havada
witterungs|beständig *adj* hava şartlarına dayanıklı; **2verhältnisse** *pl* hava şartları
Witwe *f* ⟨-; -n⟩ dul (kadın)
Witwenrente *f* dul maaşı
Witwer *m* ⟨-s; -⟩ dul (erkek)
Witz *m* ⟨-es; -e⟩ şaka, nükte, espri; (*Geist*) mizah ruhu, espri; ***~e reißen*** espriler yapmak
witzeln *v/i* ⟨*h*⟩: ***über j-n ~*** b-ne takılmak
witzig *adj* güldürücü; (*geistreich*) esprili
wo **1.** *adv* nerede; ***von ~?*** nereden?; **2.** *konj*: (**da,**) **~ *ich wohne*** benim oturduğum yerde; **3.** F *int*: ***i wo, ach wo!*** ne gezer!, nerde!
woanders *adv* başka (bir) yerde
wobei **1.** *adv* ***~ bist du gerade?*** şimdi ne yapmaktasın?; **2.** *adv*: ***~ mir einfällt*** bu arada (şu) aklıma geldi
Woche *f* ⟨-; -n⟩ hafta; ***~ um ~*** her hafta, haftalar geçtikçe; F ***unter der ~*** hafta içinde
Wochen|arbeitszeit *f* haftalık çalışma süresi; **~bett** *n* ⟨-s; *o pl*⟩ MED lohusalık, lohusa yatağı; **~ende** *n* hafta sonu; ***am ~*** hafta sonu(nda); **~karte** *f* haftalık kart/paso; **2lang** **1.** *adj* ***~es Warten*** haftalar süren bekleyiş; **2.** *adv* haftalarca; **~lohn** *m* haftalık (ücret); **~markt** *m* haftalık pazar; **~schau** *f* TV haftaya bakış (programı); **~tag** *m* haftanın günü; **2tags** *adv* işgünleri(nde)
wöchentlich **1.** *adj* haftalık; **2.** *adv* her hafta; ***einmal ~*** haftada bir (kez)
Wochenzeitung *f* haftalık gazete
Wöchnerin *f* ⟨-; -nen⟩ lohusa
Wodka *m* ⟨-s; -s⟩ votka
wodurch **1.** *adv* ne şekilde; **2.** *konj* … ki bu şekilde
wofür **1.** *adv* ne için, neye; **2.** *konj* … ki bunun için
Woge *f* ⟨-; -n⟩ (büyük) dalga, *fig a* kabarma
wogegen **1.** *interr* neye karşı; **2.** *konj* … ki buna karşı
woher [vo'heːɐ] *adv u konj* nereden
wohin *adv u konj* nereye
wohingegen *konj* … ki buna karşı
wohl *adv* iyi, hoş; ***sich ~ fühlen*** kendini iyi hissetmek; ***ich fühle mich nicht ~*** kendimi iyi hissetmiyorum; ***mir ist nicht ~ dabei*** bu işte benim içim rahat değil; ***~ bekannt*** (iyi) bilinen, tanınmış; ***~ gemeint*** iyi niyetli (*çaba vs*); ***~ überlegt*** iyi(ce) düşünülmüş; ***~ kaum*** güçbela, hemen hemen (hiç); ***~ oder übel*** ister istemez; ***~ tun*** *-e* iyi gelmek; ***das kann man ~ sagen!*** tam üstüne bastın(ız)!
Wohl *n* ⟨-s; *o pl*⟩ (*~befinden*) sağlık, afiyet; ***auf j-s ~ trinken*** b-nin sağlığına içmek; ***zum ~!*** şerefe!, F yarasın!
wohlauf *adj*: ***~ sein*** *-in* sağlığı yerinde olmak
Wohlbefinden *n* ⟨-s; *o pl*⟩ sağlık, afiyet
wohlbehalten *adj* sağ salim
Wohlergehen *n* ⟨-s; *o pl*⟩ sağlık, esenlik, selamet
wohlerzogen *adj* terbiyeli
Wohlfahrt *f* ⟨-; *o pl*⟩ esenlik (*toplumda*); sosyal yardım (sistemi)
Wohlfahrts|marke *f* POST artılı pul; **~or-**

ganisation *f* sosyal yardım kuruluşu; **~staat** *m* sosyal devlet
Wohlgefühl *n* ⟨-s; *o pl*⟩ rahatlık (duygusu)
wohlgemerkt *adv* iyice belirtilmeli ki
wohlgenährt *adj* besili, semiz
wohlgesinnt *adj*: ***j-m ~ sein*** b-ne iyi niyetle yaklaşmak
wohlhabend *adj* varlıklı, F hali vakti yerinde
wohlig *adj* rahat, hoş, huzurlu
Wohlklang *m* ⟨-s; *o pl*⟩ hoş ses/tını
wohlklingend *adj* kulağa hoş gelen
wohlriechend *adj* hoş kokulu
wohlschmeckend *adj* tadı hoş
Wohlstand *m* ⟨-s; *o pl*⟩ refah
Wohlstandsgesellschaft *f* refah toplumu
Wohltat *f fig* hayırlı iş, iyilik; (*Erleichterung*) ferahlama, ferahlık, hoşluk; (*Segen*) nimet
Wohltäter(in *f*) *m* hayırsever, yardımsever
wohltätig *adj* yardımsever, hayırsever; ***für ~e Zwecke*** hayır için; **Ձkeit** *f* ⟨-; *o pl*⟩ hayırseverlik; **Ձkeitskonzert** *n* (… yararına) yardım konseri
wohltuend *adj* iyi gelen, dinlendirici
wohlverdient *adj -in* layık olduğu, *-in* hakkettiği, hakkedilen, hakkedilmiş
wohlweislich *adv* iyice düşünerek, haklı sebeplerle
Wohlwollen *n* ⟨-s; *o pl*⟩ iyiniyet
wohlwollend *adj* iyiniyetli, dostça
Wohn|anlage *f* site; **~bezirk** *m* konut bölgesi; **~block** *m* blok; **~einheit** *f* daire
wohnen *v/i* ⟨*h*⟩ (**in** *D -de*; **bei j-m** *-in* yanında) oturmak; *vorübergehend* kalmak
Wohn|fläche *f* ARCH oturma alanı; **~gebiet** *n* konut bölgesi; **~geld** *n* kira yardımı; **~gemeinschaft** *f* ortak konut (*birkaç kişinin paylaştığı ev*); ***in e-r ~ leben*** (***mit*** *-le*) birlikte oturmak
wohnhaft *adj* (***in*** *-de*) mukim, oturur
Wohn|haus *n* ev; *mehrstöckig* apartman (*konut olarak kullanılan*); **~heim** *n* yurt (*bina*); **~küche** *f* mutfak ve oturma odası (*bir arada*)
wohnlich *adj* rahat, konforlu
Wohn|mobil *n* ⟨-s; -e⟩ karavan (*kendi motoru olan*); **~ort** *m* F *-in* oturduğu yer (*belde, mahalle vs*); JUR ikametgâh; **~raum** *m* konut alanı; **~schlafzimmer** *n* oturma ve yatak odası (*bir arada*); **~sitz** *m* JUR ikametgâh; ***ohne festen ~*** sabit ikametgâhı olmayan
Wohnung *f* ⟨-; -en⟩ konut/mesken, (apartman) daire(si); ***meine ~*** evim
Wohnungs|amt *n konut ve kira yardımı dairesi*; **~bau** *m* ⟨-s; *o pl*⟩ konut yapımı; **~markt** *m* konut piyasası; **~miete** *f* konut kirası; **~not** *f* ⟨-; *o pl*⟩ konut sıkıntısı; **~schlüssel** *m* daire anahtarı; **~suche** *f* F ev arama; **~suchende** *m, f* ⟨-n; -n⟩ F ev arayan; **~tür** *f* daire kapısı; **~verhältnisse** *pl* konut/oturma şartları; **~viertel** *n* mahalle; **~wagen** *m* karavan (*römork*); **~zimmer** *n* oturma odası, salon
Wölbung *f* ⟨-; -en⟩ şişkinlik, bombe
Wolf *m* ⟨-s; ⸚e⟩ ZOOL kurt
Wolfsmilch *f* BOT sütleğen
Wolfsrachen *m* MED damak yarığı
Wolke *f* ⟨-; -n⟩ bulut; ***aus allen ~n fallen*** neye uğradığını şaşırmak
Wolken|bruch *m* sağanak, sel gibi yağmur; **~decke** *f* bulutlar, bulut örtüsü; **~kratzer** *m* ⟨-s; -⟩ gökdelen; **Ձlos** *adj* bulutsuz, açık
wolkig *adj* bulutlu, kapalı
Wolldecke *f* battaniye
Wolle *f* ⟨-; -n⟩ yün
wollen[1] *adj* yün(den), yünlü
wollen[2] **1.** *v/aux* ⟨will, wollte, wollen, *h*⟩: ***tun ~*** yapmak istemek; (*beabsichtigen*) -meye niyet etmek; ***ich will lieber schlafen*** ben uyumayı tercih ederim; **2.** *v/t u v/i* ⟨will, wollte, gewollt, *h*⟩ istemek; ***lieber ~*** tercih etmek; ***wann (wenn) du willst*** ne zaman (eğer) istersen; ***sie will, dass ich komme*** gelmemi istiyor; ***was ~ Sie*** (***von mir***)***?*** (benden) ne istiyorsunuz?; ***ob er will oder nicht*** istese de istemese de; ***wie du willst*** nasıl istersen; ***ich wollte, ich wäre*** (***hätte***) **…** isterdim ki … olayım (-im olsun)
Woll|jacke *f* yünlü ceket; (*Strick*Ձ) hırka; **~knäuel** *m, n* yün yumağı; **~socken** *pl* yün çorap(lar)
Wollust *f* ⟨-; *o pl*⟩ şehvet
wollüstig *adj* şehvetli
womit 1. *adv* neyle; ***~ kann ich dienen?*** nasıl yardımcı olabilirim?; ***~ hab' ich das verdient?*** ne yaptım da bunu hakkettim?; **2.** *konj* … ki bununla; ***~ ich nicht sagen will*** ki bununla … demiş

olmak istemem
womöglich *adv* muhtemelen, bir olasılıkla
wonach **1.** *adv*: **~ *fragt er?*** ne(yi) soruyor?; **2.** *konj* … ki bundan sonra
Wonne *f* ⟨-; -n⟩ büyük haz; ***e-e wahre ~*** büyük bir sevinç kaynağı
woran **1.** *adv*: **~ *arbeitet er?*** ne(yin) üzerinde çalışıyor?; **~ *denkst du?*** ne(yi) düşünüyorsun?; **~ *liegt es, dass …?*** -mesi neden ileri geliyor?; **~ *sieht man, welche …?*** hangisinin -diği nereden belli?; **2.** *konj*: ***ich weiß nicht, ~ ich mit ihm bin*** onun benim için ne ifade ettiğini bilmiyorum; ***das, ~ ich dachte*** benim düşündüğüm
worauf **1.** *adv*: **~ *wartest du (noch)?*** (daha) ne bekliyorsun?; **2.** *konj* … ki bunun üzerine; ***etw, ~ ich bestehe*** üzerinde ısrarla durduğum şey; **~ *er sagte*** o da bunun üzerine … dedi
woraus **1.** *adv* neden; **~ *ist es gemacht?*** neden yapılma?; **~ *schließt du das?*** bu sonuca nereden varıyorsun?; **2.** *konj* … ki bundan; **~ *zu entnehmen war, dass*** ki bundan *-in* -diği anlaşıldı
worin **1.** *adv* neyin içinde; **~ *liegt der Unterschied?*** fark nerede?; **2.** *konj* … ki bunun içinde
Workshop ['vøːɐkʃɔp] *m* ⟨-s; -s⟩ atölye
Workstation ['vøːɐksteɪʃn] *f* ⟨-; -s⟩ EDV iş istasyonu
Wort *n* ⟨-s; ⸗er⟩ kelime, sözcük; ⟨-s; -e⟩ söz, laf; ***ein gutes ~ einlegen für*** b-nden yana bir şey söylemek; **~ *für ~*** kelimesi kelimesine; ***j-m ins ~ fallen*** b-nin sözünü kesmek; ***j-n beim ~ nehmen*** b-nin sözünü senet saymak; ***sein ~ brechen*** sözünden dönmek, sözünü tutmamak; ***sein ~ geben*** söz vermek; ***sein ~ halten*** sözünü tutmak, sözünde durmak; ***das ~ ergreifen*** söz almak; ***geflügelte ~e*** özlü sözler; ***in ~e fassen*** dile dökmek; ***mir fehlen die ~e*** ifade edecek kelime bulamıyorum; ***nicht zu ~e kommen*** ağız açmaya fırsat bulamamak; ***mit anderen ~en*** başka (bir) deyişle
Wort|art *f* GR kelime türü; **~bildung** *f* GR kelime türetme
Wörterbuch *n* sözlük
Wort|führer *m* sözcü; **~gefecht** *n* ağız dalaşı; **⁀getreu** *adj* kelimesi kelimesine (aslına uygun); **⁀gewandt** *adj* cerbezeli; F ağzı laf yapan; **⁀karg** *adj* az konuşan, F lafı kıt; **~laut** *m* ⟨-s; *o pl*⟩ metin, lafız, (tam) içerik
wörtlich **1.** *adj* kelimesi kelimesine; ***~e Rede*** GR dolaysız ifade; **2.** *adv* harfiyen, kelimesi kelimesine
wort|los *adj* sessiz(ce); **⁀meldung** *f* söz isteme/alma; **~reich** *adj* kelime hazinesi geniş; *abw* sözü bol, ağzı kalabalık; **⁀schatz** *m* kelime hazinesi; **⁀spiel** *n* sözcük/kelime oyunu
worüber **1.** *adv*: **~ *lachen Sie?*** neye gülüyorsunuz?; **2.** *konj* … ki bunun üstün(d)e; … ki bu konuda
worum **1.** *adv*: **~ *handelt es sich?*** söz konusu (olan şey) nedir?; **2.** *konj*: ***etw, ~ ich dich bitten möchte*** senden rica etmek istediğim bir şey
worunter **1.** *adv* neyin altında; **2.** *konj*: ***etw, ~ ich mir nichts vorstellen kann*** bende hiçbir çağrışım uyandırmayan bir şey
wovon **1.** *adv*: **~ *redest du?*** neden bahsediyorsun?; **2.** *konj* … ki bundan, … ki bunun hakkında
wovor **1.** *adv* neyin önünde; **~ *hast du Angst?*** neden korkuyorsun?; **2.** *konj* … ki onun önünde
wozu **1.** *adv* neye; (*warum*) niçin; **2.** *konj* … ki bunun için
Wrack [vrak] *n* ⟨-s; -s⟩ batık, enkaz
wringen ['vrɪŋən] *v/t* ⟨wrang, gewrungen, *h*⟩ sıkmak (*çamaşır*)
Wucher *m* ⟨-s; *o pl*⟩ tefecilik, vurgunculuk; **~er** *m* ⟨-s; -⟩, **~in** *f* ⟨-; -nen⟩ tefeci, vurguncu; **~miete** *f* fahiş kira
wuchern *v/i* ⟨*h u sn*⟩ BOT hızla büyümek, dal budak salmak
Wucherpreis *m* fahiş fiyat
Wucherung *f* ⟨-; -en⟩ MED yayılma, büyüme
Wucherzinsen *pl* fahiş faiz *sg*
Wuchs [vuːks] *m* ⟨-es⟩ büyüme, gelişme; (*Gestalt*) boy, cüsse
Wucht [vʊxt] *f* ⟨-; *o pl*⟩ güç, kuvvet, ağırlık; *e-s Aufpralls usw* etki, şiddet; F ***das ist 'ne ~!*** harika!
wuchtig ['vʊxtɪç] *adj* heybetli, ağır; (*kraftvoll*) güçlü, şiddetli
wühlen *v/i* ⟨*h*⟩: **~ *in*** (*D*) *-i* karıştırmak, eşelemek
Wühltisch *m* ÖKON *indirimli dökme mal tezgâhı*
wulstig *adj* uzunca ve şişkin

W

wund *adj* yaralı, bereli (*vücut*); ***sich ~ liegen*** yata yata yara olmak; ***~ reiben*** (sürterek) yara etmek; ***~e Stelle*** yara (olan yer); ***~er Punkt*** hassas nokta

Wundbrand *m* ⟨-es⟩ MED yara iltihabı; gangren

Wunde *f* ⟨-; -n⟩ yara

Wunder *n* ⟨-s; -⟩ mucize; *fig a* harika; ***~ an*** ... harikası; **(*es ist*) *kein ~, dass du müde bist*** yorulduğuna şaşmamalı

wunderbar *adj* harika, şahane; (*wie ein Wunder*) mucizevî; **~erweise** *adv* mucize kabilinden

Wunder|ding *n* şaşılası/garip şey; **~doktor** *m abw* üfürükçü; **~glaube** *m* mucizelere inanma; **≗hübsch** *adj* harika güzel, çok hoş; **~kerze** *f* maytap; **~kind** *n* harika çocuk

wunderlich *adj* garip, şaşılacak, acayip, tuhaf

Wundermittel *n* mucizevî ilaç

wundern ⟨*h*⟩ **1.** *v/t*: ***es wundert mich*** şaşıyorum; **2.** *v/r*: ***sich ~*** (***über*** *A -e*) şaş(ır)mak, hayret etmek

wunder|schön *adj* harika güzel; **~voll** *adj* muhteşem, harikulade; **≗werk** *n* olağanüstü bir iş, şaheser

Wund|fieber *n* MED yaranın yaptığı ateş; **~starrkrampf** *m* ⟨-s; *o pl*⟩ MED tetanos, F kazıklı humma

Wunsch *m* ⟨-s; ⸚e⟩ arzu, istek; (*Glück≗*) tebrik, kutlama; (*Bitte*) rica; ***auf j-s*** (***eigenen***) ***~*** b-nin (kendinin) isteği üzerine; ***nach ~*** isteğe göre; ***mit den*** (***meinen***) ***besten Wünschen*** en iyi dilekler(im)le; **~bild** *n* ideal, ülkü; **~denken** *n* ⟨-s; *o pl*⟩ hüsnükuruntu

Wünschel|rute *f* çatal değnek (*maden yatağı vs aramak için*); **~rutengänger(in *f*)** *m çatal değnekle maden yatağı vs arayan*

wünschen ⟨*h*⟩ **1.** *v/t* istemek, dilemek, arzu etmek; ***sich*** (*D*) ***etw ~*** (***zu*** için) kendine bş-i istemek; ***das habe ich mir*** (***schon immer***) ***gewünscht*** bu (hep) istediğim bir şeydi; ***alles, was man sich*** (*D*) ***nur ~ kann*** insanın isteyebileceği her şey; ***ich wünschte, ich wäre*** (***hätte***) isterdim ki ... olayım (-im olsun); **2.** *v/i*: ***Sie ~?*** buyurun?, arzunuz nedir?; ***wie Sie ~*** nasıl arzu ederseniz

wünschenswert *adj* istenir; ***viel zu ~ übrig lassen*** *-in* çok eksiği/hatası var/olmak

wunschgemäß *adv* istendiği üzere

Wunsch|kind *n isteyerek yapılan* (*od yapılmış*) *çocuk*; **~konzert** *n* dinleyici/seyirci istekleri programı; **≗los** *adv*: ***~ glücklich*** halinden memnun; **~traum** *m* hayal, ideal; **~zettel** *m istenen hediyeler listesi*

Würde *f* ⟨-; -n⟩ haysiyet, onur; (*Erhabenheit*) heybet; ***unter meiner ~*** bana yakışmaz, seviyemin altında

würdelos *adj* haysiyetsiz

Würdenträger(in *f*) *m* rütbe/makam sahibi

würdevoll *adj* haysiyetli; (*ehrwürdig*) saygıdeğer; (*erhaben*) haşmetli, heybetli

würdig *adj* (*G -e*) layık; (*würdevoll*) saygıdeğer; ***er ist dessen nicht ~*** o buna layık değil

würdig|en *v/t* ⟨*h*⟩ değerlendirmek, takdir etmek; ***j-n keines Blickes ~*** b-ne bakmaya bile tenezzül etmemek; **≗ung** *f* ⟨-; -en⟩ takdir, değerlendirme

Wurf *m* ⟨-s; ⸚e⟩ atış; ZOOL yavrular *pl* (*bir batından doğan*)

Würfel *m* ⟨-s; -⟩ küp; zar (*oyun*)

würfeln ⟨*h*⟩ **1.** *v/i* (***um*** için) zar atmak; (*spielen*) zar oynamak; **2.** *v/t Kochgut* küp şeklinde doğramak; ***e-e Sechs ~*** altı/şeş atmak

Würfelzucker *m* kesmeşeker

Wurf|geschoss *n*, *österr* **~geschoß** *n* mermi

Wurfsendung(en *pl*) *f* POST *bütün evlere dağıtılan, adressiz gönderi*

Würgegriff *m -in* boğazını sıkma

würgen ⟨*h*⟩ **1.** *v/t* boğmaya çalışmak (*boğaz sıkarak*); **2.** *v/i* öğürmek; kusacak gibi olmak; ***~ an*** (*D*) *-i* yutmaya çalışmak

Wurm *m* ⟨-s; ⸚er⟩ ZOOL solucan

wurmen *v/t* ⟨*h*⟩ F *-in* ağırına gitmek

Wurm|fortsatz *m* apandis; **~kur** *f* MED solucan tedavisi; **~mittel** *n* MED solucan ilacı; **≗stichig** *adj* kurtlu, kurtlanmış

Wurst *f* ⟨-; ⸚e⟩ sucuk, sosis, salam *vs*; F ***es ist mir*** (***völlig***) ***~!*** bana vız gelir tırıs gider

Würstchen *n* ⟨-s; -⟩ sosis; **~bude** *f*, **~stand** *m* sosis büfesi; ***Wiener*** *usw* ***~*** Viyana *vs* usulü sosis; F ***armes ~*** zavallı

Würze *f* ⟨-; -n⟩ baharat; (*Geschmack*) tat, lezzet, çeşni

Wurzel *f* ⟨-; -n⟩ kök; ***zweite (dritte) ~*** kare (küp) kök; ***die ~ (aus) e-r Zahl ziehen*** bir sayının küpünü almak; ***~n schlagen*** kök salmak
Wurzel|behandlung *f* MED kök tedavisi; **~gemüse** *n kökü yenen sebze*; **≈los** *adj* köksüz; *fig* köklerinden kopmuş
wurzeln *v/i* ⟨*h*⟩: ***~ in*** *-e* kök salmak
Wurzelwerk *n* ⟨-s; *o pl*⟩ kökler *pl*
Wurzel|zeichen *n* MATH kök işareti; **~ziehen** *n* ⟨-s; *o pl*⟩ MATH kök alma
würzen *v/t* ⟨*h*⟩ baharatlamak
würzig *adj* baharatlı
wuschelig *adj* F kıvırcık, kıvır kıvır (*saç*)
Wust[1] *m* ⟨-s; *o pl*⟩ karışıklık, hercümerç; (*Unmenge*) muazzam miktar, yığın
Wust[2] *f Abk für* ***Warenumsatzsteuer*** *f* mal satış vergisi (*Avusturya ve İsviçre*)
Wüste *f* ⟨-; -n⟩ çöl
Wüstling *m* ⟨-s; -e⟩ sefih, hovarda
Wut *f* ⟨-; *o pl*⟩ (***auf*** *A -e*) öfke, kızgınlık; ***e-e ~ bekommen*** öfkelenmek; ***e-e ~ haben*** öfkeli olmak; **~anfall** *m* öfkelenme
wüten *v/i* ⟨*h*⟩: ***~ gegen*** *-e* karşı hiddet göstermek, tahribat yapmak
wütend *adj* (***auf*** *A -e*; ***über*** *A -den* dolayı) öfkeli; ***ein ~er Sturm*** çok şiddetli bir fırtına; ***j-n ~ machen*** b-ni çileden çıkarmak, öfkeden kudurtmak
wutentbrannt *adj* öfkeden kudurmuş
Wz. *Abk für* ***Warenzeichen*** alameti farika, (tescilli) marka

X, Y

x, X [ɪks] *n* ⟨-; -⟩ x, X; ***ich habe x Leute gefragt*** bu kadar kişiye sordum
x-Achse ['ɪks-] *f* MATH x ekseni
X-Beine ['ɪks-] *pl* MED bitişik diz
x-beinig ['ɪks-] *adj* bitişik dizli
x-beliebig ['ɪks-] *adj*: ***jede(r, -s) x-Beliebige …*** rasgele (biri), herhangi (biri)
X-Chromosom ['ɪks-] *n* x kromozomu
Xenon *n* ⟨-s; *o pl*⟩ CHEM ksenon
Xerographie [-f-] *f* ⟨-; *o pl*⟩ fotokopi
x-fach ['ɪks-] *adv* bilmemkaç kere
x-förmig ['ɪks-] *adj* çarpı biçiminde
x-mal ['ɪks-] *adv* defalarca, F bin kere
x-te ['ɪkste] *adj* F: ***zum ~n Male*** kaçıncı defa
Xylophon [-f-] *n* ⟨-s; -e⟩ MUS ksilofon
y, Y ['ʏpsilɔn] *n* ⟨-; -⟩ y, Y
y-Achse ['ʏpsilɔn-] *f* MATH y ekseni
Y-Chromosom ['ʏpsilɔn-] *n* y kromozomu
Yen [j-] *m* ⟨-(s); -(s)⟩ ÖKON yen
Yoga [j-] *m u n* ⟨-; *o pl*⟩ yoga
Yogi [j-] *m* ⟨-s; -s⟩ yogi, yoga üstadı
Yuppie ['jʊpi, 'japi] *m* ⟨-s; -s⟩ yupi

Z

z, Z [tsɛt] *n* ⟨-; -⟩ z, Z
Z. *Abk für* ***Zeile*** *f* satır
Zack *m* F: ***auf ~ sein*** (***in*** *D -de*) çok iyi olmak; ***etw auf ~ bringen*** halletmek
Zacke *f* ⟨-; -n⟩ çentik, kertik; *Säge, Kamm, Briefmarke* diş
zacken *v/t* ⟨*h*⟩ çentmek, kertmek, *-e* diş çekmek
Zackenschere *f* zikzaklı makas
zackig *adj* çentikli, kertikli; (*gezahnt*) dişli; *Linie, Blitz* zikzaklı; *Felsen* sivri
zaghaft *adj* çekingen, ürkek, kararsız; **≈igkeit** *f* ⟨-; *o pl*⟩ çekingenlik, kararsızlık
zäh *adj* sert, sağlam; **~flüssig** *adj* koyu, ağdalı; *Verkehr* ağır, yavaş
Zähigkeit *f* ⟨-; *o pl*⟩ dayanıklılık, sağlamlık
Zahl *f* ⟨-; -en⟩ sayı; (*Ziffer*) rakam; ***genaue ~en*** kesin rakamlar; ***römische ~en*** Roma rakamları
zahlbar *adj* (***an*** *A -e*, ***bei*** *-de*) ödene-

cek(tir)
zählbar *adj* sayılabilir
zahlen *v/i u v/t* ⟨*h*⟩ ödemek; **~, bitte!** hesap, lütfen
zählen *v/t u v/i* ⟨*h*⟩ saymak; **~ auf** *A -e* güvenmek; **~ zu den Besten** *usw* en iyilerinden *usw* sayılmak
Zahlen|angaben *pl* sayısal veriler/değerler; **~folge** *f* sayı dizisi; **2mäßig** **1.** *adj* sayısal; **2.** *adv*: ***j-m* ~ überlegen sein** b-nden sayıca üstün olmak; **~schloss** *n* şifreli kilit
Zähler *m* ⟨-s; -⟩ (*Gas2*) sayaç; MATH pay; **~ablesung** *f* sayaç okuma; **~stand** *m* *sayacın gösterdiği değer*
Zahl|grenze *f* bilet ücreti (*od* kıta) sınırı; **2los** *adj* sayısız, hesapsız; **2reich** **1.** *adj* pek çok, bol; **2.** *adv* kalabalık halde; **~meister** *m* MAR, MIL hesap memuru, maaş kâtibi; **~tag** *m* ödeme günü (*maaş, senet vs*)
Zahlung *f* ⟨-; -en⟩ ödeme; ***e-e* ~ leisten** bir ödemede bulunmak; ***etw* in ~ geben** *ödemenin bir kısmı yerine bş vermek*; ***etw* in ~ nehmen** *ödemenin bir kısmı yerine bş almak*
Zählung *f* ⟨-; -en⟩ sayım; (*Volks2*) nüfus sayımı
Zahlungs|anweisung *f* ödeme talimatı; (*Überweisung*) para havalesi; **~aufforderung** *f* ödeme talebi; **~aufschub** *m* borç erteleme; **~auftrag** *m* ödeme talimatı; **~bedingungen** *pl* ödeme şartları; **~befehl** *m* ödeme emri
Zahlungsbilanz *f* ödemeler dengesi/bilançosu; **~defizit** *n* ödemeler dengesi açığı; **~überschuss** *m* ödemeler dengesi fazlalığı
Zahlungs|einstellung *f* ödemelerin durdurulması; **~empfänger(in** *f*) *m* ödemeyi alan; **~erleichterungen** *pl* ödeme kolaylıkları; **2fähig** *adj* ödeme gücü olan, ödeyebilir; **~frist** *f* ödeme süresi/mühleti; **2kräftig** *adj* F ödeme gücü yüksek; **~mittel** *n* ödeme aracı, para; ***gesetzliches* ~** cari (*od* tedavüldeki) para; **2pflichtig** *adj* ödemekle yükümlü; **~schwierigkeiten** *pl* ödeme zorlukları; **~termin** *m* ödeme günü/tarihi; **2unfähig** *adj* âciz, borcunu ödeyemez; **~verkehr** *m* ödeme işlemleri; **~verpflichtung** *f* ödeme yükümlülüğü; ***s-n* ~en pünktlich nachkommen** ödeme yükümlülüklerini gecikmesiz yerine getirmek; **~verzug** *m* ödemede gecikme; ***in* ~ geraten** ödemede gecikmek
Zählwerk *n* TECH sayaç
Zahlwort *n* ⟨-s; ⸗er⟩ GR sayı sıfatı
zahm *adj* evcil, uysal
zähmbar *adj* evcilleştirilebilir
zähmen **1.** *v/t* ⟨*h*⟩ evcilleştirmek; *fig* uysallaştırmak; **2.** *v/r*: ***sich* ~** kendine hakim olmak
Zähmung *f* ⟨-; *o pl*⟩ evcilleştirme; uysallaştırma
Zahn *m* ⟨-s; ⸗e⟩ diş; ***die dritten* Zähne** takma diş(ler); *fig* **der ~ der Zeit** zamanın etkisi/aşındırması; *fig* ***j-m* auf den ~ fühlen** b-nin nabzını yoklamak; F ***e-n* ~ zulegen** gaza basmak
Zahn|arzt *m* diş hekimi/tabibi, F dişçi; **~arzthelferin** *f* ⟨-; -nen⟩ diş hekimi asistanı; **~ärztin** *f* diş hekimi/tabibi (kadın); **2ärztlich** *adj* diş hekimliği *subst*; **~arztpraxis** *f* diş hekimi muayenehanesi; **~behandlung** *f* diş tedavisi; **~belag** *m* diştaşı, tartar; **~bett** *n* dişyuvası; **~bürste** *f* diş fırçası; **~creme** *f* diş macunu
zähneknirschend *adv* istemeye istemeye
zahnen ⟨*h*⟩ *v/i* diş çıkarmak
zähnen *v/t* ⟨*h*⟩ TECH tırtıllamak; *-e* diş çekmek
Zahn|ersatz *m* diş protezi, F takma diş; **~fäule** *f* diş çürüğü; **~fleisch** *n* dişeti; **~fleischbluten** *n* dişeti kanaması; **~füllung** *f* dolgu; **~hals** *m* diş boynu; **~klinik** *f* diş kliniği; **~kranz** *m* TECH dişli çember; **~krone** *f* MED *dişin dişeti dışındaki kısmı*; **~labor** *n* diş laboratuarı; **2los** *adj* dişsiz; **~lücke** *f* diş boşluğu; **~medizin** *f* ⟨-; *o pl*⟩ diş hekimliği; **~mediziner(in** *f*) *m* diş hekimi; **~nerv** *m* diş siniri; **~pasta** *f* ⟨-; -sten⟩ diş macunu; **~pflege** *f* diş bakımı; **~prothese** *f* diş protezi
Zahnrad *n* TECH dişli çark; **~antrieb** *m* dişliyle tahrik; **~bahn** *f* dişli demiryolu
Zahn|seide *f* diş ipeği; **~schmerzen** *pl* diş ağrısı *sg*; **~spange** *f* diş teli; **~stange** *f* TECH dişli demir; **~stein** *m* MED tartar; **~stocher** *m* ⟨-s; -⟩ kürdan; **~stummel** *m* *kırılan dişten kalan parça*; **~technik** *f* diş teknisyenliği; **~techniker(in** *f*) *m* diş teknisyeni; **~weh** *n* ⟨-s; *o pl*⟩ diş ağrısı; **~wurzel** *f* diş kökü

Zander *m* ⟨-s; -⟩ ZOOL sudak, uzunlevrek
Zange *f* ⟨-; -n⟩ pense; (*Kneif*≈) kerpeten; (*Greif*≈, *Zucker*≈) maşa
Zankapfel *m* ⟨-s; *o pl*⟩ *uğrunda savaşılan şey*
zanken *v/r* ⟨*h*⟩ (**um** için) kavga etmek, dalaşmak
Zankerei *f* ⟨-; -en⟩ dalaşma, hırlaşma
zänkisch *adj* kavgacı, huysuz
Zäpfchen *n* ⟨-s; -⟩ ANAT küçük dil; MED fitil, süpozituar
Zapfen *m* ⟨-s; -⟩ (*Fasshahn*) fıçı musluğu; TECH (*Pflock*) kazık, mil; (*Spund*) tıpa, tıkaç; (*Verbindungs*≈) yuva dili, erkek geçme parçası; (*Dreh*≈) eksen, mil; BOT kozalak
zapfen *v/t* ⟨*h*⟩ (fıçıdan) çekmek (*bira*)
Zapf|hahn *m* fıçı musluğu; **~pistole** *f* AUTO yakıt musluğu/tabancası; **~säule** *f* AUTO akaryakıt pompası
Zapfenstreich *m* MIL *kışlaya dönüş saati*
Zappelei *f* ⟨-; *o pl*⟩ F kıpırdanıp/tepinip durma
zapp(e)lig *adj* F rahat durmaz, kurtlu
zappeln *v/i* ⟨*h*⟩ F: ***j-n ~ lassen*** b-ni (özellikle/inadına) bekletmek; F ***vor Aufregung ~*** heyecandan yerinde duramamak
Zappelphilipp *m* ⟨-s; -e⟩ F kurtlu
zappen ['zɛp(ə)n] *v/i* ⟨*h*⟩ F zapping yapmak
Zar [tsaːɐ] *m* ⟨-en; -en⟩ çar
Zarge *f* ⟨-; -n⟩ TECH *Tür* kasa; *Geige* kasnak
Zarin *f* ⟨-; -nen⟩ çariçe
zart *adj Fleisch usw* yumuşak; *Farben usw* hoş; (*sanft*) hassas, nazik, ince
zartbesaitet *adj* duyarlı, ince duygulu
zartbitter *adj* acımtırak (*çikolata*)
zartfühlend *adj* ince duygulu, halden anlar
zartgliedrig *adj* narin yapılı
Zartheit *f* ⟨-; *o pl*⟩ narinlik, yumuşaklık
zärtlich *adj* sevecen, şefkatli; **≈keit** *f* ⟨-; -en⟩ sevecenlik; (*Liebkosung*) okşama
Zäsur *f* ⟨-; -en⟩ MUS durak; kesinti
Zauber *m* ⟨-s; *o pl*⟩ sihir, büyü; **~ei** *f* ⟨-; *o pl*⟩ sihirbazlık, büyücülük; **~er** *m* ⟨-s; -⟩ sihirbaz, büyücü; **~formel** *f* tılsımlı söz; **≈haft** *adj fig* büyüleyici; **~in** *f* ⟨-; -nen⟩ büyücü kadın; **~kraft** *f* tılsım; **~künstler(in** *f*) *m* sihirbaz, hokkabaz; **~kunststück** *n* hokkabazlık
zaubern 1. *v/t büyüyle elde etmek*; **2.** *v/i* ⟨*h*⟩ büyü yapmak; *im Zirkus usw* sihirbazlık yapmak
Zauber|spruch *m* sihirli söz, büyü ibaresi; **~stab** *m* sihirli değnek, sihirbaz değneği; **~trank** *m* tılsımlı içecek; **~wort** *n* ⟨-s; -e⟩ sihirli söz
zaudern *v/i* ⟨*h*⟩ çekinmek, tereddüt etmek
Zaum *m* ⟨-s; ¨-e⟩ at başlığı, dizgin ve gem; **(*sich*) *im ~ halten*** (kendini) dizginlemek
zäumen *v/t* ⟨*h*⟩ dizginlemek
Zaumzeug *n* at başlığı
Zaun *m* ⟨-s; ¨-e⟩ çit, bahçe parmaklığı; ***e-n Streit vom ~ brechen*** hiç yoktan kavga çıkarmak; **~gast** *m* bedava seyirci, F beleşçi; **~könig** *m* ZOOL çitkuşu, boklucabülbül; **~pfahl** *m* çit kazığı; F ***ein Wink mit dem ~*** fazla açık bir ima
z.B. *Abk für* ***zum Beispiel*** mesela (mes.), örneğin (örn.)
Zebrastreifen *m* çizgili yaya geçidi
Zeche[1] *f* ⟨-; -n⟩ *Bergbau* maden ocağı
Zeche[2] *f* ⟨-; -n⟩ içki masrafı; *fig* ***die ~ bezahlen müssen*** hesabı ödemek zorunda olmak/kalmak
Zechpreller *m* ⟨-s; -⟩ *hesabı ödemeden kaçan*; *fig* dolandırıcı
Zecke *f* ⟨-; -n⟩ kene
Zeh *m* ⟨-s; -en⟩, **~e** *f* ⟨-; -n⟩ ayak parmağı; ***große*** **(*kleine*)** ***~e*** büyük (küçük) ayak parmağı; ***j-m auf die ~n treten*** b-ne baskı yapmak; (*kränken*) b-ni incitmek
Zehennagel *m* ayak tırnağı
Zehenspitze *f* ayak (parmakları) ucu; ***auf ~n gehen*** ayaklarının ucuna basarak yürümek
zehn *adj* on
Zehner *m* ⟨-s; -⟩ F → ***Zehnmarkschein***
Zehner|karte *f* onluk bilet; **~packung** *f* onluk ambalaj; **~stelle** *f* MATH onlar basamağı/hanesi
zehnfach *adj* on kat
Zehnfache *n* ⟨-n; *o pl*⟩: ***um das ~*** *-in* on katı (*daha çok vs*)
Zehnfingersystem *n* on parmak metodu
zehnjährig *adj*: ***ein ~es Kind*** on yaşında(ki) bir çocuk; ***~e Ehe*** *usw* on yıllık evlilik *vs*
Zehn|kampf *m Leichtathletik* dekatlon;

~kämpfer(in *f*) *m* dekatloncu
zehnmal *adv* on kez
Zehnmarkschein *m* on mark(lık banknot)
zehnt *adj* onuncu
zehntausend *adj* on bin; ***die oberen ~*** toplumun kaymağı; ***Zehntausende von …*** *-in* on binlercesi
Zehntel *n* ⟨-s; -⟩ onda (bir *vs*)
Zehntelsekunde *f* onda bir saniye
zehntens *adv* onuncu olarak, onuncusu
zehren *v/i* ⟨*h*⟩: ***~ von*** *-den* geçinmek (*hazır bş-den*); ***von s-m Kapital ~*** sermayesini yemek; ***~ an*** *-i* yormak, tüketmek
Zeichen *n* ⟨-s; -⟩ işaret; (*An*≈) belirti; (*Signal*) *a* sinyal; (*Merk*≈) mim; ***j-m ein ~ geben*** b-ne işaret vermek; ***ein ~ für*** (*od* ***von***) bir … işareti; ***als*** (*od* ***zum***) ***~ meiner Dankbarkeit*** teşekkürümün bir işareti olarak; ***im ~ stehen von*** (*od G*) *-in* izini taşımak; ***unser ~*** sayı; ***Ihr ~*** ilgi
Zeichen|block *m* çizim (kağıdı) bloku; **~erklärung** *f* (***für, zu*** *-de* kullanılan) işaretler (*haritada vs*); **~heft** *n* çizim (F resim) defteri; **~kode** *m* EDV karakter kodu; **~lehrer(in** *f*) *m* çizim/resim öğretmeni; **~papier** *n* çizim kâğıdı; **~programm** *n* EDV çizim programı; **~satz** *m* EDV karakter seti; **~setzung** *f* ⟨-; *o pl*⟩ GR noktalama; **~sprache** *f* işaret dili; **~trickfilm** *m* çizgi film; **~unterricht** *m* çizim dersi
zeichnen *v/i u v/t* ⟨*h*⟩ çizmek; *Scheck* imza etmek; *Aktien* taahhüt etmek; *fig* işaretlemek, işaret bırakmak; ***er war von der Krankheit gezeichnet*** hastalığın (derin) izlerini taşıyordu; ***für e-n Fonds*** bir fona taahhüt vermek; ***verantwortlich ~ für*** *-den* sorumlu olarak imzalamak
Zeichner *m* ⟨-s; -⟩, **~in** *f* ⟨-; -nen⟩ çizimci; ÖKON abone, taahhüt eden
zeichnerisch *adj* çizimci olarak; ***~e Begabung haben, ~ begabt sein*** *-in* çizimci yeteneği var/olmak
Zeichnung *f* ⟨-; -en⟩ resim, çizim; (*Grafik*) grafik; ZOOL doğal renk/şekil; ***e-e Anleihe zur ~ auflegen*** senedi taahhüde sunmak
zeichnungsberechtigt *adj* imzaya yetkili
Zeigefinger *m* işaretparmağı
zeigen ⟨*h*⟩ **1.** *v/t* göstermek; **2.** *v/r*: ***sich ~*** görünmek, gözükmek; ***sich von s-r besten Seite ~*** iyi bir izlenim bırakmaya çalışmak; **3.** *v/i*: ***~ auf*** (*A*) (***nach***) *-e* işaret etmek, *-i* göstermek; **4.** *v/unp*: ***es wird sich ~, wer recht hat*** kimin haklı olduğu (daha) belli olacak
Zeiger *m* ⟨-s; -⟩ (*Uhr*≈) gösterge, *kleiner* akrep, *großer* yelkovan; TECH gösterge, ibre, iğne
Zeigestock *m* değnek (*konuşmacı elinde*)
Zeile *f* ⟨-; -n⟩ satır; ***j-m ein paar ~n schreiben*** b-ne birkaç satır yazmak
Zeilen|abstand *m* satır arası/aralığı; **~drucker** *m* EDV satır yazıcı; **~honorar** *n satır sayısına göre hesaplanan fiyat*; **~vorschub** *m* satırbaşı (tuşu *vs*)
zeilenweise *adv* satır satır; (*nach Zeilen*) satır hesabıyla
Zeisig *m* ⟨-s; -e⟩ ZOOL karabaşlı iskete; *fig* uçarı
Zeit *f* ⟨-; -en⟩ zaman, vakit; (*~alter*) *a* çağ, dönem; GR zaman; ***die ~ ist um*** vakit tamam/doldu; ***die ~ nutzen*** vakti değerlendirmek; ***die ganze ~*** (***hindurch***) onca zaman (boyunca); ***e-e ~ lang*** bir süre; ***es wird ~, dass …*** -menin zamanı geliyor; (***für***) ***einige ~*** bir süre (için); ***freie ~*** boş zaman; ***ich habe keine ~*** (hiç) vaktim yok; ***in der*** (*od* ***zur***) ***~*** (*G*) (*-in*) zamanında; ***in letzter ~*** son zamanlarda; ***in nächster ~*** en yakın zamanda; ***mit der ~*** zamanla, yavaş yavaş; ***mit der ~ gehen*** zamana uymak; ***seit dieser ~*** o günden beri; ***sich*** (*D*) ***~ lassen*** acele etmemek; ***sich*** (*D*) ***~ nehmen für*** … için zaman ayırmak; ***~ sparend*** zamandan tasarruf eden/edici; ***von ~ zu ~*** zaman zaman; ***vor einiger ~*** bir süre önce; ***… aller ~en*** bütün zamanların -(s)i; ***das waren noch ~en*** (o günler) ne günlerdi; F (***ach,***) ***du liebe ~!*** bak sen şu işe!; → ***zurzeit***
Zeit|abschnitt *m* süre, dönem, devir; **~alter** *n* çağ, dönem; **~angabe** *f* zaman belirtme; **~ansage** *f* TEL saat anonsu; **~arbeit** *f* geçici iş, süresi sınırlı iş; **~bombe** *f* saatli bomba; **~aufnahme** *f* FOTO uzun pozlu çekim; **~aufwand** *m* (***für*** için) zaman harcama; ***mit großem ~ verbunden sein*** çok zaman istemek/gerektirmek; **≈aufwendig** *adj* zaman isteyen; **~begriff** *m* zaman kavramı;

~bombe *f* saatli bomba; **~dauer** *f* süre; **~differenz** *f* LUFTF saat farkı; **~dokument** *n* zaman(ın) belgesi; **~druck** *m* ⟨-s; *o pl*⟩: ***unter ~ stehen*** *-in* zamanı çok dar olmak
Zeitenfolge *f* GR *temel ve yan cümle zamanları arasındaki ilişki*
Zeit|faktor *m* zaman faktörü; **~frage** *f*: ***es ist e-e ~*** bu bir zaman meselesi; **~gefühl** *n* ⟨-s; *o pl*⟩ zaman duygusu; **~geist** *m* zaman(ın) ruhu; **2gemäß** *adj* çağdaş, zamana uygun; **~genosse** *m*, **~genossin** *f* çağdaş; **2genössisch** *adj* çağdaş; **~geschehen** *n* güncel olaylar; **~geschichte** *f* ⟨-; *o pl*⟩ *yakın geçmiş ve günümüz tarihi*; **~gewinn** *m* ⟨-s; *o pl*⟩ zaman kazanma; **2gleich** *adj* aynı anda
zeitig *adj u adv* erken
Zeitkarte *f* abone kartı, paso
zeitkritisch *adj* zamanı(nı) eleştiren
zeitlebens *adv* hayatı boyunca
zeitlich 1. *adj* zaman *subst*, zamansal; **2.** *adv*: ***etw ~ planen*** (*od* ***abstimmen***) bşin zamanını planlamak (*od* ayarlamak); ***~ begrenzt*** zamanca sınırlı; ***es passt mir ~ nicht*** zaman bakımından bana uymuyor
zeitlos *adj modaya bağlı olmayan*
Zeit|lupe *f* ⟨-; *o pl*⟩ FILM yavaşlatılmış hareket; ***in ~*** yavaşlatılmış hareketle; **~not** *f* ⟨-; *o pl*⟩: ***in ~ sein*** *-in* zamanı çok dar olmak; **~plan** *m* program; (*Fahrplan usw*) tarife; **~punkt** *m* an; (*Termin*) tarih; ***zum ~*** (*G*) ...(*-in*) tarihinde; ***zu e-m späteren ~*** ilerideki bir tarihte
zeitraubend *adj* zaman alıcı/isteyen
Zeit|raum *m* süre, zaman dilimi; **~rechnung** *f*: ***unserer ~*** bizim takvimimizle; **~schalter** *m* EL timer, taymer; **~schrift** *f* dergi; **~spanne** *f* süre, zaman dilimi
Zeitung *f* ⟨-; -en⟩ gazete; ***in der ~ steht, dass*** gazetede *-in* -diği yazıyor
Zeitungs|abonnement *n* gazete abonmanı; **~artikel** *m* gazete yazısı; **~ausschnitt** *m* (gazete) kupür(ü), kesik; **~beilage** *f* gazete eki; **~bericht** *m* gazete haberi; **~ente** *f* F balon (haber); **~händler(in** *f*) *m* gazete bayii; **~junge** *m* gazete satan/dağıtan oğlan; **~kiosk** *m* gazete büfesi; **~leser(in** *f*) *m* gazete okuyucusu/okuru; **~meldung** *f* gazete haberi; **~notiz** *f* kısa haber; **~papier** *n* gazete kağıdı; **~redakteur(in** *f*) *m* sayfa sekreteri, F gazeteci; **~stand** *m* gazete satış standı; **~ständer** *m* gazetelik; **~stil** *m* gazete üslubu; **~verkäufer(in** *f*) *m* gazeteci (*satıcı*); **~verleger(in** *f*) *m* gazete yayıncısı, F gazete sahibi; **~wesen** *n* ⟨-s; *o pl*⟩ gazetecilik; (*Presse*) basın
Zeit|unterschied *m* LUFTF saat farkı; **~verlust** *m* ⟨-s; *o pl*⟩ zaman kaybı; ***den ~ aufholen*** zaman kaybını telafi etmek; **~verschwendung** *f* zaman israfı; **~vertreib** *m* ⟨-s; -e⟩ zaman geçirme, oyalanma; ***zum ~*** zaman geçirmek için
zeitweilig 1. *adj* geçici; **2.** *adv* zaman zaman, ara sıra
zeitweise *adv* zaman zaman, ara sıra
Zeit|wert *m* ÖKON o/şu andaki değer; **~wort** *n* ⟨-s; ⸚er⟩ GR fiil; **~zeichen** *n* *Rundfunk* saat ayarı; **~zone** *f* (dünya) saat dilimi; **~zünder** *m* zaman ayarlı ateşleyici
zelebrieren *v/t* ⟨*o* ge-, *h*⟩ ... töreni yapmak
Zell|atmung *f* hücre solunumu; **~bau** *m* ⟨-s; *o pl*⟩ hücre yapısı; **~bildung** *f* hücre oluşumu
Zelle *f* ⟨-; -n⟩ hücre; TEL kulübe
Zell|gewebe *n* hücre dokusu; **~kern** *m* hücre çekirdeği
Zellophan [-'fa:n] *n* ⟨-s; *o pl*⟩ selofan
Zellstoff *m* selüloz
Zellteilung *f* hücre bölünmesi
zellular *adj* hücresel
Zellulitis *f* ⟨-; -litiden ⟩ MED selülit
Zelluloid [-'lo̯yt] *n* ⟨-s; *o pl*⟩ selüloit
Zellulose *f* ⟨-; -n⟩ selüloz
Zellwand *f* hücre çeperi
Zelt *n* ⟨-s; -e⟩ çadır; ***ein ~ aufschlagen*** (***abbrechen***) çadır kurmak (sökmek); F ***s-e ~e aufschlagen*** postunu sermek; ***s-e ~e abbrechen*** terki diyar etmek
Zeltdach *n* ARCH çadırörtüsü
zelten *v/i* ⟨*h*⟩ kamp yapmak; ***Zelten verboten!*** çadır kurmak yasaktır
Zelt|lager *n* çadır kampı; **~platz** *m* kamp yeri; *gewerblich* kamping; **~stadt** *f* çadırkent
Zement *m* ⟨-s; -e⟩ çimento
zementieren *v/t* ⟨*o* ge-, *h*⟩ çimentolamak; *fig* ayakta tutmak (*kötü bir durumu*)
Zenit *m* ⟨-s; *o pl*⟩: ***im ~*** dorukta, zirvede
zensieren *v/t* ⟨*o* ge-, *h*⟩ sansürlemek; *Schule -e* not vermek

Zensor *m* ⟨-s; -en ⟩ sansür yetkilisi
Zensur *f* ⟨-; *o pl*⟩ sansür; *Schule* not; ***der ~ unterliegen*** sansüre tabi olmak; ***gute ~en haben*** *-in* notları iyi olmak
Zentimeter *m, a n* ⟨-s, -⟩ santimetre
Zentner *m* ⟨-s; -⟩ elli kilo
zentral *adj* merkezi; ***~ gelegen sein*** merkezî bir yerde olmak; ***das ~e Problem*** ana sorun
Zentralbank *f* ⟨-; -en⟩ merkez bankası
Zentrale *f* ⟨-; -n⟩ merkez; (*Telefon*≈) santral; TECH kontrol odası
Zentralheizung *f* kalorifer
zentral|isieren *v/t* ⟨*o* ge-, *h*⟩ merkezileştirmek; **≈ismus** *m* ⟨-s; *o pl*⟩ POL merkeziyetçilik; **~istisch** *adj* merkeziyetçi
Zentral|komitee *n* merkez komitesi; **~massiv** *n* GEOGR orta kütle; **~nervensystem** *n* merkezi sinir sistemi; **~organ** *n* resmi organ; **~verband** *m* ÖKON federasyon
zentrieren *v/t* ⟨*o* ge-, *h*⟩ ortalamak
zentrifugal *adj* merkezkaçlı, santrifüjlü
Zentifugalkraft *f* merkezkaç kuvveti
Zentrifuge *f* ⟨-; -n⟩ santrifüj
zentrisch *adj* merkezdeki
Zentrum *n* ⟨-s; -tren⟩ merkez; ***im ~ von München*** Münih'in merkezinde; ***sie stand im ~ des Interesses*** ilginin merkezi halindeydi
Zeppelin [-li:n] *m* ⟨-s; -e⟩ LUFTF zeplin
Zepter *n* ⟨-s; -⟩ asa (*hükümdarın*)
zerbeißen *v/t* ⟨*unreg, o* -ge-, *h*⟩ ısırıp parçalamak
zer|bomben *v/t* ⟨*o* -ge-, *h*⟩ bombalayarak yıkmak; **~bombt** *adj* bombalanarak yıkılmış
zerbrech|en ⟨*unreg, o* -ge-⟩ **1.** *v/t* ⟨*h*⟩ kırmak, kırıp parçalamak; **2.** *v/i* ⟨*sn*⟩ kırılmak; **~lich** *adj* kırılır; ***Vorsicht, ~!*** dikkat kırılacak eşya!
zerbröckeln **1.** *v/t* ⟨*o* -ge-, *h*⟩ ufalamak; **2.** *v/i* ⟨*o* -ge-, *sn*⟩ ufalanmak
zerdrücken *v/t* ⟨*o* -ge-, *h*⟩ basıp öldürmek; *Kartoffeln* ezmek, püre yapmak; *Kleidung* buruşturmak
zerebral *adj* MED beyinsel
Zeremon|ie [tseremo'ni:, -'mo:nĭə] *f* ⟨-; -n⟩ tören, merasim; **≈iell** [-mo'nĭɛl] *adj* tören *subst*; **~iell** *n* ⟨-s; -e⟩ tören, teşrifat
zerfallen[1] *v/i* ⟨*unreg, o* -ge-, *sn*⟩ çözülmek; ***~ in*** çözülüp … haline gelmek; ***~ zu*** CHEM … olarak ayrışmak
zerfallen[2] *adj* kavgalı, küs
zerfetzen *v/t* ⟨*o* -ge-, *h*⟩ parça parça etmek
zerfleddern *v/t* ⟨*o* -ge-, *h*⟩ pıyrım pıyrım etmek
zerfleischen ⟨*o* -ge-, *h*⟩ **1.** *v/t* paralamak; *fig* ***einander ~*** birbirine azap vermek; **2.** *v/r*: ***sich ~*** (***vor*** *-in*) azabını çekmek
zerfließen *v/i* ⟨*unreg, o* -ge-, *sn*⟩ eriyip gitmek
zerfressen[1] *v/t* ⟨*unreg, o* -ge-, *h*⟩ yemek (*suretiyle zarar vermek*); CHEM, TECH aşındırmak
zerfressen[2] *adj*: ***von Motten ~*** güve yeniği(yle) dolu; ***vom Rost ~*** pas yemiş; ***von Neid ~*** kıskançlıktan erimiş
zerfurcht *adj* buruşuk, kırışık (*yüz*)
zergehen *v/i* ⟨*unreg, o* -ge-, *sn*⟩ erimek, eriyip gitmek
zergliedern *v/t* ⟨*o* -ge-, *h*⟩ parçalarına ayırmak (*anla(t)mak için*)
zerhacken *v/t* ⟨*o* -ge-, *h*⟩ kıymak, doğramak
zerhauen *v/t* ⟨*o* -ge-, *h*⟩ vurup parçalamak
zerkauen *v/t* ⟨*o* -ge-, *h*⟩ iyice çiğnemek
zerkleinern *v/t* ⟨*o* -ge-, *h*⟩ küçük küçük parçalamak; (*zermahlen*) öğütmek
zerklüftet *adj* yarık yarık
zerknirscht *adj* pişman; ***~ sein*** (***über*** *-den*) pişman olmak
Zerknirschung *f* ⟨-; *o pl*⟩ pişmanlık
zerknittern **1.** *v/t* ⟨*o* -ge-, *h*⟩ buruşturmak; **2.** *v/i* ⟨*sn*⟩ buruşmak
zerknüllen *v/t* ⟨*o* -ge-, *h*⟩ (kâğıdı) buruşturmak
zerkratzen *v/t* ⟨*o* -ge-, *h*⟩ tırmalamak
zerlassen *v/t* ⟨*unreg, o* -ge-, *h*⟩ eritmek
zerlaufen *v/i* ⟨*unreg*, o -ge-, *sn*⟩ erimek
zerlegbar *adj* ayrılabilir; sökülebilir
zerlegen *v/t* ⟨*o* -ge-, *h*⟩ parçalarına ayırmak; *Möbel, Maschine a* sökmek, demonte etmek; *Fleisch* dilimlemek; CHEM *u fig* çöz(ümle)mek
zerlöchert *adj* delik deşik
zerlumpt *adj* üstü başı perişan (*od* lime lime, yırtık pırtık)
zermahlen *v/t* ⟨*unreg, o* -ge-, *h*⟩ (değirmende) öğütmek
zermalmen *v/t* ⟨*o* -ge-, *h*⟩ ezip parçalamak, F *-in* pestilini çıkarmak
zermartern *v/t* ⟨*o* -ge-, *h*⟩: ***sich*** (*D*) ***den***

Kopf **~** (***über*** üzerine) kafa patlatmak

zermürben *v/t* ⟨*o* -ge-, *h*⟩ yıpratmak, *-in* direncini kırmak

zerplatzen *v/i* ⟨*o* -ge-, *sn*⟩ (***vor*** *D -den*) patlamak

zerquetschen *v/t* ⟨*o* -ge-, *h*⟩ çiğneyip ezmek

Zerrbild *n* karikatür; (*Darstellung*) gerçeği çarpıtan anlatım; ***ein*** **~** ***von*** … bozuntusu

zerreden *v/t* ⟨*o* -ge-, *h*⟩ konuşa konuşa mahvetmek

zerreiben *v/t* ⟨*unreg*, *o* -ge-, *h*⟩ ezmek, öğütmek

zerreißen ⟨*unreg*, *o* -ge-⟩ **1.** *v/t* ⟨*h*⟩ yırtıp ayırmak, parçalamak: ***sich*** (*D*) ***die Hose*** **~** pantolonunu yırtmak; **2.** *v/i* ⟨*sn*⟩ yırtılmak; *Seil* kopmak; **3.** *v/r*: ***sich*** (***fast***) **~** didinmek, uğraşmak

zerren ⟨*h*⟩ **1.** *v/t* çekmek, sürüklemek; ***sich*** (*D*) ***e-n Muskel*** **~** MED *-in* lifi kopmak; **2.** *v/i* (***an*** *D -i*) çek(iştir)mek, sürüklemek

zerrinnen *v/i* ⟨*unreg*, *o* -ge-, *sn*⟩ (*a fig Geld*) eriyip gitmek; *Träume* yok olup gitmek

Zerrung *f* ⟨-; -en⟩ MED lif kopması

zerrütt|en *v/t* ⟨*o* -ge-, *h*⟩ sarsmak, bozmak; **~et** *adj Ehe* JUR *şiddetli geçimsizlikten dolayı yürümez halde*; **~*e Verhältnisse*** sarsılmış durum *sg* (*od* ilişkiler *pl*); **2ung** *f* ⟨-; -en⟩ JUR şiddetli geçimsizlik

zersägen *v/t* ⟨*o* -ge-, *h*⟩ parça parça kesmek (*testereyle*)

zerschellen *v/i* ⟨*o* -ge-, *sn*⟩ çarparak parçalanmak

zerschlagen[1] ⟨*unreg*, *o* -ge-, *h*⟩ **1.** *v/t* vurup parçalamak; *fig* yok etmek, dağıt-mak; **2.** *v/r*: ***sich*** **~** *Pläne usw* suya düşmek, sonuçsuz kalmak

zerschlagen[2] *adj* kırılmış, parça parça; F ***sich wie*** **~** ***fühlen*** kendini çok bitkin hissetmek

zerschlissen *adj* partal, lime lime

zerschmettern *v/t* ⟨*o* -ge-, *h*⟩ paramparça etmek

zerschneiden *v/t* ⟨*unreg*, *o* -ge-, *h*⟩ (parça parça) kesmek

zersetz|en ⟨*o* -ge-, *h*⟩ **1.** *v/t* parçalamak; **2.** *v/r*: ***sich*** **~** CHEM ayrışmak; **2ung** *f* ⟨-; *o pl*⟩ CHEM ayrış(tır)ma; parçalama

zersplittern **1.** *v/i* ⟨*o* -ge-, *sn*⟩ *Glas* tuz(-la) buz olmak; **2.** *v/r* ⟨*h*⟩: ***sich*** **~** *fig* bölünmek, dağılmak

zerspringen *v/i* ⟨*unreg*, *o* -ge-, *sn*⟩ çatlamak, yarılmak; *völlig* paramparça olmak

zerstampfen *v/t* ⟨ *o* -ge-, *h*⟩ ezmek (*ayakla çiğneyerek*); dövmek (*havanda*)

zerstäub|en *v/t* ⟨*o* -ge-, *h*⟩ püskürtmek, sıkmak; **2er** *m* ⟨-s; -⟩ püskürteç

zerstechen *v/t* ⟨*unreg*, o -ge-, *h*⟩: ***j-n*** **~** b-nin her tarafını sokmak (*Mücken usw*)

zerstör|en *v/t* ⟨*o* -ge-, *h*⟩ mahvetmek, tahrip etmek, yıkmak; ***j-s Hoffnungen*** **~** b-nin ümitlerini kırmak; **2er** *m* ⟨-s, -⟩ tahrip eden, yıkıcı; MIL muhrip, destroyer; **~erisch** *adj* yıkıcı; **2ung** *f* ⟨-; -en⟩ yıkma, yıkım, tahrip

Zerstörungs|trieb *m* yıkma güdüsü; **~werk** *n* tahrip, yıkma; **~wut** *f* tahripkârlık, vandalizm

zerstreuen ⟨*o* -ge-, *h*⟩ **1.** *v/t* serpmek, dağıtmak, yaymak; **2.** *v/r*: ***sich*** **~** serpilmek, yayılmak; *Menge* dağılmak; *fig* eğlenmek, oyalanmak

zerstreut *adj fig* dalgın; **2heit** *f* ⟨-; *o pl*⟩ dalgınlık

Zerstreuung *f* ⟨-; -en⟩ *fig* eğlence, oyalanma

zerstückeln *v/t* ⟨*o* -ge-, *h*⟩ parçalamak, parça parça etmek

zerteilen ⟨*o* -ge-, *h*⟩ **1.** *v/t* bölmek, ayırmak; **2.** *v/r*: ***sich*** **~** bölünmek, ayrılmak

Zertifikat *n* ⟨-s; -e⟩ sertifika, belge

zertrampeln *v/t* ⟨*o* -ge-, *h*⟩ çiğnemek, ezmek (*tepinerek*)

zertrennen *v/t* ⟨*o* -ge-, *h*⟩ parçalarına ayırmak; *Kleidung* sökmek

zertreten *v/t* ⟨*unreg*, *o* -ge-, *h*⟩ çiğnemek, ezmek (*ayakla*)

zertrümmern *v/t* ⟨*o* -ge-, *h*⟩ harap etmek; MED dağıtmak

zerwühlen *v/t* ⟨*o* -ge-, *h*⟩ altüst etmek

Zerwürfnis *n* ⟨-ses; -se⟩ bozuşma, kavga

zerzaust *adj* darmadağın, karmakarışık

zetern *v/i* ⟨*h*⟩ F yaygara koparmak; (*schimpfen*) sövüp saymak

Zettel *m* ⟨-s; -⟩ kağıt (parçası), pusula; (*Klebe2*) (yapışkan) etiket, çıkartma; (*Karteikarte*) fiş; **~kartei** *f* kartotek

Zeug *n* ⟨-s; *o pl*⟩ madde, şey; *fig abw* pılı pırtı, zamazingo; (*Sachen*) eşya; ***er hat das*** **~** ***dazu*** onun buna yeteneği var; ***dummes*** **~** saçmalık

Zeuge *m* ⟨-n; -n⟩ şahit, tanık; **~ der Anklage** iddia makamının şahidi; **~n der Vergangenheit** geçmişin tanıkları
zeugen[1] *v/i* ⟨*h*⟩: *Mann* **ein Kind ~** çocuk yapmak (*od abw* peydahlamak)
zeugen[2] *v/i* ⟨*h*⟩ şahitlik etmek; **~ von** *-e* tanıklık etmek
Zeugen|aussage *f* JUR şahit ifadesi; **~bank** *f*, **~stand** *m* şahit yeri (*duruşma salonunda*)
Zeugin *f* ⟨-; -nen⟩ şahit (kadın)
Zeugnis *n* ⟨-ses; -se⟩ *Schule* karne; (*Prüfungs*≈) diploma; (*Arbeits*≈) bonservis; **~se** *pl* belgeler; **~ ablegen** (*od* **geben**) (**für, von** *-den*) söz etmek; **~verweigerungsrecht** *n* JUR şahitlikten kaçınma hakkı
Zeugung *f* ⟨-; -en⟩ dölleme, ilkah
Zeugungsakt *m* dölleme edimi, çiftleşme
zeugungsfähig *adj* dölleme yeterliği olan; ≈**keit** *f* ⟨-; *o pl*⟩ dölleme yeterliği
zeugungsunfähig *adj* dölleme yeterliği olmayan; ≈**keit** *f* ⟨-; *o pl*⟩ dölleme yetersizliği, kısırlık
z. Hd. *Abk für* **zu Händen** (**von**) … dikkatine
Zi. **1.** *Abk für* **Zimmer** *n* oda; **2.** *Abk für* **Ziffer** *f* sayı, rakam, numara (*no.*)
Zicke *f* ⟨-; -n⟩ cadaloz
Zicken F **mach keine ~!** zıpırlık etme!
zickig *adj* F *Mädchen, Frau* kaprisli
Zickzack *m* ⟨-s; -e⟩: **im ~ gehen** (*od* **fahren**) zikzak çizerek gitmek
Ziege *f* ⟨-; -n⟩ ZOOL (dişi) keçi; F **blöde ~** pis karı
Ziegel *m* ⟨-s; -⟩ tuğla; (*Dach*≈) kiremit; **~dach** *n* kiremit(li) çatı; ≈**rot** *adj* kiremidi, tuğla kırmızısı; **~stein** tuğla
Ziegen|bock *m* ⟨-s; ⸚e⟩ teke, erkeç; **~fell** *n* keçi postu; **~käse** *m* keçi peyniri; **~leder** *n* keçi derisi; **~milch** *f* keçi sütü; **~peter** *m* ⟨-s; *o pl*⟩ F MED kabakulak
Ziehbrunnen *m* zincirli kuyu
ziehen ⟨zog, gezogen⟩ **1.** *v/t* ⟨*h*⟩ çekmek; (*schleppen*) sürüklemek; *Blumen* yetiştirmek; (*heraus~*) (**aus** *-den*) çekip çıkarmak/almak; **j-n ~ an** (*D*) b-ni *-den* tutup çekmek; **auf sich ~** *Aufmerksamkeit, Augen* üzerine çekmek; **j-n mit sich** (*D*) **~** b-ni çekip götürmek; **nach sich ~** *-e* yolaçmak; **2.** *v/r* ⟨*h*⟩: **sich ~** uzun sürmek; (*dehnen*) esnemek, uzamak; **3.** *v/i* ⟨*h*⟩ (**an** *D -den*) çekmek; ⟨*sn*⟩ (*sich bewegen*) gitmek; (*um~*) (**nach** *-e*) taşınmak; **den Tee drei Minuten ~ lassen** çayı üç dakika demlemek; **4.** *v/unp* ⟨*h*⟩: **es zieht** burada cereyan var; **es zog ihn nach Hause** evine/yurduna dönme isteği duydu
Ziehen *n* ⟨-s; *o pl*⟩ MED çekilme, kasılma
Ziehharmonika *f* ⟨-; -s, -ken⟩ akordeon
Ziehung *f* ⟨-; -en⟩ *Lotto usw* çekiliş
Ziel *n* ⟨-s; -e⟩ hedef; *fig a* amaç, gaye; SPORT varış; **das ~ verfehlen** hedefi(ni) şaşmak; **sich** (*D*) **ein ~ setzen** kendine bir hedef belirlemek; **sein ~ erreichen** hedefine ulaşmak; **sich** (*D*) **zum ~ gesetzt haben, etw zu tun** bş yapmayı amaç edinmiş olmak; (**nicht**) **zum ~ führen** hedef(in)e ulaştırmamak; **sein ~ aus dem Auge verlieren** (**im Auge behalten**) hedefini gözden kaybet(me)mek
Zielanflug *m* LUFTF hedefe varış
zielbewusst sebatkâr, azimli
Zieleinlauf *m* hedefe varış, finiş
zielen *v/i* ⟨*h*⟩ (**auf** *A -e*) nişan almak
Ziel|fernrohr *n* nişan dürbünü; ≈**gerichtet** *adj* hedefe yönelik; **~gruppe** *f* hedef grup; **~linie** *f* varış çizgisi; ≈**los** *adj* amaçsız, gayesiz, hedefsiz; **~richter** *m* varış hakemi; **~scheibe** *f* hedef (tahtası); *fig a* boy hedefi; **~setzung** *f* ⟨-; -en⟩ hedef, amaç; ≈**sicher** *adj* şaşmaz, hedefinden emin
zielstrebig *adj* sebatkâr, azimli; ≈**keit** *f* ⟨-; *o pl*⟩ sebat, azim
Zielvorstellung *f* (arzulanan) hedef, ideal
ziemlich **1.** *adj* oldukça büyük (çok, uzak *vs*); **2.** *adv* oldukça; **ich bin ~ sicher** oldukça eminim; **~ viel(e)** oldukça çok, epey; **so ~ alles** akla ne gelirse
Zierde *f* ⟨-; -n⟩: **zur ~** süs olarak; **e-e ~ für** *-in* süsü/incisi
zieren ⟨*h*⟩ **1.** *v/t* süslemek, güzelleştirmek; **2.** *v/r*: **sich ~** nazlanmak
zierlich *adj* zarif, nazik; *Statur* ufak tefek, minyon, narin
Zier|fisch *m* süs balığı; **~garten** *m* süs bahçesi; **~leiste** *f* AUTO kromajlı çıta; *Möbel* kordon; **~pflanze** *f* süs bitkisi
Ziffer *f* ⟨-; -n⟩ rakam; **~blatt** *n* (saat) kadran(ı), mine
zig *adj* F birsürü
Zigarette *f* ⟨-; -n⟩ sigara

Zigaretten|automat *m* sigara otomatı; **~packung** *f* sigara paketi; **~schachtel** *f* sigara kutusu; **~stummel** *m* sigara izmariti

Zigarillo *m* ⟨-s; -s⟩ küçük/ince puro

Zigarre *f* ⟨-; -n⟩ puro, sigar

Zigeuner *m* ⟨-s; -⟩, **~in** *f* ⟨-; -nen⟩ *neg!* çingene; **~leben** *n* çingene hayatı

Zikade *f* ⟨-; -n⟩ ZOOL ağustosböceği

Zimmer *n* ⟨-s; -⟩ oda; **~antenne** *f* dahili anten; **~einrichtung** *f* mobilya; **~kellner** *m oda servisi yapan garson*; **~lautstärke** *f dışarıya taşmayacak ses yüksekliği*; ***das Radio auf ~ stellen*** radyonun sesini dışarıdan duyulmayacak kadar açmak; **~mädchen** *n* oda hizmetçisi (kız); **~mann** *m* ⟨-s; -leute⟩ marangoz

zimmern *v/t* ⟨*h*⟩ yapmak (*marangozluk ederek*)

Zimmer|nachweis *m* otel/pansiyon bulma servisi; **~nummer** *f* oda numarası; **~pflanze** *f* salon bitkisi; **~reservierung** *f* oda rezervasyonu; **~schlüssel** *m* oda anahtarı; **~service** *m* oda servisi; **~suche** *f*: ***auf ~ sein*** otel/pansiyon aramak; **~temperatur** *f* oda sıcaklığı; **~vermittlung** *f* → ***~nachweis***

zimperlich *adj* nanemolla

Zimt *m* ⟨-s; -e⟩ tarçın

Zink *n* ⟨-s; *o pl*⟩ çinko

Zinke *f* ⟨-; -n⟩ *Kamm* tarak dişi; *Gabel* çatal ucu

Zinn *n* ⟨-s; *o pl*⟩ CHEM kalay; *legiertes* kurşun-kalay alaşımı

Zinne *f* ⟨-; -n⟩ ARCH mazgal dişi

Zinnober *m* ⟨-s; -⟩ zincifre, cıva sülfür; F tantana, velvele; **≈rot** *adj* zincifre kırmızısı

Zins *m* ⟨-es; -en⟩ ÖKON (*a* ***~en*** *pl*) faiz; ***3% ~en bringen*** yüzde üç faiz getirmek; ***ohne ~en*** faizsiz; **~besteuerung** *f* faizi vergileme; **≈bringend** *adj* faiz getiren

Zinsenlast *f* faiz borcu

Zinsertrag *m* faiz geliri/kazancı

Zinseszins *m* bileşik faiz, F faizin faizi

zins|günstig *adj* uygun faizli, F düşük faizli; **~los** *adj* faizsiz; **≈rechnung** *f* faiz hesabı; **~satz** *m* faiz oranı; **~senkung** *f* faiz indirimi/düşüşü; **~verlust** *m* faiz kaybı

Zionismus *m* ⟨-; *o pl*⟩ siyonizm

Zionist *m* ⟨-en; -en⟩, **~in** *f* ⟨-; -nen⟩ siyonist; **≈isch** *adj* siyonist

Zipfel *m* ⟨-s; -⟩ *Tuch* köşe; *Wurst* uç

Zipfelmütze *f* sivri külah

Zirbeldrüse *f* ANAT epifiz, kozalaksı bez

Zirkapreis *m* ÖKON yaklaşık fiyat

Zirkeltraining *n* kondisyon çalışması

Zirkul|ation *f* ⟨-; *o pl*⟩ dolaşım, dolanım; **≈ieren** *v/i* ⟨*o* ge-, *sn*⟩ dolaşmak, tedavülde olmak; piyasada bulunmak

Zirkumflex *m* ⟨-es; -e⟩ GR düzeltme işareti

Zirkel *m* ⟨-s; -⟩ pergel; (*Gruppe*) grup

Zirkus *m* ⟨-; -se⟩ sirk; F telaş, hengâme

zischen **1.** *v/i* ⟨*h*⟩ *Fett* cızırdamak; *Sprudel* fışırdamak; ⟨*sn*⟩ *durch die Luft* vınlayıp geçmek; **2.** *v/t* ⟨*h*⟩ *Worte kızgınlıkla, dişlerin arasından söylemek*

Zischlaut *m* GR fışırtılı ünsüz

ziselieren *v/t* ⟨*o* ge-, *h*⟩ hakketmek, kalemle işlemek

Zisterne *f* ⟨-; -n⟩ sarnıç

Zitadelle *f* ⟨-; -n⟩ iç kale

Zitat *n* ⟨-s; -e⟩ alıntı

Zither *f* ⟨-; -n⟩ MUS kanun

zitieren *v/t u v/i* ⟨*o* ge-, *h*⟩ alıntılamak; ***falsch ~*** yanlış alıntılamak/aktarmak

Zitronat *n* ⟨-s; -e⟩ limon şekeri

Zitrone *f* ⟨-; -n⟩ limon

Zitronen|falter *m bir kelebek türü* (*Gonepteryx rhamni*); **~limonade** *f* limonata; **~saft** *m* limon suyu; **~säure** *f* limon asidi, sitrik asit; **~schale** *f* limon kabuğu

Zitrusfrüchte *pl* narenciye, turunçgiller

zitterig *adj* titrek

zittern *v/i* ⟨*h*⟩ (***vor*** *D -den*) titremek; ***~ um*** *-in* üstüne titremek

Zittern *n* ⟨-s; *o pl*⟩ titreme, titreyiş

Zitterpappel *f* BOT tellikavak

Zivi [-v-] *m* ⟨-s; -s⟩ F *askerlik yerine sivil hizmet gören*

zivil [-v-] *adj* sivil; *Preis* makul

Zivil [-v-] *n* ⟨-s; *o pl*⟩ sivil kıyafet; ***Polizist*** *m* ***in ~*** sivil polis

Zivilbevölkerung [-v-] *f* sivil halk

Zivildienst [-v-] *m askerliği reddeden b-nin gördüğü sağlık vs hizmeti*; **~leistende** *m* ⟨*-n*; -n⟩ *askerlik yerine sivil hizmet gören*

Zivil|fahnder(in *f*) [-v-] *m bir operasyonda görevli sivil polis memuru*; **~fahndung** *f sivil memurların yürüttüğü operasyon*; **~gericht** *n* hukuk mahkemesi

Zivil|isation [-'tsi̯o:n] *f* ⟨-; -en⟩ uygarlık, medeniyet; **2isieren** *v/t* ⟨*o* ge-, *h*⟩ uygarlaştırmak; **~ist** *m* ⟨-en; -en⟩ sivil (kişi)

Zivil|kammer [-v-] *f* JUR hukuk mahkemesi (heyeti); **~klage** *f* JUR hukuk davası (başvurusu); **~prozess** *m* JUR hukuk davası; **~prozessordnung** *f* hukuk muhakemeleri usulü; **~recht** *n* ⟨-s; *o pl*⟩ medenî hukuk; **2rechtlich** *adj* medenî hukuk *subst*; **~stand** *m* medenî hal; **~trauung** *f* medenî nikâh; **~schutz** *m* sivil savunma

Zobel *m* ⟨-s; -⟩ ZOOL samur; samur kürk

zocken *v/i* ⟨*h*⟩ F kumar oynamak

Zocker *m* ⟨-s; -⟩ F kumarbaz

Zoff *m* ⟨-s; *o pl*⟩ F anlaşmazlık, hırgür

zögern *v/i* ⟨*h*⟩ çekinmek, tereddüt etmek; ***ohne zu ~*** çekinmeden

Zögern *n* ⟨-s; *o pl*⟩ çekinme, tereddüt

zögernd *adj* çekine çekine

Zögling *m* ⟨-s; -e⟩ (*Pflegekind*) yetiştirme; (*Internatsschüler*) yatılı öğrenci

Zölibat ⟨-s; *o pl*⟩ *rahiplere evlenme yasağı*

Zoll[1] *m* ⟨-s; -⟩ inç

Zoll[2] *m* ⟨-s; ⸗e⟩ (*~behörde*) gümrük; (*~abgabe*) gümrük (resmi); **~abfertigung** *f* gümrük işlemi; **~amt** *n* gümrük dairesi; **~beamte** *m*, **~beamtin** *f* gümrük memuru; **~bestimmungen** *pl* gümrük mevzuatı

zollen *v/t* ⟨*h*⟩: ***Anerkennung ~*** takdir göstermek; ***j-m Beifall ~*** alkış yöneltmek

Zoll|erklärung *f* gümrük beyannamesi; **~fahnder(in** *f*) *m* gümrük takibat memuru; **~fahndung** *f* gümrük takibatı; **~formalitäten** *pl* gümrük formaliteleri; **2frei** *adj* gümrüksüz; **~grenze** *f* gümrük sınırı; **~kontrolle** *f* gümrük muayenesi

Zöllner *m* ⟨-s; -⟩, **~in** *f* ⟨-; -nen⟩ F gümrükçü

zoll|pflichtig *adj* gümrük resmine tabi; **2schranke** *f* gümrük engeli

Zollstock *m* (katlanır) metre

Zollunion *f* gümrük birliği

Zollwert *m* gümrük değeri

Zombie *m* ⟨-(s); -s⟩ zombi

Zone *f* ⟨-; -n⟩ bölge

Zoo *m* ⟨-s; -s⟩ hayvanat bahçesi; **~besucher(in** *f*) *m hayvanat bahçesini gezen*; **~handlung** *f ev hayvanları dükkânı*

Zoolog|e [tsoo-] *m* ⟨-n; -n⟩ zoolog; **~ie** *f* ⟨-; *o pl*⟩ zooloji; **~in** *f* ⟨-; -nen⟩ zoolog (kadın); **2isch** *adj* zoolojik; ***~er Garten*** → ***Zoo***

Zoom [zu:m] *m* ⟨-s; -s⟩ FOTO, EDV zum; **~objektiv** *n* zum objektif(i)

Zopf *m* ⟨-s; ⸗e⟩ saç örgüsü

Zorn *m* ⟨-s; *o pl*⟩ (***auf*** *A -e*) öfke, gazap; ***in ~ geraten*** öfkeye kapılmak; (***der***) ***~ packte ihn*** öfkeye kapıldı; **~ausbruch** *m* öfke nöbeti; **2ig** *adj* öfkeli, kızgın

zott(e)lig *adj* F *Haar* uzun ve karışık

z. T. *Abk für* ***zum Teil*** kısmen

zu [tsu] **1.** *präp* (*D*) *Richtung* -e; *Ort*, *Zeit* -de; *Zweck*, *Anlass* -meye, -mek için; ***~ Beginn*** başlangıçta; ***komm ~ mir!*** bana gel!; ***sich ~ j-m setzen*** b-nin yanına (karşısına) oturmak; ***von Mann ~ Mann*** erkek erkeğe; ***~ Wasser und ~ Lande*** denizde ve karada; ***etw ~m Essen*** yiyecek bir şey; ***~m Vergnügen*** zevk için; ***j-n ~m Präsidenten wählen*** b-ni başkan(lığa) seçmek; ***~ 3 Dollar das Kilo*** kilosu 3 dolara; ***werden ~*** olmak, … haline gelmek; **2.** *adv* (haddinden) fazla; F ***~ sein*** (*geschlossen*) kapalı; ***~ sehr*** çok fazla, fazlasıyla; ***einer ~ viel*** bir kişi fazla; ***einer ~ wenig*** bir kişi eksik; ***ein ~ heißer Tag*** aşırı sıcak bir gün; (***mach die***) ***Tür ~!*** kapıyı kapa!; ***vier ~ zwei*** dört iki; ***wir sind ~ dritt*** üç kişiyiz; **3.** *konj kann* -ebilir; *muss* -meli, -ecek; ***es ist ~ erwarten*** beklenebilir; beklenmeli(dir); ***nicht ~ gebrauchen*** kullanılacak (*od* işe yarayacak) gibi değil; ***ohne es ~ wissen*** bilmeden

zuallererst *adv* en başta

zuallerletzt *adv* en sonda

zubauen *v/t* ⟨-ge-, *h*⟩ kapatmak (*inşaatla*)

Zubehör *n* ⟨-s; -e⟩ aksesuar, ek parçalar *pl*; ***mit allem ~*** ful aksesuar, bütün parçalarıyla

zubeißen *v/i* ⟨*unreg*, -ge-, *h*⟩ (kuvvetle) ısırmak, dişlemek

zubekommen *v/t* ⟨*unreg*, *o* -ge-, *h*⟩ F: ***etw ~*** kapatabilmek

zubereit|en *v/t* ⟨*o* -ge-, *h*⟩ hazırlamak, *Essen a* pişirmek; **2ung** *f* ⟨-; -en⟩ hazırlama, pişirme

zubilligen *v/t* ⟨-ge-, *h*⟩ JUR: ***j-m etw*** b-ne bş tanımak

zubinden *v/t* ⟨*unreg*, -ge-, *h*⟩ (bağlayıp)

kapamak
zubleiben *v/i* ⟨*unreg*, -ge-, *sn*⟩ kapalı kalmak
zublinzeln *v/i* ⟨-ge-, *h*⟩ göz kırpmak
Zubringer *m* ⟨-s; -⟩: **~bus** *m* bağlantı otobüsü; **~straße** *f* (otoyola) bağlantı yolu
Zucchini [tsʊ'kiːni] *pl* ⟨-; -⟩ sakızkabağı *sg*
Zucht *f* ⟨-; -en⟩ ZOOL, BOT üretme, yetiştirme; AGR tarım; tür, ırk (*Rasse*); **~ und Ordnung** disiplin ve düzen
züchten *v/t* ⟨*h*⟩ ZOOL, BOT yetiştirmek
Züchter *m* ⟨-s; -⟩ yetiştirici
Zuchthaus *n veraltet* cezaevi; F hapishane
züchtig|en *v/t* ⟨*h*⟩ dövmek; **≗ung** *f* ⟨-; -en⟩: **körperliche ~** dayak (cezası)
Zuchtperle *f yetiştirilmiş inci*
Zuchttier *n* damızlık hayvan
Züchtung *f* ⟨-; -en⟩ → **Zucht**
Zuchtvieh *n* damızlık sığır/davar
zucken *v/i* ⟨*h*⟩ seğirmek; ⟨*sn*⟩ *Blitz* çakmak
zücken *v/t* ⟨*h*⟩ *Waffe* çekmek; F *Brieftasche usw* davranıp çıkarmak
Zucker *m* ⟨-s; -⟩ şeker; F MED **er hat ~** onun şekeri var; **mit ~** şekerli
Zuckerbrot *n* F: **mit ~ und Peitsche** kâh severek kâh döverek
Zucker|dose *f* şekerlik; **~erbse** *f* BOT şekerbezelye; **~guss** *m* şekerli kuvertür; **~hut** *m* kelle şeker; **≗krank** *adj* şeker hastası; **~kranke** *m, f* ⟨-n; -n⟩ şeker hastası; **~krankheit** *f* şeker hastalığı
zuckern *v/t* ⟨*h*⟩ *-e* şeker koymak/serpmek
Zuckerrohr *n* BOT şekerkamışı
Zuckerrübe *f* şekerpancarı
zuckersüß *adj* şeker gibi (tatlı)
Zuckerwatte *f* keten helva(sı)
Zuckerzange *f* şeker maşası
Zuckung *f* ⟨-; -en⟩ seğirme, tik; *krampfhafte* çırpınma, kıvranma
zudecken 1. *v/t* ⟨-ge-, *h*⟩ örtmek; **2.** *v/r*: **sich ~** örtünmek
zudem *adv* ayrıca, (buna) ek olarak
zudrehen *v/t* ⟨-ge-, *h*⟩ (çevirip) kapamak; **j-m den Rücken ~** b-ne sırt çevirmek
zudringlich *adj* rahatsız edici; F sırnaşık; *gegenüber e-r Frau* **~ werden** *-e* sarkıntılık etmek
zudrücken *v/t* ⟨-ge-, *h*⟩ *Auge* yummak
zueilen *v/i* ⟨-ge-, *sn*⟩: **auf** *-e* (doğru) koşmak
zueinander *adv* birbir(ler)ine; **Vertrauen ~ haben** birbir(ler)ine güvenmek
zuerkennen *v/t* ⟨*unreg*, *o* -ge-, *h*⟩ tanımak
zuerst *adv* ilk olarak, en başta
Zufahrt *f* ⟨-; -en⟩ araç girişi (*yol*)
Zufahrtsstraße *f* bağlantı yolu
Zufall *m* ⟨-s; ⸗e⟩ rastlantı, tesadüf; **glücklicher ~** F mutlu rastlantı; **durch ~** rastlantı sonucu, tesadüfen; **etw dem ~ überlassen** bş-i şansa/tesadüfe bırakmak
zufallen *v/i* ⟨*unreg*, -ge-, *sn*⟩ *Tür usw* çarpıp kapanmak; **mir fallen die Augen zu** gözlerim kapanıyor; **j-m ~** b-ne kısmet olmak; **ihm fällt alles nur so zu** ne istese (kendiliğinden) oluyor
zufällig 1. *adj* rastlantısal, tesadüfi; **2.** *adv* rastlantıya, tesadüfen; **weißt du ~, wo er ist?** o nerede, biliyor musun acaba?
Zufalls|bekanntschaft *f tesadüfen tanışılmış biri*; **~treffer** *m* F kör nişancılık
zufliegen *v/i* ⟨*unreg*, -ge-, *sn*⟩ F *Tür usw* çarparak kapanmak; **~ auf** *-e* (doğru) uçmak; **j-m ~** b-nin aklına kolayca girmek
zufließen *v/i* ⟨*unreg*, -ge-, *sn*⟩ *-e* akmak
Zuflucht *f* ⟨-; -en⟩: **~ suchen** (*od* **finden**) *-e* sığınmak (**vor** *D* -den, **bei** *-e*); (**s-e**) **~ nehmen zu** *-e* başvurmak, *-den* çare aramak
Zufluchtsort *m* kaçılan/sığınılan yer
zufolge *präp* (*G*) … gereğince, *-e* göre
zufrieden *adj* (**mit** *-den*) hoşnut, memnun; **sich ~ geben** (**mit** *-le*) yetinmek; **~ lassen** b-ni rahat bırakmak; **~ stellen** hoşnut etmek; **~ stellend** memnun edici; **sie sind schwer zufrieden zu stellen** onları memnun etmek güçtür
Zufriedenheit *f* ⟨-; *o pl*⟩ hoşnutluk, memnuniyet
zufrieren *v/i* ⟨*unreg*, -ge-, *sn*⟩ (tamamen) donup kapanmak
zufügen *v/t* ⟨-ge-, *h*⟩ yapmak (*kötü bş*); **j-m Schaden ~** b-ne zarar vermek; **j-m** (**ein**) **Unrecht ~** b-ne (bir) haksızlık etmek
Zufuhr *f* ⟨-; -en⟩ sağlama, temin, ikmal;

die ~ abschneiden ikmal yollarını kesmek

zuführen ⟨-ge-, *h*⟩ **1.** *v/t* TECH iletmek; ***dem Körper Nahrung ~*** vücuda besin vermek; ***j-n s-r*** (***gerechten***) ***Strafe ~*** b-ne (hakkettiği) cezasını vermek; **2.** *v/i*: ***auf etw ~*** bş-e (doğru) gitmek/götürmek

Zuführung *f* ⟨-; -en⟩ EL besleme hattı

Zug[1] *m* ⟨-s; ⁓e⟩ BAHN tren; ***mit dem ~ fahren*** trene binmek, trenle gitmek

Zug[2] *m* ⟨-s; ⁓e⟩ (*Ziehen*) çekme, çekiş; (*Fest*⁓) alay, kortej; (*Schwimm*⁓) kulaç; *Schach* hamle; (*Griff usw*) sap; *Rauchen* nefes, çekim; (*Schluck*) yudum, F fırt; (*~luft*) cereyan; ***im ~e*** (*G*) … çerçevesi içinde; ***in e-m ~*** bir defada; ***~ um ~*** adım adım; ***etw in vollen Zügen genießen*** bş-in doya doya tadına varmak; F ***er kam nicht zum ~(e)*** ona (kendini gösterecek) sıra gelmedi; ***in groben Zügen*** kaba hatlarıyla

Zug[3] *m* ⟨-s; ⁓e⟩ (*Gesichts*⁓) yüz hattı; (*Charakter*⁓) özellik; (*Hang*) eğilim

Zugabe *f* ⟨-; -n⟩ ek; TECH katkı; MUS *gösteriden sonra tekrarlanan parça*; isteriz! (*Zuruf*)

Zugang *m* ⟨-s; ⁓e⟩ (**zu** *-e*) giriş; (*Internet*⁓) erişim; ***ich finde keinen ~ zur modernen Musik*** çağdaş müziğe ısınamıyorum

zugänglich *adj* (**für** için) ulaşılabilir; faydalanılabilir; ***etw*** (***der Allgemeinheit***) ***~ machen*** bş-i kamunun faydalanmasına açmak; ⁓**keit** *f* ⟨-; *o pl*⟩ (**für** *-in*) kullanım(ın)a açık olma

Zugangsstraße *f* bağlantı yolu

Zugbrücke *f* kaldırma köprü

Zuganschluss *m* aktarma treni

Zugbegleiter(in *f*) *m* kondüktör

zugeben *v/t* ⟨*unreg*, -ge-, *h*⟩ eklemek; *fig* itiraf etmek

zugegebenermaßen *adv* itiraf edilmeli ki

zugehen ⟨*unreg*, -ge-, *sn*⟩ **1.** *v/i Tür usw* kapanmak; ***~ auf*** (*A*) *-e* yaklaşmak, *-e* doğru adım atmak; ***er geht auf die Achtzig zu*** seksenine yaklaşıyor; ***dem Ende ~*** sonuna yaklaşmak; **2.** *v/unp*: ***es geht auf 8 zu*** saat sekize geliyor; ***es ging lustig zu*** çok neşeli oldu

Zugehörigkeit *f* ⟨-; *o pl*⟩ (**zu** *-e*) aidiyet, ait olma

Zügel *m* ⟨-s; -⟩ dizgin; ***die ~*** (***fest***) ***in der Hand halten*** dizginleri (sıkı sıkı) elinde tutmak

zügellos *adj* azgın, haddini bilmeyen; (*unmoralisch*) sefih, hovarda; ⁓**igkeit** *f* ⟨-; *o pl*⟩ azgınlık; (*Unmoral*) sefahat

zügeln *v/t* ⟨*h*⟩ *fig -i* dizginlemek, *-e* gem vurmak

Zugeständnis *n* ⟨-ses; -se⟩ ödün, taviz

zugestehen *v/t* ⟨*unreg*, *o* ge-, *h*⟩ itiraf/teslim etmek

zugetan *adj*: ***~ sein*** bağlılık/yakınlık duymak

Zugewinn *m* ⟨-s; -e⟩ ek kazanç

Zugfeder *f* TECH çekme/germe yayı

Zugfestigkeit *f* ⟨-; *o pl*⟩ TECH çekme direnci

Zugführer(in *f*) *m* makinist

Zugfunk *m* BAHN tren telsizi

zugig *adj* cereyanlı, esintili

zügig *adj*: ***~ vorankommen*** rahatça/hızla yol almak

Zug|kraft *f* TECH çekici kuvvet; *fig* çekicilik; **~kräftig** *adj* çekici

zugleich *adv* aynı zamanda

Zugluft *f* ⟨-; *o pl*⟩ hava cereyanı

Zugmaschine *f* AUTO çekici araç

Zugpersonal *n* tren personeli

Zugpferd *n* koşum atı; *fig -in* itici gücü (*olan kişi*)

Zugpflaster *m* MED yakı

zugreifen *v/i* ⟨*unreg*, -ge-, *h*⟩ kapmak; *fig* kaçırmamak; ***greifen Sie zu!*** *bei Tisch* buyrun yemek alın!; *Werbung* fırsatı kaçırmayın!

Zugriff *m* ⟨-s; -e⟩ **1.** yakalama, duruma el koyma; ***er entzog sich dem ~ der Polizei*** polisin elinden kaçtı; **2.** EDV erişim

Zugriffs|berechtigung *f* EDV erişim hakkı; **~geschwindigkeit** *f* EDV erişim hızı; **~kode** *m* EDV erişim kodu; **~möglichkeit** *f* EDV erişim imkânı; **~zeit** *f* EDV erişim süresi

zugrunde *adv*: ***~ gehen*** (**an** *D -den*) mahvolmak, yok olmak; ***e-r Sache etw ~ legen*** bş-i bş-e dayandırmak; ***e-r Sache ~ liegen*** bş-in temelinde olmak; ***~ richten*** mahvetmek

Zugschaffner *m* kondüktör

Zugtelefon *n* tren telefonu

zugunsten *präp* (*G*) (*-in*) lehine/yararına

zugute *adv*: ***j-m etw ~ halten*** b-şi hesaba katarak b-ni mazur görmek; ***~ kom-***

men yaramak
Zugverbindung *f* tren bağlantısı
Zugvogel *m* göçmen kuş
Zugzwang *m*: ***in ~ geraten*** (belli) bir şekilde davranmak zorunda kalmak; ***unter ~ stehen*** (belli) bir şekilde davranmak zorunda olmak
zuhaben *v/i* ⟨*unreg*, -ge-, *h*⟩ F *Laden* kapalı olmak
zuhalten *v/t* ⟨*unreg*, -ge-, *h*⟩ kapalı tutmak; ***sich*** (*D*) ***die Ohren*** (***Augen, Nase***) ~ (elleriyle) kulaklarını (gözlerini, burnunu) kapamak
Zuhälter *m* ⟨-s; -⟩ muhabbet tellalı; F pezevenk
Zuhilfenahme *f*: ***unter ~ von*** (*od G*) *-den* faydalan(ıl)arak; ***ohne ~ von*** faydalanılmadan, faydalanılmadan
Zuhause *n* ⟨-s; *o pl*⟩ ev, yurt, baba ocağı, sıla
zuhinterst *adv* en arkada/sonda
zuhören *v/i* ⟨-ge-, *h*⟩ (*D -i*) dinlemek
Zuhörer *m* ⟨-s; -⟩, **~in** *f* ⟨-; -nen⟩ dinleyici; **~raum** *m* dinleyici salonu
zujubeln *v/i* ⟨-ge-, *h*⟩: ***j-m ~*** b-ni alkışlamak
zukleben *v/t* ⟨-ge-, *h*⟩ *Umschlag* (yapıştırarak) kapamak
zuklappen ⟨-ge-⟩ **1.** *v/t* ⟨*h*⟩ kapamak; **2.** *v/i* ⟨*sn*⟩ kapanmak
zuknallen *v/t* ⟨-ge-, *h*⟩ (çarpıp) kapamak
zuknöpfen *v/t* ⟨-ge-, *h*⟩ düğmelemek
zukommen *v/i* ⟨*unreg*, -ge-, *sn*⟩: ***~ auf*** (*A*) *-e* yaklaşmak; *fig -in* hissesine düşmek; ***die Dinge auf sich ~ lassen*** bekleyip görmek; ***j-m etw ~ lassen*** b-ne bş-i ulaştırmak; b-ne bir yardım *vs* yapmak
Zukunft *f* ⟨-; *o pl*⟩ gelecek, istikbal; ***in ~*** gelecekte, ileride; ***in naher*** (***nächster***) ~ (en) yakın gelecekte; F ***das hat keine ~!*** bundan ne köy olur ne kasaba!
zukünftig **1.** *adj* gelecek(teki), müstakbel; **2.** *adv* gelecekte, ileride
zukunftsbezogen *adj* geleceğe dönük
Zukunfts|forscher(in *f*) *m* fütürolog; **~forschung** *f* fütüroloji; **~glaube** *m* geleceğe inanç; **~musik** *f*: ***das ist alles noch ~*** bunlar henüz ham hayal; **Żorientiert** *adj* geleceğe yönelik; **~pläne** *pl* gelecekle ilgili tasarılar
zukunft(s)weisend *adj* geleceğe yön verici, yol gösterici
zulächeln *v/i* ⟨-ge-, *h*⟩: ***j-m ~*** b-ne gülümsemek
Zulage *f* ⟨-; -n⟩ ek ödeme, zam
zulassen *v/t* ⟨*unreg*, -ge-, *h*⟩ F kapalı bırakmak; (*erlauben*) izin vermek; ***amtlich ~*** *-e* ruhsat vermek; ***j-n zu etw ~lassen*** b-ne bş için izin vermek
zulässig *adj* izin verilmiş, uygun; JUR meşru; ***~e*** (***Höchst-***)***Belastung*** izin verilen (azamî) yük; ***~e Höchstgeschwindigkeit*** azamî hız; ***das ist*** (***nicht***) ~ buna izin var (yok)
zulangen *v/i* ⟨-ge-, *h*⟩ F → ***zugreifen***; → ***zupacken***
Zulassung *f* ⟨-; -en⟩ izin; AUTO, *Dokument* ruhsat(name)
Zulassungs|beschränkung *f* ruhsat kısıtlaması; **~nummer** *f* ruhsat numarası; **~papiere** *pl* ruhsat belgeleri; **~prüfung** *f* kabul/yeterlik sınavı; ruhsat kontrolü; **~stelle** *f* ruhsat dairesi
Zulauf *m* ⟨-s; *o pl*⟩: ***großen ~ haben*** büyük rağbet görmek; TECH besleme borusu
zulaufen *v/i* ⟨*unreg*, -ge-, *sn*⟩: ***~ auf*** *A -e* (koşa koşa) yaklaşmak; ***j-m ~*** b-ni sahip edinmek; ***spitz ~*** ucuna doğru sivrilmek (*od* incelmek)
zulegen *v/t* ⟨-ge-, *h*⟩ F: ***sich*** (*D*) ~ edinmek; *Namen* kendine takmak
zuleide *adv*: ***j-m etw ~ tun*** b-ne kötülük etmek, zarar vermek
zuleit|en *v/t* ⟨-ge-, *h*⟩ TECH beslemek; iletmek, götürmek; **Żung** *f* ⟨-; -en⟩ TECH besleme kanalı; EL besleme hattı
zuletzt *adv* en son, sonuncu olarak; (*schließlich*) nihayet; ***bis ~*** son ana kadar; ***wann hast du ihn ~ gesehen?*** onu en son ne zaman gördün?; ***nicht ~*** ve tabii (ki)
zuliebe *adv*: ***j-m ~*** b-nin hatırı için, b-nin uğruna
Zulieferer *m* ⟨-s; -⟩ yan sanayi işletme(ci)si
Zulieferindustrie *f* yan sanayi
zumachen ⟨-ge-, *h*⟩ **1.** *v/t* kapatmak; (*zuknöpfen*) düğmelemek; **2.** *v/i Geschäft* kapanmak, kapatmak
zumal **1.** *konj* (***da od weil***) özellikle -diği için, -diğine göre; **2.** *adv* aynı anda, hep birden
zumauern *v/t* ⟨-ge-, *h*⟩ (duvarla) kapatmak
zumindest *adv* en azından, hiç değilse

zumutbar *adj* beklenebilir, istenebilir, makul
zumute *adv*: ***mir ist ... ~*** kendimi ... hissediyorum
zumuten *v/t* ⟨-ge-, *h*⟩: ***j-m etw ~*** b-nden bş-i beklemek; ***sich*** (*D*) ***zu viel ~*** kendine aşırı yüklenmek, kendine çok güvenmek
Zumutung *f* ⟨-; -en⟩: ***das ist e-e ~*** bu aşırı bir beklenti/talep
zunächst *adv* ilk olarak, en başta
zunageln *v/t* ⟨-ge-, *h*⟩ çivilemek, kapatmak
zunähen *v/t* ⟨-ge-, *h*⟩ dikmek, kapatmak
Zunahme *f* ⟨-; -n⟩ (*G*, ***an*** *D -de*) artış
Zuname *m* soyadı
zünden ⟨*h*⟩ **1.** *v/t Bombe usw* ateşlemek; **2.** *v/i* (*Feuer fangen*) tutuşmak; *Motor* çalışmak
zündend *adj fig* coşturucu
Zunder *m* ⟨-s; -⟩ fitil; F ***brennen wie ~*** çıra gibi tutuşmak; ***j-m ~ geben*** b-ne kötek atmak
Zünder *m* ⟨-s; -⟩ ateşleme tertibatı
Zünd|holz *n* kibrit; **~kerze** *f* AUTO buji; **~punkt** *m* CHEM tutuşma noktası; **~schloss** *n* kontak kilidi; **~schlüssel** *m* AUTO kontak anahtarı; **~schnur** *f* ateşleme fitili; **~spule** *f* ateşleme bobini; **~stoff** *m* ⟨-(e)s⟩ patlayıcı madde
Zündung *f* ⟨-; -en⟩ AUTO ateşleme
zunehmen ⟨*unreg*, -ge-, *h*⟩ **1.** *v/i* (***an*** *D* bakımından) artmak; *Person* kilo almak; *Mond* büyümek; *Tage* uzamak; ***an Bedeutung ~*** *-in* önemi artmak; **2.** *v/t*: ***ich habe 10 Pfund zugenommen*** beş kilo şişmanladım (*od* aldım)
zunehmend **1.** *adj* artan; ***mit ~em Alter*** yaş ilerledikçe; ***bei ~em Mond*** ay büyürken; **2.** *adv* gittikçe (artarak)
zuneigen *v/r* ⟨-ge-, *h*⟩: ***sich dem Ende ~*** sonuna yaklaşmak
Zuneigung *f* ⟨-;-en⟩ eğilim, sempati
Zunge *f* ⟨-; -n⟩ dil; ***es liegt mir auf der ~*** dilimin ucunda
Zungen|belag *m* MED dil pası; **~brecher** *m* ⟨-s; -⟩ yanıltmaca, *söylemesi zor* (*söz*); **~kuss** *m dilden öpüş*; **~spitze** *f* dil ucu
zunichte *adv*: ***~ machen*** boşa çıkarmak, heder etmek; ***~ werden*** boşa çıkmak, heder olmak
zunutze *adv*: ***sich*** (*D*) ***etw ~ machen*** bş-den yararlanmak
zuoberst *adv* en üstte/üste
zuordnen *v/t* ⟨-ge-, *h*⟩ *D -den* saymak
zupacken *v/i* ⟨-ge-, *h*⟩ kavramak, yakalamak, kapmak
zupfen ⟨*h*⟩ **1.** *v/t* MUS çektirmek; ***j-n am Ärmel ~*** b-nin kolunu çekiştirmek; **2.** *v/i*: ***~ an*** *-i* çekiştirmek
Zupfinstrument *n* çekme çalgı/saz
zuprosten *v/i* ⟨-ge-, *h*⟩ *D -in* şerefine kadeh kaldırmak
zurechnen *v/t* ⟨-ge-, *h*⟩ *-den* saymak; (*zuschreiben*) atfetmek
zurechnungsfähig *adj* JUR cezaî ehliyeti olan; **&keit** *f* ⟨-; *o pl*⟩ JUR cezaî ehliyet; ***verminderte ~*** kısıtlı cezaî ehliyet
zurecht|biegen *v/t* ⟨*unreg*, -ge-, *h*⟩ büküp doğrultmak; *fig* tekrar yoluna koymak; **~finden** *v/r* ⟨*unreg*, -ge-, *h*⟩: ***sich ~*** yolunu bulmak; *fig -in* üstesinden gelmek; **~kommen** *v/i* ⟨*unreg*, -ge-, *sn*⟩: ***~ mit*** ile başa çıkmak; ***mit j-m ~*** b-le (iyi) anlaşıyor olmak; **~legen** *v/t* ⟨*h*⟩ hazır etmek; ***sich*** (*D*) ***etw ~*** ne söyleyeceğini hazırlamak; **~machen** ⟨-ge-, *h*⟩ **1.** *v/t* hazırlamak; **2.** *v/r*: ***sich ~*** hazırlanmak, süslenmek; **~rücken** *v/t* ⟨-ge-, *h*⟩ düzeltmek; **~stutzen** *v/t* ⟨-ge-, *h*⟩ budayıp biçime sokmak
zurechtweis|en *v/t* ⟨*unreg*, -ge-, *h*⟩ azarlamak; *-e* haddini bildirmek; **&ung** *f* ⟨-; -en⟩ azar(lama)
zureden *v/i* ⟨-ge-, *h*⟩: ***j-m*** (***gut***) ***~*** b-ni yüreklendirmek; ***auf ihr Zureden*** onun yüreklendirmesiyle
zureiten ⟨*unreg*, -ge-⟩ **1.** *v/t* ⟨*h*⟩ ata baş öğretmek; **2.** *v/i* ⟨*sn*⟩: ***~ auf*** *-e* doğru gitmek (*atla*)
zurichten *v/t* ⟨-ge-, *h*⟩ TECH işleme hazırlamak; işlemden geçirmek; ***j-n übel ~*** b-nin ağzını burnunu dağıtmak; ***etw übel ~*** bş-i darmadağın etmek
zürnen *v/i* ⟨*h*⟩: ***j-m ~*** b-ne gücenmek
Zurschaustellung *f* ⟨-; -en⟩ teşhir, gösteri
zurück *adv* geriye; (*hinten*) arkada, arkaya; ***~ sein*** dönmüş olmak; ***5 Punkte*** (***3 Meter***) ***~ liegen*** 5 puan (3 metre) geride olmak
Zurück *n*: ***es gibt kein ~*** (***mehr***) (artık) geri dönüş yok
zurück|behalten *v/t* ⟨*unreg*, *o* ge-, *h*⟩ alıkoymak, geri vermemek; **~bekommen** *v/t* ⟨*unreg*, *o* ge-, *h*⟩ geri almak;

~beugen ⟨-ge-, *h*⟩ **1.** *v/t* arkaya eğmek; **2.** *v/r*: ***sich ~*** arkaya eğilmek; **~beordern** *v/t* ⟨*o* ge-, *h*⟩ geri çağırmak; **~bilden** *v/r* ⟨-ge-, *h*⟩: ***sich ~*** (zamanla) küçülmek, eski halini almak; **~bleiben** *v/i* ⟨*unreg*, -ge-, *sn*⟩ geri/arkada kalmak; **~blicken** *v/i* ⟨-ge-, *h*⟩ dönüp bakmak (***auf*** *A -e*); **~bringen** *v/t* ⟨*unreg*, -ge-, *h*⟩ geri getirmek/götürmek; ***j-n ins Leben ~*** b-ni hayata döndürmek

zurück|datieren *v/t* ⟨*o* -ge-, *h*⟩ (***auf*** *A* ...) tarihini atmak (*geçmiş tarih*); **~denken** *v/i* ⟨*unreg*, -ge-, *h*⟩ geçmişi düşünmek; (*sich erinnern*) hatırlamak; **~drängen** *v/t* ⟨-ge-, *h*⟩ geri itmek; *Gefühle* bastırmak; **~drehen** *v/t* ⟨-ge-, *h*⟩ geri çevirmek; **~erobern** *v/t* ⟨*o* -ge-, *h*⟩ yeniden ele geçirmek, geri almak; **~erstatten** *v/t* ⟨*o* -ge-, *h*⟩ iade etmek; **~erwarten** *v/t* ⟨*o* -ge-, *h*⟩ *-in* dönmesini beklemek

zurückfahren ⟨*unreg*, -ge-, *sn*⟩ **1.** *v/i* dönmek (*arabayla*); *rückwärts* geri gitmek (*arabayla*); **2.** *v/t* geri götürmek (*arabayı/arabayla*)

zurückfallen *v/i* ⟨*unreg*, -ge-, *sn*⟩ *fig* geri kalmak/düşmek; ***~ in*** *-e* tekrar dönmek; ***~ auf*** *-e* tekrar yansımak

zurück|finden *v/i* ⟨*unreg*, -ge-, *h*⟩ (dönüş) yolunu bul(abil)mek; *fig -e* geri dönmek; **~fließen** *v/i* ⟨*unreg*, -ge-, *sn*⟩ *Geld usw* kaynağına dönmek; **~fordern** *v/t* ⟨-ge-, *h*⟩ geri istemek; **~führen** *v/t* ⟨-ge-, *h*⟩ geri getirmek; *fig* (***auf*** *A -e*) dayandırmak, bağlamak; ***in die Heimat ~*** memleketine göndermek

zurückgeben *v/t* ⟨*unreg*, -ge-, *h*⟩ geri vermek, iade etmek

zurückgeblieben *adj fig* geri kalmış; *geistig* zihin özürlü

zurückgehen *v/i* ⟨*unreg*, -ge-, *sn*⟩ geri gitmek/dönmek; *fig* azalmak; (*fallen*) düşmek; ***etw ~ lassen*** bş-i geri çevirmek/göndermek; ***~ auf*** *-den* kaynaklanmak; ***bis ins 19. Jh. ~*** 19. yy'ın ortalarına kadar uzanmak; ***das Geschäft geht zurück*** işte gerileme var

zurückgezogen *adj* münzevî, keşiş gibi

zurückgreifen *v/i* ⟨*unreg*, -ge-, *h*⟩ ta eskiye gitmek; ***auf*** *A **~** -e* başvurmak

zurückhalt|en ⟨*unreg*, -ge-, *h*⟩ **1.** *v/t* alıkoymak, tutmak; **2.** *v/r*: ***sich ~*** ihtiyatlı davranmak; **3.** *v/i*: ***~ mit*** *-den* geri durmak; ***mit s-r Meinung ~*** fikrini açıklamaktan çekinmek; **~end** *adj* çekingen, ihtiyatlı, F ağzı sıkı; **2ung** *f* ⟨-; *o pl*⟩ çekingenlik; (*Bescheidenheit*) tevazu

zurück|kehren *v/i* ⟨-ge-, *sn*⟩ (geri) dönmek; **~kommen** *v/i* ⟨*unreg*, -ge-, *sn*⟩ geri gelmek, dönmek; ***auf j-s Angebot ~*** b-nin teklifine cevap vermek; **~können** *v/i* ⟨*unreg*, -ge-, *h*⟩ F dönebilmek; **~lassen** *v/t* ⟨*unreg*, -ge-, *h*⟩ (geride) bırakmak; **~laufen** *v/i* ⟨*unreg*, -ge-, *sn*⟩ dönmek (*koşarak/akarak*)

zurück|legen ⟨-ge-, *h*⟩ **1.** *v/t* geriye koymak; *Geld* bir kenara ayırmak; *Strecke* katetmek; ***können Sie mir die Jacke bis morgen ~?*** ceketi benim için yarına kadar ayırabilir misiniz?; **2.** *v/r*: ***sich ~*** sırtüstü yatmak; **~lehnen** *v/r* ⟨-ge-, *h*⟩: ***sich ~*** arkaya yaslanmak; **~liegen** *v/i* ⟨*unreg*, -ge-, *h*⟩ geride kalmış olmak

zurück|melden *v/r* ⟨-ge-, *h*⟩: ***sich ~*** (***bei*** *-e*) döndüğünü bildirmek; **~müssen** *v/i* ⟨*unreg*, -ge-, *h*⟩ F dönmek zorunda olmak/kalmak

Zurücknahme *f* ⟨-; *o pl*⟩ JUR geri al(ın)ma

zurücknehmen *v/t* ⟨*unreg*, -ge-, *h*⟩ geri almak

zurück|prallen *v/i* ⟨-ge-, *sn*⟩ çarpıp geri dönmek; **~reichen** ⟨-ge-, *h*⟩ **1.** *v/t* geri vermek; **2.** *v/i*: ***~ bis*** *-e* kadar uzanmak (*geçmişte*); **~reisen** *v/i* ⟨-ge-, *sn*⟩ dönüş yolculuğunda olmak; **~rufen** ⟨*unreg*, -ge-, *h*⟩ **1.** *v/t* geri çağırmak; TEL tekrar aramak; ***etw ins Gedächtnis ~*** bş-i hatırlamak; **2.** *v/i* TEL yeniden aramak

zurück|schalten *v/i* ⟨-ge-, *h*⟩ vites küçültmek; **~scheuen** *v/i* ⟨-ge-, *h*⟩ (***vor*** *-den*) ürkmek; **~schicken** *v/t* ⟨-ge-, *h*⟩ geri göndermek; **~schlagen** ⟨*unreg*, -ge-, *h*⟩ **1.** *v/t Angriff usw* (geri) püskürtmek; *Decke, Verdeck usw* açmak; **2.** *v/i* geri vurmak; MIL misilleme yapmak; **~schrecken** *v/i* ⟨-ge-, *sn*⟩ ***~ vor*** (*D*) *-den* korkmak, ürkmek; ***vor nichts ~*** hiçbir şeyden korkmamak; **~sehnen** *v/r* ⟨-ge-, *h*⟩: ***sich ~ nach*** *-i* özlemek; **~setzen** ⟨-ge-, *h*⟩ **1.** *v/t*: ***j-n ~*** b-ni ihmal etmek, incitmek; **2.** *v/i* az geri gitmek (*arabayla*); **~springen** *v/i* ⟨*unreg*, -ge-, *sn*⟩ sıçrayıp eski konumunu almak; ARCH içerlek olmak; **~spulen** *v/t u v/i* ⟨-ge-, *h*⟩ geri sarmak; **~stecken** *v/t* ⟨-ge-, *h*⟩ yerine koymak/sokmak; *fig* dizginlemek; **~stellen** *v/t* ⟨-ge-, *h*⟩ yerine koymak; *Uhr* geri almak; *fig* ertelemek, sonraya bırakmak; **~stoßen** ⟨*unreg*, -ge-, *h*⟩ **1.** *v/t* geri itmek; *fig* (*anekeln*) tiksindirmek; *fig* (*kränken*) kırmak; **2.** *v/i* az geri gitmek (*arabayla*); **~strahlen** *v/t* ⟨-ge-, *h*⟩ yansıtmak; **~stufen** *v/t* ⟨-ge-, *h*⟩ *-in* derecesini düşürmek; **~treiben** *v/t* ⟨*unreg*, -ge-, *h*⟩ sürüyüp döndürmek; **~treten** *v/i* ⟨*unreg*, -ge-, *sn*⟩ gerilemek; ***von e-m Amt ~*** görevden istifa etmek; ÖKON, JUR ***~ von*** *-den* vazgeçmek, çekilmek

zurück|verfolgen *v/t* ⟨*o* -ge-, *h*⟩ (**zu** *-e* kadar) bş-in izini sürmek (*geçmişte*); **~versetzen** *v/t* ⟨*o* -ge-, *h*⟩ (**in** …) haline döndürmek (*eski*); ***wir fühlten uns ins Mittelalter zurückversetzt*** Ortaçağ'a dönmüşüz gibi hissettik; **~weichen** *v/i* ⟨*unreg*, -ge-, *sn*⟩ MIL geri çekilmek; ***~ vor*** *-e* boyun eğmek; **~weisen** *v/t* ⟨*unreg*, -ge-, *h*⟩ geri çevirmek, reddetmek; JUR reddetmek (*dava talebini*); ***j-n ~*** b-ni refüze etmek; **~werfen** *v/t* ⟨*unreg*, -ge-, *h*⟩ geri atmak; ***um 10 Jahre ~*** 10 yıl geri atmak; **~wollen** *v/i* ⟨*unreg*, -ge-, *h*⟩ F dönmek istemek; **~zahlen** *v/t* ⟨-ge-, *h*⟩ geri ödemek; *fig -den* öç almak

zurückziehen ⟨*unreg*, -ge-, *h*⟩ **1.** *v/t* geri çekmek; **2.** *v/r*: ***sich ~*** bir köşeye çekilmek, *a* MIL geri çekilmek; ***sich von j-m ~*** b-le selamı sabahı kesmek; ***sich zur Beratung ~*** görüşmeye çekilmek

zurückzucken *v/i* ⟨-ge-, *sn*⟩ (**vor** *-den*) ürkmek

Zuruf *m* ⟨-s; -e⟩: ***durch ~*** yaşa – varol sesleriyle

zurufen *v/t* ⟨*unreg*, -ge-, *h*⟩: ***j-m etw ~*** b-ne bş-i (bağırarak) söylemek

zurzeit *adv* şu sıra, halen

Zusage *f* ⟨-; -n⟩ söz (verme), vaat; (*Einwilligung*) kabul, onay

zusagen *v/i* ⟨-ge-, *h*⟩ *Einladung* kabul etmek; (*einwilligen*) onaylamak; ***sein Kommen ~*** gelmeye söz vermek; ***j-m etw auf den Kopf ~*** bş-i b-nin yüzüne karşı söylemek; ***j-m ~*** (*passen*) b-ne uygun gelmek; (*gefallen*) b-nin hoşuna gitmek

zusammen *adv* birlikte, beraber; ***alle ~*** hep beraber; ***alles ~*** hepsi beraber; ***das macht ~*** hepsi … ediyor; ***~ mit*** ile birlikte

Zusammenarbeit *f* ⟨-; *o pl*⟩ işbirliği; ***in ~ mit*** (*-in*) işbirliğiyle

zusammen|arbeiten *v/i* ⟨-ge-, *h*⟩ işbirliği yapmak, birlikte çalışmak; **~bauen** *v/t* ⟨-ge-, *h*⟩ TECH kurmak, monte etmek; **~beißen** *v/t* ⟨*unreg*, -ge-, *h*⟩: ***die Zähne ~*** diş(ler)ini sıkmak; **~bekommen** *v/t* ⟨*unreg*, *o* -ge-, *h*⟩ bir araya getirmek; **~binden** *v/t* ⟨*unreg*, -ge-, *h*⟩ (bir araya) bağlamak; **~brechen** *v/i* ⟨*unreg*, -ge-, *sn*⟩ çökmek, yıkılmak; **~bringen** *v/t* ⟨*unreg*, -ge-, *h*⟩ *Personen* bir araya getirmek; *Worte* yan yana getirmek

Zusammenbruch *m* ⟨-s; ⸚e⟩ çökme, yıkılma, kriz

zusammendrängen *v/t* ⟨-ge-, *h*⟩ bir yere sıkıştırmak; ***sich ~*** sıkışmak, yığışmak

zusammen|drücken *v/t* ⟨-ge-, *h*⟩ sıkmak, ezmek; **~fahren** *v/i* ⟨*unreg*, -ge-, *sn*⟩ çarpışmak; *vor Schreck* (**bei** *-den*) ürkmek, sıçramak; **~fallen** *v/i* ⟨*unreg*, -ge-, *sn*⟩ yıkılmak, çökmek; ***~ mit*** ile çatışmak, aynı zamana rastlamak; **~falten** *v/t* ⟨-ge-, *h*⟩ katlamak

zusammenfass|en *v/t* ⟨-ge-, *h*⟩ özetlemek; **~end** *adj* özetle, kısaca; ***~ kann man sagen*** özetle denebilir ki; **2ung** *f* ⟨-; -en⟩ özet

zusammen|finden *v/r* ⟨*unreg*, -ge-, *h*⟩: ***sich ~*** buluşmak, bir araya gelmek; **~fließen** *v/i* ⟨*unreg*, -ge-, *sn*⟩ *Flüsse* birleşmek; *Farben* karışmak; **2fluss** *m* kavşak, kavşıt; **~fügen** *v/t* ⟨-ge-, *h*⟩ TECH birleştirmek, takmak; **~führen** *v/t* ⟨-ge-, *h*⟩: ***wieder ~*** kavuşturmak; **~gehen** *v/i* ⟨*unreg*, -ge-, *sn*⟩ (**mit** *-le*) beraber gitmek; *fig* birlik olmak

zusammengehör|en *v/i* ⟨*o* -ge-, *h*⟩ beraber olmak, bir bütün oluşturmak; **~ig** *adj* beraber olan, bir bütün oluşturan; **2igkeit** *f* ⟨-; *o pl*⟩ beraberlik, birlik; **2igkeitsgefühl** *n* ⟨-s; *o pl*⟩ beraberlik/birlik duygusu

zusammengesetzt *adj* MATH: ***~ sein aus*** *-den* oluşmuş olmak; ***~es Wort*** bileşik kelime

zusammengewürfelt *adj*: (**bunt**) **~** karışık, derlenmiş, *abw* alaca bulaca; ***~e Mannschaft*** derleme takım

Zusammenhalt *m* ⟨-s; *o pl*⟩ TECH birleşme, bağlantı; birlik, bağlılık

zusammenhalten **1.** *v/i* ⟨*unreg*, -ge-, *h*⟩ *fig* birbirine bağlı olmak; F yapışık olmak; **2.** *v/t* bir arada tutmak

Zusammen|hang *m* ⟨-s; ⸚e⟩ (*Beziehung*) ilişki, bağlantı; *e-s Textes usw* bağlam; ***in diesem ~*** bu bağlamda; ***etw in ~ bringen mit*** bş-i ile ilintiye sokmak; ***im ~ stehen*** (***mit***) (ile) ilişkisi/bağlantısı olmak; **♀hängen** *v/i* ⟨*unreg*, -ge-, *h*⟩ birbirine bağlı olmak, birbiriyle ilişkili olmak; ***mit*** ile bağlantılı olmak; **♀hängend** *adj* bir bütün oluşturan; (*konsequent*) tutarlı; **♀hang(s)los** *adj* tutarsız, ilgisiz

zusammenklapp|bar *adj* katlanır, portatif; **~en 1.** *v/t* ⟨-ge-, *h*⟩ (katlayıp) kapatmak; **2.** *v/i* ⟨*sn*⟩ F yığılıp kalmak

zusammen|kleben *v/t u v/i* ⟨-ge-, *h*⟩ yapıştırmak; **~knüllen** *v/t* ⟨-ge-, *h*⟩ buruşturup top etmek; **~kommen** *v/i* ⟨*unreg*, -ge-, *sn*⟩ buluşmak, F bir araya gelmek; **♀kunft** *f* ⟨-; ⸚e⟩ buluşma, toplantı

zusammenlaufen *v/i* ⟨*unreg*, -ge-, *sn*⟩ koşuşmak, üşüşmek; (*sich vereinigen*) birleşmek; *Stoff* çekmek

zusammenleben *v/i* ⟨-ge-, *h*⟩: ***mit j-m ~*** b-le beraber yaşamak

Zusammenleben *n* ⟨-s; *o pl*⟩: ***das ~ mit ...*** ile beraberlik, beraber hayat

zusammenleg|en ⟨-ge-, *h*⟩ **1.** *v/t* bir araya getirmek, birleştirmek; (*falten*) katlamak; **2.** *v/i* (***für*** için) para toplamak; **♀ung** *f* ⟨-; -en⟩ ÖKON birleştir(il)me

zusammennehmen ⟨*unreg*, -ge-, *h*⟩ **1.** *v/t Mut, Kraft* toplamak; **2.** *v/r*: ***sich ~*** kendini toplamak

zusammen|packen *v/t* ⟨-ge-, *h*⟩ toparlamak; **~passen** *v/i* ⟨-ge-, *h*⟩ birbirine uymak; ***mit*** *-e* uymak; **~pferchen** *v/t* ⟨-ge-, *h*⟩ *Tiere usw* bir araya tıkmak

Zusammenprall *m* ⟨-s; *o pl*⟩ çarpışma

zusammen|prallen *v/i* ⟨-ge-, *sn*⟩ çarpışmak; **~pressen** *v/t* ⟨-ge-, *h*⟩ sıkmak; **~raffen** *v/t* ⟨-ge-, *h*⟩ toparlamak; *abw* malı götürmek; **~rechnen** *v/t* ⟨-ge-, *h*⟩ toplamak (*sayıları*); **~reimen** *v/t* ⟨-ge-, *h*⟩: ***sich*** (*D*) ***etw ~*** kendince açıklamak; **~reißen** *v/r* ⟨*unreg*, -ge-, *h*⟩: ***sich ~*** kendine hakim olmak, kendini toplamak; **~rollen** ⟨-ge-, *h*⟩ **1.** *v/t* dürmek, tomar/rulo etmek; **2.** *v/r*: ***sich ~*** büzülmek, kıvrılmak, dürülmek; **~rotten** *v/r* ⟨-ge-, *h*⟩: ***sich ~*** *Personen* akın akın gelmek; **~rücken** ⟨-ge-⟩ **1.** *v/t* ⟨*h*⟩ birbirine yaklaştırmak, sıkıştırmak; **2.** *v/i* ⟨*sn*⟩ sıkışmak, yanaşmak; **~rufen** *v/t* ⟨*unreg*, -ge-, *h*⟩ bir araya çağırmak

zusammen|sacken *v/i* ⟨-ge-, *sn*⟩ (***in sich***) **~** çökmek; **~schieben** *v/t* ⟨*unreg*, -ge-, *h*⟩ kapatmak (*iç içe geçirerek*); **~schlagen 1.** *v/t* ⟨*unreg*, -ge-, *h*⟩ birbirine çarpmak; ***j-n ~*** b-ni acımasızca dövmek; ***etw ~*** bş-i darmağın etmek; **2.** *v/i* ⟨*sn*⟩: ***~ über*** (*D*) *-i* yıkmak, ezip geçmek; **~schließen** ⟨*unreg*, -ge-, *h*⟩ **1.** *v/t* birleştirmek; **2.** *v/r*: ***sich ~*** birleşmek; **♀schluss** *m* ⟨-es; ⸚e⟩ birlik; ÖKON birleşme; *zu einem Kartell* kartelleşme; **~schreiben** *v/t* ⟨*unreg*, -ge-, *h*⟩ derleyip yazmak; *Wörter* bitişik yazmak; ***wird das zusammengeschrieben?*** bu bitişik mi yazılır?; **~schweißen** *v/t* ⟨-ge-, *h*⟩ TECH kaynak etmek

Zusammensein *n* ⟨-s; *o pl*⟩ beraberlik

zusammensetz|en ⟨-ge-, *h*⟩ **1.** *v/t* bir araya getirmek; TECH monte etmek; **2.** *v/r*: ***sich ~ aus*** *-den* oluşmak; **♀ung** *f* ⟨-; -en⟩ *a* CHEM bileşim; TECH montaj

zusammensinken *v/i* ⟨*unreg*, -ge-, *sn*⟩ çökmek; *Kochgut* senmek

zusammenstecken ⟨-ge-, *h*⟩ **1.** *v/t* takmak (*sokarak*); **2.** *v/i* F: ***immer ~*** hep beraber olmak

zusammenstell|en *v/t* ⟨-ge-, *h*⟩ bir araya koymak, birleştirmek; *Liste usw* düzenlemek; **♀ung** *f* ⟨-; -en⟩ bileşim; (*Sammlung*) derleme

Zusammenstoß *m* ⟨-es; ⸚e⟩ çarp(ış)ma; **♀en** *v/i* ⟨*unreg*, -ge-, *sn*⟩ çarpışmak; *Linien usw* kavuşmak; ***~ mit*** ile çarpışmak; *fig* b-yle çatışmak

zusammen|stürzen *v/i* ⟨-ge-, *sn*⟩ çökmek, yıkılmak; **~tragen** *v/t* ⟨*unreg*, -ge-, *h*⟩ toplamak, derlemek; **~treffen** *v/i* ⟨*unreg*, -ge-, *sn*⟩ buluşmak, karşılaşmak; *zeitlich* çakışmak, aynı zamana denk gelmek; **♀treffen** *n* ⟨-s; -⟩ buluşma, çakışma; *besonderes* toplantı; **~treten** *v/i* ⟨*unreg*, -ge-, *sn*⟩ ezmek; toplanmak; **~trommeln** *v/t* ⟨-ge-, *h*⟩ F bir araya çağırmak; **~tun 1.** *v/t* ⟨*unreg*, -ge-, *h*⟩ bir araya getirmek; **2.** *v/r*: ***sich ~*** elbirliği yapmak; **~wachsen** *v/i* ⟨*unreg*, -ge-, *sn*⟩ birleşmek, kaynaşmak

zusammenwirk|en *v/i* ⟨-ge-, *h*⟩ beraberce etkili olmak; (*zusammenarbeiten*) işbirliği yapmak; **♀en** *n* ⟨-s; *o pl*⟩ etkileşim, ortak etki; işbirliği

zusammenzählen *v/t* ⟨-ge-, *h*⟩ *Zahlen* toplamak
zusammenzieh|en ⟨*unreg*, -ge-, *h*⟩ **1.** *v/t* (çekip) kısaltmak, büzmek; *Augenbrauen* çatmak; ***mit j-m ~*** b-le bir eve taşınmak; **2.** *v/r*: ***sich ~*** kısalmak, büzülmek; **≗ung** *f* ⟨-; -en⟩ büzme; MIL yığma, yığınak
zusammenzucken *v/i* ⟨-ge-, *sn*⟩ (acıyla) irkilmek, (korkuyla) sıçramak
Zusatz *m* ⟨-es; ⸚e⟩ ilave, ek; *chemischer usw* katkı maddesi; **~abkommen** *n* ek anlaşma; **~batterie** *f* EL ilave akü; **~gerät** *n* TECH ek cihaz
zusätzlich *adj* ilaveten, ek olarak
Zusatz|stoff *m* CHEM katkı maddesi; **~versicherung** *f* ek sigorta
zuschanzen *v/t* ⟨-ge-, *h*⟩: ***j-m etw ~*** b-ne bş-i sağlamak (F ayarlamak)
zuschauen *v/i* ⟨-ge-, *h*⟩ bakmak; ***j-m ~*** (***bei etw*** -rken) b-ni seyretmek
Zuschauer *m* ⟨-s; -⟩, **~in** *f* ⟨-; -nen⟩ seyirci, izleyici; **~raum** *m* THEA salon; **~reaktion** *f* seyircinin tepkisi
zuschicken *v/t* ⟨-ge-, *h*⟩: ***j-m etw ~*** b-ne bş-i göndermek
zuschieben *v/t* ⟨*unreg*, -ge-, *h*⟩ kapatmak (*iterek*); ***j-m etw ~*** bş-i b-nin önüne sürmek; *fig* ***j-m die Schuld*** (***Verantwortung***) ***~*** suçu (sorumluluğu) b-ne yüklemek
zuschießen ⟨*unreg*, -ge-⟩ **1.** *v/t* ⟨*h*⟩ F: ***~ zu*** için (ayrıca) vermek (*para*); **2.** *v/i* ⟨*sn*⟩: ***~ auf*** b-ne (doğru) koşmak (*birdenbire*)
Zuschlag *m* ⟨-s; ⸚e⟩ zam, ek ücret; (*Gehalts≗*) ikramiye, prim; ÖKON en iyi teklifin kabulü
zuschlagen *v/t* ⟨*unreg*, -ge-, *h*⟩ *Tür usw* vurarak kapamak; ÖKON ***j-m etw ~*** en iyi teklifi yapana vermek
zuschließen *v/t* ⟨*unreg*, -ge-, *h*⟩ kilitlemek
zuschnappen *v/i* ⟨-ge-, *h*⟩ *Hund* kapmak; *Tür usw* ⟨*sn*⟩ kapanmak (*çarparak*)
zuschneiden *v/t* ⟨*unreg*, -ge-, *h*⟩ *Kleidung* biçmek; ***zugeschnitten auf*** (özellikle) için hazırlanmış; TECH kesmek (*ölçüye göre*)
zuschnüren *v/t* ⟨-ge-, *h*⟩ bağlamak, kapatmak
zuschrauben *v/t* ⟨-ge-, *h*⟩ vidalamak, kapatmak
zuschreiben *v/t* ⟨*unreg*, -ge-, *h*⟩ atfetmek, yüklemek; ***das hast du dir selbst zuzuschreiben!*** kendin ettin – kendin buldun
Zuschrift *f* ⟨-; -en⟩ mektup, cevap
zuschulden *adv*: ***sich*** (*D*) ***etw*** (***nichts***) ***~ kommen lassen*** kabahati ol(ma)mak
Zuschuss *m* ⟨-es; ⸚e⟩ (ek) ödenek; *staatlich* teşvik, sübvansiyon; **~betrieb** *m* sübvansiyonlu işletme
zuschütten *v/t* ⟨-ge-, *h*⟩ toprak *vs* altında bırakmak
zusehen *v/i* ⟨*unreg*, -ge-⟩: ***j-m bei der Arbeit ~*** b-ni çalışırken seyretmek; ***untätig ~*** elini kolunu bağlayıp seyretmek
zusehends *adv* gözle görülür derecede; (*schnell*) hızla
zusetzen ⟨-ge-, *h*⟩ **1.** *v/t* ilave etmek; *Geld* fazladan ödemek; **2.** *v/i*: ***j-m ~*** b-ni sıkıştırmak, zorlamak
zusicher|n *v/t* ⟨-ge-, *h*⟩ söz/güvence vermek; **≗ung** *f* ⟨-; -en⟩ güvence, teminat
zuspielen *v/t* ⟨-ge-, *h*⟩: ***j-m den Ball ~*** b-ne topu (*od* pas) vermek; ***j-m etw ~*** b-ne bş-i ayarlamak
zuspitzen *v/r*: ⟨-ge-, *h*⟩ *Lage* ciddileşmek, tırmanmak
zusprechen ⟨*unreg*, -ge-, *h*⟩ **1.** *v/t*: ***j-m Trost*** (***Mut***) ***~*** b-ne teselli (cesaret) verici sözler söylemek; ***j-m etw ~*** b-ne bş-i vermek, tanımak; JUR ***die Kinder wurden der Mutter zugesprochen*** çocuklar anneye verildi; **2.** *v/i*: ***j-m freundlich ~*** b-le dostça konuşmak (*etkilemeye çalışarak*)
Zuspruch *m* ⟨-s; *o pl*⟩ cesaretlendirme; (*Trost*) teselli, avutma
Zustand *m* ⟨-s; ⸚e⟩ durum, hal, vaziyet; ***das Haus ist in gutem ~*** bina iyi durumda; ***es herrschen katastrophale Zustände*** şu anki durum bir felaket
zustande *adv*: ***~ bringen*** gerçekleştirmek, yapmak; ***~ kommen*** gerçekleşmek, ortaya çıkmak; ***es kam nicht ~*** yapılamadı, olmadı
zuständig *adj* yetkili, ilgili; **≗keit** *f* ⟨-; -en⟩ JUR (***für*** *-e*) yetki; ***das fällt nicht in s-e ~*** bu onun yetkisine girmez; **≗keitsbereich** *m* yetki alanı/bölgesi
zustecken *v/t* ⟨-ge-, *h*⟩: ***j-m etw ~*** b-ne (gizlice) bş-i vermek
zustehen *v/i* ⟨*unreg*, -ge-, *h*⟩: ***etw steht j-m zu*** bş b-nin hakkı(dır)

zusteigen *v/i* ⟨*unreg*, -ge-, *sn*⟩ binmek (*ara istasyondan vs*); ***ist jemand zugestiegen?*** yeni (biletsiz) yolcu var mı?
zustellen *v/t* ⟨-ge-, *h*⟩ teslim etmek
Zustell|er *m* ⟨-s; -⟩, **~erin** *f* ⟨-; -nen⟩ dağıtıcı (*posta vs*); **~(ungs)gebühr** *f alıcının ödediği teslim ücreti*; **~ung** *f* ⟨-; -en⟩ teslim; tebliğ
zusteuern ⟨-ge-⟩ **1.** *v/t* ⟨*h*⟩ F *-le* katkıda bulunmak; **2.** *v/i* ⟨*sn*⟩: **~ *auf*** MAR *-e* (doğru) dümen tutmak
zustimmen *v/i* ⟨-ge-, *h*⟩ (*D -de*) aynı fikirde olmak; *billigen* (*D -i*) uygun bulmak, onaylamak; ***~d nicken*** (evet diye) başını sallamak
Zustimmung *f* ⟨-; *o pl*⟩ fikir birliği; (*Einwilligung*) onay; ***j-s ~ finden*** b-nden destek görmek
zustoßen *v/i* ⟨*unreg*, -ge-, *sn*⟩: ***j-m ~*** b-nin başına gelmek
zutage *adv*: ***~ bringen*** ortaya çıkarmak; ***~ kommen*** ortaya çıkmak
Zustrom *m* ⟨-s; *o pl*⟩: ***~ kühler Meeresluft*** denizden gelen serin hava akını
Zutaten *pl* malzemeler (*yemek tarifesi*)
zutragen ⟨*unreg*, -ge-, *h*⟩ **1.** *v/t* ***j-m etw ~*** b-ne bşi (gizlice) bildirmek; **2.** *v/r*: ***sich ~*** olmak, olup bitmek
zuteil *adv*: ***j-m ~ werden*** b-ne yöneltilmek, bahşolunmak; ***j-m etw ~ werden lassen*** b-ne bş yöneltmek, bahşetmek
zuteil|en *v/t* ⟨-ge-, *h*⟩: ***j-m etw ~*** b-ne bş-i vermek, ayırmak (*pay olarak*); ***j-m e-e Aufgabe ~*** b-ne bir görev vermek; **~ung** *f* ⟨-; -en⟩ kontenjan, tahsisat
zutiefst *adv* derinden
zutrauen *v/t* ⟨-ge-, *h*⟩: ***j-m etw ~*** b-nden bş-i beklemek (*davranışı*); ***sich*** (*D*) ***zu viel ~*** kendine fazla güvenmek
Zutrauen *n* ⟨-s; *o pl*⟩ (***zu*** *-e*) güven
zutraulich *adj* sokulgan, canayakın; *Tier* insancanlısı
zutreffen *v/i* ⟨*unreg*, -ge-, *h*⟩ doğru/uygun olmak; ***~ auf*** (*A*) *-e* uygun olmak; ***~ für*** … için geçerli/doğru olmak
zutreffend *adj* doğru, uygun; ***~es unterstreichen*** uygun olanın altını çiziniz
zutrinken *v/i* ⟨*unreg*, -ge-, *h*⟩: ***j-m ~*** b-nin sağlığına içmek
Zutritt *m* ⟨-s; *o pl*⟩ girme; (*Zugang*) giriş; ***~ verboten!*** girmek yasaktır!; ***sich*** (*D*) ***gewaltsam ~ verschaffen*** (***zu*** *-e*) zor kullanarak girmek
zutun *v/t* ⟨*unreg*, -ge-, *h*⟩ kapatmak
Zutun *n*: ***ohne mein ~*** benim katkım olmadan
zuungunsten *präp* (*G*) (*-in*) aleyhine
zuunterst *adv* en alt(t)a
zuverlässig *adj* güvenilir, inanılır; (*sicher*) emniyetli, sağlam; ***aus ~er Quelle*** güvenilir kaynaklardan; **~keit** *f* ⟨-; *o pl*⟩ güvenilirlik
Zuversicht *f* ⟨-; *o pl*⟩ sağlam umut, geleceğe güven, iyimserlik; ***voll(er) ~ sein*** (***dass*** -eceğinden) çok umutlu olmak; **~lich** *adj* iyimser, umutlu; **~lichkeit** *f* ⟨-; *o pl*⟩ → ***Zuversicht***
zuviel → ***zu***
zuvor *adv* daha önce, evvelce; ***kurz ~*** az (daha) önce; ***am Tag ~*** bir gün önce, önceki gün
zuvorkommen *v/i* ⟨*unreg*, -ge-, *sn*⟩ *D -den* önce davranmak; (*verhindern*) önlemek
zuvorkommend *adj* yardımsever; (*höflich*) nazik
Zuwachs *m* ⟨-es⟩ (**an** *D -de*) artış, ÖKON büyüme
zuwachsen *v/i* ⟨*unreg*, -ge-, *sn*⟩ kapanmak (*bitkilerin büyümesiyle*); MED iyileşmek, kapanmak (*yara*)
Zuwachsrate *f* ÖKON büyüme/artış oranı
Zuwander|er *m*, **~in** *f* başka yerden gelip yerleşen
zuwandern *v/i* ⟨-ge-, *sn*⟩ başka yerden gelip yerleşmek
Zuwanderung *f* ⟨-; -en⟩ başka yerden gelip yerleşme
zuwege *adv*: ***~ bringen*** *-in* üstesinden gelmek; F ***(noch) gut ~ sein*** (henüz) gayet dinç olmak
zuweilen *adv* bazen, zaman zaman
zuweisen *v/t* ⟨*unreg*, -ge-, *h*⟩ tahsis etmek, ayırmak
zuwenden ⟨*unreg*, -ge-, *h*⟩ **1.** *v/t*: ***j-m den Rücken ~*** b-ne sırtını dönmek; ***j-m etw ~*** b-ne bş-i yöneltmek; **2.** *v/r*: ***sich ~*** yönelmek
Zuwendung *f* **1.** ⟨-; -en⟩ malî yardım; **2.** ⟨-; *o pl*⟩ şefkat
zuwenig → ***zu***
zuwerfen *v/t* ⟨*unreg*, -ge-, *h*⟩ çarpmak (*kapıyı*); ***j-m e-n Blick ~*** b-ne bir bakış fırlatmak
zuwider *adj*: … ***ist mir ~*** *-den* hiç hoşlanmam; *stärker -den* tiksinirim
zuwiderhandeln *v/i* ⟨-ge-, *h*⟩ aykırı ha-

reket etmek; **≈de** *m, f* ⟨-n; -n⟩ JUR aykırı hareket eden
Zuwiderhandlung *f* ⟨-; -en⟩ JUR (***gegen** -e*) aykırı hareket
zuwinken *v/i* ⟨-ge-, *h*⟩: ***j-m** ~* b-ne el (*od* mendil) sallamak, b-ne işaret etmek
zuzahlen *v/t* ⟨-ge-, *h*⟩ ek olarak ödemek, *-in* üstüne vermek
zuziehen ⟨*unreg*, -ge-⟩ **1.** *v/t* ⟨*h*⟩ *Vorhänge* kapatmak; *Schlinge usw* sık(ıştır)mak; *Arzt usw -e* danışmak; ***sich*** (*D*) ***e-e Grippe*** ~ MED grip kapmak; **2.** *v/i* ⟨*sn*⟩ başka yerden gelip yerleşmek
Zuzug *m* ⟨-s; ⸚e⟩ takviye; başka yerden gelip yerleşme
zuzüglich *präp* artı, ... ilavesiyle
zw. *Abk für* ***zwischen*** arasına, arasında
Zwang *m* ⟨-s; ⸚e⟩ (*Notwendigkeit*) zorunluluk; (*Druck*) baskı; (*Gewalt*) zor; (*Nötigung*) zorlama; JUR cebir; ~ ***ausüben*** (***auf** -e*) baskı yapmak; ***ohne*** ~ serbestçe, rahatça; ***tu dir keinen ~ an!*** kendini zora koşma!; ***unter ~ handeln*** JUR cebir altında hareket etmek; ***gesellschaftliche Zwänge*** toplumsal zorunluluklar
zwängen *v/t* ⟨*h*⟩ (***in*** *A -e*) sıkıştırmak, tıkmak
zwanglos *adj* teklifsiz, senlibenli; *Kleidung* günlük; ***sich ~ unterhalten*** teklifsizce sohbet etmek; **≈igkeit** *f* ⟨-; *o pl*⟩ teklifsizlik, rahatlık
Zwangs|anleihe *f* zorunlu istikraz; **~arbeit** *f* ⟨-; *o pl*⟩ zorla çalıştırma, angarya; **~arbeiter(in** *f*) *m zorla çalıştırılan işçi*; **~aufenthalt** *m* zorunlu ikamet; **~einweisung** *f* (***in** -e*) cebrî havale (*psikiyatri kliniğine vs*); **≈ernähren** *v/t* ⟨*o* -ge-, *h*⟩ zorla beslemek; **~handlung** *f* PSYCH obsesif davranış; **~herrschaft** *f* despotizm; **~jacke** *f* deli gömleği; **~lage** *f* sıkıntılı/zor durum
zwangsläufig *adv* kaçınılmaz olarak
Zwangs|maßnahme *f* zorlayıcı önlem; POL yaptırım; **~neurose** *f* obsesyon nevrozu; **~räumung** *f* cebrî tahliye; **~umsiedler(in** *f*) *m zorla göç ettirilen*; tehcire uğramış; **≈versteigern** *v/t* ⟨*o* -ge-, *h*⟩ zorla müzayedeye çıkarmak; **~versteigerung** *f* cebrî müzayede; **~vollstreckung** *f* cebrî icra; **~vorstellung** *f* PSYCH obsesif düşünce, F takıntı, saplantı
zwangsweise **1.** *adj* zorunlu, cebrî; **2.** *adv* zorla, cebren
zwanzig *adj* yirmi; ~ (***Jahre alt***) ***sein*** yirmisinde (yirmi yaşında) olmak
Zwanzig *f* ⟨-; -en⟩: ***sie ist Mitte*** (***der***) ~ yirmilerinin ortasında
Zwanziger *adj*: ***die goldenen*** ~ o altın yirmiler (*od* yirmili yıllar)
Zwanzigerjahre *f* ⟨-; *o pl*⟩: ***die*** ~ yirmili yıllar
zwanzigfach *adj u adv* yirmi kat
zwanzigjährig *adj* yirmi yıllık; *Lebensalter* yirmi yaşında
Zwanzigjährige *m, f* ⟨-n; -n⟩: ***die ~n*** yirmi yaştakiler
zwanzigste *adj* yirminci
Zwanzigstel *n* ⟨-s; -⟩ yirmide (bir *usw*)
zwar *adv*: ***ich kenne ihn ~, aber ...*** gerçi onu tanıyorum, ama ...; ***und*** ~ şöyle ki
Zweck *m* ⟨-s; -e⟩ amaç; ***ein Mittel zum*** ~ amaca götüren bir yol; ***es hat keinen*** ~ (***zu warten*** beklemenin) bir faydası yok; ***s-n ~ erfüllen*** amacına uygun olmak, ihtiyacı karşılamak; ***zu diesem*** ~ bu amaçla, bu amaca uygun
Zweckbau *m* ⟨-s; -ten⟩ *güzelliğine özenilmeden yapılmış bina*
Zweckdenken *n* ⟨-s; *o pl*⟩ faydacılık
zweck|dienlich *adj* amaca hizmet eden; ***~e Hinweise*** *suçu aydınlatmaya yarayan ihbar*; **~entfremden** *v/t* ⟨*o* -ge-, *h*⟩ amacından saptırmak (*od* başka şeye kullanmak); **~entsprechend** *adj* amacına uygun olarak; **~fremd** *adj öngörülenden başka bir amaca yönelik*; **~gebunden** *adj* amaca bağlı; **~gemäß** *adj* amaca uygun
zwecklos *adj* faydasız, boş, anlamsız; **≈igkeit** *f* ⟨-; *o pl*⟩ faydasızlık, anlamsızlık
zweckmäßig *adj* kullanışlı, elverişli; (*angebracht*) yerinde, uygun; **≈keit** *f* ⟨-; *o pl*⟩ kullanışlılık; uygunluk
zwecks *präp* (*G*) ... amacıyla
Zwecksparen *n belli amaçlı tasarruf*
zweckwidrig *adj* amac(ın)a aykırı
zwei *adj* iki
Zwei *f* ⟨-; -en⟩ iki (sayısı); *Schule* iyi (not)
zweibändig *adj* iki ciltlik
Zwei|beiner *m* ⟨-s; -⟩ F iki ayaklı, insan; **~bettzimmer** *n* iki kişilik/yataklı oda
zweideutig *adj* çiftanlamlı, F lastikli; (*Witz*) açık-saçık; **≈keit** *f* **1.** ⟨-; -en⟩

Z

çiftanlamlı (*od* F lastikli) söz; **2.** ⟨-; *o pl*⟩ çiftanlamlılık, F lastiklilik
Zweidrittelmehrheit *f* üçte iki çoğunluk
zweieiig *adj*: **~*e Zwillinge*** çift yumurta ikizleri
Zweier *m* ⟨-s; -⟩: **~ *mit* (*Steuermann*)** (*dümencili*) *iki kişilik kayık*
zweierlei *adj* iki ayrı türlü; ***mit ~ Maß messen*** -*e* çifte standart uygulamak
zweifach *adj* iki defa, çift; ***in ~er Ausfertigung*** iki nüsha halinde
Zweifamilienhaus *n* iki daireli ev
zweifarbig *adj* iki renkli
Zweifel *m* ⟨-s; -⟩ (***an*** *D -den*, ***wegen*** *-den* dolayı) şüphe, kuşku; ***im ~ sein über*** *-den* şüphe duyuyor olmak; ***ihr kamen ~*** içine şüphe(ler) düştü
zweifelhaft *adj* kuşkulu, şüpheli, güven vermeyen, kuşku uyandıran
zweifellos *adv* kuşkusuz, şüphesiz
zweifeln *v/i* ⟨*h*⟩: **~ *an*** (*D*) *-den* şüphe etmek, kuşkulu olmak; ***daran ist nicht zu ~*** bundan şüphe yok
Zweifelsfall *m*: ***im ~*** icabında, bir belirsizlik varsa/olursa
Zweig *m* ⟨-s; -e⟩ dal
zweigeschlechtig *adj* BOT iki eşeyli
zweigeteilt *adj* ikiye bölünmüş
zweigleisig *adj* BAHN çift hatlı; **~ *fahren*** *fig* iki koldan ilerlemek
Zweig|niederlassung *f* şube; **~ *im Ausland*** yurtdışı şubesi; **~stelle** *f* (yan) şube; **~stellenleiter(in** *f*) *m* şube müdürü
zweihändig *adj* MUS iki elle
zweijährig *adj* iki yıllık; *Lebensalter* iki yaşında(ki)
Zweijährige *m, f* ⟨-n; -n⟩ iki yaşındaki
Zweikampf *m* düello
zweimal *adv* iki defa/kere; **~ig** *adj* iki kerelik
Zweimarkstück *n* iki marklık (madenî para)
zweimotorig *adj* LUFTF çift motorlu
Zweiparteiensystem *n* iki partili sistem
zweiphasig *adj* EL çift fazlı
zweipolig *adj* EL çift kutuplu
Zweirad *n* ⟨-s; ⸚er⟩ F *bisiklet ve motosiklet*
Zweireiher *m* ⟨-s; -⟩ kruvaze (ceket *vs*)
zweischneidig *adj* iki kenarı keskin
zweiseitig *adj* iki sayfalık; **~ *beschrieben*** iki yüzü de yazılı
Zweisitzer *m* ⟨-s; -⟩ iki koltuklu (araba)
zweispaltig *adj*: **~ *gedruckt*** iki sütun halinde basılmış
zweisprachig *adj* ikidilli; **≈keit** *f* ⟨-; *o pl*⟩ ikidillilik
zwei|spurig *adj Straße* çift şeritli; çift hatlı; **~stellig** *adj* iki basamaklı/haneli; **~stimmig** *adj* MUS iki sesli; **~stöckig** *adj* iki katlı; **~strahlig** *adj* LUFTF iki (jet) motorlu; **~stufig** *adj* TECH iki kademeli; **~stündig** *adj* iki saatlik
zweit *adj* ikinci; ***ein ~er*** ikinci bir; ***jede(r, -s) ~e …*** her iki …-*den* biri(si); ***wir sind zu ~*** iki kişiyiz
zweitältest *adj* ikinci yaşlı
zweitausend *adj* iki bin
zweitbest *adj* ikinci (*değerlendirmede*)
Zweiteiler *m* ⟨-s; -⟩ F döpiyes; bikini
zweiteilig *adj* iki parçalı
zweitens *adv* ikinci olarak, ikincisi
zweitklassig *adj* ikinci sınıf
zweitrangig *adj* ikinci derecede(n)
Zweit|schlüssel *m* yedek anahtar; **~schrift** *f* ⟨-; -en⟩ kopya; **~stimme** *f* ikinci oy; **~studium** *n*: ***ein ~ beginnen*** ikinci bir öğrenime başlamak; **~wagen** *m* ikinci araba; **~wohnung** *f* ikinci konut
zweiwertig *adj* CHEM iki değerli
zweiwöchig *adj* iki haftalık
Zweizimmerwohnung *f* iki odalı konut
Zwerchfell *n* ANAT diyafram
Zwerg *m* ⟨-s; -e⟩ cüce; **~wuchs** *m* MED BOT cücelik; **≈wüchsig** *adj* cüce, bodur
Zwetsch(g)e *f* ⟨-; -n⟩ mürdüm(eriği)
Zwetsch(g)enwasser *n* ⟨-s; ⸗⟩ mürdüm rakısı
Zwickel *m* ⟨-s; -⟩ ağ, apışlık; ARCH bingi, pandantif
zwicken *v/t u v/i* ⟨*h*⟩ çimdiklemek
Zwickmühle *f* F açmaz; ***in e-r ~ sein*** (*od* ***sitzen***) açmazda kalmak
Zwieback *m* ⟨-s; -e⟩ peksimet
Zwiebel *f* ⟨-; -n⟩ soğan; **~suppe** *f* soğan çorbası; **~turm** *m* soğankubbeli kule
Zwielicht *n* ⟨-s; *o pl*⟩ alacakaranlık; ***ins ~ geraten*** *-in* üzerine gölge düşmek, hakkında şüpheler belirmek; **≈ig** *adj* F ne idüğü belirsiz
Zwiespalt *m* uyuşmazlık, anlaşmazlık
zwiespältig *adj* çelişkili
Zwilling *m* ⟨-s; -e⟩ ikiz; ***er ist* (*ein*) ~** o İkizler burcundan

Zwillings|bruder *m* ikiz (erkek) kardeş; **~schwester** *f* ikiz (kız) kardeş; **~paar** *n* ikizler

zwingen ⟨zwang, gezwungen, *h*⟩ **1.** *v/t u v/i* zorlamak, mecbur etmek; *~ zu -e* zorlamak; ***j-n ~, etw zu tun*** b-ni bş yapmaya zorlamak; ***ich sehe mich gezwungen zu …*** zorunda olduğumu görüyorum; **2.** *v/r*: ***sich ~*** (***etw zu tun***) k-ni (bş yapmaya) zorlamak

zwingend *adj* zorlayıcı; (*überzeugend*) inandırıcı

Zwinger *m* ⟨-s; -⟩ (*Hunde*♀) köpek kafesi (*büyük*)

zwinkern *v/i* ⟨*h*⟩ göz kırpmak

zwirbeln *v/t* ⟨*h*⟩ burmak (*parmakla*)

Zwirn *m* ⟨-s; -e⟩ iplik, (*Baumwoll*♀) *a* tire; (*Nähseide*) ibrişim; (*Bindfaden*) sicim

zwischen *präp* (*A*) arasına, aralarına; (*D*) arasında, aralarında

Zwischen|ablage *f* EDV ara bellek; **~aufenthalt** *m* ara/kısa mola; **~bemerkung** *f* ara değini; **~bilanz** *f* ÖKON mizan, ara bilançosu; ***e-e ~ ziehen*** geçici bir bilanço çıkarmak; **~blutung** *f* MED âdet arası kanaması; **~deck** *n* MAR ara güverte

zwischendurch *adv* arada (bir)

Zwischen|ergebnis *n* geçici sonuç; **~fall** *m* olay, vukuat; ***ohne Zwischenfälle*** olay çıkmadan; **~finanzierung** *f* ara finansman; **~frage** *f konuşmacının sözü kesilerek sorulan soru*; **~geschoss** *n*, *österr* **~geschoß** *n* asma kat; **~glied** *n* ara parça; **~händler(in** *f*) *m* ÖKON komisyoncu

Zwischenlager *n* PHYS geçici stoklama alanı; ♀**n** *v/t* ⟨-ge-, *h*⟩ geçici olarak stoklamak; **~ung** *f* geçici stoklama

zwischenland|en *v/i* ⟨-ge-, *sn*⟩ (**in** *D -e*) ara iniş yapmak; ♀**ung** *f* LUFTF ara iniş; ***ohne ~*** doğru, non stop

Zwischen|lösung *f* ara/geçici çözüm; **~mahlzeit** *f* ara öğün; ♀**menschlich** *adj* insanlar arası; ***~e Beziehungen*** insanî ilişkiler; **~prüfung** *f* ara sınav; **~raum** *m* ara(lık), açıklık, mesafe

Zwischenruf *m* bağırış, tezahürat, sataşma (*kongrede vs*); **~er(in** *f*) *m* aradan bağıran

zwischenstaatlich *adj* devletlerarası

Zwischen|stadium *n* ara safha/evre; **~station** *f* mola; ***~ machen*** mola vermek; **~stecker** *m* EL, **~stück** *n* TECH, EL adaptör; **~stufe** *f* orta kademe; **~summe** *f* ara toplam; **~töne** *pl* nüanslar; **~urteil** *n* JUR ara kararı; **~wand** *f* bölme, ara duvarı

Zwischenzeit *f*: ***in der ~*** bu arada; ♀**lich** *adv* bu arada

Zwischenzeugnis *n* (*Schul*♀) yarıyıl karnesi; (*Arbeits*♀) *işten çıkmadan alınan bonservis*

Zwist *m* ⟨-s; -e⟩ bozuşma, nifak; **~igkeiten** *pl* anlaşmazlıklar, geçimsizlik *sg*

zwitschern *v/i* ⟨*h*⟩ (cıvıl cıvıl) ötmek

Zwitter *m* ⟨-s; -⟩ BIOL erselik, hermafrodit

zwölf *adj* on iki; ***um ~*** (***Uhr***) (saat) on ikide; ***fünf Minuten vor ~*** on ikiye beş var/kala

Zwölffingerdarm *m* onikiparmak barsağı; **~geschwür** *n* MED onikiparmak barsağı ülseri

zwölft *adj* on ikinci

Zyankali [t͡sy-] *n* ⟨-s; *o pl*⟩ CHEM potasyum siyanür

zyklisch ['t͡syːklɪʃ, 't͡sʏk-] *adj* devreden, dönüşlü

Zyklus ['t͡syː-] *m* ⟨-; -klen⟩ devir; *Reihe* seri, dizi

Zylinder [t͡si'lɪndɐ, t͡sy-] *m* ⟨-s; -⟩ silindir şapka; TECH silindir; **~kopf** [t͡si'lɪndɐ, t͡sy-] *m* silindir başlığı; **~kopfdichtung** *f* silindir başlığı contası

zylindrisch [t͡sy-] *adj* silindirik

Zyniker ['t͡syː-] *m* ⟨-s; -⟩, **~in** *f* ⟨-; -nen⟩, kinik, alaycı

zynisch [t͡sy-] *adj* alaycı

Zynismus [t͡sy-] *m* ⟨-; -men⟩ alaycılık

Zypern [t͡sy-] *n* ⟨-s; *o pl*⟩ Kıbrıs

Zypriot|e [t͡sy-] *m* ⟨-n; -n⟩, **~in** *f* ⟨-; -nen⟩ Kıbrıslı; ♀**isch** Kıbrıs(lı) *subst*

Zyste ['t͡sʏ-] *f* ⟨-; -n⟩ kist

Zysto|skopie ['t͡sʏ-] *f* ⟨-; -n⟩ MED sistoskopi; **~statikum** ['t͡sʏ-] *n* ⟨-s; -ka⟩ MED sitostatik

zzgl. *Abk für* ***zuzüglich*** artı

zzt. *Abk für* ***zurzeit*** halen

Z

Kurzer Überblick über die türkische Grammatik

Allgemeines

Die Vokale der Suffixe (grammatische Endungen und Wortbildungselemente) werden im Rahmen einer Vokalharmonie durch den Stammvokal des Wortes bestimmt. Es werden weite und enge Vokale nach folgendem Schema unterschieden:

	ungerundet		gerundet	
weite Vokale	a	e	o	ö
enge Vokale	ı	i	u	ü

Zum Beispiel haben Dativ, Lokativ, Ablativ und der Plural nur die weiten Vokale **a** oder **e**, der Akkusativ die engen Vokale **ı, i, u** oder **ü.**

N	el	*(die) Hand*	baş	*(der) Kopf*
D	el**e**	*der Hand*	baş**a**	*dem Kopf*
A	el**i**	*die Hand*	baş**ı**	*den Kopf*
Lok.	el**de**	*in der Hand*	baş**ta**	*in dem Kopf*
Abl.	el**den**	*aus der Hand*	baş**tan**	*aus dem Kopf*

Deklination

Allgemeine Regeln für den Auslaut

a) Konsonantischer Auslaut unveränderlich:

ev *(das) Haus* → evi
baş *(der) Kopf* → başı

b) Konsonantischer Auslaut veränderlich:

di**p** *Grund, Tiefe* → di**b**i
ağa**ç** *Baum-* → ağa**c**ı
ekme**k** *Brot* → ekme**ğ**i
ta**t** *Geschmack* → ta**d**ı

c) Vokalischer Auslaut
Zwischen Wortstamm und Suffix tritt ein Bindekonsonant:

gece	*Nacht*	oda	*Zimmer*
gece**n**in	*der Nacht*	oda**n**ın	*des Zimmers*
gece**y**i	*die Nacht (Akkusativ)*	oda**y**ı	*das Zimmer*

d) Personalsuffixe der dritten Person:

ev *Haus* — evi *sein, ihr Haus*
baş *Kopf* — başı *sein, ihr Kopf*

dip *Grund, Tiefe* — dibi
ağaç *Baum* — ağacı
gece *Nacht* — gece**si**
oda *Zimmer* — oda**sı**

kapı *Tür* — kapı**sı**
bitki *Pflanze* — bitki**si**
köprü *Brücke* — köprü**sü**
büro *Büro* — büro**su**
duygu *Gefühl* — duygu**su**

e) Ausfall des letzten Vokals vor Antritt einer Endung (Elision):

ağız	*Mund*	isim	*Name*	oğul	*Sohn*	gönül	*Herz, Seele*
ağzı		**ismi**		**oğlu**		**gönlü**	

Die Deklinationsendungen (Kasussuffixe)

N	ev	*(das) Haus*	baş	iş	kız	yol
G	ev**in**	*des Hauses*	baş**ın**	iş**in**	kız**ın**	yol**un**
D	ev**e**	*dem Haus*	baş**a**	iş**e**	kız**a**	yol**a**
A	ev**i**	*das Haus*	baş**ı**	iş**i**	kız**ı**	yol**u**
Lok.	ev**de**	*in dem Haus*	baş**ta**	iş**te**	kız**da**	yol**da**
Abl.	ev**den**	*aus dem Haus*	baş**tan**	iş**ten**	kız**dan**	yol**dan**

N	gün	mum	gece	oda	ekmek
G	gün**ün**	mum**un**	gece**nin**	oda**nın**	ekme**ğin**
D	gün**e**	mum**a**	gece**ye**	oda**ya**	ekme**ğe**
A	gün**ü**	mum**u**	gece**yi**	oda**yı**	ekme**ği**
Lok.	gün**de**	mum**da**	gece**de**	oda**da**	ekmek**te**
Abl.	gün**den**	mum**dan**	gece**den**	oda**dan**	ekmek**ten**

Ausnahme: su *Wasser* – su**yun**, su**ya**, su**yu**, su**da**, su**dan**

Pluralbildung

Pluralsuffix: **-ler, -lar**

	(die) Häuser	*(die) Köpfe*	*(die) Arbeiten*	*(die) Mädchen*
N	ev**ler**	baş**lar**	iş**ler**	kız**lar**
G	ev**ler**in	baş**lar**ın	iş**ler**in	kız**lar**ın
D	ev**ler**e	baş**lar**a	iş**ler**e	kız**lar**a
A	ev**ler**i	baş**lar**ı	iş**ler**i	kız**lar**ı
Lok.	ev**ler**de	ba**lar**da	iş**ler**de	kız**lar**da
Abl.	ev**ler**den	baş**lar**dan	iş**ler**den	kız**lar**dan

Possessivsuffixe

-im	ev**im**	*mein Haus*	baş**ım**	*mein Kopf*
-in	ev**in**	*dein Haus*	baş**ın**	*dein Kopf*
-i	ev**i**	*sein, ihr Haus*	baş**ı**	*sein, ihr Kopf*
-imiz	ev**imiz**	*unser Haus*	baş**ımız**	*unser Kopf*
-iniz	ev**iniz**	*euer, Ihr Haus*	baş**ınız**	*euer, Ihr Kopf*
-leri	ev**leri**	*ihr Haus*	baş**ları**	*ihr Kopf*

Bei vokalischem Auslaut:

-m	oda**m**	*mein Zimmer*
-n	oda**n**	*dein Zimmer*
-si	oda**sı**	*sein, ihr Zimmer*
-miz	oda**mız**	*unser Zimmer*
-niz	oda**nız**	*euer, Ihr Zimmer*
-leri	oda**ları**	*ihr Zimmer*

Possessivsuffixe mit Kasusendungen

N	evim	*mein Haus*	başım	*mein Kopf*
G	evimin	*meines Hauses*	başımın	*meines Kopfes*
D	evime	*meinem Haus*	başıma	*meinem Kopf*
A	evimi	*mein Haus*	başımı	*meinen Kopf*
Lok.	evimde	*in meinem Haus*	başımda	*in meinem Kopf*
Abl.	evimden	*aus meinem Haus*	başımdan	*aus meinem Kopf*

	dein Haus	*sein, ihr Haus*	*unser Haus*	*euer, Ihr Haus*	*ihr Haus*
N	evin	evi	evimiz	eviniz	evleri
G	evinin	evinin	evimizin	evinizin	evlerinin
D	evine	evine	evimize	evinize	evlerine
A	evini	evini	evimizi	evinizi	evlerini
Lok.	evinde	evinde	evimizde	evinizde	evlerinde
Abl.	evinden	evinden	evimizden	evinizden	evlerinden

Plural mit Possessivsuffixen und Kasussuffixen

	meine Häuser	*deine Häuser*	*seine, ihre Häuser*
N	evlerim	evlerin	evleri
G	evlerimin	evlerinin	evlerinin
D	evlerime	evlerine	evlerine
A	evlerimi	evlerini	evlerini
Lok.	evlerimde	evlerinde	evlerinde
Abl.	evlerimden	evlerinden	evlerinden

	unsere Häuser	*eure, Ihre Häuser*	*ihre Häuser*
N	evlerimiz	evleriniz	evleri
G	evlerimizin	evlerinizin	evlerinin
D	evlerimize	evlerinize	evlerine
A	evlerimizi	evlerinizi	evlerini
Lok.	evlerimizde	evlerinizde	evlerinde
Abl.	evlerimizden	evlerinizden	evlerinden

Konjugation

Suffixverb *sein*

Präsens	**bestimmte Vergangenheit** *oder* **di-Vergangenheit**
ich bin usw.	*ich war usw.*
(-y-)im, -üm, -ım, -um	**-dim, -düm, -dım, -dum**
-sin, -sün, -sın, -sun	**-din, -dün, -dın, -dun**
ohne Endung oder: **-dir, -dür, -dır, -dur**	**-di, -dü, -dı, -du**
-(-y-)iz, -üz, -ız, -uz	**-dik, -dük, -dık, -duk**
-siniz, -sünüz, -sınız, -sunuz	**-diniz, -dünüz, -dınız, -dunuz**
ohne Endung oder: **-dirler, -dürler, -dırlar, -durlar**	**-diler, -düler, -dılar, -dular**

subjektive Vergangenheit
oder **miş-Vergangenheit**

Bedingungsform

ich war wohl, ich bin wohl gewesen	*wenn ich bin*	*wenn ich war*
imişim **imiş**sin **imiş** **imiş**iz **imiş**siniz **imiş**ler	**isem** **isen** **ise** **isek** **iseniz** **iseler**	idi**ysem** idi**ysen** idi**yse** idi**ysek** idi**yseniz** idi**yseler**
Die Suffixe haben die engen Vokale: -mişim, -müşüm, -müşsün, -müş, müşüz, -müşsünüz, -müşler *usw.*	Die Suffixe haben die weiten Vokale: **-sem, -sam; -diysem, -düysem; -dısam, -duysam** *usw.*	

verneint
ich bin nicht
değilim

fragend
bin ich?
…miyim?, …müyüm?, …mıyım?, …muyum?

fragend verneint
bin ich nicht?
değil miyim?

Vollverben auf *-mek* (*-mak*)

Stamm + Infinitivsuffix, z. B. **gel** + **mek** = **gelmek** *kommen*

almak	**bilmek**	**çıkmak**	**görmek**	**bozmak**	**gülmek**	**bulmak**
nehmen	*wissen*	*hinausgehen*	*sehen*	*zerstören*	*lachen*	*finden*

Präsens

Im Wörterbuch ist hinter einsilbigen Verben das Suffix des r-Präsens (Aoristsuffix) in Klammern angegeben:

gel**ir**, al**ır**, bil**ir**, çık**ar**, gör**ür**, boz**ar**, gül**er**, bul**ur**.

bestimmtes Präsens, yor-Präsens	**unbestimmtes Präsens, ir-Präsens**	**Optativ**	**Imperativ**
ich komme (jetzt)	*ich komme, ich käme*	*ich möchte kommen*	
gel**iyorum** gel**iyorsun** gel**iyor** gel**iyoruz** gel**iyorsunuz** gel**iyorlar**	gel**irim** gel**irsin** gel**ir** gel**iriz** gel**irsiniz** gel**irler**	gel**eyim** gel**esin** gel**e** gel**elim** gel**esiniz** gel**eler**	gel! *komm!* gel**sin** *er soll kommen* gel**in(iz)!** *kommt!, kommen Sie!* gel**in** gel**sinler** *sie sollen kommen*

ich nehme	*ich weiß*	*ich gehe hinaus*	*ich sehe*
al**ıyorum**	bil**iyorum**	çık**ıyorum**	gör**üyorum**
al**ırım**	bil**irim**	çık**arım**	gör**ürüm**
ich zerstöre	*ich lache*	*ich finde*	
boz**uyorum**	gül**üyorum**	bul**uyorum**	
boz**arım**	gül**erim**	bul**urum**	

Konditional I

wenn ich gerade komme (real)	*wenn ich gewöhnlich komme* (real)	*wenn ich käme* (irreal)
geliyor**sam**	gelir**sem**	gel**sem**
geliyor**san**	gelir**sen**	gel**sen**
geliyor**sa**	gelir**se**	gel**se**
geliyor**sak**	gelir**sek**	gel**sek**
geliyor**sanız**	gelir**seniz**	gel**seniz**
geliyor**larsa**	gelir**lerse (-seler)**	gel**seler**

I. Vergangenheit (Imperfekt und Perfekt)

„Augenzeugenbericht“ *ich kam, ich bin gekommen*	„Nicht-Augenzeugenbericht“ *ich kam wohl, ich bin wohl gekommen*
gel**dim**	gel**mişim**
gel**din**	gel**mişsin**
gel**di**	gel**miş** gel**miştir** *er ist (vielleicht/gewiss) gekommen*
gel**dik**	gel**mişiz**
gel**diniz**	gel**mişsiniz**
gel**diler**	gel**mişler**

ich kam, war im Begriff zu kommen	*ich käme, wäre gekommen, kam, pflegte zu kommen*	*ich kam wohl gerade*	*ich würde wohl kommen, ich pflegte (pflege) zu kommen*
geliyor**dum**	gelir**dim**	geliyor**muşum**	gelir**mişim**
geliyor**dun**	gelir**din**	geliyor**muşsun**	gelir**mişsin**

usw

Optativ der I. Vergangenheit

wäre ich (doch) gekommen

gel**eydim** gel**eymişim**
gel**eydin** gel**eymişsin**
usw *usw*

Konditional II *oder* Konditional der I. Vergangenheit

wenn ich kam, wenn ich gekommen bin	*wenn ich wohl kam, gekommen bin*	*wenn ich käme, gekommen wäre*
gel**diy**sem, gel**dim**se	gel**miş**sem	gels**ey**dim
gel**diy**sen, gel**din**se	gel**miş**sen	gels**ey**din
usw	*usw*	*usw*

wenn ich wohl käme,
wenn ich wohl gekommen wäre

gel**sey**mişim
gel**sey**mişsin
usw

II. Vergangenheit (Plusquamperfekt)

ich war gekommen (seltene Form)		*ich war gekommen (übliche Form)*
gel**diy**dim gel**diy**din gel**diy**di gel**diy**dik gel**diy**diniz gel**diy**diler	gel**dim**di gel**din**di gel**diy**di gel**dik**ti gel**din**izdi gel**di**lerdi	gel**miştim** gel**miştin** gel**mişti** gel**miştik** gel**miştiniz** gel**mişlerdi(-miştiler)**

Irreale Bedingungsform im Plusquamperfekt:

gelmiş ol**saydım** *wenn ich gekommen wäre* gelmiş ol**saydın** gelmiş ol**saydı**	gelmiş ol**saydık** gelmiş ol**saydınız** gelmiş ol**salardı (-saydılar)**

Futur

Futur I	**Futur II** *oder* **Futur der Vergangenheit**	
ich werde kommen, ich soll, muss kommen	*ich werde gekommen sein; ich wäre gekommen, wollte (sollte) gerade kommen*	*ich werde wohl gekommen sein, ich werde wohl kommen*
gel**eceğ**im gel**ecek**sin gel**ecek** gel**eceğ**iz gel**ecek**siniz gel**ecek**ler	gel**ecek**tim gel**ecek**tin gel**ecek**ti gel**ecek**tik gel**ecek**tiniz gel**ecek**lerdi (**-ecek**tiler)	gel**ecek**mişim gel**ecek**mişsin gel**ecek**miş gel**ecek**mişiz gel**ecek**mişsiniz gel**ecek**lermiş (**-ecek**mişler)

Bedingungsform:

I. Futur (real)	**II. Futur (irreal)**	
wenn ich kommen werde (will, soll)	*wenn ich gekommen wäre, wenn ich hätte kommen wollen (sollen)*	
gel**ecek**sem gel**ecek**sen gel**ecek**se gel**ecek**sek gel**ecek**seniz gel**ecek**lerse	gel**ecektiysem** gel**ecektiysen** gel**ecektiyse** gel**ecektiysek** gel**ecektiyseniz** gel**ecektiyseler** *oder*	gel**ecektimse** gel**ecektinse** gel**ecektiyse** gel**ecektikse** gel**ecektinizse** gel**ecek**lerdiyse

modales Futur:

ich will gerade kommen, ich bin im Begriff zu kommen	*ich wollte gerade kommen, ich war im Begriff zu kommen*	*wenn ich nun komme, wenn ich (einmal/überhaupt) käme*
gel**ecek oluyorum** gel**ecek oluyorsun** *usw*	gel**ecek oldum** gel**ecek oldun** *usw*	gel**ecek olursam** gel**ecek olursan** *usw*

konzessives Futur: *selbst wenn ich kommen sollte* gel**ecek olsam bile,** gel**ecek olsan bile** *usw*

Verallgemeinernde Funktion:
z. B. **nereye** dön**ecek olsam** *wohin ich mich auch wende (wandte) …*

Nezessitativ (Notwendigkeitsform)

Präsens **Imperfekt – Perfekt**

ich sollte (muss) kommen	*ich musste kommen, ich habe (hätte) kommen müssen*	*ich musste wohl kommen, hätte wohl kommen müssen*
gel**meli**yim gel**meli**sin gel**meli** gel**meli**yiz gel**meli**siniz gel**meli**ler	gel**meli**ydim gel**meli**ydin gel**meli**ydi gel**meli**ydik gel**meli**ydiniz gel**meli**ydiler (**-meli**lerdi)	gel**meli**ymişim gel**meli**ymişsin gel**meli**ymis gel**meli**ymişiz gel**meli**ymişsiniz gel**meli**ymişler (**-meli**lermiş)

Bedingungsform des Nezessitativs:

wenn ich kommen müsste, wenn ich kommen muss

Die Präsensform gel**meliysem** ist selten. Stattdessen wird der substantivierte Infinitiv auf **-me + lazımsa** (*auch* **gerekirse, gerekiyorsa**) gebraucht.

gelme**m lazımsa/gerekirse/gerekiyorsa**
gelme**n**
gelme**si**
gelme**miz**
gelme**niz**
gelme**leri**

Bedingungsform der Vergangenheit des Nezessitativs:

wenn ich kommen musste, habe (hätte) kommen müssen

Die Form gel**meli idiysem** (*oder* **gelmeliydiysem**) ist selten. Stattdessen wird der substantivierte Infinitiv auf **-me + lazımdıysa** u.Ä. gebraucht.

gelme**m**, gelme**n** *usw* **lazımdıysa** (*auch* **lazım idiyse, gerekirdiyse, gerekiyorduysa …**)

Möglichkeitsform

gel**ebil**mek *kommen können*
gör**ebil**mek *sehen können*
yaz**abil**mek *schreiben können*
oku**yabil**mek *lesen können*

gel**eme**mek *nicht kommen können*
gör**eme**mek *nicht sehen können*
yaz**ama**mak *nicht schreiben können*
oku**yama**mak *nicht lesen können*

ich kann kommen	*kann ich kommen?*	*ich kann nicht kommen*	*kann ich nicht kommen?*
gel**ebil**irim gel**ebil**irsin gel**ebil**ir gel**ebil**iriz gel**ebil**irsiniz gel**ebil**irler	gel**ebilir miyim?** gel**ebilir misin?** gel**ebilir mi?** gel**ebilir miyiz?** gel**ebilir misiniz?** gel**ebilirler mi?**	gel**em**em gel**emez**sin gel**emez** gel**eme**yiz gel**emez**siniz gel**emez**ler	gel**emez miyim?** gel**emez misin?** gel**emez mi?** gel**emez misiniz** gel**emez misiniz?** gel**emez**ler **mi?**

Verneinte Verbformen

'gel**me**mek *nicht kommen* 'yaz**ma**mak *nicht schreiben*

Die **yor-Formen** haben **-miyor, -müyor, -mıyor, -muyor**:

'gel**miyor** 'yap**mıyor**	*er kommt nicht* *er macht nicht*	'gör**müyor** o'ku**muyor**	*er sieht nicht* *er liest nicht*

An den verneinten Stamm treten die Suffixe der bejahten Form:

bejahend

gel	'gelme	*kommt nicht!*
gelin(iz)	'gelmeyin(iz)	*komm nicht!, kommen Sie nicht!*
geleyim	'gelmeyeyim	*ich möchte nicht kommen*
gelsem	'gelmesem	*wenn ich nicht käme*
geldim	'gelmedim	*ich kam nicht, ich bin nicht gekommen*
gelmişim	'gelmemişim	*ich kam wohl nicht*
geleydim	'gelmeyeydim	*wäre ich doch nicht gekommen*
geldiysem geldimse	'gelmediysem 'gelmedimse	*wenn ich nicht kam, nicht gekommen bin*
gelseydim	'gelmeseydim	*wenn ich nicht käme, nicht gekommen wäre*
gelmiştim	'gelmemiştim	*ich war nicht gekommen*
gelmiş olsaydım	'gelmemiş olsaydım	*wenn ich nicht gekommen wäre*
geleceğim	'gelmeyeceğim	*ich werde nicht kommen, soll (muss) nicht kommen*
gelecektim	'gelmeyecektim	*ich würde (wollte) nicht kommen*
gelmeliyim	'gelmemeliyim	*ich soll (sollte, darf) nicht kommen*
gelmeliydim	'gelmemeliydim	*ich sollte (durfte) nicht kommen*

ir-Formen verneint:

Präsens	**-di-Vergangenheit**	**-mis-Vergangenheit**
ich komme nicht, käme nicht	*ich pflegte nicht zu kommen*	*ich pflege, wie man sagt, nicht zu kommen, ich soll gewöhnlich nicht gekommen sein*
gel'**mem** gel'**mez**sin gel'**mez** gel'**me**yiz gel'**mez**siniz gel**mez**'ler	gel'**mez**dim gel'**mez**din gel'**mez**di gel'**mez**dik gel'**mez**diniz gel'**mez**diler, *auch*: gel**mez**'lerdi	gel'**mezmiş**im gel'**mezmiş**sin gel'**mezmiş** gel'**mezmiş**iz gel'**mezmiş**siniz gel'**mezmiş**ler, *auch*: gel**mez**'lermiş

Passiv

Passivsuffixe:

1. Stamm auf Konsonant (außer l) + **il, ül, ıl, ul**
2. Stamm auf Vokal + **n**
3. Stamm auf **l** + **in, ün, ın, un**

Beispiele:	1. yazı**l**mak	*geschrieben werden*
	2. oku**n**mak	*gelesen werden*
	3. al**ın**mak	*genommen werden*

An den Passivstamm treten die Suffixe des Aktivs:

Präsens:	yazıl**ır**, yazıl**ıyor**	*es wird geschrieben*
Vergangenheit:	yazıl**dı**, yazıl**mış**	*es wurde geschrieben, ist geschrieben worden*
Futur:	yazıl**acak**	*es wird geschrieben werden usw*

Konverben *(=Partizipien, jedoch nicht für adverbialen Gebrauch)*

Präsens

adjektivisch (**-en, -an**)

aktivisch	gel**en** yaz**an**	*kommend, … der kommt* *schreibend, … der schreibt*
passivisch	yazı**lan** oku**nan** gör**ülen**	*geschrieben, … der geschrieben worden ist* *gelesen, … der gelesen worden ist* *gesehen, … der gesehen worden ist*

Perfekt

aktivisch: **-miş** (**-müş, -mış, muş**)	al**mış** gel**miş**	*genommen habend, … der genommen hat* *gekommen, … der gekommen ist* *oft erweitert durch* **olan: gelmiş olan, almış olan** *usw*
passivisch	yazıl**mış** (*bzw.* yazıl**mış olan**)	*geschrieben, … der geschrieben wurde*

Futur

aktivisch: **-ecek (-acak)**	gel**ecek** (*bzw.* gel**ecek olan**) yaz**acak** (*bzw.* yaz**acak olan**)	*kommend, … , der kommen wird* *schreibend, … , der schreiben wird*
passivisch (Gerundivum)	oku**nacak kitap**	*ein zu lesendes Buch*

Possessivpartizipien
(mit denen auch ein Teil der deutschen Relativsätze wiedergegeben wird):

-diğ- (**-düğ-**, **-dığ-**, **-duğ-**)	oku**duğum** kitap oku**dukları** kitap	*das Buch, das ich lese, gelesen habe* *das Buch, das sie lesen, gelesen haben*
-miş olduğ-	**okumuş olduğum** kitap	*das Buch, das ich las, das ich gelesen habe*
-eceğ- (**-acağ-**)	**okuyacağım** kitap	*das Buch, das ich lesen werde* (*muss, soll*)

Verbaladverbien

-ip (**-üp**, **-ıp**, **-up**)	und	Çocuk bir kaşık çorba al**ıp** içer. *Das Kind nimmt einen Löffel Suppe und isst.*
-erek (**-arak**)	und; während; indem; nachdem; dadurch dass	Adam elini kaldır**arak**; „Sus“ dedi. *Der Mann hob die Hand und sagte: „Schweig!“; Indem* (*Während*) *der Mann die Hand hob, sagte er: „Schweig!“*
-ince (**-ünce**, **-ınca**, **-unca**)	als; wenn; und; nachdem	Hoca çocuğun yaşlı gözlerini gör**ünce**, „Oğlum, niçin ağlıyorsun?“ diye sorar. *Als der Hodscha die tränenden Augen des Kindes sieht, fragt er: „Junge, warum weinst du?“*
-e … -e (**-a … -a**)	indem; wenn … viel: dadurch dass … viel	Damlay**a** damlay**a** göl olur. *Durch vieles Tropfen entsteht ein See.* Gül**e** gül**e**! (= *lachend lachend*) *Auf Wiedersehen!, Alles Gute!*
-iken, **-ken** **-irken** (**-ürken**, **-ırken**, **-urken**)	als … (ist); wenn … (ist); während; aber; obgleich	Çocuk**ken** (*od* çocuk **iken**) hepimiz biraz şairizdir. *Als Kinder* (*wenn wir Kinder sind*), *sind wir alle ein wenig Poeten.* O konuş**urken** hepimiz dinliyorduk. *Während er sprach, hörten wir alle zu.*

Wortbildungssuffixe

-a (**-e**) bildet Verbstämme aus Substantiven: yaş *(Lebens-)Alter* – yaş**a**mak *leben*

'**-a** [-ɑː] arabisches Zeichen des unbestimmten Akkusativs, bildet Adverbien; → '-an, '-en: daim**a** *immer, ständig*

-aç (**-eç**) oft in der Bedeutung „Vorrichtung": say-mak *zählen* – say**aç** *Zähler*; kaldır-mak *heben* – kaldır**aç** *Hebel*

-ak (**-ek**) bildet Adjektive und Substantive verschiedener Bedeutung, oft den Ort bezeichnend: dur-mak *halten* – dur**ak** *Haltestelle*; uç-mak *fliegen* – uç**ak** *Flugzeug*

-al (**-el**) dient zur Bildung von Adjektiven: ulus *Nation* – ulus**al** *national*

'**-an** arabisches Akkusativzeichen, bildet Adverbien: nazar**an** *im Vergleich zu*

-ane persisches Suffix: yek *ein* – yeg**âne** *einzig, alleinig*

-at arabisches Pluralsuffix, verleiht dem Wort im Türkischen oft eine konkrete Bedeutung: teşkil *Bildung* – teşkil**at** *Organisation(en)*

-ca (**-ce**) ehemaliger Äquativ, bildet Adverbien: kı'sa**ca** *kurz (gesagt)*; Adjektive: kısa'**ca** *recht kurz*; Substantive, die Sprachennamen sind: Al'man**ca** *das Deutsche*

-cağız (**-ceğiz**) Diminutivsuffix, gewisses Mitgefühl ausdrückend: adam**cağız** *der Ärmste*

-ce → -ca; 'böyle**ce** *auf diese Weise*; iyi'**ce** *recht/einigermaßen gut*; 'Çin**ce** *das Chinesische*

-ceğiz → -cağız; kedi *Katze* – kedi**ceğiz** *Kätzchen*

-cı (**-ci, -cu, -cü**) bezeichnet eine Person, einen Besitzer, Berufsausübenden u. Ä.: ecza**cı** *Apotheker*

-cık Diminutivsuffix: 'ufa**cık** *winzig*; az *wenig* – azı**cık** *ein bisschen*

-cılık bildet Abstrakta und bezeichnet die Beschäftigung, den Beruf, die Tendenz: fırın**cılık** *Bäckerhandwerk*

-ci (**-cü, -cı, -cu**) → -cı; gazete**ci** *Journalist*

-cik (**-cük, -cık, -cuk**) → -cık; 'ev**cik** *Häuschen*

-cilik (**-cülük, -cılık, -culuk**) → -cılık; kütüphane**cilik** *Bibliothekarsdienst, Bibliothekswissenschaft*

-cu → -cı; demiryol**cu** *Eisenbahner*

-cuk → -cık; maymun**cuk** *Äffchen*; *Dietrich (Türöffner)*

-culuk → -cılık; koyun**culuk** *Schafzucht*

-cü → -cı; büyü**cü** *Zauberer*; gol**cü** *Torjäger*

-cük → -cık; göl**cük** *Teich, Tümpel*

-cülük → -cılık; ön**cülük** *Führungskraft, führende Rolle, Pioniertum*

-ç zur Bildung von Substantiven: kazan-mak *verdienen* – kazan**ç** *Gewinn*; bilin-mek *gewusst werden* – bilin**ç** *Bewusst-sein*; → *a.* -inç

-ça (**-çe**) → -ca; ah'mak**ça** *dämlich*; hoş'**ça** *recht angenehm*; A'rap**ça** *das Arabische*

-çağız (**-çeğiz**) → -cağız; çocuk**çağız** *armes Kind*

-çe → -ca; kö'pek**çe** *wie ein Köter*; dik'**çe** *recht steil*; 'Türk**çe** *das Türkische*

-çeğiz→ -cağız

-çı → -ci; balık**çı** *Fischer*

-çık → -cik; kitap**çık** *Büchlein, Broschüre*

-çılık → -cilik; inşaat**çılık** *Bauwesen*

-çi → -cı; iş**çi** *Arbeiter*; diş**çi** *Zahnarzt*

-çik (**-çük, -çık, -çuk**) → -cik; dip**çik** *Gewehrkolben*

-çilik → -cılık; iş**çilik** *Arbeit, Verarbeitung*

-çu → -cı; musluk**çu** *Klempner*

-çuk → -cık; kurt**çuk** *Larve, Raupe*

-çuluk → -cılık; tavuk**çuluk** *Hühnerzucht*

-çü → -cı; gözlük**çü** *Optiker*

-çük → -cık; küp**çük** *kleine Tonne*

-çülük → -cılık; Atatürk**çülük** *Kemalismus*

-dar persisch, wörtl. „habend", bezeichnet den Täter: hüküm *Urteil, Macht* – hüküm**dar** *Herrscher*

-daş bezeichnet Personen, die etwas Gemeinsames verbindet: arka**daş** (*von* arka *Rücken*) *Kollege, Kollegin*; yol**daş** *Reisegefährte, Reisegefährtin*

-e → -a; tür *Entwicklung der Art(en)* – tür**emek** *sich verbreiten*

-eç → -aç; büyült-mek *vergrößern* – büyült**eç** *Lupe*

-ek → -ak; ürk-mek *erschrecken* – ürk**ek** *furchtsam*; dön-mek *sich drehen* – dön**ek** *abtrünnig*

-el → -al; kültür *Kultur* – kültür**el** *kulturell*

'-en → '-an, -al; 'kısm**en** *teilweise*; 'nakl**en** (*Rundfunk*): *in einer Direktübertragung, live*

-ga (**-ge**) bildet Substantive mit konkreter Bedeutung: kavur-mak *rösten* – kavur**ga** *gerösteter Mais od Weizen*

-gaç (**-geç, -kaç, -keç**) bildet Substantive und Adjektive: bur-mak *drehen, winden* – bur**gaç** *Strudel*; utan-mak *sich schämen, sich genieren* – utan**gaç** *schüchtern, verlegen*

-gan (**-gen, -kan, -ken**) Adjektive: saldır-mak *angreifen* – saldır**gan** *aggressiv*

-ge → -ga; süpür-mek *ausfegen* – süpür**ge** *Besen*

-geç → -gaç; yüz-mek *schwimmen* – yüz**geç** *Flosse*; süz-mek *seihen* – süz**geç** *Seihe, Sieb*

-gen → -gan; edil-mek *gemacht werden* – edil**gen** *passiv*

-gı (**-gu, -gi, -gü, -ku, -ki, -kü**) bildet Substantive, die oft Instrumente, aber auch Abstrakta bezeichnen: say-mak *achten* – say**gı** *Achtung, Respekt*; çal-mak *spielen* – çal**gı** *Musikinstrument*

-gıç (**-guç, -giç, -güç**) bildet Substantive und Adjektive: başlanmak *begonnen werden* – başlan**gıç** *Anfang*

-gın (**-gun, -gin, -gün, -kun, -kin, -kün**) bildet Adjektive und Substantive: yanmak *brennen* – yan**gın** *Brand*; bil-mek *wissen* – bil**gin** *Wissenschaftler(in)*

-gi → -gı; sev-mek *lieben* – sev**gi** *Liebe*; ver-mek *geben* – ver**gi** *Steuer*

-giç → -gıç; bil-mek *wissen* – bil**giç** *Besserwisser*

-gin → -gın; ger-mek *spannen* – ger**gin** *gespannt*

-gu → -gı; duy-mak *fühlen* – duy**gu** *Gefühl*; vur**gu** *Akzent*

-gun → -gın; ol-mak *reifen* – ol**gun** *reif*

-gü → -gı; gör-mek *sehen*; *erfahren* – gör**gü** *gute Erziehung, gutes Benehmen*

-gün → -gın; sür-mek *(ver)treiben* – sür**gün** *Verbannung, Trieb (einer Pflanze)*

-(h)ane persisch „Haus", „Gebäude": hasta**hane,** *meist* hast**ane** *Krankenhaus*;

küttüp**hane** *Bibliothek*; post**ane** *Postamt*

-ı (-i, -u, -ü) Substantive aus Verben: yap-mak *machen* - yap**ı** *Bau*, *Struktur*; başar-mak *zustande bringen* - başar**ı** *Erfolg*

-ı (-i, -u, -ü, -sı, -si, -su, -sü) stellt zwischen zwei Substantiven eine kompositumähnliche Verbindung her: kiraz *Kirsche*, ağaç *Baum* - kiraz ağac**ı** *Kirschbaum*

-ıcı (-ici, -ucu, -ücü) Substantive und Verben: yarat-mak *schaffen* - yarat**ıcı** *schöpferisch*, *Schöpfer*; al-mak *nehmen*; *kaufen* - al**ıcı** *interessiert* (*am Kauf*), *Käufer*

-ık (-ik, -uk, -ük) Adjektive und Substantive: alış-mak *sich gewöhnen* - alış**ık** *gewöhnt*; kır-mak *brechen* - kır**ık** *gebrochen*, *Scherbe*

-ılı (-ili, -ulu, -ülü) Adjektive mit passivischer Bedeutung: yaz-mak *schreiben* - yaz**ılı** *beschrieben*, *beschriftet*, *geschrieben*

-ım (-im, -üm, -um) bildet Substantive, die a) den Vorgang oder das Ergebnis einer Handlung bezeichnen: bak-mak *schauen*, (*hin*)*sehen* - bak**ım** *Pflege*, *Wartung*, *Hinsicht*; b) die dadurch erzielte Menge: karış-mak *sich mischen* - karış**ım** *Mischung*

-ın (-in, -n, -un, -ün) bildet reflexive Verben: tak-mak *anstecken* - tak**ınmak** *sich etw anstecken*

-'ın (-in, -un, -ün) Substantive: ak-mak *fließen* - ak**ın** *Einfall*; *Angriff*; *Strömung*

'-ın (-in, -un, -ün) Zeitadverbien; yaz *Sommer* - 'yaz**ın** *im Sommer*

-ınç (-inç, -unç, -ünç) Substantive und Adjektive: bas-mak *drücken*, *treten* - bas**ınç** *Druck*

-ış (-iş, -ş, -uş, -üş) 1. bildet substantivierte Infinitive, bezeichnet die Art der Handlung: bak-mak *hinsehen* - bak**ış** *Blick*; 2. bildet reziproke, Wechselseitigkeit ausdrückende Formen: döv-mek *schlagen* - döv**üş**mek *miteinander kämpfen*

-ıt (-it, -t, -ut, -üt) Substantive: yap-mak *machen* - yap**ıt** *Werk*, *Produkt*

-i → -ı; diz-mek *aufstellen* - diz**i** *Reihe*; *Ordnung*

-î persisch, zur Bildung von Adjektiven der Farbe: kurşun *Blei* - kurşun**î** *dunkelgrau*

-î arabisch, bildet Adjektive aus Substantiven: hayat *Leben* - hayat**î** *lebenswichtig*; asker *Soldat* - asker**î** *militärisch*

-ici (-ücü, -ıcı, -ucu) bildet Substantive und Adjektive; es bezeichnet meist eine dauernde Tätigkeit oder Eigenschaft: belirt-mek *erklären* - belirt**ici** *kennzeichnend*; *Kennzeichen*

-ik → -ık; bitiş**ik** *aneinanderstoßend*; del**ik** *leck*, *Loch*

-ili →-ılı; dik-mek *pflanzen*; *nähen* - dik**ili** *gepflanzt*; *genäht*

-im → -ım; dil**im** *Schnitte*; *Sektor*; ek-mek *säen* - ek**im** *Aussaat*; *Oktober*; iç-mek *trinken* - iç**im** *Trinken*; *Schluck*

-'in → -'ın; ek-mek *säen* - ek**in** *Saat*, *Getreide*

'-in → '-ın; 'ilk**in** *zunächst*; *zuerst*

-inç → -ınç; bil**inç** *Bewusstsein*

-istan persisch, bildet Länder- und Gebietsnamen: Bulgar *Bulgare* - Bulgar**istan** *Bulgarien*

-iş → -ış; git-mek *gehen* - gid**iş** *Gehen*; *Fortgehen*; *Hinfahrt*

-it → -ıt; geç-mek *passieren* - geç**it** *Durchgang*, *Pass*, *Unter-/Überführung*

-iyat arabische Pluralendung, hat die Bedeutung von -kunde, -wesen: Şark *Osten* - Şark**iyat** *Orientalistik*

-iye Substantivierung arabischer Adjektive auf -î: hariç *draußen*; haricî *äußer-*;

Außen- – hariciye *äußere Erkrankungen, Außenpolitik, Diplomatie*

-iyet abstrakte Substantive arabischen Ursprungs: memnun *zufrieden* – memnun**iyet** *Zufriedenheit*

-k bildet Substantive und Adjektive durch Anfügung an eine vokalisch auslautende Verbwurzel: dile-mek *wünschen* – dile**k** *Wunsch*; parla-mak *glänzen* – parla**k** *glänzend*

-kaç → -gaç: kıs-mak *kneifen* – kıs**kaç** *Kneifzange, Klemme*

-kan → -gan: çalış-mak *arbeiten*; *sich bemühen* – çalış**kan** *fleißig*

-kâr persisch, wörtl. „machend": hizmet *Dienst* – hizmet**kâr** *Dienstbote*

-ken → -gan; et-mek *tun, machen* – et**ken** *Faktor*

-kı → -gı; as-mak *hängen* – as**kı** *Kleiderbügel*; bas-mak *drücken, treten* – bas**kı** *Druck, Auflage*

-kın → -gın; bık-mak *überdrüssig sein* – bık**kın** *überdrüssig*

-ki[1] (**-kü**) bildet Adjektive des Ortes und der Zeit: yukarı**ki** *obig*; akşam**ki** *abendlich*

-ki[2] → -gı; tep-mek *treten* – tep**ki** *Reaktion*

-kin → -gın; seç-mek *wählen* – seç**kin** *ausgewählt*

-ku → -gı; uyu-mak *schlafen* – uy**ku** *Schlaf*

-kun → -gın; coş-mak *stürmischer werden* – coş**kun** *stürmisch*

-kü → -ki[1]; dün**kü** *gestrig*

-kün → -gın; düş-mek *fallen* – düş**kün** *verfallen, hingegeben*; küs-mek *böse sein* – küs**kün** *eingeschnappt*

-l bildet Adjektive: doğa *Natur* – doğa**l** *natürlich*

-la (**-le**) bildet Verben aus Substantiven und Adjektiven: baş *Kopf* – baş**lamak** *anfangen*; imza *Unterschrift* – imza**lamak** *unterschreiben*

-lan (**-len**) a) Verben aus Adjektiven mit reflexiver Bedeutung: kuru *trocken* – kuru**lan**mak *sich abtrocknen* – b) Verben aus Substantiven: av *Jagd* – av**lan**mak *jagen*

-laş (**-leş**) a) Verben mit reziproker Bedeutung: karşı *gegenüberliegend* – karşı**laş**mak *sich begegnen*; mektup *Brief* – mektup**laş**mak *briefwechseln*; b) Verben mit der Bedeutung … *werden*: ağır *schwer* – ağır**laş**mak *schwer(er) werden*

-le → -la; temiz *sauber* – temiz**le**mek *reinigen*

-len → -lan; deli *verrückt* – deli**len**mek *sich wie verrückt verhalten*; ses *Stimme* – ses**len**mek *rufen*

-leş → -laş; iyi *gut* – iyi**leş**mek *sich bessern*

ˈ**-leyin** bildet Zeitadverbien: aksam *Abend* – akˈşam**leyin** *abends*

-lı (**-li, -lu, -lü**) a) bildet Substantive und Adjektive mit der Bedeutung … *beinhaltend*: dalga *Welle* – dalga**lı** *wogend, wellenförmig*; b) bildet Substantive und Adjektive zur Anzeige der Herkunft: kasaba *Kleinstadt* – kasaba**lı** *Kleinstädter(in)*

-lık (**-lük, -lik, -luk**) bildet a) Adjektive und entsprechende konkrete Substantive: taş *Stein* – taş**lık** *steinig*; *Steinfußboden*; b) konkrete Substantive mit der Bedeutung *etwas für* …: kitap *Buch* – kitap**lık** *Bibliothek*; c) abstrakte Substantive: çıplak *nackt* – çıplak**lık** *Nacktheit*; başkan *Präsident* – başkan**lık** *Präsidium*

-li → -lı: şeker *Zucker* – şeker**li** *gezuckert*; Berlin *Berlin* – Berlin**li** *Berliner* (*Person*)

-lik → -lık; gece *Nacht* – gece**lik** … *für die Nacht*; *Nachthemd*; güneş *Sonne* – güneş**lik** *Sonnenblende*; güzel *schön* – güzel**lik** *Schönheit*

-lu → -lı; korku *Angst* – korku**lu** *angstvoll, beängstigend*; İstanbul *Istanbul* – İstanbul**lu** *Istanbuler(in)*

-luk → -lık; dost *Freund(in)* – dost**luk** *Freundschaft*; tuz *Salz* – tuz**luk** *Salzgefäß*

-lü → -lı; büyü *Zauber* – büyü**lü** *Zauber-*; köy *Dorf* – köy**lü** *Bauer* (*Bäuerin*), *Dorfbewohner(in)*

-lük → -lık; göz *Auge* – göz**lük** *Brille*; üstün *überlegen* – üstün**lük** *Überlegenheit*

-m tritt an vokalisch auslautende Verbwurzeln: ye-mek *essen* – ye**m** *Futter*; anla-mak *verstehen* – anla**m** *Bedeutung*

-ma (**-me**) bildet den substantivierten Infinitiv: al-mak *nehmen* – al**ma** *das Nehmen*

-maklık (**-meklik**) bildet den substantivierten Infinitiv: al**maklık** *das Nehmen*

-man (**-men**) bezeichnet den Täter; bei Adjektiven eine Form der Steigerung: say-mak *zählen*, *rechnen* – say**man** *Kassenwart*; şiş *geschwollen* – şiş**man** *dick*, *fett*

-mazlık (**-mezlik**) bildet Verbalsubstantive: bak-mak *hinsehen* – bak**mazlık** *das Nicht-Hinsehen*

-me → -ma; git-mek *gehen* – git**me** *das Gehen*

-meklik → -maklık; git**meklik** *das Gehen*

-men → -man; öğret-mek *lehren* – öğret**men** *Lehrer(in)*

-ımsa (**-imse, -msa, -mse, -umsa, -ümse**) bildet Verben: az *wenig* – az**ımsa**mak *für* (*zu*) *wenig halten*

-mse → -ımsa; kötü *schlecht* – kötü**mse**mek *für schlecht halten*

-ra (**-re**) bezeichnet den Ort: 'bu**ra**da *„an diesem Ort"* = *hier*; 'ne-**re**de *„an welchem Ort"* = *wo*

-sal (**-sel**) bildet Adjektive: toplum *Gesellschaft* – toplum**sal** *gesellschaftlich*, *sozial*

-sel → -sal; bilim *Wissenschaft* – bilim**sel** *wissenschaftlich*

-sı → -ı; oda kapı**sı** *Zimmertür*

-sız (**-süz, -siz, -suz**) dient zur Bildung von Adjektiven der Bedeutung … *los*: taraf *Seite* – taraf**sız** *neutral*, *unparteiisch*

-si → -ı; ev kedi**si** *Hauskatze*

-siz → -sız; ses *Stimme*; ses**siz** *still*

-stan → -istan; tritt an vokalisch auslautende Wörter: Ermeni *Armenier(in)* – Ermeni**stan** *Armenien*

-su → -ı; konserve kutu**su** *Konservendose*

-suz → -sız; çocuk *Kind*; çocuk**suz** *kinderlos*

-sü → -ı; masa örtü**sü** *Tischdecke*

-süz → -siz; özür**süz** *einwandfrei*; *unentschuldigt*

-ş → -ıs; bei vokalisch auslautendem Verbstamm: anla**ş**mak *sich* (= *einander*) *verstehen*

-t bildet kausative Verben: oyna-mak *spielen* – oyna**t**mak *spielen lassen*

-t (**-it, -üt, -it, -ut**) wieder belebtes Suffix zur Bildung von Substantiven

-tar → -dar; bayrak *Fahne* – bayrak**tar** *Fahnenträger*

-taş → -daş; yurt *Vaterland* – yurt**taş** *Landsmann*, *Staatsbürger*

'**-ten** → -an; tritt an Substantive, die im Arabischen weiblich sind: madde *Stoff*, *Materie* – madde**ten** *materiell*; *faktisch*

-tı (**-tü, -ti, -tu**) dient zur Bildung von Substantiven von passiven oder reflexiven Verbstämmen: bulan-mak *trübe werden* – bulan**tı** *Trübung*, *Übelkeit*

-ti → -tı; söylen-mek *gesagt werden* – söy-len**ti** *Gerücht*

-tu → -tı; avun-mak *sich trösten* - avun**tu** *Trost*
-tü → -tı; gör-ün-mek *erscheinen* - görün**tü** *Erscheinung*
-u → -ı; doğ-mak *geboren werden* - doğ**u** *Osten*
-u → -ı; Türkçe kurs**u** *Türkischkurs*
-ucu → -ıcı; boğ-mak *erwürgen* - boğ**ucu** *erstickend*
-uk → -ık; sol-mak *verwelken* - sol**uk** *verwelkt, matt, blass*
-ulu → -ılı; kur-mak *gründen, bilden* - **kurulu** *zusammengesetzt, etabliert*
-um → -ım; dur-mak *halten, bleiben* - dur**um** *Lage, Fall, Kasus*; otur-mak *sitzen* - otur**um** *Sitzung*
-un → -ın; sor-mak *fragen* - sor**un** *Problem*
-unç → -ınç; kork-mak *sich fürchten* - **korkunç** *fürchterlich*
-uş → -ış; uç-mak; *fliegen* - **uçuş** *Flug*
-ut → -ıt; kon-mak *sich niederlassen* - kon**ut** *Wohnung*
-ü → -ı; öl-mek *sterben* - öl**ü** *tot*; *Tote(r)*
-ü → -ı; dağ köy**ü** *Gebirgsdorf*
-ücü → -ıcı; güldür-mek *j-n zum Lachen bringen* - güldür**ücü** *erheiternd*
-ük → -ık; **böl-mek** *teilen* - böl**ük** *Teil*; *Kompanie*; düş-mek *fallen* - düş**ük** *niedrig*
-ülü → -ılı; ör-mek *flechten* - ör**ülü** *geflochten*
-üm → -ım; bük-mek *falten* - bük**üm** *Falz*
-'ün → -'ın; tüt-mek *rauchen* - tüt**ün** *Tabak*
'**-ün** → '-ın; güz *Herbst* - 'güz**ün** *im Herbst*
-ünç → -ınç; gül-mek *lachen* - gül**ünç** *lächerlich, komisch*
-üş → -ış; gör-mek *sehen* - gör**üş** *Ansicht, Sicht*
-üt → -ıt; gül-mek *lachen* - gül**üt** *Gag, Ulk*; *Komik*
-ye → -iye; mülkî *zivil* - mülki**ye** *Verwaltungswesen*
-yen → -an; bildet ein Adverb aus einem Adjektiv auf -î: mütemadî *dauernd* - mütemadi**yen** *dauernd*
-yıcı → -ıcı; tara-mak *(durch)suchen, (durch)kämmen* - tara**yıcı** *Scanner*
-yış → -ış; anla-mak *verstehen* - anla**yış** *Verständnis*
-yici → -ıcı; dinle-mek *hören* - dinle**yici** *Hörer*
-yin → '-ın; öğle *Mittag* - öğ'le**yin** *mittags*
-yiş → -ış; söyle-mek *sagen* - söyle**yiş** *Aussprache*
-yucu → -ıcı; oku-mak *lesen* - oku**yucu** *Leser(in)*
-yuş → -ış; kuru-mak *trocknen* - kuru**yuş** *Trocknung*
-yücü → -ıcı
-yüş → -ış; yürü-mek *gehen* - yürü**yüş** *(Spazier)Gang, Marsch*

Almanca Çekim Kuralları

İsim

Almanca isim çekimleri, (kuvvetli, zayıf ve karışık) denilen üç gruba ayrılırsa da, daha basit bir çekim sistemi göstermek mümkündür. Aşağıdaki kuralların uygulanmasıyla Almanca isimlerin büyük çoğunluğu doğru olarak çekimlenebilir.

Genel Kural

1. Çoğulda *Dativ* (-e hali) çoğunlukla -n ile biter. Bir sözcüğün *Nominativ* (yalın) halinde -n varsa, *Dativ*'te ikinci bir -n eklenmez. Örneğin, **den Gärten** der Garten kelimesinin çoğul Dativ biçimidir. Asıl sözcüğün ünlüsü çoğulda Umlaut (⸚) denilen incelmeye uğrarsa, **a, au, o, u** ünlüleri **ä, äu, ö, ü** şekillerini alır.

Dişillik

2. Dişil isimler tekilde değişmez. Eğer
   a) çoğul biçimi **-en** ekiyle yapılıyorsa,
   b) tekilde **-e** (veya **-in**) ile biten bir kelime çoğulda **-n** (veya **-nen**) ekini alıyorsa,
   sözlükte çoğul şekli ayrıca gösterilmemiştir.

   Örnekler:

die Frau	die Frau**en**	die Maschine	die Maschine**n**
der Frau	der Frau**en**	der Maschine	der Maschine**n**
der Frau	den Frau**en**	der Maschine	den Maschine**n**
die Frau	die Frau**en**	die Maschine	die Maschine**n**
die Lehrerin		die Lehrerin**nen**	
der Lehrerin		der Lehrerin**nen**	
der Lehrerin		den Lehrerin**nen**	
die Lehrerin		die Lehrerin**nen**	

Dişil isimlerin bu kurala uymayan çekimleri sözlükte şöyle gösterilir:

Steuer *f* ⟨-; -n⟩ = die Steuer, (der Steuer), die Steuer**n**
Tochter *f* ⟨-; ⸚-⟩ = die Töchter, (der Tochter), die T**ö**chter
Hand *f* ⟨-; ⸚-⟩ = die Hand, (der Hand), die H**ä**nd**e**.

Erillik

3. Sözlükte ⟨-en⟩ veya ⟨-n⟩ takılarıyla gösterilen eril isimler şöyle çekimlenir:

der Student	die Student**en**	der Bote	die Bote**n**
des Student**en**	der Student**en**	des Bote**n**	der Bote**n**
dem Student**en**	den Student**en**	dem Bote**n**	den Bote**n**
den Student**en**	die Student**en**	den Bote**n**	die Bote**n**

Erillik ve Nötrlük

4. Aşağıdaki örneklere göre çekimlenen eril ve nötr isimler için sözlükte ayrı bir açıklama yoktur:

der Lehrer	die Lehrer	das Fenster	die Fenster
des Lehrer**s**	der Lehrer	des Fenster**s**	der Fenster
dem Lehrer	den Lehrer**n**	dem Fenster	den Fenster**n**
den Lehrer	die Lehrer	das Fenster	die Fenster

5. Kelimelerin çekimi, maddebaşı sözcüğün yanındaki parantez içinde verilmiştir. Noktalı virgül önündeki ek, *Genitiv* (-in) halini, arkasındaki ise çoğulu gösterir:

Absenderin *f* ⟨-; -nen⟩ = die Absenderin, der Absenderin; die Absenderinnen
Gärtner *m* ⟨-s; -⟩ = der Gärtner, des Gärtners; die Gärtner
Herz *n* ⟨-ens; -en⟩ = das Herz, des Herzens; die Herzen

Bir isim, *Genitiv* veya çoğul biçiminde ek almıyorsa, sözlükte (-) işareti kullanılmıştır:

Kaktus *m* ⟨-; -teen⟩ = der Kaktus, des Kaktus; die Kakteen
Messer *n* ⟨-s; -⟩ = das Messer, des Messers; die Messer

Sıfat

Addan önce kullanılan sıfatın üç şekli vardır:

1. Belirli tanımlık (*Artikel*) ile birlikte kullanılan sıfatın çekimi şöyledir:

der alt**e** Mann	die jung**e** Frau	das klein**e** Kind
des alt**en** Mannes	der jung**en** Frau	des klein**en** Kindes
dem alt**en** Mann(e)	der jung**en** Frau	dem klein**en** Kind(e)
den alt**en** Mann	die jung**e** Frau	das klein**e** Kind
die alt**en** Männer	die jung**en** Frau**en**	die klein**en** Kinder
der alt**en** Männer	der jung**en** Frau**en**	der klein**en** Kinder
den alt**en** Männern	den jung**en** Frau**en**	den klein**en** Kindern
die alt**en** Männer	die jung**en** Frau**en**	die klein**en** Kinder

Not: Bu kural tanımlık yerine geçebilen şu kelimeleri de kapsar: (tekil ve çoğulda) **dieser, jener, welcher, mancher, solcher;** (yalnız çoğulda) **alle, keine; meine, deine, seine, ihre, unsere, eu(e)re, ihre; irgendwelche, sämtliche.**

2. Belirsiz tanımlık ile birlikte kullanılan sıfatın çekimi şöyledir:

ein alt**er** Mann	eine jung**e** Frau	ein klein**es** Kind
eines alt**en** Mannes	einer jung**en** Frau	eines klein**en** Kindes
einem alt**en** Mann	einer jung**en** Frau	einem klein**en** Kind
einen alt**en** Mann	eine jung**e** Frau	ein klein**es** Kind

Not: Bu kural, tanımlık yerine geçebilen şu kelimeleri de kapsar: **kein, mein, dein, sein, ihr, unser, euer, ihr, folgend-.**

3. Tanımlık olmaksızın kullanılan sıfatın çekimi şöyledir:

alt**er** Wein	lange Zeit	frisch**es** Brot
alt**en** Weines	lang**er** Zeit	frisch**en** Brotes
alt**em** Wein	lang**er** Zeit	frisch**em** Brot
alt**en** Wein	lange Zeit	frisch**es** Brot
alt**e** Weine	bös**e** Zeiten	frisch**e** Brote
alt**er** Weine	bös**er** Zeiten	frisch**er** Brote
alt**en** Weinen	bös**en** Zeiten	frisch**en** Broten
alt**e** Weine	bös**e** Zeiten	frisch**e** Brote

Not: Bu çekim şu durumlarda da geçerlidir:

a) Hem tekil, hem de çoğulda kendisi çekimsiz kalan **manch-, solch-, welch-** kelimelerinden sonra gelen sıfatlar için, örnek: **welch böse Zeit.**

b) Çoğulda kendisi de yukarıdaki sıfatlar gibi çekimlenen **andere, einige, etliche, mehrere, verschiedene, viele, wenige, folgende** kelimelerinden sonra gelen sıfatlar için, örnek: **einiger frischer Brote.**

Genitiv halinden sonra, sıfat (-er eki yerine) bazen -en ekiyle kullanılır, örnek: **einiger frischen Brote.**

4. Sıfatların Derecelendirilmesi:

a) *Umlaut* ile incelebilen bir ünlü (a, o, u) içeren sıfatların artıklık (*Komparativ*) ve üstünlük (*Superlativ*) derecelerinde genellikle incelme görülmez. İncelme olayı tek heceli çok az sayıda sıfatta görülür:

alt - älter - älteste
groß - größer - größte
klug - klüger - klügste

Aynı şekilde: **arg, arm, hart, kalt, lang, scharf, schwarz, stark.**
Kimi sıfatlar hem inceltmeli, hem de inceltmesiz olarak kullanılır:

gesund - gesünder - gesündeste
gesunder - gesundeste

Aynı şekilde: **blass, glatt, karg, nass, schmal, fromm, rot.**

hoch ile *nahe* sıfatlarında ünlünün yanı sıra sonsesteki ünsüz de değişir.
hoch - höher - höchste
nahe - näher - nächste

b) Sonu *-el* ile biten sıfatların artıklık derecesinde **e** sesi düşer:
dunkel – das dunk**le**re Zimmer (ama üstünlük derecesinde düşme olmaz: das dunkelste Zimmer)

Sonu *-en* veya *-er* ile biten sıfatlarda da bu **e** sesi düşebilir. Çift-ünlüden sonra düşme kesindir:

bescheiden – ein bescheid(e)nerer Mensch
heiter – heit(e)reres Wetter
teuer – die teu**rer**en Geräte

c) Bileşik sıfatlarda genellikle bileşimin ikinci kısmı derecelendirilir:
hochfliegendere Pläne
die **altmodischsten** Hüte

Dikkat: Bileşik sıfatların ilk parçası kendi öz anlamını nispeten korumuşsa, derecelenebilir. Bu durumda ikinci sıfat ayrı yazılır:

leicht fasslich - eine leichter fassliche Aufgabe
dicht bevölkert - eine dichter bevölkerte Stadt / die dichtest bevölkerte / die am dichtesten bevölkerte Stadt

Zamirler

Şahıs Zamirleri

Tekil

						Kişisi olmayan veya genel „*es*“
N	ich	du, Sie	er	sie	es	es
G	meiner	deiner, Ihrer	seiner	ihrer	seiner	dessen, es
D	mir	dir, Ihnen	ihm	ihr	ihm	–
A	mich	dich, Sie	ihn	sie	es	es

Çoğul

N	wir	ihr, Sie	sie
G	unser	euer, Ihrer	ihrer
D	uns	euch, Ihnen	ihnen
A	uns	euch, Sie	sie

Not: Konuşma dilinde bazen vurgulu olan er, sie kelimeleri yerine **der**, **die** kullanılır.

Belirli Tanımlıklar ve İşaret Zamirleri (veya Sıfatları)

Tekil *m*	*N*	der	dies**er**	jen**er**	solch**er**
	G	des	dies**es**	jen**es**	solch**es**
	D	dem	dies**em**	jen**em**	solch**em**
	A	den	dies**en**	jen**en**	solch**en**
f	*N*	die	dies**e**	jen**e**	solch**e**
	G	der	dies**er**	jen**er**	solch**er**
	D	der	dies**er**	jen**er**	solch**er**
	A	die	dies**e**	jen**e**	solch**e**
n	*N*	das	dies(**es**)	jen**es**	solch**es**
	G	des	dies**es**	jen**es**	solch**es**
	D	dem	dies**em**	jen**em**	solch**em**
	A	das	dies(**es**)	jen**es**	solch**es**
Çoğul *m, f, n*	*N*	die	dies**e**	jen**e**	solch**e**
	G	der	dies**er**	jen**er**	solch**er**
	D	den	dies**en**	jen**en**	solch**en**
	A	die	dies**e**	jen**e**	solch**e**

Belirli tanımlık konuşma dilinde bazen vurgulu bir işaret zamiri olarak da kullanılır. *Genitiv* şekilleri şunlardır:

m	*f*	*n*	*pl*
dessen	derer	(dessen)	derer; deren

Çoğul *Dativ* biçimi şudur: denen
Sözü edilen kişi veya şeyler yeniden anılıyorsa, **deren, dessen** vs kelimeleri kullanılır.

Örnekler:

Ich erinnere mich **derer,** die an der Konferenz teilnahmen, noch gut; es waren **deren** sieben. Sagen Sie es allen **denen**, die nicht dabei waren.

Belirli tanımlığın ve **dieser, jener, solcher** kelimelerinin çekimi aynıdır. Bunlarda nötr cinsin *Nominativ* ve *Akkusativ* (-i hali) biçimleri şöyledir:

Tekil **dieses** *veya* **dies; jenes; solches**
Çoğul dies**e**, jen**e**, solch**e** *vs*

Belirsiz Tanımlık ve İyelik Zamirleri (veya Sıfatları)

Tekil

	m	*f*	*n*
N	ein	ein**e**	ein
G	ein**es**	ein**er**	ein**es**
D	ein**em**	ein**er**	ein**em**
A	ein**en**	ein**e**	ein

mein, dein, sein, unser, euer, ihr ile **ein** kelimesinin olumsuz şekli olan **kein** aynı şekilde çekilir.
unser ve **euer** kelimelerindeki **-e-** harfi, takı eklendiği zaman düşebilir: **uns(e)res, uns(e)rem** *vs* gibi.

Çoğulda bütün cinsler için ekler şunlardır:

-e (*die*); **-er** (*der*); **-en** (*den*); **-e** (*die*)

İyelik adılları ve **ein(e)** sayı sıfatı, tanımlık aldığında **der, die Reisende** gibi çekilir:

der dein**e**	die dein**e**	die dein**en**
der ein**e**	die ein**e**	die ein**en**

Bu kelimeler tanımlık olmaksızın kullanılırsa, belirli tanımlık çekim eklerini alırlar:

m:	**Tekil**	*N*	einer,	meiner,	deiner	*vs*
		A	einen,	meinen,	deinen	
	Çoğul		–	meine,	deine	*vs*

Bunların *Genitiv* şekilleri kullanılmaz.

İlgi Zamiri

Tekil

N	der Mann, der …	die Frau, die …	das Kind, das …
G	der Mann, dessen	die Frau, deren	das Kind, dessen
D	der Mann, dem	die Frau, der	das Kind, dem
A	der Mann, den	die Frau, die	das Kind, das

Çoğul

N	die Männer, die	die Frauen, die	die Kinder, die
G	die Männer, deren	die Frauen, deren	die Kinder, deren
D	die Männer, denen	die Frauen, denen	die Kinder, denen
A	die Männer, die	die Frauen, die	die Kinder, die

İlgi zamirlerinden *der, die, das* yerine **welcher, welche, welches'** in de kullanıldığı olur. Fakat *Genitiv'te sadece* **dessen, deren, dessen; deren** (ara sıra da **derer**) kelimeleri kullanılır.

Dönüşlü Zamir

Akkusativ	*Dativ*	
ich freue **mich**	ich kaufe **mir**	
du freust **dich**	du kaufst **dir**	
er freut **sich**	er kauft **sich**	
sie freut **sich**	sie kauft **sich**	
es freut **sich**	es kauft **sich**	etwas (*A*, *bş-i*)
wir freuen **uns**	wir kaufen **uns**	
ihr freut **euch**	ihr kauft **euch**	
Sie freuen **sich**	Sie kaufen **sich**	
sie freuen **sich**	sie kaufen **sich**	

Soru Zamiri (veya Sıfatı)

Adıl:	**Sıfat:**				
Kişiler	*Nesneler*	*m*	*f*	*n*	*pl*
wer?	was?	welcher?	welche?	welches?	welche?
wessen?	wessen?	*Çekim ekleri belirli tanımlıktaki gibidir.*			
wem?	–				
wen?	was?				

Belirsiz Zamirler (veya Sıfatlar)

jemand	niemand	etwas	nichts
jemand**es**	niemand**es**	*çekim eki yoktur*	*çekim eki yoktur*
jemand(**em**)	niemand(**em**)		
jemand(**en**)	niemand(**en**)		

Sıfat veya zamir:

jeder jede jedes
Belirli tanımlığın çekim eklerini alır.

Belirsiz zamirin *Genitiv'i* az kullanılır. Belirli sıfatın *Genitiv'i* çoğunlukla **jeden**'dir.

Fiil (Eylem)

Almancada bütün fiillerin mastarları **-en** veya **-n** ile biter: sag**en**, hande**ln**.

Etken fiilin *Perfekt* ve *Plusquamperfekt* biçimlerinde yardımcı fiil olarak kullanılan *haben* veya *sein* şöyle gösterilmiştir:

gehen *v/i* (ging, gegangen, sn)	ich bin gegangen (*fahren* çekim örneğine bkz.)
schreiben *v/t* ve *v/i* (schrieb, geschrieben, h)	ich habe geschrieben

Bileşik fiillerin vurgulu olan öntakıları fiil çekimlenirken gövdeden ayrılır. Örneğin:

abfahren *v/i* (*unreg*, *trennb*, *-ge-*, *sn*, → fahren) ich fahre ab, ich fuhr ab, ich bin abgefahren, ich war abgefahren, *vs*

Bileşik fiillerin vurgusuz olan öntakıları ayrılmaz:
be-, ge-, ent, (emp-), er-, miss-, ver-, zer- öntakıları hiçbir zaman ayrılmaz.
durch-, über-, um-, unter-, wieder- öntakıları vurguluysa ayrılır, vurgusuzsa ayrılmaz:

'umfahren *arabayla çarpıp devirmek* ich fahre … um
um'fahren *arabayla etrafını dolaşmak* ich umfahre

Öntakı gibi kullanılan bazı kelimeler vurgulu olsalar da ayrılmaz:
'staubsaugen *v/i u v/t* ⟨*ge-*, *h*⟩ (elektrik süpürgesiyle) *-i* süpürmek

Kurallı Fiil

Kurallı fiillerin çekimi şöyledir:

ETKEN FİİL	**EDİLGEN FİİL**

Şimdiki Zaman

Şimdiki Zaman Mastarı

loben	**ge**lobt werden

Şimdiki Zaman Kipi (*Präsens*)

ich lob**e**	ich werde gelobt
du lob**st**	du wirst gelobt
er, sie, es lob**t**	er, sie, es wird gelobt
wir lob**en**	wir werden gelobt
ihr lob**t**	ihr werdet gelobt
sie, Sie lob**en**	sie, Sie werden gelobt

Geçmiş Zaman

Birinci Geçmiş Zaman Kipi (*Präteritum veya Imperfekt*)

ich lob**te**	ich wurde gelobt
du lob**test**	du wurdest gelobt
er, sie, es lob**te**	er, sie, es wurde gelobt
wir lob**ten**	wir wurden gelobt
ihr lob**tet**	ihr wurdet gelobt
sie, Sie lob**ten**	sie, Sie wurden gelobt

Gündelik dilde bu kipin yerine daha çok *Perfekt* kullanılır.

İkinci (Bileşik) Geçmiş Zaman Mastarı

gelobt haben	gelobt worden sein

İkinci (Bileşik) Geçmiş Zaman Kipi (*Perfekt*)

ich habe gelobt	ich bin gelobt worden
du hast gelobt	du bist gelobt worden
er, sie, es hat gelobt	er, sie, es ist gelobt worden
wir haben gelobt	wir sind gelobt worden
ihr habt gelobt	ihr seid gelobt worden
sie, Sie haben gelobt	sie, Sie sind gelobt worden

Bir işin yapılmakta olduğunu anlatan edilgen fiil biçiminden başka o işin yapılmış, sonuçlandırılmış olduğunu gösteren ikinci bir edilgen fiil biçimi de vardır. Mastarı örneğin **vergessen sein** biçiminde olan bu edilgenlik sadece şimdiki zamanda ve birinci geçmiş zamanda kullanılır:

ETKEN FİİL	**EDİLGEN FİİL**
ich bin vergessen	ich war vergessen
du bist vergessen	du warst vergessen
er, sie, es ist vergessen	er, sie, es war vergessen
wir sind vergessen	wir waren vergessen
ihr seid vergessen	ihr wart vergessen
sie, Sie sind vergessen	sie, Sie waren vergessen

Die Tür wird geschlossen. *Kapı kapanıyor/kapanmakta.* (Eylem bitmemiştir).
Die Tür ist geschlossen. *Kapı kapanmış* (*kapalı*). (Eylem bitmiştir).
Not: Son cümledeki **geschlossen** kelimesi aynı zamanda, fiil niteliğini kaybederek sıfat olmuştur.

Üçüncü Geçmis Zaman Kipi (*Plusquamperfekt*)

ich hatte gelobt	ich war gelobt worden
du hattest gelobt	du warst gelobt worden
vs	*vs*

Sözü geçen bir geçmiş zaman diliminden daha önceki geçmişi dile getirir (Türkçe *-mişti, -diydi ve -mişmiş* ekleri gibi).

Gelecek Zaman

Birinci Gelecek Zaman Kipi (*Futur veya Futur I*)

ich werde loben	ich werde gelobt werden
du wirst loben	du wirst gelobt werden
vs	*vs*

Gündelik dilde, bu kipin kesinlik vurgusu taşımadığı hallerde daha çok *Präsens* kullanılır.

İkinci Gelecek Zaman Kipi (*Futur Perfekt veya Futur II*)

ich werde gelobt haben	ich werde gelobt worden sein
du wirst gelobt haben	du wirst gelobt worden sein
vs	*vs*

Gelecekte sonuçlandırılmış olacak bir eylemi dile getirir: *övmüş/övülmüş olacağım vs.*

Sanı Kipleri

Birinci Sanı Kipi

ich würde loben *vs*	ich würde gelobt werden *vs*

İkinci Sanı Kipi

ich würde gelobt haben *vs*	ich würde gelobt worden sein *vs*

Birinci sanı kipinin (*Konjunktiv*) üçüncü kişisi tekilde daima *-e* ile biter. Diğer kişilerde sanı ve bildirme kipi çekim ekleri aynıdır. Präsens'in ikinci tekil ve çoğul şahıs biçimleri **-st** ve **-t** eklerinden önce genellikle bir **-e-** alır.

Etken fiilde *Präteritum* ve *Konjunktiv I* kipleri arasında fark yoktur.

ETKEN FİİL	**EDİLGEN FİİL**
Şimdiki Zaman Kipi (*Präsens*)	
ich lobe/lob**te**/**würde** loben	ich werd**e** gelobt/**würde** gelobt werden
du lob**est**	du werd**est** gelobt
er, sie, es lob**e**	er, sie, es werd**e** gelobt
wir lob**en**/lob**ten**/**würden** loben	wir werd**en**/**würden** gelobt werden
ihr lob**et**	ihr werd**et** gelobt
sie, Sie lob**en**/lob**ten**/**würden** loben	sie, Sie werd**en**/**würden** gelobt werden

Birinci Geçmiş Zaman Kipi (*Präteritum*)

Bildirme Kipi'ne bakınız:

ich würde gelobt *vs*

İkinci Geçmiş Zaman Kipi (*Perfekt*)

ich habe gelobt/**hätte** gelobt *vs*	ich sei gelobt worden *vs*

Üçüncü Geçmiş Zaman Kipi (*Plusquamperfekt*)

ich hätte gelobt *vs*	ich wäre gelobt worden *vs*

Birinci Gelecek Zaman Kipi (*Futur / Futur I*)

ich werde loben/**würde** loben	ich werde gelobt werden/**würde** gelobt werden
du werdest loben	du werdest gelobt werden
vs	*vs*

İkinci Gelecek Zaman Kipi (*Futur Perfekt / Futur II*)

ich werde gelobt haben/**würde** gelobt haben *vs*	ich werde gelobt worden sein/**würde** gelobt worden sein *vs*

Emir Kipi (Imperativ)

tekil

lobe!	sei (werde) gelobt! *aber auch*: lass dich loben!
loben Sie!	seien Sie gelobt! *aber auch*: lassen Sie sich loben!

çoğul

lobt!, lobet!	seid (werdet) gelobt! *aber auch*: lasst euch loben!
loben Sie!	seien Sie gelobt! *aber auch*: lassen Sie sich loben

Ortaçlar

Şimdiki Zaman Ortacı (*Partizip Präsens*)

lob**end**

Geçmiş Zaman Ortacı (*Partizip Perfekt*)

gelobt

Ses Özellikleri:

Gövdesi **d** veya **t** ile sona eren fiillerde takıdan önce araya **e** sesi girmesi: du *find-e-st*, ihr *hielt-e-t*. Aynı durum (lm, ln, rm, rn dışında) gövdesi **m** veya **n** ile biten fiiller için de geçerlidir: du *atm-e-st*, sie *rechn-e-t* (ama: *lern-st*, du *qualm-st*).

Gövdesi **s, ß, ss, x** veya **z** ile biten fiillerde **s** sesinin düşmesi: reisen - du *reist*, mixen - du *mixt*, reizen - du *reizt*. Fiilin gövdesi **sch** sesiyle sona eriyorsa araya **e** girmez: du *wäschst*, du *herrschst*.

-eln ve **-ern** ile biten fiillerde, *Präsens*'in 1. ve 3. çoğul şahıslarında **e** sesinin düşmesi: handeln - wir *handeln*, sie *handeln*, ändern - wir *ändern*, sie *ändern*; sonu **-eln** ile biten fiillerde *Präsens*'in 1. tekil şahsı ile *Imperativ*'in 2. tekil şahsında da bu **e** sesi genellikle düşer: ich *handle*, ich *lächle*; *handle!*, *lächle!*; **-ern** ile biten fiillerde **e** sesi genellikle korunur: ich *ändere*, ich *wandere*; *ändere!*, *wandere!*

Çoğu kuraldışı fiillerde şimdiki *Präsens*'in 2. ve 3. tekil şahıslarında **a**, **au** veya **o** gövde ünlülerinin incelmesi (Umlaut): tragen - du *trägst*, er *trägt*, laufen - du *läufst*, er *läuft*, stoßen - du *stößt*, er *stößt*.

Bir grup kuraldışı fiillerde, *Präsens*'in 2. ve 3. tekil şahıslarında ve *Imperativ*'in 2. tekil şahsında **e/i** değişimi: geben - du *gibst*, er *gibt*; *gib!*, nehmen - du *nimmst*, er *nimmt*; *nimm!*, sehen - du *siehst*, er *sieht*; *sieh!*

Kuraldışı Fiil

Kuraldışı fiillerin çekim ekleri - üç kip dısında - kurallı fiillerin çekim ekleriyle aynıdır. Bunlar sözlükte *unreg* kısaltmasıyla gösterilmiştir.

Perfekt'te 1. ve 3. tekil şahıslarda çekim eki yoktur:

ich lob**te** *ama* er, sie, es lob**te**
ich gab *ama* er, sie, es gab

Kuraldışı fiillerde *Partizip Perfekt* **-en** ile biter. Fiilin gövde ünlüsü çoğunlukla değişir:

ich habe getr**u**nk**en**, *mastar*: trinken.

Kuraldışı fiillerin *Präteritum* biçimi **-t-** eklenmesiyle değil, gövde ünlüsünün değiştirilmesiyle yapılır.

ich fahre ich f**u**hr
du gibst du g**a**bst

Präsens'in 2. ve 3. şahıslarında da fiilin gövde ünlüsü çoğu zaman değişir.

ich fahre
du f**ä**hrst
er, sie, es f**ä**hrt
wir fahren
ihr fahrt
sie, Sie fahren

Sanı kipinin (*Konjunktiv*) *Präteritum* biçiminde gövde ünlüsü çoğu kere incelir (*Umlaut*).

bildirme kipi *sanı kipi*
ich fuhr ich f**ü**hre

Karışık gruba giren fiillerde, *Präteritum*'da ve *Partizip Perfekt*'te fiilin gövde ünlüsü değişmekle birlikte, gövdenin sonuna kurallı fiillerin karakteristik takısı olan **-t-** eki de gelir.

brennen gebr**annt**

Kuraldışı fiillerin çekimi şöyledir:
Çekim örneği: **fahren** v/t geçişli ve v/i geçişsiz

ETKEN FİİL	**EDİLGEN FİİL**
	Şimdiki Zaman
Şimdiki Zaman Kipi (*Präsens*)	
ich fahre	ich werde gefahren
du fährst	du wirst gefahren
er, sie, es fährt	er, sie, es wird gefahren
wir fahren	wir werden gefahren
ihr fahrt	ihr werdet gefahren
sie, Sie fahren	sie, Sie werden gefahren
	Geçmiş Zaman
Birinci Geçmis Zaman Kipi (*Präteritum / Imperfekt*)	
ich fuhr	ich wurde gefahren
du fuhrst	du wurdest gefahren
er, sie, es fuhr	er, sie, es wurde gefahren
wir fuhren	wir wurden gefahren
ihr fuhrt	ihr wurdet gefahren
sie, Sie fuhren	sie, Sie wurden gefahren
İkinci Geçmis Zaman Kipi (*Perfekt*)	
v/t ich habe gefahren	ich bin gefahren worden
v/i ich bin gefahren	ich bin gefahren worden
v/t du hast gefahren	du bist gefahren worden
v/i du bist gefahren	du bist gefahren worden
vs	*vs*
Üçüncü Geçmis Zaman Kipi (*Plusquamperfekt*)	
v/t ich hatte gefahren	ich war gefahren worden
v/i ich war gefahren	ich war gefahren worden
vs	*vs*
	Gelecek Zaman
Birinci Gelecek Zaman Kipi (*Futur / Futur I*)	
ich werde fahren *vs*	ich werde gefahren werden *vs*
İkinci Gelecek Zaman Kipi (*Futur Perfekt / Futur II*)	
v/t ich werde gefahren haben	ich werde gefahren worden sein
v/i ich werde gefahren sein	ich werde gefahren worden sein
vs	*vs*
	Sanı Kipleri
Birinci Sanı Kipi	
ich würde fahren *vs*	ich würde gefahren werden *vs*
İkinci Sanı Kipi	
v/t ich würde gefahren haben	ich würde gefahren worden sein
v/i ich würde gefahren sein	ich würde gefahren worden sein
vs	*vs*

ETKEN FİİL **EDİLGEN FİİL**

Şimdiki Zamanın Sanı Kipi (*Konjunktiv I*)

ich fahre/**würde** fahren	ich würde gefahren
du fahrest/**würdest** fahren	du würdest gefahren
vs	*vs*

Birinci Geçmiş Zamanın Tasarlama Kipi/Şart Kipi (*Konjunktiv II*)

ich führe	ich würde gefahren
du führest	du würdest gefahren
er, sie, es führe	er, sie, es würde gefahren
wir führen	wir würden gefahren
ihr führet	ihr würdet gefahren
sie, Sie führen	sie, Sie würden gefahren

Emir Kipi

tekil: fahr(e)!, fahren Sie!
çoğul: fahrt!, fahren Sie!
Edilgen fiilin emir kipi biçimleri sadece bazı fiiller için kullanılır.

Ortaçlar

Şimdiki zaman ortacı: fahrend
Geçmiş zaman ortacı: gefahren

Etken ve edilgen fiillerin öteki bütün kipleri için *loben* çekim örneğine bakınız.

Almanca'nın Kuraldışı Fiilleri

backen *präs* backe, bäckst (backst), bäckt (backt); *prät* backte (buk); *kon* backte (büke); *imp* back(e); *pt perf* gebacken

befehlen *präs* befehle, befiehlst, befiehlt; *prät* befahl; *kon* beföhle (befähle); *imp* befiehl; *pt perf* befohlen

beginnen *präs* beginne, beginnst, beginnt; *prät* begann; *kon* begänne (begönne); *imp* beginn(e); *pt perf* begonnen

beißen *präs* beiße, beißt, beißt; *prät* biss, bissest; *kon* bisse; *imp* beiß(e); *pt perf* gebissen

bergen *präs* berge, birgst, birgt; *prät* barg; *kon* bärge; *imp* birg; *pt perf* geborgen

bersten *präs* berste, birst, birst; *prät* barst, barstest; *kon* bärste; *imp* birst; *pt perf* geborsten

bewegen *präs* bewege, bewegst, bewegt; *prät* bewegte (*fig bewog*); *kon* (*fig*) bewöge; *imp* beweg(e); *pt perf* bewegt (*fig bewogen*)

biegen *präs* biege, biegst, biegt; *prät* bog; *kon* böge; *imp* bieg(e); *pt perf* gebogen

bieten *präs* biete, bietest, bietet; *prät* bot, bot(e)st; *kon* böte; *imp* biet(e); *pt perf* geboten

binden *präs* binde, bindest, bindet; *prät* band, band(e)st; *kon* bände; *imp* bind(e); *pt perf* gebunden

bitten *präs* bitte, bittest, bittet; *prät* bat, bat(e)st; *kon* bäte; *imp* bitte (bitt); *pt perf* gebeten

blasen *präs* blase, bläst, bläst; *prät* blies, bliesest; *kon* bliese; *imp* blas(e); *pt perf* geblasen

bleiben *präs* bleibe, bleibst, bleibt; *prät* blieb, bliebst; *kon* bliebe; *imp* bleib(e); *pt perf* geblieben
braten *präs* brate, brätst, brät; *prät* briet, briet(e)st; *kon* briete; *imp* brat(e); *pt perf* gebraten
brechen *präs* breche, brichst, bricht; *prät* brach; *kon* bräche; *imp* brich; *pt perf* gebrochen
brennen *präs* brenne, brennst, brennt; *prät* brannte; *kon* brennte; *imp* brenn(e); *pt perf* gebrannt
bringen *präs* bringe, bringst, bringt; *prät* brachte; *kon* brächte; *imp* bring(e); *pt perf* gebracht
denken *präs* denke, denkst, denkt; *prät* dachte; *kon* dächte; *imp* denk(e); *pt perf* gedacht
dingen → **dringen;** *prät* dingte (dang); *pt perf* gedungen (gedingt)
dreschen *präs* dresche, drischst, drischt; *prät* drosch, drosch(e)st; *kon* drösche; *imp* drisch; *pt perf* gedroschen
dringen *präs* dringe, dringst, dringt; *prät* drang, drangst; *kon* dränge; *imp* dring(e); *pt perf* gedrungen
dürfen *präs* darf, darfst, darf, dürfen; *prät* durfte; *kon* dürfte; *imp* ; *pt perf* gedurft
empfangen → **fangen;** *pt perf* empfangen
empfehlen *präs* empfehle, empfiehlst, empfiehlt; *prät* empfahl; *kon* empföhle (empfähle); *imp* empfiehl; *pt perf* empfohlen
empfinden → **finden;** *pt perf* empfunden
erlöschen *präs* erlösche, erlischst, erlischt; *prät* erlosch, erlosch(e)st; *kon* erlösche; *imp* erlisch; *pt perf* erloschen
erschrecken (*v/i*) *präs* erschrecke, erschrickst, erschrickt; *prät* erschrak; *kon* erschräke; *imp* erschrick; *pt perf* erschrocken
erwägen *präs* erwäge, erwägst, erwägt; *prät* erwog, erwogst; *kon* erwöge; *imp* erwäg(e); *pt perf* erwogen
essen *präs* esse, isst, isst; *prät* aß, aßest; *kon* äße; *imp* iss; *pt perf* gegessen
fahren *präs* fahre, fährst, fährt; *prät* fuhr, fuhrst; *kon* führe; *imp* fahr(e); *pt perf* gefahren
fallen *präs* falle, fällst, fällt; *prät* fiel; *kon* fiele; *imp* fall(e); *pt perf* gefallen
fangen *präs* fange, fängst, fängt; *prät* fing; *kon* finge; *imp* fang(e); *pt perf* gefangen
fechten *präs* fechte, fichtst, ficht; *prät* focht, fochtest; *kon* föchte; *imp* ficht; *pt perf* gefochten
finden *präs* finde, findest, findet; *prät* fand, fand(e)st; *kon* fände; *imp* find(e); *pt perf* gefunden
flechten *präs* flechte, flichtst, flicht; *prät* flocht, flochtest; *kon* flöchte; *imp* flicht, *pt perf* geflochten
fliegen *präs* fliege, fliegst, fliegt; *prät* flog, flogst; *kon* flöge; *imp* flieg(e); *pt perf* geflogen
flieh(e)n *präs* fliehe, fliehst, flieht; *prät* floh, flohst; *kon* flöhe; *imp* flieh(e); *pt perf* geflohen
fließen *präs* fließe, fließt, fließt; *prät* floss, flossest; *kon* flösse; *imp* fließ(e); *pt perf* geflossen
fressen *präs* fresse, frisst, frisst; *prät* fraß, fraßest; *kon* fräße; *imp* friss; *pt perf* gefressen
frieren *präs* friere, frierst, friert; *prät* fror; *kon* fröre; *imp* frier(e); *pt perf* gefroren
gären *präs* es gärt; *prät* es gor (*bsd. fig gärte*); *kon* es göre (gärte); *imp* gär(e); *pt perf* gegoren (gegärt)
gebären *präs* gebäre, gebärst (gebierst), gebärt (gebiert); *prät* gebar; *kon* gebäre; *imp* gebär(e) (gebier); *pt perf* geboren
geben *präs* gebe, gibst, gibt; *prät* gab; *kon* gäbe; *imp* gib; *pt perf* gegeben
gedeihen *präs* gedeihe, gedeihst, gedeiht; *prät* gedieh; *kon* gediehe; *imp* gedeih(e); *pt perf* gediehen
geh(e)n *präs* gehe, gehst, geht; *prät* ging; *kon* ginge; *imp* geh(e); *pt perf* gegangen
gelingen *präs* es gelingt; *prät* es gelang; *kon* es gelänge; *imp* geling(e); *pt perf* gelungen
gelten *präs* gelte, giltst, gilt; *prät* galt, galt(e)st; *kon* gälte (gölte); *imp* gilt; *pt perf* gegolten
genesen *präs* genese, gene(se)st, genest; *prät* genas, genasest; *kon* genäse; *imp* genese; *pt perf* genesen
genießen *präs* genieße, genießt, genießt; *prät* genoss, genossest; *kon* genösse; *imp* genieß(e); *pt perf* genossen
geschehen *präs* es geschieht; *prät* es geschah; *kon* es geschähe; *imp* ge-

schehe; *pt perf* geschehen
gewinnen *präs* gewinne, gewinnst, gewinnt; *prät* gewann, gewannst; *kon* gewönne (gewänne); *imp* gewinn(e); *pt perf* gewonnen
gießen *präs* gieße, gießt, gießt; *prät* goss, gossest; *kon* gösse; *imp* gieß(e); *pt perf* gegossen
gleichen *präs* gleiche, gleichst, gleicht; *prät* glich, glichst; *kon* gliche; *imp* gleich(e); *pt perf* geglichen
gleiten *präs* gleite, gleitest, gleitet; *prät* glitt, glitt(e)st; *kon* glitte; *imp* gleit(e); *pt perf* geglitten
glimmen *präs* es glimmt; *prät* es glomm (glimmte); *kon* es glömme (glimmte); *imp* glimm(e); *pt perf* geglommen (geglimmt)
graben *präs* grabe, gräbst, gräbt; *prät* grub, grubst; *kon* grübe; *imp* grab(e); *pt perf* gegraben
greifen *präs* greife, greifst, greift; *prät* griff, griffst; *kon* griffe; *imp* greif(e); *pt perf* gegriffen
haben *präs* habe, hast, hat; *prät* hatte; *kon* hätte; *imp* hab(e); *pt perf* gehabt
halten *präs* halte, hältst, hält; *prät* hielt, hielt(e)st; *kon* hielte; *imp* halt(e); *pt perf* gehalten
hängen (*v/i*) *präs* hänge, hängst, hängt; *prät* hing, hingst; *kon* hinge; *imp* häng(e); *pt perf* gehangen
hauen *präs* haue, haust, haut; *prät* haute (hieb); *kon* haute (hiebe); *imp* hau(e); *pt perf* gehauen
heben *präs* hebe, hebst, hebt; *prät* hob, hobst; *kon* höbe; *imp* heb(e); *pt perf* gehoben
heißen *präs* heiße, heißt, heißt; *prät* hieß, hießest; *kon* hieße; *imp* heiß(e); *pt perf* geheißen
helfen *präs* helfe, hilfst, hilft; *prät* half, halfst; *kon* hülfe; *imp* hilf; *pt perf* geholfen
kennen *präs* kenne, kennst, kennt; *prät* kannte; *kon* kennte; *imp* kenn(e); *pt perf* gekannt
klimmen *präs* klimme, klimmst, klimmt; *prät* klomm (klimmte); *kon* klömme (klimmte); *imp* klimm(e); *pt perf* geklommen (geklimmt)
klingen *präs* klinge, klingst, klingt; *prät* klang, klangst; *kon* klänge; *imp* kling(e); *pt perf* geklungen
kneifen *präs* kneife, kneifst, kneift; *prät* kniff, kniffst; *kon* kniffe; *imp* kneif(e); *pt perf* gekniffen
kommen *präs* komme, kommst, kommt; *prät* kam; *kon* käme; *imp* komm(e); *pt perf* gekommen
können *präs* kann, kannst, kann, können; *prät* konnte; *kon* könnte; *imp* -; *pt perf* gekonnt
kriechen *präs* krieche, kriechst, kriecht; *prät* kroch; *kon* kröche; *imp* kriech(e); *pt perf* gekrochen
laden *präs* lade, lädst, lädt; *prät* lud, lud(e)st; *kon* lüde; *imp* lad(e); *pt perf* geladen
lassen *präs* lasse, lässt, lässt; *prät* ließ, ließest; *kon* ließe; *imp* lass (lasse); *pt perf* gelassen
laufen *präs* laufe, läufst, läuft; *prät* lief, liefst; *kon* liefe; *imp* lauf(e); *pt perf* gelaufen
leiden *präs* leide, leidest, leidet; *prät* litt, litt(e)st; *kon* litte; *imp* leid(e); *pt perf* gelitten
leihen *präs* leihe, leihst, leiht; *prät* lieh, lieh(e)st; *kon* liehe; *imp* leih(e); *pt perf* geliehen
lesen *präs* lese, liest, liest; *prät* las, lasest; *kon* läse; *imp* lies; *pt perf* gelesen
liegen *präs* liege, liegst, liegt; *prät* lag, lagst; *kon* läge; *imp* lieg(e); *pt perf* gelegen
lügen *präs* lüge, lügst, lügt; *prät* log, logst; *kon* löge; *imp* lüg(e); *pt perf* gelogen
meiden *präs* meide, meidest, meidet; *prät* mied, mied(e)st; *kon* miede; *imp* meid(e); *pt perf* gemieden
melken *präs* melke, melkst, melkt; *prät* melkte (molk); *kon* mölke; *imp* melk(e); *pt perf* gemolken (gemelkt)
messen *präs* messe, misst, misst; *prät* maß, maßest; *kon* mäße; *imp* miss; *pt perf* gemessen
misslingen *präs* es misslingt; *prät* es misslang; *kon* es misslänge; *imp* –; *pt perf* misslungen
mögen *präs* mag, magst, mag, mögen; *prät* mochte; *kon* möchte; *imp* –; *pt perf* gemocht
müssen *präs* muss, musst, muss, müssen, müsst, müssen; *prät* musste; *kon* müsste; *imp* müsse; *pt perf* gemusst
nehmen *präs* nehme, nimmst, nimmt;

prät nahm, nahmst; *kon* nähme; *imp* nimm; *pt perf* genommen
nennen *präs* nenne, nennst, nennt; *prät* nannte; *kon* nennte; *imp* nenn(e); *pt perf* genannt
pfeifen *präs* pfeife, pfeifst, pfeift; *prät* pfiff, pfiffst; *kon* pfiffe; *imp* pfeif(e); *pt perf* gepfiffen
preisen *präs* preise, preist, preist; *prät* pries, priesest; *kon* priese; *imp* preis(e); *pt perf* gepriesen
quellen (*v/i*) *präs* quelle, quillst, quillt; *prät* quoll; *kon* quölle; *imp* quill; *pt perf* gequollen
raten *präs* rate, rätst, rät, *prät* riet, riet(e)st; *kon* riete; *imp* rat(e); *pt perf* geraten
reiben *präs* reibe, reibst, reibt; *prät* rieb, riebst; *kon* riebe; *imp* reib(e); *pt perf* gerieben
reißen *präs* reiße, reißt, reißt; *prät* riss, rissest; *kon* risse; *imp* reiß(e); *pt perf* gerissen
reiten *präs* reite, reitest, reitet; *prät* ritt, ritt(e)st, *kon* ritte; *imp* reit(e); *pt perf* geritten
rennen *präs* renne, rennst, rennt; *prät* rannte; *kon* rennte; *imp* renn(e); *pt perf* gerannt
riechen *präs* rieche, riechst, riecht; *prät* roch; *kon* röche; *imp* riech(e); *pt perf* gerochen
ringen *präs* ringe, ringst, ringt; *prät* rang; *kon* ränge; *imp* ring(e); *pt perf* gerungen
rinnen *präs* es rinnt; *prät* es rann; *kon* es ränne; *imp* rinn(e); *pt perf* geronnen
rufen *präs* rufe, rufst, ruft; *prät* rief, riefst; *kon* riefe; *imp* ruf(e); *pt perf* gerufen
saufen *präs* saufe, säufst, säuft; *prät* soff, soffst; *kon* söffe; *imp* sauf(e); *pt perf* gesoffen
saugen *präs* sauge, saugst, saugt; *prät* sog (saugte); *kon* söge; *imp* saug(e); *pt perf* gesogen (gesaugt)
schaffen (erschaffen) *präs* schaffe, schaffst, schafft; *prät* schuf, schufst; *kon* schüfe; *imp* schaff(e); *pt perf* geschaffen
scheiden *präs* scheide, scheidest, scheidet; *prät* schied, schied(e)st; *kon* schiede; *imp* scheid(e); *pt perf* geschieden
scheinen *präs* scheine, scheinst, scheint; *prät* schien, schienst; *kon* schiene; *imp* schein(e); *pt perf* geschienen
schelten *präs* schelte, schiltst, schilt; *prät* schalt, schalt(e)st; *kon* schölte; *imp* schilt; *pt perf* gescholten
scheren *präs* schere, scherst, schert; *prät* schor, schorst; *kon* schöre; *imp* scher(e); *pt perf* geschoren
schieben *präs* schiebe, schiebst, schiebt; *prät* schob, schobst; *kon* schöbe; *imp* schieb(e); *pt perf* geschoben
schießen *präs* schieße, schießt, schießt; *prät* schoss, schossest; *kon* schösse; *imp* schieß(e); *pt perf* geschossen
schinden *präs* schinde, schindest, schindet; *prät* schindete; *imp* schind(e); *pt perf* geschunden
schlafen *präs* schlafe, schläfst, schläft; *prät* schlief, schliefst; *kon* schliefe; *imp* schlaf(e); *pt perf* geschlafen
schlagen *präs* schlage, schlägst, schlägt; *prät* schlug, schlugst; *kon* schlüge; *imp* schlag(e); *pt perf* geschlagen
schleichen *präs* schleiche, schleichst, schleicht; *prät* schlich, schlichst; *kon* schliche; *imp* schleich(e); *pt perf* geschlichen
schleifen *präs* schleife, schleifst, schleift; *prät* schliff, schliffst; *kon* schliffe; *imp* schleif(e); *pt perf* geschliffen
schließen *präs* schließe, schließt, schließt; *prät* schloss, schlossest; *kon* schlösse; *imp* schließ(e); *pt perf* geschlossen
schlingen *präs* schlinge, schlingst, schlingt; *prät* schlang, schlangst; *kon* schlänge; *imp* schling(e); *pt perf* geschlungen
schmeißen *präs* schmeiße, schmeißt, schmeißt; *prät* schmiss, schmissest; *kon* schmisse; *imp* schmeiß(e); *pt perf* geschmissen
schmelzen *präs* schmelze, schmilzt, schmilzt; *prät* schmolz, schmolzest; *kon* schmölze; *imp* schmilz; *pt perf* geschmolzen
schneiden *präs* schneide, schneidest, schneidet; *prät* schnitt, schnitt(e)st; *kon* schnitte; *imp* schneid(e); *pt perf* geschnitten
schreiben *präs* schreibe, schreibst, schreibt; *prät* schrieb, schriebst; *kon* schriebe; *imp* schreib(e); *pt perf* geschrieben
schreien *präs* schreie, schreist, schreit;

prät schrie, schriest; *kon* schriee; *imp* schrei(e); *pt perf* geschrie(e)n
schreiten *präs* schreite, schreitest, schreitet; *prät* schritt, schritt(e)st; *kon* schritte; *imp* schreit(e); *pt perf* geschritten
schweigen *präs* schweige, schweigst, schweigt; *prät* schwieg, schwiegst; *kon* schwiege; *imp* schweig(e); *pt perf* geschwiegen
schwellen *präs* schwelle, schwillst, schwillt; *prät* schwoll, schwollst; *kon* schwölle; *imp* schwill; *pt perf* geschwollen
schwimmen *präs* schwimme, schwimmst, schwimmt; *prät* schwamm, schwammst; *kon* schwömme (schwämme); *imp* schwimm(e); *pt perf* geschwommen
schwinden *präs* schwinde, schwindest, schwindet; *prät* schwand, schwand(e)st; *kon* schwände; *imp* schwind(e); *pt perf* geschwunden
schwingen *präs* schwinge, schwingst, schwingt; *prät* schwang, schwangst; *kon* schwänge; *imp* schwing(e); *pt perf* geschwungen
schwören *präs* schwöre, schwörst, schwört; *prät* schwor (schwur); *kon* schwüre; *imp* schwör(e); *pt perf* geschworen
sehen *präs* sehe, siehst, sieht; *prät* sah; *kon* sähe; *imp* sieh (*Hinweis, Ausruf: siehe*); *pt perf* gesehen
sein *präs* bin, bist, ist, sind, seid, sind; *kon präs* sei, sei(e)st, sei, seien, seiet, seien; *prät* war, warst, war, waren; *kon* wäre; *imp* sei, seid; *pt perf* gewesen
senden *präs* sende, sendest, sendet; *prät* sandte (sendete*); *kon* sendete; *imp* send(e); *pt perf* gesandt (gesendet*) *Radio
sieden *präs* siede, siedest, siedet; *prät* sott (siedete), sottest (siedetest); *kon* sötte (siedete); *imp* sied(e); *pt perf* gesotten (gesiedet)
singen *präs* singe, singst, singt; *prät* sang, sangst; *kon* sänge; *imp* sing(e); *pt perf* gesungen
sinken *präs* sinke, sinkst, sinkt; *prät* sank, sankst; *kon* sänke; *imp* sink(e); *pt perf* gesunken
sinnen *präs* sinne, sinnst, sinnt; *prät* sann, sannst; *kon* sänne; *imp* sinn(e); *pt perf* gesonnen
sitzen *präs* sitze, sitzt, sitzt; *prät* saß, saßest; *kon* säße; *imp* sitz(e); *pt perf* gesessen
sollen *präs* soll, sollst, soll; *prät* sollte; *kon* sollte; *imp* -; *pt perf* gesollt
speien *präs* speie, speist, speit; *prät* spie; *kon* spiee; *imp* spei(e); *pt perf* gespie(e)n
spinnen *präs* spinne, spinnst, spinnt; *prät* spann, spannst; *kon* spönne (spänne); *imp* spinn(e); *pt perf* gesponnen
sprechen *präs* spreche, sprichst, spricht; *prät* sprach, sprachst; *kon* spräche; *imp* sprich; *pt perf* gesprochen
sprießen *präs* es sprießt; *prät* es spross; *kon* es sprösse; *imp* sprieß(e); *pt perf* gesprossen
springen *präs* springe, springst, springt; *prät* sprang, sprangst; *kon* spränge; *imp* spring(e); *pt perf* gesprungen
stechen *präs* steche, stichst, sticht; *prät* stach, stachst; *kon* stäche; *imp* stich; *pt perf* gestochen
steh(e)n *präs* stehe, stehst, steht; *prät* stand, stand(e)st; *kon* stünde (stände); *imp* steh(e); *pt perf* gestanden
stehlen *präs* stehle, stiehlst, stiehlt; *prät* stahl; *kon* stähle; *imp* stiehl; *pt perf* gestohlen
steigen *präs* steige, steigst; steigt; *prät* stieg, stiegst; *kon* stiege; *imp* steig(e); *pt perf* gestiegen
sterben *präs* sterbe, stirbst, stirbt; *prät* starb; *kon* stürbe; *imp* stirb; *pt perf* gestorben
stinken *präs* stinke, stinkst, stinkt; *prät* stank, stankst; *kon* stänke; *imp* stink(e); *pt perf* gestunken
stoßen *präs* stoße, stößt, stößt; *prät* stieß, stießest; *kon* stieße; *imp* stoß(e); *pt perf* gestoßen
streichen *präs* streiche, streichst, streicht; *prät* strich, strichst; *kon* striche; *imp* streich(e); *pt perf* gestrichen
streiten *präs* streite, streitest, streitet; *prät* stritt, stritt(e)st; *kon* stritte; *imp* streit(e); *pt perf* gestritten
tragen *präs* trage, trägst, trägt; *prät* trug, trugst; *kon* trüge; *imp* trag(e); *pt perf* getragen
treffen *präs* treffe, triffst, trifft; *prät* traf, trafst; *kon* träfe; *imp* triff; *pt perf* getroffen
treiben *präs* treibe, treibst, treibt; *prät* trieb, triebst; *kon* triebe; *imp* treib(e);

pt perf getrieben
treten *präs* trete, trittst, tritt; *prät* trat, trat(e)st; *kon* träte; *imp* tritt; *pt perf* getreten
trinken *präs* trinke, trinkst, trinkt; *prät* trank, trankst; *kon* tränke; *imp* trink(e); *pt perf* getrunken
trügen *präs* trüge, trügst, trügt; *prät* trog, trogst; *kon* tröge; *imp* trüg(e); *pt perf* getrogen
tun *präs* tue, tust, tut, tun, tut, tun; *prät* tat, tat(e)st; *kon* täte; *imp* tu(e); *pt perf* getan
verderben *präs* verderbe, verdirbst, verdirbt; *prät* verdarb; *kon* verdürbe; *imp* verdirb; *pt perf* verdorben
verdrießen *präs* verdrieße, verdrießt, verdrießt; *prät* verdross, verdrossest; *kon* verdrösse; *imp* verdrieß(e); *pt perf* verdrossen
vergessen *präs* vergesse, vergisst, vergisst; *prät* vergaß, vergaßest; *kon* vergäße; *imp* vergiss; *pt perf* vergessen
verlieren *präs* verliere, verlierst, verliert; *prät* verlor; *kon* verlöre; *imp* verlier(e); *pt perf* verloren
verzeihen *präs* verzeihe, verzeihst, verzeiht; *prät* verzieh, verziehst; *kon* verziehe; *imp* verzeih(e); *pt perf* verziehen
wachsen (*v/i*) *präs* wachse, wächst, wächst; *prät* wuchs, wuchsest; *kon* wüchse; *imp* wachs(e); *pt perf* gewachsen
wägen 1. → **erwägen; 2.** abwägen: *prät* wägte (wog) ab; *pt perf* abgewägt (abgewogen)
waschen *präs* wasche, wäschst, wäscht; *prät* wusch, wuschest; *kon* wüsche; *imp* wasch(e); *pt perf* gewaschen
weichen (*v/i*) *präs* weiche, weichst, weicht; *prät* wich, wichst; *kon* wiche; *imp* weich(e); *pt perf* gewichen
weisen *präs* weise, weist, weist; *prät* wies, wiesest; *kon* wiese; *imp* weis(e); *pt perf* gewiesen
wenden *präs* wenden, wendest, wendet; *prät* wandte (wendete); *kon* wendete; *imp* wend(e); *pt perf* gewandt (gewendet)
werben *präs* werbe, wirbst, wirbt; *prät* warb; *kon* würbe; *imp* wirb; *pt perf* geworben
werden *präs* werde, wirst, wird; *prät* wurde, wurdest; *kon* würde; *imp* werd(e); *pt perf* geworden (*konstruiert mit dem pt perf anderer Verben*: worden)
werfen *präs* werfe, wirfst, wirft; *prät* warf, warfst; *kon* würfe; *imp* wirf; *pt perf* geworfen
wiegen *präs* wiege, wiegst, wiegt; *prät* wog; *kon* wöge; *imp* wieg(e); *pt perf* gewogen
winden *präs* winde, windest, windet; *prät* wand, wandest; *kon* wände; *imp* wind(e); *pt perf* gewunden
wissen *präs* weiß, weißt, weiß, wissen, wisst, wissen; *prät* wusste; *kon* wüsste; *imp* wisse; *pt perf* gewusst
wollen *präs* will, willst, will, wollen; *prät* wollte; *kon* wollte; *imp* wolle; *pt perf* gewollt
wringen *präs* wringe, wringst, wringt; *prät* wrang; *kon* wränge; *imp* wring(e); *pt perf* gewrungen
ziehen *präs* ziehe, ziehst, zieht; *prät* zog, zogst; *kon* zöge; *imp* zieh(e); *pt perf* gezogen
zwingen *präs* zwinge, zwingst, zwingt; *prät* zwang, zwangst; *kon* zwänge; *imp* zwing(e); *pt perf* gezwungen

Zahlwörter – Sayı Sıfatları

Grundzahlen - Asıl Sayılar

0 *null* sıfır
1 *eins* bir
2 *zwei* iki
3 *drei* üç
4 *vier* dört
5 *fünf* beş
6 *sechs* altı
7 *sieben* yedi
8 *acht* sekiz
9 *neun* dokuz
10 *zehn* on
11 *elf* on bir
12 *zwölf* on iki
13 *dreizehn* on üç
14 *vierzehn* on dört
15 *fünfzehn* on beş
16 *sechzehn* on altı
17 *siebzehn* on yedi
18 *achtzehn* on sekiz
19 *neunzehn* on dokuz
20 *zwanzig* yirmi
21 *einundzwanzig* yirmi bir
22 *zweiundzwanzig* yirmi iki
23 *dreiundzwanzig* yirmi üç
30 *dreißig* otuz
31 *einunddreißig* otuz bir
40 *vierzig* kırk
41 *einundvierzig* kırk bir
50 *fünfzig* elli
51 *einundfünfzig* elli bir
60 *sechzig* altmış
61 *einundsechzig* altmış bir
70 *siebzig* yetmiş
71 *einundsiebzig* yetmiş bir
80 *achtzig* seksen
81 *einundachtzig* seksen bir
90 *neunzig* doksan
91 *einundneunzig* doksan bir
100 *(ein)hundert* yüz
101 *hunderteins* yüz bir
200 *zweihundert* iki yüz
300 *dreihundert* üç yüz
572 *fünfhundertzweiundsiebzig* beş yüz yetmiş iki
1000 *(ein)tausend* bin
1966 *tausendneunhundertsechsundsechzig* (*neunzehnhundertsechsundsechzig*) bin dokuz yüz altmış altı
2000 *zweitausend* iki bin
1000000 *eine Million* bir milyon
2000000 *zwei Millionen* iki milyon
1000000000 *eine Milliarde* bir milyar
10^{12} *eine Billion* bir trilyon
10^{15} *eine Billiarde* bir katrilyon

Ordnungszahlen - Sıra Sayıları

1. *erste* birinci, ilk
2. *zweite* ikinci
3. *dritte* üçüncü
4. *vierte* dördüncü
5. *fünfte* beşinci
6. *sechste* altıncı
7. *sieb(en)te* yedinci
8. *achte* sekizinci
9. *neunte* dokuzuncu
10. *zehnte* onuncu
11. *elfte* on birinci
12. *zwölfte* on ikinci
13. *dreizehnte* on üçüncü
14. *vierzehnte* on dördüncü
15. *fünfzehnte* on beşinci
16. *sechzehnte* on altıncı
17. *siebzehnte* on yedinci
18. *achtzehnte* on sekizinci
19. *neunzehnte* on dokuzuncu
20. *zwanzigste* yirminci
21. *einundzwanzigste* yirmi birinci
22. *zweiundzwanzigste* yirmi ikinci
23. *dreiundzwanzigste* yirmi üçüncü
30. *dreißigste* otuzuncu
31. *einunddreißigste* otuz birinci
40. *vierzigste* kırkıncı
41. *einundvierzigste* kırk birinci
50. *fünfzigste* ellinci
51. *einundfünfzigste* elli birinci
60. *sechzigste* altmışıncı
61. *einundsechzigste* altmış birinci
70. *siebzigste* yetmişinci
71. *einundsiebzigste* yetmiş birinci
80. *achtzigste* sekseninci
81. *einundachtzigste* seksen birinci
90. *neunzigste* doksanıncı
91. *einundneunzigste* doksan birinci
100. *hundertste* yüzüncü

101. *hundert(und)erste* yüz birinci
200. *zweihundertste* iki yüzüncü
300. *dreihundertste* üç yüzüncü
572. *fünfhundertzweiundsiebzigste* beş yüz yetmiş ikinci

1000. *tausendste* bininci
2000. *zweitausendste* iki bininci
100000. *hunderttausendste* yüz bininci
1000000. *millionste* milyonuncu

Bruchzahlen - Kesirli Sayılar

$^1/_2$ *ein halb* yarım
$1\,^1/_2$ *eineinhalb* bir buçuk
$^1/_3$ *ein Drittel* üçte bir
$^2/_3$ *zwei Drittel* üçte iki
$^1/_4$ *ein Viertel* dörtte bir, çeyrek
$^3/_4$ *drei Viertel* dörtte üç, üç çeyrek
$^1/_{10}$ *ein Zehntel* onda bir
$^9/_{10}$ *neun Zehntel* onda dokuz
$^1/_{100}$ *ein Hundertstel* yüzde bir
$^1/_{1000}$ *ein Tausendstel* binde bir

0,5 *Null Komma fünf* sıfır virgül beş, sıfır onda beş
2,8 *zwei Komma acht* iki virgül sekiz, iki onda sekiz

Andere Zahlen - Diğer Sayılar

erstens ilk olarak, ilk önce, evvela
zweitens ikinci olarak
drittens üçüncü olarak

einfach tek
zweifach, *doppelt* iki misli, iki kat(ı), çift
dreifach üç misli, üç kat(ı)
vierfach dört misli, dört kat(ı) *vs*

einmal bir defa, bir kere, bir kez
zweimal iki defa, iki kere, iki kez *vs*

je ein(e, -er) birer
je zwei ikişer
je sechs altışar

Rechnungsarten:

7 + 8 = 15 *sieben und acht ist fünfzehn* yedi, sekiz daha on beş (eder); *sieben plus acht gleich fünfzehn* yedi artı sekiz eşit(tir) on beş

10 – 3 = 7 *zehn weniger drei ist sieben* ondan üç çıktı yedi kaldı; *zehn minus drei gleich sieben* on eksi üç eşit(tir) yedi

5 × 10 = 50 *fünf mal zehn ist (od macht) fünfzig* beş kere on elli (eder); *fünf mal zehn gleich fünzig* beş çarpı on eşit(tir) elli

60 : 6 = 10 *sechzig (geteilt) durch sechs ist zehn* altmışta altı on kere var; *sechzig dividiert durch sechs gleich zehn* altmış bölü altı eşit(tir) on

Im Wörterbuch verwendete Abkürzungen
Sözlükte Kullanılan Kısaltmalar

→	siehe; *bakınız*
®	Warenzeichen; *ticarî marka*
A	Akkusativ; *-i hali, belirtme durumu*
a	auch; *aynı zamanda*
Abk	Abkürzung; *kısaltma*
abw	abwertend; *aşağılayıcı, küçümseyici*
adj	Adjektiv, adjektivisch; *sıfat*
adv	Adverb; *zarf*
AGR	Landwirtschaft, Agronomie; *tarım*
allg	allgemein; *genel (olarak)*
ANAT	Anatomie; *anatomi*
ARCH	Architektur; *mimarlık*
art	Artikel; *tanım edatı*
ASTR	Astronomie; Astrologie; *astronomi, gökbilimi*
AUTO	Kraftfahrwesen; *otomobilcilik*
BAHN	Eisenbahn; *demiryolu*
BANK	Bankwesen; *maliye, bankacılık*
bes	besonders; *özellikle*
BIOL	Biologie; *biyoloji, bitkibilim*
b-nde	bei jemandem; *biri(si)nde*
b-nden	von jemandem; *biri(si)nden*
b-ne	jemandem; *biri(si)ne*
b-ni	jemanden; *biri(si)ni*
b-nin	jemandes; *biri(si)nin*
BOT	Botanik; *botanik*
bş	etwas; *bir şey*
bşde	bei etwas; *bir şeyde*
bşden	von etwas; *bir şeyden*
bşe	etwas, einer Sache; *bir şeye*
bşi	etwas, eine Sache; *bir şeyi*
bşin	von etwas, einer Sache; *bir şeyin*
bşle	mit etwas; *bir şeyle*
BUCH	Buchwesen; *matbaacılık, yayıncılık*
b-yle	mit jemandem; *birisiyle*
CHEM	Chemie; *kimya*
D	Dativ; *-e hali*
-de	Lokativ ; *-de hali*
-den	Ablativ; *-den hali*
dial	Dialekt; *yerel, halk ağzında*
-e	Dativ; *-e hali*
EDV	Datenverarbeitung; *bilgi işlem*
e-e	eine; *bir*
EL	Elektrizität, Elektrotechnik; *elektrik*
e-m	einem; *birine*
e-n	einen; *birini*
e-r	einer; *birinin, birine*
e-s	eines; *birinin*
etw	etwas; *bir şey(i)*
f	weiblich; *dişil*
F	familiäre Sprache, Umgangssprache; *teklifsiz, gündelik dil*
fig	übertragen, bildlich; *mecazî*
FILM	Kino, Film; *sinema, filmcilik*
FOTO	Fotografie; *fotoğrafçılık*
G	Genitiv; *-in hali*
GEOGR	Geographie; *coğrafya*
GEOL	Geologie; *jeoloji, yerbilim*
GR	Grammatik; *dilbilgisi*
h	haben; *geçmiş zaman «haben» fiiliyle*
HIST	Geschichte; *tarih*
-i	Akkusativ; *-i hali*
imp	Imperativ, Befehlsform; *emir kipi*
-in	Genitiv; *-in hali*
indef	indefinit, unbestimmt; *belirsiz*
inf	Infinitiv; *mastar*
int	Interjektion, Ausruf; *ünlem*
iron	ironisch; *alay yollu*
j-d	jemand; *bir kimse*
j-m	jemandem; *bir kimseye*
j-n	jemanden; *bir kimseyi*
j-s	jemandes; *bir kimsenin*
JUR	Rechtswissenschaft; *hukuk*
kaus	Kausativ; *ettirgen fiil*
k-nde	bei sich; *kendi(si)nde*
k-nden	von sich; *kendi(si)nden*
k-ne	seinem, sich; *kendi(si)ne*
k-ni	sein(e), sich (Akkusativ); *kendi(si)ni*
koll	Kollektivwort; *küme ismi*
komp	Komparativ; *karşılaştırma derecesi*
kon	Konjunktiv; *sanı kipi*